沈建中 —— 著

# 施蛰存先生编年事录（增订本）上卷

华东师范大学出版社
- 上海 -

## 图书在版编目（CIP）数据

施蛰存先生编年事录/沈建中编著. -- 增订本. --
上海：华东师范大学出版社，2023
ISBN 978 - 7 - 5760 - 3836 - 1

Ⅰ.①施… Ⅱ.①沈… Ⅲ.①施蛰存(1905—2003)
-生平事迹 Ⅳ.① K825.6

中国国家版本馆 CIP 数据核字(2023)第 074121 号

# 施蛰存先生编年事录（增订本）

著　　者　沈建中
策划编辑　许　静
责任编辑　乔　健
审读编辑　刘效礼　乔　健
责任校对　王丽平
装帧设计　姚　荣

出版发行　华东师范大学出版社
社　　址　上海市中山北路 3663 号　邮编 200062
网　　址　www.ecnupress.com.cn
电　　话　021 - 60821666　行政传真 021 - 62572105
客服电话　021 - 62865537　门市(邮购)电话 021 - 62869887
地　　址　上海市中山北路 3663 号华东师范大学校内先锋路口
网　　店　http://hdsdcbs.tmall.com

印 刷 者　上海中华商务联合印刷有限公司
开　　本　787 毫米×1092 毫米　1/16
印　　张　99
插　　页　12
字　　数　1 776 千字
版　　次　2025 年 1 月第 1 版
印　　次　2025 年 1 月第 1 次
书　　号　ISBN 978 - 7 - 5760 - 3836 - 1
定　　价　298.00 元

出 版 人　王　焰

（如发现本版图书有印订质量问题，请寄回本社客服中心调换或电话 021 - 62865537 联系）

施蛰存先生编年事录

充和敬署

# 施蟄存先生編年事錄

選堂題

施蛰存先生(1905—2003)　沈建中摄影

2000年11月30日九六寿辰,赏玩盆碟　沈建中摄影

1922年在杭州之江大学　谦约居藏

1933年春节先生夫妇携儿在松江　谦约居藏

1938年在云南大学"王公馆"教师宿舍　吴晗摄影　谦约居藏

1938年与李埏、吴春曦在石林　吴晗摄影　谦约居藏

1938年在香港戴望舒家中　戴望舒摄影　谦约居藏

1939年与闻宥、吕叔湘和浦江清在昆明合影　谦约居藏

1940年与戴望舒、周煦良在薄扶林道　沈仲章摄影

1940年9月下旬先生夫妇在愚园路岐山村寓所门前　谦约居藏

1942年先生(左)在长汀厦门大学　谦约居藏

1943年6月与厦门大学学生在长汀霹雳岩合影　谦约居藏

1943年9月下旬与父亲在愚园路岐山村寓所前门　谦约居藏

1945年7月与毕业班学生迎接抗战胜利合影　谦约居藏

# 目 录

增订本序 孙康宜 ………… 一
初版序言：重新发掘施蛰存的世纪人生 孙康宜 ………… 一
增订本序：施蛰存先生的名号和四窗 张文江 ………… 一

## 上 卷

一九〇五年（清光绪三十一年 岁次乙巳） 先生诞生 ………… 一
一九〇六年（清光绪三十二年 岁次丙午） 先生二岁 ………… 五
一九〇七年（清光绪三十三年 岁次丁未） 先生三岁 ………… 五
一九〇八年（清光绪三十四年 岁次戊申） 先生四岁 ………… 六
一九〇九年（清宣统元年 岁次己酉） 先生五岁 ………… 七
一九一〇年（清宣统二年 岁次庚戌） 先生六岁 ………… 九
一九一一年（清宣统三年 岁次辛亥） 先生七岁 ………… 一一
一九一二年（中华民国元年 岁次壬子） 先生八岁 ………… 一二
一九一三年（中华民国二年 岁次癸丑） 先生九岁 ………… 一四
一九一四年（中华民国三年 岁次甲寅） 先生十岁 ………… 一六

一九一五年（中华民国四年　岁次乙卯）　先生十一岁 ………… 一八
一九一六年（中华民国五年　岁次丙辰）　先生十二岁 ………… 二一
一九一七年（中华民国六年　岁次丁巳）　先生十三岁 ………… 二四
一九一八年（中华民国七年　岁次戊午）　先生十四岁 ………… 二六
一九一九年（中华民国八年　岁次己未）　先生十五岁 ………… 二九
一九二〇年（中华民国九年　岁次庚申）　先生十六岁 ………… 三四
一九二一年（中华民国十年　岁次辛酉）　先生十七岁 ………… 三八
一九二二年（中华民国十一年　岁次壬戌）　先生十八岁 ………… 四三
一九二三年（中华民国十二年　岁次癸亥）　先生十九岁 ………… 五三
一九二四年（中华民国十三年　岁次甲子）　先生二十岁 ………… 七二
一九二五年（中华民国十四年　岁次乙丑）　先生二十一岁 ………… 八三
一九二六年（中华民国十五年　岁次丙寅）　先生二十二岁 ………… 九一
一九二七年（中华民国十六年　岁次丁卯）　先生二十三岁 ………… 九八
一九二八年（中华民国十七年　岁次戊辰）　先生二十四岁 ………… 一〇八
一九二九年（中华民国十八年　岁次己巳）　先生二十五岁 ………… 一二二
一九三〇年（中华民国十九年　岁次庚午）　先生二十六岁 ………… 一四〇
一九三一年（中华民国二十年　岁次辛未）　先生二十七岁 ………… 一五二
一九三二年（中华民国二十一年　岁次壬申）　先生二十八岁 ………… 一六六
一九三三年（中华民国二十二年　岁次癸酉）　先生二十九岁 ………… 一九七
一九三四年（中华民国二十三年　岁次甲戌）　先生三十岁 ………… 二六〇
一九三五年（中华民国二十四年　岁次乙亥）　先生三十一岁 ………… 三〇一
一九三六年（中华民国二十五年　岁次丙子）　先生三十二岁 ………… 三四五
一九三七年（中华民国二十六年　岁次丁丑）　先生三十三岁 ………… 三七四
一九三八年（中华民国二十七年　岁次戊寅）　先生三十四岁 ………… 四一五
一九三九年（中华民国二十八年　岁次己卯）　先生三十五岁 ………… 四四三
一九四〇年（中华民国二十九年　岁次庚辰）　先生三十六岁 ………… 四五九
一九四一年（中华民国三十年　岁次辛巳）　先生三十七岁 ………… 四八九
一九四二年（中华民国三十一年　岁次壬午）　先生三十八岁 ………… 五〇六
一九四三年（中华民国三十二年　岁次癸未）　先生三十九岁 ………… 五二三
一九四四年（中华民国三十三年　岁次甲申）　先生四十岁 ………… 五三七
一九四五年（中华民国三十四年　岁次乙酉）　先生四十一岁 ………… 五五一
一九四六年（中华民国三十五年　岁次丙戌）　先生四十二岁 ………… 五六四

一九四七年（中华民国三十六年　岁次丁亥）　　先生四十三岁 ………… 五八四

一九四八年（中华民国三十七年　岁次戊子）　　先生四十四岁 ………… 六〇六

一九四九年（中华民国三十八年　岁次己丑）　　先生四十五岁 ………… 六二〇

一九五〇年（岁次庚寅）　　　　　　　　　　　先生四十六岁 ………… 六二九

一九五一年（岁次辛卯）　　　　　　　　　　　先生四十七岁 ………… 六三五

一九五二年（岁次壬辰）　　　　　　　　　　　先生四十八岁 ………… 六四三

一九五三年（岁次癸巳）　　　　　　　　　　　先生四十九岁 ………… 六四九

一九五四年（岁次甲午）　　　　　　　　　　　先生五十岁 ………… 六五五

一九五五年（岁次乙未）　　　　　　　　　　　先生五十一岁 ………… 六六三

一九五六年（岁次丙申）　　　　　　　　　　　先生五十二岁 ………… 六七〇

一九五七年（岁次丁酉）　　　　　　　　　　　先生五十三岁 ………… 六八二

一九五八年（岁次戊戌）　　　　　　　　　　　先生五十四岁 ………… 七一一

一九五九年（岁次己亥）　　　　　　　　　　　先生五十五岁 ………… 七一八

一九六〇年（岁次庚子）　　　　　　　　　　　先生五十六岁 ………… 七二二

一九六一年（岁次辛丑）　　　　　　　　　　　先生五十七岁 ………… 七二六

一九六二年（岁次壬寅）　　　　　　　　　　　先生五十八岁 ………… 七三二

一九六三年（岁次癸卯）　　　　　　　　　　　先生五十九岁 ………… 七四五

一九六四年（岁次甲辰）　　　　　　　　　　　先生六十岁 ………… 七六四

## 下　卷

一九六五年（岁次乙巳）　　　　　　　　　　　先生六十一岁 ………… 七八七

一九六六年（岁次丙午）　　　　　　　　　　　先生六十二岁 ………… 七九九

一九六七年（岁次丁未）　　　　　　　　　　　先生六十三岁 ………… 八〇九

一九六八年（岁次戊申）　　　　　　　　　　　先生六十四岁 ………… 八一七

一九六九年（岁次己酉）　　　　　　　　　　　先生六十五岁 ………… 八二七

一九七〇年（岁次庚戌）　　　　　　　　　　　先生六十六岁 ………… 八三四

一九七一年（岁次辛亥）　　　　　　　　　　　先生六十七岁 ………… 八三八

一九七二年（岁次壬子）　　　　　　　　　　　先生六十八岁 ………… 八四一

一九七三年（岁次癸丑）　　　　　　　　　　　先生六十九岁 ………… 八四七

一九七四年（岁次甲寅）　　　　　　　　　　　先生七十岁 ………… 八五九

一九七五年（岁次乙卯）　　　　　　　　　　　先生七十一岁 ………… 八七三

一九七六年（岁次丙辰）　　先生七十二岁 …………　八九一
一九七七年（岁次丁巳）　　先生七十三岁 …………　九一一
一九七八年（岁次戊午）　　先生七十四岁 …………　九二八
一九七九年（岁次己未）　　先生七十五岁 …………　九四六
一九八〇年（岁次庚申）　　先生七十六岁 …………　九七六
一九八一年（岁次辛酉）　　先生七十七岁 …………　一〇〇九
一九八二年（岁次壬戌）　　先生七十八岁 …………　一〇三八
一九八三年（岁次癸亥）　　先生七十九岁 …………　一〇八九
一九八四年（岁次甲子）　　先生八十岁 …………　一一一五
一九八五年（岁次乙丑）　　先生八十一岁 …………　一一三八
一九八六年（岁次丙寅）　　先生八十二岁 …………　一一七〇
一九八七年（岁次丁卯）　　先生八十三岁 …………　一一九九
一九八八年（岁次戊辰）　　先生八十四岁 …………　一二二四
一九八九年（岁次己巳）　　先生八十五岁 …………　一二五一
一九九〇年（岁次庚午）　　先生八十六岁 …………　一二八三
一九九一年（岁次辛未）　　先生八十七岁 …………　一三一五
一九九二年（岁次壬申）　　先生八十八岁 …………　一三四八
一九九三年（岁次癸酉）　　先生八十九岁 …………　一三七七
一九九四年（岁次甲戌）　　先生九十岁 …………　一四〇七
一九九五年（岁次乙亥）　　先生九十一岁 …………　一四三一
一九九六年（岁次丙子）　　先生九十二岁 …………　一四四七
一九九七年（岁次丁丑）　　先生九十三岁 …………　一四六五
一九九八年（岁次戊寅）　　先生九十四岁 …………　一四八〇
一九九九年（岁次己卯）　　先生九十五岁 …………　一四八八
二〇〇〇年（岁次庚辰）　　先生九十六岁 …………　一五〇一
二〇〇一年（岁次辛巳）　　先生九十七岁 …………　一五一一
二〇〇二年（岁次壬午）　　先生九十八岁 …………　一五二一
二〇〇三年（岁次癸未）　　先生九十九岁 …………　一五二六
二〇〇四年（岁次甲申）　　先生诞辰一百周年 …………　一五四〇

初版本代跋：关于这部书 …………　一五四一
增订本后记：我的撰述历程 …………　一五四四

# 增订本序

沈君确实是个难得的有心人。我知道他当初于2013年出版《施蛰存先生编年事录》乃是为了纪念施先生离去十年,这次的"增订本"则为了纪念施先生诞辰一百二十周年。他对恩师那种披肝沥胆的忠诚,令我深深感动。

但沈君的增订本,绝不是通常人所谓的"增订版"。自从"初版"问世之后,整整十年间,他仍不断搜集施先生的事迹史料和学术遗产,并一一细加考证,终于整理出可以用于增订本的三十余万字。他为这个增订本所付出的精力实在非比寻常!尤其是,沈君在增补三十余万字的同时,也删减压缩了近十万字,他的功力和组织能力令我由衷地佩服!此外,全书的形式和架构也做了不少新的调整,并以新的面貌呈现!如此庞大的工程,我看除了沈建中以外,没有第二位能如此干练地驾驭这个"增订本"!

记得我第一次读到沈君的大作《遗留韵事:施蛰存游踪》(2007年版),就对沈君的治学功力赞不绝口。我尤其欣赏他那种发掘和收集整理材料的功夫,以及惊人的写作毅力和恒心。而这次他所完成的《施蛰存先生编年事录》(增订本)更加令人大开眼界,相信读者又能从中发掘出许多新的资料和生命的内容。在另一个世界里,施先生也会感到十分宽慰的。

2023年元月写于美国康州木桥乡

# 初版序言：重新发掘施蛰存的世纪人生

　　施蛰存先生(1905—2003)是中国现代文学的一颗巨星。在上世纪的三十年代，二十多岁的他已经闻名于上海的先锋文坛。他的第一篇小说《上元灯》作于1926年，后来他陆续发表《梅雨之夕》《在巴黎大戏院》等许多充满心理描写的新潮小说，一直写到抗日战争前夕。仅在此短短的十年间，他便在现代中国小说创作的领域里树立了经典的地位。

　　但许多读者或许不知道，施蛰存的后半生（其实是长达六十多年的大半生）转而致力于古典诗词、金石碑版等研究，并取得十分辉煌的成就。可惜直到他八十岁以后才有机会出版这方面的专著——包括《唐诗百话》《北山谈艺录》《北山谈艺录续编》《北山集古录》《水经注碑录》《词学名词释义》《唐碑百选》等。这是因为，早在"文革"以前，他就开始了"靠边站"的生活：1957年他正式被贬为右派；1960年以后被派在华东师范大学中文系资料室工作。在那段将近三十年的漫长期间，政治形势所造成的不利环境反而给了他"安静"做学问的机会。例如在嘉定当农民的时候，他白天做苦工，晚间苦读《汉书》；在华东师大资料室工作时，他白天被批斗，晚上则专心编撰他的《词籍序跋萃编》。此外，在一连串的政治灾难中，他断断续续写成了文史交织的《云间语小录》。然而，当时他却被剥夺了所有著作的发表权利。可以说，1980年代以后他之所以不断出书,乃是因为这些作品大多是在那段漫长的动乱期间默默积累而成的。讽刺的是,他从前三十年代所发表的那些早已被遗忘的小说,也在他生命的最后几年同时"出土"。在一个颇富自嘲的"简历表"中,他曾经写道:"……三十年代:在上海作亭子间作家。四十年代:三个大学的教授。五十年代:从资产阶级知识分子上升为右派分子。六十年代:摘帽右派兼牛鬼蛇神。七十年代:'五七'干校学生,专业为退休教师。八十年代:病残老人,出土文物。"

施先生曾说,"活着就是胜利"。他不仅多产又长寿,而且目睹了整个二十世纪中国人所身历的翻云覆雨的变化。听说他长寿的秘诀就是每天早晨八颗红枣和一个鸡蛋。但我以为施先生的真正秘诀乃是:不论遇到任何挫折和磨难,总是对生命拥有希望和热情,只要人还活着,每天都要活得充实。他曾亲口告诉我,他一向不与人争吵,即使在被斗的"文革"期间,他总是保持"唾面自干"的态度,那是"一种类似基督精神的中国传统精神"。总之,他凡事原谅人,容忍人,尽量保持豁达的态度。所以他说,生命的意义就是要"顺天命,活下去,完成一个角色"。他这种生命哲学观确实充满了智慧。2003年11月19日他以九十九岁高龄在上海去世,当天我托他的女弟子陈文华转呈我对他的悼念:"施老千古,施老千古。言志抒情,终其一生。逝矣斯人,永怀高风。"

我一共只见过施先生两次,那两次会面都在1996年6月我去中国访问期间。但早在那之前我已经通过书信与施老建立了一种"神交莫逆"的情谊。那段友谊始于1984年一次偶然的因缘。那年春天我接到由普林斯顿大学出版社转来施先生的短函,大意说:他多年来热衷于词学研究,前不久听说我刚出版一本有关词的英文专著,希望我能赠送一本给他。那封来信令我喜出望外,没想到我一直敬佩的三十年代老作家会突然来信!我一时按捺不住兴奋之情,就立刻用国际特快把书寄到上海给他。那段期间我正在开始研究明末诗人陈子龙和柳如是,正巧施先生刚出版了一本《陈子龙诗集》(与马祖熙合编),所以他很快就寄来该书(共两册)给我。后来他陆续请友人(包括顾廷龙、李欧梵、Jerry D. Schmidt等人)先后转来《柳如是戊寅草》《小檀栾室汇刻百家闺秀词》《众香词》《名媛诗归》等珍贵书籍。1988年他又托茅于美教授(已于1998年去世)转来他刚出版的《唐诗百话》。该书深入浅出,篇篇俱佳,其论点之深刻、文体之精练,都让我佩服至极。我于是把它作为耶鲁研究生课的教科书。从此施先生每次来信都不忘为我指点迷津,并指导我许多有关明清文学及女性诗词的课题,后来我与苏源熙(Haun Saussy)合编《传统女作家选集》(*Women Writers of*

Traditional China），大多受到施老的启发和帮助。最让我惊奇的是,他在西方语言和文学方面的知识也十分丰富,所以我开始按期邮寄美国的《纽约书评》(The New York Review of Books)、英国的《泰晤士文学副刊》(Times Literary Supplement)、以及一些外文书籍给他。从此,上海和纽黑文两地之间,那一来一往的通信就更加频繁了。

1991年施先生从上海寄来他的诗稿《浮生杂咏》八十首,尤其让我感动。他自己说,他的诗集乃是效龚定庵之《己亥杂诗》而写——那就是,不但悉心校订每一首诗歌,并特意加上注解。应当说,是那部自传式的诗集,使我开始真正认识到这位"世纪老人"的不寻常。从那个诗集里,我深深地体验到:施老自幼的教育背景、长年以来所培养的阅读习惯、以及个人的才华和修养,都很自然地形成他这样一个人。首先,在"暮春三月江南意"那首诗(第23首)的自注中,我发现他的幼年教育始于古典诗歌的培养。那时他才刚上小学三、四年级,国文课本中有一课,文云:"暮春三月,江南草长,杂花生树,群莺乱飞。"他的同班同学"皆惊异,以为无意义,盖从来未见此种丽句也"。唯独幼年的施先生已经得到启发,自此以后他"始知造句之美",后来读杜诗"清词丽句必为邻",更加相信"文章之思想内容当饰之以丽句"。后来上中学三、四年级,英文教育又成为他人生的一大关键:"三年级上学期读莎氏《乐府本事》,三下读霍桑之《丹谷闲话》。四上读欧文之《拊掌录》,四下读司各特之《撒克逊劫后英雄略》。"(第27首自注)从此他开始广泛地阅读外国文学,学习翻译,也读《新青年》、《新潮》诸杂志,并"习作小说、新诗"等。难怪他二十岁不到就开始投稿了,而且一生中不论遇到什么遭遇,他都能持续地认真求知,并能选择当时所最适合自己的文体来"言志抒情"。因此,他在文学事业中,一直扮演着"发掘者"的角色。他要发掘生命中一些被常人忽视的内容。

其实,对我来说,他的《浮生杂咏》之所以如此动人,乃是因为在那部诗集里,我可以自由地"发掘"出许多我们这一辈人所不熟悉的"文化记忆"。该诗集记录施先生从幼年时期一直到中日大战前夕所经历的一些个人经验。他说:"《浮生杂咏》初欲作一百首,以记平生琐事可念者,今成八十首,仅吾生三分之一,在上海之文学生活,略俱于此。"但那一段早期的历史也正是我最想知道的。所以当我读到他所叙述有关与大学同舍生"一灯共读对床眠"、与戴望舒等人在二十年代白色恐怖中害怕国民党"奉旨拿人犬引狼"的往事,以及有关松江老家"芜城门巷剩荒丘"的景象时,心中尤其感到震撼。此外,施先生寄来的那本《浮生杂咏》校样中有好几处有他的亲笔"更正",所以特别珍贵,我因而小心珍藏之。

我喜欢阅读施先生的文字,不论是他的诗或是他的信件,都让我有"如见其人"的感觉。其中有几封施老的来信至今令我难忘。例如1991年春天他寄来了一封信,开头写道:"你的邮件,像一阵冰雹,降落在我的书桌上,使我应接不暇。朱古力一心、书三册、复印件一份、笔三枝,具已收到。说一声'谢谢',就此了事,自觉表情太淡漠,但除此以外,我还能说什么呢。"其形象之生动,文字表达之诚恳,令我百读不厌。又次年暑假听说他身体不适入住医院,我心想专程到上海看他,但一时由于家累及其他原因无法动身,他立刻来信安慰我:"我近日略有好转,天气已凉,可逐渐健好。但我不是病,而是老;病可医,老则不可医。今年88,尚能任文字工作,已可谓得天独厚,不敢奢望了。我与足下通信多年,可谓神交莫逆……虽尚未有机会一晤,亦不拘形迹,足下亦不须介意,千万不要为我而来……"他那种朋友间"如能心心相通,见不见面无所谓"的态度,令我感动。但四年后我还是到了上海拜见他,终于如愿。

后来辜健(古剑)先生把许多施老给我的信函收入了他所编的《施蛰存海外书简》中。顺便一提,是施老的另一位学生张索时首先代替辜健向我索取那些信件的影印本的。(康宜按:施蛰存先生给我的信件手稿等,我已于2010年秋捐赠给北京大学国际汉学家研修基地。)诚如辜健所说:"书信乃私人之交流……言而由衷,可见其真性情,真学问。"尤其在那个还没有电子邮件的年头,每封信都得亲自用笔写出,信纸也必须因收信人而有所讲究,所以私人信件就更能表达写信人的"真性情。"我一直很喜欢用"抒情"二字来形容文人书信的特色,有一年甚至从头到尾朗诵了一大本美国小说家亨利·詹姆斯(Henry James)和伊迪丝·华顿(Edith Wharton)两人之间的书信集(*Henry James and Edith Wharton: Letters, 1900—1915*, edited by Lyall H. Powers, New York, 1990),我将之称为"抒情的朗诵"。

据我观察,文人之间的书信往来常常会引起连锁反应的效果,而这种"连锁的反应"乃是研究文人传记最宝贵的材料。例如,八十年代开始我和施老的通信无形中促成了他和老朋友张充和女士(另一位世纪老人)之间的通信。他们早在三十年代末就互相认识了,当年正在抗战期间,许多知识分子都流寓到了云南,施蛰存也只身到了昆明,开始在云南大学教书。正巧沈从文先生就住在云南大学附近的北门街,有一天施先生到沈家去参加曲会,那天正好轮到充和女士表演清唱,所以彼此就认得了。后来经过半个世纪,居然还能以通信的方式重新叙旧,其欣喜之情可想而知。作为他们的后辈,我很愿意为他们两位老人家服务,我告诉他们,凡是转信、带话之类的事对我都是义不容辞的。同时我也能从他们两人之间的交往学到许多上一代人的宝贵文化。我一直难忘1989年春天施先生托我转送的一封信,那是在沈从文先生逝世将满一周年时,他因收到充和赠他的一个扇面,感慨万千而写的回信:"便面飞来,发封展诵,惊喜无状。我但愿得一小幅,以补亡羊,岂意乃得连城之璧,灿我几席,感何可言?因念山坡羊与浣溪沙之间,阅世乃五十载,尤其感喟。忆当年北门街初奉神光,足下为我歌八阳,从文强邀我吹笛,使我大窘。回首前尘,怊怅无极,玉音在耳,而从文逝矣……"(1989年3月6日函)。

两位老人之间的通信之所以特别感人,乃在于彼此曾经在过去战乱时期炮火纷飞中有过共患难的经验。三十年代的昆明乃为一文化大本营,当时知识分子之间所建立的那种坚固情谊,实与中国传统文化的精神息息相关。那是一种终身不忘的情谊。

最让我动怀的是,施老与充和两人的交情一直延续到下一代的师生传承关系。在施先生去世四、五年之后,有一天我忽然接到上海陈文华教授的来信,她告诉我,施老的另一位弟子沈建中正在编一部《施蛰存先生编年事录》,希望我能帮他索求张充和女士的题字。我接信后立刻赶到充和处。充和看信后十分激动。她那时已经95岁高龄,但一听说是老朋友施蛰存的学生要的题字,就立刻起身"奋笔成书"。她一直叹道:"我万万没有想到,在老朋友离世之后,还有机会为他题字……"但她又说:"我今天写的,只是练习而已。你是知道我的,我每次题字,至少要写上数十遍,在纸上写了又写,试了又试,直到自己完全满意之后,才能算数。你改天再来拿吧!"

一个星期之后,充和女士如期交卷。后来陈文华教授和沈君也都分别来信致谢。但在那以后许久,我一直没听到《编年事录》的出版信息。我当然知道,这样一部大书确实不容易写,也绝对快不得。心想:编者沈建中也够幸运,幸亏他要题字要得早,否则再迟一、两个月就得不到充和的题字了。这是因为,近年来张女士身体大衰,早已拒绝所有题字的请求。尤其是,自从2012年春季张女士过百岁生日后,她已经正式封笔,而那张写字桌也已成为专门养兰花的地方了。

两个月前我终于收到沈建中所写这部《施蛰存先生编年事录》的电子稿,很是兴奋。我发现,这是一部非比寻常的大书,编写历时十五年之久(即在施老生前已经开始编写),全书共得百余万字。最令人感佩的是,沈君白天在金融界上班,长年利用业余时间致力于对近现代文化、学术和文献文物的研究。目前他的专著已出版有九种;并编有二十多种与学术文献相关的书籍。但他自认最勤、最用力的就是这部为施老所写的《编年事录》。此书投入精力之大可谓空前。从头到尾,沈君力图精耕细作,他虽采取传统编年的纪事方法,但他却很巧妙地把施先生的个人经历放在中国二十世纪历史的大框架中来展现。所用的材料,除了施老自己的日记、书信和作品之外,还广泛包括地方史、校史、报刊史、出版史、抗战史、反右史、"文革"史、以及许多与施先生交游者的信件、笔记、年谱等。此外,书中还有多处反映沈君个人的思考和刻意探究的史实,比如:施蛰存与鲁迅、茅盾等人的关系,1933年后他不断受到围攻,反右前所受的"疏忽",抗战远赴内地的情况等等,一切给人一种包罗万象的充实感。可以说,这是一部以"编年"形式撰成的超大"传记",也是供给二十世纪"文化记忆"的宝贵资料库。我想任何一位读者都能从如此庞大的《编年事录》中挖掘出他所想得到的资料和信息。

以我个人为例,我目前最想考证的就是有关施蛰存于1937年逃难至云南的旅途经验,以及他对那段经验的文字描写。尤其是,我所熟悉的施著《浮生杂咏》正好以那个历史的转折点作为结束——最后一首(第80首)写道:"倭氛已见风云变,文士犹为口号争。海渎尘嚣吾已厌,一肩行李赋西征。"作者本人的"自注"也清楚地解释道:"我以朱自清先生之推毂,受熊公聘。熊公回滇,而沪战起。我至八月尾始得成行,从此结束文学生活,漂泊西南矣。"那个自注很有诱惑性,使我更想探寻他下一个人生阶段的心灵活动。

其实,有关施先生的逃难经验,我不久前又重读他的《北山楼诗》,已颇能探知一二。例如,我读到"乾道忽变化,玄黄飞龙蛇。自非桃花源,日夕惊虫沙。客从东海来,历劫私叹嗟"(《车行浙赣道中得诗》)、"辰溪渡口水风凉,北去南来俱断肠"(《辰溪待渡》)、"迟明发轫尚惺忪,恶道崎岖心所虞"(《沅陵夜宿》)等生动诗句的描写,颇能想象他当年作为一个逃难者,那种思虑重重、十分焦急的心境。然而诗歌的语言究竟是富有隐喻性的,如果没有其他可靠的现场资料,很难真正把它放在现实的框架中来研究。我至少必须弄清楚,究竟那些有关"漂泊西南"的诗是哪月哪日写的?是否有可能把那些诗按时间排列?我想,只要有个大约时间的先后,我就可以对施先生当年所写的那些诗歌做出进一步的分析。可惜手头没有足够的资料。

一直到最近,在我认真查考沈君所编的这本《施蛰存先生编年事录》之后,才终于对施先生这组诗的上下文,得到了初步的认识。欣喜之情,自然不言而喻。根据沈君所引用的日记资料,我发现施先生1937年那段充满曲折故障的逃命旅程(从9月6日自松江出发到9月29日抵达昆明)确实是他生命中所经历的最大危险之一。值得注意的是,这段前后达二十三天的紧张时光也正是施先生生平在古典诗歌方面,最为多产的一段。他每天白天忙着购票拉行李赶车,还要跑警报,晚间则不断作诗并写日记。在9月21日的日记中,他曾写道:"我经过湘西各地,接触到那个地区的风土、人情,不禁就联想起从文这两部小书(《湘行散记》《边城》)。我在辰溪渡口做了一首诗。""这就是'有诗为证'。"

在逃难的过程中,最伤脑筋的就是,由于敌机的猛烈轰炸,逃难者必须不断地改变行程。例如,当初施蛰存计划从松江先到杭州,再从杭州乘汽车到南昌、九江而至汉口,再由汉口乘飞机去云南。但后来到了南昌之后被迫改道。9月10日的日记描写当初抵达南昌时的情况:"方竣事,突闻警钟大作,电报局中职员均挟其簿籍夺门而窜,余被众人挤至街上,则市人亦四散奔走,秩序大乱。余忽迷失方向,不知当由何路遄返逆旅。捉路人问之,辄答以不知,掣袂而去。余无奈,即走入一小百货铺,乞许暂坐,讵铺主人设正欲走避郊外,铺门必须下键,不能容客。余不得已伫立路歧,强自镇定。"故施蛰存只得临时转往长沙,最后居然成了前后长达二十三天的"马拉松"逃难——那就是,由长沙转往沅陵,再由沅陵到黄平、贵阳、永宁、安南、普安、平彝、曲靖等处,最后才到昆明。不用说,途中颇多曲折,甚至险些丧命:

"自安南西行,经普安,遂缘盘江行,滚滚黄流,势甚湍疾。凡数里,而至铁索桥……余等初意皆下车徒步过桥,使车身减轻重量,而司机者谓无须,缓驰而过,铁索徐徐振荡,轧轹作声,殊足危怖……车遂西向疾驰,登青天,入幽谷,出没万山中。以下大盘山,经二十四拐,窄径回复,每一曲折,均须先使车逆行,方得过,否则覆矣。此亦黔滇公路中一险要也。其时车方迎夕阳行,残日熔金,光芒万丈,不可逼视。车折过一崖壁,司机者双目为阳光所乱,竟迷前路,车忽旁出,遂陷洿泥中,前隔绝壑,幸早抑制车轮,否则若再前行一尺,即下堕万丈,人车俱尽……"(9月27日施蛰存日记)

显然,这个难忘的恐怖经验就是《车行湘黔道中三日惊其险恶明日当入滇知复何似》那首诗的实际背景。读了这段日记的记载,使我更能体验诗中所写的诗句:"驱车三日越湘黔,坠谷登崖百虑煎。……来日大难前路恶,蛮云瘴雾入昆滇。"

总之,在那次困难的逃生之途中,施蛰存并没停止他的写作。首先,沿途所做的古典诗歌不少,除了以上所提到的《车行湘黔道中三日》一诗以外,还有《渡西兴》《车行浙赣道中得诗六章》《长沙左宅喜晤三妹》《长沙漫兴八首》《渡湘江》《沅陵夜宿》《辰溪待渡》《夕次潕水》《晃县道中》《黄平客舍》《黄果树观瀑》《登曲靖城楼》等。这些诗都在那二十三天的空隙间写成。此外,施先生一路上所写的日记(《西行日记》)与他的诗歌相得益彰,可以说是很重要的见证文学。有趣的是,他在途中所写的那些古典诗歌无形中也就成了他从此由小说写作转向古典文学研究的起步。

这是沈君所编这部百科全书式的《编年事录》所给我的启发。施老生前曾对我说过:"Discover, Discover, Discover,这才是生命的目标。"相信其他读者也都能从沈君的这部大书发掘出(discover)许多宝贵的资料和生命的内容。此书不仅对施蛰存研究有极大的贡献,而且在现代中国文学史中功不可灭。

这部《编年事录》将于今年由上海古籍出版社(分两册)出版。今年是蛇年,而施老的生肖正好属蛇。这个巧合,不是一般的巧合,它象征着一种人生哲学。《易经》上说:"见龙于田,德施普也。"因为蛇是地上的龙,故施老的父亲给他取名为施德普。后来又给他取字曰蛰存;因为他生下来的月份(农历十一月)正是蛇蛰伏地下之时。施老显然更喜欢他的字,故一直以字名世。他曾说过:"这个名字判定了我一生的行为守则:蛰以图存。"

这次沈君请我写序,着实令我十分惶恐。今日匆匆写来,词不达意,仅聊表我对施老永恒的怀念和敬意。是为序。

孙康宜<br>2013年(蛇年)2月写于美国耶鲁大学

## 增订本序：施蛰存先生的名号和四窗

建中兄著述等身，我读过其中两种，深有感怀：一、《施蛰存先生编年事录》（上下，上海古籍出版社，2013）；二、新出版的《北山楼金石遗迹》（三种，华东师范大学出版社，2021）。前者常在手边，时有摩挲；后者不久前拿到书，纸墨犹香，展卷观赏，灿烂夺目。两书都是极见工夫的厚重之作，编著者花费了绝大的力气，后来人难以绕过。

作为当年从学者中的一员，我以前对先生的认知，只是个人接触的单一角度。读了建中兄的书，对先生一生的成就和性情，才有了比较完整的理解。先生的治学，范围广泛，而且几经变化，初学者难以望其涯涘。今试从先生的名号和晚年自述的"四窗"入手，以辨识其学问和性情的大体方向。

施蛰存先生的名号，主要如下：学名德普，名舍，字蛰存。号梅影轩主、碧桃花诗室主、蛰庵、无相居士、北山（《编年事录》初版本，1页）。由此衍生数十个笔名，大都以此为纲领。试分疏如下：

学名德普，名舍，字蛰存。语出《易》乾卦九二："见龙在田，利见大人。"《象》曰："见龙在田，德施普也。"又《文言》曰："见龙在田，时舍也。"取名者为先生的父亲，根据《编年事录》引来访者文，先生自述："这个名字判定了我一生的行为准则：蛰以图

存。"(同上,2页)

先生出生于1905年12月1日,农历乙巳年十一月初五。生肖蛇,故取象龙,过去之人,常以属蛇为小龙。乾卦六爻有六龙,排行二,故取九二。《易》九五天而九二地,"蛇是地上的龙"(同上,2页),故取乾九二爻辞。学名德普,取九二《象》,隐含"施"姓。名舍,取《文言》九二,为存身之所。

蛰存,取《系辞下》:"尺蠖之屈,以求信也。龙蛇之蛰,以存身也。精义入神,以致用也。"信即伸,蛰即屈,虞翻注:"蛰,潜藏也,龙潜而蛇藏。阴息初,巽为蛇。阳息初,震为龙。十月坤成,十一月复生。姤巽在下,龙蛇俱蛰。初坤为身。故龙蛇之蛰,以存身也。"不仅对应蛇年,而且对应十一月。于姓、名、字皆完全相应,可见取名者旧学修养之深。从后来观之,此姓名的取象,暗合先生一生的发展,不能说没有神奇的成分。

于《系辞下》荀爽又注:"以喻阴阳气屈以求信也。"侯果注:"不屈则不信,不蛰则无存,则屈蛰相感而后利生矣。"亦即应时而变,入冬存身,启春惊蛰,以致用于人世,要在《象》的"时"字。于"时"的体认,并不在趋吉避凶,而是人的一生,"总是要做点事的"。(1940年4月21日杨刚致施先生函,《编年事录》初版本,443页)这句话低调而坚定,先生晚年常常言及,既是那一代学人的风骨,也是"德施普也"的内在要求。

继续看其他的名号:蛰庵,直接由名字化出。而无相居士,用《金刚经》"无我相,无人相,无众生相,无寿者相",于名字似乎无关,而仔细体会,依然有内在联系。无相者,不住于相。先生的学问,有着多方面的成就,并不停留在某一领域,相应此名号。于生活而言,他一生多遇坎坷而识见通透,与人交谈,往往流露清澈的洞见,也相应此名号。

先生早年曾涉猎佛经,比如在1933年读《佛本行经》,亦即《佛本行赞》。(《编年事录》初版本,233页)晚年在信中说,"现在我改名'舍'即'啥'。'施,啥也',我只有给别人东西,没有取别人东西。"(《编年事录》初版本,2页)"施,啥也","啥"疑当"捨"。古语"舍"(《说文》亼部)"捨"(《说文》手部)为两字,含义不同,到现代简化成一字。此处或为辨认字迹之失,若以沪方言说话,"啥""捨"音近,听者容易致误。以佛学观之,"施,捨也",亦即布施。《金刚经》云"菩萨无住相布施,福德亦复如是不可思量",与《周易》"德施普也"一致。

梅影轩主、碧桃花诗室主,为先生中学时代所拟,后来不再使用。梅冬而桃春,前

二

者自标高格,或化用林逋《山园小梅》:"疏影横斜水清浅,暗香浮动月黄昏。"(先生出生于杭州)后者含出世色彩,似来自刘义庆《幽明录》记东汉时刘阮天台山遇仙,唐宋诗词常有"碧桃花"意象。先生少年时热爱文学,引导他走上后来的道路。这两个号,可对应他的小说、诗文创作。

小说集中在早期十年(1926—1936),初试笔,才气发扬,为世所惊艳。而诗文则延续一生,晚年的《浮生杂咏》八十首,深沉隽永。辍笔未写的二十年"可喜、可哀、可惊、可笑之事"(《附记》),感时伤世,无言而言,暗用《老残游记二编》序言,五十年间"可惊、可喜、可歌、可泣之事"。

使用时间最长的笔名是北山,引申以书斋为北山楼。2011—2012年华东师范大学出版《施蛰存全集》(不是先生作品的全部),此书共十卷,而冠名"北山"者,竟然有四种八册之多,占据绝对多数。此号既是先生实际生活的写照,也是他性情和思想的表现。

"北山"典取南朝孔稚珪《北山移文》,文意是讽刺伪隐士,相应先生性情的洁身自好,志趣高远。二十世纪的中国,各种各样的风波不断,有很多后来遭遇不公待遇之人,自己早年也曾以不公待人。能够自始至终保持清白的,只有少数人,先生应该是其中之一。以"北山"为号,并非志在居隐,先生根本上是入世的,积极地做了很多事。文革初老友邵洵美落难,几近断炊,先生曾仗义资助。此事先生从未言及,后来还是从邵的女儿口中说出的。(《编年事录》初版本,793页)

具体取号北山,来自抗战时期,先生任教于福建厦门大学。学校坐落北山脚下,因以为号。回上海以后,在动乱的十年中,他居住于向北的小屋,而此时的北山楼,是在阳台上搭建的只有几平方米的小屋,多年积累收藏的碑帖即存放其中。真正对应北山之学的,应该就是北窗,此涉及流传甚广的"四窗"之说。

"四窗"之说,最初来自偶然的机缘,1984年先生出院后,在会客闲聊时即兴说起。先生原先的作息一直在朝北的亭子间,工作、会客常常就坐在抽水马桶上。八十年代国家落实政策,才重新搬回原来的南间,那里有落地长窗,敞亮了很多。"四窗"的说法新颖可人,为报纸记者采取(1985年11月5日《书讯报》,葛昆元《"我一生开了四扇窗子"——访华东师大中文系施蛰存教授》,《编年事录》初版本,1166页),很快流传开来,成为先生一生成就的简要概括。然而,根据建中兄的提示,社会上流行的版本,还不是先生的原话。

流传的"四窗"之说,大致为东窗新文学创作,南窗古典文学研究,西窗外国文学

翻译,以及北窗金石碑版考释。而先生比较确切的原话,可以参考丁言昭的记录:

"我的文学生活共有四个方面,特用四面窗来比喻:东窗指的是东方文化和中国古典文学的研究,西窗指的是西洋文学的翻译工作,南窗是指文艺创作。我是南方人,创作中有楚文化的传统,故称南窗。还有,近几十年来我其他事情干不成,把兴趣转到金石碑版,这就又开出一面北窗,它是冷门学问。"(1988年7月16日香港《大公报》,丁言昭《北山楼头"四面窗"——访施蛰存》,《编年事录》初版本,1251页)

对比两种说法的不同,主要是东窗和南窗的易位。我理解先生的原意,东窗和西窗是中国(包括东方)和西洋的对比。南窗为创作性的发散,也暗指南方人;北窗为保存古物的收敛,也象征冷门。而流行说法以南窗为东窗,关注的是最初的文学起步。施先生早年的创作,由诗而小说,写出《将军底头》《石秀》《鸠摩罗什》等一系列佳作,以此为起始点,也顺理成章。

若东若南,虽然有误读,似不必纠正。先生未认可此说,然而以他的豁达,或当一笑置之,不以为忤吧。建中兄"代前言"提及(《北山楼金石遗迹》一,14页),当年《北山谈艺录》印行时,最初样书的封面,将先生名字中的"蛰"误印为"蜇",出版者大惊道歉,立即换封面改正。先生却不以为意,觉得太浪费了。庄生云,"一以己为马,一以己为牛"(《应帝王》),名字写错都无妨,"四窗"本来带有戏言的成分,误传又有什么要紧?先生一生被人误传的事例还少吗?

而北窗之学的搜集整理,最初来自兴趣爱好,以后出于不得已("近几十年来其他事情干不成"),终于成为学问的归宿,由此接续传统。建中兄《北山楼金石遗迹》的附录有八种,可见北窗之学的形成过程。尤其是附录八,提及《施蛰存集古文录》的选编设想,若完成将有十二卷之多,更见此学的深邃和广大。而北窗与北山或北山楼,在时间上、空间上乃至性情上,形成了奇妙的对应。

两说之异同,还有值得注意的地方。先生原话中提到东方文化,可见他的视野所及,并不仅仅关注中国古典文学,有着更广阔的范围。在二十世纪相当长一段时间内,东西方文化的比较,是学术界的主要潮流之一,先生不可能不受到影响。在先生的姓名中,包含"德普"和"蛰存"。"蛰存"已行而"德普"未显,不能不说跟时代有关,《易》九二毕竟还有"天下文明"呵,当关注更深远的指向。

而南窗之学,与楚文化传统的对应,值得深入挖掘。由小说、诗而杂文,当理解其间的线索。至于"西窗"的内容,还缺少完整的概览。已知新的《全集》正在重编,《译文全集》也在进行中,将来会有所补全。先生译述西学,有不同的阶段,对其中的演变如何认识?据兴康兄回忆,先生在九十年代曾向他建议,上海古籍出版社也可以考虑出版西方古籍:"中西的'古籍'都是 classics,那你们为什么不出版西方古籍呢?"此说振聋发聩,虽然未能实施,不能不敬佩先生敏锐的感觉。

四窗之说,还不能完全包括先生的主要成就。除了可以作为海派文化的代表人物以外,他至少还有一重身份,就是一生所从事的编辑事业。先生早年以主编《现代》杂志而闻名,影响文学的潮流。晚年编辑《词学》丛刊,以及《外国独幕剧选》,推动文化的发展。

谈到这里,也许应提及先生与鲁迅的笔战,此事对先生的一生影响甚大。这场争论开始于1933年秋十月,因先生推荐《庄子》与《文选》而起。《庄子》与《文选》,尤其是前者,在中国的经典系统中,有其不可或缺的地位。仅从文学角度认知,确实有所不足。至于争论的曲折是非,随着时间的推移,自有后人作出公正的评价。

我想补充的是,同年春四月,先生作为《现代》的主编,在其他刊物不敢接受的情况下,不顾多方面压力,毅然刊发鲁迅《为了忘却的记念》。同期的"柔石纪念"专题,登载从鲁迅处借来的照片和手迹,配以珂勒惠支木刻画《牺牲》(《编年事录》初版本,207—208页,212—213页)。先生退还柔石插图的字条,一直保存在鲁迅处。在书信展上看陈列的原件,墨色宝光之间,隐约可见折叠的印痕。

在指导学生就业时,他往往推荐从事编辑出版。由于先生的引领,有好几位学生去了出版社,作出优异的成绩。而建中兄自居先生的"学徒"(《北山楼金石遗迹》一,"代前言"),主要也是致力于编书。我当年毕业时,先生希望我也从做编辑起步,只是由于阴差阳错的机缘,我走上了另外的道路。

说到自己,师恩难忘,前言往行,点点滴滴在心头。在毕业离校前,施先生对我谈起过两点:一、写文章,应该从小文章写起。二、一个人的主要社会关系,不应该在自己的工作单位内。这应该是先生人生经验的总结,我虽然没有做到,但至今时常想起,回味其中的意思。

在毕业后一段时间内,每次见到先生,先生大声(他耳背)喊着我的名字,说,你写的东西呢?拿来给我看看。先生逝世已二十年,话音依然在耳边,是鼓励,是鞭策,警示我不敢懈怠。

## 附记

　　建中兄积数十年功力完成《编年事录》，初版一百二十多万字，对了解先生一生的事迹，作出了不可替代的贡献。对了解二十世纪中国现代文学史乃至文化史，也有参考的作用。增订本根据新发现的材料，补苴罅漏，纠正错失，又增添三十多万字，同时删除十万字，更趋于完善。

　　承建中兄不弃，从十年前初版至今，多次邀请我作序。数辞不获已，敬改旧文以应命，以此纪念先生逝世二十周年，并祝贺建中兄增订本的问世。

张文江

2021 年 8 月 25 日初稿<br>
2023 年 2 月 6 日改定

# 一九〇五年（清光绪三十一年　岁次乙巳）　先生诞生

## 十二月

**一日**　星期五,晚上约在十九时至二十一时之间,即农历乙巳年(蛇年)丁亥月(十一月)甲戌日(初五)戌时,先生诞生于杭州水亭址钱塘县学府(学宫)旁(今杭州上城区中河中路88号上城区公安局一带)的家里。(先生书面材料)生肖属蛇,排行为二,故曾自称"施二"。全家居住于租赁的西向三间"老屋",先生自述:"水亭馀址傍宫墙,古屋三间对夕阳。"(《浮生杂咏》)

**又**　关于先生的名、字、斋号,以及笔名。学名德普,名舍,字蛰存。号:梅影轩主、碧桃花诗室主、蛰庵、无相居士、北山。别署:畏斋、杭人施舍等。据查考先生曾用斋名有梅影轩、萍寄居、曼陀罗花室、碧桃花诗室、蜗居、托尔斯泰室、荷马室、狄更司室、拜芙蓉馆、哀芬室、绻慧室、葱庐、眉庵、慧室、红禅室、蘋华室、无相庵、南望校斋、传柑里寓斋、北山楼、北山板屋(阁)。自青年时代起便以字蛰存行,据查考曾用笔名有:施俊、施瘦花、梦秋、施高德、施太邱、寄萍、兰、施青萍、青蘋、青萍、花月痕中人、眉子、云间眉子、蘋盦、蛰、贽、蛰存、柳安、S、沫、安华、邹萧、安翏、安慧、陈和、谢远君、江思(曾与戴望舒、杜衡合署)、江兼霞(亦与戴望舒、杜衡合署)、蛰庸、歪玉、方进、山眉、子仁、露醒、玄晏、云中居、蒙葵、雕菰、酉生、乌尼(郑逸梅《艺林散叶续编》谓"笔名怪异者")、梁云、千、惜蕙、薛蕙、薛卫、施二、施庵、陈玫、李万鹤、万鹤、薇、也耶、米兹、文生、玄晏、文殊奴、古矜凫、罗平、尧士、欧阳微、散木、施蛰吾、劳无施、蛰庵、萧琅、樊温、丁宁、曾莹卿、曾敏达、陈蔚、乌蒙、施子仁、静远、王了二、幸丸、舍人、舍之、舍止、舍翁、中舍、仲山、北山、是水、痴云、丙琳、秋浦、云士、寅如等。据徐迺翔、钦鸿编《中国现代文学作者笔名录》所载曾用笔名别有："盖公（《死刑废止》载抗战时内地某刊）。"据朱宝梁主编《二十世纪中国作家笔名录·增订版》所载曾用笔名别有"邹尼"，俟考。

另，据楚山孤记述："《易经》上说：'见龙于田，德施普也。'蛇是地上的龙，故施老的父亲给他取名为'施德普'。又《易经》：'龙蛇之蛰，以存身也。'11月是蛇蛰伏地下之时，施老的父亲又为他取字曰'蛰存'。先生现以字名世。可见'蛰存'这个名字，不是一般的用典，还象征着一种人生哲学。先生曾感慨系之地说：'这个名字判定了我一生的行为守则：蛰以图存。'""施老给笔者信中曾特地声明：'现在我改名"舍"即"啥"。"施，啥也。"我只有给别人东西，没有取别人东西。'"（《读者导报》，1993年12月20日）

另，据张文江记述："先生的小名、姓、名、字皆出于《易》，绝妙。"（张文江来件，2014年9月3日）"学名德普，名舍，字蛰存。语出《易经》乾卦九二：'见龙在田，利见大人。'《象》曰：'见龙在田，德施普也。'又《文言》曰：'见龙在田，时舍也。'""生肖蛇，故取象龙，过去之人，常以属蛇为小龙。乾卦六爻有六龙，排行二，故取九二。《易》九五天而九二地，'蛇是地上的龙'，故取乾九二爻辞。学名德普，取九二《象》，隐含'施'姓。名舍，取《文言》九二，为存身之所。蛰存，取《系辞下》：'尺蠖之屈，以求信也。龙蛇之蛰，以存身也。精义入神，以致用也。'信即伸，蛰即屈，虞翻注：'蛰，潜藏也，龙潜而蛇藏。阴息初，巽为蛇。阳息初，震为龙。十月坤成，十一月复生。姤巽在下，龙蛇俱蛰。初坤为身。故龙蛇之蛰，以存身也。'不仅对应蛇年，而且对应十一月。于姓、名、字皆完全相应，可见取名者旧学修养之深。从后来观之，此姓名的取象，暗合先生一生的发展，不能说没有神奇的成分。于《系辞下》荀爽又注：'以喻阴阳气屈以求信也。'侯果注：'不屈则不信，不蛰则无存，则屈蛰相感而后利生矣。'亦即应时而变，入冬存身，启春惊蛰，以致用于人世，要在《象》的'时'字。于'时'的体认，尚不在趋吉避凶，而是人的一生，'总是要做点事的'。（本书初版本，443页）这句话低调而坚定，先生晚年常常言及，既是那一代学人的风骨，也是'德施普也'的内在要求。"（张文江《施蛰存先生的名号和"四窗"》）

另，据张文江记述："梅影轩主、碧桃花诗室主，为先生中学时代所拟，后来不再使用。梅冬而桃春,前者自标高格,或化用林逋《山园小梅》:'疏影横斜水清浅,暗香浮动月黄昏。'(先生出生于杭州)后者含出世色彩,似来自刘义庆《幽明录》记东汉时刘阮天台山遇仙,唐宋诗词常有'碧桃花'意象。先生少年时热爱文学,引导他走上后来的道路。这两个号,可对应他的小说、诗文创作。"(同上)

另,按先生自述:"'无相庵'取佛经中'无人相亦无我相',是我在抗战以前用的书斋名。'北山'见《文选·北山移文》,我不参加一切政治活动,故另署北山。但在1926年到1927年我是共青团员。福建长汀有一座山,叫北山,虽然并不出名,1941年至1944年,我在那里的厦门大学任教,学校就在北山之下,从那时起,我开始用'北山楼'作为书斋名,以记此一段因缘。以后,虽然我离开了那里,回到上海,不管什么处境,书斋名称却从未更易。仅在'文革'中,我把'楼'改为'板屋',但仍叫'北山'。所谓'板屋',是在抄家后,房屋被迫缩小,只得在晒台上搭建半间陋室,冬冷夏热,除放些书外,还能放一小桌子。可以说,我走到那里,那里就是我的'北山楼'。有时写点小文章也署北山,这些年出版的书,也加上一个'北山',这是旧社会名牌商店加记的办法,以免鱼目混珠。'舍之',就是舍弃的意思吧,是在1957年之后用的,常用在撰写读词札记和金石题跋上。除此之外,还有蛰庵、仲山等旧气十足的笔名,现在多已不用了,偶尔写些有古旧味的文章时,也用一下。"(《世纪老人的话·施蛰存卷》)

另,据言昭记述:"他的书斋名叫北山楼,说是源出抗战时期,曾在福建长汀的北山脚下住过多日,对其时其地留下了难忘的印象,但也有另一种说法,是因为他近三十年来历尽坎坷,一直住在朝北的亭子间里,故命其名自嘲。"(言昭《北山楼头"四面窗"——访施蛰存》)

另,据张文江记述:"'北山'典取南朝孔稚珪的《北山移文》,文意是讽刺伪隐士,相应先生性情的洁身自好,志趣高远。二十世纪的中国,各种各样的风波不断,有很多后来遭遇不公待遇之人,自己早年也曾以不公待人。自始至终保持清白的只有少数,先生应该是其中之一。以'北山'为号,并非志在居隐,先生根本上是入世的,积极地做了很多事。"(张文江《施蛰存先生的名号和"四窗"》)

另,按先生自述:"近又欲别署'畏斋',取老子'唯施是畏'之义。施,邪也。既'蛰'而获'舍','舍'而'畏',足下可知我志矣。"(致陆维钊函,1976年1月)

另,据张文江记述:"先生名号,蛰庵,直接由名字化出。而无相居士,用《金刚经》'无我相,无人相,无众生相,无寿者相',于名字似乎无关,而仔细体会,依然有内在联系。无相者,不住于相。先生的学问,有着多方面的成就,并不停留在某一领域,相应此名号。于生活而言,他一生多遇坎坷而识见通透,与人交谈,往往流露清澈的洞见,也相应此名号。先生早年曾涉猎佛经,比如在1933年读《佛本行经》,亦即《佛本行赞》。(本书初版本,233页)晚年在信中说,现在我改名'舍'即'啥'。'施,啥也',我只有给别人东西,没有取别人东西。(本书初版本,2页)'施,啥也','啥'疑当'捨'。古语'舍'(《说文》亼部)'捨'(《说文》手部)为两字,含义不同,到现代简化成一字。此处或为辨认字迹之失,若以沪方言说话,'啥''捨'音近,听者也容易致误。以佛学观之,'施,捨也',亦即布施。《金刚经》云:'菩萨无住相布施,福德亦复如是不可思量',与《周易》'德施普也'一致。"(张文江《施蛰存先生的名号和"四窗"》)

　　**又**　关于先生家世谱系。按先生自述:"我是吴兴施氏,随司马氏东渡而定籍吴兴。以前为鲁国施氏,即孔子之母也。"(致施议对函,1985年4月29日)"寒家系出吴兴,世居钱唐,咸同兵祸,支族流移,散处吴会。"(《交庐归梦图记》)"寒家自曾祖以来,旅食异乡,至我父已三世矣。"(《浮生杂咏》)"寒门自红羊[太平天国]以后散亡各地,无名公巨卿,谱牒未修。"(致周退密函,1989年10月26日)"寒家于明末清初犹居吴兴,大约清代中叶迁居杭州,清末民初,我父亲以孤儿旅食苏松,遂为松江人。我用'吴兴施舍'印,志南施郡望也。"(费在山《闲闲书》)"我家的谱称为'新桥派施氏宗谱',即以迁居'新桥'的始祖算起,以前就不知道了。"(复葛渭君函,1991年3月17日)

　　另,先生祖辈均系儒生,父亲名亦政,字次于,出生于1881年(清光绪七年、岁次辛巳)4月,浙江仁和县学生(秀才)。先生自述:父亲"与马叙伦、黄郛同窗,同进学,为知交"。(《浮生杂咏》)本年9月,清朝政府下诏废止科举,推广学堂,使先生父亲亦政失去进身之阶;又由于早丧双亲,孤贫而未能入大学堂求学,遂以佣书授徒谋生。先生出生时期其父正在杭州望族陈氏霞起府上课其子,并兼任文牍事宜。先生自述:"辛亥革命,先君就食云间,遂为五茸侨子,然历代坟茔,均在杭州溪山间。"(《交庐归梦图记》)先生母亲姓喻,名调梅,苏州人氏,娘家也迁居杭州。

　　另,先生上有姐姐,早夭;下有妹妹四人:大妹施绛年(江沂)、二妹施咏沂(允宜、涌霓)、三妹施灿衢(彩棻)、四妹施企襄(跂襄)。

　　另,先生妻子陈蔚(慧华),祖籍苏州,松江人氏,出生于1904年4月28日,农历甲辰年三月十三日。

　　**同年**　戴望舒在杭州诞生。

　　**又**　2月章炳麟、邓实、刘师培等在上海创办《国粹学报》月刊。8月20日孙中山联合兴中会、华兴会、光复会成立中国同盟会,在东京举行了成立大会,决定以"驱除鞑虏,恢复中华,创立民国,平均地权"为宗旨。8月《孽海花》(廿回本)由小说林社刊行。10月上海成立书业商会,编辑出版《图书月报》。11月26日中国同盟会机关报《民报》创刊于东京,孙中山在发刊词中明确提出"民族""民权""民主"的三民主义纲领。

## 一九〇六年（清光绪三十二年　岁次丙午）　先生二岁

### 十二月

**二十日**　农历十一月初五,二岁生辰,"泥猫蜡凤满匡床"。先生自述:"泥猫为半山名物,蜡凤则为东洋舶来蜡制小动物,皆当时杭州儿童之玩具也。"(《浮生杂咏》)

**年内**　先生父亲施亦政仍在陈霞起府上坐馆。

**同年**　清政府颁布预备立宪的诏书。鲁迅在日本弃医从文。暨南大学前身暨南学堂在南京创设。沪江大学前身浸会大学、中国公学在上海创办。吴趼人等在上海创办《月月小说》。

## 一九〇七年（清光绪三十三年　岁次丁未）　先生三岁

### 春季

**约在期间**　先生父亲施亦政开始与陆懋勋交往。先生自述:父亲"渐以文字、书法见知于陆公勉侪"。(《浮生杂咏》。按:陆氏字勉侪,号潜庐。浙江仁和人。清翰林院编修,早年曾充杭州求是书院监院,后为候补知府。入民国,先后出任浙江巡按使署秘书、署理江苏高等审判厅厅长。著有《蠡测类存》《历代户口考略》《钱币考》。)

**又**　不久后,陆懋勋继罗振玉后出任江苏师范学堂（初级、优级）监督,应陆氏之邀,先生父亲施亦政随其前往苏州,出任文牍,兼任掌书(图书馆主任)。

### 秋季

**约在期间** 章钰继陆懋勋任,改校名为江苏师范学堂,施亦政也改为检察之职。(按:章氏字坚孟,号茗簃。江苏长洲人,光绪二十九年成进士,以主事用签分刑部湖广清吏司行走。历南洋、北洋大臣幕府。后调外务部,充一等秘书庶务司,兼京师图书馆编修。1914年任清史馆纂修。著有《胡刻通鉴正文校宋记》《钱遵王读书敏求记校正》等。)

### 十二月

**九日** 农历十一月初五,三岁生辰。

**同年** 2月黄摩西主编《小说林》月刊出版创刊号。3月江苏、浙江、安徽饥民抢米形成风潮。4月于右任创办《神州日报》。6月上海神州日报馆刊行刘鹗著《老残游记》。12月清末立宪运动兴起。

# 一九〇八年(清光绪三十四年 岁次戊申) 先生四岁

### 一月

**月内** 先生父亲施亦政继续在苏州江苏师范学堂任职。

### 三月

**月内** 沪宁铁路开始全线通车。

### 四月

**月内** 全家由杭州迁移至苏州乌鹊桥弄(今乌鹊桥路)入户,租赁位于乌鹊桥西房东沈氏之屋居住,仅有一间房。

另,先生老年时期虽不能忆其状,但还是回忆那里有紫藤,花开甚盛,诗云:"侍亲旅食到吴门,乌鹊桥西暂托根。记得沈家园子里,紫藤花发满颓垣。"(《浮生杂咏》)

### 十一月

**二十八日** 农历十一月初五,四岁生辰。

**同年** 8月清政府颁布《钦定宪法大纲》和《议院选举法要领》,定预备立宪期为9年。11月光绪皇帝、慈禧太后相继逝世。12月溥仪即位,其父载沣任摄政王。

**又** 文益书局出版郭文英绘作图画书《三国志》。震旦学院(震旦大学前身)由上海徐家汇天文台旧址迁往卢家湾吕班路。王国维《人间词话》开始在《国粹学报》连载。刊载历代金石书画及题跋的铜版影印双月刊《神州国光集》创刊。《白话小说》月刊创刊。商务印书馆出版由颜骏人(惠庆)主编、严复作序的《英华大辞典》。

# 一九〇九年(清宣统元年 岁次己酉) 先生五岁

## 一月

**一日** 清朝改年号为宣统。先生父亲施亦政仍在江苏师范学堂任职并兼任学务三所稽核(督学)。

**二十二日** 春节。大妹施绛年出生。(先生书面材料)

## 四月

**月内** 全家又移居醋库巷房东赵氏的住宅,租赁了朝南新屋三间。先生自述:"天井里确是有着两株老桂树,而每株树上是各有着一个鸦巢。对于乌鸦的生活加以观察,我是大概从那时候开始的。"(《鸦》)"醋库巷中新屋好,南窗日日学涂鸦。"(《浮生杂咏》)

**约在期间** 按先生自述:"同居东厢有沈先生者,终日绕室吟哦,不治生产,邻里皆以沈毒头呼之,亦不以为忤。余弱冠后,稍稍知吴中人文。一日,偶为大人言,苏州有沈修,诗文甚古茂。大人矍然曰:'此即当年之沈毒头也。'修,字绥成[又作"绥郏"],尝馆于嘉业堂。民国二十年[按:据资料显示又为民国十年]卒。同邑吴梅为刊其遗文,曰《未园集略》。朱古微刊《彊村丛书》,沈修为撰序。"(同上)"那矮矮的中年人,几乎一天到晚在大厅上绕着圈儿笼袖闲行的神气,仿佛还在我眼前。""那时候,我还太幼小,不能了解这个人。他所给我的印象老是那么不痴不呆地踱着方步,一忽儿静默着,在方砖上乱吐着痰,一忽儿又起劲地在乱喝乱叫些不知什么了。大家叫他'沈毒头'(我不晓得这两个字是不是该这样写法,但总之是吴语,意义就是'呆子'),我也就叫他'毒头伯伯'了。直到我有能力欣赏文艺作品的时候,最先,是偶然在旧的

《小说海》杂志看到一篇题名为'力人传'的文章和一些诗，觉得好，后来又在吴梅的初刻本《暖香楼杂剧》卷首读到一首调寄'八声甘州'的题词，觉得更好，这才把那作者的名字深深地记忆着，那名字叫作沈修。""一天，父亲在我书桌上翻阅我的书籍，随手就翻开了那《暖香楼杂剧》，他就告诉我，这沈修，号休文，就是我们住在苏州醋库巷那屋子里的'毒头伯伯'。父亲并且仿佛记起了似地说，这一本《暖香楼杂剧》恐怕也是他送给我们的。"(《记一个诗人》)

### 五月

**春间** 始与邻居小朋友在客堂里或天井里玩耍。先生自述："我小时候所玩的'泥模模'都是父亲从山塘街或去玄妙观里买来的，""经常和邻居小朋友玩'斋泥模模'的游戏，先是掇一个方凳子放在客堂里或天井里，把'泥模模'排列在上位，然后再摆上小盆子、小碗、小香炉烛台，一律都是红色的木制品，我们称为'小家生'。盆子碗盏里放一些花生米、五香豆、粽子糖，供好之后，大家磕头跪拜，还要念几声'阿弥陀佛'，这就叫做'斋泥模模'。"(致《苏州杂志》编辑函，1994年9月6日)

### 七月

**夏间** 按先生自述："邻居钱观瀛之女八官树玉，九官树丰，皆余儿时好友。既去苏州，遂绝音响。二十年后，询之苏人，闻九官早夭，八官不知安适。"有诗云"九官浓眉工作剧，八官梨涡常弄娇。青梅竹马旧游侣，一别人天几市朝"。(《浮生杂咏》)

### 八月

**三十日** 中元节。按先生自述："父亲带我到虎丘去看迎神赛会，一尊巨大的'老爷'(神像)由许多人抬着走过，那老爷的眼睛会闪动，十分威严，我非常害怕。这是第一次看见，印象最深，永远记得。"(《论老年》)

### 十月

**二十一日** 重阳节。按先生自述："市上总有得卖重阳糕，这重阳糕虽然据古书上的记载，有各种非常考究的做法，但在我们小城市里所能吃到的实在只是普通的糯米白糖糕。加上猪油和洗沙的，已经是最名贵的了。我固然爱吃糕，但尤其喜爱的却是糕上插的旗。重阳糕与平时卖的糕本来没有什么不同,唯一的特点就是重阳糕上有旗。这些三角形的镂花彩纸旗,曾经是我幼小时候的恩物,玩过中秋节斗香上的彩旗之后,就巴望着玩重阳旗了。"(《闲话重阳》)

## 十二月

**十七日** 农历十一月初五,五岁生辰。

**同年** 3月鲁迅与周作人合译的《域外小说集》(第一集)出版。5月苏州市民公社成立。7月鲁迅与周作人合译的《域外小说集》(第二集)出版。8月鲁迅从日本归国。10月全国各省相继成立咨议局。11月13日柳亚子、陈去病、高旭等人发起组织近代最大的文学团体"南社"在苏州虎丘山成立。

**又** 商务印书馆出版孙毓修编译《童话》一、二两集,是我国最早出版的童话。徐乃昌《闺秀词钞十六卷补遗一卷》刊行。王国维辑校《后村别词》《南唐二主词》等。

# 一九一〇年(清宣统二年 岁次庚戌) 先生六岁

## 一月

**月内** 先生父亲施亦政仍在江苏师范学堂任职。

另,先生曾回忆父亲任职时的情形:"万卷琳琅付典藏,槐斋清寂动芸香。家君传癖忘休沐,不羡人间南面王。""家君在师范学堂司典书,坐拥百城,涉猎遂博,寝馈一室,虽星期日,或亦不归。"(《浮生杂咏》)

## 二月

**二十四日** 元宵节。先生父亲为他行开蒙之礼,在家中客堂铺了红毡毯,烧红烛一对于供桌上,他穿了一身新的长袍子、黑马褂,头戴一顶新的红结瓜皮小帽,先叩拜至圣先师孔夫子的神位;然后,他父亲端坐在太师靠椅上,教他念"天地君亲师"五字,命他当场讲诵三遍,再让他喝了和气汤,吃了定胜糕,方礼毕。先生诗云"郑重严亲为启蒙,上元灯下烛花红。"(《浮生杂咏》)

**二十五日** 即入邻居徐氏老夫子的私塾,先向徐老夫子行拜老师的大礼,老师分配给他一个靠窗的座位,从新做的花布书包里取出平生所读的第一本语文课本《千字文》,先学开头四句,老师读一句,他就跟着念一句,这是当天的全部功课。老师只教读字音,不讲解字的意思。领读过后,接下来是自己高声朗读,不到放午学,他已经背诵得滚瓜烂熟。第二天,一去先要立在老师的书桌旁边,背对着老师,背诵昨天所教的四句,然后新学四句;第三天就背诵八句,再学四句。如此滚雪球似的背下去,这本《千字文》半年便能背熟了。先生自述:"这就意味着我在初上学半年内就认识了一千个字,虽然不很懂得它们的意义,但也并不是毫无所知。"(《我的第一本书》)

## 三月

**春间** 按先生自述:"下午放学后,儿童群集巷中嬉戏,待马铃担子来,又蜂拥担子,买食物或玩具,小贩售糖果者以马铃一串系担子上,行时铃响,似马来,谓之马铃担。儿童闻声,即暂停戏耍,争趋就之。其所售有五香豆、沙炒豆、盐金花菜、粽子糖、霜梅等,皆儿童所好。"(《浮生杂咏》)

## 十月

**秋间** 按先生自述:"我到如今也常常惊异着自己的小时候的性格,我是一向生活在孤寂中,我没有小伴侣,散学归家,老年的张妈陪伴着母亲在堂上做些针黹,父亲尚未回来,屋宇之中常是静悄悄地,而此时我会得不想出去与巷中小儿争逐,独自游行在这个湫隘又阴沉的天井里。""桂叶繁茂,天井便全给遮蔽了,我会得从桂叶的隙缝中窥睨着烟似的傍晚的天空,我看它渐渐地冥合下来,桂叶的轮廓便慢慢地不清楚了,这时候一阵鸦噪声在天上掠过。跟着那住在我们的桂树上的几个鸦也回来了。它们在树上哑哑地叫喊,这分明是表示白日之终尽。我回头看室内已是灯火荧荧,晚风乍起,落叶萧然,这时我虽在童年,也好像担负着什么人生之悲哀,为之怅然入室。"(《鸦》)

## 十二月

**六日** 农历十一月初五,六岁生辰。

**同年** 5月清政府公布《币制则例》,中国银元制度正式确立。5月苏州自治公所成立。8月商务印书馆在上海创刊《小说月报》杂志,由王蕴章、恽铁樵先后编辑。12

月苏州自治公所改名为苏州市公所。

# 一九一一年（清宣统三年 岁次辛亥） 先生七岁

## 二月

十四日　元宵节。按先生自述："虎丘均有迎神赛会,七里山塘,士女群集,有拂晓即往,占坐茶坊酒肆者,谓之占地方。神眼能左右瞬,威灵可畏,儿童皆不敢看,转而看妇女之丽都者,吴中儿童呼美女曰好娘娘。"（《浮生杂咏》）

## 四月

月内　按先生自述："随大人游灵岩,遂知西施故事;游寒山寺,大人教以壁间石刻张继诗,是为读唐诗之始。"（《浮生杂咏》）

是月　全家为父亲施亦政庆贺三十生辰。

## 七月

夏间　按先生自述："余总角时,侍大人游寒山寺,见石刻《枫桥夜泊》诗,大人指授之,琅琅成诵,心窃好焉。"（《北山楼诗·自序》）

同月　24日《申报·自由谈》在上海创刊。

## 十月

十日　武昌起义爆发,清王朝被推翻,史称"辛亥革命"。各省纷纷响应,革命军兴,时局动荡。

下旬　江苏师范学堂暂停教学,先生父亲施亦政仍留校被推任为管理校舍什物之职。

## 十一月

月内　四日杭州新军起义,当夜通电全省,不日成立浙江军政府。五日江苏巡抚程德全在苏州宣布独立,苏州"和平光复";同日成立中华民国军政府苏军都督府。六日松江宣布独立,成立军政分府,通告松城光复。二十四日苏州府及长、元、吴三县合为设立"苏州",成立苏州民政长署。

十二月

**三日** 苏军都督府改为中华民国军政府江苏都督府,府衙设苏州。

**二十四日** 农历十一月初五,七岁生辰。

**下旬** 江苏师范学堂复课并随即改组,旧人悉退,先生父亲施亦政也于年底失去了在学堂的职位。

**同年** 3月商务印书馆创刊《少年杂志》月刊。5月《时事新报》在上海正式发刊。6月北京清华学堂(清华大学前身)部分教师胡敦复、平海澜、朱香晚、吴在渊、顾珊臣、郁少华、张季源、顾养吾、华绾言、周润初、赵师曾等人,组织立达学社,社长胡敦复,旨在兴办教育,培养人才,至11月因不满清华学堂外国主事者的办学方式,相继来到上海筹办学校。

# 一九一二年(中华民国元年 岁次壬子) 先生八岁

一月

**一日** 元旦。孙中山由上海赴南京就任中华民国临时大总统,中午途经苏州,苏州各界代表来到火车站迎送。

**同日** 孙中山在南京宣告中华民国成立,定都南京,以本年为中华民国元年,改用公历。

**月内** 先生父亲施亦政赋闲在家,日常读书、笔记兼作诗文。先生自述:"革命军兴时局移,家君失职赋流离。"(《浮生杂咏》)

**同月** 18日经江苏临时议会决定,江苏都督府通令颁布《江苏暂行地方制》文,规定废府、州,并县、厅,其中长洲、元和、吴县合并为吴县。

**又** 松江府被撤销,由华亭、娄县合并为华亭县,设民政长,下辖三市、二十一乡。陆费逵、陈寅、戴克敦、沈颐等人在上海集资创办中华书局。

## 二月

**十五日** 清朝末代皇帝溥仪宣布退位的消息传来,苏州各界悬灯挂旗庆祝,在王废基鸣炮一百零八响。

## 三月

**二十七日** 晚上苏州阊门外新军借故发难,捣毁戏院,纵火焚烧,抢劫一千多户,至翌日上午被弹压平定。

**同月** 14日穆时英出生。立达学社同仁捐款在上海南市肇周路南阳里租屋,创办上海第一所私立大学大同学院,院长胡敦复。

## 四月

**月内** 先生父亲施亦政的旧主(老东家)陆懋勋(勉侪)在华亭(松江)县城出资二万两创办履和袜厂,邀请施亦政同主其事。先生父亲施亦政开始参与履和袜厂开业的筹备事宜。先生自述:"我父亲自共和以后,弃学习商,二十馀年来,操奇计赢,迭经聚散,到如今还只剩了一肚皮不合时宜的孔孟之道,而未得营其兔裘。"(《我的家屋》)

## 六月

**是月** 华亭(松江)县城成立了松江电话股份有限公司,专营市内电话业务。

## 八月

**上旬** 先生父亲施亦政接受陆懋勋(勉侪)之聘,专程赴华亭(松江)县城出任履和袜厂经理兼总会计之职。(按:据史料记载,该厂是当时继全国首家杭州光华袜厂后开办的第二家织袜厂。)

**十三日** 苏州民政长署改称吴县民政长署。

**二十八日** 晚上苏州玄妙观弥罗宝阁失火。

## 九月

**三日** "壬子学制"颁定。

**是月** 民国政府公布临时参议院议决10月10日为中华民国国庆纪念日。

**同月** 徐锡之创办的松江电灯厂开始发电。

## 十月

**十日** 全国隆重庆祝中华民国第一届国庆,苏沪各界华商一律停市庆祝。

**上旬** 先生全家正式由苏州迁移至华亭(松江)县城,未携家具,惟有书箱十二只,藏着其父平时节衣缩食买来的书,托航船运到。先生自述:"我第一次到上海观光是在民国元年,那时我才七八岁。因为跟了父母从苏州搬家到松江,船过上海,停了一天,因此有机会上岸玩了一转。关于这第一次上海游的印象,此刻已完全模糊了。所记得的只有三件,一、平生第一次看见的那个印度巡捕,仿佛比后来看见的印度巡捕高大十倍。二、有许多商家都以鼻烟敬客,鼻烟壶仿佛还是上流社会人物的服饰之一。三、饭店里盛给客人的饭,在一个深碗里堆得又高又尖,一碗饭足有三碗饭之量。这都是我觉得特别新奇的事情。"(《上海第一》)

**又** 全家抵达华亭后,即赁居于县城内的府桥南街405号金氏住宅内。这所院子里共有五六家邻居合住,其中有一船屋,榜云"米家书画船",是两户人家合用的客厅。施家所居矮屋三间,狭小逼仄,十二只书箱几无地可安置。

## 十二月

**十三日** 农历十一月初五,八岁生辰。

**二十六日** 中华民国临时大总统孙中山来到华亭县视察。翌日,孙中山参观清华女校并发表演讲,盛赞华亭教育界推广女界教育有功;旋赴醉白池雪海堂出席各界欢迎公宴后返沪。

**同年** 5月京师大学堂改名为北京大学,严复就任第一任校长。

## 一九一三年(中华民国二年 岁次癸丑) 先生九岁

## 二月

**下旬** 先生始入华亭(松江)县立第三初等小学校(原清末求忠学院址),插入一年级第二学期就读。先生自述:"松江虽属南吴,方言已近浙西。语音重浊,无吴语之软媚。昔机云入洛,中原人士,呼为伧父,或亦语言鄙野之故。我迁居松江后,入县立第三小学肄业,犹作吴语,久久不能改口,同学皆笑之。猫字苏人读如毛之上声,松人读苗之上声。我亦坚不欲改,以为松人不识猫也。"(《浮生杂咏》)

### 四月

**五日** 清明节。按先生自述:"侍先君归杭祭扫,行秦亭法华诸山下,泛棹西溪,乐其风景。先君尝有卜居归老之志,余亦慨然愿得侍养于斯。岂知世变纷仍,奉亲息影之计,终成梦幻。"(《交庐归梦图记》)

### 六月

**月内** 华亭(松江)县城改建西门外大街,先生住宅附近街道开始用条石铺设路面。(《松江县志》)

### 七月

**是月** 先生后来就读的中学——松江府中学,改制为江苏省立第三中学。(王鸣冈《江苏省立第三中学概况》,《北京高师教育丛刊》第2期,1920年3月)

### 八月

**十六日** 中元节。先生自述:"府城隍庙后殿庑下,旧有石像一躯……俗呼为石伯伯。每岁中元有庙会三日。""余儿时每入庙,必往视之,几欲如米颠之拜石丈人。"(《云间语小录》)

**约在期间** 按先生自述:"每夏日行坊巷间,辄见人家屋檐下列大小瓦钵或覆以纱,盖晒甜酱及梅酱也。"(同上)

### 九月

**上旬** 在华亭(松江)县立第三初等小学校升入二年级就读第一学期。先生自述:"实际上什么课都是讲语文,比如讲历史,教师就给我们讲唐明皇、杨贵妃,讲白居易的《长恨歌》,我们听得很高兴。"(王丽《"把我的意见发表出去"》)

## 十二月

**二日** 农历十一月初五,九岁生辰。先生自述:"我也正如一般的学童一样,常常喜欢托病逃学。最普通而容易假装的大概总不外乎头痛、腹痛这些病。一生了病,除了可以得到一天堂皇的逃学外,还可以得到许多额外的小食。云片糕、半梅、摩尔登糖,这些东西都曾经是我小时候病榻上的恩物。不过,这种托病逃学也有一个不利之处,那就是得吃药。母亲常常会从床下的药箱里取出一块神曲或午时茶,或到厨房里去切了几片生姜,煎着浓浓的汤来强迫我灌下去,倘若我所装的是腹痛病的话,她有时还得着女仆到药铺里去买些皮硝来,给我压在肚子上。在这方面,我倒有些畏惮的。所以有好多次,我虽然曾经因为想逃学,想多得一些小食而托病,可是却又因为害怕那些苦汁和冷湿的消食药而取消了我自己的动机。"(《赞病》)

**是年** 二妹施咏沂出生。(先生书面材料)

**同年** 1月汪孟邹在上海创立亚东图书馆。7月二次革命爆发。10月袁世凯在北京故宫太和殿就任正式大总统。

# 一九一四年(中华民国三年 岁次甲寅) 先生十岁

## 一月

**一日** 元旦。全家仍租住于金氏宅中。

**月内** 先生父亲施亦政升任松江履和袜厂厂长,主管全厂一切事务。据《松江县志》记载,当时该厂备有织机四百台,雇工五百馀人,年产丝袜已达十二万打。

**同月** 华亭县正式易名为松江县,行政区域未变,县城街巷开始安装路灯(电灯)。上海大同学院迁入南车站路401号自建校舍上课。中华书局编辑的《中华小说界》在上海创刊。

## 三月

**一日** 在松江县立第三初等小学校就读二年级第二学期。

**同月** 徐枕亚文言言情小说《玉梨魂》出版,为"鸳鸯蝴蝶派文学"之先声。

## 五月

**月内** 松江县商会在醉白池举办物产陈列评选会,先生父亲主持的履和袜厂也有产品参加。(《松江县志》)

**同月** 袁世凯废除《临时约法》,公布《中华民国约法》。徐枕亚在上海创办《小说丛报》。

## 六月

**六日** 王钝根、孙剑秋编的文艺周刊《礼拜六》在上海创刊,由中华图书馆出版发行。

## 七月

**月内** 暑假。先生自述:"现在南京路上的华侨商店,那时是一座旧式三层楼房,大门也开在现华侨商店的大门口,这是五条马路的汇合点,一向是最热闹的地方。这座楼房是'楼外楼'[即永安公司新厦所在地],也是一个游艺场所。""我随着父亲走过这里,看见楼外楼大门口簇拥着一大堆人,大家都在看一个人一手扶着一个大木桶,一手用力地摇一个铁柄。过了一会儿,从木桶里舀出一杯一杯蜜黄色的东西。这是什么东西?有人问。随即有人指点一块挂得高高的木牌,牌上用白粉写着,'新发明冰麒麟,每杯三十文'。这就是我平生第一次吃冰淇淋的情况。当时从木桶里舀出冰淇淋来,是用一个汤匙舀的,所以不成圆球形。湿烂的一堆,许多人还不敢吃,宁可喝荷兰水。大约不久之后,四马路、北四川路、吴淞路、法大马路都出现了冰麒麟摊子。到第二年夏天冰麒麟就成为普遍的冷饮。"(《冰麒麟》)

**同月** 28日第一次世界大战爆发。

## 九月

**上旬** 新学期开学后,即升入三年级就读第一学期。

**约在期间** 按先生自述:"每晚,我母以缝纫机织作窗下,余读书侍焉。"但"旧居逼仄仅支床",显得十分狭窄,加上多家邻居合用客厅和院子,先生父母以为不便,久

欲迁居,"问舍迁乔又一忙"。(《浮生杂咏》)

**同月** 日寇入侵我国山东半岛。

### 十一月

**约在期间** 按先生自述:"苏曼殊的诗大多发表在《南社集》上,为数不多,但每一篇都有高度的情韵。当时我也是他的崇拜者之一,他的诗,我几乎每一首都能背诵。后来,年龄逐渐长大,浪漫气氛逐渐消失,对诗歌的爱好逐渐转变方向。"(《燕子龛诗·引言》)

### 十二月

**二十一日** 农历十一月初五,先生十岁生辰。

**二十四日** "袁大头"上市,全国通用,逐渐取代了"大清银币"等。

**同月** 教育部拟定《整理教育方案草案》,提倡尊孔读经。上海浸会大学正式颁定中文校名为"沪江大学"。

## 一九一五年(中华民国四年 岁次乙卯) 先生十一岁

### 一月

**上旬** 施家迁往同一条街上的府桥南街403号的俞氏赁屋,此宅院坐西朝东,三开间三进,大小十一间房屋,独门独院。(按:后改址为松江城内县府路20号,位于今松江二中西南面,驻松部队营地中西部,西司弄前。)

**又** 按先生自述:全家"方得安居",这所宅院"第一进中间是大门,南边是一个靠街的房间,北边却是一方空地,由一道墙把它和街路分隔开了。第二进是三间正屋,每间都分前后两间。中间前是会客室,后面便是餐室。靠南的一间前后都做卧室,靠北的一间,前面做书斋,后间又作卧室。在书斋前,有一间小小的耳厢,那便是一个小书房。第三进却是小屋,分作厨房及仆役室之用了"。客室"那一堂太古旧的几椅,我们未尝不知道这一套几椅是不能再使用的了,然而我们不忍撤除它。父亲常常提起这一套几椅的来历,说是祖母怎样怎样艰苦地购置了这些家具,才在族人的欺凌之下稍伸了她的委屈。我虽然生不及见祖母,但听了父亲的演述,也深感于先人创业之苦辛,而对于这些古旧的家具有一种恋恋之意了","自从我们迁入这所屋子,迄今廿馀年,两壁的字屏只换过一次。前十年间挂的是一篇王守仁书客座私祝的拓本,共八幅,分张两壁。这是一篇警告客人不要诱导他的子弟做歹事的文章,词气甚为严正。父亲之所以选择这东西挂在客室里,我想一定不是无意的。但是这篇文字的影响,却不生在客人身上,而生在我身上,因为那时候父亲的客人,多数皆商人,不甚知晓文字,他们即使看了一遍,却尽是无动于衷,单把这两壁所挂的看做是名人笔迹而已。可是我却每天看见,就得每天默读一通,于是在交友之际,就不知不觉地会想起阳明夫子的训诫。这对于我以后的立身处世,不能说是没有影响的。在我弱冠以后,我自问在修身之道这方面,已有了相当的自信,所以把那八幅私祝除掉。原想从书画中找几条字画来挂,可是竟没有八幅相称的东西,不得已挂上了八幅岳武穆写的前后《出师表》"。(《我的家屋》)

**又** 宅院后是无主废园,折而向北有旷地,俗称"司阳角"。先生自述:"有土阜,甚高大,其地僻静,夜行者惮之。余小时常登阜顶放风筝。及长,闻故老言,此地宋时为证觉寺,后毁于火,明时为司狱司,满清兵下松江,郡人死难者二万馀,司狱司亦毁,遂积尸于此,坟土瘗之。"(《云间语小录》)

**同月** 松江县教育局以融斋书院、陈希小集的私家藏书为基础,建立了松江县教育图书博物馆,不久改名为松江县图书馆。

## 二月

**下旬** 开始就读三年级第二学期。先生自述:"我始得有一书房,""静院华堂喧燕雀,青箱十二满书房。"(《浮生杂咏》)十二只书箱内"经史子集都有","试帖八股几乎占其半数,小说笔记占了十之一二,其馀便是一些五经四书及唐宋八家文集之类了"。"靠窗子的一部分,还安置着一架母亲的缝纫机,差不多每天晚上,母亲的机声,父亲的算盘声,我的读书声,和妹妹们的嬉笑声,互为应和,父亲常常引曾涤生的话,'入其室,有读书声,纺织声,儿童笑乐声,其家必兴',觉得很满意,有时他还嘲笑自己,说惟有他的算盘声不很典雅,但是他无论如何想不到我们的读书声,纺织声,笑乐声,始终都没有把家兴起来,反是他的算盘声维持了我们的生活"。(《我的家屋》)

## 五月

**十五日** 跟随父亲来上海虹口娱乐场(靶子花园)观看第二届远东运动会。先生自述："是坐了汽车去的,那时能坐汽车仿佛是顶出风头的事情,当我们钻进那辆车的时候,车子四周围了许多人,不胜羡慕地看着。"(《上海第一》)

**同月** 全国各地掀起反对"二十一条"浪潮。

## 七月

**上旬** 从松江县立第三初等小学毕业。

## 八月

**月内** 暑假在上海游玩。先生自述："在大舞台看过毛韵珂的戏,是一个亲戚陪我去的。看到一半,外面警笛狂鸣。有人说是起火了。大家逃出来,我也跟了亲戚从人群里拥出大门。出了大门,才知并非失火。""再回进戏院子里去看戏,大家都发现丢了钱包或衣服,原来是歹徒的调虎离山计。我们的损失不大,只丢了一柄檀香骨折扇。"(《上海第一》)

**又** 按先生自述："沟通'新世界'[百货商场]南北部的地道开放的那一天,我也在场,人挤得很。""我已经走过苏州火车站的那个隧道,觉得新世界的隧道没有苏州火车站的长。"(同上)

**又** 按先生自述："第一次看影戏仿佛是在爱普厅,但也许是另外一个小影剧院,这却记不清楚了。影戏的情节也记不得了,事实是当时根本没有看懂。银幕上老是像在下雪,一闪一闪的使人眼花缭乱,字幕很多,全是洋文,所以中国人看的很少。"(同上)

**同月** 松江县劝学所首次举行"暑期讲习会"。

## 九月

**上旬** 进入松江县立第一高等小学,就读一年级第一学期。校长钱曹詹(鲁瞻),是先生的授课业师,又是他家的邻居。先生自述："我们松江的高等小学那时外语最好,因为有个美国人在松江传教,就请他来每个星期上一堂课,所以我们在高等小学念的外语倒是地地道道的美国英语。"(王丽《"把我的意见发表出去"》)

**同月** 15日由陈独秀主编《青年杂志》在上海创刊。

十二月

**十一日** 农历十一月初五,十一岁生辰。与同班同学浦江清,渐渐过从甚密,先生自述:"江清是我的松江同乡,我们在中小学阶段均曾为同学,又是最相知的朋友,从小学到中学,我们几乎无日不在一起。"(《四婵娟注释本·序》)"每天同坐在一个教室里听老师讲课,每星期日,除非雨雪,不是我到他家,就是他来我家,一起抵掌高谈,上下古今。"(《浦江清文史杂文集·序言》)"吾友浦君练(江清)居荷池巷口,适当桥之东堍,小楼一角,书声琅琅出其间。予常立桥上呼之,即开窗探首出应,或招余入,或从余出游。"(《云间语小录》)

另,据浦江清记述:"蛰存,自读童话时即为良友,廿年之交矣。"(浦江清著《清华园日记·西行日记》)

**十二日** 袁世凯复辟帝制,改国号为"中华帝国",改民国五年为"洪宪元年"。

**二十五日** 云南宣布独立,反对袁世凯称帝,"护国运动"开始。

**月内** 泰东图书局改由赵南公主持。江苏省立第三中学出版《校友会杂志》。

**是年** 三妹施灿衢出生。(先生书面材料)

**同年** 6月况周颐《漱玉词笺》由中华图书馆发行。10月《辞源》由商务印书馆首次出版。松江县地方报纸《松江报》《云间报》《九峰报》等先后创刊。

# 一九一六年(中华民国五年 岁次丙辰) 先生十二岁

一月

**月内** 先生父亲虽然执业工商,但还没有完全放弃诗书。先生自述:"每晚总在昏黄的石油灯下,吟诵一些诗文,那时我便侍立案侧,倾听着,随时有心领神会的地方。后来,父亲因为业务繁剧起来,亲畴数之时愈多,事诗书之时日少,于是他的座位由我占据了。我从书箱中检出一些不甚熟悉的古书来,不管懂得不懂得,摹仿着他的声调,琅琅然诵读起来,这是我一生爱好国文学的开始。"(《我的家屋》)

**同月** 22日邵力子、叶楚伧在上海创办《民国日报》。

## 二月

**三日** 春节。按先生自述:"我曾在大清早起就躲在那小书房里朗读古文,却不想被墙外邻居钱瞽詹(鲁瞻)先生听见了。钱先生是县立第一小学的校长,也是我的业师,在举行学期始业典礼的时候,他就把我在元旦不废讽诵的事实,加以渲染,作为勉励学生的资料了。这件事情,直到当时听他训话的小学生升入中学,做了我的学生之后,他们告诉了我,我才知道,然而那时钱先生已经去世了。"(《我的家屋》)

**同月** 邑人姚鹓雏编辑《春声》月刊出版创刊号,由文明书局发行,共出版6期。

## 三月

**月初** 仍在松江县立第一高等小学一年级就读第二学期。先生自述:"国文教材皆修身立德之言,如'父母在,不远游''黎明即起,洒扫庭除'之类。忽有一课,文云:'暮春三月,江南草长,杂花生树,群莺乱飞。'同学皆惊异,以为无意义,盖从来未见此种丽句也。自此以后,我始知造句之美。后来读杜诗'清词丽句必为邻',愈信文章之思想内容当饰之以丽句。"(《浮生杂咏》)

## 四月

**十三日** 浙江省宣告独立,反对袁世凯称帝。沪杭火车停运,引起松江居民恐慌,纷纷迁避。后应松江民众恳求,驻枫泾镇杨善德部队与"浙军"各后撤,杨部撤至石湖荡,"浙军"撤至嘉善,局势得以缓和。

**十八日** 沪杭线火车恢复通车。

**同月** 29日《礼拜六》周刊出版至100期后即告暂时停刊。

## 六月

**六日** 袁世凯在全国人民愤怒声讨中死去。

**同月** 民权出版社再版吴双热著《兰娘哀史》。

## 七月

**约在期间** 暑假,其父给他买了三件"恩物"。先生自述:"第一是一个宜兴砂制牧童骑牛水池,牧童背上的笠子便是水池的盖。原是很普通的东西,但是我很欢喜它。有一天,因为盛水,一不经心,把那个笠子碰碎了一角。惋惜之下,竟哭起来。第二是一架照相机,当时手提摄影机初来中国,一架'柯达'120号快镜须售20元,连一切冲洗附件,共须三十元。父亲也不忍拂逆我,给如数买来了。摄景,冲晒,忙了两三个月。""我唯一的珍宝便是这个意大利石像。当时随父亲到上海游玩,在爱多亚路一间空屋里看见正在举行意大利石雕展览会,就进去看了一看。不看犹可,一看竟看呆了,我生平未尝见如此可爱的美术品。那时的石雕都是天然的云石,不是如现在市上所有的人造大理石或矾石。所以纯白之中有晶莹,雕刻的人体像没一个不是神采相授的。父亲屡次催促我走,因为他要去干正事。但我却迟疑着,也可说呆立着在那里了。我口虽不言,但欲得之心,却已给父亲看出了。他说:'你欢喜就买一个回去罢。'我大喜过望,就挑选了横卧的裸女像,哪知一问价钱却要100元以上。父亲连连摇头,我也觉得我不能买这样昂贵的东西,于是只得寻求价钱最便宜的。除了一些小器皿之外,雕像中间标价最便宜的就是这个半身人像,25元。当下那管理人翻出一本簿子来,查对号数,说这雕像是一位意大利诗人,名字叫做亚里奥斯妥。我当时方读西洋史,以为一定是这个中国人读错了洋文,这是亚列斯妥德的半身像。但不管他是亚列斯妥德[意大利阿(亚)里奥斯托]或是亚里奥斯妥[古希腊亚里士多德],反正都是诗人总不会错。诗人亦我所欲也。当下就请父亲买了下来。重顿顿地捧着走路,捧着上火车,在火车里捧着,直捧到家中。"(《绕室旅行记》)

## 八月

**一日** 黎元洪就任大总统,段祺瑞任国务总理。

## 九月

**一日** 开始就读高小二年级第一学期。先生自述:"每逢星期六下午,只要天晴,我总要到东岳庙里去玩一下。它坐落在松江县城西门,祀泰山府君,也就是阎罗王。据说还是清代初年的建筑物,庙宇宏大壮观,正殿前有一座戏台,殿两旁各有长廊,塑有十殿阎王及其所辖地狱。大殿、戏台、两廊之间是一个大院子,作为民众游乐的广场,有各种小吃摊,卖梨膏糖的,拉洋片的,耍刀弄棒表演十八般武艺的。还有一种个体艺人,诨名叫'小热昏',他站在一条凳上,右手拿一个用三块竹片做的绰板,身边挂一个布袋,袋里装满着唱本小书,他唱过几支时调小曲,就掏出几本薄薄的小书来兜售。"(先生书面材料)

**月内**　霍乱病在松江县流行,县城日死亡数十人,15日时疫医院开业。

**同月**　《青年杂志》复刊即更名为《新青年》。

## 十月

**是月**　松江地方佛学会举办"菊花会",放映了"影戏"(无声电影)娱宾,是松江县城电影放映之始。同时,在东施庙开设了戏馆,开始公演话剧,当地俗称"文明戏"。

## 十一月

**二十九日**　农历十一月初五,十二岁生辰。先生自述:"年十二,大人授以诗古文辞,自杜甫《兵车行》、杜牧《阿房宫赋》始,遂渐进于文学。"(《北山楼诗·自序》)

# 一九一七年(中华民国六年　岁次丁巳)　先生十三岁

## 一月

**是月**　蔡元培正式出任北京大学校长之职,以"循自由思想原则,取兼蓄并包主义"为办学方针,在就任演说中讲道"大学者,研究高深学问也","大学生当以研究学术为天职,不当以大学为升官发财之阶梯"。

**同月**　胡适在《新青年》第2卷第5号发表《文学改良刍议》,首次提出了废文言、兴白话,主张文学改革。

## 二月

**下旬**　先生在松江县立第一高等小学二年级就读第二学期。

**同月**　由美教士班德生主办的松江通俗教育图书馆开幕。陈独秀在《新青年》第2卷第6号发表《文学革命论》。

### 三月

**春间**　开始对石印本旧小说产生兴趣。先生自述:"有一位同班同学常常讲曹操、刘备的故事,武松杀嫂的故事,才知道有一种书叫'小说'。这种书,我父亲的十二个书箱中却一部也没有。于是,我开始把母亲给我的零用钱积聚起来,星期日到东岳庙书摊上去买小说书看。第一部就是金圣叹批本七十回的《水浒传》。"(《我的第一本书》)"我应当举出《水浒传》来,这是小时候炒过七八遍冷饭的(吾乡俚谓重读旧书曰炒冷饭)。"(《我的爱读书》)

### 四月

**月内**　松江县城的官绅集议续修县志,先生父亲施亦政身为当地工商界人士也热心参与讨论。

### 七月

**十四日**　上海大世界游乐场开放。先生自述:"第一次吃大菜是在大世界的溜冰场上。"(《上海第一》)

### 八月

**月内**　暑假。按先生自述:"父亲书箱里有几本关于词的书,如《白香词谱》《草堂诗馀》之类,我也统统看过,并且学着填词。起先以为这些书都属于词曲,后来才知道词和曲是两种文学形式。可是东岳庙书摊上不卖词曲书,不用说曲没有,词也没有。于是我到城里新开的云间古书处去问。那个年轻的老板兼店员请我自己到书架上去找。架上有一堆木版书,全是词曲。我几乎每本都想买,可是口袋里没有足够的钱,只拣了部书名《蕉帕记》的曲子书。回家仔细一看,才知道这是汲古阁刻《六十种曲》的零本。《蕉帕记》是我自己买的第一本戏剧书,也是我看过的第一本古典戏剧书。下一个星期,又到云间古书处去,买到了一部有钱大昕藏书印的《北词广正谱》。这两部书引起了我涉猎曲学的兴趣。"(《我的第一本书》)

## 九月

**一日** 先生升入松江县立第一高等小学毕业班就读第一学期。

**秋间** 松江当地耿伯齐、雷补同、吴道春、杨了公、姚鹓雏等人结社成立了"松风诗社",并辑印《松风草堂诗集》,对先生产生一定的影响。

## 十二月

**十八日** 农历十一月初五,先生十三岁生辰。

**同年** 1月包天笑主编《小说画报》月刊出版创刊号。10月20日上海先施公司开业。11月7日俄国十月革命胜利。


# 一九一八年（中华民国七年　岁次戊午）　先生十四岁

## 一月

**十五日** 《新青年》第4卷第1号开始改用白话文,并使用新式标点。

## 二月

**下旬** 开学,在松江县立第一高等小学毕业班就读第二学期。松江县的所有学校全部增设"国语"课程,提倡以国语教学。

## 三月

**一日** 暨南学堂改为国立暨南学校。

**四日** 《时事新报》副刊《学灯》在上海创刊。

## 五月

**月内** 松江县立第一高等小学开始试种美棉,先生随班级同学参加种植劳动。

**同月** 2日苏曼殊在上海广慈医院病逝。15日鲁迅在《新青年》第4卷第5号发表中国现代文学史上第一篇白话短篇小说《狂人日记》。

## 七月

**上旬** 从松江县立第一高等小学毕业,对各类小说书籍的阅读兴趣日渐浓厚。先生自述:"我从童话看到中外古今新旧小说,每读一本书都和书中人物融合为一,仿佛自己就是济颠僧、武松、李逵、黄天霸、张君瑞、贾宝玉,或堂·吉诃德、格利佛、达特安[大仲马《侠隐记》中人物]。"(《读书乐,乐读书》)

**月内** 按先生自述:"我颇嗜说部,而社会小说尤其所好。每毕一卷,辄与吾友浦子[江清]就书中人,恣以月旦。盖浦子之嗜此,初不亚于吾也。善者,褒之,最好即见其人;恶者贬之,最好其人即死。其实此善者、恶者,亦不过做书人笔端所写出者,而我侪看书者,已作如是想,则彼著书者,吮毫吞墨时,其心理较我侪竟如何。"(《梅影轩偶忆录》)

**又** 按先生自述:"曩读林[纾]译小说,与吾友浦子[江清]约共摘佳句,旬日后,各易而观之,则所摘均同。此可见天下之目皆同也。"(同上)

## 八月

**二十三日** 考入江苏省立第三中学(今上海市松江区第二中学),为四年制走读生。据江苏省立第三中学"本校记事":"招取新生正取九十八名,备取六名。"(《江苏省立第三中学杂志》,1920年第3期)

**下旬** 松江县府以旧左营校场拨充为林场,开始创办学校"公有林",先生随班级与同学们一起参加建设劳动。

**同月** 生生美术公司出版《世界画报》,编辑兼发行人孙雪泥。(按:自第10期改由丁悚编辑。)

## 九月

**一日** 进入江苏省立第三中学就读。据江苏省立第三中学"本校记事":"行始业式"(《江苏省立第三中学杂志》,1920年第3期)先生自述:"其一、二年级,相当于今之初中,三、四年级,相当于高中。"检《江苏省立第三中学杂志》1920年第3期"历届毕业生一览",刊有第1届至第12届毕业生名录;另查亦未见第13届至16届的学生名录,据回忆性资料显示,当年入学的第15届部分学生名单中有施蛰存、浦江清、姜家璜(渭纶)、宋学勤(育琴)、雷震同、钱应瑞、盛任吾、曾铭竹、叶寿昌、汤鼎、陶希铨、顾文彬、倪汉宽、蒋清凡、徐荣光等人。（按：此份入学名录，仅供参考，与1922年7月2日《时报》刊载《三中举行毕业式》上的35位毕业生名单，略有差别。）先生曾回忆，他与浦江清、宋学勤、姜家璜、雷震同，以及低一级的陆宗蔚（应雷）等同学最为友善。（先生口述）

**七日** 据江苏省立第三中学"本校记事"："孔子圣诞休假。"（《江苏省立第三中学杂志》，1920年第3期）

**十九日** 据江苏省立第三中学"本校记事"："秋节休假。"（同上）

另，始与同学常去松江当地名胜古迹之处游玩散步，先生自述：醉白池"在松江城市中，此为文士消夏唯一胜地。余常与浦江清、雷震同就水阁中挥扇品茗，论文言志，臧否古今，日斜始归"。"亦常与浦江清在此[北禅寺]散步"。（《浮生杂咏》）

## 十月

**五日** 据江苏省立第三中学"本校记事"："省视学章慰高来校视察。"（《江苏省立第三中学杂志》，1920年第3期）

**十三日** 重阳节。先生自述："在我们小城里，最高的地方是一座古塔，因而我曾有过三四年，每逢重阳节总得邀几个同学一起去爬塔，看看城郊景色，确是比玩纸旗有意义得多。""大家尽管都知道重阳是登高佳节，可是真正来实行登高的，却只有我们这几个好事的中学生，因而我们总不免感到一些寂寞"。（《闲话重阳》）

**十五日** 据江苏省立第三中学"本校记事"："检查学生体格。"（同上）

## 十一月

**十三日** 据江苏省立第三中学"本校记事"："开秋季运动会。"（同上）

**同月** 11日第一次世界大战以德国失败而告终。

## 十二月

**七日** 农历十一月初五，十四岁生辰。先生自述："我从14岁起，略识之无，便自己取了一个名字，叫施俊，后来觉得这名字太普通了。那时从旧书箱中，寻着了一枚石章，文曰'瘦花书屋'，这原是我父亲为少年时的书室名。于是我觉得张好，便向我父亲讨了那石章，我的名字便叫施瘦花了。但不到三个月之后，我又读着了一部尤西堂的《西堂秋梦录》,我觉得对于这一集,十分惬意,便将我的名字改为梦秋,以志钦仰,如是将这名字用了半年。"(《我的名字和别署》)

**二十三日** 据江苏省立第三中学"本校记事":"冬节休假。"(《江苏省立第三中学杂志》,1920年第3期)先生自述:"与浦江清过从最密,尝共读江淹恨、别二赋,相约拟作。江清作《笑赋》,我作《哭赋》。腹笥太俭,只得杨朱哭歧路、嫠妇夜泣、孟姜女哭倒长城等典故。纂组兼旬,终不成赋。江清所作,亦不及格,一叹而罢。"(《浮生杂咏》)

**二十五日** 据江苏省立第三中学"本校记事":"云南起义纪念日休假。"(《江苏省立第三中学杂志》,1920年第3期)

**月内** 松江县立图书馆在普照寺南兴建新馆。先生自述:"余少时常就松江县立图书馆阅书,曾见[雷君彦]先生于盛夏曝书数百卷于庭中。""先生长松江图书馆,职守清闲,手不释卷。令子平一随侍在馆中,先生课读不懈,余尝闻平一书声琅然。""松江图书馆收藏乡邦文献至富,皆先生搜聚之功。余尝得黄图珌《看山阁集》,康熙精刻本,此书甚少见,余举以献之图书馆,先生甚以为喜。"(《追怀雷君彦先生诗四章》)

**同月** 《新青年》发表周作人《人的文学》。

# 一九一九年（中华民国八年　岁次己未）　先生十五岁

## 一月

**一日** 据江苏省立第三中学"本校记事":"元旦日行祝贺式。"(《江苏省立第三中学杂志》,1920年第3期)

**六日** 据江苏省立第三中学"本校记事":"开校。"(同上)

**二十三日** 据江苏省立第三中学"本校记事":"寒假。"(同上)先生自述:"知道了几个英文名字,于是我就想取英文名字,和中文名字谐音了。我拣来拣去,拣了一个施高德,但后来又觉得这名字,也太道学气了。便再寻了一个名字,叫施太邱。这几个名字终究不好,于是渐渐地想改得好看一点了。那时我稍稍的也看了几部词章方面的书,同时又能够感觉到人生的无谓,于是取名叫寄萍。"(《我的名字和别署》)

**是月** 由北京大学中文系学生傅斯年主编、英语系学生罗家伦编辑《新潮》月刊创刊,立即引起了先生和同学们的关注和阅读。

## 二月

**十六日** 就读江苏省立第三中学一年级下学期。据江苏省立第三中学"本校记事":"开校。"(《江苏省立第三中学杂志》,1920年第3期)

**二十七日** 据江苏省立第三中学"本校记事":"开校纪念日并行纪念会式。"(同上)

**是月** 胡适著《中国哲学史大纲》(上卷)由商务印书馆出版。先生自述:这本书"是使我接触先秦诸子的第一部书"。(《我的第一本书》)

## 三月

**约在期间** 按先生自述:"国文教师秦卓夫先生,无锡人,教一二年级国文。他朗诵古文的声调非常动人,能读出文章的感情来。""有一位历史教师,我已忘了他的姓名。他上历史课不用教本,但他讲得比教本详细。他熟悉历史,讲史事时有批评、有议论。可惜这位先生下学期不来了。接任的一位年轻教师,上历史课就像说书,喜欢'摆噱头',例如讲唐明皇和杨贵妃的恋爱事情,讲得眉飞色舞,态度很不庄重,同学们虽然很高兴听,却并不尊敬他。""数理化师资方面,华祇文先生的代数课,许栋材、张江澍先生的物理、化学课,都是在中等教育界著名的,很受学生的爱戴。可惜我无志于理科,仅能考个及格分数,未免辜负了良师。"(《饮水思源》)

**同月** 17日首批留法勤工俭学学生在上海乘船启程。

## 四月

**一日至八日** 据江苏省立第三中学"本校记事":"春假。"(《江苏省立第三中学杂志》,1920年第3期)开始习作诗词,并有自述:"即能作平仄无误的旧体诗。"(写给陈文华的书面材料)"破天荒第一首为拟汉魏乐府'自君之出矣'。此为五言绝句,第一句不必作,即用乐府题成句。以下只需三句十五字,即可成篇,此易事耳。记得第二句为'寒梅未着花'。"(《浮生杂咏》)

**九日** 据江苏省立第三中学"本校记事":"开校。"(《江苏省立第三中学杂志》,1920年第3期)

**十四日** 据江苏省立第三中学"本校记事":"检查学生体格。"(同上)

## 五月

**四日** "五四"爱国运动在北京爆发。受"五四"新文化运动的熏陶,课馀开始大量阅读各种报刊,关心国家的时事新闻。先生自述:"五四运动使我懂得了封建主义、民主主义、自由主义、帝国主义这许多新名词、新思想。"(《我的第一本书》)

**八日** 据江苏省立第三中学"本校记事":"全体学生参观县立学校第一次联合运动会。"(《江苏省立第三中学杂志》,1920年第3期)

**九日** 松江县城各中、小学校以纪念"国耻日"为号召,停课一天,举白旗上街游行。同学赵富基啮指血书"毋忘国耻",先生为此深受感动。

另,据江苏省立第三中学"本校记事":"开国耻纪念会,二年级生赵富基血书'毋忘国耻'四字,午后全体学生执旗游行。"(同上)

**二十七日** 先生在读的江苏省立第三中学以及东吴圣经学校的同学相继罢课,纷纷走上街头劝说商家罢市,以声援北京学生运动。据江苏省立第三中学"本校记事":"学生罢课。"(同上)

**二十八日** 《申报》刊载中华民国学生联合会江苏省立第三中学分会《江苏第三中学罢课宣言》。

**下旬** 邑人杨了公等组织在东岳庙内召开松江国民大会,激励市民共同抵制日货。

## 六月

**六日** 据江苏省立第三中学"本校记事":"校长电请辞职。"(《江苏省立第三中学杂志》,1920年第3期)

**十日** 据江苏省立第三中学"本校记事":"省电慰留校长。"(同上)

**十四日** 据江苏省立第三中学"本校记事":"校长赴省报告校务。"(同上)

**十五日** 据江苏省立第三中学"本校记事":"省视学章慰高来校查察。"(同上)

**月内** 松江县城以及新桥、泗泾等市镇的商店先后罢市,抗议北京当局迫害爱国学生,要求严惩卖国贼。不久,松江县城实行戒严,不准集队游行和集会演讲。

**同月** 《民国日报》增辟《觉悟》副刊,由邵力子主编。

## 七月

**十五日** 北京少年中国学会创刊《少年中国》月刊,王光祈、李大钊、康白情、苏滨存、左舜生、黄仲苏先后编辑,由上海亚东图书馆出版(按:后改由中华书局出版)。先生自述:"田寿昌的诗,虽然没有刊行专集,但《少年中国》上也读到了几首《江户之春》选录,他的诗虽然有许多太雕琢的地方,但音节和意境方面却还有几首很好的。"(《〈流云〉我见》)

**月内** 邑人侯绍裘等人组织各地返回松江度假的学生,成立"松江回籍学生联合会",进行反帝反封建爱国活动。

**是月** 松江大生袜厂日纱被民众抄获,松江商会会长未坚持焚毁,引起部分商家不满,另组"商业联合会"。(按:据先生口述,其父施亦政也是松江商会成员。)

## 八月

**月内** 先生与浦江清等同学传阅报刊,主要有《申报·自由谈》《小说月报》《新潮》《时事新报·学灯》《民国日报·觉悟》等。

**又** 按先生自述:"在这一年上,我开始了我的投稿生涯。""我的斋名,第一个便是梅影轩;于是,那时就叫梅影轩主。后来再回转来,和用我那寄萍的名字,便称我的斋名叫萍寄居。再后又觉得他不好,便改作了曼陀罗花室。因为那时庭中正开着凤仙花,在佛经中,这便是叫曼陀罗花。"(《我的名字和别署》)

**同月** 松江县时疫流行,每天因染病而死亡数十人,临时救疫医院在县城开业。

## 九月

**一日** 升入江苏省立第三中学二年级就读上学期。据江苏省立第三中学"本校记事":"开校。""聘相菊潭为学监。"(《江苏省立第三中学杂志》,1920年第3期)先生自述:相菊潭先生"整天坐在学监室里,每个学生到校,要从门房里领取自己的名牌,挂到学监室里。这是每天第一次见相先生,要向他行一个鞠躬礼。下午课毕放学,要从学监室里取下名牌,带到门房里去挂上。这是每天最后一次见相先生,也要一鞠躬。上课的时间,是相先生空闲的时间。他或者坐在学监室里办公,或者到走廊里、阅报室里、厕所里去巡视,查查清洁卫生情况。下课铃一响,相先生就从监学室里踱出来,站在几个固定的地方,远远地注视学生的活动。学生中如有人打架、骂人,讲下流话,衣衫不整,他都要管教。严重的,就把那学生叫到学监室里去训话,学生常常幽默地说是去'吃大菜'。相先生对学生管教得很严,但是并不威,他对任何一个学生,总是很和善地开导,学生对他的训诫,很少有反感。一般总是静静地听他教训,默然退出,以后就不再犯了"。(《饮水思源》)

**约在期间** 按先生自述:英语教师叶颂藩"讲一本《纳氏文法》,从第二册讲到第四册,使学生掌握了英文的文法结构"。(同上)

**二十二日** 据江苏省立第三中学"本校记事":"改穿制服。"(《江苏省立第三中学杂志》,1920年第3期)

## 十月

**八日** 据江苏省立第三中学"本校记事":"秋节休假。"(《江苏省立第三中学杂志》,1920年第3期)先生自述:"我不懂得印石的好歹,但是我很喜欢玩印章。这趣味是开始于我在十五六岁时从父亲的旧书箱中找到一本《静乐居印娱》的时候,而在一二月以后从神州国光社函购的一本《簠斋藏古玉印谱》使我坚定了玩赏印章的癖性。"(《绕室旅行记》)

**十四日** 据江苏省立第三中学"本校记事":"组织学生自治会。"(《江苏省立第三中学杂志》,1920年第3期)

**二十日** 据江苏省立第三中学"本校记事":"孔子圣诞休假。"(同上)

**月内** 据《松江县志》记载:"履和袜厂购进日纱,不服处罚,唆使员工至揭发此事的广大祥绸布店寻衅,捣毁店堂,激起岳庙大街商家义愤,相率罢市。"(《松江县志》)先生自述:"听我父亲说,当时履和袜厂并未购买日纱,而是仓库中前一二年所积压的存货,却被误以为当时还在购买日货。这件事情闹大了,幸亏我父亲及时调解,否则后果不堪设想。"(先生口述)

## 十一月

**十三日** 据江苏省立第三中学"本校记事":"开秋季运动会。"(《江苏省立第三中学杂志》,1920年第3期)

**月内** 松江县召开国民大会,全国各界联合会代表刘清扬、上海中华女界联合会代表李果专程来参加,并发表爱国演讲。

同月　北洋军阀政府教育部正式公布注音字母。

十二月

二十三日　据江苏省立第三中学"本校记事"："冬节休假。"(《江苏省立第三中学杂志》，1920年第3期)

二十五日　据江苏省立第三中学"本校记事"："云南起义纪念日休假。"(同上)

二十六日　农历十一月初五，先生十五岁生辰。

三十一日　据江苏省立第三中学"本校记事"："年假。"(同上)

月内　松江县府官产处招标出售仓城城砖，明代所建仓城遂被拆除。

## 一九二〇年（中华民国九年　岁次庚申）　先生十六岁

一月

一日　据江苏省立第三中学"本校记事"："元旦日行祝贺式。"(《江苏省立第三中学杂志》，1920年第3期)

月内　松江学生联合会发动各校学生调查日货，并劝各商家签名，立志不卖日货。

同月　12日北洋政府教育部下令在全国所有学校废止文言文教科书。

二月

八日　据江苏省立第三中学"本校记事"："寒假。"(《江苏省立第三中学杂志》，1920年第3期)先生自述："唐诗宋词，我在十六七岁时即已爱好，经常讽诵，有时也学做几首绝句或小令。"(《词学名词释义·引言》)

同月　2日北洋政府教育部发布第53号训令《通令采用新式标点符号文》，中国第一套法定的新式标点符号从此诞生。

三月

七日　就读江苏省立第三中学二年级下学期。据江苏省立第三中学"本校记

事":"开校。"(《江苏省立第三中学杂志》,1920年第3期)

**十五日** 据江苏省立第三中学"本校记事":"职员学生全体摄影。"(同上)

**十八日** 据江苏省立第三中学"本校记事":"震旦学院院长张瑞之偕同法国教士六人来校参观。"(同上)

**二十七日** 据江苏省立第三中学"本校记事":"开十五周年纪念会,请吴稚晖来校演讲。下午开运动会。"(同上)

**同月** 上海亚东图书馆出版胡适《尝试集》,为中国第一部白话新诗集。

## 四月

**一日** 据江苏省立第三中学"本校记事":"春假。"(《江苏省立第三中学杂志》,1920年第3期)先生自述:"凤仙花早已没有了,而碧桃花却很耀灿地开了,于是我的别署又因了室名'碧桃花诗室',而改为碧桃花诗室主了。那时我的思想正专在香艳富丽上用功夫,后来自己一想不好,这样竟入了魔道了。于是将我的读书室改名'蜗居',再后来觉得这名字也不雅驯。那时正研究托尔斯泰的思想,我对于他非常佩服,于是我的书室便又一变而为'托尔斯泰室'了。后来一发现不对了,想做诗人,便改书室名为'荷马室'。想做小说家,便改书室名为'狄更司室'。差不多一日百变,连我自己也记不清楚。"(《我的名字和别署》)

**春假期间** 偕同学旅游西湖。先生自述:"在灵隐道中,经过一蛎粉墙,红杏白杏纷纷着花,探枝朵出墙外。余微引其芬,吟'春色满园关不住,一枝红杏出墙来'之句,忽轻风过处,红杏簌簌下坠及余襟袂,同学皆哗笑。"(《西湖忆语·四》)

**又** 按先生自述:"曩于西子湖一棹轻舟,容与无虚日,间与舟子闲话,彼谓西湖胜迹,亦只是如是,所足使人留恋者,惟两隄杨柳笼烟,与夫秋山秋水,有无中耳。此语绝有韵致,殊无让袁蒋庵之舆夫语也。彼舟子或系读过书者。"(《梅影轩偶忆录》)

**七日** 据江苏省立第三中学"本校记事":"开校。"(《江苏省立第三中学杂志》,1920年第3期)

**十五日** 先生所在的学校举行罢课,响应上海学生会号召,从事爱国宣传活动。据江苏省立第三中学"本校记事":"学生罢课。全国学生为拒绝日本直接交涉取销军事协约,沪杭相继罢课后,本校亦牵入漩涡,于是日罢课。"(同上)

**十七日** 松江县城各中小学校学生开始举行爱国反日游行。

**是月** 全家庆贺父亲施亦政四十寿辰。先生自述:"书斋外边的院子是我和妹妹的幼小时候的乐园,从前曾经有过一株碧桃、一株石榴和一架葡萄,因为培养不得其法的缘故,碧桃和石榴先后都萎谢了。至于那葡萄呢,是为了它吸引了几尾蛇来,所以终于也被伐去了。以后这个院子里的花草只有一些凤仙、海棠、萱草、月季之类曾先后热闹过。在父亲四十岁生日的那一天,我们曾从邻家去折了一枝蔷薇花来插在花瓶里,不料那枝花竟在瓶里生长起来,一个月之后,我们发现它已经长满了一瓶子的须根。母亲很高兴,以为这是一个好朕兆,就把这枝花种在院子里的墙边。""虽然因为我们不善栽培,同时又因土地较为硗瘠的关系,花开不肥,但是在每年四月间,它总开出一片繁花来,象征我们一家的生意。"(《我的家屋》)

**同月** 周瘦鹃开始主编《申报·自由谈》。

## 五月

**六日** 据江苏省立第三中学"本校记事":"照常上课。本校自罢课后,经教职员再三劝导,于是日一律上课。"(《江苏省立第三中学杂志》,1920年第3期)

**九日** 据江苏省立第三中学"本校记事":"国耻纪念,茹素一天。"(同上)

**是月** 田汉、宗白华、郭沫若的《三叶集》由上海亚东图书馆初版印行。先生自述:"这本书出版的时候,""我读这本书,像读鲁迅译的《苦闷的象征》一样,在外国文学知识方面,开了广阔的眼界。关于德国文学和歌德,外国戏剧、外国诗歌,它对我都有启蒙作用。这是三个同道的朋友的通信集,他们娓娓而谈,旁若无人,而我是坐在门口的偷听者,因而比读一本正经书格外有味,印象也格外深。"(《喜读〈三叶集〉》)

**同月** 《新青年》杂志迁移至上海出版。

## 六月

**四日** 美国学者杜威来到松江县发表演讲。据江苏省立第三中学"本校记事":"美国杜威博士莅校演讲。"(《江苏省立第三中学杂志》,1920年第3期)

**下旬** 正在学期大考期间时见到了胡适诗集《尝试集》。

**是月** 诗作《重游西林塔》(署名"施德普")刊于上海中华书局印行《江苏省立第三中学杂志》(附十五周年纪念增刊)第3期:"经年未上西林塔,此日重登万虑空。北望九峰绵亘里,西瞻三泖有无中。飘摇烟锁临波柳,萧瑟霜侵隔岸枫。试掬东流黄浦水,问他淘尽几英雄。"

## 七月

**月内** 暑假,开始对于小说欣赏与写作产生了一定的兴趣。先生自述:"近代文学以小说为大宗,我少时多读小说,以为刻划人情,编造故事,较吟诗作赋为易。于是妄欲效颦,试作小说,投寄上海刊物。中学三、四年级,为我生一大关键。英文大进,导我欣赏外国文学。读《新青年》《新潮》诸杂志,始获得新思想。习作小说、新诗,为一生文学事业之始。"(《浮生杂咏》)

## 八月

**月内** 读胡适《尝试集》。先生自述:"以一个暑假期反复地研究它,结果是对于胡适之的新诗表示反对了。因为我觉得他的新诗好像是顶坏的旧诗,我以为那不如索性做黄公度式的旧诗好了。但是我从他的'诗的解放'这主张里,觉得诗好像应该有一种新的形式崛兴起来,可是我不知道该是那一种形式。"(《我的创作生活之历程》)

**同月** 邑人侯绍裘主编的以宣传"五四"精神为宗旨的《问题》周刊创刊。

## 九月

**一日** 升入三年级就读上学期。先生自述:"数、理、化及西洋史,皆用英文教本。英文课亦不再用散篇课文,而每学期专读一书。三年级上学期读《莎氏乐府本事》,三下读霍桑之《丹谷闲话》。四上读欧文之《拊掌录》,四下读司各特之《撒克逊劫后英雄略》。故三年级时读英文最勤苦。我数、理、化成绩甚劣,以教材为语文课本而已。"(《浮生杂咏》)国文教师徐允夫"选的教材极为开明。他给我们讲江淹的《别赋》,唐人小说《南柯太守传》《红线传》,施耐庵《水浒序》。这些都是教科书中不收的,徐先生用作补充教材,使我在正统的唐宋八家古文之外,开了眼界"。(《饮水思源》)"我家有《龙威秘书》,亦尝阅之。然不以为文章也。同学中亦有家长对徐师有微词,以为不当用小说作教材。我尝问之徐师,师云:'此亦古文也。如曰叙事不经,则何以不废《庄子》?'"(《浮生杂咏》)

## 十一月

**三十日** 在《民国日报·觉悟》发表小说《纸钱》,署名"施德普"。

## 十二月

**十三日** 农历十一月初五,十六岁生辰。先生自述:"那屋子原是我父母的卧室,我就睡在他们的后间,每晚九点钟光景,我侍奉父母安置以后,就给他们把茶壶搁上了一个铁丝架,把石油灯捻低了火光,放在茶壶底下,预备父亲午夜要喝,于是我退到自己房里睡觉。这睡觉,大多数的日子是假的,因为我怀里早就藏好了一二卷书。我把油灯移在桌子边上,使它更近一些床,于是我伏在被池里看书,若是在寒冬之夜,其趣味更为隽永。有时父亲或母亲觉察到了我尚未真的睡觉,便敲着板壁催我,我虽然答应了,可是事实上,卷帙不尽,总是不肯睡的。"(《我的家屋》)

**年内** 按先生自述:"我在嘉兴住过半年,在娘舅家。我娘舅喻祥生,苏州人,此时任嘉兴邮政局长。邮政局在火车站附近,旁边是洋桥洞。"(范笑我《忆施蛰存先生》)

**是年** 四妹施企襄出生。(先生书面材料)

# 一九二一年(中华民国十年 岁次辛酉) 先生十七岁

## 一月

**一日** 元旦。天马会第三届绘画展览会在静安寺路寰球中国学生会开幕。先生自述:"我看的第一个洋画展览会是天马画会,在寰球中国学生会楼上开的。我自己在上海买的第一本洋书是《希腊文学史》,在商务印书馆西书柜上买的。第一本中文书是黄凌霜先生译的杜威博士[罗素]的《到自由之路》,在大自鸣钟对面新青年社买的。这三件事情对于我都极有影响。"(《上海第一》)

**七日** 诗作《选举歌》刊于天津《益世报》,署名"青萍"。

**十日** 由沈雁冰主编的全面革新的《小说月报》(第12卷第1号)首期发行,引起先生的阅读兴趣,勤于习作小说和诗文并不断向上海的报刊杂志投稿。先生自述:"革新了的《小说月报》中所载的许多俄国小说的翻译,引起了我的对于小说的兴趣,并且还很深地影响了我。我于是也写小说了。许多短篇被寄出去了,过了十天,十五天,二十天,除了《觉悟》上给刊载了一二篇之外,大半都退回来了。还有一小半呢,它们的运命是不可知了。"(《我的创作生活之历程》)

**十二日** 诗作《选举歌》再次刊于《锡报》,署名"青萍"。

**同月** 我国最早的新文学团体文学研究会由沈雁冰、郑振铎、叶圣陶、周作人等发起并在北京成立,不久后活动中心移到了上海。

## 二月

**十七日** 《民国日报》刊载《过去一年间松江商况》提及"'履和''泰和'两厂获利亦佳"。

## 三月

**一日** 就读三年级下学期。先生自述:美术教师"朱伺僧先生,是位书画家,满房间都挂着他自己的书画,我常常在午饭后休息时间到他房间里去看'书画展'。他给我讲中国画的道理,欣赏书画的基础知识。我对于书画的兴趣,可以说是朱先生开始培养起来的"。(《饮水思源》)

**十九日** 《礼拜六》周刊复刊续出101期,周瘦鹃、王钝根担任编辑,仍由中华图书馆发行。先生自述:"我不自觉自己的幼稚,我只要发表,此路不通,则另谋彼路,于是我投稿《礼拜六》《星期》这些杂志了。所以,到现在有许多人骂我曾经是'鸳鸯蝴蝶派'中人,以为这是我的不名誉处,其实除了一小部分杂文之外,我那时的短篇小说倒纯然是一些写实主义的作品。"(《我的创作生活之历程》)

**约在期间** 继续阅读《小说月报》,该刊所载耿济之、孙伏园、郑振铎翻译的外国小说,尤其是该刊从第12卷第3号开始连载的屠格涅夫《猎人日记》,使先生深受影响。

另,按先生自述:"我已决心搞文学,当作家,我十分崇拜歌德、莫泊桑、屠格涅夫、狄更斯的小说,我读的都是林琴南的文言译本,虽然觉得很好,但林琴南的译本当时大受批判,我也把狄更斯归入鸳鸯蝴蝶派,以为他是英国第三、四流的作家,不值得重视。"(《我的第一本书》)

**是月** 松江县劝学所租款被截收后,影响教育经费发放,引起全县各所县立中小学校发生罢教风潮。

## 四月

**六日** 陈嘉庚捐资创办厦门大学开学。

**是月** 先生父亲施亦政四十周岁生辰。

## 五月

**是月** 文学研究会在上海创办会刊《时事新报·文学旬刊》。(按:《文学周报》前身。)

## 六月

**下旬** 由郭沫若、郁达夫、张资平、成仿吾、田汉等发起的创造社在日本东京成立。先生自述:"在早期的新文学运动中,创造社给我的影响,大于文学研究会。"(《我的第一本书》)

**月内** 邑人侯绍裘、朱季恂接办景贤女子专修学校,并把校名改为松江景贤女子中学。先生的大妹施绛年以及后来成为先生妻子的陈慧华,其时都在该校就读。

另,据葛昆元记述:"施老正就读于江苏省第三中学,陈慧华也在松江一所具有新思潮的学校松江景贤女中念书。与陈慧华同学的有阳翰笙的夫人和施老的大妹。施蛰存和陈慧华各自在学校里都是爱国运动的积极分子。陈慧华与施蛰存的大妹是好朋友。放学以后,施蛰存的大妹常领陈慧华来家玩耍。这位有着一双聪慧明亮的大眼,相貌端庄,举止文雅的女学生颇得施家上下的好感。施蛰存的爱国热忱、为人正直的品格以及他眉宇之间透出的才子气度和早早显露出来的文学才华,也深为陈慧华钦佩。他们相识了,并且自由地相恋了……周末的黄昏,在松江城暮色迷人的郊外,在高耸古朴的方塔下,在碧波粼粼的醉白池畔,在静谧幽远的松江五峰岭上,都留下他们一起探索人生,寻求未来的印迹。"(葛昆元《淡如水,甜于蜜》)

## 七月

**十日** 开始在上海《时事新报》"馀载"专栏发表小说《一个劳动妇女的痛苦》,署名"蛰存"。

**十一日** 《一个劳动妇女的痛苦》续刊于上海《时事新报》"馀载"专栏,署名"蛰存"。

**十二日**　《一个劳动妇女的痛苦》续刊于上海《时事新报》"馀载"专栏,署名"蛰存"。

**十三日**　《一个劳动妇女的痛苦》(完)续刊于上海《时事新报》"馀载"专栏,署名"蛰存"。

## 八月

**五日**　泰东图书局出版"创造社丛书"第一种郭沫若《女神》,这是"五四"新文化运动以来的第一部重要诗集。先生自述:"郭沫若的《女神》是我买的第一部新诗集。"(《我的第一本书》)"《女神》出版的时候,我方在病榻上。在广告登出的第一天,我就写信到泰东书局去函购。焦灼地等了一个多礼拜才寄到。我倚着枕读《女神》第一遍讫。那时的印象是以为这些作品精神上是诗,而形式上绝不是诗。但是,渐渐地,在第三遍读《女神》的时候,我才承认新诗的发展是应当从《女神》出发的。"(《我的创作生活之历程》)"郭沫若的《女神》使我很兴奋的读了几遍。"(《〈流云〉我见》)

**中旬**　旅居杭州亲戚家并撰写《山中琐纪》若干则。先生自述:"余所居在西溪留下镇之内,地名杨家牌楼。乡亲有小屋三椽,因得假居焉。门外修竹一丛,时正新秋,萧疏益增凉意。宅后清溪一曲,泉响琮琤可闻。余常薄暮坐室中,聆此天籁,忽一鸦掠羽过屋杪,刷然有声,遂为神与俱往。"(《山中琐纪》)

**同月**　6日《礼拜六》周刊出版121期,周瘦鹃脱离该刊,由王钝根编辑。

## 九月

**一日**　升入四年级毕业班就读上学期。先生自述:"担任英文读本的教师是汪小颂先生,他刚从圣约翰大学毕业,就被校长请来了。他给我们讲了大半本司各特的《艾凡诃》,使我对英国文学和十九世纪英文有了初步的训练。""蒋韵笙先生是本地人,词曲家,能吹笛子,唱昆曲。校长请他来给四年级学生讲词曲,作为国文课的补充课,每星期讲二次,在下午三点钟以后授课。我对词曲的知识,就是在那时候启蒙的。"(《饮水思源》)

另,按先生自述:蒋韵笙先生"虽治经,尤善词章,为诸生讲诗文,娓娓可听,无让哄堂匡鼎。余在学时,有同志数人,以正课时间太少,不厌亲炙之愿,请与师,每周别设补习课二小时,为授《文选》、李杜诗、唐宋词,余得以渐进于艺文者,师之启导为不尠。师好度曲,能自撅笛。所居在东门内大街上,河房三楹。余每薄暮后下塘过,辄见师坐卍字栏前吹笛,凄婉欲绝。盖师晚年颇自伤不遇,有一子,又先卒,故不自觉其声为情变也。余卒业后,去乡里,遂不闻师起居。逾数年归,人言师已物故,其家亦迁徙。每过河房,辄念师据胡床撅笛时,风流遂无继起"。(《云间语小录》)

**十一日** 晚上写讫小说《廉价的面包》。

**十三日** 在《民国日报·觉悟》上发表短篇小说《廉价的面包》,署名"施太邱"。

**二十一日** 周瘦鹃主编的通俗小说半月刊杂志《半月》在上海出版创刊号。先生自述:"其每期封面,皆为仕女画,出谢之光笔。其时余年十七,初学为韵语,遂逐期以小词题其画,凡得十五阕,寄瘦鹃,未得报书。《半月》出版至第2卷第1期,忽刊载拙作,并倩天虚我生之女公子陈翠娜女士续作九阕,以足全年封面画24帧之数。瘦鹃以二家词合刊之,题云《〈半月〉儿女词》。"(《翠楼诗梦录》)

## 十月

**十五日** 泰东图书局出版"创造社丛书"第三种郁达夫《沉沦》,这是"五四"新文化运动以来较早出版的一部重要的白话短篇小说集。

## 十二月

**三日** 农历十一月初五,十七岁生辰。先生自述:"我的最初期所致力的是诗。""我从《散原精舍诗》《海藏楼诗》一直追上去读《豫章集》《东坡集》和《剑南集》,这是我的宋诗时期。那时我原做过许多大胆的七律,有一首云:'挥泪来凭曲曲栏,夕阳无语寺钟残。一江烟水茫茫去,两岸芦花瑟瑟寒;浩荡秋情几洄溆,苍皇人事有波澜;迩来无奈尘劳感,九月衣裳欲办难。'一位比我年长十岁的研究旧诗的朋友看了,批了一句'神似江西',于是我欢喜得了不得,做诗人的野心,实萌于此。以后又从宋诗而转读唐诗了。这一转变的机缘是很有趣味的。那时我在中学四年级,要读《纳氏文法》第四册。我家里本来藏着黄布面的《纳氏文法》第四册有二十馀本之多,那是我父亲在'光复'的时候从'学堂'里'揩油'来的,一向没有用处,这时市面上所有的《纳氏文法》多已经变了蓝色纸面的了。同学们看见我有黄布面的,就追问起我那本书的来历。于是我就做了一笔生意,把其馀的几本黄布面《纳氏文法》都卖给了同学。但是我觉得似乎不好意思以'揩油'来的东西卖钱,于是我想出一个法子来,请他们各人到扫叶山房去买一部诗集来交换。这次交换得来的诗集却都是唐诗,《李义山集》《温飞卿集》《杜甫集》《李长吉集》,一时聚集在我书斋里,这不得不使以前费了工夫圈点的宋诗让位了。在这些唐人诗中,尤其是那部两色套印的,桃色虎皮纸封面,黄绫包角的《李长吉集》使我爱不忍释。它不仅使我改变了诗格,甚至还引起了我对于书籍装帧的兴趣,我酷爱精装书本的癖性实在是从那时开始的。我摹仿了许多李长吉的险句怪句,《安乐宫舞场诗》就可以作为我那时的代表作。"(《我的创作生活之历程》)

**约在期间** 在新诗作品的影响下,开始尝试写作新诗。先生自述:"我曾用了各个不同的笔名寄诗到邵力子先生编的《民国日报》副刊《觉悟》上去发表。虽然是浅薄到了不得的东西,但在我个人是很值得纪念的。"(同上)

**是月** 松江县教育界发起召开松江国民大会,要求收回胶济铁路及青岛主权。会后还举行了游行。

# 一九二二年(中华民国十一年 岁次壬戌) 先生十八岁

## 一月

**月内** 叶圣陶、俞平伯、朱自清等编辑《诗》月刊在上海创刊,引起阅读兴趣。

**又** 吴宓主编、梅光迪和胡先骕为主要撰稿人的《学衡》月刊在南京创刊。

## 二月

**下旬** 就读四年级下学期。先生自述:"在四年制中学第三、四年级的时候,中、英语文阅读及写作能力,已有相当好的基础。中文是家学,我父亲教我从《古文观止》读到《昭明文选》。英文得力于叶颂藩老师的文法课,他教授《纳氏文法》第四册,使我能基本上懂得英文的语法结构。这两种语文基础,是我的有利条件。"(《我治什么"学"》)

## 三月

**二日** 始在《时报》"丛谈"专栏上发表《梅影轩偶忆录》(未完),署名"寄萍"。先生自述:"李涵秋先生辑'小时报·馀兴'中,我曾有过一篇《梅影轩偶忆录》,这是我行做几篇杂作的第一篇。"(《我的名字和别署》)

另,开篇写道:"春光逗,梅影满窗,蛰居无俚,惆怅华年流水,怎禁照展花枝,向人欲笑,此时此景,大难为情,爱秉兔豪,乙乙抽之,命曰'偶忆录'。"

另,起首两段,一"天之生人,本无偏颇,高贵贫贱,人人有分。富贵者何必骄,贫贱者不须耻,而今之人乃不知此。富贵者惴惴焉,惟恐其贫贱;贫贱者扰扰焉,力谋于富贵,秉此大目的,国家事不复问矣"。一"伶人者,最得人生真意,富贵贫贱,旦暮无定,而行所无事不介于心,试问他人能之乎。"

**三日** 《梅影轩偶忆录》(续)连载于《时报》"丛谈"专栏,署名"寄萍"。

另,文内有一段曰:"朋侪小集,恣论放翁诗,约举七律最佳句。有言:'浅碧细倾家酿酒,小红初试手栽花。'有言:'花如解语还多事,石不能言最可人。'有言:'一樽浊酒有妙理,十里荒鸡非恶声。'有言:'遣客方眠那是醉,有衣可典未为贫。'有言:'三万里天供醉眼,二千年事入悲歌。'虽皆一时兴到之言,然亦足以观各人胸襟矣。言为心声,文为言形,此三者初无以异,然伪者之言,未必本于心,而形之于文,又未必合于言,于是乎心自心,言自言,文自文矣。言文之所以不易统一,或以此乎。一笑。"

**四日** 《梅影轩偶忆录》(续)连载于《时报》"丛谈"专栏,署名"寄萍"。

另,摘录文内几段:"射之不中也,弓无罪,矢无罪,鹄无罪。书之弗工也,笔无罪,墨无罪,纸无罪。然今人于事之弗成也,辄归罪于阻力也,环境也,机会也,此又何也。""曾记得《水浒传》上石秀骂梁中书,你这与奴才做奴才的奴才,此语骂官僚,却十分爽快。""古人之文易工而难传,今人之文难工而易传,惟其如是,故撰述者今多于古。""美国大诗家朗法罗诗剧中有女郎爱玛者,向少年爱琴哈特曰:玫瑰之神秘与意义何居。答曰:玫瑰之神秘,爱也。其意义则年少耳,善哉,是真能知玫瑰者。""入钉惟恐其不坚,拔钉惟恐其不出;下锁惟恐其不严,开锁惟恐其不易。二者固讵可得兼,而世人每愿如是,诚不可解。"

**五日** 《梅影轩偶忆录》(续)连载于《时报》"丛谈"专栏,署名"寄萍"。此稿获赠有正书券二元。

另,文内有段曰:"'红日柴门一丈开,不须踰济与跻淮,家家饭熟书还熟,羡杀承平好秀才。'此定盦先生诗也,于此可想见乾嘉时承平之盛。今兹吾人,共和国民也,较彼专治时代,当胜什倍,顾今则饭熟不能书熟,书熟不能饭熟,是诚不及一专制时代之秀才矣。呜呼,吾欲无言。"

**十五日** 又在《时报》"杂俎"专栏上发表《梅影轩偶忆录》,署名"寄萍"。此篇获赠有正书券一元。

另,摘录此篇数段:"我每日有三种境界,足使我回肠荡气,无可奈何者。其一,在天色黎明,枕上听军门画角凄清时。其二,是夜深听邻家夜作锥击声,大类月下寒砧。

其三,是出入见七级浮屠,昂首天外,问此间兴衰生死者,凡数百截,而我以蜉蝣之生,相与对视,不知彼将先我而死乎,抑我将先彼以死乎。思念及此,益复魂销。""我国长篇记事诗极少《孔雀东南飞》,似可当之,然亦只一千馀字。曩见曹颖甫之《红礁画桨曲》,就《红礁画桨录》中事演成长诗,都二千馀言,一气贯注,神韵独绝,实为中国第一长诗。我尝拟做其法,就各说部事,成长诗一卷,不知此愿何日能偿也。""做文章只是做文章,而必斤斤于宗派谬矣。当他做文章时,不知当自己是我,还是古人;所做的文章,还是自己的文章,还是古人的文章。""墙高而不倾者,其基必厚;流远而不竭者,其源必广;爵尊而不败者,名盛而不隳者,其德必茂。""我尝夜归,道出古谯楼,皎月如水,微云自行,万籁无声,竟不知日间芸芸众生,果何在哉。""有时枯坐无俚,忽发奇想,欲一跃上云端,与清风明月相周旋,任人世之纷争,而我作壁上观,不亦快哉,顾讵可得耶。"

**是月** 包天笑主编《星期》周刊在上海创刊,由大东书局发行。先生遂热心阅读,不久后开始向该刊投稿。先生自述:"在读了许多报刊文学之后,心血来潮,见猎心喜,也学写了一篇又一篇的小说、随笔,冒失地向上海一些'鸳鸯蝴蝶派'文学刊物投稿。最初是屡投屡退,我就以屡退屡投的战术来对付,终于攻进了编辑先生的大门,我的文章陆续在报刊上出现了。"(《施蛰存文集·序言》)

## 四月

**一日** 在《礼拜六》第155期发表《恢复名誉之梦》,署名"青萍"。先生自述:"在中学三四年级读书时,看了许多林琴南译的外国小说,和上海出版的各种鸳鸯蝴蝶派文艺刊物。看到一篇自己觉得好的小说,或随笔杂文,就想摹仿,也写那么一篇。当时新文学运动虽已掀起,但还没影响到内地小县城的中学生,我写的小说、杂文,只有向鸳鸯蝴蝶派刊物投稿。于是我把文章一篇一篇的往上海寄,好不容易,陆续在《礼拜六》《星期》《半月》等当时很流行的刊物上发表出来,虽然没有得到过分文稿费,但心里着实高兴,似乎已蒙大编辑、老前辈肯定了我的文学事业。不过,恽铁樵编的《小说月报》,始终没有采用我一篇投稿,我觉得还有不足,因为我把它看作是个高标准的文学刊物。我的小说,虽然在鸳鸯蝴蝶派刊物上发表,但它们的题材内容和创作方法,还是受了西方短篇小说的影响,以描写世态人,反映社会现实为目的,并不流入庸俗的恋爱故事或黑幕小说。当时,这些鸳鸯蝴蝶派刊物,也正在想迎合新文学运动,提高自己的地位,因而也愿意发表我的小说,作为他们逐渐改革的契机。"(《〈中国现代作家选集·施蛰存〉序》)

另，据郑逸梅记述："施之投稿《礼拜六》，在全《礼拜六》之末叶时代，所采作品，颇多新进作家。在《礼拜六》已盛时代，则罕见施作也。"（署名"闲闲"《施蛰存之〈山中琐记〉》）

**十三日** 《民国日报·觉悟》发表蔡元培《非宗教运动》一文。

**同月** "非宗教大同盟"在北京大学召开成立大会，有五百多人参加会议，通过章程并推举李大钊、蔡元培、汪精卫、邓中夏等三十馀人为干事，在全国引起广泛反响。

**又** 冯雪峰、应修人、潘漠华、汪静之在杭州第一师范学校成立"湖畔诗社"，出版《湖畔》诗集。

## 五月

**一日** 创造社文学刊物《创造季刊》在上海创刊，由郭沫若、郁达夫、成仿吾主编，泰东图书局发行，引起了先生很大的阅读热情。

**十三日** 在《礼拜六》第161期发表《老画师》，署名"松江第三中学施青萍"。先生自述："我学做小说、诗词，不自知其幼稚，写好了就向上海的鸳鸯蝴蝶派文艺刊物投稿。周瘦鹃编的《申报》副刊《自由谈》、《半月》，包天笑编的《星期》，都发表了我好几篇作品。但那时的刊物不给稿费，我也不知道发表了文章可以得到稿费，只要给我发表，就很高兴了。"（《我的第一本书》）"新文学初兴起，刊物不多，而且好多都是大学教授办的，我们攀不上，故只好投稿礼拜六派刊物。"（复沈承宽函，1984年9月10日）

## 六月

**二十五日** 在《星期》第17号发表小说《寂寞的街》，署名"施青萍"。

**三十日** 上午在江苏省立第三中学参加毕业典礼。据《三中举行毕业式》记述："江苏省立第三中学校，于今日（三十）放暑假。上午十时行毕业式，林校长辞志坚决，不愿蝉联，故演词都含临别之意，微露愤激之语。本届毕业生，共三十五人。兹将毕业生姓氏，照录如下：浦江清、施德普、姜家璜、宋学勤、曾寿勋、叶寿昌、程佩畦、孙兆元、王中孚、俞炳恒、陶希铨、李祖富、张功成、蒋复、尹中英、董寿兴、钱模继、陈士恢、陈炳章、杨照生、谢葆培、陆鼎荣、吴桂章、朱耀钟、刘泰交、夏斯馨、陈汉雄、陈国华、朱孔昭、陈恭慎、倪鼎新、顾懋和、马锡祜、曹瑞琛、曹葆生。"（《时报》，1922年7月2日）

**下旬** 松江图书馆、松江景贤女子中学等单位举办学术演讲会，邀请沈雁冰、邵

力子、施存统、杨贤江等进步学者来到松江讲学,先生参加此次听讲。(先生口述)

## 七月

**一日** 从江苏省立第三中学毕业,获得"毕业证书":"学生施德普系浙江省杭县人,现年十八岁,在本校修业期满,考查成绩及格,准予毕业,此证。江苏省立第三中学校校长林懿均(印章),中华民国十一年七月。民国十一年六月二十六日江苏教育厅验讫,第15号。"

**二日** 《时报》"松江"专栏刊载《三中举行毕业式》。《民国日报》"地方新闻"专栏亦刊登《三中举行毕业式》(松江)。

**二十五日** 在《申报·自由谈》"闲话"专栏发表《逃暑谈片》(一、午后蝉声,二、城头小步,三、田野招凉),署名"青萍"。

另,据郑逸梅记述:"《申报》之'自由谈',施亦常有文稿发表。'自由谈'之取稿,多属文言之小品文字,尤多分段的写意之作,故施作亦多类此。"(署名"闲闲"《施蛰存之〈山中琐记〉》)

**三十一日** 在《申报·自由谈》"闲话"专栏发表《逃暑谈片》(四、凉思绕塔,五、绿荫垂钓),署名"青萍"。

**是月** 按先生自述:"暑假里头要考好几个大学哩,先考国立大学,再考省立、私立大学,一直考到最后,最差的是私立大学,总归考得上的。""严呵,东南大学严呵!东南大学的语文考试是一篇作文,还有关于古典文学常识的一百个题目。这些考题是很难的,你要对古典文学很熟才行。当时东南大学、北京大学语文考试最凶(严)。"(王丽《"把我的意见发表出去"》)"中学毕业,欲入北京大学,二亲未许。遂报考东南大学,乃名落孙山。同去四人,惟浦江清一人获隽。不得已,考入之江大学。"(《浮生杂咏》)"报考东南大学国文系,同去应考的有四个同学,只有浦江清一人被录取,我和其他二同学均名落孙山。于是去报考之江大学,因为听说教会大学容易考。果然被录取了,就进之江大学去读英文。"(《我治什么"学"》)

**同月** 由徐卓呆、胡寄尘、张舍我、严芙孙、张枕绿、包天笑等人发起成立"青社"。

## 八月

**一日** 在《申报·自由谈》"闲话"专栏发表《逃暑谈片》(六、妄言妄听,七、卖花声里),署名"青萍"。

**六日** 《逃暑谈片》(一、午后蝉声,二、城头小步,三、田野招凉)再次刊于天津《益世报》"闲谈"专栏,署名"青萍"。

**十一日** 《逃暑谈片》(六、妄言妄听,七、卖花声里)再次刊于天津《益世报》"闲谈"专栏,署名"青萍"。

**下旬** 赴杭州,进入之江大学外国语文系求学。先生自述:"南雍北监无我分,来看钱塘八月潮。""此为教会大学,师资无学者,诸生所肄习者,惟英语耳。"(《浮生杂咏》)"跟外国教师学英文,他们就不大讲究文法。有些从教会中学升上来的同学,他们的口语比我好得多,可是他们都不会分析复合句子。"(《饮水思源》)"我与林汉达同时,他高一二级。"(致朱宏达函,1993年5月29日)

**同月** 29日赵眠云、郑逸梅等人在苏州发起成立"星社"。

## 九月

**六日** 在《半月》第2卷第1号"周岁号"上发表《〈半月〉儿女词》,署名"施青萍"。此期还刊载"小翠"《续〈半月〉儿女词》。先生自述:"余有表叔沈晓孙在家庭工业社执事,家庭工业社者,栩园丈所创企业,其女公子翠娜亦在社中任配料之事。晓孙与陈氏父女日相见也,《儿女词》既刊布,晓孙叔见之,笑曰'大好,大好,是周瘦鹃为两家作蹇修也,吾当成之',遂为余乞婚于陈氏。栩园丈欲先一见余再议。且允晓孙叔携小翠照片一帧以示家君。时家君在松江,余在杭州之江大学肄业,初不知此事。家君携小翠照片来杭州,告以晓孙叔有此举,事或可成。命余即日去上海,由晓孙叔陪同谒栩园丈。余闻之大惊异,自愧寒素,何敢仰托高门,坚谢之,事遂罢。然有此一段因缘,余于陈氏父女,有若不可释念者,亦不自知其何心。"(《翠楼诗梦录》)"余少时尝与吾杭诗人陈媛小翠有赓咏联吟之雅,相知而未相见也。"(《交庐归梦图记》)

**十日** 始写日记,先生自述:"我的最早的日记是民国十二年[应为民国十一年]秋间初到之江大学时所记的。用阴历记日,从7月19开始到9月13日终止,而中间还有失记的日子。这是一本普通的硬面小形厚抄簿,用蓝黑墨水横行写的,虽然是我平生第一本日记,但恐怕倒是我的记得最美丽的一本。"(《我的日记》)

**十四日** 阴历7月23日,先生日记:"下午2时后已无课,天气极好。在江边读《园丁集》。"别有自述:"常常带一本泰戈尔的诗集,一个人坐在钱塘江边沙滩上诵读和默想。我也曾想把这些诗译出来,但译了几首,自己读一遍,总觉得没有味。这些诗,意义并不难懂,文字也并不艰深晦涩,但就是译不好。后来,郑振铎先生的译本出来了,接着还有别人的译本,我都立刻就去买来看。看了之后,觉得译文还是不够好,没有读英文原本那样的味道。有些句子,太依照原文的句法结构直译,有时反而比原文晦涩。"(《泰戈尔〈爱人的礼物〉译者前记》)

**二十日** 阴历 7 月 29 日,先生日记:"晚饭后,散步宿舍前,忽见六和塔上满缀灯火,晃耀空际,且有梵呗钟磬声出林薄,因忆今日为地藏诞日,岂月轮寺有视典耶?遂独行到月轮寺,僧众果在唪经,山下渔妇牧竖及同学多人,均行游廊庑间,甚拥塞。塔门亦开放,颇多登陟者,余踌躇不敢上。看放焰口至 9 时。欲归,无与同行者。山径晦黑甚,立寺门口,不敢独行。旋见×××教授女及其弱弟,方从大殿东边出,望门外黝然者,亦逡巡莫知为计。余忽胆壮智生,拔弥勒佛前蜡烛,为牵其弟,照之归校,并送之住宅前,始返宿舍,拥衾就枕,不胜其情怀恍惚也。""这一段故事,我后来曾经写过一篇小品文,并且似乎还做过一首七绝,可是,现在诗文都散失了。"

**月内** 按先生自述:"每星期日总到'旗下'去玩。走过明德斋那家刻字店,总高兴去看看他们玻璃橱里的印章。有一天,我居然花了八毛钱买了一块椭圆形的印石。不知怎么一想,想到有个杭州人曾经刻过一块图章,文曰'苏小是乡亲',便摹仿起来,叫刻字店里的伙计给我刻了'家姊是吴宫美人'七个阳文篆字。这是想拉'西施'做一家人了。放了年假,把这颗图章带到家里,给父亲看见了,他就大大的讪笑了我一场,羞得我赶紧来磨掉,现在连这块印石也不知哪里去了。"(《绕室旅行记》)

**同月** 3 日青社出版社刊《长青》创刊号。大同学院立案,更名为大同大学。

## 十月

**一日** 阴历 8 月 11 日,创作小说《上海来的客人》。

**七日** 阴历 8 月 17 日,先生日记:"晚饭后,在程君房中闲谈,忽从窗中见钱塘江中灯火列成长行,凡及一二里,大是奇观。遂与程君同下山,在操场前江岸边瞭望,方知是夜渔也。欸忽间,渔舟绕成圆阵,灯火亦旋作阛形。皓月适照江心,如金刚圈绕水晶镜也。须臾,忽闻江上沙沙有声,则数百张网一齐撒下矣。波摇金影,目眩神移,生平未见此景也。"

**九日** 阴历 8 月 19 日,创作小说《进城》。

**十日** 阴历 8 月 20 日,先生日记:"今天未进城。上午睡觉。下午携《渐西村人诗集》一册到徐村江边大石矶上坐读,颇艰涩,不数页即废辍。"别有自述:"大概我在之江大学读书,在学问方面并未有多大长进,但在自然景色方面,倒着实享受了一些。那时我常常带了书本在江边沙滩上找一块大石头坐了看书。"

**十一日** 阴历 8 月 21 日,创作小说《父与母》。

**二十二日** 阴历 9 月 3 日,创作小说《乡人》。

**二十四日** 阴历 9 月 5 日,创作小说《两日之出家》。

**二十六日** 阴历 9 月 7 日,先生日记:"今日课毕后,从图书馆中借到拜伦诗一本,携至山下石桥上读之。尽花生米五十文。"

另,按先生自述:"在之江大学图书馆里,我选抄了一部《英国诗选》,""这是我当时最得意的工作。"(《我的创作生活之历程》)

**月内** 按先生自述:"他[浦江清]就学于南京东南大学,我在杭州之江大学。从此我们就少了见面的机会,但是我们每星期都有书信往来。"(《浦江清文史杂文集·序言》)

**又** 按先生自述:"每星期日辄从云栖越岭,取道烟霞洞,过满觉陇,到赤山埠雇舟泛舟。其时满觉陇一带桂花并不多,不过三四百株,必须有风,行过时仿佛有些香味而已。杭人赏桂,其时亦并不有何等热心,余方以为此一韵事只可从武林掌故丛编中求之矣。"(《玉玲珑阁丛谈》)

**又** 按先生自述:"星期日常常去游西湖名胜,烟霞三洞是便路,因而每次走过便去看看。水乐洞就在烟霞洞山脚下,但那时还无人知道。据老辈说,这个洞从太平天国以后,一直荒芜着。有一天,我和一位同学从烟霞洞下来,走错了路,给一条草丛中的小路引到一个蔓草掩蔽的山洞口,听到洞里有水声。这是平列的两个山洞。左边的一个山洞里有水,进不去。我们从右边的一个洞口进去,看到洞底有一道像瀑布似的水在涌出,随即向左转,流到左边山洞口,立即注入地下,并不流出到洞外。"(《石屋水乐话旧》)

**约在期间** 先生初识杭州文学社团"兰社"主要成员,有私立宗文中学毕业班学生戴朝寀(望舒)、宗华中学学生戴克崇(杜衡),以及张元定(天翼)、叶为耽(秋原)等,一起从事文学创作活动,并向上海、天津等的报刊投稿。先生自述:"我先认识戴望舒,由望舒而认识天翼、杜衡(戴涤园、苏汶)、叶秋原、李伊凉、马鹃魂(天骁)等同时代的青年文友。"(复沈承宽函,1984 年 9 月 10 日)"识戴望舒、戴杜衡、叶秋原、张天翼、皆中学四年级生,方以文字投寄上海报刊,秋原、天翼,皆善书法,已订润例鬻书。既有同声之契,遂有结社之举。同学闻风而来者凡十许人,成立兰社。"(《浮生杂咏》)"发起人是戴梦鸥(望舒)、张无诤(天翼)、叶为耽(秋原)、戴涤原(杜衡),他们都是杭州人。我是一年之后加入的,当时我在之江大学肄业。"(《逸梅选集·序》)

另,据钟韵玉回忆:"杭州兰社社员,以戴望舒为中坚,参加者如叶秋原(为耽)、李伊凉(大可)、施蛰存(青萍)、张天翼(无诤)及钱杏邨、钱棠村、胡光亚等三十馀人,皆望舒在杭浙西醝务小学及宗文中学同学,社址设在大塔儿巷戴宅。"(钟韵玉《兰社戴望舒旧事》)

另,据徐碧波回忆:"该社社员皆翩翩少年,行将跨入大学的年龄,亦无社长,惟推活动分子为外勤人员,如:施青萍(后名蛰存)、戴梦鸥(后名望舒)。"(徐碧波《星社与兰社纪略》)

另,据王寿富记述:"杭州兰社,是他[施蛰存]组织起来的,自任社长,与苏州星社、常州韵社鼎峙而分,专门出一种谈幽默讲笑话的小品刊物,写几篇妮侬与郎耶的哀情小说,最称拿手。因周瘦鹃与王钝根合编的《礼拜六》杂志上最多他的大作,有时具名用'云间眉子'四字;不过整个具名,大都用在杂文随笔一类稿之下。"(王寿富《提起施蛰存来》)

**同月**　1日青社社刊《长青》在出版第5期即告废刊。上海大学由东南高等专科师范学校改组而成立,于右任出任校长,邓中夏出任总务长,瞿秋白担任教务长兼社会学系主任,陈望道担任中文系主任。

## 十一月

**五日**　阴历9月17日,创作小说《十三页半》。

**七日**　阴历9月19日,创作小说《两孩》。

**十五日**　由张枕绿主编、良晨好友社刊行《最小报》创刊号,宣言称:"本报的篇幅最小,所以名称《最小报》。"(按:据郑逸梅《民国旧派文艺期刊丛话·小报》:"出至二百期左右停刊。")

**二十一日**　阴历10月3日,创作小说《路役》。

**二十六日**　在《妇女旬刊》第90号发表《新妇女之敌》,署名"施蛰存"。文末写道:"这一篇的意思难免不在别处见过,但我到了杭州在同学们口中所听到的和我自己看到的,不觉都使我生了一种感想,所以我草此一篇,贡献给新妇女们。"

另,该期记者《编馀小话》提及:"施蛰存的《新妇女之敌》,说来精透极了。此君的小说词章,可算臻极。但是这篇言论,也不让他作。"

**约在期间** 按先生自述:"一次,脚夫替我挑着行李,彳亍着在到大学去的路上,昏鸦的啼声也曾刺激过我。我们从蜿蜒的小径,翻过一条峻坂,背后的落日把我们的修长的影子向一丛丛参天的古木和乱叠着的坟墓中趱刺进去。四野无人,但闻虫响,间或有几支顶上污了雀屎的华表屹立在路旁,好像在等候着我们,前路是微茫不定,隐约间似还有一个陡绝的山峰阻住着。晚烟群集,把我们两个走乏了的人团团围住,正在此际,忽又听见丛林密箐之中,有鸦声凄恻地哀号着,因为在深沉的山谷里,故而回声继起,把这声音引曳得更悠长,更悲哀。我不禁打了个寒颤,好像有对此苍茫,恐怕要找不到归宿之感。"(《鸦》)

## 十二月

**五日** 阴历10月17日,创作小说《雪橇御人谈》。

**二十日** 阴历11月3日,创作小说《贫富与智愚》。

**二十二日** 农历十一月初五,先生十八岁生辰。

**三十一日** 阴历11月14日,创作小说《守节者》。

**月内** 因宿舍寒冷,先生从学校搬出,开始寄居大塔儿巷28号戴望舒家中,并与"兰社"成员一起着手筹办以发表旧体诗词、小说为主的社刊《兰友》。(先生口述)

另,据杜衡记述:"1922到1924那两年之间,在年轻的时候谁都是诗人,那时候朋友们做这种尝试的,也不单是望舒一个,还有蛰存,还有我自己。那时候,我们差不多把诗当做另外一种人生,一种不敢轻易公开于俗世的人生。我们可以说是偷偷地写着,秘不示人,三个人偶尔交换一看,也不愿对方当面高声朗读,而且往往很吝惜地立刻就收回去。""记不清是跟蛰存,还是跟望舒,还是跟旁的朋友谈起,说诗如果真是赤裸裸的本能底流露,那么野猫叫春应该算是最好的诗了。我们相顾一笑,初不以这话为郑重,然而过后一想,倒也并不是完全没有道理。""固定着一个样式写,习久生厌;而且我们也的确感觉到刻意求音节的美,有时候倒还不如老实去吟旧诗。我个人写诗的兴致渐渐地淡下去,蛰存也非常少作,只有望舒却还继续辛苦地寻求着。"(杜衡《〈望舒草〉序》)

**是月** 《游戏世界》第19期"文艺界消息"专栏刊载"在筹备中之《兰友》":"定期

出版物要算上海最多,别处难有几种出版,但是小说一方面,简直可以说绝无仅有。现在距上海不远的杭州,居然有一班青年作家,办了一种小说旬刊,取名《兰友》,定在十二年阳历一月一日出版,现正在筹备中云。"

# 一九二三年（中华民国十二年　岁次癸亥）　先生十九岁

## 一月

**一日**　先生参加编辑兰社社刊《兰友》创刊号出版,由杭州宏文印刷所承印,刊头有"兰社定期刊物之一·小说旬刊"字样,为横8开长条报纸的形式,每期4至8页不等,每月出版三次,逢一出版,以刊载旧体诗词、文言或白话小说为主,还有笔记、译作、小说界消息等,编辑所及发行所设在清吟巷7号兰社内。戴望舒(梦鸥)出任主编,先生协助其编刊,另有名誉编辑沈禹钟、叶劲风。《兰友》中缝专栏刊有"发行二万份""募集各地销售商"等广告语。

**十一日**　先生参加编辑兰社社刊《兰友》第2期出版。

**二十一日**　先生参加编辑兰社社刊《兰友》第3期出版。

## 二月

**一日**　先生参加编辑兰社社刊《兰友》第4期出版。

**七日**　阴历12月22日,创作小说《渡船》。

**十日**　成为鸳鸯蝴蝶派作家发表作品的主要阵地《礼拜六》,出版200期后停刊。先生自述:"《礼拜六》停刊了,其他一些旧文学刊物也逐渐有所改革,至少在文体上,都在努力向新文学靠拢。于是,我的文学习作,也转向新文学。"(《施蛰存文集·序言》)

**约在期间**　按先生自述:"在之江,没有钻研中国文学的条件,我就钻进了英国文学。一年之间,我读了英国文学史、英国散文和诗歌。"(《我治什么"学"》)

**上旬**　放寒假,即返回松江家里过春节。先生自述:"我进之江大学后读书,回松江,路过嘉兴,下车逗留",顺道看望娘舅喻祥生。(范笑我《忆施蛰存先生》)

**十一日**　先生参加编辑兰社社刊《兰友》第5期出版。

**十六日**　春节。由张丹斧、姚民哀主编《世界小报》创刊,4开4版日刊,上海小世界游戏场出版发行。据王寿富记述:"他还会写一些短诗,五古七绝都应有尽有,多

数发表在张丹斧与姚民哀合辑的《世界小报》上。"(王寿富《提起施蛰存来》)

**寒假期间** 与浦江清等诸位中学时代关系密切的同学交游,先生自述:"一到开学就得背了书包,上火车分赴宁沪杭各地上学。"(《新松江社落成小言》)

**二十二日** 阴历1月7日,创作小说《孤独者》。

**下旬** 返回杭州。先生自述:因参加"非宗教大同盟"活动,而为之江大学"校方所不喜,自动辍学"。(《中国文学家传略·施蛰存先生自传》)"这是一所美国教会办的大学,宗教气氛浓重,颇不满意,其时又加入了非宗教大同盟,在校中散发反对宗教侵略的言论,因而为学校当局所忌,不待开除,即自行停学。"(写给陈文华书面材料)

## 三月

**一日** 先生参加编辑兰社社刊《兰友》第6期出版。

**二日** 在《半月》第2卷第12号发表《伯叔之间》,署名"施青萍"。

**五日** 始在《申报·自由谈》发表《观灯记》(上),署名"施青萍"。

**六日** 《观灯记》(下)续刊于《申报·自由谈》,署名"施青萍"。

**上旬** 开学前,经兰社友人介绍到宁波慈溪普迪小学担任代课教员,同时仍热衷于兰社的文学活动,每逢星期日便返回杭州居住在戴望舒家,继续参与编辑社刊《兰友》。(先生口述)

**十一日** 在《半月》第2卷第14号发表《半月之典》,署名"施青萍"。

**同日** 先生参加编辑兰社社刊《兰友》第7期出版,刊有其辑《小说家语录》,署名"青萍";还刊有兰社"社员题名录"共38人,先生(施青萍)名列之一。

**又** 《木铎周刊》第168期"介绍栏"刊载"小说旬刊《兰友》":"内容以小说为主间登杂作,撰著者包天笑、周瘦鹃、戴梦鸥、毕倚虹、李伊凉、戴涤源、孙弋红、张无诤、施青萍、徐卓呆。"

**二十一日** 先生参加编辑兰社社刊《兰友》第8期出版,刊有其作《不忍词》,署名"施青萍"。

**同月** 松江人氏钱江春、胡山源、赵祖康、陈德征等发起成立新文学团体"弥洒社",先后出版了6期《弥洒》月刊,别有《弥洒社创作集》两集。《星期》在出版50期后停刊。

## 四月

一日　先生参加编辑兰社社刊《兰友》第9期出版。

二日　郭沫若抵达上海,仍居哈同路民厚南里泰东图书局编辑所。

五日　寒食节。写讫《童妃纪》。

十一日　先生参加编辑兰社社刊《兰友》第10期出版,开始连载其作《红禅记》,还刊有其作《不忍词本事之一·玉碎记》,署名"施青萍"。

十六日　在《半月》第2卷第15号上发表《山歌缀俊》,署名"施青萍"。

同月　侯绍裘、高尔松等创办《松江评论》周刊。上海大学整顿校务,由邓中夏任总务长(又称校务长),决定下学期起大学部增设俄国文学系。

## 五月

一日　先生参加编辑兰社社刊《兰友》第11期出版,刊有其作《不忍词本事之一·玉碎记》(二续),署名"施青萍";还刊有其撰《文坛消息·一、维娜丝文学会》(署名"兰"):"本会以破除新旧意见,顺会员内心之情感,发为作品,以创设中国新文学为宗旨一,以整理中国旧文学为宗旨二,以研究及介绍世界文学为宗旨三。"

八日　在《申报·自由谈》上发表《竞适园赏鹃记》,署名"施青萍"。

九日　先生参加编辑兰社社刊《兰友》(国耻特刊)第12期出版。

十六日　在《半月》第2卷第17号上发表《〈半月〉校勘》,署名"施青萍"。

十八日　在《申报·自由谈》发表《相足谭》,署名"施青萍"。

二十一日　先生参加编辑兰社社刊《兰友》第13期出版。

二十六日　在《虎林》第5号发表《青萍谈吐》(署名"施青萍"):"我对于现今著述界,觉有不少意见,蕴集于中,不能复忍,随写数则,愿假《虎林》一席地,与同志诸君共勉之,盖正如胡适之诗所谓'我自不吐定不快耳'。毋为愿成小说家而作小说,作家宜自愿其人格,投稿宜审慎杂志报章之价值,毋失之滥。无论何种文字,总宜有些文学意味,卑琐之作,尚以不作为佳。毋为金钱故扯长作品,致失精彩。看书后毋作文字,盖书中情节,尚印脑中,不知不觉间,入自己笔下,易成抄袭。小说非苦思所易得,新旧文学家何必互相抨击,以我观之,今日中国文学,实际上尚不能分新旧。盖新文学作品,除去标点,即是《半月》《星期》中小说耳。惟所惜吾侪近来无介绍西洋文学者,且无一与《小说月报》性质相同之杂志。故相形之下,似少拙耳,不则如新文学家言,岂《半月》《星期》中乃真尽不能谓为小说耶。我殊未信,新文学家称吾侪为黑幕派、礼拜六派。然吾倘称《小说月报》中作家为□□派、□□派,则新文学家亦肯受否。(□□、□□者,新文学刊物中最下乘之作品也)倘有人愿成一著作家者,则请赶紧读书,赶紧研究社会上一切问题。徒事抄袭,成一日之名,非计也。"

另,此期首页的编辑转陶《虎林小语》提及:"青萍之《青萍谈吐》论作小说,颇能中肯,亦小说作者之一助也。"

**同月** 9日上海大学联合各大学学生举行国耻纪念大游行。13日创造社刊物《创造周报》在上海创刊,由泰东书局发行。

## 六月

**一日** 先生参加编辑兰社社刊《兰友》第14期出版,刊有其作《不忍词本事之一·玉碎记》(三续),署名"施青萍"。

**十一日** 先生参加编辑兰社社刊《兰友》第15期出版,刊有其作《不忍词本事之二·执绋记》,署名"施青萍";此期刊载出版"兰社丛书"八种预告,包括施青萍的《红禅集》、戴梦鸥的《心弦集》、张无诤的《红叶别墅》、李伊凉的剧本《苧萝村》等;又刊载先生发起筹备组织"维娜丝文学会"启事。

**十四日** 在《半月》第2卷第19号发表《童妃纪》,署名"施青萍"。

**二十一日** 先生参加编辑兰社社刊《兰友》第16期出版,刊有其作《不忍词本事之二·执绋记》(二续),署名"施青萍"。

**下旬** 学期结束,辞去慈溪普迪小学教职;至杭州逗留数日,返回到松江家里。

## 七月

**一日** 先生参加编辑兰社社刊《兰友》第17期出版,刊有其作《不忍词本事之二·执绋记》(三续),署名"施青萍"。此期出版后遂即停刊。

**六日** 《无锡新报》刊载[王]西神《台城路·题施青萍江干小说集》。先生自述:"王西神我始终未认识,二十年代他在沪江大学教国文,兼卖文卖字,我是化了三块银洋的润笔,请他给我的小说集题了一首诗词。"(复冷寅顺函,1994年9月25日)

**十二日** 《世界小报》第146号刊载谢鄂常《杭州的报屁股》(下)提及:"《兰友》旬刊,以小说为主体,编者都是属小说界的健者,他们作品早已在海上风行。该报编法与内容,可称全浙之魁。"

**二十五日**　《最小报》第70号刊载黄转陶《卡党小传·施青萍》:"曾译《生育女子须知》,载《浙江民报·妇女周刊》中,颇得人誉。小说虽不多,然描摹胜常,如《星期》中之《寂寞的街》,《半月》中之《伯叔之间》,均绝佳。文言亦宗朱鸳雏,与碧波弹同调。《兰友》中之《红禅记》,即君撰也。君近取短篇小说二十馀篇,即小说集,不日出版。声重鸡林,可预卜焉。兰社杭党同人,推崇备至,盖亦学有胜人耳。兰社所备之'丛书'及'小说集',均君编辑。君撰稿好用钢笔,自己细匀,不稍参差,墨水喜紫罗兰色,有瘦鹃风也。"

**同月**　27日《最小报》第71号刊载范菊高《谈卡党》:"卡者,不上不下之称。卡党云者,中等作家结合之党会也。耳名者徐子碧波,传者黄子转陶,滥竽者范子菊高。"

## 八月

**一日**　自费刊印第一部短篇小说集《江干集》(原拟书名《江之华兮》),署名"施青萍",列入"维娜丝丛书第一种",印行100册,由上海维娜丝学会发行。收录作品《冷淡的心》《洋油》《上海来的客人》《船厂主》《进城》《父与母》《礼拜堂内》《手套》《姐弟》《梵村歌侣》《火钟的安放》《乡人》《两日之出家》《十三页半》《两孩》《路役》《雪橇御人谈》《贫富与智愚》《守节者》《渡船》《屠税局长》《欢乐之夜》《猫头鹰》《孤独者》。

另,书前刊姚鹓雏《题〈江干集〉即似青萍》:"携手江干四少年,都将珠玉映华颠。新词题扇我能忆,旧学焚膏汝最贤。说部有才兼笔舌,属辞已恨落言铨。春华刊尽馀秋实,莫若心情凿丑妍。鹓雏作于双青桐斋。"高君定《题〈江皋集〉即似青萍仁兄》:"猛从尘海试迴澜,俶瑰诙奇亦已繁。观世真成三日恶,闭门初惜一家言。支离坐觉虫天逼,寂历还看鹤梦翻。独步江皋成底事,更能唤起楚臣魂。"王蕴章《台成路·题〈江干集〉》"浮家惯趁烟波去,江干俊游重到。画舫移尊,花帘过酒,料理征衫茸帽。月残风晓。伴斜枕钟声,绿窗吟悄。鸥梦吹凉,水天圆合壶天小。飘萍身世漫诉,袖中新稿本,泪痕多少。醉墨题香,么弦写韵,眼底乱愁都扫。奚囊满了。有使者黄车,旧时风调。掷笔空中,双龙天外啸。青萍先生正谱,西神王蕴章草。"先生自述:"我请胡亚光画了封面,请王西神、姚鹓雏、高君定题了诗词,交松江印刷所排印了一百本。"(《我的第一本书》)

另，《卷首语》："踪迹天涯我无定，偶然来住此江干。秋心寥廓知何极，独向秋波镇日看。世事正如江上浪，傀奇浩汗亦千般。每因触处生新感，愿掬微心托稗官。"

另，书尾附录《创作馀墨》（代跋）："我并不将这一集当笔记或新闻纸卖给读者，我只将随时所得的资料，思绪既定，便随手将它写出来，尽我一枝笔描写我小说中的主角。但我并不刻意的描写，像塑造神像似的刻意的求像，终于失了本来面目。""我并不希望我成为一小说家而做这一集，我也不敢担负着移风整俗的大职务而做这些小说。我只是冷静了我的头脑，一字一字的发表我一时期的思想。或者读者不以我的思想为然，也请千万不要不满意，请恕我这些思想都是我一己的思想，而我也并不希望读者的思想都和我相同。我小心翼翼地请求读者，在看这一集时，请用一些精明的眼光，有许多地方千万不要说我有守旧的气味，我希望读者更深的考察一下。我也不愿立在旧派作家中，我更不希望立在新作家中，我也不愿做一个调和新旧者。我只是立在我自己的地位，操着合我自己意志的笔，做我自己的小说。""我以为劳心的小说，反不是好小说，因为小说并不像做算术一样，""所以做小说只为用一点结构的工夫和写字的工夫便够了。""我只愿读者既买这一集，必须从第一字看到末一字才好。"

另，按先生自述："我既不再向鸳鸯蝴蝶派刊物投稿，而新文学刊物如沈雁冰编的《小说月报》和创造社的《创造季刊》，在我看来，都是望尘莫及的高级文学刊物，我有自卑感，不敢去投稿。于是我一气写了十多个短篇小说。""都是在之江大学肄业时写的，而之江大学在钱塘江边，故题作《江干集》。""这一集中的作品，文笔和风格，都在鸳鸯蝴蝶派和新文学之间，是一批不上不下的习作，所以我不认为它是我的第一本正式的文学创作集。这一百本书，送亲戚朋友二十本，馀下八十本，都委托上海南京路文明书局代售，因为有一个同乡在这家书局中当门市部经理。过了几个月，我去向同乡打听书的销售情况，据说只卖出十多本。又过了半年，文明书局歇业，我的同乡不知转业到什么地方去了。我的书不知下落，也没有结账，我一个钱也没有拿到。"（《我的第一本书》）"《江干集》是我青少年时期的描红练习。"（《十年创作集·引言》）

**九日** 《童妃》（《童妃纪》，有节录）刊于《时言报》，署名"青萍"。

**十三日** 《童妃纪》再次刊于天津《大公报》"馀载"专栏，署名"青萍"。

**十六日** 《绿痕》第5期刊载阿猫《谈谈杭州的小报》提及："《兰友》大家晓得是小报中之霸王，兰社社员的心血结晶物；几个著述，都是很有名。"

**二十四日** 《绿痕》第6期刊载绿记者《文坛消息》："《芳兰》第1期业已出版，是期为施青萍号。有'闺诰'、'名人之情书'、'兰闺月令'等六篇，细味之如嚼香麝。"

**二十五日**　在《申报》发表《作书简之经济》,署名"蛰存"。

**二十六日**　在《半月》第2卷第24号发表《拜芙蓉馆艳录》,署名"施青萍"。

**三十日**　《最小报》第88号"闲文"专栏刊载徐碧波《江浙和平契约和苏杭两党》:"江浙现在订了和平契约,仿佛人民保了兵险一般,这是两省人民的幸福啊。现在文字界卡党里,苏杭两党也发明了芥蒂。我倒愿做张仲仁来调解,请双方签字,不要在文坛上开笔战,殃及无辜的蚂蚁蛆虫啊。我就苏杭两党的主脑人物,作一比例。齐燮元(范菊高),卢永祥(戴梦鸥),韩国钧(黄转陶),张载扬(马鹃魂),何丰林(施青萍)。"

**约在期间**　先生和戴望舒特地前往苏州访问星社文学同人。据"小说界消息"(鹃)报道:"兰社施青萍戴梦鸥来苏地游三日而返。"(《小说旬报》,1923年9月21日)

另,按先生自述:"在阊门酒家、吴苑茶室举行了两天的联欢,我和[郑]逸梅就在此时开始了友谊。"(《逸梅选集·序》)

另,据徐碧波记述:施青萍、戴梦鸥"他俩于1923年秋季曾联袂至苏访问,此时适余值社举行茶话于小仓别墅,招待入座,行迹不拘地谈笑风生。散会后同去城外留园畅叙,藉知兰社有社友二十馀人,以张无诤(后名天翼)、马娟魂、钟韵玉、戴涤源等为基本人员,自此一别以后,绝大多数咸晋入大学之门,各自腾飞,十馀年间,或以文学家,或者驰誉诗坛,或沸声翻译界里,从此兰社亦早解体,不复延续下去"。(徐碧波《星社与兰社纪略》)"汤家巷茂苑,新筑四面厅,周围花木阴浓,清气薄人,器具悉为红木,香茗亦为上等细叶,售价亦不甚昂,惟觉市声与人声太喧闹耳。青萍、梦鸥来苏,亦曾与一度在此厅啜茗。"(徐碧波《仝羽春潮》)

另,据郑逸梅回忆:"杭州兰社,如施青萍,后改署'蛰存';戴梦鸥,后改署'望舒';马鹃魂、张无诤等,也和星社通着气,苏杭来往,缟纻联欢。"(郑逸梅《具有悠久历史的星社》)"以我吴之有星社也,遂与戴梦鸥、钱唐村组兰社,发行社刊《兰友》,以相颉颃。施有所作,辄署'青萍'。某年,诸星侣方雅集于温家岸范宅,予亦与焉。施挟其所著《江干集》若干册以分赠,与之把晤自此始。""尚有第二种著作《红禅集》,惜予未得寓目。"(逸梅《施蛰存之旧作》)

**下旬**　先生与戴望舒、叶秋原、杜衡等同学结伴同往上海求学,临时赁屋居住。

**同月**　鲁迅小说集《呐喊》由北京新潮社列入"文艺丛书"出版。

## 九月

**一日** 先生与戴望舒一起进入位于上海闸北青岛路青云里(青云路167弄,今青云路323号位置)的上海大学中国文学系就读一年级,开学即担任班长,兼听社会学系的课。先生自述:"我早在报纸和上海大学的教授的著作中,看出上海大学的精神,绝不是和旁的大学一样。我相信我自己的观察是不会错的,于是我毅然决然地进了上海大学。虽然有好多人劝我谨慎,我总不信。"(《上海大学的精神》)"上海大学是一个新创办的貌不惊人的'弄堂大学',上海人称为'野鸡大学'。但它的精神却是全国最新的大学。在中国新文学史和中国革命史上,它都起过重要作用。我在这所大学的非常简陋的教室里,听过当时新涌现的文学家和社会科学家的讲课。时间仅仅一年,这一群老师的言论、思想、风采,给我以至今忘不掉的印象。"(《忘不掉的刘大白》)

**五日** 在《最小报》第91号"关于小说之文"专栏发表《谈莫泊桑的小说》(署名"施青萍"):"张舍我在'最小'上作一篇中国的莫泊桑,他说胡寄尘的小说和周瘦鹃的《镜台奴痛》一篇,得莫泊桑的气息。其实我说胡寄尘的小说,完全没有一篇像莫泊桑的。而周瘦鹃的《镜台奴痛》的结构和描写,也不能说像莫泊桑。我以为这两年我所看见的小说中,倒是枕绿的《其妻之死》和海鸣的《老琴师》,还能得莫氏的气息。""所以莫氏全集中所描写的法国社会的淫荡黑暗,简直像黑幕小说,但毕竟他用美丽的字句写了,使看的人的目光化丑为美。现在中国所译出的莫氏作品,如《项圈》《乞丐》几篇,其实完全不能代表莫氏的全集。舍我先生不知曾看见过《歌郎》《冷酷的爱》两篇么,如果看见过,不知舍我先生能举出几篇中国人的作品来比较比较么,呵呵!倘使现在有人将莫氏《歌郎》那篇做蓝本。也做一篇中国短篇小说出来,我说一定有人要骂个不住呢。"

另,据《旧瓶装新酒的施蛰存》(署名"次翁")写道:"当他在大学念书时候,最爱的是徐枕亚和吴双热的小说,一部《玉梨魂》,一本《兰娘哀史》,都被他读得烂熟。恰巧,那时胡寄尘又做了他的教员,于是更完成了他的'鸳鸯蝴蝶'梦。他曾做过什么'恨'、什么'泪'和'哀史'三部言情小说,均由苏州某书局出版。"(《社会日报》,1933年11月1日)

**同日** 《绿痕》第7期"饭后闲评"专栏刊载钟韵玉《评评各种小报》提及:"《兰友》旬刊第1期是一篇出版的话和七篇小说,最精力杰构、笔墨深刻的,就是施青萍的几种不相同的笑。"

**七日** 在《最小报》第92号"关于小说之文"专栏发表《新旧我无成见》(署名"施

青萍"):"我近来的思想,以为小说是应当讲求艺术的。所以《小说月报》和《创造》我也愿意看,冰心和叶绍钧的作品,我也愿意领略。但对于诗的方面,我以为白话诗的格调,简直比弹词还低;并且现在的新诗,愈做愈低,连意味都找不到了。所以诗的问题,我以为律诗可废,而其馀必不可废。我抱着这样的主张,想联合许多同志,恢复诗而创作小说,所以发起了一个维娜丝文学会,想征集几位同志,不意有时遇到了一个诗好的朋友,我便请他入会,他听说小说要议《创造季刊》《小说月报》那样做,他便说我是新文化人物,不愿加入了;有时遇到了一位研究小说的朋友,我又请他入会,他听我说不做白话诗,他便说我性质太旧,又不愿意加入了。至今可怜这个文学会,还只有十多位同志啊。"

**九日** 在《最小报》第93号发表《闻名不如见面》(署名"施青萍"):"朱天石作《梦西湖语》,做得非常有韵致。他第一篇便说西泠社的卖茶女郎,我此番到西泠印社去一看,哈哈!却正是'无盐嫫母,灶下婢不是过也'。但虽然如此,天石的情致却正不可磨灭的。"

另,此期还刊载朱智先《评〈江干集〉》:"《江干集》是施青萍的短篇创作集,承他瞧得起我,送了一册给我。我拨冗急急读了一遍,如今大胆来批评一下。小说共廿四篇,篇篇都极描写之能事,而尤以描摹天性的真挚,为使人萦绕于脑际,而不能磨灭。《猫头鹰》一篇,真令我慨叹不止了。""不过我有一点意见,觉得不加排圈,于外观上,不能引起读者的美感。虽然作品的好坏,不在排圈,但我总以为对于一般读者,不如此不足以引起他们的叫好声,唉。"

**上旬** 先生与戴望舒在校外附近里弄居民家合租一间厢房作为宿舍。同伴叶秋原先进入东吴中学求学,不久考入上海大学外文系就读一年级;杜衡则进入上海南洋中学就读五年制的毕业班;而"李[伊凉]、马[鹃魂]二人进商科大学,不搞文艺了;'兰社'从此解散"。(复沈承宽函,1984年9月10日)

**十一日** 在《最小报》第94号发表《名人情书译话》(署名"施青萍"):"我在《芳兰》上,译了几首西洋文学家的情书。同时又看到'最小'上景吉森君也已和我做了同样的工作,我所译的景君也已译了。但对照之下,不免有些不同的地方。那时我在杭州,待前星期到家时,将原本一对,觉得我们二人,大家都译错了些。我那时原本是看了一遍原文,便得全文意思连贯了译成文言,不像景君那样按句直译,所以未免有些地方弄错了。"

**十五日** 于上海大学写讫《蘋花寓言》(三、四、五)。

**十六日**　在《时事新报》"青光"副刊发表《蘋花寓言》(一、小鹅和小狗,二、山里的水),署名"青萍"。

**十九日**　《最小报》第98号刊载景吉森《叩首》:"我读过施青萍君的'情书译话',我觉得非凡抱愧。本来我的著作,毫无登载的价值,不过是编辑曲予成全。至于直译与不直译的关系,都是我稿忽略之故。我的脾气很不好,无论自撰或译述,都只做一次。所以在登出后,自己看看,有许多不惬意的地方啊。施君的译书既意思连贯,还要道歉,那么我只好叩首了。"

**二十日**　《蘋花寓言》(三、走快的钟,四、一段泥泞的路和一段石块的路,五、诗人)续刊于《时事新报》"青光"副刊,署名"青萍"。篇末刊有"青萍附告":"右寓言三则,初稿曾于十五日在靶子路电车中遗失。此系重写者,原稿如有人改名在他处发表,以抄袭揭发。"

**二十一日**　夜于上海大学写讫《蘋花寓言》(六、七、八、九、十)。

**二十三日**　在《最小报》第100号发表《此亦直译乎》(署名"施青萍"):"近来新诗坛上喧传了一篇朱自清的长诗《毁灭》(载小说月报),有许多新文学朋友,都向我不住的说好。据他们的说数,好像这样的诗,在旧而死的文字中是决计做不出的。我受了他们这样的介绍,便将那诗仔仔细细的从头到底看了一篇。哈哈!狡猾的朱自清,你只是从枚乘的《七发》上套来的调子罢了。当下我将所发明的这一点告诉了几位新文学家和新诗人,但他们竟对我瞪着眼,简直没有明了《七发》究竟是什么东西。从此使我对于新文学家减了不少的信仰心。说现代新作品有套袭古作品的嫌疑,这语新文学家一定死命的反对,他们一定要将'思想相同''艺术方法不谋而合'这一类话来解释。但这《毁灭》一篇的取法于《七发》,我说简直是无可讳言,而也决不能强辩的。据我看来,着实还是《七发》好,像《毁灭》一篇,只好拿来骗骗那些根基浅薄的新文学家罢了。"

**同日**　《创造周报》第20号刊载郁达夫《The Yellow Book 及其他》,介绍《黄面志》作家群,其中介绍道生较为详尽,并附有道生的诗《无限的悲哀》《现在呀我不如西奈拉治下的时候了》。先生自述:"美国出版的'近代丛书'本《道生诗集》到了上海,我们[与戴望舒、杜衡]都受到影响。"(《戴望舒诗校读记·引言》)

**二十六日**　《蘋花寓言》(六、一管秤,七、吸水纸,八、孑孓和金鱼,九、乖觉的小鱼,十、新的扫帚)续刊于《时事新报》"青光"副刊,署名"青萍"。

**同日**　《世界小报》第222号始刊戴望舒《苏州的两日》(一),署名"梦鸥生"。还刊有徐碧波《浪漫谈》:"青萍梦鸥去海上,已将半月,濒行时,苏党同人,曾请以寓申地址见告,俾可通函。乃迄于今,竟无一信致苏党,奇也。是殆二君来苏时慢之,所以尔尔也。(转陶道,不是的,他俩大约是瞧不起苏党呢)。"

**约在期间** 按先生自述:"刘大白先生也在上海大学兼任过教职,他每星期来授课二小时,他讲古诗,提倡做新诗;他讲古文,提倡做白话文。""中文系的沈雁冰、田汉、方光焘,社会学系的恽代英、瞿秋白、施存统等,都是第一代的革命思想者,年龄都不满三十岁。在学生眼里,他们都是最新的人物。田汉讲雨果的《让·华尔让》,讲梅里美的《嘉尔曼》,讲歌德的《迷娘》。沈雁冰讲希腊戏剧和神话,方光焘讲厨川白村,讲小泉八云。瞿秋白讲十月革命。恽代英讲封建主义、帝国主义和民主主义。学生都很有兴味。但陈望道讲修辞学,胡朴安讲文字学,邵力子讲中国哲学史,虽然是学习中国传统文化的基础课,学生却并没有热忱。刘大白先生当时已四十五岁,在上海大学教师中,年龄最高,加以刘先生的一头灰白头发,一架深度近视眼镜,一副瘦削枯瘁的仪容,尽管刘先生讲古诗、古文,都用新的观点,在学生的印象中,他似乎还是一位冬烘老旧的人物,和上海大学的精神不很相称。"(《忘不掉的刘大白》)"这些课程都对我有相当影响,西洋文学史的教材是周作人编的《欧洲文学史》,这部书的内容,实在只讲了希腊、罗马部分,我以为不足,就自己去找英文本的欧洲各国文学史看。"(《我治什么"学"》)

**又** 入学后认识蒋冰之(丁玲)等同学。先生自述:"王秋心、王环心是兄弟二人,江西人。他们在上海大学,比我们高一班,他们是二年级,我们和丁玲都是一年级。王氏兄弟都做新诗,我们认识他们时,他们已印出了一本诗集《棠棣之花》,所以他们是上海大学有名的诗人。""在上海大学时,尤其是在青云路的上海大学,我们三人和丁玲及其他四五位女同学的关系,仅仅限于同堂听课。""当时我们班上一共只有五六名女生,我们空出两排坐位,每排三个双人课桌,她们坐满第一排就够了。第二排常是空着。偶然有女同学的朋友也来听课,第二排上就会出现一二个临时女学生。王剑虹是中文系二年级生,但有时和丁玲一起来听课。我和望舒坐在第三排,正在丁玲背后,因此同学半年,见到她背影的时候为多。只有在教师发讲义的时候,把一叠讲义交给第一排的女同学,她们各人取一张,然后交给背后的男同学。这时,我们才又一次见到丁玲的面相,有时也打个无言的招呼。"(《丁玲的"傲气"》)

另,据丁玲回忆:"同学有戴望舒、施蛰存、孔另境、王秋心、王环心等,这些同学对我们很好,我们则有些傲气。"(《丁玲谈早年生活二三事》)

又　　结识了同级同学孔另境(令俊),并经他介绍认识老师沈雁冰,经常在晚上去沈家相访。先生自述:"孔令俊是我们第一个认识的同级同学。""课馀时间,令俊经常来我们住所闲谈休息。当时,沈雁冰(茅盾)先生也在上海大学任教,给我级讲欧洲文学史。有一天,沈先生在下课后和令俊讲话,好像很熟识的样子。我们觉得很奇怪。事后就问令俊:'你怎么认识沈先生的?'这时,令俊才说明沈先生是他的姊夫。此后,由于令俊的介绍,我和望舒几乎每星期都上沈先生家去。沈先生白天在商务印书馆编译所工作,星期日有别的事,因此我们总是夜晚去的。开头,沈先生还把我们作为客人,在楼下客座招待;后来,相熟了,就索性让我们到楼上去。沈先生做他自己的文字工作,让我们随便翻看他书架上的外国文学书,或者和沈师母,令俊的姊姊孔德沚,谈谈家常和文艺琐事。那时令俊住在亭子间里,我们有时就到亭子间里去坐,不打扰沈先生的工作。"(《怀孔令俊》)

另,据茅盾回忆:"我在'上大'中国文学系教小说研究,也在英国文学系讲希腊神话,钟点不多。"(茅盾《我走过的道路》)

另,据孔另境记述:"我那时在上海大学读书,茅盾也是该校中国文学系的教师,他教的是'小说研究'和'神话研究'。""茅盾的口才不及他文章的流利,所以他的教课并没有教得怎样出色,那时学生中比较和他接近的有施蛰存和戴望舒,他们经常到他家来谈天或讨教问题。"(孔另境《怀茅盾》,1944年11月)

## 十月

**一日**　《世界小报》第227号续刊戴望舒《苏州的两日》(二),署名"梦鸥生"。

**三日**　《世界小报》第229号续刊戴望舒《苏州的两日》(三),署名"梦鸥生"。

**五日**　在《最小报》第106号发表《西湖忆语·一》(署名"施青萍"):"余昔尝谓以西湖湖波之娇嫩,似颇不宜于粗重之画舫。""顷读《海藏楼诗》,有《湖上杂诗》一绝云,'湖波太娇软,画船殊难载;最宜拏小艇,尽领烟水态。'此诗意先得我心,可以无憾。"

另,此期还刊载马鹃魂《替天石驳青萍》:"天石着了西泠印社小女郎的魔道,所以做梦也远迢迢地梦过来,这情致多么缠绵,我们大家应该去凑凑他的兴才是。因此我在梦话之回响中,十二分的称扬这位天石梦中人。不道不识趣的青萍,竟唐突西子,说伊是'嫫母无盐',真是岂有此理。不但天石的情梦,给他扰断,连看报人的心理,也一齐打破。我猜来看过天石这梦西湖的人们,心里一定在那想慕这位小女郎,说不定要到西湖来瞻仰色相呢。这一下他却戳穿了纸老虎,哈哈。青萍青萍,要知道古来韵事,都是这样的纸老虎,不堪一戳的,你又何苦来呢。我现在替天石,驳他几句,俗语说情人眼里出西施,足见情人的貌,原不在好恶,只要情人看得过去,管你局外人则甚。现在天石既看重了那小女郎,不论那女郎貌美貌恶,你青萍不该去评制。没说美貌的话,你是不是想……天石天石,你还不和他起醋劲么。青萍居心实在不良呢,哈哈。你们别当我是兴波作浪的人才是,不过说说笑话的。"

**七日**　在《最小报》第107号发表《西湖忆语·二》(署名"施青萍"):"于坟有梦神祠,漪园有月老祠,此二者余常举为'西湖二妙'。一日偕楚青、佩苣游于梦神祠,楚青笑曰'倘得梦神率月老来入梦,岂不大妙',言次顾视佩苣,苣双靥尽绯矣。"

**同日**　《时报》刊载"杭州兰社所出版《兰友》旬刊已停刊"。

**十二日**　在《时事新报》"青光"副刊发表《西湖各别墅比较的批评》,署名"施青萍"。开篇写到"有许多因为禁止游人行以没人晓得,有许多因为已经破旧不堪,便没人进去游览,于是也埋没了他的名字。说到这里,我也不免有些'沧桑之感'呢,现在我先将禁止游人的那些别墅给他做了一个目录"。文末还写道:"以上是我对于几处别墅的一些小意见,但那些建造别墅的人,都是抱着'惟吾独乐'的主义的,""那么我这些为他们招来游客的方法的建议,也完全成了废话了。但到底我终希望那些既开放的,最好请常常修理。而不开放的,最好请立刻开放了,须知西湖的区域,本来应当公共享受的啊!最后我还想附带一个批评,我以为现在所造起来的别墅,好像还不能脱去那旧式的'亭台楼阁''雕梁画栋'的正统观念,这话请读者注意,我并不是说应当建造西洋式的别墅,我的意见以为别墅的格式,不必这样有规则,尽可以别出新裁,建造些精美而新式的别墅。但不知那许多别墅主人伟大的脑海里,何以竟至今没有这种思想过,或者这竟是打样师不聪明的缘故吧?"

**十三日**　在《最小报》第110号发表《西湖忆语·三》(署名"施青萍"):"惟正月中旬,朔风和缓时,探梅孤山,偕素心人坐菓居阁啜茗,合手呵寒,低唱梅花绝句,顾盼枝朵娇颤,盈盈欲活。而时复有一二丽人出入其间,此景直不减罗浮梦中耳。"

**十五日**　在《最小报》第111号发表《西湖忆语·四》(署名"施青萍"):"……肆其嘲讽,举为艳事,其词大谑,遂令赧颜。及今念及,志如隔世矣。"

另,此期还刊载马鹃魂《两个忆玉》提及:"可除此之外,还有一点用意,知道这本事的,怕只有梦鸥伊凉青萍几人罢。""但梦鸥等知道的事,又是不同的,究竟是什么事情,我要守祕了。还希望梦鸥青萍伊凉赓夔焉焉同转陶碧波几位,也替我守以如瓶。"

**同日**　夜于蘋花室写讫《蘋花寓言》(十一、十二、十三、十四、十五)。

**十七日**　在《最小报》第112号发表《西湖忆语·五》(署名"施青萍")："虎跑道中有一孤坟,坟前石刻墓铭,言长眠人系一十五女郎,小字曰:梅。不幸死于水,其兄哀之,为之铭,并书其事,铭文隽丽而哀。余偶披荆棘觅得之,不觉一读三叹,为之伊郁。"

**二十三日**　在《民国日报·觉悟》发表《上海大学的精神》："现在上课一个多月了,就我的观察,愈是我感觉到上海大学是有特殊的精神。""他们秉着刚毅不拔的勇气,从很远很远的地方赶到上海大学来,不是来享福,不是来顶大学生招牌。他们是能忍苦求学,预备做建造新中国的工人的。""上大学生抱着决大的愿心,要竭力扫除一切,要将我们现在应当归依的真正救中国的目标指示给国民,这是上大学生在政治上所做的。"

**二十五日**　始在《申报·自由谈》发表《山中琐纪》(上),署名"施青萍"。

另,据郑逸梅记述："施作小说什九为白话,而文言亦殊隽洁可喜,十年前之《申报·自由谈》,颇多施之杂作,予尤爱诵其《山中琐纪》一种,盖施居西溪留下镇时作也。是文多片段语,清逸拔俗,似不食人间烟火者。如云:'门外修竹一丛……'又云:'溪边多水鸟,毛羽美丽,而以翠鸟为最,全体娇翠,而喙色绛红,胫长,常自立水中,显盼其影,闻人声足音,即惊飞去,至迅疾,莫得而见。余常屏息匿矮竹丛中,窥探得之。''余生平最爱夕阳,傍晚暮霭出山,笼林梢木末,有迷漫之态,僧寺梵钟徐响,震荡陵谷,此时从竹枝隙处,窥见落日,红光四射,容华焕发,渐渐下沉,自红而紫而赭,于是乎夜,诚奇观也。'又云,'或谓山中小儿多蠢,此实谬言。尝有一邻家儿持竹叶一枝来问余,尚有其他叶如此者否。余对以柳叶。儿曰否,柳叶惟形式似,实则柳叶之纹横,竹叶之纹直,又奚能相似。余竟无以对,视此则山中儿虽不识字,而于自然界之科学较城市小儿富矣。孰云山中儿蠢哉。'笔墨如此,襟怀又如此,宜其无所不擅,游刃有馀矣。"(逸梅《施蛰存之旧作》)

**二十六日**　始在《时报》发表《滨江杂纪》(署名"施青萍")："昨岁就读滨之江,颇与樵苏渔牧习,夕阳在山,霞光拍水时,常就闲话,村谈俗俚,言虽无稽,顾至堪一噱,盖大雅之所弃,而稗官之所愿得者,纪之亦奚不可。"

**同日**　《山中琐纪》(中)续刊于《申报·自由谈》,署名"施青萍"。

**二十七日**　《山中琐纪》(下)续刊于《申报·自由谈》(署名"施青萍")："《山中琐纪》若干则,余辛酉之秋居山时所纪。余素好山居,乃绝鲜机缘。今重读所纪,不觉回恋曩时清福。抄削一过,投之《自由谈》,用留鸿爪。"

**同日** 《滨江杂纪》(续)刊于《时报》,署名"施青萍"。

**又** 《蘋花寓言》(十一、鹰和禾花雀,十二、金矿和铁矿,十三、抹布和手巾,十四、蒲公英和凤仙花的种子,十五、乞丐)续刊《时事新报》"青光"副刊,署名"青蘋"。

**二十九日** 先生在俞平伯老师的影响和鼓励下,是夜于上海大学撰写《蘋华室诗见——周南·卷耳》:"最初我读了郭沫若的《卷耳集》,立刻使我奇怪他所谓的'直觉'。""其次俞平伯先生在上海大学讲《诗经》,同时又做了一篇《茸芷缭衡室讲诗杂记》在《文学》上发表,""昨天又在《觉悟》上看见曹聚仁给平伯先生的一封信。""以为通篇四章都是思妇自述。但终了他自己又不能自信其说!究竟古代妇人可不可以饮酒骑马?他还要'近日正在考查,待有端绪,再行奉告'。这话何等使我们解颐啊!""一点见解,至此也不妨写出来。""今天俞先生叫我将彼写出来。""所以始终学着郭沫若先生也用我个人的直觉来考察。""可以知我的直觉能否比郭沫若先生好一些。我觉得,郭、俞、曹三人的解说,以曹先生的最为不可通。""据我的见解,……完全是征夫行旅的悲歌。""将他演绎成近体诗,或者足以明了些。"

另,按先生自述:"俞平伯老师讲过《诗经·卷耳》,指导我研究《诗经》的路子。于是我找到一部方玉润的《诗经原始》,通读之下,豁然开朗,才知道古典文学研究的历史进程。"(《我治什么"学"》)

**三十日** 《滨江杂纪》(续)刊于《时报》,署名"施青萍"。

**同日** 《世界小报》第257号刊载徐碧波《浪漫谈》:"卡党中人,于文艺上各有一长,如菊高'诗的小说'、天石'理想派剧'、无诤'侦探小说'、转陶'神秘派小说'、青萍'欧化文字'、佩荚'译作'、赓夔'影戏文字'、天恨'长篇作品'、智先'小小说'、鹃魂'言情'、梦鸥'滑稽'、君珏'词章'、吟秋'小品'、受生'剧体文',皆为辣手。"

## 十一月

**四日** 在《最小报》第121号发表《我的名字和别署》,署名"施青萍"。

**六日** 《我的名字和别署》(续)刊于《最小报》第122号(署名"施青萍"):"到后来不知怎的,我的思想入了魔道了,什么'拜芙蓉馆'咧,'哀芬室'咧,'绻慧室'咧,又造了许多,至今自己也觉得好笑。那时我的名字已定为青萍了,我的意思,青萍是用的长行于薛下之门的故实。但有许多朋友,都还当我仍旧是从前寄萍的意思,其实我这些无聊思想早没有了。我和父亲说起要取一个斋名,永不改变,而不落俗套。于是他就给我取名'葱庐',取萌动生长之意。而葱也是剑名,很能合'青萍'两字,于是我便决意将我的屋子名为'葱庐'了。'葱庐'之后,还有一个名字叫'红禅室',这是上半年为《兰友》作《红禅记》而取,很觉得有些感伤。现在上海的书室,我便将他名为'蘋华室'。"

另,此期还刊有《西湖忆语》(署名"施青萍"):"云栖以竹名,小者径亦四五寸,游人每好刻姓氏其上,用留纪念。余以半年五游其处,辄缘竹求相识朋好留名,屡屡得之,常觉心怡。竹之外又富栗鼠,巡行松竹间觅食,闻人声足音便逃窜,极迅速,弗容一瞬。余尝约侣携械往捕,纷相迫逐,目疲足乏,卒不得一,相与嬉笑,徒手归耳。在灵隐忽然过修。各交睫默无一言,摩肩而过,未能返顾。冥缅彼时,心中当作何念。女学生游兴极豪,休沐日天气佳辄结伴同游,游必寥远。若湖上诸别墅,诸胜迹,盖早厌弃,弗足蒙秋波盼及。虎跑云栖理安天笠,实芳躅所常莅,夕阳将落未落,孤村微袅炊烟,四山尽紫,此时姗姗行野径归,笑语声与梵钟鸦喈相和,丽景也。"

**八日** 在《半月》第 3 卷第 4 号发表《红禅室漫记》,署名"施青萍"。

**九日** 先生与李灏、杜衡、戴望舒等人在上海大学发起成立"青凤文学会",发出"青凤文学会成立启事":"我们很愉快很自由地集合了,互助着研究我们所爱的文学。现在我们觉得我们正如凤鸟一样地在香木中燃烧,我们希望将来的美丽和永生,所以我们便以青凤作为我们的集合名字。我们也没有一定的组织,也没有章程,也没有什么宣言。我们只是很愉快地报告我们的同志道:'我们的青凤文学会从今天起成立了。'李灏、施蛰存、戴克崇、戴朝寀、叶黄叶、张豪同启。通讯处暂为:上海大学施蛰存转。"

**十日** 《最小报》第 124 号"文字商量"专栏刊载 CCC 寄自香港《对于〈江干集〉中〈乡人〉一篇有所怀疑》:"《江干集》是施青萍的小说集,内容极丰富而有价值,我很佩服。不过在《乡人》一篇里,有几句叙土匪为患的说……。我觉得有点小小的意见,就写在下面。""不知青萍君将何以教我,谨拭目以待。"

**十一日** 在《苏民报·馀勇》"小说特刊第二次"专栏发表《在村教堂里》,署名"施青萍"。

**二十日** 在《最小报》第 129 号发表《致马鹃魂书》(署名"施青萍"):"追来寒风骤作,震荡林薄,霜磐晚响,芦鹰夜呼,冷月孤人,如何如何。偶奉手教,便喜欲狂,梦鸥发函,而萍旁睨,不意足下,惜笔惜墨,寥寥百字,即复言尽,无可展玩,弗能再诵。旅舍凄清,益鲜所慰,惆怅曷已。足下自言,颇有新遇,以萍视之,直等芥子。凡此纤缅,数数觏之,自有慧心,亦即等闲,初不如君。转辗忆念,行之文字,纪以始末,颇可葫芦。幸勉足下,再勿为此,独不忆十步之邻,而有人如玉乎。倘或冈及旧怀,苦荣新靓,缘知足下,无诚情矣。曩读《最小》足下'忆玉'一文,即思有以柬足下,乃思绪弗属,仅成断句曰:'斜日晚风花市路,有人指点旧红楼。'以此二句,持赠足下如何。"

**二十九日** 《世界小报》第287号刊载《致姚民哀书》(署名"戴梦鸥、施青萍"):"民哀先生,梦鸥近来生病,所以《苏州的两日》,没有工夫做,累你和碧波久待,甚歉。现由青萍代催其早日作就,今天寄上了。在《世界小报》上,你有一段馀白,说给我《江干集》做一个批评,但你却将这工作,和梦鸥的《苏州的两日》做交换,足下未免记错了吗?现在《苏州的两日》已寄奉,你的《江干集》批评,也要请你发表了。明天,我可寄一篇《朋友们的著作室》给你,以后我可供给些小品,但看你的《江干集》批评能做多少字,而定我可给你多少字,你看这条件如何?苏党久无信息来,请你在《世界小报》上,作一函问问他们,为甚不和我们通信,菊高赓夔,我曾去过两信,有所讯问,迄未得覆,甚惑不解,此请著安。弟青萍及梦鸥仝顿首。"

**秋冬期间** 先生自述:"我最早受影响的是奥地利的显尼志勒,""我到上海后首先接触的,便是这种心理分析的小说,它从对人深层内心的分析来说明人的行为,对人的行为的描写比较深刻。我学会了他的创作方法。我开始写小说走的还不是这条路。我开始写的还是比较传统的短篇小说,稍稍有点法国派,稍稍有点俄国的契诃夫那种十九世纪的短篇小说。看了显尼志勒的小说后,我便加重对小说人物心理的描写。后来才知道,心理治疗方法在当时是很时髦的,我便去看弗洛伊德的书。当时英国的艾里斯出了一部 *Psychology of Sex*(《性心理学》),四大本的书,对弗洛伊德的理论来个大总结和发展,文学上的例子举了不少。我也看了这套书。所以当时心理学上有了这新的方法,文艺创作上已经有人在受影响,我也是其中一个。"(《为中国文坛擦亮"现代"的火花——答新加坡作家刘慧娟问》)

## 十二月

**四日** 《世界小报》第292号刊载编辑姚民哀(署名"记者")《编辑完了》:"读了青萍《江干集》后,便觉技痒难忍,不自知丑,脱颖自荐,孰知久不得成,然时至今日,亦不容不出丑矣。因先述其旨趣于是,(读了《江干集》以后)云间得峰泖灵秀,近溯卧子,远慕机云,其文章声誉,皆足为海内文学士仪式。晚近文坛,如姚杨吴闻朱诸先生,舍了公别具丰格外,而闻朱则皆为闽林再传弟子,无论诗文,字字皆经琢练,非信手着墨者,不过如此格调,非生有大聪明、大智慧,而又肯好学不倦者,不能到此地步。乃自姚入政界,闻因病不常为文,朱赴召玉楼之后,此种文字,久不得见矣。日者,蒙施子青萍,以其近作《江干集》惠示,披阅一二,便觉纸上精神跃跃,不特直追姚闻朱三先生前席,直已抉得畏庐精微要蘩。最为余所钦佩者,看透万流同源,非但不强分新旧畛域,且从而调剂之。此即余所谓非生有大聪明、大智慧者,见解不见此。然无大手笔以证明斯说,即见解及此亦徒然。今施子具此宏愿,敷功厥奏,朋虽不敏,敢附一言于骥尾,倘以批评视此,则汗颜无地自容。爰先述鄙怀,以自辩非敢学汝南之月旦,并求施子之恕我狂妄也。"

**七日** 《民国日报·觉悟》"文艺界消息"专栏刊载《上海大学两个文艺团体·一、青凤文学会》:"青凤文学会是在11月初间宣告成立的。"

**九日** 始在《世界小报》第297号发表《朋友的书室》(署名"青萍"):"我很喜欢参观朋友们的书室,看他们各人有各种美丽的装饰,使我都起了很满意很愉快的美感。一到杭州,便参观兰社社友的书室,现在将它很忠实的记在下面,以供同好。戴梦鸥:[此处从略]。"

**同日** 《世界小报》第297号续刊戴望舒《苏州的两日》(四),署名"梦鸥生"。

**十日** 在文学研究会定期刊物之一《文学》(原名《文学旬刊》)"一百期纪念号"发表《蘋华室诗见——周南·卷耳》。先生自述:"平伯先生来主讲席,先生尝为文解周南卷耳,余亦撰文进一解,先生以为可,为发表于文学旬刊。""先生又尝讲词,甚推白石道人,余作惜红衣用白石原韵一阕,以就正于先生,有'眉岑隐离碧'语,先生以为佳,施密圈焉。又先生与许夫人时寓宝山路[永兴路,系西谛旧居],余尝一夕登楼奉谒,会电灯失明,先生遂入市购红烛归,即烛光下谈艺论文,迄二鼓而退。尔后先生北归,学宫不久亦解散,从此未获一会。"(《贺俞平伯先生暨德配许夫人重圆花烛诗·跋》)

**同日** 《世界小报》第298号续刊戴望舒《苏州的两日》(五),署名"梦鸥生"。

**十一日** 《世界小报》第299号续刊戴望舒《苏州的两日》(六),署名"梦鸥生"。

**十二日** 《世界小报》第300号续刊戴望舒《苏州的两日》(七),署名"梦鸥生"。

**十三日** 《朋友的书室·二》(署名"青萍")续刊于《世界小报》第301号:"马鹃魂:[此处从略]。张无诤:[此处从略]。"

**十四日** 《朋友的书室·三》(署名"青萍")续刊于《世界小报》第302号:"叶秋原:[此处从略]。李伊凉:[此处从略]。以上将我所看见过的兰社社员的书室,大略介绍了一番。倘诸君必要看个仔细,那么请驾临杭州,实地参观,鄙人并可作为介绍人。但照以上我所纪的看来,他们的书室,没有一个布置得井井有条的,其实我自己的书室也是如此,这或许是兰社的社风吧。"

**十五日** 《世界小报》第303号续刊戴望舒《苏州的两日》(八),署名"梦鸥生"。

**十七日** 《世界小报》第305号刊载马鹃魂《我也来浪漫谈谈》提及:"所以我可以担保他[无净],决不致于应《最小》之征,至于梦鸥青萍,虽然我没有去问过,想来也决不致应征。""青萍即是从不作侦探小说的。"

**中旬** 宗白华诗集《流云》由上海亚东图书馆初版。先生自述:"方见亚东图书馆的广告告诉我说宗白华的诗集《流云》已出版了,那一天我冒着微雨去买到了一本。当我未买之先,我始料那册《流云》即使没有《草儿》《冬夜》《蕙的风》那样多那样厚,至少总当像《尝试集》那样一本。""而这册《流云》却只薄薄的一册,一共没有几十首诗,作者能自己精选他的诗,然后出版,不以多为胜,这真很可喜的事。我很记得那一天在冬日的斜阳临照着的宋公园的草坪上坐着读《流云》,这便是我第一次从第一首至末一首读它。还有一天在家里的小院中读《流云》,这便是我第二次自首至尾的读它。经两次的细读之后,使我对于《流云》不觉得有些失望。"(《〈流云〉我见》)

**二十二日** 在《半月》第3卷第7号发表《红禅室漫记》,署名"施青萍"。

**三十一日** 在《世界小报》第319号发表《致姚民哀书》,署名"青萍"。函中写道:"方谓足下评《江干》,将抉其优劣,正其得失,使作者读者两有裨益,不意足下在'编辑完了'栏中,加弟以非分之誉,置弟于姚闻朱之上,比及读报,为之骇汗。窃意足下非所以誉之,实以贬之,而使读者之信任足下者,至是乃爽然曰,民哀之言,亦未足征,休矣。弟甚为足下惜,独不解足下果何事忽草此文,将谓誉弟耶,则弟固好人骂,而恶人誉者;将谓足下誉弟,而待弟誉足下于后耶,则互相标榜,足下所深恶痛绝者。况足下亦正未必须弟誉,度足下意必不在此,然则足下果所为而草此。晚近乳臭儿,稍能握笔作文字,便办报纸、出杂志,卓绝不可一世。此皆由于著作界稍有身望者,不惜屈尊为之竭力鼓吹,加以虚誉成之。凡此足下当能知之,而乃遽以加之于弟,此实令弟不能不有微词于足下矣。校课太忙,至今日始得奉书,不觉挥笔倾臆,幸恕狂生大放肆也。老毫凝结,呵冻写此,恶劣几不能辨识,并祈原宥。""阴历下月初一起,《世界小报》,乞分别寄松杭,假中当竭力为《世界小报》作文字也。"

**年内** 郭沫若译出《查拉图司屈拉钞》第一部全部和第二部一部分,在《创造周报》分39期连载,题名《查拉图司屈拉之狮子吼》。先生自述:"第一次将尼采介绍给我的,是二十年前的《民铎》杂志'尼采专号';第二次是郭沫若先生译的'查拉图斯屈拉如是说',即是登在《创造周报》上的。我读郭氏的译文,觉得不容易懂。但这不是不信任他的译文,也不是说郭氏译笔不好,而是仿佛觉得尼采这种文体没法子译成毫不走样的中文。尽管郭氏的译文,是如何忠实,是如何竭力求达,还好像毕竟与原文隔着一重纱似的。"(《尼采之"中国舞"》)

  **又** 按先生自述:"我最初读到的是1920年出版的那本《先驱者》(*The Forerunner*)[纪伯伦著],那是一本精致的寓言小诗集,从别人处借得来之后,以一夕之功浏览了,终觉得不忍释卷。因为篇幅并不多,而且那时恰又闲得没事做,从第二日起便动手抄录了一本。这可以算是我唯一的外国文学的手抄本,至今还妥藏在我的旧书箧里。其后,在大学图书馆里看到他的另一著作《疯人》,也曾觉得十分满意,这个被大雕刻家罗丹称为'二十世纪的威廉·勃莱克'的诗画家的名字,遂深印在我的记忆里了,1923年,他的名著《先知》(*The Prophet*)出版之后,广告的宣传与批评文的奖饰,使我常以不能有机会一读为憾。"(《无相庵随笔·"先知"及其作者》)

# 一九二四年(中华民国十三年　岁次甲子)　先生二十岁

## 一月

  **一日** 元旦。在《时事新报·青光新年号》专栏"其十五"发表《对于新年之感想》(署名"青蘋"):"我得着徐卓呆先生给我的一封信,在这信上他要我一篇文字,题目是'对于新年感想'。回到了我的家乡——松江,虽然我们松江并不是一个很偏僻的村镇,在历史上他也可算江南第一所大城。但我却非常奇怪,何以在距离新年不远的这两天,我们那大城里还一些也看不出将有新年来了呢?""回到了上海,立刻使我迷惘了自己,每一条马路,每一家店铺的厨里,都满满的装着簇新的货物,尤其是糖果店,书店,洋货店,他们的巨大的厨里都装满了许多美丽的圣诞礼物,新年礼物……""原来'这新年只有上海能感觉到的','这种新年内地人是很少愿意享受的'。"

  **五日** 译作波斯诗人纪伯伦(Kabhl Gibran)的散文诗《富豪》《大我》(*Greater galf*)刊于《民国日报·平民》第187期,并有"附记":"以上两篇系从他另一散文诗集《先驱者》中译出,这两书的译本大约可在明年青凤文学会出版。"

  **六日** 在《半月》第3卷第8号发表《圣诞华筵记》,署名"施青萍"。

  **七日** 上午先生与戴望舒等同学到四马路和大马路购物。先生自述:"在泰东书局里,买到了田汉先生刊行的《南国》,这是刚从印刷所里送来,所以非但外埠没有人先得,就是上海也要以我为第一个买到,我想今天将他带回家去,也是够在朋友们面前骄傲了。在大马路买了几张画片,即此选择画片的时候,几乎耽误了一句钟,买了画片,又等待电车,又费了半句钟,于是已十一点半了。"(《归家》)

另,上海文学研究会印行外国作家明信片,一套为六张:"泰戈尔、拜伦、夏芝、法郎士、霍普特曼、陀斯妥也夫斯基"。先生与戴望舒等曾去大马路购得。

**同日** 下午与戴望舒,以及王、赵同学结伴乘沪杭火车回家过寒假。先生自述:"我们在车上谈笑得十二分欢乐,""正在这样欢乐的时候,那知蓦然间我望见了家乡的浮屠,于是我觉得不快活起来,因为他们三人都是到杭州去的,在车中至少还有三点钟好坐,""提着我的小藤篮下车,我当掀着帽,和他们告别的时候,何等的不自在啊。"(《归家》)

**十二日** 《民国日报·平民》第188期为更正重刊译作《富豪》,并附言:"本刊前期载施蛰存君译的波斯诗人K. Gibran的散文诗两首,第一首《富豪》被排字人漏去一节,文义乖不可通。今特重排一通,以代校正。"

**十八日** 在《时事新报》"青光"副刊发表《归家》,署名"青蘋"。

**三十一日** 《民国日报·觉悟》刊登"平民目录",内有"诗歌:波斯诗人Kabhl Gibran的散文诗,施蛰存译"。

**是月** 《小说月报》第15卷第1号刊载记者"国内文坛消息"提及:"文学团体在上月里宣告成立的有……上海大学的青凤文学会,这会是在上海大学的几个青年的自由的集合,'互助着研究他们所爱的文学',将有《青凤季刊》一种,在今年出现,'丛书'也有几种已编好。"

另,据次翁《旧瓶装新酒的施蛰存》提及:"曾和其妹倩戴望舒共办过一本《青凤》杂志。"(《社会日报》,1933年11月1日)

## 二月

**五日** 春节。在《半月》第3卷第10号发表《彩胜纪》,署名"施青萍"。

**六日** 《世界小报》第367号刊载编辑姚民哀(署名"记者")《编辑完了》提及:"青萍先生之大稿已收到,敝报遵命改寄,梦鸥如何,祈示。"

**十八日** 在《广州民国日报》"笔记"专栏发表《红禅室漫记》,署名"青萍"。

**十九日** 始撰《新浪漫谭》:"徐碧波兄在本报作《浪漫谈》不下数百则,虽曰短书,却有奇趣,余好读之。民哀先生惠报半载,竟以尘事课业纷牵,弃制拙笔,未能有片言只字贡本报。明日者又将之沪,此时行李已理好,梅窗枯坐,得少佳趣,伸纸挥笔,得数则。忆文学上有浪漫主义,而后有新浪漫主义,则援此例,碧波有《浪漫谭》,余则名之曰《新浪漫谭》,奚弗可哉。"

**二十日** 先生由松江家里返回上海大学,等待开学。

**下旬** 寒假期间上海大学校址迁至公共租界的西摩路132号(南洋路口一带,今陕西北路324弄),并租借对面新建的时应里522—526号(今陕西北路229弄4—12号)部分房屋作为临时校舍。

**同月** 5日《笔铎》"卡党之光"专栏刊载范菊高《释卡》。28日创造社文学刊物《创造季刊》出版至第2卷第2期停刊,共出版6期。

### 三月

**二日** 在《世界小报》第372号开始发表《新浪漫谭》(署名"青蘋")。

**同日** 《微光》旬刊登载小说痴《说林片集》,评论《江干集》中的《创作馀墨》。

**三日** 春季开学,先生仍在上海大学中文系就读,升入一年级下学期,并与戴望舒、叶秋原迁居学校附近的哈同路(今铜仁路)民厚南里。

**约在期间** 先生与戴望舒、杜衡等筹备组织文学社团水沫社。据秋山雨记述:"在上海民厚南里的一角,我们几个人感于外国文学翻译之重要,与创作之必须,无组织的组织了一个集社,这就是水沫社,题名者是施蛰存。至于为什么叫做'水沫',我当时虽则也是一份子,也不曾知道,不过欢喜这个'水沫'两个字而已。当时参与者,有施蛰存、叶秋原、杜衡、戴望舒、李大可等。"(秋山雨《黛丝·杜衡译法郎斯原作》,《申报》,1928年4月3日)

另,据沈子成记述:"其时革命的运动已很热烈,上海处于东南交通要枢,一般青年的思想,已渐倾向革命,爱国运动极热烈;当时中国的文坛,并不热闹,而一般从事文学的青年,欲发表他们的作品,为各门户所限,多数不能如愿。当时震旦[上海]大学研究文学的几个同学,即施蛰存、戴望舒、杜衡三人,以志同道合,大家连合起来,要自编一个刊物。""最早发起者,为上述之三人,刘灿波及徐霞村,是稍后加入的。""'水沫'的意思,据施蛰存氏说,亦系取其微小之义,而当初之取名'水沫',只取此义,不料水沫却象征了他们之兴亦骤,而其没亦无声。"(沈子成《记水沫社》)

**四日**　《世界小报》第374号开始连载金君珏《读〈江干集〉之后》："云间施青萍,以所著《江干集》,远道见惠,意至可感。与青萍以同在莺鸣社故,尝通两札,或语我曰,青萍年少而丰才者也,多感善思。然予读青萍文不多,犹未之信,今喜有以证或言矣,亟剖而读之,案牍纷前,弗愿也。读已,乃叹或言不我欺,而乡思言愁,亦随是集而尽,则又思有以报青萍。中秋休假,得半月闲,遂以心之所欲言者,拉杂写之,不敢月旦,用抒我见,亦即所谓有以报青萍也,青萍其许我乎。"

另,据王寿富记述,《江干集》"大多以乡间农村为背境,暴露出农夫之可愚,乡绅之可恶。经他的老友金君珏逐篇加以短评,刊在《世界小报》上","友人说现在的金满成就是从前的金君珏,那就恕我不知道了"。(王寿富《提起施蛰存来》)

**五日**　在《半月》第3卷第12号发表《红禅室漫记》,署名"施青萍"。

**同日**　在《最小报》第164号"关于小说之文"专栏发表《答香港CCC君》,署名"施青萍"。文中写道:"昨日偶然整理《最小报》,忽然看见CCC君对于拙作《江干集》中'乡人'一篇,有所怀疑,我记得我尚没有答复,真觉得抱歉非常。我仔细检我原作一看,觉得这一节真有些无以自解。本来《江干集》中缺点很多,而这一点真尤其有可议处,我以为所以使我有这样不经心的地方的原因是,一、平时听了朋友们口述的话,便直接写上,而没有顾到这一层;该篇我作小说,常喜欢描写心理。二、我想竭力的写乡民畏惧吴匪的心理,以致这样弄巧成拙。"

**同日**　《世界小报》第375号续刊金君珏《读〈江干集〉之后》。

**六日**　《世界小报》第376号续刊金君珏《读〈江干集〉之后》,此期刊有编辑姚民哀(署名"记者")《编辑完了》提及:"阻岁施青萍先生,以其所著《江干集》,惠寄姚民哀一册。民哀读之善,拟附骥赘以管见,得青萍之许可,奈因尘事牵掣,久未有报。后勉得百馀字,布之报端,皆由衷之言。而青萍见之,大不谓然,邮书切责,谓民哀不因出世俗泛泛之词,一味贡谀,民哀一惊而噤,不敢再逢青萍之不欲。兹蒙徐碧波先生,转赠金君珏先生一稿,青萍见之,当可满意矣,一笑。"

**七日**　《世界小报》第377号续刊金君珏《读〈江干集〉之后》,全文连载毕,另刊有"按语":"碧波曰,我以此篇介绍于民哀,彼当三顿首以谢,盖彼许青萍之评,延迟至今未报,今报其所欠,当必较小儿得糖果为尤乐。""民哀曰,碧波真我知己也。"

**八日**　《新浪漫谭》续刊《世界小报》第378号,署名"青蘋"。

**九日**　《世界小报》第379号刊载姚民哀(署名"记者")《编辑完了》提及:"金君珏先生之《读江干集之后》甫竣,黄转陶先生之《读江干集》之批评踵至矣。逆料青蘋见之,定当分头致函,向金黄二君道谢,或者即交敝报刊出。好在金黄二君,皆阅敝报,施之谢悃,定可达到,并且无遗失迟送之虞。本报同人,又可借此少做一段东西,一举而三善备,事莫巧妙于斯。或曰,果如是,贵报编辑同人,为人传消递息,似太偏劳,""同人闻此,不禁语塞,盖被此君说破,施先生之谢函,决不会从本报转矣,一笑。"

**十二日** 《新浪漫谭》(署名"青蘋")续刊《世界小报》第 37[8]2 号(按:查阅当日《世界小报》系排字编号有误,故以下不再摘录该报编号),其中写道:"余名'青萍',自谓无患与人雷同矣。不谓第一在杭州,见名伶薛青萍;次又在《星期》周刊上,见投稿俞青萍;近翻《花月痕》,不意韩荷生侍奴,亦有曰'青萍'者。不觉大喜曰,从此,又可得一别署曰'花月痕中人'矣。"

**二十日** 郭沫若复先生短函。先生自述:"我也几次想发展一点文学生活,看了别人的文学结社,东一个西一个地萌动起来,不免有点跃跃欲试。可是终于因为朋友少,没有钱自己印自己的作品,更没有日报副刊或大杂志收容我们,不成大事。当我住在哈同路民厚里的时候,我打听到了创造社郭沫若、成仿吾、郁达夫诸先生也都住在同一里内。我就将我所写的两篇小说封了亲自去投入他们的信箱中。"(《我的创作生活之历程》)

**二十五日** 《世界小报》开始连载黄转陶《读施青萍〈江干集〉以后》:"《江干集》,是社友施青萍个人的小说集,内容廿四篇短篇小说,尽我两黄昏的工夫,把他读完,对于每篇的管见,写出来讨论,实在算不得批评。"

**二十六日** 《世界小报》刊载王天恨《读本报》提及:"读 3 月 12 日本报青蘋君《新浪漫谈》,有一节云,'天恨作长篇小说,拟名曰泪痕红染湿青绡(误轻),未知何人句,既曰湿,又曰染,亦觉字累。'按此为南昌许贞卿女士《断肠词》三十绝之一句,故取为小说题,然非长篇,乃数百字之小小说耳。青萍梦鸥两兄久不通信,乞以寓址告。"

**二十七日** 《世界小报》续刊黄转陶《读施青萍〈江干集〉以后》。

**二十八日** 《创造周报》第 46 号刊载郭沫若复先生函:"施蛰存先生,小说稿已奉读,请把住址示我。沫若三月二十日。"先生自述:"创造社同人居民厚南里,与我所居仅隔三四小巷。其门上有一信箱,望舒尝以诗投之,不得反应。我作一小说,题名《残花》,亦投入信箱。越二周,《创造周报》刊出郭沫若一小札,称《残花》已阅,嘱我去面谈。"(《浮生杂咏》)

**同日** 《世界小报》续刊黄转陶《读施青萍〈江干集〉以后》。

**二十九日** 《世界小报》续刊黄转陶《读施青萍〈江干集〉以后》。

**约在期间** 按先生自述:田汉"每星期来上课一次,讲的都是西欧浪漫主义文学,没有教材,每次讲一个作家或作品,至今还记得他津津有味地为我们讲雨果的《悲惨世界》。田老师年纪轻,比我们学生大不了多少,又是初次登讲台上课,还不老练,不敢面对学生,老是两眼望着空处,像独白似地结结巴巴讲下去。偶尔好像独有会心似地笑一下,也好像在自个儿笑,而不是在对学生笑。有一天,我和戴望舒打听到他的住址,当晚就冒昧地去串门拜访。他住在哈同路(今铜仁路)民厚北里一幢房子的楼上。室内家具非常简单,只有几件生活必需的器物。田老师看到我们上楼,一边热情地招呼我们,一边赶紧去床边放下帐门,原来田师母易漱瑜身子不舒服,已经上床睡了。我们很后悔来得太鲁莽,可是田老师却满不在乎,坐下来和我们聊天,绝没有憎厌的样子。过了几天,田老师创办的《南国》半月刊出版了","田老师自己单印了几十份,带到学校里来分送给同学"。(《南国诗人田汉》)

## 四月

**一日** 郭沫若离开上海乘船赴日本。先生自述:"我逡巡数日,始去叩门请谒。应门者为一少年,言郭先生已去日本。我废然而返。次日晚,忽有客来访,自通姓名,成仿吾也。大惊喜,遂共坐谈。仿吾言:沫若以为《残花》有未贯通处,须润改,可在《创造周报》发表。且俟其日本归来,再邀商榷。时我与望舒、秋原同住,壁上有古琴一张,秋原物也。仿吾见之,问谁能弹古琴?秋原应之,即下琴为奏一操。仿吾颔首而去。我见成仿吾,生平惟此一次。"(《浮生杂咏》)

**同日** 《世界小报》续刊黄转陶《读施青萍〈江干集〉以后》。

**四日** 《新浪漫谭》续刊于《世界小报》(署名"青蘋"):"鹃魂在《莺花》上作'兰俦近事',殊不能逃信口雌黄之罪,而友朋不察,交相询问。当即驰书天恨,嘱为更正。而至今《莺花》刊物,杳无消息,遂令吾无可置辩,怨矣。"

**五日** 《世界小报》续刊黄转陶《读施青萍〈江干集〉以后》(完):"以上的话,都是我个人的眼光,切当与否,自亦不知,不过既承青萍兄赠我一册,自应有所贡献,谅作者决不以多事见责吧。"

**十日** 《新浪漫谭》续刊《世界小报》(署名"青蘋"):"君珏转陶之《江干集》批评,次第在本报披露,君珏兄所指摘,皆蘋所欲自言,而君珏所誉,则有蘋所弗克当者。转陶之作尚未见,度必有严正之态度,且试目受教。民哀先生在编辑栏中大弄狡狯,蘋一例不论,在此向金黄二君道谢,不更专函矣。"

**十五日** 《最小报》第168号刊载王受生《记卡党大会》:"先数日,得卡党通知书,云开大会于姑苏。余乃与君珏轻装就道,途中亦不觉寂寞,""所未见面者,惟天石青萍吟秋家骧四人耳,少时亦至,商议开会讨论之事,""入座后,推青萍君为主席,青萍辞不就,众坚请之,乃含笑起立,作一短宣言曰,'吾党今日得能成此盛举,决非向日所能逆料。吾党不过二十人,有此毅力,得使全国闻名,创为中国唯一文坛。此后待举之事甚多,愿诸党员互相讨论。'"

**十八日** 在《半月》第3卷第15号发表《西泠幽梦录》,署名"蘋盦"。

**中旬** 印度作家、诗人泰戈尔在上海等地讲学。先生自述:"当时就买到了他自己译成英文的诗集,《吉檀迦利》和《园丁集》。对于这种东方式的散文诗,我感到很有兴趣。"(《泰戈尔〈爱人的礼物〉译者前记》)

**下旬** 先生因病而休学,返回松江家里休养。

## 五月

**五日** 在《工商学报》第2期发表《卖艺者》,署名"施青萍",文末编者按:"施青萍先生,乃《江干集》之著作者,去年肄业于上海大学,平时对于社会职业问题,极为注重。此篇旨趣,盖感叹生活之难也。有稳妥职业之人,能不惕然乎。"

**十八日** 《世界小报》刊载编辑姚民哀(署名"记者")《编辑完了》提及:"偶翻旧报,见《莺花》中有王天恨君,询问施青萍君之小启一则,自责误人委托,谦罪实甚,幸无要事,不则,何以对天恨,而天恨所欲知[青]萍,乃青萍今年之通讯地址,按青[萍]者,乃肄业于沪上,依旧在上海大学,以之告天恨,天恨亦许将功折罪否,一笑。"

**中旬** 先生病愈返沪复学,仍往上海大学新校舍就读。

**二十三日** 晚上写讫《〈流云〉我见》。

**是月** 创造社刊物《创造周报》在出版52期后停刊。先生自述:"《创造周报》旋即停刊,《残花》亦终未发表。"(《浮生杂咏》)

## 六月

**十日** 《世界小报》刊载胡亚光《偶忆录》提及:"兰社的社友,新近有大半不做小说了,绝对脱离的,有戴梦鸥、李伊凉、张无净、孙弋红、戴涤园,口口声声说是无聊,自己只管研究那些地妳她去了,还要暗示别人,连从前这班文友的信札,都摈绝不看,置之不理了,只有马鹃魂、施青萍俩,仍就不改常度,究竟他们为的什么,弄得我实在莫名其土地堂,大概各人受的刺激,是各人不同,有点大小之分罢。"

另,按先生自述:"因我自己明白了新文学与'鸳鸯蝴蝶派'这中间是有着一重鸿沟的,于是我停止了这方面的投稿生活。同时,因为新文学杂志中没有安插我的文章的地位,于是我什么也不写了。"(《我的创作生活之历程》)

十三日　在《民国日报·觉悟》"杂感"专栏发表《奇文评注·阿拉宁波——商校十周年纪念的演讲辞(洪允祥)》,署名"青萍",文内写道:"这个题目不是洪先生所标举出来的,我因为他时常讲到'阿拉宁波',就用这四个字来标题。"并有"附注":"这篇东西是我回到学校后追述出来的,当然有些遗漏的地方。但自信对于洪先生的原意决没十分谬误,不过追述得较洪先生的演讲略有点系统罢了。"

二十四日　在《广州民国日报》"笔记"专栏发表《红禅室漫记》,署名"青萍"。

二十七日　在《广州民国日报》"笔记"专栏发表《红禅室漫记》,署名"青萍"。

## 七月

三日　陈独秀致函鲍罗廷,介绍上海大学情况时称该校是一个"比军校更大的单位"。

十八日　《世界小报》刊载王天恨《新浪漫谈》:"忆施君青萍,曾在本报言,颇怼予未将其更正'兰俦近事'函刊《莺花》,实则其函已载七期中。尔时不知青萍确址,无从邮寄。曾函询民哀,民哀亦以示冗未复,迟之久久,始于'编辑完了'栏中述及,谓仍在上海大学。是日之《世界小报》至,予适病目,又未能将七期《莺花》补寄,私心未尝不歉歉也。今读青萍致民哀书,知将返云间,而未详言住址,终无从补寄,奈何奈何。"附有"编者按":"青萍之云间地址,为松江县前施第。天恨可将七期《莺花》,照此寄去,倘再遗忘,完全君过,不能再牵涉他人矣,一笑。"

二十六日　《世界小报》刊载"胡亚光启事":"青萍兄,大著蒙允赐,感感。返松后,乞时赐教,为快。"

月内　暑假在松江。先生自述:"于吾友浦生[江清]案头,见鹓雏先生诗稿《搬薑集》一本,假归咏读。以战事起,忽忽便璧赵,但摘录数首。"(《慧室残记》)

## 八月

八日　在《时事新报·学灯》第6卷第8册8日发表《〈流云〉我见》(未完)。先生自述:"'三叶'之中,惟有宗白华先生,我没有见过。宗先生有一本新诗集《流云》,也是在那个时候出版的。我写了一篇评论,恰恰向《学灯》投稿,居然被发表了。我当时实在不知道宗先生就是《学灯》的编者,否则我一定不会向《学灯》投稿,因为这篇评论并不完全是恭维的。"(《喜读〈三叶集〉》)

**九日**　《〈流云〉我见》(完)续刊《时事新报·学灯》第6卷第8册9日。

**中旬**　先生与戴望舒又迁居附近的哈同路(今铜仁路)民厚北里。先生自述:"我和望舒就迁居哈同路民厚北里,租住了一个后厢房。搬进去之后,才知道房主人是左舜生,前厢房就是《醒狮周报》社,[按:该周报创刊号于1924年10月10日出版。]于是,我们在这里认识了国家主义派的一群人。"(《怀孔令俊》)"既迁入,始知为左舜生宅,亦国家主义刊物《醒狮周报》编辑处也。左舜生居楼上,曾琦居前厢房,其后厢房即我与望舒所赁,仅隔一板壁。每星期日,'醒狮'同人毕集,田汉亦来。皆湖南人,发声洪亮,畅言无忌。我与望舒侧耳听之,常闻妙论。"(《浮生杂咏》)

**三十一日**　《世界小报》刊载碧波《浪漫谈》:"佩荑自新婚后,不常出,一昨,偕其介弟菊高,同至茶肆茗叙。余见其履一紫酱色缎鞋,乃曰,艳哉鞋乎,较诸青萍之履,尤加甚焉。荑曰,是新婚旧履耳。菊高曰,此绝妙小说题也,碧波,若盍不草一篇。余曰善,遂于翌日成之,寄某杂志,内有侍儿不稔其名,因伊住松鹤板场,遂以松华作芳名,青萍见之,幸勿以我故与足下打趣焉。"

**同月**　戴望舒进入震旦大学法文专修科特别班。叶秋原远赴美国留学。杜衡仍在南洋中学就读。张天翼由杭州来到上海考入上海美术专科学校。

## 九月

**月初**　新学期开学后,即转入校址位于上海南车站路的大同大学三年级求学,与周煦良为同学。先生自述:"入上海大学中文系接受革命教育,但又觉得这个大学只有革命而无学术,又改入大同大学专读英国文学。"(写给陈文华书面材料)"上海大学为政治宣传学校,气象虽新,实非学府。自愧不能参加革命行动,又去而就读于大同大学。望舒则入震旦大学读法文。"(《浮生杂咏》)

**约在期间**　按先生自述:"剡溪王耘庄,亦上海大学同学,""同转学大同大学。又翌年,我改入震旦大学,耘庄考入清华大学研究院,为梁任公弟子。抗日战争时,在浙东率学生任战时文化宣传,隶黄绍竑麾下。解放后,在西北大学。反右时,下放劳动而死。耘庄熟读先秦诸子,尤好墨学。服膺王充及王安石,常称'吾家仲任'、'吾家荆公'。其为人固执自信,好与人辩,同舍生戏呼为'拗相公'。"(同上)

**二十五日**　下午杭州雷峰古塔轰然倒塌。先生自述:"塔圮后,余亦得一砖,有三字曰'夕照庵',塔下梵寺也。战乱时[抗日战争],家屋荡然,此砖亦亡失,未留拓本,颇以为憾。"(《北山集古录》)

**月内**　江浙战争(又称"齐卢之战")发生。先生自述:"战争影响了交通,上海的米价猛涨着。人们都惴惴不安,工厂里开始罢工了,牢狱里增加了囚犯,卖淫妇的黄色照会加倍地从工部局里签发出来。老年人喟叹着,说这时世不容易过活了。"(《米》)"余避居上海,夜行静安寺路,成一截句:'亭亭璧上月依依,大纛孤军有冷辉。深夜流入锦城去,却焰银街舞女归。'"(《无相庵随笔》)

## 十月

**上旬**　因江浙战争而时局动荡,先生受父母之托由上海专程赶赴杭州,把正在杭州女子师范学校读书的大妹施绛年接回松江家里避乱。先生自述:"因为客车为兵车所阻,到城站时已在上午3时,霜风凄紧,人心惶惶,那时乘着一辆人力车去投奔亲戚家,站在门外敲了一小时门的境况,当时也许还以为苦,后来想想却也怪有味道。"(《玉玲珑阁丛谈》)"我乘夜车到杭州去接大妹回家,火车到站也在后半夜,因为戒严不能通行,遂在一家卖豆浆店里吸豆浆等候天明。"(《适闽家书》)

**同月**　9日林纾(琴南)逝世。

## 十一月

**十一日**　《时事新报》"青光"副刊"无线电话"专栏刊载:"王受生:请速以通信处通知施青萍君。(呆)"

**月内**　先生与戴望舒再迁回哈同路民厚南里租居。经孔令俊介绍,结识居住同弄堂内的张闻天、张健尔兄弟。先生自述:"左舜生的太太脾气很不好,我们在她家里住不到半年,就迁居民厚南里。郭沫若、成仿吾、郁达夫、倪贻德都住在这个里内,一座一楼一底的石库门房子,就是'创造社'了。张闻天也住在这个里内,他那时是中华书局编辑。令俊和张闻天的弟弟健尔很熟,因此,我们由令俊的介绍,认识了健尔,又因此认识了张闻天,那时他正在译俄罗斯作家科洛连珂的《盲音乐师》。"(《怀孔令俊》)"张闻天亦为中华书局编辑,与其弟健尔居民厚南里。闻天居前楼,健尔居后楼。健尔亦上海大学学生,我与之善,因而得识闻天。闻天正在译科洛连科之《盲音乐师》，每晚伏案振笔。有一晚，我方登楼，即闻前楼闻天惊叫。趋之，则煤油打气炉倒翻，滚入床下，火熊熊欲烧及床下书籍报纸。我与健尔急为移床扑火，幸即熄。是夕，闻天不再译书，三人同出至静安寺散步，以资压惊。此后，健尔随闻天同去苏联，遂不复见。"(《浮生杂咏》)

**同月** 17日《语丝》周刊在北京出版创刊号。

## 十二月

**一日** 农历十一月初五，先生二十生辰。

**二十六日** 在《时报》开始发表《谈斩龙遇仙记》(署名"施青萍")，"绪引"写道："余尝思无论何人对于上海之空气恶劣，生活干燥，必不容有一赞词。只须衣食问题不为上海所累，而思想又能较高超些者，其人必常怃然有希望脱离上海之愿。然毕竟上海对于吾人是否有百恶而无一善，此亦诚一疑问。余以为吾人如欲接受一些西洋物质上之美，以舒畅吾人沉闷之精神，则上海终较内地为适宜多矣。""惟如吾人于外国著名剧本，甚无机会能谋欣赏，则间接的观外国名剧之电影，或者聊可惬意。""上海电影近年来开映者，都为名作。""近日所演有三剧，一为法国雨果之《钟楼怪人》；二为西班牙伊本纳兹之《血与沙》(夏令配克演，译名未详)；三即卡尔登所演之《斩龙遇仙记》也。""当以《斩龙遇仙记》为最有价值，敢举其原委情节，为爱观电影诸君作一介绍。""而此剧无论如何不可不去一赏也，余草此文竟，亦将披外衣驱车抵卡尔登电剧院矣。"

另，按先生自述："上海电影院正在放映德国乌发公司摄制的《斩龙遇仙记》，我写了一篇影评投给李涵秋，承蒙他发表了。这是我生平写的唯一的影评，也是上海报纸上出现的第一篇电影评介文字。"(《报纸的副刊》)

**二十七日** 《谈斩龙遇仙记》(续)刊于《时报》，署名"施青萍"。

**二十八日** 《谈斩龙遇仙记》(续)刊于《时报》，署名"施青萍"。

**二十九日** 《谈斩龙遇仙记》(续)刊于《时报》，署名"施青萍"。

**三十日** 《谈斩龙遇仙记》(续)刊于《时报》，署名"施青萍"。

**三十一日** 《谈斩龙遇仙记》(续完)刊于《时报》，署名"施青萍"。

**同月** 胡适、陈西滢、徐志摩等在北京创办《现代评论》周刊。杭州绿社(社址设在皮市巷)成立后正式出版《绿玉》月刊。据钟韵玉回忆："先后二十三期，以小说、杂文、旧诗词为主,执笔者有社员杨了公、吴耳似、范海容、莫艺昌、周陶轩、水启秀等,旋以投寄诗词过多,另出《绿云》半月刊,徐碧波、姚苏凤、陈紫荷、高邕山、黄转陶、徐卓呆、胡亚光等均有作品,共出版八期。"(钟韵玉《杭州绿社》)

**约在期间** 先生自述:"当时才20岁,[俞]平伯先生的著作,我总是一出版就去买来读,因此,印象极深。""郭沫若的《女神》,鲁迅的《呐喊》和《朝花夕拾》,周作人的《陀螺》和《自己的园地》,谢冰心的《繁星》《春水》,以及平伯先生的著作,都在我的文学生活上起过重要的作用。"(《重印〈杂拌儿〉题记》)

# 一九二五年（中华民国十四年 岁次乙丑） 先生二十一岁

## 一月

**一日** 元旦。作诗《寄秋原美洲》:"微云初破犀梳月,念尔孤行海外身。已结银屏千里梦,难消梅蕊一丝春。浮沉繁市终夷域,歌舞华灯奈此人。传语相思了无益,枉缘书札损文鳞。"

**同月** 30日在"青年团"的第三次全国代表大会上,决定将中国社会主义青年团改名为中国共产主义青年团。

## 二月

**下旬** 就读大同大学三年级下学期,并迁居该校宿舍。先生自述:"转到大同大学读英文,在叶上之、胡宪生老师的指导下,读了司蒂文生的散文《骑驴旅行记》和沙克莱的小说《亨利·爱思芒》。同宿舍的同学有许思玄[思园],读英国文学书甚勤奋,我和他对床而坐,颇受他的影响。"(《我治什么"学"》)"无锡许思玄,大同大学同舍生。我二人对床对案,同在一灯下读书。君读书甚博,过目不忘。又能冥想深思,在大学时已有哲学家风度。战前在欧洲,战时在美国,作《人性论》《东西方文化论》诸文,甚为欧美学者所赏,罗素、桑他耶那、爱因斯坦等均寄函讨论。抗战胜利归国后,不为人知。解放后,在山东大学。"(《浮生杂咏》)

**月内** 戴望舒仍在震旦大学攻读法文。先生自述:"我在大同大学读三年级,杜衡读五年制的南洋中学刚毕业。三个人一合议,决定过一年一起去法国。杜衡家道丰裕,我的家庭是小康经济。三人一起去法,我和望舒在经济上有困难时,可以依靠杜衡,不至于困窘。况且当时法郎比值便宜,如果每月有100元,甚至80元国币,在法国可以维持生活了。"(《震旦二年》)

## 三月

**九日** 《世界小报》刊载《王受生致施青萍的小简》:"烽烟暂息,足下是否避沪。前上一束,未卜已达否,甚以为念。弟现虽幸无大难,然心绪百端,无计自谴,奈何奈何。见小笺,请即示以近状,梦鸥恕不另候。"

**十四日** 《炙手集·六》(署名"蛰存")刊于《大世界》。诗序:"是公深夜被火,独立扑灭,两手灼伤。莲社诸方家赠诗甚夥,珠玉满前,了无新意。勉成四截句,应命续貂之消,知不免也。"诗曰:"一片冰心久耐寒,无端迟驾莅炎官;身矜熔铸顽如铁,好作金刚百炼观。世事已如薪厝火,匡时无策笑冬烘;池鱼消患凭孤掌,敢诩焦头烂额功。焚室自如称子敬,闭门无恐学张昭;红莲火里饶生意,不让先生独姓焦。已占离像见文明,炼句成今掷有声;不作权门弹铗容,终羞焚券太沽名。"(按:经考证,作者系盐城蔡选青,名云万,号蛰存;据资料显示,曾入淮阳护军使马玉仁幕,出任《盐城日报》主笔,后寓居上海,著有《蛰存斋笔记》,另见《新新日报》《申报》《五云日升楼》《人报》《盛京时报》《首都旬刊》《佛教日报》《新华日报》《国华报》《东南日报》载有其诗文。)

**二十二日** 《世界小报》刊载《施青萍致姚民哀书》:"去秋军兴以来,迁徙沪渎,迄未返里一次。破春而后,家人都已归里,而弟仍肄业在申,沉湎典籍,故未遑致消息于师友,而于载笔诸同志方面,尤多膜阂。昨日家严自松来申,谓尊处《世界小报》依然每三日寄松一份,弟不觉感喟,以阁下厚意拳拳,不以笔墨疏远,久无报命故,止其颁阅,而弟则深受厚赐,尚不自知,弥复汗颜不止。敬敢拜义座右,昧陈两策,一则停止寄报,免落虚空之地。二则改寄此间,俾弟知所惭歉,或者能自奋发,有以无负于阁下,此二策,幸阁下决焉。受生近有消息否?昨岁曾与一晤,渠匆匆去济南,后此曾来一片,当即覆彼一函,乃至今渺无消息,如尊处依然寄报去,则敢请在报末代致一音,要渠有以见慰也。春雨微寒,伏惟珍重不宣。通讯处:'本埠南站大同大学施蛰存。'"

另,此期还刊有《附姚民哀覆书》:"军兴之后,弟固明知云间为军事要区,尊府又临近县署,必然迁地为良,但不知莺迁何许,敝报不得不仍寄松郡,正以久不得报为念,适捧朵云,疑城涣释,当遵示改期'大同'也。受生仍在济南,日前弟得其惠书,知需丹翁怪字,因代为求得单条一堂,由邮寄鲁,事将两旬,迄未得覆,颇滋疑讶。不过渠见君书,及通讯新址,度其必有函来,毋庸促之也。敝报今年,他无可善,惟印刷及排版得蒋君鸿甫之臂助,似较其他小同业稍胜,而足下暨君珏金子二君之稿,最为弟所心折,无如好物不多,不能常常得读,致茅塞填膺,而敝报亦黯然无光。今蒙俞允,谨先道谢,盖正如俗语所谓'未吃先谢,敲钉转脚'是也,一笑。马鹃魂君,是否与君同校,抑倘佯于明圣湖头,便希并示,亦因将敝报邮杭,而疏鱼雁故耳。"

二十六日　《世界小报》刊载编辑姚民哀(署名"记者")《编辑完了》:"本报投稿诸彦,皆为记者所钦佩,而金君珏之学程善之、施青萍之学姚鹓雏,尤为心折。二君久已乏信,正拟去函询候起居,越昨青萍有书至矣。最奇者,青萍函询王君受生起居,而王君之书,亦同时递到。此正巧不可偕,谨志一言,为二君通声气。窃念施君正讶致函受生,何以无复,而王君亦正疑青萍一片以后,何以续信杳如也。"

二十九日　诗作《绮席》刊于《世界小报》,署名"眉子"。

三十日　诗作《幽情》刊于《世界小报》,署名"眉子"。

同月　12日孙中山在北京逝世。

## 四月

一日　诗作《忍倚》刊于《世界小报》,署名"眉子"。

二日　诗作《登临念湘波即寄白门》刊于《世界小报》,署名"眉子"。

十一日　《世界小报》刊载《金君珏致姚民哀书》,其中"附姚民哀复书"谈及:"青萍现在大同肄业,公如通函,可书(上海南车站大同大学施蛰存),前者施子函示,云取消'青萍'二字,改用'蛰存'或'眉子',希注意。此君具斯学问,而尚如此孳孳求学,可钦亦复可羡。鄙愿俟积余资,仍欲再过学生生活,奈人事卒卒,此志未尝。因及施子道况,不禁又打动我心头事矣。"

二十日　《世界小报》刊载《云间眉子施蛰存致金君珏先生书》:"前奉受生函悉《莺鸣》有复活消息,方深冥念,而彼莺已翩然而至,莺哢而令我心百啭,弗能自制莺鷟于怀也。去岁在沪,得机会一晤受生。渠行色忽匕,即去济南,但作数晤。然即此数晤,已足令弟深省受生矣。受生渊然清淡,而弟亦拙于辞令,相对或竟静默尔,滋可念也。晤受生益念足下,盖不审何日能假一苇溯江,临淮谋一见也,春水方生幸浮款鲤。耑此敬请文安。(近日患贫,此信写就,纳箧中凡一星期有羡,终不能寄,而须复之信几及十馀通,不得已总寄民哀先生,在《世界小报》上权耳奉致一信,今当再作详复也,死罪死罪。)"

**二十二日** 《世界小报》刊载《云间眉子施蛰存致王受生先生书》:"接奉手教,诚恳之意,溢于言表,弟衷怀孤郁,人海栖迟,虽复浩气永存,而仰瞩芸芸者流,辄不自觉其虚卑,又何敢自负。大抵自负者,不外乎负才负势,弟既无势无才,又将何以敢向人自负。如来示所云者,幸不至斯,勿以为怀。夫以渺然一粟之躯,你尔处此一世,任其自然斯得矣。至于悲天悯人,以遇不遇为念,仔细思之,亦复应有哑然失笑时,阁下于意云何。《莺鸣》早已收读,此足征吾莺之光景长新也。弟素性倔强,愈是名流,愈不愿接近,与某公不过数席谈,虽亦景企,但非有深谊介焉。承委之事,容待缓图,能报命否,不敢先决。诗文字画,本是艺术品,限以阿堵,即着瑕疵。弟向来如此主张,即阁下不言,弟亦不敢以此法为阁下谋也。略复如此,不另作笺,宥其草率,教其啬吝邮票。"

**二十六日** 《世界小报》刊载《云间施蛰存致姚民哀书》:"刻读11日本报,阁下覆君珏函,奖及鄙人,深滋惭汗。生活不安定,读书不安定,三载而三迁,诚知已无辞自解于师友,尚何好学之足云。阁下美意,适增惆怅耳。穷忙日甚,负好春,负好报(好报者《世界小报》也),奈何奈何。兹有大批信札,为省邮票故,拟请在贵报一刊,幸以投稿视之,否则亦两得其便矣。"

**月内** 上海文学研究会印行的第二套外国作家明信片一套六张:"莎士比亚、雨果、托尔斯泰、安徒生、般生、爱莫孙",先生又购得此套。(先生口述)

## 五月

**七日** 《半月》第4卷第10号发表《弃家记》,署名"施青萍"。

**十一日** 《世界小报》刊载《金君珏致施眉子书》:"无意中得读足下一简,寥寥数语,滑稽冷隽,兼而有之,可佩可佩。兄诗瓣香定公,可谓探骊。然弟则病其太似耳,此等诗不宜外作,伤于刻也,弟竟不复有此风怀矣,曩亦尝读定公诗,半月之间,饮啜坐卧,未尝去手,旋得一境。辄弃去,读梅村诗,又饮食起居不去手累月,又得一境。近来不独不看诗,并亦不敢作诗矣。(民哀谨按,能作此语方识得诗中甘苦,谚所谓再学三年寸步难行矣。)通日小窗,请住摘扶。庚申以来,所为诗,得百馀首,题曰《少年集》,余悉祭以酒而焚之。此诗已录寄民哀,窃思此等诗,在天地间河[何]岂复有可存之价值,敝帚自珍,毋乃可哂。然而难遣者情,难忘者名,此殆亦难遣难忘者之为病耶,幸贤者教之。兄手中不宽,莺鸣社费,不须寄,切切。此上眉子知己。"

**十六日** 《世界小报》刊载《奉金君珏书,眉子拜上》:"忽在本报得手教,大慰大慰。

足下谓弟诗似定公,果何所据。弟劣诗从未在其他报上献丑过,惟本报数章而已,未知足下是否即指此数章。若然,则弟自己,且不觉其似定公于万一也。定公诗境界悬渺,幽奥至不易学。近日规抚之者,实繁有徒,上至苏曼殊,下至朱鸳雏,莫非学定公者,然而皆但得似其格调,而不得其境界也。近日见《半月》上,有陈小蝶氏诗数章,似渠近亦步定公,然而败矣。羽琛诗,非具绝大天才不易到,不敢学,不敢学。治诗以来,凡历三情形,第一,为作诗后,便好读诗,读书后,便即学作诗。第二,读诗时不敢作诗,作诗时不敢谈诗。第三,作诗则专作诗,脑中排去读诗一念。反之,读诗时亦然,然而一日不作诗可,一日不读诗,即觉爽然若有所失。养我性灵,真不能无诗也。(民哀谨按,不图继雄伯遇春而起之隽人乃属之眉子野鹤君定当退三舍避之矣。)足下既有存其《少年集》,则于足下自身,当然有可存之价值。至于与世界之关系,弟则以为吾等小儒太小,可不必问及也。虽遣者情,弟亦云然,指读诗而言也。至于名,已早与诗别道矣。略抒下意,足下以为何似。莺鸣社费,去年亦未缴,歉极歉极。弟在此,有钱即买书,故竟时时告乏,家中接济不及耳。下月当可报缴也。《莺鸣》'四月'何未出板,甚念之。"

**十九日** 在《世界小报》开始发表《慧室残记》,署名"眉子"。

**二十日** 《慧室残记》续刊《世界小报》,署名"眉子"。

**二十一日** 《慧室残记》续刊《世界小报》,署名"眉子"。

**三十日** 震惊中外的"五卅惨案"发生后,上海人民开始罢工、罢课、罢市,抗议英帝国主义的暴行,举行了二十余万工人的总同盟罢工,五万馀学生的罢课,绝大多数商人举行罢市,形成了全国规模的反帝爱国运动。先生自述:"参加五卅运动,""我所识有朱义权,五卅运动中死于南京路。刘华指导纱厂工人斗争,亦以身殉,我至今悼念之。"(《浮生杂咏》)

另,据杨之华记述:"适值革命的高潮,什么学生运动、工人运动之类正在风起云涌,为了爱国的热情,目击五月卅日南京路之惨案,遂使他们[施蛰存,戴望舒,杜衡]'走到十字街头',从事革命工作。但以文弱的学生,那里真有能力去参加实际的政治工作呢?但要他们都躲进'象牙之塔'里又不可能,结果他们唯一的出路便是写文章,办刊物,至低限度都要做到'文艺与革命'这个情度。"(杨之华《文坛史料·记现代社》)

**是月** 《新妇女之敌》再次刊于《妇女旬刊汇编》第一集。

**同月** 《时事新报·文学旬刊》从第172期起正式改名《文学周报》,开始按期分卷独立发行。

## 六月

**一日** 梁溪图书馆初版发行曹聚仁编纂《卷耳讨论集》，收录其作《蘋华室诗见——周南·卷耳》。

**同月** 伍联德创办良友图书印刷公司。

## 七月

**十七日** 《时事新报》"青光"副刊登载"启事"："施蛰存、金城、唐琼、安侠、顾诗灵、张承鸿、周启诸君鉴：请示最近通讯处。"

**中旬** 放暑假，即返回松江家里。

**二十八日** 《世界小报》刊载《施青萍致姚民哀书》："奉读《世界小报》，忽忽又及半载，弟竟无一稿拜政，良用引咎。比者天气太热，申居颇不适，已行归里。贵报幸请改寄，附呈笔记一篇，摹唐不象，学聊不及，公得毋讥之为四不相否耶。""弟蛰存顿首。"

## 八月

**十二日** 译作比利时 Maurice Maeterlinck《室内》(*Interior*)（上·未完）刊于《时事新报·学灯》第 7 卷第 8 册 12 号。（按：参见先生"我曾在报刊上发表过的文章"提及"《时事新报》附刊'学灯'1924—25 年，译梅德林克剧本'闯入者'"，记此。）

**十三日** 译作比利时 Maurice Maeterlinck《室内》(*Interior*)（下·完）刊于《时事新报·学灯》第 7 卷第 8 册 13 号。

**十四日** 始在《世界小报》发表《眉庵纪闻·一、梁仲婴》，署名"眉子"。此期还刊有编辑姚民哀（署名"记者"）《编辑完了》提及："又有杭州麒麟巷戴君（是否梦鸥不得而知），为施青萍事，致函记者，亦拟日内撰文志之，并将戴函公布，因同人实莫明其意旨所在也。"

**十五** 下午先生前往松江图书馆参加新松江社成立大会，并正式加入新松江社，投入了该社的社务活动。先生自述："当时我们这一些人，有的已在本乡服务，有的尚在外埠读书，因为受了'五四'运动的洗礼，每逢寒暑假，休息的休息，回里的回里，彼此在闲谈之中，发愿想在本乡中做一点灌输新文化的事业。新松江社这个组织就是在那时候发动的。"（《新松江社落成小言》）

另，据《新松江社之发起》："松地学界浦江清、宋学勤等，鉴于地方风俗颓靡、事业不振,发起组织新松江社,以造成公正舆论、革新社会事业为宗旨。现加入该社者,商界有叶思贤等,政界有姚鹓雏、朱叔建等,绅界有雷君彦、顾稼轩等。""当场议决案件数起,如,一、即日起征求社员;二、发行《新松江旬刊》;三、组织监督国民代表选举委员会。尚有组织演讲团等数案,未及备载。"(《申报》,1925年8月15日)

**同日** 《眉庵纪闻》(未完)续刊于《世界小报》,署名"眉子"。

**十六日** 《眉庵纪闻》续刊《世界小报》,署名"眉子"。

**十七日** 《眉庵纪闻》续刊《世界小报》,署名"眉子"。

**十八日** 《眉庵纪闻》续刊《世界小报》,署名"眉子"。

**十九日** 《世界小报》刊载编辑姚民哀(署名"记者")《编辑完了》提及:"因之戴克崇君来函书后等,不得不稍迟发表,希阅者谅之。"

**二十二日** 《世界小报》刊载编辑姚民哀(署名"记者")《编辑完了》提及:"吴观蠡先生,盛善余之记事文,对于前刊翰海之拥翠小史,尤再四称道。其实纪实笔墨,首溯聊斋,而青萍近作,拟蒲已得神髓,观蠡取余而舍施眉子,恐为天下人笑君目盲。不则,定难濯阿私之嫌矣。质之观蠡,以为何如。"

## 九月

**月初** 在大同大学升入四年级。先生自述:"在大同大学的文艺书很贫乏的图书馆里,我选抄过一部《世界短篇小说选》,这是我当时最得意的工作。"(《我的创作生活之历程》)

**同月** 据孙宗堃《"县中"之过去与现在》记述:"邑人钱江春先生捐资创办私立松江初级中学。"(《松江县立中学校友会年刊》,1934年第1期)

**又** 创造社《洪水》半月刊在上海创刊。张静庐、沈松泉、卢芳在四马路太和坊创立光华书局。

## 十月

**月内** 经戴望舒介绍,先生开始结识震旦大学刘灿波(呐鸥)等学生。先生自述:"在同班同学中,望舒结识了两位朋友。一位是梁鋆立,他白天在震旦大学读法文,晚上在东吴大学法科读法律,还兼了中华书局的英文编辑。""另一位是刘灿波,他自己说是福建人,其实是台湾人。""望舒和这两位同学,天天在一起,跟樊国栋神父(Père

Tosten)读法文,课馀休息时,大家谈文学。梁鋆立谈英美文学,刘灿波谈日本文学。当时在震旦本科读书的有李辛阳、杨琦、孙春霆(晓村)、樊华堂、陈志皋,也都成为望舒的好友。"(《震旦二年》)

**同月** 浙奉战争发生。

## 十一月

**一日** 续写日记,为时两个月。先生自述:"是一本艺学社监制的毛边纸稿本,每页十行,我记得当时曾买了两本。""蓝的那一本上专记些典故或摘录些自己欣赏的好句,所以题名叫做'座右漫录'。红的这本是日记,封面上题着四个蹩脚北魏体字:'残年日记'。底下还标明着:'十四年(1925)11月1日至12月31日。'""记得很勤,因为其中只失记了三四天。而这三四天也是为了随父母到杭州去而停辍的。但是因为在大同大学读书的时候,生活非常单调,环境又不好,故所记的内容实在没有第一本日记那么有趣味。而且又因为生活单调的缘故,这一本日记中,记事的地方很少,而记思想的地方却较多了。"(《我的日记》)

**七日** 先生日记:"同舍许君今天买回了一本《小说世界》(12卷2期),其中第一篇却颇有意思。该篇题名《未嫁》,系署名'春野'君所作。读后颇有些回味。""那篇小说的描写艺术方面也并不好,但是我之所以说它好者,因为作者的情绪之体会,竟使我读后登时起了强烈的共鸣。即此一点,它使我充分地愉快了,不禁也悠然地回到我的'记忆之国'里去了。"

**十三日** 始在《锡报》"小锡报"副刊发表《艺事杂纪》,署名"施青萍"。其一节写到"耿道冲,吾松老画家,双目既眇,顾复好为人书,弗倦,清晓,眸子尚有微光,命仆持笺,指点地位,便即挥毫,其弗成佳构者,盖用腕熟极,无须目睹矣"。

**十八日** 《艺事杂纪》续刊《锡报》"小锡报"副刊,署名"施青萍"。此节写"张其相,云间画师,以画牛名"云云,本节未完。

**十九日** 《艺事杂纪》续刊《锡报》"小锡报"副刊,署名"施青萍"。

**二十二日** 《艺事杂纪》续刊《锡报》"小锡报"副刊,署名"施青萍"。

**同月** 通俗小说半月刊杂志《半月》停刊。

## 十二月

**六日** 先生日记:"今日在闸北有市民大会,不知召集之团体何名,但知其目的为倒段而已。此时倒段,殊为根本滑稽,盖自郭李倒戈去张而后,老段地位根本摇动矣。从而呼号以倒之,岂非俗所谓打落水拳头哉,不武也。"先生自述:"我对于时事的关心,并且还下批评,似乎也是这时候开始的。"

**月内** 先生与戴望舒、杜衡等人结为文学社团"璎珞社",并筹备编辑出版社刊《璎珞》杂志,为32开16页的旬刊,每期只用四分之一张报纸。先生自述:"这是我们办的第一个新文学同人小刊物。"(《震旦二年》)

另,据沈子成记述:"施蛰存氏告诉我,'璎珞'的取名,系采微小珍贵之意(璎珞本系古代珠玉连成之珍贵颈饰)。""杜、戴、施三人,当时是知己的同学,并又是同乡,皆杭州人(施氏原籍是杭州),定名'璎珞社'。"(沈子成《记水沫社》)

另,据赵景深回忆:"在现代的文人方面,戴望舒、施蛰存和杜衡,也是彼此非常要好的,所以我称之为文士三剑客。这文坛三人以前曾自费刊行过一种刊物,名叫《璎珞》,在形式方面很美观,我猜想这或许是蛰存最初的尝试。"(赵景深《文士三剑客》)

另,据杨之华记述:"由于当时社会环境的关系,施、戴、杜、刘四人便以同学的关系结合起来了。《璎珞》旬刊便是他们从事文艺工作的第一声。"(杨之华《文坛史料·记现代社》)

另,据《黛丝·杜衡译法郎斯原作》(署名"秋山雨")记述:"水沫社同人也曾发行过一个不幸短命夭折的《璎珞》旬刊,其中有几首译诗,也是十分优美的。"(《申报》,1928年4月3日)

**又** 据《大同大学第二十八期同学录·民国十四年十二月》内"学生录"记载:"姓名:施德普。学号:三八二二。字:蛰存。年岁:廿一。籍贯:浙江杭县。通信处:江苏松江城内县署南。"

# 一九二六年(中华民国十五年 岁次丙寅) 先生二十二岁

## 一月

**一日** 元旦。始写日记。先生自述:"我的第三本日记是从民国十五年一月一日至四月七日,用的是商务印书馆的'国民日记'。"(《我的日记》)

**十日** 《东方杂志》第23卷第1号始载夏丏尊译日本田山花袋原作《绵被》。先生自述："读到夏丏尊的日本作家田山花袋的短篇小说《绵被》,觉得很受启发。这是一篇东方气息很浓重的小说,和欧洲作家的短篇小说完全不同。"(《我的第一本书》)

**二十五日** 《东方杂志》第23卷第2号续载夏丏尊译日本田山花袋原作《绵被》。

**同月** 26日南洋兄弟烟草公司在生产50支罐装白金龙香烟的同时,推出10支盒装红金龙香烟。

## 二月

**十日** 《东方杂志》第23卷第3号续载夏丏尊译日本田山花袋原作《绵被》讫。

**同月** 15日《良友》图画杂志在上海创刊。

## 三月

**上旬** 先生仍在大同大学求学,新学期开学就读四年级下学期。

**十七日** 先生与戴望舒、杜衡合编《璎珞》第1期(创刊号),由脉望社出版印行。先生为创刊号撰写《序文》(署名"安华"):"既决定出版这个小旬刊,朋友们都说应当在第一期上有一篇序言发刊辞之类。这种文字,真是最难下笔。我不知应如何说才能得体。""我是十分的踌躇,应当如何将这个刊物介绍给我们的亲爱的读者。我想,我现在的心情也仿佛如司蒂文生的怕替他一本小小的内地旅行记作序一般的不宁。但同时,我也采取了他智慧的意见,以为作者之于序文,仅可对读者一句话也不说;然而他很谦和地将他的帽子除下了执在手中,在小廊边现身给他的读者,这回事却是必须的。我现在所以敢代表我们许多朋友在这里现身,将这个小旬刊介绍给我们友善的读者。"

**二十七日** 先生与戴望舒、杜衡合编《璎珞》杂志第2期出版,并刊有其作《春镫》,署名"安华"。先生自述:"我把自己的创作生命从1926年算起,因为《上元灯》这一篇作于1926年,到1936年因抗日战争而封笔为止,足足十个年头。我淘汰了《上元灯》以前的一些太不像样的作品。"(《十年创作集·引言》。按:《春镫》后改题为《上元灯》)

**约在期间** 按先生自述:"刘灿波(呐鸥)本来不住在校舍内,他和一个在上海商学院读书的同乡一起,在霞飞路尚贤堂租了一间楼房住着。特别班结业后,他还住在那里,我和望舒常在晚上去看他。"(《震旦二年》)"戴望舒、杜衡、刘呐鸥和我同在一起搞文艺活动,给自己的一群人起了一个社名,叫做'水沫社'。""此外,这个社并无其他活动。"("我参加过的党、团、集会",1968年)

**同月**　16日创造社刊物《创造月刊》出版创刊号。由姚民哀、张丹斧主编《世界小报》约在月末停刊。

## 四月

**七日**　先生与戴望舒、杜衡合编《璎珞》杂志第3期出版。

**十日**　《小说月报》第17卷第4号记者"文坛杂讯"专栏登载:"《璎珞》是松江璎珞旬刊社的刊物,已出版两期。通信处:松江城内县署南403号。"

**十七日**　先生与戴望舒、杜衡合编《璎珞》杂志第4期出版,刊有其作《周夫人》(署名"安华")。该刊印行了总4期后即告停刊。先生自述:"那时候,似乎并没有人注意到我们这小刊物。"(《我的创作生活之经历》)"我们三人的诗、散文、译文,都发表在这里。但是这个刊物的重点文章却是戴望舒的《读仙河集》和杜衡的'参情梦及其他'[《傅译参情梦杂说》]。东南大学有一位历史教授,刚从法国回来的李思纯,他在《学衡》上发表了一些法国诗的译文《仙河集》。这些译文实在不高明,望舒写了这篇书评,指摘了许多错误。傅东华是商务印书馆编辑,译了一篇欧奈思特·陶孙的诗剧《参情梦》,由开明书店印行。这个译文也很有错误,杜衡为他逐句纠谬。我们这个刊物虽小,也没有多少人见到,但对李思纯和傅东华却很有冲击。听说傅东华看了杜衡的批评文章,非常恼火。李思纯从此不发表译诗。"(《震旦二年》)据杨之华记述:"当年的《璎珞》旬刊小得有些可怜,仅是32开小本样的刊物,而又以作者均系青年,所以销路甚为不佳,只出了三[四]期也就夭折了。"(杨之华《文坛史料·记现代社》)

**约在期间**　按先生自述:"自从在自办的刊物[《璎珞》]上发表了上述的两个短篇[小说《春灯》《周夫人》]以后,写小说的心在我胸中蠢动起来了。但是我实在找不出可供我写的材料。"(《我的创作生活之经历》)

**同月**　创造社出版部在上海宝山路三德里成立。

## 五月

**二日** 在《文学周报》第 223 期发表《街车随笔》。先生曾称是早期发表的开始"转向新文学"的散文作品之一。

**三十日** 译诗《安纳克郎短歌四首》刊于《文学周报》第 227 期,署名"蛰存"。

**同月** 据孙宗堃《"县中"之过去与现在》记述:私立松江初级中学,经"教育局董事会议决,作为代用初级中学。"(《松江县立中学校友会年刊》,1934 年第 1 期)

## 六月

**下旬** 学期结束,开始放暑假。先生因为感到大同大学"无可师者",重数理学科,轻文史学科,遂决定退学。

## 七月

**上旬** 因欲去法国自费留学,先生与杜衡一起进入震旦大学法文专修科特别班攻读法文,并与戴望舒、杜衡合住震旦大学学生宿舍,系四人一间的寝室。先生自述:"望舒为了等候我们,升入震旦大学法科一年级。"(《震旦二年》)据杨之华记述:"施蛰存、戴望舒、杜衡和刘呐鸥四人正在震旦大学的法文班读书,在他们四人之中,施与戴同一班,杜与刘又同一班。他们投入震旦唯一的目的,是准备将来留学法国的。"(杨之华《文坛史料·记现代社》)

**同月** 9 日国民革命军正式开始北伐。18 日词人况周颐(夔笙)在上海逝世。上海发生霍乱病大流行,市民一片恐慌。《新青年》停刊。

## 八月

**二十六日** 译作华逊(John B. Watson)《行为论是什么?》(未完)并"译者记"刊于《时事新报·学灯》。"译者记"写道:"行为论是心理学上一派最新的学说。行为论者主张心理学是一种真的科学(Real Science),并不如旧派心理学家一般的承认它系哲学之一部分。行为论者说一切人类之行为,都是一种激刺(Stimulus)的反应(Response)。而旧派心理学家之所谓造成行为之意志(mind),是非科学的理论,是无根据的。本年五月份 Harpers 月刊中,有美国行为派心理学家华逊教授所撰《行为论是什么?》一文,他是以浅显之文笔向心理学的素人讲述行为论之真象的。我想此文对于我们要了解行为论的人是颇有些帮助,故敢于把它译出来,但我于心理学并非专习,而对于译事亦无多熟练,故此中容有乖误或不达处,都请读者谅之。"

另,此版左下角刊登编辑"代邮":"施蛰存君鉴:尊稿所附印鉴为编者失去,乞再行赐寄。"

**二十七日** 译作华逊(John B. Watson)《行为论是什么?》(续完)刊于《时事新报·学灯》。

**下旬** 浦江清由吴宓推荐赴北平,进入清华学校研究院国学门,担任陈寅恪的助教。先生自述:"大学生活结束后,江清到清华大学当陈寅恪教授的助教,我在上海从事文学出版事业,我们的生活与思想,距离远了。从此,几乎不相闻问。""江清读书多,有学问,英语水平高。他进清华大学后,我希望他参与西方学者的汉学研究,做些像冯承钧那样的工作。然而他不走这条路。"(《浦江清杂文集·序言》)

**月内** 经原在上海大学就读时的同学陈均介绍,由戴望舒联系,先生与戴望舒、杜衡加入中国共产主义青年团和国民党,参加校内外宣传革命的地下工作。先生自述:"在震旦大学加入共青团(C.Y.)又由团组织布置加入国民党为党员。入团的介绍人是戴望舒。"("我参加过的党、团、集会",1968年)"我们[与戴望舒、杜衡]三人都加入了共青团和国民党。这件事是望舒开始联系的,我不很知道经过情况。解放以后,屡次审查我的政历,要我交代谁是我们入团的介绍人。可是望舒已去世,我无法说明。但仿佛是一位上海大学的同学陈均。当时上海还在军阀统治之下,无论共产党或国民党,无论国民党左派或右派,都是'匪徒',都在'应予逮捕'之列。不过震旦大学在法租界内,军阀的凶手非得到法租界当局的同意,还无法直接进入租界抓人。""不久就每人领到一张国民党员的党证。当时在上海有两个国民党党部,一个是国民党右派,党部设在环龙路(今南昌路)。另一个是国民党左派的,党部设在陶尔斐斯路,隶属于这个党部的国民党员,大多数是共产党员或共青团员,即所谓'跨党分子'。两个党部相去甚近,但都是保密的。中国共产党另外有领导机构,在卢家湾一带,我们曾到西门路,白莱尼蒙马浪路(马当路)一幢里弄民房中去开过会,每次都到了一二十人,各不相识。这两处地方,大约是团部所在。关于团员工作的一切通知,都是由一名交通员送来的。这个交通员是一个伶俐的青年,他会神不知鬼不觉的出现在我们寝室门口,悄悄地塞给我们一份通知,一份简报,或一叠要我们散发的传单。我们接到了散发传单的任务,便在一个晚上八九点钟,三人一起出去散步。在辣斐德路

（复兴中路），马斯南路（思南路），吕班路（重庆南路）一带，一个人走在前，留神前面有没有巡捕走来。一个人走在后面，提防后面有人跟踪。走在中间的便从口袋里抽出预先折小的传单，塞入每家大门上的信箱里，或门缝里。有时到小店里去买一盒火柴，一包纸烟，随手塞一张传单在柜台底下。"（《震旦二年》。按：上述时间为 8 月内，系据先生亲笔修订稿。）

**同月**　　章锡琛等人在上海正式宣布开明书店成立。

## 九月

**一日**　　《时事新报·学灯》"通告"专栏刊载：作者施蛰存、李苎甘等"诸君鉴八月份辱惠大稿，谨备薄酬，请于九月六日起，具条盖章（署名盖章均须与来稿相符），迳向本馆会计处收取，为荷。学灯部启。"

**约在期间**　　按先生自述："我和杜衡也在樊国栋神父的严格训练之下苦学法文。樊国栋神父能读中国古文，他正在把中国古代散文或唐诗译成法文。他知道我和杜衡的古文知识比别的学生高。他给我们布置的每周作业常常是要我们把一篇古文译为法文。记得我译过的有《阿房宫赋》和李白的几首《古风》。樊神父的中文虽然不坏，但到底是个外国人，不容易了解汉字的许多用法。他把李白诗'徒此挹清芬'的'徒'字译作'你的学生'。他拿出译文给我们看，我们指出了这一错误，并告诉他这个'徒'字是'徒然'的意思。由此，他每星期分配我们译一篇古文古诗，利用我们的译文，为他自己的译文加工润色。"（《震旦二年》）

**又**　　按先生自述："陈志皋是震旦大学同学，他和戴望舒同级。1926 年我进震旦大学特别班后，因戴望舒而认识他。但当时只是在饭厅里见面，彼此招呼，或随便谈几句话。"（"关于陈志皋和《世界与中国》"，1968 年）

## 十月

**约在期间**　　按先生自述："随即便爱上了法国诗，从龙沙、维雄到雨果，似懂非懂地乱读了一阵。中国古典文学，就此放下了。"（《我治什么"学"》）

**又**　　按先生自述："中学毕业后，从之江大学而上海大学，而大同大学，而震旦大学，这五六年间，我的思想与生活是最混乱的时候，我只胡乱地读书。对于文艺书，我觉得一切都是好的，到手就读。非但读，而且还抄。"（《我的创作生活之历程》）

## 十一月

**十日** 刘灿波(呐鸥)致戴望舒函谈及:"昨天晚上你们走了之后,我一个人无聊得很。听着窗外的微雨,好像深埋在心底里的寂寞一齐流涌出来似的,再也忍不住,我只得戴了帽子,冒着小雨,径往卡尔登戏院那边去了。他们所映的是 *A Waltz Dream* 一片,是德国乌发公司的作品。""我希望你们去卡尔登走一趟,那片是昨天起映五天,你们礼拜六下午有课吗?"

**约在期间** 按先生自述:"在二十年代,八仙桥的中法学堂,是法国人办的法语中学。那里的一些调皮学生,专会创造这种中法混合的语词,或译语,有些是非常促狭的。我在震旦大学的时候,就常常听说这种新词汇,大学同学也佩服这些中学生的语文创造能力。这些中法混合语,最初只流行于法租界的一部分青年中,渐渐地扩大使用范围,但似乎也只限于上海人。"(《小不点儿》)

## 十二月

**中旬** 先生与戴望舒、杜衡租居天文台路兴业里15号。先生自述:"震旦大学学生中有了三个政治派别,我们这一边,人数似乎最少。由于各小组互不打通,我也不知道当时震旦大学有多少共产党团员。但是尽管如此,好像我们已被注意了。我们的寝室一共住四个人,我和望舒、杜衡外,还有一个苏北人,姓孙,也是特别班学生,此人非常庸俗,我们平时很少和他谈话,仅仅保持表面的同学礼貌。有一天,我们发现每个人的抽斗都被翻乱了,枕头、被褥,也有凌乱的迹象,肯定是被检查过了。当时,那姓孙的不在室内。不久,他回来了。一坐下,就开他自己的书桌抽斗,一只,两只,乱摸了一阵,就叫起来:'谁来翻过我的东西啦?'于是他问我们。我们说:我们的东西也有人翻过了。这样,彼此都是受害人,证明我们的东西不是他私翻的。可是,我们还是提高警惕,对他不能放心。在天文台路一个里弄内,有一座两楼两底的石库门房子,空着,没有人住,门口贴着'招租'条子。我们到经租帐房去一问,房租不贵,每月只要24元,而且没有别的条件,水电已经装好,只要先付一个月房租,当天即可迁入。""其时学期已将结束,我们以回家度寒假为理由,从宿舍里迁入这幢房屋的楼上厢房。厢房挺大,我们每人买了一床、一书桌、二椅子,还合资买了一只圆形茶桌,两个竹书架,以及其他一些日用家具,""整幢房屋还有三大间空着,外加灶披间。""我们在大门上及里弄口,贴了一个'馀屋分租'的条子,打算做二房东,可以把自己的一份房租也请房客负担了去。招租条子贴出了几个星期,只有五六起男男女女来看房子。

他们一看,我们这个二房东,只是三个二十多岁的青年人,没有女眷,没有老小,都就不声不响的走了。空房始终租不出去。"(《震旦二年》)

# 一九二七年（中华民国十六年　岁次丁卯）　先生二十三岁

## 一月

**三日**　按刘呐鸥日记:"下午,坐在房里整理书籍,等戴君不来。""今日却不觉什么无聊,""与等和戴君谈事的心急,有些紧张吧！戴君们因为加入国民党,三个人都被学校开除了,听说现在在天文台路租了间房子住着哪。"(康来新、许秦蓁合编,彭小妍、黄英哲编译《刘呐鸥全集·日记集》,台南县文化局2001年版。以下均同)

**四日**　按刘呐鸥日记:"晚上,戴君,同到天文台路他们新租的房子去,谈谈'书社'和'旬刊',到十一点才回来。"

**十八日**　按刘呐鸥日记:"晚饭后看大厦和持志的比赛去。""回来的时候,戴君与施君来,讲了好久关于旬刊的事才别了。一、小刊物的名字;二、译初夜权的一件;三、译现代日本短篇;四、译日本名著;五、多做小文字;六、画画图。"

**十九日**　按刘呐鸥日记:"十二点起来,头又痛了。""饭后到天文台路去,杂志定名《近代心》了。"

**二十一日**　刘呐鸥迁居蒲柏路吴兴里。

**二十六日**　按刘呐鸥日记:"寂寞极了,想去找戴们,可是刚到街上时,就看见他们来,在室里谈了一个晚上。"

**二十八日**　按刘呐鸥日记:晚上"恰巧戴们来找我。"

**约在期间**　仍居住在天文台路兴业里15号。先生自述:"一天,我在弄外马路口碰到松江同乡钱江春。他是商务印书馆编辑,和他的夫人吴佩璋一起住在附近一个里弄内。吴佩璋是美专学生,因此他俩住得靠近美专而远离商务印书馆编辑所。江春了解我们的情况后,就说,有人在组织松江同乡会,正要找一间会址。过几天,他介绍了一个人来联系,租下了我们的楼下厢房一间。当晚,这个人就把床板铺盖搬进来,住在那里。此后一二天,看见他搬了两张长桌和几只条凳进来,显然是开会用的。又过了几天,后门上贴了一个纸条,写着'松江同乡会通信处'。我心中纳罕,我是松江人,为什么不来请我加入同乡会？而且钱江春也不来。楼下厢房里经常有人出入,有时有十多人的声音。但我们从来没有去打搅，不知他们是何许人。一天下午，我从外边回来，在后门口碰到一个人刚闪出来。一看，是侯绍裘。彼此都是熟识的，不能不打个招呼，寒暄几句。绍裘说：他知道我在楼上，不过因为事忙，还没有时间上楼去看我。松江同乡会还在筹备，将来开大会时一定来邀我。当时，我知道他和党有关系，却不知道他的活动情况。他不知道我是共青团员。因此，匆匆一晤，彼此未通声气。岂知这是我最后一次见到烈士侯绍裘。直到1928年，我才知道当时我们楼下的'松江同乡会'，实在是柳亚子和侯绍裘主持的江苏省党部。这时已及阴历年底，表面上，上海人家正在忙于过年，但蒋介石率领的国民革命军已在向杭州推进。最后一任淞沪警备司令毕庶澄正在一方面与上海工商领袖开谈判，如何使他不用一枪一弹，和平退出上海。一方面却雷厉风行地搜索'匪党'，乱抓人，连租界里也很紧张。"（《震旦二年》）

三十一日　除夕。先生离开上海回到松江，准备在家里过了新年，再返回上海。按刘呐鸥日记："跑到天文台路去找他们不着，门锁起来，恐怕回家里松江、杭州过年去了。""黄浦[江]已经充满着各国的军舰，天天外国兵都在南京路、霞飞路示威。"

同月　夏丏尊译日本田山花袋原作《绵被》，列入"文学研究会丛书"，由商务印书馆初版发行。

## 二月

十六日　北伐军逼近松江，使得松江水陆交通断绝，沪杭火车及松江县城至各乡镇的航船相继停驶。先生自述："谁知时局急转直下，沪杭铁路交通随即就断了。"（《震旦二年》）先生过完春节以后，只能滞留家里。

十九日　按刘呐鸥日记："杭州失守，孙军退到松江。""南军已到上海了。""上海总罢业起来了。"

同日　《新新日报》刊登署名"蛰存"诗作《丁卯先立春一日承护叟示丙寅除夕月正二日地震新作感怀率和》，附录灵护诗作《立春日蛰存用除夕韵步和赋此志感》。（按：作者亦为盐城蔡选青。）

二十一日　上海工人举行第二次武装起义。

同月　郁达夫在《洪水》半月刊发表《无产阶级专政和无产阶级文学》（署名"曰归"）。

## 三月

**四日** 在《紫罗兰》第 2 卷第 6 号发表《纪村教堂之行》,署名"施青萍"。

**八日** 按刘呐鸥日记:"看施君的短篇小说《红衫》,还不服出幼稚之域。晚上戴君来。"(按:《红衫》后改名为《娟子》发表,又题《娟子姑娘》。)

**二十一日** 国民革命军第 26 军第 2 师从浦南方向由东门进入松江县城。上海工人举行第三次武装起义。

**二十二日** 国民党松江县党部召开市民大会,与北伐军联欢,会后游行。先生自述:"我在松江迎接国民革命军。"(《震旦二年》)

**二十三日** 写讫《书相国寺摄景后甲》:"从书丛中检得一帧旧杂志的插画——是张生与莺莺相会的相国寺的影片,因此又惹了我二十分钟时间去赏玩它。近来的生活,真是不安定。将这本书检一会儿,将那本书读几页,再静坐一会儿,喝一杯淡茶,如此,一天便静悄悄地过去了。出门去,已是绝端不愿意了,虽则已是踏青佳节。只因为巷里也烦嚣,城廓外也是烦嚣。""我每到一个地方,最先喜欢翻检它的志书——府志或县志之类。检到了什么古迹,我便会得兴冲冲地自去寻访,即使我的目的地不过是一堆蔓草荒烟,我也会在那里留连数十分钟或竟是一二小时。""或是看了一部什么不论是真的或假的古事书,我也渴望能留些遗迹给我玩证。""我常常在华茨活士的鸽舍,伊尔文的日光草屋,雨果的旧居,莎士比亚的诞生处,趁我的高兴去游览。""然而不要忘记了我是东方古国中的人呀,自己的布衣总比人家的绸服可爱惜些呀。""只是我不知如何烦闷的蹑向我们杭州的西湖上去逛逛,我走到岳坟旧址,我已找不到埋瘗风波亭上的遗尸的荒坟,眼前高高的一个大墓,我想此中的将军,不是拿破仑便是惠灵吞。迷惘了一会儿再返到苏小小的香冢,也是如此,我找不到收拾尽六代繁华的美人之墓,却只见一座塞门土山,要不是对面有一块石碑,我竟将猜为日本舞姬、巴黎歌女的埋骨之处。""可怜啊!你这相国寺的崇巍的大殿啊!怕不到十年之后,我如有机缘能来参拜你,我怕不要趑趄在你山门边不敢走进,望着钟楼、红砖,疑心是一所新建的基督教礼拜寺么!"

**二十四日** 写讫《书相国寺摄景后乙》:"昨天在相国寺摄景的后面粘了一页纸,跋上了一大段闲话,此时取来一看,颇觉得有些要微笑似地。思想诚然是太野马般了,然而也好,野马般的心情才能写野马般的文章。此时却不如此,我此时心平气和的在看着春空闲坐,朋友是好久不来了,何不再赘上几笔,看能写成一篇什么文字呢。""我是最恨那些和尚的,虽然我也觉得弘一和尚、曼殊大师是很有些儿味道。但是我对于寺院却绝不主张摧残的。""我曾在寺院中住过几天,除了赏玩它的声色之外,我还很喜欢闻它的香气。"

**二十七日**　按刘呐鸥日记:"租界内也交通断绝。"

**下旬**　先生等到铁路交通恢复,才来到上海。上海的共青团组织由原来的二千人增加到八千人左右,学生们纷纷上街宣传演讲,散发传单,进行罢课。先生自述:"一到上海,才知望舒和杜衡,曾被逮捕,在嵩山路巡捕房关了两天,几乎引渡到龙华,被军阀枪毙。""国民党正在华界建设政权,取缔工人的革命行动。租界内秩序也不安定。工商业一切工作似乎都停顿着。学校在延长寒假。我们和党团已经失去联系。陈志皋是消息灵通的人,他来通知我们,暂时不要出门,也不要到学校里去,因为他知道望舒、杜衡的被捕,与震旦大学某些国民党右派学生有关。我们三人虽然住在校外,但一日三餐,都是到大学食堂里去吃的。这样一来,就不敢再去食堂就餐,只好到附近小饭店去吃饭。"(《震旦二年》)

## 四月

**七日**　刘呐鸥接到台湾家里的电报,称其祖母病危,要他速回家。

**十日**　按刘呐鸥日记:"去看施君们。"

**十一日**　按刘呐鸥日记云:"晚上整装",戴、施等人来访。

**十二日**　刘呐鸥离开上海返回家乡台南新营。按刘呐鸥日记:"船八点半开,有邱、翁、戴、施诸君来送行。"

**同日**　"四·一二"事变发生。先生自述:"蒋介石利用上海流氓,叛变国共合作,屠杀革命工人。我们楼下的松江同乡会,已经没有人了。陶尔斐斯路的国民党左派党部已被捣毁。震旦大学的国民党右派气焰嚣张,在校内外张贴反共标语。在一片恐怖的环境中,我们觉得不能再在上海耽下去。于是作出散伙回家的计划,卖掉家具什物,付清房租。"(《震旦二年》)"我只有在 1926—1927 年间是国民党员同时是共青团员,当时的团员党员都加入国民党左派,都是跨党的;1927 年 4 月 12 日以后,我脱离了两方面的组织关系,从此没有和国民党发生关系。"(复吴羊璧函,1979 年 1 月 25 日)"这一天结束了我的学校生活,也结束了我刚才开始不久的政治生活。"(《文艺百话·序引》)"我结束了大学生活,走入社会。"(《十年创作集·引言》)

**中旬**　随即再撤离震旦大学校舍,暂时先隐避于亲友家里。先生自述:"各工厂、各大学中均有国民党右派工人及学生,指引暴徒,绑架或袭击所谓'共党分子'。我与戴望舒、杜衡均为共青团团员,在白色恐怖中,仓皇离校,匿居亲友家。"(《浮生杂咏》)"'四·一二事变'国共分裂后,我才晓得我们这些小共产党党员只有死的分,没有活的机会。""戴望舒、杜衡和我都是独生子,我们都不能牺牲的,所以我们都不搞政治了。"(《中国现代主义的曙光——答台湾作家郑明娳、林燿德问》)

**下旬** 按先生自述:"一星期后,我回到松江家里,望舒和杜衡,也回杭州老家。"(《最后一个老朋友——冯雪峰》)"我归松江后,隐居小楼上,杜门不出。每日阅上海报纸,慨叹时事。思想紊乱,渐觉过去种种,都无是处。"(《浮生杂咏》)"在1927年4月12日蒋介石叛变之后,脱离了团组织,以后也没有接上关系。国民党员的关系也当然取消了,以后也没有再加入。当时曾领到一张团员证,及国民党党员证。团员证似乎是一张灰色的单页卡纸,国民党党员证似乎是一张红色硬纸版双摺的。当时不敢放在学校宿舍里,故于星期六带回松江,藏在家中楼梯夹板里。4.12以后,取出来烧毁了。"("我参加过的党、团、集会",1968年)

**同月** "弥洒社"停止活动;国民党松江县党部被查封,右派开始"清党",不久后县党部在右派控制下又"恢复"了。

### 五月

**十五日** 在《申报·自由谈》发表《赚画趣谈》,署名"蛰"。

**二十三日** 在《申报·自由谈》发表《记诗丐》,署名"蛰"。

**二十七日** 在《申报·自由谈》发表《溥仪之滑稽语》,署名"蛰"。

**下旬** 按先生自述:"由于国民党浙江省党部的扩大反共,杭州有风声鹤唳、草木皆兵的形势,望舒和杜衡感到家居非安全之计,就到我松江来暂住。我家里有一间小厢楼,从此成为我们三人的政治避难所,同时也是我们的文学工场。我们闭门不出,甚至很少下楼,每天除了读书闲谈之外,大部分时间用于翻译外国文学。记得最初的几个月里,望舒译出了法国沙多布里安[沙都勃易盎]的《少女之誓》,杜衡译出了德国诗人海涅的《还乡集》,我译了爱尔兰诗人夏芝的诗和奥地利作家显尼志勒的《蓓尔达·迦兰夫人》。"(《最后一个老朋友——冯雪峰》)"望舒、杜衡,都隐迹在我松江家里的小楼上。闲居无事,就以译书为消遣。望舒译成了沙多布易昂的《阿达拉》和《核耐》,杜衡译成了法郎士的《黛丝》。"(《戴望舒译诗集·序》。按:W. B. Yeats,先生译"夏芝",亦译"叶芝",以下均同。)

**又** 按先生自述:"在夏芝的许多著作中,虽然他是以几种诗剧为最出名,但我私人却并不喜欢。除了几篇精致而简短的散文以外,我尤其喜欢他的数十首抒情诗。数十首,是的,我只能选出这个数目来,但这并不算苛刻。即此数十首,至少是我个人的主见,已经足以使作者在英法两国的象征诗人中占一个最高的宝座而无愧色了。这里所译的诗七篇,当然是我所爱的数十首中的一部分。因为深切地爱着这些诗篇,所以费一些工夫迻译了,其动机只是如此,我不敢说这是一种有意的介绍。因为这样的翻译至多只能说是达意,此外实在一点也未曾从原诗中保存什么,虽然在我已是极费了斟酌。"(《译夏芝诗赘语》)

**月内** 开始翻译意大利卜迦丘《十日谈》等。

**同月** 3日国民党军队进驻江湾上海大学新址,采取武力封闭了上海大学。

## 六月

**八日** 在《申报·自由谈》发表《异茧》,署名"蛰"。

**月内** 结识松江县立中学美术教员、画家洪野(禹仇)。先生自述:"走过了一个黑漆的墙门,门右方钉着一块棕色的木板,刻着两个用绿粉填嵌的碗口一样大的字:'洪野',我的朋友说:'这里住着一位新近搬来的画家,你可以进去看看他的画。'不等我有片刻的踌躇,他早已扯着我的衣袂,把我曳进门内,说着'不要紧的,他欢迎陌生人去拜访他。'果然,我们立刻就很熟识了。他的殷勤,他的率直,我完全中意了。他展示许多国画及洋画给我看,因为对于此道完全是个门外汉,我只能不停地称赞着。他在逊谢了一阵之后,忽然问道:'你是不是真的以为这些画都很好吗?'我说:'是的。''那么,请教好在什么地方呢?'"在我的窘急之中,他却大笑起来道:'这些都不中看,这都是抄袭来的,我给你看我的创作。'于是他又去房里捧出七八卷画来,展示给我。这些都是以洋画的方法画在中国宣纸上的,题材也不是刚才所看的山水花卉之类,而是《卖花女》《敲石子工人》《驴车夫》这些写实的东西了。他一面舒卷着画幅,一面自夸着他用西洋画法在中国纸上创作新的画题的成绩,但我因为看惯了中国纸上的山水花卉和画布上的人物写生,对于他这种合璧的办法,实在有些不能满意,但最后,有一帧题名《黄昏》的画,却使我和他的意见融合了。"(《画师洪野》)

**同月** 2日王国维在北平颐和园昆明湖自沉。

## 七月

**二日** 按刘呐鸥日记:"写信两张,一给蛰存说寄书去,稿子和下半年我的行动。"

**上旬** 江苏省立第三中学改组,分为松江县立女子中学和松江县立(联合)中学。应友人陆宗蔚介绍,开始参与筹备松江县立中学的建校工作,临时月薪40元(先生书面材料)。先生自述:"松江旧有各中等学校合并为一,名'松江中学'。主其事皆新青年,多旧交,邀我参加,遂任职中学语文教师。"(《浮生杂咏》)

另,据孙宗堃《"县中"之过去与现在》记述:"教育局鉴于小学毕业生的人数与出路问题,改代用初级中学为县立中学,聘蔡默先生为校长。"(《松江县立中学校友会年刊》,1934年第1期)

**十六日** 洪雪帆、张静庐、卢芳在四马路重新开办现代书局。据杨之华记述:"施蛰存早就有了再办一个刊物的想念了。那时施蛰存还在松江中学教书,有一天,他把他要办一个文艺杂志的计划写信去询问光华书局的老板张静庐。"(杨之华《文坛史料·记现代社》)再据克川记述:"《璎珞》只有几期就停刊,这负责者是戴望舒、杜衡、施蛰存等人。后来上海开了现代书局,他们便联合周颂棣、蓬子、雪峰、潘训、张天翼、刘呐鸥等人向现代书局接洽办一种文艺刊物,可是不知为什么又作罢论。"(克川《十年来中国的文坛》)别有沈子成记述:"及后他们又联络周颂棣、姚蓬子、冯雪峰、潘训,向新创的现代书局接洽欲发刊一本文艺杂志,但此事及后因环境及事实上之困难,终告吹了。"(沈子成《记水沫社》)

**同月** 30日胡适、陈西滢主办的《现代评论》周刊由北京迁至上海出版。

## 八月

**二日** 《申报》"本埠增刊"刊载"各团体消息·婚礼志":"江苏省教育协会秘书陆宗蔚,昨日下午二时与冯应世女士,结婚于民国路浸会堂,由曾牧师证婚,前往观礼者有四十馀人。婚后陆君又设席于远东饭店,邀请友人,举觞痛饮,至为欢乐。陆冯此次婚事,闻系由施蛰存、宋育勤介绍,陆君毕业复旦大学,冯女士为松江景贤女中高材生,真是一对佳偶,有朋咸羡慕不置云。"

**二十日** 诗作《明灯照地》刊于《现代评论》第6卷第141期。先生自述:"其时我刚从牛津大学出版部买到了英译本的《海涅诗选》,它对于我的诗格也起了作用,这两首诗[《明灯照地》《古翁仲对话》]便是当时的代表作了。在短短的努力于诗的时期中,我也曾起了一点转移。海涅式的诗引起了我的兴趣并不长久,所以我只摹仿了十余首就转移到别的西洋诗方面去了。我吟诵西洋诗的第二阶段是司宾塞的《催妆诗》及《小艳诗》,莎士比亚的十四行诗。我曾读了《催妆诗》的全部,又曾用 Spencerian Stanza 的脚韵法做过一首较长的诗,题名《古水》,可是这一阵热中也不过一年多些。"(《我的创作生活之历程》)

**约在期间** 先生与戴望舒、杜衡前往开明书店,以《黛丝》(杜衡译)、《少女之誓》(戴望舒译)书稿相投,此后即参与合编"彳亍丛书",仅印行了两种。先生自述:"找到闸北宝山路宝山里内一幢半西式的屋子,门口挂着一块小招牌:开明书店。推门进去,""一位青年来接待我们,互相请教了尊姓大名,从此定下了一辈子的友谊。原来这位青年就是赵景深,他当时是开明书店的编辑,专管审阅文稿,也兼做校对工作。""我们闲谈了一阵,把两部译稿留下,就分别了。大约不到一个月,收到景深的信,通知我们,两部译稿都可以接受出版。这一下给我们很大的鼓励。我们就计划编一套同人性的译文丛书,定名为'彳亍丛书',寓独行无伴之意,两部译稿就作为这个丛书的第一、二种。"(《怀开明书店》)

另,据戴望舒记述:"施蛰存、杜衡和我曾经计划了一部'彳亍丛书',专事介绍大陆各国的名著,在开明书店出版。那时杜衡刚把 Thaïs 译完,所以就把它归入了这部丛书。"(戴望舒《徐译〈女优泰倚思〉匡谬》)

又 据赵景深回忆:"最初我是与蛰存相识的,约在八年前,我在开明书店任总编辑。他写了一封信来,说是要出文学丛书。第一种是杜衡译的法国法郎士的《黛丝》。我看这书的译文很流利,便商之锡琛,把这书接受了。从此我便因蛰存的介绍而认识杜衡和望舒,时相往来,成了朋友;我所编的《文学周报》也常请他们帮忙。"(赵景深《文士三剑客》)

又 据沈子成记述:"他们又与开明书店接洽出版了'彳亍丛书',该丛书最早编辑出版时,计划所出之书不少,亦都是世界杰作的翻译,及后因销路有限,而开明书店方面,另外的种种关系,此丛书只出二册就中断了,但他们与开明书店的渊源,却自此植其基。""'彳亍丛书'共二册,""即杜衡译佛朗士 Afande 原著的长篇杰作《黛丝》Thaïs;戴望舒译沙都勃易盎著的《少女之誓》。""而该丛书的版权页上,亦印有水沫社字样,此可为水沫社最初与世相见。"(沈子成《记水沫社》)

## 九月

**一日** 正式担任松江县立中学国文教员,并与侯砚圃及画家洪野(禹仇)为同事,月薪升至70元(先生书面材料)。先生自述:"做了五个月亡命之徒,去到一个中学做语文教师,依赖我的语文知识谋生活命。那时候,各地青年,和我的情况相同或近似的,多得很。"(《文艺百话·序引》)

另,据张炳铎(冰独)回忆:"松江县立中学在城南创立时,我和原省三中同学陆印泉、吴光贤等多人即转学县中继续学习。当时校长蔡默,教务主任孙宗堃,训育主任是女同学陈逸寰的父亲陈秋实[先生妻舅]。初一班教国文的是施蛰存老师,教英文是黄咏甘老师,数学胡孟弗老师,地理和博物老师是夏唤章,图画老师洪野和姚齐。""县中的新校舍、新气象、新风貌,在当时的历史背景下,和其他中学明显有所不同。"(张炳铎《母校琐记》,上海市松江一中《校友》第13期)

**六日**　《申报》"本埠新闻二"刊载《清党委员会宣布共产党名单》,由国民党上海市特别清党委员会"经本会严格审查,确为共产党徒",其中"(六) 震旦大学,有 C. Y. 嫌疑者施安华[蛰存]、戴克崇[杜衡]、戴朝寀[望舒]"。先生自述:"时国民党上海市党部已公布上海各大学共党学生名单,震旦大学中即我等三名。我入团时用笔名'安华',故松江人无知者。"(《浮生杂咏》)"雪峰曾希望我们恢复党的关系,但我们自从四·一二事变以后,知道革命不是浪漫主义的行动。我们三人都是独子,多少还有些封建主义的家庭顾虑。再说,在文艺活动方面,也还想保留一些自由主义,不愿受被动的政治约束。雪峰很了解我们的思想情况,他把我们看作政治上的同路人,私交上的朋友。"(《最后一个老朋友——冯雪峰》)

**十日**　创作新诗《古翁仲对话》。

**同日**　刘呐鸥由日本乘船回到上海。

**十一日**　按刘呐鸥日记:"写信给松江施君。"

**十五日**　按刘呐鸥日记:"得施君覆信,说现在在松江当中学教员,上海不来了。戴君法国还不去,很喜我去迓的话。"

**十八日**　按刘呐鸥日记:"施君来访,携同一个 returned student(美)叶君秋原,现在在《申报》编辑部,也在上海艺术大学教书,满是杭州话,约过几天去找他。近晌午回去。"

**二十三日**　按刘呐鸥日记:"接到戴君由松江寄来的快信,说今晚要找我,他是要到北京去的。""回去时,恰好戴君来,谈到十一点才去,决定同他到北京去。"先生自述:"望舒对这样孤寂的隐居生活感到有些厌烦,决计到北京去玩一趟。他要我和杜衡同去。我因为正在参加松江联合中学的筹备工作,走不掉;杜衡只想等形势缓和一

些,回杭州去,因此也无意北游。"(《最后一个老朋友——冯雪峰》)

**二十八日**　戴望舒、刘呐鸥结伴搭乘太沽轮船公司"阜生"轮离开上海,前往威海卫。

**同月**　暨南学校(原暨南学堂)在上海真如正式更名为国立暨南大学。沈雁冰小说《幻灭》发表在《小说月报》第18卷第9、10期,开始用笔名"茅盾"。

## 十月

**二日**　戴望舒、刘呐鸥抵达北平。戴望舒结识多位文学界朋友,此后先生也逐渐与他们相识。先生自述:"他认识了一群正在开始写作的文学青年,他每次来信,都提到几个新交朋友的名字,其中就有姚蓬子、冯至、魏金枝、沈从文、冯雪峰等;莽原、沉钟两社的人,差不多都认识了。丁冰之(丁玲)是上海大学同学,本来认识的,这一回又在北京遇到,由丁冰之而认识了胡也频。"(《最后一个老朋友——冯雪峰》)

**八日**　诗作《古翁仲对话》刊于《现代评论》第6卷第148期。

**同月**　鲁迅开始定居上海。

## 十一月

**约在期间**　据陆印泉回忆:"我在松江县立中学读书时,他任语文教授,教授胡适之、徐志摩等人的文章。他的三个妹妹绛年、咏沂、灿衢先后都与我同学。我常到施老师家里去玩,他住在父亲施亦政所开设的袜厂内,卧室在二楼。在那里,我遇见过诗人戴望舒和作家冯雪峰。"(陆印泉《再谈施蛰存》)

**同月**　曾朴、曾虚白父子在望平街创立真美善书店,创刊《真美善》半月刊,后改月刊、季刊。

## 十二月

**三日**　戴望舒、刘呐鸥启程离开北平。

**六日**　戴望舒、刘呐鸥返回上海。先生自述:戴望舒"先在杭州家里住了几天,觉得生活无味,又到松江来住。跟着,冯雪峰寄给望舒的信,经常寄到我家里","雪峰

的来信中,有时就用'你们',可知那时我们和雪峰已有神交了"。(《最后一个老朋友——冯雪峰》)

**十七日** 按刘呐鸥日记:"戴、施们由松江来,幸今朝起得太迟,没有[出]去。"

**二十一日** 刘呐鸥迁居林肯坊31号。

**下旬** 按先生自述:以《探春令·早春》(宋赵长卿)"此词歇拍三句制贺年简,以寄师友。赵景深得而喜之,志于其文"。(先生自制贺卡)"这首《探春令》词,向来无人讲起。二十年代,我用这首词的最后三句,做了个贺年片,寄给朋友,才引起几位爱好诗词的朋友注意。"(《赵长卿〈探春令〉赏析》)

**月内** 为戴望舒翻译法国古弹词《屋卡珊和尼各莱特》的中译本印行而撰写"序言":"这里,我只愿意替《屋卡珊和尼各莱特》向读者略致介绍,虽然这是很不量力的。""望舒译作弹词是很确切的,因为它简直和我国的弹词,不仅在体裁这方面,便是性质也完全一样的。""以上是对于这部传奇本身说了几句搔不着痒处的话。至于译文,我相信望舒用纯朴的文句将它移译过来,绝对保留着本来的质素的面目,是很妥善的办法。不过对于传奇之类的文学,在今日译印,或许有人要说太不合时代。"

**又** 先生开始参与编辑"萤火丛书"数种,由光华书局等先后印行。据沈子成记述:"与现代书局接洽之刊物,又不克如愿实现,他们不甘寂寞,乃与光华书局接洽出版丛书,定名为'萤火丛书',都是翻译西洋作品,出版了好多种。"(沈子成《记水沫社》)

**同月** 《洪水》在出版总三十六期后停刊。莽原社停止活动。蒋光慈、钱杏邨、孟超在上海发起太阳社,创办《太阳月刊》。

**同年** 创造社等开始倡导无产阶级文学运动。

# 一九二八年(中华民国十七年 岁次戊辰) 先生二十四岁

## 一月

**二日** 按浦江清日记:"忽想写信给蛰存;从去年7月里曾有信给他后,他已来了两封信都没有复。从早上写起,中间为他事间断,一直写到下午4时方才停笔。尽6页,约计有四千字。因为是今年第一封给人家的信,应得要写的长一点,以表示我今

年的勤恳。"(《清华园日记·西行日记》,生活·读书·新知三联书店,1987年版。以下均同)

**十日** 在《小说月报》第19卷第1号发表小说《娟子》,标志着从此开始投身于新文学运动。先生自述:"我摹仿它[田山花袋《绵被》]的风格,写了一篇《娟子姑娘》。""《娟子姑娘》和《绵被》虽然故事情节不同,但明眼人一定看得出来,二者之间有很多相同之处。我自己心里更明白,这是一种高超的摹仿,还不能说是创作。""沈雁冰已是我的老师,他的助理编辑徐调孚,也已是我的新朋友。我想,我已有条件去向《小说月报》投稿了。于是我把这篇小说交给徐调孚,他得到沈先生的同意,就给我发表了。"(《我的第一本书》)"这是纯粹的摹仿,几乎可以说一点也没有创作功夫,实在是可耻的事情。"(《我的创作生活之历程》)"《娟子姑娘》和《追》这两本作品,都是摹仿多于创造,也是一个文艺学徒的习作。"(《十年创作集·引言》)

另,按先生自述:"从此,我才脱离了鸳鸯蝴蝶派的刊物,挤进了新文学运动的队伍,作为一个青年文艺工作者。"(《〈中国现代作家选集·施蛰存〉序》)"我把我的文学生活,定于1928年开始。最初的十年时间,即1928年至1937年,是从事创作的时期。"(《施蛰存文集·序言》)"从1927到1937这十年期间,上海是中国新文学运动第二个十年的'繁华市'。""我在上海'文学青年'的队伍中混迹了十年,写了五本小说集,几十首诗,译了七八本外国文学书,写过一些杂文,编过几个文学刊物,几套文学丛书,工作似乎做了不少。"(《文艺百话·序引》)

另,据沈善坚记述:"当时亦一度的拜读过,并且那时我还没有离开茸城,而施先生亦没有离开茸城,那时候是朝夕相会的;因此在文学方面,我是很得到施先生的教益,至今还是铭感着的。关于这篇《娟子》,我亦几次同大家谈起过,""这篇在取材方面,与日本田山花袋氏的《绵被》差不多,在心理描写方面,与全篇结构方面,虽然不能说高过田山花袋氏,但很可与之抗拒哩!"(沈善坚《"娟子姑娘"——施蛰存著,亚细亚书局出版》)

**月内** 为译著《十日谈选》撰写"题记":"不懂得意大利文的我,居然能找到一本英文的私家印行的《十日谈》全译本。从前在读'圣麦丁丛书'本《十日谈》时所对不识的文字而长叹的地方,如今是很欣喜地领会了。欢喜之馀,我选译了八篇,另外加上了相当的题目,让他们在'萤火丛书'中成一个单行本。每一个故事之前,例有一段讲述者的引言,有几篇是被我删去了,有些尚保存了一部分。至于译文中所有较为情炎的话,我是很忠实地转译过来,虽然没有恐防要有违碍而加以改削,但也决不敢有所增饰。这是我的小心处,因为现在市上'淫书'很多,恐怕增饰了要遭池鱼之殃。最后,我还希望有一日能从原文译一个全本给读者,因为我现在好奇地读意大利文。"

**又** 光华书局初版发行赵景深著《中国文学小史》,书内"三三、最近的中国文学"提及:"像牧歌似的写美丽的抒情文字的是郭沫若、施蛰存、徐蔚南和凌叔华。"

**同月** 创造社出版部迁上海北四川路麦拿里41号。创造社、太阳社开始与鲁迅开展关于"革命文学"的论争。潘汉年、叶灵凤主编《现代小说》月刊在上海创刊。

## 二月

**月内** 胡也频、丁玲由北京经天津乘船来到上海,暂住法租界善钟路(现常熟路)沈从文处。先生自述:"丁玲与胡也频同来上海,始与戴望舒及我有交往。"(《浮生杂咏》)"1927年下半年至1928年上半年,北平、天津的革命青年纷纷南下。许钦文、王鲁彦、魏金枝、冯雪峰、丁玲、胡也频、姚蓬子、沈从文,都是在这一段时期中先后来到上海,我认识他们,也在这一段时期,而且大半是冯雪峰介绍的。"(《滇云浦雨话从文》)"我,和这样一群人,当时被称为'文学青年',其意义是'无业流氓'的雅号。"(《文艺百话·序引》)"各地革命青年、文学青年,荟聚上海,托庇租界,纷纷结社,自成小集团。徐志摩、梁实秋等创刊《新月》,太阳社创刊《太阳月刊》,小型出版机构亦如雨后春笋,涌现不绝,如大江书铺、辛垦书店、亚细亚书店等。鲁迅亦与柔石等结朝花社,选印艺术小书。此一年,实为文化复苏年。"(《浮生杂咏》)

**同月** 北京清华学校改名为清华大学。南京中央大学成立。

## 三月

**一日** 冯雪峰致戴望舒函谈及:"昨日一信想已收到。今日颇烦闷,终日萦思西湖,实在好笑。""我今日颇不乐,并非全为女人。我感到上海的一般弄文学的青年的无聊、投机、无耻,加之头脑不清楚。时时想到自己,也想到你们,我想我们应振作一下,干些有意义点的事,弄文学也要弄得和别人不同点。其实现在我们干的,和别人没有很大的区别。如此下去,我实在感到无聊了。""你们三人[戴望舒、施蛰存和杜衡]的翻译的努力,我实在佩服的。但我希望你们赶快结束旧的,计划新的,计划在人家之前的。祝你们三人好。"

**约在期间** 按先生自述:"雪峰来了一封信,说打算回南方。但是有许多事纠缠着,一时还走不成。他还问,如果上海没有地方住,可否到松江来歇脚。我就让望舒复信,欢迎他来,我们的小楼上还可以安一张床。这封信去后,过了几个星期,雪峰忽然寄来了一封快信,信中说:他已决计南归,不过有一个窑姐儿,和他相好,愿意跟他走。他也想帮助她脱离火坑,可是需要一笔钱替她赎身。他希望我们能帮助他筹划四百元,赶快汇去,让他们可以早日回南。信中还暗示了北京不可久留的意思。这封信,使我们大为惊异,尤其是望舒。他说在北京的时候,绝没有听说雪峰去逛窑子,怎么忽然有一个窑姐儿和他这样热情?我们当时都是浪漫主义的青年,对雪峰这个浪漫史,毫不怀疑,把他所爱的姑娘,看作茶花女、红拂妓。商量之下,决定大家凑钱寄去。我那时已在松江联合中学任语文教师,每月有七十多元工资,没有家庭负担,几个月来,手头有二百多元,望舒和杜衡也凑了二百元,一起交银行汇出,同时发了一封快信给雪峰,这封信发出后,好久没有雪峰的消息,使我们着实焦急,""我们怕雪峰没有经验,会上当了。又过了几天,忽然收到雪峰从上海来信,说他在上海已四五天,住在旅馆里,想到松江来,叫望舒就去接他。我们研究了这封信。信上只说'我已来沪',不说'我们',也不提那姑娘的事。大家有点疑虑,到底他是光身来的呢?还是两口子来的?我叮嘱望舒,到上海后先了解一下情况。如果是双飞南下,而且都要来松江,那么务必先通知我,让我好给那姑娘另外安排住处。否则,在我这个封建家庭里是很为难的。想不到望舒早车去上海,当天下午就把雪峰接来松江。两个男的,没有女的。雪峰提着他的衣包,望舒帮他提着书包,看来书包比衣包大些,当然更沉重些。望舒给我们介绍了。其实这介绍也只是礼貌而已,大家彼此都知道了。我迫不及待地问雪峰,'怎么样?你的姑娘没有来?怕我不收留吗?'雪峰盯着我说:'你们以为真有姑娘会跟我走吗?'说了,他和望舒相顾一笑。我和杜衡知道望舒已问过他,也就不再问下去。后来望舒告诉我们:雪峰为了帮助几个朋友离京,所以编了窑姐儿的故事,托我们筹款。"(《最后一个老朋友——冯雪峰》)

**二十五日** 在《文学周报》第6卷第9期发表《李清照词的标点》:"《幻洲》第2卷第4期上有一位闻涛先生做了一篇尖刻的文章校订胡云翼的《李清照词》的标点,指出了六项标点的错误和数处文句的不妥。对于后者,我也觉得有同样的不满,而对于前者,我却觉得校订胡云翼的闻涛先生自己也错了不少。看闻涛先生的文章的时候,我手头不会有胡云翼标点的'漱玉词',也没有一本任何板本的李清照词,只凭着自己对于旧词的句律方面的一些儿记忆,妄指了闻涛君的错误,曾写了一段短文寄去,至今也不曾看到什么更正,大约《十字街头》的编辑先生是不愿替闻涛君改善的了。但我想买胡标《李清照词》的人很多,而买《幻洲》的人恐怕尤多。闻涛的文字影响所及或许会使许多青年人更误读了'漱玉词',这样的以误正误,为害不浅。所以我特地去找了一本胡标《李清照词》来。诵读之下,觉得那本小小的铅印书,似乎有着很多的讹误。因此又去找到了一本香海阁木刊本《三李词》中的'漱玉词'来对读。经过了一度的比勘,断定胡标《李清照词》是一本错得很多的印本,而闻涛君的校订胡云翼的错误,也大都仍是错的。""这里应当指出一个胡云翼断句大错,而闻涛君却不会指出的地方了。""新文学家不懂旧文学,算不得一件羞耻。然而现在的新文学家却往往喜欢卖些旧文学智识(或说本领)。结果如闻涛先生、胡云翼先生那样徒然使人家感觉到他们两位的旧文学程途之浅陋得利害,又何苦呢。"

另,该文末后"编者附记":"从施先生这篇批评看来,我们知道闻涛自己的标点也是错误的,居然敢妄加批评别人;现在 Q 杂志上竟还有位毛一波先生写信给潘汉年说:昨日在贵刊上看过你们一篇斥骂'狗屁不通的宋词研究家胡云翼'的文章,令我十分高兴,真觉得你们骂得不错。毛一波先生也不看看人家批评的对不对,竟妄加称赞,可谓荒唐之至!"

**下旬** 戴望舒、杜衡与北平来的冯画室(雪峰),仍居先生家里的小厢楼"我们的文学工场",一起从事文学活动。先生自述:"雪峰在我家小楼上住过半年,我们天天谈文艺,就是不谈旧诗。我当时爱读李商隐,一部《玉溪生诗集》常在书桌上,雪峰翻也不翻,有时还斜瞥一眼,给一个'无聊'的评语。于是我读我的李商隐,他翻译他的石川啄木。"(《"管城三寸尚能雄"》)"我当时对于诗的趣味是很杂的,中国诗,我喜欢李贺、李商隐,也喜欢黄山谷、陈三立。外国诗,我喜欢哈代、夏芝,也喜欢惠特曼、桑德堡。因为每天上午要去学校上课,只是偶尔浏览,并没有多译,大约只译了一二十首。"(《最后一个老朋友——冯雪峰》)

**是月** 开明书店初版发行"水沫社彳亍丛书"之一种法朗斯著、杜衡译《黛丝》,书尾刊印"彳亍丛书待刊书目":"《黑猫·外十九篇》,美国爱仑颇著,施蛰存译。《西哈诺》,法国何斯当著,戴望舒译。《道莲格雷》,英国淮尔德著,杜衡译。《小屋》,西班牙伊般涅兹著,孙昆泉译。《饿夫》,苏联赛米诺夫著,杜衡译。《杯·外九篇》,日本森鸥外著,画室译。《阿达拉·外一篇》,法国夏都孛伊昂著,戴望舒译。《蓓尔达·迦兰夫人》,奥国显尼志勒著,安慧[先生笔名]译。"

**同月** 胡也频、丁玲由冯雪峰安排在杭州找到房子,遂由上海来到西湖边葛岭山上住了三个月。新月社创办《新月》月刊在上海出版。太阳社在上海创办《海燕周刊》。

## 四月

**三日** 《申报》"书报介绍"专栏刊载《黛丝·杜衡译法郎斯原作》(署名"秋山雨")提及:"连带地说几句关于水沫社的事,水沫社现在最大的工作,就是从事于外国文学名篇之翻译与绍介。"

**月内** 先生家乡松(江)汇(桥)路开工修筑。

**约在期间** 先生自述:"四、五、六月,我们的文学工场最为兴旺,雪峰、望舒、杜衡都翻译和创作了许多东西。""至于我自己,为教学工作所牵绊,不能有较多的时间用于翻译或创作,故成就最少。""大约每二星期,总有一个人去上海,一般都是当天来回。去上海的目的任务是买书或'销货'。""我到上海,先去看几家英文旧书店,其次才到南京路上的中美图书公司和别发书店。英美出版的新书价高,而卖英文书的旧书店多,故我买的绝大部分是旧书。所谓'销货',就是把著译稿带到上海去找出版家。最初和我们有关系的是光华书局,其次是开明书店,它们都为我们印出了一些书。"(《最后一个老朋友——冯雪峰》)"在译长篇作品的过程中,有时觉得厌烦,就利用一些零碎时间,从事译诗。""恰巧商务印书馆西书部新到了'近代丛书'本的《道生诗集》,望舒就去买来了一本,正值傅东华译出了道生的诗剧《参情梦》,这个译本,不能使人满意,望舒就倡议与杜衡合译。不到三个月,他们把道生的全部诗歌及诗剧都译出了。""由杜衡抄写,当时竟无法出版,一直保存在望舒箧中。望舒逝世后,归我保存,居然至今还在。""这回我编集他的译诗,想从稿本上增补几首,却发现稿本上每诗之下,没有分别注明译者,多数诗都无法分辨是望舒的译文还是杜衡的译文,因此,我只能拣我记得的望舒译文增补了三首。望舒和杜衡译成《道生诗集》的时候,冯雪峰从北京来,也暂住在我的小楼上。雪峰很喜爱日本诗人石川啄木的短歌,看到他们热中于译诗,也鼓起兴致来译石川啄木。但他的翻译工作,主要是苏联文艺理论和苏联诗歌。雪峰对《道生诗集》持批判态度,说望舒他们浪费时间。这部诗稿之所以终于不想拿出来求出版,和雪峰的意见也不无关系。在雪峰的影响下,我们四人曾合作选译过一部《新俄诗选》,雪峰从日文译,望舒从法文译,我和杜衡从英文译。这部译稿,也没有出版,只有雪峰译的一部分,后来由望舒编集,题名《流冰》,在水沫书店印出。"(《戴望舒译诗集·序》)

## 五月

**二十日** 在《文学周报》第 6 卷第 17 期发表《缅想到中世纪的行吟诗人——〈屋卡珊和尼各莱特〉译本序》。

**约在期间** 译有英国、美国和法国的诗。先生自述:"那时正是意象派流行的时候,我也喜欢这一流在美国被称为'新诗'的作品,因而我所译的大多是意象派的诗。"(《域外诗抄·序引》)"我在 1928 年才能从原文读法国诗,和我的朋友戴望舒一同爱好了从波特莱尔、魏尔伦开始的象征派诗。但是我不敢译法国诗,因为我的法文水平不够。"(《域外诗抄第六辑法国诗抄·后记》)

**同月** 国民政府公布"著作权法"及"著作权法施行细则"。全国教育会议在南京召开。

## 六月

**三十日** 松江县立中学毕业同学会成立,先生应邀被推举为"特别会员"。另,先生三妹施灿衢为该会"普通会员"。(《松江县立中学校友会年刊》,1934 年第 1 期)

**月内** 先生与戴望舒、杜衡和冯雪峰一起向光华书局接洽筹办文学月刊《文学工场》。该刊编成两期,第一期付排版后印出清样,光华书局老板沈松泉忽觉内容有被禁之虞,不敢刊印出版。先生自述:"我们向上海光华书局接洽好了给他们编一个 32 开型的新兴文艺小月刊。名字呢,我们费了两天的斟酌,才决定叫做《文学工场》。当时觉得很时髦,很有革命味儿。我们编好了第一期稿子,就送到上海光华书局去。谁送去的,现在可记不起了。过了二十天,到了应该在报纸上看见出版广告的日子。一翻报纸,却遍寻不见我们渴盼着的广告。这天,代替了杂志创刊广告的,是光华书局寄来的一封快信,信中很简单地说他们不能给我们刊行这个杂志了,因为内容有妨碍。于是,我很记得,望舒和画室专程到上海去了。次日,他们回来了。带回来了我们的新兴文学小月刊第一期全部纸型。是的,我还记得画室的那副愤慨的神情:'混蛋,统统排好了,老板才看内容。说是太左倾了,不敢印行,把全副纸版送给我们!'"(《绕室旅行记》)

另,据杨之华记述:"当时答应为这个刊物出版的书店,乃是光华书局,但初校打起[样]送给沈松泉老板检阅的时候,大大反对,因为这个刊物的内容,文章过于激烈,实在有点左倾。'左倾'在当年(民国十七年)已大为不妥了。沈老板为了避免书店关

门,遂决定拒绝出版,而那本已经印起了的《文学工场》也就不了了之了。"(杨之华《文坛史料·记现代社》)

另,据沈子成记述:"及后他们又欲出版一刊物,定名为'文学工场',想由光华书局印刷及出版,但因内容倾向革命文学,在当时为环境所限,不能印,故由当时光华书局的老板沈松泉(战后曾在浙江任永康县县长)乃婉言谢绝,该刊因此未能见世,但他们以后与光华书局的发生关系,即渊源于此时。"(沈子成《记水沫社》)

**同月** 鲁迅、郁达夫在上海创办《奔流》月刊。

## 七月

**月内** 恢复写日记。先生自述:"是民国十七年七月间所记,大约是暑假中忽然高兴,想再记一些日记,但这个毅力只坚持了十几天就中辍了。"(《我的日记》)

**约在期间** 按先生自述:刘灿波(呐鸥)"在虹口江湾路六三花园旁边一个日本人聚居的里弄内,租了一幢单间三楼小洋房,独自一人住着,有一个女佣为他烧饭、洗衣,看守房子","灿波很快就找到了望舒,邀请望舒住到他家里去,大家商量商量,做些什么事。于是望舒就离开我家,住到上海刘灿波家里去。我到上海,也就住在那里。楼下是客厅,二楼刘灿波住,三楼是个阁楼,但相当宽阔,望舒住在那里。最初,大家都感到无聊得很,没有事做。每天上午,大家都耽在屋里,聊天,看书,各人写文章、译书。午饭后,睡一觉。三点钟,到虹口游泳池去游泳,在四川路底一家日本人开的店里饮冰。回家晚餐。晚饭后,到北四川路一带看电影,或跳舞。一般总是先看七点钟一场的电影,看过电影,再进舞场,玩到半夜才回家。这就是当时一天的生活"。(《我们经营过三个书店》)"刘呐鸥招我与望舒同寓其家,杜衡在老靶子路自赁一小室。冯雪峰与鲁迅均住景云里,相去甚近。徐霞村从法国归,住俭德公寓,亦于此时相识。此六青年,几乎每日下午均聚于刘寓,饮水漫话,或同至江湾游泳池游泳。"(《浮生杂咏》)

**同月** 胡也频、丁玲由杭州返回上海,住在法租界贝勒路(现黄陂南路)永裕里13号三楼亭子间。《中央日报》副刊"红与黑"创刊,由胡也频、丁玲编辑,沈从文也参与编辑工作。

## 八月

**上旬** 刘呐鸥出资几千块钱筹办出版事业,邀请先生与戴望舒一起合作,先生开始参与筹办文学半月刊《无轨列车》和第一线书店。先生自述:"终于有一天,灿波对望舒说:'我们自己办一个刊物罢,写了文章没有地方发表,只好自己发表。'经过一二天的商量之后,决定了办一个像《莽原》一样的小刊物。刊物的内容呢?灿波说:'没一定。有什么文章就登什么文章。'于是他给刊物定了名称《无轨列车》,并且自己画了个封面。过不了几天,灿波又说:'我们索性开一个书店罢,自己来印一些喜爱的书。'"(《我们经营过三个书店》)"他做老板兼会计,我们做编辑兼管出版发行事务。这个计划,商量了五六天就决定了。"(《最后一个老朋友——冯雪峰》)

另,据沈子成记述:"水沫社同人无自己经营之出版机关,总觉不便,而欲在别家书局求发展,事实上极为困难。""他们同人认[为]出书不必多,所出版者要合于第一流的文艺书,故取名第一线书店。"(沈子成《记水沫社》)

**十四日** 为《上元灯·及其他》初版撰写"自序":"凡短篇十种,近作为多。编校既竣,将出版矣,欲有以语读者。久之久之,不可得一语。将何所言?文字之优劣,艺术之良窳,读者能求得之,自诩自谦,皆同嚼蜡。我惟于书有酷嗜,一卷在手,把玩不置,今有出于自己笔下者,居然成帙,亦私心一喜也。付梓初衷,诚即在此,盖未尝敢有问世之想,仰厕作者之林,较一日之短长也。故或有以文字卑琐,漫灾梨枣相病者,是则发兑贸利者贾人,而我又未尝强人以购吾书,尝置不问。"先生自述:"我热心于做作家,以文学创作为我一生的事业。在那一段时期,我把我所写的诗和小说看作是我文学创作道路的起点。在主题选择和创作方法等各方面,我还在摸索阶段。我想逐步地走出一条自己的道路,创造自己的文学风格。"(《十年创作集·引言》)

**二十一日** 按浦江清日记:"午抵沪,访友松于施高塔路四达里,同出访蛰存于林肯坊,并遇刘灿波君。刘君方计划一书店也。访育琴[学勤,以下均同]于武定路28号。同至雪园进餐。至申园看赛狗。赛狗之风近日始至中国,沪上仕女如狂。余等无甚兴趣。晚宿育琴寓。"

**二十二日** 按浦江清日记:"昨夜一夜未睡,与育琴、蛰存作长夜谈,饮汽水尽数瓶。余与育琴各占一床,蛰存睡地板上,非育琴不知客气,蛰存性执拗如是也。晨假寐片刻而起,雇车赴车站,买上海至北平通车三等票,价35元1角5分。站上幸有育琴、蛰存照顾,否则买票、扣行李等等,麻烦十分,而时间局促,或竟走不成也。"

**二十八日** 按浦江清日记:"写信给育琴、蛰存。"

**约在期间** 戴望舒和杜衡在杭州葛岭初阳台结识了林微音。先生自述:"回到上海,他们已成为朋友,我也连带地结交上了。我们办刊物,办出版社,林微音常来,我们也给他发表了一些诗文。但他不是水沫社中人。他属于另外一个三朋四友的文艺小集团,""办过一个小刊物,名为《绿》,也许他们的集体就称为'绿社'。在上海新文学史上,算是活动过一个短时期的唯美派、颓废派。林微音自告奋勇,要给我们办的水沫书店译书,我们就请他译一本蒲特娄的《虚无乡消息》。这本译稿发排之后,由我担任校对,才发现误译甚多,中文也不好。因此以后就不敢请教了。"(《林微音其人》)

**月内** 写讫《委巷寓言》。

**同月** 蔡元培离开南京定居上海。

## 九月

**一日** 沈联璧由南京返回松江出任松江县立中学校长,先生应邀兼任教职,月薪48元(先生书面材料)。同时,兼任第一线书店和《无轨列车》的编辑。

**五日** 译作美国Ludwig Lewisohn《近代法国诗人·一、新诗底源流》(第一章完)开始刊于《中央日报》副刊"红与黑"第20号。

**六日** 译作美国Ludwig Lewisohn《近代法国诗人·二、象征主义底先驱者及建设者》(未完)续刊于《中央日报》副刊"红与黑"第21号。

**七日** 译作美国Ludwig Lewisohn《近代法国诗人·二、象征主义底先驱者及建设者》(未完)续刊于《中央日报》副刊"红与黑"第22号。

**十日** 由刘呐鸥(灿波)出资,先生与戴望舒一起参与筹办,在"中国地界"四川北路、东宝兴路口租得一屋作铺面,"择吉开张,称第一线书店"。

**同日** 由刘呐鸥出资创办,先生与戴望舒合编32开文艺半月刊《无轨列车》第1期(创刊号),由第一线书店出版印行;刊有其作《委巷寓言》(稻草人和饿了的刺猬、寒暑计、风·火·煤·山),署名"安华"。

另,据第一线书店广告:"本店暂设上海北四川路宝兴路,出版各种文学科学书籍杂志,代售本外埠各大书店出版物,现已于9月10日开幕。"(《申报》,1928年9月11日)

另,据沈子成记述:"刘灿波创立了第一线书店,其时所集之资金有限,规模狭小,店址设于虹口横浜桥宝兴路口。""即由施蛰存、杜衡等主持编务;业务方面,由刘灿波主持,发刊一种期刊名《无轨列车》,取名很别致,而封面亦很别致。""人手不敷,在松江由施蛰存氏介绍二个他的学生罗菊渌(即用了罗赛的笔名,在当时《民国日报·觉悟》栏上投稿,及在《山朝》半月刊上发表诗,如《秋的踪影》,及《静夜的街衢》《精灵的呻吟》《飘摇的心灯的那个人》,据闻现仍在沪上,但许多年来,已放弃文学了),及一姚某帮忙,当时有'第一线书店小伙计'之称。"(沈子成《记水沫社》)

另,据《文学周报》"文坛近讯":"上海又将有第一线书店出现,暂设于宝兴路,闻出资者为日本留学生刘灿波,现在预备出一种刊物,定名《无轨列车》,撰稿人为施蛰存、杜衡、戴望舒等,当可为我国文坛生色不少。"(《文学周报》,第7卷第326期)

**又** 按先生自述:第一线书店"这个招牌也是刘灿波写的,自左至右横写的,黑地白字的宋体美术字。书店只有一间店堂,开幕时出卖的只有《无轨列车》创刊号。"(《我们经营过三个书店》)"店堂中三壁皆书架,从四马路各书店中批来新文学书二千余册,暂时应市,逐渐以本店出版物代替。店堂正中设一大书桌,陈列本店所出刊物《无轨列车》。"(《浮生杂咏》)"灿波是老板,望舒是经理,我是营业员。我和望舒整天在店里,可是很少人进来买书。"(《我们经营过三个书店》)

另,据徐霞村记述:"我又去拜访东宝兴路口他们新开的第一线书店,在那里认识了施蛰存和杜衡,并且看到了他们新出版的纯文艺的半月刊《无轨列车》。我渐渐成了第一线书店的常客,并且开始替《无轨列车》写稿子。"(霞村《记刘呐鸥》)

另,据"第一线书店·《无轨列车》"广告:"是本店的文艺半月刊;是短小但是有大趣味的刊物;包含各家前进的上乘的文艺;是爱读文艺刊物者的良伴;每月10日25日出版决不误期;定价每册8分,门售铜元20枚;在10月底前定阅全年祇收一元。"(《申报》,1928年9月11日)

另,据"第一线书店·新书预告":"胡也频《往何处去》、黄嘉谟《断鸿零雁》、杜衡《石榴花》、戴望舒译《爱经》、呐呐鸥译《三女子》、晓村《中国社会的横断面》、施蛰存《幻月》、画室译《艺术与社会生活》、江思译《一周间》、丁玲《白塔》。"(同上)据沈子成记述:"杜衡最早的创作单行本《石榴花》,即由第一线书店印行,封面由施蛰存氏介绍,托嘉兴新塍人沈本千所绘。"(沈子成《记水沫社》)

**中旬** 按先生自述:"开张后一二天,就有警察来查问。谁是老板?有什么背景?向市党部登记了没有?这些开店手续,我们事前都不知道,全没有做。于是跑市党部,跑社会局,跑警察局,补行登记,申请营业执照忙了好几天。可是一切登记,一切申请,都杳无消息,没有一个文件获得批示。"(《我们经营过三个书店》)

另,据徐霞村记述:"不幸这小小的书店的八字不利,开张不久就遭到警察的光临,抄了许多《无轨列车》去。据我所知,这般人当时并无政治色彩,我想也许因为《无轨列车》这四个字有点刺目吧。"(霞村《记刘呐鸥》)

**十一日**　译作美国 Ludwig Lewisohn《近代法国诗人·二、象征主义底先驱者及建设者》(本章完)续刊于《中央日报》副刊"红与黑"第23号。

**二十日**　按浦江清日记:"上午写信致蛰存、叔湘、省衷诸友。"

**二十五日**　先生与戴望舒合编《无轨列车》第2期出版,刊发冯雪峰(笔名"画室")《革命与智识阶级》:"实际上,鲁迅看见革命是比一般的智识阶级早一二年,""一本大杂志有半本是攻击鲁迅的文章,在别的许多地方是大书着'创造社'的字样,而这只是为了要抬出创造社来。对于鲁迅的攻击,在革命的现阶段的态度上既是可不必,而创造社诸人及其他等的攻击方法,还含有别的危险性。"

另,按先生自述:"鲁迅和茅盾都住在东横浜路景云里。离灿波[呐鸥]的住宅很近,因此,冯雪峰也常来。我们编《无轨列车》创刊号,向雪峰要稿,雪峰就把《文学工场》未印出的那篇《革命与智识阶级》交给我们发表。《无轨列车》一共印行了八期,大约这是最重要的一篇文章了。"(《我们经营过三个书店》)

另,按《鲁迅年谱》(增订本)第三卷:"冯雪峰(署名画室)于本年五月撰写的《革命与知识阶级》一文,在本日出版的《无轨列车》半月刊第二期发表。文中批评文坛上攻击鲁迅的错误,为鲁迅进行辩护。"(鲁迅博物馆鲁迅研究室编,李何林主编,人民文学出版社,2000年版。以下均同)

**二十九日**　译作美国 Ludwig Lewisohn《近代法国诗人·三、象征主义的胜利》(未完)续刊于《中央日报》副刊"红与黑"第35号。

**约在期间**　胡也频、丁玲经济情况有所改善即搬迁至萨坡赛路(今淡水路)196号居住。先生自述:"丁玲、胡也频、沈从文在法租界萨坡赛路租住了两间房子,记得仿佛在一家牛肉店楼上。他们在计划办一个文艺刊物'红与黑'。我和刘呐鸥、戴望舒住在北四川路,办第一线书店,后改名水沫书店。彼此相去很远,虽然认识了,却很少见面的机会。丁玲和胡也频比较多的到虹口来,因为也频有一部稿子交水沫书店出版。他们俩来的时候,从文都在屋里写文章,编刊物,管家。他们三人中,丁玲最善交际,有说有笑的,也频只是偶然说几句,帮衬丁玲。从文是一个温文尔雅到有些羞怯的青年,只是眯着眼对你笑,不多说话,也不喜欢一个人,或和朋友一起,出去逛马路散步。""从文在上海最多三年,我和他见面不到十次。"(《滇云浦

雨话从文》）

**同月** 松江东岳庙奉高台设立民众图书馆。郁达夫等主编《大众文艺》创刊。

### 十月

**一日** 水沫社编译《法兰西短篇杰作集》（法国沙都勃易盘等著，施蛰存等译），由上海现代书局初版发行，收录其译作法朗氏《预台太守》、沙都勃易盘《阿盘赛拉易之末裔》，以及先生大妹施绛年译作美易梅《炮台之袭取》。先生自述："有几种翻译文学书，是大家合作的，就用'水沫社'的名义为编撰人。例如'俄罗斯短篇小说集'二册，'法兰西短篇小说集'二册，都是用'水沫社编译'的名义出版的。"（"我参加过的党、团、集会"，1968年）

另，据《文学周报》编者"文坛近讯"专栏："现在听说光华书局将出《俄罗斯短篇杰作集》，现代书局将出《法兰西短篇杰作集》，后二者均由水沫社担任，译者为杜衡、施蛰存、戴望舒诸先生。"（《文学周报》，第6卷第301/325期）

另，据沈子成记述："水沫同人又计划编译了一部'法兰西短篇杰作全集'，但不幸亦只出二册即中折了。"（沈子成《记水沫社》）

**又** 据洪素野记述："一八四六年，乔治桑小说《魔沼》（*La Mare au Diabls*）。此书中译本水沫书店曾预告出版，译者施蛰存。""一八六五年，弓氏兄弟小说《叶米尼》（*Germinie Lacerteux*）。此书中译本水沫书店曾预告出书，译者施蛰存。"（按：洪素野《法国文学年表（一八〇〇——一九〇〇）》，刊于《文艺月刊》1934年第6卷第1期，记此俟考。）

**二日** 译作美国Ludwig Lewisohn《近代法国诗人·三、象征主义的胜利》（续、未完）续刊于《中央日报》副刊"红与黑"第36号。

**三日** 译作美国Ludwig Lewisohn《近代法国诗人·三、象征主义的胜利》（续、未完）续刊于《中央日报》副刊"红与黑"第37号。

**四日** 译作美国Ludwig Lewisohn《近代法国诗人·三、象征主义的胜利》（续、本章完）刊于《中央日报》副刊"红与黑"第38号。

**十日** 先生与戴望舒合编《无轨列车》第3期出版，刊有其作《妮侬》，署名"安华"。先生自述："在第3期上写了一篇完全摹仿爱仑坡的小说《妮侬》。在这时期以前，我所曾写的作品大部分都是习作，都是摹仿品。"（《我的创作生活之历程》）

**十二日**　《申报》刊载"《复旦月刊》出版预告":"本书店现约徐霞村先生为编辑出版月刊一种,专登有价值的文艺作品,撰稿者有丁玲、胡也频、沈从文、戴望舒、杜衡、施蛰存、画室、郑振铎、叶绍钧、徐调孚、赵景深、邵洵美、罗慕德、张若谷、傅彦长、徐蔚南、汪倜然、朱湘、余赓虞……等人,皆一时知名之士,不日刊印,特此预告。上海北四川路649号复旦书店启。"

**二十五日**　先生与戴望舒合编《无轨列车》第4期出版,刊有其作《追》以及诗作《雨》,均署名"安华"。

**三十一日**　《中央日报》副刊"红与黑"出版至第49号停刊。

**是月**　上海复旦书店初版发行"革命丛书之七"孟明编《吴稚晖陈公博辩论集》,在书末刊登《复旦书店出版"文艺丛书"书目》,其中有"《美丽的寡妇》,著者显尼兹莱,译者施蛰存"。

另,按先生自述:"《蓓尔达·迦兰》是显尼志勒的第一部长篇小说,我在1928年从英译本把它译为中文。"(《新版〈蓓尔达·迦兰〉引言》)

## 十一月

**十日**　先生与戴望舒合编《无轨列车》第5期出版,刊有《追》(续),署名"安华"。

**约在期间**　先生自述:"一夕,[徐]霞村来闲话,兴会飙举,时电灯未装设,燃烛,将见跋矣,而意未阑,余忽思饮,携一壶自去叩老虎灶门。及返,霞村俟之门外,门设耶尔锁,已扃矣,钥匙在室内,无从得启,二人俱单衣,寒甚。余遂急雇车至江湾路刘呐鸥寓,取得钥匙,至则霞村方就壶作鲸饮,盖寒不可胜矣。入门,烛方烬,幸免于祝融之厄。"(《无相庵随笔》)

**同月**　鲁迅发起的朝花社在上海成立。

## 十二月

**五日**　农历十月廿四日,先生与陈慧华女士在松江举行婚礼。(先生书面材料。按:有关先生婚礼之年份,还可参看先生作《我的日记》内"新婚时期"的1929年1月3日所记。)先生自述:"冯雪峰、姚蓬子、丁玲、胡也频、沈从文、徐霞村、刘呐鸥、戴望舒等许多文艺界朋友都从上海来参观婚礼。从文带来了一幅裱好的贺词。这是一个鹅黄洒金笺的横幅,文云:'多福多寿多男女',分四行写,每行二大字,下署'丁玲、胡也频、沈从文贺'。""十月[农历]是松江名产四鳃鲈鱼上市的时候。我为了招待上海朋友,特地先期通知办喜筵的菜馆为这一桌上海客人加一个四鳃鲈火锅。这一席酒,他们都吃得谈笑风生,诵苏东坡《赤壁赋》'巨口细鳞,状如松江之鲈'的名句,看到了直观教材,添了不少酒兴。饮至九时,才分乘人力车到火车站,搭十点钟的杭沪夜车回到上海。"(《滇云浦雨话从文》)"我们结婚是在1928年阴历十月二十四日。""林微音(男)在上海,参加婚宴的是林微音。"(复叶永烈函,1987年11月11日)

另,据姚蓬子记述:"1928年深冬的一个晚上,""我以当时那样闲暇的年青人的喜欢赶热闹的心情,参加了蛰存的结婚典礼回来,是在末一班往上海开去的,""沪杭车的车厢里,和我同道的,有丁玲、也频、从文。""在同一桌上喫过蛰存的喜酒,同在新房里谈过闲天,此刻又在同一车中同回上海。"(蓬子《我们的朋友丁玲·代序》,丁玲著、蓬子编《丁玲选集》,1933年12月天马书店初版印行。)

另,据丁玲回忆:"回想还是在1928年,天气还冷的时候,沈从文和我一同从上海去松江,参加施蛰存先生的结婚典礼,他是我在上海大学的同学。在施先生那里,我们认识了姚蓬子。"(丁玲《魍魉世界·南京囚居回忆》)

另,据叶永烈记述:"施蛰存先生告知,他的婚礼日期为1928年阴历十月二十四日,亦即公历1928年12月5日"。(叶永烈致《新文学史料》编辑部函,1987年11月13日)

**十日** 先生与戴望舒合编《无轨列车》第6期出版。

**十六日** 农历十一月初五,二十四岁生辰。先生自述:"我结婚以后,父母亲就把他们的卧室让出来给我,而自己迁到书斋的后边去了。书斋后边那间屋子,没有地板,更没有天花板,所以比较的潮湿。我屡次想把那屋子装饰一下,又屡次因为不是自己的屋子,屋主随时可以要我们迁居,那时便损失了,怀疚在心,直到如今。"(《我的家屋》)

**同月** 邵洵美创立金屋书店。中国著作者协会在上海成立。《现代评论》出版至第9卷209期停刊。


# 一九二九年(中华民国十八年 岁次己巳) 先生二十五岁

## 一月

**一日** 元旦。始作日记。先生自述:"是我生平所用的第一本日本制日记册。那是昭和四年(民国十八年)的'新文艺日记'。这本日记从1月1日记起,到2月3日止,2月4日、5日似乎也曾记过一些什么事,但是不知什么时候已经撕去了这两页,无从查考了。这时候,我一方面在家乡教书,一方面与望舒、呐鸥诸人在上海办水沫书店,同时又是新婚时期,故所记的大都是这三方面的事情。"(《我的日记》)

  **同日** 译著奥地利显尼志勒《多情的寡妇》,由上海四马路尚志书屋初版发行。先生自述:"书名[《蓓尔达·迦兰》]改作《多情的寡妇》,非常庸俗。"(《新版〈蓓尔达·迦兰〉引言》)

  **三日** 先生日记:"妻今日归宁。余初误以为期在明日,故今日伊家遣人来迎去,余未前知,归家后略有寂寞空房之感。"

  **四日** 第一线书店因"未经登记核准,擅自开店营业",遂告歇业。先生自述:"警察局送来一纸公文,内容大约是'查该第一线书店有宣传赤化嫌疑,着即停止营业'。挂了两个月的第一线书店招牌,就此除下,卖给油漆匠去做别家店铺的招牌。"(《我们经营过三个书店》)据徐霞村记述:"被查抄的第二天,我在街上遇见望舒,他说刘呐鸥预备多拿出点钱来,在租界上组织一个编辑部,大干一下。"(《记刘呐鸥》)

  另,据《国民政府查禁令》(训令第二号):"令交通部、各省政府、各特别市政府、上海特别市政府。为令遵事:案据本府文官处签呈称,准中央执行委员会秘书处函开:倾奉常务委员交下中央宣传部呈一件,内称'查上海北四川路宝兴路第一线书店印行之《无轨列车》一种,所载文字提倡阶级斗争云云。经奉批〈照办〉在卷。相应据情录批函达,即希查照转陈办理为荷'等由,理合签呈鉴核等情,据此应即照办。除函复并分令外,合行令仰该部、省政府、市政府遵照转饬严密检查,务期禁绝,并将侦查该书店情形具报,是为切要。此令。中华民国国民政府。"

  **五日** 写讫小说《新教育》。

  **六日** 《申报》刊载《十七年度中国文坛之回顾》,其中"杂志的风起云涌"提及:"《小说月报》《文学周报》《熔炉》《红与黑》《无轨列车》《大江》《青海》,要想看茅盾、郑振铎、叶绍钧、谢六逸、赵景深、徐霞村、呐呐鸥、戴望舒、杜衡、施蛰存、沈从文、丁玲、胡也频、陈望道、汪馥泉、刘大白等先生的文章的,请在这里面找。"

  **七日** 先生日记:"晚上看《黄山谷诗集》,觉豫章诗艺颇有出于玉溪、昌谷处。"

  **十日** 先生与戴望舒合编《无轨列车》第7期出版。

  **二十三日** 先生日记:"望舒来信,促本星期六到沪一行,共商书店一切事务。此间校事又急待结束,颇难兼顾,心烦不已。"

**是月** 小说集《追》，内收作品《追》《新教育》，被列入"今日文库"，由上海水沫书店初版发行。

另，按先生自述："第一本新俄短篇的英译本 *Flying Osip* 在这当儿运来中国了。我从别发西书店里买了来，看了大半本（其实是，只除了赛米诺夫的那篇《仆人》没有看），于是我又想摹仿一下了。《追》就是在这种不纯的动机之下产生的。继续了《追》而写成的尚有《新教育》一篇。那似乎较好得多，因为这篇并没有摹仿任何作品，实在是因为那时已在故乡当教师，对于现行教育制度确实有这样的不满而写出来的。"（《我的创作生活之经历》）"水沫书店最早印出的是两本小书：冯雪峰译的苏联诗集《流冰》，我的中篇小说《追》。《追》是我的仿苏联小说，试用粗线条的创作方法，来写无产阶级革命故事。"（《我们经营过三个书店》）"《追》的封面是我设计的，在外文书中钩了一个人的图像，利用了。"（致彭燕郊函，1993年5月22日）

另，据郭世杰记述："那正是1928年至1930年间，普罗文学异常蓬勃的时代。于是，施蛰存也左倾起来，在他们所编的《[新]文艺》上大登其左倾作品，本人那时也写了本《追》。据他自己后来说，这是拟苏联式的小说。终于感到'拟苏联式'的作品写下去是不对劲了。"（郭世杰《"庄子文选"施蛰存·作家小记之七》）

**同月** 松江县民众教育馆开馆。胡也频、沈从文、丁玲先后创办编辑《红黑》月刊、《人间》月刊。邵洵美、章克标编辑《金屋月刊》出版创刊号。国民党第190次中央常务会议通过《宣传品审查条例》规定凡"宣传共产主义及阶级斗争者"，以及其他"反对或违背本党主义政纲政策及决议案者"，均为"反动宣传品"，予以"查禁查封或究办之"。

## 二月

**一日** 先生与戴望舒合编《无轨列车》第8期提前印刷发行。该刊出版至第8期，被国民党中央宣传部列入"查禁反动刊物表"，罪状是"藉无产阶级文学，宣传阶级斗争，鼓吹共产主义"（张静庐《中国现代出版史料·丁编》），遂被迫停刊。

**五日** 国民党上海市政府发出《上海市政府报执行情况》："为呈复事：案奉钧府第二号训令开：禁止辖境书肆售卖《无轨列车》共党刊物，并侦察北四川路第一线书店具报等由；同日又奉钧府第三号训令开：查禁东方无政府主义者联盟编行之《东方》刊物，扣留烧毁等由。奉此遵即并案转令职府所属公安，教育两局，严密查禁具报去后。兹据该局等会呈称：奉令后当经职公安局通令所属一体严密查禁；职教育局饬知本市各书肆不得售卖前项反动刊物,以期禁绝;并由职公安局令饬该管第五区区长陈佑华,职教育局派视察员杨佩文,会同检查去后。兹据该区长呈复:业经会同至北四川路宝兴路第一线书店查得印有《无轨列车》第 1 期至第 8 期十六捆。询据该店主现不在沪,店中只有佣伙二人,详情未能查悉。除饬该书店以后不得发行并饬属随时严密查禁外,理合将侦查情形及查获书籍呈解鉴核等情前来。除指令该区长仍饬注意侦查该书店情形,有无其他作用,随时具报核转外,所有查禁《无轨列车》《东方》两种刊物及侦查第一线书店情形,理合检同查获《无轨列车》刊物第 1 期至第 8 期二份,具文会报,仰祈钧长核转。再查获之《无轨列车》刊物十六捆,现存职公安局,究应如何办理,抑即会同销毁,并请核示等情。据此,除指令该区等将查获之《无轨列车》刊物十六捆会同销毁外,奉令前因理合具文请鉴核备案,实为公便。谨呈国民政府。上海特别市市长张定璠。"

**十五日** 按浦江清日记:"今日余甚快乐,得余知友以中、蛰存两君函,又得涛弟函。蛰存结婚后,想甚忙,来书寥寥数行。"

**十六日** 按浦江清日记:"写信复涛弟、蛰存,又致颂青。"

**同月** 创造社出版部被国民党当局查封,《创造月刊》停刊。

## 三月

**五日** 晚上续作日记。先生自述:"这一页上写了'灯下随笔'四个字,以后每一页上便记了一条读书随笔,已不是日记了。"(《我的日记》)

**上旬** 刘呐鸥出资在四川北路(海宁路口)公益坊 1734 号租了一幢单开间二楼的房屋,创办水沫书店,先生加入筹办并担任编辑。先生自述:"经此挫折,呐鸥心有不甘,决心别立坛玷,卷土重来。遂在北四川路公益坊租一石库门单间楼房,为出版社,不设铺面门市。店名不再作惊人豪语,而定名为'水沫',亦自谦其存亡均不足重也。"(《浮生杂咏》)"是刘呐鸥、戴望舒和我合作经营的一个小出版社,当时我们都是文学青年,年少气盛,想介绍一点外国文学,也想自己创作一点文学作品,每天总得动动笔头。可是积稿甚多,总是很不容易找到肯为我们印行的出版商。一赌气,我们就自己办起一个出版机构。刘呐鸥出钱,我和望舒出力,我们劳资合作,首先印了我们自己和朋友的创作,定名为'水沫丛书'。"(《戴望舒诗全编·引言》)

另,据克川记述:"第一线书店则歇业后又开起来,改名水沫书店,刊物也随同改了名字。"(克川《十年来中国的文坛》)别据沈子成记述:"第一线书店改组,扩大加资,定名为水沫书店,由宝兴路口狭小的店间迁移至北四川路公益坊,分编辑、业务等部,并附设函购部。编辑方面,仍由施蛰存、杜衡、戴望舒等人主持,施氏为总编辑;业务方面,由刘灿波经手。"(沈子成《记水沫社》)

  **又** 按先生自述:"楼上前间是办公室,后间给两个中学生做卧室。这两个中学生专做跑腿的事,买纸,联系印刷所。没有出差任务,就当初校校对员。楼下前间是营业室,兼堆存印书纸。请了一个宁波人崔龙泉,当老师傅,做负重出差的工作。他是谢旦如介绍来的,""我们就把楼下后间给他们俩做卧室,他的新娘林翠给我们管伙食。"(《我们经营过三个书店》)

  **十九日** 《大公报》登载"刊物绍介·博古新书",提及"西北城角博古书局,近又由申运到大批文艺作品",其中有施蛰存译《多情的寡妇》。

  **约在期间** 按先生自述:"水沫书店开设在租界内,不用登记,店设在里弄内,只在门上挂一块很小的招牌,一点也不会引人注意。开张大吉,一本本书印出来,卖出去。"(《我们经营过三个书店》)"为同人性出版社,经营三年,出版书四十馀种,一切编辑、校对、发行事,皆呐鸥、望舒与我三人分任之。所出书皆用道林纸印,封面请钱君匋设计,在当时出版物中,称为精好。"(《浮生杂咏》)"我们自办书店,印出自己的作品,可以说是硬挤上文坛。"(《戴望舒诗全编·引言》)

  另,据沈子成记述:"其时即着手筹备丛书,第一种为'水沫丛书',在'缘起'中说,是集水沫社同人,及其友好之上选作品,次第编入、出版。"(沈子成《记水沫社》)

  **又** 按先生自述:"我们的出版事业办得很热闹,因而也结识了许多前辈或同辈作家。当时常到我们店里来闲谈或联系稿件的有徐霞村、姚蓬子、钱君匋、谢旦如、徐耘阡等,胡也频和丁玲也来过。最常来的是冯雪峰,雪峰对我们办出版事业,寄予很大的期望。有时他白天到我们店里来闲谈,晚上从景云里看了鲁迅之后,又顺便到我们家里来坐一会儿。"(《我们经营过三个书店》)"郭[建英]是刘呐鸥之好友,我也是由呐鸥介绍认识,1928—1931郭氏常来水沫书店,故为我们的刊物写了不少文章。""此人英日文均佳,又长于绘画作线,画 Design 甚潇洒。我的《文艺风景》第 1 期[1934年]中有一页'诗画舫',一诗一画,即郭建英手笔,良友公司所出书刊画报,亦有郭氏画迹。"(致秦贤次函,1990年6月16日)

  另,据徐霞村记述:"他们果然在北四川路租了一幢房子,把招牌改名水沫书店,开始计划大批印书,并且创刊了《新文艺》月刊。承他们的盛意,把我算做同志之一。""我们当时把自己的书交给水沫书店出版,大半都是采取抽版税的办法,而且交稿时并不预支什么钱,因为我们认为这样可给书店帮一点忙,让书店拿现款去多印几本书,而且大家都是熟朋友,用钱时随时可以支取。"(霞村《记刘呐鸥》)

## 四月

**十日** 全国第一届美术展览在上海举行,应同事洪野(禹仇)之邀,前往参观。先生自述:"当时我也很替他高兴,在参观'全国美展'的时候,我果然看见了他的几幅陈列品,而《黄昏》亦是其中之一。'全国美展'闭幕之后,一日清晨,他挟了一卷画到学校里来,一看见我,就授给我道:'这个现在可以送给你了。'我展开一看,竟就是那幅我所中意的《黄昏》。我看画幅背后已经在展览的时候标定了很高的价目,觉得不好意思领受这盛情,正在沉吟之际,他说:'不要紧,你收了罢。我早已要送给你了,因为要等它陈列过一次,所以迟到今天。至于我自己,已经不喜欢它了,我的画最近又改变了。'其时我有几个朋友正在上海经营一个书铺子,出版了许多新兴的艺术理论书。他对于这些书极为注意,我送了他几册,他自己又买了几册,勤奋地阅读着,这些新艺术论使他的艺术观起了一个大大的转变。"(《画师洪野》)

**十五日** 水沫书店初版发行柔石《三姊妹》,由钱君匋设计装帧封面。据沈子成记述:"赵柔石之中篇小说《三姊妹》,因鲁迅、雪峰的关系,亦由水沫书店出版。"(沈子成《记水沫社》)

**月内** 为小说集《娟子姑娘》出版撰写"序":"作小说,在我并不是常事。朋友办杂志,要文字,就写一篇;一时高兴,就写一篇。一篇之成,亦殊不易。要自起至终,趣味不淡,手不赖,在灯下,在日落之前的昏黄时分,积日积时而成之。所以弊病因之亦有,便是不纯粹。我曾说,如我将来要编小说集,则集外作亦是很多的。此集短篇三种,是依作成年代而编的。两篇是去年的,一篇是新作。这三篇,当然仍然代表不来我底自己的格式,但是从这三篇中却可以见到如我这样的少于创作的人底笔致底改变之轨迹。所把它们集合在一起成为我底创作底试验成绩中之一组。"

**约在期间** 朱自清《中国新文学研究纲要》提及:"施蛰存:a. 个人的低回情调的诗意的抒写。b. 纯粹古事小说,不借古人的嘴来说现代人的话。c. 思想语言俱不是现代才能有的,观察与手法却是现代的。d. 二重人格的描写。e. 心理分析。变态的幻象。弗洛依特。新感觉主义。"

另，据赵园记述："朱自清先生的遗稿《中国新文学研究纲要》是他在清华大学讲授'中国新文学研究'课程所用的讲义。朱先生于1929年春首先在清华大学开设此课，内容分总论、各论两部分，共计八章。以后他还曾在师大、燕京两校讲授，但1933年以后，即未再讲，所以讲义所涉及的时代，上溯戊戌，下只讲到三十年代之初。"（《朱自清全集·整理工作说明》。按：此讲稿所提及部分的成稿时间，估计要推后，俟考。）

**同月** 水沫书店出版苏汶（杜衡）译作波格达诺夫《新艺术论》。商务印书馆开始刊行《万有文库》"初集"。

## 五月

**上旬** 开始参与编辑"科学的艺术论丛书"。先生自述："雪峰来闲谈，讲起鲁迅正在译卢那卡尔斯基的《艺术与批评》。我们便灵机一动，想到请鲁迅主编一套介绍马克思主义文艺理论的丛书。我们托雪峰去征求鲁迅的意见。过了几天，雪峰来说，鲁迅愿意编一个这样的丛书，但不能出面主编。对外，他只能参加几种译稿，其他都和他没有关系。我们同意了鲁迅的建议，就请雪峰和鲁迅一起做一个计划，并拟定书目，分配译者。"（《我们经营过三个书店》）"与戴望舒合编，冯雪峰协助组稿。"（"我编辑的丛书"，1968年）"在这十二本丛书里，鲁迅担任了四本，可见他是积极支援我们的。"（《关于鲁迅的一些回忆》）"依次序出版了五种，排印美观，校对精审，差不多都是译者自己校的。封面采用了日本出版的一套同类丛书的图案，请钱君匋设计绘制，陈列在书架上，特别显目。五种书发行出去，各地反应极好。"（《我们经营过三个书店》）

另，据沈子成记述："水沫书店编辑部及后又加入了冯雪峰，由冯氏之关系，接受了鲁迅的译文，乃发刊了'科学的艺术论丛书'，此种理论书，水准很高，读者有限，因此销路亦可想见了。当时全部的计划共有十二种，""由鲁迅、冯雪峰、沈端先、苏汶、林伯修、冯乃超等人翻译，""有六种先出预告。"（沈子成《记水沫社》）

**月内** 刘呐鸥夫人黄素贞来到上海。先生自述："望舒和我就搬到书店，住在亭子间里。我那时还在松江中学任语文教师，不能常驻上海，总是星期六下午到上海，星期一早车回松江。杜衡住在圣母院路高福里，也不常到书店。刘灿波每天上午来书店，结算一下银钱账目，和望舒谈一阵编辑出版事务，他就走了。因此，最初一段时间，整个水沫书店是望舒一个人管理的。"（《我们经营过三个书店》）

**是月**　译著意大利卜迦丘小说《十日谈选》,由上海大光书局初版发行,署名"柳安"。

**又**　水沫社编译《俄罗斯短篇杰作集》(第一、二册),由先生与戴望舒、杜衡等译,上海水沫书店初版发行。收录其译作两篇:库普林著《沙夏》、莱思珂夫著《古年代记中之一叶》,以及其大妹施绛年译作迦尔洵《红花》。先生自述:"苏联短篇小说的第一个英译本《飞行的奥西普》出现在上海中美图书公司,我们立刻去买了来,各人译了几篇,后来都编在水沫书店出版的《俄罗斯短篇杰作集》第一集和第二集。这个有系统地介绍新旧俄罗斯短篇小说的计划,原想一本一本地继续出下去,和我们同时选译的《法国短篇小说集》(现代书局出版)成为姊妹书,可是都只出了两集便中止了。"(《最后一个老朋友——冯雪峰》)

另,据沈子成记述:"他们在水沫书店又计划编译出版了一部'俄罗斯短篇杰作集',预定全书十大册,共容百廿万字,要从普希金起,至新俄作家止,将最好的俄国短篇小说作系统的翻译介绍,但后来只出版了二册。"(沈子成《记水沫社》)

**同月**　水沫书店出版"科学的艺术论丛书"冯雪峰译作卢那卡尔斯基《艺术之社会基础》。由田汉主编《南国月刊》在上海创刊。

### 六月

**是月**　小说集《娟子姑娘》,内收作品《幻月》《娟子姑娘》《花梦》,由上海亚细亚书局初版发行。先生自述:"上海经营新文学书刊的小书店正在多起来,许多出版商需要文稿。经朋友介绍,我把《娟子姑娘》再加上二三篇没有发表的小说,凑足五万字,编成一本小说集,题名即为《娟子姑娘》,交给一家书店,不到三个月,就出版上市,这是我的第一本由出版商印行的小说集。""因此,我也不承认它是我的第一本新文学创作。"(《我的第一本书》)"虽则它曾经和其他二篇同样不成话的东西编在一个集子里出版,那是为了要钱用的缘故,我不愿意再提起它们。"(《我的创作生活之历程》)

**同月**　松江修葺县城内云间第一楼。

### 七月

**十八日**　赵景深写讫《现代中国小说选序》,文中提及:"施蛰存的《娟子姑娘》以恋爱为题材,《追》以社会为题材,也是这样的办法。这犹之赖慈珂的短篇集《战中人》

完全以战争为题材,确可给读者,尤其是研究者,以许多便利。""在友谊上有许多作家常使我们引起联想。例如:沈从文、丁玲和胡也频,许杰、王以仁和王任叔,杜衡和施蛰存,倪贻德、周全平和叶灵凤。"

**月内** 开始参与选编"现代作家小集"丛书。先生自述:"在国外文学方面,我们计划了两种丛书。其一是'现代作家小集'。这是64开本的小丛书,每本四五万字。"(《我们经营过三个书店》)

另,据水沫书店初版发行黄嘉谟译著《别的一个妻子·美国现代短篇选集》,书末刊登书讯"'现代作家小集'丛书":"现代世界名家短篇杰作之小选集,每册四万五千字至五万字,重磅道林纸精印,卷首有小序及作者肖像,每月至少出版一册,祇售三角。初刊书目:1.《新郎的感想》(外三篇),日本横光利一集,郭建英译。2.《二青鸟》(外二篇),英国劳伦思集,杜衡译。3.《牧人之笛》(外一篇),奥国显尼志勒集,施蛰存译。4.《青色的海》(外二篇),苏俄皮力涅克集,戴望舒译。5.《马戏》(外三篇),英国柯巴特集,安华[先生笔名]译。6.《结婚以后》(外七篇),犹太俾莱支集,杜衡译。"

**又** 与戴望舒合编"新兴文学丛书",初版发行第一种日本平林タイ子著、沈端先译《在施疗室》。先生自述:"另外设计了一套'新兴文学丛书',没有预定目录,随时有来稿,随时编入。这一套丛书,一共印出了四种。"(《我们经营过三个书店》)别据沈子成记述:"水沫社同人前后所编之丛书不少,最早的'萤火丛书''彳亍丛书',及自行印刷出版的水沫丛书等外,后来在水沫书店自己印行的尚有'新兴文学丛书',计出版了四种,都是译本。"(沈子成《记水沫社》)

**是月** 校点明代董若雨著《西游补》由上海水沫书店初版发行。

另,先生在"题记"中写道:"曩闻刘半农先生曾有标点此书之意,久之未见印行。度必贵人多忙,蠹鱼生活,早当敝屣。但我颇知常有人至北新书局讯问此书出版未,想欲读此书者必其牵挂。因忆旧箧中尚存两本,一是申报馆排印本,一是不知年代木刻本,际此夏日炎炎,遂在北窗下校点一过,为刘半农先生了却一笔宿债,不知刘先生知之,莫要怪人侵犯主权,加以诃责否。原书卷首有答问一篇,已滮佚其半,玩其语气,似为著者原作。以其揭发作书本意,颇类自序,遂仍其旧,缀之卷末,留遗读者。此外尚有天目山樵序文、《读西游补杂记》之类,以其卑琐无甚高论,径删去之矣。"

另,此书末还附录《西游补答问》。

**同月** 1日先生二妹施咏沂被松江县立中学校友会选举为"第二届候补执行委

员"。(《松江县立中学校友会年刊》,1934 年第 1 期)29 日为松江县立中学高中普通科一年级录取新生二十三位之一。(《申报》,1929 年 7 月 29 日)

## 八月

**月初** 先生开始与刘呐鸥、戴望舒和杜衡等合作创办《新文艺》月刊,为 25 开本,每期 156 页。与戴望舒主要负责编辑和审稿事务,并在每期编后撰写《编辑的话》和部分"国内外文坛消息杂话"。先生自述:"每期的内容,创作与国外文学介绍各占一半。在创作方面,发表了徐霞村、许钦文、叶圣陶、彭家煌、李青崖、刘呐鸥、穆时英和我的短篇小说。""也重视新诗。除了戴望舒的新作品以外,还发表了姚蓬子、邵冠华、章靳以的诗作。""茅盾先生从日本寄来三篇散文,《樱花》《邻一》《邻二》,使《新文艺》的散文栏大为生色。"外国文学方面"发表了戴望舒和徐霞村译的法国后期象征派诗歌,西班牙作家阿左林的散文。沈端先、刘呐鸥、郭建英、章克标译的日本文学作品。为了配合译诗,我译了一本介绍法国现代诗派的美国人著作《近代法兰西诗人》分期发表"。(《我们经营过三个书店》)

**又** 据沈子成记述:"由施蛰存、杜衡、戴望舒、刘呐鸥、徐霞村等人组编辑委员会主持之。"(沈子成《记水沫社》)另据克川记述:"如今文学界大喊着一种所谓新写实派,同时又有反对的,""现在我将如今最流行的刊物列在后面,""《新文艺》稿件由戴望舒、杜衡、施蛰存、刘呐鸥、杨邨人等负责,高喊新写实,但作品都不见得像。此刊物即《无轨列车》的后身。"(克川《十年来中国的文坛》)

**是月** 小说集《上元灯·及其他》,内收作品《上元灯》《周夫人》《牧歌》《妻之辰》《梅雨之夕》《渔人何长庆》《栗芋》,列入"水沫丛书",由上海水沫书店初版发行。(按:出版月份据此书版权页。)先生自述:"在此以前,我曾自己印过一本《江干集》,还有一家书店为我出版过一本《娟子姑娘》,这两个集子里的作品,我认为都是一个文艺学徒的习作,其中有几篇主题思想非常幼稚,有几篇摹仿的迹象很明显,都算不得是创作。因此,我把《上元灯》作为我的第一个短篇小说集。""《上元灯》里的大多数作品,都显现了一些浮浅的感慨,题材虽然都是社会现实,但刻划得并不深。"(《〈中国现代作家选集·施蛰存〉序》)"因了许多《上元灯》的读者,相识的或不相识的,给予我许多过分的奖饰,使我对于短篇小说的创作上,一点不敢存苟且和取巧的心。我想写一点更好的作品出来,我想在创作上独自去走一条新的路径。"(《我的创作生活之历程》)"'水沫丛书'是我们的重点出版物。这是我们的同人性文艺创作丛书。前后共出版了五种,""都是各人的第一本书,可以说有一种新鲜的风格。印刷也比较美观,可是销路并不好,只在文艺界同人中引起了注意。这是我们这个书店没有做好发行工作的致命伤。"(《我们经营过三个书店》)

另,据沈子成记述:"'水沫丛书'初刊出版了五种,即,一、刘呐鸥(即灿波)的短篇创作集《都市风景线》;二、施蛰存短篇创作集《上元灯》;三、姚蓬子诗集《银铃》;四、徐霞村短篇创作集《古国的人们》;五、戴望舒诗集《我的记忆》。各册出版后,好评潮涌,刘呐鸥新鲜的作风,施蛰存细腻的描写,戴望舒和谐的诗韵,为各方所称许,销路极佳,""很为当时一般文学青年所注目。"(沈子成《记水沫社》)

另,据徐中玉回忆:"我是在无锡读高中师范科时才读到新文学作品的,""真正第一本开始看到的便是在高中图书馆架上抽出的那本《上元灯》,即蛰存先生当年的少作小说。小说的书名我感到有趣,'上元节'的灯故事?就借回读了,确很有趣。用语体文写现代生活中的故事,比写外国的、古代的都和自己接近得多。确实,自此我开始改读新文学作品了。"(徐中玉《回忆蛰存先生》)

**又** 译著英国司各脱小说《劫后英雄》,被列入张梦麟主编"世界少年文学丛书",由上海中华书局初版发行。

**又** 戴望舒译著《屋卡珊和尼各莱特》列入"荧光丛书",由光华书局出版,收录先生所作"序言"。

**同月** 水沫书店出版"科学的艺术论丛书"冯雪峰译作普列汉诺夫《艺术与社会生活》。叶圣陶长篇小说《倪焕之》由开明书店出版。

## 九月

**月初** 先生辞去在松江县立中学的教职,开始专职在"水沫书店"担任编辑,还先后参与"前卫丛书"和"世界名著丛书"等多种丛书的编辑出版工作。先生自述:"出版的书多了,望舒一人忙不过来,要求我和杜衡全力合作。"(《我们经营过三个书店》)"是半雇员,半朋友义务,每月支取的生活费不到100元。"(《知己之感》)

另,据报载《施蛰存有老板天才》提及:"他同刘呐鸥、杜衡等办水沫书店时,凡是关于出版上营业上一切的事务,完全由他一人担负,他像一个很有经验的老板似的,只要是他负担的事情,都办得完完善善。"(《庸报》,1933年12月13日)

**十日** 又续写日记。先生自述:"从9月10日起至9月17日止,只记了八天。

这本日记虽则所占的日子最少,但是最考究的一本。连史纸订,磁青纸封面,版式很阔大,每页衬乌丝栏格子工写。大概当时很有意于传世的。"(《我的日记》)

**上旬**　先生夫妇租居东横浜路大兴坊(即景云里的隔壁弄堂)5号的一幢房屋,并和杜衡夫妇一起合住。不久,先生和杜衡又合资把此赁屋承顶了下来。

另,据孔海珠记述:施先生"夫妻住亭子间,杜衡夫妇住二楼,下面做客堂。一共一楼一底一个亭子间,这是条房租便宜的普通弄堂"。(孔海珠《施家伯伯在虹口》)

**十二日**　按鲁迅日记:"晴。上午施蛰存来,不见。"(《鲁迅全集》第14、15卷,人民文学出版社,1981年北京第1版。"鲁迅日记"以下均同)

**约在期间**　按先生自述:"鲁迅译的《文艺与批评》排印的时候,要加入一张卢那卡尔斯基的画像。我们找了一张单色铜版像,鲁迅不满意。他送来一张彩色版的,叮嘱要做三色铜版。我们尊重他的意见,去做了一副三色铜版。印出样子,送去给鲁迅看,他还是不满意,要求重做。铜版确是做得不很好,因为当时上海一般的制版所,对于做三色铜版的技术还不够高明。这副三色版印出来的样页,确是不如原样。但鲁迅送来的这一张原样,不是国内的印刷品。因此,我们觉得很困难,送到新闻报馆制版部去做了一副,印出来也还是不符合鲁迅的要求。最后是送到日本人开的芦泽印刷所去制版,才获得鲁迅首肯。"(《关于鲁迅的一些回忆》)

**十四日**　《益世报》刊载上海亚细亚书局版权保护书目,内有:"《娟子姑娘》,施蛰存著,一本洋三毛五分"。

**十五日**　先生与戴望舒合编《新文艺》创刊号(第1卷第1号),由水沫书店出版印行;刊有《鸠摩罗什》,先生自述:"《鸠摩罗什》之作,实在曾费了我半年以上的预备,易稿七次才得完成。这时我们办《新文艺》月刊,我就很自负地把我的新作排在第一篇印行了。"(《我的创作生活之历程》)"在当时,国内作家中还没有人采取这种创作方法,因而也获得一时的好评。"(《我们经营过三个书店》)

另,刊有《鸦》(署名"安华"),以及《受难者的短曲》(署名"刍尼"):"我几乎要以为杨[骚]先生是连散文也写不通,而普通的单字的意义也不懂得的人。在这本占据125页面的二十首诗中,我觉得很少有几首可以算得通的诗。况且,杨先生的诗好像并没有严格的脚韵,而他却似乎很喜欢将句法颠倒,而结果是使我莫解其义。在这里我想举出几处来,请作者指迷,因为我觉得这是比世界上任何诗更难读的也。"

另,还刊载水沫书店外国文学丛书"现代作家小集"书讯,其中先生译著两种:施蛰存译(奥)显尼志勒著《牧人之笛》、安华译(英)柯巴特著《马戏》。先生自述:"只出版了《新郎的感想》[(日)横光利一著,郭建英译]和《二青鸟》[(英)劳伦思著,杜衡译]两本。"(《我们经营过三个书店》)

另,自此期始,先生以主要撰稿主持每期末后的《编辑的话》(署名"编者""编委"),并参与每期"国内外文坛消息杂话"的撰写(署名"S""沫"等)。此期《编辑的话》提及:"《礼仪和卫生》及《鸠摩罗什》这两篇创作,不消说是可以成为本年度创作中之佳著的。""后一篇的作者施蛰存先生,或者有人曾见过他一点写作,他是能写很美丽流利的散文的。从《鸠摩罗什》这一篇里,可以看出他散文的精致,心理的描写的细微,和运用古事的自然。最近他将有一本抒情的短篇集《上元灯》将由水沫书店介绍给我们。""这样芜杂的今日的出版界,没有严正的批评是不会变好的。我们希望我们这书评栏能够给读者一个看好书弃坏书的正鹄。从下期起想在本刊别辟读者会一栏,专收读者的关于本刊的意见的通信,读者如有意见,请写些来,使我们这个幼稚的月刊能达到健康之境。"

**十七日** 中秋节。按傅彦长日记:"十时馀,叶秋原来,请往其家午餐,遇施蛰存,赠予《上元灯》一册。"(《傅彦长日记》,上海图书馆藏本,张伟整理。以下均同)

**二十三日** 《语丝》第5卷第28期刊载杨骚《狂吠与批评·答刍尼》:"闲话少说,你老先生要我指导的地方,现在我简单地为你解释如下。""总以上九条,只有最后这条'渐'字的错误,""其馀的八条举例,不要客气,我直说是你老先生低能的多事。""但对你说,请不要肉麻得太令人难堪,说你是在做'书评'。"(按:此文目录标题为《糊说与批评·答刍尼》。)

**三十日** 先生与戴望舒合编《新文艺》创刊号(第1卷第1号),由水沫书店再版发行。据沈子成记述:"创刊号出版后,销路大佳,不到半月,初版本全数售罄。同月三十日,再版本发行。"(沈子成《记水沫社》)

**月内** 按先生自述:"《鸠摩罗什》以后却难于为继了,在编辑第2期《新文艺》月刊的时候,我想写一篇《达摩》,又想写一篇《释迦牟尼》,思想尽往这一方面去找,结果是一句也不敢落笔。"(《我的创作生活之历程》)

**又** 林疑今把当年一部轰动国际文坛的小说《西部前线平静无事》(德国雷马克著)译成中文。先生自述:"他带了译稿来找我们,希望我们给他印行。当时我们已知道马彦祥和洪深也在译这本书,而且听说原稿已由现代书局接受,已付印刷厂排版。因为洪深在写一篇二万字的文章,论战争文学,预备附在译文后面,""他这篇文章未必很快就会写成。于是我们把林疑今的译稿接受下来,做好付排的加工手续,我和望舒带了五听白锡包纸烟,到和我们有交情的华文印刷所,找到经理和排字房工头。请他们帮忙,在一个月内把这部二十多万字的译稿排出,排字工加百分之二十,另外奉送纸烟五听,让他们自己分配。他们都很高兴地接受了这个任务,过不了十天,就送来了初校样。"(《我们经营过三个书店》)

**同月**　水沫书店出版"科学的艺术论丛书"冯雪峰译作梅林格《文学评论》。《新民报》在南京创刊。

## 十月

**十日**　在《小说月报》第 20 卷第 10 号发表《书相国寺摄景后甲》《书相国寺摄景后乙》,署名"安华"。

**十五日**　译作奥地利显尼志勒小说《牧人之笛》(上)刊于《现代小说》第 3 卷第 1 期(扩充纪念特号)。此期"新书一瞥"专栏介绍《新文艺》提及:"这也是新创立的一个文艺月刊,是由水沫社诸人编辑的。水沫社是近来很努力的一个文艺团体,这个刊物便是他们努力的结晶。第一篇施蛰存君的创作《鸠摩罗什》是一篇写得很美丽,叙事很舒徐的作品,是值得注意的。"

**同日**　先生与戴望舒合编《新文艺》10 月号(第 1 卷第 2 号)出版;刊有《文艺漫谈》(署名"沫"等)、《未厌集》(署名"邹萧")和《"中国文学进化史"的一章》(署名"歪玉")。

另,刊发茅盾(署名"MD")来稿。先生自述:"《邻二》那篇散文发交印刷所排印时,被印刷工人遗失了最后一页原稿,于是有三四行文字无从排版,作者又远在东京,一时也来不及补送原稿,只得由我胡乱地加上了几个字,让它结束了。""实在加添得不高明,只是因为急着杂志的出版,也就顾不得了。""那篇散文印出来后,茅盾先生曾经就他的底稿上补抄了遗佚的字句寄来,但因为《新文艺》已经停刊,就没有机会把他的来信登载出来,让读者改正。不久之后,连那封信也找不到了。"(《〈邻二〉的佚文》)"直到五年以后,我才发现茅盾的原稿。"(《我们经营过三个书店》)

另,《编辑的话》:"本刊第一期出版以来,据发行部的报告,居然颇有销路,这是很可感谢爱护本刊的读者的。因为,我们自己是觉得本刊完全没有如预先的计划那样的实现出来。即是该期,在编成之先,确曾想能够比创刊号更有些精彩,但到如今一看,觉得仍然有好几门文字尚付缺如,不能依照从前的预告做去,这是又只得希望到下期去了。该期编成之后,觉得《新文艺》所得到的爱护着的帮助竟有这样的大,倒是十分铭感着的。在稿件一方面说,叶绍钧先生在百忙中还替我们创作了一篇《某镇纪事》;茅盾先生远远的从日本寄给我们隽永的随笔,并且还答应以后也替我们写些文章,这些都充分地给我们以努力的鼓励。此外,徐霞村先生也是很替本刊尽力的一个。""《败北》一篇是菊池宽最圆熟的作品,现在由日本文学的老手沈端先生翻译过来发表在这里。""《社会的上层建筑与艺术》一篇是研究新兴艺术者不能不读的文章,我们感谢晓村先生替我们译出来。""赵景深、李金发、迷云[郭建英]、孙春霆[晓村]、汪锡鹏诸先生,为了他们的有价值的创作或翻译的帮助,我们都私心感谢着。"

另,"读者会"刊载"本埠陈华来信",编者答覆谈及:"本刊编辑系《新文艺》编委施蛰存、徐霞村、刘呐鸥、戴望舒共同负责。"

**二十四日** 朱湘致先生函:"《上元灯》仔细看了一遍,我喜欢的是《牧歌》《妻之生辰》《栗芋》《闵行纪事》。《牧歌》无疑是摹仿希腊的,然而老实的摹仿并无损于文章的价值,《依尼意德》是摹仿何默尔,《失彼乐土》是摹仿《神曲》,即就《牧歌》而论,卫基尔摹仿西奥克利忒士,但仍有他的特色。你的《牧歌》在布局上,造辞上,都有许多突过前人的处所,挈来与卫基尔的相比,我以为你的好些。《妻之生辰》在布局、情调之上,都是恰到好处,我个人推此为全集的压卷,《栗芋》中的奶娘,《闵行纪事》中的女子,都写得很好。"

**二十七日** 东吴大学王坟(朱雯)致曾虚白函谈及:"我们的出版物《白华》(La Fleur Blanche)由我主编,创刊号总算已经编好。""第二期有邵宗汉、亢德诸兄的文章,或许还有施蛰存先生,绿漪女士的作品!"(《真美善》,第5卷第1号"文艺的邮船"专栏)

**同日** 按傅彦长日记:"灯下阅《新文艺》第1卷第2号,其中佳文甚多。"

**同月** 水沫书店出版"科学的艺术论丛书"鲁迅译作卢那卡尔斯基《文艺与批评》。

## 十一月

**上旬** 先生和戴望舒合编的"新兴文学丛书"初版发行第二种德国雷马克著、林疑今译《西部前线平静无事》。先生自述:"在《申报》上登了一个大广告。等到洪深、马彦祥的《西线无战事》出版,我们的林译本已经再版。以后在五个月内,再版了四次,大约卖了一万二千册,在1930年的中国出版界,外国文学的译本,能在五个月内销售一万多册,已经是了不起的事了。这本书,恐怕是水沫书店最旺销的出版物,由这本书带销的书,也有三五千册。"(《我们经营过三个书店》)

**十五日**　先生与戴望舒合编《新文艺》11月号(第1卷第3号)出版;刊有《凤阳女》、译作美国勒维生《近代法兰西诗人》,以及书评《波格达诺夫的社会意识学》(署名"山眉");还刊有朱湘通信《〈上元灯〉〈我的记忆〉》。

另,《编辑的话》提及:"徐霞村先生的小说是永不失为社会的研究的,这篇 *Modern Girl* 的确是现代一部分东方女子——不但在日本,同样也在中国——的写生。徐先生长久没有发表他的创作了,从这一篇里,我们可以看出他在作风上作了一个新的试验。""彭家煌先生的描写手腕是已经达到圆熟的地步的。这篇《美的戏剧》不仅表现出一种深刻的、冷嘲的作风,而且充满了一种纯粹的地方色彩。至于施蛰存先生,我们应当对他表示一种天才的敬意。他的创作集《追》《上元灯》之得到读者一致的惊赏,和《鸠摩罗什》刊出后的接到许多读者称誉的来信,都可以证实他的艺术已深深地印入读者的心里。该期的《凤阳女》是他的新作,所写的人物是一种卖技的流浪女子,是 a la chinoise 装的 Carmen。""诗歌一栏里,有英国 E. Dowson 的译诗,戴望舒和杜衡两先生用旧诗体裁来译外国诗,流利而自然,是可以佩服的。""章依先生和邵冠华先生又给了我们几章美丽的诗。我们这里要特别提出介绍的,就是邵先生的特殊的风格。通信栏有朱湘先生的来函两通。""还想去专聘英国、法国、俄国、日本、德国的文学通信者。日本的文学通讯,已由茅盾先生函允担任了,其馀的正在筹划。""国外的'现代文学'的论述,是每期都有一篇的。""读过《善终旅馆》的人们,当惊赏那三十馀幅的木刻的精美。这期徐霞村先生为我们译了一篇关于这位大木刻家马赛莱尔的介绍,使我们可以得一种更深切些的了解,并且还加上他的木刻名作《烟》和他的近作画《赛车场》介绍给读者欣赏。""《近代法兰西诗人》一篇原在去年的某刊物上登载了一些过,但未登完而某刊即废刊。常有人写信询问,所以在这里再发表一次。"

另,还刊有章依(靳以)诗作《秋风吹了姑娘》《SONNET》。先生自述:"他用笔名'章依'给我们寄诗稿来,我们选录了四五首。后来他自己到水沫书店来看我们,因而认识。"(《我们经营过三个书店》)

**同日**　译作奥地利显尼志勒小说《牧人之笛》(下)续刊于《现代小说》第3卷第2期(11月号)。此期"现代文坛·五、奥国"提及:"本刊所载施蛰存君译的一篇《牧人之笛》已于这一期结束了,读者不妨细细的去再读一遍,这是一篇多么美妙的故事。"

**三十日**　为译毕德国托马斯·曼小说《脱列思丹》而撰"译后记":"从褒尔克(Kenneth Borke)的英译本和伐莱尔·穆尔(G. Valere Gille)的法译本参酌而译出。"

**约在期间**　《金屋月刊》第1卷第6期"介绍批评与讨论"专栏刊载《〈上元灯〉施蛰存著,水沫书店出版》:"近来看到了新出的《新文艺》杂志上的一篇《鸠摩罗什》觉得很不差,就有想读读施蛰存君的另外的作品的心思了,我就得到了一本他的作品集《上元灯》。这书内容十个短篇,我只粗粗地看了一次,来做什么批评,原是很僭越的,不过让我写下我的读后感来吧。这只能说是读后感,而不能说是批评,我再一次声明。文章全都是很轻淡清疏的,真像是不吃人间烟火食的人方能做得出来的东西那样。态度是很悠畅,一点也不呈惶遽慌乱的样子,如同一个胸有成竹的谋士,一步步进行他的计划。只这两点已经是别人所难及的了,而况他还能很巧妙地抓住所要表现的情绪。是情绪,施君的全部作品,若放过了情绪而去寻求别的什么,便要变成买椟还珠的人了。这是我们第一须要留意的,喜欢听口号声喧的革命文学崇拜追随者,没有看《上元灯》的资格,就是欢喜读肉感丰富热情激越的东西的人,也不能理解《上元灯》的;这是像溪流的细声,这是像微风的偷过秋林,要你静静地去玩味领略的。"(按:此文末落款"十月二十日 A. B. 记",而《金屋月刊》第1卷第6期版权页署二十九年六月出刊。)

## 十二月

**十五日**　先生与戴望舒合编《新文艺》12月号(第1卷第4号)出版;刊有其译作美国勒维生《近代法兰西诗人》(续)。

另,此期《编辑的话》提及:"《新艺术形式的探求》是一篇很重要的文章,原作者藏原惟人,为日本无产阶级文艺理论介绍的专家,本篇不但议论正确精密,而文字也清晰有序。有读者写信来要求我们刊载'普洛[罗]'文艺的理论文字,此篇想总能使他满足吧。""答应给我们做《显尼志勒访问记》的赵伯颜先生,不幸在11月29日患伤寒在南京逝世,这不但是我们的危运,也是全文坛的危运。"

另,"书评"专栏刊载署名"浓浊"《在施疗室》(日本平林夕イ子作小说四篇,沈端先译,水沫书店出版)提及:"这是很平常的,每次我们从女作者的小说里,能够看到精细的心理描写,而且会感到一种特殊的喜悦,这种喜悦在男作者的作品里是感不到的。(但,这里须申明,因为我在施蛰存先生的作品里,曾经有几篇使我有同样的感觉。不过,那只到底是一部分男性的心理描写的精细。)"

另,"读者会"专栏在"编者答覆杭州黄维桢来信"中写道:"戏剧一项,因目下并无来稿,故付缺如。现闻施蛰存先生正在为本志译一篇西班牙现代名家培那文德的代表剧《寡妇之夫》,待稿到后当即发表。"

另,"读者会"专栏刊载"太原赵尊复来信"谈及:"中国自新文学运动起来之后,十来年间创作虽是产生了许多;可是除了郭沫若先生曾以庄子和老子等人为材料写过几篇小说以外,很少有用古事做创作的材料的。也许是运用古事的不容易罢。""创刊号上施蛰存先生的一篇《鸠摩罗什》,看了后,非常满意。描写一个日间讲经译典,夜间与宫女伎女睡觉的高僧鸠摩罗什的内心的苦闷,仿佛这个烦闷的罗什就是站在我们面前。他的二重人格底冲突的苦楚,都给我们充分的表现出来了。至于这篇小说的收尾的奇妙,更是动人!在这篇创作里,我们可以证明施先生运用古事之自然,与想象力之丰富伟大。很可以与郭沫若并驾齐驱!我们希望施先生以后努力从事于历史小说的创作。日本的菊池宽芥川龙之介的作品不都是起初是历史[人]物为主的吗?施先生努力罢!请问施先生除了《上元灯》以外尚有其他创作否?或将出版的?"别有"琼州王启怀来信"谈及:"施蛰存先生的《鸠摩罗什》一篇,用事实来写创作,写得那样细微,文字那样美丽,真是一篇很宝贵的作品呢!"

**二十八日** 叶圣陶致函:"承饷鲈鱼,即晚食之,依来示所指,至觉鲜美。前在松江尝此,系红烧,加蒜焉,遂见寻常。俾合家得饫佳味,甚感盛贶。调孚振铎,亦云如是。今晨得一绝,书博一粲。'红腮珍品喜三分,持作羹汤佐小醺。滋味清鲜何所拟,《上元灯》里诵君文。'"(孔另境《现代作家书简》,花城出版社,1982年版)

**下旬** 先生开始着手筹办《水沫月刊》。据沈子成记述:"仿照开明书店的样子,要创办一个《水沫月刊》,好像《开明月刊》那样,专门刊载书报评论,介绍文艺作家,报告文坛消息等。由施氏等主持筹备,预定在十九年二月下旬出版。其时我就写了一篇评《上元灯》的小文,名《读〈上元灯〉》寄至水沫书店,给施氏,请其在将创刊之《水沫月刊》上发表。后来不料《水沫月刊》的创刊,因种种的关系,未能实现。我的那篇小文,亦无法刊出,施氏在后来信中,深表歉意。"(沈子成《记水沫社》)

**月内** 结识前来投稿的光华大学学生穆时英,先生自述:"他送来了他的处女作《咱们的世界》,使我非常惊异。""这种作品,在当时的左翼刊物,如《拓荒者》《奔流》等,也没有见到过。我们把这篇小说发表在《新文艺》第1卷第6期上。"(《我们经营过三个书店》)

**是月** 长女施蘧一岁病夭。(先生书面材料)

**同月** 松江县城内云间第一楼设为文物陈列所以及报刊阅览室。《文学周报》出版至第9卷第5期(共380期)停刊。

**年内** 按先生自述:"我在上海闸北宝山路世界语学会绿光社,由姚蓬子的介绍认识了王鲁彦。当时我对他的情况毫无所知。只知道他是一位世界语学者,曾陪同盲诗人爱罗先珂工作过一段时间。他送了我一本《花束》,这是他从世界语译出的一本极有趣味的民俗学小书。"(《重印〈黄金〉题记》)

**又** 按先生自述:"周扬(起应)的第一篇散文,发表在我办的《新文艺》上,当时他在大夏大学读书(1929),刊出后,他到水沫书店来看我们,我也是最早认识周起应的。"(复李辉函,1994年9月4日。按:谈及"第一篇散文"疑用笔名,俟考。)

**又** 按先生自述:"直到1929年以后,在上海搞文艺出版工作,才跟了戴望舒去他[陈志皋]家闲谈,去时总在晚上,而且总是和戴望舒同去的。""陈高庸[傭]是在陈志皋家里认识的。"("关于陈志皋和《世界与中国》",1968年)

**又** 按先生自述:"我看到钟伯敬的《隐秀轩集》,是在民国十八九年间,看了之后,觉得有意思,同时又买了一部《清代图书目录》,按图索骥,随时买了些明人小品文集。"(《"云乎哉?"》)

## 一九三〇年 (中华民国十九年 岁次庚午) 先生二十六岁

### 一月

**十一日** 又始作日记。先生自述:"为中华书局的袖珍日记簿了,所记的日子是民国十九年1月11日至2月4日。记得很简单,而且大部分都是银钱进出的账目,恐怕是最不能传世的一本了。"(《我的日记》)

**十五日** 先生与戴望舒合编《新文艺》1月号(第1卷第5号)出版;刊有其译作美国勒维生《近代法兰西诗人》(续完)。

另,此期《编辑的话》提及:"杂志真是难办,对于此道没有多大经验的本社同人,把《新文艺》编到今天,真觉得对亲爱的读者抱歉到无地自容了。有人曾经说,创刊之时,是人办杂志,到后来是杂志办人,真是不错。编集稿件,催印刷所,催装订所,看看只不过二百页的一个月刊,销路也不过四五千份,却简直非十六七个人来工作不可。

而规模狭小的水沫书店,人手既少,资本又短,自不免要把本刊弄到捉襟见肘的地步了。所幸本刊的读者似乎都对于本刊抱有好感,常常写信来有所指教和讯问,使同人惭怍失望之心,时时鼓舞起来,希望能够把本刊在此第一卷行将终了,第二卷快要开始的时候,竭力整顿一下,编辑和发行两方面,都不至如已往那样的凌乱和迟缓。在编辑一方面,同人早曾经过一度郑重的讨论,觉得1930年的文坛终于将让普罗文学抬头起来,同人等不顾自己和读者都萎靡着永远做一个苟安偷乐的读书人,所以对于本刊第2卷起的编辑方针也决定改换一种精神。因为努力于筹备第2卷的本刊之故,该期的内容自不免稍有逊色,这是无可讳言的。"

**是月** 先生与戴望舒合译易可维茨《文艺创作的机构》刊于《现代小说》第3卷第4期,署名"江思"。

**又** 译著意大利卜迦丘小说《十日谈选》,由上海大光书局再版。

**又** 梁遇春《春醪集》由北新书局出版。先生评述"是三十年代出现的优秀的散文集","确是正统的英国式散文"。(《说"散文"》)

**同月** 鲁迅、冯雪峰等合编的《萌芽月刊》在上海创刊,由光华书局发行。原太阳社蒋光慈主编的《新流月报》改名《拓荒者》月刊,由现代书局发行。淞沪警备司令部两天内搜查华通、乐群、北新、群众书店,没收各书店代售华兴书店出版的书籍,华通书店经理余祥森当场被捕。

## 二月

**十二日** 按傅彦长日记:"午后到西门书店,""又到水沫书店,戴望舒请往新雅(午后五时左右),同往者施蛰存。"先生自述:"虬江路四川北路口新开新雅茶室[四川北路(虬江支路口)1413号],为文人艺术家每日下班后常聚之所。曹礼吾、曹聚仁、叶灵凤、姚苏凤,画家张光宇、正宇昆仲及鲁少飞诸人,皆在此相识。天津作家潘凫公(伯鹰),常偕曹礼吾同来,我亦因缘定交。""朱应鹏、傅彦长、张若谷,自称'艺术三家',亦新雅常客。三人一桌,放论艺术,顾盼自豪,目无馀子。黄震遐在杭州笕桥空军任职,常来上海,与艺术三家沆瀣一气。"(《浮生杂咏》)

**十五日** 先生与戴望舒合编《新文艺》2月号(第1卷第6号)出版;刊有《阿秀》(署名"安华")。

另,刊有其译作莫尔奈[海岑译"莫尔纳",先生后译"莫尔那",以下均同]《雏》,署名"方进"。先生自述:"我在一本美国出版的'繁华市'月刊(Vanity Fair)上读到匈牙利现代戏剧家弗朗茨·莫尔那(Franz Molnar)的一个对话,题名曰《雏》。我很喜欢它的幽默与机智,当时即译出来刊载在自己办的《新文艺》月刊上。""不久,在一家旧书店里买到一本崭新的书,里封面上题着:'丈夫与情人,对话十九篇。弗朗茨·莫尔那著,英译者彭及敏·格拉才。'我译过的那篇《雏鸟》也就是这十九篇之一,但并不是其中最有趣味的几篇之一。我曾企图把这些对话都译出来,但屡次因为恐怕我的拙笔不够传达这些话里的机智——即使是英译者的——而搁起了。""我的朋友徐霞村先生仿佛也买到了这本小书,因为我在一些刊物上看到了他的几篇完美的译文。我正在渴望着他的全译本问世的时候,我的那个英译本却遗失了。几年之后,霞村已好久不再发表他的译文,也并没有单行本出来,仿佛他对于这些对话的兴趣已经淡漠了,而我却无意中又在一家旧书店里找到了另一本旧的。我把它从头再看过一遍,插上了书架。一直到抗战开始,它与我的其他许多洋书一起损失在兵燹里了。"(《丈夫与情人·初版引言》)

另,此期"编辑的话"提及:"该期是第1卷的最后一期,也就是我们旧的皮剥将蜕化了,而开始一个灿烂的新的生命的一期。不是残喘,是断然的决意,读者当能看得出来。当然,在这一期上的稿子是不能有同一的倾向,因为有许多稿件还是陆续积下来的,我们不能不将它们发表,而这些稿件从另一个眼光看来,也是有其价值的。""安华先生的《阿秀》的新鲜的风格,许钦文先生的《同情泪》的老练的作风,给了我们欣快的惊宴。""我们特别要向读者推荐的,是《咱们的世界》的作者穆时英先生,一个在读者是生疏的名字,一个能使一般徒然负着虚名的壳子的'老大作家'羞愧的新作家。《咱们的世界》在 Ideologie 上固然是欠正确,但是在艺术上面是很成功的,这是一位我们可以加以最大的希望的青年作者。"

另,据高明《悼时英》记述:"因为我和《新文艺》月刊的几位编辑施蛰存、戴望舒、杜衡是朋友,时常跑到社里去闲谈,有一次,他们便把[穆]时英介绍了给我。"(《晨报》,1940年7月29日)

**又** 按先生自述:《新文艺》"第1卷1至6期是倾向性不明显的同人刊物"。(《我们经营过三个书店》)

另,据徐霞村记述:"水沫书店已经出版了三十几种书籍,同时《新文艺》月刊也出到了六期,开始在读书界发生了相当的影响。"(霞村《记刘呐鸥》)

**二十四日** 《大公报·文学副刊》第111期刊载书评《上元灯》:"此书在近顷出版

之短篇小说中,允称佳构,语其长处,约有二端。一曰多书卷气,""虽皆描叙本地风光,日常经验,而处处皆见得作者沉潜而喜读书。故多精细之思,而无粗率之气。又其白话文亦雅洁深厚,由于多读旧书,涵泳有得者。二曰写景精切,表情真挚。短篇小说不在陈说大道理,但其材料,须精警而多趣味。致此之道,不外以纯正深厚之感情,融入寻常经验事物之中。此种感情最忌一偏,暴戾恣睢,叫嚣纷拿,固不足取。而一味凄苦烦闷,悲丧怨尤,亦不可行。若此书中主人(代表作者)于独处惆怅,随缘系恋之中,不失其澄明之理性,又虽平凡事物,琐屑闻见,写来均带温和真挚之情感(此即所谓诗意)。此事为之似非难,而实不多觏,所以为可贵也。"

## 三月

**二日** 中国左翼作家联盟在上海成立,鲁迅、冯雪峰、钱杏邨、田汉、沈端先等五十余人加入。先生自述:"左联在中华艺术大学开成立大会,前一天,雪峰特地来通知我们,邀我们去参加。那时我恰巧回松江去了,没有知道,所以第二天只有望舒和杜衡去参加。"(《最后一个老朋友——冯雪峰》)"我们自己觉得我们是左派,但是左翼作家不承认我们。我们几个人,是把政治和文学分开的。文学上我们是自由主义。所以杜衡后来和左翼作家吵架,就是自由主义文学论。我们标举的是,政治上左翼,文艺上自由主义。"(《沙上的脚迹》)

**十五日** 先生与戴望舒合编《新文艺》3月号(第2卷第1号)出版;刊有《花》。另,"编辑的话"提及:"本刊总算已经出到半年了,这一点小小的成就,与其说是出于同人等的困苦的挣扎,却还不如说是出于读者诸君的热忱的爱护。""在过去,我们是曾经验到了许多的困难;同时,我们又预期着还有许多的困难横在我们的前途。以同人等的绵弱的能力,而负起新文学的建设这个重大的责任,困难是不可免的。不过我们还得决心将它们克服,我们还得适应着时代的要求以供献我们的能力所允许供献的一切。该期的内容,显然已和一卷中的各期不同了;这个在我们觉得是一个重要的改革,并且是一个进步的改革,虽然材料还不能如我们所热望的那么整齐又充实。在几篇论文中,茀理契的《艺术之社会的意义》确实是极值得注意的。这篇文字并不长,但是它却解决了许多庞大的著作所未解决的问题。此外,蒲力汗诺夫的《无产阶级运动与资产阶级艺术》之对于绘画,玛察的《新演剧领域上的实验》和伊可维支的《唯物史观与戏剧》之对于演剧,都有着正确的见解,把莫大的供献给与了艺术的研究者。创作小说有穆时英的《黑旋风》,施蛰存的《花》,徐霞村的《自然的淘汰》,在技术上都是很成功的作品。关于创作的题材方面,我们是决不愿把自己限止在青年革命家和青年女革命家的恋爱和奇遇中的。"

另,还刊发穆时英小说《黑旋风》。先生自述:"另外有一篇《南北极》,我介绍给郑振铎、徐调孚编的《小说月报》[第22卷第1期],差不多在同时刊出。这样,穆时英的小说引起了文坛的注意,几乎被推为无产阶级文学的优秀作品。""但是,到后来就看出来了,他连倾向马克思主义的思想基础也没有,更不用说无产阶级的生活体验。他之所以能写出那几篇比较好的描写上海工人的小说,只是依靠他一点灵敏的摹仿能力。""不过他能做到摹仿得没有痕迹。"(《我们经营过三个书店》)据杨之华记述:"穆时英的处女作《黑旋风》即在这个月刊上问世。[按:"处女作"此说有误。]接着时英第二篇小说《南北极》,也由施蛰存介绍给郑西谛主编的《小说月报》发表。在《新文艺》月刊上,除了穆时英之外,还有章靳以等新起之秀,都是该月刊的小说作家。"(杨之华《文坛史料·记现代社》)

**又** 按先生自述:"在第1卷即将结束的时候,形势要求我们有所改变,于是从第2卷第1期起,《新文艺》面目一变,以左翼刊物的姿态出现。"(《我们经营过三个书店》)据沈子成记述:"其时革命文学之风气极盛,《新文艺》月刊满一卷(六号)之后,改变作风,自二卷起,介绍新俄作家的作品,二卷一号在延期又延期中,终于出版了。但内容未见出色,施蛰存氏改变作风之短篇创作《花》,即发表于该号上,其他都译文,销路大减。"(沈子成《记水沫社》)

**又** 按先生自述:"而这时候,普罗文学运动的巨潮震撼了中国文坛,大多数的作家,大概都是为了不甘落伍的缘故,都'转变'了。《新文艺》月刊也转变了。于是我也——我不好说是不是,转变了。"(《我的创作生活之历程》)"为了实践文艺思想的'转向',我发表了《凤阳女》《阿秀》《花》,这几篇描写劳动人民的小说。但是,自己看一遍,也知道是失败了。从此,我明白过来,作为一个小资产阶级知识分子,他的政治思想可以倾向或接受马克思主义,但这种思想还不够作为他创作无产阶级文艺的基础。"(《我们经营过三个书店》)"之后,我没有写过一篇所谓普罗小说。这并不是我不同情于普罗文学运动,而实在是我自觉到自己没有向这方面发展的可能。甚至,有一个时候我曾想,我的生活,我的笔,恐怕连写实的小说都不容易做出来,倘若全中国的文艺读者只要求着一种文艺,那是我惟有搁笔不写,否则,我只能写我的。"(《我的创作生活之历程》)

**月内** 水沫书店出版的"科学的艺术论丛书"改名为"马克思主义文艺论丛"。先生自述:"可能是由于当时形势好些,我们敢于公然提出马克思主义。但是,不久形势突然变坏了,'论丛'被禁止发行,第六种以下的译稿,有的是无法印出,有的是根本没有译成。"(《关于鲁迅的一些回忆》)"我与戴望舒合译梅林格的'文学史论',未译成,因此丛书被禁止,故不继续印出。"("我编辑的丛书",1968年)

## 四月

**十五日** 先生与戴望舒合编《新文艺》4月号(第2卷第2号)出版;刊有其译作德国格莱赛小说《拘捕》。先生自述:苏联未来派诗人马雅可夫斯基自杀,"我们立即找资料,在《新文艺》最后一期上刊载了一个悼念特辑。共有文六篇,译马雅可夫斯基诗四首,由雪峰、望舒、蓬子分别执笔。这一期的《新文艺》本该在1930年4月初出版,但因为考虑'废刊'问题,事实上延至五月份才出版。因此有可能临时编入悼念马雅可夫斯基的特辑。但这本刊物的版权页上却印着出版日期是'4月15日'。"(《我们经营过三个书店》)

另,此期"编辑的话"提及:"该期差不多是一个纪念玛雅珂夫斯基的专号,所译著各文,都经选择,我们希望读者诸君看了这些文字之后,可以对于这个在本年4月14日突然自杀的苏俄未来派大诗人有一些较深切的了解。为了要等候这些稿件,所以本来已是脱期了的本刊,此番更是迟得岂有此理,这真是对不起读者诸君的事。然而,从玛雅珂夫斯基自杀的消息传到中国之后,直至今天,国内各文学杂志还并不有什么大的注意,还得让我们这个缓缓前进的骆驼式的杂志来首先纪念他,在这方面,也可以见到我国文学界之贫乏了。穆时英君的创作,自从在上一期的本刊上发表了一篇《黑旋风》之后,颇受到读者的好评,誉为普罗小说中之白眉,并且有些读者还因此表示对于普罗小说前途的乐观。我们很引为欣幸,自己对于自己的能够从庞杂的来稿中发见这样一位值得注意的作家,而将他的艺术介绍给读者,也甚为满意。""回忆当初,我们很高兴地计划本刊内容的时候,曾有一个目的要把本刊编得怎样的活泼,怎样的有趣味,所以在本刊创刊以前的广告中,曾经把预定的本刊内容很丰盛地陈列给读者。而不料心与愿违,虽然每期总还有些可观的文章,而精神上,我们总觉得一期一期的远离了我们原定的计划了。这或许是我们每人都没有许多的工夫从事于撰稿编书,故而精神逐渐的涣散了下去。到了第一卷终了,因为时代的风波激荡了我国文艺界,于是本刊因为不愿被弃于亲爱的读者,所以也宣告了方向的转变。自2卷1期出世以后,本刊的新精神曾闪耀在读者眼前,我们方将以为从此可以振刷起精神,努力一番,然而在内则受了执笔人不能固定的影响,在外则受了暴力的睥睨之影响。于是,本刊的编辑和发行都感到了绝大的痛苦。这2卷2期的出世,真是已用尽了我们的能力了。然而出世之后,能不能有机会呈现在读者之前,尚是不可料之事。就为了这样的缘故,我们以为与其苟延残喘,不如早求蜕化,所以本刊便在这很不成段落的时期宣告废刊了。"

**又** 先生参加合编的《新文艺》刊物在出版八期后,因有遭到当局查禁的危险而被迫停刊。先生自述:"到第2卷第2期排版竣事,即将出版的时候,受到政治压力,刊物和书店都有被查封的危险。大家研究了一下,还是自动停办刊物,以保全书店。于是第2卷第2期的《新文艺》封面上印出了'废刊号'三个字。卷尾有一段署名'编委'的'编辑的话'向读者说明刊物停止出版的理由是:'内则受了执笔人不能固定的影响,外则受了暴力的睥睨之影响。'前一句是说明这个刊物不是同人性的,并没有人在做核心,后一句是向读者暗示我们受到了政治压力,停刊出于被动。但'暴力的睥睨'这样提法,失于考虑,几乎又惹麻烦。"(《我们经营过三个书店》)

**二十四日** 按傅彦长日记:"阅《十日谈选》,濮卡屈著,施蛰存译,毕。"

## 五月

**是月** 水沫社编译《俄罗斯短篇杰作集》(第一、二册),由上海水沫书店再版发行,收录其译作两篇:库普林著《沙夏》、莱思珂夫著《古年代记中之一叶》,以及其大妹施绛年译作迦尔洵《红花》。

**又** 光华书局初版发行蓬子、徐霞村、杜衡主编"欧罗巴文艺丛书"之一种德国施笃谟著、钟宪民译《白马的骑者》,书末刊有此丛书介绍和络续出版书目提及:"《恋爱妙谛》,挪威哈姆生著,施蛰存译。"(按:《恋爱妙谛》除见于光华书局"欧罗巴文艺丛书"书目外,别有1933年2月上海生活书店编行《全国出版物目录汇编·民国二十一年份第一号》列目有"《恋爱妙谛》,K. Strind著,施蛰存译,0.80,现代"。记此俟考。)

另,按先生自述:"我在上海买到《般》的英译本,看过之后,觉得很好,就把它译为中文。'般'(Pan)是希腊神话中牧羊神的名字。本书中所写的格兰少佐,是一个安于野外生活,而厌弃虚伪的社会生活的人。他对于爱情的态度,也是很粗野的(其实应当说是很热烈的)。大概是由于这种性格,所以作者把书名取为《般》吧?但是,这个书名,不适宜于中文译本,因此,改为《恋爱三昧》。"(《恋爱三昧·新版译序》)

另,据沈子成记述:"水沫社的同人在光华书局又接洽出版了一个'欧罗巴文艺丛

书'。"(沈子成《记水沫社》)

**同月** 《萌芽》月刊第5期被禁,从第6期改名为《新地月刊》。《拓荒者》月刊也遭禁,最后一期改为《海燕》。由废名、冯至具体编辑《骆驼草》周刊出版创刊号。茅盾长篇小说三部曲《蚀》(《幻灭》《动摇》《追求》)由开明书店出版。

**又** 30日上海数万人为纪念"五卅惨案"五周年,从南京路经外滩、北四川路游行示威,遭到军警镇压。

## 六月

**三日** 徐霞村由北京致戴望舒函谈及:"在无聊的时候,我常打算在心里描画出你们在那边的情形。——老刘在说话的时候仍旧常说他的 Erotique 吗?老施还是整天跑他的松江吗?在水沫书店的楼上,老戴还是唱着'My Blue Heaven',跳着他的 Blues 吗?"据徐霞村记述:"我因为感觉到写作能维不持个人的生活,而且已经厌倦了上海的环境,便搭船到天津,回到一别两三年的北平,在北大和师大教几点钟课。"(霞村《记刘呐鸥》)

**十日** 在《小说月报》第21卷第6号发表译作德国托马斯·曼《脱列思丹》及"译后记"。

**是月** 小说集《追》遭国民党当局查禁,理由是"普罗文艺"。(见于张静庐《中国现代出版史料·丙编》"国民党反动派查禁文艺书目补遗·1929年—1936年")

另,按先生自述:"这本小说居然被国民党中宣部重视,列入禁书目录,着实抬高了我的身价。"(《我们经营过三个书店》)

**同月** 22日《前锋周报》在上海出版创刊号,该刊在第2期(6月29日出刊)、第3期(7月6日出刊)连载《民族主义文艺运动宣言》。

**又** 水沫书店出版鲁迅译作外村史郎、藏原惟人辑译《文艺政策》。《大众文艺》出版至第2卷第5、6期合刊遭国民党当局查禁。

## 七月

**六日** 《前锋周报》第3期刊载李锦轩《最近中国文艺界的检讨》提及:"说是最热闹的要算是定期刊物,据赵景深先生的调查,大概可分为下面六类。一、《小说月报》

《文学周报》《镕炉》《红与黑》《无轨列车》《大江》《青海》，里面的作家是茅盾、郑振铎、叶绍钧、谢六逸、徐调孚、赵景深、徐霞村、呐呐鸥、戴望舒、杜衡、施蛰存、沈从文、丁玲、胡也频、陈望道、汪馥泉、刘大白等。"

**十三日**　先生二妹施咏沂被松江县立中学校友会选举为"第三届候补执行委员"。(《松江县立中学校友会年刊》，1934 年第 1 期)

## 八月

**十三日**　按傅彦长日记："访卢梦殊、张若谷、谭抒真、沈在□、戴望舒、施蛰存，遇郭兰馨、王铁华、戴克崇。"

**十六日**　《现代文学》第 1 卷第 2 期刊载徐调孚(署名"蒲梢")《中译苏俄小说编目》(截止于 1930 年 5 月 31 日止)，内有"Kataev：《侵吞公款者》(施蛰存译，水沫书店出版，未出)"。

**同月**　中国左翼文化总同盟在上海组成。5 日日寇借口保护日侨，派第二十四驱逐舰队桃柳号等四艘军舰到上海，分泊浦东和汇山码头。15 日由王平陵、宗白华等编辑《文艺月刊》在南京创刊。

## 九月

**九日**　按傅彦长日记："午后六时左右外出，到新新公司，就郑宅寿宴，遇徐调孚、顾均正、张梓生、戴望舒、李金发、叶法无、徐志摩、郑振铎、李青崖、赵景深、陶希圣、施蛰存、傅东华、樊仲予、章锡琛、周予同、王伯祥等。"

**十日**　译作英国罗兰斯小说《薏赛尔》刊于《小说月报》第 21 卷第 9 号。

**上旬**　开始创作小说《石秀》。

**月内**　据沈子成记述："水沫社同人又计划了一个'法兰西文学丛书'，作系统的法国文学之介绍，拟定第一批均系十九世纪各名家之杰作，共计十册。"其中"二、乔治桑著《鬼沼缘》，施蛰存译"；"六、弓果尔著《吉米尼》，施蛰存译"；"八、都德著《小东西》，安华译"，"但后因水沫书店停业，此丛书之出版，未成事实"。(沈子成《记水沫社》)

**是月**　光华书局编印《光华书局图书目录》"新书总目录"内有："《恋爱妙谛》(长篇)，挪威哈姆生著、施蛰存译。"在"本局寄售书目·创作小说"内有："《上元灯》，施蛰存著,实价七角。"

**同月** 30日国民党政府发出取缔"左联"、通缉"左联"成员密令。

## 十月

**十日** 在《小说月报》第21卷第10号发表《将军底头》。(按:此篇标题之"底"也用"的",以下均同。)

另,据金文兵记述:"施先生说,这么写是有依据的。接着在纸上写下了书名《渊鉴类函·头部》,这部书里记载有这么一个情节。"(金文兵《秋日访施蛰存先生》)

另,据周允中回忆:"听我父亲周楞伽曾经提起,施先生在上世纪三十年代创作的历史小说《将军的头》,无论是当时,还是后来,都被许多人认为是现代派的开山之作。""我父亲后来终于查出:这则故事来源于清朝张英等人编纂的类书《渊鉴类函》。"(周允中《施蛰存、花敬定和〈将军的头〉》)

**同日** 现代书局出版《前锋月刊》创刊号,再次刊载《民族主义文艺运动宣言》。先生自述:"有几个夸夸其谈的'文学家兼艺术家',中心人物为张若谷、傅彦长、朱应鹏。""他们结识了黄震遐。黄震遐是笕桥空军学校的教官,也算是一个文学青年。他很崇拜张、傅、朱三人,一见如故,他们就经常厮混在一起。""黄震遐大约有政治背景,民族主义文艺运动可能是他最初奉命发动,而邀约张、傅、朱三人参加,凑成一个班子的。《拓荒者》被禁止发行,现代书局屈服于国民党上海市党部的威胁,答应为国民党出版一个刊物,就造成了黄震遐办《前锋月刊》的机会。黄震遐等人抓到了这个机会,兴致勃勃地想凭借《前锋月刊》掀起民族主义文艺运动,向法西斯政治献功。于是感到需要发一个宣言,为他们这个运动定下纲领。几个人讨论了三五天,消耗了许多茶点,还是没有人能执笔。""叶秋原,杭州人,原是我们兰社旧友,他刚从美国得了一个社会学硕士学位回来。他父亲与史量才熟识,史量才把叶秋原安置在申报馆资料室,工作很清闲,下午简直无事做,就跑出来坐茶室。因此关系,他不久就和'艺术三家'有了交情。刊物要限期发稿,而宣言还没有着落,正在无法的时候,有一天,秋原参加了他们的茶座,得知其事,就提供了一些意见。他们觉得高明,就索性请秋原拟稿。《前锋月刊》创刊号发表的《民族主义文艺运动宣言》,至今还为新文学史研究者所引用,可没有人知道这篇宣言是一个局外人代笔的。这件事情,秋原绝口不谈。"(《我和现代书局》。按:上海图书馆藏有《傅彦长日记》,可参看傅彦长当时交游情况。)

**二十四日** 戴望舒、徐霞村在北平访问周作人。

**是月** 《现代学生》创刊号刊载沈从文《我们怎么样去读新诗》提及:"正如所谓好的革命创作小说不会从郭沫若笔下产生,或者还可以从一个似乎不甚有革命精神的作者中如施蛰存,丁玲,或不甚知名的作者中如程碧冰,高植,一样。"

**约在期间** 按先生自述:"丁玲和也频各自捧着一个大纸盒上我们的小楼,取出刚从日本商店里买来的一套咖啡饮具(和瓷,即日本瓷器),夸赞其制作精好,似乎很高兴。他俩还答应在新年里邀我们去喝茶。岂知从此一别。"(《怀丁玲诗四首》)

**同月** 15日《文艺月刊》第1卷第3号刊载克川《十年来中国的文坛》。

## 十一月

**十日** 在《小说月报》第21卷第11号发表《魏琪尔之牧歌》《魏琪尔之田功诗》。

**十六日** 中国"笔会"(世界笔会中国支会)在上海成立,蔡元培为理事长,戈公振为书记,邵洵美任会计。先生应邀加入该会为会员。

**同日** 《真美善》第7卷第1号"真美善俱乐部"专栏刊载《名作推选第六次揭晓》"短篇小说"提及:"沈从文之《灯》,施蛰存之《上元灯》,王莹推。"

**三十日** 为《石秀》脱稿而撰写"后记":"自从想写这篇小说以来,心情很不好,今年9月上旬着手写原稿的第一页。写到第十页的时候又全部毁掉重写。今天终于写完了。全读一遍,自己感到不太满意。与最初的写作计划有很大的不同。而且,遗憾的是,有三个地方不得不引用原文。因为写得很辛苦,暂时保留着吧!也许以后会修改的。我在写这一篇期间,本刊连续登载了运用《水浒传》内容为题材的创作二篇,其他杂志也登了几篇。计算下来,最初考虑的想法应该是这部作品,并非自夸,也没有要竞争的意图。"

**是月** 《现代学生》第1卷第2期刊载沈从文《论施蛰存与罗黑芷》:"于江南风物,农村静穆和平,作抒情的幻想,写了如《故乡》《社戏》诸篇表现的亲切,许钦文等没有做到,施蛰存君,却也用与鲁迅风格各异的文章,补充了鲁迅的说明。略近于纤细的文体,在描写上能尽其笔之所诣,清白而优美,施蛰存君在此等成就上,是只须把那《上元灯》一个集子在眼前展开,就可以明白的。柔和的线,画出一切人与物,同时能以安详的态度,把故事补充成为动人的故事,如《上元灯》中《渔人何长庆》《妻之生辰》《上元灯》诸篇,作者的成就,在中国现代短篇作家中似乎还无人可企及。""作者的技巧,可以说是完美无疵的。"

**约在期间**　按先生自述:"水沫书店办了两年,刘灿波支付的资金已超过一万元,而放在内地的账面有三四万元,而这些钱能收回的恐怕不到百分之十。""刘灿波的经济情况发生问题,他表示无法再投入资金,要求今后的书店自力更生。这样,书店的出版物不得不放慢或减少,因为要节约流动资金。但是书出少了,营业额便低了。在一种恶性循环的经济困难中,书店就顿时萎缩下来。"(《我们经营过三个书店》)

另,据徐霞村记述:"不幸当时正是中国出版界一个不景气的时期。水沫书店做了一年生意的结果,在收不回来的账上虽然赚了几十元,实际上却垫进去一万多。"(霞村《记刘呐鸥》)

另,据沈子成记述:"这是很可惜的,而水沫书店因外账无法收得,又因资金有限,出版书籍太多,销路未佳。""而自《新文艺》月刊停刊后,大部翻译之理论书,销路滞呆,一时外强中干,经济周转不灵,其时开销不能节省,望平街亦有一发行门市部,所以支持困难了。"(沈子成《记水沫社》)

**同月**　16日"左联"第四次全体大会开除郁达夫。《骆驼草》周刊停刊。

## 十二月

**二十一日**　据《王伯祥日记》记述:"晨八时半赴车站,会圣陶、振铎、调孚、君匋,乘特别快车往松江,赴施蛰存啖鲈之约也。十时许到,蛰存来迎,因同步入城,抵其家。席间晤戴望舒及陆维钊,二时始毕。少坐即行。蛰存送出东门,由明星桥站登车回沪。"(转引自朱金顺《新文学考据杂谈》)

另,据商金林撰著《叶圣陶年谱长编》记述:"晨与王伯祥、徐调孚、钱君匋乘特别快车往松江应施蛰存吃鲈鱼之约,席间晤戴望舒、陆维钊。下午返沪,施蛰存送出东门。"(《叶圣陶年谱长编》,商金林撰著,人民教育出版社2004年版。以下均同)

**二十六日**　按傅彦长日记:"访施蛰存、戴望舒,午后三时馀,到纽约珈琲,叶秋原同往。"

**同月**　国民党政府颁布《国民政府之出版法》。

**年内**　长子出生。(先生书面材料)

**又**　邑人沈松仙在松江县城西秀南街创设"松声"电台,先生每逢回到松江家里便会打开矿石收音机收听。(先生口述)

　　**又**　按先生自述:在1930年时,"我也对回力球热中过一二年,每次去都碰到曹聚仁"。(《赌博的诀窍》)

　　**约在期间**　按先生自述:"清朝历代皇帝所用御玺,凡颁有大诏令皆钤此玺。""1930年代时,有同学在故宫为小职员,为我钤得此纸。"(《北山谈艺录》)

　　**又**　据邵绡红记述:"志摩和小曼常来同和里[邵洵美新居],多数时间是志摩一个人来,和洵美在书房里一谈就几小时。施蛰存也是喜欢来夜谈的一个,遇上志摩,便一起畅谈,到深夜还不尽心。"(邵绡红《我的爸爸邵洵美》)据盛佩玉回忆:邵洵美"又有新朋友来访,李青崖年龄大些,身高体胖;施蛰存瘦瘦的,二人都戴眼镜"。(盛佩玉《盛氏家族·邵洵美与我》)

# 一九三一年(中华民国二十年　岁次辛未)　先生二十七岁

## 一月

　　**一日**　元旦。续作日记:"前日收到朱云影先生寄送的此册,正好得用。今年希望能将此册记完,庶不负朱君一番美意也。"先生自述:"这是1931年东京建设社的日记册,每页上并不印好月日,可以自由写记。""是一位在日本的友人朱云影先生寄送给我的,""然而朱君的美意毕竟是辜负了,这本日记一共只记了23页,大概断断续续的不过记了一个多月而已。"(《我的日记》)

　　**九日**　《草野》第4卷第4期"文坛新讯"刊载《水沫书店将停止营业》:"水沫书店因内部人员发生暗潮,徐霞村诸先生均先后与该店脱离关系。闻最近戴望舒先生亦拟辞去编辑职务,所以对营业上极受损失,经股东会议,门市部决计停办。该店地址,则转租于联合书店为门市部。"

　　另,据徐霞村记述:"刘呐鸥是一个既无气魄而又自命会做生意的人,于是在和望舒诸人开了一个股东会议之后,便决定亲自出马经理营业,而叫望舒和蛰存专管编辑事宜。刘呐鸥上任的第一炮,就是减少稿费和版税的支出。""谁知刘呐鸥出马之后,竟大摆其老板的架子,把版税仿'商务''开明'的办法,一年按三季算账,不到时候,一个铜板都借不到,到时甚至连应付的都拿不到。""雪峰所编的'文艺论丛书',自始即不合刘呐鸥的味口,这时雪峰要求他履行每千字预支版税一元的条件,他竟延不肯付。雪峰气起来,便恐吓着要把'丛书'移到别处去出版。""我当时在上海完全靠写作为生,有一次我手头不便,向他商量借支版税10元作零用,他居然大打其官腔,说版税未到期,不借。我气得和他吵了起来,许多天都没有到水沫书店去。最后,连和他最要好的望舒他们都为钱的事和他发生了意见,于是这个小小的同人书店便开始被不愉快的空气笼罩起来了。"(霞村《记刘呐鸥》)

**十九日** 《大公报·文学副刊》刊载浦江清(署名"毂")《新文艺废刊号》:"上海水沫书店发行之《新文艺》杂志,风格清新,体裁兼备,为国内新文学界之佳刊。""第2卷向普罗方面开展,乃自2卷1号出版后,久不见续出。近顷始见其第2卷2号,标明是'废刊号',盖因某种关系,该刊将停止出版,吾人甚觉其可惜。水沫书店预告将另发行一文艺杂志以替代,现尚不知其如何形式也。"

**二十日** 按浦江清日记:"复蛰存信关于会款,蛰存近来经济大窘。前年暑假请诸友帮助起一会,我和钱应瑞合住了第三会(首会算在内)及第七会。第三会第次应交117.50元,第七会97.50元。故我每次交107.50元。每年阳历2月1日及8月1日是会期。今年2月1日是第三会,轮及我应收500元,除去第七会应交尚有451.25元。但蛰存因经济困难拟向我移借百元,我又叫他北汇百元,所以我家里可以实收251.25元,此数也尽够过旧历年及还零碎债之用了。"

**二十四日** 《草野》第4卷第6期"书业别讯"刊载《水沫书店来函摘刊》:"编辑先生大鉴:顷见四卷四号贵刊,文坛消息栏内,有'水沫书店将停止营业'新闻一则,不胜骇异!查敝店营业部,确因地位不佳,让渡与联合书店,而仍旧迁回四马路与光华书局合作。""敝店同人现方竭力计划本年度业务,俾敝店能日渐成为中国唯一出版第一流文艺书之书店。关于敝店编辑部方面事物,既因戴望舒先生将有法国之旅行,故自本年度起,已由刘呐鸥先生及施蛰存先生负责办理,徐霞村先生系敝店编辑部同人之凤好,与敝店向无直接关系,现在北京大学担任教务,更无脱离之可言。不知贵报所载,何所据而云然。现在适值外埠同业纷纷抵沪结账之时,贵刊所载消息,实足以使外埠抵沪同业有所误会,致影响敝店营业,情形似具重大。故此不惮繁琐,奉函声明。上海水沫书店谨启,一月十三日。"

**是月** 《当代文艺》第1卷第1期(创刊号)刊载狄克《一九三〇年中国文艺杂志之回顾》提及:"《新文艺》这是值得注意的水沫书店所发行的一种刊物,编者是施蛰存等。在最初出版的几期中,内容却比其他几种在国内已有悠久历史的刊物为充实,如施蛰存与刘呐鸥等的创作,都各具有一种特异的作风,在中国创作中实可算是另有生面之作,是一时不易多见的作品。""所以,《新文艺》中的创作,大都是把握着艺术水准的作品。但自第2卷决定改变了方向之后,那几篇所谓极形模糊的普罗作品,就没有一些价值可言。"

**同月** 17日左翼作家柔石、胡也频、殷夫、冯铿、李伟森等遭到国民党淞沪警备司令部逮捕。20日徐志摩主编《诗刊》出版创刊号。

## 二月

**七日** 深夜胡也频、柔石、殷夫、冯铿、李伟森等左翼作家被秘密枪杀于上海龙华。先生自述:"从1928年到1931年,丁玲和胡也频同住在上海,我和望舒和他们俩接触的机会较多。丁玲还显得是一个'莎菲女士'的姿态,没有表现出她的政治倾向。胡也频却十足是个小资产阶级文学青年,热心的是写诗,写小说,拿到稿费,就买一些好吃的,好玩的。1931年2月7日的噩耗传来,我们都有些意外,不相信他会成为无产阶级革命的烈士。当然,冯雪峰是知道的,但他从来没有谈起过。"(《丁玲的"傲气"》)"也频不久即遭惨杀,丁玲亦隐迹深居,不复相见。我常常想到他们许诺的午茶,不胜感慨。"(《怀丁玲诗四首》)

**十日** 在《小说月报》第22卷第2号发表《石秀》并"后记"。

另,据唐弢记述:"《石秀》一题,借《水浒》题材,状石秀杀嫂时之变态心理,细细写来,别出心裁。郁达夫曾极口称道,叹为佳作。"(晦庵《书话·"上元灯"及其他》,《文汇报》,1946年8月26日)

**同日** 《前锋月刊》第1卷第5期登载"本刊特约撰述",先生名列30位之一。

**十二日** 下午三时国民党上海市党部宣传部召集各书店经理谈话,勒令即日烧毁一切进步刊物,未出版者须先审查。据《上海市党部召集各书店经理谈话记》:"当到'新生命'、'新宇宙'、'卿云'、'水沫'、'群众'、'华通'、'世界'、'联合'、'现代'、'泰东'、'光华'、'亚东'、'开明'、'商务'、'北新''中华'、'新月'、'大东'、'大江'、'光明'、'文艺'、'乐群'、'南强'等各书局代表三十馀人。""今日希望于各位,亦即讨论中心问题有二:一、查禁之书籍,请即烧毁;二、以后出版书籍,郑重将事,最好事先送本部审核,以免印就后之意外损失。"(《申报》,1931年2月14日。按:《民国日报》同日亦刊登《各书店经理在市宣传部谈话:查禁书籍应即烧毁,未出版者先请审查》)。

**下旬** 应中国公学国文系主任李青崖之邀,受校长马君武之聘,在吴淞的中国公学文理学院预科兼任教授,每周去两次,每次上课两小时。先生自述:"正想在上海找个固定的副业,以贴补生活,李青崖答应我每教时3元的薪给,对我不无小补,我就答应下来。过了几天,他送来了一份聘书:写明聘请我为预科兼任教授,没有任课时数及薪给数,由校长马君武署名签发。""我原来只是个中学教师,没有教过大学生,到中国公学上课,教的是大学预科一年级生,只等于现在的高中二年级,上国文课也并不感到困难。在每次到校上课的时候,才知道这个学校已闹过几次学潮,李青崖进中国公学后,解聘了国文系教授杨鸿烈、马宗霍,他们都是胡适当校长时聘请来的,学生也都满意。李青崖突然解聘了这二位,拉进了自己的朋友,学生中颇有波动。我莫名其妙的成为李青崖的私人。"(《知己之感》)

**月内** "水沫书店"因受政治压力和经济困难的双重影响而停业,改为"东华书店",先生继续担任编辑。先生自述:"国民党上海市党部正在策划查禁进步书刊,封闭某些书店。我们虽然停止了《新文艺》,但'科学的艺术论丛书'也是被视为'宣传赤化'的出版物。于是我们不等查封,自己先宣告停业,另外再办一个东华书店,通知本市及内地各同业,把水沫书店的账目,一律转入东华书店名下。"(《我们经营过三个书店》)

另,据《书报评论》1931年第1卷第4期"中外出版消息及其他"专栏刊载"水沫书店与东和书店":"水沫书店最近不知因何故,宣告停歇,将存书与账目,一律赔让给东和书店。其批发部已改挂'东和书店'的招牌了。"(按:"东和书店"疑似"东华书店"。)

## 三月

**一日** 《读书月刊》第1卷第6期"出版界与著作家"刊载:"施蛰存新任水沫书店编辑,兼在中国公学等教书云。""施蛰存的《一九〇二级》即可出版。现在译库普林(Kuprin)之《火坑》Mama,已将竣事,凡三十六万言。此书与左拉之 Nana 并称为两部娼妓小说。"

**七日** 《草野》第4卷第12号"文坛新讯"专栏刊载《施蛰存任职中公》:"施蛰存先生之创作小说,为国内创作界最特出者,施先生在任松江女中国文教职有年,主编《新文艺》月刊也得到读者之欢迎。闻施先生现任中公文理学院教职,谅定有良好之成绩也。"

**三十日** 《文艺新闻》周刊第3号"每日笔记"专栏刊载:"施蛰存在25日跑来本社买报,当送了两份给他。问他近作什么工作,他说有病不提笔。"此期"出版界之一周"专栏刊载:"水沫书店自《新文艺》废刊后,门市亦将继停歇并将大部生财盘让与东华书局。"

**同日** 新加坡星洲日报有限公司出版发行傅无闷编辑《星洲日报二周年纪念刊》,刊内朱云影《最近世界文坛之展望·九中国文坛》提及:"中国原来有力底文学团体,是语丝社、创造社、文学研究会以及后起的太阳社。今年三月,语丝派领袖鲁迅忽与郭沫若领导的创造社,及钱杏邨、杨邨人、蒋光慈等的太阳社合作,并加入田汉等的南国社及幻洲社等,结成左翼作家联盟。水沫派施蛰存、戴望舒等也转变到了左翼文学研究会,大抵对这派是寄与同情的。""近一二年,中国小说、诗歌、戏剧,都有了长足的进展,优秀之作也一天多似一天了。例如殷泉的《期待》,柔石的《旧时代之死》,茅盾的《动摇》《幻灭》,巴金的《灭亡》,施蛰存的《上元灯》,戴望舒的《我底记忆》,叶绍钧的《倪焕之》,叶永蓁的《小小十年》,龚冰庐的《炭矿夫》,洪灵菲的《家信》《流亡》及散见于各杂志的徐殷夫的一些诗,沉樱女士(又名陈因或小铃)的几篇小说和田汉的几篇戏剧,都是有最高底艺术价值之作品。"

**下旬** 按先生自述:"我到中国公学上课不到三星期,学潮又起,不过我并不清楚其中党派斗争的真相,只是有好几次去上课,都碰上学生罢课,听听学生的控诉,显然有'拥马'和'倒马'二派。大约马君武校长此时已不到校,我也没有机会见到他。"(《知己之感》)

**是月** 为交付出版译著挪威哈姆生小说《恋爱三昧》而撰写"序":"对于文艺,我一向是以为各人的欣赏力不同,所以其批判也当然有所不同。在这里,我绝不想对于读者有什么暗示的关于本书艺术上的评论。因为这还是让读者展读一遍之后,自己去体会的好。""在西洋文学常识很贫弱的我国读者中间,我恐怕不很知道此书作者北欧现存大作家克纳脱·哈姆生的人还不少。所以,为了想替这些亲爱的读者谋一点方便的缘故,这里可以把哈姆生的生平和这本小书大略地介绍一下。""因为自己过于喜欢了,所以把它重译了出来,虽然我译得这样地拙劣,但想来读者多少总还可以从这本小书中欣赏到原作者的朴讷的风格、独特的修辞和北国的感伤。"

**同月** 4日上海北新书局、乐群书店、群众图书公司、江南书店等,突于被国民党当局查封。16日《文艺新闻》周刊在上海出版创刊号。由赵景深、李小峰编辑《青年界》在上海创刊。

## 四月

**十日** 译作奥地利显尼志勒《生之恋》(上)刊于《东方杂志》第28卷第7号。

**同日** 《现代文学评论》第1卷第1期"特大号"刊载《中国文坛杂讯：施蛰存将为前锋努力》："施蛰存氏之创作，在国内已获相当之评价，有称为创作界中所杰出者。施氏曾松江女子中学教授有年，与刘呐鸥诸氏创办水沫书店，主编《新文艺》月刊，成绩斐然，现任中国公学文理学院文学教授，闻将为《前锋月刊》努力创造云。"

另，该期还刊载："北平未名社健者韦丛芜氏，由北来沪已近两月。韦氏此次来申，系与水沫书店接洽合办门市部事宜，一俟商妥，即行整装北上。"

又 《读书月刊》第2卷第1期(我的读书经验专号)"出版界与著作家"专栏刊载"'中学生丛书'已出多种"："上海开华书局应时代之需要，特请国内著名中学校教师及与中学生有深切关系者编著'中学生丛书'，""不日即将出版的，有前松江县立中学国文教师、现任中国公学文学教授施蛰存所著的《中学生小说》《中学生诗歌》，及本刊主编顾仞千和无锡中学国文教师马仲殊所合著的中学生文学多种云。"此期"作家消息"："施蛰存近已辞去中国公学教职，专任水沫编辑。"

**十三日** 《文艺新闻》周刊第5号"每日笔记"专栏刊载："施蛰存在译《一九〇二级》，而《社会与教育》上亦见有黄源的译文。"

**二十五日** 译作奥地利显尼志勒《生之恋》(下)续刊《东方杂志》第28卷第8号。

**是月** 《魏琪尔》被列入王云五主编"万有文库"第一集一千种，由商务印书馆初版发行。先生在书末"参考书目"之"按"提及："第一书为最佳之散文译魏琪尔著作集，英文本与拉丁原文对照。第四书为英文本的最详备之魏琪尔研究论文，本篇大半皆取材于此，不敢掠美，特此声明。"

**又** 全家为父亲施亦政庆贺五十生辰。

**同月** 现代书局出版叶灵凤主编《现代文艺》月刊。

## 五月

**十日** 中国公学副校长朱经农致中国公学董事长胡适的信中谈及："此次文理科教授变动最多，文史系方面新请教员，大抵为文学研究会中人，如郑振铎、李石岑、孙俍工、施蛰存等,也还过得去。"(《胡适来往书信选·中卷》)先生自述:"我在这些信中,才知道当年中国公学的内幕,这些情况,当时都一点也不知道。朱经农对李青崖很不满意,在这封信中却提到我,和郑振铎、孙俍工、李石岑一起,许为'也还过得去'的教员,可见他对我们四人,并不因为是李青崖的私人而有所歧视。不过,对于郑振铎、李石岑、孙俍工三位,'也还过得去'的评价似乎太低了。至于我,自己知道,作为初出茅庐的大学教师,确是刚刚及格而已。"(《知己之感》)

**同日** 《现代文学评论》第1卷第2期刊载《中国文坛杂讯:施蛰存闭户翻译》:"施蛰存已辞去中公职务,最近代中华书局翻译世界名著一种,闭户努力,不常外出云。"

**又** 《读书月刊》第2卷第2号"介绍与批评"专栏刊载沈善坚《施蛰存和他的〈上元灯〉》:"是现代中国一本成功的文学作品。""用散文的笔法,来说出一个动人的故事。""充满了每一地方的风味。""在风景及人物,他能从容不迫地写,有着一种散文的美丽,而感伤的情调,笼罩了他底文字之间。""作者并不狂喊,亦不愤恨然的呻吟,作者只是轻微的发出对于人生的叹息。那是沉着的,深刻的。""对写革命这类的作品是失败的;完全的失败了。""而在历史小说方面,作者亦一度的试验过,得到有很好的结果。"

**十五日** 译作英国彭思诗歌《替我铺床的情人》(署名"安华")以及译作濮卡屈《最后的亚里丐陀的家庭》(署名"柳安")刊于《读书俱乐部》半月刊第3、4期合刊。

**二十日** 为译著德国格莱赛小说《一九〇二级》付印而撰写"译者致语":"在我们中国,虽然大战的恐怖不会使每个人都感到,但这未来的或许是不可免的大战难免不降临在我们这块土地上。所以,林疑今先生译出了《西部前线平静无事》,麦耶夫先生译出了《战争》,都能够意外地在我们这呆滞的出版界中得到了广大的销路,这里也许有一点相当的理由。而亲爱的读者对于这描写大战的另一方面的情形,其内容较前二书更有兴趣的《一九〇二级》有着迫切的需要,这也是很容易逆料到的。所以,我很荣幸地在这里把《一九〇二级》的译本呈献给亲爱的读者。"

**是月** 译著德国格莱赛小说《一九〇二级》,由东华书局初版发行。(按:该书仅版权页署初版时间为"1930,5",而里封面以及"译者致语"落款均为"1931,5"。)先生自述:"也是一部反战名著,这本书只卖了三千册。"(《我们经营过三个书店》)

**又** 译作匈牙利莫尔那《接吻》刊于《中国学生》第3卷第5期。

**又** 为译著奥地利显尼志勒《妇心三部曲》出版而撰写"译者序":"本书是他底三

种小说底译本。《蓓尔达·迦兰夫人》是一个长篇,其他两种是中篇小说。因为这三种著作都是他底佳作(尤其是《爱尔赛小姐》是欧洲近代文学中有名的作品),而且都是描写女性心理的,所以把他们结合起来,冠以《妇心三部曲》这个题名,我想读者一定不会觉得不适当的。"

## 六月

**八日** 沈从文为高植短篇小说《雪》撰写"序"提及:"新的作风在另一面便是不诙谐,丁玲作品不诙谐,茅盾作品不诙谐,施蛰存作品不诙谐,巴金作品不诙谐,以笔名沉樱、小铃写了极多美丽短篇小说的新的女作家陈女士,也是不诙谐的。"(按:此序后刊于《时事新报》,1932年12月4日。)

**十日** 《现代文学评论》第1卷第3期刊载张平《评几篇历史小说——〈石碣〉〈大泽乡〉〈豹子头林冲〉〈将军底头〉〈石秀〉》提及:"施蛰存的《将军底头》和《石秀》是旧时代恋爱心理的表现。""在这一点上,五篇之中,《石秀》和《将军底头》比较让人失望。"

**同日** 《读书月刊》第2卷第3期刊载《吴淞文坛·上海文坛最重要的一个分支》提及:"吴淞风景很美,文人荟萃,研究文艺的团体也非常多,""以白虹文艺社为最重要,该社为青年作家何家槐君所组织,""何君是写小说的,他的作品已散见《小说月报》《新月》《文艺月刊》及《金屋》诸杂志中,他的文笔很细腻,很冷艳,他的长处是在艳而不俗,虽文字雕琢而不着痕迹。他的作风,很像外国的丹农雪乌及柴霍甫,中国的徐志摩及施蛰存。"

**十一日** 《申报》刊登署名"蛰存"《鲥鱼谈》。(按:此文以及本年《申报》6月27日刊登《青花白黝金鱼缸》,7月28日刊登《九逍遥鸣》,7月31日刊登《伍祐公园纳凉记》,9月3日刊登《姜登选》,9月7日刊登《铁牛之遗迹》,亦署名"蛰存",作者皆为盐城蔡选青,见于《蛰存斋笔记》,上海元康印刷局1936年10月版。)

**二十日** 《申报》刊载上海四马路现代书局发行《前锋月刊》出版广告,其中"本刊特约撰述"有先生等28位。

**二十三日** 据沈从文记述:"她[丁玲]给了我一个信,提及她办《北斗》杂志的计划。""事情还刚刚开始,一切计划皆不落实,你可多多为我想一想。上海的施蛰存我也要他的稿子。"(沈从文《记丁玲续集》)

**三十日** 《文艺月刊》第2卷第5、6期合刊登载沈从文《论中国创作小说》(续)提及:"在短篇方面,则施蛰存先生一本《上元灯》,最值得保留到我门的记忆里。""几个短篇作者,在先一时所得到的优越地位,另有了代替的人物,施蛰存、孙席珍、沉樱,是几个较熟习的名字。这些人是不会讽刺的,在把创作当一个创作的态度诚恳上而言,几人的成就,虽不一定较之另外数人为佳,然而把作品从琐碎的牢骚里拖出,不拘宥到积习里,作品却较纯粹多了。《上元灯》笔头明秀,长于描绘,虽调子有时略感纤弱,却仍然可算为一个完美的作品。这作品与稍前一年两年的各作品较,则可知道以清丽的笔,写这世界行将消失或已消失的农村传奇,冯文炳、许钦文、施蛰存有何种相似又有何种不同处。孙席珍写了战场上……与施蛰存笔致有相似处。"

**下旬** 在吴淞中国公学文理学院预科任教一学期结束后离职。先生自述:"我在中国公学任课,勉强维持到六月,学潮未平息,提前放暑假,于是结束了我的教学任务。马君武、李青崖都下了台,下学期学校也不请我了。"(《知己之感》)

**是月** 译著奥地利显尼志勒长篇小说《妇心三部曲》(第一部蓓尔达夫人、第二部毗亚特丽思、第三部爱尔赛小姐),由上海神州国光社初版发行。

## 七月

**十日** 在《小说月报》第22卷第7号发表《莼羹》。

**十三日** 《文艺新闻》第18期刊载《文化街的后进者》提及:"上海的北四川路,有人称为小纽约,因为那里也有许多书店,所以又有人称为文化街。这街上,现在共有正午、红叶、公道、辛垦、东华、南强等书店,最近又有一家芙蓉书店。"

**二十七日** 《文艺新闻》第20期"每日笔记·出版、作者、行止、生活"专栏:"刘呐鸥近由平返沪,施蛰存将由沪赴平,并闻东华书局或将收盘。"

**是月** 中国文化服务社出版赵景深、孙席珍等编《现代中国小说选》(上卷),收录其作《娟子姑娘》。

## 八月

**一日** 《新时代》创刊号"文坛消息"专栏刊载"邵洵美请吃便饭":"日前邵洵美诗人在府请吃便饭,计到刘呐鸥,施蛰存,戴望舒,张若谷,曾今可,袁牧之,潘子农,董阳方,徐克培,马彦祥,及画家张振宇,曹涵美等人,诗人夫人盛佩玉女士亦帮同招待,饭后主客大吃西瓜。徐志摩,谢寿康,徐悲鸿等人到时,则已席终矣。"

另,此期还刊有"刘呐鸥欲脱离文学生涯":"东华书店创办人刘呐鸥由平返沪,据云决欲脱离文学生涯,闻他颇有从事地产经营之意。"

**十日** 在《小说月报》第22卷第8号发表《在巴黎大戏院》。

**同日** 《读书月刊》第2卷第4、5期合刊(文学研究专号)刊载《光华书局近况》,"开办以来已有七年,出版书籍已不下四百馀种,在新书业中已占有重要之地位,兹将该局最近计划分述如下",其中"'欧罗巴文艺丛书'系将欧洲文艺有系统的介绍到中国来的一个计划,出版者已有十馀种,在排印中者有施蛰存译的《恋爱三昧》,邓南遮著、芳信译的《死底胜利》,高尔基著、楼建南译的《我的大学时代》等数种云"。

另,该期还刊载赵景深《论何家槐的小说》提及:"恰逢家槐把他的一切作品收集起来,预备出一单行本,要我替他写一篇序。我只看到目录的时候,心里便想到:'这些题目是多么的美妙呀!这不是和施蛰存的《上元灯》一样的吗?大约都是些与竹布衫一类的作品罢。'"

**月内** 上海良友图书印刷公司开始出版由赵家璧主编"一角丛书"。据赵家璧回忆:"我开始计划编辑丛书时,施蛰存为我出了许多点子,也给了我很大鼓励。在我编辑生涯中,蛰存是第一个提携我的作家。""'一角丛书'创刊期间,最早提携帮助我的就是他;我在工作中每遇困难,经常去请教他。""当时我认识的成名作家仅有同乡施蛰存,他第一个出来支持我。"(赵家璧《编辑忆旧》)

## 九月

**四日** 上海良友图书印刷公司初版发行胡适等原著《今日四大思想家信仰之自述》,书末刊登出版书讯:"施蛰存创作《李师师》,一角。作者的名字,在近年来的《小说月报》上,每期可发现。最近写的那篇《石秀》,为全国文艺界所注意。《李师师》是一篇中篇创作,给《石秀》曲调有些相似。作者自己也认为是最满意的作品。"

**七日** 《文艺新闻》第26号"读书顾问"专栏刊载于海《"一九〇二级"的革命性》(此书东华出版,由施蛰存译出)。

**十日** 在《小说月报》第22卷第9号发表《魔道》。先生自述:"我运用的是各种官感的错觉,潜意识和意识的交织,有一部分的性心理的觉醒,这一切幻想与现实的纠葛,感情与理智的矛盾,总合起来,表现的是一种都市人的不宁静情绪。《魔道》的主人公确是一个现代知识分子,而且是有西方文化教养的知识分子,他有许多方面的知识沉积。'老妖婆'是西方神话、民间故事中常有的人物,主人公在少年时有了这种知识,当然他成长后不会再相信现实世界中有这种'妖婆',但在他神经不宁的时候,这种沉积在他知识领域中的事物浮起来解释现实中的某一现象。""这一篇是我的一个

'顶峰',所以此后我就不敢再发展下去了,在'千夫所指'的情况下,我不得不转一个创作方向,如果我再沿着《魔道》的路走下去,就会成为'荒诞派小说',更无人能理解,也更要受指责了。不过我自己对这篇小说,却是很重视的,现在我没有能力写出这样一篇小说来了,在这篇小说中,我几乎用尽了我的心理学知识和精神病学知识,还有民俗学和神话学,一般人以为我在胡言乱语,这是因为他们没有读这篇小说的文化基础。"(复杨迎平函,1992年1月15日)"吴尔芙写小说是在我之后。我这篇小说是受法国怪诞小说的影响,最有名的是十九世纪多列维莱的作品,我把心理分析跟怪诞糅合起来,在法国称之为'黑色的魔幻',这一类小说,中国人还不会接受。"(《中国现代主义的曙光——答台湾作家郑明娴、林燿德问》)

**月内** 据叶灵凤记述:"下午,我和施蛰存先生逛北四川路,在一家旧书店的橱窗里发现了一叠复制的西洋名画。虽然是单色的,但是极好的英国影写版出品,尺寸也很大。老板的价钱讨得很贵,虽然已经折散得不成册了,一张画附一张说明,还要一块钱一张。我和施先生选了一阵,他不知怎样看中了一张郎克莱的风景,我却选了一张达文西的'莫娜丽沙'。"(灵凤《秋灯琐记·记莫娜丽沙》)

**又** 新月书店初版冰心译作凯罗纪伯伦著《先知》。先生撰写《无相庵随笔·"先知"及其作者》:"直到如今,冰心女士的谨慎的译文,由新月书店之介绍,而使我得以一偿夙愿,感谢无已。只可惜我们的诗人已经在五个月之前故世了。"

**同月** 18日"九一八"事变发生,全国人民掀起抗日高潮。20日"左联"在上海创办《北斗》文艺月刊,由丁玲主编。新中国书局开始出版《新中国文艺丛书》,先后出版19种。

## 十月

**一日** 《新时代》第1卷第3期"文坛消息"刊载《戴望舒与施蛰存之妹订婚》:"戴望舒倾爱施蛰存之妹施绛年女士,已非一日。""后来,绛年女士考入邮政[储金]汇业局服务,仍未允婚,戴乃以失踪闻。逾月,戴又返申,继续进攻,现已大功告成,于日前正式订婚,有情人终成眷属,实文坛之佳话也。"

**二十日** 为经过增删改编后将再版的小说集《上元灯》撰写"再版自序":"我已将最觉得自己失笑的《牧歌》一篇删去,此外《妻之生辰》及《梅雨之夕》二篇,因为预备编入两个别的集子中,也抽出了。""至于三篇新作——《旧梦》《桃园》《诗人》都是我在前年写原有的几篇小说时所未曾产生的题材,现在因为补缺之故,自己以为将承袭了以前写其馀几篇时的情绪,将它们写出来。但我是失败了。究竟此中已距离了好久,当时的一种情绪已经渐就泯灭,我不再能够写到如《周夫人》《栗芋》那样舒缓的文章了。""今改编一过,则就全书各篇风格言,只有并不距离得很远的两组,似乎整洁得多。""至于本书之能够使我得到改编问世的机缘,那当然是应该致谢徐调孚先生了。"

**二十五日** 为出版小说集《将军底头》而撰写"自序":"自从《鸠摩罗什》在《新文艺》月刊上发表以来,朋友们都鼓励我多写些这一类的小说,而我自己也努力着想在这一方面开辟一条创作的新蹊径。但是草草三年,所成者却一共只有这样四篇,其能力之薄弱,真是自愧! 在本集中,这四篇小说完全是依照了作成的先后而排列的。贤明的读者,一定会看得出虽然它们同样是以古事为题材的作品,但在描写的方法和目的上,这四篇却并不完全相同了。《鸠摩罗什》是写道和爱的冲突,《将军底头》却写种族和爱的冲突了,至于《石秀》一篇,我是只用力在描写一种性欲心理,而最后的《阿褴公主》,则目的只是简单地在乎把一个美丽的故事复活在我们眼前。""自从这里的几篇小说以前在杂志上发表之后,曾经得到过许多不能使我满意的批评,有人在我这几篇小说中检讨普罗意识,又有人说我是目的在倡议民族主义,我觉得这样下去,说不定连我自己也要怀疑起它们底方法和目的来了。因此,我以为索性趁此机会说明一下,好让大家不再在这样没干系的小说上架起扩大镜来。"

**二十六日** 适夷在《文艺新闻》周刊第33号"作品与作家"专栏上发表《施蛰存的新感觉主义——读了〈在巴黎大戏院〉与〈魔道〉之后》:"这便是金融资本主义底下吃利息生活者的文学,这种吃利息生活者,完全游离了社会的生产组织,生活对于他,是为着消费与享乐而存在的。自然他们相当深密与复杂的教养,使他们产生深密与复杂的感觉,他们深深地感到旧社会的崩坏,但他们并不因这崩坏感到切身的危惧,他们只是张着有闲的眼,从这溃坏中发现新奇的美,用这种新奇的美,他们填补自己的空虚。""这两篇所代表着的,乃是一种生活消解文学的倾向。在作者心目之中,光瞧见崩坏的黑暗的一面,他始终见不着另一个在地底抬起头来的面层。从文学上说,我知道作者曾经写过《追》那样的刚捷矫逸的作品,也很写实地写过《阿秀》那样现实的作品,但在一个巨大的白的狂飙之下,作者却不肯坚决的,找自己的生活,找自己的认识,只图向变态的幻象中作逃避,这实在是很不幸的事,以作者那样的文学才智。"

另,按先生自述:"继承了《鸠摩罗什》而写成的《石秀》与继承了《梅雨之夕》而写的《在巴黎大戏院》《魔道》在同一卷的《小说月报》上发表了。后两篇的发表,因了适夷先生在《文艺新闻》上发表的夸张的批评,直到今天,使我还顶着一个新感觉主义者的头衔。我想,这是不十分确实的。我虽然不明白西洋或日本的新感觉主义是什么样的东西,但我知道我的小说不过是应用了一些 Freudism 的心理小说而已。"(《我的创作生活之历程》)

**三十日** 在《文艺月刊》第2卷第10号发表《孔雀胆》。(按:此篇后收入小说集《将军底头》,改题为《阿褴公主》。)

**同日** 小说集《李师师》,由上海良友图书印刷公司付排。

**月内** 废名作品集《枣》由开明书店出版,先生阅后很赞赏。

## 十一月

**七日** 《涛声》第13期刊载卢旋之《"小说甲选"的批评》提及:"'中编'所收集的名家,还可以补充几个;张天翼、魏金枝、缪崇群,应该移到'乙编',蒋光慈、施蛰存也应该补入。"

**十九日** 徐志摩因飞机失事遇难。先生自述:"徐志摩在他飞机出事前两个礼拜,我在一个朋友家见过面。"(杨晓晖、龚建星《施蛰存访谈录》。按:详细俟考。)

**二十日** 小说集《李师师》,内收作品《李师师》《旅舍》《宵行》,列为"一角丛书"第十二种,由上海良友图书印刷公司初版发行。

**二十二日** 《报报》登载史济行《艺海》写道:"今之作历史小说者,当推二人,一为施蛰存;二为茅盾。"

**约在期间** 按先生自述:"偶然在蓬[莱]路一家旧书店中得到了此书[爱德华·李亚《无意思之书》],真是喜出望外的事。"(《〈无意思之书〉》)"靶子路虬江路一带很有几家旧书店,虽然他们是属于卖教科书的,但是也颇有些文学艺术方面的书。我的一部英译莫泊桑短篇小说全集便是从虬江路买来的。""我的一本第三版杜拉克插绘本《鲁拜集》,就是从许多会计学书堆里发掘出来的。但有时,你也许会翻得双手乌黑而了无所得。""在吴淞路一家专卖旧日本书的小山古书店里看见一本书中贴着一张浮世绘式的藏书帖,木刻五色印,艳丽不下于清宫皕美图(即《金瓶梅》插绘),可惜那本书不中我意,没有买下来。"(《买旧书》)

## 十二月

**一日** 《新时代》第1卷第5期"文坛消息"刊载《戴望舒在杭生病》:"诗人戴望舒在杭卧病,原拟来沪访其未婚妻施绛年女士,因而未果。"

**二十五日**　上海良友图书印刷公司第三版发行胡适等原著《今日四大思想家信仰之自述》，书末刊登"一角丛书第十二种"书讯："一九三一年中国文坛最注目之施蛰存先生，发表创作《李师师》《夜行》《旅舍》，最近脱稿，最近出版。"

**三十一日**　译作波兰 Adam Szymanski《二祈祷者》刊于《文艺月刊》第2卷第11、12号合刊。

**是月**　《葫芦》第1卷第2期刊载沈善坚《"娟子姑娘"——施蛰存著，亚细亚书局出版》："现在大家分散着，音讯全无，只能从间接方面得着一些消息而已。""而这一本册子在这意外中获了，并且有机会拜读了，总算亦可慰藉了一些惆怅的情绪。""特别使我们应该注意的，就是那最后的一篇近作《花梦》了。从这篇里，我们看出作者作风的转变，当然这是因为作者生活的转变的缘故。""一种清淡而仔细的描述，组成了一篇美丽的短篇，在结构上，在字句上，都使我们感觉到一种新的特殊都市的风味，""把这个未经世故的青年的心理解剖开了，我更赞佩作者在对话方面的成功；因为是流露出一种特殊的都会人士谈话的风味。总之，在这三篇作品里，我们可以看出作者风格转变的痕迹。"

另，还刊载沈子仁《一年来的中国出版界》提及："在文艺方面，光华书局有'欧罗巴文艺丛书'之发行，这部书由杜衡、施蛰存、姚蓬子等编译，还有一点价值。""这一年来很使人满意地，第一我要提到的就是水沫书店《新文艺》的停刊，这刊物完全是纯文艺，半年多努力，很有成绩。但从二卷起，因负责无人，销路减少而停刊了。这是非常实得惋惜的。"

**同月**　25日《文化评论》旬刊创刊号刊载胡秋原《阿狗文艺论》。上海文化界发起组织"上海文化界反帝抗日联盟"。

**年内**　先生编撰《江苏全省教育馆联合代表会招待手册》，系民国二十年松江民众教育馆铅印本。

**又**　受高尔松、高尔柏昆仲约请，先生开始与盛朗西、朱雯、沈联璧，还有徐震堮、王季思、陆维钊等联手编注一套语文教材，初名为《当代国文》（十二册），并申报教育部审定，拟供给江苏省各所高、初中学校作为教材使用。

**又**　钱君匋应约为先生治印"无相盦"，边款曰"蛰存兄属正，辛未"。（松江博物馆藏品）

# 一九三二年（中华民国二十一年　岁次壬申）　先生二十八岁

## 一月

**一日**　元旦。开始续写日记。先生自述："是从1月1日起至5月9日止，虽然占了四个月之久，但实在只记了三十几天。这是一本美国制的皮面金边日记册，所以其中也有几天是用英文记的。只是我的英文可怜得很，只记了一些思想和行事的断片而已。大概是为了这本日记册行格甚狭，而且又必须横写，所以下半年就换了一本挺大的活叶簿作为日记册了。"（《我的日记》）

**十日**　上海江南文艺社出版发行文心社编"中等学校文艺参考书"《现代中国小说乙选》，林希文在"序"中提及："据我个人的观察，值得我们赞美而加以介绍于大众的短篇小说作家，至少有下列四十几位：……施蛰存著《娟子姑娘》等……""又如郭沫若、落华生、王鲁彦、周全平、胡也频、汪静之、胡云翼、刘大杰、孙席珍、赵景深、蹇先艾、施蛰存、彭家煌、李健吾、杜衡、敬隐渔等，他们的作品都各有其特色。"

**十一日**　《文艺新闻》周刊第44号以题为《施蛰存谈一生之希望》发表先生致适夷函："文艺新闻社寄弟一信，列重大问题数十个，要弟回答。但弟近来异常消沉，国事世事非弟一介小民敢顾问（此种态度当然兄等'有为者'所不赞成的），且亦无此学力能顾问，故至今未曾置复。至关于弟本身之事，弟亦无可回答：弟一生希望，只是每年能够写几篇惬心的创作，译几本看得过去的书而已。此希望去年如是，今年亦如是，至明年后年亦将如是。倘必须要弟之意见列入'1931年文艺年鉴'，乞即以上述数语，每年刊载一遍可也。"

**二十日**　《北斗》第2卷第1期刊载钱杏邨《一九三一年中国文坛的回顾》提及："中国的作家，在1931年，除去抓取了这些主题的写作外，也还有一些值得注意的作品，特殊是张天翼，穆时英，以及施蛰存的作品。""施蛰存在1931年发表的创作也很多，他的题材是两方面的：一是历史的，如《石秀》（《小说月报》22卷2号）、《李师师》（《一角丛书》之一），一是现实生活的，如《莼羹》（《小说月报》7号）、《在巴黎大戏院》（《小说月报》8号）、《魔道》（《小说月报》9号）。这样的作品的产生，一方面是显示了中国创作中的一种新的方面，新感觉主义；一面却是证明了曾经向新的方向开拓的作家的'没落'。""适夷的批评与指示[《文艺新闻》33期《施蛰存的新感觉主义》]是完全正确的，不但他所论的两篇是如此，就是想尝尝丈夫所做的莼羹的味道的弗洛依特式的心理描写的《莼羹》，和由于爱不着潘金莲而加以杀害的变态爱恋心理描写的《石秀》也是如此;总之,施蛰存所代表的这一种新感觉主义的倾向,一面是在表示着资本主义社会崩溃的时期已经走到了烂熟的时代,一面是在敲着金融资本主义底下吃利生活者的丧钟。"

**同日** 《时事新报》"沪声"专栏刊载"新中国书局新书出版":"闸北宝山路天吉里新中国书局,自组织成立之后,""尚有文艺读物多种,俱系当代作家,如施蛰存、叶绍钧、郑振铎、李巴金,诸君的杰作,""不日即可出版。"

**二十八日** 晚上日寇由上海租界分三路向闸北中国驻军发起进攻,遭到驻守上海的第十九路军的英勇抵抗,淞沪抗战爆发。由于战事发生,导致东华书店未及出书便停业,先生遂返回松江家里。先生自述:"本来打算在东华书店名义下,改变出版方向,多出一些大众化的日常用书,如《唐诗三百首》之类,以解决经济问题。但是东华书店来不及出书,就遭遇淞沪抗日战争,闸北的战火照耀在天空,北四川路秩序大乱,刘灿波(呐鸥)狼狈地迁入法租界,我们所经营的第三个出版机构东华书店等于是流产了。"(《我们经营过三个书店》)

另,据沈子成记述:"刘灿波无法维持,只能改组,是为东华书局,此为水沫书店之后身,不久,即行结束停业。"(沈子成《记水沫社》)

**二十九日** 日寇炸毁商务印书馆总管理处等,《东方杂志》停刊。《小说月报》共出版22卷,计262号后终刊;文学研究会也因《小说月报》停刊而自行解散。先生自述:"从此以后,刘灿波(呐鸥)不想再干文艺事业,他转而去从事电影,和我们的关系疏远了。戴望舒回杭州去,筹划出国。杜衡住在上海,闭门译书。雪峰、蓬子都已迁居,暂时不通消息。徐霞村回北平去了。我回松江,仍旧当中学教师。只有老师傅崔龙泉夫妇留守在公益坊,保管书店一切财物,直到战争结束,他才换了工作。"(《我们经营过三个书店》)

**是月** 小说集《将军底头》,内收作品《鸠摩罗什》《将军底头》《石秀》和《阿褴公主》,列入"新中国文艺丛书",由上海新中国书局初版发行。

另,按先生自述:"《将军底头》忽然倾向于写历史故事,而且学会了一些弗洛伊德的心理分析方法。这条路子,当时给人以新颖的感觉,但是我知道,它是走不长久的。果然,写到《石秀》,就自己感到技穷力竭,翻不出新花招来了。"(《〈中国现代作家选集·施蛰存〉序》)

**又** 中华图书馆协会初版发行"中华图书馆协会丛书第五种"陈璧如、张陈卿、李维墉编《文学论文索引》,书内"中编文学分论·一、诗与歌谣·1.通论"列有条目:"《蘋华室诗见》,施蛰存,《学灯》十二年十二月十日。"

## 二月

**上旬** 先生返回松江县立中学兼任教职。

另，据沈子成记述："刘灿波损失不少，乃重返扶桑；戴望舒、杜衡、施蛰存均无留沪必要，乃离沪。施氏回松江重执教鞭，戴、杜返归家乡。水沫社的四主持人，均星散了。"(沈子成《记水沫社》。按：此文内"十、风流云散的水沫社同人"提及的水沫社社员有：刘灿波、戴望舒、杜衡、施蛰存、徐霞村、姚蓬子、冯雪峰、章靳以、邵冠华、穆时英，其他水沫社社员如施绛年现仍在沪外，另有孙昆泉、潘训[漠华]等。)

**中旬** 据《松江县志》："'一二八'事变发生，学校停课，洪野正患痼疾，贫病交迫，举家避居天马山乡间，无钱医治，不久病逝。"先生闻讯参加松江县立中学师生捐款料理丧事。先生自述："画师洪野避乱佘山，不数日以病死，余挽以一联云：'漫言桃洞安宁，秦客移家才几日；莫问佘山消息，眉公遗画足千秋。'"(《无相庵偶撷》)

**月内** 松江县城各中小学校师生纷纷自发捐款支援淞沪抗日将士；新松江社也恢复开展社务活动，沈联璧、雷君彦、张琢成等乡贤筹措经费，在松韦汽车路职业中学旁购地造屋，兴建社舍，向中青年教师及其他知识人集资1万元(100个人每人付100元)，先生均积极参加相关活动。

**又** 按先生自述："我归松江后，闲居小楼，百无聊赖。故欲从此改业，或效班生之投笔，或效元亮之归田，此时情绪，不胜彷徨。"(《浮生杂咏》)"因一·二八战事而蛰居在乡下时，我看了些英美近代诗的选集和评论集。这一时期的研读使我荒落了好久的诗的兴趣重新升华起来。"(《我的创作生活之历程》)

另，据杨之华记述："刘呐鸥远走日本，施蛰存回到他的故乡松江执教，戴望舒与杜衡则同赴西子湖边。在这烟消云散的过程中，施蛰存不免感到旧朋云散的寂寞，于是又想有所活动。"(杨之华《文坛史料·记现代社》)

**是月** 小说集《上元灯》经过增删改编后再版，内收作品《扇子》《上元灯》《周夫人》《旧梦》《桃园》《渔人何长庆》《栗芋》《闵行秋日纪事》《诗人》《宏智法师底出家》，由上海新中国书局初版发行。

**同月** 1日日寇又纵火烧毁东方图书馆及商务印书馆编译所，50万册藏书大部分化为灰烬。3日茅盾、鲁迅等43人联名发表《坚决反对帝国主义瓜分中国，反对压迫中国民众反日反帝：上海文化界发告世界书》。12日上海《大晚报》创刊，为"临时版"《大晚报国难特刊》，出版至4月15日正式改为《大晚报》。下旬松江县城南门外开始圈地三百馀亩,建设临时军用机场。(按:后因淞沪战事结束而停建。)

# 三月

**月初** 在松江家里收到现代书局经理张静庐来函,征询能否出任新创办文学刊物的主编之职,并邀请来沪当面商谈。先生自述:"我收到上海现代书局经理张静庐的信,内容很简单:他们要办一个文艺刊物,想请我主编,希望我即日去上海谈谈。这是一件出于我意外的事,我想不透他们为什么要找我。"(《我和现代书局》)

另,据张静庐回忆:"'应该立刻出版一种纯文艺刊物。'这一建议,很快就得到干部同人的同意。于是由我写信到松江,请施蛰存先生出来主编。在这一时期,他是挺适宜的一位编辑。对无论哪一方面都没有仇隙,也不曾在文坛上对某一位作家发生过磨擦,同时更请他兼任公司的编辑主任。"(张静庐《在出版界二十年》)

另,据杨之华记述:"施蛰存在松江突然接得张静庐的复信,约施在可能的范围内到上海一谈。施蛰存接到张静庐的信后,便去上海找张。原来张静庐已脱离光华而加入洪雪帆与卢芳合办的'现代书局'了。因此,施蛰存主编的杂志,也就决定在'现代书局'出版。"(杨之华《文坛史料·记现代社》)

**翌日** 清晨乘早班火车到达上海,遂赶往虹口海宁路顺征里内现代书局办事处,与洪雪帆、张静庐商谈办刊之事。经过两天的讨论,与现代书局达成相关协议。先生自述:"见到了张静庐,静庐为我介绍了总经理洪雪帆、编辑部主任叶灵凤。编辑部就在楼上,灵凤本来是认识的,彼此寒暄了一阵,他就上楼去工作了。我和雪帆、静庐在经理室中谈了一个上午,才明白他们找我编刊物的前因后果。""我没有加入左联,左联成立大会上没有我的签名。我和国民党没有关系。我有能力在短期内编起一个文艺刊物,他看过我编的《新文艺》,他以为像这样倾向的文艺刊物是适当的。那天从九点钟到午饭时间,静庐把书店的情况都讲清楚了,他希望我立即决定干不干。接着雪帆、静庐、灵凤和我四人一起出门,在北四川路一家饭店里吃午饭,席间不再谈办刊物的事。我就在这一段时间中仔细考虑了一番。饭后,大家一起回到编辑部。雪帆家就在附近,他是个胖子,要午休,就回去了。灵凤上楼去工作。我和静庐单独在经理室里继续谈刊物的事。我首先表示可以试试看,详细计划,还是心中无数。要求他把具体条件定下来。我们协商的结果是刊名定为《现代》,要赶在5月1日创刊,16开本,每期10万字左右。每期稿费以300元为标准,可以稍稍超出。""我向张静庐提出的最后一个条件,是《现代》杂志在现代书局编辑部中必须有独立自主的权利。我和叶灵凤必须分清工作。我不会向灵凤组稿，但我不便当面拒绝他，所以请静庐向他打个招呼。这个条件，静庐同意了。因此，我编《现代》的最初二卷中，没有叶灵凤的作品。后来，和他共事的时间长了，摸清了他的情况，""我不久就对他撤防，发表了他的小说。要不然，天天在一个办公室同事，也不很好过。"(《我和现代书局》)

另，据木瓜记述："当'一二八'之后，书业和一般商业一样，也都谋复兴了。此时，叶灵凤、洪雪帆诸人在金台旅馆，忽然想起可以来一本文艺杂志，于是立刻想到了施蛰存，寄快信到松江去请他出来商量。为什么会一想就想到施蛰存呢，因为他于'一二八'前，曾经和现代书局谈到这件事的。施蛰存来了，当然他很愿意来一本看看。第一个问题是商量列名称，洪老板就说叫'现代'，这于现代书局相当广告作用，生意的立场看来是很对的。但施蛰存对这名字表示反对，他说：倘使商务印书馆出一本刊物，单称之为'商务'，不是很好笑么？即使要用'现代'，下通也得加两个字，譬如'现代月报'，或是'现代月刊'……但结果到底是洪老板胜利了，用的仍旧单单是'现代'两字。"(木瓜《杜衡"发达"史》)

**十日** 小说集《李师师》，由上海良友图书印刷公司再版发行。

**中旬** 开始着手筹办文艺刊物《现代》杂志。先生自述："书局希望5月1日出版创刊号，时间甚局促。过去虽曾编刊物，皆同人性，不须向外组稿。今则为综合性、商业性刊物，必须向全国同文征稿。创刊号集稿时间仅二十余日，不得不邀集水沫同人，分工执笔，以奠基础。"(《浮生杂咏》)"我写信邀戴望舒、杜衡一起来上海，为《现代》创刊号撰文组稿。"(《我和现代书局》)

另，据杨之华记述："自《现代》杂志的事情决定由现代书局出版后，施蛰存即回到松江，分函远在杭州的戴望舒及杜衡要稿，并函远在上海的穆时英，嘱他赶写小说，以为《现代》创刊号之用。"(杨之华《文坛史料·记现代社》)

另，据木瓜记述："名称既定，接着是拉稿了。施蛰存编杂志，若是不拉戴望舒、杜衡的稿子，那是迹近滑稽的。"(木瓜《杜衡"发达"史》)

**下旬** 《现代》创刊号集稿。先生自述："仍是同人杂志面目，甚不惬意，幸而张天翼、魏金枝、巴金、瞿秋白诸稿先后寄到。"(《浮生杂咏》)

## 四月

**一日** 正式加入现代书局编辑部，出任编辑主任，月薪100元(先生书面材料)。先生自述："工作任务是专编《现代》，一人单干。""编辑部，只有叶灵凤和我两个编辑，和一个青年校对员。"(《我和现代书局》)"我和现代书局的关系,是佣雇关系。他们要办一个文艺刊物,动机完全是起于商业观点。但望有一个能持久的刊物,每月出版,使门市维持热闹,连带地可以多销些其他出版物。我主编的《现代》,如果不能满足他们的愿望,他们可以把我辞退,另外请人主编。在这样的情况之下,我的《现代》绝不可能办成一个有共同倾向性的同人杂志。"(《〈现代〉杂忆》)

另,据沈子成记述:"适现代书局改组,因张静庐与施蛰存之友谊关系,施氏乃入现代书局,主编《现代》杂志。""那时施氏一方面仍在松江教书,一方面于周末来沪料理《现代》杂志事务。"(沈子成《记水沫社》)

**月初** 编成《现代》创刊号文稿。先生自述:"我开始筹编《现代》,首先考虑编辑方向。鉴于以往文艺刊物出版情况,既不敢左,亦不甘右,又不欲取咎于左右,故采取中间路线,尽量避免政治干预。"(《浮生杂咏》)

**九日** 晚上为《现代》杂志撰写"创刊宣言"。先生自述:"这个宣言是在发稿前夜匆匆写成,文字未经仔细思考。"(《〈现代〉杂忆》)"说明这个文艺月刊是一个'普通的文学杂志',而'不是同人杂志'。又申明这个杂志'不预备造成任何一种文学上的思潮、主义或党派'。又说:'本志所刊载的文章,只依照着编者个人的主观为标准。至于这个标准,当然是属于文学作品的本身价值方面的。'这些话,只是间接地说明这个刊物没有任何一方面的政治倾向,刊物的撰稿者并没有共同的政治立场。对于出版家现代书局来说,这样一篇《创刊宣言》是必要的,它可以保证不再受到因出版政治倾向鲜明的刊物而招致的经济损失。"(《重印全份〈现代〉引言》)

**十日** 将编成的文稿交付印刷厂排版。先生自述:"适夷一文写成于4月9日,时全稿已发排,即设法补入。于是此刊同人性大为冲淡,得以新型综合性文学月刊姿态问世。"(《浮生杂咏》)

**约在期间** 《读书月刊》第3卷第5号"文坛一月间"专栏刊载《中国文学家笔名录补遗》:"施蛰存:安华、凫尼。《施蛰存氏近讯》:"施蛰存氏现担任现代书局编辑。施氏的历史小说集《将军底头》由新中国书店印行,版才排好,沪战即起,全部焚毁,现在已重行发排中,不久的将来此书当能见世,近来施氏甚努力于国外名著的介绍与翻译,最近脱稿为Kuprin之《魔窟》云。"(按:此期出版时间据版权页为2月10日,疑为此间出版。)

**十八日** 撰写《无相庵随笔》,并将完稿的《〈先知〉及其作者》《画师洪野》《无意思的书》《五月》诸篇,补入待印的《现代》创刊号之中。

**同日** 《文艺新闻》周刊第 51 号"每日笔记"专栏刊载："现代书局编辑李赞华,现已辞去职务,赴九江谋事。该局已聘施蛰存另编《现代》月刊。"

**二十九日** 沈从文致先生函："急就章直到今日为止,尚未完篇,十分罪过。二期月刊我恐怕只能充一读者,无从将稿件赶上付印,特覆,并致歉意。"先生自述："直到我编《现代》杂志,写信去向他索稿,才从往来书信中继续了友谊。""他不得不挤出时间来从事写作,常常在信里说,他寄我的稿子是流着鼻血写的。"(《滇云浦雨话从文》)

**下旬** 据汪锡鹏记述："忽接施蛰存兄来信,谓:'弟将主编《现代》,如不以往事为芥蒂,恳即赐稿,并希常援助!'在他欢迎的语调上,自然我也忘了往事。"(《汪锡鹏小说集·校读之后》)

## 五月

**一日** 主编《现代》第 1 卷第 1 期(创刊号)出版,成为"一·二八"战事后上海率先出版的文艺刊物。据凌美《文坛一月间·上海的文学杂志》："一·二八事变以后,整个的文化界都陷于停顿的状态中,""现在上海各书局都相继恢复,文坛也顿呈活跃气象。兹将上海新近出现的文学杂志探击如下:一、《现代》月刊由现代书局出版,施蛰存主编。现代书局现已将《现代文学评论》及《现代文艺》停刊,专办《现代》月刊。"(《读书月刊》,1932 年第 3 卷第 3 期)先生自述："创刊时,虽然由我署名主编,但参加这个刊物的设计和筹备工作的,还有戴望舒和杜衡。""我请戴望舒选编新诗来稿,并主持法国和南欧文学的编辑事务。刊物出版后,创作小说的来稿肯定是最多的,我请杜衡担任一部分创作小说的审稿工作。冯雪峰答应向鲁迅联系,经常为《现代》写稿。他自己也答应为《现代》写或译一些新兴文艺理论。"(《〈现代〉杂忆》)

另,此期卷首刊有其作《创刊宣言》："但当本志由别人继我而主编的时候,或许这个宣言将要不适用的。所以,这虽然说是本志的创刊宣言,但或许还要加上'我的'两字为更适当些。"据凌美《文坛一月间·上海的文学杂志》："此刊物的性质,编者再三郑重声明,是没有任何党派,亦不想形成任何文艺上的思潮的一个纯文艺刊物。撰稿者有戴望舒、徐霞村、巴金、穆时英、魏金枝等人。"(《读书月刊》,1932 年第 3 卷第 3 期)

另,刊有《残秋的下弦月》、《无相庵随笔》(一、"先知"及其作者,二、画师洪野,三、无意思的书,四、"五月"),以及译作《夏芝诗抄》并《译夏芝诗赘语》(署名"安簃")。

另,还刊《诗集的征求》:"我对于中外现代诗很感兴味。我国新诗集自胡适的《尝试集》以降,至今无论书局或个人印行者,为数必然很可观了。只是我所能得到的,只有现在的各种书局中所能买到的,其他已绝板或私人印行的,均无从罗致。我很希望这些诗集的作者能将他们的著作检惠一份,使我可以藉此对于我国近十年来的诗看一个全豹,或许,如果可能的话,我还想给它们编一个详细的目录。"

另,从本期创刊号开始,先生在第1卷的每期末尾均撰有《编辑座谈》及编撰《艺文情报》。此期《编辑座谈》提及:"对于以前的我国的文学杂志,我常常有一点不满意。我觉得他们不是态度太趋于极端,便是趣味太低级。前者的弊病是容易把杂志的对于读者的地位,从伴侣升到师傅。杂志的编者往往容易拘于自己的一种狭隘的文艺观,而无意之间把杂志的气氛表现得很庄严,于是他们的读者便只是他们的学生了;后者的弊病,足以使新文学本身日趋于崩溃的命运,只要一看现在礼拜六派势力之复活,就可以知道了。""我将依照了我曾在创刊宣言中所说的态度,把本志编成一切文艺嗜好者所共有的伴侣。我不希望我的读者逐渐地离开我(除非他是不能了解文艺本身的精神的),故我当尽我的能力来干。我更切望写文章的朋友,无论相识或不相识者,都肯给我以稿件上的帮助。这一期是在很短促的时期中编成的,因为上海战区的形势尚未和缓,交通不便。"

**同日** 《现代》创刊号出版的大幅广告在上海《申报》等多家报刊登载。

另,据杨之华记述:"由决定至出版,头尾远不足两个月的时间。由于《现代》以既不右而又不左的新姿态出现,遂轰动了当时的文坛。""鲁迅的文章也拉到了,茅盾于《小说月报》停刊之后,也有文章在《现代》发表。其他如远在北平的周作人,前创造社的主干郭沫若、郁达夫等,亦相继为《现代》撰稿。"(杨之华《文坛史料·记现代社》)

**九日** 先生与穆时英结伴来到上海三马路(今汉口路)孟渊旅馆,出席朱雯、罗洪的婚礼,并在礼厅里与也来祝贺的巴金首次晤面。

另,据朱雯回忆:"我和罗洪结婚那一天,前来祝贺的文艺界朋友,除施蛰存和穆时英外,还有巴金、赵景深、陶亢德等。巴金还记得,他同施蛰存第一次见面,就是在我们结婚的礼厅里。他在1979年6月16日写的《创作回忆录》之四《关于〈海的梦〉》里,曾谈到'施蛰存同志创办《现代》月刊,托索非向我组稿,我就把写好的《海的梦》交给索非转去。'在这里,巴金说得很明白:组稿交稿,都通过索非,他俩本来没有见过面,见面是在我们结婚那一天。那天蛰存来贺喜时,还带给我一本《现代》的创刊号,是5月1日出版的。在那一期的小说中,就有巴金的《海的梦》、穆时英的《公墓》和施

蛰存的《残秋的下弦月》,都是一时的名作,这就很自然地成了几位来宾的话题。"(朱雯《六十年前事》)

另,据"零讯一束":"王坟[朱雯]与罗洪'五九'在孟渊旅社结婚,到洪深、巴金、赵景深、施蛰存、戴望舒、穆时英、丁丁等。沈从文在青岛寄来一封很长的贺信。"(《新时代》,第2卷第2、3期合刊)

**同日** 徐霞村与吴忠华女士在北京欧美同学会礼堂举行婚礼。据《文坛简报》:"文学家徐霞村定于5月9日与某女士在北平结婚,其上海友人蓬子、丁玲、戴望舒、施蛰存、沈松泉、张松涛等均接到其礼帖云。"(《读书月刊》,1932年第3卷第3期)

**十五日** 主编《现代》杂志创刊号再版发行。先生自述:"创刊号共198页,定价3角,显得还便宜。初版印3 000册,五天卖完,又再版了2 000册。"(《〈现代〉杂忆》)"这是当时文艺刊物发行量的新记录,一般文艺刊物,能销售2 000册,已经算是不错的了。"(《我和现代书局》)

**约在期间** 按先生自述:"达夫住在静安寺。我去拜访他,向他索稿。看见此联[郁达夫录定公诗:避席畏闻文字狱,著书都为稻粱谋],就借来制板,印在我编的杂志(《现代》第2卷第1期)上,原件随即奉还。"(《郁达夫墨迹》)

**二十五日** 《民报·民话》刊载沈塵《五月的悲剧——这世界被包围在苦闷之中》,开篇写道"五月,在欧洲人们的心目中,是认为最华丽的月份;施蛰存最近在《现代》里(五月)一篇文中译了一首希腊的民歌,其内容可见五月之受西方人的欢迎。"

**三十一日** 为将印行的《现代》第1卷第2期撰写《编辑座谈》:"我希望曾经直接或间接地受到我的请求的朋友或先辈,能在短时间内寄些文章来凑凑热闹。读者中能写文章者,倘若信任得过我的取舍而高兴寄些作品来,也至诚地欢迎着。茅盾先生新近回了一次家乡,所以写下了一篇《故乡杂记》,为了想给读者先睹为快,不等他全文写完,我就请他允许以第一章先发表在该期了。""郁达夫先生搁笔了好久,今年忽然又高兴写起文章来了。我想关心于他的读者一定很愿意听这个消息的。该期所载的一篇论文,阐明中国现代小说并非承接了中国旧小说的脉络,而是继续着西洋的小说系统,这实是很确切的见解。郁先生最近因为刚才写好了一个中篇小说,""此后便预备继续做些短篇,如果赶得及的话,下一期的本刊上,也许就可以开始揭载了。""现在已有了刘呐鸥、沈从文两先生的大著,再过两三天或许还可以收到几篇。""尤其是李青崖先生替本刊把这篇小说赶译起来,实深感谢。""木刻是一种新兴的艺术。在中国,擅此者似乎还很少。一川君于此很用功,他曾给我看过二十馀块习作,我觉得都很能满意,现在本刊上复印了一块。"

**月内** 先生因加入现代书局而正式辞去松江县立中学教职,常住上海专职从事编辑职业,除主编《现代》,同时还以编辑主任之职,负责图书的编辑出版。先生自述:"凡为编辑工作者,案头必备剪刀一、米尺一、铅笔一、红黑毛笔各一,外加浆糊一瓶。我与此诸物周旋三年,如《儒林外史》中之马纯上,自晨达暮,皆不是自家生活。"(《浮生杂咏》)

**又** 据赵家璧回忆:"从此我和他有了更多晤面的机会,我也为《现代》写文章;他不但为我此后编的丛书提供他自己的小说集,也为我介绍了许多著名的作家,我记得巴金的第一部作品就是通过他组到的。""我和《现代》杂志主编施蛰存既是同乡,又是同道;我为《现代》写文章,'良友'为施蛰存出版小说集。"(赵家璧《编辑忆旧》)

**又** 上海中学生书局出版发行蔡元培题、柳亚子校、洪超编《中学生文学读本第四册·创作小说集》,收录其作《上元灯》。

## 六月

**一日** 主编《现代》第1卷第2期(6月号)出版。先生自述:"共138页,初版仍印3 000册。因为知道刊物总是第1期销路好些,有许多人买了第1期,不很中意,就不买第2期了。但这时候,创刊号在内地,如四川、广东等处,才发生影响。因此,创刊号又添印了1 000册,第2期也相应地添印了2 000册。"(《〈现代〉杂忆》)

另,此期刊有其作《薄暮的舞女》,还有《意象抒情诗》五首(桥洞、祝英台、夏日小景、银鱼、卫生)。先生自述:"又因为看了友人戴望舒做诗正做得起劲,于是也高兴写起诗来。可是数量甚少,《现代》杂志中发表的几首,就是我一年来大部分的成绩了。""因为我已写成的几十首诗,终于都还免不了这种感伤。我企图着,我想对于新诗有较好的进步,正如对于小说一样。"(《我的创作生活之历程》)

**二日** 按周作人日记,收到施蛰存来函。(《周作人日记》,大象出版社,1996年版。以下均同)

另,按先生自述:"我与周作人通信,始于1932年。当时我在上海编《现代》杂志,去信约稿,始有信函往来。这些信抗战时都在松江毁于战火,幸好孔另境编《现代作家书简》已收入一部分。"(《知堂书简三通》)

**六日** 《文艺新闻》周刊第58号刊载冯雪峰(署名"洛扬")《"阿狗文艺"论者的丑脸谱——洛扬君致编者》。

**十二日** 译毕《美国三女流诗抄》并撰写"译者记"。

**十六日** 按周作人日记，复施蛰存函。

**下旬** 为编讫待印的《现代》第1卷第3期而撰写《编辑座谈》："第一要声明的，就是我已大胆把《西班牙的一小时》停止刊载了。关于这部散文，无论看原作或译文，都是第一流的文艺物，但是究竟因为全书有六七万字，在一个杂志上刊载一部长篇的散文译稿，终觉不十分好，所以已商得译者(戴望舒)的同意，自该期起停止了。巴金先生的中篇创作《海底梦》已在该期结束了。从下一期起，将开始登载老舍先生为本刊特撰的长篇小说《猫城记》。老舍先生的文章，凡读过他的《老张的哲学》《赵子曰》《二马》者，都佩服他的幽默，耐人寻味，这部《猫城记》的内容，据他来信所说，是：'中国人——就是我呀——到火星上探险……'好，究竟这是如何的妙文，亲爱的读者等着自己去赏鉴罢。茅盾先生的《还乡杂记》，除该期的续稿外，预备再写下去一点，在下期的本刊上便可结束了。此后，他将以《还乡杂记》中所未写进去的材料为本刊写几个短篇小说。再他去年曾做了一篇《徐志摩论》，已编在商务印书馆的《小说月报》中了，不幸中日沪战发生，此稿被焚，现在他已重新改写一过，大约将在本刊第5期上发表。""郁达夫先生的小说《马樱花开的时候》送来已迟，不及编入该期，极为抱歉，现已编入下期本刊。作者近几年来好久不写短篇，所以这篇的产生，想必也是值得我们注意的一件事。在本刊刚才发稿的时候，承马彦祥先生从北平寄到了一篇剧本《讨渔税》，马先生对于戏剧是有研究而又有经验的，这篇对白流利的话剧，虽然是用的现成材料，但却涌现了一个新的面目，所以我很欢喜地编在该期给读者先睹为快。""我对于美术是门外汉，以前的，及该期的画报，都是叶灵凤先生费心给我帮忙。"

**是月** 神州国光社初版发行徐扬著"文艺之部"《中国文学史大纲》(下)，书中提及："现在且举现代文学的几个各方面代表作家，结束本书。在小说方面，有鲁迅、郭沫若、郁达夫、茅盾、叶绍钧、张资平、蒋光慈、许钦文、冯文炳、巴金、老舍、施蛰存、沈从文、芳艸、柔石、陶晶孙等。"

**又** 光华书局初版发行金民天创作小说《幻梦的残痕》，其中写到"晚上豫备完一章三角，心想看《唯物史观辩证法》，但因了几个名字不懂，也没有看下去，抽了一册施蛰存的《上元灯》，在中年的时候，来回想小年时候的情侣，真是使人感伤不已"。

**约在期间** 叶绍钧(圣陶)、王伯祥、徐调孚诸位应开明书店之聘，先后离开了商务印书馆，此间都在开明书店任职，先生与他们时有过往。先生自述："我在现代书局任编辑，工作地方就在开明书店的编辑部邻近，因而有较多的机会去拜访他们，或联系业务。当时开明书店的编辑部,是我很羡慕的,一大间,前后有窗,每一位编辑有一只靠窗口的写字桌,比起我那间又小又黑暗的阁楼编辑室来,真有天壤之别。叶绍钧和他的夫人对坐着剪贴《十三经索引》的稿本。"(《怀开明书店》)

**同月** 10日《文学月报》出版创刊号。25日梁遇春因感染猩红热病逝。

## 七月

**一日** 主编《现代》第1卷第3期(7月号)出版;刊有其译作《美国三女流诗抄》(陶立德尔女史三章、史考德女史二章、罗慧儿女史二章),署名"安簃"。

另,刊发杜衡(署名"苏汶")《关于文新与胡秋原的文艺论辩》。先生自述:"在文艺界引起了一场大论争,非但在当时延续了一年之久,即使在以后,四十年来,新文学史家还经常在批判'第三种人',一提到'第三种人',就如临大敌,剑拔弩张。""'第三种人'的论辩,已归入新文学史档案,我本来不应当,事实上也从来不想,提起这件旧事,只因为十多年来,光临访问的青年,每每就这件事发问,我不便说出我的真实意见,只好随人随时支吾过去。现在我举出'第三种人'的原义,以及何丹仁的二点概括,不过是用作例子,以说明这次论辩,到后来双方都有点离开了原始概念,差以毫厘,失之千里了。这不是我现在的想法,当年这些论辩文章,都经过我的手,由我逐篇三校付印。我在校样的时候,就发觉有此现象,但我决不介入这场论辩,故始终缄默无言。当年参加这场论辩的几位主要人物,都是彼此有了解的,双方的文章措辞,尽管有非常尖刻的地方,但还是作为一种文艺思想来讨论。许多重要文章,都是先经对方看过,然后送到我这里来。鲁迅最初没有公开表示意见,可是几乎每一篇文章,他都在印出以前看过。最后他写了总结性的《论'第三种人'》,也是先给苏汶看过,由苏汶交给我的。这个情况,可见当时党及其文艺理论家,并不把这件事作为敌我矛盾处理。我现在回忆起来,觉得当年左翼理论家的观点虽然不免有些武断、过左,但在进行批判的过程中,对斗争性质的掌握是正确的。鲁迅对'第三种人'的态度,后来才有了改变。大概是由于《庄子》和《文选》的事,由于他怀疑我向国民党'献策',最后是由于穆时英当了图书杂志审查委员,他认为这些都是'第三种人'倒向了反动派,'露出了本相',从此便对'第三种人'深恶而痛绝之。但是,在1936年的答徐懋庸一文中,却明确地说'杜衡、韩侍桁、杨邨人之流的什么第三种文学'。这是指《星火》的编者了。对于'第三种人'问题的论辩,我一开头就决心不介入。一则是由于我不懂文艺理论,从来没写理论文章。二则是由于我如果一介入,《现代》就成为'第三种人'的同人杂志。在整个论辩过程中,我始终保持编者的立场,并不自己认为也属于'第三种人'——作家之群。十多年来,鲁迅著作的注释中,以及许多批判文章中,屡见不鲜地说我是'自称为第三种人',这是毫无根据的,我从来没有'自称'过。"(《〈现代〉杂忆》)

另,按先生自述:"在登了上述两篇文章,[按:指苏汶《关于'文新'和胡秋原的文艺论辩》与杨邨人《揭起小资产阶级革命文学之旗》。]情况有所改变后,在左翼这方面,离我们就远了,鲁迅先生也有过几个月不愿给《现代》写稿,后来他和《文学》有了意见,才重又为《现代》写稿。"(《施蛰存谈〈现代〉杂志及其他》,鲁迅博物馆鲁迅研究室编《鲁迅研究资料》第9辑,天津人民出版社,1982年版)

**同日** 范烟桥主编《珊瑚》半月刊出版创刊号(1934年6月终刊,计出版48期)。据《范烟桥口中之施蛰存》写道:"某次,曾晤范烟桥君,烟桥谓昔余办《珊瑚》杂志时,余致书青萍,告之曰,《珊瑚》者,荟新旧作品一册者也,愿君时为吾书写稿,是所望矣。不久,青萍以覆书至,则曰,余近以地位关系,实不能与老友周旋矣。"(《铁报》,1935年7月17日)

**二日** 又恢复写作日记。先生自述:"这本活叶簿大约有百馀页,但有字写着的只有二十几页,日期是从7月2日起到8月27日止。""所记的大概是当时在上海编《现代》杂志时的事情,每天忙着张罗文章,现在看看,犹可想见那时凄凄惶惶的神气,真是为着何来!"(《我的日记》)

**八日** 刘呐鸥致戴望舒函谈及:"《现代》要脚本可另写一篇,如果这两三天不忙的话,我也可赶出来的,但还是不再失约的好。我此行虽无甚可预告你们,但对于我的将来,恐有甚大影响。《现代》杂志的形式很鲜明可爱,可惜封面似乎太俗一点。三期里还是老兄的诗最可看,其馀的均平平。彦长兄说杜衡一篇值得读,我一半同意。从文小说老是怪样子。""最后请你代向蛰存兄请罪,因创作又做不出来。归省后如有好的稿子,当奉上。"

**十四日** 按赵景深日记:"今天的天气还是很热,与前两天差不多,人好像是被投在火炉里似的,虽是有一点风,这风也很热。""午后我正在校阅冰心的《姑姑》(黄皮小丛书之一,""蛰存就来了,他一来,我的精神就振作起来,差不多每次如此。他扬着浓眉,大声的说着,随时都像是演说似的——你可以说他写过《追》,决想不到他会写《上元灯》。他那说话的爽快,所含有饱满的生命力,常使我羡慕不置。不看别的,只看他所编的《现代》,排列的新颖,真是一点也不含糊!图画印到边端,每面旁边的粗黑线,都是别致而又美观的地方。他要我写这正在写着的文章。我说:'今天是星期四,到下星期五恰好过了一周,我就从今天起,每天记一点,到时候再奉上吧。'"(《现代》,1932年第1卷第5期)

**十六日** 按周作人日记,收到施蛰存来函。

**十七日** 周作人复先生函:"短文或可写成,临时当再寄奉。秋心(梁遇春)病故,亦文坛一损失,废名与之最稔,因此大为颓丧,现又上山修养去,一时或不写文章也。有李君广田在北大英文学系,亦从鄙人学日本文,作散文颇有致,卖文苦学,而北平近来无处可卖,《华北副刊》新出,才登一二首,今日的一篇附呈,乞察阅。如《现代》可以采用,当嘱其写呈。"

**十九日** 郁达夫应先生编辑"夏之一周间"征稿所约而撰写《在热波里喘息》:"这几日来,只在小小的寄寓里,脱光了衣服,醉酒酣卧和看书,""第三部看的是《现代》杂志的编者施蛰存君的《将军的头》。以史实来写小说,是我在十几年前就想做而未成的工作,现在看到了这四篇东西,我觉得我的理想,却终于被施君来实践了。曾读过我的那篇《历史小说论》的人,或者会记得我之所以想以史实来写小说的原因,历史小说的优点,就在可以以自己的思想,移植到古代的人的脑里去。施君的四篇东西,都是很巧妙地运用着这一个特点的,尤其是《将军的头》的神话似的结束,和《石秀》的变态地感到性欲满足的两处地方,使我感到了意外的喜悦。"

**二十日** 先生日记作有半阕小词,词曰:"思量前事何曾错,曾共伊人花底坐,玉钩不惜露华浓,愁眼生憎明月堕。"

**二十八日** 为译毕英国赫克思莱《新的浪漫主义》而撰写"译者记"。

**三十日** 按周作人日记,致施蛰存一函。

**下旬** 为编讫《现代》第1卷第4期而撰写《编辑座谈》:"先增加了书评一栏,中国的出版界这样芜杂,文学的评价又这样的纷乱,对于新出的文学书,给以批评,为读者之参考或指南,我以为倒是目下第一件需要的工作。因此除了自己随时写一点之外,又约了几位朋友在本志上每期发表几篇对于最新出版的文学书的漫评。但因为要求统一起见,这一栏中的文章是不署名的,一切责任由我代表《现代》杂志社来负担了。我又想在本志上每期加一点关于外国文坛的通信,需要居留在外国,了解现代文学,而又能写简洁明净的中文的同志来帮忙。现在拟定英国、法国、德国、美国、苏联、日本六国。本志的读者中倘使有居在以上诸国,能适合上述条件,而高兴做这种工作者,请直接写信来接洽。"

**约在期间** 按先生自述：郑振铎"经过几个月的考虑,制定了《世界短篇小说大系》的规划,分别邀请适当的人选担任编译","郑先生分配给我的是捷克、波兰和匈牙利三个国家,因为我正热中于东欧文学。分配给戴望舒的是比利时、西班牙和意大利三个国家","我们都很高兴接受这个任务,首先是因为我们非常乐意做这个工作,极希望看到这部大书能够早日问世;其次当然是因为从几乎一百万字的翻译工作中,可以获得较丰厚的稿酬,对生活大有润泽。1930 和 1931 这两年中,我们竭力挤出时间来从事这几部小说的翻译工作。大约到 1932 年夏季,我们才各自完成了译事,把全稿送交商务印书馆","我们的译稿是战后送去的,虽然侥幸未罹战祸,但商务印书馆已无法实现这个计划"。(《关于〈世界短篇小说大系〉》)

**又** 据张静庐记述："民廿一年,《啼笑因缘》发刊于上海,销行之广,震撼出版界。时余方主现代书局,乃与总编辑施蛰存兄合购而研读之,此为余研究恨水小说之始。"(张静庐《张恨水〈山窗小品〉跋》)

**同月** 生活书店在上海福州路成立。丁玲主编《北斗》月刊被国民党当局查禁停刊。

## 八月

**一日** 主编《现代》第 1 卷第 4 期(8 月号)出版,刊有其作《法国之文学海岸》(署名"安华"),以及"书评"等篇。

**十日** 南强书局初版发行"南强文艺丛刊"之一王抗夫编《短篇小说年选·1931年》,收录其作《在巴黎大戏院》。该书编者在"前记"中提及："施蛰存的新感觉主义的作品,是说明了在中国文坛上新的倾向的产生,这种吃利生活者生活的描写,是等于在敲击资本主义社会崩溃的丧钟。"

**十五日** 《武汉文艺》第 2 卷第 1 期"文艺短评"专栏刊载白石《施蛰存的倾向》："似乎是属于摩登主义的新感觉派,但他的骨髓里还是和 1930 年日本新艺术派之复兴一般,是'这么'的一会事。用他自己的话来表白吧!'一直到现在,一方面是盛行着俨然地发挥了指导精神的普罗文学,一方面是庞然自大的艺术至上主义,在这两种各自故作尊严的文艺思潮底下,幽默地生长出来的一种反动——无意思文学。'在此所谓无意思是什么呢? 是所谓意象的抒情诗。""我相信这近代都市新感觉主义倾向之复兴,是小布尔乔亚没落的回光——注意,不是'华尔纱的夜,透了的一曙光。'——

《薄暮的舞女》底悲哀,正是小布尔乔亚的运命的告白。天底下断没有所谓'无意思文学'这一种东西。无意思中的意思,其麻醉力量,或许比较一切'有意思的'更大吧。所谓无意思云云,还不是为艺术而艺术的别名。法国颓废派的诗已经为托尔斯泰所痛斥过了,海上的文艺批评家,对于这一倾向,——颇有些法国气味的倾向,不知将给以如何的斥正——我们在期望着。"

**十九日** 按周作人日记,收到施蛰存来函。

**二十五日** 上海南强书局初版发行李君实编《模范语体文评选·第二册》,收录其作《画师洪野》。

**下旬** 为编讫《现代》第1卷第5期而撰写《编辑座谈》:"在下月底,我将完成本志第一卷的编务。""我当然希望第二卷的本志能有大大的进步,所以,在我个人正在计划着'下一卷本志应如何革新'的时候,我敬在这里向本志的爱读者征询一点高见,读者诸君对于第一卷的本志有什么意见吗?对于下卷的本志有什么希望吗?唯有读者与编者的合作,才能使一个杂志日有发展,我相信如此。"

**月内** 按先生自述:"买到了《皇明十六家小品》,才对于明人小品,热烈地着迷起来,而其时沈启无先生的《近代散文钞》尚未出版,我也并没有想到明人小品会有时髦的一天。"(《"云乎哉?"》)

**又** 朱雯又返回松江教书。据朱雯回忆:"到1937年8月抗战爆发离开松江为止,我和蛰存一起度过了一生中过从最密、交往最多的五年,在我历史上写下了最难忘怀的一页。"(朱雯《六十年前事》)先生自述:"我和家璧,都在上海工作,但家还在松江,因此我们每周末就回松江。朱雯在松江中学任教,故长住在松江。每个星期日,我们三人互相访问,大家谈些文艺消息,文艺计划,直到抗日战争开始,三家都从此永远离开了松江。"(《罗洪,其人及其作品》)据赵家璧回忆:"我例假日回松江探亲,常和他[施蛰存]见面,还有同时在松中教书的朱雯和陆贞明。"(赵家璧《编辑忆旧》)

**约在期间** 按先生自述:"有一次是白天去[陈志皋家]的,""是想找他设法打听艾青的情况。艾青当时被囚薛华立路法国人的监狱里。"("关于陈志皋和《世界与中国》",1968年)

## 九月

**一日** 主编《现代》第1卷第5期(9月号)出版;刊有译作《新的浪漫主义》及撰文《茹连·格林》(署名"安华")。

另,"书评"专栏刊有《将军底头·施蛰存著,新中国版》:"施蛰存先生过去在创作上的成就可以分做两个方面来说:一种是个人的低徊情调的诗意的抒写,这可以拿他的第一创作集《上元灯》来代表;其它一种便是收集在我们现在要说的《将军底头》一集里历史小说了。在国内,从来以古事为题材的作品(无论是戏曲或小说),差不多全是取了'借古人的嘴来说现代人的话'那一种方法;至于纯粹的古事小说,却似乎还很少看见过。有之,则当以《将军底头》为记录的开始。""之所以能成为纯粹的古事小说,完全是在不把它的人物来现在化:他们意识界没有祇有现代人所有的思想,他们嘴裏没有现代人所有的言语,纵然作者自己的观察和手法却都是现代的。""我们却发现了一个极大的共同点——二重人格的描写。每一篇的题材都是由生命中的两种背驰的力的冲突来构成的,""我们拿[《自序》]来这样地改正一下是要比较确切得多——《鸠摩罗什》宗教和色欲的冲突;《将军底头》信义和色欲的冲突;《石秀》友谊和色欲的冲突;《阿褴公主》种族和色欲的冲突。""当推《石秀》为最完整,至于动人的力量,则应是《鸠摩罗什》;《将军底头》倘能避免了我们所说起的毛病,也是可以成为极优美的作品,祇有《阿褴公主》却似乎不能和其它三篇同样地看。"

另,刊有其作《夏之一周间·编者引言》:"因连日上海的奇热,引起我在该期上纂一特辑的动机。遂以'夏之一周间'为题,请几位作家自由地写一点短文,或记生活,或抒近感,总之是在最近的一周间的思想行为的自供。可惜时间傯促,不能使我广为征稿,现在敬以这里的九篇文字贡献给读者。"本栏征稿刊发了周作人《苦雨斋之一周》、老舍《夏之一周间》、巴金《我底夏天》、沈从文《一周间给五个人的信摘钞》、郁达夫《在热波里喘息》、废名《今年的暑假》、茅盾《热与冷》、圣陶《夏?》,以及赵景深《书生的一周间》,文中提及:"蛰存来访,以'夏之一周间'这个题目来征之于喜欢写写文章的人之中的一个我。"

**同日** 小说集《李师师》由上海良友图书印刷公司第三次印行。

**又** 《新时代》第3卷第1期刊载毛一波《都会文艺的末路》提及:"到现在,能在创作上惹人注意的已不是旧的技巧和旧的思想的东西了,这恰足证明了巴金、茅盾等的作品之所以受人欢迎的事实,而施蛰存、刘呐鸥、穆时英等的新形式和新感觉的作品之成为文坛上的倾向,也还是这个事实的注脚。""末期资产阶级文艺,十有九成均是都会文艺,均是都会主义的产品。不信,我们试一检查施蛰存等的创作便可明白了吧。""今后的中国文学,要步入新农民文艺的阵营,方能找到它底生路。"

**六日** 按傅彦长日记:"遇徐蔚南,请往四时春吃点心与批评,又遇施蛰存、林微音、邵洵美等。"

**十日**　按鲁迅日记："得施蛰存信。"

**同日**　南强书局初版李君实编《模范语体文评选·第三册》，收录诗作《桥洞》。

**十一日**　按傅彦长日记："又到大马路新雅，遇林微音、施蛰存等。"

**十三日**　晚上巴金由天津致先生函："你的文章读过两遍了，对你那批评的态度我是很佩服的。但你并不了解我，有些地方你的确说出了我的弱点，譬如你说我避难就易地在手法上取巧，常用第一身讲述故事的形式，这是我没法否认的。我的确'取了巧'，但这并不是故意的。我写文章，尤其是写短篇小说的时候，我只感到一种热情要发泄出来，一种悲哀要吐露出来。我没有时间想到我应该采用什么形式，我是为了申诉，为了纪念才来写小说的。"

**十五日**　《学风》第2卷第8期"书报评介"专栏刊载《〈将军底头〉和施蛰存》。

**二十日**　在《青年界》月刊第2卷第2号发表《如何作文》。

**二十一日**　先生日记："第2卷第1期的创作增大号，自从拟定了一个假想的目录，分别请人撰文以来，至今还收不到几篇文章。大概不等到月杪是不会编得成功的吧。今日手头，只有巴金在动身北游之前给写下了的一篇《电椅》呢。"

**二十二日**　收到郁达夫寄来的新作《东梓关》。

**二十三日**　先生日记："接吴文藻先生来函，说冰心女士病又转剧，须入医院疗养，一年内不能执笔。那么，预定着的文章又少一篇了。"

**二十四日**　先生日记："穆时英先生曾说在15日以前交一个短篇来，但竟失约了。17日写了一信去催促，幸而今天有了回件。《上海的狐步舞》一篇，是他从去年起就计划着的一个长篇中的一个断片，所以是没有故事的。但是，据我个人的私见看来，就是论技巧，论语法，也已经是一篇很可看看的东西了。"

**二十五日**　郭沫若致先生函："《现代》月刊要出创作专号，要我做一篇小说，并因期促的关系，叫我在十天之内就要交稿。我本想把最近所感受的一段情绪，写作一篇《紫薇花》出来，但我恐怕不能够如期交出；现在我由日记中钞出了两首诗出来塞责。我想'创作'这个字似乎是不应该限于小说的。这两首诗并列在这儿似乎有点矛盾，但这个世界正是充满着矛盾的世界，要紧的是要解消这个矛盾。我所希望的是在《夜半》之后有《牧歌》的世界出现。《紫薇花》呢？在最近期内能写出时，希望能在本志上和读者见面。"

**同日**　先生日记："沉默了许久的鲁彦，居然赶得及创作增大号的发稿期，寄来了一篇《胖子的故事》,我很高兴将它发排了。""只是题目似乎平凡了些,所以我擅自给删改了。苏汶先生交来《论文学上的干涉主义》,关于这个问题,颇引起了许多论辩,我以为这实在也是目前我国文艺界必然会发生的现状。凡是进步的作家,不必与政治有直接的关系,一定都很明白我国的社会现状,而认识了相当的解决的方法。但同时,每个人都至少要有一些 Egoism,这也是坦然的事实。我们的进步的批评家都忽视了这事实,所以苏汶先生遂觉得非一吐此久髁之骨不快了。这篇文章,也很有精到的意见,和爽朗的态度,似乎很可以算是作者以前几篇关于这方面的文字的一个简劲的结束。"

另,按先生自述:"不过,我也不是对这场论辩绝对没有话说。""我写这一段话,只有两个目的:其一是想结束这一场论辩,其二是作一个政治表态。所谓'不必与政治有直接的关系',意思是说'不是党员'。所谓'认识了相当的解决方法',意味着'认识到社会主义是解决中国社会问题的唯一出路'。Egoism 这个字用得不很合适,我的意思是指作家个人的自由。我想以编者的立场,表示'第三种人'问题的提出,并没有反党反社会主义的动机。但是,这段文字,放在《社中日记》里,写得又很隐晦,似乎从来没有人注意。"(《〈现代〉杂忆》)

**二十八日** 下午到开明书店编辑部,"叶圣陶先生已到南京去开中小学国语教学研究会了,但他终于在百忙之中,给《现代》写成了一个短篇";"为了要编画报,前几天曾向叶先生商量请他将所刻的印谱借来发表几方,承他答应,留交给我三册印谱,今选用了六方"。

**二十九日** 李金发寄来新诗三首、摄影一版,又收到张天翼寄来的小说。

**下旬** 为编讫《现代》第 1 卷第 6 期而撰写《编辑座谈》:"惟有一事,是我所引为不满,而料想读者亦必然以为不足的,那就是每期的画报,取材于外国文艺界者多,而取材于本国文艺界者少。""这实是与我着手编第一期《现代》时的本心相违甚远的事。""我编《现代》,从头就声明过,决不想以《现代》变成我底作品型式的杂志。我要《现代》成为中国现代作家的大集合,这是我的私愿。但是,在纷纷不绝的来稿之中,我近来读到许多——真的是可惊的许多——应用古事题材的小说,意象派似的诗,固然我不敢说这许多投稿者都多少受了我一些影响,可是我不愿意《现代》的投稿者尽是这一方面的作者。"

另,按先生自述:"这段话发表以后,在小说方面似乎有些效果。以历史故事为题材的小说不来了。可是,也许我因此而扼杀了一些优秀的历史小说。至于在诗这方面,虽然生硬摹仿的意象派似的诗也不来了,但投寄来的诗和《现代》历期所发表过的诗,形式和风格都还是相近的。""这些特征,显然是和当时流行的'新月派'诗完全相反。"(《〈现代〉杂忆》)

**同月** 时代图书公司创办出版《论语》半月刊。商务印书馆《东方杂志》月刊出版复刊号(第29卷第4号),胡愈之主编。

## 十月

**一日** 主编《现代》第1卷第6期(10月号)出版;刊有《即席口占·咏某女史之口琴》,署名"安华"。先生自述:"从第3期至第6期,每期都有一百三四十页光景,定价都是3角。各期销路,升降于四五千册之间。"(《〈现代〉杂忆》)

另,刊发苏汶《"第三种人"的出路——论作家的不自由并答复易嘉先生》,文中提及:"我倒有一句话要奉劝诸位左翼指导理论家们,要去鉴赏这些isms当然大可不必,但是你们也得去看看,去研究研究。不去看,不去研究,自然连例如说施蛰存的小说是新感觉主义这一类空前的大笑话都会闹出来了。""你们是要负起解剖一切文学的使命来的;攻击攻击倒也不要紧,可是最好不要胡说乱道。"(按:该文写到"在这篇文字快写完的时候,承《现代》编者拿了周起应先生的《到底是谁不要真理,不要文艺?》来给我看"。)

另,刊有瞿秋白(署名"易嘉")《文艺的自由和文学家的不自由》、周起应《到底是谁不要真理,不要文艺?》、苏汶《答舒月先生》,别有舒月《从第三种人说到左联》,开篇写到"因交卷答应《现代出版界》的文章,在《现代》编辑部施蛰存先生的台上看到易嘉,周起应,苏汶等几位先生尚未发表的文稿"。

另,刊有为编发巴金9月13日来函(题为《作者的自剖》)所作"按语":"我认为是很好的一篇对于他自己的著作态度之自白。""其中关于我的许多话,我都承认。""这或许是巴金先生的神经过敏处,因为写那篇批评文的人,同时也是一位作家。""我敢代表该文作者声明,一点没有对于巴金先生不敬之处。""因为我曾声明本刊书评栏的文章,系由几位时常相见的朋友所执笔,而由我代表本刊负责,所以评巴金先生的《复仇》一文,虽然确非我之手笔,但对于巴金先生函中之误认为我所作,也只好将错就错地承认了。"

另,还刊有汪锡鹏小说《未死的虫蝶》。据汪锡鹏记述:"《未死的虫蝶》这是在友谊中逼着写成的一篇无聊的小说。"(《汪锡鹏小说集·校读之后》)

**同日**　先生日记:"郭沫若先生本来答应给《现代》写一篇万字左右的小说《紫薇花》,但今天来信说已不及写了,改寄了两首诗来。诗后附着一段声明,为编辑方面便利起见,特移录在这里。"

**三日**　先生日记:"茅盾先生交来了一篇《春蚕》,在他今年所写的几个短篇中,这是一篇力作。同时,白薇女士的剧本《敌同志》亦因茅盾之介绍,而放在案头了。欧阳予倩先生曾以改正的《同住的三家人》交给我,现在剧本的篇幅似乎也已很够了。但如果马彦祥先生及洪深先生的新著能完全如期寄到,那么就是四个剧本也一定给编进去。陈雪帆先生送来了一篇小论文《关于理论家的任务速写》,这显然是对于上一期本刊所揭载的苏汶、易嘉、舒月的论争的一个持平之论。"

**五日**　过录上月间所作新诗三首,拟编入《现代》。

**六日**　先生日记:"望舒将在8日晨乘达特安号邮船赴法,但他所答应给《现代》的诗与诗论还没有交给我,真是焦灼的事。"

**七日**　晚上宿于四马路振华旅馆,并就戴望舒的手记本上抄录了数首诗和几段关于诗的断片,"虽然是将就的东西,但倒是很自然的。"

**八日**　先生与父亲及大妹施绛年,还有亲朋好友前往十六铺码头,为戴望舒搭乘达特安号邮船赴法国留学送行。先生日记:"在送了望舒启程的归途上,又再三叮嘱刘呐鸥君给《现代》写一篇新鲜的创作。我觉得在目下的文艺界中,穆时英君和刘呐鸥君的以圆熟的技巧给予人的新鲜的文艺味是很可珍贵的。"

**同日**　按戴望舒日记:"从'振华'到码头,送行者有施老伯、蛰存、杜衡、时英、秋原夫妇、呐鸥、王[德孚]、瑛姊、[钟]英,及绛年。父亲和英没有上船来,我们在船上请王替我们摄影。"(戴望舒《航海日记》,以下均同)

**又**　《申报》刊载《全国唯一之寄售书店"作者书社"》广告,其中刊有先生与王伯祥、戈公振、马君武、徐悲鸿、夏丏尊、赵景深、叶圣陶、钱君匋、巴金、周予同、胡愈之、徐调孚、郑振铎等共35位为赞助人。

**十日**　按戴望舒日记:"下午写信给绛年、家、蛰存、瑛姊,因为明天可以到香港。"

**上旬**　先生收到商务印书馆《东方杂志》社向社会各界知名人士发出邀请"通启",征询:"一、先生梦想的未来中国是怎样?(请描写一个轮廓或叙述未来中国的一方面。)二、先生个人生活中有什么梦想?(这梦想当然不一定是能实现的。)"

**十三日**　先生日记:"老舍先生寄了一枚照片来,这位幽默家的本来面目,想必一定有人愿意一见的吧?"

**十四日**　按戴望舒日记:"起来写信给绛年、蛰存、家。午时便到西贡了。"

**十五日**　先生日记:"刘呐鸥先生终于写成了一篇《赤道下》来了,这是从本志创刊的时候就预约着的文章,至今日始能有发排的荣幸。文艺家而忙,对于一个编者是最引为不幸的事。"

**十六日**　在《东方杂志》第29卷第4号发表小说《夜叉》。先生自述:"一天,在从松江到上海的火车上,偶然探首出车窗外,看见后面一节列车中,有一个女人的头伸出着。她迎着风,张着嘴,俨然像一个正在被扼死的女人。这使我忽然在种种的连想中构成了一个 plot,这就是《夜叉》。"(《梅雨之夕·自跋》)

**同日**　先生日记:"叶灵凤先生好久不写小说了,但今年又重新努力起来。今日交来了他的才脱稿的短篇《紫丁香》,《灵凤小说集》的读者也许会从这里看出一些作者的新倾向来。"

**十七日**　《黄钟》第1卷第3期"国内文坛杂讯"专栏刊载《主编〈现代〉之施蛰存》:"近正从事筹备一国学杂志,作旧文学之探讨。闻该杂志内容除理论文字外,并登载诗词戏曲笔记等,诗词由施主编,戏曲由杜衡担任,笔记则由戴望舒负责云。"

**十八日**　按戴望舒日记:"明天就要到新加坡,把给绛年、蛰存、家、瑛姊的信都写好。"

**十九日**　按戴望舒日记:"同舱的刁士衡对我说,他燕大的同学戴维清已把蛰存的《鸠摩罗什》译成英文,预备到美国去发表。"

**二十日**　郁达夫致王映霞函谈及:"这一忽《迟桂花》正写好,共五十三张,有两万一千字,《现代》当去信通知,大约三日后会来拿。""《迟桂花》我自以为做得很好,不知世评如何耳。"

**二十三日**　先生日记:"苏汶先生转来鲁迅先生的一篇《论"第三种人"》,因为还赶得及插入已在排印的2卷1期,让读者先睹为快,便临时编入了。2卷1期的《现代》总算产生了,只是自己想写的一篇创作,却竟没有馀裕能写成,对着二十万言的人家的佳作,不觉技痒。"

**二十四日**　先生日记:"郁达夫先生自杭州来信,说为《现代》新作《迟桂花》一篇,已寄沪寓。即晚便到赫德路郁宅去取了来。郁夫人并示以达夫家书,关于此作,有语云:'这一回的一篇没有一段败笔,我很得意。'"

**二十五日**　付排袁牧之送来的一个剧本。先生又完成了一个短篇。

**二十六日**　先生日记:"发排谢达明先生译苏俄伏尔可夫的短篇,及高明先生译日本武田麟太郎的短篇。胡秋原先生送来《浪费的论争》一篇,预备给《现代》2卷1期发表,但事实上来不及了,遂编入2期。"

二十八日　先生日记:"就臧克家先生寄来诗稿选录三首付排。选俊闻先[生]作《岁暮》付排。××先生以《委曲求全》及《岳飞及其他》两书评送来。"

二十九日　按郁达夫日记:"早晨作'北新'李小峰、《现代》施蛰存信。"(郁达夫《水明楼日记》)

三十日　《时事新报》刊载《关于"小说甲选"》提及:"中下编依我的意见,下列几个作家的作品,可介绍选入的,如施蛰存的《娟子》《上元灯》;蒋光慈的《鸭绿江上》与《丽莎的哀怨》;孙席珍的《现场上》……"

另,还刊有大幅广告"上海爱而近路新中国书局出版'新中国文艺丛书'",特别介绍先生两部作品:"《上元灯》:本书初版本前由水沫书店印行,包含十个短篇,文章精丽明快,描绘种种幽微地感动人心的境界,使读者不禁而觉得惆怅的情怀。行世以来,久为文艺界所推奖。现经作者重行改变,删去三篇,补入三篇,使全书气分一贯,成为无瑕之白璧,嗜爱新文学者,不能失此不读也。《将军底头》:自从《鸠摩罗什》在《新文艺》杂志上发表以来,作者在中国的创作界开了一条新的蹊径,本书包含《鸠摩罗什》《石秀》《将军底头》及《阿褴公主》四篇,都是巧妙地应用历史的或古代传奇中的题材,而写成的。这四篇小说都是写恋爱心理的,但有的衬着宗教思想的冲突,有的混合着民族思想的矛盾,有的因为礼教的拘束而升华成变态的性欲,都描绘十二分的细密,实是强烈地表现着一个独特的作风的短篇集。"

三十一日　到祥记西书铺,买了关于司各特百年祭的图画,归社后即致函凌昌言,邀约撰稿,以纪念这位百年前的英国作家。先生日记:"今年的哥德纪念,竟蹉跎着未尝有一篇纪念文字在本刊刊载,又高尔基著作生活四十年纪念,苏俄政府及人民曾为他开了一个很轰动的纪念会,但图片方面至今无一枚传到中国来,文字方面也一时没有精警的东西可编入,这真是很可惜的事。"

同日　按戴望舒日记:"晚饭后看眉月、看繁星、看银河,写信给绛年、蛰存、家。"

是月　诗作《同情》刊于《白光画刊》创刊号,署名"安华"。

又　《中国新书月报》第2卷第9、10号合刊登载青坪《读了穆时英底"空闲少佐"以后》提及:"随后就在《现代》上表现了穆时英君底一篇《公墓》。当时很出我意料,使我非常惊诧。这篇《公墓》和我见到过的穆时英君底作品完全两样,是否《文艺新闻》上底那篇批评文章所得到了的收获,那不敢说;然而前后确实完全改变了。并且编者施蛰存君在编后上声言穆时英君将永远以这样的态度来写作,一时更使我摸不着头脑。""因此,《现代》编者施蛰存君底声言穆时英君将永远以这样的(作《公墓》样的)态度来写作,多少会成一点问题,最少是不会永远的。"

**同月** 上松长途汽车公司开始运营,松江至北桥至上海之间通车。

## 十一月

**一日** 主编《现代》第2卷第1期(11月创作增大号)出版;刊有《九月诗抄》(嫌厌、桃色的云、秋夜之檐溜)。从本期开始,先生在第2卷的每期末尾均撰有《社中日记》《书与作者》。先生自述:"这一期是'创作增大号',共218页,较创刊号多20页。零售每本5角,预定户不加价。这一期内容编得相当整齐,选稿标准也较高。出版后,颇得读者好评。添印二版,一共卖了一万册。从此,我体会到'特大号'的刺激力。"(《〈现代〉杂忆》)别据沈子成记述:"鲁迅的文章亦拉到了,远在北平的周作人,乃客寓日本的郭沫若,都有文稿寄来,其他如郁达夫、茅盾、汪锡鹏,及张天翼等人的创作,亦陆续刊出,该志因此声誉日隆,""已渐达全盛时期。"(沈子成《记水沫社》)

另,刊发了陈望道(署名"陈雪帆")《关于理论家的任务速写》、杜衡(署名"苏汶")《论文学上的干涉主义》、鲁迅《论"第三种人"》。

另,还刊发穆时英小说《上海的狐步舞》,又在"现代文艺画报"专栏刊载"作者穆时英的照相"。据迅俟回忆:"自从他的照片给施蛰存在《现代》登载后,一般年轻的女学生,几乎都在朝夕地想看看他。因为他顶爱上舞场,因此一般年轻的女生们为了要看看这位名小说家,也就有了上舞场的嗜好。""穆氏之对舞场,并不把它作为享乐的场所,反之,倒是他写作的书斋。所以穆氏虽然常常上舞场,但他并不多跳,而且是躲在舞场的角落的桌子上,一枝铅笔,和几张碎纸片或一本小小的拍纸簿,古怪地在写着。"(杨之华编《文坛史料·穆时英》)

**三日** 先生日记:"徐调孚先生来电话,因为我在本刊2卷1期的《社中日记》中说叶圣陶先生今年只写了两个短篇,故来更正,因为叶先生今年还曾在《中学生》杂志上发表过一个短篇。××先生交来评冰莹女士《前路》一文,遂汇集书评三篇付排。"

**同日** 按傅彦长日记:"到新雅。遇谢旦如、施蛰存。"

**四日** 整理自己所译的美国诗人 Carl Sandberg 的几首诗,拟编入《现代》。

**五日** 郁达夫复叶灵凤函谈及:"馀不尽言,雪帆老板静庐蛰存各位乞代候。"

**同日** 《橄榄月刊》第 26 期(11 月号)刊载《施蛰存从事旧文学运动》:"《现代》主编施蛰存,近正在筹备一国学杂志,作中国旧文学之探讨,该杂志内容,除理论文学文字外,并登载旧诗词戏曲笔记等。"

**六日** 《时事新报》刊载徐平《读〈现代〉杂志创作增大号》提及:"《现代》杂志是 1932 年文坛的一个可喜的现象,在过去的六期里,我们已经能够发现许多优秀的创作和译作,更加以编制的新颖,出版的不脱期,更给予了读者以愉快的印象。现在,2 卷 1 期的创作增大号已照编者有预约的如期出版了,这是多么值得我们欣幸的一件事,""这在量一方面就已经是惊人的成绩,现在,我打算就质一方面来作一个简单批评与介绍。""还有郭沫若、李金发、戴望舒、施蛰存四人之作,颇多佳作。""《现代》2 卷 1 期是颇值得一看的,""大体上说来,实不得不算是中国新文学杂志界空前的盛举。"

另,此版还刊有"施蛰存编,文艺月刊《现代》第二卷第一期,空前之创作增大号出版"广告,以及"新中国文艺丛书最近出版"广告,内有其著《上元灯》(实价大洋六角半)、《将军底头》(实价大洋八角)。

**七日** 张天翼寄来新作《梦》,拟编入下期。

**同日** 按周作人日记,收到施蛰存来函。

**十日** 《华安》杂志创刊号出版,刊有先生等 36 位作者被邀为"特约撰述"。

**同日** 徐调孚转来沈从文新作《扇陀》,又得丰子恺《小白之死》,均拟编入下期。

**十一日** 先生日记:"报载路透电传本年诺贝尔文学奖金系授与英国高尔斯华绥,然则前传授与西班牙比达尔氏者,必为失实。因为想在本年内将高尔斯华绥介绍给《现代》的读者,就立即请苏汶先生写一篇《高尔斯华绥论》,并分别请杜衡、叶灵凤两先生译了他一个短篇及一个短剧。"

**同日** 按傅彦长日记:"到新雅、国泰、晶宝。遇林微音、蔡其恕、朱维基、巴金、施蛰存、叶灵凤、杜衡。"

**十五日** 侍桁托巴金带来记念梁遇春的文章,预备编入 3 期《现代》。又"关于高尔斯华绥的文章都已先后交来,但这样一来,这期的篇幅已超出甚多,遂不得不到印刷所里去斟酌情形抽出了袁牧之先生的剧作、高明先生的译文。"

**十六日** 由上海返回松江老家休假,又把《现代》2 卷 1 期一册、《东方杂志》复刊号及第 4 号二册邮寄驻法国中国公使馆转交戴望舒。

**十七日** 先生读报,获悉邵洵美、李青崖诸人将在 19 日到硖石为徐志摩作周年祭,即发快信致邵氏,托其为《现代》摄影数帧。

**十八日** 在松江家里致戴望舒函:"《现代》这期创作号销路特别好,初印八千份,现在已销完,正在再版中。一号那天,上海门市售出四百本之多,不可不谓盛事也。你船开时,我们都不免有些凄怆,但我终究心一横,祝贺你的毅然出走,因为我实在知道你有非走不可的决心。照片都照得不好,你个人照的都不清楚,因为感光都不足。杂志上只选用了两帧,是比较的最好的了。""我的《梅雨之夕》已卖与'新中国',因我要向'现代'预支版税150元,未能如愿,而我又急用,遂一怒而去'新中国'。现代书局专拍第一流(?)作者,或蹩脚无聊之作而可以廉价得之者,如我辈中间的卡氏党,真是碰壁的。洪雪帆至今还主张一部稿子拿到手,先问题名,故你以后如有译稿应将题名改好,如'相思''恋爱'等字最好也。你应交'中华'之稿如何矣,屈指算来,此信到时,你也已应当预备寄出第二批稿子了。勿怠勿怠!到巴黎后生活如何?经济情形如何?希望能将你的日用账录寄一周,使我有一个参考。书店跑过否?珍书秘籍的市场已研究过否?均迫切欲知之。你从西贡来信我们已收到了,以后我的信和绛年的信各自编号。"

**二十日** 主编《现代》第2卷第1期再版发行。

**二十七日** 按《鲁迅年谱》(增订本)第三卷:"鲁迅在北平应北师大文艺研究社邀请,到师大讲演。""由于听讲的人很多,讲演的地点临时改在风雨操场。人流仍不断涌来,后来又改为露天讲演。讲题是《再论"第三种人"》,未另发表。"先生自述:"有北京的朋友给我寄来了有关这次演讲的两张照片和一方剪报。照片的说明,一张是'鲁迅在女师大操场演讲',一张是'鲁迅在师大操场演讲'。剪报是一段登载在《世界日报》上的《帮忙文学与帮闲文学》。我得到这两张照片,非常高兴,肯定他们是新文学史上的重要史料和文物,当时还未见别的刊物发表。"(《关于鲁迅的一些回忆》)

**三十日** 已在松江家里休假半个月,"给良友公司写了半本短篇集"。于当日返回上海,即到书局视事,"来稿积至一百四十馀封,连以前尚未看过的五六十件原稿,共有二百馀件。在编了第3期后,应当赶紧清理,决定取舍才行。以前答应投稿者在稿到后二星期内答复,但现在事实上常须搁置至一个月乃至二个月,实在惭汗之至"。

**是月** 上海乐华图书公司初版发行顾凤城编《中外文学家辞典》,书内"中国"收录:"施蛰存,1903[应为1905]——。现代中国作家,浙江杭县人,现年二十九岁。创作有1.《上元灯》,改正版新中国书局出。2.《将军底头》,新中国书局。3.《梅雨之夕》,出版处未定。4.《无相庵小品》,未有出版处。5.《云絮词》,自印。翻译有1.《一九〇二级》,东华书局。2.《妇心三部曲》,神州。3.《恋爱妙谛》,光华。4.《魔窟》,未定出版处。5.《波兰短篇小说集》,商务。6.《捷克短篇小说集》,商务。7.《匈牙利短篇小说集》,商务。8.《法国浪漫派小说集》,9.《英国现代短篇集》,10.《英美现代诗抄》,以上之书均在整理中。"

**同月** 3日《斗争》第30期刊载张闻天《文艺战线上的关门主义》,署名"歌特"。15日《文化月报》第1卷第1期再次刊载鲁迅《论"第三种人"》。

## 十二月

**一日** 主编《现代》第2卷第2期(12月号)出版;刊有《四喜子的生意》以及《约翰·高尔斯华绥著作编目》(署名"惜薰")。

另,刊发了胡秋原《浪费的论争——对于批判者的若干答辩》。又刊书评《岳飞及其他·顾一樵著,新月版》提及:"蛰存携顾一樵先生所作历史剧集《岳飞及其他》来,嘱为《现代》写一书评。"

**同日** 为《现代》2卷3期的发稿期,"检出沈从文先生的新作《扇陀》来看了一遍,这篇的故事本身是取材于《法苑珠林》的,文章也有意地羼杂着译佛经的语法,无疑地是从文的一种新的尝试,希望读者能够注意。"

**又** 黎烈文正式接任《申报·自由谈》主编。先生自述:"黎烈文接手编'自由谈'的前几天在福州路会宾楼菜馆请了一次客,我也在被邀请之列。"(《"自由谈"旧话》)

**二日** 一并发排沈从文《扇陀》、丰子恺《小白之死》、李金发诗一首和庄若安《小三子》。接茅盾来信说"《徐志摩论》又来不及做,只得再迟一个月了"。

**三日** 复戴望舒函:"昨日收到你从吉布地寄来一信,内附照片一纸,如对故人,甚慰。今天看了 Sous Les Toits de Paris 回来,写信给你。我看见影戏里有一个扒儿手,心中就感觉到一阵恐怖,我恐怕你一朝在巴黎遇到扒儿手,把你怀中的全部财产都扒了去,那岂不糟糕!留心啊!上海的文坛还是老样子,并无多大变动。现在零碎告你一些:(1)《自由谈》自本月1日起改由新近由法国回来的黎烈文主编,周瘦鹃则改编《本埠增刊》。(2)熊式弌译了一部《萧伯纳全集》,一部《巴蕾全集》,卖给文化基金委员会,共得洋八千元。此君以四千元安家,以四千元赴英求学。上星期曾来找我,我在松江未遇,日内当可晤见,我想请他做英国通讯。并当为你介绍。(3)邵洵美叫叶秋原编一个《时代周报》,内容听说有16页图画,16页文字,大概上自政论,下至电影批评都有,明年1月1日创刊,我当寄你。(4)欧阳予倩已到马赛,不知你知道否？我正在打听他的行踪,为你介绍。(5)我的第三小说集《梅雨之夕》已交新中国书局。""你现在究竟是否先译'中华'的书？倘若没有决定,我想先编《法国文学史》也好。因为目下的现代书局,只要稿子全到,钱是不生问题的。《现代》转瞬2卷完满,第3卷的译小说你似乎也应当动手了。我希望在动手编3卷1期时,已经有3卷2期的稿子在手头,则较为放心。你如果决定译的,则收到此信后,请立刻先拟一个广告来,说明此书内容,我当在2卷6期登出。"

**同日** 发排张天翼《梦》、侍桁《最近逝世的梁遇春》,并致函侍桁请他有便把梁遇春的照片及手迹送来。

**四日** 先生日记:"傅东华先生的一篇随笔,是从前预备编创作特大号的时候去请他写的,可是创作特大号里却再也编不起散文随笔栏来,一搁搁到今天,不得不发排了。我希望将来散文随笔小品多起来,能够在每期中多占些篇幅。但是,一百个人中可以有一个好的小说家,而很难发现一个好的散文家(Essayist),奈何!"

**同日** 《时事新报》刊载署名"曜"《读〈现代〉十二月号》,开篇写道:"施蛰存主编《现代》在现今定期刊物中,的确是值得我们满意的一种。""施蛰存的《四喜子的生意》,是一篇技巧新颖的作品,以描绘历史小说的手腕来写现代大上海的都市生活,仅在这一点上,已值得我的注意的了。""都是目下创作界不易多见的佳构。"

**五日** 整理《猫城记》续稿,发排讫。

**六日** 先生日记:"上期胡秋原先生的文章寄来时,我曾交去给苏汶看。洛扬先生在苏汶处也看见了此文,当时就说也预备写一篇答辩文。可是一则因为他的文章未能如期写好,二则本刊为篇幅所限,遂不得不移在该期发表了。与洛扬先生同时交来者尚有丹仁先生一文,一并发排讫。"

**七日** 杜衡(苏汶)送来《一九三二年的文艺论辩之清算》稿件。先生日记:"读后甚为快意。以一个杂志编者的立场来说,我觉得这个文艺自由论战已到了可以相当的做个结束的时候。苏汶先生此文恰好使我能借此作一结束的宣告,遂为汇合洛扬、丹仁两先生的文章一并发排。在以后的几期《现代》中我希望能换些别的文艺问题来讨论了。"

**八日** 韩侍桁应先生之约来《现代》杂志社访问。先生日记:"这是我和他第一次晤见。他的相貌、举止,甚至语音,都和张天翼先生逼肖,我觉得很奇怪。承他以梁遇春照片并致石民先生信一束惠借,使得刊入《现代》画报,甚可感佩。"

**九日** 先生日记:"读梁遇春致石民书信,颇多极有风趣者,拟选抄数通,刊入下期《现代》。叶灵凤先生近日读美国新作家 Dos Passos, Hemingway 诸人作品甚勤,几至废寝忘食。今日交来新作一篇,拜读一过,觉得这些崭新的艺术形式已经在他的笔下大大地起了作用了。××先生交来《齿轮》的批评一篇。邵洵美先生托胡秋原先生带来关于徐志摩周年祭的图片数种。"

**同日**　《社会新闻》第1卷第23期刊载《施蛰存与戴望舒》:本刊第5期[本年10月16日]上曾发表过一篇[《戴望舒兄妹失恋》],关于戴望舒失恋的消息,后来18期[本年11月24日]中,又被手民误会排入,以致重刊一遍,我们固已更正,而戴先生的舅子施蛰存先生又来了一封信更正,兹将原信节录如下:"一、望舒除了懂得些法语文学外,只会得写一点诗,但是他从来没有自称是诗人。二、望舒的父亲是杭州中国银行的职员,但虽非金库主任,望舒亦从来未'以此炫耀'。三、望舒是穷朋友,我安有不知之理,舍妹与望舒订婚,决不会'被炫'于此。因望舒之家资不丰,亦不必俟订婚后去探也。以上三项是对于望舒及舍妹之关系的更正。此外,我似乎觉得贵刊之讲此新闻不惜宝贵之篇幅重刊一遍,其意似乎专为了更正一个名字。然则贵刊似乎颇有意于让我'出出名'了。前次的一篇,未曾署名,而此次则署名曰'剑',我不知这位'剑'先生与我有何特别感情。但是我实在并不感激他,我觉得有点不大舒服。所以写奉此信,最好请先生将此信在贵刊上赐登一遍。否则……否则当然也是没有法子的,自己登广告,打官司,都是要钱的事。也只得被侮辱被造谣一下子了,是不是?"在这里我们要申明几点:"一、18期重登一遍是误会,非有意,已更正;二、戴先生确会自称诗人,犹忆在杭州大塔儿巷戴宅及上海东宝兴路第一线书店时,同人均以诗人呼之,戴先生亦乐于授受。此种情形,想施先生亦曾听过了;三、戴先生令尊,确系杭州中行金库主任;四、我们只载,决无故意造谣来侮辱别人,对于施先生或戴先生,也是一样,别无用意,请施先生亦不必登广告,更不必打官司也。"

**十日**　收到作者交来一篇《大上海的毁灭》的书评。

**十三日**　按周作人日记,致施蛰存一函。

**十五日**　先生"披阅外来投稿,小说方面没有什么动人眼目的作品。倒是诗及散文却颇有值得选留者,抄录陈琴、侯汝华、龚树楔诗各一首,略为窜削,付排。"

**同日**　《文学月报》第1卷第5、6期合刊登载谷非(胡风)《粉饰、歪曲、铁一般的事实——用〈现代〉第一卷的创作做例子,评第三种人论争中的中心问题之一》。先生自述:"引'第三种人'的文艺观点来评论《现代》上刊载的创作小说,好像巴金、沉樱、靳以等作家的小说都是遵循'第三种人'的理论创作的,显然他也把《现代》看作'第三种人'的同人杂志了。"(《重印全份〈现代〉引言》)

另，刊载先生参加鲁迅、柳亚子、茅盾等57人发表《中国著作家为中苏复交致苏联电》。还载绮影(周扬)《自由人文学理论检讨》、鲁迅《辱骂和恐吓决不是战斗》。

**十六日**　付排郑伯奇《圣处女的出路》。

**十七日**　在《申报·自由谈》发表《宫女与妓女》："偶然看见《艺术旬刊》第7期中复印着一页法国大雕刻家罗丹的作品,底下译了一个中文题名,叫做《美丽的老宫女》,不觉拍案惊奇起来。我记得罗丹并没有替什么宫女做过雕像。这复印着的雕像,我倒是早已认识了的,它是罗丹的杰作,""可惜《艺术旬刊》没有将原诗全译,而在中国又看不到罗丹作品的实体。这不免是一些缺点,至于把两个题目都译作'宫女',那就是牛头不对马嘴了。"

**同日**　先生日记："黄金瑞先生的一册小说原稿《紫的世界》,寄来好久了。我觉得他的作品,如《旅人》一篇,与其说是小说,毋宁说是散文。但这有什么关系呢。一件文学作品,如果一定要以诗、小说、散文这种种抽象的名称区分起来,实在也是很狭义的事。"

**又**　《电影与文艺》第1期"艺文简报"栏刊载："施蛰存主编《现代》以来,声名大振,该刊自出'创作特大号',销路更佳。彼本为上海《时报》特约文艺编辑,近闻彼已辞去,专任《现代》主编。"

另,据谢海阳记述："有一家《时报》,原来的老板搞不下去了,就把报纸卖给了黄伯惠。施先生于是应黄之邀编了两个月的副刊,'每天晚上九点到报馆,一直干到凌晨三四点钟才回家,非常辛苦。'"(谢海阳《文坛耆宿施蛰存寄望后辈报人——编副刊要当事业》。按：包笑天《钏影楼日记》1925年2月18日记录,"《时报》以八万元售于黄伯惠,先付五万元,闻于前日始签草约,证人为许建宾,林康侯,将延金剑华(泳榻)为总编辑。"而先生受邀编副刊之事,时间未详,记此俟考。)

**二十日**　付排孙用译的《小尼克》,"我们没有介绍过罗马尼亚这美丽的小国的新文学,这是给读者以第一个贡献。孙用先生从世界语中译欧洲诸小国的作品,已有好几年的经验,我以为这也应当在这里介绍一次的"。

**二十一日**　译作《鲍乔谐话抄》并"题记"刊于《申报·自由谈》。"题记"写道："鲍乔(Poggis),意大利十四世纪讽刺家,生于1380年。所著有《谐谑小话》一卷,体裁颇似我国之《笑林广记》,调侃教士、文人、贵妇、豪商,殊为隽永。颇有猥谈,而不狎亵。文学上自有此种别才,在英则为司惠夫特(Swift),在法则为伏尔德(Voltaire)、为拉布莱(Rabelais),在我国则湖上李渔,差可比拟。今抄译鲍氏小话数则,以饷读者。"

**二十四日** 高明送来译作《英美新兴诗派》,先生披阅一过,"觉得原作并没有什么精到的地方。但是在对于现代外国文学的认识很少的一部分读者,这种简易的入门文章,也许倒是很需要的"。

**同日** 在《申报·自由谈》发表《无相庵随笔》。

另,此期"编辑室"专栏刊载编者致先生函:"尊著文字优美,雅俗共赏,绝非'鸳鸯''蝴蝶'之滥调可比。以后务乞源源赐稿,以饷读者为祷!"别据若当生《儒林新语——施蛰存自认鸳鸯蝴蝶派》写道:"《申报·自由谈》继'语林'革新以来,专拉新派著名作家写稿,《现代》杂志的编者施蛰存亦在被拉之列,施氏于应征之馀并附一函,大意说承嘱撰稿,固属荣幸,然时彦方斥蛰存名'新鸳鸯蝴蝶派',恐拙作不足以污篇幅云。因此'自由谈'就出现了一条编者的代邮,称说他的作品文情并茂,决非一班'鸳鸯蝴蝶派'所可比拟。这么一说,施蛰存的可以与'鸳鸯蝴蝶派'打比,而反更明白。'新鸳鸯蝴蝶派'和'新才子派'等名称,都是善加人以头衔的鲁迅造出来的。由这名称,引起了郭沫若在《创造十年》中作严重的抗议,大打其革命文学新旧派之架,那还只是局面问题,现在则似更转成第二种作家与第三种作家之争了。"(《益世报》,1933年1月5日)

**二十五日** 在《申报·自由谈》发表《买旧书》:"近来衣食于奔走,殊无暇日,轩眉哦句之乐,已渺不可得,只有忙里偷闲,有时在马路边看见旧书店或旧书摊,倒还很高兴驻足一番。""上海的旧书店,大概可以分为三种,第一种是卖线装旧书的,这就等于骨董店,价钱比新书还贵。第二种是专卖中西文教科书的,大概在每学期开始时总是生意兴隆得很,因为会打算盘的学生们都想在教科书项下省一点钱下来,留作别用,横竖只要上课时有这么一本书,新旧有什么关系呢。第三种是卖一般读物的西文书的,也就是我近年来常常去消遣那么十几分钟的地方。"

**二十六日** 从茅盾处取来了《徐志摩论》稿件,"据作者说这是与从前被毁于《小说月报》中的那一篇大有出入的重作。"又得巴金送来近作《五十多个》。

**二十七日** 复戴望舒航空函:"你定居巴黎后寄来的信已收到了两星期了,可是我因为想等你的第一批稿子寄到后。""我很为你的经济担心事,而至今连第一批'中华'残稿尚未到,甚可危也。现在我这里大概每月上旬以内寄汇750法郎,请你一回也每月寄出这数目的稿子,""这就是说如果有二个月不收到你的文稿,则这里的能力也就动摇了。《紫恋》想必已寄出,现在做些什么?我看如不译'中华'的书,则可以先弄《法国文学史》了。《朝颜》望即译来,我替你开4元千字的稿费,但这是算卖稿了。我第二号信寄在李健吾先生的旧地址,""下星期拟寄《现在》2卷1、2、3期各5册,请代分送。最要紧的是巴黎图书馆,听说该馆中有张若谷自己送去的他的著作,你看见过否?我的小说现有柏烈伟氏在给译为俄文。《爱经》《铁甲车》均已出版,下星期寄你一本。卖奇书的书店去跑过否?能否快给我找一个目录来?你的诗尤其应当随时寄来。《东方》新年号中我有'诗铭三章',兹特寄奉。""第三卷的《现代》拟增加字数为15万,每页文字加密,内容拟仿日本的《新潮》之类,多载于文艺有关的趣味文字,请你多作些访问记,文艺杂谈,或者我出些题目如《巴黎书画搜猎记》《巴黎图书馆之一日》《Grand Opera之一夕》等等,有照片同时寄来,因拟多加插图,画4页可望改为影写版,乐得神气也。"

二十八日　访穆时英,见其新作《夜总会里的五个人》脱稿,遂取来。杜衡送来《在门槛边》,"我觉得这篇写得比以前更有精神了"。

另,据高明《悼时英》记述:"有一次,杜衡、施蛰存、叶灵凤和我几个人在他[穆时英]家里吃晚饭,我出示以刚才写成的表现我当时的虚无哲学的小说《最后的发见》,记得他们大家看了之后,叶灵凤照例不置可否,施蛰存非难说是'半篇头文章',而时英、杜衡则极口称赏,并且争相为我辩护。"(《晨报》,1940年7月29日)

同日　在《申报·自由谈》发表《无相庵随笔》。

是月　上海中学生书局出版发行谢冰莹、顾凤城、何景文编《中学生文学辞典》,其中"中国文学名著书目·五、创作小说"内有:"《将军底头》,施蛰存,0.80,新中国。《上元灯》,施蛰存,0.65,新中国。"在"翻译小说"内有:"《妇心三部曲》,显尼兹勒著,施蛰存译,1.50,神州。"

年内　《中国国民党中央执行委员会西南执行部党务年刊·宣传组审查事项》其中"由本会审定呈奉核准查禁者"内有:"书名:《一九〇二级》。著作人:施蛰存译。出版所:上海东华书局。内容概要:宣传共产。"

又　二子出生。(先生书面材料)

# 一九三三年(中华民国二十二年　岁次癸酉)　先生二十九岁

## 一月

一日　元旦。始复作日记。先生自述:"它是日本第一书房出版的豪华版'自由日记'。全书皮装金边,印刷装帧,都极为精致。所记的日期是从1933年1月1日起至3月23日止,以后又是空白了。""除了这一段我私人生活的史料以外,这本日记中曾记了四五次对于雪的欣赏。""大概这一个冬季曾下了好几场大雪。此外,从这本日记中看起来,似乎我在这一个时期中,特别多上戏院子。不到三个月,共计看了27次电影,两次西洋歌剧,这实在是空前绝后的盛况。"(《我的日记》)

另,据李欧梵记述:施先生月薪"加上他在这个杂志上的文章并译文稿费100元,他的200元收入足以使他支付房租(16元一个月)"。"在他的馀暇时间,他会常去首轮影院看电影(门票1元),或去他最喜爱的咖啡馆或饭馆(D. D. 或沙利文巧克力店的咖啡是两杯1元多,蛋糕则更贵,约5元;而3元钱就够他在喜爱的中国餐馆吃上两菜一汤的常规中餐)"。"他最大的热情是投在书籍上了,他喜爱跑书店,也养成了买书的爱好(旧的外文书1元一本,新的则要7到8元)。他不喜欢跳舞,但他告诉我,在日本租界像'蓝鸟'这样的舞厅里,1元钱可以买三张舞票,外加一杯茶水。很偶尔地,他也会和朋友们一起去玩回力球或看赛马。而另一方面,西服则要贵得多:40元一套,裤子七八元一条;帽子8元,皮鞋一双五六元"。(李欧梵《上海摩登》)"当时他们喜欢看的英文文学杂志就不下七八种,从最通俗的《浮华世界》和《星期六评论》到艾略特自己编的 Scrutiny,都时常阅读"。(李欧梵《书的文化》)

**同日**　主编《现代》第2卷第3期(1月新年号)出版;刊发冯雪峰(署名"洛扬")《并非浪费的论争》、冯雪峰(署名"何丹仁")《关于"第三种文学"的倾向与理论》、杜衡(署名"苏汶")《一九三二年的文艺论辩之清算》。

**又**　《东方杂志》第30卷第1号"新年特辑"刊载其作《文房具诗铭三章》;还刊有先生以《现代》杂志主编的身份与一百四十馀位社会各界人士一起参加关于"新年的梦想"征稿活动,先生在"梦想的中国"写道:"却与每一个小百姓所梦想着的一样,完全一样! 是一个太平的国家,富足,强盛。百姓们都舒服,说一句古话:'熙熙然如登春台。'中国人走到外国去不被轻视,外国人走到中国来,让我们敢骂一声'洋鬼子'——你知道,先生,现在是不敢骂的。"先生又在"梦想的个人生活"写道:"社会既然如此地难于安定,则个人的生活除了目前'浮生偷活姑安之'以外,也不敢有什么奢侈的梦想。假如有一天能使我在生活上有一点梦想的话,那么,我是很知足的,我只想到静穆的乡村中去居住,看一点书,种一点蔬菜,仰事俯育之资粗具,不必再在都市中为生活而挣扎,这就满足了。而这已经是太美好的梦了。我以为现在非但不是现实的时候,恐怕连做这个梦的时候,也还没有到呢。"

又 《涛声》第 2 卷第 1 期《一九三二年之回顾》:"施蛰存主编《现代》出版于上海。"

又 《新时代》第 3 卷第 5、6 期合刊(新年号)刊载高植《与从文论标点与"之底地的"》提及:"巴金有一次在夫子庙吃茶,他说他用这三个助词是有分别的,凡是形容词下都用'的',副词下都用'地',领属词下都用'底'。施蛰存也是这样用。""我个人觉得施蛰存、叶圣陶和你近来的修辞要仔细阅读才会觉得趣味隽永的。"

四日 抄录梁遇春致石民书简六篇,编入这期《现代》。

五日 先生日记:"杨邨人先生的一篇惊人的文章,搁在这里已有旬日。我一直踌躇着应如何处置它,今日决定编入《现代》,因为我觉得它也有相当的重要性。但是为了免得有许多误会起见,加了一段按语。"

同日 天津《益世报·语林》第 80 号刊载若当生《儒林新语——施蛰存自认鸳鸯蝴蝶派》。

七日 先生选录伊湄女士诗二首,"我应当向读者介绍这位司徒乔夫人"。

九日 发排一篇苏联小说的译作,以及何家槐《车水》。先生日记:"《猫城记》全稿到第二十七章终了,因拟从该期起每期刊载一章,让它在本卷 6 期结束。该期没有书评,甚是遗憾。画报中,该期有鲁迅先生在北平演讲的摄影,这是很难得的材料。我希望各地的读者能够利用这种题材,随时供给我一些珍贵的摄影。"

上旬 先生父母率全家迁移上海,开始租居在玉佛寺附近的江宁路椿荫坊弄堂内的一幢石库门房屋,期间每逢休假时日,仍返回松江老家居住。先生自述:"在今江宁路椿荫坊,隔壁住的是吴强,当时我不认识他。"(《石库门房子》)

又 先生三妹施灿衢始就读于大夏大学高中部。

十二日 晨到县立中学阅报,午饭后到朱雯家闲话,二时一刻在罗神庙乘汽车赴沪。先生日记:"昨宵初雪,田塍间弥望皆白,俞塘一带,古木寒鸦,着雪色益饶拙趣矣。"

十三日 穆时英为短篇小说集《南北极》作"改订本题记"提及:"对几位鼓励我帮助我的朋友,蛰存、望舒、建英、家璧、灵凤和蔡希陶先生,谨在这里致我的谦卑的谢忱。"

十五日 致戴望舒函:"接到你的信和 This Quarter, Transition, 以及画报多份,均不误。This Quarter 好极,倘若有钱多,还请代买,否则如能够叫他们 COD,也不妨让他们寄来。Transition 是季刊呢,还是什么? 好象是每年三本,对不对? 英文本的大大主义宣言及超现实主义宣言如有,也请设法。""我在12月28日寄出的航空信何日收到?请即查复,让我有个计算。我的作品下月寄你,现有一德国人译1932年中国最好短篇集,已把我的《夜叉》入选了。你的诗集我在《现代》上登了一个消息,说你有新作未发表者十馀首编入,现在我想横竖未印,可否请你真的寄些未发表的新诗来。"

**同日**　《世界文化》第2期再次刊载《关于文艺上的关门主义·二篇短论的转载》:冯雪峰《"第三种人"的问题》(按:目录署名"洛扬",正文署名"洛阳")、张闻天《文艺战线上的关门主义》(署名"科德")。

**又**　《时事新报》"国内文坛新讯"专栏刊载:"现代书局最近出版文学名著多种,执笔者均为第一流文学家,如施蛰存、傅东华、叶灵凤、孙席珍等,凡研究文学者,均宜各手一编。"

**十九日**　返回松江家里,准备过年。先生日记:"晨9时,雇人力车到梵皇渡车站乘车归里。大雪初晴,一路玉树琼枝照眼昏眩,不可逼视。味东坡'冻合玉楼寒起粟,光摇银海眩生花'之句,真觉诗趣盎然。"

**二十一日**　先生日记:"昨晚得一梦,甚可感伤。余恍惚身在某剧场,遥见云亦在座,惜太远未能通一辞。休息时,云离座出,余亦尾行。入酒间,云饮混合酒,余亦从侍者索啤酒。云乍回顾见余,方颔首间,忽觉有一人立余身后,面目大可憎。云骤若一惊,即返身走,余亦随行,突身后人强把余臂,问:公园在何处?余踟躇甚,答曰:在楼上。其人遂上楼去,仿佛如凭虚而行,不藉梯阶。余瞿然而醒,则妻方枕臂酣眠也。"

**月内**　开始负责策划编辑"现代创作丛刊",直至1934年10月为止,共陆续编辑共计20种,其中17种在每册扉页编有丛刊序号,内第8种巴金著《萌芽》出版后被查禁;别有3种排版后遭禁而未能刊印。先生自述:"'现代创作丛刊',现代书局出版(1932—1933),共出17册,有老舍、巴金、丁玲等人的创作小说,和戴望舒的诗集,洪深的戏曲集。"("我编辑的丛书",1968年)"这套丛刊的每本书的广告大多是我写的,也有作者自己写的;现代书局的其他出版物,广告大多是叶灵凤写的。"(复李辉函,1990年7月15日)

**是月**　小说集《将军底头》,由上海新中国书局再版发行。

**又**　上海良友图书印刷公司开始出版由赵家璧主编"良友文学丛书"。据赵家璧回忆:"在鲁迅、茅盾、老舍、巴金、沈从文、张天翼、施蛰存等著名作家的大力支持下,

到1937年抗战爆发,共出了约40种,另有特大本4种。"(赵家璧《编辑忆旧》)

**同月** 1日《文艺月刊》第3卷第7期刊载梁实秋《论"第三种人"》。《新中华》杂志在上海创刊。开明书店出版茅盾长篇小说《子夜》。

## 二月

**一日** 据《叶圣陶年谱长编》:"夜赴郑振铎'小有天宴'[闽菜馆],同坐沈雁冰、何柏丞、王伯祥、俞颂华、傅东华、徐调孚、胡愈之、谢六逸、施蛰存、黄幼雄等,10时许散。"

**同日** 主编《现代》第2卷第4期(2月号)出版;"现代文艺画报"专栏刊载"鲁迅在北平"专题图片:《鲁迅在师大操场演讲》《鲁迅在女师大演讲》《世界日报载鲁迅演辞》《演讲时之速写像》。

另,按先生自述:"我把'文艺画报'中所用的图片编定以后,就交给书局中一位美术员去制版拼版,我不再过问。岂知这一期的《现代》印出来之后,发现《文艺画报》这一版上多出了一幅鲁迅的漫画像。这幅漫画把鲁迅画成一个倒立的漆刷,似乎很有些谐谑意味,也可以认为有些不敬的讽刺。我看了很不愉快,立即去问那位美术员,这张漫画是从什么报刊取材的,他为什么要擅自加入这张漫画。那位美术员说:因为这一页的两块铜版、一块锌版的大小比例没有做好,版面太空了,所以他临时画一个漫画来补空。我听了他的回答,实在有点哭笑不得。这位美术员是个老实人,画这个漫画只是出于好玩,并无恶意,况且书已印出来了,无法消除,只好默尔而息。"(《关于鲁迅的一些回忆》)

另,还刊发了杨邨人《揭起小资产阶级革命文学之旗》,先生撰写"编者按":"杨邨人先生前曾寄来《论第三种人的文学》一文,当时因有某种特殊关系,未为发表。今天收到此文,拜读之下,我觉得无论如何,这也可以说是一位作家的自白,所以斗胆给发表了。但读者千万不要误会,以为我们是完全同意于作者的态度与倾向。因为杨先生的主张,我们觉得尚有许多可以斟酌之处。""我们的态度,经过几番的表示,已经早就很明显的了。但是为免除误会起见,我就在这里[写]下了这样的缀语。"

**五日** 发排丰子恺、废名的新作散文,还有巴金近作《五十多个》,"作者写一群逃荒的人们在旅途上的情绪及现象,我觉得是很深切的"。

**六日** 发排靳以、金丁的小说,又"小延君所译勃克夫人的关于东西小说的论文,搁置已久,一直没有机会发表,今日编入发排,实在是很对不起译者的事"。

**七日** 发排黎烈文的译文,别有洛依的诗,"虽则题材是一种惯常的恋爱,但她的表现法倒是很新鲜的"。

**同日** 按《鲁迅年谱》(增订本)第三卷:鲁迅"作《为了忘却的记念》。载四月《现代》第二卷第六期,署名鲁迅。收入《南腔北调集》。为柔石等五烈士殉难两周年而作"。

**八日** 傅东华寄来的散文,即为付排。又付排《老铁的话》,"这篇小说在篇末有译者的介绍","虽然是一篇待续的作品,但力量是很强,我们不会觉得它有什么不完整的地方"。

**九日** 先生日记:"熊式弌先生译了许多萧伯纳的戏剧,《安娜珍丝加》是去年12月间就寄来了的。因为知道这剧本的作者将于本月来华,所以留在该期上发表了。"

**十一日** 先生日记:"前晚阅《文学月报》5、6期合刊,见到谷非先生批评本志第一卷创作的文章,当时觉得很失望。谷非先生大概没有注意到我登载苏汶先生的几篇论文的性质。我实在并不以为苏汶先生的文艺观即是《现代》杂志选录创作的标准,虽则我对于文艺的见解是完全与苏汶先生没有什么原则上的歧异的。谷非先生以苏汶先生的理论来衡量《现代》第1卷中各方面作家的创作,当然会有失望之处了,而况且谷非先生又甚至没有彻头彻尾地以苏汶先生的观念来考察它们呢。我本想在本志上写一篇《文艺自由论,现代杂志,与我》,以为答辩,今日晤见苏汶,他说预备写一篇复文,我遂以我的一点意见告诉他,请他带便写入,我也懒得再多有饶舌,免得更有所误会了。"

**十二日** 《时事新报》"国内文坛情报"专栏刊载:"良友图书公司将出大批新文学书,执笔为鲁迅、茅盾、施蛰存等,仍由赵家璧主编。"

**十四日** 按周作人日记,收到施蛰存来函。

**十五日** 先生日记:"对于谷非先生的批评,穆时英及巴金两先生都曾有一点不能满意的表示,他们曾说预备写一点自白的文章,借本志发表。巴金先生的文章今晨寄到,即为付排。下午,穆时英先生来,说不预备写什么意见了。"

**十七日** 致戴望舒航空函:"你说你写信的时候是很急的,所以只好写电报式的信,但是你写给绛年的信却如此之琐碎,虽则足下情之所钟,但我颇以为对于她大可不必如此小心意儿,你应告诉她一点你在巴黎的活动状况,把给她及我的信放在一起,就可以有时间多写点别的值得让我们知道的事情了。再你还要绛年来法,我劝你还不可存此想,因为无论如何,两人的生活总比一人的费一些,而你一人的生活我也尚且为你担心呢。况且她一来,你决不能多写东西,这里也是一个危机。《紫恋》今日收到,明日欢迎 Bernard Shaw,后日给你拿去。但你此稿来得太迟了,恐怕又要电汇钱了。""你总须给我以稿到后二星期的馀裕,没有一家书店能像'商务''中华'之快也。《现代》3 卷 1 期起,想增加文学通讯,英国熊式一,德国冯至,美国罗皑岚,日本谷非,苏联耿济之,法国要你,请每两月寄一篇来,至少须有二页,约 2 200 字,此信收到后即寄一篇来,好排在 3 卷 1 期。波兰拟请虞和瑞,请你打听一下,并写一信去,代我约他,亦每二月一篇。其他各国如有更好。你须写点文艺论文,我以为这是必要的,你可以达到徐志摩的地位,但你必须有诗的论文出来,我期待着。《望舒草》能否加一点未发表的新作品?请快寄几首来。《现代》及《东方》均急要你的诗。"

**同日** 英国作家萧伯纳乘船从香港来到上海访问。先生自述:"得到正确消息之后,我就去找《申报》馆的摄影记者李尊庸,约定他供应萧伯纳在上海活动的全部照片,并且要求他专为《现代》摄取至少一张照片,不得供应别家报刊。这一张照片,我可以用高价收买。李尊庸一口答应,我感到很高兴。不过李尊庸当时也还没有知道萧伯纳到上海后的行止如何,我就去找林语堂。林语堂在家,正有客,而且电话铃声很忙,我不便多耽搁,就直接向他打听欢迎萧伯纳的计划。他说:将用中国笔会的名义在世界社招待萧伯纳和上海文艺界及新闻记者见面。又说:萧在上海只停留一天,会后就回到船上,当晚就开船离沪。最后,林又说:'你也是笔会会员,你到世界社来罢。'我谢了他的好意,就辞别了。当时我觉得很奇怪。世界社在法租界,是一个中法文化联谊机构,为什么在世界社欢迎萧伯纳?又为什么用中国笔会的名义?事后才知道,英租界当局不愿意用官方名义招待萧伯纳,因为萧氏此行是私人游览。用笔会名义招待萧伯纳,只是在世界社的一小时,真正的主人却是宋庆龄和蔡元培。林语堂没有把宋宅的招待计划告诉我,是为了保密。""我也没有去'躬逢其盛',因为我知道,即使我进得了世界社的大门,也刚刚够一个'矮子观场'的资格而已。过了几天,李尊庸送来了七八张照片,我在 2 卷 6 期的《现代》上选刊了六张,其中有一张是《现代》所独有的。""我虽然没有参加欢迎,但《现代》杂志却可以说是尽了'迎送如仪'的礼貌。2 月份的《现代》发表了萧的一个剧本,4 月份的《现代》发表了萧在上海的六张照片,当时想有一篇文章来做结束,可是找不到适当的文章。幸而鲁迅寄来了一篇《看萧和'看萧的人们'》,是一篇最好的结束文章,可惜文章来迟了,无法在 4 月份和照片同时发表,于是只得发表在 5 月份的《现代》。同期还发表了适夷的《萧和巴比塞》,这是送走了萧伯纳,准备欢迎巴比塞了。萧参远在莫斯科,得知上海正在闹萧翁热,译了一篇苏联戏剧理论家列维它夫的《伯纳萧的戏剧》来,介绍苏联方面对萧的评价。这篇译稿来得更迟,在10月份的《现代》上才刊出,它仿佛也是鲁迅转交的。(这位萧参,或者是瞿秋白的笔名,当时瞿正住在鲁迅家里。)"(《〈现代〉杂忆》)

**十九日** 先生日记:"英国戏剧家萧伯纳氏于17日来上海,匆匆的十二小时的勾留,连一篇正式的公开演说都没有给予我们,实在是使我们很失望的。今日申报馆摄影新闻社李尊庸先生送来所摄得的萧氏在上海的照片六张,使我们得以留他一点行踪,想读者一定也很以为是可贵的。"

**约在期间** 收到鲁迅来稿《为了忘却的记念》。先生自述:"鲁迅给《现代》的文章,通常是由冯雪峰直接或间接转来的,也有托内山书店送货员送来的。但这篇文章却不是从这两个渠道来的。那一天早晨,我到现代书局楼上的编辑室,看见有一个写了我的名字的大信封在我桌上。拆开一看,才知道是鲁迅的来稿。问编辑室的一个校对员,他说是门市部一个营业员送上楼的。再去问那个营业员,他说是刚才有人送来的,他不认识那个人。这件事情很是异常。""后来才听说,这篇文章曾在两个杂志的编辑室里搁了好几天,编辑先生不敢用,才转给我。可知鲁迅最初并没有打算把这篇文章交给《现代》发表。我看了这篇文章之后,也有点踌躇。要不要用? 能不能用? 自己委决不下。给书局老板张静庐看了,他也沉吟不决。考虑了两三天,才决定发表,理由是:一、舍不得鲁迅这篇异乎寻常的杰作被扼杀,或被别的刊物取得发表的荣誉。二、经仔细研究,这篇文章没有直接犯禁的语句,在租界里发表,顶不上什么大罪名。"(《关于鲁迅的一些回忆》)

**二十六日** 《时事新报》"出版界"专栏介绍"良友文学丛书"提及:"内中所选文稿,都现代文坛上第一流作家之作品,全部十二册,决于本年上半年出齐,诚为出版界上创一新纪录,又可供爱好文学者之阅读,""鲁迅《竖琴》、巴金《雨》、何家槐《暧昧》、张天翼《一年》、施蛰存《善女人行品》……"云云。

**二十八日** 先生日记:"鲁迅先生的纪念柔石的文章,应该是编在第5期上的,但因为稿子送来时,第5期稿已全部排讫,只得迟到今天,稍微失去一点时间性了。彭家煌先生离沪已久,最近又翩然而来了,他以近作《喜讯》见示,风格没有什么大变动,可是我觉得他写小说的工夫更加精细得多了。"

**同日** 穆时英为短篇小说集《公墓》作"自序"提及:"我想在这里致谢于蛰存和家璧,一致地把轻视和侮辱当作唯一的方法来鼓励我的两个人;杜衡或是苏汶,绷着正经脸用理论家的态度来监督我的;高明和灵凤,时常和我讨论到方法问题,给了我许多暗示的。末了,我把这本书敬献给远在海外嘻嘻地笑着的Pierrot,望舒。"

**是月** 小说集《上元灯》,由上海新中国书局再版发行。

**又** 上海生活书店编行《全国出版物目录汇编·民国二十一年份第一号》,其中"中国现代短篇小说"内有:"《上元灯》,施蛰存著,0.65,新中国。《将军的头》,施蛰存著,0.80,新中国。"又"挪威小说":"《恋爱妙谛》,K. Strind著,施蛰存译,0.80,现代。"又"奥国小说":"《妇心三部曲》,显尼兹勒著,施蛰存译,1.50,神州。"还刊有现代书局印行的三大杂志之一施蛰存编文艺月刊《现代》出版广告。

**又** 上海开华书局初版发行顾凤城、谢冰莹、何景文编著《新文学辞典》,书内"中国文学名著书目"有《将军底头》,施蛰存,0.80,新中国。《上元灯》,施蛰存,0.65,新中国"。别有"《妇心三部曲》,显尼兹勒,施蛰存译,1.50,神州"。

**同月** 13日《社会新闻》第2卷第15期"党政文化秘闻"专栏刊载《诗人戴望舒的故事》。

## 三月

**一日** 主编《现代》第2卷第5期(3月号)出版。据"中国文坛情报"专栏刊载:"内容益臻丰富,本期论文方面有苏汶之《批评之理论与实践》,巴金之《我的自辩》,均为对于文坛状况有重大关系之作;小说、诗歌、散文、剧本执笔者有巴金、靳以、黎烈文、金丁、老舍、丰子恺、傅东华、废名、熊式弌等,均为目前文坛上最活动之作家,闻每期销数已有一万以上。"(《时事新报》,本月5日)

另,刊发了苏汶《批评之理论与实践》:"最近承周起应先生赠阅《文学月报》第5、6期合刊一册,里面有一篇批评《现代》第一卷上所发表的创作的论文,叫做'粉饰、歪曲、铁一般的事实'。作者谷非先生因为我曾经以'现实'、'真实'、'事实',为创作的理想,便拿这些来作准绳批评《现代》上的创作(虽然他对'现实'有和我不同的解释法)而得到差不多所有这些作品都是粉饰,是歪曲,是非现实的那结论。又承起应好意,时常问起我对这篇文章的意见。我就发表所谓'意见'如次。""蛰存对那篇文章原也想写一点声明,因见我写,便嘱我将他所要声明的意思包含在我这篇文字之内。""这是蛰存站在《现代》编者的地位上所当然要说的话。"

另,还刊发巴金《我的自辩》:"在'粉饰、歪曲、铁一般的事实'这题目下我的两篇作品被列在第三种人的创作之林而身受了左翼批评家的解剖刀。"另有"作者附识"："我不曾参加过第三种人论争,虽然我常在《现代》上发表文章,但我的主张和苏汶先生的以及编者的并不全同,他们当然不能代我受过,犹如我不能代他们受过那样。所以我应该表明我的个人的意见。"

二日　先生致沉钟社一函。(按:此函现存中国现代文学馆。)

三日　为小说集《梅雨之夕》出版撰写"自跋"："当改编我的第一短篇集《上元灯》的时候,《在巴黎大戏院》及《魔道》这两篇已经先后在《小说月报》发表了。当时我想,《梅雨之夕》这一篇,在《上元灯》中是与其他诸篇的气氛完全不同的,但它与《在巴黎大戏院》及《魔道》这两篇却很接近,因为它们都是描写一种心理过程的,于是我把《梅雨之夕》抽出来了。以后,老同学赵家璧兄为良友公司编'一角丛书',要我为他写一本小说,我就把计划中的《李师师》答应他。原意是想把它写成15 000字左右,编在我的第二短篇集《将军底头》中去的,但结果却只写了五千字,其结构,甚至写法,都与原计划不同了。《宵行》和《旅店》二篇,就是为了要凑足这15 000字的篇幅而产生的。在写这几篇小说的期间,我没有写别的短篇。我曾决定沿着这一方向做几个短篇,写各种心理,而脱去《将军底头》这一集中的浪漫主义。可是,到去年5月间,我因为给现代书局编《现代》杂志而想发表几篇自己的创作的时候,我很困苦地感觉到在题材、形式、描写方法各方面,都没有发展的馀地了。于是,《薄暮的舞女》这一篇就在徒然的努力下形成了。""《夜叉》在《东方杂志》复刊号中发表之后,自己重读一遍,勇气顿生,我还以为我能够从绝路中挣扎出生路来的。于是我写《四喜子的生意》。费了很大的力,其结果却坏到不可言说。其实,写到《四喜子的生意》,我实在已可以休矣。但我没有肯承认,我还想利用一段老旧的新闻写出一点新的刺激的东西来,这就是《凶宅》。读者或许也会看得出我从《魔道》写到《凶宅》,实在是已经写到魔道里去了。现在我把这几篇东西编成我的第三短篇集,我向读者说明我写成这一集中各篇时的心境,目的是要读者知道我对于这里几个短篇的自己的意见,并且要告诉读者,我已得到了一个很大的教训:'硬写是不会有好效果的。'可不是?"

五日　先生日记:"《工场的一天》,适夷先生给我们译的苏联的报告文学之一脔。所谓报告文学,是近顷的文学上的一种新形式。概括地给它一个说明,就是以社会主义的目的,用文学的技巧,来做大众生活的纪录。这里,没有想象,不需要结构。正如David Garnett 的 *Lady Into Fox* 这种作品之为发挥到极度的空想文学一样,它实在是写实文学之最高的变进。"

**同日** 《时事新报》刊有"《现代》文艺月刊,施蛰存编,3月号第2卷第5期"要目。

**九日** 在《申报·自由谈》发表《读报心得》。

**十一日** 傅平由汉口寄来《现代爱沙尼亚文艺鸟瞰》《觅珠人》,"这样有系统的寄稿是我们很欢迎的。我们曾收到过许多译稿,有的是单单的一篇作品,连简短的作者介绍都没有。有的是随便从一本旧书里译出来的介绍文,我们都因为它们太散漫而没有给刊载。但是自己呢?以前发表的译品,当然也是不很有系统的。我希望以后收到的译稿,最好也整齐一点,倘若是一篇作品,则最好附一篇作家的介绍;一篇一国或一派的文学介绍文,则最好附一篇作品"。

**十二日** 《时事新报》"中国文坛情报"专栏刊载:"现代书局近在编辑'现代创作丛刊',收罗现代第一流作家最近杰作,为一版本一律之丛书,现已有张天翼之《蜜蜂》(短篇集)、穆时英之《公墓》(短篇集)、戴望舒之《望舒草》(重编诗集)、杜衡之《怀乡集》(短篇)、老舍之《猫城记》(长篇)、叶灵凤之《紫丁香》(短篇)、丁玲之《夜会》(短篇集)、黑炎之《战线》(长篇)等八种云。"

**二十四日** 《社会新闻》第2卷第28期刊载《黎烈文未入文总》提及:"自彼接办《自由谈》后,《自由谈》之论调,为之一变,而执笔为文者,亦由星社《礼拜六》之旧式文人,易为左翼普罗作家。现《自由谈》资为台柱者,为鲁迅与沈雁冰两氏,""其他作品,亦什九系左翼作家之作,如施蛰存曹聚仁李辉英辈是。"

**二十九日** 按鲁迅日记:"得施蛰存信并稿费卅。"

**三十一日** 《盛京时报》刊载《比较诗人小说家电影界明星》提及:"诗人、小说家、电影明星,这三种人都是把生活放到艺术之宫里奋斗的,他们的作风常常可以使我们看出相同点,例如某一个诗人的作风或竟和某一个小说家与其一个电影明星相同,如果把这三种人做一个比拟,我想是一桩很有趣的事。""现在我就把中国当代的诗人、小说家和影星做一个比较。"其中有"小说家:施蛰存;诗人:俞平伯;女明星:陈玉梅"。

**月内** 按先生自述:"1932年山西省发现一部明刻本《金瓶梅词话》。第二年3月,北京古佚小说刊行会影印出版400部[内北平印104部],我和郑振铎都买了一部。"(陈诏《施蛰存先生说〈金瓶梅〉》)

**是月** 小说集《梅雨之夕》,内收作品《梅雨之夕》《在巴黎大戏院》《魔道》《李师师》《旅舍》《宵行》《薄暮的舞女》《夜叉》《四喜子的生意》《凶宅》,被列入"新中国文艺丛书"，由上海新中国书局初版发行。

  又 开华书局初版发行赵志明编《中国恋爱小说选》，内收其作《上元灯》。

  又 开华书局、中学生书局初版发行何景文编著《新人名辞典》(《中学生人名辞典》)，辞条皆收有"施蛰存"："中国文学家，一九〇三[五]年生。曾任中国公学教授，现任《现代》杂志主编。著有《上元灯》《将军底头》及《恋爱妙谛》等。"

  又 光明书局初版发行戴叔清编《模范书信文选》，收录巴金《论小说·与施蛰存书》。(按：系1932年9月13日夜在天津致先生函，原载《现代》第1卷第6期。)

  **同月** 1日《创化季刊》第1卷第1期刊载侍桁《论"第三种人"》。黄嘉谟、刘呐鸥创办《现代电影》杂志。现代书局出版苏汶(杜衡)编《文艺自由论辩集》。

## 四月

  **一日** 主编《现代》第2卷第6期(4月号)出版；刊有译作匈牙利莫尔那《钥匙》，署名"惜蕙"。据《时事新报》"出版界"专栏刊载："今日如期出版，内容有张天翼、彭家煌、穆时英、王绍清等之创作，鲁迅等之散文及诗，尚有周作人、静华[瞿秋白]等之论文，插绘有柔石纪念，巴比塞、罗曼罗兰、德[特]莱散等反帝作家之来华等。"

  另，按先生自述："第2卷第2期至第6期，每期都仍是一百三四十页。第1卷每期的平均页数是145页，第2卷的平均页数是148页，对出版商来说，成本并没有提高，但销数激增，利润就厚了。"(《〈现代〉杂忆》)据张静庐回忆："《现代》纯文艺月刊出版后，销数竟达一万四五千份，现代书局的声誉也联带提高了。关于业务方面，在第一年内完成了初步发行纲，设立各省市直接或间接的分支店。决定了出版路线，提高新书的'质'，增加新书的'量'，设计一个在资力可能范围内的三年计划。实施的结果，成绩倒很不坏，第一年度的营业总额从6万5千元到13万元。这是同人们对于这初步计划努力的收获，也是我个人尝试的成功。"(张静庐《在出版界二十年》)

  另，首篇刊发鲁迅《为了忘却的记念》，又在"现代文艺画报"专栏刊载"柔石纪念"专题图片《柔石留影》、《柔石手迹》、《牺牲》(木刻)、《最近之鲁迅》。先生自述："我向鲁迅要来了一张柔石的照片，一张柔石的手迹(柔石的诗稿《秋风从西方来了》一页)。版面还不够，又配上了一幅珂勒惠支的木刻画《牺牲》，这是鲁迅在文章中提到并曾在《北斗》创刊号上刊印过的。但此次重印，是用我自己所有的《珂勒惠支木刻选集》制版的，并非出于鲁迅的意志。这三幅图版还不够排满一页，于是我又加上一张鲁迅的照片,题曰:'最近之鲁迅'。这张照片,并不是原件,是我在仓促之间从鲁迅和别人合摄的照片上剪截下来的。我现在已记不起原件是什么样子,仿佛是鲁迅在宋庆龄家里和萧伯纳合摄的,但并不是现在人们所看到的那一张。"(《关于鲁迅的一些回忆》)

另,据上海鲁迅纪念馆藏先生致鲁迅函:"鲁迅先生:兹检出'柔石纪念'插图原稿壁上,惟柔石诗稿一纸制板时略有污损,乞鉴宥。即请撰安。晚施蛰存敬上,七日。"(《上海鲁迅研究》,1986年第1期)

另,此期还刊载静华(瞿秋白)《马克斯[思]、恩格斯和文学上的现实主义》。

**同日** 在《现代出版界》第11期发表《掩卷随笔》(一、两种"娘"·二、算术之难),署名"薛卫"。

**又** 按鲁迅日记:"晴。午后复施蛰存信。"

**三日** 郭沫若致叶灵凤函谈及:"施蛰存先生写来一信,要我在《现代》上做篇创造社历史,我的《创造十年》已经有一半在那里了,我没意趣再写,请你转告他。在时间上没有长久性,在价值上无可无不可的东西,我是没兴趣做的。"

另,按先生自述:"我创办《现代》,得到许多前辈作家的支援,惟有郭沫若远在日本,我没有机会登门求助。当时郭沫若的文学创作,大多由上海光华书局或现代书局出版,而以叶灵凤为联系人。我曾几次托灵凤代我向郭约稿,始终未能如愿。1933年3月,我就冒昧地自己写信给郭,请他为《现代》写一篇关于创造社的文章,因为我正在计划请各个文学社团的主要人物为他们的社团留一个史料。郭先生的复信还是没有允许,没有办法,只好请张资平写了一篇《曙新期的创造社》。"(《〈现代〉杂忆》)

**五日** 杜衡为出版《怀乡集》作"自序"提及:"蛰存在这时担任《现代》编辑,我那些本来不打算急乎发表的东西居然有机会得发表,自然很愉快,便一连写上好几篇,到去年年尾,积成了这部《怀乡集》。"

**六日** 按王伯祥日记:"散班后,晚赴会宾楼振铎、东华、愈之之宴,到十五人,挤一大圆桌,亦殊有趣也。计主人之外,有乔峰、鲁迅、仲云、达夫、蛰存、巴金、六逸、调孚、雁冰、望道、圣陶及予十二客。纵谈办《文学》杂志事,兼涉谐谑,至十时三刻乃散。"(转引自陈福康《欣见两部日记巨著的出版》)

**九日** 周作人由北平致函:"前从废名处得见手书,得知近状,甚为欣喜。为《现代》写文章一事,常在念中,无如实在写不出,以是迟迟,非有他也。日前见现代书局北平分局史君,亦曾说及'月刊'令写小文,拟当努力,唯日期未能预定为歉耳。新出一期中有翟资生君所记鄙人讲演,内容本甚空虚,翟君又未将笔记属阅,故不免有笔误,如所说日本武士杀人一节颇为支离,鄙人回想原来说的是什么也不能清楚了。恐或有人误解,便以奉闻。"

**上旬** 按先生自述:"张静庐听到一个消息,据说生活书店要创办《文学》月刊,请茅盾和郑振铎主编,还要物色一个做日常工作的人。郑振铎推荐傅东华,茅盾推荐杜衡。静庐一听到这个消息,就来问我是怎么一回事。当时'第三种人'的论辩刚一个段落,我已有几个星期没见到杜衡,也没有听说过这个消息。当天晚上,我就去看杜衡,问他有没有这回事。他吞吞吐吐地说:有这回事,但他不想干,又说这事还在商议中。我觉得这件事非常蹊跷,茅盾怎么会找杜衡做助手编刊物?事情的发展,还有使我吃惊的情况。张静庐忽然建议,要把杜衡请来现代书局当编辑,和我合编《现代》。我给他分析情况:杜衡不去生活书店编《文学》,《文学》还是会创刊的。杜衡参加《现代》的编辑工作,恰恰表示《现代》已成为所谓'第三种人'的派性刊物,这一措施对《现代》大为不利。但是,不管我怎么说,静庐还是很固执,自己去找杜衡谈话,同时要我同意。静庐是书局老板,杜衡是我的老朋友,对他们,我都不便坚决拒绝。""这件事情的经过,前后不到二星期,我完全被动,好像在梦中。我不知道茅盾有没有推荐杜衡的事,我始终不敢去问他。张静庐为什么怕杜衡去编《文学》会影响《现代》?杜衡在这件事中到底有过哪些活动?这些情况,我至今还不明白。"(《我和现代书局》)

另,据"中国文坛情报"专栏刊载:"光华书局自《文学月报》停刊后,老板沈松泉鉴于左翼文艺杂志不易出版,闻已请杜衡主编一月刊,内容形式,均与施蛰存主编之《现代》杂志取同一方针云,该刊大约五月下旬可以出第一期。"(《时事新报》,1933年3月12日)

另,据木瓜记述:"茅盾在'光华'接洽了一个刊物,大致是代替姚蓬子的《文学月刊》的。茅盾接下来之后,就与杜衡商量,打算请他担负实际工作,自己则做一名太上编辑。杜衡就一口答应下来,事情是大致就绪了。消息传到施蛰存耳中,心想这么一来,非但《现代》要多一个劲敌,而且自己亦要少去一位帮手。于是就与杜衡做促膝之长谈,请他一同列名为《现代》编辑人,而施蛰存自己又以不擅撰述理论稿件,又请杜衡专管《现代》上的理论之部,当然附带的条件是有的,弗助茅盾编辑。大家都是同窠弟兄,杜衡就答应了下来。从第7期起,《现代》编辑人项下就多了杜衡二字,同时,杜衡又写出了'第三种人'的文章,而震撼了南北文坛。""却说茅盾经此打击,心灰意懒,与'光华'讲好的条件就此作为罢论。而施蛰存、杜衡与茅盾间的感情也就因此破裂,嗣后,大家隐讽冷嘲的,竟有水火之势了。"(木瓜《杜衡"发达"史》)

另,据杨之华记述:"查施蛰存邀请杜衡合编《现代》的原因,乃避免'文学社'的矛盾之拉拢计。"(杨之华《文坛史料·现代社》)

**十三日** 雪炎由北平致函:"《现代》的 2 卷 6 期上,穆时英君《街景》的首段是有着偷窃的嫌疑!我是一个爱护《现代》的读者,我就不能不揭穿一个受着广大读者热烈欢迎的作家,来故意偷懒的欺骗读者们。"

**二十日** 为编讫《现代》第 3 卷第 1 期而撰"社中谈座":"卷首加了一栏《随笔·感想·漫谈》,编者底目的是要使这纯文艺的杂志底作者与读者能够有机会自由地——那即是说,不为体例所限地,有一个发表一点对于文艺与生活各方面的杂感的场合。这里的文章,对象是没有限制的,无论是对于国家大事,社会琐闻,私人生活或文艺思想各方面的片段的意见,用简短的篇幅写下来。""每期将加入一二篇国内外文艺界的掌故与史料。""'作者·读者·编者',因为这三'者'之间一向缺少一个交换意见和消息的地方,所以我们预备在每期的本刊中拓两三页的地位来尽这个义务。""本刊因事务繁剧,我一个人实在忙不过来。每日阅稿时间不过一二小时,以至有来稿积压太久,对不起投稿人的地方。此外,在社中琐事这方面,也不免常有遗误,这是我自己也觉得很困恼的。本想就近请同事叶灵凤先生从这一卷起帮忙,可是叶先生也因他自己一方面的事情已经占掉了整天的工作,分不出馀裕来,所以只得改请我的老友杜衡先生来通力合作,使以后的本刊编务能够有锐烈的改进。"

另,据报载"叶灵凤合编《现代》":"《现代》当创刊时,闻本由施蛰存与叶灵凤合编者,后因郁达夫,及××之不以为然,未果。近闻该刊从 5 月号起,叶灵凤将正式与施蛰存合作,编辑《现代》云。"(《西京日报·明日》,1933 年 5 月 13 日)

**二十二日** 天津《大公报》登载"刊物介绍·天津书局新书",内有《梅雨之夕》(施蛰存著,价七角)"。

**二十四日** 穆时英致函:"收到转来雪炎先生的那封信,我真的很抱歉。现在让我把这事情说说明白。我的确曾看过了呐鸥兄译的那篇《桥》,""我承认是'取巧',可不肯承认'抄袭'。好在《街景》这一篇根本就写坏了。我想将来如不改作,就永远地抛弃了他。倘若你以为这封信应当登在《现代》上,也可以。"

**二十八日** 按鲁迅日记:"得施蛰存信。"

**同日** 致戴望舒函:"*Cheri* 至今无出路,此书运命实在不佳,我明知你钱已不够,但我这面实在不凑巧得很。直到 4 月 23 号钱歌川送来 200 元,说是预支 *Disciple* 的稿费,我方才加上《现代》3 卷 1 期稿费 40 元,及我自己的 60 元,电汇了 1 500 法郎给你。""此费是托中国银行 Miss Dora Chen 出面汇的,因可以省些电报费,想你必莫明其妙。""你的文坛通讯很好,图画材料尤其得感谢你,究竟是老朋友办的事有颜色。我想请你每两月给写一篇,此信到后,乞再来一篇。虞和瑞不能做波兰通讯,则你能否介绍几个别地的通讯员呢?你说的德国本,定价 18Frs 的 *Lady Chatterly's Lover* 是英文呢法文?如是英文,我要的,等你钱宽的时候给我买一本。Herbert Read,David Gamett,Feliot,Kay Boyli 这些英文书都不必买,因我都在向'丸善'等处买了,Breton 的超现实主义宣言法文本我也买了。以后我只要杂志(英文的)及新派别法国作品之英译本。""生活书店将于 7 月 1 日出版《文学》月刊,即系文学研究会之刊物,编委七人,郑、傅、徐、叶、胡、茅、郁。你可译点文艺论文或作品给他们,诗他们不要,但《现代》却要你的新诗。有一个小刊物说你以《现代》为大本营,提倡象征派,以至目下的新诗都是摹仿你的。我想你不该自弃,徐志摩而后,你是有希望成为中国大诗人的。你身体好不好?我十分担心,发热形势如何?""李健吾的太太将于暑中赴法,我已约她到沪时一晤,我将托她带点午时茶给你,发热时少吃金鸡纳,还是煮一块午时茶,出一身汗为是,中国古法,我是相信的。巴黎多雨,午时茶尤其相宜也。"

**是月**　上海黎明书局初版发行何家槐著《竹布衫》,作者在"后记"提及:"这一年中新认识的徐调孚、巴金、施蛰存三位,也给我写作的勇气不少。"

**同月**　龙沐勋(榆生)主编《词学季刊》创刊。

## 五月

**一日**　先生与杜衡合编《现代》第 3 卷第 1 期(5 月特大号)出版;刊有《支加哥诗人桑德堡》并与徐霞村合译《桑德堡诗抄》。先生自述:"文字只有 176 页,并无'特大'之处。于是我选印了一册《现代中国木刻选》,收夏朋、陈烟桥、胡一川等木刻八版,作为别册附赠品。"(《〈现代〉杂忆》)

另,始与杜衡共同署名"编辑人"。先生自述:"我负责阅创作及翻译稿,杜衡负责论文及理论、杂文部分。"("我编辑的期刊",1968 年)"由我和杜衡(苏汶)合编,给文艺界的印象,确实好像《现代》已成为'第三种人'的同人杂志或机关刊物。但是我并没有这样的设想,杜衡加入编辑,我是被迫于某一种形势,不能不同意。我未尝不估计到杜衡参加编辑以后,《现代》可能受到影响。因此我和杜衡有一个协议,要使《现代》坚持《创刊宣言》的原则。尽管我们对当时的左翼理论家有些不同意见,但决不建

立派系,决不和左联对立,因为杜衡和戴望舒都还是左联成员。"(同上)

另,刊发茅盾《关于"文学研究会"》:"虽则《现代》杂志社指明了要的是'文学研究会小史',可是我写不出来。我以为此项小史,如果请郑振铎先生或者别位先生来担任,那才是最适宜的。我曾经把这意思告诉施蛰存先生,也告诉了郑先生。施先生是同意的;并且《现代》杂志也久矣渴望郑先生做文章,而今有这题目,正是'拉稿'的好机会了。(自然我也帮着拉一下。)然而郑先生因为教课编书太忙,5月以前,简直抽不出工夫来,而《现代》杂志也因出版关系,3月底一定要稿,于是本来居间帮着拉的我,祇好权代郑先生了此文债;'小史'不能写,我就记下一点感想罢!不过写'小史'的责任还在郑先生肩上,读者诸君固然渴望,施蛰存先生也未必肯放松,请读者诸君耐心等一下,至迟6月。"

另,刊发周起应(周扬)《文学的真实性》,继续与苏汶(杜衡)论争。

另,刊发杜衡《没有感想的感想》:"蛰存为《现代》辟随笔栏,屡屡征稿于我。他说,随便写一些都可以的;他并且教了我一个找材料的好法子,据说随便拿起一张报纸来看,就有。我于是就'随便'地检起了4月17日《申报》第二张。""仅仅看了一版,我已经开始感到这尝试是必要失败了。我去找蛰存说,'不成,不成,找了这些个材料还一点感想也感想不出来。'蛰存无法可施,只说了一声'气出肚皮外!'我陡然灵机触动,对蛰存说:'原来你早已知道我写不出感想的道理了。'蛰存瞠目不知所对。"

另,还刊发王莹《春雨》。先生自述:"一次宴会上,凑巧和王莹坐在一起,因而认识了。她知道我是文艺刊物的编者,就同我谈文艺,并且说,她也想写文章。一个文艺刊物的编者,碰到人就要组稿,我对王莹也不例外,听说她要写文章,来得正好,就鼓励她为我的刊物写稿。这以后,她给我写了几篇抒情散文和一篇《秋田雨雀访问[见]记》。"(《宝姑》)

**同日** 按鲁迅日记:"午后复施蛰存信。"此函写道:"来信早到。近因搬屋及大家生病,久不执笔,《现代》第三卷第二期上,恐怕不及寄稿了。以后倘有工夫坐下作文,我想,在第三期上,或者可以投稿。"

**又** 按傅彦长日记:"午后到沪,曾在新雅、安乐园两处小坐。遇施蛰存、杜衡。阅《现代》三卷一期,内有鲁迅记及萧伯纳之语云:'朋友最好,可以久远的往还,父母兄弟都不是由自己自由选择的,所以非离开不可。'如果照我的意见说,则'朋友亦不是由自己自由选择的'也。"

**二日** 按周作人日记,收到施蛰存来函。

**四日**　先生答复徐迟来稿。据徐迟回忆:"我终于集中地向《现代》杂志投稿,一组一组新诗,寄到上海四马路《现代》杂志社所在的上海杂志公司[现代书局]去。我买到了一种很漂亮的外国信纸信封,一匣子的信纸几种颜色。我把它裁开为两张长方形的纸条,诗就抄在这上面。""但寄出一回,退回一回,多少次了。大约在5月,我终于看到在退回的彩色诗上,批着一行雅谑似的小字'不要失望,再寄。蛰存5月4日。'多么美丽的一行诗呵!至诚可以感天动地,我总算感动了一个名作家、大编辑,他给了我一线希望。这次虽然还是退稿,但再写再寄就会有点希望可被录用了。"(徐迟《江南小镇》)

**七日**　《时事新报》"出版界"专栏刊载:"现代书局出版之《现代》月刊,五月特大号现已出版,内容较前更为丰富,本期起由施蛰存与杜衡两君合编。"

**十日**　按朱自清日记:"振铎以为茅盾史事小说过于施蛰存;余谓若论手法,施之深入与细致远在茅公上也。"(《朱自清全集》,朱乔森编,江苏教育出版社,1997年版。以下均同)

**十四日**　丁玲在上海寓所被国民党特务逮捕。先生自述:"过了四五天,文艺界差不多都知道了这个消息,但各报刊都保持沉默,不作报道。当时《现代》3卷2期,即将在六月一日出版;全稿正在进行三校,我就在最后一页《编者缀语》中加了一段,全文如下:'该期中本来还可以有一篇丁玲女士的近作,但她还来不及写成之前,在五月十四日那天,我们就听到她因政治嫌疑被捕了。一个生气跃然的作家,遭了厄运,我们觉得在文艺同人的友情上,是很可惋惜的,愿她平安。'我竭力压低愤怒的情绪,反正目的只是要把这件暴行公告于天下,这样写也就够了。恰好这一期《现代》上有一篇戴望舒的法国通信,题为《关于文艺界的反法西斯谛运动》,我就紧接着在报道丁玲被捕消息的这一段后面,加上了一段:'法西斯主义弥漫了德国,德国的文艺家大半流亡到异国去了。我们要请读者特别留意该期的法国通信。'我想借这一段为'指桑骂槐',斥责蒋介石的法西斯暴行。不幸望舒这篇通信里把法国作家纪德说成是'第三种人',引出了鲁迅的一篇批评文章《又论"第三种人"》。这样一来,读者对这篇通信的看法就不同了。人们以为这篇通信的作用是'第三种人'想拉纪德为'护法',而不去注意它的主要内容。因而我这一段《编者缀语》似乎也没有人体会其意义。"(《〈现代〉杂忆》)

**十七日**　《大美晚报》(英文版)刊载报道《丁玲女士失踪》。

**二十三日**　蔡元培领衔致汪精卫、罗文幹电文:"南京国民政府行政院汪院长、司法行政部罗部长钧鉴：比闻著作家丁玲、潘梓年,突被上海市公安局逮捕,虽真相未明,然丁、潘二人,在著作界素负声望,于我国文化事业,不无微劳,元培等谊切同人,敢为呼吁,敢恳揆法衡情,量予释放;或移交法院,从宽办理,亦国家远怀佑文之德也。蔡元培、杨铨、陈彬龢、胡愈之、洪深、邹韬奋、林语堂、叶圣陶、郁达夫、陈望道、柳亚子、俞颂华、黄幼雄、傅东华、樊仲云、夏丏尊、黎烈文、江公怀、李公朴、胡秋原、沈从文、王鲁彦、赵家璧、蔡慕晖、彭芳草、马国亮、梁得所、叶灵凤、徐翔穆、杨邨人、沈起予、戴望舒、邵洵美、钱君匋、穆时英、顾均正、杜衡、施蛰存等同叩。"

　　**二十四日**　上海《申报》等数家大报都刊载了23日"蔡元培等电京营救丁玲、潘梓年"的这份电文,先生名列之一。

　　**二十九日**　复戴望舒函:"你说想到西班牙去,我以为不妥,只要在下半年内有方法能使你在巴黎的学业有一个交代,我看还是仍在巴黎好。""丁玲于本月14日被捕,我们站在作家的立场上打了一个电报,我把你的名字也加入了。报纸登出后一日,秋原来,李青崖来,他们都面有喜色地来问是不是你已回国,我说并不回国。秋原就问你近来生活如何,李青崖问是否在巴大上课,我说是的,言下大有想不到你能维持到现在的样子,当下我就说你的经济是不生问题的,大约总须明年夏季才回来。因了这种情形,我觉得你还以坚守巴黎大学为宜,我总在国内尽力为你接济,你不要因一时经济脱空而悲观。苦一点就苦一点,横竖我们这些人是苦得来的。我想以你我及霞村三人名义编一个'现代之文艺与批评丛书',编译最新的文学作品及理论书,先拟出以下几本。""惟现代书局方面只能每本支100元版税耳。霞村近在汉口,不知作何生活,大约在政界中,我已去信邀他弄几本书出来。你说你不能与×××他们沉瀣一气,当然是的,我们万不能不慎重个人的出处。译西万提斯书是大佳事,希望你能实现。绛年的信上多嘴,说了一句使你疑心的话,其实是没有关系的。事实是当她写那信时,正值我与现代书局发生问题之时,我好象曾告诉你的。喂,《望舒草》快出版了,旅法以后的诗为什么不赶些来? 有一个南京的刊物说你以《现代》为大本营,提倡象征派诗,现在所有的大杂志,其中的诗大都是你的徒党,了不得呀! 但你没有新作寄来,则诗坛的首领该得让我做了。""我近日正在计划一个'日曜文库',仿'第一书房'的Holiday Library形式及性质,每66开大小,穿线订,约4万至6万字,第一本是穆时英的创作中篇,第二本是我译的《曼殊斐尔小品集》,三本以下想弄一点有趣味的轻文学,我想请你做一本《巴黎素描》,以每篇一二千字的文字,描写巴黎的文艺界、名胜、社会生活等等,此项作品可以每千字3元卖稿,但万不得超过六万字,你高兴弄一本否？""绛年一同致意，你母亲今日来沪，明天我们可以看见她。"

**月内** 应约为中国左联作家联盟捐款撰写《我的创作生活之历程》："我写小说，到现在不过四个短篇集，数量上诚然是微弱得很。但在写作这四集小说的过程中，对于写短篇小说的甘苦，自问却很知道了些。我不晓得我将怎样告诉读者，但我可以简括地说，小说并不是愈写愈容易的。人说'熟能生巧'，对于文学上，这却不尽然。我只觉得愈写愈难。现在是，每当要写一篇小说，必得有至少一星期的酝酿，回想以前的贸然握笔，一挥而就的情形，真要诧异这勇气是从哪里来的。"

另，据楼适夷回忆："当时编这本书是当作'左联'的一项任务来做的，我们约请了'左联'的作家，也约请了几位不属于'左联'的作家为此书写作专稿。他们虽没有参加组织，但对'左联'的事一向都是积极支持的。""这件事象征地说明了三十年代'左联'所取得的一些成就，不但是'左联'本身，其中实在也有周围许多朋友的力量。"（楼适夷《创作的经验·重印题记（三点说明）》）

**是月** 在《良友》图画杂志第76期(4、5月合刊)发表《春阳》(万籁鸣插图)。

**又** 先生编辑的"现代创作丛刊"开始出版，第1种张天翼著《蜜蜂》、第2种杜衡著《怀乡集》，由现代书局初版发行。

## 六月

**一日** 先生与杜衡合编《现代》第3卷第2期(6月号)出版；刊有译作西班牙巴罗哈小说《深渊》。

另，此期先生以编者名义在"社中谈座"里，就读者段广焕、江龙来信询问"关于《春蚕》(茅盾)的疑问"、读者李夔龙询问"怎样研究文学？"、以及读者雪炎的"告发"与作者穆时英的"表白"等，均作了答复函件。先生自述："穆时英的抄袭事件之举发，实在是使我最痛苦的事。因为这件事情就在我所编辑的杂志上给公布了出来的。但是现在想来，我以为这件事情对于穆时英并不是一个严重的打击。穆时英的为人和他的写文章的态度，可以说是很和谐的。""穆时英不但曾袭用了日本某作家一段文章，在他的作品里实在还包含着别人的许多诗文。""那篇小说，若删除了袭用来的别人的文章之后，还是一篇完整的他自己的作品。我们若了解得他的小说的技巧和作风就是这种别人的好思想、好辞句的大融化，那么对于他的技巧和作风，也正不必怀疑了。""我这个意见，也许很容易引起人们的误会，以为我是有所阿私，给朋友作强颜之辩解了。"(《一人一书》)

另,刊发了戴望舒《法国通信——关于文艺界的反法西斯谛运动》。

另,还刊发赵景深《破马车》,作者提及:"倘若没有蛰存兄的催迫,我想这唯一的印象恐怕也不能让我移在纸上吧。"

**同日**　在《现代出版界》第13期发表《投稿妙法种种》:"因为编《现代》杂志的关系,平均每日总要收拆十馀封投稿信,在这个机会中,我经验到投稿的许多奇巧的方法,《现代出版界》的编辑人坚要我供给他一点文字,因为实在想不出适当的文字好在这样性质的刊物上应用,遂写了如右的标题,而为这种种投稿方法做一个纪录。"

**又**　按鲁迅日记:"得施蛰存信并《现代》杂志稿费八元,晚复。"

**又**　《出版消息》半月刊第13期刊载"文坛消息":"《橄榄月刊》谓光华书局将出《小说》杂志,将由杜衡主编云云。兹悉不确,'光华'自《文学月报》停刊后,暂时不出任何杂志,而杜衡已与施蛰存在合编《现代》矣。"

**六日**　张天翼复叶灵凤函谈及:"京沪相距这么近,干么这多年不回一趟?以前知你和蛰存要来,我还想由我尽一尽地主之谊的,现在却非由你来尽'天主之谊'不可哩。到底来不来?"

**十日**　《文学新闻》第6期刊载《作家与书·施蛰存》:"施蛰存的书房因为不在上海,所以他书架上的事情,我们一点也不清楚。不过推想起来,他有书一定不少。他不懂日文,却常买日本书,买回去不过'详详'而已。不过最近却像是'觉悟'了,他说:'我此后不买日本书了!买回去一点用也没有,懂也不懂。'"

另,此期《作家与书·穆时英》提及:"他却喜在朋友的书架上作不告而取的把戏……。历来被害的听说有戴望舒、施蛰存、叶灵凤等。但是当他看厌了的时候,他也会偷偷的带着来把书在原拿的那个地方归好。"

**同日**　读者北平于春泥致《现代》主编先生与杜衡函:"3卷1期又发现奇迹,一篇译品,题目是《强悍的女人》;这篇与现代书局板穆木天译赛甫琳娜的《维里尼亚》163页至173页(第十节)和204页至217页(第十二节)相同。固然一篇作品,不能禁止重译。"(按:后见于《现代》第3卷第3期编者答复:"在没有收到春泥先生的来信之前,我们也就发现了。""但译者尹庚先生是从日本《农民文学集》重译出来,原译者并未注明,似乎日译者所负的责任应当更大一点;但尹庚先生和我们也终不能辞疏忽之咎。")

**十一日**　《时事新报·星期学灯》"文化消息"专栏刊载:"上海现代书局最近出版新书多种,均为名家精心译著,如张天翼之《蜜蜂》(八角五分)、杜衡之《怀乡集》(七角五分)、黑炎之《战线》、沈端先等译之《沉醉的太阳》(六角)等。又施蛰存主编之《现代》文艺月刊,六月号业已出版,内容较前更形丰富,如杜衡、郑伯奇、胡秋原、叶灵凤、适夷等作品,均不易多见,每册三角。"

**十五日** 《投稿妙法种种》转载于《青岛民报·冰屑》第37期,附有编者后记《开刀》,略述转载缘起。

**十六日** 魏金枝致杜衡函谈及:"在未去杭以先,本有复度文字生活之计划,当时蛰存来信委写文稿,因有告我以《奶妈》再版者,即托蛰存代向书局接洽可否先付再版版税,以支生活,以为作文时之粮食,无如蛰存竟支吾了事,一如'王顾左右而言他'。"(按:此函系据张惠达先生推算月份6月或7月,姑且录此,俟考。)

**十七日** 先生致杨晦一函。(按:此函现存中国现代文学馆。)

**二十日** 小说集《善女人行品》由上海良友图书印刷公司付排。据"良友文学丛书之九"预告:"这是作者最近脱笔的一个短篇集,虽然还是那一枝纤巧的笔,但描写的对象及目的却不同了。本集中包含小说十六篇,每篇描写着一个或数个女子的心理及行为,有充满了诗意的忧郁气氛的《残秋的下弦月》,有明朗轻快的《港内小景》,有形式新鲜的《蝴蝶夫人》,以及其他许多未曾发表过的最近作。"(良友图书印刷公司书讯,1933年发布)

**二十八日** 开封孟海若致《现代出版界》编辑函:"在贵刊13期上,读到了施蛰存先生的《投稿妙法种种》,真使人慨叹不已。他写这篇文字的动机,究在那里?虽然自己说不是玩笑的态度,给读者笑谈的。事实上却将投稿者大为奚落。""拿施先生编的《现代》举例,""上面的作者,不是朋友,便是专家、学者。总之,头上总要冠着一些堂皇的头衔的。为什么没有一个是不知名的作者呢?难道沙漠里真的掘不出清泉来吗?""写了上一段话,并不是向施先生肆意攻击,只是因施先生的文章而发了一些慨叹!如能为贵刊补白,那算出了我一口不平之气,不能补白而'扔在字纸篓里',那也算是我出了一口不平之气。"

**是月** 上海天马书店出版《创作的经验》,收录其作《我的创作生活之历程》,以及鲁迅、茅盾、丁玲等17位作家谈创作经验的文章,此书作者的稿费全部捐赠"中国左翼作家联盟"。(按:此书再版三次印行9 000册。)

**又** 徐迟来访。据徐迟回忆:"我到了上海,还住在温家伯伯家里,就跑到四马路上海杂志公司[现代书局]门市部去了,我到门市部后面很湫隘的三间小屋,在那里面认识了施蛰存、杜衡和叶灵凤,叶灵凤当时还在编另一个刊物。那时我主要是接近施蛰存,好像不久就到施蛰存的家里去了,和施蛰存的谈话,大大扩展了我的视野。那时不仅我的文艺思想幼稚之极,人也长得又瘦又小。施蛰存带我跑一些书店,四马路的中华书局和商务印书馆,南京路的别发书店和中美图书公司等,还去过一次内山书店。此外也带我到一些茶室喝下午茶,在那里我见到了上海文艺界的一些人士。大约主要就是这两件事,跑书店和喝下午茶。""我总以为他是写小说的大师,其实他也是一位大诗人,他的气质,既是小说家的,又是能写诗的,并能写很精彩的诗的,但他的作品最使人欣赏和倾心的好像还是小说而不是诗。"(徐迟《江南小镇》)

**又** 先生编辑"现代创作丛刊"第3种丁玲著《夜会》、第4种黑炎著《战线》、第5种穆时英著《公墓》,由现代书局初版发行。

另,据《丁玲年谱长编》:"上海现代书局为抗议当局逮捕丁玲,迅速出版了短篇小说集《夜会》。"

**约在期间** 按先生自述:"现代书局的声誉和营业日见好转,又出版了郭沫若的回忆记《创造十年》,田汉、洪深的戏剧集。我编了一个'现代创作丛刊',此外,还出版了一些水平较高的文艺书,也都在文艺界有好的印象。不久,福州路门市部后面有空屋子,雪帆、静庐就把那所屋子租下来,把经理室和编辑部搬到福州路和门市部合在一起。福州路是书店街,是文化人经常往来的地方。我们的编辑部搬到福州路以后,有许多作家或文艺青年来访问,使我有机会认识不少人。"(《我和现代书局》)"现代书局在上海文化街福州路上,新旧文人出没于此。各书局编辑部即在店楼上,或附近,常有本地或外地同文光临,茶酒联欢,亦不可少,因此又多一交际任务。"(《浮生杂咏》)

## 七月

**一日** 先生与杜衡合编《现代》第3卷第3期(7月号)出版;编印专页题为《话题中之丁玲》的图版,照片说明:"女作家丁玲,于5月14日忽以失踪闻。或谓系政治性的被绑。疑幻疑真,存亡未卜。"先生自述:"因为当时所得种种消息,似乎丁玲颇有生命危险,我不敢再明白肯定她是被捕。所以说'疑幻疑真',表示我也不清楚事情的真相。下面一句'存亡未卜'是告诉读者,还没有正确的消息。"(《〈现代〉杂忆》)

另,据孙犁回忆:"不久,丁玲被捕,《现代》杂志上登了她几张照片,我都剪存了,直到我认识了丁玲,还天真地写信问过她,要不要寄她保存。"(孙犁《关于丁玲》)

**同日** 《文艺座谈》半月刊第1卷第1期"文坛消息"专栏刊载《笔会近讯》:"笔会

久已停开,因负责者星散,如徐志摩已死,胡适之、戈公振去国。留沪会员有蔡元培、叶恭绰、林语堂、谢寿康、邵洵美、宋春舫、傅彦长、张资平、徐蔚甫、曾虚白、赵景深、虞岫云、曾今可、崔万秋、李青崖、傅东华、郑振铎、施蛰存、梁得所、章士钊等多人,张若谷则已于前月赴罗马。本年世界笔会将在南斯拉夫举行,各国笔会皆有代表出席,中国笔会由在欧洲之会员就近参加云。"

**又** 《文学》月刊出版第 1 卷第 1 号(创刊号),由生活书店发行。先生自述:"这个刊物是文学研究会办的,和《现代》是兄弟刊物,但他们不敢多用左翼作家的作品,而且后来也与鲁迅闹翻。在卅年代,《现代》和《文学》都不能说是'主流',论政治态度,《现代》比《文学》左,论文学倾向,《现代》比《文学》更有现代意识。"(复李欧梵函,1993 年 1 月 13 日)

另,此期还刊载鲁迅《又论"第三种人"》提及:"戴望舒先生远远的从法国给我们一封通信,叙述着法国 AEAR(革命文艺家协会)得了纪德的参加,在 3 月 21 日召集大会,猛烈的反抗德国法西斯谛的情形,并且绍介了纪德的演说,发表在 6 月号的《现代》上。"

**五日** 《橄榄月刊》第 34 期(7 月号)"文艺随笔"专栏刊载《施蛰存的原名》:"施蛰存原名青萍,松江人,曾在杭组织兰社,且尝任宁波附近的慈溪普迪小学教员多年,[按:"多年"之说不确。]施著的《上元灯》一书,有许多篇都以慈溪作背景。"

**八日** 先生致北平周作人一函。

**十日** 先生致鲁迅一函。

**十一日** 周作人复函:"冯君已返故乡,寄信地址如下。""《水经注》则似已收到,因其临行前曾说及也。久想为《现代》作文,乃总是事与愿违,大半年中不曾写得一篇文章,甚为惶愧。闻南方酷热,北平昨今亦稍热,但其程度总不能与江浙比耳。"

**十三日** 赵家璧致叶灵凤函谈及:"我明天来'现代'给你面谈。""蛰存在'现代'的话,请你即刻去对他说一声,我明天准下午 3 时到'现代'来,请他等我一等。"(按:此"13 日"函赵家璧定为"夏",姑且录此,俟考。)

**十八日** 按鲁迅日记:"晚得施蛰存信,附程靖宇函。"当晚鲁迅作复先生函:"10 日惠函,今日始收到。近日大热,所住又多蚊,几乎不能安坐一刻,笔债又积欠不少,因此本月内恐不能投稿,下月稍凉,当呈教也。"

**十九日** 按鲁迅日记:"复施蛰存信,复程靖宇信。"

**二十日** 鲁迅作《伪自由书·后记》提及:"过了三星期,[《社会新闻》]便确指鲁迅与沈雁冰为《自由谈》的'台柱'(3月24日第2卷第28期)——《黎烈文未入文总》:'……除鲁迅与沈雁冰外,其他作品,亦什九系左翼作家之作,如施蛰存曹聚仁李辉英辈是。'"

**二十七日** 按周作人日记:"续写《读颜氏学记》一文了,当寄给《独立评论》蒋君,但不果寄也。后寄予《现代》月刊,又取回交《大公报》文艺副刊登载。"

**三十一日** 先生与杜衡复《现代》读者马毅艇函:"关于穆时英的事情,我们不想再有所纠缠。固然穆君的抄袭是有点不可恕似的,但穆君的成就却无论如何总不致因他这一次抄袭而就毁灭无馀,我们自问对于穆君并无偏袒,不过为尊重一个尚有希望的作家起见,并不愿过分的抑制他。倘你愿意在别处刊出,则希望能将我们这封信一并刊出。"

**月内** 据徐迟回忆:"在施蛰存的指引下,一起去了商务印书馆的外文部看书,并买下一本《林德赛诗选》,爱不释手。""我的译诗和介绍文章也还是寄给了《现代》杂志的施蛰存,他们在这年的12月号上刊载了出来[徐迟译美国林德赛长诗《圣达飞之旅程》]。长期以来我把它作为我发表作品的第一篇,算作处女作。"(徐迟《江南小镇》)

**是月** 译著挪威哈姆生小说《恋爱三昧》,列入"欧罗巴文艺丛书",由上海光华书局初版发行。先生自述:"这个译本完成时,恰巧姚蓬子为上海光华书局编一系列的'欧罗巴文艺丛书',还要一本北欧文学作品,我就把这个译本交给他。"(《恋爱三昧·新版译序》)

## 八月

**一日** 《现代出版界》刊载《通信:孟海若·施蛰存》,先生在给读者孟海若复函中写道:"《现代出版界》编者将尊函见示,拜读后不觉叹息。在我那篇《投稿妙法种种》付刊时,我早就很后悔,不该写那样的东西。虽然我真的并没有奚落投稿人的意思,但也觉免不了人家会这样想。现在我特在这里郑重地声明一下:我写这篇文字完全是为了被《现代出版界》编者催逼不过,同时又没有相当的问题可抓,就这样随随便便的写了,态度不庄则有之,存心奚落则尚未敢,今既承先生指斥,我知过矣。其次,请让我再声辩一下,《现代》并非拒绝不相识的投稿者的。这在以前,目下,及将来的每期《现代》中都可证实。"

**同日** 先生与杜衡合编《现代》第3卷第4期(8月号)出版;其作"社中谈座"刊有(一)丁玲究竟是怎样一个人?以及(四)关于丁玲及本刊的目标。先生自述:"《现代》(7月号)同一天出版的《涛声》(曹聚仁编),却刊出了一条消息:《丁玲已被枪决》。这条消息立即引起了全国广大文学青年的愤怒和激动,鲁迅也写下了那首著名的《悼丁君》诗。接着,我收到各地读者的许多来信,有些信要求介绍丁玲的生平及作品,有些信要求《现代》编刊追悼丁玲专号。我选了两封信,附以答复。""有许多读者需要更多了解些丁玲,我就几乎像写丁玲小传那样作了答复。另外有一个署名陈文俊的读者从'广州高等贫民窟中'寄来了一封长信,这是一封很为突出的读者来信。""很明显,这封信的作者是同情所谓'第三种人'的。他猛烈攻击左翼作家,而且希望《现代》提出一个'目标'来领导青年,大有鼓动'第三种人'招兵买马,拉起山头,自成一个文学派系的意味。""含有这种意味的信,我们收到的还有,不过这封信写得最为爽直明朗。我认为这封信是有代表性的,它是在敦促《现代》表态。""丁玲被捕,竟会引出《现代》杂志的读者来信要求《现代》杂志提示目标,领导青年。丁玲是左翼作家,她的被捕,竟会引起青年对左翼作家的攻击。这两种现象,都出于我的意外,几乎认为是不合逻辑的事。""这是为什么呢?我以为,这里反映着当时一般文学青年的思想现实:他们对文学和革命的关系,对革命文学的路线和目标,都有所怀疑,有所不理解,因而对一些基本概念没有明确的认识。这几段答复,记录了我当时的文艺观点,有些措辞是很不适当的。我用了'我们',是代表《现代》杂志,代表这个杂志的两个编者:我和杜衡。"(《〈现代〉杂忆》)

**又** 现代书局初版发行"现代创作丛刊"之八巴金著《萌芽》,巴金在"付印题记"末后写到"我应该感谢'大中国周报社',他们允许我把本书改正后出版单行本;其次是施蛰存兄,他使这作品在'现代创作丛刊'里占了一个地位,而且因了他的催促我才在这里多一次饶舌。本来我连这'付印题记'也不打算写。我近来渐渐地学会沉默了"。

**二日** 按《鲁迅年谱》(增订本)第三卷:鲁迅"作《关于翻译》。载九月《现代》月刊第三卷第五期,署名鲁迅。收入《南腔北调集》"。

**三日** 按鲁迅日记:"夜蕴如及三弟来,托其寄复施蛰存信,附稿一篇[按《鲁迅全集》注释即《关于翻译》]。"

**九日** 先生与数位友人在叶灵凤寓所晤谈。按傅彦长日记:"在叶灵凤寓所,阅Ex Libris,同在一室者有,巴金、林微音、施蛰存、杜衡。"

**十日** 南京《中央日报》副刊"中央公园"就"穆时英抄袭问题"刊载了读者马毅艇来稿《"巧取"与"抄袭"》,《现代》杂志编者施蛰存、杜衡7月31日复马毅艇的信,以及马毅艇给"中央公园"编者的信。

**同日** 按周作人日记,收到施蛰存来函。

**又** 现代书局初版发行由先生和杜衡以"中国文艺年鉴社"名义合编《1932中国文艺年鉴》。此书刊有《一九三二年中国文坛鸟瞰》提及:"至于施蛰存,却不是一个能够完全归在Stylists这一派别里的作家。他的一部分作品(例如《残秋的下弦月》),严格的说,应当也算是写实主义的,虽然他所描写的是偏重于心理的生理的方面。但他同时也写了许多纯然是幻想的东西(如《夜叉》)。这两种作品的性质虽然有相当歧异,但技巧的圆熟,语调的明朗,却是一致的,而且作心理分析的作品看,实也不妨归在同一类里,不过前者写的是常态,而后者写的是变态罢了。蛰存是把弗罗伊特[弗洛伊德]的学理运用到作品里去的中国第一个作家,而普遍的被误称为新感觉派,我们是至今还不明白他跟西欧的或日本的所谓新感觉派有什么类似点。这种普遍的愚盲在批评界流行着,作者的那种比较复杂,错综的作品自然更会被一般所误解了。""施蛰存的《意象抒情诗》,也应当算是在诗歌的创作上的一个重要的尝试,这些作品,虽然不能说是象征派诗的分枝,但性质上是比较接近的;其所不同之点,是在蛰存的诗是比象征诗人更形式的,更官能的一点。"

**又** 鲁迅复杜衡函谈及:"对于《现代》六期,当寄随笔或译论一篇而已。"

**又** 《国际每日文选》第10号刊载"国际每日文选特约译家一览·本年七月前约定之诸家",内有"施蛰存,英文"。

另,按先生自述:"我记得这个刊物[《世界与中国》]的出版机构设在今重庆南路(当时叫吕班路),楼上是庞薰琴[琹]的画室。我去找庞薰琴,顺便去玩过。当时该社还出版了一种每天出一种的时事报导,似乎叫做'每日文选',他们送了我几份。"("关于陈志皋和《世界与中国》",1968年)

**十二日** 在天津《益世报》"语林"副刊第287号发表《无相庵随笔》,署名"蛰存"。

**十三日** 晚上周作人复函:"答应为《现代》写文章已很久。终于口惠而实不至,思之惶愧。史君见访,谈及出书,允以《现代》所登之文将来集为一册,此外实无稿也。北新方面因小峰极熟识,便于前借版税,遂以二种编稿付之,并不由于文兴,文兴至今仍属缺如耳。《现代》方面拟仍登《苦茶随笔》,先寄去《读颜氏学记》一篇,请察收,不过不但毫非文学的,且恐落伍之至也。以后拟续写关于Ellis'性的心理',及Lang'习俗与神话'(此稿曾付《东方》,沪战时付之一炬,至今未重写,因大半已忘记了,今拟重新另做。)希望能每月写一篇,却亦未能定耳。随笔性质非文学的,故望登在后边,以免人误会。"

**十四日** 按周作人日记："上午寄施君函件。"

**同日** 茅盾复函："《小说月报》及《文学周报》均在调孚处,弟已嘱奉还,未知收到了否?生活近日糟极了,妻病拖着不见痊可,反而越来越复杂。我是不懂医学的,病人其实也不懂,而常自以为'懂',一会儿说是腰子病了,一会儿说是肺病急性复发了,一会儿说是子宫病了,腹膜炎了,自惊自疑。若不是我还冷静,医生早换了八九个,病也更加不得了了。现在却也换过三个医生,病人都不相信那些医生有本领;因为医生都说她压根儿没有腰子病,等等!从来有讳疾忌医者,却不道现在有闻疾而喜者,真是奇事!在这情形下,我就闹得发昏,一个字也写不出。允兄之文债,只好搁到下月里还清了。森堡的译论既然9月号中插不进去,只好放在10月号中了。但兄最好直接问他本人一声!他住在何处,我也不知,请问起应。我这里有沙汀及何谷天小说各一篇,尚好,如《现代》要小说,弟可以送给兄一看,可用则用,不可用还他们。"

**又** 南京《中央日报》副刊"中央公园"刊载青冈《施蛰存的现代性》,恶意攻击道:"他的'时髦与投机'却有一提之必要,施蛰存本人原是由时髦发迹的,自去年因为是时髦作家而编辑《现代》以来,便有了大显其时髦与投机的本领了。"

**又** 鲁迅复杜衡函谈及:"[《高尔基小说选集》]不知'现代'能不能以和'论文集'[《高尔基论文选集》]一样形式,尤其是不加删改,为之出版?请与蛰存先生一商见告。倘能,我想于能和译者接洽时,劝其收回,交给'现代',亦以抽版税法出版。"

**十六日** 《大美晚报》刊载先生参与鲁迅、茅盾、胡愈之、田汉、叶绍钧、郁达夫、周扬等105人签名的《欢迎巴比塞代表团启事》。

**同日** 南京《新民报》登载朱能《续施蛰存与现代性》,系继两天前青冈《施蛰存的现代性》后,再次蓄意攻击。同期"文坛消息"刊有:"《现代》自杜衡与施蛰存合编后,销路顿跌。最近因《文学》月刊发行后,第七八两期存书甚多,下期闻将改善内容,减少数目。"

**十八日** 按浦江清日记:"上午访澄弟于四川路爱多亚路口中国企业银行三层楼开滦售品处,偕访陆宗蔚君于江海关二楼国定税则委员会,偕访施蛰存于四马路现代书局,未见。""乘晚车至松江。"

**十九日** 按浦江清日记:"晚饭后,蛰存来谈。二年之别,相见彼此均依旧。蛰存,自读童话时即为良友,廿年之交矣。彼不久将赴北平,我在北方七年,而彼不去。今我离平,而彼偏在此时间内北游。万事因缘,不能强求如此。"

二十日　鲁迅复杜衡函谈及:"《现代》用的稿子,尚未作,当于月底或下月初寄上,不误。"

二十一日　《国际每日文选》第21号刊载"国际每日文选特约译家一览·先后依姓名笔划为次序,本年八月前约定之诸家",内有"施蛰存,英文"。

二十二日　按傅彦长日记:"李宝泉、朱海肃来,同往新雅,遇施蛰存、黎烈文、郁达夫、马国亮、赵家璧。"

二十七日　鲁迅复杜衡函谈及:"又附上萧君译文一篇[萧参(瞿秋白)译《伯讷·萧的戏剧》],于《现代》可用否? 如不能用,或一时不能用,则请掷还,也交周建人就好。我的短文[《小品文的危机》],一并寄上。能用与否,尚乞裁定为幸。"

同日　按《鲁迅年谱》(增订本)第三卷:鲁迅"作《小品文的危机》。载十月一日《现代》月刊第三卷第六期,署名鲁迅。收入《南腔北调集》。这是继《"论语一年"》之后对林语堂、周作人等人提倡'幽默'小品的又一次批判"。

二十八日　按浦江清日记:"晚,施蛰存、宋育琴、钱应瑞、陆宗蔚公钱余于同兴楼京菜馆,姜渭纶及其夫人亦来。第三中学时好友,除盛任吾、曾铭竹二君未至外,馀皆在。"

二十九日　按浦江清日记:"假座同兴楼宴请陆荫孚先生,谢其荐江澄之事也。""客有王瞻岩、陆公之子、宋育琴、施蛰存、陆宗蔚、钱应瑞、杜衡、朱炳麒及江澄、忆南、余,共十二人一桌,菜十二元,共费二十元。"

同日　按季羡林日记:"访长之,遇靳以。听长之说,郑振铎所办之《文学季刊》是很大地规模的,约的有鲁迅、周作人、俞平伯,以至施蛰存、闻一多,无所不有。我笑着说,郑振铎想成文坛托拉斯。"(季羡林著《清华园日记》,外语教学与研究出版社,2009年版。以下均同)

三十一日　按周作人日记,收到施蛰存来函。

是月　先生编辑"现代创作丛刊"第6种老舍著《猫城记》、第7种戴望舒著《望舒草》、第8种巴金著《萌芽》,由现代书局初版发行。

另,按先生自述:"我为现代书局编一部'现代创作丛刊',希望有一本望舒的诗集,其时他正要去法国,我要求他把诗稿带去,在法国编好后寄来,他在里昂中法大学住定后不久就寄来了《望舒草》的定稿。我原以为他将以《我的记忆》全集为基础,加上1929年以后的作品,就可以编成一个新的集子,谁知他非但删去了《旧锦囊》,甚至连《雨巷》一辑也全部删去。"(《戴望舒诗校读记·引言》)

另,据杜衡记述:《望舒草》"末附以《诗论零札》十七条,这是蛰存从望舒底手册里抄下来的一些断片,给发表在《现代》2卷1期'创作特大号'上的"。(杜衡《〈望舒草〉序》)

**同月** 15日《新垒》月刊第2卷第2期刊载柳风《与鲁迅论"第三种人"》。邵洵美主办《十日谈》旬刊在上海出版创刊号。

## 九月

**一日** 先生与杜衡合编《现代》第3卷第5期(9月号)出版;刊有其作"社中谈座"就"新作家与所谓'成名作家'"、"关于本刊所载的诗"等问题回答读者。

另,此期首篇刊发了鲁迅《关于翻译》。

**同日** 《矛盾月刊》第2卷第1期(革新号)刊载潘子农"读者·作者·编者"提及:"其馀倪贻德、叶永蓁、施蛰存、赵家璧、郭建英、由稚吾、蹇先艾、朋其、马彦祥、沉樱、金满成、阎哲吾诸先生,均答允在下期写稿,并此预告。"另,此期"文艺新闻"专栏也提及:"赵家璧氏主编,良友公司印行之'文学丛书',其第一组现已出至八册,其馀施蛰存、老舍、郑伯奇、郁达夫诸氏之作,近期内即可出完。"

**三日** 按浦江清日记:"旧历七月十四,城隍庙庙会。四乡农民,皆来赶集,携手工制木器、铁器、铜器等,自县署至城隍庙,满街皆货品,人肩相摩、踵相接。共维钊、育琴、蛰存登云间第一楼而观之。楼在县署外,俗传东吴陆逊点将台,无稽之谈也。其下有亭即华亭也。"

**同日** 按周作人日记:"上午寄《现代》稿一篇。"

**四日** 彭家煌在上海海格路红十字医院三等病房中病逝。先生闻讯即组织诸位文化界友人一起为彭家煌遗孤募集"教育基金",后又帮助编印彭家煌遗著三种。

**五日** 复戴望舒函:"收到27号信,同时收到你父亲的信,晓得你已不耐贫困急于回来,适巧商务印书馆稿费送来,再加上你父亲的300元,大约在三日内总可汇上700元之数,但同时我又打了一个电报请你对于回国事考虑一下。因为我想你这笔钱或许可以用三四个月,我劝你再耐一耐,试试看。王云五已见到,他说他将直接复你一信,不知是好消息还是坏消息?'法国短篇集'已讲好9月份支100元,10月支100,11月支160元。9月份的钱我已划还老刘,因为预备在年底再向他借,10月份及11月份可汇给你。此外我为你向'良友'接洽编一本《法国大观》,文字及图片,约文字 8 万至 10 万,稿费可有四五百元,我想这个东西一个月就可完成。如果你以此次所汇 700 元及'法国短篇集'稿费作四个月的生活费,在此时期内写论文,再分出四分之一的时间来编《法国大观》,则此稿费就可作论文印刷费。如是只差回来的钱,我想在明年上春头总有办法的。""我以为你看到此信,则你想必已打消了回国之意,否则你当然已经启程回国了。""浦江清定于 9 月 12 日乘 Conte Verde 赴意大利,经巴黎到英国去,他定会来看你。"

六日　先生前往江湾上海公墓参加彭家煌安葬仪式。先生自述:"我昔年曾因送彭家煌之殡,到永安(?)公墓,展蒋光慈之墓,萧然无封识焉。退而曾与一二友人谋,欲为募金树碑志,人微言轻,而所与谋者皆穷光蛋,终未实现。不知此刻救国会诸仁人君子能否分一部分纪念鲁迅先生之财力,去安慰一下光慈先生之革命灵魂乎。"(《一人一书》)

九日　郭沫若致叶灵凤函谈及:"《现代》月刊按月收到。""我在离沪之前有一个月的日记颇有意义,想整理出版,即颜曰《离沪之前》。'现代'如承印,抽版税亦可。"

另,先生与杜衡复郭沫若函,并约请他为《现代》4 卷 1 期特大号供稿。

同日　《社会新闻》第 4 卷第 23 期刊载尚鹰《钱君匋结婚席上一瞥》提及:"似乎送礼而未到者尚有赵家璧、郁达夫、梁得所、施蛰存诸人,这未免减色不少。"

十日　鲁迅致杜衡函谈及:"顷译成一短文,即以呈览,未识可用于《现代》否? 倘不合用,希即付还。"

十一日　按浦江清日记:"晨起甚迟。共[吕]叔湘同出,至四马路现代书局见施蛰存,同至天津路大陆银行。""同蛰存、叔湘饭于虹口公寓楼上之西餐室,菜廉而佳。叔湘别去。同蛰存赴洗衣作取衣服,买皮鞋及帽。"

另,按先生自述:吕叔湘是苏州中学英语教师,由浦江清介绍而认识的。("我在昆明的生活和社会关系",1968 年)

十二日　浦江清赴欧洲留学,先生前往送行。按浦江清日记:"清晨涛弟、育琴即来,瞻岩、蛰存、澄弟继至,见余东西凌乱,代为焦急,相助将东西理好,装提包中。""上午 11 时由新关码头搭小火轮渡到 Conte Verde 船上,天大雨,衣帽尽湿。登船送行者王瞻岩、蛰存、育琴、涛弟、澄弟五人而已。"

另,按先生自述:"江清在清华任教已满五年,照例可以休假一年,并以公费出国游学。他决定到英国去,暑假中到上海来候船,住在八仙桥青年会,于是我和他又有了晤谈几天的机会。有一天,我看见他的旅行包里有一支笛。我心想:你到英国去

还要吹笛子吗?"(《四婵娟注释本·序》)

**十六日** 《东方杂志》第 30 卷第 18 期登载戴望舒译作季奥诺《怜悯的寂寞》。(按:此稿亦为互助而以戴望舒名义,交付徐调孚编发;尚有当时戴望舒译著《法兰西现代短篇集》等,皆为先生一手编成并办理出版。纵览先生与戴望舒的友谊史,以及本书的记载,这类情况可谓累见不鲜。尤其在戴望舒留法归国后的 1935、1936 年这段特定岁月里,都有先生译作、或合译、或译后互为润色校订,而由先生经手寄付沈从文、浦江清诸位编辑并以戴望舒名义刊出的情况,如载 1936 年 2 月 2 日天津《大公报·文艺》第 86 期戴望舒译作马尔塞·阿尔朗《蔷薇》、3 月 29 日第 118 期戴望舒译作狄亚思·费囊代思《死刑判决》,以及 5 月 4 日《国闻周报》第 13 卷第 17 期的戴望舒译作斐理泊《邂逅》,包括此篇《怜悯的寂寞》,这四篇后均被戴望舒在主编《星岛日报·星座》时,分别重刊并恢复译者署名。译作《蔷薇》后又载 1946 年 1 月 19 日《新生日报》,署名易为"江思",此系先生与戴望舒合署之笔名。)

**二十日** 《文学新闻》第 12 期刊载《国内文坛鳞爪》:"施蛰存近收罗内地私人印行之新诗集甚多,拟编一《中国诗歌选》。"

**二十三日** 按周作人日记,致施蛰存一函。

**二十五日** 郭沫若致叶灵凤函谈及:"兹得施杜二君来信,要我在《现代》4 卷 1 号上做些文章,我把前次所说的《离沪之前》整理了出来。""原稿已经寄往内山。这在我是很重要的一段生活记录,在《现代》上发表也好,请你叫书局送三百元去和原稿兑换罢。"

**同日** 《益世报》登载《关于〈宿莽〉的印像·茅盾的短篇小说集》提及:"郭沫若写的非常轻松美妙,而茅盾所写的都非常火炽有力,近来施蛰存等也常写这一类的小说。"

**二十九日** 《大晚报·火炬》刊载先生接受主编崔万秋之邀所列书目。此为先生收到崔万秋寄来的"读书季节"征答表格,共有两栏,第一栏"目下所读之书":先生"填了两本书,一本是英文书《文学批评之原理》,是从心理分析出发的主张实验批评的李却兹[I. A. Richards]教授的著作;还有一本是《佛本行经》,一本传记"。先生自述:"并非介绍给人的。"(《突围》)第二栏"欲推荐于青年之书":先生填写"《庄子》《文选》(为青年文学修养根基),《论语》《孟子》《颜氏家训》(为青年道德修养之根基)"。

**三十日** 远东反战大会在上海秘密召开。先生自述:"当时很少人知道,我也不知道。伐扬·古久列是法国著名作家,《人道报》主笔,文艺界对他最为注意,《现代》

上也译载过他的小说。"(《〈现代〉杂忆》)

**约在期间** 按先生自述:"当时王莹住在环龙路(今南昌路),一家白俄开的小公寓里,一个小房间,不过六七平方米,仅容必要的生活用品。每天晚上,王莹大多在寓所,接待文艺电影界的朋友。这个小房间,最多只能容宾主四人,所以前客必须让位给后客。王莹煮一壶咖啡,和来客聊天,经常要谈到十一二点钟才把客人送走。我也有过几次参加了她的'沙龙',觉得她的文学趣味极高。"(《宝姑》)"我常到她[王莹]居住的环龙路(今南昌路)小楼上喝咖啡聊天。"(致赵清阁函,1980年4月15日)

**是月** 北平杰成印书局出版王哲甫《中国新文学运动史》,书中"第四章十五年来之中国文坛·第三种人":"此外还有两种新派别出现于文坛,一是'第三种人文学'。一是'茶话派文学'。前者的代表是施蛰存主编的《现代》,后者的代表是《文艺茶话》与林语堂主编的《论语》。第三种人文学起原[源]于胡秋原之自由人的文化运动,而这个名称却是由苏汶创始的。它的意义可引易嘉(瞿秋白)的话来解释,""他们这一集团的机关杂志便是《现代》,是一种比较注重形式与技巧的纯文艺刊物,他们虽也不满意现下的社会,但在意识上很难摆脱了小布尔乔亚之意识形态的。"

另,"第六章新文学创作第二期·恋爱小说作家叶灵凤、罗西、施蛰存":"施氏是一个新进的青年作家,当他在《小说月报》19卷1号,发表他的短篇小说《娟子》以后,才有人知道他的名字。及至他的小说集《上元灯》,在水沫书店出版以后,立刻引起了许多人的注意,使他在文坛上得到一个相当的地位。作者是一个中产阶级的青年,他的生活是很平静和顺,没有突兀的激变,所以他的创作也如静水一般,很从容自然,没有惊心动魄的事迹。""这些都是他童年的回忆,作者用一枝很灵活的笔,写出没落在封建制度下的城市生活,充满了地方的色彩,而作者感伤的情调,也融合在作品之中。他所描写的人物,都是我们日常所遇见的人们,""很巧妙底解剖了他们的心理,写出了他们的悲哀,同时用很敏锐的目光,照彻了社会的核心。施氏除作小说外,亦善做诗,最近主编《现代》常有作品发表。预计在最近的将来,当更有美好的作品问世。"

**又** 二妹施咏沂译作匈牙利莫尔那《丈夫们的事情》刊于《良友》杂志第80期。

**又** 先生编辑"现代创作丛刊"第11种黎锦明著《失去的风情》,由现代书局初版。

**同月** 1日《生力》第5期刊载侍桁《答一切零零碎碎的论第三种人》。23日杨振声、沈从文编辑《大公报·文艺》副刊第1期(创刊号)出版。

## 十月

**一日** 先生与杜衡合编《现代》第 3 卷第 6 期(10 月号)出版;刊有其作《本年国际笔会纪事》,署名"薛卫";先生仍与杜衡以"编者"名义在"社中谈座"答读者问。先生自述:"第 3 卷的《现代》已不能保持每期一万册的销路,一则由于本身内容不免低落,二则生活书店的《文学》已异军突起,分减了一部分销路。"(《〈现代〉杂忆》)

另,首篇刊发鲁迅《小品文的危机》,还刊载巴金《墨索里尼这个人》、任钧(署名"森堡")译作华希里可夫斯基《社会主义的现实主义论》、瞿秋白(署名"萧参")译作列维它夫《伯讷·萧的戏剧》、沈端先(夏衍)《屠格涅夫》。

**同日** 《文学》第 1 卷第 4 号"社谈"专栏刊载茅盾《怎样编制文艺年鉴》、《一张不正确的照片》(署名"东方未明")。

**二日** 按先生自述:"我们得到通知,马莱和古久列将于即晚在新新酒家与上海文艺界见面。我们《现代》杂志社,也在被邀请之列。"(《访问伐扬·古久列》)"伐扬·古久列是法国共产党员,代表一个国际组织到中国来调查日本帝国主义侵略东北的事情。到上海后由文艺界发起欢迎会,在大东酒家聚餐(?)。这次的会,我也参加的。"("我参加过的党、团、集会",1968 年)"下午,陈志皋已通知我们,古久列住在霞飞路上的伟达饭店。当天晚上,在杜衡和叶灵凤参加宴会的时候,我去吕班路万宜坊找了李辛阳。""请他帮忙在晚上十点钟时候和古久列通一个电话,告诉古久列:有两个文学杂志编者想访问他,要求他同意,并约定时间。如果古久列同意我们去访问,还希望他陪我们同去,充当翻译。辛阳一口答应照办,约我们次日清晨去听回话。"(《访问伐扬·古久列》)

另,据夏衍记述:"据沙汀同志回忆,上海文艺界还在西藏路某处开了一次欢迎马莱、古久列的小会,施蛰存、苏汶也参加了,当天杨刚当了翻译。"(夏衍《懒寻旧梦录》)

**三日** 清晨先生和杜衡去李辛阳家。先生自述:"当下辛阳再拨电话给伟达饭店,这回接通了古久列的房间,古久列在。辛阳传达了我们的话,要求访问。古久列说:'现在就来。中午要出去吃饭,下午有事。明天上午就上船了。'"(《访问伐扬·古久列》)

**同日** 上午 9 时,先生与杜衡、李辛阳来到伟达饭店,在三楼临马路的一个房间见到了伐扬·古久列,并在阳台上坐下谈话。先生自述:"我们先把三本《现代》递给他,并说明了关于他的内容。他立即有了反应,他说:'戴望舒,我知道,我认识,我邀他参加了那个会。他是共产党员吗?'我们说:'不是,我们也不是,但曾经是。'他翻了一下《现代》,又问:'这个杂志呢?'我们说:'自由主义左翼,与国民党作家没有关系,共产党作家是朋友。'他点点头。李辛阳也熟悉文艺界的动态,接下去就自动为我和杜衡作了介绍,并简略地讲到关于'第三种人'论争的事。古久列似乎很有兴趣,接口就讲了些法国文艺界的情况,几次提到纪德,但这一段话我现在已记不得了。最后,我们要求他为《现代》写一篇文章,做个来华的纪念。他立刻就说:'文章可以写,但我已没有时间,只有今晚或明天清早,大约写一篇短文还是挤得出来的。不过,我也希望你们给我写一点东西,讲讲你们那方面的文艺情况,我可以向法国文艺界做报告。'我们接受了他的交换条件,约定明天中午到伟达饭店服务台去取他留交的文章。我们的文章将赶在10月20日以前的轮船寄出,寄给戴望舒转交。"(同上)

**又** 《西京日报·明日》"创作月评"专栏始载阿汪《检查〈现代〉的九月号》提及:"施蛰存君编的,这月刊,我见过有好几期,从来印象就还好。似乎是以这刊物编排方面及装置的较进步一点,就获得了读者群注意的第一步而出现于九·一八以后的。但,无论如何,就第九期以前所出的而言,决没有把捉住九·一八后中国文化动向的核心,这有事实作证,我们不必责难它没有成为中心的正统的杂志的。这里,我们仍然可以给它分析的。最近来,《现代》是越出越流产,真有'每况愈下'之势。"

另,自本期始至9日讫,此刊每日连载阿汪《检查〈现代〉的九月号》。

**四日** 中午先生前往伟达饭店服务台取到了伐扬·古久列留交的为《现代》杂志而作《告中国智识阶级》。先生自述:"文尾记着'1933年10月4日于上海',可知是当天清早赶写出来的。这篇文章,我们删改了一、二句,发表在《现代》11月号。"(同上)"但由于图书什志审查会的刁难、删削,已经节去了许多关键性的字句了。"("我参加过的党、团、集会",1968年)

**六日** 《申报·自由谈》刊载鲁迅(署名"丰之馀")《感旧》:"有些新青年,境遇正和'老新党'相反,八股毒是丝毫没有染过的,出身又是学校,也并非国学的专家,但是,学起篆字来了,填起词来了,劝人看《庄子》《文选》了,信封也有自刻的印板了,新诗也写成方块了,除掉做新诗的嗜好之外,简直就如光绪初年的雅人一样,所不同者,缺少辫子和有时穿穿洋服而已。近来有一句常谈,是'旧瓶不能装新酒'。这其实是不确的。""也可以放进新的内容去,且又证实了新式青年的躯壳里,大可以埋伏下'桐城谬种'或'选学妖孽'的喽罗。""排满久已成功,五四早经过去,于是篆字,词,《庄子》,《文选》,古式信封,方块新诗,现在是我们又有了新的企图,要以'古雅'立足于天地之间了。"

**七日** 《西京日报·明日》"创作月评"栏续载阿汪《检查〈现代〉的九月号》："作者朱迅鸠君，不知是笔名么。从文笔上看，倘把这名字作为笔名，那我估定沈雁冰或者施蛰存。写得还精细，却也纤弱，单就这一点，和新现实主义是有了不同在。"

**八日** 在《申报·自由谈》发表《〈庄子〉与〈文选〉》："上个月《大晚报》的编辑寄了一张印着表格的邮片来，要我填注两项：一、目下在读什么书。二、要介绍给青年的书。在第二项中，我写着：《庄子》，《文选》，并且附加了一句注脚：'为青年文学修养之助'。今天看见《自由谈》上丰之馀先生的《感旧》一文，不觉有点神经过敏起来，以为丰先生这篇文章是为我而作的了。但是现在我并不想对于丰先生有什么辩难，我只想趁此机会替自己作一个解释。""像鲁迅先生那样的新文学家，似乎可以算是十足的新瓶了。但是他的酒呢？纯粹的白兰地吗？我就不能相信。没有经过古文学的修养，鲁迅先生的新文章决不会写到现在那样好。所以，我敢说，在鲁迅先生那样的瓶子里，也免不了有许多五加皮或绍兴老酒的成分。至于丰之馀先生以为写篆字，填词，用自刻印板的信封，都是不出身于学校，或国学专家们的事情，我以为这也有点武断。这些其实只是个人的事情，如果写篆字的人，不以篆字写信，如果填词的人做了官不以词取士，如果用自刻印板信封的人不勉强别人也去刻一个专用信封，那也无须丰先生口诛笔伐地去认为'谬种'和'妖孽'了。""我想他们也未必有此企图。临了，我希望丰先生那篇文章并不是为我而作的。"

**九日** 《大公报·文学副刊》第 301 期刊载书评《施蛰存短篇小说集〈梅雨之夕〉》："第一本短篇小说集《上元灯》出版时，""那样清新舒缓的风格，证明了作者有完全把握他的文字之能力，在当时施君是少数的几位这样的作家中之一人。""第二本小说集《将军底头》在本质上就和初作有了不同，""这里边明显的有对于心理分析的借重。""在他的第三个短篇集中果然便放弃了古事小说的路和自己身边琐事的抒情的题材，""依然保持了他所特有的永远是簇新却日益老练的作风，""是非常的心理状态事件与状况的描写和剖析，甚至于有超自然的分子，妖魔、鬼怪、幻觉、恐怖、暗夜和爱妒。这诚然是一种易于动人的题目，作者写得也够成功的。""笔下的怪异不是真的怪异，作者无有一次不曾在篇中借细微的节末来给你一个从心理出发的解释。就是他笔下的非常事件和景象也都有其寻常之至的原因。""即此已经够看出施蛰存君的非常的题材，没有一件是突兀的了。只要读者细心寻绎，准可以看出作者安排的巧妙和工稳。这种非常的题材，自然是可能的而且为人间所常有的。所以仅仅以怪诞和罕见来责备作家施蛰存君是不公平的。""作者也似乎勇于改进在每一本读[创]作中努力于试验一条新路。""虽然有了不小的成就,却始终没有为自己寻得一条可以走得通的创作大道,这一回他的歧途走入得比以前更深了。"

**十日** 按周作人日记,收到施蛰存来函。

**十四日** 《涛声》第 2 卷第 40 期(总 76 期)刊载曹聚仁《论"庄子"与"文选"——质施蛰存先生》:"在朝的复古倾向如此,而青年在什么什么考试之后,又颇有舍白话而从文言之势;我们再要推波助澜,这将成为什么世界! 只因近来颇怕闯祸,又和先生素不相知,不敢冒昧乱说。后来看见丰子余先生的《感旧》,觉得他所说的,正给先生一个正面的批评,那是对的。颇想加入说几句;今天,在《自由谈》读了先生的答复,更忍不住要说一说了。""恕我质直地说,先生这话完全是错误的。《文选》中分量最多的是'赋'和'诗',先生要叫青年人读《文选》,无非要他们读这些东西。""其次说到《庄子》,那麻醉性的放任主义的利弊,且不去管他。""你,我,人到中年,在社会上鬼混了一些时光,味尝了人生的甘苦,所以《庄子》颇合了我们的脾胃。在青年人,或者懵然不知其味,或者目之为迂旧,我们即介绍给他们,他们怎样去参悟呢?""先生要叫青年人从《文选》《庄子》去扩大一点字汇,怕有开倒车之嫌罢? 青年并不是我们这一代的人,我们不应该引他们走死路。"

**十五日** 按周作人日记:"收《现代》寄回文稿一件。"

**同日** 《申报·自由谈》刊载鲁迅(署名"丰之馀")《"感旧"以后》(上):"我愿意有几句声明:那篇《感旧》,是并非为施先生而作的,然而可以有施先生在里面。""就自然和我所指摘的有点相关,但以为这文为他而作,却诚然是'神经过敏',我实在并没有这意思。不过这是在施先生没有说明他的意见之前的话,现在却连这'相关'也有些疏远了,因为我所指摘的,倒是比较顽固的遗少群,标准还要高一点。""还有一点另外的话——(一)施先生说我用瓶和酒来比'文学修养'是不对的,但我并未这么比方过,我是说有些新青年可以有旧思想,有些旧形式也可以藏新内容。""(二)施先生说写篆字等类,都是个人的事情,只要不去勉强别人也做一样的事情就好,这似乎是很对的。""但一做教员和编辑,却以《庄子》与《文选》劝青年,我真不懂这中间有怎样的分界。""(三)施先生还举出一个'鲁迅先生'来,好像他承接了庄子的新道统,一切文章,都是读《庄子》与《文选》读出来的一般。""则从这样的书里去找活字汇,简直是胡涂虫,恐怕施先生自己也未必。"

**十六日** 周作人复函:"惠函并拙稿均已收到,费心谢谢。承询 Lucian 问答,鄙人前所依据者系 *Oxford Translation* 中 *Fowler* 英译本,虽有四册而系选集,入选文中亦仍有节略,不甚足凭也。"

**同日** 《申报·自由谈》刊载鲁迅(署名"丰之馀")《〈感旧〉以后》(下):"还要写一点。但得声明在先,这是由施蛰存先生的话所引起,却并非为他而作的。"

**十八日** 致《大晚报·火炬》主编崔万秋函:"因为据我想起来,劝新青年看新书自然比劝他们看旧书能够多获得一些群众。丰之馀先生毕竟是老当益壮,足为青年人的领导者。至于我呢,虽然不敢自认为遗少,但的确已消失了少年的活力,在这万象皆秋的环境中,即使丰之馀先生那样的新精神,亦已不够振拔我的中年之感了。所以,我想借贵报一角篇幅,将我在9月29日贵报上发表的推荐给青年的书目改一下:我想把《庄子》与《文选》改为鲁迅先生的《华盖集》正续编及《伪自由书》。我想,鲁迅先生为当代'文坛老将',他的著作里是有着很广大的活字汇的,而且据丰之馀先生告诉我,鲁迅先生文章里的确也有一些从《庄子》与《文选》里出来的字眼,譬如'之乎者也'之类。这样,我想对于青年人的效果也是一样的。本来我还想推荐一二部丰之馀先生的著作,可惜坊间只有丰子恺先生的书,而没有丰之馀先生的书,说不定他是像鲁迅先生印珂罗版木刻图一样的是私人精印本,属于罕见书之列,我很惭愧我的孤陋寡闻,未能推荐矣。此外,我还想将丰之馀先生介绍给贵报,以后贵报倘若有关于征求意见这类的计划,大可设法寄一份表格给丰之馀先生,我想一定能够供给一点有价值的意见的。不过,如果那征求是与'遗少的一肢一节'有关系的话,那倒不妨寄给我。看见昨天的贵报,知道你预备将这桩公案请贵报的读者来参加讨论。我不知能不能请求你取消这个计划。我常常想,两个人在报纸上作文字战,其情形正如弧光灯下的拳击手,而报纸编辑正如那赶来赶去的瘦裁判,读者呢,就是那些在黑暗里的无理智的看客。""你试想想看,这岂不是太滑稽吗?现在呢,我不幸而自己做了这两个拳击手中间的一个,但是我不想为了瘦裁判和看客而继续扮演这滑稽戏了,并且也希望你不要做那瘦裁判。"

**十九日** 先生18日致《大晚报·火炬》主编崔万秋一函以《推荐者的立场——〈庄子〉与〈文选〉之论争》为题发表在《大晚报·火炬》。先生自述:"《大晚报》上那两个标题并不是我自己加的,我并无'立场',也并不愿意因我之故而使《庄子》与《文选》这两部书争吵起来。"(《突围》)

**同日** 致黎烈文函:"那天电车上匆匆一晤,我因为要到民九社书铺去买一本看中意了的书,所以在王家沙下车了。但那本书终于因价钱不合,没有买到,徒然失去了一个与你多谈一刻的机会。""我并不说每一个青年必须看这两部书,也不是说每一个青年只要看这两部书,也并不是说我只有这两部书想推荐。大概报纸副刊的编辑,想借此添一点新花样,而填写者也大都是偶然觉得有什么书不妨看看,就随手写下了。早知这一写竟会闯出这样大的文字纠纷来,即使《大晚报》副刊编者崔万秋先生给我磕头我也不肯写的。今天看见《涛声》第40期上有一封曹聚仁先生给我的信,最后一句是:'没有比这两部书更有利于青年了吗?敢问。'这一问真问得我啼笑皆非了。(曹聚仁先生的信态度很真挚,我将有一封复信给他,也许他会得刊在《涛声》上,我希望你看一看。)对于丰之馀先生我也不愿再冒犯他,不过对于他在《感旧》(上)那一篇文章里三点另外的话觉得还有一点意见。""我曾经在《自由谈》的壁上,看过几次的文字争,觉得每次总是愈争愈闹意气,而离本题愈远,甚至到后来有些参加者的动机都是可以怀疑的。我不想使自己不由自主地被卷入漩涡,所以我不再说什么话了。昨晚套了一个现成偈语:此亦一是非,彼亦一是非。唯无是非观,庶几免是非。"

**又** 复戴望舒函:"我有许多话要说,而近日正在忙创作,故须迟一二日写长信给你。现在寄上法文一篇,Vaillant Conturier 来华时与《现代》交换的文章,他的一篇《告中国智识阶级》已刊入《现代》4卷1期,现在我们这方面的文章,据他说他要等我们寄去作一次开会时的报告用的,故急于寄达,请你一看,并为写一封信说是由你转达的,其实是我们不会写这封信的缘故。我已脱离现代书局,另谋新局面,详细的话等我下次的信。"

另,按先生自述:"古久列回国后,我们也履行诺言,写了一份关于中国文学现状的简报。关于左翼文学的情况,我们估计他肯定已有了第一手的资料,因而我们写的简报,侧重在非党作家的文艺活动,仿佛也约略报道了'第三种人'的论辩情况。文章不长,译成法文,似乎也只有五大页。我把这篇文章寄给戴望舒,托他转致古久列,以后就没有关于此文的消息。"(《〈现代〉杂忆》)

**又** 《申报·自由谈》刊载高植《识字与用字》:"日前看到施蛰存君要人读《庄子》与《文选》,颇想说两句话,昨天看到丰之馀君的文章,在觉得施君的确有点'过敏'之外,还对于他的话有些怀疑。""施君虽然不希望青年人都去做古文,然而这两种古文著作并不能给青年如施君所期的结果。"

**二十日** 先生19日致黎烈文函以《致黎烈文先生书——兼示丰之馀先生》为题发表在《申报·自由谈》。

另,此期还刊载徐懋庸(署名"致立")《一点异议》:"施蛰存先生悲今之青年作文语汇不丰而劝读《庄子》《文选》,我窃有异议。""庄子之文……,试问施先生,他的这些语汇,是读何书而来。""要描写工厂者,进工厂去;要描写农村者,往农村去;懂得植物学的人来描写树木,懂得天文学的人来描写天空,那么语汇自能丰富,比喻自能贴切,形容自能佳妙。比读过《庄子》《文选》的一定好得多多。许多人注意到鲁迅作品中的旧文学的影响,然而为什么不再看出那里面的自然科学的影响和实际生活的经验呢?施蛰存先生那样的文学者,诚然是以语汇——从古文中找来的语汇——之富见长的。但语汇是形式的,我们的文学作品,内容比形式更要紧,与其欣赏雕琢的,秾纤的,然而内容空洞的东西,我们宁可看内容充实而形式粗疏的作品。"

**同日** 《十日谈》旬刊第 8 期"文坛画虎录"专栏刊载《松江文人小志·一、施蛰存之写意》:"施蛰存以前在松江县立中学里教国文时,每每自顾自的讲书,学生在看小说或做别的事,一概勿管,他的理由据说是:他曾说'你们不听我讲书是不妨的,不过若是不看文学书籍是错的'。于是乎,当他上课时学生们大看其小说,而施蛰存也独自开留声机。"

**二十二日** 《申报》刊载曹聚仁《谈"别字"》提及:"丰之馀先生从施蛰存先生的介绍《庄子》与《文选》,连类说到刘半农先生的嘲笑青年的写别字。""青年多写别字果为行文之大病乎?果有从《庄子》与《文选》借光之必要乎?'中华民国古国古',因为这样,生在今日,还有读三千年前古字古书的义务,还有在'用辞'时代学习'用字'古法的义务。""所以施先生的介绍《庄子》与《文选》,刘博士和朱自清先生的嘲笑青年写别字,我也坚决地提出抗议。"

**二十三、二十四日** 《申报·自由谈》连载鲁迅(署名"丰之馀")《扑空》:"我早经声明,先前的文字是并非专为他个人而作的。""为什么呢,因为在推荐给青年的几部书目上,还题出着别一个极有意味的问题:其中有一种是《颜氏家训》。""这虽为书目所引起,问题是不专在个人的,这是时代思潮的一部。但因为连带提出,表面上似有太关涉了某一个人之观,我便不敢论及了,可以和他相关的只有'劝人看《庄子》《文选》了'八个字,对于个人,恐怕还不能算是不敬的。但待到看了《〈庄子〉与〈文选〉》,却实在生了一点不敬之心,因为他辩驳的话比我所豫料的还空虚,但仍给以正经的答复,那便是《感旧以后》(上)。然而施先生的写在看了《感旧以后》(上)之后的那封信,却更加证明了他和我所谓'遗少'的疏远。他虽然口说不来拳击,那第一段却全是对我个人而发的。现在介绍一点在这里,并且加以注解。""这是'从国文教师转到编杂志',劝青年去看《庄子》与《文选》,《论语》,《孟子》,《颜氏家训》的施蛰存先生,看了我的《感旧以后》(上)一文后,'不想再写什么'而终于写出来了的文章,辞退做'拳击手',而先行拳击别人的拳法。但他竟毫不提主张看《庄子》与《文选》的较坚实的理由,毫不指出我那《感旧》与《感旧以后》(上)两篇中间的错误,他只有无端的诬赖,自己的猜测,撒娇,装傻。几部古书的名目一撕下,'遗少'的肢节也就跟着渺渺茫茫,到底是现出本相:明明白白的变了'洋场恶少'了。"

**二十六日**　《申报·自由谈》刊载鲁迅(署名"丰之馀")《答"兼示"》:"前几天写了一篇《扑空》之后,对于什么'《庄子》与《文选》'之类,本也不想再说了。第二天看见了《自由谈》上的施蛰存先生《致黎烈文先生书》,也是'兼示'我的,就再来说几句。因为施先生驳复我的三项,我觉得都不中肯,""其实,施先生说当他填写那书目的时候,并不如我所推测那样的严肃,我看这话倒是真实的。""然而我的那篇《怀旧》是严肃的。我并非为要'多获群众',也不是因为恨施先生没有推荐《华盖集》正续编及《伪自由书》;更不是别有'动机'。"

**二十七日**　《申报·自由谈》刊载鲁迅(署名"丰之馀")《"扑空"正误》:"施蛰存先生却是合齐士与颜氏的两种典型为一体的,也是现在一部分的人们的办法,可改称为'北朝式道德',也还是社会上的严重的问题。对于颜氏,本应该十分抱歉的,但他早经死去了,谢罪行且都不相干,现在只在这里对于施先生和读者订正我的错误。"

**二十八日**　天津《益世报·文学周刊》第48期刊载梁实秋《论"第三种人"》:"鲁迅先生最近到北平,做过数次演讲,有一次讲题是'第三种人'。据报纸所记,其演讲的主旨大致是和他在《现代》2卷1期上所发表的那篇论文差不多,不过这一回花样略为翻新一些。这一回他举了一个譬喻说,胡适之先生所倡导的新文学运动,是穿着皮鞋踏入文坛,现在的普罗运动,是赤脚的也要闯入文坛。随后报纸上就有人批评说,鲁迅先生演讲的那天既未穿皮鞋亦未赤脚,而登着一双帆布胶皮鞋,正是'第三种人'。非赤即白,非友即敌,非左即右,非普罗阶级即资产阶级,非革命即反革命——这一套的逻辑,我们是已经听过不少了。鲁迅先生之根本否认'第三种人'亦不过是此种逻辑运用到文学上的一例而已。"

**同日**　《涛声》第2卷第42期(总78期)刊载洛夫《庄子文选与青年》:"又在'自由谈'看见丰之馀先生的'感旧以后',并于今天下午,读《涛声》所载曹聚仁先生之《论'庄子'与'文选'》。使吾这没有拜读过《庄子》更未阅过《文选》的青年学子,对于赫赫然的《庄子》与《文选》的内在,也解了一二。""我要忠告施先生,青年文章之'拙直'和'字汇'缺少现象的发生,和青年读不读古书,没有关系。更不能因施先生之介绍,即有转变之可能。此种事实,一方面是教育阶级化所致,令青年不能得到充分受教育机会;一方面是目前伟大转变时代,一切马达化,而剥削了青年求知的时间。""施先生是只懂得问题的表面,对于事实的认识是无知的。""这铁般的证实了施先生对于文学的无知!""施先生又想以鲁迅先生作自己无知的巧辨。我们知道,鲁迅先生并不是'老绍兴'的问题,而在旧文学上有所获得,确是事实。但是不能说鲁迅先生的文章好,即是'《庄子》与《文选》之功'。""施先生你懂得吗?暂时你还能吸吮到骷髅里的残汁,但于不久的那时,火焰也将你焚化成白的一架骷髅!""施先生的关怀,我们青年不仅不能接受,而更要严厉的加以批判。""不然,我依然用我这枝'拙直'的笔,来批判!"

**二十九日** 在《申报·自由谈》开始连载发表《突围》,在"解题"中写道:"凡是动了意气的争辩文字,写的时候总是爽快的,但刊出了之后不免要后悔。我从来没有与人家作过'无谓'或'有谓'的论争,不幸《自由谈》却惹出了我第一篇意气文字。刊出之后,我就有一点觉得后悔,虽然已近中年,犹恨其少气未脱。但是一直沉静到今天,数数剪下来的关于我的文字,从高植先生的《识字与用字》到丰之馀先生的《扑空正误》,已有十馀篇之多,粘在一本上,居然可成为一本'围剿集'了。我正如被打入文字狱的囚徒,天天在黑暗的狱室里看报纸上记着的我的罪状。到今天,我忍不住想越狱了,对于围剿我的那些文字阵,我有点不甘被围,所以要突围而出了。"

**同日** 复戴望舒函:"我该先祝贺你,我想无论如何你还是幸运的,我愈想愈奇怪,你这人大约运气是好的,常常有许多到了绝路上又逢生路的事情碰到,可不是?我应得告诉你,我汇出钱后,拟了一个电报稿,文曰:款已寄,归事三思之。到电报局里去一问,连地址共须十四字,电费每字三佛郎四十生丁,我就付了十块钱一张钞票,哪知他说是金法郎,共合四十馀元,我舌头一拖,袋中无钱,只好回家。但心想恐怕你性急,一收到钱立刻打道回国,没有等我的第10号信收到,不免要你后悔,故不得已,匆匆的打了两个字'弗归',意思是想缓你一下,等收到我的信之后再说的。现在你可明白了?春霆[晓村]未有复信来,故你的东西如何送至法国尚未定。稿纸本已早寄,因听说此系属于商品类,要抽税,五百张稿纸寄费倒要五元,实在没有办法。如罗大冈来,当托其带一些。""你有许多书运来,甚想早日看见,Fanny Hill 尤其雀跃。我只恨无钱,不然当寄你三四百元给买大批新书来看看也。珍秘书之嗜好至今未除,希望继续物色,虽无书寄来,目录也好。如有此方面的杂志亦希寄一个样子来看看。"

**三十日** 在《申报·自由谈》发表《突围》(续)。

**三十一日** 在《申报·自由谈》发表《突围》(续)。

**是月** 上海周报社初版发行《当代史媵》,书中"三、教育文化·上海出版界"内

"上海的新书店主要有"提及:"店名:现代。主要出版物:文艺。总编辑:施蛰存。基本作家:郭沫若及前水沫社同人。"另"上海的杂志有"提及:"名称:《现代》。内容:文艺。主编:施蛰存。出版者:现代书局。"

**又** 先生编辑"现代创作丛刊"第9种靳以著《圣型》、第10种魏金枝著《白旗手》,由现代书局初版发行。

**同月** 18日《大公报·文艺副刊》第9期刊载沈从文《文学者的态度》,引起了关于"京派""海派"之论争。30日国民政府行政院密令查禁普罗文艺。上海青光书局出版、北新书局发行鲁迅著《伪自由书》("一名《不三不四集》")。

## 十一月

**一日** 按《鲁迅全集》注释:"潘公展、朱应鹏为查禁进步书刊举行的一次有出版商和书店编辑参加的宴会。"(人民文学出版社,1981年北京第1版)据鲁迅记述:"这里的官和出版家及书店编辑,开了一个宴会,先由官训示应该不出反动书籍,次由施蛰存说出仿检查新闻例,先检杂志稿,次又由赵景深补足可仿日本例,加以删改,或用××代之。他们也知道禁绝左倾刊物,书店只好关门,所以左翼作家的东西,还是要出的,而拔去其骨格,但以渔利。有些官原是书店股东,所以设了这圈套,这方法我看是要实行的,则此后出板物之情形可以推见。大约施、赵诸君,此外还要联合所谓第三种人,发表一种反对检查出版物的宣言,这是欺骗读者,以掩其献策的秘密的。"(同上。鲁迅致姚克函,1933年11月5日)

另,据茅盾回忆:"11月初,我们就料到国民党要检查图书杂志了。那时国民党上海市党部宣传部召集各出版商和杂志主编开了一次会,提出今后不准出版和发表'反动'书刊和文章。会上,《现代》的主编施蛰存表示:我们做编辑的不懂政治,文章可登不可登还是由你们来审定。后来就盛传图书检查势在必行。"(茅盾《一九三四年的文化"围剿"和"反围剿"》)

另,按先生自述:"说我是'献策'的,其实我的目的不是针对左翼文艺,而是为了我们的杂志。那次会上,先是一些国民党的人谈,其次是出版商人谈。谈了之后,潘公展第一个点名要我谈,我提出,我们编辑,只管看文章,不懂政治,把握不准,只有将文章送给你们看,可登就登,不可登就算。后来有人接着谈,就提出了仿效日本的打×法。因此,鲁迅对我很有意见,说我向国民党'献策',迫害左翼文艺。但是,当时也有人说我是为了保全一本杂志,牺牲了自己。这也见于鲁迅的记录。"(《施蛰存谈〈现代〉杂志及其他》,鲁迅博物馆鲁迅研究室编《鲁迅研究资料》第9辑,天津人民出版社,1982年版)

**同日** 在《申报·自由谈》发表《突围》(续):"对于丰之馀先生,我的确曾经'打了几拳',这也许会成为我毕生的遗憾。但是丰先生作《扑空》,其实并未'空',还是扑的我,站在丰先生那一方面(或者说站在正邪说那方面)的文章却每天都在'剿'我,而我却真有'一个人的受难'之感了。但是,从《扑空》一文中我发现了丰先生作文的逻辑,他说:'我早经声明,先前的文字并非专为他个人而发的。'但下文却有:'因为他辩驳的话比我所预料的还空虚。'不专为我而发,但已经预料我会辩驳,这又该作何解?""我以前对于丰先生,虽然文字上有点太闹意气,但的确还是表示尊敬的,但看到《扑空》这一篇,他竟骂我为'洋场恶少'了,切齿之声俨若可闻。我虽'恶',却也不敢再恶到以相当的恶声相报了。我呢,套一句现成诗:'十年一觉文坛梦,赢得洋场恶少名。'原是无足重轻,但对于丰先生,我想该是会得后悔的。今天读到《〈扑空〉正误》,则又觉得丰先生所谓'无端的诬赖,自己的猜测,撒娇,装傻',又正好留着给自己'写照'了。"

**又** 先生与杜衡合编《现代》第4卷第1期(11月狂大号)出版;刊有《又关于本刊中的诗》《结束一个程序》(署名"舍人"),并以"编者"名义撰文"独白开场""4卷狂大号告读者"。先生自述:"共278页,挺厚的一本。这个'狂'字虽然很有效果,但也仅仅使《现代》的销数维持在7000册左右,不致一落千丈。"(《〈现代〉杂忆》)

另,刊发法国作家伐扬·古久列《告中国智识阶级——为〈现代〉杂志作》,先生自述:"发表的文本,已被国民党检查官删去了几处,但此文如果他们要删净,除非全文禁止,故作者的观点,依然很清楚。""这些话,在上海的国民党文化检查官并不重视,他们用红笔勾删的都是直接指斥国民党反动势力和法西斯的文句。但在内地各省的国民党省党部,却有读了此文而大惊小怪的。听说,在某些省里,这一期《现代》是撕去了这二页而后才准许发售的。"(同上)

另,刊发郭沫若《离沪之前》。先生自述:"我取得《离沪之前》全稿后,就把三分之一篇幅编在4卷1期《现代》中。这一期杂志应当在11月1日出版,全稿发交印刷所排印是10月1日。《离沪之前》是散文,恰巧这一期的《现代》另有一篇周作人的散文,我就在目录上把郭沫若的名字排在周作人之后。大约是叶灵凤看见了,写信去报告郭沫若。文稿还在排字房,大约是10月中旬,郭沫若有信给灵凤,通知他把《离沪之前》马上就印单行本,不要在《现代》上继续发表。这封信来得非常突兀,使我们很窘。没有办法,只好在已排印的文末加一行小字,申明本文即将出单行本,下期不再续载。同时和灵凤商量,请他写信给郭先生解释。因为同是散文,故目录上排了先周后郭,但书内正文,郭文并未排在周文后面。11月初,得到郭先生的谅解,《离沪之前》可以继续在《现代》发表。于是我把第二部分文稿编入4卷2期的《现代》,而在编后记中作了一个说明。""这是欺哄读者的话,读者哪里会知道此中曲折呢?"(同上)

另,刊发周起应(周扬)《关于"社会主义的现实主义与革命的浪漫主义"——"唯物辩证法的创作方法"之否定》。

另,还刊发康嗣群《周作人先生》,"引子"写道:"蛰存兄写信来说要我写一篇岂明先生印象记,这倒是很难的一个题目呢,可是又不好意思不作,何况这也是我久想做的一篇文章。有人说:现在是做印象记的年头,也许对,可是我却不曾被算命先生推派该今年来做,不过是时间的偶合罢了。鲁迅先生说过:'别人做的印象记,我是常看的,写得仿佛一见便窥见了那人的真心一般,我实在佩服其观察之锐敏。'这在我却很糟,不仅'一见'没有窥见'真心',甚至再见三见却都还有些茫然,其迟钝是已经可想;何况现在又远居蜀中,不能立刻跑到'八道湾儿'去再详细的一见了呢;故此,现在祇凭借自己记忆可及的写一些,就算是一点回忆罢。"

**同日** 在《矛盾月刊》第2卷第3期(11月号)发表小说《名片》;此期"文艺新闻"专栏刊有:"施蛰存现已脱离现代书局总编辑之职,惟以特种关系,仍继续《现代》杂志编辑职务至4卷1期止云。"

另,还载林予展《敲门砖》:"因不满于施蛰存要介绍青年们读《庄子》与《文选》,便树立了声讨之帜。丰子馀原是鲁迅先生继'何家干'之后所用的化名。""一向就是主张多读洋书的脚色,如今有人主张读《庄子》《文选》,他老人家之必须出来反对,也是题中应有之义。何况施蛰存的主张,根本就连一点之微的'尖端意识'都没有。""所奇者,乃是另一位名不见于经传的高植之突然跃马横枪,半腰杀出。据说这位姓高的根据他自己在'做英文作文'的'经验',以为'认多字不一定就会用'。""何以除掉'巴金''沈从文''不见了'等字样外,就无别字会写呢?所以我'有些怀疑'高植君确实有多读《庄子》《文选》,藉以增多字汇之必要。""若说是为了恐惧养成全国青年思识上的复古,则事实上已有思想界权威者鲁迅先生出来抗争。又何劳高君面红耳赤,强出头来辩驳呢?如此一想,我又不能不'怀疑'高君此举颇有运用敲门砖的蛛丝马迹可寻了。"

又 《文学》第1卷第5号"社谈"专栏刊载茅盾《文学青年如何修养》:"施蛰存先生希望青年人读点《庄子》和《文选》。""可是我们不能赞成施先生解决该两问题的答案。""然而若为帮助青年们参悟一点做文章的方法或扩大字汇起见,则《庄子》和《文选》实非其伦。""然而他又希望青年们从这两部书中参悟一点做文章的方法并扩大字汇,在这里施先生就有点缠夹不清。""可是我们也认为现代白话文学的'字汇'应该尽量从活人嘴上去采取,而不应该专向古书中去拉;这才是文学青年们扩大'字汇'的正当途径。""我们敢说现代小说的作法决不能在《庄子》或《文选》中参悟到十之一二。"

又 《出版消息》半月刊第23期刊载《鲁迅和施蛰存笔战》:"自施蛰存先生选了《庄子》与《文选》两书给青年阅读,《自由谈》和《涛声》都有批评的文章,尤其是丰之馀先生和施氏开火,我们希望这个问题有一具体解决。闻丰之馀先生,即为鲁迅先生之笔名,盖创造社从前骂鲁迅先生为'封建馀孽',鲁迅先生即以此为名,改作'丰之馀'云。"(按:此稿又为南宁《民国日报》,1933年11月28日转载。)

又 《社会日报》"文坛战讯"刊载次翁《旧瓶装新酒的施蛰存》:"被指摘的施蛰存,表面上似乎也承认他是'遗少的一肢一节',然而他却要反复辩论。""这些话又好像是施蛰存的忠实自供,因为他自己就是那'旧家伙西装新内容'的一个人。""原来是个十足道地的'鸳鸯蝴蝶派',只因善变,而又机会碰得巧,才变成今日这样'半旧半新'的模样。"

另,据纪弦(路易士)记述:"施蛰存早年曾以另一笔名写过几部章回体的小说,这事很少有人知道。其实这对他的文坛令誉毫无影响,而被我们问起,他也从不讳言。不过有些论客,要掀他的底牌,就正好抓住这一点来大做其漫骂的文章了。"(纪弦《从一张照片唤起的记忆》)

二日 在《申报·自由谈》发表《"新师说"异议》:"前几天在《自由谈》下方看到《决澜社启事》之后,再找出魏猛克先生的《看决澜社画展》一文来读了,不禁有点感想,以为像魏猛克先生那样的口吻,非但失去了批评者的正态,而且不免有点像是现代智识阶级中的轻薄青年。但昨天又在《自由谈》上看了于时夏[陈子展]先生的《新师说》,觉得这正如丰之馀先生在《扑空》一文中所说的:'在中国社会上,实是一个严重的问题了。'""我以为这是魏先生自己暴露了他的'轻薄'。于时夏先生不认清事实,反为魏先生张目,要他'谢本师',而不知章太炎、周作人之例不适用于魏猛克,我以为这将给许多轻薄青年以藉口,鄙薄其启蒙师。"

另,按先生自述:"关于'师说'的事情,因为自从我的'异议'在《自由谈》登出之后,才知道魏猛克先生也是《涛声》社中人,并且《现代》上一帧'彭家煌先生遗像'也是他画的(当时我很满意这帧画像,但并未记得作者名字),而于时夏先生也是与你[曹聚仁]相识的,所以我想不必再占《自由谈》篇幅。""我以为于先生不必坚欲为魏先生辩白,魏先生也不必觉得太被侮辱了,只要他以后稍为注意一点一个艺术家人格上的宽宏就是了。至于我说那是一个严重的问题,原来是因为人家把我的事情放在显微镜下看了,有点气愤,故借魏先生来替自己浇了块垒,抱歉得很。"(《关于围剿》)

**同日** 《上海报》刊载《施蛰存与"投稿妙法种种"》。

**又** 《时事新报》"青光"副刊登载江岳《费厄泼赖》:"是 Fair Play 的音译,是公平的'论争'的意思。可是'庄子与文选的论争'是公平的吗?关于这次'论争',恕我学施蛰存先生的样,也来用一个比喻,——有人问施先生有什么方法可消磨时间,施先生便回答可看出丧,丰之馀先生听到了便感慨了一句,竟有人用看出丧来消磨时间;施先生便说了一些看出丧所以能消磨时间的不着边际的理由,丰先生又感慨了一顿。于是施先生急了,便说,不看出丧,那末看你做戏?可是你戏又不会做!施先生一边说,一边转身来走,可是在一边走的时候还在说,我不同你多嘴,给人家看好看,谁愿意?既然施先生预备一走了事,这问题,'庄子与文选'的或看出丧的,很显然,是不会成为'论争'的,因为施先生的不是丰先生的对手是一看就看得出来的。在丰先生,就是他不回答,人家也不会认他输,或者听了话总不甘心。那末趁施先生走得还不远,他可回答一两句,而丰先生是已用力地回答了的,这问题就可告一终结。可是要告终结,却没有这样容易,因为施先生已激动了公愤。在公众想来,丰先生不说开头倒也算了,或者为了丰先生不说他们没有想到好说的,既然丰先生说开了头,他们便趁势你一句他一言地向施先生下总攻击,仿佛不如此便不能显出他们的也懂得,或者怕丰先生会吃了施先生的亏似地。不,或者说,他们决不会那样小见,他们是从大虎入手的,他们看到即使施先生已'临阵脱逃',要不是他们一致进攻,他的推荐的馀毒是会澎湃得不可收拾的;或者看看被袭击者的闪躲也并不是不开胃的事情,就是那位征求施先生意见的先生也在看得忘形地说'可见施先生已有些手忙脚乱'了。"

**三日** 鲁迅致郑振铎函谈及:"前日潘公展朱应鹏辈,召书店老板训话,内容未详,大约又是禁左倾书,宣扬民族文学之类,而他们又不做民族文学稿子,在这样的指导下,开书店也真难极了。"

**同日** 《申报·自由谈》刊载陈子展(署名"于时夏")《〈新师说异议〉之异议》:"至于施先生说拙文'第一段说明师本来并无可尊的性质',想是施先生读《文选》读昏了头罢。""施先生被尊为'遗少''洋场恶少',谦让未遑,不免作出洋洋洒洒之大文来抗辩。"此期还刊有陈子展《到底推荐给谁呢?》:"究竟施先生所谓'可以读《庄子》与《文选》之青年'是那一等青年呢?'遗少'呢?'洋场恶少'呢?我很惭愧没有法子从施先生《突围》那篇文章取到一点关于'庄子与文选'的'新智识',因此我也'怀疑'到施先生突围的结果了!"

**四日** 《申报·自由谈》刊载徐懋庸(署名"致立")《又是一点是非》:"'唯无是非观'的施蛰存先生其实是极注重是非的,""例如'庄子与文选'这问题,在今日本成什么问题呢?""可是施先生太注意是非了,竟站出来为那两部书'张目',""别的人也来发表一点是非之见,""事前既未会盟,目的又不在打倒施先生,几个人零零落落的一点意见,怎么算得上'围剿'?而施先生竟然目为'围剿',并且说是被打入牢狱了,于是来'越狱'来'突围'。""决澜社的启事不从问题的本身上来辩答,只抬出'师道'来压服魏先生,施先生又出来为之'张目',真可谓气类相同了,而施先生之拥让导师制真可谓明目张胆矣。""无非因为他做过别人的启蒙师,也要享一点优先权,而且介绍过作为青年道德修养之基础的《颜氏家训》和《孟子》,要增重这两部书的价值罢了。"

**同日** 《时代日报》刊载炮手《字汇——质施蛰存先生》:"如现代新文坛要人如施先生,不是变成学贯中西唯一的才子吗?施先生自己学了这个诀门,便做了《现代》杂志大编辑,名闻四海。现在竟不吝教人,把这诀门,教教后生小子,真是古道可风,而为青年想上文学跳板的人们所膜拜不已的!""所以施先生向青年推荐这两本书《庄子》与《文选》,无论用意再怎样好,那是开倒车的,那是太不加思索的推荐!尤其是说'扩大一点字汇',是荒谬得厉害,现在教青年做文章,第一还是在意识正确上,什么文章作法还在其次,字汇是更谈不到!"

**又** 《时事新报》"出版界"专栏刊载"矛盾出版社近讯"提及:"现二卷三期[《矛盾》月刊]已提前于本月一号出版,内容计有追悼彭家煌氏特辑,及陈君宪之《中国古代文学史商榷》,与施蛰存之《名片》等创作小说。"

**五日** 鲁迅致姚克函谈及:"我和施蛰存的笔墨官司,真是无聊得很,这种辩论,五四运动时候早已闹过的了,而现在又来这一套,非倒退而何。我看施君也未必真研究过《文选》,不过以此取悦当道,假使真有研究,决不会劝青年到那里面去寻新字汇的。此君盖出自商家,偶见古书,遂视为奇宝,正如暴发户之偏喜摆士人架子一样,试看他的文章,何尝有一些'《庄子》与《文选》'气。""而施君倘要描写宫殿之类,《文选》就有用,忽然为描写汉晋宫殿着想,真是'身在江湖,心存魏阙'了。"

**同日** 《时事新报·星期学灯》刊载杨邨人《作文用字问题》提及:"近来上海文坛上由推荐'庄子与文选'的论战,涉及提倡别字问题,都是关于作文用字的问题的探讨,然而旗鼓相当,喊声震地,杀气腾腾,热闹非常,虽然这种论战亦自然有其文化运动的意气,何是却好像国民政府的'要攘外先安内'的政策一样。'安内'的政策在人民理应拥护的年头,施蛰存先生却'反动'地以为这是'围剿',而大嚷着'突围',这是令人替他[忧]心的事。'安内'的大计,先由鲁迅先生下令讨伐,即有曹聚仁先生出马迫战,其后名将千员,大军迎敌,施蛰存先生只有招架之功而无回枪之力,虽不拖枪而逃,却也大叫停战。可是'安内'大计,志在'肃清罪患'。施蛰存先生要求停战而不'投降自首',罪无可逭,天兵仍然压境,于是乎施蛰存先生喘着气似地在'突围'了。施蛰存先生正在'突围',可是我们的曹聚仁先生却'持勇深入',提倡别字主义而被困在核心了。""施蛰存先生所提的字汇问题,范围只在于文学作品的应用,这是一小部分的文字应用问题。""然而文学作品是一种艺术的制作,字汇的简少却也大有关系,因此施蛰存先生'想到我们单字的不够用,比如我们翻译外国书,有许多字常常没有办法……'这也是实情,而且是值得我们研究的问题。可是,施蛰存先生却推荐'庄子与文选'一书,作为青年'扩大字汇'的修养来源,""这便引起'围剿'的袭击来了。在'自由谈'上对于施蛰存先生的'围剿',我读来读去,这是一些问题以外的争论,攻击思想错误的为多,甚至如鲁迅先生还破口大骂他为'洋场恶少'。""今天读了《文学》第五期的《文学青年如何修养》一文,对于'扩大字汇'这问题主张着……""这主张在施蛰存先生方面看来是属于'围剿'的生力军,""想施蛰存先生亦该心服了吧? 不过,我以扩大字汇除'尽量从活人嘴上去采取'之外,多读书,不一定是古书,也是必要的。《水浒》等书固然可以读,有名的译著与创作,我想也是有读的必要的。"

另,此版"文化消息"专栏刊载:"现代书局所出之《现代》杂志,为目前中国文艺界前进之纯文艺刊物,11月号适逢4卷1期,为兴盛文艺趣味起见,特增加篇幅有三倍之多,都三百馀页,辟为'狂大号'。执笔者均属第一流文坛名将,即久经搁笔之老作家,如郭沫若、周作人,与逗留中国之著名法国前进文学家伐扬·古久烈,亦特为该刊撰稿,内容备极丰富,被称为结束本年度中国文坛总成绩之最精彩阵容。"

另,还刊登"中国惟一的纯文艺月刊《现代》,施蛰存、杜衡编辑,狂大号四卷一期出版"以及"本期要目"广告。

**六日** 郁达夫复杜衡函谈及:"我实在是没有办法,做不出东西来了,下一期恐怕缴白卷,但新年号上,总为你们写一点。听说蛰存已经脱离了'现代',是真的么? 洪老板回沪了没有?""自到杭州之后,习于疏懒,什么都写不出来,不知是否因为少了激刺。但12月以前,我总想写一二篇,不问是哪一类东西,总可以有一篇给《现代》。两三日将去杭江路旅行,预定于两星期后回来。在杭住一礼拜,11月底当去上海,到上海后定来看你和蛰存。丰之馀和蛰存的这一次笔战,真是意外的唇舌,大约也是Journalism上的一种作用,否则《自由谈》将不能每日热闹矣。"

**七日** 《申报·自由谈》刊载鲁迅(署名"元艮")《反刍》:"关于'《庄子》与《文选》'的议论,有些刊物上早不直接提起应否大家研究这问题,却拉到别的事情上去了。他们是在嘲笑那些反对《文选》的人们自己却曾做古文,看古书。这真利害。大约就是所谓'以子之矛,攻子之盾'罢——对不起,'古书'又来了!""五四运动的时候,保护文言者是说凡做白话文的都会做文言文,所以古文也得读。现在保护古书者是说反对古书的也在看古书,做文言,——可见主张的可笑。永远反刍,自己却不会呕吐,大约真是读透了《庄子》了。"

**同日** 《民报·民话》刊登《线装书与白话文》写道:"上海真是是非场,有人推荐《庄子》与《文选》二书为青年读物,于是遭受了许多人的非难奚落,吓得推荐人声明情愿改推两部别的书!""不幸推荐者举了'鲁迅先生'为例,他说鲁迅先生若不读许多古书,白话文一定写不了那样好。凡事一涉及'鲁迅先生',一定要闹出一场笔墨官司的,这一回怎能是例外?""鲁迅先生的文章之佳,自是他老先生的才气纵横,并且通晓日文之故。然而也不能说与线装书无关,他于写杂感之外,不是也还校点《唐宋传奇》么?现在一般青年的作文程度,实在是江河日下,这现象南北皆然,很有人因而感喟。然而亦有人并不十分着急。"

**又** 《时事新报》"青光"副刊登载江岳《解"文言的重新上市"》,文内写道:"我那篇文章的意思是:只要丰之馀先生登高一呼,下面自会有许多人跟了跑着,丰先生进攻《庄子》与《文选》,他们也进攻《庄子》与《文选》;丰先生说'青年大可以不必舍白话不写',不再是青年的他们便马上写文言。"

**八日** 按傅彦长日记:"往韦达霍推尔访邵洵美,寓二〇七号,遇张振宇,又遇杜衡、叶灵凤、施蛰存、林庚白等。"

**又** 《上海报》"文坛战讯"刊载卫道者《鲁迅与施蛰存笔战索隐》:"文坛老将鲁迅,""爱在笔名里面用工夫,藉以'讽刺'人或事件,而大卖弄其'幽默'手腕。""近来'自由谈'中的'丰之馀',因争论'庄子与文选'问题,与《现代》编辑施蛰存大打笔墨官司。起初,人不知个中真相者,以为这丰某必是一位新进作家。岂知在这里,我们几乎又受了老将的骗。盖所谓'丰之馀'者,仍然又是鲁迅的化身。'丰之馀'三字,即同'隋洛文'的笔名一样,意思就是骂人为'封建馀孽'。鲁迅为何硬要弄出此种手段,痛骂施蛰存呢?据说也是大有原因在的,约而言之,有如下举三端,一、施蛰存编《现代》,自以为了不得,瞧不起左翼作家;老将早已对其不高兴,兼之施的态度,不左不右,不生不死,老实以'第三种人'自居。此种表示,就是'遗少'的行为,在鲁迅是看不上眼的。二、施有妹丈戴望舒,亦'有闲作家'之流,鲁迅曾为文斥之;施不自谅,居然帮忙,暗放冷箭,倒骂鲁迅,因此两下便结了大仇。三、鲁迅的死对头,杨邨人、赵景深辈,近为《现代》执笔,为文多有影射老将之处;而高明其人,更公开骂鲁迅为'狂人',施蛰存似乎都有怂恿之嫌。除此外,似乎还有派别上的纠纷。"

**九日** 周作人收到先生来函。按周作人日记:"下午得《现代》寄还稿一篇。"

**同日** 《申报·自由谈》刊载鲁迅(署名"罗怃")《古书中寻活字汇》:"古书中寻活字汇,是说得出,做不到的,他在那古书中,寻不出一个活字汇。""然而施先生说,要描写宫殿之类的时候有用处。这很不错,《文选》里有许多赋是讲到宫殿的,并且有什么殿的专赋。""因为还有《易经》和《仪礼》,里面的字汇,在描写周朝的卜课和婚丧大事时候是有用处的,也得作为'文学修养之根基',这才更像'文学青年'的样子。"

**又** 鲁迅作《〈木刻创作法〉序》提及:"自然,也许有人要指为'要以'今雅'立国'的,但比起'古雅'来,不是已有'古''今'之别了么?"按《鲁迅全集》注释:"这是施蛰存在《"庄子"与"文选"》一文中攻击鲁迅的话:'新文学家中,也有玩木刻,考究版本,收罗藏书票,以骈体文为白话书信作序,甚至写字台上陈列了小摆设的,照丰先生的意见说来,难道他们是要以"今雅"立足于天地之间吗?'鲁迅曾将该文录入《准风月谈"感旧"以后》(上)的'备考'。"(人民文学出版社,1981年北京第1版)

**又** 《西京日报·明日》"文化情报"专栏刊登:"施蛰存近在《申报·自由谈》与丰之馀(鲁迅)为了指导青年读书的问题,大打其笔墨战争,旁观者多云丰之馀属胜,施氏颇小干负,现已致函其友辈,拟联合战线,达其败丰之目的。北平某作家(施之密友)拟将为施争气,已准备反攻丰之馀。"

**十日** 《社会新闻》第5卷第9期"党政文化秘闻"专栏刊载《施蛰存决计不干》:"现代书局为出版界之甚有生气者,自去年门面改造,景象突过'光华',而搜罗人才如叶灵凤、施蛰存辈,尚属不差。但主持者深恐工作不得加紧,复严定请假扣薪之例,以示对人员之限止。其间施蛰存曾因屡次陪伴朋友外出之故,招局方烦言,且有抬薪之议,施已大感不快矣。最近又有某对施暗放冷箭,使施无法恋栈,乃绝计不干。闻继施之后者,即某所介绍之杜衡,杜为人木讷,不善处置,一切能听命于人,其间多少含有操纵成分云。"

**同日** 《中央日报·中央公园》登载高植《再谈识字——兼答施蛰存君》(上)。

**十一日** 《中央日报·中央公园》续载高植《再谈识字——兼答施蛰存君》(下)。

**同日** 《涛声》第2卷第44期(总80期)刊载曹聚仁《论突围——与施蛰存先生书》:"读先生的《突围》,怅然久之。早知学问上的讨论,便是'围剿',我早该偃旗息鼓而去,莫把杨老令公困迫在金沙滩的。近来外间传言,愈出愈奇,有的说鲁迅翁发号施令,将令一出,'有'声百应,轮流出来和先生挑战;有的说我们这些和先生讨论的,都是《现代》投稿碰壁者,借题出气。我自信不曾向《现代》投过稿,更不曾接过什么将令。""再推上去,又是什么左联右联的策动,其手法相同;居心之险恶卑鄙如此,先生亦当为之寒心!""先生还趁此间叫青年读《庄子》与《文选》,叫我怎能忍得住不反对呢?'国故'、'国学'这一类东西,如梅毒患者穿过的大衣,不问其质地如何,总是要传播微菌的,与其爱惜它,不如毁弃它。"

另,此期还刊载洛夫《咱有点疑义》:"《庄子》与《文选》的斗争,现在是有客观和主观的战线,要青年开倒车的,就跑到施先生那里去,如若认为青年是跟着时代要往前迈进的,不应当向坟墓中奔跑者,即就不客气的到反对者阵营里来。"

**又** 《时事新报》"青光"副刊登载江岳《反刍与反刍者》提及:"就是已在用白话写文章的人也会在攻击《庄子》与《文选》之馀来一篇文言的《新师说》之类的。""好像那不满既攻击《庄子》与《文选》,又写文言那一回事的人是'保护古书者'。""或者是由于他们把写文言看做当然的,是没有对它表示不满的可能的,要是有,那就是读透了《庄子》的人的'反刍'。究竟谁在'反刍'?"

**又** 《时事新报》"出版界"专栏刊载"《华安》二卷革新出版",提及"请谢六逸、洪深、樊仲云、章衣萍……施蛰存等诸名家撰述"。

**十二日** 午后2时在上海贵州路湖社举行彭家煌追悼大会,发起人陈伯昂、潘子农、施蛰存、杜衡、李石岑、王人路、周谷城、萧序词、黎烈文、陈绍渊。据《矛盾月刊》"文艺新闻"专栏:"为故作家彭家煌氏追悼会之期,会场借湖社礼堂,是日到会有李石岑氏,施蛰存氏,赵景深氏,及本刊潘子农氏等。追悼仪式毕后,即用茶点,并闻推定李石岑、施蛰存、潘子农、周谷城诸氏为善后委员,对于彭氏遗族教育金诸事,有所计划云。"(《矛盾月刊》,第2卷第4期)

另,按先生自述:"彭家煌之死,余挽以一联:'无媚骨以谐俗,生未必佳;有遗文足鸣世,死当何憾?'彭死之前数星期,余曾在霞飞路见之,邀入某啤酒店饮啤酒小坐闲话,彭尝深慨夫其与人多忤,所至辄不能合,故余联中媚骨云云,亦用其语耳。"(《无相庵偶撷》)别据匿名子《标准病夫施蛰存》记述:"当彭家煌逝世时,我们的国学家的施蛰存也曾送过这样一幅自撰的挽联。"(《小晨报》,1935年9月21日)

**同日** 鲁迅复杜衡函谈及:"本月《现代》已见,内容甚丰满,而颇庞杂,但书店所出,又值环境如此,亦不得不然。至于出版界形势之险,恐怕不只《现代》,以后也许更甚,只有摧毁而无建设,是一定的。轻性的论文实在比做引经据典的论文难,我于评论素无修养,又因病而被医生禁多看书者已半年,实在怕敢动笔。而且此后似亦以不登我的文字为宜,因为现在之遭忌与否,其实是大抵为了作者,和内容倒无甚关系的。萧君[萧参(瞿秋白)]离上海太远,未必能作关于文坛动态的论文,但他如有稿子寄来,当尽先寄与《现代》。"

**又** 《申报·自由谈》刊载茅盾(署名"仲方")《文学家成功的秘诀》提及:"现代施蛰存先生用了'现代语'翻译出来,就是'每一个文学者必须要有所借助于他上代的文学'。"

**另**,按先生自述:"末一段的文字明明是又要冤抑我不劝青年去求生活经验而只要'安坐在书房里,借助于上代,一部石印的《庄子》,石印的《文选》……'就能成为文学家了。"(《关于围剿》)

**十四日** 复曹聚仁函:"昨天走到四马路,看到80期《涛声》,有你给我的信,遂买了一份回家,在灯下拜读了。我从2日起胃病复发,精神大为委顿,虽然差不多每天看见《自由谈》上有对于我正面指教,及带便指教的文章或字句,我也不想再有所置喙。实在目下是,对于我自己,急需的是治胃,并不是要继续装扮'遗少'。'围剿'两字乃本于鲁迅先生的《伪自由书》(?)序文,因为有许多人攻击他,他说情形等于'围剿'。我呢,也因为大家对于我的批评未免太过分了,我不承认这是学问上的讨论,所以引了他的意思作《突围》。""我觉得因我与丰之馀先生的彼此都未免过火的文字冲突,好像已引出了许多另有作用的对于丰先生的攻击,甚至有的小报还说出他就是鲁迅先生。我自分距离'遗少'虽近,但去'恶少'却毕竟还很远,所以默尔而息了,免得蒙了一种不应该受的诬冤,如你所说的那种情形。在这一次所谓'论争'中我经验到现在的作文者(或说文人)太会'挑字眼儿',太会'曲解'。我曾一再说明我的推荐《庄子》与《文选》的态度和意义,我并没有叫一切青年非读这两部书不可,我并不是说一切青年只要读了这两部书就得救了,可以不必管到其他一切现代青年所应该做的事情,但是这些声明，始终没有人了解的。一定要拿我当做一个开倒车的蟊贼似地骂我：'为什么一定要看这两部书？'其实我没有说'一定'；'看了这两部书就会作文章了吗？'其实我也并没有写包票，我至多说过一句有从这两部书中得到一点字汇及文章组织的变化方法（即作文法）的可能性而已。""你如果剪留着我以前的那几篇文字，可寻得出我有这意思没有？这情形，在《大晚报》上也曾经有一位先生严厉地责斥我，说我不劝青年去做革命工作而劝他们看古书。""在这样的'挑字眼儿'和'曲解'之下，我只好付之一叹，自愧不如人了。当初如果学学鲁迅先生的'老门槛'，填那么一句'一时想不起来'，岂不就省了这一场风波？至于你在《涛声》76 期及 80 期中所说的因为当局者正在运动这反动潮流，故对于我在这时候介绍这两部书表示不满，这意见我是诚心接受的。但是我想倘然见理明白一点的青年能了解我的看古书的态度与方法，我想是未必有害处的。这当然不能与当局者叫人读《孝经》，作文言，等量齐观的。""但是像先生那样以梅毒者穿过的大衣为喻，其旨在根本用不着，那当然是可以不必看的。""现在是势得其反，我已经被一群老年，青年，老青年，青老年封了我许多名号，判了我许多罪案，每做文章，必然提起，唯恐我的名号及罪案不能传之后世者，此网岂曾为我开一面乎？"

**十五日**　《益世报·别墅》刊载李锡儒《现代作家笔名表》提及："最近在《申报·自由谈》上，与施蛰存为读'庄子与文选'一件事而起争论的丰之馀，在起初我又那想到就是鲁迅先生。"（按：《盛京时报·另外一页》本月 29 日转载。）

**十六日**　为《善女人行品》付印而撰写"序"："担任良友图书公司编辑的赵家璧兄正在计划着一种文艺丛书，希望我也能供给他一个短篇集。我因为自己正在想写几篇完全研究女人心理及行为的小说，除了已经有的几篇之外，倘若再写五六篇，就有编成一个集子的可能，因此就把'善女人行品'这书名交给他刊在广告中了。我是预备至多两个月的时间写这几篇预计中的小说的，所以编者就安排将我的这本书放在本年三四月间出版。但是，不幸为了种种旁务的纠累，我一直没有写小说的勇气与心绪。在断断续续的勉强的努力中，在编者的催索之下，才得在今天将预计着的那几篇东西写毕，并且使本书能够形成。本书一共包含十一个短篇，写作的时间，最早的一篇是 1930 年 1 月，最近的是 1933 年 11 月，差不多占了四年。""在这四年中，我写短篇的方法，似乎也有一些变化，就是在本书的各篇中，读者也许会看出它们是有着不同调的地方来，但是因为本书各篇中所被描绘的女性，几乎可以说都是我近年来所看见的典型，虽然在不同的季节，不同的笔调之下，但是把它们作为我的一组女体习作绘,在这个意义中,它们仍然可以有编在一集中的和谐性的。"

**同日** 在《时代》第5卷第2期发表《特吕姑娘》。先生自述:"这篇小说,就是以'康克令小姐'为典型而写的。""附带的坦白交代,为了写那篇小说,我也曾在密丝康克令手里买过一支康克令。"(《读〈康克令小姐〉想到往事》)

**十八日** 按朱自清日记:"振铎谓施蛰存有告《文学》密说,其事甚奇。又谈刘英士致李长之信,谓《文学》诸人皆共党,取其性命亦甚易云云,亦大奇。铎公谓施之如此系因《文学》夺《现代》销场,迩来《自由谈》攻施盖非无故也。铎公又谓施曾参加党部会议所设文艺检查处,盖旧焰日张矣。"

另,按先生自述:"这个'定论'是鲁迅给我的'定论',党并没有给我作这个定论。经过多次审查,我的政历从来没有人肯定我做过国民党的书报检查官。""既非国民党员,怎么会做书报检查官?"(复吴羊璧函,1979年1月25日)

**同日** 《涛声》第2卷第45期(总81期)刊载阿静、聚仁《打官话与不打官话》(未完):"自从施蛰存先生介绍《庄子》与《文选》给青年以来,青年是属于下一代的,我(们)不忍拿古老的肺结核毒害他们,所以表示疑义,先后说了一些话。可是真正的'官话'来了:说批评施先生的主张,由一位姓丰的开了头,大家跟着应声而起;于是推测开去,姓丰的是主将,其馀都是小喽啰,自己并没有脑子;再推测开去,又是语丝社吃卢布的老谣言,此中必有什么左联右联在发纵指示。因此介绍《庄子》与《文选》的是非问题不必论,姓丰的开头批评,一些人参加了意见,倒变成'大逆不道',有反动之嫌了。——自己没有脑子,只等待别人卷了发条,才伊伊呀呀唱起来,这倒是自己照过镜子的。"

**又** 《西北文化日报》登载素墨自沪寄报道"最近《申报·自由谈》中之笔战":"自从施蛰存感觉到一般青年的文学修养太不成,而介绍了《庄子》与《文选》去供他们阅读后,引起了热烈的批评,尤其是'自由谈'上的丰之馀先生向施氏攻击得特别厉害,到现在虽尚无具体的解决,然而施氏之失败,必无疑意。闻丰之馀即鲁迅的笔名。"

**十九日** 《社会新闻》第5卷第12期"党政文化秘闻"专栏刊载《叶灵凤离开现代》:"不久以前,在《现代》任编辑之施蛰存,即有与'现代'老板间不协,而有辞职不干之讯;但后来经蛰存小施手腕,随即风回轮转,据云'现代'的老板已对蛰存挽留,并由施介绍杜衡任月刊编辑矣。然而在另一面与施复职辞职颇有关系之叶灵凤,近却有非离去'现代'不可之势。或者从兹为始,又有文坛风波可看矣。"

**二十日** 小说集《善女人行品》,内收作品《狮子座流星》《雾》《港内小景》《残秋的下弦月》《莼羹》《妻之生辰》《春阳》《蝴蝶夫人》《雄鸡》《阿秀》《特吕姑娘》《散步》,列入"良友文学丛书",由上海良友图书印刷公司初版发行。

另,按先生自述:"《石秀》以后,应用旧材料而为新作品的,还有《将军底头》及《孔雀胆》[后改名《阿褴公主》]。这两篇以后,我的创作兴趣是一面承袭了《魔道》,而写各种几乎是变态的,怪异的心理小说,一面却又追溯到初版《上元灯》里的那篇《妻之生辰》而完成了许多以简短的篇幅,写接触于私人生活的琐事,及女子心理的分析的短篇。前者的结集是本年在新中国书局出版的我的第三个短篇集《梅雨之夕》,后者的结集是即将在良友公司出版的《善女人行品》。"(《我的创作生活之历程》)"美国作家 Dreiser 出了一本 A Gallery of Women,我写了一本《善女人行品》,都是写妇女的小说集,'行品'是佛经语,即'传记'、'行述'或 Life,善男子,善女人,亦佛经语。'善'字是礼貌语,书名实即'几个女人的行为'。"(复李欧梵函,1993 年 1 月 13 日)"我接下去写了《梅雨之夕》和《善女人行品》,把心理分析方法运用于社会现实,剖析各种人物的思想与行动。这一时期的小说,我自以为把心理分析、意识流、蒙太尼等各种新兴的创作方法,纳入了现实主义的轨道。"(《〈中国现代作家选集·施蛰存〉序》)

**二十一日**　《申报·自由谈》刊载屈轶《关于"诳"》:"而读'庄子'之流,如区区小子者,自然祇好摇头而叹曰:'实之为实,其果实也耶?诳之为诳,其果诳也耶?'"

**二十二日**　按周作人日记,致施蛰存一函。

**同日**　《申报·自由谈》刊载不典《何谓选学》:"选学妖孽,魔力犹弘,当代有名作家,亦有蒙其魅惑者,《自由谈》已论之详矣。""鄙人搬弄古事陈言,惜无'新智识'以供新人物汲取。"

**又**　天津《益世报》刊载梦飞《"庄子与文选"和文学革命》:"三家村先生赞成胡适不喊文学革命而去整理国故,施蛰存君让青年读《庄子》与《文选》,事情是两桩,道理是一个。天晓得,'青年文章太拙直,字汇太小',是为了曾读过《庄子》与《文选》,还是为其没有读!""既已承认《庄子》与《文选》'有许多字是已死了的',为什么还主张青年去下这坟墓?《水浒》、《红楼》、《儒林外史》,不都是不拙直,不'字汇太小'而可以'借助'、'参悟'、酿造的吗? 又有什么理由,便一字也不提及!""胡适已不喊了,施君呢? 我们同样的没法子,尽管请他抱着《庄子》与《文选》,爱怎样,便怎样。我们,落得期待借助《庄子》与《文选》的文学第二次革命的到来。"

**二十四日**　《申报·自由谈》刊载鲁迅(署名"子明")《难得糊涂》提及:"而大众文学'固然赞成','但那是文学中的一个旁支'。""现在却有人以为'汉以后的词,秦以前的字,西方文化所带来的字和词,可以拼成功我们的光芒的新文学'。"按《鲁迅全集》注释:"这是施蛰存《突围》之四(答曹聚仁)中的话。"(人民文学出版社,1981年北京第1版)

**二十五日** 先生14日复曹聚仁一函以《关于围剿》为题在《涛声》第2卷第46期(总82期)上发表。

另,刊载周木斋《还俗与起死》:"一再声明不愿说话,因看不破生死,于是乎'施突'了。虽然还未忘情过去,而有所谓'不说'也者。其实呢,施蛰存先生一向是逍遥是非之外,好像众醉独醒般的,旁人祇算'扑空',谈何'突围',倒不如说'还俗',或是'投网'。""此外,还有'一枝一节',要待申说……"

另,刊载鲁迅(署名"旅隼")《论翻印木刻》提及:"有一种自称'中国文艺年鉴社',而实是匿名者们所编的《中国文艺年鉴》在它的所谓'鸟瞰'中,曾经说我所发表的《连环图画辩护》虽将连环图画的艺术价值告诉了苏汶先生,但……"按《鲁迅全集》注释:"杜衡、施蛰存以'中国文艺年鉴社'名义编选,上海现代书局出版。'鸟瞰',指该书中的《一九三二年中国文坛鸟瞰》一文。"此文还提及:"施蛰存先生在《大晚报》附刊的《火炬》上说:'说不定他是像鲁迅先生印珂罗版本木刻图一样的是私人精印本,属于罕见书之列',就是在讥笑这一件事。"按《鲁迅全集》注释:"这是施蛰存在《推荐者的立场》一文中的话,鲁迅曾将该文录入《准风月谈·扑空》的'备考'。"(均见人民文学出版社,1981年北京第1版)

另,还刊载《〈涛声〉休刊辞》,以及《编后的话》:"本刊匆促休刊,《广师说》和《打官话与不打官话》等文不及续完,敬向读者诸君致歉。"

**同日** 天津《益世报》刊载某生者《儒林新语·施蛰存之国际荣誉》:"目前看到的一期,则得者是施蛰存。据说是一篇《在巴黎大戏院》,用新感觉派的手法写的,写主人对女伴的心理颇为微妙。所可惜的,并没有注明作者姓名,而且国际文学的态度是不同的,因之末了说这篇作品,已受到严重的指摘。然而指摘而严重,也足表示作品的重要性,自然仍不失为荣誉。"

**三十日** 写讫小说《汽车路》。

**是月** 上海南强书局初版阮无名(阿英)编《现代名家随笔丛选》,收录《无相庵随笔》(买旧书、鲍乔谐话抄)。编者"序记"提及:"施蛰存的《无相庵随笔》里面很有许多好作品,我特殊爱《画师洪野》这一篇。因为《模范语体文选》里已经选用,我这里祇好割爱。在这里选用的,我最喜欢《买[旧]书》一篇,这大概是由于和我自由的生活接近的原故吧。他的随笔,在去年的《现代》上以及《自由谈》上发表了一些。"

**又** 先生编辑"现代创作丛刊"第12种沈从文著《月下小景》,由现代书局初版。

**又** 国民党公安局会同巡捕房人员到现代书局搜查,将先生编辑"现代创作丛刊"第8种巴金著《萌芽》的纸版全部抄掠。

**约在期间** 据徐迟回忆:"因施蛰存介绍,我跑到(北平)沙滩的一条胡同里,找到金克木,经过自我介绍,互相认识。"(徐迟《江南小镇》)

**又** 据《李青崖不识叶灵凤》记述:"邵洵美在家设宴,""竟谈到了明天的三点多钟,""李青崖于是就大谈其叶灵凤的作品[《时代姑娘》],而叶则正与李并坐在长沙发上。""于是有人问李青崖可认识叶灵凤,李青崖回答说与叶灵凤很有些来往,岂仅认识而已哉?这时候叶灵凤已暗暗地好笑得再也忍耐不住,开口了:'我就是叶灵凤啊!''你是施蛰存,何必开玩笑呢?'此时,大家才明白底蕴,原来李青崖一直把施叶两人错认着的。"(《娱乐周报·文艺》,1935年第1卷第19期。按:此文就如开篇所言:"文坛里一件旧笑话"。)

## 十二月

**一日** 先生与杜衡合编《现代》第4卷第2期(12月号)出版;仍与杜衡以"编者"名义在"社中谈座"答读者问。

另,此期继续刊发郭沫若《离沪之前》。先生自述:"4卷2期《现代》出版以后,为了保证下一期发表的《离沪之前》最后一部分不致再有问题,我和杜衡给郭沫若去了一封信。这封信大概写得非常宛转、非常恭敬,使郭先生的不愉快涣然冰释。"(《〈现代〉杂忆》)

**同日** 现代书局再版发行由先生和杜衡以"中国文艺年鉴社"名义合编《1932中国文艺年鉴》。

**又** 《青年界》第4卷第5号刊载赵景深《邵冠华的诗》:"作者可说是由施蛰存发现的,他首先把邵冠华的《毁灭》和《夏夜》刊在《新文艺》1卷3号上,在编辑的话里说,'这里要特别提出介绍的,就是邵先生的特殊的风格'。后来蛰存对我说,冠华的诗很像英国勃莱克[William Blake],因为当时他这两首诗都是有韵的。"

**又** 《矛盾月刊》第2卷第4期(12月号)潘子农"读者·作者·编者"提及:"尚有《名片》作者施蛰存先生来信,略谓文中所引'一半勾留为此湖'一句,系白居易之作,一时误为苏东坡。特为更正,以免误会,并请读者们注意,为荷!"

**又** 现代书局再版发行由先生和杜衡以"中国文艺年鉴社"名义合编的《1932中国文艺年鉴》。

**又** 《西京日报·明日》"文化情报"专栏刊登:"《现代》编辑施蛰存,近传已去职,此事业已证实不确。兹据施先生致其在平友人书云,《现代》杂志,仍由彼与杜衡两人负责。"

**四日** 清晨作家朱湘在上海开往南京的轮船上投江自杀。先生闻讯即团结文艺界朋友捐资帮助已故作家朱湘的贫困遗属。

另,此后先生与杜衡收到赵景深来函:"朱湘在本月3日从上海动身,拟赴南京,忽于4日晨在船行时投江自杀。遗有孤儿寡妇。家煌死时,蛰存兄等似有遗孤教育基金之募集。不知我们可照样再办一个否?惟朱湘生时颇傲,知交甚少,此为难耳。又朱湘遗稿可以出诗集一册(生前编订,名《石门集》第三诗集),又散文亦可出一册,盼贵局能以抽版税办法收纳一册。如何之处,并恳复示。兄等办公时间在几时,亦盼示知,以便走访。"

**六日** 《广州民国日报》登载劳劳《叶灵凤怕了鲁迅》:"《现代》编者施蛰存到处扯稿子,对于'左联'的作家们也是极端恭顺。所以'左联'作家们的稿子间或在《现代》发表了。叶灵凤是现代书局的编辑,""于《现代》也常常发表稿件,而且施蛰存和现代书局的老板商量过,《现代》的编辑打算再加入叶灵凤。""鲁迅就乘机向施蛰存要挟了,假使以后《现代》仍有叶灵凤的稿子,鲁迅本身绝不帮忙,'左联'也一概和《现代》处敌对的阵势。施蛰存既不敢得罪于'左联',只好和叶灵凤商量,请他专编《现代出版界》,《现代》的编者,另外请了'第三种人'杜衡来。""一天,郁达夫到现代书局的编辑部,大概是找施蛰存谈谈的,一看到叶灵凤坐在那里,掉头就跑,施蛰存一把拉住他,'郁先生,怎么不坐一坐就跑了呢?'带着满脸笑容问他,但他老实不客气地说:'叶灵凤这家伙既在这里,我是不高兴的。'""叶灵凤和郭沫若是很投契的,现代书局对于郭沫若的稿子,也是由他去拉的。""至于'左联'对于《现代》,总觉得不能尽听指挥,所以另办了《文学》,打算慢慢地做成'左联'的机关刊物。然而前次《文学》的主编傅东华,""有一点失敬的地方,鲁迅发了脾气以后,""所以近几期的《文学》就没有鲁迅的稿子。""《现代》有时却又有鲁迅的稿子,而且叶灵凤也发表稿子。"

**八日** 《社会日报》"文坛快讯"专栏刊载平凡《施蛰存脱离"现代"之因果》:"施蛰存已于上月脱离'现代'了。"[按:此说讹误。]"在现代书局编辑《现代》月刊的秘诀,便是拉拢左翼作家,专以重金收买名家的作品,以投青年读者所嗜好。""现代书局是由上海金融资本阶级中人创设的,经理是洪雪帆,洪君老早就不满意于施的四出向左翼作家拉稿。""施曾闹着要辞职,但后来则仍旧继续下去了。""施蛰存陷在被鲁迅指挥下包围兜勒的重围中,他自己虽想'突围',如何突得出,所以不得不向左翼文坛中人作再进一步屈服。于是,现代书局方面,见他既推荐《庄子》与《文选》,大丢其脸,又更进而结纳左翼文坛中人,以自固其地位。于是遂往事重提,不待施蛰存自动求去,就和施蛰存解除契约了。所以在《现代》月刊 4 卷 2 号上,就老实不客气的取消了他的《现代》编辑职务。[按:此说亦与事实不符。]又一消息,'现代'方面因接左翼团体来信要求施去职,所以才将与《现代》合作数年的施蛰存辞去的。"

**十日** 《盛京时报·另外一页》刊载诰欣《谈谈〈望舒草〉》提及:"书后附录施蛰存抄辑的作者《诗论零札》十七条,也是了解诗的帮助、戴望舒作诗的道路。"

**十一日** 赵景深撰写《朱湘》,文中提及:"朱夫人又说起他最近的作品……她说:他取回这篇稿子,就用火烧了,叹息着说'我不会说话,写文章,一开口就容易得罪人。'我心里想:这大约是所谓'迫害狂'吧?他得罪人,虽是事实,正如施蛰存等之挽彭家煌'生无媚骨',倒不是为了文章。"(《现代》,第 4 卷第 3 期)

另,按先生自述:"黎君亮(锦明)曾评朱子沅(湘)诗,多贬辞,朱意甚怫,然时两人未尝识也。后朱来上海,赵景深邀黎共访朱,黎谢不去,赵强之乃行。至则赵为黎介绍,诡云是汪静之,朱遂为黎大谈《蕙的风》,黎唯唯而已。后来到安徽大学教书,晤汪静之,坚不信,谓必非真汪静之也。此事甚有趣味,子沅为人朴实而傲才,不阿世好,遂不能见容于世,可慨也。"(《无相庵偶撷》)

**同日** 《大公报·文学副刊》第 310 期登载书评《创作的经验·上海天马书局印行》提及:"施蛰存否认新感觉主义者,说他的作品不过是'应用了一些 Freudism 的心理小说',又自认他的一篇《娟子》和另一篇《追》,是'不纯的动机下产生的'摹仿作品,""都足以引起一位留心的读者之注意,""若然,他可以只注意施蛰存向《礼拜六》投的稿是否写实的作品之类事项,而不必问那篇曾经被人批评为表现了'正确的倾向'(同时却惋惜其昙花一现)的《追》之作者自己对这篇小说作何等观。"

**十三日** 《庸报》刊载《施蛰存有老板天才》,亦系小报攻击性流言之类,但文内却写到"他曾计划把奥国戏剧家显尼志劳全集全部译出,那时施先生特别喜欢显尼志劳。但是后来不知道施先生为了什么把那件工作放弃了";"要把施先生素描一下,那就是'眼大眉浓',中等身材,讲起话来声音很大"。

**十五日** 沈从文复函:"来信并转巴金信,皆已如嘱转至。""关于《萌芽》被禁事,巴金兄并无如何不快处。此间熟人据弟所常晤面者言之,亦并无误会兄与杜衡兄等事,因上海任何谣言,似乎毫无知之者,故无传闻,亦复无误会也。上海方面大约因为习气所在,故无中生有之消息乃特多,一时集中于兄,不妨处之以静,持之以和,时间稍久,即无事矣。刊物能想法支持下去,万勿因小故而灰心,环境恶劣则设法顺应其势以导之。即一时之间,难为另一方面好友所谅解,亦不妨且默然缄口,时间略长,以事实来作说明,则委曲求全之苦衷,固终必不至于永无人知也。""《现代》得兄努力,当年来之成绩,实使弟等钦佩之至,以弟之意,即书店环境不佳,无一稿费,友朋间犹应将此刊物极力维持,能作稿者作稿,负编辑责者耐忙负责,何况尚不至于如此为难?关于与鲁迅先生争辩事,弟以为兄可以不必再作文道及,因一再答辩,固无济于事实得失也。兄意《文选》《庄子》宜读,人云二书特不宜读,是既持论相左,则任之相左可,何必使主张在无味争辩中获胜。天津《国闻周报》,希望得兄与杜衡兄创作,若能特为写一短篇,作新年号用尤佳。兄若需款甚急,可于文章到时,代为设法即日汇申。" "'文艺副刊'实亦亟盼代作文章,望舒若能写一法国文学现状之通讯文章,《国闻周报》必欢迎之至,去函时代为一提及。""《月下小景》已收到,谢谢。日记当于另日抄来。"

**同日**　《新垒》月刊第2卷第6期"前哨"专栏刊载焕然《由施蛰存说到曹聚仁》:"以我国文字写文章的人,对于中国文字应有相当的基础,是不必有所疑义的。施君所谓每一个文学者,必须要有所借助于上代文学,就是此意。我是同情施君见解的一个人。""因此问题引起的,就是曹聚仁所提倡的写别字问题。无论曹君拉得许多勉强的话来根据,但写别字是不应该提倡的。""我以为,施蛰存的介绍自有其见解,是不能抹煞的。无论如何,青年人之读《庄子》《文选》,比较看鲁迅的什么《华盖集》《二心集》为有益。盖《庄子》与《文选》,于文字基础是有所裨益的。《华盖集》《二心集》,除了一种刻薄无聊的思想而外,于文章更无好处,即写文章学得鲁迅,又有什么用呢?只见一代不如一代罢了。至曹聚仁之提倡别字,我是不敢赞成的,我以为提倡是一事,标奇立异又是一事,提倡别字的理由,并不见得比废汉字来得有道。"

**又**　《文化列车》第4期刊载号兵《〈现代〉与〈文学〉斗争尖锐化》:"《现代》杂志与《文学》杂志在文坛上已经成为有权威的刊物,假如合作地共负起文艺运动的使命那是多么有意义,可是现在两方短兵相接地在打起来啦,这真是文坛的恶现象。《现代》11月号上'文坛独步[白]'里有编者杜衡的一篇文章'反[新的]公式主义',对于《文学》编者的反对公式主义而成为一种反公式主义有所评论,接着《文学》第6期上编者茅盾揭发一篇'主义与外边',对于《现代》编者竟出诸谩骂态度,说'有些文艺杂志的编者还不知道审择稿件,却已在发表什么主义的创作大纲了……'甚至还讥诮《现代》编者杜衡的'第三种人'的文学主张。这样一来,下期的《现代》又不知编者要如何对付的写其斗争的文章了。"

**又** 《岛光》第1期"国内文艺情报":"现代书局总编辑施蛰存,闻因某种关系,乃脱离'现代'云。"

**十五、十六日** 《大同报》连载《书报评介:梅雨之夕》(施蛰存著,新中国书局出版)。

**十七日** 在《申报·自由谈》发表《革命时代的夏里宾》:"这两天正在南京大戏院开演的影片《魔侠吉诃德》,不论看过之后做何批评,它在摄制的时候早就有了一种轰动全世界电影界的权威了。""关于这部影片本身,近来各报的电影栏内都在批评着,想必会有一个能代表大多数中国观众的意见决定下来。只是关于夏里宾这个人,好像很容易被误解的,因为我曾在一篇批评该影片的文章上看见过一句话,说夏里宾是曾经在大革命前旧俄贵族剧院中很负盛名的,这句话的意思很容易暗示读者,使他们相信夏里宾是一个侍奉贵族的歌伶,但是,事实上并不如此。""从这个故事中,我们可以知道夏里宾这位艺术家,他不单是为了贵族,也不单是为了平民,他应该说是为了人类的。同时,我们也可以体会到,只要是纯粹的艺术,不论是在沙皇或苏维埃之下,它总是一样的。"

**二十日** 按傅彦长日记:"访张光宇、张振宇、徐蔚南、杜衡、施蛰存、叶灵凤。"

**二十二日** 致黎烈文函:"看见企影先生的一篇《夏里宾与高尔基》,他所记的夏里宾的故事,的确是我所没有知道的。""我不愿意为了推崇艺术之故,而曲解一个贵族的供奉者为艺术的自由人,故请将此信刊出于《自由谈》,以示读者,并示企影先生。"

**二十三日** 按周作人日记,收到施蛰存来函。

**同日** 《福尔摩斯》"文坛新讯"专栏刊载易水《施蛰存并未离开"现代"》:"现代书局编辑施蛰存,自遭'丰之馀'们攻击后,已觉体无完肤,难以立足于文坛。不意,最近又遭茅盾指谪(为编《文艺年鉴》事),愈觉不堪,以是灰心一切,忧愤特甚,常闭门不出,无事不到书局,故外间即传其已离去'现代',实则施氏并未正式辞职,仍由其与杜衡两人负责编辑,不过目下因胃病,特请假在家休养耳。又施编辑,近致曹聚仁之信云,我自分距离'遗少'虽近,但去'恶少'毕竟还很远。可知其私心之愤慨云。"(按:

此稿又刊于1934年1月31日《川盐特镌》第179期附载"文艺新讯"。）

**二十四日** 先生22日致黎烈文函刊于《申报·自由谈》"来函照登"。此期还刊载徐懋庸《读"颜氏家训"》。

**同日** 按周作人日记，复施蛰存一函："前嘱为《现代》写稿，极想努力，惟近来多俗务，一月中不能写出二三篇，又因有友人在天津《大公报》办一文艺副刊，每周二次，偶作小文多被拉去。小峰处多年预约又不得不应，以致别无资料可以应命，幸赐原谅，容稍后再当写奉。海上文人对于先生似有总攻之势，曾得诸传闻，因不阅沪报未知其详，此种是非本不足据，鄙人素不注意，请先生亦可不必介意耳。"

**又** 鲁迅复黎烈文函谈及：《自由谈》上的文字，如侍桁、蛰存诸公之说，应加以蒲鞭者不少，但为息事宁人，不如已耳。"按《鲁迅全集》注释："侍桁、蛰存之说指1933年12月《申报·自由谈》上登载的韩侍桁的《关于'现实的认识'与'艺术的表现'》［按：为11、12日该报刊出］和施蛰存的《革命时代的夏里宾》等文。"（人民文学出版社，1981年北京第1版）

**二十五日** 《文化列车》第5期刊载方向《12月号文艺刊物批判专号·现代》。

**三十一日** 鲁迅作《南腔北调集·题记》提及："两年来所作的杂文，除登在《自由谈》上者外，几乎都在这里面；""曾经登载这些的刊物，是《十字街头》《文学月报》《北斗》《现代》《涛声》《论语》《申报月刊》《文学》等，当时是大抵用了别的笔名投稿的。"

**是月** 在《大众画报》第2期发表小说《鸥》。

**又** 上海市通志馆期初版发行《上海市通志馆期刊》第2期，刊内胡道静编《上海的定期刊物·中》有："名称：《无轨列车》。主编：刘呐鸥。刊物：半月刊。创刊期：一九二八、九、一〇。停刊期：出至八期止。社址：东宝兴路。隶属：第一线书店。依据：柳［按：即柳亚子收藏］。""名称：《新文艺》。主编：施蛰存。刊物：月刊。创刊期：一九二九、九、一五。停刊期：出至七［八］期止。社址：北四川路公益坊。隶属：水沫书店。依据：柳［按：即柳亚子收藏］。""名称：《现代》。主编：施蛰存、杜衡。刊物：月刊。创刊期：一九三二、五、一。社址：海宁路一三七〇号。隶属：现代书局。依据：调［按：即调查］。"

**又** 先生编辑"现代创作丛刊"第13种彭家煌著《喜讯》、第14种洪深著《五奎桥》，由现代书局初版发行。

另，按先生自述："洪深先生的《五奎桥》，二十年前收在我主编的'现代创作丛刊'中，当时也卖了五六千册，这数字已经比一般的小说为高了。"（《外行谈戏》）

**年内** 按先生自述:"我和苏雪林生平只见面过二次。第一次是在1933年,我编《现代》杂志的时候,她到现代书局编辑室来看过我。"(《善秉仁的〈提要〉》)

**又** 按先生自述:林微音"住在静安寺,总有七八次,他在夜晚到我家里来,一见面就说明来意,要我借给他两三块钱。最初使我很吃惊,怎么会穷到如此?后来发觉了他吸上了鸦片,瞒着他妻子,急于要进'燕子窠'"。(《林微音其人》)

**又** 按先生自述:"我以200元购得《名媛诗纬》,抗战时毁去。国内各图书馆皆无此书,听说日本有一部。""此书收明末清初女诗人之作品,皆不见于其他各种书。"(致孙康宜函,1990年8月16日)

**又** 中法大学图书馆编印《中文书目·汇编分类之部》,其中"文学类·小说"内:"《将军的头》,施蛰存著,一册,上海新中国书局印,服2898。《上元灯》,施蛰存著,一册,上海新中国书局印,服2899。"另"史地类·传记"内:"魏琪尔,施蛰存著,一册,万有文库,服3252。"

# 一九三四年(中华民国二十三年　岁次甲戌)　先生三十岁

## 一月

**一日** 元旦。先生与杜衡合编《现代》第4卷第3期(新年号)出版,刊有其作《又一图》以及小说《汽车路》。

另,为纪念诗人朱湘,赶在付印前特别编刊"现代文艺画报"(诗人朱湘及其家属、诗人之遗札)、《子沅书信》以及赵景深《朱湘》。

**同日** 《文学季刊》创刊号出版,刊载特约撰稿人名单108位,先生名列之一。

另,刊有鲁迅(署名"唐俟")《选本》提及:"今年秋天,在上海的日报上有一点可以算是关于文学的小小的辩论,就是为了一般的青年,应否去看《庄子》与《文选》以作文学上的修养之助。不过这类的辩论,照例是不会有结果的,往复几回之后,有一面一定拉出'动机论'来,不是说反对者'别有用心',便是'哗众取宠';客气一点,也就'彼亦一是非,此亦一是非',而问题于是呜呼哀哉了。"(按:参见《鲁迅全集》第7卷P137注释[2]、[3]。人民文学出版社,1981年北京第1版。)

另,还刊"新中国文艺丛书"出版书讯,内有《梅雨之夕》《上元灯》《将军底头》。

**又** 矛盾出版社初版发行《汪锡鹏小说集》,作者在书末"校读之后"提及:"想不到蛰存在灵凤处见到我的小说集稿时,他说:'《未死的虫蝶》最可满意。'虽然有人赞我,总有些欢喜,但是对于这样的赞句,我却瞪大了眼,不知他的见解特殊在那一点。或许他有他的高见吧,不过要以此为全集最好的一篇这种见解,则请读者们自己去体会这批判者的用意吧。"

**三日** 按季羡林日记:"看施蛰存的《善女人行品》,除了文章的技巧还有点可取外,内容方面空虚得可怕。"

**七日** 复宋清如函:"得你一文一诗,真如琼枝照眼。我自辑《现代》杂志以来,颇不自揣,很想借机会帮助一些有希望的作者,但是在女流投稿人中却不常见有佳作,更绝对不曾收到过文字如你这样老练的女作者。从这一诗一文看来,我真不敢相信你是一个——正如你来信所说的——才从中学毕业的大学初年级生。之江大学与文学很有因缘,郁达夫在之江读过,我也在之江读过,现在之江还有汪锡鹏君在教书,再加上你,我真觉得母校之热闹了。六和塔的铃铎、秦望山的斜阳,我已有八九年没有领略了。""你的诗,我已为斗胆窜易一二字,拟编入下期《现代》。""我以为你有不下于冰心女士之才能,但是因为这篇小说,论故事,则简单,论描写,则亦不免是一种女性的单纯的自剖,似乎尚不够伟大,虽然说女性的作品是以纤细见胜的。""倘若我不给你编入《现代》,则可以让我编入别的杂志否?——因为我们正在筹划一个小杂志,凡是近于抒情小品的东西,易言之,就是非'大品'的东西,都归入这个小杂志里去,你愿意由我处置吗?""我觉得你这首诗学'诗刊派'实在太像了。徐志摩若在,我一定给你介绍,他也准会得相信我的发现的。若以我个人的趣味而言,我是不很喜欢这种难免有些做作的诗的。我不晓得你做过多少诗?是不是专学的这一路?希望能随时寄些给我看。——但是,可不要又误会了,倘若你喜欢志摩这一派的诗,你尽管走这一条路,别因为我的话而硬改了自己的作风。"

另,按先生自述:"朱生豪夫人宋清如在之江时,曾向我编的《现代》杂志投寄新诗。她的诗写得很好,我鼓励她继续写下去。可是我发表了她六首诗后,她不再寄诗来,大约受朱生豪的影响,改做旧诗词了。"(《〈朱宏达笺释朱生豪遗词〉编者附记》)

**十日** 郭沫若复杜衡与先生函:"前致灵凤函,所争非纸面上之地位,仆虽庸鲁,尚不致陋劣至此。我志在破坏偶像,无端得与偶像并列,亦非所安耳。大致如此,请笑笑可也。"

**同日** 熊式弌复戴望舒函谈及:"蛰存嘱作的通信,现仍无以报命。前有芭蕾剧本多种,除在《小说月报》登了十馀出之外,尚有十来出未载。如《现代》可用,当嘱内子由平寄沪,望转询为盼。""前得内子书,说蛰存有信给她,无非也系向我索稿,但她没有把蛰存的直接通讯处告我,请您告我,便中或者可把'文坛琐话'写一点给他。"

**上旬** 先生父母家迁居上海法租界爱麦虞限路(今绍兴路)惠安坊8号,先生平日与父母、妹妹们合住,而每逢周末先生仍返回松江老家与妻儿一起过星期天,星期一再乘早班火车来到上海工作。

**十四日** 《时事新报》"星期学灯·纪念朱湘专号"刊载赵景深《朱湘死后》提及:"我已经在《现代》新年号上写了一篇报告[朱湘]。""据我所知,沪友仅蛰存、杜衡和我三数人而已,最近才知道任教光华大学新近归国的陆坤一先生也是他的朋友,至于文学社的傅东华、申报馆的黎烈文,或者还是因我的介绍与他们见面的。""我看过彭家煌追悼会的寥落情形以后,也以为开吊一举是糜费而且无意义的。反之,《大公报·文艺副刊》《现代》《文学》《青年界》等刊物的纪念文字和专号,倒是颇有意义而能垂之永久的。"(按:此文又刊《盛京时报》,本年1月27日。)

**十八日** 《西京日报·明日》"文化情报"专栏刊载:"《现代》编者施蛰存,近因时常出外拉稿,书局方面,疑为私事荒费办公时间,实行扣薪,施蛰存非常气愤,曾一度怠工,以表示反抗云。"

**二十三日** 鲁迅复姚克函谈及:"《文学》编辑已改换,大约出版是要出版的,并且不准不出版(!),不过作者会渐渐易去,盖文人颇多,而其大作无人过问,所以要存此老招牌来发表一番,然而不久是要被读者发现,依然一落千丈的。《现代》恐怕也不外此例。"

**二十七日** 《东方快报》登载《善女人行品》(施蛰存作、定价九角,良友出版)。

**月内** 与朱雯筹办《中学生文艺月刊》,社址设在上海华德路鸿运坊60号。

**是月** 中华书局出版新中华杂志社编"新中华第二卷副刊"《上海的将来》,这是一本向各界人士征文的选集,据编者称,历时两月馀,共收文章百馀篇,书中按收到稿件的先后次序选用七十九篇。书中"六十一"收录先生所作,其中写道:"我以为将来的上海必定是依照了现在的上海而繁荣、和平、高大、广袤起来的。房子会比现在建筑中的静安寺路的四行储蓄会更高,某某路会比南京路更热闹,越界筑路永远会'越'过去,巡捕房会比现在的更多,诸如此类。但是,有一个情形也会得是必然的,那就是'高等华人'在彼时忽然会没有了,这据说是由于一个神迹。"

**又** 广益书局初版发行汪倜然编著《语体模范文学》,收录其作《画师洪野》,篇首"编者导读":"这是一篇传记,是用非正式的回忆似的体裁写的。但唯其如此,所以能和旧文学中以生卒履历言行等等为主体的传志之类不同。我们读了这一篇,不但感到亲切的意味,如聆接作者底谈吐,同时对于文学中的主人公画师洪野,也得到明晰深刻的认识,他的生活,他的艺术,他的性格,甚至他的思想的转变,一个穷困而忠诚的艺术家活现在我们眼前。"

**又** 上海中学生书局开始初版发行"遵照教育部新课程标准,篇目完全依据江苏省教育厅国文科教学进度表编定"之《初级中学适用·当代国文》(全六册),原选者:江苏省教育厅;注释者:施蛰存、盛朗西、沈联璧、朱雯;校订者:柳亚子、相菊潭、金宗华。其中第二、四册于本月初版,第一册于本年六月初版,第三册于本年七月初版,后又出版第五、六册。书末附刊"本书编注者简史"内首列:"施蛰存,江苏松江人,曾任松江县立中学国文教员,上海中国公学文学教授,现任《现代》杂志主编。创作甚多,其重要者有《上元灯》、《梅雨之夕》、《将军的头》、《善女人行品》、《李师师》等。"

另,据《朱家骅推赞中学当代国文》:"上海中学生书局编印之'中学当代国文',自出版以后,各地中学均纷纷订购,如江苏省立南京、上海、扬州、徐州、松江等中学,已一致采用。该书完全依据苏教厅所颁国文科教学进度表而成,有注释、有文法又有作者事略,凡精读略读各文,一一标明刊入,其编法新颖完备,为国内国文课本中所罕有。故蔡元培、陈布雷、□□□诸先生皆早有好评相誉,前教育部长朱家骅对于诸书,近亦力加推赞略云,'中学国文教材,必须适合本国政治与社会环境,尤重民族固有道德之倡导与激发,以复兴民族为主旨,薛[无竞]、施[蛰存]、沈[联璧]、朱[雯]诸君所辑初、高级中学国文读本十二册,于此盖三致意焉'。"(《申报》,1934年1月20日)

**同月** 7,8日《盛京时报》连载徐懋庸(署名"懋庸")《读颜氏家训》。10日《大公报·文艺副刊》第32期刊载沈从文《论"海派"》。

## 二月

**一日** 先生与杜衡合编《现代》第4卷第4期(2月号)出版;扉页刊有"现代杂志社同人启事",先生与杜衡、叶灵凤辞卸现代书局编辑部职务,专任《现代》杂志编辑工作。先生自述:"当时的现代书局,由于资方拆伙,经济情况非常枯竭。不知什么人起意,请来了一位新的经理。据说这位经理是带了资金来热心做文化事业的,但我们都不知道他投资多少。这位经理上任后第一件事就是请来一位新的编辑,而这位新编辑显然是和国民党大有关系的人物。"(《〈现代〉杂忆》)"书局由徐某来任经理,李某任编辑部主任,皆与南京有关。"(《浮生杂咏》)"新编辑来到以后,虽然没有定名义为主任,但此人颐指气使,俨然以主任自居。我们觉得不能与此人合作,便向书局经理室提出辞呈,辞去编辑部工作,专任《现代》杂志的编辑工作。经理室接受辞呈后,我们便退出编辑部,另外找一个房间,作为《现代》杂志社,同时在《现代》上刊出了这个启事。叶灵凤本来不是《现代》杂志的编辑,但既然大家都退出编辑部,他在现代书局的工作任务就落空了。因此,我们就请他帮助搜集《现代》的图版资料,作为《现代》杂志社'同人'之一。'同人'并不意味着'主编',或'编辑'。"(《〈现代〉杂忆》)

另,刊发周作人《五十诞辰自咏诗稿》,引起各方面的关注和反应,又由林语堂改题为《五十自寿诗》于4月5日转载《人间世》小品文半月刊创刊号。

另,还刊发阿英《城隍庙的书市》。先生自述:"城隍庙里桥上有一个旧书摊,我在那里屡次碰到阿英。有一次,我正走上桥去,阿英已站在那里。一眼看见我,就说:'来得正好,借我一块钱。'接着,他告诉我:挑了一大堆书,老板讨价五元,还他三元不卖。大概非四元不可,无奈口袋里只有三元。我一看,一大堆乱七八糟的有光纸铅印、石印书,有《国粹学报》,有《新小说》,有弹词唱本,有小说戏曲,全是清末民初的通俗文学和期刊。我借给他一元五角,一元凑足书价,五角做车钱。我和老板帮着扎了两捆,又帮他提一捆到电车站。"(《乙夜偶谈·旧书店》)别据王易庵《记阿英》记述:"这阿英的笔名的第一次出现,是在施蛰存主编的《现代》月刊上[?],当时几乎很少有人注意。""因为在城隍庙的旧书肆中跑得熟了,他还曾在《现代》上写了篇《城隍庙的书市》,后来收在他的散文集《夜航集》里。"(王易庵《记阿英》,《杂志》第10卷第6期)

**同日** 《出版消息》第29期登载蒲风《所谓"现代生活"的"现代"诗:评《现代》四卷一期至三期的诗》:"最先应该感谢《现代》编者的是,《现代》披露了不少诗歌,比一口咬定'新诗为胡闹'的终究值得感谢,唯其因为《现代》披露的诗歌多、影响大,我感到更有出来和大家讨论一下的必要。"

**二日** 《西京日报·明日》登载:"施蛰存及杜衡仍继续编辑《现代》杂志,惟内容将有极大之革新。"

**三日** 按季羡林日记:"终于把《年》寄给《现代》了,大概我想总应该登,其实登不登也没关系。"

**五日** 《北辰报·荒草》周刊第4期登载以平《定型变型摹仿》:"以为青年的词汇过分贫弱,表现方法过分直拙,而荐举两本名著给他们,使从其中参悟出一点作文的方法,施蛰存这意见是并无什么不对的。我想他不过以此为学文之'一'法罢了,决无要叫青年离开实生活而'专'向书本求'悟'的意思。"

**七日** 《大公报·文艺副刊》第40期刊载朱自清(署名"佩弦")《读〈心病〉》提及:"直到近两年,才有不以故事为主而专门描写心理的,像施蛰存先生的《石秀》诸篇便是;读众的反应似乎也不坏。这自然是一个进展。但施先生只写了些短篇;长篇要算这本《心病》是第一部。施先生的描写还依着逻辑的顺序。"

**同日** 《东方快报》登载《施蛰存的厄运》,亦小报攻击性流言之文,文内还写到"鲁迅便以丰之馀的笔名首先提出了抗议,左翼之雄既然亲自出马,绯色文人当然也不敢怠慢,自曹聚仁以下数十人都一致的瞄准施蛰存围攻,不到半月,攻击的文字就布满'自由谈'的每一个角落"。

**十一日** 鲁迅复姚克函谈及:"检查已开始,《文学》第二期先呈稿十篇,被抽去其半,则结果之必将奄奄无生气可知,大约出至二卷六期后,便当寿终正寝了。《现代》想必亦将讲民族文学,或以莫名其妙之文字填塞耳。""从今年起,大约为施行此种战略世代,不过此法亦难久掩他人之目,想来不到半年,《现代》之类也就要无人过问了。"

**十三日** 除夕。按先生自述:"书局的经济情况已在走下坡路。书刊销路不好,营业额下降;放账过多,收不回来,现金短缺。三位老板都把书店看作金库,大肆挥霍。银行信贷,已经停止。张静庐极工心计,看到了书局的危机,他就向洪雪帆、卢芳提出要拆伙。洪雪帆是个忠厚老实人,虽然知道书局在这个时候拆伙,只能增加困难,但他在书局中,由于静庐的大权独揽,他坐在经理室中,除了在收支单据上签字盖章以外,几乎无事可做,心里也早已不很愉快。卢芳是小股东,没有多大发言权。""洪雪帆请大家到他家里吃年夜饭。静庐、卢芳、灵凤和我,还有雪帆的弟弟,连主人一共六人。饭后,三位股东进行了最后一次谈判。谈判的气氛很不好,雪帆和静庐差一点要闹翻,我们也无法劝解。谈判的结果是允许静庐按比例拆出股份,而且允许静庐全部提取店内的现金。"(《我和现代书局》)

**十六日** 按季羡林日记:"今天《现代》把《年》退回来了,我并不太高兴——文章我总以为还是好文章,我只说编辑没眼。"(按:此文后在《学文》月刊上发表。)

**十九日** 据茅盾回忆:"上海各书店终于收到了国民党上海市党部奉国民党中宣部查禁'反动'书刊的正式公文。当时查禁书籍149种之多,牵涉的书店25家,牵涉的作家28人。"(茅盾《1934年的文化"围剿"和"反围剿"》)

**二十日** 《时代漫画》第2期刊载邵洵美《几种赌和几个人·古巴龙》提及:"在做文章的人里边,我总觉得克标、蛰存和茅盾,有一种想像的地方:也许是他们在陌生人前的沉默,也许是他们那种含有酸辣味的甜笑。"

**同日** 上海良友图书印刷公司初版发行茅盾《话匣子》,收录《关于"文学研究会"》《文学青年如何修养》《文学家成功的秘诀》《怎样编制文艺年鉴》等篇。

**二十七日** 《金钢钻》刊载逸梅《施蛰存之旧作》:"在新文坛享盛名者,大都于旧学具有相当根柢,如胡适、郁达夫、叶圣陶、郑振铎、施蛰存等皆是也。施蛰存尤为时代之骄子,曾一度因辑务与某某相攻击,社会人士益注意其人。施云间产,曩在之江大学肄业,国文即斐然冠侪辈。"

**月内** 《现代》杂志社决定迁址上海虹口海宁路696弄(顺征里)10号。

**约在期间** 据李白凤夫人刘朱樱回忆:"白凤考入北平民国学院国文系学习,""写的新诗常在上海《新诗》、《诗至》、《现代》等刊物上发表。主编《现代》的施蛰存先生对白凤的诗是赏识的,后书信往来成了朋友,他得到施先生的教诲,受益不浅。"(刘朱樱《忆李白凤》)

**同月** 《人言》周刊创刊,由郭明(邵洵美)、章克标编辑。《大公报·文艺》副刊第43期刊载沈从文《关于"海派"》。

## 三月

**一日** 先生与杜衡合编《现代》第4卷第5期(3月号)出版。

**同日** 《春光》第1卷第1期(创刊号)刊载"本刊特约撰稿人",先生名列48位之一。此期画刊还登载了"本刊特约撰述人像施蛰存、戴望舒、杜衡(照相)"。

**又** 《中国文学》第1卷第2期《社记》刊载"编者赘言"提及:"穆时英、杜衡、施蛰存、黎锦明、韩侍桁、孙俍工诸先生也都说第2期赶不及,只得于第3期写些文章。"

**又** 天津《大公报》"文坛消息"栏登载:"施蛰存、杜衡在上海发起类似作家协会之组织,纯粹系联合作家,共同努力开发文化,现闻已筹备就绪云。""中国诗歌会以新印象派诗人施蛰存等为新诗歌运动之劲敌,决用理论与作品去克服。近经蒲风、思川、穆木天之努力,施蛰存大有一蹶不振之势云。""《现代》上的诗歌早为一般读者公认为'神秘'的东西,而编者施蛰存再三辩解,自认为'现代的诗',固守向来成见。"

**二日** 《时事新报》刊载"世界文学函授学院招生"提及:"筹备已久之世界文学函授学院,于3月1日成立,闻该院规模宏大,课程完备,最近除已敦聘国际负有重望之作家五十余人外,又续聘叶灵凤、施蛰存、孙师毅、穆时英、黄绍年、徐学文、王坟、何家槐、徐则骧、周起应、谷非、何嘉、林微音、刘呐鸥、顾诗灵、徐转蓬、傅彦长、黎锦明、杨邨人、黄天鹏等三十馀人为教授,切实指导,严密审定各系讲义。"

**六日** 胡秋原致先生和杜衡函:"杜衡兄除夕手示收到。弟本拟于下月动身,现正在写几篇短文,为《现代》写之文亦在内。""前为《现代》写之二文(《纪德精神之发展》及另一篇)均快成功,但被洋人弄得稀乱,而弟方寸亦不宁,只好到舟中再写。现仅寄上'独白'一篇,不知可用否?论纪德一文,弟写时有几分高兴,因虽然骨子里带点唯物史观,但文字尚不甚拙劣,并拟将现代各作家照样陆续各写一篇,就正兄等。""去年弟离沪时曾数与杜衡兄谈及弗里采书事,并承杜衡兄云该丛书计划决不变更,并允先支点稿费,当时弟尚不甚恐慌,且素来为文自己表现之欲望还超过领稿费之欲望,所以没有要。稿因未看一次,故始终未交。数月来奔走,有一篇已经失去了,现在统统补起来,并详细看了一次,兹将全稿托友人胡雪兄交兄等。幸能如成约,将版税预支给弟;盖弟到×后,亦自不知何以为计也。""自然,现在海上情势已异于往昔,此稿未必能印;但是不知改了名字(如改即望改'胡冬野')可以印否?如万一不行,即请杜衡兄将拙稿保存于家中,亦不必寄弟,俟弟回时再取。不过弟此时之景况,系空前之坏,总望两兄能在书店老板前玉成之,""望兄等能为弟想一点办法。""前些时才看见一本旧《文学》,上有骂现代版'年鉴'的文章,近来才知道'批评'的问题很热闹。《文学》的架子诚然很大,现在又开了支店——'季刊';弟粗看一过,觉得这文坛实在有些莫名其妙,有不知从何说起之感。""弟当过法,或可一晤望舒兄。"

**七日** 《申报・自由谈》刊载侍桁《何家槐的创作问题》提及:"前天在本刊上看到何家槐君的《关于我的创作》一文,""'如是一两篇文章,碍于友人的情面,还情有可原,若果有十篇之多,那就太不像话了。'""'这事当不止安平一个人晓得',转蓬说,'恐怕沈从文,施蛰存和邵洵美都晓得的。因为我有一篇文章先拿给从文修改,改了很多,而发表出来则变了何家槐的名字;也有先投给《现代》和《新月》的文章,写着是我的名字,而既经拿回来在另外杂志上发表,又变了名。'但转蓬的猜想是错误了的,因为编辑先生们并不能那么地注意。当我得便问蛰存的时候,他说并不晓得。""在我,毫无结冤于何君之心,而且何君尚是一个新作家,如果像煞有介事地宣布出来,恐于何君不利,所以我曾与转蓬说,请他暗中了清此事,物归原主。""最近他回乡去了,写了一封信给我,指出杜衡、蛰存、邨人及我四个人代他办清这件事,而且说他那方面,就由我'全权作主'。""同着邨人跑到现代书局和杜衡及蛰存谈了一下,商议的结果是,在现代书局正印刷中的何君创作集《雨天》,暂时停止出版,请转蓬亲自写信到'现代',开明其中他自己的作品,抽出了事。""现在何君自己又出头要人,连累上一个'清道夫',我便不能不将事之原委供之如上了。"

**十日** 先生与朱雯合编《中学生文艺月刊》,由上海中学生书局出版创刊号。刊有其作《创刊的话》(署名"编者"):"因为农村经济的破产,失业人数的激增,加以内乱频仍,外侮煎逼,整个的中国社会便暴露出阽危的状态。""1933年的年尾,我们可以肯定地说,文艺之不振已成了无庸讳言的事实。""购买力虽被社会经济影响而转成弱小(其实在中国本来就并不大啊),而阅读文艺作品的群众,却无疑地已大量地增加;发表文艺作品的机会虽然颇为稀少,而埋头写作的群众却也无可隐讳地骤添了不少。""文艺既有这种客观的需要,对于文艺之振兴,自然是一桩急迫的工作了。""惟有我们新进的作者,正很年青,正很勇敢地在生活,正可以负起这个当前的巨任。但是我们并不丢下那些既成的作家,他们有的是写作的经验,有的是刻苦地生活过来的经验,正可以指导我们去写作,去生活;他们在某一时代,本也是振兴——甚至是创作新文艺的功臣哪。在1934年的新春,我们这样定下了一个意义颇大的计划,而有待于整个的作家之群去完成的;部分地实现我们这项计划的工作,就是编印这个杂志。我们深切地感觉到现在正有许多年青的中学生,在机械地做着日常的功课之外,常常喜欢舞文弄墨地抒写一些文章。文章写成了,自己感到一种说不分明的愉快;于是进一步地希望自己的文章可以给别人看到,同时也想看看同等程度的别人的文章。但是自来的文艺刊物,要不是给专门的学者便是给大学生看的,从不能充作中学生的'食粮';更遑论发表中学生的作品了。""我们为应客观的需求,决意尽量地发表中学生诸君的作品;同时还刊载一些专门为中学生诸君而写的各种指导的论文。对于这个小小的刊物,希望读者认为自己的园地,自己去垦殖,也由自己去收获;其结果,想来总不会像中国的佃农一样失望的。"

**十三日** 《时事新报》刊载"世界文学函授学院扩充学额":"所聘教授皆文坛上有相当声望之作家,如罗曼罗兰、顾凤城、顾诗灵、魏猛克、卢隐、穆木天、穆时英、刘呐鸥、赵景深、黎锦明、杨邨人、孙师毅、黄震遐、傅彦长、森堡、叶灵凤、周起应、周乐山、陆锡桢、徐伯吹、施蛰存……等八十余人。"(按:此稿同日亦刊于《民报·教育》。)

**同日** 天津《大公报》"文化情报"栏提及:"韩侍桁氏于近日在《申报·自由谈》发表一文,申述此事颇详,何家槐确有剽窃之行为,徐转蓬已托施蛰存、杜衡、韩侍桁、杨邨人负责向何氏交涉,并请韩为全权代表。"

**十四日** 《西京日报·明日》"文化消息"专栏亦刊:"上海中华国学研究会及狂流

文学会最近合办一'世界文学函授学院',内暂分中国文学系,世界文学系及专修系。主席校董为沈天铎,院长为汤增敭,教授为庐隐、穆木天、叶灵凤、侯枫、施蛰存……"

**同日** 《华北日报》登载静蕴《致友人书七通》,写到"近人文章除二周外,喜读沈从文与废名的,徐志摩和冰心也有许多可取处,施蛰存的小说各方面都很好"。

**十六日** 复戴望舒函:"我们曾以万分的焦急等候你的第30号来信,""《现代》杂志已经坏到没得救治了,这里种种变幻实在非此纸所能详,只得等你回来再告诉你。总之现在是内忧外患交侵时代,我们已完全退出,《现代》杂志社已宣告独立,在此形势之下,哪里还有整顿的希望。至于我个人经济,只剩了《现代》每期编辑费50元,其余收入毫无,实在是窘不可言了。上海这个地方,在现在及将来,都不易存身,你在法务必联络一些北平来的人物,我希望你将来到北平去教书。李健吾回来之后,大做Flaubert 的种种研究文章,已成中国的 Flaubert 专家,口碑甚好,足下勉乎哉!我的小说,我以为你可以译《夜叉》《梅雨之夕》《残秋的下弦月》《石秀》《魔道》《妻之生辰》《狮子座流星》《雾》《港内小景》这几篇,其余你所选的如《旅舍》等均不必译,太幼稚了。评传不必写,我想你译好之后找一个法国人做一篇序也好。你的诗集译好了没有?Jammes 序做了没有? 如做了,乞译好寄来发表在《文学感觉》月刊中。《文学感觉》是现在我想自己办的杂志,像日本的 *Serpent* 一样的篇幅,大约五月一号出第一期,我希望你在收到此信后寄一点东西来,最好是三四千字的'滞法文艺印象'这些题目之下的漫谈。第一期中我已把《衣橱里的炮弹》编用了。附奉比国藏书票研究会广告一纸,不知尚存在否,乞为去信一问近状。希望他们能寄点印刷物来,我颇有兴趣于此,灵凤亦然。我们要搬家了,以后你的信可寄《现代》杂志社,书则索性寄到松江,我仍每星期回松江。"

**二十一日** 《盛京时报·另外一页》登载天津郭瀛薰《中国现在文[坛的情报]——寄金小天文坛》(一)提及:"在'自由谈'上,我们常看有署名'丰之馀'的一类作品,也还是鲁迅的化装。""读者也还希望他[鲁迅]继续写他在《文学》上《现代》上也写过《论第三种人》《谈金圣叹》等文章。可是据我们知道自从'文学的编者'傅东华先生为写了一篇《休士在中国》的文章,而冤枉了鲁迅以后,鲁迅除还了一封信外,他再也没有什么文章,给《文学》了。""上海《大美晚报》[《大晚报》]编者崔万秋,请《现代》编者施蛰存开一个青年必读书目录,施先生不加思索地写了个《文选》和《庄子》两部,以这样地滑稽,鲁迅自然说忍不住了,于是我们的权威作者在'自由谈'上,又骂上了。这中间,经过这样地往返辩难,鲁迅就也不给《现代》写文章了。最近出版的《文学季刊》上,有署名'唐俟'的杂感文章,仍提到'选学'的问题,也还是鲁迅的文章。"

**二十二日** 《申报·自由谈》刊载何家槐《我的自白》(未完)提及:"在转蓬发表了他的'自白'以后,我曾经有过极严肃的反省,朋友们对我也曾有过极严厉的责备。我虽然明白这件事发生前后的因缘和那些'仗义'的先生们用心何在,但从我自己的立场说来,这时候我应该做的事情,是毫不容情的来解剖我自己过去的行为。""我上次写那篇《关于我的创作》的时候,态度是不诚恳的,这犹如我过去的有许多行为,是不诚实的一样。""现在我逐篇的加以叙述。""五、《车水》原名'三个车水的人',曾有转蓬自己投《新月》,未用。后来我改过两遍,换署我的名字寄《现代》。这篇稿子送给《现代》的时候,是由某女士照我的改稿用打字机打成,这可请施蛰存君证明。"

**同日** 《盛京时报·另外一页》登载天津郭濂薰《中国现在文坛的情报——写给金小天文坛》(二)提及:"中国前进作家郭沫若,""他在国内发表文章旳机会,是很少的了。在某一期的《现代》上,有他一篇《离沪之前》,不过还是一个零零碎碎的日记体文章。""《现代》的出产,虽早于《文学》而其势力并不怎样大,""仍是极端的中间派文章,在从前,《现代》附在现代书店,现在由编者施蛰存、杜衡、叶灵凤三人负责,另行独立起来。《现代》遭人訾议的,除'文艺独白'幼稚外,就是施蛰存提倡神秘派的新诗,令人不懂。记得有人函问施先生,而我们施先生说,无论如何是诗。"

**二十四日** 《西北文化日报》报道:"大东书局近发刊《中学生文艺月刊》,据云为施蛰存与朱雯共编。"

**二十七日** 《西京日报·明日》登载汪以果《文艺风景线:理论与实践,历史小说戏曲之本质探讨》提及:"沈从文、施蛰存皆有好些历史制作。""'仅仅想把过去美丽的故事,使它再现于读者之眼前'(引施蛰存语),施蛰存写了很多这类东西,沈从文这样做过,这是一种复活运动。当然作者在世界观上与古人并无不同,仅仅嫌古人表现得不够而已。"

**月内** 始选译外国文人日记。先生自述:"天马书店主持人韩君计划出版两本日记文选,一本是中国人的日记选,一本是外国人的日记选。他把这个计划和我商量,并希望我给他编一本。我觉得这一选题很有意义,""当时我答应他编选一本外国文人的日记,还介绍我的朋友朱雯担任编选中国文人日记的工作。""我着手选译外国文人日记的时候,事实上我自己只有曼斯菲尔德、乔治·桑和高更三家,其余几种,都是临时向图书馆或朋友处借来的。借到什么,就译什么。另外,还请朋友高明译了一份有岛武郎的日记,勉强凑成一本。说是'选译',这个'选'字是欺人之谈,我实在并没有选择的馀地。在那几年里,契诃夫、纪德、儒勒·列那尔的日记都已出版,可是我都没有见到,实为遗憾。"(《外国文人日记抄·重印后记》)

**又** 赵家璧酝酿编辑《中国新文学大系》。据赵家璧回忆:"我当时还有一个好参谋,那就是在主编《现代》杂志的施蛰存,他既是我的松江同乡,又对编辑之道,具有独自见解。""酝酿中的这个编辑计划,日夜困扰着我,使我坐立不安,夜不成眠,我感到要找个老编辑、老朋友谈谈心,求他帮助我出谋划策。施蛰存和阿英早就相熟。有一天,我便去找了施蛰存,因他对文坛情况非常熟悉,对编辑成套书同我一样感兴趣,对欧美日本的出版物,我们经常一起谈论,都感到有许多值得我们学习的地方。我把我最初的打算,以后改出编集的计划,和阿英谈话后的一些新想法谈了。他认为这样一套大书,单单作品是不够的,前面应有理论文章的结集,而每集后面各加史料,不如另出一集史料,这本史料集就可请阿英担任。"关于茅盾对短篇小说分编三集,"这个意见,我和郑伯奇、阿英、施蛰存、郑振铎等商谈时,他们的看法大致相同";"散文编选者的人选,我和伯奇、振铎、阿英、蛰存个别交换意见时,都想到了郁达夫;另一位就有不同看法,我拟请北平的周作人,有人反对,有人赞成。""几个月间,先后经郑伯奇、阿英、施蛰存、郑振铎、茅盾等前辈作家的指导帮助,粗略的面目已经在我心中出现。"(赵家璧《编辑忆旧》)

**是月** 一心书店初版发行葛石熊编著《青年成功之路》,书内"第五章成功与进修·三、所谓'青年必读书'"提及:"民国二十二年十月中,上海《大晚报》征求'我所要介绍于青年的书'。应征的文人也许不少,其中有施蛰存先生的,就以《庄子》与《文选》两书,推荐于青年之前,他的理由是因为由于他教授国文的经验,感到青年的字汇,太狭猾了,所以要青年人读读这两本书,增加一点字汇。这种意见是否对,我不必加以讨论,在当时却因此引起了一场很大的笔战。"

**又** 先生编辑"现代创作丛刊"第15种鲁彦著《屋顶下》,由现代书局初版发行。

**同月** 21日、24日《社会新闻》第6卷第27、28期连载"社论"《驳沈从文的禁书问题》。上海同文书店初版发行鲁迅著《南腔北调集》,书中所录《论"第三种人"》《为了忘却的记念》《看萧和'看萧的人们'》《论翻印木刻》《〈木刻创作法〉序》等篇。

## 四月

**一日** 先生与杜衡合编《现代》第4卷第6期(4月号)出版。先生自述:"杜衡加入《现代》编务后，我请他负责小说创作和杂文的编选工作。开始几期，还相安无事。《现代》还没有显著的改变。但到后来，影响就愈来愈清楚了。杜衡的参加编务，使有些作家不愿再为《现代》撰稿，连老朋友张天翼都不寄稿了。我和鲁迅的冲突，以及北京、上海许多新的文艺刊物的创刊，都是影响到《现代》的因素。从第 4 卷起，《现代》的销路逐渐下降，每期只能印二三千册了。"（《我和现代书局》）"这一卷《现代》各期的平均页数是 190 页，对出版商是没有什么利润了。"（《〈现代〉杂忆》）据杨之华记述："自杜衡参加编务以后，《现代》大部分的理论稿件，均操诸杜衡之手，尤其与胡秋原的'文艺自由论'等问题的提出[?]，引起施蛰存不满，但施以早年同学关系，且属知交，所以也不出面干涉，一任由之。"（杨之华《文坛史料·现代社》）

另，刊有先生与杜衡以"编者"名义在"社中谈座"的"对于何徐创作问题之本刊编者的声明"："侍桁先生在《申报·自由谈》上曾发表过一篇关于这件事的文章，中间提起徐转蓬的话，他以为本刊的编者施蛰存是知道何家槐的创作稿有些都是徐转蓬所作的。在这一点上，我们觉得有在这里声明一下之必要，我们取舍本刊的稿件，一向是以作品本身之好坏为标准的。""至于何家槐以徐转蓬的从我们这里退回去的作品改上了自己的名字，又改换了题目，寄到别个杂志上去发表，这也是我们一向所没有留心到的，真的，谁会得仔细地一篇一篇去阅读每一个杂志上的创作呢？现在，我们从《申报·自由谈》及报纸上，知道了何家槐已经承认了他的过失。""我们现在所希望于何家槐及徐转蓬两人者，一个是以后应该以自己的能力来写一些成功的作品，一个是既然想以生命呈献于文学，则对于自己的作品应当看重一点。前天有一封从九江寄来的读者连名的信寄到本刊社中，表示了本刊一部分读者的对于这件事情的意见，我们既已把我们的意见陈述在上文中，觉得这封信也不妨附录在这里。"

**四日** 《盛京时报·另外一页》登载艾涂《上海的文坛》提及："最值得注意的是叶紫，他引起读者注意的三篇小说《丰收》《火》《乡导》，""《乡导》则刊载老牌杂志《现代》的三卷六期[四卷二期]上。""据说他最近还拿了一篇小说给《现代》，编者先生答应了刊载却又转给新出版的《春光》了。""最近，上海文坛轰动一时的是何家槐与徐转蓬的创作纠葛，而承审大老爷，却是那所谓中国唯一的批评家韩侍桁先生，虽然他还拉了杜衡、施蛰存、杨邨人三位，但杜施二位始终没有出面。"

**五日** 上海良友图书印刷公司出版由林语堂主编，陶亢德、徐訏编辑小品文半月刊《人间世》创刊号，刊载 49 位"特约撰稿人"名单，先生名列之一。

**同日** 按季羡林日记："《文学评论》5 月 1 日出版，""我非要写一篇文字不行。

《老妇人》我实在太爱了,我要用来打破《现代》的难关,势必最近就要写。"

**六日**　《西京日报·明日》刊登阿汪《装头晕论》:"施蛰存主张青年人读《文选》《庄子》,而引起争执,起初神气活现,到后来见叛逆者日多,天下并不太平,他忽然聪明了,换一个脸谱说:'打架是顶愚蠢的事,打给别人看。'丰之馀说'可惜自己先打几拳之后,飘然远引'。在当时,大家以为这位少年老成的施先生,以'放下屠刀,立地成佛',而自己俺盖了的。可是,事实并不如此,未能'远引',又图'突围'。然而,施蛰存虽然无聊,倒也固执。以商人始,也以商人终,并未露出尾巴,也不卑怯可怜地自认'措词未妥',也不再喷'另有原因'。所以和施蛰存应酬的人,也不馁气。"

**七日**　黎锦明致杜衡与先生一函:"昨天在此间买了《现代》四月号一本,一口气读完了,发现我的那篇'拙作'《一个波状的人和事件》里面,给手民弄上两个错。""在末篇,关于王淑明先生批评我的《失去的风情》一文上,似乎也可以留下些意见。他的褒贬,大致很公允,但他以为我们有些写法近似旧小说的格调,却不很赞成。"(按:后见于杜衡在《现代》第5卷第1期"社中谈座"复书,最后写到"我想声明,以上的话仅仅说了我个人的私见,不敢说是代表一个杂志的"。)

**十日**　先生与朱雯合编《中学生文艺月刊》第1卷第2期出版。

**上旬**　先生全力筹办文学月刊《文艺感觉》。(按:出版时改为《文艺风景》。)

另,据赵景深回忆:"他编《文艺风景》和《文饭小品》,在装帧和排版方面是更加注重了。"(赵景深《文士三剑客》)

**十一日**　鲁迅复增田涉函谈及:"所谓'文艺年鉴社'实际并不存在,是现代书局的变名。写那篇'鸟瞰'的人是杜衡,一名苏汶,他是现代书局出版的《现代》(文艺月刊)的编辑(另一人是施蛰存),自称超党派,其实是右派。"

**同日**　《西京日报·明日》刊登阿汪《未题》,其中写到"施蛰存先生在上海为庄子与文选问题,'打了几拳之后,便飘然远引'","而后大发其非战论",作者又辱骂"究竟是一个把自己当小丑的洋场恶少"。(按:该报本年6月9、15日刊出茵君《文坛杂拾》《作家的私生活》,文中继续有贬损先生之词。)

**又**　《西北文化日报》登载王宝钏斯基"措词未妥"以外》,写到"在'突围不遂'的情势之下,施蛰存仍然是一个'洋场恶少',但施蛰存毕竟近于一个文人的行为,还有负伤的勇气";"他并不说'一方面措词未妥',也不说别人'另有原因'。遥遥笔杆子的张遥青先生,竟说出'措词未妥'"。

**十五日**　《矛盾月刊》第3卷第2期徐苏灵《读者·作者·编者》提及:"下期本刊

准出'弱小民族专号',""执笔者有王鲁彦、黎锦明、钟宪民、伍蠡甫、汪馥泉、叶灵凤、施蛰存、杜衡、叶秋原、马宗融、顾仲彝、章铁民、李青崖诸先生。"

**十六日** 《论语》半月刊第39期刊载一清《今声律启蒙五集》,其中"六"有句曰:"《文选》推荐非易事",并注:"施蛰存因作文推荐《庄子》与《文选》,大受责难。"

**十八日** 读者崔多由北平清华园致先生一函:"今天打开了四卷第六期的《现代》,读到杨予英先生的诗三首时,觉得无限神秘、奥妙、奇异之感,使我如入五里雾中,不得其解,我想纵然诗人会与凡人不同,也同生活在一个社会里,""而先生所以刊载者,其亦以其类象征派诗乎?呜呼!《现代》就总刊载着这样的诗吗?"

**二十一日** 《申报》刊载"世界文学函授学院常年招生"启事,其中"教授":"布克夫人、罗曼罗兰、穆木天、赵景深、施蛰存、杜衡、余慕陶、卢隐、周乐山、何嘉、顾凤城、叶灵凤、傅彦长、林微音、黎锦明、黄震遐等九十馀人。"

**二十五日** 撰讫《〈文艺风景〉创刊之告白》:"近来我渐渐地感觉到一个人,即使追逐自己的理想,也已经是很闲杂的事,不但很困难,而且几乎是不可能的事。在生活上,在学问上,甚至在编辑书报杂志——(这几乎是我两年来的职业了)上,都给我证明了。我曾尽了我的能力,以企图达到我理想的境界,可是理想永远跑在前头,正如夸父逐日,永远只是望着前面一片光芒。什么地方,我才能达到我的旸谷呢?""在与杜衡先生合编《现代》之外,又在这里自己支撑起一个新杂志的局面来,也许有人会得诧异,为什么连这一点点精力都要分散开来?但在我自己则不作如是想,我不过是多一个追逐理想的路径而已。""倘若我而以《现代》为官道,则《文艺风景》将是一条林荫下的小路。""所以《文艺风景》与《现代》将是姊妹交的两个文学月刊。"

**二十六日** 《中华日报·动向》刊载鲁迅(署名"翁隼")《古人并不纯厚》:"还有现存的最通行的《文选》,听说如果青年作家要丰富语汇,或描写建筑,是总得看它的,但我们倘一调查里面的作家,却至少有一半不得好死,当然,就因为心不好。"按《鲁迅全集》注释:"1933年9月,施蛰存曾向青年推荐《文选》,说读了'可以扩大一点字汇',可以从中采用描写'宫室建筑'等的词语。"(人民文学出版社,1981年北京第1版)

**二十七日** 写讫《书籍禁止与思想左倾》:"在农村破产,民生凋敝到如此之极的目下的中国,青年人的思想左倾,乃是自然的结果。""文艺上之所以有左倾作品,在文学的艺术上看起来,诚然往往是粗劣的制作,但是把它作为现代青年的思想与意向的记录研究起来,却是很足以供给政府作采风之用的。左倾的出版物既以这样的因由而在出版界中呈现出蓬勃之象,则政府应当注意到这决不是禁止发行这种堵塞办法所能收效了。""沈从文先生所发表的意思也正与我上文所述并无多大的歧异。但是在上海的《社会新闻》第6卷第27、28期上却连续刊载了一篇对于沈从文先生那篇文章的反驳。""对于那篇文章的作者之非但不能了解沈从文先生的意见,反而加以许多恶意的诬陷,这个事实,我在感觉到作者的愚昧意外,还觉得这种现象是蕴涵着一个更大的危机的。""那位作者却公然地说出了'就是重演一次焚书坑儒的历史,恐怕也还只是以共产党之道治共产党之人,'这种睚眦之怨必报的态度,虽然在现代的政治上容或有相当的存在之必要,然而对于孙中山先生的仁厚宽大的政纲,毕竟相去甚远了。我们不要忘了中国的共产党还是中国的人民,驱之使为畔逆,而又置之于法。""直到现在还在嚣扬起来的所谓'文化剿匪'的目的,却不仅在禁止那些'名为文学作品而实为共产党作宣传品的书',并且还将愚昧地干涉一切文艺制作之自由,而使代表一个民族的智慧的想象的文学,都成为实用的政治的宣传品,这实在是取缔了'名为文学作品而实为共产党作宣传品的书'而以'名为文学作品而实为国民党作宣传品的书'代之。""凡是有自尊心的文艺家及真能了解文艺思想者,都会的,而且应当,持着与沈从文先生同样的态度。""能运用这样歪曲的逻辑来罗织沈从文先生的罪状,真使人要相信在不久的将来,一定会发生一个幽暗而残酷的大风暴,而面对着这个大风暴的我们,将不是恐怖,不是屈伏,不是妥协,而是一种鄙弃,憎厌,和愤怒!"

**是月** 大东书局初版沈从文著《沫沫集》,收录《论施蛰存与罗黑芷》,别有《论冯文炳》提及:"《上元灯》的作者施蛰存君,在那本值得一读的小集中,属于农村几篇作品,一支清丽温柔的笔,描写及其一切接触人物姿态声音,也与冯文炳君作品有相似处。惟使文字奢侈,致从作品中失去了亲切气味,而多幻想成分。具抒情诗美的交织,无牧歌动人的原始的单纯,是施蛰存君长处,而与冯文炳君各有所成就的一点。"

**又** 中国航空协会编印《中国航空协会上海市征募成绩总报告》,其中"各队详细成绩·第六十九队队长王云五征募·特别会员"内:"施蛰存,十元。"

## 五月

**一日** 先生与杜衡合编《现代》第5卷第1期(5月号)出版。先生自述:"从'特大号'而'增大号',而'狂大号',我觉得这条路子已经走尽,翻不出什么新的花样了。第5卷第1期的《现代》是个218页的普通号,不作任何宣传。""编辑第3卷和第4卷的时候,我竭力使《现代》保持原来的面貌,但已经有些作家,怕沾上'第三种人'的色彩,不热心支持了。编到第5卷,由于我和鲁迅先生为《庄子》与《文选》的事闹了意见,穆时英被国民党收买去当图书杂志审查委员,现代书局资方内哄,吵着要拆伙,我感到这个刊物已到了日暮穷途,无法振作,就逐渐放弃编务,让杜衡独自主持。"(《〈现代〉杂忆》)

另,刊有《核那尔日记中的两个故事》,署名"安华";以及先生与杜衡作为"编者"在"社中谈座"发表"本刊组织编委会之计划"。

另,刊发路易士(纪弦)诗作《给音乐家》。先生自述:"他第一次来访我,就带来了一大卷诗稿,他再三叮嘱我即时为他一看,给一点批评。这样的投稿人是使我觉得很窘于对付的,但对于易士,在一席谈之后,他所给我的爽直与忠挚于诗的印象,使我感觉到他未必会因我的苛刻的指摘而怫意,于是我就大胆地当着他逐首读他的诗,逐首,甚至逐句,把我的意见雌黄了一阵。""当时易士很虚心,他非但不以我的话为苛刻,并且愿意依照我的意见加以改正。于是他留下几首诗在我的抽屉中,希望我能给他编在《现代》杂志中发表。""以后,因为与易士渐渐的熟稔了,又因为看多了他的诗作,我从他的性格,从他的情绪,从他对于诗的修养,各方面看出了易士的诗是应该让他自己去顺着自己的路发展的。他如果愈接受我的意见,则他的诗将愈不是他自己的了。因此,在以后的数度晤谈中,我总小心地避免对于他的诗发表意见,在不得已的时候,我也只得从他的作诗的路径上去寻搜疵病,而不再用一点自己的主观了。"(《行过之生命·跋》)

另,据纪弦(路易士)回忆:"我交费订阅了现代书局发行的纯文艺大杂志《现代》月刊,""于是我开始投稿,使用笔名路易士。我以《现代》为第一目标,""5月号上竟把我第一次寄去的稿子登出来了,这给我以莫大的鼓励,而且使我信心倍增,虽然那首少作并不太好。接着,9月号的《现代》又发表了我的重要作品《时候篇》。""我跑到现代书局楼上《现代》月刊编辑部去看我们的施大哥,向他提出一些问题,接受他的教诲,那是常有的事。"(纪弦《从一张照片唤起的记忆》)

**同日** 张静庐在四马路(今福州路)324号(红屋)创办上海杂志公司。先生自述:"过了春节,现代书局虽然依旧开门营业,但已是一架被抽剥掉血肉的骷髅了。张静庐把抽出的现金去独资开设上海杂志公司。"(《我和现代书局》)

**又** 天津《大公报·书报评介》登载艾菲《中学生文艺月刊》,写到"是一个新起的期刊,现在刚出到第2期","编者是《现代》的施蛰存和作家朱雯"。

**九日** 黎烈文在《申报·自由谈》上发表与该刊脱离关系的启事,《申报·自由谈》改由张梓生接任编辑事务。

**十日** 先生与朱雯合编《中学生文艺月刊》第 1 卷第 3 期出版,"范作注释"专栏刊有先生注释的鲁迅短篇小说《风波》(署名"注释者陈和")、朱自清散文《匆匆》(署名"注释者谢远君")。先生自述:"我曾给上海出版的一个中学生杂志选刊了一篇鲁迅先生的小说《风波》,逐段加以解说。当时有几位学生,看了都觉得还有一点意思。"(《鲁迅的〈明天〉》)

另,此期出版后不久即停刊,该刊出版仅为时三个月,共印行三期。

**十三日** 《中华日报·动向》刊载鲁迅(署名"白道")《化名新法》:"例如'中国文艺年鉴社'所编的《中国文艺年鉴》前面的'鸟瞰'。据它的'瞰'法,是:苏汶先生的议论,'行',杜衡先生的创作,也'行'。但我们在实际上再也寻不着这一个'社'。查查这'年鉴'的总发行所:现代书局;看看《现代》杂志末一页上的编辑者:施蛰存,杜衡。"

**十四日** 《申报》刊载报道《现代书局昨宴文艺界》:"昨晚该书局会同三刊编辑社名义,假座广东路航运俱乐部,宴请海上著名文艺界及艺术界五十余人。首由该局总经理洪雪帆君起立致欢迎词,及报告该局过去出版情形,及将来整个计划。次由《一周间》主编人洪深报告本刊内容与其他。""次由《现代》杂志主编人施蛰存发表创刊以来,两年于兹,专赖全国文学界共同努力,读者尽量奖励,得有今日地位,著作读者恋爱已久,今日联欢一堂,不啻补行婚礼。末由《现代儿童》主编人张匡与该刊前主编人宋易君交换意见,直至钟鸣十时,宾主尽欢而散。"

**同日** 靳以自北平致上海康嗣群函谈及:"前致杜衡函,曾以此事相询,亦无回音。若得见杜衡或施蛰存时,请当面代问一声,弟愿知水落石出之情形也。现代书局,本不规矩,恐怕这是一件上当的事了。"

**十六日** 《出版消息》半月刊第 36 期"文坛消息"专栏刊载《施蛰存编"文艺风景"》:"施蛰存近将为光华书局主编一杂志,名《文艺风景》,定 6 月 1 日出版云。"

**同日** 《晶报》刊载白露《施蛰存补行婚宴》:"最近现代书局延洪深教授及张常人君编《一周间》,将问世。""前日在航运俱乐部宴请名作家,同时《现代》杂志编者施蛰存君,亦约《现代》名作家,为《一周间》捧场。施演说,谓《一周间》宴客,不啻正式结婚之婚宴,至《现代》则早已同居,今日补酒而已。"

**十七日** 《申报》"出版界"专栏刊载:"《文艺风景》施蛰存主编,将于 6 月 1 日创刊,系软性的纯文艺月刊,内容有郁达夫之《屯溪夜泊记》、穆时英之《影之小会》、张天翼之《直线系》、丁玲之《离绪》、施蛰存之《书籍禁止与思想左倾》、杜衡之《莎剧凯撒传中之群众》、赵家璧之《写实主义期之斯坦因》等,图文并茂,定价每期2角,如在6月15日前预定者,连邮只收1元8角,特大号不加,总经售处上海四马路光华书局及上海杂志公司。"

**十八日** 《民报》"出版界消息"专栏刊载:《万象》创刊号定本月20日出版,"文字方面有穆时英、施蛰存、邵洵美、叶灵凤之创作随笔"云云。

**二十日** 在《万象》第1期发表《随笔二题·名、渡头闲想》。

**同日** 《华北日报·每日谈座》第68号刊载李健吾《也算一点声明》提及:"我没有一点说到穆先生抄袭,而且我自己,更不是说那种话的人,因为我非常羡慕他,一到上海,我立地请施蛰存先生介绍我去见他,表示我的敬慕。关于《南北极》,我相信这是一篇特殊的作品,并且是作者最好的一篇。"

**二十一日** 按季羡林日记:"把《母与子》(即《老妇人》)寄给《现代》,我总有个预感,觉得这篇文章他们不会登的。真也怪,我以前觉得这篇文章好极了,但抄完了再想起的时候,却只觉得它不好了。"(按:《母与子》后刊于《现代》第6卷第1期。)

**二十二日** 《民报》"出版界"专栏又刊"《万象》创刊号出版",又提及刊载先生之创作随笔。

**二十五日** 译作波兰斯谛芬·什朗斯奇小说《强性》刊于《矛盾》第3卷第3、4期合刊(5、6月号·弱小民族文学专号),并附有"作者介绍"。(按:该期末后版权页又记6月1日出版。)

**二十八日** 《时事新报》"出版界"专栏刊载"《文艺风景》将出版"的消息。

**二十九日** 《申报》刊载《〈文艺风景〉将出版》:"本埠四马路光华书局历来努力于文化运动,不遗馀力,近有多数新书出版外,现又有《文艺风景》月刊之出版,该刊为施蛰存先生精心主编,内容形式,新颖绝妙,均属国内名家著作,为现今中国唯一纯文艺之优良专刊,闻该刊创刊特大号准定6月1日出版。"

**三十日** 《庸报》登载艾淦《最近作家的考察·现代中国作家鸟瞰之一:杜衡、施蛰存、张天翼、穆时英》(中篇):"施蛰存先生的作品,最近发表的很少。但他过去却是在中国的文坛上,公认为代表一种新的倾向而出现的作家。这种新的倾向便是所谓新感觉主义。""但据我所看到的他的最近一篇创作《汽车路》(《现代》四卷二期),却和他的过去的作品有了一点儿区别,至少在创作方法上,是和新感觉主义距离得稍远了,这也许是作风的转变。""在过去,作者虽追求着新感觉主义的那种非现实的形式,但有些作品,还多少是接近现实的,如《阿秀》《深秋的下弦月》等。但现在,沉默了许久的作者,越显示来他的观感的迟钝了。这,我们不能不说,施蛰存先生是退步了。"

**三十一日** 《庸报》登载《刘呐鸥开书店是为玩票,施蛰存〈现代〉颇不得意》,亦系小报游娱性流言之类,但文末却写"刘现在从事电影,而施则与杜衡合编《现代》,闻'现代'后台蒋坚忍,对施甚不满意,将来运命如何,尚难说也"。(按:此稿又载《大同报》本年9月22日。)

**是月** 上海南强书局第二版印行李君实编《模范语体文评选·第二册》,收录其作《画师洪野》。

**又** 南京正中书局初版发行王平陵著《文艺家的新生活》,书内"五、礼拜六派文艺给予国民生活的毒害"提及:"曾经有过十万读者的中国最有权威的刊物的名称,它曾经做过五四时代文学革命的对象,听说《茶花女》的译者刘半农先生,以及此刻正在负责《现代》文艺杂志的编者施蛰存先生等,都常有作品在他们的刊物上出现,可见在那时候势力之雄厚了。"

**同月** 25日"国民党中央宣传部图书杂志审查委员会"在上海成立。

## 六月

**一日** 主编"纯文学月刊志"《文艺风景》第1卷第1册(创刊号),由光华书局出版发行。卷首刊有其作《施蛰存启事》:"近来常有相识或不相识的朋友,不弃拙陋,以贱名列入各种文艺刊物或集会,为特约编辑,为导师。因之常有许多人来函询问,或托以接洽各种事务,颇以不克效劳为憾。故在此作一声明:除《现代》仍由我及杜衡先生合作编辑,及本刊由我一人负责之外,我与其他列有贱名之各文艺刊物或集会关系,不过是一个投稿人或赞成人而已。如有关于这些刊物或集会有所咨询,务请直接寄信给该刊物或集会之主持人,恕我不能奉复或转达。"

另,刊有《文艺风景创刊之告白》《书籍禁止与思想左倾》《谈奖券》和译诗《英美小诗抄》(署名"安华")、译作古希腊路吉亚诺思《娼女问答》(署名"薛蕙"),以及《编辑室偶记》(署名"蛰存")。

另,刊发丁玲《离情·给胡也频信三通》,并"编者注"。(按:目录为"《离绪·寄胡也频信三通》"。)先生自述:"当时社会上流传丁玲已死去,于是,我把这三封信编入新创刊的杂志来纪念她。"(先生口述)

**同日** 先生与杜衡合编《现代》第5卷第2期(6月号)出版;刊有译作美国陶逸

志《诗歌往那里去?》;另与杜衡作为"编者"撰有"文坛展望",并在"社中谈座"答读者崔多来函"关于杨予英先生的诗"。

另,"编后记"谈及"我们预告着把编委会名单宣布,而在该期上竟不能践约"云云。先生自述:"辞去编辑部工作,是我们第一步退却。半年之后,书局情况愈坏,门市营业清淡,内部经济周转无术,却还有人千方百计想打进来。我们在这种形势下,觉得已毫无希望。"(《〈现代〉杂忆》)

五日　按周作人日记,收到施蛰存来函。

七日　天津《大公报》登载:"光华书局发刊之《文艺风景》,创刊号已于6月1日出版,由施蛰存任编辑,系纯文艺性质。"

十三日　《时事新报》"出版界"栏刊载:"《文艺风景》征求定户":"光华书局发行、施蛰存主编之《文艺风景》,自出版以来,以内容精美,极为爱好文艺者所喜阅,现该刊正在征求优先定户,凡在本月30日前向该局预定全年者,连邮费仅收1元8角。"

十五日　《民报》刊载"本埠下月《新潮杂志》出现"提及:"该志约于7月10日左右出版,文字执笔者有章克标、施蛰存、丰子恺……"

二十日　译毕德国E·托莱尔《现代作家与未来之欧洲》。

同日　在《万象》第2期发表散文《赞病》。

又　《大上海》半月刊第1卷第3期"半月漫谭"专栏刊载《好大胆的施蛰存》:"施蛰存于《文艺风景》创刊号中登载《书籍禁止与思想左倾》一文,对于当局的禁书等事,侃侃论列,大伸正义,一般人都说施蛰存这番胆子真大。其实这种事,除了右翼的人不能说,左翼的人不敢说,第三种人的作家之群正是应该说的。"

二十三日　据报载《穆时英昨日结婚》,下午先生和杜衡、叶灵凤等友人出席穆时英、仇佩佩夫妇在北四川路新亚大酒店的婚礼。(《时事新报》,1934年6月24日)

二十五日　为翻译爱尔兰夏芝诗作《流浪的安戈思之歌》撰写"译记",又为译毕英国台薇士诗作《夏之清晨》而撰写"译讫记"。

是月　上海中学生书局初版发行"遵照教育部新课程标准,篇目完全依据江苏省教育厅国文科教学进度表编定"之《高级中学适用·高中当代国文》(全六册),原选者:江苏省教育厅;注释者:薛无竞、朱雯、沈联璧、施蛰存;校订者:柳亚子、相菊潭、金宗华。先生列为第一、二、三、四册的"注释者",第一册于本月初版发行,其余先后初版发行。别有第六册已于本年一月出版,而第五册于本年八月出版。

又　先生编辑"现代创作丛刊"第16种郁达夫著《屐痕处处》,由现代书局初版。

**又** 现代书局杂志部印《全国杂志一览表·1934》，"文学"内有："《现代》（月刊），施蛰存、杜衡编，全年十二期，每期3角。国内：半年1元8角，全年3元5角；国外：半年3元，全年5元9角。内容：中国唯一的纯文艺刊物，介绍世界文坛情状，译述世界名著，批评新出文艺书报，刊登有价值之文艺创作，凡论著、诗歌、小说、戏剧、杂文等，每期均分配适当，执笔者均为现代文坛第一流作家。每期文艺画报，每期介绍现代世界名画家一人，编制新颖，甚能兴奋文艺趣味。"别有"《文艺风景》（月刊），施蛰存编，全年十二期，每期2角。国内：全年2元；国外：全年3元。内容：比较软性的纯文艺刊物，专载散文小品、诗歌、小说、随笔等，富于趣味性，兼载论文。"还刊有"中国唯一纯文艺月刊《现代》，施蛰存、杜衡主编"套红广告专版以及主编"《现代创作丛刊》"书目专版。

**又** 27日《申报》刊载先生二妹施咏沂译作匈牙利沛妥斐《私奔》（一）；28日续刊《私奔》（二）；29日续刊《私奔》（三）；30日续刊《私奔》（四·完）。

**同月** 1日国民党政府公布《图书杂志审查办法》。

## 七月

**一日** 主编《文艺风景》7月号（第1卷第2册）出版；刊有其译作德国E·托莱尔《现代作家与未来之欧洲》，还刊有其作《编辑室偶记》（署名"蛰存"）："本刊第一期出版后，就使人感觉到有许多地方不能满意。所以从该期起将陆续就见得到的地方改良起来，使本刊即使在外观方面，也能显得精美一点。"

另，此刊仅出版共两期后，随即停刊。

**同日** 先生与杜衡合编《现代》第5卷第3期（7月号）出版，刊有其译作西班牙阿耶拉小说《助教》以及其作《文坛展望》（署名"编者"）。

**又** 《当代文学》第1卷第1期（创刊号）刊载余异《文坛杂景》"国内之部·几种特刊"写到"随1934年而来的新的文学杂志，已达十种"，提及"《文艺风景》，施蛰存编，上海光华书局"，而"旧的有《文学》，傅东华、郑振铎编，上海生活书店；《现代》，施蛰存、杜衡编，上海现代书店"等。

**二日** 先生复戴望舒函："收到你的每一封信，并电报，并《革命期的俄国诗人》，但我除了为你而寝不安枕以外，实在没有别的办法，哪里来的钱呢！现在一切的书局都不收单行本，连预支百元的创作集也没有出路，这是如何不景气的一个出版界啊！

我固然希望你能玩一次西班牙,但万一太穷到没法,总以回来为是。""这半年来风波太大,我有点维持不下去了,这个文坛上,我们不知还有多少年可以立得住也。"按:此函提及《革命期的俄国诗人》,即原著苏联本约明·高力里(Benjamin Goriely)《俄罗斯革命中的诗人》,法国巴黎加里马书店1934年3月出版。此为戴望舒1934年4月译讫全书之稿,先名曰《俄国革命中的诗人》,后易为《苏俄诗坛逸话》(见《文饭小品》1935年第2期,上海杂志公司1936年6月初版)、《苏联文学史话》(香港林泉居1941年出版)。

另,按先生自述:"望舒从巴黎寄来了这部《俄国革命中的诗人》[《革命期的俄国诗人》]的全译稿,托我找寻出版家。我花了一个晚上把全稿读完了,感到非常有兴味,尤其是那记述革命期许多激动的诗人们的遗闻逸话的第一部分。当时我曾挑出两章来分载在《文艺风景》和《现代》上,看过的人也表示同样的满意。但此稿不幸却没有一家书店愿意出版,(当然,这是翻译书,比不得'茅盾小说集'那些书的好销,此其一;又是关于诗的,有几个人欢喜诗呢? 此其二;望舒又很自重其译稿,不愿以太低的稿费卖了它,所以益发没有书店肯印行了,此其三。)于是这部十万字的译稿在我书架上休息了十个月。"(《苏俄诗坛逸话·题记》)

**五日** 《新语林》半月刊第1期刊载鲁迅(署名"杜德机")《隔膜》提及:"施蛰存先生在《文艺风景》创刊号里,很为'忠而获咎'者不平,就因为还不免有些'隔膜'的缘故。这是《颜氏家训》或《庄子》《文选》里所没有的。"

**十一日** 译诗爱尔兰夏芝《流浪的安戈思之歌》并"译记"刊于《大公报·文艺副刊》第83期。

**十五日** 译诗英国台薇士《夏之清晨》刊于《诗与散文》第1卷第2号。

**同日** 《小说》半月刊第4期"文艺画报"专栏以"笔会"为题刊载先生与叶灵凤、孙福熙三位作家的特写照片,编者写道:"是三位中国作家的'笔'的'会'合。每个作家的文笔的不同,有时使我们想看一看他们的丰采,到底是怎样一个人,才会写出这样的文章。如果更精究一些的话,也许也会想到这文章是从怎样的手中写出,才见到他的特殊手腕。而印在书上的一个个铅字也太乏味了,自然也想一睹他们的手迹。在这里,我们把这三个作家的像、手、笔和字,都重印在一幅图上,让读者们自己去体会吧。"(按:据黄苗子2004年5月19日给撰著者复函说:"记起是我经手编的,叶灵凤和施蛰存先生的照片,似乎是从叶灵凤那里得来。")

**十六日** 《中华日报》刊载张春桥《另一个问题》:"等到施蛰存底编辑下《现代》杂

志出版后,捧出来了个戴望舒。从此,你也意象派,我也象征主义地在各处出现着:整个的诗坛是他们底领域,每个文艺杂志底诗里是他们的伙伴。""也许施蛰存会摆出面孔说叫'孩子家你懂啥'!可怜,中国底读者有几个懂的呢?"

**十七日** 鲁迅致徐懋庸函谈及:"'谈言'上那一篇早见过,十之九是施蛰存做的。但他握有编辑两种杂志之权,几曾反对过封建文化,又何曾有谁不准他反对,又怎么能不准他反对。这种文章,造谣撒谎,不过越加暴露了卑怯的叭儿本相而已。而且'谈言'自己曾宣言停止讨论大众语,现在又登此文,真也是叭儿血统。"按《鲁迅全集》注释:"'谈言'《申报·本埠增刊》的杂文专栏。1934年7月7日该栏发表《大众语在中国底重要性》一文,作者署名'寒白'。"(人民文学出版社,1981年北京第1版)

另,按先生自述:"我从来没有用过'寒白'这个笔名,文章当然不是我写的。我也不知道'寒白'究竟是谁,只能猜测,当时就那么几个人参与争论。《鲁迅全集》的注释者曾经征询过,都不能确定。""'寒白'是否会是瞿秋白或陈望道呢?无法知道。要再看一看这篇原文,从思想观点、行文写法、以及当时的情况仔细考证,是能得出结论的。"(《世纪老人的话·施蛰存卷》,辽宁教育出版社,2001年11月版)

**二十日** 晚上先生与叶灵凤、杜衡应邀前往八仙桥青年会九楼餐厅,出席良友图书公司《电影画报》编辑郑君平、朱文敏夫妇为孩子弥月举办的宴会。据重楼记述:"叶灵凤和施蛰存、杜衡三个人,排排坐,吃果果;到了主席宣布叶灵凤表演的时候,灵凤的口却尽吃冰淇淋,这表演也冰消了!"(重楼《青年会九楼盛会绮筵开》,《民报·民话》,1934年7月21日)

**同日** 《十日谈》旬刊第35期"文坛画虎录"专栏刊载李大生《五个文人印象记·四、施蛰存先生》:"不过有三十左右年纪,挂着一付眼镜,颇见清秀的面孔;当上我的第一课国文时,显露惊心和注意的神情,看来早知道是一个不经世故的教授。在校中颁定的国文课本,是开明书店装钉的活页文选,第一课是《非十二子》,使施先生看了一遍,又看一遍,我以为施先生就要讲授了!过了二十分钟左右,施先生很难为情地说:'哎!此种的文章,颇为难懂,候我返去预备,下次才开始讲授吧!'他说话完毕,就哄然一阵下了课。过了二天,施先生的辞职布告,已挂在粉墙的镜箱中。听说是因施先生请学校另选课本,学校不允,就行辞职而去!以后我并没有机会再见施先生,只是自施先生编的《现代》出版,使我看来,都颇觉得有相当的兴趣;为什么施先生受了一课《非十二子》的迎首击打,就行辞职呢?在施先生未说明原由以前,我至今还是认定施先生对于旧文学没有深刻的研究。"

**又** 先生致《十日谈》旬刊编辑函:"拜读以后,发现这位李先生所记的似乎并不是'印象',而恐怕是一种'幻象'。""这位李先生是从他的所谓'印象'里'认定'我'对于旧文学没有深刻的研究'的,所以他要记录这个'印象'下来作证。其实这是无须的,我自然从来也没有自己'认定'我对于旧文学有什么深刻的研究。""从李先生所记的故事中,我想你编辑先生,(也许你也曾做过'教授'的吧?)一定能够看得出一个破绽而发现了这故事是事实所必无的了。天下那有一个上第一班国文课的'教授',必须要到了讲堂才看见校中预订的讲义的呢? 如果觉得'颇为难懂',他焉有不在上课前预备一下之理? 至于我以后的辞职,我当然另有理由,李先生文中云云,他自己既很谦虚地说明了是'听说……'。""他说自从我辞职后,'接着充当的就是沈从文先生',这也显然是错误的。我是在沈从文先生离开了那个学校而后去'接着充当'的。""从这事实上,我可以同时证明了李先生的'沈从文先生印象记'也只是一个向壁虚构的'幻象'而已。查贵刊'文坛画虎录'栏投稿章程第二条,因知贵刊之圈此栏,'专记当代文坛遗闻佚事',而以'事属真实为贵'。今李先生所记的我及沈从文先生之'遗闻佚事'得以在贵刊发表,想贵编辑必然已经知道是'事属真实'的了。然而我这个当事人却特地来函,证明其不真实,执笔之顷,心殊惴惴,深恐使贵编辑为难了。""我希望先生能将此信在贵刊载出,表示先生以前之以'事属真实'而'贵'之者,今且以事属不真实而'贱'之,何如?"

**二十三日** 《时事新报》刊载"光华书局近讯"提及:"发行新杂志二种,第一种《文艺风景》月刊,为施蛰存主编,由郁达夫等名作家作稿,内容新颖绝妙,为现今最好之软性文艺刊物。"(按:在出版第1卷第2册后停刊。)

**三十日** 按季羡林日记:"又到太庙,因为我已经答应替《现代》译一篇 Dreiser 的小说,所以又匆匆赶回来。"

**同日** 《社会日报》"作家素描"专栏刊载无聊斋主《施蛰存的片段》:"曾以《庄子》与《文选》之问题的争闹而被鲁迅很刻毒地挖苦为'洋场恶少'的施蛰存,以其做事待人态度而论,这话着实有点过火,他是个懂得世故和阅历的中年人了。""施蛰存便是这样的,有时候好像很严肃,凛凛然不可触犯,有时候他的诙谐嘴脸,和打玩笑的兴致,却是特别有劲而浓厚的,另外以一种不同的姿态出现于朋友的眼底。""有许多短篇都是脱不了女人,完全以钉梢为中心趣味的。因这,曾经被攻击他的人抓为笑骂的资料。在他创作产量较多的时候,间亦常写历史小说,而现在是很多时没有创作了。有人问他是什么原因,他答一方是找不到崭的故事,一方是自己写不出,因此便索性不写了,而只做些比较轻易的诀作。他虽嗜爱写一些钉稍的爱情小说,然而他本人压根儿便不是风流种,却连舞场都不常去,当然更谈不到其他。况且他已经是有妻有子的人,他跟他的夫人的情感似乎很融洽,家在松江,每礼拜必要回去住一二天。如今算够忙了,一身兼编两个杂志。不过《现代》的职务,差不多全部都由杜衡负责,对于稿件编辑他绝少过问,只是挂空名而已。至于《文艺风景》,出版以来销场虽不错,但因与老板方面意见相左,已表示在最近不愿意干了。"

**月内** 先生由上海返回松江老家居住了二十天。

**是月** 广州大学图书馆初版发行郑慧英编《书评索引初编》,内有:"《梅雨之夕》,施蛰存,大公报文学副刊,301号,22年10月9日。"

**又** 先生编辑"现代创作丛刊"第17种穆时英著《白金的女体塑像》,由现代书局初版发行。

**同月** 浦江清于欧洲游学结束回国,在家乡松江度过暑假。

## 八月

**一日** 在《小说》半月刊第5期发表《精神的亢旱》。

**同日** 词作《无相庵小令》刊于《松江县立中学校友会年刊》1934年第1期。《蝶恋花》:"桐落潇潇南国冷。惆怅西风,常惹恹恹病。乍觉近来眉更靓,罗衣着体浑难称。雅陈横天天又瞑。寂寞空房,独坐生凄零。曼爇炉烟慵对镜,镫前怕焰纤纤影。"《南歌子》二首:"(一)宛转塞珠箔,低徊卸玉蝉。镫前顾影不胜怜,何况月华双炤黛眉湾!(二)玉关垂青镳,银泥覆锦鸳。暗思明想泪栏干,帘外秋风吹彻凤城寒。"《木兰花》:"桁流苏垂疏簌,深袤馀春香馥郁。洞房银烛焰孤眠,锦被斜拖寒半腰。轻烟小院飘红玉,睡起双蛾飞细绿。伤心万事不成欢,对镜慵开脂粉盒。"(按:此篇作品初见于《松江报》2013年3月8日刊载唐建国《施蛰存轶作〈无相庵小令(词)〉》,系该文作者唐建国"查阅档案资料"时所检得原刊。后又据上海图书馆《全国报刊索引》原刊影件过录,别有《木兰花》一首。)

另,附录《本会会员录·乙、特别会员》内有:"姓名:施蛰存,字:德普。性别:男。籍贯:松江。现在状况:母校前国语教员,现任现代杂志编辑。住址:松江县府南首。通讯处:上海现代书局。"还转载二妹施咏沂译作匈牙利沛妥斐著《私奔》。

**又** 先生与杜衡合编《现代》第5卷第4期(8月号)出版。

又 《文学》第3卷第2号"文学论坛"专栏刊载茅盾(署名"惠")《对于所谓"文言复兴运动"的估价》提及:"值得严重注意的,倒是另一方面有些并不反对白话的人有意无意地在帮文言(封建思想)的忙。第一,'文学遗产'这名词输入以后,施蛰存先生曾经劝青年读《庄子》和《文选》,'利用前时代的遗产';第二,小品文盛行以来,'袁中郎'奉为法宝,'李日华'视同奇货。""但无形中已经助长了'复古'的倾向,(尤其在青年群)。此种现象,比起什么'中小学文言运动'来,实在更觉可忧。"

又 《当代文学》第1卷第2期登载罗慕华《关于诗歌前途的几个问题》提及:"在施蛰存介绍的美国巴伯特·陶逸志女士的《诗歌往那里去》那篇文章里,曾说:'非等到我们能像百年以前的工匠和农夫熟悉于非工业的非机械的文化之诸要素一样地熟悉于我们这文化之诸要素的时候,我们是不能把它们具体地写到诗歌里去而获得成功。'"

**七日** 天津《大公报》登载"张光宇、叶灵凤主编之《万象》画报第2期,现已出版",内有"施蛰存之《赞病》(散文)"。

**九日** 《四川晨报》登载《虹依零札》,提及"近检其报副刊[天津《益世报》,1933年8月12日,《无相庵随笔》],见施蛰存绝诗一首,为昔年齐卢之战,避居上海,夜行静安路而作","施虽是从礼拜六起身,而古诗却不多觏"。

**十八日** 复戴望舒函:"你的电报飞机信都不能帮助我的无路可走,你叫我从何处去筹钱呢?我上次信中不是告诉了你吗?我现在天天躲在家里,上月曾回松江去住了20天,靠慧华的金手镯维持了一个月生活,你总能谅解我的窘了。现在我已在设法,在下月五号以内汇你五百元,我想此款够你旅行西班牙了。俟'比国短篇集'稿费取得后,再作归国之计。"

**十九日** 为译著《域外文人日记抄》交付出版而撰写"序":"本编所选译的七个人的日记,完全照原本选译,一点也未有删削,以存其真。"

**二十日** 《十日谈》旬刊第37期以《施蛰存声明》为题发表先生7月20日致《十日谈》旬刊编辑一函。

**二十一日** 在《申报·电影专刊》发表《大明星间的争斗》,署名"赟"。

**二十二日** 《新蜀报》登载王南无《从作家说到旧文学:水浒西游是现代中国作家的导师,沈从文施蛰存没有读过荀子》。

**同月** 5日、20日《人世间》半月刊第9、10期连载周作人(署名"岂明")《文饭小品》。

## 九月

**一日** 先生与杜衡合编《现代》第5卷第5期(9月号)出版;刊有《我与文言文》:"《文学》第3卷第2号,'文学论坛'栏内有署名'惠'者作《对于所谓'文言复兴运动'的估价》一文。其中有一段牵涉到我的地方……从这寥寥的,但是非常刻毒的数语中,我计算出了作者许多不了解我(或者是故意'歪曲'一下)的概念。我自有生以来三十年,除幼稚无知的时代以外,自信思想及言行都是一贯的。我欢迎认识并了解我的思想及言行的人的公允的批判(善意恶意倒不在乎),但是我痛恨一些'有意无意地'曲解我的思想及言行,而陷我于预设的阱中,以图'请君入瓮'之快的文艺界的鬼蜮!署名'惠'君的这段文章,就显然是这种鬼蜮伎俩了。我不想给自己夸张,也不敢给自己文饰,我在这里自述我的见解,以证明'惠'君之施之于我者乃是一种超乎可恨以上的鬼蜮式的评断。""我根本不承认'文学的遗产'这个名词!"

**同日** 《诗帆》在南京创刊。先生自述:"余尝读社集,始知有程千帆、沈紫曼[祖棻]者,作诗饶有意趣。时二君未缔丝萝,余皆未之识也。"(《北山楼钞本〈涉江词钞〉后记》)

**又** 《当代文学》第1卷第3期"文坛简报"专栏刊载"杂志的诞生和死去":"《文艺》半月刊,董文渊、稽希宗、俞人英主编,撰稿人有徐公美、魏猛克、黑婴、施蛰存、杜衡、叶灵凤等。在'编后散记'上他们声明他们的立场,和选稿的标准有这样一段话:'我们最需要的稿子是有意识的短论,凡是站在第三种人立场上,作文学或艺术的论述,幽默有趣的小品文,思想正确的短篇小说。'""同时也有死亡的杂志数种:""2.《文艺风景》;""5. 有两年多的历史的《现代》,最近也有停之讯。"

**五日** 在《新潮杂志》第1期(创刊号)发表小说《塔的灵应》。

**十五日** 上午9时先生前往南京路大陆商场三楼参加倪贻德个人画展开幕。据《倪贻德个展第一日》:"虽大雨如注,参观者仍络绎不绝,文艺界如施蛰存、林微音、傅彦长、李宝泉、吴似鸿、谢海燕等亦莅场参观,会场内陈设得体,光线充足,作品50件,均为倪氏历年精心之作,颇为观者称许。"(《申报》,1934年9月16日)

**二十日** 在《华安》第2卷第11期"随笔"专栏发表《无相庵偶撷》,文中写道:"曩曾在受古书店见全帙[《小窗四记》],以索值过昂未购,旋入陈群先生书库矣。今寒斋所有,仅《小窗自记》一卷,灯下随意读三五页,便觉肠腑清凉……""昨晚读徐孝穆诗:'带于行幛口,觅钏枕檀边。'颇以为欧阳修词:'起来双枕畔,尤有堕钗痕。'语意出此。又梁简文同庾肩吾咏蓬舟买荷诗'欲知船度处,当看荷叶开'一语,亦似为白居易诗

'小姑撑小艇,偷采白莲回,不能藏踪迹,浮萍一道开",所从而取意者。"

**二十一日** 《社会新闻》第8卷第7、8、9期合刊"现代史料及人物印象"专栏刊载仁陶《施蛰存之三敬三轻》:"施生平有三敬三轻之脾气,知施者类能道之。所谓三敬者:敬先进作家,敬书店老板,敬赤色人物;所谓三轻者,轻无名作家,轻贫士,轻洋行小鬼。因敬先进作家之故,奔走于鲁迅茅盾郁达夫之门甚忙。因敬书局老板之故,在现代书局对洪先生(雪帆)张先生(静庐),在光华书局对沈先生(松泉)执礼甚恭,故颇得老板欢心。因敬赤色人物之故,左联对施,颇信任之,而施所主编之《现代》杂志及《文艺风景》,颇多左翼作品,盖此亦粉红色作家之特殊手段也。施与茅盾尤交厚,上月茅盾迁移,友朋中少有接得通知者,独施得之,可见交谊之深。施特在中国国货公司购礼券20元送去,为乔迁之敬云。现闻沈老板以《文艺风景》内容不妥,已停止出版,《现代》杂志销路亦大减,施颇不自安,幸茅盾允为帮忙拉稿,故施对茅尤感激不尽。最近茅盾丧弟(沈泽民为茅盾同胞弟,死于匪区),彼郁郁不乐,施特为辟室扬子饭店,治酒雀战,为茅盾解闷云。"

另,据陆印泉回忆:"我写了一篇小说《四月的紫堇花》,当时,施在上海主编《现代》文学杂志,我寄给了他,但遭到退稿。后来,经广州的《东方文艺》采用。我少年气盛,一怒之下,就在上海的《文化新闻》上以假名写了一篇杂文'漫谈施蛰存',污蔑他不学无术云云。这事掀起了一场风波,《现代》和《文化新闻》都是由现代书局发行的,我攻击施蛰存,势必会影响《现代》的销路。因此,现代书局老板洪雪帆极为不满,后经人调解了事。张天翼也责问我:'那篇杂文是不是你写的?'我支吾其辞。"(陆印泉《再谈施蛰存》。按:《四月的紫堇花》系作者"1933年春写于南京",同年8月刊于《文艺茶话》第2卷第1期,署名"印荃"。后经修改,收录陆印泉著《四月的紫堇花》,商务印书馆,1944年4月初版。)

**二十三日** 中秋节。晚上先生与杜衡、叶灵凤、陆丹林等应邀前往中法联谊会参加"文艺茶话会"。见于徐仲年著《旋磨蚁》插页照片"文艺茶话会之一景,一九三四年九月二十三日中秋夜在上海中法联谊会(出席者合影)"以及"出席者签名"。(徐仲年著《旋磨蚁》,正中书局,1948年10月初版)先生自述:"1933—1934徐仲年组织了一个'文艺茶话会',不定期地邀请一些文艺界朋友去饮茶、闲谈,作为联欢。我去参加过一次,地点是在今复兴中路思南路口一座小洋房的花园里,当时是中法联谊会的会址。"("我参加过的党、团、集会",1968年)

**同日** 《中华日报·动向》刊载鲁迅(署名"苗挺")《莎士比亚》:"不演还可,一要演,却就给施蛰存先生看出了'丑态'——'……'(《现代》5卷5期,施蛰存《我与文言文》)""施先生自己说:'我自有生以来三十年,除幼稚无知的时代以外,自信思想及言行都是一贯的。……'(同前)这当然非常之好。不过他所'言'的别人的'行',却未必一致,或者是偶然也会不一致的,如《贵妃醉酒》,便是目前的好例。其实梅兰芳还没有动身,施蛰存先生却已经指定他要在'无产阶级'面前赤膊洗澡。这么一来,他们岂但'逐渐沾染了资产阶级的"馀毒"'而已呢,也要沾染中国的国粹了。他们的文学青年,将来要描写宫殿的时候,会在'《文选》与《庄子》'里寻'词汇'也未可料的。但是,做《贵妃醉酒》固然使施先生'齿冷',不做一下来凑趣,也使豫言家倒霉。两面都要不舒服,所以施先生又自己说:'在文艺上,我一向是个孤独的人,我何敢多攫众怒?'(同前)末一句是客气话,赞成施先生的其实并不少,要不然,能堂而皇之的在杂志上发表吗?——这'孤独'是很有价值的。"

**三十日** 上海良友图书印刷公司初版发行侍桁著《小文章》,书内《庄子与文选》写道:"施蛰存先生介绍青年读《庄子》与《文选》便引起了一场笔战,甚至因此有曹聚仁先生提倡别字。""我总觉得问题不在施蛰存先生是否应当向青年介绍《庄子》与《文选》,而在那非使作家们作这种无聊的勾当不可的杂志或报纸的编辑的征文。""施先生为了使青年写文章免于太拙直而介绍读《庄子》与《文选》,就被称为'遗少的一枝一节',实在有点冤枉。""倘使也有人给我们一张表纸,那时我们写什么好呢?有那两本书是高于一切地每一个青年非读不可?至于《庄子》与《文选》在中国书中无论如何不能说是两本坏的书,我想,青年读读也不见得就有害而无益,但是否青年从其中可以得到丰富的语汇,有益于作文,又是另一问题了。如果我们说《庄子》与《文选》是中国青年绝对不可读的书,那么那些中国书籍又是可读的呢!""这次严厉反对青年读《庄子》与《文选》的作者中,有的却在大学校里靠中国古书吃饭的,上班时可以讲六朝文,而一写文章,对于那推荐《庄子》与《文选》的人却要随着人家称之为'遗少的一枝一节'了。"

**下旬** 按先生自述:"康嗣群兄来《现代》杂志社玩儿。闲谈之间,他说起想办一个散文杂志,问我有什么书店能出版。当时我也很高兴,便替他问了几家书店。大概书店老板,因为目的纯然是赚钱的原故,对于发刊一个杂志总有种种打算。他们的打算的结果,便是对于编者的种种条件,以及关于出版上的种种考虑。结果是虽然有书店肯担任出版,我们却为免得麻烦起见,反而搁下来了。"(《文饭小品·发行人言》)

**同月** 生活书店出版鲁迅、茅盾、黎烈文创办《译文》月刊。陈望道主编《太白》文艺半月刊出版创刊号。商务印书馆开始印行《万有文库》第二集。

## 十月

**一日** 先生与杜衡合编《现代》第5卷第6期(10月号、现代美国文学专号)出版。先生自述:"全书四百多页,是郑振铎为《小说月报》编的《中国文学专号》以后的最大专号。这个专号我经营了三个月,自己觉得编得还相当整齐,读者的反应也不坏。"(《〈现代〉杂忆》)

另,刊有其作《现代美国文学专号·导言》(署名"编者"):"我们的读书界,对二十世纪的文学,战后的文学,却似乎除了高尔基或辛克莱这些个听得烂熟了的名字之外,便不知道有其他名字的存在。对各国现代文学,我们比较知道一点的是苏联,但我们对苏联文学何尝能有系统的认识呢?""我们觉得各国现代文学专号的出刊,决不是我们的'兴之所至',而是成为我们的责任。""照我们预定的计划,每卷中介绍一个,那么,使七八个重要的民族都齐备,却已经是三四年的工程了。""多少是要比十几年的蹉跎好一点。""我们只要进行,即使是像骆驼那么迟缓的进行着,我们相信也会有收获的一天的。""选择了文学历史最短的美国来做我们工作的开始。为着这,在计划的当初,我们是曾经听到许多朋友们的怀疑,甚至于责难。这些怀疑与责难,大部分是出于对美国文学的轻视。""这种反对却并不能说服我们,使我们把从美国文学着手的计划放弃。""我们看到,在各民族的现代文学中,除了苏联之外,便只有美国是可以十足的被称为'现代'的。""应该极郑重地去注意的特征:第一,它是创造的。第二,它是自由的。"

另,刊有其作《现代美国文学专号·编后记》:"只是我们两个月间的劳力的成绩,所以终于因为预备时间太匆促,以致内容及篇幅均不能如预期着的那样实现出来,而且出版期又延迟了十日——这是我们最为抱憾的。因为,读者们想必都很知道,本刊是从来没有脱期过的。""我们编辑这个专号,目的完全是在介绍,而不是有所提倡。""在李长之先生的一篇概要叙述之后,又请梁实秋、张梦麟、赵景深三位先生分别将现代美国三种流派殊异的文艺批评家及其理论个别地另作专文介绍之。我们原先的计划,本来还想请林语堂先生撰一篇史宾迦(Spingarn)的介绍。""可惜林语堂先生因为太忙了,虽然曾经答应我们,但毕竟未能写来,这是我们很觉得可惜的。10月号的《文学》杂志上有伍实先生摘译苏俄批评家Sergei Dinamov的《人文主义是什么》一文,据译者在引言上说:'是因为梁实秋先生……据说近来还要有一篇介绍文章出来。'""大概伍实先生所指梁实秋先生近来一文,一定是该期中的《白璧德及其人文主义》一文了。""我们之请梁实秋先生为该期撰作此文,完全是一种说明性质。""梁实秋先生是人文主义领袖白璧德的弟子,由他来写这篇文章,我们认为是很适当的。至于对人文主义之攻击,就在美国也有了许多流派,并不只有一个苏联的 Sergei Dinamov,我们觉得伍实先生还不免偏狭了一些,我们希望伍实先生将来能将各方面的人文主义的反对论介绍给我们。"

另,刊有译作美国海敏威小说《瑞士顶礼》(署名"李万鹤")、《现代美国诗抄》三十首;还有《现代美国作家小传》(署名"薛蕙")、《刘易士夫人不容于德国》(署名"安华")。

另,刊有其选译《现代美国诗抄》(三十首):罗勃特·弗罗斯特(Robert Frost)《我的十一月来客》《刈草》《树木的声音》,鲁滨逊(E. A. Robinson)《李卻·柯莱》,艾梅·劳威耳(Amy Lowell)《夏夜小景》《明亮的日光》《一枝迷迭香》《渔人之妻》《红色的拖鞋》,康拉特·爱肯(Conrad Aiken)《变歌集第二》《变歌集第六》《我听过的音乐》,撒拉·蒂丝黛尔(Sara Teasdale)《货币》《让它忘记了罢》《灯》,桑德堡(Carl Sandburg)《三个字》《夜间动作——纽约》《盛夏的乡村》,邦德(Ezra Pound)《默想》《一个少女》《黑拖鞋:裴洛谛小景》,杜列特尔(H. D)《梨树》《夕暮》,黎·马斯特斯(Edgar Lee Masters)《沉默》,弗莱契(John Gould Fletcher)《在剧场中》《灿烂·一》《灿烂·二》,麦克思·惠勃(Max Weber)《给蝴蝶》,阿尔弗莱·克兰堡(Alfred Kreymborg)《古手稿》,乔也斯·凯尔默(Joyce Kilmer)《咏树》。

另,刊发赵景深《文评家的琉维松》提及:"他的《近代法兰西诗人》也有施蛰存的全译,在《新文艺》上连续发表过。"

另,刊发赵家璧《美国小说之成长》《怀远念旧的维拉·凯澈》。据赵家璧回忆:"《现代》杂志发表过很多左翼作家鲁迅、茅盾、冯雪峰等和进步作家巴金、老舍等的作品,但也有它自己的特色。由于施蛰存个人的艺术倾向和审美观点,《现代》不但介绍了日本新感觉派作家的作品和法国象征派诗歌等,也发表不少用意识流手法写的文艺创作,他自己对西方现代派作品也很感兴趣。""《现代》出版特大号《美国文学专号》时,我为它写第一篇《美国小说之成长》长文,多少受了蛰存的影响和鼓励。"(赵家璧《编辑忆旧》)

**同日** 《文学》月刊第 3 卷第 4 号"文学论坛"专栏刊载鲁迅(署名"直")《做"杂文"也不易》提及:"较有意思,较有作用的还是《现代》9 月号卷头'文艺独白'里的林希隽先生的大作《杂文和杂文家》。""况且《现代》9月号卷头的三篇大作,虽然自名为'文艺独白'。"按《鲁迅全集》注释:"指施蛰存的《我与文言文》、黎君亮的《文学与政局有关?》和林希隽的《杂文和杂文家》。"(人民文学出版社,1981年北京第1版)

**又** 《每周评论》第136期"文坛杂俎"刊载《施蛰存的"孤独"》:"在《我与文言文》中,施蛰存先生说:'在文艺上,我一向是个孤独人',所谓'孤独'不外两种:以是形体上的孤独,深山高卧,没有交游,或者蜷伏斗室,门无车辙。施先生住在上海,编辑事务,当与往来,所以施先生形体上是不孤独的。又以是所谓精神上的孤独了,譬如失恋,也算得。然而施先生和'失恋'二字是连不起来的,除了感情,还有思想。""也许施产生所谓'在文艺上,我一向是孤独的人'就指的这一方面。倘使这个假定是对了,那么我以为施先生'在文艺上'其实是不孤独的,至少以后一定不会孤独。""何况这也好像不是施先生的'创见',所谓'政治……用之于文学的丑态'云云,当代'贤哲'早已言之了。施先生在文艺思想上是一向不怎么孤独的!""不过施先生一向很少发表意见,所以实际上还觉得孤独的。但现在既已发表了,至少从此不会得再孤独了罢?那只有施先生自己明白。"

**四日** 《中华日报·动向》刊载鲁迅(署名"苗挺")《又是"莎士比亚"》:"苏俄将排演原本莎士比亚,可见'丑态'。"按《鲁迅全集》注释:"'丑态',是施蛰存攻击当时苏联文艺政策的话,参看本书《"莎士比亚"》一文。"(人民文学出版社,1981年北京第1版)

**十日** 《十日谈》旬刊第40期刊载李大生《读了〈施蛰存声明〉之后》:"看见'施蛰存声明'一文,读完之后,颇为难过,因为施蛰存先生,对我虽不是当过实际之教授,也是上过二三十分钟有名无实的课,我竟然认定施先生对于旧文学没有深刻的研究,未免犯些轻视师长的罪过。""我对于施先生所得的印象如此,所以我认定施先生乃是'知难而退';如我读了施先生主编的《现代》,看来觉得有相当的兴趣,也是直说出来;可以见到我对于施先生毫没有攻讦之意。又如我在厦门《江声日报》的副刊上,(7月22到7月31日)写了一篇《略说我国出版的刊物》一文之中,所谈及的十九种刊物,对于施先生主编的《现代》,也是甚为推崇而作义务之介绍,更可以证明我对于施先生完全没有攻讦之意存在。至于此次我来写作此篇《读了施蛰存声明之后》,本是作'正当防卫',并不是有意和施先生为难,请施先生不要引起误会。"文末附有《编者按》写道:"那么纵使施蛰存先生不懂古文学,也不能妨其仍为一个现代的作家。"

**十五日** 上海春光书店初版发行张白云选辑《丁玲评传》,收录赵景深《丁玲印象记》提及:"丁玲正在篮罩的台灯下写小说,我一看不觉大为惊诧,怎么她的字这样像沈从文呢?可见他们三个人[胡也频、沈从文、丁玲]是多么要好了,这三个火枪手就犹之戴望舒、施蛰存、杜衡一样,永远是最密切的朋友。"

**十六日** 鲁迅作《准风月谈·后记》提及:"给'女婿问题'纸张费得太多了,跳到别一件,这就是'《庄子》和《文选》'。这案件的往复的文字,已经收在本文里,不再多谈;别人的议论,也为了节省纸张,都不剪帖了。""然而时光是不留情面的,所谓'第三种人',尤其是施蛰存和杜衡即苏汶,到今年就各自露出他本来的嘴脸来了。"

**十九日** 《申报》刊载雁《推荐〈现代美国文学专号〉》:"《现代》杂志出版'现代美国文学专号',在广告上先结我们一个欣幸的兴奋的感觉,到了买到一本来读,更是令人满意,而引起研究一个民族的文学的兴趣来了。""这是我读了后的感想,同时有几个与我同样爱好文学的朋友,亦有以上所说的同机感想,因此我认为是应该推荐给一般爱好文学的青年同志们。"

**二十日** 《新语林》半月刊第 6 期刊载聂绀弩(署名"耳耶")《施蛰存先生底看法》:"施蛰存先生在《现代》9 月号'文艺独白'上说……。""施先生被一些矛盾的现象炫花了眼睛,自己又不能了解,于是在编辑室里幻想别人。""他底机械的形式主义的看法,限死他对于一个先进国家的认识。无论他是个怎样正直无私的人,无论他怎样痛恨文艺底政治化;他底看法,却把他底正直蒙蔽了,使他造出种种谣言,污蔑,王太太式的幻象,而不自觉地为政治上的某种势力尽了最大的政治任务。这年头儿,沉默的是聪明的。好像有人说过这样的话,这话,对于施先生应该成为'药石良言'。我愿意竭诚把这话敬献给他。"

**同日** 上海良友图书印刷公司初版发行赵家璧编、穆时英等作短篇小说集《黑牡丹》,收录其作《春阳》。

**二十四日** 天津《益世报》刊载《"现代美国文学专号"引起研究西洋文学兴趣,得到美国文学系统常识》。

**二十五日** 致戴望舒函:"9 月 26 日由中法工商银行电汇二千法郎想已收到。今日寄上《译文》一本及《金宝塔》等三篇,小传前已寄上一批,馀如艾芜等人已函茅盾先生去找来,约一星期后当与序文同时寄出。""你回国时,乞为我买下列数书:(1) 买一本彩色版的 Laurencin 画集,买一本彩色版的 Picasso 或 Matisse 画集,(2) 买一本法文本的 Jean Cocteau 的 Orphée,有佳本则买佳本。绛年仍是老样子,并无何等恼怒,不过其懒不可救而已。《现代》6 卷 6 期为'法国文学专号',请依照'美国专号'的大纲,筹备一些材料,我想此期请你和霞村等人为 Guest editor,我与杜衡只管事务上的事情。我想到北平去一行,约六星期可回。"

**二十七日** 《上海报》刊载卫道者《施蛰存杜衡争声价》:"《现代》杂志因为经济关系,好稿子既拉不到手,大部分青年读者又为《文学》所抢去,已经教施蛰存走投无路,讵知在这样窘迫的当儿,'现代'当局复以该杂志销路少为藉口,减少五分之二以上的稿费,因此施、杜两大编辑便愤然谓'本人不办杂志,尚可以卖文或做教书匠挣饭吃,这是自己绝对可以信靠的……'故又谓'宁可以自己打破自己的饭碗,将《现代》自动停刊,决不受人胁迫,而自减低声价,屈服于金钱魔力之下……'云云。"

**二十九日** 靳以自北平致上海康嗣群函谈及:"杜衡、蛰存常见面否?很早就听说蛰存要到北平来,可是总也没有见来,不知什么缘故?"

**同日** 《清华周刊》第 42 卷第 2 期"书报评介"专栏刊载东辉《现代美国文学专号·〈现代〉杂志十月号》,其中写道:"我们很怀疑在美国文坛上是否有如编者所说的那种自由主义存在着,所谓各种倾向到底有多少种?真真成为倾向的恐怕也只有两种罢。而在敌对中的一倾向,在其自己的世界观下攻击着另一倾向时,何尝不是拳脚交加,意存吞并。'同时并存着'的亲爱那种又是那里来的?事实上只有站到天上去的第三者才有所谓自由主义罢。如其为了美国文坛各种不同的倾向多,而说其是自由主义精神,则我国文坛上又何尝不是五花八门,又何尝缺少这种精神,何劳编者远涉重洋从美国搬了过来?比如编者先生们叫着的自由主义就比美国的响亮得多。在这儿,我们不得不说编者是暗射着自己的什么苦衷,借介绍美国文学的机会,故意作夹七夹八的选择而来替自己张目。"

**是月** 编译《域外文人日记抄》,由上海天马书店初版发行。先生自述:与朱雯"用了六七个月的时间,分别成书。我这一本于 1934 年 10 月印出,朱雯的一本在 1935 年印出,一年以后,都印出了再版本,可知它们还相当受读书界的欢迎"。(《外国文人日记抄·重印后记》)

**同月** 27 日《大晚报·火炬》刊载周扬(署名"企")《"国防文学"》。《世界文学》月刊创刊。

## 十一月

**一日** 先生与杜衡合编《现代》杂志第 6 卷第 1 期(11 月特大号)出版。先生自述:"又是一个316页的特大号,连续二期《现代》,总计有七百多页,应当是一个有效的刺激,然而这两期的销路却不到四千册。这是因为现代书局资方内哄,吵着要拆股;流动资金抽竭,放在外面的账款收不回来。因此,管出版的人不敢多印,只印三四千册应付门市,而大大地减少了对内地的供应。"(《〈现代〉杂忆》)

另,刊发罗洪短篇小说《逝》(按:原题《迟暮》)。据罗洪回忆:"稿子写完后,给《现代》月刊的主编施蛰存先生看看,过后他见到我,对我说,稿子决定用了,写短篇,就是要这样写。他的语气,又是赞赏又是鼓励,是鼓励一个青年新手的语气。""他家住在松江,与我们家相距不远,他每逢星期六回家,星期天偶然也来我们家走走,告诉我刊用这篇稿子,就是到我家来谈起的。《迟暮》之前,曾在《现代》发表过《歧途》[1934年第4卷第6期]。"(罗洪《创作杂忆——关于〈腐鼠集〉》)

**又** 该期出版后先生与杜衡、叶灵凤旋即放弃该杂志编事之职,完全退出现代书局。先生自述:"是我和杜衡编的最后一期,当时现代书局已换了主人,编辑部也来了新的负责人,我们便辞职退出。我原先计划从第5卷起,每卷第6期编一个外国文学专号"。"《现代美国文学专号》是预备为第6卷第6期的《苏联文学专号》打掩护的。哪知道'天有不测风云',这个计划未能实现。"(《〈现代〉杂忆》)"回想两年前为现代书局编创刊号的《现代》杂志的时候,对于我国的文艺杂志曾经有过一个自以为很完美的理想。在创刊号未出版以前,它诚然正如我理想中的杂志一样,但当创刊号出版以后,它立刻就不再是我理想中的鹄的了。这样地,两年来的编辑生涯,就是在永远的希望中过去了。"(《文艺风景创刊之告白》)

**同日** 《文学》月刊第3卷第5号"文学论坛"专栏刊载鲁迅(署名"隼")《"以眼还眼"》提及:"现在不但施蛰存先生已经看见了苏联将要排演莎剧的'丑态'(《现代》九月号)。"按《鲁迅全集》注释:"施蛰存在《现代》第5卷第5期(1934年9月)发表的《我与文言文》中说:'苏俄最初是"打倒莎士比亚",后来是"改编莎士比亚",现在呢,不是要在戏剧季中"排演原本莎士比亚"了吗?'""这种以政治方策运用之于文学的丑态,岂不令人齿冷!"(人民文学出版社,1981年北京第1版)

**五日** 在《人间世》小品文半月刊第15期(诗专辑)发表《读檀园集》:"我曾见七卷本的初刻《松园浪淘集》,全是诗,没有文,所以程嘉燧的诗论无从参证,但是最近却买到了那非常推崇他的李流芳的《檀园集》,使我得以引录几节李流芳的诗论来作唐娄两家的意见的参证。"

另,还刊载赵景深《朱湘的石门集》提及:《雨》和《柳浪闻莺》说不定是诗人的绝笔,这时他与戴望舒、杜衡、施蛰存诸兄时相过从,大家谈起法国的象征派、美国的意象派,都很向往,他就在这氛围下写了这两首集中所不易看到的诗。"

**六日** 《中华日报·动向》刊载鲁迅(署名"张沛")《略论梅兰芳及其他》(下):"而且累得《现代》的编辑室里也紧张起来。首座编辑施蛰存先生曰:'而且还要梅兰芳去演《贵妃醉酒》呢!'(《现代》5卷5期)要这么大叫,可见不平之极了,倘不豫先知道性别,是会令人疑心生了脏躁症的。"(按:《北辰报》同月11日以题为《论梅兰芳及其他》又刊全文。)

**九日** 现代书局总经理洪雪帆在上海病逝。先生自述:"洪雪帆本来已有严重的肠胃病,经此挫折,病势加剧,住进医院,没几个月就去世了。此后,现代书局由雪帆的胞弟维持了几个月,终于闭门歇业。"(《我和现代书局》)

**十五日** 译诗英国Campbll《老妇人》刊于《旁观者》创刊号。

另,据《申报》"出版界"专栏:"《旁观者》出版在即,漫画家胡考氏主编之《旁观者》图画月刊创刊号,闻将于下月初发行,内容精彩,有叶浅予、鲁少飞、曹涵美等漫画精作,文字方面有田汉、施蛰存、阿英、陈子展、郑君里、徐訏诸作家之小品散文等;照片一门,更为别出心裁,打破一切书报记录,用上等铜板纸精印,将由时代图书公司总代发行。"(《申报》,1934年10月31日。按:同日《民报》亦刊此讯。)

**二十四日** 《西京日报·明日》刊载闻不多《作家消息》:"施蛰存与杜衡,因现代书局老板洪雪帆于本月九日病故,靠山已失,顿存'五日京兆'之心。所编《现代》月刊,拟收归自办,又恐蹈'文艺风景线'[《文艺风景》]的覆辙,他们正为这事情陷于苦闷中。"(按:此稿又刊本月28日《南华日报·劲草》第217期闻不多《文坛山水·〈现代〉编者失靠山》。)

**二十五日** 靳以自北平复康嗣群函谈及:"《现代》若真不出,也怪可惜。无论如何是有了这么长的历史。为什么不设法脱离现代书局呢?我想总也可以维持下去。"

**同日** 《南华日报·劲草》第215期始载李育中《"现代美国文学专号"读后》(一),"读前"写道:"这一回《现代》杂志以特大的编幅,辑集成一本'现代美国文学专号',真实是一大劳绩。他们的精神在'决不是我们誉所至[兴之所至],而是成为我们的责任'那两句话里表现着。这专号之辑出,对于接近英美文学的我们,必然是件非常欢喜的事,自然再渴待着他'英国现代文学专辑'之出现。"

**二十六日** 《南华日报·劲草》第216期续载李育中《"现代美国文学专号"读后》(二)。

**二十七日**　《北平晚报》登载《最近文人笔名》，内有："江兼霞：杜衡、施蛰存等公用。""李万鹤：施蛰存。"

**二十八日**　《南华日报·劲草》第217期续载李育中《现代美国文学专号读后》(三)。

**月内**　按先生自述："《现代》杂志停刊之后，我脱离了现代书局的职务，生活便闲了下来。一天，在上海杂志公司碰到嗣群，我问他：'怎么样？还想办杂志吗？'他说：'要办便自己出版，可以任性。'当时那个以'负无限责任'为营业标语的上海杂志公司老板张静庐先生适在旁边，他说：'很好，你们自己办杂志，可以不受拘束，我来代理发行事务，可以免掉许多事务上的麻烦。'于是我也不免兴奋起来，'老康，你去编起第一期稿子来，我来发行'，我说。我做《文饭小品》的发行人，便是这么一个故事。"(《文饭小品·发行人言》)

**是月**　编译《域外文人日记抄》由上海天马书店再版发行。

**又**　成都西方社出版廖丛芬著《蓼子遗集》，内收《论施蛰存》："吐着恶魔派的气息，衔着新浪漫主义的风格，施蛰存是以另一种奇突的色欲而出现在中国文坛的。中世纪的骑士底血性，欧罗巴的女人底脉搏，是他底作品的素材。神秘的，豪迈的，心理上纤维的分析，气度上的雄浑的魄力，在中国他是开了一个独有的蹊径，没有谁能有他那一种在岛屿中奔流而又纡折的情绪。这由于在素养同技术上，他神化了显尼志勒的作品；在性格同意境上，他孕育了古史佛籍的传奇。故而在他底笔下，写出了宗教和色欲的冲突的《鸠摩罗什》，信义和色欲冲突的《将军底头》，友谊和色欲的冲突的《石秀》，种族和色欲的冲突的《阿褴公主》。每一篇皆有奇艳的色和情，神异的性和灵，以意想不到的笔触，复活过往的故事。当然，这是作者底个人性的，直接的形响。原来，先一些时候，施蛰存就驰骋在武士的侠道里，打漩在神秘的波景间。他在为常人所忽略的荒蛋的事情上，默着脑袋儿做一些非凡的梦；在难于探寻的心理的崖窖中，跃着身子作超人型的历险。"(按：此作下文颇有"跑野马"之说，故不录。有关作者可参见该书前《蓼子小传》。)

**同月**　9日国民党当局查禁书刊167种。13日邑人、《申报》总经理史量才在沪杭公路海宁翁家埠遭国民党特务暗杀。26日《清华周刊》第42卷第6期刊载R. D. Charques著默棠译《论现代诗》。

## 十二月

**一日** 译作美国 Joseph M. March《野会·第一篇》刊于《世界文学》第1卷第2期。

另,此刊编者按:"Joseph Moncure March 从美国的粗野的伶优生活找得诗材,写成《野会》诗篇(Wild Party)。""施先生对于这些地方,均侧重原来的涵义和神情,用很少的中国字给传达了出来,这是值得注意的一个技巧。至于诗中有不少惊人的赤裸,这也只该认为一种暴露方法,或者像似 Ernest Hemingway 对于那直接的即刻反应的动作之崇拜。此外,似乎不会再引起什么恶意的了解,如果我们都是明慧的读者。—F. W"

**二日** 《南华日报·南苑》第482期"艺苑行情"专栏刊载:"施蛰存、杜衡主编之《现代》杂志,因靠山洪雪帆之死,已决意停刊。"

**同日** 鲁迅致日本增田涉函谈及:"两三日前奉上《文学》第2至第5期,第1期与第6期日内也可寄上。因检查甚严,将来难以发展。但如《现代》这种法西斯化的刊物,没有读者,也已自生自灭了。"

**六日** 《北辰报》"文坛消息"栏登载惠春《〈现代〉停刊近讯》。

**七日** 《上海报》刊载旦华《现代杂志宣告停办,施蛰存杜衡决心去做教书匠》。

**十日** 《北平晚报》登载司徒古《近顷艺人素描·三、刘呐鸥》提及:"刘先生曾独资开过一爿书店,名叫'水沫',他搜罗了施蛰存、杜衡、戴望舒、徐霞村这几位才作家,成为中国文坛某一时期中最活跃的一群,水沫书店所出的书不仅很多并且很好,而刘先生对于稿费这一方面的丰富,是足以使每个文字工作者歌功颂德的。所以依老卖老如鲁迅先生,也不勉自动弄几本译文去换钱来'革命'了。可是在这样皆大欢喜的情况下,刘先生自己却大吃其亏,不久之后,水沫书店这名称在蚀本一万元的账簿上消灭了。"

**十一日** 农历十一月初五,三十生辰。先生自述:"度过三十岁生辰,我打算总结过去十年的写作经验,进一步发展创作道路,写几个有意义的长篇小说,以标志我的'三十而立'。"(《十年创作集·引言》)

**同日** 周作人收到先生由上海来函即复:"新出杂志不知何日发刊?如时间来得及,弟甚愿能寄一稿,不过思路枯涩,写不出什么耳。题字当为托玄同去写。拙书先寄上一纸[《晚明二十家小品》题签],如出二十四家,则当改写也。康嗣群君云将编辑一刊物,似明年杂志亦颇盛。北平其实并不十分苦寒,甚望何时能来一游也。"

**十四日**　按周作人日记:"得施蛰存寄拓本一束。"

**十五日**　在《文艺画报》第1卷第2期"岁暮随笔"专栏发表《题材》。

**同日**　沈从文由北平致函:"从洵美兄处出一刊物事,我可以来一个。但事实上若只在弄点稿件,使刊物好些,热闹些,不列我名字,我仍然想法为刊物弄稿件来。《现代》停刊,可惜得很,惟上海出版家多,完了一个也许可办更好的两个!希望莫气馁,莫太在小事上注意。几年来,几个作者,皆为应付个人,把日子糟蹋了,这实在是不必需要的战争!西谛我不常见到,见到时也不会说到什么。我觉得他为人很好,只是许多事情热得过分,便乱一些罢了。你受点小小批评算什么?你莫疑心这些,莫注意这些,方能作你要作的事。在上海住下来,真想不到大家那么容易生气。我总想,作者间若能有五年'私人攻击'的休战,一定有许多好作品产生。我希望有朋友在这方面努点力,莫使大家尽写局外人看不懂的小评闲话。写杂论,自然一时节可以热闹些,但毫无用处。一个有魄力的作者,他有作品,批评并不妨碍他的成就,不要太注意批评。我们假如有个信念,难道一个什么人写一篇两千字的批评,就可以使我们这信念动摇?中国似乎还需要一群能埋头写小说的人,目前同政治离得稍远一点,有主张也把主张放在作品里,不放在作品以外的东西上,这种作品所主张的,所解释的,一定比杂论影响来得大,来得远。""新刊物若着手办去,我以为将来的目的,就似乎应对作品加一点注意,让它名符其实成为一个文艺月刊。至于幽默,杂论,小感想,挑眼儿的评呀论呀,各有专家,各有专刊,新刊物不妨少登一点。"

**十七日**　《大美晚报·文化街》"一周之动"专栏刊载:"杜衡、施蛰存、叶灵凤在《现代》停刊后,已应第一出版社之请,自明年一月起,出版文艺月刊一种,名称已定《沙漠》,现近向各方面征稿。"

另,该期还刊《文艺画报》出版:"内容较第一期更为精粹充实,文字有杜衡、刘呐鸥、马国亮、叶灵凤之小说,陈瑜之剧本,王莹、徐迟、施蛰存、郑伯奇、穆木天、倪贻德等之散文随笔。"

**十九日**　《时事新报·新上海》刊载伊路"艺坛近事":"《现代》停版,施蛰存、杜衡已膺第一出版社之聘,编一类似《现代》之刊物,以替代《现代》之地位。其名称已定为《文场》,将于1935年1月16日出版。又闻,《文场》或由九位编委负责,除施蛰存、杜衡外尚有沈从文等云。"

**二十日**　按周作人日记,收到施蛰存来函。

**同日**　靳以复康嗣群函谈及:"《现代》停刊,殊为可惜,总有几年的历史。其实蛰存等仍可自张一面,不必与新月人合作,因为他们出力少,是非多,总不会弄得好也。而且□□□这个人,他们也都深致不满,也许由邵某一说,并未征得新月人之同意。"

**二十八日** 《西京日报·明日》登载伍子虚《笔名的雷同》,内有"江兼霞:杜衡、施蛰存"。

**三十日** 《南华日报·劲草》第235期"艺苑行情"专栏刊载"上海文艺画报社出版,叶灵凤、穆时英主编之《文艺画报》第二期已出版,港中各书店报摊均有发售,是期内容比前充实",其中"随笔有施蛰存、黎锦明、郑伯奇、穆木天等作品"。

**下旬** 先生回到松江家里,看到县前街上自家斜对面小弄内新造三幢二层双开间小楼,一打听租金也不贵,马上告诉朱雯,朱雯租下一幢即与先生成为邻居。

另,据罗洪回忆:"这时才知道在上海良友图书公司工作的赵家璧周末回家,常常与施蛰存见面。于是朱雯也见到了赵家璧,并约了施、赵两位一同来我们家坐坐,随意交谈。""施蛰存的短篇小说集《善女人行品》刚刚出版,赵家璧为良友图书公司编《良友》画报,谈的都是出版物、当前杂志上优秀的作品等等,海阔天空,无拘无束,但往往话题会集中到翻译上。"(罗洪《我去看望了施蛰存先生》)

**是月** 上海兴中书局(联华书局)初版发行鲁迅著《准风月谈》,收录《重三感旧》《"感旧"以后》(上)(备考:施蛰存《〈庄子〉与〈文选〉》)、《"感旧"以后》(下)、《扑空》(备考:施蛰存《推荐者的立场》、丰之馀《〈扑空〉正误》、施蛰存《突围》)、《答"兼示"》(备考:施蛰存《致黎烈文先生书》)、《反刍》、《难得糊涂》《古书中寻活字汇》等。

**又** 北平景山书社编印《景山书社中文图书目录·第九期》,内有:"《追》,施蛰存著,一角六分。""《上元灯》,施蛰存著,七角。""《一九〇二级》,施蛰存译,一元五角。"

**又** 上海市市立图书馆印制徐秉鲁编《上海市市立图书馆藏书分类目录》,内有:"类号928.9/5400,书名《魏琪尔》,著译者施蛰存,登记号码2613,册数1,出版处商务、万有文库。"

**又** 上海北新书局初版发行"中学国语补充读本之一"胡云翼编《现代小说选》(上册),编者在"序"中提及:"受了篇幅的限制,不容许我们在这里多选列一些作家,实在是一件憾事。如其将来有机会编选第二集的话,如王统照、郭沫若、黄庐隐、许钦文、许杰、周全平、叶灵凤、赵景深、黎锦明、孙席珍、胡也频、施蛰存、穆时英、何家槐等这些知名的作者,都是应该加以罗致的。"

**同月** 邵洵美等办《十日谈》旬刊停刊。

**年内** 徐迟友人玛格丽特在美国留学,认识了爱尔兰作家约翰·斯蒂芬斯(James Stevens),她写了一篇访问这位作家的访问记,翻译了他的代表作《一罐金子》(A Crock of Gold)。据徐迟回忆:"她把原作(作家签名本)、她的译稿和那篇访问记从国外寄给了我。我请施蛰存帮忙,找书店给她出版。遗憾的是一直没有找到,因为这本关于两个哲学家和孩子和太太和犯人的书,虽然有很多的智慧,却很不好读。"(徐迟《江南小镇》)

**又** 按先生自述:"戴望舒在巴黎认识了超现实主义诗人姚拉(Jolas)。姚拉在望舒那里见到了我编的《现代》杂志,他就直接写了一封信给我,希望我的刊物出一个专号,介绍和宣传超现实主义文艺。当时我以为这一种文艺思潮,在中国不能起什么作用,反而会招致批判,于是就复信婉谢了。"(《米罗的画》)

**又** 按先生自述:"我在上海来青阁书庄买得冒氏刊本《秋水轩集》,缪荃孙旧藏本,计古今体诗五十七首,诗馀八十八阕。无金氏补辑之佚词及断句,亦无《守一斋笔记》,且并序跋亦无之,很失望。后得光绪初盛宣怀刻本。"(《秋水轩诗词》)"在来青阁的书架上找出一部《秋风三叠》,恰巧西谛先生进来,把我手中的书略一翻阅,就说:'这部书你让我买吧。'我看他很有欲得之心,就把书递给他。"(《乙夜偶谈·旧书店》)

**又** 据林淇记述:"邵洵美又计划了一套《自传丛书》,拟先出黄庐隐、巴金、沈从文、张资平等四作家自传(后来都在1934年内出版了),继续约请撰著并准备陆续刊行的有郁达夫、施蛰存、许钦文、洪深等四作家自传(后来都没有写成)。"(林淇《海上才子——邵洵美传》)

另,据邵绡红记述:"第五本《钦文自传》,许钦文著。这一本是后来第一出版社结束之后,1936年由时代图书公司出版的。另外曾作过新书预告的有《达夫自传》《洪深自传》《蛰存自传》,都没有出版。洪深与施蛰存太忙,没有动笔;郁达夫倒是认认真真'在杭寓闭门写传'。"(邵绡红《我的爸爸邵洵美》)

# 一九三五年(中华民国二十四年 岁次乙亥) 先生三十一岁

## 一月

**五日** 《人间世》小品文半月刊第19期(新年特大号)刊载《1934年我所爱读的书籍》征文专栏,先生撰文:"在我恐怕是书读得最少的一年。在那些曾经读过的很少数的书籍中,要特别提出三种我所'爱读'的书籍,也似乎有点不容易。因为我的看书,一向是'不求甚解',一例地囫囵看过就算了的。现在想来,倘若免不掉要提出三种来的话,我想提出的第一部就是《庄子》。自从因为'劝青年人读《庄子》、《文选》'这罪状而被当今文坛上的泰山北斗训斥一番以来,我至今不敢对人再提起这两部书。既然这两部书送不了人,那么留在家里自用罢。不过《文选》这部书我在今年也觉得不很有味道了,它竟变了一部送不了人,也不想自家享用的废物,被我束之高阁了。但是《庄子》,至少在我,是爱读书之一,当作散文看,并不坏啊!在我书斋中代替了《文选》的地位的,乃是一部翠娱阁评选《明文奇艳》,这是一部明人小品文的选本,'游记''序跋'两卷中尤其有绝妙的文章,它天天放在枕函边,可以算是我在1934年的爱读书之二。至于第三本爱读书,我想应该轮到我的那部'万人丛书'本的《钓道大全》了。这是一部17世纪的英国散文名著,作者是埃札克·华尔顿,关于这部书的内容,以及我之所以喜欢它的理由,我想另外写一篇小文来谈谈。"

**上旬** 携妻儿迁居上海法租界吕班路万宜坊(现重庆南路205弄)28号三楼。

另,据杜君谋记述:"自'庄子与文选'的风潮闹过之后,颇为气愤,当时闭门不出,除了替杂志公司标点旧书之外,一时很少著作,施之为人,尚还不失书生本色,而闺房之乐,也颇融泄。当施卜居在万宜坊的时候,那时正好万宜坊房客,组织减租运动,召集开会,每户均须派负责人参加。当选举减租交涉委员会的时候,大家因为彼此莫不相识,便决定了一种自我职业的介绍,以便作为推选的目标,当时施蛰存因为也是出席之一,便立了起来说:'我是施蛰存;是失业没有事情干的赤佬'。因而在席的人,都为之惊奇不止,可见施之为人的豪放了。施蛰存有个妹子,差不多谁都知道她是个很时代的女子。""施蛰存的夫人,却很老实忠厚,施对她也非常恩爱,因为他是干文字生活的,所以晚上都很迟睡觉。""最近施蛰存的生活听说并不得意,除了为《宇宙风》写稿外,别的刊物不大见到他的东西。"(杜君谋《作家腻事·施蛰存的闺房乐》)

**十一日** 《西京日报·明日》刊登闻不多《文坛消息》:"《现代》已停刊,施蛰存央求郑振铎谋事,后郑遇杜衡,杜隐约间对施有微辞,郑以为施之好友如杜衡尚且如此,则施之倔强可想而知,乃回书与施,推诿无法。"

**十二日** 按朱雯日记:"午后无课,为蛰存的《文饭小品》译法国 Andre Maurois 的《告一个到英国去的法国青年》。"(朱雯《二年前的三日》)

**十三日** 按朱雯日记:"收到咏薇来信,说是'小说年选'的计划,""要我即刻将稿子寄去,""计选巴金、茅盾等十五作家创作十五篇,除蛰存那篇[《塔的灵应》]还须待

他从《新潮》上剪寄外,其馀十四篇均已搜齐。"(同上)

**十八日**　《南华日报·劲草》第243期始载刘火子《论"现代"诗》(一):"这是一个不幸的消息,《现代》杂志决计停刊了。这,在目前的中国文艺界里,无疑是一件巨大的损失。""在沪战后,能够办理得比较认真而又不至中途夭折者,却有一个,这就是《现代》。""在发刊之初,施蛰存也曾宣示过他办刊的态度和主张,""在这样的文艺观光下,《现代》是一天天的走上繁荣之路去。虽然每期的消数我们得不着正确的统计,但是它在中国文坛上面却有着优越的地位和多量的读者,""对于新诗运动的努力及其劳绩,我们是不可抹杀。""是一个对于诗旨加以提拔而又有着它本身的见解的刊物。""在文学在斗争上显现着重大作用的今日,它的劳绩,我们自然要表示敬畏;但是因为它对诗太看重和拥有多量读者的原故,所以为了恐怕这多量读者走错了路途,对于它底诗的见解和题材形式等等,还得要加以清算的功夫。"

**十九日**　《南华日报·劲草》第244期连载刘火子《论"现代"诗》(二):"编者于诗是有着另一种见解的,""为了坚强它自身底理论基础,第一他便要说明《现代》的诗是怎样的诗。他说:《现代》中的诗是诗,而且是纯然的现代的诗。它们是现代人在现代生活中所感受的现代的情绪,用现代的词藻排列成的现代的诗形。""作者一方面受了编者的影响,同时又受了编者理论的维护,《现代》中所刊登的诗便不谋而合地大部分都是同一风格、同一意识、同一题材的了。根由于此,虽然编者在发刊之初,并不曾预备造成任何一种文学的思潮、主义及党派。但是'现代'派却曾确立起来。当然,这个派字是有范围的。"

**同日**　《四川晨报》登载《笔名的雷同》,内有"江兼霞:杜衡、施蛰存"。

**二十日**　《火山》杂志第1卷第2期扉页刊载路易士(纪弦)笔绘《施蛰存像》。

**同日**　《申报》"业馀漫谈"专栏刊载庄明夷《青年读什么书?》提及:"前一时,梁启超先生曾经发表过他的《国学必读书目录》,民国22年10月里《大晚报》征求'我所要介绍于青年的书',应征的人不少,施蛰存先生就以《庄子》和《文选》两书推荐于青年之前,因此曾引起了一场热闹的笔战。"

**又**　《南华日报·劲草》第245期连载刘火子《论"现代"诗》(三):"既有那些能够把握着客观现实,(现代生活)底真实性,能够暴露现社会的矛盾的诗,才得配称为'纯然的现代的诗'呵!""关于'现代词藻',他[施蛰存]说,为了要适宜表达一个意义、一种情绪,或完成一个音节,便采用了一些生疏的古字或文言文的虚字。这一点,我觉得应该坚决地表示反对。""为着容易完成教育大众的任务,大部分诗人都主张采取最能深入大众的民曲底形式去作新诗的形式。""当然,在唯美主义的《现代》诗作者群,是认为退步的表现。"

**二十一日** 《南华日报·劲草》第246期连载刘火子《论"现代"诗》(四):"如果肯冷静地去体味这九十多人的诗作,""不难知到他们的阶级立场以及意识背景。当我看完了全体的诗作后,我知到这一群所谓'现代'派诗人,大部分都是典型的小市民层。""他们不曾明白,这是社会制度度之不良,祇会用着一种怀疑的眼光去胡乱的揣摸,结果便祇有茫然。"

**二十三日** 《南华日报·劲草》第247期连载刘火子《论"现代"诗》(五):"那些在地狱下过活的人们,在他们的眼中,一定看不见的吧。但却不然,在某一个时间里,他们又似乎会为着一些'剩馀的人类'而歌叹。不过他们的观察力十分贫弱,对于这些人类,祇是从个人的见地去理解,而不从社会学的见地去理解。同样,一些'街头的女儿'的惨苦,江湖卖艺者的日暮途穷,'拾煤捡的姑娘'的生活不良,他们都祇会作人道主义的无谓的呼叹。"

**二十五日** 在《妇人画报》第25期发表小说《圣诞艳遇》。

**同日** 《读书生活》第1卷第6期刊载"《现代》月刊将复活":"现代书局出版之《现代》杂志,因该书局总经理洪雪帆逝世,书局内部组织有所更变,故自11月号起暂行停刊。近闻该书局新经理汪长济君已正式就职,《现代》杂志亦将于下月照常出版。惟闻原编者施蛰存、杜衡两君业已辞去编辑职务,继任编辑人选闻已定为汪馥泉君,大约此刊物之面目性质,亦将有所变更矣。"

**二十六日** 《南华日报·劲草》第248期连载刘火子《论"现代"诗》(六):"如果施蛰存所说的现代诗是现代人在现代生活中感受现代情感而写成的话是正确的,那我就得要这样地问:为什么'现代生活'是这般狭隘?下层的真实的痛苦、农村破产的日益加深,是否不是现代生活?为什么这些生活于他们毫无影响?但是在全体诗作中,却有两首可以作为全体诗的'诗拔萃'的:郭沫若的《夜半》和许幸之的《大板井》,""远非其他所谓'意象抒情诗'之流所可及。""如果《现代》诗是真正的'纯然的现代的诗',那就祇有这两首才配得接受这样的称谓。"

**二十七日** 《南华日报·劲草》第249期连载刘火子《论"现代"诗》(七):"在神秘主义文学风行一时的今日,《现代》诗便中了很深的毒,杨予英是其中之一。这种神秘的朦胧的诗风行的原因,是由于作者生活的空虚。""'你们要走到大众这方面来!'借古久列先生的话作本文的收场。希望《现代》编者《现代》诗人,不要辜负了写那篇

'为《现代》而作'的文章的人底一片苦心！"

**是月** 宋春舫编印《褐木庐藏剧目》内"中文期刊"有："施蛰存等,《现代》第一至第四卷。"

**又** 申报流通图书馆编印《图书目录汇编·1》,其中"短篇创作"有："《李师师》,施蛰存著,良友,0.20,813.12—0844。《梅雨之夕》,施蛰存著,新中国,0.70,813.12—0844。《将军的头》,施蛰存著,新中国,0.80,813.12—0844。《上元灯》,施蛰存著,新中国,0.65,813.12—0844。"另"文学家传记"有："《魏琪尔》,施蛰存著,商务,928—0844.44。"

**又** 上海女子中学出版委员会初版发行《四年来之上海女子中学》,书中"四年来之本校教导概况·戊,本校本学期各科用书一览"内"秋一"："书名:《初中当代国文》第一册。著作者:盛朗西、施蛰存、朱雯、沈联璧。出版处:中学生书局。"另"师三乙"："书名:《初中当代国文》第五册。著作者:盛朗西、朱雯、施蛰存、沈联璧。出版处:中学生书局。"

**又** 天津市立图书馆编印《图书目录》,第一辑"普通丛书"内有："928.9/5400,万有文库第一集,《魏琪尔》,施蛰存著,一册。"另"特种文学"内有："857.6/0844,《上元灯》,施蛰存著,民二一上海新中国初版,一册。""882.25/0844,《妇心三部曲》,施蛰存译。"第二辑"语文部·西洋文学(八八〇西方诸小国文学)"内有："881.457/6842,《恋爱三昧》,挪威哈姆生著、施蛰存译,民二二上海光华初版。"

**同月** 上海兴中书局(联华书局)第一版第二次发行鲁迅著《准风月谈》。天马书店初版发行曹聚仁著《笔端》,内收《谈"别字"》《论"庄子"与"文选"——质施蛰存先生》。

## 二月

**一日** 在《小说》半月刊第17期发表《断片八题》。

**同日** 《青青电影》第1卷第11期登载寒峰《关于〈神女〉剧本》提及："施蛰存先生作'题材论'[《题材》],说我们不必问是怎样的题材,祗要问是不是题材。"

**三日** 《时代日报》"文艺版"刊载大风编选《当代文坛名人·施蛰存:也曾做过"礼拜六派"的文人》："施蛰存,系法国留学生。在未去国前,即从事'礼拜六派'之文艺。其时'礼拜六派'文艺作者中有所谓施青萍者,即施也。施去国以后,即改今名。

因在法所攻习者为文艺,归国后,即从事于文艺工作。""乃与数友人合资开一水沫书店于北四川路公益坊"云云。(按:此文所述真真假假,记此辨正。)

**同日** 《武汉日报·鹦鹉洲》登载彭有《现代中国作家百态三十一:施蛰存》:"在中国文坛上,他真是生气最蓬勃的一个,而且又是出席很重要的姿态,使人见了他作品感觉得接触纯艺术的愉快。""我和这位作家的往来,还是最近的事,但我对他的作品,却很早就爱读。"

**四日** 春节。按先生自述:春节以后,除兼任上海杂志公司编辑,"无固定职业,在上海卖文为生活"。(先生书面材料)"我并不提倡'小品文',不过赶热闹,编了一本《晚明二十家小品》和一本《文饭小品》月刊。"(复李欧梵函,1993年1月13日)

**五日** 先生与康嗣群合办《文饭小品》杂志出版第1期(创刊号),并出任发行人。先生自述:"我自不编《现代》杂志后,康嗣群即劝我自己办一个小刊物。他愿出钱助我,因而办了一个《文饭小品》,但他不愿作为发行人,于是来一个'反串',我做发行人,他做主编。"(复蒋颖馨函,1997年10月7日)"此刊由我担任发行人,康嗣群任编辑,但事实上是两人合编的。"("我编辑的期刊",1968年)据"杂志月报第1号《文饭小品》创刊"报道:"康嗣群君主编之小品文月刊《文饭小品》创刊号,全文用五号及新五号字夹排,编制很新颖,版本为23开,而用骑马钉,中国过去无此版式,闻为18开截小的。字数9万。第一期有周作人、林语堂、沈启无、刘大杰、杜衡诸人之文数十篇。"(《读书生活》,第1卷第6期)

另,刊有其作《发行人言》:"朋友们听说我将自己发行一个小品文刊物,都觉得诧异。难道施某将藉此赚钱?或许他有什么社会上的派系作背景,办个杂志来有所企图?本刊在未出版之前,早就有了这种疑问,故在付印之时,我觉得有一点说明本刊产生之因果的必要,庶几为这些朋友们解惑。""我这个发行人是与普通的杂志发行人不同的。既无本钱,亦不想赚钱,更没有什么背景。原来我们这个刊物之出版,并没有雄厚的资本来维持的。印刷是欠账的,纸是赊来的,稿费是要等书卖出了才分送的,第一期就已如此,倘若没有读者踊跃惠顾,说不定出了几期便会废刊的。但是废刊尽管废刊,已出的几期总是舒舒服服的任意的出了。至于第二点,不想赚钱,这个却应当说明,乃是不想自身发财的意思。从这个刊物上,连带的企图将来能印一点为一般书铺子所不愿意印的书籍出来,因此索性拟定了一个'脉望社出版部'的名义。倘若在这个小小的散文月刊上,能赚出一些印书的本钱来,我们这个出版部的第一本书就可以问世了。这种梦想,虽然有点类似叫花子拾着鸡蛋,但也未始全无实现的可能性,姑妄言之,以觇将来。现在,我这铺子总算已经开张,先卖《文饭小品》一种。列位买主看了,如果以为并不上当,以后还请多多光顾。"

另,还刊有其作《创作的典范》,以及《文艺杂志之多》(署名"露醒")、《山人辩》(署名"玄晏")、《小学》(署名"云中居"),还有《疑问号》(署名"雕菰")。(按:据1968年"我曾在报刊上发表过的文章",先生提及在《文饭小品》上"记得曾有一篇用'雕菰'署名",可证此为曾用笔名。)

**八日** 《申报》刊载《文饭小品》杂志出版书讯。

**九日** 在《人言周刊》第2卷第1期发表《我的编辑经验》:"承《人言周刊》编者的好意,叫我写一点。""这个题目实在太大了,我恐怕不能应命,况且目下我已经不是任何杂志的编辑人,似乎可以有不写的理由。但是《人言周刊》编者征及拙作,这回是第三次了,再不应酬一下,自己也说不过去,没奈何,文不对题的谈谈文艺杂志罢。""可是话得说到自家身上来,我也曾经编过百货店式的文艺杂志,而且说不定将来还要编,这是生活上的一种痛苦。惟其我感觉到这种痛苦,所以我格外企望有纯粹的文艺同人什志出现。"

另,还专刊介绍几位杂志主编:《正论》翁率平、《现代》施蛰存、《论语》陶亢德、《大众画报》梁得所、《时代画报》叶浅予、《良友》马国亮、《人间世》林语堂。

**十五日** 在《新小说》第1卷第1期(创刊号)发表小说《猎虎记》。(按:附有万籁鸣插图三幅。)此期"编辑后记"提及:"施蛰存先生的《猎虎记》用平话手法,写幽默故事;……都是难能可贵的作品。"

另,按先生自述:"我希望用这种理想中的纯中国式的白话文来写新小说,一面排除旧小说中的俗套滥调,另一面也排除欧化的句法。""我在这方面的第一次尝试是《猎虎记》。""《猎虎记》在郑伯奇先生主编的《新小说》上刊载出来之后,有人曾经投函给编者,说这仍是'鸳鸯蝴蝶派'的作品。"(《关于〈黄心大师〉的几句话》)

**二十日** 为译毕意大利迦桑诺伐《宝玲小姐忆语》而撰写"译者附记":"《迦桑诺伐回忆录》的全本我没有钱能买,我所常常耽读着的只是'近代丛书'本的英译本。但虽然已删节得干干净净,虽然经过了转译,这十八世纪的恋爱艺术家的感伤气氛还是洋溢乎字里行间。现在为《文饭小品》选译一节,不过是尝鼎一脔罢了。"

**同日** 《太白》第1卷第11期刊载闻问《掂斤簸两·创作的典范》:"曾经劝青年去读《庄子》《文选》的施蛰存,最近在某刊物创刊号内写了一篇《创作的典范》,意思是指出'创作是从来没有什么典范'的。于是茅盾的小说既不是'典范',开明书店的广告,无非是想'多赚几个钱'。我不是开明的股东,也不是茅盾的信徒,不愿替他们辩护。不过,施先生'祇放一眼看',强把'典范'与'摹仿'连结起来,却不能说'犯了同样的错误'。""施先生的所以要来这一下,也就无非是想使某刊物'多卖几本,多赚几个钱',因为他还想'从这刊物上,连带的企图将来能印一点为一般书铺子所不愿意印的书籍'呢。(见同刊'发行人言')当然,这些书籍,不会是茅盾的小说集,而是《庄子》《文选》之类了。"

**又** 《时事新报》刊载"新小说创刊号出版":"预告之久之《新小说》月刊已于昨日出版,""为现时新文艺读物中之佼佼者,本期执笔者如郁达夫、叶圣陶、阿英、曹聚仁、张天翼、施蛰存、林微音、赵家璧、马国亮、孙师毅等,均为一时之选。"

**是月** 为戴望舒译作高力里著《苏俄诗坛逸话》在《文饭小品》连载而撰写"题记":"今天与眉君谈起此书,因而想起索性在《文饭小品》上分期刊印,等将来有机会印单行本。故检出第一部译稿来,给另换了一个题名,交给嗣群兄编用。"

**又** 上海中华书局初版发行夏都伯利安 Chateaubriand 著、曾觉之译《心战情变曲》,曾氏在《译者弁言·附记》提及:"又直至最近我方从友人处晓得,《阿邦色拉基末代王孙的艳遇》曾经施蛰存君翻译。是则我所译的三种都是重复翻译的了。"

## 三月

**一日** 《现代》杂志恢复出版第6卷第2期(革新号),改由汪馥泉主编。先生自述:"徐朗西请汪馥泉接手主编《现代》,只出版了3期,因现代书局歇业而停刊了。我和杜衡编的《现代》,至第6卷第1期止,共出版了31期。以后的《现代》,可以说是另外一个刊物。"(《〈现代〉杂忆》)

**同日** 《文学》月刊第4卷第3号刊载鲁迅《病后馀谈》提及:"'言行一致',当然是很有价值的,现在之所谓文学家里,也还有人以这一点自豪。"按《鲁迅全集》注释:"指施蛰存。他在《现代》月刊第5卷第5期(1934年9月)发表的《我与文言文》中曾说:'我自有生以来三十年,除幼稚无知的时代以外,自信思想及言行都是一贯的。'"(人民文学出版社,1981年北京第1版)

**又** 《文艺电影》第4期"文化街"栏登载:"施蛰存自脱离'现代'后,自办一刊物名为《文饭小品》,闻系对付《文学》之武器云。"

**三日** 上午9时先生前往松江松汇路(原松韦路职业中学旁)"新松江社"新屋参加落成典礼。下午参加第二次全体社员大会,会上作了发言,其中评价沈联璧是倡议组织新松江社"最出力的一人",并说:"现在沈先生第一步就从改良松江人的饮食起居风俗礼节入手,使每一个松江人都能在耳濡目染之间,改善到一种新的生活,这效果一定比办报纸贴标语那一套空洞的工作切实得多。所以,新松江社目下的那些事业,在表面上虽然有类于茶坊酒肆、澡堂旅馆,但是在精神上及意义上,其相去是不可以道理计的。""在今天这纪念会之后,接着就要举行一个松江文献展览会。""自晋'二陆'以来,文物之盛,彪炳史册。然而名贤著作、艺人书画、史籍志乘所未著录者,还有许多,可知文献之搜辑,亦是在评量过去文化这工作上一大要图。现在不是有人在主张以中国为本位的文化建设吗?自其大者言之,以中国为本位;自其小者言之,我们要建设松江的新文化,当然应该先检讨一下松江的过去文化情形。"(按:以题为《新松江社落成小言》刊于社刊。)

另,据《新松江社落成典礼志盛·蔡子民等均莅会演讲》:"出席社员及来宾数百人,极一时之盛。开会如仪,主席于仲迟报告社务大概,""摄影散会,正午聚餐,下午二时举行永久社员大会,出席永久社员百数十人,主席于仲迟,行礼如仪,""由沈联璧报告社务近况,雷君彦报告经济概况,孙宗堃报告征求社员状况,讨论事项之重要者有理事会提出之'社务进行次序案''最低限度建设案''廿三年份预算案''审查本社开办费账目案',宋学勤提出制定'社员信守规条以资遵守案',均经通过,最后改选本社理事。"(《茸报》,1935年3月4日)

**四日** 据《现代》"文化界杂讯"专栏:"郑振铎、叶绍钧、樊仲云、倪文宙、曹聚仁、杜衡、施蛰存、叶灵凤、陈望道、郑君平、赵家璧、钱歌川、赵景深、艾迪尘、陶亢德、傅东华、汪馥泉等杂志编辑人三十馀人在南京路新雅茶聚,大家主张对目下'想'开倒车的'读经'及'做文言文'的趋向,发表反对的'宣言'。"(《现代》,第6卷第3期)

**五日** 先生与康嗣群合办《文饭小品》第2期出版。刊有其作《为谁写作》(署名"蒙葵")、《不隔》(署名"雕菰")、《某刊物》(署名"酉生")、《雨的滋味》(署名"梁云"),以及其译作意大利迦桑诺伐《宝玲小姐忆语》和"译者附记",另有其为戴望舒译作《苏俄诗坛逸话》所作"题记"。

另,还刊有其作《何谓典范》:"因为对于一块《茅盾小说集》的广告牌说了几句闲话,又在《太白》半月刊第11期上引出了一位'不是开明的股东,也不是茅盾的信徒'的闻问先生来'掂'我的'斤两'了。"

**九日** 《民报》"出版界消息"专栏刊载:"康嗣群主编、施蛰存发行之《文饭小品》第2期,已于前日出版。本期内容较第一期益为精彩,有郁达夫之《春愁》,金克木之

《论诗的灭亡及其他》，刘大杰之《说穷》，沈启无之《记王谑庵》，戴望舒之《苏俄诗坛逸话》，梁云[先生笔名]之《雨的滋味》，均为逸趣横生之佳作，又有张天翼新作小说《出走以后》，可见在现实前之娜拉，其出走以后之结果如何。"

**十日** 译作 Ernest Hemingway《一日的等待》刊于《新中华》杂志第 3 卷第 5 期，署名"李万鹤"。

**同日** 在《申报》"杂作"专栏发表《邮局半小时》，署名"蛰"。

**十一日** 戴望舒从法国巴黎返回上海，暂居虹口北四川路德邻公寓。

另，据闻不多记述："戴望舒已由法回国，与施蛰存之妹久别重逢，愈形亲热。或问戴何时结婚，戴谓俟筹得现款三千元，即可成家云。"（《南华日报·劲草》第 294 期，1935 年 4 月 19 日）

**同日** 《每周评论》第 157 期刊载《施蛰存揭穿出版界的病态》："《现代》的编辑施蛰存自脱离现代书局后，生活颇闲散。前有《人言》周年号上曾写《我的编辑经验》一文，他说：'书店老板的目的是赚钱，他是一位编辑先生来编一个杂志，第一条件是要这个杂志能包罗万象，为的是销路普遍，能得到广大的读者，为的餍足了他的赚钱的目的。编辑先生在这个条件之下编出来的杂志，当然是思想不能一致，精神无所专注，等于开了一爿百货店。百货店的文艺杂志对于读者除了消遣以外，没有别的作用'。这一段话，算是把出版界的病态揭穿了。"

**十七日** 《南华日报·南苑》第 568 期"艺苑行情"专栏刊载："前《现代》编辑施蛰存等，又筹办新文艺杂志，闻定名《新代》。"

**中旬** 当时先生工作举步维艰、生活困难重重，同乡好友便邀约赴普陀山旅游散心，遂与浦江清及浦氏母亲、宋学勤、陆宗蔚等结伴成行，并按民俗行祈福纳祥之供奉礼仪。

**二十二日** 世界笔会中国支会在上海静安寺路 749 号举行全体会员大会，开始恢复因"一·二八"战争后停顿的会务活动，先生也出席了这次会议。

**二十五日** 《读书生活》第 1 卷第 10 期"新刊介绍"刊载："《文饭小品》月刊康嗣群编，脉望社出版，上海杂志公司总代发行。小品文杂志，目前真可以说太多了，内容不是谈狐说鬼，便是破口骂人。这一种新刊的《文饭小品》，倒没有这两种弊病，文章都清新可诵，印刷的精美，可以算同人杂志中的佼佼者。"

**同日** 《诗歌季刊》第 1 卷第 2 期刊载蒲风《五四到现在的中国诗坛鸟瞰·续》，"附《'五四'到现在中国诗坛表》"内有："内容：象征主义。代表人：李金发、王独清。

源流：法国派。诗人：李金发、戴望舒、蓬子、王独清、施蛰存。流派：象征派。"

**三十日** 鲁迅复郑振铎函谈及："商务的《小说月报》事，我看不过一种谣言（现在又无所闻了），达夫是未必肯干的，而且他和四角号码王公，也一定合不来。至于施杜二公，或者有此野心，但二公大名，却很难号召读者。"按《鲁迅全集》注释："施杜指施蛰存、杜衡。"（人民文学出版社，1981年北京第1版）

**月内** 始撰《无相庵断残录》，其中《关于王谑庵》写道："前几天读江阴金武祥的《粟香随笔》，有两则关于王谑庵的，云……。这两条记录很奇怪。"在《秋水轩诗词》写道："最近又购得光绪乙未可月楼刊本《秋水词》一卷、补遗一卷。"

**又** 选辑完成《晚明二十家小品》，为交付印行而撰写"序"："在我，只是应书坊之请，就自己的一些明末人的文集中选一本现今流行着的小品文出来应应市面而已。至于我为什么肯来做这个容易挨人讥讽的'选家'，这理由很简单，'著书都为稻粱谋'，著的书既没那么多，而'稻粱谋'却是每日的功课，便只好借助于编书了。""我对于编选及标点此书时，自问并没有太草率了事。""除了尽量以风趣为标准，把隽永有味的各家的小品文选录外，同时还注意到各家对于文学的意见，以及一些足以表见各家的人格的文字。这最后一点，虽然有点'载道'气味，但我以为在目下却是重要的。"

**是月** 开华书局初版发行由中国小说年选社编《一九三四小说年选》（普及版），收录其作《汽车路》。

## 四月

**一日** 先生与艾思奇、王鲁彦、叶圣陶、郁达夫、方光焘、老舍、周建人、柳亚子等148位文化界人士以及文学社、文学季刊、芒种社、论语社、读书生活社等17家文化团体联名发表《我们对于文化运动的意见》，反对"复古读经可以救国"的主张。

另，据《现代》"文化界杂讯·琐琐屑屑"专栏："以反'读经'及'存文'为内容的《我们对于文化运动的意见》，由上海文学社、文学季刊社、文艺画报社、中学生杂志社、太白社、世界知识社、芒种社、青年界社、现代杂志社、新小说社、新生周刊社、论语社、译文社、读书生活社等团体及史国纲、艾寒松、汪馥泉、李公朴、杜衡、施蛰存、马国亮、倪文宙、曹聚仁、徐懋庸、张明养、陈望道、康嗣群、毕云程、陶亢德、叶圣陶、叶灵凤、傅东华、赵景深、赵家璧、郑振铎、郑伯奇、樊仲云、钱歌川等个人签名发起，现正向各方面征求'发表意见人'。"（《现代》，第6卷第4期）

另，《我们对于文化运动的意见》先后刊于《新社会》半月刊第8卷第7期（4月1

日)、《芒种》半月刊第7期(6月5日)、《新生周刊》第2卷第21期(6月15日)、《读书与出版》(生活书店)第2号(6月15日)、《读书生活》第2卷第4期(6月25日)、《文学》第5卷第1号二周年纪念号(7月1日)、《太白》半月刊第2卷第8期(7月5日)、《青年界》月刊第8卷第2号(9月1日)等。

**五日** 先生与康嗣群合办《文饭小品》第3期出版,刊有其作《存文会与简笔字》(署名"雕菰")、《人与文》(署名"刍尼")、《无相庵断残录·(一)关于王谑庵、(二)秋水轩诗词)》。

另,刊有其作《服尔泰》写道:"使我又无意中想起了我们的鲁迅先生,鲁迅先生现在是似乎不大用真名字发表文章的。但他却有许多笔名,在发表的当时既可以躲躲闪闪,不负责任,时过境迁,又仍可编纂成集,追认过来。虽然鲁迅先生曾经很俏皮地说过,他写他的杂感文是希望人家改好,人家一好,他的文章就失去作用。然而,难道凡被鲁迅先生所针砭过的人物,竟一个都不会改好,所以他的杂感集还只得'不三不四'地出下去。在这一点上,服尔泰的手段,似乎又不及我们的鲁迅先生。"

另,还刊有署名"脉望社出版部施蛰存启"的《戴望舒先生主编诗杂志出版预告〈现代诗风〉》:"望舒要想办一个关于诗的杂志,已是好几年的事情了,一向没有机会能实现他的愿望。最近他从西班牙法兰西漫游回来,看见我正在办《文饭小品》,便也有点跃跃欲试。他问我:'文饭小品生意如何?'我说:'本钱太少,有点周转不灵,但总得撑持下去。'他说:'诗杂志销路有无把握?'我说:'送人则准有三千本可送,卖钱则连一千本也不敢担保。'但是他终于决定要替诗坛热闹一下,编刊一个关于诗的两月刊,定名《现代诗风》。"

另,按先生自述:"我现在编一本季刊,定名《现代诗风》,内分诗论、诗话、诗、译诗四项,大约9月中可出第一册。你如高兴,可请寄些小文章及译诗论文来,不过没有稿费,恐怕你也无暇写耳。"(复戴望舒函,1933年5月29日)"《现代诗风》是我办的,用望舒名义。"(复岳洪治函,1987年1月21日)

**七日** 《时事新报》"文坛周末记"专栏刊载:"戴望舒自办之诗歌二月刊,已定名为《现代诗风》,将于5月10日创刊,由施蛰存创设之脉望社出版部发行。"

**八日** 《茸报》副刊"茸城晓角"刊载听潮生《呆子闲谈·施蛰存》:"施蛰存亦松江人也,不但为上海文坛健将,且为国内数一数二之作家。我邑研究新文学者,均熟知之。"

**九日** 《时事新报》"出版界"专栏刊载《〈文饭小品〉第三期》:"康嗣群主编、施蛰存发行之《文饭小品》月刊,第三期已于昨日出版,本期内容较前二期更为充实,有周作人、林语堂、俞平伯、阿英、丰子恺诸名家之散文随笔,郁达夫之游记,林庚之诗论文,老舍新著短篇小说,金克木之长诗,均属逸趣横生之作,其馀微言絮语两栏,仍极短小精悍之至。"

**同日** 《南华日报·南苑》第586期登载紫曦《谈美》,攻击性提及:"可举中国三篇现代的历史小说作例,施蛰存的《鸠摩罗什》被中间人认为美,茅盾的《神的灭亡》被同情人认为美,郭源新〔郑振铎〕的《桂公塘》被法西斯们认为美。"

**十日** 在《新中华》杂志第3卷第7期发表《从亚伦坡到海敏威》和小说《牛奶》。

**十二日** 《南华日报·劲草》第289期闻不多"文坛动静"专栏刊载:"施蛰存所主编的《文饭小品》,据说是自费出版,经济甚为拮据,并且该刊销路亦未见佳,出了三期之后,已发生稿荒。施语人,现成的稿子,可说是'米已成饭',现正陷于'无米难炊'的境地!"

**十三日** 靳以自北平复上海康嗣群函谈及:"'现代'版税,累蛰存代劳,请转致谢意。"

**十五日** 《新小说》第1卷第3期(4月号)"作者、读者、编者"专栏刊载"王任叔来信":"《猎虎记》这样的手法,在通俗意义上,我非常赞成试用。不过背景的配合不很适当,我怀疑这样的猎人生活,现在乡村里不很可以看到了,但也许是我底见闻太偏了一点。至于作者作这《猎虎记》是否是篇寓言,那当然可不用去问他,也许是借传说来做的吧。总之,这一篇文章是值得一看的。"

另,此期"编辑后记"提及:"第一期因仓卒编成,不免空虚一点。但,张天实〔翼〕、施蛰存两先生的作品,的确是值得注意的。"

**二十日** 在《人间世》小品文半月刊第26期发表《读书随笔:绣园尺牍》:"清汪乔年绣林著,余家旧藏本,与秋水轩、小仓山房诸尺牍书杂庋敝箧中,不知几年月矣。今夏偶晒书,检得之,偶读一二章,迥然异乎《秋水轩》也,且因是写刻本,殊复精好,遂为付书佣整治之,面目一新,宛然寒斋一珍品矣。""悬知此人亦是一'小品迷',如今之沈启无、林语堂、阿英、刘大杰诸公也。意者此一卷尺牍,久韬迹敝箧中,而适于今年显,其中岂亦有机缘乎?""惟不知其生当清代何时,吾友杜衡云,似是清季人,则去今尚不远也。此人风致颇在中郎竹懒间,他日倘得读其诗文,当亦有味。"

**同日** 先生因患胃病,入住宝隆医院治疗,约十天后,才返回家里。先生自述:"我卧病在医院,王莹曾带了一束鲜花来看我。""是我和她最后一次见面。"(《宝姑》)

**又** 《太白》半月刊第 2 卷第 3 期"掂斤簸两"专栏刊载鲁迅(署名"直入")《"某"字的第四义》。按《鲁迅全集》注释:"某刊物指《文饭小品》月刊。""该刊创刊号上载有署名雕菰的《疑问号》一文,对《太白》半月刊新年号所载不齐(周木斋)和何公超的文章进行嘲讽,《太白》第 1 卷第 11 期(1935 年 2 月)发表不齐的《隔壁》和闻问的《创作的典范》加以反驳,《文饭小品》第 2 期便发表了署名酉生的《某刊物》一文⋯⋯"(人民文学出版社,1981 年北京第 1 版)

**二十八日** 《时事新报》"青光"副刊"文坛周末记"专栏刊载:"施蛰存近日胃病又发,惟《文饭小品》仍在极力进行中,闻第四期较以前将更见精彩。"

**同日** 《南华日报·南苑》第 605 期"艺苑行情"专栏刊载:"戴望舒、杜衡、施蛰存、韩侍桁等近筹办一文学月刊,定名《星火》,拟与傅东华所编之《文学》对抗,由杜衡主编,创刊号下月初旬可出版。"

另,按先生自述:"《现代》停刊以后,我和杜衡分手。杜衡和韩侍桁、杨邨人去创办《星火》月刊,集结一部分青年,提示了他们的目标,拉起了一座小山头。这个刊物才成为'第三种人'的同人杂志,有意识地和左联对立了。""我对杜衡的这一倾向,极不满意,因而连朋友交情也从此冷淡了。"(《〈现代〉杂忆》)

**月内** 开始翻译法国弗郎西·耶麦的诗。(先生书面材料)

**是月** 选辑《晚明二十家小品》,由光明书局初版发行。先生自述:"当时新得明刊本《翠娱阁皇明十六家小品》一部三十二卷。现成资料,不烦搜索。即从此书选材,另外增益四家,晨抄暝写,二月便告成。"(《浮生杂咏》)"也没有想到我买明人文集所花的本钱,居然能有一天收回 150 块钱(这是我编《晚明二十家小品》的代价)。"(《"云乎哉?"》)"这纯然是为'稻粱谋',应出版家之请而投机编书,并不是作为提倡晚明小品的文学事业。我在那本书的序文中早已交代过了。"(《明人小品选·题记》)

另,按先生自述:"明人竞尚小品,流风所及,渐而复盛,近来好古之士,颇复宗之。唐显悦[悦]文娱序曰:'迩来邗上识郑超宗,超宗之言曰,小品一派,盛于昭代,幅短而神遥,墨希而旨永;野鹤孤泪,群鸡禁声,寒琼独朵,众卉避色;是以一字可师,三语可椽,兴于斯文,乐曷其极?'此大概可以为明人小品之说明矣。"(《无相庵偶撷》)"在周作人、林语堂的影响之下,也曾有一二年热中于明人小品文,把公安、竟陵派的几十部诗文集看了一遍。"(《我治什么"学"》)"晚明公安、竟陵诸家文集,已三百年不行于世,清代几无刊版。一朝发迹,求书为难。书商以为有利可图,争印明人小品。""沈启无编《近代散文抄》,刘大杰标点《袁中郎集》,阿英编《晚明小品文选》,一时出版商趋之

若鹜。我亦未能免俗,为光明书局编《晚明二十家小品》。"(《浮生杂咏》)

## 五月

**一日** 由汪馥泉编辑《现代》杂志第6卷第4期(5月号)出版,此期"文化界杂讯·琐琐屑屑"专栏提及:"施蛰存、杜衡等拟办文学月刊《星火》,定于5月中出版。"

另,据于飞"文坛周末记"记述:"杜衡所主持之星火社《星火》半月刊,创刊号将于本月中旬出版,闻对于把持文坛之某派颇多攻击。"(《时事新报》,1935年5月12日)

另,据羡吾《杜衡悄然赴港》记述:"在《现代》停刊后,不久又和韩侍桁、杨邨人辈办了个《星火》,仍想藉'星星之火',重燃起'文艺自由'的火把来'燎原'文坛;这一回反响却小多了。"(《铁报》,1936年8月15日)

**同日** 《文学》月刊第4卷第5号"文学论坛"专栏刊载鲁迅(署名"隼")《"文人相轻"》提及:"我们如果到《文选》里去找词汇的时候,大概是可以遇着'文人相轻'这四个字的,拾来用用,似乎也还有些漂亮。""一切别的攻击形体、籍贯、诬赖、造谣,以至施蛰存先生式的'他自己也是这样的呀'。""我们如果到《庄子》里去找词汇,大概又可以遇着两句宝贝的教训:'彼亦一是非,此亦一是非',记住了来作危急之际的护身符,似乎也不失为漂亮。""对于充风流的富儿,装古雅的恶少,销淫书的瘪三,无不'彼亦一是非,此亦一是非',一律拱手低眉,不敢说或不屑说,那么,这是怎样的批评家或文人呢?——他先就非被'轻'不可的!"(按:《鲁迅全集》第6卷第300—301页注释〔7〕〔9〕〔11〕。人民文学出版社,1981年北京第1版)

另,此期刊载鲁迅(署名"庚")《人生识字糊涂始》。

另,还刊载茅盾(署名"惕若")《杂志"潮"里的浪花》提及:"我们觉得'革新后'的《现代》似乎比《东方杂志》以及《新中华》等老牌刊物多少活泼一些。""《现代》这次'革新',抛弃了'综合的文化杂志''传统'的尴尬型,倾向于通俗性,这一点我们觉得很对。""我们很希望它能够保持'革新号'的面目一直下去。""谁要是读了[《新小说》]第1期内张天翼的《一九二四——三四》和施蛰存的《猎虎记》,谁就免不了要发生或张或段的感想罢。""然而《猎虎记》通俗是通俗了,却'使人有读后无回味之感觉'。"

**五日** 《太白》半月刊第2卷第4期刊载鲁迅(署名"旅隼")《"京派"和"海派"》提及:"一,是选印明人小品的大权,分给海派来了;以前上海固然也有选印明人小品的人,但也可以说是冒牌的,这回却有了真正老京派的题签,所以的确是正统的衣钵。二,是有些新出的刊物,真正老京派打头,真正小海派煞尾了;以前固然也有京派开路的期刊,但那是半京半海派所主持的东西,和纯粹海派自说是自掏腰包来办的出产品颇有区别的。""我是故意不举出那新出刊物的名目来的。先前,曾经有人用过'某'字,什么缘故我不知道。但后来该刊的一个作者在该刊上说,他有一位'熟悉商情'的朋友,以为这是因为不替它来作广告。这真是聪明的好朋友,不愧为'熟悉商情'。"

另,按《鲁迅全集》注释:"老京派的题签 1935 年出版的施蛰存编的《晚明二十家小品》,封面有当时在北平的周作人的题签;文中所说的'真正老京派',即指周作人。""新出的刊物指 1935 年 2 月创刊的《文饭小品》月刊,康嗣群编辑,施蛰存发行。它是由施筹款创办的。该刊第 3 期(1935 年 4 月 5 日)第一篇文章是知堂(周作人)的《食味杂咏注》,最末一篇是施蛰存的《无相庵断残录》。""《文饭小品》第 2 期(1935 年 3 月)发表署名酉生的《某刊物》一文,其中说《太白》半月刊第 11 期有评论《文饭小品》的两篇小文,'文章一开头都是"某刊物创刊号"那么一句。这地方,我觉得未免"太"不坦"白"了。''有一位熟悉商情的朋友来看了,他说:"……他们如果在文章中写明了《文饭小品》字样,岂不就等于替你登了广告?"'"(人民文学出版社,1981 年北京第 1 版)

另,此期还刊载周木斋《杂文的文艺价值》提及:"这和以前林语堂先生的以反对他的小品文的也做小品文是《母猪渡河》一样。""新近施蛰存先生又以同样的内容而不过换了另一种姿势反对杂文。"

**上旬** 戴望舒亦迁居法租界吕班路万宜坊 28 号。先生自述:"望舒在上海,开始写他旅游法国和西班牙的游记文,他曾给我看过一个拟定的篇目,有二三十篇,但现在能找到的只有八篇。其他篇目,写成了没有,发表了没有,我都无法知道。"(《〈中国现代作家选集·戴望舒〉引言》)

**十二日** 《时事新报》"青光"副刊"文坛周末记"专栏刊载:"施蛰存病已近痊,已离院返家调治,《文饭小品》亦因之脱期,据施云一俟病体复原,即继续进行,决不中止。"

**十四日** 鲁迅复曹靖华函谈及:"闻现代书局大有关门之势。"

**十五日** 《清华周刊》第 43 卷第 1 期刊载孙作云《论"现代派"诗》提及:"我把新诗的发展分为三个阶段:1. 郭沫若时代,2. 闻一多时代,3. 戴望舒时代。""第三派诗以戴望舒先生为代表,和戴先生同派的有施蛰存、李金发先生。这派诗的开端是周作人先生译的法国象征派诗人 Gourmont 的西蒙尼(后来收入《陀螺》里),这些诗又被戴先生全译一遍。""周先生又译了日本一茶的俳句,也给这派诗人许多影响。戴先生又译了法国象征派后期诗人保尔夫尔的诗数首登于《新文艺》上(水沫书店版)。这派诗是现在国内诗坛上最风行的诗式,特别从1932年以后,新诗人多属于此派,而为一时之风尚。因为这一派的诗还在生长,只有一种共同的倾向,而无鲜明的旗帜,所以好只用'现代派诗'名之,因为这一类的诗多发表于《现代》杂志上。""现在举出十位诗人来,戴望舒,施蛰存,李金发及峨珈,何其芳,艾青,金克木,陈江帆,李心若,玲君。""《现代》的前身是水沫书店出版的《新文艺》,所以《新文艺》的第1卷上的诗,便是后来'现代'式的诗。""施蛰存是首先明白地提出(《现代》第1卷第2期)'意象派抒情诗'的旗帜,也是这派诗人中有力的提倡者,他虽然没有出诗集,但他的诗我们还记忆了许多首,如题为'意象派抒情诗'下的几首:《桥洞》《祝英台》《夏日小景》《银鱼》;及'九月诗抄'题下的《嫌厌》《桃色的云》《秋夜之簷溜》。而《桥洞》一诗尤好,很能作到情绪的抑扬顿挫,给读者以意境的美。"

**十八日** 《申报·出版界》第6期刊载李卫之《各书局印象记·大东、北新、现代》(续),文中"九、现代书局"提及:"五年以前,他因为迎合当时摩登风气,""结果致遭了封禁。然而洪老板的本领,毕竟异人,他从这个巨大打击中,把书局复兴起来。他始终把握住摩登的意义。一·二八事变以后,'商务'的《小说月报》停刊了,他乘了这个机会,出版《现代》杂志,一时成为中国唯一的文艺刊物,这是现代书局的全盛时代。以后出现了《文学》,《现代》的作家去了大半,《现代》落伍了,加上施蛰存的所谓'第三种人'与读《庄子》及《文选》的问题,引起了左翼全面的攻击,于是《现代》乃一落千丈。与《现代》的活跃同时,《现代》在书业界有值得特笔记述的一事,便是洪老板对于'杂志年'的把握,现代书局实首创各种杂志的综合贩卖。当时,现代书局确乎门庭若市。""然而好景不常,专门贩卖杂志的小公司,接二连三的起来,现代书局拿手的营业给打倒了。这时候,又来了意外的灾祸,洪老板去世了,于是一时飞跃的《现代》只好随着寿终正寝。最近,'现代'经过了改组,《现代》杂志也复活了,但是没有把握摩登的意义,要想复兴可不容易呢。"

**二十二日** 《时事新报》"青光"副刊刊载英子《西航艸》提及:"直到此刻还只不过航行了二十多里呢,所以我们息了起岸的意念;上午写给淑明和蛰存兄底两封信,祇好到了淳安再去投寄了。"

**二十七日** 《大美晚报·文化街》刊载:"《现代》月刊更换编者事,将实现。据现代书店方面之意,将仍请施蛰存回来负责主编。据说施蛰存是否复任,尚在考虑中。"(按:此稿又刊于本年6月7日《南华日报·南苑》第645期"艺苑行情"专栏。)

**二十八日** 《时事新报》"青光"副刊登载天帝《略谈历史小品》(上)提及:"前几年

郭沫若曾做过《湘累》《王昭君》等剧,茅盾亦有《大泽乡》《石碣》等篇小说之作,施蛰存则用精神分析学的方法,写成了《将军的头》《石秀》等几个短篇,然而这些东西,去年已有人说过:那是出于向壁虚造的结果,不能算作历史小品的正格。"

**三十日** 先生与康嗣群合办《文饭小品》第4期出版;扉页刊有其作《本刊出版衍期道歉》:"脉望社出版部穷得连职员都没有,一切事情都由鄙人以馀暇为之。《文饭小品》每期由康嗣群先生编好交来,即由鄙人付印刷所排印。一切校对发行等事,亦均由鄙人为之。不幸鄙人自4月20日起一病兼旬,该期校对等事遂竟无从进行,衍至今日,方能出版,已是月梢矣。定阅诸君,颇有来函询问,恐本志有废刊之势,深致惋惜者,鄙人极为感动,并致谦忱。下期本志,因该期衍期影响,恐不免仍须迟至6月15日方能出版,但自七月号起,若鄙人不再有病患,当仍能准期出版也。"

另,刊有《代人夹缠》:"《文学》杂志第4卷第4号的'社谈'栏中,我们看见了一位署名'水'的一篇《说"需要"》。这篇社谈,显然是对于露醒先生那篇文章的反应。可惜露醒先生已不在上海,他未必一定会看到水先生的大文,即使看到,也未必会再有什么说明,所以对于水先生那篇文章中有一些矛盾的地方,由我在这里写出来,请水先生及曾经看过这两篇文章的读者思索一下。"

另,刊有《"过问"》:"在水先生的《说"需要"》那篇大文内,有这么一段支节……。这一节话,与鄙人初无多大关涉,但一则因为鄙人近年来'也谈论谈论晚明',自非圣贤,未免兜心;二则从这一节话里看出水先生无心地流露出了他对于学问的态度。不禁又要饶舌几句了。"

另,还刊《"彼可取而代也"》:"水先生分明是在说鄙人办《文饭小品》大有以《文学》杂志为营业竞争之目标的野心,这却未免错怪了人。""《文饭小品》是一个苦干的杂志,出版至今,实销只四千份,编辑人未取编辑费,撰稿人常常必须等文章登出后一个月才领得到稿费。鄙人当初固然雄心勃勃,想一过发行人之瘾,现在则非但没有赚钱,反而每期要亏本七八十元,以至筹刊单行本书籍的希望也只好付之一叹。""鄙人实在自觉无此野心,除非鄙人背后也有一家'生活书店'。""我们不愿意学《文学》编者那样对于某一个作家始则讽刺他几句,看看他发怒了,要投笔而去了,便请人转圜,疏通,请吃饭,甚至磕头似的登道歉启事,求他回来。""然而鄙人终于不欲'取'者,原来也是想保持一点自由意志,不让它被那位文艺狄克推多压榨殆尽耳。"

另,刊发《谈变戏法的人及其艺术》(署名"穆铃"):"于是我们得从经验丰富,一活就是半百多岁的老作家的成名方法中去求'典范'了。因此我才明白要获到'大众',

是须要手法的。""现在闲着没事,不妨把这戏法来给分析一下:第一,首先要收小喽啰——愈多愈好。""等到喽啰兵足了,也不妨拒绝几个野汉,这才更足以衬出自己的高洁,而不会被人道作广收徒弟了。第二,中国素来是分有南北之野的,所以征服了'京派',一定还得征服'海派'。""同时,不要忘记板起面孔说一句:'这是中国的权威刊物',以惑人心。""老子有的是'钱',——钱的来历还是不问为妙——就是没人鉴赏,也要长出去,只要肯为书店作义务广告,还怕什么?""第三,写文章要刻薄,要一举两得的攻击别人。或者不妨来'惦'一斤或'簌'一两。""譬如周作人林语堂的思想不健全,胡适的时代(?)已经没落,当然都落伍。劝青年读《庄子》与《文选》的施蛰存,理论不清的杜衡'先生',更不用说是在打倒之列,其馀,叶灵凤的艺术是关在象牙塔里的,穆时英只能写些舞女的生活。""譬如创造社当然要随了潮流灭亡,新月社当然不能长存下去,而新成立的,'不会出茅盾小说集'的区区小社,更不足以齿之。""第四,是自己表现的方法。要以'严肃'的面孔,和所谓健全的魄力,'出现于这动乱的文坛'。""而创作的'题材',不能够是孩童的心理。应该是'农村破产'或者'市面不景气'。否则,不足以表现'大众'。""这样小文倘若发表后,当然会被人骂上三百代的,好在我是这无名小卒,骂骂也无妨;况且现在又正是骂的时代。我是洗了耳朵在等着'大众'的'严肃'的骂声。"

**同日** 《四川晨报》登载旦华《章太炎与鲁迅笔名多至一打以上》,提及鲁迅"在'自由谈'上又改为'何家干',这样干了不久,忽然和施蛰存打起笔墨官司来,其笔名则复变为'丰之馀'"。

**下旬** 先生因患黄疸病而又入住宝隆医院治疗约半月馀。先生自述:"拂袖归来,如老妓脱籍,粉腻脂残。儒林外史,阅历不少。又忽患肝胆之疾,偃卧数月,雄心消尽。"(《浮生杂咏》)

**是月** 《现代》杂志自汪馥泉接任编辑人后,仅出版三期最终停刊。

**同月** 15日杜衡、韩侍桁、杨邨人组织"星火"文艺社,出版了《星火》文艺月刊创刊号,由上海杂志公司印行,后计出版8期。20日生活书店出版郑振铎主编《世界文库》第一册,该刊编译委员会由蔡元培、鲁迅、茅盾等百馀人组成。31日国民党上海市执行委员会令上海市书业公会,翻印古书的新增材料需事先送审。巴金、吴朗西、丽尼、陆蠡在上海昆明路创办文化生活社。

## 六月

**三日** 徐霞村致戴望舒函谈及:"说起刊物来,我要向你发一点小牢骚了。我去年为了使我所编的副刊热闹一点起见,曾向施杜二翁写信,求他们给我写点稿子。其实我自己知道刊物小,稿费少,并不敢希望他们常常寄稿,不过求他们开恩一次,下不为例而已。谁知道他们二位口头上虽然答应,稿子却没有影子。起初我写信去催,他们还有回信来敷衍,后来,索性连信都不回了,反不如周岂明,每月至少给我三四篇稿子。你想,所谓老朋友者,行为都如此,岂不叫人灰心?我希望你不要学他们的官僚气,无论新译旧作,长短片断,早点给我寄点来,以光篇幅,如何?"

另,据署名"小的"《徐霞村大骂杜衡》记述:"他写的《谈北平小吃》的文字,非常清新可诵,可是此公私生活上却满身火气,朋友偶然得罪了他,便被他嘲讽笑骂。他和施蛰存、戴望舒感情很好,和杜衡虽颇知己,却被他大骂过。民国十八年,徐霞村写了二封信给杜衡[时在河南大学任教],却一封回信也没有,这可恼了他,马上在次年新年里寄了一封短简,上面写着:'杜衡教授老爷,连奉二札,迄未见覆,想是近来得意之至吧!穷小子徐霞村叩头。'杜衡接得此信,弄得啼笑皆非,赶忙回信道歉。"(《快活林》,1946年第18期)

**九日** 《女子月刊》编辑陈爱(莫耶、白冰)致谭正璧函谈及:"自从施蛰存先生给我向您拿了那篇《[中国]女性文学之研究》刊于'女月'后,我就很想有机会去见见您。""昨夜施先生在电话中告诉我您的住址,他说他已经商得您的同意,要把大作《中国女性文学小史》续稿给'女月'刊载,我在喜慰之馀,就急着写信给您。""第四期'女月'已寄给施先生转给您,也许您已收到。""假如蒙您答应把《中国女性文学小史》续稿给我的话,希望30日以前能够交给施先生,我再到施先生处拿。"

另,据谭正璧记述:"我在光明书局逢到施蛰存君,他告诉我:'现在《女子月刊》已换白冰当编辑,她托我请你写些稿子。'当下我就顺口答应了。不料隔得没有多天,又得到了白冰的直接来信。""在她诚意地间接直接请求下,我就把我新编的《中国女性文学小史》交给她在《女子月刊》按期发表。""除了知道她和施蛰存君的妹妹很要好外,此外我也毫无所知。"(谭正璧《忆白冰》,《天地》,1943年第2期)

**同日** 《时事新报》"青光"副刊"文坛周末记"栏刊载:"施蛰存旧病复发,惟不若前次之剧,刻正在家中静养,苦雨老人曾远道来信慰问,闻第五期《文饭小品》又势不得不延期矣。"(按:本月16日《南华日报·劲草》第331期"文坛风景"栏转载。)

**十日** 《时事新报》"青光"副刊登载天帝《欣赏文学》:"原来这作家最初的'谈论

谈论晚明的',原意只不过在于给自己的一种赏心的排遣,但其结果,却大谬不然,终竟不能不为生活关系而来'编选一部××小品文集'了。到了这时候,不是为的自己,更属显然。如果,谈论谈论晚明,而竟不能解决生活问题,出一本集子来适应社会的需要,他当然不会做那样呆事的,欣赏文学云乎哉?"

**同日**　《京报》登载南潜辑录《文坛月老录》,写到"可见施蛰存的早期作品是曾经得到过郭沫若的赞许的,据他说,那是一个值得追忆的投稿纪录","鼓励起施蛰存对于创作的自信力的人,郭沫若大概可以说得是最早和最可靠的一个吧"。

**又**　《北平晚报》登载《作家们之吃·施蛰存》:"施蛰存爱吃青鱼头尾,记得十年前他在上海还未成名时,名叫施青萍,我常常和他到大世界对面一家徽馆子喝酒,他最赏识那家的青鱼头尾,吃得津津有味。"(按:此稿又载本月24日《南华日报·劲草》第337期。)

**十二日**　在《时事新报》"青光"副刊发表《云乎哉?》:"看到'天帝'先生的一篇《欣赏文学》","最后'天帝'先生引了一节'某作家'的谈,来证实他的推论。这'某作家'却是我,我的确在第3期的《文饭小品》上写过那样的话。我为什么写那些话,这在看过那篇文字的'天帝'先生及读者当然明白,不必在此赘述。我要在此和'天帝'先生商量的乃是一般人研究或欣赏文艺的动机问题。仍旧以我自己为例,""为什么我要做这样的说明?我不过要'天帝'先生明白,我编《晚明二十家小品》,虽是凑热闹,但到底不能说我欣赏明人小品的动机是为了别人。郑振铎先生欣赏词曲,我们能说他是为了编'世界文库'取编辑费吗?鲁迅先生收藏木刻,我们能说他是为了印'引玉集'赚钱吗?""'自由意志'有什么可轻蔑的理由呢?至于把欣赏文学者都看做挟货求市之徒,'天帝'先生也未免太功利主义了一些。"

**十四日**　沈从文致函:"闻兄一再为二竖所苦,甚忧念。赵家璧兄来平,得闻情况一二,于兄处境,尤难去怀。《文饭小品》能支持,实可贺。诗刊[《现代诗风》]若出,此间似宜邀梁宗岱、孙大雨诸兄参加,当可热闹不少也。不知近已着手集稿否?又闻望舒回国亦大不如意,不卜近日尚在上海否?'文艺副刊'近想大加变动,希望多登小说,望兄同杜衡兄各写一创作,若能逼兄等于7月初将大作寄来,实可增加此间发稿人勇气不少!此间稿费只5元千字,为数并不多,惟刊物固定读者约20万人,且多数为大中学生阶级,于文学作品欣赏力似不弱,北方人态度又稍沉静,于创作小说尤具兴味,兄等若有文章北来,亦读者与发稿人之幸福也。病若较佳,深盼能逼兄一执笔。"

**十五日**　《新小说》第1卷第5期"读者意见"专栏刊载无锡徐志麟来信谈及:"达

夫先生的《唯命论者》实是最理想的通俗小说,老舍、蛰存两先生的小说通俗则通俗矣,然有点'红玫瑰'气味。"常德李汉辉来信谈及"次之就是施蛰存先生的《猎虎记》,它是很通俗了,然而一通俗又出了毛病。"

**同日**　《时事新报》"青光"副刊登载天帝《"为自己"》:"施先生对于小品的许多体式,为什么要独特的对于明人小品发生浓厚的趣味呢?近几年来,新的形式和内容的小品,如速写、报告文学之类,正有许多完美的成果,都不能引起他的注意,而'热烈地着迷起来'的,却反而是明人的封建文学的骸骨。""我却要指出这和施先生所属的社会阶历,文化教养,都有相互的依存关系;正与现在的流行公安竟陵的小品,形成一种风气同样的有其社会的发生根据,都不是偶然的。"

**十八日**　瞿秋白在福建长汀被国民党杀害。先生自述:"瞿秋白是我的老师,我时常重温起在上海大学就读时的情景,他上的社会学课,辞源俊发。后来我在上海筹办《现代》杂志,就向他约稿,先生及时寄来文章,使刊物为此增色。"(《世纪老人的话·施蛰存卷》)

**二十五日**　先生与康嗣群合办《文饭小品》第5期出版;刊有《"杂文的文艺价值"》:"我曾在《文饭小品》第3期中写过一篇题名为《服尔泰》的'杂文'","今天在《太白》第2卷第4期上看到周木斋先生的一篇文章了,题目是《杂文的文艺价值》。大意却是说我的那篇'杂文'乃是用了'另一种姿势'在'反对杂文'。""我还要劝告一下周木斋先生,倘若以后再想从别人的'杂文'中发挥出一点'杂感'来,最好还是把别人的文章看看清楚。"

另,刊有《"不得不读"的〈庄子〉与〈颜氏家训〉》:"去年,我因为在《大晚报》上介绍文学青年们读一读《庄子》《文选》《颜氏家训》这三部古书,不到一星期,就有鲁迅先生在《自由谈》上作文讥嘲了我一下,说这是'遗少'根性。我申辩了一下,却更被变为'恶少'了。其时还有曹聚仁、陈子展、茅盾等衮衮诸公轮流作文,判定我的复古死罪。我在觳觫待罪之下,心想他们这些人大概不会再'劝人'读这些劳什子的古书了吧。前几天因为生病,躺在床上,承友人送来了一本《太白》,看见了郑振铎先生拟的'世界文库'目录。在'中国之部'的'散文'目下,赫然看见了《庄子》与《颜氏家训》这两个书名。正在觉得奇怪,随手翻到末页的'说明',劈头第一句就是:'本文库第一集计载文学名著六百数十馀种,凡不得不读之重要名著已略备。'哦,去年在我这里倒了霉的《庄子》与《颜氏家训》,今年倒在别人家里走起红运来,成为'不得不读之重要名著'了。去年反对读《庄子》与《颜氏家训》的人,今年都荣任了《世界文库》的特约编辑委员,当然也承认它们是'不得不读之重要名著'了。文学青年们,请注意,《庄子》与《颜氏家训》今年开禁了,它们都一跃而成为'不得不读之重要名著'了。尽管去买来读吧,决不会再有人说你是'遗少'了。(但必须买生活书店的《世界文库》本,别的版本不可靠,读了恐怕还是'遗少'。)至于我的罪状,现在只剩了《文选》一罪,大概可以减轻三分之二了吧。只不知从去年到今年,这'冤狱赔偿'将如何算法?"

**又** 还刊有译作美国海敏威《一个干净的,光线好的地方》(署名"李万鹤")、译诗爱尔兰夏芝《老人临水》(署名"安簃")。

**二十八日** 穆时英致函:"听说你出医院的第二天就在冠生园吃炒广鱿,我真替你担心。我不懂你为什么这样贪嘴!'文饭'稿齐否?我的小说实在赶不出来,请原谅我。下期一定着着实实的写一篇。老戴这几天,天天到我们这里来,来了就到乡间去漫步。我到近来才发见他在写诗以外,还有一种特长与嗜好,他打野狗的本事真不错!在这一礼拜中,他至少打了十七头野狗。杜衡近来回力球兴趣绝浓,谈起拉摩司来,那眉飞色舞的样子,——嗨,不得了!有暇请来我们这里谈天。"

**月内** 译毕美国罗蕙儿《我们为什么要读诗》并撰写"译者记":"我想拿这篇译文放在创刊号里恐怕再适当也没有了。下一期我想再译她一篇《作诗的步骤》,便是从这一篇短文出发的再进一步的文字了。"

**是月** 《汉口舆论报汇刊》第17期刊载钞胥《鲁迅讽骂施蛰存》:"最近出版之《太白》半月刊发表一文,曰'京派和海派',说及去年北方文人,曾针对南方作者,以海派相轻,聚讼今不及一年。而京海文人,乃以携手合作闻矣。行文辛辣,作者即鲁迅;而攻击对象,则施蛰存也。"

**又** 北新书局初版发行杨晋豪辑《中国文艺年鉴·二十三年度》,书中"廿三年度出版文艺书目"内有:"《域外文人日记抄》,施蛰存编译。"

## 七月

**一日** 《文学》第5卷第1号刊载鲁迅《"题未定"草》(一至三)提及:"在青年文学家靠它修养的《庄子》和《文选》或者明人小品里,也找不出那些名目来。"

**五日** 写讫小说《无题》。

**上旬** 应上海杂志公司张静庐之聘,先生开始主编"中国文学珍本丛书",并与阿英合作相关编辑事务。

另,按先生自述:"张静庐先生刚从广州开了分店回来。有一天,他打电话给我,邀我去谈谈。闲谈之间,他就说想在贩卖杂志、出版杂志的事业之外,再印行一点书籍,使他的营业范围圈可以扩大一点。但是如果筹印新书,则必须支付巨额的版税及稿费,尚非他的能力所及,故想先印一点旧书,把他的单行本书的出版事业,打好一点基础。当时我就贡献他两个计划。""隔了三四天,张君就我的两种计划中,斟酌出一个主意来,他主张筹印一个'中国文学全集',其方法是将中国文学旧籍中,选定数百种重要的,分辑印行,以最低的价格发卖。当下他就托我代为选定第一辑五十种的目录。""正当筹备付排这个'中国文学全集第一辑'的时候,张君因为几位'商人气分'更多的朋友的劝告,觉得其中大多数都是很普通的书,即使定价低廉,亦未必能畅销,倒不如索性选印较为罕见的书,说不定会有相当的成功。于是'中国文学全集第一辑'便变成'中国文学珍本丛书第一辑'了。""在这个经过情形之下产生的《中国文学珍本丛书第一辑》其'珍本'两字的解释,实在是很困难的。明眼的读者,一定会在我所写的第一期目录中的凡例内,看出了我的窘状。"(《关于中国文学珍本丛书——我的告白》)"编印'珍本丛书',张静庐意在印行明刊本通俗小说。阿英意在收回历年购置古籍所费。我意在印行《词林纪事》《宋六十名家词》《元人杂剧全集》等实用书,其实不得谓之'珍本'也。三人意图不同,岂非同床异梦? 不久,抗战军兴,上海出版界一时收歇,此丛书亦未完成计划,仓促停止。"(《浮生杂咏》)

另,《"中国文学珍本丛书"编选诸委员》:"周作人先生、胡适之先生、郑振铎先生、沈启无先生、林语堂先生、卢冀野先生、叶圣陶先生、郁达夫先生、吴瞿安先生、汪辟疆先生、俞平伯先生、朱自清先生、龙榆生先生、曹礼吾先生、周越然先生、钱南扬先生、废名先生、刘大杰先生、丰子恺先生、蘼芜先生、阿英先生。主编:施蛰存先生。"(《"中国文学珍本丛书"书目样本》)

**十三日** 先生大妹绛年与戴望舒解除婚约。据《申报》广告专栏刊登《戴望舒施绛年启事》:"我们经双方同意,自即日起解除婚约,特此声明。"

**十四日** 《时事新报》"青光"副刊"文坛周末记"专栏刊载:"戴望舒已与施蛰存之妹施绛年女士解除婚约。"

**十五日** 《漫画漫话》第1卷第4期刊载周楞伽《第三种人的三种巴戏》提及:"去年出版的《文艺画报》第2期上,有一位劝青年读《庄子》《文选》的先生,作了一篇名叫《题材》的随笔,指谪《文学》上的一位批评家批评描写儿童心理的题材没有多大意义,为文坛上的婴儿杀戮现象。其实事实上,文坛上从事婴儿杀戮的刽子手,倒不是《文学》上的那位批评家,反是和这位先生同调的第三种人。不信,我可以随手拈两个例子出来。"

**同日** 《杂文》第2期登载辛人《从创作方法讲起》提及："这几句话已够答复那说'文学不死，何来遗产？'的施蛰存先生而有馀了。"

**十七日** 《社会日报》刊载小梧《戴望舒施绛年婚约解除》提及："友侪为两者前途幸福计，遂出为调停，经双方同意而解除婚约，以便今后各奔前程也。惟戴与施蛰存之间，友谊一如旧日，并不以家事而略呈异状。"

**二十日** 《太白》第2卷第9期刊载周木斋《如此这般》："我在本刊第2卷第4期上的《杂文的文艺价值》一文中，引了施蛰存先生的《服尔泰》一文的一段话，说他'换了另一种姿势反对杂文'，最近他就拿我的这个题目，做了一篇《杂文的文艺价值》。"

**三十一日** 先生与康嗣群合办《文饭小品》第6期出版；卷首刊有："本社迁移至上海法租界吕班路万宜坊28号。"

另，刊有《朋友文学说》(署名"玄晏")、《盾还是盾》(署名"雕菰")，以及短篇小说《无题》(按：此篇后收入《小珍集》，改题为《失业》)。

另，续刊《无相庵断残录·(三)"邻二"的佚文、(四) 橙雾、(五) 八股文)》。在《"邻二"的佚文》中写道："在他[茅盾]自编的散文集中的《邻二》，还只是当初《新文艺》月刊上登载出来的那样子，并没有把我胡乱加上去结束了的文字改正过来。前几天整理旧书，出于意外地，却在一本'万人丛书'的《亨利·爱思蒙传》中找出了茅盾先生的那封信，《邻二》的最后一节原文宛然仍在，真是一种可贵的文献了，故为刊录于此，使读过那篇散文的，或买了《茅盾散文集》的读者，能把它改正过来，还它的本来面目。"又在《八股文》中写道："在蟬隐庐书庄看到了廖柴舟的《二十七松堂集》，才知此书早已有了铅印本，遂以银6元买了回来。此书一向只知道有廖柴舟自刻本及日本文久二年刻本，两者俱不易得，今无意中忽获此本，觉得非常高兴。此本表纸题有'廖景黎家藏'字样，想是柴舟后人的家印本了。"

**又** 先生与康嗣群合办《文饭小品》在出版总6期后废刊。先生自述："其时水沫社同人亦已散伙，刘呐鸥热衷于电影事业，杜衡与韩侍桁、杨邨人为伍，另办刊物。穆时英行止不检，就任图书什志审查委员。戴望舒自办《新诗》月刊。我先后编《文艺风景》及《文饭小品》，皆不能久。独行无侣，孤掌难鸣，文艺生活，从此消沉。"(《浮生杂咏》)据纪弦(路易士)回忆："自从《文饭小品》停刊，施蛰存就不再有甚么文坛上的活动了。他曾一度提议，组织一个'自由主义文艺作家大同盟'，以对抗那些'意识至上主义者'，可是并未见诸行动。"(纪弦《从一张照片唤起的记忆》)

**同月** 浦江清由北平返回松江休假,并与张企罗女士订婚。

## 八月

**一日** 写讫《编印中国文学珍本丛书缘起》:"张静庐先生,商人也,亦学人也,亦当以寒士不能多读天下书为恨,居常为余言其意,而今则奋然有精校断句排印'中国文学珍本丛书'之计,要余襄助其事。余自惟非达官贵人教授学者,室无千元百宋之珍,邺架曹仓之富,焉敢当此重寄?惟字断句之任,绵力或能胜之。张公之计得售,未始非读书界一盛事。余既不能为达官贵人、教授学者效牛马走,则何如为白屋寒儒、青灯下士修儿孙福乎?故不自揣度,为之指挥校印,期于有成。"

**四日** 在《申报》"业余漫谭"专栏发表《男女同学问题的"再讨论"》,署名"蛰庵"。

**八日** 《京报》登载:"日前施蛰存、杜衡、赵家璧、叶灵凤等 26 位作家在新雅茶话,讨论'手头字'的推行。"

**十日** 中亚书店初版发行鲁迅著、苏菊芳编《鲁迅文集》,内收《选本》《重三感旧》《"感旧"以后》(上)(备考:《〈庄子〉与〈文选〉·施蛰存》)、《"感旧"以后》(下)、《论翻印木刻》《为了忘却的记念》等篇。(按:此书在本月 20 日又为"初版"发行,封面、版权页不同。)

**十八日** 周作人由北平复函:"承示书目,嘱列名自无不可,但愧不能有所帮助耳。绍介语日内当写好寄呈。目中《柳亭诗话》鄙意似尚可商,因其多琐碎不足取,不知以为如何?匆匆复奉,有别的意当再随时奉阅。"

**同日** 《大公报·小公园》刊载沈从文(署名"炯之")《谈谈上海的刊物》提及:"有四种刊物已不存在,我们还记得它。这四种刊物名称是:《小说月报》《创造》《新月》《现代》。我们记得它们的名称,是因为它们给了我们一些成绩(它们的寿命长短自然也有关系)。它们能吸收许多作家,支配许多读者。""这种刊物目前在希望中生长的,""《文饭小品》,脉望出版部出版,编辑人施蛰存……(又听说《现代》也将恢复,且仍由《现代》前编辑施蛰存负责。)""《文饭小品》编者能努力,且知所以努力,刊物有希望。惟编者若放弃与《人间世》抢生意,不走小品一路,使刊物保持昔日《现代》杂志性质,也许更容易办好。"

**二十五日** 在《读书生活》第 2 卷第 8 期发表《编印中国文学珍本丛书缘起》。此期还刊载张静庐《我为什么刊行本丛书》。

**二十七日** 《时事新报》刊载《上海杂志公司刊行"中国文学珍本丛书"》:"中国文

学旧籍,浩如烟海,除经史子集外,流传不广,珍贵异常。而明刊诗文说部,又多罹清代禁令,更不易得,一秩一编,动辄百金,遂永为藏书家所独占。上海杂志公司欲实现'丛书杂志化、珍本大众化'之计画的尝试,爰商请卢冀野、阿英、施蛰存诸君,搜罗珍本,借抄秘笈,选定五十种,编为'中国文学珍本丛书第一辑',依据初刻善本,断句精校,实得一千万言,印成二万馀页,分订七十厚册。自九月中旬起,每逢星期六出版一种,自二十万至六十万言,古雅珍贵,装一木箱,整齐美观。为适合读者之时间经济,自今日起,发售预约一月,全辑仅收洋15元,外埠加寄费1元5角,书箱售洋3元,可刻购者姓名。预约售价之廉,初版非达二千份,不足抵付成本。预约书目,另印样本,可以索阅,该丛书九月份刊行者,有《袁小修日记》《柳亭诗话》《金瓶梅词话》《初刻拍案惊奇》《宋六十名家词》《唐人传奇集》《宋人杂剧全集》《帝京景物略》等,均属名贵。"

**二十八日** 沈从文由北平致函:"家璧来平时,谈及您有病,虽沉重,已告痊。不久又闻其他朋友谈您转重,多日无消息,实念念。天津《大公报·文艺副刊》,自九月份已扩大,每星期出版四次。平日内容较活泼,星期日作特刊。近拟特约八个朋友为特刊写短篇小说,字数四千字到六千字,稿费约五元千字,每人两月一篇,很盼望您高兴答应一篇,并望将弟意转达杜衡、望舒,彼等若不写创作,翻译、介绍、批评皆好。文章若可以作,盼望您告我一声。九月里就很需要您的文章。《文饭小品》闻不知谁某说已累您不小,行将停刊,不知真实情况如何。北方办定期出版单独出版刊物,失败是必然的事;您在南方算老行家了,怎么一个小小刊物还不易支持? 真古怪。你看到什么好书,我们还盼望您为'文艺'随手写一点书评,这方面太需要书评了。望舒兄这方面不知能帮忙否?"

**是月** 译著意大利卜迦丘《十日谈选》,由大光书局第三次印行,署名"柳安"。

## 九月

**一日** 《文学》月刊第5卷第3号"文学论坛"专栏刊载鲁迅(署名"隼")《五论"文人相轻"——明术》提及:"如果能用死轿夫,如袁中郎或'晚明二十家'之流来抬,再请一位活名人喝道,自然较为轻而易举,但看过去的成绩和效验,可也并不见佳。""五四时代的所谓'桐城谬种'和'选学妖孽',是指做'载飞载鸣'的文章和抱住《文选》寻字汇的人们的,而某一种人确也是这一流,形容惬当,所以这名目的流传也较为永久。除此之外,恐怕也没有什么还留在大家的记忆里了。到现在,和这八个字可以匹敌的,或者只好推'洋场恶少'和'革命小贩'了罢。前一联出于古之'京',后一联出于今之'海'。"按《鲁迅全集》注释:"指刘大杰标点、林语堂校阅的《袁中郎全集》和施蛰存编选、周作人题签的《晚明二十家小品》。""洋场恶少指施蛰存。参看《准风月谈·扑空》。'革命小贩',指杨邨人。"(均见人民文学出版社,1981年北京第1版)

另,此期刊载茅盾(署名"平")《关于"杂文的文艺价值"》:"所以我们正亦不必和施先生讨论他那种把'社会价值'和'文艺价值'硬分家硬对立的'理论'了。我们替施先生十分难过的是找了三个证例却不道一个是历史著作,不合于他'文章'的'逻辑',又一个是演说集,也不大恰切,第三个刚好是所谓'杂文'作家了,但不幸是推翻他的'论据'的!施先生大概也颇'好学',就可惜常常'认错了娘舅'。"

另,还刊载茅盾(署名"平")《又是〈庄子〉和〈颜氏家训〉》:"虽则施先生此篇大文揭载的那个刊物常常有些'含血喷人'的话语,而施先生又为此刊物之发行者,似乎故意冤人一下——这样的手段在今年也是算得堂皇的'申辩',然而现在碰到施先生本人有'冤'的时候,我们以为还是应当来算一算。""可是我们把去年的'施公案'的整部档案前前后后一加勾稽,我们却不能不说施先生这回又'认错了娘舅'——就是缠夹得可怜!""倘使施先生以为彼亦《庄子》《颜氏家训》,此亦《庄子》《颜氏家训》,书同故'案情'亦同,那未免是'拉到和尚就是贼秃',那就未免太低能了。至于施先生那一些似乎是俏皮的话……,这在施先生也许自觉得俏皮,但在我们看来,只觉得'扯谈'到太洋场气了。这是今年的施先生不同于(或者强似罢)去年的地方。"

另,据茅盾回忆:"这后一句话就是讽刺鲁迅和我的。鲁迅读到这篇文章后笑着对我说:去年的'施公案'今年要翻了。我说:'让我来回答他罢。'后来,我就写了一篇《又是〈庄子〉和〈颜氏家训〉》。""我写这篇文章,除了反驳施的翻案,也意在澄清因《世界文库》的出版而引起的一些误解。"(茅盾《一九三五年记事》)

**同日** 《时事新报》"青光"副刊"文坛周末记"专栏刊载:"外传《文饭小品》将停刊,惟据该刊发行人施蛰存语人,出版与否现尚未定。"

**二日** 《申报》刊载"中国文学珍本丛书"预约广告,上海杂志公司发行,第一辑共五十种,施蛰存主编。

另,按先生自述:金克木"在此丛书广告刊出的时候就有信给我道:近阅报悉又主编'珍本丛书',恐亦为'文饭'故,并非闲情逸致也。究竟近来景况如何?""这是最能看透我的灵魂的朋友"。(《关于中国文学珍本丛书——我的告白》)

**五日** 《太白》半月刊第2卷第12期"掂斤簸两"专栏刊载鲁迅(署名"直入")《聚"珍"》提及:"张静庐先生《我为什么刊行本丛书》云:'本丛书之刊行,得周作人沈启无诸先生之推荐书目,介绍善本,盛情可感。''施蛰存先生之主持一切,奔走接洽;……'施蛰存先生《编印中国文学珍本丛书缘起》云:'余既不能为达官贵人、教授学者效牛马走,则何如为白屋寒儒、青灯下士修儿孙福乎?'这里的'走'和'教授学者',与众不同,也都是'珍本'。"

另,还载鲁迅(署名"杜德机")《逃名》提及:"而上海滩上,却依然有人在'掏腰包',造消息,或自称'言行一致'。"按《鲁迅全集》注释:"施蛰存在《现代》第5卷第5期(1934年9月)发表的《我与文言文》中,曾说:'我自有生以来三十年,……自信思想及言行都是一贯的。'"(人民文学出版社,1981年北京第1版)

**七日** 主编"中国文学珍本丛书"始由贝叶山房陆续出版,上海杂志公司总经售,直至1948年为讫,出版第一辑约五十种。(按:先生曾答征询:总共出版七十种。)

另,据张静庐记述:"本丛书之刊行,得周作人、郑振铎、郁达夫、汪辟疆[《读书生活》第2卷第8刊载此稿所述为"周作人、沈启无"]诸先生之推荐书目,介绍善本,盛情可感。卢冀野、沈启无、阿英、刘大杰、汪辟疆、王蘧芜六先生[《读书生活》第2卷第8期刊稿为"卢冀野、阿英二先生"]之愿任一部分编辑校点工作;施蛰存先生之主持一切,奔走接洽;杨志粹、王公度、李蕴平、袁冰四先生[《读书生活》第2卷第8期刊稿为"张春桥、王公度二先生"]不恤时间,三五度重复校对;萧从云、郑川谷二先生之管理印刷装帧,使这一桩艰辛工作,得告完成。"(张静庐《我为什么刊行本丛书》,见《"中国文学珍本丛书"书目样本》)

另,据张静庐回忆:"中国文学珍本丛书开始发行了,这是出版计划尝试的大失败。理想同事实,距离得很远很远!"(张静庐《在出版界二十年》)

**十日** 《南华日报·南苑》第739期刊载百侃《鲁迅的对偶癖》提及:"他骂施蛰存教青年读《庄子》《文选》,为'旧瓶子装不了新酒',并且运施蛰存写篆字、用自刻木板信笺,也被骂为'遗少群的一肢一节'。然而这'家偶'不是陈年花雕———骈体文的道地酵母吗?不知迅翁将怎样自解?虽然他曾自己说过'没有相宜的白话,宁可引古语,希望总有人会懂'的话,是不适用于这里的了。"

**上旬** 撰写《"中国文学珍本丛书"预约书目样本第二期卷端》:"今者本'丛书'已出书四种,形式及印刷,幸不如标点书之陋劣;校勘虽不尽善,而鲁鱼亥豕之谬,幸不若标点书之甚。此聊可告慰于读者者也。至'珍本'名称,鄙人已在本'丛书'编辑凡例中言其不妥善矣。近颇有人以'珍本岂皆明人书'相责难者。其言固是,然而亦不谅矣。本'丛书'既不能以版本为珍,则明以前典籍尚有何书重劳刊印流传者耶。顾此言虽易折,而本'丛书'第一期拟目中,则诚有数种书不足谓为珍罕者。因谋有以更易之,使之臻于美善,名不愧于实,遂为更定目录,削去《唐诗记事》等易得者十五种,补入更珍罕者九种。《宋六十家词》原定分印四册,今则以篇页太巨,改为六册。计共得四十七种,兹列其目于次。所以未能拟足五十种者。缘近日在接洽中者尚有秘笈多种,未能遽尔决定,故暂付缺如,备他日增补也。"(《"中国文学珍本丛书"书目样本》)

十一日　按郁达夫日记:"近日因伤风故,头痛人倦,鼻子塞住;看书写作,都无兴致,当闲游一二日,再写《出奔》,或可给施蛰存去发表。"(郁达夫《秋霖日记》)

十四日　主编"中国文学珍本丛书"开始每周出版一部。据《书报展望·贝叶丛书出版预告》:上海杂志公司"自本年秋季起,更兼营出版事业,第一步计划,为刊行'中国文学珍本丛书',实现丛书杂志化,珍本大众化,自9月14日起,每周出版一部。自发行以来,学者读者均相推许,各日报之佳评迭见"。

另,按先生自述:"'丛书'要每星期出版一种,故在依据版本及校对方面不能尽如人意了。上海不比北平,要找一部书实在困难,即如邓恭三先生所举出的《柳亭诗话》一事。找了两本,都有漫漶之处,当初以为用两本排校,则漫漶于此者,未必亦漫漶于彼,但事实上却竟会有两本都看不清楚的地方,时日既促,遂不得已开了天窗。又如上星期出版的《谭友夏合集》,我因为这里所用的一本颇有烂板,故曾托沈启无先生抄补,不意在第6卷中原书还少了一页,等到发现,已是非付印不可的时候,没奈何只得少了半篇文章。即今排印本第97页也。所以关于这个问题,如果出版者肯改每星期出版一次为每月出版一次,我想是可以解决的。但是以前毕竟一半也为了没有经验,在发稿时,没有完全检点一次,目下正在发排的原稿,已可以不再有种种弊病了。"(《关于中国文学珍本丛书——我的告白》)"'珍本丛书'急于付印,延请标点者多不能胜任,错误甚多。鲁迅曾讥刘大杰标点《张宗子文集》之失,其实此书亦未必由大杰亲自标点,挂名而已。"(《浮生杂咏》)

十五日　天津《大公报·文艺》第9期登载闻一多《卷耳》,提及"至于当代学者俞平伯、施蛰存两先生的主张都是大体上直接继承崔述,间接继承杨慎的"。

十六日　复钱歌川函:"本想写一二篇小文章给《新中华》,即便到中华书局一晤,故两书均未复。但现在小文都未写成,只得先复信了。承介绍译Schnitzler,这是弟所嗜读之人,不胜雀跃,三月译了,可以如约,但不知版税能预支若干,弟倒愿意三元千字卖稿,只落个眼前受用,不知兄能为力乎?再此书英译本,弟无有,是否须自去寻买,如要寻买,则三月之期恐为难也。""弟处有电话(81361),如有商量处,祈打电话,较为迅速。"

**十七日** 《小晨报》刊载穆时英《说赌》提及:"匿名子把我列为文坛赌徒之一,这其实是冤枉的。我们的文坛上的衮衮诸公差不多没有一个不是赌徒,随手举几个名字出来吧,如叶灵凤、邵洵美、施蛰存、刘呐鸥、黎锦明、马国亮、高明、韩侍桁,都是以殉教者的热情去崇拜了赌神的。"

**十八日** 按郁达夫日记:"中午回寓,接上海来催稿信数封,中有蛰存一函,系属为'珍本丛书'题笺者,写好[《柳亭诗话》]寄出。"(郁达夫《秋霖日记》)

**二十日** 《杂文》第3号刊载魏孟克《"文人"》:"林语堂'大师'摆出了一派英国绅士的气度,办了《论语》,再要来一个中立的地带,好好地'幽默'一通。""再到下降《人间世》,与'苍蝇'为伍时,则即使搬出'京兆布衣'这尊骨董来,也要与施蛰存先生的提倡《庄子》与《文选》一同,弄得头破血流。""却也好像应了'当道'的帖邀,又暗暗的聚龙来,举行了'集团结婚'礼,那开头的是《文饭小品》的一堆,继之则为《星火》的一把;而连那养气最为到功,红胖红胖,有若如来之佛的知堂老人也不能不暂且沾上一点凡尘之气,由平伯,废名两个书童挽着,匍匐走出苦茶庵来,一司证婚之仪去。""那最令人可哀的却还要算由'编辑'一变而为'老板'的施蛰存先生的商情报告,虽然再加披几件牛皮,杂志也还是不过'四千读者'……呜乎! 这未免'大费解矣'。"

另,还载蟠《戏法》:"《文饭小品》的第4期,封面上就是一位摩登姑娘,骑着一匹快马,挥鞭勒羁,颇为显出一种英雄的气概。那位 Willarmcroper 的'高明'手法,只有粉面艺术家叶灵凤先生堪与配对。""翻到叫作'微言'栏的时候,看见了穆铃先生的《谈变戏法的人及其艺术》的一篇大作。大约也是因为一时高兴,要来'代人夹缠'的原故吧,不觉'过问'了一下。""而一到为《庄子》,《文选》,'低级趣味'鸣不平时,可就不自觉的倒折穿了自己的'西洋镜',表示着自己也不过是'遗少','恶少','轻薄小子'的那一伙了。但我看这位穆铃先生的身价也不见得高,顶多不过是施蛰存先生的'小娄罗'之一而已。""但穆铃先生也不下于提防着阶级的批评的'第三种人'——杜衡先生的聪明。"

**二十一日** 《小晨报》刊载匿名子《标准病夫施蛰存》(下)提及:"旧派的报张杂志里,也可以时常看到他的颇有唐人之风的古诗和旧小说。据说他对于旧诗词是极有研究的,现在看他的得意杰作——《浣溪纱》半阕吧:'覆蕊花难回碧树,掩关人早忏红情,一时凄楚旧声名。'可是后来,新文学的势力一天大似一天起来了。看见这种势力,施蛰存当然不能不转移方向。""扬名于文坛的施蛰存(不是从前的施青萍),的确是'今是昨非'。""对于'旧',总是很难忘去的。因此《现代杂志》创刊不久,他就用仙人般的'无相庵'的稚号写了一些仙人气的清逸的小品文字。"

**二十三日** 《社会日报》刊载黑二《施蛰存出卖汽车》:"'我的娘舅'施蛰存,一时兴发,自立门户,来了一册《文饭小品》的杂志。'娘舅'对于旧学据说很有根底,而对新文学的态度,则非常严肃,非常认真。因此《文饭小品》就不大时髦,既无幽默小品,亦无噱头文章,所载的都是劝青年读《庄子》与《文选》,或是介绍些文学青年们并不爱好的理论、笔记之类。这样不能俯迎一般趣味的读物,其失败,实在也是意中之事了。到底,出了六期'文饭'就停锅了。停刊自然是为了生意不好,生意不好自然杂志本身的吸引力不够,于是有的说是题名不好,有的说是封面太旧,有的说是开本太怪,也竟有人说是装订难看。其实呢,致命伤是在于'小脚放大'、'非京非海'。像'文饭'那样严肃认真的刊物,会不寿而夭,'创作'之类却似乎生气勃勃的在逞雄。这件事有人认为奇突,然而,有人却回答得好:'人家有老板卖了汽车在办杂志,自然比施蛰存那样的光蛋容易办了。'施蛰存办了六个月'文饭'亏本了多少呢?据说一踢括子大概要三百多元。于是,施蛰存说:'我也卖去一部1926年的倍倍奥斯汀了。'"

**二十五日** 在《独立漫画》第1期(创刊号)发表《小品、杂文、漫画》。

**同日** 周作人致函:"承赐'珍本丛书',已收到两册,谢谢。命题字,勉强写了五纸,附呈。其《拍案惊奇》一种,无论如何总写不好,只得请赐原谅。废名现住……请转告公司,赠书可请其直寄,以省周折,但最好还于废名上加一冯字。'文饭'停刊甚为可惜,闻先生有接编《现代》之说,未知确否?如出版有日,当再寄小文凑热闹耳。"

**二十六日** 《民报》"出版界消息"栏刊载,异军突起之《独立漫画》半月刊,为名画家张光宇主编,创刊号于昨日出版,"文字方面施蛰存之《小品、杂文、漫画》"。

**二十八日** 《时事新报》刊载《中国文学珍本丛书·宋六十名家词出版》书讯及"丛书"出版消息。

**月内** 始译奥地利显尼志勒小说《薄命的戴丽莎》。

**又** 按先生自述:"易士[纪弦]重来上海,一到就来访我,说是想把他所作的诗印一个集子,希望我能替他写一篇序文。我答应了,准写一点跋语,不作序文,因为我觉得序文似乎太'大品'了些,恐怕写不好。"(《行过之生命·跋》)

另,据纪弦(路易士)回忆:"我住在霞飞路底一家俄国餐馆[按:二楼。见路易士《三十前集·三十自述》]的亭子间里,""我曾特地邀请施大哥和杜衡,到这家并不出名的小馆子来吃过俄国大菜,对于老板亲手做的罗宋汤和油炸牛肉包子,他们都很欣赏。""叶辉写的《百川归海的大胸襟》一文所附照片——那不是1935年施大哥站在上海霞飞路人行道上我给他拍的吗？"（纪弦《从一张照片唤起的记忆》）

**是月** 为主编上海杂志公司"中国文学珍本丛书"第1辑第1种阿英校点《袁小修日记》(游居柿录第一至十三卷)出版而撰写"跋"："珂雪斋外集《游居柿录》，明公安袁中道著，中道诗文，有《珂雪斋集》二十卷，故此曰'外集'也。《公安县志》称其书亦二十卷，今未得见。北平沈启无先生闲步庵藏一本，凡十二卷。周作人先生苦雨斋藏一本，则十一卷。两本皆日记，而各有殊异。日本内阁文库藏一本，有十五卷，其一之十一卷为日记，而十二卷以下，别为'云籈录'、'师友见闻语'、'拈史语'、'柞林记谭'、'病中记事'等五种。则此书版本不一，卷帙内容俱有出入矣。此本为阿英先生所藏，共十三卷，皆日记也。日记部分，似当以此本为最完。兹即据以排印，以广传流。惟其书则未敢断为全帙，故更易其名，曰《袁小修日记》，而以'《游居柿录》第一至十三卷'为副题焉。""此书虽为日记，而非排日记事者。盖作者于游宴之顷，端居之暇，适兴书之，亦日记，亦随笔也。兹为每条各系以数字，俾读者便于征索，复以《公安县志》'袁小修传'附之卷末，庶几略见作者生平云耳。"

另，据邓恭三(广铭)《评中国文学珍本丛书第一辑》："试再看终日以谈论公安竟陵而附庸风雅的阿英(即钱杏邨)君所标点的《游居柿录》又如何：《游居柿录》(即被化名为《袁小修日记》者)，""正文之前首列有自《公安县志》转录来的'袁小修传'，传文中更引有钱牧斋所作'小修传'一篇，""本系《公安县志》撰修人所附加者，此本一看可知，无待翻检牧斋的书，却不料阿英君智不及此，""完全括入引号之内，而算作钱牧斋的话了。""但其中有最不应当的一点是，小修的生活既终日在泛舟走马中度过，故其《游居柿录》中于记叙各地景物时引用《水经注》之处特多，则《水经注》自宜为阿英君所必须备置案头以便查检也，而其中什九又全被阿英君弄错。"（《国闻周报》，第12卷第43期）

另，按先生自述："说到《袁小修日记》，这本书是阿英点校，由我看三校样付印的。关于钱牧斋'袁小修传'的下半个引号，的确粗心的很，弄错了。惭愧之至。""惟有关于《水经注》的话，才是使我百喙莫解的责难。我在校样的时候就觉得非有一本《水经注》在旁边不可。无奈我的《水经注》没有带到上海来，而一方面又急于出版，诚然是草率了。"（《关于中国文学珍本丛书——我的告白》）

**又** 校点《宋六十名家词》(甲集)，列入"中国文学珍本丛书"，由上海杂志公司初版。先生自述："'六十家词甲集'是我亲自断句，亲自校样的，而且承印者又是科学印刷所。但是在排字方面,仍免不了有未改正的地方,而一卷'乐章集'的断句,尤其使我感觉到句之不能断,且亦不必断也。"(《关于中国文学珍本丛书——我的告白》)

**又** 南通翰墨林初版发行郑康伯(彤)小说集《丁香街》,作者"自记"提及:"我读过池谷信三郎的《桥》,片刚铁兵的《色情文化》,中河与一的《孙逸仙的朋友》,横光利一的《拿破仑与轮癣》;穆杭的《夜开着与夜闭着》,穆时英的《公墓》《白金的女体塑像》,施蛰存的《魔道》,戴望舒的象征诗,以及叶灵凤的《山茶花》《第十四号女性》《忧郁解剖学》,这一类'结着紫丁香的轻愁'的文字,而且,深深地爱上他们!"

**又** 量才流通图书馆编印《图书目录汇编》内"长篇译本"记载:"《恋爱三昧》,哈姆生著、施蛰存译,光华,0.70,813.21—0844。《妇心三部曲》,施蛰存译,神州,1.50,813.21—0844。《一九〇二级》,施蛰存译,东华,0.60,813.21—0844。"又"文学家传记"记载:"《魏琪尔》,施蛰存著,商务,928—0344.44。"

**同月** 16日宇宙风社出版林语堂、陶亢德编辑《宇宙风》半月刊,后改旬刊。由陈望道主编《太白》文艺半月刊停刊。

## 十月

**一日** 《社会日报·十字街头》刊载:"杜衡已决定迁出公园坊,新屋已由施蛰存代为择定,在万宜坊,与施比邻。"

**五日** 《民报·民话》刊载烟桥《唐人传奇》,文中提及:"因为这种故事,要他现代化,势必如欧阳予倩的潘金莲,施蛰存的林冲,×××的貂蝉之类,成为时装历史剧,此等心理的推测,是否正确是一个问题"云云。

**八日** 《南华日报·南苑》第767期"艺苑行情"专栏刊载:"施蛰存前办《文饭小品》,蚀本三百多元,有许多人的稿子还是'捐'的。"

**十日** 先生与戴望舒合办《现代诗风》出版第1册(创刊号),由脉望出版社出版。先生并出任发行人,扉页刊有其作《〈文饭小品〉废刊及其他》。

另,还刊有其作《小艳诗三首》、译作美国罗蕙儿《我们为什么要读诗》(署名"李万鹤")。另刊"本社拟刊诗书预告",其中有《纨扇集——施蛰存诗集》《现代英美诗抄》(施蛰存译)。先生自述:"戴望舒计划刊印'新诗社丛书',要我编一本诗集凑热闹。我只给了他一个拟定的书名:《纨扇集》,让他登广告,其实这个集子始终没有编出来。"(《纨扇集·小引》)

**十二日**　《京报》登载路一农《中国文坛的黑暗面》提及:"九月份的《文学》'文学论坛'上'又是《庄子》和《颜氏家训》'一文骂施蛰存'认错了娘舅',乍听也够逆耳,不过细想想这种'拉到和尚就是贼秃'的自欺欺人的强词,也真够可笑。再说'世界文库'之翻版中国古书,大部分只可把故宫博物院的由旧换新而已。不过文坛上常期出现着这种事情,实在不是好现象,为了整体的新兴文学的前途,我希望这一段桥梁赶快的渡过才好。"

**十五日**　译作英国蔼里斯《生涯交响曲:蔼里斯论两性异同》刊于《女子月刊》第3卷第10期。

**同日**　上海良友图书印刷公司初版发行赵家璧主编、阿英编选《中国新文学大系·第十集史料·索引》,其中收录茅盾《关于"文学研究会"》(原载《现代》,第3卷第1期),另"中国人名索引":"施蛰存,《蘋华室诗见》,451。"

**十六日**　《北平晚报·文艺报道》登载:"施蛰存在松江教书,月薪一百元,而所兼课程不多。一方面仍努力于各种文化工作,并力谋《现代》的复刊。"

**二十日**　靳以自北平致上海康嗣群函谈及:"闻《现代》将复活,不知是否?"

**月内**　为主编上海杂志公司"中国文学珍本丛书"第1辑第8种阿英校点《谭友夏合集》出版而撰写"跋":"钟伯敬、谭友夏不过两枝笔耳,一文成,一诗出。览者艰于目,诵者涩于口,谨厚者腹非之,狂肆者指斥之,以为非所熟览,非所习诵也。非所熟览,非所习诵,此钟谭之初不能媚于其世也。钟谭诗文不能媚于世,而不能不作,故其作日多。而腹非者指斥者日众,于是残灯断壁竹窗茆屋之间,渐有渊渊真赏者,会心不远,默然寻绎其所以致非斥之故,而恍然其若有可览可诵者在,而钟谭之精神出矣。有进而敦之者,若细流之归于江海,决北地之藩篱,破茶陵之坛坫。竟陵文派,遂沛然莫能御之。而导其源者,固不过两枝笔耳。故夫文章之道,当其不得不敝之时,虽千万人之众不能挠之,当其不得不兴之时,虽廊庙宰之势不能慑之,师崇之者不足助其势,指斥之者不足撄其锋,文章家何患乎孤。予校读钟谭二家集,幽奇峭远,其故为矫拂当时流俗诗文之迹,恍佛若有可寻,而深感夫其心力之雄且悍也。缀数语其后,为当世文章家言。"

**是月**　译著英国赫伯特·里德论著《今日之艺术》,由商务印书馆初版发行。先生自述:"由此引起了我对西方现代画派的兴趣,我买过一二十种画集,最大的一部是日本平凡社出版的《世界美术全集》。这些书,在抗日战争时期,都失去了。在这一批失去的画集中,使我怀念的,并不是毕卡索、果庚、或超现实派画家,而是一本法国女

画家劳朗珊的水彩画集,一本英国吉平斯的木刻集,和一本法国杜米埃的漫画集。"(《杂览漫记》)

另,据陈左高回忆:"伍蠡甫教授生前是施老译述之推崇者,曾见告能'信达雅'者推施氏译作。30年代,喜阅其近代英国著名艺术家理德之《今日之艺术》(商务版)。"(陈左高《施蛰存二三事》)

另,上海商务印书馆函授学校图书馆学科编印《图书选择法》,"中册·第四章书籍的内容"提及:"美术书籍中尚有含说明性质的,如关于美术的历史、批评和欣赏等,这类的例子有史岩的《东方美术史》、施蛰存译的《今日之艺术》、朱无挂译的《西洋雕刻简史》、张道藩译的《近代欧洲绘画》、周贻白的《中国剧场史》,都是讲美术史的。"

又 校点《金瓶梅词话》,被列入"中国文学珍本丛书",由上海杂志公司开印。先生自述:"郑振铎在生活书店出版的'世界文库'中推出《金瓶梅词话》第一回,受到出版界的注意。当时,我在上海杂志公司正与张静庐、阿英合谋出版'中国文学珍本丛书',我们决定把《金瓶梅词话》放到丛书的第一辑,抢先出版全本。这时,听说中央书店平襟亚也在赶排此书。为此,张静庐和我找平襟亚谈判,最后达成协议:中央书店不再排下去。由上海杂志公司奉送一套纸板,条件是上海杂志公司先出版一个月。"(陈诏《施蛰存先生说〈金瓶梅〉》)

又 《魏琪尔》又被列入王云五主编"百科小丛书",由商务印书馆再版发行。(按:此再版本版权页亦署"初版"。)

又 中华书局初版发行陈子展编"初中学生文库"《注释中外名人日记选》,书内收录其译作《托尔斯泰日记》。编者注:"选自施蛰存先生编译的《域外文人日记抄》。"编者在"序"中还写道:"我在这部书里选录中国作家的日记,以现代为限,有吴敬恒、鲁迅、田汉、周作人、郁达夫五家。外国作家的日记,选有施蛰存译的《托尔斯泰日记》、李伟森译的《朵思退夫斯基夫人日记》两种。"

又 作者书社推广部编印《作者书社目录》,其中"文学·中国短篇小说"内有:"《将军的头》,施蛰存著,纸面六开本一册,0.80。《上元灯》,施蛰存著,纸面六开本一册,0.65。""文学·杂著"内有:《域外文人日记抄》,施蛰存编译,纸面六开本一册,0.70。"再"语文学·本国语文读本"内有:"《初中当代国文》,盛朗西、施蛰存等编,纸面六开本,第一册0.80,第二册1.00,第三册0.70,第四册0.70,第五册0.70,第六册0.80。《高中当代国文》,盛朗西、施蛰存等编,纸面六开本,第一册0.70,第二册0.70,第三册0.70,第四册0.70,第五册0.70,第六册0.80。本书选择谨严,编列适当,语体与文言之衔接,内容与形式之均衡,皆煞费苦心,指示文法间附注解,尤便于读者,诚中学国文科最适宜之教科书也。"另"史地·世界传记"内有:"《魏琪尔》,施蛰存著,一册,0.15。"

## 十一月

**四日** 《国闻周报》第12卷第43期刊载邓恭三(广铭)《评中国文学珍本丛书第一辑》,主要是:"一、计划之草率;二、选本之不当;三、标点之谬误。"

另,据张静庐记述:"尤其感到没有办法的,是铅字旁边加上断句标点,一经校对之手,再经排字工友之手,三经打纸型时的跳动,要使它不走原样,就是天爷爷都不敢保证的。一经移动、跳越、脱落,这点断了的文句便会变成城楼上打鼓,不通,不通,又不通!声明既不胜其声明,勘误也来不及加以勘误,就此引起一班对于印刷情形完全不明了的批评家,大做其隔靴抓痒的批评,以为断句的人不懂原书文理,所以会弄成本来还可以读通,给他断了一下,反变为不可通了。这冤枉该向谁去诉说呢?论责任,我的卤莽,我的缺乏自信,在今天应该向当时有口难辩的施蛰存先生、阿英先生道歉!其实呢,偶然的疏忽和错点,不能说完全没有,不过无论如何不会像某先生在《国闻周报》上批评的幼稚可笑!文章中明明写的是绝句,而校点的却替它弄成六字一句,八字一句,他说这就是校点的人不懂,难道连上文明明白白写的'绝'字都会不认识吗?绝句有六字八字一句,仔细想想,恐怕连做批评的专家也会哑然失笑吧!因印刷技术上的过误,会牵丝扳藤,衡量到一个校点的人的智慧上去。"(张静庐《在出版界二十年》)

另,据郑逸梅记述:"人询其标点何错误之多,蛰存云:'当时所翻印者为明刻本,为爱护明版书,排印时每页均以玻璃纸笼之,标点即加于玻璃纸上,玻璃纸一经游移,标点遂上下不相称。而校对者又疏于勘正,于是错误殊多矣。'"(郑逸梅《艺林散叶续编》)

**八日** 撰写《关于中国文学珍本丛书——我的告白》:"看到了邓恭三先生的《评中国文学珍本丛书第一辑》,读毕全文,不禁汗下。此丛书出版到现在,鄙人自己也已感觉到种种非始料所及的麻烦。会有许多朋友及购者来信,有所责备,大多均已一一答复了。现在又得邓先生的公开的批评,也恰是给与鄙人一个公开告白的机会,故作此文,愿借《国闻周报》一点篇幅,奉答关心于此丛书的人及邓恭三先生。""现在,过去的错误已经是错误了,我该承认的我也承认,该辩解的希望读者及邓先生相信我不是诡辩。'多查几本书,多用几番功力。'这是邓先生给我的好箴言。至于邓先生从此推断到我的能力还不够做这些事,要我'明认不是此道中人,从此停止校点辑印的工作。'这个可不容易遵命了。因为张静庐先生既然不肯'把书店关闭,将书款退还预约人',则我对于他的责任还不能轻易地解除的。我只能硬了头皮'出丑'下去,虽然自信不会得'更大'。""再说到我之所以担任主持这个丛书的原故,至今日为止,只有两个人能了解的。而这两个人都是我向未识面的在北平的朋友。一位是金克木先生⋯⋯。还有一位便是邓恭三先生了,他说出我是为了'养生主',而非'逍遥游',对于我亦有与金克木先生同样的了解。我曾对张静庐先生说:'这个丛书在你是成功了,在我是失败了。'亦有感于此耳。但是虽然失败,虽然出丑,幸而并不能算是造了什么大罪过。因为我自问充其量还不过是印出了一些草率的书来,到底并没有出卖了别人的灵魂与血肉来为自己的'养生主',如别的一些文人们也。"

**十日** 在《书报展望》第1卷第1期(创刊号)发表《山歌中的松江方言》:"最近传经堂书店印行的明冯梦龙《山歌》一册十卷,是一部很有趣味的书,此书所录,大概是苏松一带的民间山歌,而且松江山歌的成分似乎也并不少。不仅卷七'笃痒'一首而已也。余适生长于苏松两地,熟悉其方言,浏览之顷,特将此书中所有松江方言摘出,以为读《山歌》者的参考。"

另,刊有上海杂志公司总管理处谨启《为中国文学珍本丛书专答复读者三点》:"一、已出各书,错字多少难免。校对如扫落叶,原刻本亦不能无误;因而影印之书亦益发见有误漏之处。校对者偶一疏略,或已经校出,而印刷所排字者未尝照样改正,而标点之略为移动,竟使全段文义不贯通。此中苦衷,唯贤明之读者能谅之。今惟有请细心之读者,于阅读之时,随时校出,另录一纸头,寄交本丛书编辑部,以便分别在纸型上改正,待再印时补正,一方用单张勘误表分寄各读者,自当致薄酬,以谢贤劳。二、第一次已定书目,已有修正,此系依据第一期刊本中之编辑凡例第七条后面之附注;即本集所定五十种,容有变动之处,惟所改者必其书更有价值,今兹所修正者,是否为更有价值之书;删去者是否为坊间习见易得之书;加入者是否为珍贵罕传之籍。贤明之读者,当能知之。故自修正书目公布之后,颇得读者来函之赞许,但亦有一部分未能满意,其原因,因习见之书,人皆知之,加入之书,多未明了故也。然此种版本,均经巨价罗致,非如习见者之易得也。若谓避重就轻,未免太冤。兹为遵重读者意见,倘感觉不满时,准其还书退定,决不勉强。三、各书之删削,为不得已之事,读者当能体会而宥恕之。兹来接各方读者之要求,其已删之处,另用单张补印,以便对照参阅。""事已照行,幸勿噪急,勿加责备为幸!"

另,刊有"中国文学珍本丛书第一辑中'明人诗文小品集已付印之',共有二十三种"之书目及内容介绍的出版资讯。

另,还载"贝叶丛书"出版预告:上海杂志公司"之第二步计划,聘任阿英施蛰存二君主任编'贝叶丛书'一种。该丛书以文学作品为主,不分新旧,一以名贵之作为主。每集十册,每月出一集,三个月一期,兹闻其第一集预拟之书目如后:第一集'现代散文集':周作人《苦茶庵日记》、沈启无《闲步庵随笔》、郭沫若《海外日记》、郁达夫《达夫书翰》、茅盾《文学论评》、郑振铎《回忆录》、田汉《戏剧与文学》、叶灵凤《书鱼闲话》、阿英《小品笔谈》、施蛰存《无相庵札记》。并闻该丛书决定待十集稿件集齐后,一起付排,同时出版。售价力求减低,排印装帧力求美观,分平装精装二种,平装每册约售4角,精装约售6角。届时对于沉寂已久之中国出版界定有一番热闹景象也"。

**同日**　《大公报·文艺》第40期刊载沈从文(署名"上官碧")《新诗的旧账——并介绍诗刊》提及:"于是鼓起勇气再选新路走,这种工作由上海《现代》杂志上的几个作者启其端(施蛰存……),南京土星笔会几个作者随其后(常任侠、汪铭竹……)。"(按:此篇题为《新诗的旧账》(四)又载《盛京时报》本月30日。)

**十四日**　《文化生活》第1卷第6期刊载冷枫《关于"庄子"和"颜氏家训"》:"我是不认施蛰存先生,同时更没有受了施先生的贿赂,来给他作义务辩护律师,我不过是一个文艺爱好者。""施先生介绍这二部古书,在另外人的批判是给青年没有读的价值,可是在这神秘的东方的古书我们要都焚了吗?或者供一些状元翰林及老夫子们读的?同时现在的'世界文库'是把这二部书刊列出留着当做神像似的供奉的?现在状元及翰林是废举了,《庄子》与《颜氏家训》刊列于'世界文库'中送古物陈列所去了呵!最后我要声明,我就是一个青年读者,我就是苦无书读,请《文学》编者明以教我,《庄子》与《颜氏家训》既不是我们青年们的读物,而刊载《庄子》与《颜氏家训》的书籍我们就不要再谈了。"

**十五日**　先生与他人合集的小说集《旅舍辑》,署名"施蛰存等著",由上海良友图书印刷公司出版,收录其作《李师师》《旅舍》和《夜行》。

**十七日**　应邀为路易士(纪弦)诗集《行过之生命》撰写"跋":"现在易士的集子已经完全排校竣事,而我答应他的跋文却还未能交卷,真是很不好意思。今天略得闲暇,天气又阴雨,不便出门,姑且拈笔试试看,若能胡乱写一点什么出来,也就了却这一注文债。""现在我翻看易士的诗集《行过之生命》,很庆幸他的最近作品毕竟没有被我的主观所戕害,而完成了他自己独特的艺术品了。""更明白地看出了易士的诗每一首都是很好的断片,但把全集的许多诗合起来看,却是一首很完整的诗。"

**二十五日** 在《国闻周报》第12卷第46期发表《关于中国文学珍本丛书——我的告白》。

**二十八日** 《社会日报》刊载:"施蛰存近为《骆驼草》拉稿甚忙,该志名为周作人、沈启无二人主编云。"

**月内** 为校点《金瓶梅词话》交付出版而撰作"跋":"故以人情小说看《金瓶梅》,宜看此'词话'本;若存心要看淫书,不如改看博士《性史》,为较有时代实感也。"

另,按先生自述:"我是一个挂名的校点者。""校点是公司出钱雇人代劳的,这在当时都是如此。""我只是在出书之前认认真真地看过一遍。"(陈诏《施蛰存先生说〈金瓶梅〉》)"我只是负责对淫秽文字进行删节而已。""郑振铎的'世界文库'本也删节,但与我删节的有差异。"(陈诏《施蛰存先生印象记》)

**是月** 校点《金瓶梅词话》(1—5册),全部由上海杂志公司初版发行(版权页署为10月初版),成为我国第一部铅字排印的词话本。

另,按先生自述:"销售情况良好,而中央书店的《金瓶梅词话》却因迟出一个月,影响就小多了。"(陈诏《施蛰存先生说〈金瓶梅〉》)"我为上海杂志公司老板张静庐服务,标点了一部北京图书馆影印的《金瓶梅词话》,帮老板赚了一大笔钱,自己却背上了一个'标点淫书'的罪名,虽然书中的淫言秽语都已删净。"(《杂谈〈金瓶梅〉》)

**又** 选编《晚明二十家小品》,由上海光明书局再版发行。

**又** 上海未名书屋初版发行"未名文苑"第一种罗洪《腐鼠集》。先生自述:"我办《现代》杂志,曾发表过她的两个短篇小说。她的第一个短篇集,还是我介绍给出版社的,大约在那一段时期,即1930年代的中期,我对罗洪的作品可以说是比较熟悉的。"(《罗洪,其人及其作品》)

**又** 上海生活书店初版发行李平心(署名"平心")编《生活·全国总书目·1935》,其中"文艺"内有:"《善女人行品》,施蛰存著,0.90,良友。《梅雨之夕》,施蛰存著,0.70,新中国。《将军的头》,施蛰存著,0.80,新中国。《上元灯》,施蛰存著,0.65,新中国。《娟子姑娘》,施蛰存著,0.35,亚细亚。《李师师》,施蛰存著,0.10,良友。""《一九〇二级》,施蛰存译,1.30,水沫。""《妇心三部曲》,施蛰存译,1.50,神州。""《恋爱三昧》,施蛰存译,0.70,光华。""《域外文人日记抄》,施蛰存译,0.7,天马。包括英国K. Mansfield, E. A. Bennett, 俄国 L. Tolstoy, 法国 G. Ssand, P. Ganguin, 美国 R.

Kent,日本有岛武郎等日记七篇。"

**同月** 松江佘山天主教圣母堂落成开堂。

## 十二月

**一日** 《宇宙风》半月刊第6期刊载老舍《老牛破车》:"施蛰存兄主编的《现代》杂志为沪战后唯一的有起色的文艺月刊,他约我写个'长篇',我答应下来;这是我给别的刊物——不是《小说月报》了——写稿子的开始。这次写的是《猫城记》。登完以后,由现代书局出书,这是我在别家书店——不是'商务'了——印书的开始。"

**二日** 现代书局因债务关系而被查封。

**三日** 《社会日报》刊载大平《妙:林微音——施蛰存也受窘过》:"他与夏莱蒂、徐葆炎、芳信、朱维基等是一夥的,文章则与芳、朱两公一路","其文章有时会比硬译的外国小说更难解。""但林微音自视甚高,谁都不能对他的文章当面开玩笑,否则会回答你非常窘。某次,在新雅茶室,施蛰存问林微音道:'你怎么最近不大写文章?'林微音答道:'你编《现代》编到如今,从来也没有叫我写过一篇文章。'"(按:林微音在《现代》刊出的有1933年第4卷第1期小说《布鲁塞尔的忧郁》,1934年第4卷第3期小说《人生》,1934年第5卷第2期希尼志勒作、林微音译《来森波男爵的命运》,1934年第5卷第6期维拉·凯淑著、林微音译《雕刻家之殡仪》,1934年第6卷第1期小说《宴》。别可参见本书1996年10月26日内先生复范笑我函,以及范笑我回忆。)

**五日** 天津《益世报·读书周刊》第27期刊载邓恭三《再评"中国文学珍本丛书"——并致施蛰存先生》:"《国闻周报》上施蛰存先生《关于'文学珍本丛书'》的文章,对其态度之质直诚恳,颇不胜钦佩。有此番'告白',则'珍本'之真象及此次印行之为功为罪,已不需局外人再为揭穿或再加评论。""而施先生的'告白'中,却只陈述了个人的苦痛而对此'珍本丛书'的将来,似仍不能保证其不至再有过去所犯种种错误。单就标点而论,《柳亭诗话》中的错误固因所请断句标点的人程度太差而特多,但阿英、张静庐所校点的几种,其错误处所实在也很不少。""即如《西青散记》一书,在'珍本丛书'历次的广告上总说是依嘉庆原刻本排印,而在张静庐的跋语中又说是……则'珍本'通行之后,谁复知《西青散记》中,原本有此数篇文章者?""我不知道施先生在'告白'中所表示的那种坦白的态度能代表其他的从事于此工作的人们如阿英及张静庐诸人不能。""且先来看阿英所校点的《谭友夏合集》……可惜阿英竟不知。

施蛰存在过去曾劝人读《文选》和《庄子》,这劝告尽管为鲁迅所痛斥,但在阿英君却是应该暗自接受且暗自遵行的。""够了(却不是完了)。再转到张静庐的《尺牍新钞》……""且就张静庐跋《西青敏[散]记》的文字看……""张静庐安得胡说!写到这里,我真难禁自己的气愤了。""所以我对于施先生的表白深为同情;但也正因为不是对人问题,所以我对于'珍本丛书'之对不起读者诸事,仍不能因对施先生个人之谅解而即默然。""据我想,倘不再请几位明通的人来共襄此举,单凭了阿英、张静庐之流,也还是无望的。"

**七日** 《时事新报·每周文学》刊载鲁迅(署名"旅隼")《杂谈小品文》提及:"为了这小品文的盛行,今年就又有翻印所谓'珍本'的事。""不过'珍本'并不就是'善本'。"按《鲁迅全集》注释:"翻印所谓'珍本'指《中国文学珍本丛书》和《国学珍本文库》,前者由施蛰存主编,上海杂志公司发行。"(人民文学出版社,1981年北京第1版)

**八日** 《社会日报》刊载《杜衡"发达"史·《现代》题名之小争执,施蛰存茅盾交恶起因》(署名"木瓜"):"现代书局关门了,不由人不想起当时大出过锋头的《现代》来,许多人说《现代》问世,造成了一个施蛰存,若说'造成一个',则这一个应该是杜衡适当些。施蛰存不过恃《现代》而增高了他在文坛上的地位,而杜衡,倒道地的是从《现代》而获得身价的。未入正题之前,先谈谈《现代》之产生。"

**十三日** 天津《大公报·文艺》第59期登载常风《评〈现代诗风〉》(戴望舒主编,上海脉望社刊):"撰稿的人除了戴望舒先生外有玲君、金克木、徐霞村、施蛰存、徐迟、南星、侯汝华、林庚、路易士诸位先生。在这期创刊号里除了诗作和译诗,还有五篇关于诗及诗人的文字。爱略特的《诗的用处与批评的用处序说》,和罗蕙儿的《我们为什么要读诗》,十分值得注意。""这刊物的编制很好,我们盼望它以后至少能保持住这第1期的样儿。"

**十五日** 《国立中央图书馆藏呈缴书目录》第11期"1. 诗词"内:"《宋六十名家词》,施蛰存校,上海杂志公司,二四年,一.五〇,平装,三四七,一,中国文学珍本丛书第三部。"

**十七日** 《时代日报》刊载《"现代"复活,施蛰存正在招募股本》:"现代书局关门的现在,倒听到一个《现代》杂志复活的好消息。原来,《现代》自第一次被死神抓去了以后,汪馥泉曾经把它复活了三期。究竟我们的汪先生只有教书的本领,要把一个死的东西来救活起来,却是有点'回天乏术',于是,《现代》侥幸地又被死神抓去了。经过这二次以后,大概死神光照现代书局吧,竟而把汪老板雪帆也同抓往《现代》一条路上去了。虽然后来的汪长济也曾想把《现代》第三次来救起来,可是《现代》杂志倒没有救起,而现代书局的本身却被死神看中了,文化街上又多了一家拉铁门的。现在据说又要复活了,而且医生又是当时的产母施蛰存,听说施君已经在松江原籍找到五千元股本,三千元现款已经放在银行里,其馀二千元,那批准备做老板的朋友,祈要施蛰存能够把《现代》一弄活,维持了一、二期,他们的钱'当即寄奉不误'。"

**十八日** 《社会日报》刊载黑二《施蛰存:死灰复燃,不拉文人只拉土财主》:"施蛰存从《文艺风景》夭折,《文饭小品》诞生,再到'文饭'又告停锅的一年中,无日不在计划《现代》的复活。""经过一年左右处心积虑的筹划,《现代》已有复活的可能,施蛰存也已认为时机成熟。""当《现代》之初生也,原由施蛰存独挡一面。他对文学没有什么,也不欢喜有什么主张。他的意思是只要能认真的写作,所谓对得住'艺术的良心',正不需要什么主张。但自杜衡提出'第三种人'的口号之后,《现代》就失去了一贯的风格。因此,他一度到'光华'去编过《文艺风景》,目的是要实行他的主张。他之谋复活《现代》,决心不依恃书店,由个人名义四出招股。""现在所拉的都是松江方面的'小财主'。""'小弟兄'戴望舒、杜衡也被拉入内,而成为有历史的'三位一体制'。所以在预定的'资本金五千元'中,除了施蛰存拉到三千馀元的最多数外,杜衡也向杭州的'小财主'们活动过一通,也拉到了一千馀元。""现在五千之数业已拉足,而且现款也已收到了二千左右,这已可以开工大吉了。其他三千元,则须到杂志出了一两期后方能收取。目下所等待的是郁达夫、沈从文、穆时英、老舍、张天翼等的五个长篇,一待长篇一到,就可以决定出版日期。据预算,大概是二十五年的二月份创刊吧。""至于这杂志的内容,则是多载创作,少谈主张。""施蛰存要保持到前期《现代》的风格,从这一点看,或许编辑人是要由他一人出面的。"

**十九日** 《南京日报》登载《评〈善女人行品〉》,最末写到"以颇有写小说经验的,而据说是以心理分析见长的作者之这部小说,在大体上,并未给我们多大的满意"。

**二十三日** 《申报》刊登署名"蛰存"《鸟自呼名》。按:此文作者亦为盐城蔡选青,见于《蛰存斋笔记》(上海元康印刷局1936年10月版)。

**二十六日** 《西京日报·明日》刊登白平《谈"苍蝇,蚊子"之类》,写到"于是便有施蛰存出来提倡青年人要读《庄子》,否则你是落伍者,明眼的人看了会恨心的骂他用意不良,愚昧的便会受他的蒙骗"。

**二十七日** 《时代日报》刊载《念五年文坛的"新展望"·编辑委员会郭沫若、郁达夫、施蛰存、穆时英、叶灵凤、戴望舒、杜衡、刘呐鸥、魏金枝九人》:"自从'光华''现代'

相继关门以后,新文艺的出版消息,愈趋沉寂。""不久前,有一个刘宗德的用'新展望'社名义,向本市各大作家,拟兴办着一种巨大的出版合作计划。""现在消息传来,'新展望'将于民国念五年的1月1日成立了。"

二十八日 《小晨报》"文坛小食"专栏:"郑振铎在《中国新文学大系》的《文学论争集·导言》中说:'鸳鸯蝴蝶派的精灵现在是寄生在海派的作家里。'傅东华引证了这句话对人讲:'这是骂施蛰存。'"(按:郑振铎《中国新文学大系文学论争集·导言》:"《礼拜六》《游戏杂志》一类的刊物,便也因读者们的逐渐减少而停刊了。然而在各日报的副刊上,他们的势力还相当的大,他们的精灵也还复活在所谓'海派'者的躯壳里,直到于今而未全灭。")

二十九日 《社会日报》登载黑二《施蛰存放烟幕弹》:"查施之招股一节是有的,而且注有'编辑由发起人负责'一条的招股简章也印过的。""原来那位有二万现金的刘小开也曾和施蛰存商谈过,施表示请小开接办《现代》,而小开因为《现代》系现代书局招牌,""而主张另以'新展望'的招牌,出一册《文艺展望》。"

三十日 鲁迅作《且介亭杂文·序言》提及:"近几年来,所谓'杂文'的产生,比先前多,也比先前更受着攻击。例如自称'诗人'邵洵美,前'第三种人'施蛰存和杜衡即苏汶,还不到一知半解程度的大学生林希隽之流,就都和杂文有切骨之仇,给了种种罪状的。"

是月 上海未名书屋初版发行"未名文苑"第二种路易士(纪弦)诗集《行过之生命》,收录先生所作"跋"。作者路易士(纪弦)在"后记"开篇写道:"提起笔来,我觉得也没有什么话说:我底诗替我说明了一切;还有,应该十二分地感谢的杜衡兄底序及蛰存兄底跋。"

另,书末刊有"未名文苑目录":1.《腐鼠集》(短篇),罗洪著,平装四角、精装六角。2.《行过之生命》(诗集),路易士著,实价四角。3.《叛徒》(长篇),杜衡著,实价五角。4.《无相庵随笔》(短篇),施蛰存著,印刷中。5.《谜》(短篇),朱雯著,印刷中。6.《败笔集》(短篇),罗洪著,印刷中。7.《上海漂流曲》(诗集),路易士著,即印。8.《青色的恋》,蒋有林著,即印。

另,据纪弦(路易士)回忆:"杜衡又和朱雯、罗洪夫妇合作,开设'未名书屋',出了一套'未名文苑'。朱雯、罗洪夫妇家住松江,从事教育工作,和施蛰存同乡。我去松江看施大哥,他请我吃闻名天下的'四鳃鲈鱼'时,也请了这一对夫妇作陪。"(纪弦《从一张照片唤起的记忆》)

**又** 上海中华书局初版发行夏光南《元代云南史地丛考》，书内"十一、元代滇事蠡测谈·孔雀胆"："《孔雀胆》一书，为近时文家施蛰存先生创作，即以阿禣及段功恋爱之事实为其题材，书凡七节，""全文于此告终。施氏此作，其文笔流利，描写深刻，能于爱情与国仇对立中，尽量发挥其情节。不仅其事之香艳，即其文亦可传也。"

**同月** 北京爆发"一二·九"抗日爱国运动，消息传到上海后，上海各界纷纷集会声援。15日《时代日报》刊载"晨曦文艺社已由穆时英、叶灵凤、周寒梅、黑婴等筹备就绪，昨假贵州路湖社开成立大会，计到社员一百馀人，由穆时英主席。"18日戴望舒与穆丽娟订婚。20日林语堂主编，陶亢德、徐訏编辑《人间世》停刊。27日上海文化界救国会正式成立。

**下半年内** 先生自述："我和戴望舒曾计划办一个《法兰西文艺》季刊，没有成功。"(致莫渝函，1989年8月17日)

**年内** 上海良友图书公司出版蒋敏编选的"妇人丛书·掌篇小说集"《手套与乳罩》，收录其作《圣诞节的艳遇》。

**又** 三子出生。(先生书面材料)

**约在期间** 按先生自述："当时英国乔伊斯(James Joyce)的《尤里西斯》(*Ulysses*)，写潜在意识的一本大书，是很贵的，大概五六十块钱，在上海也买不到。英文版，法国出的。等到我见到时，已经是1934、35年，快打仗了，我也已经写了我那些心理分析小说，所以不能说我先看到《尤里西斯》。"(《为中国文坛擦亮"现代"的火花——答新加坡作家刘慧娟问》)

# 一九三六年（中华民国二十五年 岁次丙子） 先生三十二岁

## 一月

**一日** 《新人周刊》第2卷第19期(新年号)"文艺新闻"刊载："近有一'新展望出版部'出现，假于汉弥尔登大厦内，决出'丛书'与'月刊'。'丛书'由叶灵凤、穆时英二人负责；'月刊'则聘定郭沫若、郁达夫、叶灵凤、施蛰存、穆时英、戴望舒、杜衡、刘呐鸥、魏金枝等九人为编辑委员,不久即登报宣告成立。"

**同日** 鲁迅作《且介亭杂文二集·后记》:"不知道何月何日,党官,店主和他的编辑,开了一个会议,讨论善后的方法。着重的是在新的书籍杂志出版,要怎样才可以免于禁止。听说这时就有一位杂志编辑先生某甲,献议先将原稿送给官厅,待到经过检查,得了许可,这才付印。文字固然决不会'反动'了,而店主的血本也得保全,真所谓公私兼利。别的编辑们好像也无人反对,这提议完全通过了。散出的时候,某甲之友也是编辑先生的某乙,很感动的向或一书店代表道:'他牺牲了个人,总算保全了一种杂志!''他'者,某甲先生也;推某乙先生的意思,大约是以为这种献策,颇于名誉有些损害的。其实这不过是神经衰弱的忧虑。即使没有某甲先生的献策,检查书报是总要实行的,不过用了别一种缘由来开始,况且这献策在当时,人们不敢纵谈,报章不敢记载,大家都认某甲先生为功臣,于是也就是虎须,谁也不敢捋。所以至多不过交头接耳,局外人知道的就很少,——于名誉无关。"按《鲁迅全集》注释:"某甲指《现代》杂志编者施蛰存。"(人民文学出版社,1981年北京第1版。按:可参见本书1933年11月1日、18日条内"按先生自述",以及鲁迅博物馆鲁迅研究室编《鲁迅研究资料》第9辑·施蛰存谈〈现代〉杂志及其他》,天津人民出版社,1982年版。)

**又** 《宇宙风》半月刊第8期(新年特大号)刊载徐调孚《记小说月报第二十三卷新年号》提及:"这本新年号的其他稿件,现在还可藉着刊载在22卷12号上的广告来知道一些。短篇的创作,据预告说是一共五篇:蓬子的《喜剧》,施蛰存的《残秋的下弦月》,穆时英的《夜》,张天翼的《蜜蜂》,沉樱的《时间与空间》。"

**月初** 致孔另境函:"弟之二妹出阁,不知兄高兴来观礼否?弟因不忆兄之地址,且喜柬亦一时不在手头,故不另寄喜柬。但希望兄届时能来,藉可一谈杜衡兄信上所说之事。若兄能先到'生活'接洽一度,届时使弟可得回信,尤妙。"

**十日** 下午4时先生二妹施咏沂、蔡之任夫妇在上海大东酒楼举办婚宴。

**同日** 《青年文化》第3卷第2期登载:"几次传说《现代》要复活,但都没能实现。现在现代书局已关闭了,却又传出了《现代》复活的消息。听说施蛰存已在松江找到五千元股本,已收到了三千元的现金。"

**十一日** 《时事新报·每周文学》刊载鲁迅(署名"旅隼")《论新文》提及:"而且由只识拉丁化字的人们写起创作来,才是中国文学的新生,才是现代中国的新文学,因为他们是没有中一点什么《庄子》和《文选》之类的毒的。"

**十二日** 《民报·民话》刊载黄九《一九三五中国文坛这样清算了么》(续),文中写到"那么,'文学珍本'的编者,固然钻个窟窿;'世界文库'编者,一半是古,一半是今,大约还钻个半窟窿","施蛰存祇有一个指头,郑振铎则有两个指头"。

**十三日** 《申报》刊登署名"蛰存"《贺年陋习》。按:此文以及本年《申报》3月23日刊登《御厨豆腐》,6月27日刊登《妇女须耐劳》,又《人报》本年3月6日刊登《骂攘鸡》,亦署名"蛰存",作者皆为盐城蔡选青,见于《蛰存斋笔记》(上海元康印刷局,1936年10月版)。别有《板桥诗话》刊于本年2月10日《申报》、17日《盛京时报》,《题清于女画卷》刊于本年5月15日《盛京时报》,皆署名"蛰存",作者亦均为蔡选青。

**十五日** 写讫《我的日记》:"今天又在《论语》新年号上看到陶亢德先生的《劝友人记日记书》,劝友人书而在刊物上发表,大概是希望非友人也受一点影响的。同时又看到良友公司的广告,说今年将印行一部从未发表过的一个已故诗人的日记。同时,又看见了皇皇然的《文艺日记》的广告。""我对于日记的缘分,不知怎的,总不会好,虽然我也很喜欢看别人的日记。我几乎每年岁首都发愿要记日记,但记不上几天就中辍了。最近因为预备移居,整理一些书籍,检出了好几本日记册,大多是只写了最前几页乃至几十页,全本写完的几乎可说没有,我把这些日记称之为'残本',预备编辑起来学郁达夫先生的办法,出版一本'日记九种'——喔,不止这些,我有十一种——今天横竖闲着没事,不免将来翻看一遍。""这里记录了我的十一种日记的内容,可以说是我自己的备忘录,也可以说是一个书目提要。"

**二十日** 《海燕》月刊第1期刊载鲁迅(署名"齐物论")《文人比较学》:"《国闻周报》12卷43期上,有一篇文章指出了《国学珍本丛书》的误用引号,错点句子;到得46期,'主编'的施蛰存先生来答复了,承认是为了'养生主',并非'修儿孙福',而且该承认就承认,该辨解的也辨解,态度非常磊落。末了,还有一段总辨解云……""中国的文人们有两'些',一些,是'充其量还不过印出了一些草率的书来'的,'别的一些文人们',却是'出卖了别人的灵魂与血肉来为自己的养生主的',我们只要想一想'别的一些文人们',就知道施先生不但'并不能算是造了什么大罪过',其实还能够算是修了什么'儿孙福'。但一面也活活的画出了'洋场恶少'的嘴脸——不过这也并不是'什么大罪过'。"

另,还载鲁迅《"题未定"草》(六、七)提及:"记得T君曾经对我谈起过:我的《集外集》出版之后,施蛰存先生曾在什么刊物上有过批评,以为这本书不值得付印,最好是选一下。我至今没有看到那刊物;但从施先生的推崇《文选》和手定《晚明二十家小品》的功业,以及自标'言行一致'的美德推测起来,这也正像他的话。好在我现在并不要研究他的言行,用不着多管这些事。"按《鲁迅全集》注释:"施蛰存对《集外集》的批评,见他在《文饭小品》第 5 期(1935 年 6 月)发表的《杂文的文艺价值》一文,其中说:'他(鲁迅)是不主张'悔其少作'的,连《集外集》这种零碎文章都肯印出来卖七角大洋;而我是希望作家们在编辑自己的作品集的时候,能稍稍定一下去取。因为在现今出版物蜂涌的情形之下,每个作家多少总有一些随意应酬的文字,倘能在编集子的时候,严格地删定一下,多少也是对于自己作品的一种郑重态度。'"(人民文学出版社,1981 年北京第 1 版)

**二十四日** 春节。着手写作历史长篇小说《销金锅》。先生自述:"我计划写一本《销金锅》,以南宋首都临安(今杭州)为背景,写当时的国计民生情况。正在累积史料,动手写起来,想不到爆发了抗日战争。"(《十年创作集·引言》)"良友图书公司预告都发出去了,那篇小说名为《销金锅》,从南宋建都杭州,一个偏僻的小城逐渐成为一个繁荣的城市,乃是一个城市的发展故事,可是后来没有机会写下去。""如果没有战争,我肯定会写一个长篇。"(《中国现代主义的曙光——答台湾作家郑明娳、林燿德问》)

另,据金文兵记述:"他强调,写临安就是想写南京,写当时的民国政府的都城。"(金文兵《秋日访施蛰存先生》)

另,据魏绍昌回忆:良友文学丛书"曾预告过的五部长篇小说以后都未见出书,那是郁达夫《狭巷春秋》、郑伯奇《途上》、郭沅新[郑振铎]的《子履先生及其门徒们》、施蛰存的《销金锅》和穆时英的《中国行进》。只有最后一种的部分章节曾经发表过,其他四种不过是作者有此打算而已"。(魏绍昌《回忆两种现代文学丛书》)

**月内** 松江县城拓宽城厢主要街道,先生住宅门前的县府南路也被修缮一新。

**是月** 中华图书馆协会出版国立北平图书馆索引组刘修业编《文学论文索引》,其中"文学总论·文艺思潮·4 新浪漫主义"内有:"《新的浪漫主义》,英赫克思莱,施蛰存译,《现代》一卷五期。"另"各国文学·中国"内有:"《如何作文》,施蛰存,《青年界》二卷二号。"在"文学分论·诗歌"内有:"《魏琪尔之田功诗》,施蛰存,《小说月报》二十一卷十一号,魏琪尔是一个罗马的诗人,生于 70—90A. D。《魏琪尔之牧歌》,施蛰存,《小说月报》二十一卷十一号。"在"各国文学家传略·中国文学家"内有:"《论施蛰存与罗黑芷》,沈从文,《现代学生》一卷二期。"在"附录·文坛消息·6 文艺杂记"内有:"《书与作者》,施蛰存,《现代》二卷三、四、五期。""《社中日记》,施蛰存,《现代》二卷三、四、五期。"

**又** 应约在《青年界》第 9 卷第 1 号特辑"我的职业生活"专栏发表《教师与编

辑》:"截至今日为止,我的职业只有两种:跨出学校门就进书局门,跨出书局门就进学校门。屈指已有近十年的光阴,给学校教师与书局编辑这两种职业轮流支配了去。当我在学校中读书的时候,我的心目中是以这两种职业为理想的职业的。但是现在,我觉得这两种职业都不是好职业。"

另,还载赵景深(署名"邹啸")"最近文坛一瞥":"本埠华德路荆州路鸿运坊60号'未名书屋',近出'未名文苑',其第一种《腐鼠集》已出版,其他各集为杜衡的长篇创作《叛徒》、路易士的诗集《行过的生命》、施蛰存的小品《无相庵随笔》、朱雯的短篇创作集《谜》、罗洪的第二短篇集《败笔集》等,闻均将陆续出版云。"

**同月** 10日上海大新公司开业,设有电动扶梯。16日《时代日报》刊载"晨曦文艺社昨在辣斐德路五百号社址,召开第一次理事会,""由穆时英主席,嵇希宗记录,推出叶灵凤、姚苏凤、穆时英三人为常务理事。"

## 二月

**一日** 在《宇宙风》第10期发表《绕室旅行记》:"我一出了学校门,就想旅行。动机是非常迂腐,原来一心要学'太史公'的文章。当时未曾读过全部《史记》,只读了《项羽本纪》《刺客列传》《滑稽列传》等三五篇。但林琴南的翻译小说却看了不少。一本《大食故宫馀载》,尤其是我平生最爱书之一。据说林琴南的文章是'龙门'笔法,而'龙门'笔法是得力于游名山大川的。所以我渴想旅行,虽然我对于山水之趣并不十分浓厚。可是到现在为止,我的足迹还是北不过长江,南不过浙江。旅行的趣味,始终不曾领略过。这理由是一则为了没有钱,二则为了没有闲,而没有闲也就是为了没有钱。所以三年前就说要逛一趟北平,到今天也还未曾治装成行,给朋友们大大的笑话,说是蚂蚁也该早爬到了。"

另,按先生自述:"我的《绕室旅行记》也是'偷'来的,法国有位哲学家写了一本书叫《哲学的散步》,我从中得到一些启发,我认为文学可以学一些外国人的长处,例如新的概念、新的思想、新的思考方式,但是基本上的人情世故还是中国人的。"(《中国现代主义的曙光——答台湾作家郑明娳、林燿德问》)

**同日** 《教与学》杂志第1卷第8期刊载金公亮《文病十式》。先生自述:"我这首咏银鱼的小诗就很荣幸地被收容在这一式的文章病房里,当作一个标本示众。可是在我这方面,金君的这事件,也恰好作为用看文章的心眼去看诗的一个举例。金君把我的六行诗连接起来,作为一节散文似的读下去,诚然是不很能够懂得它的。他在说银鱼怎么样哪?我知道金君一定有这样的怀疑。但人家既然标明这是诗,却偏要放进读文章作法的文字里去作例子,这是除了'无知'之外,没有别的辩解的。"(《海水立波》)

**二日** 《金钢钻》刊载专管闲事斋主《施蛰存借张静庐二百元》:"最近听说他曾经借过上海杂志公司老板张静庐二百块钱,约定是廿四年的十月归还,到了十月,施蛰存请求展缓到阳下扣算。原来施蛰存在上海杂志公司编辑'珍本丛书',结算下来,由上海杂志公司找回给施蛰存大洋二十多元。如数结清,施蛰存也就脱离上海杂志公司了。"(按:此稿改题《施蛰存·张静庐》,又载《华北新闻》本年4月12日。)

**五日** 诗作《书怀》刊于《金钢钻》:"卅年书剑溷风尘,安遇无求静养真;纵笔香薰诗作客,分襟梦想宦游人。寒宵爆竹才闻响,晴雪梅花又报春;尝偏世情艰苦味,正如薑桂老弥辛。"

**同日** 《夜莺》第1卷第1期(创刊号)刊载欧阳山(署名"龙贡公")《读书小记》:"有人在某杂志上说1935年中国文坛留下了成绩的只有'《现代》之群',就是从前在《现代》杂志上写文章的一班人。又听说写这文章的就是杜衡先生,《现代》之群之一。去年的《现代》之群发表过些什么文章我已经记不得了,但在今年这两个月里面却似乎没有看见过什么。""在1934年看过《现代》之群之另一的施蛰存先生一篇小说。一个农民不高兴自己的田,希望把它卖一笔高价。那晓得公路局并不收买他底地,于是他就去破坏公路——用这种阴谋获得一点小钱。最后有某教堂来收买他那块地,出了他希望的高价,但他已经被抓进牢里,那笔地价只够做罚款了。""从那里面找不到一段较好的文章,找不到什么艺术,并且也不知道他为什么要对农民开这种恶毒的玩笑。——好像他有权力捉住一个种菜的农民,在他强逼站上木桌子,要他跳着都会里流行的淫浪舞,然后由《现代》之群站在一旁拍掌大笑。""假如1935年文坛底空虚不曾由田[军]先生所发表的作品[《江上》刊于《海燕》第2期]来填补了一部,而由施先生来动手的话,那被填补的空虚底一部份,我看只好成为比空虚更可怕而现在还找不出适当名称的东西了。"

**六日** 《时代日报》刊载郭世杰《"庄子文选"施蛰存·作家小记之七》:"施蛰存清瘦而文雅的样子,显示了他的多病并不是偶然的。他虽然和杜衡一样,间接看来有很深的才子气派,不过如果你是和施蛰存相识的,多多交谈之下就要觉得施先生到底不失为一个富有才能的交际家。""编《现代》的时候,施蛰存是差不多完全负起向外的责任。""从《礼拜六》派的圈子里跳出来,不是一件容易的事情。施蛰存毕竟不凡,他竟能在今日的新文坛上占一席地位。""《现代》停刊了,这时的施蛰存正遭到一个不小的苦难。他独自创办《文饭小品》,又患了黄疸病。""他决定把《文饭小品》停了,自己回到松江去教书。""现在他除替张静庐编'文学珍本'之外,还替'良友文学丛书'写一本长篇小说,《销金窝[锅]》呢。"

十日　译作英国寥那·梅立克《一个要寻短见的女人》并"附注"刊于《新中华》杂志第4卷第3期"翻译小说"专栏,署名"李万鹤"。其作《我的日记》亦刊于本期"随笔小品"专栏,此期编者《编辑室谈话》提及:"施蛰存先生的日记,作为一个文人在他发展上的赤裸裸的告白来看时,极是一篇很有意义的东西。"

十一日　《华北新闻》登载《鲁迅:暴风雨前夜的海燕》,提及"至于鲁迅翁的另一篇杂文《题未定草》,那倒大可一看的,施蛰存和卢冀野都被挖苦了一通"。

十五日　由姚苏凤、叶灵凤、穆时英、刘呐鸥编《六艺》出版创刊号,封底刊载"良友文学丛书"出版广告,列入先生长篇小说《销金锅》。

另,刊有《文坛茶话图》:"大概不是南京的文艺俱乐部吧,墙上挂的世界作家肖像,不是罗曼罗兰,而是文坛上时髦的高尔基同志和袁中郎先生。茶话席上,坐在主人地位的是著名的孟尝君邵洵美,左面似乎是茅盾,右面毫无问题的是郁达夫。林语堂口衔雪茄烟,介在《论语》大将老舍与达夫之间。张资平似乎永远是三角恋爱小说家,你看他,左面冰心女士,右面是白薇小姐。洪深教授一本正经,也许是在想电影剧本。傅东华昏昏欲睡,又好像在偷听什么。也许是的,你看,后面鲁迅不是和巴金正在谈论文化生活出版计划吗?知堂老人道貌举然,一旁坐着的郑振铎也似乎搭起架子,假充正经。沈从文回过头来,专等拍照。第三种人杜衡和张天翼、鲁彦成了酒友,大喝五茄皮。最右面,捧着茶杯的是施蛰存,隔座的背影,大概是凌淑华女士。立着的是现代主义的徐霞村、穆时英、刘呐鸥三位大师。手不离书的叶灵凤似乎在挽留高明,满面怒气的高老师,也许是看见有鲁迅在座,要拂袖而去吧?最上面,推门进来的是田大哥,口里好像在说:'对不起,有点不得已的原因,我来迟了!'露着半面的像是神秘的丁玲女士。其馀的,还未到公开时期,恕我不说了。左面墙上的照片,是我们的先贤刘半农博士、徐志摩诗哲、蒋光慈同志、彭家煌先生。"先生自述:"非但画是鲁少飞的手笔,连那一段说明也是鲁少飞写的。""有人来问我:'画得像不像?'我说:'都像,连各人的神气都表现出来了。只有一个人不像,那是彭家煌。'这幅画以邵洵美为主人,坐在主位上。这是画家的构思,并非实有其事。"(《鲁少飞的心境》)

另，还载江兼霞《一九三五年度中国文学的倾向、流派与人物》提及："一年来的文坛的总检讨不能不从《现代》之群开始，因为《现代》之群差不多包括中国目前最流行，给与最大的影响，而且不断地努力着的中间作家的全部，如穆时英、刘呐鸥、徐霞村、叶灵凤、戴望舒、魏金枝、张天翼、施蛰存、杜衡等。《现代》之群素来没有团体的理论，只有个人的理论，他们的特点是在他们的创作方法上，在他们的创作态度上，而不在他们的理论上。他们差不多都是在1928年左右才开始彗星似地扫射进文坛来的。这一群人的创作活动最兴盛的时期是31年和32年。从《现代》杂志停刊，《文艺风景》和《文艺画报》相继夭折以来，这一群人差不多都沉默了下来，而沉默地度过了1935年，除了极少数的例外。第一个在中国拿弗洛伊德的精神分析学说在作品中应用着，以纤细的笔致捕捉着都市的知识分子和小城市的小资产者的灵魂的施蛰存，是把所有的精力都浪费在古书的标点上。"

**同日** 《世界晨报》刊载文生《鲁迅不忘施蛰存》："鲁迅与施蛰存，过去因为《庄子》《文选》的问题，曾经在《大晚报》的'火炬'上，以及《申报》的'自由谈'上，大大的打过一阵笔墨官司，自然，是施蛰存吃了败仗的。后来，二人因此就成了冤家对头了。鲁迅有本'集外集'，本来是别人搜集了在群众公司里出版的，都是他初期发表的文章，因而，施蛰存看见了，又嘲笑了鲁迅一顿。在最近出版的《海燕》上，鲁迅有一篇'题未定草'上说……""由此，可见施蛰存没有忘记鲁迅，鲁迅也是没有忘记施蛰存的。"（按：此文后刊于1936年2月25日《南京日报》，又题《鲁迅不忘施蛰存，施蛰存也不忘鲁迅》。）

**二十日** 绍兴民国日报社营业部出版发行柴绍武著《文艺副刊编辑术》，书内"五、文艺副刊内容的研究"提及："过去如《申报·自由谈》的幽默大师林语堂与钱歌川'基本英语'的论战，跟着是赵景深与余慕陶之'世界文学史'的论战，最后还有以丰之馀的笔名与《现代》主干施蛰存的'《文选》与《庄子》'的论战，每次是如军阀式的混战，双方先由几句理论开场而至漫骂结束的，这种种只能看出了文艺副刊的乌烟瘴气，只看出'介绍与批评'不过是恶意的'笔墨官司'。"

**中旬** 先生开始在松江高级职业学校担任国文教师。

**二十八日** 《申报》刊载"良友文学丛书"书讯，其中发布"第二集二十种新书"："徐志摩《爱眉小札》（情书日记集）、叶圣陶《四三集》（短篇小说集）、巴金《爱情三部曲之一》（长篇附总序）、周作人《苦竹杂记》（散文集）、施蛰存《销金锅》（历史长篇）、郑伯奇《打火机》（创作短篇集）、谢冰莹《一个女兵的自传》（自传）、沈起予《残碑》（创作长篇）、朱光潜《孟实文钞》（文艺论集）、张天翼《在城市里》（创作长篇）、茅盾《烟云集》

(创作短篇集)、沈从文《凤子》(创作长篇)、杜衡《角落里的人》(创作长篇)、俞平伯《燕郊集》(散文集)、郭源新[郑振铎]《子履先生及其门徒们》(综合短篇集)、穆时英《中国行进》(长篇创作)、郁达夫《闲书》(新著散文集)、鲁彦《河边》(短篇创作集)、赵家璧《新传统》(现代美国作家论)、×××《得奖小说》(长篇创作)。"

**月内** 与吕叔湘在上海晤面,并为饯行。先生自述:吕叔湘"到英国去留学,当时路过上海"。("我在昆明的生活和社会关系",1968年)

**是月** 校点《名媛诗选:翠楼集》《宋六十名家词》(乙集)和明代陈继儒《晚香堂小品》(上下册),均列入"中国文学珍本丛书"第1辑,由上海杂志公司初版发行。

**又** 《青年界》第9卷第2号刊载赵景深(署名"邹啸")"最近文坛一瞥":"良友图书公司'文学丛书'拟续出二十种,目录已约略拟定周作人的《苦竹日记》,此外巴金、张天翼、施蛰存各有一二种。""上海杂志公司所编印之'中国文学珍本丛书'因印刷所失慎,烧去原书两三种,惟'西湖二集'不曾烧去,殊可庆幸。""施蛰存久寓松江,近正忙于'松江词存'之纂集。"

## 三月

**一日** 《华北新闻》登载《施蛰存近况》:"《文饭小品》发行人施蛰存自脱离上海杂志公司后,施居松江,专心教读,暇时并用李万鹤笔名,为'新中华'译梅立克的短篇小说。稿费虽然不丰,但尚足以维持生活。"

**五日** 《诗歌生活》第1期刊载林蒂《诗人应该反映或表现些什么》,文末写道:"如'新月派'及'现代派'的诗人们对于女性的歌颂,便是把她们看为没有灵魂的而仅供作男性的玩弄的工具一样。在最近《现代诗风》的创刊号上,便有施蛰存的《小艳诗三首》等等的淫亵小调,这是十分可耻的。"

**十日** 《青年文化》第3卷第4期"文艺报道"专栏刊载:"在新年中传说有个'新展望'社将产生,投资的人是刘宗德。计划颇为不小,分文学杂志和文艺丛书两部分。文学杂志的编辑人是穆时英、叶灵凤两位。文艺丛书是设立一个委员会,委员会有郭沫若、郁达夫、施蛰存、穆时英、叶灵凤、戴望舒、杜衡、刘呐鸥、魏金枝九人。但现在却还没见到有什么表现。"

**十五日** 《报报·文化消息》登载:"倒闭不久之现代书局,闻将换老板重开,并改名为'今代书店',老板为一香港富商李某,其开办之初步计划,除聘前现代编辑外,开幕时将出书籍十种、杂志二种,其一为纯文艺性质,仍由施蛰存编。"

**十六日** 在《宇宙风》第 13 期"春季特大号"发表《春天的诗句》。

**十八日** 《社会日报》刊载《自由人之机关杂志：〈现代〉月刊·施蛰存位高薪厚，杜衡独木不成林，复刊说终成泡影》："《现代》月刊的'同人'都劳燕分飞了，施蛰存即为上海杂志公司编'珍本丛书'，叶灵凤即安心创作，杜衡即搬到公园[坊]办《星火》月刊；而穆时英走进了新闻界，最近更自由人转变为民族主义而步黄震遐的后尘，写着《我们这一代》的战事小说了。但自《现代》停刊后，《文学》便乘机特别活跃起来，文场称霸，傅东华遂也起了这个野心；不过现在的《文学》专在宣传上用功夫，而不在内容上求改进。""现代书局不知如何竟又延揽了汪馥泉主编了一个一般文化的杂志《现代》月刊，这杂志编得糟透了，""于是又将它停刊了。""在现代书局停业之先，却也曾有《现代》月刊复刊的呼声，这消息各报也都刊载过。"于是便起意将纯文艺的《现代》月刊复刊，由施蛰存、杜衡、戴望舒各三人出面，发出了一个通知书，征求投资合组'现代出版社'，共一百股，每股五十元，合计股本总额为五千元。""在这时，忽然又有一个消息说，有某巨公独出三千元，作为基金，事情已有了些端倪。但就在这时，施蛰存福运来临，松江某中学来了份聘书，请施担任国文教员，月薪一百元，这椿'兑现'生意，施蛰存乐得接受，于是便离开上海，回到他的老家教书去了。在内地一百元一月实在是个好差使，所以施蛰存也就死心塌地的教书。"（按：此稿以题为《〈现代〉复刊绝望》，又载《华北新闻》本月 21 日。）

**二十六日** 《西京日报·明日》刊登雨霭子《读后漫谈》（鲁迅著《故事新编》）："以旧故事为题材的小说，似乎流行过一些时候，起初郭沫若君写了《孤竹君之二子》《三个叛逆的女性》等等，后来有沈雁冰先生的《豹子头林冲》，施蛰存的'潘金莲'（题目是否如此，不甚记得清楚。）施蛰存的没吵意思，徒有纤巧秾艳的肉，缺少骨头。沈雁冰的煞费苦心，很看不懂。鲁迅这本书是所谓'历史小说'，这口风已经过去了的时候的今日才发表的，其作法比之上述者，显然异样。"

**月内** 先生开始筹办《文艺生活》杂志。

**是月** 北平中华图书馆协会印行"中华图书馆协会丛书第十一种"袁涌进编《现代中国作家笔名录》，书内有："施蛰存，安华、江兼霞（戴克崇亦署江兼霞）、李万鹤、青萍、施青萍（原名）、匒尼。"

## 四月

**一日** 鲁迅复曹靖华函谈及："至于'第三种人'，这里早没有人相信它们了，并非为了我们的打击,是年深月久之后,自己露出了尾巴,连施蛰存、戴望舒之流办刊物,也怕它们投稿。"

**同日** 《华北新闻·文坛细事录》登载:"施蛰存、戴望舒合编《文艺生活》,已与上海杂志公司签订合同,发行人为张静庐,撰稿者仍为《现代》一批作家。"

**又** 《西北文化日报》登载易我写的书评《清明时节》(张天翼著),文内提及:"《洋泾浜奇侠》最初在《现代》上发表的时候,我曾经极诚恳地写给他[张天翼]一封信,大意是希望他严肃一点,不要半腰里跳出来:'读者诸君……'唠唠叨叨说一大篇废话,然而《现代》的编者,就是那位劝后生小子读《庄子》《文选》的施蛰存先生却反对说'最新西洋的小说都有这样的笔法'(大意如此)。"

**四日** 《新人周刊》第2卷第31期"文化报道"专栏刊载:"施蛰存与戴望舒合编《文艺生活》,已于上海杂志公司签订合同,撰稿者为《现代》的一群。"

**同日** 《华北新闻》登载老青《四大杂志,张静庐生财有道》,提及"看古书很有销路,便改变计划,出大批标点书,请施蛰存做总编","果然日销千册"。"现在已经接洽成功的有现代系的施蛰存、戴望舒主编的《文艺生活》"。

**七日** 作诗《冷泉亭口占》。

**约在期间** 复赵景深函:"征文启事收到,4月25日前一定再写一点来献丑,弟实在忙得不可开交,《青年界》始终未能写一篇独立文字,抱歉到万分。我们要办一什志[《文艺生活》],寄上印刷两纸,请赐览,希望兄能为我们写一二篇大章。此次什志内容力求严肃,故不嫌文章之大而只嫌其小也。左列诸人最近通信处万乞立刻示悉:柳无忌、罗皑岚、石民(真姓名什么)、孙席珍、许钦文。"

**十日** 作诗《乌贼鱼的恋》。

**同日** 上海亚细亚书局出版发行"基本知识丛书之一"吴文祺著《新文学概要》,书内"第五章五卅运动在文学上的影响"提及:"民族主义的文学作家,他们不主张文艺逃避现实与左联同,但因了立场不同,故对于左联是完全取敌对的态度的。代表的人物有范争波、朱应鹏、傅彦长、李赞华、施蛰存、邵洵美、汪倜然、叶秋原、王平陵、吴颂皋等。他们的刊物有《前锋周刊》、《前锋月刊》、《文艺月刊》、《开展月刊》等。"(按:可参见1931年4月《现代文学评论》第1卷第1期"特大号"刊载《中国文坛杂讯:施蛰存将为前锋努力》:"闻将为《前锋月刊》努力创造云。"别有同年10月25日先生为出版小说集《将军底头》撰写"自序"谈及:"自从这里的几篇小说以前在杂志上发表之后,曾经得到过许多不能使我满意的批评,有人在我这几篇小说中检讨普罗意识,又有人说我是目的在倡议民族主义。"自吴氏此说以后，同年8月广州北新书局初版霍衣仙著《最近二十年中国文学史纲》内提到民族主义文学"主要人物"，也有此说；至1939年5月商务印书馆初版郭箴一著《中国小说史》内"第八章民国"，也如此提到民族主义文艺运动的"中坚分子"。）

**十六日** 作诗《你的嘘息》。

**同日** 在《宇宙风》第15期发表《记一个诗人》："今晚和母亲从桂花糖而谈起桂树，从桂树又谈起了二十六年前的苏州醋库巷的旧居，因而便想起了那个同居的书呆子了。""我所知道的关于沈休文的事情只有这一点点，我所读到过的他的著作也只有这一点点，但是据我看来，他的诗文和词，即使从这一点点中间，也已经可以看出，实在有着很深的造诣，没有他那样不痴不呆的功夫，是不容易达到的。我自恨生年较晚，和这样一位诗人曾经同住过一所屋子，而不及亲炙其业绩，仅仅随着妇人俗子，以'毒头'目之，真可惭愧。前几年，曾经听见一位苏州人说，沈休文早已作古，他的遗书遗稿很多，都庋藏在苏州图书馆中，尘封一室，恐怕也没有人能给他整理出来刊行了。这话也不知确否，我很希望有关心乡邦文献的苏州人能去调查一下。或者是，去问问吴瞿安先生，也许更能多知道一点这位诗人的生平吧。"

**又** 《华北新闻》登载《两文艺杂志出现》，提及"施蛰存是《现代》的灵魂，他一年来无时无刻不想复活《现代》，所以当他接张老板时，也无时不以出《现代》为请，但张老板有点奇怪，似乎不很高兴《现代》这名字，所以不允所请。最近大概施蛰存实在想编一种刊物玩玩了，所以张老板提出改用名字的计划，也给接受了"。又载："施蛰存、戴望舒合编的《文学生活》月刊，近已成为事实，出版者为上海杂志公司。施蛰存现在松江任教，但每礼拜必来上海一次。"

**二十日** 《善女人行品》由上海良友图书印刷公司再版发行。

**二十六日** 浦江清由北平返回松江，与张企罗女士在新松江社举行婚礼。

**三十日** 致钱歌川函："所译小说，因校中课务及上海杂志公司'珍本丛书'事常有掣肘，久不能竣事，十分抱歉，现在已译至原书大半，想五月终可以了毕矣。近日以内弟有急需，拟欲恳我兄向'中华'办一交涉，能否在下星期中先借用二百元，弟当即交稿三百枚，此事端在足下，祈一援手如何？《文艺生活》杂志第一期已在编纂，足下能有宏文惠赐否？《金瓶梅》删文小册前曾寄至中华书局，不审收到否？未奉消息，辄念及之。""复书乞寄松江城内县政府南二十号舍下。""约定翻译《世界文学全集》一部……，先付，可意如何。近来欠账不还稿者，比比皆是也。"

**同日** 《益世报》"读书周刊"刊载知堂《梅花草堂笔谈等》:"这回'中国文学珍本丛书'本的'笔谈'出版,普及本只需四角五分,我得到一本来看,总算得见全本了,也不记得那几卷是不曾看过的,约略翻阅一遍,就觉得也可以满足了。'珍本丛书'出版之前,我接到施蛰存先生的来信,说在主编此书,并以目录见示,我觉得这个意思很好,加上了一个赞助的名义,实在却没有尽一点责,就是我的一部《谑庵文饭小品》也并不曾贡献出去。目录中有些书我以为可以缓印的,""因为原书都不大难得,不过我只同施先生说及罢了,书店方面多已编好付印,来不及更改了。但是在别一方面也有好些书很值得重印,特别是晚明文人的著作,在清朝十九都是禁书。""袁小修的《游居柿录》我所有的缺少两卷,《焚书》和'钟谭集'都只是借了来看过,如今有了翻印本,足以备检阅之用。句读校对难免多错,但我说备检阅之用,这也只好算了。因为排印本原来不能为典据,五号字密排长行,纸滑墨浮,蹙頞疾视,殊少读书之乐,这不过是石印小册子之流,如查得资料,可以再去翻原书,固不能即照抄引用也。所收各本精粗不一,但总没有伪造本,亦尚可取。""翻印这一类的书也许有人不很赞成,以为这都没有什么文艺或思想上的价值,读了无益。这话说得有点儿对,也不算全对。""这里须得回过去说《梅花草堂笔谈》了,我赞成'笔谈'的翻印,但是这与公安竟陵的不同,只因为是难得罢了,他的文学思想还是李北地一派,其小品之漂亮者亦是山人气味耳。"

**是月** 上海三民图书公司印行吴振寰编、瞿世镇校《中学适用·标准文选》第二册初版,收录其译作法国果庚小说《红虾·1886年冬季的一个故事》。

**又** 北新书局出版赵景深《文人剪影》,其中《文士三剑客》提及:"这文坛三人,我皮相的观察起来,外面所表现的是各有不同的:望舒的说话声音很轻,很温柔,跟你很亲热;蛰存则很豪爽,说话时很有精神,声音很高,虽然面部和身材都很瘦削;杜衡则不大说话,即便说也是很慢的,时常手支着颐,像是哲学家一般的思索。""他们的嗜好也不同。……蛰存近来收买明人小品则为众所周知之事。""蛰存对于猥亵文学颇为注意,如《香园》之类,是他竭力搜求的。"

**同月** "左联"常委会决定解散左联。穆时英乘"红伯爵"轮船离开上海赴香港。

## 五月

**一日** 中国辞典馆发行杨家骆著"民国史稿副刊之一"《中国期刊社报社通讯社一览表》,其中"刊一27"内:"《现代月刊》,海宁路一三七〇现代书局,主编人施蛰存,二十一年五月一日。"

**月初** 先生黄疸病再次复发,即入上海宝隆医院住院治疗。

**五日** 《新东方》半月刊第1卷第3期刊载聂绀弩《"关于世界文库底翻印古书"底原文》提及:"前不久,有人反对劝青年读《庄子》《文选》,又为什么要反对呢?《庄子》《文选》岂不也像立波先生、'源'先生或郑先生所理解的一样,是中国的文化或文学的遗产么?像《庄子》,从那书里头所包含的哲理看来,岂不是一部古代的哲学宝典么?现在岂不是也有人从那书里头找出辩证法或唯物论底影子么?从那书里头所包含的寓言、故事以及那文章底泼剌、奔放看来,岂不又是一部绝好的古代文学书么?从哪一点看来,它会比'世界文库'上所翻印的《集异记》《艾子杂说》或某人尺牍之类的东西还要没有文学价值呢?然而又有人反对读它!这些人对于'中国文学遗产'的态度,真是疯狂一样的'轻率'呀!""疑古玄同、顾颉刚、郭沫若、周予同都读过经,李石岑、施蛰存大概读过《庄子》或《文选》,郑振铎、施蛰存以及立波先生、'源'先生们又都喜欢《金瓶梅》之类,这里头如果还有什么问题,大概也不会有人联名发宣言来表示反对。只有把那些东西翻印出来,用一折几扣的办法或编成期刊的办法,搬运到读者大众的面前,才会有人不能不讲几句话。我反对'世界文库'翻印古书,和别人反对读经,反对读《庄子》《文选》,没有什么原则上的不同。"

**六日** 《春色》第2卷第11期"文艺街沿:作家史略"专栏刊载红鹃《施蛰存小史》:"松江人,居杭州时,与戴梦鸥曾合办兰社,且出有《江干集》,是时施名为'青萍',梦鸥即今之望舒也。后施在宁波附近之慈溪普迪小学任教多年,[按:经考"多年"此说不确。]其所作《上元灯》小说集,结构多以慈溪作背景,闻其妻为慈溪人。[按:此说系误。]施曾主编《文饭小品》系自费出版,因销路未见大佳已停刊云。前与杜衡合编《现代》,今《现代》已停刊矣。"

**七日** 鲁迅复台静农函谈及:"'第三种人'已无面目见人,则驱戴望舒为出面腔,冀在文艺上复活。"按《鲁迅全集》注释:"指复刊《现代》杂志的事。当时杜衡、施蛰存和戴望舒三人曾计划复刊《现代》,由戴望舒出面向各地作家招股和征稿,后未成。"(人民文学出版社,1981年北京第1版)

**十三日** 《铁报》刊载《两种将出版的文艺新刊·徐懋庸主编〈文学界〉、施蛰存编〈文艺生活〉》:"近两月来的文化街上,似乎又有点热闹起来了,单从新出的几种文艺杂志的数量来说,就较去冬那种萧条岑寂的情形热闹多了。""还有一种,是施蛰存和戴望舒主编的,名称大概是《文艺生活》,由上海杂志公司发行。这也是纯文艺刊物,内容大约仍然和从前的《现代》差不多。"

**十四日**　《铁报》刊载郑逸梅（署名"疏影"）《施蛰存之文言小说》。（按：此文又刊于1936年6月15日《红绿》半月刊第1卷第2号。）

**二十日**　《南京日报》刊载淡严《施蛰存之下流趣味》："曾经主编《现代》杂志，被称为名作家的施蛰存氏，曾指导青年读《庄子》《文选》引起论战，一位十足的高等趣味的文人。他曾经写过一篇《鲍乔谐话抄》，其序略云：'……体裁颇似我国之《笑林广记》。……殊为隽永，颇有猥谈，而不狎亵，文学上自有此种别才……'云云。其中一节云：[此处从略]这还不狎亵吗？不但低级，简直是下流了！文学上之秽亵，如自然主义手法，肃严态度是自有其价值的，以性行为为作笑话的趣味，只足以说明其人心理之不健全，——残馀着以性行为为神秘的意识，有何'隽永'之可言？有何'文学'之价值？这里，暴露出了'洋场遗少'的脸嘴，其主张读《庄子》《文选》，也只因其眼光在《笑林广记》上耳！"

**是月**　生活书店出版孔另境编《现代作家书简》，收录先生致戴望舒手札十四通，先生还提供了沈从文、茅盾、周作人、胡秋原、叶圣陶、赵景深、鲁迅、穆时英等给他的来信，均刊于此书。

另，按先生自述："孔另境计划编一本'现代中国作家书信'，向朋友中间征借书信。我捡了几十封作家书信给他，他都编录在那部书里了。抗日战争爆发，""当时不愿全部交给另境去发表，铸成了大错。倒是交给另境编录的那些信件，再也不会消失的了。"（《〈现代〉杂忆》）

**又**　《青年界》第9卷第5号刊载赵景深（署名"邹啸"）"最近文坛一瞥"："最近文学刊物大有复兴之势，""闻九月初施蛰存、戴望舒之《文艺生活》亦出创刊号，内容力求充实，摒除杂文短论，及敷衍潦草之文字，务使所刊载者每篇均为力作。"

**又**　汉口一般文化出版社初版发行罗荪著《野火集》，书中《一年小景》内"古书的翻印"提及："由于商人的投机，以及迎合了复古运动的客观环境，在今年的出版界，翻印古书，居然也成了商人的生意经。""还揭露了好听的广告，于是什么文学珍本丛书的杂志化啦，中国的文学遗产的精华啦，总之，还是尽量挣扎的想骗取读者的干瘪了的口袋。看吧，点缀在玻璃砖窗里面的古雅的《金瓶梅》咯，《小修日记》咯，和着存文会诸公的灵魂跳着最后的舞蹈，做为他们的送葬礼吧！"

另，"文坛的战斗者——杂文"提及："施蛰存先生就以文艺价值说来非难杂文，他说：'凡对准时事或时人而作的杂感文，如果把这些文章当做文艺作品看，则它们在其本身的社会价值之外,当然必须具有另外一种文艺价值。'他并且主张文艺价值的决定,在于'文章的修辞'。事实上,他就并没有懂得杂文的'社会价值',杂文是粗的,并不美,不细腻,而是战斗的。"

**又** 北新书局初版发行杨晋豪编《中国文艺年鉴·二十四年度》,书中"第一辑廿四年度中国文坛考察·本年度的文坛动态"提及:"影响于刊物方面的,即以文艺杂志而论,施蛰存所主办的《文饭小品》,因了经济上无力维持,出到六期宣告停刊。戴望舒所主编的《现代诗风》只出了一期,便不继续了。"再,"本年度的文艺主潮·失业描写继续产生"提及:"有许多人,在今日情愿找一个最低限度的职业来维持生活,可是社会上不给他做;也有许多人已经有了职业,满想藉此来支撑一个家庭,可是社会上偏偏无缘无故地把他的饭碗打破。于是乎,他们悲哀痛哭了,愤恨烦恼了!这种情形,在过去有,在今日更多!施蛰存的《无题》,那一番心理描写是很周到的。"

另,"几种文艺杂志"提及:"《文饭小品》,月刊。编辑人:康嗣群;发行所:脉望出版社。实际上的主干是施蛰存。是清谈的小品专刊,当然也有理论、小说、批评、随笔、诗等类。"别有在"第三辑廿四年度的中国创作选集·第一部短篇小说"收录其作《无题》。在"第四辑廿四年度文艺新书要目"其中"小说"内有:"《手套与乳罩》,施蛰存等,0.50,良友。""散文"内有:"《晚明二十家小品》,施蛰存编,0.80,光明。"

**同月** 上海联华书局普及本印成发行鲁迅著《准风月谈》。上海文林书局出版发行徐逸如选辑"现代文库"《鲁迅近作精选》,收录《扑空》等篇。(按:另见此书的别一种版本,上海更新出版社印行"现代小说文库第一辑"何可人编选、徐逸如校订《鲁迅文选》,而版权页无出版发行的时间。)

## 六月

**中旬** 先生病愈出院后,遵医嘱休养,遂至杭州养病。先生自述:"我在城站下了车,正是红日当空的下午三点钟时分。"(《玉玲珑阁丛谈》)先生临时暂居亲戚家数日,遂又寓居西湖畔葛岭之麓的玛瑙寺内养病。

**约在期间** 按先生自述:"当时杭州的风雨茅庐才刚落成,达夫和王映霞已迁入新居。有一天,我和望舒去拜访他,看见他正在写字,就要求他为我们各写一联,以留纪念。他就为我写了一联,用李义山诗句:'阆苑有书多附鹤,女床无树不栖鸾。'我把这一联带回松江家里,裱好后挂在书斋中。翌年,抗日军兴,仓猝离家避乱,一切书画

文物,均不及取出,此联亦与寒舍同毁。"(《郁达夫墨迹》)

**是月** 在《青年界》第10卷第1号"暑期生活特辑"发表《我的暑期生活》:"景深兄要我给《青年界》作文,答应了不止一年,但是实在没有给寄过一篇正式的文章。我想我的文章大概都与《青年界》杂志不合式,这恐怕是唯一的理由吧。不久之前,曾在第9卷第1期上寄了一小篇征文的答案,此番又是一个征文,不免再来应征一下。""无奈我自从一副父母妻子的重担压上了肩之后,做学校教师的时候即使领十二个月薪水还是不够用,非另外卖一些文章不可。于是,在学校一方面,暑期是假期,可以休息,甚至玩儿;在卖文这个职业方面,暑期却正是工作最紧张的时候。我所译过的几部书,大都是在暑假中完成的,显尼志勒的三种长篇(神州国光社出版,《妇心三部曲》),波兰、匈加利的短篇小说集(商务印书馆未出版)这些篇幅较多的,都是在汗流浃背、蚊喙钻肌的情形之下译出来的。旅行消夏,既无资格;卧北窗下,浮瓜沉李,也无工夫;我的暑期生活,如此而已。"

**又** 校点《宋六十名家词》(丙集)(丁集),列入"中国文学珍本丛书",由上海杂志公司初版发行。

**又** 由中华图书馆协会初版印行"中华图书馆协会丛书"第二种、国立北平图书馆索引组刘修业编辑《国学论文索引四编》,其中"文学"内有:"《读檀园集》,施蛰存,《人间世》15期,《檀园集》系明人李流芳著。""《无相庵断残录》,施蛰存,《文饭小品》三期,内容:(一)关于王谑庵,(二)秋水轩诗词。"另"附录新书的评介"内有:"《再评'中国文学珍本丛书'——并致施蛰存先生》,邓恭三,天津《益世报·读书周刊》廿七期(廿四年十二月五日)。""《关于'中国文学珍本丛书'》,施蛰存,《国闻周报》十二卷四十六期。"

**同月** 上海联华书局出版发行鲁迅著《花边文学》,内收《化名新法》《"莎士比亚"》《又是"莎士比亚"》《略论梅兰芳及其他》(下)等。中国文艺家协会在上海成立,鲁迅、茅盾、胡风、巴金等发表《中国文艺工作者宣言》。章太炎在苏州逝世。

## 七月

**一日** 在《论语》半月刊第91期"鬼故事专号(上)"发表《鬼话》:"两月前在上海晤邵洵美先生,因为他正在对于西洋文学中的鬼故事发生很大的兴趣,我也曾表示想写一篇关于鬼怪文学的小文及一篇介绍英国鬼怪小说家勒法虞(Le Fanu)的文字,但这只是一种夸张的述愿,虽然洵美先生竭力怂恿我把它们写出来,但回头一想,在种种情形之下,尤其是因为现在据说是一个崇尚现实主义的时代,我的文章似乎还是以不写为妙。这回《论语》要出一个'鬼故事专号'了,洵美连写了两封快信来要我供给一点文章,来凑个热闹,因为,据他说这个专号之成为事实,乃我'当时捧场'之故。所以,非给写文章不可。这样说来,我竟无意中做了这个专号的发起人,即使不写文章,也已逃不了提倡鬼怪文学的嫌疑,于是索性放笔来谈谈鬼了。"

另,编者邵洵美《编辑随笔》提及:"又如施蛰存、老舍、老向、宋春舫诸先生,平时要他们的稿子,真不容易,这次都是信到即动笔。"

**四日** 《民报·民话》刊载华复《一种不好的倾向》,文中提及:"近来出版界又好像活跃起来的样子,""如果施蛰存同上海杂志公司编《文艺生活》能够实现的话,则又多了一种。"

**十日** 《东海日报》登载《韩侍桁、施蛰存等亦加入文艺家协会》:"韩侍桁、阿英、施蛰存等加入[中国]文艺家协会,现在已由理事会通过,会后他们亦是救亡阵线中的一员。"

**十二日** 晚上5时起戴望舒与穆丽娟(穆时英之妹)在上海北四川路新亚大酒店举行婚礼,并迁居上海亨利路永利村30号。

另,据《慈命从权,戴望舒服中娶妇·友情难却,施蛰存忙里挥毫》报道:"现消息传来,月之十二日,此对'冤家'将宣告嫁娶矣。因望舒有服,故请简概用素色,文字乃出戴之前任大舅子施蛰存手笔。转录如下:'迳启者,望舒、丽娟定于国历七月十二日下午五时,在新亚大酒店礼堂结婚。因望舒新有失怙之悲,奉慈命,如期结婚,实为从权,未敢潜礼。亲友处恕不恭具吉柬,敬此奉闻,届时伏盼光临,便送台绥。'"(《世界晨报》,1936年7月10日。按:此稿又载本月14日《世界晚报》。)

**十六日** 《论语》半月刊第92期(鬼故事专号·下册)刊载编者邵洵美《编辑随笔》提及:"我们编这'鬼故事专号',虽如施蛰存先生所说,是为'正在对于西洋文学中的鬼故事发生很大的兴趣'(第91期870面),但事实上,那动机还要早。"

**十七日** 作诗《玉女之歌》(事见《太平广记》卷六十三)。

**二十八日** 《大日报》"作家笔名录·一日一人"登载:"廿一、施蛰存,青萍。"

**月内** 按先生自述:"到杭州来了一个月,除了看过一次曾在上海看见过的电影而外,一切的假日与馀暇差不多都花在吃茶吃酒两件事情上。茶是我自己吃的,所以常常独个去,酒则是陪了朋友去吃,因为我自己实在不吃酒。"(《玉玲珑阁丛谈》)

**是月** 《嫡裔》刊于开明书店为"创办十周年纪念"初版发行的夏丏尊编《十年》。先生自述:"在开明书店创业十周年纪念的时候,出了一本小说集《十年》,这里有我一篇小说《嫡裔》,也是由调孚来组稿的,如果没有他的敦促,这篇小说也许不可能存在。"(《怀开明书店》)

## 八月

**一日** 诗作《玉女之歌》(事见《太平广记》卷六十三)刊于《小雅》双月刊第2期。

**三日** 《大美晚报·火树》"文章俱乐部"专栏第2期刊登蘧公《"庄子""文选"弗灵》:"劝告青年读《庄子》《文选》的施蛰存氏,似乎他自己就不曾读过《庄子》《文选》一类的东西。""这里仅仅引出他的一个得意的句子:'余既不能为达官贵人教授学者效牛马走,则何如为白屋寒儒青灯下士修儿孙福乎!'好俪句!可是施公是替谁修儿孙福呢?还是替他自己的儿孙修福呢?若说替寒儒下士的儿孙修福,未免管得太远罢!八九个月来,我把这个问题请教许多朋友,都说《庄子》无此逻辑,《文选》无此文法。就算施公读过《庄子》《文选》罢,我们还是要说《庄子》《文选》弗灵。"

**九日** 《华北新闻》"艺城消息"栏刊载:"施蛰存、戴望舒、杜衡等'现代三巨头',计划出版之《文艺生活》创刊日期由'七一''八一''九一',近据彼等一夥中传出消息,实有难产之虞。"

**二十七日** 《西北文化日报》登载陈老总《文坛故实和作家的生活:读〈现代作家书简〉以后写》提及:"施蛰存出医院的第二天,便去冠生园吃炒广鱿,穆时英替他很担心,写信骂他'贪嘴'。""戴望舒留法,与国内作家信件往还最多者,大概是和施蛰存两人。"

**下旬** 先生经同学乡友、时在浙江大学农学院任教的朱孔昭介绍,接受杭州行素女子中学之聘,同时辞去松江高级职业学校的教职。先生自述:"居月馀,颇得湖山佳趣。适有旧友来,为行素女子中学延揽语文师资,待遇较优,可供居室,遂允之。"(《浮生杂咏》)

**是月** 校点《徐文长逸稿》,列入"中国文学珍本丛书"第1辑46种,由上海杂志公司初版发行。

**又** 小说集《小珍集》,由上海良友图书印刷公司开始付排。

**又** 上海中华书局初版发行周辅成编、宗白华等著《歌德研究》,书中周辅成在"编者前言"提及:"《小说月报》社在沪战未发生前,也虽筹出'歌德百年祭专号',收集文字有宗白华、施蛰存、赵景深、魏以新、段可情诸先生的。可惜因沪战发生,商务印书馆被燬,诸稿亦因之被燬。"

又　中华职业学校编印《中华职业图书馆·第一回图书目录》,其中"862 中国小说"内有:"著者:施蛰存。书名:《将军底头》。册数:1。出版处:新中国。价值:80。""著者:施蛰存。书名:《李师师》。册数:1。出版处:良友。价值:10。"

又　广州北新书局初版霍衣仙著《最近二十年中国文学史纲》,其中"第五章五卅前后的文坛概况"提及:"由 1928 到 1930 是普罗文学的全盛时代,参加这种运动的,有郁达夫主编的《大众文艺》,……《无轨列车》的后身《新文艺》,撰稿人有戴望舒、杜衡、施蛰存、刘呐鸥、杨邨人、林疑今等。较后一点的有鲁迅、冯雪峰合编的《萌芽》。""民族主义文学的理论和宗旨大致就是如此,……主要人物如范争波、朱应鹏、陈抱一、傅彦长、李赞华、施蛰存、吴颂皋、陈之佛、邵洵美、汪倜然等人。""戴望舒、杜衡、施蛰存等开水沫书店,办《新文艺》并出版'水沫丛书'……总之这时期的著作人,一方在办书店,一方刊行杂志,是以前没有的兴盛现象。"

另,在"第六章由九一八到最近的文坛概况"提及:"在这既不敢左倾,怕受煽动家罪名的诬陷;又不屑于作资产阶级的走狗,听到别人谈新兴文学理论又觉到讨厌;在这种动辄得咎的情势下,于是有所谓第三种人的文学出现,这是以施蛰存、苏汶编的《现代》月刊为代表,纯粹注重文学的形式与技巧,而有小布尔乔亚的意识形态。""这种小品文,由《论语》的试验成功,后来又由林语堂、陶亢德等先后办了《人间世》《宇宙风》,施蛰存等办的《文饭小品》。""此外尚有施蛰存等于《现代》停刊后又办《新文学》[《文艺风景》],只出了第一期创作,和第二期翻译专号就停刊了。"

另,在"第七章二十年来之诗歌"提及:"施蛰存作诗也是完全印象派。"

另,在"第八章二十年来之小说"提及:"在停刊以前的小说月报上,又发现了几位新作家,施蛰存先期作品多写青年恋爱的故事和儿时的追忆,《上元灯》就是这类作品的结集。到了他发表《将军的头》上四个短篇,他运用象征色彩的文笔写种种心理的冲突,在一时称为佳作。近年来他仍然写作并主《现代》月刊笔政,该刊停版后,他很少创作,现时是专整理'国学珍本丛书'的工作。因为他提出《庄子》和《文选》为青年必读书,大受攻击,又因和傅东华主编的《文学》闹意见,自己办了一回《文饭小品》和《新文学》[《文艺风景》],因为蚀本,不久也就歇业。""自从一二八后各地大小刊物风行以来,我们又见到许多小说发表了……此中如茅盾、老舍、巴金、沈从文、施蛰存、穆时英、张天翼、王鲁彦、姚蓬子等,均有大量的生产。"

## 九月

**一日** 先生担任杭州行素女子中学语文教师,入住校内澹(瘦)园玉玲珑阁。时适王映霞亦在此校任教,遂为同事。先生自述:"九月开学,移居校中。重理故业,为燕燕莺莺讲课,前所未有,战战兢兢,惟恐春香作闹也。""行素女中在横河桥下,此宅为清初龚翔麟故居。宅旁小园,即所谓蘜圃,有湖石,名玉玲珑,宣和花石纲物也。石旁有玉玲珑阁,为龚氏藏书之所,我授课之教室即在阁下。"(《浮生杂咏》)

**同日** 为《小珍集》付印而撰写"编后记":"这是我的第六个短篇集,从第一篇到最后一篇,其写作的时日相距至三年之久,而这三年来的创作成绩,却只有这么一本,实在是'很不努力',惶恐得很。其实在文艺上,我岂但是不努力而已哉!我的小说,据说是一些不伟大的东西。当今是需要着伟大的东西的时代。我常常看了别的伟大'作家'的伟大作品而自愧,于是思想不免有点复古,仍旧把我的这些小说认为是卑卑不足道的'小家珍说'之流了。'小'是'小家','珍'是'敝帚自珍'之意。作品尽管不伟大,不为'大众'所珍,但'自珍'的权利想来还不至于被剥夺掉。所以把我这些小说题名为《小珍集》,聊以见近来没落之感云耳。""时方寓杭州,盖离上海文坛远矣。"

另,按先生自述:"我写了两本风格比较新的书《将军底头》及《梅雨之夕》就被认为是文坛异端,我受到这种压力,也不能不收敛了。所以我在《小珍集》的序文[编后记]中就略为表态了。"(《中国现代主义的曙光——答台湾作家郑明娳、林燿德问》)

**又** 在《宇宙风》第24期发表《无相庵急就章》(小引、之一人生如戏),"小引"写道:"朋友朱雯办'未名丛书',要我凑一本,我说没有成稿,他说预告一个书名也得,我说那倒有的,《无相庵随笔》。又有一个什么人——非隐其名,忘记了也——要办杂志,问我有什么好贡献的,我曰有,随笔吧。又有人办小报,创刊之初,问我能不能写一点闲文,我说可以,随笔吧。隔了几天,那位先生问戴望舒要文章,曰:'施蛰存已有随笔寄来,而你可以不答应乎?'实则我的随笔始终还只是那几段见不得人的东西。""至于这些小文章之不称之曰'随笔'者,盖我自己看看笔调实在不闲适也。称之为'急就章',其庶几乎。"

**又** 上海文学书房出版钱天起编《学生国文学类书·中国现代文学作家事略》,书中辞条:"施蛰存(1903[5]——)浙江杭县人。文艺作家。创作有《上元灯》《将军底头》《梅雨之夕》《无相庵小品》《云絮词》。"

**十六日** 《论语》半月刊第96期刊载叶灵凤《献给鲁迅先生》提及:"不特此也,连我本人的'真面目'也给他老先生显示了给大家,说是'唇红齿白,油头粉面',和前年施蛰存先生的'洋场恶少',最近田汉、周起应先生的'西装革履',先后媲美起来了。"

**二十七日** 《民报·民话》刊载郑康伯《读"十年"》,文中提及:"施蛰存的《嫡裔》可以说是真正的第三种人的题材,《嫡裔》是以男女间错综关系为主题,以'人言'为辅佐,写出一个伦理的故事,笔调不泼刺,也不软性;但有弹性,也有靱性。"

**三十日** 中秋节。作诗《中秋寄内》。先生自述:"客居杭州,独酌西子湖滨,曾拈一诗寄内。"(《西行日记》)

**约在期间** 按先生自述:"湖滨喜雨台茶楼,为古董商茶会之处,我每星期日上午必先去饮茶。得见各地所出文物小品,可即时议价购取。其时,宋修内司官窑遗址方发现,我亦得青瓷碗碟二十馀件。玩古之癖,实始于此。"(《浮生杂咏》)

**是月** 《小珍集》内收《名片》《牛奶》《汽车路》《失业》《鸥》《猎虎记》《塔的灵应》《嫡裔》《新生活》,被列入"良友文库"第十六种,由上海良友图书印刷公司初版发行。

另,按先生自述:"在我最后一个小说集《小珍集》中,表现的是另外一个方向。当时,我感到,我们的白话文,渐渐地在离开人民大众的口语,而愈来愈倾向于欧化,或日本化。我有意在文体上做一些新的尝试,以继承古代话本小说的传统,《黄心大师》《猎虎记》等作品,都是在这一意图下写的。除了这一倾向以外,《小珍集》可以说是我回到正统现实主义创作方法的成果。可惜此后中止了创作生活,没有能再向前发展。"(《〈中国现代作家选集·施蛰存〉序》)"《小珍集》以后,还写过十多篇小说,没有机会结集起来印单行本。""《小珍集》以后的那些发表在刊物上的作品,至今还无法收全。"(《十年创作集·引言》)

**又** 校点《宋六十名家词》(戊集),列入"中国文学珍本丛书",由上海杂志公司初版发行。

**又** 选编译著《匈牙利短篇小说集》、《波兰短篇小说集》(上下)列入"万有文库",由上海商务印书馆初版发行。先生自述:"王云五编'万有文库',就把这些原稿[按:指应郑振铎之约,1932年夏季送交商务印书馆译稿]每部减削到十万字左右,编入了'万有文库'。卷首既无导言,卷尾的作者小传也仅删剩了生卒年份。我们当时所得到的,也只是这十万字的稿酬。"(《关于〈世界短篇小说大系〉》)

另,商务印书馆印赠《万有文库第二集目录》,书内"汉译世界名著目录·各国文学总集"其中有:"《波兰短篇小说集》,施蛰存译。""《匈牙利短篇小说集》,施蛰存译。"

**又** 小说集《梅雨之夕》,由上海新中国书局第三次印行。

**又** 北平同文书店编印《同文书店杂志部目录》第3期,内有"《现代》第一卷至三卷十八册,上海现代书局,民二十一创刊,施蛰存、沈从文、郁达夫等之新文学论著,四元五角。《现代》第五卷六册,有有美国文学专号,各卷存有零期,一元六角。"

**同月** 龙沐勋(榆生)主编《词学季刊》出版至第3卷第3期停刊,总共出版11期。上海联华书局重版发行鲁迅著《南腔北调集》。

## 十月

**四日** 《大公报·文艺》第226期刊载苏雪林《读"将军的头"》:"如果有人叫我开一张五四以后新文学最优秀作品目录,施蛰存《将军的头》一定会占个位置。这或者是我的偏爱,但叫我故作违心之论去赞美那些徒以善于骂人而艺术粗糙拙劣不堪一读的大师们作品,宁可欣赏我所偏爱的东西。所以《将军的头》虽然受赞赏和受毁骂的年代早过去了,但我愿意来评它一评。施蛰存以一身拥有'文体作家'、'心理小说家'、'新感觉派作家'三个名号,虽然他自己对于这些名号一个也不承认,但就他已发表的文字看来,则他对于上所举的三派作风都有些相近,不过心理色彩更较其他为浓厚罢了。""作者最擅长心理的分析,有人说他是现代中国将弗洛伊德一派学说引入文学的第一人。读了他的《将军的头》便可证明此说。"(按:此篇后改题为《心理小说家施蛰存》。)

**六日** 《世界晨报》刊载《苏雪林大捧施蛰存》:"苏雪林,最近常常写些不成东西的似乎文学批评之类。最近,她更在《大公报》上大捧施蛰存。她说,施蛰存的《将军的头》,为十七年来文坛上最好的创作。她说他是会运用'梦的幻想'、'变态心理',和'二重人格'的描写。其实,这些都是没落的知识分子所特有的。苏梅的捧,蛰存的写,还不是因为自己的爱好!"

**十日** 先生从满觉陇游至九溪十八涧一带。先生自述:"星期六之下午,滚在人堆里搭汽车到四眼井,跟着一批杭州摩登士女一路行去。""到满觉陇赏了桂,或是简直折了桂,一路行到九溪十八涧,便在九溪茶场吃一盏茶,泉水既特别清湛芳洌,茶叶也细若霜芽,真可作半日勾留,所惜人太多了,有时总不免反而觉此事雅得太俗了。"(《玉玲珑阁丛谈》)

**十五日** 《良友》图画杂志第121期"良友新书"刊载书讯:"施蛰存作《小珍集》(良友文库之十六),这是施蛰存先生的第六个短篇集。写作的时期是最近的二三年。收集'汽车路''嫡裔''新生活'等,都七万馀字,是《善女人行品》后一个重要的集子。"

同日　《浙瓯日报》登载书评《施蛰存〈将军底头〉》。

二十五日　在《新中华》杂志第4卷第20期发表小说《病后》。（按：此篇收入《小珍集》题为《新生活》。）

二十八日　《神州日报》刊载《松江定期追悼鲁迅》："钜子鲁迅逝世后，邑文化团体如时代线社、生活与读书社、茸报社、业馀歌唱会、松江民众报社、砺报社、省立松江高职、县立师范、县立中学、县立职中等深为震悼，除于本月二十日去电慰唁外，现定于十一月一日下午二时，假城内第一区中心民校，举行追悼会，以资纪念，闻届时名作家施蛰存、巴金，亦将莅松参加。"

月内　朱孔昭为先生在玉玲珑阁内拍摄相片留影。

是月　校点《宋六十名家词》（己集），列入"中国文学珍本丛书"，由上海杂志公司初版发行。

又　上海时代图书公司初版发行"新诗库第1集第9种"徐迟著《二十岁人》，作者"序"写道："蛰存曾问我，我的诗集名是什么？回答了'二十岁人'四字后，他很以为这名目为柔弱，但我以为本是柔弱的东西，有了柔弱的命名又何妨。连带我就想起，最初我写的诗，作为退稿时，他有着'不必伤心！再做！存'的按语的过去。两年来，他倒是不时在鼓励我的，我已接受了他的意见，现在，诗集的名字已变成'我及其他'了，在这里感谢一下他吧。"

又　国立北平图书馆中文编目组编印《国立北平图书馆排印卡片目录(25—1至25—2000;附图—1至图—125)》列有"著者施蛰存"："《旅舍辑》857.61,《晚明二十家小品》835.6,《晚香堂小品》846.7,《翠楼集》831.6。"

同月　1日鲁迅、郭沫若、巴金、包天笑、周瘦鹃、茅盾、叶绍钧、王统照、林语堂、郑振铎、郑伯奇、谢冰心、赵家璧、丰子恺等21人发表《文艺界同人为团结御侮与言论自由宣言》，由茅盾、郑振铎起草，冯雪峰定稿。19日鲁迅在上海逝世。22日宋庆龄、蔡元培等数千人参加鲁迅葬仪并游行哀悼。

又　《国防文学论战》由上海新潮出版社编辑印行，收录40位作者的57篇文章，论述关于"国防文学"和"民族革命战争的大众文学"。戴望舒与徐迟、路易士（纪弦）等人创办诗刊《新诗》，并邀卞之琳、孙大雨、梁宗岱、冯至为编委。

又　上海读者书店初版发行鲁迅著《杂感集》，内收《隔膜》、《重三感旧》、《"感旧"以后》（上）、《"感旧"以后》（下）、《扑空》《反刍》《选本》等篇。上海时代文化社出版发行鲁迅著《杂感集》，内收《隔膜》、《重三感旧》、《"感旧"以后》（上）、《"感旧"以后》（下）、《扑空》、《反刍》《选本》等篇。（按：此书至1941年4月多次印行。）上海永生书店初版发行鲁迅著《鲁迅讽刺文集》，内收《"题未定"草》《"文人相轻"》等篇。北平未名书屋刊行《鲁迅杂文集1935—1936》，内收《"题未定"草》等篇。

## 十一月

**一日** 先生应邀前往松江参加下午二时举行的"鲁迅先生追悼会"。据《茸报》报道："至施蛰存君，除为'特刊'撰文外，昨亦莅会，晚间由朱皇闻［雯］君在新松江社招待，当晚返沪。"（《茸报》，1936年11月2日）

另，据赵景深（署名"邹啸"）记述："会场中遇见松江人的赵家璧和施蛰存以及偶寓松江的戴望舒，还有翻译英国罗兰斯（D. H. Lawrence）小说的唐锡如。因为聚仁和我难得到松江来，朱雯便邀约诸文友聚餐，以便畅谈。但聚仁说是看看朋友再来，一去不返，竟悄悄地回沪了。"（邹啸《记曹聚仁》，《文艺界丛刊》，1940年第1辑创刊号）

**同日** 在《宇宙风》第28期发表《无相庵急就章》（之二蝉与蚁、之三须）。

**又** 上海《大公报·出版界零闻》登载："《宇宙风》第28期出版，已于昨日出版，执笔者有老舍、郭沫若、知堂、施蛰存、冯沅君、罗暟岚等诸名家。主办者林语堂、陶亢德二君，近因谋阅者在读文后，增进旨趣，每期特设影写版一帧，介绍各作家最近情况。"

**二日** 《茸报》刊载《本邑文化界举行鲁迅追悼会记·礼堂布置极庄严肃穆，名作家施蛰存等莅会》："本邑13文化团体发起鲁迅追悼会，业于昨日下午二时在城内民教馆旧址举行，参加者五百馀人，礼堂布置极庄严肃穆，名作家施蛰存、赵景深、曹聚仁等亦均莅会，赵曹二君均有演辞。"

**五日** 《辛报》刊载喃喃寄自松江通信《松江追悼鲁迅·曹聚仁施蛰存等参加》："这是松江13个文化团体和五六个爱好文学青年所发起的伟举"，"于11月1日下午二时假民教馆旧址开鲁迅先生追悼大会。""演说的时候，大会门前来了四辆人力车，是四个作家，施蛰存、曹聚仁、赵景深、朱雯。朱雯是一向在松江执教的，并且又是大会筹备委员之一；另三位，是住在上海的，这一次，为要使大会生色起见，当日由朱雯用拉夫的手段，拉来松江。""一张四开的大会特刊，经筹备会决议，由朱雯编辑，他向施蛰存要了一篇关于悼鲁的文稿。在施蛰存，对鲁迅的死，本不愿有所表示，但为了面情难却，勉强写了一篇二千馀字的大作《鲁迅先生之死》，对鲁迅颇有微词。朱雯一看到这篇文章的时候,觉得左右为难,只得把这篇文章中过于苛刻的地方,统统削去了,只剩全文十分之六,在大会的特刊上刊布了出来。但字里行间,依旧充满着对于鲁迅的不满的话。"

**七日** 《辛报》刊载灵凤《秋灯琐记·记莫娜丽沙》提及:"施先生买的一张画一直到今天还放在我的家里,始终没有拿回去,他也许早将这件事忘了,但我的'莫娜丽沙'却被我配起镜框挂在墙上了。"

**十日** 在《谈风》幽默半月刊第2期发表《玉玲珑阁丛谈·小引、(一)黑魆魆的墙门、(二)山里果儿》。"小引"写道:"杭州是我的原籍,但我从来没有在杭州城里住到二星期以上过。这回到杭州来教书,算来至少总可以住上一年半载,对于杭州也许能发现一点以前所不知道的民情风物。黎庵、海戈合办《谈风》,遥想海上谈风,必然甚健,近又来信要我助一阵风,于是想把到杭州后一切所见所闻,所思所感,胡乱写一点下来,聊以存一时鸿爪。这些文章,本想题名'杭州杂话',但又一想,如果《谈风》不中途停刊,也许我将来写的就不尽是关于杭州的事情了。故另外给题一个总名曰《玉玲珑阁丛谈》。玉玲珑阁者,澹园中一小楼,为鄙人授徒之地。这些文章虽实非在此阁中写成,但到底借用了它的名字者,无他,附庸风雅云耳。"

**同日** 《辛报》刊载绿水《施蛰存谈鲁迅:一生固执是他的弱点,新旧门徒不下七八辈》:"鲁迅死了,于是有人说,被他痛骂过的一批同行,现在一定暗暗里快活着。施蛰存跟鲁迅,曾因《庄子》之争被鲁迅骂做'洋场恶少'。最近他在松江'鲁迅追悼大会特刊'上,发表了一篇文章,题为《鲁迅先生之死》。对于鲁迅的死,他说:'每天看报,在看到关于鲁迅先生丧仪的记载之后,自己心中总不免有点思感,究竟我对于鲁迅先生之死作何意见呢?意见是有的。我以为鲁迅先生之死,在中国新文化本身是一个重大的损失,而在他自己,却是一个最好的脱身法。鲁迅先生一生固执,所以到临终时还有那睚眦之怨必报的遗嘱,但这是他个性的表现,不论是诚意的或故意的,他所显示给我们看的性格真可以说是始终如一,不曾变过。我以为鲁迅先生的伟大固然在此,而他的弱点也正在此。'施先生又说到鲁迅先生的门徒:'……我曾屈指算过鲁迅先生的门徒,从"莽原"社时代至今已不下七八辈。这许多青年固然曾经利用过鲁迅先生,但也不能不说鲁迅先生曾利用过他们。而终于这七八辈文学青年中,有许多人后来成为鲁迅先生底"敌人",或说鲁迅先生所憎恨者。这些人固然也有欺骗了,或出卖了鲁迅先生而自取其咎者,但也未尝没有冤冤枉枉地被断送于鲁迅先生一时之愤怒的。因景仰鲁迅先生而接近鲁迅先生,因接近而被摈,这种文学青年大概每三年便自成一辈。后之视今,亦犹今之视昔,文学青年一达到接近鲁迅先生的地位,心里总惴惴焉,惟恐其一日被摈。有了这种心理,于是鲁迅先生之门徒一蟹不如一蟹。直到如今,曲本阿谀,不敢稍拂颜色者有之;党同伐异,矜功邀宠者有之;稍有操守的廉正的青年,为爱鲁迅故,投鼠忌器,亦只能唧唧侧目,莫敢有言。于是在鲁迅先生或者以为门弟子之愈来愈好,而不自觉其实已做了耶稣基督也。'"

**十五日** 《作家》第2卷第2号(11月号哀悼鲁迅先生特辑)刊载唐弢《纪念鲁迅先生》提及:"我就用了一个比较固定的笔名,但有人说:这也是鲁迅。直到如今施蛰存先生还不肯相信天地间有我这么一个人存在,这对于我,真有一点'和尚在此,我却何往'之感了。但我其实并没有跑掉,可疑的倒是那些文豪们的嗅觉。"

**十六日** 北平《益世报·国风》刊载绿水《施蛰存谈鲁迅》。

**二十日** 《社会日报》刊载种桑人《杜衡蛰居杭州,和施蛰存谋复"现代"》:"已不复再居于福煦路明德里旧寓,而移居于杭州之黄泥巷,从事著译。""杜尝于半月前来沪一行,其目的未详。惟尝闻一般传说,有与施蛰存谋复活《现代》文艺月刊之意。将来是否再用'现代'之名,或转变以前口号,则现仍无从探悉也。"

**二十一日** 《辛报》刊载灵凤《读书随笔·薄命文人的身后之名》:"季辛有一册《越氏私记》(The Private Papers of H. Ryecroft),是目前最为人传诵的散文集。""周作人先生和郁达夫先生都很赏识这书,施蛰存先生和我也有同嗜。不久以前听说他要将这书译成中文,不知已着手未?《无相庵随笔》的风韵,正是最适宜移译季辛这部名作的文笔。"

**二十四日** 上海《大公报·出版界零闻》登载:"《谈风》幽默半月刊第3期,已于今日出版,要目有老舍之《有了小孩已后》、周作人之《谈养鸟》、陈介之《谈痴》、老向之长篇小说《寻心》、施蛰存之散文《玉玲珑阁丛谈》等。"

**二十五日** 《谈风》幽默半月刊第3期续刊其作《玉玲珑阁丛谈·(三)茶、(四)酒》。《酒》写道:"我平生不善饮,一杯啤酒,亦能使醉颜酡然。故于酒的味道,实在说不出来。但虽不善饮,却喜少饮,欲求薄醉耳。得好酒二三两,醉虾一盘,或卤鸡一碟,随意徐饮之,渐渐而面发热,眼花生缬,肌肤上有温柔纤软之感,口欲言而讷讷,心无感亦凄凄,乍若欲笑,忽复欲哭,此薄醉之时也。清明则逼视现实,沉醉则完全避去,欲求生趣,总非薄醉不可,故我不善饮而辄喜少饮也。"

**二十八日** 《福尔摩斯》刊载郑逸梅(署名"闲闲")《施蛰存之〈山中琐记〉》。(按:此文又刊于《茸报》,1936年12月1日。)

**同月** 戴望舒曾返回杭州探亲。莽原书屋初版发行《鲁迅最后遗著》,内收《"题未定"草》等篇。上海联华书局普及本再版发行鲁迅著《准风月谈》。

## 十二月

**五日** 在杭州钱塘粤菜馆出席《新时代》文艺座谈会。据《〈新时代〉欢宴文艺界》报道,"前《新时代》月刊主编曾今可由日返国,即积极筹划该刊之复刊事宜,现闻已筹备就绪,决定于二十六年元旦日复刊(第七卷)。曾氏为联络杭州作家起见","特赴杭欢宴在杭作家,举行《新时代》文艺座谈会,计到有竺可桢、林风眠、郑晓沧、丰子恺、钟敬文、许钦文、施蛰存、刘延陵等十馀人"。(《大日报》,1936 年 12 月 8 日)

**同日** 徐仲年致舒新城一函谈及:"弟之老友韩侍桁兄及杜衡、蛰存两兄拟编一丛书,第一集约十册,内容如后:'……《施蛰存小说集》。'买稿或版税均可,但(一)须印刷精美而迅速;(二)出版时除作者自己外,请再赠编者数册。不审贵局能接收否?"先生自述:"这件事,我当时并不知道。我和徐仲年共见过二三次,并无交往。"(《杂览漫记》)

**又** 《逸经》文史半月刊第 19 期刊载杨霁云《琐忆鲁迅》提及:"所以《集外集》出版以后,施蛰存既说'不值得付印'在前,宋云彬又说'不是佳作'于后。"

**八日** 《社会日报》刊载杜君谋(署名"小流")《施蛰存的闺房乐》。

**十日** 《辛报》刊载《施蛰存的信》:"编者先生:今天听见朋友谈起,贵报前几天'艺文坛'一栏内,有一则关于鄙人的消息,说鄙人又要编一个纯文艺性的杂志了。鄙人未见该报,不知有无其事?近几月来,上海各小型报纸常有此种消息披露,即在贵报,以前亦似曾有过。记者先生关心到蛰居杭州之鄙人,意实可感。但鄙人实在久已无编什志之企图,则亦为'铁一般的事实'。"

**上旬** 先生"于杭州"撰写《天然图画》。

**十三日** 《新快报·快哉亭》登载《施蛰存》,此稿内容出自杜君谋(小流)《施蛰存的闺房乐》,亦系小报游娱性流言之类。

**十八日** 《电声》第 5 卷第 50 号登载"施蛰存出刊物":"蛰伏已久之施蛰存,近又有来沪出版一纯文艺的月刊。"

**二十日** 作诗《彩燕》。

**同日** 《逸经》文史半月刊第 20 期刊载宋云彬"来函照登·鲁迅的'集外集'":"像是去年春间罢!《人间世》社来信征求'五十年来百部佳作',我就一时感想所及,开了若干部书名。鲁迅先生的《呐喊》《彷徨》及其他杂感集等都开在内,不过下面加了一个括弧,注上'集外集除外'五个字。顷读贵刊第19期杨霁云先生《琐忆鲁迅》一文,便有这样的话:'集外集出版以后,施蛰存既说不值得付印于前,宋云彬又说不是佳作于后。'语气之间,似乎有点悻悻然。我真想不到这括号里的五个字,会使'集外集'的编者耿耿于心,到鲁迅先生死后才来宣布我的罪状的。""其实,倘严格地选择五十年来的佳作,不把鲁迅先生的'集外集'选择在内,也不见得是大逆不道罢?""然而杨霁云先生偏要把我拉在施蛰存先生一起,说什么'施蛰存……于前,宋云彬……于后',好像我附和施蛰存先生要否定'集外集'的存在价值似的,这似乎有点近于鲁迅先生所说的'有些朦胧'罢?"

二十三日　《东方日报》刊载匋匋《施蛰存的家庭》:"施是杭县人,一向寄居在松江的,他的老子在松江开履和袜厂,袜厂约有一千多架袜机,所以人家都知道施是一位小布尔乔亚,施的妻子就是陈实秋的妹妹,以前也是很活动的分子,和施结婚以后,施曾经做过两部书,一部是《将军的头》,一部是《黄梅时节雨》[《梅雨之夕》]。此外施蛰存有三[四]位妹妹,长是嫁给戴朝宗的,戴朝宗就是文坛巨子戴望舒,""戴望舒夫人的芳名,就叫施江沂。二妹是施咏沂,嫁给一位姓曹[蔡]的。第三位妹妹是施彩絜,嫁给一位绸缎客人,据人家说,南京路大纶绸缎局有他的股份,未知确否?"(按:此稿又刊于1937年2月1日《春色》第3卷第3期"文艺街沿"专栏,题为《施蛰存的家》,署名"乡邻"。)

二十五日　《谈风》幽默半月刊第5期续刊其作《玉玲珑阁丛谈·(五)赏桂记》。

二十六日　上海《大公报·出版界零闻》登载:"《谈风》今已出版第5期,内容以幽默之笔调,叙见闻之事实,故销行极广,撰稿者有俞平伯、谢冰莹、施蛰存、许钦文、老向诸作家,精彩异常。"

二十九日　《社会日报》刊载南君《有四个妹妹的施蛰存:在杭州计划办一个学校,企图尝一尝校长的风味》:"曾因《庄子》《文选》之战,而大出风头,现在文坛上似乎已被人遗忘了的'标准病夫'施蛰存,不久以前曾有人谣传他将与'第三种人'杜衡合编一个纯文艺的《现代杂志》。""他的父亲,在一家袜厂当经理,收入已属可观,加之四个妹妹,就有两个好职业,举动勤素的大妹妹,在本埠邮政储金局供职,善于交际的二妹妹,也在一个机关里服务,再加自己在杭州行素女中当教员,也有百多元的收入。一家人除了快要做妈妈的三妹,合在女中肄业的四妹外,几乎都是生产者,办杂志自然不发生资本问题。况且他前两年所办的日本型杂志,虽然寿命太短,可是经验总算学到了。""但因他现在进行想办一个学校,尝尝校长的风味,所以对于味同嚼蜡的'办杂志'这个企图便放弃了。前两月他到上海来对人谈起,去年本是在松江省立女中教书的,因为担任的课程少,所以常常写一点小说之类;今春因朋友邀到杭州行素女中去当教员,据说国文为他一人包办,大有吃勿消之概,故已好久没有摇笔杆了。他现在只是努力希望他理想中的学校,早日实现,以便摆掉猢狲王的头衔,去当堂堂的校长。"(按:此文又以题为《施蛰存:有四个妹妹》,署名"则民",再次刊载《春色》第3卷第5期"文艺街沿"专栏。)

**月底** 按先生自述:"我从1922年到1936年这期间,一共只写了八九十个短篇[小说],产量实在不多。"(《十年创作集·引言》)

**是月** 上海经纬书局出版朱益才编《当代创作小说选》,收录其作《薄暮的舞女》。

**又** 新京益智书店印行李紫函选"爱情短篇"《娟子姑娘》,收录其作《娟子姑娘》。

**又** 蚁社编印《蚂蚁社图书馆·第四期书目》,其中"文学类"内有:"355—9208,《妇心三部曲》,Schnitzler,施蛰存译,420,神州。355—9208,《多情的寡妇》,Schnitzler,施蛰存译,260,尚志。""397—0854,《域外文人日记抄》,施蛰存,200,天马。"

**下半年内** 按先生自述:"小莲庄我也勾留过半天,与徐迟闲话,已是1936年的事了。"(复张香还函,1990年12月2日)

**年内** 四子出生。(先生书面材料)

**同年** 据许晚成《1936年全国期刊统计表》:上海出版期刊多达308种。(张静庐《中国现代出版史料乙编》)

# 一九三七年(中华民国二十六年 岁次丁丑) 先生三十三岁

## 一月

**一日** 应徐调孚约稿,为《灯下集》交付出版而作"序":"在文学上,我曾经希望自己成为一个诗人,也曾经希望自己成为一个小说家,所以我曾经写过几首诗及几本小说,虽然未必能卓然成'家',但也总算有过一点业绩。至于散文,虽然此刻居然有了一本集子,可是我自己始终不曾对于它有过一点野心。""在思想上,在文学上,我的修养是多么可怜！所以我怕写散文,因为不愿意一启嘴就露出了龋齿,但是有的时候,总觉得有一点意见或感想,不写出来不舒服。于是这几年来,我居然写成了这一集的散文。""这本小书之出版,我以为对于我自己的意义,应当比对于读者诸君更大些。"

**同日** 在《美育杂志》复刊第4号发表《天然图画》。

**又** 在《宇宙风》第32期(新年特大号)发表《一人一书(上)·论鲁迅知堂蒋光慈巴金沈从文废名的创作》:"昨天去看一个朋友,即在其家午饭。酒力醒,茶烟歇(实在是没有喝酒,姑如是云耳),主人出水晶查糕见饷,一片入口,甘冷入心脾,谈兴于是大发。""鲁迅者,实在是一个思想家,独惜其思想尚未能成一体系耳,""故其杂感文集虽多,每集中所收文字,从全体看来,总有五角六张、驳杂不纯之病。使读者只看到他有许多批评斥责之对象,而到底不知他自己是怎样一副面目,""若必欲以鲁迅为文学家,则当处之于散文家之列,而不当视之为小说家。鲁迅的小说,不过两本短篇集,虽然不坏,但亦决不就是'国宝'。但鲁迅之散文却写得多而且好,真是好!""鲁迅的纯文学散文,笔调老成凝重,而感情丰富,绝非此老转变后文笔所能及也。""周作人的文学事业,创作翻译,两足千古,""于是一个正确思想的指导者常被误解为悠闲自得之隐士,所以我举《谈虎集》为周作人先生之代表作者,其意盖欲使不善听说话的人亦得到一个听得懂之机会耳。""君不见鲁迅之死,如此其阔气,而蒋光慈之死,则又如彼之寥落。但在革命的功勋上,蒋光慈似乎并不亚于鲁迅。""大抵蒋光慈才大心雄,气魄有余,遂致描写结构,都欠周详,热血青年看了,固可以立刻拔刀而起,但吾辈饱经忧患之中年人看了,总不免要感到一个人对于革命大业的心理转移,决不会如蒋先生小说中人那样的简单容易。""巴金先生已好久不标榜无政府主义了,""从他的小说中,从他的几篇自传自白中看来,确已鲜明地表示了积极的革命精神,""几乎可以说全以革命与恋爱为经纬。""我以为沈从文先生似乎是十年来创作态度最忠实的一位作家了,""我尤其爱那篇《柏子》,现在谁还能写出那样矫健有力的小说来呢?""沈从文先生是一个有意使自己成为一个文体家的作家。""废名先生遂以一个独特的文体家自别于一般作家了。"

另,此期"二十五年我的爱读书"专栏刊有先生应邀所举书目:"一、《饮流斋说瓷》,许之衡著,今年杭州时行的玩意儿是陶瓷之研究,我刚来受了传染病,所以很高兴地看了这本书。二、《宋史》,今年因为在写一部关于南宋时代的长篇小说,故与此书结了不解缘。三、*The Craft Of Fiction*(《小说技巧之研究》),Percy Lubbock著,我早就要买这本书了,'旅行人丛书'中虽然有,只要卖三块半钱,但我却一直留不出这三块半钱来。暑假中在上海旧书店里觅到了,花了一块钱买了来,不时看一段,论小说技巧之研究,颇多精警语。"

　　**又**　　晚上与诸位文化界好友出席叶灵凤、赵克臻的婚宴。(徐迟《江南小镇》)

　　**又**　　《新时代》第7卷第1期(复刊号)刊载曾今可"编后记"提及:"已允来稿的尚有杜衡、施蛰存、陈柱尊、刘延龄、娄子匡、赵景深、虞岫云……诸先生。"

　　**二日**　　《金钢钻》刊载允之《施蛰存并非有产阶级》(未完):"施蛰存最近在新文坛上,似已渐趋没落。然在三四年前,当所谓《文选》《庄子》之一问题未发生论战前,施手绾《现代》月刊之辑务,固炙可热也。自《现代》停版,施自办《文饭小品》,因销时不佳,出六期亦告寿终正寝。""施之威望,乃大不如前。近则久不动笔,虽屡传其有自创刊物之议,顾始终'只闻楼梯声,不见人下来'。闻现方在杭州任中学教师。""小型报同业,有传其家中系资产阶级,自设履和袜厂者云云,则实为传闻之误。盖履和袜厂,非其父所开,资本实出诸浦东周浦之朱氏。朱氏昆玉两人,长冰梅、次子吉,为文坛名宿张恂子君之表兄弟。朱子吉肄业民立中学时,有同学,鸠其入股,开办袜厂。子吉少不更事,堕其术中,耗资数千,全数折阅。子吉愤乃斥资,全部将厂盘下,易名'履和'。因厂址设于松江一巨宅中,此宅基地房屋,即须费去两万馀金,故朱氏所亏殊钜。朱子吉既以独资买袜厂,因施蛰存之父,系袜厂熟手,乃向杭州聘施父至松,全权任经理之职。然袜厂一经理,依商界习惯,年俸至四五百金,已达最高峰。"

　　**三日**　　《金钢钻》续载允之《施蛰存并非有产阶级》(完):"顾施父尔日,因须培植蛰存兄妹,家累綦重,年非一二千金不办,积数年所亏已及数千金,肆卒以不支而闭。其时盖在民国十三四年间,朱氏对施父颇有违言,尝于沪上开旅馆交涉其事。张恂子君谙法律,朱氏昆仲,以中表之谊,挽其襄助。经恂子力为平亭,乃决定将厂租与施父,迁沪开工。松江钜宅,则空关迄今。""是故谓施家素封者,实为匪确。"(按:经查考,此文部分与"履和袜厂"相关史料有悖,所述多有失实,录此备考。)

　　**五日**　　诗作《为毕业班女弟子题纪念手册》(选五首,钱桂玲、吴静远、严惠琴、钱吟秋、尹同璋)刊于浙江杭州《正报》副刊第152号。

　　**十日**　　《新诗》第4期(新年特大号)编者"社中杂记"提及:"因为本期稿件拥挤的缘故,有些收到较迟的诗稿都来不及刊出,这里我们因向他们的作者梁宗岱、施蛰存、陆志韦、赵萝蕤诸君以及读者道歉。"

　　**十六日**　　在《宇宙风》第33期发表《一人一书(下)·论冰心丁玲凌叔华沙汀张天翼的创作》:"星期三下半天,没有课,可是下着雨,怕出门,就躺在床上抽烟。一会儿,听差来说:'有电话。'电话是星期日在他家吃饭的朋友打来的。""'什么?你又买了几块晋砖?来来,马上就来赏鉴!'""我又到了'惜梦轩'。""我以为冰心毕竟是五四时代的作家,她的小说也只是开风气的作品,""冰心又以诗名家,可惜她的小诗又是'但开风气不为师'的作品,""这意思是表示我宁愿认她为一个散文家。""而不幸我以为还是[丁玲]《在黑暗中》写得顶好,""可惜不久她就转变了,""《母亲》确是一部经过了长时期的考虑而写出来的文章,""这是一种新形式的传记。""我以为凌叔华是一个懂得短篇小说作法的人,""可以说有许多大名鼎鼎的作家,其成功只在于早期的一本书,而以后却无以为继了。""至于说中国左翼文学都是要不得的,我记得我并不曾表示过这样抹杀一切的意见,""但他[沙汀]却彻头彻尾地是个沙弥出身的左翼作家,""他维持得住他的意识,也维持得住他的文学,""沙汀以后的那些前进作家,若论技巧,恐怕没有一个人能及得上沙汀的。""尤其在对话方面的成就,张天翼可以说是中国作家中的第一个,""张天翼也常常喜欢在写作时弄一点不必要的文字上的游戏,""却损失了他的作品的严肃性不少。""我不由的要想起了听说如今流落在香港的穆时英先生来,这个人之显现于文坛,正如一颗彗星,""我不知道他以后能不能有重发春荣的机会。""'对于茅盾先生,你有……'主人正想说下去,我已经突然起立了。我大声地说:'不行,我不能再中你的计了,我非得先看了你的晋砖不可,一切的话留着后来谈吧。'主人被慑服了似的凝视着我,微笑着延我进入他那收藏骨董的精室里去。"

**十八日** 诗作《为女弟子杂题堆绢花鸟》刊于《辛报》,并附"编者识":"施蛰存先生忽以旧诗十三章贶我《辛报》,附书自谦为'近来无聊生活之表现'。然风趣盎然,情怀幽绝,实为可喜之作也。"

**同日** 为译著奥地利施尼茨勒《薄命的戴丽莎》交付印行而撰写"译者序":"施尼茨勒的著作虽则很多,但长篇小说却并不多,就译者所知,恐怕要以这本《薄命的戴丽莎》为篇帙最巨了。本书原名为《戴丽莎:一个妇人的行述》,现在为了我国出版界的方便起见,改成为这个不免俗气的题名,译者觉得很是抱歉。本书未必是施尼茨勒的杰作,但也不失为一部名著。而且因为篇幅较长,所描写的书中女主角戴丽莎一生所遭逢的事件又极繁复,作者所擅长的各种表现方法可谓已具备于本书之中,那么本书也未始不可帮助读者小规模地领略一点施尼茨勒的文学的容貌。"(按:此后先生将"施尼茨勒"又译作"显尼志勒"。)

**中旬** 先生由杭州返回松江家里过寒假。

**二十一日** 《世界晨报》刊载秋心《施蛰存论新作家》:"施蛰存先生最近在《一人一书》中论新作家云:[全文系摘录有关评论沙汀的一段]。"

**二十八日** 《黄海潮报》登载《文人及其著作与笔名·施蛰存》,写到"提倡青年作家为了丰富语汇应该读《庄子》和《文选》,因为这个引起鲁迅的无情攻击。随后,施蛰存的名字渐渐消沉下去,主编的《现代》以后又停了刊","最近听说还在松江当着教员";"创作有《追》《上元灯》《将军底头》等,翻译有《一九〇二级》《恋爱妙谛》,波兰、捷克、匈牙利等国短篇小说集等,常用的笔名:安华、青萍、匄尼、李万鹤、江兼霞"。

**二十九日** 下午2时先生在八仙桥青年会九楼参加由洪深、傅东华、邵洵美、顾仲彝、胡仲持、叶灵凤邀集全市文艺家八十馀人举行座谈会,讨论发起组织中国文艺协会,发表统一救国运动宣言。据报载,《上海文艺界对于统一救国运动宣言》"遵照座谈会中修改原则修正之由到会全体人员具名发表","组织中国文艺协会问题,由全体到会者,为该会发起人;并拟定邵洵美、洪深、傅东华、李青崖……等十五人,为筹备委员。"(《民报》,1937年1月30日)

**是月** 《灯下集》被列入"开明文学新刊"丛书,由开明书店初版发行。先生自述:"至于这本小书命名的意义是很简单的,我曾在十六支烛光的电灯下把这些文章编集拢来,所以就叫做《灯下集》。"(《灯下集·序》)

**又** 广州岭南大学图书馆初版发行"岭南大学图书馆丛书"陈德芸编著《古今人物别名索引》,其中收录先生"别名":"安华—施蛰存(民)""匄尼—施蛰存(民)""青萍—施蛰存(民)""李万鹤—施蛰存(民)""江兼霞—施蛰存(民)"。

**又** 教育部图书馆编印《教育部图书馆丛书目录索引·第一辑》,其中"万有文库"内有:"936《魏琪尔》,施蛰存。"

**又** 中华书局初版发行"中国文艺社丛书"之一柴柯等著、胡启文译《德国短篇小说选》,书末"附录·现代德国文学的流派(瓦兹涡斯作)"内译者注提及:"显尼志劳的中译品有施蛰存的《妇心三部曲》(神州国光版)。""格莱塞的《一九〇二级》有黄源译本,新生命版;又有施蛰存译本,华通(?)版。""哈姆生,挪威文学家,得诺贝尔文学奖金。其名作《饿》已有中译本(译者似为梁遇春),北新(?)版。又所作《Pan》有顾一樵的《牧羊神》(商务版)及施蛰存的《恋爱三昧》(现代版)。"

**又** 北新书局初版发行赵景深著《小说闲话》,书内《八仙传说》提及:"听施蛰存说,他的朋友某君[浦江清]拟作《八仙考》一书,那末我这篇文章就算是日月未出以前的爝火吧?"先生自述:"他的第一篇研究论文,我所知道的,恐怕是《八仙考》[载于《清华学报》1936年第11卷第1期],因为在酝酿这篇文章时,他曾在暑假中回里省亲,和我讨论过。"(《浦江清杂文集·序言》)

**又** 商务印书馆初版发行汪静之编《作家的条件》,书中"第三讲文学遗产的学习"提及:"而中国过去的文学遗产差不多都是有毒的,可以给我们益处不更是少得很。去年施蛰存曾劝青年读《庄子》、《文选》,以为可以扩大字汇,参悟一理作文法。这是错误的,《庄子》、《文选》的作法太简单、太拙劣,与新文学的作法完全不同,那里面的字是死了几千年的字的僵尸,现代的文学里怎么可以用那些死字呢?"

## 二月

**一日** 《新时代》第7卷第2期(2月号)刊载季诚性《刘延陵先生·在杭作家印象记之二》文末提及:"不久以前,他[刘延陵]和许钦文、施蛰存、杜衡、曾今可、李朴园、娄子匡等人发起'学文社',又将努力于文学事业了。"

**三日** 《时代报》"翰林"副刊第6期刊载《施蛰存素描》:"除了他以外,我还没有遇见过一个人的皮肤是那样发黄色。""据老施自己说,他曾经由几个医生检验过,不能够指明是什么一种原因。所以有人问起老施关于他的皮肤颜色,他祇有随便的回答:'我生了一种莫明其妙的病。'不过总而言之,他的皮肤颜色会是那样黄的,当一个标准男人应无愧色。他还有一个够得上做标准的特点,就是他喜欢摇头摆尾的读中国古书。""老施就够得上做中国文人的特点,他在新文艺以外,平时颇多时间用在读校古书上,所以他会应上海什志公司之聘请,任主编'中国文学珍本丛书'。说起'中国文学珍本丛书'可以指明老施另有一个特性,他肯服服帖帖的被人利用,这一点也是中国人的标准。""所谓'中国文学珍本丛书',据我的意思最重要的是'珍本'二字,而老施替上海什志公司编的'珍本',除了《袁小修日记》、《晚香堂小品》二种以外,完全是无论那一个卖木板书的书店都有的,使上海什志公司老板张静庐借'珍本'二字吸引了不少定户。在老施方面也许是为了'雅'的关系,而张老板却利用这一点吸收一笔现金。"

**十日** 除夕。作诗《示内》:"一贫真到骨,五柳幸当门。吾已耻弹铗,汝差能采蘩。亲存讵为老,意得或忘言。且吃椒盘果,斯须语笑温。"

**同日** 诗作《彩燕》刊于《新诗》第1卷第5期(总5期)。此期末后还刊载"新诗社丛书"出版预告,其中有先生《纨扇集》在编辑中。

**上旬** 购得明初矐仙刻本《白玉蟾集》。先生自述:"读了其中赠豫章尼黄心大师的一诗一词,不禁遐想。颇欲知道这黄心大师的详细事迹,可是找了一些书,也竟找不出来。但从即诗词的辞气看来,从那词题下注的'尝为官妓'这句话看来,也可约略

揣测其人了。既无载籍可求,何妨借她来作现成题材,演写为我的小说。"(《一个永久的歉疚》)

**二十三日** 撰写《小说中的对话》:"近来看陆少懿先生译的日本作家谷崎润一郎著《春琴抄后语》,觉得这位东邻作家所抒述出来的对于小说中之对话问题的许多意见,颇足为一向蕴蓄着的鄙见作一个同声相应之发明。在征引谷崎氏的意见之前,我想先说一些关于我这方面的蕴蓄甚久而不敢宣泄的下怀。""我写小说,虽然不多,但也有十年的历史了。在这十年中,非但在自己写作的时候,并且还在看别人的著作的时候,常常为对话的问题而感觉到小说的技巧方面的一重难关。""为了使读者方便,并且亦是使我自己行文方便起见,我在这里依次扼要地征引他的说话,再来逐一申述鄙见。"

**二十四日** 为译毕挪威都那斯·李原《伊里亚思与海怪》而撰写"译者记"。

**月内** 戴望舒译著法国提格亨 P. van Tieghem《比较文学论》,列入"汉译世界名著",由商务印书馆出版。据倪蕊琴回忆:"早在1930年代施先生与他的挚友戴望舒就已从法文研读过法国比较文学代表作家提格亨的《比较文学论》。那时,施先生就觉悟到民族文学的国际性。虽然当时施先生主要从事文学翻译和创作,没有写过有关比较文学的理论文章,但他却一直关注着这一领域。"(倪蕊琴《难忘的教益》)

**是月** 选编译著《匈牙利短篇小说集》《波兰短篇小说集》列入"万有文库",由上海商务印书馆新版发行。

**又** 千秋出版社出版《鲁迅先生轶事》(千秋出版社编辑部编纂),内收《施蛰存谈鲁迅:一生固执是他的弱点,新旧门徒不下七八辈》。

## 三月

**一日** 先生将《灯下集》初版本题赠沈从文,在书前环衬上用毛笔题记:"敬呈从文我兄正之,弟蛰存廿六年三月一日。"同时,亦将《灯下集》寄赠俞平伯,并题:"敬呈平伯先生评正。施蛰存,廿六年三月。"

另,先生曾受宋学勤(育琴)之托,函请俞平伯书赠丝栏工楷条幅:"故以智通无累,神测未形,超六尘而迥出,隻千古而无对。凝心内境,悲正法之陵迟;栖虑玄门,慨深文之讹谬。思欲分条析,广彼前闻,截伪续真,开兹后学。是以翘心净土,往游西域。乘危远迈,杖策孤征。积雪晨飞,途闲失地;惊砂夕起,空外迷天。万里山川,拨烟霞而进影;百重寒暑,蹑霜雨而前踪。诚重劳轻,求深愿达。育琴先生属,俞平伯临圣教序。"钤印"福庆和幸""小名僧宝"。

**十日** 始作小说《黄心大师》。先生自述:"就动手用近乎宋人词话的文体……整整的写了两天,在11日晚间才写成了。当时恰巧朱孟实[光潜]先生在创办《文学杂志》,驰书征稿,不遗鄙陋,即将此文寄去。"(《一个永久的歉疚》)

**同日** 《新诗》第1卷第6期(总6期)刊载《社中杂记·关于本刊第2卷的计划以及其他》:"从下期起,我们还要在'诗的散步'这一个名称之下,轮流请卞之琳、金克木、梁宗岱、施蛰存、戴望舒以及其他诸先生以亲切冲淡的笔墨,来和读者闲谈古今中外的诗人诗派的掌故,诗的欣赏和了解,诗的批评和诠注等等,以引起读者对于诗的兴味于不知不觉之间。"

**十七日** 先生复□□函:《宇宙风》社转来尊札,""承垂询之问题,弟颇以尊函未曾说明,所疑点究属何在? 为憾。悬揣尊意,似乎以为:一、写实主义作品之注重试验的描写易有流弊。二、写实主义作品不能用浪漫主义之幻想性、抽象性。因而尊意对于写实主义遂有不满意处,不知是此意否? 若尊意确在此点,弟以为实由于足下将写实主义这个名词太从汉译字眼上去求解释之故。"

**二十一日** 在《时事新报·青光星期文艺》第1期发表《一个来源》,文末写道:"以上只是我读了光寿先生一文后所感触到的一点意见,至于对于炯之先生的'差不多'论,我并不因而也完全同意。我以为或许还有可商酌之处,当另作一文阐述之。"

**二十二日** 写讫《手帕》。

**同日** 在《国闻周报》第14卷第11期发表小说《徽章》。

**又** 《民报》"出版界消息"专栏刊载"《国闻周报》第11期定本月廿二日出版",内容提及《徽章》(施蛰存)。

**二十六日** 《无线电日报》登载花朝生《潘巧云与石秀·小说评话之一》:"在施蛰存的《石秀》里,有下面一段意外的评话……这虽是从另一个角度的观察,但在心理上,却分析得非常深刻;我们拿事实来说,石秀见到的'七分光',和翠屏山杀巧云的神气恰好是对照的。""因之,潘巧云与石秀,显然地是友谊和色欲的冲突的描画。"

**二十九日** 《南报·南风》登载林微音《散文七辑序》(六),文中提及"施蛰存就问:'那末,你为什么要用化名?'我告诉他为什么"。"[黎]烈文和我在《现代》编辑室碰到了","我告诉了他我在讲到林语堂和鲁迅的关于白话文的意见,我还翻了一本《现代》给他看,就是鲁迅在那上面发表了他那篇"。

**三十日** 《南报·南风》续载林微音《散文七辑序》(七),文内写到青光星期特刊

《花边》的首篇"由我自己写,或者由我去请别人写,实行得还不久,就碰到了施蛰存的脱空。他答应了交卷的那一天,他却没有把卷交出来"。

**月内** 先生又从杭州返回松江老家居住数日。

**是月** 开明书店编印《开明书店分类书目》,"文学类"内有:"开明文学新刊,施蛰存著《灯下集》,一册,0.50。这是作者第一本散文集,共收十年来所作的杂文三十篇,随感十篇。絮谈文艺,或自白思想,或刻划世相人事,均极绩采。"另《十年》内容"其中有:"施蛰存《嫡裔》。"

**又** 国立北平图书馆中文编目组编印《国立北平图书馆排印卡片目录(25—4001至25—5875)》列有"著者施蛰存":"《宋六十名家词》833.151,《徐文长逸稿》846.6。"

## 四月

**一日** 《春色》第3卷第7期"文艺街沿"专栏刊载《施蛰存:趣屑两则》。

**十日** 在《新中华》杂志第5卷第7期"现代中国文学诸问题特辑"发表《杂文学》。

**同日** 译作C. A. 曼宁《叶赛宁底悲剧》刊于《新诗》第2卷第1期(总7期)。

另,还刊有吴兴华《谈诗选》提及:"施蛰存的'意象抒情诗',在论文上连地位也没有,而李金发的一部份拙劣的诗反倒占了很大的地位。(当然,我不否认李氏一部份诗篇的优秀。)"

**十一日** 在《时事新报·青光星期文艺》第4期发表《文艺小话》:"一、小说与散文。二、短篇小说与故事。三、必然性与可能性。四、典故。五、秽亵的比喻。"

**十二日** 下午5时先生出席中国文艺协会上海本会在该会会所举行第一次理事会议。据报载:"到樊仲云、简又文、向培良、汪馥泉、徐苏灵、胡仲持、曾迭、叶灵凤、沈起予、李青崖、顾仲彝、姚苏凤、施蛰存、周寒梅、陈子展、傅东华、郑振铎、朱敉春等二十馀人。"会议讨论提案共十项,其中"三、本会要否创办一文艺刊物案,议决推傅东华、李青崖、叶灵凤、顾仲彝、施蛰存、向培良、戴望舒等七人,为《中国文艺》月刊编辑委员会委员,限期于五月间出版创刊号。"(《大公报》《民报》,1937年4月14日)

**十六日** 在《宇宙风》第39期发表《小说中的对话》。

**二十五日** 译作挪威都那斯·李原《伊里亚思与海怪》并"译者记"刊于《新中华》杂志第5卷第8期。

**同日** 《大公报·文艺》第328期登载《编者致辞》:"今天又恰是书评问题讨论的首次。""五月九号,我们将换一个角度来讨论这个问题了,该请大家听听国内国内作家们怎样论书评。"其中"5. 书评家即作者,施蛰存"。

**是月** 译著奥地利显尼志勒《薄命的戴丽莎》,列入"世界文学全集"丛书,由上海中华书局初版发行。

**又** 南京市政府图书馆(室)编印《图书目录》,内有:"861.2/0841,《妇心三部曲》,施蛰存译,上海,神州,20年。"

**又** 《铁路杂志》第2卷第11期"文苑·词"专栏刊载署名"九维"词作《八声甘州·赠别蛰存》:"记摇鞭策马出幽燕,此别迭经年。正干戈满地,相逢客里,却在江南。乍见翻疑梦寐,握手泪潺潺。多少飘零恨,欲诉应难。未了清游逸兴,又匆匆别去,肠断阳关。折梅花远寄,芳意怯春残。对萧条秣陵风景,好江山,偏在夕阳边。君须记,黄昏时候,切莫凭栏。"(按:此词"赠别"之"蛰存",应为盐城蔡选青。)

**同月** 金城书局初版发行鲁迅著《半夏小集·鲁迅先生近作》,书内收录《"题未定"草》等篇。文化生活出版社初版发行鲁迅著《夜记》,书内收录《"题未定"草》等篇。(按:此书自初版至1948年10月印行了第十版。)

## 五月

**五日** 《中流》第2卷第4期刊载唐弢《性爱和文学》:"但在今年,中国文坛的情形,是不同的,那主张是封闭。写过《棘心》的淑女苏雪林倡导于前,翻译过《迦桑诺伐回忆录》(The Memoirs of Jacques Casanova)的片段的绅士施蛰存响应于后。""施蛰存先生看了《中流》2卷1期里的一篇报告《锡是如何炼成的》,便以'洋场恶少'的态度,抹煞了那文章的意义,仅仅从那里面摘出几句比喻,洋洋得意的说:'如果这篇报告文学的好处就在这几节文字里,我当然无话可说。否则,编者和作者都似乎患着严重的露阳症了。我虽然不是一个清教徒,但在目下的创作界中,却想来一个净化运动。'不知是那一本书里说的了,……对于施蛰存先生们的净化运动,我也作如是想。"

**七日** 《大公报·文艺》第332期又载"预告本礼拜日讨论特刊'作家们怎样论书评'内容",其中"5. 书评家即作者,施蛰存"。

**九日** 在《大公报·文艺》第333期"作家们怎样论书评"专刊发表《书评家即作者》:"上星期我曾写了一篇小文,谈到目下文艺批评家的一个公式主义,如今《大公报》文艺栏编辑有来信要我表示一点对于书评的感想,我觉得,关于这方面,恐怕还只有这一点可说,这里一段文字,就算是我对于那篇文章的阐述或引申吧。"

另，据杨义记述："萧乾到上海编《大公报·文艺》之时，是向施蛰存约过稿，并邀他参加过有叶圣陶、巴金、张天翼、李健吾等人出席的书评座谈会的。"(杨义《叩问作家心灵》)

**十日** 诗作《诗三首》(冷泉亭口占、乌贼鱼的恋、你的嘘息)以及其作《海水立波》("诗的散步"专栏)均刊于《新诗》第2卷第2期(总8期)。还刊有吴兴华《谈田园诗》提及："《现代》上，施蛰存先生曾译过他[美国罗伯弗罗斯特(Robert Frost)]三首诗，其中一首《刈草》(Mowing)也是一篇很有名的诗。"

**同日** 诗作《小艳诗》刊于《好文章》第8期。

**二十二日** 致张梦麟函："弟已于昨日返松江，中华书局寄来契约一纸已于临行时收到，携回松江填写，星期三日弟尚有事须到上海，故稿费可请不必汇寄，俟弟到上海后当奉访面领也。"

**二十五日** 在《新中华》杂志第5卷第10期"随笔小品"专栏发表《手帕》。

**三十日** 《大公报·文艺》第342期登载孟十还译葛巴丝卫里作《她底跳舞》，"译者志"提及"原作者格莱塞 E.Glaeser，长篇名作《一九〇二级》已由施蛰存先生及黄源先生译成中文，由水沫书店、新生命书店出版"。

**是月** 在《中学生》第75号发表小说《祖坟》。

**又** 译著挪威哈姆生小说《恋爱三昧》列入"欧罗巴文艺丛书"，由上海大光书局重版再次印行。

**又** 新中国书局初版发行葛柳辛、钱弗公、沈家尊编著《从小学到初中》，其中"第六章几种重要学科的学习·(二)怎样阅读"提及："第一个问题先得解决的，是读什么书。胡适之先生开出来的最低限度的国学书目，梁启超先生开出来的国学入门书要目，我们在初中的学生只要学习国文，还不必去研究国学，自然并不适用，前一时上海《大晚报》征求青年必读书时，施蛰存先生主张每个青年都应读《庄子》和《文选》，后来也证明缺乏必要的理由。"

**同月** 15日《中国文艺》月刊在上海创刊。

## 六月

**一日** 在《文学杂志》第1卷第2期发表小说《黄心大师》。此期"编辑后记"："施蛰存先生的《黄心大师》，很有力的证明小说还有一条被人忽视的路可走，并且可以引到一种新境,就是中国说部之路。施先生的作风当然也有西方小说的佳妙处,但是他的特长是在能吸收中国旧小说的优点。他的文字像他自己所说的,是'文白交施',便是看起来比流行语言还更轻快生动。读许多人的小说,我们常觉得作者是在做文章,读《黄心大师》,我们觉得委实是在'听故事',而且觉得置身于'听故事',所应有的空气中,家常,亲切,像两个好朋友夜间围炉娓娓谈心似的。"

另,按先生自述:"关于这篇小说的文体,在我是一种尝试,实在也可说是一种摹仿,承朱先生的偏爱,在编辑后记中对我这种半文言半白话的文体给予了夸饰的奖借。如果说这篇小说曾经受到一些读者的注意,恐怕多半还是由于朱先生的吹嘘。至于这篇小说里的故事,百分之百是虚构的。""一切都仅仅是为了写小说,从来没有人在小说里寻求信史的!可是,出于我意外,当时竟有一位读者被我无意中欺哄了。而这位读者又正是虔诚地在编纂比丘尼的传记,有志于继承慧皎宝唱诸法师的伟业。于是我的荒诞无根的故事,却被采用为实录了。"(《一个永久的歉疚》)

**八日**　《大晚报·火炬》刊载许杰《施蛰存的〈黄心大师〉》:"也觉得有一种轻快之感,这轻快之感,的确是从他的文字上来的。这种从所谓说部之路来的文白交施的文字,是很可以用'明白如话'的评语去批评的,我想。""这是不是要把我们带回宋人的评话小说,明清人的章回小说之路上去,却倒是另外的问题了。""在《黄心大师》中,他所给我们带来的又有什么东西呢?娓娓谈心吧,是的,娓娓谈心;可是,这谈心以后,比较闲着没事时,抽一支香烟,其刺激的浓烈与否,又将如何呢?""如果说是现代人的创作,说是在现代的文艺刊物,作为现代的一种文艺创作而出现的东西,那末,我的天哪!这一条把老路当作新路的新路,且请你自己把它当作稀世之宝吧!"

**九日**　撰写《关于〈黄心大师〉的几句话》:"昨天偶然到上海来玩,当晚就在《大晚报》上读到许杰先生的谈到我这篇小说的'读书随笔',于是引起了我写这篇小文的动机。""近一二年来,我曾有意地试验着想创造一种纯中国式的白话文。""最近的尝试是《黄心大师》。""许杰先生在担忧着恐怕仍有走回到评话演义小说的老路上去的危险(许杰先生的那篇文章主旨并不在此,所以对于这方面,他略而不谈,但语气之下却有这样的意思)。这两种批评,都是在我意料中的。""至于内容这方面,我与许杰先生的看法似乎相去很远,我无论怎样讲法,恐怕终于不会使许杰先生满意,所以我不想在这里多说什么。总之我是在说一个故事,许杰先生不爱听这个故事,罢了。""许杰先生似乎也知道我讲故事的态度是想在这旧故事中发掘出一点人性,然而不幸的是,在我这个故事中间,他所看出的还只是'神奇'与'古怪'。"

**十五日** 在《中国文艺》月刊第 1 卷第 2 期发表《关于〈黄心大师〉的几句话》。

**同日** 《银河知识》第 1 卷第 3 期刊登吴鼎昌《游高桥即事呈蛰存家兄》。**(按：此"呈"诗四首之"蛰存家兄"，亦为盐城蔡选青。)**

**十八日** 《世界晨报》刊载苍然《旧路新走·施蛰存之新作"黄心大师"》："施蛰存先生是以细腻的手法，写《将军的头》而成名的。近年沉默了好久，在《文学杂志》上，我们又见到了他的新作《黄心大师》。据编者朱光潜的介绍：'施蛰存先生的《黄心大师》，很有力的证明小说还有一条被人忽视的路可走，并且可以引到一种新境，就是中国说部之路。'于是，我们读下去了，嗳，那简直是旧小说的笔调，旧小说的气氛，一派'才子'的作风。""据说，施先生用的是'弗洛特'心理学，以分晰人们变态的心理。《黄心大师》即其一也。其实，施先生的小说，实受日本谷崎润一郎之影响，完全是《春琴抄》的模拟。"

**二十一日** 在《国闻周报》第 14 卷第 24 期发表小说《一个学生的死》。

**二十八日** 《铁报》"风景线"副刊登载"文坛点将录·施蛰存"："可见他的早期作品是得到郭沫若的赞许的，据他自己说，郭沫若是对他有大大的帮助的。那么郭沫若可以说是施蛰存的'月老'了。"

**三十日** 天津《益世报》刊载："云南省当局，近为欲将省立云南大学改为国立，前任校长近亦辞职，特电邀请清华大学算学系主任熊庆来(迪之)往任校长，熊氏已于前日下午 5 时 50 分搭车南下，先到京谒王部长，然后赴昆明，熊氏在平延教授何鲁、俞平伯、李长之、吴晗、涂文、王士魁、严楚江等多人。"

**下旬** 先生辞去杭州行素女子中学教职，回到松江老家。

**是月** 上海生活书店初版夏征农编《鲁迅研究》，内收徐懋庸《鲁迅的杂文》提及："这事曾给施蛰存做了劝青年读《庄子》和《文选》的理由之一。但鲁迅自己，只承认他的文章是'改革道上的桥梁'，不是新的目标和范本。"又收录曹白《鲁迅先生和中国新兴的木刻》提及："可是'第三种人'上台了，他们把'连环图画'和'麦绥莱尔(Masereel)的木刻'加以一一的叫咬之后，施蛰存就出来说'梅斐尔德木刻士敏土之图'是'罕见书'，那讥笑之态真可掬！"

**又** 泰山出版社初版孔另境(署名"另境")著《秋窗集》，内收附文林黛《坛外人语》提及："又如施蛰存先生，他不去编刊物、创作，而去标点《金瓶梅》，标点《拍案惊奇》一类的淫书艳词，美其名曰'中国文学珍本丛书'诸如此类，不胜枚举。这一类的活动，除了供有闲阶级消遣以外，还有什么别的意义与别的价值？有的，那就是毒害青年！"（按：此文原载《大晚报·火炬》，1936年12月28日。该书又于1939年11月25日秋鸣社印行，署名"东方曦"。）

**又**　民立书店初版张盱编《作文描写辞典·语体文之部》，书中"人的描写·戊、内心描写·少女的心理"选自其作《善女人行品》；另"事的描写·甲、生活描写·勤俭之家"选自其译作《助教》。（按：《助教》系先生翻译西班牙阿耶拉小说。）

**同月**　2日世界笔会中国支会在上海八仙桥青年会餐厅举行第九次大会。上海文学编译馆出版欧阳维德编选鲁迅著《死》，内收《"题未定"草》。上海大风书店初版发行聂绀弩著《语言·文字·思想》，内收《关于世界文库底翻印古书》。

## 七月

**四日**　《时事新报·青光星期文艺》登载潘继昌《关于读经问题》提及："在我们的许多前辈中，鲁迅先生好像是读经过的，然而我们能够说《阿Q正传》像《康诰》，《孔乙己》和《檀弓》差不多吗？曹聚仁先生确实看过不少的古书，但他就看过更多的外国文学！在相反的方面，江亢虎并没有什么了不起的大著，施蛰存先生的文章里也很少有真正从《庄子》《文选》里来的活字汇。"

**五日**　《新无锡》副刊版刊载倩兮《施蛰存的改变作风》："施蛰存现在是新文艺中的佼佼者了，他的学生生活过得很少，完全靠自己的用功，才得到现在的地位。"

**八日**　《大美晚报·夜光》刊载从戎《文化动态》提及："近有青年作家多人，创办一《作品》月刊，封面系模仿日本之《作品》杂志，编排形式则颇类以前施蛰存编之《文饭小品》。创刊号有郭沫若、鲁迅、李辉英、林娜……诸人之作品及书评。"

**上旬**　设计制作一枚藏书票。先生自述："因为历年来买的西文书多得没有地方安顿，遂又制备了四只西式书橱，放在书斋中，以庋藏西书及一部新买的《四部丛刊》。这些书橱陈列不到一个月，上海战事就发生了，不及两个月，我就离舍了它们，只身走天南了。"（《我的家屋》）

**十三日**　撰写《拒熊事件平议》："我与教育界绝缘久矣，与松江社会绝缘亦久矣。近日归里，适值拒熊风潮甚嚣尘上之际，自本邑各报纸及友人闲谈中得略悉此事真相。窃以为，此事在拒熊、迎熊之松邑人士及非使熊来松不可之教厅当局，三方面俱陷于重大之错误。此事初不干己，原可袖手旁观，但一则我亦松人，二则自分略有正义感，不甘默尔，遂放厥辞。邦人君子，于意云何？""故我以为，欲使此事能得一圆满之结果,其抠机实在于厅方之最后举措。厅方若能秉其察察之明,不以松人士之迎熊拒熊为企图把持垄断之表现,尊重松人士对于新局长人格能力方面之注意,收回任之成命,另选适当人才,委以吾教育之任;能得松人,固然最好。否则,即非熊人亦好,只要人才不生问题,吾松人自当一致欢迎。若必斤斤于松人治松,殊可不必。而在某种条件之下使君来,尤未免自暴其短,鄙意均甚不足取也。"

**十四日** 在《茸报》"茸城晓角"副刊发表《拒熊事件平议》。

**中旬** 熊庆来出任云南大学校长后由南京抵达上海,为云南大学由"省立"改为"国立"而物色师资,经朱自清在北平推荐介绍,熊校长打电话约先生到上海八仙桥青年会晤谈,决定回到昆明立即通过银行汇款预支路费200元,邀请在开学前赴云南大学任教。先生自述:"我以朱自清先生之推毂,受熊公聘。熊公回滇,而沪战起。""倭氛已见风云变,文士犹为口号争。海澨尘嚣吾已厌,一肩行李赋西征。"(《浮生杂咏》)

**二十四日** 《社会日报》刊载逸明《松江迎拒教育局长风潮·施蛰存回家乡发表一篇评议》:"在拒熊迎熊声中,文学家施蛰存氏也适由杭垣归来,有《茸报》的附刊上发表一篇文章,洋洋千馀字,指出松江人迎熊拒熊所举理由的错误,用第三者的态度,向各方面纠正一下。这篇文章引起松江读者的莫大同情,说是非常公允。这也是迎熊拒熊声中一件佳话呢。"

**二十五日** 《时事新报·青光星期文艺》登载何圭人《无须"喝道"——答唐弢先生》提及:"施蛰存不晓得有唐弢其人,这才算是'神化'。能够到了这样的'成度',那就真是'非熟读鲁迅先生文章者莫办',不止'反覆地读了几十次'了。"

**二十七日** 下午郭沫若由日本乘轮回国抵达上海。先生自述:"郭沫若办创造社时,是我很崇拜的新文学作家,他的《女神》对中国新诗的发展,很有功劳。""1937年,郭沫若自日本回国,是我和郁达夫、陶亢德一起雇汽车到轮船码头上去接他的。"(复顾国华函,2001年10月6日)

另,据《郭沫若年谱长编》记述:离开码头后"郭沫若与金祖同同往中法交流委员会孔德图书馆沈尹默处","专程从福建赶来的郁达夫,以及得知消息的李初梨、张凤举、施蛰存、陶亢德、姚潜修先后来到孔德图书馆。随后,同往喜来饭店"。(林甘泉、蔡震主编《郭沫若年谱长编》)

另,据殷尘(金祖同)记述:"我们雇了一辆祥生汽车,直到孔德图书馆门口停下。""我们几个人,沈尹默,鼎堂和我,还有尹默请来的二位创造社旧人张凤举和李初梨等,都在图书馆的三楼上联席会议,""差近六点钟了,茶房走上来说:'有人要见鼎堂先生。'我知道这是何廉来了。'你们多坐一位,我去去就来,看他怎么说。'鼎堂说着便匆匆走下去。'楼下有三个人要见殷先生。'停会儿茶房又上来了。'怎么有人来看我了?'我很奇怪着,也茫然地走下楼去。迎面,坐在客厅里的是一位脸色枯黄的中年人。仔细一看,不错,我认识他就是郁达夫,因为今年春天在东京的时候我曾听过他底一次演讲的。那坐在旁边沙发上的两位,我认识一位是施蛰存,他曾和阿英到过我父亲开的某某书店的。还有一位也很英俊年青的,我却不认识了。郁达夫连姓名也没有通便抢上一步急急地说道:'我们到船埠上来的时候,你们刚走,遇见几位日本留学生,知道你们是到此地来了。你大概是殷先生吧!鼎堂现在那里。''他现在正在会客,请你们在此地等一会,郁先生,你怎样知道我们来了。''我吗,我是接到大使馆的电报,连夜从福州赶来的。我是今天上午才到上海的,这二位,一位是施蛰存先生,一位是陶亢德先生,都是在船埠上遇见的。'我们互相点头招呼着。'我在张静庐那里看见过你刻的印,久仰得很了。'蛰存说。'以后我们有暇还得来请教呢。'亢德说。我只有很感自惭地和他们客气几句。屋子里已显得是茫茫地,天晚了,""接着达夫又向我问路上的情形,我很详细地告诉他,我说:'我们是冒着九死一生逃出虎口的。'不久,鼎堂进来了,他看见达夫,只是紧紧地握着手,一句话也说不出口。这时大家热烈的谈论着关于鼎堂回国后的种种问题。蛰存和亢德坐了一会都推说有事要走了。达夫看看时间不早,也就雇了两辆汽车,把我们一大群人送到来喜饭店。"(殷尘《郭沫若归国秘记》,言行出版社,1945年9月1日出版)

**同日** 《中央日报》刊载:"聘定熊庆来为校长,闻熊氏决于八月一日就职,对于校务将有重要革新,已向省内外聘就知名学者多人为专任教授。""现在学生人数不多,除在本省添招外,今年或将向外招生云。"

**三十日** 《大公报·文艺》第368期登载叶郁生《关于对话》:"《宇宙风》上有施蛰存先生的《小说中的对话》。""《文学杂志》第2期上施先生那篇《黄心大师》显然便是这意见的实验。""现在不妨先就上述两点,来申述我个人的见解。"

**是月** 译作 H. Reed《辟卡梭的艺术方法》刊于《美术杂志》第1卷第5期。

**又** 商务印书馆初版发行中国文化建设协会编《十年来的中国·下册》,书内傅东华撰"十年来的中国文艺·五、国难后的两大潮流"提及:"一·二八之后,《小说月报》停刊了,中国的纯文艺刊物暂时绝断,及到那年(二十一年)五月,才有施蛰存主编的《现代》月刊出来。《现代》初出来的时候,是在施蛰存个人趣味支配之下的,所以他在'创刊宣言'里有一条说……""他们虽不曾造成一种思潮,却曾造成了一种特殊的

'趣味'。因为当时的《现代》,虽然拉稿的范围很广,但是隐隐之中却有一个基本的队伍。这个基本之所以造成,是因他们在历史上各人都本无所隶属,而由于同在一个刊物上做稿,或由私人交谊的比较密切,气味之比较相投,就仿佛成了一个集团的模样。这里面包含的主要人物,是施蛰存、杜衡、穆时英、叶灵凤及诗人戴望舒。他们在文艺的趣味上,也确有一个共同之点,就是倾向于'清新'的作风;若以西洋文艺的派别来比拟,他们是倾向于小说和绘画上的表现主义的。这一个小小的集团,我们可称之为'现代派',但后来也分化了。例如施蛰存,因其对于晚明文学的兴味很浓,所以又加入第二个潮流里去,最近则似乎又倾向于'新月'一派的后身了。到了次一年(民二十二)七月,才又有第二个纯文艺杂志出来,就是由文学社主编的《文学》。在不企图造成'任何一种文学上的思潮,主义,或党派'一点上,《文学》和《现代》的立场完全一样;但是《现代》选稿的标准如果只有一个'文学作品的本身价值'的标准,那末《文学》的标准是要比较具体一点,就是在作品的内容上,它也分明指示着有一个倾向的。所以在创刊号的社谈'一张菜单'里,他们就说:我们这杂志的内容确实是'杂'的,但是这个'杂',并不就暗示我们这杂志是'第三种人'的杂志。"

**同月** 7日卢沟桥事变爆发,全民抗战揭开序幕。月末浦江清携怀孕中的妻子于北平沦陷前夕返回松江,避居秀南桥东张宅。上海市文艺界救亡协会成立。由陈嘉庚创建的私立厦门大学正式被南京国民政府接管,改名为国立厦门大学,教育部任命萨本栋为校长。上海三闲书屋出版鲁迅著《且介亭杂文》、《且介亭杂文二集》和《且介亭杂文末编》。千秋出版社初版发行徐懋庸著《不惊人集》,内收《一点异议》《又是一点是非》《读"颜氏家训"》。

## 八月

**一日** 在《宇宙风》第46期(留美学生特辑)发表《"文"而不"学"》:"我在这里说了许多话,无非要说明文学不是一种'学'。但或许有人会说我又在做正名运动,那也无须辩解。我始终相信,要使我们的新文学成为正常的文学,要使文学成为每个人都可以亲近的东西,第一应当排除这种'学'的观念,或容易使人发生这种观念的趋势,到了'文'而不'学'的时候,才能有真文学。"

**七日** 写讫小说《进城》。(按:此篇与1922年10月9日所作小说同名。)

**十日** 译作美国海敏威《世界之光》并"译注"刊于《新中华》杂志第5卷第15期,

署名"李万鹤";"译注"写道:"本篇系其短篇集《胜者无所得》中译出。"

**十二日** 先生日记:"下午4时,闻市人传言上海中日军已发生冲突。沪宁沪杭两路车均停止。一时人心惶惶,顿现不宁景象。多数人家纷纷整理箱笼物件,分雇小汽车或船只离松,或去沪,或去乡。上海晚报不到,颇闷闷。在友人朱雯家听无线电播音,知战事确有一触即发之势,惟今日尚未正式冲突耳。"

**十三日** 日寇又在上海发动大规模进攻,我国军队奋起抵抗,淞沪抗战爆发。先生日记:"晨候沪报不至,晨9时在朱雯家听无线电播音,知即日下午有爆发战事之势。午12时,沪报始到,较平时约迟二小时。有邻人自上海归者云,上海北车站已架设大炮备战,火车均自西站南站开出。下午2时,有亲戚来电话,谓上海银行钱庄均已停市,松江各银行钱庄明日亦将停市,如有存款,应即去酌量提支,俾作支持战时生活之用。余答以素无储蓄,此事于我不生影响,并谢其厚意。今日米价突涨6角。晚间8时,电灯忽熄。""遂即燃点煤油灯,室内顿成暗淡世界,心绪为之不宁,就电话听筒中窃听他人谈话,谓离城十里之华阳桥镇已隐约可闻上海方面有炮声,知战事已作。9时,电灯复明,遂到朱[雯]家听无线电播音。得知此时上海闸北方面战事方烈,有大火。又知上海鱼市场已被日军轰炸焚毁。10时从朱家出,见警察已武装双岗,知本邑已在戒严状态中矣。"

另,按先生自述:"正在计划写几个长篇小说,却被抗日战争阻止了。"(《施蛰存文集·序言》)"如果没有遇上抗战,上海保持平稳发展与倾向于都市化,我跟穆时英还是会继续写下去的。但是时局变化,整个文学环境不对头了;起先我以为只有中国是这样,后来发现任何地方都一样。""一个作家的创作生命最重要的基础是:国家、民族、土地;这些是他创作的根,是无法逃掉的。""我跟穆时英等人的小说,正是反映1928至1937年的上海社会,可是抗战时,整个上海社会改变了,这种小说就创作不出来了。"(《中国现代主义的曙光——答台湾作家郑明娳、林燿德问》)

**十四日** 清晨5时许,炮声时作。先生日记:"晨8时到朱[雯]家,朱君夫妇方在治装,云拟去沪。余即辞出,到长途汽车站,见候车赴沪者甚众,""谓公路被阻,""由站长临时宣布退票停班,众客皆废然下车。""沪杭火车,即上海南站亦不能到达,因南站方面亦将有战事发生。余遂返至朱家,以交通被阻消息告之。""10时拟打一长途电话到沪寓,问父母及诸妹消息,以便决定行止,讵意长途电话亦已不通。下午2时步行到火车站,拟一探准确消息。""3时有日本飞机三架出现松城上空,经过火车站时,飞行甚低,且盘旋数四,意在侦察。""晚8时半电灯忽又熄,正疑惑间,忽闻云间第一楼上警钟大震,始知有日机来袭,此是松邑第一次真正敌机来袭警报。""余急取昼间所购手电筒揿之,竟不发光,燃烛视之,始知电珠已坏。余遂嘱家人镇静,与内子及女仆分掔小儿辈预备草席,俟闻飞机声时即至屋后大土丘下坐定。""幸一小时后,警钟复鸣。"

**同日** 始作《同仇日记》,并追记 8 月 12、13 日日记。先生自述:"余已久不作日记,8 月 13 日,中日沪战突起,余适在松江故里,所见所闻,皆前此所未尝经验之紧张情绪。故自 8 月 14 日起即按日写日记数十百言,聊以见上海战区后方一城市中之情景。"(《同仇日记·题记》)

**十五日** 先生日记:"今晨雇男仆阿根来家,此事出内子意,以为万一有事时,可以使其抱负小儿辈。""11 时,购得上海 14 日新闻夜报一纸,略知沪战状况。我军抗战已下决心,甚为可慰。惟念双亲及诸妹均在上海,日闻炮火炸弹声,想已饱受惊恐。颇深忧念,遂姑写一信,交邮局快寄,不知何日能收到也。下午 6 时友人赵家璧来舍,始知渠曾于 13 日由上海专雇小汽车归松,将眷属迁至上海。不意昨日下午,有炸弹堕于大世界门前及汇中饭店,死伤多人,一时上海租界内情景亦万分可怕。""晚 8 时半,空袭警钟又鸣,电灯立熄,余部勒家人静坐室内,俟闻机声,即从后门至旷地上依土丘隐伏,想可无虑,幸日机竟未入境,一小时后即解除警报。今日米价又高涨 6 角,纸烟亦涨价。乡人恐被军队征役,不敢入城,稻柴无从购买,几无燃料,后幸辗转设法,购得二担,价较平时贵二倍。"

另,按朱雯日记:"家璧突然从上海回来了,他到我们家里来,讲起在上海目击的中日空战,以及我空军轰炸'出云舰'的情形,我们都听得津津有味。他说上海实在不能再住,因此冒险逃了出来。据他的推测像我们松江那样的城市一时尚不致于有什么危险,便是空袭,也因为没有什么重要的军事机关,一时恐也不致于遭到。当时跟他同在我们家里闲谈的蛰存,也表示了松江尚可居住的主张。"(朱雯《第一颗炸弹》)

**十六日** 清晨 5 时半,空袭警钟大作。先生日记:"从睡梦中惊醒,即率家人拟出至屋后旷地上暂避。不意后门外小巷已为左邻姜姓用大方砖堵塞,不可通行,余不觉盛怒其不顾公德,即猛力推倒数十砖。""久俟日机未来,余仍率家人入室,旋即到朱雯家,与朱君闲谈。至 6 时 50 分,忽有一日机突然在上空出现,飞行甚低,余方匆遽辞出,便闻轰然一声,窗壁皆为之震动,知已投一炸弹矣。一时里巷中秩序大乱,在菜市买卖蔬菜者皆纷纷在满街奔窜,情状甚可怖。日机去后,余与内子商议行止,结果皆主张暂守镇静,非至万不得已时不动。""10 时至赵家璧兄家,知其拟将眷属暂迁南门外乡间。10时30分同出到西门外,余换取手电筒一个,又至电报局发一电致沪寓,问双亲及诸妹消息,并请其斟酌上海方面情形,决定行止。""下午1时有亲戚打电话来问愿同往洛巷乡间暂住否,内子婉却之。5时余小立门外,见旧日学生张女士方经过,""问之,始知其从上海徐家汇雇人力车沿公路归松者,据云同行者尚有数十人,车资每辆国币四五元不等,自上午8时离徐家汇,此时始到达,烈日下临,暑气上蒸,且又越过军事障碍物数处,盖不胜其憔悴已。张女士又云,在上海时曾打电话到我家沪寓,探问我家消息,得知家人俱平安,惟余四妹腿部曾中一流弹,盖中日飞机在上空作战时,向下扫射之机枪子弹从屋顶上破瓦而下者,故悬想当不至有重创,然余已甚为忧虑矣。晚饭后,打电话致振华袜厂黄君,商请明晨带一信到上海转交双亲,因知黄君有运货汽车,近日尚在往返松沪运载货物也。幸承允诺,当即作书讫。8时30分作家书方毕,警钟又鸣。"

**同日** 日寇飞机开始轰炸松江县城,城厢实行灯火管制,房屋墙壁均刷成灰黑色,居民纷纷逃往乡间避难。(《松江县志》)按朱雯日记:"炒沙豆似的机关枪声,夹着炸弹的爆烈声,响了二十分钟,才渐渐地远了。""街上是人的潮流!奔跑喧叫诟骂哭泣,闹成一片,""我们杂在疯狂似的人群中,急促地然而默默地走着。经过蛰存家里的门口,我们看见他微笑地看着流动在街上的人群。'逃到什么地方去呢?'他这样问。'城外!''还不是一样吗?'他笑了,我们也笑了。然而一想到他昨晚的推测,觉得也未必可靠的时候,我们才又继续赶我们的路。"(朱雯《第一颗炸弹》)

**十七日** 先生日记:"晨7时,余去振华袜厂,将家信交司机人带交上海舍下,内子则经纪积蓄粮食事宜。""8时又有日本飞机来袭,在西南上空盘旋甚久,便闻轰炸声二响,大约在31号铁路桥方面。警报解除后,路上行人顿形拥挤,又皆离城去乡者。""下午3时,有上海厂中职员步行来松者,带口信来,谓双亲将于明日返松,闻之甚慰。5时振华袜厂送来大人手谕一通,函中嘱余等去杭州暂住,盖此信尚是16日所书者。余及内子均以为尚非其时,且知杭州亦不免敌机骚扰,故仍不作行计。晚饭后,偕内子散步到大街上,看难民过境。""凡此流离颠沛之状,一幅流民图,安足尽之。归途买得上海当日《立报》。"

**十八日** 上午9时与赵家璧散步到城中汽车站,"见由沪经松赴京杭之自备汽车甚多,此等有汽车阶级亦纷纷迁入内地,遥想上海租界内情形,当必异常危险矣";行经富户苏某住宅,"竟已张挂美国旗,想必希望避免日机轰炸之故,其情可悯,其事可嗤";归途过名医夏仲芳君诊所,夏君适在门外,云家人已皆下乡,只一人枯守,遂招入小坐茗话。回家后,有童子军来为松邑救济事业募捐者,即捐国币5元,"我尽我力而已"。下午朱雯从乡间回家取物,向其借无线电收音机,又请家璧协助装置天、地线。晚上收听电台,得知我军连日已击落敌机二十馀架,"壮烈甚,为之色舞"。

**十九日** 连日夜间,我军用汽车满载军需从杭州方面来,经过本邑,急驶往沪,金铁之声,彻夜不绝。清晨6时,日机又来侵袭,遥闻轰炸声甚烈,屋宇皆为之震动。先生日记:"下午黄振华君来电话,谓母亲及四妹将于明日附乘渠之汽车归松,甚欣慰。3时独行到西门外,寄出一信致南京李长之君,问渠如何去滇,余意颇欲约渠同行。"

**二十日** 清晨6时半,日机又来袭击。先生日记:"余又从睡梦中被惊醒,匆匆率家人走伏屋后土丘之麓,目睹敌机七架盘旋西方高空者数四,忽二机破空直下,疾若鹰隼,即闻轰然者三四声,继以机枪扫射声。""9时内子嘱阿根负蓬儿去县立医院诊治暑疖,始知县立医院中已有多数受炸弹及机枪伤者投治,断股折臂,破腹绝脰者,呻吟之声,彻于户外。医士皆栗碌无暇,小儿暑疖,拒不施诊矣。男仆阿根,以前颇不以避难为然,今日在医院中睹此惨状,不觉颤栗,归来后,即谓有去志。余以此事不便相强,允其随时可行。11时岳家有电话来,嘱内子速治行装,因已设法弄到汽油船一艘,拟合两家大小共去洙泾镇乡间姑丈家暂住,庶免再受威胁。余踌躇有顷,决意使妻儿先去,内子遂挈诸儿雇车去西门外登舟。11时40分,母亲及四妹乘振华袜厂汽车归家,得详悉上海情形。沪寓虽落一流弹,但四妹受创之说,则系误会。余以母亲年高,恐未能再受日机轰炸之惊,遂急为雇车,送母亲并四妹到船埠,会同内子等同去乡间。于是只余及男仆阿根二人暂作留守矣。""下午3时,路上已悄无人迹,""余往邀家璧同到县立中学,参观该校留校教职员所治之地洞,余与赵君均拟仿治一所。归家后,日机又来,幸未投弹。5时购得上海《神州日报》,略知战事消息。""日机又来袭二次。""寄舅金光藻,家人亦均已去乡,渠一人不敢在家宿夜,遂来我家宿。"

**二十一日** 晨又有敌机来袭警报二次,但均未有敌机过境。先生日记:"7时男仆阿根随寄舅金光藻乘船下乡去,云过三四日当再来。余告以来否悉听其便。10时到家璧家,看渠在竹园中督率工役挖治避弹地窖,午即在赵家吃饭。下午在家,独居无俚,看《三国志演义》,并同时以陈寿志诸本传参阅。5时许,门外有叫卖上海报纸声,即出门买得当日《时报》一份,价6分,盖亦从上海乘自行车贩来者。晚,即以昨日所馀冷饭,用开水泡热,佐以残肴食之。昨晚起即已无电,只得用煤油灯。空屋无人,幽暗中茕茕对影,辄生幻想。无线电又无从收音,更可恨。9时即就枕,中庭秋虫嘹嘹,尤有凄厉之感,肃杀哉!"

**二十二日** 先生日记:"中午仍至家璧家就食,谈至下午2时始返。看《黄山谷诗》。傍晚,亲戚陈颂年率其二女来,即晚其二女为煮晚饭,购油豆腐干、皮蛋以佐餐。8时陈君等辞去,余即就枕,在床上看《王荆公集》,不觉入睡。"

**二十三日** 清晨5时30分,被警钟声警醒,至屋后土丘下掩伏。上午敌机来袭不下五六次。先生日记:"下午迁居离城者益众,余独行至小北庵后,看敌机所投弹迹。""欲寻破片以作纪念,竟不可得。时有数僧人亦在视察弹迹者,谓余云:专员公署有无线电台方于前日移设小北庵中,故今日敌机即来投弹,此必有邑人为汉奸,私通情报矣。余闻之颇为凛然。归途便到岳家,惟岳父一人并一仆在,即在岳家晚餐。"

**二十四日** 先生日记:"晨起,决意去上海一行,藉视父亲并诸妹状况,并欲一稔战事真相。""遂于8时到新东门站,""8时40分到北桥,候半小时,始得搭闵行车到漕河泾,又雇人力车到徐家汇。""从徐家汇越法工部局所设置之铁丝网,入法租界,再雇人力车到爱麦虞限路沪寓,见父亲及二妹无恙,甚慰。凭窗看我军高射炮弹在空中爆发,如朵朵小白云浮荡晴空,则生平所未见者也。午饭后,到宝仑药房为赵家璧买防毒口罩并防毒药,又自买口罩半打,药一剂,即往戴望舒家,并晤陶亢德君,共谈琐碎,略悉沪上文艺界均甚兴奋努力,惟窃意在此严重时期,书生救国,徒用毛锥,任凭用尽气力,总是秀才腔调,未必有何大用处。不能作投笔班生,终是遗憾耳。2时一刻,辞出戴家,乘22路公共汽车到徐家汇,再雇人力车到漕河泾,则长途汽车已开出矣。仍由原车返徐家汇,买《时事新报》一份,检阅铁路局通告,知下午6时30分上海西站有火车开往杭州,遂乘电车到善钟路,又雇人力车到宇宙风社,以为时尚早,故且再晤陶君一谈耳。5时辞出,到静安寺,买邹韬奋编辑之《抗敌三日刊》一份,《良友战时画刊》二份,即乘一路公共汽车到兆丰公园,又换乘人力车往上海西站,至则见待车者不下三四千人。""余自忖必不能挤上此车,遂雇人力车径返沪寓。""晚间,初宿三楼亭子间,闻空中飞机作战声不绝,机枪及高射炮弹爆炸声甚烈,颇惴惴不敢睡,遂下楼,在客室内沙发上睡。"

**二十五日** 上午9时至漕河泾,搭乘汽车返松江,11时到达新东门站。中午到赵家璧家就餐,傍晚5时又至赵家坐谈。先生日记:"6时到岳家,约秋实明日同到洙泾。晚饭后归,灯下作书二通,一复杭州女弟子章慧芳,一致上海富滇新银行,问李长之君已否将云大旅费领去,藉以探知其行踪。"

**二十六日** 先生日记:"晨6时起身,入厨房取水,发觉后门已开,门旁壁上有一洞,始知夜间已有小偷来过,返身入室察看,始见母亲房中槅子窗均已卸下,衣服零落满地。检视一周,计共被窃去母亲及诸妹旧衣三箱。""正彷徨无计间,忽有税警官佐教练所勤务兵某来报告,谓该所昨晚步哨擒获窃贼一名,供出赃物系由施家窃来,现人赃具拘押在所,嘱余即去认领。""余即先行到秋实处,邀其同去见警察局长,将失物全数领回,补具一失单一报告了事。归家后,即邀颂年父女迁来同住,俾便有所照料。又雇圬者一人为修葺被损墙壁,酬以国币1元。10时即偕秋实乘人力车到西门外跨塘桥脚划船埠,拟欲搭船到洙泾。不意今日适无船,废然而返。中午,家璧打电话来,谓今日沪闵汽车停班,故渠不能去沪。""下午3时,有伤兵一船开来,泊县政府前,闻系从青浦来就医者,约二三十人,皆被炸弹伤,惨状不忍看。""敌机即来轰炸光启中学,必有汉奸泄之。余于此事,疑信参半,若果有之,则抗战前途之足忧虑者在汉奸之卖国而非敌军之武力矣。可耻可耻!"

二十七日　先生日记:"晨10时偕秋实同到西门外秀南桥船埠,搭船到洙泾。船12时始开,下午2时到洙泾,先到程明希家,秋实夫人已从乡下来相候矣。即在程宅进餐,旋由程君导往松风社俱乐部品茗,窗外即田野,微飔动荡,良苗怀新,得少佳趣。5时返程宅,同秋实夫人及沈氏四妹步行阡陌间,五里,抵雉鸡汇沈宅,遂晤见母亲、四妹、慧华及诸儿。均安好,甚慰。沈氏叔剑,于内子为姑丈,两家均托庇其家,既重扰之,又复承其优待,心殊感荷。是夜宿焉,有飞机声过上空者数次。"

二十八日　先生日记:"晨7时携莲儿及秋实诸儿迤逦行田塍间,到雉鸡汇天主堂游览,时朝暾初上,晶露未消,弥望新禾皆秀,农人方忙于灌溉,一片丰稔景象,几忘其为避难人矣。8时半回寓,共家人闲谈竟日。秋实于下午即上镇返松,余则尚欲留居一宵。晚,众人皆就寝,共内人在厅事筹议以后行止。余以为非去滇不可,慧华意欲泥之,乃不敢言,翘首秋空,望河汉而凄然矣。"

二十九日　先生日记:"晨起已7时,不及上镇赶搭早班船,遂于9时行,拟搭晏班船去松。慧华决送余同到松城,遂同步行抵镇,岳母、逸寰姨妹及沈氏四妹已先在程家,盖渠等在晨6时即搭乡人便船来镇购物者也。余等在义生买月饼数盒,即至船埠下船,遇李望平医师,因恐其家眷在洙泾亦非好计,故来接取其眷属返松别图安乐窝者。下午2时半抵松城,雇车进城到家,父亲已自上海来。略事休息,慧华到普照寺省其父,余则到家璧处。家璧已去沪,遂与其夫人闲话。正谈话间,忽有警报,不旋踵而大队敌机已在松城上空。飞行均甚低,一机下掠,从赵宅屋上刷过,余看形势不佳,急趋避竹园中,即闻砰然一巨响,不知何处又被炸矣。敌机逝后,余即外出,拟到普照寺探视慧华。行经法院南街,见行人甚众,皆有惶遽之色,云法院前新华茶楼及一理发肆中一炸弹,均已坍毁,且有多人被难。余急从小径到普照寺岳家,幸慧华尚未出门。其后邻某姓家院中亦堕一炸弹,""秋实等均不免惊慑,谓松城已不可安居,明日决作行计矣。余伴同慧华返家,父亲及颂年等均幸无恙。晚,慧华助余治装,神情悲戚,若重有忧者,既竣事,枯坐灯下,泪盈盈作掩面啼哭。"

三十日　先生日记:"晨5时30分起床,余为慧华煮麦片一瓯,供早餐。食后略事梳洗,已6时10分,急为雇得人力车,到普照寺,会同秋实等同到西门外船埠搭船赴洙泾。午刻,慧华从洙泾打长途电话来,谓已平安到达,且频频以不必去滇为嘱,余漫应之。下午5时,又有敌机一队过境,飞行仍甚低,颇为心慑,幸未投弹。晚《上海报》到,知中苏已缔结互不侵犯条约,甚快慰。"

三十一日　先生日记:"去滇之意,虽为慧华言已决定,实则私心尚有踌躇。堂上年高,妻儿又幼弱不更事,余行后,家中颇无人能照料者,无事之时,固不生多大问题,但在此兵革期间,却不忍絜然远去也。且去滇程途,闻亦颇生险阻,上海直放海防之船,闻极拥挤,公路能否直到昆明,亦无从打听,即使启行,究竟宜取海道乎,陆路乎?颇亦不能自决。半日间思虑种种,甚为焦苦。最后决定再去沪一行,一则就商于诸妹及友人,二则再调查去滇行旅情形。下午1时,遂到新东门搭汽车,到上海寓所已3时半。知三妹夫妇已去香港,将转道粤汉铁路回长沙。4时到望舒家,闲谈上海文化界种种情形,晚饭后同访李健吾兄,健吾夫妇均已早睡。晤卞之琳君,盖寄居李君二楼者。卞君云彼与芦焚君同自雁荡山避暑回沪,道出新仓,有保安队检查其行李,见有日本文书籍函件及各重要都市地图,以为是汉奸也,遂施拘捕,送至县政府,几成冤狱。幸有县府职员某君稔知两君皆文人,为省释之,然已受累不浅矣。卞君又云昨晚彼与健吾全家均中食物毒,午夜后腹痛甚急,延医服药始解,想是误食染有尸毒之江鱼所致,可危之至!"

同月　1日《论语》出版至117期停刊。13日浦江清携母、妻、弟等家人避居石家浜。14日国民党政府外交部发表抗战声明。24日上海文化界救亡协会创办《救亡日报》。《东方杂志》再次停刊。

又　上海千秋出版社出版杜君谋《作家腻事》,内收《施蛰存的闺房乐》。

## 九月

一日　先生日记:"晨9时访明耀五君,明君云南人,故拟就商去滇究以何道为便。明君谓走海道较舒服,公路情形,渠亦不详细。明君并云云南旅沪同乡会不久将遣一专轮送难民回籍,若能候搭此船去滇,可以省费。10时辞出,到法大马路振华袜厂批发所访黄振华君,为父亲收得账款50元。旋到永安公司后某天津馆午餐,餐后到永安公司三楼买帆布被包一事,价4元5角。永安公司被炸后尚未收拾清楚。""又到虞洽卿路买手提皮箱一事,价5元,雇车回家。下午4时,到望舒家,晤煦良、亢德、灵凤。灵凤方主持《救亡日报》,嘱为撰文;陶君亦拟办一临时抗敌刊物,邀余撰文,俱允之。陶、周、叶三君去后,即偕望舒同出外,漫步霞飞路一带,在一俄人餐馆进食。晚餐后仍偕望舒到爱多亚路大沪饭店,晤家璧全眷。""10时归家,大妹告余谓去滇以乘14日香港船为最妥。余以尚未办护照,此事亦须时日,恐坐此因循,反而不妙,遂决计从公路行,藉以一看内地景色。"

二日 先生日记:"晨9时,雇人力车携二衣箱到漕河泾,一路检查甚严,10时始到漕河泾汽车站,""10时20分汽车到站,众方争先登车,忽空中有一敌机低飞近车站上空。众人皆仓皇奔散。余初不甚惊,旋见该机竟在车站屋顶盘旋数回,有瞄准投弹之意,始知不妙,遂急走车站东数百步外一涸沟中,伏一大树下草丛中,不敢喘息,狼狈之至。该敌机盘旋至十馀分钟,终亦未投一弹,翩然远去,彼则意在恫吓,此时魂飞魄散矣。午12时到松江。下午2时,到县立中学访戴子衡君,托其向专员公署乞一护照,俾去滇时沿途可少麻烦,戴君允即为办此交涉。其时敌机又来,即在县立中学地窖内暂避。在县中晚餐后即归。灯下作《后方的抗战力量还不够》[按:发表时改题为《后方种种》]一文,拟明日寄陶君。"

三日 晨6时,敌机又来,在城区上空飞绕三圈。先生日记:"晨餐后,作《上海抗战之意义》一文讫。买得上海《中华日报》一份阅之,揣知上海及北方战事均仍坚守壁垒,可慰。下午,向邻家金姓商量,借其竹园中筑一避弹地窖。幸承应允,乃招陶氏父子及宋皮匠从事畚锸,余则在旁指导之。至5时尚未竣事,大约尚须一日工程,方可完成。下午6时敌机又来,余奉大人坐柴积中,聊以自慰而已。今日知邮政局已迁至西门外青松石,距余所居甚远。文二篇欲寄陶君者,竟无从寄发。后到县立中学向戴君转让得邮票20分,始克投附近邮筒寄出。戴君谓已到专员公署去过,余所托事,因未有前例,故不能照办。今日读上海报,知香港附近有大台风,意邮船康脱浮第号亦中途停泊,不敢前进。大人及余皆为三妹夫妇一行人耽忧,不知伊等究乘何船去港者。大人意即欲去沪一行,藉明消息,余力挽之始止。遂发一快信与大妹,嘱其即日向船公司查明消息电复。"

**同日** 斜塘铁路被日寇飞机炸毁。

**四日** 晨6时,又有敌机来袭。先生日记:"迨警报解除后,接秋实自洙泾来长途电话,谓慧华嘱余去洙一行,有事待商。即雇人力车赴船埠搭船,至12时始开船,到洙泾已下午2时。至程君家,晤岳父及秋实。4时半与岳父同行下乡,因岳父不惯行独木桥,故迂道从官塘到雉鸡汇,较远二三里。即到沈宅,见母亲、四妹、内子及诸儿均安好,可慰。晚饭后,慧华告余谓乳娘又有去志,故邀余来责以大义,使得喂养迈儿,以满约期。实则此事非必余来不可,慧华之意,盖犹是不忍远别,藉此再图一面耳。余深知其意而不言,强自逆情而已。今日在洙泾镇渡河时,闻知洙泾至枫泾亦有摩托船通航,枫泾杭州间已每日有公共汽车行驶,此消息甚可喜。余拟后日即从此道到杭,庶几免却乘坐火车,有被炸之虞也。"

**五日** 先生日记:"晨8时即与家人别,独行到镇市,在程宅小憩后,即邀明希同行往船埠,至则始知今日有军队过境,所有船只均被征发作军用矣。遂到汽车路,拟候一经过之私人汽车,与之婉商,载余返松。久之,竟无一车过境,遂请程君先归,即在一小饭店午膳。午饭后仍到公路旁守候,先后经过华人汽车二,法人汽车一,均不允载余返松。乃雇人力车至轮渡处,见有美国人汽车一辆方待渡,即与之婉商,竟承慨允,甚感之。车中寒暄,始知一男子为英国人,名霍尔姆士,一男子美国人,名弗列区,一女子即霍尔姆士夫人,皆从南京去沪者。松枫公路尚未完工,因军事紧急,匆匆开放,故路面皆碎石子,车行甚颠簸。""车经米市渡,须渡费1元,余即为付讫,聊当酬报耳。车行40分钟即到松城,到家,见地窖已造好,惟入口太大,且无曲折,微嫌不足,当即指导工人,略为修改,惜上面已盖土沙,未能多所更张,为可憾耳。晚,与大人闲话家事,并重行整治行李,10时就枕。"

**同日** 《同仇日记》记讫。

**六日** 由松江起程,前往昆明云南大学任教,路途并作《西行日记》。先生自述:"始得成行,从此结束文学生活,漂泊西南矣。"(《浮生杂咏》)"一肩行李,飘泊西南,从此放弃了文学,也不再是青年了。"(《文艺百话·序引》)

**同日** 先生日记:"晨起探问沪杭车时刻,""遂候到下午3时,雇车携行李三件,一衣箱、一铺盖、一手提箱,至车站。3时20分买就杭州车票,而车至5时犹未来。5时10分警报突作,车站秩序一时大乱,候车者皆纷纷四散,余亦只得撇弃衣箱铺盖,独携一手提箱窜伏车站旁一小茶店中。虽明知仍在危险境地,但舍此实亦无处可自蔽自慰也。移时果有日机九架自东北来,飞行甚低,太阳徽殷然可辨。飞经车站上空时,忽作环飞状,若有所窥伺者。茶店中众人皆慑伏不敢动,余亦自以此次殆不免矣。久之,幸不闻炸弹声,而机亦渐西向远去。""余不免有戒心,盖此队敌机西去,其目的必在石湖荡铁桥或杭州、嘉兴等要邑。而余车亦适西行,深恐其幸免于此而不能逃于彼也,遂向站长商量,退票而归。"

**又** 于在春编《张君兆培纪念集》印行,书内"遗稿·信四通"提及:"最近我又买了一册施蛰存的《上元灯》,都是好书。你们若没有书看,我可寄给你们。"

**七日** 先生日记:"昨晚即决定改道由洙泾到枫泾,若幸而有枫杭长途汽车,则乘汽车到杭,否则即从枫泾搭火车赴杭,则既过石湖荡铁桥,亦可较少危险。盖石湖荡之三大铁路桥实为沪杭线第一要隘,战争发作以来,日机无日不来投弹。我方则屡损屡修,敌人则屡修屡炸,故行旅者咸有戒心耳。今晨7时,仍携行李雇人力车到西门外秀南桥船埠,搭乘洙泾班船。8时启碇,10时到达。问讯枫泾班船夫,则谓枫杭汽车确已通行,但每日只上下行各一次,今日到枫泾,已赶不及,遂仍投宿程明希家。下午,拟欲托人下乡招内子来一晤,而无人可遣,欲自往,则既热且疲。踌躇之间,不觉酣睡,一觉醒来,夕日欲沉,负负而已。"

**八日** 先生日记:"晨7时30分即由程明希君伴至枫泾班船埠,""船行凡80分钟,即到枫泾,雇人挑行李到汽车站,沿途见大街上已有数屋被炸残迹。""余将行李存放汽车站中,即到火车站问沪来火车时刻,知11时许可开到一班,但火车站中候车难民已甚拥挤,余携笨重行李三事,车到时恐亦无法挤上,遂到站外一小茶馆吃茶,并购烧饼二枚鸡蛋二枚果腹。11时30分汽车先来,余遂到汽车站买票。据站长谓汽车不载行李,拒不卖票,余多方譬说,亦不见允。""余见此事不可以理争,遂径将行李搬上车中,即坐于行李上,招站长来视,许其不再另占座位。馀人亦纷纷效法,站长无辞,始允卖票。""12时车中座客已满,""站长谓照章须12时30分始开,""不意10分钟后,忽闻紧急警报声,不3分钟,即遥见敌机九架在天空出现,巨声砰然者十馀响,""此时站长顿形慌张,急急吹哨发令开车,余等所乘汽车始得向西疾驶,渐远始渐安心。下午1时40分车到嘉兴,嘉兴亦方有警报,""历20分钟,始得启行。""到杭州时,余已极疲惫,即投宿清泰第二旅馆62号房间。少憩即出,到中国旅行社征问去滇路径,社中人亦不能详悉目下有无公路汽车能直达昆明。余遂决计取道南昌、九江而至汉口,由汉口乘飞机去滇,似较为稳妥也。6时雇人力车到西湖岳坟访杜衡,幸得晤见,渠山居养病,地处隐僻,战祸似尚未能影响及之。余即在其家晚餐,谈至8时,仍乘原来人力车进城。沿湖堤上电灯均用黑纱蒙罩,便行人而利空防,设置甚善。车到旗下,即命车夫拉到民权路访表弟喻永祚君,叩门入,始知已全眷去临安。"

**同日** 日寇飞机轰炸松江火车站,炸毁客车一列,炸死三百余人,炸伤四百余人。

**九日** 先生日记:"昨晚窗外雨声潇潇,颇愁今日天气不佳,行旅多艰。晨6时起身,出门始知天已放晴,到湖滨,遥望晓山,犹笼宿雾中,晨光熹微,可卜不更有雨,为之欣然。即到国华餐馆用早点,食牛乳一瓯,煎饼一枚。返旅馆后,即雇人力车二辆,一以自乘,一以载行李,命拉到江边。车至三元坊,即有挑夫赶来接洽代搬行李过江事,余即雇定一人,言明将行李三件从三郎庙轮渡码头搬至对江浙赣车上,代价3角。""途中买纸烟一罐,又《东南日报》一份,展阅始知昨午听闻之轰炸声,竟不在石湖荡而在吾松江车站。""渡钱塘江时,人极拥挤,余幸先雇有挑夫,妥为照料行李。""既到浙赣铁路江边站,即买到南昌之二等车票,""上车后,作家书一通,即投入车站邮箱中寄去,9时开车。""同座某君任职行政院者,返金华原籍,为谈南京现状,感慨不尽。午间,车中庖人来,始知车中有中式饭菜,遂命作二肴一汤以充饥,才5角耳。浙赣路蜿蜒群山中,最近曾发山洪,沿途桥梁,颇多冲毁,且该路原为轻轨,现方积极改铺重轨,以利军运,故有时车行甚缓,遇被水损之桥梁时,尤岌岌可危。下午2时许,车止苏溪镇。""5时车止金华站,知在此须停30分钟,遂下车在月台上散步,识同济大学学生赵君,因知该校已决定迁至金华,第一批学生五十余人即乘此车来者。旋见车长,即问讯卧车事,""每一榻位票售2元,""遂决计节省此费。""5时40分车从金华站开行,""久之始为车行易轨震簸所惊醒,仿佛见有一列车对驶而过,乃出电筒,启窗照视,不意忽为随车宪兵所诃阻,始知彼车为一长列军用车,乘夜间开赴前方,所载皆大炮及弹药也。两车背向而驶,10余分钟始尽,不觉为之气壮。拟作'兵车行'以张之,数易稿未就。午夜,车入江西境,随车宪兵来盘诘旅客姓名籍贯职业甚繁琐,余一一实告之。其中一宪兵似颇识余,公事既毕,即来余座殷勤问讯,始知其人名杜辅之,山东人,曾在高中毕业,平居酷嗜文学,昔年余编辑《现代》杂志,渠亦是一爱读者,故有同气之好耳。杜君甚谦恭好学,承问关于文艺者数端,余皆为一一解答之。谈至2时30分,车抵玉山,杜君须下车换班,当承其介绍上车继续职务之宪兵刘君,托其在车抵南昌时为余照料一切。"

**同日** 晚上先生"乃作小诗数首自遣",存诗作《渡西兴》等。

**十日** 先生日记:"自金华以后,每站均误点,故于午后1时30分,方抵南昌。""到月宫饭店,既宿第5号房间,甚逼仄,而每日须1元。盥洗讫,即伤茶房到车站代提行李,余则到交通大厦发一电报至松江,告慰家人。方竣事,突闻警钟大作,电报局中职员均挟其簿籍夺门而窜,余被众人挤至街上,则市人亦四散奔走,秩序大乱。余忽迷失方向,不知当由何路遄返逆旅。捉路人问之,辄答以不知,挈袂而去。余无奈,即走入一小百货铺,乞许暂坐,讵铺主人设正欲走避郊外,""余不得已伫立路歧,强自镇定,其时街上已无行人,街心警察亦不知躲在何处,情况大足凛栗。幸不久即辨识归途,缓步而行,居然寻到月宫饭店,已闭户矣。叩门而入,即在楼下客厅中危坐,静候敌机。""复出至中国旅行社询问到昆明办法,社中办事人亦不能确说,但彼等均劝余且到长沙再说,因南昌到长沙固每日有公路汽车,当日可到也。余沉思有顷,颇韪其议,遂决计不去九江。即到江西公路营业处,询知明日开行之长沙汽车已无馀座,只能预买后日之票。余以此中容或尚可犹豫,未即购票,遂返逆旅偃卧。"

**同日** 晚上整理沿途作诗《车行浙赣道中得诗六章》等。

**十一日** 先生日记:"8时起床,漱洗讫即作家报,自至交通大厦内邮局寄去。""到江西公路营业处买长沙车票,计14元6角2分,得后车第13座,想已在车尾,必不免有颠簸之苦矣。途中买得《华中日报》及《新闻日报》各一份,归旅馆阅之,内容及印刷俱甚不能满意。下午,拟欲沐浴理发,惧有空袭,竟不敢去,遂召理发师来旅馆剪发,沐浴则拟待之长沙矣。理发后,欲一游南昌名胜,问旅馆经理,始知百花洲滕王阁等处皆已为军政衙署,不能阑入,遂废然作罢。少睡即开晚饭,此间习惯,每日两餐,午饭在上午10时,晚饭则下午4时,于我甚不便。但旅馆中饭菜甚廉美,午晚两餐各有一大鲫鱼,另一蔬菜一汤,亦可口,每餐只须3角,松沪所不能得也。晚饭后,出门闲步,到磨正街扫叶山房看书,晤其经理罗芝仙君,略事寒暄,买《冰雪携》一部,价5元。归旅馆后,灯下阅一二卷即睡,因明日须起早也。"

**十二日** 先生日记:"晨4时茶房来叫醒,即起身。匆匆盥洗讫,由茶房伴同乘人力车到汽车站。人力车二辆昨夜即雇定,故车夫竟未回去,即在车上打盹,澈夜待命,甚可悯也。""到牛行车站,不见长沙车踪迹,""问讯后始知去长沙汽车系在总站开出,为茶房所误矣。乃急搭市内汽车赶到总站,始见旅客麋集,正在做行李,天亦放晴,晓日瞳昽矣。余行李二件,争挤久之,始得签票,计缴运费3元7角,昂贵出于意外。及登车,始知虽编定座位,亦不能凭票入座。""竭力挪移,始从邮件袋中腾出一空地,聊可屈身蹲坐,而手足俱被约束,不能少动也。8时车始开行,未出市区,即有损处,停车修理者凡二次。车到万寿宫,乃大损,司机者拆修半小时始毕。自此以后,几乎每上一山坡,必须旅客下车助之推送。""车到高安站,司机者谓站中有修理器械,宜将马达大事拆洗。""越一小时许,车始修好,遂登车启行,不十公里,而旧病复发,仍须旅客推送上坡矣。如是者不下四五十次,日薄崦嵫,始到上栗。上栗为一小站,无歇宿处,众皆焦急。车遂在夜色中行,愈益迟缓,始于晚10时20分到浏阳。浏阳至长沙,尚有一百数十公里,且至此例须换乘湘省公共汽车,今日则不特无车可换,即有亦属不能行,遂止于此。同车旅客凡11人,有北洋大学学生程君,上海医学院学生李君,兵工署技师陈君,国立戏剧学院学生金女士,皆在车中谈笑以互遣寂寞者,至是,同入城内,投宿馥馨旅馆,每人一宿二餐,所费才5角耳。"

十三日　先生日记:"浏阳为谭嗣同故乡,孔庙礼器,胜于阙里,惜以急于乘车,未得一游观。7时30分开车,10时30分即到长沙。余行李二件载于前车,已于昨晚先到,故不即提取,先雇人力车到丰瀛里访三妹及妹倩左景祁君,渠夫妇于月初由上海到香港,转粤汉铁路归长沙,想必早到矣。长沙人力车夫不喜疾走,挽车徐步,大似改行秀才,余初乘之,不觉失笑,而长沙人则高坐怡然自得也。车到丰瀛里左宅,问讯始知景祁夫妇俱已外出,即留一名片而退。由人力车夫之介绍,投寓离此最近之天乐居旅馆。即在旅馆中午餐,餐后小睡片刻而左君偕三妹来,相见各道行旅艰辛。2时,同出到左宅,见左君兄嫂诸人,皆初会也,旋托左宅仆人去发一电报,以慰家人。左君母丧,灵堂未撤,余以新亲,未致吊奠,遂出至巷口购办素烛一对香三炷,为展拜焉。及晚,景祁大兄曼仲先生宴之于潇湘酒家,大盘大碗大匙大箸,荐以肥腻,湘中款客,丰厚至此,未中席便腹果然矣。筵散,余陶然而醉,由景祁送至旅舍,约明晨迁居其府上,余漫应之,颓然就枕,亦不知左君以何时去也。午夜酒醒,闻窗外檐雨淅沥,帷幔飘动,甚有寒意。别室仿佛皆有女乐,筝琶之声,骚怨可念。床上臭虫又多,益反侧不能成寐。既而腹痛欲绝,披衣下楼如厕,竟病泄矣。余所僦室在三楼,厕所则在底层,半夜之间,升降五次,疲惫之至。"

十四日　先生日记:"清晨即向旅馆结账,雇车至左宅。即同景祁到汽车站提取行李,因天气骤冷,余秋服皆在衣箱内也。易衣后,复腹泻数次,至午间则下痢矣。下午,遂卧床不能起,嘱人买约脱灵(Yatren)两丸吞之;又由景祁介绍渠姻戚徐先生为诊脉处方,服国药一剂;迄晚尚未见好处,一夕如厕二十馀次,甚闷闷,竟日未进食。"

十五日　先生日记:"上午即迁入附近之仁术医院,由娄瘦萍医师诊视,并为详细检查身体,甚感之。下午,作书寄汉口欧亚航空公司二妹倩蔡君,问能否以优待价自汉飞滇,盖深恐病久,不能再从容取道公路耳。终日禁食,饮罐头牛乳数杯,倚枕看窗外秋雨淙淙。羁旅之情,殊不能堪。"

十六日　先生日记:"痢未止,但医师验粪便,谓细菌渐少,当可速愈,因得少安心。三妹及左君上下午均来探视,阅携来之《旅行杂志》第11卷第6、7两期,其中有胡士铨君所作《京滇公路周览团随征记》,惜自沅陵以后,尚未刊出,而余所欲知者,正是黔中情形,无可参考。"

**同日** 夜"服药后颇不思睡",润饰沿途所作诗稿,作诗《长沙左宅喜晤三妹》。

**十七日** 先生日记:"午间,痢始止,即感饥馁。院中进膳,只稀粥一瓯,炒蛋一碟,油重颇难下咽,遂嘱侍者去买酱菜。侍者为买来九如公司之福神渍一罐,皆蜜渍甜菜,尚可口,遂尽其粥。""阅报知谢冰莹女士已组织湘中爱国女子出发赴前线服务,英迈之气,直愧须眉,惜困卧病榻,未能去晤送也。"

**十八日** 上午病愈出院,回到三妹夫左景祁家住宿。先生日记:"汉口复信迄未来,度之任[先生二妹夫蔡氏]必已调西安供职,吾信其付浮沉乎。下午独行,略看长沙市街状况,雇车到黄土岭电器制造厂访老友钱应瑞,多年不见,晤谈甚快,4时半同出,仍回左宅少憩,旋邀景祁同到八角亭散步。此为长沙最热闹之市廛,与杭州之清和坊何其酷肖耶。既而在南国酒家晚餐,余不敢饕餐,只尽冬菇鸭片粥一器。"

**十九日** 中秋节。先生日记:"晨起即雇车到汽车西站问湘黔公路行车情形,据云并无联票直抵贵阳,目下只能买票到沅陵,价12元5角。沅陵以西通车与否,亦不确知,但大概总有车可达贵阳,不过多等时日而已。至于贵阳到昆明有无客车,则绝对不知矣。余闻言大为踌躇,诚恐到贵阳后仍不能去昆明,则势必复返长沙,方有飞机可通,如此则时间与金钱,两受损失,颇非谨慎之道。""既而雇车至公路管理局,索取湘黔路行车时刻及里程表。司阍者索刺,却投刺,刺入,久之始出,答以未印好,问之亦不得要领,废然而返,然余已决心从公路行矣。下午应瑞来邀,遂嘱左宅仆人到汽车站买明日沅陵票,并先将行李送去。即偕钱君出游,经八角亭,在国货公司买呢帽一顶,即至民众俱乐部、国货陈列所等处;既又雇人力车到容园,""在园内碧茵社茗饮,佐以芽姜,风味绝俊。6时入城,歧路口辄有挡箭石碑,为民间厌胜之物,而备镌四向各通何处,里程若干,盖民俗物而有俾实用者,其制甚好,吾江浙一带所未见也。既入城,钱君导至远东咖啡店晚餐,兼湖南女招待之发祥地,固声名藉藉者也。晚归左宅,始得汉口蔡君航快,知飞机交涉已为办妥,可以亲属票价自汉飞滇。其时左宅仆人已为买好汽车票,遂急雇车再到汽车站,拟商请退票,取回行李,讵站中已无负责人在,未能如愿,遂留一简而返。心中踌躇,犹未决定何所适从也。"

**同日** 晚上作诗。先生自述:"今日为中秋节,国难方殷,家艰愈甚,夜阑对月,不觉感喟。忆去年中秋夕,""遂仍用前韵,作五言八句,诗思萧瑟,不知所云矣。"(《西行

日记》)

**二十日** 先生日记:"黎明即起,景祁伴余到汽车站。盖昨晚退票未成,返寓后又翻然变计,仍走公路入滇矣。7时渡湘江,8时即开车。在渡轮上即识驻黔别动队第三大队长吴伴云君,浙江人,方从庐山受训回贵阳,车中遂有谈侣,聊不枯寂。吴君询知余目的地为昆明,遂大谈黔滇段公路之险峻,及其间土匪之猖獗,余不觉惴惴,颇悔不由汉乘飞机矣。12时抵常德,即在站旁小肆中进米粉一碗,以当午餐,庖人为多用辛椒,辣极几欲堕泪。下午1时继续行程,自长沙至常德,一路均在平阳中行,常德以西,渐入山国。经桃南站,谓桃源县之南也。桃源产五色石,在长沙时曾见之,价甚昂,至是颇欲买一二方,惜非入城不可。""经马底驿后,地势益高,车直在山顶上迂回而行,7时始到沅陵,计程凡381公里。在车上时,有沅陵客谓竹园饭店在车站旁,颇修洁可投止。即下车,问竹园饭店,始知已无馀榻,乃随吴君投宿全国大旅社。""晚餐后,吴君晤其同袍某君,亦从长沙到贵阳,谓在此候车已一星期,顷到车站问讯,恐明日亦未必能有车可西驶。余闻言,颇为惶悚,若须在此久候,计不如折返长沙之为愈矣。""9时解被褥就睡。初,肢体得苏憩,睡极酣适。既而臭虫群集,竞来侵啮,殆警觉时,左股及左胁间,已累累数十饼,略一抚摩,肌肤起栗矣。且左室有将佐数人,方事樗蒲,围而观者似亦不下六七人。后室有女伎三五,更番作乐,讴歌宛转,筝笛低迷。俱大扰人,不能安枕,遂披衣排闼而出,山月初升,西风忽紧,哀猿绝叫,孤鹊惊飞,复独幽凉,悲来无方,真屈子行歌之地,贾生痛哭之时也。"

**同日** 作诗《渡湘江》《沅陵夜宿》。

**二十一日** 晚上灯下作日记:"晨6时即先到汽车站,询知今日幸有车可到晃县,乃急返寓邀同吴君及其友人各携行李到站。费九牛二虎之力,始买到车票,计8元1角。8时开车,11时许至辰溪,渡辰水。""时方有桂军辎重队就渡,牛车伊轧声,舟子呼应声,战马嘶蹄声,兵士吆喝声,军械击撞声,与浣女谣歌声,杂然并作,即景闻声,颇觉豪迈中有忧郁味。下午3时许,车抵芷江,即在站中就食。时天气忽变,细雨濛濛,幸不久即止。6时行抵晃县,是为湘黔车衔接站,汽车站分设抚水东西岸,东岸为湘省车站,西岸为黔省车站。自沅陵至此,计程凡240公里。晃县城在龙溪口,离车站尚有五里,故未能入城,遂宿东站旁洪顺旅馆,仍与吴君为伴。"

**同日** 作诗《夕次潕水》,以及《辰溪待渡》,先生自述:"我经过湘西各地,接触到那个地区的风土、人情,不禁就联想起从文这两部小书[《湘行散记》《边城》]。我在辰溪渡口做了一首诗。""这就是'有诗为证',说明我在亲临其境的时候对这两部作品的

感受,也证实了这两部作品的生动而深刻的现实主义。"(《重印〈边城〉题记》)

**二十二日**　先生日记:"晨6时即渡潕水到西岸车站,询知今日幸有一车可开黄平。惟此车为黔省开办公路交通以来第一号车,恐已太旧,不宜过重,而今日行程,又为京滇全路中最险峻者,况连日在此候车之客,已不下四五十人,而余则昨日并未挂号。""余在长沙时固曾挂号,但在沅陵则因与吴君同到卖票房中购票,站中人不敢支吾,故虽未挂号,亦即享先占特权,今日则吴君及其友人已先在车中占取座位,余独自办此交涉,站长遂得以未挂号为辞,阻余行程矣。余初颇为所动,但继而又恐今日以后,行车又无定期,""坚请允予买票,站长无奈,即将黄平车票付与,计8元05分。惟行李二件,则坚不允同载,""惟私谓站长,余须到昆明,希望将余之行李尽先交运,勿使在贵阳久稽,即深感怀。站长颔之,允明日定必将余之行李运去。7时30分开车,行十馀公里,过鲇鱼铺,即入贵州境。又若干里,到玉屏县,县治甚小,以产箫著名,""余不善吹箫,但颇欲购一对,以为他日返里馈遗之资,试一问价,昂贵出意外。""车入贵州境后,即终日行崇山峻岭中,纡回曲折,忽然在危崖之巅,俯瞰深溪,千寻莫止,忽焉在盘谷之中,瞻顾群峰,百计难出。崄峨之状,心目交栗。镇雄关、鹅翅膀,尤以险塞著闻,关轮疾驰以过,探首出车窗外,回顾其处,直疑在梦寐中矣。下午5时,行抵黄平,计自晃县至此,适200公里。""是日,有黔军去前方杀敌者自省城开到此,逆旅公舍,俱有人满之患,余等多方计图,始得在民新旅社赁得一室。"

**同日**　作诗《晃县道中》《夜宿黄平客舍》。

**二十三日**　先生日记:"晨4时即为门外人马喧杂之声所惊醒,遂即起床,启户而出,从疏星残月光下,看将士整队待发,骏马振鬣而长嘶,角声因风以遥起,于时又有邑中学生游行欢送,……壮烈之情,油然而生。7时购票登车,今日因最先到站,故得据前座,车行时大减颠簸之苦。时旭日初升,车行不久,即逾一大岭,""盖此地为湘黔全程中最高峻处也。渡重安江,越泸山,饭于马场坪。黔桂公路自此始。下午,车经贵定,龙里而抵图云关,省会东郭外要塞也。车止此受登记,旅客亦均受严格之检查,凡一时许始竣事。车疾驰下坡,行平阳中凡四五公里,即到贵阳。计自黄平至此,凡190公里,车费7元6角5分。既下车,仍受检查,余以行李未到,随身只一小提箱,警察略一检视即放行,遂谢别吴君,雇人力车投止新世界大旅社,亦同车某客所介绍者也。新世界旅社在城中新市场,创设未久,故甚整洁,屋宇亦轩朗,遂在三楼赁得一室,每日8角。""余以连日所宿,均在猪栏牛舍,鸡埘马厩之侧,架板为床,编草为席,膻秽之气,中人欲呕,今乃得此,虽实际尚不及上海之中下逆旅,然安适之感,已不啻居新亚大酒店矣。少苏息,即外出,问道至院前街访聂汝达君,则不在家,留刺而返,中途忽相值,遂邀至其家,畅谈甚快。即在其家晚餐,餐后同至二妹倩蔡之任家。之任旅沪18年,未尝回黔,故余二妹亦未尝谒见其姑姆兄嫜,不意余乃先得展谒焉。初,余以行旅迟滞,恐云南大学已早上课,辄甚急躁。今日在蔡家闻知云大尚在黔中招考新生,限9月30日以前必须到校注册,然则此时盖未曾开课,为之大慰。拟在此少留,一恣游观。"

二十四日　先生日记:"晨8时聂君来,导至德顺铺吃肠旺米粉及肠旺面,贵州特有之点心也。""每碗量甚少,余既不健啖,罄三碗亦未足充饥。肠甚佳,旺则颇难吃,盖生凝猪血,色鲜红可怕耳。益以辣子,为之卷舌入喉,乃尽二器而止。仍由聂君导至邮政局,寄发家信并致长沙三妹信各一通。问知电报收发办事人尚未来,遂在附近某书铺检阅书籍,无可买者。少须,仍至邮政局,发一电报致云大熊校长。在聂家午饭后,即到大东澡塘沐浴。自陟征途,未尝沐浴,垢汗蓄积,殊不能耐,得此竟百体舒畅矣。浴后即到蔡家,今日适为之任祖父二周年忌,余以未悉黔中礼俗,无以将意,一拜而已。即在蔡家晚饭,肴馔甚丰,皆黔法烹调,甚非外省所能得尝,且又出之家庖,尤可贵已。饭后以水果进,余始得食地萝卜。""自入黔境后,每到一站,辄有售此物者,车中人常好购以解渴,余则初未尝试也。"

二十五日　先生日记:"夜眠甚酣适,今晨起身,已8时后矣。独行南华路中,饮食店外,列肆多未始业,似此间市面甚晏。到一甜食店,吃银耳一碗,八宝饭一碗,价廉物美,择一钟表铺,嘱修表,约晚间来取。盖昨日余表忽损坏,曾一度修理,终未修好,夜间又停止,故不得不另试一铺也。到汽车站,知行李二件果已运到。遂领出,雇车返逆旅,途中曾受检查二次,亦烦琐哉。余衣箱中书多衣少,故较重累,自南昌到此,计所纳运费已18元,而书值不过二三十元,殊不值得,余自忖自贵阳至昆明,尚有四日程,以前例计之,恐尚须运费10元左右,则不如邮寄之为愈,遂尽出箱中书籍,携至聂家,托聂君代为包裹付邮。在聂家午饭后,即独行返寓,晤黄震遐君。黄君供职中央航空学校,奉派入滇筹备分校,与余适同寓,谈故甚快。4时仍到蔡家晚饭,黔中习俗亦如江西,一日两餐,故晚餐甚早也。晚8时返寓,向黄君借看《滇黔川游记》,此书系中华书局出版,为游此三省者之最好参考书。余日间曾赴中华书局购取,以适售罄未得,遂不得不借之黄君,许以明晨即璧还之。9时许,之任兄之夏、妹之玮,同来,因余已定明日赴滇,故来答访耳。"

二十六日　先生日记:"晨7时雇车到汽车站,""遂以7元7角5分购得永宁票,又纳行李运费9角讫,即自登车,初以为客少车敞,必可舒适,讵知车上已先坐军士多人,皆无需购票者,遂次末坐,侷踏万状。既而忽潇潇雨作,贵州素有'天无三日晴'之谚,余居此三日未雨,则此潇潇者亦固其宜,独愁雨势倘大作,则公路或有松损,车行易致意外耳。旋瞥见聂君及蔡女士等已在站中,似正在觅余者,遂挥手招之,二人冒雨奔来,殷勤送别,甚可感也。车行后,雨益大,气候亦益冷,余所衣为夏季洋服,渐不能支,乃出绒布晨衣披之,犹不禁颤栗。车窗皆以木制,无玻璃,雨作则闭之,遂无顾盼之娱。""午间雨霁日出,开窗视之,远山鲜翠欲滴,大是娟妙。车所经行,皆润泽,不复扬尘十丈,尤慊人意。下午1时抵安顺,就餐焉。""下午5时到永宁,计自贵阳至此,凡193公里。永宁亦山中一小邑,居民不过三四百户,无旅馆。余得同车贺君(四川人,在滇经商有年,常道出此,故甚谂之)导,入一陋屋,云可以投止者。"

**同日** 作诗《黄果树观瀑》,先生自述:"发安顺,过镇宁,至黄果树,路转峰回,便见中国第一大瀑布。上则匹练千尺,下则浮云万叠,势如奔马,声若春雷,遂命司机停车10分钟,凭窗凝望焉。"(《西行日记》)

**二十七日** 先生日记:"晨7时到汽车站买票至平彝,计7元7角5分。行李二事,纳运费1元05分。7时启行,仍驰驱于悬崖绝壑间,今日行程,似更为荒凉,辄数小时不见人家。""尝闻中秋之夕,贵阳附廓苗民曾举行跳月,惜余病滞长沙,未能一赏此民风也。中午,抵安南,饭焉。米作紫红色,无汤,颇难下咽。自安南西行,经普安,遂缘盘江行,滚滚黄流,势甚湍疾。凡数里,而至铁索桥,昔尝从徐霞客游记中知其为黔西险要,今亲临其地,视之果然。""余等初意皆下车徒步过桥,使车身减轻重量,而司机者谓无须,缓驰而过,铁索徐徐振荡,轧轹作声,殊足危怖。""渡铁索桥,车常回复行,登一大山之巅,又回复而下之,如是者数,以达于盘县,中间亦未尝见人家也。""余车到此,已夕阳在山时,例当宿于此,顾司机人以为馀勇可贾,今夕必驶抵平彝。""时车上旅客惟蜀商贺君及其徒,另有滇商二人并余共五人而已。余与贺君俱愿西驰,而二滇商则以此去辄多匪患,最为不静,矧又当薄暮,期期以为不可。而站长亦以平彝方面适无黔车驻候,""遂决定即晚到平彝。""车遂西向疾驰,登青天,入幽谷,出没万山中。以下大盘山,经二十四拐,窄径回复,每一曲折,均须先使车逆行,方得过,否则覆矣。此亦黔滇公路中一险要也。其时车方迎夕阳行,残日熔金,光芒万丈,不可逼视。车折过一崖壁,司机者双目为阳光所乱,竟迷前路,车忽旁出,遂陷洿泥中,前隔绝壑,幸早抑制车轮,否则若再前行一尺,即下堕万丈,人车俱尽。此则余登征途以来,所遇最大危险也。车轮既陷洿泥中,百计不得出,司机者与客共四人,推之亦不动。遥见对山有人家,司机者遂趋之,约半小时许,邀得护路兵二三十人来,共相推挽,又久之,车始得出。夕阳已逝,弦月未升,仅得缓缓行,8时20分始到平彝。""由贺君导至一家投宿,其家只楼屋一栋,主人自住户后一小屋,与猪栏为邻矣。余先登楼,见有三榻,已有客占其二。客一男一女,云是四川人,在上海读书,近从上海而海防而昆明,更取道贵阳以返里者。余遂商之,能否许余占此馀榻,客不能却,颔之。余遂命人搬行李上楼,而贺君及其徒则宿楼下矣。洗漱讫,嘱主人治炊,余则邀贺君同入城参观。""以1元购得鸡一只,猪爪一个,与贺君分提之而返,黄粱方熟,共快朵颐。饭后少憩,上楼就睡。"

**同日** 晚上作诗《车行湘黔道中三日,惊其险恶,明日当入滇知复何似》。

**二十八日** 晨起进城,寻至滇省客车售票处。先生日记:"至8时再到售票处,仍未开门,叩之既久,内始有人呹呹拔关,视之则一老者。告以购车票意,老者云今日开午车,12时始卖票,言次似甚怪其急急者。然终出其票簿,允余等先买票,自平彝至昆明,计二等座16元,余初颇讶其过昂,""贺君告以此是旧滇币,折合中央币适2元,非误也。至是而始知滇省金融之复杂矣。购票后,仍返至茶社,有老者三五人竞来问讯抗日战事情形,余为琐琐述之,听者渐縻集,后竟不下三四十人矣。余语既罄,人复散去,与贺君枯坐,""12时始得登车。""贺君初邀余入头等座,既坐,觉局踏甚不适,遂移至二等车中,藉被包而坐,反甚柔软。车既行,一路皆平坦,不复有高山深谷。遂于下午3时一刻到曲靖。""司机人谓今日且宿此,须明晨去昆明矣。无奈,遂下车,投宿大东客栈。大东客栈已驻有滇中军队,无馀室,乃由逆旅主人为谋之于其邻,得二室,强邀余等止焉。余径上楼,占得一榻,而后来者众,竟无宿处。主人为二妇人,语哓哓不可解。大约不愿旅客他去,故坚持须二人共一榻。未几而牵一客来,嘱客将行李置余榻上,示将与余共榻也。余大诧怪,力持不可,许以酬付三倍宿费,始欣然曳客他去。宿处既定,遂托贺君之学徒代为照管行李,独行市廛间。""返寓,与贺君及其他旅客闲谈,9时始上楼。楼屋本极逼仄,仅二榻,余既占其一,另一榻上果已眠二客,而地板上乃亦眠二客,皆妇人。余榻上所设一草荐,已尘污作黑色,恐有臭虫,不敢用,遂卷置一端。解被包,出一薄被,拟和衣而卧矣。临睡,主妇来收宿费。""余不觉失笑,盖一人而眠三榻矣。"

**同日** 晚上作诗《登曲靖城楼》。

**二十九日** 先生日记:"昨晚邻家楼上有女尼七人作佛事,梵呗铙钹之声不绝,且相隔只一板壁,空隙甚广,非但不能少阻喧扰,抑且张目即见,竟夜未睡,6时即首先起身矣。7时到云南公路汽车联合营业处问讯何时开车,则谓昨日之车尚须先赴某处载煤,俟载煤返,当再载客去昆明,故至早须10时也。遂拟觅一点心店或茶店,少解饥渴,竟不可得。市上有买梨及粑粑者,乃购梨四枚,及粑粑二饼尽之。梨甚佳,每个才一分,亦足令外省人惊讶也。11时车始回,煤竟不卸,且复有火腿数十筐,云并载赴昆明者。于是二等客只得与煤块火腿同处一厢。余不得已,躐等坐头等座,亦竟无人干涉。曲靖至昆明,只160公里,在理四小时可到,乃车竟屡损,不三四里辄一止,至晚间9时,方到昆明。经三度检查,始得下车出站,雇人力车投宿得意春旅馆。至是而3 000公里之旅程,遂以告竟矣。"

**同日** 由松江途经浙江、江西、湖南、贵州等诸省公路,于当晚抵达昆明,是夜写讫《西行日记》。

**三十日** 先生即往云南大学报到,被安排临时暂住在校内学生宿舍。先生自述:"其时云大由省立改为国立,还在筹备时期,各方面新聘的教学人员还未到齐,故还没有上课。"("我在昆明的生活和社会关系",1968年)"和我同时来到的有李长之、吴晗、林同济、严楚江等人,这是抗战爆发后第一批到达昆明的外省人,不过二三十人,他们都是在卢沟桥事变以前决定应聘的,所以他们的来到昆明,不是由于战事影响。"(《滇云浦雨话从文》)

**同日** 在《宇宙风·逸经·西风》(非常时期联合旬刊)第4期发表《上海抗战的意义》:"我希望大众不要把上海抗战的意义看得较大于华北抗战。而为了矫正这种有意无意的观察错误起见,我敢向集中在上海的从事后方抗敌救亡工作者建议,请他们都迁移到汉口或洛阳去。那地方在全国之中心,可以作通盘筹算,平均支配,庶几人力财力,都有适当的用处,这样才能收到长期抵抗的实效。否则,我恐怕上海虽然保持胜利,而平津则终于不易收复也。"

**是月** 《广州诗坛》第1卷第3期刊载鸥外鸥《搬戴望舒们进殓房》提及:"所谓戴望舒派云者,是《现代》杂志出版的一划时间中,在此个杂志出身诗坛的人物所组织的一派。""我们一方固怀疑于此一群人的人材之是否不过尔尔的贫乏,而事实上否之他们便不会被施蛰存所哂纳。""模仿戴氏最尚最力的玲君、金克木、侯汝华、陈江帆等之被优遇不是偶然的了,施戴的对于此一群人之编练亦未尝不大费阴谋,因为立心把凡来投靠的皆置之于望舒之下,以养成望舒为一领袖地位的诗人。""'正统派一些吧'、'不敢恭维'、'这样不能不警告了'(此系根据他给诗作者们的书信的),施氏常运用这样文字这样语言向人的。我们可以说戴望舒派,完全施蛰存凭了《现代》杂志一手所组织成的阴谋。""大概施氏戴氏低回于所谓名士气吧,乐山乐水的对于故乡(松江)风物有缱绻之馀念。""而施蛰存的'躲尽危机,消残壮志'、'从人海的狂涛中被遗留下来',又不是如出一辙吗。""施蛰存在既休刊的《现代》4卷1号上发言竟谓'是纯然的现代的诗,他们是现代人在现代生活中所感受的现代的情绪,用现代的辞藻排列成的现代诗形',此直是荒谬狂妄之解释。""《现代诗风》《新诗》该两杂志如果作为代表着现代的时间的新的意义,真不能不痛斥狂妄了。""自施蛰存的'墙之东,墙之西',互至侯汝华的'月在空中,月在水中',戴望舒的'九月的霜花,十月的霜花',五年一日的绝句,不见他们的技巧如何地脆薄。"

## 十月

**一日** 在《宇宙风》第48期发表《后方种种》。

**上旬** 正式担任国立云南大学文法学院文史学系教员,薪水为140元(先生书面材料)。先生自述:"系主任分配给我的课程是大学一年级的国文、历代诗选、历代文选。我战战兢兢地接受了任务,努力备课,编讲义。上了几个月课,才知道过去光是读书,纵然读得很多,全不顶事。有许多古典作品,过去读过几十遍,自以为懂了,没有问题。可是拿到课堂上去一讲,经学生一问,就觉得有问题了。怎么办?要解答,就得研究。从此开始,我的读书方法才深入了一步。"(《我治什么"学"》)

另,按先生自述:"中国大地上发生了抗日战争,不久又发生了第二次世界大战。我的文学生活受到了干扰,我不得不放弃文学事业,而在各个大学里担任古典文学的教学工作。"(《英译本〈梅雨之夕〉序言》)"从1937年下半年起,担任大学教席,直到1986年退休养老,古典文学研究,是我的职责。"(《施蛰存文集·序言》)

**约在期间** 据李埏回忆:自香港乘船趋海防,取道河口回滇,"我坐的又是炼狱似的'统舱',更令人难耐。因此,一上船安顿好床位,我就带着一壶水和在香港买的一册英国小说到甲板上去。我正在看书看得入神,忽然,有一个人在我的旁边驻足停下。我抬头一看,原来是一位三十来岁,个儿修长,架着一副银边眼镜,穿一件白绸大褂的斯文人。他见我看他,就把我手中的书接过去翻了一下,和我谈起话来。他问我是不是一个学生,是不是学文学的。我回答我是学历史的。他就说:'这船上有一位历史学家吴晗先生,你认识吗?'我说:'我读过吴先生的文章,多次听到师友谈及他,却没有见过。'他接着说:'你要不要见见吴先生?要见,跟我去。'我早就想一见吴先生,于是跟了他到二等舱去。这位热情而和蔼的先生,原来是文学家施蛰存先生。舱房里,像今天火车上的'包房'那样,有两张窄窄的床。辰伯师正坐在一张床上,看着一本书。施先生一进门就说:'吴先生,这是一个学历史的学生,回云南去的,我带他来看你。'辰伯师放下书,望了我一眼,笑容可掬地让我坐下,开始和我谈话"。(李埏《心丧,忆辰伯师》。按:为此段"回忆",特征询云南大学李埏教授,疑为此间先生与吴晗可能利用"双十节"假期外出旅游返回时,后又换乘滇越铁路列车。即先生《路南游踪》所述及"这是我第二次乘滇越铁路车",那么,此次是否会是第一次乘此线?尚不能确定,因而照录,俟考。)

**十九日** 文化生活出版社初版发行、鲁迅纪念委员会编印《鲁迅先生纪念集·评论与记载》,书内《"光明与力"的化身,一个有力的革命战士呵!》提及:"虽然他和伍实先生与施蛰存、徐懋庸诸先生直至最近或正在'相争'或仍未释然。"(原载《山西艺讯》)

**下旬** 先生迁至云南大学临时教师宿舍"王公馆"居住,即原云南教育厅长的住宅,地处校门斜对面的翠湖边上。先生自述:"校长熊庆来在云大附近租了一所房子,给外地来的教师住,我也住在这所房子里,最初认识的有李长之、吴晗、陶音、彭桓武,这几个人都是清华大学出来的。另外还有一批四川人,何鲁、李季伟、张和笙等,这几个人年龄均比我大十几岁,是一些老留学生。国立云大最初的师资,就隐隐然分为三派,1. 清华派;2. 四川派;3. 本地派。我是清华大学朱自清介绍来的,年龄、思想、关系都与清华派相近,所以一般也把我列入清华派。本地派的教师,认识的有方国瑜、徐嘉瑞、白小松、施章、楚图南等人。""对于三派同事,我都保持相当的友谊。"("我在昆明的生活和社会关系",1968年)

另,据李埏回忆:"辰伯师[吴晗]和施先生都下榻云大临时教授宿舍。这宿舍,是一个大四合院,位于东海子边(今翠湖北路)北头,与云大正门(即"为国求贤"门)斜相对。云大那时无教师宿舍,临时租了这院房子专供自省外聘来的教授们暂住。辰伯师、施先生和新自法国回来的数学系教授王士魁先生各住正房楼下的一间。三间相连,只有一门。辰伯师出进,得穿越施、王两先生的卧室。"(李埏《心丧,忆辰伯师》)

**同月** 19日上海文艺界救亡协会和上海战时文艺家协会在上海举行鲁迅逝世周年纪念座谈会,会上决定组织"文艺界救亡协会";鲁迅纪念委员会编辑的《鲁迅先生纪念集》出版。28、29日日寇飞机继续大肆轰炸松江城厢,投弹二百馀枚,多处被炸毁为废墟。浦江清携妻女避居嘉善、杭州、萧山,又赴长沙临时大学任教。

## 十一月

**二日** 晚上11时先生接到大妹绛年由上海拍来电报,得知松江老家房屋已被日寇炸毁。先生自述:"我读了电文之后,不禁有点感怆,而平生第一次地怀念起我的家屋来了。这二十年来长于斯歌于斯的屋子,现在竟遭受了敌人的暴虐,我们一家人在这屋子里的生活,到如今终于结束了。"(《我的家屋》)"我存放在松江的一切书籍、文物,连同家具、衣服、房屋,全毁于炮火和盗窃。所有作家给我的书信,也都片纸不存。最可惜的是还有些鲁迅、茅盾、老舍和郁达夫的信。"(《〈现代〉杂忆》)"另有《维也纳牧歌》《喀桑诺伐之回家》及《狂想曲》三种,译成后未有机会印出,稿存松江舍下,抗战初起时即毁于兵燹。将来恐怕未必有兴趣重译了。"(《自杀以前·题记》)

另,据周退密、宋路霞记述:先生"抗战前仅明版书所藏达二百馀部,西书八大书橱,多于战火中毁去"。(周退密、宋路霞《上海近代藏书纪事诗》)

**三日** 作诗《得家报知敝庐已毁于兵火》:"11月2日接家报,悉松江舍下已为日机投弹炸毁,翌日感赋:去乡[家]万里艰消息,忽接音书意转烦。闻道王师回濮上,却教倭寇逼云间。室[屋]庐真已雀生角,妻子都成鹤在樊。忍下新亭闲涕泪,夕阳明处乱鸦翻。"

**八日** 作讫《我的家屋》。

**十二日** 从5日凌晨开始,日寇入侵金山卫,攻陷上海。据葛昆元记述:"施老在报上看到日军从金山卫登陆攻入上海的消息,非常焦急。由于当时不能与沦陷区直接通邮,一封书信往往要经过香港转道数月才能到达上海,更使得他为一家老小、为妻子的安全担忧。"(葛昆元《淡如水,甜于蜜》)

**十五日** 在《文艺季刊》第1卷第1期(创刊号)发表《我的家屋》并附诗《十一月二日接家报悉松江舍下已为日机投弹炸毁,翌日感赋》。

**月内** 据李埏回忆:"我是为烽烟匝地辍学返乡的,到了昆明,我为了要从两先生[吴晗、施蛰存]问学,就到云大文史系借读。吴先生讲明史,施先生讲中国现代文学,我都听课受业,朝夕问难请益。"(李埏《记吴晗先生的路南之游》)

**约在期间** 按先生自述:"到昆明后一个月,即知杜衡已避居桐庐。又二星期,得友人朱雯来信,知杜衡因拿了一张地图在街上走,被认为有汉奸嫌疑,给桐庐警察局逮捕了。""他手里拿的是一张朋友画给他的桐庐街道图,让他找朋友方便的。当时风声鹤唳,常有此种误会。杜衡生成一副书默子样子,所以当他掏出地图在街头寻找朋友的家屋时,即被不甚了事的警察抓去了。"(《我所知道的杜衡》)

**同月** 12日我国军队全部撤出上海,租界以外市区被日军侵占,租界始沦为"孤岛"。日寇侵入松江县城,大肆烧杀,新松江社的社务活动遂告停止。

## 十二月

**一日** 在《宇宙风》第53期发表《同仇日记》(上)并"题记":"诵无衣之诗,切同仇之感,故命之曰同仇日记。起八月十二日,迄九月五日,凡二十五日。九月六日以后,余起程赴滇,备历艰苦,则别为西行日记,俟续刊焉。"

**月内** 作诗《小疾遽尔困顿》:"雄心了尽北南东,衰病身同白发翁。絜膝私怜坎井鳖,倚炉闲点密云龙。斋寮寂寞疏生事,文字雕镌误乃公。偶向碧鸡山下望,长楸驰马羡夷僮。"

**约在期间** 按先生自述:"两三个月之后,昆明市上出现了大批外省人。第二批到达的是中央银行职员。第三批到达的是杭州笕桥空军,他们把基地转移到昆明。第四批到达的是清华、北大师生和中央研究院人员。""昆明有一条佛照街,每晚有夜市,摆了五六十个地摊。摊主都是拾荒收旧者流,每一个地摊点一盏电石灯,绿色的火焰照着地面一二尺,远看好像在开盂兰盆会,点地藏香。我初到昆明,就有人介绍我去'觅宝',开头是和李长之、吴晗一起去。"(《滇云浦雨话从文》)

**又** 按先生自述:"我和吴晗在云南大学为同事,又同住在一个宿舍里。第一年,初到昆明,还没有社会关系,本省教师与外省教师之间还有隔阂,不多往来。我们住在王公馆宿舍里的外省教师,自成一个部落,生活闲静得很。有好几个月,每星期总有四五个晚上,大家都在我房间里打扑克、打桥牌。吴晗是一名高手,他的桥牌打得好,每逢我和他做伴,我屡次打错,常常挨他的骂。"(《杂览漫记》)"星期日,他们建议去游昆明郊外名胜,我也和他们一起去。"("我在昆明的生活和社会关系",1968年)"在昆明的时候,所谓游山,总是到太华寺、华亭寺、筇竹寺去看看,所谓玩水,总不外滇池泛舟、安宁温泉洗澡。"(《在福建游山玩水》)

**又** 按先生自述:"至公堂是作为大礼堂和大教室用的,""皮名举在云大兼课,""早晨八点钟的第一堂课,他准时走进教室,""等了差不多半小时,才有学生陆续闪进来,他心里老大不愉快。至公堂上有一块匾,写着四个大金字'乾坤正气'。皮名举指着这块匾对学生说:'我准时来上课,却不见一个乾,也不见一个坤,这里只剩了我一团正气!'学生听了,轰堂大笑,但是也不免自愧,以后就不敢迟到了。这件事,是皮名举下课后自己告诉云大历史系教授吴晗,吴晗回宿舍后告诉我的。"(《"乾坤正气"

至公堂》)

**同月** 日寇在南京对民众大屠杀。《国闻周报》也停刊。

# 一九三八年（中华民国二十七年 岁次戊寅） 先生三十四岁

## 一月

**十二日** 先生以二妹夫蔡之任名义通过上海商业储蓄银行总行电汇国币105.50元给上海法租界爱麦虞限路惠安坊8号父亲施次于。(上海商业储蓄银行国内电汇款项回单9372)

另,据葛昆元记述:施先生夫人"既要精心抚养四个孩子,又要照顾好二位老人。另外,她还要应付当时沦陷区的物价飞涨的艰难生活。她每月凭施老托人辗转交来的工资克勤克俭安排好家庭生活。她还日夜关心远在异乡的丈夫的一切,她在给施老的信中,叮嘱他保重身体,搞好事业,教好书,不要多挂念家中。另外,她还叮嘱丈夫不要回上海来,上海危险"。(葛昆元《淡如水,甜于蜜》)

**约在期间** 按先生自述:"云南省政府主席龙云曾请过一次客。所请是三方面的人,1. 云南大学外来教师;2. 中央银行高级职员;3. 航空学校教官。这些人都是初到昆明,对云南省说来,是客人。这次宴会,我也被邀请参加的。此后过了两个星期,省政府送来一件公函,内封油印的聘请书一纸,请我担任'防空委员会名誉委员'。我起先不知是怎么一回事,后来一打听,才知道这是省政府的一种礼貌,给一个空名义,表示尊重。"("我在昆明的生活和社会关系",1968年)

**又** 按先生自述:"对于本地教师,我也曾去他们家里拜访过,有的一二次,有的四五次。像徐嘉瑞,就搞得比较相熟。云南的一些所谓'名流',我也去拜访过,例如,由云龙,秦口口[光玉](昆华图书馆馆长)。"("我在昆明的生活和社会关系",1968年)

**又** 按先生自述:"余在滇中识会泽刘治雍(尧民),恂恂儒雅君子,以自刊《废墟诗词》三卷见惠。"(《刘尧民词》)

**三十日** 除夕。作诗《除夕独游大观楼》:"楼外楼空游客稀,老夫策杖独依依。城中儿女喧分岁,日下倭夷正合围。入洛士衡非得计,去家元节总思归。萧寥一段残年意,伴取西山冷翠微。"先生自述:"我的职业变了,生活环境变了,文学创作的精神条件和物质条件也都变了。流离迁徙于大后方整整八年,我只写了一篇与抗战有关的小说,自己读过一遍,觉得对抗战没有什么效益,我封笔了。"(《十年创作集·引言》)"从此,寝馈于古典文学,社会生活也局限于一个狭小的范围内,创作小说的兴趣渐渐消逝了。"(《〈中国现代作家选集·施蛰存〉序》)

**三十一日** 春节。作诗《寄内》:"干戈遍地锦书迟,每发缄封总不支。莫枉相思歌杕杜,暂时辛苦抚诸儿。浮云随分天南北,闺梦欲来路险巇。春水方生花满陌,王师旦夕定东夷。"

**月内** 作诗《何奎垣李季伟张和笙诸公招饮大观楼分韵赋诗呈一章》。先生自述:"'四川派'[云南大学外来教师]的何鲁为领袖,他是数学系主任,又是教务长。他们都喜欢饮酒作旧诗、听戏。我也参加过几次他们的酒宴、诗社,也陪他们去听戏。"("我在昆明的生活和社会关系",1968年)

**同月** 25日《文汇报》在上海创办。国立厦门大学由厦门迁移到长汀。国民政府教育部议定将长沙临时大学迁往云南昆明。

## 二月

**月初** 春节方过,时适寒假,据李埏回忆:"我将回里省亲,特邀两先生[施蛰存、吴晗]到路南一览石林叠水之胜,两先生欣然愿往。"(李埏《记吴晗先生的路南之游》)先生自述:"曾与吴晗及其弟春曦(联大学生)一同到路南去玩了十几天,主要是到少数民族村子里去了解他们的生活情况、文化情况。路南是吴晗的学生李埏的家乡,这次旅行是李埏给我们安排的,在路南城里,就住在李埏家里。"("我在昆明的生活和社会关系",1968年)

**五日** 与吴晗(春晗)、吴春曦兄弟启程赴李埏家乡路南县旅游,乘坐滇越铁路车到达狗街子,再取道大山坡而抵达路南县城,由李埏在城外官道旁迎候,接至他的大舅父徐老先生家后院花厅下榻。

另,按先生自述:"晨5时半携铺盖卷及手提箱各一,乘昨晚预先雇定的洋车到白果巷吴宅。吴春晗君及其介弟春曦已将行李准备好,专等着我了。在吴宅用早点后,一行三人,即乘洋车同到车站,买狗街票登车,这是我第二次乘滇越铁路车。""须五小时,行程较长,而车又颠簸得厉害。""坐在我旁边的一个军官[段队长],""希望我们能在游览石林的时候经过他的村子,给他的母亲和太太照一个相。""正午,车到狗街,""把行李寄存在堆店里,同到隔壁一家菜馆里去吃午饭,""有两名伕役来问我们是不是从省城里来的大学里的先生们,""才知道是李县长派来接客的。""以一匹马驮行李,馀二马则吴君昆仲分乘之。我因为不善捉鞚,遂享用了滑竿。""回头看吴君昆仲已骑着马在前头赶路,我颇觉得有点惭愧,""从狗街到路南县城足足有四十里路,几乎全是很高峻的山路。大约走了五六里路,在一个小村子里歇息了一下,喝了一杯茶,便开始上一个大山,""我和吴君昆仲分了路,但是远远地可以看得见马背的倾斜度甚大,吴君紧抓着马几次三番有溜下来的危险。至于我的滑竿呢,伕役一步一步地挣扎上山去,绳兜也就一颠一簸的震荡,我害怕这绳兜万一断了时,我就得坠下到万丈深谷里去。""这条路上有土匪,所以每天早晨10点至下午3点这一段时候,有警察在山顶上保护行旅。""下了第一个大山坡,路旁有人搭了茅亭卖茶水及糯米饭,我们在那儿休息了一刻,抽了一支烟重新上路。""在走下第四个山坡的时候,我们已经可以在苍茫的暮色中看见那小小的路南城。""李延["延"即"埏"]君在城外官道旁迎候我们,我们当即下来一同步行入城。李君先把我们引导到他的舅父徐老先生家,因为他已把徐家后院一间很宽敞的花厅借作我们的歇息处。洗脸更衣后,""晤李君尊人莲舟先生。""在李家晚饭后,我和吴春晗君即到县政府去谒见县长宋君,因为在昆明时曾蒙教育厅长给写了介绍信。""县长宋君的风度倒并不是一个旧式的县太爷,他说也已接到教育厅长的通知,他允许在我们到夷人村子里去的时候,派几个警察保护我们。""回到徐家寓所之后,不一会,李延君又侍着他父亲过来闲谈,""因了李老先生的一番话,我们遂决定不必再麻烦宋县长。"(《路南游踪》。按:采录先生《路南游踪》时参照刘世生《汉夷杂区社会研究》,对相关人名、地名作了校订,在括号内标注,以下均同。)

另,据李埏回忆:"因我家逼窄,附近又无宾馆饭店,所以我请他们到我大舅父家后院花厅下榻。同时向亲友们借了四匹马以供骑乘,那时的路南,全县没有一辆轿车、旅行车、吉普车。若不骑马、坐滑竿,就只有徒步而行了。吴先生不愿坐滑竿,说那不人道,只愿骑马;而施先生又不善骑马,上下马都得别人扶。幸亏那几匹马都很驯顺,大家按辔徐行,没有出什么事故。"(李埏《记吴晗先生的路南之游》)

**同日** 姚鹓雏由长沙复先生函:"多年不相闻,知文阵高骞,声华藉甚。弟荒落日甚,役于吏牍,无可供切磋也。旅镇近十年,去岁11月始乞假,携家游汉上转道入湘,得晤朱皇闻[雯]兄,寇烽相逼,故园焦烂,相对慨然。因悉兄主讲滇中,并知在宥[闻宥,字在宥。以下均同]兄亦将来昆明,为之欣然。""寒家亦五口之多,行旅携将,颇为非易,老嫩怕动,遂成踌躇。荷承嘉招,敢以臆告,惟念诸兄,翩然俱集,友朋之乐,不无有动于中。倘饮啄有定,机缘相凑,或竟取道海防,一览金马碧鸡之胜,未可知也,届时再以奉闻。弟近颇作诗行卷,所录已得四十馀首。最近所作四章,辄书另纸,附以呈教请兴,在宥兄同正之。一行作史,独此事尚未废耳。兄尚记'携手江干四少年'之句否,忽忽遂已十几年,人生电光石火,可叹也。""在[宥]兄函两纸,乞转致为叩。"另,此函附书红栏八行笺纸三页诗作《寓感》:"椒菜糖茶岁事新,麓云湘雪点初春;卅年谁省看天涴,万里今为避地人;老去魏舒成襆被,乱来张翰苦思莼。平生知旧犹馀几,好与穷途共苦辛。江天萧瑟记前游,历历陪都又润州;入幕多惭三语掾,看山不意十年留;伶俜客路心犹悸,寂寞闲窗事转幽;冷醉微吟俱世外,未应迟暮动羁愁。春寒闾巷益萧然,闭户绳牀坐欲穿;细雨簷花增远思,东风园菜换流年;时名忝窃原非分,暮景飞腾祗自怜;少日疏狂真失计,久知上策是求田。(首句用遗山诗)绕树无枝当奈何,南来何事不蹉跎;釜鱼漫叹沟中瘠,山鸟空嗟石上禾;欢意渐稀知老至,名心略尽尚情多;荒荒冻雨兼春雪,呵手窗前且放歌。在宥、蛰存两兄同正之。向来好言宋诗,所作颇嫌塞涩伤气,近颇泛滥元明,稍窥遗山放草为直干,虽似粗率,要不失真实,所谓渐近自然。两兄谓何如。"

**六日** 在李埏乡亲高文良全程引导下,游石林,又至五株[棵]树村庄,再返城。先生自述:"7时即起,盥洗毕,早餐尚未备,就在城中各街走了一转。""本来想乘坐滑竿,但吴君昆仲坚主骑马,并且也劝我趁此机会学一学驰骋之术。我心中不免动摇,颇油然而有据鞍之兴,遂即欣然首肯。李延知道我不会骑马,所以特地替我预备了一匹驮马。""我跨上马背,坐在那鞍架上,觉得怪不舒服。""于是我表示宁愿摔交,不愿骑这驮马。吴君等都笑起来,请李君给我的马换上了一道鞍子。""出了东门,另外一个名字叫做高文良的李君的乡亲给我们提着摄影机和其他什物跟着走。来到城外大路上,吴君昆仲策马疾驰,李君的马也跟着跑了。我的马在最后,看见前面三匹马绝尘而去,也不甘落后,翻滚银蹄,追奔上去了。我竭力保持身子的平衡,不让给溜下去,但是有好几次是已经滑下了鞍子,又努力坐正来的。我觉得马背在我胯下像波浪一样地往前涌,耳朵中只听见呼呼的风声,眼前只见一大堆马鬣毛。我屡次大叫前面的马赶快停止了奔驰,但吴君他们都哈哈大笑。这样我完成了生平第一课的骑术。""下了马,把马系在石头上,大家从那些石树中穿进去。""离开石林不多远,我们到了一个小村庄,""五株[棵]树。""在一个家门口下了马,""主人甚是殷勤,供给我们茶水之外,又另外给我们每人煮了一碗饵觧丝。我要给他们一点钱,可是他们坚不肯收。于是我们给他们全家照了一个相。""从五株[棵]树返城,因为想起了段队长的约,我们另外走了一条到铺[堡]子街去的近路。大约在下午4时光景,我们走上了一个山冈,就远远地望见前面有一个人驰马而来。""段队长把我们邀到他家里,一边款待我们喝茶,吃松子,一边忙着招呼他的老母亲和太太及儿女们换衣裳。我们给他在一个大院子里照了一个合家欢,又分别照了几张单人的半身像。因为天色已经在黑下来,我们急欲动身进城,但段君却一定要请我们吃晚饭。晚饭陈列在一家开药铺的医生家里,陪客是阁村的耆老和读过几句书的庄家。""这一餐饭使我非常感动,我实是平生第一次受这样淳朴忠厚的乡老们的款待。"(《路南游踪》)

**同日** 晚上作诗《游路南石林诧其奇诡归而作诗》。

**七日** 阴历正月初八。举行龙王会的节日,赴东海子村庄,赶黑龙庙会,又策马登山之游。先生自述:"吃罢早餐,备好马,已经10点钟了,仍由高文良步行引导我们一行四骑出发。""是举行龙王会的节日。""到了东海子,即在村长赵家休息。""寨外埂子上,早已有数千人聚集在那里。""有三个夷女,相貌似乎可说是我们所看见过的最美丽的,""希望我们能给她们照一个相,""把这意思托高文良告诉我们了。""听见鼓声在很远的村子里咚咚地响着,孩子们起着哄,知道行列快来了。吴君在路旁相度形势,寻觅一个安放三脚架的适当地点,预备给赛会的行列留一个影。我偶然走到一座很小的山神庙旁边,看见一个六七岁的孩子正在很严肃地磕头,磕好头便起来,站在一旁,涕泗淋浪地哭了。我觉得很诧异,就走上去问他为什么哭,他说奶奶不见了。我就劝慰他坐在寨门口等奶奶回来,不可走开。""我回到吴君等所站的地方,鼓声已在坝子里了。""行列过尽以后,群众即跟随着走,拥挤杂沓,热闹非常。我们即回到赵家去上了马,也跟着前进。""我的马落后了,竟与吴李高诸同伴相失。我很担心我的马会惊跳起来使我控制不住,因为一路上有人放爆竹。""我的马跟着群众走上一个最高的山头,""驻马在这高峰之巅,生平没有经历过这样的壮举。""找到了高文良,便下了马,托他找一个地方给拴了。""乡老似乎发现我是一个外来的观光者,把我招待到一间小屋中去用茶。我认识了会首黎君,看他很忙,随便敷衍了几句,就辞出了。""我在山腰边一丛小树林中找到了李君及吴君兄弟,大家开始买甘蔗吃。后来李君的亲戚徐家的人也挑着食担来了,高文良也来了。我们就拣一片平地举行了一顿很丰盛的野宴。""李君告诉我们说,我们所要看的龙王会的盛况现在才是开始呢。"(《路南游踪》)

**八日** 游天生桥,访芝云洞,以及大叠水及城郊的魁阁、孔庙、狮山。先生自述:"昨日之游甚疲惫,晚间又很冷,故今日早起已9时,但游兴仍浓,迅速盥洗晨餐讫,仍得于10时出发。今天因徐家一马须驮物到狗街,所以我骑的是一匹驴。""它每次奔跑起来,我简直勒不住它。""走了十几里,到一个很荒凉的地方,李君就下了马等我们。我们以为他要休息,便也陪他下了马,把马各自拴在树上。""沿着道旁一条小路走下去的时候,才知道这一条平地就是那巨大的石桥本身了。我们一直走到一个山谷底,抬头一望,才领略到这天生桥的宏伟。""摄了两个影,""上马赓续行程,一气走了十来里程,""又走了七八里光景,才走入一个村子。便在村子里买了几十支晒干的玉蜀黍秆,找一个村里人带路,去访芝云洞。""下马后,即脱去长衣,连马一并交给那村里人看守。大家燃旺了玉蜀黍秆,当作火炬,走进洞中。初进去的时候,很宽广,大约可以在里面摆五十台酒筵请客。转一个弯,光线黑了,""空气甚坏,鼻子里闻到的均是一股霉腐味,我们的火炬也显出了青绿色的火焰,颇森森然有鬼气了。这道长廊大约有半里路,走尽以后,我们便得爬过一道石的矮墙,过后便是一间窄小的石室的样子。穿过这个石室,在一个角隅上找到了一个仅仅可以蛇行而入的石窟。""各人把火炬先送进去,然后伏在地上爬进去,稍微耸起一点身子,肩背或臀部就给尖锐的钟乳刺着了。既爬进去后,起立一看,原来又是一所大石屋,""换了七八个火炬,方始到达洞底。这洞底甚妙,原来到此地忽然豁然开朗,可以看见天光了。""从洞口进去直到洞底,足足35分钟。"(同上)

**九日** 下午由李埏陪同,一行起程入圭山,始访彝族村寨。行四十里山路,至晚上8时抵达维则村,在李埏同学李凤林村长家的堂屋西室下榻。先生自述:"晨起在铺子里买了几包柳州切烟、饼干茶食,和妇女用的鹅蛋粉、印花手帕,这是高文良和李延告诉我的。山里人最喜欢这些东西,所以我们买一点去送礼用。另外又替自己买了些纸烟、白糖和牛乳。买好了东西就到李家去等尾([维],以下均同)则村人放马来接,可是等到10点钟还是杳无消息,""遂回到寓所去看书消遣,下午3点钟才有五个尾则村人跨了四匹马来。""匆匆地吃了一顿饭,各人上马就道。那五个乡人给我们担荷行李什物,步行护送。李延的父亲还拿出一柄很精致的银丝缠裹的缅刀来,交给我们,以防万一。这是我们进山去唯一的武器了。今天我们行走的山路比前两天的更为荒野。""但闻风吹树枝和石罅之声,使我们大家噤不发言,默默地各自被胯下的倮罗马驮到我们所想象不到的夷人村里去。""从6点30分以后,我们便在月光中行进了,7点钟天色已经黑尽,""气候甚冷,我们各人都加了衣裳,随着那识路的山马缘着一缕发白光的小径走去。""8点钟听见犬吠声,""被几个人恭敬地延请到一所村屋里去,灯光下才看出其中的一个便是高文良。""这里的村长,也是预备招待我们几天的地主,姓李名凤林,字修业,曾经在昆明昆华中学毕业,夷人而非常汉化者。李君给我们生了一个火盆,让我们烤火,又给我做了几碗饵块充饥。食后我们即与李君及高文良谈天,知道了许多村民的生活情形。12时始在李家的堂屋西边一室中睡了。"(同上)

十日 观赏尾则山村朝景,访村里天主堂、密枝树圣林,游览慈保(今长湖)、独石头(山)。先生自述:"晨6点半即起身,不待盥洗,就一气跑出屋外观赏山村的朝景。""我们起先以为有早膳,谁知后来看看竟不做,饥肠辘辘,却也不好意思索取。""8点半高文良来,即与李君引导我们到村子里各处去看看。""在祈祷堂后面我们发现了一个法国神父的坟墓。""我抄好了碑文,吴君等已经在神父们的寓楼前面等候我了。""一问才知神父已进省去了,寄宿在那里过年假的两个神学生也进城没有回来,只好怅然而去。""经过一个树丛的时候,李延君就问高文良密枝树在那里,起初高文良和李凤林忸怩地似乎不愿意带我们去,但经不过我们的譬解,遂把我们引到一个大林子里。""高文良指着中间一株最高大苍老的不知名的大树,告诉我们这就是所谓密枝树,我们又看见那树根下有一个小小的用瓦石堆起来的神龛似的东西,旁边有毛黄纸之类表示曾经祭祀过的痕迹,才明白这是夷人村子里的圣林。""李君、高君领我们到乡老毕大家里吃饭,""已是午后,比较他们平素进昼餐的时间已迟了一点多钟。""参加这次宴会的人很多,都是村子里的长辈或领袖,""是最丰盛的,但是因为烹调不得法,我们都有点不能下咽,勉强划了几口就算了。饭后李君领我们去玩独石头[山]。听他的讲解,我们可以感觉到这是村里人引为最光荣的一个民族英雄的史迹,""李君牵引我们从一条很窄的山路上去,""当时夷人们就据守在这个山头的,我们下山之后,就给他摄了一影,戏题之为'倮罗民族丹能堡'。"(同上)

另,据李埏回忆:吴晗把他"登独石头听讲赵官(即赵发)故事后作的一首七绝念给我们听,李凤林君立即请吴先生到城后写出,把它镌刻于独石头上。吴先生同意,但要请我先父李莲舟代书。诗的初稿第二句作'将军雄略妇孺知',第三句作'我来已历沧桑后'。后采纳了施先生的意见,把'雄略'改为'英名',把'沧桑后'改为'沧桑劫'"。(李埏《记吴晗先生的路南之游》)

另,按先生自述:"离开了独石头[山],李凤林君说慈保[今长湖]亦可去一游,于是又领我们走了三四里路来到一个湖边。""回到李凤林君家里,已有4点多钟,每人吃了一碗粑粑丝。食后,毕大的兄弟毕二来,""盛意殷勤未便推却,于是又一窝蜂的到毕老二家去照样扰了一顿。""我们都很感动,因为我们来了两天,他们每顿都请我们吃米饭。"(《路南游踪》)

**十一日** 访宜政村庄,至傍晚回到尾则村。先生自述:"9时起身,高文良君已来邀我们到他家里去吃饭了。""饭后有一个在本村青[圭]山小学建筑处监工的王君很诚恳地邀我们到他的村子里去玩。他所住的村子名字叫作宜政,离尾则不远,我们推辞不得,便动身跟他走去,谁知他虽说不远,却足有十二里路,我们跟着他在山兜里转来转去,爬上爬下,比走三十里平路还费力。到了宜政,一看就看得出这是一个比尾则更贫苦的村子。""在那两棵树底下,各有一块同样的画着鬼形的符牌,插在土中。我正想偷取一枚,却被高文良君止住了。他说这是村中巫师置以镇邪辟妖的,万万不能取去。若取去了,村子里的人要误会以为我们咒诅他们得病,那是使他愤怒的事。于是我只得缩手,取出怀中日记来照样勾绘了一份。""王君家里那一顿饭是最难吃的。菜固然是腥秽难近,不必说起,饭也简直无法下咽。"6点多钟回到尾则村,"天主堂里的两位神学生已经来过,要请我们回来时去他们那里吃晚饭。""饭后,在楼上石油灯下闲谈了一会儿,就问李郭两位神学生借了一本郑[邓]保禄司铎编的《法夷字典》回来,在李凤林家堂屋中烤着火看。""使我最感兴趣的当然是第一部分中前四篇倮罗文学。恰巧毕大也来了,于是我拿出路南城里买来的柳州切烟请他们抽,一面讲解郑[邓]保禄司铎的记录,一面请教毕大和高文良诸人。高文良和李凤林他们毕竟是汉化的青年了,关于他们本族的故事和传说已不大知道,毕大却还记得一些,他供给我许多材料,可以补充郑[邓]保禄的记录。"(同上)

**同日** 在《宇宙风》第60期发表《同仇日记·下》。

**十二日** 下午仍由李埏陪同,疾驰四十里山路,傍晚抵达哑吧山革温村(今石林月湖村),住宿于正放寒假的村里小学。先生自述:"上午,省立青[圭]山小学筹备主任丁君来邀我们去吃饭,顺便参观了他们正在建筑中的校址。""我想假如付托得人,选聘几位热心夷民教育,并且最好是能有一点人类学、民俗学常识的教师去办,倒是目下抗战时期中最有意义的工作。午饭后,还不到11时。我因为毕大的头脑着实是一个宝藏,很想从他那里多知道一点倮罗族的谣俗,所以昨晚就约好他再来寓所谈谈。""他就介绍那位族长同来了。""第一次看见倮罗文的书。""那毕老头儿拿来的都是经典,""我们逐卷打开来,顺着次序抄那些篇名,一面就询问他这些篇名的意义。""哑吧山上派来接我们的人到了,于是我们只好收拾行囊,跨上马,在满村老幼的殷勤欢送声中出发,疾驰40里山路,到了哑吧山。""到革温村已经是6点钟,天色已黑下来。村子里的头人把我们迎进村子里,曲曲折折地走到乡村小学门口下马。""把行李搬在西边耳房楼上,那儿有一副床板和两只又宽又长的条桌。吴君昆仲就占了那床,我和李延君就把条桌拼成一只床的样子,把被褥铺好了。下得楼来,底下已经挤满了大大小小的人。""我们点起了三支带来的洋烛,把课桌排成一长条,邀他们一个个坐下,同时又取出带来的柳州烟送了头人一包,当场又打开一包来让大家抽。有人送茶来,于是我们就在茶烟之间开始谈话了。""恰好墙上挂着几幅小学教师画的地图,我就起来指点着地图告诉他们抗战的形势。这一场讲演足足继续了一小时,而他们的兴致还未消除。"(《路南游踪》)

**十三日** 拜访了村里几户彝胞,并为数户村民拍摄"合家欢"照片。先生自述:"一觉醒来已经9点钟了,穿衣下楼,有几个夷人已经在替我们煮饭了。""李延君的父亲知道革温村很贫苦,所以他特地派人从城里给我们送来一大筐青菜萝卜和猪肉来。本村所供给我们的是一尾鱼,就是从那湖里网得来的,作料虽然不错,可是给我们做菜的几个夷人似乎根本不会做菜,""我们在旁边看着,就预料到我们将遭遇一顿比宜政那一次更难吃的饭。""没办法,只得带了手巾、牙刷到湖边去洗了一个冷水脸,湖边石坎上有一个倮罗少女正在漂麻,""大家停止了说话注视她,于是把她羞跑了。洗罢脸,不久,饭菜都煮好了,我们只得勉强坐下去吃。幸而有一样菜,虽然做得太坏,然而我还很高兴地吃了许多,因为这是我生平第一次,那是一碗炒麂肉。""带了照相机在村子的前前后后走着玩,于是许多人家都邀我们去替他们照合家欢。这是一个很好的机会,一则可以看着他们每一家的家庭状况,二则可以看到盛装的倮罗妇女。""给七八家人家照完了合家欢。""回到寓所,已经有人在煮晚饭了。""我就向一个孩子问有没有鸡蛋,他听懂了我的话之后,就跑回家去取了七八个鸡蛋来,我就自己动手炒了四个鸡蛋。""晚饭后找了他们的端公,请他带一些经典来给我们看。""虽有旁边的青年人代为翻译,可是他的答话还是莫名其妙的。""许多小孩子跟着大人来赶热闹,我就找了几个相貌聪颖一些的,叫他们唱个山歌。起先他们不肯唱,后来我掏出许多铜元来,允许他们每唱一支给一大枚。有一个小孩开始唱了,歌词仍是五言词,可惜唱得太快,使我无法记录其字音。他唱完了,我就问他这个歌是什么意思,可是那孩子目定口呆地讲不出来,惹得旁边围着看的青年人都笑了。然而我还给了他一个铜元。这样引起了那些小孩的艳羡,大家都争着上前来唱歌。""四人出了屋子,到湖边去散步,伊思美也跟着我们走,他邀我们到他家里去,于是我们沿着湖到了他家里。""伊思美的父亲和哥哥招待我们在堂屋中间一只矮方桌边坐了,取出一大钵的热米酒和一筐葵花子来饷客,米酒的味道甚好,吴君昆仲和李君都用大碗舀着喝,我因酒量太窄,不敢多吃,然而也喝了三碗。""月光照满了湖上,夜景很美丽,村巷中不断的听见琴笛声,幽幽扬扬,很凄凉,然而很柔婉。在我们寓所里的许多青年人都出来了,他们在那小学门口场地上聚集着,""当我们回到他们中间之后,他们很高兴地合奏了一阵,同时有许多青年跳起舞来。"(同上)

**十四日** 元宵节。阴历正月十五,参观革温村的太平会。祭山神,各家在这树林中举行一年一度的野宴。晚上又参观了村里未婚青年人的乐园"公房"。先生自述:"早上起来,知道今天是本村的太平会期,吃过饭,伊思美带我们到村子后面一个山坡下的树林中,原来全村的人都在那儿了。""先祭山神,然后各家拣定一个地方,架锅做菜煮饭,就在这树林中举行一年一度的野宴。""我们在树林周遭巡行了一圈,看那些红男绿女都在很高兴地簪花斗草,饮酒歌呼,一种早已被忘却掉的淳朴的古风,忽然呈现在眼前,仿佛觉得自己已经回复了到唐以前的时代里去了。""晚饭后,又在一家人家吃了几碗米酒,四个人薄醉微醺的走了出来。""走到湖边的一所矮房外,听见里面很热闹,我们就走近去,想就窗棂里窥探一下。谁知刚走到门口,就看见有几个少女大笑着把门砰的关上了。""终于有一个二十多岁的青年给我们解释了,他说这是一间公房,""未婚青年人的乐园。""就更想去参观一下。可是里边好像已经知道我们会再度窥探似的,索性把窗子也用东西遮挡起来了。""走得渐远的时候,那公房里乐声又起,男女谑浪说笑之声又轰然了。"(同上)

**十五日** 下午回到路南县城。先生自述:"晨8时起身,10时吃饭。饭后,村里人已经给我们预备了马,于是我们仍由几个夷人伴送着,走了四十里山路,于下午3时回到路南县城徐家寓所。"(同上)

另,据李埏回忆:"他们住路南一个星期,头三天游览石林、芝云洞、大叠水及城郊的魁阁、孔庙、狮山。第四天,阴历正月初八,赶黑龙庙会。第五天,入圭山访彝族村寨。先到革温村,后到维则,都假宿于与我家常有往还的友好彝胞家。在维则,我的同学李凤林君热情地接待了我们,陪同我们游览了长湖、独石头、天主堂,还拜访了几家彝胞,参观了公房,住了两宿,然后沿公路返村,李凤林君也骑马把我们送到县城。"(李埏《记吴晗先生的路南之游》)

**十六日** 与吴晗、吴春曦兄弟由路南县城返回昆明。先生自述:"清晨即起,早餐后,雇了三乘滑竿,于12时赶到狗街。1时滇越车到,买票上车,于下午6时到昆明。

总计在路南游了十天,看到了很怪奇宏伟的自然界景物,领略了很可怀念的夷人风尚,经验了最贫苦的人民的生活,我们的收获实在不算少。至于我们此次所偿付的代价呢,经济方面是每人花不到20块钱,物质方面则是各人都牺牲了一件外衣,因为在山里走了十天,衣上满是红色的沙土,洗也洗不掉,肉体方面则各人都被山里的太阳晒黑了。"(《路南游踪》)

**二十一日** 先生通过中央银行昆明分行航快汇款国币60元(另付手续费0.10元,邮电费0.42元)给上海法租界爱麦虞限路惠安坊8号父亲施次于。(按:中央银行汇出汇款回单汇总号554电条号378,印有"现值非常时期交通梗阻,邮电迟误,敝行概不负责"。)

**二十八日** 姚鹓雏由长沙复函:"22日手教并见怀一律,诵悉。诗意境在安般簃、海日楼之间,知名手自不同凡响也。""问业之说,直是谦谈,请后勿为客辞,如谓马齿加长,称兄足矣。在宥兄函至今未到,不知是否付航邮。近况想情乞代致意,弟前得渝友函,邀以事未确定,不敢贸然入川。近又得新加坡友人书,亦有邀往之意,彼间如重理旧业(前在彼间编报二十年,前事也),或将一往,大约一月左右可定行止。滇行非不愿,以无相当职业,不能以猪肝一片累首蓿诸君也,一笑之。近来整理旧稿,拟勒为四集。""总计诗约千首,总名为渐凡庐诗,取定盖诗'渐凡',庸人可想之,意自加品评,吾兄以为何如。小病初起,极疲乏。""皇闻[朱雯]兄已去广西,不知其地址,尊笺只得俟其来信后当即代为寄去。"

另,按先生自述:"余居昆明时,先生[姚鹓雏]自渝州惠书,谓方刊定其集,且言:'少日作诗,步趋散原石遗,好为硬语,既而从南社诸君子为唐音,境界渐得开朗,及间关入蜀,得山川之助,遂法自然,效元遗山放笔为直干,至是而诗乃为自家生活。'"(《姚鹓雏诗词集·序》)

**下旬** 受聘为云南大学文法学院文史学系副教授,月薪升至220元(先生书面材料)。先生自述:"我领到一个重庆政府教育部的副教授证书,上面就有'审定该员为副教授'的字样。"(《官僚词汇》)"云大的第一年,我因初进大学任教,自知业务不够,只担任二班大一'国文'和一班中二的'历代诗选'。每周上课九小时,馀下的时间就都用其自己进修,读了不少古典文学基本著作,如《诗经》《史记》之类。这些书我从前都没有好好钻研过。"("我在昆明的生活和社会关系",1968年)

**同月** 浦江清、浦江涛兄弟随长沙临时大学迁来昆明。上海《文汇报》创刊《世纪风》副刊,由柯灵主编,即《笔会》前身。

## 三月

**六日** 应约撰写《略谈抗战文学》:"抗战文学作品在后方还是很需要的。因为有急迫的需要,于是供给者中间遂不免有粗制滥造的分子,而介绍者也不免逐渐降格相求。""这个现象,现在也是任何人都可以觉察到的。然而,我们倘若想一想这些作品所渐渐地给予读者的失望,以及这些作家将来的造诣,就不能不替抗战文学的前途悲观了。""我们也不希望我们的抗战文学作品,正如一切应时文章那样的,成为暂时流行性的东西。我们所需要的抗战文学作品,若不是抗战实生活底一种文学的纪录,便是渗透了真实性的一种对于这个特殊时期中的人生的想象的写照。我们必须要知道,我们的抗日战争总有一天会停止,但我们的抗战文学却决不会随着战争而亦结束掉。它本身已成为我国现代文学中的一个主潮,现在的倾向,就是将来的结果。""我们对于目下的抗战文学,也不能不加以一种严格的检讨。"

**十日** 为《西行日记》交付《宇宙风》发表而撰写"题记":"余于二十六年秋束装来滇,历浙赣湘黔四省,途登万里,日逾兼旬。仆夫严驾,先鸦鹊以晨兴;舍长延宾,傍牛羊而夕宿。华夏之大,亦既震愕;关河之阻,诚足贫辛。晴窗得间,遂重理当时日记,起9月6日,迄9月29日,都为一卷,聊备他日展览追念耳。"

**同日** 《战时青年》第4期刊载大卫《别有一重天·昆明通讯》提及:"当地只有两大报纸,此外施蛰存、李长之来滇办了一个文艺月刊,但内容是'王充论'等类的文字,幸好只出了创刊号就寿终正寝了。"

**十四日** 朱自清、罗炳之(廷光)、陈岱孙等人来到昆明,暂宿于拓东路迤西会馆。

另,按先生自述:"我认识了朱自清、杨振声、吴宓、罗庸、孙毓棠等清华北大文史方面的教师。"("我在昆明的生活和社会关系",1968年)

**十七日** 朱自清到"王公馆"宿舍访晤先生和李长之。

**二十一日** 按朱自清日记:"逢施蛰存、浦江清邀请。"

**二十七日** 中华全国文艺界抗敌协会在汉口成立。据《全国文艺界空前大团结》报道,成立大会上先生被推举为总会四十五位理事之一。(《新华日报》,1938年3月28日)

**二十九日** 按朱自清日记:"施蛰存邀于新雅晚餐,侍者甚无理。"

**八日至二十九日间** 按吴宓日记:"识云南大学国文教授闻在宥及施蛰存君,但道

倾慕而已。"(《吴宓日记》,吴学昭整理注释,生活·读书·新知三联书店。以下均同)

**是月** 先生在上海的父母全家由爱麦虞限路(今绍兴路)惠安坊8号,迁居至其大妹绛年所供职邮政储金汇业局给承租的愚园路岐山村内(今为愚园路1018号)一幢一至三楼独户房屋,房租每月50元。

**约在期间** 课馀时间常与诸友去翠湖公园、圆通公园散步、饮茶、赋诗,与叶秋原夫妇、杜衡夫妇游华亭寺。先生自述:"我和[叶]秋原在昆明碰到,有一天在圆通公园饮茶,他才讲到这个宣言的情况。"(《我和现代书局》。按:指《前锋月刊》创刊号发表《民族主义文艺运动宣言》的情况。)

**又** 作诗《华亭寺看山茶》。据陈小翠曾评:"此退之游青龙寺诗也,宋人竭力拟之,终不能及大作,直摩昌黎之垒,可知高手,佩佩。"(陈文华提供)

**又** 据纪弦(路易士)记述:"回到贵阳,把一部分家属带到昆明,找好了房子把她们安顿下来。""那时候施蛰存正在云大教书,他乡逢故旧,当然是很高兴的了。"(《三十前集·三十自述》)别有回忆:"他一有空,就到我们家来玩玩。他最爱吃我太太做的狮子头,每回他来,她总要做几个给他尝尝。如果他能替我找到一份工作,我就留下来不走了也说不定。"(纪弦《从一张照片唤起的记忆》)

**同月** 上海读者书店再版发行鲁迅著《杂感集》,内收《隔膜》、《重三感旧》、《"感旧"以后》(上)、《"感旧"以后》(下)、《扑空》、《反刍》《选本》等篇。

## 四月

**一日** 在《时代轮》月刊创刊号"论著"专栏发表《略谈抗战文学》。刊末编者"编辑后记"谈及:"于此有应特别声明者,即施蛰存先生能于百忙中为本刊撰稿,题曰:《略谈抗战文学》,立论之颖异,观点之正确,实与普通一般谈抗战文学者有别,学者发论,不同凡响,际此抗战正殷,先生此文,弥足有其真价存焉。"

**二日** 教育部电令国立长沙临时大学改称国立西南联合大学。

**五日** 《我的家屋》并附诗一首《11月2日接家报悉松江舍下已为日机投弹炸毁,翌日感赋》,再次刊于香港《大风》旬刊第4期。

**六日** 朱自清、浦江清等人离开昆明前往蒙自西南联大文法学院驻地。

**十日** 在《云南民国日报》发表《客座臆谈》。(转引自蒙树宏《云南抗战时期文学史》,云南教育出版社,1998年4月初版)

**同日** 浦江清致函:"到蒙自,校址在东门外海关旧园,颇有花木之胜,惟迄今四人住一室仍不能作事耳。学校已改名'西南联合大学',至此见门口所榜方悉。园内多由加烈树,有白鹭栖息树枝,或曰'鹳'也,吾侪则美之曰'鹤',鸣声如噉。华亭今已无鹤,不意于此见之耳。蒙自县城周六七里,市面不过吾乡一镇(一小镇)。气候甚暖,满街皆蝇,惟蛇及蜈蚣至今未遇,想言者过甚其词,亦有初级中学及师范。南门外略有风景,曰'南湖'、曰'军山',仿佛南京之白鹭洲,颇有田野风味,远处多山,迄未试登。不但天热人懒,且不知能走否也?下月初开课,不久可改二人一室。涛弟暂附居宿舍内,此间我屋住家甚困难,房子简陋而房价贵,弟家属在汉口,上海者尚怀观望。此间有民众教育馆,藏有'图书集成'一部及'万有文库',亦难得也。尊眷已由沪启程否?近作胜游否?"

另,按先生自述:"忽一日君练[浦江清]于山中见真鹤,归而喟然曰:'不谓我华亭人,乃当跋涉万里,始得识此。'座客为之轩渠,余独怅然。"(《云间语小录》)

**二十二日** 早晨浦江清致函:"前书谅达,顷接敝友吕叔湘君来信,云不日赴滇,拟到昆明或附近住下,将访兄,叨教一切,嘱为函介。叔湘事仍无端倪,将来拜托闻先生臂助及之。此间尚未开课,无他足述。弟今日将加入一团体,共十人,有县政府人领导游山,并考察选一处独独寨。近处独独寨,已走过三个,不知有何不同耳。汤、贺、吴诸先生在校邻赁一屋,为此间良屋。弟加入得一室,凡事尚在草创。《三圣庵碑》可拓得否,陈沆出家始见何书,法名是否寂静,不审有附会否。弟拟购围棋子一付,托足下物色。""闻先生处即此致意。"

**二十四日** 《晨报》登载少仪《漫谈杂文》提及:"譬如过去《现代》杂志的编者施蛰存就说,'我至今也没有知道所谓杂文也者,毕竟是怎样的一种文体'。"

**二十五日** 上海杂志公司初版发行"自学丛刊之一"平心编著《各科研究法》,书中"怎样自修中文·三"提及:"现在单从语文的学习上说,则我以为古书也是可以读的,因为诚如施蛰存先生所说,可以从这里面采取若干有用的语汇。"

**三十日** 沈从文与先期到达的杨振声一家在翠湖东面、北门附近的青云街217号合租一座临街小楼。先生自述:"沈从文和杨振声,属于中央研究院,他们先到昆明,在云南大学附近租了民房作办公室和住宅。从文只身一人,未带家眷,住在一座临街房屋的楼上一间。那种楼房很低矮,光线也很差,本地人作堆贮杂物用,不住人。从文就在这一间楼房里安放了一只桌子、一张床、一只椅子,都是买来的旧木器。另外又买了几个稻草墩,供客人坐。从此,我和从文见面的机会多了。我下午无课,常去找他聊天。渐渐地,这间矮楼房成为一个小小的文艺中心。杨振声和他的女儿杨蔚,还有林徽音,["音"亦作"因",以下均同]都是我在从文屋里认识的。""林徽音很健谈,坐在稻草墩上,她会海阔天空的谈文学,谈人生,谈时事,谈昆明印象。从文还是眯着眼,笑着听,难得插一二句话,转换话题。"(《滇云浦雨话从文》)

另,按先生自述:沈从文"为我编的《现代》写过几篇小说,用《法苑珠林》中的故事改写,后来编为一本《月下小景》,也是我帮他印出来的。这几篇小说,我都不很满意。在昆明时,我曾坦率地向他讲了我的意见,他笑着说:'写这些小说,也流过不少鼻血呢!'"。(同上)

**月内** 先生与浦江清、吴晗诸位同游金殿(太和宫)。据浦江清回忆:"五年前(民二十七)曾同蛰存、春晗等来此,尚无公路,今则由城至此有公路直达矣。前游在春间,亦未睹茶花之盛。"(浦江清日记,1943年1月24日)

**约在春间** 按先生自述:"文艺界人士也有不少来到昆明,我接触到的有穆木天、彭慧(夫妇),封禾子(孙毓棠的爱人),江小鹣(雕刻家),滕若渠,傅雷,沈从文等人。"("我在昆明的生活和社会关系",1968年)"凤子也和她的新婚夫婿孙毓棠来到昆明,他俩在云南大学附近租了三间民房,中间是客厅,东西二间作卧室。凤子和孙毓棠住东间,西间让给独身的王以中。孙毓棠和王以中都是西南联合大学历史系的教师,也是吴晗的同行同学。吴晗也在云南大学,我和他同住在一个宿舍。孙毓棠搬来之后,吴晗就常去他家打桥牌,每星期总有三四个晚上,有时我也去参加。"(《悼念凤子》)

**又** 作诗《昆明杂事六首》(翠湖闲坐、龙泉观唐梅宋柏各一绝、听王守槐歌是夕演祭江、春日大观楼小坐口占[后题"大观楼独坐口占"]、去留)。

**同月** 10、17日《云南日报》刊载署名"君羊"《〈略谈抗战文学〉质疑》。(转引自蒙树宏《云南抗战时期文学史》,云南教育出版社,1998年4月初版)

## 五月

**一日** 云南文艺工作者抗敌座谈会在昆明正式更名为"中华全国文艺界抗敌协会昆明分会",先生当选为昆明分会理事。据"文协"总会两届以来组织部之《组织概况》记载:"总会为了团结全国作家,加强抗战文艺宣传起见,因由理事会通过组织部的建议,""推穆木天、朱自清、沈从文、施蛰存等为昆明分会的筹备员。""总会并请在昆明的总会理事朱自清、沈从文、施蛰存等常常出席指导。"(《抗战文艺》,1939年4

月 10 日第 4 卷第 1 期)先生自述:"我和沈从文都是文协昆明理事,这是老舍提名通过的。我离开昆明,就自然卸职。"(《关于杨刚的几点说明》)

**上旬** 戴望舒、徐迟两家一起在上海十六铺码头乘坐爪哇轮船公司的八千吨邮轮"芝沙丹尼"号迁居香港。据徐迟回忆:"望舒向我提出,他们决定去香港,要和我一同去。我说我不敢离开这片热土。""望舒冷静地说道,'不用怕的,呵,不用怕,大家在一块互相帮助,灵凤也去,穆时英早在那儿了,蛰存也去的。张正宇、光宇、叶浅予、小丁都已经去了。连姚苏凤和朱旭华也已走了。你看这多人,还不放心?这上海才叫人不能放心呢。'"(徐迟《江南小镇》)

**十二日** 出席中华全国文艺界抗敌协会昆明分会会员大会,会上通过修正简章及工作纲领,还研究了出会刊、进行通俗演讲等议题。

**十三日** 先生通过中央银行昆明分行航快汇款国币 150 元(另付手续费 0.40 元,邮电费 0.42 元)给上海愚园路 1018 号父亲施次于。(按:中央银行汇出汇款回单汇总号 2305,电条号 1702,印有:"现值非常时期交通梗阻,邮电迟误,敝行概不负责。")

**十六日** 按夏承焘日记:"阅《文学杂志》1 卷 2 期施蛰存作《黄心大师》一文,记豫章尼黄心,事出《比丘尼传》(明初抄残本十二卷)。《琼琯白玉蟾集》中有赠词。""其事大略如此。《比丘尼传》不易见,不知详略如何,可抄得入《词林记事》也。"(《夏承焘日记全编》,吴蓓主编,浙江古籍出版社,2021 年版。以下均同)

**中旬** 何鲁书赠条幅节录《文心雕龙·辨骚第五》:"故其叙情怨,则郁伊而易感;述离居,则怆怏而难怀;论山水,则循声而得貌;言节侯,则披文而见时。是以枚、贾追风以入丽,马扬沿波而得奇;其衣被词人,非一代也。故才高者菀其鸿裁,中巧者猎其艳辞。蛰存尊兄法家教,戊寅初夏,何鲁。"

**二十一日** 浦江清由蒙自复函:"叔湘先有信来,云到昆明后,赖足下之助得种种方便不少,""弟昨函托闻[宥]先生请其尽力推荐,使叔湘在滇大任教。""闻公与叔湘不熟,乞为介绍之。陈沅事因弟读'明季稗史'中吴三桂传,三桂临终前方[共]陈圆圆中秋赏月闻兵变急死,时康熙十七年也。陈沅事辑文庙陈列馆有之,但兄首页下文未窥,不知其何时出家。""尊眷已启程来滇否,甚念。佩弦介弟在昆明联大任教或在校外住,信件可直寄联大。前朱皇闻打听联璧消息,近上海来函云已到沪,刻下故乡四郊不靖,有白昼行劫事,居民又纷纷迁沪避难。""此间功课排至 8 月中旬,到昆明再续前游之机会甚少,不知公等后有新游否。此间虽四面环山,一无胜景,个旧去亦不易,但村居生活别有意味,最苦者为书籍缺乏,系中已开《四部丛刊》及《丛书集成》等书目,要图书馆买,但不知何日始来。词曲班于结束前,当讲到曲,以符名称,而课本感困难,'文学珍本丛书'中《元人杂剧全集》在昆明可得之否(只要马致远之一本而同样要三四十本),又《长生殿》有廉价之本可买到三四十本否。顷又接足下第二手札,平伯笺蒙检出寄还,甚感。清华国文课本此间无存,长沙印过一次,不知书存何处,弟不接头容再设法,清华共选二册,唐以前一册用过数年后已废,唐以后一册,今尚沿用而因实际上教不完,今长沙所印几减去三分之二(已无价值)。兄急欲参考,可托李长之在许骏斋君处取一本,抄一目录,即可矣(许君处或尚有旧时本石印者)。"

另,按先生自述:"他[吕叔湘]从英国回来,先到昆明,并将家眷接来。"("我在昆明的生活和社会关系",1968年)

**二十六日** 诗作《有怀家国》刊于上海《文汇报·世纪风》。(按:原题为《得家报知敝庐已毁于兵火》。)

**月内** 作诗《饭后独行莲花池上口占》:"饭罢萧然一杖轻,莲花池畔漫经行。云南春早花将尽,城北山多路不平。闻道佳人曾照影,即今胜地亦陈兵。何时展席容舒啸,笳吹频为出塞声。"

**又** 作诗《漫题一绝为徐芳而作》。先生自述:"我去看沈从文,他对我说:'徐芳来了。'我和李长之都在云南大学,同住在一个宿舍里。我住楼下,长之住楼上,早晚都在同桌进餐。一天午饭时,长之对我说:'徐芳来了。'一二天之后,我在翠湖公园散步,遇到一群人,其中有沈从文,是我唯一认识的人。从文为我介绍了其中的二人,一个是吴雨僧(宓)教授,一个是徐芳。吴先生还特别申明了一句:'女诗人徐芳。'这样,我认识了当时大名鼎鼎的女诗人徐芳。后来才知道,她和李长之很熟,她一到昆明,就来看长之,我们的宿舍,她已来过好几次,可我不知道。"(《徐芳诗集·序》)

**又** 据朱雯记述:"……蛰存寄给我们的昆明方面的刊物,周文寄给我们的成都方面的刊物,都是在半个月后才会从桂林书店里买得到的新书。所以,纵然蛰伏在小小的雁山村[良丰],其实跟居住在桂林或者在广西别处的人们比较起来,我们已经是幸福的了。"(朱雯《一年间》)

**是月** 据国立云南大学发布《国立云南大学教职员录》(二十七年度)记载,文法学院院长萧蘧,文史学系教授兼主任闻宥,教授吴晗、顾颉刚、赵诏熊、邵可侣,副教授方国瑜、徐嘉瑞、陶音、施蛰存、楚图南、吕叔湘,名誉讲师罗庸,还有讲师九人,教员二人,研究助教一人,书记一人。

**又** 上海中学生社编短篇小说集《有志者》，列入"中学生杂志丛刊"，收录其作《祖坟》，由开明书店初版发行。

## 六月

**六日** 应约将致友人一函寄往上海交给柯灵主持的《文汇报·世纪风》刊载。

**十六日** 晚上浦江清由蒙自复函："八日手教读悉，蒙惠借各书，甚感。但尚未收到，想邮局迟搁耳。清华国文选本，此间无存，去年长沙曾印过一种，删去多篇，成一简本，已函昆明许骏斋君，倘尚有馀册，便中直接送呈一本，但所选极少，似无可供左右参考。弟恐许君或未能送到，今就记忆所及，录出篇目，如另纸，亦不全也。足下欲选何类文，弟亦甚乐为推荐数篇，吕叔湘君仍晤及否，他托弟向滇大问询，久搁不能确切答覆，甚为闷闷。闻[宥]公来信，但云已托兄先覆，而尊札未提及，此想来必有困难，仍盼示悉，以便迳覆叔湘也。[李]长之文章未见，但据人传闻一时，极严重，甚至使熊校长为难，几酿风波。""已不知彼走后，须添人否。胡宛春[士莹，以下均同]在沪仍来信托事，值此时艰，毫无办法。维钊、声越[震㙦，以下均同]皆已到沪，陆夫人已故，而声越家累甚重，一筹莫展。育琴在汉阳供职，家慈等已赴南宁，将来滇。"

**十八日** 在《文汇报·世纪风》以题为《战乱中的作家音讯：施蛰存在昆明》发表其作信函："匆奉来书，因悉老弟仍在××，平安无恙，可慰可慰。战事以来，友朋云散，余一身来昆明，当时甚寂，但现在则来此者日多，居然熟人亦纷纷而来，俨然小上海气象矣。但此间本是一小城，居民不及松江之多，今骤然加入客民数万，人虽多，皆来消费，而非能生产者，故求谋职业者，到此辄有赔了旅费，空无所获之叹。××自江西来嘱为谋事，至今未有机会也。××在桂林高中教英文，亦不可谓非幸事耳。我在此，仍是一介寒儒，所入不足赡妻子、养父母。舍下现仍在上海，暑假中我亦须返上海省亲，大约7月20日前后便可面晤也。"

**约在期间** 按先生自述："我的第二个妹妹及其丈夫蔡之任，到了昆明，在城南租了一间房子住。蔡是航空公司职员。不久，第三个妹妹及其丈夫左景祁也到了昆明，也租一间屋子住下。蔡[左]是航空公司的技术员。因此，我每逢星期天，如果不去郊外玩名胜，就到两家妹妹家去吃一顿午饭，坐一会儿。"("我在昆明的生活和社会关系"，1968年)

**又** 始与沈从文常去佛照街夜市地摊，寻访古玩文物。先生自述："后来长之被云南人驱逐出境，吴晗结识了教育厅长龚自知，几乎每晚都到龚家去打牌。于是，沈从文遂成为我逛夜市的伴侣。""有一次,从文在一堆盆子碗盏中发现一个小小的瓷碟,瓷质洁白,很薄,画着一匹青花奔马。从文说,这是康熙青花瓷,一定有八个一套,名为'八骏图'。他很高兴的花1元中央币买了下来。当时的中央币1元,值旧滇币10元,新滇币2元,民间卖买,还在使用滇币,因此,使用中央币的外省人,都觉得云南物价廉平。这个康熙八骏图瓷碟,引起了从文很大的兴趣。他告诉我,他专收古瓷,古瓷之中,又专收盆子碟子。""一天晚上,我们在一堆旧衣服中发现两方绣件,好像是从朝衣补褂上拆下来的。从文劝我买下。他说:'值得买。外国妇女最喜欢中国绣件,拿回去做壁挂,你买下这两块,将来回上海去准可以销洋庄。'我听他的话,花4元中央币买下了。后来送给林同济夫人,她用来做茶几垫子。""我们所注意的是几个古董摊子,或说文物摊子。这些地摊上,常有古书、旧书、文房用品、玉器、漆器,有时还可以发现琥珀、玛瑙,或大理石的雕件。外省人都拥挤在这些摊子上,使摊主索价愈高。我开始搜寻缅刀和缅盒。因为我早就在清人的诗集和笔记中见到:云南人在走缅甸经商时,一般都带回缅刀,送男子;缅盒,送妇女。""从文未来之前,我已买到一个小缅盒,朱漆细花,共三格,和江南古墓中出土的六朝奁具一样。这个东西引起了从文的兴趣,他见到就买。"(《滇云浦雨话从文》)

**是月** 上海商务印书馆初版发行杨荫深著《中国文学史大纲》,书中"第三十章新文学运动的起来·二、小说"提及:"一派以郁达夫、张资平为代表,他们的题材是人生的苦闷、男女间的恋爱,笔调是柔软的、不激烈、不狂呼。与他们同派的有滕固、施蛰存、叶灵凤、金满成、罗西等。"

**约在期间** 作诗《啼莺》《寄海上友人》《驮马》等。

**同月** 10日上海杂志公司初版发行张静庐著《在出版界二十年》。15日鲁迅全集出版社初版发行鲁迅先生纪念委员会编纂《鲁迅全集第五卷·南腔北调集、准风月谈、花边文学》《鲁迅全集第六卷·且介亭杂文、且介亭杂文二集、且介亭杂文末编》。

## 七月

**一日** 在《宇宙风》第70期"夏季特大号"开始发表《西行日记》。

**上旬** 闻宥书赠诗卷,录有诗作六首并识:"蛰存先生方家正政,二十七年夏闻宥,时同客拓东。"钤印"闻在宥"。(按:此件"蛰存先生方家正政"之句,1966年间遭损;后装裱手卷时,无奈裁削此句。)

**十六日**　《宇宙风》第 71 期继续发表《西行日记》(续一)。

**十八日**　先生利用暑假启程回上海探亲,并与《大公报》记者萧乾结伴同行,由昆明坐火车经河口过边境,进入越南老街。据萧乾回忆:"火车是昼行夜停,旅客要下车住客栈。头两天是在昆明境内走。晚上歇在开远。"(萧乾《未带地图的旅人》)先生自述:"闻一多就是在我回上海时在开远火车站上认识的。"("我在昆明的生活和社会关系",1968 年)

**旅途期间**　据萧乾回忆:"到滇(河口)越(老街)边境,快到边界我正一边望着窗外景物一边往摊在台子上的小本子写着什么的时候,突然被人从后面拦腰一抱。本子登时给夺去,我被看管了。这时同行的施兄也吓傻了。火车开到河口,我立即被押到边界哨站去。幸而施兄也跟了来,又摇了一通电话,才弄清我的良民身份。"(萧乾《未带地图的旅人》)先生自述:"萧乾不时拿出笔记本记录所见所闻,谁料却引起我国驻守边防的便衣警察的注意,怀疑他是日本人的特务,把他抓到了边防派出所,认为他有严重的嫌疑,要我担保,我打电话到昆明《大公报》总部和外交部昆明办事处,折腾了一夜,按了手印,才把他保了出来。"(《世纪老人的话·施蛰存卷》)"然后到了老街——法殖民者的天下。海关检查员像刚喝了一肚子烈性酒,脾气暴戾,把箱子里的东西翻得乱七八糟。"(萧乾《未带地图的旅人》)

**又**　作诗《过富良江桥入越南境》:"过桥便是越南天,瘴发千山动紫烟。古木阴阴奔蜥蜴,凝云帖帖下鸟鸢。黑旗奏凯输先子,铜柱沉埋不计年。今日真成章甫客,当时谁谏画图捐。"

**二十二日**　先生和萧乾抵达越南河内,由在当地交通银行支行工作的友人周承周照顾、导游,晚上下榻在同利旅馆。先生自述:"凡居留二日半所得印象甚佳。"(致闻宥函,1938 年 8 月 2 日)"吃到很好的香蕉、椰子、芒果。五十年了,似乎馀味犹在。"(《论老年》)

**河内期间**　按先生自述:"远东学院、博物院及图书馆均曾去参观过,惜因为时甚促,未及将图书馆中汉文书部分仔细浏览。博物院则每星期五休假,弟得特别优待,独为开放,因得观览一周。大概当以 Cambodge 人之古碑及雕刻佛像为最佳妙,余则并无特殊佳品。承嘱代办书籍,惟远东学院第一次会议报告尚有存书,弟问起其图书馆办事人,彼即饬人到书肆中取来一册,经向馆长请示后即概予奉送,并未花钱。*Savina* 之苗法字典,绝版已久,*Tai Annamite Francais* 字典即由远东学院出版部出版(Imprimerie d'Extreme Orient),亦已绝版。馆中人云,此二书均买不到。*Cordier*

之字典则并无汉式字,故亦未为先生买下,安南俗文学书,目下大部分均已用拉丁化字,即纯粹用汉字者亦甚难觅。""下午在一小店中买到纯粹汉式字之通俗文学书三十馀种,其中只一种为汉字与拉丁化字对照者,此外又曾买汉字及拉丁字对照之《三字经》等数种,一并交由航空寄递至昆明,当由舍妹饬人送达。其中纯汉字之俗文学书,如阁下无所用之,可代为保存,由弟得之可也。"(致闻宥函,1938年8月2日)

**河内期间** 作诗《河内游真武观与中国道宫无殊》,还作诗《东京小女谣四首》并"题记":"河内剑湖公园纳凉夜坐观游妓,此皆法国冶游郎所艳称之'东京小女'也。"

另,据陈兼与记述:"词亦妖娆,越南沦于法国念久,君犹及见此俗。"(陈声聪《荷堂诗话·施蛰存》)

**二十五日** 先生和萧乾到达海防,又乘船往香港。

**二十七日** 抵达香港,先生暂住戴望舒家。

## 八月

**一日** 在戴望舒主编香港《星岛日报·星座》第1期(创刊号)发表小说《进城》(一)。

**同日** 《宇宙风》第72期继续发表《西行日记》(续完)。

**二日** 先生由香港致昆明闻宥函:"一别旬日,近况如何? 旅行之计已定所向否?""到香港大失所望,故至今犹恋恋于河内也。""弟此次经过越港耗费之大出于预算之外,阁下交弟越纸20元,除买书费去3元外,迄今只馀8元,到港计已为弟用去9元左右,故馀款拟不再送到府上,即作弟返滇时用,俟返滇后当持还国币或仍以越币奉偿也。江清想已到昆明,未知作返沪计否?"

**同日** 写讫《新文学与旧形式》:"我们谈了近二十年的新文学,随时有人喊出大众化的口号,但始终没有找到一条正确的途径。以至于在这戎马倥偬的抗战时期,不得不对旧式的俗文学表示了投降。这实在是新文学的没落,而不是它的进步。我希望目下在从事写作这些抗战大鼓、抗战小调的新文学同志各人都能意识到他是在为抗战而牺牲,并不是在为文学而奋斗。"

**又** 小说《进城》(二)续刊于香港《星岛日报·星座》第2期。

**三日** 小说《进城》(三)续刊于香港《星岛日报·星座》第3期。

**同日** 晚上,按先生自述:"承茅盾先生送了两本最近的《文艺阵地》,又借给了一份全国文协会的《抗战文艺》。"(《再谈新文学与旧形式》)

**旅港期间** 按先生自述:"北宋嘉祐砖志拓本一纸,戊寅年夏,得于香港摩罗街古玩铺。"(《北山谈艺录续编》)

**四日** 由香港乘坐太古船四川号返沪探亲。(致闻宥函,1938年8月2日)

**同日** 小说《进城》(四)续刊于香港《星岛日报·星座》第4期。

**五日** 撰讫《再谈新文学与旧形式》:"一到香港就写了一点关于最近文学界利用旧形式作抗战宣传的意见。""此外又看到了几种别的文艺刊物,才知道对于这个问题目前正有着各方面的论辩,而我的那一点意见,却已有鹿地亘君痛快地先表示过了。我与鹿地亘君素昧平生,他以前曾用中文发表过怎样的文艺理论或见解,也不很留心,但是,在他这回的《关于艺术和宣传的问题》的那封给适夷的信中,他对于目下中国许多对于文艺热心过度而事实上甚欠了解的批评家,创作家,乃至政治家所发的慨叹,我以为全是一针见血的,完全可以同意的。他那篇文章中所牵涉到关于文艺的课题甚多,我觉得都有特别提出来讨论一下的必要,但我在今天所想谈的,还是关于旧形式的问题。""我以为新文学的作家们还是应该各人走各人的路。一部分的作家们可以用他的特长去记录及表现我们这大时代的民族精神,不必一定要故意地求大众化,虽然他的作品未尝不能尽量地供一般人阅读。技巧稚浅一点的作家们,现在不妨为抗战而牺牲,编一点利用旧形式的通俗文艺读物以为抗战宣传服务。但在抗战终于获得了最后胜利以后,这些作家们最大的任务还是在赶紧建设一种新文学的通俗文学,以代替那些封建文学的渣滓。"

**同日** 小说《进城》(五)续刊于香港《星岛日报·星座》第5期。

**六日** 小说《进城》(六)续完刊于香港《星岛日报·星座》第6期。

**九日** 在香港《星岛日报·星座》第9期发表《新文学与旧形式》。先生自述:"有二篇与林焕平讨论'大众文学'的形式问题的杂文,我以为利用民族形式来写抗战大众文学不是新文学的大路,而是暂时应急的办法。新文学者必须创造新的文学形式,旧时代的民族文学形式不值得继承,等等。"("我曾在报刊上发表过的文章",1968年)

**约在期间** 先生乘船抵达上海,回到家中。

**又** 据王易庵记述:"民国念七年夏天从广州返沪以后,当时施蛰存刚巧也从昆明转道来沪,有一位朋友设宴于法租界麦赛而蒂罗路的洁而精川菜馆,为他接风,我也被邀作陪,席上便幸会了这位多方面的作家兼编书家阿英(钱杏邨)先生。因为阿英和施蛰存交谊颇笃,他们在民国念四年曾一同代上海杂志公司老板张静庐编过'中国文学珍本丛书',所以在这接风宴上,当然不会没有他的大驾。"(王易庵《记阿英》,

《杂志》,1943年第10卷第6期)

**十二日** 在香港《星岛日报·星座》第12期发表《再谈新文学与旧形式》。

**十三日** 在香港《星岛日报·星座》第13期发表《抗战意志从今天凝固起》。

**十五日** 按先生自述:"归自滇南,□□招饮□□酒家,席间为海风索近作,竟不省忆,漫写两章[《春日大观楼小坐口占》《啼莺》]予之,一年不见,犹是故我也。"(《诗两首》,《南华日报·风云"战时诗抄"》,本年9月5日)

**十九日** 香港《立报》刊载林焕平《五种意见——"论新文学与旧形式"之一》。先生自述:"关于新文学与旧形式的那两篇,曾经有林焕平先生为文表示过异议。"(《待旦录·序》)

**二十日** 香港《立报》刊载林焕平《利用旧形式就是"否定"新文学吗?——"论新文学与旧形式"之二》。

**二十一日** 香港《立报》刊载林焕平《驳否定新文学论者——"论新文学与旧形式"之三》。

**二十二日** 香港《立报》刊载林焕平《文学大众化的正路——"论新文学与旧形式"之四》。

**是月** 中国流通图书馆编审部编印《图书目录第一辑》,内有:"879—S301,《妇心三部曲》,显尼兹勒著、施蛰存译,神州,1.50。""879.7—S801,《波兰短篇小说集》,施蛰存,商务,0.60。"

**同月** 下旬西南联合大学蒙自分校迁回昆明。

## 九月

**二日** 《云南日报》发表社论《滇缅公路修完了》。

**五日** 在《南华日报·风云》第68期"战时诗抄"专栏发表《诗两首》(春日大观楼小坐口占、啼莺)并"题记"。

另,《春日大观楼小坐口占》:"草海轻鲦入骨肥,西山晴翠扑天微;花开陌上风吹去,游女无家那得归。"(按:此诗先生后于1963年间作润改,改题《大观楼独坐口占》,第三、四句改为:"大堤游女如花艳,已是无家争得归。")

另,《啼莺》:"东南逋客老狂生,十载江湖落魄行;酒后风怀浑似絮,众中眉语忽关情。欲携桃叶归三径,忽报胡儿下九京;一片神州风雨晦,最难安顿见啼莺。"(按:此诗先生后于1963年间作润改:"东南逋客老狂生,落魄江河载笔行。酒后诗篇浑不惜,众中眉语忽关情。欲携桃叶归三径,却遣虾夷入二京。极目神州风雨晦,最难安顿是啼莺。")

**十三日** 昆明开始发布日寇空袭的警报。

**二十八日** 日寇飞机开始袭击昆明,九架飞机投弹轰炸小西门外潘家湾,当时市民均无躲避空袭的常识及经验,警报后麇集潘家湾及小西城脚苗圃中,死伤惨重。先生自述:"那时候我恰巧不在昆明。"(《跑警报》)

**上海期间** 按先生自述:"在回返到上海居住的两个多月之间,我看到了许多,我知道了许多。虽然在经济方面,也许上海已大大地失去了它以前那么样的重要性,但是,我相信,在文化和政治这方面,上海还保留着一种潜势力。我虽然看见了许多得意洋洋的汉奸,但尤其多的是一些留在那孤岛上艰苦地工作着的孤臣孽子。他们在教育着孤岛上的四百万民众,他们在记录,监视甚或惩戒那些无耻的国贼。你别以为此刻的上海所给予你的第一个印象是比从前越发花天酒地,纸醉金迷,你只要一想到上海现在居然还有一种严肃的舆论存在着,居然还有一种潜伏的,但是并不微弱的抗战势力存在着,你就不能不感谢这些并未撤退到后方去的孤臣孽子了。"(《浮海杂缀》)

**又** 据罗洪回忆:"我们离开桂林,绕道经过香港,由香港坐轮船到达上海。将居住处安排好,为孩子找到了念书的学校,跟朱雯教课的省立中学联系好,找朋友时第一个就找了施蛰存,又找了赵家璧。施蛰存已在昆明云南大学任教,刚回沪探亲。"(罗洪《我去看望了施蛰存先生》)

**又** 据周允中记述:家父周楞伽与施先生"曾因柯灵之邀在锦江饭店聚餐晤谈过"。(周允中《周楞伽致唐圭璋·读信人语》)"他在1938年曾经从执教的云南大学返沪探亲,当时,《文汇报》副刊主编柯灵假座上海锦江饭店请客,我父亲也在被邀之列。所以施先生依稀记得我父亲是个残疾人"。(周允中《施蛰存、花敬定和〈将军的头〉》)

## 十月

**一日** 钱君匋治印"蛰存",边款曰:"此刻得缶庐神髓,蛰存兄以为如何。"

**二日** 钱君匋治印"无相庵",边款:"十年前曾为蛰存兄作无相庵朱文印,八一三抗战后蛰存家处战线,所聚各物均荡然,余亦流亡湘粤,回沪月馀,蛰存亦自昆明归,相见各言艰辛,不禁黯然,爰为重镌此印以续旧梦。"又为先生治印"无相庵劫后所聚",边款:"蛰存兄之昆明前四日索刻,即正。"

**六日** 在上海等了二十多天轮船后,终于乘上爪哇轮船公司的八千吨邮轮"芝沙丹尼"号轮船离开上海赴香港。先生自述:"船载我离开上海了,火烧红莲寺,四脱舞,现世报,花会听筒,沪西娱乐社……这些不良的印象都在我眼前消隐下去了,而那些不为一般人所看得见的,孜孜矻矻地在为孤岛上保留一股浩然的民族元气的人们,却在我眼前格外明显地活跃着。别了上海,我的敬礼是给予他们的!""我占据了A字舱第3号床位之后,底下的第4号床位便被一个肥矮的不相识的旅客所占据了,除了一只手提皮箧及一条毛毯外,他没有别的行李。船没有开行,他就躺在床上了。他在看一份报纸。《新申报》!和一个汉奸做旅伴了,我想。医生来验防疫注射证明书,买办来收船票了。""晚间,当我从甲板上散步了回舱时,那第1号和第5号床上的旅客已经在和他很高兴地谈话了。""糟糕?被汉奸们所围困了。我点旺一支烟,爬上了自己的床铺,开始为这不快意的旅途担忧了。"(《浮海杂缀》)

**七日** 在船上。先生自述:"我除掉因为取纸烟,取盥洗具之类的必要而回舱一次以外,几乎把所有的时间都花费在甲板上。我在甲板上抽烟,我在甲板上看书,我在甲板上散步,我憎厌回进那个舱房里去。"(同上)

**八日** 在船上,作诗《中秋寄内》:"不分今宵月,三年客里看。清辉满虚幌,瑶想托前欢。天下犹挥戟,闺中独倚阑。何堪一樽酒,坐对露华寒。"先生自述:"午间,船停在厦门和鼓浪屿中间的海峡里。"(同上)

**航行期间** 先生自述:"船从十七艘黝黑的敌舰中间行过,停泊在厦门和鼓浪屿之间的海峡里。""我呢,船在这里有六小时的碇泊,遂也雇着一只舢板上鼓浪屿去观光。""在黄家渡码头上了岸,就看见一个难民区。""我终于找到了邮局,先去寄发了一封家信。从邮局出来,又在街上胡乱地闯着,买了一点绳子、手巾、肉松之类的杂物。""我上了日光岩,在那个光光的山头上瞭望内海的一盛一衰的景象,听着山下观音庙里的唪经击磬声,和喧闹的市声,简直连自己也不知作何感想,惟有默然而已。""走进了一家饮食店,我想该进一点午餐了。""'怎么!你们的菜都是这样贵的吗?'我不禁跳起来。"(同上)

**中旬** 先生抵达香港,仍住戴望舒家里,"耽了几天,待船去海防"。先生自述:"当时沈从文的夫人张兆和,九妹岳萌,和从文的两个儿子小龙、小虎,还有顾颉刚的夫人,徐迟的姊姊曼倩[珑宝],都在香港待船去昆明。从文、颉刚都有电报来,要我和他们的眷属结伴同行,代为照顾,徐迟也介绍他的姊姊和我一起走。此外,还有几位昆明朋友托我在港代办许多东西,记得有向达的皮鞋和咖啡,杨蔚小姐的鞋子和丝

袜,诸如此类,我当了两天采购员。"(《滇云浦雨话从文》)

**香港期间** 按先生自述:"我在香港商务印书馆的编辑部看到一部正在编辑的书稿,其实不是文字书稿,而是许多图片。"(《一本未出版的图书》)"看到叶浅予、张光宇、正宇兄弟和丁聪,刚编好一本记录日本'皇军'在中国屠杀中国人的罪行的图片集。我看到的是已印成的第一集,16开本,二百多页,大约有四五百张图版,大多数是从日寇身上缴获来的照片。这里有奸淫中国妇女的秽亵照片,有砍杀中国农民的照片,有南京大屠杀的照片,有纵火焚烧中国城市村庄的照片。这些都是日本军人自己记录的罪行,看了令人发指。"(《暴行实录》)

**又** 按先生自述:"我在香港德辅道一家小饭店里午餐,独占一对火车座,正在吃饭之时,闪来了一个'老鬼',手提一个小皮喼。他坐下在我对面,把皮喼放在桌上,打开来给我看。我一看,都是小纸包、小玻璃瓶、小器物。纸包上,瓶上,都有木戳子打印的品名,例如'久战丹'、'芙蓉膏'、'牛鞭丸'之类。小器物奇奇怪怪,我都不识。""我请他一支纸烟,摇摇头,挥挥手,打发他走了。这是我生平唯一的机会,见到这么多的淫器春药。因此,我敢说:这位兰陵笑笑生的淫学知识,还不如我。"(《勉铃》)

**又** 杜衡居于西环学士台、桃李台一带,与戴望舒寓所为邻。

**二十八日** 先生偕一行七人乘上直驶海防的法国轮船"小广东"号。先生自述:"顾[颉刚]夫人身体不健,买了二等舱位,馀者都买了统舱位,每人一架帆布床,并排安置在甲板上,船行时,颠簸得很厉害。"(《滇云浦雨话从文》)

**三十日** "船行二昼夜,到达海防,""上岸验关时,那些法国关吏把我们的行李逐件打开。"接着,先生一行在海防"寓天然饭店"。(同上)

**同日** 始在香港《星岛日报·星座》第91期发表《浮海杂缀》(未完)。

**三十一日** 全天在海防休息,补充了一些生活用品。

**同日** 《浮海杂缀》(续完)刊于香港《星岛日报·星座》第92期。

**是月** 开明书店初版发行夏丏尊编《十年·正续合订本》,收录其作《嫡裔》。

**同月** 日寇占领广州、武汉等地。

## 十一月

**一日** 先生偕一行乘火车到老街,宿天然饭店,"这里是越南和中国云南省的边境,过铁路桥,就是云南省的河口。当晚,由旅馆代办好云南省的入境签证"。(《滇云

浦雨话从文》)

**二日** 偕一行"到河口,又一度检查,比海防情况好些",接着"乘滇越铁路中国段的火车到开远,止宿于天然饭店"。(同上)

**三日** 偕一行"继续乘车"。(同上)

**四日** 先生偕一行于下午抵达昆明。先生自述:"这一次旅行,我照料四位女士,两个孩子,携带大小行李31件。""每次歇夜,行李都得随身带走。全程七日,到昆明时,只失去了徐曼倩的一件羊毛衫,还是她自己忘记在火车上的。这一件事,我自负是平生一大功勋,当时我自以为颇有'指挥若定'的风度。""这一次旅行,使我和从文夫人及九妹都熟识了。"(同上)

**同日** 先生临时借住在学生宿舍。先生自述:"原来的宿舍已被房主人收回,校中已无房屋可供给住宿。"("我在昆明的生活和社会关系",1968年)

**八日** 《申报·自由谈》刊载炽强《上海读书界的厄运——秦始皇和明太祖的失策》提及:"偶然在旧书篋里掏出一本《文饭小品》,在施蛰存先生的《无相庵断残录》中看到廖柴舟作的'明太祖论'。虽然祇是半豹,可是卓识微妙,烧饼歌也。"

**九日** 按顾颉刚日记:"与自珍同出,访在宥、蛰存于云大。"(《顾颉刚全集》,中华书局,2010年版。以下均同)

**十七日** 按顾颉刚日记:"本日昆明有空袭警报,闻日机至广西百色炸后退还,昆明航机多飞禄丰机场暂避。"

**中旬** 先生与吕叔湘一起迁往小西门内文化巷5号院居住。先生自述:"我回到昆明时,他[吕叔湘]已把家眷送到晋宁去,租一个房子住下,自己独身在昆明。""我就和吕叔湘合租了一间民房住下。这房子在昆明小西门内文化巷。一幢三楼三底的房子,我和吕叔湘住楼上西间,东间住的是同济大学教授陈士骅。中间住的是两个西南联大学生,一个是陈士骏,即陈士骅的弟弟;一个是钱能欣。楼下住也是几个西南联大学生,我们没有来往。另外有一座楼房,住的是西南联大教育系教授罗廷光和数学系教授杨武子,我们也没有来往,每天见面点点头而已。""关系最深,最熟的,只有一个吕叔湘而已。"("我在昆明的生活和社会关系",1968年)"与吕叔湘同住一室,与陈士骅、钱锺书同住一楼,与罗廷光[炳之]、杨武子同住一院。"(《滇云浦雨话从文》)"我们住处的楼下面是个花园,那里还有许多松树,松树丛中有很多小松鼠窜来窜去。"(《世纪老人的话·施蛰存卷》)

**又** 按先生自述:"文化巷比较冷静,又在城门口,巷底就是城脚荒地。住在这里的时候,晚上差不多是不出门的。两人合用一盏电灯,吕正在研究中国语法,也看些古文学书,找语法例句。我还是继续进修古典文学,以及备课。"("我在昆明的生活和社会关系",1968年)

**二十七日** 按顾颉刚日记:"与履安、自珍到共和春宴客。9时半归。""今晚同席:在宥,施蛰存、吴辰伯及其母、弟春曦、弟妇叶美英、妹浦月、浦星、侄阿宣,张为申夫人(以上客),予夫妇及自珍(主)。"

**下旬** 先生陪同徐迟二姐、上海万国储蓄会秘书徐曼倩游金殿、昙华寺,并携带一架6×6方镜照相机,为徐氏摄影数帧。作诗《偕徐曼倩游金殿》:"玉虚台殿擅南州,携得红装跃马游。映日龙鳞金琐碎,辟尘珠露翠沉浮。未标盟柱开蛮城,却铸丹宫佞道流。岂谓坚刚堪万岁,天枢铜雀等闲休。"

**月内** 沈从文在北门街租了一所屋子安家。先生自述:"北门街也在云南大学附近,因而我常有机会去从文家闲谈。此后又认识了从文的小姨充和女士,她整天吹笛、拍曲、练字,大约从文家里也常有曲会了。"(《滇云浦雨话从文》)"忆当年北门街初奉神光,足下为我歌八阳,从文强邀我吹笛,使我大窘。"(致张充和函,1989年3月6日)"从文有了家庭生活,我也没有机会夜晚去邀他同游夜市了。"(《滇云浦雨话从文》)

## 十二月

**一日** 按朱自清日记:"中午有警报,我们去防空洞躲避。"先生自述:"我已经足足两年没有真正地感觉到战事了,因为我已在昆明住了两年。""近来,昆明人又紧张起来了。很抱歉,我似乎应当说是更紧张起来才好,哪一个昆明人不是从抗战开头就紧张着呢。好吧,让我说更紧张罢,因为最近又得天天跑警报了。"(《跑警报》)

**三日** 按顾颉刚日记:晚上"晤施蛰存及徐女士"。

**十日** 为将译作法国A.马尔洛《青空的战士》寄给香港戴望舒主编《星岛日报·星座》发表而撰写"题记":"望舒来函索稿,苦无以应。课余偶读马尔洛新作《希望》(ESPOIR),为之击节,因择其感人最深之插曲一篇,穷五昼夜之力译成,寄请《星座》,聊偿夙愿。篇名节目,原书未有,但凭己意增添。市语方言,非所悉谙,概由望舒校补,理应说明,谨此告罪。"

**二十八日** 上午茅盾携家眷等乘坐列车抵达昆明,先生与中华全国文艺界抗敌协会昆明分会诸位到车站迎接。据茅盾回忆:"在站台上迎接我们的,除了杜重远手下的人,还有云南省文协分会的朋友,其中认识的有穆木天、施蛰存、马子华等,但为首的一位却陌生,经人介绍,才知道是文协分会的负责人云南大学教授楚图南。"(茅盾《从东南海滨到西北高原》)

**年内** 作诗《题海源寺》等。(按:据陈文华藏先生诗稿排序而推算为此间。)

**又** 与卢葆华交游唱和,作诗《为卢葆华女士题飘零集诗卷》。卢氏惠赠先生曾游莫干山的留影三帧,还有一帧是卢氏和两个孩子在昆明拍摄的照相。

**又** 先生同乡好友、时任上海《时报》编辑朱孔昭,因罹伤寒症不治而病逝。

# 一九三九年(中华民国二十八年　岁次己卯)　先生三十五岁

## 一月

**一日** 译作法国 A.马尔洛《青空的战士·〈希望〉的插曲》(一)始刊于香港《星岛日报·星座》第154期。

**二日** 先生出席中华全国文艺界抗敌协会昆明分会召开"反日联盟"大会,朱自清主持会议,邀请茅盾作关于"从反面观点看问题"的演讲。

**三日** 译作法国 A.马尔洛《青空的战士·〈希望〉的插曲》(二)续刊于香港《星岛日报·星座》第155期。

**四日** 译作法国 A.马尔洛《青空的战士·〈希望〉的插曲》(三)续刊于香港《星岛日报·星座》第156期。

**五日** 译作法国 A.马尔洛《青空的战士·〈希望〉的插曲》(四)续刊于香港《星岛日报·星座》第157期。

**六日** 译作法国 A.马尔洛《青空的战士·〈希望〉的插曲》(五)续刊于香港《星岛日报·星座》第158期。

**七日** 译作法国 A.马尔洛《青空的战士·〈希望〉的插曲》(六)续刊于香港《星岛日报·星座》第159期。

**八日** 中华全国文艺界抗敌协会昆明分会召开全体会员大会,改选理事,据文天行《中华全国文艺界抗敌协会大事记》记载:"总会理事穆木天、朱自清、施蛰存、沈从文为当然理事。"

**同日**　译作法国A.马尔洛《青空的战士·〈希望〉的插曲》(七)续刊于香港《星岛日报·星座》第160期。

**九日**　译作法国A.马尔洛《青空的战士·〈希望〉的插曲》(八)续刊于香港《星岛日报·星座》第161期。

**十日**　译作法国A.马尔洛《青空的战士·〈希望〉的插曲》(九)续刊于香港《星岛日报·星座》第162期。

**同日**　《迅报》登载《施蛰存在云南大学任教》："闻其在闲中曾翻译一部长稿,暂名《青空的战士》。"(按:此稿又载《好莱坞日报》1940年3月13日。)

**十一日**　译作法国A.马尔洛《青空的战士·〈希望〉的插曲》(续九)续刊于香港《星岛日报·星座》第163期。

**十二日**　译作法国A.马尔洛《青空的战士·〈希望〉的插曲》(十)续刊于香港《星岛日报·星座》第164期。

**十三日**　译作法国A.马尔洛《青空的战士·〈希望〉的插曲》(十一)续刊于香港《星岛日报·星座》第165期。

**十四日**　译作法国A.马尔洛《青空的战士·〈希望〉的插曲》(十二)续刊于香港《星岛日报·星座》第166期。

**十五日**　译作法国A.马尔洛《青空的战士·〈希望〉的插曲》(十三)续刊于香港《星岛日报·星座》第167期。

**十六日**　译作法国A.马尔洛《青空的战士·〈希望〉的插曲》(十四·完)续刊于香港《星岛日报·星座》第168期。

**二十日**　先生与顾颉刚、楚图南、闻宥、吴晗等发起成立云南大学文史学研究会。按顾颉刚日记："赴文史学研究会。""今日同会:闻在宥、吴辰伯、施蛰存、徐梦麟、楚图南及学生十馀人。"

**二十五日**　先生到云南大学大礼堂出席熊庆来校长就职宣誓典礼。

**二十八日**　《抗战文艺》第3卷第7期刊载老舍(署名"总务部")关于"文协"总会《会务报告》提及:"四、昆明分会进行甚利,本会除分函杨今甫、朱佩弦、沈从文、施蛰存、穆木天诸先生指导会务外,并随时通信,期得密切联络。"

**是月**　商务印书馆初版发行"百科小丛书"朱滋萃著《文章写作论》,书内"第三章　文章的体式·乙、一日记"提及:"'《成人杂志》编者又来一信,谈自由恋爱。如果有时间,我倒很高兴替这个题目写一篇文章。……我自然赞成绝对自由,而反对任何束缚的,但我的意见,乃是为了贞操,而不是为了快乐。'(托尔斯泰日记——施蛰存译)"

## 二月

**一日** 水沫社编译《法兰西短篇杰作集》(法国沙都勃易盎等著,施蛰存等译)由上海大夏书店重版初印,内收译作法朗氏《预台太守》、沙都勃易盎《阿盘赛拉易之末裔》,以及大妹施绛年译作美易梅《炮台之袭取》。

**九日** 译作《夏芝早期诗抄》刊于香港《星岛日报·星座》第192期。

**十五日** 在《新云南》第2期发表《文化抗战之意义》,其中写道:"在一个动乱的社会中,尤其是在一个被外来的暴力所威胁着的社会中,民族主义的精神才如黑夜天空中的花炮一样闪撒着它的光芒。我们中华民族在每一次国难的时候,都曾表现过这种伟大的民族精神,这是从历史上可以覆按的事实。""我们现在业已找到了一个共同的文化目标:抗敌救国。这个共同的目标之所以可贵,乃是因为它并非任何一种政治势力构成的,而是整个民族一致地选择定的。"

**十九日** 春节。作诗《己卯元旦试笔》:"桃符新处敛愁眉,试笔拈诗怅一辞。木屐已盈佳丽地,饧箫犹似泰平时。屠苏酒热思亲泪,文字功亏报国资。又向天南度元日,生涯廖落患为师。"

另,按先生自述:"春节时便与刚从英国回来的吕叔湘上街闲逛,上午街上异常冷清,少有行人,直到十一点钟以后,店铺逐一开张,行人才渐渐多起来。我俩很奇怪,后来方得知,当时昆明的家家户户多吸罂粟,连食物里也放此物,晚上睡得迟,九十点钟时的夜市还很兴隆。难怪上午如此景象,只是春节亦不例外,让人不解。让我感到新鲜的是,我们春节时多吃年糕,他们则吃'如排'(谐音),是一种用糯米粉做成的糕点,但他们的粉搞得更细更黏,然后拉成一条条的,吃起来黏性极强,这种食物黏性如此之强并不多见。另外给我印象较深的是居住在昆明边缘地区的许多少数民族兄弟,逢年过节也到昆明城中来买东西,他们的服装很鲜艳,凭服饰就可知道是哪一民族的,这为我俩的闲逛增添了不少情趣。"(孙琴安《记施蛰存先生》)

**二十八日** 开学,先生仍任云南大学文法学院文史系副教授,始编《中国文学史》《散文源流》等教材以及相关讲义。

**下旬** 李季伟赠送《桴鼓记传奇》线装石印本,先生遂作《题李季伟〈桴鼓记传奇〉》。

**月内** 傅雷应滕固之邀,由香港经越南来到昆明,出任国立艺专教务主任。先生自述:"在江小鹣的新居中,遇到滕固和傅雷,这是我和傅雷定交的开始。可是我和他见面聊天的机会,只有两次。"(《纪念傅雷》)

## 三月

**十九日** 《今日评论》第1卷第12期刊载吕叔湘《中国话里的主词及其他》。据吕叔湘回忆:"跟我同住一屋的是施蛰存先生,他认识沈从文先生,从文先生那时候参加《今日评论》的编辑工作,他老向蛰存先生要稿子,蛰存先生就找到我了。"(吕叔湘《学习、工作、体会》)

另,据朱亮记述:"他和施蛰存住同屋,施蛰存拉他给《今日评论》周刊写文章。恰好早几天,吕叔湘看到朱自清先生写的一篇文章说,每个句子总要有一个主词,觉得这种说法不全面。考虑再三,他就写了《中国话里的主词及其他》。这是吕叔湘先生的第一篇有关汉语语法的文章,并由此结识了朱自清先生。"(朱亮《20世纪江苏文化名人·吕叔湘》)

**二十日** 《文汇报·世纪风》刊载公西华《被"指摘"的声明》提及:"晋伯先生之所谓'什么报上',其实是《大美报》的'早茶'上,编者就任时闹稿荒,恰巧施蛰存君从云南迢遥的寄来这本书,就随便提及一下。著者李季伟君是云南大学的理化教授,文字上的技巧不及《桃花扇》,实在是意中事,这是我说过的,并不必晋伯先生推许'艺术在《桃花扇》以上'。而且我的标题是'关于陈圆圆',并不是'绍介玉庵恨传奇',正因为这本书是私人印的,不想卖,上海也买不到。料不到这样偶然提及,会成为晋伯先生指为复古倾向的'介绍'者,实在是意料不到。"

**约在期间** 按先生自述:"与向达[觉明]、吕叔湘、吴晗、王以中、张荫麟、孙毓棠诸人交游,颇受影响,遂放弃新文学创作,潜心于文史之学。"(写给陈文华书面材料)

**又** 课馀开始大量阅读有关"云南遗事"之史书、方志,拟辑录《滇小录》。先生自述:"北大历史系的向达,这时在历史语言研究所工作,这个研究所在昆明郊区,他每次进城,总到我们这里来,有时住一宵回去,他和浦江清、吕叔湘是好朋友,因而我也认识了他。他正在研究西南史地,我受了他的影响也开始注意云南的历史看了一些有关著作。"("我在昆明的生活和社会关系",1968年)"有条件阅读了许多云南古代史文献,写下了一些札记。在向觉明的影响下,看了许多敦煌学文件,校录了十几篇变文。"(《我治什么"学"》)

另,按先生自述:"向觉明刚从英国回来,带来了他从伦敦博物馆里抄录的敦煌文件和许多摄影胶卷。他在历史语言研究所任职,也在昆明,因此我们在昆明开始了朋友交谊。他带回来的'宝物',引起了我研究敦煌文学的兴趣。我向他借了一部分变文卷子,用《世界文库》中发表过的一些'变文'排印本来校读,校定了《世界文库》本的许多误字。《世界文库》本的《王陵变》是个残卷,我从向觉明的抄本中补全了。在这一二年间,我们也谈起了'变文'这个名词的意义。尽管我们都以为这个'变'字是古印度文的音译,或谐音,但在中国文献中尚未找到证据,因而不敢轻易论定。"(《"变文"的"变"》)

另,按先生自述:"常与友人向觉明徘徊于佛照街夜市冷摊,得一二古玩旧籍为乐,《织云楼诗合刻》亦得于其时。"(《织云楼诗合刻·小记》)

**又** 按先生自述:"黄铜镜,有柄,铸花草纹,右边有'天下一藤原作'六字,""此日本古镜也。1939年,余从昆明佛照街夜市得此,颇以为异,意其流入我国滇南,亦将百年矣。是夕,又得一缅盒,不殊六朝奁具,今亡矣。""'兴朝通宝'钱三品,孙可望钱也。亦得于昆明,""大顺钱一枚,得于昆明佛照街夜市,径二·五厘米。文曰'大顺通宝'。""吴三桂父子钱三品,皆得于昆明夜市,其一文曰:'利用通宝'。""其二文曰:'昭武通宝'。""其三文曰:'洪化通宝'。"(《北山集古录》)

**同月** 17日吴梅(瞿安)在云南大姚逝世。宇宙风社创办《宇宙风·乙刊》半月刊,由林憾庐等编辑。

**又** 26日"中华全国文艺界抗敌协会香港分会"成立,暂称为"中华全国文艺界协会留港会员通讯处",据许地山、楼适夷《文协香港办事处成立大会报告》:"留港本会会员,经三次的集议,决定依据总会指示,成立留港会员通讯,于本月26日在香港大学中文学院礼堂,举行成立大会。"(《抗战文艺》,1939年第4卷第1期周年纪念特刊)

另,27日《南华日报》刊登《文艺界协会昨成立留港通讯处》:"留港会员叶恭绰、许地山、马鑑、杜衡等百人,于昨日下午三时,在空气融洽中举行首次集会。研究适应大时代文艺界工作,同时宣布留港会员通讯处成立,抱守共同信念,在全国统一组织下,策励精进,奠国民文艺之基云。"4月7日《迅报》刊登《许地山·杜衡·叶恭绰成立文艺界留港会员通讯处》。

## 四月

**一日** 《迅报》刊载《施蛰存所提拔起来的穆时英》:"穆时英是青年作家中,有一时期最红的一个,当时名气着实比得上鲁迅或茅盾。因为他的作品《公墓》《黑牡丹》等,那个新感觉的作风,着实为许多爱好文艺的年青人以爱戴。当时发表他的作品最多的是《现代》杂志,编辑施蛰存和他有很深的交谊,也可说是施蛰存一手提拔穆时英起来的。可是,穆时英对施蛰存也曾有过'难过'。当时《现代》发表一篇穆时英的小说,有一个读者写信去,说这篇文字中间有一段是抄袭来的,指得很是明白。施蛰存竟把这封信老实不客气登出来,弄得一时大家称他是'抄袭家',致使他声名大受影响。"

**六日** 按顾颉刚日记:"到登华街买物后,即赴云大。""上课一小时(《礼记》)。晤在宥、蛰存等。"

**八日** 按吴宓日记:"下午1:30 空袭警报","至4:30 解除警报"。

**九日** 按吴宓日记:"时方正午,闻空袭警报。""杂汹涌奔挤之兵民人众中,出小西门,沿马路,直西行。旋入田野,沿涠堤西北行,离城略远,乃即避立堤间之壕沟内。避立及奔走之人,络绎相望,牛马亦杂其中。时天阴欲雨,久久。是日敌机未入滇省境。2:30 警报解除。"

**十日** 按朱自清日记:"中午12时警报到下午2:45分解除。"

**十三日** 按朱自清日记:"下午4时警报",敌机轰炸蒙自。

**十四日** 按顾颉刚日记:"自下星期起,校中为防空袭,移动上课时间。"

**十六日** 松江沈联璧因患肺疾病逝上海(享年四十一岁),上海诸位友人发起追悼纪念活动。先生接友人由上海来函惊闻噩耗,"十分痛惜"。

**十九日** 《文汇报·史地周刊》刊载"云南史地界现状"提及:"云大文史研究会则于本年一月二十日成立,由顾颉刚、楚图南、闻宥、吴晗、施蛰存等发起。"

**月内** 日寇飞机时来袭击昆明,为避轰炸,云南大学被迫停课。先生避居离昆明一百馀公里的小城(按:城名俟考),撰写《山城》:"说它是一个小城,这是一个外省人的口吻。它实在并不比我所曾到过的宜良路南这些县城更小。它在公路旁边,两小时的汽车可以到达昆明。(然而从来没有一辆营业汽车在两小时内到达过。)它有邮政局和电报局,它能够供给你法国制的脂粉,甚至德国制的花柳病注射剂。然而不管一切,它还是我所旅行过的许多县城中最配称之为山城的地方,这是因为它还保留了一个山城所该有的特殊气息。我在这里已经算是住下来了,我认识了它的自然环境,我熟悉了它的故事。""人们永远是很迟缓,永远是很闲懒,永远没有时间的观念,很少人家有一个钟或表。""我不喜欢,并且也不习惯于这种山城里的生活,但我既在这里住了几天之后,也似乎稍微发现了它一点好处。"

**又** 作诗《枯坐》:"板阁春犹困,山城夜正遥。索居空众虑,枯坐遂中宵。入世鱼千里,遵生水一瓢。迩来差悟道,得意在承蜩。"

## 五月

**十四日** 按顾颉刚日记:"今日天未明时大雨,上午11时又大雨,下午3时又大雨,云南已入雨季矣。"

**十八日** 在《中央日报·平明》(昆明版第3期)发表《爱好文学》,署名"蛰存"。文中写道:"许多青年常常高兴对你表示他是一个爱好文学的。""这两种现象都是近几年来我国文学界的殷忧。""在上海,据说有一位最善于'学习鲁迅精神'的杂文家,他把鲁迅所写的杂文全部拜读过几遍,摘出许多典型的句法和字眼来,当他自己写文章的时候,就像填词似地利用这'鲁迅文谱'了。""如今在大大小小的刊物上,我们常常读到这种既不好又不歹,既不像抄袭又不像创作的作品,可以说全是出于这一流作家笔下的。""我现在很愿意向一些爱好文学的青年指示出他们的爱好文学是一个危机,尤其是当他们自己坚信他们是爱好文学的时候。""人们时常叫喊着,学习鲁迅!学习高尔基!但多数人只学习了鲁迅和高尔基所铸造成的文学范畴,而很少有人学习到鲁迅和高尔基怎样铸造成功他们特异的文学范畴的方法。这不能不说是创作界前途的一个黑暗面。爱好文学,不一定得从事创作。要从事创作,必须真能爱好文学。我愿意把这句标语奉献给文学青年。"

另,按先生自述:"昆明中央日报附刊'平明',发表过二三篇杂感,其中有一篇《爱好文学》。"("我曾在报刊上发表过的文章",1968年)"《爱好文学》那篇文章在昆明《中央日报》副刊《平明》(凤子主编)上发表以后,曾有一位隐名作家呵责过,说是我在不准青年从事写作,大有垄断作家特权的野心。"(《待旦录·序》)

**中旬** 傅雷离开昆明返回上海。先生自述:"不知怎么一回事,他和滕固吵翻了,一怒之下,回上海去了。这是我第一次领略到傅雷的'怒',后来知道他的别号就叫'怒庵',也就不以为奇。从此,和他谈话时,不能不提高警惕。"(《纪念傅雷》)

**三十一日** 《迅报》登载《施蛰存在房间里旅行》,亦为小报游娱性流言之类。

**是月** 商务印书馆初版"中国文化史丛书"郭箴一著《中国小说史》(下),书中"第八章民国"提及:"民族主义文艺的运动也曾活动过一时,""他们的中坚分子有范争波、朱应鹏、陈抱一、傅彦长、李赞华、张季平、施蛰存、吴颂皋、陈之佛、柯蓬洲、邵洵美、李猛、应成一、王道源、汪倜然、胡仲持、叶秋原等人。""此外还有两种新派别出现于文坛,一是'第三种人文学';一是'茶话派文学'。前者的代表是施蛰存主编的《现代》,后者的代表是《文艺茶话》与林语堂主编的《论语》。'第三种人文学'起原于胡秋原之自由人的文化运动,而这个名称却是由苏汶创始的。它的意义可引易嘉(瞿秋白)的话来解释:既然不愿意'变为煽动家之类',又不好意思做资产阶级的走狗。听着一些批评家,谈新兴文学理论,实在觉得讨厌。想着我是多么不自由呢?写一些东西就有人来指摘,这是资产阶级的意识,那是小资产阶级的动摇,或者还要加上法西斯蒂的头衔……唉!我的命运太苦了……于是作者就搁笔了。(《现代》一卷第六期)他们这一集团的机关杂志便是《现代》,是一种比较注重形式与技巧的纯文艺刊物,他们虽也不满意现下的社会,但在意识上很难摆脱小布尔乔亚之意识形态的。"

**同月** 10日鲁迅全集出版社初版发行鲁迅先生纪念委员会编纂"鲁迅全集单行本"《准风月谈》。18日上海《文汇报》被日寇及英国驻沪领事馆强行停刊。日寇对重庆大轰炸,民众死伤惨重。

## 六月

**上旬** 先生与吕叔湘、陈士骅、陈士骏、钱能欣、浦江清、陈有乾,在翠湖旁边的大西门内承华圃街合租民房作为宿舍。先生自述:"文化巷房子也被房东收回了,我们就搬到大西门内承华圃街。除原有的楼上五人外,又加入了同济大学的陈有乾,西南联大的浦江清。一共七人,租了五个房间。在承华圃住了差不多一年,每天休息的时候差不多就是这几个人在一起聊天,打桥牌。"("我在昆明的生活和社会关系",1968年)

另,据陈士骅回忆:"当时同寓者有叔湘、蛰存、江清、克木、有璇、能欣及舍弟。"(陈士骅诗作《戏嘲承华圃诸公》)

另,据钱能欣回忆:"士骏的大哥士骅和施蛰存及吕叔湘二公同意我们在昆明翠湖附近的承华圃租了大半个院子,共四[五]间房,当时陈大哥是同济大学水利系教授,施、吕二公是云南大学中文系教授,房租由三位教授分担,我和士骏靠学校贷学金维持学习和生活,只好沾光不负担房租了。"(钱能欣《难忘的往事——怀念陈大哥和士骏》)

**八日** 按顾颉刚日记:"物价愈来愈贵,肉至6角半一斤,鸡蛋至6分一个。"

**十二日** 先生致浦江清函:"承饷樱笋,红破芳唇,洁逾玉版,色味两绝,口眼兼惠,无以报答,仅能泥首耳。连日阴翳,殊闷损,不知足下作何活计。弟则在院中坐地看天,学井蛙而已。"

**十八日** 按顾颉刚日记:"以成都之炸,昆明当局出示,劝市民及各机关尽本月内疏散,无力者并可由省府佽助,然昆明乡间何来房屋?"

**约在期间** 按先生自述:"我们在翠湖旁边的承华圃街合租了几间民房作为宿舍,在这一段岁月中,我经常听到浦江清在屋子里吹笛拍曲。"(《四婵娟注释本·序》)"在这一年中,我们虽然同住在一个院子里,却极少彼此串门闲话,似乎我们都发现思想、观念、兴趣,都有了距离,不容易契合了。""我曾当面批评他太懒于写文章,太勤于吹笛子、唱昆曲。他说:'写文章伤精神,吹笛子、唱昆曲,可以怡情养性。'我对他无可奈何,总觉得他有许多该写而没有写的文章。"(《浦江清杂文集·序言》)

## 七月

**七日** 参加中华全国文艺界抗敌协会昆明分会召开的"七七"抗战二周年纪念会。

**十日** 在《中央日报·平明》(昆明版第 36 期)发表《抗战中的艺术与生活》,署名"蛰存"。文中写道:"说人生需要一点艺术,或是干脆地说生活要艺术化。在我国,既使从五四运动至今,似乎还成为一种应该被诅咒被嘲弄的主张。在全民抗战的今日,这意见仿佛更应该偃旗息鼓地收藏起来。""积极的办法还是在于赶急使后方的代用品'好看'起来,在抗战时期可以节省了法币外流,在抗战以后也就足以奠定了内地轻工业的基础,抵制了舶来品。""昆明的雨伞已涨到五六元一柄,如果有人能在这里制造湖南的油纸伞,我想一定可以替昆明人省许多钱,并且增加许多雨中行路的兴味。""今天知道有人做了许多电灯罩在开展览会,""皆利用本地棉纸,加以图案彩绘,似乎比一个磁灯罩要好看得多。这些都是我所希望于到后方的艺术家们的工作。对于艺术的素人,我希望他们不必从生活中排斥掉艺术趣味。对于艺术家,我希望他们瞭解,并且实行,艺术是该当应用之于大众的,而其应用的方法应该基于协助国民经济建设及发扬民族精神这两大原则之上,这在当前尤其是必要的。"

**十三日** 诗作《镰刀的三个季节》(1937 年秋·1938 年夏·1939 年春)刊于香港《星岛日报·星座》第 339 期。

**中旬** 始撰《路南游踪》,"引言"写道:"自然界的奇观及倮罗人的风俗习惯,均使我至今未能忘怀。早想把日记整理一下,写一篇游记,可是一直懒懒的未曾动笔。如今校中已放了暑假,寓居无事,才得零零碎碎地写成了这篇文章,可是事隔年馀,有许多地方已不能详细地记载了。"

**二十一日** 诗作《镰刀的三个季节》(1937年秋·1938年夏·1939年春)再次刊于上海《社会日报》。

**二十五日** 中华全国文艺界抗敌协会昆明分会主办的暑期文艺讲习班开课,为期两个月。据文天行记述:"楚图南讲现代文艺思潮,冯素陶讲文艺基本理论,彭慧、施蛰存讲写作方法,朱自清讲作品讲读,徐炳昶讲抗战文艺工作,顾颉刚讲通俗化运动,张天虚讲文艺通讯,徐嘉瑞讲民间文艺,杨东明讲文艺批评,穆木天讲诗歌,马子华讲小说,曹禺讲戏剧。"(文天行《中华全国文艺界抗敌协会大事记》)

**下旬** 为译毕亚历山大·康恩《高尔基对于社会主义的写实主义的观念》而撰写"译者附记":"亚历山大·康恩为美国加里福尼亚大学俄国文学及历史教授。对于高尔基及安特里夫最有研究。用英文写的标准的《高尔基传》即其所著,我国有邹韬奋君的节译本。本文原载第50期斯拉夫评论,其阐述高尔基对于社会主义的写实主义之观念颇有精微之见,故乐为译出。""本文原题为《麦克辛·高尔基》,副题为《一种综合的探求》。为醒目故,改易之。""译此为高尔基逝世三周年纪念。"

**月内** 闻宥书赠李商隐《圣女祠》《及第东归次灞上,却寄同年》《追代卢家人嘲堂内》:"松篁台殿蕙香帏,龙护瑶窗凤掩扉;无质易迷三里雾,不寒长著五铢衣;人间定有崔罗什,天上应无刘武威;寄语钗头双白燕,每朝珠馆几时归。芳桂当年各一枝,行期未分压春期;江鱼朔雁长相忆,秦树嵩云不自知;下苑经过劳想像,东门送饯又差池;灞陵柳色无离恨,莫枉长条赠所思。道却横波字,人前莫漫羞;只应同楚水,长短入淮流。蛰存先生疋政,二十八年夏,弟闻宥录樊南诗。"

**是月** 先生(署名"施蛰吾")与诸贯一合译美国罗特著《怎样训练你自己》,由上海纵横社初版、东方书店发行。

**又** 世界书局初版发行王任叔(署名"巴人")著《扪虱谈》,书内《新诗的踪迹与其出路》提及:"比较早一点作诗的戴望舒,也就成了这一派的大师。但戴望舒的诗,虽然也追求梦一样的情调,却还可以看得懂。而出现于《现代》上的诗,有的则难于读懂。我还记得《现代》第一期上就有施蛰存的一首诗,用种种的暗喻明喻来形容一个摩登的侍女(?),费了许多的力量读着,才知道他想象的'巧妙'。而后来的摹仿者,却写出这样的句子……"

## 八月

**一日** 国立云南大学二十八(1939)年度学年期发布本学年导师、学生分组名单,先生和李炽昌、徐绳祖被列为第十二组导师。

**六日** 按朱自清日记:"拉了警报,但敌机未来。"

**十六日** 《爱好文学》再次刊于《中央日报·平明》(重庆版),署名"蛰存"。

**二十日** 《香海画报》第152期刊载杨七《施蛰存两趣事》:"当施蛰存先生执教于松江的时候,我恰巧在县中里念书,所以我和他很是熟悉。"(按:此文与《春色》1937年第3卷第7期《施蛰存:趣屑两则》,内容相同。)

**二十一日** 按顾颉刚日记:"道遇觉明、江清、蛰存、佩弦。"

**二十二日** 国立云南大学开始举行学生补考及转学考试,至30日结束。

**二十三日** 《新华日报》刊载徐光霄(署名"戈茅")《论"文学界的殷忧"》,开篇写道:"在某报上突然发现了一篇题名叫做《爱好文学》的大文,该文作者主要说出了青年人的爱好文学是一个'危机',如果他们要是真正爱好文学尚可以,但绝对反对他们也动手写作,并且攻击了'学习鲁迅精神'的'杂文家',他觉得这是中国创作前途的一个'黑暗面',而且更是'近几年来我国文学界的殷忧'。"

**二十五日** 按朱自清日记:"施先生来访,请我重写王姓同学介绍信。[按:经征询云南大学李埏教授,确认"施先生"即蛰存先生,"王姓同学"应为王云(晓云)。]他认为苏德互不侵犯条约对我国不利,因为无大战。"

**下旬** 撰讫《路南游踪》,即将此稿寄给香港戴望舒,提供刊用。

**月内** 陈士骅书赠条幅。

**是月** 译著英国司各脱小说《劫后英雄》,又由昆明中华书局再版发行。

**同月** 国民党政府修订《战时图书杂志原稿审查办法》。

## 九月

**一日** 按朱自清日记:"访施君。"(按:录此俟考。)

**十三日** 在香港《星岛日报·星座》第401期开始发表《路南游踪·其一》。

**十四日** 《路南游踪·其二》刊于香港《星岛日报·星座》第402期。

**十五日** 《路南游踪·其三》刊于香港《星岛日报·星座》第403期。

**同日** 先生致熊迪之(庆来)校长函:"顷得闻在宥先生来信,托为其友人蒋大沂君代办护照一事,拟恳请钧座代为作保,尚祈俯允为感。"函上有熊庆来校长签字钤章"已照办,阅存"。(云南省档案馆编《云南省档案馆馆藏名人手迹》)

又 《良友》图画杂志第 146 期(9 月号)刊载杨立达摄影报道《在昆明的作家》组照,其中有"云南大学教授施蛰存(左)及诗人穆木天(右)"的照片。

**十六日** 《路南游踪·其四》刊于香港《星岛日报·星座》第 404 期。

**十七日** 《路南游踪·其五》刊于香港《星岛日报·星座》第 405 期。

**十九日** 《路南游踪·其六》刊于香港《星岛日报·星座》第 407 期。

**二十日** 《路南游踪·其七》刊于香港《星岛日报·星座》第 408 期。

**二十一日** 《路南游踪·其八》刊于香港《星岛日报·星座》第 409 期。

**二十二日** 抄毕《西谛所藏善本戏曲目录》并跋记:"右长乐郑氏写刻藏曲目一卷,民国二十八年九月二十二日松江施蛰存从大理周泳先君借钞讫。"

同日 《路南游踪·其九》刊于香港《星岛日报·星座》第 410 期。

**二十三日** 上海《社会日报》也始连载《路南游踪》(一、引言,二、到路南县城)。

**二十四日** 《路南游踪·其十》刊于香港《星岛日报·星座》第 412 期。

同日 上海《社会日报》连载《路南游踪》(续二)。

**二十五日** 《路南游踪·其十一》刊于香港《星岛日报·星座》第 413 期。

同日 上海《社会日报》连载《路南游踪》(续二,三、县长与衙门)。

**二十六日** 《路南游踪·其十二》刊于香港《星岛日报·星座》第 414 期。

同日 上海《社会日报》连载《路南游踪》(续三,四、石林之游)。

**二十七日** 《路南游踪·其十三》刊于香港《星岛日报·星座》第 415 期。

同日 上海《社会日报》连载《路南游踪》(续四)。

**二十八日** 《路南游踪·其十四》刊于香港《星岛日报·星座》第 416 期。

同日 上海《社会日报》连载《路南游踪》(续四)。

**二十九日** 《路南游踪·其十五》刊于香港《星岛日报·星座》第 417 期。

同日 上海《社会日报》连载《路南游踪》(续四)。

**三十日** 《路南游踪·其十六》刊于香港《星岛日报·星座》第 418 期。

同日 上海《社会日报》连载《路南游踪》(五、龙王会)。

又 国立云南大学暑假终了。

**月内** 冯友兰书赠条幅:"鸭绿桑乾尽汉天,传烽自合过祁连。功名在子何殊我,惟恨无人先着鞭。蛰存先生,冯友兰。"

**同月** 第二次世界大战爆发。

## 十月

**一日** 上海《社会日报》连载《路南游踪》(续五)。

**二日** 《路南游踪·其十七》刊于香港《星岛日报·星座》第419期。上海《社会日报》连载《路南游踪》(续五)。

**同日** 香港《大公报·文艺》第711期登载萧立予《昆明文艺界漫话》,提及"《新云南》半月刊诞生了","在创刊号中有穆木天的《一年来的新云南文艺工作》、茅盾的《谈深入民间》、马子华的《边荒》,第2期有施蛰存的《文化抗战的意义》、彭慧的《一个战士的母亲》,第3期有朱自清《蒙自杂记》","可是只出到三期"。

**又** 国立云南大学开始办理新学期学生注册登记,至7日结束。

**三日** 上海《社会日报》连载《路南游踪》(续五)。

**四日** 《路南游踪·其十八》刊于香港《星岛日报·星座》第420期。

**同日** 上海《社会日报》连载《路南游踪》(续五)。

**六日** 《路南游踪·其十九》刊于香港《星岛日报·星座》第421期。

**同日** 上海《社会日报》连载《路南游踪》(续五)。

**又** 胡小石来到国立云南大学接替萧叔玉,出任文法学院院长兼中文系主任。据徐中玉回忆:我前往"云南澄江的中山大学读研究院,路过昆明到云南大学去拜望中大老师胡小石先生时,才知蛰存先生也在云大任教,就去拜望了他,这是我们第一次见面。他当时也不过三十多岁,亲切、随和,共谈所知江南家乡近况。我读过他所编选的古书,知道他兴趣极广,告诉他将去跟陆侃如、冯沅君、康白情、穆木天诸先生学习古代文论,他说这样的古代文论资料极为丰富,很值得研究,可先从广搜资料入手。我请他多多指导,他笑说自己兴趣广,杂七杂八,谈不上研究的。自己一个人孤身出来,不定能在昆明多久"。(徐中玉《回忆蛰存先生》)

**七日** 上海《社会日报》连载《路南游踪》(续五)。

**八日** 上海《社会日报》连载《路南游踪》(六、天生桥与芝云洞)。

**九日** 上海《社会日报》连载《路南游踪》(续六)。

**同日** 国立云南大学新学期正式开始上课。

**十日** 《路南游踪·其二十》刊于香港《星岛日报·星座》第423期。

**同日** 上海《社会日报》连载《路南游踪》(续六,七、到尾则村)。

又　按先生自述:"双十节的火炬大游行,这一条狂热的火龙,至今还蜿蜒在我的记忆里一直伸展到穿心鼓楼旁边,聚集成为一大球燎火。"(《抗战气质》)

十一日　上海《社会日报》连载《路南游踪》(续七)。

十二日　《路南游踪·其二一》刊于香港《星岛日报·星座》第424期。

同日　上海《社会日报》连载《路南游踪》(八、邓保禄司铎之墓)。

十三日　上海《社会日报》连载《路南游踪》(续八)。

十四日　《路南游踪·其二二》刊于香港《星岛日报·星座》第425期。

同日　上海《社会日报》连载《路南游踪》(九、密枝树)。

十五日　上海《社会日报》连载《路南游踪》(十、独石头)。

十六日　《路南游踪·其二三》刊于香港《星岛日报·星座》第426期。

同日　上海《社会日报》连载《路南游踪》(续十)。

十七日　上海《社会日报》连载《路南游踪》(十一、盐·马·米)。

十八日　上海《社会日报》连载《路南游踪》(十二、宜政)。

十九日　出席中华全国文艺界抗敌协会昆明分会举行的鲁迅逝世三周年纪念会。

同日　上海《社会日报》连载《路南游踪》(续十二)。

二十日　《路南游踪·其二四)》刊于香港《星岛日报·星座》第428期。

同日　上海《社会日报》连载《路南游踪》(十三、晚餐与字典)。

又　《国立云南大学校刊》第1期(创刊号)出版。

二十二日　《路南游踪·其二五》刊于香港《星岛日报·星座》第429期。

同日　上海《社会日报》连载《路南游踪》(续十三)。

二十三日　上海《社会日报》连载《路南游踪》(十四、倮罗族的创世纪)。

二十四日　《路南游踪·其二六》刊于香港《星岛日报·星座》第430期。

同日　上海《社会日报》连载《路南游踪》(续十四)。

二十五日　上海《社会日报》连载《路南游踪》(续十四)。

二十六日　《路南游踪·其二七》刊于香港《星岛日报·星座》第431期。

同日　上海《社会日报》连载《路南游踪》(十五、《一个梦》)。

二十七日　上海《社会日报》连载《路南游踪》(十六、《地为什么是皱的》)。

二十八日　《路南游踪·其二八》刊于香港《星岛日报·星座》第432期。

三十日　《路南游踪·完》刊于香港《星岛日报·星座》第433期。

**三十一日**　上海《社会日报》连载《路南游踪》(十七、《挽歌》)。

**月内**　胡小石书赠对联:"微云澹河汉,疏雨滴梧桐。蛰存先生正,光炜。"先生自述:"每天下午,闲着无事,他就在教师休息室的大长桌上为人写字,叫学生磨墨。""这副对联,就是当时我向他求得的。"(《胡小石书五言联》)

**又**　作诗《寄怀郁达夫南洋》:"容台高议正纷纷,竞奏蛮书靖敌氛。雪涕贾生方赋鵩,投荒杜老政怜君。朱弦欲为佳人绝,玉镜难缘舞凤分。珍重东坡谪儋耳,随行犹自有朝云。"

**同月**　20日鲁迅全集出版社初版发行鲁迅先生纪念委员会编纂"鲁迅全集单行本"《花边文学》。28日穆时英携母亲、妻子由香港返回上海。

## 十一月

**一日**　上海《社会日报》连载《路南游踪》(十八、倮罗经典)。

**二日**　上海《社会日报》连载《路南游踪》(续十八)。

**三日**　上海《社会日报》连载《路南游踪》(十九、革温村的第一个印象)。

**四日**　上海《社会日报》连载《路南游踪》(续十九)。

**五日**　上海《社会日报》连载《路南游踪》(二十、一天的服务)。

**六日**　上海《社会日报》连载《路南游踪》(续二十)。

**七日**　上海《社会日报》连载《路南游踪》(二十一、倮罗之夜)。

**八日**　上海《社会日报》连载《路南游踪》(续二十一)。

**十日**　上海《社会日报》连载《路南游踪》(续二十一,二十二、太平会)。

**十一日**　上海《社会日报》连载《路南游踪》(二十三、公房)。

**十二日**　上海《社会日报》连载《路南游踪》(二十四、归去来·完)。

**二十日**　《国立云南大学校刊》第2期出版。

**二十六日**　上海《文艺新闻》第5号刊载《第三种人的近况》提及:"远在七年前,文坛上揭出了一面新旗,叫做'第三种人',出面的主将是苏汶(即杜衡),暗底里发号施令的是施蛰存,他们的大本营是《现代》什志,他们的理论是左翼文坛太横暴,害得他们创作不能自由。""所谓'第三种人',据苏汶表示,他们既非左翼,也非右翼,而是自由中立的第三种人。""施蛰存的家乡沦陷了,他那安居在松江担任中学教书的生活,不得不告一个段落,他自沪而港,自港而滇,终于在云南大学担任教职,文章写得很少,没有什么作品出世。听说对于文协昆明分会的工作,倒很努力。"

**月内** 昆明城里常有日寇飞机来袭击,为避轰炸,云南大学再次被迫停课,先生与浦江清、吕叔湘一起前往晋宁暂居,并探望避居晋宁不久的闻一多。先生自述:"与吕叔湘、浦江清侍闻一多先生游梁王祠,沿路高冢,累累相望,果如樊绰所言。"(《北山谈艺录》)

另,作诗《晋宁偕浦君练吕叔湘侍闻一多先生游盘龙寺》:"残晋开蛮郡,蒙元选佛场。三乘空贝叶,十地舍金装。来见不见相,谓尽无尽藏。阇黎供一饭,毛孔生妙香。"

## 十二月

**六日** 先生收到凤子短笺:"今晚六时半,约了几位朋友在'五华'(华山西路口)便餐,兹特专诚奉约,希望你也能来,大家谈谈关于《诗刊》的事。也许林徽音、沈从文两位都可以到会。专此留上,蛰存施公。凤子六日三时半。"

另,按先生自述:这封信是"她托人送到我宿舍里的"。(《悼念凤子》)"封禾子担任昆明《中央日报》副刊的编辑,曾请过一次客,同席的有沈从文,林徽音(女作家,梁思成的爱人),孙毓棠等人,后来,我曾给她的刊物写过文章。"("我在昆明的生活和社会关系",1968 年)

**二十日** 《国立云南大学校刊》第 3 期出版。

**三十日** 按朱自清日记:"上午拉了警报,但敌机没来,听说轰炸了蒙自、开远、个旧。"

**月内** 先生自述:"南门新出一残石鼓,刻梵字尊胜呪及汉字数十言,盖元人灰身塔上物也。鼓移至云南大学,命工椎拓,余任监拓之役,因得此第一本,胡小石先生得第二本。"(《北山集古录》)

**是月** 选编译著《匈牙利短篇小说集》《波兰短篇小说集》(上下)列入"万有文库",由长沙商务印书馆三版印行。

**年内** 据程十发回忆:"施先生送给我一幅元代文学家杨显之的画像。"(顾咪咪《与程十发先生聊画》)

**又** 先生常与同事、研究助教周泳先交游,时周氏居住在磨盘山 5 号,有时休息日就请先生来家里品茗、饮酒、话诗、论词。

另,作诗《赠大理周泳先》:"苍洱新词客,清真有嗣音。湖山容寄傲,花草费钩沉。寇骑不窥塞,霜翰宁息林。从今谢羁旅,松菊入瑶琴。"别有《周泳先招饮率尔有作》:"周郎招取饮香醪,更与吴笺写欝陶。篆刻雕虫童子技,霜刀飞鲙细君劳。输卿松菊存三径,老我风尘见二毛。小阁银灯共遥夜,羁愁聊借一尊逃。"

**又** 按先生自述:"我有一张沈从文写的姜白石词,只有32开书本那么大,是用一块仿古细绢写的,是1939年在昆明时他为我写的,""没有上下款,一张陈旧的小绢册叶。"(复古剑函,1988年11月27日)

**云南期间** 按先生自述:"余居滇三载,始留心碑版,大小爨[龙云监拓]、祥光[1938年]、孟孝琚,俱入箧衍。"(《北山集古录》)"袁[嘉毅]氏[《滇绎》]所举六碑,余得其四。独《南诏德化碑》及《王仁求碑》未获,引为恨事。"(《北山谈艺录》)"得清王兰泉昶修王仁求墓记旧拓一纸。"(《金石百咏》)

**又** 按先生自述:"古宗族人,余在滇中时曾见之,男子皆高大。"(《云间语小录》)"在云南的西北,贩茶叶的古宗人的驮马队是最为雄壮的。"(《驮马》)

**又** 按先生自述:"予居滇三年,尝发意游鸡足山,辄逡巡未果,既去滇,乃大悔恨。"(《武夷行卷·题序》)

# 一九四○年(中华民国二十九年 岁次庚辰) 先生三十六岁

## 一月

**一日** 国立云南大学放年假三天。

**四日** 国立云南大学年假终了,开始上课。

**五日** 应香港《大风》编者之约,参加"我生平最爱好的和最讨厌的事物"特辑征稿,并发表在此刊第59期:"《大风》要出特号,拟了两个题目:一、我生平最爱好的事物。二、我生平最讨厌的事物。要我挑一个给写一点文章。我想我生平爱好的事物甚多,讨厌的也不少的,特仿李义山杂纂的办法,条列于下,可算两个题目全都做了。一、爱吃五事:1. 鸡翅膀;2. 糖炒栗子;3. 甲鱼;4. 红茶;5. 杭州颐香斋条头糕。二、爱看五事:1. 晚间独立桥上看河房中人家;2. 断线纸鸢在空中飘荡;3. 夕阳;4. 月下白荷花;5. 书。三、可憎六事:1. 理发铺中的胡琴声;2. 茶坊讨小账时眉眼;3. 丑女作媚态;4. 留学生讲外洋风物;5. 下棋或打牌后呶呶讲说不已;6. 口臭人挨近说话。四、懒得五事：1. 理发沐浴；2. 整治书案；3. 睡醒小便；4. 回拜生客；5. 食枣去皮、擘橙去络。
五、不敢四事：1. 吃河豚；2. 问女子年几；3. 受和尚款待茶点；4. 陪太太上街买物。"

**六日** 香港《大公报·出版消息》登载："《大风》从今年起扩充篇幅，充实内容，新年特号昨已出版。特辑要目有'我生平最爱好和最讨厌之事务'，执笔者有名流作家叶恭绰、张一麐、徐谦、施蛰存、谢冰莹、老向、苏雪林、汪馥泉、陈小翠、袁昌英、马国亮、冯自由等二十余人，好恶不同，爱憎各异，极有风趣。"

**十日** 先生应邀出席浦江清出面召集的茶会，商讨编辑《国文月刊》的具体计划，还有朱自清、吕叔湘、余冠英诸位参加。先生自述："朱自清受叶圣陶的委托，邀我们聚会，谈起'开明'打算筹办一个《国文月刊》，由朱自清负责昆明的文稿，刊物交桂林开明书店出版发行，为战时中学语文教师提供参考资料。第一期的文稿，差不多全是在昆明编起来的。"（《怀开明书店》）

另，按朱自清日记："下午参加浦[江清]的茶会，定《国文月刊》计划。"

**十七日** 按顾颉刚日记："闻滇越铁路被日机炸断两桥，昆明遂成死地，此后寄信，封封要航空矣。"

**二十九日** 卢前（冀野）由重庆复函："顷奉 25 日航函，为之狂喜，上海别后匆匆二年矣。当时岂料同客西南，一滇一蜀耶。《诗坛》第一卷汇刊已付印，7、8、9、10 各辑即检寄。尚乞惠稿，并望便中告雨僧，多多寄论文来。此刊散曲提倡已有相当成功，于诗词仍主新材料入旧格律，惟新体诗讫无佳作，至可憾也。弟现在中央大学兼任功课，会集以外碌碌终日，亦少暇晷耳。昆明为先人宦游旧地（光绪初任云南学政），手泽与京寓同付劫灭，颇欲奉读。吾兄于书肆字画摊上随时留意，无论对联、屏条、扇箑均所愿得（先人字云谷讳鋆），垫款若干当即汇上。知滇中旧家必多遗墨也。静庐现亦在渝，时相见。兄课外作么生？甚望时惠佳音。伯膺事较忙，偶一相聚，当为致尊意。"

**同日** 上海《小说日报》"文坛小蘸"刊载红药《施蛰存的三位妹妹》。（按：此文与 1936 年 12 月 23 日《东方日报》载"施蛰存的家庭"，署名"訇訇"；1937 年 2 月 1 日《春色》第 3 卷第 3 期《施蛰存的家》，署名"乡邻"，内容相似。）

**月内** 闻宥书赠诗三首："汉水洪瀚日往还，客踪犹滞大江端；尽知天地干戈满，信有人间行路难；（借句）烽燧千山森夜禁，丝簧一派沸秋残；迂生久结飘摇想，念远伤时一倍酸。《汉上待舟》。凤槛低迷锦照西，晚凉容易上人衣；更无玉勒传芳讯，空有飚轮滞紫泥；旧迹罢思还似昨，长莎欲觅已都迷；天涯咫尺浑难到，肠断孤鸿作暮归。《长莎》。乱离踪迹遍西南，涉水登山百不堪；自是广文饥欲死，可怜大泽战犹酣；

求田岂复论高下,摘李凭人说苦甘;临别惘然成一叹,两年退笔枉盈奁。《将去拓东》。蛰存吾兄词长教定,二十九年一月落照杂录旧作。"钤印"闻在宥"。

## 二月

**七日** 除夕。按朱自清日记:"下午发警报。"

**十二日** 国立云南大学开始放寒假。

**十七日** 按朱自清日记:"昨天与今天都有警报。"

**十八日** 向达(觉明)将自钞本《盛世新声戌集》赠送先生,并作题记:"明刊本《盛世新声戌集》,连目录残存六十叶,白绵纸印,每半叶九行,行廿字,版心高英尺八寸五分,广六寸三分。中央研究院历史语言研究所,从内阁大库档案中检得此册,大体完好,仅目录佚第一叶,本书末阙二三叶而已。廿九年二月在昆明得见此书,曰假来过录一本,奉蛰存道兄清鉴。"(稿本,万照楼藏品)

**二十五日** 国立云南大学寒假终了。

**二十九日** 国立云南大学新学期开始正式上课。

**是月** 在《文心》第2卷第4期发表《艾林·沛林还历纪念》:"以上的几段简单的叙述,乃是撮录本年五月份《纽约时报》书评副刊中所载史笃扬·克列思朵夫君的通信而成,另外又从本年四月出版的《斯拉夫评论》中转译了一个短篇,即作为我们对于这位保加利亚作家还历纪念的庆贺罢。"

**又** 译著奥地利显尼志勒《薄命的戴丽莎》,列入"世界文学全集"丛书,由昆明中华书局再版发行。

**约在期间** 按先生自述:"李崇年此人是吕叔湘的朋友,他们同时在英国留学的。这时李也在云南大学兼一些英语课,常来找吕叔湘聊天。有一天,他说起有人要办一个给青年看的刊物,定名'青年之论'(或'评论'),要他编,他忙不过来,问我高兴不高兴搞这个刊物。我当时没有仔细考虑,心想手下有一个刊物,也有好处,就表示此事可以考虑。过了几天,他约我去拜访西南联大教育系的陈雪屏,较具体地谈了这个刊物的篇幅及内容应该怎么样。他们给我以较大的编辑自由,文稿由我组织,但他们也供给一部分。这是初步接洽,还约好过几天再谈一谈。我回来后,过了好几天,因别的事忙,也没有再去。又过了好几天,和钱能欣谈起这件事,钱说:'陈雪屏是三青团负责人,这个刊物很可能是三青团办的,找你来出面,使人家不觉得其为官方刊物。'我听了之后,恍然大悟,也不免吃了一惊,后来见到李崇年,就告诉他:'我暑假就要回

上海去一趟,这个刊物我不能搞了。'"("我在昆明的生活和社会关系",1968年)

## 三月

**月初** 撰写《米》:"昆明在一百元一石的米价威胁之下,非但没有显出什么不安定,反而意外地繁荣着,这不是使我们除了惊奇之外,无可赞一辞的吗?""我们现在已经不忙于要知道米价猛涨的原由了,无知与饥饿比起来,还算得了什么?我们每天担忧着明天或许要挨饿,因为我们没有权利一次买到一斗以上的米,也没有把握能确定每一次都买得到。"

**十日** 复成都华西协和大学闻宥函:"27日手书奉到,当即筹百元交金城银行汇沪,但云大金城办事处谓,刻下汇水又涨,未可通融而须付汇水22元,方可汇出。弟即亲到拓东路金城银行访沈政超先生商量,沈君亦谓必须付汇水22元。弟因损失太大故未交汇。""故拟俟到港后即日为阁下汇去,为数不大,想迟数日无妨也。二月份薪尾数已为领出,计35元1角8分,除去代林君买邮票5元1角,又此间2月初伙食6元1角8分,计尚馀23元9角,兹汇上24元,即希检收。近日庆已到校视事,必有宏谟'天下',仍伫待鸿文,盼能早日寄颁,云大院长由李季伟代,主任由楚图南代。阁下尚无复电,姜亮夫亦无消息,熊公颇以此为念也。昆明物价近已无法对付,米售百元一石尚可,所更难堪者,纸烟'皇后轮'廿支乃售1元6角,故弟不能待至暑假结束告退耳。罗膺中先生信已为转去,前日任叔永先生派人送一扇面来,请阁下法书,弟已代为璧返,便以奉闻。阁下书一箱当交与浦公,但暑假中浦公或亦须返沪,当作何计转,祈便中函托吕公或径托浦公处理。"

**十三日** 乘火车离开昆明,准备取道香港回上海探亲。先生自述:"我从昆明取道越南到香港,想转船回上海省亲。"(《尺牍新抄·杨刚——施蛰存》)

**十六日** 先生途经河内,下榻在中国旅行社。

**三十日** 益智书店印行《中国现代小说精选》,内收《上元灯》。

**三十一日** 在香港《星岛日报·星座》第546期发表《跑警报》。

**下旬** 先生抵达香港,暂住西环薄扶林道戴望舒家里。据穆丽娟回忆:"来港的施蛰存住在我家,我就顺便向他请教一点古文,每天自己也练练书法陶冶情操。""林泉居也成了一个文艺沙龙,施蛰存、叶浅予等人都经常造访我家。"(《新民周刊》,总第644期)

**是月** 上海良友复兴图书印刷公司出版先生与张天翼等作《旅舍及其他:名家

小说集》,收录其作《李师师》《旅舍》和《夜行》。

**同月** 5日蔡元培在香港病逝。

## 四月

**上旬** 开始到坚道大教堂上班,为天主教真理学会审校教义译稿。先生自述:"香港朋友想把我留下,由吴经熊、叶秋原的介绍,在天主教的真理学会找到一份工作,帮助他们校阅一批天主教文学的中文译稿。"(《尺牍新抄·杨刚——施蛰存》)

另,按先生自述:"马路上行人不多,只有皇后道是热闹的,但也只有下午4时以后,我从坚道真理会出来,到中华阁仔吃茶,有红茶、牛奶、三明治,坐二小时,只付四个毫子,望舒、灵凤、杨刚、徐迟、乔冠华(乔木)都是当年的茶座朋友。吃过茶,大家走散,我上摩罗街去逛旧货摊,买些小东西,乘巴士回薄扶林道戴望舒家吃晚饭。"(复古剑函,1988年6月14日)

**十二日** 下午4时中华全国文艺界抗敌协会香港分会及中华全国漫画界抗敌协会香港分会在温莎餐室举行茶话会,欢迎先生从昆明、丁聪从重庆来香港并欢送寒波回国,林焕平、杨刚、陆丹林、黄鼎、叶灵凤、乔木等三十馀会员出席,主席徐迟报告后,由先生首先发表演说,指出:"抗战以来文艺所经过之诸阶段,最近文艺作品,已更富于现实性、实证性,各种报告文学诗词街头剧之试验,成功者多于失败者。"(香港《国民日报》,1940年4月13日)至6时散会。据《文协漫协茶话会欢迎施蛰存丁聪欢送寒波》报道:"施蛰存报告昆明的文坛现状,以及昆明与香港在他所感到的相异之处,并把抗战后中国整个文坛现状做一纵的阐述。他以为抗战以后,整个的中国文坛似乎可分为三个时期:第一个时期是战争初起时的几个月,作家们有些不知如何把握这突来时代,所以那时文坛的情形显然有些'乱',有些人甚至丢下了笔去改做些别的事情。第二个时期是逐渐坚定的时期,大家从工作中渐渐感觉到许多应该运用的许多形式和技巧,于是试验、讨论,遂使文坛活跃起来;在这时期中为应用各种形式的问题虽会有一些论争,但这些论争却都是有利的,并无无谓的攻讦。第三个时期便是最近,最近文坛似乎很沉静,这沉静是因为各人都已认清了应该走的路,将要沉稳地以各人的作品来表现了。分析过这三个时期,施氏并说还盼各地的作家努力工作,能吸收旧形式的精粹,融和新形式的方法,创造出真正切合于抗战的中国的更新的形式,成为成功的第四个时期。"(香港《大公报》,1940年4月13日)

另，据徐迟《香港分会通讯》记述："开过一个欢迎施蛰存、丁聪，欢送寒波（他要到内地去）的茶话会，茶点过分丰富，而茶资达每人港币六角之多，谈话却反而不热烈，这是违反了我们现在要决定下来的原则的，即'形式朴素，内容丰富'。"（《抗战文艺》，第6卷第2期）

**十三日** 香港《国民日报》《大公报》刊载"文协漫协设茶会欢迎施蛰存丁聪欢送寒波"。

**十四日** 下午二时在香港坚道20号三楼参加中华全国文艺界抗敌协会香港分会全体会员大会，先生在会上当选为"中华全国文艺界抗敌协会香港分会第二届（1940年度）理事"。据《文艺协会港分会昨举行会员大会》："到新旧会员六十馀人，公推许地山主席，""先由主席宣布开会程序，戴望舒报告二十八年度本会之工作情形，继由施蛰存、马耳、苏醒之先后报告昆明、上海及美洲文化近况。"（香港《大公报》，1940年4月15日）

另，据徐迟《香港分会通讯》记述："经过六次调整委员会的会议，文协香港分会全体大会开会。在这个大会里，新的理事被选出来了。文协工作当从这里出发，再开展了。新的理事是许地山、乔木、杨刚、叶灵凤、戴望舒、黄绳、袁水拍、施蛰存、徐迟九人。""理事会已经开过两次，一切很顺利。"（《抗战文艺》，第6卷第2期）

另，据萧天《香港文艺纵横谈》记述："会议首先决定将'通讯处'改为'文协香港分会'，其次是一致通过开除穆时英的会籍，并且另组委员会专事肃清化汉奸和汉奸文化的工作，因为当地汉奸的'南华''天演'日报和敌人办的香港日报等副刊都是无谣不作，恣意放毒，以破坏抗战文化的；最后是选举本届理事（取消干事名称），至天黑始唱票，计选出理事许地山、杨刚、乔木、戴望舒、叶灵凤、施蛰存、袁水拍、徐迟、黄绳等九人，""这样一来，文协阵容似乎严整了一些，各位理事也都有干一番的决心。"（《现代文艺》，第2卷第2期）

**同日** 晚上在温莎餐室出席中国文化协进会会员大会。据《文化协进会举行会员大会》提及，会上"施蛰存报告云南文艺界近况"。（香港《大公报》，1940年4月16日）

**十七日** 出席文协香港分会召开第一次理事会。据《会务报告》，分配各部的工作，其中"宣传部：施蛰存、戴望舒；附设编辑委员会，推出叶灵凤、陈畸、杨刚、戴望舒、马耳五人分别担负会刊编辑及国际宣传工作。研究部：乔木，杨刚；附设文艺座谈会，乔木、陆丹林负责；文艺研究班，施蛰存，端木蕻良负责；文艺指导组，杨刚负

责;文化服务部,袁水拍、冯亦代负责。"(香港《大公报·文协》第51期,1940年4月30日)

**十九日** 出席文协香港分会理事会召开第二次会议。

**二十日** 《锡报》(上海版)刊载《施蛰存抵港,未提"云大"事》:"当年'现代派'名作家施蛰存,战后受昆明云南大学之聘,担任文学院长一席。兹悉施已于日前抵港。施未到前,有一消息,谓因人事关系,彼将辞去'云大'教职,但施蛰存抵港后并不谈起此事,只说因胃病未愈,到港换换空气。"

**中旬** 先生在学士台租了一间房子,妻子陈慧华携四个孩子也从上海来到香港一起生活。先生自述:"每天上午9时到下午4时,在真理学会工作。一人一间办公室,堆满了从大陆各地天主教会运来的文稿和原本。这工作也十分紧张,我每天要审定一二万字的译文。"(《尺牍新抄·杨刚——施蛰存》)

**又** 中华全国文艺界抗敌协会香港分会计划筹办一个暑期讲习班,专门培训香港青年人才。先生受杨刚之托,开始参加筹备工作。先生自述:"在筹备期间,杨刚来找我,要我多出些力,我当然不会推辞。"(同上)

另,据萧天《香港文艺纵横谈》记述:"第一次理事会决定创办许多新的文艺事业和活动,又租了一间会所,已举办文艺讲习班一,招收学员四五十人,由各理事每晚转流讲授,计分小说、诗歌、报告文学、文艺的民族形式、文学史等十馀科目,每科讲两小时以上,似甚热闹。"(萧天《香港文艺纵横谈》,《现代文艺》第2卷第2期)

另,据黎夫记述:"这个讲习会一共办了三届,第一届是在施蛰存离滇过港后不久的时候开始的,由许地山、施蛰存、戴望舒、杨刚、林焕平、黄绳、刘思慕、乔木、袁水拍、叶灵凤、简又文十多位担任讲师。"(黎夫《伙伴们!我们的旗子》)

另,据冯亦代回忆:"学习班的校址就借用黄苗子大哥黄祖芬任校长的坚道中华中学里。要办学习班,眼前的徐迟、袁水拍甚至乔冠华、戴望舒、杨刚都没有这种经验,可巧这时内地来了个施蛰存回上海探亲,他一直在教书,也搞过学校行政。望舒就把他扣留了,要他帮我们把这个暑期学习班办起来,以后还担任了教课,大概是讲外国文学和创作。"(冯亦代《我的文艺学徒生涯》)

**二十一日** 杨刚致函:"从前没有知道您对于人事有这许多关切,在工作上(我说是非写作的工作)有这许多的热情。但是现在我觉得有更多的勇气去希望了。您很谦卑地说了一句话'总是要做点事的。'这句话,我想我会牢记住。研究班的事,望您空时多想一下,计划一下。""您也许很忙,但也许抽时间起来还比较容易一些。望您除了计划这研究班以外,还想想如何使它活跃新鲜,使它和香港青年人紧紧系在一起,助他们长大。假如您的记忆里还留得下一件小事,您当想得起我也是受过您鼓励的许多人之一。"

另,按先生自述:"我与杨刚来往书信,大约有五六封,这是仅存的一封,""她用的是《大公报》馆信纸。""在这一段时期中,我和杨刚见面的机会较多。这一封信,就是她来找我做讲习班筹备工作时所写,""最后一节,我当时看了不知所谓何事。问她,她笑笑不说,""直到1984年,我在(《现代》杂志)1933年12月号上发现了一篇杨刚的小说《一块石头》,""这才明白,早在1933年,我已和她通过几次信,大约是鼓励她继续写作,像我对待其他投稿青年一样。"(《尺牍新抄·杨刚——施蛰存》)

**同日** 凤子由重庆致函:"别后一直没有写过一封信,多半原因要怪我懒。时间混过了一个季候,我在重庆也耽的有点腻了。前得毓棠信,知道您已离去昆明。昆明的朋友们走动的很多,待我回去时,恐怕要有点今昔之感呢,一笑。您的信转来很快,我真是高兴。不知你是否打算有一个长时间的居住,也许暑间我会来香港。在香港干话剧,第一愁无人手,第二愁无观众,我们自己是无本可贴。香港文协在这方面有把握,有办法,我来自无问题。家宝的《蜕变》,在重庆已经演出了,可惜由剧校学生演出,成绩略逊。而剧本也遭受到一点意外的限制,改动了一点。你们那儿要本子,我当设法。在香港演出或许可以照原来底本付排。目前因在改审中,尚不能发表,不知香港方面能否不受此限制,作者本人却颇想先换一点稿费来。我还在负责这儿的《平明》,切望您能赐点文章来。"

**二十三日** 参加文协香港分会研究部会议,讨论组织文艺研究班及座谈会事。

**二十五日** 参加文协香港分会宣传部会议,议决会刊刊名等项事宜。

**二十七日** 出席文协香港分会理事会与中国文化协进会举行的联谊会。据《两文协理事昨举行联谊会》,会上议决事项内有"定期欢迎林语堂,举许地山、施蛰存、叶秀英、陈畸筹备"。(香港《大公报》,1940年4月28日)

**二十八日** 在香港《星岛日报·星座》第572期发表《三个命运》。

**同日** 下午四时先生在文协香港分会新会所参加第一次文艺座谈会,会议讨论"如何肃清文化汉奸"问题,并欢迎周煦良、耿济之来港。

**二十九日** 译作《诗二章》(像一阵风、沉默如月亮)刊于香港《星岛日报·星座》第573期。

**月内** 按先生自述:"这是到香港以后才发觉的,我惭愧没有直接参加抗战,但也更惭愧自己宣称曾经间接地参加了抗战,如一般情形和我相似而惟恐被赶出到抗战圈子以外的人所表示的。""在另一方面,我的心灵确已被抗战这伟业侵占了。""现在到了香港了,安居下来之后,一天一天地觉得不自在起来。虽然在这里抽纸烟吃鱼都比昆明方便,可以当时所渴望而不可得者,现在既得之后,反而又觉得不甚珍异;非但不甚珍异,甚且有点厌腻,而对于昆明的生活,转觉得大可怀恋,虽然明知道此刻的昆明比我离开它时更不易居了。"(《抗战气质》)

**是月** 《文艺月刊》(战时特刊)第4卷第3、4期合刊登载韩侍桁《"第三种人"的成长及其解消》提及:"客观上讲,或许在'第三种人'的名称下,是应当含有施蛰存、叶灵凤、戴望舒、穆时英,甚至高明等人。但实际上并不如此:这些作家们,不但没有参与过'第三种人'的理论的斗争,而且根本上对'第三种人'这个名词的本身都不能表示赞同。特别是当事态的发展对'第三种人'在文坛上的存在日形不利时,环围的冷嘲热讽,使'第三种人'变成一个耻辱的名称,这些被人硬戴上'第三种人'帽子的作家们,更是没法避免这个并不十分荣誉的头衔。"

**同月** 1日《战国策》在昆明出版创刊号。上海文学编译馆出版欧阳维德编选、鲁迅著《一天的工作·短篇集》,内收"题未定"草》等篇。文化生活出版社初版唐弢著《投影集》,列入巴金主编"文学丛刊",内收《纪念鲁迅先生》《性爱和文学》。

## 五月

**八日** 先生由香港复重庆凤子一函。

**上旬** 又在每天下班后即到坚道大教堂对面中华中学里的租房,从事讲习班的筹备工作。先生自述:"真理学会在坚道,我们就在坚道上租了一间房子,作为讲习班的筹备处。我每天下班后,就到那里去负责办理一切报名、注册、登记事务。"(《尺牍新抄·杨刚——施蛰存》)"我在香港中华中学参加党的外围工作,办暑假补习班,是乔冠华领导的,当时杨刚、徐迟、叶浅予等都参加的。这可以说明我的中左倾向,而我和国民党绝无关系。"(复吴羊璧函,1979年1月25日)

**十四日** 在《星岛日报·文协》第53期发表《尽我们的本分》:"是非之辨,忠奸之判,在从前,我以为是很明显很容易的事情。所以对于每一个国难时代,以孤忠大节著名的文人,我并不觉得他们是怎样的难能可贵,因为这是每一个文人所应该,而且必然能够表现出来的德操。然而何以历来竟还有一批站在另一方向的奸逆文人呢?"

"这是不可恕的。在这国难的时候,我们要奠定国家民族的文化基础,不在于怎样使忠节的文人光明地发显出来,而在于怎样使许多昧于私愁,闭塞聪明的恶倾向文人暗暗地消隐下去,是为了警醒那些将要被诱惑堕落的操守不坚的人。""做一个文化烈士并不是光荣,这乃是我们的本分。"

**十五日** 凤子由重庆复函:"关于《蜕变》事,前半个月我曾同家宝谈到在香港发表事,仿佛他曾告诉过有家报纸与他有一度摇头。香港情形我比他熟点,当时也劝过他不要随便答允,并且告诉他,《大公》《星岛》都可以有办法,今天我已将您的信转给他了。重庆不是一个长耽下去的地方,尤其是干我们这一行的人。我拟《白云故乡》结束后,即转个'码头'。只要是有干戏的可能,我愿意新辟一个荒地也好。近来有什么新作?希望本月可以寄一点短东西给我,好么。"

**二十三日** 香港《大公报》刊载《音乐座谈会旁听记》:"昨日下午5时在温莎餐室三楼举行音乐会。出席者有本港音乐家、作家及新闻记者等二十余人。出乎意料之外,名作家林语堂氏,安偕其兄憾庐氏入会。与会者有许地山、姚锦新、赵不炜、郁风、连壁光、刘思慕、乔木、陆丹林、徐迟、戴望舒、施蛰存、冯亦代、马耳、林焕平、叶灵凤、吴佑刚、杨刚、李驰等。""昨日的座谈会由郁风女士主席,并负责领导讨论。所谈论之问题分三部分:1. 音乐是否为感情之表现;2. 音乐作曲与演奏的关系;3. 音乐之欣赏。"

**二十五日** 在《救亡日报》"文化岗位"副刊登载"香港文艺界声讨文化汉奸专页(一)"上再次发表《尽我们的本分》。(按:此文末编者注"括号内一段在港被检",此段为"我们声讨一些甘心附逆,无可挽救的文化汉奸"。)

另,此专页"前记"内写道:"自《南华日报》发表小汉奸娜马(吴宫曲)的《和平救国文艺运动》后,由'文协'港分会,及《大公报》'文艺'编者杨刚,《立报》'言林'编者叶灵凤,《星岛日报》'星座'编者戴望舒等大张挞伐,鸣鼓而攻,在港作家纷纷作文声讨,在'文协'机关志(附各日报)发表,但港地环境特殊,重要部分均被删除,故特航寄本报,全文发表,足见在港文艺作者拥护抗战国策之真诚与热意也。"同页刊有杨刚《怎样反汉奸文化》,乔木《彻底的清除这一群》、叶灵凤《及早回头》、陆丹林《文化界清洁运动》、林焕平《迫切的任务》和冯亦代《斥责之外》等十三篇。

**同日** 《南华日报·一周文艺》第17期刊登胡笛《再论失节》:"前几天,舒[施]蛰存先生又在'文协'的会刊上大骂'失节文人'了。而且更引经据典地从汉朝的杨雄骂起,一直骂到今天的'和平救国文艺'工作者,凛然大有'卫道'之慨!"末后又写:"'抗战八股家'在今天之所以特别仇恨那种所谓'失节文人'者,是有其另一原因的,原因是那些由从事'抗战文艺'而转变到'和平救国文艺'的工作者,正如鲁迅所说,从旧垒中出来,对旧垒中的弊害看得极其清楚,反戈一击,容易命中要害。大概今日之'抗战八股家'之要和我们之'不共戴天'者,就是因为我们常常'反戈一击,命中他们的要害'的原故吧!"

**同月** 15日《抗战文艺》第6卷第2期刊载徐迟《香港分会通讯》。

## 六月

**一日** 《笔阵》新1卷第1期登载萧军《名利谈及其他》提及:"此亦一是非;彼亦一是非,惟'无'是非者,才是是非人。注:此偈语前二句系借用施蛰存君者;后两句算是自撰,但好系鲁迅先生说过了? 姑存待证。"

**同日** 《首都旬刊》第6期刊登署名"蛰存"诗作《雪寒独坐书怀二首》《重游秣陵有感》。(按:作者亦系盐城蔡选青。)

**二日** 在香港《星岛日报·星座》第605期发表《反戈一击?》:"署名'胡笛'其人者就代表了这些荒谬的文人画出了口供。""汪记班中有这样的妙人,能说这样的妙语,我不知道是不是他们的一种'光荣'。""而这样一头盲目的蛙还要用什么'和平救国文艺'来对'抗战文艺'施行其所谓'反戈一击',并且还像吉诃德击刺风车似的自称是'命中他们的要害'。这是不怕旁人笑掉了大牙。鲁迅先生的话被这样地引用了,他生前是万想不到的。我虽不满意抗战八股(假如有这样的东西),但我并不因此而怀疑抗战。""对于这种人,当他们在汪记班中时,我们固然要加以诛伐,但如果在抗战阵营中发现了的时候,我们也得严厉地加以纠弹,不能予以姑息。至于那些衡量一己之利害得失而挑选主子的反覆之徒,我们也不应当欢迎他们。"

另,按先生自述:"当时正是汪精卫叛国投敌的时候,汪伪组织在香港收集人马,有许多无耻文人投入了汪记班子。这些人在他们的机关报上发表文章,吹嘘他们的投敌是为了和平,为了反对蒋介石独裁政治,各种离奇古怪的理论。我当时看了很气愤,就在《星岛日报》(当时《星岛日报》的总编辑是金仲华)文艺副刊'星座'上写了一篇杂文,表示声讨(当时在港的抗战作家也都有文章)。有一个署名'胡笛'者在报上写文攻击我,我也就回了他一篇文章。"("关于'反戈一击'",1968年)

**八日** 《南华日报·一周文艺》第19期刊登娜马《与施蛰存论信仰,奴隶,抗战八股,及其他》:"说到施蛰存老师,不久以前,他是确曾射过我一枝冷箭的,当时我因为他这一箭并没什么痛痒,而且我想施老师又是上了年纪的人了,对于'老人的糊涂',我们有时是不能和他太认真的,所以当时也只用'胡笛'的笔名写了一篇短短的文章,来把他'杂感一下'便算了事,事实我是不想太给他老人家以难堪的。谁知他老人家竟毫不识趣地摆出了老气凌人的姿态来,在《星岛日报》的副刊写了一篇《反戈一击》的文章,没头没脑的把我大骂一顿,其实我的退让是有限度的,他既不知好歹地一定要来惹我,这一来,我便得轮起笔杆来,向之'叩胫三百'了。"

另,据娜马《寄小朋友——读〈小文艺〉书后》提及:"我是不甚怕人家漫骂的,假如不信,请问一声曾经吃过我的苦头的你们的师叔师伯叶灵凤、施蛰存、陆丹林、林焕平……辈吧。"(《南华日报·半周文艺》第80期,1941年3月24日)

另,据□玲《抗战作家群像——给W君的信(代序)》提及:"这一役,对方动员了叶灵凤、戴望舒、陆丹林、舒[施]蛰存、林焕平、乔木、冯亦代、刘思慕……等一大班人马,后来,连桂林的《救亡日报》也声势汹汹地来帮架了,他们的来势,是恨不得在一阵乱棍之下把初生不久的'和平文艺'打绝命根,才得称心遂意似的。"(《南华日报·半周文艺》第46期,1940年11月18日)

另,据陆丹林记述:"在最近中华全国文艺界抗敌协会香港分会,在他的周刊《文协》发表'肃奸卖国文艺特辑',执笔的有陈畸、黄鲁、温功义、麦穗、陆丹林、马荫隐、施蛰存、戴望舒、乔木、徐迟、冯亦代等,还有祝秀侠、叶灵凤、林焕平等都是向着那所谓'和平救国文艺运动'而斥责的。""反转来说,那些汉奸言论,就在《南华日报》(汪兆铭的机关报)、《天演日报》和日本人所办的《香港日报》来替日阀伪组织等吹喇叭了。""不用说,这是汉奸的文学,对于叶灵凤、林焕平、陆丹林、施蛰存等曾经反攻,但叶等靠着有几个良好地盘,如《大公报》《星岛日报》《珠江日报》《立报》《大风》半月刊等,本着正义光明崇高伟大的精神与人格,向他们总攻击。"(陆丹林《香港的战文丑》,《黄河》1940年第6期)

**九日** 《尽"本分"》又刊《大江日报·纵横》。(按:原题《尽我们的本分》。)

**十一日** 译作亚历山大·康恩《高尔基对于社会主义的写实主义的观念》(1)始刊香港《大公报·学生界》第294期。

**十二日** 在香港《星岛日报·星座》第614期发表《他要一颗钮扣》。

**同日** 译作亚历山大·康恩《高尔基对于社会主义的写实主义的观念》(2)续刊于香港《大公报·文艺》第858期。

**十三日** 译作亚历山大·康恩《高尔基对于社会主义的写实主义的观念》(3)续刊于香港《大公报·文艺》第859期。

**十四日** 译作亚历山大·康恩《高尔基对于社会主义的写实主义的观念》(4)续刊于香港《大公报·学生界》第295期。

**十五日** 译作亚历山大·康恩《高尔基对于社会主义的写实主义的观念》(5)续刊于香港《大公报·文艺》第860期。

**十六日** 在《国文月刊》第1卷第1期(创刊号)发表《文艺作品解说之一·鲁迅的"明天"》。先生自述:"浦江清先生编辑《国文月刊》创刊号的时候,我恰巧和他同住在昆明承华圃街一个院子里。他希望我给他写一点帮助中学生欣赏新文艺作品的文字,所以我费了三个晚上给鲁迅先生的一个短篇小说,作了一些较详细的解释。"(《关于〈明天〉》)

**十七日** 译作亚历山大·康恩《高尔基对于社会主义的写实主义的观念》(6)续刊于香港《大公报·文艺》第862期。

**同日** 晚上出席文协、漫协香港分会举办的文艺晚会。据《文协、漫协晚会盛况,唱歌游戏谈笑风生》报道:"到会者有戴望舒、施蛰存、陈斯馨、刘思慕、林焕平、杨素影、乔木等八十馀人,会场四周陈列漫协同人新作品。"(香港《大公报》,1940年6月18日)

**十八日** 译作亚历山大·康恩《高尔基对于社会主义的写实主义的观念》(7)续刊于香港《大公报·学生界》第296期。

**十九日** 译作亚历山大·康恩《高尔基对于社会主义的写实主义的观念》(8)续刊于香港《大公报·文艺》第863期。

**二十日** 在香港《大风》半月刊第69期开始发表《薄凫林杂记》(一、小引,二、抗战气质,三、文艺之路)。"小引"写道:"来到香港,转眼便是三月,旅客的心境居然渐渐消失,虽然我知道不久它仍将回来,而我也仍将怀之以辞别这个喧阗的岛城。但目前,总算又暂时在一个新环境获得了安定的生涯。做些什么呢?倘若有半天的闲暇,而又不预备看书的时候,就会自己发着这样的问题。写一点什么罢,这是屡次自动地跳出口来的答案。抗战以来,没有写出过一点任何东西,然而天天在企图写一点什么。""就是在这样单纯的动机之下开始写的。因为没有什么大企图,所以它的内容也将是非常庞杂。""我自己也没有知道它将有多少篇或多少字;我知道它在此刻开始,但不知道它将在何时结束。""或许我会在这里发一点感慨,申说一点意见,但也可以在这里讲一个故事,录一首诗。甚至,我想,抄录一段别人的文章。它们也许会与抗战有密切的关系。""标题为'薄凫林'呢?很简单,因为住在薄扶林道上。""不用今名而用古名,倒并不是意在复古,我只是喜欢这个'凫'字而已。"

**同日** 译作亚历山大·康恩《高尔基对于社会主义的写实主义的观念》(9)续刊于香港《大公报·文艺》第864期。

**二十一日** 译作亚历山大·康恩《高尔基对于社会主义的写实主义的观念》(10)续刊于香港《大公报·文艺》第297期"学生界"。

**二十二日** 译作亚历山大·康恩《高尔基对于社会主义的写实主义的观念》(11)续刊于香港《大公报·文艺》第865期。

**二十四日** 译作亚历山大·康恩《高尔基对于社会主义的写实主义的观念》(12)续刊于香港《大公报·文艺》第867期。

**二十五日** 《中国文化》第1卷第4期刊载何干之《团圆主义文学》提及:"施蛰存推荐青年读《庄子》与《文选》,又说这推荐没有什么严肃的意味。而鲁迅说:我底那篇'怀旧',是严肃的。所以鲁迅说读历史要从明人、清人或今人底野史或笔记中去找,因主张选明、清或现代的野史或笔记来翻印。(《病后杂谈》)而对于清朝删改古书的内容'使天下士子阅读,永不会觉得我们中国的作者里面,也曾经有很多有气骨的人',表示'愤懑'。后来暗杀中国著作《四库全书》的阴谋到宋元版本的出版而露了马脚之后,又认为令人'大舒愤懑'的事。"

**二十六日** 译作亚历山大·康恩《高尔基对于社会主义的写实主义的观念》(13·完)并"译者附记"续刊于香港《大公报·文艺》第868期。

**下旬** 文协香港分会组织的暑期讲习班正式开学,先生也参加授课。先生自述:"忙了一个多月,讲习班借中华中学的教室开学了。我也每星期夜晚去讲两堂课,讲的是爱国主义语文,如文天祥《正气歌》、岳飞《满江红》之类。"(《尺牍新抄·杨刚——施蛰存》)据《文艺讲习会科目内容》,"施蛰存:文学欣赏"。(《星岛日报·文协》,本月11日)

**月内** 作诗《二十九年仲夏晤王映霞女士于香港皇后道寰翠阁娱乐咖啡室为言达夫不可同居已告仳离矣因缀其语》:"朱唇蕉萃玉容臞,说到平生泪渍襦。早岁延明真快婿,于今方朔是狂夫。谤书漫玷荆和璧,归妹难为合浦珠。蹀躞御沟歌快绝,上山无意采蘼芜。"

**同月** 28日晚上7时馀,穆时英乘人力车途径上海公共租界福建路福州路口丰泰洋货号门前,遭到枪击,身中两弹,由车上倒地,卧血泊中,气息奄奄,在救往仁济医院途中毕命。29日《申报》刊载"福建路昨晚血案,穆时英遭枪杀",《新闻报》刊载"福建路枪杀案,穆时英中弹死",《神州日报》刊载"昨福建路上血案,穆时英遭击毙"。30日《大公报》刊载"汉奸穆时英,在沪被刺死",《中央日报》刊载"汉奸穆时英被人狙击毙命",《时事新报》"汉奸穆时英被人击毙",均据"中央社香港29日电沪讯"。

## 七月

**五日** 在香港《大风》半月刊第70期发表《薄凫林杂记》(四、儿童读物,五、罗丹轶事三则)。其中"四、儿童读物"写道:"孩子们来到香港,才想到似乎应该给他们预备一点'文化粮食'。于是为了这个目的,在皇后大道各书铺中巡逻了一个下午。结果是毫无所得,勉强买了两三本小书回家,正如我意料的,孩子们并不能恰到好处地了解它们。"

**二十日** 在香港《大风》第71期发表《薄凫林杂记》(续)。

**二十一日** 按螺君(毕树棠)日记:"新文人大半不善毛笔字,郁达夫郭沫若一团破烂,邵洵美之敵领,沈雁冰之分头,皆各为其字之象征。如施蛰存之老练,沈从文之潇洒,丰子恺之字画合流,皆可观也。"(螺君《日记摘钞》,《艺文杂志》1944年第2卷第5期)

**夏间** 按先生自述:"余在港岛尝一日访[许地山]先生于香港大学,先生邀在大学咖啡室中冷饮。既出,指一树谓余曰,此即所谓瞻部树也,港中惟此一株。"(《挽许地山先生》)

**又** 据林英强记述:"施蛰存先生自筑垣来书,要我收集南洋各岛风土讯及南洋关系的史籍典据,这,原来就是自己正在努力的课题,我立即寄给施先生一部'荷印风土志',另与张一耆兄译著好了一部'马来风土志',准备出版。可恨日敌的炮火,把我数年所积藏的南洋文献、写作原稿、贵重图片,全部均荡为煨烬。"(谢犹荣著《暹罗风俗》"林序",南通社出版黄子逸主编"南海丛书之一",1947年1月初版)

**又** 魏建功书赠条幅二,一竖幅"风细波平浪影浮,黄龙浦口放轻舟;恰如海上乘槎客,天汉归来万里秋。秋风八月当三五,中夜菱歌夹双橹;云光水色镜中游,波纹回处鲛人舞。回忆春申百世前,朱门食客动三千;雄图今古空流水,惟有波涛年复年。华亭诗人萧芷崖《月夜渡申浦》诗三首,录应蛰存先生雅令。廿九年夏,魏建功";一横幅鲁迅诗作《偶成》《无题》《答客诮》"文章如土欲何之，翘首东云惹梦思；所恨芳林寥落甚，春兰秋菊不同时。血沃中原肥劲草，寒凝大地发春华；英雄多故谋夫病，泪洒崇陵噪暮鸦。无情未必真豪杰，怜子如何不丈夫？知否兴风狂啸者，回眸时看小於菟。鲁迅先生诗三首书奉蛰存先生有道，魏建功"。

又　唐兰书赠条幅日本平安时代中期学者大江朝纲（公元886年—958年）汉诗《惜残春》，文曰："艳阳尽处几相思，招客迎僧欲展眉；春入林归犹晦迹，老寻人到讵成期；落花狼藉风狂没，啼鸟龙钟雨打时；树欲枝空莺也老，此情须附一篇诗。蛰存先生粲正，秀水唐兰。"

又　按先生自述："四月，我由昆明抵香港，晤见杜衡，他曾披肝沥胆地把当时的情形告诉我。因此我了解他当时确有一种苦闷，使他表现出一种极易受嫌疑的态度来。""夏季，我在香港，参加了文协，当时曾提议请文协允许杜衡恢复会籍，因为杜衡之实在并未附逆，其时已经是明显的事实了。当时文协通过了此议案，曾在香港《星鸟日报》及桂林《救亡日报》文协会刊上登载过。""但我这一次的斡旋是两边不讨好的事，一方面，文协中也许有几位先生不愿意替杜衡洗刷的。另一方面，杜衡自己对于此举也并不认为必要，他向文协请求恢复会籍的声请书，还是我再三催他写去的。因为我觉得他既然实在并未附逆，则文协也应当主持一点公道，不该为小小门户之见，而使一个共同在文艺上努力的朋友闷塞起来。文协通过了此案之后，杜衡也始终没有参加过文协一切集会。"（《我所知道的杜衡》）

另，据《"第三种人"作家杜衡在香港任国民日报副刊〈新垒〉编辑》写道："记者昨逢与'第三种人'有关作家杨邨人先生于中国电影制片厂（杨氏现任该厂编导委员）探询此事，承云，""与由香港到渝之黄苗子先生谈论香港文坛情形，藉知苗子先生曾经任职之香港国民日报，杜衡先生被聘为该报副刊编辑，早已向汪派书局辞职，并未与汉奸发生关系。""旋接住港作家祝秀侠先生来信，亦经证实。当寄一函至国民日报与杜衡先生，接其四月二十六日覆函中云：'关于对弟之谣言与诬蔑，当然是有作用的，其经过情形，非三言两语所能了，总之，有三事可告故人：一、弟从来没有做过一件违反民族利益之事；二、从来没有写过一行违反民族的文章；三、从来没有拿过一个不应拿的钱。''当时弟之在香港蔚蓝书局任事，固是众人咸知的事实，该书局初亦为中央经费，弟之被聘为英文编辑，亦不过如抽签似的抽到了这个职业。弟当汪逆卖国投入敌人怀抱之时，即与他们分手（同时脱离者，尚有许多人），当接洽旁的职业，以维生活，后来即在国民日报任事。弟所编《新垒》，态度亦极鲜明。此间知友，对弟本无误解,即情形不甚明瞭者,稍经说明后,亦均释然。但是那些唯恐人家不落水的尾巴们,却大为失望,故意装痴作呆,藉端毁谤。对于他们,弟实无声明之必要。'杨先生当出杜氏函件,记者看后,真相大白,事关文坛新闻,纪出报道,从此'第三种人'为汉奸之谣言可以休矣。"(《中央日报·教育与文化》第 24 期,1940 年 6 月 5 日,上海图书馆《全国报刊索引》)

**同月** 英国军队封锁了我国西南交通要脉滇缅路。

## 八月

**一日** 译作法国马尔洛《鄙弃的日子》(其二七)刊于《星岛日报·星座》第 663 期。

**同日** 《宇宙风·乙刊》第 27 期刊载周黎庵《关于鲁迅年谱——为鲁迅先生六十年祭作》提及:"记得抗战之前,施蛰存先生忽然提议他要替苏东坡举办盛大的×百年祭了,但后来也并未见实行,大概中国人对此道很隔教,无法强人所不欲吧!"

**又** 《中央导报》第 1 卷第 5 期刊载杨之华《穆时英论》提及:"穆氏真正地过着文士的生涯是《现代》杂志创刊时始,这个时代正是'普罗文学'的主潮下降的 1932 年代,以一个簇新的姿态代替了《北斗》《文学月报》等而出现在当时的文坛上顶有名的杂志,是以施蛰存、杜衡、戴望舒、刘呐鸥等为主干的《现代》,而穆氏在当时正是现代派的阵营里在创作方面的一方主将。"

**二日** 译作法国马尔洛《鄙弃的日子》(其二八)刊于《星岛日报·星座》第 664 期。

**三日** 译作法国马尔洛《鄙弃的日子》(其二九)刊于《星岛日报·星座》第 665 期。

**四日** 译作法国马尔洛《鄙弃的日子》(其三零)刊于《星岛日报·星座》第 666 期。

**五日** 《石秀》开始在北平《晨报·文艺周刊》第 1 期连载。刊有"编前语":"中国作家之中,施蛰存先生的《水浒传》事迹改作,也曾盛传一时。其中有《石秀》一篇,描写的尤其细腻深刻而生动。现在无妨拿出来,教看过的人重新温理一下,而没有看过的人,更可借此一新耳目。无论如何,都是有趣味的,似乎比平凡的新作品还要好些。""曲折复杂的心理化学作用,却被作者统统加以科学的分析,实在是富有兴趣的工作,堪称快意的奇观了。'心理派的作家'六字,很可以赠给'《石秀》作者施蛰存君'。"

**同日** 译作法国马尔洛《鄙弃的日子》(其三一)刊于《星岛日报·星座》第 667 期。

**六日** 译作法国马尔洛《鄙弃的日子》(其三二)刊于《星岛日报·星座》第 668 期。

七日　译作法国马尔洛《鄙弃的日子》(其三三)刊于《星岛日报·星座》第 669 期。

八日　译作法国马尔洛《鄙弃的日子》(其三四)刊于《星岛日报·星座》第 670 期。

九日　译作法国马尔洛《鄙弃的日子》(其三五)刊于《星岛日报·星座》第 671 期。

十日　译作法国马尔洛《鄙弃的日子》(其三六)刊于《星岛日报·星座》第 672 期。

十一日　译作法国马尔洛《鄙弃的日子》(其三七)刊于《星岛日报·星座》第 673 期。

十二日　《石秀》连载于北平《晨报·文艺周刊》第 2 期。

同日　译作法国马尔洛《鄙弃的日子》(其三八)刊于《星岛日报·星座》第 674 期。

十三日　译作法国马尔洛《鄙弃的日子》(其三九)刊于《星岛日报·星座》第 675 期。

十四日　译作法国马尔洛《鄙弃的日子》(其四零)刊于《星岛日报·星座》第 676 期。

十六日　译作法国马尔洛《鄙弃的日子》(其四一)刊于《星岛日报·星座》第 677 期。

十七日　译作法国马尔洛《鄙弃的日子》(其四二)刊于《星岛日报·星座》第 678 期。

十八日　译作法国马尔洛《鄙弃的日子》(其四三)刊于《星岛日报·星座》第 679 期。

十九日　《石秀》连载于北平《晨报·文艺周刊》第 3 期。译作法国马尔洛《鄙弃的日子》(其四四)刊于《星岛日报·星座》第 680 期。

同日　出席文协香港分会在坚道会所举行的例会。据文协香港分会《会务报告》:"出席者徐迟、杨刚、乔木、叶灵凤、林焕平、施蛰存、戴望舒、陆丹林等,杨刚主席,徐迟记录。此次例会,除各部经常工作报告,及参加鲁迅纪念会收支报告外,重要讨论事件为本分会前会员杜衡、唐锡如两人联名来函,要求恢复会籍事。当时经过长时间的讨论,各人发表意见甚多。结果议决,由本会函覆两人,请其出能证实彼等立场之物证,如已发表之文字等。并请由彼等目前所服务之机构具函证明彼等之职务,以供本会参考。覆函当场起草通过,由总务部负责寄发。"(香港《大公报·文协》第 66 期,1940 年 8 月 27 日)

又　《晨报·艺宫》登载遯叟《遯庵随笔·张雨亭欲学石秀、施耐庵误尽后人》(未完),开篇提及:"读了《晨报》这两期刊载施蛰存先生所著的《石秀》,虽未终篇,由编者的卷头语,加以意度,通篇的大义也就能知其大半了。"

二十日　在香港《大风》半月刊第 73 期发表《薄凫林杂记》(续),其中"八、驮马"写道:"我第一次看见驮马队是在贵州,但熟悉驮马的生活则在云南。""在抗战三年后的今日,因为液体燃料供应不足,这古老的运输工具还得建立它的最后的功业,这是料想不到的。""二万匹运盐运米运茶叶的驮马,现在都在西南三省的崎岖的山路上,辛苦地走上一个坡,翻下一个坡,又走上一个坡,在那无穷尽的山坡上,运输着比盐米茶更重要的国防材物,我们看着那些矮小而矫健的马身上的热汗,和它们口中喷出来的白沫,心里将感到怎样的沉重啊!"

**同日** 译作法国马尔洛《鄙弃的日子》(其四五·全书完)刊于《星岛日报·星座》第681期。

**又** 《晨报·艺宫》续载邂叟《遯庵随笔》,文末写到"蛰存先生与耐庵同姓,想亦为纠正其误谬,而草此篇,为华宗补过欤"。

**二十六日** 《石秀》连载于北平《晨报·文艺周刊》第4期。

**下旬** 文协香港分会组织的暑期讲习班结业,先生的教学工作也全部完成了。

**是月** 译著C. J. Mullaly短篇小说集《转变》,收录作品《转变》《好脚色》《波尔多的补锅匠》),由香港约望书局初版发行。

**同月** 罗炳之(廷光)离开昆明返回江西泰和出任中正大学教务长。吕叔湘应华西大学之聘离开昆明赴成都。浦江清陪同母亲由昆明启程,途经香港返回上海。

## 九月

**二日** 《石秀》连载于北平《晨报·文艺周刊》第5期。

**九日** 《石秀》连载于北平《晨报·文艺周刊》第6期。还载唐楷《杀奸·长夏小集之三》(续8月12日第2期未完)提及:"石秀先生虽然喜欢'拼命',但看他懂得'大义',可见神智总是明白清楚。施蛰存有一篇小说把他分析得很好,仅祇是对于女人过度的失望和妒忌而已。这真活画出来卫道家们的真正的嘴脸。"

**上旬** 由于日本军队占领越南,返昆明的路线被封锁,直至暑假结束,先生都无法返回昆明,开学时即致函云南大学文法学院以及文史系正式辞去教职。

**十四日** 上海《品报》第46号刊载《施蛰存刘半农二人之转变》提及:"施蛰存这个名字,一个欢喜看看新文学书册的朋友,对于他并不陌生,他有过不少的著作,他最得意的时代,是和杜衡合编现代书局的《现代》杂志,以及自己本人独自替上海杂志公司老板张静庐主编'中国文学珍本丛书'。因为他旧书读得不少,很像个书蠹虫。他自己的创作,最善于描摹女人心理,大有入木三分之概,细腻得无以复加,有本《善女人行品》归良友图书公司出版,至今还很脍炙人口。他现任云南大学国学教授,谈起他来也是文学界中要人之一。可是在他二十岁左右时候,专门写鸳鸯蝴蝶派作品,并且自己很宝贵得很,出过一本《青萍小说集》[?],原来那时候他叫施青萍。后来看看

'礼拜六派'小说没有出路,他抽身一变,改名施蛰存,到法国留学回来,[按:此说讹误,录此辨正。]肚皮里还是那些东西,但也同刘半农一样,今非昔比,板着面孔成为新文学家。"

**十五日** 诗作《老兵的小故事》刊于香港《星岛日报·星座》第707期。先生自述:"是诗,不是散文,照理不应该编在这里。但是这一篇也不能编在我的诗集里,因为风格并不一致。我写这篇东西的时候,确是把它作为散文看的,我自己又喜欢它,不愿意割爱,所以这里应该是它最适宜的安身处了。"(《待旦录·序》)

**十六日** 《石秀》连载于北平《晨报·文艺周刊》第7期。

**旅港期间** 按先生自述:"看到望舒书桌上有一本译诗稿《西班牙反法西斯谣曲选》。望舒说,准备印一个单行本。后来亦未见有此书印出。在他的遗稿中,有半篇《跋西班牙抗战谣曲选》,仅400字的稿纸一页,还失去了四五行。但由此可知这部'谣曲选'收诗20首,大概就是《反法西斯谣曲选》的改名。我在《顶点》中抄得《西班牙抗战谣曲抄》5首,应当就是这个集子中的四分之一,但其馀的15首却不能知其踪迹了。"(《戴望舒译诗集·序》)

**又** 按先生自述:"我在香港叶灵凤家中见到此书,[按:纪德《从苏联回来》,上海引玉书社1937年版。]叶灵凤告诉我,这本书是戴望舒译的。第二天,我就问望舒,望舒也不否认。我不便追问,一笑了事。他译《现代土耳其政治》,还肯署名,译了这本书却不署名,可知他做这一翻译工作,是很勉强的。"(《诗人身后事》)

**又** 按先生自述:"在九龙一家旧书店里买到一本保禄·格赛尔所著《法郎士及其朋辈》的英译本,直到昨天才把它看了几章。第十一章是纪载法郎士与大雕刻家罗丹的友谊的。今年适巧是罗丹百年诞辰纪念,我把法郎士所讲的罗丹的三个故事译出来,作为对于这位近代大艺术家的冥诞庆贺吧。"(《罗丹轶事》)

**又** 杜衡居于天文台道,并与路易士(纪弦)家合租一层楼。先生自述:"杜衡于1940年在香港投奔国民党,使我非常失望。"(《最后一个老朋友——冯雪峰》)

**又** 据李白凤夫人刘朱樱回忆:"白凤由西安来到上海接我们转道香港,由于报社副刊编辑一职落空,只好在该报社做校对工作并抓紧时间写诗文,维持生活。这时施蛰存和戴望舒两位朋友对白凤帮助很大,他的诗篇常在香港《星岛日报·星座》和其它报刊发表。"(刘朱樱《忆李白凤》)

**中旬** "太平洋风云突变,香港已非乐土",先生与夫人陈慧华携孩子一起举家返回上海,赋闲在家。先生自述:"这一次我回家的时候,第一眼看见母亲,心中就猛然一惊,老得多了!我当然知道,一个六十开外的人,当你在暌离了两三年之后再看见她的时候,一定会发现她更老一些。甚至,不必说两三年,一年也尽够了。但是,我所吃惊的是她在这两三年中竟老得超于我所假想的了。在家里住了下来之后,倒渐渐地觉得她并不怎样衰老,她还是像从前那样地有说有笑,把一切事情都从容应付过去。"(《适闽家书》)

**二十三日** 《石秀》连载于北平《晨报·文艺周刊》第8期。

**三十日** 《石秀》连载于北平《晨报·文艺周刊》第9期。

**下旬** 先生夫妇于愚园路岐山村寓所门前合影。

**是月** 昆明新流书店初版施若霖主编《八十家佳作集之四·包身工》,收录其作《无题》。

**同月** 3日午后2时15分,刘呐鸥在上海公共租界四马路平望街口623号京华酒楼一号房间与日华十馀人午餐后下楼途中,一名埋伏在楼梯畔的杀手"疾步而出",连开三枪,刘呐鸥被击中二弹,"倾跌于梯畔血泊中",日籍人氏紧急用自备车将他送往仁济医院,还未抵达就殒命了。4日《申报》刊载"福州路昨日血案,刘呐鸥被击死,与日友午餐突被人开枪,身中二弹未抵医院毙命";《新闻报》刊载"昨午四马路畔刘呐鸥被枪杀";《大公报》刊载"孤岛锄奸,刘呐鸥被刺死";《时事新报》刊载"沪锄奸案,刘呐鸥毙命"。

## 十月

**七日** 《石秀》连载于北平《晨报·文艺周刊》第10期。

**十日** 重庆《学习生活》第1卷第6期"鲁迅先生逝世四周年纪念特辑"刊载海银《读了施蛰存解说〈鲁迅的"明天"〉以后》:"拿鲁迅先生的作品,当作单纯的故事看,或者只从技巧方面着眼,那根本就不知道鲁迅在文学上的伟大是建筑在什么地方。如果再拿自己的主观见解来教诲青年,可以说是侮辱了鲁迅先生,欺骗了青年。尤其在这个民族翻身战斗的大时代里,更不应该把鲁迅先生作品的光芒埋没了。不知为什么施先生只把鲁迅的技巧方面尽量的发扬,却将他作品的战斗性一字不提呢?或者施先生另有高深的见解,非后生小子所能领略罢!施这篇汪洋万馀言的解说,大半是技巧结构的剖解,其所补充的言外之意,也不过把作者隐微之处加以说明和铺张而已。但是施先生所补充的那些言外之意,又大半是曲解的。"

另，按先生自述："我的文章刊出后，引起了群众大哗，纷纷批判我歪曲，甚至侮辱了鲁迅这篇著名作品。"(《怀开明书店》)

**十三日** 日寇出动27架飞机投弹百馀枚轰炸昆明。按吴宓日记："云大及联大师院已全毁，文化巷住宅无一存者。大西门城楼微圮，城门半敧。文林街及南北侧各巷皆落弹甚多。"

另，先生撰写《怀念云南大学》："昆明终于被轰炸了，云南大学终于也轮到了。据无线电报告员的说法，它已经Smashed了。得知了这个消息之后，我感受了一种奇异的情绪的紧张。因为云南大学是最后一个未迁移的国立大学，是最后一个被炸毁的国立大学，尤其因为是我在抗战三年来所任职的地方。我看见云南大学怎么繁荣起来，我看见它怎样成为抗战大后方的一个最高学府，现在，当我离开它不久，它也终于遭逢到这悲壮的厄运。虽说是早已预期着的，但是一旦竟实现了，却总不免使我感到甚大的悼惜。"

**十四日** 《石秀》连载于北平《晨报·文艺周刊》第11期。

**中旬** 先生率全家为父亲施亦政六十大寿举办庆贺筵席。

**二十一日** 《石秀》连载于北平《晨报·文艺周刊》第12期。

**约在期间** 先生拟继续赴外埠任教，一方面有经黎烈文、董秋芳、周予同等友人介绍，应福建教育厅属下福建中等学校师资养成所(地处永安霞岭村)所长沈鍊之邀请；另一方面又有经朱自清、罗炳之等介绍，应江西中正大学(地处泰和杏岭)胡先骕校长延聘，均拟提供旅费。但因战时交通受阻，只能等到了福建南平后，方能视路途形势而决定。

**二十二日** 早晨起程，赴上海罗斯福码头(今十六铺码头)乘船去福建。先生自述："照例我出门的时候，一上汽车就不敢回头，我怕看见母亲的满怀殷忧的神气。""当她送我出门的时候，我觉得她老得多了的感觉忽然又侵袭在心中，我还敢再回头看她一眼吗？为了不敢再回头看见她老人家，所以连带的也不回头看你[妻子]了。""父亲送我到了罗斯福码头，天下起微雨来。他说也要过黄浦到船上去看看，我怕他受了黄浦江的风雨会着凉，请他不必过江了。渡轮离岸的一刹那，我看见他注视着我，木立在码头上，我知道他心里怎样的难受。他不是好几次都说过，不希望我往内地去吗？同时，他也明知道我不能留在上海。于是，我们的分别是彼此都说不出话来，我勉强挥了一挥手，就赶紧望船舱里一钻。如果在十年前的话，我一定已经哭了。你读过朱自清先生的那篇《背影》没有？这不是一篇讲究辞藻的文章，但是它足够感动一切人子。我从前并不喜欢那样的文章,以为,里面所表示的只是一种肤浅得很的童稚的孝感,作为初中学生的国文读物或伦理读物是好的,作为一个文学读物却没有多大意思。近来,也许又是受了年龄的影响,我对于文学的标准却不想唱什么高调了。文学还是让它载一点道罢。像《背影》之类的文章,让中国青年多读几篇也不无好处。"(《适闽家书》)

**同日** 在船上。先生自述:"船毕竟到下午2时才开动,早知如是,还可以在家里多耽半天,也许还可以多说几句话,或多买一点东西。现在是晚上11时,船停泊在海中,天气很不好,有雨,而且很冷。""我问一个茶房,他说天黑了,看不出,所以抛锚了。""这使我迷惘起来,我从来没有乘坐过必须在白天有光亮的时候才可以行驶的轮船,假如这条小轮船必须在白天才能行驶,那是多危险的事?""我一方面替这一次海行的安全性耽忧,一方面又怕至少我们将费很长久的时间才能到达福清。现在,同舱的旅客都睡熟了,房间很静,既然停止了引擎的声音,海涛冲激船舷的禿禿地格外清楚起来。""我因为自从船开出吴淞口以后就睡了觉,此刻却再也睡不熟了。"(同上)

**又** 夜,始作《适闽家书》和《适闽杂诗》,记录一路行程。

**二十三日** 晚上10点钟在船上。先生自述:"船却在行驶,而且颇有点颠簸,你从这字迹就可以看得出来。""我不想责难那茶房,船上的茶房会说出各种奇妙的话来,""昨夜气候非常冷,统舱客人都受了最惨酷的罪。原来这条船虽然发卖了统舱票,实在却并没有一个统舱供给旅客。""到昨天下半夜,雨大了,风也刮起来了,船舷边又没有帆布遮拦,雨淋在他们的棉被上,冷气直透骨髓,许多人都闯进我们的舱房里来。""当我昨晚据案写信的时候,已经有三四个客人进来,坐在我旁边,伏在桌上打盹了。谁知后来竟愈来愈多,终于有一二十个人把铺盖搬进来,分别在桌子上长凳上,和地板上,甚至在桌子底下睡了。茶房非常势利,看见衣衫楚楚的客人便不加顾问,看见衣衫褴褛的客人搬进来,便喝着把他们推的推、挥的挥,把他们赶出去。今天早晨起身走出舱外一看,直觉惨然,那些被呵叱出来的,或是挤不进来的统舱旅客,有的已从箱子里取出了所有的冬天衣服穿上,有的是一家数口,紧紧地互相抱紧着,藉以保留一些暖气。""雨到今天下午才停,""此刻虽然没有昨晚那样冷,但在外面一定还是受不了的。现在仍然有十几个人睡在我们的舱房里,他们或许是与茶房有关系的人,或者曾经向茶房纳了贿。""我们的房舱里以及统舱里的旅客,大多数是从南洋归国的华侨,统舱里有一部分是到江西或浙东去的学生,""于是茶房们就从别的方法中去赚取他们的钱。""晚上七八点钟的时候,茶房提来一大桶杂菜粥。我想那一定是把官舱和大菜间里的客人吃剩的饭菜倒拢来煮成的稀饭,这菜粥虽然脏,但一则因为很热,二则卖得不贵,每碗只要2角钱,所以接连两天都是一霎时就卖完了的。""朴讷的福建侨胞几乎没有一个懂得这些宁波茶房的方言,或甚至表情,他们睁着眼呆看着茶房们在谈论,并且奚落自己,而茫然不觉。这就是侨胞们回国后首先受到的款待吗?我觉得非常愤懑。"(《适闽家书》)

**二十五日** 晨在船上。先生自述:"前天晚上,卖完杂菜粥之后,就有几个茶房在我们房舱中的大长桌上推牌九,渐渐地吸引许多旅客围上去看。""我佩服这些茶房,他们击中了侨胞们的弱点,同时我也惋惜这些好赌博的侨胞,甘愿和这些曾经侮辱他们的茶房沆瀣一气。我对于他们不禁有一点反感了。""这一次的出门,实在没有以前历次旅行那么舒服。第一就因为这次的行李整理得太匆忙了,以致乱了秩序。""占据我的上铺的是一位翁君,杭州人,他是到福建去给一个亲戚料理诉讼事件去的。船开行后我们就彼此通了姓名相识了。有他谈谈天,也稍稍排遣了一点寂寞,每次洗脸就借用了他的手巾和脸盆,他也怕吃那干硬的饭,因此,昨晚我们想了一个办法,叫茶房到大菜间厨房里去要了一个火腿蛋炒饭。""现在是25日上午9时,天气很好,阳光闪耀在海波上。可惜这海水太黄浊了。听说船正在温州洋面行驶,今晚可以在福清海口下碇。"(同上)

**约在期间** 作诗《自松下海面乘帆船赴海口舟中得句》。

**二十七日** 晨在船上。先生自述:"谁知现在船已停泊了36小时,允许旅客登岸的消息还是杳然。""我们的船的确在25日晚9时开到福清港外洋面,当即停泊。""我的上铺朋友翁君已和我谈得很熟,我们约好一路走,至少我们可以同到福州。""起先我们以为船还会开驶进去靠岸的,后来发现这儿的海水已经非常之浅,吃水再深一点的轮船就无法进来,才知道我们的海程已经告终了。""我们吃饭的那个长桌遂成为临时的商品陈列橱,几乎每一个茶房都能从各个隐僻的地方取出一些东西来,在我的床铺底下,原来也堆积着十几条纸烟,""这样繁荣的商业,一直继续到午夜以后。""我大概在两点多钟就睡熟了,所以全不知道那个什么东西都要的醉态可掬的商人是什么时候走的。今天我起身甚早,但走出舱去一看,那邮政船和帆船已经更早地开走了。""我这封信写了两小时,现在快到正午了,还是没有允许我们登岸的模样。"(《适闽家书》)

**同日** 晚上抵达福清海口。先生自述:"等到12点多钟,望见远远的有四五艘大帆船开来了,茶房说这是旅馆里的接客船。""他们一上来就尽先招呼同乡,纷纷把招纸贴在决定了旅馆的客人的行李上。有好几个接客的走过我身旁,竟仿佛我不是到福建来的客人似地,""甚至我拉住了一个人,也终于不得要领地给他摔脱走开了。于是我只好袖手旁观,看人家忙着搬行李下帆船去。正在这时候,又来了一队水上警察,这回仿佛是来检查旅客的了,他们向每一个匆乱中的旅客要验看证明文件。我的上铺朋友翁君箱篮中带着几张上海某银行的空白信笺,笺尾却盖着私人的名章,因此被认为行迹可疑,由那警察押着先走了。为了替他解释的原故,耽了一点多钟。""出去到船舷边一望,四五艘大帆船都已经满载了客人及行李行驶在一二里之外了,茶房说以后不会再有船来了。""我只好勉强装作镇静的样子,凝望着海天空阔处,希望还能有一条船来。幸而我还不是唯一的被遗留者,在同一个舱里,还有三个客人没有离大船。""那青年[萨君]用上海话跟我商量办法,我才知道他能说上海话,于是我们立刻就厮熟了。""我瞥见中舱旁边靠着一只绿色的油船和一只小帆船,仿佛还有人和行李在下去。于是我请那青年代我看管行李,独自跑到前面去问讯。才知道那是从上海调到内地服务的邮务人员所专雇的船,""我们和一个正在指挥一切的邮员[薛君]商量,能不能让我们搭他们的船,他看我们只有二人和四件行李,就答应我们搭他们的帆船,""从船夫的口中,才知道我们这帆船要行四十里海程才能到达福清海口的小镇市。""我们中间每个人都是生平第一次乘坐航海的帆船,每当波浪汹涌,船身欹侧的时候,大家都不免有点色变。""竭力把身子向翘起的船舷上抵压着,以期保持船身的平衡。""我只穿了一件夹袍,简直冷极了。这样航行了两小时光景,船夫说不要紧了,因为我们的船已经行在浅水里了。""下午5时许,在朦胧的烟霭里,我们的船开进了江口。""薛君上前去与关员说明了这是邮局的公事船,竟得免验放行,于是我们最后离开轮船的,却变作最初到埠的了。""幸而有萨君在,我们才得很不费事地投宿一家东南旅社。""我和萨君出去到街市上买了一支洋蜡后,就找一家菜馆吃饭。""一个警察陪着翁君寻来了,翁君说他已被送到队部里去,经大队长某君的审查,认为他没有什么严重的嫌疑,所以允许找人保释。但是因为在本地并没有熟识的人,所以他来寻我,要我给他担保一下。因为我是有证明文件,证明我是来闽省机关服务的,队长认为我可以有担保他的资格,只要我肯应承此事,当下我就答应翁君饭后即去队部。""饭后我即与萨君同到水警队部谒晤队长,略事说明后,即将翁君保释出来,同回东南旅社。"(同上)

又 晚上作诗《至福清海口镇已入暮矣》,有云:"仓皇生旅愁,始觉在殊域。夜深据木榻,欲眠频反侧。"

**二十八日** 按先生自述:"5时就起来,买一点糕饼吃了之后,就各人雇一乘兜子出发往坑田。我因为有三件行李,所以另外又雇了一个挑夫。""海口到坑田不过70里路,可是我们的兜子每乘需26元。我的挑夫需14元。""才到山麓,就要我们下来自己步行上去了。在平地上,每走六七里路就要在路旁茶馆里喝一碗茶休息,""下午3点多钟才到坑田。""三家旅馆都占满了,一时我有投止无门之叹,后来好容易在市尾发现一家新开张的康利旅社。""我们就在那楼上得到了一个有两张床铺的房间。""晚饭时,饮了一点酒,颇有陶然之意,所以原来预备写一封信的,结果是没有写。茶房来通知我们,说轮船是在午夜1时许从福州开到坑田,黎明5时许就开回福州去,所以要我们在半夜2时上船。"(《适闽家书》)

**同日** 作诗《坑田道中得诗六首》。先生自述:"坑田道中风景甚好,气候晴暖,有一处地方竟有桃李和桂花同时开花,所以我在路上作诗,有句曰:'物候乱清秋,丛桂间桃李'也。桔树弥望皆是,正结着累累的金红色的桔子。山坡并不多,故平原甚广阔,阡陌纵横,确是物产丰富的地方。"(同上)

**又** 《石秀》连载于北平《晨报·文艺周刊》第13期。

**二十九日** 下午抵达福州。先生自述:"不到两点钟就起来,叫预先雇定的挑夫挑了行李,在灯笼的微光里走向一个陌生地方的陌生的码头去。这情景非常凄寂,使我永远忘怀不掉。船上也没有灯火,擦着一根一根的火柴把行李安顿在船头上,我们三个人便在黑地里呆坐着。船里已经有五六个客人先到了,他们也莫名其妙地坐着。后来,从船尾出来了一个人,秉着一盏煤油灯,招呼我们连人带行李搬到一间所谓官舱里去。那是小小的一间,我们一进去就塞满了,没有人可能再挤进来。船上人供给我们一盏灯,我们又向停泊在旁边的一只小船里招呼一个老婆子给煮一壶开水,于是就在这小小的官舱里品茗清谈,""天明以后,一看,船全部搁在泥滩上,原来是落潮时候,怎么能开船呢?一问船上人,才知道要等到10点钟涨潮时才开始,我们完全上了茶房的当。原来有许多旅客在上半夜伏案假寐,等我们走了之后,茶房再把我们空出来的床铺租赁给他们。""10点20分开船,""3时船泊福州南台第一码头。""打了一个电报给你,说不定此刻你们已可接到电报,知道我在福州了。现在,至少又得别离一年,这事实算已决定,我绝没有再回上海的可能了。""我打算在这里玩两三天,再往西去,到泰和或到永安,恐怕要到了南平才能作最后之决定。"(《适闽家书》)

**三十日** 在福州。先生自述:"第一二天存心在福州玩一下,""到城里一家温泉浴室去洗了一个澡,那温泉并不比云南安宁的温泉好,凉一点,而且还似乎浊一点。

但那浴室的规模却很大,只因为省府内迁,福州市面不好,所以偌大一个浴室,那时只有四五个客人在洗澡,显得怪清冷的。"(同上)

**同日** 晚上作诗《蜑娘谣四首》并"题记":"福州南台船娘皆蜑户也,渐与平民无别。余来犹及见其习俗,作谣曲志之。"

**三十一日** 在福州。先生自述:"福州的印象很好,但我可说不出什么特点来,我想,代表福建的唯一东西恐怕要算那些修长的江桥了,""其次是木材,""漆也是本省的特产。""买了一本《石遗室诗集》,作为我对福建的敬意。"(《适闽家书》)

**同日** 晚上《闻收邕宁喜而颂之》:"忽报官军克邕宁,天涯额手涕交零。苍生终不疑安石,蛮虏从今畏狄青。一鼓全回宾主势,八方齐抑酪膻腥。他时玉陛酬庸日,应勒燕然最上铭。"

**是月** 小说集《善女人行品》,由上海良友复兴图书印刷公司重版印行"普及本"。

**同月** 上海鲁迅全集出版社初版发行鲁迅先生纪念委员会编纂"鲁迅全集单行本"《准风月谈》《且介亭杂文》《且介亭杂文二集》《且介亭杂文末编》,30日再版发行。上海三通书局出版发行鲁迅著《花边文学》。

## 十一月

**一日** 仍在福州,待船。先生自述:"专为等买船票而滞留了。""大概福州的点心铺只有一种,那就是卖卤面和粿饵的,我既不想吃面,又吃不了那称为'粿'的不容易消化的糕团,""每天早上还是吃一碗卤面完事,因为和萨君分别了,缺少了一个翻译,一切就不十分方便了。虽然福州商店中人已十有八九懂得国语,但是在跑到菜馆里去想吃一点海鲜的时候,仍旧感到不知名目之苦。然而居然还吃到了一些鲟、蛏子、蛤蜊之类的东西,大抵都是看见邻座有人在吃,便也如法炮制,吩咐店家照样来一个,因而吃到的,这是哑旅行者的最好办法。"(《适闽家书》)

**同日** 《宇宙风·乙刊》第32期刊载柳存仁《汉花园的冷静——北大和北大人》(四)提及:"差不多在同样的一年,我从施蛰存、杜衡等人编的《现代》杂志上面,也偶然的看到周启明先生的苦雨斋日记的片断的影写版。"

**二日** 晚上作诗《居榕城三日写其风物得八首》。先生自述:"我在西湖公园内开化寺前喝茶的时候,却仿佛身在昆明翠湖公园中的海心亭茶寮内,我自己也有点吃惊,为什么昆明能使我愈益留恋起来?如果三年的居留就足以把我的感情移植着在

那儿,那么我真已成为一个东西南北之人了,吾其终老于天涯海角乎?"(《适闽家书》)

**三日** 早晨终于购得船票,下午2时乘上小轮船"建平一号快艇","4时开船,溯闽江而上,于午夜1时到达水口"。先生自述:"我从睡梦中被人声惊醒,看见有许多小孩提着红纸灯笼叫卖豆浆,便买了两碗豆浆吃,大为舒畅。猛然又想起十六年前齐卢之战的时候,""已经使我渐渐有哀乐中年之感了。""舟中看[《石遗室诗集》]卷中《平安室杂记》,内有石遗诗老在癸未除夕之前二日寄其夫人书云……。书中所云,种种皆与我现在的情绪相合,故不觉为之深感。全录其文,以贻慧君,想读此亦当怅然,独惜吾家已为日寇所毁,庭中红萼碧桃之胜,永为劫灰,明年纵使归家,亦恐怕仍在洋场十里间,局促一椽之下耳。"(同上)

**同日** 午夜作诗《水口夜泊》。

**四日** 清晨继续航行,下午到达南平,下榻在汽车站旁边的平安旅社,作诗《闽江滩行》。先生自述:"5时天明,船遂继续溯江而上,""是逆流而行的,所以虽然是轮船,也行得很慢。""闽中篙师的本领,这回算是亲眼证实了。从水口到南平,二百里间,有大小险滩三十九处,这些滩的名字都很足以表示其艰险,例如:蛇头、鬼薮角、老虎墓、龙臂湾,非像其峻险之形,即寓其难行之意。下午2时,三十九滩次第过却,远远地望见夹岸两山,山上各有一塔矗立,此即南平之门户也。从此进去,船即拢岸。"(《适闽家书》)

另,按先生自述:"从福州到南平,第一段航程,在闽江中溯流而西,平平稳稳,不动人心。船停在水口,宿了一夜。次日晨起,航行不久,就进入溪滩领域。奔腾急注的白浪洪波,从乱石堆中冲刷过来,我们的船迂回曲折地迎着急流向前推进。既避过大漩涡,又闪过礁石。我站在船头,就像战争之神马尔斯站在他的战车上,指挥十万大军对更强大的敌人予以迎头痛击。""船到南平城下,我走上码头的台阶,很像胜利者高举血迹斑斓的长剑在进行入城式。"(《在福建游山玩水》)

**同日** 《石秀》连载于北平《晨报·文艺周刊》第14期。

**五日** 在南平,作诗《南平口号》。先生自述:"昨晚在山脚下闲走,又似乎前年夜宿湖南沅陵的样子,感到有一种山国里的凄厉的情调。但南平并不是一个鄙陋的小城,它从前叫做延平,是一个理学的发源地,因为朱熹的老师李侗就是延平人,闽中理学大儒都集中在这里过。在军事上,这里又算是一个险要的地方,所以又有'铜延平'之称。起先我以为这里出产铜矿的,后来才知道这铜字是喻其坚不可破。如果我在这里还有两三天滞留,我一定要细细地玩一玩这个理学名邦的'铜延平',只怕今不如古耳。到江西泰和须从此地先到南城,再从南城经吉安而达泰和。我颇有点感到行旅之疲累,如果日内能买得永安车票的话,即去永安;否则就去南城。总之,这问题要取决于买票的幸运了。"(《适闽家书》)

**六日** 早晨买得赴永安的汽车票,随即起程。先生自述:"那些调到江西去的邮务人员还在南平候车,不知什么日子能成行,所以我不得不放弃入赣之计也。南平到永安不过半日之程,但车价已要14元馀。听说闽省公路车还是便宜的,浙赣两省还要贵,可见近来内地液体燃料之昂贵了。我从福州而南平而永安,愈走愈来到山国里。"(同上)

**同日** 中午抵达永安,下午接受福建教育厅厅长郑贞文之聘任,即前往位于霞岭村的福建省立中等师资养成所国文组任教,并担任主任。先生自述:"永安虽是抗战省会所在,但市面似乎没有南平好。因为南平是浙闽赣的交通中心点,消费者全是来往的旅客。而永安市上的消费者则全为随省府内迁的公务人员。"(同上)"跑到福建,和战时文化中心完全隔绝。西南大后方的文化动态,很难知道。"(《徐芳诗集·序》)

**九日** 写作家书。先生自述:"我现在还在这小县城治下的小乡村中,学校是完全借用民舍,我在图书馆旁边占了一个小房间,作为图书馆的这所乡下房屋正如我们从前避居于金山雉鸡汇的那所房子一样。我的屋子前面是一条溪,左右两面各有一个高山,每天太阳从右面山背后露出来的时候是九点钟,到下午三点钟它就降落到左边那个山峰背后去了。太阳既已没在山背后,地上就立刻成为黑夜。所以我在这里所过的白昼甚短,照此刻这季候算来,白天的时间平均不过七八小时而已。这一年中的生活,大约将花费于朝看山色,暮听溪喧里了。到此地,真有寂寞之感了。在昆明的时候,感觉到寂寞。到这里来之后,就不禁想起在昆明时的热闹了。这里没有亲戚,没有同乡,也没有一个旧朋友,投身到一个完全陌生的环境里,即使我原是抱着此勇气而来,到其间也不禁有点后悔的样子。"(《适闽家书》)

**同日** 《救亡日报·文化岗位》又载署名"中心"《"听到"和"知道"的商榷》并加"附说"。(按:此稿原载《国文月刊》第1卷第5期,署名"忠"。)

**十一日** 《石秀》连载于北平《晨报·文艺周刊》第15期。

**十八日** 《石秀》连载于北平《晨报·文艺周刊》第16期。

**同日** 上海《小说日报》刊载华严《说白·新旧文人》(一)提及:"新文学家施蛰存就是以前在《礼拜六》上写稿的施青萍。"

**二十日** 《战时中学生》月刊第2卷第11期转载其作《鲁迅的"明天"·文艺作品

解说之一》)。此期"编辑后记"提及:"鲁迅先生的作品是大家所崇拜的。现在我们选刊了这篇施蛰存先生的文章,对于大家的写作上,一定有很大的帮助吧。"

**二十二日**　诗作《啼莺》再次刊于《小说日报》。

**二十五日**　《石秀》连载于北平《晨报·文艺周刊》第17期。

**二十九日**　香港《大公报·文协》第75期刊登《文协香港分会理事会经济委员会启事》,"本会前以经费支绌,特发起募捐,以作事业经费,蒙各方爱护,文化人士多所捐款",内有"施蛰存经募:中国实业银行十元,谭子刚一元,雷平一元。以上共十二元。"

**下旬**　作诗《溪涨》《沙溪晚眺见永安归榕艇子数十顺流而下》《缘溪散策遂至大炼》。先生自述:"校舍在燕溪旁山坡上,是借用的民房。平时溪流清浅,而岸却很高,这就说明溪水可能涨到这个水位。有一天晚上,已是午夜,我被人声惊醒。起来一看,许多学生都在溪边。我也走过去,只看见平静的溪流,已变成汹涌的怒潮,像约束不住的奔马。从上游驰骤而来,发出凄厉的吼声。上游的木客,趁此机会放木,把无数大木头丢在水里,让它们逐流而去,一夜之间,可以运输六七十里。这些大木头在急流中横冲直撞,也有一种深沉的怪声。渡口的浮桥早已解散,有船的人家赶紧把船抬到岸上。在月光下,看这溪水暴涨的景象,也使我惊心动魄。不到一小时,水位已快要升到岸上,小小的一条燕溪,此刻已成为大江了。我担心水会淹上岸来,像淮河那样泛滥成灾,但当地老百姓却并不着急,他们说这条溪水从来没有淹到房屋。"(《在福建游山玩水》)

## 十二月

**一日**　重庆《抗战文艺》第6卷第4期刊载孔罗荪(署名"罗荪")《关于鲁迅的〈明天〉》:"施先生不但把《明天》孤立起来看,甚而至于歪曲了原作者的含义,而完全加进了解说者自己的意见,这是非常大胆的事。尤其是要把这种解说拿给开始欣赏文艺作品的青年看,将发生着怎样的影响,是可想到的。"

另,按先生自述:"重庆和福建的交通非常艰阻,东南几省的人很不容易见到西南大后方的报刊。有一天,我从乡下进城,到改进出版社去看黎烈文,又到省图书馆去看董秋芳,他们都告诉我,重庆报刊上在批判我。但他们所见的只有几篇文章,而且都没有看到我的那篇文章。几个月之后,记不得是浦江清,还是沈从文,从昆明来了信,才让我知道许多情况。据说,当时也有人同意我的看法,不过相形之下,还是批判我的文章居多。来信又转达朱自清的意见,希望我继续给《国文月刊》写几篇讲解新文学作品的文章,但不必再分析鲁迅的小说。这篇文章会引起不同意见,我是有预感的,不过想不到反应如此强烈。我以为鲁迅在写《呐喊》《彷徨》的时候,他的思想体系还只是一个人文主义者。他的文艺观点,还没有超越厨川白村的《苦闷的象征》。他对弗洛伊德的心理分析理论是熟悉的,他自己也说受到过弗洛伊德的影响。根据这些了解,我在鲁迅的小说中不止一次地发现有潜意识的描写。因而我写了这篇文章,试图作一次探索。却想不到我所阐释的,正是人家要竭力掩饰的。这一下,我就成为'千夫所指'的对象。"(《怀开明书店》)

二日 《石秀》在北平《晨报·文艺周刊》连载至当日第 18 期结束。

十二日 《福建日报》刊载"施蛰存、林观德来闽任教,就聘中师养成所":"福建省立中等学校师资养成所,新聘国文组主任施蛰存,及史地组地理教员林观德,均已到永安,施先生在该所担任'中国文学史',及'历代文选'等科,施林两先生学识丰富,态度和蔼,极受学生欢迎。查施蛰存先生,系国内有数文学家,曾任国立云南等大学教授多年,著述丰富。"

二十三日 译作西班牙费囊代斯《死刑判决》刊于香港《星岛日报·星座》第 806 期。

二十七日 译作法国斐理泊《相逢》刊于《星岛日报·星座》第 810 期"星座学生园地"。

是月 上海市银钱业业馀联谊会编《银钱图书馆图书目录》,其中"廿 811.73 明代文总集"内收有"0844,《晚明二十家小品》,施蛰存选辑,光明,0.80。"

同月 20 日龙榆生主编《同声月刊》出版创刊号。

# 一九四一年（中华民国三十年 岁次辛巳） 先生三十七岁

## 一月

一日 始在香港《星岛日报·星座》第 815 期发表《适闽家书》(一)。

五日 《适闽家书》(二)续刊于香港《星岛日报·星座》第 816 期。

六日 《适闽家书》(三)续刊于香港《星岛日报·星座》第 817 期。

**七日**　《适闽家书》(四)续刊于香港《星岛日报·星座》第818期。

**八日**　《适闽家书》(五)续刊于香港《星岛日报·星座》第819期。

**九日**　《适闽家书》(六)续刊于香港《星岛日报·星座》第820期。

**十日**　《适闽家书》(七)续刊于香港《星岛日报·星座》第821期。

**上旬**　作诗《永安山居》(四首)。

**十二日**　《适闽家书》(八)续刊于香港《星岛日报·星座》第822期。

**十三日**　《适闽家书》(九)续刊于香港《星岛日报·星座》第823期。

**十四日**　《适闽家书》(十)续刊于香港《星岛日报·星座》第824期"星座学生园地"。

**十五日**　《适闽家书》(十一)续刊于香港《星岛日报·星座》第825期。

**十六日**　《适闽家书》(十二)续刊于香港《星岛日报·星座》第826期。

**同日**　《国文月刊》第1卷第5期刊载陈西滢《〈明天〉解说的商榷》:"施蛰存先生的文章,我一向爱读,他解说《明天》一文,也许使人得到很多的启发。只是有些地方也与圣叹文一样,觉得他未免过于深求。当然,在施先生看来,这种思想也许只是粗心的一种表示罢了。"先生自述:《国文月刊》"第5期上还有一篇陈西滢先生的文章,我直到6月中始在福建永安改进出版社图书馆里见到。当时因时间不许我多耽,忽忽一翻便丢下了。"(《关于"明天"》)

另,还刊有署名"忠"《"听到"和"知道"的商榷》:"施先生把没有声音后的'听到'改为'知道',滑口读去,似乎比'听到'妥当。但一加思考,才觉得施先生'知道'两个字,在本文里用的太泛;反而不如鲁迅先生原文的'听到'用得巧妙。"

另,"编辑后记"提及:"陈西滢先生是武汉大学教授,这一篇《明天解说的商榷》与忠先生的《听到的和知道的商榷》都是被施蛰存先生的《鲁迅的明天》(载本刊第一期)引出来的,此种诚恳、细密的商榷文字,本刊极愿提倡。忠先生未以真姓名见示,故不能对读者详细介绍。"

**十七日**　《适闽家书》(十三)续刊于香港《星岛日报·星座》第827期。

**十九日**　《适闽家书》(十四)续刊于香港《星岛日报·星座》第829期。

**二十日**　《适闽家书》(十五·完)续刊于香港《星岛日报·星座》第830期。

**二十六日**　除夕。撰写《归去来辞》并"序":"少饮酒,便尔陶然,空堂独坐,无兴欢者,愀焉有归欤之志。然田园废于蒿莱,庐舍没为丘墟,又安得归哉!遂取渊明归去来辞读之。"

**是月**　现代文艺出版社出版李森南编《短篇小说集·第一辑》,收录其作《夜行》。

**同月** 震惊中外的"皖南事变"发生,局势日趋紧张。

## 二月

**三日** 沈从文由昆明复函:"我住处去年就搬到文林街师范学院,与毓棠、之琳同在一小小破楼上度过夏天,学校第一次受空袭,四周房子毁去不少。小楼邻室也半坍倒,独我们住处尚好,不过房子瓦顶开若干天窗,一堆灰土下落时,打碎小小物件二三事罢了。搬一住处名文林街廿号,四周业已炸过,方以为可以免去,岂料初三又来一次,依然在四周邻近毁屋若干栋。""从你走后一年多以来,凡事似乎都还是老样子。小有不同,即'文化人'都不再说什么空话,街道有些地方因拆屋宽阔了一些。有些地方又因被炸过后萧条了些。金碧路毁去三分之一,小东门、平政街、螺峰街尾各毁去一部分。正义路上半段炸毁约二三十铺面,佛照街损失相差不多。文化巷大半毁去,钱局街情形约同。文林街近大西门一段毁去,云大、联大各毁一部分。""可是学校却凡事照常,空袭后也一切照常,不受影响。熟人精神反比年前好得多,出郊外已成习惯。""巴金曾在这里过了一个夏天,写了一部《火》。今甫先生已去叙永,管理联大一年级事务。找教员事,我想同罗莘田、冯芝生商量看看,照当前情形来说,是不会有什么有名人物。纵有小名,那能过你?历史、理化,前一项我想问孙毓棠和雷伯伦,""如有点消息,必即函达商量。四小姐〔张充和〕已去四川,字写好数件,过两三天下乡必找出寄来。""刊物纯文学办不了,曾与林同济办一《战国策》,已到十五期,还不十分坏,希望重建一观念。因纸张太贵(将近三百元一令),印得不甚多,不够分配,因此老友也不赠送。我意思倒想好好的重新来用这支笔十年,可是生活程度过高,不能不教书过日子。""近正在编印全集,已校印到第九本。拟印卅本,由'开明'出,大致今年必可弄齐。如能每本卖五千,当可得十五万本出路,一点版税或可使生活稍稍松动一些。我只希望能将两手抽出捞饭吃,工作以外就可好好使用十年生命到写作上去。""所需要的不过家中人一些生活费,以五年计,至多也不过两万元,这点点钱就办不到。""毓棠、之琳都很好,凤子有回昆明可能,老在重庆一般过日子,当然事无可为,虽演过一次电影,等于糟蹋她自己演戏所得地位,真不上算。云大理学院似有迁移,文学院胡小石或又有走路可能,详情不大明白。新作家联大方面出了不少,很有几个好的。有个汪曾祺,将来必有大成就。萧乾太太王树藏,写小说或者也有前途。刊物少,不够运用,否则一面学,一面写,两年内必有一批生力军露面。望舒不知如何?舅爷一下子被人打死,屋里人必相当痛苦。健吾闻尚在上海,只译书,不再活动。周二先生居然在北方做教育监督一类事情，老年真是可怕！"

**五日** 浦江清由上海复函："手书两通先后拜读，海行诗两联均极工妙，佩服佩服。箧衍所秘如印出，乞早赐一份。""俚作一首去年年底所写，附呈粲政。旧历新年不免稍有酬应，是以迟报。西谛、景深皆已见过。暨大迁闽事曾有此议，而不能实行，或云教部意使最高班迁内地，使人才不致流于外用耳。咋见刘重熙兄，说及江西方面尚寄路费与阁下且讯行止，重熙又全不接头，正无办法，后来方悉吾兄已不能去云云。""足下到闽后，罗炳之等久未能悉，尚盼兄去耳，现在想已弄清楚矣。读来教悉闽中生活安静，教课亦闲散，慰羡不胜。今秋行止定否。""冠英处尚未见复书之来，郑著'文学史'谅已寄出。《国文月刊》不久当去信，使其照寄。尊稿倘能续作，必大欢迎也。叔湘、觉明两兄通信否，现在昆明、成都两地生活程度高到如何，竟不详悉，大约必甚艰苦矣。闽中稍低否。弟今秋假满必须出去，但不知此时学校在何地，亦不知如何走法。足下暑假中或能返此，则尚可畅叙或者一路可约同行，同尝漏庐滋味矣。声越去浙后无信，前见宛春略知其近况。""赵斐云月前来此，在此过年，现又将北去。此间生活较弟来时已高，育琴家确甚困厄。""望舒顷有信来云，在编一种《俗文学》副刊，托写关于宣和遗事文章，必足下告之也。此信遵示由香港转，不知能早到若干日否。"附录诗作《蛰存自闽中来书，却寄》。（按：此诗和本函书于花笺，后作改润，详见1942年12月26日浦江清致函附录。）

**八日** 《晨报》"艺宫"版刊载《施蛰存的笑话》："施蛰存是南方名作家之一，性情相当的幽默。"（按：此文与《春色》1937年第3卷第7期《施蛰存：趣屑两则》、《香海画报》1939年第152期杨七《施蛰存两趣事》，内容相同。）

**上旬** 开始写作《诸国古代小说史话》。（按：有关此稿，先生于1963年5月11日在日记中写到"连日整理印度、波斯、阿刺伯诸国古代小说英译本目录，编成卡片，拟将1941年所作'古代小说史话'续写成之"；又见1976年2月21日致陆维钊函谈及此稿，谓"抗战时在福建，作'世界小说史'二三十万言"；别有1983年4月4日先生致陈文华"著述文稿"内叙及"'小说史话'油印稿一包，1942年在厦门大学时所编，原想以欧洲小说为主，编到十七世纪，中国部分编到宋元话本。印度、日本各编到接受西洋文化以前。"）

**十九日** 浦江清由上海复函："顷展手教及尊制和陶公归去来辞，快甚。大作情真词慨，读之与有同感，此皆足下环境出闲，游心所得。""秋间在此，足下曾动议一游故乡，未果行。今年旧历新正，偕内子到张家拜年，留住旬日，值雨雪，少出外，东边走至岳庙为止,竟未进城。闻城内荒凉,所不忍视矣。故友仅见金锡斋,住马路桥西,甚安适,松人皆乐于乡土也。宋家款已送去否,弟不知前札已述及。去冬松地田租大好,育琴家或尚有些产,不无收入。""得育琴自滇中来信言及,知兄亦不裕,'穷朋碰在一起,不知何日大家得一展眉目也'云云。""冠英处有信来,谓寄书事因故一再迁延,至为抱歉,日内即将郑著'文学史'付航寄。""《国文月刊》已出至6期。""叔湘前有信致兄,因误书地名被退回,其在华西坐公事房及打杂,亦感乏味,又有不及教几点钟书拉倒之牢骚矣。""望舒处已复信去。"

**是月** 始用"南望校斋"为书室名。

**同月** 四川省教育厅印行四川省立教育科学馆主编"国文教学丛刊"之叶绍钧、朱自清编撰《精读指导举隅》,书中"指导大概"内有:鲁迅《药》。

## 三月

**十日** 《学习生活》第2卷第3、4期合刊"作品解说"专栏登载龚鸯《鲁迅的〈明天〉》:"施蛰存先生所作的'解说'(参看《国文月刊》第1期)就在这一点上也不符合事实:他把蓝皮阿五和单四嫂子并立起来,弄乱了主角地位,因而弄乱了主角和主题的关系,并且歪曲了主题,又使蓝皮阿五以外的一切人物减低了在作品中的作用。""《明天》决不是欠缺结构的小说。""《明天》决不是描写心理的小说。"

**二十四日** 译作法国纪奥诺《怜悯的寂寞》(一)刊于《星岛日报·星座》第883期。

**二十五日** 译作法国纪奥诺《怜悯的寂寞》(二)续刊《星岛日报·星座》第884期。

**二十六日** 译作法国纪奥诺《怜悯的寂寞》(三)续刊《星岛日报·星座》第885期。

**二十七日** 作诗《愁霖赋》并"序":"易岁以来,霖雨不辍;淋漓潇淅,遂竟仲春。余既抱离忧,复苦卑湿;闲居无事,揽笔赋之。"

**同日** 译作法国纪奥诺《怜悯的寂寞》(四)续刊《星岛日报·星座》第886期。

**二十八日** 译作法国纪奥诺《怜悯的寂寞》(五·完)续刊《星岛日报·星座》第887期。

**同日** 沈从文由昆明复函:"此间可教书者,亦不想过福建,因地域太远,山川间阻,即有'勇气',恐亦少'能力'作此长途跋涉也。又当地作风已变,过去排外,知识分子如长之公,亦因小小事件迫得离开学校。近年则各中学多喜用外来教员,甚至于有登广告、贴招纸找请校长事。""不过如此一来,要从云南聘教员到外省去,自然便无可望矣。字条邮上,弟所写计三条,两较小较好,因房子四周一再被炸,影响到住处为百物凌乱,撕来扯去,较小两件不知究竟被人拿走,抑已付之字[纸]篓?寻觅不着。因此只好将最劣一条寄来。松松散散,不成款式,且俟将来,必有报命。熟人在此,大都尚好。""我家中住乡下,大小都还好,托福托福。云大似照常,院长辞了又做,做了又辞,正如家庭小夫妇过日子。熊公作风,或与兄在此时相差不多少也。"

另,沈从文附寄书幅唐诗权德舆《杂兴五首》其五:"巫山云雨洛川神,珠襻香腰稳称身;惆怅妆成君不见,含情起立问傍人。蛰公教正,上官碧。"

**月内** 在美国波士顿 John W. Luce 公司 1920 年出版的法国作家古尔蒙散文集英译本《巴黎的哲学之夜》扉页上"题记":"中华民国二十九年九月自香港归上海,在旧书肆中见此书。十一月来闽中,山居甚闲寂,忽念及,遂函友人周煦良兄为购得之,三十年三月始由友人陈占元为带来。开卷欣然,为记数语。"

**同月** 6日杨刚主编桂林《大公报·文艺》副刊创刊。

### 四月

**一日** 《野草》月刊第 2 卷第 1、2 期合刊登载士仁《有毒的补品》:"施蛰存用金圣叹批评才子书的方法,来解说鲁迅的《明天》,文情细腻,笔致灵动,谈述周到,解剖详明,锦心绣口,的确是才子的笔调;对于'一个正在开始欣赏文艺的中学生',确实有许多'补益'。""施蛰存从前劝青年到《庄子》《文选》中去找寻词汇,来丰富自己的词汇,前后也正相同。""恐怕近于广东人的丸散膏丹,颇有春药的嫌疑吧!""把母爱与性爱强调起来,是阉割了时代,阉割了社会的办法。""施蛰存的这种有春药意味的补品,我是担心着'开始欣赏文艺的中学生'真的会把它当作有益的补品吃下去的。"

**五日** 在香港《大风》半月刊第 87 期发表《归去来辞并序》。

**十六日** 《归去来辞并序》又刊于《宇宙风》半月刊第 117 期。

**二十日** 重庆《中苏文化》第 8 卷第 3、4 期合刊登载郭沫若《庄子与鲁迅》:"我在日本初读的时候,感觉着鲁迅颇受庄子的影响,在最近的复读上,这感觉又加深了一层。因为鲁迅爱用庄子所独有的词汇,爱引庄子的话,爱取《庄子》书中的故事为题材而从事创作,在文辞上赞美过庄子,在思想上也不免有多少庄子的反映。"

**月内** 编定誊录《适闽杂诗》为一卷并"序":"余以庚辰季秋买舟来闽,历福州、南平而抵永安,凡在途十有七日。每舟舆困乏,或客馆灯昏,辄曼吟微咏,制为篇什,以纪踪迹,遂得诗廿五首。辛巳三月,始克写定,为《适闽杂诗》一卷。其在永安所作,复数十首,犹俟董理,当别为《沙溪集》云。蛰存施二识于南望校斋。"

另,据陈兼与记述:"凡所称述,情真景实,妙笔如绘,不独钩起吾之乡思,其耐人吟咏,欲掩白刘竹枝之词,而补周栎园《闽小记》之不及也。"(陈声聪《荷堂诗话·施蛰存》)

**是月** 先生(署名"施蛰吾")与诸贯一合译美国克劳馥著《怎样增进修学效能》,由上海纵横社初版、东方书店发行。

**又** 正中书局初版唯生书局出版部编《当代名家日记选》,收录《西行日记》。

**又** 《作家》第1卷第1期(创刊号)刊载江上风《关于历史小品》提及:"以小品文的体裁写出的,固然叫历史小品,即以小说的体裁而写出也未尝不可称为历史小品;前者如曹聚仁的《叶名琛》《隋炀帝之死》,宋云彬的《易水之歌》《范大郎》等是,后者如郁达夫的《采石矶》《碧浪湖的秋夜》,施蛰存的《石秀》《鸠罗摩什》,鲁迅的《出关》,郑振铎的《桂公塘》等是。""灌进新的思想,以移转读者的视线,如《水浒传》中的潘巧云,大家都认她是个无耻的淫妇,而施蛰存所作的《石秀》,(原文载商务印书馆出版之《小说月报》)则一反是说,对于潘巧云的移爱她的小叔石秀,给予热烈的赞美,认为是人类灵魂的至性表现,这是反面的抒写。"

**永安期间** 数晤黎烈文。先生自述:"鲁迅是支持黎烈文最出力的撰稿人,""我听说黎烈文曾被市党部请去谈话,受到了礼貌的警告。此事真相如何,无从证实。1941年,我在会见黎烈文时问起此事,他一口否认,只说鲁迅因健康关系,后来少写文章了。""这就是当时盛传的'黎烈文腰斩张资平'。我在福建时,也和黎烈文谈起此事,他慨叹道:'想不到中国文坛如此复杂,如此难于应付。'"(《"自由谈"旧话》)

## 五月

**一日** 南京新亚图书馆编审部编辑发行《图书目录汇编》,内有:"709—0844,《今日之艺术》,里德著、施蛰存译,商务,0.70。""813.12—0844,《旅舍辑》,施蛰存等著,良友,0.70;《善女人行品》,施蛰存著,良友,0.90;《小珍集》,施蛰存著,良友,0.75;《梅雨之夕》,施蛰存著,新中国,0.70;《将军底头》,施蛰存著,新中国,0.80;《上元灯》,施蛰存著,新中国,0.65。""813.21—0844,《薄命的戴丽莎》,奥·显尼志勒著、施蛰存译,中华,1.00;《恋爱三昧》,挪·哈姆生著、施蛰存译,光华,0.70;《妇心三部曲》,奥·A. Schnitzler著、施蛰存译,神州,1.50;《一九〇二级》,德·E. Glaeser著、施蛰存译,东华,0.60。""813.22—0844,《波兰短篇小说集》(1—2),波·式曼斯奇等著、施蛰存选译,商务,0.60;《匈牙利短篇小说集》,施蛰存选译,商务,0.60。""814.17—0844,《晚明二十家小品》,施蛰存选辑,光明,0.80。""814.19—0844,《灯下集》,施蛰存著,开明,0.50。""818.8—0844,《域外文人日记抄》,施蛰存编,天马,0.70。""870—0844,《现代美国文学专号》,施蛰存编,现代,0.80。""928.9—0844,《魏琪尔》,施蛰存著,商务,0.70。"

**下旬** 由永安出发,前往武夷山旅游。先生自述:"予于辛巳孟夏作武夷游,独行山中凡旬日,几尽挹其胜。每薄暮曳竹杖铿然归庑,解衣跣足,坐风簷下,拈笔作韵语记其乐。然但存其情意,未遑推敲也。"(《武夷行卷·题序》)

**又** 按先生自述:"在武夷山里,由于没有取得经验,屡次误走了采茶路。我的'武夷纪游诗'有两句道:'误入龙窠采茶路,一溪横绝未施桥。'这可以说是我的一段游山备忘录。""如果说峰市之行是我生平最惊险的一次玩水,那么坐一条竹筏浮泛于武夷九曲中可以说是我生平最闲适的一次玩水。""我游九曲是在夏天,索性就只穿一件汗衫。竹排在山脚下曲折前进,一路都是悬崖绝壁,藤萝幽荫,林木葱茏。过仙掌峰,看虹桥板,颇有游仙之趣。时而听到各种鸟鸣,一朵朵小白花从空中落下,在水面上浮过。脚下是清澈的泉水,水底游鱼,鳞鳞可数。水色深黑处是潭,潭底据说有卧龙。我有时索性把两脚浸在水里,像鹅那样划水。这样一路玩到星村,结束了九曲之游。这一个上午,真是生平最闲适的一次玩水。"(《在福建游山玩水》)

另,据陈诏回忆:"他在给我的一封信中写道:'我游武夷山,有一个导游人,大讲特讲大五峰与玉女峰的神话,简直是秽亵故事,甚不雅。'"(陈诏《施蛰存先生印象记》)

**又** 作诗《武夷行卷》凡三十五首,尚存《入武夷先见玉女峰鬓秀无伦》《武夷宫》《幔亭》《七曲而上山势夷旷溪流浅漱茶桑秩秩见原畴矣》《遥望涵翠岩谢洞》《九曲之游终于星村》《流香涧源出三仰峰不南入于溪而北行山中故俗名倒水坑》《武夷仙馆岩山志云亦名学堂岩又称仙学堂作诗议之》《谒文公祠不得入长谣抒感》《水帘在丹霞嶂北》《水帘在丹霞嶂北又赋一首》《慧苑》《小九曲在题诗岩下坻石罗布溪流萦折溯洄而入别有幽夐》《清晨自天心庵经天井至三仰峰道中》《自马头岩至天游》《赠磊石庵潘道士》《御茶园道中口占》《集云关》《住天心永乐庵三日得十绝句》《仙船》《卧龙潭在大藏峰下溪水于此渟潴作一泓寒碧因曰潭焉》《仙机》《雪花泉》《仙掌峰》《虎啸岩》《语儿泉》。

**是月** 译著奥地利显尼志勒的《孤零·妇心三部曲之一》(又名《蓓尔达夫人》)、《私恋·妇心三部曲之二》(又名《毗亚特丽思》)、《女难·妇心三部曲之三》(又名《爱尔赛小姐》),由上海言行社初版发行。先生自述:"以上三种即用1931年神州国光社纸型分册印行。"(先生书面材料)

**同月** 1日鲁迅全集出版社再版发行鲁迅先生纪念委员会编纂"鲁迅全集单行本"《花边文学》。12日云南大学再度遭日寇空袭被炸。

## 六月

**六日** 按朱自清日记:"接施蛰存信,彼现在福建永安,中正大学旅费事没有提到,到底还没还?真是怪事。"

**上旬** 应福建省政府教育厅之邀,为编讫《高中文选》于永安下岭作"编者题记":"几个月以前,教育厅编辑委员会嘱托我编一本高中国文补充读本,当时就毫无考虑地答应下来,因为我也感觉到抗战以后,高中国文教科书大都已不合用。在没有正式的战事国文教科书出来以前,我们实在应该赶编一点补充材料,以供给高级中学的国文教师及学生。""抗战时间稍久,民生之艰自是免不掉的现象,此时若不能忍苦坚持,先自疲软下来,则国家固然断送,民生亦决不会丰裕。我们此次抗战,已到五年,真是必须坚持素志的时候,故所选的几篇文言,大都集中于这个论题上,或于抗战之心理建设,不无小补。""我尤其高兴推荐《我怎样轰炸出云旗舰》,因为那是一个参与战役的空军英雄自己的忠实的报告,一个没有驾驶飞机作战过的文人是再也写不出那样的文章来的。本书中各篇文字,为了适宜于学生阅读之故,编者已稍稍修润过,破体俗字,并已校正。方言俚语及引用旧语,大概均已加注。"

**十一日** 译作法国阿尔兰《蔷薇》(上)刊于香港《星岛日报·星座》第958期。

**十三日** 译作法国阿尔兰《蔷薇》(下)刊于香港《星岛日报·星座》第960期。

**十五日** 为译毕法国古尔蒙《沙上之足迹》而撰写"译记":"去年10月,在上海旧书店里看到一本古尔蒙的《哲学的散步》英译选集。这也是我久已欲得之书,当时因议价未合,没有买下。匆匆来闽,心中老是惦念着,终于写信去托周煦良兄把它买下了。书既托友人带到,颇为山居生色不少。近日溪水大涨,渡溯阻绝,乃闭门试将此

《沙上之足迹》全部译出。"

**十八日** 在香港《星岛日报·星座》第962期发表《河内之夜》。

**二十七日** 撰写《罗曼·罗兰的群众观》："从图书馆里抓来一本贺之才先生译的《七月十四日》，乃是罗曼·罗兰三大革命剧之一。在读这个剧本的时候，我偶尔注意到罗曼·罗兰对于群众的看法。""前几年，朋友杜衡曾写了一篇小文，说明莎士比亚所著的剧本《凯撒传》中的群众，在莎翁眼光中是如何的一群盲从，被利用，无是非的东西。当时颇受鲁迅先生的揶揄。"

**二十九日** 译作法国古尔蒙《沙上之足迹》（未完）始刊《星岛日报·星座》第972期。

**三十日** 译作法国古尔蒙《沙上之足迹》（未完）续刊于《星岛日报·星座》第973期。

**下旬** 因接受厦门大学萨本栋校长聘任，正式辞去福建中等师资养成所教职。据郭风回忆："我至改进出版社访友，友人正送客至门前。随后，友人告诉我，这位客人乃施蛰存先生，是来辞行的，他应聘即将赴长汀厦门大学任教。其时，蛰存先生穿的是一件湖水色的杭绸长衫。"（郭风《记施蛰存先生》）

**同月** 德国撕毁《苏德互不侵犯条约》，苏联卫国战争开始。上海中央书店出版由陈蝶衣主编《万象》月刊。香港星群书店初版发行"野草文丛之七·八"宋云彬、聂绀弩、孟超、秦似编辑《范蠡与西施》，收录士仁《有毒的补品》。

## 七月

**二日** 译作法国古尔蒙《沙上之足迹》（未完）续刊于《星岛日报·星座》第975期。

**六日** 译作法国古尔蒙《沙上之足迹》（未完）续刊于《星岛日报·星座》第978期。

**七日** 译作法国古尔蒙《沙上之足迹》（未完）续刊于《星岛日报·星座》第979期。

**九日** 译作法国古尔蒙《沙上之足迹》（完）并"译记"续刊于《星岛日报·星座》第981期。

**十六日** 诗作《我期待》刊于《中国诗艺》（复刊）第3期。先生自述："我曾经在卅年七月十六日写过一首诗，题曰《我期待》，曾经谬承一位未曾见过面的朋友吕亮耕先生大为奖誉，这首诗已编在我的新诗集中。"（《待旦录·序》）

**中旬** 先生由永安迁移至长汀厦门大学任教。

**又** 作诗《南寨散策俯仰成咏》。先生自述:"南寨是长汀郊外的一个大树林,但自从大学迁到这里来之后,它便成为一个公园了。""我们每天下午,当然是说晴和日子,总到那里去散步。既说是散步,长椅就不在我们的希望中了。何况,倘若真需要坐下来的话,草地上固然也使得,向乡下人家借一个条凳也并不为难。我到这个小城里的第三天,就成为日常到那里去散步的许多人中间之一了。也许,现在我已成为去得最勤的一个了。"(《栗和柿》)

**二十三日** 为译毕美国威廉·沙洛扬《星期六夜里》而撰写"译者附记":"威廉·沙洛扬是美国近年来最时行的作家之一。""抗战以后,我得了两本沙洛扬的短篇小说从东南到西南,又从西南回到东南。屡次想找机会译他几篇出来,可是一动手就觉得不容易。""近日来到长汀,闲着没事,勉强译几篇出来试试,不知读者是否相信我多少保留了原作一些特点。"

**二十八日** 撰写《关于"明天"》:"这一年来,我曾在许多地方看到许多杂志及日报副刊上,常常有人谈到他。我所感到荣幸的是,竟有那么多的人注意到这篇拙文;而我所惶恐的,也是竟有那么多的人误会了我的本意。""多数人说我把鲁迅先生的作品,单注意其技巧而分析之,这是一个重大的侮辱。因为据说鲁迅先生不是(或者不仅是)一个以技巧见长的作家。他的作品使人景仰的地方是在于他们的社会意义。为什么不从这方面去解释鲁迅先生的作品而偏要取其技巧呢?从这个立场上来批评我的人,甚至还加我一个罪状,说是故意抹杀鲁迅先生作品中的社会意义,而诱导青年专注于技巧。是一种巧妙的麻醉。""近日来到长汀,始得从厦大图书馆里借来仔细拜读[陈西滢《〈明天〉解说的商榷》]。""我们之间的差别只在于一点,那就是:我认为作者在这篇小说的描写中含有一些性爱的暗示,而陈先生则以为绝对没有。""鲁迅先生在文艺上并不是一个弗罗乙德[弗洛伊德]派,但是谁能说他一点不受影响?鲁迅先生作小说的时候,正是霭里斯和弗罗乙德在中国时髦的时候。况且,弗罗乙德分析达·汶岂的'穆那·丽沙',以为是有 Libido 存在着。当达·汶岂的时候,根本也无所谓心理分析这个玩意儿,但也没有人说弗罗乙德胡说八道。我以为对于文艺作品的解释,我们正应当作如是观。"

## 八月

**四日** 许地山在香港逝世,作诗《许地山先生挽词》。(按:发表时题为《挽许地山先生》。)

**七日** 吕叔湘由成都复函:"前读《愁霖之赋》《归去之辞》,为之悽然,顷承移斾长汀,旅愁傥可少杀邪。江清久无信息,行道艰难,恐未必远来就彼鸡肋,惟沪居亦大不易,不知究作何计。江涛月前云拟东旋,亦不知成行与否。向公处已两月馀不得一信,近凌纯声君来,方知中研院史语研究所久已致聘,而行行止止迄今仍在昆明,史语所已迁川南,通信处仍为青云街靛花巷3号北大文科研究所。弟来此忽忽期年,衣带日缓,华发渐增,乡思相逼,正自不减足下。""蓉城上月27日空前大劫,敌机百零八驾一时俱至,投弹逾千,中弹街道逾百,罹难者二千,余事后巡视,不忍卒睹。米价颇已回落,而蔬菜、布正、香烟无不转趋上涨,老天不任暂展眉也。"

**十四日** 译作美国威廉·沙洛扬《钢琴》刊于香港《大公报·文艺》第1160期。

**二十四日** 在《东南日报·笔垒》第864期发表《瀑布的故事》。

**二十五日** 浦江清自上海复函:"自长汀寄来惠书两通,先后收读。得悉武夷九曲之游,并移尘'夏大',旅况安适,不胜欣慰。声越自龙泉函来畅谈数次,顷以来书事告之,彼云,如须出门,则不得不仍赴旧校,因行李……新约张天放、王季思共事,皆彼主议,难于自己离去也。""宛春在暨大,略增钟点,子平[维钊]尊夫人所生女公子殇于伤寒。""乡下未返,两公似均无远游意。弟之行止十分七八,仍返昆明,路程未决。月内常与郑桐荪、刘寿民[崇鋐]两公商议,拟约同行,而未有所决。江涛自滇返此,走广州湾道,云极辛苦,劝人匆走。弟等大概倾向于仰光或飞韶关。前者护照手续极慢,后者不能多带行李,皆困难之点。大约十月中旬前,不见得动身。近昆明接连遭炸,六日联校校舍被炸,又叙永一部分搬回,想来开学必迟耳。路费校中能贴些否,亦无把握,惟不去亦难,因休假后有返校义务,虽尚可请假一年,恐明年依然或更难走耳。一多函催甚力,彼处在计划一文科研究所。佩公谅必仍返也。王以中自滇来此,过申长谈,得悉彼中近况,云大分散数处,洋楼一角被毁,图书下乡惟犹存少许,阅览室尚开。胡小石又离文史系,一无起色。物价除工业品外,比沪尚不贵多少,彼中人言,较之重庆,尚是天堂。劝业场、大众电影院及钱局街一带,已成瓦砾。云觉明尚在彼处,新近由乡迁城居,一说将加入敦煌考古队,恐未必能行。叔湘弟处近无信来,《华西学报》有三文发表,两中一西,在此见到,皆极佳。《国文月刊》此间全不能见。前接冠英来书告急,云稿件大缺。弟几疑将停办,知尚继续,且阁下复有执笔之兴,大可庆幸。望舒处,弟以京本通俗小说一文交卷,尊处谅有一份,即请指正。倘无,弟当检寄一份。涛弟辞叙昆后赴欧亚,近又辞,来此谋事,尚无着落。此间生活比去秋已增一倍,弟此接暂不取消,行后由涛弟接住。内子新举一男,前日方出院,将来或迁住松江,小孩夜间啼哭,弟不免为沈从文所骂之事,奈何。西谛谓弟如不行,暨大或可设法。颇感其意,惟恐钟点不多,亦难以维持。虽乐于与吾兄共事,奈诸多未决,且闽道亦陌生。寿民月前有就近谋教意,曾有意想问萨公,因闽道亦难,终未接洽云。鼓浪屿能行否,来港闻华侨进出则甚方便,即能,恐亦难带书籍也。育琴有意想返沪,一次未见其来。宗蔚常见。澄弟已转赴成都,秋内或可成婚。家恋在此尚健,府上久未探视,歉歉。足下假中不能来此,未免怅怅。""林庚兄代候。"

**同月** 印度作家、诗人泰戈尔逝世。

## 九月

**一日** 出任厦门大学文学院中文系副教授,薪水280元。(先生书面材料)据洪永宏编著《厦门大学校史》(第一卷1921—1949):"在1940年到1942年间,也不断充实师资队伍,新聘来的教师有:施蛰存,中文系副教授,文学家,原任国立云南大学文史系副教授。"(厦门大学出版社,1990年10月出版)据欧阳怀岳记述:"系主任为李笠先生,此外尚有老教授余謇先生,青年教授施蛰存、林庚二先生,讲师则有龚达清等四先生。""施先生为名小说家,当已耳之熟矣。近年埋首故纸堆中,于小说似付阙如,渠于旧诗,素功洁炼锤,近作更见精雅,类由宋诗而入晚唐,'武夷记游'诸作,直造李商隐之室。"(欧阳怀岳《关于厦大文学院》)

另,据《校长萨本栋谈厦门大学近况》:"自前岁厦门失陷后,初迁鼓浪屿,继迁至现址长汀,因事先早有准备,故图书仪器暨一般设备损失甚微。长汀方面环境颇佳,堪称办学之适宜所在。""可惜经费太少,其数量至少,列于国立各大学倒数第二位。""目前所堪告慰者,一为一贯之纯良学风,始终精进,更较抗战前浓厚;一为各种设备,凡最低限度之必需者,皆足敷应用,尤以一百二十余种之西文杂志,始终能源源寄到,供诸参考浏览,此恐为内地任何大学所不及。另一则所在地生活程度不高,希望生活易于维持。至罗致优良教授问题,在前二年艰困至极,本年度已全部解决,今后当更能如愿以偿。"(《申报》,1940年12月27日)

**同日** 译作美国W·沙洛扬《钢琴》又刊于桂林《大公报·文艺》(桂字第70期)。

**三日** 按戴望舒日记:"下午收到了蛰存的信,他很关心我的事,他只听得我和丽娟有裂痕的话,以为她现在得到了遗产,迷恋上海繁华。(如果他知道真情,他不知要作何感想呢?)他劝我早点叫她回来,或索性放弃了。别人都这样劝我,他也如此。"

（戴望舒《林泉居日记》）

**六日** 按戴望舒日记："下午复了蛰存的信，请他多写文稿来。关于丽娟的事，我对他说我不愿多说（因为他问我详情如何），以及我相信她会回来的。"（同上）

**十日** 朱自清由成都复先生函："前奉手教暨大作若干首，甚为欣慰！""去年弟初来蓉，与中正大学罗炳之先生通信，复信谓已聘兄任教，嘱作函促驾，当时不知文旌所在，未得寄书。得来示知道阻不果赴赣，在中正方面亦一憾事也。暑晤叔湘先生知公端顷已到厦大，甚慰。此想已开学。厦大情形，自胜永安师资训练所也。""弟拟月底月初行，江清兄闻可回校，但须结伴同行，或尚稍延时日。""闭门多暇，亦以旧诗自遣，所得约五十首，大抵与萧公权先生偶和为多，抄奉三首，聊致雅意，亦一见迩来心境也。"并附录诗《夜坐》二首、《滇南临安酸石榴最美曩在蒙自方营长曾以见贻今三年不尝此味矣》。

**十一日** 《瀑布的故事》转载于《阵中日报·战友》第29期。

**十三日** 重庆《文化新闻·文化动静》报道："施蛰存已由永安首途赴长汀任教。"

**十五日** 译作美国威廉·沙洛扬《星期六夜里》并"译者附记"刊于香港《大公报·文艺》第1183期。

**二十四日** 译作美国W.沙洛扬《咖啡和三明治——在太平街鲁伊士》刊于香港《大公报·文艺》第1189期。

**二十八日** 在香港《星岛日报·星座》第1051期发表《对于图书馆的一些抱怨》："曾经做过初中教员的师范学院的新生写给我一封信，她，显然很愉快地描写了她的学校生活，一切都满意。但对于图书馆，她却抱怨了。""我很同情于她的话，并且，我想，一切对于图书馆有感情的大学生，一定也同情于这个'新鲜人'对于她的新环境的第一个失望。""从私家藏书楼变成公众图书馆，这不能不说是欧洲文明所赐给我们书呆子的一种最好的制度，我们如今还要向它去吹毛求疵，诚然近乎苛酷了。但是，我们倘若想到它的严酷的借书条件给予一个正在贪得无厌地吞噬一切书本的青年的痛苦是多么严重，则我们的责难似乎也应该是正当的了。""我以为，一个图书馆必须要有许多阅览室，""这样的要求并不太奢，为什么没有一个图书馆愿意试一试呢？"

**二十九日** 在香港《星岛日报·星座》第1052期发表《求签》："在我现在所住的巷口，有几块古怪的大石头。这些石头，倘若从另外一个方向，我的意思是说从靠溪的那一边看起来，那就不便称之为石头了，它们应该被合称为一个奇峭的山岩了。大概就因为这几块石头有点古怪的缘故。人们以为这里应该有神灵住着，于是造了一个庙。说是庙,毋宁说是一个亭子。""从我第一眼看见它起,就显出它是香火很盛的地方。几乎是每天、每一小时,有人在那里点香烛、祷告、磕头、拜,最后是求签。""但使我对这件事情发生兴趣,却不能不归功于近日下午的闲暇,使我有机会站在那小庙外作不厌的注视。"

**同日** 译作美国威廉·沙洛扬《星期六夜里》并"译者附记"再次刊于桂林《大公报·文艺》(桂字第81期)。

**月内** 译毕英国W.亨脱《谈喝茶》并撰写"译后记":"两个月以前,我在武夷山中玩,没有一个和尚或道士不告诉我,他们的茶叶已经滞销了三年。纵然政府想尽各种办法,但运出去的,还不到五分之一。他们瞧着堆积起来的陈茶叶发愁。前几天心一动,想找本英国散文来看,于是'万人丛书'本的《亨脱散文集》就落在我的书桌上。我读到这篇《谈喝茶》,第一就想起了武夷山中的光景。""因此我把这篇文章译出来,至少让武夷山中的和尚道士兴奋一下,如果他们能看见这篇文章。"

## 十月

**一日** 诗作手稿《挽许地山先生》刊于香港《星岛日报·星座》第1054期。

**六日** 译作美国W.沙洛扬《咖啡和三明治》又载桂林《大公报·文艺》(桂字第84期)。

**八日** 写讫《纪梦》一则。

**十日** 在《宇宙风》第124期发表《罗曼·罗兰的群众观》。

**同日** 译诗英国戴微思(W. H. Davies)《云》刊于《中国诗艺》(复刊)第4期。

**二十九日** 译作何索林《西班牙的堡寨》刊于香港《星岛日报·星座》第1079期。

**约在期间** 在厦门大学图书馆里大量阅读外国文学书刊,并择译多种。先生自述:"在图书馆里发现有许多外国文学书,大多是英文本,其中有不少关于戏剧的书;期刊部书库中还有许多黄封面的美国版戏剧杂志《舞台》,因有此机会,我看了不少关于外国戏剧的书刊。"(《关于独幕剧》)"有许多英、美版的戏剧书刊,我借出了一批独幕剧集,最初是为了消闲,读多幕长剧费时间,读一个独幕剧,二三十分钟够了。从此,我对独幕剧发生了兴趣,而且还译了几个剧本。"(《〈外国独幕剧选〉编后记》)

**又** 按先生自述:"看到几本希腊诗,于是也选择了几十首。"(《域外诗抄·序引》)

**又** 按先生自述:"在西文杂志书库里发现了四五年的 Living Age 及 Dial,皆1920年代的东西,欣然取阅,对于那些未曾看过的固然还觉得挺新鲜,而对于那些看过已久的,尤其有旧友重逢之乐。四年来,每当寒暑假期,山居无事,便将其中所载欧洲大陆诸国小说,择优迻译,陆续译成者不下三十馀篇。"(《老古董俱乐部·引言》)

**又** 按先生自述:"有英译本的尼采全集,偶然抽取一本《愉快的智慧》来看了,大大地感到兴趣;于是又把《查拉图斯屈拉》借来了。为的预备在避空袭的时候到山上去看,所以这回借了一本'万人丛书'本,因它小巧,可以放在口袋里。从'万人丛书'又想到'万有文库',记得'万有文库'中已经有一个《查拉图斯屈拉》的中译本,于是把那中译本也一并借了来。当我读完'万人丛书'卷端赖哀士的叙言之后,很高兴地欣赏了几篇他所谓充满了诗意的比喻的散文,随即拿中译本来对看了一二篇。看了中译本之后,我得到两个感想:一、郭沫若的译文原来已经是够好的了,可惜他没有把全书都译出来。二、这个中译本,如果不与英译本、或其他译本、或原文同时看,是没有人会懂得的;这个中译本是萧赣先生译的,卷首并无序言题记。"(《尼采之"中国舞"》)

**同月** 10日上海鲁迅全集出版社初版发行"鲁迅三十年集"《南腔北调集》《准风月谈》《且介亭杂文》《且介亭杂文二集》《且介亭杂文末编》《花边文学》。

## 十一月

**上旬** 作诗《失计》《演谣二首》。

**二十日** 《笔阵》第1期(新)刊载皮仲篪《怪杰谷畸润一郎》提及:"谷畸氏的文章有清淡静丽之色,在文体上说,有破格的、色彩的、夸张的、暗喻等特色。《春琴抄》是他达到文体成熟,自为风格的顶点。(施蛰存的《黄心大师》,就受了他的影响。)"

**二十三日** 在香港《星岛日报·星座》第1103期发表《南寨》。

**二十四日** 在香港《星岛日报·星座》第1104期发表《午茶》。

**约在期间** 按先生自述:"永安、长汀一带,没有名山胜迹,都是平凡的山岭,从来不见有成群结队'朝山进香'式的游客。山里永远是长林丰草,除了打柴采茶的山农以外,不见人迹,除了鸟鸣蝉噪,风动泉流以外,不闻声息。我就喜欢在晴和的日子,独自一人,拖一支竹杖,到这些山里去散步。""认识各种树木,听听各种鸟鸣,找几个不知名的昆虫玩玩,鹧鸪和'山梁之雉'经常在我前面飞起,有时也碰到蛇,就用手杖或石块把它赶走。如果走到一座土地堂或山神庙里,就在供桌上拿起一副卦,卜个流年。一路走去,经常会碰到砍柴的、伐木的、掘毛笋的、采茶或采药的山农。本来可以和他们谈谈，无奈言语不通，只好彼此点头微笑，这就互相表达了感情。在长汀集市上经常看见一些侏儒。当地人说，在离城二十多里的山坞里有一个村落，是侏儒族聚居的地方，他们是古代闽越人的遗种。由于好奇，我曾按照人们指点的方向，在山径中迤逦行去。虽然没有寻到侏儒村，却使我这一次游山充满了浪漫主义的情调。我仿佛是在作一次人类学研究调查的旅行，沿路所见一切，至少都是秦汉以前的古物。"（《在福建游山玩水》）

## 十二月

**六日** 姚鹓雏由重庆复函："在湘时曾荷赐问，匆匆数年，音耗阻隔，忽奉惠教，真空谷之足音矣。春间大作迄未得读，其为浮沉无疑。弟自廿七年由湘西经黔入蜀，廿八年即以右公招入察院，遂又三年。近居乡间，公事无多，颇寻旧业，文词荒废，无足自熹，辑录旧作诗为《搬薑集》一卷，西南所作为《西南行卷》一卷，《续西南行卷》一卷，近有所作仍复写入。旧作疵病极多，改定芟削十存四五，存者后经涂乙，殆非旧观，往者徒惊灵辞，漫无拘检。近作于此加细而成之，益杂然。自去年至今亦得二三百篇，以所记实为一时情事，亦不欲更加削汰矣，容俟稍暇最录奉正。吾兄从容文史，所作必更可观，尚祈赐寄一二，为盼。江清渺无消息，学勤去滇后初曾通书，近亦久不得其缄札矣。近年以来，故旧音问，十九隔阔，独吾兄惓惓于下走，如是有以知文字之交，澹弥深也。有虞愚，若曾在此间同事，闻现亦在贵校教席，不识曾相见否，此君颇治哲理，亦好为文词，诗有瘦劲深刻之致，加以炉锤，当足自挂，倘通往还，祈代致候。""赐教乞寄重庆金刚坡监察院。"并附书赠诗作："劳劳水驿与山程，听雨裁书见故情。老息交游成独学，生同臭味肯相轻。故乡鱼市应初雪，倦客榕城更阻兵。他日收吴办归计，袖诗无吝款柴荆。蛰存兄惠书存问，却寄请正，鹓雏录稿，辛巳冬大雪。"

**十六日** 在《国文月刊》第 11 期发表《关于"明天"》。

**中旬** 徐震堮以"国立浙江大学龙泉分校用笺"书赠诗作《登石壁古寺，用敖臞翁洗竹韵》："阴崖凿翠开户牖，穿林踏磴时一来。鸾骖鹤驾意不远，市声到此风吹回。山川聚米吾能画，奔凑朝东如阵马。铜瓶自煮岩窦泉，便不吟诗已潇洒。道人手种苍龙成，晴簷忽堕风雨声。东溪月出晚天净，白云一片来无名。"《书事三首》："越国山川乏霸才，江潮呜咽使心哀；朝廷宁作珠崖弃，父老犹望玉辇回。转舳奔艚肥驵侩，锦衣花帽照舆儓；析骸易子寻常事，桑孔如今据上台。仗钺谁曾料敌情，符离心学竟何成；三年不作包桑计，一夕如闻扫箨声。蹋鞠穿营原偶傥，（史记穿域蹋鞠，徐广曰穿地为营域。)借筹前席亦纵横;从渠舌在犹能掉,四郡残黎半死生。杼柚争歌大小东,过江烽火逼天红;腐儒欲献春陵策,诸将休夸马邑功;幸敌不来宁可久,令吾能往亦终穷;百年兴复关人事,海峤安危仗数公。蛰存吾兄郢政,弟声越未是艸。"

**二十七日**　译毕英国 W. H. 达薇士诗作《鼠》。

**下旬**　作诗《读说苑赵简子事》《读黄霸传》。

**是月**　浙江省立英士大学图书馆编印《图书目录·第二辑》,其中"F小说"内:"《旅舍及其他》,施蛰存,民二九,F0844。"

**同月**　8日太平洋战争爆发后,日寇侵占上海租界,上海全部沦陷,《大晚报》因战事休刊;商务印书馆《东方杂志》停刊;暨南大学迁往福建建阳。18日香港被日寇攻占。20日上海鲁迅全集出版社第三版发行鲁迅先生纪念委员会编纂"鲁迅全集单行本"《准风月谈》《且介亭杂文》《且介亭杂文二集》《且介亭杂文末编》。

# 一九四二年(中华民国三十一年　岁次壬午)　先生三十八岁

## 一月

**十日**　于长汀为译毕《歌德语录》撰写"译后记":"十年前曾译了一些歌德语录,稿久散失。近日又翻读桑逗士所译歌德随感录,便又译出一些,这一部分是关于文学与艺术的,原有一百十二段,今译得三十三段。尚有关于人生者数十段,容从寄刊。"

**十五日**　上午日寇飞机又袭击长汀县城,以九架轰炸机向水东街、司前街、司背街、牛皮柰下、仙隐观前、营背街、桥下坝、半片街、清流巷、霹雳公园等闹市区投下炸弹逾200枚,水东街、司前街、司背街、半片街一带成了一片火海,城区被毁。据《"一一五"出动抢救并募巨款》记述:"长汀城区惨遭敌机九架肆虐,投掷炸弹烧夷弹数十枚,水东街一带,四处起火。"(《厦大通讯》,第4卷第1、2期合刊)

另,按先生自述:"学校组织师生在校舍后的山脚凿挖了几处较大的防空洞,洞内全是石灰岩的。当时,高处警报台还挂一个红球,预报远处有敌机的动向;挂两个红球就表明敌机临近,师生们必须马上躲进防空洞。洞窄小而人又多,加上无通风设备,洞口和洞内深处的师生都相互调换前后位置,以能呼吸到洞口相对新鲜的空气。"(《世纪老人的话·施蛰存卷》)

另，据钱虹记述："施先生指着右耳笑笑说,这只耳朵早就聋了,是40年代初在厦门大学教书时,有一次躲日本人的飞机,在防空洞里被震坏的,当时以及后来很长一段时间都不知道,因为另一只左耳是好的。一直到60年代中期突然觉得听人讲话很吃力,医生一检查,才发现右耳的鼓膜早就震破了。"(钱虹《听之不闻,宁静致远》)

**十六日** 译诗英国W. H.达薇士《鼠》刊于《前线日报》。

**月内** 先生接到父亲来信告知上海缺粮,米价飞涨,造成全市大恐慌,因而寒假无法返回上海探亲。

另,按先生自述:"1942年以后,大后方物价高涨,公教人员月薪所得,维持不了原有生活水平。"(《滇云浦雨话从文》)

**又** 作诗《奉答姚鹓雏先生重庆》:"昔日公知我,焚膏许最贤。稻粱欺夙志,哀乐入中年。骈拇终忓德,一经虚绝编。牛蛊破蚁虱,直欲老青毡。"

**又** 正中书局初版发行"中华职业教育社职业教育丛书"庞翔勋编著《现代应用文作法》,书内收录"十二、叶绍钧简施蛰存·谢赠鲈鱼"。(按:此系1929年12月28日函件,见于孔另境编《现代作家书简》。)

**同月** 中、美、英、苏等26国签署《联合国家宣言》,国际反法西斯统一战线正式形成。杜衡跟随"国际通讯社"到达重庆,不久加入《中央日报》,出任主笔。

## 二月

**上旬** 吕叔湘由成都复函:"来信一搁两月未复,其实无日不想起,而仍然搁置至今,此中矛盾心理想能见谅。""前嘱代买雪茄,先询邮局,福建小包不收,其后询烟价,市面所有一种,其味似不及在滇所得,每盒售三十元,即六角一支,似亦大可不必,故未代买。惟近来小大英亦售近六元一包,则又似乎吸雪茄上算,不知足下近来所吸何烟,尚能敷衍否?""沪港相继沦陷,堂上及宝眷当平安,惟不知经济方面受何影响否,汇兑不通,足下甘旨之奉尚有办法否。舍弟在沪本允汇款相济,足下倘有需要,即可彼此互拨,亦两利之道,请勿见外,唯恐为数不多耳。暑假时局不致有何大变,足下是否可以返沪,返沪后又是否可以外出,厦大自必继续借重。足下有无一展游踪之意,川中机会甚多,求一栖止,实至易易,但俱是吃不饱饿不死生意经,倘足下有西游之兴,即乞示知,便中可代留意。"

**二十日** 被推选为《厦大学报》出版委员会委员,下午二时出席第一次会议。

另，据《母校新设出版委员会决定刊行"厦大学报"》："文法商三学院合设之出版委员会，业经由校务委员会议决并由各系推出委员人选正式成立。""第一次会议到萨校长及委员谷霁光、朱保训、萧贞昌、萧伟信、何柄梁、施蛰存、刘天予诸先生。由校长主席，关于征稿编辑事宜，当推定施、刘、谷三先生为编辑委员负责办理。该刊暂定每年出版两集，其第一集拟于七月底以前集稿，业已拟定编辑条例（附后），函送文法商三学院各教员并约请拨忙写稿云。"（《厦大通讯》，第4卷第1、2期合刊）

**二十六日** 为译毕德国苏特曼独幕剧《戴亚王》而撰写"后记"："这个剧本的英译本，我在十年前已读过了，当时虽也为之兴奋，但没有去年夏季来到长汀后重读一遍时所感到的那样热烈。这是为什么呢？岂不是为了我们在此地读这个剧本，比十年前更容易发生感慨吗？所以我终于在寒假中费了一星期的时间把它译出来，希望中国此时此地的读者从此获得一点意志上的启发。"

**二十七日** 据《中国人文科学社长汀分社消息》："长汀分社成立，社员概为国立厦门大学教授。目今社员共14位，公选黄开禄君、何炳棨君及林庚君为干事，其余11位社员为施蛰存君、吴士栋君、谷霁光君、李祥麟君、李培囿君、阮康成君、陈耀庭君、萧伟信君、曾克熙君、万鸿开君及朱保训君等。长汀虽处于'东南一角'，但实为闽赣粤三省的交通要道，实为本社主要的一环。据黄君来函称，各地社员如有路经长汀者，皆可参加该分社每二月一次的社员大会，无不欢迎招待云云。"

**约在期间** 寒假继续在厦门大学图书馆及长汀县立图书馆大量阅读中外古今书刊，同时开始辑录《金石遗闻》《宋元词话》。先生自述："尽读其图书馆中所藏宋元人笔记杂著，抄出两份资料：其一为有关金石碑版文物者，拟勒为一书，名《金石遗闻》。其二为有关词学之评论琐记，亦为一书，名曰《宋元词话》。"（《宋元词话·序引》）

**月内** 被推选为厦门大学校务委员会委员。先生自述："我被选为参加校务委员会的教授代表。""每月举行一次，由校长萨本栋主持，开会就在他家里。下午时开会，即在萨家吃晚饭，饭后有时继续开会讨论。"（"我参加过的党、团、集会"，1968年）

**是月** 文通书局贵阳初版发行"文艺丛书"蹇先艾著《乡谈集》，书内"四、向艰苦的路途走去"提及："这篇《酒家》，""寄投施蛰存先生主编的《现代》，稿寄去后，几个月过去了，杳无消息，写信去问，亦无答复。托赵景深先生代询，据说不久可以发表。又等了两月，稿子仍未露面。我不由得心里有点烦躁起来，立刻写了一封索稿的快函给《现代》。施先生把原稿退回来了，并且附了一封向我道歉的信，说是稿件的篇幅偏长，一时没有得刊出；现在既然要来，只好奉还，希望我以后寄点七八千字以内的文章去。为了这件事,天津的《庸报》上在'文人塑像'中曾大造其谣,说是因为《现代》退还了我的稿子,我便在讲堂上向学生肆意攻击施蛰存先生。其实后来我给《现代》也写过好几篇文章,施先生屡次和我通讯,并且还成为很要好的朋友。"别有"六、翻译的尝试"提及:"[1935年]郑振铎先生主编《世界文库》,约我翻译一点东西,我便毅然答应了一册《美国短篇小说集》","因为编者注重的是Classiest,所以从欧文起只到欧亨利为止,当代的许多作者因为篇幅及时代的限制,都无法介绍了。好在施蛰存先生主编的《现代》杂志,有一册《现代美国文学专号》可以弥补我们这个缺陷。"

## 三月

**一日** 元宵节。为编定誊录《武夷行卷》(一卷)而撰写"题序":"既归永安,又仆仆来汀州;逾月,始得展席定居,洒发箧出宿藁,时一润色之;至岁阑,遂写定为卅五首,曰《武夷行卷》,录以诒亲戚故旧暌违既久且远者。将谓烽橹频警中,子犹从容作不急务耶?""今因缘来闽越,武夷近在眉睫,讵忍复失之?"

**二日** 厦门大学寒假结束,正式开课。在厦门大学任教的聘书改称"文学院讲席",经报教育部审议评为副教授,月薪为320元(先生书面材料)。先生自述:"国民党教育部审查大学教师资格,发给我一张副教授证书,红色,32开,硬卡纸双摺。"("我拿到过的证件",1969年)"由于厦大图书馆的藏书毫无损失,全部内迁,我着实看了许多书,给学生开了一门专书选读课,讲了一年《史记》,自己也写了许多《史记旁札》。读了七八十种宋人笔记及野史,抄录了所有关于词的资料,打算编一本《宋人词话总龟》。这两部没有完成的手稿,都在'浩劫'中损失了。"(《我治什么"学"》)

另,据郑启五记述:"施蛰存教授在厦大上的有跨系的国文大课,精彩至极,受到学生们热烈的欢迎,至今仍为许多老学子津津乐道。家父郑道传(厦门大学经济系1940级)和家母陈兆璋(厦门大学历史系1942级)都是施师的学生,对先生的人品和文品,特别是他的贫民意识,留下了深刻的印象。"(郑启五《汀江梅林梦难断》)

**九日** 应约为将译作《尼采论诗及其他》交付江西泰和《诗歌与木刻》月刊发表而撰写"附记":"近来正在看尼采的作品,偶然高兴,也译出了几节警句,'诗歌与木刻社'向我要文章,一时也写不出什么来,即选取尼采论诗及音乐的几节寄去。前三节从《愉快的智识》译出,后二节从《黎明》译出。《黎明》已有中文译本,名《朝霞》。"

**十七日** 吕叔湘由成都复函:"2月20日手札于三日前收到。""贵校存沪款提取已有眉目否,弟月前与在渝同乡对划若干,尚有五百元系外甥丁君需用,可供划付,今附致舍弟信请附尊书寄去。尊款俟兄便时寄来,不亟亟也。《自怡斋诗》日内当即代买,前回雪茄未能报命,甚以为歉,此必不再黄六耳。此间旧年除日及元日均有雪,地上积有一二寸,在江浙殊平常,而此地已诧为十年未有之大雪。""江清处弟月前去一信,未得复。又江涛特地返沪结婚,想律师招牌未必挂出,即挂出亦未必有生意,比江清更糟也。上月陶振誉偕其新婚夫人来拜客。"

**同月** 戴望舒在香港从事宣传抗日活动,遭受日寇宪兵抓捕入狱。

## 四月

**二日** 在《前线日报》"磁铁"副刊发表《莫查尔的乐谱》,署名"彐尼"。

**十五日** 重庆建华图书出版社出版"反侵略文库第一集",由雪尘、葆荃合译反侵略通讯周刊社编的苏联爱伦堡《不是战争的战争》,此书前刊有陈原主编《译文月刊》"创刊预告":"稿件均已集齐,最近即可出版。"其中《创刊号要目预告》载有先生译著德国苏特曼独幕名剧《戴亚斯[王]》。据陈原(柏元)回忆:"想搞个翻译月刊,没能得到许可证,只出了四本单行本。"(柏元《书海浮沉追记》)

**二十五日** 吕叔湘由成都复函:"前两上芜笺,一附致舍弟默深信与兄对划五百元,一则奉白《自怡斋诗》已买得而邮局不收,未审均达左右否。迩来弟上海来往信件屡有遗失,闽中无特殊困难当不致亦尔耶。月初得朱佩公信云,江清已于清明前后启程来滇,计程此日已到,尚无信耳。""飘蓬何所,尚在未定之天,再待奉闻。"

**是月** 译作《尼采论诗及其他》并"附记"刊于《诗歌与木刻》月刊第 8 期。此期编辑鲁阳在《编后杂记》提及:"该期最出色的,自然要算是施蛰存先生的《尼采论诗及其他》了,施先生谁都知道是文艺作家的前辈,以后施先生并允给'诗木'按期撰稿,这想是我们大家都愿意听的一个消息啰。"

**又** 作诗《闻王映霞近事》。

**约在期间** 先生刻蜡版油印《武夷行卷》(附适闽杂诗)数份,随后分别寄赠各地诸位师友,先后收到诸家评语,其中有罗庸(膺中)评:"尊作出入玉溪、长吉而学养之深厚过之。"姚鹓雏评:"'适闽'诗直抒性情,天机活泼,雅近宋人。'武夷'则明莹俊朗,又入西崑之室,知能者无施不可也。"吴宓(雨僧)评:"奉读两集,再三吟诵,极欣且佩。知公于诗造诣甚深,进步尤速。盖能以如真之观感,写实之笔法,叙游踪之所到,山水风物之所触,而运以灵感,赋与雅情,内外交融,真实有物。至于学识之丰赡,摹古用字之典雅,犹其馀事也。"朱自清(佩弦)评:"大作清隽有味,写风土诸绝句,尤有别趣。友人传示,佥认为纪游佳品,佩甚。"徐声越(震堮)评:"《武夷行卷》胜情妙绪,绎玩无已。"詹安泰(祝南)评:"尊制清峭绝伦,笔致在樊榭、二樵之间,佩仰佩仰。"陆维钊《题蛰存武夷行卷》:"读蛰存兄《武夷行卷》,率成一绝,录请吟坛教正。百劫归来失所安,尚携茶具话烟峦;难禁垂老亲朋泪,一夕秋风歇浦滩。"吕叔湘评:"顷捧读《武夷行卷》仿佛见羽衣翩翩山谷间,欣羡无似。"余节高评:"不才入修时道名赞岩,集中'武夷'诸诗,悉以灵境仙岩为题,喜读数过,诧而赞叹不已,不啻挈我同游此灵岩矣。"(陈文华提供)

## 五月

**六日** 罗庸(膺中)由昆明复先生函。

**九日** 译毕德国爱德华·封·凯赛林伯爵《凯丝达》并撰"译后记"。

**十日** 译作《歌德语录》并"译后记"刊于《文艺新哨》第1卷第4期。

**十一日** 吕叔湘由成都复函:"顷获4月16日手教,领悉一一。汇款仅可徐徐,本系储备外甥零用,一时无需全数也。承询川中各大学待遇,国立院校大致相同。""凡此种种,谅与厦大仿佛。""混而言之,无论国校、私校,每月可得800—900元,单人费用约需400,300即甚苦,下此殆非足下所能受。足下如游兴忽发,以来陪都为最佳,较有活气,亦较有光与暗(中大闻需一教新文学者,此则或已是足下所不屑道耳),若求其单调与恬静,则华西坝亦不恶。其馀各校多匿处乡僻,其情调与长汀无殊也。""弟秋后行止尚未定,""何去何从,足下肯为一筹否?""《自怡斋诗》仍在敝斋案头,又拙作《词句论》居然在渝印出,虽迄今尚未得一本,然将来10册到手,自须一册上呈清鉴,如何寄递大成问题,是否仍可循雪茄旧道,乞示。江清兄仍无信,但朱佩公信中云,清明前后启程来滇,则计程应到矣。"

**十三日** 姚鹓雏由重庆复函:"前承惠教并《适闽杂诗》一卷,雒诵回环,笑言如接,乃稽奉复,歉也何如。顷复荷惠示'武夷'新诗,数千里外惓惓于驽朽如此,诚不自意其得之也。""弟虽不能为此,而近来殊不薄之。不但李韩卓然百世,即杨刘亦何可厚非。此间沈尹默、汪旭初皆深于晚唐者行,当以兄质证之也。山中伏处,而人事仍丛杂杂,殊无好怀。今日晴明,就纸窗下,讽诵尊作一过,聊题小诗,以志佩累。另纸录奉。"附录诗作《题施蛰存兄武夷诗卷》二首:"曾向天南蹑屐来,山如嵩少水邛崃;俊游又得施郎继,欵唼风雷第二回。(山如嵩少三十六,水似邛崃九折途;我老正须闲处着,白云一半肯分无。放翁寄朱晦翁诗)""多生曾得江湖乐,纸上烟波亦眼明;生长水乡原已足,不须更作万山行。(首句遗山诗)"并识:"蛰兄方家教正,鹓雏录呈。"

**是月** 29日浦江清从上海出发,不顾路途险阻,一路穿越日寇封锁线,准备返回昆明西南联大继续任教。戴望舒在香港经叶灵凤等设法营救,被保释出狱。

**同月** "延安文艺座谈会"召开,毛泽东《在延安文艺座谈会上的讲话》发表。

## 六月

**十一日** 译作约翰·高克多《随笔》刊于《民国日报·笔锋》(赣南)。

**十八日** 厦门大学学生诗社举行"追悼屈原诗会",先生等教授应邀出席。

**三十日** 《东方文化》第1卷第1期刊载杨之华《新文艺思潮的起源及其流变"中国近代文艺思潮论"之一》提及:"自从'普罗文学'这一主潮下降以后,一九三一后半年至一九三二前半年这期间,中国的文坛宛如死水,几乎静止到一无波澜。但由于静极而动的原理,作为中国新兴的都会派的文学——'现代社'终于一九三二年五月以其簇新的姿态出现于中国的文艺界了,作为这一文学社团的干部人物,计有施蛰存、戴望舒、穆时英、杜衡、刘呐鸥、叶灵凤等,几乎连曾为'文学研究会'干部的茅盾也有投向'现代'的趋势。其时沉默了两年之久的'文学研究会'同人(按《小说月报》于一九三一年一月以后停刊,该报为该会的机关志)眼见着'现代社'的同人独霸当时的文坛,颇为不快,遂由傅东华、郑振铎等,邀请鲁迅、夏丏尊、陈望道、叶绍钧、茅盾、徐调孚、王统照等组织'文学社',由傅东华出名主编,于一九三二年七月出版,以为对抗。因戴望舒的提出'第三种人'这一口号,而引起鲁迅的不满,由一'论第三种人'[见《现代》]而'再论第三种人'[见《文学》];但'现代社'亦不示弱,施蛰存、杜衡等均应声而起,一时关于'第三种人'的论战,针锋相对,热闹一时。""而'现代派'的《文饭小品》也由施蛰存的发动而创刊了。因为这一年中上海的定期刊物,有如雨后春笋,所以便有些人称这一年为上海出版界的'什志年'。"(按:此文校正处,据杨之华编著《文艺论丛》,太平书局,1944年6月初版发行。)

**是月** 《作家》第2卷第5期刊载晓云《新诗二三语》:"新诗在修辞上、逻辑上都和其他的文学作品不同。""我们再看施蛰存的题名《桥洞》的一首意象抒象诗:[引诗此略](载《现代》1卷2期第226页)。""上面这一首是无韵的诗细细地玩味着,要比专讲平仄的七绝七律之类爽快得多。"

**约在期间**　先生时常辅导校内学生文学社团开展活动,并担任"笔会""诗与木刻社"的指导。据郑道传回忆:"'笔会'不设顾问,但进行活动时,有时邀请王梦鸥、施蛰存、林庚和虞愚等老师出席指导。"(郑道传《长汀厦门大学"笔会"和"诗与木刻社"》)

另,据《中国现代文学词典·第四卷诗歌卷》:"厦门大学诗与木刻社,1942年成立于福建长汀。主要成员有朱一雄、涂元渠(枫野)、朱伯石、郑道传(静稻泉)、勒公丁、王茂育(缪雨)、金莱、姚公伟(姚一苇)、范筱兰、陈兆璋、潘茂元等人,共有成员数十名,均系厦门大学(当时迁于长汀)学生。""出版不定期大型文艺墙报《诗木刻》,由勒公丁主编。又曾进行一系列进步文艺活动,如举行诗人节纪念会,朗诵屈原和抗日救国的诗歌,召开座谈会讨论文艺创作,发起募捐慰问贫病交加的作家张天翼,邀请施蛰存和林庚教授作文艺讲座。"(转引自涂帆《父亲与施蛰存先生的交往》)

另,据李焕明回忆:"听过他的专题演讲,讲的是新诗的欣赏与创作。"(李焕明《追忆长汀厦大的诗缘》)

## 七月

**十五日**　《归去来辞并序》再次刊于《宇宙风》(桂林版)第117、118期合刊。

**十六日**　吕叔湘由成都复函:"两奉手教,三百元已收,二百元犹未到(舍弟来信云五百元已交府上)。暑假已临,烽烟正炽,吾兄行止如何,至以为念。下月起,弟改入'金大'中国文化研究所,幸免远徙,良用欣然。""邮局已再度问过,不属印刷品仍然拒收,即作包裹亦暂停寄递,拙作'文法要略'已写好,指正亦只有徐待他日寄呈耳。前日得朱佩公信,未提起江清,想仍滞沪耶。"

**约在期间**　按先生自述:"一个不在我班上听课的学生跑到我房间里来,""从口袋里摸出几张写满了字的纸来在我书桌上一摊,说是做了几首诗,要我替他看看。这个学生就是现在将印行他的第一个诗集的勒公丁君。从那一次起,公丁渐渐成为我寓所里的老客人。每一次来,他口袋里总有几首新做的诗或改的诗。""在我的苛刻的挑剔之下,公丁一次又一次地改他的诗,有时一首诗的定本只保留了初稿中的二行或三行。""渐渐地我发现了一个危险,即是由于公丁对我的过份信任,他的改本将有离他自己愈远,而离我愈近的倾向。因此,在后来替他看诗的时候,我几乎不敢暗示他应如何改作,我最多告诉了他原作的缺点在什么地方;而这所谓缺点,大都是修辞方面而很少是内容方面的。"(《路灯与城·序》)

**同月**　20日重庆峨嵋出版社初版发行鲁迅先生纪念委员会编纂《且介亭杂文》。

## 八月

**上旬**　作诗《泉州守石有纪惠赐海错赋谢兼求万安桥碑》(后二首存一)。先生自述:"泉州县长石有纪为余觅得此本[《万安桥记》]。"(《金石百咏》)

**中旬**　据徐迟回忆其妻弟陈圣德由上海流转浙江、江西,来到福建求学的情况:"到长汀那天,遇大雨,浑身湿透,大家都不抱什么希望,哪知他找到了施蛰存先生。他亲切而又关怀之极,马上给他们安排洗澡,给衣服换,叫工友搭床,放上铺盖。这样他们又进了学校,他还在图书馆里工作,一个人可以养两个人。"(徐迟《江南小镇》)

**约在期间**　据李焕明回忆:"随同学至他宿舍见过二次面,""有一次我从同学处看到他写的旧诗一卷,名'武夷行卷',是1941年游武夷山之作,除'序'外,有诗二十六首。当时,我正对旧诗着迷,乃向同学借抄,以便随时讽诵。""其后,我与同学拜访他,他除赠上述'武夷行卷'油印本外,并赠'无相庵近诗'油印诗稿,包括'春日闲居'十首,'适闽杂诗'十六首及'忆旧十二绝句',首首精彩,使我大开眼界。最难得的,他还亲笔誊写近作二首。"(李焕明《追忆长汀厦大的诗缘》)

**月内**　暑假仍在校从事翻译欧洲诸国小说作品,先后完成十馀篇,部分有油印本。同时,继续写作《诸国古代小说史话》。

**又**　作诗《竹天拜命长闽省建设诗以将意》《避席》《向晚登长安亭》。

## 九月

**一日**　新学期开学,执教厦门大学中文系二年级。据马祖熙回忆:"在课堂上或是在课后晤谈中,总是鼓励学生要坚定抗战必胜的信念,在中华民族最艰危的日子里,你们有幸在大学读书,一定要加倍珍惜时间,在苦难中锻炼自己成材,将来才好在各自的岗位上,为复兴祖国尽自己的一点心力。蛰公风度翩翩,平易近人,学生在受教时,有如沐春风之感。""系内同学以及其他院系爱好文学的同学,多受蛰公的熏陶和教育。蛰老因材施教,勉励学生各自发挥所长,不流于一种模式。现在这批学生中,多数已成为专家名家,或任大学研究生导师,或在海外大学任中文讲席,或在现代文学艺术领域卓有成就,或在中国古典文学方面成为名家,如现在母校任博士生导师的潘茂元、韩国磐校友,在马来西亚南洋大学的陈铁凡校友,在台湾戏剧学院任教授的姚一苇(即姚公伟)校友,在美国任艺术教授的朱一雄校友,在江西师大任史学教授的黄长椿校友,至今都念念不忘蛰公对他们的教诲。蛰公这种因材施教、诲人成材的精神,在同学中传为美谈。在中文系中,其时受新潮流的影响,学生研究中国古典文学的甚少,蛰公见我写的词作、欧阳怀岳写的诗文,都有点基础,就勉励我们从这方面努力,认为中国古典文学是母体文学。""厦大僻处闽西,但藏书甚为丰富(迁徙时未受损失),蛰公和中文系余仲詹老先生,特意为我向图书馆借到了大量有关词学的书籍,如《彊邨丛书》《四印斋所刻词》《词话丛编》《词学季刊》《词律》等等。有了这批基本书,蛰公教导我要掌握学习方法。""我在借得迦陵词全集之后,也是在蛰公鼓励下,边读边录选了一本《迦陵词选》,并立志进行笺释。在厦大得到蛰公教诲和指引的两三年中,是我一生中最为珍贵的读书时代。"(马祖熙《化雨春风七十年》)

**四日** 上午日寇飞机三架来袭长汀,先向机场西边的印塘一带投弹9枚(中有一枚燃烧弹),又窜至县城上空,投下43枚炸弹,其中2枚落在省立长汀中学和文昌前中街,司前街打油巷冶和行门口也落弹2枚。

**八日** 撰写《文学之贫困》:"近代文学之繁荣,似乎不能不归功于资本主义之发展和教育之普及。""文学的观念及文学的教育制度,都在倾向着愈纯愈窄的路上走,而说这个时代的文学会比古代更丰富,我很怀疑。""在教育制度上,我以为大学中国文学系的地位不应该和土木工程系、会计系等专门技术的学系处于同等地位,它至少应该成为文法学院各系的先修系或共同必修科。照现在的情形看来,我们显然可见文学愈'纯'则愈贫困,纵然书店里每月有大量的诗歌,小说,戏曲,散文出版——这是出版业的繁荣,不是文学的繁荣。""不禁又慨想到我们的文学界,即使在这个贫困的纯文学圈子里,也还显现着一种贫困之贫困的现象。抗战以来,我们到底有了多少纯文学作品?""但是如果我们把标语口号式的诗歌和文明戏式的话剧算作是抗战文学的收获,纵然数量不少,也还是贫困得可怜的。""我相信,文学的疆域开拓之后,现在之所谓纯文学说不定倒可以相当的丰富起来。因为文学家的知识和生活丰富起来,文学的内容自然也充实起来了。"

**十日** 《杂志》(复刊第2号)第9卷第6期"文化报道"专栏刊载:"施蛰存亦已来沪,地址不明,闻系寄居友人家中,颇少外出,近方从事写作散文及新诗。"

**中旬** 作诗《韦编一首示大学诸生》。马祖熙作有《贺新郎·效迦陵体读蛰庵先生"老子平生负肝胆"之句感赋》。

**十四日** 《东联周报》登载吴筠生《初阳楼读书随笔》:"《将军底头》包含着四篇用旧小说的一部分题材重新写成的东西。第一篇《鸠摩罗什》是一个所谓西域底高僧,因为到东土来,他底妻子死了,但是他还念念不忘,终因此败了道。是写道和爱的冲突。第二篇《将军底头》是写花惊定,唐朝名将的爱和种族的冲突,内心斗争。第三篇《石秀》,依据《水浒》中关于潘巧云的一段写成的,为全书最精彩的一篇。表现爱与伦理的冲突。第四篇《阿褴公主》也写得很好。"《将军低头》便是他成名的力作,也是新感觉主义在中国抬头的一个洪亮的信号。"

二十六日　《社会日报》"作家·作品·作风"专栏刊载钟子芒(署名"惰之馀")《捐了两块招牌的施蛰存》:"以细腻的笔触,刻画女性心理入微而著名的是施蛰存,由'良友'出版的《善女人行品》,写太太、写小姐、写未婚的、写已婚的,都非常生动活泼。施蛰存是个编辑老爷,从前坐镇在《现代》的时候,暗中为'第三种人'苏汶之流撑腰,并且还一手提拔了也是写写女人的穆时英。他办《现代》赚了不少钱,在作家中,生活是较为阔的一个。但是施蛰存的作品没有一点儿进步,老是逗留在一点上,手法不但是这么一套,题材也不过是老谈些身[边]琐事,将《水浒》的潘云故事改写成一篇历史小说,在他已是新鲜的作品了。后来只写写随笔小品,好久没有看见他的新作。在战后,他更'蛰存'起来,在云南某学校教书。关于他,文坛上好似有些遗忘了他。然而,他捐了两块招牌,一块是'第三种人',一块是《现代》,人们只要一提起它们,便会想到他了。""我曾翻阅过《善女人行品》,我想,在'良友文学丛书'里,最配得上'良友'的精致漂亮的装订,编排与贵族化的,该推施蛰存这种漂亮、细腻的文体了。不过,到底是富闲者的读物吧了,所以不可避免的,他将就此渐渐为人遗忘的。"

二十八日　吕叔湘由成都致函:"上月廿日应杨人楩君之邀,往嘉州小住,便道作峨嵋之游。月初归来,捧诵八月十四日手教。""'中农'款久已收到,申款亦早交府上,想家报中亦已提及。申闽谅已通汇,倘仍有不便需弟转拨,请即示知。""据舍弟来信,上海亦贵不堪言。足下心悬两地,如何如何。江清甫于上周得渠五月初间一信,云即将赴滇,事实上恐未及动身,已行不得矣。江澄于上月自内江调来此间,因渠在城北,尚止一面,在嘉定晤石声汉君,乃去年脱离同济改就武大,云陈、马公仍在李庄,陈长公在北平卖画为生,尚不恶,惟意兴阑珊耳。觉明兄上月挈眷入川,在途半月,路费八千,暂住李庄,本人则加入中研院之西北史地考察团,由渝飞兰转敦煌,可云已偿多年宿愿。弟此次自华西转金陵尚称平顺,惟仍是伏案生涯,颇为厌倦,每见他人下课即挟皮包大踏步而去,不胜歆羡。所谓研究所者,例无寒暑假。此次藉青黄不接之便,偷闲出游。""惜在山五日,未能吟成一字,不独遥愧故人,亦为山灵所笑。归后为叶圣陶所蹦,为《中学生》写《文言虚字浅说》,拟连载后再作单行之计,凡所陈说悉在高邮王氏《某某也、常言》之列,'专家'见之将嗤之以鼻者也。足下倘在书摊上见到,还恳切实指教。寄书日益艰难,《自怡斋诗》及拙作'文法要略'均留在案头,期于异日面呈。诗兴文情近来何似,叶君嘱致意,能为《中学生》或新办之《国文杂志》非《国文月刊》写一二篇否,不论长短皆所欢迎。""世事如棋,一何可笑。"

**同日** 浦江清赴滇途经福建南平时,于县党部浙江大学办事处见到徐震堮。按浦江清日记:"徐君出其新近诗稿一册示余。""五律工者极多,有怀人诗八首。""记其第一首怀伯沆师,第二首怀翼谋师,以下怀子平、宛春、季思、余、蛰存数人。"

另,徐震堮寄赠诗作书笺《怀人绝句》:"前辈风流迥出尘,茶经画笔亦无伦。几年玉貌围城里,一榻维摩老病身。(冬饮先生自首都陷后,闭门不出,近有人来言其老病颠连,所居寂寥如古寺。)千年道术接河汾,锦里逢迎有使君。玉楮牙笺三万轴,酒阑惆怅盋山云。(劬堂先生近客顾祝同将军所。)年年乡梦苦难删,凭仗添丁一解颜。别有深衷人不识,闭门闲画六朝山。(微昭新举一男,日以作画自遣。)写得新词付小红,弄珠楼上月玲珑。如今箫市秋风底,可有闲情赋恼公。(宛春去年社集曾赋《河传》三首,缘情绮靡,殊不减旧时风调。)日饮茆台感索居,南都遗事一欷歔。黔灵山色春来好,发愤还成太史书。(驾吾南行以后,遽丧其偶。前年书来云,日饮茆台酒一盃而已,旧著《首都志》行与世。)十载燕台迹已赊,莼鲈归去亦无家。短衣笮马滇池路,伫看新书续梦华。(微昭书来云,江清返松江后再作滇游之计。)花影词人厌薄游,乡心北望浦云秋。珠娘艇子浑无赖,不逐江潮过橘洲。(蛰存屡函商北归之计,近寄示《蛋娘谣》《闽江杂诗》甚工。)高馆张灯玉尘挥,匆匆又作半年违。海天云气愁无罅,怅望鸥夷一舸归。(去秋梦招招饮林子有先生寓斋,旋即携妇赴港,战后尚无音讯。)录尘蛰存吾兄郢政,弟声越俶藁。"

**月内** 詹安泰(祝南)由坪石中山大学寄赠漱宋室诗笺两页《壬午七八月间作·十首录四》《与黄叶游金鸡岭》,并识:"几句奉乞蛰存先生方家正之,詹安泰呈稾。"(按:均收入上海古籍出版社2011年版《詹安泰全集·四》,《壬午七八月间作·十首录四》见"《鹪鹩巢诗集》卷第六",题为《壬午六七月间杂书所感》,十首内"旧为""酸寒""浮翠""无复"。《与黄叶游金鸡岭》见"《鹪鹩巢诗集》卷第五",题为《辛巳十月与挽波游金鸡岭》,内"茆"作"第","围"作"圉","苦"作"劳"。)

## 十月

**一日** 译作《哥[歌]德语录》刊于中学生纯文艺月刊《文艺新哨》第1卷第1期

(革新号)。

**八日** 中午浦江清抵达福建长汀,下午在厦门大学与先生相逢。按浦江清日记:"倦甚,入远东旅社,睡。二小时起,进面食。下午二时,问明厦大地址,至其门房,问施蛰存,云住长汀饭店,林庚住山上宿舍,惟萨校长则在校办公。乃往谒之。萨氏久别,见余畅谈清华近况及厦大情形。要余留一二日,参观厦大,并云倘能留此更佳。""得人导,又至文学院办公室,施君不在,乃使其导余至长汀饭店。饭店为厦大最初之教职员宿舍,颇曲折进深。至最前一楼上,蛰存赫然在焉。见余来颇惊讶,事前略无所闻,以为余或留申未出也。蛰存有二室,颇宽敞,谓余宜迁住其中,留一二日。乃至远东旅社取衣被提包出。""是晚宿长汀饭店,与蛰存长谈。"

**九日** 上午陪同浦江清参观厦门大学图书馆。按浦江清日记:"是晚,蛰存特命校舍厨子做一鸭、二鱼,以饷余,林庚为陪客。"

**十日** 按浦江清日记:"余欲行,而蛰存留予过国庆节。街市上均悬旗庆祝。林庚邀饭,夫妇二人及一女孩,住处甚佳,有清华新南院风貌。""蛰存云厦大之头等宿舍也,林宅布置新式,饭菜有鸭子、鱼、红烧肉、虾等,颇可口,殆费四五十元。饭后,同蛰存过某书店,其中有厦大文书某君,善篆刻,有大批图章寄售。余择买五枚,得八折,共费百元。蛰存云尚可驳价,余因是熟人,反觉不好意思也。"

**十一日** 按浦江清日记:"同蛰存游苍玉洞,多苍玉色石,错落布置如江浙庭园中之假山石,此为天然而大,惜为筑公路削去不少。洞之本身为一观音庙,多宋人题名,可识者已甚少,有苏才翁一块。蛰存云有叶梦得题石,见志书,今觅之不得,疑在某土丘中,蛰存能指其地也。此苍玉洞宋时濒汀江,今则滩涨离水甚远。旧有亭台楼阁之胜,今荒废不治。旧有几个石门,均为筑公路者炸毁。"

**十二日** 按浦江清日记:"晨五时起,蛰存亦起。天雨,未进食,匆匆使校仆张伞持余衣被包及手提包同行。至汽车站,人已拥挤,而门尚未开。门开即蜂拥而入,余急上车,得一加座。蛰存为予照料行李装车顶上,故留甚久。彼晨七时有课,乃为予牺牲矣。""车七时始开。"

**同日** 《中央日报扫荡报联合版·艺林》登载近苏《模拟与独创》提及:"在几年以前,施蛰存曾妙想天开的劝青年们去读《庄子》和《文选》,因为可以扩大'字汇',参悟出一些作文法。而反对的人们认为他的主张是错误的,因为《庄子》《文选》的作法太简单、太拙劣,与新文学的作法,和用字全不相同,况且那里面的字是死了几千年的僵尸,那些'死字'在现代文学里根本不能用,话虽如此说,然而施君纵有一番苦心。"

**十五日** 浦江清抵达江西赣州。按浦江清日记:"借笔砚作书寄蛰存、绍勋、聿修。"

**十九日** 按浦江清日记:"晨,张鸿志君来,乃蛰存在长汀汽车站上所介绍者,上海杂志公司老板张静庐之子。"

**二十日** 《新华日报·新华副刊》刊载郭沫若《〈孔雀胆〉故事补遗》提及:"我把剧本写好之后,有朋友告诉我:施蛰存有一篇小说也是写这故事的,收在《将军的头》里。我便很想看看这篇小说,看里面有没有什么新的资料。在重庆找这书不到,成都的朋友洪钟先生最近为我购寄了一部来,果然在里面发现了一篇小说叫《阿褴公主》。""读了这篇小说,在积极方面对于我毫无帮助,不过在消极方面它算使我知道了我所不能找到的东西,别人也没有方法找到。""《阿褴公主》的主题和人物的构造,和我的完全不同,甚至于可以说是立在极相反的地位。作者也没有找到那位进献谗言的人,他是把这反派的脚色使驴儿与达的(彼依据《梁王传》亦分为二人)来扮演了的。把驴儿的面貌写得很丑,说他就像驴子,其实'驴儿'只是译音,我们是不好望文生训的。""作者似乎读过杨升庵的《滇载记》或《南诏野史》,把段功的死是定在至正二十六年七月,""又写着段功的嫡妻高氏还在,段功曾往来于昆明与大理之间,终为迷恋女色而忘记了民族的仇恨以致殒命。"

另,按先生自述:"郭沫若写《孔雀胆》脚本时在题记中说:他不知道这个故事已由我写成小说了。但是我看他的脚本中有些资料是从我创作中拿去而不是由文献资料来的,不过他一意要表示写脚本时并没有看过我的小说。"(《中国现代主义的曙光——答台湾作家郑明娳、林燿德问》)

**二十三日** 浦江清抵达广东韶关。按浦江清日记:"过合作社,购手巾二(30元),甚薄。余离沪携来数方已用罄,最后一方适在枕中,值蛰存云欲买手巾而无佳者,余以此赠之。故今觉缺乏,须补充矣。"

**二十四日** 张荫麟在遵义浙江大学病逝。与张氏曾于昆明"有游从之雅",翌年方惊悉噩耗。

**下旬** 作诗《游石燕岩次欧阳泰云韵》《游通济岩次欧阳泰云韵》。先生自述:"欧阳怀岳字泰云,江西星子人。在厦门大学肄业,苦吟作诗甚工,神似山谷。休沐日同游岩穴,辄有诗索和。余勉为之,愧不如其能为险峭句也。1945年结业,往就鄂都中学之聘,遇狂犬啮之,不治而亡死,师友震悼。遗诗数十首在敝箧中,近年邅失之,遂未能附见原作。余存此二诗,欲不没泰云之名耳。"(《北山楼诗》)

另,据欧阳怀岳作诗《石燕岩纪游·同游者座师李笠、施蛰存诸先生及同学等凡十一人》：" 宝珠峰外秋江落，石燕岩前晓树齐，径具仄幽谢车骑，地翻根柢着锄犁；荐盘不碍盐梅欠（是日大嚼米粉而味过淡），扪石难为今古稽，最羡山家散鸡犬，漫教仙去判云泥。" 又诗《通济岩赋呈同游诸师友·同游者如前》："石林泉壑支笻上，秘怪方知遁软红，躔屦苍岩晴碍日（予陪施先生绕高岩一周），曳拳静院生风（李笠、龚达清二先生均作拳戏，龚且云为能生风）；好山如压瓦鳞堕，拙句已搜獭祭穷，倘许歌呼动寥廓，端须徒挈榼从诸公。" 别有《叠前韵再得拗体一首》："侧陪名辈走图画，几许秋林摇叶红，惟助嵯峨负土石，得开怀抱当襟风；佛楼枯坐我无相，福地深探谁固穷？懒下香厨炙韭蘁，力疲真觉惭欧公（宋人书札云欧公年最少力最疲，此书盖叙游嵩山事也）。"（《赣友》，第 1 期）

另，据马祖熙回忆："畴昔从公，登朝斗岩，上宝珠峰。正云涛喷雪，争飞石燕；江声挂树，欲化苍龙。我曰归乎，公言且未，待摘星辰向碧空。"（马祖熙《沁园春·祝蛰庵师八秩生辰》）

**同月** 10 日《文艺先锋》半月刊在重庆出版创刊号。

## 十一月

**十日** 在《文艺先锋》第 1 卷第 3 期发表《文学之贫困》。先生自述："《文学之贫困》那篇文章，曾引出了茅盾先生的诋诃。"（《待旦录·序》）

**十四日** 吕叔湘由成都复函："10 月中两示均拜悉，江清兄转徙数千里，虽苦也壮游也。近未得昆明信，亦不知已否抵达。承允划款，鄙意即作千元。""本月惠半，馀俟下月。今附上与舍弟一笺。""足下有意为西北之行，弟未敢可否。目前西北患无人肯去，肯去无不成者，但既少书籍，亦无佳山水，蜀中去者往往半年即回，""足下倘有意为锦城之游，恳早日赐示，当相机进行，倘不必返沪省亲，即不妨早作决定矣。《培风楼诗续存》市面已无存书，纸墨皆贵，一时未必再刷。弟已去信峨嵋，请川大友人代询邵君（今夏去川大）手头尚有多馀否，尚未得复，昨在书肆代买林山腴近年两集《悼孙》《村居》，此老出入唐宋，时亦不免流于油滑。近闻邮局有收寄教育图书小包之说，不知是否限于教本之类，若无限制，当先以胡林两集寄呈。""昨日班后有学生（国文专修科）来问，先生与施蛰（音垫）存、杨人梗（音梗）等诸先生皆熟识乎（大致系见传达室二公来信），彼等皆新文学家也，云云。令人啼笑皆非，文云乎哉，学云乎哉。今日报载军政部修正兵役法，取消各级学生缓役办法，诚大快事。"

**十五日** 译作保加利亚卡拉列舍夫《罗西察河上的石桥》刊于《创作月刊》第1卷第6期(短篇翻译小说特辑),并附"译后记":"此篇系从维克多·夏仑科夫博士英译本转译者。"

**同日** 桂林萤社初版发行陈原主编,译述者萧聪、马耳、庄寿慈、施蛰存、郭雨芩《三姊妹·弱小民族小说选》,收录其译作犹太 I. L. 彼里兹《缄默者彭齐》。主编陈原在《后记》提及:"《缄默者彭齐》是犹太无名作家彼里兹的极有声誉的短篇。""《文学译报》载有庄寿慈先生的译文,《改进》上也发表了另一篇翻译,两者大抵都是根据1941年的一期《国际文学》英文版本译出的,这里施先生根据倍可维岂编的《世界最佳短篇小说集》(英文本)译出,行文和前者似乎稍有出入。在目前的环境中,又不可能找到原文,因此只能在这儿记下,以备日后的查对了。"

**二十一日** 晚上7时浦江清终于抵达昆明。一路行程八千里,途经九省,凡177天,"所历艰难有非始料所及者"。

## 十二月

**一日** 《万象》第2年第6期(12月号)刊载杨复冬《地方色彩与作家》提及:"中国的老作家中没有一个不是在上海做过一番出版事业,因为物质条件的优越,不但多老作家,也多'洋场才子',在作家中以表现上海的特殊景物著称的,当然该数到茅盾了。""其次,打着'第三种人'标帜的作家若施蛰存,叶灵凤,戴望舒等,都是写舞场风月的老手。夏丏尊,叶绍钧,郑伯奇,王统照,鲁彦等,大都偏于写上海职业阶级的一面。战后成了孤岛的上海,表现上海最力的则是剧作家于伶(即尤竞)。"

**十六日** 《中央日报扫荡报联合版·学海》登载田仲济《小说中的人物》提及:"施蛰存的《石秀》便是一个很好的例子,他描写石秀感情与理智、灵和肉的冲突。这种方法的运用,可以使一篇动作迅疾的小说弛缓下来,就是显露内心的斗争的时候,也是起这种作用的。"

**十九日** 译毕南斯拉夫阿洛异·克莱弗《建筑家》并撰"译后记":"因为读后觉得很感动,所以给译了出来,好在文学不至于因隔了二十年,就不时行。""又本文中所谓福音医生,英文 Gospod doctor。Gospod 一字斜书,遍查不识。意者即 Gospel 之异文乎。故暂作此译,想来是'慈善的'之意,否则,或者是一种教区里的牧师而兼医生者。不熟悉中欧社会生活,故不敢定,伏乞读者惠教。"

**二十一日** 吕叔湘复函:"汇款迟早悉听尊便,弟尚有法挪移。""胡[翔冬]集一本,林[山腴]集四本并拙著[《中国文法要略》上卷]一册,合作一包于今日寄奉,收到请赐一信。付寄时初不允作教育图书,云必须教科书方可援例,普通书应作普通小包,索价85元,争辩间惊动局长自来问询,局长系上海口音,见封面足下大名,遂问及足下行止,并面谕伙计,此系教授用书亦可收寄,妙哉妙哉。近又译得 Saroyan: My Name Is Aram 一册交'开明',来春可望印出,希望彼时局长未换,仍可托福寄上一册。向觉明兄已于十月中到敦煌,流沙千里度此残冬,当别有风味也。江清计程应早抵昆明,但未得一信,此君不慌不忙,煞是可佩。""诸书请作吾 mas 礼物看,下不为例,又拙作错字百出,不及一一更正。"

**二十二日** 吕叔湘又复函:"昨日上课前写好此信,写信封时忽来学生,以琐事刺刺不休,遂去上课,课后胡胡突突以空封发出,足下见之当又哈哈大笑也。"

**二十五日** 《文艺先锋》第1卷第6期刊载白尘《读书随笔——文学的衰亡》提及:"那种贫困的可怜的抗战文学,如'田间先生式的诗歌和文明戏式的话剧'之类,自然是不屑于有。——有,怕是诗歌和话剧以外的小说了。但可惜的是像那些语言有味,面目可爱的隐士文学家的巨作,如《将军的头》之类的小说,也'在三年五载之中,为有闲阶级之书斋清玩'以后,而近乎衰亡了。——但这衰亡的文学,自然是隐士文学家的文学!"

**二十六日** 浦江清由昆明致函:"长汀欢聚,快慰离惊,至今犹萦梦际。弟于十一月廿日到达昆明,一路辛苦,尚不觉得,到后大感疲乏,且一时不得住处之安定,是以迟迟作书,尚乞鉴恕。忆自赣州奉寄一札,此后即未续告行踪,足下或觉奇怪,缘到桂林,疟疾又来攻袭,病一星期,且几于天天有警报,在旅馆中亦不得安,而在湘桂夜车中,未到桂林前,有警报,车中人有下车疏散者,弟亦下车,行李托人照顾,乃中有一人,窃之而逃。弟随身行李两件,一被包,一旅行包,尽失,皆急需应用之物,重备起来,所费不赀。在桂贫病交迫,懊恼之至,到金城江,幸遇一清华同学,搭伴同行,一路得其照料不少。""蒙足下写介绍书两通,因未感困难,均未投递,而行时又忘付邮,至为抱歉。""弟到此半个月,尚不能住定,宿舍之舒适及图书馆设备,远不及厦大。""现昆市物价之贵,难以尽述。据经济学家计算,较战前为一百三十倍。""教授之卖书、卖衣服,司空见惯。至于陈达教授之摆地摊,并无其事。梅校长吃包饭是事实,惟言之过甚耳。""陶光改赴云大为副教授,文学院院长为姜亮夫,而中文系主任似为楚君,弟亦不详。云大虽近,仅去过一次,看姜亮夫,缘进城两天,均匆匆。足下托交云大学生一物,尚未检出交去,但不久必设法转去,乞恕迟懒。兄之存书,'郑氏文学史'、'四印斋词'、'八史经籍志'等均在冠英处,尚未送来,待检清后,当函告。冠英亦住乡下,进城不过两天，《国文月刊》仍由彼编辑，极盼吾兄撰稿，以给予生气。惟'开明'近来印刷甚迟，又稿费菲薄，盼足下热心帮忙，不计稿费也。此间同人现在作文不得不计算稿费，梦家受北平图书馆之委托编《图书季刊》，出六十元一千字之稿费，要研究论文，'学报'几受其影响。我辈想与'开明'言，《国文月刊》稿费增至三十元一千字，不无希望。此外，此间《当代评论》，如足下有稿，亦』欢迎，稿费比《国文月刊》好。""杨君之物，弟初到此，住在工学院褚士荃处时，即托其交去。足下托注意近人诗集，一路行来，仅在桂林见一二家旧书店，无甚书籍。此间亦寥落，且书价之昂，出人意表，研究所买一部《汉魏六朝百三名家集》，连史纸石印者，九百元。非吾辈所可问津矣。""雁晴、静希[林庚]两位即请代候。如见萨公，亦托致意候之。"

另，此函附录经润改诗作《蛰存自闽中来书，却寄》："人事久萧索，苍茫残岁催。故人一叶书，暖我心头灰。三年各为客，万里偶(同)追陪。今看隔东海，白浪高崔嵬。书来亦不易(寄我闽游诗)，诗清胜寄(清芬挹岭)梅。嗟予懒拙病，投报乏琼瑰。缅怀山市里，溪瀑听如雷。夕霏冥四合，灯火动吟才。颇夸锦囊(箧衍)富，心泉汩汩来。岂如沪渎人(困沪渎)，出门多疑猜。世议纷愈隘(文章不可说)，宽处难安排(偶语恐成灾)。文章久废搁(谁能商出处)，偶语恐成灾(有意常徘徊)。祝君常健好，(楼头好明月，清光彻九垓。)明月照同杯。(可堪乘佳兴，还醉翠湖杯。)"(按：诗稿和本函皆书于红栏八行笺纸，润改处见括号内标注。)

**下半年内** 先生选编《高中文选》，由福建省政府教育厅编委会出版发行。

**又** 沈从文寄赠书幅唐诗独孤及《垂花坞醉后戏题，赋得俱字韵》："紫蔓青条拂酒壶，落花时与竹风俱；归时自负花前醉，笑向鲦鱼问乐无。蛰存兄雅命，上官碧。"先生自述：沈从文"来信说，已经买到大大小小[盆碟]十多个了。瓷器也收了不少，八骏图又收到二只"。(《滇云浦雨话从文》)

# 一九四三年（中华民国三十二年 岁次癸未） 先生三十九岁

## 一月

**一日** 先生与刘天予、谷霁光合编《厦大学报》第一集出版。

**同日** 《中国与东亚》第1卷第1期杨之华《中国现代散文的派别及其流变》提

及:"《文饭小品》和《文艺风景》,单看这两种刊物的命名便不难可以想见它的内容了,要之,他们把'文艺'当作'风景'看,读'小品'应在'饭后',这是与专讲风雅和闲逸的《人间世》又有其不同的分野。作为这一类主要干部,仍是现代社的同人施蛰存、杜衡、戴望舒、徐霞村和叶灵凤等。但一出即灭,其寿命远不若林语堂的《人间世》,而读者也没有《人间世》那么多。"

**十五日** 重庆《抗战文艺》第8卷第3期刊载郭沫若《关于"接受文学遗产"》提及:"往年曾经闹过读《庄子》与《文选》的问题,经过鲁迅的指责,在近人的论调中还时时发现其微波;但平心而论,这两部书依然是值得一读的。旧时提过这个问题的人是要一切青年都须得读这两部书,用意却别有所在,故鲁迅极力驳斥他们。现在我们把范围缩小些,凡是有志于文学的青年,能读读这两部书,我看是很有益处的。"

**二十五日** 吕叔湘致函:"划款事如何,江清于11月中旬到昆明,未来信,仅由江澄转告平安,现住龙头村云云。阁下今年行止有无成竹,倘有意为西蜀之游,即当预为接洽,(马季明在港有往还否,渠今主燕大国文系),西北恐只可走马一游,不堪久住耳。岁暮天寒,何以为怀,甚念。"

**下旬** 厦门大学在北山之麓建成新校舍,先生随即搬出长汀饭店的临时住所,迁居位于北山脚下的教授新宿舍,屋子背靠北山。

另,按先生自述:"瞿秋白是我的老师,他是被国民党杀害在长汀的北山山脚下,他的墓就在离我当时住的宿舍不远处。我每天路过,沉痛无尽。"(《世纪老人的话·施蛰存卷》)

**月内** 为得胡翔冬诗集《自怡斋诗》而作诗"题胡翔冬自怡斋诗"并识于书末。

**又** 开始撰写《读太史公自序旁札》,同时编写讲义教材多种。

**是月** 贵阳文通书局初版发行胡苏《火底典礼》,作者在"序"中提及:"一九三三年,我又重新地开始写短篇小说,""写了一篇《小鱼》,但施蛰存与杜衡用诚恳的友谊的态度,劝我不要发表它出来。除非重新地再写一次,我接受了他们的劝告,我希望在最近的将来重新地写过并且发表它出来。"

**同月** 重庆峨嵋出版社初版发行鲁迅先生纪念委员会编纂《且介亭杂文二集》。

## 二月

**五日** 春节。始用别署"北山",并以"北山楼"为书斋名。

**七日**　为由1923年美国《戏剧月刊》第17卷第11、12期合刊本载荷兰H.海裘曼独幕剧《江湖买艺人》(同年该杂志还出版此剧单行本)英译本转译完成而作"译者记"。

**十日**　译毕匈牙利拉育思·皮洛《两孤儿》并撰写"译后记"："这一篇《两孤儿》系从1938年 Argosy 杂志中所载英译本转译，或许即是《偶像破坏者》中之一篇。"

**二十日**　《文艺先锋》第2卷第2期刊载茅盾《文艺杂谈》："现在是诗歌勃盛的时期，因此我连带想到了施蛰存先生的'文学贫困'论。'文学贫困'论还是重在指斥中国现在的文艺作品都不足一顾呢，抑在替文学力争地盘，要使历史、哲学、政论等等，都像古代希腊似的归在文艺名下呢，我实在看不清楚，但想来这两个意思施蛰存是都有的。对于这一新奇之论，我感到兴趣。因为感到兴趣，我想提醒施蛰存先生一句，当古代希腊的九位缪斯中间有执掌历史、哲学，而且政论亦复视为文学的时候，'韵文'实居历倒的优势。""如果只看到'文学'之国包有了历史、哲学等等，而遂震惊其丰富，遂谓今之仅以小说、戏剧、诗歌、散文等四科算作文学是'文学之贫困'，那么，古代希腊所谓哲学还包括了自然科学呢，难道今日自然科学从哲学分离出来也就是哲学的贫困么？人类文化愈演进，学术的分科也愈细而愈密，这是自然之理。这倒不比对于文艺作品的好歹，即使信口雌黄了，也可以自解嘲为各人自有看法，这是属于常识的范围，好作奇论，硬是会闹笑话的。"

**二十二日**　为译毕捷克耶鲁斯拉夫·苻尔赫列支基著独幕剧《见证》而撰写"译后记"："此独幕剧《见证》，英译名为 The Witness，译者为 Charles Rceht，收在 Frank Shay 所编《各国短剧二十五种》中，兹即据此本转译之。"

**二十七日**　《新华日报·新华副刊》刊载杨华《"拿货色来看"和"文学贫困"论——文学时论之五》，文末写道："梁实秋和施蛰存二先生底'异曲同工'的理论，不论说得如何巧妙，在文学现实之前总是站不住脚的，事实是无情的。"

**月内**　作诗《汀州市上得虎肉自烹之以一脔饷李雁晴腾以小诗》。先生自述："一日授课后在市肆散步，遇有出售虎肉，遂购得一脔。自以瓦罐煮之，舀一器馈赠李雁晴先生品尝，越日雁公写诗一首见示。'蛰存词长馈虎肉，诗以谢之：腥风昨夜袭行厨，别馆惊逢席上腴。理疾但教尝一脔(余患胃疾，屡思试食虎肉，未果)，假威谁复问群狐。斑摧匕箸欢扪腹，色变笑谈怕捋须。多谢愚山相馈赠，助吾诗思益吾迂。'"(《北山谈艺录续编》)

**又**　浦江清由昆明复函："《国文月刊》文盼即能写寄。部定'国文教材'选自参与其事者,为建功、佩弦、冀野、伍叔傥、王焕镳[驾吾]诸公,而建功为主席,关于大一国文讨论文字,弟即将写一篇,冠英亦拟有所论列,极望足下即写,可以同付发表。尽可尽量申论,倘有极关碍,佩公及弟在此皆可斟酌,以汇齐意见付'月刊',较热闹也。朱孟实[光潜]有一篇文章驳教部所拟目,以为古代文太多,于作文无多帮助,其立场在语文训练方面;佩公有所申辩,均将在'高等教育[季刊]'上发表。但印出迟,恐吾兄不及参考。前出之'高等教育'第1卷第3期,为大学课程问题'特辑'。[按:《高等教育季刊》第2卷第3期"大学国文教学问题特辑"。]此志贵校谅必亦有,足下可以参阅,如有讨论中国文学系课程之文章,'月刊'亦甚欢迎。弟于部定大一国文教材,大体赞成。惟谓唐以后文似宜另选一本,两本互用,其馀意见不关选目。关于学生习作寄登'月刊',弟极主之,想冠英亦不致有异议。""杨君处《越缦堂读书记》拟即去代为收回,馀书存弟处者,待后设法为兄办理。弟在此处书籍将来亦总须了却,此刻此间书价虽昂,事实上欲购书之人甚少。冯公书件下函再寄。静希[林庚]寄来平伯一笺,今缴还,请转致,其大作一篇,稿已发出,不及掣回,想《国文月刊》重载,亦无关系。""彼存马文珍[君玠]君处尚有稿件,已函冠英告知其事。雁晴先生一稿,则闻已发出,惟近来'月刊'数期稿件发出而印刷迟缓,大概在二十三、四期中,托就近通知。""育琴前日来书,世太夫人在松逝世,遭此大故,哀感万端,想返乡一行,而颇觉其难。闽中离沪较近,足下接眷事尚易办。昨企罗来信云,其妹在今年暑假将毕业高中,颇想到内地读书,倘足下返沪接眷,则可以结伴同行,彼此照顾。""此间生活真难维持,事实如此,不容考虑。联大同人有眷在此,无非拍卖东西度日,能在外兼差者,是少数。昨见华罗庚云,已再无东西可卖。为之然软叹。一多、冠英辈,每月四处借钱,吴正之[有训]最近亦将女佣辞退。""联大之精神,尚可佩也。""《国文月刊》此间看到16、17、18期,弟之'[谈]京本通俗小说'见16期,因想兄处可得,不另邮呈教矣。此文考证尚有可商之处,即吴七郡王乃是吴琚之别号,而小说中所写,则颇似吴益。待将来再论述之。《花蕊夫人宫词考证》一文已草就,在何处发表未定。李公寄来《厦大学报》抽印本一种已收到,不知吾兄尚有文否。《厦大学报》如贵校可以惠赠至此间文科研究所,则甚为欢迎,当即以《清华学报》已印出者,交换也。"

**又** 乔迁新宿舍还养了一条小黑狗,后来不慎跑到门前路上被疾驶而过的美军卡车压死了。(参见《世纪老人的话·施蛰存卷》)

**是月** 重庆东方书社初版发行田仲济著《情虚集》,内收《傀儡》提及:"为了什么?为了'难于质证'。所以反对者也可以'追从','颂扬',拿死者的话作自己的武器。话虽然被曲解,可再不会如第三种人施蛰存引用过的话似的,马上被质证了过来。"(按:该文曾以同题刊于1940年12月20日重庆《时事新报》,署名"玉民";全文略有异处,文内提及的此句为:"这话虽然被曲解,可再不会如第三种人引用过似的。")

**同月** 3日《宇宙风》主编林憾庐在桂林病逝。

## 三月

**一日** 《野草》第5卷第3期刊载孟超(署名"东郭迪吉")《文学格杀论举例》:"我举出了施蛰存讲师的话,他在他那'文学的贫困'的妙文上,用了无限慨叹的口吻说:抗战以来只有'田间式的诗歌',和'文明剧似的话剧'而已,真真是贫困的贫困。这样的结论,轻轻的把抗战文学一笔抹煞,谁能说这种结算不是糊涂万分呢。""纵让他是诬蔑,而这种诬蔑也是徒劳。""其居心为了抹煞抗战文学;其实是抹不煞的。"

**二日** 作诗《枯树》,后发表在《大江日报》副刊。(按:见于重庆出版社《中国四十年代诗选·下册》)

**七日** 致《东南日报》编辑函:"顷见贵报3月2日第四版载钱斯丁君所撰之'第三批落水文丐'[《为傀儡舞台摇旗呐喊的第三批落水文丐》]一文,内将敝友杜衡列入第一批附逆文丐中,并称其在伪方以笔名作文,此事不知钱君何所根据? 就鄙人所知,杜君在抗战后即避地香港,在国民党海外特别党部驻港办事处供职。自香港沦陷后,即间道内迁,现在重庆某半官性机关服务。如此行径,似乎不得谓之'落水文丐'。处此时代,文人出处,各有其志,吾人对于附逆事仇者,固不必为之曲宥。但其有守坚贞者,似亦不必无端诬蔑。杜君为鄙人友人中之志守坚定者,故为致函贵报辨诬,拟恳将此信在贵报披露为感。"

另,据张顺楚《文化通讯:海隅来简》记述:"施蛰存,去年因杜衡之事,和斯丁文(大概即是现任《东南日报》助编钱今昔)打过笔墨官司。(杜衡据说现在重庆,不想再在文坛'捞什子'。)"(《杂志》,1944年第14卷第1期)

**十日** 《罗曼·罗兰的群众观》又刊《宇宙风》(桂林版)第121—126选刊下册。

**十五日** 《东方日报》刊载《施蛰存·蛰存在沪》:"《现代》杂志的编辑'第三种人'的'领袖'施蛰存,他的作风是一向以细腻见称,其作品《善女人行品》《上元灯》等,均博得读者美评。据说他弄得潇洒,不过头脑却古董异常,以前有某报向作家征求给青年读的书目,他把《庄子》《文选》开了出去,引起鲁迅先生大为不满,""于是一场笔战,战得难分难解,因为那时除施、鲁两人外,参加'战线'的有曹聚仁、崔万秋、林微音、唐弢、徐懋庸等,而双方又有大批虾兵蟹将,所以形成十分闹忙的一片了。且说施蛰存到了战后,也离开老家上海四马路的写字间,而一到了香港,他曾与现与穆时英的妹妹穆丽英[娟]离婚的戴望舒,和'自由人'杜衡等,办了一个'香港文协',后来与杜等意见不合,于是一跑跑到了云南,在某县立中学任教,一说是在云南大学教书,专心与学生相周旋,写作非常的少,不过埋头于故纸堆中,啃啃《庄子》《文选》之类,写写考古之类的文章。但现在却从云南不畏路途的艰难,依旧回到上海的老家来了。闻说是与分别多年的家属住在一起,并且有人见他在靶子场一带走,不过好像却与外间文化方面很少接触,大约施蛰存真名符其实的'蛰存'了吧!"

**十八日** 译毕瑞典赛尔玛·拉瑞列孚《婚礼进行曲》并撰"译者记":"吾国翻译本尚不多见,仅中华书局曾出版一二种,似亦未有人加以注意也。"

**同日** 《东南日报》"来函"专栏刊载以题为《施蛰存为杜衡辨正》的先生7日致该报编辑函。

**二十一日** 吕叔湘由成都复先生函:"介府上款已于一月十四日由舍弟送到,想已得家报也。前寄书今到否,培风楼主人已晤,渠身边亦无存书矣。Sayu 书,华西大学有之,为人借去迄未得读,想当不恶。足下愿意在冷灶下煨一把火,功德无量。弟'文法要略·下册'日内可以脱稿,啰啰嗦嗦乃有廿万字,仍有多处不能着实,目前现成结果可利用者太少,亦无可奈何之事。为衣食所迫,暑假中拟译小说一种,足下有可提示者否,企盼明教。作官之说如何,得闻其详,此亦储集说部资料之一,道况亦不无报国利民之可能乎,敢如劝驾。"

**二十六日** 《东南日报·笔垒》第1286期登载钱斯丁《杜衡与芦焚——答施蛰存先生》:"杜衡对我的印象始终不怎样好,他的那部小说《再亮些》,除了剽窃横光利一的形式之外,又添上了一些莫明其妙的公式。""戴望舒和杜衡的感情,恐怕不输于施蛰存先生与杜衡吧!对于戴先生的这一行动,施先生不知道有些什么感想。""施先生在过去不发一言,而今日出来替杜衡说话,真是费解得很。据施先生的消息,杜君已在重庆,这事如果确实,我当向施先生的朋友杜衡,杜衡的朋友施先生共致歉意。"

**二十七日** 《新华日报·新华副刊》登载郭沫若《新文艺的使命——纪念文协五周年》提及:"'文艺的贫困'的呼声——呼吁着自抗战以来只有些田间式的诗歌与文明戏式的话剧。这种种声息,无论出于有意识或者无意识,都以说教的姿态出现,而且发出这些声息的人都是不屑和大众生活打成一片的人。""大约是只看到抗战初期的情形吧,但有一点是说得最为准确,便是说到了他自己的'贫困',战前的那批苍白色的风流不凡、孤芳自赏的文士,自抗战发生后差不多连一个字都没有写出。田间尚有诗,作剧家尚有'文明戏',而这种说教的人却只有'文学的贫困'而已。""对于敌伪的憎恨不够,对于国族的关切不够,因而发为文章便不能有足够的力量来动员一切。在这一点上,所谓'文学的贫困',我们是应该有条件地承认的。"(按:此文又载《半月文萃》第2卷第1期。)

**月内** 虞愚书赠诗作:"新居牖下有古松一株,所谓雀舌种者,为赋一诗录似蛰存道兄高评并乞和章。"先生即作诗《奉和虞竹园新居古松》报答。

## 四月

**九日** 撰讫《我所知道的杜衡》:"3月26日的《东南日报》前天才到长汀,我在今天才看到,读了钱斯丁的文章,才知钱君对于杜衡因为'印像始终不怎样好',所以不大信得过杜衡竟不做落水文丐。钱君的成见既如是之深,我也不想多所饶舌,但钱君的文章既已经登载在报上,我又似乎不能不把杜衡的事再说明一下,免得使读者中之知道杜衡其人者,以为钱君的话是实录,而我却成为欺骗。钱君文中关于杜衡的记述,没有一个字真实的。我现在不必驳斥钱君,祇将我所知道的关于杜衡的事,作一简单的叙述,让读者去对勘。""附带声明一句,这回我又做了一件不讨好的事。因为杜衡并未要我代为申明他在重庆。他自从内迁以后,至今没有给我一个信过,我也不知道他的住址。他是一个性格沉毅的人,虽然我们是同乡、同学,还是二十年的老朋友,但他因为如今不想在乌烟瘴气的文化圈中打滚,所以,连我这个老朋友也大有不更需要的样子。因此,我今天这篇文字,完全是钱斯丁君逼出来的,我希望不必让我再写什么了。"

**十八日** 浦江清由昆明致函:"今由邮挂号寄上冯芝老法书一件,乞检收。书尚佳,惜诗太颓废,当时彼匆匆北飞,固难使其更作耳。足下云将寄厦大学生成绩来,迄今尚未收到。近出《国文月刊》数期,印象如何。弟等以前计划,今《国文杂志》却一一做到。返顾'月刊'颇有蹈空虚及沉闷之病,冠英非不知之,奈来稿多如此耳。今尚想整顿,最难得者为讲解诗文之稿,足下有闲乞助之。吴先生前谈读尊诗甚佩,将介绍付《旅行杂志》,有信征求足下同意,不知如何。此间佩公之诗大有进境,惜多长篇,弟懒于抄录。夏历新正,此间亦寒冷,围炉谈诗,游泽存[国恩]兴最浓,能背诵散原诗不少。弟谓旧诗尚可作,一多则颇不谓然。近来川中各校复古之气氛浓厚,如中大所办之《中国学报》有汪辟疆告文系学生文,有'诸君当信中国文学高于一切,勿为外诱'等语；又《金陵学报》中有高文论金大国文系之精神，对时下青年之不读书者下针砭固可，但矫枉过正。佩公读之，大为嗟叹。不知此类刊物长汀订得到否，足下印象如何。史学会成立后，我们盼望成立一中国文学会，此次莘田入川，盼彼能促成之，但结果则成立一中国语文学会而返。只是语言文字将文学屏弃在外。叔湘有一稿寄来付'月刊'，甚佳。""闻竹天辞闽建厅职确否，彼现在何处耶。"别附冯友兰书赠先生条幅："断送一生惟有酒，寻思百计不如闲；莫忧世事兼卑事，须著人间比梦闻。蛰存先生属书，冯友兰。"

**同日** 始在《东南日报·笔垒》第1305期发表《我所知道的杜衡》（上）。

**十九日** 《我所知道的杜衡》（下）续刊于《东南日报·笔垒》第1306期。

**二十日** 《东南日报·笔垒》第1307期登载《施蛰存佳文抄》："笔者读了施蛰存先生的大作《我所知道的杜衡》后，颇能了解其中精华所在。兹择尤摘录原文数段于后，不加一语，以供关心杜衡'曾否落水问题'者之参考。"

**二十二、二十三日** 《东南日报·笔垒》第1309、1310期连载钱斯丁《杜衡之谜——再答施蛰存先生》。1310期还载金戈《戴望舒离婚了》，开篇写到"施蛰存先生对戴望舒于前年向文协提议开除杜衡会籍一事，有这样的解说"。

**月内** 作诗《癸未春日闲居》十首，并刻蜡版油印多份，分别寄赠各地诸位师友，又先后收到诸家评论，其中闻宥评："大作气韵之高，选字之辣，直是唐人。倾倒已极，浦君固决非足下之敌，即雄伯亦当退避三舍矣。"浦江清（君练）评："无相庵近诗，先于北门街宿舍雨僧先生处见之，发函同读，快忭莫名。五律不入贾长江一派，有古诗之蕴藉，真难得也。到乡见案头已有邮递，即转佩弦等。佩公赏'观心、遮眼'，'霜雪、尘埃'，'兵气、草庐'数联，弟则颇爱'归梦'、'愁端'二语，真能道着吾辈心境，佩公谓'霜雪、尘埃'语虽佳，毋乃太老苍，此作旧诗之累耳。"罗庸（膺中）评："尊作清真雅正，沉练如杜，而冲融似陶，衡之近人，以闽派为近，相识中作者，沉潜安雅，未有踰于左右者。此非第观艺，且以观德也，敬服之馀，祗深赞叹。"余节高评："'闲居'第三什，伤心别有怀抱，情非太上之忘馀，亦足见深入无浅语，他题同妙。闻、浦、罗三君之评于诗境，亦写出惟妙惟肖，故不才仍自托为疣语附后。"（陈文华提供）

**同月** 16日《国风》半月刊第12期刊载陈铨《青花·理想主义与浪漫精神》。日寇劫走松江县城元代孔庙全部祭祀礼器近百件，以及民间所藏的一批名家书画、古玩等珍贵文物。

## 五月

**五日** 吕叔湘复函:"惠下千元已收,谢谢。足下暑假行止已定否?念念。承示可译之小说,甚感。Butler 及 Forster 两书,鄙意不甚相宜,Gamett 书尚未见到。实则'文法要略·中卷'甫交出,下卷尚待整理,又《中学生》所载《虚字浅说》、《国文杂志》所载《笔记选读》,俱只写成一半,暑假中须将三者赶办结束,未必有暇译小说也。"

**二十二日** 桂林《扫荡报》登载《新文学》即将创刊广告,目录内有其译作《大使夫人》(约翰·根室作)、《婚礼进行曲》(S.拉瑞列孚作)。

**三十日** 罗庸(膺中)由昆明复函:"损书并示近诗,谦抑过当,愧弗敢当。""弟一知半解,时肆謷说,徒足贻笑大雅,不足论也。后有述作,仍盼寄示,以饱眼福。"

**同日** 吕叔湘由成都复函:"'无相庵近作'已捧读,前收到汇款时未复信邪。一月以来为次儿盲肠事疲累不堪,诸事疏忽已极,尚乞原谅。""拙作'要略'下卷篇幅过多,又分中下二册,已交去一册,不知年内能否印出。《金陵学报》新印两期皆理农两院文字,度阁下未必有学稼之兴,不买寄矣。夏间作何计较,愿闻其详。"

**月内** 作诗《偶忆昆明肴馔之美戏赋一首》《王耘庄来书言顷已与沈楚同居作诗箴之》。

**是月** 桂林《艺丛》月刊第1卷第1期刊载郭沫若《文艺的本质》提及:"最近又有一位大学讲师来了'文学的贫穷'。讲师曰:古时文学包含历史、演说、政论,今时文学只有小说、诗歌、戏剧、杂文,以今比古,何尝有古人的丰富。妙论可圈哉!然而却只显露得脑筋的'贫困'。性质不同的东西不能相比,这种初步的比例法都还不曾理会得,公然也在做大学的讲师。假如化为同性质之后而再行比例,你真敢断言现代的历史、演说、政论等等的文章综合起来,抵不上古代文学的丰富吗?但讲师的刀还有另外的一面。讲师又曰:抗战以来只有'田间式的诗歌'和'文明剧似的话剧'而已,真真是'贫困的贫困'!抗战已经五年了,田间总还有些诗,作剧家总还有些剧,然而讲师呢?却只有'文学的贫困','贫困的贫困'。"

**同月** 《万象》月刊从第3年第1期开始,改由柯灵主编。

## 六月

**一日** 诗作《适闽杂诗》(自松下海面乘帆船赴海口舟中得句、海口、坑田道中六首、福州杂诗八首、闻收邕宁喜而颂之、蜑娘谣、水口夜泊、闽江滩行、南平口号二首)

并附《愁霖赋》,刊于《旅行杂志》第17卷第6期。

**十三日** 桂林《力报》登载青青《谈鲁迅的扑空:扑倒了施蛰存,冤枉了颜之推》。

**十七日** 先生携数位学生同游霹雳岩公园,拍摄合影,并在照片背面题写:"中华民国卅二年六月十七日摄于长汀霹雳岩。"先生居中签名,接着是参加合影学生各自对应所在位置签名:"伯石、潘茂元、范筱兰、勒公贞[公丁]、郑道传。"

**约在期间** 先生自述:"避难在福建的时候,我曾经很爱好过古尔蒙,也就在那时,译出了他的一些散文和诗。这一篇《女体礼赞》是较长的,也是他的著名的作品,收在《给女人的书简》一集中。"(《女体礼赞·译者附记》)

## 七月

**一日** 《小说月报》第33、34期合刊登载沈子成《关于施蛰存及其著作》:"清明节前几日,我从上海回到了故乡,""翻阅《杂志》以自遣;忽在文化报道栏内,见有施蛰存氏回沪努力写作简讯一则;使我一栗,施氏无恙否?施氏从绝塞蛮荒归来耶?于是我仰首唏嘘,不能自已;不竟追怀起往事来。""片片往事,因这一则简讯而使我从头重温。""一、从水沫社说起。……施氏是温柔和蔼,完全是一个可亲的中年人。白白的脸上,架着一副眼镜,一对神采的眼睛,笑时眯得很小,中等的身材,不胖亦不瘦腴,完全书生本色;是聪明人,但不以聪明而自怠,努力于学问,努力于事业,爱人亦自爱,虽富天才,而不以天才自诩,气质、环境、家庭生活、及学校教育,使他形成这样的人。""二、施氏的生活及其家。""家里是开织袜厂的一家中产商家,他为人很客气,谦虚,待人接物极有礼,无轻浮骄奢的习气。""三、施氏创作评述。甲:综述及分类。乙:代表作《上元灯》集的检讨。丙:历史小说《将军底头》艺术上的研讨。""四、施氏之散文、翻译、及其他。"

**七日** 《民族文学》第1卷第1期"论坛"专栏刊载《文学家的学问》:"施蛰存先生感叹中国文学的贫困,胪列了许多文学家需要的学问,来作医治贫困的药方。这张药方出来,吓掉了许多文学家的魂,攻击反对,是自然的现象。其实施先生的主张是对的,不过他没有把文学和其它学问的关系,明显指出,尤其受人误解的,就是没有仔细解释,文学家需要各种学问,到底应当到什么程度。""中国文学的贫困,到不在中国文学家,没有兼任其它许多的专门学问,而在他们大部分人脑子里连各种学问普通的智识都没有,甚至于连文学本身的常识都很缺乏。施先生劝大家多读一点书,也未尝不是一番美意。"

**十五日**　译作约翰·根室小说《大使夫人》刊于《新文学》第1卷第1期(小说专号)。

**同日**　先生与刘天予、谷霁光合编《厦大学报》第二集出版。

**十七日**　《东方日报》登载林林《施蛰存有离沪说》:"施蛰存是'第三种人'的领袖,《现代》派中之祭酒,论文章,确实有几篇可读的,以写历史小品及描绘女性心理胜,他为人非常的和气,文笔下也是如此,所以常常为鲁迅'吃逼'!前几个月他回到上海,蛰居在虹口一带,不知干甚么营生,也不知可化了名字投稿否,不过,听说最近施蛰存是离沪了,目的大约是无锡一带云。"

## 八月

**中旬**　先生由福建长汀启程,经江西、浙江,返回上海探亲。

另,据马祖熙回忆:"施先生留赠我不少书籍,起先是要我保存,后来干脆赠给我了。这些书中有王晓湘的《词史》、吴瞿安的《词学通论》、毛晋《六十名家词》《云起轩词》《西厢记五剧注》等等,共有数百本。""这批书籍也就在流离走徙中全都损失了。"(马祖熙《化雨春风七十年》)

另,按先生自述:"江西浙江的旧路上,还很好地保存着古代驿路的遗迹。长亭短亭,宛然犹在。虽然已不是宿夜的地方,却还可以小坐一二十分钟,歇歇脚力。亭中有人设摊,供应茶水。有几处还供应米酒,甚至酒酿冲鸡蛋。在正午休息的地方,往往是个镇市,有二三十户人家,有一家饭店,你可以在那里吃到时蔬野味。有些凉亭,设在山上,非常合理。你走上一个大山坡,已经很累,就有一个舒服的凉亭在迎候你休息。你坐在一个大长桌边,从老妇人手里接过毛巾,擦净汗水,喝一杯茶或一碗米酒。如果需要吸烟,江西有的是好烟丝,这里也有供应,卷烟纸是奉送的。如果想吃闲食,花生米或地瓜,一般也可买到。这时候,你俯瞩原野,仰接烟霞,大可以舒啸一番,然后轻快地下岭赶路。"(《古代旅行》)

**是月**　文潮书店出版(桂林初版)刘铁冷编选《作文描写辞典》,此书刊有"本书的作家"名单,先生名列其中。书内"薄暮的农村"选自其作《梅雨之夕》;"矮屋"选自其作《上元灯》;"帆船"选自其作《上元灯》;"卖鱼人"选自其作《上元灯》。

**同月**　教育部批准苏皖联立技专与江苏教育学院合并在福建三元县(今福建省三明市)成立江苏省立江苏学院,戴克光奉命从中央大学调出赴任院长。

## 九月

**下旬** 先生夫妇与父母亲在岐山村寓所前门合影。

**月内** 作诗《偶赋》,另作《读离骚因赋一章》,先生自述:"这首五律是前年(1943年)偶读《离骚》时作的。"(《怎样纪念屈原》)

**约在期间** 先生与周煦良一起到吕班路(今重庆南路)巴黎新村看望傅雷夫妇。先生自述:"知道他息影孤岛,专心于翻译罗曼·罗兰。这一次认识了朱梅馥,也看见客堂里有一架钢琴,他的儿子傅聪坐在高凳上练琴。"(《纪念傅雷》)

**又** 按先生自述:"苏青,我1943年从内地到上海探亲时在朋友家吃饭碰到过。"(杨晓晖、龚建星《施蛰存访谈录》)

## 十月

**月内** 先生四妹企襄书录《武夷行卷》《春日闲居十首》《无相庵诗存》为一卷。(陈文华藏品)

**约在期间** 按先生自述:"我从内地到上海去拜访柯灵和傅雷,他们都提到了张爱玲,认为她的小说写得非常好。有一次我到朋友家吃饭,遇到了张爱玲和胡兰成,当时她非常年轻。"(张英《访上海作家施蛰存等》)

**又** 按先生自述:"遇到之江校友陆高谊,向他打听宋清如,才知道宋清如是朱生豪夫人。"(致朱宏达函,1985年10月17日)

**是月** 《风雨谈》第6期(10月号)"文坛消息"专栏刊载:"传施蛰存返沪。"

**同月** 重庆峨嵋出版社渝二版发行《且介亭杂文末编》。

## 十一月

**一日** 《万象》第3年第5期(11月号)插页刊载诗稿(署名"蛰存"):"梨云心绪早相知,却被横塘风雨欺。尘黦青衫霜点鬓,那堪更作十年期。"编辑柯灵在刊末"编辑室"提及:"施蛰存先生年来在福建长汀厦门大学执教,除翻译外,常以旧诗遣兴;最近应本刊之请,承他远道见寄,除这一期的插页外,下期将有《春日闲居》等作发刊。"

**二十六日** 由上海致香港戴望舒:"弟于八月中旬归申,至今尚在家中,无所事事。前曾寄一信至港,迄未得惠复,不知收到否?抑已收到而未作复,或作复而弟未收到?均不可知。近日晤L兄,渠云有方法妥寄一信与兄,故作此函。足下始终未有信寄友人,人人皆以足下为念。在港生活如何?经济情形想必不差,但不知其他方面如何?前曾闻兄在港办了一个《大众》杂志,尚未见到。前《星岛日报》副刊不知兄处尚存一全份否?弟近来颇以收存文献为意,希望将能办些出版事业。港中一切刊物书志(指1941年以后)尚祈多多收集。穆时英遗文,亦须征存《星岛日报》'娱乐版',如能觅一全份(穆兄所编者)最好。呐鸥遗文,亦须收存,将来当为他们出一全集,亦朋友之谊也。《新诗》及《新诗丛书》在上海何处,能否再弄得一份?灵凤近况如何?乞惠一可能详细的信(信由汀转亦好)。弟下半年行止未定,或者仍回去亦说不定也。灵凤均候。"

**是月** 上海世界书局初版发行李一鸣编著《中国新文学史讲话》,书中"第五章小说·第三派"提及:"第三派是创造社前期的作家,如郁达夫、张资平、郭沫若、陶晶孙、叶灵凤、周全平、倪贻德、冯沅君等,他们全是带有浪漫色彩的作家。他们的题材是青年的苦闷,男女间的恋爱。其他像'真美善派'的曾孟朴、虚白父子、张若谷、徐蔚南等。'现代派'的施蛰存、杜衡、穆时英等,都可以包括在这一派里面。""'现代派'是承继'水沫社'而来的,他们曾出版《现代》杂志。其中作小说的人,有施蛰存、穆时英、杜衡等。施蛰存笔致细致,善写琐屑事,短篇小说集有《上元灯》。"

**同月** 5日上午日寇飞机21架分列7队,两次侵入长汀县城上空,分别向府背、三官堂前、刘衙巷、永定公所、新街巷口、五通庙前、半片街、司前街、营背街、苍玉洞、西门附近、大同乡和霹雳岩公园、中山公园及厦门大学、县政府、专员公署等处狂轰滥炸,共投弹128枚,炸死炸伤几十人,日机轰炸时,有很多人避袭于苍玉洞内,而一颗炸弹正落在"一线天"岩顶上,顿时弹片、石块齐飞,洞内外死伤数十人,血流满地。

## 十二月

**一日** 诗作《忆旧十二绝句》刊于《万象》第3年第6期(12月号)。(按:此诗又题《绮怀十二首·十年影事微见于斯》)

另,柯灵在刊末"编辑室"提及:"在目前编杂志有一种不可避免的困难,就是因为作家四散,邮程阻塞所形成的材料枯窘症;如何克服这困难,介绍一点为读者渴慕的作者的作品,也正是《万象》努力的目标之一,虽然所获不多,凡有所得,自信都还是值得宝贵的。""施蛰存先生的《怀[忆]旧十二绝句》,好语如珠,谢谢他远道见寄的热忱。"

**十日**　《杂志》第12卷第3期(复刊第17号)刊载文载道《我与书》(上)提及："后来兴趣转到买杂志时，还紧紧记得施蛰存编《现代》的第二卷，也是由此定阅的。"

**上旬**　作诗《壬午之冬张荫麟没于遵义校斋，越岁方获凶讯，念在昆明时有游从之雅作诗挽之》，先生自述："余此诗原作喻解牛，朱自清先生见之曰，误矣。荫麟饕餮，饮食无度，起居不节，岂能喻解牛之旨乎。遂改作失解牛，识之以存此一段故事。"(《北山楼诗》)

**是月**　诗作《武夷宫》《幔亭》《仙船》《仙馆岩亦名学堂岩又称仙学堂》《卧龙潭在大藏峰下溪水于此渟潴作一泓寒碧因曰潭焉》刊于《民族诗坛》第5卷第2辑(总第26辑)。

**又**　重庆当今出版社初版发行欧阳凡海《文学论评》，书内"第3辑关于鲁迅先生·《文艺鉴赏辩解》序言"提及："他从前解说鲁迅的《风波》的文章，可惜我没有看见过。""这篇解说《明天》的《鲁迅的〈明天〉》，解说第一段的那种仔细，精到的精神，实在值得佩服。""施蛰存这篇文章的错误，不在于他分析了技巧，而在说他歪曲了内容。""施蛰存的毛病，是在于他把握不住内容，因此把内容加以歪曲，将他主观的自己头脑中的内容硬加在《明天》身上，因此他就不可能真正地分析出《明天》中怎样的技巧才恰当地表现了怎样的内容。""有的只是施蛰存自己头脑中加到《明天》上去的那种关于内容的牵强附会的解说。""他说：'十九世纪后半期以至于欧战以前，短篇小说中所描写的总是人的行为或说事实，近二十年来的短篇小说家所注意的都是心理，或说思想。'这是什么文艺史观？其荒谬的程度，可以被称为东方的魔术师。因为他不是根据历史谈历史，而和他解说《明天》的方法一样，是以主观头脑中的历史当作客观的史实来骗读者的。""他在分析《明天》第一段时所做的不过是一种幌子，他认为'描写心理'，根本就用不着'组织故事'。这出发点就错得不堪收拾了，他还能谈《明天》的什么结构，什么技巧呢？海银说他'在技巧方面费的功夫更大'，实在是有害的恭维。""施蛰存之所以要把'侧重描写心理'的帽子戴在《明天》头上，为的是要藉这顶帽子来偷运说明他性爱心理学，来把性爱的他所谓'象征'放到单四嫂心理中去，藉此以歪曲《明天》。""这是曲解中国受压迫受牺牲的下层人民的一切疾苦，是侮辱女性，侮辱鲁迅为中国人民的苦难而写作的光辉人格。""龚莺从片面的狭隘真实中对《明天》作偏向的理解，施蛰存则根本是从无中生有，对《明天》作根本歪曲了的理解，但龚莺的偏向恰巧走到了施蛰存的臼窝中，客观上助长了施蛰存的歪曲。""至于施蛰存说他自己曾经注意过《明天》的社会意义，那恐怕只有施先生自己知道，我实在一点也看不出。"

**约在期间** 按先生自述:"东南日报副刊(福建南平),1943 或 44,发表过二三篇杂文,只记得有一篇是题为'一个性学家的恋爱观'[《一位性学家所见的日本》];还有一篇是关于尼采的'查拉图斯屈拉如是说'这部译文的[《尼采之"中国舞"》]。"("我曾在报刊上发表过的文章",1968 年)

# 一九四四年（中华民国三十三年 岁次甲申） 先生四十岁

## 一月

**一日** 诗作《春日闲居十首》刊于《万象》第 3 年第 7 期(1 月号)。先生自述:"《万象》(上海)发表了十首旧体诗,题为《春日闲居》,被检查删去一首,只刊出了九首。"("我曾在报刊上发表过的文章",1968 年)

**同日** 译作瑞典 S. 拉瑞列孚《婚礼进行曲》刊于《新文学》第 1 卷第 2 期(新年号)。

**十九日** 《社会报》登载《文学家的笔名》,内有"施蛰存:施青萍"。

**二十一日** 在《浙瓯日报》发表诗作《品茶》。

**二十五日** 春节。全家聚餐并庆祝先生夫妇四十岁生日。

**是月** 上海中华日报社出版杨之华编《文坛史料》,列入"中华副刊丛书之一",收录《现代社》(附《文艺风景》及《文饭小品》),还有杨之华作《记现代社》:"'现代社'的解体距今快将十年了,但回顾十年前的《现代》,则它是雄踞当时的文坛的,至少 1932 至 33 这两个年头都是《现代社》红极一时的时候。就是现在许多优秀的作家,如已故的穆时英,现在内地的章靳以等,都是因《现代》杂志而成名的。同时,一谈起'现代社'的人物,首先就会想起施蛰存,接着便是戴望舒、杜衡、刘呐鸥等人;因为施、戴、杜、刘四人不单是'现代社'的主脑,而且他们四人之间都有着同学同班的关系呢。"

## 二月

**一日** 译作匈牙利拉育思·皮洛小说《两孤儿》并"附记"刊于《新文学》第 1 卷第 3 期(2 月号)。

**同日** 昆明《扫荡报》登载佐良《一种鸟瞰:我们的批评》提及:"许多人感到新文学里一般表现的平板和迟钝,而要求增加字汇。施蛰存氏的推荐是有名的《庄子》。但这其实是一个意象,而不是用字的问题。"

**月内** 按先生自述:"在福州路上碰到郑[振铎]先生,他邀我一起去逛书店,走到三马路,又碰到陈望道,三人一起到一家古书店楼上,叫了几个菜,边吃边谈。后来,我回内地时,他托我到屯溪时,打一个电报给重庆教育部。"(复陈福康函,1990年4月16日)"西谛托我到屯溪去打电报给教育部(陈立夫或朱家骅?),是为了收购《孤本元人杂剧》,此书新在上海发现,书贾索价甚高,郑要教育部出钱买。我到屯溪后即打了这个电报,以后情况,我不知。与陈望道三人在三马路书店楼上吃饭事,总在1943或1944,我回来过一次,为柯灵的《万象》写过稿,也见到了张爱玲。"(复陈福康函,1990年5月5日)

另,据陈福康记述:"施老提到的郑公托他到内地代发电报,今存郑公日记中未见记有此事。我想,如果是四十年代所发电报,也不可能是关于收购孤本元人杂剧之事,因为郑公收购《脉望馆钞校本古今杂剧》一书,是在1938年。此时如发电报,或有可能是为商务印书馆选编排印这部书的事。"(陈福康《读其遗札,怀念音徽》)

## 三月

**中旬** 先生携长子由上海启程返回福建长汀,并与罗洪及其孩子结伴同行。据罗洪回忆:"我带了大的孩子也想去屯溪,这时我跟施蛰存联系一下,正好他要去福建厦门大学,听说我去屯溪就决定同行,路上还算顺利。"(罗洪《我去看望了施蛰存先生》。按:当时朱雯已随上海法学院迁至安徽屯溪执教。)

另,按先生自述:"朱雯在屯溪,罗洪带一个孩子留在上海。我计划从杭州过封锁线,到严州转屯溪,再从屯溪去福建。罗洪也正在想去屯溪。于是我们结伴同行,出杭州市,过铁丝网,经过日本宪兵的检查,才得乘船登上平安的旅程。从严州到屯溪,船从新安江逆流而上,每日的航程比步行还慢。在船上十多天,只有罗洪是谈话的伴侣,这是我同罗洪单独在一起的一段时间。但是,我们所谈的,也还是家常事或家乡事,很少涉及文艺。"(《罗洪,其人及其作品》)

**三十日** 与罗洪一行抵达屯溪,和朱雯相聚。

**三十一日** 经朱雯介绍,应新生出版社社长赵锦华之邀,出任主编"新生文苑"丛书。先生自述:"这完全是一个偶然的机会,经过屯溪,由于新生出版社社长赵锦华先生的好意,我把编辑这个文艺丛书的责任负荷下来了。在隔别了编辑工作十馀年之后,这回又重为'冯妇'。"(《新生文苑缘起》)

**是月** 《国文月刊》第26期刊载李何林《再来一次白话文运动》提及:"'根据注解

和字书的讲授,虽然使学生对原作内容了解得不够,但他们总还可以欣赏文章的形式,从而学习篇章结构,和用字造句,并吸收其字词,以为自己的表现工具。'这是十年前施蛰存先生主张青年应该读《庄子》与《文选》以丰富词汇的理由,当时曾为鲁迅先生所反对,最近又为郭沫若先生所赞成,也是一般人主张'要想白话文作好,必须文言文有根柢'的根据,我留待下面'第三'项内再答复。""像十年前施蛰存先生所推荐的《庄子》与《文选》,和郭沫若先生最近在《抗战文艺》八卷三期《关于接受文学遗产》里所列举的:'《诗经》、《论语》无论如何也是必读的书','《礼记》、《孟子》、《春秋左氏传》,值得我们选读','《庄子》与《文选》是依然值得一读的'。"

## 四月

**一日** 《徽州日报》刊载中央社电讯《施蛰存、罗洪由沪来屯》,《中央日报》(昆明版)登载《施蛰存等抵屯溪》,《浙江日报》登载《作家施蛰存抵屯》,《浙瓯日报》登载《作家施蛰存等抵达屯溪》,《声报》登载《施蛰存等已由沪抵屯》。还有《时与潮文艺》第3卷第2期"艺文情报"栏登载:"施蛰存,罗洪离沪来后方,已至屯溪。"

**二日** 晨与朱雯、罗洪夫妇道别,8时携长子乘车前行,下午3时抵达浙江淳安。先生自述:"原来×司令亦搭此车,因之一路讨便宜,省却各关检查之烦。""到淳安住一宿,闻有敌人在××登陆消息,颇觉紧张。"(致朱雯、罗洪函,1944年4月5日)

**三日** 早晨携长子离开浙江淳安,乘车赴江西上饶。

**四日** 下午携长子抵达上饶,遂乘船赴河口。先生自述:"即住西湖饭店。旋访××地方银行友人,始知昨日淳安所得之消息不确。上饶各方面皆平静,暂时可无虑。到饶后一问汽车,始知南城宁都一路已通,但即使走此路到长汀,亦仍须七八千元之谱,若走建潜南平永安,势必更贵。"(同上)

**五日** 在河口致朱雯、罗洪夫妇函。先生自述:"访老友×××,渠在此为省际××处长,已允设法车辆,亦可免费到宁都,此行耗费之大,远出预料。河口市面甚大,皮鞋布鞋均便宜,弟为小儿买皮鞋一双,只500元;自己买麂皮鞋子一双,只250元,殊为满意。惟此间三星牙膏卖110元一支,则似比屯溪为贵矣。"(同上)

**六日** 浦江清致夫人张企罗谈及:"蛰存已出来,见诸报端,我处尚未有信。"

**约在期间** 携长子途经宁都、瑞金而返回福建长汀厦门大学。

**十五日** 《时与潮文艺》第3卷第2期"艺文情报"专栏刊载司徒美辑"国内之部·文坛":"施蛰存,罗洪离沪来后方,已至屯溪。"

**是月** 《风雨谈》第11期"现代女作家书简特辑"刊载丁玲(十二日)致××先生一函,谈及"读了蛰存先生的来信,非常喜悦。我如果有稿子的话,给贵刊当无意见"云云。(按:据袁良骏编《丁玲集外文选》,标注此函写作时间为"1932年"。)

## 五月

**六日** 重庆《文化新闻》登载乘兴《赵景深到立煌,带来孤岛文坛的讯息》提及:"施蛰存亦由浙江回上海准备创办一英文书店,以维持生活。"

**九日** 浦江清由昆明复函:"前于报端见屯溪通讯,知吾兄已至内地,甚慰甚慰。自沪寄来信两通,一于两月前收到,因示云即将启程,故未复信至沪;第二信上周方得读,蒙告我以舍间近况,均甚感谢。弟常作家书,并未间断,惟有时或缓递或遗失耳。前次在宥曾有两信,谈及彼在华西大学因研究所紧缩改为中文系主任,想聘阁下,奉彼托以致意,因于一个多月以前函长汀,度足下或可抵闽也。此信谅留存贵校中,不致遗失否?顷在宥又来信云:'旅费过多,至少须在三万以上(且尚不能带东西),校方已无此能力'云云,似已将前议取消,但彼未肯定地说,只云恐蛰存未必能来,彼又谈及华西薪金约为四百元,津贴目下为薪金之十四倍,合共六千元光景。以成都生活程度而言,此数恐未必优于长汀也。足下现已返内地,或可直接与之通音问之信矣。旅途见闻及尊况以及今后行止,盼便中略示一二。弟一切仍旧,叔湘亦仍在金陵,无变动。得暇祈为《国文月刊》执笔。""一多、佩弦诸兄嘱候。声越闻将返沪一行,兄处有信否。静希[林庚]兄代候之。"

**十五日** 《小说月报》第41期(5月号)刊载沈子成《记水沫社》,在"一、引言"中写道:"觉得水沫社同人的努力,及所留下的成绩,在中国文坛上有其不能磨灭的光辉,很想将水沫社的始末,作一个真实而详尽的记述,将史迹留下,供他年修中国文学史者的参考。""水沫社当时的四主持人,除刘灿波已逝世外,其他三人,今日均天各一方;杜衡作客蜀中,戴望舒栖滞香港,而水沫社中坚的施蛰存,则旅于闽南,记述此文,以施氏为最理想之一人,但据我所知,在实事上,一时似为不可能,因施氏之所有关于水沫社之书册,均于战时在松江连同他的房屋器物,一同化成灰烬,而施氏年来绝少动笔。""故我想不忍任该社史迹湮没,今将所知缕述于后。"

另,文内章节还有:"二、从璎珞社之起始""三、水沫社之起始""四、水沫社之初期与第一线书店的成立""五、水沫社之中期与水沫书店之成立""六、水沫社之后期与水沫书店不改组停业""七、水沫社同人所编行之其他丛书""八、水沫社同人与《现代》杂志之发刊""九、现代诗派之渊源及其形成"。

另,在末后一节"十、风流云散的水沫社同人"写道:"水沫社的形成,在于民国十五年,即璎珞社的成立具其雏型;及后创立水沫书店,为水沫社的全盛时代。其时在民国十七年,以后演变而成所谓现代社,即进入现代书局发刊《现代》杂志而成的,这可说是水沫社的后身。至民国二十三年以后,《现代》杂志的停刊而解体,前后共延续了十年;而解体以后至今,亦将及十年了。回想十馀年前水沫社同人在中国文坛上的耕耘,及困苦努力的十年中所留下的成绩,很值得我们的研究和留念,其对中国新文学的影响极大,今以我感观所及,简叙数项于下:一、在创作上有新成就。二、世界名著之翻译介绍。三、新诗之努力,所造成之成就,开了新路,显示了中国新诗的前途。四、提拔造就新人,扩大以后的作家群,此项功绩更不可没。但今日'水沫社'一名词已成中国新文学史上的陈迹了。"

**十八日**　译诗英国 W. H. 戴维斯《玩偶》刊于《西康国民日报》。

**二十九日**　《无锡日报》刊载《文人浮雕——施蛰存》并有先生肖像插图,此文写道:"施蛰存的达上文坛不是一件偶然的事,他有高人一等的天资,也就利用这点来发挥他的天才。他的家庭环境大约的不甚舒适,所以中学没有毕业就中途辍学,介绍到某商店里去做学徒。[按:此说讹误,录此辨正。]在辍学后,自奋的就研究中国文学史以及五四运动后文艺的趋势与发展的程度,刻苦了十数年,终于成为今新文坛的一流作家。""他的创作范围似乎太狭窄,专门在'恋爱'圈里打转,然而却有别具一格的风趣,能用轻俏的笔调,很深刻的描写出男女之间的痴情,不像张资平那样的肉麻。""散文也很潇洒,惜乎不多。最后我得夸口的就是他描写女子的心理(尤其是少女),比正真女子写的还要精细,怪不得有人称他是中国的陀思妥[耶]夫斯基了。"

**月内**　为主编"新生文苑"丛书作《新生文苑缘起》:"新生出版社的目的,祇希望替比较冷落的东南战区文艺界增加一分热力,那么,至少,我希望这个丛书中的每一册都能稍稍发出一点热力,而不让读者倒抽一口凉气。""目前有一个现象不容许我们乐观,那就是抗战以来,脱颖而出的新作家似乎太少了。在这个各方面都有急剧变动的时代,应该是崭新的作家涌现出来的好机会,而我们文坛却如一口古井,寂然不动,又如一座山中古庙,还是这几尊菩萨巍然高坐着。""人家有风行一时的作家,乘时崛起,享受三年五载的荣誉,以后就得让新进的后生来代替了他的位子,横竖你不让也不行,老了,风格,思想,技巧,都显得老了。而我们这文坛呢? 十年二十年前的作家,照旧写十年二十年前的文章,非但不曾被'扬弃',反而被认为愈老愈好。真是个敬老的国度!如果说我们没有可能崭露头角的新作家,我们不信;如果说读书界并不厌看了那些古老作家的古老作品,我们也不信。为什么衣服要时式的,为什么饮食要时鲜的,而于文艺独不然?我们不信抗战士兵中间没有一个真正作家,也不信护士中间竟不可能产生一个活跃的女作家。是他们自甘暴弃吗?抑是他们没有机会表现他们自己?谁知道!基于这个状态,我们希望这个丛书,能呈现一点崭新的——人或作品——气息给读书界,倘若因此而使我国文艺界发生一点波动,即使是很小的,也是我们最大的满足了。""这似乎还得申明,我们并不'提拔新进作家',我们憎厌这个口号,我们的大门永远向一切写文章的人开着,谁都可以自由闯入——当然,别忘了带你的作品——我们并不向人堆里'去提拔'。"

**是月** 上海中华日报出版社初版发行周越然著《书书书》,书内"瓶说·五、各种版本"提及:"余家所藏之瓶书,及余历年所见者,有下列各种不同版本:(1)《金瓶梅词话》十卷一百回,影印明刊本。白口,单鱼尾,单栏,每半叶十一行,每行二十四字。前有欣欣子序,东吴弄珠客序,甘公跋。此书除北京、上海之印本外,另有民国二十四年世界文库(上海生活书店出版本),计四卷三十一回,郑振铎细校,惜非全本也。又有上海杂志公司铅字本,每半页十五行,每行四十二字。书尾有施蛰存跋。书中之所谓淫辞秽语者皆删去之,而于方括号内注明'以下删去若干字'。"

**约在期间** 按先生自述:"有十多个学生经常来我宿舍里聚会闲话,有的谈文艺创作,有的谈古典诗词,有的谈戏剧小说。""当时作新诗的有朱伯石,现任华中师院教授,有勒公贞[公丁],现任江西吉安教育学院教师,作旧诗的有欧阳怀岳,诗做得极像黄山谷,可惜毕业后即被疯狗咬死。有马祖熙,填词不下陈其年,现在安徽当中学教师。教育系学生潘茂元,文学是他的副系,也常来参加茶话,他现在是厦门大学副校长。姚公伟写诗,也写散文。他的爱人范筱兰,善演话剧。他们两人总是一起来的,我早知道他们的终身大事快要定局。忽然有一天,学校里传出消息,有一对男女学生在防空洞里情不自禁,被拈酸的同学去向训导长告发了。为此,校长萨本栋主张有所处分,以整肃学风。于是召开了校务委员会,讨论办法。""我才知道这一对犯事的学生就是姚公伟和范筱兰。当时发表的意见,几乎都是主张对这两个学生从严处分。""我站起来,讲了我的意见。我以为,第一,防空洞在山上,校舍在山下,防空洞不在校园内,因为老百姓也可以去避敌机轰炸。第二,他们都是成年人,婚姻有自主权。如果他们愿意结婚,那就不必处分。如果他们中有一方不愿结婚,那就成为法律问题,受损害的一方可以向法院起诉,由法院处分。辩论的结果,我的意见说服了大多数人,萨校长也点头同意,就这样做了决议。会后由训导长和姚范二生谈话。他们都同意先公开确定婚约,待毕业后即在校内举行婚礼。"(《〈红鼻子〉的作者》)

另,据鲍光庆回忆:"当我看到施蛰存老师写的《〈红鼻子〉的作者》一文时,他将学校处理防空洞里一段往事,主人翁是姚公伟与范筱兰,错了,那是另有其人,而非他俩人。施老师是著名的文学家,他的文章要传之后世,但公伟也是后起的享有盛名的台湾剧作家,我想我现尚健在,要为该文作个注脚。说明真实情况。公伟曾和我同住一个寝室,当年我们也曾听说过防空洞的事,那男主角是高我们一班的同学,女主角绰号叫'Pocket',当年44、45等级同学现尚健在的,可能还会记得。施老说的校领导开会讨论,我们学生无从知道,但学校也未作公开处理是事实。"(《厦门大学机电系系友通讯》,第234期)

## 六月

**三日** 先生复××一函以题为《港沪文讯》刊于《联合周报·笔会》第2卷第18期:"近日上海回汀,得读阁下惠赐之《联合周报》及大函,未能尔复,甚以为歉。贵报内容充实,趣味浓郁,而又益以精美之印刷,想必风行,无待鼓吹。弟久不动笔,一时无可效劳,惟此间图书馆尚好,倘须参考资料,可请驰一简,当为搜寻报命也。刘思慕、林焕平兄,是否在闽,便转示知。傅东华自在金华被敌人捕去后,即投入李士群部下,在杭州逆机关任秘书,借'官'经商,已成巨富,李逆死后,在苏州清乡事务训练学校为教务主任。耿济之在上海善钟路开古书店,一方面为开明书店译俄国文学名著,高尔基之《俄罗斯浪游散记》(短篇集)已于近日出版。陈福榆自去年离桂林后,即遁归上海,投奔潘三省为活,现在沪编《风云》月刊及《业馀周报》。叶灵凤仍在香港,与戴望舒办小报度日,去年曾为敌拘絷于宪兵司令部,历时二月,释出后满头白发矣。孔另境曾至苏北经商,办一纸槽,折本归沪,近为世界书局编一戏剧丛书,已出二辑,共二十种。赵景深已至安徽立煌,任新近复校之安徽大学文学系主任。上海各书局近皆从事抗战胜利后大量出版之预备工作,'商务'、'中华'、'世界'、'开明'诸家,均有大量文稿在排版中。此外,尚有人计划一大规模之书店专出翻译书,闻已有狄根司、歌德等全集数种在译述中。朱雯及其夫人罗洪女士在屯溪,近筹备《文艺新闻》周刊一种,下月即可创刊云。"

**十五日** 先生与刘天予、谷霁光合编《厦大学报》第三集出版。

**二十四日** 为译著《自杀以前》(又名《爱尔赛之死》)交付出版而撰写"题记":"我

曾经热爱过显尼志勒的作品,我不解德文,但显氏作品的英、法文译本没有逃过我的注意。最先,我译出了《蓓尔达·迦兰》,应出版商的庸俗的请求,改名《多情的寡妇》,由复旦书局印行过。后来又译了《毗亚特丽思》及《爱尔赛》连同《蓓尔达·迦兰》,三种合刊一册,交由神州国光社出版,题名曰《妇心三部曲》——又是一个庸俗的书名,其后又译出了《中尉哥斯脱尔》,改题《生之恋》,曾在《东方杂志》上分期发表过。另有《薄命的戴丽莎》一种,系显氏1928年的作品(原名为《戴丽莎:一个妇人的年谱》),抗战开始时方才由中华书局印行。""《妇心三部曲》一书自神州国光社歇业后,久已不见于书市,近在长汀县立图书馆中见到一本,已甚破损,但读者有批注其上,谓此书甚好看,请馆员加意爱护,并妥为修补装订,我甚为感动,不意十馀年前旧译,尤有嗜痂者。因托人抄出《爱尔赛》一种,请复兴出版社代为印行。又从《东方杂志》中抄出《中尉哥斯脱尔》,改题《自杀以前》,请十日谈社印刷流通。八年以来,我一点没有新的著译点缀盛业,到现在只印出这两本旧译文来,自觉惭愧。"

**约在期间** 按先生自述:"张荪簃[荃]自邵武来,[按:先生口述,张氏住在长汀一位牧师家里。]欲泛汀江去潮阳省亲。波路险恶,又无便船,余劝其且住,遂留止焉。晤谈数日,以诗相酬答,因赏其才,遂为介绍与校长萨本栋。萨公欣然延揽之,余遂得与荪簃共事者又年馀。每逢空袭警报,中文系师生群趋苍玉洞,踞岩穴间,议论上下古今,荪簃辄与焉。"(《序〈张荃诗文集〉》)"则我与荪簃同在长汀不过一年。"(复李焕明函,1990年2月17日)

**又** 作诗《赠张荪簃大家》:"之子好颜色,膏泽难为政。凉风动翠袖,牵萝发高咏。贾生六太息,拿州九薄命。怀芳不自媚,浮云安足竞。煎兰香不歇,折玉有余映。道丧甘曳尾,物变犹存性。何不下珠帘,当窗握金镜。莫惜露华滋,独照明妆靓。"

**同月** 25日杨刚主编桂林《大公报·文艺》副刊停刊。

## 七月

**二十二日** 张荃(荪簃)书赠诗作《奉酬蛰存先生》:"山城成邂逅,烟景此踟蹰。偶觉鸟声近,渐讶人迹疏。吾方矜敝帚,世自宝康瓠。犹有谈诗侣,山中兴不孤。"

**二十六日** 写讫《纪梦》一则。

**月内** 十日谈社海岑(陆清源)由永安来长汀行医,顺向先生组稿,拟出版《北山译乘第一辑共十种》(施蛰存先生选译),此后陆续出版有五种。先生自述:"老朋友海岑,是上海名医陆士谔的次子。他在福建战时省会永安行医,医运不坏。他把行医所得的钱办了一个出版社,利用福建的好纸,印行了不少文艺书,畅销于东南五省。有一年,他到长汀来为一位银行行长诊病,顺便来看我,并向我组稿。我就把译好的几个欧洲独幕剧交给他。他回永安后,为我印出了德国作家苏特曼的《戴亚王》,以后还为我印了三本翻译小说集。"(《关于独幕剧》)"这是我自译自编的一个介绍外国文学的小丛书,每册约十万字,印出了三种,1.《胜利者巴尔代克》;2.《丈夫与情人》;3.《老古董俱乐部》。因抗战结束,出版社复员而停止。到1948年,由上海正言出版社重印,其中《老古董俱乐部》改名《称心如意》。"("我编辑的丛书",1968年)

另,据涂帆记述:"父亲涂元渠大学期间得到施蛰存教授颇多关照,应邀为他编译的'北山译乘'一书设计封面,临别时将自己创作的木刻版画《早春》赠师留念,施老一直珍藏此画。"(涂帆《父亲与施蛰存先生的交往》)

**约在期间** 作诗《赠张荪簃即题其诗稿》:"谁将彩笔付蛾眉,咳唾真成绝妙辞。岭峤江湄几延伫,药房荷屋共葳蕤。西湖别后知音少(用君原句),南阁春来得句迟(君所居名南阁)。纵有间关莺语滑,莫教啼损最繁枝。"

**同月** 中旬任铭善赴福建三元江苏省立江苏学院任教。

## 八月

**二日** 应约为学生勒公丁(公贞)诗集《路灯与城》撰写"序言":"这个集子动手编起来的时候,我曾答应作者做一个序。当初原想借此机会谈近来的新诗发展的情形。但现在他的集子编好了已几个月,而我的序文还缴不出卷。现在已不好意思再耽搁下去,所以就给写了这么一点,一则稍稍叙明此集之所由来,并以说明作者确是在一方面用过一点功夫;二则也总算说出了我的'读后感'。"

**二十七日** 《天津华北新报》登载雅之《读书杂记》,提及"鲁迅在《题未定草》一文中魏……所指摘的乐府'景清刺'和琴操'脊令操'中的标点的错误,也都找着;'校点者刘大杰''主编者施蛰存''本书封面题签:林语堂先生',而最奇妙的是当推'乙亥十月,卢前冀野父'的那篇'跋'","施蛰存写的小说我们也读过,他在文艺方面的知识一定能帮他明白这样的'跋'为满口柴胡"。

**月内** 徐震堮寄赠书录诗作《与敬老、癯老、季思共赋风雨龙吟楼诗,以未知明年又在何处为韵,得未字又字》《过季思斋,闻县前池荷盛开,闲步往观,用简斋葆真池韵》《夏日山楼即兴》《南平公园寓居》《登南平明翠阁,已乘船渡溪,中流回望,用进退格》《荒街行,松溪作》《重返风雨龙吟楼,晤敬癯二老,眉仲适至,留与小饮》《畲客谣,孙丈养癯,避寇景宁山中,有畲民某,言语举止与他人异,讯之,自言先世姓李,天水将家,避女真之乱,入山不出,遂为畲民,余感其事,赋畲客谣》,并识"蛰存吾兄吟政,声越傲稿"。

**是月** 屯溪新生出版社初版发行施蛰存主编"新生文苑"第一辑之一袁微子著《浪花》,书首刊有先生所作《新生文苑缘起》,书末刊有"'新生文苑'主编者施蛰存·第一辑预告":"《浪花》(散文集),袁微子著。《刦灰集》(散文集),陈友琴著。《后死者》(剧本),[按:此书名后由先生润改为《后来者》。]刘贝汶著。《大使夫人》(小说集),施蛰存译。《伐佐夫小集》(杂集),孙用译。《街灯》(诗集),勒冬丁著。《家庭》(小说集),庄瑞源著。《在爱的世界里》(长篇创作),赵锦华著。"

**约在期间** 据林信国记述:"林仲铉在成都的华西联合大学中文系读书。当时由上海内迁成都的中国基督教促进会有两个刊物,其中一个是妇女刊物《女铎》。六七月间,该刊主编薄玉珍回美国,刊务由副主编黄淑芬全权负责。""约在八九月后,黄淑芬因病无暇顾及刊务,便把编辑工作全部交给林仲铉代理。""林仲铉请他的老师、华西联合大学中文系主任闻宥教授,约请一些名家写旧体诗词。闻宥向林仲铉推荐他的同乡、时在云南[厦门]大学任教的施蛰存先生。""林仲铉按闻宥提供的地址,向施蛰存先生约稿,不久,施蛰存寄来了《无相庵诗选》稿件,林仲铉选用了其中几首,发表在《女铎》杂志上。"(林信国《施蛰存两首咏闽诗由来》)

## 九月

**一日** 《艺文杂志》第2卷第9期刊载文载道《斗室微吟》,开端写道:"施蛰存先生曾经写过一篇《绕室旅行记》,收在开明版的《灯下集》中,是讲他书斋内的皮藏设备等情形,读了很引起我的兴趣。最近又读了纪果庵先生在《杂志》6月号《书房漫步》一文,取材也近于这一类。""适值《艺文杂志》尤先生频频索稿,一时想不到得体的题材,就拉施、纪二氏之文作一个顺手的引子,胡乱的谈一些我自己书室方而的杂事。"

**十五日** 浦江清由昆明致函:"久未奉书,同时亦久未得阁下来书,驰念甚殷!近湘省战事甚剧,邮路多阻,姑投此函,不知何时到达耳。自兄返闽,仅获尺书,并云挚子一子出来,不知厦大近况奚似,汀地生活如何,均念。此间则暑假也过完,下星期即开课。假中曾小病两周,加以接连数日闷阅新生试卷,颇为劳顿。育琴来书,云彼或将脱离蚕业公司,邀往草壩一游,一观世历耳。勤劳之成绩,颇为心动。虽往返一次,亦所费不赀,毕竟老友之邀,不能不赴。在草壩住旬日,身心均获良益。公司之新邨占地两万亩,建筑均出育琴手,极好。蚕户所住之宿舍,比之联大学生宿舍高明多矣。""育琴鬓发虽斑,眉头不皱矣。晤谈颇为愉快,因益念足下,不得于此草堂中,同喝桑椹酒耳。其夫人不但精养蚕之学,并善做菜,闻尤精狮子头,惜弟未能尝到。此点不但弟最为歆羡,恐足下亦有同感。""联大如恒,惟今年莘田[常培]休假,或赴美。系主席由膺中代理。清华主任仍为一多,彼忙极,为生活所迫,在昆华中学兼课,即住昆中新校舍中。此外又多作小文,又兼作篆刻石章,每字为百元,牙章加倍。杨今甫[振声]今暑被派赴美,已抵彼洲。梦家夫妇,亦将出国,赴芝加哥大学云。佩弦刻在成都,不久将返。云大亦仍旧。文史系主任为徐梦麟[嘉瑞]。析出一外语系,新近成立。胡小石先生上学年在此,今又返中大矣。开明书店自桂迁渝,《国文月刊》仍续出,惟缓耳。此间已前有许多小报,文艺杂作,报酬甚高,近来一一停却。惟王了一[力]编《中央日报》'星期增刊'存在。惜吾兄所处过远,又不知稿费汇得通否。所欢迎者为小品文、杂感、文艺创作、文学批评等,均限二千字左右,报酬则目下特约者为每千[字]四百元云。此间粮米价每石九千五百元。厦大萨校长前云赴美,今谁为继任,弟隔膜之甚。国文系如何?松江来信则两月以来,未接只字。"

**月内** 作诗《苏簃省亲归里迟久未来赋寄》:"北山虚室尘凝席,南阁香奁黛发眉。日暮生憎云四合,书来已过月周期。随人活计元无赖,别母情怀恐不支。倘念萧斋旧吟侣,每朝瀹茗待敲诗。"

**又** 作诗《林生启华为其尊人远堂先生五十自寿诗征和遂献一首》。

## 十月

**一日** 成都绿洲出版社出版孙望编《战前中国新诗选》,收录其作《乌贼鱼的恋》。

**十日** 《杂志》第14卷第1期(复刊第27号)刊载张顺楚《文化通讯:海隅来简》提及:"厦门大学就在这里了,新造了许多洋房,都由该校校长萨本栋监工建造。前瞿秋白枪决执行场就是现在厦门大学的校址。厦大文学院院长是施蛰存……厦门大学虽然在长汀,但是关于文化事业并不会有任何功绩,就是施蛰存,除了翻译一两篇弱小民族的短篇小说外,就一无成就。他在那边生活非常不惯,故相当消沉,去暑有到上海去的意思,但是交通困难,行至安徽的屯溪,又折回长汀,也没有听说他有什么新的打算。只是他的学生伯石,时常翻译一点小诗,刊在东南各报刊物上。"

**二十五日** 为译作托洛茨基《A.史德林堡回忆记》交付《十日谈》发表而撰写"译记":"这是一篇二十年前的旧文,译成中文也已多年。因为作者是托洛茨基,一向不敢发表,推恐蒙托派之嫌也。现在托翁墓木且拱,托派也已不成政敌,想来可以无此顾忌。《十日谈》编者殷勤索稿,可是手头竟没有其他篇幅适宜的文字,故姑且以此文塞责。当初翻译此文,原想留着编入一部计划中的《近代文人逸话集》,现在将它单独发表,似乎有点突兀,但希望熟悉史德林堡的人或者对此文还会发生一点兴趣。"

**是月** 《风雨谈》第15期刊载果庵《不执室杂记》:"偶阅知堂先生苦竹杂记,其记廖柴舟二十七松堂集云:《文饭小品》第六期上有施蛰存先生《无相庵断残录》,第五则谈及廖燕文章,云二十七松堂集已有铅印本,遂以银六元买了来。"

**又** 燎原出版社初版发行蒋星煜编著《作家笔名索引》,其中"2741 刍尼,施蛰存。"附录"当代文艺作家笔名表":"0821 施蛰存,刍尼、安华。"

**约在期间** 据朱雯回忆:"我忽然心血来潮,想仿效《译文》体例,创办一份《域外文学》月刊,便分别写信给在浙江的孙用和在福建的施蛰存、黎烈文。孙用不久就给我寄来了保加利亚作家佛力区科夫的短篇小说《在旅馆里》,施蛰存后来也寄来了另一位保加利亚作家埃林·彼林的短篇小说《圣史璧列侗的眼睛》。"(《黎烈文致朱雯·收信人语》)

**同月** 永祥印书馆开始出版由范泉主编"文艺春秋丛刊",共出五辑。

## 十一月

**一日** 《万象》第4年第5期登载柳枝《鲁迅杂文拾遗》提及:"《聚"珍"》,云张静庐先生《我为什么刊行本丛书》云:'本丛书之刊行,得周作人沈启无诸先生之推荐书目,介绍善本,盛情可感。……施蛰存先生之主持一切,奔走接洽。'施蛰存先生《编印中国文学珍本丛书缘起》云:'余既不能为达官贵人、教授学者效牛马走,则何如为白屋寒儒、青灯下士修儿孙福乎?'这里的'走'和'教授学者',与众不同,也都是'珍本'。以上四篇,都是《太白》半月刊的'掂斤簸两'一栏中的短文。"(按:此稿又载《大楚报·每日文化》1945年8月7日。)

**十六日** 在《正气日报·文艺专刊》新1期发表《浪漫主义》:"胡适之、陈独秀、刘半农诸先生办《新青年》杂志,主张民主政治,提倡白话文,推动妇女解放,是一个思想上的浪漫运动。郭沫若翻译歌德与史笃姆,徐志摩翻译拜伦、雪莱、济慈及福该

[凯],田寿昌介绍雨果及梅里美,这是文学上的浪漫运动。""第一个十年的新文学成绩,一大半是浪漫主义作品。""即使像郁达夫那样的,""也并不会在社会上发生什么不良影响,因为我们至今还只有一个郁达夫。在青年的行为上,由于这种浪漫思想的激励,当时也表现了许多反传统的事件。""一批一批的青年溜到广东去参加革命,也未尝不是这个浪漫思想的功效。""整个法国革命,原来都是浪漫主义的产物。自由、平等、博爱,本来是浪漫主义的所追求的社会。""不知从那一年起,""把这种青年的,有生气的,健康的思潮,看成祸国殃民的蟊贼,真不知是什么人作俑的。""陈铨先生写了一篇文章,谈到了罗发利思[斯]的《青花》——浪漫主义的象征,""报纸及杂志上也颇有人加以非议。""又听说苏联文学现在已经由革命的浪漫主义而到了社会的浪漫主义,甚至已叫出了抗战的浪漫主义的口号。这倒有点不大明白了。我写这篇文章,并不是提倡浪漫主义,只是觉得近来似乎大家都误解了浪漫主义——在文学上以及思想上的。这种误解,我以为是由于译名不妥之故。因为'浪漫'这两字,从中文字面上所给人的暗示,仿佛就是一火浪子浪妇的行径。那就无怪乎关怀于世道人心的党国要人及文坛权威要深恶而痛绝之。"先生自述:"新赣南(赣州)报副刊,1943—44年,发表了二篇文章,一篇是'美国民主诗人惠特曼纪念文';一篇是'青花',谈浪漫主义文学的杂文。"(1968年"我曾在报刊上发表过的文章"。按:此为先生于非常时期回忆,据王龙志2010年论文《赣南〈正气日报〉研究》,《新赣南报》于1941年10月易名为《正气日报》,该报主要以缩微胶卷的形式保存于国家图书馆、南京图书馆、江西省图书馆;2017年始见于《抗日战争与近代中日关系文献数据平台》。"青花"一篇当为刊出所题《浪漫主义》,而"美国民主诗人惠特曼纪念文"一篇,俟考。)

## 十二月

**一日** 译作英国W.亨脱散文《谈喝茶》并"译后记"刊于《万象》第4年第6期。此期,编辑柯灵在刊末"编辑室"提及:"施蛰存先生近几年少所发表,《谈喝茶》一文自然更值得珍视。"

**二日** 译作美国沙洛扬《在太平洋街鲁意茶室喝咖啡吃三明治》刊于《正气日报·新地专刊》第865期。

**四日** 译作托洛茨基《A.史德林堡回忆记》刊于"民主报附刊"《十日谈》文艺旬刊第12期。

**十九日** 农历十一月初五,先生四十生辰。

**同日** 浙江日报登载伍隼《施蛰存的健忘》："施蛰存先生这一向颇为沉默，好像已经久久不看见他的'大作'了。此次为了与他'毫不相干'的'教育刍议'之争，竟使他虽然远在长汀，也居然被人踢了一脚，'无妄之灾'、'池鱼之难'。""然而这一脚，却使我们得以拜读施先生的《关于我的笑话》那篇大文。据说他记忆中从未主张过'要写通语体文，先得弄通文言文'，丰之馀先生对他的起诉，不过是为了他劝文学青年读《庄子》与《文选》。""他自称不能将往古来今一切文言文与语体文纠纷的罪状都一肩承挑。而且还捧出'文品''文德'等大帽子，请人家写文章应该'谨慎'了。""还曾以鲁迅先生为例，曰'没有经过古文学的修养，鲁迅先生的新文章决不会写到现在那样好'。""《关于我的笑话》中有云：'那时他老先生已为前进青年写作导师，号称权威，我又焉敢攻击他哉。'""施先生大概以为自己十年前要青年读《庄子》与《文选》的旧事，既已收为'附录'，归入'档案'，总可以太平无事，在长汀安心做'池鱼'了吧。他叫我们写文章要'谨慎'点，这句话不但意味深长，而且用心颇苦，怕人家提及旧疮疤的着急之态。"

**月内** 按先生自述："秦诅楚文三石，宋初出土，南渡后次第亡佚，仅存帖本。盱眙吴公望藏元复刻枣本。1944年长洲沈仲章用珂罗版景印百本，以一本见贻。"（《金石百咏》）

**年内** 先生"在长汀"作诗《卖梦》。

**又** 按先生自述："看了许多古书，我找到了一些关于这个'变'字的资料，逐渐地肯定这个'变'字的意义应当是'图画'。"（《"变文"的"变"》）

**厦门大学期间** 按先生自述："同事有万鸿开教授，任教商学院的统计学课。他是清华大学出身，曾于1933—1934年选修过闻一多先生的'杜诗'课，还保存着一本听课笔记。他把这本笔记送给我。当时我略略翻阅，一共三四十页，记录了闻先生讲杜甫诗四五十首的情况。大部分是诗句、文义、典故的讲解，小部分是闻先生对杜诗的即兴式评论。因为不是逐字逐句的笔录，所以只是许多断片。"（《闻一多讲杜诗》）

**又** 按先生自述："我在厦门大学时看了1/3《道藏》，专看'洞真部'，这里有许多佚书，没有单行本的。我在《三洞群仙录》中找到后唐庄宗如梦令词的资料，大有用处。"（复钟来因函，1987年7月28日）

**又** 按先生自述："余在长汀时，侯官邹允衡为师范学校教师，时来大学听余讲课，以所绘竹菊紫藤为贽。余不解绘事，张之壁，知其不恶耳。"（《题邹允衡画竹》）

**又** 按先生自述:"过鄂都,城郭芜寂,恐此碑[《福田寺三门记》]已不存在矣。"(《金石百咏》)"穿一双软底布鞋,在浙赣两省的旧官塘大道上漫步,都是真正的旅游。我曾从广东梅县步行到江西瑞金。还有一次,从宁都走到赣州。浙江省内,从龙游到寿昌,从江山到玉山,都留有我的足迹。当然都不是孤身独行,至少总有三人结伴,才不会怨厌前路遥远,也有了安全的保障。"(《古代旅行》)

# 一九四五年(中华民国三十四年 岁次乙酉) 先生四十一岁

## 一月

**三日** 在《正气日报·新年特刊》发表《岁首文学展望》:"我的书室有三个窗,我常常把一个窗开向本国古文学,一个窗开向西洋文学,最后一个窗开向新文学。这样地轮流欣赏窗外的风物,在这里过了四个抗战年头。最近图书馆把古书疏散下乡了,于是我的第一个窗子祇好永远关起来。外国书也好久不见新的,几本旧书也翻熟了,因此,我的第二个,也不能常开。可虑的是第三个窗子,因为西南各省的新书新刊无法寄到,又加以桂林沦陷后,一大批出版家的事业被迫停顿,所以这个窗口里的景色也随着季候而萧瑟起来。""我不能把三个窗子一时都关起来,那气息可受不了。""现在是冬天,我希望我们东南一带的文学家出版家能够给我一个万物昭苏的春天。""第一个期望是有一位发够了国难财的大老板,抚心自省,以为他该做一点有意义的工作,拨一份与他无损的资本,来试做一个阔气的文艺出版家,出一个大规模的月刊杂志,印一些文艺丛书,使东南一带的文艺青年之精神食粮不至于闹饥荒。""对于我们东南各省的文艺作家,我想,如果有那么一个能够集中力量的大型文艺杂志,则我希望他们能把蓄积已久的杰作写出来。"

**十日** 《正气日报·文艺专刊》新5期刊登"新六期要目预告(一月二十四日出版)"内有:"《爱伦·坡小说一篇》,施蛰存译。"(按:该报1月24日"文艺专刊"新6期,未见刊出此篇。此后是否刊出,因所查缺少此后期数,俟考。)

**月内** 自制一枚藏书票"施蛰存无相庵藏书之券1945—1948"。

**是月** 译作瑞典赛尔玛·拉瑞列孚著《婚礼进行曲》又刊于安徽中央日报社编《黎明之前》(创刊二周年纪念刊)。

**同月**　据报载上海米粮、食品和煤价格暴涨，广大市民陷于饥寒。

## 二月

**上旬**　虞愚作诗书赠《咏怀一首》："鼾枕江风接，移家迫岁阑；未须怜寂寞，正欲试饥寒。冻雨沉兵气，惊弓泾羽翰；是非心史在，不写与人看。蛰存兄正之，虞愚近艸。"

**十六日**　南平复兴出版社初版发行桑榆著《上海内幕》，书内"一般的心理·'重庆气味'"提及："《万象》更妙，时当转载田汉、郭沫若、施蛰存等作家的旧文章，编者陈蝶衣特地从前十几年的旧书里寻出来，或者带出去的报章杂志中拣选出来的，当然都是些纯文艺研究性的文字。"

**月内**　作诗《虚传寇至以方粲秋所寄书简五十五通装为一帙寄还之謄以长句》。

**又**　作诗《寄余仲詹高呦苹二老兼问虞竹园林静希郭宣霖诸君上杭》。

**又**　上海新月出版社初版发行钟子芒（署名"文海犁"）著《八月的乡村》，内收《俏皮的手》提及："施蛰存编的《现代》上，有一回剪集了世界上各大作家的'手相'，美之曰：'作家笔会'，就中有萧伯纳的一双手，小标题是'俏皮的手'。"（按：此文再次收录本年11月文锋出版社初版发行的该作者所著《芒刺》。）

## 三月

**约在期间**　按先生自述："我有机会从长汀乘船到上杭，又从上杭到峰市。几乎经历了汀江的全程。这一次乘的不是轮船，而是一种轻小的薄板船。它只能载客四五人，外加少量商货，篙师站在船头，船尾有艄公把舵。在第一程平衍的江流中，这条船漂漂泛泛，逐流而下，安闲得很。篙师和艄公都坐着吸烟喝茶，大有'春水船如天上坐'的情趣。但是，渐渐地，显然地势低了，水流急速了，远远地望见中流屹立着一块两块大石礁。篙师站起身来，用他那支长竹篙向左边石头上一拄，又掉过来向右边一块石脚上一撑，船就正确地从两个大石礁中间溜过。从此一路都是险滩，水面上的礁石如星罗棋布，还有水下的暗礁，也清晰可见。篙师挥舞着他的竹篙，艄公忽左忽右地转舵。江水分为几股从石门中夺流而出，船也从乱石缝中像飞箭一般射过。从上杭到峰市一段汀江，我简直不能想象它可以通航，但我实在坐过一叶小舟，在这许多险绝人寰的乱滩中平安浮过。"（《在福建游山玩水》）

**下旬**　任铭善致函，并附"江苏省立江苏学院用笺"书赠诗作《春寒五绝句》："平溪如酒漾新愁,帘幌轻寒怯玉钩;咫尺东风无著处,一声画角晚生秋。出郭垂杨竞暮烟,渡头人散草芊芊;前邨尽日多风雨,一树梨花白可怜。江潭十载梦依稀,落絮和泥等不归;好护别来珍重意,便逢春暖亦添衣。莺啼草长自芟除,一例江南二月馀;倘见山中红踯躅,定应寄我数行书。雨约飞花卧绿苔,漏云湿月向人开;嗟予瘦损难胜酒,负汝娟娟照影来。蛰公大方一笑,铭善草稿。"

## 四月

**十一日** 《大上海报》刊载戈予《施蛰存风尘仆仆》:"外貌瘦怯,说话很高朗而有精神,性格上带点豪爽。记得有一次什么会议他介绍自己,自认是,我是失业而没有事做的赤佬。可想见其为人的风度。自从发表《庄子》与《文选》,引起激烈的一场论战,当时气愤地竟闭门不出多时。但是,战事发生,他一扫颓唐,仆仆于西南道上。初任教云南大学,大约廿七年冬至沪省亲,旋即南行。廿九年起,改在福建长汀国立厦门大学执教,终日与青年相对,颇多新的欢悦。去年春季他又来过上海,那时他家已迁居愚园路,儿女渐长,于是他携了大儿子匆匆再到内地去了。他原为'礼拜六派'的作者,因能锐意改进,得获文坛佳誉。其作风清新婉约,词藻洵丽,心理描写最多微妙之处,拥有广大读者。如《娟子姑娘》即为确例,'良友'版的那册《善女人行品》,不啻是一架现代女性的解剖镜了。而其后期作品,不知何故远游于前,或者是《现代》杂志所倡导的'第三种人'文学的自由气息太重了。"

**二十日** 译毕英国诗人劳伦斯诗作《绿》等数首并撰写"附记"。

**是月** 开明书店初版发行叶绍钧、朱自清合著《国文教学》,书中"论教本与写作"提及:"施蛰存先生在《爱好文学》一文(二十八年五月十八日中央日报昆明版[八月十六日重庆版])里说:'我们欢迎多数青年人爱好文学而不欢迎多数爱好文学的青年大家都动手写作(即创作)。爱好文学是表示他对于文学有感情,但要成为一个好的创作家,仅仅靠这一点点感情是不够的。'这是很确切的话。"

## 五月

**二十三日** 《光化日报》刊载聊以《施蛰存菖蒲自甘》:"施蛰存为《现代》派一大支柱,战乱即起,遂作远游,后辗转至闽中执教,以迄于今。去春曾一度来沪,料理家务,旋复远行。施氏原籍松江,淞沪一役,'欣逢'空袭,故园零落,施氏十载藏书,及其历年所收集之名家手稿裱本,均付一炬。闻施氏现仍任教于厦门大学,时以译作自遣,近有函致其友人,有谓:'此间所得,仍是一盘苜蓿,勉以糊口。'又谓'桂林一散,友朋均不知去向。王鲁彦已长逝,张天翼消息无着,可慨喟耳。'据云,施氏虽极清苦,而苜蓿自甘,足为关心施氏之读者告慰也。"

**是月** 译著奥地利显尼志勒《孤零·妇心三部曲第一部》(又名《蓓尔达夫人》)、《私恋·妇心三部曲第二部》(又名《毗亚特丽思》)、《女难·妇心三部曲第三部》(又名《爱尔赛小姐》),由上海言行社重版发行。

**又** 小说集《善女人行品》,由上海良友复兴图书印刷公司再版发行"普及本"。

## 六月

**一日** 《万象》第4年第7期登载唐弢(署名"晦庵")《书话》,写到茅盾《邻二》末句,"据施蛰存在《无相庵断残录》里说,'池里的绿水'五字,是由他加上的。原来茅盾这篇散文,写给《新文艺》月刊,原稿发下排印时,最后一页被手民遗失,一时无法请作者改正,就由编者施蛰存加上五字,算作结束。发表后茅盾去信更正,而新文艺却已停刊"。

**二日** 在长汀《南方日报》发表《怎样纪念屈原》:"自从诗人节被规定下来之后,屈原之为诗人,在历史上又多了一个证件。年年今日,文艺界的善男信女又得忙着开会纪念。""如果我们真能了解屈原,真在衷心地纪念屈原,我们第一要决不把他看做一个诗人,第二要赶紧使现代的屈原不再自杀。愈把屈原标榜作我们的民族诗人就是愈侮辱了屈原。""每一个时代的人都纪念死去的屈原,而同时又都嫉忌他同时代的屈原,这史实也重复地显现到如今,我们有什么理由可以自解呢?"先生自述:"这是为民国三十四年诗人节而写的一点感想,那正是郭沫若先生因为上一年曾发表了一篇《甲申三百年祭》而被骂得体无完肤的时候,也是郭先生亲自搬演屈原的时候,所以我这篇文字也多少有点是为郭先生而写的意味了。"(《待旦录·序》)

**八日** 徐森玉于福建长汀致上海徐伯郊函:"始得一榻可居,然污臭不堪。所事几经磋商,往返询问,顷得确信,成行有日,即作书告汝,望转告诸亲友。城西有苍玉洞,宋人题名刻石数十段,近年为修工者损坏多处。又北山之麓,有梅万株,绿荫宜人。若初春来此,真香雪海矣。施蛰存写示《武夷诗》三十首,颇有大谢风趣;此地人物如卿,而同调绝少,渠甚念馨迪不置。"(按:由王圣思来件供给,后收入《徐森玉全集》。)

另,据王圣思记述:"施先生说:'徐森玉从重庆飞到福建,在长汀厦门大学和我住过一阵。当时重庆飞上海的路线到江西中断,只好飞福建,然后走公路,经浙江杭州,

才能到上海。有不少朋友,我都是送他们走这条路线,我自己也是这样回上海的。'"(王圣思《追忆拜访施蛰存先生》)

**十日** 《沈从文:致施蛰存》(沈从文1935年8月28日致函手稿)刊于"文艺春秋丛刊"之四《朝雾》插页。

**二十日** 译作捷克J.苻尔赫列支基著独幕剧《见证》刊于《十日谈》第3辑。

**二十四日** 又为译著奥地利显尼志勒《爱尔赛之死》交付复兴出版社代为印行而撰"题记"。

**月内** 为译著匈牙利莫尔那《丈夫与情人》撰写"初版引言":"这本书对于我实在太有缘分了。""来到国立厦门大学,在图书馆里又发现了它。'这回该了却我的心愿了吧?'我对自己说。于是,这个允诺的结果,使我终于能够把这十四篇译文供献给读者。""我把这个译本第一先供献给习作喜剧的人。""其次我要把这个译本供献给正在恋爱,或将要恋爱,或已经恋爱过而遭遇到困难的人。"

**是月** 译作匈牙利莫尔那《两个巴掌》刊于《文学集林》(眷恋集)第5辑。

## 七月

**一日** 《中华乐府》第1卷第4期刊载姚鹓雏诗作《得施蛰存长汀书,却寄》。

**五日** 先生与多位教授因拟赴三元接受江苏省立江苏学院之聘,而未参加厦门大学复员,仍留居长汀。

另,据厦门大学"本校最近复员消息":"5日汪[德耀]校长率领本校重要行政人员离汀来厦,10日到达,翌日即开始办公,至是本校遂正式复员至厦门校本部,长汀部分即日改设留汀办事处,用以继续办理在汀未完事务。"(《厦大校刊》创刊号)

另,据厦门大学"布告":"案奉教育部人字第四八七四四号训令转奉行政院令开:国立厦门大学校长萨本栋呈请辞职,应予免职;任命汪德耀为国立厦门大学校长,等因奉此,本校长遵于本月二十日到校视事。"(同上)

**九日** 为交付出版译著《老古董俱乐部》而撰写"引言":"最先使我对于欧洲诸小国的文学发生兴趣的是周瘦鹃的'欧美短篇小说丛刊,'[按:1917年3月初版书名为《欧美名家短篇小说丛刻》]。其次是《小说月报》的'弱小民族文学专号',[按:1921年10月《小说月报》第12卷第10号《被损害民族的文学号》]。其次是周作人的'现代小说译丛'。[按:1922年5月商务印书馆《现代小说译丛·第一集》初版,版权页署译者:周作人。]这几种书志中所译载的欧洲诸小国的小说,大都是篇幅极短,而强烈地表现着人生各方面的悲哀情绪。这些小说所给我的感动,比任何一个大国度的小说所给我的更大。尤其是'弱小民族文学专号',其中又有一些论文,介绍欧洲诸小国文学状况之一斑,使我得到了初步的文学史知识。其后,当我自己能找外国书志看的时候,我发现有几种英文杂志似乎专注意于这一方面的文学之介绍,例如 *Dial*, *Living Age*, *Slav Review*, *Poet Lore* 等,因此我对于这些杂志也发生了极大的兴趣,然而财力不足,未能每期买得,结果是看到的少,遗漏的多。而看到的又往往是在图书馆中匆匆过目,或从朋友处辗转借来,留一二日即便送还,因此亦未曾多有迻译。""这十个短篇是我所最欣赏的。我怀念着巴尔干半岛上的那些忠厚而贫苦的农民,我怀念着斯干狄那维亚的那些生活在神秘的传统与凛冽的北风中的小市民及渔人。我觉得距离虽远,而人情却宛然如一。在我们的农民中间,并不是没有司徒元伯伯,而在我们的小城市中,也很多同样的'老古董'。所可惜的是我们的作家们却从来没有能这样经济又深刻地把他们描写出来,于是我们不能不从旧杂志堆里去寻觅他们了。"

**十二日** 永安发生了震惊中外的大逮捕"羊枣(杨潮)事件"。杨刚从江西赣州来到福建,曾与先生晤面。先生自述:"那时杨刚确是来过福建,应当说是来营救羊枣。当时,黎烈文在永安,肯定也见过杨刚。""杨刚是福建长汀人,这是她自己告诉我的,大约是祖籍长汀。她到长汀,也是住在她堂兄弟家中。"(《关于杨刚的几点说明》)

**三十日** 译作德国 C. E.凯赛林著《凯丝达》及"译后记"刊于《十日谈》第 4 辑。

另,此辑"本社新书预告"刊载《北山译乘——施蛰存先生选译文学名著十种》:"施蛰存先生自抗战以后,即埋头从事译著。近选出篇幅不长而可以自成一卷之西洋现代文学名著数十种,编为'北山译乘',交本社印行。兹将第一辑十种目录露布于左,书已付排,陆续出版。1.《自杀以前》,中篇小说,奥国显尼志勒著,八月出版。2.《老古董俱乐部》,短篇集,欧洲诸小国作家著,八月出版。3.《战胜者巴尔代克》,中篇小说,波兰显克微支著,九月出版。4.《沙洛扬小说集》,短篇集,美国沙洛扬著,九月出版。5.《尼采的晚祷辞》,文学逸话,褚威格等著,十月出版。6.《美痣》,中篇小说,法国缪赛著,十月出版。7.《丈夫们的事情》,对话,匈牙利莫尔纳著,十一月出版。8.《薛尔薇》,中篇小说,法国特·奈瓦尔著,十一月出版。9.《沙上之足迹》,警句集,果尔蒙等著,十二月出版。10.《奥尔斐》,剧本,法国高克多著,十二月出版。"

另,书讯专栏介绍将在八月出版的先生译著三种:《自杀以前》《老古董俱乐部》以及苏特曼著独幕历史名剧《戴亚王》。

**下旬** 先生应戴克光之邀,与邹文海、万鸿开、周长宁、田叔园诸位教授脱离厦门大学,迁居福建三元接受江苏省立江苏学院之聘,出任文史学系教授。先生自述:"厦门大学校长萨本栋在全校师生中威信极高,深得人心。但他积劳成疾,不幸患了肺病,在美国治病并写信回国请辞,教育部任命汪德耀为校长,可是厦门大学有些教师反对汪德耀出任校长,原因是希望萨本栋能再回校继续当校长。其实汪德耀是一位非常有学问的生物学家,人也很好;他早年留学法国,主要从事细胞生物研究。此事他是很受冤枉的,特别委屈。恰巧省立江苏学院增设文史学系,院长戴克光到厦门大学延揽师资,一下子被他拉去七八位教授。我因为与戴克光相熟,他原先也在昆明,还有友人沈鍊之等从中竭力劝说,情面难却;加上另有一说,此校战后可能迁回苏南或上海,很有吸引力,便随着他们一起去了江苏学院任教。这次转校对我来说是一个很大的失策,如今想起都有些后悔。"(《世纪老人的话·施蛰存卷》)

**又** 张荃作诗《别诗,蛰存文海先生将离汀州即赠,且为明春之约焉》:"择地不盈亩,耕锄植花卉。培护中程功,斑驳呈红翠。此日弃之去,众芳哀芜秽。岂不惜芳菲,园林方蜩沸。揠苗徒助长,耰耘异作计。机心出诡奇,所志皆微利。众人竞汹汹,一哄万事坠。茕茕孤愤怀,心实忧道艺。我本吊影人,天涯一身寄。避乱到林邱,追陪疑梦寐。论交契性灵,谈艺同臭味。摩挲腹中物,哙属岂等类。相期海之隅,旗鼓树别帜。君辈胸中略,应足匡时弊。吾道犹可为,渺茫岂天意。"

另,按先生自述:"但我在三元时仍与之有书札往还,她寄我的诗,大多是由长汀寄三元的。"(复李焕明函,1990年2月17日)

**月内** 为交付出版译著波兰显克微支《胜利者巴尔代克》而作"译者引言":"译完显克微支的《胜利者巴尔代克》,我喘一口气,觉得很舒服,因为这又算是了却了一个心愿。十年来,少写作,多阅读,觉得西洋文学中毕竟珍珠多于泥沙,而这些珍珠常常使我想:'几时能给它译成汉文就好了。'要译的愈来愈多,而译书的能力实在差得很。这回好容易断断续续地把这个六万字的小书译了,在我自己,的确是一件高兴的事情。""这里所译出的《胜利者巴尔代克》等,我却以为是他的最精致的作品。尤其是巴尔代克这个参加过普法战役的英雄,在作者极幽默的笔下,被描写成这样一个狼狈不堪的人物,使我们不期然而然的会连想到近年来我国的一些与巴尔代克差不多的为虎作伥的人物。我觉得显克微支的揶揄巴尔代克,正好替我们揶揄了这一批中国的巴尔代克。由于这一点联想,所以我从许多待译的珍珠中尽先译出了这一颗。"

**是月** 安徽屯溪《中央日报》出版三周年纪念刊罗洪编《点滴集》,收录其译作保加利亚 E.沛林《圣史璧列侗的眼睛》。(按：据1968年"我曾在报刊上发表过的文章"，先生提及"中央日报副刊(屯溪，罗洪编)，1945[年]上半年，发表了一篇美国作家沙洛扬的小说译稿"，俟考。)

又　上海良友图书公司(文汇书报社)再版发行"名家小说集"《西泠的黄昏》，收录其作《李师师》《旅舍》《夜行》。(1933年初版)

又　永安立达书店初版发行许杰《现代小说过眼录》(海岑主编"立达文艺丛书"第1辑之一)，书内收入《明天》："施蛰存先生却是用精神分析学的眼光，说是描写'性爱与母爱'的。但我的看法呢，却又和他有些不同。""反之，如果要描写性爱与母爱，一个作家，也尽可以不通过寡妇丧子的题材，但这却不能语之于施蛰存先生的见解。如今鲁迅的这一篇《明天》，偏偏就通过了寡妇丧子这一题材而显现，那就无怪乎施先生要说是描写性爱与母爱了。""施蛰存先生对于《明天》的观察，说他的主题是性爱与母爱，我们虽然不敢说他有些近乎盲人扪象，(作兴我们的说法，也是一种盲人扪象吧！可知小说的阅读与研究，真不容易呵！)但他的用他心中原有的精神分析以及下意识上意识这一套见解，去迎合，去套用这篇作品，却是无疑的。""这一篇小说，没有什么严密的故事的结构，也没有什么行动的顶点，施蛰存先生的分析，认为这是心理小说，这是对的。因为他虽然没有行动的顶点，却也有心理的高潮。"

又　《风雨谈》第20期刊载东方优《夏夜访语堂》："夏夜的'有不为斋'，你时常可以晤见当时文化界的知名之士。老辈之中有蔡子民先生，其他还有邵洵美、施蛰存、郁达夫、陶亢德、阿英、简又文、温源宁、全增嘏、周黎庵、徐訏、黄嘉音、刘大杰、谢葆康这些位，真可算是济济多士。"

同月　柯灵主编《万象》月刊停刊。龙榆生主编《同声月刊》停刊。

## 八月

一日　《致望舒》刊于《文帖》第1卷第5期(8月号)。(按：此文为1943年11月26日致戴望舒函。)

同日　译著奥地利显尼志勒《爱尔赛之死》(即《妇心三部曲》中的《爱尔赛小姐》)，由福建南平复兴出版社出版发行。

又　南平复兴出版社初版发行刘贝汶《后来者》(三幕剧)，书中"自序"提及："民国三十一年冬，我写完了《后来者》，""初稿时，得施蛰存先生诸多指正，不胜谢忱。"

(按：此"自序"写于1944年8月。)又，"再序"提及："本稿原由施蛰存先生收入他替屯溪新生出版社编辑的'新生文苑'，稿子于去年九月间寄出，至今没有下文。近得施先生函，说新生出版社有停顿讯，并为接洽在复兴出版社印行，这是本书未出世前的一小段沧桑。"(按：此"再序"写于1945年4月20日。)

**十五日**　日本侵略者宣布无条件投降。作诗《闻罢兵受降喜而有作》(后四首存三)。

**同日**　译作匈牙利莫尔纳短剧《神圣而高尚的艺术》刊于《浙江日报月刊》第4期。

**二十五日**　译毕捷克约翰·史伐妥普拉克·玛喀耳《贼》并撰"译后记"："其作品在英文中甚少见，此篇译自1925年11月21日出版之美国《活时代》周刊第327卷第4246期。英译者注云：译自《文学供状》，盖玛喀耳所著短篇小说集名也。"

**是月**　译著德国苏特曼独幕历史剧《戴亚王》，由福建永安十日谈社初版发行。

**同月**　29日郁达夫在苏门答腊失踪，后被日寇秘密杀害。(按：见于李杭春、郁峻峰著《郁达夫年谱》。)

## 九月

**一日**　正式出任省立江苏学院文史学系主任、教授，月薪为400元(先生书面材料)。

另，据沈洛、马涉文编辑《江苏省会要览》记载："该院之规模，相当完备，可与国内任何大学媲美，计设文史、外文、数理、机工、经济、政治、行政管理等七系，及社会教育专修科。各系教授均系国内知名之学者，现文史系有陈易园、詹剑峰、施蛰存、李香谷、王咏详诸先生。外文系有李祁、王文俊、杨先涛、秦希廉诸先生。数理系有周长宁、池钟瀛、曹中权、楼定濂诸先生。机工系有俞调梅、田叔园、钱长明、蔡秉久诸先生。政治系有戴院长本人，及邹文海、刘杰、蒋畏林、陈延进诸先生。经济系有周枬、杨振先、万鸿开、马裕蕃先生。各位教授，以留英者为最多，留美及留法者次之。彼等对治学均极谨严，故院内之研究空气，特别浓厚。"(中国文化服务社镇江支社编印，1946年2月15日初版)

另，据徐中玉回忆："陆侃如先生想请他来中山大学，要我去信征求他的意见，但未接复音。抗战期间，大家行踪常有变化，或是迁校避难，或是邮路不畅，常被遗失。中大的几位先生对蛰存先生的博学多识都是非常赞赏的。"(徐中玉《回忆蛰存先生》)

**三日**　《大晚报·剪影》刊载《作家书简·施蛰存》，先生致"×兄×嫂"函："在屯诸承照拂，心感不尽。乃以行色匆匆，不能尽盘桓之乐，亦复忡忡。"(按：据此函内容,当为1944年4月5日在江西河口致朱雯、罗洪夫妇函。)

**约在期间** 作诗《三元传柑里寓斋卧病作》:"山馆高槐集晚鸦,羁南元直未还家。十年尽历三中劫,一夕平添两鬓华。浩荡襟期成旧梦,支离病骨比秋茄。可怜夕照无多子,犹染云天万叠霞。"

**是月** 译著奥地利显尼志勒《自杀以前》(又名《爱尔赛之死》),列入"北山译乘第一辑",由福建永安十日谈社初版发行。

**又** 上饶战地图书出版社初版许杰著《文艺·批评与人生》,内收《谈浪漫主义——读施蛰存先生〈浪漫主义〉后》:"施蛰存先生的《浪漫主义》一文,说浪漫主义这一名词,在中国文坛已被许多人误解,觉得非常之惋惜。他说,中国的五四新文化运动,是一种思想上的浪漫运动,而五四的新文学运动也只是一种文学上的浪漫运动;他说现在的民族主义文学也是一种浪漫主义的产物,苏联的文坛,也有革命的浪漫主义,社会的浪漫主义,甚至有抗战的浪漫主义的口号!为什么在今日的中国,浪漫两字的含义、仿佛等于下流、堕落、颓废的代替语。""大有愤愤不平的感慨;而于结语之中,却又轻轻带过,说是'让我们想想看,我们应该把Romanticism这个字怎样译才好呢?'于是,又把问题一松,似乎浪漫主义一词,不能在中国走运,又只是译名的问题了。其实,施先生的这一篇文章,表面上虽说是讨论浪漫主义这一名词的译名问题,而其实内里的含意却是鼓吹,或是附和陈铨教授所鼓吹的浪漫主义文学问题:这是我们应该首先认识清楚的。""施先生之愤然于这名词之被误用,原来只是一种避重就轻的说法。他的目的,他的骨子里的意思,却是同情于浪漫主义之应该鼓吹、浪漫主义文学之值得提倡而已。只是施先生的话说得巧妙。好像这些事情,原是别人在提倡的,一点也不干己,说说便无所谓。而且,他竟然一股正经的装作像煞是旁观者的态度,说是一般人批判,甚至反对浪漫主义,乃是因为一般人误解了浪漫两个译音而起。语意之间,好像说一般人的反对,乃是因为一般人的无知。""施先生便引经据典的,古今中外的说了一大通,说浪漫主义之应该值得提倡。但是,我们如果正面抓住,说是'施先生,你要提倡,你要同情,你要替陈铨教授撑腰,附和他的浪漫主义文学的提倡吧!'那末,他也可回过头来,貘然溜走,矢口不承认的。这便是我所说的施先生的很得意、很巧妙的措词的意思。""在这一篇文章里面,历举了许多浪漫主义文学在中国文坛的功绩和事实,""如果施先生在说起浪漫主义的功绩时,根本就不晓得五四后的中国文坛,尚有其他各种主义的出现与存在,便有些近于愚昧和无知。如果施先生明知于浪漫主义以外,确曾有其他主义的出现与存在,而自己却故意强调这一主题,而抹煞了一切,这也有些近于阴险与巧诈。""我们也可以说,颓废主义不也是浪漫主义的产物吗?难道我们今日也要糜烂的颓废主义,如昔日的郁达夫一样?""施先生并不大认识文学,也不大认识抗战,他现在虽然也和我们一样,生活在抗战已经八年了的东南,同我们一样的呼吸着战时的空气。但他的见解,他的内心,却还是憧憬着过去的印象主义、象征主义的思想,自由人、第三种人的生活。他的恋恋于浪漫主义,为浪漫主义辩护,乃是应该的。如果有人以为我这个臆断,有些过火,要问我取证据的话,那么,举证并不在远,这一篇浪漫主义的大文,一心向往于第一个十年的新文学的成绩,甚至替郁达夫开脱,替浪漫这两个字呼冤,都是例证。""如果我们再行设想,施先生过去在中国文坛上的表现与功绩,施先生半生所交往的文士与名流,就更可以证明我的臆测是不见得过分的。所以,我们想奉劝施先生一下,施先生你得依着你的衷心,说出你由衷的说话,你说你和浪漫主义有好感,你倾慕他的自由与热情的奔放,你憧憬于自由人或第三种人的生活,你同情民族天才论者陈铨教授的主张,你提倡浪漫主义,响应浪漫主义文学吧。你又何必作古正经的装作旁观者的态度,像煞在讨论什么是浪漫主义一词的最好的译名问题呢?"

**又** 战地图书出版社初版许杰编《蚁垤集·文艺评介选集》,内收欧阳澂《还要打下去——读朱光潜的〈文学的趣味〉后》,其中提及:"我想朱先生虽想反对文学史上的'笔墨官司'与'派别',而战争却仍似乎不可绝。太远的不说;较远的为:'大众语'与'白话文'之争;'民族革命战争的大众文学'与'国防文学'之争;近的如,幽默大师林语堂的'臭虫与月亮'之争;施蛰存先生的'文学的贫困'之争,以及朱先生自己在本文里的'趣味'之争,都是例证。"

**同月** 1日上海《大晚报》复刊。6日上海《文汇报》复刊。14日《文艺春秋》丛刊改为月刊,仍由范泉主编,共出版44期。

### 十月

**上旬** 作诗《寄怀余仲詹(謇)先生厦门大学》。

**十四日** 重阳节。李祁作诗书笺《重阳口占三首(抗战胜利之秋)其三》:"天涯惘惘不胜思,顾影还欣有旧知;忽听西风成独语,青山红树我归迟。三元重九之作,录呈蛰存先生粲正,李祁。"

**是月** 译著东欧诸国短篇小说集《老古董俱乐部》,列入"北山译乘第一辑",由福建永安十日谈社初版发行。收录译作"保加利亚三篇"：《罗西察河上的石桥》《圣史壁列侗的眼睛》《客》；"匈牙利二篇"：《两孤儿》《称心如意》；"瑞典一篇"：《婚礼进行曲》；"犹太一篇"：《缄默者彭齐》；"捷克一篇"：《贼》；"南斯拉夫二篇"：《老古董俱乐部》《建筑家》。书末刊有书讯"北山译乘第一辑——施蛰存先生选译"。

**同月** 14日中华全国文艺界抗敌协会在重庆召开理事监事联席会议，会上决定改名为"中华全国文艺界协会"。

## 十一月

**月内** 作诗《题三元杨氏废苑》《闲居》。

**又** 任铭善于"江苏省立江苏学院用笺"书赠诗作《纪言》："未了中年感，谁能与世遗。已无愁可解，渐觉酒堪持。长叹随风远，小眠验梦知。万川开月影，静对得吾师。"《瞿公自雁宕寄词见忆有答》："平生米师友，山水见情真；隐几吾何有，开缄忽不贫；浮云去无极，归鸟意俱亲；一壑他时事，梅花莫笑人。别鹤惊寒瘦，仍逢旧令威；入山无好计，看水易思归；一雁都寥落，百忧有奋飞；遂将千里意，抱膝学忘机。"《沙溪》："倦叶残雲冷欲收，乱山西去是汀州。沙溪艇子上滩缓，定载斜阳万斛愁。"《甘州·九月作》："渺空江片月霁寒沙，帆落夜潮平；乍小屏围梦，长天过雁，画角连城；心事明朝晴雨，湖海十年灯；到枕哀蛩语，解诉飘零。听水听风都惯，恨无多秋泪，料理秋情；只一阶碎叶，犹作故园声；几回看、随身孤剑，奈中宵、残酒不曾醒；苍山外、五更霜气，带两三星。"并识"铭善呈稿"。

另，任氏别附过录徐震堮诗作，题为"声越近诗"：《归来》，强去终难忍，归来始自怜；南冠仍楚奏，左衽忽华颠；户出添都马，人俊护国猷；艰危非一事，垂涕汉唐年。削迹嫌名字，封戎阳子居；藜羹频入馔，柿叶但供书；鹤讶尧年雪，人争庲泽鱼；伤心南雁尽，不敢问何如。《闲居》，园花供晚色，虫唱逗闲襟；阮籍唯躭酒，昭文不鼓琴；荒城回夕照，小阁闭秋阴；欲问逍遥义，何人是道林。《惠心叔》，好问任公子，南行路几千；属辞枫岭月，风送建溪船；煮茗拾秋叶，钞书漱夜泉；礼堂灯火梦，故物一青毡。"

**是月** 上海启明书局再版施若霖主编《八十家佳作集之四·包身工》，收录其作《无题》。

**又** 福建永安十日谈社出版海岑编"十日谈丛选辑"《虹之尾》，收录其译作德国C. E.凯赛林著《凯丝达》及"译后记"。

## 十二月

**一日** 诗作《枯树》又刊于《粹报》。

**十七日** 下午中华全国文艺界协会上海分会在金城银行七楼召开成立大会。先生自述:"抗战胜利后,文协在上海成立了上海分会。第一次成立大会我还没有回到上海,故没有参加。"("我参加过的党、团、集会",1968年)

**下旬** 江苏学院匆匆结束课程,准备安排教师、学生开始分三批迁移,分乘五辆大卡车复员北返。

**又** 作诗《治装北归赋寄荪簃》:"中年偏惜别,久客亦宜归。人趁吴船去,心随越鸟飞。相逢惊岁晚,所愿与身违。鸡黍平生约,何时待一挥。"(按:初题《去三元寄荪簃汀州》)

**另**,据周退密、宋路霞记述:先生"复员北归,只能带回流徙西南[东南]时所收各种金石碑刻诸件,常用之书均送友人"。(周退密、宋路霞《上海近代藏书纪事诗》)

**月末** 江苏学院优先安排部分教授携眷属由水路北返,先生随此行由福建三元启程,经由南平、衢州,乘船到杭州,换乘火车回到上海。先生自述:"同行者有周长宁、万鸿开夫妇及两个孩子。此二人都是江苏学院同事,也是同时从厦门大学到江苏学院的。"("1946年回上海后的情况",1968年)

**另**,作诗《去闽日登南平明翠阁赋寄荪簃》:"水挟滩声急,山从暮霭侵。一楼犹突兀,三度独登临。北辙征尘起,南云别恨深。阑干虚拍遍,所得是沾襟。"

**是月** 译著波兰显克微支《战胜者巴尔代克》(又名《胜利者巴尔代克》),由福建永安十日谈社初版发行。

**又** 上海漫游社出版发行黄时枢编辑《漫游》第1期,刊载纯真《今后我们的文学》内"第三种人文学"提及:"这名称为苏汶所创,表示如下的基本思想:文艺不是宣传。倘使文艺表现了作者的主张,那是由于文艺总免不了作者的主观。但文艺决非'直接间接地做阶级的斗争的武器'。文艺创作的取材等等,作者有其自由。文艺有其自身的价值。这一集团的机关杂志便是《现代》。由施蛰存编辑,后加入杜衡。(最后由汪馥泉接编,那《现代》的性质已变了。)"

**同月** 22日《申报》复刊。

# 一九四六年（中华民国三十五年　岁次丙戌）　先生四十二岁

## 一月

**四日**　在《新生日报》发表《栗和柿》。

**同日**　《申报·春秋》刊载赵景深《文艺的离去和归来》提及："自从平汉路被日军打通,后方被切断以后,朋友们自然更不容易通信了。只有皖南屯溪的朱雯罗洪夫妇和福建长汀的施蛰存还常写信给我。""大约东南文艺界的消息我知道得较多,如施蛰存、曹聚仁、许钦文等家的文章是常可看到的。"

**五日**　《世界晨报》刊载夷吾《施蛰存的政见》。

**上旬**　按先生自述："我到家后,首先是看看报纸及其他刊物,了解一下抗战胜利后的上海情况。"（"1946年回上海后的情况",1968年）"第一天出门,下了一路电车,第一个碰到的老朋友就是《大晚报》现任总主笔汪倜然兄"。（《大器晚成》）

**十三日**　在《新生日报》发表《关于图书馆的几句话》。

**十九日**　译作法国阿尔兰《蔷薇》又刊《新生日报》,署名"江思"。（按："江思"为与戴望舒合署之笔名,可为合译之品。）

**中旬**　按先生自述："回到上海,第一件事就是向中西旧书店中访书,以补偿多年来的文化饥渴。我买到的第一本外国诗便是《波兰抒情诗金库》,1936年加拿大温尼伯城波兰书店出版。我热中于波兰诗,约有一二个月时间。只恨自己不懂波兰文,不能欣赏其原作。从'金库'选译了二十多首小诗,作为我巡礼外国文学的里程碑。有五六首诗曾发表于《大晚报》副刊,其馀均经散失。"（《域外诗抄第四辑波兰诗抄·后记》）"第一本买到的外文书就是这本《第二次世界大战间谍史话》的原文本。"（《间谍和卖国贼——第二次世界大战间谍史话·译者附言》）"当时经常去逛新旧书店,收买些旧西书,又常到虬江路去逛旧货摊,买了不少日本货盘子碗盏。"（"1946年回上海后的情况",1968年）

**二十五日**　《宇宙》第3期刊载王寿富《提起施蛰存来》："不少旧文学家,换身一变,变成新文化人。像沈雁变成茅盾,舒舍予变成老舍,正是举不胜举。又如施蛰存先生,有谁会知道,他即是若干年前的施青萍。"

**下旬**　李祁来函并附词笺："一晌寒生催短日。独倚危楼,高处无人识。满耳萧萧风去急,月明霜冷千峰白。几度忧来天地窄。骨纵能销,那得销魂魄。淡画山川空历历,凄迷病眼何由极。蝶恋花。廿四番风一例催,秋英春艳伴寒梅。(病榻前一茶杯内同插菊花玫瑰红梅)几般身世总同杯。(红楼有万艳同杯之语)故放华灯窥素影,更移近枕逗香来。良宵何事尚堪哀。浣溪纱。病榻偶吟,录呈蛰存先生并乞斧正,李祁。"

**约在期间** 按先生自述:"大部分时间是在家里,因为一家人都在上海聚首,阔别多年,有话谈。""到上海后,万鸿开在我家中住了大约一个多月。后来他在救济总署找到工作,即迁入救济总署分配给他的住宅(在北四川路底)。""后来渐渐出门,去访问多年不见的朋友。记得的有唐弢、柯灵、周煦良、朱雯、刘大杰、王辛笛这几个人。唐弢、柯灵在办上海出版公司,去的次数多些,其他的人不过一二次往来。同乡前辈则有张叔通、雷君彦,也曾去看过。《申报》'自由谈'(或'春秋')编辑吕白华,《文潮》什志编辑张契渠,好像也是在这时候认识的。"("1946年回上海后的情况",1968年)"也到开明书店去过,见到叶圣陶、周予同、王伯祥、徐调孚诸人。"(《知己之感》)

**是月** 译著匈牙利莫尔纳《丈夫与情人》由福州十日谈社初版发行。

**同月** 10日上海出版公司出版郑振铎、李健吾主编《文艺复兴》月刊创刊号。羊枣(杨潮)被虐死狱中,全国文化界、新闻界掀起了抗议怒潮。

## 二月

**十五日** 译作美国W.沙洛扬小说《天才》刊于《文艺春秋》第2卷第3期。

**十八日** 下午4时先生在金城银行7楼金联食堂出席中华全国文艺界协会上海分会举行第二次会员大会,并为欢送老舍、曹禺二会员赴美讲学,以及欢迎内地复员来沪诸位会员。据翌日报载,"到会的有老舍、曹禺、戈宝权、宋之的、吴祖光、施蛰存、袁水拍、许杰、叶绍钧、华林、夏衍、郑振铎、许广平、张骏祥、唐弢、李健吾、徐调孚、赵景深、凤子、赵清阁、孔另境、柯灵、以群、周予同、钱君匋、姚蓬子、顾仲彝、王辛笛、佐临、余所亚、赵家璧等作家及美新闻处主任费正清等百馀人,此外并有文艺青年联谊会会员数十人亦列席参加",首由郑振铎主席报告,次由叶绍钧致词,后由老舍、曹禺发言,继由费正清致词,再由吴祖光、华林、施蛰存、许杰诸先生陆续发言,凤子宣读苏北作家慰问函,会议当场通过致函郭沫若先生慰问,表示对较场口暴行之抗议。散会六时许,后聚餐,至八时馀方尽欢而散。(《文汇报》,1946年2月19日)

另,据思维《记文协欢送老舍曹禺赴美会员大会》:"顺便欢迎在内地苦斗八年,最近来上海的柳亚子、叶圣陶、宋之的、吴祖光、戈宝权、许杰、施蛰存、袁水拍诸先生。"

(《神州日报》，1946年2月19日）

另，据报载："四川路上增加不少文化人的足迹，人是络续的望[往]七楼食堂上跑，签名簿上的黑字，都是我们所熟悉的作家，戈宝权、宋之的、吴祖光、施蛰存、袁水拍、许杰、华林、叶绍钧、赵太侔。""施蛰存穿着长衫，和抗战前差不多的风度，他述说了廿六年赴内地，廿九年到福建等地，这几年没有什么贡献，今后预备努力对于文化事业，同时向欢迎的朋友致谢。"(《前线日报》，1946年2月19日）

另，据报载："老舍讲毕，曹禺、吴祖光、施蛰存、许杰、华林，及美国新闻处长费正清相继发表演说。"(《大公报》，1946年2月19日）

另，据赵景深记述："还欢迎新近从重庆厦门等地来沪的会员戈宝权、宋之的、吴祖光、柳亚子、施蛰存、袁水拍、许杰、华林、叶绍钧、赵太侔等。""施蛰存说：'各位欢迎我，实在不敢当。有机会与久不见面的朋友们见面，很是高兴。谢谢。抗战以来，我在民国二十六年到昆明，在香港曾与文协联络，此后就在福建，摔在角落里，孤苦零丁的。我惭愧我自己没有长进，没有像样的工作，希望能够重新拿起笔来，或者做一点意义的事情，战时本来我身体好，胜利以后反而身体坏了。'"许杰在会上发言谈及施蛰存抗战时期与自己一样"也是在这一角落[东南]的"。（赵景深《一个作家集会》）

**下旬**　先生开始与周煦良为上海出版公司筹办以翻译作品为主的刊物《活时代》，经常去厦门路尊德里上海出版公司的一间统厢房内办理编辑事务。先生自述："此刊与周煦良合编，以译稿为主，但亦有一二特稿，则为外国人撰述。"("我编辑的期刊"，1968年）

**月内**　作诗《战后初归游兆丰花园》："名园重到百缘空，景物犹如旧梦中；青草池塘蛙喜雨，夕阳亭榭燕迎风；三春婉娈初捐珮，一夕流离各转蓬；谁分当时看花眼，今朝检泪对芳丛。"

**同月**　沪江大学迁回杨树浦军工路原址。

## 三月

**一日**　译作《高克多随笔抄》刊于《新生日报》。

**二日**　《世界晨报》"艺文坛"专栏刊载："施蛰存将主编《活时代》杂志，正向各方友好约稿。"

**九日**　袁水拍在上海中国银行信托部致徐迟函中谈及："施蛰存编《活时代》碰过

头。"(徐迟序注《袁水拍致徐迟书简一束》)

**上旬** 据黄裳回忆："与蛰存初识,似在抗战胜利后的1946年。当时他与周煦良同编《活时代》,命我投稿。""此际先师李林先生新殁,留下未完成的译稿有《奥勃洛摩夫》。他本有译冈氏全集的意愿,冈察洛夫的小说不多,另有《平凡的故事》一种,巴金要我来译出,算是继承李林先生遗愿的一点意思。可是原本却难得,后来托蛰存从某大学图书馆借来一册1894年版的Garnett夫人的英译本,得以断断续续译成,交文化生活出版社出版,为'译文丛书'之一。原书留在我处很久了,始得归还。""这中间,有时晤面闲谈,我却总不敢打听他与鲁迅先生那场纠纷的始末,他也总不提起。记得黄永玉和我谈过此事,极口称赞蛰存敢与鲁迅论辩的勇气。""我知道他和浦江清是童年起的好友,就托他转请浦先生写字,不久就寄来了。"(黄裳《忆施蛰存》)

**十五日** 译作西班牙剧作家G. M. 西爱拉独幕喜剧《情人》及"译后记"刊于《文艺春秋》第2卷第4期。"译后记"写道："虽然在西爱拉的全部著作中,只是一个小品,但却是他的代表作。""但我之所以高兴把这个剧本转译过来,其动机还在于那女皇在结束时所说的即几句感伤的话,它们使这个剧本洋溢着一股凄丽的情调。是不是?"

**二十日** 《上海文化》第3期"上海文化"专栏刊载："《周报》发行人为联华银行经理刘哲民,彼并主持上海出版公司,除发行《文艺复兴》外,另邀施蛰存主编纯翻译刊物《划[活]时代》。"

**二十五日** 在《民国日报》"民国闲话"专栏发表《两个犹太人》,署名"蛰存"。

**月内** 作诗《龙战》《回纥》《吴宫》(二首)。

**约在期间** 按先生自述："回到上海,仿佛涸辙之鲋,返回长江大河,重新获得跃浪腾波的条件。原以为可以继续过去的创作生命,抓起笔来再写。又谁知内战突起,社会秩序大动荡,生活气氛大紧张,绵延五六年,天时、人和,都不是安居写作的环境。这一段时期中,我只写了几篇杂文。"(《十年创作集·引言》)

**同月** 江苏学院北迁全部完毕,新院址暂时设在扬州何家花园。

## 四月

**一日** 在《少年世界》第1卷第4期发表《童话:鹦鹉的回家》。

**五日** 为《活时代》创刊撰写《发刊辞》："必须要能了解全个世界,才能在这个世界上占据一个适如其分的地位。我们这个小杂志创刊的动机,即希望在这一方面给读者以一点微小的帮助。虽然小,但愿不能说毫无益处。我们将把这个杂志的百分之八十地位让给译文,而以其馀百分之二十地位献给国人自己的撰述。""应当郑重声明的,因为美国的《活时代》,据说在太平洋战争爆发以前,曾经受日本军阀的支持过。""我们的取材标准,将有几个极重要的原则:一、我们所采撷的译文,必须是从该文原载书刊上全译出来的,我们很不喜欢《读者文摘》之类的美国杂志。""二、我们希望能随时译载最近的文章。""三、我们取材的范围,希望能侵入到世界上每一种语文的书刊,为此,我们竭诚邀请通解各种语文而留心于书报杂志的朋友给我们以帮助。""四、关于为我们特别撰述的文稿,我们亦希望在最大的努力下请最适当的人执笔。这不是一个文学杂志,我们并不需要文学家的想象作品。我们宁可要一个从来没有写过一篇文章而有过不少特殊的经验或冒险的人,来为我们作一篇试笔。让他的文章尽管极其拙朴,但那生动的内容一定是惊人的。""为了交通与经济两方面的困难,我们无法获得较快较多的外国书刊。""还预备补译一些1941年以来的外国杂志文字。因为在太平洋战争爆发之后,不幸得很,我们始终没有阅读国外书志的机会。在这一段空白的时间中,一定有不少值得我们补读的文字。"

  **同日** 《文联》第1卷第6期刊载周梦江《战时东南文艺》提及:"在闽北,施蛰存也在山里译了很多东西。在那些阴晦的日子里,他们的工作方式是恰当的。""许天虹,施蛰存,孙用等的翻译成品,也无法公于读者……。我们应该说:这是一个极端苦闷的时期,太低的气压几乎窒息了每一个人的呼吸。"

  **九日** 《文汇报·出版界》刊载消息:"施蛰存、周煦良主编之《活时代》半月刊,创刊号定今日出版,该刊旨在介绍西洋社会文化生活思想,要目有'河内之夜''印度小夜曲'……等篇,定价每册700元,各书店报摊均有代售。"

  **十日** 先生与周煦良合编《活时代》半月刊由上海出版公司印行创始号(4月号上),刊有其作《发刊辞——这是该期最重要的一篇,但不看也可以》(署名"编者"),其译作美国Kurt Singer《从来不穿制服的上将》(署名"薛卫")、英国Hubert Harrison(3月13日路透社特稿)《重要的政治活动正在德国展开》(署名"安华")。

  另,该期还刊有《河内之夜》并题记:"这是一篇旧作,在滇越铁路被封锁以前交给一个在香港创刊的小杂志的。那杂志似乎没有实现,这篇东西也不知刊出过没有。因为觉得它还能抓住一点当时河内的情调,舍不得割弃,在这里刊载一下。"

  **十三日** 《文汇报·出版界》刊载:"施蛰存周煦良合编之《活时代》半月刊创刊号,昨业已出版,内容丰富,对活时代之动态、趣味、知识包罗殆尽,该期要目有'河内之夜'(施蛰存)……等。"

**十五日** 《时事新报·大地》"艺文志"专栏亦刊出"施蛰存、周煦良合编之《活时代》半月刊创刊号已出版"的消息。

**中旬** 省立江苏学院由扬州全部迁至徐州白云路北端改建新校舍并恢复教学。

**二十五日** 先生与周煦良合编《活时代》半月刊出版第1卷第2期(4月号下),刊有其译作美国 Michael Stern(*True*,1945 年 5 月号)《纳粹法国特务魔王外传》(署名"陈玫")、美国 Kurt Singer《上将的新间谍技术》(署名"薛卫")。

**二十九日** 按叶灵凤日记:"覆君尚及施蛰存信,托蛰存在上海觅购《清代文字狱档》《屑玉丛谈》等书。"(《叶灵凤日记》,三联书店香港有限公司,2020 年版。以下均同)

**下旬** 先生接省立江苏学院院长戴克光来函敦请,离开上海前往徐州,继续担任省立江苏学院中国文学系教授,居住在一字形教学大楼后面的教授住宅,几座小洋房各成院落。先生自述:"在上海家里住了大约三个月光景,江苏学院复员到徐州,来信催我去上课,因此就到了徐州。"("1946 年回上海后的情况",1968 年)

**又** 据吕白华《友情——为〈自由谈月刊〉编后作》记述:"这八年的难忧抑塞之音,集成了《一尘草》寄他看,那时他将到徐州去结束江苏学院的未了课务,写信给我说其中的《捲土颂》'直抉江西神髓',这我不敢当。但他用的宣纸笺,那么劲逸的墨宝,我一直珍藏着。"(《申报·春秋》,1947 年 5 月 28 日)

**同月** 6 日国立厦门大学举行成立二十五周年校庆。商务印书馆总管理处由重庆迁回上海。吕叔湘携全家随金陵大学迁居南京。


## 五月

**一日** 《文汇报·文化街》"书市巡回"专栏报道《活时代》:"施蛰存先生的清丽的才思曾经醉倒过许多人,《现代》文学杂志的风行一时说明他拥有读者的广大,新近他和周煦良先生合编《活时代》。""'发刊词'是一篇好文章,""这杂志里介绍了许多新的知识和话题,取材的方向极广,轻松和趣味是它的一个特色。比同型的翻译刊物,如《西风》《西点》,水准似乎高一点。特稿很精彩,为别的刊物所无,如第 1 期施蛰存的《河内之夜》……,都有特殊的风致。"

**三日** 徐中玉由广州致函:"雁晴先生来,欣悉,文驾在沪,甚慰久念。《活时代》精美之至,洵非兄等不能做到如此,佩甚。此间文刊亦多,且正方兴未艾。弟七月中定可到沪,届时当趋谒。"

**十五日** 先生与周煦良合编《活时代》半月刊出版第1卷第3期(5月号上),刊有其译作《齐亚诺日记抄》等。该刊仅出版3期旋即停刊。

**十六日** 按叶灵凤日记:"望舒于今日赴沪,作一信致陈宝骅代为介绍;又托其询问前托蛰存所购各书。"

**十八日** 震华法师致函:"近阅报章,知任《活时代》编辑,居于厦门路尊德里,相隔咫尺,喜何可言。兹有一事奉请,特命二侍者来前商谈,乞勿责其唐突是幸。余有志于佛教史学之研究,迄今已达廿年之久,曾编有《佛教人名大辞典》史书数种,以事变后印刷奇昂,致未付印。忆丁丑夏初,阅读《学生杂志》[先生注:此是和尚误记],见有《黄心大师》一文,知先生亦有志于史学之研究。该文中之引言谓'北平某藏书家度有明钞本比丘尼传八卷',当时见阅之下,恨不能乞为介绍借阅。余所编之《续比丘尼传》数卷,常抱憾未得将该书广作参考,迄今时隔九载,犹每为忆及。""拟请先生代为转请该藏书家代为钞录惠寄。笔资多寡,当为负责汇奉。如该藏书家以为麻烦,请示知,余当请在平之友好代为传钞。事关发扬古德懿光,当能慨允勿却。近为二竖所困,命弟子代书所怀,并命其前来探访商谈,请赐予接谈为幸。拙编《续比丘尼传》请予指教。"

另,按先生自述:"离我那篇小说的发表已经十年了,""在徐州的时候,收到家里给转来的一封信,是一位素昧平生的震华和尚写给我的。""我看了这封信,当下就感到很惶恐。一个在病中的老和尚,还在念念不忘于我虚构出来的'明钞本比丘尼传',要觅得这部书来充实他的著作。这不是我已经欺哄了一个正直的人吗?我应该怎样复他的信呢?幸而我没有在尊德里,避免了直接与他的二位高徒见面,否则我是不是应该告诉他们,这一切都是意象的故事呢?他送我的《续比丘尼传》没有一并寄到徐州,所以当时没有见到。""我不想使这位老和尚感到失望,所以我没有复那封信,一直到秋间。"(《一个永久的歉疚》)

**十九日** 按叶灵凤日记:"蛰存来信,谓托购之书单已遗失,所办杂志因销路不佳将停刊,并谓目前还谈不到文艺书出版问题,言下意兴阑珊;又谓曾在旧书摊上见过我的英文书,如此看来,存在上海的书虽然未丧失,至少已非完璧了。"

**同日** 《文汇报·文化街》"出版消息"报道:"《活时代》第3期昨已出版。该期特稿有陈嘉庚《论国是》,弘复《关平遇虎记》,黄裳《群莺乱飞》,其他尚有施蛰存《齐亚诺日记抄》、周煦良《柏林在燃烧着》、厉声烈《纽约客谈瀛录》等二十馀篇。"

**月内** 作诗《乱后初至徐州访黄楼》:"海岱凭陵第一州,尊王定霸几时休。大旗日落犹嘶马,壮士云屯未买牛。既靖倭氛收旧域,岂知乐土又边头。依然楚汉纷争地,闲煞东坡高咏楼。"先生自述:"登黄楼,有碑数石,皆近世刻,觅《黄楼赋》未见也,越三十年始获此纸。"(《北山谈艺录》)

**又** 戴望舒携全家由香港返回上海。

**同月** 10日上海《大晚报·每周文学》创刊,由许杰主编,逢周五出刊。《文潮月刊》出版创刊号。杜衡携妻女随《中央日报》到达南京。上海全球书店初版发行《鲁迅散文集》,内收《"题未定"草》等篇。

## 六月

**一日** 《瀑布的故事》又刊于《少年世界》第1卷第6期。

**三日** 按叶圣陶日记:"朱经农来,言拟好好办光华大学,邀余与予同任教,并托余拉施蛰存为国文系主任。余言自己不任大学教师,拉施君则可以效力,因致书蛰存。"(叶圣陶《在上海的三年》,《新文学史料》1986年至1988年连载。以下均同)

另,按先生自述:"在徐州,我收到叶圣陶的信,问我下学期的工作情况。他说,朱经农将出任光华大学校长,正在组织教师班子,希望我去'光华'当中文系主任,托他写信征询。我收到圣陶的信后,觉得一时还无法决定。虽然我很想回上海工作,但江苏学院能否同意,还未可知。因此,我就复信给圣陶,请他转达朱经农,且待放暑假时回沪再说,好在只有一个多月了。"(《知己之感》)

**十一日** 《文汇报·文化街》"书市巡回"专栏刊载书评,介绍译著《老古董俱乐部》(十日谈社出版):"包括十个短篇,强烈地表现出了人生各方面的悲哀情绪。""这里有四个人物,属于同一种典型:'老古董',他们有的是时间,最喜欢批评人家,同时也是最不能接受批评的人。在我们的小城市里,这种老古董多得很,不过他们的俱乐部不是公园而是茶馆吧了。把一种典型而分写成为几个人物,末了获得同样的成功,就小说的风格来说,这是特出的。我们要读的书太多,'吾生也有涯',我们的寿命太宝贵了,我向你介绍这本小书。"

**十五日** 在《文艺春秋》第2卷第6期发表《柚子树与雪》。

**十七日** 《吉普》第31期刊载亦羽《施蛰存踉跄赴徐州》:"他在战前曾编辑过《现

代》杂志,那时候红过一时的,因为《现代》和《文学》处于相等的地位。战事一起,他就离开了上海,辗转着内地的重山叠岭间,生活是很苦的,这一次,跟着胜利之歌归来,他还是过着苦生活,而且是更苦了。因为他的寓居也没有了,局促地借着一个小地方,他对人说简直是一篇稿子也写不出来。同时,柯灵编《周报》、郑振铎编《文艺复兴》,施蛰存只编了一本《活时代》,因为这三本刊物都是同一家出版公司出版的,《活时代》是编译性质,他鼓不起以前《现代》的精神了,又因为洋洋的都属洋文,自然销路不及《周报》和《文艺复兴》,所谓几十年老将屈于下位,他一气,在上个月就离开了上海,他说是赴徐州去,那儿还有担任的职务没有结束,其实,他是打算着撞运,到什么地方好就看情形迁地为良了。"

**同月** 国立暨南大学已从福建建阳迁回上海,15日李寿雍到暨南大学出任校长。30日《文汇报》刊载上海文艺、戏剧、电影、音乐、美术、漫画、木刻各界发表《上海文化界反内战争自由宣言》。

## 七月

**一日** 译作荷兰 H.海裘曼独幕剧《江湖卖艺人》及"译者记"刊于《文潮月刊》第1卷第3期。

另,《编辑后记》谓:"施蛰存先生原允为本刊撰创作一篇,后来因工作太忙,实在没有时间写。直到临去徐州的前一晚,才整理出一篇译作,恰好赶上该期付排。承施先生答应到徐[州]后,将再替本刊写一篇创作寄来,想不久即可与读者相见。"

另,《文坛一月讯》提及:"施蛰存赴徐州江苏学院,主持院务,将于秋间返沪。"

**同日** 译作《转变》(一)附"前记"始刊《益世报》"益世副刊"版。

**二日** 译作《转变》(二)续刊于《益世报》"益世副刊"版。

**三日** 译作《转变》(三)续刊于《益世报》"益世副刊"版。

**四日** 译作《转变》(四)续刊于《益世报》"益世副刊"版。

**五日** 译作《转变》(续四)续刊于《益世报》"益世副刊"版。

**六日** 译作《转变》(五)续刊于《益世报》"益世副刊"版。

**同日** 《周报》第44期续刊黄裳《昆明杂记》(三)提及:"我曾经和一位朋友,想去寻圆圆的坟墓。沿莲花池走上去,就是莲花新村。想找商山寺,却已经改为南普学校了。走进去看看,宫室堂皇,在内地的确不容易看到这样的中学,除了几棵古槐以外,全是洋灰水泥的建筑,更不用说什么圆圆的遗迹了。忆前曾见施蛰存先生题一本传奇的一首诗:'宫草宫花寂寞香,美人何与国存亡!商山寺下飞鸿影,犹为将军舞艳阳。'不禁有点感慨,诗一共有三首,其馀两首想不起了,只有一句还记得,'寂寂禅堂胜景阳'。"

**七日**　译作《转变》(六)续刊于《益世报》"益世副刊"版。

**八日**　译作《转变》(七)续刊于《益世报》"益世副刊"版。

**同日**　《文汇报·笔会》第6期"出版消息":"范泉主编之《文艺春秋》月刊第3卷第1期,将于本月中旬出版。该期编制大加革新,执笔者有茅盾、熊佛西、王西彦、钟敬文、施蛰存、魏金枝、朱雯、林焕平等。"

**九日**　译作《转变》(八)续刊于《益世报》"益世副刊"版。

**十日**　译作《转变》(九)续刊于《益世报》"益世副刊"版。

**十一日**　译作《转变》(续九)续刊于《益世报》"益世副刊"版。

**同日**　《国际新闻》第48期登载《施蛰存返江苏学院》。

**十二日**　译作《转变》(十·完)续刊于《益世报》"益世副刊"版。

**十五日**　在《文艺春秋》第3卷第1期发表《他要一颗钮扣》。

另,"中国文艺工作者十四家对日感想"栏(作者叶圣陶、许杰、魏金枝、夏衍、范泉、施蛰存、雪峰、孔另境、司徒宗、任钧、罗洪、郭绍虞、蒋天佐、葛一虹)内,先生在题为《日本与中国间》开篇写道:"对于日本国以及日本人民,我真有许多话想说,但是竟不知道应该怎样说,才能完全如事实的表达了我的意思,而不发生任何可能的误会。我不擅日本语文,现在恰是一个使我能向日本人民说几句话的机会,虽然编者只允许我一千字的地位,我想这总比放弃这个机会好一些,所以很乐意地接受了编者的邀约。刚才我说过,我对于日本国及其人民有许多话要说,那就是说,我对于日本军阀及财阀们一点没什么可说的话。"

**中旬**　省立江苏学院学期结束放暑假,由徐州返回上海。先生自述:"上了三个月课,补足一学期,又回到上海。"("1946年回上海后的情况",1968年)"遇到刘大杰,才知道他已决定就暨南大学校长李寿雍之聘,任暨大文学院长。同时才知道江苏学院同事邹文海亦已决定为暨大教务长,周枬为法律系主任,他们和李寿雍都是旧交,我又知道江苏学院院长戴克光本人也在活动换一个工作,这样我自己就决定脱离江苏学院,由刘大杰、邹文海的推荐,接受了暨南大学的聘书。"(《知己之感》)

**约在期间**　按先生自述:"回到上海之后,我才看到了他[震华法师]的大著《续比丘尼传》六卷三册。""在第二卷中,赫然有一篇南昌妙住庵尼黄心传,完全是依据了我的小说写成的!在卷尾的他的弟子超尘的跋语中,又记述了他对于那'明钞本比丘尼传'的惋念,以为'如能设法借得,余书将改制矣'。""我读了这两篇文字,简直不知如何是好。本想到玉佛寺去拜访他一次,因此却就拖延下来,踟蹰不敢。因为我的小说已经玷污了他的著作。""今和尚撰比丘尼,乃征及鄙文,我虽无意欺世,然亦深负歉疚了。"(《一个永久的歉疚》)

**又** 与浦江清、宋学勤、陆宗蔚诸人结伴返回松江。先生自述:"历劫归来觅旧游,芜城门巷剩荒丘。""里巷夷灭,宅舍成荒丘矣"。(《浮生杂咏》)"则寒舍与钱氏居皆夷灭矣。"(上海市松江区档案馆藏先生复张寿甫函。按:钱氏,名鲁瞻、蕡詹,松江县立第一高等小学校长,是先生的授课业师,又是邻居。)"走坊巷间,寻小时游踪,多已改观。府隍庙荡然不存一椽,石伯伯亦杳无遗焉矣。"(《云间语小录》)

**二十九日** 按叶圣陶日记:"浦江清君来访,余与初见,短小如叔湘、蛰存。"

**三十一日** 按叶圣陶日记:"上午,施蛰存来。渠已允就'暨南'教职,因可有房子住。'光华'方面只得辞却。渠自徐州来……"

另,按先生自述:"这一决定的主要动力,是因为暨大在辣斐德路(今复兴中路)分配到一座大楼,作为教师宿舍,我虽家在上海,但老家人口多,挤不下,要想把小家庭分出去。""到开明书店编辑部拜访圣陶,把我的情况告诉他,并请他代我向朱经农道歉。"(《知己之感》)

**下旬** 按先生自述:"汪倜然和朱曼华两公找我替《大晚报》写点闲谈文字,我虽一口答应,事实上却没有动笔。"(《大器晚成》)

**是月** 校点《金瓶梅词话》(1—5册),由上海杂志公司重版印行。先生自述:"抗战胜利回到上海,张静庐才送我一套精装本。"(陈诏《施蛰存先生说〈金瓶梅〉》)

**同月** 1日上海《文汇报》文艺副刊"笔会"创刊。上旬浦江清由昆明抵达上海。12日沈从文携家眷由昆明抵达上海,下旬离沪去苏州。15日闻一多在昆明被潜伏跟踪的国民党特务枪杀。25日陶行知在上海病逝。

## 八月

**一日** 《文潮月刊》第1卷第4期《编辑后记》提及:"施蛰存先生因江苏学院赶补功课,为本刊所撰之创作未及完篇,须待再下期方可付印。"

**四日** 《新民报》(晚刊)刊载余考之《从湘人想到浙人》提及:"乃至稍后被叫做'第三种人'的现代派作家群施蛰存、戴望舒也都是浙籍。"

**上旬** 因接受暨南大学之聘任,先生正式致函徐州江苏学院辞去教职。

**十五日** 在《日本论坛》创刊号发表《日本我观:日本与中国间》。

**同日** 在《文艺春秋》第3卷第2期发表《三个命运》。

**中旬** 先生正式到暨南大学任职,即参加招收新生和阅卷工作。

**二十六日** 《文汇报》登载晦庵(唐弢)《书话·"上元灯"及其他》提及:"达夫失踪已久,报载其坟墓近方发现。热带植物繁殖,一片离离之中,墓木当已拱矣。读施文时,不禁感慨系之。"

**二十七日** 《文汇报》登载唐弢(署名"晦庵")《书话·追》写道:"新中国版《上元灯》序言有云,《上元灯》是我第一个短篇集。在此以前,也曾写过几个短篇,甚至也曾刊行过一二种单行本。但自己觉得成绩太差了,所以很不愿意再提起他们。此其所指,或亦包括这一本小书在内。蛰存固主张文章应精选刊行者,自然就不愿意再提及了。"

**下旬** 与夫人、孩子一起迁居辣斐德路(今复兴中路、陕西南路一带)暨南大学教师宿舍二楼。先生自述:"暨大庶务处在大楼中分配给我二个房间,一西一东,便解决了我的居住问题。"(《知己之感》)

**约在期间** 致范泉函:"弟已迁居辣斐德路临时大学内,近日正在为暨大办招生及阅卷,故未能造访,为《文艺春秋》著文亦尚须少待一星期。弟散文一集不知是否尚在尊处,俟月初稍暇,即当趋访赎还转交令俊[另境]兄也。"

另,据钦鸿记述:"当时有一本散文集,由范泉要去准备由永祥印书馆出版。后来永祥因故不拟付梓,而孔另境(令俊)正在编一部丛书,愿意接受这本稿子。于是,施向范泉索回原稿,并退还了预支稿费。"(钦鸿《〈文艺春秋〉上的作家书简》)

**又** 按先生自述:"我同他[戴望舒]去看陈志皋,也是在这一段时间。"("1946年回上海后的情况",1968年)"戴望舒从香港回来,曾和我同到愚园路一座大洋房中去看他。这是以前王伯群造的房子,做过汪精卫的住宅,我们去时,房子里空空洞洞很少家具。陈志皋一个人在那里,后来听说是他代表杜月笙或其他官僚接收了这座房子,当时是住在那里暂时看管一下的。"("关于陈志皋和《世界与中国》",1968年)

**是月** 永祥印书馆初版发行范泉主编"青年知识文库"第3辑第4种杨寿清著《中国出版界简史》,书内"二、五四时代出版界的发展·'五卅'时代左翼文化的活跃"提及：："鲁迅与创造社为了革命文学问题而发生了一度论战之后，在中间曾经主编过一种《奔流》月刊。""这可说是在中国新文艺界最纯粹、最精彩、最充实的文艺刊物，撰稿者有郁达夫、林语堂等，无论为创作为译述，都是第一流的作品。其后不久，施蛰存与戴望舒等主持第一线书店，出版文艺刊物《无轨列车》，在这上头发表了一篇画室（冯雪峰）作的文章，对于左翼刊物的攻击同路人下了一次自我批判。从此，左翼作家与鲁迅之间有了接近的桥梁。该书店后来改名水沫书店，由施蛰存主编《[新]文艺》月刊，出了两[八]期就停刊了；以后便专出单行本，曾经由鲁迅等人编译了一套'科学的文艺理论丛书'。"

另，此书"一二八后出版界的倾向·申报馆的出版事业"末后提及："现代书局出版了《现代》月刊，由施蛰存主编，取代了商务印书馆以前所出《小说月报》的地位。因为这是当时唯一的文艺杂志，所以许多名作家的作品几乎都交予该刊发表。后因杜衡、胡秋原等主张文艺自由论，而左翼作家则认为任何作品都受阶级性的限制，而引起了关于'文艺自由'的论战，所谓'第三种人'这个名词，便是在当时提出来指杜衡这班不左亦不右的人的。"

另，此书"一二八后出版界的倾向·出版界的复兴与'杂志年'"提及："……文艺性者尚有施蛰存办的《文饭小品》、戴望舒办的《新诗》刊、曹聚仁与徐懋庸合编的《芒种》（群众杂志公司出版），以及上海杂志公司出版的几种。""有'杂志年'之称，于是综合经售全国杂志的公司乃应运而生，此即张静庐独力创办的'上海杂志公司'，""又出多种单行本，比较重要者有施蛰存校点的一套'中国文学珍本丛书'。"

**同月** 鲁迅纪念委员会出版、上海前进书店第四版发行鲁迅著《花边文学》。钱歌川应台湾大学之聘出任该校文学院院长。

## 九月

**一日** 正式出任暨南大学中文系教授，月薪480元（先生书面材料）。

另，据沈鹤龄回忆："他首次来上我们的国文课时，已是文名显赫。他给我的第一个印象，就是个戴黑边眼镜的中年学者，而嗓子十分低沉，那时俗称'雌鸡喉咙'。他讲课的特点是重训诂而轻阐述，可以为一词一句甚至一个字的出典与释义花不少工夫。举个简单的例子，如讲王昌龄七绝《出塞》……。寥寥四句，就明月与古城何以分别冠以秦时与汉时讲了很多，再是龙城在何处飞将是何人，以及人、地关系等，最后是阴山在何处及其重要的地域历史意义,引经据典,毫不马虎。这使学生们觉得沉闷乏味,而最想听他抒发的怀古爱国的议论,他却从略了。""施师是老老实实稽古钩沉的严谨学者,而不是轻视基本功只善于煽情的教师。"(沈鹤龄《课堂内外的施蛰存》)

**同日** 《文潮月刊》第1卷第5期《文坛一月讯》提及:"施蛰存已自徐州返申。"

**又** 上海新陆师范学校正式成立并开学,戴望舒经周煦良介绍在该校任教,并兼任暨南大学教授。先生自述:"我从徐州到上海,戴望舒已进了师范专科学校,搬到四平路新绿村,我在那里会到了孙大雨。"("1946年回上海后的情况",1968年)

**四日** 撰写《德国人的绰号》。

**五日** 《文汇报·图书》刊载求索《对于重印"鲁迅全集"的期望》提及:"《古小说钩沉》一书,出世最晚,但辑成时则远在鲁迅先生南来之前,从现在形式推测起来,似乎辑成以后并未订正,编纂'全集'时似也未遑注意。""这增补校订的工作,已有人致力于此,据我所知有施蛰存,钱谦吾[阿英],赵景深诸人。"

**九日** 在《大众夜报》"七月"副刊新第6期发表《德国人的绰号》。据朱雯回忆:"我为《大众夜报》主编文艺副刊《七月》,许多朋友如茅盾、巴金、靳以、臧克家、施蛰存、李健吾、孙用等,都曾给我以极大的支持。"(朱雯《怀赵景深先生》)

**十五日** 《栗和柿》又刊于《文艺春秋》第3卷第3期。

**十六日** 诗作《卖梦》刊于《侨声报》文艺副刊"星河"。

**三十日** 译作美国倪哥乐·杜岂《新的神话》和"附注"刊于《申报·春秋》。

**是月** 由商务印书馆初版发行、国立中央图书馆编订《国立中央图书馆中文图书编目规则》,其中"甲编中文图书编目规则,第六章附注项"内:"一七五、凡一书之性质复杂,书名不足以表示其内容,其纲要为阅者所欲知者,得撮录原书细目于附注中,如(1)一人著作之书而内含数种作品者,(2)汇编多人之作品而成一书者,(3)专题之书中内含多种作品者,《或(4)包含甚广之书。例:《小珍集》,施蛰存撰,内容:《名片》、《牛奶》、《汽车路》、《失业》、《鸥》、《猎虎记》、《塔的灵应》、《嫡裔》。"

**同月** 上海大中华书局初版发行《鲁迅杰作集·中学生课馀读物》,内收《扑空》等篇。(按:此书同年11月再版;在1947年3月第三版发行、1947年7月第四版发行时,书名为《鲁迅杰作集·中学生优秀读物》;别有上海大公书局版"现代文艺选辑"《鲁迅杰作选·中学生之课外优秀读物》。)

## 十月

**二日** 《中央晚报》刊载锦泉《漫话文妖：周作人》提及："民国二十四年时，上海某书局聘文坛上'第三种'作家标点明清珍本小品，周逆极力赞许，题签作序，全力捧场，这却给鲁迅看得不上眼。当时正是鲁迅与施蛰存为了施推荐《庄子》与《文选》（廿三年）而大打笔墨官司，鲁施交恶之后，却有自家兄弟出来捧场，加以鲁迅极力反对提倡明清小品，于是鲁迅锋利的文字，向标点明清小品者刺去。"

**五日** 译作法国雨果《复兴法兰西·一段译文及一个跋语》刊于《申报·春秋》，"跋语"写道："昨天一个在法国的朋友给我寄了一本诗与散文的杂志来，志名《永生评论》。""这一小本杂志使我们感觉到法国文坛已在进行极为全面的复原工作，回看我们自己的文艺出版界，真有点窒息。""这篇短文极有意思，可以看作是法国文艺工作者在胜利之后重整旗鼓的宣言，我很高兴把它翻译如上，并且，让我们把'法兰西'这几个字改为'中华民国'好不好？"

**七日** 姚鹓雏诗作《鹓雏近稿·题施蛰存武夷行卷》刊于《茸报》"五茸草"副刊。

**十五日** 应编者范泉之约，在《文艺春秋》第3卷第4期《鲁迅先生逝世十周年特辑》"要是鲁迅还活着"专栏发表《也必然已经死了》："也许鲁迅先生会活到抗战胜利，但今天，鲁迅也必然已经死了。因为，闻一多先生也居然死了，鲁迅怎么能幸存于闻一多死后！"

另，还刊《在酒店里》。（按：文末注有《时代的浮沤·二》。）

**十九日** 先生前往辣斐戏院出席中华全国文艺界协会上海分会等12家文化团体举行的鲁迅逝世十周年纪念大会。

**同日** 鲁迅全集出版社初版发行许广平编《鲁迅书简》，书中收录鲁迅致姚克三十二封（一九三三年三月至一九三六年四月）内有1933年11月5日书简，致徐懋庸四十三封（一九三三年十一月至一九三六年二月）内有1934年7月17日书简等；别有"附编"内鲁迅致施蛰存二封（1933年5月、7月）。

**二十日** 《柚子树与雪》再次刊于《书报精华》第22期。

**二十四日** 译作美国沙洛扬《恋爱·一》开始连载于《今报》"短篇小说大会串·第八篇"专栏。

**同日** 《新生报·新园》刊载斯文《挂枝儿与山歌》，末后提及："本书[明冯梦龙《山歌》]出在南方，内中多口语虚字，北地人读之颇感方言隔阂之苦。施蛰存先生曾摘取其中之松江方言加以注释成《山歌中的松江方言》一文，予读君莫大帮忙。"

**二十五日** 译作美国沙洛扬《恋爱·二》续载于《今报》"短篇小说大会串·第八篇"专栏。

**二十六日** 下午应王进珊等之邀参加了"星期六文艺茶座"。据进珊《记两个文艺茶会》:"第二次是10月26日,这次参加的有施蛰存、戴望舒、许士骐、黄幻吾、刘狮先生等和孙福熙先生、华林先生,难得的是语丝创办人之一的东川岛先生恰巧在上海,他和李小峰先生同来。当然,又是一片友情的交流,幽默的风趣,热情的问讯,有说有笑的,直到夕阳西下,黄昏渐渐笼上窗纱,大家都似乎觉得还没有畅尽。"(《申报·春秋》,1946年11月3日)

**同日** 译作美国沙洛扬《恋爱·三》续载于《今报》"短篇小说大会串·第八篇"专栏。

**二十七日** 译作美国沙洛扬《恋爱·四》续载于《今报》"短篇小说大会串·第八篇"专栏。

**二十八日** 译作俄国柴霍甫《人生是快乐的》并"译者附记"刊于《申报·春秋》。

**同日** 译作美国沙洛扬《恋爱·五》续载于《今报》"短篇小说大会串·第八篇"专栏。

**二十九日** 译作美国沙洛扬《恋爱·六》续完于《今报》"短篇小说大会串·第八篇"专栏。

**同月** 22日浦江清携家眷从上海回到北平清华园。上海出版公司初版发行"文艺复兴第一辑"鲁迅著、唐弢编《鲁迅全集补遗》,内收《掂斤簸两·"某"字的第四义》《掂斤簸两·聚"珍"》等篇。鲁迅全集出版社再版发行鲁迅先生纪念委员会编纂《鲁迅全集第五卷·南腔北调集、准风月谈、花边文学》《鲁迅全集第六卷·且介亭杂文、且介亭杂文二集、且介亭杂文末编》。上海全球书店再版发行《鲁迅散文集》,内收《"题未定"草》等篇。

## 十一月

**一日** 《呼吸》创刊号登载方然《论生存》提及:"用各式各样资本,求各式各样的渊源,把姚雪垠的名字刻成核桃那末大,把施蛰存的信印作封面,也是不容易的。"

**十五日** 《文艺春秋》第3卷第5期发表《兵士的歌曲》:"勃洛斐这本小书是我在经过兵燹后幸存的几十本书中之一。经过这一次世界大战,翻阅一遍,仿佛比当初买得此书时尤其喜欢它。所以抄译了一些出来公诸同好,虽然我对勃洛斐的一部分解释不十分同意。""现在,第二次欧战又结束了,我们的抗战也有了比第一次欧战更久的历史,有谁来给我们编一本兵士的歌曲及俚语吗?"

**二十日** 译作俄国柴霍甫《人生是快乐的》再次刊于《书报精华》第23期。

**中旬** 李祁来函并附词笺:"十一月二日,登虎跑旁济祖塔院寂高层,坐石阶前,四山寂然,丘坞鸟声鼎沸,杂以鸣泉,时有松鼠飞跃而过;平生未识修竹之美,今日静对数竿,忽见前者之所未见,因为成词。塔影圆时时近午,饥驱两两来松鼠。静里闻声声几许,山无语,鸟声百种泉如雨。忽对修篁惊美妩,超然翻泼临风举,青倚层云秋暗度。秋欲去,叮咛且向人间住。蛰存先生方家政之,李祁。"

**下旬** 按先生自述:"汉砖一段,已琢为砚。侧文存三字,曰'延光元',盖东汉安帝延光元年所造砖也。字如缪篆,甚古雅,与延光残碑颇相似。丙戌之冬,余自闽中归,得于上海虬江路冷摊,盖自日本侨民家中散出者。"(《北山集古录》)

**是月** 先生与朱雯一起在八仙桥青年会参加由中苏文化协会上海分会与中华全国文艺界协会上海分会联合举办的欢送茅盾夫妇出国大会。

**又** 百新书店再次出版重印赵景深、孙席珍等编《现代中国小说选》(全二册),收录其作《娟子姑娘》。

**同月** 8日许杰辞去《大晚报·每周文学》主编。上海读者书店第三版发行鲁迅著《杂感集》,内收《隔膜》《重三感旧》《"感旧"以后》(上)、《"感旧"以后》(下)、《扑空》《反刍》《选本》等篇。

## 十二月

**五日** 在《涛声》复刊第1期"杂文"专栏发表《〈路灯与城〉序》。

**六日** 应邀出任《大晚报·每周文学》主编,当日出版发表《接编的话》(署名"蛰存"):"许[杰]先生把它扔了下来之后,已停止了几个星期。如今馆方拉鄙人来接力,从该期起将在每星期五继续与读者相见了。""在寒冷而饥馑的晚上,谁还需要精神的食粮?但是,我们如果不谈文学,在这一时期,还有什么别的好谈的呢?鄙人也希望大家都可以自由自在的谈一些别的比文学更有意义的事情。但明知其不可能妄谈,那么,想想还是回头来谈谈文学,多少还有几个嗜痂同办的朋友,大家在一起取得些温暖。这一小块文艺园地,在从前文艺刊物繁盛的时代,可算是微渺不足道的。但在此刻,出版条件这样困难的环境里,应当是可珍贵的了。""编者颇希望它在这小范围内繁荣起来,纵然不能种植伟大的文艺松柏,也希望藉此栽培一些小巧玲珑的文艺花草。""编者希望热心写作者寄与一些二千字左右的掌篇小说及散文,一千字左右的简捷书评,以及敷衍不太多的诗篇。"

另,此期刊有其译作美国沙洛扬《我们要的是恋爱与钱》(署名"陈玫");还刊有其作《纪梦》(三十年十月八日、卅三年七月廿六日)并"题记":"自弗洛乙特昌明梦学以后,梦与文学的关系遂更深。昔沈亚之作《秦梦记》,徐文长作《梦记》,俞平伯先生亦步武有作。予昔年在闽中,常得美梦,既觉,辄记之。今录其二则。"

**七日** 为译毕法国A.纪德《拟客座谈录第一》而撰写"引言(译者注)":"译者最近得到了柯莱的英译本。纪德的文章素称难译,柯莱氏亦谑虚地说他的译文较为自由,不敢拘泥。今译者从英译本转译,又不敢拘泥于英译本,恐离纪德原作愈远,这只好等法文本寄到后,再为改正。柯莱书卷端有序文,详述此书因缘,译者遂得剽取其语,为读者作一初步的介绍,合当申明。"

**十三日** 主编《大晚报·每周文学》出版,刊有其译作《蔼里斯随笔抄:艺术家的民族·坚硬的事实·作家的工作》,署名"薛卫"。

**十六日** 在《论语》半月刊第119期开始发表《书简》(附插图一幅)并"序":"《论语》复刊了,鄙人被算在第一批写稿人之中,理应从速效命。刚巧日来给几个旧日的学生写去几封复信,自以为是正襟危坐而谈,不失从前讲坛风度,却不道拙荆在旁,冷然一笑,怪我何必写此幽默文字,未免轻薄。鄙人听她说这些信是幽默文字,不觉惊喜,既然如此,落得就以这些现成文字抄去给《论语》献丑。"

另,在《一、复黄焕良:一个经济系毕业生》中写道:"纵然你是屈居下僚,纵然有许多庸俗无知的人高高地在你之上,对你颐指气使;你毕竟已经凭你的经济学士头衔获得了一个职业。薪水虽小,每月也领到十多万块钱。你得知道有许多同学,例如中文系的蒋家彦,历史系的吴浩如,生物系的周镇,他们毕业了一年多,至今还找不到事情。""你有一个舅父把你介绍进税务局,他们却没有这样一个舅父。你在抱怨你的事情太小,他们却在羡慕你。如果你看一看他们,你该满足了吧。至于说你的上司庸俗无知,那是你的幼稚了……如果他们都跟你一样地用功读书,诚心诚意的替国家做事,他们也许到现在还是你的同一个办公桌上的伙伴。如果他们的学问比你更好一些,也许此刻还在你的底下。""你这个头衔只表示了你已经修业了大学里的经济学系的课程,而并不表示你已经学会了做科长、主任或局长的才能。""今日你还能安居于下僚而不被裁汰,我想,恐怕还是你舅父的效力而不是你这个'学士'的效力吧。""如今在学术机关里都不以学问为用人的标准,又安能求之于一个税务局。""凡是一个能久于其位的主任、科长或局长,必然有他的一套特殊本领。这一套本领,往往可以战败了他的职位所必需的学问,而成为他的保持地位,或甚至平升三级的因素。你所急宜学习的,就是这一套本领。大体上说起来,这些本领主要都是用于媚上的,""他们只要获得了上司的支持,就不惜不怕与下属为敌了。你在媚上没有成就之前,千万不可骄下。至于媚上之道,其实也不甚难,一言以蔽之,逢迎意志而已。从前的主管长官,多少还有一点学问,这些人的确不容易谄媚,因为他们有时候也会涌现一点书生气,轻蔑你的谄媚,尽管心里觉得受用,表面上却反而压住了你,于是你抛了心力,弄巧反拙。现在的主管长官,胸无点墨者多,这些人其实最容易巴结。你愈肉麻,他愈高兴。尤其是对于他们的太太或姨太太,只有你暂时把廉耻丢在一边,多说几句奉承话,逢时到节,多送几份厚礼去,一定会有显著的功效。听说现在各机关人事室主任的权也很大,你们局里想必也有此一官,切宜加意奉迎,勿有千虑之一失。你信上说,你的同事都跟你很好,都为你不平。""你必须看清楚一个事实:一万个拥护你的人不足以增高你的地位,而一个提拔你的人可以把你送入青云。"

另,在《二、复蒋家彦:一个中文系毕业生》中写道:"一个极有希望的文字青年,栖迟在一个偏僻的山城中,真是为你所自述的,不异于'涸辙之鲋'。""你想凭这一点资本到上海来放拆息,我可以断言你一定会失败得很惨。""上海的里弄中,垃圾堆中找不到一块三寸以上的废布,而天才与学问却有不少蛰伏在那里。我曾经和弄口小报摊的老板谈天过几次,也曾经和一个测字的谈天过几次,觉得他们都比我所碰到过的简任官高明。我刚才说过,上海并不是没有人赏识你的成就,也不是没有人能使你获益,但是这些人现在都正在过着各种艰苦的日子。""对于你的实际上的帮助,例如找一个职业,甚至在他自己家里给你腾出一个床位,都是不可能的。能有馀裕给你谈谈文学的人,已经是不可多得的了,我自己就不复能像从前在内地时那样地陪同学聊天了。有一天,一个学生来找我闲谈,他还是内地的抗战作风,一坐就坐了三小时,从中国古小说谈到法国文学上的新运动,却不知道屋子里急坏了贱内,她在等我出去找钱买米。不错,上海有个文艺协会,还有什么文化运动委员会,但这些会的事业只能在报纸记事上看看的,你希望他们能给你一些帮助,也是绝不可能。""你所说的那个中学国文教员的事情也就不妨接收下来,比在家赋闲总好些。万一你还是要来,我所能给你的帮助只是:一、在我家里给你安排一个临时的床位,你不要希望我能供给你一个小小的房间。我所谓临时的床位,若不是在楼梯边,就得在走廊里。你只能晚上在那儿睡觉,白天无法在那儿工作的。二、在我家里吃饭,可是别笑我饭菜供应欠佳。三、我介绍你给几家报纸副刊写文章,这只是为了你要努力练习写作,所以给你找这个机会,并不是为了给你找钱。现在的报馆,十之九是要欠稿费的。"

**二十日** 主编《大晚报·每周文学》出版。

**二十三日** 浦江清致函:"北来海行艰苦到此,安家未定即忙校课,笺候迟迟,乞恕。暨大谅已开学,情况奚似,教授住宅稍能改进否。清华风景依旧,教授住宅虽修理草草,较之昆明大为舒适,惜待遇迄未调整,复员同事到此又欲展开往日之局面,捉襟见肘耳。弟在战前所存书物移友人保存存放,渐渐收回,损失尚不大,亦可喜也。尊书有郑振铎'文学史'……""新任大公报图书副刊编辑,曾道及拟向足下征稿,性质不拘(通论或书报评介之类),稿费每千字约为万元,大公报系上海出版者。""教授少而助教多,专门功课仅依部令必修项目,大一国文及先修班国文班次极多。"

**二十七日** 主编《大晚报·每周文学》出版,刊有其作《谈六州歌头》。

**二十八日** 译作法国 A.纪德《拟客座谈录第一并引言》刊于沈从文主编《益世报·文学周刊》(天津版)第 21 期。

**是月** 先生(署名"施蛰吾")与诸贯一合译美国罗特著《怎样训练你自己》,由上海纵横社再版、东方书店再次发行。

**同月** 暨南大学师生抗议美军强奸北京大学女学生,全校罢课。暨南大学、上海法学院等 17 所学校学生代表决定成立上海市学生抗议美军暴行联合会。

**年内** 经常去书店书摊访书。先生自述:"《轭下》是一部久已闻名了的作品,""却多年未能得到。""在上海一个旧书摊上发现了这个英译本的 1921 年 11 月修订新版本,里封面上有沈雁冰先生的签名与印章,这必然是沈先生曾经计划据以翻译的那个本子,不幸在流徙中散失出来的。我把这个本子买回家,一气读完了,就很想把它翻译出来。但是那时候,一则自己没有空闲,二则出版界正在低气压中,无法实现我的理想。"(《轭下·译者题记》)"德国法西斯先投降,领事馆由驻上海日军接管,日本投降后,该领事馆被接收,不知如何,书籍都散出到旧书店里来了,我买了十几种。""有一部插图本《十日谈》,四大册,皮面烫金精装,被巴金捷足先得,现在他的书也散出去了。(书画上有'意大利……'印,又恐怕是意大利领事馆的,反正德、意同时投降

的。)"(致张厚仁函,1975年9月21日)

  **又** 校点《金瓶梅词话》(上下册),由上海六合出版公司编为两册重版印行。

  **又** 据邵绡红回忆:"施蛰存伯伯晚上不时来坐坐,和爸爸[邵洵美]谈文学上的问题。"(邵绡红《我的爸爸邵洵美》)

  **又** 按先生自述:"晤鹓雏姚先生于沪,先生为余言战时蜀中文酒之盛,因谓女词人沈祖棻者,名噪于巴渝间,为词甚工,可敌易安居士。余求其词,猝不可得,心识之。""得《雍园词钞》,有《涉江词》一卷,题沈祖棻(子苾)撰。读之,乃知其为千帆之妇。未几,二君东下,遂得定交,知子苾即紫曼也。"(《北山楼钞本〈涉江词钞〉后记》)

  另,据戴自中《秋明集·分卷说明》:"(一九)七十年代,无相庵施北山(蛰存)赠予《雍园词钞》一册。词钞者杨公庶为杨晳子(度)之公子。抗战时入蜀,卜居巴县沙壩之雍园,并嗜倚声,雅志蒐访。当时并世词客,多聚重庆。他后蒐得叶麐、吴白匋、乔大壮、沈祖棻、汪东、唐圭璋、陈匪石诸家,沈尹默之《念远词》、《松壑词》皆蒐之。一九四六年一月自费刊印。惟章行严(士钊)久迟录示,未及刊印。"

# 一九四七年(中华民国三十六年 岁次丁亥) 先生四十三岁

## 一月

  **一日** 元旦。其作《书简·二》续刊于《论语》半月刊第120期"新年特大号"。

  另,在《三、复刘美瑶:一个史学系毕业女生》中写道:"因你住在女青年会,那个地方我从前曾经去过,有一个很好的会客厅,可是那环境不像一个老师访晤学生的地方。""我也并不坚劝你留在母校当助教,我的理由倒并不是为了一个助教所得的俸给太低,而是,我仿佛觉得,你如果此番一做助教,你就可能终身沉浸在书籍与学问中,连结婚的机会也没有了。在今日中国的情形之下,我不敢鼓励一个美丽的女孩子献身于学术研究工作中,独身到老。""你是读历史的,你尤其熟悉唐代妇人所受于西域的影响。但是你现在所服务的公司是个专做交通与运输生意的,你的职位是秘书。我想不出你的学问与你的职业之间有什么关系。可是你说你在公司里颇能称职,你的经理也曾赞美你的能力。你是五个试用女职员中间唯一的被选中录用的。你自恨不能打字,而一个打字很快的试用女职员却被淘汰了。""不要以为我在侮蔑你,你自己可以寻求证明的。""你的经理曾经请你看过电影或梅兰芳没有……想想看,如果曾经有过这样的事情,你的危机已经在迎着你了。如果他曾经对你不止一次地说明过他的太太是个没有学问的人……那危机就更接近你了。你试试看,如果有一天你迟到半小时或一小时,当你到办公厅之后,是不是会有同事告诉你:经理已经问了好几次。""我相信你不会以'花瓶'自居,然则你所说的那些关于你的职业的话恐怕太天真了些。当然,如果有正当的恋爱的机会,恋爱的对象,你应该物色一个好的丈夫。""你如果不能安全地维持你的职业而不被侵扰,我劝你还是回到母校去当助教,虽然是一个枯寂而寒酸的学究生活,但它会得保全你不被损害与侮辱了。"

另,在《四、复王公谨:一个中文系二年级学生》中写道:"现在到北平去颇不容易,上海各大学也还是乱烘烘的没有上轨道,况且又多已开学上课,无法允许你转学,我看你还是且安心在××继续读下去吧。胜利以来,一窝蜂的人回了京沪平津,几个流亡的大学也搬回了老家,使内地的学校有人去楼空之感。""今日的京沪平津决不是研究中国文学的好地方。你不要笑老师迂腐,我觉得研究中国文学者第一要一个静谧的环境,能够让你神游千古之上,读其书,想见其为人,方能有深切的了解。现在处身于平津京沪各大都会的人,差不多天天在为生活而奔走,一家老小住在鸽笼式的屋子里,自己家里是儿啼女哭,隔壁人家是无线电的骚音,镇日镇夜不停,如何还能容许一个读线装书的人掩卷闭目,尚友古人呢?""这里是十二个人一个房间,房间又比你们那边小了三分之一,两个学生合用一个小书桌。你能在这样的宿舍里读书用功吗?再说,读中国文学的人,与其在都会里,不如在山野里。""所以更不适宜于到摩登大都会的喧哗境界里来拂乱了心曲。""整个图书馆里的中文书,都随你挑选,而上海则每个学生只能借二册书,你受得了吗?至于教授的问题,我想也并不如你所想象的那样严重。固然,有好的教授可以大大的帮助你,但是即使没有一个教授,像你这样已经入门了的学生,只要自己能用功,也未尝不可以有所成就。"

**同日** 译作 H. Reed 著《卞卡索的艺术方法》再次刊于《艺术论坛》创刊号(1月号·现代艺术论专号)。

**又** 《新民报》(晚刊)刊载赵景深《现代作家的贺年片》提及:施蛰存用的是赵长卿《探春令》里的词句:'愿新春以后,吉吉利利,百事都如意。'"

**三日** 主编《大晚报·每周文学》出版,刊有其新年寄语《再亮些!》(署名"编者");还刊有其作《谈晁次膺琵琶词》。(按:因查阅原报遇缺1月9、10、11、16、17、18、22、23、24日,所录或许缺漏,俟考。)

**五日** 译作法国 A.纪德《拟客座谈录第一》(上)又刊于沈从文主编《益世报·文

学周刊》(上海版)第4期。

**十一日** 译作法国A.纪德《拟客座谈录第一》(下)和《译者注》续刊于沈从文主编《益世报·文学周刊》(上海版)第5期。

**十五日** 《书简·覆黄焕良：一个经济系毕业生》(原载《论语》)，又题为《终南捷径》转载于《书报精华副刊》第3期。

**同日** 《瀑布》(原题《瀑布的故事》)又为《生活文摘》第1卷第6、7期合刊转载。

**二十日** 浦江清复函："郑著'文学史'尚未付邮，不久可办。从文处已去信，城乡不便，弟冬日畏寒，难得进城，竟未晤及。稿费如送来，当即函告，欲汇沪或托买书均可。此间线装书较廉，惟过年亦必大涨价，兄托留意那些书，乞示，便中可访之。又款如暂留从文处，托彼买书亦一样，因彼在城中，或时顾书店耳。赵斐云托撰稿，甚盼足下能抽暇为之，至为感幸。舒兄亦托致意，性质不拘书评也。""足下得畅叙天伦乐事，老伯、老伯母大人健安，是颂。弟往返过沪，未专拜谒心中抱疚，敬乞叱名请安。回忆童时获教，忽忽卅年。初不料弟钻古书圈子，益复无聊也，惭愧之至。吕叔湘有新译书寄来，吴春晗近多作文章，精勤可佩。向[达]公在城内，迄今尚未晤及，必多牢骚。暨大文院作风如何？今年所开功课？可得闻欤。为北大女生事，清华但罢课一天，秩序良好，别无波澜。"

**二十二日** 春节。程千帆、沈祖棻夫妇于武汉大学致函，附赠沈祖棻词作长卷，录有《鹧鸪天·倾泪成河洗梦痕》《西平乐慢·画阁初晴》《生查子·妄意凝冰坚》《生查子·离蔂趁柳花》《齐天乐·淡烟疏雨江干路》《浣溪沙·何处秋蔂哭鬼雄》《浣溪沙·电炬流辉望裏赊》《浣溪沙·谋国惟闻诛窃钩》《浣溪沙·眥裂空馀泪数行》《浣溪沙·哀乐无端枉费情》《浣溪沙·四野重阴怯倚阑》《鹧鸪天·浩荡收京万骑回》《玉楼春·今生不作重逢计》《玉楼春·玉梅花下相思地》并跋记："丁亥新岁录奉蛰存先生方家正律，海盐沈祖棻拜记于落迦山居。"钤印"涉江采芙蓉""祖棻""言情不尽恨无才"。（按：此件为程千帆书录。）

**三十一日** 主编《大晚报·每周文学》出版，刊有其译作《希腊女诗人沙馥断句》，署名"薇"。

## 二月

**一日** 《纪梦》(三十年十月八日、卅三年七月廿六日)并"题记"又刊于《东南日报》。

**十五日** 在《文艺春秋》第4卷第2期发表《奥尼尔和他的"冰人"》。

**十六日**　在《大公报·星期文艺》第19期发表《后唐庄宗如梦令小考》。

**同日**　《纪梦》再次刊于浙江杭州《正报》。

**二十二日**　译作法国A.纪德著《拟客座谈录第二》刊于沈从文主编《益世报·文学周刊》第29期。

**是月**　译著奥地利显尼志勒《妇心三部曲》，由上海言行社重版发行。先生自述："这个版本出现了'上海言行社'的重印本，大约是个盗版，因为我事先并不知道。"（《新版〈蓓尔达·迦兰〉引言》）"削去三种书名，改称第一部、第二部、第三部，以三书合为一书，甚谬。"（先生书面材料）

**同月**　8日郭沫若来暨南大学作题为《历史与人生》学术报告。

## 三月

**一日**　译毕波兰Z.克拉辛思基《等候着日出》，并作"译后记"："作为'公教人员'中的一个，我的生活已经被压榨得喘不过气来了。我不是一个惯叫救命的人。倪云林曰：'出声便俗'，虽然并不是为了志在做'雅人'，却颇以此公的态度为'要得'。今天居然能够闲坐下来译一首小诗，总算是挣扎得来的一喘息之胜利。为了让这个胜利不落了空，特意选译了这首诗。"

**六日**　译诗波兰Z.克拉辛思基《等候着日出》和"译后记"刊于《文汇报·笔会》。

**十二日**　震华法师在上海玉佛寺圆寂。

**十三日**　《纪梦》一则刊于《和平日报》。

**十五日**　《文艺春秋》第4卷第3期上刊载了"推荐新人问题笔谈会"，参加者：SY、施蛰存、端木蕻良、孔另境、徐调孚、赵景深、田涛、刘北汜、吴天、郭绍虞、适夷、林淡秋、许杰、钟敬文、林焕平、靳以，应邀逐条回答编者范泉的八项提问。先生在其作"引语"写道："您提出的八个问题都极有意思。因为我也曾编过几个文艺杂志，也曾有人问起过这一类的事情，我曾经不止一次地口头答复过朋友，但这回是您，使我有机会把它们写下来，这是应当感谢您的。"

**同日**　《文潮月刊》出版第1卷合订本，收录其译作荷兰H.海袭曼独幕剧《江湖卖艺人》及"译者记"。

**十七日**　太虚法师在上海玉佛寺圆寂。先生自述："次日，报纸上登载了太虚最后遗墨，赫然为震华法师封龛偈也。始知震华法师竟已寂灭，他永远没有知道那'明钞本比丘尼传'是根本没有的,他永远没有知道他的虔诚的著作里羼入了不可信的材料。让他安息在佛国里,确然永远怀着一个希望,但至少他无所失望。而我呢？我将负着一个永远的歉疚,无法解除我的郁闷。"(《一个永久的歉疚》)

  同日　南京《新民报》登载《施蛰存尖酸、李青崖辞职》:"《论语》复刊时,经时代书局老板邵洵美礼聘李青崖为总编辑,以沈有乾、施蛰存、徐仲年、海戈等为特约撰述,不久之前,施蛰存寄一稿,李未及细阅,即付印;殆全书印竣,送由邵老板过目时,邵深感施文谈镌□事,立论虽妙,措辞过火,有失《论语》谑而不虐之立场,援将该文抽去后全部重印,事后李即托辞教课忙碌,辞去《论语》编职,邵挽留无效。""施蛰存闻讯后,以'我虽不杀伯仁,伯仁由我而死',为之深抱不安。"

  二十日　上海利群书报发行所恢复桂林出版的《人世间》月刊,由凤子主编。先生自述:"在上海又碰到了凤子,才知她已和孙毓棠分手,正在编一个文艺刊物《人世间》。当时上海社会秩序动乱,通货膨胀,蒋介石政权已败象显著,我也没有再见到凤子。"(《悼念凤子》)

  二十四日　《旅闽诗钞》(挽许地山先生、挽张荫麟先生、闲居、三元寄怀厦门大学余仲詹、去三元寄苏骅汀州、去闽日登南平明翠阁有寄)刊于吴宓主编《武汉日报·文学副刊》第 15 期。

  二十七日　为《待旦录》交付出版而撰写"序":"所收的 23 篇文字,是我在抗战八年中所写的散文中的一部分。其他的散文,除了几篇较长的游记留待别编为一集,以及几篇太有时间性的,决意刊落以外,差不多皆已散失。有的是印本在旅行或流徙中遗失的;有的是原稿写出去之后,便无影无踪的;有的是发表以后没有剪存,以至现在无法寻觅的。在戎马仓皇中,一个人要保留他自己的一些文字,也真不容易。胜利以还,出版界的情形这样的不景气,亦非始料所及。在这样低气压出版状态中,怀正文化社愿意给我把这些文字印出来,使它们不至于再散失掉。""也颇有几篇引起过文艺界同人的针砭。""这些见教的文章,本该仿鲁迅先生编辑杂文集的方法,一并附印在我的文字后面,供读者参考。但因为当时没有把这些参考资料剪存,因此就不可能了。""我并没有耽在沦陷区里,所以这'待旦'二字并没有上海人所谓'等天亮'的意味。我对于抗战大业,并没有尽过参加作战的责任,所以也不是取'枕戈待旦'的意义。这个'旦'字,只是《卿云歌》里的'旦复旦兮'的意思,或者也可以说是《诗经》里的'女曰鸡鸣,士曰昧旦'的'旦'字。"

  二十九日　按叶圣陶日记:"上午在家看报,看苏德曼独幕剧一篇,施蛰存所译。"

**是月** 怀正文化社出版戴望舒译著《恶之华掇英》。据刘以鬯回忆："施蛰存替我写信给戴望舒，后来戴望舒就把他的《恶之华掇英》交给我出版。"(刘以鬯《我在四十年代上海的文学工作》)

**同月** 正气书局出版发行储菊人编《鲁迅近作精选》，内收《扑空》等篇。鲁迅全集出版社再版印行鲁迅著《南腔北调集》《准风月谈》。

## 四月

**一日** 在《文潮月刊》第2卷第6期发表《谈六州歌头》。

**四日** 主编《大晚报·每周文学》出版，刊有其作《关于格言》以及其译作《希腊女诗人莎馥断句》(署名"薇")、《歌德文学语录》(署名"李万鹤")。

**十日** 译毕美国艾梅·罗蕙儿散文诗《春日》等五首。

**十一日** 主编《大晚报·每周文学》出版，刊有其作《待旦录·序》、《生命的舟》(署名"也耶")和译诗波兰喀斯普洛微支《日暮》(署名"陈玫")。

**十五日** 译作法国A.纪德《拟客座谈录第八》和"译者引言"刊于《文艺春秋》第4卷第4期；此期"手迹、小影"专栏刊载《施蛰存先生返沪后留影》(相片)、《写作时的施蛰存先生》(相片)，以及《施蛰存先生致本刊编者范泉》(手迹)。

另，此期还刊有闻一多《歌与诗》，主编范泉在"编后"写道："发表在这一期里的闻一多先生的遗作，是由北平吴晗先生交由施蛰存先生转来的稿子，凡新诗的作者和读者们，这是一篇不可忽视的文献。"据范泉回忆："由施蛰存转给我闻一多遗稿《歌与诗》一篇，发表在1947年4月15日出版的《文艺春秋》第4卷第4期上。遗稿是由吴晗交给施蛰存的。"(范泉《文海硝烟》)

**十八日** 主编《大晚报·每周文学》出版，刊有其译作美国威廉·沙洛扬《在太平洋街鲁意茶室喝咖啡吃三明治》(未完)，以及其作《"圣女之歌"与迷信》(署名"米兹")。

另，还刊发徐中玉《时人评论》。据徐中玉回忆："经过上海时已记不起是在哪里看到他的了。那时他正在为《大晚报》编副刊，要我写点小文，是写了一篇发表的，仍是那样亲切、随和。"(徐中玉《回忆蛰存先生》)

**二十四日** 《"待旦录"序》以及译诗波兰喀斯普洛微支《日暮》(署名"陈玫")再次刊于重庆《时事新报》"青光"副刊。

**同日** 《申报》刊载《中学作文竞赛，各级冠军揭晓》："本市私立中小学联合会举办之'中学生作文竞赛',业经沈亦珍、傅晓峰、周斐成、徐蔚南、施蛰存、朱雯等评阅完毕。昨日由该会理事长蒋纪周,协同主试委员高尔相,沈西宾等启封。"

**二十五日** 主编《大晚报·每周文学》出版,刊有其译诗波兰 M. 罗曼诺夫斯基《几时?》(署名"陈玫")、译作美国威廉·沙洛扬《在太平洋街鲁意茶室喝咖啡吃三明治》(续完)。

**同月** 17 日钱歌川离开上海赴台湾大学任教。

## 五月

**一日** 在《自由谈》月刊第 1 卷第 1 期发表《无相庵随笔·诗话三篇》(李夫人歌、结喉、圣得知)。据《艺文坛》报道:"文艺综合性之《自由谈》月刊,方言发行、吕白华主编。有丰子恺漫画,谢冰莹通讯,施蛰存、戴望舒、魏金枝、赵景深、陆丹林等之杂文;赵清阁、胡山源、陈伯吹等之短篇。"(《益世报》,1947 年 5 月 13 日)

另,据吕白华《友情——为〈自由谈月刊〉编后作》记述:"是黄昏已经深了,我第一次到他的暨南宿舍去,淡淡的灯光下,他一张张抽了许多的诗给我看,写诗的纸是特备的,好像有'无相庵'的记号。没有几天,就接到了他的稿子,却是《无相庵随笔》,是关于诗话的。他说其次写词、或歌,想把这一类来一下有系统的讨论。"(《申报·春秋》,1947 年 5 月 28 日)

**二日** 主编《大晚报·每周文学》出版,刊有其译诗波兰 A. 莫尔兹丁《致恋女》,署名"陈玫"。

**四日** 下午二时上海文艺作家协会在贵州路北京路口湖社举行成立大会,《申报》《益世报》《大公报》《前线日报》等均有报道。先生自述:"成立以前,有人来邀请我加入的,这是一个什么人,我也已糊涂了,可能的有吕白华,王进珊,戴望舒,还有一个暨大学生。"("关于文艺作家协会的事",1968 年)"我没有断然拒绝,但也没有肯定加入,只是以敷衍的态度说了'好的好的,考虑考虑'这样的话。在这一类情况下,当时我常常是以这种态度来对付的。后来就收到了一个请柬,请我出席该会的成立大会,我没有去参加。"("我和上海文艺作家协会的关系",1968 年)"可以肯定的是,我没有加入这个作家协会,我也没有去参加过任何一次大小会议。"("关于文艺作家协会的事",1968 年)

**六日** 译作《歌德语录》(未完)刊于重庆《时事新报》。

**八日** 译作《歌德语录》(续完)刊于重庆《时事新报》。

**九日** 主编《大晚报·每周文学》出版,刊有其作《五四运动,其可再乎?》,以及其译作《高尔基给柴霍甫的信》(署名"文生")。

**十日** 《谈晁次膺琵琶词》再次刊于重庆《时事新报》"青光"副刊。

**十四日** 《"五四"·其可再乎?》再次刊于重庆《时事新报》"青光"副刊。

**十六日** 主编《大晚报·每周文学》出版,刊有其作《五四运动与大众化》(署名"玄晏")及译作法国约翰·高克多散文《"鸦片"抄》(署名"薛卫")。

**十七日** 暨南大学等校学生代表参加宁、沪、苏、杭学生赴南京联合请愿团。

**二十日** 上海等地高校学生举行"反内战、反饥饿"示威大游行,遭国民党军警镇压,造成"五·二〇"惨案。

**二十二日** 《关于格言》并"附记"再次刊于重庆《时事新报》"青光"副刊。

**二十三日** 主编《大晚报·每周文学》出版。这是先生主编该刊的最末一期,即告停刊。(按:先生在本月30日开始主编《大晚报·剪影》发表的《从今晚开始》,文中谈及"《每周文学》至上星期止已出版了十六期"。)

**二十四日** 译作法国A·纪德《论美国新作家·拟客座谈录第十六》刊于《民主论坛》第1卷第2期。

**同日** 上海《文汇报》被强行关闭。

**二十八日** 《申报·春秋》刊载吕白华《友情——为〈自由谈月刊〉编后作》:"我想起了施蛰存,蛰存和我是神交。他新旧文学都有独造,当辗转内地时做了很多旧诗,我也一样。""接着,我认识了戴望舒,望舒和蛰存同样的豪迈不羁谈着天。"

**三十日** 开始主编《大晚报·剪影》出版(除星期一休刊,每晚均在第二版刊出);刊有先生作为编者的开场白《从今晚开始》(署名"蛰庵"):"将由鄙人编辑了,这个编务将在什么时候终止,我不知道。也许不过一个月,也许可以长久些。我没有编过每天与读者见面的刊物,虽然编幅不多,也怕忙不过来。""《剪影》并不是一个文学刊物,但既然编者是一个搞文学的人,他自然也将多少倾向于文学。由此说来,也可算是《每周文学》并到这里来了。《剪影》的内容,希望在短期内有所改进。但这并不是编者一个人的事情,主要的还是希望有好的来稿。我们对于来稿的性质,并无限制,只希望是'言之有物'的文字,不很欢迎空洞的抒情散文。又报纸是时间的记录者,即使副刊上的文章,也希望有尖锐的时间性。"还刊《胡子逸话》,署名"文殊奴"。

另,按先生自述:"朱[曼华]汪[倜然]二公又找我帮忙弄副刊'剪影',想想不好意

思再口是心非,于是勉强卷起袖口来试试。"(《大器晚成》)

**下旬** 暨南大学等校师生抗议"五·二〇"惨案,举行罢课,遭国民党警特镇压。先生自述:"反饥饿,反内战运动起来以后,爱国学生罢课宣传,和国民党反动政府展开斗争。暨南大学校长李寿雍秉承其主子朱家骅的意志,在校内出了一个勒令学生复课的文告。这个文告的油印本,我当时曾看到过,要我签名,我没有同意。大概因为有许多教授不肯签名,后来就盗用'全体教授'名义发了下去。但这份张贴在暨南大学文理两院的正式布告,我也没有看见。因为当时不上课,学生也没有被这个文告说服,恢复上课,我没有到学校里去。这个文告的油印本是训导长冯列山拿来给我看的,冯列山就住在我房间的隔壁。我没有起草这个文告,是可以肯定的。"("关于解放前暨南大学告同学复课书",1969年)"一次教育部派专员梁人来上海,邀请暨南大学全体教授茶话,在康乐酒家举行的。我也去了,我没有发言。又有一次,是朱家骅亲自来上海,在一个书场接见暨南大学全体教授,希望大家帮同镇压学生运动。在这个会上,我也没有发言。"("我参加过的党、团、集会",1968年)

**月末** 润改诗作《卖梦》。

**是月** 《待旦录》内收《序》,第一辑:《爱好文学》《罗曼·罗兰的群众观》《新文学与旧形式》《再谈新文学与旧形式》《灵心小史》《儿童读物》《尼采之"中国舞"》《一位性学家所见的日本》《文学之贫困》《怎样纪念屈原》《〈路灯与城〉序》,第二辑:《跑警报》《米》《三个命运》《山城》《他要一颗钮扣》《老兵的小故事》《驮马》《浮海杂缀》《河内之夜》《怀念云南大学》《栗和柿》《关于图书馆》,列入刘以鬯主编"怀正文艺丛书之四",由上海怀正文化社初版发行。

另,按先生自述:"因朋友徐訏的介绍,把我在抗战期间所写的杂文编为一集,取名《待旦录》,由上海怀正出版社印行。这本书仓卒编成,不免芜杂。有好些文章,在内地报刊上发表过,当时没有留下底稿或刊本,以致无法编入。"(《枕戈录·前言》)

另,据刘以鬯回忆:"我那时候也给施蛰存出过小说[散文],戴望舒的稿子也是他转给我。他也住在愚园路,就住在我家后面,所以他有时候就走到我家把稿子给我。"(《东方早报·文化》,2010年7月24日)

**又** 应邀前往清华同学会所参加中华全国文艺界协会九周年纪念会。

**又** 校点《金瓶梅词话》(1—5册),由上海杂志公司重版第二次印行。

**又** 上海新象书店出版巴雷编选《鲁彦杰作选》,书首"小传"提及:"他以《鼠牙》、《屋顶下》等短篇小说,络续在民国十九[应为二十一]年间出版的《现代》文学月刊上发表(施蛰存、杜衡所编),备受当时文坛之推崇,为我国有数之小说家。"(按:《屋顶下》《鼠牙》分别刊于《文学》1933年第1卷第4期、1934年第3卷第1期。而《现代》刊出的是1932年第2卷第1期《胖子》、1933年第3卷第6期《胡髭》、1933年第4卷第1期《病》、1934年第4卷第5期《惠泽公公》。先生编辑的"现代创作丛刊"第15种鲁彦著《屋顶下》,由现代书局1934年3月出版。)

## 六月

一日　主编《大晚报·剪影》出版。

同日　在《自由谈》月刊第1卷第2期发表《无相庵随笔·诗话十篇》(别、线鸡、边头边面、粉鱼祠灶、何楼、拥剑、校、大小游仙、惊呼热中肠、能)。据《出版消息》报道:"《自由谈》月刊第2期业已出版,有丰子恺漫画、施蛰存诗话,及魏金枝、魏友棐、赵景深、胡山源等之杂文,陈伯吹及赛珍珠之小说。"(《大公报》,1947年6月6日)

又　诗作《适闽杂诗·序》始刊于《茸报》"五茸草"副刊。

二日　诗作《适闽杂诗·自松下海面乘帆船赴海口舟中得句》续刊于《茸报》"五茸草"副刊。

三日　主编《大晚报·剪影》出版,刊有其作《本刊小启》:"本刊右角地位已固定为专载新旧中外诗之场合。每星期二、四将为'今诗载',每星期六为'今词载'。均由饮河社主编。饮河社为抗战时重庆若干诗人之聚集。曾在《中央日报》《时事新报》《益世报》《扫荡报》刊行'饮河集',精选当代诗词,自名儒硕彦,至青年学子,凡有佳作,悉在搜罗之列。今又复员来沪,在本刊与读者相见,特为告白,并祈海内同文,不吝珠玉。至每星期三、五日,则刊载新诗及译诗,栏目曰'新诗拔萃'及'域外诗抄'。"

同日　诗作《适闽杂诗·坑田道中六首》(上)续刊于《茸报》"五茸草"副刊。

四日　主编《大晚报·剪影》出版。

同日　诗作《适闽杂诗·坑田道中六首》(下)续刊于《茸报》"五茸草"副刊。

五日　主编《大晚报·剪影》出版。

同日　诗作《适闽杂诗·福州杂诗八首》(上)续刊于《茸报》"五茸草"副刊。

六日　主编《大晚报·剪影》出版,刊有其作《云住楼谈绮》,署名"萧琅"。

同日　诗作《适闽杂诗·福州杂诗八首》(下)续刊于《茸报》"五茸草"副刊。

七日　主编《大晚报·剪影》出版。

同日　诗作《适闽杂诗·闻收邕宁喜而颂之》续刊于《茸报》"五茸草"副刊。

八日　主编《大晚报·剪影》出版,刊有其译作比尔盎利·蜜珠《小品三段》,署名"曾莹卿"。

同日　诗作《适闽杂诗·蜑娘谣》续刊于《茸报》"五茸草"副刊。

十日　主编《大晚报·剪影》出版,刊有其作《如梦录》(一),署名"古矜龛"。

同日　译诗波兰 Z. 克拉辛思基《等候着日出》和"译后记"再次为《自由文摘》第 7 期转载。

又　诗作《适闽杂诗·闽江滩行》续刊于《茸报》"五茸草"副刊。

又　《草书月刊》第 1 卷第 3 期刊载姚鹓雏诗作《简施蛰存长汀》。

十一日　主编《大晚报·剪影》出版,刊有其作《如梦录》(二),署名"古矜龛"。

十二日　主编《大晚报·剪影》出版,刊有其作《如梦录》(三),署名"古矜龛"。

十三日　主编《大晚报·剪影》出版,刊有其作《如梦录》(四),署名"古矜龛"。

十四日　主编《大晚报·剪影》出版,刊有其作《两周编感》(署名"蛰庵"):"我的第一个努力是使本刊内容能充实起来。""希望使每一位读者都能在此地读到一些他所认为,'有点意思'的文章,因此我要获得各方面的文稿。""我们已经有了一些旧诗词,一些新诗和译诗,一些掌故和笔记,一些抒情小品,一些风土人物记录。尤其是每星期六,我们有了一篇'周末闲谈',虽然只出现过两次,却已博得不少好评。""我的第二个努力是阅读投稿,承读者不鄙弃我们这块小园地,在这两礼拜中,我收到了一百多份投稿。我把每一篇都仔细看过,虽然大多数的来稿皆不合用,但我对于投稿诸君的热忱是钦佩的。我们的投稿者恐怕大半都是青年,而且多数是知识青年。他们也许不曾有过充裕的求学时间,但是他们以业馀的时间从做写作,文字虽然肤浅,甚至有许多别字;思想虽然幼稚,甚至有许多奇怪的,但我相信他们的态度是忠诚的。我曾尽量把可以改好的稿子加以润改,在本刊上发表,(可惜过去两礼拜中,我只能在来稿中选用了三首诗与十几篇散文。)而把附了邮票的落选稿子加注简单的意见退回去。我没有充分的时间为投稿者改稿或写信,这是很抱歉的。我希望以后的'剪影'能走上一条新的路线,那就是:每篇文章都是有事实的。换言之,即尽量减小空洞的抒情文字,(当然,诗不在此例,如果我们不要抒情的诗,那就太现实了。)但是这个标准,照现在投稿情形看起来,恐怕相去还太远呢。现在的来稿,十之八九是空洞的抒情文字,它们的题目大都是:'惆怅''悲哀''悼念一个友人''我的故乡呀'之类,内容大概都是个人的情感行动。虽然它们对于作者是真实的情感记录,但别人看了却并不觉得怎样深刻,何况这些文章几乎是千篇一律的,尤其使人有单调之感。过去,我曾在不得已的情形下,选登了几篇,但愿以后逐渐减少下去。现在我们所需要的是:活泼的生活记录,各地的风土人情(但不要抄地图说明的),人物访问记,锋利的随感录和短篇小说。"

**十五日** 　主编《大晚报·剪影》出版,刊有其译作《鲍乔笑话抄》,署名"罗平"。

**十七日至十九日** 　均主编《大晚报·剪影》出版。

**二十日** 　主编《大晚报·剪影》出版,"读者与编者"专栏刊有《一封来信及其引出来的废话》,发表了读者陈鹤曾来信以及先生所作《编者跋语》(署名"蛰庵"):"'两周编感'可以说是简捷的对我们的投稿青年的一个自白,一个呼吁。""谁知那篇文章打动了陈鹤曾先生的兴趣,他当夜就写了以上的一封信给我。报馆里把他的信转给我,已是16日了。我立刻征求了他的同意,把这封信公开发表在这里。我要发表这封信的理由有二。第一是,我把这封信看作最好的投稿,因为它极有内容,毫不空洞,非常现实,绝无矜情。第二是,因为它一定代表着许多本报读者的意见。他能同情我在那篇'编感'里的意见,并且他立刻通知了我,我非常感激。""陈先生提出一般投稿青年的真病是在于他们忘记了'报纸是大众的读物'。这句话我应该特别提出来请投稿诸君注意。一个读者既然这样说了,那么作者必须接受读者的意见。个人的抒情作品,真是离开大众太远了。""陈先生的意见,最宝贵的是他能了解青年人喜欢写作抒情文字的心理。""但这些文章刊载在报纸副刊上,给年龄比作者大十岁二十岁的读者去当茶余灯下的消遣读物时,就显得太幼稚了。近来报纸副刊的编者似乎也以青年人为多,而且好像是很年轻的青年。他们自己也没有脱离个人的抒情趣味。因此,正如陈先生所说,甲报退回的稿,可能在乙报登出。这种文章之登出,在那编者的观念中,以为他选登了一篇好文章,他应该帮助作者让他得到鼓励,走上他写作的大路。然而他没有觉得,一部分读者在那里摇头,一部分读者在那里上当,误认为这是大编辑所显示的文章标准。没有投稿过的青年人以为写文章之道,不过尔尔,这种文章有甚稀奇,于是他们也动手写他的凄凉与寂寞。贴上邮票,向各报馆投稿去了。今天的投稿比十年二十年前的投稿幼稚到如此地步,一半固然是因为近来青年人语文程度之低落,一半亦是编辑先生无意间在那里提倡这种文字。""我们的报纸如果永远以中学生程度的抒情散文填塞在副刊里,甚至连别字都没有改掉,让铸字用特别铸一个怪字出来,则以后青年读者的语文程度会更低落下去。为了上述理由,我愿意替投稿的青年看稿,尽可能地批注意见,但选录的标准,却要尽量提高。我并不是杜绝青年写作之路,刚巧相反,我希望尽我这一份绵力,提高青年的写作程度。陈先生希望我给青年写一篇'给初学写作者'这诚然是很有益的。但我一时不会写。因为这必须是一篇非常具体的文章。""必须要有几篇真正能够以实例来说明写作方法的文章,才对青年有点用处。""这几天的来稿还是以新诗篇多,我希望过一些时候,能够请一位不尚空谈的诗人来谈谈新诗。然后从小说、散文各方面去找专家来写一点写作方法与欣赏方法的文字。"

二十一日　为译作美国艾梅·罗蕙儿散文诗《春日》等五首交付《远风月刊》发表而撰写"附记":"我试译这《春日》五首,颇觉费力。因为原文用字非常活泼,音节也极具抑扬之妙。音节既无法迻译,而活泼的也几乎都成凝滞的,真是嚼饭哺人,徒然送出了一堆渣滓。"

二十二日　《风报》登载文海犁《风马牛集·〈善女人行品〉》:"施蛰存先生所写之小说中,余独喜《善女人行品》一集,着笔极细腻,用字亦考究,可称施之代表作也。"

二十一、二十二、二十四日　均主编《大晚报·剪影》出版。

二十五日　主编《大晚报·剪影》出版,刊有其译诗英国詹姆士·史蒂芬思《贝壳》,署名"薛蕙"。

二十六日　主编《大晚报·剪影》出版,刊有其译作美国W.沙洛扬《钢琴》,署名"蛰庵"。

二十七日　主编《大晚报·剪影》出版。

二十八日　主编《大晚报·剪影》出版,刊有其作《又一跋语》,署名"蛰庵"。

二十九日　主编《大晚报·剪影》出版,刊有其译诗英国亨褒特·吴尔甫《旅途的尽处》(署名"陈玫")。

**是月**　由北平太平仓普爱堂发行、北平独立出版社承印,善秉仁原著、景明译、燕声补传《文艺月旦·甲集》(原名《说部甄评》)初版。

另,书内"现代之部·书评"刊有:"4.《善女人的行品》(众)一册222页,施蛰存(传4)著,1940年再版,良友文学丛书。这是一部妇女问题的讨论集,涉及女性婚姻及职业领域的。著者在好几处指出如何因双方的不注意,不谅解,而破坏了婚姻的幸福。大众可读。"

另,书内"作家小传"(燕声)刊有"4.施蛰存(1903[5]——)"提及:"1920胡适的《尝试集》出版,他读了之后,以为胡适的新诗写得不好,只做到'诗的解放',而并没有建立起来诗歌的新形式。直到郭沫若的《女神》(1928)III版,他才觉得新诗有了发达的路向。""《上元灯》才在该店出版(1928),这书出版以后,立刻引起了许多人的注意,他在文坛上因此得到一个相当的地位。""这时普罗文学运动盛极一时,多数作家都转变了,《新文艺》月刊也转变,他自己也转变,写了《阿秀》及《花》二短篇小说,为作者仅有的普罗文学作品。后来他发现没有向这方向发展的可能,于是停止写这类东西。这时他运用弗洛伊德学说(Freudism)写心理小说《巴黎大戏院》《魔道》,发表在《小说月报》上,而被认为'新感觉主义'者。""1932,五月创办纯文艺月刊《现代》,""该刊不谈主义,不分派别,容纳各方面的稿件,在当时被认为是'第三种人'的发言机关;但在文学杂志中颇负声望。"

## 七月

**一日** 在《文潮月刊》第3卷第3期发表小说《超自然主义者》。(按:这是先生当时计划写作长篇小说中的一个章节"点与线之三"。)先生自述:"曾计划写一个长篇《浮沤》,以记录抗战八年的社会生态,只写了几段,无法完成。"(《十年创作集·引言》)"文汇报副刊(?)发表过几段预备写长篇小说的片段,总题目是'点与线',1947年。"("我曾在报刊上发表过的文章",1968年。按:或刊于当时其他报纸,记此俟考。)

**同日** 译作美国艾梅·罗蕙儿《春日》五章并"译注"刊于《远风》月刊第4期。

**又** 主编《大晚报·剪影》出版,刊有其作《如梦录》(五),署名"古矜龛"。

**二日** 主编《大晚报·剪影》出版,刊有其作《如梦录》(六),署名"古矜龛"。

**三日** 主编《大晚报·剪影》出版,刊有《三陇花儿》,署名"蛰庵"。

另,此期刊载沈鹤龄《文人的悲哀》,据沈鹤龄回忆:"施师布置作文,往往命题宽泛,有时无命题,要我们自己命题作文。'写自己想写的,写自己熟悉的。'他从不讲什么作文诀窍、行文程式、句法语法等,他只要我们多读范文,课馀可选读'闲书'。他说好的古文是百读不厌的,白话文也如此,他品评'五四'后白话文佳作说:鲁迅作品优于胡适,胡适自称'但开风气不为师',有自知之明。""我投给他所主编的报纸副刊的作品,常流露鲁迅笔法,这却引起了他的批评。他说:'你模拟这种笔法做什么?学僵了,笔头就难以舒展了。'当时我未敢多问为什么,私下以为这大约由于他与鲁迅有宿怨。我只回了一句:'唐弢的鲁迅笔法不是学得惟妙惟肖吗?'他说:'唐弢写得好的杂文,都是由于讥刺得深刻,也不一定就是鲁迅笔法。'"(沈鹤龄《课堂内外的施蛰存》)

**四日** 主编《大晚报·剪影》出版,刊有其作《亭子间独白》(署名"散木")以及《如梦录》(七),署名"古矜龛"。

五日　主编《大晚报·剪影》出版,刊有其作《黄茅白苇》(署名"蛰庵")、《曲谑》(署名"萧琅")。

六日　主编《大晚报·剪影》出版,刊有其作《亭子间独白》(署名"散木")以及《如梦录》(八),署名"古矜龛"。

同日　《风报》登载温百姓《施》,内有"施蛰存,文艺作家,主编过《现代》,最近有《待旦录》出版"。

八日　主编《大晚报·剪影》出版。

九日　主编《大晚报·剪影》出版,刊有其译诗英国W. H. 苔微思《一个又一个》(署名"蛰庵"),又刊其作《莫查尔的乐谱》(署名"刍尼")。

同日　译作美国W.沙洛扬《钢琴》(未完)又刊于重庆《时事新报》"青光"副刊,署名"蛰庵"。

十日　主编《大晚报·剪影》出版,刊有其作《春日泛苕溪》《沙溪观眺见归榕艇子数十逐流而下》。

十一日　主编《大晚报·剪影》出版,刊有其作《尺八》,署名"萧琅"。

同日　译作美国W.沙洛扬《钢琴》(续完)又刊于重庆《时事新报》"青光"副刊,署名"蛰庵"。

十二日　主编《大晚报·剪影》出版,刊有其作《论孔融》,署名"樊温"。

十三日　主编《大晚报·剪影》出版,刊有其译作《尼采语录:夜及音乐》,署名"尧士"。

十五日　主编《大晚报·剪影》出版。

同日　按叶灵凤日记:"蛰存来信,他现在编《大晚报》副刊。"

十六日至十八日　均主编《大晚报·剪影》出版。

十九日　主编《大晚报·剪影》出版,刊有其译作印度泰谷尔《吉檀耶黎——颂神歌集》,署名"欧阳微"。

二十日　为译作法国雷米·特·古尔蒙《女体礼赞·散文十四行诗》撰写"译者附记":"这译稿在箧中已好几年,今天才检出来作第一次的修改,可是已经没有往年的热爱了。"并将此译稿交付《文艺春秋》主编范泉,提供刊用。

同日　主编《大晚报·剪影》出版。

二十二、二十三日　均主编《大晚报·剪影》出版。

二十四日　主编《大晚报·剪影》出版,刊有其作《云住楼谈绮》(署名"萧琅"),以及其译作印度泰谷尔《吉檀耶黎》(署名"欧阳微")。

二十五日　主编《大晚报·剪影》出版,刊有其译作《托尔斯泰寓言集》,署名"丁宁"。

二十六日　主编《大晚报·剪影》出版。

二十七日　主编《大晚报·剪影》出版,刊有其作《国定课本二题》,署名"散木"。

二十九日　《尺八》又刊于重庆《时事新报》"青光"副刊,署名"萧琅"。

同日　主编《大晚报·剪影》出版。

三十日　主编《大晚报·剪影》出版,刊有其作《云住楼谈绮》(署名"萧琅"),以及其译作印度泰谷尔《吉檀耶黎——颂神歌集》(署名"欧阳微")。

三十一日　主编《大晚报·剪影》出版;又刊译诗英国W. H.戴薇思《玩偶》。

是月　开明书店初版发行叶圣陶、周予同、郭绍虞、覃必陶合编《开明新编国文读本·甲种第五册》,收录其译作潘林原著《客》。

同月　31日按郑振铎日记:"下午,黎烈文自台湾来,谈甚久。"

## 八月

一日　据国立暨南大学"校历",三十六年度第一学期开始,继续在暨南大学任教,月薪增加为500元(先生书面材料),被校务委员会推选为教授代表。

同日　主编《大晚报·剪影》出版。

二日　主编《大晚报·剪影》出版,刊有其译作《歌德隽语》,署名"散木"。

三日　主编《大晚报·剪影》出版,刊有其作《亭子间独白》,署名"散木"。

五日　主编《大晚报·剪影》出版。

六日　主编《大晚报·剪影》出版,刊有其译作美国艾梅·罗蕙尔[儿]女士《夏夜小景》和《托尔斯泰寓言集》(署名"丁宁")。

七日　主编《大晚报·剪影》出版,刊有其译作《托尔斯泰寓言集》,署名"丁宁"。

八日　主编《大晚报·剪影》出版,刊有其译作《歌德隽语》,署名"散木"。

九日　译诗英国W. H.戴薇思《玩偶》再次刊于重庆《时事新报》"青光"副刊。

同日　主编《大晚报·剪影》出版,刊有其译作《歌德隽语》,署名"散木"。

十日　主编《大晚报·剪影》出版。

上旬　据徐小玉记述:"联合国社会经济组织在上海举行一次会议,需要几个临时译员,当时正在那儿的我父亲徐霞村(元度),被介绍参加了这项工作。""八月初的一天,他去看望老友施蛰存,施告诉他汪德耀正在上海。父亲回忆当时的情形,说:'施蛰存给了我汪德耀在上海的地址,过了两天我便去看他。''我们又有七八年未见面了。'他按照施先生给他的地址去看汪先生。身为厦门大学校长的汪先生,见面后就劝他到厦门大学教学,"'仅过了十天,就收到了汪先生用航空信从厦门寄来的聘书和机票,父亲于九月上旬就飞抵了厦门。"(徐小玉《他把自己交给了厦大》)

十二日　主编《大晚报·剪影》出版,刊有其译作匈牙利莫尔纳《离绝》和《歌德隽语》(署名"散木"),以及其作《四君子语妙》,署名"文公"。

十四日　译作《托尔斯泰寓言集》刊于重庆《时事新报》"青光"副刊,署名"丁宁"。

同日　主编《大晚报·剪影》出版。

十五日　译作法国雷米·特·古尔蒙《女体礼赞·散文十四行诗》以及"译者附记"刊于《文艺春秋》第5卷第2期。

同日　主编《大晚报·剪影》出版。

十六日　主编《大晚报·剪影》出版,刊有其译作印度泰谷尔《吉檀耶黎——颂神歌集》,署名"欧阳微"。

十七日　主编《大晚报·剪影》出版,刊有其作《编者小启》,署名"编者"。

十九日　主编《大晚报·剪影》出版。

二十日　主编《大晚报·剪影》出版,刊有其译作匈牙利莫尔纳《离绝》。

同日　《人世间》第6期"书人书事"专栏刊载冯亦代《马尔洛的转变》提及:"有一时期,昂德娄·马尔洛的作品颇为中国文坛所注意,香港《星岛日报》的文艺副刊'星座'上,接连地刊载了他的两个长篇连载,施蛰存先生译的《忿恨[鄙弃]的日子》(Days of Wrath),及戴望舒先生译的《人的希望》(Man's Fate)。"

二十一、二十三、二十四日、二十六至二十九日　均主编《大晚报·剪影》出版。

三十一日　《京沪周刊》第1卷第34期饮河社编"饮河集"专栏刊有其作《黄平夜宿》,饮河社编"诗叶"专栏刊载其作《论石遗室诗话》(署名"劳无施")。

同日　主编《大晚报·剪影》出版,刊有其译作《瞎子与牛奶——托尔斯泰寓言集第十五》,署名"丁宁"。

是月　春草社出版薛汕著《文艺街头》,书内"一、论战后文艺的诸种迹象"提及:"但我们更感谢的,抗战使不少不能站在新艺术观点的,如施蛰存、林庚、曾今可,……等已缄默了,但我们最不感谢的,像当年被鲁迅先生骂得体无完肤的陈西滢、梁实秋,……等不时仍要啾叫着,虽然无关紧要,因为正确的文艺主流会将他们卷没已去。"

**同月** 下旬新陆师范学校更名为上海市立师范专科学校。

## 九月

**一日** 在《远风》月刊第5期发表《三十六天君》,署名"施庵"。

**同日** 在《大晚报》第五版"复刊二周年纪念特辑"发表《大器晚成》:"征求青年文学修养书目,我以《庄子》《文选》《颜氏家训》三部书应征,引起鲁迅先生的讥弹,以及其他诸位文豪的围攻,使我至今还留着疮疤给人挖弄,这也是《大晚报》给我的恩典。"

**二日** 主编《大晚报·剪影》出版,刊有其作《风凉话》,署名"蛰庵"。

**三日** 主编《大晚报·剪影》出版,刊有其作《风凉话》,署名"蛰庵"。

**四日** 主编《大晚报·剪影》出版。

**同日** 浦江清自北平致函:"前奉尺书谅早达,郑著'中国[文学]史'不悉已有着落否,此间前向邮局追询,尚未得覆,恐调查亦玄虚之事耳。近足下久无书来,甚念下年行止如何,暨大仍旧[忙]否,[贵]校新在平聘孙蜀丞[人和]先生,闻即任文院长职,孙先生……与清华同事许骏斋[维遹]先生甚熟,闻早已赴沪一看。""足下曾见到否耳,彼久在平与沪上教界不无隔膜,前……谈及此点,弟谓足下如仍在暨大当可帮忙耳。不悉暨大文系近来情形何似,清华则王了一[力]不能返校;骏斋满休假之期,即提出休假,惟不他往;陈梦家不久可返国;馀则新聘一李广田,又毕树棠,或拟在图书馆职务之暇,在国文系中兼任小说一课。因种种关系无多发展,学生人数亦寥寥,此次转学生有三十五卷,牵于各门平均成绩,仅取一人,颇不振也。林静希[庚]来平,据云厦大休假,彼近行燕大教职已成功。清华规程,休假不得兼事,至今仍严格执行,同人亦颇以为太呆也。觉明[向达]今年北大休假赴美事已打消,行止未定;陈士骅原在北洋工学院平部,今转入北大工学院,晤见两次,托代致意。"(按:市肆残影,印迹模糊,录此俟考。)

**五日** 主编《大晚报·剪影》出版。

**六日** 译作美国A.罗蕙儿《春日·散文诗四章》(晨餐桌、散步、中午与下午、夜与睡)刊于重庆《时事新报》"青光"副刊。

**同日** 主编《大晚报·剪影》出版,刊有其作《风凉话》,署名"蛰庵"。

**七、九日至十二日** 均主编《大晚报·剪影》出版。

十三日　主编《大晚报·剪影》出版,刊有其作《受贿与行贿》,署名"蛰庵"。

十四日　主编《大晚报·剪影》出版。

十八日　在《自由谈》月刊第1卷第4、5期合刊(关于上海特辑)发表《上海第一》:"吕白华先生主编《自由谈》杂志,要有一个'关于上海'的特辑,希望我给他写一点东西。我住在上海的年数虽然不算太久,但关于上海的一切,都不很相熟,因此实在也写不出什么可观的话来。况且,在抗战以前,上海是一片租借地,胜利而后,上海已是我们自己的大都会了。我如果说昔日之上海,胜于今日之上海,未免有损上海;但如果一定要我说今日之上海,胜于昔日之上海,也多少有点怩怩。为了这个缘故,我益发不敢谈到上海了。然而在吕先生一再促迫之下,我也不便再'搭架子',抽空写一点关于上海的话来凑教,以下这些鸡零狗碎的回忆,就是这样的动机之下记下来的。"

十九日　《新民报·艺文坛》(晚刊)刊载:"吕白华主编《自由谈》月刊第4、5期合刊业已出版,有'关于上海特辑':黎烈文、赵景深、许钦文、魏金枝、丰子恺、施蛰存、徐仲年、胡山源、戴望舒、鲁莽、陆丹林、孔另境、钱君匋十三家执笔,及谢冰莹'忆香半园',纽约通讯等篇。"

二十五日　下午二时先生在暨南大学第一院会议室出席由李寿雍校长主席的"第七次校务会议"。(《国立暨南大学校刊》,复刊第1期)

月内　经周煦良、戴望舒介绍,先生又在上海市立师范专科学校兼任国文系教职,月薪440元,与朱有瓛为同事。先生自述:"抗战胜利后,董任坚从重庆飞来上海,接收了一个日本女子学校,改为上海市[立]师范专科学校(校址即今之虹口中学),请孙大雨、周煦良去该校任教。一年后,戴望舒和我也被邀请去任课,因为有宿舍可分得,故大家乐意应聘。"(复陈福康函,1990年4月10日)

另,据上海市虹口区档案馆相关资料显示,本学年度"第二学期第一次校务会议"记录内第二十条提及:学生因改选自治会小起风潮,学生来信要求校务会给予解答应如何处置案;决议推派教务处朱有瓛主任及施蛰存、戴望舒、王元美[英语教授]三位教授向学生代表劝说。

是月　香港新流书店初版施方穆若霖主编《抗战前后·名家短篇小说选》(八十家佳作集),收录其作《无题》。

又　中国文化服务社编印《新书目录·三十六年一月至八月》,其中"散文·报告"内有:"《待旦录》,施蛰存,20 000.00。"

**同月** 国民党当局镇压学生运动,其中开除光华大学学生18人、教授2人,解聘暨南大学教员36人。27日上海电力、电车工人举行大罢工,全市半数以上电车、汽车停驶。

## 十月

**六日** 据国立暨南大学"校历",三十六年度第一学期开学。(按:原定9月20日开学,因整理宿舍,改定于10月6日开学,13日开始上课。)

**二十日** 润改译作德国爱德华·封·凯赛林伯爵《凯丝达》并作"译后记"。

**二十三日** 顾廷龙来暨南大学"晤教务长邹文海及施蛰存"。(顾廷龙日记稿本)

**二十五日** 下午二时先生在暨南大学第一院会议室出席由李寿雍校长主席的"第八次校务会议"。(《国立暨南大学校刊》,复刊第3期)

**下旬** 按先生自述:"觅得一本[《松江本急就篇》],则损泐至六十馀字矣。"(《云间语小录》)

**是月** 译著英国司各脱小说《劫后英雄》,被列入张梦麟主编"世界少年文学丛书",由上海中华书局再版发行。

**同月** 上海鲁迅全集出版社出版发行"鲁迅三十年集"《南腔北调集》《准风月谈》《且介亭杂文》《且介亭杂文二集》《且介亭杂文末编》《花边文学》(按:同时有东北书店印本)。

## 十一月

**四日** 《瀑布》又转载于《武汉日报·鹦鹉洲》(小品文专页)。

**七日** 《尼采论诗和论音乐》刊于《四川时报》。

**二十四日** 晚上撰写《与客谈自杀》:"好久没有替《论语》写文章了。编者来了信,说这回要出复刊周年纪念号了,上次的谈吃谈病,你都没有一个字,这回非凑凑热闹不可。限期11月24日晚上,必须写一点什么的出来。这是'死线'(Deadline)。现在是11月24日晚上,我正站死线上,兀自写不出什么可以在《论语》半月刊上服侍看官们的文字。正在焦急,忽然来了一位不速之客。""他说着就走了。于是我写得了这么一篇闲文,送给《论语》复刊周年纪念号去助兴。"

**二十九日** 在《益世报》"益世副刊"发表《沐浴》。

**同日** 下午三时暨南大学在第一院会议室召开了由李寿雍校长主席的"第九次校务会议",会议"报告事项",其中"十一、本校校务会议本年度教授代表,前经投票选举刘大杰、沈有乾、施蛰存、沈筱宋、丘日庆、曾石虞、周绍濂、江仁寿、沈錬之、祁乐同,十位先生当选为代表。"(《国立暨南大学校刊》,复刊第5期)

**同月** 10日上海鲁迅全集出版社出版哈尔滨再版"鲁迅三十年集"《南腔北调集》。《文艺复兴》月刊停刊。

## 十二月

**一日** 在《论语》半月刊第142期"复刊周年特大号"发表《与客谈自杀》。

**同日** 诗作《卖梦》又刊于《艺虹》第1卷2、3期合刊"诗之页"专栏。

**又** 《胜流》第6卷第11期刊载吕白华《怀人十八首·为"自由谈"赋谢作者》:"一、施蛰存:青毡故物坐将破,黄绢新编看未灰;翻遍西华转无相,微吟抗手耐庵来。"

**又** 《谷雨文艺》月刊第11、12月号合刊登载李育中《美国文学的闪烁·新一代的面影》提及:"对于现代美国文学作过较有系统底介绍的,首推赵家璧的《新传统》(民廿五良友版),其中一部分为散见当时施蛰存主编的《现代》什志上,论介绍美国现代文学,这什志也起了先锋的作用。"

**三日** 《申报·自由谈》刊载吕白华《施蛰存之无相》:"很早在和《文学》创对垒的《现代》月刊主编施蛰存,他的文名确轰动过一时的,直到三年前,我才和他相识。他不但是我理想中的文学家,他那时还编着纯翻译的一种杂志,但他第一封写给我的信,却属于古色有钟鼎画的宣纸,一笔银钩般的字,六朝书札式的句子。以后,我就常到他那'暨大宿舍'的高楼,细读他充满田园气息与大自然襟怀的旧体诗,一张张,狭长的诗笺,旁边印着'无相庵诗笺'五个字。这些诗颇有郁达夫的作风。他对我说有两重不同的思想,在乡村里愿意研讨古文学之类,而在都市,却一贯的从事于翻译生活。我兀自神往着'无相庵'的题名,无相是出世的,然而真出世又岂容易!他看透了多变的世事,还是做着坐破青毡的老教授。"

**同日** 《申报·文学》周刊创刊,由上海文艺作家协会主办,王进珊编。

**十五日** 为译讫阿剌伯K.纪伯兰[伦]《两个婴儿》而撰写"译后记":"今年又购得新出英译《泪与笑》,凡诗与散文三十篇,本文即自此书转译。"

**同日**　香港《星岛日报·文艺》第3期"文艺广播"专栏刊载:"施蛰存在上海的暨南大学任教,还兼编《大晚报》副刊'剪影'。最近正计划将其过去所作的全部创作小说,约四五十万言,整理出版,书名定为《施蛰存半集》。"

**二十四日**　译作阿剌伯K.纪伯兰[伦]《两个婴儿》并"译后记"刊于《申报·文学》第4期。

**二十九日**　撰写《一个永久的歉疚——对震华法师的忏悔》:"今天我检出那《续比丘尼传》,第一册封面上写着:'蛰存先生惠存,编者病中书赠。'不觉又引起一种惆怅,我把那书面翻个身,重又放进了书橱。并且记下这一段因缘,我以为,这是我的小说所铸下的一个最大的错误。"

**同日**　在香港《星岛日报·文艺》第5期发表《二俑》。

**三十一日**　在《申报·文学》第5期发表《一个永久的歉疚——对震华法师的忏悔》。

**是月**　小说集《四喜子的生意》内收《在巴黎大戏院》《魔道》《李师师》《旅舍》《宵行》《薄暮的舞女》《夜叉》《四喜子的生意》《凶宅》,由上海博文书店初版发行。

**又**　应约撰写《弘一法师赞—为纪念弘一法师逝世五周年作》并"序":"予少时读杂志,于卷端见李息霜摹莎士比亚墓碑,心窃好之,以为嗜古之癖,不遗殊域,其人必博雅君子也。后读《南社集》,得其乐府歌辞,风流俊逸,乃知其为诗人也。浸假而知其人娴音乐,擅绘事,亦尝粉墨登场,现宰官身,传大槐梦,现善女人相,说色空法,觉迷警幻,入圣超凡,然后知其为多才多艺人也。方将乘时委质,求识荆州,而君以出世闻矣。识与不识,咻然大诧。予则独有会于心,以为千古才人,最难得好归宿处,不为儒隐便作僧游。君既仗锡随缘,自然安顿,可谓卓识人矣,然而非有大勇毅大智慧,亦未易勘破此一关也。君既遗世独立,予又何为添着一相?因捐参谒之志。十载以还,人间不复知李息霜,而弘一法师之名藉甚。世徒以师持律谨严,修行精进,为不可及。弟子门生,不免标榜。此盖有欠乎知师,抑亦未足以知人。夫枕石漱流,箪食瓢饮,彼何人哉。殊途而同归,一致而百虑,儒与缁有同然。人以师为皈佛得道,予独谓师秉道皈佛。惜哉!儒学之不昌,坐使人才不隐而髡。虽然,师既奄化,即儒亦灭,彼其所遗,道一而已。因为之赞曰:佛有戒,儒有方;其道同,名可亡。芒鞋破钵归八荒,俾其识者徒雌黄。吾安别乎弘一法师、李息霜?"

**又**　上海文艺作家协会研究组主编《上海文艺作家协会成立纪念册》发行,其中"上海文艺作家协会会员名册"内未见先生姓名,但由该会理事会设置的专门委员会之一"联络委员会委员题名录"内先生姓名却在列:"主任委员鲁莽,副主任委员严独鹤、朱凤蔚,委员刘北汜、姚苏凤、马兵、施蛰存、汪倜然、毛子佩、陈蝶衣、文宗山、朱庭筠、平襟亚、万梅子、黄嘉音、黄嘉德、吕白华、李白凤、冒舒湮、徐昌霖、王勉之、唐煌、唐绍华、周瘦鹃、程小青、范烟桥、王平陵、易君左、谢冰莹、施济美、张爱玲、傅英剀、印其昌、周予蜂、王巨川、宋海屏、吴文祺、汤立言、高尔柏、徐蔚南、史良骸、郭兰馨、储安平、方秋苇、崔万秋、吴云峰、蒋敦、徐心芹、顾冷观、陈小翠、朱曼华、苏雪林、罗明。"

另,按先生自述:"收到一本该会成立大会的纪念册,这个册子中有我的名字,把我列为会员[应为"联络委员会委员"]之一。我想:又是一次'缺席判决'。""算了,反正我没有参加。""在收到这个册子以前,仿佛有一个青年来找过我,邀请我去给该会的文艺讲习会(?)[文艺作家主办暑期讲座]演讲,我托辞谢绝了,没有去讲。"("我和上海文艺作家协会的关系",1968年)"我绝对没有加入,我也没有参加过一次他们的任何会议,我也没有为这个会做任何工作。"("关于文艺作家协会的事",1968年)

**年内** 按先生自述:"在上海遇到向觉明[达],我把我的资料抄给他,他看了很高兴,也认为可以肯定这个'变'字就是'图画'。不过,他还想向印度学者去请教,希望能找到原字。他回北京之后,曾在一篇文章末尾,加了一个附记,说明了我的观点,但他没有宣布我提供他的资料。"(《"变文"的"变"》)

**又** 按先生自述:"买到过一部北京图书馆影印的线装本《金瓶梅词话》,也买到了一部康熙版张竹坡评本《金瓶梅》。当时曾想把两本对读一下,看看有多少异同,从而研究一下此书的版本源流。可是这个工作始终没有功夫做。"(《杂谈〈金瓶梅〉》)

**又** 收藏于右任法书条幅:"目击世趋,方知治乱之关必在人心风俗。而所以转移人心,整顿风俗,则教化纪纲为不可阙矣。百年必世养之而不足,一朝一夕败之而有馀。亭林与人书,蛰存我兄正之。右任。"先生自述:"这条字是托郑伯奇(于右任的小同乡)去请他写的。虽然题款称'我兄',实在我和他并无关系。"("汇报",1967年)

# 一九四八年(中华民国三十七年 岁次戊子) 先生四十四岁

## 一月

**十一日** 《新民报·文艺茶话》(晚刊)再次刊载吕白华《怀人·为'自由谈'赋谢作者,以惠稿先后为序》:"一、施蛰存。"

**十四日**　在《申报·文学》(王进珊编)第7期发表《释"回施"》,以及译诗波兰A·阿思尼克《呼声》(署名"陈玫")。

**十五日**　《二俑》又刊于《文艺春秋》第6卷第1期。

**十七日**　按郑振铎日记:"午睡。睡后起……慰堂来谈,施蛰存来谈。蛰存说起'师专'风潮事,我殊有愤慨!小人之合也以利,利害相冲突,便非互相搏击不可矣,可叹也!"

另,按先生自述:"孙大雨和董任坚不知为何事闹翻,孙发起驱董风潮,戴望舒也被大雨拉进去,闹得很不像样。我与周煦良只采取旁观态度,不介入。""以后董任坚下台,孙大雨也没有做到校长,让渔翁得利了。以上是郑振铎所记之事,看来,他对孙和董都瞧不起的,我当时不知。"(复陈福康函,1990年4月10日)

**十八日**　按郑振铎日记:"11时许,慰堂偕张君夫妇来看俑,即偕其至愚园路,到蛰存宅晚餐。在座者皆熟人,盖为辛笛饯行也。"

**二十九日**　下午二时先生在暨南大学第一院会议室出席由李寿雍校长主席的"第十次校务会议"。(《国立暨南大学校刊》,复刊第8期)

**是月**　星群出版公司刊行辛笛《手掌集》。据王圣思回忆:"施先生说:'四十年代我到你家去过,你家住在中南新村,几个文化界的朋友,到你家吃晚饭。辛笛那时在中南银行做信托部经理。'我在写字板上纠正:'是金城银行。'他用心地看着,说:'噢,对的,是金城银行。我记得很清楚,40年代后期,有一次,辛笛请我们几人吃饭,送每人一本《手掌集》。'"(王圣思《追忆拜访施蛰存先生》)

## 二月

**一日**　《瀑布》又转载于儿童月刊《福幼报》第34卷第2册。

**五日**　上海《时事新报晚刊》"六艺"副刊"文选"专栏转载《胡子逸话》。(按:此刊未署名。)

**九日**　除夕。潘伯鹰复函:"承惠寄曾圣言[缄]先生《布达拉宫词》长古一首,拜读欣仰,其事其诗皆可传也;若其措语能更醇,则无敌矣。窃意公若愿以闲暇用小说述其事,纬以荓罗乙德之意境,必可倾动胜流,傥有兴乎?除夕无诗可祭,奉报不一。"

**同日**　据国立暨南大学"校历",三十六年度第一学期结束。

**十五日**　《瀑布》再次为《书报精华》第38期转载。

**十六日**　在《论语》半月刊第147期发表《过年》:"在炮火中过了九个年关,倒并不觉得怎样难过,不,甚至可以说是一点也没有过年的感觉。年三十晚上早早的睡上了床,年初一睡到日高三丈才爬起。临睡的时候也没有什么忧愁,也没有什么感伤。""现在,胜利还乡以后的第三个年关,却过得有点惊心骇目了。我不知道应该用哪一些字眼才能说明这一份情绪。"

**同日** 诗作《卖梦》再次刊于香港《星岛日报·文艺》第12期。

**二十三日** 据国立暨南大学"校历",三十六年度第二学期开学,3月1日正式上课。仍在暨南大学执教,月薪升至520元(先生书面材料)。

**二十四日** 上海市立师范专科学校开学,校长董任坚辞职,由周尚继任校长。先生仍兼任国文系教职。

**二十六日** 上海《大公报·出版界》第27期登载温肇桐《民国以来的美术读物》,内有"施蛰存译《今日之艺术》"。

**二十七日** 苏雪林致函:"前日承惠临赐教,""林于昨日上午及下午凡到辣斐德路两次,在辣斐影戏院上下寻访良久,始终未见295号高级机械学校,以电话询问又不能通达,只有怅怅而罢。林平生于觅路一端,低能出人意表,但咫尺蓬山,不能得其门而入,则尚为第一次经验。先生闻之当亦莞尔。明日6时即乘机返鄂,未能面辞,尚乞原宥,以后尚望多赐玉音为感。"

另,按先生自述:"我在上海暨南大学任教,住在文化广场旁边暨南大学教师宿舍。暑假中,有一天,苏雪林忽然来看我,说是抗战八年,没有会见,现在要出国了,将来也更无见面的机会,所以抽空来看望我。我问她,要到哪儿去,她说到梵蒂冈去。我问她去干什么?她说:去出家,进修道院。我对她望着,好久无话。最后,我问:'可以不去吗?'她说:'不,后天就走。'""她临走时送了我一本书,就是这一本定价美金25元的'中国现代小说戏剧一千五百种提要',她告诉我:这是她受天主教会委托而主编的。"(《善秉仁的〈提要〉》。按:《文潮月刊》本年第5卷第4期《文坛一月讯》曾提及:"北平怀仁学会主编'一千五百种中国小说与戏剧'系由善秉仁主编,苏雪林作序。英文本在美国出版,中文本在北平印行。")

另,据苏雪林回忆:"至大作谓我离大陆前曾至暨南大学看望先生并赠此书一本,我完全不忆。我仅于先生办《现代》时见过一二面,暨南大学在上海何处一毫不知,当无过往之事。"(苏雪林致先生函,1985年2月4日。按:别可参见郑芬《施蛰存与苏雪林见面例证》。)

**是月** 上海大雄书局印行丰子恺、叶圣陶、施蛰存、杨同芳、傅彬然、钟吉宇《永恒的追思——弘一法师逝世五年祭》,收录其作《弘一法师赞——为纪念弘一法师逝世五周年作》。(按:此篇后改题为《弘一法师赞并序》。)

**同月** 星群出版社出版戴望舒《灾难的岁月》。

### 三月

**三日** 《申报·文学》第13期刊载赵景深《最近的世界文坛》,文中"中国文学的英译"提及:"配尼(Robert Payne)又与袁家骅(Yuan Chia Hua)合译《中国短篇小说》(*Chinese Short Stories*),收有老舍、杨振声、施蛰存、沈从文、张天翼、端木蕻良等家的作品。序言中说到他们所受到的西方的影响,又附有各家的传记。但评者却说,这些作者的作品技巧和感人的力量都很好,他们富有他们自己的特点。"

**同日** 浦江清致陆维钊函谈及:"北地战期中所出书有程树德《论语集释》一书,材料不少,初来时甚廉,今亦昂价。唯南方或不易得,足下要否?弟已买两部,一部自留,一部蛰存要。有三厚册,寄费近亦不廉。"

**四日** 下午一时先生前往胶州路万国殡仪馆参加《申报》主笔叶秋原公祭仪式。据《叶秋原昨午成殓,八日举行追思礼》报道,参加者还有许君远、全增嘏、朱应鹏、王福厂、邵洵美等中外友好二百馀人。(《申报》,1948年3月5日)

**十四日** 《胡子逸话》再次转载于重庆《时事新报》"六艺"副刊。(按:此刊亦未署名。)

**二十日** 下午二时先生在暨南大学第一院会议室出席由李寿雍校长主席的"第十一次校务会议"。(《国立暨南大学校刊》,复刊第12期)

### 四月

**十五日** 译作阿剌伯K·纪伯伦《两个婴儿》又转载刊于《书报精华》第40期。

**约在期间** 戴望舒因参加教授罢课,遭到上海市立师范专科学校校长串通地方法院诬陷控告,被迫离开上海,并匆匆将一只装有文稿等物件的皮箱交给先生保管。(《世纪老人的话·施蛰存卷》)

另,据戴咏素回忆:"不久父亲消失了,听大人讲他住到了施伯伯家,再后来说他去了香港。"(戴咏素《忆父亲——纪念戴望舒诞辰一百周年》)

**是月** 主编"中国文学珍本丛书"出版张静庐校点《词林纪事》,为"胜利后第一版"。

又　校点《名媛诗选·翠楼集》由上海杂志公司再版发行。

又　上海中学生社编短篇小说集《有志者》,列入"中学生杂志丛刊",收录其作《祖坟》,由开明书店第四版发行。

同月　22日上海各高校、中学万馀学生举行集会,开展反对美国扶植日本侵略势力复活的爱国运动。

## 五月

一日　《论语》半月刊第152期刊载《我要论语半月刊!》(署名"B. Kao")提及:"但把笔提起来以后,我又胡涂了,写什么呢? 题目呢? 真有点像施蛰存先生一样,我'站在死线'上了,热腮抓耳,想了半天,'兀自写不出什么可以在《论语》半月刊上服侍看官们的文字来'。但施先生运命好,'正在焦急的时候,忽然来了一个不速之客'救了他的驾,于是在这位不速之客的身上,七扯八拉,完成了他的《与客谈自杀》(见论语第142期)。"

同月　30日上海鲁迅全集出版社再版发行鲁迅先生纪念委员会编纂"鲁迅全集单行本"《且介亭杂文》《且介亭杂文二集》《且介亭杂文末编》。

## 六月

二日　撰写《赋得睡》:"好久没有替《论语》写稿,对编者说是不得闲暇,其实这也不是全部理由。干脆说,实是写不出耳。一个向来自以为写文章的人,同时也一向被认为写文章的人,居然说'写不出',好像又是一个无礼貌的托辞,于是还毋宁说是不得闲暇,至少对于编者,聊可息事宁人。此番《论语》又要出一个专号了。叫做'睡的专号',编者用十万火急文书,发令征文,并且还先送了稿费来。简直好像志愿兵领到了安家米,其势非出发不可了,于是让我来试作'赋得睡'。"

四日　《新民报·文化走廊》(晚刊)"作家们"专栏刊载:"诗人戴望舒患气管炎已半年馀,近已赴港医疗,其'师专'及'音乐院'课程分请施蛰存及田仲济代授。"

十日　为译著《称心如意》(原名《老古董俱乐部》)交付出版而撰写"引言":"民国三十四年秋间,福建永安十日谈社给我印出了这个短篇小说选译集,原来的书名是《老古董俱乐部》。如今承正言出版社给我重印,原想另外写一点题记,但看看原先的那一篇,觉得实在也没有别的话可说,故附识数语,述其颠末。书名今改用《称心如意》,较为简净也。"

**十五日** 据北平上智编译馆初版发行 Ed. Bonè. S. J. 著、沈世安译《人之出生及进化》,书中"注释·注一":"《神秘的人体》*L'homme, cet inconnu*, Paris, Plon, 1936。译者按,此书在我国有三种译本:一为周太玄译,一为施蛰存译,一为王世宜译。"

**十六日** 在《论语》半月刊第 155 期(睡的专号)发表《赋得睡》。

**十七日** 据《申报》"文化界小新闻"专栏刊载:"熊佛西、吴湖帆、刘海粟、陆丹林、蒋竹庄、刘开渠、施蛰存、郑振铎等,发起为兴慈中学之弘一纪念堂征集图书法物,充实内容。"

**二十四日** 先生致函上海市立师范专科学校校长周尚,详列董任坚卸任前所欠款项,"拟请转知董前校长,负责赔偿。三、上年十一月至本年一月,共计三个月所领配购物资,准由本人按照本年三月份差额全缴价该会。(因市府沪供[37]字第3583号训令于四月初送达,故按照三月份差额全数赔偿)兹随奉支票一纸(计五百八十九万五千元正),请代为转呈。四、该会原函云'本年二月份该校领用配购证报销清册,仍列有该施教授姓名,且所用印章,亦与前数月完全相同,应由该施教授自行负责'。查本人在董任坚校长任内,一切领取薪俸及配购物资,始终未盖一图章。即去年十一月至本年一月此三个月之配购物证,亦未由本人在册上盖印。可知董前校长实有伪造本人印信之违法行为,本人拟请该会检示该项清册上所盖本人之印章式样,以便本人对董前校长之告诉。以上四项敬祈代转。"又附:"查本人尚有本年二月份薪津未承颁发,不知此款应向何处具领,请予核夺,如须向前校长董君支领,并祈饬现任会计人员代为交涉,为感。"(按:此函现存上海市虹口区档案馆,转引自陈钲《施蛰存兼职上海师专始末》。)

另,据陈钲记述:"董[任坚]于 1948 年 2 月 24 日黯然去职,继任者周尚,权力交接虽毕,经济账目却未了结,国民党统治江河日下,军事溃败民不聊生,物价暴涨金融瘫痪,拖欠教员工资几成家常便饭,引起众人极大愤懑。"(同上)

**是月** 为译著《丈夫与情人》再版重印撰写"附识":"本书曾于 1945 年秋间由福建永安十日谈社印行初版本,仅一千册,流传不广。现由正言出版社重为排印,故趁此机会,颇加润饰。'引言'所云,鄙意未改,故仍其旧。"

**同月** 10 日上海鲁迅全集出版社再版发行许广平编《鲁迅书简》。20 日上海鲁迅全集出版社再版发行鲁迅先生纪念委员会编纂"鲁迅全集单行本"《花边文学》。30 日《申报·文学》共出版 29 期后停刊。上海市立师范专科学校、光华大学学生参加上海市万馀名学生反美爱国游行被封阻,部分学生冲破封锁到外滩,遭军警殴打逮捕。

## 七月

**一日** 先生与任教的上海市立师范专科学校第一届国文系毕业学生萧浩法、赵永彬、蒋祖怡、张绍东、江蕴玉、汤茂林、郑惠琴、沈玲英、朱立明、曹汝仪、朱芸芳等,前往照相馆拍摄师生合影。

**十五日** 译作德国爱德华·封·凯赛林伯爵《凯丝达》并"译后记"再次刊于《文讯》第9卷第1期"文艺专号"。

**三十日** 《新民报》(晚刊)刊载简讯《饮河诗社后日成立》:"饮河社为抗战初期在重庆组织之诗社,顷呈准政府定于8月1日在上海外滩滇池路97号大楼开成立大会,按该社系江庸、章士钊、潘伯鹰、叶元龙、沈尹默、陈仲陶、谢稚柳、程沧波、杨廷福、曹礼吾、郭绍虞、黄杰、萧赞育、阮毅成、施蛰存诸人发起,已有十年历史,此次大会乃完成法定手续,该社以往用诗歌鼓励抗日,激扬民意,甚有成绩,现在重庆及上海仍均有诗刊,继续出版,迄未中断。"

**三十一日** 据国立暨南大学"校历":"三十六年度第二学期终了。"

**是月** 杭州现代社初版发行史美钧著《衍华集》,书内《记路易士》提及:"记得施蛰存批评他的诗有几句很扼要中肯的话:'我对他的诗挑剔得很厉害,所以他的挺厚的一部诗稿中,我认为满意的诗,似乎只有五六首,而这五六首中,我以为每首中总多少有一二字句须要改削的。'以之评他辞句生涩音节拗促等缺陷,恰能省去许多累赘。""亦如施蛰存所说:'他的零星的情绪与朦胧的意识,使他的诗好像都是未完篇的断片。'琐屑仍是他的特征。甚至不能显示瞬间印象,更谈不到蕴蓄。"

**又** 江苏省立国学图书馆编印《江苏省立国学图书馆现存书目》,其中"卷十八丛部·汇编类"内:"《中国文学珍本丛书》,二十五种,二百四十八卷,内六种不分卷。今人松江施蛰存等,上海杂志公司排印本。"

**同月** 31日张天翼由成都抵达上海。松江县城南门内旧松江府学(文庙)遭到特大台风袭击坍倒。

## 八月

**一日** 据国立暨南大学"校历":"三十七年度第一学期开始。"

**十二日** 朱自清在北平病逝。先生获悉后立即发出唁电表示哀悼:"清华大学转朱自清夫人礼鉴,惊闻佩公辞世,感怆何极,北望燕云,不克临奠,特电吊唁。上海暨大郭什和、吴文祺、施蛰存同叩。"

**十五日** 浦江清由北京复函:"叠接来札,迟复为歉。前匆匆托人带沪《汉魏乐府风笺》一部,即以奉赠。此外《论语集释》一部,知尊处已备,且厚重难带,已转赠他人矣。昨所开示诸书,均不易得(内中古诗笺较易得),待书贾来,即可托其留意。倘有送来,再函告商价款,不需先寄。将来如有书款,可在上海就近交招商局供应处江澄收,弟常托他在沪买些东西也。暑假中书贾少来,亦不知涨得如何。旧书价随新书之涨价而亦涨到开学时,图书馆买书常有厂肆书贾往来也。佩公不幸因十二指肠溃疡洞穿赴医院开刀,体力不支而谢世,再给此间中文系一严重打击。本来彼今夏后休假一年,托弟暂代系务,而弟则明夏亦可休假矣。今觉头绪茫然,闻公全集虽将出版,惟其学术稿件未发表者,尚待整理;今又将继续整理佩公遗稿矣,益增中年死生新故之感。佩公病故在北大医院,翌日入殓,柩运阜成门外广济寺塔院火葬,风雨萧萧,送葬者家属亲友及清华、北大同人百数十人。今约旬日后,清华举行一追悼会,足下如有哀挽诗联,可寄弟处,托人书写,速则可及。昆明匆匆一段交谊,永为纪念矣。近日甚忙,入学试卷尚有三日方可看毕,觉明已返北平,来清华匆匆略说以中、叔湘近况,语焉不详。暨大国文系近况如何,去年得刘重熙来信云,闻在老[闻宥]将到暨大人类学系任教,今已在沪否。"

**二十八日** 按《钟泰日录》:"施蛰存来,谈'师专'课程定在星期一、三、五、六第三时、第四时,即十点至十二点,共八小时。旋覆'光华'一信,则课排在此四日早八点钟。"(钟斌汇编《钟泰日录》,以下均同)

**下旬** 先生携全家由暨南大学教师宿舍迁至虹口其美路401弄新绿邨(今四平路372弄新陆村)21号居住,与程应镠邻居(门牌22号),此系上海市立师范专科学校教师宿舍。

另,据《故园新陆村:上海虹口记忆》记述:"新陆村始建于1940年,是六座日式花园联体别墅,有48套双层住房。坐落在上海市郊,初建时绿化率甚高,有'新绿村'别名。1945年至1949年,成为上海新陆师范、上海师范专科学校教师宿舍。在两校任教的教授住进此村,有戴望舒、孙大雨、周煦良、吴文祺、钟泰、程应镠、施蛰存、蒋伯潜、蒋祖怡、郑鹤春、朱膺、邱汉生、张正平等。"(《中华读书报》,2018年05月23日)

另,戴望舒居所为新绿邨11号。据戴咏素回忆:"那里提供非常好的住宿条件,

每个教授有一套卫生设备齐全的二层独立带小花园的房子。"(戴咏素《忆父亲——纪念戴望舒诞辰一百周年》)

**同月** 19日国民党政府"改革币制"发行金圆券,引起通货膨胀。

## 九月

**一日** 经平海澜、钟泰介绍,应大同大学校长胡刚复之聘,先生又在大同大学兼任教职,并出任文学系主任,与张开圻为同事。

另,据周退密回忆:"一日在教师休息室来了一位中年教师,寒暄之下,才知是鼎鼎大名的施蛰存。""倒是由此而知道他喜欢碑帖,又有不少收藏,一下子就一见如故地引为同志了。"(周退密《我与施蛰存的金石缘》)

**同日** 仍在上海市立师范专科学校兼教。据上海市虹口区档案馆相关资料显示,先生曾出席本学年度第一学期的第一、二次校务会议。

**又** 《论语》第160期刊载一行《鲁迅诗话》提及:"十多年前,施蛰存先生以偶然的机缘在上海《大晚报》副刊上向青年推荐了《文选》和《庄子》两部书,不意招致了鲁迅先生的反感,斥为'遗少',遂使施先生平空遭到'无妄之灾'。平心而论,一方面的推荐,一方面的严辞指斥,都不算错。施先生站在国文教师的立场,要求青年学子多装一些词汇进去,裨有助于写作;鲁迅先生则以革命者的观点,认为要培植一个战斗的青年,已煞费心力,岂容再开倒车,驱使他们钻入古纸堆中,以蚕蚀其生命,有意无意为反动势力张目?自然要大声疾呼了。明乎此,可知当时两人的一番笔墨之争,其实都是多馀的。""我倒想起另一桩事情来了,郭沫若先生曾经写过《庄子与鲁迅》一文,说是鲁迅先生娴熟《庄子》一书,并就其一生所写的文章中贯用《庄子》的辞句摘了好多出来,这话是很确当的。他一生所写的小说杂文,其幽默空灵之处,颇使人嗅得到《庄子》的气息,他自己深受《庄子》影响而反对青年涉猎《庄子》,这决非言行不一,时代不同故也。若说鲁迅先生的文章,受到《庄子》的影响最深,那么鲁迅先生的旧诗,可以说是受到《离骚》的影响最深了。"

**二日** 译作《波尔多的补锅匠》(未完)始刊《益世报》。

**四日** 译作《波尔多的补锅匠》(完)续刊《益世报》。

**七日** 译作《好脚色·第一、二幕》始刊于《益世报》。

**八日** 译作《好脚色·第三、四幕》续刊于《益世报》。

**九日** 译作《好脚色·第五幕·附记》续刊于《益世报》。

**十二日** 上海国立各专科以上学校教授,由于物价上涨、生活困难,联名致电教育部长朱家骅,吁请改善待遇、增加补助费,先生也名列上海国立各专科以上学校教授签名者188位之一。

另,据《各国立大学教授要求重新调整待遇,昨日联名电教部朱部长,研究补助费要求增加为百元》:"上海国立各专科以上学校教授于光元等188人,昨电教部朱部长要求重新调整待遇,并增加学术研究补助费。兹将原电志后,""查教授生活原极清苦,频年以来受物价波动之影响,薪给所得不敷赡家,纵有学术研究费之补助,但亦杯水车薪,无济于事。"(《大公报》,1948年9月13日)

**十七日** 中秋节。按《钟泰日录》:"晨再看有瓛仍催房子事,顺回看施蛰存。"

**二十五日** 撰写《书画雌黄》:"这两年来,在上海看到了不少的书画展览会。结果是使我对于书画这种'雅物'发生了怀疑,甚至可以说是憎厌了。""文人总是一个书家的底子,古来著名书家,必然都是一代文人。可是上海的多数书家,仿佛光是一个书家而已。""画这一方面的情形,似乎比书更坏。""而在上海,则人人可开展览会,报纸杂志上对于每一个展览会几乎都是捧场的,所以上海之展览会之多,而上海之艺术水准愈低了。在这情形之下,最吃亏的是一部分真足以名家的作品,却无端为泥沙所挟,逐流而逝,使我们一瞥眼就忽略掉,岂非可惜。"

**二十六日** 浦江清自北京复函:"此间已开课一周矣,本年度录取之新生,亦已陆续来校,自沪至此有海道数批,新生来得不足所取人数,大概因北方局势关系。""清华现有学生数已超出宿舍容量。""每有南方人来过访谈,颇动乡思。""本来佩公休假,""只得托弟暂代一年系务。不幸佩公甫得休息,即病殁。同人襄助丧葬事,加忙。弟更多杂务。此刻开明拟出朱先生全集,且催早为整理编辑。""不知暨大如何耳,吾兄近任何课?前所托留意之书,已托书贾代觅。昨有携来两种。一为古诗笺,竹纸16册,刊印尚好。芷兰堂本。此书多烂板,此本尚好。惟天头不高,仅寸。又例言有墨笔圈点,有数处用△号,殊劣。其馀皆干净。""一为李因笃之《汉诗音注》四册,干净,刊印尚佳。""弟觉并不便宜,似可得可失。看上海是否易得,且是否较便宜耳。至于进城逛书铺,不大容易,""有机会时当为留意也。觉明[向达]北来后,彼到清华一晤,尚未去访。闻在老[闻宥]尚在华西,曾因有友来清华任教,以书介访,并询及足下近况,托致意。刘重熙[咸]常见否?孙蜀丞[人和]教课与学生距离远否?"

**二十七日** 据国立暨南大学"校历",三十七年度第一学期开学。先生同时在虹口欧阳路221号光华大学开始兼课。

**二十九日** 致赵景深函:"暑中足下征文,亦未为足下动笔,十分歉咎。今年暑假二月,弟一日不得闲,自己亦极懊恨,不知俗事何以竟如此繁也。下星期三校均上课,愈不得闲,一时不能去奉访,驰书将意,恕恕。"

**是月** 在《学原》第2卷第5期发表《太史公名号辩》。

**又** 译著《丈夫与情人》《称心如意:欧洲诸小国短篇小说集》(原名《老古董俱乐部》)、《胜利者巴尔代克》,均列入"域外文学珠丛",由上海正言出版社初版发行。

另,还刊布先生编译的"域外文学珠丛"第一辑10种书讯:一、匈牙利莫尔纳著《丈夫与情人》(对话十四篇)。二、欧洲诸小国作家《称心如意》(短篇小说十二篇)。三、波兰显克微支著《胜利者巴尔代克》(中篇小说)。四、美国勒维生著《法国象征派诗人》(评述)。五、苏联罗思金著《高尔基新传》(传记)。六、美国欧汶·萧著《阵亡士兵拒葬记》(剧本)。七、美国沙洛扬著《沙洛扬小说甲选》(短篇小说集)。八、法国纪德著《拟客座谈录》(文评)。九、印度泰谷尔著《吉檀耶黎》(散文诗集)。十、德国卡洛莎著《幼年时代》(抒情小说)。(按:此计划并未完成,仅印行了译作《丈夫与情人》《称心如意》《胜利者巴尔代克》三种)

**同月** 15日鲁迅先生纪念委员会编纂《鲁迅全集第五卷·南腔北调集、准风月谈、花边文学》,由光华书局印造发行"东北初版"三千五百部。上海全球书店第三版发行《鲁迅散文集》,内收《"题未定"草》等篇。

## 十月

**一日** 译作印度泰谷尔《吉檀耶黎——颂神诗集》刊于《诗星火》第一辑(魔术师的自白)。

另,此期还刊有出版"诗星火社丛书预告":"施蛰存《颂神诗集》(译诗)、周煦良《西洛泼州少年》(译诗)、程千帆《红烛之夜》、田园《夜行集》、汪铭竹《致波多莱尔》、霍焕明《秋收》、葛白晚《海之颂》、孙望《中国新诗选》。"

**三日** 译作新希腊泊莱唯拉基斯《小诗二章》刊于香港《华侨日报·文艺》第77期。

**四日** 香港《文汇报》登载唐弢(署名"晦庵")《书话·法国弹词》,写到戴望舒译著《屋卡珊和尼各莱特》"1929年8月由光华书局发行,毛边道林纸印,施蛰存作序,钱牧风[君匋]画封面"。

**九日** 在《创进》周刊第1卷第13期"读书专号"发表《怎样读"中国文学系"》，专栏前刊有"作者介绍"："施蛰存：国立暨南大学文学系教授。"

**同日** 在《万象》周刊第1卷第1期"万象闲话"专栏发表《书画雌黄》。

**十二日** 浦江清由北京复函："《汉书音注》已代为买下，""近日金元币值大跌，此书尚为便宜。""如无便人携南，只得付邮寄。上次寄失郑氏'文学史'颇有戒心。""托在沪购小物，""一、多种维他命丸。二、维他命B片。三、美国货发酵粉Baking Powder。三物中任何一种或两种，""择有便时过广东路外滩招商局，交供应部事务组浦江澄。""足下一专任，二主任，而居处又有二，想终日忙之。此间代主任事，乃佩公休假时所定，遂多杂务，好在同人之间，感情皆洽，尚不太难。最难者在应付毕业生找出路问题，上年度数人，佩公已为设法，尚有一二人至今失业，托写介绍证明文件等出外接洽。""王了一[力]处，虽校方在洽其返校，看来尚无把握。北方局势，及眷属安家，最使人观望考虑也。现在音韵功课，由南开张清常来兼；文法方面由燕大高名凯来兼。""了一返校，则语文方面无空额，否则有一空额，须在此年中决定人选。以前佩弦亦曾想到叔湘，叔湘不肯北来也。将来不知聘定谁氏，颇费斟酌。佩公殁后，文学组亦有一空额。系中同人各有所建议，其中论到与佩公任课相近之'中国文学批评'一门，则提出朱东润、郭绍虞等。亦有清华校友毕业同学想回校服务者，感情接近，皆在考虑中。亦有提出老辈者，因清华以前有杨遇夫[树达]、刘叔雅[文典]诸先生，今老辈中仅有陈寅恪先生一人矣，似乎中文系中国学老辈太少，亦为缺然。许骏斋[维通]提及孙蜀丞[人和]，彼有家在北平，南游恐为暂局。名额仅一，而所提甚多，顾此失彼。本年内盼早能定局。清华对聘教授，极为谨慎郑重，希望终身任职，不轻解离者。""蜀公在北方，弟惜无一面之缘，缺乏考虑材料。足下近为同事，请供给若干考虑之材料，至为感盼。如为人态度，治学方法，及能否热心指导学生，皆须详悉。弟所知者，藏书颇富，治校勘之学，又讲词及'楚辞'擅长，颇为学生欢迎耳。""弟系代职，不负重大责任，但得稍参意见耳。至弟个人意见，倾向于请回俞平伯，恐极难做到。或聘朱东润，因其中西兼通，在著作上看方面颇广；'中国文学批评'一门，此间佩公殁后，即缺人才。""现在清华国文系甚弱，需要比我们高明的人来一振之。了一如返，弟即可脱卸职务，否则似有不负责任的感觉。"（按：此函初见上海鸿海2009年春季艺术品拍卖会图录，拍品号：002，影件未全；后又见中国嘉德2020秋季拍卖会，拍品号：1993，更录记之。）

**十七日** 译作阿保里奈尔《漂亮的赤发女》刊于香港《华侨日报·文艺周刊》第79号。

**十八日** 香港《星岛日报·文艺》第45期"文艺广播"专栏刊载"施蛰存翻译的《北山译乘》十集,已由朱雯主办的正言出版社出书"。

**二十五日** 为译毕《古希腊小诗抄》而撰写"译后记":"仆不解古希腊文,安敢译古希腊诗?但近日得一旧本阿伯拉罕·米尔思所编《古希腊诗人与诗》(1854年波士顿斐利普,珊普逊公司出版),读之极有兴会,因摘译得十五首。此皆英国诗人所译,或与原文颇有出入(如莎馥第一首及诺雪思一首皆有周作人译文,便已不同),如其稍存大意,即为窥豹一斑,何尝别有奢望乎?"

**三十一日** 译作西班牙费囊德思《掘壕手》刊于香港《华侨日报·文艺周刊》第81号。

**同月** 上海发生抢购风潮。《东方杂志》终刊。

## 十一月

**八日** 按先生自述:"国民党在上海市发给居民证,我也有一张,是一张大纸摺成小块的,一只角是居民证,其馀部分都是粮票。"("我拿到过的证件",1969年)

另,按叶圣陶日记:"今日上海市清查户口,夜7时至次日2时全市交通管制,市民须各在家守候,俟清查人员到来,换领新身份证。"

**十一日** 按《钟泰日录》:"晚看施蛰存。""师校配给米三斗甚劣,几陈腐矣!"

**二十三日** 《新民报·新书摊》(晚刊)刊载简讯:"巴黎大学北平汉学研究所赵燕生近编《当代中国文学辞典》一种于年内先将英文本付印,中文本明春刊行,上海方面系邀请孔另境、施蛰存、范泉、梅林等供给资料。"

**二十五日** 诗作《行政院诸公于公教人员待遇调整事咨不决议慨赋一诗》刊于《申报·自由谈》:"臣朔饥欲死,容台议未安。如何匡庙算?计出溺儒冠!虎窟谋皮易,王门索米难。一盘干苜蓿,忍作肉糜看。"

**同月** 据报载,物价飞涨,金圆券贬值,民怨沸腾,社会骚动。18日张天翼离开上海赴香港。

## 十二月

**五日** 译作美国伊尔汶·萧《阵亡士兵拒葬记》(未完)始刊于《幸福》第23期。

**十二日** 译作法国裘诺《受难的弟兄们》刊于香港《华侨日报·文艺周刊》第87号。

**十三日** 上海《大公报·大公园》报道,"《幸福》从廿三期起革新,改为纯文艺刊物,一扫过去黄色作风。在文艺刊物凋零的今天,《幸福》这一变革是很可喜的,在这期执笔的有施蛰存、晦庵、戈宝权"等。

**二十一日** 《申报》刊载《暨大教职员决电教部请发给疏散费应变费,学生十有七八请假返里》:"暨南大学教职员鉴于时局日紧,经济窘迫,特于昨日下午2时假二院十二教室举行教职员联席会议。出席教职员百馀人,由张海澄教授主席,李寿雍校长亦应带病出席。会中发言热烈,对时局及教职员经济窘迫作广泛讨论,结果决议:一、上电教部请发二月薪金疏散眷属费。二、发给应变费以应急需,并当场推定张海澄、邹文海、刘纪泽、施蛰存教授为起草委员,于二日内起草上教部电。并决议成立教授会及教职员联合会两永久性机构。会议至6时始散。又,暨大因远道学生(闽赣粤台)纷纷请假返里,校方为便利远道学生起见,已经校务会议议决,以期中考试算作终考,不日举行考试。自此布告张贴后,请假返里者更多,离校者有十分之七八左右云。"

**二十三日** 《新民报》(晚刊)刊载陈新《〈幸福〉23期革新号》提及:"施蛰存译的伊尔汶·萧的《阵亡士兵拒葬记》一短剧,""这不是一个荒诞的鬼怪剧,而是一切不义的战争中真实的事情呵!这里尚未刊完,然而看了这些已可思过半了。"

**二十四日** 《申报》刊载《暨大不举行大考,学生听课者寥寥》:"本市国立暨南大学因离沪学生众多,已决定不举行大考,本学期成绩即以期中考试成绩算。近日校中虽仍照常打发上课,但听讲学生已大为减少。该校校务会议决定下月5日即结束本学期学程,但据李校长向记者表示,尚须视下周到校之教授及学生人数作最后决定。"

**下旬** 撰写《再"过年"》:"编者嘱咐我给他写一点新年杂感。按理说,新年杂感必须要在新年里才写得出来,此刻还是年尾,实在无法预支我的感想。但是编者偏要我在年尾交卷,让他有赶出新年特辑的馀裕,没法子,只好把我想象得到的新年感想送给他了。"

**月内** 译毕《阿思克莱比亚代思诗抄》并撰"附记":"近来得到一本《阿思克莱比亚代思诗铭集》的英译本,是美国科洛拉陀大学古典文学教授威廉·华莱士编辑、整理的一个好版本,因而选择了十一首,作为读后纪念。"

**同月**　15日鲁迅全集出版社第三版发行鲁迅先生纪念委员会编纂《鲁迅全集第五卷·南腔北调集、准风月谈、花边文学》《鲁迅全集第六卷·且介亭杂文、且介亭杂文二集、且介亭杂文末编》。23日据报载，上海3万市民挤兑黄金，造成惨剧。吕叔湘携全家由南京迁居上海，出任开明书店编辑。

**年内**　按先生自述："我和雪峰，从1934年以后，就没有机会见面。一直到1948年，才在蓬子的作家书屋里碰到，三个人漫谈了一阵多年阔别后的情况，言不及义，匆匆分手。"(《最后一个老朋友——冯雪峰》)

**又**　据李白凤夫人刘朱樱回忆："1946年6月白凤来到上海，经友人介绍在上海财政局任职员，""还兼任《益世报》副刊编辑工作，""1950年3月离开上海。"(刘朱樱《忆李白凤》)先生自述："同在上海，我到他家里去过，在他的小楼上谈了半日，才知道他爱写字、作画、刻图章。当时有些意外，不了解一个作新诗的青年，怎么会走到书画篆刻的路上去。"(《怀念李白凤》)

**又**　按先生自述："陈士文住在上海，在美专任教。我到他住处去访问过，看到他带回来的许多画，全是结构主义和超现实主义的作品。他一回国，就感到这里没有他的艺术土壤。1950年，他和丁衍庸一起去了香港"。(《米罗的画》)"陈士文在法国学画十年，抗战时才回国，我在临解放前，才在上海西门路找到他。解放以后，便无来往。八十年代初期，才知道他在香港中文大学，也已去世。他留在上海的一百多幅超现实派油画，在'文化大革命'中，被他的老母亲烧光了。"(《怀念几个画家》)

**约在期间**　按"我曾在报刊上发表过的文章"(1968年)，先生提及"正言报副刊(1948)，发表过二篇文章，1.《我的爱好[读]书》"。记此俟考。

# 一九四九年（中华民国三十八年　岁次己丑）　先生四十五岁

## 一月

**一日**　在香港《星岛日报·文艺》(新春文艺增刊)发表《再"过年"》。

**十日**　译作《古希腊小诗抄》并"译后记"刊于《春秋》第6年第1期。

**同日**　《再"过年"》又刊于《文艺春秋》第8卷第1期。据范泉回忆："为了迎接上海的即将解放，我特约了邵力子、唐弢、叶圣陶、孔另境、施蛰存、许杰等写了'新春随

笔'。"(范泉《文海硝烟》)

**二十日** 译作美国伊尔汶·萧《阵亡士兵拒葬记》(未完)续刊于《幸福》第24期(小说专号)。

**二十八日** 除夕。周作人从南京老虎桥监狱出狱后来到上海,暂居四川北路横浜桥福德里尤炳圻家中。

**同日** 任铭善自杭州复上海钟泰函谈及:"林[林祝敔。——据钟斌注释]事已得蛰存来书,云,方为谋附中兼课。"

**三十一日** 据国立暨南大学"校历",三十七年度第一学期终了。

**月内** 按先生自述:"暨南大学教授会在艰苦斗争之下,终于在1949年年初成立。成立大会是在科学社礼堂里开的,我也参加了。后来有几次小组会,是在刘佛年房间里开的,我也参加。这个会是和李寿雍作斗争的,所以李的亲信人都没有参加。"("我参加过的党、团、集会",1968年)

**又** 应马祖熙请教而撰写"关于《论语》":"《论语集解》,魏何晏,商务印书馆四部丛刊本;《论语义疏》,梁皇侃,武英殿丛书本,知不足斋丛书本;《论语正义》,宋邢昺,普通十三经注疏中有之;此三书为古说,与朱子解说,颇有不同处。《论语集注》,宋朱熹,即四书五经中之通行本;《论语纂疏》,宋赵顺孙,有复性书院新刻本,福州路中国文化服务社,浙江路来薰阁书店有售;此二书为宋人解说之代表。《论语正义》,清刘宝楠,商务印书馆铅印本,中华书局四部备要本,扫叶山房石印本;此书博引众说,最为繁细。《论语集释》,近人程树德,敌伪时期国立华北编译馆印,今在来薰阁书店有售。以上皆最重要之历代注疏,其馀各书,可随便求之。总之当先以上列各书为主。注意:孔子论仁,不与义礼智(知)信并称,因仁为一个本体,义礼智信乃仁之一端,至孟子时始将仁义放在一处说,于是义乃与仁并立了。"

**同月** 24日北平和平解放。25日《文潮月刊》在出版第6卷第3期后停刊。31日萨本栋在美国加州医院病逝。

## 二月

**一日** 据国立暨南大学"校历",三十七年度第二学期开始,继续在暨南大学任教。同时仍任大同大学教职,还在上海市立师范专科学校和光华大学中文系兼教。

**五日** 《大公报》刊载"追悼萨本栋,本市各界筹备中"。(按:《中央日报》28日又刊载《上海学术界追悼萨本栋》。)

**二十一日** 国立暨南大学开学上课。据沈鹤龄回忆:"新中国成立前夕,教授的生活都很清苦,施师家庭负担重,当然更苦。老师们往往趁讲课的机会,插进大量牢骚,如课文内容正合教师境遇,那就更会借题大加发挥。一次,施师讲韩愈名文《进学解》。""如是别的教师,教到此处,定会触境生悲,愤世嫉俗。施师却不然,仍像平素一样埋首于一词一句之训诂而不加阐述。此文词句艰深之处特多,施师为训诂所花工夫恰恰比其他课文更多,更无时间联系现实。我年老后阅历丰富了,重读此文,感慨良深。曾问耄耋之年的施师:'你那时教此文何以能心定神闲,毫无牢骚?'他说:'你们当时阅历单纯,向你们发牢骚你们决无体会;如今你们阅历多了,温故而知新,岂非感慨自来了吗?'原来,他相信人的生活,须各人自去体验,他不愿意强加或灌输。"(沈鹤龄《课堂内外的施蛰存》)

**二十七日** 《申报》"社会服务"专栏刊载《施蛰存寻失画》:"鄙人于 2 月 19 日下午从其美路四达路口,雇车一蓝色野鸡包车。至外白桥埭渡下车时,遗忘画卷一轴在车上。该画系开明书店王伯祥先生之'书巢图卷',有叶绍钧、贺昌群先生题辞。自失去后,遍觅不得。故假本报一角访寻,如有仁人君子偶然发现该画下落者,务恳通知,或持画来归者并当厚谢。其美路 401 弄 21 号施蛰存启。"

另,作诗《奉题王伯祥先生书巢图兼寿六十》并"题记":"岁首王伯祥先生以《书巢图》属题。既携归,逡巡旬日不得一辞。方拟曳白奉还,遽失图于道路。百计追寻,始幸获还,遂叙其事为先生寿。"

另,据王湜华记述:"我父亲[王伯祥]在一九三九年又请我表姨夫、画家蔡震渊先生画了一幅《书巢图》,并请钱石仙先生篆引首,将一文一诗与图一并装裱成《书巢图卷》。抗战胜利了,叶[圣陶]先生在《书巢歌》中所提到的重新聚首剧谈痛饮的日子终于来到了,与叶先生曾同在乐山避寇的贺昌群先生也再次在上海与我父亲会晤并共事,我父亲就先后请贺昌群先生、施蛰存先生、郭绍虞先生题了这一卷子,范洗人先生又为之题了签。"此卷后又有俞平伯、顾颉刚先生为题。(王湜华《关于〈书巢图卷〉》)

**是月** 万象图书馆出版平衡编《作家书简·真迹影印》,收录先生(1939 年 6 月 12 日)致浦江清函、徐中玉(1946 年 5 月 3 日)致先生函。

**约在期间** 据陈左高回忆:"关于北山诗词,早在 40 年代,朱大可、苏渊雷、陆澹安、沈禹钟、陈子展等交口荐誉。1949 年初,陈子展教授尝居我家两月,相对檠灯夜话。展老云:'诗人博洽者诗必工,蛰庵(施老号)诗,吾无间然矣,所作胸怀旷达,上

寿之兆也。'"(陈左高《施蛰存二三事》)

**同月** 杜衡携妻女跟随《中央日报》迁往台湾。上海全球书店印行《鲁迅杂感集》，内收《隔膜》《重三感旧》《"感旧"以后》(上)《"感旧"以后》(下)等篇；该店又第四版发行《鲁迅散文集》，收录《"题未定"草》等篇。

## 三月

**一日** 译作美国伊尔汶·萧《阵亡士兵拒葬记》(刊完)续刊于《幸福》第25期。

**六日** 译作法国都德《军旗手》刊于香港《华侨日报·文艺周刊》第97号。

**十日** 译作保加利亚A.卡拉列舍夫《话匣子》刊于《春秋》第6年第3期，并有"后记"："译者曾经从英文本转译了他的一个短篇《罗西察河上的石桥》，(收在《称心如意》中，正言出版社印行。)现在又从李朗及沙法尔阳两人合编的《诸国小说集》中译出此篇。"

**月内** 张工神作诗书笺："昔年共研，卅载分飞，每念故人鹊起文坛之誉，自惭弱质鹪栖簧舍之枝。尺牍偶通，寸心弥感，率寄小诗，聊抒微悃，录尘蛰存学兄讲席正之，弟梅庐张工神贡拙。(钤印'梅庐')挹秀泖峰卅载前，愚山力学著鞭先；洛阳纸贵镕今古，绛帐风生化万千；湘水黔山曾往返，岩云溪雨几流连；商量文字我无似，益友多闻妙谛传。三十八年三月吴门寓次。(钤印'穷年弄笔衫袖乌')"

**同月** 11日戴望舒携家人乘船离开香港北上，于19日抵达北京。

## 四月

**二十一日** 按《周作人年谱》："施蛰存来访，邀为写字，并赠所译书3册。"(《周作人年谱》，张菊香、张铁荣编著，天津人民出版社，2000年版，以下均同。按：此赠为周作人译《现代日本小说集》平装3册，商务印书馆初版，见上海鸿海2009年春季艺术品拍卖会图录。)

**二十六日** 按《周作人年谱》：上午"施蛰存来访"。

**二十七日** 周作人法书条幅诗作《吾家数典诗六首·其五》："清逸先生百世师，通书读过愧无知。年来翻遍濂溪集，只记蓬窗夜雨诗。己丑暮春写旧诗，应蛰存先生雅令，知堂。"先生自述："老人出狱至上海，寓横浜桥尤炳圻家时写。"(《北山

谈艺录续编》）

**同日** 周作人法书条幅宋词陆游《好事近·十二之十一》："平旦出秦关，雪色驾车双鹿。借问此行安往，赏清伊修竹。汉家宫殿劫灰中，春草几回绿。君看变迁如许，况纷纷荣辱。蛰存先生雅属，周作人。"

**又** 周作人法书花笺节录先秦屈原《九章·思美人》句："揽大薄之芳茝兮，搴长洲之宿莽。惜吾不[及]古人兮，吾谁与玩此芳草。己丑春不尽一日，应蛰存先生雅令，作人。"

**又** 周作人法书花笺唐诗杜甫《归来》："客里有所过，归来知路难。开门野鼠走，散帙壁鱼乾。洗杓开新酝，低头著小盘。凭谁给麹糵，细酌老江干。己丑春不尽一日，写少陵诗，应蛰存先生雅教，知堂。"

**二十八日** 按周作人日记："又往其美路访施蛰存，均不值，留交施君嘱写之件。"（周吉宜整理《1949年周作人日记》，以下均同）

**同月** 2日上海学生举行罢课，抗议国民党杀害学生。23日中国人民解放军占领南京。26日国民党上海淞沪警备司令部出动一万多军警特务，包围各大学，进行大逮捕。其中被捕学生暨南大学34人，光华大学14人，上海市立师范专科学校24人。27日淞沪警备司令部根据京沪杭警备总司令汤恩伯的命令，强行疏散交通大学、复旦大学、同济大学、暨南大学、圣约翰大学、沪江大学、大夏大学、光华大学，还有音专、幼专、市立体专、东亚体专、市立工专、上海纺专等15所专科以上学校，限30日之前疏散完毕。

## 五月

**四日** 上海市文谊社编辑初版发行《青年作家选集》，列入"文艺新丛第一辑"，封面由先生题写书名"青年作家选集，施蛰存题"。

**上旬** 胡叔异绘赠梅花图幅，题识："一阵香风飘座榻，吹来花片点青衣。蛰存先生方家雅嘱，己丑初夏胡叔异。"钤印"胡叔异印""呼龙耕烟种瑶草"。

**十九日** 按《钟泰日录》："于在春来谈联保事，盖学校通知教育局有令促办也。忆前在兰田时曾有此事，今殆旧调重弹耳，因填付之。联保者三人：愚与在春、施蛰存也。"

**二十五日至二十七日** 中国人民解放军解放上海。先生自述："解放军是由我门

前的愚园路进入市区。"(《世纪老人的话·施蛰存卷》)

另,按《王伯祥日记》:"黎明即起,枪声渐稀,而里弄内外寂然。日高后,枪声几乎不闻矣。""知解放军已开入市区,即由愚园路、霞飞路等大道东来。""方悟昨宵紧密枪声之由来,确在里口门外也。连日紧张,骤获此讯,大为奋兴。""有顷购得《新闻报》及《申报》阅之,最前之大标题赫然,上海今晨解放也。"(王润华选注《王伯祥先生日记摘抄》)

**月内** 为翌年父亲七十大寿庆贺,开始先后邀请诸位师友在"德隆"花笺上书诗作画,以志喜庆。

**又** 徐震堮应邀于"德隆"花笺书赠:"方寸足留畊。大胜良田万顷平。阴理不随陵谷变,分明。霜落西山满意青。千载董生行。鸡犬升平画不成。终日相看天与我,高情。身外浮云自古轻。刘静修先生南乡子一首,次于老伯大人,徐震堮。"钤印"徐震堮"。

**又** 钱锺书应邀于"德隆"花笺书赠:"有子才如不羁马,先生身似后彫松。录涪皤句,敬祝次于老伯大人七旬华诞。己丑首夏,世愚姪钱锺书谨书。"钤印"槐聚""钱""锺书"。

**又** 杨绛应邀亦于"德隆"花笺书赠:"造物与闲复与健,乡人知老不知年。次于老伯大人七旬大庆,杨绛录剑南句敬祝。"钤印"杨绛"。

**同月** 27日《申报》、《论语》终刊。28日上海市人民政府成立,《解放日报》创刊。暨南大学校长李寿雍等数位师生离沪赴台。

## 六月

**七日** 下午四时先生在上海市立师范专科学校会议室出席"卅七年度第二学期校务谈话会"。

**二十二日** 按周作人日记:"上午施蛰存来。"

**二十九日** 先生被推举为上海市立师专校务委员会委员。据《大公报》"本报学校通讯"报道:"师专在前日的检讨大会中,师生员工一致指出了学校当局在以前的贪污、无能,以及和反动份子勾结,压迫师生员工的种种罪状。军管会听取了这些意见,经过慎重考虑,已决定将学校的主要负责人免职。昨日下午四时半,市教处舒文副处长对全体师生员工作慎重地宣布了。""一律免职,命令一出,全场欢声雷动。接着军事代表又宣布在继任校长未委任以前,校务由九位教授和四位学生组成临时校务委员会负责。九位教授和附中教员的代表为:朱有瓛、陈仁炳、谢循初、章元石、施蛰存、孙大雨、朱鹤龄、吕白克、万俊年,并以朱有瓛为主任委员。学生代表则由同学自己选举。这样把学校的行政真真地交给师生共同来负责,不但在师专,恐怕在全上海也是第一次,每个到会的师生员工都以愉快、满足,充满了希望的心情迎接师专的新生。"(《大公报》,1949 年 6 月 30 日)

**下旬** 先生正式辞去暨南大学教职。

**同月** 5 日上海新华书店第一门市部在福州路 679 号开业,第二门市部在河南中路 170 号开业。21 日《文汇报》在上海再次复刊。

## 七月

**一日** 下午出席上海市立师专校务委员会第一次会议。据《师专新生第一课,校务会研讨校政——师生共同来解决问题》报道,师专前任校长等:"因过去有种种劣迹,所以在此次文管会接管该校后,上述四人均被免职,今后校政问题按照文管会的指示,成立了一个临时校务委员会来解决,现在这委员会已经由教管教员代表 9 人和学生 4 人合组成功。昨日下午该会开第一次会议,除全体委员均出席外,文管会并派有两同志参加,校务委员朱有瓛教授,首先强调愿各同人共同努力在人民政府的领导下,让师专走上建设的光明大道,接着施蛰存教授说:过去我与孙大雨教授在私人意见上有不谅解的地方,希望今后在建设新师专的大路上互相合作。孙大雨教授也立刻笑嘻嘻的站起表示赞同施教授的好意。接下去会议又广泛的讨论了很多有关校政的问题,大家情绪很热烈,文管会的陶同志更提供许多老解放区的教育资料作为参考,并很谦逊的说他今天来学习到很多东西,至晚 6 时会议仍在进行中,这是师专民主新生的第一课"。(《文汇报》,1949 年 7 月 2 日)

**三日** 按《钟泰日录》:"匪机又来扰,自晨及午投弹三、四起,实不知其意何在也?""天奇热。""心叔[铭善]寄来定本《四声切韵表》'跋尾'三本,其两本乃转送蛰存、孟辛两君者。"

**十四日** 按周作人日记:"下午访施蛰存。"

**二十四日** 特大强台风袭击上海,造成民国四年(1915 年)以来最大风灾,引起苏州河水倒灌。

**三十日** 按周作人日记：上午"蛰存来约晚餐。"晚上"六时同平白至新绿村施宅饭，来者有周煦良、仲廉，九时半以车送回。"

**是月** 上海中华基督教青年会图书馆编印《藏书目录·五史地》，内有："5400，《魏琪尔》，一[册]，施蛰存，商务。"

**约在期间** 夏承焘应邀于"德隆"花笺书赠："枝上几多春，春在小红纤雪。尚有岁寒心在，那早梅知得。从今日日有花开，得折便须折。与折一枝斜戴，恁尊前头白。集宋人好事近句，为好事近词。黄公度，赵彦端弟七首，刘过，葛长庚，赵彦端弟四首，陈克，范成大，赵彦端弟八首。次于先生海正，夏承焘。"钤印"夏瞿禅"。

**又** 任铭善应邀于"德隆"花笺书赠："种得东风柳一千，江山意思日无边。闲遮一老青春坐，更缚孤舟白日眠。近水云烟相隐映，他山桃李自嫣妍。莫辞细雨频来看，争得风光在眼前。白沙子看柳诗，写奉次于老伯大人，任铭善。"钤印"任铭善""心叔"。

**同月** 2日中华全国文学艺术工作者代表大会在北京举行。6日为纪念七七抗日战争爆发12周年，庆祝上海解放，上海市军民在四川北路举行盛大典礼，陈毅等军政首长出席检阅，游行队伍达百万人以上。23日"中华全国文学工作者协会"在北京成立，茅盾任主席，丁玲、柯仲平任副主席。

## 八月

**七日** 周作人致函："此次来沪，得接光仪，至为忻幸。横滨观潮，倏逾半载，而上海居亦大不易。居停主人日内将北上，亦遂附骥而行，大抵在9日出发。北平通信地址为：北平(8)新街口八道湾11号，但请写小儿丰一之名可也。"

另，按先生自述："知堂从南京老虎桥监狱放出，来上海住北四川路横滨桥的尤家，我曾由陶亢德陪同去看过他几回，还请他写过几页诗笺。后来他去北京前又来我家回访过一次，这封信是他离沪前写的。"(《知堂书简三通》)

**八日** 陆维钊应邀绘作朱竹以贺并题识："敬祝次于老伯大人七旬寿诞，己丑秋初世侄陆维钊。"钤印"陆维钊""微昭"。

**十二日** 姚鹓雏复函："惠存感甚，匆匆未能多谭，甚思奉诗，而雨后涂潦，惮行又不识路径，以是暂缓，歉仄而已。尊公寿日兹奉祝一章，芜俚无当大雅，将诚应之，惟登呈。"附于"德隆"花笺书赠："入此岁来遂七十，礼堂日永世谁如。琴书洒落身堪隐，耕织绸缪计未疏。才子夸彰庄嗣凤，天机濠濮惠知鱼。春风煦响金陵邸，廿载前头奉手初。小言奉祝次于先生七十大寿,云间姚鹓雏拜手。"钤印"恬养簃诗""鹓雏近作"。

**同月** 12日周作人乘坐火车离沪返京。20日上海市军事管制委员会发表军教字第一号命令,将暨南大学恢复为华侨高级学府,原来的文、法、商学科和理学院分别并入复旦大学、交通大学,地理学系并入南京大学,人类学系并入浙江大学,暨南大学暂时停办。

## 九月

**月初** 开学。先生正式在大同大学出任教职,仍担任文学系主任。同时继续在光华大学中文系兼课。

**四日** 按周作人日记:"下午寄蛰存信。"

**十八日** 按周作人日记:"寄蛰存信。"

**二十六日** 按周作人日记:"得蛰存信。"

**二十九日** 上海书报杂志联合发行所服务部编印《上联书讯》第2集,其中"古诗":"《唐诗纪事》(上、下),施蛰存主编,教育,36.00。"

**同月** 25日《文艺报》创刊,丁玲出任主编。

## 十月

**一日** 下午3时,庆祝中华人民共和国中央人民政府成立典礼在北京天安门广场隆重举行。

**四日** 《亦报》刊载筱斋《施蛰存近况》:"施蛰存原为'暨大'教授,今'暨大'并与'复大',施原可在'复大'任职,惟'复大'教授亦颇多,故施停职留薪,坐拿原有之'暨大'薪俸,甚是乐胃。施为战前著名之'第三种人'领袖,平日进修颇力,对于外国文学,大有心得,翻译作品甚夥,不过以软性者居多。施在抗战期间,'暨大'在福建上课,施则除授课[厦门大学、江苏学院]外,且主持东南文艺方面活动,对于闽地人情物理极熟谙,今欣闻福州等各地解放,仍有往三闽做本位文化工作之意,特以身体孱弱,尚须休养,一时犹未能启程。"

**月内** 上海市立师范专科学校与市立体育专科学校、幼师专科学校一起并入国立南京大学师范学院。先生终止了该校教职,并搬离新绿邨教师宿舍,仍迁回愚园路岐山村居住。

## 十一月

**上旬** 黄宾虹绘赠大幅山水画,画上黄氏题识:"笋改斋前路,蔬眠雨后畦;晴[江]明处动,远树看来齐;我语真雕朽,君诗妙斫泥;殷勤报春去,恰恰一莺啼。读朱诗拟此奉蛰存先生正,己丑秋杪八十六叟宾虹。"先生自述:"我二妹一家要去美国定居,我送给他们,叮嘱他们如需用钱就卖掉。"(先生口述)

**月内** 先生制作一枚藏书票"北山楼藏书"。

**同月** 上海新华书店第二门市部迁南京东路364号,成为当时国内最大的综合门市部。

## 十二月

**一日** 应雷君彦之约作诗并书于卷上《云间雷太母百龄寿词》。

**二十日** 傅雷迁居上海江苏路284弄5号。先生自述:"我和傅雷的友谊,只能说开始于解放以后。那时他已迁居江苏路安定坊,住的是宋春舫家的屋子。我住在邻近,转一个弯就到他家。"(《纪念傅雷》)

**同日** 作诗六首。(按:见《随笔》2015年第2期翟志成《胡适的冯友兰情结》,录诗内有误植一二;又见影印原件,胡适纪念馆藏品,馆藏号HS-US01-016-020,感谢黄婉婉女士帮助。)

**中旬** 与任教的上海市立师范专科学校中文系二年级学生,在教学楼门前合影。

**月内** 从英译本《阿思克莱比亚代思诗铭集》翻译诗作十一首。

**同月** 下旬国家教育部召开第一次全国教育工作会议。

# 一九五〇年(岁次庚寅) 先生四十六岁

## 一月

**十五日** 杭州胡士莹致函:"忆抗战前由兄经手,为弟购得影印本《金瓶梅词话》

(系沪地翻北京版),装潢甚精,乱后失之,贵友中有收藏此书愿割爱而价不昂者,弟仍拟补进。弟日内因事将到沪一行,届时当走谈,藉倾积愫,书单于此时见尤善。"

**同月** 新华书店南京东路门市部开始销售外文图书。上海社会各界开始有组织地动员开展"三反"(反对浪费、反对贪污、反对官僚主义)运动。

## 二月

**十九日** 按《钟泰日录》:"飞机来扰,闻弹一声,不知何处又遭殃也。回看施蛰存、汤爱理,因昨日曾来过也。"

**二十八日** 戴望舒在北京因病突然逝世。消息传来,先生自述:"作为望舒的最亲密的朋友"(《诗人身后事》),"使我极度伤感"(《最后一个老朋友——冯雪峰》)。

**同月** 23日吕叔湘携全家迁居北京,出任清华大学中文系教授。张静庐赴北京出任中央出版总署计划处处长等职。

## 三月

**上旬** 新学期开学。始改任在光华大学正式执教,并仍在大同大学兼任教职。

**约在期间** 按先生自述:"读外国诗不多,但碰到一些介绍西班牙诗歌的译本,又随手译了几十首。"(《域外诗抄·序引》)

**同月** 据报载《戴望舒长眠香山》(北京七日电),5日中央人民政府新闻总署国际新闻局、全国文学艺术联合会于新闻总署礼堂联合举行戴望舒追悼会,到会者有沈雁冰、胡乔木、阳翰笙、冯乃超、范长江等;7日戴望舒灵柩安葬北京香山万安公墓。(《亦报》,1950年3月9日)

## 四月

**二十二日** 按《钟泰日录》:"晚施蛰存邀吃饭,坐中除有瓛外,有董、陈、孔三对夫妇,董将去长沙,孔将去北京也。"

**月内** 先生全家为庆贺父亲施亦政七十大寿举办家宴。

**是月** 新知三联书店初版发行何干之著《鲁迅思想研究》,书内"第七章表现思想的方法和形式·三、文章风格"提及:"鲁迅所写的辩论文字,辩语极简炼,而且常引对手的文字,只用括号一勾,再加上评语,就使论敌显出了原形。这样的反攻是最有力的。例如他评施蛰存之推荐青年读《庄子》与《文选》的事。""括弧内的都是施蛰存的话,这里只用'才知道''因为''所以'一表,读者就知道推荐《庄子》与《文选》的所以然,又用'虽然''然而'一转,原来又没有这所以然,虽然没有这所以然,也只得去寻一下子。这样一来,推荐者的立场也就立刻被暴露了。"

**同月**　1日上海鲁迅全集出版社第三版发行鲁迅先生纪念委员会编纂"鲁迅全集单行本"《花边文学》。19日中共中央发出《关于在报纸刊物上展开批评和自我批评的决定》。

## 五月

**十四日**　应约赴雷君彦寓所参加祝贺其母百岁寿宴。

另,据张琢成记述:"松江旅沪同乡诸人于今春农历三月廿八日集于愚园路雷氏寓邸,公祝雷世伯母孙太夫人百龄正寿。太夫人苤堂受祝,诸人随莱班而拜兴忭舞,跄济一堂,泄融满室,诚盛事也。佳宾就位,湑酒遍酌。太夫人述幼时所见太平军故事以助称觞雅兴,言辞清朗,精神矍铄,寿岁之增益可卜,此后仍无限量。执爵献觥,诸人莫不肃然致敬,谓故乡自陆文定后四百年间继起无人,后生小子竟得躬与会,幸何如之。"(张琢成《雷世伯母孙太夫人百龄寿言》)

## 六月

**三日**　《新民报·晚会》(晚刊)刊载林放《吧儿——鲁迅最深恶痛绝的家畜》提及:"鲁迅翁征伐敌人的文字中,到了十分愤怒的时候,就要提起它的雅号来。像对于'庄子与文选'公案中的施蛰存,不过斥之为'洋场恶少',究竟还是人,对于梁实秋、张若谷之流,就不客气地骂他为吧儿狗了。"

**约在期间**　上海翻译工作者协会成立,这是中华人民共和国成立后的第一个翻译协会,先生成为该协会首批会员。

另,按先生自述:"解放初期的五六年间,我的业馀时间都花费在外国文学的翻译工作,前后译出了二百多万字的东欧、北欧及苏联小说。"(《我治什么"学"》)"1950年至1958年,是我译述外国文学的丰收季节。我大约译了二十多本东欧及苏联文学。

这些译文,都是从英法文转译的,只是为出版社效劳的工作,不能视作我的文学事业。"(《施蛰存文集·序言》)

**同月** 8日周恩来总理在第一届全国高等教育会议上发表讲话,阐述新民主主义的教育方针。25日罗庸在重庆北碚医院逝世。

### 七月

**二十二日** 按《钟泰日录》:"看施蛰存,便过施家一谈。"

**同日** 据上海《文汇报》(《解放日报》24日)等报载"上海市第一届文代会代表名单",此次出席本市首届文学艺术界代表大会的各界代表,共531人,其中文学界94人。先生作为文学界代表之一。

**二十四日至二十九日** 先生在解放剧场出席上海市第一届文化艺术工作者代表大会,会议宣告上海市文艺工作者联合会成立,市长陈毅到会祝贺并作讲话。

### 八月

**月内** 暑假期间,先生全力翻译显克微支和尼克索的小说作品,亦常去江苏路安定坊傅雷家里晤谈,或借用相关辞典查阅。先生自述:"他在译巴尔扎克,我在译伐佐夫、显克微支和尼克索。这样,我们就成为翻译外国文学的同道,因此,在这几年中,我常去他家里聊天,有时也借用他的各种辞典查几个字。可是,我不敢同他谈翻译技术,因为我们两人的翻译方法不很相同。一则因为他译的是法文著作,从原文译,我译的都是英文转译本,使用的译法根本不同。二则我主张翻译只要达意,我从英文本译,只能做到达英译本的意。英译本对原文本负责,我对英译本负责。傅雷则主张非但要达意,还要求传神。他屡次举过一个例。他说:莎士比亚的《哈姆雷特》第一场有一句'静得连一个老鼠的声音都没有'。但纪德的法文译本,这一句却是'静得连一只猫的声音都没有'。他说'这不是译错,这是达意,这也就是传神。'我说,依照你的观念,中文译本就应该译作'鸦雀无声'。他说'对'。我说:'不行,因为莎士比亚时代的英国话中不用猫或鸦雀来形容静。'傅雷有一本《国语大辞典》,书中有许多北方的成语。傅雷译到法文成语或俗话的时候,常常向这本辞典中去找合适的中国成语俗话。有时我去看他,他也会举出一句法文成语,问我有没有相当的中国成语。他这个办法,我也不以为然。我主张照原文原意译,宁可加个注,说明这个成语的意义相当

于中国的某一句成语。当然,他也不以为然。"(《纪念傅雷》)

## 九月

**十六日** 新学期开学后,先生当选为光华大学校务委员会委员。按《钟泰日录》:"'光华'选校务委员,举黄仲苏、赵善贻、施蛰存、童养年四人。"

**月内** 仍在大同大学兼任教职。

## 十月

**六日** 先生致清华大学浦江清一函。

**十六日** 应《文汇报·磁力》主编柯灵约稿,先生开设"亦悦谈"随笔专栏,署名"乌蒙"。即日发表首篇《亦悦谈》:"我答应了编者供给些小碎文字,编者以为这些文字最好有一个总的名称,像一般小型报纸上所载的那样。因此,我就拈定了这三个字'亦悦谈'。今天就先来谈这个题目,亦是开宗明义之意。'亦悦'二字并不生涩,亦不费解,原是用的论语第一句:'子曰,学而时习之,不亦悦乎。'孔家店里出卖的货色,大都乌烟瘴气,充满封建毒素,这是五四以来一直在被检举的,但是孔老本人的生活态度,似乎还算严肃,论语里有几句关于修养的话,也可以不必要荒废。即如这第一句,就是簇新的时代名言。列宁曰'学习学习再学习',简直可以说就是此句的古文今译。我奇怪孔老夫子的门徒为什么要把老师这句话放在第一章第一句,难道孔老夫子的政教宗旨也以学习为第一要义吗?曾经有一些人对于学习不大起劲,尤其是文化水平较高的智识分子,以为这是共产党开始的'处政'。他们倘若记得论语上有过这句话,就该恍然警觉,原来我们一向注意着学习,不过逐渐被懈怠下去,此番由好学深思的共产党同志来领导我们恢复努力而已。如果能如此去了解,则学习原非苦事,应该赞一声'不亦悦乎'了。我们现在都在学习。我把一知半解的文字发表在这里,也是一种学习的方式。因为无论我的意见对或不对,都必须说出来之后,才会获得批评,由于别人的批评,才能作自我批评,这样才能达到学习的目的。所以我把这些文字叫做'亦悦谈'。至于我将谈些什么?这却无从预测了。且看编者的方针指到那里,也许我也谈到那里,总希望不是空谈而已。"

另,按先生自述:"1950年,在文汇报副刊上写了几段'亦悦谈'随笔,记得第一篇是谈'学习'的,所以用'学而时习之,不亦说乎'这句话,以'亦悦'为标题。"("关于解放后我在报刊上发表的文章及所用笔名",1967年)

**十七日** 在《文汇报·磁力》"亦悦谈"随笔专栏发表《飞》,署名"乌蒙"。

**二十日** 在《文汇报·磁力》"亦悦谈"随笔专栏发表《简笔字》,署名"乌蒙"。

**二十一日** 在《文汇报·磁力》"亦悦谈"随笔专栏发表《手》,署名"乌蒙"。

**二十四日** 在《文汇报·磁力》"亦悦谈"随笔专栏发表《莫泊桑的声音》,署名"乌蒙"。

**二十八日** 在《文汇报·磁力》"亦悦谈"随笔专栏发表《裤档里的云》,署名"乌蒙"。

**月内** 浦江清作诗《应雷[陆宗蔚]伉俪北来京都,同游清华、燕京两大学及颐和园,赋诗纪之,兼示育琴、蛰存两兄》。

**同月** 10日中共中央发出《关于镇压反革命活动的指示》。《文物参考资料》(1959年改名为《文物》)在北京创刊。中共中央发出"抗美援朝,保家卫国"的号召,中国人民志愿军抵达朝鲜前线。

## 十一月

**二日** 在《文汇报·磁力》"亦悦谈"随笔专栏发表《自由与秩序》,署名"乌蒙"。

**九日** 在《文汇报·磁力》"亦悦谈"随笔专栏发表《贫农的仇恨》,署名"乌蒙"。

**三十日** 《文汇报·磁力》刊载赵奇《对"贫农的仇恨"的意见》:"看11月9日'磁力'刊载乌蒙先生的《贫农的仇恨》一文,我有一点小意见。这是我主观见解,是否正确,请大家给以指示!""这是片面了解而脱离事实的说法,农民决不会单看富农,而看不到地主的。""如若说农民的阶级仇恨是对富农的嫉妒,这是对土改合理性认识不足。""我同意乌蒙先生所说的'提高农民阶级觉悟','使其正确的明白土改与劳动关系',但不可仅仅看到少数人对土改的不正确认识及不完全的了解;必须从大多数人民群众的利益与认识来观查[察]与分析问题,对具体事物具体认识,具体分析;'据说''或者'不能决定事物的真像[相]!"

## 十二月

**二日** 浦江清由北京致函:"足下书来时,'精神充沛'的叔湘,正发胃疾卧床,得见大札,笑说:'现在也不行了!'弟则一个10月,过得很好,了去若干工作。11月来,又不行了,因天气骤寒,着冷之故,胃疾间发。前昨卧床三日,今尚未全愈,起来偎炉闷坐。久未吃饭,平时多吃面食及粥,近数日但吃挂面牛奶,拟静养几天。锦注谢谢。

闲中正思写信,顷又得展来信。纪游诗聊以遣兴,作制不纯,达意而已。老友来此,有兴同游,亦殊难得。结尾确如尊论,足下所修改,兴味转佳,惟与上两句,略嫌不贯,容待再想。唐诗选事仍继续进行,各人均忙,能敷衍交卷已好,难期理想。此间同人,钟点不多,惟额外工作,在所难免。其他学习会教研组等都得参加,平均每星期得参加开会二三个,读几部书,预备报告讨论。不拘形式者,漫谈可增见闻,并不乏味。蒙约为《文汇报》副刊撰稿,弟笔头不勤,懒惰之至,不易应命。近天津《进步日报》亦要办一副刊,亦在向此间同人拉稿也。吾兄兼数校课,又大事翻译工作,体力精神健佳,堪佩堪慰。令郎需买计算尺,已托马君俊(微昭[陆维钊,以下均同]亲戚,机械系三年级学生,住学生宿舍平斋651号)到工学院登记,得到后可直接寄往,可函令郎,以收件地址告马君俊。令郎想转学清华,此间各系转学生名额不多。(因宿舍容量问题),须努力准备应考,如与此间老生多通信札,可得门径指导。到弟处常来的理工学院同学,有马君俊、陆大雄、宋德蕃三人,彼此熟识,可以帮助也。计算尺闻以小米计算,大约不过三四万元,此间可以垫付,不劳汇来。此数月薪给已不抵支出,较以前略有存款。近了冬煤,寒冬蛰居,更乏佳兴。叔湘亦忙,先托代候。觉明[向达]偶来清华,匆匆即返城,近作《西征小记》一文,在北大《国学季刊》中印出。默存[锺书]久未见,在城中时间多,彼勉任此工作,亦强而系可者,无法推辞。宛春在之江,改任新课烦忙,时复来信,近云杭地友人说有百廿回本《金瓶梅》出现(嘉靖刊本),此间则未闻。京中新出弘治本《西厢记》二册,售归燕大图书馆,价1 200万元,殊可骇人。"

**同月** 8日中央人民政府政务院第61次政务会议任命丁玲为中央文学研究所主任,张天翼为副主任。

**约在本年** 据批判文章《施蛰存并未"做定了"第三种人》:"解放初年,《解放日报》退了他一篇稿。"(《文艺月报》,1957年第8期)

# 一九五一年(岁次辛卯) 先生四十七岁

## 一月

**月内** 应孔另境(令俊)之邀出任春明出版社总编辑。先生自述:"解放后,春明出版社资方去了台湾,请令俊去担任经理之职。令俊最初不想去做这个资方代理人,我劝他答应下来,因为我看出解放后出版事业大有可为,令俊手头有一个出版社,可以在社会主义文化建设上多做一些工作。于是令俊去当上了这个出版社的经理,拉我去担任总编辑。从此,我和令俊每天见面。"(《怀孔令俊》)

**约在期间** 按先生自述:"上海古玩商场出售大批扇面,我每星期去买一二张,积得三四十帧。"(致桑凡函,1976年2月18日)

另,据上海嘉泰2006年春季艺术品拍卖会古籍善本图录"北山楼文房珍藏专辑(第二辑)",收录扇面拍品:编号1430 胡九思(1768年作)山水,先生钤印"无相盦";编号1431 张云璈(1747—1829年)书法,先生钤印"无相盦";编号1432 郑文焯(1856—1918年)松树图,先生钤印"北山楼文房";编号1433 改琦(1774—1828年)人物画,先生钤印"无相盦";编号1434 金农(1687—1763年)梅,先生钤印"无相盦"。

**又** 购得杭州项氏竹景居旧藏"北海王元详愿母子平安造像记"等造像拓本多种。

**同月** 7日上海山阴路大陆新村9—10号鲁迅故居以及鲁迅纪念馆对外开放。

## 二月

**一日** 《文艺新地》在上海创刊,由冯雪峰、唐弢主编。先生自述:"文学从属于政治,五十岁左右的作家几乎都自叹才尽,无法效命,不得不让青年人出来主宰文坛,这就是'长江后浪推前浪,世上新人逐旧人'。我才知道,我的创作生命早已在1936年结束了。"(《十年创作集·引言》)

**下旬** 继续在大同大学执教,并仍在光华大学兼教。

另,按先生自述:"我在光华大学兼课,经常碰到他[徐燕谋]。课馀时间,在教师休息室中,闲谈一阵。历时虽不久,就从这几十次短暂的闲谈中,我知道他极有学问,中英文学都有根底,不是一般的英语教授。尤其是,我已感到他是一个极有修养的人。他襟抱冲和谦退,遇到我们二人意见有不同的问题,他从来不争不辩,微笑而已。"(《哀徐燕谋》)

**同月** 23日新华书店总店成立。沪江大学改由上海市人民政府接办,校务由余日宣、蔡尚思主持,靳以担任教务长。

## 三月

**月内** 人民文学出版社在北京成立,冯雪峰出任社长兼总编辑。先生自述:"在1950年代初,乔治·阿马多到中国来过,我曾经建议人民文学出版社出版他的小说,可是那时他们连他的名字都不知道;国内有些学者受到我的鼓励,很早就研究拉丁美洲文学,也出版了不少这方面的书。"(《中国现代主义的曙光——答台湾作家郑明娳、林燿德问》)

## 四月

**月内** 商务印书馆编审部由上海迁往北京。先生自述:"忽然有一天,我收到从北京人民文学出版社寄来的《意大利短篇小说集》的全部剩稿。原来商务印书馆已因出版业务方向改变,把所存一切文艺著译原稿移交给人民文学出版社。该社清理到这部原稿,而其时译者戴望舒已经逝世,所以该社把这部原稿寄给我保存。我的三部剩稿,望舒的西班牙和比利时两部剩稿,始终没有消息。"(《关于〈世界短篇小说大系〉》)"冯雪峰找到了望舒译的《意大利短篇小说集》的未用稿一大包,就寄给我保存。这一份手稿至今还在。"(《诗人身后事》)

**同月** 17日卢前(冀野)在南京逝世。27日上海市采取统一搜捕反革命分子行动,至次日捕获反革命分子966人。

## 五月

**二日** 下午3时应邀前往上海大厦16楼,出席由郑振铎召集上海文艺界人士38人参加的座谈会。会上先生与许杰、罗稷南、靳以、刘大杰、全增嘏、郭绍虞、陈麟瑞、方令孺、陈望道、徐中玉、陈伯吹、李健吾、魏金枝、李青崖、柯灵、唐弢、余上沅、严独鹤等人作了即席发言。

**中旬** 开始着手从英译本转译保加利亚伊凡·伐佐夫《轭下》。先生自述:"我想在暑假里做些工作,就向文化工作社提出了这个计划。由于他们的赞成和资助,我才能从五月中旬起动笔翻译这部名著。"(《轭下·译者题记》)

**同月** 20日《人民日报》发表社论《应当重视电影〈武训传〉的讨论》,电影界有关人士受到批判,上海私营书店出版《武训传》《武训画传》《千古奇丐》也受到批判。

## 六月

**七日** 按《钟泰日录》:"午后4时'光华'开校务会议。""晤施蛰存小谈。"

**下旬** 先生辞去大同大学的任教,也结束了在光华大学的教职,经朱维之、章靳以、周煦良推荐到沪江大学中文系任教。据徐中玉回忆:"章靳以受命到沪江大学这所原由美国教会办的私立大学来主持'新生'工作,是由复旦大学中文系调来任教务长的。靳以把蛰存先生请来了沪江中文系。"(徐中玉《回忆蛰存先生》)

另,《大同大学年刊·1951》印行,其中"师长照片·文学院教授"刊有先生照相,但姓名却误为"许天福",而许天福照相下姓名误署"施蛰存";"师长通讯录"内:"学院:文学院。姓名:施蛰存。住址或通信处:上海愚园路1018号。电话:21132。"

**同月** 上海时代出版社改组为以介绍出版苏联文艺作品为主。

## 七月

**上旬** 暑假开始,倾注全力翻译保加利亚伊凡·伐佐夫《轭下》。经吕叔湘介绍,先生致函在北京清华大学留学的保加利亚学生祁密珈女士,请她帮助解释翻译《轭下》中的有关注解疑问。先生自述:"在翻译的过程中,我发现有许多关于土耳其或保加利亚的历史、风俗、服饰及专有名词,不易了解或不知该如何达意。英译本虽有少许注解,还嫌不够。适巧国际书店运到了1950年莫斯科出版的俄译本《伐佐夫选集》,全书两卷,""第二卷就是《轭下》。这个俄译本《轭下》卷末附有较多的注解,我就请凌渭民先生翻译出来,参考了英译本的注解分别加在我的译文里。但是,还嫌不够,还有许多地方会引起我们的疑问。由于吕叔湘先生的介绍,我把几条疑问写给在清华大学留学的保加利亚学生祁密珈女士(Milka Kitava Ivanova),承她逐一解释清楚了。"(《轭下·译者题记》)

**十六日** 晚上祁密珈与同学贾密流从北京来上海旅游,与先生会见。先生自述:"祁密珈女士和她的同学贾密流先生(Mlilio Nedjalkov Katsarov)到上海来玩,他们从百忙中分出一个晚上的时间,使我有了晤谈的机会。在这一次的会晤中,通过钟棦同志的翻译,我很感激他们帮助我多改正了几条注解,多解决了一些疑问。但是,我们还搁起了一些问题,因为,据他们说,这一代的保加利亚青年,已经不很熟悉当时土耳其羁轭下的社会情况了。"(《轭下·译者题记》)

## 八月

**十三日** 浦江清由北京复函:"此间'清文'教授事许多转折,最近得聘定罗大纲[冈](从南开转移过来),合乎理想云。其他前信所谈,均未解决。新文艺方面人才甚缺,如广州中大,如之江;季思、宛春一再来托。另则如岭南,大概去年不能扩充,今年又需要;又如武汉大学程会昌亦想拉人。因而足下熟人中,有愿教书,而有教书能力者,不妨径为介绍,直函各处。大概教书经验,与写作译著经验,有一即可。现在一般同学尤希望作家,能指导文艺习作者。程会昌说:学生希望做作家,新功课都希望名作家来教。好像一做作家弟子,便可得到仙丹,脱胎换骨云云。最近各校因到处挂名教授、名作家不得,因而改变方向,说可以介绍年轻而有希望的,培养出人才来。上海各校文系归并的办法,似乎不错。此间专任教授已不硬性规定教课钟点。合并则人多,实力充沛。将来须要搞教研组,试用集体教学办法。朱东润北来匆匆,曾晤谈。他对于《楚辞》有许多特别议论,稿子为叶圣陶付《光明日报》发表。议论本来不妥,郭沫若连写两文,抨击甚力。齐鲁文学院取消,东润南归前,曾来一信。得兄信,方知其已就沪江之聘,欣慰。文艺学,还有些参考书,虽不成专学,随便乱谈,那也无法可想。本来一门学问,没有历史传统,以前也没有多少专家努力过,骤然搬上讲堂,情形不免如此。北大杨晦、清华李广田是这门功课的专家,但是他们很忙,不容易编定讲义,或者他们自己也还在摸索。他们强调这门功课的重要,文学课改,添设新功课,或者改造旧功课,师资缺乏,各地学校曾屡屡反映此意见于教育部。教部意见大概有三种办法:一、自力更生,请教研组,集体建设新课。二、在几个条件具备的大学里,设研究所,培养师资。三、调动专家移往他校就教一年,帮他校建设此课。话虽如此,今年指示各校文法学院不招研究生。只有人民大学招研究生。至第三种办法,不知何时实行,办得通否也。保加利亚学生尚未回校,叔湘已辞去导师之职,由盛澄华继任。彼近来忙于写《文法讲话》,《人民日报》连载,尊函到此,转彼一读,无事不另作答,即托代候。得微昭来信,声越于9月中将赴苏州革大学习。此间革大,学习条件极佳,惜其不能北来,大概南方各校,赴京名额少,不易争取耳。钱能欣新从法国回来,曾到清华访友,于叔湘处晤见之。令郎托买计算尺,我托了宋德蕃去办,去年就登记预约,直到今夏买到,恐怕邮寄弄坏,托人带沪,当在育琴兄处。价格甚廉,弟不详悉。但此事颇为周折。"

**月内** 先生继续翻译保加利亚伊凡·伐佐夫《轭下》。

**是月** 上海翻译工作者协会印制《会员通讯录》,先生名列其中。

## 九月

**一日** 正式出任沪江大学中文系教授，月薪310元(先生书面材料)。开始入住军工路沪江大学宿舍，独居一室，与朱维之邻居，每逢周末及无课时才返回家里。

另，据徐中玉回忆："教会大学比当时上海的复旦、同济等校待遇要稳定、好一些，住所宽敞，因所收学费较昂。但任课多，每周须9—12节课。"(徐中玉《回忆蛰存先生》)"沪江中文系教师人数很少，朱维之是老沪江，加上章靳以、朱东润、余上沅、施蛰存和我，六位教授，此外只两位教师，包教中文系的所有课程，及全校的'大一国文'课。课时较多，居住等生活条件较好，最好的是非常团结。朱老(东润)最年长，我比较年少。当时我在北京已加入民盟，朱老、维之、上沅在沪江都参加了民盟。靳以是进步作家，施蛰存不愿参加任何党派。"(徐中玉《敬忆朱[东润]老六十年》)

**是月** 开明书店出版王瑶著《中国新文学史稿》(上册)提及其作历史小说"至少比原来封建社会的故事多了一层'性的解放'的意义"。

**同月** 人民文学出版社出版根据鲁迅全集出版社"鲁迅全集"单行本纸版，北京重印第一版、北京第一次印行鲁迅先生纪念委员会编、鲁迅著《南腔北调集》《准风月谈》《且介亭杂文》《且介亭杂文二集》《且介亭杂文末编》《花边文学》。

## 十月

**四日** 为译著俄国格里戈洛维兹《渔人》交付出版而撰写"译者题记"："由于这本书是从英译本转译的，英译者未必能保全原文底好处，而我又未必能保全英译本底好处，但从大体上说起来，格里戈洛维兹底面目还不至于十分模糊了，所以我还敢把这个转译本贡献给读者，因为我们至今还没有人翻译过格里戈洛维兹啊。"

**同日** 保加利亚留学生祁密珈由北京来信，信中告知已为他介绍了正在北京参加国庆典礼的保加利亚文化访问团的两位团长：诗人季米特尔·伯列扬诺夫(Dimitr Polyanov)和小说家乔治·卡拉斯拉沃夫(Georgi Karaslavov)。他们听说先生已在翻译这部保加利亚人民文学的杰作，非常高兴，希望到上海来的时候会面。

**十六日** 晚上先生在锦江饭店会见保加利亚文化访问团团长、小说家乔治·卡拉斯拉沃夫，请教并交换了有关对于伊凡·伐佐夫以及翻译《轭下》的诸多问题。先生自述："接到锦江饭店的电话，说有保加利亚文化访问团团长邀我去谈谈。我就把许多问题整理了一下，即晚就在锦江饭店会见了乔治·卡拉斯拉沃夫先生。承周而复先生给我请了一位工作同志来当翻译(很抱歉,我已经忘记了她的姓名),因而我们可以毫不感到隔阂地解决了许多未决的疑问,并且还连带地交换了一些别的观感。卡拉斯拉沃夫先生对于《轭下》这部书很熟,有几节还能背诵出来,我相信他的解释是最可靠的。他对于我翻译这部小说,表示了热忱的谢意,他说这是促进中保两国文化友好的一件切实的工作。我觉得非常当不起他的赞扬,因为我只能从英文转译他们的名著,这已经是一嚼再嚼的哺食工作了。他说这没有多大关系,五十年前有过一个很好的英文译本,是作者伐佐夫所满意的。我告诉他:我现在所用的一定就是这个英译本,因为,据我所知,恐怕这是唯一的英译本了。他说,那就好了,他相信这个译本跟原本不会有太大的出入。"(《轭下·译者题记》)

**同日** 由光华大学与大夏大学合并而组成的华东师范大学正式成立,时任华东军政委员会教育部部长孟宪承出任校长。

**是月** 译著俄国格里戈洛维岂《渔人》,署名"曾敏达",列入"世界文学译丛",由上海文化工作社初版发行。

**同月** 据报载,20日华东地区上海、南京等高校1 900余人参加土改工作。

## 十一月

**十日** 上海市人民政府地政局[地壹发(51)字第264号]复函:"一、1951年10月31日转来蔡之任函件均悉。二、查徐汇区11号21(32)圩[今徐汇区天钥桥路启明新村37号]土地登记案,经核产权尚无问题,所有人蔡之任既不在上海,为保障其房地产权及避免日后纠纷起见,请发状一节,应从缓议,希转知照。此致,施蛰存。"并印"上海市人民政府地政局"公章。

**十九日** 丰子恺致孔另境函,信末言及"施先生均此"。据《丰子恺文集》编者注:"施先生,指作家施蛰存,当时在春明出版社任职。"(丰陈宝、丰一吟编,浙江文艺出版社、浙江教育出版社,1992年6月第1版)

另,按先生自述:后来"我觉得这个总编辑不易做,就辞卸了"。(《怀孔令俊》)

**中旬** 译讫保加利亚伊凡·伐佐夫《轭下》。先生自述:"我的译本全部脱稿了,但注释与润文,直到此刻校对排样的时候,还在增删或改易。也许初版本印出之后,由于读者的指正,我还得加以修饰。现在所有的许多注释,除了上文所提起过的各方面的帮助之外,有一部分是我自己找材料添加的,因为已经分别不清楚,所以也不再逐一说明出处。我希望读者对本书正文的每一句,都不会发生疑问,所以尽可能地加了注释。万一读者认为还有不可解的地方,希望提出指教。"(《轭下·译者题记》)

## 十二月

**二十日** 致孔另境函:"今天下午曾到'春明'[出版社],未晤为怅,晚上回校,始得手书。弟星期六家中有事,恐不能到'春明',希望星期一或可一晤。萧先生稿酬俟算出再送,无问题,但希望弗苛酷,附上萧先生原函,乞台临。凌渭民译的《航程》是爱沙尼亚代表作,《苏联文艺》月刊上曾有介绍,今天弟已将作者小传改好交与黄山先生,兄可看一遍,凌君译文中文不甚好,确是事实,但此点可以改好,弟已改了一篇,馀二篇托黄山先生修润。弟以为并不能算是不够水准的东西,如说'内容平淡',此言老兄大错,从来没有一个书店负责人敢批评一个较出名的作品内容平淡的,不知兄以何种作品为'不平淡'?是否'春明'同人有此意见?还是兄自己有此意见?'春明'现在应该赶快出书,不可再三心二意,这也不好,那也不好。弟希望兄还是放胆将书印出来,甚至再多出几本,文艺书到底不会有大毛病,而且销路也不至于大不行,此乃弟之忠言,尚请考虑。"

**是月** 先生着手将英文版《苏联文学》4月号上刊载的F.凯林《拉丁美洲底诗歌》翻译成中文,手稿署名"陈玫"。(按:此译稿后未见发表。别见1952年4月1日《人民文学》第3、4期合刊登载由陈岳据同篇的译作,俟考。)

**同月** 中共中央发出《关于实行精兵简政、增产节约、反对贪污、反对浪费和反对官僚主义的决定》。

**年内** 先生购得林子有(葆恒)藏书多种,如清抄本钱芳标纂《湘瑟词》、清初刻《幽兰草》、康熙刻《罗裙草》等。

另,据黄裳回忆:"其时重要词籍收藏家林葆恒逝世,藏书散出。上海各旧书店都有所得。林氏词籍绝大部分得自南陵徐乃昌,但精本并未全归林氏。一次秀州书店朱惠泉收得林家遗藏一批,送来我处。议价未谐取归。其中有三种是我不愿放弃的。记得有清初刻《幽兰草》,康熙刻《罗裙草》,都是精本。第二天跑去看时,三书已为蛰存买去,懊悔无已。蛰存是买他的乡人著作,陈子龙等都是松江人。《幽兰草》我后来还向蛰存借来读过。"(黄裳《忆施蛰存》)

**又** 宋易是原现代书局儿童文学编辑,先生自述:"我在成都路延安中路口遇到他,他请我到家里去谈了一阵,后来就无消息。据说他是托派,想必有困厄,你找从事儿童文学的人打听一下,我也想知道他的命运,同事三年,总算有点友谊。"(致张香还函,1986年3月27日)

**又** 遇见过林微音几次,先生自述:"他没有工作,要我为他介绍一个英语教师的职业,又要我为他介绍翻译工作,我都无法帮助他。后来听说他常常到市委去要工作,最后听说他已被拘押在第一看守所,罪名是'无理取闹'。这以后,我就不知他的下落。"(《林微音其人》)

# 一九五二年(岁次壬辰) 先生四十八岁

## 一月

**月内** 先生开始为由上海文化工作社出版译著《轭下》校对排印校样。

**同月** 4日中共中央发出《关于立即限期发动群众开展"三反"斗争的指示》。26日中共中央发出《关于在城市中限期展开大规模的坚决彻底的"五反"斗争的指示》。

## 二月

**十日** 为译著《轭下》印行撰写"译者题记":"我在这里把这部小说的翻译经过情形详细地写下来,为的是要向上文提起过的那些人致谢,他们直接或间接地给了我热心的帮助,而我所做出来的恐怕还是一个有很多缺点的工作,这是我又感激又惭愧的。最后,我还要把这个拙劣的译本呈献给沈雁冰先生,因为我利用了他的书,不自量力地替他做了他曾经想做的工作。"

**二十五日** 致孔另境函:"上星期六下午本想到'春明'[出版社]面谈,因事耽搁未果,昨日天雨,弟又匆匆到校,今年星期一有课,故必须在星期日回校也。何曼青稿当初亦定为每千字4万元,但原稿字数似乎只有4万字,故共应付160万元,半数为80万元,现在尚应付80万元不误。书已印出,兄可查看到底有多少字,倘字数不止4万,则应当补足,故问题不在八个单位与六个单位也。凌渭民稿,文化工作社不想出,应如何解决,请决定!"

**同月**　人民文学出版社开始重印北京第一版许广平编《鲁迅书简》(上、下册),书中收录鲁迅致姚克三十二封(一九三三年三月至一九三六年四月)内有1933年11月5日书简,致徐懋庸四十三封(一九三三年十一月至一九三六年二月)内有1934年7月17日书简,等等;别有"附编"内鲁迅致施蛰存二封(一九三三年五月、七月)。

## 三月

**上旬**　在中共中央发出《关于在学校中进行思想改造和组织清理工作的指示》向下传达以后,先生开始在沪江大学参加思想改造运动。

另,据徐中玉回忆:"沪江的'思想改造'运动起步较晚,听说是因为美国教会所办的关系,非常复杂,要看看他校经验。中文系小组借靳以家的客厅开会,全体教授助教外,有位干部(当时称小李)和两位学生代表参加。我们中,维之是教徒,留学日本,非常谦和诚笃,上沅先生最早留美学戏剧,朱老去过英国留学,蛰存先生古今中外文学兼通。学习开头各自略谈经历,增加了解。听报告,学文件,明白改造的必要,敬佩解放带来的种种新气象。新旧对比,说的都是真心话。我们认为自己都有资产阶级思想、封建思想,也说自己在教学中存在错误,放过'毒','犯过罪',甚至觉得就是'犯法问题了',但'不安'是有的,却并无恐慌感。如何改造,怎样才算改造好了,具体到究应如何对待中外大量文化遗产,要否仔细分析,怎样的分析才合情合理,符合实际,有说服力,这成了我们的共同关切。我们这些人,都是从读书到教书,写书写文,不是地主,从未做官,比较简单,历史至少基本清楚的。靳以当小组长,朱老、蛰存、上沅诸位态度认真,有什么说什么,确实都想解决今后教学中可能遇到的新问题。""对即将到来的全国性高校院系调整,'向苏联一边倒',有了点思想准备。过去,我们都是跟着'聘书'走的,今后要服从国家需要,组织分配去哪里就去哪里。"(徐中玉《敬忆朱[东润]老六十年》)"大、小会大概一直开了两三个月,由每一位自述过去经历,对改造看法,解放前后对比,自我检讨,互相帮助,学生提意见、批评,列举过去教学中的错误观点、反动阶级思想影响等等。由于我们六人除朱维之外都一向与教会无关,而朱先生乃一纯然学者,改造学习过程逐一通过,相当顺利。"(徐中玉《回忆蛰存先生》)

**同月**　"五反"运动在上海全市正式开始,社会各界分别召开会议进行动员,并开展诉苦运动,深入发动群众检举揭发。人民文学出版社出版根据鲁迅全集出版社"鲁迅全集"单行本纸版、北京重印第一版、北京第二次印行鲁迅先生纪念委员会编、鲁迅著《准风月谈》《且介亭杂文》《且介亭杂文二集》《且介亭杂文末编》。

## 四月

**十六日** 收到孔另境14日来信即复函:"弟亦以为兄所言是不错的,问题是在于'春明'[出版社]到底是否真预备把他的稿子印出。如果一定印出,则凌君应该等到出版后才来取款,如果'春明'已决定不出此书,则对凌君就成为推诿及拖延,那就是'春明'错了。凌君稿子弟曾经与文化工作社商量过,他们本来可以接受,但凌君一定要马上支钱,因此'文工社'没有答应,故弟就无法解决,不是弟不负责,是由于凌君太坚持了自己的成见也。《金羊毛的国土》一事,当然有疏忽之咎,但此疏忽亦只是限于付排时没有打听一下,不知人家已在印行,至于弟约定周君翻译时,该书的确尚无别家出版或约译,所以,(一)弟特约周君译此书,没有错误。(二)周君交稿后,如果知道已有别家出版,仍须付周君稿费,故对于付周君稿费一事,亦没有错误。(三)弟之错误在于付排时没有知道人家已出版,使'春明'损失了排工,此事弟可以表示歉咎,必要时可以用书面道歉。以上两事,先达鄙见,短期内当谋面谈。"

**是月** 译著保加利亚作家伊凡·伐佐夫小说《轭下》,列入"世界文学译丛",由上海文化工作社初版印行。

另,据飞舟记述:"保加利亚大使就写信给施蛰存,热情洋溢地称赞他为保中友谊作出的贡献,信中写道:'无可置疑的,您的劳作与此书的出版,会给予我们两个兄弟的民主国家的友谊的巩固以不小的影响。'"(飞舟《施蛰存与外国文学》)

另,按先生自述:"我的译本出版之后,曾收到贵国大使馆的来信,对我的工作表示奖励和感谢,大使以为我的这一工作有利于中保两国人民文化交流和友谊。那封信是由大使馆文化参赞卡尔维拉诺夫签名的,可惜那封信已在'文化革命'时期失去了。"(《关于〈轭下〉致巴佐娃回函》)

## 五月

**二日** 中共中央发出《关于在高等学校中批判资产阶级思想和清理中层的指示》。先生多次参加沪江大学向全体教职员工传达学习的会议。

**中旬** 朱东润书赠七言篆联:"正溪短衣随李广,常思放雨过苏端。蛰存先生有烹鲜之约,讲肆既勤,弗能弗措,道阻且长,书之云尔。"

**二十一日** 靳以致康嗣群函谈及:"校[沪江大学]中正式开展三反思考学习,抽不出一点时间来。关于老□过去的政治情况有所闻否？他是否曾参加潘公展的图书审查委员会？或有其他派系活动？望告知。"

**是月** 冯雪峰由北京来函邀请先生北上参加人民文学出版社编辑工作。先生自述："雪峰主持人民文学出版社，来了一封信，邀我去参加编辑工作。我觉得我还是做教书匠适当，就复信婉谢了。从此以后，我就没有和雪峰见面或联系。"(《最后一个老朋友——冯雪峰》)

## 六月

**一日** 由群益出版社、海燕书店、大孚出版公司公私合营联合组成新文艺出版社，并有新群出版社、文化生活出版社、平明出版社、光明书局、潮锋出版社、上海出版公司等加入联营归公，主要出版中外文学作品，社长刘雪苇(兼)，总编辑王元化。先生出席了当晚庆祝新文艺出版社成立的宴会。

另，按先生自述："在几家出版社联营归公的宴席上，我才认识章西厓，以后就不知他的消息。"(《鲁少飞的心境》)

**中旬** 全国高等学校开始进行院系调整。据徐中玉回忆：院系调整"分配方案公布前，已成立了一年多的华东师大中文系主任许杰教授特地和另外两位同志一道来沪江找我，先说明这是作为代表来欢迎我和蛰存先生去华东师大中文系的"。(徐中玉《敬忆朱[东润]老六十年》)

## 七月

**上旬** 先生结束了在沪江大学的教职。据徐中玉回忆：院系调整"名单正式宣布了，那就是朱东润、余上沅去复旦，朱维之去南开，章靳以回上海作家协会，施蛰存、徐中玉去华东师大。助教与尚未毕业的学生都转复旦。主持沪江思想改造工作的王零、徐长泰等干部也转去复旦工作了。规定利用暑假完成搬迁，下学年开始前，必须都到校工作"。(徐中玉《敬忆朱[东润]老六十年》)

**月内** 先生利用暑假，倾力翻译苏联作家巴希洛夫和爱伦堡的长篇小说。

**是月** 译著《渔人》，署名"曾敏达"，由上海文化工作社再版发行。

**同月** 22日上海图书馆开馆。29日《华东师大》校刊(后改称"校报")创刊。

## 八月

**上旬** 先生夫妇由沪江大学宿舍迁回愚园路岐山村家里与父母一起居住。

**月内** 先生在家里设宴为孙用调任在北京的人民文学出版社工作饯行,亦邀周煦良、韩侍桁、刘大杰、费明君和贾植芳、任敏夫妇等数位友人作陪。

另,据贾植芳回忆:"我也受邀请作陪,在他家装潢考究的客厅里用餐,那次我还喝醉了。"(贾植芳《人格·人性·人情·友情》)

## 九月

**一日** 全国高等学校进行院系调整,被分配到华东师范大学中文系担任教授、外国文学教研组副组长,月薪为180元(先生书面材料)。当时先生和徐中玉前往报到,代表华东师大中文系到校门口来欢迎的有陈绥宁等人。

另,据徐中玉回忆:"师大距蛰存家很近。因调整后教师人数多了,每人任课少了,请他主持外国文学教研组,后又改主持古代文学教研组。"(徐中玉《回忆蛰存先生》)

另,据钱谷融回忆:"在他即将成为我的同事以前,徐震堮先生是这样向我介绍他的:'施蛰存完全是一个飘飘荡荡的大少爷。'后来经过不断的接触,我觉得徐先生的介绍是非常准确而又传神的。大少爷是除了自己的兴趣与爱好以外,什么都漫不经心的。从表面上看,施先生兴趣广泛,多所涉猎;而且无论做什么,他都念兹在兹,无不全力以赴,因此都能有所成就,作出或大或小的建树。"(钱谷融《我的祝贺》)

**月内** 先生参加华东师范大学中文系教师小组开展"批判资产阶级教学思想"的学习和自我检查。

**同月** 沪江大学在全国高等学校院系调整中被撤销,各系分别并入复旦大学、华东师范大学等相关院校,校址移归上海机械学院(今上海理工大学)。

## 十月

**十四日** 下午先生出席华东师范大学召开的全校教师大会,听取教务长刘佛年关于"学习苏联,进行教学改革"的任务部署。

**月内** 先生参加拟订编写外国文学课程的部分教学大纲和教学计划。

**同月** 28日华东师范大学行政会议研究决定,成立第一届校务委员会。

## 十一月

**十日** 为与王仲年、王科一合译的苏联伊里亚·爱伦堡长篇小说《第九个浪头》交付出版而撰写"译者题记":"《第九个浪头》已经首先在苏联《旗》杂志上发表,并且同时有了英、法、德文译本。我们这个译本是从本年4月份的英文版《苏联文学》月刊所载英译本转译的,我们很乐于,并且也很急于,把这个伟大的史诗贡献给读者,因为爱伦堡同志的《暴风雨》在我国已有了好几个译本,也就已经有不少的读者在迫切期待着它的续集。我们的译本是采取分译互校的方法完成的,这也可说是一种集体翻译的工作,但是限于译者们共同的缺点——见闻不广,国际知识不够丰富,译这本书非常费力。虽然经过仔细的互校与讨论,恐怕还有许多错误,希望读者们随时发现,予以指正。在本年9月份的英文版《苏联文学》月刊上,登载了一篇维·尼古拉叶夫所写关于《第九个浪头》的评论,我们觉得这篇论文很可以帮助读者理解及欣赏这部著作,所以把它一并译出来,印在卷端,恰好是一篇很合适的序文。不过这篇评论是对于《第九个浪头》全部而言,这个译本还只是其中的第一部分,所以故事不全,尚待续译,俾成全豹,希读者注意。"

**下旬** 惠毓明绘赠花鸟画并识:"蛰存先生教正,壬辰冬日毓明写于海上。"钤印"惠泉""毓明""双梅阁"。

**是月** 译著《渔人》,署名"曾敏达",由上海文化工作社三版发行。

**同月** 人民文学出版社出版根据鲁迅全集出版社"鲁迅全集"单行本纸版、北京重印第一版、北京第三次印行鲁迅先生纪念委员会编、鲁迅著《准风月谈》《且介亭杂文》《且介亭杂文二集》《且介亭杂文末编》《花边文学》。

## 十二月

**十六日** 为译著苏联戈美尔·巴希洛夫的长篇小说《荣誉》交付出版撰写"译者题记":"我差不多间歇地费了十个月的时间译成了这部小说,但我对它的兴趣与爱好,非但不因时间拖长久而有所低落,反而一章比一章的增加起来。使我感动得最深的,是作者差不多在每章中,都能用生动的形象,具体地对这一时代的青年,社会主义社会的建设者,有所启发和教育。""这个译本是从一九五一年十一月及十二月份英文版《苏联文学》月刊所载埃萨克的英译本转译的。"

**同日** 华东师范大学进行首次教师工资调整,被定为月薪256元(先生书面材料)。

**月内** 先生父亲施亦政(次于)逝世,享年72岁。先生自述:"先君于壬辰冬弃养,遗命归葬于溪上西木坞玉屏山先伯父墓次。"(《交庐归梦图记》)

**年内** 据林淇记述:"翻译家韩侍桁教授在南京路新雅粤菜馆办了一桌酒,宴请司汤达小说《红与黑》译者罗玉君,邀来作陪的有邵洵美、李青崖、施蛰存、刘大杰、余上沅、贾植芳夫妇等人。"(林淇《海上才子——邵洵美传》)

**又** 按先生自述:"孔另境[令俊]曾和我谈起,打算收集1940年代的作家书信,加上他在三十年代编馀的资料,再编一本续集。后来,经过几次政治运动,这本续集始终没有编成。"(《现代作家书简二集·序》)

# 一九五三年(岁次癸巳)　先生四十九岁

## 一月

**十八日** 先生岳母逝世。(参见《闲寂日记》)

**是月** 先生与王仲年、王科一合译苏联伊里亚·爱伦堡的长篇小说《第九个浪头》,列入"世界文学译丛",由上海文化工作社初版印行。

**同月** 中共中央发出《关于反对官僚主义、反对命令主义和反对违法乱纪的指示》。人民文学出版社编辑聂绀弩应华东师范大学中文系之邀来校作关于《水浒传》分析报告。

## 三月

**二日** 寒假结束,开学担任华东师范大学中文系外国文学教研组主任。

**中旬** 先生与中文系许杰、程俊英等十六位教师应邀为毕业生唐谷的"工作与学习"日记本签名留念。

**二十九日** 按夏承焘日记:"施蛰存自上海来访,不遇。"

**是月** 先生以英译本转译苏联戈美尔·巴希洛夫的小说《荣誉》,列入"世界文学译丛"第47种,由上海文化工作社初版印行。

**同月** 5日《人民教育》发表社论《教学工作是学校压倒一切的中心任务》。斯大林在苏联逝世。

### 四月

**八日** 为译著保加利亚伊凡·伐佐夫小说《轭下》交付作家出版社印行"修订新版"而撰写"译者后记——关于这个译本":"根据伦敦海尼曼书局1912年11月修订新版的英译本转译的,初版出版于1952年4月。初版出版以后,由于热心的朋友读者的指教,得以在再版本中作了一些修正。现在归作家出版社重排付印,使我更有一个彻底校读一遍的机会。这回又校出了不少语文不妥顺及错误的地方,注释方面也有所改正;钱币及度量衡单位,本来已被英译者改成了英国制度,这回已参照保文原本恢复了原状。叶明珍同志,根据1952年保加利亚作家出版社所出保文版原书,帮我译出作者在1920年为第五版所写的序文,也是我很感谢的。但是,这个译本毕竟是一个转译品,我不敢有对原书负责的奢望;如果它还能够传达一些原书的精神与面目,就自以为可以满足了。"

**约在期间** 先生经常每星期六清晨从上海坐火车至苏州,在江苏师范学院兼课。先生自述,当时程千帆夫人沈祖棻(子苾)也在那里任教兼以养病,"数晤子苾,求读其词,辄谦谢不肯出"。(《北山楼钞本〈涉江词钞〉后记》)

### 五月

**二十八日至三十日** 华东文学艺术界联合会筹备委员会在上海举行常务委员会扩大会议,此次会上先生被选举为出席全国文协代表会议的代表之一。据报载:"参加会议的有华东文联筹备委员、全国文协在华东地区会员以及华东各地文艺工作领导干部和创作干部共64人。会上,中共中央华东局宣传部副部长、华东文联筹委会主任夏衍同志传达了中共中央关于整顿文艺团体加强文艺创作领导的指示,及全国文协'关于改组全国文协加强领导创作'的方案。""参加会议的全国文协会员并选出魏金枝、罗稷南、许杰、陈伯吹、屈楚、罗洪、满涛、梅林、谷斯范、陶钝、石灵、王安友、石万禹、施蛰存、冯毅之、戴岳、汪普庆等为出席全国文协代表会议的代表。"(《解放日报》《文汇报》,1953年6月5日)

**同月** 人民文学出版社出版根据鲁迅全集出版社"鲁迅全集"单行本纸版,北京重印第一版、北京第四次印行鲁迅先生纪念委员会编、鲁迅著《准风月谈》《且介亭杂文》《且介亭杂文二集》《且介亭杂文末编》。

## 六月

**一日至十日** 先生参加华东作家协会筹备委员会组织的出席全国文协代表会议代表及各地部分创作干部共52人在上海学习"社会主义现实主义理论"。

另,据报载:"这次学习时间共计10天,参加的同志分五组进行学习。学习主要内容是:胡乔木同志去年12月12日在全国文协学习会上的讲话;马林科夫'在第十九次党代表大会上关于联共(布)中央工作的总结报告'中关于文学和艺术部分;日丹诺夫在第一次苏联作家代表大会上的演讲。在学习进行中,除了阅读和讨论外,并由夏衍同志作了一次关于学习社会主义现实主义的报告。参加学习的同志们看了《金星英雄》和《葡萄熟了的时候》两部电影,以这两个作品作为对照,来增加对社会主义现实主义的体会。此外,还观摩了《曙光照耀着莫斯科》和《在新事物的面前》两个正在演出的话剧。""在10日下午举行了一次座谈会。夏衍同志和华东文化局副局长刘雪苇同志也参加了座谈。""通过这次学习,帮助了出席全国文协代表会议代表做好去京开会的准备工作。"(《新民报》,1953年6月14日)

## 七月

**二十九日** 《文汇报》刊载"暑假里读哪些书?"专栏,其中推荐先生译著苏联戈美尔·巴希洛夫的小说《荣誉》。

**同月** 27日朝鲜停战协定在板门店正式签字,朝鲜战争宣告结束。

## 八月

**是月** 译著《渔人》,署名"曾敏达",由上海文化工作社第四版发行。

**又** 译著《轭下》,由上海文化工作社出版第二次印行。

**又** 以英译本转译苏联戈美尔·巴希洛夫小说《荣誉》,列入"世界文学译丛",由上海文化工作社再版印行。

**同月** 人民文学出版社出版根据鲁迅全集出版社"鲁迅全集"单行本纸版,北京重印第一版、北京第三次印行鲁迅先生纪念委员会编、鲁迅著《南腔北调集》《花边文学》。

## 九月

**一日** 新学期开学,先生仍担任华东师范大学中文系外国文学教研组主任。

另,据张德林回忆:"全系教工人数不多,约八十左右。每周召开政治学习会议和教学情况交流会议一到两次,分成三个大组。""教授们的发言并无什么顾虑,有什么说什么,心情舒畅,插科打诨的场面也经常出现。""施蛰存教授却是趣话最多、最活跃的一位。会上请他发言,他从不推让。只要施蛰存在,会议就开得生气勃勃,有声有色。""我们尊称他施老,其实他当时还不到五十岁,正当年富力强、精力最充沛的中年时期。他中等个子,戴着一副黑边眼镜,爱抽烟斗和雪茄,颇具名士风度。""一口江南普通话,嗓音有点沙,音量可不小。他与许杰是会场上的两个老搭档。许杰是系主任,开会时难免话多了些,有时爱发长篇宏论。施老听得不耐烦了,干脆提意见:'老许,请简短些,不要老是兜圈子,这一个、那一个,别人打瞌睡一觉醒来,你还在这一个、那一个……'弄得许老很尴尬。不过许老并不介意,懂得这位才子真话直说的脾气。而施老呢,相当赏识许老的厚道,两人的私交是挺好的。"(张德林《回忆施蛰存先生若干事》)

**十日** 为翻译匈牙利 Z. 莫列支小说《火炬》交付出版而撰写"译者题记":"匈牙利对世界文学差不多继续不断地有重要的贡献,各时代的进步文学作品,都是匈牙利人民的苦痛与呼号、斗争与胜利的文学记录,这就是为甚么鲁迅先生在很早的时候,就给我们介绍了裴多菲,并且还亲自译过他的感人的诗歌。但是,匈牙利文学作品的中译本,至今还很少。""现在我把齐格蒙·莫列支的《火炬》的译本贡献给读者,只是为匈牙利文学的介绍尽一点微力。这是一部旧译稿,依据的是爱米尔·仑琪尔的英译本(1931年纽约版),因为碰到许多问题,当时无法解决,就搁置了下来。去年匈牙利文化联络局出版了一本小册子,彼得·那吉所著《齐格蒙·莫列支论》。""我觉得这篇论文,虽然还不免存在着一些问题,""但对于我们了解莫列支其人及其作品,特别是他这部前期作品《火炬》,仍有很大的帮助,因此就将全文译出,连同《火炬》译文一并付印。"

**二十三日** 在北京召开了中国文学工作者第二次代表大会,决定将原"中华全国文学工作者协会"改名称为"中国作家协会",并选举茅盾为主席,周扬、丁玲、巴金、柯仲平、老舍、冯雪峰、邵荃麟为副主席。先生自述:"五十年代初,我到北京参加文代会,曾去八道湾看过知堂一回。"(《知堂书简三通》)据批判文章《施蛰存并未"做定了"第三种人》提及:"1953年第二次全国文代大会,曾经邀请施蛰存参加,但他拒绝了出席。"(《文艺月报》,1957年第8期。按:录此俟考。)

**是月** 译著《火炬》,被列入"外国古典文学名著选译"丛书第十七种,由上海国际文化服务社初版印行。

**又** 以英译本转译苏联戈美尔·巴希洛夫小说《荣誉》,列入"世界文学译丛",由上海文化工作社第三版印行。


## 十月

**十九日** 晚上先生出席华东师范大学中文系在校大礼堂举行鲁迅先生逝世纪念晚会;中文系并于19日至21日在系办公室举办纪念鲁迅先生展览会,展出鲁迅先生的著作、画片、亲笔书简等。

**三十一日** 复北京清华大学宋振藩函:"顷得廿一日手书,知字典、皮鞋等物均已收到,为慰。《罗马尼亚评论》已在此间买到1953年第一本,如北京有第二、三、四本,便请代买。至1954年度,我已在此间预定全年了。《今日之保加利亚》(Bulgaria Today)上海亦有得买,现已买到第16期,第3、9、14、15等四期买不到。倘北京可买得,亦费神代乞惠下。《荣誉》书评未见到,手头已无存书,无以奉赠。今寄上新书《火炬》一册,此书因思想性似有问题,故不敢印出。今年因见到……故交国际文化服务社出版,适巧本月份《译文》……亦有介绍这位作家,始得放心。你如果高兴为文介绍,希望特别注意卷首评论文中对此书的论点。贵同事如精通俄文,高兴译书,当然欢迎。但目下书店决不约定译者,必须先看译稿,再定去取,故我亦无法代谋。最好请他先译一二种小书,如'火星小丛书'之类,将稿子寄来,我可以代为润饰中文,交给出版社审阅。我所能贡献的帮助,至此而已。《考古学报》或《人类学报》,不知现出几期,倘不多,可请代买寄。文史方面如有学报出版,不妨随时代办,书到当奉赵垫款也。""前托代问国际书店定书,已有联系,附及。"(按:市肆影件,有水印遮盖。)

**是月** 译著《火炬》,由上海国际文化服务社出版第二次印行。

**同月** 上旬沈从文由北京来上海博物馆出差。13日教育部召开全国高等师范教育会议。

## 十一月

**六日** 先生在上海出席华东作家协会成立大会,并参加了与会全体成员的合影。此次会议为期三天,于8日闭幕。

**十一日** 在华东师范大学中文系的学术报告会上作《关于文学语言的几个问题》演讲,讲稿有14 000字。先生自述:"1930年代后期,苏联有许多作家时行在作品中使用各地的方言、土话,甚至隐语、秽语,使读者既看不懂,又厌恶,纷纷表示意见。恰好碰上第二次世界大战,这个问题就搁了起来。战争结束后,文风愈怪,在40年代末期,从语言有没有阶级性的问题掀起了一场关于文学语言的热烈论争。苏联《文学报》发表了许多文章,斯大林也发表了论语言问题的指导性文章。这一场论争也影响到我国,有人写文章介绍了情况,也有人写文章参加了讨论。我也趁华东师大中文系举办学术报告会的机会,作了这样一个报告。这里,一部分是介绍苏联文艺界提出的论点,一部分是我的观念。"(《论文学语言·附记》)

**是月** 译著《火炬》,由上海国际文化服务社出版第三次印行。

**又** 以英译本转译苏联戈美尔·巴希洛夫小说《荣誉》,列入"世界文学译丛",由上海文化工作社第四版印行。

**又** 北京图书馆编印《荣获斯大林奖金苏联文艺作品中译本编目》,其中列有"《荣誉》,巴希洛夫著,1950年二等奖。施蛰存译,1953年上海文化社"。

**同月** 人民文学出版社出版根据鲁迅全集出版社"鲁迅全集"单行本纸版,北京重印第一版、北京第四次印行鲁迅先生纪念委员会编、鲁迅著《南腔北调集》《花边文学》;又,北京第五次印行鲁迅先生纪念委员会编、鲁迅著《准风月谈》《且介亭杂文》《且介亭杂文二集》《且介亭杂文末编》。

## 十二月

**七日** 《新民报》(晚刊)刊载马云杰《一切为了祖国的独立和自由——介绍保加利亚小说〈轭下〉(伊凡·伐佐夫著,施蛰存译,文化工作社出版)》。

**九日** 根据保加利亚伊凡·伐佐夫小说《轭下》改编摄制的保加利亚影片《在压迫下》,由中央电影局东北电影制片厂译制完成,开始在上海全市各家电影院放映。

**十一日** 在《文汇报·文化广场》发表《伐佐夫和他的"轭下"》。

**十六日** 始在《华东师大》校报发表《关于文学语言的几个问题——中文系文学专题报告的讲稿·节录》(未完)。

**三十日** 《关于文学语言的几个问题——中文系文学专题报告的讲稿·节录》(续上期)续刊于《华东师大》校报。

**约在期间** 按先生自述:"公私合营的时候,上海书画商都抛出存货,五马路古玩商场及静安寺百乐商场,都推出大批字画,我在那时候买了几十条字画和四五十个扇面、尺页,陆续送人,所存无几。这些东西有真有假,大约大名家的东西,十之九是假的,小名家的都是真的。"(复古剑函,1991年6月14日)

**又** 按先生自述:"有过一部新印本'金瓶梅词话',是戴望舒的,解放后卖了80元,给他母亲做生活费了。"("汇报",1967年)

**同月** 4日全国二十个城市开始举办保加利亚电影周,并放映译制片《在压迫下》。

# 一九五四年(岁次甲午) 先生五十岁

## 一月

**一日** 译作亨利克·显克微支《奥尔索》《为了面包》刊于《译文》月刊1月号。

**月内** 始续作辑录"唐宋典籍志逸"。

**又** 寒假继续从事翻译外国文学作品。

## 二月

**下旬** 先生改任华东师范大学中文系中国古典文学教研组主任,同时执教中文系三年级第一学期"中国文学",包括"唐宋文学""明清文学"等课程。

**约在期间** 据柳依回忆:"施老师衣着朴素,说话声音有点沙哑。他患有支气管炎,在讲课的时候,经常将一粒糖放入口中,大概是止咳消炎糖吧。初时,同学们很以为奇,后来也就不以为怪了。在当时上海华东师范大学中文系的一些名教授中,施蛰存老师受到同学们一种特别的崇敬,当面我们尊称他'施先生',私下则惯称'施才子'。他学贯中西,才气横溢。""施老师之讲课(主讲唐、明、清文学),只是发给同学们讲义,从不带参考书之类上堂,而讲起来却口若悬河,旁征博引。三个学期的授课,同

学们惊奇地发现,他从未引用过'马克思说'或'毛泽东说',他也绝口不谈自己的过去。"(柳依《忆施蛰存教授》)

**又** 据竹立回忆:"施蛰存的讲课,很有些与众不同。同学给他总结了两大特点:一是从不引经据典,在两年的教授中(每周四个课时),没有引用过一句马克思、列宁或毛主席的话。""二是不带讲稿,只在发给学生的讲义上作些批注,讲起来则滔滔不绝,对一些文学名篇(句)脱口而出,那风格是有些'才子'味的。"(竹立《我所认识的施蛰存》)

**又** 据陈谦豫回忆:"他的课,常能引得哄堂大笑。比如讲到魏晋风度,他先讲两个故事,我至今不忘。一是说刘伶纵酒放达,常在屋里脱光衣裤,赤身裸体,有人见了讥笑他,刘伶说:'我以天地为屋宇,房屋当衣裤,你们怎么跑到我裤子里来了?'二是说刘伶骗酒食肉,一天,刘伶非常口渴,便向妻子讨酒喝,妻子倒光酒,毁掉酒器,流泪劝他说:'你饮酒太多,不是养生之道,必须戒掉。'刘伶说:'很好,但我自己戒不了酒,必须先向鬼神祷告,再对鬼神发誓戒酒才行,你快去准备祷告的酒肉吧!'妻子说:'遵命。'便弄好酒肉,供在神像前,请刘伶发誓。刘伶跪着祷告说:'天生刘伶,饮酒是命,一饮一斛,五斗解酒病,妇人之言,切不可听。'于是喝酒吃肉,直至醉倒。"(陈谦豫《风趣爽利的施蛰存先生》)

### 三月

**八日** 《新民报》(晚刊)刊载蓝天《荣获斯大林奖金的小说中译本编目》,内有"《荣誉》(1950年斯大林奖金二等奖),施蛰存译,文化工作社出版"。

**同月** 《光明日报·文学遗产》创刊。华东师范大学聘请苏联专家驻校工作。

### 五月

**一日** 按夏承焘日记:"为施蛰存写条幅。"

另,夏承焘曾法书条幅:"山谷谓作诗如作杂剧,临了须打诨,方是出场。其和子瞻戏效庭坚体诗,我诗如曹邺,浅陋不成邦。公如大国楚,吞五湖三江。皆就诗言语云,小儿未知客,或许敦庞诚堪,阿巽买红缠酒缸,则打猛诨出矣。写季思论诗语应可增,蛰存先生属,夏承焘。"

另,夏承焘此后还书赠宋词欧阳修《采桑子·群芳过后西湖好》《浪淘沙·把酒祝东风》,落款"蛰存先生正之,承焘",钤印"瞿禅"。(按:书作何时,俟考。)

**十五日** 按《钟泰日录》:"施蛰存来小谈。"

**月内** 愚园路岐山村1018号寓所底层房屋,因公家需开设邮政支局而被征用,长宁区房屋管理所要求先生退租底层全部的前后两间。

**是月** 上海新文艺出版社重版王瑶著《中国新文学史稿》,书中"第二编第八章多样的小说":"施蛰存也写过《石秀》《将军的头》和《鸠摩罗什》《阿褴公主》等历史小说,他的作品很多,有短篇集《上元灯》《梅雨之夕》和《善女人行品》等,有的藉着生活琐事写一种感怀往昔的情绪,有的则用力于佛罗依德式的心理分析,写的多是小市民,多的是恋爱心理的解剖。这几篇历史小说也是如此,着重于性心理的曲折的分析,却失掉了人物的完整性格和作品的社会意义。这几篇历史小说在他作品中算是比较好的,至少比原来封建社会的故事多了一层'性的解放'的意义。他因为企图描写心理曲折,笔锋很细腻,故事结构也颇纤巧。"

另,据吴福辉记述:"谁研究过施蛰存呢?文学史已经很久将这作者隐去了,仅王瑶先生的《中国新文学史稿》因成书在1957年'反右'之前,以他开阔眼界,是把施蛰存收入其文学视野的,在那书的第八章第七节'历史小说'里,谈到施蛰存'用力于佛洛依德式的心理分析',短短一句已是石破天惊。"(吴福辉《施蛰存对"新感觉派"身份的有限认同》)

**同月** 25日上海最大的公园西郊公园建成开放。商务印书馆总管理处、中华书局总公司均由上海迁往北京,全面实行公私合营。

## 六月

**十一日** 在《大众电影》(半月刊)第11期发表《〈在压迫下〉的作者、小说和电影》。

**二十六日** 撰写《马丁·安德逊·尼克索》:"6月1日晚8时50分,丹麦著名作家马丁·安德逊·尼克索因脑溢血症,在德累斯顿寓所中逝世。6月4日的报纸上,新华社给我们报导了这个消息,它使我们感到很沉痛,感到严重的损失。"

**是月** 译著保加利亚伊凡·伐佐夫小说《轭下》经修订,由作家出版社重版。

**同月** 25日姚鹓雏在上海病逝。

## 七月

**五日** 在《文艺月报》第7期发表《马丁·安德逊·尼克索》。

**二十四日** 《文汇报》刊载介绍《〈文艺月报〉7月号》内容,提及其作《马丁·安德逊·尼克索》。

**二十八日** 《新民报》(晚刊)刊载高扬《英雄人民的斗争史诗——推荐保加利亚影片〈在压迫下〉》提及:"影片《在压迫下》是根据保加利亚古典作家伊凡·伐佐夫的同名小说(我国已有施蛰存的译本,译名为《轭下》)改编摄制的。"

## 八月

**十五日** 先生与任溶溶、李青崖、罗玉君、包文棣(辛未艾)、伍蠡甫、草婴等人乘火车赴北京,出席中国作家协会召开的全国文学翻译工作会议。

**十七日** 与上海一行会议代表抵达北京,下榻在王大人胡同华侨饭店(今东城区北新桥三条5号)。

**十八日** 全国文学翻译工作会议在北京召开,先生出席了开幕式。

另,据《文艺报》1954年第17号《中国作家协会召开全国文学翻译工作会议》报道:"全国各地应邀出席会议的文学翻译工作者共102人。会议期间,茅盾作了《为发展文学翻译事业和提高翻译质量而奋斗》的报告。郭沫若、叶圣陶、丁西林、郑振铎、老舍就文学翻译工作讲了话。"

另,据任溶溶回忆:"这一次会议全国各地去了不少翻译人,我留有一张合影,看下来上海去的代表有伍蠡甫、李青崖、施蛰存、包文棣(辛未艾)、草婴和我。大部分代表是北京的,如郭沫若、茅盾、钱锺书、杨绛、杨苡、曹靖华、楼适夷、戈宝权、余振、杨宪益、萧乾、刘辽逸、冰心、董秋斯、叶君健、金人、陈原、季羡林、朱光潜、纳训、姜椿芳、陈冰夷、孙绳武、伍孟昌、叶水夫、蒋路,以及其他地方来的徐迟、罗玉君、穆木天等。""这第一次会议周扬也出席了。这个会最重要的一件事就是发给大家外国古典文学名著丛书选题目录,听取大家的意见,会后人民文学出版社就筹备出版这套丛书。"(任溶溶《第一次上北京》)

**十九日** 先生参加会议分组的"东欧组"讨论。

**同日** 浦江清由清华园致函:"弟本拟今年暑假回南一次,乃校课结束后,事情未完,正式暑假仅8月5日起,至本月底为休息期间耳。颇为局促。前在教部开会,值王季思、刘大杰,原定搭伴南行,临时又有变动。主要原因缘会后颇感疲累,肠胃病又发,又闻卧车票难买,城乡接头不便,遂惮奔波,且为休息计,终未成行。知兄已来京,颇为欣然。静希[林庚]处亦已通知。但弟等尚未定何日进城来奉候,恐足下上下午开会均忙,匆匆亦未能畅谈。颇盼兄会后能多留三数日,不急回南,则可畅叙。在开会期间,如兄欲出城来此,则可搭北大文科研究所来往之小车,夜晚弟处可以下榻,清晨搭原车进城,直赴会场也。如遇上午休会则更便矣。(如会后因事即需回南,乞通知为幸。)"

**会议期间**　据任溶溶回忆:"我和施先生一起在北京参加'翻译会议',""在那会上施先生和徐迟同进同出。"(任溶溶致陈飞雪函,2007年11月9日)

**二十五日**　全国文学翻译工作会议闭幕。

**二十九日**　先生与孙晓村[春霆]夫妇同去香山万安公墓为戴望舒扫墓,并拍摄照片留念。(按:这幅照片刊于《香港文学》1990年7月号。)

**在京期间**　按先生自述:"我到北京开会,又去看过他[周作人]一次。"("近十年来的社会关系",1969年)

**三十日**　先生乘火车返回上海。

## 九月

**一日**　开学。继续担任古典文学教研室主任,并执教中文系三年级"中国文学"等课程。据《华东师范大学教师工作计划》,先生每周执教八小时,本学期共上课十周,其中讲课60时数,组织课堂讨论16时数,批改作文12时数;带领"教育实习"共六周,每周36时数,共216时数;还指导研究生、进修生职教工作16时数。

**约在期间**　据马兴荣回忆:"报到后被分在古典文学教研室,教研室主任施蛰存先生任我的指导老师。""施先生教三年级的'唐宋文学',我是助教。第一天上课,我老早就等在教研室,施先生来了以后,我们谈了一些其他的事,他就离开教研室去文史楼,我关上教研室门跟在他后面,他忽然回过头来问我:'你去哪里?'我说:'去听您的课。'他说:'我讲的还不就是那些东西吗,有什么可听的,你自己去读读书。'""两节课后施先生回到教研室,他对我说:'你的进修,我已经考虑过了。你去图书馆调一部《四部丛刊》来教研室,你把它读一遍。'我问:'要求怎么样?'他说:'一部一部地读,实在不感兴趣的,也可以不读,翻翻就是了。'我又问:'要不要记笔记?'他说:'你认为有用的,或者你有体会的你就记。'就这样从1954年秋天到1956年底我才完成施先生给我布置的这一学习计划。其间,他尽量保证我的读书时间。记得有一次他写了一篇关于《红楼梦》的论文，有一万多字，他叫我帮他抄写，我抄好后交给他，他拿到稿子一看就说：'哎呀，马兴荣，你何必花时间写得这么工整呀，这只要写得能认出来就行了呀。'从此，他再也没有要我给他抄写过什么东西了。我知道他不愿花我的时间，他希望我多读书。"（马兴荣《没齿难忘五十年间二三事》）

  **又** 据躲斋（姜铭）回忆："施先生的教学很不同于徐震堮，不发讲义，也没有'教材'，至多是一份简要的'提纲'。他就按这提纲滔滔不绝地讲，很少板书，讲得也快，碰到许多书名、人名，学生都如堕五里雾中，因为从来没有接触过，大有'不知有汉，无论魏晋'的味道。施先生的课虽说有过深过远之嫌，但他讲得很精彩，旁征博引，听来似乎都很清楚透彻；但一下课，复习起来，却如海上归来，一片茫茫，只觉得头绪纷乱，难以理清了。这是因为我们的底子太薄，书读得太少，至多只能照记下的笔记去硬背；至于'理解'，说实在的，差远了。那时候，我确实感到苦恼，就去找施先生，说：'先生，你提到的许多古本小说，书店里固然没有，图书馆里也没有，没法找到。不读，就理解不了先生的分析和评价。因此……'话没说完，施先生好像兴奋起来，以一种玩笑的口吻对我说：'那你来找我啊！我有。古本小说，图书馆怎么会有。除了郑振铎，就是我有，为什么不来找我呢？'我知道这话带点夸张，也带点揶揄，意思是可以向他借。老师总是喜欢学生认真读点书的，我因此提出十来本他在讲课时反复论述过的小说。书名现在已记不清楚，其中似乎有《顾氏文房小说》《西京杂记》《续玄怪录》《酉阳杂俎》等。第二天，我就应约去施先生寓所，抱了一大撂的书回来。由于多为木板书，大字本，分外地多。以后，我几乎成了他家的常客，然而无非为了借书，也偶尔谈些别的。"（躲斋《忆施蛰存先生》）

  **又** 据刘石记述："父亲[助教刘元树]却说早知道他的字好，当年系办秘书发通知到各教研室，施老是古典文学教研室主任，他总在回执上签一个'知'字，那一个字就让人过目不忘。"（刘石《回念北山翁》）

  **同月** 《华东师范大学学习研究丛刊》出版。人民文学出版社出版根据鲁迅全集出版社"鲁迅全集"单行本纸版、北京重印第一版、北京第五次印行鲁迅先生纪念委员会编、鲁迅著《南腔北调集》。

## 十月

  **十九日** 先生参加华东师范大学中文系举办鲁迅先生逝世18周年纪念活动。

**下旬** 先生因编教材之事去苏州江苏师范学院出差,顺寻访童年所居醋库巷租赁赵氏的房屋,"门巷宛然,仍如往昔,惟屋宇已凋敝矣"。

**同月** 8日据报载上海500多名青年赴新疆参加建设。24日中国作协召开关于《红楼梦》研究讨论会。31日全国文联和中国作协主席团召开八次扩大联席会议,批判《文艺报》在关于《红楼梦》研究问题上的错误,决定改组该报编辑机构。人民文学出版社出版根据鲁迅全集出版社"鲁迅全集"单行本纸版、北京重印第一版、北京第五次印行鲁迅先生纪念委员会编、鲁迅著《花边文学》。

## 十一月

**十六日** 应邀出席《解放日报》编辑部召集的批判《红楼梦》研究中的资产阶级唯心论观点问题座谈会并参加了发言。

另,据报载,出席座谈会的包括古典文学研究者,大学校长,大学中国语言文学系教授、助教,中学语文教师,《文艺月报》编委,文艺书籍出版社的负责人以及大学中国语言文学系学生等。

**二十日** 下午出席华东师范大学中文系在校大礼堂举行关于《红楼梦》研究中错误观点批判座谈会。参加这次座谈会除中文系全体师生外,校长孟宪承,副校长孙陶林、廖世承、常溪萍,教务长刘佛年和政教系、教育系、历史系、俄语系教师,以及其他各系的部分师生约九百余人,华东作家协会、复旦大学、上海师范专科学校也派代表列席,新华社、解放日报、光明日报、文汇报、上海人民广播电台等单位也派了记者到会采访。会议由中文系主任许杰主持,先生与程俊英、罗玉君、徐震堮、徐中玉、俄语系主任周煦良等十位师生代表相继在会上作了发言,"对俞平伯在研究《红楼梦》方面所持的胡适派资产阶级唯心论观点,进行了分析和批判。发言者指出:这种学术上的资产阶级唯心论观点,不仅存在于俞平伯等人身上,而且程度不同的存在于某些教师的教学和研究工作中。有几位教师在发言中联系自己,批判了资产阶级思想的影响;表示要更好地学习马克思列宁主义,继续改造自己的思想,改进教学工作"。(《新民报》,1954年11月21日)

**二十一日** 《新民报》(晚刊)刊载《华东师范大学举行〈红楼梦〉研究座谈会》。

**二十二日** 《解放日报》刊载《华东师范大学师生九百人举行座谈会,批判〈红楼梦〉研究中的错误观点》提及:"施蛰存教授说,在古典文学的研究方面,以资产阶级思想传授给青年,是一个严重的事实,彻底批判俞平伯研究《红楼梦》的错误观点,将能帮助我们树立起马克思列宁主义的学术思想,并改进教学。"

**同日**　《文汇报》刊载《华东师范大学举行〈红楼梦〉研究座谈会》提及:"会上许杰、施蛰存、徐震堮、程俊英、罗玉君、徐中玉、周煦良、张耀翔、梅公毅等相继发言。""在发言中,也有人提出了对某些问题的不同看法。"

**二十八日**　《解放日报》刊载《本报编辑部召开的批判"红楼梦"研究中的错误观点的座谈会发言纪要》:"16日本报编辑部邀请上海文化学术界人士,就批判《红楼梦》研究中的资产阶级唯心论观点的问题,举行了座谈会。""施蛰存说:俞平伯先生在《红楼梦》研究的著作中,有不少地方可以接触到中心问题,但都因不能运用马克思列宁主义进行分析和评论,他的笔,他的思想就显得无能为力了。"

**二十九日**　农历十一月初五。先生五十生辰,全家聚餐庆祝。

**月内**　华东师范大学中文系邀请了师大附中、市西中学、南洋模范中学、第一师范学校、晋元中学、第三女中等六所中等学校的语文教师28人,举行关于中学语文教学问题的座谈会,会议由系主任许杰主持,先生参加此次座谈会,并就古典文学教学工作作了发言。

**另**,与晋元中学副校长郑逸梅会晤。按先生自述:"郑逸梅在普陀区当中学校长,曾和一些语文教师到华东师大中文系来开座谈会,因此又碰见了。"("近十年来的社会关系",1969年)

**同月**　人民文学出版社出版根据鲁迅全集出版社"鲁迅全集"单行本纸版,北京重印第一版、北京第六次印行鲁迅先生纪念委员会编、鲁迅著《准风月谈》《且介亭杂文》《且介亭杂文二集》《且介亭杂文末编》。

## 十二月

**七日**　华东师范大学党委召开扩大会议,制定了开展批判《红楼梦》研究中的错误思想以及批判胡适资产阶级唯心论的计划。

**月内**　于上海书肆购得晚清粤中词人陈庆森手书未刊稿本《百尺楼词》。先生自述:"我购得此词稿时,尚不知作者为何许人。"(《百尺楼词之作者》)

**又**　在碑估黄小玄摊铺购得郑文焯传拓本《北齐桑买造像》卷轴。

**同月** 华东作家协会改名为中国作家协会上海分会。

**年内** 按先生自述:"余于1954年嘱邱芹孙拓得二本[《长春道院记》]。此碑百年间仅拓过三次。清光绪中,二酉山庄主人邱氏为缪荃孙拓之。民国初,邱氏之子竹泉为松江图书馆及修志局拓之。今则竹泉之季子芹孙为余拓之。"(按:此见《金石百咏》,又见《赵孟頫书石刻》云:"余于1959年拓得三纸,字迹完好,盖已四十年未施毡拓矣。"还见1964年5月10日日记:"邱竹泉子名芹孙,今日检得六一年拓长春道院碑发票,因觅得其名,志于此备忘。")

# 一九五五年(岁次乙未) 先生五十一岁

## 一月

**七日** 下午华东师范大学中文系举行第二次关于《红楼梦》研究中错误观点批判座谈会,全系教师出席座谈会,系主任许杰主持并首先作了发言,先生与黄仲苏、钱国荣[谷融]、徐中玉、吴林柏、罗玉君、徐震堮、罗永麟、张德林等十人相继发言。

**十九日** 先生主持华东师范大学中文系第三次关于《红楼梦》研究中错误观点批判座谈会,有十一位教师先后发言。

另,按先生自述:"师大的'红楼梦批判会'也是我主持的,我也讲了话。"(复吴羊璧函,1979年1月25日)

**二十六日** 中共中央批准中央宣传部"关于开展批判胡风思想的报告",从此开展了一场全国规模的批判胡风文艺思想运动。先生自述:"1949年之后,知识分子有五年时间比较乐观,胡风事件后知识分子就泄气了。许多文人迎合政治而去做官,但有些文人闷下来做自己的事,我就是后者。"(《中国现代主义的曙光——答台湾作家郑明娳、林燿德问》)

**下旬** 《文艺报》第1、2期合刊登载《胡风对文艺问题的意见》,其中"二、关于几个理论性问题的说明材料"提及:"在他(鲁迅)去世之前,是还对林语堂、施蛰存、文直公、刘半农等民族复古思想做了毫不留情的斗争的。"据批判文章《看施蛰存的"德":为了给胡风捧场在学生中造谣,蔑视毛主席著作推荐自己毒品》:"当胡风的文艺意见书发表后,其中有一节谈到施蛰存是一个复古主义者,施先生是很欣赏这一节文字的。当时他大概为了给胡风捧场,在群众中造谣了,说胡风是国务院秘书。这话除了造谣外,不知是否还有另外的企图?"(《文汇报》,1957年7月7日)

**同月** 20日华东师范大学成立第二届校务委员会。

## 二月

**一日** 译作符拉吉斯拉夫·莱蒙特《死》《汤美克·巴朗》刊于《译文》月刊2月号。

**同日** 《人民日报》刊载李希凡、蓝翎《胡风在文学传统问题上的反马克思主义》,文中引用胡风评价鲁迅的话:"在他(鲁迅)去世之前,是还对林语堂、施蛰存、文直公、刘半农等民族复古思想做了毫不留情的斗争的。"

**十九日** 开学。先生仍任华东师范大学中文系中国古典文学教研室主任,并继续执教三年级"中国文学"课程。

**二十日** 先生填写"华东师范大学教师工作计划表(1954—1955年度第二学期中文系)":"担任课程:中国文学(本系三年级),每周8小时,本学期共上课10周;教育实习(本系三年级)共6周。""教学工作:讲课,学期总时数60;课堂讨论,学期总时数16;批改作文,学期总时数12;领导教育实习,学期总时数216(共6周,每周36小时);指导研究生、进修生、助教工作,学期总时数16。""科学研究工作:胡适所了解的古典小说。时数24(暂以4个工作日计算)。从2月11日开始至4月13日结束。""教师个人业务及政治思想提高工作:参加政治学习时数60(以20周计,每周3小时);古典文学研究时数100(以20周计,每周5小时);阅读报纸杂志时数100(以20周计,每周5小时)。以上从2月14日开始至7月1日结束。""对学生工作:辅导时间以外的学习帮助时数17(以17周计,每周1小时),从2月14日开始至6月11日结束。""其他工作:指导编制资料索引卡及剪报工作时数20(以20周计,每周1小时);处理教研组工作时数40(以20周计,每周2小时)。以上从2月14日开始至6月1日结束。"

**月内** 按先生自述:"上海到了一大批潮州歌册,我和谭(正璧)、赵(景深)二氏都买了不少。我买了一百四十种。"(致薛汕函,1988年7月18日)

**又** 华东师范大学全校师生员工四千馀人在学校大操场上隆重集会,举行反对使用原子武器的签名大会。

**同月**　21日国务院发布《关于发行新的人民币和收回现行的人民币的命令》。人民文学出版社出版根据鲁迅全集出版社"鲁迅全集"单行本纸版,北京重印第一版、北京第六次印行鲁迅先生纪念委员会编、鲁迅著《花边文学》。

### 三月

**九日**　下午出席华东师范大学中文系在系资料室举行关于胡适文学思想批判第一次讨论会,与程俊英、张德林、徐中玉、罗玉君等13位教师参加发言。

**中旬**　先生随华东师范大学组织的中文系全体师生前往中苏友好大厦参观苏联经济及文化建设成就展览。

**二十二日**　下午参加华东师范大学中文系举行的关于汉字简化方案讨论会。

**三十日**　下午参加了由复旦大学中文系刘大杰教授应邀来为华东师范大学中文系全体师生所作"胡风对待文学遗产的反马克思主义态度"的报告会。

**同月**　25日黄宾虹在杭州逝世。人民文学出版社出版根据鲁迅全集出版社"鲁迅全集"单行本纸版,北京重印第一版、北京第六次印行鲁迅先生纪念委员会编、鲁迅著《南腔北调集》。

### 四月

**二日**　下午《文艺月报》编辑王若望应邀来华东师范大学为中文系全体师生作"批判俞平伯错误观点"的报告,先生也参加此次报告会。

**十七日**　《文汇报》刊载《我们必须战斗,打落胡风的面具》提及:"鲁迅先生后来在关于《庄子》《文选》的论争中,提醒过施蛰存不要忽略了这件事的'时代和环境':那时'正是许多人大叫要做白话文,也非读古书不可之际,所以那几句是针对他们而发的,犹言即使恰如他们所说,也不过不能作文,而去读古书,却比不能作文之害还大'。"

**二十六日**　下午先生参加华东师范大学中文系全体教师讨论许杰的一篇专题论文《胡风文艺思想的资产阶级唯心主义的本质》的座谈会。

**是月**　先生与周作人(署名"周启明")合译《显克微支短篇小说集》,由作家出版社初版印行。

## 五月

**十四日** 晚上出席华东师范大学中文系外国文学教研组为响应世界和平理事会的号召而举办的世界文化名人纪念晚会，会上由费明君、罗玉君、周缦武分别作了席勒、孟德斯鸠和吉诃德传的介绍，学生们朗诵吉诃德大战风车和席勒诗歌。

**十六日** 下午华东师范大学中文系全体教师与上海师专、上海市教育局语文研究室、华东师范大学附中及上海中学等13个单位的语文教师代表举行了座谈会，讨论怎样在中学语文教学中通过文学因素和语言因素贯彻政治思想教育问题，先生参加了分组讨论。

**二十一日** 下午参加华东师范大学"校学委分会"召开的"进一步揭露胡风反党反人民集团座谈会"，出席的各系教师一百馀人，多位中文系教师在会上发言。

**下旬** 华东师范大学开始进行工资级别评定工作，先生也数次参加中文系组织的有关学习会议。

**月内** 先生的好友、华东师范大学俄文系主任周煦良将家藏古代文学拓片四百种(计438件)，捐赠给华东师范大学中文系中国古典文学教研室。先生自述："其中有魏永熙二年造像拓片，是南北朝时代石刻艺术的精品，原石已被劫去国外，这个拓片是国内留存的少数拓片之一。此外，还有虢叔大林锺和散氏盘拓片，以及唐人墓志拓片一百数十种，都是有价值的文史研究原始材料。"(先生口述)

**同月** 13日《人民日报》发表《关于胡风反党集团的一些材料》，24日又公布了关于胡风反党集团的第二批材料。

## 六月

**八日** 晚上华东师范大学中文系教授费明君被捕。

**十日** 《人民日报》公布了关于胡风反党集团的第三批材料。

**十三日** 下午先生参加华东师范大学全体教师员工在校大礼堂举行的"声讨胡风反革命集团罪行大会"。

**中旬** 华东师范大学中文系师生先后多次召开大小批判会"揭发隐藏在本系里的胡风分子费明君"。

## 七月

**一日** 译作乔治·李森著《洛尔伽活在人民的心里》刊于《译文》月刊7月号。

**月内** 先生利用暑假时间,校读戴望舒翻译遗稿,编辑整理戴望舒译诗集《洛尔伽诗钞》,拟提供出版社印行。

**同月** 1日中共中央发出《关于展开斗争肃清暗藏的反革命分子的指示》,全国各地开展肃反运动。

## 八月

**上旬** 翻译西班牙诗人洛尔伽诗集《诗人在纽约》里的几首作品。

**月内** 李白凤由开封来信。先生自述:"得到他的信,说是在河南开封师范学院中文系教苏联文学。这又使我有些惊讶,苏联文学不是白凤的专攻,也没有听说他学过俄文,怎么居然去担任这个讲席呢?我当时便复信给他,劝他换一个工作,最好是教现代文学或古典文学。可是他回信说:师范学院是因为独缺苏联文学教师而请他去任教的。这样,我又心中纳闷,觉得无可奈何,联想起1946年他在上海社会[财政]局当一名小职员,情况正是如此。"(《怀念李白凤》)

**同月** 25日中共中央又发出《关于彻底肃清暗藏反革命分子的指示》。

## 九月

**五日** 为编辑出版戴望舒遗译《洛尔伽诗钞》而撰写"编者后记":"望舒的朋友们都知道,翻译洛尔伽的诗在他是一件十分重视的工作。一直到1948年,我和望舒在上海碰头,问起他的《洛尔伽诗钞》,他说还没有完成。""望舒突然因心脏陷落逝世,留下了不少未完成的文学工作,这部《洛尔伽诗钞》也是其中之一。作为朋友,作为爱好洛尔伽的同志,我认为我有责任把这些译稿给他整理编辑出来。这不仅是我个人为亡友服务,也因为洛尔伽的谣曲所具有的意义正是我们今天诗歌工作者值得借鉴的。""我的编校工作,因限于能力,在这方面,也说不上对于原译能有多少提高。我只在语文上稍稍做了些润色工作而已。望舒的遗稿中没有一篇《诗人在纽约》这个集子里的作品。为了弥补这个缺憾,我原想补译两首最重要的诗,即《给哈仑区之王的颂歌》及《惠特曼颂歌》。我借到了西班牙文原本,也有英法译本做参考,但是每篇都无法译好,因此只得藏拙。但为了不让洛尔伽这一段的创作生活在我们这个集子里成为一个空白,我还是选择了一首短短的《黎明》聊以充数。"

**月内** 华东师范大学按照中央"七·一""八·二五"指示规定,进一步在全校开展肃清一切暗藏反革命分子的运动。据张德林回忆:"某天下午突然召开全系教工大会,由校长办公室主任××带来了一批四年级学生,把会场挤得满满的,让施蛰存坐在会议桌的边上。××坐在中央,气势汹汹地宣布'批判施蛰存反动思想'大会开始。多数教师毫无思想准备,面面相觑,唯恐缠到自己头上。会场上鸦雀无声。于是,学生们来了一次喧宾夺主,唱了主角,吼声大,内容少。几个青年教师中的骨干分子,稿子预先写好的,接着连续发言批判。徐中玉教授与施蛰存在沪江大学时是老同事,情况无疑是最熟悉,也最有发言权。他说:'老施学识广博,很有才气。他当然也有缺点,批评要具体分析,实事求是……'话还没有说完,××勃然大怒,拍桌子指责徐中玉'丧失立场',并立刻宣布施蛰存有所谓的'反革命情绪'。这个会的性质和中心内容是由'揭发胡风反革命集团罪行'到'深挖一切反革命分子',主调是由校部'深入开展运动'的需要预先设计下来的,谁不按照这个基调'上纲上线',谁就是'丧失立场'。徐中玉有点'不识时务',唱了反调。可是徐教授性子刚烈,说一不二,根本不买××的账,你拍桌子,我也拍桌子,立即义正辞严地反驳说:'你××居心险恶,简直是个贝利亚,想置人于死地!'两人吵得不可开交,会场乱成一片。""自从那次'批施大会'以后,校部不让施老在讲台上'放毒'。施老家在愚园路,'闭门读书',干脆不来上班了,他当时的心态是'火烛小心'。"(张德林《回忆施蛰存先生若干事》)

另,据《华东师大》校报刊载中文系一位教授批判文章:"肃反以后,很明显的,你[指先生]完全抱着火烛小心的态度。什么事不管,什么话不说,开会尽量逃避,这学期的教研组会和政治学习,查查纪录看,你出席了几次。大家订《参考消息》,你不订,你说你嘴巴不好,有什么消息泄漏,大家会疑心你,干脆不定,将来有问题,也扯不上你。其他工作作风方面,你改变了什么呢?丝毫没有,你这样做的动机是什么呢?不客气说,完全没有认识自己的错误,反而对别人苦口婆心的帮助抱着抗拒的态度。你以为本来没有错,不过嘴太快,人家抓住你一言半语的小辫子整你;或许你话也没有说错,只是人家误会你,歪曲你。好,现在不说了,看你们还有什么小辫子可抓!可是你错了,事情没有这么简单,""何况我们干教学工作的人,就是一天到晚要说话,'言者心之声',你能永远不漏出一点底来吗?你抱着这样的态度,没有真诚接受别人的帮助,相反地只在其中汲取一些过关地经验。"(《施蛰存应该端正对待改造的态度》,

1957年7月15日）

## 十月

**十四日** 下午参加华东师范大学校长传达"全国文教会议精神"的教师大会。

**十九日** 晚上先生参加了华东师范大学中文系在校大礼堂举行的"纪念鲁迅逝世十九周年晚会",共有一千馀名师生出席。

**月内** 华东师范大学中文系正式开展"胡适文学思想批判"运动,先生先后三次参加了全系全体教师的集体讨论,每次讨论会都围绕一个批判题目。

**同月** 文字改革委员会和教育部在北京联合召开全国文字改革会议,研究解决简化字和推广以北京话为标准的普通话。

## 十一月

**四日** 华东师范大学开始开展全校师生"学习联共(布)党史"活动,先生也经常参加中文系组织的教师学习会议。此活动至翌年1月13日结束,共11周。

**是月** 先生与杨霞华、张运南合译丹麦马丁·安德逊·尼克索的部分短篇小说编成《尼克索短篇小说选》,列入"文艺译丛",由上海文艺联合出版社初版印行。

**同月** 15日《华东师范大学学报》出版创刊号,由上海新知识出版社出版。

## 十二月

**二十四日** 华东师范大学党委在研究寒假前的工作时,指出当前工作的根本问题是正确贯彻党对知识分子的政策,提出"从历史发展的观点重新估计知识分子的进步,明确他们在建设中的重要作用,检查自己执行党的知识分子政策和中央要求的距离,找出原因,加以克服"。

**二十七日** 先生与作家出版社(人民文学出版社)签订译作《荣誉》的"约稿合同"(作字第140号)。

**同月** 5日中共中央批发《中国作家协会党组关于丁玲、陈企霞等进行反党小集团活动及对他们的处理意见的报告》。

# 一九五六年（岁次丙申） 先生五十二岁

## 一月

**十四日** 先生继续担任华东师范大学中文系中国古典文学教研室主任。

**同日** 周恩来总理在中共中央召开的关于知识分子问题的会议上作了《关于知识分子问题的报告》。华东师范大学"紧跟中央精神，分析学校的具体工作，检查和批评在知识分子问题上的右倾保守和宗派主义的现象，提出学校关于知识分子工作的意见，并上报市委，具体安排好教学和科研、改善知识分子的工作和生活条件"。（《华东师范大学校史》）

**三十一日** 上午先生出席在华东师范大学大礼堂举行的"华东师范大学第一次科学讨论会"开幕式。

**约在期间** 据冷寅顺回忆："施先生和程俊英教授考我们'中国文学'，我得了5分。记分后由教务处登记，并加盖教师的名章。我发现施先生的名章（橡皮的横行的，扁而小，以便印在记分册上的表格内）字迹竟是'施垫存'。按说这刻错的名章对先生也是大不敬，但施先生并不介意，由着中文系办公室一直使用着。"（冷寅顺来函，2008年9月30日）

另，据华东师范大学校长孟宪承、中国语言文学系主任许杰签发《华东师范大学记分册》，1956年—1957年三年级第一、二学期考试课程"中国文学"，教师姓名、主考人签名两栏名章均为"施垫存"。（《华东师范大学记分册》，编号5403261）

**是月** 译著丹麦马丁·安德逊·尼克索长篇小说《征服者贝莱》第一卷"童年"，由作家出版社初版印行。

**同月** 28日国务院全体会议通过《国务院关于公布汉字简化方案的决议》《国务院关于推广普通话的指示》。

## 二月

**一日** 先生全天在学校文史楼301室参加"华东师范大学第一次科学讨论会"分组讨论，先生还在讨论会上宣读了论文《汉乐府建置考》，并有油印本发给与会代表。

**二日** 上午先生继续参加文史小组的讨论，下午在大礼堂出席"华东师范大学第一次科学讨论会"闭幕式。

同月　9日中国文字改革委员会公布《汉语拼音方案》(草案)。

## 三月

一日　本学期先生仍担任本系三年级"中国文学"课程,每周八时数。

二十九日　《华东师大》校报头版刊载新闻消息:"本校采取各种措施,改善知识分子工作、生活条件,包括在交通、医疗、住屋等方面。"

同月　7日杨振声在北京病逝。

## 四月

一日　华东师范大学第一次职称评定工作结束,评出一级教授2名,二级教授26名,先生等73位教授被评为三级教授。

五日　先生与徐中玉、徐震堮、徐德嶙、吴泽等一起乘火车赴北京,参加教育部召开的全国高等大学古典文学及中国通史教材座谈会。

六日　按夏承焘日记:"往正阳门招待所报到,云开会地点已移北新桥王大人胡同京华饭店。"

七日　按夏承焘日记:"晨晤徐声越、施蛰存、徐德隣[嶙]。"

八日　按夏承焘日记:"午后2时半教部召开之古典文学及中国通史教材座谈会开第一次会议,陈司长主席,谭丕谟、张毕来作报告。遇李长之、启元白、谭丕谟、牛仰山、马茂元、杨公骥诸君。"

九日　按夏承焘日记:"今日上下午皆开讨论会。"先生参加中国古典文学组讨论。

十日　按夏承焘日记:"终日开小组会,讨论西南师院汉魏六朝文学大纲。""夕北师大招待往实验剧院看上海杂技团表演。"

十一日　按夏承焘日记:"上下午皆小组讨论。"

十二日　按夏承焘日记:"上午大会,各小组长汇报。午后先开小组会,4时开小结会。谭丕谟、陈选善司长作报告。夕教育部招宴,柳湜部长来。"

十三日　按夏承焘日记:"晨与声越、子耀、施蛰存同往北京大学访浦江清,新在协和医院治胃溃疡。""12时与子耀、蛰存啖西餐于莫斯科餐厅。""午后观动物园。""夕人民文学出版社、光明日报、文学遗产、文学研究所,合宴古典文学各代表。"

**十六日** 先生与徐中玉、徐震堮、徐德嶙、吴泽等一起乘火车离开北京返回上海。

**二十七日** 下午先生参加华东师范大学全体教职员大会,听取刘佛年教务长传达"第二次全国高等师范学校会议"的概况和精神。

**是月** 作家出版社出版刘绶松著《中国新文学史初稿》,其中"第三编第二次国内革命战争时期的文学(1927—1937)·第六章本时期的诗歌·(一)两股逆流——'新月派'和'现代派'的诗"提及先生所作《又关于本刊中的诗》。

**同月** 28日上海《文汇报》又停刊。

### 五月

**上旬** 为购得《碧桃馆词》撰作"跋"(署名"杭人施舍"):"清道咸间,吾杭有女词人吴蘋香、赵我佩,声名鹊起,吴世次略早,其《花簾词》《香南雪北词》二集,皆刻于道光中叶,流传甚广,今犹易得。赵之《碧桃馆词》,则罕有见者,余昔年仅从《小檀栾室百家闺秀词》中得读之。近日始获此原刻本,乃知其刊成于咸丰八年秋,时太平军已起事,不久,杭城陷落,书版同罹浩劫,故此书传本绝少也。此本凡四十八页,写刻极精,白纸初刷,魏滋伯题签,前后无序跋,不知是否佚脱。徐积馀刻《闺秀词》,尽去原书题跋,故不可据徐刻断其原无序跋也。""因知此本乃作者手书。妇人著作以自写本锓版者,余所知惟此一集,当与吴彩鸾、唐韵等贵,不独其歌词之婉丽,为可珍也。"

**十六日** 先生出席中国作家协会上海分会第二次会员大会开幕式。

**会议期间** 先生结识上海博物馆沈宗威。(复陆维钊函,1976年2月21日)

**二十日** 出席中国作家协会上海分会第二次会员大会闭幕式并参加合影。

**二十四日** 全国人大代表和政协委员高士其、冯友兰、王瑶、陈岱孙等四人来华东师范大学视察工作,了解关于教学、科学研究、知识分子等各项问题,先生也列席相关的座谈会。

**二十七日** 晚上先生出席华东师范大学中文系在校大礼堂举行的"世界五大文化名人纪念会"。

**同月** 2日毛泽东主席在最高国务会议上提出在文学艺术和学术研究中应该实行"百花齐放、百家争鸣"的方针。25日上海古籍书店开业,由新华书店古籍门市部与修文堂、忠厚书店、温知书店、汉文渊4家古旧书店组成,店址在福州路424号。

## 六月

**是月** 为戴望舒遗译编成《洛尔伽诗钞》,署名"戴望舒译、施蛰存编",由作家出版社初版印行。

另,据王央乐回忆:"这部《洛尔伽诗钞》也是施蛰存先生从戴氏遗稿中整理出来的。施先生为其亡友做这些工作,我非常钦佩他友情之深厚。"(王央乐《读戴译〈吉诃德爷〉残稿》)

**又** 《邮电部上海市市内电话局电话号簿·1956年》印行,刊有先生寓所电话号码。

**同月** 25日华东师范大学中文系编辑《语文教学》(双月刊)出版创刊号。

## 七月

**五日** 先生由华东师范大学安排赴杭州屏风山上海总工会疗养院休假一周。

**十一日** 蔡润生为先生在疗养院楼前拍摄留影。

**同日** 按夏承焘日记:"午后施蛰存来,云五六日前自沪来屏风山休养院休养,明日返沪。"

**十五日** 在《光明日报·文学遗产》发表《百家争鸣,研究古典文学的方向》:"我们的百家争鸣和战国时代的百家争鸣,只是现象上的一些类似。但另外,也还有一些应该类似或相同的地方。""百家争鸣决不是大家来放乱箭!""我热烈拥护中央号召的百家争鸣运动,尤其是在古典文学研究工作上,深切地体会到有此必要。""但学术上的问题永远不会穷尽,所以百家争鸣的热闹现象也应该永远是我国学术自由的光荣标帜。"

**三十一日** 先生与许杰、徐中玉、徐震堮、吴泽等一起乘火车赴北京,参加教育部召开的全国高等师范大学中国文学、历史教学大纲会议。

**月内** 开始翻译以色列女作家罗丝·吴尔著的儿童文学作品。

**同月** 1日《萌芽》创刊号在上海出版。

## 八月

**一日** 早晨与许杰、徐中玉、徐震堮、吴泽等抵京,下榻于西直门外西苑大旅社。

**三日** 早晨8时前往北师大新校舍参加中文、历史教学大纲讨论会之预备会。

按夏承焘日记:"柳湜部长致词,谓年来高师教育出许多问题,是否学苏联学错了,或学苏联不结合中国今日实际之错误,我们对文化遗产接受太少,中国历代教育有其特点,须重新考虑。近来拒绝资本主义国家教育之学习,亦须重新考虑。又谓古典文学与中国史教学问题最多,大学毕业生必须能读古文作品,即《东都赋》亦肯定的必须读。作论文不应以三四手的材料自足。文史馆中老先生能教作品,使学生读懂书,即不懂理论亦好,此可解决高师师资问题及知识分子失业问题云云。穆木天、徐声越、杨公骥发言,11时半散,冒大雨归。""中国古典文学大组主席是谭丕谟、杨公骥及予三人,予又为古典组第三段小组召集人。"

**四日** 上午参加中国古典文学组的大组会议。

**六日** 上午参加在辅仁大学旧址举行的开幕典礼,听取柳湜部长报告制订教学大纲及修改教学计划。下午参加"古典文学唐宋部分"小组讨论,与夏承焘、启功、韩文佑、杨公骥、高熙曾、高文、李世刚、沈启无同组。

另,按先生自述:"和启功同志编在同一组,因此相识,天天在一起讨论。他写了一柄扇面送我,我才初次见到他的书法。"(《杂览漫记》)启功在《林纾作于壬戌五月山水扇面》背面法书"东坡诗"并题记:"蛰存先生察书,启功。蛰老访林畏庐画,因以此扇为赠,此扇为畏庐晚年的笔,功再识。"

**七日** 参加夏承焘主持的古典文学大组会议,听取浦江清、林庚报告综合性大学编订教学大纲经验教训,11时散会又参加小组讨论。午后参加小组讨论会,议定大纲体例及日程。

**八日** 全天参加小组会议,讨论唐宋文学部分。

**九日** 按夏承焘日记:"终日开小组会。夕偕各代表往铁道学院看京剧,李多奎演佘太君,马连良演一捧雪。"

**十日** 参加小组讨论会。在《语文教学》8月号发表《注释·散文教材》。

**十三日** 全天继续参加小组讨论会。

**十五日** 上午参加古典文学大组讨论会,具体讨论各小组关于"体例与分段"问题。按夏承焘日记:"到会代表三四十人,发言踊跃,意见颇不一致。"

**十六日** 上午参加大组讨论会议。下午参加小组讨论,并作此次会议的总结。

**十七日** 按夏承焘日记:"上午大组会,开修改大纲会议,议论蜂起,至午方散。"

**十八日** 按夏承焘日记:"午后4时在北师大新校舍开中文、历史教学大纲讨论会闭幕式,柳湜部长与北师大黄教务长报告教学大纲及教学计划改革。7时柳部长与陈垣校长招宴。"

**在京期间** 按先生自述:"1956年,我两次去北京开会,都到东堂子胡同去看望从文。他说正在收集各地出土的古锦残片,一件一件的装裱起来,想编一本《古锦图录》。他还拿出几个裱好的单片给我看,我觉得很有意义。"(《滇云浦雨话从文》)

**二十日** 先生与许杰、徐中玉、徐震堮、吴泽诸位乘火车离开北京返回上海。

**同月** 1日上海松江县图书馆经重建后恢复开馆。10日国内最大的美术馆上海美术馆正式开放。24日毛泽东主席在与音乐工作者谈话时,进一步阐明了"古为今用、洋为中用、推陈出新"的方针。

## 九月

**十二日** 出席华东师范大学新学期开学典礼。本学期仍任中文系中国古典文学教研室主任,并主要任教中文系三年级的"中国文学"课程。

另,据储仲君回忆:"讲的是唐宋文学这一段,每周六课时,在当时这就是最重的课了。施先生讲课不喜欢照本宣科,显然,他以为文学史教材上有的东西,学生自己看就行了,点到就是,不必多讲;他更愿意讲自己有心得、有研究的东西。唐代俗文学、变文讲得比较多,这些在文学史上是很少涉及的,但对后来小说、戏曲的发展影响很大。讲唐宋词的时候,又讲了不少版本学的知识。我还记得他讲李后主的那天,带来了四五种李煜词的本子,让我们比较。""渐渐的,施先生成了我很喜欢、很尊敬的老师。"(储仲君《施蛰存老师》)

另,据陈谦豫回忆:"施先生天性自由,对他有兴趣和爱好之外的任何事物,似乎都举重若轻,漫不经心。教研室讨论问题或政治学习,他常是三言两语,轻松、风趣,从不长篇议论。"(陈谦豫《风趣爽利的施蛰存先生》)

**二十三日** 在《光明日报》发表《保加利亚文学的光荣传统——纪念保加利亚诗人保泰夫和瓦佐夫》。

**二十五日** 为译成以色列罗丝·吴尔著《智慧帽》(和其他故事十三篇)交付出版撰写"译者题记":"这本故事集的作者罗丝·吴尔,是在文化战线上从事民族解放斗争的一个坚强的战士。""现在翻译的十四篇故事是从她的两本儿童故事集——《智慧帽》和《一束花》里头选出来的,这些都是她近年来的作品。罗丝·吴尔同志很高兴她的作品有了中文译本,她不但特地为这个中译本写了一篇序言——《千真万确》,而且还供给我们许多杰出的插图。这些插图是犹太文原本故事集中用过的,在我们这个中译本用过之后,可能还将出现在许多别的国家的翻译本上。插图的作者路特维希·许惠林是著名的以色列画家。""关于这本书的介绍到此为止,现在请小朋友们翻到下一页,看作者自己的序言和她的美丽而意义深刻的故事罢。"

**下旬** 华东师范大学开展工资改革,教师增长工资约11%—14%(上海地区)。

**同月** 1日华东师范大学中文系主任许杰受教育部调派赴京,准备赴苏联讲授"中国现代文学"(后该项赴苏计划被取消)。20日上海《解放日报·朝花》创刊。

## 十月

**一日** 国庆节。《文汇报》复刊,"笔会"副刊也再次恢复,每周出版5期。生自述:"《文汇报·笔会》准备复刊前夕,编辑部召集了一个约稿座谈会,柯灵通知我参加了。会后,我就找了一篇唐诗赏析的稿子,抄好寄去了。"(先生口述)

另,据徐开垒回忆:"编辑部不但把柯灵过去联系过的作家艺术家,重又接上关系,还按形势发展,进行扩大。宋云彬、施蛰存、沈尹默、王统照、丰子恺等,'在解放后六七年中一直没有动过笔,这时才开始写文章'。其他还有巴金、傅雷、叶恭绰、阿英、夏枝巢、伍蠡甫、张伯驹、吴祖光等"。(朱强《渡尽劫波"笔会"在》)

**二日** 为与朱文韬据俄文本重新合译苏联巴希罗[洛]夫长篇小说《荣誉》交付出版撰写"译后记":"1950年斯大林文学奖金的得奖作品里,有两部鞑靼作家的小说。""另一部就是我在这儿用中文译出的《荣誉》,巴希洛夫最近的,也是最好的作品。这部小说,使我感动得最深的,是作者差不多在每章中,都能用生动的形象,具体地对这一时代的青年,社会主义社会的建设者,有所启发和教育。""在艾西露和孟苏洛夫的言行中,我看到了十全十美的党员典型。他们对工作同志的照顾和同情,他们处理工作的虚心与细密,他们领导群众的大公无私,处处都显示出,在社会主义社会的伟大建设工程中,这样的领导者是少不了的。此外,还有季美里,我想没有一个读者会不觉得这位老丈的可敬可爱。他的劳动热忱,他的忘我精神,也使我非常感动,作者叙述他在医院里那一节,我相信一辈子都能记得。""在新社会里,这些糜烂的思想和行为,必然会,也必须要,清洗掉,我们在这部小说中,又得了一个具体形象的说明。使我深刻体会的地方实在太多了,例子都举不胜举,好在全文已放在读者面前,可以各人随自己的注意点去汲取经验与教训。我相信,凡是使你感动的地方,一定也正是你缺点所在的地方,正如我的体会一样。因此,我觉得这部小说,对于当前的我国是很有意义的。""我们那些在土地改革后涌现出来的新的农民可以向这部小说里学习到很多的东西,就是一般的青年也可以从这部小说的个别事例中取得教益。例如做人民教师的应当学习哈伊达和戈尔查巴尔,音乐家应当学习金那特,画家不能不学习阿尔菲娅,少先队员应当以沈蒲尔为模范,而娜菲赛的新伦理观念尤其是我们新妇女所应该注意的。至于怎样发挥集体农庄成员的积极性这一问题,在我国目前农业合作化高潮中,我相信这部小说也应该可以对许多工作同志有不少帮助。我的译文最初是从1951年11月及12月份英文版《苏联文学》所载埃萨克的英译本转译,并参考契尔托娃的俄译本。那个中译本曾在1953年由上海文化工作社印行过。后来我又得到1953年莫斯科出版的法伊佐娃的新俄译本,是个较好的译本,而且内容也跟契尔托娃的俄译本及埃萨克的英译本不同,因为原作者已修改了一部分。为了更忠实地将这部作品介绍给我国的读者,我请朱文韬同志合作,并得明耀五同志的帮助,根据法伊佐娃的俄译本加以修改——不,几乎是重译,成为现在这个译本。"

**四日** 《文汇报》"文化走廊"专栏刊载:"施蛰存正在翻译丹麦作家尼克索的长篇小说《征服者贝莱》,全书共有90万字,分为四部,除第一部已出版外,第二部'学徒生活'也已译成付排,现正在赶译第三部'大斗争'。"

**六日** 在《文汇报·笔会》发表《秦时明月汉时关》。

**十二日** 重阳节。在《文汇报·笔会》发表《闲话重阳》:"今天是阴历九月九日,也就是重阳佳节。""但重阳这一个秋游的节日却非常冷落了,这或许是由于清明节正当春假期间,而重阳节却不放假的缘故,但另外或许还有别的理由。"

**十四日** 上午先生前往虹口公园出席鲁迅墓迁葬仪式。

另,据徐宗琏回忆:"华东师大中文系部分同学接到了参加迁葬仪式的请柬,我有幸也接到了一张。那天,阳光灿烂,金风送爽,上海市委、市人民政府、文艺界人士以及复旦大学、华东师范大学中文系部分师生参加了在虹口公园举行的迁葬仪式。记得那天虹口公园对外停止开放,我们乘校车于上午8时左右到达了虹口公园。""当时教我们唐代文学的施蛰存先生也前来参加了鲁迅的迁葬仪式,我看到他神色似乎有点凝重,很用心地瞻仰着鲁迅墓地的一景一物。"(徐宗琏《忆鲁迅墓迁葬》)

**十九日** 晚上先生参加了华东师范大学中文系在校大礼堂举行的"鲁迅逝世二十周年纪念会",会上系主任许杰作了"学习鲁迅先生的精神,搞好语文教学工作"的报告,系副主任徐中玉作了"鲁迅先生论文学研究的方法",还放映了电影《祝福》。

**二十日** 晚上先生观看了华东师范大学中文系同学演出的六幕话剧《阿Q正传》。

**二十二日** 按夏承焘日记:"得施蛰存函,谓新读予'词人十谱'。"

**二十三日** 为纪念鲁迅逝世二十周年,在《文汇报·笔会》发表《吊鲁迅先生诗》并"序":"余早年[岁]与鲁迅先生薄[偶]有粗龃[龃龉],几[竟]成胡越。盖乐山乐水,识见偶殊。宏道宏文,志趋遂别。忽忽二十馀年,时移世变,日倒天回。昔之殊途者同归,百虑者一致。独恨前修既往,远迹空存,乔木云颓,神听莫及。丙申十月十四日,国人移先生之灵于虹口公园。余既瞻拜新阡,复睹其遗物。衣巾杖履,若接平生。纸墨笔砚,俨然作者。感怀畴昔,颇不能胜。夫异苔同岑,臭味固自相及。山苞隰树,晨风于焉兴哀。秉毅持刚,公或不遗于睢盱。知人论世,余岂敢徇于私曲。三复逡巡,遂怆恨而献吊云。"

另,据陈兼与记述:"至人事往还间作品,以《吊鲁迅先生诗》一首最有价值。""怀贤溯往,静气平心,生虽割席,死而负荆。原属学术之争鸣,终为世人所共谅,文坛一哄,反成佳话,是必传之作也。"(陈声聪《荷堂诗话·施蛰存》)

**二十五日** 先生参加了华东师范大学中文系举办的"纪念鲁迅诞生七十五周年报告会"。

**三十日** 《新民报》(晚刊)刊载太凡《谈新版"鲁迅全集"编印上的改革》提及:"读了文汇报的施蛰存《吊鲁迅先生诗》,颇想查一查施先生所说的'余早年与鲁迅先生薄有粗龃,几成胡越'到底是怎么回事。翻开二十卷旧版本,凭线条指引,见到'庄子''文选''晚明二十家小品''施蛰存''现代''杜衡''第三种人'等等便停下来,从《准风月谈》翻到《且介亭杂文二集》,不过两小时,十多篇有关的文章全找到。"

**三十一日** 《文汇报·笔会》刊载萧充《就正于施蛰存先生》:"读了施蛰存先生的'吊鲁迅先生诗并序',有两点感想。""施先生在当年把这场论争说成'此亦一是非,彼亦一是非',今天依然如故,从明辨是非这一层来看,荏苒二十多年,施先生的勇气还是不足,进德还是不猛,是不是还有一点'徇于私曲'呢?"

**同月** 28日沈从文来到上海出差,于11月6日返回北京。

## 十一月

**二日** 下午4时半华东师范大学师生员工六千馀人在校文史楼前大草坪举行集

会"抗议英法侵略埃及和支持埃及的正义斗争",先生也参加了这次集会。

**十八日** 《文汇报·读者的话》以题为《不应该对他冷漠!一个有缺点的知识分子的遭遇》,刊载读者陈道怡来信:"我有一位老师叫夏原,""今年52岁,抗战期间曾在革命队伍里做过美术、舞蹈工作,解放后部队文工团又多次约他指导舞蹈的基本训练,并曾经是上海市第一次文化艺术界代表大会代表。由于夏原长期没有固定工作,生活困难,""上海这样大,舞蹈人才这样少,为什么没有他的工作机会?夏原不是游民,也从未做过危害社会治安的事,为什么要被收容在劳动教养所?"别附"编者按":"本报记者对这封来信作过初步调查,""夏原弄到如此田地,固然他本人要负很大责任;但有关方面对这样一个有专长的知识分子(虽然他有较多的缺点)长期弃置不顾,却未必妥当。这是和中央的知识分子政策精神不相符的。上海市文联负责处理此一事件,已将近四月,仅仅开了一次座谈会,写了一篇调查报告,到现在还未作出实事求是的处理办法,为什么作事这样拖拉呢?"

**二十三日** 在《文汇报·笔会》发表《夏原和知识分子》:"18日文汇报'读者的话'栏内记载了夏原的事情,读后不免有点感想。我并不认识夏原,但记得在抗战时期看到过十几张以贵州苗家生活为题材的木刻,那作者署名是夏原,当时的印象觉得也还不坏。如果今天在劳动教养所里的夏原就是青年从事木刻艺术工作的夏原,我想陈道怡君为他老师的呼吁是应该的。从编者的按语看来,可以明白夏原之所以被送进劳动教养所当作游民处理,主要是由于他的自高自大发展得太突出了。""我的感想是因夏原而联系到知识分子的自高自大,这问题有关于知识分子的改造。""我所谓极自然的教育方法,就是给他以工作。""夏原如果从前确是个非常自高自大的人,可是'几年来,他到处奔走,要求职业,连机关的传达都乐于去做'。这说明他的自高自大已经消耗到连一个艺术家的自信心都崩溃了,然而人们还把他当作一个游民处理,这又怎么能怪他要认为是'宗派主义的排挤'呢。"

另,按先生自述:"夏白[原]是搞舞蹈的,据说曾在四明山打过游击,解放后住在精武体育会。""当时他写文章向各报呼吁,也有人去调查过,在报上发表了调查经过情形。""我和夏白[原]并不认识,也不了解舞蹈界的事情,不过因看到报上的材料,就写了一篇杂文,为他呼吁。""这篇文章发表后,夏白[原]曾来访问我,表示感谢,并向我说明舞蹈界几个权威倾轧他的情况。他大约来过二次,以后就再没看见。"("关于解放后我在报刊上发表的文章及所用笔名",1967年)

另,据批判文章《施蛰存并未"做定了"第三种人》提及此文:"更露骨地反对要求

知识分子进行思想改造。"(《文艺月报》,1957年第8期)

**二十四日** 复北京徐迟函:"要出诗刊,而且是克家和你编辑(还有一位我不认识),真可高兴。可惜我对创作已成放弃局面,写不出东西来了。译诗、诗话或介绍,也许还可以贡献一点短稿,此刻暂不开'支票'。不过,《诗刊》这名称总嫌太老实及单调,是不是可以换一个不像图书分类项目的刊名? 望舒译诗容整理,恐怕以 symbolist 为多,怎么办? 11月还有8天,在此期限内无法应命,我这学期教课甚忙,外加还要赶译 Nexo 的'贝莱'第三部,所以这件工作怕要拖到12月底1月初才能抽出五六天来做。暑中在杨静处取了一些望舒遗稿,发现了严文庄的旧稿 James Stephens 的小说 *A Crock of Gold*,不知此人现在何处? 你说要不要设法让她找个出版处? 这部稿子我也带来了,因为原本也在我这里(望舒书中不见得,由我保留下来的)。煦良虽在同一校工作,可是不常见面,这10天中还未碰到过,等见面时当将这个好消息告诉他。"(按:此函现存中国现代文学馆,年份可见崔庆蕾《施蛰存信札两封》之考证。)

**同月** 上海古典文学出版社成立,该社是在上海文艺出版社古典文学编辑组基础上设立的。

## 十二月

**一日** 下午华东师范大学中文系邀请上海第一师范学院中文系全体教师来校里共同联欢座谈,先生参加了这次活动。

**十五日** 在《文汇报·笔会》发表《咬文嚼字》:"例如'坦白'、'靠拢'、'支援'、'联系'、'打通思想'、'克服困难'、'如所周知'、'做好准备',这些都已经成为目前每个人的口头语,现在讲的时候不觉得它们有什么了不起,但是仔细想一想,就可以发现这些词语所代表的思想情况,在从前是很难适当地表达出来的。我最欣赏'坦白'这个词语。""有一个新词语,却使我感到很为难。五四运动叫我们把'拙荆'、'贱内'、'内人'、'内子'、'老婆'、'家小'、'屋里'以及'阿大的娘'一概废弃,改用'太太'。现在大家都不说'太太'了,现在叫做'爱人'。这个名词,不知怎的,我这张五十多岁的嘴巴里,总是叫不出来。听见七十多岁的人在把他的尊夫人叫作'爱人',我真是衷心地佩服不已。我没有勇气用这个名词,一半固然因为它似乎太青年性了,中年以上的人用起来有点'肉麻当有趣',另外一半理由却是以为它的意义不够明确。""在社会主义社会里,每个男子除了'妻'以外不再有'爱人'。但是我们如果向一位国际友人介绍自己的妻子,说这是'我的爱人',他一定会怀疑,或者竟要偷偷地打听一下,这位女客到底是他的妻子还是他的外室?或者他会诧异,怎么中国人竟把他的外妇公然介绍给人家,这倒是社交上少有的事。""我个人虽然不很赞成,也不习惯'爱人'这个名词,但也不抹杀它的好处。"

**中旬** 华东师范大学中文系古典文学教研室举行了第三次科学讨论会,由先生主持会议,主要讨论几首高中语文课本中的汉乐府诗。首先讨论的问题是《孔雀东南飞》产生的时代,先生发言认为,"在诗的序文里面,一开始就提到'汉末建安中',故事可能发生在这个时期,但这首诗是在建安以后写成的"。会上还对这首诗所反映的主要矛盾,以及对"孔雀东南飞"和"羽林郎"里面的一些比较费解的语句也展开了讨论,先生也参加了"热烈争论"。

**二十五日** 为三年级班讲"唐宋文学"课程,据当天听课的一位学生在翌年批判文章《施蛰存在华东师范大学的言行》提及:"在讲课中,除一般地讲述文学史和讲解文章的字句外,更多的是宣扬才气对一个人的作用。兹摘录施蛰存(1956.12.25)讲到苏轼的课堂笔记一段如下:'苏轼才大气高,两次降官,全为作诗,他讽刺王安石新法的失败说:迩来三月食无盐;降官在广东诗:日啖荔枝三百颗,不妨长作岭南人。因此遭贬海南岛,又作诗:九死南荒吾不恨,兹游奇绝冠平生。'苏东坡二十几岁的诗,豪气勃勃,到六十几岁依然如此,实可贵也!在骨气高洁这一点上,李杜赶不上他。'从他一年来的讲课中,同学们感到,给我们一个印象最深的是他偏于宣扬古代作家的才气,孤傲的个性,早年就显示了他为人孤僻、与众寡合的性格。暗示给同学们:要培养自己成为个人主义的英雄,集体主义的英雄,就没有独特的个性,就看不出个人的光彩。"(《文汇报》,1957年7月5日)

**是月** 译著以色列罗丝·吴尔著《智慧帽·和其他故事十三篇》由上海少年儿童出版社初版印行。

**又** 译著波兰雷蒙特《雷蒙特短篇小说集》由作家出版社初版印行。

**同月** 1日周退密离沪远赴哈尔滨外国语学院任教。

**年内** 先生将1955年购买的一百四十种潮州歌册捐赠给了华东师范大学图书馆。先生自述:"大约至今还在,我留下了一个油印本目录,可惜其中也没有《苏六

娘》"。(致薛汕函,1988年7月18日)

**又** 按先生自述:"一天,我在常熟路一家旧书店里看书,忽然有一个前大同大学的同事刘季高走过,看见了我。就说:他要到徐英家去喝酒,邀我同去。我就跟他到书店旁边的一个衖堂里,见到了徐英[澄宇]夫妇俩。刘、徐二人喝起酒来,我坐了一会儿先走了。后来,徐英搬了家,是苏渊雷告诉了地址,我也去看过他们一次,谈谈复旦和师大中文系的事情。当时徐在复旦任教。"("关于徐英的事",1968年)

**又** 据赵景深记述,先生曾在吴晓铃家会见过俞振飞。(赵景深致俞振飞函,1975年10月23日)

**又** 按先生自述:"余得清嘉庆九年(1804年)刻本《机缘集》一册,所载为船子和尚渔夫歌词三十九首,附以历代僧俗和作。始知和尚确为唐人,其渔夫词存者不止三首。且原名当为'拨棹歌',此皆元明以来学者所未知也。因抄一本藏之,并为文以志其事。"(《船子和尚拨棹歌·序》)

# 一九五七年(岁次丁酉) 先生五十三岁

## 一月

**三日** 《文汇报·笔会》刊载《上海的作家们,为新的一年而努力》提及:"写作环境较差的施蛰存,一方面在华东师大教书,另一方面又在课馀赶译丹麦作家尼克索的长篇《征服者贝莱》的第三部'大斗争',并以多馀的时间辑录'宋人词话'。"

**十七日** 先生致文化部副部长夏衍一函。

**二十五日** 在《语文教学》1月号发表《说李白诗"梦游天姥吟留别"等五首》(梦游天姥吟留别、子夜吴歌两首、送友人、登金陵凤凰台)。

## 二月

**上旬** 华东师范大学中文系三年级(5)班数位学生来访。据张系朗《寒假访施蛰存老师》记述:"春节后的一个雨天,我同班上几位同学,走进了施老师家的大门。""谈话一开始,我们的拘谨便在施老师的谈笑声中化为乌有了,施老师很健谈,""谈到了我们的学习,从谈话中知道,我们的中国文学试卷尚未阅完,因为施老师得病,睡倒了;直到我们去访问他的那天,才坐起来,又拿起了试卷。施老师说,今年的试卷全部由他自己看,没有请助教老师帮助。他说,因为只有这样,'我才能更好地了解同学们学习的情况。'我们的试卷共有一百四十多份,每份的字数少者三四千,多者近万,而且字迹多潦草难认,看完这些试卷是需要很大的耐心,花很大的劳力的。老师辛劳了一学期,进入假期之后,一方面要总结教学情况,准备新课,一方面还要看这么多乱而长的卷子,而且年纪这么大,又患病。""我们的老师,不仅在学期中间,就是在'三个假期之内',都是在辛勤劳动。日日夜夜,年年月月,老师的鬓发在灯光之下逐渐变白,而我们的知识却越来越增长。施老师病体刚愈,坐着跟我们谈了两个多小时,我们感到不安,实在不忍再让他疲劳了,便告了辞。他含着笑送我们,不断地招手。"

**十三日** 文化部副部长夏衍复先生函:"信中所提出的情况和问题,我的意见是:一、关于业馀翻译工作问题,据我们了解,一般地方已获得解决。也许华东师范大学还存在一些问题,使您在工作中感到困难,请您向校方提出解决,我已将您的意见转高等教育部研究处理。二、在杭州建立已故作家戴望舒、郁达夫、赵柔石等人的纪念室事,文化部很难处理,因为这是要由中国作家协会统一考虑的问题。我已将您的这一建议转给该协会研究。如果您对此尚有具体意见,可径与该会联系。三、对于明耀五、张一(张秋虫)、夏原等人的工作问题,我意仍转请上海有关部门研究处理。张一、夏原两人怎样进劳动教养所的,详细情况我不清楚,我从《文汇报》的内部《情况简报》中,知道上海市人民检察院对此案作专案处理,已开始进行全面调查。我想他们的工作问题,在他们的问题得到解决和离开劳动教养所后,也会随之得到解决的。此信我已抄告上海市文化局,您如果认为必要,可直接与该局联系。"(中华人民共和国文化部〔57〕文夏字第95号,抄致上海市文化局)

**十八日** 开学。改任中文系中国古典文学教研室副主任,并执教四年级"中国文学"课程,同时担任指导"市西"中队的教育实习。

另,按先生自述:"刚调到华东师大担任中文系总支书记的张秀珩同志到我家来访问。她详细问了我的家庭情况,过去和现在的工作情况,又问我对系中教学工作有什么意见。我最初有点拘束,也有些顾虑,不想多说话。后来觉得她的态度极其诚恳,况且她说还要到每一个教师家里去谈谈,因此我就凭自己的经验和想法,讲了些关于中文系教学工作的意见。她在我家里几乎谈了两小时,虽然是初会,却好像是相知有素的熟人。"(《难忘的情谊》)

**二十三日** 先生母亲喻调梅逝世。先生自述:"在殡仪馆治丧的那一天,张秀珩同志带了二三十位教师和同学,开了一辆大卡车来吊唁。事前我一点也不知道,她也

没有通知我。这样突如其来的隆重的礼仪,又使我很惊讶,觉得她这一举措,和别的领导干部不大一样。"(同上)

## 三月

**二十七日** 下午在校大礼堂出席"华东师范大学第二次科学讨论会"开幕式。

**二十八日** 上午先生主持中文系举行的"科学讨论会"。据钱谷融回忆:"讨论会发言之前,我先说:'请允许我讲个故事。有位先生原来有妻室,是父母包办的婚姻,虽然妻子很贤贤慧,但感情这种东西不像一加一等于二那样简单清楚。他在社交中认识了某位女士,一来二往,两人就情投意合,就是说情已他移。这难以多责怪,因为他们确实有共同语言,真正享受到了爱的甜蜜。然而,他却很苦恼,他尽管非常爱她,却不敢挽着那位女士的手臂走进社交场合,而是违心地带着他的老婆,还要在脸上堆着笑,显得恩爱。更叫他疑虑重重的是,不少人在私下赞同他的恋爱观,可是如果一到公开场合,准会侧目以待,甚至慷慨陈词。所以他只能苦恋着。诸位,我就是那位先生,那位女士就是我的《论"文学是人学"》!'然后,我宣读完了这篇论文。发言一结束,马上有人批评我论文中的人道主义思想。但是,会议主席施蛰存觉得很新鲜。"(《新京报》,2008年9月23日)

另,据陈伯海回忆:"先生主持这个会议,开始讨论时,首先叫钱先生自己先发言,钱先生讲得蛮有趣,稍微介绍了一下自己的心情。""先生听完了,就说,好吧,现在我们就本着讨论三角恋爱的精神来展开讨论吧。""后来大概快结束了,先生就说时间还有些,谁还发言。快吃饭了,大家都不响。我就大着胆子,我说我讲两句可以吧,讲了十来分钟,给钱先生辩护一些。我讲完了也就散会。"(《钱谷融研究资料选》)

**三十日** 浦江清由北京致函:"多时未函候,""昨邮奉《杜甫诗选》二册,一册赠兄,一册托转声越兄。""前育琴兄来京参与会议,访弟畅谈,谈及曾在彼处见郑振铎'文学史'一部,见有无相庵印章,知为尊藏,亟为送还。忆此书,弟在解放前曾由清华邮局寄奉,尊处未收到,叠向邮局追询,无结果。时间甚长,弟极为抱疚在心。不知如何会弄在育琴兄处,极怪,此谜殊不易解也。假定兄已收归原物,亦释念矣。弟体仍不健,工作头绪多,头脑混乱。久无写作,殊愧。前有此间一老辈询及吾乡耿道冲卒于何年,[按:耿道冲(1854—1932),字伯齐,号斋贤,室名松风草堂,松风诗社创始社长]兄如见君彦先生可一询,当能忆及,暇时复及。""教务译作谅均忙。""伯母大人前叩安,前云尊寓或将动,不须实行否?"(按:此函提及"郑振铎'文学史'",应为余冠英寄本。据浦江清1941年2月5日致先生函谈及"冠英处尚未见复书之来,郑著'文学史'谅已寄出。"2月19日又致函谈及"冠英处有信来,谓寄书事因故一再迁延,至为抱歉,日内即将郑著'文学史'付航寄。"另,1947年1月20日函中提及"郑著'文学史'尚未付邮,不久可办",又至9月4日函中谈及"郑著'中国[文学]史'不悉已有着落否,此间前向邮局追询,尚未得覆,恐调查亦玄虚之事耳。")

**约在期间** 据吴钟麟回忆:"文学社经常请名作家辅导,有一次就请施教授指导小说创作。没想到他开口第一句话就一个字:抄。大家傻眼了,他还引经据典:'天下文章一大抄嘛!'大家更傻了:这不是误导吗?不仅如此,他还现身说法教我们如何抄得巧妙些,不露破绽:'譬如我熟悉东欧国家文学,就头是抄波兰的,手抄罗马尼亚,脚呢就抄匈牙利的,谁有本事认得出来!'说得大家如坠云里雾里,不过听来颇觉有趣。施教授见大家目瞪口呆,话锋一转:'大家练毛笔字一定写过描红簿吧,一定要按笔顺并且涂满框框,这就是我说的抄,也就是先要模仿,待到摸到规律就可以创造了。'""执教我们明清文学课,可是他第一堂课的自我介绍却让我久久纳闷不解。他是这样自报家门的:'我叫施蛰存,就是被鲁迅鲁老夫子所骂的洋场恶少是也……听我的课要用批判眼光,小心中毒。'""开学典礼上校党委书记是说过,教你们的是旧社会过来的知识分子,学问是有点,但意识是资产阶级的,你们是党培养的新型知识分子,所以要批判吸取。但施教授何以要自损形象呢?而且这阴影始终不散,缭绕听课全程。讲授《西游记》的猪八戒形象,施教授语出惊人地评议说此为农民典型,教室一下子沉寂下来。""工人阶级为领导阶级,农民为同盟军,二把手呢,可猪八戒形象却不怎么高雅,岂不是丑化农民吗?施教授不为所动,严谨地摆出根据:猪八戒的武器钉耙不就是农民翻地的铁搭吗?猪八戒饭量大,农民劳动强度大肚量也大;猪八戒比较笨,农民的脑筋转得不是没城里人快吗?说到此身边开始有些浮动,那时有不少工农子弟。施教授提高声调说:'但是猪八戒最可贵可爱的是诚朴忠厚,这也是农民兄弟的特色,农民最朴实厚道。'这下教室轻松了。但施教授还是拖了一句:'这是我个人意见,批判对待,当心中毒,但绝无鄙视农民兄弟。'"(吴钟麟《留得青山在》)

## 四月

**十日** 写讫《狄根司小说中的旅店》:"十年前,我看过一本雷却逊所著《英国古代的旅店》(1934年出版),谈了几十家著名的旅店,极有趣味。""近来又看到一本麦资所著《匹克威克外传中的旅店和酒店》(1921年),""现在我抄译几段,作为这本妙书的经眼纪念！""使我把《匹克威克外传》从头到底重读了一遍,可惜作者所谓'现在',还是1921年以前的情况,到如今又过了三十多年,在第二次世界大战的重创之后,英国的这一类文化古迹,不知还存留多少？"

**二十二日** 率家人将母亲安葬在杭州溪山西木坞玉屏山先考施亦政墓侧。

**二十四日** 按夏承焘日记："夕施蛰存来,自沪至杭,葬其母堂。属予号召修建西溪词人祠,在宛春处谈至9时去。"

**二十六日** 在《文汇报·笔会》发表《倒绷孩儿》："我的文字生涯,也该有三四十年了,对于祖国的语言文字,虽不能深入钻研,成为语文专家,一般的使用阅读,一向都还对付得过去。可是,近来却颇有'倒绷孩儿'之感,常常有许多文章,或一言一句,看不懂,非但如此,连自己写的文字,一经排成铅字,也往往看不懂了。真是一件很替自己担忧的事。第一是简笔字造成的一些语文困难。""宋元俗字,简笔甚多,但是我读《元刊古今杂剧》和《缪刻京本通俗小说》,并不困难,倒是读我自己文章的校样,几乎每页都有怔住的地方,这是什么道理,我请求文化领导同志再考虑一下。如果丝毫不顾'六书'旧传统,任意无规则地创造简笔字,恐怕终不是个好办法。"

另,按先生自述："'倒绷孩儿'的杂文,对简笔字表示了一些意见。中国字形必须简化,这一原则我一向是赞成的,也是一向主张的。但在各种简化的具体方案上,我有些不能同意,怕它们在语文的使用上容易引起误会,以致紊乱了语言文字的意义的正确性。"("倒绷孩儿",1968年)

**二十七日** 在《文汇报·笔会》发表《第二第三》："《倒绷孩儿》有'第一'而无'第二',大家以为我写到底下忘了上文,未完而完,不了而了。其实不然,我深知编辑工作的甘苦,为了不使编者为难,故意把文章分做两篇,题目也分做两个,反正读者同志看下去,自然知道我刚才不过喝一口茶休息一下而已。且说我的《倒绷孩儿》之感,第二个原因似乎是近来人们写文章,不很继承民族语文传统。""外国语也使我们目前的语文受到不少坏影响,这可以算是我有《倒绷孩儿》之感的第三个原因。"

**下旬** 徐澄宇书赠诗作《海上送春》："才道春来春又去,一春无赖是春寒。春城十里花如霰,春日三分意不酣。何处华樽将进酒,此时樱笋正堆盘。临流未觉芳怀减,明日楼高自倚栏。"

**是月** 《邮电部上海市市内电话局电话号簿·1957年》印行,其中刊有先生寓所电话号码。

**同月** 21日沈从文出差来沪,下榻于上海大厦,5月4日离开上海。27日中共中央发出《关于整风运动的指示》。《戴望舒诗选》由人民文学出版社出版。

## 五月

**十一日** 在《文汇报·笔会》发表《外行谈戏》:"这两天戏剧工作同志鸣得非常热闹,我在报纸上看到这许多内部矛盾的暴露,相信剧运前途不久必可转进到一个更光明灿烂的阶段。我对戏剧是个十足的外行,没有资格凑热闹提意见。但案上的戏剧是我的文学专业中的一部分,场上的戏剧又是我的文娱之一,这样我就不能说和戏剧毫不相干,所以我想以戏剧的读者和观众的身份来谈谈我的感想。""剧本的销路不太大,但也不至于'没有'销路。从营业观点来说,出剧本也决不会是亏本生意,要不然,从'五四'到1949年,资本主义的私营出版社为什么倒着实出过一些剧本呢?""在社会主义经济制度中,图书发行机构能主动地掌握一部分销路,本来应该更有助于剧本的出版,可是它们并不这样做,它们似乎要等到剧本能赚大钱的时候才欢迎剧本。""我还要顺便提一提,不单是剧本,诗也如此。""上海这样的大都市,总该有几个戏种固定的戏剧。通年专演话剧和京剧,或者至少每年演两个戏剧季。我现在竟弄不明白人民大舞台是个什么戏剧院,长江剧场又是个什么戏院。我想非但我们观众感到不方便,恐怕剧团里的同志们也不很愉快吧。"

另,按先生自述:"当时有好些戏剧界人士发表文章,反映出戏剧界一些情况,我一时高兴也'凑热闹提一些意见'。""这篇文章的中心内容是两点,一、认为解放以后剧本的出版量太少,连带地谈到苏联戏剧的不被重视;二、认为我国当前的戏剧运动应该以话剧为主,而以京剧、越剧等为辅。"("外行谈戏",1968年)

另,据批判文章《施蛰存并未"做定了"第三种人》提及此文:"他的真意所在决不是什么'厚古薄今',而在于所谓剧本'不该在排演之前就被闷死在一些不必要的顾虑之下',以及所谓'过去的出版社'(资本主义的私营出版社)'这一点至少比现在的情况(社会主义制度下的出版社)好些',说穿了就是以反对'厚古薄今'的美名来达到'今不如昔'的结论。"(《文艺月报》,1957年第8期)

**二十五日** 在《语文教学》5月号发表《宋代的话本小说》。

另,据徐中玉回忆:"可惜这个当时很受欢迎,办出几期后就发行十多万份的杂志,因许杰教授、施蛰存教授和我自己,都被无辜打成了'右派',不久就继起无人,办不下去而停刊了。"(徐中玉《纪念蛰存先生,办好〈词学〉》)

**二十八日** 据报载《经历了一场风暴的锻炼——记师大反右派斗争前后》,华东师大"校园的第一宿舍二楼门口,出现了第一块黑板报,好怪的字样:'千年冰河要开冻'。这是师大右派分子向党进攻的第一枪。接着,大字报、黑板报、专刊、漫画像雨后毒菌似的冒出来,墙上、地上都贴满、摆满了。右派分子还把白被单用绳子挂在树枝上,再贴满了大字报。在短短的半个月中,从校园一条大河的河东到河西,出现了三千多张大字报,六十多块黑板报、墙报、专刊,毒草滋长着,瘴气弥漫着,右派分子真是嚣张得不可一世。"(《解放日报》,1957年8月8日)

**二十九日** 据"人民文学出版社稿酬支付单副联(5)"表中列有:"编号:161号。编辑部通知:176号。稿名:征服者贝莱。著译者:施蛰存。出版日期57年5月份。版次:1/1。本次印数:13 000。预付下次数:7 000。定额印数:20 000。字数:201千字。稿酬标准:每千字9元。金额:1 809元。扣预付款:1 786.30元。实付金额:22.70元。"

**同日** 《解放日报》刊载《谈厚古薄今》,批评先生所作《外行谈戏》。

**三十一日** 《新民报》(晚刊)刊载金奇《语丝》提及:"施蛰存先生在一篇文章中,谈到'麵'字简写为'面',极易缠夹,连他自己翻译的文章,自己也看不懂了,'那麵包房里'排成了'那面包房里',就可以成为完全不同的两回事情。"

**下旬** 据报载,上海高校师生开始参加"整风运动",在大鸣大放期间,共贴出大字报约十三万张,反对官僚主义、主观主义以及特权思想。

**约在期间** 据批判文章《施蛰存并未"做定了"第三种人》:"上海市委举行宣传工作会议的时候,也邀请了施蛰存参加,他依然拒绝了出席。"(《文艺月报》,1957年第8期。按:录此俟考。)

**是月** 译著丹麦马丁·安德逊·尼克索长篇小说《征服者贝莱》第二卷"学徒生活",由作家出版社初版印行。

## 六月

**五日** 在《文汇报·笔会》发表《才与德》:"可惜近来各方面暴露出来的某些干部,品德之坏,在旧社会里都是骇人听闻的。父子之亲,而有协议离弃的文书;师道之尊,而有渔色女学生的风流校长。这些人距离共产主义品德,似乎甚远,虽说是个别干部的事情,但在人民大众心里,总是为党惋惜而不是为这些干部惋惜的。""任人以德,现在恐怕不很妥当,因为我们在最近二十年中,经过好几次大变革,可以说是一个离乱之世,有德之人,实在太少。'老子打过游击',只能算是'功',不能算是'德'。有功则酬以利禄,何必以位?""盛德如孔子,如果要他去领导一个农业生产合作社,他一定自认不如一个老农民的。"

另,按先生自述:"1950年到1957年,忙于改造思想,适应新环境,又以业馀时间译述苏联及东欧各国的文学作品,极少在报刊上发表杂文。却想不到偏偏就是由于一篇千字小文,被列入为'五类分子'中最低微的一类,做了二十年'元祐党人'。在这二十年中,人身自由和发表文章的自由,都被禁锢,我没有再写杂文的机会。"(《文艺百话·序引》)

另,据吴钟麟回忆:"在有关会议上,施教授似乎没有发表什么过激言论,只是在高年级同学一再上门恳请'还是写一点吧'下,才在《文汇报》上写了两篇短文,其中一篇为《才与德》。施教授介绍说,之所以写是因为看到中文系党总支书记只是小学程度,却要当教授扎堆的华师大两大系之一的中文系的领导,实在勉为其难,于是只能经常带着外孙女在走廊里晒太阳。他认为老同志对革命有功,应该报恩感谢,但不妨授以禄,不一定授以位,否则既误事也难受。心情是真诚的,然而他又自责:'虽然我是出于好心,思想方法有问题,有外行不能领导内行之嫌。'施教授所说的我们亲眼目睹,也有同感,感觉不到错在哪儿。"(吴钟麟《留得青山在》)

另,据田永昌记述:"施先生说:'57年反右时,华东师大内定的右派名单上本来没有我,恰好《文汇报》约我写文章,就写了,有人告诉我,现在正在抓右派,你还写文章这不是自投罗网吗?当时我一听吓坏了,连夜打电话给《文汇报》撤稿,但报社回话说已经开印了,撤不下来了。就这样,我就随着文章的问世,成了自己跳出来的右派分子'。"(田永昌《只要气不断,手就不会停》)

另,据张德林回忆:"师大校部的某些头头,喜出望外,这不是'自动跳出来的右派'吗?赶快逮住。这篇短文,居然成为施老'向党进攻'的'铁的罪证',他是'始料未及'的。随即他被定性为三十年以来'一贯反动'的'老右派'。"(张德林《回忆施蛰存先生若干事》)

**六日** 上午华东师大中文系四年级的两位学生来访。据校报材料:"《才与德》发表的第二个早晨,我们两人去访问施蛰存先生,了解上学期我系留助教研究生是否征求过他的意见,谈话是由他的文章《才与德》开始的。""我们还谈些科学研究问题,大约在10点半钟光景,我们结束了这次访问。"(《提供材料——访问施蛰存的回忆录》,1957年7月5日)

**同日** 据《施蛰存在华东师大的言行》："上午同学们在课间大休息中,在中文系办公室前的走廊里看大字报,施蛰存从校门口的方向走过来,有两个同学拿一封几十个同学签名的一封公开信给他,希望他对党的意见在这次'鸣放'中无保留地提出来。他说:'昨天我已经在《文汇报》上鸣放过了!'他嚼着纸烟很傲慢地说。"(《文汇报》,1957年7月5日)

**八日** 中共中央发出《关于组织力量准备反击右派分子进攻的指示》,《人民日报》发表社论《这是为什么?》。

**十一日** 《新闻日报》刊载《曹操的干部政策对吗?——就正于施蛰存先生》。

**十四日** 《人民日报》编辑部发表文章《文汇报在一个时间内的资产阶级方向》。

**十八日** 《文汇报·笔会》刊载《也谈才与德》："我所以说它有害,是因为它歪曲了国家使用干部的政策的真相。"

**同日** 华东师范大学民盟支部召开盟员大会批驳中文系主任许杰在整风运动中的各种错误言行,会议从下午连续至晚上方结束。

**十九日** 华东师范大学在反"右派"斗争中开始划分"右派分子"。先生自述:"首先点了许杰、徐中玉和我的名。第二天起,揭发我们三人罪状的大字报,一批一批贴出来了。这样,我就算被揪出来啦。"(《难忘的情谊》)

**二十日** 华东师大中文系举行全体师生大会。据竹立回忆:"让他们表示态度,记得许杰、徐中玉都讲了不少承认错误的话,惟施蛰存只淡淡地说了句'我有错误'便走下台去。"(竹立《我所认识的施蛰存》)先生自述:"这时候,张秀珩同志似乎也有些目瞪口呆,不知该如何应付这个局势。在大大小小的批判会期间,她似乎在避开我。不过,有一天,在校园里的一条小路上,我和她当面遇到了,彼此似乎不得不打个招呼。于是我们立谈了一会儿,她建议我去找学校领导谈谈。我知道,她说这些话,是对我表示同情和安慰。"(《难忘的情谊》)

**同日** 《人民日报》刊载《辟"才与德"》："对今天的干部政策放了恶毒的一箭,连'打过游击'的老干部们也被给予'无德受位'的恶谥。""不管我们的干部工作有多少缺点和错误,那跟施蛰存所'惋惜'的无关。""施蛰存还是二十多年前的施蛰存,依然以'第三种人'的'公正'姿态,向党、向革命吐着污蔑性的唾沫!"

**二十二日** 上午上海作家协会部分会员集会座谈毛泽东《关于正确处理人民内部矛盾的问题》,并揭露、驳斥了右派分子反党、反社会主义的言行,其中有发言"驳斥施蛰存现在的乱世说和才与德的谬论,他说,正像姚文元同志说的,施已从由'第三种

人——第二种人,变成反社会主义的人"。(《文汇报》,1957年6月23日)

**同日** 《解放日报》刊载批判先生文章《讪笑与兴叹》。

**二十三日** 《解放日报》刊载通讯《不要党领导就是走资本主义道路——上海作家协会会员学习毛主席讲演,揭发陈仁炳、许杰、施蛰存等右派反党言行》。《文汇报》刊载通讯《作家们投入反右战斗——上海作协部分作家座谈毛主席报告,揭发许杰陈仁炳阴谋活动,指出施蛰存已成为第二种人》。

**二十四日** 《解放日报》刊载徐景贤《以"才"任人论的幕后——揭露施蛰存文章"才与德"的居心》:"引经据典地写了一篇高深的论文,""大概是因为我才疏德浅的缘故罢,足足拜读了五六遍,方始从字里行间看出一些眉目、悟出一些道理来。原来施先生用的是'障眼法'!""为什么施蛰存要把共产党人和革命者骂得一钱不值,无德可言?为什么要把他们渲染成为在'离乱之世''生存竞争剧烈中'只图'利禄'的小人。""施先生的主张和葛佩琦、杨玉清等右派分子的论调不谋而合,不会是偶然的罢。他们不也主张共产党'下台''下轿'么?他们不是很符合施先生的'才德标准'么?"

**二十五日** 《解放日报》刊载《许杰究竟是帮助党整风,还是向党进攻?》提及:"在这次会上许杰先后发言三四次,火上加油攻击系总支书记,而为二十多年来一贯反共的右派分子施蛰存'申冤'(施于肃反运动中受过审查,全系教师大会上批判过他的反动言论,现仍任该校教授)。"

另,据华东师范大学校内署名"静流"的批判文章提及,先生看了该报这篇报道后说:"说我廿多年来一贯反共,我可一天也没有反过共。"

**二十六日** 晚上先生被通知参加华东师范大学在校大礼堂召开批判许杰的全校师生员工大会,会上作了"整风和反右派斗争的报告"提及:"我校右派分子首脑人物许杰、戴家祥、施蛰存,他们承受了校外右派分子的纲领向党进攻。""施蛰存二十年前就是反共的,鲁迅早就骂过他。他在运动中写了一篇《才与德》,恶毒的攻击党,宣扬封建主义和法西斯主义,他主张'有才就是德',想引导大家都去做剥削者、统治者雇用的奴隶。"(《文汇报》,1957年6月27日)

**同日** 《文汇报·笔会》"斥'才与德'"专栏,刊出《原封不动》《传统盛德是什么?》《闭着眼睛说胡话》,并有"编者按":"我们最近收到二十多件来稿,对施蛰存的《才与德》一文进行驳斥。这里选用的几篇,是由编辑部从来稿中摘录的。"

**又** 先生在《大众电影》(半月刊)第12期发表《我看〈攻城计〉》。

**二十七日** 《解放日报》《文汇报》刊载通讯《华东师大党委书记常溪萍向全校师

生作报告,号召向校内右派分子展开斗争,认为必须揭穿许杰戴家祥施蛰存等向党进攻的阴谋》。

**同日** 《文汇报》刊载姚文元《对党的领导的态度是辨别右派分子的试金石》:"自从右派分子向党发动进攻以来,他们就把最大的仇恨倾注在共产党头上。不论是储安平的'党天下',葛佩琦的'杀共产党',徐仲年的'乌鸦啼',施蛰存的'才与德'。"

**同日** 《新闻日报》刊载《"第三种人"施蛰存》。

**二十八日** 《文汇报》刊载《施蛰存先生的"才与德"》。

**同日** 按夏承焘日记:"过天水桥,微昭、云从、操南谈华东师大反右派事,今日见《文汇报》许杰、戴幼和[家祥]、施蛰存皆被指为反党人物。"

**二十九日** 《解放日报》刊载《"第三种人"的德与才》:"鲁迅先生曾经揭开过施蛰存的本相,一位由'遗少'而'洋场恶少'而'资产阶级走狗'的'第三种人'。这种'人'也要信口雌黄'德才',岂不是老妓谈贞,令人作呕。"

另,刊有姚文元《鲁莽耍的是什么把戏?》提及:"如果说,施蛰存是用阴险的冷箭射向共产党,徐仲年是用仇恨得发抖的手握着刀砍向共产党,那鲁莽就是在地上大爬大滚披头散发用流氓手段扑向共产党和靠近共产党的民主人士。"

**三十日** 《文汇报》刊载《"第三种人"施蛰存》。据黄裳回忆:"《才与德》其实这是一篇正确的针对时弊的好杂文。其时风雨如晦,报社急于认错,痛改前非。当时我还是个编委,在被揪出以前,还得写社论,写依照宣传口径的各种文字。当时有'还债'之说,凡在鸣放中在本报发表的'毒草',都得一一批驳、消毒。《才与德》是名篇,这批判的任务就落在我的头上,于是胡说八道一通以应命。这是我对蛰存口诛笔伐的一段公案,其实蛰存的杂文是写得非常出色的。"(黄裳《忆施蛰存》)

**同日** 《新民报》(晚刊)刊载《罗隆基无骨可烧》提及:"那右派分子的丑态当众揭开,大家才知道他(罗隆基)的歪才是反社会主义的'才',也就是'第三种人'施蛰存所不胜思慕之情的没有政治品德的'才'。"

**是月** 先生(署名陈蔚)与朱文韬以俄文本合译苏联巴希罗夫长篇小说《荣誉》,由人民文学出版社新版印行。

## 七月

**一日** 先生被要求写了一份检讨书《要求进步,挤破毒瘤》。

**同日** 《人民日报》发表社论《文汇报的资产阶级方向应当批判》。

**二日** 下午华东师范大学中文系全体师生集会,揭发和批驳右派分子许杰、徐中玉、施蛰存以及助教阮尉的反动言行。先生在会上作了《要求进步,挤破毒瘤》的自我检讨。据柳依回忆:"全年级的同学集中在一间大课室里,许(杰)、徐(中玉)、施(蛰存)这些'右派'站在讲台上,一一向同学'低头认罪'。"(柳依《忆施蛰存教授》)

**同日** 《文汇报》刊载"本报社论"《向人民请罪》提及:"为什么副刊会登出施蛰存的血口喷人的杂文?"第3版刊出"本报编辑部"《我们的初步检查》(上)提及:"施蛰存在文章中放肆地侮辱国家领导干部,公然咒骂党员负责干部没有才和'缺德'。"

**又** 《新民报》(晚刊)刊载《以庄子、曹操为幌子》:"施蛰存的策略是有一套的。但无论是风流潇洒的庄子、白面狡狯的曹操,都掩不住他那一副反动的奴才相。"

**又** 校内刊载《斥施蛰存的"才与德"》:"施蛰存先生在本校整风运动中从没公开发表过什么意见。起初,我们以为这大概是他对党有对立情绪,不肯提意见,但事实逐渐纠正了我们这天真的想法。施先生外表上虽装得颇为沉默,其实内心却怀有鬼胎;他和其他右派分子一样想利用党的整风机会,要来摧毁党的领导、破坏我们的社会主义事业。"

**三日** 上午五十多位作家出席中国作家协会上海分会反右斗争座谈会,揭发批判文学界右派分子许杰、孙大雨、施蛰存、徐仲年反党、反人民言行。

**同日** 《文汇报》刊载"本报社论"《痛切改造自己》提及"施蛰存的谬论";"笔会"还载《从施蛰存的教学看"才与德"》:"主张'任人以才',以才自负的施蛰存是我校的教师。施蛰存搞过古典文学的校勘注疏,搞过外国文学的翻译,还有着黄色的'文艺创作',至少在文学这一门上,似乎可以算是'通才'了。""施蛰存自命'才学渊博',多年来曾执教于各大学,编写过文学史讲义;现在再编一点讲义,不能说太难吧!可是,直到如今,我们所用的文学史讲义,仍是翻印外校的。而且因为讲义内容与施蛰存讲的不对头,更大大地影响了同学的学习。""有时候他并不备课,仅在上课前的几分钟,在纸烟盒上草草地写上几个字,课堂上就这几个字,生发开来,使同学如入五里雾中;有时候施蛰存心血来潮,于是就'旁征博引',使同学感到丈二和尚摸不着头脑。对于某些问题,例如:宋元话本竟讲了二十几个小时;而对另外一些重要问题,例如:清代诗和散文,却用两节课带过。同学学什么,完全取决于施蛰存的兴趣。谁都知道,现在中学文学教材的古典文学分量加重,我们同学都担心,将来不能很好地完成教学任务。大家都觉得'中国文学'的教学时数太少了,希望能增加一些才好。可是,在这种情况下,仅在这一学期,我们的'中国文学'课,就缺了二十余节课,除零星补掉外,尚有十七节没有补上。从上面列举的事实,不难看出,常感'才多'的施蛰存,恰恰缺少的是'德'。"

**又** 校内刊载中文系助教《施蛰存先生对整风的态度》:"我这一年来跟施蛰存先生接触是比较多的,谁也会说,向这样一位教授学习业务,帮助一定很大的,但事实上并不如此。""在政治思想方面却或多或少的受了'重才轻德'的思想影响,整风开始以后,由于自己对去年毕业分配工作中的某些偏差有点不满,因此情绪上是偏激的,就这一时期,我从跟施蛰存先生的两次谈话中给了我很多令人迷惘和耐人寻味的'论言'。第一次是实习期间,为了向领队教师汇报实习生试教情况,施先生问起学校'鸣放'近况,我说了青年教师的两次座谈会的情况,我提到在会上,我们批评了张主任正确的提意见,为什么要怕呢?但接着他劝慰说,不要过分,要看看风头;昨天报纸上马寅初的谈话在替×××辩护,可以看出,风向快要转了。第二次是实习结束期间,同学要求明确考试目的要求,因他卧病在家,我去他家。看他当时的精神气色病情似很严重,但谈到本系教师座谈会却感到异常有兴趣,他不厌其烦地问了又问,谁讲了话,讲了些什么。听说许杰先生曾为他在肃反时被斗的事鸣不平,他感慨系之地说:'当时只许别人讲话,不准我开口……这中间最卑鄙的人物要算×××和×××。'""听到常副校长揭发了许杰的右派言行以后,他下了这样一个结论,整风快要变为第二次肃反了,复旦孙大雨……师大搞出了许杰。""看了鲁迅先生廿多年前提到的施蛰存,再同今天的他对比一下,似乎并没有两样。"

**四日** 《解放日报》刊载《作家协会举行会员座谈会,要求撤销许杰的领导职务,揭发了孙大雨的丑恶面目》:"座谈会上对许杰、孙大雨、施蛰存等右派分子进行了揭发和批判。""许杰和施蛰存也很要好,在肃反运动中,许还给施讲好话。""姚蓬子说:1930年上海左翼创办的进步杂志都被封闭了,国民党出版反动的杂志群众不要看,而施蛰存这时却进了现代书局编辑部,而现代书局当时是由国民党淞沪警备司令部军法处处长范争波霸持的,施蛰存在范争波的支持下,拉拢胡秋原、杜衡和叶灵凤一起创办《现代》大型文艺杂志,以第三种人面貌出现,来反共反人民。□□□说,我在良友公司工作时,出版了巴金、靳以编的《文季月刊》等杂志,施蛰存很不高兴,对我说'你和这些人在一起要吃亏的'。而良友公司出版了潘公展支持的《六艺》月刊,他就很高兴。"

**同日** 《文汇报》刊载《不许右派分子窃据作协领导——作家们要求撤消许杰职务并揭露孙大雨、施蛰存、徐仲年可耻行径》:"姚蓬子说:施蛰存一贯为国民党效劳,解放前他为反动的现代书局编《现代》杂志,以'为文学而文学'的伪善面貌来迷惑读者,企图缓和当时的尖锐斗争,这就是施的第三种人的丑恶面目。"

又 《新民报》(晚刊)刊载《在作协大厅里——记作家协会反右派斗争座谈会》提及:"谈起右派分子施蛰存,大家恨得咬牙切齿,许多人发出疑问:'他的老朋友杜衡在台湾,怎么他倒留在这边了,是不是两个人分了工?'"

又 《新闻日报》刊载《群丑谱·调寄"乌夜啼"》提及:"二十年前的'遗少'、'第三种人'施蛰存,重弹老调,污蔑今天的干部政策,其谬论《才与德》一文。"

**五日** 姚文元在《文艺月报》第7期发表《驳施蛰存的谬论》:"'才与德',就是一支向党向社会主义事业射来的毒箭,读上去似乎弯弯曲曲,像舌头打了结一样,但内心的仇恨还是非常明显的。""这个'离乱之世'中他'变'得很少,封建主义和资本主义的'德'在他身上依然故我,一直到解放后纪念鲁迅逝世20周年时,还不忘记乘机对鲁迅先生反咬一口。""由'第三种人'变成了第二种人。历史给他提升了一级。民主革命时期,他还能以'第三种人'的姿态在文坛上鬼混,但现在,到社会主义革命时期,他却以在拥护共产党、拥护社会主义的人民之外的反对共产党、反对社会主义的第二种人的姿态,挺身而出,施放冷箭了。"

**同日** 《文汇报·笔会》刊载《"宿怨"的来由》:"施蛰存到今天还对共产党怀着深仇大恨,大概是由于他与共产党在过去的历史上结下了'宿怨'。其实,施蛰存们与共产党及党所领导的左翼作家的'宿怨',实际上是在有关'第三种人'的争论之前已经结下了的,这不是由于'左联'得罪了第三种人,而是由于第三种人早已和第一种人(国民党和托派)是一家。""这'宿怨'的由来,除了从施蛰存自己的反共反苏联的灵魂中去找根源之外,还能从什么地方去找呢?"

另,还刊《施蛰存在华东师大的言行》,内有"施蛰存的'放'""作家的'诀窍'""对'草木篇'的态度""上课磨洋工""施蛰存的'骨气'"五节。

又 《新民报》(晚刊)刊载《今华歆施蛰存》:"以'第三种人'著称的施蛰存,津津乐道地介绍曹操的'用才'经验。想来他很自信有像帮助曹氏父子篡汉的华歆那样给曹操所赏识的一般才干。可惜的是他没有华歆那样幸运地出生在一千七百多年以前,也只好徒伤'怀才不遇'了。"

又 校内刊载《施蛰存是怎样一个人?》:"施蛰存就在这个时候在一群同学面前说:'这样的鸣放社会要乱了,百家争鸣,百花齐放是文艺方针,现在转到对党的整风上去,这种鸣放是一阵风,不会长久的,将来一定是平静无声的结果。'施蛰存看到了党中央发出整风中关于高级干部参加体力劳动的指示后,他在同学中又说了:'高级干部参加体力劳动是形式主义,一年或一个月参加几天劳动这不是形式主义吗?你做个省长就把省长工作做好,你做总理就把总理工作做好,如果叫周总理来卖电影票,这有什么意思呢?'有一天某同学问施蛰存'施老师你为什么不鸣放呢?'施蛰存听了之后,表示出感伤的神态慢吞吞地说:'鸣什么!何必呢?'他这句话的目的是要大家怀疑党的整风的诚恳态度。同学们谈到师大为什么还没有开始整风呢?有的同学说大概是暑假进行,有的说实习回去之后要开始的。施蛰存就说话了:'华东师范大学是最风平浪静的。'""中三一部分同学实习回来就要大鸣大放的劲头,不满意党委暑期里进行整风,这不能说与施蛰存的言论没关系。""施蛰存在中三任教一年来放过多少毒呢?这笔账靠一个人是无法统计的,只有让中三每一个同学都来参加算这笔账才能够办得到。""又有一天,施蛰存对同学们说:'人代会代表来师大古典文学教研组了解情况,有些代表不懂古典文学也来了解。'"

又 校内刊载中文系四年级两位学生《提供材料——访问施蛰存的回忆录》:"关于'才、德'的看法,那天他谈的内容完全跟文章一模一样,""不知怎么从这个问题上,一溜就溜到'辩证法'的问题上,他以'相对真理''绝对真理'为例说,辩证法是西欧人的思想方法,不适合东方民族心理习惯,一切都是'相对'的,实在叫人接受不了,我们中国人看问题,总习惯于有一个对的准则(大意如此)。小汤等不及再让施先生谈这个问题,提出了他所要问的问题:'七八年来,你一直沉默,你为什么不大鸣大放呢?'施先生说:'过去受了些委屈就算了,在社会大变革中也是难免的,也是环境造成的,不必再提了。'""'中国人多事难办。'""'中国的事实在太难办,老实讲要我当毛泽东我也办不好。'""接着他向我们提出个问题:'你们看《草木篇》是香花还是毒草?'小汤马上回答:'不是毒草,我看不出毒在哪里。白杨是说,人的人格要像白杨那样直立不屈;古藤是说,人不要趋炎附势,用别人垫高自己,这有什么不好呢?'他说:'道德不是孤立的,抽象的,如果从抽象的道德观来看并不太错。毛主席所以说他坏,是从政治上来看的,你要替共产党执政党想一想,如果每个人都像白杨这种性格他怎么领导?这种人是不会受领导人喜欢的。'""小张看时间不早,不耐烦这样谈下去,就把我们的来意简洁的告诉了施先生:'上学期留下的助教研究生多是党团员,而且有的成绩很坏。'施先生接过去说:'留助教研究生只看党团员不看成绩,最好把党团员在名单上注明,以便我们打成绩。教师只是打分数,学生命运根本不知道。学生进来出去都不知道。例如招生卷子,分数打了交出去,录取与否根本不知道。'施先生说到这里小张插进来问:'上学期我系分配工作,党总支是否来征求过你的意见,你是毕业班的授课老师,又是教研组的副主任?''没有,分配工作,根本没问过老师,不但没有问过我,连其他先生也没问过。'他肯定的说。不过又随即补充了一句:'即使说问过,也是他们把现成名单拿来;问你们教研组要那几个'。小张说:'上次分配工作有宗派情绪,我们想把这件事揭发出来,引起师大及其他高等学校同学注意,让大家来讨论统一分配问题,施老师你看这个做法怎样?'施先生说:'不过现在报纸不登大学生言论,如果你们能开座谈会,请《文汇报》记者来参加,叫他们用两三行字把你们这个消息传出去,倒还有希望。'我们哑然了。"

**约在期间** 据储仲君回忆:"有几个同学给施先生贴了一幅漫画,画的是一个腆着老大肚子的胖子,嘴里吐出两行字:'如果我是毛主席,我也只能这样办!'我不知道施先生是在什么时候、什么场合说的这两句话,但显然他是在为毛主席、为党的政策辩护。他哪里知道,这么说犯了大忌:'你算什么东西! 竟敢自比毛主席!'这件事在当时传为笑谈。"(储仲君《施蛰存老师》)

**六日** 《文汇报·笔会》刊载《鲁迅先生笔下的施蛰存》。(按:此文系摘自鲁迅《重三感旧》《"感旧"以后》(上)、《"扑空"》《答"兼示"》等文中提及先生之段落。)

**同日** 《解放日报》刊载《维护蒋王朝帮凶又帮闲——许杰丑史臭不可闻,撤销他职务的建议获得全场掌声》提及:"又揭发了许杰处处袒护右派分子施蛰存,当系里要批判施蛰存时,许杰说'批评他一人不好,最好有人陪绑'。在肃反时,有人问许杰关于施蛰存的问题,许杰脸孔马上一板:'你说施有问题吗? 要材料我有!'×××说,既然许杰有施的材料,就请许杰揭发出来吧!"

**七日** 《解放日报》刊载《想起了鲁迅先生》:"施蛰存的'德才'论已有很多人驳斥了,鲁迅先生当年曾揭露过施蛰存的原形,是'遗少''洋场恶少''资产阶级走狗''第三种人',也曾亲手痛打过。不幸鲁迅先生去世后,人们没有注意,此蛰伏而幸存的'洋场恶少',竟又爬上岸来突出咬人了。去年鲁迅先生迁葬虹口公园墓地时,施蛰存还做过一首诗,说什么'宏道宏文,殊途同归',俨然想和鲁迅先生分庭抗礼,借死者以高抬自己的身份。"

**同日** 《文汇报》"群丑图"专栏刊载《看施蛰存的"德": 为了给胡风捧场在学生中造谣,蔑视毛主席著作推荐自己毒品》:"有同学向他请教学习文学理论基本知识应该从何处入手。他便冷冷地笑了一笑说:'毛泽东的那本小册子可以拿来读一读,浅得很,容易懂。'施先生所说的小册子,原来就是毛主席的划时代的光辉巨著《延安文艺座谈会上的讲话》。施先生认为这本书内容肤浅，所以与胡风一样，把这本巨著蔑之为'小册子'！解放后，施先生因为自己的作品已经找不到市场，人民不欢迎这种作品。于是便由创作家一变而为文学翻译家了，一面教书，一面译书。施先生的翻译不是为了人民文化事业，而是完完全全从个人的利润出发。施先生译过一本伐佐夫的《轭下》，这本书，先是由文化生活出版社出版的，后来，改由作家出版社出版。此中内情，据我们想来也许是因为国家出版机构的计划性问题。但他自己说，是他翻译质量高，出版社抢着要。""施先生过去的作品是有毒的，但他还是厚颜无耻地向青年学生推荐自己的作品！说什么'我的语言运用的能力，是有自信心的。如果读我的作品，从这方面还可以学到东西的'。施先生要学生学习他的文学语言，难道学生就不会透过语言受到内容的毒菌吗？施先生作为一个教师，不仅给学生介绍自己的有毒的作品，还介绍了徐訏等人的作品，甚至在课堂上公开地介绍和盛赞胡风分子路翎的作品，说路翎是个大才。"

　　八日　《文汇报》刊载社论《人民的干部不容诬蔑》，批判"极恶毒的诬蔑歪曲国家干部的右派分子施蛰存写的《才与德》"。同版还刊有通讯《各地高校师生斗志昂扬，反右斗争愈深愈透》提及："华东师大中文系、历史系的师生集中反击右派分子许杰、戴家祥、施蛰存的反党、反人民、反社会主义的言行。"

　　九日　《文汇报·笔会》刊载《"宏道"与"宏文"》，批判《吊鲁迅先生诗并序》。《青年报》刊载批判文章《右派分子毒害青年恶毒透顶》《"第三种人"阴魂不散》。

　　十日　《人民日报》刊载《让我们一道来扫尽乌云》提及："还有孙大雨、徐仲年、施蛰存、许杰等，他们吐出的毒液难道还少吗!?""可是现在资产阶级右派分子又企图卷土重来，早被鲁迅批判过的施蛰存，还有徐仲年之流就又暴露了原形。"

　　同日　华东师范大学校内刊载批判文章《也斥"才与德"》："充分体现出施蛰存一脑子崇拜汉朝叛臣曹操的思想，他尊称曹操为魏武帝，歌颂曹操三个命令，""抗战之期施蛰存大概因汪精卫政权尚未有足以逞施蛰存大才之处，故权在学校执教，如果汪精卫居然正统天下，施蛰存势必会以歌颂曹操的态度来歌颂汪逆。"

　　十一日　《新民报》(晚刊)刊载《剥开施蛰存的狼心狗肺!》。

　　同日　《文汇报》刊载《上海中小学教师对本报严重错误提出恳切批评》提及："《文汇报》还刊载了施蛰存的《才与德》、之子的《锦城春晓》等反动文章。"

　　十二日　华东师范大学工会召集以中文系部门委员会为中心的批判右派分子施蛰存大会，参加会议的还有其他各系部分教师会员及同学代表。据校刊报道："会上教师和学生代表踊跃发言批驳施蛰存的一贯的反共反人民的反动言行。""施蛰存的恶毒的反动文章《才与德》,在会上受到教师同学的详尽而深刻的批驳。""施蛰存在会上也进行了检查,他虽承认自己是反党反社会主义,但他并没有深入挖根,没有检查他有那些反党反社会主义言行。"(《"洋场恶少"至今仍未悔悟,本校工会集会抨击施蛰存》)

  **同日** 华东师范大学校内刊载批判文章《卅年来的施蛰存》,全文三千馀字。

  **又** 华东师范大学校内刊载批判文章《释"才与德"》:"有些同志、同学对本校右派分子施蛰存所写的《才与德》一文的思想内容和主题思想了解得不很透彻,不揣愚陋,在这里作一点简单的解释,希望对于认识这个右派分子的真面目多少有点帮助。"

  **十三日** 《新民报》(晚刊)刊载《斥施蛰存的"外行谈戏"》。

  **同日** 《解放日报》刊载《简评彭文应的"大进军"》提及:"彭文应说的干部政策,是同施蛰存的《才与德》一文的论点完全一致的,已经有很多人写了文章,批驳过了。""我们完全拥护党和政府'统筹兼顾、适当安排'的政策,包括给彭文应、施蛰存等右派分子安排了工作、学习、生活等具体措施。"

  **又** 华东师范大学校内刊载《一贯反共反人民的施蛰存》。

  **十五日** 校内刊载《施蛰存应该端正对待改造的态度》:"有这样的看法,施先生在整风运动中,没有出席过会议,没有提过意见,完全置身事外,这一回可以较轻松愉快地过暑假了,哪知道6月5日他在文汇报上发表了一篇《才与德》,对党进行了阴暗而恶毒的攻击,受到群众的驳斥,成为一个有名的右派分子。""施先生在思想改造中、肃反运动中都是重点,受的教训应该不少了,为什么今天在反右派的斗争中又成为重点呢?""报纸上已经发表了许多批评你的文章,可是你还是悠然自得,在小组里轻描淡写解释几句。你以为在肃反中已经取得了经验,沉着一点,让这阵风刮过就完了,我当时就指出你这样想法是没有好处的,现在读了你7月1日写的检讨,我认为仍旧没有什么根本上的转变。""你只认识到事态的严重,而没有认识到错误的严重。这篇检查的目的是什么呢?我看,你的本意是不理不睬,任其自然,等这阵风过去,现在看出完全不理是过不了关的。越抗拒被斗的越厉害,从章罗到许戴都给你这样的经验。""还是想蒙混过关,不是真心悔改,那又焉能接触到真正的痛处呢?你说要挤破毒瘤,实际上顶多贴一张膏药,骗人说毒瘤已经挤破了。""你说思想改造和肃反运动对你都没有做的彻底,前者接触到核心而不再深入,后者根本没有碰到核心。既然这两次运动都没有逼你割去毒瘤,你只好一声不响地带了他回家。""你在这篇检讨里,似乎承认了你的毒瘤是'第三种人',可是这个自白里面,既没有揭露出'第三种人'的丑恶本质,而且语气之间还带着讽刺的意味,全篇文章左一个'第三种人',右一个'第三种人',可是都是人家称你的,你本来不是,既然大家要你戴这顶帽子,就戴罢!恐怕你心里还有一种思想,你一定吃亏在给鲁迅先生的一骂,现在大家拿鲁迅先生的话当作翻天印来打你,要没有鲁迅的一骂,施蛰存还不是跟许多人一样'吃香'吗?"

另,此期还有《"洋场恶少"至今仍未悔悟,本校工会集会抨击施蛰存》。

**十六日** 《文汇报》刊载《剖开施蛰存的"毒瘤",反苏反共思想原封未动;看到反动大字报面露喜色,又写荒谬文章寄给〈文艺报〉》:"苏联专家对一个试教的同学提意见,施蛰存却恶毒地说:'苏联专家板起面孔来放屁。'又有一次,苏联专家指导师大附中的一个班会活动,施也参加,苏联专家出席讲话时,施蛰存故作敲锣状态,好像说'猴儿戏要开场啦'!""在整风运动中,中文系有两个学生访问了施蛰存,两个多小时的谈话,他却大放毒气。施蛰存把中国的情况说得一团糟。施蛰存说:'依我看来,中国的事情很难办。我做毛泽东,也办不好。'他又说:'中国的建设是外强中干,这几年一直有赤字。'施蛰存是痛恨马列主义的,他说:'辩证法不合东方民族的心理和习惯。中国人看问题习惯于有一个绝对标准,不能既说对,又说不对。'""有一天早上,他与罗教授在看中文系的黑板报,其中有一篇是批评中文系党总支书记对罗的态度不当的,罗看了说:'我很激动。'施蛰存却拍一拍罗教授的肩膀悄悄的说:'你要当心!当心扣你一顶煽动学生的大帽子。'看,好一张恶毒的嘴,不放过一点挑拨离间的机会。有一次,他曾对同学说:'文汇报上的那篇《才与德》是稍稍的放一放,我另有一篇文章已经寄到北京《文艺报》去了,可能在第10期发表。'可是我们至今没有看到这篇文章,从他的话中听来,这篇文章是更要'放一放'的,要是稿子还在《文艺报》,请《文艺报》登出来;要是抽回来了,也请公开出来,让我们大家看看他到底说的是什么话。"

**十七日** 《文汇报·笔会》刊载《向"笔会"抒所感》提及:"'第三种人'施蛰存的'佳作'《才与德》,是一篇反动文章。施蛰存恶毒地咒骂我们政府用人的标准,""像这样放肆诽谤我们党和政府的文章,居然也让它和读者见面!""'第三种人'施蛰存的《外行谈戏》一文,'认为戏剧应分主从',恶毒地在京剧、话剧、地方戏各个剧种之间进行挑拨、离间,并且把小说家与剧作家、戏剧领导者与创作者作为对立的双方提出,其阴险毒辣的用心是完全和《才与德》一文相一致的。"

**十八日** 《新民报》(晚刊)刊载大鹨《何以为师·调寄清平乐》:"洋场恶少,往事真堪恼,吮血磨牙人乱咬,鲁迅横眉声讨。于今绛帐高悬,如何意马心猿,开起血盆大口,样儿依旧难看。——施蛰存"

**十九日** 《文汇报》刊载《从发表〈才与德〉一文想到》:"5月初,文汇报召开了一次作者座谈会,我也在被邀之列。会上除谈了许多关于写稿的问题外,不知怎样谈起了施蛰存。有人认为施蛰存历史丑恶,作风卑劣,写的文章可能有很多问题,当时我也同意这个看法,希望文汇报的编辑同志们慎重。但是文汇报有一个主持会议的编辑同志竟如此说:'施蛰存的文章写得好,读者喜欢。'""从6月5日文汇报又刊出施蛰存的《才与德》这件事来看,编辑同志们恐怕是不大重视我们的意见的。从这里,我就想到,文汇报之所以走了一段错误的道路,不仅是因为徐、浦的反动路线在发生主要作用,某些担任具体工作的编辑同志们的错误观点(例如这种无原则地崇拜'才子'的观点),也不能说是没有起着推波助澜的作用。""施蛰存虽然用了极其含蓄的笔法,虽然用了很严谨的逻辑(当然是脱离事实极尽诡辩之能事的逻辑),装成向领导党'上书'的姿态,可是,文章中所包含的如毒蛇所吐出的毒液一般的毒素还是很明显的。"

另,此期还刊有黄裳《"风雅"的背后》。

**二十日** 《文汇报·笔会》刊载《施蛰存的"心理习惯"》。

**二十一日** 《解放日报》刊载张春桥(署名"静流")《施蛰存的丑恶面目》:"人们说施蛰存二十多年来一贯反共,可是他说:'我可一天也没有反过共。'弦外之音,他是进步的,别人是说错了。那就让我们来看看他的历史和他的言行吧!""他歪曲苏联对莎士比亚的态度,在梅兰芳赴苏演剧的问题上,他也污蔑苏联,这一点已为鲁迅先生所驳斥。抗日战争期间,施蛰存与杜衡合做生意,圈点《金瓶梅》出售,同时还参加国民党文化特务张道藩领导的反动'文化运动委员会',与进步的'文协'相抗衡。抗战胜利后,他通过三青团头子李寿雍和邹文海(现都在台湾)的关系到暨南大学教书,并当了教授代表,同时还支持李寿雍解聘进步教授。当进步教授签名反对美帝国主义扶植日本时,施蛰存则在旁冷嘲热讽;同时他与托匪郑学稼等人关系也很密切。""军管会宣布暨南大学合并到复旦大学时,他就煽动学生反对,要学生保存暨大。""施蛰存还经常污蔑进步作家,他说老舍的生活圈子很小,写来写去离不开北京这个地方。""鲁迅曾批评施为'洋场恶少',因此施蛰存怀恨在心,鲁迅先生逝世以后,他还未消这口气。就在解放以后,他教现代文学,也从不述及鲁迅及其作品;批改学生的习作时,也不肯错过对鲁迅先生的污蔑。一个同学在习作中这样写:他(鲁迅)痛斥了那些为了封建统治者的利益而主张'保存国粹'的'现在的屠杀者'。施在'现在的屠杀者'旁边批曰:'现在的屠杀者'是不是屠杀现在的人?'现在的屠杀者'是鲁迅一篇杂文的题目,很难设想施蛰存没有看到鲁迅的原文;原来施蛰存就是反对鲁迅对'保存国粹'的'现在的屠杀者'的打击,因为他自己就是宣扬要青年去读'庄子与文选'以'保存国粹'的!""《才与德》极尽其污蔑的能事,明目张胆地咆哮着要我们的干部下台。他在报纸上引经据典地鸣出了他们的'怨声',还在学生面前装出一副委屈相,散布谬论,说'这次整风是第二次肃反'。在揭露了许杰的反动言行后,施蛰存却说:'想不到整风整到许杰头上。'他的《才与德》的论调被批驳得体无完肤时,他却说:'早知今天,这篇文章我也就不写了。'""他写了许多反动的黄色的小说,""这些书偶尔在旧书摊的角落里还会找到的。在授课中,他还不断地向学生宣传荒谬的论调,如讲到词的时候,他强调词是从妓院里产生和发展起来的,是妓院文学。讲到屈原的时候,他说在屈原身上无论如何也找不到他有爱国、爱人民的地方。最荒唐的是在写作实习课上命题'难产''养一种动物的经验'等。"

**同日** 《文艺报》刊载《文艺界右派的反动言行》提及"关于施蛰存攻击共产主义的品德"。

**二十二日** 《文汇报》刊载《斥右派分子施蛰存反对社会主义出版事业的谬论》。

**同日** 《新闻日报》刊载《"第三种人"老牌反共专家——右派分子施蛰存的丑恶行径》:"大放毒气弹""向党的干部政策进攻""革命逃兵和洋场恶少""反共反苏的能手"。

**二十三日** 下午上海作家协会召开批判揭露右派分子徐中玉反党言行的座谈会,会上发言提及:"徐中玉还同情'第三种人'施蛰存,认为大家对他的帮助是'太过分'。徐中玉对施的作品《才与德》十分赞同,并发表了比《才与德》更为侮辱党员的文章。"(《文汇报》,1957年7月24日)

**二十四日** 《人民日报》刊载《从"第三种人"说起》:"老牌'第三种人'施蛰存的丑恶的真面目,这一次是彻底败露了。所谓'第三种人',本是二十多年前混迹于文艺界的几名堕落分子。他们以'超然'于敌我两方之外的第三方自居,伪装一副'不偏不倚'的态度,而实际上则完全听命于敌人的指挥刀,向党、向党领导的左翼作家联盟及其周围的进步作家,暗地里阴毒地进攻。"(按:此文还配有一幅漫画,把先生画成"冲气猪",帽子上写着"超然""不偏不倚",身上画着美元图案,胸前领带上写着"第三种人",身下有标杆,飞在空中,有一根线牵拉靠右。)

**同日** 《新闻日报》刊载《徐中玉是右派集团勇猛打手》提及:华师大中文系助教揭发,徐中玉在肃反运动中,为施蛰存打抱不平,对于批判施蛰存的积极分子泼冷水,骂某个党员干部为"贝利亚"。

**二十六日** 《解放日报》刊载《只有彻底交代才能回到人民怀抱,徐中玉检讨仍不老实,师大民盟支部扩大会议予以抨击》提及:"当许杰在中文系大会上主张为右派分子施蛰存伸冤并要求大家支持时,全场默然。而徐中玉却以会议主席的身份首先鼓掌帮场。"

**同日** 《文汇报》刊载《华东师范大学一月》:"许杰、戴家祥、施蛰存等等,已经原形毕露,无处藏身了。""不论是许杰、戴家祥、施蛰存也好,其他大大小小的右派分子也好,他们的打算落空了,因而从趾高气扬一变而为垂头丧气,不管如何狡猾,他们终于低下头来作检讨了。""施蛰存也承认他有一颗'反党、反社会主义的毒瘤'。"

**三十日** 《文汇报》刊载社论《上海作家们,进一步深入展开反右派斗争》提及:"最近一月来连续举行了多次反右派斗争的座谈会,对上海文学界的右派分子许杰、徐中玉、孙大雨、施蛰存、徐仲年……等的反党反社会主义反人民的言行,进行了无情的揭发和说理斗争,剥下了他们的皮,显出了他们的原形。"

**同月** 24日巴金、靳以主编《收获》出版创刊号。人民文学出版社出版印行《鲁迅全集(10卷)第四卷·三闲集、二心集、南腔北调集》。

## 八月

**一日** 《萌芽》月刊登载《"第三种人"——施蛰存》。

**四日** 《文汇报》刊载《剖析徐中玉的反党纲领和他的恶毒居心》提及:"无非是为了要把他和施蛰存等所主张的标准突露出来,因为在他们眼里、心里,共产党员都是外行,是无才、无学、无求。"

**五日** 先生阅讫清代黄承勋辑《历代词腴》(二卷)、于《眠鸥集遗词》书末撰写"阅后记":"此书选玉冈似太多,陈子龙、邵亨各入一首。"

**同日** 《文艺月报》第8期刊载《施蛰存并未"做定了"第三种人》:"二十余年前,以施蛰存、杜衡为领袖的'第三种人'与鲁迅及'左联'的主要分歧是在于他们向'不自由的有党派的阶级'——无产阶级要'创作自由',他们与国民党、托派联盟的胡秋原同声一气地标榜着'自由主义的创作理论',来与左翼作家对抗。""施蛰存们一面向左翼作家要'创作自由',一面又承认国民党反动派的大量禁书是'理智的举动',这还嗅得出一点'第三种人'的气味吗?""施蛰存们的笔确实在那时就已成了为第一种人——国民党反动派粉饰门面、欺骗群众的武器。实际上,施蛰存在那整个时期中也安享着绝对的'创作自由',149种禁书的作者中没有一个'第三种人'的名字,不仅如此,他们当时还受到检查官的'爱护',据鲁迅的亲身体验,凡是'冒犯'了'第三种人'的文章不是被删掉就是被禁止(《且介亭杂文二集》后记)。而他的'创作',如他自己在《我的创作生活之历程》中所说,既可宣叙'感怀往昔的情绪',写《周夫人》之类的作品,也可描写各种'变态的、怪异的心理',又可接触'私人生活的琐事及女子心理的分析'。不仅如此,而且在'九・一八'、'一・二八'事件之后的民族危机中,他还有馀闲提倡'无意思文学',他赞扬像英国爱德华・李亚那样的《无意思之书》,认为'他并不训诲他们(儿童读者——笔者),也不指导他们。这种超乎狭隘的现实的创作,本来不仅是在儿童文学中占了很高的地位,就是在成人的文学中,也有着特殊的价值'。至于这'特殊的价值'究竟何在?那就不是我们这些'狭隘的、现实的'人所能理解的了。""施蛰存却写了一篇《小品、杂文、漫画》,引经据典,曲曲折折,而最后表达出来的本意则是反对在所谓'陶情适兴'和'刺激民众'的文章之间划界限,反对'把没有战斗性的漫画家踢下金銮殿',并且把有战斗性的漫画比作'陋巷角落里的顽童们用白垩笔在黑墙上幼稚地画着的"王阿二吃卵一百只"之类的宝贝!'在这里可以看出,施蛰存不仅早已站在第一种人的立场上,而且连一般知识分子所具有的'爱国'的德性也已经丧尽,他的矛头所指向的是什么人,已经表现得多么分明啊!这早已不是什么'乐山乐水'、'宏道宏文'的分歧,而已经是是否甘为亡国奴的大是大非问题了!施蛰存这次在华东师大的检讨中还说:'抗战开始,文艺界同人发出团结御侮宣言,由于左翼作家认为可以与鸳鸯蝴蝶派作家团结,而不能与'第三种人'团结,所以我没有资格签名。'""八・一三'之后,施蛰存却安然留在沦陷区,一住就是几年。直到1941年前后,他才去到昆明。那时,在国民党统治区坚持着抗战工作的作家们仍然对施蛰存怀着希望,期待他以沦陷区中的亲身体验为根据,写出一点有利于团结抗日的作品,可是,他答复人们的期望的,却是应张道藩之约而写的《文学之贫困》。那时已是皖南事变之后,国民党的投降、妥协、分裂、倒退的气氛正浓,施蛰存在这文中无片言只语为团结抗日的必要而呼吁。""从这两段话里已经可以看出国民党的《文艺先锋》把这篇空洞无物的文章列为首篇的道理。""试问,究竟是党不团结施蛰存呢?还是施蛰存拒绝了党向他伸出来的团结的手?施蛰存既知'解放以后,在极其自然的形势下''归入了社会主义队伍',并且党和政府对他'照顾得很好',那么,八年来为什么还是不仅不'纠正错误',而且还坚持反党、反社会主义呢?既然,抗战之初,左翼作家没有登门求请他在宣言上签名，""思想改造时，学生助教'胡说了'他是'落后分子'等等，施蛰存都念念不忘，那么，二十馀年来，他骂了共产党和左翼作家多少恶毒的咒语，难道就忘得一干二净了吗？""施蛰存说：'如果有治病救人的医师帮助我封封伤口，那就更好。'其实，党历来都是抱着治病救人的态度，来进行思想改造工作的。""施蛰存劝右派分子'痛痛快快地说出来'，以便'在这次运动中好好排齐队伍，和工农兵及广大人民一起迎接第二个五年计划'。""但对他自己说来，恐怕首先还是根绝'略作检讨，混过这一关'的念头。"

  同日　《解放日报》刊载《"缄口"之论》："右派分子是最不喜欢谈清是非的，如有不信，有施蛰存的'偈语'为证。""这首'偈语'的'道出'，距今已二十四年了，但在这二十四年中，施蛰存的'无是非观'并未得售。"

  六日　《人民日报》刊载《写在"收获"创刊的时候》提及："施蛰存就恶意地说因为《文艺月报》有宗派主义，就先分出了一个《萌芽》，又分出了一个《收获》。"

  七日　《文汇报·笔会》刊载《群丑谱分咏·施蛰存》："'宏道''宏文'赋一篇，迅翁墓上舞蹁跹。'洋场'十里今乌有，'恶少'依然似昔年！"

  八日　《人民日报》刊载《许杰在华东师范大学干些什么》提及："许杰在这个会上数次发言，火上加油，并为二十多年来一贯反共的右派分子施蛰存'申冤'。"

  同日　《解放日报》刊载《经历了一场风暴的锻炼——记师大反右派斗争前后》提及："'火'，在中文系、历史系烧得最炽烈，因为那里有许杰、戴家祥、徐中玉、施蛰存等首领在坐镇策划，打气加油。"

  上旬　先生与许杰、徐中玉等教授被正式划为"右派分子"。工资降级为184元（先生书面材料），已排版的一部译作《天使英雄》也遭撤除。先生自述："在华东师大，我和张秀珩同志最后一次见面，是在反右第一批定案的时候，她叫我到办公室里去，交给我一张油印的定性处分通知书，问我有没有意见，我说没有意见，她要我签个字就收回了。她没有多说一句话，似乎有难言之隐，我也无言而退。"（《难忘的情谊》）

  另，据张德林回忆："反右运动几乎把整个中文系搞垮了，全系不到八十人，却划了八个右派。""处理的原则是：……第四类右派罪行比较轻，降职降薪处分，留在校内改造，换言之，即所谓'敌我矛盾性质，人民内部矛盾处理'，此乃'给出路'政策也。施老与我被划为第四类右派。"（张德林《回忆施蛰存先生若干事》）

  十一日　《文汇报》刊载《小论右派之"才"》："洋场恶少施蛰存写了篇《才与德》，极泄悲天悯人、怀才不遇之牢骚。"

**十二日** 《解放日报》刊载《拜倒资本主义脚下,反对社会主义革命,王若望反党野心完全暴露,作家们揭发他有纲领有计划有步骤向党进攻,警告他必须彻底交代低头认罪争取人民宽恕》提及:"同施蛰存、徐中玉的叫嚣要唯一地从业务水平高低来区别人而反对从政治上来区别人的论调如出一辙,其目的都是取消党的阶级分析的方法,使党在阶级斗争中陷于孤立。"

**十六日** 《解放日报》刊载《认识模糊的原因是什么?》:"肃反运动中被检查了,他就装得小心谨慎,不声不响,很少参加会议,在整风前后他却在《文汇报》上发表了几篇杂文,抹煞解放后的成绩,露骨地攻击党的干部政策,丑化党员。有人认为写这几篇杂文,怎么可算右派分子呢?其实把这几篇杂文联系起来看,已经可以明显地看出他在向党进攻了。如果再联系到他二十年来一贯反共的历史来看,那就更清楚了。"

**十八日** 《解放日报》刊载《"士为……用?"》:"实在沾不上边的施蛰存,居然也是个'宏道宏文,殊途同归'的'才子'。"

**二十一日** 《人民日报》刊载《什么是我国出版事业的传统》提及:"现在在上海大肆攻击人民出版事业'今不如昔'的右派分子施蛰存,他自己在解放前也就编写了不少粗制滥造的东西,曾被鲁迅先生指斥为'洋场恶少'。"

**同日** 《新民报》(晚刊)刊载《作家们今晨列席人代预备会——有力地批驳许杰反动政治思想》提及:"文学界过去有杜衡、施蛰存、胡秋原是自命为第三种人的,但他们事实上是国民党特务、帮凶。"

**二十六日** 《文汇报》刊载社论《"中间路线"是不存在的》提及:"还有一个施蛰存,则早在1934年就是'带着假面,从指挥刀下挺身而出'(鲁迅语)的第三种人。""这就令人联想到当年'第三种人'施蛰存套出的一个偈语,叫做:'此亦一是非,彼亦一是非,唯无是非观,庶几免是非。'这话现出'第三种人'的立场似乎颇为'超然',而实质上是极其反动的立场。"

**三十一日** 浦江清在北戴河人民医院病逝。

**约在期间** 暑假,先生除在校接受批判外的大部分业余时间,主要从事翻译俄国作家科普林长篇小说《窑子》。

**月内** 曾游西郊公园并作诗《动物园口占时方负罪》:"天不崇儒德,如何润此身。居然人所畏,转觉物堪亲。柙豹文犹蔚,樊猿性未驯。安能携汝去,岩壑共遗尘。"

**同月** 《北京文艺》刊载《驳施蛰存》。北京大学经济系政治经济学教研室编印

《校内外右派言论汇集》,其中收录先生所作《才与德》以及章乃器、储安平、章伯钧等数十人相关言论。

## 九月

**一日** 新学期开学,仍讲授"古典文学"课程,不久被改任讲授第二外语法语课。

另,据吴钟麟回忆:"他依然踏上讲台,却又是这样开头的:'我是主动向校党委认错的,因为态度好,所以被允许继续讲课。'""干吗要检讨呢?但有一点是我们庆幸的,正是这一检讨才让我们继续聆听到幽默风趣又见解独到的讲课。此后听说终于不让施教授讲授文学主课了,而让教第二外国语法语,因为选读的人很少,就可缩小影响。然而他毕竟是古代文学的权威,虽然法语也精通,但由主课降到了副课,由必修课降到了选修课,""施教授又认真地接受了,他说:'学生选修课要求不高,识几个字母,懂点语法,我有两把刷子。'其实他教得很认真,末了他说:'我还可以上讲台,还可做点事。'"(吴钟麟《留得青山在》)

**同日** 《解放日报》刊载《"吊"第三种人》:"可笑施蛰存,大言不害臊!借名吊鲁迅,哭灵为卖俏!一是民族魂,一如尖头蚤,无从说大小,如何妄相较?"

**四日** 《解放日报》刊载《进一步开展文学界的反右派斗争》、《文汇报》刊载《坚决保卫社会主义文学事业》均提及:"中国作家协会上海分会,已经揭露了右派分子许杰、徐中玉、施蛰存和党内右派分子王若望等,对于这些右派分子,我们已经举行过全体会员的座谈会十一次,小型会二十多次。"

**五日** 《解放日报》刊载《历史无情》提及:"许杰在华东师范大学也的确找到了几个同盟者,如徐中玉、戴家祥、施蛰存之流。"

**同日** 《新闻日报》刊载《施、彭相骂——"第三种人"双包案》。

**六日** 《解放日报》刊载《一种阴险的狡辩术》提及:"许杰在最近检讨中有这样一段话:'……他[徐中玉]说老施就是这篇文章[《才与德》]给抓住了。'这里面徐中玉的话是许杰转述的,而徐中玉的精神,倒是给他或多或少传达出来了。""似乎施蛰存偶一失言,都是'偶然碰上的'。"

**七日** 《解放日报》刊载姚文元等联合书面发言《许杰在文艺上政治上的反动道路》提及:"成为右派分子施蛰存的保护人,更绝不是偶然'碰上'的!"

**同日** 《解放日报》(《文汇报》9月11日)刊载许杰被迫所作的检讨《我在人民前面低头认罪》提及:"我还在中文系鸣放座谈会上,替右派分子施蛰存伸冤。""我的问题发生时,右派分子徐中玉首先来通知我。他对我表同情,我从我的反动观点出发,觉得很同调,也很感谢他。他劝我说,碰上去了,只有实事求是的检讨。他说,你没有说过,——指我没有说过整风要狂风暴雨——你就坚持没有说过。他说老施(右派分子施蛰存)就是这一篇文章(才与德)给抓住了。""肃反时,中文系教师批判施蛰存的反革命思想,徐中玉流露出右倾情绪来,被党总支□□同志所指责。这时,他闹得非常凶,说上就上,我又不是反革命,怕把我抓起来。但我却是同情他,纵容他的。"

　　**八日**　《新民报》(晚刊)刊载批判先生文章《才欤?财欤?》。

　　**同日**　在北京嘉兴寺举行公祭追悼浦江清,吕叔湘致悼词。

　　**十日**　《解放日报》刊载《我在反右派斗争中的体会》提及:"我在华东师大中文系教书,系里就有许杰、徐中玉、施蛰存三个右派分子,他们都是我上大课活生生的标本,因此收获也特别大。""许杰平时的谬论及其反党行动,我和他同事五年,是知道一些的:他对每位党总支书记关系都搞得不好,把右派分子徐中玉、施蛰存、胡风集团反革命分子费明君倚为左右手,拉拢一班人,打击一班人。"

　　**十二日**　中共上海市委发出《关于克服右倾思想,深入反右派斗争的指示》,先生与中文系其他"右派"教师一起参加政治学习班。

　　另,据张德林回忆:"留校的三四十名右派,经常集中在一起学习党所制定的改造右派的政策。比起'文化大革命'运动来,那时还算讲点'文明',不搞'逼、供、信',不打人不骂人,不侮辱人格,允许每个右派坐着发言,要求也讲真话,暴露真实思想,想不通甚至可以保留自己的意见,但自我批判必须严肃认真。施蛰存是本校最有名的'大右派'之一,他的自述和交代自然引起众右派的关注。他说戴不戴右派帽子似乎偶然性较大,要是不写这篇《才与德》,领导如何定他的性?""施老说:'把我那篇《才与德》说成是向党进攻的罪证,无论如何想不通。毛泽东主席提倡又红又专,我主张才与德,思想上没有任何抵触。'众右派便帮他分析,你一言我一语,总的意思是毛主席提倡的是无产阶级的又红又专,你施蛰存主张的是封建主义的才与德,两者是完全对立的。毛主席早在《延安文艺座谈会上的讲话》中明确指出不准乱用讽刺,你施蛰存的文章'讽刺'革命干部,就是'恶攻',也就是'罪证'。这是当时十分流行的单向思维、三段论形式逻辑的简单粗暴批评,连最不听话的右派,似乎也学得滚瓜烂熟了。其实大家都在演戏,不得不如此,否则何以证明自己在'认真改造'呢!施老除了苦笑,还有什么话好说呢?""不只是施老一个人想不通,所有的右派也都想不通。起先承认效果是坏的,动机确实是帮助党整风,因而是好的;后来承认效果是反党的,动机并不想反党。大家都是一批文弱书生,没有胆量反党,绕来绕去,谁都无法自圆其说。每个右派都得轮换作系统的自我批判,让大家来帮助批判。一次通不过,两次;两次通不过,三次。""这种轮换式的批判大会足足开了七八十次,下午时间不够用,晚上还得加班。"(张德林《回忆施蛰存先生若干事》)

**十八日** 《人民日报》转载《解放日报》(9月4日)《进一步开展文学界的反右派斗争》一文。

**同日** 《解放日报》刊载《"诗无达诂"辩》提及:"听了这些话不禁使人想起他的右派同行施蛰存来。这个曾被鲁迅先生目为洋场恶少的帮凶文人,当去年鲁迅逝世二十年之际忽然'悼念'起鲁迅来了。'悼念'之不足,而且发而为诗,竟厚着脸皮高吟道:'我志在宏文,公义重儒效。'把中国现代文学史上反对帝国主义及其吧儿狗们文学路线的一场严酷斗争轻轻地一笔取消,从而把自己和鲁迅之间说成是'乐山''乐水'的意趣上的歧异。""一首'吊鲁迅先生'诗并没有把施蛰存'水管'里的水染红。"

**二十三日** 《新民报》(晚刊)刊载《施蛰存的"自觉"》。

**二十四日** 《收获》杂志第2期转载《写在"收获"创刊的时候》。

**二十六日** 《解放日报》刊载《斥许杰的"拆墙"谬论》提及:"无怪乎他在整风中,替右派分子施蛰存伸'冤',替反革命分子胡风翻案了。"

**是月** 《学习月刊》刊载《驳施蛰存的"才与德"》。中华全国新闻工作者协会研究部、中国人民大学新闻系合编《批判文汇报的参考资料》,收录先生所作《才与德》,以及阿木《辟"才与德"》。

## 十月

**八日** 同事杨霞华(钱谷融夫人)将译作克雷莫娃、涅乌斯特罗耶夫著《尼克索评传》题赠先生:"蛰存先生教正。"

**上旬** 据叶灵凤回忆:"我第一次回到解放后的新上海,曾在那里逗留了几天。"(叶灵凤《大陆新村和鲁迅故居》)别据邵绡红回忆:"爸爸[邵洵美]约请他[叶灵凤]来家里吃午饭,还请了好友施蛰存和秦瘦鸥来共聚。"(邵绡红《我的爸爸邵洵美》)

**下旬** 在商务印书馆1935年12月初版"四部丛刊三编"宋代陈思辑《小字录》(上海涵芬楼影印常熟瞿氏铁琴铜剑楼藏明活字本)书末题识:"此书戋戋,甚不备,又有取资陆龟蒙者,殆未致力寻搜。王勉夫云,往往见古人小名小字者,又不得不信。因而笔之得八百来件,而侍儿倡优等名不录也,可为五卷,总未甚广。见《野客丛书》,

惜此书未行。然勉夫云,恨不得见陆龟蒙《小名录》五卷,则其中两见者必多。仆录唐宋以来名贤小名小字亦得四百馀件矣,他日当渺为一书续之。""《小字录补六卷》,沈宏正著,娄坚序,以陈思原书一卷冠于卷首共七卷。《续小名录》嘉定颜聿津著,续陆龟蒙书,自唐迄明。右二书均见光绪《嘉定县志》。《小名补录》,海昌陈香泉著,有与陈思、沈宏正书相同者,见《拜经楼书跋》。"(万照楼藏品)

**月内** 先生利用业馀时间开始研究金石碑版之学。先生自述:"重又回到古典文学的阅读和研究,主要是对唐诗宋词做了些考索工作。但就在同时,我的兴趣又转移到金石碑版。陆续写成了《水经注碑录》《诸史征碑录》《北山楼碑跋》等十多种著作。这些手稿,在'浩劫'中也损失了一大半。"(《我治什么"学"》)

**同月** 15日中共中央发出《关于划分右派分子标准的通知》。

## 十一月

**二十七日** 《解放日报》刊载《论"清高"》提及:"至于有些右派分子,利用'超然''清高'的招牌,例如陈梦家自称'忽视政治',刘雪庵自称'不搞政治',施蛰存自称'第三种人',戴家祥自称'宁愿低头养猪,不愿仰首求人'等,来掩盖世人耳目,麻痹青年一代心灵,则更在我们的反对之列了。"

**是月** 新文艺出版社出版《为保卫社会主义文艺路线而斗争》,内收批判文章《施蛰存并未"做定了"第三种人》《"宿怨"的来由》《"第三种人"施蛰存》《驳施蛰存》,并附录先生所作《才与德》。

**又** 中共中国人民大学委员会社会主义思想教育办公室编《社会主义思想教育参考资料选辑·第三辑》(右派言论),内收先生所作《才与德》。

**同月** 人民文学出版社出版印行《鲁迅全集(10卷)第五卷·伪自由书、准风月谈、花边文学》。

## 十二月

**一日** 《文汇报》刊载《施蛰存在语文方面放的毒》。

**下旬** 已将俄国作家科普林长篇小说《窖子》全部译讫,却未能获得出版。(先生书面材料)

**年内** 按先生自述:"望舒遗物中有一个硬面抄本,写满了他的译诗稿,其中有已发表过的,亦有未发表过的,大多是法国后期象征派的诗。这个抄本,我于1962年[按:经查核应为1957年]交给徐迟同志,托他编望舒译诗集。徐迟把此本带去武汉,荏苒数年,没有编成,而'文化大革命'掀起,这个抄本和徐迟自己的书籍文稿一起损失了。"(《戴望舒译诗集·序》)

另,据徐迟记述:"我当年问你要那本集子,本想在《诗刊》第4期发一组《醉舟》的。那年发了奈罗达(创刊号)、希克梅特(2月号)、弥尔登的欢乐颂(孙大雨译),是缓冲一下的(3月号),准备把《醉舟》发4月号,风声不好,改发了阿尔培第的,以后就越来越不方便了,只好搁下,而应该寄回给你却没有寄,或者想寄而还未寄出就来到那个不平凡的夏天了。"(徐迟复先生函,1990年8月24日)

# 一九五八年(岁次戊戌) 先生五十四岁

## 一月

**十日** 华东师范大学民盟、民革联合整风小组和中文系工会联合召开批判右派分子徐中玉大会,参加会议的有民盟和民革全体成员、中文系全体教师、学生代表、上海作家协会代表共140余人,先生也被通知旁听这次会议。会议从下午一直延续至晚上方结束,据校报记载,会上"全面地批判了徐中玉的反党谬论、交代态度和反动文艺思想",其中一条"罪状"是:"在学校里徐中玉不仅袒护肃反对象施蛰存,为施蛰存鸣不平;而且攻击肃反工作干部,说他们是'以共产党为靠山,跟着共产党跑,缺乏独立思考的应声虫'。"

另,据《华东师范大学校史》:"'反右斗争'一直延续到1958年的'整风反右'补课,全校先后有285人被错划为'右派分子',其中,教师31人(内有教授7人,讲师8人,助教16人),职员9人,学生242人,'坏分子'3人"。

**二十三日** 《人民日报》刊载《遗老和遗少》提及:"清朝的遗少,我不得瞻其丰采,但民国以后的国粹派,那些复古主义者,以及第三种人如施蛰存者流,估计其中不少也就是当年的遗少。""施蛰存之流破口大骂共产党和社会主义,说来也无甚为奇。"

**同月** 人民文学出版社出版北京第一版、北京第一次印行鲁迅著《南腔北调集》。

## 二月

**月内** 寒假中先生仍然在校内接受师生的批判,参加政治学习,进行思想改造教育。每天晚上,以借阅的多种金石目录抄写留存,先后辑录稿本《随庵徐氏藏唐墓志目录》《海外贞珉录》《艺风堂藏唐碑目》《簠斋藏造象目》等。(稿本,万照楼藏品)

**同月** 据华东师范大学校报记载,截至26日下午4时,全校已贴出"双反"(反浪费、反保守)大字报二十多万张,突破二十万张的指标。

## 三月

**一日** 新学期开学,先生被取消授课资格,安排在中文系资料室工作。

另,据徐中玉回忆:"蛰存先生的职务、学衔、原工资全被撤去,给贬到系资料室去搬运图书、打扫卫生、应付门面时,他仍继续铢积寸累,夜间回家偷偷做业务工作。那时他只领取百馀元生活费,老夫人持家素无收入,他只能抽八分钱一包的'生产牌'劣烟,每天上下班来回原须坐四站公共汽车,也常改为'安步当车',还多次随学生下乡劳改。"(徐中玉《回忆蛰存先生》)

**十二日** 下午华东师范大学中文系全体教师和部分学生召开第一次批判资产阶级文艺思想大会,主要以现代文学教研组钱谷融先生发表在《文艺月报》1957年第5号上的《论文学是人学》一文为对象来展开批判,先生作为接受教育的对象列席了这次批判会议。

**月内** 因为先生"右派分子"的身份,而又被长宁区房管局逼迫退租其愚园路岐山村1018号寓所三楼的两间住房。

另,据周退密、宋路霞记述:先生"1957年后住房缩小,只能卖书购碑"。(周退密、宋路霞《上海近代藏书纪事诗》)

**同月** 据记载:"市委教卫部根据中央、市委关于'破除迷信,解放思想'、'插红旗,拔白旗'的指示精神,在教卫系统进行多次动员,开展'插红旗,拔白旗'运动。开展这场运动的目的是要'在思想战线上拔掉资产阶级的白旗,插上无产阶级的红旗,用红旗代替白旗'。这次运动,实质上是反右斗争中左的表现的延续与扩大,给学校正常工作带来不良的影响。"(《华东师范大学校史》)

**又** 人民文学出版社出版北京第一版、北京第一次印行鲁迅著《准风月谈》《花边文学》。

### 四月

**一日** 华东师范大学中文系召开关于教学方针的辩论大会。先生自述："关于当时教改的大辩论情况，我一点也不知道，因为当时我没有权利参加任何会议。"（"汇报"，1967年）

**二十五日** 华东师范大学各民主党派、无党派人士在学校大礼堂举行"自觉革命，向党交心，坚决搞臭资产阶级个人主义誓师大会"。

**约在期间** 按先生自述："杭州石屋洞造像题名两册，会稽梯香楼王氏故物也，戊戌春得于沪上。题名凡一百八十三段，有年月者八十有三，起石晋天福九年，讫宋开宝六年。"（《北山集古录》）

**月内** 华东师范大学中文系的"大辩论"宣传车出动游行，车上横幅："教学大革新，学校即工厂农场，学生即工人农民。"两旁对联："师生参加体力劳动，各系增设生产课程。"

**是月** 作家出版社出版姚文元《在革命的烈火中》，内收《驳施蛰存的谬论》。

**同月** 1日上海《新民报》（晚刊）改名为《新民晚报》。上海图书发行公司改组22家旧书店，在南京西路781号开设上海旧书店南京西路门市部，在淮海中路500号开设上海旧书店淮海中路门市部。人民文学出版社出版印行《鲁迅全集(10卷)第六卷·且介亭杂文、且介亭杂文二集、且介亭杂文末编》。

### 五月

**十日** 华东师范大学"全校开始停课，广大师生总结一年来的整风运动，进一步向党'交心'，'批判资产阶级个人主义'"，"由于当时反右斗争扩大化的影响，致使1958年的教育革命给学校带来激烈的动荡，影响了学校教学秩序的正常进行"，"一些老知识分子开始受到批判，曾担任过一定职务的非党人士也先后'靠边站'"。（《华东师范大学校史》）

**二十六日** 华东师范大学中文系教职员分为二大组进行汇报和讨论，经过辩论后一致认为本系内名利思想严重。

**是月** 龙榆生在上海音乐学院民乐系被划为"右派分子"。据中共上海音乐学院委员会 1979 年 1 月 16 日《关于龙榆生同志错划为右派的改正报告》提及："(六) 原定案依据第六条认定：龙'否定文字改革，赞同右派分子施蛰存的《倒绷孩儿》一文，说简化字搞糟了。'"

**同月** 17 日上海图书发行公司又在福州路 380 号开设外文旧书门市部。人民文学出版社出版北京第一版鲁迅著《且介亭杂文》《且介亭杂文二集》《且介亭杂文末编》。

## 六月

**一日** "大跃进"运动在全国展开，华东师范大学校务常委会、校整风委员会发出了全校师生学习"总路线"的决定，掀起了"大跃进"的高潮。(《华东师范大学校史》)

**二日** 随华东师范大学中文系学生下乡，在嘉定马陆公社参加"夏收夏种"劳动改造，为时三周。先生自述："对于劳动，我断然不能说有很强烈的热爱，但是，向来也并不轻视，'劳心者治人，劳力者治于人'这个观念，我是没有的，这是五四运动的洗礼，很早就给我肃清掉了。但是，在嘉定，由于完全改变了生活方式、生活习惯，连夜晚也不能够看看书、动动笔，觉得有点不习惯，情绪不免有些波动。后来，因为唐□□来监督我，唐是友人唐□□之女，她的态度不很好，因而我的抵触情绪高涨了。有一天，我觉得不能再忍受下去，就自己回了家。回家之后，理知逐渐平复下来，觉得这不好。第二天就去见常溪萍，把我的情况告诉了他，并且表示有所悔改，常溪萍教育了我一番，叫我仍然自动回去劳动，第三天我就回了队。这件事情，就是我在劳动中表现了反抗情绪的情况。"("学习老三篇，结合自己检查"，1966 年)

**同日** 孙大雨被上海市人民法院判处有期徒刑 6 年。

**十日** 为所藏清代道光项鸿祚刻本《忆云词》题跋："此《忆云词》甲乙稿为项莲生自刊本，乙稿序于道光戊子十一月。此本殆道光九年己丑所刻印，是年项所居不戒于火，版或同毁，故传本绝少。丙丁稿殆未版行，故许迈孙求之数年亦仅得甲乙稿而不得丙丁，后始于闽中得抄本传录，遂得合刊全稿，已在此刻后六十馀年矣。此本为吴伯宛、陈蒙庵旧藏，皆留心词坛文献者。虽小书亦甚足珍矣。"

**十七日** 《解放日报》《文汇报》均刊载："中国作家协会上海分会 13 日举行理事会扩大会议，总结了反右派斗争的经验教训，对会员中的右派分子进行了严肃的处理，成立了新的书记处，并向理事会汇报了整风运动一年来的工作情况。会议首先由周而复同志代表中共作协分会党组作关于反右派斗争小结的报告。他在报告中指出,""在本市的作协191个会员中,共揭发出右派分子许杰、王若望、孙大雨、傅雷、陈子展、施蛰存、马国亮、徐中玉、黄裳、李洛、洛雨等18人。"

**二十六日** 为录毕方贞观《南堂辍锻录》(全一卷)撰写"后记":"道光甲午刻于广陵,传本甚少,因全录之。南堂不喜昌谷诗,其从兄息翁则甚喜长吉,有手批《李长吉歌诗》,甚精博,在吾友徐声越处,余从假观之,未及过录也。"

**是月** 译著丹麦马丁·安德逊·尼克索长篇小说《征服者贝莱》第三卷"伟大的斗争",改署名为"陈蔚",继续由作家出版社初版印行。先生自述:"许多书无法出版,我翻译了许多书,最后一本是1958年[1959年]出版的,但并不用自己的名字,而是用我太太陈蔚的名字出版。"(《中国现代主义的曙光——答台湾作家郑明娳、林燿德问》)

**同月** 上海古典文学出版社改组为中华书局上海编辑所。

## 七月

**六日** 为购得《颍川陈令望心经碑》拓本题跋(署名"仲山"):"乌金墨拓甚精细工致,《匋斋藏石记》有著录。""两侧及碑阴,余俱未得。""今此本独完好,则在归匋斋以前所拓矣。"

**二十六日** 再次为所藏清道光项鸿祚刻本《忆云词》作"跋":"此《忆云词》甲乙稿,项莲生自刊本也。甲稿编定于道光三年癸未,有除夕自序。乙稿序于八年戊子十一月十七日,云:'余尝集癸未以前之词为一卷,自序而刻之。'则甲稿一卷,先已行世。今未闻有藏弆者。乙稿刻成,合甲稿而刷印之,即此本也。时当为道光九年春,是年冬,方编次丙稿,而室庐不戒于火,甲乙稿版木尽毁,遂绝传本。十四年人日,重定丙稿。十五年闰六月二十一日,丁稿成编。是年秋,莲生以病卒,是丙丁稿殆未尝授梓也。咸同兵燹以后,许迈孙欲刻其词,锐意搜集,仅得甲乙稿,而无丙丁。越十数年,始于闽中展转录得四稿全帙,遂辑集遗稿,为删存补遗一卷,并寿之梨枣。许氏不言丙丁稿有刻本,殆皆从钞本出也。今世所传《忆云词》,惟许氏榆园一刻,微许氏,莲生词殆不获传矣。此本为吴伯宛旧藏,后归况蕙风,蕙风以予弟子陈蒙安,蒙安物故,藏书散出,余乃得之。徐积馀藏词籍最富,其目中无此本。盖自许迈孙时,此书已难得,况今日耶。许刻悉依此本,惟乙稿'谒金门',此本题曰'湖上莫';'减兰'题曰'江干雪';'满江红'题曰'渡扬子',皆以三字制题。许刻则作'湖上暮秋'、'江干雪意'、'渡扬子江',此一字,许所增也。"

## 八月

**四日**　《文汇报》刊载《驳白艾的错误论调》提及:"就《准风月谈》中鲁迅对施蛰存劝青年读《庄子》《文选》的态度也可知道,他如何反对青年读有毒的书。他骂施蛰存是'遗少'、'洋场恶少'。鲁迅先生假若赞成'只要有批评,青年就可以读有毒的书',施蛰存推荐的书,鲁迅先生作几篇批评也就算了,为什么还要与之'肉搏'呢?"

**二十一日**　开始在天蟾舞台旁弄内曹仁裕碑摊选购墓志。先生自述:"余自一九五八年八月廿一日始收碑刻,初向曹仁裕摊上选购,专收墓志,是年底曹氏摊子结束。"(《一九六〇年除夕总结》)

**三十日**　《人民日报》刊载社论《学术批判是自我革命》。华东师范大学开始进行学术思想批判,中文系开展批判"资产阶级文艺思想"。据《华东师范大学校史》记载:"在这次'左'的错误运动中,不仅出现了一些过头的行动,而且还有一批老专家、教师、学生等横遭批判,有的还被戴上'资产阶级权威'甚至'反革命'的帽子。"

**同月**　"17日—30日中央政治局扩大会议在北戴河召开。会后,全国很快掀起大炼钢铁和人民公社化运动的高潮,以高指标、瞎指挥、浮夸风和'共产风'为主要标志的'左'倾错误严重泛滥开来。"(中共中央党史和文献研究院《中国共产党一百年大事记》)人民文学出版社出版北京第一版、北京第一次印行鲁迅著《准风月谈》。

## 九月

**中旬**　新学期开学后,先生即随中文系学生赴上海嘉定县华亭乡参加农业劳动。

另,按先生自述:"到嘉定去劳动,看到了大炼钢铁,看到了人民公社成立,那时的思想认识也是很复什[杂]的。当时所有的人民都在鼓足干劲,力争上游,无论白天深夜,都在争取跃进,而我所得的第一个印象是'乱',到处都是'乱哄哄'的,就只是这个印象,已经可以反映出我的抵触情绪。我看到人民公社成立的时候,农民中间有连夜把鸡杀了吃掉的,我非但不觉得他们是错误的行动,反而有点同情他们,认为他们有权利可以把自己养的鸡吃掉,而不归公有。这也是一种拥护私有制,反对公有制,只看到个人利益,不看到群众利益的思想表现。"("学习老三篇,结合自己检查",1966年)

**是月**　天津百花文艺出版社出版《在不平常的日子里》,内收批判文章《施蛰存并未"做定了"第三种人》。

## 十月

**十七日** 郑振铎率领中国文化代表团出访途中,因飞机失事殉难。先生自述:"郑振铎为人慷慨直爽,热心助人,1958年死于飞机事故,友好无不痛悼。今读其遗札,又三十馀年矣,怀念音徽,不胜斯人难得之感。"(《杂览漫记》)

**是月** 人民文学出版社出版《浦江清文录》。先生自述:"我才从那里看到他许多文章,都是我没有见过的。"(《浦江清杂文集·序言》)

**同月** 邵洵美因"帝特嫌疑"而被捕。人民文学出版社出版《鲁迅全集》10卷本,全部出齐。

## 十一月

**上旬** 先生接到通知,与许杰、徐中玉等被错划右派的教授下放到郊区农村上海县颛桥公社,参加上海"市级右派分子学习班"。

另,按先生自述:"我与许杰、徐中玉等一些被戴上右派帽子的同事一起到上海郊县劳动。我只能抽一种叫'生产牌'白纸包装的香烟,这种最蹩脚的烟只需八分钱一包,烟丝大多是代用品,专供穷人、农民、瘪三抽,或者像我这样的'老右派'抽。"(《世纪老人的话·施蛰存卷》)

**又** 华东师范大学中文系在嘉定农村进行全面"教改"开课。

**同月** "2日—10日毛泽东在河南郑州召集中央工作会议(第一次郑州会议)。到1959年7月,中共中央相继召开中共八届六中全会、第二次郑州会议、中共八届七中全会等一系列会议,初步纠正已经察觉到的'大跃进'和人民公社化运动中出现的'左'的错误。"(中共中央党史和文献研究院《中国共产党一百年大事记》)

## 十二月

**月内** 天蟾舞台旁弄内曹仁裕碑摊结束,此后先生便改去商务印书馆隔壁弄口黄小玄碑摊访购,始买汉碑和造像拓本。

另,按先生自述:"忽然对碑版文物发生了兴趣,卖掉许多线装书,改收碑版拓本,兴之所至,写了不少关于金石碑刻的文字。"(《施蛰存文集·序言》)"即从黄小玄处选购,渐收汉碑及造像。"(《一九六〇年除夕总结》)

**约在期间** 按先生自述:"工资降级,稿费收入也断绝了。嗷嗷待哺的人口多,我把这两部《金瓶梅》(1947年购买的一部北京图书馆影印线装本,一部康熙版张竹坡评本)卖了两百元人民币。"(《杂谈〈金瓶梅〉》)

**同年** 暨南大学在广州复校。中华书局被国家列为以整理和出版中国文史古籍及学术研究著作为主要任务的专业机构。

# 一九五九年(岁次己亥) 先生五十五岁

## 一月

**下旬** 上海"市级右派分子学习班"结束,先生从郊县颛桥公社返回华东师范大学。

**约在期间** 按先生自述:"听说他[徐英,澄宇]要调到厦门大学去,我又去看过他一次。以后就好几年没见到,以为他到厦门去了。"("关于徐英的事",1968年)

## 二月

**月内** 每周去商务印书馆隔壁弄堂碑估黄小玄摊位寻访碑版拓本,曾购得《龙门造像题记》六巨册八百纸,又散页六包,都魏齐造像492纸、唐造像478纸。

## 三月

**月内** 先生在中文系参加政治学习、接受批判教育,同时继续在资料室劳动,搬运整理图书报刊,编排各种学术资料卡片。

另,按先生自述:我在资料室工作期间,"第一个时期,主要工作是整理原有卡片,重新分类,并补缺。"("关于资料室工作",1967年)

**又** 译著丹麦马丁·安德逊·尼克索长篇小说《征服者贝莱》第四卷"黎明",仍署名"陈蔚",改由人民文学出版社初版印行。

**同月** 13日上海市刘季平副市长在华东师范大学向全校师生作关于中国教育方针研究的报告,"强调要处理好教学和生产劳动,重视教师主导作用和发挥

同学积极性等的关系,纠正1958年以来教育革命中'左'的错误"。(《华东师范大学校史》)

## 四月

**月内** 复旦大学中文系教授朱东润应邀来华东师范大学中文系作《陆游》的学术报告,先生旁听了这次报告会。

**约在期间** 络续阅读古代金石学著作并作札记,如"《集古录》五卷(宋艺文志),当刻于嘉祐七年1062[年]。《集古录目》十卷,见裴自序,熙宁二年二月,《集古录》刊后之八年,1069[年]。《天下碑录》十卷,多唐人碑。"

**又** 撰写《〈集古录〉考》《〈集古录〉篇数》。

## 五月

**十日** 阅读《光明日报·文学遗产》第259期上的曹道衡《再论陶渊明的思想及其创作》,并作札记。

**十四日** 为所得《楚石大师北游诗抄本》撰作"跋"。

**同月** 17日中共中央发布《关于在高等学校中指定一批重点学校的决定》,华东师范大学被指定为全国重点高等学校,成为全国十六所重点高校之一。

## 六月

**十六日** 《人民日报》刊载吴晗《海瑞骂皇帝》。先生自述:"他那篇《海瑞骂皇帝》发表于'文化大革命'前夕,当时我看到后,就震惊于他的鲁莽无知。后来果然,这篇小文章成为他的大罪状。"(《杂览漫记》)

**是月** 先生署名"施子仁"与金锡暇合译《莱蒙特短篇小说集》,由人民文学出版社出版,内收其译作《死》《汤美克·巴朗》。

## 七月

**月内** 暑假,先生仍常去黄小玄碑摊寻访拓本,又购得《候鸟残砖》拓本等多种。先生自述:"《候鸟残砖》拓本此纸从碑估黄小玄处得之,黄亦不知其来历。余一见即决其为汉物,后见《艺术丛编》所印潍县陈氏簠斋藏神爵元年鹅首残砖,又西安高窑村出土上林宫铜鉴,鸿嘉三年造,鉴底铸鸟纹,皆与此极似,而此尤工妙,皆可为佐证也。近又审视,此确实是砖,而非石矣。"(《北山谈艺录续编》)

## 八月

**二十七日** 中共八届八中全会公报和决议正式发表。当晚华东师范大学党委"向全体师生员工作动员报告,指出必须'反右倾,鼓干劲,坚持总路线、大跃进和人民公社运动',希望广大师生'认真学习,提高觉悟,提高认识'"。(《华东师范大学校史》)

**下旬** 新学期开学,先生仍在华东师范大学中文系资料室劳动。

另,按先生自述:我在资料室工作期间,"第二个时期,主要的工作是编了几个大型的参考资料书,完成的有,1.《先秦两汉文艺批评资料》,这部稿子曾经由本校铅印,作为和兄弟院校的交流资料。"("关于资料室工作",1967年)

**同月** 14日张元济在上海逝世。

## 九月

**八日** 华东师范大学开展了保卫"三面红旗"的学习运动。(《华东师范大学校史》)

**十六日** 中共中央、国务院发布《关于确实表现改好了的右派分子的处理问题的决定》。

**二十六日** 华东师范大学召开全校"反右倾、鼓干劲"大会。(《华东师范大学校史》)

**约在期间** 据古剑回忆:"'大跃进'时代,科研也搞群众运动,那时正在编大型工具书《辞海》,各大学文科都分配到一些辞目,由几位同学一组对分配到的每一条辞目作增补修订,同学们热情有馀而学识不足,到处问老师,也到资料室向施老师求教,他会告诉同学要什么书,大致什么地方去找。果然每每按图索骥都一索即得,施老师是'活字典'的美谈也就在同学间传开了。"(古剑《仰望施蛰存老师》)

**是月** 中华书局影印出版《永乐大典》残存七百三十卷,引起先生的学术关注。

## 十月

**月初** 为录讫《鸭东四时杂词》而作"跋":"一百二十首,日本画饼居士著,彼邦之《板桥杂记》《扬州画舫录》也。然特详于妓寮风俗,饮馔服御时尚,又兼有《东京梦华》《武林旧事》之胜,江户风流,于此可揭。原本刊于文政九年,当吾国清道光六年。愚斋[邵洵美]藏书中有此本,余假而录之。此书著者为中岛德规,号椋隐,画饼居士,其别署也。其人邃于汉学,宗尚儒术,隐居不仕,所著述时涉谐戏。鸭东者,鸭川之东,鸭川则加茂川之谐音也。鸭东之地,即所谓祇园,艺妓群萃于此,犹华言平康尔,诗声律微失,而情韵俊逸,注释尤可喜,香衩纶布,兮瓜,眉掠,皆中华古语,而诗家无驱使者,乃于此书见之,知其人得于汉文学者富矣。"

**上旬** 先生收得《罗宝奴造像记》(隋开皇十三年五月二日)并题跋,署名"仲山"。

**十六日** 中共上海市委召开动员大会,全市约有四万名师生下乡支援"三秋"(秋收、秋耕、秋种)劳动。华东师范大学中文系也组织师生下乡参加"三秋"劳动,与农民"同吃、同住、同劳动",先生被下放郊县嘉定马陆公社农村参加"三秋"劳动。

**劳动期间** 作诗《谪居一首》:"焚膏悔不习纵横,法外奇谋老未更。新妇三言徒早计,南华一卷误平生。文章已定乌台谳,魂魄方期郦鼎烹。圣德宽容沐三宥,谪居犹许事秋耕。"

**又** 按先生自述:"我还喜欢过叶鞠裳的《缘督庐日记》。这是1959年劳动之馀看过的。我和这位叶公是玩碑的同志,他的日记是石刻收藏家的专业日记,对于我收聚碑版的工作,大有指导。"(《十年治学方法实录》)

## 十一月

**二十日** "三秋"劳动结束,先生从郊县嘉定马陆公社乡下返回。

**二十四日** 先生致徐迟一函。(按:此函现存中国现代文学馆。)

**下旬** 黄小玄碑摊被古籍书店碑帖部合并,此后先生随往访购。先生自述:"黄氏摊子于59年10月后结束,并入古籍书店碑帖部,以后即向古籍书店选购。"(《一九六○年除夕总结》)

**是月** 据《华东师范大学校史》记载,20日校务委员会举行扩大会议,会议中心是在深入"反右倾"基础上掀起更大的"全面跃进"高潮。22日在前一阶段发动群众揭发党委领导"右倾"表现的基础上,党委继续举行扩大会议,集中批判了一些同志的所谓"严重右倾"。接着,各党总支又开展所谓"反右倾"斗争,一些同志先后遭到批判。

**同月** 7日章靳以在上海逝世。人民文学出版社出版北京第一版、第二次印行鲁迅著《南腔北调集》《准风月谈》。

## 十二月

**十七日** 据《华东师范大学校史》记载,自十月份发动群众"反右倾、鼓干劲"起至当日,全校贴出大字报八千多张,提出意见五万馀条,对个人的批评占35%以上。

**是月** 购得《明嵩山少林寺道公和尚碑》拓本。先生自述:"碑估曹仁裕持来唐碑一包,中有此碑,初展视,以为唐碑也,再审阅,则董文敏书也,甚出意外。文敏石墨,常见者大都帖刻,丰碑巨刻如此者,未尝见也。此碑器局极高,当为文敏经意之作,张之素壁,视从前所见文敏碑版,直是小儿女矣。后得读翁覃谿跋此碑,亦推许甚至,然其议论则进退不能自持。""明碑如此者,何让唐宋,而集古之士,不取明刻,坐使一代贞珉,罕见著录,亦甚可恨也。"(《北山集古录》)

**年内** 先生(署名"陈蔚")与朱文韬以俄文本合译的苏联巴希罗夫长篇小说《荣誉》,由人民文学出版社出版第二次印行。

**又** 按先生自述:我与傅雷"都成为第五类分子,不便来往,彼此就不相闻问。不过,有一段时候,朱梅馥和我老伴都被居委会动员出去办托儿所,她们俩倒是每天在一起,我因此便间接知道一些傅雷的情况"。(《纪念傅雷》)

**同年** 华东师范大学"也存在着违背教育规律现象,如大搞教学的群众运动,把大鸣、大放、大字报作为改进教学方法和教育管理、提高教学质量的普遍和经常采用的方法等问题,严重影响了学校正常的教学秩序。在教材编写方面,也存在着不恰当地打破学科固有的理论体系和过分强调联系实际的现象,导致教材的理论水平降低,教学质量受到一定的影响。一哄而起的群众性办学,由于违背了客观规律,结果也只是昙花一现"。(《华东师范大学校史》)

## 一九六〇年(岁次庚子) 先生五十六岁

### 一月

**月内** 计划编译《意大利中古小说集》。

**约在期间** 按先生自述:"我利用每晚灯下馀闲,译了许多文学史上从不提到的小作品,散文诗是其中的一部分。"(《法国散文诗十篇·后记》)

**同月** 上海市出版局、上海市文化局联合举办"1959年上海图书出版展览会"。

## 二月

**中旬** 为所得《征虏将军中散大夫张盛及夫人之铭》拓本著录并题识:"此志于1959年5月出于安阳墓中,全文见《考古》1959年10月号。张盛《隋书》无传。"(《玩碑杂录》)

**月内** 寒假,先生自述:"忽然对词有新的爱好,发了一阵高热,读了许多词集,分类编了词籍的目录,给许多词集做了校勘,慢慢地感觉到词的园地里,也还有不少值得研究的问题,于是才开始以钻研学术的方法和感情去读词集。"(《词学名词释义·引言》)

**又** 中华书局上海编辑所开始出版《中华活叶文选》,先生逐期购买阅读。

## 三月

**月初** 新学期开学后,因缺少师资力量,先生接到通知"戴帽"讲课,先在中文系上中国文学史课程,不久后又改任为政教系讲授语文课程。

**月内** 古籍书店碑帖部被合并进入荣宝斋,先生自此皆于荣宝斋访碑,直到荣宝斋改为朵云轩。先生自述:"古籍书店碑帖部并入荣宝斋,故此后皆从荣宝斋购致矣。"(《一九六〇年除夕总结》)

## 四月

**月内** 华东师范大学文科开始进行"文科革命",校"党委要求'以毛泽东思想彻底揭露和批判资产阶级思想和修正主义观点',先后检查了哲学、经济学、文学语言、教育史、心理学、中国近现代史、世界近现代史等各科的教学和有关教师的学术思想。从学术批判入手,通过师生座谈会、现场会,检查教材,揭露教学中的问题,提出教学革新方案,修订教学大纲"。(《华东师范大学校史》)

**约在期间** 据钱谷融回忆:"教育革命正在轰轰烈烈地进行的时候,学校里已经不上课了,全体师生在党的领导下正纷纷忙于著书立说。像施先生和我这样入了另册的人当然也不能闲着,也各自被安排有任务。施先生是搞鲁迅作品的注释,我则被指定撰写毛主席诗词的讲析文章。照道理讲,鲁迅是现代作家,我是教现代文学的,鲁迅应该属于我的专业范围。毛泽东虽也是现代人,但他的诗词却是用中国传统的体式写的,讲究格律,由教古代文学的教师讲,比较顺手。我向主管这事的一位副系主任提出让我和施先生对调一下,得到的答复却是十分斩截的一句话:'施蛰存怎么可以搞毛主席诗词?'我当然不敢问'施蛰存为什么就不可以搞毛主席诗词'?""后来我才明白,我实在是太不懂事,太不识相了,领导上哪里是真把这些当作一种工作任务要我们来完成呢?在他们眼里,这些不过是对我们进行改造的一种手段而已。因为施先生居然敢于和鲁迅争论,就是反对鲁迅。这就必须首先端正态度,诚诚恳恳地向鲁迅学习。让他注释鲁迅作品,正是给他一个从头学习鲁迅的机会。"(钱谷融《我的祝贺》)

## 五月

**约在期间** 按先生所写"四个月来学习的收获"(在社会主义学院小组上的发言摘要),提及当时被安排下放到工厂劳动,厂名(有说上港三区),俟考。

**月内** 利用每晚的时间,计划编译《欧洲近代独幕剧集》《洛尔伽戏剧集》。

## 六月

**上旬** 阅读中华书局在上海影印出版的域外残本《永乐大典》,此后录出宋金元人词一百馀首,辑为二卷为《宋金元词拾遗》。先生自述:"我尽阅之。""宋词皆旧版《全宋词》所未收者,金元人词皆周泳先、赵万里所未得者。"(《〈宋金元词拾遗〉题记》)

**月内** 以200元买得《千唐志斋藏碑》拓本全份,后送给华东师范大学图书馆。(致赵光潜函,1996年9月10日)

**又** 于市肆访碑,"见一拓本,题作'会桑和尚石象',展视之,则匋斋所藏'食斋祠园'也,可发一笑。"(《玩碑杂录》)

## 七月

**月内** 上海作家协会开始组织批判十九世纪欧洲资产阶级文学的座谈会,历时49天,先生按接到的通知先后参加过数次。

**同月** 22日起在北京召开第三次全国文学艺术工作者代表大会。

## 八月

**月内** 利用暑假,陆续翻译外国诗人夏芝、保尔·福尔、耶麦等的诗作。

**是月** 采用美国洛·康(肯)特木刻作品为图案制作两枚藏书票"北山楼藏书"。

### 九月

**十五日** 先生参加上海市作家协会会员大会。

**十七日** 为所藏《蜀杨公阙残石》拓本题跋:"此刻始见于牛运震《金石图》,钱竹汀疑为褚千峰伪作,翁覃谿不以为然。""此拓有'磊翁''逊先所得金石'二印,张祖翼故物也。"

**月内** 单孝天治印"吴兴施舍考藏",边款记"舍之先生方家正之,庚子秋日"。

### 十月

**上旬** 为所藏《杭州石屋洞造像题记》拓本二册题写:"庚子仲春得于沪上,吴兴施舍藏弄。"并题跋:"杭州石屋洞造像题刻,诸家访碑录及两浙金石志均有著录,而所遗尚多,罗振玉得拓本一百五十三段编为目录。此本及题刻一百八十三段,视罗氏所得为多,然叶鞠裳曾得五十九段,皆宋真宗咸平中所刻,又余所未得,可知石屋洞造像为数当在二三百段,求全拓不易,此二册亦殊可珍矣。"

**中旬** 又被派往郊县嘉定马陆公社参加"三秋"劳动。

**月内** 先生大妹施绛年在台湾病逝。(按:由于当时两岸音讯阻隔,先生直到1964年方得噩耗。)

**同月** 11日中共中央批转文化部党组、中国作家协会党组"关于废除版税制、彻底改革稿酬制度的报告"。

### 十一月

**下旬** "三秋"劳动结束后返回,仍在中文系资料室工作。开始辑录《词学文录》,同时又从事辑编《小说文录》。

另,按先生自述:"秋收后,我从嘉定向农民学习回来,被安置在中文系资料室工作。资料室工作任务不多,原有的两位职员已可以应付了。但当时安置在资料室的教师却有三四人。我建议编一些教学参考资料,免得闲着无事。于是各人分工或合作,编了一批大大小小的参考资料。""我决心抄录唐、宋以来词籍的序跋。渐渐地扩大范围,凡论词杂咏、讨论词学的书信乃至词坛点将录之类,也顺便一并采录。用了两年的工作时间,居然抄得了约60万字。把我自己所有的词籍、华东师范大学图书馆所藏的词籍、上海图书馆所藏的一部分词籍,都采录到了。""抄写的时候,正值'三年自然灾害',没有好纸,用的都是粗糙的劣质土纸;又没有好墨水,用的都是容易褪色的劣质墨水。"(《词籍序跋萃编·序引》)

**同月** 上海古旧书店和上海外文书店分别成立。

### 十二月

**中旬** 编撰完成《水经注碑录》。

**三十一日** 撰写购买金石拓本的"一九六〇年除夕总结":"计自58年8月,至60年底,共耗资514元。"据先生统计,所得汉志、晋志8种,魏、梁、后秦、陈4种,北魏志142种,北齐志19种,北周志5种,隋志100种,唐志608种,宋以后志17种,周秦石刻7种,汉碑92种,三国碑13种,前秦碑2种,晋碑7种,南朝碑3种,北魏碑及造像41种,东魏碑24种,西魏碑4种,北齐碑35种,北周碑11种,隋碑16种,唐碑85种,五代以下碑23种,龙门造像800纸,石屋洞题名91段,七星岩题刻36段,永嘉石门山题刻28段,前后两年半时间,都2221目。而复本不计,仅墓志复本就有二百馀种。

# 一九六一年(岁次辛丑) 先生五十七岁

### 一月

**一日** 元旦。单孝天应约治印"无相庵藏本",边款记"一九六一年元旦,孝天"。

**同日** 沈从文作诗《建设新山村,知识青年下放上山四周年纪念代表大会庆祝日,被提为主席,亦一生巧事也》,后法书条幅赠送先生。

**又** 上海文艺出版社出版《学习鲁迅和瞿秋白作品的札记》,内收《斥右派分子施蛰存反对社会主义出版事业的谬论》。

**同月** 吴晗在《北京文艺》发表历史剧《海瑞罢官》。

## 二月

**十九日至二十一日** 中宣部副部长周扬在上海先后召开五次文科座谈会,传达了中央书记处关于所有高校文理各科都要有教材的决定。周扬结合1958年以来教育革命的经验教训,要求大家着重清算"左"的错误,制定出文、史、哲、经、政、教六个学科的教学方案,同时编出教材,规定阅读书目。

## 三月

**上旬** 开学,仍在中文系资料室工作。先生自述:"1961至1965年,是我热衷于词学的时期,白天,在华东师范大学中文系资料室工作,在一些日常的本职任务之外,集中馀暇,抄录历代词籍的序跋题记。""我开始收集词集,逐渐发现其序跋中有许多可供词学研究的资料。于是随得随抄,宋元词集中的序跋,有见必录,明清词集中的序跋,则选抄其有词学史料意义的。陆续抄得数十万言,还有许多未见之书,尚待采访。晚上在家里就读词,四五年间,历代词集,不论选本或别集,到手就读,随时写了些札记。对于此道,自以为可以说是入门了。"(《花间新集·总序》)

**同月** 国务院公布《文物保护管理暂行条例》,并发布《关于进一步加强文物保护和管理工作的指示》。

## 四月

**月内** 先生将近两年半以来撰写的关于金石学考订、著录及拓本收藏之笔记,装订成册,题名《玩碑杂录》,其中除著录题识数十种金石拓本,以及各种古籍文献有关金石之记录,别有"龙门造像例(一)(二)""伪刻汉碑""残石伪刻""古文苑所录碑目""续古文苑录汉晋碑""碑录(一)(二)""罗振玉撰碑目""金石著作未印行者""汉碑残石著录""墓志著录""造像数著录""沈韵初汉石经室所藏古刻""文选李注碑文""水经注录碑可以补史阙""越南碑录""最古之碑刻集""一九六〇年除夕总结""新出古刻""拟校辑碑目"等篇。(稿本,据中盈堂藏品)

**约在期间** 据马成名回忆:"1961年到1981年我在朵云轩工作了二十年。〔按:朵云轩后改为东方红书画社,再改为上海书画社。〕我的工作前十年是卖碑帖的营业员,后十年是收购员。施先生喜欢碑帖,研究碑帖、收集碑帖,朵云轩是他必到的地方,因为朵云轩是当时上海唯一他能够物色到他所需要的碑帖的地方。"(马成名《我

与施蛰存先生的交往》)

**同月** 全国高等学校文科和艺术院校教材选编计划会议在北京召开,会议讨论了关于培养目标的问题,红与专的关系问题;关于贯彻执行教学、劳动、科学研究三结合而以教学为主的方针问题,以及关于百花齐放、百家争鸣问题。

### 五月

**四日** 阅《文汇报》,即记"龙门造像题刻共3 680种,见1961年5月4日《文汇报》报导,想是最近统计"。

**十五日** 先生被华东师范大学派往位于上海郊区嘉定县的上海社会主义学院参加学习班,与上海音乐学院龙榆生同学。

### 六月

**九日** 华东师范大学党委副书记杨希康在全校教师和文科学生大会上说:"过去学校搞政治运动、劳动多了一些,结果把课堂教学挤到一点不重要的地位,在学校停下课来搞运动,就等于工厂停下生产搞运动","学校的时间和工厂生产时间一样,不能侵占,在学校中读书时间要多一些。"(《华东师范大学校史》)

**月内** 在上海社会主义学院学习班,参加学习和劳动。据陆印泉回忆:"同窗而又同'病',故相处很好。我始终以师礼待之。那时,他已转入对文物考古的研究,手里常常带着各种版本的字帖。我问他为什么,他说:'此亦逃避现实之一法也。'"(陆印泉《再谈施蛰存》)

### 七月

**十九日** 中共中央发出《关于自然科学工作中若干政策问题的批示》指出:"近几年来,有不少的同志,在对待知识、对待知识分子的问题上,有一些片面的认识,简单粗暴的现象也有所滋长,必须引起严重的注意","目前有必要强调对知识分子的团结和使用问题,以争取一切可以争取的知识分子。"根据中央指示精神,华东师范大学成立了甄别领导小组。

**是月** 仍在上海社会主义学院学习班,参加学习和劳动。

## 八月

**二十八日** 按夏承焘日记:"11时沈祖棻挈其女儿来访,谓自武汉来沪已数旬。"

**是月** 继续在上海社会主义学院学习班,参加学习和劳动。

## 九月

**六日** 为在社会主义学院小组'神仙会'上发言而写《反映在"才与德"一文中的错误思想》的发言稿。

**十三日** 先生写了"四个月来学习的收获"(在社会主义学院小组上的发言摘要):"自从五月间,原单位组织上允许我到本院来脱产学习,以利于加强改造,到如今已有四个月,到了结业的阶段。在这四个月中,通过阅读文件,小组讨论,及小型交流经验会,启发报告,总结报告等等学习方式方法,使我思想上有一定的提高,组织上也有一定的深入,肯定是有多方面的收获的。现在集中几点来谈谈,""关于学习的布置。我首先要提出的,是这里的学习布置,非常有利于资产阶级及其知识分子的自我改造。从学习内容来说,我们以阅读毛主席著作为基础,分三个大单元来进行学习。第一个单元是国内外形势。通过这一个单元的学习,我们很有系统地,很深入地认清楚了几乎是五四运动以来,一直到目前为止的国内外形势。""大多时间都是小组漫谈,我以为这还是一个开始的序幕,以后一定还有正式学习的布置。谁知一直是这样自由讨论和漫谈下去,就算是在学习了,这就叫作'神仙会'。久而久之,我就体会到这样学习方式的优越性。的确,它使每一个学员都能轻松愉快地,敞开思想,无话不说。讨论问题,因而也容易深入,容易顾到全面,获得的结论也能够为全体所接受。四年来,我在原单位参加政治学习,一半是由于耳聋,一半也由于气氛不很调和,总是没有能够踊跃发言。在这里,'神仙会'给了我很大的帮助,使我逐步地排除顾虑,主动争取发言,真正做到心情舒畅地学习了。政治学习,思想改造,原来是严肃的事情,现在以谈笑风生的态度来进行。""这一单元的学习,总的说起来,是帮助我们奠定自我改造的决心,""于是转入第二单元,学习了政策。这个单元的学习,对我个人说来,更为重要,""对于党的政策方针,及其贯彻方式方法,有了较深的认识,从而体会到自己过去一些看法的错误。第三个单元是世界观问题。以前两个单元的学习成果为基础,大家对世界观的必须兴无灭资,一致感到非常迫切。""通过小组讨论和漫谈,在互相启发、互相影响、互相帮助的效果之下,每人都有了一定的收获,解决了自己思想上的不少问题,大家都有信心,回到原单位去工作时,一定可以打开一个新的局面。我个人也有同样的收获,决心先加紧立场的转正,然后争取迅速改造世界观。""1958年我下乡劳动,态度很不好,党又继续使我在1959年1960年分别到农村和工厂去劳动,以锻炼我的劳动态度。这一次又给我机会,到学院来脱产学习。我临行的时候,党支书又和我恳切地谈话,对我的改造寄于迫切的期望。""在好几次大报告上,李院长和郑处长都曾表示对右派分子的改造如何关心。李院长又曾召集这全院右派分子的座谈会,又召集过全班右派分子的座谈会,又召集过三三两两右派分子的座谈会。班主任也召集过各班右派分子座谈过几次。""我毕竟不是顽强的反革命分子,社会主义制度对我也是有利而无害。""从1958年至今,党已经给我三次机会,下乡参加劳动。第一次为期较长,这期间,虽然学会了不少'秋种秋收'的农业技术,但是劳动的态度并不好,情绪也不正常。在第二次、第三次下乡劳动中,我特别自觉地注意劳动态度,因而获得了初步的提高。这一次来院学习,每星期也有劳动,虽然劳动的强度比前几次小得多,但同样是给我一个锻炼的机会。我在这一次劳动的情况,同学们都看见,希望提出批评。就我自己的检查,我认为已经可以说又跨进了一步。这一次我们开河施肥,我都争取第一线工作,虽然因体力不够,成绩差些,但对劳动的感情可以说没有什么问题了。"

**十五日** 先生在上海社会主义学院学习结束,由嘉定县返回华东师范大学中文系资料室劳动。

另,按先生自述:我在资料室工作期间,"第三个时期,主要的工作是编一些小型的参考资料,曾经计划编一套古典文学研究书目,记得似乎编成了两种,1.《诗经研究书目》;2.《楚辞研究书目》。"("关于资料室工作",1967年)

**下旬** 接到系里通知被告知已摘去"右派帽子",仍留在中文系资料室工作。

另,按先生自述:"从1957年戴上右派帽子后,一直到1961年,每天在资料室工作,绝对不和朋友或相识者来往。星期日下午,有时到朵云轩去买碑帖,买文具纸张。或到古籍书店、外文书店去看看,买几本书;或者书画商场去买一些小名家的字画。"("近十年来的社会关系",1969年)

另,据《华东师范大学校史》记载:"1959年10月至1961年9月,学校根据中央指示,为在'反右'斗争中被定为'右派'的大部分人分批摘掉了'右派分子'的帽子。"

**同月** 15日中共中央批准试行《高教六十条》。

## 十月

**月内** 陆续翻译近百首法国象征派诗。先生自述:"我所受的政治处分'右派'虽然已经取消,但事实上还在禁锢中。每天要去大学中文系资料室工作,没有读书写作的时间。只有晚上二三小时是我自己的时间,我就充分利用这些时间,看一点书,写一些零星小文字。"(《域外诗抄第六辑法国诗抄·后记》)

**约在期间** 又往傅雷寓所访问。先生自述:"大家都蒙恩摘除了'帽子',可以有较多的行动自由,于是我又常去看他。他还在译书,而我已不干这一行了,那几年,我在热中于碑版文物,到他那里去,就谈字画古董。他给我看许多黄宾虹的画,极其赞赏,而我却又有不同意见。我以为黄宾虹晚年的画越来越像个'墨猪'了。这句话又使他'怒'起来,他批评我不懂中国画里的水墨笔法。"(《纪念傅雷》)

**是月** 开始编撰《历代词选集叙录》,后历时近四年,写成四十二篇。

**同月** 28日中共中央发出《关于改造右派分子工作的指示》。

## 十一月

**五日** 为《水经注碑录》作"序":"抗日战争时,余避地滇南,偶得孟孝琚、大小爨、祥光诸碑。辛巳,道出香港,得元祐党籍碑粤西二刻。翌年,移砚闽汀,得蔡君谟万安桥记。自是始发古趣,稍稍聚石刻文字。窘于资,又不易遘,未能多得。每读欧阳公《集古录序》,辄以兴慨。解放后,故家所蓄文物大出,金石拓本,初无顾视者,余因得以棉力致之。数载之间,得汉魏南北朝隋唐碑铭、墓志、造像之属,不下四千目,休沐之日,一以寓心于斯。所居北山楼,一小阁耳。四壁皆为书椟器具所障,无可以悬碑者,而余所聚皆整纸全拓,非几案间可展玩,则陈之卧榻上,伛偻审读之,虽疲累,有足乐者。自是乃进而读昔贤题跋,与夫著录碑刻之文献,时有会心,亦泚笔书之,遂成《读碑记》四卷,一百二十篇。又以魏晋以来,史家撰述,不遗碑表,若《后汉书》《三国志》《魏书》《水经注》《洛阳伽蓝记》《太平寰宇记》诸书,所录古碑,往往有未显于世者;又或现存古碑,可以取证于诸书者,其有助于碑版之学,殊非浅鲜,而卷帙繁富,检寻不易,身自苦之。乃节取其文之有关于石刻者,别为录目,复略附考释于其次,遂作《诸史征碑录》。此《水经注征碑录》十卷先成书,以其篇幅多,故别出单行,谓之《水经注碑录》。"

**同月** 6日香港《新生晚报·新趣》第3版刊载田耕《施蛰存在香港》。

## 十二月

**月初** 开始辑录《太平寰宇记碑目》。

**约在期间** 按先生自述:"'摘帽'以后,稍稍与人有来往。""谭正璧虽然认识很久,却向无来往。解放后才初次到他家里去。发现也藏书不少,有一部'百衲本二十四史',一部'丛书集成'。这两部书我都有用处,所以在1962年后,每年总去五六次,向他借书还书。""雷君彦,是松江老前辈,曾任松江图书馆长。住在愚园路,和我相近,我大约每月去看他一次,每次谈一个把钟头就走。""其馀的人,都是他们自己来看我的。徐英[澄宇]是来得最多的一个。此外则唐祖伦,周松令[龄]都来过几次。表弟喻永祚每年也来看我三四次。"("近十年来的社会关系",1969年)

**又** 按先生自述:"为了要买8角钱一只的鸡蛋,我把儒、释、道的书都卖掉了,当然也包括《景德传灯录》在内。"(《禅学》)"我本来有殿版原本《全唐诗》,1961年卖了258元,换鸡蛋吃了。"(致林玫仪函,1993年9月7日)

**同月** 14日吴眉孙(庠)在上海逝世。上海编译所成立。

## 一九六二年(岁次壬寅) 先生五十八岁

### 一月

**一日** 元旦。完成编撰《后汉书征碑录》并为录讫而撰作"跋":"余近岁好玩弄古刻石,聊以寓心,亦用娱老。念古来诸家著录,惟取见存,而史志所载前代碑碣,无闻者尤众。方今考古之学,迈越前修,且地不私宝,蕴藏大出,安知古志所著刻石,不有一日赫然发见耶?自非确知其残废摩灭,殆未可必其为终已亡失也。昔杨升庵纂水经注碑目,又作金石古文,实先得吾心。余不敏,既追踪故武,撰水经注碑录,又发心作诸史征碑录,以范书始。""录既竟,书其缘起如是,续有纂辑,视此例。"

**约在期间** 按先生自述:"古典文学教师有建议,是否可以编一种文言虚字用法的资料,发给同学,以便自学古文。征得董立甫同意后,我就开始写《文言虚字用法参考资料》,写了十几篇,又由王寿亨写了二、三篇,后来我离开资料室,没有完成。"("关

于资料室工作",1967年)

**同月** 20日华东师范大学党委召集党员干部会议,审议校甄别领导小组提出的《关于甄别工作计划的初步意见》。根据中央指示,党委决定对近几年来在"拔白旗"、"反右倾"、整风和学术批判中,被错误批判和处分的人士进行甄别平反,以团结广大干部和知识分子,调动他们的积极性。(《华东师范大学校史》)

## 二月

**二十五日** 为所藏《汉张表造虎函题字》拓本题跋:"拓本徐乃昌旧藏,初出土时所拓,'函'字犹清晰。"

**二十六日** 沈从文出差由南昌来上海,在锦江饭店下榻,于3月3日离开上海前往南京。

另,按先生自述:"从文因公出差到上海,住在衡山饭店。他和巴金一起来看我,其时我新从'右派'改为'摘帽右派'。他在反右运动中的情况,我不知道,彼此觉得无新话可说,只是谈些旧事。过一天,我去衡山饭店回访,适巧有别的客人接踵而来,我只能稍稍坐一刻,就辞别了。这一别,就是音讯不通的十八年。"(《滇云浦雨话从文》。按:沈从文1962年2月和1979年3月这二次来上海期间均与先生相晤,疑似先生记忆有误,这段"自述"可能是将此两次与沈从文会晤的年份与地点并为一谈,录此俟考。)

**月内** 华东师范大学召开全校教师职员大会,听取党委书记常溪萍作"开展反官僚主义、反浪费、反贪污运动"的报告。

**同月** 11日胡小石在南京逝世。24日胡适在台北逝世。

## 三月

**上旬** 先生接到通知,本学期执教"中国古典文学作品选读"课程。据黄贵文回忆:"上午第三节,我们全年级百馀人集中上'中国古典文学作品选读'课。预备铃响后,在教室门口蓦然出现了一个身材矮小、脸庞瘦削、约莫五十七、八岁的不速之客。同学们顿时哗然,嗫嗫私语。只见这个老人坦然自若,手拎旧提包,缓步走上讲台。此刻,我方才从旁边同学那里知晓,他就是当年全校闻名的'大右派'——施蛰存。施老师每周给我们上两节课。由于他知识渊博,对教材娴熟精通,因而他讲授古典文学作品时,绘声绘色,深入浅出,生动形象。加上他那自然的举止谈吐,简洁的教学语言,同学们赞不绝口。说句实话,我们确实向他学到不少知识。然而,施老师上课就来,下课就走。""虽然刚刚被摘下右派帽子,但思想上仍然背着沉重的政治包袱。他当然不便与我们多接触,以免招惹非议。"(黄贵文《回忆施蛰存》)

另,华东师范大学为进一步贯彻《高教六十条》精神和本校"三年规划要点",经校行政会议讨论通过,由教务处颁发了《关于加强基础课程和学生基本技能训练的意见》,提出了这方面的明确要求和措施,各系都配备了有经验的教师担任基础课教学。(《华东师范大学校史》)

**月内** 继续撰录《金石遗闻》,并撰写汉、魏、隋、唐诸种碑跋。

**同月** 周恩来在广州作《关于知识分子问题》的报告。

## 四月

**六日** 邵洵美无罪获释,回到淮海中路1754弄19号长子邵祖丞住所。先生自述:"领导上照顾他的生活,让他为新文艺出版社译书。1962—1964年间,他在译英国诗人雪莱的长诗,有些疑难问题,要我去帮他研究。因此,我有过一个时候,每月去看他一次。"("近十年来的社会关系",1969年)

另,据林淇记述:"但留有'帝特嫌疑'(内控)尾巴。""旧友施蛰存、孙斯鸣、林达祖、钱瘦铁、顾苍生、王永禄、庄永龄、陆小曼、但筱苏等先后都来探访望。"(林淇《海上才子——邵洵美传》)别据盛佩玉回忆:"一些老朋友孙斯鸣、施蛰存、秦鹤皋、秦瘦鸥、钱瘦铁、庄永龄等均去看望过他。"(盛佩玉《盛氏家族·邵洵美与我》)

## 五月

**八日至十五日** 先生出席中国作家协会上海分会第三届会员大会,并参加与会全体人员合影。

**约在期间** 作诗《简澄夫妇乞书》。按先生自述:"徐英[澄宇]忽然来了,才知道他没有去厦门,而是去了新疆。最近才由领导上批准回上海的。当时他在上海没有住处,夫妇分开住在朋友家中。徐住在武康路,陈住在中山公园附近。徐去找他爱人,总得经过我家,所以他常常便道来看我。""徐英来看我,大概都在星期日上午九、十点钟。谈一会儿,我送他二三包纸烟,就去他爱人那儿了。在每次的谈话中,我们也谈到些国内外时事,大多是当时报纸上的事。""我们所谈的大问题是,1.关于三年自然灾害和人民公社。2.关于苏联走修正主义道路的看法。3.关于古巴革命的道路,古巴和苏修的关系等。4.对南斯拉夫的看法。这些都是当时自然而然地会谈到的。此外还有一些时事和社会新闻,也会谈到,只要翻一翻当时的报纸,我也许可以记得一些。"("关于徐英的事",1968年)

## 七月

**月内** 暑假。按先生自述:"尹石公是姚锡钧[鹓雏]的朋友,我因陪同姚明华[姚鹓雏二女,时任丹阳中学语文教师]去拜访,因而认识,后来我单独也去看过他四五次。此人年已八十多,是晚清诗人。我去向他借阅晚清诗人的诗集,又向他了解一些晚清诗坛情况,所谈者都在这些方面。"("近十年来的社会关系",1969年)

**又** 据郑逸梅记述:"施蛰存一日问尹石公,今之国学有素养者,尚有何人?石公举陈兼与(声聪)以对。翌日,蛰存即造陈居相访,一见如故,即订交。""施蛰存评陈声聪《兼于阁诗》:'五古甚见朴茂,文字含近代语,精神则魏晋咏怀咏史之俦也。'"(郑逸梅《艺林散叶续编》)

**同月** 21日李雁晴(笠)在上海逝世。

## 八月

**四日** 龙榆生致函:"久未晤教为念,暑中不他往否?下期课事如何?前承假去'词刊'第三卷第四号样张,想径用毕,恳乞挂号掷还。劫火中留此孤本,拟合订全卷后,敝帚自珍,他日更献诸北京图书馆耳。弟自梅雨后恒感不适,颇有耳聋眼瞎之忧,无可奈何,匆颂撰安,并候回示。弟忍寒顿首。"

**二十六日** 华东师范大学党委在《关于加强我校党的建设工作中的几个问题》中指出,全校共对109人进行了甄别,其中党员34人,非党群众75人。(《华东师范大学校史》)

**约在期间** 为研究东晋陶渊明《桃花源记》,先后阅读游国恩等著《中国文学史教学大纲》、中国社会科学院文学研究所《中国文学史》、谭家健《〈桃花源记〉札记》(载《陶渊明讨论集》),并作札记。

## 九月

**一日** 新学期开学,先生虽不是专职外语教师,但接到中文系领导通知,本学期被安排执教英语课程。据孙耕民回忆:"当时政治气氛有所缓和,系里考虑再三,安排施先生教'没有阶级性'的英语。一副赛璐珞边的老花眼镜,一身灰色的中山装,一只普通的黑色人造革拎包:三十年前的大学教授大都这副打扮,施教授没有也不可能例外。他脸庞瘦削,走路有精神,纵然多次遭劫难,依然快人快语。第一堂课是'随便谈谈',没有教一句英语,却使我终生难忘。'在座各位均是大学中文系学生,有一定的英语基础,再学英语干什么?当翻译?不是。只是为了阅读英美原著;有时兴致来了,笔译一篇小诗短文。因此,我认为,最好的教学方法,便是翻译法。'接着,介绍自己高中毕业后进法语专修班时的情景。""这次'随便谈谈'的开场白,定下了全学期教学基调。此后,我们的英语课,大都成为笔译课:有时,他印发了一二十页英美长篇小说的片断,例如《大卫·科菲波尔》《呼啸山庄》等文学名著,让我们速读,写中文摘要;有时,他发下一些英美小诗短文,要我们推敲斟酌,尽可能达到'信、达、雅'。有一次,我将一句英语直译为'因为我们没有带什么到世上来,也不能带什么去',施先生建议我改成'生不带来,死不带去',并告诉我,它与《红楼梦》中'赤条条,来去无牵挂'相似。"(孙耕民《施蛰存教英语》)

**月内** 为辑讫《词学文录》而撰"序":"迩来学子研习斯道者日众,惜词林文献散在群书,未尝辑集,咨诹所及,供应维艰,因发心捃录有关词学之单文杂著,各以类从,功阅三冬,文逾千首,区为十辑,汇于一编,命曰词学文录,将以为助割之鸾刀,争鸣之芹献。但恐袜线小才,不成修绠;蹄涔滴水,无补鸿池,纠谬拾遗,是所望于高明。"

## 十月

**一日** 阅读《隋书》,入夜上街观赏国庆节烟火,"较往年为胜"。

**同日** 恢复写作日记:"三十年前曾作日记,不能持之以恒,数月而止,基本亦久失之。迩来駸駸老矣,辄不忆三五日前事,因发心复每晚记行事,备万一检点。"(按:先生这一时期日记始于 1962 年 10 月 1 日,讫于 1965 年 12 月 31 日;后题为"闲寂日记"出版,《施蛰存日记·闲寂日记、昭苏日记》,文汇出版社 2002 年 1 月初版。以下引述均不另注。)

**二日** 继续阅读《隋书》,"因展阅所得'隋墓志',已有一百零二通矣";又为所藏《牛弘女晖》《苏威妻宇文氏》两通墓志题跋。

**三日** 下午先生携孙女在西郊公园(今上海动物园)游玩,"木樨盛放,馥郁沁人心脾"。晚上阅《潜研堂金石文跋尾》,并签出其可商者五十七处。

**四日** 续阅《隋书》,又阅新近出版的由文学研究所编《文学史·中册》其中数篇,"书出众人手,见解颇不统一"。

**五日** 先生重作《蛮书征碑录》,下午到福州路巡阅书肆,"无可买者"。

**六日** 阅《隋书·经籍志》。

**七日** 续作《蛮书征碑录》,并检《滇绎》《云南备征志》,"惜《滇系》一部已斥售"。

**八日** 仍撰《蛮书征碑录》,晚上阅读 Paul Valery 讨论文学,并取望舒译稿校之,"有数则未译,暇日当为补成之"。

**九、十日** 续阅《隋书》,撰录《金石遗闻》三页。

**十一日** 先生购得影印《宋拓天发神谶碑》二本,"取余所有摹刻本校对"并作跋。

**十二日** 续阅《隋书》,夜访谭正璧,并借阅九月份《光明日报·文学遗产》。

**十三日** 早晨去雷君彦家访,"携儿寄来吐鲁番葡萄干一裹赅之"。

**十四日** 徐澄宇晨来,少谈即去。阅读《陆氏二俊集》,又作致曾铭竹函。

**十五日** 阅读《庾信集》,"始知伪刻'阳林伯夫人罗氏志'乃庾信文"。

**十六日** 续阅《隋书》,撰录《金石遗闻》两纸。戴望舒之女咏素由北京来函。

**十七日** 续阅《隋书》,又展阅《国山碑》,拟作跋,未成。

**十八日** 先生赏阅小但所赠《舜庙碑》,拼凑不全,犹缺数纸。

**十九日** 阅《海日楼札丛》,撰录《金石遗闻》两纸,又阅当日所购新印本《昌平山水记》《京东考古录》。

另,先生日记:"阅外国参考资料,有一文述美国诗歌现状,谓至今犹以 Robert Frost 为诗坛领袖,此论甚当。可见三十年来,虽新人辈出,而文字精湛,风格典雅者,仍当让此公一步。予二十年前译美国诗亦以为 Frost 最胜,自谓鉴赏不虚。"

**二十日** 先生"玩汉碑,补录汉碑卡片",又阅"独笑斋金石文跋"。

**同日** 中国边防部队奉命对印度军队的武装进攻进行自卫反击作战。

**二十一日** 早晨周松龄、唐稼生来先生寓所晤谈,至中午11时辞去。下午先生访谭正璧,以所借《光明日报》还之。又往上海美术馆参观《杨柳青年画展览会》,"有花卉人物画数种致佳,皆清末物,惜未尝见桃花坞佳品,不知孰胜";再参观《新疆织物图案展览会》,"木版印染障壁数种为犹佳"。随后前往朵云轩访碑,"无可买者"。

**二十二日** 晚上先生阅 R. Frost 诗集,"得小诗一首,仅二行,云:'方余年少时,不敢为过激,惟恐老年来,翻成保守者。'此语甚妙,实契吾心。然今日青年人犹且视我为保守派也"。

**二十三日** 仍续写《蛮书征碑录》。先生日记:"印度已向我西陲动武,甘为戎首,此必有所恃者,且观其后。"

**二十四日** 撰讫《蛮书征碑录》,"诸葛碑记载甚多,而史家均不信其实有,余颇疑之";并为全卷撰作"跋":"余弱冠时,读西南诸古史,甚向往于蒙段之盛。尝演为说部,以寄遐想。初不意吾身犹得旅游于苍洱之间也。抗战军兴,载笔拓东,又甚好其山川人物。时初识向君觉明[达],君方从事于西南史地,欲校注樊绰《蛮书》。余因复取《蛮书》读之,录其所举南中碑刻为一卷,藏之敝箧。越二十馀载,岁次壬寅,向君所著《蛮书校注》终得版行,考释详赡,于此书有决疑辨讹之功。因重录旧稿一过,取向君文可为参证者隶之,仍以鄙见著于篇末。"

**同日** 先生日记:"今日报纸午时始到,我政府向印度建议三点,已见委曲求全之意。惟美国已向古巴动员,国际形势顿然紧张。中印战事,殆不免为第三次世界大战之序幕乎?慭焉忧之。"

**二十五日** 先生日记:"傍晚检点西书得爱尔兰女诗人 Dora Sigerson 诗集 *The sad years*,阅之不觉竟夕。诗四十五首,皆民谣体,均有韵致。爱尔兰作家如 Le Fanu, Frina Morleod, A. E, W. B. yeats, Lady Gregory, John Synge, James Stephens, Lord Dunsany, Sean O'Casey 均有隽才,诗文戏剧,极芬馨悱恻之致。*Celtic Twilight*,何其绚烂也。颇欲选择若干篇,为《爱尔兰文选》,亦有意义。"

**二十七日** 先生润色《水经注碑录》,重作二篇,抄"序文"及"目录",并拟定插图目录。收到杨静来信。

**同日** 又致北京向达(觉明)一函,"为《蛮书校注》提意见三事"。先生自述:"解放以后,只有在六十年代,他的《蛮书校注》出版后,我和向觉明才通过几次信,谈的都是关于《蛮书》的事,没有谈到'变文',也不知他发表过关于'变文'的文章没有。"(《"变文"的"变"》)

**二十八日** 阅读《春在堂随笔》《郎潜纪闻》《燕下乡脞录》,并签出《金石遗闻》可用史料数十则。

**二十九日** 阅读《黄生义府》,下午去谭正璧家访,以《蛮书校注》还之。

**三十日** 先生日记:"连日早起,今日下午忽感疲乏,摊饭遂至5时。"晚上为系里新分配自己指导的助教周茹燕作"三年学习计划"。收到四儿从柳州来信。

三十一日　先生日记:"买得《词鲭》一册,道光丙戌有裴居刊本,星江余煌(汉卿)集句词六十馀阕,颇浑成可喜。又《玉壶山房词选》一册,民国九年仿宋铅字排版墨汁刷印本,此亦印刷史上罕见之本也。又得'万人丛书'本 Gudrun,物色既久,今乃得之。"

**是月**　上海文艺出版社出版魏绍昌编《中国现代文学史资料丛书甲种·鸳鸯蝴蝶派研究资料》(史料部分),收录郑逸梅完成于1961年夏的《民国旧派文艺期刊丛话》,其中"四十二、《半月》"提及"突出的作品",内有"施青萍的《红禅室漫记》";"四十七、《星期》"提及"施青萍的《寂寞的街》"。

## 十一月

**一日**　撰录《金石遗闻》二页,录笔记数则。先生日记:"自苏联声明撤销在古巴之导弹基地后,美苏紧张局势略见缓和,赫鲁晓夫此举,实非示怯。盖在于杜绝美国入侵古巴之藉口,然恐肯尼迪未肯便悬崖勒马耳。中印边境战事情况,报纸竟连日不登,仿佛已无其事,甚可怪也。"

另,按先生自述:"我的日记,只记一些与什么人来往,每天做了些什么事,但有一天偶然记下了我对古巴问题的看法。""因为当时觉得我们国家领导人对苏联的谴责是对的。""这一种看法,这样的语气,也反映了资[产阶级]中间派的观点,很像一个资本主义国家的记者的话。"("学习老三篇,结合自己检查",1966年)

**二日**　撰述词话三则,收到北京向达(觉明)回函。

**三日**　早晨访谭正璧,借得《丛书集成》中有关"楚辞"之书十五册回家。下午撰录《金石遗闻》四纸,晚上批阅学生测验试卷。

**同日**　收到叶灵凤从香港寄来道林纸原稿纸二百张,"今年足用矣"。(按:见于先生当时所用稿纸,系淡咖啡色文稿格式,页面无字,直行,竖25格,横12行。此前叶灵凤亦曾有寄赠,品类相似,惟页左上角有页格。)

**四日**　撰录《金石遗闻》四纸,傍晚宋育琴来先生寓所晤谈。

**五日**　批阅学生测验试卷。复戴望舒长女戴咏素一函。

**六日**　下午先生陪妻子去长宁区中心医院治眼疾,又检查血压。晚上继续批阅学生试卷。

**七日**　下午上街巡弋书肆,购买了《匋斋藏石记》《屈宋方言考》,回家后阅读之竟夕。

**八日**　竟日撰录《金石遗闻》,共得八纸。

**九日**　阅读《屈宋方言考》,"忽念'魏晋南北朝史书',颇多吴语,亦可辑录成一小书"。又撰录《金石遗闻》六纸。

**十日** 续撰《金石遗闻》二纸,又"《隋书》已辍已久,今日续读三卷"。

**十一日** 上午续阅《隋书》,下午前往周松龄家访,唐稼生亦在,谈至5时方辞归。先生借得Ernest H. Short所著The Painter in History等数本,"灯下阅之,不觉子夜。Bloch书似删节甚多,殊无足观"。

**十二日** 先生日记:"昨向周松龄借艺术书,乃为检觅Hans Hollein所作Dance of Death资料,而两书言之均甚略。今日至校中图书馆,觅得Arthm Haydon所作Chats on Old Prints一书,有一章专谈Duren及Holbein之木刻画者,聊有用处,录出数语,拟作一小文。"

**十三日** 下午前往邵洵美家访,"承出示《唐人写经》二卷,缪荃荪物也。所写为《华严经》第卅五、六各一卷,蝴蝶装,每半页十行,行十七字","仍是唐人书法。第三十五卷末有朱书三行。一曰'贞观十九年三月七日一校耳,沙门仪远';又一行曰'元庆三年三月三日勘看科文粗毕,法师仪远';第三行曰'八月二十一日二交耳',旁有'汪东过目'款;第卅六卷末有朱书二行,亦仪远记,文与前同,惟作贞观十九年三月八日,元庆三年三月四日,旁有'章炳麟观'款。此卷有太炎小篆题签'唐人写华严经残卷'。既归,检《日本史年表》,始知此贞观元庆皆彼邦纪年表","此二卷盖唐时东渡者,非敦煌石窟中物也"。

**十四日** 仍撰录《金石遗闻》,又撰述词话二则。

**十五日** 早晨先生陪妻子去医院就诊,"血压犹高,殊可虑"。在杏花楼午餐。晚上撰录《金石遗闻》。

**十六日** 阅读夏承焘《姜白石词编年笺校》,"可补注数事,因写词话一则"。另"得迈儿信,已归南宁矣"。

**十七日** 又阅《嬾真子》《过庭录》,"此二书词话均未抄,签出之,并签出其有关'金石'者"。

**十九日** 撰述词话一则。夜往谭正璧家小谈,并以所借《丛书集成》十册还之。

**二十日** 阅读詹安泰《注南唐二主词》,"颇有可商榷处,惟于金锁沉埋句不能引王濬事,为犹可异耳"。

**二十四日** 连日来阅读宋人词集及笔记,撰述词话一篇,"释'诗馀'字义,得四千馀言,余所撰词话,此为最长矣"。

**二十五日** 李白凤自开封来函,"知已恢复自由,几乎东坡海外归来矣"。先生自述:"又有信来叙述这段时期的艰辛生活,他还告诉我,今后岁月只有依仗贤妻的供应和女儿的帮助了。当时,我也抛弃了文学,转移兴趣于金石文字。""白凤也索性钻进了书画篆刻,有时还哼几句旧诗解闷。此后,我们逐渐地恢复了联系,经常有书信来往。我托他在开封收罗金石拓本,他托我在上海买书、借书。我们相濡以沫,彼此都有些影响,他经常把作品寄给我。"(《怀念李白凤》)

另,据李白凤夫人刘朱樱回忆:"1962年冬,[白凤]解除劳教,失职家居,""和上海施蛰存先生又通信了,白凤托他代买急需的书,施先生也托白凤寻找金石拓本。白凤把所写的大篆、小篆寄送他,得到鼓励和赞赏。白凤在研究金文学、古文字学方面,常向他请教,得到帮助。"(刘朱樱《忆李白凤》)

二十六日　撰录《金石遗闻》及《宋人词话》各两纸。

二十七日　撰述词话一篇,"释长短句,亦千馀言"。

二十八、二十九日　续撰《金石遗闻》两纸。阅读本月《文物》《考古》杂志,"《文物》印出旧拓《龙藏寺碑》及《大代嵩高灵庙碑》,均甚佳"。

三十日　阅读《宋人笔记》,为撰述词话及《金石遗闻》而签出所需资料数十则。

## 十二月

一日　撰录《金石遗闻》四纸。晚上继续阅读《宋人小说》。

二日　撰述词话一篇,别作《释〈寓声乐府〉》,凡1400言。

三日　晚上去周松龄家访,以所借两书还之,又向之借德文本 Literatar und Kunst 等四册而归,倚枕阅之。

四日　上午先生去中华书局上海编辑所,"晤吕贞白,以《词学文录》及《水经注碑录》两稿予之,欲其玉成,为谋版行"。

另,按先生自述:"《词学文录》篇幅较大,我以为此稿还有些用处,曾征得董立甫同意,送到中华书局去,请他们审查,是否可以由他们出版。这部稿子以'华东师范大学中文系资料室编'署名,给中华书局的信是以董立甫为代表人(这也是董立甫同意的)署名的。后来中华书局认为不合于他们的出版方向,把全稿送回,现仍在资料室。"("关于资料室工作",1967年)

五日　先生检视昔日所作诗,都二百七八十首,欲删汰之,拟存二百首,"然期间犹有待润色者。"

六日　续读所借周松龄德文本书,遂至午夜。

**七日** 撰录《金石遗闻》五纸，并阅读词集数种，"于《寒松阁词》中见有《甘州》一阕，题雷夏叔《秦淮移艇图》。去年晤王支林前辈，曾谓余言松江人擅词者有雷夏叔其人，归后检《府志》不得，亦不能得其词。今乃于张公束词中见之，当亦道咸间人也"。

**八日** 先生日记："晨谒君彦丈，平一亦在家，遂与其乔梓小谈，多涉松江旧事，因以雷夏叔叩之，果是其先世。丈出示《诗经正讹》抄本一册，题华亭雷维浩撰，云即夏叔之名，其书无甚新解，且又不完。问以词，则亦无有，殆不可得矣。"

**九日** 早晨去韩侍桁家访，值其外出未遇。再往旧书店，购得裱本《马周碑》一本。回家后检阅《金石萃编》，"此碑存字七百馀，余所得本存者不足五百字，然林同人云存三百馀字，则视余所得为更少，何耶？碑文许敬宗撰，殷仲容书，皆已漫灭，不可见矣。""'萃编'所释文字，似犹有未确，当更考定之。"

**十日** 撰录《金石遗闻》三纸。先生日记："龈肉发炎，疼痛至不可忍，就医，服青霉素药片，似稍有效。《水经注碑录》全稿退回，附函云，此书性质不在中华书局分工范围之内，故无意纳入出版计划，并嘱与北京文物出版社联系。恐是托辞，殆禁锢未解耳。"

**十一日** 下午陪妻子上街，顺道往常熟路旧书店买得《牛秀碑》一本；又购得《冰瓯馆词钞》一本，"仪征张丙炎撰，写刻甚精"。傍晚，邻居范效曾来寓所小谈。

**十二日** 先生读《复堂词话》，"谓秀水女士钱餐霞撰《雨花庵诗馀》，卷末附'词话'，亦殊朗诣，检小檀栾室刊本《雨花庵词》，乃不见'词话'，盖已删去。徐乃昌此刻'诸女士词集'，凡序跋题词，俱皆刊落，亦殊孟浪。复堂论词，宗南唐北宋，自足以针浙派之失。然北宋词家，体制略备，子野、耆卿、东坡、清真，莫非南宋所自出。言北宋词，亦当有去取耳。复堂盛称陈卧子、沈丰垣。明清之际，卧子自属大家，人无闲言；沈丰垣则知之者少。《兰思词》复堂亦未见，殆已佚矣。予尝辑录数十阕，得复堂一言，自喜眼力未衰"。

**十三日** 仍撰录《金石遗闻》二纸，阅《丛书综录》。别"得涵芬楼刊《宋人小说全目》，凡二十八种，检予所藏，竟已全有，则此亦一整部书矣，未可以零本视之。此书皆夏敬观以善本精校，宋人小说得此整理，殊有裨益，惜此事不复赓续，犹有数十种无善本可阅也"。

**十四日** 撰述词话二则，又撰录《金石遗闻》一纸。

**十五日** 阅读赵闻礼《阳春白雪》。又购得丁葆光《无闷词》，"此《直斋书录》所称催雪无闷，乃其名作也。初以为不可见，竟不知其存于此集中，不知别一阕重午庆清朝,尚可得否?"

**十六日** 撰述词话一则,述李后主《临江仙词》。徐澄宇来谈,言及《五行志》所载诸民谣,非绝不可信。然以民谣为灾眚之预言,则非也。灾眚之来,其始必有象。市井小人,里巷儿童,先感其象,作为谣谚,谣谚盛行,灾眚斯作,遂若以为预言耳。故董逃之谣,与'时日害丧'之诗,正复无别,此说颇有见地。余因发一论,以为风谣本是一体。杜文澜所辑《古谣谚》,可谓《国风》之纬编,此意似未经人道,盖偶得之"。

**十七日** 撰录《金石遗闻》三纸,又阅读沈传桂《二白词》。

**十八日** 往谭正璧家,以所借《四友斋丛说》还之,"值其方欲就牙医,小坐即去"。遂前往上海美术馆观看《林风眠画展》,"风景色调,皆阴郁,不甚喜之;画仕女轻绡雾縠致佳,然容色皆灰败如土偶,何也?"继看《新疆油画写生展览会》,"此乃中央美术院诸生旅行习作,色彩明朗愉快,人物风景,皆有佳构,惜用油彩勾勒处,刷法尚凌乱耳"。再观看《火柴盒贴纸展览会》,"日本所制最佳,其浮世绘一种,极古雅。美术工艺,终当让此岛国"。晚上阅读柳耆卿词,"耆卿自来为世诟病,周柳并称,亦只在八声甘州等羁旅行役之作,若其儿女情词,便为雅人所不道。然柳在当时,实以情词得名。其咏妓女歌人,一往情深,于其生涯身世,极有同情"。"其言妓女多情处,均致慨于男子薄情辜负,此皆为妓人所喜慰。花山吊柳,夫岂以其为荡子行径耶?"

**十九日** 阅读《乐府雅词》,"周美成词'向谁行宿'此作'向谁边宿'。盖以'行'字太俗,而改之也。然'行'字训'边',今乃得其出处,因作词话一则"。

**二十日** 下午邵祖丞来先生寓所晤谈,"谈至三时辞去"。旋与妻子访问邻居范效曾夫妇,"答礼云尔"。晚上撰录《金石遗闻》一纸。

**二十一日** 晚上先生夫妇祭祀先祖,"明日冬至矣"。

**二十二日** 阅读《温飞卿诗》,"其诗与词,实同一风格,词更隐晦。然余不信温词有比兴。张皋文言,殆未可从,要亦不妨作如是观耳。王静安谓飞卿《菩萨蛮》皆兴到之作,有何命意。此言虽改皋文之固,然亦未安,兴到之作,亦不可无命意。岂有无命意之作品哉! 余不信飞卿词有此比兴,然亦不能不谓之赋,赋亦有命意也"。

**同日** 先生致启功一函,又为曾铭竹寄去纸烟六包。

**二十三日** 阅读《隋书》,"久中辍,今日始续点两卷"。又撰录《金石遗闻》二纸。

**二十四日** 续点《隋书》两卷,并阅读张子野词《人间词话》。

**二十五日** 先生得哈伊纳曼书店本年《书目》,"阅之竟夕,亦过屠门而大嚼也。Nerval、Verlaine 诗又有新译本,惜不能得。《瓦上长天》一首自田寿昌、戴望舒译后,久无人继起矣。Baudelaire、Rimbaud、Verlaine 此三大法兰西诗人,何时可有中文译本耶?苏曼殊云'震旦事事不如人',艺文之衰落,于今尤甚"。

**二十六日**　阅读 Verlaine 诗集,"欲选定数十首,备他日迻译,然每章均有无法译述之句,此事实难,殆非吾力所能胜矣"。

**二十七日**　点读《隋书》两卷。致邵修青贺年卡并诗:"青山红袖政相怜,说梦看云亦有缘。覆水年华惊宛晚,那堪云散梦如烟。"又致香港叶灵凤函。

**二十九日**　续阅《隋书》二卷,又重读 S. Zweis 之《魏尔伦论》。

**三十日**　先生"检点生平所译短篇小说,凡六七十篇,欲润改后编为一集"。又阅读 Yeats 诗集,"其早年诗仍觉诗味盎然,拟再译二三十首作一小集"。

**三十一日**　下午巡游旧书肆,购得 Emily Dickinson 诗集第二、三集各一册,"旧版也,此女诗简淡而有情味,方之我华,殊无其比,殆妇人之陶元亮、王右丞乎!"

**约在期间**　据张崇琛回忆:"从系资料室门口经过,一位上海同学指着资料室内的一位老人对我说:'那就是施蛰存。'我停住脚步看了一下,只见他戴着一个助听器,正伏在小桌上写着什么。年纪六十左右,长方脸,黑黑的面庞。此后我便几次去到资料室,一是想进一步看看这位被鲁迅骂作'洋场恶少'的人到底长的是什么样,同时也想听听他会说些什么。""我眼前的施蛰存,貌不惊人,有时嘴巴上还叼个烟斗,怎么也无法将他与'洋场恶少'的形象联系在一起。而资料室内大声捭阖的又常常是另一位,""施先生则从不发声,一次,正当'大胡子'在滔滔不绝地向几位学生讲解着一部书帖时,但好像有什么地方讲得不太合适,施先生便微微抬起头来看了一眼,旋即又低头写他的东西了。"(张崇琛《丽娃河畔的大先生们》)

**年内**　据张晖记述:"是年施蛰存常与先生[龙榆生]来往,讨论词学。""另笔者尝闻施老言:'1961 年摘帽,1962 年便开始出去四处看望久违的老朋友。当时龙住南昌路,我那时对词学很有兴趣,便经常去见他。'"(张晖著《龙榆生先生年谱》,学林出版社 2001 年版。)

另,按先生自述:"我在龙榆生寓所闲话,谈起赵氏[尊岳、字叔雍,以下均同]所辑明词。榆生说,那个朱印本已归他保存。我就向他借归,检点一过,才知已不是全帙。但我求之多年的《支机集》和《草堂馀意》却赫然都在。我立即请人抄下了这两部极希见的明人词集,视同枕中秘宝。"(《陈大声及其〈草堂馀意〉》)"直到 1962 年,才从龙榆生处见到赵尊岳的刻本,遂得借抄。"(《蒋平阶及其〈支机集〉》)

又　按先生自述:"在师大资料室就因为不计较钱,错了40元账,赔偿之外,还被划为贪污,经此教训,更不能不算账。"(致古剑函,1985年11月19日)

# 一九六三年(岁次癸卯)　先生五十九岁

## 一月

一日　元旦。先生"晨起,独坐小室,殊岑寂。检去年所购碑本,凡唐碑十、唐墓志七、晋碑一。五年以来,去年所得最少。自朵云轩停止供应碑版拓片后,上海无地可得此物矣。《郭休碑》求之多年,近始得之,虽非佳拓,亦自足珍"。下午周茹燕来先生寓所贺年。

四日　先生"连日不适,上下午均到校,故未能治事,惟每晚译夏芝小诗一首,聊以消遣。"

五日　下午外出访书,先后至朵云轩、古籍书店、外文书店,"均无可购之书,携《石经考》一册以归,不虚此行而已"。

六日　下午往邵洵美家,"渠哮喘甚剧,卧床不能起,小坐即出"。晚上批阅周茹燕习作,"似可造就"。

七日　先生到华东师范大学图书馆书库巡阅,借出了西书两册,一是《狄根司小说中之流氓及无赖》,Walter Dexter 著;二是《匹克维克外传中之酒店与客栈》,B. W. maty 著。回家后即阅读数篇,"饶有兴趣,余旧有一书,述英国古时之客店,其中亦涉及狄根司小说中所言诸小酒店,可与此书参证"。

八日　下午先生陪妻子去医院就诊。晚上撰录《金石遗闻》二纸。

九日　下午至谭正璧家晤谈,晚上批阅学生作业卷子。

十日　阅读清人笔记数种,为著述所需资料而下了三十馀签条。

十一日　撰录《金石遗闻》,晚上阅读《苏东坡诗》。

十二日　先生"连日祁寒,颇不支",讽诵周退密《南岗诗词》,漫题一诗云:"六载辽东管幼安,猪肝一片累归翰。政缘道术居成邑,欲办莼鲈计转难。午夜角声惊去雁,夕阳筝语怨离鸾。怀人忆旧垂垂老,剩有新诗似走丸。"

十三日　上午往金性尧家,"谈二小时"。下午到五马路(今广东路)古物市场巡游,"见张船山字立轴一,林琴南山水屏一堂,黄宾虹画一小立轴,皆可取。适无金,不能得之。买一寿山旧石而归"。

**十四日** 阅读《隋书》二卷。

**十五日** 续阅《隋书》二卷。另读陈石遗《近代诗抄》,"所选殊不精善,又多闽人之稍解作诗者,未免私于乡曲之见。因念清诗未尝有选本,倘有暇,当试为之"。

**十六日** 中午从学校回家,"忽咳呛甚剧,竟尔不支,饭讫便就榻,觉寒战,当是感冒发热矣"。

**十八日** 先生一病遂三日,甚委顿,"幸已及寒假,可得小休数日";"今日岳母逝世十周忌,晚作供"。收到启功由北京来函。

**十九日** 阅读黄秋岳《花随人圣庵摭忆》,"有书魏匏公事,其人甚奇俊。余有其《寄榆词》,因取读之,颇有好句"。收到李白凤由开封来函。

**二十日** 上午徐澄宇来谈。下午作复北京启功函,又复开封李白凤函。

**二十一日** 先生整理一年来收到的书信,"其不必留者焚之"。

**二十二日** 续阅黄秋岳《花随人圣庵摭忆》,"竟日而讫"。

**同日** 先生写书信致三妹夫妇左景祁、施灿衢,"久无音讯矣"。又作书信致姚玉华,询问姚鹓雏先生遗稿消息。

**二十三日** 先生前往南京路修手表,顺道至古籍书店,购买四印斋本《蚁术词选》一部,又海昌蒋英《消愁集词》一部,此书刻于光绪三十四年,"小檀栾室所未及刻也,集中《念奴娇·秋柳》《渔家傲·游曝书亭》,皆工致;《高阳台·秋夜与弟妇话旧》云'听雨听风,梧桐树杂芭蕉',可称警句"。

**二十四日** 除夕。先生从古籍书店购得四印斋甲辰重刻本《梦窗甲乙丙丁稿》,"此本刊成后,未刷印,而半塘老人〔王鹏运〕去世,况夔笙得一样本,嘱赵叔雍上石影印以传,时民国九年庚申也。况跋云'版及原稿已不复可问'。余初以为此版必已失散,今此本有'民国廿三年版归来薰阁'字,盖来薰阁就原版刷印者也。此梦窗稿三次刻本,流传甚少,亦殊可珍。除夕得此,足以压岁矣"。

**同日** 早晨收到姚玉华复函,"知鹓雏遗稿在其姊处,书未整理,渠已函其姊丹阳,嘱于来沪时带来。鹓公著作或当待我而传耶,此事必当力为成之"。

**二十五日** 春节。上午周茹燕来先生寓所拜年。先生"竟日清寂,殊畏寒,晚8时即可枕"。

**二十六日** 先生"昨夜似有寒热,晨起甚晏",雷平一来先生寓所拜年。

**二十七日** 早晨周退密来先生寓所贺节,"谈一小时许去"。上午10时先生前往雷君彦家拜年,并与雷平一谈至11时许回家。下午唐稼生、周松龄来先生寓所贺节,谈至傍晚5时辞去。

**二十八日** 早晨先生前往戴望舒母亲家拜年。中午郭成九夫妇来贺节。

**二十九日** 下午先生往谭正璧家,"始知其患肺气肿,已于旬日前入医院,近日已平复,犹待将息。今冬天气冱寒,老人多不支,自当警惕耳"。

**三十日** 下午先生去韩侍桁家贺节,"少谈即出";又往邵洵美家贺节,"犹卧床不能起"。返回家里,得知陆宗蔚夫妇来访过。

**同日** 据《周作人年谱》:"收到施蛰存信,'已有将尽十年不通信矣'。"

另,按先生自述:"我因准备写词话,关于日本词学的几个古典作家,曾去信向他要小诗,他给我抄译了几段寄来。""他知道我在收集碑版拓本,检出了一些拓片送我。"("近十年来的社会关系",1969年)

**三十一日** 下午先生观看越南电影《阿甫夫妇》,"其风俗亦有吹芦笙跳月,衣饰亦如贵州苗族,与昔年在河内所见越南士女不同"。

**同日** 按周作人日记:"下午托美瑞寄施蛰存信并《越妓百咏》一册。"函谓:"昨晚得来书,至为忻幸。近来老病颓唐,但为生计尚尔继续译书,亦无善状可以奉告。前因曹聚仁君在港,为向《大公报》介绍写稿。惟自问一无所知,苦乏题材,继而想唯一清楚者只有自己的事,因拟写回想记,乃承赞可。荏苒二年方才写了,名为《药堂谈往》,共有卅馀万字。现'大公'的《新晚报》云自春节后开始发表,亦不知何如也。承近有著作,从事金石校订,甚盛甚盛。见询各节,零纸写呈。《越妓百咏》则奇迹的竟未散失,亦另封寄上。此书对于我已别无用处。所存清代越人著作甚多,已悉被国民党劫去矣。如尊处有用,愿以奉赠,可请不烦抄写了。原来诗尚不恶,写手亦像能书者,只可惜写得太密太挤耳。王古鲁君业于数年前作古,想已知了。北京今年冷而无雪,前日始有少许,然不及一寸也。"

另,按先生自述:"瓦当拓本二品,皆无文字,一作涡云文,一作莲瓣文。癸未之秋,姚太坚发掘曲阜鲁故城遗址得之,拓此本赠知堂老人。癸卯岁,老人知余方有志于集古,因以见惠。姚君定二瓦皆汉物,疑是灵光殿瓦。"(《北山集古录》)

**月内** 先生经开封李白凤介绍,购得罗振玉宸翰楼藏器铭文拓本百许纸。

## 二月

**一日** 阅读晏同叔《珠玉词》,撰写读词札记数则。

**二日** 至朵云轩购得墓志拓本七种，"《兴和二年王显庆墓记》，乃武进陶氏藏石，余有其拓本。今日得姚湘云手拓一纸，乃有图，此为以前所未知。赵万里《墓志集释》所收此志，亦未附图刻，恐世所传本，多不附图也"。

**三日** 先生检家藏旧拓片，其中《王显庆墓记》已有两本，"其一为陶氏朱拓，其一亦姚湘云女史所拓，下亦附一图，作瓦当形，与昨日所得本异。不知此二图是否皆为王显庆志石上雕饰，殊有疑义"。

**四日** 阅读李一氓校本《花间集》，并"签记数处，备作词话"。

**五日** 下午至周退密家，"见'君车画石'朱拓本，甚佳。有褚德彝题诗，谓是鲁峻墓上画石。此不知何据，似未有人言及。又见金翀《吟红阁词抄》三卷，《续抄》三卷。归检《国朝词综》云：翀，休宁人，监生，侨居钱塘，早卒，有《吟红阁词》二卷。周君此本，乃翀之子所刊，故有词六卷之多。其中《沁园春·咏物》至九十馀阕，亦殊无谓"。

**六日** 阅王国维、林大椿所辑《韩偓词》，撰述词话得二千馀言。

**七日** 阅读《全唐词》，又取出《花间集》《尊前集》校之。

**八日** 始撰《读韩偓词记》，得五千馀言。又"闻淮海路新设发卖字画之店，今日始访之，乃一古玩店改营者"，遇见朱孔阳，"同观数轴，无佳者"；随后先生购得扇面三页（胡公寿、张丹斧字各一，郭友松画一），"郭画甚妙，朱君云是真笔"。

**九日** 收到曾铭竹寄还《宋诗精华录》，"因取钱默存《选本》比较之，似石遗老人所选为胜，然石遗此选犹取圆熟一路，未尽宋诗面目也"。

**十日** 在古籍书店购词集数种，内有顾羽素录《梅影轩词》，取出徐乃昌刊本校之，"溢出二十一阕，不知徐氏所据何本。徐刊称《苣香词》，殆早年所刊本耳"。

**同日** 按周作人日记："晚得施蛰存七日信。"

**十一日** 阅读《湘绮楼词选》，"此公好妄改字，全不解宋人语，亦奇"。

**十二日** 阅读文学研究所编《文学史》，"论戏曲起源甚略，且无头绪"。又至谭正璧家，"渠病已愈，犹待调养"。

**十八日** 寒假结束，开学。先生继续在中文系任教四年级英语课程。

另，据王铁仙回忆："我在中文系读四年级。那时还是所谓'自然灾害'造成的困难时期，阶级斗争这根弦松弛了很多，有几位'右派'老师上讲台给我们上课。""施先生可能因为过去的'问题'更大一点，只是上小班英语课（施先生的英文是很好的），同时仍在系资料室做些资料整理和翻译之类的事，握着一支毛笔，写写改改，面带笑容。一次一位比我高一年级的同学代表他那个班来请他去讲书法（施先生的书法也是很好的),那位同学不费什么辞,施先生就说'好,好',并且马上就对他说起来:'写毛笔字,只要横平竖直就可以了……'一边用手指在桌面上指划着做样子,好像就要这么开始讲了。他是很好说话、很随便的。"(王铁仙《率真的人》)

**十九、二十日**　阅《温韦词》,撰述词话得"四千馀言"。校讫《薛昭蕴词》。

**二十一日**　阅读夏承焘《唐宋词人年谱》,"购置已久,未尝细读,今日始穷一日之力尽之。夏公于此书致力甚勤,钩稽细密,诸人一生行事昭然,系词亦确实有据,不作假拟,《冯正中年谱》尤足正惑辨妄,可谓得知己于千祀之后矣"。

**二十二日**　先生日记:"囊日尝与徐澄宇谈民谣俚彦,谓是《国风》之纬编,当时颇自矜此意未经人道,今日阅《王渔洋诗话》,有云'昔人谓竹枝歌词虽鄙俚,尚有三纬遗意'。乃知前人亦已发此论,但不知出处,当向宋人书中求之。"

**二十三日**　傍晚宋育琴来小谈即去。先生自述:"他忽然对诗词有了兴趣,来我处借书看,后来还书借书来过几次。我们所谈都是关于几个松江同乡的情况。"("近十年来的社会关系",1969年)

**同日**　先生日记:"日来气候转暖,差可书写。检点宋人笔记、词话未抄出者尚有二十馀种,《金石遗闻》未抄出者尤多,今年当并力成之。解放前所作诗,亦当于今年润色,编为定本。行年六十,此事不可缓矣。先慈忌日,作供。"

**二十四日**　早晨姚明华、玉华来访。先生日记:"携来鹓公遗稿16本,谓已经尹石公看过,嘱更为编定。此事盖余曾托人向松江问讯鹓公家属,欲知遗稿下落,幸承信赖,俾一阅之。吾松诗家如杨了公、吴遇春、费龙丁,所撰均有胜处,今遗稿皆不可问。鹓公诗倘不亟谋刊行,零落堪虞,此固后辈之责也,余当力为图之"。

另,按先生自述:"姚明华解放后松江县长姚锡钧的女儿,她想把她父亲的诗词稿印出来,以免散失。托我看一遍,删掉一些思想观点有问题的作品。1963年至1965年间曾来过三四次。""我和她的谈话,都是关于她父亲著作的事情。"("近十年来的社会关系",1969年)

**二十五日**　始阅姚鹓雏手稿,"诗曰《恬养簃诗》,分《搬薑集》《西南行卷》《山雨集》《梅边集》,皆解放以前作,《老学集》为解放以后作,五十年间,诗凡一千馀首,早年所作皆宋诗,颇受散原影响,抗战以后诸作,皆元人之嗣唐者矣。词一卷曰《苍雪词》,凡一百数十阕,多晚年所作,《忆南社集》有其早年词,似均未存稿,可补录也"。

**二十六日**　下午先生巡游书肆,"中西两家,俱无可购者"。

**同日**　作诗《望舒逝世十三载矣,时人罕复齿及,忽见吴晓铃有文怀之,因感赋》:

"诗人御月去,岁序十三更。漂泊中郎女,萧条后世名。文章有同气,生死见交情。忽读浮湘赋,难禁老泪横。"先生日记:"吴晓铃有一文纪念望舒,载今日《文汇报》,始忆28日为望舒逝世十三周年,颇感喟,因赋一诗。""此诗与吴文内容颇不合,吴文求发表故不能不且顺世情耳。"

**二十七日** 继续阅览姚鹓雏词稿,"风格在东坡遗山间。因念姚春木《洒雪词》至今未刊,可合鹓公所作合为云间《二姚词》或称《二雪词》,亦巧事。鹓公诗词颇及松江马耆寺、青莲寺诸胜,此亦予儿时游乐地,不谓三十年间尽皆夷灭,为之怃然,南埭白皮松二株,予弱冠时曾见之,不知今尚在否?当询之君彦丈"。

**二十八日** 读刘禹锡诗,"此公风土歌诗甚俊,在唐人中亦可谓自辟蹊径者"。下午外出散步,巡游骨董肆。

## 三月

**一日** 晚上阅读《长生殿》,"备明日授课,当讲'进果''骂贼'二出"。

**二日** 先生润改昔年在昆明时所作诗数章,"思路甚窘,犹未能满志"。

**三日** 下午陈彪如来晤,傍晚宋育琴来谈。阅读唐诗数家。

**四日** 晚上宋育琴来邀同往朱叔建家访,"谈一小时而出,复至育琴家,谈至九时归。叔老言杨古酝有遗稿,皆晚年所作,今不知在何许,《苏盦集》中皆早年作也"。

**五日** 连续两天润改旧作诗。

**七日** 高君宾、周迪前(大烈)来访,"皆金山姚氏婿也,周君亦在辑《云间人词》,闻余有此志,故来访,此事有周君为助,当可速成。高君言袁爽秋遗稿有文集及日记十二册,已送北京中华书局,不知能出版否"。

另,按先生自述:"岁壬寅,晤尹石公,石公言君乡里有周某者,能为两京文,亦识之乎。余谢未尝闻,乃心识之。既而君偕高君宾同来寒舍,遂定交,时相过从,晤言有契。知其学朴茂渊渟,真儒士也。"(《处士周迪前先生诔》)

**八日** 继续润改旧作诗。又阅读韩昌黎诗,"奇崛处转觉山谷之费力,东坡亦甚得力于退之,然东坡非使事不能成篇,退之不甚使事"。

**九日** 仍润改旧作诗。又读袁海叟诗,"世称海叟规抚工部,然气度甚局促,题材殊不广耳"。

**十日** 早晨至雷君彦家,"适平一亦在",谈至11时而归。阅读《山谷集》,"终觉刻削,卅年前初读山谷诗,喜其峭峻,今则殊不喜之,此亦老人爱平淡之征也"。

十一日　先生日记:"阅唐人诗皆不甚用事,虽较平庸,却自然。宋人诗文采工力较唐人为深,终非诗人之诗。"

十三日　连日来夫人血压又高,先生每日下午陪同就医,无暇展卷。

十四日　上午在上海图书馆借阅《簣进斋藏书目》,"小本,凡七十一册,每页一书,详著作者姓名、字号、官位、版本,有批校者并注明批校者人名,朱笔抑墨笔,颇可供参考。郡人著作甚多,惟郡人词集却不多"。

十五日　辑录《云间词人姓氏》为一卷,得二百馀人。

十六日　下午又到上海图书馆续阅《簣进斋藏书目》,"录出其郡人著作百馀种,归后以《[松江]府志·艺文志》校之,其刻本部分颇有为'府志'正、续二编所未收者,始有意增补并续纂《云间艺文志》,当更取诸家藏书目及平昔所知见者增益之"。

十七日　早晨徐澄宇、朱叔建先后来先生寓所晤见,"朱丈稍谈,即兴送之至[雷]君彦丈家"。下午曾铭竹来访,"馈以纸烟六包"。傍晚邵祖丞来谈。

十八日　补葺《云间词人姓氏录》。

十九日　下午往周迪前(大烈)家,"以《云间词人姓氏录》与其所辑《谷水词丛》比对之。周辑所收入较余为多,然辑本犹未备,约定二人合作成此事。在周君处晤封耐公[尊五],簣进斋后人也"。

二十日　下午应邀到华东师范大学附属中学为语文教师讲课,"一日不得闲"。

二十三日　先生日记:"天气忽转冷,又御棉衣裤。岳父忌日,午作供。晚,改旧[作]诗一二首即睡。"

二十四日　午至谭正璧家小谈,借得《百家词》,"在谭君处阅《参考消息》,始知美国诗人 Robert Frost 已于 1 月 29 日逝世"。又往平襟亚家访,值其外出,未得晤。

三十日　下午为中文系学生作关于《长生殿传奇》的学术报告,讲讫"历二小时又卅分钟,当不至空虚草率"。

同日　先生日记:"一周间阅论文二十馀篇,不遑作他事,日记亦辍写。"

三十一日　郑逸梅来索阅姚鹓雏遗稿,谈两小时而去。

另,按先生自述:"我早已结束文学创作生涯,逸梅也早已无报纸可办,鸳鸯蝴蝶派已成文学史的名词,新文学作家已换了三四代。于是我和逸梅逐渐恢复交往,彼此有了共同的朋友,老一代的文史学者、书画、艺术家;有了共同的兴趣,书画文物。"(《逸梅选集·序》)

月内　完成编撰《三国志征碑录》并作"跋"。

## 四月

**一日** 从校中借得蒋天佐译《匹克威克外传》,拟撰文谈狄根司小说中之客栈。

**二日** 下午至福州路古籍书店,在"三楼书库,阅词籍及金石考古书架,均甚贫乏,无好书。词集不见嘉庆以前刻本,金石亦皆习见之书,略取十数种,不虚此行"。

**六日** 先生为妻子六十生辰而连日忙忙碌碌,"略为庆贺"。

**七日** 中午在新雅饭店设一席,宴请长子岳家诸人并陈逸寰全家。下午到朵云轩看碑版拓本,购买《马姜杨阳墓志》一本。

**十日** 先生连日整理所藏西文书籍。

**中旬** 译毕英国乔治·鲍罗《秦卡里》(三卷)中收录的101首"希达奴谣曲"。

**十四日** 陈彪如来先生寓所晤谈,"以其友人刘絜敖之子女所作诗词嘱为评阅,二子诗皆可造,女明澜所作词已有工力,可望大成,闻在上海师院为助教,进步必易。后辈中有此等人才,风雅之道,不虞其无承袭人矣"。

**十八日** 朱伯石从南京来,下榻在华东师范大学招待所,早晨先生往访之。先生日记:"君为余昔年在厦门大学之学生,今年亦四十四,无复少年时神情矣。"

**二十日** 阅读《波斯古代文学史》其中"小说"一章,"可补余昔年所撰小说史,拟欲重写一篇,不知当何时可成"。

**二十一日** 宋育琴来晤谈,"其子亦以右派得罪,知渠必甚苦闷耳"。

**二十四日** 初次编成《北山楼藏西文书目》。先生"旬日以来为所藏西书编一'目录',今日始竣事,仅千册耳,计近年来陆续斥售者凡六七百册,抗战军兴损失于松江者四五百册,综计余平生所得西书当在二千册以上,十之九皆英文本"。

**二十八、二十九日** 邵祖丞来先生寓所晤谈。下午至谭正璧家小谈。

**三十日** 早晨朱伯石来先生寓所访问,略坐即去。

**下旬** 撰作《南唐二主词叙论》。

## 五月

**一日** 作讫《匹克威克之旅馆》一文,"已历三日,今日始成,凡四千馀字"。

**二日** 下午在福州路巡游旧书店,"有散茂斯之《巫术史》及《巫术地理志》,定价各5元,颇欲得之,苦其价高,容当图之,毋使落他人手也"。

**五日** 上午至金性尧家,以所借黄秋岳《花随人圣庵摭忆》还之。下午陈彪如邀先生在华山饭店食茶点,并晤刘絜敖及其女明澜。

**六日** 到福州路旧书店,"原意欲购《巫术史》,乃在书架旁翻阅一过,觉得亦可以不买",遂买古尔蒙之 Livre des Masque, I. Babel 之 Red Cavalry 及 A. Bievee 之《寓言集》各一册而归。

**七日** 在上海图书馆,检阅印度、伊朗、阿剌伯诸亚非国家文学书卡,"皆近年新出版物,殊无学术著作"。

**九日** 阅读《印度文学史》《波斯古典文学史》。晚上唐稼生来先生寓所晤谈。

**十一日** 先生连日整理印度、波斯、阿剌伯诸国古代小说英译本目录,编成卡片,拟将1941年所作《诸国古代小说史话》续写成之。

**十三日** 据《华东师大》校报刊载:上午华东师范大学党委书记常溪萍向全体教师职工宣读中共中央关于"五反"(反贪污盗窃、反投机倒把、反铺张浪费、反分散主义、反官僚主义)运动的文件,全校"五反"运动正式开始。

**同日** 下午先生至谭正璧家小谈。

**十四日** 阅读《带经堂诗话》。

**十九日** 徐澄宇来先生寓所晤谈。

**二十一日** 早晨陆维钊来先生寓所,"谈至10时许始去"。

**二十二日** 续撰《金石遗闻》数纸。

**二十三日** 上午访雷君彦,"渠方抱恙,稍坐即退"。下午至周迪前(大烈)家,借得其所藏词籍及乡邦文献'书目',回家后补录《云间词人姓氏录》。

**二十四日** 撰录《金石遗闻》,并整理词籍及汉碑卡片。

**二十五日** 叶灵凤夫人赵克臻由香港来先生寓所访问。先生日记:"多年不见,谈三小时始去。渠此次以诗人身份参加港澳观光团来祖国参加五一节祝典,昨日方从太湖游览后至沪。承写示近作二诗,居然可观,诚不意其能自致于此也。"

另,按先生自述:"给我妻带来了高血压药,又送我三本香港出版的文艺书,谈谈上海香港一些熟人的情况。"("近十年来的社会关系",1969年)

**二十六日** 下午往邵洵美家,"适外出未晤"。

**二十七日** 应赵克臻嘱托,为张千帆、叶灵凤各法书一小条幅。又作诗《赵克臻大家别二十馀年矣,归国观光,海上喜晤,因知近年以诗名籍甚香岛,赋二绝赠行》并书赠:"谢女诗篇动南国,班姬箴训仰红旗。廿年踪迹成胡越,惭愧故人总未知。""散花天女乘[跨]鸾归,正及芳菲锦作围。金谷河阳即有此[几曾见],凭君将去炫春晖。"

另，赵克臻返港后作诗《和施蛰存先生》题云："1963年春暮，重游上海，小住数日，晤施蛰存先生，临行承以诗见赠，奖饰逾恒，愧不敢当，谨此奉和，并致谢忱"。先生自述："她回香港后，在报上发表了回国观光的纪行诗，把我送她的两首诗连同她的和作，一起发表，她把一份剪报寄给我。"（"近十年来的社会关系"，1969年）

二十八日　撰录《金石遗闻》数纸。晚上前往华侨饭店答视赵克臻，"渠出示港报中发表诸近作诗，皆不恶，惟十九皆咏剧曲题画，应酬太多耳"。先生自述："她临走前夕，我到她招待所去送行，送了她两首七言绝句诗，写在一张宣纸上，又托她带一张古代石刻画拓本，送给叶灵凤。"（"近十年来的社会关系"，1969年）

二十九日至三十一日　继续撰录《金石遗闻》十五纸。早晨至谭正璧家小谈。

## 六月

一日　先生阅读《松江府志·艺文志》，并取出《周氏藏乡邦文献目录》对勘之，补录《云间词人姓氏录》数家。

二日至四日　续阅《隋书》数卷，录《金石遗闻》七纸，又补录北魏碑卡片。

五日　始在校参加"五反"运动的学习，夜阅《隋书》二卷，撰《金石遗闻》三纸。

六日　华东师范大学开始全校停课三天，学习"五反"运动文件，开展"忆苦思甜""领导干部下楼"（指到群众中去作自我批评）、"大家洗手洗澡""自觉交代问题""放包袱"等活动。

八日　连续三天参加"五反"运动学习班，晚间整理汉魏碑卡片。

九日　下午在邵洵美家，"得见其所藏'七姬权厝志'原石拓本，有王敬美、王鉴二跋，查叶鞠裳《语石·卷四》云：'宋仲温七姬权厝志闻归邵小邨中丞，或云在徐子静观察处'，即此本也。签题云癸未夏重装，下有'曾在茂苑谢治卿士处'印，志尾有'平江贝墉'印，'砚寿'印，'吴郡贝镛审定之印'三方，其上有'吉石审定'印。拓本共七页，页五行。则此本初在谢氏，后归贝氏，旋为徐子静观自得斋所藏，未几归桃江邵小邨中丞，即洵美之祖也。此拓本墨色古雅，字迹遒劲苍润，自是元墓志第一品。徐子静有石印本，即以此本上石，惟此本已失去篆额一叶、志文首叶，石印本则全帙，殆归邵氏后失之耶？癸未夏谢氏重装，光绪九年。癸巳由贝氏至徐氏，光绪卅年，癸巳付石印。归邵氏在癸巳以后。《语石》序于宣统元年"。

十日　先生至福州路访书，"拟觅'七姬''咏林'不得，得珂罗版印'七姬志'一本，黄小松藏本，有翁方纲数跋，此本远不如邵氏所藏"。晚上仍撰录《金石遗闻》数纸。

十一日　阅读《隋书》竟日,"尽二册"。

十二日　撰录《金石遗闻》,仍阅《隋书》。

十三日　去朵云轩访碑,"仍无拓片供应,就'帖橱'内检得《汉建初六年司马长元石门题字》,以五角得之"。又至古籍书店访书,"有《浙西六家词》零本《耒边词、黑蝶斋词》合本,亦以五角得之"。

十四日　又撰录《金石遗闻》二纸,仍阅《隋书》。

十五日　先生阅读《隋书》今日始毕,检得所记载碑十七通。

十六日　周松龄、唐稼生晨来晤,谈至午正始去。下午写作造像碑跋五篇。

十七、十八日　写作北齐造像等碑跋十一篇。

十九日　检阅《汉魏隋书地志》及《百官志》,"尽夜漏三刻"。

二十日　早晨在上海图书馆阅览《两浙金石志》《大瓢偶笔》四卷,又读王鲁泉《关中汉唐存碑跋》,"颇有异闻"。下午回家后撰录《金石遗闻》。收到二子从北京来信,"知已增一女,名曰守琦,此余第四孙也"。

二十一日　晤郝昺衡,"始知萧孝嵘已作古人,近两年来常与萧公同车到校,近日久不见,乃知其竟一病不起,享年六十七,师大老教师又少一人矣"。撰碑跋三篇。

二十二日　先生晤吕贞白,"云汪旭初已于本月十三日殁于苏州,年七十四。先辈词人,又去其一。连日得二熟人凶问,为之不怡"。

二十三日　阅读《汉碑诸家考跋》,"俱有剩义"。撰写《郑固碑跋》,得二千馀字。

二十四日　往谭正璧家访,"在其家阅报,知希克梅特已于本月3日卒于莫斯科"。

二十五日　端午节。先生"家人仍熏木檗、饮雄黄酒,市上所购肉粽殊不佳"。

二十六日　写作碑跋三篇。晚上至邵洵美家,借得'七姬志'拓本,回家后"取珂罗版印本校阅始印本,有一页以摹本配补,其馀则以两本凑合之一本,较清晰,殆是初拓一本则后矣。邵氏藏本乃摹刻,造贝氏刻一本,以欺世耶"。

二十九日　撰写《隋书征碑录》三纸。

三十日　收到启功自北京寄赠《昭陵碑》拓本全份二十八种,"得之可喜,取《金石萃编》校读,泐损更多矣。待买罗叔蕴《昭陵碑录》细研之,今犹未遑也"。

## 七月

一日　在校中阅读《南岳小录》,"得有关《岣嵝禹碑》者一则,因写《岣嵝铭跋》一篇"。(按:先生约在此间始作《岣嵝碑题跋辑录》。)中午饭后,先生"脑仍痛,去医疗室就诊,取药归休"。

**二、三日** 写作碑跋六篇。

**四日** 下午先生"仍头痛,不能阅书写文"。四子施迈从南宁返沪探亲。

**五日** 收到陆丹林寄赠其所辑《郁达夫诗词》(香港出版)。

**六日** 阅读《匋斋藏石记》《志铭广例》,写作碑跋二篇。

**十一日** 先生"连日辅导学生应考,考后又阅卷,了无闲暇"。下午外出,至四马路(今福州路)巡游书肆,"书殊少,无可购者";随后购得杜文澜刊本《水云楼词》《鹿潭词》,"诸刻本俱有矣"。

**十三日** 连续两天批阅学生考卷完毕。下午"与助教邹、齐二君定各生学年成绩,联系平时成绩分别超抑,故与考试成绩不尽同"。

**同日** 学期结束,全校师生留校两天,学习中共中央《关于国际共产主义运动总路线的建议》。

**十四日** 写作碑跋二篇,撰录《金石遗闻》二纸。

**十六日** 先生日记:"今日迈儿成婚,新妇黄岩郑瑞芬在同济大学任助教,迈儿同学也,家世不详。"

**十七日** 阅读民国二十九年《说文月刊》,"得见胡小石先生所撰《宣光十年陀罗尼经咒石幢跋》,犹有未及者,拟亦写一篇补之"。

**十八日** 早晨访谭正璧,借得《关汉卿戏剧集》及有关之书。为研究生批阅论文,"岂知老师并书亦无之耶?"

**二十二日** 下午去韩侍桁家小谈,"以卅元还之,尚欠廿元"。

**二十三日** 从书摊上购得石印本《金石续篇》一部,价一元两角,"颇有用处"。

**二十四、二十五日** 开始撰写《隋书征碑录》,又修补所藏残损拓本。

**二十六日** 写讫《隋书征碑录》一卷,"诸碑均无可考,各系以跋语而已";并为全卷撰作"跋":"余读《隋书》,录得碑刻十七通,写为碑录一卷,凡蜀汉一、陈刻二、隋刻一十有四,皆未显于世。意其或有潜埋于黄尘碧藓中会当发露者,文物考古之士,何妨踪迹求之。"又去谭正璧家小谈,"并借其百衲本《魏书》归"。

**二十七日至三十日** 续读《魏书》八册。整理"魏文氏墓志","余所有者共五十七种"。又整理所藏唐人志,选取其中"小者得五十种,皆高广不足一市尺,当别为一卷"。

**三十一日** 仍读《魏书》二册。先生致函答谢启功,并寄赠"碑一包四十三种,聊以偿《昭陵碑》全份也"。

## 八月

**一日至三日** 续阅《魏书》五册,阅《姚鹓雏诗》,"妄为删定三本"。邮寄次子书三册(李、杜诗各一,《乐府诗选》一)。又阅读《瀛奎律髓》《唐诗鼓吹》,"选诗多有同者"。

**四日** 先生日记:"迈儿成婚,家下无馀屋可作洞房,因假雷君彦丈家小楼一角为临时合卺之所。今日迈儿假满去南宁,计新婚休假只二周耳。婚事草草如此,亦可兴慨。下午去雷丈处道谢,并馈以火腿一、葡萄酒二尊及饼饵二包,聊以为酬耳。"宋育琴来先生寓所,"少谈即去"。

**五日** 批阅助教周茹燕学年论文"校订《甘泽谣》及序文"。又为所藏《隋张通妻陶氏墓志》拓本题跋:"近阅残本《两京新记》遂解此惑。"

**六日** 周退密来谈至午刻而去。下午阅览北魏碑数通,"忽已向夕"。

**七日** 续阅《魏书》二册。又"《鹓雏诗》七本今日阅毕,可删二百馀首"。

**八日** 整理撰述词话稿,"拟编为十卷"。研究生陈德业来"以所改论文就商"。晚上邵祖丞来小谈。

**九日** 上午陆丹林来闲谈两小时,"颇闻海内文人近况"。阅《魏书》一册,又撰录《金石遗闻》二纸。

**十日** 上午撰录《金石遗闻》三纸。下午至周迪前(大烈)家,借得《杜诗阐》《释柯集》及《苊庐诗经书目》等数书。先生自述:《释柯集》"余求之多年不得,近始于周君遏潜[迪前]处得一抄本"。(《云间语小录》)

**十一日至十三日** 续阅《魏书》四册。整理所收唐墓志拓本,以未裱本按朝分别存放。唐稼生来先生寓所晤谈。

**十四日** 下午到淮海中路新设之西文旧书店访书,"无好书可买"。

**十五日** 撰述词话二则,又阅读《豪夫童话集》。

**十六日** 续阅《魏书》二册,撰述词话一则,又阅读《彊邨丛书》。

**十七日** 下午在福州路古籍书店访书,"架上书均无可购,取顾鼎梅《河朔访古随笔》一册而归"。

**十八日** 至周退密家,"借其所藏《君车画像》拓本以归,赏玩竟日"。

**十九日** 阅读《释柯集》,撰述诗话三则,又阅《魏书》二册。

**二十日** 仍续阅《魏书》竟日。

**同日** 陈兼与作诗书笺《读北山楼稿,呈蛰存先生并似说食翁》:"身如子美逢多感,语近香山渐自然;岸帻江南开讲地,风流何让昔人贤。吾州风物信多奇,过客能吟动我思;粿耳试参瞰谷句,蟳膏待补竹垞醉。(君诗多在倭乱时期所作,其《适闽杂诗》有粿耳、红蟳之咏。晚翠轩《二月三日出游》诗,'新春瞥眼二月三,粿耳喫完腹历鹿'。自注云,二月二喫粿耳,乡谚如此。闽语切糕之畸零者,曰'粿耳'。秀水《闽中海物杂咏》,亦有蟳。蟳如蟹之有脂与黄,味尤丰美,闽人谓之蟳膏。)癸卯秋孟,陈兼与录稿。"钤印"客子光阴""兼翁诗句"。

**二十一、二十二日** 续阅《魏书》。下午周迪前(大烈)来先生寓所晤谈。

**二十三日** 续阅《魏书》,"本纪列传共四十一册,今日讫"。

**二十四日** 下午往周退密家,"以所蓄旧陶盆馈之"。晚上开始撰写《魏书征碑录》。

**二十五日** 早晨杨道南来访。阅读《魏书》诸志,撰写《魏书征碑录》。

**二十六日** 继续撰写《魏书征碑录》。

**二十七日** 早晨到校,归途便访雷君彦,谈一小时而出。下午先生到福州路巡游书肆,"有词集数种可买"。

**二十八日** 先生阅检《金石录》《宝刻丛编》诸书有关北魏碑刻部分。

**二十九日** 撰写《魏书征碑录》。阅读《近代诗抄》检索其中金石题诗。

**三十日** 阅读《湖海诗传》,检其中金石题诗。仍撰写《魏书征碑录》。

**三十一日** 至谭正璧家闲谈,"下午玩碑消遣"。

**下旬** 杭州韩登安治印"舍之""北山楼文房",边款皆记:"癸卯七月。"

## 九月

**一日** 撰写《魏书征碑录》,"西北地理颇难考证,大是一碍,恐当在此下一番功夫方能成此书也"。

**二日** 开学,仍被安排在中文系为学生上英语课,早晨到校取授课时间表。

另,据华东师范大学教育系1963级学生宋志道回忆:"施蛰存是中文系一位颇有'名气'的教授,我们进校不久就常听人们谈起他,还听到许多有关他褒贬不一的传闻,""30年代竟敢与鲁迅论战,真是胆大包天!""我特意从图书馆中借来《鲁迅全集》,找到当年鲁迅和施蛰存论战的文章进行研究,""看看施蛰存是怎么样一个'洋场恶少',整整一个星期,我把课馀时间都花在这上边,""他只有20多岁,却已是颇有影响的《现代》杂志主编,的确年少。但看来看去,我怎么也无法得出他是'恶少'的结论,反而觉得鲁迅有点'霸老'的味道。我在心中为施先生鸣起了不平和产生了同情,""这些想法只能埋在心底,是不敢有丝毫流露的。"(宋志道《施蛰存先生给我们上课》)

三日　撰述词话《法驾导引》,得一千二百字。

四日　在华东师范大学图书馆,查检有关西北古地研究的书目,准备借阅。

五日　撰述词话一则,又修改旧作三则,并阅读词集数种。

六日　阅读叶恭绰选辑《广箧中词》。

七日　到邵美洵家小谈。又校阅《乐府指迷》。

八日　早晨去韩侍桁家访,"值其外出,遂至戴浦处,晤其夫高远春,稍谈即归"。阅读《万氏词律》、《高氏词尘》。

九日　早晨巡游书肆,购得词集四种,又买笔二支、抄本四册。撰述词话《论填词》,"自申及戌,得二千字"。

十、十一日　撰述词话《论自度曲》《说大词小词》。

十二、十三日　检阅《笔记小说大观》,"《金石遗闻》已抄至第六辑,先以第一、二辑还许士仁,计本年年底此八辑中资料可抄完"。撰述词话《说阕字》。

十四日　陈家庆来先生寓所晤谈,"前曾向之索词,备选录,故今日以其刊集以后所作来,皆曾发表于报纸者,凡数十阕"。

同日　撰述词话《说双调重头换头》。又为所藏《埃及古石刻》拓本题跋:"余所得此五纸,亦匋斋藏品,皆小石,刻极简单之契形字,非佳品也。"

十五、十六日　阅读词籍数种,为所撰述词话而抄录所需资料。

十七日　早晨前往朵云轩,观赏《吴昌硕书画展》,"标价已甚昂贵矣。余有缶翁扇面、书画各一,尚非其下品,以画展标价例之,可值廿元,余昔年乃以三元得之"。

十八、十九日　阅词集数种,至谭正璧家小谈,并借得《北史》一部。

二十日　阅《北史》,以校所录魏书诸碑。

二十一日至二十三日　续撰《魏书征碑录》数篇。

二十二日　早晨至平襟亚家,谈至午刻而归。下午雷平一来先生寓所晤谈。

二十四日　撰述词话二则。

二十五日　早晨去周迪前(大烈)家访,借得《松江诗钞》一部,回家后阅之竟日。"此书'小传'及'诗话'均甚佳,《府志人物传》多取资于此书,然删其佳处仅存仕履,不知当日纂修者可以无识至此"。

二十六日至三十日　辑录《松江诗钞》中《云间词人小传》。邵祖丞来唔。

**同月**　人民文学出版社出版北京第一版第三次印行鲁迅著《南腔北调集》。

## 十月

一日　续录《云间词人小传》。

四日　仍辑录《云间词人小传》，"取《府志》及《续志》，并《诸家词选》与《松风馀韵》《松江诗钞》《湖海诗传》诸书综合之，已得二百八十馀家，十九有词可录"。

五日　下午到福州路巡游书肆，"无所得"。

六日　抄取《松江诗钞》中诗话之有关松郡掌故者。

七日　阅读陈家庆《碧香阁词》，选录十九阕，"皆可继轨宋贤"。

八日　又阅沈祖棻《涉江词》，选三十三首，"设色抒情，俱有独诣"。

九日　先生参加华东师范大学全校师生举行的第六次回忆对比"放包袱"大会。晚上补辑《云间词人小传》。

十日　早晨去周迪前(大烈)家访，借得刻本《湘瑟词》及抄本《海曲词钞》，"又偕周君谒尹石公，谈至午刻始辞出"。

十一日　以所藏《湘瑟词》抄本与刻本校勘，"补得所缺三十馀字，又从《海曲词钞》中补得'云间词人'十馀家"。

十二、十三日　过录自作诗二十四首，"拟就教于尹石公"。仍润改自作诗数首。

十四日　至谭正璧家小谈，并以所借《百家词》还之。

十五日　早晨访尹石公，"以《鹓雏诗集》请其覆定，并以所录诗呈之"。当时陈巨来(安持)"适在座，因以定交"。先生自述："我在尹石公书斋中认识篆刻家陈巨来，以后常见，遂生友谊。"(《〈业师赵叔孺〉附记》)

十六日　续撰《魏书征碑录》二篇。

十七日　作诗《苏仲翔滞迹辽东，近有书来，作此奉怀》，先生日记："作一律寄苏渊雷，久不作诗，费时半日。"

十八日　阅读《近代诗钞》，"所选殊不精，又多涉其乡人，故所收闽人之作独多，未为公允"。

十九日　阅读《汝樊榭诗》，"熟于宋元词语，以之入诗，虽见新颖，而作意实平淡。世盛称之，何也？"

二十日　宋育琴、陆宗蔚来先生寓所,"余方忙于炊事,小谈即去"。

二十一日　夫人血压又高,不能起床,先生兼摄家事,不遑展卷。

二十二日　晚上到国际饭店1205室,访香港来客黄蒙田,取叶灵凤所惠药归。

二十三日　早晨去雷君彦家访,少谈即归。阅读《孟浩然诗》。

二十四日　先生陪同妻子就医。晚上到陈巨来家小谈。

二十五日　阅读《孟东野诗集》。

二十六日　晚上宋育琴来先生寓所,"假姚鹓雏《苍雪词》去"。

二十七日　撰述词话一则。午后三妹夫左景祁由北京来探望,谈至晚回寓。

二十八日　续作《魏书征碑录》二篇。

二十九日　下午高君宾、周迪前(大烈)陪尹石公来先生寓所,谈至5时始去。

三十日　下午去邵洵美家,"渠请代借《Horace 集》,今日借得因持去"。

三十一日　润改旧作诗数首。

## 十一月

一日　早晨到广慈医院(今瑞金医院)了解门诊情况,准备陪同妻子前往就诊。

二日　继续润改旧作诗数首。

三日　早晨去谭正璧家,以所借《北史》还之。晚上仍润改旧作诗。

四、五日　撰写《魏书征碑录》二篇。继续修改旧作诗。

六日　下午往访徐澄宇、陈家庆夫妇,"出示其《圣逸楼诗》四册,颇不少"。

七日　又润改旧作诗。

八日　下午巡游书肆,购钱澄之书联一副;旋至尹石公家里,谈一时而返。选录完成刘声木《苌楚斋随笔》并题跋:"民国己巳排印本,皆读书札记,辄迻录旧文系以案,终然亦不能精深,余选录其自撰诸章之可资谈助备掌故考,凡十则。"

同日　整理姚鹓雏《恬养簃诗》稿本讫,并于扉页题识:"鹓公诗逾千首,剖厥为艰,拟删存四五百首,先付油印。顷读其句云'矮纸细书记经历,不须芟削索疵瑕',遂为之爽然敛手矣,奈何奈何。舍之识,癸卯立冬。"钤印"施蛰存"。别记:"凡有[圈号]者拟从精简,仍待高明酌定。蛰存妄论。"

九日　仍续撰《魏书征碑录》。

十日　下午周迪前(大烈)、宋育琴先后来先生寓所晤谈。

十一日　阅读《瀛奎律髓》,撰述词话二则。

十二日　阅《唐诗鼓吹》《全唐诗》，并于《唐诗鼓吹笺注》(原本校定·自怡居藏板)书末题跋："按中州集卷九有郝天挺诗一章，遗山尊之为郝先生。盖辈分长于元，必非注此书者。姚牧庵集有唐诗鼓吹注序一篇，明言遗山选之；而云南参政郝公新斋自童子时，尝亲几杖得其去取之指归，恐其遗忘，以易数寒暑之勤，既辑所闻，与奇文隐事之杂见他书者，悉附章下，然则注此书者当为郝新斋，非郝天挺也。新斋无可考，姚牧庵谓其为将种，父兄再世人数皆长万夫，可知此必非郝天挺祖孙也。此本盖不知何人妄题，岂昔人未见姚牧庵序耶。"

十三日　作诗二首，又阅《唐律消夏录》。

十四日　仍润改旧作诗，又增一首。又阅《散原精舍诗》。

十五日　继续撰写《魏书征碑录》二篇。

十六、十七日　午访邵洵美，"送去有关 Shelly 之书二册"。下午徐澄宇来谈。

十八、十九日　撰写《魏书征碑录》。始辑《金石诗目录》。

二十日　开始撰作《云间小志》数则，拟成一书。（按：不久改为《华亭别志》，最终定名为《云间语小录》。）

二十一日　雷平一来先生寓所晤谈。撰作《云间小志》二则。

二十二日　早晨往雷君彦家访，下午至谭正璧家晤谈。

二十三日　撰作《云间小志》一则。

二十四日　阅览《郡人短书》，寻检写作《云间小志》所需资料。

二十五日　下午去周迪前(大烈)家，"值其外出，未晤"。

二十六日　撰作《云间小志》二则，始改名为《华亭别志》。

二十七至三十日　每天皆撰作《华亭别志》一则。

## 十二月

一日　检阅所作《魏书征碑录》，"犹有数篇未成"。又从学校中借得《山右石刻丛编》，"乃无可参考，北魏前期碑多在山西，均不可问，文献无徵，可恨"。

二、三日　下午访周迪前(大烈)，借得丁绍仪《词综补录》，"归而签出'云间词人'，至漏下三刻"。续撰《华亭别志》一则。

四日　先生从丁氏《词综补录》中选取"松江词人姓氏"。

五日至七日　连续撰作《华亭别志》。

八、九日　在上海图书馆抄取"松江人著作目录"，又借阅翁春《赏雨茅屋诗钞》及章来之《云间诗钞》。为陈廷爵校阅译稿。

**十日**　继续撰写《魏书征碑录》二则，又续撰《华亭别志》一则。

**十二日**　到上海图书馆申请个人图书外借证，又至福州路巡游书肆，"无所得"。晚上撰作《华亭别志》一则。

**十三日**　仍续撰《魏书征碑录》二则，又阅读"松人词集"数种。

**十四日**　完成编撰《魏书征碑录》，"得碑共五十目，诸史中记录碑刻者此为最多"。

**十五日**　徐澄宇来先生寓所晤谈。写讫《魏书备忘录》。

**同日**　为选定《宋花间集》（十卷五百首）而撰作"叙引"："余近读宋人词，辄取其雅近'花间'者，录为一集。""此宋词选本之别出手眼者，词人学士，幸是非焉。"

**十六日**　下午前往豫园古玩店，购得青田石章三枚，"拟托陈巨来治之"。开始辑录诸书相关资料，以作《金石诗目》。

**十七日**　批阅学生英语练习卷，定本学期学生成绩。

**十八日**　早晨访雷君彦。下午又至周迪前（大烈）家，以所借丁氏《词综补录》还之，出又至广东路古玩店，购得印石三枚。

**十九日**　早晨至谭正璧家，借得《辍耕录》《四友斋丛说》两种书归，"《辍耕录》前已阅数过，此次因欲搜觅记松江事又阅一过，觉颇多剿袭《宋人笔记》处。《四友斋丛说》于茸城事书之亦少"。

**二十日**　为《魏书征碑录》撰"跋"："余撰'隋书碑录'既竟，遂进而事'魏书'。凡四阅月，写定为一卷如右。""余录魏书诸碑讫，以其多亡佚为恨者，职是之故也。"

**二十一日**　润改所作《华亭别志》诸文，"检《齐民要术》，始知《松江府志》'莼'字条下附说，几全录《齐民要术》文，可知其他物产说明皆非撰述，不足凭也"。先生日记："今日冬至，祭祖。"

**二十二日**　下午访陈巨来，"携印石二枚去，丐其铁笔"。又至邵洵美家，"以徐怀启所校译文归之"。

**二十三日**　撰作《华亭别志》一则。又"整治藏书小室，甚感劳累"。

**二十四日**　仍撰作《华亭别志》一则。

**二十五日**　午至淮海路新龙古玩店闲览，购胡公寿山水一幅、邓石如对联一副。

**二十六日**　先生装订所抄录《鸭东四时杂词》《鼠璞词》《机缘集》三种，并为各书"加以跋语"；所作《魏书征碑录》亦装订讫。

**二十七日**　阅读《四友斋丛说》《辍耕录》《玉芝堂谈荟》，"'谈荟'有一《水经注碑目》,与余所录校之,无甚出入"。

二十八日　下午至周迪前(大烈)家,借得松江人著作数种。

二十九日　继续撰作《华亭别志》二则。

三十日　先生将所作《华亭别志》又改名为《云间语小录》,继续撰作一则。

同日　先生致周作人一函。

三十一日　为研究生陈德业审阅论文修改稿。下午往谭正璧家晤谈。

# 一九六四年（岁次甲辰）　先生六十岁

## 一月

一日　元旦。撰作《云间语小录》二则。研究生陈德业来先生寓所取论文。晚上至宋育琴家里晤姚鹓雏之女明华,"谈鹓公遗诗抄印事"。(按:姚鹓雏《恬养簃诗》稿本,经先生整理、校订,后由姚氏长女姚明华、次女姚玉华和长婿杨纪璋誊抄为线装钞本五册,别有《苍雪词》线装钞本一册,作为刊印油印本的底稿。)

二日　阅《范氏一家言》《缪雪庄诗词乐府》,撰作《云间语小录》二则。

同日　周作人由北京复先生函:"行年倏过八十,自己也不知道是怎么活下来的,可笑亦复可叹也。近来常苦无书可看,几经研究,近始获得一妙法,即以工作为消闲,因近正翻译《平家物语》。此书成于中国南宋末,却比《三国志演义》要写得好,以是一边看一边译,亦是一妙事也。"

三日　下午访尹石公,借得李蔬畦《苏堂诗拾》、秦婴闇《题跋诗集》及沈瘦东《瓶粟斋诗话》三种。

四日　姚明华与其姨氏沈逸尘来先生寓所访问,先生日记:"沈,余昔年松江县立中学同事也,三十年不见,一老妪矣。"

五日　早晨周茹燕来先生寓所,"谈至午刻而去,颇有请益之诚,似尚可造"。下午先生抄录吴日千《范公穆文》,拟选录松江人氏之文辑为一集。

六日　先生选录缪雪庄词四阕,又于《范氏一家言》中得范启宗词一阕。

七日　在朵云轩购买纸张,又观赏书法篆刻展览会。

八日　辑录《瓶粟斋诗话》数则,"皆云间人作"。

九、十日　过录历年所作诗七律一体,"得五十七首,当更作一二十首,集中有七律八十首足矣"。续撰《云间语小录》二则。

**十一日** 阅读《野客丛书》,"得宋人佚书名数事"。

**十二日** 仍撰作《云间语小录》一则。

**十三日** 至谭正璧家,"以前所借书还之,又借《梅村家藏稿》及《初学集》《有学集》归",检取所撰《云间语小录》所需资料。

**十四日** 阅读《钱牧斋诗》,又撰作《云间语小录》一则。

**十五日** 下午访尹石公,"以所借书还之,复借《伏敔堂诗集》及《蛰庵诗存》",旋又往周迪前(大烈)家,"亦以前所借诸书还之,又借得《塔射园诗钞》一部"。

**十六日** 阅读《梅村集》,又撰作《云间语小录》一则。

**十七日** 先生润改《云间语小录》"未安者"数则。

**十八日** 上午从学校返回时,顺道至雷君彦家,谈一小时而归。下午访邵洵美,"承出示《古写经》一卷,凡四纸黏合,每纸廿八行,十七字,""字迹甚古拙,""当是北魏写本。惟第一行乃别一纸之尾,故一二行间黏合,疑前有佛画,已被割去也"。又到淮海路及石门二路古玩铺"巡狩","得伊秉绶五言联一副,归而谛视,疑其赝也"。

**同日** 华东师范大学决定在中文系搞文科"教改"试点。

**十九日** 撰作《云间语小录》二则,又赋诗一首《无分》(陈文华提供材料)。

**二十日** 先生去上海新邨陈小翠寓所访问,恰好吴青霞亦在坐,"因得并识之"。"坐谈片刻即出,陈以'吟草三册'为赠"。

另,按先生自述:"癸卯冬日,与郑逸梅问话,遂及小翠。逸梅以小翠住处录示,始有访问之意。后旬日,过上海新邨,乃冒昧登其楼。余自通姓名,以无介者为歉。小翠怡然曰:'不须拘泥,吾知之矣,足下即昔年为《半月》题词者,今改业新文学矣。'余笑颔之曰:'文学亦何必分新旧耶。'时吴青霞先在坐,小翠为介绍之,乃就坐。既而青霞去。小翠喟然曰:'人生如电光石火,不意四十年后,子来见过。'余曰:'诚然。非四十年后仆亦不敢率尔登翠楼也。'小翠遂出其近作诗及所画便图见示。无何,余告辞,小翠出新印《翠楼吟草·三编》见惠,《吟草》初、二编皆铅字排印,余悉有之。此三编皆解放以后作,油印殊欠精好。""与君言及故乡风物,甚赏西溪之美。余言家大人墓亦在西溪。君言其尊人亦有卜筑西溪之志,其后未果,遂构蝶庄于西泠。"(《翠楼诗梦录》)

**同日** 先生旋又往茂名南路陈兼与家,"未遇即归"。晚上撰作《云间语小录》二则。收到姚明华来函,"附寄油印其尊人鹓雏先生《苍雪词》样张,甚好,拟他日亦选诗数十首托其代办写印"。

二十一日  阅讫《江弢叔诗》,"弢叔《自序》其诗,亦甚自负","余观其作,古体力追昌黎,有极似者,近体则去山谷犹有一间"。

二十二日  继续撰作《云间语小录》二则。

二十三日  作诗《读翠楼吟草得十绝句,殿以微忱二首赠陈小翠》,先生自述:"既归取小翠诗词三本阅之,作十绝句寄意。"(《翠楼诗梦录》)

另,先生日记:"读《翠楼吟草》,竟得十绝句,又书怀二绝,合十二绝句,待写好后寄赠陈小翠。此十二诗甚自赏,谓不让钱牧斋赠王玉映十绝句也。"

二十四日  至周迪前(大烈)家,"以上周所借书还之,并借得吴日千未刊稿十册,皆文集,亦罕见书也"。

二十五日  抄录《吴日千杂说》五页。上午朱宗尧来先生寓所探访。下午去邻居范效曾家晤谈,"范方从北京回,一目有疾,来求医也"。

二十六日  上午韩侍桁来先生寓所,"谈至午刻而去"。下午先生过录自己在"1949年以前所作五言律诗,得四十八首"。

二十七日  续录《吴日千杂说》七页。下午先生在陈巨来家里闲话,"托刻图章尚未奏刀,缘朣胀又作,情绪似不甚佳"。

二十八日  过录赠陈小翠诗作,即付邮寄。又抄录《吴日千杂说》三页。

二十九日  仍录《吴日千杂说》四页。下午至南昌路姚苏凤家,"叩门无应者,废然而退"。遂又往石门一路古玩店铺访阅字画。晚上过录自己"所作'五古'三纸,未尽"。

三十日  续录《吴日千杂说》二页,补作"旧诗"二首,又写作《金石诗目录》二页。

三十一日  下午到校参加中文系研究生论文答辩,"颇隆重"。

同日  陈小翠复函,"附《湘月》一词,殊使人怊怅"。陈小翠书录《湘月》:"盈盈半月,记红窗曾照,春风词笔;嚼蕊吹香三两卷,误我半生心血;续锦分辉,联珠竞耀,隽跂誇双绝。花天影事,只今啼宇能说。忽然岁晚寻来,依稀门巷,可有当年雪;四十流光真一刹,谢女双鬟俱白。落落人寰,寥寥知己,回首堪于邑。万尘奔马,蜉蝣生死朝夕。一九六四年春,小翠漫占,蛰存先生正之。"

另,按先生自述:"诗去旬日,已及岁阑,忽得报书,娓娓百言,意甚殷勤,约新春人日午后过其居,当谢客焚香以待,又媵一词。"《翠楼吟草·五编》遗稿本[《湘月·甲辰正月施君来访感占》]，则已有润改。""此词题下注'甲辰正月'，非也。余初访翠楼，实在癸卯嘉平既望，故词有'岁晚寻来'之语，此可证其误记。'啼宇'，谓周瘦鹃也。"（《翠楼诗梦录》。按：据先生日记，初访翠楼时间当为1964年1月20日。）

## 二月

**一日** 早晨到周迪前(大烈)家还书，又借得《云间文献》八册，回家后"阅之竟日"。

**二日** 作词《湘月》，"和小翠韵，写寄之"。先生自述："余即步韵作一阕答之，惜此词稿已亡佚，亦不能忆其作何语矣。"（《翠楼诗梦录》）

**同日** 晚上先生"天殊寒，颇不适，晚睡甚早"。

**三日** 阅读周茹燕《楚辞》讲稿，又为所作《宋金元词拾遗》誊写清本。

**四日** 先生誊写《宋金元词拾遗》，"未竟"。

**五日** 撰作《云间语小录》郡中"文社"一则，"未竟"。

**六、七日** 先生"校中尽日开会，未得展卷执笔"。

**八日** 先生买却西文书籍46本，"得40元，聊以卒岁"。

**九日** 访谭正璧，以所借书还之。

**十日** 到周退密家，以暑假中所借《君车画像》拓本还之，又借得《嵩山画像》全份十九帧，"亦佳物"。从周家辞出，便道顺至陈兼与家，陈氏"年六十八矣，小谈即归"。

**十一日** 作诗《周退密夫妇五十齐眉，祝之以诗，时退密于役辽东，夫人文菊犹居沪上》。先生日记："退密夫妇今年五十，前许作诗为寿，迄未成，今日始勉强成五律一首，即寄去，庶不致成明日黄花耳"。午至南京路散步，"市况甚好，民物丰阜之象也"。

**十二日** 除夕。先生收到陈小翠寄来《翠楼吟草》（四编）稿，"嘱点定，知其颇引以为可与谈诗也"。下午先生巡游书肆，"得杨古蕴书诗稿二页，裱为一立轴，颇佳"。

**十三日** 春节。早晨周茹燕来先生寓所拜年。中午周退密来先生寓所贺节。下午先生阅览陈小翠《翠楼吟草》（四编）稿，"书鄙见数事"。

**十四日** 晨往雷君彦家拜年，下午誊讫《宋金元词拾遗》（二卷）。

**十五日** 雷平一来贺年。撰写《宋金元词拾遗》"诸家小传"及"题记"并完稿。

**十六日** 早晨唐稼生来贺年。下午外出巡游书肆，购得张大千画《黄山始信峰》一轴，"尚清秀"；"闻大千已客死香港，故收其遗绘为纪念(后乃知为谣传)"。

**十七日** 撰写《宋金元词拾遗》"序言"。又补作《水经注碑录》一篇。

**同日** 先生日记:"昨晚降雪,今日晨起积二寸许矣。下午又飘雪,薄暮犹未止,五八年以来所未有也"。

**十八日** 先生日记:"昨大雪竟夜,晨起积雪三寸,殊明丽。"下午先生前往参观上海画院春节画展。晚上撰作《云间语小录》一则,为"书宝云寺碑刻"。

**十九日** 先生日记:"昨晚又雪。今日未止,积雪一尺,解放以后所未见也。"下午先生去陈小翠寓所晤谈,"履旬前之约也,谈诗两小时而归"。

另,按先生自述:"甲辰岁首,雨雪载途。至人日,雪深一尺,余以既有约,不可不践,乃驱车诣之。登楼入室,小翠已久待,案上设酒馔,余愕然曰'宴客耶?'曰'非也,今日谢客,待足下来饮酒、赏雪、赋诗耳'。余谢曰:'赏雪赋诗,敬当奉陪雅兴,饮酒则唯有退避三舍,拜倒红裙耳。'小翠曰:'退避三舍亦佳,此一与三之比耳。'余不获已,尽二爵,小翠则罄其罍矣。是日,谈诗论画,臧否古今诗客词流,余亦不能自禁其狂妄。"(《翠楼诗梦录》)

**二十日** 午往戴望舒母亲家拜年。撰《云间语小录》一则,又辑《金石诗目》。

**二十一日** 阅读《词律》数卷,"觉万红友亦甚有见地,不可及也"。晚上作诗《甲辰人日大雪书事,用东坡聚星堂诗韵》,先生自述:"越三日,作诗纪其事,写一本寄翠楼。"(《翠楼诗梦录》)

**二十二日** 下午先生到仁立古玩店访阅书画。晚上润改旧作诗。

**二十三日** 先生"雨雪甚寒,颇不能支,袖手枯坐终日,真老矣"。

**二十四日** 新学期开学,先生结束上一学期讲授的英语课程,仍回到中文系资料室负责图书报刊资料搜集、审核以及购买书刊等工作。

**同日** 开始每天到校参加中文系集中学习"反修正主义"两周,"上下午均有会,因不得暇矣"。晚上过录21日晚上所作诗稿邮寄陈小翠。

**二十七日** 元宵节。下午学校集中学习"反修正主义"休会,先生"因得暇抄旧作诗五十首,拟寄陈小翠请政"。

**同日** 收到闻宥由北京复函,"知仍在中央民族学院任课"。此函附赠旧作诗二首:"偶然薄灾破愁霖,未破胸中一段阴;迢递烽烟天外直,凄凉禾黍望中深;覆巢久绝重栖想,枯海长馀待涸心;今夜天涯无梦到,白头掩泪为沉吟。一九四零年春重至蓉城,阴雨浃旬,时寇正深入,中夜不寐,傍徨有作。倾天折地愿难酬,终古岷江恨未休;一夜奔腾复鸣咽,知君到海不回头。一九四六年夏重赴维州,夜宿汶川姜氏客馆,闻江声激壮,和之以诗。"

**又** 陈小翠书赠诗笺《题画·录奉蛰存词人雅正》："画楼朝拂珊瑚册,欲剪清溪天一尺。记得君家旧姓西,(戏用东坡句,姓或作住)千顷芦花如雪白。过桥人似镜中行,竹院茶香恍魂魄。乌篷款乃曳秋声,远水斜阳动金碧。娟娟月上似佳人,历历星光祀词客。少年才梦满东南,卅载沧桑驹过隙。尊鱼正美不归去,空对盐车悲日夕。人生弹指去来今,今日之今忽成昔。卷角还铃无相庵,图成诶着东坡屐。小翠漫书,甲辰元夜。"钤印"小翠"。

**二十八日** 詹安泰(祝南)由广州来函并书赠"漱宋室手藁"诗笺《静闻惠寄新诗赋畲兼呈麦老翔鹤》："都门别后各无书,蓬振沙飞共一途;失喜新诗来快眼,况闻佳客与携壶。极天风雨更番尽,退膜雄心彻底孤;又是一江春水暖,招邀何日看凫雏。"《壬寅六十初度》："生世因循六十年,问奇结队各联翩;直从沧海横流地,来看红旗闪耀天。往日尊罍馀点检,白头吟望几腾骞;行藏如此吾何说,退老犹容一艺专。"《寄大杰上海》："高文二十年前读,一笑翻为左右骖;别去徵闻腰脚健,可无闲梦到天南。孤擒真如坐对时,五年情事费寻思;暂休还动封何用,剩界乌丝写小词。"《寄怀游泽老都门》："人物风流又一时,京郊海澨有深期;可堪头白长摇膝,隔雨楼灯独尔思。坐老皋比眼力深,人非人是去来今;辨骚宁复将骚写,报答东风试放吟。(不读泽老诗,二十五年矣)"又识:"蛰存词长笑正,弟安泰呵冻录呈。"

**二十九日** 收到陈小翠复函,附诗《甲辰元旦飞雪咏怀,用杜甫追酬高适人日诗韵》《大雪客至用东坡聚星堂诗韵奉和》《人日大雪戏笔再呈蛰庵诗家教之》,先生日记:"甚工稳。"

另,按先生自述:"三诗并依手迹本迻录,遗稿本多有润改。'甲辰元旦飞雪咏怀'诗亦人日以后作,其用杜甫'追酬高适人日诗'韵,可知。然遗稿本此诗题作'甲辰元旦飞雪咏怀追和杜韵'。不检杜集,不知其为人日作也。'大雪客至'诗题遗稿本删去'奉和'二字。此诗中所及,皆当日闲话。所谓'西城踏煤屑'者,言其少时服务于家庭工业社,社在西门煤屑路也。'念子征衣'遗稿本已改作'猎猎征衣'。'人日大雪戏笔'诗题遗稿本改作'甲辰元日大雪客至'。此'元日'当是'人日'之误。"(《翠楼诗梦录》)

## 三月

**一日** 上午陈兼与来先生寓所晤谈。下午张汝砺来访。

**六日** 以诗作一卷寄赠陈小翠,"为三八节致敬礼物"。据陈小翠评语:"大作取

径甚高,自是韩杜正宗,敢不敛衽。"(陈文华提供)

**七日** 上午学校集中学习"反修正主义"休会。先生前往朵云轩购买笺纸,又到外文书店购买《英语》教材。先生行至南京路遇见曹仁裕,曹氏"又在保安坊口[南京东路486号]设碑帖摊",先生"询以黄小玄、李道生,则皆已物故。上海碑估存者,唯曹一人耳"。此后,先生常去访购。

**八日** 下午在邵洵美家,闲谈至薄暮方归。

**九日** 午后访尹石公,"值其足疾又发,卧床未起",遂又到仁立古玩店浏览书画。

**十日** 下午华东师范大学举行研究生毕业茶话会,先生到校参加,"予所指导论文之研究生陈德业分派至福建华侨大学工作,尚不恶"。

**十一日** 下午雷平一来先生寓所,"小谈即去"。

**同日** 陈小翠复函,附诗《对雪·甲辰元日大雪八日不止再和东坡韵遣寒》。

**十二日** 上午访周迪前(大烈),以所借书籍八册还之,又借得《春雪集》及《谷水旧闻》两种,"《谷水旧闻》素无刊本,此乃迪公手抄本,以《芪楚斋随笔》所引一条校之,似此本文字有节删处"。

**十三日** 到静安寺散步,购买笔二支。晚上作诗邮寄广州詹安泰(祝南)。

**十四日** 上午研究生陈德业来先生寓所辞行。下午至韩侍桁家小谈。晚上录校《七芗佚词》七首并作"跋"。

**十五日** 下午张少芳、姚桐椿来访。先生自述:"两个青年在植物生理研究所工作,曾给我一封信,由师大中文系一个同学转来的。他们对五四运动以来的新诗有兴趣,决心要收集所有的新诗出版物。他们要我给他们以帮助。我就回了信,约他们于星期日到我家里来。我把我所知道的新诗出版情况告诉了他们,并给他们一些寻找的线索,也了解一下他们已收集到的情况。他们问我有没有新诗集可以给他们几本,我答应替他们找一找,找出后通知他们来取。"("近十年来的社会关系",1969年)

**同日** 早晨徐澄宇来先生寓所晤谈。邵祖丞、宋育琴相继来晤谈,"酬应颇困乏"。

**十六日** 为朱宗尧选定必须精读之杜甫诗,凡五十八首。又清点自己所撰述词话稿,"已有六十馀段,今年当成书三分之二,俟明年续成,以二十万字为鹄的"。

**二十一日** 上午徐培仁来先生寓所访谈,"已三十馀年不见矣"。下午周迪前(大烈)来先生寓所晤谈,并携来陈巨来为先生治印二枚"无相庵""蛰庵翰墨",边款各记"巨来刻石""巨来拜刻"。

**同日** 开始重读《庄子》,录取其语词之不见于他书者,拟为一卷,曰《庄雅》。

**二十二日** 上午韩侍桁来先生寓所晤谈,借去外文书籍一册。

**二十五日** 下午徐中玉来谈。晚上为朱宗尧拟定"杜诗研究"思考题。

**二十六日** 开始审阅校中文系分配《元明清文学作品选注》书稿页的任务。

**二十七日** 誊录自己历年所作的碑跋,拟编为一集,书名为《北山楼读碑记》。

**二十八日** 下午至陈小翠家,"谈诗二小时而出"。回家路上遇见徐澄宇,一起散步至静安寺而别。

另,按先生自述:"余得诗,重感其意,又往访之。是日,适无客,晤言一室,并申乞画之忱,日斜乃归。"(《翠楼诗梦录》)"偶话乡园旧事,因知其尊人栩园先生亦尝规菟裘于西溪,会有所虑,遂构蝶庄于湖上,然父女皆不能忘情于交庐秋雪之胜概,药师樊榭之流风。余因乞君为写西溪归隐之图,以寄夙志。君惠然许之。不旬日,忽以诗来,谓题诗先成,画犹有待。待之数年,而君遂殒。"(《交庐归梦图记》)"数日后,得一函,谓画未遑作,题画诗已先成[《西湖词梦图占题》],因寄去。又言画院同人即将下乡体验生活,俟归来再当约期晤谈。时校中已开学,余亦事冗不复往。此为余与小翠最后一次文酒之会,岂意已成永诀耶。"(《翠楼诗梦录》)

**二十九日** 按夏承焘日记:"发施蛰存华东师大函,为王晓祥问《孔雀胆》事。"

**三十日** 上午在雷君彦家小谈。审阅《元明清文学作品选注》书稿160页,至今日已完毕,"下82签"。

**三十一日** 上午在上海图书馆阅读《花影集》《符胜堂集》及《滕甫征南录》。

## 四月

**二日** 始撰《云间语小录》其中一卷《云间花月志》。

**同日** 按夏承焘日记:"得施蛰存复,谓两年来在资料室工作,辑得《词学文录》一册,于'大典'2266录得杨长孺之《石湖词》跋一文,又于'大典'中辑得宋金元人词一百馀首,皆《全宋词》及赵万里、周泳先所未见者。又成《水经注碑录》十卷,顷方作《诸史征碑录》,明年拟作《汉碑叙录》。又示白石词资料数条,谓余杭县署有唐太宗屏风帖刻石,碑阴有白石跋;又日本刊《连珠诗格》(宋蔡蒙叟著),有白石《水亭》七绝一首。"

**三日** 华东师范大学召开全校师生员工大会,总结"五反"运动经验,并宣布"五反"运动胜利结束。

**五日** 上午至周迪前(大烈)家,借得《此木轩文集》抄本及杜亚诒撰《华、娄两县金石志》稿本。

**同日** 撰作《云间花月志》(一卷)完稿,"自宋迄清道光间,录得六十馀人,箧中所有资料已尽,姑泐成一卷,待异日补益"。

**又** 按夏承焘日记:"发施蛰存复,附去《宋金元词拾遗》题签。发王仲闻复,介蛰存《词学文录》,并告'宋词拾遗'应入《全宋词》,又《全宋词》题名应唐王并列。发微昭函,索蛰存之《词学文录目》。"

**六日** 誊录所作《北山楼读碑记》书稿数篇,又抄录焦袁熹文三篇。

**七日** 继续誊录所作《北山楼读碑记》书稿,下午往古玩店访阅书画,"无佳者"。

**八日** 上午陈家庆来先生寓所,"适值余至校中,遂不值,留交其女友闽侯陈穆常[懋恒]词稿数阕而去"。下午先生前往戴望舒母亲家省视。

**十一日** 早晨在上海图书馆阅览《华严经》,为邵洵美研考唐写本此经,作跋一篇。阅读《鹤静堂集》及《芝云堂诗》,"皆松人著作",从中检得《云间花月志》所需材料,"又有所得,似未可止也"。

**十六日** 先生"日来作'云间古石刻录'[《云间碑录》],自吴迄宋凡九十馀种,吴至唐五代共三十四种已写定"。

**十七日** 早晨先生乘坐新型双层火车赴杭州旅游,"适值交通财贸各部门开群英会,旅馆均住满,奔走二小时始于吴山路中惠旅馆得一榻"。下午先生独自游灵隐,又游至下天竺,"足力不济,遂不克至上天竺"。再步入飞来峰岩穴,"始见咸淳丁卯贾似道题石,廖莹中书,此刻前此均未见,盖几乎为钟乳所毁,日光不临照时不见耳"。

**十八日** 早晨赶到杨家牌楼访亲戚吴文玉,"请其陪同至吴稚云家,又同至舅家喻氏坟上展谒。欲寻戴修甫[望舒之父]坟,以故亲吴文恢不在,遂无人能带路。旋至玉屏山谒先墓,幸皆无恙。墓石小有损失,皆为山下解放军移去作他用也。携有洋漆一瓶,即将墓碑字迹填漆一新,使知此墓非无主物,以后当不至被毁也"。先生乘坐夜班火车返回,午夜一时到达上海北站。

**十九日** 先生连日奔走日光下甚疲乏,"今日休息,不事事"。

**同日** 按夏承焘日记:"上午待施蛰存不来,晚得其一片,以天热反沪矣。"

**二十日** 下午先生到慈惠北里陆维钊家访,谈一小时许而归。

**二十五日** 先生连日校中事忙,"无暇作自家活计,惟续作《云间碑录》宋碑部分,尚未竣事"。

**二十六日** 上午韩侍桁来先生寓所晤谈。下午宋育琴来访。

**二十七日** 早晨朱宗尧来请教,"谈杜甫诗"。先生所作'云间古石刻录'[《云间碑录》],"录至宋末而讫,元碑著录尚有待也"。

**同日** 按夏承焘日记:"昨夕买得余杭县署唐太宗书屏风碑,有白石三跋,以蛰存函告也。"先生自述:"余尝于甲辰岁至杭州,于故书中得一本[《唐太宗屏风帖》拓本],嫌其蛀蚀,逡巡未收,旋晤夏臞禅先生,方辑白石道人文字而未知有此碑后三跋,余为言之。夏公惊喜急入市挟以归,后此余竟不复遇一本。"(《北山谈艺录》)

**又** 《人民日报》刊载《为什么宣扬〈三字经〉》提及:"读经的嚣声刚刚过去,所谓'第三种人'之一的施蛰存又劝青年读《庄子》《文选》《颜氏家训》了。这一回不是挂起堂而皇之的'救国'的招牌,而是说只介绍给青年作为'文学修养之助','道德修养'之助……吴晗同志的新读经论,正是胡适、孙师郑、施蛰存等人的反动主张的继续。"

**三十日** 先生将所撰碑跋八十馀篇,连日誊正定稿四五十篇。下午陈彪如、刘絜敖来先生寓所,"未及多谈,忽有干部来了解卅年前松江县中学生王某事,陈刘二君遂去"。

**下旬** 苏渊雷作诗《送周退密南归返沪并柬施舍之》:"边城细雨怯轻寒,三月春光得暂看。柳未飞绵萦别绪,花能解语逗愁端。吟囊羡压雷车重,酒盏频怜竹叶干。塞北江南天似水,尚容美睡报平安。"

**月内** 始作《北山楼所得碑记录》(稿本,万照楼藏品),并撰写"怀仁集右军书圣教序"诸篇。

**春间** 据张索时(厚仁)回忆:"读到《洛尔伽诗钞》,兴冲冲地不假思索地写信给施先生,信上表示仰慕之外,向他借阅戴望舒的诗集。""信寄去作家出版社转交,好心人居然再由北京远致久居沪上的收信人。当我捧着施蛰存先生的挂号邮件,内有戴望舒的两册诗《我的记忆》和《望舒草》时,那感动是无法形容的。随书附一短笺,施先生作了自我介绍,特别提起1957年反右运动中'栽了跟斗',目前在华东师范大学资料室工作。他还有一册戴诗《灾难的岁月》,教徐迟借走了。这两册因是初版书,为其所仅有,抄好就要寄回的,嘱咐我复信里别忘记谈一谈自己。""我下了班连夜抄好了诗便伏案写复信,我告诉施先生是个高中毕业生,毕业成绩优秀却高考落榜,现在做工,业馀时间曾从南开大学德籍女教师周梅达先生学习德文,志在翻译文学作品。施先生的第二封信附来了赠书,是他早年从英译本翻译的奥地利近代前卫小说家显尼志勒的小说《薄命的戴丽莎》等二种,扉页题词:'赠厚仁先生,以鼓励他学习德文。'""不久,我把我的文学翻译习作德国十九世纪著名小说家史托姆的小说《无名音乐家》的译稿寄呈施先生,请予教正。待稿本回到我的面前时,上面出现许多红笔改写的字句。""从此他常向我讲解翻译之道。"(张索时《悼忆施蛰存先生》)

## 五月

**一日** 下午宋育琴来先生寓所晤谈。

**二日** 下午到"仁立"、"新龙"两家古玩店访阅书画,"未有所得";"在'新龙'见一扇面,字画各一番,署名云间退庵居士徐鼎,尚不恶,不知何许人,书以待考"。

**三日** 宋育琴来谈。撰作《云间碑录》序文初稿,计有七百字。

**五日** 先生卖去西书88本,得73元。

**同日** 陈小翠致先生一函。先生自述:"自此以后,至丙午(1966),未尝再晤,仅通信三五札,互以新诗录示而已。"(《翠楼诗梦录》)

**八日** 傍晚林艾园来先生寓所,"谓其友人燕君藏郁达夫致王映霞函百许通,皆王映霞遗失于粤汉铁路者,燕君时为粤汉路局职员,从局中拍卖无主遗失物中得之。此事甚奇"。

**九日** 上午朱宗尧、徐金凤来先生寓所请教,"为指示参考书用法,历三小时"。

**十日** 下午去朵云轩购得《杨淮表记》裱本一轴,又到古籍书店买印本《吕望表》《孔褒碑》各一本。晚上唐稷生来先生寓所晤谈。

**十一日** 下午到西泠印社购买印泥一两,计4元。又至曹仁裕处购得《唐献陵碑》九种,价8元。徐华寄来日本货助听器一具,"价港币百元,或可稍助闻根"。

**十四日** 早晨往雷君彦家访,"谈二小时而出"。先生收到李白凤从开封寄赠碑拓一包,"惟隋唐墓志各一种、《宋刻嵩山罗汉洞记》一种未有,馀皆重复"。

**十五日** 据《金石录》《集古录》诸书,撰补《宝刻类编》(卷四上)缺卷。

**十六日** 先生"卖去杂书76本,得48元,将以为买碑之资"。先生辑补《宝刻类编》缺卷,"撰成,颇亦可观"。

**十八日** 前往朵云轩、古籍书店巡游,"碑无可购,得赵举之[文漪]《和珠玉词》刊本一册,乃赵叔雍之女所撰,未闻有此书也。在朵云轩见边成[政平]汇印《訚鼎》拓本八种,甚佳,标价4元,未收"。

二十一日　先生"今日挫腰甚剧,行动殊不便"。下午在谭正璧家"阅报兼小谈"。

同日　为所作《辑补〈宝刻类编〉卷四上》撰写"叙引":"《宝刻类编》今世传本出《永乐大典》,顾大典本已阙第四卷之上。自天宝迄大历书家姓氏并碑目俱逸失,读者憾焉。余尝研索此书,疑其与丛编同出陈思手,丛编以郡邑系碑刻,此则以书人为纲,集古临池,两足以资指注矣。""因试据诸家兼及宋人笔记并取资于丛编,补苴所亡佚。五日而就,居然完帙,亦一快事。意原本所录,亦不过如是耳。""类编原书,虽经顾涧频、刘燕庭校勘,犹多讹失,余尝欲为之增补斠校,别纂新编,然此等书在今日已无所用之,因不复从事。"

二十三日　上午访尹石公,谈一小时而出。下午到南京路店铺访阅碑版拓本,购得十二种,内有旧拓未断本《根法师碑》整张裱本,"尚佳"。回到家里又收到李白凤从开封寄来"拓片一束,凡十馀种,皆河南图书馆藏石,余未备者五种"。先生"一日之内得碑十七种,摩挲至深夜,殊不觉倦"。

二十四日　下午在邵洵美家闲谈。

二十五日　先生自"今日始将未有著录之唐墓志检出,别为一包,逐日抄写一二篇,拟勒为一书,曰《唐墓志文录》;或并碑铭、造像、题名合为一编,曰《北山楼石墨存》"。

二十九日　写作碑跋二篇,又购阅五月份《文物》杂志,"有关于汉碑之文三篇,藉此补得汉碑卡片数张;青海所出《赵宽碑》有一拓本印在此志,始得读其全文,亦快事"。先生收到亲戚吴文玉从杭州寄馈红茶一包,"虽粗叶,亦胜市肆所售"。

月内　为所藏《益延寿瓦》拓本题跋:"余忽得此拓数纸,乃知近年复有出土。此瓦大亦径尺,文亦甚古,然与黄氏所摹不同。"

## 六月

一日　到慈惠北里陆维钊家,"作长谈",并请陆维钊为所作《辑补〈宝刻类编〉卷四上》稿本题签。

五日　至谭正璧家小谈,借得《舆地碑记目》及《蜀碑记》归。为所作《辑补〈宝刻类编〉卷四上》,"又增入十馀种,盖此书前时未忆及,遂失录耳"。

七日　上午徐澄宇来先生寓所晤谈。先生自述:"他进了文史馆,组织上给他分配了房子,他们迁居到淮海路,就不常来了。"("关于徐英的事",1968年)

同日　下午至韩侍桁家小坐。

**八日** 先生前往古籍书店购得《艺风堂金石文字目》一部,书价8元。

**十三日** 从曹仁裕处购得东魏唐碑十四种和《金陵萧梁墓阙墓碑》全份。

**十四日** 李白凤从开封寄来碑版拓本三卷,"凡十许种,已有者多,殊不惬意"。

**十五日** 连续两日,过录唐人志文六篇。

**十八日** 仍录唐人志文二篇。

**十九日** 李白凤从开封寄来"碑二束,内有《孙夫人碑》旧拓本,尚可喜"。晚上徐培仁来先生寓所晤谈。

**二十一日** 上午在上海图书馆阅《吴兴金石记》《墨妙亭碑目考》,"始知玉笋题名犹未有著录"。下午作《豆庐恩碑跋》。宋育琴、雷平一来先生寓所晤谈。

**二十二日** 撰写《当利里祀碑跋》。下午陈彪如、刘絜敖来先生寓所晤谈。

**二十四日** 在朵云轩购得《玉笋石题名》拓本四幅,"伏庐陈氏物也,此石久佚,题名亦素无著录,得之为可喜"。(按:先生在据所藏拓本著录《墨妙亭玉笋题名》而撰"序"中曰:"岁壬寅,余收得伏庐陈氏旧藏《玉笋题名》墨本四卷,居然墨妙亭下故物也。"似为笔误。)

**二十八日** 连日过录墓志文十馀通。又著录《玉笋题名》,"计宋人十二段、元人一段、明人二段、清人一段"。(按:先生为完成著录《墨妙亭玉笋题名》撰"序":"既宝藏之逾年,念此石今又不审存佚,虑其或已渐灭,而拓本亦罕能经久,遂逐录其文,为此一卷,冀他日万一可为玉笋留鸿爪也。"落款署为:"甲辰春仲,吴兴施舍识。"此记。)

**二十九日** 先生为"求翻译工作",致上海译文出版社总编辑蒯斯曛一函。

**三十日** 著录《杜熙贤造像记》,竟日始成。

**月内** 始作《石墨琐录》(稿本,万照楼藏品),另撰有"小唐墓志选目"等。

**同月** 钱歌川由台湾前往新加坡任教。

## 七月

**一日** 先生陪同妻子前往中山医院就诊,"自晨6时至10时始讫,医生皆实习学生,颇无经验,处方仅'维生素'与'胃去病',因不取药。大抵病不伏枕,可以无庸就医也"。

**二日** 著录北魏造像三种。

三、四日　奇热。检出所藏郁达夫、王映霞照片借给林艾园。著录北魏造像三通。

五日　早晨往周退密家访，周氏"上月自哈尔滨奉调回沪，将在外语学院供职，居辽东八年居然得遂归欤之愿，亦甚幸事"，畅谈而返。下午著录唐人志二通。

六日　上午在上海图书馆阅《授堂全集》。

九日　连日著录北碑数通，又写作碑跋三篇。

十二日　先生至万国殡仪馆吊张耀翔之丧。（按：张耀翔，心理学家，与先生在暨南大学、华东师范大学为同事。）

十三日　"气候愈热，五六日来，皆在华氏九十六度以上，几不能伏案执笔"。收到李白凤为购寄《西门豹祠堂碑》《西门豹祠堂碑阴》和《曹子建碑》拓本。

十六日　上午在上海图书馆阅《竹云题跋》《虚舟题跋》，以及傅惜华所编《汉画像集》，"此为《初集》，皆山东出土汉画，凡二百页"。

十七日　按夏承焘日记："北京'中华'寄回施蛰存之论词文录一册。"

十八日　为所作《云间碑录》撰作"跋"："录志乘野记所书宋以前云间古石刻得一百四十七通，视《嘉庆府志·金石志》所录增其二之一，志误者正之，志阙者补之，志不可信者削之，志所独有而今无可质证者，姑从之。此诸石，今所存不逮十一，幸其文多见于志。余撰此目而后知吾郡嘉庆志之博达详审，存文征献之功为不可没也。"

二十日　著录《南石窟寺碑》，"竟日始成"。

二十一日　早晨在上海图书馆阅读《湖州府志》《松桂堂集》《吉堂诗稿》。下午陈彪如陪同刘絜敖来先生寓所晤谈。

二十三日　下午至谭正璧家，以所借书还之。晚上写作碑跋二篇。

二十四日　开始誊抄所著《云间碑录》为清稿。

二十五日　早晨至雷君彦家"问候起居"。又往韩侍桁家，借得百衲本《北齐书》。

二十六日　始阅《北齐书》，拟撰写《北齐书征碑录》。

二十七日至二十九日　续阅《北齐书》，誊抄《云间碑录》。

三十日　上午往邵洵美家小谈。下午誊抄《云间碑录》。晚上续阅《北齐书》。

三十一日　先生完成誊抄《云间碑录》（初稿本）清稿为一卷。

月内　按先生自述："余求汉时原刻拓本［析里桥郙阁颂］，十馀载矣，甲辰夏，始得此纸。"（《北山集古录》）

**又** 批校所藏民国时期朱氏槐庐丛书刻本"赵明诚《金石录》三十卷、叶奕苞《金石录补》二十七卷合刊本"(线装八册),并有题记"此书全是拾人牙慧,疏讹不少,诸家序跋仍盛称之,何也"。

**又** 写讫《读温飞卿词札记》。

## 八月

**一日** 上午周茹燕来"问参考书用法"。作《蔡俊碑跋》,又撰录《金石遗闻》。

**二日** 张少芳、姚桐椿又来访。先生自述:"我找出了三四本新诗集,给他们一封信,他们来取,又顺便谈了一些新诗坛的故事。这是第二次会面。后来他们中间有一人调到嘉定科技大学去,馀下的一人还来过一次,仍然是为了收集新诗集的事,要我谈一些情况。以后,就不相闻问了。"("近十年来的社会关系",1969年)

另,据姚桐椿回忆:"施蛰存先生找出一套四本'新诗社丛书'诗集,给我'欣赏',本本触手如新,且都是作者的签赠本。""施先生接待我的房间是名副其实的斗室,朝北的(大概就是现在名闻学界的'北山楼'吧),我与他面对面坐下,真的是'促膝'了。他与我郑重其事地谈论如何去寻找戴望舒先生留在内地的遗物。他说,其中肯定有不少新诗集,因为戴先生注意收集新诗集。"(姚桐椿《谭正璧先生借书给我——兼忆赵景深、施蛰存先生》)

**同日** 晚上但荃荪来先生寓所晤谈。先生收到陆维钊寄来嘉定某君的藏碑目录,"审视皆'八琼室'物也,宋金元碑及题名为多,拟选购数十种"。

**三日** 先生为韩侍桁所托而去图书馆借得《拉芳丹寓言集》法文本,韩氏令其子来先生寓所取此书,并带来《北周书》一部借给先生。

**六日** 连日阅读《北齐书》,读讫"得碑六通"。

**七日** 在上海图书馆阅览《青浦县志》及《续志》,又阅严可均辑《集古录目传抄本》,"此在徐乃昌辑本之前,徐或未知有此本也"。

**八日** 始作《北齐书征碑录》,预计三天可成。

**九日** 早晨唐稼生来先生寓所,闲谈至午刻方去。

**同日** 为编撰《北齐书征碑录》而撰作"题记":"书法在齐隋间,自是隶正一大关捩,齐碑颇移汉隶,复失元魏早年之刚劲,然犹当属隶。隋碑多下启唐楷,乃正书之嚆矢矣。风会急转,不过二三十年耳。玩齐碑者,于此当有会心。"

**十日** 完成编撰《北齐书征碑录》,"仅八碑耳"。又始阅《北周书》。

十一日　续阅《北周书》，撰录《金石遗闻》数纸。下午携孙女到四川北路孔另境家，谈至4时而返回。

十二日　早晨邻居范效曾来先生寓所闲谈。下午开始撰写《松江方言考》稿，"拟欲得百数十条为一卷"。

十三日　续作《松江方言考》数则。晚孙梁来先生寓所闲谈。

十四日　下午去谭正璧家访，"阅报刊"。

十六日　连续两日撰写《北周书征碑录》数则。

十七日　早晨先生去周迪前（大烈）家小谈，并借得《萍因蕉梦阁题辞》《熙朝咏物雅词》《金石荔》《犹得住楼诗选》诸书，"皆久欲得之者"。

十八日　在上海图书馆查阅《北史》《新唐书》《艺文类聚》。

十九日　阅读《金石荔》，又抄目录一通，"存以备考"。

二十日　先生完成编撰《北周书征碑录》，"凡一万字"，并撰作"跋"："《北周》五十卷，余读旬日而毕，得碑十一通，大都纪武功、颂治绩之作。"

二十一日　写作碑跋二篇。

二十二日　为选讫《清花间集》而撰写"叙引"："余既选宋人小词五百阕为《宋花间集》十卷，以续赵崇祚之书，逸兴未阑，复取小斋所藏清人词尽读之，录其足以绍'花间'遗韵者，亦为十卷，总五百阕。""余所得仅片玉耳，""续有所见，会当增损。故此编亦未敢以为定本也。""余选此编，悬高格以求菁英，自谓萃其狐白，温韦晏欧，风流斯在。然犹憾其有具'花间'之貌而神不及者，有神及而理欠者，此则时代使之然，才情使之然，奈之何哉。"

二十三日　始阅《陈书》。下午徐培仁来访。晚上但荃孙来所，"惠拓本数种"。

二十五日　上午在上海图书馆阅《至元嘉禾志》《抱真堂诗》《华苹诗稿》。晚上始为所作《云间语小录》誊写清稿。

二十八日　连日来续为《云间语小录》誊写清稿，又续阅《陈书》。

二十九日　早晨杨道南来晤。午后感觉头痛，"不能作事，恐过累矣"。

三十日　下午先生前往上海博物馆观看《景德镇瓷器展览会》，"颇有佳制，均红豆青金星结晶诸品，远胜古物矣"。傍晚宋容琴来，小坐即去。

三十一日　继续誊写《云间语小录》稿。

同日　又为《云间碑录》"序"定稿："余读《嘉庆松江府志·金石志》而微有憾焉：云间古刻，有文献可征者，志多失录，是未备也；所录有亡逸已久者，有谬误者，是未实也。盖两失之,则当时主之者未标宗旨也。余读郡乘及乡里先贤著述,知吾邑古碑,殊不为少,然存者罕得目验,佚者亦不传拓本,故不敢事著录。清光绪丙申,缪筱珊尝拓取松江、上海、青浦诸碑,著录于《艺风堂金石文字目》者,唐宋元刻二十馀通,曾未百年,已多泯灭。民国乙亥,县有续修志书之议,时雷君彦丈主图书馆,倩二酉山庄主人邱竹泉君拓取县中诸碑各三本,高君藩、杜亚诒二君襄助共事,各得一本,图书馆藏弆一本。杜君任分纂金石之役,因得据拓本成实录。志未成而日寇来犯,吾邑焚掠之馀,文物荡然。高君及图书馆所藏皆灰飞烟逝,惟杜君抱所蓄石墨数千通,流移沪上,闭门撰述,成《华娄两县金石志稿》二卷。余知有此书,而未得见。杜君既没,文籍渐有散亡。此稿为迪前[大烈]周君所收,余始得假读之。其书著录李唐至逊清金石刻五百馀通,皆民国时犹存者。三十年来,迭经变革,又不知毁没几许。因念著录见存金石,所以昭信者,为时不永,而文献征存,要以网罗旧闻,毋使更佚为贵。遂取法于赵琴士《泾川金石记》,复参以严子进《江宁金石待访目》,作《云间碑录》,逾月而就。"

## 九月

**一日** 开始撰写《陈书碑录》。

**二日** 早晨在上海图书馆,先后借阅彭燕又、焦南浦、曹苇坚、杨柳汀的诗集。

**四日** 先生"昨日买照相簿一本,将1949年以来所有照片贴入册,凡二日始竣事"。

**五日** 晚上但荃孙、叶丹来先生寓所,"叶曾在青海三年,云《赵宽碑》确已毁,仅存三小块,大者不及尺",谈至10时离去。

**六日** 上街购买毛边纸,"拟订成三册,贴保存信件用"。

**七日** 午至朵云轩购纸,旋访谭正璧。晚上誊写《云间语小录》稿三则。

**十日** "日来又酷热,不能书写",先生"手装册子三本,取生平师友所惠书札及诗词,分别黏缀,以便保存,居然亦颇可观"。

**十二日** "仍奇热不可当",先生誊写《云间语小录》稿一二篇,"便为一日功业"。

**十五日** 下午费明君夫人携一子来先生寓所,先生"在校授课,未得见。与内人谈少顷而去。始知费在西北劳改,明年可归"。

**十六日** 上午往尹石公家,借得爱居阁、沈观斋、苏堂诸诗集。晚上阅读《沈观斋集》,"有樊樊山评点,颇有精到语,当录出数则入诗话"。

**十七日** 前往上海博物馆观看《日本丰道春海书法展览会》,"有碑二通,一'墓碑',一'颂德碑',皆古茂有法度。中国久不闻有镌碑而东邦乃流风不坠,可谓礼失而求诸野矣"。

**十八日** 先生日记:"樊山评沈观斋诗,谓昌黎句法出自康乐,因检诸家评韩诗,则此说发于何义门。复取谢康乐诗尽读之,殊不见其为昌黎祖祢论字法句法,昌黎实过于康乐,且昌黎诗中间,数鲍谢之语亦不甚尊谢,恐亦不以为可师也。"

**二十四日** 开学后,先生被安排为教育系二年级学生讲授"文学作品选读""古代文学"课程。

另,据教育系1963级学生宋志道回忆:"基础课由外系的教授或讲师主讲","可能是因为教师缺少的缘故吧,任课者为中文系的'右派'教授施蛰存。""施先生选编的'文选'教材终于发下来了,""有韩愈的《送董邵南序》《进学解》,柳宗元的《答韦中立论师道书》,曾巩的《墨池记》,苏轼的《教战守策》,袁宏道的《徐文长传》,欧阳修的《醉翁亭记》,归有光的《项脊轩志》和明史中的《阉典史列传》等。施先生对'扬州八怪'之首的郑板桥十分推崇,所以将郑燮的《范县署中寄舍弟墨第四书》也选入教材中。""他夹着讲义夹走进文史楼103教室,戴着一副黑边眼镜,脸上不见一丝笑容,白衬衣胸前的口袋中放着一个助听器,""同学们按规定起立,他几乎令人觉察不到的点了点头,算作回礼。""说郑板桥是'康熙年的秀才,雍正年的举人,乾隆年的进士',是'科场上的三朝元老',这时引起了一阵哄堂大笑。我注意看施先生,他依然是铁板的面孔,寻不出一丝的笑容。然后他讲到郑板桥为官刚直清廉、了解民间疾苦,""语调沉重地说:'为民请命难啊!清官难当啊!'""讲他去官后居于扬州时以书画为生的趣闻,""重点十分突出,""音调低沉,但却抑扬顿挫、掷地有声,""……讲到这里时,施先生闭目摇头、手舞足蹈地吟诵起来,就像是一个天真的孩子,做起捧碗缩脖喝粥的动作,逗得下边又是一陈哈哈大笑,他却依然没有一丝笑容。下课的电铃声刚停下来,施先生的讲课也嘎然而止,他拿起讲台上的讲稿,说了声'下课'。""在他为我们上课的半年中,我们没有看到他笑过。我和杨岳鹏都喜爱文学,都喜欢听他上课,后来我渐渐想明白了,""和当时极'左'的社会环境带给他的恶劣心境有关,""这样一位才华横溢的学者,背着'洋场恶少'的骂名,1957年又被打成'右派'入了另册,""人们因心理的扭曲而对他加以歧视,恶劣的政治气候又使他受到不公正的社会待遇。"(宋志道《施蛰存先生给我们上课》)

**三十日** 连日润改翻译魏尔伦、韩鲍诗作,"颇费精力"。

**下旬** 整理旧译外国诗,积稿数百篇,拟编为六集。第一为近代法国诗,第二为英国诗,第三为美国诗,第四为德国抒情诗,第五为波兰诗,第六为杂译各国古诗及民谣。第一集已编定,"然诸诗尚待润饰"。

另,按先生自述:"在1960年代,我译过许多外国诗,自己编了一套译诗集:第一译诗集(英美现代诗)、第二译诗集(法国现代诗)、第三译诗集(西班牙现代诗)、第四译诗集(东欧诸小国)、第五译诗集(德国),以上都是选择的小诗,每册不过60至100首。另外还有几本专集,是我最喜爱的外国诗人:1. 夏芝诗抄(Yeats),2. 保禄·福尔诗抄(法 Paul Fort),3. 耶谟诗抄(法 F. Jammes),4. 魏尔伦诗抄(法 Verlain)。以上四种都没有完成,每种译了一二十首,德国诗我喜欢的是 Vogelrweide、Rilke,还有 Uland,但因不解德文,从英法文译总不得体,所以没有计划进去。"(复张厚仁函,1976年6月27日)

**月内** 撰写完成《读韩偓词札记》。

## 十月

**一日** 先生日记:"十五周年国庆又有盛大祝典,小学生仍须到校由教师管束,惧其对外宾不礼貌也。"

**四日** 晨至韩侍桁家,以暑假中所借《北齐书》《北周书》还之。

**五日** 下午到外文书店访书,"欲物色法国诗集,无所得"。

**六日** 午后在邵洵美家小谈。

**八日** 下午往谭正璧家闲谈。朱宗尧来先生寓所辞行,明日返回武汉。

**十日** 早晨到雷君彦家访。下午湖南青年涂仁学来先生寓所,"以所撰长篇小说五万多字嘱阅"。晚上刘絜敖邀请先生在衡山饭店晚餐,陈彪如作陪。

**十一日** 昨晚先生感冒,"晨起至不豫,下午遂有微热"。

**十二日** 先生"感冒不退,热38度,腰酸声嘶,终日偃卧"。

**十三日** 早晨陆维钊来先生寓所,"余犹病卧未能起,倚枕谈一小时别去"。先生"尽日偃卧,热度37.5,喉音仍嘶哑。傍晚邵祖丞来为[其父]洵美假 J. P. Satre 所作《论存在主义》一书,检出与之,留晚饭而去"。

**同日** 先生作书向学校告病假,本星期殆不能到校上课、开会。

**十四日** 重阳节。先生"热度已退净,喉音仍哑,终日偃卧,读'陶诗'",又作诗《甲辰重九和陶公己酉岁九日韵》:"读书不偶物,杜门久息交。平生手足亲,契阔或先凋。(诸妹散处,大妹去年逝于海外[按:因当时音讯阻隔,先生尚未知确切时间。])风雨犹满城,何处堪登高。井泥分终老,无梦干云霄。我躬不自恤,所慨黎元劳。空怀稷契志,濩落心用焦。饭牛彼何人,商歌出郁陶。却曲畏迷阳,惭愧明圣朝。"

**十五日** 仍休息,为所藏《汉析里桥郙阁颂》拓本题跋。

**十六日** 先生"喉音略复,犹有嘶声,阅'诗集'消遣"。

**十七日** 傍晚徐仲年来小谈。先生自述:"抗战后无来往,解放后在罗玉君家里会面过一二次。1963—64年,我因想编译一本法国象征派诗集,""碰到一些法文的疑问,曾写了几条问题,请他解决,是用信的形式寄去的。他收到信后,就来看我,当面解决了这些问题。"("近十年来的社会关系",1969年)

**同日** 先生日记:"报载吾国第一颗原子弹爆炸成功。又赫鲁晓夫引退。此二事皆将使国际局势改观,真大事也。"

**十八日** 下午陆丹林来先生寓所,并约同访孙百刚,"同住一里内,今日始识面"。先生自述:"徐英[澄宇]被逮捕的消息也是他[陆丹林]告诉我的。"("近十年来的社会关系",1969年)

**同日** 邵祖丞来晤。晚上但荃孙、叶丹来谈书画,10时归去。

**十九日** 下午孙百刚来先生寓所答访,谈郁达夫、王映霞事,小坐即去。

**二十日** 下午到邵洵美家,取回代借之西书。

**二十四日** 早晨去尹石公家,以所借书还之,复从借得同光间人诗集数种。下午刘絜敖来先生寓所小谈。

**二十九日** 华东师大中文系组织学生下乡秋收劳动,先生与留校老教师被集中学习毛泽东《实践论》及"教育与生产劳动相结合"的教改精神。"每日上午有会,因之较不得闲"。

**同日** 先生参加学校组织参观嘉定县马陆公社棕坊大队,"丰收气象甚好"。

## 十一月

**四日** 早晨邻居范效曾来先生寓所小谈。先生卖去所藏书籍得26元。傍晚雷平一来先生寓所,"告知君彦丈已于今晨逝世"。

**同日** 辑录完毕《南岳小录》并撰作"跋"。

**五日** 参加学校安排的下乡劳动,"上午捉棉花,下午访问贫农,5时始归"。

**六日** 下午先生前往万国殡仪馆"吊雷丈",同时"晤高君藩君宾昆仲、徐淳穆、朱叔建、杜诗庭诸同乡"。

**七日** 下午先生与妻子携二孙前往中山公园赏菊,"有立菊丛簇者一本,放花至三千馀朵,极艺殖之巧矣"。

**八日** 赏玩唐碑拓本竟日,写作碑跋二篇。

**九日** 又写作碑跋二篇。

**同日** 先生寄往杭州亲戚吴文玉56元,"内28元企裹[先生四妹]出为修坟之费"。

**十、十一日** 著录唐碑两通。著录《北周张僧妙碑》。

**十二日** 上午去邵洵美家,取回代借之《Horace 集》,但荃孙亦在,谈至午刻而归。下午先生著录唐碑三种。

**十三日** 著录汉魏碑各一通。

**十四日** 刘絜敖邀至寓所品尝四川豆花,并请观其藏书,有杨叔庵《百琲明珠》、陈言扬(訏)手批《杜诗》(钱谦益本)、钱龙惕《李义山诗笺》抄本,"皆罕见"。

**十五日** 著录汉魏碑八种,"字数少,故不费时间"。

**十六、十七日** 在谭正璧家小谈,阅报刊。著录魏碑二通。

**十八日** 早晨田培明来先生寓所,"取所托代释英语疑问"。

**十九日** 晨至周迪前(大烈)家,旋同访王巨川,不值。夜誊《云间语小录》清稿。

另,按先生自述:"友人金山周大烈[迪前]送我四张六寸照片,是四幅苏曼殊的画。大烈说,这四张画是高天梅的遗物。原画已亡失,只存此四张照片,还是天梅在世时所摄影。当年印了十多份,送给亲友。大烈是金山藏书家,来雨楼周厚堉的后裔,与高天梅是姻亲。""这四幅画作于1903—1909年间,为天梅所藏。"(《苏曼殊佚画题记》)

**二十日** 撰作《云间语小录》一则。

**二十一日** 苏渊雷来晤谈。先生自述:"他到曲阜参加孔子讨论会,会后回温州去探亲,路过上海,曾来看过我一次。他把孔子讨论会的一些情况告诉我,并向我问起师大历史系一些人的情况。回东北后,曾寄过几首诗来给我看。"("近十年来的社会关系",1969年)

**同日** 著录墓志三通,又为所藏《齐孟邦雄墓志》拓本题跋。

**二十二日至二十四日** 连续誊写《云间语小录》清稿数篇。

**二十五、二十六日** 在上海图书馆阅《徐十峰集》。撰作《云间语小录》一篇。

**二十七日** 校阅松江本《急就章》,又为《云间语小录》补作一文。

**二十八日** 继续撰作《云间语小录》。

**二十九日** 著录《杨宣碑》。下午郭成九来先生寓所晤谈。

**三十日** 费明君女儿来访,先生助以5元。

**同月** 10日于右任在台北逝世。17日杜衡在台北病逝。

## 十二月

**一日** 开始编撰《四续寰宇访碑录》。

**二日** 始辑《碑目丛抄》,又誊写《云间语小录》清稿。

**三日** 继续辑录《碑目丛抄》。

**四日** 在周迪前(大烈)藏本《松江诗钞》书末题跋:"郡邑诗集,佳者罕觏,盖作者多踣间之士,襟怀未广,或达官显宦,附庸风雅。编纂者辄乡曲好事之流,学识或未足以胜此。然吾松明清二朝,人文彪炳,绍顾陆之绪风而愈益光大,姚听岩《松风馀韵》、姜孺山《松江诗钞》录两朝乡贤诗各为一编,皆宇内郡邑诗集之翘楚,岂不以作者咸无愧于名家,编者复不输于真鉴耶。康熙一朝,吾松以奏销科场二案废斥者,最多名士,如董苍水、陆庆曾、张砚铭、田髯渊之俦,或穷老牖下,或抱冤绝塞,不得定声价于天下。今读其诗,岂不堪入国秀集哉。孺山编此集,选录甚精,所附小传诗话,于邦人士遗闻逸事,蒐拾尤富,偶有月旦,亦具卓识,此其人岂方隅之士哉。然而董陆诸子不入国史文苑,孺山之名,不越峰泖,是可悲已。'诗钞'传本已稀,余求之多年,仅获残帙。癸卯之春[秋],始从干山周氏后来雨楼,假得此本,留寒斋经年,每一展卷,辄于吾松尔时人物风流,不胜其仰止之情,而深慨夫士不遇有如斯也。甲辰仲冬将归书于周氏,书其后以当鸿迹。"

**五日** 昨今二日均辑录《碑目丛抄》,并辑录《翠墨异闻》文字数通。

**六日** 晨至朵云轩买纸,又去上海旧书店访书。宋育琴来访,适外出,未晤。

**七日** 下午陈彪如来先生寓所晤谈。先生明日为六十大寿,"儿媳辈为治庖,晚间暖寿,颇不寂寞。惜诸子均不在耳"。

**八日** 农历十一月初五。先生六旬生辰,夫人"为燃华烛一双置余卧内,烛不佳,烟焰甚浓,幸只半斤燃四小时即尽"。先生日记:"自念入世匆匆六十春秋,多在刀兵水旱政治纷乱中过却,可谓生不逢辰矣"。

九、十日　抄录《文物》月刊所载新出碑目。辑录《碑目丛抄》。

十一日　仍辑录《碑目丛抄》。晚上曹曾亮、孙楚良来先生寓所,谈至10时而去。

十二日　继续抄录《文物》月刊所载新出碑目。

十三日　早晨在周退密家小谈。下午涂仁学来先生寓所,"云将去北京公干,嘱介绍沈从文先生,因为作介绍信予之"。

十四日　今起参加集中在华东师范大学工会俱乐部的红专学院学习《毛泽东选集》学习班,"为期两周,上下午均须到校,遂无读书作文馀暇"。

十七日　先生日记:"昨夜忽梦见大妹绛年,云住在杭州逆旅中,将往依亡母云,醒而思之,殊亦灵异可哀。"

十八日　先生日记:"报载杭州西湖林和靖、苏小小墓均已拆废,秋瑾、徐锡麟、苏曼殊墓均已移至龙井,谓风景区不当有坟墓也,或者岳王墓亦将迁徙耶?"

十九日　晚上曹曾亮来先生寓所,谈至午夜而去。

二十日　上午访周煦良,"于其斋中见《范允临书祁忠惠传册子》"。下午录碑数通。宋育琴、雷平一来先生寓所晤谈。

二十一日　先生日记:"明日冬至,晚作供"。

二十二日　为所藏《黄神越章钤本》题跋:"汉铜印。""此物见《抱朴子·登涉篇》。""因知此乃汉人佩以旅游,用作封泥玺印,以禁虎狼鬼魅者。"

二十七日　早晨戈子培来先生寓所相访,戈氏为"钱应瑞夫人之兄也","携来碑拓一捆,议价22元,收购之"。先生自述:"戈子培是平湖人,我本来不认识,是由雷君彦介绍来的。他有一些碑帖和金石拓片,现在不需要了,知道我正在收罗这些文物,他带了一些来卖给我。""大约来过七八次,我和他的谈话,都是金石书画范围之内的事情。"("近十年来的社会关系",1969年)

二十九日　整理"所得戈氏碑,凡八十七种,唐碑为多,内有明拓《西狭颂》一本,尚可观,然未必是明拓也"。至此,先生"今年得碑一百五十馀种"。

三十一日　参加学校红专学院《毛泽东选集》学习班,"今日结束,尚待作小结"。

同日　先生妻子"左目忽红,似有小血管破裂出血",下午先生陪同妻子到医院求治,"据云无妨,然前年鼻内出血,今年又眼内出血,似血压尚有问题耳"。


年内　三次卖出二百一十本中西书籍,又购藏各种金石拓片一百五十馀种。

又　作诗《折中》。(按:据陈文华提供。)

施蛰存先生编年事录（增订本）下卷

沈建中——著

华东师范大学出版社
-上海-

施蛰存先生(摄于 2001 年 11 月 5 日)　沈建中摄影

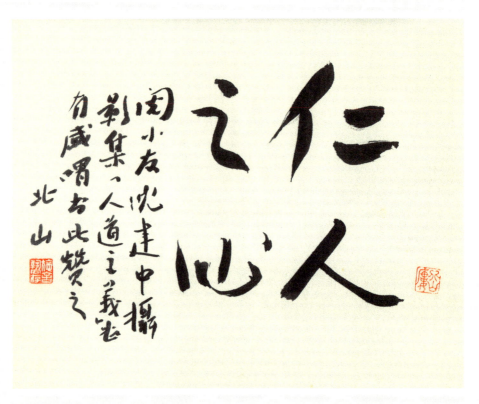

施蛰存先生手迹

1994年12月7日九十寿辰留影　沈建中摄影

2000年12月4日在寓所接受访问　沈建中摄影

1956年7月11日在杭州屏风山上海总工会疗养院　蔡润生摄影

1980年暑假在北京长城　赵昌平摄影

1985年12月16日在寓所留影　沈建中摄影

1986年12月6日正在写作　沈建中摄影

1987年12月25日与来访者谈话　沈建中摄影

1987年冬八十三寿辰留影　沈建中摄影

1998年10月9日与古陶文明博物馆馆长路东之讨论文物　沈建中摄影

1999年12月12日九五寿辰于北山楼　沈建中摄影

# 一九六五年（岁次乙巳） 先生六十一岁

## 一月

一日　元旦。先生"尽日玩碑为乐,展阅所得旧拓《西狭颂》,下有'望三益斋'印,又'盱眙吴氏珍藏'印,始知此是吴仲宣(棠)故物,去今亦百馀年矣"。

二日　上午先生"晏起",下午到校开会,晚上又早眠,"终日不事事"。

三日　下午高君宾、周迪前(大烈)同来先生寓所,谈二小时而去。

四日　全天到校参加学习会议。

五日　撰写参加红专学院《毛泽东选集》学习班的"学习小结",计有三千字。

六日　下午访邵洵美,邵氏"方发喘疾,卧不能兴","承惠唐人写经一残叶,惜无年月"。晚上撰作《云间语小录》一则。

七、八日　晚上曹曾亮来谈至11时而去。誊录《云间语小录》清稿。

九日　下午去朵云轩购买宣纸一张,又到古籍书店访书。

十日　早晨戈子培来先生寓所,先生"以碑款22元付之"。下午邵祖丞来谈。

十一日　应孙楚良之请,为其所藏陆惕(铁)夫《意[忆]园图册子》题诗"得四绝句书之,附于册尾"："楚良先生假观此册漫题四绝归之。"此册已有林纾、费树蔚、吴郁生、王镛、朱文渊、朱南一、陈鼎、蒋云阶、康有为、高恩洪、陈廷铨、蔡济等题识。

十二日　著录唐碑一通。刘絜敖来先生寓所晤谈,以《古今诗馀醉》一部让与之。

十三日　自即日起每日上午到校参加编写《中国古典文学史讲稿》(供外系用)教材,"颇非易事,近观旧有注释均有问题,然亦未能有妥善之注释规范,奈何"。

十四、十五日　下午在谭正璧家小谈。著录《隋孟显达碑》。

十六日　著录汉、晋新出碑各一通。晚上誊写《云间语小录》清稿二篇。

十七日　继续誊写《云间语小录》清稿,下午叶寿昌来先生寓所晤谈。

十八日　下午到南京东路中央商场闲逛,购买处理小商品数件。晚上左任侠来谈,"问一元人小令"。

十九日　下午陈彪如来晤。誊写《云间语小录》清稿。

二十一日　连日来为涂仁学审阅其所作小说。

二十二日　福州林石庐来函并寄赠所著《琅琊台秦刻石东面释文》等四种,先生日记："皆近年油印,此公著书甚力,精神可佩。"

另,按先生自述:"我听陆丹林说,他正在把一些金石著作送人。因而写信去向他要书,他寄了六七种书给我。我也抄了几篇碑跋给他,请他指教。彼此通过三四封信,但并未见过面。"("近十年来的社会关系",1969 年)

二十三日　阅福州林石庐寄赠《箧书剩影录》《闽中古物集萃》。

二十四日　上午戈子培来,"以拓本十四种求售,允留下检查后再谈"。下午誊写所作碑录序跋及碑跋清稿共六篇,寄给福州林石庐"就正"。

二十五日　上午在校参加编教材,下午抄录增补《四续寰宇访碑录》。

二十六日　全天及晚间均在校开会。

二十七日　上午去周迪前(大烈)家访,借得《幽兰草》《尺五楼诗集》《堪斋诗存》三种,"《幽兰草》抄配得残缺者三页,甚快事"。

二十八、二十九日　下午陈彪如来晤。阅 1963 年《考古》月刊,录出新碑目。

三十日　晨至古籍书店购得《两汉金石记》。下午看望戴望舒母亲。

三十一日　阅读《两汉金石记》,"尽日"。

## 二月

一日　除夕。先生晨起注释教材数篇。先生日记:"今日除夕,怀中仅馀二元。昔罗癭公甲子卒岁仅馀一元,余已较胜之矣。"

二日　春节。下午陈嶷九来先生寓所拜年,徐培仁携其子继杨来拜年。

三、四日　著录宋碑三通,皆为《考古》杂志所载。著录唐人志二通。

五日　著录元碑一通。下午唐稼生来先生寓所,言及方光焘已逝世,二子无才,为卖菜佣;又谈及徐铭延,罗根泽。

八、九日　连日阴雨,著录唐人志数通。仍著录唐人志二通。

十日　下午携孙女观看电影。晚上孙楚良来取《意[忆]园图册》,孙君言及上海师范学院中文系之毛效同。

十二、十三日　阅读《史讳举例》,"得一二事可破所疑"。雷平一来谈。

十四日　上午至周迪前(大烈)家,以所借书还之。下午邵祖丞来先生寓所晤谈。

十五日　著录北魏碑一通。

十六日　下午先生外出去南京路散步,旋又到谭正璧家小谈,并借得《丛书集成》三本,"闻谭君言胡云翼已病殁,又谓闻鲁莽已自杀,疑与徐澄宇案有关"。

十七、十八日　继续著录北魏碑一通。又著录唐人志一通。

十九日　阅《两汉金石记》并校碑。

二十日　上午昔日厦门大学学生潘茂元来先生寓所探望。下午撰写《公卿将军上尊号奏碑跋》,得千馀字。

二十一日至二十四日　写作碑跋两篇,著录唐志一通,又著录宋碑一通。

二十五、二十六日　阅读《两汉金石记》并校碑。下午在谭正璧家小谈。

二十七日　上午到陈彪如家小谈。下午先生病卧。

二十八日　早晨录唐志一通。下午畏寒早眠。

## 三月

一日　先生"晨起甚晏,连日沍阴,殊不健适,仍早眠"。

三日　早晨到华东师范大学医务室就医。下午著录唐人志一通。晚上"早眠"。

四、六日　在谭正璧家闲话。下午陪同妻子前往中山医院就诊。

八日　到谭正璧家,借取古地志数种。晚上辑录《吴地记碑目》。

九日　辑录完毕《元和郡县志碑目》并撰跋:"其书颇叙碑刻,因抄出为一卷,有袭取六朝人水经地记者,亦并录之。"

十日　下午在朵云轩访碑版拓本,购得《高长恭碑》,"有碑阴,甚为快事"。

同日　为辑录完毕《吴地记碑目》撰跋:"书中著录碑刻六种,简文帝石佛碑外,俱不见于他书,因录之,以备《翠墨异闻》。"

十一日　辑录完毕《吴郡图经续记碑目》并作"跋"。

十二日　去谭正璧家还书,又借得地志数种。

同日　辑讫《北道刊误志碑目》并作"跋":"余此录或有资于考论也。"

十四日　到邵洵美家小谈。辑录完毕《澉水志碑目》并撰"跋"。

十五日　又去邵洵美家晤谈。辑成《严州图经碑目》并作"跋"。

十六日　午往尹石公家还书。先生日记:"连日均从地志中录碑目,颇有所获"。

同日　辑录完毕《景定严州续志碑目》并作"跋"。

十九日　连续两日阅《溥仪自传》,"甚好"。

二十日　仍录碑目,辑录完毕《六朝事迹编类碑目》并撰"跋"。

二十四日　连日均录碑目,辑成《庐山记碑录》一卷。

三十、三十一日　下午访谭正璧,以所借书还之。续录《吴郡志碑目》。

## 四月

**一日** 先生"休息,腰殊不适,服'鸡血藤丸'",又阅读《说郛》。

**三日** 辑录完毕《吴郡志碑目》并作"跋"。

**六日** 午至朵云轩访牌。访谭正璧,借得《说库》。先生四子从南宁回沪探亲。

**十日** 午至朵云轩购得《北齐定国寺碑》,往古玩市场访书画,遇见傅雷夫妇。

**十一日** 先生携家人前往西郊公园(今上海动物园)游玩,并摄影留念。

**十四日** 早晨陆维钊来晤,"渠方从上虞山间来,谈彼处农民生活甚详"。

**十五日** 先生访邵洵美,"因知陆小曼已于上星期逝世,年六十三,卅年前佳人,晚年殊冷落也"。

**十六日** 著录唐人志二通,并为所藏甘泉毛氏蟫叟寓意于物斋旧藏"新平郡宜禄府折冲都尉成公墓志铭"而题识:"此道光十年庚寅秋刻跋后拓本,石出土后一年也。今石已碎裂,此本为可珍矣。"

**十七日** 过录《颜勤礼碑》,又修补所藏碑版拓本数十本。

**同日** 收到徐培仁来函,"知其兄葆炎于月初逝世"。

**二十日** 连日阴雨,先生"补缀残碑,聊以遣闷"。

**二十一、二十二日** 晨访谭正璧,借得"元明清文选本"。孙楚良、曹曾亮夜来谈至10时辞。著录隋墓志、东魏造像各一通。

**二十五、二十六日** 增补《汉石刻目录》卡片。整理所译法文诗。

**二十七日** 先生翻译 F. Jammes 诗两首,"聊以温习法文"。

**二十九日** 去周迪前(大烈)家访,并借得《金石学录》正续三种。

**三十日** 先生阅读袁子才文,"有议论卓异者,似文胜于诗"。

## 五月

**一日** 为选编《洛阳龙门山北魏造像题记五十品集释》撰"序":"余近年忽嗜蒐罗石刻文字,龙门诸刻,得其十九。旧拓新摹,各有数本,排比参校,颇似曾氏所选为未安,多心经非造像记,其入选也,是为不伦。""因别为裁选,亦五十品,集碑图、释文、校记、题跋,为书二卷。""余既未遑为北魏全录,藉此存其十一,庶或有裨于考古之士耳。"

**一日至三日** 翻译法文诗数首。

**四日** 在上海图书馆查检书目卡。访谭正璧。上街为开封李白凤寻购花籽。

**五日** 到旧书肆巡游,为天津张厚仁代买德文书。据张索时(厚仁)回忆:"他帮

我先后在上海旧书店买了大量德文书,从歌德、席勒到霍夫曼斯塔尔。"(张索时《悼忆施蛰存先生》)

**六日**　到古籍书店购买《唐会要》《唐两京城坊考》两书。

**七日**　翻译法文诗,又撰录《金石遗闻》三页。

**八日**　编撰《陈书征碑录》"久搁未成,今日成之",晚上作"跋":"意其他作,必有可观,乃竟邈然无遗,此皆余所怅惋者也。"

**九日至十二日**　翻译 Paul Fort 诗数首。

**十日**　下午在朵云轩,购得《北周宇文贞造像记》、《隋龙华寺碑》拓本各一纸,随后又去古玩市场访阅字画。

**十三日至十四日**　批阅学生论文卷。

**十五日**　上午去古籍书店访书,购得《丛书集成》零本数种。下午为所藏《赵芬碑》作跋,雷平一来先生寓所晤谈。

**十六日**　早晨戈子培来先生寓所,"携来金石拓片一束,内有李笙渔[鱼]手拓《慧影造像》,甚佳,并其他拓片,以四元得之"。下午碑估曹仁裕来先生寓所,"谓已歇业,今后不能供应碑帖拓片矣"。

**十七日**　先生"阅碑尽日"。

**同日**　按夏承焘日记:"得施蛰存上海函,抄寄曹炳曾放言居诗序卷六附录姜白石集跋一篇,嘱寄还其所辑学词文录。即复一函,告文录可选精要语为词评别子。"

**十八日**　下午在上海图书馆阅书,"见张叔木(定)卷石河碑考手稿,凡录碑三百馀通,皆抄顾宁人、翁覃溪考证语,无所发明"。晚上徐培仁来先生寓所晤谈。

**同日**　按夏承焘日记:"发施蛰存函,寄还学词文录稿目一册。"

**十九日**　早晨在华东师范大学图书馆,"看徐乃昌藏碑拓四十种,皆造像"。

另,据宋路霞记述:"解放以后,徐乃昌后人售其遗物的消息,辗转传至施蛰存先生处,施先生推荐,由华东师大图书馆购下,并专门设计定制了三只大书橱,以储其碑拓。"(宋路霞《百年收藏》。按:据访问当年华东师大图书馆馆员回忆,这批碑拓系经施先生介绍,先由校历史系购藏,后转入校图书馆保存。)

**同日**　下午至邵洵美家,"始知渠家所有碑帖一千四百种皆为家人尽数卖去,仅得一百四十元,可惜矣。今日见残馀十许种,有《泰山廿九字》及鼎彝拓片三五种,皆佳"。

**二十二日**　上午仍在校中图书馆阅览"徐乃昌藏碑"。下午到上海图书馆阅读《陇右金石录》《清仪阁题跋》。

三十一日　戈子培来先生寓所,"问尚有家藏碑数种,要者可让与"。

下旬　连日誊抄《洛阳龙门山北魏造像题记五十品集释》,辑成第二卷稿。

## 六月

一日至十二日　连日撰录《洛阳龙门山北魏造像题记五十品集释》释文,并二卷全部完稿。作有碑跋二篇。

十三日　戈子培来先生寓所,"示唐宋元碑五十种,皆平湖张处芳物",先生"以所藏大小三砚易之"。先生自述:"他带来了一些旧拓片,都是我所要的。但我没有钱收买,就把我所藏的三端砚和他交换。"("近十年来的社会关系",1969年)

十六日　戈子培来访,"惠画扇一事"。

二十日　戈子培来先生寓所。

二十一日　先生"牙龈发炎浮肿,微有发热,休息竟日"。

二十八日　连日录碑及撰碑跋,晚上"倚枕阅 Kafka 遗作 America"。

下旬　为所藏《唐会善寺记残石》拓本题跋:"得于汴梁,石出土未久即佚。"

## 七月

上旬　为《邵氏藏本七姬權厝志》作跋:"元明墓志出土极少,又无佳品,幸有宋仲温书'七姬志',足为吐气。顷洵美兄出示其家藏旧拓,其王父小濂公物也,守之三世矣。纸墨淳古,字口天然,必非翻本。惜前后题跋不存,莫知其传授之迹。因假归,取文明书局影印本校之。""文明本乃以三本凑合,且有一叶为摹本,固不如此邵本之为完整原拓也。""从可知翁氏所跋非此本,此本乃集录翁跋附丽之以欺世耳。文明本后归中华书局发行,流传颇广。余所蓄者,为1946年四版本,向极珍惜。今睹邵本,遂洞其伪,亦一快事。"

又　为珂罗版印本《旧拓七姬權厝志》题记:"此志云,江浙行省左丞潘公元绍,字仲昭。《两浙金石志》有元左丞潘元明政绩碑,至正十九年五月立。疑即七姬之主公,或'明'字误耳,当一考之。字曰仲昭其名,当是'明'字,岂七姬志误书为'绍'耶。"

十三日　先生"连日来编写教材,注活叶文选,故不得暇,今日始讫事"。

十四、十五日　上午至邵洵美家小谈,但荃孙亦在坐。著录《高翻碑》。

三十一日　气候甚闷热。先生半月来撰录《金石遗闻》十许纸。

同月　赵尊岳(叔雍)在新加坡逝世。

## 八月

六日　连日抄录《说郛》中撰写《金石遗闻》及词话所需材料,"各得二三十纸"。

七日　在古籍书店,购得《何王坦读史臆语》及《娄县小课》,"皆乡里文献也"。

八日　戈子培来先生寓所,先生以2元得赵孟頫二碑。

十日　在上海图书馆阅览金石书籍数种。

十一、十二日　著录汉石刻一通,撰作《云间语小录》两则。

十八日　早晨陈德业来先生寓所探望。

十九日　上午往周迪前(大烈)家,"欲从借郡人著作数种,会其方调整房室,不暇检取,遂不果,仅借得《封荫甫传》而归"。

二十日　撰作《云间语小录》一则。

二十一日　至谭正璧家小谈,"渠目疾近日忽增剧,殆将盲矣"。

二十二日　下午邵祖丞、宋育琴先后来先生寓所晤谈。

二十三、二十四日　著录《邱珍碑》。撰作《云间语小录》一则。

二十九、三十一日　连日来著录唐慕容氏墓志六通。访谭正璧。

月内　高式熊应邀为先生所著《诸史征碑录》稿本题签。

## 九月

一日　新学期开学,先生又被通知停止授课,仍回中文系资料室工作,并从事教材编写工作。著录唐人志一通。

二日　著录黑齿氏墓志二通。

三日　从徐震堮处借得《吕超墓志》,"以校《顾鼎梅竹录》文,写定之"。

四日　过录《李元海造像》。下午宋育琴来先生寓所晤谈。

五日　早晨周迪前(大烈)陪王巨川来先生寓所访问。下午先生至周退密家小谈,又顺道看望陆宗蔚夫妇。

六日　晚上曹曾亮来先生寓所闲谈,"渠已调至辽原中学任语文教师"。

七日　下午到福州路巡游书肆,购得 Pasts in Prose 及 Perry's Anecdotes 二种,"皆少见",又购得《关中石刻新编》一部。

八日至十一日　著录碑数通,写作碑跋一篇。

**十三日** 卖去商务版《说郛》、开明版《清名家词》，得50元，拟作杭州之行。

**十四日至十五日** 先生校阅所编教材印样。

**十六日** 下午访谭正璧，"不值，其房东云已去游黄山矣"。

**十七日** 早晨先生前往印刷厂校阅"教材"排样，顺道至五马路(今广东路)古玩市场书画部"闲览"，"见杨退谷书七言一联，颇欲得之，适不名一钱，荷荷而已"。

**十八日** 先生著录所藏《兰陵忠武王高肃碑》讫，并为拓本题识："此碑字迹雄伟，阅之肃然。乙巳秋日付装背，得者宝之。"又至王巨川家访，"承惠其《两忘宧诗》一册"。

**十九、二十日** 下午邵祖丞来闲谈。写作碑跋一篇。

**中旬** 辑录完成《太平寰宇记碑目》并作跋。

**二十三日** 夏承焘由杭州致先生明信片："宛春兄转示尊札……"(按：市肆残影，姑且记此，俟考。)

**二十四日** 连日抄录刘熙载《游艺约言》(一卷)。

**二十五日** 将历年所作诗中七言绝句，抄录为一卷，得八十七首。

**二十六日** 戈子培携来砖拓百馀纸，韩氏应陛故物，先生以五金得之。

**二十七日** 整理撰著《北山楼碑跋·甲编》完稿，共计一百篇。

**二十八日** 又整理撰著《北山楼碑录·甲编》(四卷)完稿，共计一百二十馀种。

**二十九日** 从历年所作诗中，录出七言古诗共十八首。

**三十日** 作杂诗二首。(按：据陈文华藏先生诗稿，应为《咏史》。)

**月内** 秦彦冲应邀为先生所著《水经注碑录》《汉碑叙录》稿本题签。

**约在期间** 周作人由北京寄赠"元初砖"等拓本。先生另纸题识："文曰'元初六年作'，反文。会稽周氏凤皇专斋所藏，乙巳秋日，主人以此拓本见惠。"

## 十月

**一日** 国庆节。下午邵祖丞来先生寓所闲谈，钱则人来接洽油印姚鹓雏《苍雪词》。

**二日** 作诗二首。(按：据陈文华藏先生诗稿，亦为《咏史》。)

**三日** 上午戈子培来先生寓所，先生购得镜铭及铜器拓片七十馀纸，"皆许子重旧藏物"。下午先生到朵云轩买纸，又去谭正璧家小谈。

**七日** 下午陆丹林来先生寓所小谈，"得知孙雪泥、傅抱石均已作古。陆小曼逝世时竟无衣为敛，有人入其室，一榻之外无他物，其贫困如此，亦出意外"。

**八日** 始录清张氏二铭草堂《金石聚》跋文，又撰作《云间语小录》一则。

**九、十日**　录清张氏二铭草堂《金石聚》跋文。下午曹长兴、王直来谈。

**十二日**　续录清张氏二铭草堂《金石聚》跋文。

**十三日**　上午到朵云轩购买纸,又去古籍书店、外文书店访书。

**十四日**　录讫清张氏二铭草堂《金石聚》跋文。

**十五日**　继续过录清张氏二铭草堂《金石聚》。

**十六日**　誊抄所辑王修微诗作。

**十八日**　为所辑《王修微集》誊写清稿成二卷,凡诗九十首,词五十阕。

**十九日**　又编《王修微集·附卷》,分为"小传""投赠""佚事""遗韵"四辑。

**二十日**　在上海图书馆阅览《明诗归》,"又补得王修微诗九首"。田培明来先生寓所,"以所译《近代语言学》稿嘱校"。

**二十一日**　编录《王修微集·附卷》。邵洵美如夫人陈英眉来谈。

**二十二、二十三日**　在上海图书馆阅书六种。仍编录《王修微集·附卷》。

**二十四日**　在上海图书馆阅书,"从《名媛诗归》中又得王修微诗数首,已逾百篇矣"。

**二十五日**　撰作《云间语小录》一篇,又续录清张氏二铭草堂《金石聚》。

**二十六日**　作诗一首。(按:据陈文华藏先生诗稿,此诗应为《蛾眉》:"蛾眉未扫燕莺猜,春老长门鏁绿苔。纵有黄金能买赋,不知谁是长卿才。")

**二十七日**　续录清张氏二铭草堂《金石聚》。晚上宋育琴来谈。

**同日**　收到郑逸梅寄赠况周颐手札一纸,先生遂"检箧中所有旧信六通报之(沈雁冰一、姚鹓雏一、罗洪一、周作人一、张叔通一、吕叔湘一)"。

另,按先生自述:"他来看我,要我写一首咏梅花的诗,因为他要收集一百个画家的画梅,和一百个文人的咏梅诗,编为一本。他又谈起近几年来,专收明清以来文人的尺牍,要我给他几封戴望舒的书信手迹。当时我正在写词话,要收集一些著名词人的手稿,预备将来做插图。他就送了我一页况周颐的书信。为了这些事情,他来过三四次。我也去他家里一次,看看他所收藏的名人书简。""有时他也告诉我一些苏州文人的近况,如周瘦鹃,范烟桥。"("近十年来的社会关系",1969年)

**二十八日**　在上海图书馆阅书,继续搜集王修微诗。

**二十九日**　续录清张氏二铭草堂《金石聚》。

**三十日**　仍续录清张氏二铭草堂《金石聚》。下午至邵洵美家,小谈二小时而归。

**三十一日**　续录清张氏二铭草堂《金石聚》,又誊写《云间语小录》一篇。

**月内**　在先生和宋学勤的帮助下,姚鹓雏《苍雪词》(三卷)缮写油印线装印行

150部。先生自述:"我给她[姚明华]删定了一部词稿,后来她去用油印印了80[总计150]部。因无人装订,就放在我家里,我给她代为装订。到文化大革命开始时,订好了40本,她拿去分送她父亲生前的亲戚朋友了。"("近十年来的社会关系",1969年)

## 十一月

一日　作诗一首,又续录清张氏二铭草堂《金石聚》,阅读《荀子》。

二日　续录清张氏二铭草堂《金石聚》,又阅读《吕氏春秋》。

三日　下午又到上海图书馆阅书,"寻王修微事"。程千帆从武汉复函并书赠"顾庐"诗笺:"旧识春风笔,新传海上书。颇闻生事拙,饥饱定如何?托命知非世,殷忧在此初。无缘共尊酒,相望渺愁予。奉褱蛰存先生,即希教正。会昌寄自洛迦山。"

四日　续录清张氏二铭草堂《金石聚》。

五日　重新誊写《王修微集》稿,"得诗一百三十篇矣"。

六日　重新编录《王修微集·附录》,收到昔日厦门大学学生勒公贞(公丁)来函。

七日　仍誊写《王修微集·附录》,续录清张氏二铭草堂《金石聚》。

八日　到朵云轩买纸,又往古籍书店、外文书店,"为勒公贞觅中学英语教材"。

九日　装订所著《北山楼碑录·甲编》(四册)《北山楼读碑记·甲编》(二册)和《洛阳龙门山北魏造像题记五十品集释》书稿,共计八册。

十日　续录清张氏二铭草堂《金石聚》。

同日　《文汇报》刊载姚文元《评新编历史剧〈海瑞罢官〉》。据《华东师范大学校史》记载:"在全校'讨论'姚文元文章的过程中,组织大规模的批判战斗组,写批判文章,在校内外发表,与姚文元的文章相唱和。把反对姚文元文章的我校著名历史学家李平心教授作为'自己跳出来的反面教员',建立'批判李平心战斗组',对其进行围攻,拉开了我校'文化大革命'的序幕,'学习'和批判浪潮不久便席卷全校。"

十一日　续录清张氏二铭草堂《金石聚》。

十二日　仍续录清张氏二铭草堂《金石聚》。程千帆、沈祖棻夫妇由武汉来函,并附赠沈祖棻诗作花笺:"故人海内本无多,何况离居岁月过;莫向凛秋悲老大,风光放眼好山河。繁华如锦水如蓝,细数前游意兴酣;珍重东来书一纸,几时相见在江南。小诗寄褱蛰存先生海上,即系是正。祖棻稿。"钤印"涉江采芙蓉""祖棻""言情不尽恨无才"。(按:此件为程千帆书录。)

十三日　复程千帆、沈祖棻夫妇函并附诗作《程千帆寄诗见怀次韵酬答》:"局促居人海,何堪答远书。一尊依白堕,四壁老相如。蛰处岂无闷,鸿渐艰厥初。武昌无限柳,风雨亦怀予。"

**同日** 先生"连日晚早眠,就枕阅'法郎士短篇小说',别具一格"。

**十四日** 继续过录清张氏二铭草堂《金石聚》。

**十五日** 前往福州路外文旧书店仓库,"为张厚仁觅《歌德集》,未得全集,仅选集一部"。

**二十二日** 先生"连日气体不舒,呼吸促,头痛,骨节痛,左眼角膜炎,休息,不事事,亦不到校,已一周矣"。

**二十三日** 连续两日撰作《云间语小录》数则。

**二十五日** 访谭正璧,借得《宝颜堂秘笈》等,以备撰《云间花月志》所需资料。

**二十六日** 始续撰作《云间花月志》。

**二十七日** 农历十一月初五,先生生日。到图书馆借得《Swift 讽刺文选》,"阅之竟夕"。

**二十八日** 继续撰作《云间花月志》一则。

**二十九日至三十日** 阅读《宝颜堂秘笈》。

**约在期间** 按先生自述:"总支得到了上级转来的徐英[澄宇]的坦白资料,要我把我和徐英的谈话内容作一个交代。我当时竭力回忆,又从日记中翻了一些可以提供线索的资料,把徐英和我的谈话情况作了几段交代。这些只是比较有印象的资料,其他偶尔谈起的三言两语,就无法回忆了。"("学习老三篇,结合自己检查",1966 年)

另,按先生自述:"[1967 年]12 月初,□□□贴出了一份公开检查,其中透露了□□□把徐英所交代的材料转来我校时,建议我校系总支对我应展开批判斗争,以资教育,或者可以考虑再把右派帽子戴上。可是她和□□□没有按照□□□的建议处理,把我包庇下来了。"("关于徐英的事",1968 年)

## 十二月

**一日** 续阅《宝颜堂秘笈》完毕,"殊少资料可用"。

**二日** 阅《Swift 讽刺文选》。先生长子回沪探亲。

**三日至五日** 继续过录清张氏二铭草堂《金石聚》。

**六日** 戈子培来先生寓所,先生"得汉金文及镜铭拓片十馀纸",又"以《孙夫人碑》等五种,托其友人代裱"。

**七日** 先生"玩碑终日"。

**八日** 下午至韩侍桁家访,"还韩旧欠20元",韩氏"中风已二月,卧床不能起,据云已少愈,当可好转"。归途过常熟路,购得《受禅表》《公卿上尊号奏》合册一本,"崇禹舲旧物也"。

**九日** 程千帆从武汉寄来"碑一大包,只有九种佳,馀皆杂刻,价25元,一时尚无以偿之"。

**十日** 阅览程千帆所寄碑版拓本,"惟'寇氏四志'甚佳"。

**十一日** 晨访谭正璧,以所借《宝颜堂秘笈》还之。至福州路旧书店访书,购买《丛书集成》零本三册、西书诗论二种,即在小饭店午餐,餐后去虹口长春路张静庐家访,始知已退休回沪。又到孔另境家,谈至5时,步行至四川路桥,乘车归。

**十二日** 阅读昨日所购西书诗论。

**十三日** 到谭正璧家,接洽为华东师范大学中文系资料室征购五四以来文学书事,"渠已检出数百本予师大"。

**十四日** 早晨中文系资料室祝文品来先生寓所,"介绍其赴谭家接洽收买书籍事"。

**十五日** 先生"检得望舒译意大利短篇集未刊稿,因为整理,并核其所据英译本,幸皆有之,可以校正,然恐无时间为此也"。

**同日** 卖去西书34本,得50元,"将以付[程]千帆碑价"。

**十六日** 晨飞雪,天暴寒,先生"不得执笔,阅杂书自遣"。

**十七日** 去邮局汇出付程千帆碑价,又到朵云轩购纸。

**十九日** 昨今仍录清张氏二铭草堂《金石聚》并讫。下午宋育琴来谈。

**二十日** 下午先生访尹石公,"见陈病树、杨怀白二老于客座"。又往谭正璧家,"得悉故人钱南扬已病逝南京"。(按:此系误传。据钱南扬资料显示,应为1899年12月17日—1987年4月18日。)

**二十三日** 到徐培仁家访,"以旧裤二件、衬衫一件、袜二双赠其子,父子二人仅一小床,殊窘困也"。

**同日** 又托钱则仁将油印本所用纸,送到青浦交给张仁恒。

**二十四日** "甚寒",先生阅所得铜器小拓片,"消遣"。

**二十五、二十六日** 裱贴金石小拓片得六十纸拟装为集锦册。

**二十七、二十八日** 阅《匋斋藏石记》。又阅《殷周青铜器通论》。

**二十九日** 抄录《陕西博物馆所藏铜器目》。

**三十日** 阅1955年至1956年《文物参考资料》，辑录刊内新出土铜器目录。

**三十一日** 整理所得砖文、瓦当拓片，"拟各裱为一册"。

**是月** 上海人民美术出版社出版《曹娥碑墨迹》《唐怀素论书帖》《唐张旭草书古诗四帖》《宋徽宗赵佶书千字文》等精品，引起先生的关注。

**约在期间** 据马成名回忆："1966年前，施先生时而会来朵云轩买一些冷门的碑帖，王壮弘先生就和我说，此人不买碑帖拓本版本的早晚，只买他缺门的碑刻。"（马成名《我与施蛰存先生的交往》）

# 一九六六年（岁次丙午） 先生六十二岁

## 一月

**二日** 按周作人日记："上午美瑞为寄次溪信，施蛰存信。"（周吉宜整理《周作人1966年日记》，以下均同）

**九日** 程千帆由武汉来函并附赠诗作书幅："文苑当年意态新，将军头与上元灯；海隅今许闲身着，石藓铜花是解人。广文豪韵珠沉海，安道风流雨绝雲；犹賸此翁誇未死，残年风雪一相闻。偶检行笈，得西谛《困学集》，是望舒遗物，蛰存昔年持赠者。适导蛰存书，极道死生契阔之感，因赋二绝奉寄。乙巳嘉平，飊。"钤印"为君刻意五七字""玄览斋""少年行路今头白""春梦无痕"。

**上旬** 先生在厦门大学执教时的学生郑道传从福建来上海五官科医院治疗眼疾。据郑启五记述："施先生多次亲自到医院探望，送去了水果，两人又有了面谈的机会，细节不得而知。"（郑启五《汀江梅林梦难断》）

**月内** 业馀时间继续收集各类金文拓片，并经多年辑录成稿并装订为册《诸家金石题跋所收墓志目录》《石墨偶记》（稿本，万照楼藏品），其中有"十二砚斋金石过眼录十六卷、续作六卷""笔记中有论金石者暂记于此，待汇抄""魏晋琐闻""隋碑琐闻"诸篇。

**又** 录讫《鸡窗丛话》并题识："云间蔡澄（练江）著，光绪丙戌秋新阳赵元益校刻。此书《松江府志》嘉庆光绪两本俱无著录，蔡澄亦无传，犹待证考，大抵乾隆初人也。兹蕞十一则，当全书十之一卷，尾有黄荛圃跋三段，钞其一，以见此书渊源云。"

## 二月

**月内** 撰讫《北山楼读碑记·乙编》《北山楼碑录·乙编》,均未誊录清稿。

**又** 先生收到林庚自北京大学寄赠其父林志钧(宰平)遗著《帖考》自印本一部。

**同月** 《关于当前学术讨论的汇报提纲》(即《二月提纲》)正式下达。

## 三月

**中旬** 过录《城南草堂笔记》并题跋:"三卷题云间幻园居士撰,著易堂铅字排印本,卷端有光绪二十七年金匮邹弢序,称许幻园太守以云间名士作海上寓公云云,盖松人之居沪渎者,终不详其名字也。其书于辛丑春养疴多暇,以数月间成之,多述沪上妓寮事,殊不足取,录其可以考见尔时人物者二纸。"

**月内** 先生获悉胡刚复2月19日在天津逝世。

**又** 为陈巨来《安持摹印稿》册子题识:"以篆刻驰誉四十载矣。昨惠际此册子,乃其壮岁功力所寄,固知未解千牛,岂能游刃有馀。虽然,老庄云'利器不可际人',故文家不出草藁,画伯不出粉本,良有以矣。此册安持之利器也,请秘之,弗轻示人。"

## 四月

**上旬** 赴杭州旅游数日,期间曾访烟霞三洞。先生自述:"我重游水乐洞,洞内已铺垫了水泥板,泉水在水泥板下流过,既看不见,又无琤琮之声,而且洞内还供了佛像,有和尚在卖签经。水乐洞的'乐'原是音乐的'乐',由于泉声琤琮,好像水的音乐,而现在却误为快乐的'乐',洞内既已无水,又有何水乐可寻!"(《石屋水乐话旧》)

**月内** 辑录完毕《赤松山志碑目》并撰作"跋"。

## 五月

**上旬** 先生在华东师范大学工会俱乐部,参加中文系组织的学习《关于正确处理人民内部矛盾的问题》《在延安文艺座谈会上的讲话》《新民主主义论》《在中国共产党全国宣传工作会议上的讲话》的学习班。

**十一日** 按周作人日记:"晚得曹长来七日信;施蛰存九日信,来索拓片,可谓好事。"

**十二日** 按周作人日记:"上午检旧有拓本拟予施蛰存。"

十三日　按周作人日记:"下午阴,风。丰一为寄施蛰存信又件。"

十八日　按周作人日记:"上午得施蛰存十六日信。"

十九日　按周作人日记:"下午丰一为寄施蛰存信併三老碑一纸。"

中旬　先生编撰完成《北山楼藏词学书目》。

二十八日　按周作人日记:"上午得施蛰存廿五日信。"

二十九日　按周作人日记:"下午吉宜为寄高伯雨信,施蛰存信又龟鹤封半打。"

月内　重作编纂《庐山记碑录》完毕并撰作"跋":"乙巳仲春,余读此书,录其所记碑刻,凡目三十有六,既写为一卷。近乃见罗氏所传东国元禄本,则第五卷碑目题名二篇赫然具在,以余所辑录者校之,颇有异同。""余更录陈氏元目,以存其旧,复以所辑录在陈目之外者,别为增补,附于后,以概其全。陈录但详书撰人姓名爵里,建碑年月,余所录则节取记文,略明本事,今兼并之,系以为说,庶不烦更检山志矣。"

同月　7日《五·七指示》发表:"教育要革命,资产阶级知识分子统治我们学校的现象再也不能继续下去了。"10日《解放日报》《文汇报》刊载姚文元《评"三家村"——〈燕山夜话〉〈三家村札记〉的反动本质》。25日潘伯鹰在上海逝世。《"五·一六"通知》在华东师范大学正式传达后,"全校便卷入了大规模召开'锄草会'、'声讨会'、'批判会'的'新阶段'"。(《华东师范大学校史》)

## 六月

月初　据《华东师范大学校史》记载:"《人民日报》刊出北京大学哲学系聂元梓等人的一张大字报,我校紧接着便召开'声讨反党反社会主义分子'大会,斗争锋芒直指所谓'党内外的资产阶级代表人物和资产阶级学者权威'。短短几天之内,我校被点名批判的'代表人物'已达220多人。""学校秩序陷于混乱,事实上已经停课。"

十日　按周作人日记:"得施蛰存八日信。"

同日　据报载,在文化广场召开万人大会,提出要批判"反动学术权威"和"牛鬼蛇神",并点了八位"资产阶级反动学术权威"的名,其中包括华东师范大学历史系教授李平心、上海音乐学院院长贺绿汀、复旦大学教授周予同和周谷城、上海京剧院院长周信芳、中华书局上海编辑所总编辑李俊民、上海电影局副局长瞿白音和上海作家协会王西彦。

十三日　中共中央、国务院发出通知,决定当年高等学校招生推迟半年进行。

**十五日** 据《华东师范大学校史》记载：在"向校内外一切牛鬼蛇神和反党反社会主义黑线人物猛烈开火"的浪潮中，华东师范大学历史系教授李平心因不堪受批斗、凌辱，被迫在寓所自杀身亡。先生得知后"极为震惊"。

**十七日** 华东师范大学党委发出《我校开展无产阶级文化大革命的几点意见的通知》，明确要求"本学期各系的课程不再讲授新的内容，暂停学期考试"，正式宣布了"停课闹革命"。据《华东师范大学校史》记载："从6月初至7月初的一个月里，全校贴出大字报一万八千多份，被点名批判的人数达747人，占全校教职工总数的30.8％。"

**下旬** 先生与许杰、徐中玉等中文系教授原为"摘帽右派"被改称为"老右派"，遭到华东师范大学"红卫兵小将"勒令"靠边站"。

**月内** 先生晚上回家后仍然坚持抄录金石碑目。

**同月** 1日《人民日报》发表社论《横扫一切牛鬼蛇神》。11日《解放日报》刊载社论《彻底揭露，彻底批判，彻底打倒》，《文汇报》刊载社论《更高地举起毛泽东思想伟大红旗，在无产阶级文化大革命洪流中破浪前进》。20日《人民日报》发表社论《革命的大字报是暴露一切牛鬼蛇神的照妖镜》。

## 七月

**上旬** 因感到处境危险，开始连续数日晚间被迫销毁一些珍藏多年的书信、照片和文稿，包括胡适致戴望舒的信。先生自述："在我所保存的望舒遗物中，有一封胡适的亲笔信，代表'中英庚款委员会'，正式约望舒翻译这本西班牙文学名著。这封信，被我在'文化大革命'时销毁了。"（《诗人身后事》）

**同月** 1日上海团市委举行"活学活用毛泽东著作讲用会"，要求全体团员青年在"文化大革命"中"横扫牛鬼蛇神"。24日中共中央、国务院发出通知，高等学校招生，取消考试，采取推荐与选拔相结合的办法。

## 八月

**四日** 开始在学校里遭到批斗。据《华东师范大学校史》记载："在这次被称为'八四'事件的揪斗行动中，我校共有194人被揪斗。其中，正副教授63人，""当时被重点揪斗和批判的，都是著名教授。"别据丁汕回忆："面对数百人的大呼小叫，施先生据理力

争,毫无怯色,膝不屈,头不低,楞是直挺挺地站了三小时。"(丁汕《最后的晤面》)

**五日** 在中文系内被批斗。先生自述:"自从1966年8月5日被革命群众揪出来以后,"("第二次毛泽东思想家庭学习班以来的思想体会",1969年)"当时我被红卫兵定的罪名是'牛鬼蛇神',一次在学校食堂被红卫兵强迫跪在学生吃饭的桌子上,还有一次被红卫兵强迫跪在学校大礼堂的台上接受批斗。""我被剃了阴阳头,我连帽子也不带,照样从家里走到华东师大,根本无所谓。"(《世纪老人的话·施蛰存卷》)

**同日** 据报载,在文化广场召开"上海大专院校和中等学校师生员工'文化大革命'积极分子大会",并宣布大中学校一律"停课闹革命"。

**十二日** 在系里继续被批斗。先生自述:"革命师生对我的批判会上,有□□□等二人的发言,其中有关于我向徐英[澄宇]说的话。这材料,我想一定是从徐英的坦白材料中得到的,和我自己的交代比对一下,有两条是差不多的。我想现在就把这两条来检查一下(至于其他的揭发材料,当时主席没有允许我记录,报告的人说话很快,我没有记得,现在无法作检查了)。"("学习老三篇,结合自己检查",1966年)

另,据黄屏回忆:"施老说:'华东师大造反派凶得很,根本不容你讲话,我也不睬他们,权当是大家在演戏吧!'说得那么淡然,那么诙谐。"(黄屏《施蛰存先生摭忆》)

**十七日** 按先生自述:"开了一个批判会,批判我的反党反社会主义罪行。对于这个会,我是有所不满的,我以为□□□是在制造并加害我的罪状,目的是要把其构成反党反社会主义分子,作为他领导文化大革命运动所收获的成绩,同时也转移了群众的注意。""会后几天,我曾对当时的文革主席团表示要求把这些批判材料核实一下,看看到底有多少是我的罪行,有多少不是事实,但主席团又说我态度顽强,抗拒革命,用种种威胁的话压制我,不让开口,还指使青年教师到里弄里来斗争我,并抄我的家。"("思想汇报",1967年)

另,据王郊天回忆:"在批斗、审问他时,他始终不肯含糊其词,总要申辩明理;有人要他弯腰屈膝、低头'认罪',甚至把他的头揿下去……;但他却又直起了腰,昂起了头,傲然挺立。"(王郊天《祝愿》)

**十九日** 据报载,上海人民广场举行"庆祝无产阶级文化大革命群众大会"。

**中旬** 居住的愚园路岐山村弄堂内贴满了批判先生的大字报,被"造反派"强行逼迫在弄堂口站在一只长条凳上"批斗示众"。(《世纪老人的话·施蛰存卷》)

另,据葛昆元记述:"妻子每日目送丈夫出门到学校去,整天担心他的安全,每晚盼到丈夫回来才放心。""他常以微笑和一二句玩笑,让妻子宽心。一次,红卫兵把他揪到里弄内批斗,家里人都非常担心。他被放回后,却幽默地对妻子说:'没什么,批斗会就像演出了一场戏,我不过是扮演了一个角色罢了。'说毕,笑了起来。妻子看到他这种满不在乎的神情也安心了许多。"(葛昆元《淡如水,甜于蜜》)

**二十三日** 红卫兵开始在闹市中心淮海路、南京路上大破"四旧"(即旧思想、旧文化、旧风俗、旧习惯)。

**二十四日** 北京大学、清华大学第一批来到上海串连的"红卫兵"进入华东师范大学,煽动"造反"。据《华东师范大学校史》记载:"我校'红卫兵'发起'扫四旧'抄家行动,被抄的教师、干部达62人。"开始遭到华东师大中文系"红卫兵"的第一次抄家,被掠去部分书籍、文稿,其中有1962年10月1日至1965年12月31日的日记两册也被掠去,"'造反派'如获至宝,仔细审查,发现问题处均用红笔划出,或线或圈或钩。其中有四页被撕下,成为重要'罪证'编上号码","最后一页上'造反派'用钢笔写了'打倒老右派施蛰存'几字","正因为'造反派'如此重视,才使得这两册日记躲过一劫,未被焚毁或遗失,'文革'结束后终于获得归还"。(《施蛰存日记·编后小语》)

**同日** 老舍在北京因惨遭迫害投湖自尽。先生自述:"解放以后,有多少旅居海外的知识分子,为了热爱祖国,拥护社会主义,拥护党的领导,冲破各种阻挠,纷纷回到祖国,满以为从此英雄有用武之地,可以尽其长技,为祖国社会主义建设出一分力,添一把火。谁知他们中间,大多数人,在扩大反右和十年浩劫中,都蒙受无妄之灾,甚至断送了生命。像老舍、傅雷和王莹之死,都使海外爱国人士闻之寒心。宋人诗曰:'我本将心托明月,谁知明月照沟渠。'三十年来的知识分子,对那时的极左政治,只好吟此诗以为解嘲。"(《宝姑》)

**约在期间** 据丁汕回忆:"许久足不出户的外公[张静庐]问起我学校运动的情况,我绘声绘色地将批施大会的情景描述给他听(当初我并不知道他认识施先生),说着说着我发现外公的脸阴沉下来。他从嘴边拿下早已熄火的雪茄,皱起眉问道:'你喊口号了吗?''当然喊了。'我不以为然地回答。话音未落,只见他猛地把雪茄拍在桌子上,提高嗓门喝道:'瞎搞!我告诉侬,你们学校里的李平心、陈旭麓、施蛰存都是我的老朋友,他们是啥人我清爽!尤其是施蛰存一个很有才华、学问的人。什么洋场恶少,那是一场误会,以后有空我详细告诉侬。别人怎样我管不了,但是侬,不许对他们无理,记牢了吗?'"(丁汕《最后的晤面》)

**下旬** 先生与华东师大中文系许杰、徐中玉、钱谷融等教授开始被关在"牛棚"(电化教室),接受"监督劳动改造"。据徐中玉回忆:"施先生是投入'监改'的最初'牛棚'成员,天天要写'监改日记'贴出来,进出都要'请罪'。"(徐中玉《敬忆朱[东润]老六十年》)"每天至少除草、搬土一个下午,更多是在学生宿舍里打扫厕所,去接受批判、陪斗,为各地各色外调人员呵斥着写'材料'……"(徐中玉《回忆蛰存先生》)

**同月** 1日《文汇报·笔会》停刊。8日中共八届十一中全会通过《中国共产党中央委员会关于无产阶级文化大革命的决定》(中共中央党史和文献研究院《中国共产党一百年大事记》)。22日《新民晚报》停刊。26日北京南下"红卫兵"开始冲击中共上海市革命委员会。

## 九月

**约在期间** 按先生自述:"我在'牛棚'中每日写的'思想汇报'、'改造日记',倒似乎都是很有意思的文章。特别是每日写的'日记',由红卫兵收去贴在学生宿舍楼下的大黑板上,惹来了许多学生的'欣赏'。那些只占抄本簿两页的文章,可能有不少很妙的小品文,可惜当时不留底稿。"(《施蛰存七十年文选·自序》)"做'牛鬼蛇神'的时候,监督'牛棚'的红卫兵忽然'勒令'每一个'老牛鬼'每天要交一篇'思想汇报'。于是我们中文系的'老牛鬼'每天上午必须在'牛棚'里写文章,汇报思想。文章不许长,只要写两页抄本纸。这正是小品文或鲁迅式杂文的适度篇幅。我每天上午写一篇'随感录'式的文章,除了最后一段是自我批判式的八股文之外,上文全是抒情记事的小品文。红卫兵头头把我们每天交的'思想汇报'拿去公布在第一宿舍门口的黑板上,每天有不少学生来看。听说有些学生私下里欣赏我的这些思想小品,因为它们既联系到社会现实,又表现了思想觉悟,完全符合了'领导上'的要求。这种小品文,我大约写了三个月,算来应该有七八十篇,可惜'文化革命'结束后,这一批文件没有发还,也不知下落。"(《文艺百话·序引》)

另,据吴钟麟回忆:"意外地在堆满落叶的路边的布告栏里发现老师们写的改造日记,我又一次读到施教授的文字:'今日劳改的项目是清扫落叶。我扫啊扫,忽然想到昨天不是扫干净了吗,怎么今天又这么多了呢?深入一思考领悟了,昨天扫的是旧的,今天扫的是新的,要不停地扫。这就好比我们这批旧知识分子的思想改造,要不停地改造,得改造一辈子。此为劳改之一得。'我紧绷的神经顿时宽松了下来:施老师健在。再读一遍禁不住笑了起来。那年头谁敢说不需要思想改造,何况像他这样的所谓'死老虎'？不悔改过得了关！但凭良心说又改造什么呢,此关着实难过。施老师却很巧妙,你说他改造得不认真吗？这真冤枉,你看他每时每刻都在触灵魂。你要说真认真吗？却又没有具体实质内容,由于运用擅长的幽默笔调,打了个擦边球,引人发笑而宽恕。我身旁站着红卫兵头头模样的人,他似乎是来审查的,看完后只嘟哝一句：'这老滑头！'似并不认真,我又松了一口气。施老师又躲过一劫,那年头被认定态度不老实必会加倍挨整。"（吴钟麟《留得青山在》）

**又** 按先生自述："我已经在里弄里被'示众'过了。想到傅雷,不知他这一次如何'怒'法,就在一个傍晚,跮到他门口去看看。只见他家门口贴满了大字报,门窗紧闭,真是'鸦雀无声',我就跮了回家。"（《纪念傅雷》）

**三日** 傅雷夫妇在家中含冤身亡。先生自述："9月10日左右,才知道他们两夫妇已撒手西归,这是怒庵的最后一'怒'。我知道傅雷的性情刚直,如一团干柴烈火,他因不堪凌辱,一怒而死,这是可以理解的,我和他虽然几乎处处不同,但我还是尊敬他。在那一年,朋友中像傅雷那样的毅然决然不自惜其生命的,还有好几个,我也都一律尊敬。不过,朱梅馥的能同归于尽,这却是我想象不到的,伉俪之情,深到如此,恐怕是傅雷的感应。"（同上）

**月内** 先生寓所又被"红卫兵""造反派"连续抄家二次,被掠去一些家藏物品,包括存折、金银首饰,二楼南向房间被上贴封条。

另,按先生自述："伐扬·古久列《告中国智识阶级》原稿是抄本纸二页,装在一个白信封里,信封上写'给现代杂志'（法文）。这份原稿,我一直保藏到1966年,在浩劫降临时被'小将'抄去,至今未还"。（《访问伐扬·古久列》）

另,按先生自述："《戊寅草》浙江图书馆影印大约只有四五百本,我有一本,校中系资料室亦有一本。我的一本在1968[6]年'文化大革命'中与其他书籍被抄去了。"（致孙康宜函,1989年10月21日）

另,按先生自述："自1961年至1966年,成碑跋一百二十篇,写为清本,装四册藏之楼,命曰《北山楼读碑记》。文革之劫,一旦尽遭抄掠,至今未获珠还。"（《北山集古录》）

另,按先生自述："1960年代,忽然又对外国诗热心起来,想编译几种外国诗选,第一个计划是选译法国和比利时的象征派诗,于是就动手选译,打算译满一百首,就可以编一个集子。岂知,'浩劫'从天而降,一百首没有译满,非但诗兴阑珊,连已译成的稿本也被抄去了。"（《域外诗抄·序引》）

另，按先生自述："所藏古钱币皆为人抄掠以去，此后恐不复可得矣。"(《吴三桂父子钱三品》)

另，据郑逸梅记述："施蛰存网罗前人遗著，为钩沉工作，厥功甚伟。曾费二十年之精力，衰成《王修微集》四卷。王微，字修微，为明末松江名校书，擅诗词，与柳如是齐名。诗四散，蛰存惜之，乃辗转收录其残楮零编，得诗词各一百数十首，又遗闻轶事数十则，'文革'运动起，被抄未还。"(郑逸梅《艺林散叶续编》。按：这部书稿后得以发还，见于1985年8月20日复周退密函。)

## 十月

**十九日** 据《华东师范大学校史》记载："造反派又提出'彻底批判我校资产阶级反动路线'，并举行'批判资产阶级反动路线誓师大会'。"

**下旬** 据丁汕回忆："外公[张静庐]问起我施先生的情况。他听罢，思忖片刻，顺手抽出一张白纸在上面写了几句话。写毕，将纸笺叠成一个很小的方块，说：'把这个条子交给施蛰存。'我惊愕地望着他，真怀疑自己听错了。外公望着我的神情笑了：'吓啥？出了事体他们来寻我张静庐，不就是25块钱的生活费嘛，取消好了，饿不死的！'次日早晨，我佯装在宿舍前的球场上玩球，不时偷眼瞅着在甬道上扫地的施先生。半小时后，施先生收拾起工具蹒跚地走进文史楼的东门，我尾随而去，见他走入大楼西侧的男厕所。四顾无人，我便跟了进去。施先生专心致志地在打扫便坑，别无他人。真是机不可失。我漱漱嗓子轻声问道：'你认识张静庐吗？'施老猛然抬起头，诧异地望着我，又急忙环顾四周，复又把目光停在我脸上，大概见我确无恶意，遂回答：'认识，当然认识。'我立马把纸条递到他手中：'他要我给你的……'施老嗫嚅着想问点什么，我也正想进一步说明究竟，有人进来了。施先生用和他年纪不相称的速度把纸条揣入兜中，重新低下头扫起地来。"(丁汕《最后的晤面》)

**月内** 完成编撰《晋书征碑录》并作"跋"："《晋书》所载碑十三通，今皆无有。""典午之世，碑刻有禁令，故奢石勒文之事，不能嗣盛汉魏，今所存晋碑，皆不载于史。殆私家撰刻，不以上闻，故史官莫得而著之也。然大晋龙兴皇帝三临辟雍碑，煌煌大典，峨峨钜刻，而史书无一字，何也？惜哉诸家旧晋史遗文零落，不可得而详矣。"

## 十一月

**六日** 先生往虹口长春路张静庐寓所相晤。据丁汕回忆："星期天，施先生来看

外公,我没见过施先生有这样兴高采烈的神情。我只知道,这就是这对相交数十年的老友最后一次的晤面。"(丁汕《最后的晤面》)

**十八日** 龙榆生在上海逝世。先生作挽联:"复雅歌残乐府新声叹寥落,忍寒人去疆村遗砚失音徽。"

**十九日** 下午先生被要求写了"学习老三篇,结合自己,检查",末后写道:"我一定要在这次运动中彻底、干净地革自己思想和意识形态的命,我要,1. 破私立公,打到个人主义、名利思想,为人民利益着想;2. 兴无灭资,改正立场观点,决不再用旧时代旧社会的观念看新事物、新问题。"

**二十四日** 向达(觉明)在北京含冤病逝。

**下旬** 辑录完成《元一统志碑目》并撰作"跋":"《大元大统一志》一千三百卷,全书久亡,囊于《永乐大典》残本中见所引用诸条。多记碑刻,因欲就诸家录存残卷,抄其碑目,然以其漫无铨次,未易条贯,遂不遑从事。近者赵万里君辑本刊行,以《元史·地理志》为纲,举今日所存残卷遗文,排比成帙,统系厘然,虽所得不及原书十一,亦足以窥豹一斑。因据赵辑本录其碑目为一卷。"

**月内** 邵洵美被出版社停发每月津贴。据林淇记述:"正陷于这断炊之忧的当口,邵洵美老友华东师大教授施蛰存伸出了援助之手,拿出自己工资中的一部分,月送人民币50元以周其急。不料,只送了四五个月,这位华东师大老教授施老先生因被扣发工资,自己每月也只能领到40元生活费,再也无法继续接济邵洵美了。"(林淇《海上才子——邵洵美传》)

另,据邵绡红回忆:"幸亏老友施蛰存得知爸爸的窘况,他不怕受牵连,戴了助听器来探望爸爸,每月主动支援50元。不然,爸爸连开伙仓也难了。我看了哥哥的信不免忧心忡忡,我也真的无能为力了啊!"(邵绡红《我的爸爸邵洵美》)

**同月** 9日"上海市工人革命造反总司令部"成立。16日"上海市工人革命造反总司令部"截断火车,堵塞交通,制造了"安亭事件"。25日红卫兵上海市大专院校革命委员会("红革会")在文化广场召开批判"上海市委资产阶级反动路线"誓师大会。

## 十二月

**月内** 再次遭到抄家。先生自述:"这帮'小将'已对我家熟门熟路了,翻箱倒柜,连家中的沙发也被剪坏"。(《世纪老人的话·施蛰存卷》)"近年著作,1.《北山楼碑录》,记录近百年来发现的碑文,订成四册。2.《北山楼读碑记》,读碑文所得关于历史的考证文字,订成二册。3.《宋人词话辑录》,钞集宋人论词的文献,原稿一包,未编辑成书。以上三种,都是1958年以后的著作,1966年由五年级红卫兵抄去。"("我的单行本出版物",1968年)

另,据徐中玉回忆:"他家住房已被人无理抢住大半,他只能缩住在一间原作晒台,改成'厕所',而抽水马桶尚存,同时并用的冬冷夏热的斗室里,每夜继续整理思考他积下的研究资料。"(徐中玉《回忆蛰存先生》)

另,据葛昆元记述:"每天到校被关进'牛棚',成天写检查,背语录,扫厕所,忍受着外调人员的呵斥,承受着一次次无情的批斗,工资被停发,每月只发40元生活费给他们夫妇俩人维持生活;唯一一间面南的居室也被造反派强占,他们一家蛰居在两个狭小的亭子间里。"(葛昆元《淡如水,甜于蜜》)

# 一九六七年(岁次丁未)　先生六十三岁

## 一月

**一日**　元旦。先生仍被关在"牛棚"(电化教室),被迫写检讨、劳动,每天还要与一起被关押审查的教师被"红卫兵"拉到校"共青"操场批斗、"九一五"广场"请罪"。

**二十三日**　据《华东师范大学校史》记载:"全校五个造反组织执行市造反组织'红革会'关于'上海各高校统一行动进行夺权'的决定,宣告成立'新师大公社',发布'新师大公社宣言',并夺取学校的党、政、财、文大权,派人进驻校部党政机关,逼缴学校印章和办公钥匙,组成'新师大公社'的首脑部门'总勤务站'。""未参与'新师大公社'的另一部分造反派组织,因受到排斥而另组'文革筹委会',与'公社'派为夺权而争吵、冲突,互相攻击,甚至扭打。"

**约在期间**　按先生自述:"我和一些教师被勒令在学校里扫地和扫厕所,大家倒也能忍受。忽然,有一天,红卫兵变了个花样,勒令我们到校门口去扫马路,有些教师就不愿去了,原因是怕在校门口见到熟人,呒没面子。当时,我心想,红卫兵的这种惩罚性劳动自然是不对的。但撇开了这一点,难道一个大学教师就不应当到校门口去扫一次地吗?难道平时清洁工人扫马路就是呒没面子吗?"(葛昆元《豁达》)

**同月** 1日《人民日报》《红旗》杂志发表社论："把无产阶级文化大革命进行到底。""1967年将是全国全面展开阶级斗争的一年。"3日文汇报社"造反派"制造了"一月风暴"。22日《人民日报》发表社论《无产阶级革命派大联合，夺走资本主义道路当权派的权》。

## 二月

**月内** 上海作家协会吴强被派到华东师大中文系牛棚中插队。先生自述："他才告诉我，1933年在江宁路椿荫坊住于隔壁，于是我们攀了邻居之谊。"(《石库门房子》)"大概在第二、三天上午休息时间，我向他打听作协几个人的情况，巴金、王西彦、孔罗荪、魏金枝、罗稷南，我问起的是这几个人。""本来，我和郝昺衡、许杰三人负责打扫第一宿舍，到休息以后三人分开。我去搞西楼三个盥洗室，郝去搞东楼二个盥洗室，许一人打扫院子。吴强参加劳动后，有一天，许看看人多了，就主动去支援另外一组人刮大字报，留下吴强，他不知做什么事好。我对他说：'你还是去把院子扫扫干净，因为时间也不多了，如果你去搞别的事，那么我一个人恐怕来不及扫院子。这样，以后凡是许杰不在的时候，就由吴强扫院子。"（"我和吴强说过些什么话"，1967年）

另，据徐中玉回忆："吴强同我和许杰、施蛰存、钱谷融等，一道接受监督劳动。白天我们分散在操场、马路、学生寝室、厕所，扫地、除草、去污，中间有点休息便一起蹲坐在树荫下或墙角地上，轻聊几句，我和许老、施老这样想，我们都是总当不完'右派'（58年起判定为'右派分子'，摘帽后仍称'摘帽右派'，文革期间则是'老右派'），也许'理所当然'。"（徐中玉《老吴，你走得太急促了》）

**同月** 13日"上海古旧书店"被改名"上海书店"。谭震林、陈毅、叶剑英、李富春、李先念、徐向前、聂荣臻等老一辈革命家在不同会议上对"文化大革命"的错误做法提出强烈批评，这次抗争后来被诬为"二月逆流"而受到压制和打击。（中共中央党史和文献研究院《中国共产党一百年大事记》）

## 三月

**十四日** 先生被从"牛棚"（电化教室）放出，返回中文系继续接受"监督劳动改造"。先生自述："吩咐我们各回本系，并规定回系以后应当仍从事劳动。"（"思想汇报"，1967年）

**约在期间**　据张崇琛回忆:"劳动的内容主要是拔草,拔文史楼前草坪的草,因为造反派说草坪上的草,""是资本主义的,必须拔掉。于是便常能看到施先生拎个小板凳,戴个助听器,走在拔草的牛鬼蛇神队伍中。"(张崇琛《丽娃河畔的大先生们》)

### 四月

**十七日**　中文系造反派开始来接管"监督劳动改造"。先生自述:"我们回系之后,起先是自行组织学习和劳动,随后在4月17日有红卫兵□□□、□□□来接管了,接管之后,命令我们每天上午学习、下午劳动,而且□□□也和我们在一起,这样的布置,是比'新师大公社'的布置严厉了。我感觉到,中文系造反派革命小将对我们的看法,是和前一个阶段□□□的爪牙们一样的,这情况使我非常绝望。"("思想汇报",1967年)

**十八日**　据《华东师范大学校史》记载:经过一个多月的派性夺权"内战",华东师范大学全校统一的"红卫兵新师大师"成立。

**二十五日**　按先生自述:"上午在电化教室斗了□□□,也把我拉去斗了,并且挨了打。"("思想汇报",1967年)

**二十七日**　按先生自述:"晚,又在电化教室斗□□□,我和其他七个人也被拉去斗了,并且又挨了一打。"(同上)

另,按先生自述:"一次在阶梯教室夜晚批斗,被一个学生打了一记皮鞋底……"(复宋路霞函,1994年6月20日)"我自从4月间在电化教室被打了以后,一直有些害怕被武斗。"("我和吴强说过些什么话",1967年)

**同月**　6日詹安泰在广州逝世。

### 五月

**五日**　先生被要求写"思想汇报":"从1966年8月以来,""我一直在盼望革命师生能尽力把我的问题弄清楚,至少应该弄清楚,到底我的罪行够不够开全系批判大会,够不够受到里弄斗争的处分。""我相信群众,相信党,相信这些事情一定会弄明白,一定有一天会把我们每一个人的情况作出公正的结论。我仍然安心学习,努力劳动,进行自我改造。""到这个时候,我才明白,原来我是一贯受□□□包庇的,所以应该和□□□一起斗,一起打。我过去的想法、看法,完全错了。这是可以肯定的。但是,现在,今后,应当怎样看自己的问题,这却弄得我自己也不知道。我同□□□绝无私人关系,从61年以来,一共不过谈了五六次话,我从来没有感到他在包庇我。他并没有减轻我的错误,把严重的说成是轻微的。相反,在去年8月17日的批判会上,却实实在在编造了我许多罪行,这能说是他在包庇我吗;他唆使青年教师到里弄里来斗争我,使我全家受到不好的影响。有这个必要吗?还有这样的包庇方法吗?别人的事我不知道,我自己的事,我想来想去,总不像是□□□在包庇我。而我系的造反派师生,现在却肯定了,我是获得□□□一贯包庇的,肯定了去年8月中□□□对我的打击是正确的。我还有什么话可说的呢?我现在唯一的办法是耐心地等,等革命小将坐下来,调查调查,研究研究,把过去的事情弄弄清楚,做出正确的结论。"

  **六日** 先生被要求写"关于资料室工作":"董立甫同志接替领导时,我向他汇报了以前的工作情况及一切计划,他表示同意,故我继续搞下去。""以上是我在资料室工作与董立甫有关的情况。事实上董立甫极少顾问我的工作,他也许是忙着编他的'电影史'。至于他同我的谈话,我已完全记不得了。"

  **月内** 因"红卫兵新师大师"分赴全国各地"串连",在北京、南京、福建、江西、苏州、无锡、温州、武汉等地设联络站,参与当地"造反夺权"活动,而放松对校内"牛棚"的监管,先生利用每晚能够回家的机会,为时两月完成了编撰《赵孟𫖯石墨志》。

  **同月** 6日周作人在北京家中逝世。7日《人民日报》发表社论《一定要把全国办成毛泽东思想的大学校》。23日《智取威虎山》等八个"样板戏"开始在北京上演。

## 六月

  **月内** 利用晚上回家的时间,开始誊录《晋书征碑录》清稿。

  **又** 为所藏《北齐夫子庙碑》拓本题跋:"北齐乾明元年夫子之碑,在曲阜。碑残泐已甚,字完整者仅四十馀。余取谭瓶斋所藏明拓本(影印本)校之,实无甚异同。"

  **同月** 18日《人民日报》发表社论,发出"把样板戏推向全国去"的号召。

  **上半年间** 先生寓所先后两次遭到华东师范大学"红卫兵"上门抄家,被掠去大量书籍、文稿及一些重要物品,连家中的沙发都被"红卫兵"再次用刀割开翻查。

## 七月

**月内** 仍在晚上誊抄《晋书征碑录》，费时两月完成誊录清稿。据郑瑞芬(先生四儿媳)回忆："当时一片混乱，我带着儿子住在底层灶间，每晚深更半夜时，还能听见楼上亭子间里他伏案工作偶尔挪动藤椅的动静，他每晚起码要到零点以后才会睡觉。"(据郑瑞芬口述)

**同月** 18日《人民日报》发表文章《打倒修正主义教育路线的总后台》。19日孟宪承逝世。23日《文汇报》出现"文攻武卫"的口号。

## 八月

**月内** 华东师范大学革命委员会成立。

## 九月

**三十日** 上午仍到校，接受劳动改造。先生自述："下午我感到有点怕冷，有发热的样子。5点20分到家，就上床休息，其时热度已在高起来。睡到晚上9点钟，量了一下热度，有38度多些。"("国庆三天假期中生活情况"，1967年)

**是月** 据《华东师范大学校史》记载：华东师范大学开始贯彻"复课闹革命"的指示，开展"斗、批、改"，主要是进行"大批判"。

## 十月

**一日** 按先生自述："国庆一天没有起床，发热、咳呛、鼻塞、声音暗哑，是感冒的证象。这天，吃了三粒P.P.C.和几次止咳糖浆。"("国庆三天假期中生活情况"，1967年)

**二日** 按先生自述："上午9时，我还没有起床，来了一个客人，是亡友戴望舒的女儿，从北京来的，十一年不见面了。我就起床，把她父亲留存在我这儿的照片、遗稿及著作物交给她，并为她一件一件地说明情况，一直到12点钟。她在我家吃午饭后辞去，我重又睡上床。下午3点，又有热度，晚上就在床上吃稀饭，没有起身。"(同上)

**三日** 按先生自述："早晨起身，整理了一下书桌，觉得头晕，喉音愈哑，支持不住，又睡下了。这一天也是在床上休息，时而睡熟，时而醒着；下午又有38度寒热。"(同上)

**五日** 先生被要求写了"国庆三天假期中生活情况"："如此，这三天假期，有两天半在床上休息，感冒至今未愈，每天晚上还是很早就睡了。"

**六日** 先生被要求写"我和吴强说过些什么话":"听人家在谈批斗会的事,我问吴强:'对于你的斗争会情况怎样?你挨过打没有?'他笑笑,摇摇头,没回答。""不过我问这句话的动机,并不是故意污蔑革命师生,而实是暴露了我心中的害怕情绪。""前几个星期也听说一些工厂和银行,在对五类分子进行武斗,""想了解一下他被斗争的情况。""吴强在下午学习的时候,看一些别的文件。我因为红卫兵规定我们只准看老三篇,毛主席语录和选集,和报纸,所以第二天就把这个情况告诉他。但是我没有叫他不要看别的东西,却说:'如果你看什么文件,最好把毛主席语录放在旁边。'……现在经揭发出来。"

**七日** 上午"红卫兵新师大师"又来先生寓所抄家。

**同日** 再次被要求写"劳改计划":"去年开始劳动时交过一个,为了适应目前情况,再行制定如下。"

**十五日** 先生被要求写"汇报10.9—10.15":"这一周内照常劳动和学习,没有特别情况。学习主要是读'毛主席语录'和'老三篇',其次就是上海两报的社论,及其所发表的首长及外宾演说。本周学习的演讲词很多,刚果(布)总理努马扎莱在合肥的演讲,周总理、谢胡在武汉的演讲,康生同志和谢胡在上海的演讲,都是长篇讲词。我都细心阅读了。《文汇报》发表的关于山西某工程部队的解放军年四旺同志的英雄事迹,也引起我的感动,和对自己的反省。""这是一个史无前例的伟大行动,在列宁和史大林所领导的苏联,也从来没有进行过这样波澜壮阔的思想革命。谢胡同志代表阿尔巴尼亚劳动党对我国的文化大革命给了很高的评价和赞扬,这是我们值得引为自豪的。努马扎莱总理的演讲中提到'老三篇'的三个原则,1. 为人民服务;2. 国际主义;3. 社会主义劳动。这样提法,以前我没有看到过。我以为他把'愚公移山'这一篇的中心内容归纳为'社会主义劳动',这恐怕不够一些。我以为毛主席在这篇光辉著作中教导我们的,应当是树立无产阶级革命的坚强信心,而并不是着重在社会主义劳动。""这一周上下午均准时到校劳动及学习。只有星期六(14日)下午,因为到北站去接我的孙女(10岁),告了一个假。我的孙女是在三个月以前由她父亲带到沧州去的。现在因小学即将开学上课,所以托了两位联络站的同志带她回上海。前一天晚上我儿子有电报来,所以我告个假去把她接到了。""关于黄色书画,我一向并不购买。抗战以前,有过一些,例如'金瓶梅词话','世界裸体美术全集'(零本)之类,这些书都在抗战中失去了。现在我所有的书,都是1946年回上海后买的。有一部分是朋友戴望舒留在我这里的遗物,还有一些是我的妹夫周知礼的。现存的书中,还有一部'警世通言',一部'拍案惊奇',这两部书原刻本中间都有好几段秽亵的,但我所有的是排印本,其中秽亵的字句已都删去了。我的中文书,大部分已卖去,上星期同学们来看到的,已是我的全部存书,这里已经清理了一次,把一些恋爱小说都上缴了。所以,现在已没有什么黄色文艺书了。外文书中,有一些书的插画是有些裸体妇女的。例如,'十日谈'、'菲里西亚'、'拉莱登寓言诗'、'刚第德',这些书都还在,可以上缴。我收藏字画不多,有一条字是冯友兰给我写的,去年已给五年级红卫兵抄去。留下一条于右任的字,这回也自动交出去了。"

**十八日** 华东师范大学校革委会向全校广播传达中共中央、国务院、中央军委、中央文革《关于大中小学复课闹革命的通知》,公布了关于贯彻中央关于复课闹革命的通知的《试行办法》,并召开"全校复课闹革命誓师大会",宣布正式开学。

## 十一月

**十三日** 《解放日报》刊载署名"师大二附中革委会红卫兵团、复旦附中红卫兵团'重点中学'联合调查组"的《"重点中学"是推行修正主义教育路线的"试验田"》提及:"1963年,他们就曾组织师大中文系一些反动'权威',例如被鲁迅称为'洋场恶少'的施蛰存(右派)之流,来给师大一附中、二附中的语文教师'上课',还美其名为帮助教师提高业务水平,真是可恶之至!"

**十五日** 下午中文系召开批判常溪萍大会,先生因属于常溪萍所包庇的资产阶级知识分子,与钱谷融一起被拉去陪斗。先生自述:"系里开了一个会,批判常溪萍、车永明的资产阶级教育战线,着重在58年常溪萍破坏中文系革命师生的教改方向,阻挠下乡,搞半农半读。我和钱国荣〔谷融〕都被找去同受批判,因为是常溪萍所包庇的资产阶级知识分子。58年我刚犯错误,划为右派分子,""这次听了几位青年教师的揭发,才知这些当时的情况。""这个会对我有两个教育意义:一、对58年的教改情况补了一课,知道了一些情况;二、对自己重业务、轻政治思想教育的错误,有了进一步的认识。"("汇报11/13——11/19",1967年)

**二十日** 先生被要求写"汇报11/13——11/19":"这一周仍是上午学习,下午劳动,生活上没有变动。学习仍是以毛主席语录、老三篇、各报社讨论为主。本周社论大多是关于结合干部的指示,和我关系不大,故没有什么思想活动。""星期四下午告假去诊视眼睛,医生说我患了晶体混浊的病。所以近来眼睛有些异样。"

**同月** 13日上海市革委会召开"上海市大、中学校复课闹革命,深入开展教育革命誓师大会",一万多名红卫兵及师生代表参加。任铭善在杭州含冤病逝。

## 十二月

**四日** 先生被要求写"汇报11/4——12/3"。

**八日** 上午在中文系资料室批判两位系领导,先生被拉去陪斗。先生自述:"大概是因为□、□二人包庇了我,会上有人揭发我在社会主义学院学习时的反动言论,举了两个例子。我听了,不像是我的口吻,我自己回忆中也没有说起这样的话。""在学院中每天参加小组讨论,发言均有记录。如果我有什么反动言论,一定会引起小组学员的批判。至于在会外,我同房间的都是向不认识的人,我也决不会和他们胡说八道。这件事,又加上了我一个包袱,不知如何是好。"("汇报12/4——12/10",1967年)

**十一日** 被要求写"汇报12/4——12/10":"我的思想观念中,还有许多不正确的,错误的,甚至反动的观点,这是肯定的,因为我的世界观确是没有改造好。但如果以为我老是在散播反动言论,反党、反社会主义,这却完全是误解了我。我自问还没有顽固到如此,反动到如此。像这类事情,我却又无法辩解,不知到底是什么人反映的资料,当时到底是怎样说?反映的是不是实际情况?我都无法自己作证明。因此,这两天为这件事,心境非常沉重,总希望有一天把事情弄弄明白。""本星期并未外出,也没有和任何人来往。眼睛有病,在家闭目休养时为多。"

**十七日** 按叶灵凤日记:"施蛰存在美国的外甥女,寄来两本英文书托转;去年已寄来过几册,因国内开始文革,未曾转去。已一年没有蛰存的消息,当寄信先问一下再说。"

**十八日** 被要求写了"汇报12/11——12/17":"本周仍学习毛选及语录、各报社论,1964年8月,毛主席和周培源的谈话中有一段话:'人对事物的认识,总要经过多少次反复,要有一个累积的过程,要累积大量的感性材料,才会引起感性认识到理性认识的飞跃。'这一段话,我看了极有体会,拿我自己的思想认识过程来印证。""1961年的认识,和1964年的认识,是大不同的,这可见累积的过程对一个人的认识是极为重要的。""所以我最近又仔细读了一遍《矛盾论》和《实践论》。""本周也没有和什么人来往,星期日也没有出门。"

**二十日** 被要求写"关于解放后我在报刊上发表的文章及所用笔名":"解放以后,我在报刊上发表文章不多。""以后,一直到文汇报副刊'笔会'恢复,才又为该报写副刊杂文。""除了今天陈□□所提起的几篇文章以外,现在我只想起还有一篇杂文,是关于夏白[原]的,""这篇文章的题目[《夏原和知识分子》]已不记得了。""上述三个笔名以外,解放后我没有用过其他笔名。"

**同日** 被要求写"两首发表在香港报纸上的诗"。(按,此两首诗为《赵克臻大家别二十馀年矣,归国观光,海上喜晤,因知近年以诗名籍甚香岛,赋二绝赠行》。)

**下旬** 先生被要求写"倒绷孩儿":"在这篇文章中,我主要是对同音字的归并简化,表示有点不赞成,例如'麵'与'面','儘'与'尽','並'与'併'。这个意见,我至今还以为可以考虑,应该请文字改革委员会再研究研究。不过我在文章中说:'任何一个民族,文化愈高则词汇愈丰富,现在我们却在向着紧缩词汇这一条路发展。'这样,分明是说:我们的文字改革,是在降低文化了。从这句话里,流露出我对社会主义文化建设工作的抵触情绪。""还'请求文化领导同志再考虑一下',要他们顾到'六书'的传统,不要'任意无原则地创造简笔字。'这个关于'六书'传统的观念,是大多数旧知识分子在对于文字改革工作上最容易坚持的观念,因为他们都被'六书'所束缚着。对文字简化方案提出异议的人,往往都是维护'六书'传统的人。我在1957年也同样有这个固执的观念,因而把一些打破'六书'传统而'创造'出来的简笔字,说成是'任意创造出来的',并以此来攻击领导六字改革的同志们破坏'六书'传统。""1957年以后,我开始研究碑版,从汉魏六朝以至隋唐的碑刻中,看到大量的俗体字和简笔字,对中国文字的发展,有了许多新的知识,认识到'六书'的传统是不可尽信的东西,它是人为的,不是自然的,古来人民大众早已不守'六书'传统,创造了新字。今天存在着的许多旧体字,当初就不是从'六书'传统中产生出来的。"

**又** 被要求写了"外行谈戏":"这篇文章曾经有人批判过,指出我所谓'解放以来剧本出版得真是太少了',是不符事实的。""我们要求反映当前现实,为工农兵服务,应当首先努力去发展话剧。但从1949年到1957年,话剧却没有得到应有的重视。""我在此文末了,连带谈起我的意见,主张给话剧以应有的重视。这个观点,我至今也还保留着,认为是我们社会主义戏剧运动的大路。""'咬文嚼字''倒绷孩儿''外行谈戏',这三篇文章是同一类型的。写的时候,确实没有借此反党反社会主义的动机。"

# 一九六八年(岁次戊申) 先生六十四岁

## 一月

**十三日** 再次写了《才与德》:"在这次文化大革命运动中,我也曾重新检出这篇文章来看过一、二遍。""现在,我把这篇文章重新来检查一下,分析我在这篇文章中的好几个错误论点。"此篇有"一、才德;二、任德任才;三、外行不能领导内行;四、刘彻、曹操"共四节,计3 500字。末后写道:"去年我已写过一点检查,现在,同学们要我把1956—1957年间在文汇报上写的文章,作一个全面检查。"

**月内** 仍在系里接受监督劳动改造,在校内清扫卫生,并负责打扫学生宿舍楼。

## 二月

**月内** 由于"红卫兵""造反派"的派性斗争愈演愈烈,而放松对靠边人员的监管。因此,先生有稍多业馀时间治学,开始撰写《北山楼读词札记》。

## 三月

**十日** 完成编撰《齐书征碑录》并撰"跋":"《齐书》所载碑刻十种,录为一卷。其石刻于齐世者,五碑而已。萧齐享国,仅逾二十载,文物留遗,稀于星凤。此编所录诸刻,悉已无存。宋元以来,南齐石刻著录,屈指可数。碑则惟沈约撰《桐栢山金庭馆碑》一通,墓志惟谢朓撰《海陵王志》一通,造像则有纪僧真、周僧微二刻,今皆亡失,并墨本亦无传。近代所传拓者,惟会稽妙相寺维卫佛背题字三行,及吕超墓志残文一石而已。解放以来,古石刻频有出土,然南齐遗物,仅得冢砖、地券数种,碑碣志铭,犹未获只字。征碑于六朝,此时为最贫矣。"

**约在期间** 按先生自述:"'文化大革命'狂澜既起,余闻画院中人对小翠批斗甚野蛮,戊申(1968)春日,以星期六之晚往视,欲稍稍慰藉之。至其居,始知已移寓他处,未得一面。越数月,始知其已殒矣。"(《翠楼诗梦录》)

**同月** 王科一在被批斗的当夜于家中厨房里用煤气自尽。

## 四月

**月内** 先生寓所被长宁区房管局"造反派"勒令退租二楼南向房间。此后长达16年,全家三代人挤住在三间朝北的小室。先生自述:"从1968年至1984年,我全家仅住三间向北的小室,家具、书籍、什物,卖去不少,因无地安置。"(先生书面材料)

另,据周退密、宋路霞记述:"'文革'中住房再度缩小,局处于三楼亭子间,日出而作,日落读碑,不仅卖书,家具亦售去部分。"(周退密、宋路霞《上海近代藏书纪事诗》)

另,据周退密回忆:"施蛰老另有一个'北山板屋[阁]'的书斋名。所谓板屋,乃抄家之后,房屋缩小,在晒台上搭建半间陋室。他写文章就在这里,除容纳书籍拓本外,只能放一张小桌子,冬冷夏热,其苦况可想而知,我们有时就在这里谈论金石。"(周退密复费在山函,1995年11月28日)

另,据雷甫记述:"有一次,几位教师在闲聊住房大小,只听施先生慢悠悠地说道:'别人家每况愈下,我倒是每况愈上。'明白底细的人,闻之无不哈哈大笑。"(雷甫《施蛰存笑谈"每况愈上"》)

另,据王兴康回忆:"寓所晒台上搭建的北山楼只有6平方米,却收藏着两千馀件碑帖拓片。就在这简陋的环境中,他将藏品整理分类,题识标注,进一步研究,撰写了一系列著作。"(王兴康《施蛰存北窗碑帖选萃·序》)

## 五月

**二十一日** 先生写"关于《庄子》与《文选》的事情":"详情已不记得,鲁迅的文章,和我的文章都收在《鲁迅全集》第五卷(第四卷?)中,可以取阅。我手头没有《鲁迅全集》,从前曾记下一些文章的内容及篇目,也写过一二次自己的检讨,但这些文件,都已为红卫兵几次抄家时取去。现在我的卧室门也封闭着,手头一点材料也没有,所以不可能详细说明。"

**同日** 又写"关于'反戈一击'":"在1959年检出来,贴在剪报资料册上。""这篇文章总是申斥汉奸文人的,决无美化汉奸文人的意味。""文章开头说,'并不以为文人附逆就是失节',这句话也不是给汉奸文人捧场。我的意思是说,民族立场是每一个中国人都应当坚守的。如果说文人附逆就是失节,那么,不附逆的文人难道就是了不起的有节操的文人了吗? 我这意思是很隐约的,因为我不能明白地说,即使不附汪逆,但做蒋介石的御用文人,也未必是一个不失节的文人。一个中国人,不做日帝国主义和汪伪组织的奴才,这是本该如此,并不能就算是有什么了不起的节操。基于这个观点,所以我说,文人附逆并不就是失节,因为在这个问题上无所谓文人的'节',而只是站不站稳民族立场而已。我在这篇文章中间,似乎也解释了我这一观点,内容恐怕也大致如此,""请复查我的原文,参证一下。"

**同月** 5日邵洵美含冤病逝。25日开展"清理阶级队伍"运动。中共上海市委委员、教卫部部长、华东师范大学党委书记常溪萍,在遭受迫害后坠楼身亡。

## 六月

**月内** 华东师范大学开展"清理阶级队伍"运动之初,与许杰、徐中玉等教授又被集中在校内学生宿舍,长达一个多月。先生自述:"我有一句阿Q式的名言,曰:'不死就是胜利。'这句名言,大概挽救了不少人的性命。"(致痖弦函,1988年5月25日)

## 七月

**十五日** 被要求写"汇报最近所犯的两件罪行":"5月20日《文汇报》发表了一封群众来信,反映了电影制片厂里一些情况,据说时常有人到下班时候到厂门口去看'电影明星'和'名导演',而这些人正是受监改的牛鬼蛇神。又有初中三年级的一个女学生,写信给该厂一个出卖人民利益的文化汉奸,表示钦佩,并愿意拜他为老师。我看了这个报导,就在21日的'劳改日记'上作了一段日记,我说:'这件事情,反映出一些资产阶级的文艺观念,成名成家思想,在年青的一代头脑中,非但没有被破除,反而相当地滋生着。'""这岂不就是说文化大革命没有打垮资产阶级的反动艺术观吗?第二,我把个别的现象说成是'青年的一代'的普遍现象。""当时经红卫兵指出,并给予教育。""6月25日,我在背诵'为人民服务'时,把'我们今天已经领导着有九千一百万人口的根据地'一句中的'领导'背成'占领'。这是我学习老三篇不透不熟,一时愣住,""并保证以后熟读老三篇,要做到能背的一字不误。""至于把'领导'背成'占领',这个思想动机是由于想到下文有'根据地'三字。当时脑筋中仿佛记得有一个'领'字,而记不起是'领导',因而背成了'占领',这个错误,完全是语言文字的误用,当时实在并没有什么反动的思想情绪。"

**十六日** 写"我曾在报刊上发表过的文章",文中次第为"1924—1937(上海)""1937—1946抗战时期,1937年9月至1940年6月,我在昆明。1938年暑假曾回上海,在香港住了几个星期。1940年10月到1946年1月我在福建。1940年7、8月我在香港,9、10月在上海。""1946—1949在上海"。

**二十七日** 写了"抗战时期中三次回沪的情况"。

**三十一日** 又写"我在昆明的生活和社会关系":"我在昆明三年,""往来的人也并不少,但都只有在一个时期内有来往。""这许多人,和我的关系,都只是教学工作,或文艺工作的同行,毫无政治关系。""吴晗,只有在第一年,因同住在一个宿舍,故比较亲热。后来,他搬到乡下去住,我就和他很少见面了。他组织民盟是我离开昆明以后的事,所以,关于他的政治活动,我也并不了解。"

**下旬** 先生被准许晚上回家,遂开始撰写《金石小录》,后改为《北山楼集古别录》。

**月内** 还被要求写了"我的单行本出版物",其中分为"1. 创作短篇小说集"七种,"2. 散文集"二种,"3. 编辑的书"三种,"4. 外国文学译本"二十一种,"5. 其他译本"一种,"近年著作"三种(1966年由五年级红卫兵抄去)。

**同月** 1日陈小翠受尽凌辱而引煤气身亡。2日上海市革委会在虹口体育场召开"上海市1966届高、初中毕业生上山下乡动员大会"。22日《人民日报》刊载《从上海机床厂看培养工程技术人员的道路》的调查报告,此后全国风行成立"七·二一"工农兵大学。

## 八月

**二十日** 先生写"我编辑的丛书",提及"'马克思主义文艺论丛',水沫书店出版(1929—1930)。这个丛刊后来改名'科学的艺术论丛书'。""'现代作家小集',水沫书店出版(1930)。""'现代创作丛刊',现代书局出版(1932—1933)。""'中国文学珍本丛书',上海杂志公司出版(1934—1936)""'域外文学珠丛',福建十日谈出版社['北山译乘'](1944——1945)、上海正言出版社(1948)。"

**同日** 还写"我编辑的期刊",提及"《新文艺》月刊,水沫书店出版(1930),与戴望舒合编,共出五[八]期""《现代》月刊,现代书局出版(1932年5月至1934年12月)共出31期,此刊第三卷以后与杜衡合编""《文艺风景》月刊,光华书局出版(1934年6—7月),共出二期即停刊""《文饭小品》月刊,脉望社出版(1935年2月至1935年7月),共出六期""《活时代》半月刊,上海出版公司出版(1946年5[4]—6[5]月),共出三期;我有一篇《河内之夜》,是1940年在香港所写,描写战时日本女间谍的,曾在香港《星岛日报》登过,在《活时代》上又重登了一次,此文未交代,应补充"。

**又** 还写了"社会关系补充:李辛阳"。

**二十六日** 据《华东师范大学校史》记载,"工宣队"(工人毛泽东思想宣传队)、"军宣队"(解放军毛泽东思想宣传队)当日进驻华东师范大学。

**同月** 12日深夜周瘦鹃在苏州投井自尽。25日中共中央、中央军委、中央文革发出《关于派驻工人宣传队进驻学校的通知》。26日《人民日报》发表社论《工人阶级必须领导一切》。

## 九月

**五日** 沈从文应"中国历史博物馆清理阶级队伍联合调查组"要求而写"关于施蛰存事",有三节。一、"施蛰存在云南"提及:"时南北到昆明的人还不太多,既原本相识,因此来看过我几次。我可想不起他住什么地方,因为初到方向还不明白,时间又太久,这些平常琐事,不可能回忆清楚。""不过我爱人已记不起是在上海还是在香港同船,只依稀记得和施同行,另外还有二人,他们比较熟,我爱人和施不相熟。""我住北门街,施还来我住处看望过,因为住处离云大极近。后来疏远了,主要原因大致是不久昆明大空袭后,一连半年都有空袭。""本系同事也不容易见面,环境情况没有我朋友从容,所以不大容易见到施。施此后几年中,回松江几次,我不知道,也无从回想。"二、"卅年代和施关系"提及:"在上海时和胡也频夫妇同住,胡等和姚蓬子、戴望舒、刘呐鸥等先熟,我较后才因胡介绍和他们认识,只到过水沫书店一次。施结婚时,邀了些作家去松江吃鲈鱼,去的除上述几人,还有二三不识的,共凑成一桌。大家参加,主要兴趣就是吃松江鲈鱼,火车路近,因此同去。此后即少见面。""我极不习惯和文人坐茶馆或出入跳舞场跑狗场等玩乐,在上海若不习惯这些都市生活,是无从和人讲朋友的。这也不能说明我怎么孤高,只是说我是个'阿木林',和大都市生活格格不入。""在《现代》投稿,不是因为施蛰存关系,刊物出版以前,我已在那个投机性商业书店印过了两本书。照我理解,就是一切从生意经营着眼,说不上什么高远理想,也不有什么更坏企图。""和施虽熟,基本不同调,从工作上也容易明白。""我是个乡下人,对创作充满了个人野心,欢喜打硬仗,不求什么侥幸速成,不怕泥沙杂下,总认为这个工作,就必需坚持下去。""所以在青岛或北京,从未和施通信讨论过这些问题。"三、"打笔墨官司"提及:"我是不会和人大打笔墨官司的,没有这个必要,人家骂,即举手投降,从不和人争辩。""只希望在短篇写作上作个尖兵,搞个几十年,一切失败也无所谓,自己牺牲不妨事,不会损害别人的向前。""偶然写了个小文,人家不同意,加以批评或嘲骂,我认为极平常自然,无从反驳,因为不必要。别人说得对,那我错了,改正好了;若我并不错,那还争什么。""鲁迅先生用笔名写的文章,也从不去从大堆杂文中探索那是他写的,那是别人写的。更不会和施蛰存一道搞什么彼此支持,因为对于写作基本态度既少相同点,那会小手小脚来搞这个小动作。""但是,莫须有的事情,也应当说个明白,免得以讹传讹。"(《沈从文全集·补遗第二卷》)

**八日** 被要求写"关于□□□":"我和□□□虽然近几个月来学习时坐在一起,但我们之间并不交谈。我在学习时根本不和人说话,因为听不清别人的话,与人交谈是很困难的。□有时也和别人交谈,但声音极小,我听不清,不知说些什么。我和□也从来没有勾结,也从来没有递过纸条。""我从来没有和□□□个人来往,监改以前、以后,都是这样。"

**九日** 写"关于1934—1935年图书杂志审查委员会的情况"。

**十三日** 再次写了"我和吴强说过些什么话",并增加至九小节。

**同月** 5日《人民日报》先行刊载《从上海机械学院两条路线斗争看理工科大学的教育革命》。12日《人民日报》刊载《关于知识分子再教育问题》。16日叶恭绰在北京逝世。

## 十月

**月内** 再次修订《宋花间集》(十卷五百首)并誊录成集。

**又** 润改《云间碑录》(初稿本),"小有改动",写定清本,装为一卷。

## 十一月

**四日** 先生再次被要求写"关于我攻击鲁迅先生的事"。

**五日** 写"关于文艺作家协会的事":"已有前专案组革命小将问起过我,并且也提到过这个会。我都说:'我没有参加这个会。'因为这是事实,所以我并没有作过任何交代。关于这个会的情况,我也从来没有思考过。因为我记忆中,没有这个会和我的关系。但是,今天,专案组革命小将取出了一本这个会所印发的成立大会纪念册。这个册子是从我书箱里抄出来的,我认得。革命小将指出:这个册子已撕掉了几页,这里有我的名字。""当时如果是我撕下这几页的,那就很可能是为了有我的名字。""因为已在解放之后,所以我把这几页撕去了,如果是为了有我的名字而撕去这几页,也并不是由于有什么'虚心',而是免得引起误会,但这当然是一个更容易引起误会的办法。""我既没有去开过会,也没有去讲演过一次。但是,我提不出证据来证明我没有参加。只要有人能证实我曾经参加某一个会,就可以判定我是蓄意隐瞒这件事。我自己的思想上,始终坚信我和这个会没有关系。"

**六日** 写了"我和上海文艺作家协会的关系":"但因其中有好些熟人的地址,恐怕万一有用处,所以没有将这个册子丢掉。"

**约在期间** 还写了"关于孙晓村、陈志皋、陈高庸[傭]"。

**十日** 写"关于陈志皋和《世界与中国》"。

**十二日** 写"1946年回上海后的情况":"1946年上半年,即我回到上海以后,去徐州以前,这一段时间中,我的生活大致如此。""在这一段时间中,我也仍然没有政治性的活动。"

**十三日** 被要求写"我的政治关系、思想情况":"1927年4月12日以后,我脱离了共青团,也脱离了国民党。从此对国民党有反感,对政治活动也有些胆怯。因此,以后就绝不再参加任何政治组织。我绝不想钻到国民党内去做一官半职,凡是牵涉到国民党组织关系的一切会、社,我都没有加入。在1928到1936年之间,我的工作是中学语文教师,书店编辑,作家——自由职业者。1936年以后,我一直是大学教师。在这期间,正式参加过的一个业余文艺团体是'中华全国文艺家协会',此外,没有别的组织关系。""但是这些文章绝不是受国民党反动派的指使,或奉命写作的。""1927年以后,我确定没有政治历史,所以我交代不出事情来,我绝对没有隐瞒什么应该交代的事情。三十年代的事,至今已三十多年,不少事情已经忘记,因记而失于交代,这是有的。但关于我平生行为的大纲节目,是不会忘记的。我如果曾参加过任何反动组织,我决不会忘记。""我的罪行,是我的世界观造成的,当然有政治意义,但不是一种反动的政治行为,或者,说得明确些,不是由于我隶属于反动的政治组织。"

**十四日** 被要求写"我的翻译工作"。

**十六日** 又写"补充'关于我的翻译工作'":"我所翻译的外国文学作品,有些是所谓'现代派'的文学。在小说方面,我译过四五种显尼志勒的小说。这个作家是用弗洛乙[伊]德的心理分析方法来组织故事的。弗洛乙德的学说是把人的一切行为归之于一种下意识的两性冲动。这样就把人的思想、行为,认为是主观的性心理的反映,而不是社会经济的反映。""还有一些译品,例如意大利鲍乔的'笑话',希腊路吉亚诺斯的'拟曲',都是封建贵族文化糜烂时期的作品。"

**二十日** 先生写了"关于'第三种人'":"1932年5月,我应现代书局之聘请,主编《现代》杂志。这时候,正是在淞沪抗日战争结束之后,上海出版界受到战事影响,文艺什志都停刊了,尚未恢复。""现代书局老板之所以找到我去给他们办刊物,就是看中了我的不左不右的身份。""因此,在这个什志的编辑工作上,最初是以中间派作家为主,但也争取一部分左翼作家,然而又不使这个什志显得左倾。""标榜的是不左不右,无政治色彩的中间派。""我自己虽然没有参加所谓'文艺自由'的论战,""文章又发表在我所编的什志上。"

## 十二月

**上旬** 先生编定《北山楼读词札记》第一卷,并誊录清稿。

**二十日** 被要求写"关于徐英[澄宇]的事":"那时的改造,实际上并没有从立场观点上去彻底改,只是谨慎小心,在公开的场合,不暴露思想而已。碰到徐英之类的人,彼此都有旧观念,偶然谈谈时事,说说自己的看法,这只是一种'处士横议''私人谈话',我并不意识到这是反党反社会主义的行为。徐英也没有在我面前表现出他对党对社会主义的深仇大恨,非要搞垮它不可的情绪。所以我也万万想不到他到了六十七、八岁的年纪,还会……。我和徐英的谈话,也未必是反动言论,我并不是等徐英来共同发泄反动情绪的。那几年,我正在研究古代碑刻,他来时,我常常是正在抄写碑文。他来了我就放下工作,陪他谈一会儿,他走后,我继续做我的工作。""对于三年自然灾害,物资紧张的现象,我以为是办人民公社的影响。人民公社办得太急促,农民思想没有达到这个高度,因此有点消极怠工,以致生产发生了问题。""有二三次批斗会上,有人揭发了几条徐英的交代材料,其中有些是不符合事实的。""在那几年中,我和徐英、周松令[龄]、唐祖伦的谈话,大概都是这些问题,这些看法。我的观点也不会因人而变,而且也从来没有长篇大论。具体的说话方式,我确已无从记忆,过去几次交代的,也都是根据当时的思想观念情况,如实地写下来的。内容或有些出入,因为我没有留存底稿,都是按照想得起来的写,请综合我历次的交代,一并研究。"

**二十四日** 按先生自述:"全校第一次'宽严大会'之后,我已初步认清形势,体会到清理阶级队伍的宽严政策。"("第二次毛泽东思想家庭学习班以来的思想体会",1969年)

**下旬** 撰写《北山楼著述目录》(1957至1968):"《北山楼碑录·甲集》(四卷):录近百年所出各碑志未经著录者,凡一百二十种,分为四卷,订成四册。《北山楼碑录·乙集》:续录新出碑志,已写定五六十种,未装册。《北山楼读碑记·甲集》(二卷):读碑题跋一百二十篇,分订二册。《北山楼读碑记·乙集》:续得题跋数十篇,未编定,稿散叶,数十纸。《王修微集》:辑录明末云间妓王微诗词各百许篇,为二卷,附评论、遗事、校记,凡三卷,已录清本。《宋人词话》:辑录宋人小说中词话,已得四十馀万字,未分卷序次。《云间花月志》:录宋以来云间妓人名及其遗事,为一卷,未编次。《松江话本》(一卷):松江方言之见于故书可考其渊源者,得数十则,写为一卷,未为定稿。《宋花间集·选录》(十卷):选宋人词之继承花间集风格者,亦为十卷,卷五十首,题曰'宋花间集',可资讽诵。《北山楼读词记》(十卷):此似词话,然亦有非词话之类者,故曰'读词记',已写定第一卷,凡四万言。其馀诸卷有成稿,待编次续写,惜稿已不在。《北山楼诗》(四卷)：四十年来所为诗,写定二百馀首,为四卷,第一卷五古七古,第二卷五律,第三卷七律,第四卷五七言绝句。《北山楼集古别录》(四卷)：所得金石刻小品之题识,录为四卷,凡二百段。《北山楼藏碑目》：已制卡片,未序次。《北山楼藏词学书目》：已写成。《北山楼藏外国文学书目》：已制卡片,未编次。《北山楼集古别录目》《水经注碑录》(十卷)：水经注著录古碑二百八十馀事,一一为之考释,稿已成,分订八册,凡十六万言。《诸史征碑录》：已成九卷,尚欠三卷(宋、齐、梁)。后汉书征碑录一卷,三国志征碑录一卷,晋书征碑录一卷,魏书征碑录二卷,北齐书征碑录一卷,北周书征碑录一卷,陈书征碑录一卷,隋书征碑录一卷,录诸史书中所言碑刻,先列史文,后系考释。《碑目丛抄》：抄录唐、宋、元图经地志中之碑目,已抄者为《元和郡县志》《太平寰宇记》《北道勘误志》《元一统志》《吴郡志》等十馀种,尚待广搜,未遑编次。《云间语小录》(四卷)：述云间人物典籍,土宜坊巷,凡百二篇,为四卷,已录清稿,未叙次。《洛阳龙门山北魏造像五十种集释》(二卷)：录龙门山北魏造像五十种,写定之,为上卷；集录诸家题跋,为下卷,已定稿,分订二册。《洛阳龙门山唐人造像三十种集释》(二卷)：未完成稿,不全。《云间碑录》(一卷)：著录晋至宋云间碑刻一百四十馀种,以补嘉庆府志金石志所未备,稿已成,订为一册。《辑补〈宝刻类编〉卷四上》(一卷)：《宝刻类编》辑自《永乐大典》,缺其卷四之上,故辑补之,为一卷,已写清稿,为一册。《金石遗闻》：抄录历代小说中关于金石者,已得五六十万言,尚待编辑序次,拟分为八卷,或十二卷。《赵孟頫石墨志》：赵孟頫书撰碑刻目录,并附题跋、集录,大致就绪,待补入《吴兴金石记》《两浙金石志》等数种,可编为四卷。《云间词征》(八卷)：材料大致搜得,词人小传已成,待选录,拟编为八卷(宋元一卷、明一卷、清五卷、今人一卷)。《唐宋佚书录》：有稿未完成。《清花间集》(十卷)：选清词之继承花间风格者,亦五百首(1969[年])。《投闲漫抄》：经眼古今人著作,选抄略如说郛之例,丛稿未编辑。《北山楼随笔》：读书有得,随时剳记,略如钱辛楣养新录,散稿未编。《浮生百忆》：杂忆绝句一百首,志浮生鸿爪也。[待作]"

**月底** 按先生自述,北山楼金石拓本收藏截至1968年底,经十年蓄积已达2 693目。(《玩碑杂录》)

**同月** 10日田汉在北京狱中受迫害致死。22日《人民日报》发表毛泽东的指示："知识青年到农村去,接受贫下中农的再教育,很有必要。"全国掀起知识青年上山下乡的高潮。(中共中央党史和文献研究院《中国共产党一百年大事记》)

# 一九六九年（岁次己酉） 先生六十五岁

## 一月

**二日** 先生被要求写"一、我的工作经历"。

**同日** 被要求写"二、我参加过的党、团、集会"，提及"1926 年 9 月—1927 年 4 月在震旦大学""1928—1931 在上海水沫书店""1933—1934'文艺茶话会'""1934 上海市党部召集的茶话会""1938—1949 中华全国文艺界抗敌协会""1942—1944 厦门大学校务委员会""1947—1948 两个茶话会""1949 暨南大学教授会""1934 年（补）伐扬·古久列欢迎会"。

**又** 还被要求写了"三、我拿到过的证件"："1. 共青团团员证，一张灰色的薄卡纸。2. 国民党党员证，一张红色的双摺卡纸（文字格式已不记得了）。3. 历年的聘书，每学期都有一个聘书，由学校校长办公室发给，内写明工作任务，工资数，还附有教师服务条例。4. 护照，1938 年，从昆明取道越南、香港而回上海，由校部申请到一个出国护照，黑色面子，内有我的照片。5. 云南省政府公函，1937 年［农历年末，即公历 1938 年初］，云南省主席龙云请云南大学全体外省教师吃饭，我也赴宴的。后来收到一个省政府公函，请我担任'昆明市防空委员会委员'，这是一个空名义的职衔，是官方表示礼貌的，我始终没有去做过委员。6. 各校公函，我在厦门大学、暨南大学等校，都担任过教授代表、招生委员、校务委员会委员等职，当时都有校长办公室的公函通知。7. 各校图书馆借书证，云南大学、厦门大学、暨南大学，都有图书馆借书证发给，都是一张白色的卡纸。8. 居民证［此处从略，可见本书 1948 年内］。9. 副教授证［此处从略，可见本书 1942 年内］。"

**中旬** 专案组革命小将在先生家里办学习班。先生自述："我没有参加，对这种形式的学习班，我没有经验也没有听人家说起过，所以我对学习班的作用及其意义，是很不了解的。在办第一次学习班的前后，我还以为是革命小将要从我家里人那儿了解一些我的历史问题和思想、言论。我心想：我没有反动的政治历史，这一点，我爱人是知道的。她同我自己一样，没有什么事情可以揭发、交代。至于我的思想、言论，则我在家里时，向来都是独居一室，有朋友来交谈，他们都不在身边。我和朋友谈些什么，他们也无从知道。至于我和家里人讲话，向来都是家庭琐事，绝无反动政论。关于这一点，我想他们对专案组的革命小将恐怕不可能有什么贡献。因此，在第一次学习班后几天，监改组中有人问我：'紧张不紧张？'我说：'我一点也不紧张，这样的

会,每天开也不怕。'"("第二次毛泽东思想家庭学习班以来的思想体会",1969年)

**二十二日** 下午"专案组革命小将到我家里和我家人办了一次毛泽东思想学习班"。先生自述:"命我也参加,在这个会上,革命小将叫我自己向家里人(我的爱人、长子夫妇,和第四个媳妇)交代了1957年以后的三反罪行。随后由革命小将审问、批判。""我才大彻大悟,原来这个革命行动是有极其崇高的意义的。革命小将的这一工作,并不是调查研究工作,而是深刻的教育工作。他们了解到我的家庭情况,知道我在家里,一向是一个有绝对权威的家长。我的一切事情,家里人都不知道。我和家人之间,存在着严重的思想隔阂。他们来办第二次学习班,对我家里人说来,是为了:1.提高他们的政治思想觉悟,促使他们关心和注意我的言行,积极投入斗争,尽力揭发我的罪行,帮助我交代改造。2.让他们知道我1957年以后的罪行,通过我自己的交代和革命小将的审问、批判,让他们明白地看到我认罪的态度如何,从而考虑会后应当在哪些方面监督我,帮助我。对我个人来说,革命小将是为了:1.要我把自己的政治罪行全面摊在家人面前,让他们进一步改变过去对我的看法。让他们认识到我并不是一个不问政治的书呆子,而是一个经常散布反动言论的反动派。2.要我接受并重视家里人的监督,不能再把他们看作妇人小辈,样样事情瞒着他们,一意孤行。将来万一走到现行反革命的路上去,家里人不能及时发觉,我就失去了一个在紧要关头得到他们挽救的机会。""革命小将走后,我家里人还叫我去继续学习,差不多像是开了一个家庭斗批会。""这一个下午,革命小将在我家里做了一件效果极大、极有意义的教育工作。他们一方面使我家里人和我划清了界限,把我看作政治上、思想上的敌人,""他们从此要经常监督我的思想、言论和行动。""对我做监督改造工作,帮助我彻底交代问题。"(同上)

**三十一日** 被要求写"反右以后的思想情况":"当时口头上虽然认罪服罪,但内心深处却还有些冤屈之感。现在我回忆所得,大约有下列一些思想情绪,1.主观上我并不反党反社会主义,""这个观念表现得最多,也最长。我总以为写这篇'才与德'的时候,""只以为是向党提意见,对于任用干部的条件和方法,可以放宽些尺度。至于说,这篇文章是资产阶级知识分子篡夺党的领导权,这个思想我是根本没有的。2.自从1934年攻击鲁迅以来,左翼作家对我有成见,尤其是解放以后,我感到是被歧视的,在思改、肃反运动中,我都成为审查重点,好像我是极其反动的人。对这种情况,我不从自己的思想上解决问题,""这个思想曾表现在我的检讨书中,但这个观念并不长久,因为是和其他一些观点矛盾的。3.'才与德'那篇文章里的话说得对的,但讲得太早,使广大老干部气愤。这又是一种观念,曾表现在我的'秋耕'一诗中。我以为将来党内必定进行整风,一些不适宜于做领导工作的干部,自然会得被淘汰。但在还没有整风的时候,我提这些意见,是太早了。4. 同样,我又认为我的话是讲对了的,不过这些话不应该由我来说。一则我不是党内人士;二则我一向被目为反动文人,说对了也是错的。关于这个观点,我曾引韩非子的'说难'一文为证,当时也有过'不要批逆鳞'的话,跟周予同一样。5. 过去在中文系的地位太尊荣了,自己也太活动,太自鸣得意,可能无意中得罪了人,为人所忌,《才与德》是一个给人攻击的把柄。""但认为校内把我作为第一批对象进行批斗,是有其他因素的,这个因素就是'遭人之忌'。这个观念,曾表现在我的另一首诗'蛾眉未扫燕莺猜'中(已交代过)。6. 我写这篇文章,并不是作为我的政治活动,而只是思想错误,""我不是有什么政治活动,而只是自己的思想认识有问题。反右运动是一个政治运动,目的在肃清一批政治上的反对派。把我也划为右派,似乎把我看作一个有政治活动的人了。(我曾说过:'在右派分子中,我是单干户'。)以上几种观点,都在1957年—1960年间涌现,并有所暴露过,第一个观点在去年还有些暴露,可以说没有彻底认罪,这是我应当在今后改造中十分注意的事。"

**月内** 继续撰写《北山楼集古别录》。

## 二月

**三日** 先生写"我的家庭成分"。

**七日** 写"第二次毛泽东思想家庭学习班以来的思想体会":"正在开始写'三反言论'的交代,并已交出了二批。""到今天为止,已续交了二批,共二十六条(附抄于后)。""我以为坦白不坦白,是专指隐瞒不隐瞒历史问题。""我过去没有参加过任何反动党团,也没有参加与国民党反动派有关的政治、文化组织,我也从来没有政治活动。即使曾和一些有反动政治活动的人相识,或往来过一个时期,可是我和他们毫无政治关系。""我总以为我没有政治历史问题,我既无事实可交代,也就谈不到坦白不坦白了。可是近来看到有些人交代一些过去生活上的琐事,并无重要的政治关系;我不能了解,这有什么交代的必要。""我以为革命小将要我交代的是他们所掌握的一些揭发材料,例如我和反革命分子徐英的谈话内容。这些材料,我已无法回忆,故交代不出来。我以为这也不是坦白和抗拒的问题,因为思想观点和事实行动有区别。""直到上一个月,革命小将叫我丢开我心目中那些揭发材料,管自己交代当时表现在三反言论中的思想观点。我才开始回忆1952年到1963年之间所曾说过的话,有过的观点。从几个大问题、大事件上想起,逐渐搜索到一些个人的生活琐事。一个月来,已交出了五六十条。当时对各个问题的一些比较突出的思想观点,大致都已想到。由于我对思想观点的交代,没有正确的认识,所以停滞了好久,没有主动争取坦白交代的表现。专案组革命小将对我已交的材料,有过两点意见:1. 认为有些材料都是我的新的观点,不是当时的观点。2. 认为我在交代中有避重就轻的情况,因为我有些很恶毒的话,没有交代出来。""现在已没有当时的客观情况,根本不会有什么新的观点了。""革命小将所说恶毒话,不知道是哪一类型的。"

**十六日** 按叶灵凤日记:"今日为农历除夕,今日及明日都休息。将家中略事整理,墙上换了几幅。蛰存前曾书赠诗轴,今日取出挂上。"

**十九日** 写"近十年来的社会关系"。

**二十二日** 写了"我和张少芳、姚桐椿的关系"。

**同月** 3日熊庆来在北京逝世。

## 三月

**十日** 华东师大中文系一(2)班召开批判会,批判先生"关于吹捧'苏修',攻击党的'反修'斗争方向。"

**上旬** 先生接到通知,参加华东师范大学"反动学术权威"集训班。

**十八日** 下午先生被专案组提问"关于与徐英讲的'三反'言论"。

**二十二日** 被要求写"六、三反言论":"关于'少而精',我曾说:'少而精,对理工科恐怕是必要的,对文科却有毛病。因为文科学生应该争取多读书,读得多,才能用得精。'又说:'我们师大中文系的专业课本来不多,如果再要砍掉一半,恐怕学不到东西。'""同学参加社教运动时,我说过:'从前因为四年制学不完,所以改为五年制。现在下乡一年半,实际上只学了三年半;要在三年半中,学完五年的功课,岂不更困难。'"

**二十四日** 又被专案组提问"关于'三反'言论方面"。

**二十五日** 写"关于解放前暨南大学告同学复课书":"关于解放前暨南大学校长李寿雍所发'告同学复课书'的事,现在把我大致记得的一些情况交代如下。""这情况是确有的,但我还不能肯定那油印本是不是就是复课文告。因为在那三年中,有过两次要我签名的事,我都没有签名。关于□□□曾起草过一篇文告,这事我并不知道。当时我住在二楼,□住在三楼,我和他没有来往。李寿雍的亲信秘书郭乐同、总务长陆铁乘,都是他们苏北同乡。我想也许是郭乐同找□□□起草,而后来由郭乐同执笔的。这是因为李寿雍的文书,大多是郭、陆两人代笔的。"

**二十八日** 被要求写"七、反动观点、言论和黑诗一首",其中"关于'王道'和'霸道'","这个观点,在1966年已交代过,但未留稿,具体内容恐有出入,但思想观点的基础是这样的"。"1962年我曾写过一首反动诗,1963年曾写给徐英看过。诗曰,尊儒别墨嗟无术,……""第二句已记不起,但过去(1966)曾交代过,可以查补。"

**同月** 据报载,全国各地举行声势浩大的示威游行,愤怒声讨苏联侵犯我国领土珍宝岛的罪行。

## 四月

**一日** 被要求写"对我的三反言论的自我批判":"我攻击人民公社,说是'农民没有思想准备,还不能认识这种从社会主义进入共产主义的生产关系,因此遭到农民的消极抵抗,使农业生产发生困难。这可见人民公社办得太早了,太急了。'我又说:'三年自然灾害,问题并不在自然条件,而还是由于人民公社的失败。'""当时我却站在一旁,冷嘲热讽,说什么'多快好省是穷人兴家的办法。'又说:'多快就不能保证好,将来一定会有许多粗制滥造、偷工减料的废品。废品多了,也就不能省。'""1958年的土洋结合、大炼钢铁,""这一年钢产量达到1 180万吨,为大跃进树立了光辉的标兵,而我却又大肆攻击,说'这个数字不可靠,是自己骗自己,是阿Q精神。'又说:'大跃进是挤生产率、挤劳动力。'又咒诅说:'越跃进,恐怕会越是后退。'""我不但直接攻击三面红旗,对当时一些政策措施,也往往加以攻击或讽刺,例如对某些出口转内销商品,说是'向人民猎取暴利'。"

**九日** 被要求写了"补充交代":"过去我所作三反言论的交代,有些是有过言论的,有些则仅作为观点交代,因为记不得是否说过。言论部分亦不能确实交代明白,到底和什么人说过。大概有些话不止同一个人说,因而记忆更不稳定。现在大致就记忆所得,区分如下:一、和徐英谈过的,1.三年自然灾害是人民公社的失败;2.人民公社办得太早了,太急了,农民没有思想准备;3.大跃进是挤生产率、挤劳动力;4.多快不能好,废品多了也就不省;5.人民公社不会取消,党要维持威信的;6.出口转内销商品高价,是猎取暴利;7. 有硬骨头的人,不易摘去右派帽子;8. 拼命讨好干部的人,总归便宜些;9. 积极分子大多是假的,干部的忠诚老实也有假的;10. 思想改造是唯心论;11. 土派洋派;12. 苏联走上修正主义道路是有其必然性的;""17. '和平共处'也没有什么不好。""二、和周松令[龄]、唐祖伦谈过的,""2. 高级干部下去劳动,有失体统、有失威信;""5. 下放干部劳动有区别。""三、和雷君彦谈过的(1954—1963),""攻击鲁迅的话。""四、和龙榆生谈过的(1961年在社会主义学院),1. 自由市场设在郊区是'掩耳盗铃';2. 自由市场是开个资本主义后门;3. 拆灶头是大跃进,砌灶头也是大跃进;4. 右派摘帽不摘,实在也没有什么区别。""五、1. 姚文元的文章只有一张老虎皮,到底没有朱光潜扎实;关于姚文元的话似乎在资料室讲过,""1962年晚上在文史楼辅导时,也似乎同几个学生讲过。""六、1. 中国人不习惯于用辩证法;2. '白杨'是毒草,每个人都像白杨一样,怎么领导;3. 你们可以开个座谈会,请文汇报记者来参加……,以上揭发材料三条都是1957年两个中文系学生来访问我时讲的,后来他们揭发了。"

**十一日** 被学校"工宣队"通知"解放",称"以人民内部矛盾处理"。(先生书面材料)

**同月** 华东师范大学召开全校师生大会,传达学习"中国共产党第九次全国代表大会"新闻公报,批判和控诉"修正主义教育路线的毒害"。

## 七月

**上旬** 先生被要求写了"改造计划"。

**月内** 再次修订并选定《清花间集》(十卷五百首)并过录成集,并与已经选定的《宋花间集》(十卷五百首)辑录合编为一部《花间新集》。

**同月** 李青崖在上海逝世。

## 八月

**月内** 周迪前(大烈)为先生选定《花间新集》题跋:"承示宋清二《花间集》,雒诵再过。清代一编,尤见微尚。然尊选乃为上乘人说法,恐非初学者所能悟入。"

**又** 周退密作《调寄鹧鸪天·奉题舍之词家新辑〈清花间集〉》。据周退密回忆:

"书的初稿甫就,施老就携书来舍征求意见。当时情景我记得很清楚,他说我是第二个看到这书的人(第一个人可能是金山周大烈[迪前]先生)。"(周退密《施蛰存先生百岁寿言》)"所选《宋花间集》及《清花间集》两种先后见示,余均得而读之。《宋花间集》读后即还瓿。""惟《清花间集》有二本,一誊清本,一初稿本,均蛰翁手自抄录者。余既以清本缴还,而乞留其初稿一厚册十卷存于寒斋。"(周退密《杲堂书跋》)

### 九月

**月内** 先生获悉张静庐在上海逝世。

### 十月

**十五日** 下午请假去五官科医院检查耳朵。先生自述:"我的助听器已损坏过三次,一个零件不容易配到,这两天听觉很不方便,我想去请医生诊断一下,到底能不能用手术治疗。经医生诊断,两耳鼓膜完整,由于神经衰退,故耳聋了。"("本周思想汇报")

**十九日** 重阳节。被要求续写"本周思想汇报(13日至18日)"。

**同月** 13日女词人陈稺常(懋恒)被迫下楼劳动,跌倒身亡。17日林彪下达了紧急加强战备的"第一号令",引起各方面的极大震动。(《中国共产党历史系列辞典》)

### 十一月

**上旬** 先生接中文系革委会通知,前往嘉定县马陆公社陈村大队郏家生产队,参加"三秋劳动改造",并被安排住宿在当地一所卫生学校内,每月可轮休四天。

### 十二月

**月内** 先生在参加"三秋劳动"之后,又被滞留在当地继续参加"战备劳动改造"。据《华东师范大学校史》记载:"校工、军、革执行中共中央、中央军委下达的'第一号令',决定全校在嘉定马陆公社等地参加'三秋'劳动的师生在劳动结束后,原地参加'战备劳动'。前后共10个月。"

**同月** 11日吴晗在北京含冤身亡。

# 一九七〇年（岁次庚戌） 先生六十六岁

## 一月

**一日** 元旦。仍在郑家生产队参加"战备劳动改造"，晚上被要求写了"接受批判，端正态度，正视错误，加紧改造"："一个月来，在几次的自我批判和学习发言中，我还暴露出不少错误观点，经过革命小将的再批判，正视到自己还存在着一个严重的根本问题，即仍然站在资产阶级立场上来进行批判，这样的批判，不是避重就轻，美化自己，就是反攻倒算为自己翻案，正如革命小将所指出，这并不是革命的批判，而是假批判。现在，我要对几个问题，进行一次再检查，再分析，接受革命小将的批判，认真端正自己的立场态度。""前天看到一份大批判资料，'反复辟学会宣言'，这样所谓'学会'我以前并不知道，看了这个文件，才知道是复旦大学'反复辟'战斗组的一些组成分子发起的学会，成立于1967年，'宣言'也是那时发出的，这个文件'宣言'，如果不是前面已加上一段介绍引言，指出了它的反动性，我可能在看第一遍的时候，还不会明白其中的奥妙。这个'宣言'，亦是'打着红旗反红旗'的又一个典型例子，看样子是摆足了无产阶级革命的姿态的，但实质上却并不如此，""起先我看了不懂是怎么一回事，看下去，才知道。""去年六、七月间，我曾给自己制定'改造计划'，我意将世界观的彻底改造不是一朝一夕的事，尤其是像我这样资产阶级思想非常顽固、非常浓厚的人，但如果真想改造自己，则立场的改变，是可以比较显著地做到的。今后我一定要像小儿学步一样，跟着无产阶级和革命群众走，以无产阶级和革命群众之所爱，为我之所爱；以无产阶级和革命群众之所拥护，为我之所拥护。先跟着走，然后从思想上去提高自己的认识。几个月来，我自以为是用这样的方法来改造自己的。可是，从以上这些情况看来，连这一点也没有做到，无论对于自己的问题，或当前发生的一些问题，我还是用自己的资产阶级立场观点去认识，这可见我的资产阶级立场观点，实在非常顽固，使我极不容易改造。"

**月初** 又被要求写"改造计划"，其中写到"下乡以来，我又犯了一系列错误言行，没有认真改造的表现，在革命群众的批斗之下，深深地认知到自己的顽固性，在我身上非进行严格的改造不可，特制定新的'改造计划'，即日起切实做到，1. 每天学习毛主席著作，把毛主席的教导，对照自己的罪行，自己的思想，提高对自己这些反动言行的认识，不断进行自己的思想斗争，使正确的观点发展起来。2. 每天学习报刊社论或其他学习文件，联系文化大革命当前动态，检查自己的思想行动，坚决站在拥护无产阶文化大革命的立场上,肃清一切思想上,甚至行动上的资产阶级反动的新动向"。"4. 坚持从劳动中改造自己,每天上午跟农民一起出工,向贫下中农学习,下午去食堂劳动,劳动态度要保证严肃积极,争取主动,决不偷懒。5. 接受贫下中农和革命小将的监督,随时有错误,随时接受批斗"等八条。

**八日** 先生"轮休",由嘉定农村返回上海家里。

**十六日** 因病而延迟回到郏家生产队而被要求写"检查":"本当在12日下午回到农村来的,但因在10日忽患感冒,11日又患腹泻,我怕在农村里晚间屡次登厕不便,故12日没有如期下乡。13日晨写了一个信给系革委会领导告假二天,但也没有去就诊,取得医生的证明书。到15日原想下乡,又因天气阴寒,没勇气走十里路,故迟至16日上午才回到乡下。我这一行动,是不守纪律的,尤其是我在群众监督之下,没有得到领导及群众的批准,自动延长休假日期,更是对抗群众监督的表现,罪行尤其严重。"

**三十一日** 又被要求写"关于1957年《才与德》":"写的时候,自己确是没有意识到这是一件严重的反动行为。只因看到报纸上登了个别干部的品德作风不好的报导,就有感于人才使用问题,想写一篇随感来表示意见。这是原始动机,但只是一个外因。""铁案既定,我也从来没想翻案。今天有革命小将又问起我当时怎么会放出那个大毒草来的,我回答如上。"

## 二月

**六日** 春节。没有被准许回上海过年,仍留在郏家生产队参加"战备劳动改造"。

**十二日** 获准返回上海家里休息四天。

**月内** 华东师范大学开展"深入开展教育革命,彻底改造旧文科"的活动,发动文科工农兵学员批判所谓业务领域的"封资修思想体系",拟定"彻底改造旧文科"的方案。华东师范大学"革命大批判写作组"的题为《彻底肃清周扬在文科教材编写中的流毒》的文章刊载在《解放日报》。

**又** 华东师范大学开始在江苏省大丰县隆丰草原垦荒建立"五七干校"。

**同月** 全国掀起"一打三反"运动。暨南大学在广州被撤销停办。

## 三月

**约在期间** 按先生自述:"有一位卫校语文教师拿这篇名文[《兰亭序》]来问我,

她说:'这篇文章上半篇容易懂,下半篇难懂。'""我和那位女教师讲完之后,她也同意我的讲法。"(《批〈兰亭序〉》)

**同月** 27日《关于清查五·一六反革命集团的通知》下达。

## 五月

**下旬** 接到"战备劳动改造"结束的通知,先生从嘉定农村返回上海,继续在系里接受"革命小将"的监督劳动。

## 六月

**四日** 华东师范大学革命委员会"关于施蛰存问题定案处理的批复":"中文系军宣队、革委会:你们1970年5月26日报来的关于施蛰存的定案处理,现批复如下:施蛰存在1961年摘掉右派帽子后又与反革命分子徐澄宇、右派分子唐祖伦、帮改分子周松林[龄]等经常混在一起,散布攻击伟大领袖毛主席,攻击我党和社会主义制度的反动言论,罪行严重。在无产阶级文化大革命中,经过广大革命群众的多次批判,尚能认罪服罪,有所改悔,根据党的'打击面要小,教育面要宽'的政策,经研究同意你们的意见:不重新给施蛰存戴上右派分子帽子。华东师范大学工宣队、军宣队、革委会。"(中国书店2008年秋季书刊资料拍卖会编号:189)

**月内** 周退密作词《玉楼春·答无相居士二首》。

**同月** 中共中央发出《关于1969、1970、1971年大专院校毕业生分配的通知》。全国高等学校恢复招生,招收"工农兵学员"实行"群众推荐、领导批准和学校复审"相结合的办法。

## 七月

**月内** 再次接到校"工宣队"通知被改为"不列入敌我矛盾"。(先生书面材料)

**又** 华东师范大学"中文系抄家物资处理组"开始折价退还被抄家掠去的部分物件。

**约在期间** 按先生自述:"我和[李]白凤又隔阂了很长一段时间。""待到动乱的空气慢慢地安定下来,我们又恢复了联系。我发现白凤的金文研究和大篆书法已突

飞猛进。"(《怀念李白凤》)

另,据李白凤夫人刘朱樱回忆:"动乱局面逐渐缓和,一天,我突然接到上海施蛰存先生的信,他问我白凤还在人世吗？以及家中情况。白凤看后老泪横流,感叹不已。他们又通音信了,多是有关金文、古文字学、考释器铭等书的研究、商讨。施先生借书和代买书给白凤。"(刘朱樱《忆李白凤》)

## 八月

**二十九日** 先生写有"发还"收条数份,在其中编号"3"写道:"最高指示,我们的责任是向人民负责。今收到抄家物资处理组发还金银折价退款式佰玖拾陆圆肆角伍分(￥296.45)。经领人:施蛰存1970.8.29。此单一式三份,本人、存系、上交各一份。"(万照楼藏品)

**月内** 徐澄宇仍在安徽白茅岭农场劳改,陈家庆在上海不幸去世。

## 九月

**月内** 先生虽被"不列入敌我矛盾"处理,但仍要每天到校"边劳动、边参加学习、边接受'革命小将'的批判教育"。

**约在期间** 利用晚上回家的时间,始撰"两唐书征碑录"。

## 十月

**月内** 于东方红书画社得矢令簋拓本。先生自述:"周成王时器。1936年洛阳出土,次年即流于海外,器盖离群。闻器在巴黎,盖在扶桑,欲求墨本,已非易事。器盖双拓,尤不可得。忽获此二纸全璧,实有相逢未嫁时之感。"(《金石百咏》)

**同月** 上海成立一个出版社,称上海人民出版社("大社"),上海市出版局及各出版社被撤销。

## 十一月

**是月** 据《华东师范大学校史》记载:"首批浙江地区的工农兵新学员55名来校报到。校工军革负责人与他们开座谈会,要求他们'上大学,管大学,改造大学'。"

# 一九七一年（岁次辛亥） 先生六十七岁

## 一月

**二十七日** 春节。开始作诗《金石百咏》。

另，据周退密回忆："我把《阿育王寺常住田记》拓本送给施老，附了一首七言绝句作为'陪嫁'送去，诗是这样写的：'漫言舍利能惊俗，未抵贞珉擅妙名。日暮精蓝钟梵寂，松风吹落打碑声。'""不料这首略有意境的小诗，居然引起施老的绝大兴趣，这便是他后来另一部力作《金石百咏》创作的缘起。"（周退密《施蛰存先生百岁寿言》）

## 三月

**上旬** 先生与第一届中文系工农兵学员和部分青年教师，被下放到上海第三钢铁厂教学基地，参加为期三个月的"学工"劳动，并担任"教学辅助工作"。

另，按先生自述："在下教学基地以前，我通读了马克思、恩格斯、列宁和毛主席的有关文化问题的论著。""下基地以后，学习了关于巴黎公社的文件，深刻地认识到无产阶级专政的必要性。""在上钢三厂时，我给革命师生和厂政宣组抄过不少大字报，这也是一个极好的机会，可以深入思索有关问题，有时也向工农兵学员和青年教师提出一些意见，得到他们的同意，这就感到自慰，增加了信心，""我参加了班级学习和一部分活动，接触工农兵学员的机会多了。在厂里也有较多的机会接触工人老师傅，""主要是作资料管理工作。""无论是抄写大字报或管理批判参考资料，也都比较积极地去做。大字报不单是负责照抄，也给留心着一些语文问题或观念、论点问题；管资料也不单是管，也先熟悉一下内容，提供工农兵学员使用的方便。在晚上自学时间，也有过一些工农兵学员来问一些语文或文艺上的问题，或关于工具书的用法，我都尽量给他们以解答。""工宣队老师傅照顾我，不叫我去参加车间劳动。我曾想，应该主动争取在劳动中锻炼自己。但在上钢三厂的车间劳动，都是比较重体力的劳动，我事实上是无法去和青年人一起干的。因此，为了实事求是，也就没有去参加。但是为了补偿这一损失，我负起了宿舍里清洁卫生的劳动任务，每天把环境收拾好。"（"半年来个人小结"，1971年）

## 四月

**二十四日** 接到"中文系抄家物资处理组"通知返校，领取被抄家掠去物件的部分折价。

另，先生写有"发还"收条数份，在其中编号"4"写道："兹收到中文系查抄财物处理组退还什钧、不锈钢、王铜、热吕、镍币等，折价款拾叁元式角式分。施蛰存1971年4月24日。此条三分[份]，上缴、存系、自留各一份。"别有一份："兹收到中文系查抄财物处理组退还：翠件、红宝、扎宝、翠新、老光、K光、什宝、兰宝、小新元、新光、银、次小珊件等，折价款柒拾叁元肆角玖分。施蛰存1971年4月24日。此条一式三份，上缴、存系、自留各一份。"（万照楼藏品）

## 五月

**二十日** 完成《金石百咏》初稿，并誊录清本。

**下旬** 周退密作词《减兰·题无相居士〈金石百咏〉稿本》，并记述："虽一时兴之所寄，亦可觇才学之宏肆，佞古之渊博。拜读一过，为之神往。"

**月末** 先生与第一届中文系工农兵学员和部分青年教师，结束了"学工"劳动，返回学校中文系。先生自述："回校以后，除了抄大字报及其他文件外，一时没有较固定的工作。"（"半年来个人小结"，1971年）

## 六月

**二日** 陆澹安复函："损书敬悉，弟所藏碑帖及金石书籍，数经兵燹，留存无多，比以虑触时忌，举东高阁。兹先检得拙作《隶释补正》《隶续补正》，共五册，暨《边达碑跋》一篇，命孙儿小康送呈，哂政。其它'郭有道''夏承''耿勋''王稚子'诸碑及金石文字记等书，俟检出续呈，并拟将弟所有汉碑整张本、缥装本以及研究金石诸书，开其目录送呈尊察。但箧藏简陋，深恐无益大作，为可愧耳"。

**二十三日** 为《金石百咏》作"序诗"："开宗明义，如是如是；诗最后成，序次则当先。"又作"跋诗"："迩来生活，略见于兹，岂敢云借琐耗奇，姑以无益遣有涯而已。"

**月内** 按先生自述："最近在给资料室做一些古典文学中有关'人性论'的资料卡片。看书的时间多，写卡片的时间少，因此没有取得较明显的成绩。"（"半年来个人小结"，1971年）

## 七月

**十九日** 按要求写"半年来个人小结"："在分配工作的时候，把教学辅助工作分配给我,使我有充分的机会和工农兵学员及青年革命教[师]在一起,在政治思想上、业务上争取提高。""目前,在'四好'初评的时候,我把开学以来这一阶段的思想工作情况作一个简单的小结,向领导和群众汇报,同时也为自己留一个记录。"此篇有"一、思想认识情况""二、工作情况",在"三、存在的问题"中写道:"对于工作,还有一些不安定的情绪,感到我的工作太少了。做这样一点点工作,领劳动人民给我这样高的工资,内心实在惶恐万分。我也知道目前情况是暂时的,领导上一定在有所安排,但这个'暂时'确实很不好受,它使我茫然若失,不知道自己到底还能为社会主义文化教育做些什么工作。在参加教育革命的历程中,我也不时有些思想问题,始终想不通,例如,文科大学到底应该怎样贯彻毛主席的'以社会为工厂'的教导?我们同学到[上钢]三厂,[上港]三区去,到底应当怎样通过实践来结合理论?我们应该带着哪些问题到教学基地去进行教学?政治与业务到底该怎样结合?中文系的业务到底该是些什么内容?等等。凡是几个月来革命师生在热烈讨论的,我也随时有些感想。但是,我发现,想来想去,我的一些看法,其出发点总不免偏重于业务。尽管我并不是否定突出政治,但如果照我的想法,却又显然会忽视了政治。这些问题,我想得很多,讲得很少,我是有志于创造社会主义新型文科大学的,但我的头脑中还没有这样一张蓝图。这是由于自己的思想水平不够,还得好好地学习文件、了解情况。"

**下旬**　为所藏《汉长安共厨铜》《汉竟宁雁足镫》《唐刘明墓志》拓本题跋。

## 九月

**月内**　撰写完成《北山楼集古别录》,原作四卷已增至八卷(卷一殷周吉金、卷二秦汉吉金、卷三南北朝已下器铭、卷四古镜铭、卷五古砖文之一、卷六古砖文之二、卷七秦汉瓦当、卷八残石刻文),遂又始誊写清稿并编册。

**同月**　"九·一三林彪事件"发生,华东师范大学开展深入批判"人性论""阶级斗争熄灭论""唯生产力论"。(《华东师范大学校史》)傅东华在上海逝世。

## 十月

**七日**　为所藏《守册父己爵》拓本题跋:"守册父己爵铭文,阮氏《款识》有著录。父己者,此器铸以祭父己也。""自来著录家均误以为二册字,因题作册册父乙鼎,册册好父辛彝,非也。""吴氏《说文古籀补》册字下录入父乙卣之半册形,容氏《金文编》亦以半册形系册字下,窃以为未安。此意前贤未及,故书之以质诸当世别古文者。"

### 十一月

**月内** 开始重新撰写《北山楼读词札记》第一卷以下之各卷。

### 十二月

**是月** 华东师范大学与上海师范学院、上海教育学院、上海体育学院、上海半工半读师范学院合并为"上海师范大学"。据《华东师范大学校史》:"上海市委贯彻张春桥的旨意,为控制上海高校,作出华东师范大学与上海师范学院、上海教育学院、上海体育学院、上海半工半读师范学院五校合并成立'上海师范大学'的决定"。"校部及理科设在原华东师范大学,部分文科系如中文、外语、体育、艺术设在原上海师范学院"。

## 一九七二年(岁次壬子) 先生六十八岁

### 一月

**月内** 辑录苏曼殊集外遗诗。先生自述:"在很孤寂无聊的时候,忽然得到一本柳亚子印的苏曼殊诗集《燕子龛遗诗》。重读一遍,好像遇到了青年时代的老朋友,竟使得我恢复了青春。于是开始搜觅并抄录集外的诗,编为一卷,又从《南社集》及其他文献中汇抄了当时许多诗人所作的有关曼殊的诗,也编为一卷,作为附录,标题仍为《燕子龛诗》,放在书架上,随时吟咏,借以解闷销愁。"(《燕子龛诗·引言》)

### 二月

**一日** 郑逸梅复先生函:"文旆返沪,为之莫名欣慰。朱大可寓居(常熟路口)815弄11号,不出门,除星期一、二、三、六下午参加里弄学习,常在家中,访之甚便;大可对于石鼓有些研究。边政平多时不见,彼住兆丰别墅25号。碧波悼亡后,曾赴汉口、南京、苏州作短期旅行,兹已返家。澹安甚好,彼之同怀弟若严,最近逝世(即曩年为明星公司写字幕,作北魏体者)。闻吴[胡]道静死于囹圄中。谭正璧严重白内障,几乎失明,兹经手术,情况尚好。高君藩时晤,彼甚念台从。沈鹏年服务电影公司,系初相识,彼称我老师,我愧不敢当;彼喜研究鲁迅问题,文化大革命前,曾编《鲁迅研究资料编目》，由上海文艺出版社出版；顷来一信，拟一访台从，请斟酌之，彼当先行约期，有函致兄。附上原信，阅后掷之，不必寄回。小青今年八十，来上海，弟与澹安、冷月、襟亚、苏凤公宴一次；小青夫人骨折，不能行动，抄去手稿书籍，作价偿还。天笑翁有信来，所撰《钏影楼回忆录》三十万言，销数甚多，行将九十八岁。卓呆、独鹤家抄去之物，亦已归还，但卓呆逝世多年，独鹤亦早一瞑不视。"

**十五日** 春节。编讫装册《北山楼集古别录》，为拟付刻写油印而作"自序"："迩来目力日损，打本字画，渐不能辨，又居处逼窄，丰碑巨幅，莫容申展，束之高阁，委命于虫残鼠啮耳。遂乃移情于小品，取所得殷周以降金石陶埴文字之不盈尺幅者，类别而卷帙之，凡八百七十馀纸，装为十二册。几案之间，可以神游，或有会心，漫书数语，无甚高论，涉笔成趣，聊以自遣幽独而已。凡二百馀则，厘为八卷。"

**约在期间** 按先生自述："李白凤不时寄给我一些考释彝铭的文章，有关于文字学的，有关于古史的。他钻得深了，我没有能力提供意见。我建议他向郭沫若和唐兰两位专家请教，唐兰先生很热心给他帮助。"（《怀念李白凤》）

另，据李白凤夫人刘朱樱回忆："他把写出的有关文字学、古史方面的书稿又复写几份寄施先生请指教，后经施先生建议并介绍给在北京故宫博物院工作的考古学家唐兰先生，得到他热情的指教、帮助。"（刘朱樱《忆李白凤》）

**月内** 奉化孙正和治印"吴兴施舍蛰存"，边款记"蛰存先生雅属，正和治印"。

**同月** 美国总统尼克松来我国访问，中美双方在上海发表《联合公报》。

## 三月

**八日** 李白凤由开封寄赠据《山东通志·金石志》辑录的《山东汉碑录目》并函："仅抄其目，倘需参阅，当再抄奉。另，前寄残石，经武[慕姚]君迻目，兹连同武君所赠碑志及拟赠碑志列目一并奉上，所需何种？希示，以便转告武君检寄。""弟近日感冒，带病赶抄《殷金文字类编》十四卷，甚疲倦，俟三五日精神恢复，当再详奉一切。"

**十四日** 先生致陆澹安函："春节以来，气候阴寒，弟气管炎甚剧，故星期日不敢出门，承假碑本及《隶释》，久稽未还，歉之。兹拟于本星期日（19日）上午，如天气晴和，定当趋候，先以奉闻。"

**十八日** 吕叔湘由北京复函："56年一晤，匆匆又十六年，俱为老翁，可为慨叹。昨企罗夫人[张氏，浦江清夫人]见过，道及尊况，并出示手札，问及在京诸人，甚感。

企罗嘱代作答,谨就所知奉告。学部七人,余[冠英]、钱[锺书]、罗[大冈]、吕先后下干校(先在河南息县,后迁至明港),先后回京,吴[晓铃]、卞[之琳]仍在干校,陈[梦家]则不耐冲击,已作古人。北大四人,向[达]公66年冬以肾病去世,林[庚]、金[克木]、陈[占元]俱健在,北大已招生,谅皆有事可做也。师大三人,启功参加《清史稿》标点,李[长之]、穆[木天,1971年10月病故,系乱中音信不通]未闻有何事故,师大未招生,不知有无任务。萧乾不知何似。闻在宥在中央民族学院,该校语文系未招生,殆亦在优哉游哉也。学部运动尚未结束,回京诸人,有病者养病(余、罗),无病者半天上班学习。弟66年春胃出血后作手术,沉疴已去,属于无病之列。颇有馀暇,拉杂看书,漫无目的,适兴而已,掩卷茫然,无所谓也。时亦发奋,欲有所述作,便拟写一'丹阳方言小记',然而作辍不常,杀青无日,或可自怡,不图刊布也。方之足下,三路并进,老而弥笃,甘拜下风。""有业师黄仲苏先生,与兄同校,倘知其近况,盼以见告。"

**十九日** 上午访陆澹安,归还所借阅的碑本及《隶释》。

**月内** 誊录所作《齐书征碑录》清稿装为一册。

## 四月

**上旬** 先生接到通知,参加由系里部分教师组成的《鲁迅年表》编写组。

**二十六日** 吕叔湘在北京东单中国书店为先生购得金石拓片两种。(郦达夫、吕霞《吕叔湘生平事略》)先生自述:"吕叔湘为得于北京厂肆,原题云'全福庄新出汉画像',询以全福庄在何地,店员亦不知,但言是山东新出土物耳。"(《北山集古录》)

## 五月

**中旬** 为劳动节所得《南阳画像石》拓本用"无相庵"笺纸题识十一页,有曰:"余得南阳汉画象石拓本凡十八幅,其十一幅已见于孙文青所辑'南阳汉画象汇存',未见著录者七幅。"

**月内** 开始着手编著《汉碑年表》。先生自述:"我对汉碑开始发生兴趣,读《汉释》《汉韵》《两汉金石记》诸书,觉得应当为之增续。于是广收新旧汉碑拓本,稽考史籍中有关汉碑的记载,撰成《汉碑叙录》《汉碑年表》二书。"(《北山谈艺录》)

**同月** 1日中共中央发出《关于杜绝高等学校招生工作中"走后门"现象的通知》。8日国务院科教组同意对工农兵学员补习文化的报告,此后各地高等学校均对工农兵学员增加半年的文化补习时间。

## 六月

**八日** 为所得《唐卢公则墓志》拓本题跋。

**二十五日** 开封武慕姚(拙叟)作诗书笺《寄赠蛰存先生二首》："元钦而外爱侯刚,(刚中官即魏刘根造象中题名者)朴懋(元志)清奇(侯志)韵自长。莫叹前贤夸创获,此中佳趣过崔(敬邕)张(黑女)。(崔志传世仅三二本,张则孤本也)得失匆匆过眼尘,补香犹自费精神。遗珠纵返椟仍寂(返璧有望),古色平分累雅人。掇拾还成百卷书,摩挲寝馈复何如。寒斋深愧仙缘歇,月白风清老蠹鱼。(绝食字之缘失脉望之望也)"

另,书赠诗作："垂柳阴阴护短墙,槿篱茅舍自清凉;幽窗一枕抛书寐,未烬熏炉柏殻香。枯肠不解贮闲愁,且任珠河泛玉舟;清荫潜移帘影碧,诗情画意两悠悠。初夏即兴二首,拙鼐书。"钤印"秋华馆""贞默斋""武鼐""適斋"。

**月末** 至四川北路孔另境(令俊)家晤访。先生自述："他虽然烂脚,精神很好。我们谈了一阵,我告诉他,我要到大丰五七干校去,回来休息时再来看望他。"(《怀孔令俊》)

**同月** 上海师范大学教育革命组就"文科以社会为工厂"作了全面安排。(《华东师范大学校史》)香港波文书局出版王瑶著《中国新文学史稿·增订本》(附录:批判王瑶及《中国新文学史》专辑)。

## 七月

**十五日** 郑逸梅复函："下星期一下午,当在舍恭候。""丹林已在本月三日清晨六时逝世,年七十八。高君宾之文物,未闻发还,大约其子高锌翻检馀件,有吹万词翁'山庐好词题咏册'等而已。'苍雪词'未曾送朱大可君,如有馀可代转致。碧波夫人病癌。天笑翁九十八高龄,尚刊印'钏影楼回忆录'三十万言,矍铄哉是翁也。小青亦通过讯。相见在即,馀容面谭。"

**十七日** 致陆澹安函："弟将于24日去大丰干校,此行为期少则半年,多则一年。""有几个劣质印石,想请小康为刻闲章及收藏章,以不知小康地址,无从送去,又不知其近况,故函阁下,希望转知小康,倘肯奏刀,盼能在19日至22日中任何一日下午来舍面谈,此数日弟治装休息,下午均在家也。近日整理笔记,发现罗振玉《石交录》中曾言及'边达碑',谓是光绪中有人集石门颂字(西狭颂?)伪造,特以奉闻。"

**二十四日** 清晨赶往上海师范大学校门口集合乘车前往江苏大丰县,傍晚抵达上海师范大学大丰"五七"干校。

**二十五日** 开始参加农业劳动。据李劼记述:"有个他曾教过的学生,监督他下地劳动。他当时已经六十开外,脚下的水稻田被烈日晒得滚烫滚烫……""他当时气得对她说,你还是我教过的学生哪。"(李劼《清清淡淡的施蛰存老先生》)

## 八月

**三日** 再次为所藏《守册父己爵》拓本题跋:"余作此文后一载,读何子贞《东洲草堂文钞》,见其跋守册父己爵云。""此亦以释作册册者为非,盖已先我言之。然何氏以为一切皆止是一册字,而未悟此乃半册字,所以示别册之义,则其说犹未达也。"

**月内** 陆康治印"吴兴施舍北山楼藏碑""蛰存读词",边款各记"天游刻""蛰存先生法教,天游"。

**约在期间** 按先生自述:"听《黄河大合唱》而壮之,为赋一词《水调歌头》,实亦奉命歌颂也。"(《词学》集刊第8辑)

**又** 按先生自述:"在大丰劳动时也有过,主要是腰椎骨质增生,就是所谓骨刺。骨刺碰到大动脉,因而感到大腿以下麻痛,直到左脚小趾。当时吃了几瓶'安乃近',多散步,做腰部运动,一年多以后,就好了。"(复古剑函,1992年6月10日)

## 九月

**上旬** 据周退密回忆:"施老曾下放到苏北某地农场劳动锻炼,为此我写了《寄无相江北》:'江北江南浪拍天,片云来去远相连。我方开卷闲临帖,君且荷锄学种田。濒海应多霜后蟹,频年惭悟火中莲。篱边吟对黄花发,聊为诗人一粲然。'此诗寄去后不久,施老从苏北农场放假回沪。"(周退密《施蛰存先生百岁寿言》)

**下旬** 获准返回上海休假。据雷甫回忆:"市革委会经常向师大下达紧急翻译外文资料的'政治任务',翻译中有时会碰到一些'老大难'的词语或句子,不知如何翻译才好。这时,校方就会想到中文系的施蛰存,往往会派人把他从'五七干校'找回来。只要施先生一到场,多大的难题也会迎刃而解。"(雷甫《施蛰存笑谈"每况愈上"》)

另,回家后第二天,就到四川北路孔另境(令俊)家访,才知孔另境已于本月18日逝世。先生自述:"登上三楼扶梯,我照例高叫'老孔',可是没有照例的回应。以为他家里无人,上楼梯一看,房门都静悄悄地开着。我再叫一声'老孔',房里出来一人,却是他的儿子。我问:'老孔出去啦?'他儿子不做声,严肃的脸好像不认识我,只做个手势让我进去。我踏进房内,陈设已变了样。烂脚多年不愈的老孔并不躺在那藤椅上。我正要问,他儿子指着五斗橱上,我一看,供着老孔的照片,下面有两个小花圈。我大吃一惊,怎么,老孔没有了! 三个月前,我还来过。"(《怀孔令俊》)

**又** 周退密作词《鹧鸪天·无相居士归自江北,以蜜酒见贶,赋谢》。据周退密回忆:"一天下午送来两瓶蜜酒,说是当地名产给我品尝,并说这次再去劳动一段时期,就可结束回沪,不必再去了,当时真为他高兴。"(周退密《施蛰存先生百岁寿言》)

**月末** 为所藏《戊辰彝》拓本题跋:"适园张氏所传墨本,此商器铭文之最多者,郭沫若谓殷器中铭文之详,且其时代皎然可考见者,无过于此。""书此俟续考。"

**同月** 日本内阁总理田中角荣和外务大臣大平正芳来我国访问,中日两国政府发表《联合声明》。

## 十月

**上旬** 国庆节后,返回江苏大丰县上海师范大学大丰"五七"干校,仍参加劳动。

**约在期间** 据颜逸明回忆:"我由中文系革委会调遣,从与复旦大学合作编写上海市汉语拼音广播讲座转赴大丰干校劳动,那时我患胃病,承蒙干校领导照顾,安排在工具间与施蛰存先生一起管理劳动农具。我和施先生本是师生关系,在工具间劳动十分和谐有趣,分类登记工具项目及数量,修理破损物件。出工前在工具间等候领取锄头扁担,收工时等候回收入室。稻子熟了到田头赶麻雀,还在锄头扁担上用红漆写华东师大干校标记,施先生爱好碑帖古字写汉隶,我写美术体汉隶。"(颜逸明《大丰干校之旅》)

**同月** 31日黎烈文在台北逝世。

## 十一月

**下旬** 先生在大丰"五七"干校劳动结束,仍回中文资料室工作。

## 十二月

**六日** 为所藏《唐何简墓志》拓本题跋。

**上旬** 先生又接通知参加《鲁迅年谱》编写组（由复旦大学、上海师范大学部分教师组成）安排的上海师范大学承担的《鲁迅年谱》部分编写任务。

另，据《鲁迅年谱·后记》："由复旦大学中文系和上海师范大学中文系各抽数人组成了《鲁迅年谱》编写组，并作了分工：师大负责编写1926年以前，复旦负责编写1927年以后。"（《鲁迅年谱》，安徽人民出版社1979年3月第1版）

**十四日** 先生致谭正璧一函。

**下旬** 高式熊应约治印"吴兴施舍""施舍所得"，边款皆署"式熊"。

**月内** 沈祖棻作诗《岁暮怀人并序·施蛰存》："冲波破浪寄双鱼，念旧情深愧不如。一自上元灯冷落，断碑残帖闭门居。"（按：有关此诗可参看沈祖棻1975年1月16日复函中所述。）

另，据沈祖棻记述："奉怀兄之诗，第二句接首句来，指兄于每次风波乍过，即先写信来相问，故旧交深可感。而吾等多所顾虑，每未能早写信奉候，自愧不如耳。吾兄当事人看之，犹不能明，可见辞不达意之甚，容再改定。又如改为'故旧交深我不如'，是不否明显？"（沈祖棻复函，1976年1月27日）

**同月** 1日《红旗》杂志第12期发表中山大学杨荣国教授《春秋战国时期思想领域内两条路线的斗争——从儒法论争看春秋战国时期的社会变革》。14日我国选派16名学生赴英国学习英语，这是"文革"以来首次派出的留学生。

## 一九七三年（岁次癸丑） 先生六十九岁

### 一月

**下旬** 完成编写《北山楼集古别录目》。

**月内** 奉化孙正和为先生治印"施舍蛰存""舍之金石""施舍读碑记""北山楼""北山楼诗"，边款皆记"绳墨制"。

**同月** 《人民日报》《红旗》杂志、《解放军报》发表元旦社论传达了毛泽东指示"深挖洞,广积粮,不称霸"。

## 二月

三日　春节。应陆康之请题书册页:"雕虫游艺事,归璧识传薪;莫忝贻谋志,殷勤祖德亲。澹安先生文孙小康以此册见示,感其事占短句勖之。"

五日　为所藏《晋刘韬墓版》拓本作跋。

十日　为所藏《晋张永昌墓版》拓本题跋。

十五日　展阅《汉三老讳字忌日记》并题识:"余先得西泠印社朱拓本,殊不明晰。此本乃会稽周氏凤凰砖斋旧藏,有余姚客星山周氏三印,是周清泉初拓本也。"

二十七日　为所藏《汉刘熊碑阴侧》拓本题跋。

同月　中共上海市委写作班创办《学习与批判》月刊,由上海人民出版社出版。

## 三月

一日　为所藏《南越文王陵黄肠木刻字》拓本题跋;又为《南越古砖文》拓本题识:"李尹桑所藏,拓此本贻吴仲坰者。仲坰昨岁物故,所聚文物散出,遂入余北山楼。"

二日　为所藏《宋刘怀民墓志》拓本题跋;又为所藏《好太王陵砖》拓本作跋:"有秦更年题识,云此孙师匡所得好太王陵砖。""好太王者,古高勾骊开国之君,时当东晋末叶,则此亦晋砖也。墓有丰碑,世称好太王碑,清光绪元年始为访古家所知,遂传拓本,然地处边远,拓取不易,传世甚少。昔年曾见王文韶家散出精拓一本,议价未合,交臂失之。迄今未见第二本,是为憾事。"

四日　为新近购得《刘目连造像记》题跋:"罗叔言《石交录》谓此乃陈簠斋所藏泥像,亦传世古物中罕见者。此本俞陛云手拓,以贻陈伏庐者,似用石墨干拓,殆以其泥质不堪水沾耶?此又传拓之新法已。"

五日　为新近购得《梁五铢铁泉泥范》拓本题跋。

六日　为所藏《更封石》拓本题跋。又为所藏《汉豫州从事残阙》拓本题跋:"徐乃昌旧藏,有徐氏题签,云石出四川,未有著录。"

七日　为所藏《伊阙佛龛碑》拓本题跋。

八日　展阅《南武阳功曹阙》而题识:"四面拓各一纸,归安陆季寅藏本。"

十一日　为所藏《新建观音寺碣》拓本题跋。

**十二日** 为所藏《汉逍遥山会仙友题字》题识;又为《晋辟雍碑》藏本作跋。

**十四日** 续为所藏《新建观音寺碣》题跋;又为《汉承安宫铜鼎》藏本题记。

**十八日** 为所藏《魏冯神育等二百廿人造老君像碑》拓本题跋;还为所藏俞陛云乙丑夏五手拓《吴越王雷峰塔砖文》拓本题识。

**二十五日** 润改《金石百咏》,并复写清稿三册。

**三十日** 武慕姚(拙叟)由开封复先生函。

**月内** 誊录《北山楼集古别录目》清稿,装为一册。

**同月** 人民文学出版社北京出版第一版鲁迅著《且介亭杂文》,开始在部分省市"人民出版社"印行。

## 四月

**一日** 为所藏《梁陈宝齐造像》拓本题跋:"大同十年陈宝齐造像稍后出,归吴门韩氏玉雨堂,其后不知所在,墨本亦久无流布。此纸近日收得,有李尹桑题识,述此像流转之迹甚详,始知其犹在粤中。像背有梁陈宝齐、唐顾廷谦、清何瑗玉题记三刻,兹并录于后。"

**五日** 为所藏《汉上庸长神道阙残字》拓本题识;又为所藏《辽宋晖造像》拓本作跋:"兹录题名全文于后,以补罗氏[叔言]所缺。"

**六日** 为所藏《梁武帝铁钱泥范》拓本题识:"四十年前,南京通济门外农民掘地,得泉范数百枚,皆泥制,完者极少。此本所拓,即其一也。""今观此泉范,可知大吉、大通,视大富更难得也。"

**二十日** 日本举办我国河南省画像石、碑刻拓片展览会,先生阅报后甚为关注。

**二十四日** 沈祖棻由武汉复函:"今春得上海友人信,曾托其探告先生及许杰、徐中玉、周煦良诸君近况。""近日尤时时相念话及,不料先惠佳音也。""鄙句蒙久尚记忆,足见旧谊。近年更经大风浪,见大世面,千帆已白发盈头,棻亦两鬓苍苍,想先生亦老矣?彼此尚健在安好,较旧句云云,更属不易;但所望相见江南,则年老多病,行旅艰难。""罗玉君先生近况如何?尚会面否?如晤请为致意。煦良、西彦二君,仍往还或知近况否?先生近年情况,亦望告知。""回忆江苏师院任教时,此乐已不可得矣。久想于暑假返沪一行。""未能见面,书信往返,慰情胜无。"

**三十日** 程千帆致函:"七八年来消息间阻,每念兄况,疑艰难险阻必大过人,今知以心地冲夷,得安稳度过诸般苦厄,而复老学弥勤,著书不辍,欣慰之情,曷可言宣哉。""承示旧友踪迹,生死契阔,感叹实深,今就所知,辄以奉告。詹祝南已于数年前去世。""吴奔星现在徐州师范学院编写教材。""孙望仍住南京天竺路2号,现已返南师中文系编教材。""唐圭翁今已七十三矣,仍住南京剑阁路40号,体弱多病,仍努力编辑'金元词汇'[《全金元词》初名],不常到系。夏瞿禅客岁来书,欲编今世词家之作为'湖海词传',征稿于子苾,子苾以此事但供日后批判之资,遂婉谢之。""如兄与之有书札还往,尚祈一为解释之也。《苍雪词》[姚鹓雏著]旧日未荷寄示,惟抄论子苾词之《望江南》一首于来札中而已。如以全稿惠赠,固所愿也。""尊恙殊为奇特,弟意应同时求治于老中医。""见中玉乞为致声,西彦、声越、士仁[许杰]、煦良诸君,若解后遇之,并希道念。上海顷不知尚有旧日名牌毛笔,""如有望代购七紫三羊毫四五枝。"

**月内** 按《玩碑杂录》统计,北山楼金石拓本收藏,截至1973年4月增至2787目,已是先生积卅馀年精力聚集拓本的半壁江山。

**是月** 上海市中小学教材编写组出版、上海新华书店发行由复旦大学、上海师范大学中文系选编《鲁迅书信选》,其中收录鲁迅致姚克(1933年11月5日),"注释"内提及:"3.施蛰存,江苏松江人,自称'第三种人'的反动文人,《现代》杂志主编,曾任国民党书报检查官。1957年成为资产阶级右派分子。4.'第三种人',三十年代初期出现的一批标榜'不左不右'的资产阶级反动文人。他们鼓吹文艺超阶级谬论,配合反革命文化'围剿',恶毒攻击以鲁迅为首的战斗的左翼文艺运动。代表人物有苏汶(杜衡)、施蛰存、戴望舒、韩侍桁等。鲁迅曾写了《论"第三种人"》等杂文进行批判。5.指鲁迅与施蛰存关于'《庄子》与《文选》'问题的论争。1933年9月,《大晚报》编辑部就'要介绍给青年的书'这一问题征求某些人的意见,施蛰存乘机提出《庄子》与《文选》两部,'为青年文学修养之助'。鲁迅于10月1日写了《重三感旧》进行批判。施蛰存又写了《〈庄子〉与〈文选〉》一文进行反扑。鲁迅接连写了《"感旧"以后(上)》、《"感旧"以后(下)》、《扑空》、《答"兼示"》、《中国文与中国人》、《反刍》(后均收入《准风月谈》)等杂文进行回击。鲁迅不仅批判了施蛰存鼓吹复古主义的荒谬性,而且揭露了他引诱青年脱离现实斗争的阴谋。"

另,鲁迅致郑振铎(1933年12月20日)谈及:"《现代》在'流'字排行中,当然无妨,我且疑其与织网不无关系也。""注释"内提及:"3.《现代》,是'第三种人'施蛰存、杜衡(苏汶)编辑的文艺月刊,1932年5月创刊。鲁迅常鄙称施、杜为'文氓'(意即文艺界的流氓),所以说该刊物在'流'字排行中。'织网',指组织'文网',即参加查禁书刊、迫害进步作家等罪恶勾当。"

另，还有致姚克(1934年2月11日)、致增田涉(1934年4月11日)、致杨霁云(1934年5月6日)之"注释2、3"等。

**同月** 人民文学出版社出版北京第一版鲁迅著《且介亭杂文二集》《且介亭杂文末编》，开始在部分省市"人民出版社"印行。香港新艺出版社出版印行鲁迅著《准风月谈》。

## 五月

**六日** 致武汉程千帆、沈祖棻夫妇函。

**上旬** 先生接到系里通知，参加由上海师范大学、上海外国语学院和上海人民出版社编译室联合组织的法文翻译小组，合译法国梅里·布隆贝热著《蓬皮杜的秘密的命运》。（按：此书译后中文版名为《蓬皮杜传》。）

**十九日** 程千帆致函："弟忆兄居原颇宽绰，今云局促，仅可伏案，""大抵各处皆然。""所云结集文献之事，实亦颇为有用。""子苾词虽尝存稿，""迻录之事当竢后缘。中玉昨有书来，云兄独为老健，观审造象风采犹昔，且无白发。""购笔事，以与维钊先生无相交之雅，且渠又极忙，但可便中一询。""兄主编'珍本丛书'时，《词林纪事》一种，即渠题署，""至今印象深刻。""如其有暇，能以精纸写厉太鸿或符幼鲁诗一卷见惠，俾浙水风流常在几案。""而能事不受相迫促，留待异日渠较安闲时，请之可也。""《苍雪词》不必急急，能订好再寄下最好，此间无装订处也。拙稿题署承商榷，甚感。""师大所编鲁迅资料及其它现代文学资料，如有印出者，望能设法寄孙望一份，来书曾重托也。"

**月内** 选编《文苑珠林》完成初稿。

**同月** 人民文学出版社北京出版第一版鲁迅著《花边文学》，开始在部分省市"人民出版社"印行。中共上海市委写作班创办《朝霞》文艺丛刊，翌年1月改为月刊。

## 六月

**五日** 吴奔星由徐州致函。据吴心海回忆："知识分子的境遇略为宽松，施伯伯就立即和先父通信，谈及开封的老友李白凤、武汉的老友程千帆等等，也专门问过王

[进珊]的情况。先父保留的一封1973年6月5日致施伯伯的信件底稿。"(吴心海《一枚售价三分的明信片》)

**十八日** 沈从文由北京寄程应镠收转致先生函:"孙用在,无事。金克木,仍在北大。""郑效洵在丹江时作五连连长,体力极好,近已调北图外文部。楼适夷,似尚在咸宁,或已暂归。冯亦代,不悉。艾青,据数年前由新疆回来熟人说,在建设兵团,教教画,住处甚好。""郁风夫妇、与叶浅予,或仍在保护中,具体情况不明。凤子无事,或尚在京附近干校,或已回。""孙毓棠,在标点廿四史。调孚,似乎故去。罗大冈,仍在文学所外文组,由冯至带头。""赵太侔,在青岛,闻运动中入海。浦江清早故。邵循正新故。""杨金甫[振声],已故去十馀年。""文衡[振声之子]夫妇不悉,""文衡夫人十多年前曾来京,在住处附近教中学,当常来坐坐。返保定后,即无消息,似有三四子女,必早已工作多年(一女或早已成体育教练)。""启功仍在师院,已成字画鉴定大专家。""丁玲大致仍在黑龙江。""王冶秋为图博上带头人。""弟近廿年因工作关系,和搞艺术教学,及工艺生产同志接触较多,旧同行、老同事,均多称隔少过从。""有关图博事,均协之。但供应拓片恐无能相助。因此等琐事,即直接任故宫副院长之唐兰亦无能为力,弟亦不能就历博藏品拓印,但历博有文物照约十万,购专为供应协助研究工作而设,约一角一张,得自选印。我们本拟印五十万种,供全国需要,但工作似因运动而停顿。""有关古泉币,历史博物馆似已集中各收藏家所有,及部分外币,多达十馀万,似尚无人整理。瓦当亦以万计。印章则过去方药雨收集各方收藏,制成锌板待印的,亦过万种,实物则古甸玺不少,特别官印不少。十多年前,肖[萧]军在彼工作,曾将何雪渔[震]、丁龙泓[敬]、以至王福庵治印收集不少。均存库,无人过问。北京市文物组收集品或亦过万。辽金元希见官私印,占分量相当大。除罗福颐曾登记过,恐亦无人肯下三五年工夫整理也。故宫则倪玉书存战国玉印,陈汉第藏汉印,及陈簠斋旧藏,无不存库,捴不下数万,""大致均在冻结中。因印章研究兼涉及管制,有资格发言,似惟罗福颐一人。近在红楼整理山东出三千汉简,闻总得三年左右才可望将报告写出。又故宫还有一金禹门,则长于治印并摹古。""砖刻瓦当历博亦以万计,无从整理。至于金石拓片,无不集中于公家收藏。除北京三大文物单位,及考古所、北图等,以至陕洛公家收藏,亦多不胜数。且多县区域性,如东北则辽金墓志特别多,有关生活石刻亦壁画更特别丰富。其他如山东、陕西新出汉石刻、壁画,亦不少。以历博规模之大,机动美工人员之多,另外还能调动美院教师,仅就新出壁画而言,虽尽可能摹绘集中,尚或觉力不从心,顾此失彼。新石刻则因各省市文物保管单位,事情极忙,决不可能抽出大量人力,来搞拓印工作,居多本单位亦少拓出。""兄如真有意求此,扩大研究范围,并深入内容作综合分析,""与学校建议,同事商讨,用今崭新态度,建立一文物资料室,初步作一个二三年计划,作一年全国性胜解材料工作,组织个二三人工作组,各处去看一年,不仅看陈列室,还得看库存。凡是有用的,即笔记摄影,有必要即商收藏单位为特别拓印。""而如何来努力为学校筹建一研究教学用、永久性资料室,却十分有意义。若学校对此工作略有基础,当用学校名义,不仅可进一步向各大文物收藏单位,商洽摄影,比较容易,即草一计划,扩大历史资料工作,向中央呈请调拨出土文物几千件,也将毫不困难。各处文物积压过多,实待处理当批! 弟等亦可在人大政协提案建议,作为试点而促成其事。因出土文物早以百万计。再过不多几年,肯定将以千万件计。各省市博物馆能展出的,大如历博、故宫,亦不会过万件。绝大部分多冻结于库藏中,即发掘者亦倦于过问。若非从新研究一个办法,使之与大学历史系研究工作好好结合,则文物研究工作,将大大落后于现实。新的文化史,恐在十年后,仍不可能产生。而史学研究,也不可免依旧停顿到用书注书旧礼数上,不易得到应有进展也。过去十年前,弟曾对此事为七八大专院校收购过些教学文物。近年来,花币收集已不可望,但建议调拨文物,或为仿制文物,如战国、汉代漆器,唐宋元明金银器,都仿得极好。只是比过去买实物贵得多。摹绘各代重要壁画,则相当容易,只要学校有此需要,又有一定预算专款。且可委托历博及各省市博物馆代办。""此事便中或不妨试与流金[程应镠]兄一商,因十年前,弟即为此事对国内各大学有所建议,并得文教上级同意支持。今花币收购已过时,然作新的建队,调博文物于大学文史系,则已较前方便百十倍。求文史研究得到共同提高,私人中任何热烈爱好,而又强有力,恐终不如转而成为公家一种新的设备设计,易于发挥文物作用,易收共同提高效果也。近闻各大省市均在进行'出土文物展',吾兄最好能约同事三五人,向校中建议,组一文物学习改进文史教学班子,分区外出参观参观。公家如还不习惯作此远大考虑,即作为私费,由学校介绍,即可得到种种便利,也十分值得。"

**二十四日** 为所藏《汉朱提洗》拓本题跋:"此四洗形制,字体略同,前后历六十载,当是朱提造洗之盛时。《汉书·地理志》:'犍为郡有朱提县。'后汉时,隶犍为属国,山出银铜,其故城当在今四川宜宾县西南。朱提铜矿,发现于后汉,建初、永建之际,或正是铜冶初兴之时。""此四洗皆作'朱提',不作'朱提',可知苏颜两家所注,皆当为提字,提即匙也。盖汉以来,久已误提为提,赖此四洗正之。"

**下旬** 从上海书画社购得淮安周氏"嘉祥画像石"拓本十纸,别一纸清宣统年湘潭罗正钧劬盦题志,并据《嘉祥汉石画记疏证》考校排列序次及刻石拓本等诸况,撰录为稿本"嘉祥汉石画记疏证"。(稿本,万照楼藏品)

**同月** 5日国务院科教组在北京召开"文科教育革命"座谈会。人民文学出版社出版北京第一版鲁迅著《准风月谈》,此后在部分省市"人民出版社"陆续印行。

## 七月

**一日** 为所藏刘燕庭旧藏传拓本《汉书言府弩机》题跋。

**二日** 为所藏《汉上林荣宫铜熏炉》拓本作跋。

**五日** 晚上为所得《释六舟刻印》钤本题记:"释六舟所治印,乡人朱孔阳收得于杭州喜雨台,藏之四十年矣。昨钤二纸见惠,因黏入集古小册。"

**六日** 为所藏《清漪园印》钤本题记:"钤白地青花瓷印一方,方三厘米。高倍之,有螭纽。篆书白文三,曰'清漪园'。此颐和园旧印也。""此印为吾乡张氏所藏,得天居士后裔也。抗战时散出,为吾友朱孔阳所得。近钤数纸见贻,遂入此册。"

**十日** 为《北山楼增辑〈燕子龛诗〉》撰"跋":"昨岁,忽得柳亚子所印《燕子龛遗诗》,越数日又得沈尹默写印曼殊诗卷。因复我童心,吟诵累日。""乃今之少年,几不知有苏曼殊,则世运转移,人情亦变,今之少年,无曼殊之情致矣。诗人之于时代,其得失皆在于此,甚可喟也。闲居无事,录亚子刊本诸诗。又以沈写本及旧时录存佚诗增补之,题曰《燕子龛诗》。复辑录南社以来诸家投赠、题咏、哀悼之作,得百馀篇,以见曼殊交游踪迹、流风馀韵。然此二辑,皆未尽也。续有所碍,容更增补。"

**二十一日** 沈祖棻由武汉复函:"前奉手书,适在病中,曾由闲堂复一函,想早收到。""舍侄辈来信相邀至沪度假养病,南京诸友复约至宁小住,以病及家务,久久未能决定,今努力克服困难,决意一行。""本拟作书告知将来沪奉访,检阅来书,见有附条云暑假将去南京,遂赶写此简信发出,以便在宁相见。"

**二十九日** 为所藏《北齐鲁思明造像记》拓本题跋。

**是月** 先生与多人合译《蓬皮杜传》,被列入"内部发行",由上海人民出版社初版印行。

## 八月

**上旬** 补辑陈子龙《湘真阁词》并附录其论词语录,编撰为一卷。

**十八日** 按叶灵凤日记:"今日起恢复日记,已是秋天了。我已于本年7月15日自《星岛日报》退休,'星座'遂于17日停刊。中敏夫妇等今天起程往江南及华北旅行,托带一信与蛰存。"

**十九日** 按叶灵凤日记:"整理书籍。蛰存日前来信,自署'李万鹤',称我为'秋生',殆有所忌讳也。"

**中旬** 在上海书画社购得《吴仲坰集古册》。先生自述:"此吴仲坰遗物也,凡二十五纸,皆妙品佳拓。黄宾虹、潘兰史、秦曼青题识诸纸,尤可珍异。""此册癸丑仲秋得之市肆,盖身后不久即散出者。"(《北山谈艺录续编》)

**二十七日** 按叶灵凤日记:"天气晴热,中敏自上海来信,曾见大姊、二姊,心中甚慰;又告我施蛰存近任华东师范校长。"(按:"近任华东师范校长"之说,应为误传;或也有可能在交谈时,未能听懂方言发音而误。)

**三十日** 按叶灵凤日记:"天气仍整日晴雨不定,甚凉。寻出蛰存侄女所寄来英文书两册,尚有一册未见,正是他信中所要的。"

**月内** 钱君匋应约治印"舍之文字""施舍校碑",边款各记"舍之兄属,癸丑七月""舍之老兄索刻,癸丑"。(《钱君匋精品印选》)

**又** 沈祖棻莅沪探亲,曾来先生寓所探望。据沈祖棻记述,兄"局促于顶楼,回身不转者";"两处皆房屋狭隘,人事不便,未能多聚畅谈,当时兄又须到校,且有任务"。(沈祖棻复函,1975年1月16、27日)

**同月** 据《华东师范大学校史》记载:上海师范大学"中文系工农兵学员、应届毕业生、中共'九大'代表刘丽华,毕业离校前到市革会文教组'反映情况',认为学校加强基础理论教学、严格要求学生掌握必需的文化科学知识以及择优选择、培养人才等做法,是'智育第一'的精神枷锁尚未彻底摧毁的表现。文教组将其整理成《刘丽华谈话记录》的《简报》送市革会领导。徐景贤在这份《谈话记录》上作批示,把刘丽华反映的情况说成是'资产阶级习惯势力的表现',并说'和资产阶级习惯势力作斗争是长期艰巨的任务'。文教组将徐的'批示'和《谈话记录》冠以《值得注意的倾向》转发全市各高校,并在上海的有关媒体登载,在全市范围内掀起了一场批判所谓'智育第一'和'资产阶级习惯势力'的斗争"。

**又** 7日《人民日报》发表杨荣国《孔子——顽固地维护奴隶制的思想家》,"批林批孔"运动在全国开始。10日《人民日报》转载《一份发人深省的答卷》,张铁生"白卷"事件发生。人民文学出版社出版北京第一版鲁迅著《南腔北调集》,此后在部分省市"人民出版社"陆续印行。

## 九月

**四日** 复开封李白凤函:"二札及法书十纸均收到,此十纸颇见功夫,盂鼎尤佳,散氏盘似嫌细了,不知足下据什么印本临摹。此十纸费兄宣纸二元馀,请在郑固等碑款内划出二元,补还兄宣纸费。这一笔小账也请记下,将来印《金石百咏》时恐弟有款寄上,可以一并计入。兹奉上一清单,请核对,收款已不误,付款不知有无遗留。《字源》较《隶篇》好,翁方纲有文论及此类书,且此等书石印本用起来方便,又价廉,弟久想为马、王、杨、樊诸子买石印本,奈不可得何!这一部《字源》一定赠送樊君,不必客气,只求他将来莫放过机会,给我搜集一些新出古刻拓片。武公字三纸已送朱大可〔莲垞〕、边政平、周退密,兄字二纸已送边政平、朱大可,他们当以字或诗为报。"

另,据范毓周回忆:"《金石百咏》是1973年寄来的,那时白凤先生正醉心于他的青铜器铭文研究,经过相当努力,他已从种种渠道搜集到一些珍贵的青铜器铭文拓片。为了答谢施先生的盛意,也为了阐述他的学术见解,白凤先生这位三十年代曾经名噪一时的新诗人,再也按捺不住自己的激情,开始创作《古铜韵语》来了。""可以说是对施蛰存先生《金石百咏》的唱和之作,也可以说二者直如姊妹篇。"(范毓周《遗著含悲辛——记李白凤》)

**二十八日** 《文汇报》刊载《居心叵测的"织成"说——批判林彪所谓文章是词汇"织成"的谬论》提及:"三十年代的资产阶级右翼文人施蛰存,曾大肆鼓吹文章是词汇'拼成功'的谬论,胡说只要掌握了'汉以后的词,秦以前的字,西方文化所带来的字和词,可以拼凑成功我们的光芒的新文学'。这种资产阶级玩弄文字游戏的反动论调,一出笼就受到了伟大的革命家鲁迅的痛斥。""鲁迅的批判狠狠地打击了'穿洋服'、'做新诗'、'如光绪初年的雅人一样'的施蛰存之流,驳斥了他们的无耻谰言,揭露了他们妄图欺骗青年的险恶用心,为革命青年驱除了迷雾,指明了前进的道路。"

## 十月

**上旬** 参加中文系第二批"开门办学",与青年教师和学生又来到上海第三钢铁厂教学基地劳动。

**约在期间** 据楼昔勇回忆:"由于年龄关系,他很少到车间去参加劳动,主要的任务是抄大字报,出大批判展览,有时也看看学生写的稿子。那时候,在八小时以外的工馀时间里,我们既不能看与运动没有直接关系的书籍,又没有其它业馀文化生活,特别到了晚上,在灰暗的灯光下,什么事情都不能做,因此,显得十分无聊,每当有空馀时间,大家只好聊天。开头一段时间,施先生不太主动与人说话,但是后来大家熟了,彼此间的关系也就比较融洽,话也就多起来了。""大家都很愿意与他聊天,尤其是我们同住一室的几个教师,都很愿意听他说一些我们不太了解并且又很感兴趣的事情。有一次,我和王铁仙等老师一起与他谈起三十年代有关上海文学界的情况。我问他是否与鲁迅直接见过面。他说:'有过。有一次,有人请客吃饭,我和他都参加了,那次我们之间说的话还是比较多的。不过,我们平时的交往差不多都是通过书信,联系的也都是一些有关写文章、出书的事情。'后来,有人问:'在第三种人问题上,鲁迅怎么会骂你的?'这时,他突然瞪亮了眼睛,把头颈一直说:'喏喏喏,你们错了,在这个问题上,鲁迅却是没有骂过我啊!他的那些文章都是针对苏汶的。'于是,我们也就叫他谈谈有关这次争论的情况。他说:'这件事情同我当然也有关系。当时,我在主编《现代》杂志,有一个很不好的脾气,凡是朋友来的稿子,总是看都不看就签上名字发排了,苏汶的那篇文章就是这样发出去的。后来,等杂志出来,我一看就觉得不对了,这篇文章的观点肯定会引起不少人的反对,鲁迅肯定也会出来表态。'他还带着一种钦佩的口气说:'鲁迅确实不简单,他非常关心当时文坛的情况,很多稍有影响的报刊他都看,《现代》杂志当然也是他所关心的,文学界不同观点都逃不出他的眼睛。果然,没过几天鲁迅的文章也来了。我看了一下,二话没说,也签上了名,发。'在说最后一句话时,他还用右手夹着香烟的指头,在左手的手心上划了两个圆圈,然后又做了一个'发'的手势。他又接着说:'可是,这个苏汶还是不买账,还要写文章,我当然也是发。这样一来,就惊动了整个文坛,好多左翼作家都卷进来了,大家争得不可开交。后来,冯雪峰出来打了圆场,发了一篇文章,争论总算是停下来了。'这时,他还怀着一种对朋友的歉疚心情轻轻地说了一句:'冯雪峰的这篇文章,到了57年反右时还成了一个历史问题。'""与我们谈了在《〈庄子〉与〈文选〉》的争论中与鲁迅打笔仗的情况。""偏偏这件事情又被鲁迅知道了,不过平心而论,他对此好像也没有看得很重,只是在一篇文章中很随便地说了几句,根本没有骂的意思。有人问:'鲁迅不是骂你洋场恶少'?他马上说:'那是我不好,是我自己跳出来的啊。这样一来,鲁迅先生就要教育我了。'此外,他还说了一些其他文学界的情况,谈了周扬,谈了冯雪峰等。总之,说话间他的情绪很轻松,也很坦诚。"(楼昔勇《施蛰存谈与鲁迅的关系》)

## 十一月

**上旬** 在上海第三钢铁厂"开门办学"劳动结束,返回中文系资料室工作。

**同月** 21日《解放日报》《文汇报》以《一种值得注意的倾向》为题,发表经徐景贤修改的上海师范大学某工农兵学员的"谈话记录"。在半个月内,全市有一万馀人前往上海师范大学观看大字报;上海报刊批"智育第一"和"资产阶级习惯势力"持续三个月之久,发表批判文章170篇。

## 十二月

**二十日** 《文汇报》第三版刊载《"丝线"与刀枪》提及:"林彪虽然在侈谈鲁迅,实际上,他却根本不懂鲁迅。因为鲁迅是恰恰最反对玩弄词汇这套把戏的。为了这,当年他还跟'洋场恶少'施蛰存进行了一场激烈的论战。"

**月内** 作诗《写藏书藏碑目录竟各题一绝句》:"谋身未办千头橘,历劫犹存一箧书。废退政须遮眼具,何妨乾死老蟫鱼。""汉碑唐志聚球琳,宋拓明模叹未任。莫笑井蛙难语海,饮河安用浪千寻。"

**约在期间** 据香港刘以鬯回忆:"我打电话给叶灵凤,将徐訏与朱旭华的意思告诉他,他听了,立即接受,约好在'大会堂'二楼的餐厅喝茶。""叶灵凤偕同他的太太走来了。""大家坐在U字形的大沙发里,毫无拘束地谈往事,谈现代书店老板洪雪帆、谈邵洵美、谈施蛰存、谈曹聚仁。"(刘以鬯《记叶灵凤》)

**月末** 始与杭州陆维钊恢复通信。据陆昭徽记述:"目前我收集到的施先生来函约四十馀封,平均每月一封。估计父亲给施先生的去信也大体相当。他们通过书信,或研究诗词书稿,或交流碑帖收藏,或追忆云间往事,或感慨晚年境况。每当有故友谢世的噩耗传来,俩位老人都会叹惜不已。""关于金文研究,父亲曾去信建议施先生注意研究铭文多的大器。对此,他回复道:'近日借到一部《攈古录金文》,著录1340馀器,铭文在100字以上者不过三十馀器,足下希望我搞些大器,看来也搞不出什么名堂。金文之学,弟看来也不过考古史,与考文字流变。考古史之资料亦甚少,还不如据碑证史之题材丰富。'""他也劝父亲退休后多挥毫创作,写道:'足下精力犹健,弟希望趁此多作书画,不必看客观形势。留一二百件交少君保存,亦不是无意义之事,其有意乎?'"(陆昭徽《陆维钊与施蛰存》)

**同月** 人民文学出版社出版上海重排第一版第一次印刷《鲁迅全集》（共二十卷），其中《第四卷·三闲集、二心集、伪自由书》《第五卷·南腔北调集、准风月谈、花边文学》《第六卷·且介亭杂文、且介亭杂文二集、且介亭杂文末编》。

**同年** 华东师大中文系教授"费明君终于在青海牧区的德林哈劳改农场，身心交瘁而死"。（范泉《文海硝烟》）

# 一九七四年（岁次甲寅） 先生七十岁

## 一月

**五日** 据《华东师范大学校史》记载："我校正副教授一百余人，同全市其他高校的正副教授一样，突然接到'开会'通知，并称'会议重要，请勿缺席'，实际是诱骗教授参加'考试'。直至主考人宣布考试、监考代表宣布考试注意事项后，到会的人才知受了欺骗和愚弄。当即有许多教授对这种做法表示不满，有的当场进行了抵制。"先生自述："我也去了，做了一回'白卷学生'。"（先生口述）

**八日** 撰写《偏枯》。（按：此写作时间据《施蛰存全集·北山楼词话》。）

**同日** 先生复周退密函："承惠金文拓片九纸收到，谢谢。泰山不辞细壤，故能成其大。弟所集尚未可云泰山，而公之所惠，亦非细壤，九极数也，岂一粟乎。九纸中已有者二纸。夷则大晟，似为宋政和中，仿古所铸钟，或可查得。译事今日可毕，尚有校稿三万字，须誊录，过此者度岁矣。阴寒之日多，弟将蛰伏，不克常趋诣。倘有所得本，惠示与阁下同乐也。"

**十五日** 沈祖棻致函，谈及"两函均早收到"，"承示［李］白凤事，至感"；"闲堂事"，"承关注极感，彼亦来信时问及尊况，并感厚谊"；"暇时亦稍注意营养，油水稍丰，则先生与嫂夫人之赐也"，"每念先生得优游著述，则当归功于嫂夫人之辛劳治家"。

**十九日** 作诗《岁阑怀旧写际郑逸梅》并书笺："岁阑怀旧总堪悲，五十年间黍一炊。茂苑诸郎久星散，西泠俊侣半兰摧。当时坛坫争盟帜，今日江湖共刦灰。儿辈安能知许事，会心惟有郑君梅。岁阑怀旧长句一首，用中华新韵，写奉逸梅道兄政之。"

另，按先生自述："不意一场'浩劫'，又使我们的交往隔阂了十年，直到七十年代中期，才再度继续往来。现在则彼此都已幡然一老，书札往复，代替了登门造访。"

"这是我提出的一个新观点,我以为逸梅的著作便是当代的《世说新语》。""所以我说时人轻视逸梅的补白文字,无异于不认识刘义庆的《世说》。"(《逸梅选集·序》)

**二十三日** 春节。始作《甲寅杂诗》。(按:最初拟题《浮生百忆》,写作时题为《甲寅杂诗》,又为《浮生百咏》,后因未能完成百首而定名《浮生杂咏》。)先生自述:"我年七十,废弃闲居。偶然发兴,作浮生百咏诗,以志生平琐屑。"(《浮生杂咏·引言》)

**二十六日** 《人民日报》刊载署名"解放军某部范咏戈"《文艺战线的大好形势是斗出来的》提及:"在延安文艺整风时期,躲在洋人怀里的反动文人施蛰存就抛出过《文学之贫困》的叫喊,目的无非也是攻击延安的新戏、新诗不算'纯文学作品'。"

## 二月

**六日** 元宵节。为所藏《宋释梦英书江淹拟休上人怨别诗》拓本题跋:"灯下展观此本,遂漫书之。"

**同日** 周退密作诗《无相闭门著书,寄此调之》。据周退密回忆:"浩劫后期,老友施蛰翁与余均侘傺无聊,然月必一二晤,晤则君必以自著或所编纂之古籍飨余先读。"(周退密《呆堂书跋》)

**九日** 为所藏《唐善业泥造像》拓本题跋:"清道光时,刘燕庭访古长安,于雁塔下得泥版数具,""自此始知于世,好古家又多一珍玩,余尝得一拓本,""盖即鲍子年从真性寺僧得之者,鲍有题记,见《观古阁丛稿》。佛家以营建梵宇为善业之一,塗垩所馀泥,谓之善业泥,用以模压为佛像,以施善信,此善业泥造像之由来也。泥造像魏齐时已有,不始于唐,惟善业泥之名,则始见于此。"

**二十二日** 李白凤由开封致函:"昨天才发一信,中午桑凡同志就过舍间,略为道及此次南行造府的大致情况,暌别二十五年(一世纪1/4),方粗知尊况,不禁黯然伤神。本来领导已通知写'材料'并说明'够条件的可以解决问题',满以为河清有日了,而运动一来,我们这些小事自然应该'让路';况且各方领导正在引火烧身,当然无暇再管这种小事,甚至我们的学习也是我摸索着去搞,上半年似已无望了。桑凡兄大约把弟十馀年的艰苦奉告了一些,因为我所身受者,彼大率均虽亲见,但我亲身经历,自然体会不到我的心情;然而,兄可自其转述中体会一二。桑凡兄告诉尊况,知道住房尚紧,但似乎比前几年松了一些(?),又补了薪。""言之不甚怆然!桑兄转诉兄意,至为可戴,朋友之情,自汉世而后日愈凉薄,想不到吾兄仍存古谊,全家不胜心感、默祷。""近成……已脱稿,弟于此道本无专攻之益,又未承师教,不免荒谬万端,此固为

'消遣'之作,并不想当成什么'名山绝业',谨将第一篇粗粗写定,""寄呈吾兄一观,并且希望不吝垂教。其馀两篇当续改钞呈。但是,此稿改动很大,并未留底,因而希望看过以后早日赐还。根据尊见再行修订,钞正入'册',连以前四篇,名为《彝铭三考》。一、《史记》;二、《说文古籀补》(或《金文编》);三、《观堂集林》第一函,二、三、四函不需要。要多少钱?自然,弟很穷,但有些年轻朋友愿意支持我,30元以内是可以弄到的,绝不会要兄垫钱太久。""请写两个'小斗方',桑凡一幅,弟一幅。弟之一幅,请书元遗山论诗绝句第一首。"

另,据范毓周回忆:《东夷杂考》"写作期间还曾就其中许多问题,和施蛰存先生进行商榷。最为令人感动的是,两位老人在学术上颇具童心,鱼雁往还,每每争论不休。许多问题就是在这样的争论中加深认识,日渐明确的"。(范毓周《遗著含悲辛——记李白凤》)

**二十三日** 周退密作诗《屈大均行书轴,蛰公所惠》二首。

**二十四日** 李白凤由开封致函:"昨天发出一信,并附拙稿《说'亞''富'》一件,希望得到你底批评,今天快读惠书,知在《说文古籀补》之找到'㝣'字。""兄谓桑君去来匆匆,没有给弟带点东西,鄙意以为兄可以不必介意,第一,昔年在港已受惠实多。第二,弟亦未托他带东西去,彼此抵销了罢!弟十六年来安贫守素已成习惯,对于吃东西反倒兴趣不高,能替弟买点书,到是非常心感的事。尊处藏拓有什么稀见之品否?希望模写一二,使得分高,并供研磋之乐。关于藏印,此间原有几家,都是汉印,可惜68年时都撂到水坑中去了,宋元官印未听说有藏家。慕姚倒是有些稀见的'图象式'的铜器小拓片,大约三十余种,但此公藏物无法商量,弟已摹抚数种入录。此外,马某藏有汉官印钤本四大册,曾请弟作跋一通,甚精彩,几次托人请其见让,均不肯。另有一怪人杜某,彼系汴梁故家,藏庋颇丰,前数年穷极,零星卖了些东西,均假诸书贾之手,弟曾面商见让,不肯。他究竟有多少东西?谁也不清楚,但随时有奇品出现。近时得知其有毛公鼎拓片一纸,钤有山东陈氏印章,曾出50元不肯让。""弟买到阮元在云南开出的大理石屏一方,是那位订立南京辱国条约伊里布收藏刻款的,带彩,兄对此等东西有兴趣没有?'施舍之钵'可以刻。""兹再将拙稿《说'retrieve''奄'》一文附上,请指教,并希望连同前稿一并寄回,弟还要据此以作修改。""近觉早期铜器的'图象',对西周中期以后铭文格式都有影响,""应该是'子子孙孙永宝'的先河,这方面有所赐教否?"

**月内** 杭州韩登安应约治印"施舍金石",边款记"一九七四年二月,登安刻"。

**同月**　2日《人民日报》发表社论《把批林批孔的斗争进行到底》。15日中国美术馆举办"批黑画展"(215幅出口画)。上海师范大学传达中央文革江青一伙的要求,"开展揭露修正主义教育路线回潮、复辟运动"。(《华东师范大学校史》)

## 三月

**一日**　开学。先生仍在上海师范大学中文系资料室工作。

**约在期间**　据王铁仙回忆:"系里让我和史嘉秀同志一起,编关于鲁迅的'宣讲'材料,施先生也分到我们这里,好像一个三人小组。我们两个人有多少本事?收罗一些材料,东拼西凑地编。施先生帮忙,也帮着查点资料,不过较多时候是静静地看我们抄、写、剪、贴。我们很喜欢问他三十年代的事。他就随便说,都说得很有趣。说到那次关于《庄子》与《文选》的争论,他说:'本来鲁迅跟我是好的,后来是我自己跳出来,他就抓住我,教育我了。'说到当时一位重要人物,施先生说,这个人确实是很神气的,那时我们大多穿西装,不过他是穿一身白西装,戴一条红领带,这种样子鲁迅当然是不要看的。但他后来待人很热情,北京解放后开全国文代会,他站在会场门口,和我们一个一个的握手。施先生好像对我们两人有点好感。有一次很热心地从家里翻检出两本书送我们。送史嘉秀的我不记得了,送我的是鲁迅1914年为庆贺母亲60寿辰而出资刻印的线装书《百喻经》,上面还盖有一方'施蛰存藏书章'。""施先生烟抽得很多,都是很便宜的劣质烟,较经常抽的是一种扁圆形的阿尔巴尼亚烟,甚至抽8分钱一包的烟。我说你抽的烟太差了,他说:'其它东西也要吃的呀。'他还告诉我,他每个月无论怎样都要留出10块钱,买碑帖看。"(王铁仙《率真的人》)

**三日**　王莹受到"四人帮"的残酷迫害,病死于牢狱中。先生自述:"这消息,和老舍之死一样,使我震惊。"(《宝姑》)

**四日**　李白凤由开封致函:"晨兴细雨霏微,转瞬间,天气奇寒,雪花如掌,遍地泥泞,连菜也不能去买,只得株守家中,以书佐酒。正沉闷间,尊函适至,乐曷如之?古人所谓:'最难风雨故人来',弟处此间,如置身异域,既无可谈之人,更无可乐之事,是尊函之如饮醇醪,又岂只对公瑾耶?尊况既然'收支相抵',已是清福,孔方兄虽可致福,亦可招祸,'慢藏诲盗,冶容诲淫',谁谓不然?记得前年弟与兄函,曾代此间师院同仁□□□君致候,彼自称昔在暨大曾听过兄与望舒课程,此人聪明过甚,活动频繁,弟尝稍规之而未见纳。""关于见惠食物,兄亦不必过分歉然于心,人间得失祸福,往往相辅相成,况且'口腹之欲',弟早已淡然视之,箪食瓢饮,亦可卒岁,何必多求?且开封物资供应如常丰富,挂面、白糖可以'予取予求'。盛情可感,心领可也。经兄一提,反而使弟想到沪地供应据闻不如此间,此间返沪者,往往带猪肉、油、猪蹄之类,倒是弟应该向尊府提供一些'营养'才对。""《观堂集林》共四函,""市面货缺,看来是'可遇而不可求'了。""关于'奄'的问题,弟当遵照兄见删减,但亦有新的增加,对于兄提诸问题,颇有意思,弟拟加以考虑。""兄知此器否?乞见教。""然否?阮氏未考证。以上数器拓片,未能尽知,请赐教。"

**八日** 致柳曾符函:"前承惠临,适在校中学习,失迎甚歉。星期二晤陆微昭先生,得知陈墨遂在苏州有金文百许纸拟出让。此物我正在收聚,甚希望得之。但第一,恐多重复。第二,标价过高,力不能任。然上海书画社收购价恐亦不能及此,故拟请足下联系,能否先看一个目录,希望能去其重复,选取数种,但此事恐陈公不愿,或者请上海书画社先出价,我当以此为标准,均为提高,似亦公道。陆先生想必已以鄙意转达。""陈公手头如有其他碑拓或汉魏以下铜器拓本,亦希望能见让。以前所收拓本,已有数纸经陈公题识或盖印,知其收藏必丰富,但不知已散出多少耳。"(万照楼藏品)

**二十一日** 为所藏《唐道因法师碑》拓本题跋:"此碑余先得一本,拓工甚粗,字多缺失。此本后得,黑黝纸坚,缺字仅五,与《金石萃编》著录本同。有前人光绪丙子题签,椎拓当更在其前,殆乾嘉间物。如此整纸拓本,今已罕见,因志此以贻后贤。"

**二十四日** 夏承焘由杭州致先生与徐震堮函:"近闻微昭兄病转为癌病,连夜剧痛不停。弟近日去看两次,他仍卧床不起,前天早晨他说,'昨夜痛减轻,惟饮食仍不能多进',能低声谈话,话两兄近况颇多。弟不敢久扰,坐二三十分钟即拜出。归时遇严群兄,谓其子在上海闵行医院任医生,近西医发现治癌新方,把莴苣2笋捣汁(生的,勿煮熟),每日饮两三杯,""弟昨日去告陆师母。""看他病况,如不转复,或可日就轻安。""陆兄谓,您们近况安好,鹓雏先生诗稿近仍在其令媛处,不知尚可觅人写蜡纸付印否。弟意选代表作百首左右(思想性甚好的),油印几百册,分贻各省图及友人即可。弟去年冬季即病脑血管硬化,甚恐右脑血栓旧症重发,去年起即请全休假,""旧业从此休矣。此信在医院药房待药时草草写成。""宛春病,仍卧浙江医院,其郎君与媳妇护侍殷勤,人人感动。"

## 四月

**月内** 开始收集篆刻印蜕,又在"朵云轩"购得集古册数本。

**又** 二子来上海治病。先生自述:"我的第二子在1974年患头痛(左边),耳中流水,北京医生诊断为鼻咽癌,上海医生说是脑肿瘤,几经研究,做了手术,是脑肿瘤。"(复古剑函,1987年8月21日)

**本月** 先生完成了《鲁迅年谱》四分之一的编写任务(1926年前)。

**又** 钱歌川夫妇由美国返回国内探亲,曾游广州、杭州、上海、北京。

**同月** 香港《海洋文艺》第1卷第1期(创刊号)出版。

### 五月

**二日** 市里联合组织的法文翻译小组下达通知,参加翻译埃德蒙·塞雷·德里维埃《尼日尔史》,被分配翻译其中第二部分《古代尼日尔》。

**三日** 沈祖棻致函:"不知尊恙腿麻情况,近来有好转否?""复不知兄校中工作忙劳顺利否?校中运动情况如何?问之舍亲,云自棻返后,亦未遇兄。沪上诸友情况,便中亦乞示知一二!""彼此老病,又能几回欢聚耶?念之怅然!"

**七日** 先生复武汉沈祖棻一函。

**二十日** 为《北山楼增辑〈燕子龛诗〉》作"跋二":"昨岁成此编后,得中央书店刊本《苏曼殊诗文集》,有柳亚子撰《曼殊新传》及《燕子龛遗诗序》,复有曼殊诗数首,皆余所未尝见,因补入之,遗诗序即所以序王大觉辑本,而此本又亚子以仿宋大字刊行者,乃卷端无此文,是可异也。近日又有友人抄示海外所传曼殊本事诗十章,并陈仲甫和作,曼殊诗下自注暨仲甫诗,皆未尝有刊本,复有章孤桐、包天笑题《曼殊遗墨册》诗二十五首,并有自注,述曼殊遗事,亦未尝为世人所知。""曼殊诗初依王大觉辑本抄录,其后有得,随时增益。诸家诗亦随得随抄,均不复诠次。"

**同日** 沈祖棻复函:"蒙关注闲堂近况,甚感!""蒙转托陆[维钊]君赐书条幅,甚感。""翻译在兄不成问题,游刃有馀;惟限以时日,不免稍赶也。如得暇,望趁闲堂在家,多通音问,以慰多年离索,想彼此同感也。"

**二十三日** 沈祖棻致函:"前在沪时,兄曾询及家藏有无《词源疏证》,当时不能记忆,返汉后略事搜寻,亦未见及,盖因箱橱积压,又无印象,力所不及,无法遍觅。函询闲堂,亦难确记,时时在心,并以为歉。今趁闲堂在家休假闲暇,倾箱倒柜,终于底层觅得,亟以寄上,即以奉诒。《乐府指迷笺释》一册,并以相赠。"

## 六月

**上旬** 周退密作诗《读燕子龛诗十首呈施蛰存先生·时先生新以校本见赠》。

**月内** 按先生自述:"宋景定元年建康府修城砖墨拓本廿七纸,""乡人闻在宥从北京寄惠,此诸砖皆民国初南京拆城墙时所获得。"(《北山谈艺录》)

**又** 按先生自述:《汉阿阳令郑君阙残石》拓本二纸,甲寅孟夏所得,二石皆广十四厘米。""此盖阿阳令郑君神道阙之残石也,出土时地未详,亦未见著录,姑志之待考。"(《北山集古录》)

**本月** 作诗《闻安持归,未遑趋问,先之以诗》并"跋":"安持,篆刻家陈巨来也,下放安徽五年归。君好为集句诗,故劝其集王安石诗。"

**同月** 上海师范大学召开全校师生员工大会,交流"限制资产阶级法权"的学习体会。

## 七月

**二十六日** 复开封李白凤函:"以前二函,今日之《遂启諆鼎》拓本及原稿,均收到。二个月来大赶任务,最近三四周,连星期日也不空。每日晨起工作到晚10时,因所译为《尼日尔史》,此国近已建交,而书尚未出,出版社催得很紧,因此大家拼老命。8月1日起有暑假二周,但弟只有一周可休息,还得赶一周方能完成弟名下之任务。""今日去南京路,看了四家五金店,都没有碰珠,拟过二三天去淮海路找找。""兄文中事,弟现在无从奉答,因脑筋久已移在尼日尔民族史了。今日所收之文,待暑假中拜读。""附奉拓片一纸,乃以前购小拓片中夹来,弟无用,与兄参考。"

**同日** 李白凤由开封致函:"因病百事俱废,信也懒得写,每天莳花养鱼,酒已早戒,烟亦减少,故颇闷闷,百无聊赖,只是'填词',计已得五十馀阕,这种文体大约因时代关系早该淘汰,真不想搞下去,但又无事可作,刻印书篆也觉无聊,亦'古调虽自爱,今人多不弹'也,奈何?近闻陕西出土有关武王伐纣铜器,情况不明,大约必须成为大人先生们的'唾馀'才会发表的。垄断资料现象视昔尤甚,奈何?承寄还《彝铭杂咏》原稿,并蒙在百忙中拔冗批改,十分心感。""累兄费力,惭怍不已,近将原诗删存五十七首,斟酌平仄,一俟稍后再呈指政。惟其中,'蒙厣''铜镜与铜鉴之关系'数则,当不敢雷同尊见,以后再行呈教。最近弟发现旧说'万世一系,皆源于皇帝',有一些实物根据,已改变弟《东夷杂考》中的许多看法。""初步推论如此,不知尊兄以为如何?

散氏盘拓片希能鼎力求之。"

**下旬** 先生将所藏《晋永和十年甲寅砖》朱拓本送给周退密。据周退密回忆:"以余生于民国三年甲寅(1914年),干支悉符。""蛰公识语,砖藏周岂明家,俞陛云曾以之拓赠陈伏庐者,即此本是也。"(周退密《晋永和十年太岁在甲寅砖拓本跋》)

## 八月

**四日** 完成翻译埃德蒙·塞雷·德里维埃《尼日尔史》第二部分的任务。先生自述:"一直到1974年,其间我编了四分之一的《鲁迅年谱》及翻译了法国的庞必度[蓬皮杜]传,及非洲的尼日尔的历史地理等许多书,都是义务工作,当局称我们这些人为'废物利用',也就是人本身不可信用,但是工作能力还是可以利用。"(《中国现代主义的曙光——答台湾作家郑明娳、林燿德问》)

**五日** 致开封李白凤函:"弟至昨日方赶了任务,现在可休息至14日。""姜之为'羌',弟虽有此想,却不知王静安亦已先言之。弟又以为轩辕即'玁狁',兄以为有理由可寻否?昨日到淮海路,问了三家较大的五金店,都说碰珠现在没有。""以前兄之友人有一张《萧和尚灵塔铭》,还在否?能否见让?请为谋之。近日古书店有碑拓出卖否?念之。前日读到一文,抄出其可供参考者,另纸录奉。看来铜器上的蛙、鸟、鱼、人形都别有来源,还不是什么徽帜。以前弟所说及兄所著述,均当再加研求。"

**十一日** 收到李白凤8日由开封来函即复:"前天到校中去,出来时在中山路一家小百货店中却买到了碰珠。""待桑凡同志来时托其带奉。""'萧和尚铭'因第一言而使藏者重视,可说得其所矣。弟昔年曾写一跋,今已失去,想补作,但关于萧乘如事犹未多知。近知《金石萃编》卷七〇、七四两卷内三个少林寺碑中提及此人。请兄一查,将有关诸语抄示为感。天津买碑是什么店?请告知。上海书画社下星期起继续供应碑帖,也许又得花一些钱了。但弟近来不想再买碑拓,只想玩些小拓片,最好是秦汉器物铭文。砖拓二纸,谢谢。暑假还有四天,明天起想出去逛马路了。""汴中买得到二三个古币(空首布之类,或齐刀)否?"

**中旬** 开封桑凡又来先生寓所访问。据桑凡回忆:"甲寅两游申江,白凤先生绍介识公。公应接谈艺,长夜不倦,文采风流,殊启顽愚。"(桑凡《北山楼主人退休得请声越慕姚白凤诸公皆有诗贺主人有诗酬答今依声越公原韵奉和》)

**二十七日** 致开封李白凤函:"桑凡来过,《彝铭文字举隅》收到。""'举隅'甚好,写得也好,这工作是有意义的。问题是排列次序,毕竟是否可信?吴越文字想是受楚国影响甚大,但楚金文与帛书字体不同,想金文只是一种美术字,民间未必如此也。兄撰说明中文句小有毛病,已为签出,此卷甚重,不知如何奉赵,倘再有人来,可托带去。""上海书画社已恢复碑帖供应,价亦不昂,但陈列的东西甚少,又不肯为顾客到库中取出。故去了二次,只买了3元小拓片(廿纸,汉器铭)。如能以二三元得一齐刀或空首布,请为买下,破、断的不要,文字太锈蚀的也不要,弟不会'做'也。""日月如飞矢,这几天颇有老感,想为秋风所袭而致此。兄事又无消息,甚为忧虑,忙于批林批孔,似乎一切工作都停止了。""沈从文来过上海,弟未及见。"

**三十日** 得开封李白凤26日函即复:"《金石萃编》一册亦收到,前函未言。桑凡既尚未返汴,则足下之'举隅'可以托其带回。""古籍书店如要上楼就要介绍书,一封介绍书只适用一次。兄要什么书,请决定一二种,待弟去访。《殷契拾掇》,郭若愚编,1951年上海出版公司影印本。""《甲骨掇存》,雷毅公著,1929年石印本,此人未详。二者皆只有一卷,定价似昂,可以不必购。足下为弟买的是《石门颂》,《郙阁颂》市上只有明申如埙摹刻本(也刻在山上),原刻摩崖少见。颜书二种未见,有好的整纸拓,故弟未备。《刘怀民志》前年已得,'郑文公上下碑'弟曾奉托,兄未注意。近日上海书画社有一下碑,倘足下之上碑肯见惠,则弟特去把下碑买来以成全璧。""此外《校碑随笔》中无朱圈印者,仍乞留心。上海书画社卖旧石章事弟未知前闻。""刘铁云斋名正是'抱残守阙',《铁云藏龟》中似有其印,可以查对。此印千万不要磨去,时价在5元10元之间,附奉三纸,请代乞钤印三份来(最好能精拓边款于下)。弟现在也收印蜕,已装成数册,有许多清名家用印。""多附数纸,请为谋钤一些旧印,名家所刻或名人所用,说明另纸粘附,不要实贴。(这些纸都是拓片上裁下来的,故不齐,上海买不到此种纸,开封有否?)又请用好印泥。近日大忙,过一阵再为兄写长信。"

**下旬** 继续撰作《甲寅杂诗》,已成三十首。

**月内** 马兴荣来访。据马兴荣回忆:"这时他已经不住在我很熟悉的朝南的那间大屋子里了,而是住在朝北的一间几平方的小屋子里。屋子的左边是一张单人木床,床前是一张旧木方桌,桌子的另一边就是抽水马桶。这时施先生正坐在马桶上伏案写东西。我进了门,施先生招呼我坐在床上。看到桌上有一些碑帖,我就说:'施先生,您现在还在搞碑帖呀。'他回答说:'有空就搞搞,我想过,搞完了把它送到图书馆去,对别人会有用处的。'"(马兴荣《没齿难忘五十年间二三事》)

## 九月

**三日** 李白凤从开封寄来《郑文公碑》复函："此碑拓本甚佳，兄之题签亦佳，惟护页隶书题藏之碑字右上加了一撇，便成行楷，尚祈注意。昨日去书画社，下碑已卖出，怅怅，只好等下一个机会了。近日玩印，已订成十册。每册卅页，共印钤五六十枚，计有旧印、文人用印、名家刻印三类。惟第二、三类不易区分，故只好贴在一起，旧印则别为一册。官印不入此册，另外有集古小录册子。兹将弟所用印钤一份奉赠。附纸若干页，请将足下所用印钤一份惠赐。每纸一印，钤在中上方，同性质之小印可每纸钤二印。开封方面请为代求印钤，有小拓片可得亦乞代购，此间古器物拓片什锦册，每册二三十种者一般皆定价3元，弟已买得二册，均周金文（十馀字）及汉铜器、秦诏残板之类，亦有宋元明金文，今后弟所收此类，请代觅。碑拓上有'故物零星入草堂'一印，是否足下之物，甚好，希望得一钤本。[按：此印系开封武慕姚用印。]靳志家尚在汴否？有其遗印可钤取一份否？过几天可理出一批墓志、砖拓复本奉赠，兄或不需此物，但可以与人交换，惟近日又忙，总得过二三星期也。"

**上旬** 至朱孔阳家晤谈。先生自述："印钤白文古籀六字，曰'藏书好古之家'，朱庸丈[孔阳]所藏碧玉印，长三市寸，宽六分，高二寸。民国初年，盗发嘉兴项子京墓，得文房器物甚多。庸丈于杭州市上，物色得此印。""余访庸丈于联铢阁，钤其所藏古印数十纸，此其一也。"（《北山集古录》）

另，应邀作诗《云间九子歌》并"题记"："乡人朱云常孔阳蓄异石九枚。沈于水，现人物山水花鸟之状，惟妙惟肖。颜曰云间九子，绘为图册征题咏，应命作歌。"

**十四日** 沈祖棻致函："六月中旬，闲堂即返沙洋，不久奉大札，彼已未能拜读矣。""易[均室]君情况，将闲堂来书详述，裁存附上一阅。""嫂夫人一夏安健，闻之极慰！何以入秋又复不适？似可与医研究其原因，以便对症治疗。""兄腿症近如何？望仍以及早治疗为宜。""夏公[承焘]被批斗，前已闻确信，拟告尚未及作书，不料已先知之矣。"

**十六日** 复开封李白凤函："惠书及靳氏印钤并大作'疑义'均收到，大作尚未展读，容后再谈。靳氏印甚好，尤其有一谭夫人治印，可备玉台印史。弟已得其二印，今有三矣。印下小字何人所书，想是桑凡笔，小楷甚雅秀，足下'居易斋'一印颇佳。有一奇事，上次兄函来时，弟正在阅信，忽有客人，即下楼会客，随手将足下钤印放下，未入信封。与客谈一小时许后上楼，竟遍觅不得，不记放在什么地方，寻到昨晚，还是没有发现。是日晚又遗失钥匙一串，亦未出门，必在家中，至今亦未找到。此是一大奇事,恐年老记忆力已差,无奈何矣。当时阅足下印钤数纸,确觉其太油,已渗出,今再奉数纸,请再钤一通。如足下为他人作印,可以钤取者,亦望一并钤来。名字印请合钤一纸(上下),斋室名与闲章分开,亦可每纸钤二印。昔人编选诗集有《宋人小集》荟萃诸家之作,每集仅四五十诗,今亦仿其例,作印人小集,每家钤惠二三十印。以二人之作合一小册,展阅亦有趣味,兄之印可钤此数见惠。印谱纸此间只有一种,即上次购寄足下者,纸黑,印人多不欢迎。故弟亦不用,现以厚宣纸24开订为册子,以自备薄纸钤印粘上。""有几张是单宣,可试用。此纸汴市有否?此间每张(四尺)2角8分,钤印用可以裁成二百馀条,亦不花费,至薄宣则现在无货。弟所存亦只好再钤二三百印矣。又其中剪馀小方纸,可钤单独印。""弟有集古册十馀本,拟乞足下为写题耑,一式四纸,附纸样格式。大小行款悉如此,用玉筯篆、小篆参金文分别书之,用单宣纸。将来有人来沪,当托其带几张纸奉还。"

**三十日** 先生为贺作诗《寿郑逸梅八十》并书赠。

**下旬** 应邀为周退密藏《唐太宗屏风帖》作跋并书于帖后:"退密道兄从其珂里得此册,纸墨精整,犹是旧装,当亦嘉道间所拓,余假归观赏经月,欢喜赞叹,缀此归之,以志石交。"

**月内** 按先生自述:"吾友周子美早年佣于刘氏,典守其藏书,凡二十年。尝编《嘉业堂藏钞本书目》,藏于家,未及刊行。""我从子美借阅,为之著录。"(《杂览漫记》)

## 十月

**三日** 杭州陆维钊托人带上诗稿并致函:"兹带上冰雪笺上所写拙诗十六首,政平[边成]兄处乞代致。写与兄者为'南高'[南京高等师范学校]时所作,写与政平兄者刚毕业后及教松江[女中]时所作。至希指疵,以便修改。声越以前皆见过,亦曾提过缺点。后于此者容后续呈。""拙诗除声越政平外,勿示他人。此意亦乞与政平兄言之。"(按:此函疑似本年,录此俟考。)

**六日** 朱大可(莲垞)来晤,并赠邹景叔所集《四玉鈇斋集古册》。

另,朱氏应邀为集古册书写题签四纸:一篆书"北山楼集古小品,册十一,大可",钤印"大可无恙";二隶书"北山楼集古小品,册十二,耽寂",钤印"耽寂宦";三楷书"北山楼集古小品册,册十三,莲垞",钤印"莲垞居士";四行书"北山楼集古小品,箪十四,诗伧",钤印"诗伧"。

**八日** 复开封李白凤函:"弟病已小痊,尚须休养数日方可上班工作。承桑凡惠寄靳氏诸印,谢谢。惟足下所附一言,不甚能解,兹剪示,请研究,恐语法有大毛病也。弟集印前已言明,一种是名手所刻佳印,一种是海内文人所用印。弟以自己所用印寄奉一份,即属于此类,故有市肆所刻木章,以及领工资所用图章,皆不当以欣赏篆刻之目光视之。至名家刻印,弟别有李尹桑、吴昌硕、赵撝叔、王福厂诸家印,另贴成册,亦得数百方矣。有王福厂印二纸,乃复本,兹寄上,可赠桑凡。足下刻梁平甫一印佳,似亦在效海派矣。前寄数印中,惟郑逸梅为鸳鸯派中人,但非篆刻家。五四运动时我辈攻鸳鸯蝴蝶派,亦势所必至。其实真正的鸳鸯蝴蝶派只李定夷、李涵秋等七八人而已,周瘦鹃虽亦此派魁首,但为介绍高尔基及东欧诸国文学之第一人。郑逸梅不作小说,只写了一些文史掌故。此二人实不在该派。而世人将一切五四新文学以前之文人均入之鸳鸯蝴蝶派,亦当时战斗上有此需要耳。今日我辈之被批判,亦犹'五四'时之鸳派,然则我辈亦当统战矣。足下犹斤斤于鸳派而深鄙之,毋乃不达乎? 去年有美国哈佛大学中国文学系毕业生,为作博士论文,来上海专访郑逸梅及赵超构(小报界人),由外事处安排接谈三小时,详询'五四'前上海文艺界情况,由此可见国际友人较足下为高明矣。'不薄今人爱古人',此言兄宜牢记。武君藏弆得还,可贺可贺,但不知能乘此一问以前见许之几纸汉碑否?""弟深为足下危之,然亦知此是足下老脾气,固无奈何也。"

**上旬** 编成写讫《北山楼藏龙门魏齐周隋造像目录》。

**十九日** 郑逸梅八十生辰。先生自述:"逸梅八秩,余以不腆之馔,即定舍为进一觞,邀莲坨、亚光、退密作陪。"(《乙卯二月六日和诗题记》)"足下八十,弟曾奉邀菲酌,亦曾为诗祝贺。"(复郑逸梅函,1984年10月13日)

另,据周退密回忆:"施蛰存翁招饮北山楼,始得奉手扬觯[朱大可(莲坨)],是为订交之始。是日,被邀者仅郑丈逸梅、老画师胡翁亚光与大可先生及仆四人而已。"(周退密《呆堂书跋》)

**二十日** 陆维钊由杭州复函:"大作'题孔阳九子'一首,已蒙寄示,如有他作,极盼随时写下(用毛笔勿用钢笔),以为纪念。弟去年曾拟简抄一份诗词呈政,不料以手术中止,至今未能如愿,特检多年前偶印若干诗稿,极盼指其瑕疵,以便修改。""如来杭州,当图良晤。宛春病,左手足仍不能动,言语较清楚。""[孙]正和正楷刻印,弟以为可以自成一面,比之硬要创新者,要好得多,但修工不足。弟已提请其注意矣。官印钤本,当看机会徐图之。"附赠诗笺二页《金陵客感》《清明雨花台和张琢成丈》《有寄》《过丹徒作偕黄君蔚青》《南归途中寄呈陈巢南师》并识:"蛰存我兄教正,弟陆维钊录旧作。"钤印"圆赏楼""微昭手识""陆维钊印"。

**二十七日** 收到开封李白凤25日来函,并得李白凤治印"施""舍"(两面刻),边款记"舍之我兄属刊,鹏。一九七四年";"施(押印)",边款记"舍之兄正存,鹏";"舍之",边款记"舍之吾兄,李逢"。别有"原驰蜡象""舍之则藏"(两面刻)边款曰"东坡诗句也,昔曾刻一印,以书毁磨去,兹复聚之,盈室又刊此石"。

**二十八日** 又收到李白凤寄赠书作二幅即复:"足下前函来时适又小恙,偃卧数日,不亲笔砚。其后忙于赶翻译任务,故延搁未复,知足下必不安,以为弟不愉快。足下函并不孟浪,弟亦不怫意,久知足下脾气,必有此信,弟并不因足下函而感到失言或孟浪也。与足下四十年交情,既无嫌隙,亦无矛盾。弟对足下还是老态度,看不过就得提意见,不怕兄不高兴也,心术甚正,靳勉足下止于至善而已。今日信中言及《吴仲得周瓦寙于卫古共城敕子孙永宝用》一文,弟以为此是今人所刻,足下不必研究,更不必误为虞仲,'敕子孙'三字已是一大漏洞矣。""'疑义'尚未奉还,因二月前在古籍书店见有《说文》研究数种,皆石印写本,今人所著。其中有研究《说文》所载古文者,每种价不过七八角(都是单本书),及得足下'疑义'后,想去买来奉送,以供参考。去了两次,均又不见了,故想少待再去询问,不意患病,久不出门。""足下今日所惠二纸,及上次一纸,皆甚好。""铁线(请以后改称'玉筯','铁线'是俗称)稍弱,小篆一纸更佳,惟足下云'以小篆笔法写钟鼎',此言弟以为不妥,'钟鼎'是世人俗称,应该用'古文'、'大篆'、'籀书'或曰'金文',称钟鼎则意义不定矣。现在,弟可以为足下艺事下定评了:篆书第一,刻印第三(因兄之刻印布局总不理想,故列第三),而第二为空白。""足下写字可以成一家,请以后专力于写字,馀力刻印,则更求篆势停匀。弟如有佳印钤本,自当寄奉参考,集印册他日亦可奉借数月。"

**二十九日** 晚上沈祖棻复函:"两信均先后收到。""兄老年人,高烧三日,头面大肿,亦可谓相当严重,幸打针即好转,但身体精神之消耗可想,望多加调养。""嫂夫人亦时患不适,望节劳多休养。""闲堂问题可能解决,""前二次亦功亏一篑耳,因兄关注,故特先告消息。""兄在家译书,又不过忙,甚佳。"

## 十一月

**六日** 复开封李白凤函:"题签[北山楼集古小品]八纸收到,""先已托朱大可[莲坨]写了四纸,不如足下,已斥去,用足下的。册子已订得七册,而足下所书八纸中,恰巧有一纸不甚喜爱,因此汰去。""甲骨文一纸最佳,上海能作此体者,今已未闻。前承惠二条幅,已挂在床头,每晚细看,玉筋篆一纸看出几处毛病。""此等处尚望加一把劲,以止于至善。金文一条也许有毛病,不过我看不出,从大体面目看,是统一的。足下刻印之病,我已屡言之,是在布局不匀称,正与玉筋篆一条同。买图章石之路已打通,有一个青年刻印家,钱君匋的学生,与上海书画社售石印柜中人认识。昨天为我买得三方,计1元2角,皆旧印,惟已磨得极短,其中有一方似是吴稚晖的,印文我不识,钤奉请教。将来可以为兄买几方,即以奉送。""弟所集古器物拓片还有一部分最小最精的,拟用宣纸订四册装贴之,他日亦要请兄为题签。现在的大册子皆玉扣纸,每册五十页,虽多不甚精也。汴中如有此等拓片,请为洽购。"

**同日** 致上海书画社马成名函:"上月来过三次,两次都没有遇到您,也没有买到什么东西,空手而归,很是失望。本星期六上午(九)我还要来,请你日内为我找一些好的三代金文或其他古器物拓片,最好是不要贴成册子的,有散页的,大都是新东西。纸白、器亦新出。这样的拓本最为理想。务必请您帮助,找一些出来交给柜上女同志,不要使我这个月又毫无所得。上月买的两本,不很好,其中有一本,内有古匋文拓片,均已撕去,因此留下的只是次品了。薛嵩碑、嵩山石人顶马字,能找出尤感。"

另,据马成名回忆:"施先生和我的交往开始增多,每隔一到两星期总会来一次朵云轩[上海书画社]。当时我已经不在门市部碑帖柜工作,但施先生还是要找我,因为其他人根本就不知道他要什么。他来之前先写信给我,他想要什么。我要去朵云轩的碑帖库房,打开一包一包的碑帖拓片,帮他找。"(马成名《我与施蛰存先生的交往》)

**十日** 应邀书赠陈左高并"题记":"三十年前游武夷得诗一卷,右四首宿永乐庵绝句也,偶检得书奉左高先生正之。"

## 十二月

**十八日** 农历十一月初五。先生七十生辰,包谦六等赋诗致贺华诞。据周退密回忆:"我也曾赋诗致贺:'翰墨场中老伏波,七旬鬓发未曾皤。高文小说身兼备,选学唐诗世不磨。好古同心搜墨本,耽吟一例入愁魔。光昌岁月人增健,著述能无安乐窝。'"(周退密《施蛰存先生百岁寿言》)

另,胡亚光以画作《双清》《凌波》《秋声》等十二幅册页相赠。

**中旬** 据张索时(厚仁)回忆:"托一位出差去上海的朋友顺道拜访施先生,见到施先生健康得像个年轻人,精神焕发。临别,叮嘱他转告我:不要读'封资修'的书!我听说施先生体格好精神旺已经喜不自胜,又听了转告我的话更是乐开了花。施先

生说的是反话！实际上提醒我切莫放松学习。"（张索时《悼忆施蛰存先生》）

**月内** 编撰完成《北山楼藏龙门唐造像目录》。

**同月** 《书谱》双月刊在香港创办。

**年内** 按先生自述："我有二个虚谷的扇面，1974年送给两个河南青年，最为后悔，因为现在虚谷的画甚为吃香，当时齐白石的画，也不过一二十元一条，我买的都是五六元一幅的，扇面是二元一页。"（复古剑函，1991年6月14日）

# 一九七五年（岁次乙卯） 先生七十一岁

## 一月

**一日** 元旦。开封武慕姚（拙叟）隶书条幅唐诗韦应物《秋夜寄丘二十二员外》并识："蛰存先生教正，甲寅小寒前五日写韦苏州诗，武慕姚。"钤印"不逾矩""武慕姚印"。即托佟培基带往上海相赠。（佟培基来件）

**三日** 晚上沈祖棻致函："前两奉手书，即复一函，倏又数月。""译稿已完成未？是否又投入两批运动？近得各地友人书，均忙于注释法家著作，任务繁重紧迫，劳碌异常，不知兄是否亦已参加此项工作？""黄荪亦久无信来，兄曾晤见未？周煦良先生曾见过否？近况如何？想平日亦少与人来往。著述之暇，何作消遣耶？""甚为兄之居处过于局促为念也。""谓上海已实行老教师退休，不知规定如何？兄在其列否？"

**五日** 佟培基由开封来先生寓所相访。据佟培基回忆："受李白凤委托，至上海愚园路1018号，拜晤施蛰存，商其《金石百咏》刻印。""促膝谈于板子间阁楼上，转弯楼梯很窄，一半堆放书籍，谈词论及金石碑版，约第二天于南京路见面。第二天我在南京路、河南路口，会见施先生，他请我在咖啡店饮咖啡，后至'朵云轩'。施先生与店员很熟，登楼上，选购一些青铜器拓片。后至福州路一家南纸店，购毛边纸两刀，刻印《金石百咏》用，我带回开封。""临别，赠我线装《填词图谱》一函。"（佟培基来件）

**十六日** 晚上沈祖棻复函："岁暮闭门，病中无绪，得故人书，喜可知也。前函始发，得闲堂家书，戏作调翟老一绝，嘱录呈尊兄。""72年冬，曾作'岁暮怀人'诗若干首，""其中亦有兄在，""今适闲堂嘱录其近作呈教，""故亦将前奉怀尊兄，以及棻所知与兄相熟或可能相识及知其名者,一并附录纸尾。""令媳迁入校舍,兄嫂可稍宽敞,为之欣慰!""兄腿疾可以生姜及酒摩擦,颇能止痛,治标极有效。"

**二十一日**　致沈祖棻函。

**二十七日**　晚上沈祖棻复函:"承寄《蒹葭楼诗》一册,字条一幅,及大札,均于三日前同日上下午收到,""一连三晚,读诗至过午夜。棻于诗未尝研究,仅爱其佳,而不能论之。每觉其七律对句变化之妙,比之古人,何多让焉。""千帆已于数日前在沙洋分校正式宣布省委复文批准'摘帽',想为兄所乐闻。兄对千帆问题,向极关怀。""兄言《文论要诠》,为其力作,此十八年中,如能从事著作,则成就当不止此。""奉怀兄之诗,第二句接首句来,指兄于每次风波乍过,即先写信来相问,故旧交深可感。""容再改定,又如改为'故旧交深我不如',是否明显?望有以教之!""兄言千帆反正请假,半月不如一月,""春节大概总回家一次,兄函当均留待其阅读。""千帆有诗,云即直接寄上矣!""否则今夏能与千帆同来沪宁,与故人叙旧,其乐何如!"附诗《岁暮寄闲堂》。

**三十一日**　先生复沈祖棻函。

**月内**　作诗《送故人之会稽》,题记:"友人李君斥居东北廿馀年,近始得归,又就食绍兴,作诗送之。"

**同月**　香港昭明出版社出版司马长风著《中国新文学史》(三卷)。

## 二月

**十日**　除夕。卢辉伦治印"北山楼""蛰庵经眼",边款各记"甲寅除夕,辉伦刻。""甲寅除夕,辉伦作。"

**二十五日**　为所藏《四玉鈇斋集古册》题跋并书于册末:"此册甲寅九月莲垞居士[朱大可]所贻,邹景叔所集也。凡商周鼎彝至近人篆刻,都六十二品,古玉拓尤精善可玩赏。有复本数纸,已以敝藏佳拓易入,各钤'舍印'别之,使后之得此者,知其流转之迹焉。"

**月内**　龚仲龢治印"舍之考古",边款曰"舍之先生考古之记,玄稚刻"。

**约在期间**　始与诸位诗友相约,每逢星期五上午前往茂名南路陈氏之兼于阁,参加"星期五老人茶会",一起品茗、论词、吟诗、谈艺、鉴古,"初时规模甚小,一般最多只有五六位而已",故初谓"五老会",后称"星五老人会""小沙龙"。(先生口述)

## 三月

**二日** 程千帆致函:"右弟等近作三首[《论交一首寄自叠兼尘拱贵》、《丽则夫妇请携雏侍游京湖,而子苾忽病,雨中为求药,因赋一篇》、子苾《和答千帆兼示丽则》]录呈乞教。荑荪来书,兄前所转寄诗已收到矣。子苾近亦荷劝休,想举国皆一致也。七十悬车不可无诗,如有佳章,幸希速示。马茂元君之《唐诗选》,不识兄有之否,如其有之,甚盼假阅,能代觅得一部尤佳。""指臂之疾,不审近复何如,念念。"

**十一日** 周退密致函:"日昨购得'吴衡阳太守葛府君碑额'一份,前有题签,后载一跋,未知谁何手笔,《金石粹编》中见过否?特抄呈备参考之用。额字已十分漫漶,经前人朱笔钩出轮廓,其字迹大类'鹤铭'。吴时无此楷书体,疑齐梁间人重立此碑时所题者。帖面有'如可刻仍须持回润平重托'数字,知朱笔钩此,非偶然也。'葛府君碑额'似曾见过摹本,其字大类郑羲戩[孝胥],当时颇用置疑,愿蛰庵有说,以祛疑惑。荣宝斋诗笺到,已去函北京购买。簠斋瓦当,小马[成名]说已放入仓库,须再检出时能看云。"

**同日** 程千帆致函:"奉书及诗三首又拓片一纸,具悉近状。七古甚有意思,非才俭如弟者所能到。承命搜敝匣所藏稻园拓片,竟未发见。此老与先君交厚,平生所拓,无不见致。""致书者盖残留之馀也,然又联带找出拓片若干,计开:一、汉砖如干纸。二、'前后赤壁赋'二套。三、何贞老书联一付,有先公十发翁题跋,是家刻。四、退庵老人(祖菜王考)临'兰亭'家刻。五、退老临'圣教'家刻。六、刘湄村书雅安金凤寺三家诗四幅。七、先君书雅安飞翠亭额。数日内均别邮上,""其中'赤壁赋'系两套,希以一套代为转寄维钊先生,以表谢忱。""是否可买到《四部备要》本黄山谷诗任史注、元遗山诗施注,弟有此二书,而字太小,不复能看,故思得'备要'本也。"沈祖棻附候。

**十三日** 为所藏《吴仲坰集古册》题跋:"仲坰藏金石文字甚富,治印师李尹桑,古雅俊逸,恨未识其人,亦未得其一印。""有凡品二三纸,因汰易之。"

另,据包谦六记述:"闻施蛰庵先生欲裒集吴仲均[坰]刻石汇印,以传其人,如能成集,盛德事也。"(包谦六《吴仲均[坰]》)

**同日** 应邀为《孙正和行草印谱》"题诗":"二王书已入唐碑,玉检泥封未有施。喜得孙郎疏凿手,雕虫新技建红旗。""孙正和君好印刻,用正楷行草体,自谓革命派。余以为正楷入印,元人已有,未为创新。惟行草入印,斯为革命。因题此诗于其册。"

**十八日** 作诗并书笺:"甲寅九秋,逸梅八秩,余以不腆之馔,即定舍为进一觞,邀莲垞、亚光、退密作陪。退密有诗纪之,莲垞旋有和作,草草盃盤,不意遂成雅。故余欲奉和一章,越岁始成,殊不能工,聊以酬二公高谊耳。乙卯二月六日。犹有愚园一角楼,朋尊聊可写闲然。梅翁麋寿宜称庆,莲垞诗丰喜有秋。安定画从蔗境老,清真词见笔花遒。岂期小设登高咏,竟作嘉鱼胜事收。"

**十九日** 为所藏《邹允衡画竹》题跋:"此墨竹一帧尤伟,劲节十数箇,挺出于地,尺许而止。枝叶略具,不见其颠,而拂云之姿,可存想矣。三十年来,多见时人画竹,皆宛变乏贞刚之气,然后知此画有独胜也。邹君久绝闻问,未知存没,此画历劫犹存。今日展视,颇怀旧谊,如此作手,而名不著于艺苑,盖比比然也。"

**下旬** 应邀作诗《题金石师黄怀觉》(二首),又润改《写藏书藏碑目录竟各题一绝句》。

## 四月

**一日** 展阅所藏《米书鲁公庙碑阴记》拓本并题跋。

**五日** 致杭州沙孟海函:"弟近日方修订旧作《水经注碑录》,于秦刻《峄山碑》考之未审。绍兴申屠駉一刻,前人记录云峰山碑阴,原刻会稽秦篆,康熙时为人磨去,此石今不知尚存否?碑阴磨去后,改刻何等文字,此事阁下必知之,敬祈惠教。'绍兴本'弟得二拓本,尚新,想犹存。但久无人说起,故疑其已佚也。拙作《金石百咏》已在开封油印,不日可成,当奉一本求政。"

**六日** 赠武慕姚印蜕二纸"皇后之玺""海曲仓印"。据武慕姚题记:"汉吕后玺,近日长陵出土,见《文物》杂志。乙卯清明后一日,施舍之赠。""汉印。"(册页,武氏藏品)

**七日** 为所藏《苏子由黄楼赋》拓本题跋。

**十二日** 为所藏《雪堂藏器拓本册》题跋:"岁癸卯,老友李白凤旅食大梁,为余作缘,得宸翰楼藏器铭文墨本百许纸。若公孙班钟、楚铸、商三句兵,皆烜赫名器之不易致拓本者,一旦尽入寒斋,为之快慰。遂取鼎彝小纸,装为此册。其纸大者以及戈剑杂器别入他本,有珂罗版景印者数纸,皆原器,已流输异域,无从椎拓,因兼收之。昔陈簠斋尝言摹本亦宜收录,况景印本犹胜于摹刻,且墨本已必不可得耶。"

**十九日** 李白凤16日由开封来函,即复:"令爱有同事来沪,机会难得。""能否代带一大堆《史记测议》,如肯带则弟就不打算卖去'测议',买进标点本《史记》了。如不托带书,则弟也要托带一些东西,聊达微忱。""'大系'目录收到,这么快,大概费兄一日夜之力了。弟并不想编目录,不过备检查而已。王静安有《宋代金文著录表》《国朝金文著录表》,也有人续补过,如能合为一编,盖以辛亥以来新出器,亦有用处。但此事弟不想做,因近来新出器,发表于《文物》《考古》者只是极小一部分,有许多铜器均秘藏密扃,非小儒所能知也。重耳钺拓本、祖丁觚摹文附上,请研究之。弟前函谓'还宜多见',并非对兄有微词,自己亦深有此感。见得少,'大胆假设'也危险,多见则归纳时可以不致失于一隅。前人不见卜辞,故研求金文只能下取诸《说文》,今则可以上探诸卜辞。但这样一来,治金文又当先治卜辞,须见到者愈多,故不免望洋兴叹耳。"

**二十二日** 晚上沈祖棻致函:"屡读来书,得悉种种,因已由千帆作复,病懒不再奉函。""念及一事,颇为兄虑,初以为问题解决,即恢复原职原薪,""近知颇有不然,惟皆七十年代解决者。兄解决较早,不知是否已恢复原来工资?如或不然,照生活费再打折扣,则区区之数,都市生活,殊觉为难。近相识中颇有此种困难,因念及兄嫂,为之不安。""近来交道,殊觉难言,而来书谓有一等朋友素昧平生,而又绝不相知闻,而无时不在关切,今日又往往有之云云,实难理解,因之不能无所疑。兄能为我进一解乎?承念千帆去后,一人无聊,谓可来沪小住,甚感盛意。""以后如来,必当与兄多聚畅谈,近在咫尺,正大好机会也。""前书所谓传闻金公之事,愿悉其详!"

**二十六日** 致杭州陆维钊函。复沈祖棻函,按沈祖棻日记:"施下午来信,是廿二写的;我也是廿二写给他的,真巧。似乎有些感应相通。"(《沈祖棻全集·书札拾零、子苾日记》,广西师范大学出版社,2024年版。以下均同)

**二十八日** 复开封李白凤函:"拓本可以在兄处多放几天,问问别人,不必如此急于寄来,即使是真的,弟亦不视为宝贝也。此物终是可疑,试为兄举其理由。""据此四点,弟未敢以为可信也。中国人造假古董的本领极高,过几天当再寄一张《遂启諆鼎》拓本供兄参考。此鼎原有九字,加刻了一百多字,居然神气甚好,兄见之,一定也会了解弟疑此钺为伪,不无道理也。《考古》第2期日内可出,""如无,则弟当为买寄。""请早日惠知令爱同事姓名、住址,《史记测议》决可奉送,只要她们肯带。另外再托带些别的东西,以表远怀。这几个星期甚忙,在赶任务。""希望兄事有好音。"

**同日** 按沈祖棻日记:"下午接施挂号信,言退休事甚详。他又工作了,因校方要编订《鲁迅年谱》故也。他校似亦校方与教研室意见不一,而恰与我处相反。"

**二十九日** 按沈祖棻日记:"写帆信,""将顾、施、萧之意均详告,尤其施告之情况及意见。"

**月内** 开封李白凤为先生以密县出土汉残砖篆印两方,一"施舍言事",边款曰

"汉砖,密县出土,舍之吾兄雅玩,乙卯李逢"。一"乐此不疲",边款曰"舍之吾兄清玩,白凤。密县出土汉砖坐印亦颇别致"。(崔耕编《北山致耕堂书简》)

**同月** 《红旗》杂志第 4 期刊载张春桥《论对资产阶级的全面专政》。

## 五月

**一日** 携家人赴杭州旅游五天。先生自述:"余归杭展墓,登玉屏山,则三世坟垅,悉已夷为茶园。松楸既杳,碑碣不存,欲哭无泪,述哀无辞,踉跄下山,晤旧友秀水沈君本千,方以画鸣湖上,遂以诉其惨痛感喟无可奈何之怀,再拜求其画,以写陟岵之沈哀,以补翠楼之遗诺。君恻然许之。"(《交庐归梦图记》)"去看过石屋洞,整个石屋已被对劈,成为一片蚌壳形,石壁上佛龛已全部磨光,完全不成样子了。"(《石屋水乐话旧》)

**五日** 杭州周采泉寄赠书笺《承施北山先生枉过,倾盖如故,率赋二律,以申倾倒》。

**七日** 致上海书画社马成名函:"今拟于本星期六(10 日)上午到你们那里,希望你给我一些好拓片,最理想是白纸精拓散叶,不得已才买裱贴册子。再要一本颜鲁公的'颜勤礼碑',整张或剪裱均可,你能不能为我找一本出来。"

**上旬** 请托开封李白凤、佟培基帮助油印的《北山楼金石百咏》寄来数册样本,经校阅请其加印"勘误表",并题:"奉赠拙著'金石百咏'一册,请教正。施舍。"

**十一日** 为边成(政平)所赠《杭州保俶塔铜顶佛号》题记。为所藏《王鸿绪印》钤本题跋。

**同日** 沙孟海由杭州复函:"所询覆刻会稽刻石,现在是否存在,我们只记得解放初拓过墨本,最近情况不详,正函询绍兴有关同志,尚未见复,俟复到即奉告。"

**十五日** 晚上沈祖棻致函:"继复接 25 日书,蒙详告贵校情形及兄之近况,作为千帆参考之资料,甚感!兄意千帆可再过几个月看情况,认为将来可重定级别。已将兄之盛意于家书中转告之。""兄重行工作,且系重新整理旧编《鲁迅年谱》,既属专长,可作出成绩;""不知是须每日到校抑可在家中工作?如需每日奔波则未免过于辛劳,不仅腿不能胜也。"

**十八日** 沙孟海致函:"元申屠駉摹刻的会稽刻石,背面同时摹刻绎山刻石。康熙时为人磨去,另刻他文。乾隆五十七年,绍兴知府李亨特请钱梅溪双钩申屠旧拓本重勒于原石。申屠原有隶书长跋,乾隆重勒时删去,只附李亨特题记,及阮云台嘉庆元年题记。日前函询绍兴县文物管理委员会同志,顷得复书,此碑今保存在该会会内。"

**中旬**　陈巨来应约为先生治印"舍之长物""舍之审定",边款各记"十年未刻,目瞀力拙,几不成字矣,幸蛰公方家正之,乙卯四月巨来七十一岁作","巨来刻,乙卯四月,年七十一岁"。

**二十日**　作诗《夷门三子墨妙歌》,并书写横幅分别寄赠开封武慕姚、李白凤、桑凡,诗末跋记:"余于书法,尚北碑薄南帖,主篆隶卑行草。此盖从书法艺术之美学观点言之,亦取刚舍柔之旨耳。非谓今人日常作字,亦当用篆隶也。梁苑武慕姚、桑钝庵、李逢,近各以所书见惠,大有清刚之气,喜而作《夷门三子墨妙歌》以张之。"

**同日**　为所藏《甲寅七月所得集古册》题跋并书于册后:"此册甲寅七月收得,凡十七器,不审何人所集。""此器为吾乡金黼廷旧物,其家世守之,近年始散出。曾在寒斋留旬日,故知此所谓'大司农平和',即其柄背铭也。""然'鼓钱为职'之义,犹未可详也,识之以俟考定。"

**下旬**　边成(政平)书赠诗作《安阳甲骨》《寿州楚器》《西陲木简》《马王堆汉墓》并题识"旧作四首,录奉北山楼主人吟正,乙卯孟夏,边成稿",钤印"边成"等。

**同月**　丁玲在北京出狱,被下放至山西长治老顶山公社嶂头村落户。

## 六月

**二日**　开封佟培基专程来上海,为先生送来《北山楼金石百咏》刻写油印本50册,以及另纸加印一页的"勘误表"。

**同日**　周松龄按"勘误表"在先生赠本《北山楼金石百咏》上即作了勘误并题记。

**七日**　上午沈祖棻致函:"承详示所询情况,甚感。""早年别署[紫曼],仍蒙记忆为感。少年同学中,亦仍应用,冀苏即其一也。至于怀旧,则方力求排遣,以免感伤。兄乃欲令我怀旧何耶?兄所谓海内知己,确令人感激不尽。""兄至杭访旧,老人多病,亦各地皆然。""兄到校奔波,亦甚辛苦。""棻退休已办妥。""戏作四绝,另纸录呈,以博一粲,并以求政!""千帆来信问前寄兄诗,收到未?"

**八日**　先生将旧作《游武夷诗十绝》书赠河南崔耕留念;又为开封桑大钧书录诗作《沅陵夜宿》(丁丑秋日)横幅。

**同日** 天津张厚仁夫人梦静来访。据张厚仁(索时)回忆:"我妻归宁,代表我去拜谒施先生,送上我们在天津准备的土产红枣作为礼物,施先生和师母两位高兴得连连说:'这里买不到,这里买不到。'"(张索时《悼忆施蛰存先生》)

**九日** 开封佟培基来道别,据佟培基回忆:"一周后临别,送我手书小行草《金石百咏》十首,落款云:'前年作《金石百咏》,今录其十首与培基先生为纪念。'"(佟培基来件)

**十日** 致天津张厚仁函:"几十年来,随遇而安,荣辱得失顺逆,均与我无重轻。故得以一天一天生活下去,不知老死之将至。虽然有一二慢性疾病,亦不介意也。德文书所存不多,我的外文书都东藏西塞,选取不易,""近日找到一部 Grimm 兄弟童话集二册,可以奉赠。""天津博物馆有人认识否?有一块新出土的汉碑(鲜于璜碑),我希望购得一个全拓本。""我十年来就只有收藏碑版兴致未衰,其他的文艺活动都无意从事了。"

**上旬** 在上海书画社购得《石屋洞宋人造像题名》墨本。先生自述:"偶入市,果获一本,凡题名五十八段,皆石屋洞咸平造像记也。"(《北山谈艺录》)

**十一日** 为所藏《集古册第四》题跋并书于册末:"甲寅秋仲得归安陆培之集古册一巨帙。其中殷周铜器铭文多李竹朋、王廉生钤印,遂析出装为此册,有十许纸增入,亦佳拓也,凡八十三器。"

**十六日** 作诗《题君子馆论书绝句赠边政平》并"序":"诸暨边君政平覃精金石碑版之学,尝出其绪余,作论书绝句一百廿首。其夫人汝南氏为之笺,并有妙悟。甲申岁刊本沪上。越十年,余始得读而善之。又十年,获识荆州。顾然蔼然,儒雅俊朗,照人眉宇。不以凡秽,遂许定交。会风云谲荡,过从暂绝。更十年,乙卯五月,再读玄著,辄题短律,兼以为赠。"

**中旬** 沈迈士绘赠尺画并题记:"迈士画于春江。霜叶红于二月花,乙卯五月为蛰存先生属正,宽斋迈士又记。"钤印"沈""迈士""宽斋""竹敦"。

**二十二日** 为所藏《杭州石屋洞宋人造像题名》题跋。

**二十九日** 又据所藏拓本撰录《杭州石屋洞造像题名》为一卷,并作"序引":"洞中石刻既毁,余录存其文,盖体欧阳公之志也。"

**下旬** 得汉许阿瞿墓志及画像石拓本并题记。先生自述:"1973 年 3 月河南南阳市东郊出土,南阳市博物馆有文介绍,发表于 1974 年 8 月号《文物》杂志。余得一拓本,持校南阳博物馆发表之释文,觉其颇有未谛,因据拓本别录。"(《汉许阿瞿墓志》)

## 七月

**十七日** 复天津张厚仁函:"邮费虽贵些也不过五六角钱,不过寄的是洋书,邮局工作人员会多问。""《鲜于璜碑》和另外一个南阳出土的'许阿瞿墓志石'(带画像)都已见于去年八月号《文物》杂志。因此我知道这两块汉碑都是好东西,我极想得到一个拓本。我收集的汉碑已有了十之八九,旧时流传拓本的碑,差不多都有了,而解放以后新出土的古代石刻,简直不可能获得拓本。""《许阿瞿墓志》总算在上月得到了,是一个在开封的朋友,辗转认识了一位在南阳做文物工作的青年,帮我拓得的。今天你这封信使我对'鲜于璜'的希望死灰复燃,希望转请你父亲的朋友为我设法一个全张整拓。""万一弄不到拓本,而收来博物馆印出全张影印本,请为我买一份。去年北京印出了一个张景碑(1954年南阳出土,我有拓本),每份5元,三五日即卖光。""上海近来甚热,我已暑假。"

**十八日** 致上海书画社马成名函:"上月买到拓片一包,价4元,计三十八纸,东西都很好。第二次买到一本杭州石屋洞造像题名,都是北宋的,也正是我所访求多年者。因为已有五代时刻的造像题名,独缺这五十七种北宋题名,现在居然买得,很高兴。石屋洞佛像及题字已铲光,这一份拓本可以说是不可能再得的了。但是最近我又来过两次,都是空手回家,毫无所得,大为扫兴,想必您近来很忙,没有功夫为我搜寻。过几天我还想来一次,希望能再给我留出几十张好拓片。万一没有金文佳拓,就请你找几十张比较少见的碑帖,汉、北魏、唐,让我挑选几个碑回家,也算过了大瘾。从前你社里曾有过一份油印的墓志目录,其中有几种小唐墓志我也想得到一份,今附上一个目录,如果您整理墓志拓片时,请为拣出。""晋张朗墓碑,永康八年3.00;晋虎牙将军王君墓表,无年月0.50;刘宋闻景墓志,元嘉廿六年0.50。唐:胡肃墓志,天宝五载0.30;朱阳墓志,永贞元年0.20;崔载墓志,元和十四年;聚庆墓志(砖刻),大和六年0.20;王行庵墓志,垂拱三年0.30;卢八娘墓志,长安二年0.30;罗周敬墓志,(晋)天福三年0.30。"

**中旬** 应邀为沈本千画作《西湖长春图卷》题诗:"本千老友别四十年不相见矣,近来湖上始得解后,嘱题西湖长春图卷,因赋俚句录求郢正。"

**二十一日** 陆维钊致复函:"退休事近未提起,姑从兄所拟,不先自寻。本月起已领病假工资矣。嘱书旧诗当陆续寄上。弟喜毛边纸,故目下即写在毛边纸上,此十首乃上博郑为同志嘱书,因多写一份,请政。""兄前影韩登安印稿,可寄纸来,交去钤奉。所书拙作十首,声越兄未曾见过,兄去时可带伊一阅。""另写宣纸,兄与会昌兄的当续呈。"

另,附"《松江杂诗》博蛰存我兄一粲,弟陆维钊录旧稿"。据陆昭徽记述:"父亲曾将整理好的《松江杂诗》十七首抄录并寄呈给施先生,施先生回信道:'声越稿中颇有在松江时所作,今足下又有《松江杂诗》,令我有莼鲈之兴,然弟诗竟不着松江一字也。'"(陆昭徽《陆维钊与施蛰存》)

**月内** 为河南崔耕访得寄赠《汉莱先残石》拓本题识。按先生自述:"《汉莱先残石》拓本,原石在河南密县农家墙上,1975年夏崔耕同志访得,拓一本见惠。观其字体,真汉隶也。今录其文,以俟考索。"(《北山集古录》)

## 八月

**一日** 复天津张厚仁函:"大热天承你奔走,为我访求碑拓,十分心感。鲜于璜碑我看颇不容易,要急,更不可得。还是请你随时抓机会,有机会而没抓到,是可惜的。没有机会,那也无可奈何。现在买文物都是这样,你千万不用为我求之过急。我所未得之汉碑,大概都是极不易得的拓本,目录也无从开起。六朝碑及唐碑也收,但平常见得到的,我也几乎都有了。以后如有人肯让卖碑拓,开一个目录给我,以便选择我所没有的请让。下月中旬以后有朋友去天津,已将 Grimm 二书托了他,他带到他的朋友家,那时我再通知你去取,现在我还不知道地址及姓名。梦静的表妹来时,也可以先告诉我上海地址,万一有什么别的书,也仍可托她带去。拉丁文不识,一本《拉丁谚语辞典》早已换了米,但知 Hic 是 Here(这里),Dei 是 God(神),此句大概是'这是神所创造的'。"

**十一日** 为所藏《隋侯延造像》拓本题跋。

**十三日** 开封武慕姚(拙叟)书赠条幅二,一隶书苏轼《浣溪沙·簌簌衣巾落枣花》《浣溪沙·长记鸣琴子贱堂》并识:"乙卯七月七日,晨起书东坡浣溪纱四十三首之二,即奉蛰存先生教正。拙叟武慕姚七六龄,作于古汲补香室。"钤印"朱芷轩""武福鼎""瓶翁""贞默斋"。一行书诗作:"空庭月湛转深沈,花有清芬木有阴。抱朴何妨成独往,寻幽且喜助微吟。华严纱悟茶初熟,秋水精诠酒半斟。象教玄宗原不二,灌园犹自遂初心。此十年前酬寄魏瀚翁之作,翁深于梵夹,故云尔。乙卯七夕溽热稍爽,写奉北山楼主人两正,慕姚病小闲作。"钤印"望山堂""秋士""贞默斋"。

**十五日** 开武慕姚(拙叟)又行书条幅柳子厚《登柳州城楼寄漳汀封连四州刺史》并识:"乙卯末伏,雨后稍爽,晨起试笔,拙叟慕姚武鼎书。"钤印"朱芷轩""武福鼎""贞默斋"。

**十六日** 为所藏《晋张朗墓志》拓本题跋:"此志余求之十馀年,近始得之。审其字迹形式,不似伪刻,然其文则甚可疑。""故不能不疑其为齐赝矣。"

**十七日** 按沈祖棻日记:午后"写施信","写毕四时三刻"。

**十八日** 为所藏《杭州石屋洞造像题名》拓本装册后题跋:"余至杭州,游石屋洞,则洞中佛像并题名皆铲凿净尽,故迹了不可寻。既归,出旧藏石屋洞吴越造像题名二帙,摩挲宝惜之。因忆叶鞠裳日记尝言,有宋咸平中石屋洞造像题名五十九段,未登著录。其本今不知安在。越二月,偶适市遇此本,凡题名五十八段,有年月者皆咸平三四年,盖即叶氏所尝得者,喜而收之,初不意吾犹能获此拓也。遂合前所得吴越题名一百八十三段录其文为一卷。视《两浙金石志》及罗叔言所录有羡矣。此本装裱精善,不知何人所蓄,非叶氏物也,为各钤小印,并志其因缘如此,后贤得之,幸加珍护。"

**中旬** 为所藏《秦诏作器铭》拓本题识。

**二十三日** 先生复天津张厚仁函:"'鲜于璜'事不必着急也。无可着急,总要等机缘凑合,水到渠成。我买碑也是如此,只能买遇到的,无法买希望中的。如果有一天遇到的恰恰正是希望中的,那就是天大的巧遇。你为我如此殷勤访碑,实甚惶恐,衷心感谢。蓟城之'宋拓'不知是什么碑,宋拓必甚昂贵,累你又大为破钞了。我倒不免好奇心动,觉得你这样买碑,很是冒险,生怕你花了高价,买到不值钱之物,这又是我累你了。"

**二十七日** 按沈祖棻日记:"接施信。""抄近诗一纸拟寄施。"

**二十八日** 按沈祖棻日记:"抄诗,共四页,拟分寄施及南京诸友。"

**三十一日** 又复张厚仁函:"寄来碑拓四纸,谢谢!这是一个唐代石刻,题目叫《使院新修石幢记》。在徐州,唐元和十二年(817)徐州节度使李愿的部下为他刻的颂德石幢,书者是谭藩,写字有名。此石在宋朝时移了一个地方,宋人添刻了一行记录,到清朝乾隆时发现了,重新树立在徐州官署中,又添刻了三行小字。因此,这四纸是清乾隆以后的拓本,不是宋拓。此碑拓本流行不多,你给我又多添了一个唐碑。""但如果你以很贵的价格去买得来,我就很不好意思了,以后请不要冒这个险。"

**月内** 录讫旧作《墨妙亭玉笥题名》为一卷,并请朱大可(莲垞)题诗《北山出示墨妙亭石笥题名,赋诗纪之,即题卷首》。

**是月** 香港昭明出版社出版司马长风《新文学丛谈》,书中章节有"沈从文劝施蛰存"。

**同月** 23日《光明日报》刊载《〈水浒〉是一部宣扬投降主义的反面教材》。30日《光明日报》刊载《鲁迅评〈水浒〉评得好》。31日《人民日报》刊载《重视对〈水浒〉的评论》。

## 九月

**上旬** 又为《汉画砖一品拓本题跋》撰"补记":"近方知此砖乃河南密县打虎沟汉墓出土,然则墓主或为边疆官守,墓砖再现其生前之生活场景耶?"

**十六、十七日** 按沈祖棻日记,"上海施寄来薄纸及稿纸";接施信[13日]。

**十八日** 按沈祖棻日记:"进房看施信对诗。""上午写施信未毕。"

**二十日** 中秋节。按沈祖棻日记:"续写上一天未写完之施信,并改定抄写中秋二首五律,并近诗附寄之。"此函谓:"既无薄信笺,何必又买赐各种,且又挂号寄来,反使兄多费。""寄呈最近所作四章,敬请教正!来函称许过当,益增惭愧!惟所摘诸联,皆为棻所稍喜爱及所感较深者,亦可谓相知有同感矣。""近尚作秋日山居苦热六律,及前夏日杂咏四章,诗殊不佳,因兄亦感秋热不适,故想录呈以博一笑。""蒙兄一向关心,极为感激!上次所赐猪油,感谢之情,真可谓每饭不忘矣。""夜成诗二首,一并写寄。""近来所作诗,寄兄最多,几于全部,仍望有以教我!前作《新秋》之'收'、'莫'二字,'收'字如作捐或抛,则义即明显,但为韵所限;且过于明显亦非所宜,盖此诗之兴,乃在有意无意之间耳。兄以为然否?'莫'字则因吹横笛,且处处吹,而浪既阔,天又高,自以莫登高倚楼为宜耳。兄之意何指,棻尚有未明之处,望更示知!今同辈中能有兴有闲相与论诗者,亦不多矣!甚望兄之不吝指教为幸!""夜间搬藤椅在屋外,四邻皆早睡,且夜凉即不出户;四邻不闻语声,四野阒无一人,幽寂之极,静境殊佳,独坐望月良久,夜凉露重,归屋作此书,亦殊悠闲也。""尊函当即转千帆。"

另,据沈祖棻记述:"中秋,千帆尚居沙洋,余尝赋诗二章寄示蛰存海上。"(沈祖棻《涉江诗词集》)

**二十一日** 复张厚仁函:"书二册已托音乐院陈重先生带走,正在惦念,昨日收到来信,""这部书是1946年我从内地复员回沪时买到的,原是上海德国领事馆图书馆之物,""过去送你的一部文学史,好像也是当时所得。""关于碑帖,以后请不必费心了。这种东西,只好碰机会,但不弄这个玩意儿的人也无从选买。我的兴致,大约再一二年便该结束,将已有的一些拓片好好利用一番,然后遣散,也不会再买了。此物目下还是上海便宜。""德文人才现在最缺,我希望你看些政治、历史德文书刊,学习翻译。京、沪都需要德文译手,你这个'一技之长'应该'竿头日进',将来可能很用得到。"

**二十五日** 又为过录《北山楼辑录本〈燕子龛诗〉》作"叙引":"因发箧中残书,蒐录有关曼殊之文,不足则求助于公私藏书家,吴门郑逸梅亦数数为余增益,逾年,得百许篇,写为一卷,以附于曼殊诗后,曼殊傳有柳无忌编全集本,今未可得,又有文公直辑本,号为最备,余未尝见,故仍依燕子龛遗诗录之,随时增补,诸家诗文辗转传抄,不无讹夺,无从校订且隘于见闻,征访未广,如柳亚子有题曼殊集七绝七首,邵翼如有吊曼殊解珮令词,刘季平、蔡哲夫各有寄怀曼殊之作,皆求之未获,姑以所得者汇为一编,以俟补苴云。"

**同日** 按沈祖棻日记:午后"起写帆信极简,附施信"等。

**下旬** 徐震堮作诗《北山近勤于著述,亦从此相勖,诗以谢之》:"掉头吾欲梦为鱼,一笑人间万事虚。薄技但堪洴澼絖,老身浑似橛株拘。百城图画弹冠后,千古文章覆瓿馀。鸡足卵毛安用许,惠施空作五车书。"

**月内** 陆维钊寄赠书录诗作《盐溪外家》《病起》《无题》《清明日与同学诸友自下关至聚宝门登雨花台》《过康庄作》《畅观阁记事》《送思伯东归与江清联句》《别张松年》并识:"旧作八首录请蛰存吾兄两正,弟陆维钊。"钤印"圆赏楼""平湖陆氏""陆维钊印""微昭手识""生于光绪戊戌庚子间"。

**约在期间** 据郑逸梅回忆:"周子退密,四明之髦俊也。乙卯之秋,把晤于施氏之北山楼头,气度渊懿,一见如故。嗣后往还频数,成缟纻莫逆之交。"(郑逸梅《石窗词稿·序》)

**同月** 4日《人民日报》发表社论《开展对〈水浒〉的评论》。15日丰子恺在上海逝世。

## 十月

**五日** 陈巨来治印"施舍长年",边款曰"七十一叟叟刻石,时乙卯九月一日"。

**六日** 程千帆自沙洋武汉大学分校复函:"9月13日手教,前不久由子苾转到,承称引靖节诗以相慰谕,非深于友情又深于诗者不能为也。三十年代文学已为古典文学之论,实具妙理。弟尝作杞人之忧,以谓自五四以还,迄于样板戏之出现,这一段文学史如何编法。""手续办妥,需时至来年春节,或可离此。俟少安排,即思东下与公等相聚耳。黄、元集,弟所需者大字有注本。""冒广生'后山诗补笺'(线装三册商务出),如遇见,亦乞代为留下。沙洋地荒僻,""不久当以花生一袋奉饷。""兄旧日主编杂志,如《现代》《文艺风景》,今尚有存否。'风景'第1期有陈江帆一诗,有云:'惯于和卫生学的禁物妥协,香槟酒或感伤小说。'当时颇赏之,'文学珍本丛书'亦不知兄藏有否,思觅其中数种一读。"

**九日** 先生致沈祖棻函。

**十二日至十四日** 按沈祖棻日记:下午接"施信","施劝勿二人都退";"抄近作七首及旧稿二首,皆施信中所论及与或帆所喜及可知最近情况者,录附信寄";"抄诗数首拟给施,复信后可附寄帆"。

**十六日** 按沈祖棻日记:晚上"饭后写施信及帆信,因施嘱转帆也"。此函写道:"蒙垂注愚夫妇退休问题,代为筹划,极感盛意!""兄言由'涉江采芙蓉'到'思旧悲秋赋',足可感喟。近有一绝,可与兄言印证,兹录上以博一笑!另两首同呈。此三诗极不佳,录呈一阅,可藉知近况而已。望能指出疵病,加以改正为盼!棻昧于语法,似以诗之习惯作法,亦无不可?承教甚感!""蒙指出'故扇收'与上句语法组织不同,极是!初未注意及之。'莫'字改'忍'或'怯',似近纤弱而不浑成。""前赠兄诗,蒙示辞意不显,后与千帆商讨改定矣。兄近有诗思否?灵感何时来?望能有大作容拜读也。所示千帆各点,当为转去。所谓有祖孝徵也不坏,棻意亦然。"

**十九日** 致上海书画社马成名函:"昨天在你那边见到两张杨氏残碑,归家后查不到记录,大概是辛亥革命后新出土的,我希望买下来做一个记录,看神气是真汉碑,请你给我保留。""好大王碑暂时不看,打算1976年买,只要你不卖出去。有散页的金石拓片,还希望你陆续为我留出一些。"

另,据马成名回忆:"施蛰存先生赠余之钢板蜡纸刻字油印本[《金石百咏》],其时先生告余因其特殊身份,出版社不能出版其著作,只能自己刻印。书中多种拓本余为觅得,赠余一册留念。"(马成名《我与施蛰存先生的交往》)

**二十一日** 又复上海书画社马成名函:"我只记得拓片题杨氏残碑,内容未及细看,故找不到记录,承示原来即阳嘉残碑,则诸家记录具在,但你说又名'黎阳令残碑'这个名目我这里找不到,碑文中亦无'黎阳令'字样,不知何据,如果确是'黎阳令',则此碑或者还可考证。此拓我还没有,希望你留给我。凡汉碑片子我都要买,所缺者大抵都是这一类较不知名的新出残石。我现在作'汉碑年表'、'汉碑叙录',希望多看一些资料。""'北大碑目'就是'艺风堂金石目'。下星期来书画社。"

**二十三日** 赵景深复先生一函,并致俞振飞函谈及:"友人施蛰存,在上海师范大学任教。他收到令尊大人许多碑帖,想知道令尊大人生平行事,嘱我写信介绍您,请您同他谈谈。蛰存曾于1956年在吴晓铃家会见过您,转眼已经二十年了。"

**二十五日** 按沈祖棻日记:"接帆信,并短五古五首,嘱转寄施。""得空当写信附诗寄施。"

**二十七日** 下午沈祖棻致函:"前奉手书即作复,并将尊意逐条转示闲堂。日前得沙洋来信,附近作五首,嘱转呈兄请政。""拙作前蒙指教,思有以改正。""'收'字因押韵难改,曾与闲堂商及,彼意认为诗句对法变化,可不必二句语法一致。暇当缓缓思之。'莫'字改'怯',闲堂亦以为是。惟棻终以为似较弱,或改为'怕'字,同意而是否较浑成?恐亦未必?或改的'独'字,似较浑成,但与原意不符。望兄更进而教之为幸!前函又呈最近所作数章,亦望有以指正!""晚秋又甚寒,不知兄腿疾已有所感否?行走夜眠,是否有碍?能上班如常否?""亦参加评论《水浒》未?"

**二十九日** 致张厚仁函:"令曾祖及外曾祖大名我小时即熟悉,报上常见。""从前'仕宦之家',总有些文物骨董,你不及继承,少了这一门知识。'代人受过'!此话我要批评,因为这样一说,便有委屈情绪,时代的轮子进展如飞,不但是一代一变,而且是一身经历好几变。""德文书本来少见,现在更是不见,见的都是起码的科技书。朋友中亦无搞德文的,买书的机会目下还不像会有,Zweig 书较多,也许我也还有一二本,压在几个木箱底下,如找出来,即可奉赠。此外几个作家我只有英文本。""希望继续努力,语云'藏器待时',不要时来而无器!'三希堂'见过石印本,有正书局印的,如要,则以后看到当为买下。"

**月内** 开始编撰《吴越金石目》,后又改题为《吴越金石志》。

另,先生后曾致杭州陆维钊短笺:"请写两个签条,对摺入邮筒寄下可也,""1. 北山楼诗;2. 吴越金石目。随手挥写,不必刻意求工,用在所录清本上,不预备印也,如高兴署尊款,更好。"

## 十一月

**一日** 按沈祖棻日记:上午接施信,"施仍退休,云明年可大做诗"。

**五日** 作诗《忽念杭州陆维钊寄诗调之·奉赠微昭尊兄粲政,君斋名"藏徽室"怀其早年情事也》。

**六日** 致杭州陆维钊函:"林乾良寄《遐庵杂著》一册,已妥收,稍迟当归璧。弟退休事已批准,""大概已打退休报告者皆可批准,未打者尚在敦促中。武汉大学退休教职工二百馀人,规模似甚大,杭垣情况亦类此否? 近改润拙作诗稿,无一诗及足下与声越,故拟增作,于以志一时文士声气。作成一章,略寓调谑,即以寄政,想不忤也。尚有一章,待退休后作,则叙吾二人四十载交往矣。近日正在结束校中工作,反而较忙。""近日为林乾良写杂文十纸,足下有兴,可向取阅。"并附书笺诗作《忽念杭州陆维钊寄诗调之》,跋曰"昨制一诗奉赠微昭尊兄粲政"。

**约在期间** 程千帆抄寄诗作《江南故人闻余将休致,咸劝东游,辄赋小诗,以为息壤》并附识:"蛰存老兄教正,会昌尘稿。"

**十二日** 复河南崔耕函:"金石文字,我早年即有爱好,但抗战以前,乃至解放以前,拓本有'黑老虎'之称,价昂不能多聚。解放以后,旧家所藏,纷纷散去,无人过问,我方有机会尽力购求,至今所积,亦已数千纸。起初是想步趋钱竹汀,用以考史。近年来则已经把金石拓片看作一种艺术品,玩赏而已。但有时也写一点题跋,做一点记录,因此也尽力找些前代金石家的著作看看,略有心得。我觉得近四五十年来,搞金石刻的人不多,罗振玉以后,几乎没有人继起做记录工作,""目下是应该赶紧做的。我近来编了一个《汉碑年表》,打算根据这个年表,写一本《汉碑叙录》,把所有已知的汉碑做一个提要式记录。""上次承您惠赐的几个拓片,都极好,打虎沟[亭]汉墓壁画摹本,我已在上海博物馆展览会上看到,您给我的砖拓,画面上驾车的是两双骆驼,而不是马,""难道墓中一点没有文字资料吗?我怀疑这是《水经注》'洧水篇'中所提到的汉弘农太守张德(字伯雅)的墓,""我希望将来能有材料证实(希望此人的墓碑还在地下)。您给我的一个残石拓本,也使我极感兴趣,从字迹看来,肯定是汉魏间的东西,但所存文字,则读不通,还待发现其他残石。""登封也是一个访求碑刻的重要地区,在您和同志们仔细搜访之下,一定还能找到不少向不知名的碑刻。""建议可以编一本《嵩山石阙图录》出来,也有意义。"

**十八日** 按沈祖棻日记:"写帆信,接施信,转帆。"

**十九日** 晚上沈祖棻致函:"昨晚又奉16日手书,及致千帆一纸,当即于今晨转去。""彼寄兄近作七首[《江南故人闻余将休致,咸劝东游,辄赋小诗,以为息壤》],末首尊见极是,我前接读时亦有同感。""惟兄直言,足见老友之深情高谊!""最近闻千帆退休,亦有一诗寄之,录于下请教正。"

**二十日** 上午沈祖棻续作致函:"兄前附寄大作二篇,'九子石'前已蒙寄赐,而今得重读,犹爱不能释手。此诗极佳,百读不厌。惜新稿装入信封时,过于靠边,以致剪信时不慎剪为两截,怅惋不置!因思此诗既佳,若能得吾兄法书佳笺书写一通,可称二美并矣!""'咏史'读之感慨万端!但尚微有何至于此之疑?兄见闻较广,或竟至于此乎?""近因黄苏集宋词见怀,曾寄答五律四首,待兄闲我健时,当录奉请教也。""兄言76年将大作诗,当拭目以待!得读佳什,自胜乱吟矣。""兄工作至1月始结束,而12月份即向街道领工资,且属一年将尽之时,抑何小器乃尔?可笑也。"

**二十一日** 先生被上海师范大学中文系"工宣队"正式通知退休。

另,按先生自述:"'工宣队'送我回家,祝颂我晚年愉快。我心里好笑,你以为我过两三年就死了吗?到今天,十五年过去了,我还活着,有这么长期的晚年吗?"(《论老年》)

**二十二日** 徐震堮邮寄赠诗《退休尚无消息,闻北山得请,作此奉寄》。

**二十八日** 程千帆自沙洋武汉大学分校复函:"复示敬悉,叙述周详,深可感念。""凡此之伦,皆非我兄所能想象,所谓各人头上一块天,天实为之,奈之何哉。往者已矣,退休之身,更无所求。与兄一谈,聊发千里一笑耳。拙诗承指其疵累,当徐思之,以求有所更易,其中亦有为兄所不知者,如谓无死法,即大不然。弟寄子苾诗云'酸辛避死曾无地',乃实录,非夸言也,凡此惟可面罄耳。"

**月内** 收得《唐练师碑残石》拓本。

**又** 阅《旧唐书》,录出其碑目,誊抄在一册起草"检查""改造计划"的练习簿上,从末页起录"卷二",题名《旧唐书碑目》。

**同月** 23日叶灵凤在香港养和医院逝世。

## 十二月

**一日** 作诗《乙卯十月幸获休致,翌日城北声越寄诗来,因步韵奉酬》。

**七日** 陆维钊致函:"周采泉来,知叶书[《遐庵杂著》]在伊处并兄和声越之作,拜读一过,觉胸中块垒,尚未全消,尚希注意为本。弟大概退休亦定,故有两事奉询。一、退休金兄在何处领。""二、档案最好仍存原校。""其他尚须注意何事,以兄先弟一步,或有经验可言。另书法二张,乞交政平夫妇为感。"

**九日** 为所得《唐练师碑残石》拓本作跋:"此石似非女道士碑,字分书柔媚,殆出中唐人手。此刻未见著录,出土当不久,今录其文于次。"

**约在期间** 杭州林乾良来先生寓所访问。据林乾良回忆:"因陆师维钊之命,携巨函赴沪趋谒施公蛰存。其中除函笺外,当系陆师之书法。施公知余酷嗜金石,出示数钮自用印,皆名家所刻也。适朵云轩楼上内柜有碑帖出售,而施公之学生某之戚主其事。即约定后两日之晨八时三刻,同赴选购。正式开放为九时,早进一刻利于选购也。后果得数品,至今宝之。其时价廉,今且数百倍其值矣。"(林乾良来件)

**十二日** 陆维钊致函:"9日信到,所询二点上海问题小,此间则难免不同,所以有惴惴之虑也,一切详情容后面磐。弟少年影事亦俟面陈,如得兄为写一诗,极所盼望。""开封青年曾来过,适弟卧病,故所致不多,来者亦仅二人。昨寄兄函外,有前系另托一人,故未收到,不知近已送来否。瞿禅上月曾致信,采容寥寥数语,字极草率,且谓即此数字,亦感甚疲,故尔停笔云云。可见身体一定不佳,但尚无不祥之讯,或可异,其无碍耳。声越致兄诗,弟亦和韵一首。""程会昌兄嘱书拙稿,引退后当一一写寄也。"

**十七日** 为过录北山楼钞本《还轩词存》装订成册而撰"跋":"维扬有女词人丁怀枫,余未尝闻其名。周子美为师范大学同事,其为丁君油印词稿,余亦竟未知,子美亦未尝为余言丁君事。近日杭州胡宛春欲问丁君消息,嘱询之子美,子美始为余道丁君身世,且言丁君尚在皖中,为典书史,今年亦七十馀矣。余欲从子美假读其集,则当时仅印四十本,悉以赠同好,今无存矣。遂驰书复宛春,且求借其藏本,越三日,宛春寄书来,盖即子美所贻者。余既展诵终卷,惊其才情高雅,藻翰精醇,琢句遣辞,谨守宋贤法度,制题序引,亦隽洁古峭,不落明清凡语,知其人于文学有深诣也。""水远山长,余亦无缘识之,因手录一本,资暇日讽诵,寄我心仪。"

另,开封武慕姚(拙叟)为此本题签"还轩词存"并钤印"武""肃"。

**二十二日** 作诗《乙卯冬至偶感》,后题为《乙卯冬至感赋》:"风扫长街落叶喧,斜阳渐敛又黄昏。华年坐老书千卷,迟日吟销酒一尊。(此是凑韵,初不喫酒也)得句已无前辈赏,(窃取放翁句)咏怀难共后生言。桑榆犹待清辉满,争奈寒星替月繁。"

**二十三日** 开封武慕姚(拙叟)作诗并书笺寄赠先生:"步舍之先生休致和人之作,即呈郢正。贞默拜草,乙卯冬至后一日。"

**月内** 开封李白凤作画题诗《乙卯冬写梅寄施舍之》。武慕姚(拙叟)书赠对联:"一无可憾得休老,寸有所长且著书。"周退密作词《减兰·无相居士乞休得请》。

**同月** 31日王伯祥在北京逝世。

**年内** 编讫《北山印娱》,辑钤印本,装为十一册。第一册为"古印",辑易大厂、陈巨来、吴湖帆、袁定文诸家之所藏,有'长陵新出土吕后玉玺'、'汉辟邪玉'、'汉鱼骨印'等,陈巨来朱笔、先生墨笔释文。第二册"明清印",内有金德枢为沈景修治印,杨千里刻吴载龢印,闵小农自刻印小农等。第三册为"诸名家刻印",辑赵叔儒、唐醉石、吴湖帆、吴昌硕、钱瘦铁等作品钤印本。第四册系韩登安赠本专集,有陶冷月之钤印本五十馀纸。第五册为钱君匋、陶冷月、来楚生等作品,有陶冷月、胡亚光所用印本,以及钱君匋自用印钤本,册内有陶冷月小记:共计二十五石,均为吴仲坰兄所治。第六册系陆维钊赠本,有陆氏收藏印,以及罗二峰、狄平子、赵之谦、袁克文、黄宾虹等作品。第七册为王福厂、钱君匋、高式熊等作品,系周退密用印钤本。第八册专辑钱君匋为朱屺瞻治印钤本。第九册杂集诸印钤本。第十册系陈巨来赠本,别附高式熊、唐醉石作品。第十一册亦陈巨来赠本,有王福厂等作品,并有陈巨来题识。

**又** 将劫后所存外文原版藏书约五六百册,再次编成《北山楼藏西文书目》。

**又** 按先生自述:"《春游琐谈》第一、二、三集各一册,1975年从吕贞白处借阅。"(《杂览漫记》)

# 一九七六年（岁次丙辰） 先生七十二岁

## 一月

**一日** 元旦撰讫《跋唐女冠李季兰集》:"惟季兰集一卷尝见于《直斋书录》,未闻传刻,遂致晦迹,今可见者惟《全唐诗》所存十六首耳。余尝以暇日录出,取旧集所载,校其异同,复纠录诸家评述之语,都为一编,曰《李季兰集》一卷,庶几他日有好事者付之剞劂,别出单行,足以与鱼、薛二家分鼎,季兰诗实在玄机、洪度之上。吟诵之馀,偶作笺记。"

**同日** 按沈祖棻日记:"接施信"。

**六日** 唐弢由北京复函:"欣悉已光荣退休,而仍努力于注释工作。""关于'真理哭了'一语,曾有多人来信垂询,我错记为陈静生的一幅漫画,再三翻查,终无结果。这回手书指出拙文《接受批评》里也曾刊引此语,我已完全忘记,自己重读一遍,才想到文内引用的'喂:你指着你自己的鼻子了!'是陈静生的一幅'对镜'漫画,显然,我把这和'真理哭了'混为一谈了。那么'真理哭了'究竟又是谁的文字呢?搜索枯肠,仿佛记得是沈从文或沈编刊物里谁家文章中的话。但这仍然是一个朦胧的印象。"

"看来非翻查《大公报》《益世报》等报纸了,这倒为老兄制造了难题。倘非从文文字,则有可能在《时事新报》或《申报》上,因为我那时看的只有这几种报纸,如果查到了,盼见告。"

**八日** 沈祖棻致函:"女词人丁宁,抗战时曾闻其名,未能相识,不知今尚安健否?""学校工作已完成未?现已进入76年,乃兄大做诗之年,不知已开始否?大作盼随时赐示。"

**十日** 为杭州林乾良《瓦当印谱》题识:"汉瓦有作右空二字者,诸家释文均同。然右空不辞,盖当读作右司空,其司字假右字下半用之。古篆有二文合体者,此亦例也。瓦当小跋一段,录奉乾良先生参考。"

另,据林乾良回忆:"余梓有《瓦当印谱》一册,即寄赠施公。彼大惊喜,以其时正文革中此调罕闻久矣。当即赋一诗以赠:'秦宫汉阙馀残瓦,篆势缭萦世所珍。付与印人作模楷,泥封玉检一番新。'后于此谱再版时,当即载其诗于书中。"(林乾良来件)

**约在期间** 先生致杭州陆维钊函:"节前边政平云,足下又有小不豫,亦不能道其详。昨日去访声越,得见足下九日书,甚慰。知足下亦已获退休,大佳。尊恙还当觅药,非偃卧可解决。""俟晴暖,希望能到上海来,听听上海医师意见。弟校中任务已结束,从此不去,在家玩碑。""承嘱'宜蛰',关怀至感。""附呈一诗[《乙卯冬至偶感》],弗以示人,恐足下将谓弟'犹有蓬之心也夫'。"

**十六日** 先生致武汉沈祖棻一函。

**十八日** 徐震堮致陆维钊函谈及:"蛰存虽退休,仍忙忙碌碌,颇想寻一点外快,以补百分之卅;然在今日亦颇非易,其实亦不必。"

**二十日** 晚上沈祖棻复函:"得读'陈[兼与]诗'甚喜,千帆见之,当更甚也?最近得千帆来信,云已请假获批准,""当有书寄兄也。丁君孑然一身,是孀居无子女?抑独身未婚?图书馆任何职位?才人飘零,可念也!然有兄为之写录,亦足慰矣!其在图书馆工作,经兄说及,忆及旧亦曾闻也。拟抄赐一份极感!赏菊曾有劣诗,归来得寒疾亦有诗,均不值一观。""得信无事即复者,一因响应兄之[信件]编号;二因即近春节,年前更奉一书,思于春节得二号信,以为新春乐事也。"

**约在期间** 程千帆寄赠重录润色乙巳嘉平所作诗:"文苑当年意态新,海隅今许着闲身;铜花石藓消磨汝,好向周秦索解人。广文豪韵珠沉海,安道风流雨绝云;犹剩此翁夸未死,残年风雪一相闻。偶检行笈,得西谛《困学集》,是望舒遗物,蛰庵昔年持赠者。适蛰庵书来,极道死生契阔之感,因赋二绝奉寄,即乞是正。乙卯嘉平玄览斋记。"

**三十一日** 春节。陈巨来治印"北山石交",边款记"丙辰元旦,七十二叟巨来刻"。

**月内** 卢辉伦治印"施",边款记"辉伦作";"舍之",边款记"辉伦仿元"。别有"吴兴施舍所得古金石砖瓦文",边款曰"一九七六年元月仿元朱文。辉伦作"。

**同月** 31日冯雪峰在北京逝世。据《华东师范大学校史》记载:"经上海市委和中央文革策划,《解放日报》《文汇报》《人民日报》均在头版头条用通栏标题刊载了《风雷滚滚旌旗奋——喜看华东师范大学在教育革命大辩论中胜利前进》的长篇专题报道。这篇由校党委组织起草,以批判'三项指示为纲'和含沙射影诬蔑、攻击邓小平为主要内容的'报道'一经发表,流毒全市全国。"

## 二月

**六日** 先生致武汉程千帆一函。

**九日** 程千帆复函:"徐迟57年前偶于各种文艺集会中见之,时皆为武汉作协理事,然不甚熟。在沙洋时,知其在省'五七干校'某团,""司牧牛之职,与弟适同,前又闻亦已申请退休。""兄如能以休致馀闲从事翻译,大是佳事,与玩碑亦无矛盾,愿努力争取之。""子苾近日身体尚可,反正悠悠匆匆度日耳。自前呈寄'江南故人七首'外,久不作诗,近偶得一律,抄附纸尾乞教。破信箱似当修整,《水浒》中武二郎所云,'篱牢犬不入'也。"附诗:"孝章(姓陈名志宪,四川酉阳人,吴瞿安师高弟,治曲甚精,任教川大)因病止酒数年于兹,客春又以车祸折手,犹力疾作三诗,左笔书之,以答子苾见忆之作。余顷反家度岁,乃始见之,因赋呈长句。折手酬诗真倔强,敲斜左笔亦轩昂;遥知私宴难顷碧,乍觉官杨又弄黄;肝肺权枒今视昔,云龙离合海生桑;沉吟三十年中事,独愧馀生足稻粱。"

**上旬** 开始撰作《唐碑百选目》,选定唐碑之字佳者百种(墓志另选),各附以前人评论(书法),加以断案。

**十六日** 按沈祖棻日记:"帆写施信,寄铜墨拓片三["师曾咏梅""深柳读书堂""癸丑暮春所持铭",皆钤印"灵菱传古"]。"

**十八日** 开封桑凡书赠诗作《北山楼主人退休得请声越慕姚白凤诸公皆有诗贺主人有诗酬答今依声越原韵奉和》,即复函:"尊诗写作两佳,""此诗和者多人,使我如履薄冰,恐流传在外,别生是非,至请弗要示人,免招罪戾。前承足下寄惠妙笔画笺数十张,想见高韵。所奉陈衡恪一笺乃北京新出,俗劣之品,寄与足下,以供一笑,可以说是反面资料,足下何必藏弄。""张明德来,无以为赠,即以此[旧藏扇面]作微礼。前得逢兄函,知足下颇欣赏之,因此亦拟奉赠一二,俟佟培基来,当托其带去,石涛一帧,当然是摹本,真者皆小名家,然亦可能有伪物。上海文物商人,何奇不有。弟非内行,因其价廉,画亦不俗,故偶尔高兴收之,今则欲再收亦不可得矣。""逢兄及武公均有信来,""如日内晤及,请为致意。""逢兄寄来陈玉志及令郎代裱之碑,已收到,请告逢兄,并谢令郎及玉志。""足下所居街名,十分绮丽,可以入诗。"

**二十日** 按沈祖棻日记:"帆出外买菜发信(千帆补注:政工科及施拓片两挂号信)。"

**二十一日** 复陆维钊函:"旋观手迹,犹劲健,知不如弟意想之委顿,又以为慰。""顷检天津出版之《赤脚医生手册》,内述慢肝炎,与尊恙同。其中药处方则用黄芪防己汤,又云轻症可服金匮肾气丸。""先君服之数十年,似有效。""窃谓足下当医养兼用,医则服药,养则节劳安神。""前日晤声越,未以尊作见示,大约是日内方寄出耶?声越和夏公词,弟亦劝其弗寄去,恐夏公还将油印流传,更为不妥。拙诗和者数君,皆藏之,不敢出,以后亦不敢请和诗。其实最好自己不做,然亦有忍俊不禁之时,则无可奈何矣。""沈宗威,痴云,""57年均有问题,各不来往,近年始偶尔一见,现仍在博物馆资料室工作,年六十二、三,因病半休,曾录示近作小词。""弟有虞卿著书之癖,抗战时在福建,作'世界小说史'[《诸国古代小说史话》]二三十万言,译外国文学又数十万字,胜利后未能付印。57年后作碑跋二百馀篇,碑录四卷,又辑得《王修微集》三卷,今皆不存一字。近十年来作《水经注碑录》《诸史征碑录》《集古别录》《宋花间集》《清花间集》(选定二代小令)《云间语小录》等各十馀万字。此等书皆不能望出版,足下来沪,当一一呈教,但得老朋友看看,足矣。""关良西画甚佳,尝见其用西法画京戏情节数幅,有别致,初不知其在浙院也。西画家近来最不遇,想此公亦有牢落之感。林风眠去年逝世[此系误传],弟于63、4年曾去其画室,承允惠画一帧,至今未得。足下如见关公,能否代达鄙意,求其惠我一小幅。昔年编《现代》杂志,曾取其画作插图,有此一段因缘,或当不吝也。老人一定怀旧,前瞻无望耳。若或无旧可怀,其人必庸愚无知,盖无感情耳。然而怀旧不宜牢骚,不宜是昨非今,此则当好好掌握此心也。足下自画自制之信笺,若有存馀,请赐空白者各式一、二纸。"

**下旬** 据陆昭徽记述:"我到杭州探亲后返回济南,途中需在上海转车。临行时父亲将一包书稿交给我,并叮嘱路过上海时要亲自给施先生送去。他说:'这是施先生写的杭州名胜碑帖考[《杭州石屋洞造像题名》]手稿,你一定要亲手交还给他。'他接着说:'施先生真了不起,文化大革命期间白天挨红卫兵批斗,晚上回来仍继续研究,写他的书稿。'""历次政治运动,他都是批判对象,正是依靠这种治学精神,使他得以经受住了一次又一次运动的冲击。'"(陆昭徽《陆维钊与施蛰存》)

## 三月

**一日** 按沈祖棻日记:接"诗抄丁[宁]词。"

**五日** 沙孟海由杭州复函:"前读大著《北山楼金石百咏》,深佩高见!顷奉手教,快同晤谈。西湖出土吴越投水府银简八枚,皆用'太岁贵酉''太岁甲戌'等纪年,无一简用吴越年号,亦无用中原年号者。钱镠七十七岁投太湖简的纪年独用'宝正三年岁在戊子'与投西湖者不同,不知何故。"

**十四、十五日** 按沈祖棻日记:夜写施信;下午发施信。

**二十日** 致开封桑凡函:"关智纲来时,我送他一本《尾形光琳画集》,此是日本十七世纪名画家,中日建交后在京沪开过此人画件展览会,我送他的一本是文政年(道光)木刻勾本,其中有一幅寒山拾得图,一幅兼好法师图,托他找你为我摹画一幅,此事不知关君和你谈到没有?你看到那本书否?"

**二十一日** 按沈祖棻日记:"接施信[18日]。"

**二十三日** 复上海书画社马成名函:"天气不佳,我身体也不健,好久不到南京路,甚是闷闷。所说你处有新印王羲之十三帖,不知卖完否,能否为我留下两本。有整张唐碑,也希望能找几种出来,尤其是薛嵩碑,还有北魏的皇帝东巡碑。这两个碑,我是向往多年,终未到手,极盼你能为我找出来供应。有日本友人托我买流在上海的日本画家的画件,亦请你在仓库中看看。""我要想得到一大批破烂的各时代碑拓(墓志不要),只要每种还有一尺见方的字迹,""仓库中如有这些清仓破纸,我愿意出点钱买下。我正在编一本'碑式',想把汉至唐宋各种著名的碑,裁下一小方字样,装成一册,玩玩也有味道。""天气转暖,我就会来。有东西请交给柜上那位徐同志(女),听说小施已去干校,柜上同志我不认识了。"

**二十七日** 复河南崔耕函:"今晨正在枯坐无聊,忽然奉到来札,并拓本六纸,大为鼓舞,精神骤振。""对这几个拓片,有一点意见,另纸写奉。你所负责的文物地区,是古文物堆积极富的地区,史前文化不必说,汉唐文物也必然可观,地面上的东西或者已无遗佚,地下的东西还会得日新月异地出来,经足下努力,一定可碰上重大发现。""希望特别注意元明清石刻,这种石刻,论书法是不为世人所重视的,但是一种非官方的史料,有极大的史学价值。""很希望你能编一个各地现存石刻目录,包括已移藏于博物馆者,这对于全国收藏碑拓的人极有用处。今年上海书画社出售碑拓已大大涨价,去年售价一二元的拓片,今年要卖八九元,我今年已无力买碑了。你要的东西,我去年就托过社中朋友。""能来上海,备几个公函(介绍信),住三五天,我陪你去请他们到仓库中寻找。""十年前看到一张《萧和尚灵塔铭》拓本,是残碑,碑侧刻王维赠萧和尚的诗,可以说是唐刻唐诗,""我所见的拓本是一位姓马的所有,由李逢借来给我看,我因此碑见于赵明诚《金石录》,故极注意。后来听说马君已精裱挂起来了,但从此以后,我没有见到第二张,这也是嵩山残碑之名贵者。关智纲来过三四次,我们谈了不少研究碑刻文物的事,他正想搞些业余专业,大概由我几次谈话,鼓动了他的兴趣,上星期有信来,说已买到'嵩山三阙'拓本。""汜水是否在你负责的区域?这也是个有著名唐碑的地方。残石中有唐以前年号的,我希望要一块,小瓦当也要一二块,可作圆砚,有字最好。"

**二十八日** 致谭正璧函:"前几天奉候,打门无人开。""不在家,想必安健,虽未晤见,却甚安心也。有友人要一些旧书,买不到,不知兄有否?能否见让?兹将书名开列,请惠一复,弟希望下星期天气晴和之日,再来奉候。"

**月内** 按先生自述:"友人在少林寺旧殿基废墟中拣得残碑小石二方,遂墨拓自洛阳寄赠。"(《北山谈艺录续编》)

**同月** 26日林语堂在台湾逝世。

## 四月

**九日** 为购得《后魏皇帝东巡碑》拓本题跋:"此碑拓本,流传极少,余求之十馀年,乃始得之。披阅欣然,遂志之。"

**十日** 按沈祖棻日记:晚上"写施信至十时多"。函谓:"兄言作书之勤惰与心情有关,诚其一因。然吾辈得闲居优游,因当知足常乐;于此知息交绝游、遗世忘情之难。闲堂言,兄犹有碑可玩,聊胜于吾侪。""此次如来上海,兄已退休在家无事,当住江苏路与兄多来往畅叙。可惜现在上海已无茶馆及咖啡室,不能久坐清谈。""不知兄仍在里弄学习否?""近来学习复忙,不知沪校如何?""夏初如兄嫂游宁,棻等亦能来宁同游,其乐何如!"

**十五日**　唐兰致李白凤一函谈及:"承代惠蛰存先生《金石百咏》,并谢,容缓细读。"

**二十六日**　先生致杭州陆维钊一函。

**二十八日**　按沈祖棻日记:接施信,《金石百咏》一册。

**二十九日**　为所藏《唐北岳封安天王铭》拓本题跋:"盛仲交、朱竹垞极赏之,陈子文谓为唐碑之最奇者。余求之十馀年,乃今始得之。笔致极苍古,直绍锺、梁衣钵。""方其时也,千龄则掉臂独行,希踪魏隶,可谓书苑之畸人矣。唐碑中如此面目,殆无第二本,诚足珍异,然其结体不免过于爱奇。"

**同日**　应桑凡之请作《书桑孟伯说文部首篆帖后并跋抚石鼓文》:"今复出示其所书说文部首,正直端庄,无一笔失体,无一笔诡异,盖务本之作也。""孟伯悬此帖以示后生之初习篆者,导之从正路入,故曰务本之作也。""昨岁孟伯为余作斯篆一轴,乃峭拔苍古,气象远胜于此,因知孟伯方日进而靡已也。余不能书,而好妄论书,赘此数言以质诸孟伯,殆不直一哂耳。"

**三十日**　又为所藏《唐北岳封安天王铭》拓本题跋:"碑建七年而禄山叛,贾冯诸人或有从逆者,此碑竟存而不毁,可见唐时文纲甚疏,亦不追咎既往,在今日为异事矣。"

**月内**　陈巨来应约为先生治印"天之小人""吴兴施舍考藏",边款各记"巨来刻此,时年二十七","巨来,年二十七"。

## 五月

**三日**　陆维钊致函:"所云卅年代大辞典迟早会来麻烦,今后学术研究大概亦是如此,可以省检书之劳也。'吴越金石志'何时可写就,甚为企盼。前日偶见陈伯衡丈所著《历代篆书石刻目录》,于吴越仅有二则,另纸抄奉,记不起吾兄已否收入。大概'慈云岭记'定已收入。姑备参考。弟自得三孙后,正如兄言,天天忙碌,而住处偪仄,走路亦须相让,其它可相像也。宗堃夫妇来,不巧弟又感冒,临行伊商弟,谓不知何日又复相叙,不胜感喟。弟拟写'松江杂诗'寄去,聊留纪念而已。兄病静脉,以弟经验,老年人只要心境好些,带病亦可以过去。""笔搁杭州旧货店从未见过,往日铜质居多,大概已熔去,不再留作卖品了,铁亦未见。姑注意求之,未必能得也。""声越、政平诸兄晤时代候。"

**六日** 按沈祖棻日记:"写施信抄给孙诗。"函谓:"'百咏'收到,暇时讽诵,足慰岑寂;惜于碑帖无所知,示以大作,不免有对牛弹琴之感矣。一笑。闲堂不归,东游延搁,不胜怅怅!""'百咏'当什袭珍藏,不轻示人。蒙以第一册相赠尤感!油印本如此佳胜者不多见。"

**八日** 为所藏《唐太尉李光颜碑》拓本题跋:"李氏父子三碑皆在山西榆次,拓本甚不易得,此光颜碑,近始得之,惜已剪装,不能见其全貌,文尚完好,取《金石萃编》校之,小有漫漶。"

**十二日** 致崔耕函:"昭陵碑已流传者只三十馀石,现在新有出土,甚是可喜,将来还要费心您帮我搞几种拓片,我现在只能钻故纸做研究工作,实在是无聊的,如果年龄小二三十岁,我一定投身于你这一行工作了。上星期在上海书画社见到他们库存拓片目录,嵩山三阙全拓有好几份,每份6至8元,其他登封碑拓也有一些,你们如要建立文物档,最好备一个公函,我帮你去选定。"

**十六日** 按沈祖棻日记:"接施信。"

**同日** 复崔耕函:"这是《大唐天后御制愿文》,碑头篆字即正文第一行的楷书,'大唐'二字上的圆线是碑边花纹误刻进来了。""你找到这一块七百年来无人知道的残碑,实在使我惊喜万分,看来开封地区,经你和其他同志们的努力,一定还可以有惊人的发现。王知敬这两块碑一定是同样大小,这块发愿文残石的下半截,如不粉碎,可能还找得到,万一找到,岂非更大的喜事。""近日向师大图书馆借到叶封的《嵩阳石刻集记》。""这篇天后御制发愿文,""如能找到下半截,录得全文,岂非又多了一篇武后的文章。登封还有几个碑,很有名的,请你注意一下,这几个碑已好久不见拓本,不知现在情况如何,碑名附在后页。"

**二十一日** 致张厚仁函:"带去小书六本奉赠,这套小丛书我买了三四十本,现在还存十馀本,留下的都是Rilke的诗集,其馀都送给你。Carossa是著名诗人,可惜作了希特勒走狗,名誉扫地。Rilke在欧洲近代文学中大有影响,但他的诗我不很懂,我有英法文本,留起德文本,也许将来想译一些,请你校正。最后,那几本诗集还是要奉送给你的。现在先赠一本书信集,请注意看看。Goethe一本好像是他给朋友的信,谈到'浮士德'的,是不是?另外三本是杂书,聊供学习德文。""现在正在把一些关于碑版和词学的著作整理写成清稿,希望有一天能印出来。""Rilke有两本书信集,文学史上往往提到。一本是《给青年诗人的十二封信》,已由冯至译出,四十年了。这一本没有中译本,你高兴试译出来,让我看看吗?"

二十五日　周松龄向先生借阅《北山楼藏西文书目》并撰写《读后记》:"承蒙施老的允诺,将他的'西书目'让我仔细观赏,从中扩大我的眼界。敬悉他一生所藏西文书籍着重诗歌、戏剧、评论及西洋文学巨作。计有英文、法文、德文,我所记仅限于英文方面。他所收藏与我过去偏重绘画、艺术,稍有不同。前后我翻阅多遍,虽未见到原书(从书目上摘有红墨水记号者,未悉是否还在),颇能望梅止渴。我见到其中有一部分我也曾收藏过,缅念之心油然而生。我特别欣赏的是他收藏的几部世界文学名著中,如 *Decameron*, *Don Quixoit*, *Rubaiyat*, *Baudelaire*, *Adventure of Baron Munchausen*, *Rabelais* 等,过去我虽收藏文学著作,版本至多二三种,没有这样多的版本,有几种几乎收集了英译本最好的版本。有的只闻其名,从未一睹的。希望乘这次机会达到我的愿望。从书目中我料想这是与施老当年准备从事翻译工作有关。""收藏之辛勤,使我钦佩万分。*Decameron* 版本中竟有 Richard Aldington 的英译本……因其插图引人,催使我曾将 *The Golden Ass* 译出,请当时还在的许君远老先生校订。记得当时也向施老提及,他告诉我那时侍桁先生也正在进行翻译。我心想有机会大家协作完成,可惜后来因故我的原书及译稿全部失散,许老也故世。幸我还有同样的一本曾借给一位远地的姓胡的友人,现已归还给我。如果同好要观看,随时奉上。我盼望施老有便检出这本 *Decameron*,目的为其插图,除了与我的那本所绘的对照研究一下,必要时构绘几幅,作为版图研究之资料。还有一本 *Decameron* 是1741年无名氏的译本,另附有100幅插图,未悉是否是王科一所选印的(刊每章节之前)木刻,有机会让我也观赏一下,以扩眼界。法国艺术家 Gustave Doré 所绘之 *The Divine Comedy* 及 *Don Quixoit* 插图早已闻名于世。此外还为 Balzac 之 *Dioll Stoies*(目录第9页)所作插图最能表达出此书诙谐之精神。此书在西洋几乎是非常有名,而中国却未见译出,只有抗战前周越然出过一本小品集中简单的介绍过(例《天堂之门》《访彭》等),依其意见中译名可采取音译,译为《图乐故事》。早年曾与友人钱君相约,各译一半,目的却想附有插图能介绍于世。将来有机会颇思再看一遍,重温旧梦。目录第13页,还有全部 *Holmes*(长短篇)。此书我也收藏过,不过是合订本,一大册,无插图。另外我收集的一部世界书局出版的由程小青等所译的中译全集,里面却有插图。目前中译本却仍在手头,因看的人不下数百人次,有的地方有些缺残,特别最初几篇。请施老有便时让我依原文补缀我译文中的残缺,使之完璧。过去我也曾收藏过的,依这书目摘录出来,愿将来有机会陆续向施老商借阅读。""这本珍贵的书目,不但仔细观赏了一下,并且基本上也摘录了一遍(80%)。将来准备需借时,依所摘可陆续借阅。""现在通过施老这册书目,使我非常高兴,原来他也收藏了一本极好参考书: Rev. W. M. Chow: The Bible Reader's Encyclopaedia and Concordance.希望施老一旦我要重读《圣经》时,务请赐借一下,此也是我在晚年惟一的享受了。"

**二十七日** 按沈祖棻日记:晚上"八时后写施信","又抄诗寄施附信中,毕已十时"。

**月内** 为所藏《宋投龙玉简》拓本题跋:"三纸皆宋帝投龙玉简,其一为英宗赵曙治平元年所投,王福厂藏。其一为神宗赵顼熙宁□年所投。其一为哲宗赵煦元祐五年所投。此二版皆丁辅之藏。三简文字略同,皆命道士建醮祈年延福时投之名山大泽。惟此三简投于何处,则未明言。但云'汉诣灵山金龙驿传',不知何谓也。此三简未见著录,故志之。"

## 六月

**一日** 复河南崔耕函:"此次又得汉人摩崖,竟从来没有著录,不知被苔藓蒙翳了十几个世纪,居然还完整发现,真是又一惊人之举。兹将释文另录一纸附上。""文物当然愈古愈有文化价值,故此刻之发现,功在'天后愿文'之上,这并不是厚古薄今,一味崇古。'厨库记'顾炎武还见到,叶奕苞有跋,大约清康熙时还没有损失,此后就不见记载。此次访得残石,亦有趣味。此石是中段,上下均失去,想来一定还在,只要不被打成许多小块,总还可以凑全,最好通知当地公社工作同志,凡有字的石块,务须保存,以待他日凑合。碑侧是唐、宋人题名二段,是以后加刻的,本身是完全的。""《大智禅师碑》后面有一个篆书'凤'字,这才是莫名其妙的添刻,我的'百咏'中曾提到。""希望还会有断碑残刻来充实我的精神生活!""汉摩崖还可以在字画的左右上下搜访一下,说不定还有年月可得。"

**十日** 致北京唐兰函:"月前汴中李君来函,得知拙作'百咏'已代寄一本达文几,甚为惶悚。此闲寂无聊时所作,汴中小友,愿留一本,因为付油印。初不敢传入都门,贻讥大雅。今既已劳清鉴,尚祈不吝指正,并求弗为宣扬,幸甚幸甚。舍于1939年在云南大学,曾奉芝宇,今已不忆是浦江清兄抑向觉明兄之介,两君俱已作古,常为怆恨。阁下曾赐法书一纸,与魏建功先生同时所惠一纸,今尚在敝箧,或阁下亦不忆矣。去年得一拓本,似钺铭,检著录未得,疑是齐赝,另纸录奉。"

**十一日** 先生前往杭州,得沈本千为其作画《交芦归梦图》。先生自述:"经营缔构,越岁而画成。因改题曰交芦归梦图,仍以翠楼题诗,录于其次。"(《交芦归梦图》)

**十二日** 周松龄于先生赠本《北山楼金石百咏》又作题识。

**十四日** 为沈本千画作《交芦归梦图》题记:"时一披览,小塞余悲。复历叙其因缘本末,以示后人。"

**十七日** 修改旧稿《北山楼读词记·后唐庄宗〈如梦令〉》。

**十八日** 沈仲章来先生寓所晤谈。

**十九日** 得河南崔耕寄赠《唐少林寺厨库记残石》等拓本,复函:"不像写信,倒是'谈碑小记'了。""有些新发现的,或沉埋已久的石刻文字,你们拓的时候,希望为我拓一份,我愿照付工料费。""上海书店及书画社,等天晴去打交道。""昨天收到你信的时候,恰巧有一个老朋友在,他说在1920年代,他在北大读书,跟刘半农及其他几位教授,到巩县石窟寺勘察过,在一个小学校里住了一个月,石窟中黄土堆积,他们花了二百块钱,请工人除去好几尺积土,佛像才显露出来,由于被土所埋,反而得到保护,佛像及其他雕刻,完整不损,你这次去,怕也是同样情况。""如果为了建立文物档案,我建议你们收买碑拓,应该要整全拓的,剪裱本只适宜于作习字帖用,不便对照原石,考察其损泐情况。"

**中旬** 唐兰由北京复函:"……隆阐法师碑非怀恽自书,疑与旧馆坛碑题陶贞白书同例,前人即以集书题为自运耳。徐现题名亦可纠正从来著录之误。但师田簋九十四字,实为伪刻,梦坡所藏钜器十九皆伪,邹适庐眼力不佳,或有意欺人耳。此绝是否可以删削,另易一题,当较全美。"

另,按先生自述:"'百咏'之九,原为《咏师田簋》,今从立庵先生教,改易咏矢令簋一首。"(《北山集古录》)

**二十四日** 复谭正璧函:"隔壁桑君有弟在开封,善书画篆刻,前月桑君为其弟送印章来,故认识,谈起住址,知即在兄邻右,因而说不日去访兄时,当兼去拜访。奈连月天气不佳,故至今未能造府,大概桑君已在盼望了。"

**同日** 复北京唐兰函:"舍于古史、许书两无根蒂,考古之学未敢问津,近以搜求碑拓旁及金文,'百咏'中稍及数首,不过为'金石'二字故题耳。诗既凡庸,又无甚高论,固无当于著作,然要当不妄,承教师田簋为伪器则安矣,梦坡室器得拓本数十纸,知其不足信,然此器邹适庐无疑辞,故取之,不意其亦伪也。夜雨雷钟所得正是'雪堂珍秘'拓本,昔读其跋,不无可疑。后见其著录于'梦邦'故亦信之。如公言则亦摹刻矣。以上二诗并当删却,请公先为抹去,他日当补印二诗入之。此外拙作必更有谬误,仍求指正。"

**约在期间** 先生即按唐兰意见修订《金石百咏》,并嘱开封李白凤、佟培基帮助另纸油印一页插入《金石百咏》油印本内。

**二十七日** 复天津张厚仁函:"5月中天津大学胡君来舍下,因托其带去德文小书六本。""Rilke在中国现在固然不需要,就是在30年代,也无人赏识,故我当时不敢介绍,只有冯至译了他一本。""有些欧洲作家,特别是诗人,在我们这里恐怕是曲高和寡的。在1960年代,我译过许多外国诗,""这许多译稿现在都没有了,只好作为一种流产的文艺译著,把这个目录告诉你,希望天地间也有一二人知道我曾做过些什么不合时宜的工作。今年要把一些关于碑的著作写定,明年要把词话稿写定(一半是词论,一半是历代词的读书记)。如果不死,以后就要想再译些洋诗了。你的'亨利第四'是扛鼎的工作,也亏你有此毅力,等你译成后我想做一个最早的读者。""鲜于璜碑文,胡君已给我抄来了。他说:还可能弄一个照片来。"

**三十日** 《哈尔滨师范学院学报》(哲社版)第2期刊载杜圣修《一场反翻案反倒退的斗争——鲁迅与施蛰存的论战》:"施蛰存可笑不自量,妄图开历史倒车,反倒被滚滚向前的历史的车轮所碾碎,落得个身败名裂的可耻下场。"

**下旬** 开始撰写《唐碑百选》初稿。

**月内** 高式熊应约治印白石句"白头歌尽明月",边款记"舍之先生属刻白石句,丙辰五月"。

**同月** 辽宁人民出版社初版印行辽宁省革命委员会宣传组编《鲁迅文选》,内收《"感旧"以后》(下)等篇。

## 七月

**四日** 致河南崔耕函:"《寰宇访碑录》是现存石刻的目录,孙星衍开始,至今已有四种,记录到1930年止,我正在编下去,故目前注意于1930年以后新出的石刻,凡已见、已知者已抄得一个目录,有四五千种。罗振玉的书,石印二本,我见过,但自己没有,希望在汴省留意,代我找一部作参考。"

**五日** 复河南崔耕函:"'桂窟'一纸收到,谢谢。这也是利用旧碑刻的,不知石背还有别的刻字没有?上海书画社已去联系过,他们答应找一天时间把库存开封地区的石刻都找出来,整批供应。""书店尚未去过,下一信可再报告。汉刻窟洞情况,智纲也有信来,明白了,与石窟寺无关。陶灶上字确是'二千石',故其右为'夫人',是男女主人,此是陶师的颂词。""另寄《寰宇访碑录》一部奉赠。"

**六日** 为所藏《后魏南石窟寺碑》拓本题跋:"全文已著录于罗振玉《石交录》《后丁戊稿》。余以此拓本校之,则罗氏所录尚有缺误。"

**上旬** 夏承焘自北京复函:"违教近十年,比惟动定安胜。诵尊著《金石百咏》,无任感荷。杭州严寒烈暑皆可畏,故弟拟多住北京。声越兄想常晤见,幸代问好!新作小词一首,聊以填满此纸,不足以词论也。"附《南乡子·京门大热中送友》:"且莫道寻常,一别灯楼去路长。拭目滔滔东去水,长江,本是家乡莫断肠。小别又何妨,北海残荷尚万张。背得阿男诗句否,琅琅,梦路同寻真冷堂。"

**十六日** 按沈祖棻日记:"接施信。""夜写施信未毕。"

**十七日** 沈祖棻复函:"久不得音信,以为正作秦淮之游。""欲寄书一探消息,又恐落顽童之手,病疲亦复慵懒。今午犹与小女谈及,而下午即得来书。兄言月馀以来,悠悠忽忽,似乎只过了七八天。""然兄虽安闲清健,想亦无多欢娱也。""病中思以小说消遣,而借公家书亦须后门,私人书则如放翁所云'异书浑似借荆州',有过之无不及也。尤喜译作,兄有五六百册,惜无福一读也。""兄之线装古籍,则将谢绝矣。""此地人谓乃学校边疆……,偶读唐人诗,则卑湿瘴厉,生活困苦,固贬谪边远应有之义也。"

**十九日** 应邀为《李大广印谱》题跋:"余投老闲居,好收金石拓本,兼及篆刻,以消永日。二三老友为从海内印人求钤本,益我藏弆。不知者误以余为周亮工也,或以印谱来相质,余于此道实无所知,故未尝不甚窘也。大广先生素昧平生,远从京师寄此本来索题,殆亦误信人言,问道于盲乎?夫印人家数多矣,或宗元、或仿汉、或上摹秦鈢。法秦汉者,求其高古峭劲;法元人者,取其圆润光致,大较如是。大广先生此册取径在汉,诸作斒斓光怪,可谓高古峭劲矣,其已升于汉人之堂欤?"

**二十一日** 复河南崔耕函:"函及齐碑拓本已妥收,此是河清三年造像记残文,向来有记录的,我恰巧没有,承惠感谢。在殷墟作史前文化的发掘工作,当然是理想的地方,关于奴隶制社会的殉葬制度,文献不多,尚有待于地下资料,听说北京史学界正在编纂中国古代社会史料汇编,将来对考古工作大有用处。你来信中提到的三个元碑,""我查过《石刻题跋索引》,""又查《艺风堂金石刻目录》,也没有这三张碑。可知清三百年中无人曾得这三个碑的拓本,看了你的信,我才恍然大悟,凡是'访碑录'中注明'据某某藏拓本'者,未必都是已失去之碑,这一点是你给我的启发。""我的'访碑录'没有完成的日期,只有截止的日期。""《语石》价约4至5元(木刻体,铅印本反而难以找到)《金石萃编》价在10元至14元之数。有木箱的大约18元。此二书随时可得。《校碑随笔》也易得,石印本1元馀,木刻本约3元,你寄款,我可以代办。""关智纲寄我一张《付宝月大师剎子》,也是以前人所不知道的。"

**二十二日** 先生致杭州周采泉一函。

**下旬** 周退密作词《鹊桥仙·无相居士书来道近状,赤膊挥扇,抽烟饮水,绝妙好词也。括其语戏成小令博笑》。

**同月** 28日唐山发生大地震,馀震波及北京、天津等地,上海动员市民防震。

## 八月

**三日** 地震消息传来,"就想到在天津、北京的亲友"。上午得天津胡琇柱来信报安,即复并请其去看望张厚仁。下午吴尔伟带来张厚仁所托的译稿,并告知平安。

**同日** 先生复武汉沈祖棻一函。

**五日** 为增补《北山楼辑录本〈燕子龛诗〉》作"又跋"。

**七日** 谢国桢(刚主)来先生寓所访问。

**八日** 谢国桢(刚主)抄录诗作《读碑绝句》赠先生并函:"一昨快谈,得聆麈教,并赐大著《金石百咏》,归后读之,溽暑顿消,快慰何似,既感且谢。勉写旧作《读碑绝句》,以手间无存稿,但凭记忆而已,至请指正。便中致函崔耕同志时,仍望代为绍介,无任企盼。"

**同日** 谢国桢致崔耕函谈及:"昨天我在施蛰存先生处,知道您青年有为,勤于考古,精于鉴别金石碑刻,见到您发现的《河南巩县汉人七言摩崖》拓本,由蛰存先生帮助您提供资料,至为钦佩。"

**十日** 撰讫《〈唐碑百选〉缘起》:"我既为汉碑作了结集,现在又计划为唐碑作一次选录。""这样的以碑为纲的书法集评工作,从前没有人做过,使我们对历代书法理论的研究,常感到许多不便。现在我试做这个工作,自觉不无一点贡献。不过这是草创工作,限于知见,遗漏尚多,还待随时补苴。"

**十一日** 郑逸梅致函:"此次地震,波及京津,徐邦达夫妇已避地来沪,顷已晤过,彼喜填词,画却懒作,编有'古代书画鉴定论证',洋洋数十万言,拟交公家出版。王益知、俞伯平、叶圣陶、周汝昌均有信来,平安无恙,但宿于帐篷,夜间蚊扰,不能安寝,蚊帐无供应处。""谢刚主君,幸未返京,否则受惊受苦矣。闻谢之光病重,拟一访之。得便请代转安持老人一信。"

十二日　撰写《柳亚子事》:"昨偶于客座谈柳亚子,余谓亚子自清季创南社……"

十五日　周煦良致函:"天热使人百事懒作,只好笔谈。京津地震,舍间各房幸喜俱无伤亡,亦是大幸,特别是家三叔,年已86岁,且所居正在天津破坏最大之和平区,竟然无恙。但现在夜间仍需住帐篷,且日夜冷热悬殊,对老人仍是一种威慑耳。日来北方已有人陆续南下避难……"并附转赠白蕉所作兰花图,画上白蕉题识:"心中有人,放笔直扫,只是敢;心中有人,不敢放笔,何能直扫;敢之时,义大矣哉。壬寅初春,云闲病气忙之日,得此为煦良教授方家唱噱。"钤印"不入不出翁写兰""死不改香"。

十七日　复天津张厚仁、梦静夫妇函:"6日、7日才知道天津灾情,塘沽区及和平区最严重,'啊呀,张厚仁就住在和平区,幸而知道他没有损害。'这是当时我的想法,我因还要写许多信给震区一些亲友,""故托吴尔伟写信时讲一声,等你们生活正常后我再去信。""译稿现在不会看,上海甚热,不能做事,赤体挥扇,饮冰而已。俟秋凉再细读,那时一定会给你读后感。""听说天津又预报了较大之馀震,想你们此刻还不得安宁,留心!"

同日　陆维钊复函:"手教并纠谬及补俱收到,蒙安此序,弟未见过,宛春亦未言及。兄之所纠,大可为郭绍虞《学文示例》之材料,惜乎蒙安尚未能列于《学文示例》所引诸家之中也。纠谬所举文章目录语照应诸端,弟皆同意,语法逻辑亦皆此,兄所指诸多疏舛,宛春文未以示弟,或亦未惬意之故欤。""弟与宛春平日言词,大概以半塘、古微为上,蕙风并未能与之为匹,尤其是蕙风词集。"

十八日　程千帆致函:"15日返家小住,以待后命。得读足下手札多首,又《金石百咏》。""谨下小签数事,录如下。""以下谈几件具体的事,1. 祖棻词有弟手写全部定稿,有便当呈教。其《金缕曲》一首,已删去,今亦无存。全部五卷,约三百馀首。2.'后山补笺',便中可挂号寄下,以消永日。3. 有沙洋分校同事朱祖荣君托购下列三书。"

二十一日　天津大学六村四十楼王学仲致先生一函。

二十三日　复河南崔耕函:"你又去看了几个唐宋元碑,大热天,仆仆风尘,精神可佩。三个元碑,作为县级的保护文物,甚为适当。'武后发愿文'已移在室内,这半块王知敬可以不再损坏,都是好事。司马承祯所书碑,亦久不见拓本,《王徵君口授铭》我见过,亦非易得,此二碑我亦未得,将来有机会请附拓一份。司马承祯的碑,请弗遗弃碑额篆字,《中州金石记》说他的篆字为剪刀书,不知是什么样子,很想见识见识。

承惠《武周造像记》,亦未见著录。""谢国桢是我新认识的朋友,""上月来看我,因为他专收两汉金石刻文字,我给他看了你寄来的汉人摩崖,他十分有兴趣,托我向你求索一份。""上海这两天有地震预报,供应已紧张了,糕点饼干抢购一空。"

**二十五日** 开始过录《涉江词》。先生自述:程千帆、沈祖棻"二君之娇女丽则,于役东吴,奉亲命携《涉江词》五卷全帙来示,余始得熏沐而尽读之。子苾词工,固已识之,其工且富,乃至于此,则今始惊之。"(《北山楼钞本〈涉江词〉后记》)

**下旬** 沈从文致巴金一函,言及自己将赴上海:"希望看看的不会过十人,除王辛笛外,还有芦焚、王道乾、黄裳、陈从周(同济大学)、施蛰存、许杰。"

## 九月

**三日** 复谭正璧函:"续寄书目早收到,这几天恭候地震,内人暂时去'同济'儿媳处居住,弟一人在家,故半月来未出门。现在地震大约可免,下星期当先问师大中文系资料室,此外河南、山东、黑龙江、徐州各师院均有可能。但因目录只有一份,须一家一家问。""《山谷诗注》有友人程千帆要,《瓯北诗钞》及《水经注》弟拟得之。"

**同日** 按沈祖棻日记:"接施信,帆即复,我附言。"

**七日** 按赵景深日记:"辽宁师范学院马殿超和徐斯年、大连石油七厂吴铁成来访,询问关于《佚文集》的问题,我知道的不多,把陆晶清、赵家璧、施蛰存的地名告诉了他们。"(赵易林整理《赵景深日记》,日记报社"学人日记文丛"2002年版。以下均同)

**八日** 中秋节。沈祖棻作诗《……今岁中秋千帆已返。蛰存书来,谓当为诗志喜,因复成长句寄之》:"书来何止报平安,离何关心墨未干。犹喜流辉千里共,那堪游兴一时阑。酒杯聊对清光满,衰鬓还惊白露溥。为说空山明月夜,独看双照总无欢。"

**同日** 应先生之请,开封武慕姚(拙叟)为《涉江词钞》题签:"涉江词钞,丙辰中秋,慕姚题。"并钤印"武""肅"。

**十三日** 录毕《北山楼钞本〈涉江词〉》一卷,装订成册并撰写"后记":"全集凡三百馀阕,未能录副,选其百阕,写一本存之,以资暇日讽诵,并历叙余与二君[程千帆、沈祖棻]交谊因缘如是。"又作词《踏莎行·奉题子苾夫人〈涉江词〉》。

另,据周退密回忆:"施蛰翁选《涉江词》《还轩词》为一卷以示余,读后为之钦挹。曾赋俚词小令《鹧鸪天》一首题《涉江词钞》后,并请蛰翁转致,闻子苾甚赏余欧书小楷。""经蛰翁精选合钞,以同代之人选同代之词,振铎采风,无忝前哲。"(周退密《呆堂书跋》)

**中旬** 润改《伪古文病院·霜红词序(陈运彰)纠谬》并誊录清稿。

**二十一日** 按沈祖棻日记:"闲卧看旧词,始发现施夹入信及词。"

**二十五日** 按沈祖棻日记:午"写施信",晚餐"后续写施信,至八时半"。

**二十七日** 徐震堮致陆维钊函谈及:"故人惟蛰存、贞白偶过小斋闲话,颇觉胸次洒然、无所患苦也。"

**下旬** 21日沈从文由苏州来到上海,至29日返回苏州。据程应镠记述:"唐山地震,他曾南来,住苏州他的夫人张兆和先生家里,曾来上海看望朋友,我陪他去施蛰存先生家,施先生是连招待客人的一席之地也没有了。"(程应镠《永恒的怀念》)

**同月** 9日毛泽东主席在北京逝世。

## 十月

**二日** 开封桑凡复先生一函并邀请为所藏清人瑛宝"花瓶图"题诗,并附录卷上瑛宝原诗以及武慕姚、李白凤之和诗。

**三日** 按沈祖棻日记:接施信。

**五日** 郑逸梅致陈左高函谈及:"闻施蛰存之亲戚,在第三人民医院,为骨科专家,每星期三下午临诊,令媛医治顺利,不必多此一举,否则可与蛰存商之。"(按:疑为本月,录此待考)

**六日** 复谭正璧函:"信已于国庆前二日转去,据说要与师大图书馆总部商量,资料室不能作主,故尚须等待回音。上海、汴、鄂有许多青年朋友求书若渴,见到目录恨不得一起收取。限于财力,选定了数十种,希望足下慨允分让。最好能照兄第一次书目打个八折,想兄亦必乐于助人。此一类书师大不要,不妨分卖。兹将所要之书列目寄上,一共二纸,请兄在一纸上批定价目(实价)寄下,以便弟可以助成此事。已有50元在弟处,下星期二或四可送上,即取一部分书分致小朋友。"

**同日** 中共中央粉碎"四人帮"反革命集团,"文化大革命"灾难终于结束了。

**十四日** 复谭正璧函:"许多书被人先得去,真是来迟一步。《万有文库》以八折计,新书照原价,可以同意,承兄批价纸书,均要,务请留出。现在还要加四种,如尚未有人要去,请批价后一并取出,弟决定于下星期四下午来取,款同时奉上。"

**十五日** 上海师范大学召开全校声讨"四人帮"大会,会后举行了盛大庆祝游行。

**十八日** 复开封桑凡函:"月来家国事忙,自己情绪也不佳。""志铭中拟署'开封桑凡篆盖',好不好?""盖篆我想请兄索性再写一份,能写铁线篆否?""文曰'黄母曹太君之墓志铭',共九字,可以在一个月内写来,因付刻总要到年底也。题诗一绝,一定做。但现在没有时间作诗,也要等一等,画件不要带来。""画笺也不急,足下有空暇时一张一张的画起来,慢慢见赐。""昨天寄了一包书及一封信给白凤,匆促之间,有些话没有说,今写于此,请代达。近来信多得很,连邮资也省撙节。""我有一画《交芦归梦图》,要请武公隶书引首,但找不到冷金笺,请兄在汴中物色一下。"

二十一日 致河南崔耕函:"谢谢你又供应了两种未见记录的石刻。我研究了一下,并和此间几位老朋友交换了意见,作出这样的判断:王羲之字是见于《淳化阁帖》的一部分,全文译录,附于后页,但字迹并非王羲之的。这草书是唐人怀素、张旭一派,是后人写的右军帖。""我查《中州金石目录》,发现有一种《超化寺帖》,恍然大悟,我以为这就是《超化寺帖》的一块。""不知《密县志》中有没有提到这部帖,除此以外,就无法作第二个解释了。大定十六年的智公寿塔,也未有记录,看第一行,原来是另一个和尚的寿塔,磨去旧名改刻的,这情况很普通,不足异。"

二十四日 上海组织各界群众收看在北京天安门广场举行的庆祝粉碎"四人帮"大会的电视实况转播。随后,上海师范大学三千馀名师生参加了全市百万军民的庆祝大会和游行。

二十五日 致谭正璧函:"信及书目已转去,人也会到过。董[立甫]兄即与师大图书馆采购组协商,但这几天恐他们也无暇及此,弟因车挤,故不能趋候,且等几天。"

## 十一月

一日 为开封桑凡所藏清人瑛宝"花瓶图"题诗:"不随红紫闹春阳,独伴秋风落叶黄。篱下已无彭泽令,何如供我胆瓶香。丙辰秋杪吴兴施舍追和一章。"

同日 上海师范大学"发出《关于当前活动的意见》,指出根据目前的形势,以半天运动、半天上课的形式来开展学校的工作;切实执行毛主席'惩前毖后,治病救人'、'要扩大教育面,缩小打击面'的指示,联系我校的具体情况开展深入揭批'四人帮'的工作"。(《华东师范大学校史》)

九日 按沈祖棻日记:"抄诗一页拟寄施。"

十日 晚上沈祖棻致函:"兄前忙于家务,今当稍暇。近来国多大事,不知街道开会学习亦较忙否?兄中秋未能赏月,并只吃到一个椰蓉月饼,以后只有豆沙月饼。此间今年凭票亦买不到月饼。""前示及拙作'薄倖'之四平声句,偶与千帆记忆诵得方回名作,知不误。'罗带轻分'之误,所示极是!此盖蕖自学词时起,即误解,'销魂当此际',则解为分别,取《江赋》'黯然销魂者,唯别而已矣'之意,罗带香囊为赠别留念之物,以'轻分'为轻别,其误殊甚,可笑也。此误直至经兄指出,并与千帆研究后始知。他处尚有误用者,必需改正。""近来上海游行集会,想大热闹,不知市面繁荣,物资供应,有所好转否?""遵命中秋作诗一首,并近作数章,另纸录呈。""一年又将尽,所谓大做诗之年,亦需稍为点缀!如何?孤寂中以得读佳作为快。""千帆附候。"

**十四日**　复武汉沈祖棻函。

**十七日**　致开封桑凡短笺:"诗和成,请王宝贵代笔书之。已入冬令,弟手痉挛了。墓志盖篆已书就否?志文已在写,请足下抓紧时间。"

**同日**　复天津张厚仁函:"近来甚忙,大半是无事忙,小半是为人忙。书案边久已不坐,你译的Rilke也始终包藏着,""今天,才打开你的译稿,把两处应改正者,都改正了,又包起。""不是不重视你的工作,也不是对Rilke冷淡了,而是近来的思想情绪不在这一条路上。《红楼梦》这部书,我一向无兴趣。20岁左右看了一遍,就没再看,我不爱看姐姐妹妹、哥哥弟弟的文学,现在人对这部书的社会意义,似乎也夸大了不少。因此'红学'与我无缘,好几部关于《红楼梦》的书,我都早已卖掉。""今年是个'凶年',希望赶快过完,明年应当'否极泰来'才好!"

**十八日**　谢国桢(刚主)由北京复函:"藉悉一一。前寄碑刻,聊备省览,嗣再捡出,陆续奉贻。王微诗词亦当抄辑寄陈。兹有舍弟辰生因公赴沪嘱当面洽之事,至希延见,感同身受。"

**中旬**　应黄怀觉之邀,撰文《黄母曹太君墓志铭》,并请九江吕传元(贞白)书丹、开封桑凡篆盖,后又由黄母曹氏其子怀觉勒石。

**二十七日**　复崔耕函:"信及红枣均收到,新郑红枣,既大又甜,上海不易得到,承赐甚感。""但寄费花了您2元多……,下月上旬要汇款给李逢,一并汇沪,请逢兄转交。""承示印样,已细看,我不会刻,但自以为能识,你的刀法篆法,跟逢兄一路。""附上印样数个,是向朋友处打来的,不妨参考。《汉印分韵》之类的书,我无法买到,这一门书最难得,因上海刻印青年都在觅这些书,有后门也轮不到我。《康熙字典》、《辞源》可以得到,我日内就去托人。""谢刚主(国桢的号)又要来上海了,因北京又有地震威胁,他的堂弟谢辰生,是国家文物局文物科科长,这两天也在上海,已会到了。"

**二十八日**　完成《北山楼迻录梦窗词校记》并作跋。

**下旬**　为开封桑凡所藏清人瑛宝"花瓶图"题诗书于卷上。

## 十二月

**一日** 致谭正璧函:"师大事已通知董立甫,他允即抓紧时间办。""有人要打听周楞伽,此人尚在否?如在,做什么事?住何处?请兄将情况函示。"

**五日** 晚上复谭正璧函:"周楞伽事已转告问讯者。昨天与师大资料室董立甫通了一个电话,""他们与上海书店约好,拟于下星期一或二(13 或 14)会同到兄处看书,叫我先通知兄。"

**十日** 应奉化孙正和之请,为《木蕉堂帖》题跋:"正和感慨师门,无以报德,取师友诸家笔札双钩印传之,曰《木蕉堂帖》。始印二集,皆马邓白三家书,此帙是也。""阅之觉有印本不传之妙,则此技或终不可废乎。"

**十三日** 复开封桑凡函:"昨日收到惠赐画笺廿番,秀雅扑人眉宇,极是佳作。我以为倘能让郑州书画社水印十种为一盒,必为海内文人所欲得。""惟足下题无相庵制,则不妥,我何尝制此笺,一切都是足下技艺。""上星期去买了一包杂拓,凡十八纸,有金文、汉铜洗、晋瓦灶,也有几张北魏造像,共计 2 元。""上海只有我一个人在乱收各种金石拓本,近来来了一位北京人,谢国桢,专收汉石刻,此外书画社中顾客,都是买汉唐碑帖,以供临池。""足下目录中,宁陵公主志、五十四人造像、七十馀人造像、牛知让志(此是宋志),此四种我没有,希望你割爱见赐。我送你扇面二枚,或伊秉绶大字对联一副,随你挑选,(但真伪不可知)。此外'孔子见老子画像'亦是石刻,横条,长二尺馀,目录中是'砖',不知是否另外一件,如果是'砖',也希望寄来看看。'杜并墓志'甚有名,你可以留下。""张明德来过,介绍他去见钱君匋,君匋为介绍他去见唐云。""君匋此次很客气,允为明德刻一石章,即日奏刀。明德买不到石,我送了他一个。""明后日将寄一包东西给白凤,内有一小件是给你的。""画轴诗已写上,本想请张明德带回,他没有再来一趟,只好另外等便人带汴。""见武公代候。书画收购亦令人丧气,较好的东西,出价不过三四元,曾见有一立轴,沈荃书,以 4 元收进。"

**十五日** 为《瓦削文字谱》撰作"跋"。

**同日** 按赵景深日记:"又看鲁迅在《准风月谈》中的三篇文章以及施蛰存的信,都是谈《庄子》与《文选》的。"

**十八日** 按赵景深日记:"北京师大郭志刚和杨占升为'集外集'事来访。我按他们的需要先谈了李小峰、程鼎鑫和施蛰存,然后再补注《关于〈关于红笑〉》和新旧诗以及潘家洵等。"

**二十日** 为所藏"陈伏庐(汉第)藏汉瓦灶精拓本"题跋:"陈叔通[敬第]藏汉灶著名

宇内,尝以拓本影印传布,有王静安题识。近得此精拓本,尤可珍赏,因迻录王氏文参考。"

**二十一日** 致天津张厚仁函:"上月17日寄出一信,越一日即闻京、津又震,不禁大诧。""昨天得手书,才知仍安泰。""你还记着《域外文人日记抄》,足见镇静工夫甚好。此书我也许还留得一本,待找到后寄给你看,内容其实不好,当时是应书局之请凑合一下摘出来的。""我们现在忙的是看'四人帮'的文件,听种种小道新闻。"

**下旬** 诗作《金石百咏》经修订后再次委托开封李白凤、佟培基帮助油印50册,继续分赠同好友人。据李白凤记述:"此册丙辰岁,经弟绍介汴梁小友韩子奎君誊印。"(李白凤赠端木蕻良《金石百咏》题跋)

另,计有唐兰致函:"'百咏'诗博涉多方,殊深钦仰。误莱芜为华芜,甚佩卓见。"容庚致函:"承惠大著《金石百咏》,敬佩博雅。弟未尝学诗,不能奉和为愧。"周大烈(迪前)致函:"《金石百咏》不作骨董家语,昔人论列藏书家有五等,今足下可谓读书者之藏碑。惜平生于翠墨无缘,未能相为印证耳。"程千帆致函:"'百咏'精辟追复初叁,而出以风华,又大类越缦堂,乃愧相知之未尽也。"陆维钊致函:"金石碑版之学,冷落久矣。老成渐次凋谢,后起罕闻其人。昨承惠赐新著《金石百咏》,发封快诵,始惊兄近年蒐聚之富,涉猎之博,于此道为空谷足音矣。诗既雅韵,注亦多识,叶鞠裳《语石》以后,允推玄著。"胡士莹致函:"承示大著'百咏',喜读一过。多年不相闻问,不知兄于碑版之学,精诣如此,实出意外,甚佩甚佩。嘱书题签,随函奉呈。"

另,按先生自述:"为《金石百咏》分赠友好时,曾有复书谬奖者,当时或另纸录出,或留抄原函而未录。现在仅得六家(唐兰、容庚、陆维钊、周大烈[迪前]、程千帆、胡士莹),馀皆佚失。"(致周退密函,1988年9月4日)

**月内** 完成撰著《吴越金石志》。

**约在期间** 按先生自述:"11、12月间,北京、上海各专案组来了好几批工作同志,为写材料,累我忙了一大阵。可是我揭发不出他(张春桥)的政治关系。"(致张厚仁函,1977年3月30日)

**又** 先生仍常逢星期五上午前往茂名南路陈氏兼于阁,参加"星五老人"茶会。

# 一九七七年(岁次丁巳) 先生七十三岁

## 一月

**二日** 复谭正璧函:"你信来后,弟即去信师大董立甫,并将兄之信附去,希望他研究。""师大图书馆因无法出账,故搁起不理,资料室则极希望得到这批书,故藕断丝连丢不下。""俟天晴,即来兄处。另一事也在进行,要等一个人来再接触。"

**五、六日** 按沈祖棻日记:"接施信,想回,夜冷而倦,懒写"。"写施信"。

**六日** 程千帆致函:"前得手教,即复一纸,涉江欲别作书,遂阁置未邮。""山谷集如得杨惺吾刊影宋本12元,殊不昂,即恳代为买下。""弟出处之计已定,宋子京所云'老去师丹多忘事,少来之武不如人',白乐天所谓'比类时流是幸人',三句尽之矣。惟有著述二三种,乃时贤屐齿所未尝及,如能刊行,或于文史研究有露海尘山之助,是则不能无望于衮衮,然亦如小说成语所云:'谋事在人,成事在天。'不可强也。郑重九尝有诗云:'海内相哀能几辈,殷勤函札赖云鬟。'后又云:'云鬟函札今俱绝,海内何人更见哀。'弟尚有七十衰翁远垂廛注,胜郑多矣。"

**二十一日** 沈祖棻致函:"读陆[维钊]君词卷,知亦系伯沆、瞿安二师门下,故词作、书法之妙如此,不胜钦佩!蒙兄代求,得以暇日拜读展玩,诚乐事也。兄所交多词人、书家,往来自多兴致,可羡也。以兄年岁及成名之早,于吾等当为前辈,然如此则不免拘束,因本十年以长,则兄事之之义,同辈相处,期更能随便亲近耳。""周君[退密]处蒙转致谢忱,""拟待明春来沪时转诚拜访,以补吾过。""承周君同乡某公[柳北野],推许拙作,竟不辞复写之劳,分赠友好,厚意盛情,能无知音之感?""虽旧作不涉时事,但牵强附会之风盛行,仍不宜多所流传也。""抄呈打油诗四章,以为笑乐。千帆别有书、诗。"

另,此函程千帆附笔:"今后当称兄为'健庵',以表尊重关汉卿不伏老之意,于意云何?与维钊先生书时,希先致谢,稍暇要专写信以表微忱。'山谷诗'实在不贵,好极好极。嫂夫人所见极高,兄慎勿轻视老婆禅也。"

**二十二日** 程千帆又复函:"退密先生书法自小欧阳上溯北朝小品,用笔清刚,不独词翰之工而已,钦挹尤似。弟避地湖堧偶以购物近市,今从尊处得知诸年少,除知能骑车出入外,别无可告。窃喜其已为人所忘。"

**二十三日** 启功致函:"一别廿馀载,未通问又十馀载矣。去年谢刚老归京,获悉杖履康疆,每日摩挲金石,无任欣慰!功近十馀年,学业全荒,只写得小册一本,今幸获出书,亟以呈教者,非敢自炫著述,实欲呈其作业,以求剀切指正!承赐大作《金石百咏》,读之如入宝山,目不暇给,自晚饭后归家拆裹读之,至夜三时始毕。其中胜义纷纭,尚待涵味,更有若干拓本,未曾见识,恨不得立趋高斋,亲听指授,并快眼福!""诸首中功尤喜泰山铭一首,讽读回环,为之拍案。匆匆读毕第一遍,见抄写者尚有笔误处,当时未及标出,容再读后录呈改正。""病中曾作《论书绝句》,连旧作者共得百首,""容当录呈,以求批改。"

**二十五日** 程千帆致函:"寄上致陆[维钊]一书,又诗数首。请兄考虑,可否转寄。因弟与陆不熟,不知寄这些诗是否合适。""右咏史四首,写尘蛰存老兄诗家。"

另,附致陆维钊函谈及:"四十年前,偶见先生书迹,笔势奇逸,良殷景慕。近岁始悉亦与蛰存素交,因恳其转求法书,为寒斋光宠。乃荷先后赐以篆、行书各一幅,格老韵高,弥可宝爱,展玩多日,感不可言。""小诗数首,别纸录尘,聊博一笑。"

**二十七日** 启功复函:"拙诗竟蒙披阅两过,深仰诲人不倦之至意。""惟手教先到,邮包后到,今夕奉复时,尚未获读批示也。《东书堂帖》为明周王所刻,为明藩邸刻帖中最下之本。以其既翻'阁贴',又搀以其他诸帖,刻工又粗,于考古、学书,两无所用。如'肃帖'可考'阁帖','宝贤'可考'大观',而'东书'一无足资,遂不为藏家所重。如背纸有趣,不妨留置。但亦不多值也。'东[冬?]温夏清'《张猛龙》,实是乾隆拓本,功昔曾于故宫见曲阜诸碑之乾隆拓本,即《寰宇访碑录》之底本所据之物,'温清'不损,可知明拓之说不足凭也。北京现在此类物'无价有市',私人交往,袖金相易,无行价可言。即在琉璃厂,帖铺内行,动辄数十元,但约卅元以上者,又不轻售与一般买主,而古旧书店中,则有时有佳本,竟与帖铺定价至十倍之差。最近书店又请帖店老师傅往为鉴定,此门又复堵塞矣。功于去年买帖店二碑,《龙藏寺碑》,'诸佛'下'智'字尚存者;《麓山寺碑》'英英披雾'尚存者,虽各有霉烂处,但其价甚廉,'龙藏'十元,'麓山'廿元。但刚刚拿到,到柜台开票,他们立刻后悔。今日则不复能得矣。以此类推,'东书堂'最多不易超五元一本,《张猛龙》不易超五十元。是否过吝,只待法鉴斟酌。《张猛龙》可增,而'东书堂'不可增也。虽说帖店取关门主义,但功前日竟又挖着一册《龙宫寺碑》,李绅撰文,比'粹编'多六字,石在缙云,清季已毁(此得自传闻,不知信否,先生幸有以教之),此本有道光年人题跋,其价十元。总之,今日黑老虎毫无定论、定价也。至于书法刊物,香港《书谱》,曾见去年数册,今年者尚未见,并不能满足功等程度之要求,无论先生之不过瘾矣。京中筹办刊物之说,并无所闻。上海书画社之《书法》,当阅读时,须服 $VB_6$,以可止呕也。又闻上海书画社将出大开版之《书法》,并曾托人征稿。功以尚未见其面目,尚未敢冒然应征。公在沪自然了解较详也。又功曾虽以博文堂影印刘健之藏《崔敬邕志》细推之,知其石共廿九行,行廿九字,'祖父'二行在铭辞之后,铭文末行'哀哉'之下空廿字。倒四行'垂泪仰'仰字下,'窀亲宾'宾之下,俱有重划界线,即横线划成双行,此为判断原刻翻刻之佐证。公得之整幅拓本,视比何如?"

**月内** 编写完成《北山楼藏碑目》(三卷)。

## 二月

**八日** 上海师范大学党委召开全校师生员工大会,落实中央文件精神,宣布对受迫害的干部、师生进行平反的决定。

**九日** 按沈祖棻日记:"帆写施信未发。"

**十一日** 复河南崔耕函:"拓片多种均收到,这是您给我的最好的春节礼物。""你所发掘到的这些画砖,时代能否再提早一些,这个问题,请你注意一下。残瓦当一个,亦是好东西,不知有无找到全的。""我设想,秦始皇以前,就有了瓦当,但尚无文字,只有图案。有些有文字的,如'衛''佐弋''维天降灵'十二字瓦。前人都说是秦瓦,我还有点怀疑。""画砖(人物,图案)出土,有三大地区:(1) 陕豫;(2) 齐鲁;(3) 巴蜀。把这三个地区的砖文收集起来,编一本《秦汉画砖图录》,或单取图案文的砖编一本《秦汉砖文图案集》,都有意思,不知有没有一位青年文物工作者高兴费三五年时间做这个工作。""秦咸阳宫出了二百九十几个残陶片,都有文字,一部分已载于 11 期《文物》,我希望能得到二三十个拓本,不知你有无熟识的朋友或同志在咸阳考古工作站,能否设法帮助我搞到些拓片,我有一本《秦金石文字》册子,希望将这些陶文充实此册。谢刚主先生又来沪,住在复旦大学他的女儿处,今将地址抄给你,其弟辰生近来主持文物局理论组,很忙,到上海来过。""上海书店供应方针未定,要看春节后,或者三四月间的情况了。你要的书,仍当在意。"

**十六日** 复谭正璧函:"二西书弟早已卖去,今无存。近有一工程师病故,获西书千馀册,内多文学书,其家欲出售,春节后可以目录来,弟为介绍与师大外文系,将来交涉情况,恐怕与兄事差不多。""弟亦收得一些旧墨,不过无珍品。兄所藏,颇欲一看,可为兄访问目下价值。"

**十八日** 春节。周松龄、包谦六等先后来贺年。

**二十四日** 为贺朱大可(莲垞)八十寿辰作诗并书笺五言十六韵《丁巳岁首寿莲垞居士八秩》。

**同月** 22 日《人民日报》发表社论《党的知识分子政策不容践踏》。

## 三月

**五日** 沈从文由北京复函："弟系于春节前一日回转北京的,也正是南方传说'春节间必有大震'而赶回的。因为估计到可用生命恐已不多,待收尾工作还不少,待进行完成工作亦想尚多,明知个人精力有限,而且即能逐一完工,亦未必能眼见到付印。但既已改业,卅年来新的工作又得到党和各方面信任、鼓励和支持,所以方在小小工作室,尽力所能及作去,将所学分门别类来一一求解决。也在力能争三五年时间,部分工作能作为后来人起点'垫脚石'作用。"

另,附寄条幅一纸："依依宫墙柳,默默识废兴。不语明得失,摇落感秋深。日月转双丸,倏忽千万巡。盈亏寻常事,惊飙徒自惊。七一年过北海后门有感,五年后用八分钱笔书之。行家言来,不免近于'斯文扫地'也。后经一年,于大书桌下乱纸堆中拾出,寄蛰存老友。上官碧。"

**八日** 作诗并题《谢刚主得瓦登铭文拓本一百八十纸,陈簠斋贻吴愙斋物也,既装为二册,许借观逾月,题一诗归璧》。先生自述:"余在朵云轩见新收拓本一包,皆古匋文。议价未合,遂姑置之。以为此物无人欲得,迟数日,终当为我有。越旬日,再往,则此包已为谢刚主购去,始悔之。又越旬日,刚主来,询其所得。曰:此包为陈簠斋所藏古匋登残片之有字者,拓全份赠吴愙斋,凡一百八十馀纸,犹是原包,并有簠斋题字。始知此乃吴湖帆家散出之物,世间恐无第二本矣。既而刚主装为二册,持来惠假欣赏,留寒斋一月,余为题诗归之。"(《北山集古录》)

**十四日** 下午沈祖棻复函:"得信知大嫂患感冒,反复迁延,卧床多日,""尚望多注意休息保重。""两书示知各种新闻,足破岑寂,殊为欣感!""兄处多青年来往请益,可破寂聊;培养青年原为老年乐事,惟恐事与愿违,仍须出以审慎。青年爱好诗词,向来如此。""老年更受不起风浪为劝,因之益加谨慎。当今日情势似好之时,尤其望兄勿以拙作示人,并请于便中致意周君及杨君,并告杨君诸友为幸为盼!至于诸青年前,更望勿偶及贱名也。兄当笑其过于小心及迂阔矣,""尚祈谅之为感!""棻等初步决定于4月下旬来宁沪小住,届时可得良晤畅谈。"

**十八日** 谢国桢(刚主)复函:"正驰思间,适接来札并题瓦登诗,四十字中极近唐音,欣佩无已。顷在吴趋市上购得缶庐老人手校缶庐诗刻本价洋八角,可谓廉矣。内有书印存后,云:'岐阳鼓破琅玡裂,治石多能识字难;瓦甓幸饶秦汉意,乾坤道在一盘桓。''又赠章蛰存诗。蛰存虎豹姿,友我意何痴;且卖文为活,而真汉不知;孤舟吾道在,秋兴插花宜;鹏翅迎风色,沧溟欲展时。'偶而巧合故录以陈阅。近吟一绝聊以自嘲,'老态龙钟百不堪,竭来犹自理丛残;江湖踏遍寻常事,杏花春雨在江南。'钞陈聊博一粲。近日拟整理旧稿,稍迟定当趋教。簠斋瓦登拓本能掷寄尤感,或改日晤面时走领亦可。书无定价,顷买《通俗编》,定价6元,加装修费2元,购书往往如斯。""书画社内部何暂停,怅然而返。又如近买善琏之笔,写此信时有毫无锋,不能润秀,事往往如此也。"

**三十日** 复天津张厚仁函:"春节前有三五天空暇,把你的译稿看了一下,看到第三篇就搁下了。春节后,老妻忽病卧床几乎一个月,我代任家务、炊事员、护士、采购员、门房,我一人做,绝没有时间坐在书桌旁。到最近五六天才稍稍获得'解放'。""你的译稿有许多问题,我随看随批,有些地方怀疑你没有了解,有些地方似乎用的中文词汇不适当,这些都不是几句话可说得清的,所以我一定要把全稿寄回给你时再一总说明。现在这样决定:如果4月底以前不能将全稿寄回,就将已看过的几篇先寄给你,请先研究修改,等你能力已尽之后,再为你找一个精通法文及文学的朋友为你校读一下。""不要以'寂寞'为'难堪',有时也应该享受一下'寂寞'。"

## 四月

**十四日** 上午沈祖棻复函:"奉来书已二旬,""盖因二人皆在病忙之中,(为黄苏寄来师大词选提意见及行前各事准备、安排,)以致稽迟。本拟待稍闲健,再作长篇笔谈。""千帆近则忙于办理迁移户口,手续繁多,相距遥远,连日骑车奔走,连饭亦不及回家吃,傍晚归来疲累已极。吾等时时念及作报(尤念嫂嫂病体,今当大愈矣),而迟迟未果。今恐兄嫂盼望已久,努力作此函以告行期,以便兄嫂放心并作准备也。自奉兄3月19日书,即合家商量安排,行期自4月11日移至4月25日动身到南京,以便等兄嫂五一节后来宁同游。黄苏亦拟来会,惟不知工作能安排凑巧否?""兄嫂到南京极便,但亦三年而后成行,可知老年人出门不易,今且得作伴同游,尤增兴趣。孙望兄既有旧约,闻之必更欣喜。""虽病日加甚,而行期不改,因此会难得。以后出行尤难,故决抓紧当前时机,与老友欢聚畅游也。""闻丽则言,施伯伯腰脚殊健也。盼即来信告确期!""如于菜等行后有信,寄南京天竺路2号孙望可也。"

**二十五日** 郑逸梅致函:"陆澹安兄已起床,渐复健康。朱大可兄仍高卧隆中,大约不久亦可起床,其子小可在南京施大手术,""一时尚不能返沪。近来印拓仍在蒐集否?附上大雅一印,乃杨龙石所刻,辗转归赵叔孺,叔孺作画,常钤用之,今为周坚白所有。周,叔孺弟子也。亚光兄近来忙于为人画像,彼寂居一室,有些工作,得解无聊。""《清史稿》已加标点,排印出版,每部50元,且属内部发行。退密兄晤见否?前时有人以瓜豆图雅集照片,委弟作一题跋,是图乃龙华陆云苏所有;今已毁,成为飞机场矣。照中有退密兄之先伯父湘云先生,又著《官场现形记》之李伯元,惜不能翻印也。"(按:信尾落款无署时间,日期据邮戳。)

## 五月

**二日** 应邀作诗《追怀雷君彦先生诗四章》并书题册上:"倭乱后,先生寄居沪渎。近年所居与蜗庐密迩,常得晤教。先生每为述云间故事,娓娓可听。""平一学兄以册子来索书,用寄其风木之悲。余维君彦先生长松江图书馆几三十载,余就馆阅书亦十馀年。少壮时粗有知解,图书馆嘉惠良深,则皆先生之德泽也。因追怀余所知于先生者,得诗四章疥于是册,藉以致余于先生铭感之忱。"

**六日** 为杭州林乾良《春晖寸草卷》题辞:"乾良书来,为其春晖寸草卷子索辞,余始知其身世之恫如是。"

另,据林乾良回忆:"盖余周晬失怙,胥赖寡母九死一生护育成长。母又早故,风木之痛时刻椎心。遂有此卷,聊借文字以寄哀思。"(林乾来件)

**七日** 致天津张厚仁函:"译稿看到4月20日,还没看完,却堆来了许多工作,有一二件要求在5月15日完成。""你的译文,要害在太扣字面译,扣句法结构译。""Rilke的文章尤其艰涩(马克思也是这样),再加上这是一本颇有哲学意味的散文,不是叙述故事的小说或传记,译不好是在意中之事。""但从难处入手,以后译一般文艺书或历史书,一定就感到轻而易举。""这本译稿,你再看一遍,有勇气的话,再重译一二篇,比较比较,也许已可以有进步了。"

**八日** 复郭豫适(正在北京参加1981年版《鲁迅全集》编注)函:"《中国小说史略》注释稿已大略看过,随时写了一点意见,大多是语词方面的。因手头无关于旧小说之参考书,有些事实无从检查,故只凭这个油印本看了一下,所以意见也仅限于词语部分。也不是从头看起,随便翻阅,故漫无次序,请您在定稿时备作参考可也。油印本不寄回了,好在注明页次、注文号码,可以检对。过几天想到南京去一游,15日以前没有时间再看,故今日即以竹书二纸寄奉。"

**十一日** 致谭正璧函:"昨日晤吕贞白,谈到兄事。贞白说已向李俊民谈过,李同意为兄设法。但现在尚未正式分开组织关系,要到中华书局或古籍刊行社从人民出版社分出。""人民出版社已请贞白草拟古典文学出版之五年计划,要规模大些。此亦一好消息也。"

**二十日** 沈祖棻旅居南京孙望家复函:"两奉手书,屡欲作复,迟迟未就,盖白昼出外,夜归桌背灯光,不能作书也。前知兄将来宁,正拟让舍以居,又示以已有住处,并与令媳同来,则一室亦不够住。惟静待驾临,疑天雨延迟,而不知情况变化,仍未能来。怅怅何如!幸到沪后犹得欢晤畅叙,惟望令郎令媳清恙早愈,兄嫂得宽心晤谈也。兄叹缘悭,棻等亦运气不佳。自到南京起,十日中惟一日半晴及多云,其馀皆雨,且多中大雨,未能出游,惟终日在止置及他友家畅叙闲谈,遇彼等有事,则枯坐而已。第十一日始放晴,而次日复雨,其后多沉阴或微雨,抓紧时间,始得一游玄武湖,牡丹已谢,月季甚多,惜亦为雨打而憔悴矣。复得于晴日于白鹭洲漫游茗话一次,尚为欢畅闲适耳。餐馆亦菜少而劣,市场蔬菜紧张,副食品、用品亦缺,惟已大胜于武汉而已。黄荪来此同游一周而返,幸多阴、晴而少雨,彼除上二处外,复独游雨花台,与他友游中山陵,兴致极佳。棻等既困于雨,复仅带春夏衣,而寒冷如冬,幸止置夫妇之衣,恰合棻等二人之身材,借衣着至今。又为小孩借得绵袄一件,足以御寒,尚不致冻病耳。此次携带三岁女孩,未便远游多出,而近周忽又患病,复须日至医院看病打针,更以为苦。幸医院来去车便,又秩次好,工作效力高,尚不太费事耳。圭璋兄近病衰殊甚,见客为难,亦未便多谈也。闻段君亦年高多病,惟精神尚佳。此次尚未会见。止置兄虽向病弱,近尚安好,惟编讲义及开会极忙耳。""地图已为购得,笔阁无处买,文物古旧商店只收不售。""止置兄、千帆均此致意不另。"

另,程千帆曾书赠诗作:"少年歌哭相携地,此日重来似隔生。零落万端遗数老,殷勤一握有馀惊。金縢昔自悲谣诼,玉步今知屡窜更。欲起白桦同举酒,夜台终恐意难明。重到金陵赋呈诸老,蛰庵老兄正谬,会昌呈稿。"(按:据市肆影件,此诗作于1977年5、6月间,与原函离散,故寄赠时间未详,录此俟考。)

**月内** 陈巨来篆、孙君辉刻"施蛰存印",孙君辉又治印"施舍金石",边款曰"施舍先生指正,七七年五月敬刻"。

## 六月

**一日** 作《增辑〈湘真阁词〉叙引》:"余久闻南京图书馆有《湘真阁集》,北京图书馆有《棣萼香词》,谋之三十载,缘悭一读,昔年林子有藏书散出,余幸获《幽兰草》一本,盖徐氏积学斋故物也。此集为陈卧子、李舒章、宋辕文三家词合刻,人自为卷,卧子词版心刻'江蘺槛',乃知'江蘺槛'即《幽兰草》也。词凡五十五阕,持校集本,有师洛所未获者,文字亦互有异同,因蓄志就所得见清初诸家词选重辑卧子词。茬苒数年,得八十九阕,视集本有增益矣。独恨'湘真''棣萼'二编,犹未经眼,桑榆斜日不可更待,遂写定为此卷。"

另,据周退密回忆:"此《湘真阁词玉樊堂词合集》,为老友施蛰存翁手辑,六年前曾以示余,余手抄藏之。"(周退密《杲堂书跋》)

**九日** 购得"齐赵刀币"拓本一册,内赵刀约四十纸,齐刀三十纸;先生题签:"齐赵刀币拓影,丁巳五月所得"并题识。

**十四日** 复天津张厚仁函:"月初北京、天津又有过一些地震,在此情况下,我看你还是先顾生活和生存,这个译述工作且休息一下吧,至少不必急,每星期斟酌两三段也可。译文艺书与译一般外文不同,作者用字的意义往往超出字典注释之外。我这里有几个通德文的人,都是工程师,我有一次将一段艺术品的说明书,请其中一人代译,他敬谢不敏,勉强译出,不得要领,但此人德文不坏。""你如果译一篇拜耳药厂或蔡司伊康照相机的说明书,一定译得好,但 Rilke 则远远不同了。我送你一部 Grimm 童话,你试译一段看,肯定比译 Rilke 好。""《亨利第四》我不闻上海有人译,待我向译书同志们打听一下,再奉告。""我的助听器用'导线'坏了,""上海缺货已一个多月,昨天去买,还是没有,因此拜托你。"

**二十一日** 始作校定宋朱淑真撰《断肠词》,拟缮录为一卷,并复取诸本异文作校记一卷附之。

**约在期间** 程千帆、沈祖棻夫妇来先生寓所探望。(按:本月 23 日,程千帆、沈祖棻夫妇于上海南京西路上海照相馆拍摄了合影。)

**二十六日** 为录讫《北山楼校定断肠词》一卷(宋朱淑真撰)而作"校记序":"梅雨不住,楼居无俚。取四印斋刻况蕙风校补《断肠词》阅之,觉取舍之间未为精审,祛疑辨伪,复无判断。因检箧中诸书,重为校订,写定二十六阕。有一二词在进退之间,外此皆无可疑矣。""余尝得东莞莫氏五十万卷楼藏钞本一残帙,仅存第九、第十两卷,后附昆山慎轩氏胡慕椿新增《断肠词》一卷。""淑真词固不能胜魏夫人、易安居士,然当时既有单行传刻,亦尝脍炙人口。今其本不传,遗文零落,掇拾所得,仅此戋戋者,裒于一编,以存其书。昨岁余尝校理唐女冠《李季兰集》,其志同也。"

**二十七日** 程千帆、沈祖棻夫妇作宁沪旅行后返回武汉,在乘车归家途中,沈祖棻不幸遭遇车祸身亡。先生闻讯甚悲,即致唁电哀悼。

**三十日** 据《沈从文全集》(据未付邮信件编入),沈从文复函:"得信,深感厚意盛情。前次复信所说,恐短时期交不了卷,罪过之至。因目下东堂子工作室,乱稿堆积,已近于无下脚处情形,桌面更是无所措手,即欲放手涂涂抹抹,肯定也写不出什么看得过去玩意。因房中大白天还得用日光灯照明,更麻烦处,是眼镜正破裂,重新装备还遥遥无期,右手故障已经月,至今犹难恢复,一动笔即感觉别扭。为之奈何?亦矣焉哉!唯一可能,即将一份过去十多年中写的'打油诗'稿一部分重复本,过些日子暂时寄奉,或足供吾兄与诸友好作为谈天之馀打哈哈之助而已。"(《沈从文全集》,北岳文艺出版社2002年版。以下均同)

**是月** 参加翻译埃德蒙·塞雷·德里维埃《尼日尔史》,被列入"内部读物",由上海人民出版社初版印行。(按:翻译第二部分约13万字,从第105页至406页。)

另,据陈左高回忆:"忆'十年浩劫',[伍蠡甫]爱读新出版《蓬皮杜传》及《尼日尔史》法文译著,深知其中若干章节难度极大,非施公仔肩执笔莫属。虽不列名,却知行文雅驯者,必出之施蛰存手笔也。"(陈左高《施蛰存二三事》)

**约在期间** 按先生自述:"上半年选了一百本唐碑,集录诸家评论,再加一篇叙说,可成《唐碑百选》一帙,每碑各系一诗赞,又得《唐碑百咏》一帙,至今只成一半,恐本年内尚不能完成。"(复陆维钊函,1977年11月26日)

**同月** 18日阿英(钱杏邨)在北京逝世。

## 七月

**六日** 再次增补重录《北山楼辑录本〈燕子龛诗〉》,撰作"又跋二"。

**十日** 开封武慕姚(拙叟)书赠隶联:"抽函籀古刻,策杖快新姓。丁巳仲夏下澣,写奉舍之先生两正。君收藏古刻极富,著有北山楼《金石百咏》,有稗来学,不浅也。"钤印"朱芷轩""武慕姚印""適斋时年七十八"。又书赠隶幅:"庭有馀闲,谢草郑兰燕桂树;家无别况,唐诗晋字汉文章。曩于京都友人家,获见杨濠叟篆书此联,笔势缜密遒健,极可人意。今潒叺八分汯书之,聊以寄意焉尔。丁巳五月,姓愻乘兴,以博哉者一哂,慕姚武鼐贞默斋并记。"钤印"朱芷轩""贞默斋""武鼐""瓶翁"。别有再次书赠唐诗韦应物《秋夜寄丘二十二员外》隶书条幅,并题:"蛰存先生辱询拙况,写韦苏州此诗以达鄙怀,丁巳五月慕姚武鼐并识"。

**二十一日** 朱大可(莲垞)致陆澹安函谈及:"弟今年八十,以诗文(惟兄一人)书画图章见祝者不少,画有八九帧,惜弟不懂,不敢妄评。图章有十馀枚,以方介堪、陈安持及令孙小康为佳。诗有百馀首(有人尚未相识,南汇九六老人苏局仙亦有八首),大抵切而不文或文而不切,甚至以姜太公相比,可谓无聊(惟施舍予五排尚可)。"

**约在期间** 据《沈从文全集》(据未付邮信件编入),沈从文致先生一函,此件与6月30日复先生函装入同一信封内。

## 八月

**四日** 复河南崔耕函:"承赐新出周鬲铭文拓本二份四张。""今年新正以来,上海书画社内柜终未开放,我还没有机会买到任何金石拓片。你寄给我的还是今年所得第一种,而且也是解放后出土铜器铭文的第一种,因此,愈深感谢了。""我正在整理笔记,想编写几本幼稚的著作,希望不久可以出版,已有一部关于龙门造像的稿子,送到文物出版社,以供审查,还不知有无采用的希望。"另纸附录先生所作《铜戈铭试释》(新郑县出土)。

**八日** 李白凤自开封复函:"《书菀》内容丰富。""雪垠有信来,""亦在诤友之例,似与兄嘱'勿忘记五四精神'同一睹箴,弟特撰二律以报。《李自成》已属'北影',兄已知之,不赘!天热,除刻印外,百事俱废,吴牛喘月,奈何?偶见朱总所步'秋兴八首',一时兴发,且因戏事,竟以一日之力缀成,俟修订后再与'四凶吟'(百○五韵)一并呈教,'以有闲遣无聊',尤其无聊之至。"

**十日** 复戴自中函:"词收到,今日已附在我致[程]千帆函中寄去,并为您转达慰问之忱。词末句我的改本是'无语',你钞作'不语',大约你以为没有分别。因此,我感到,你没有注意到此句的一种情况,故向你提一提。词有'曲句',有'文句',有时不统一。'腊中宵雪涕伤怀无语,为灵均赋',这是按曲句点断;'腊中宵雪涕伤怀,无语为灵均赋',这是按文句点断。我为你改此句,意在'无语为灵均赋',即'没有适当的语言可以致哀悼之意'。由此可知,改作'不语',就不照顾下文了。我已将铅笔在你原笺上改了'无'字。苏东坡、辛稼轩常有这种'文句'与'曲句'不一致的地方,古人批评东坡词是'曲子中束缚不住的',其意即指此种句法,以后你读宋人词可注意这一情况。"

**十四日** 复天津张厚仁函:"与易君合译《莱辛传说》(此书我不知),是初事译书工作的最好机会,""希望你细心从事,句斟字酌,不要求快,不要含糊放过每一个疑问。我在此预祝你成功。北京人民出版社、商务印书馆、科技出版社都有人来组稿,听说都感到德法文人才太少,要译的书分配不出去,你学德文,是一个好机会,可争取将来转业专译德文。不过我以为你最好译些科技书,尤其是关于或邻近你本行的书,比较容易译。文史书总是较艰涩,译起来费力,你不妨一面译'莱辛',一面找几本科技书看看,熟悉熟悉。""《水经注碑录》今年可完成,希望明年能交文物出版社印出。另一本《读词杂札》,还要两年才可完成。好在此刻这种稿子还提不到出版计划中,不妨慢慢地写。今年晚些时候可能有标点古书的任务,说不定先给中华书局标点一二种古书。"

**十八日** 应邀作诗《题刘惜闇书唐宋诗册二首》并题书册末。

**二十日** 写讫《伪古文病院·盍斋藏印序(陈运彰)抉疵》。

**同日** 楼适夷复函:"'十年辛苦不寻常',大家总算过来了一条艰危的长道,追怀不少中途逝去的友人,心里是悲郁的。""从来书知吾兄近年来做了许多宝贵的工作,不胜钦敬,亦不胜愧恧。我恰巧与您同龄。""出版社正进行'鲁著新注'工作。""关于兄在出版社存稿及今后译事设想,弟已转告外文编辑部同志,他们承蒙您允为考虑,非常高兴,具体问题,当由编辑部直接函兄联系。""吾兄京游,希能早日成行,用图快叙,一抒积悃,亲朋日稀,良深同慨也。"

**又** 周鍊霞收到郑逸梅来信请托,书录诗笺:"修竹幽兰绕玉塏,谁家名种乍移栽。墨痕点破春深浅,犹带西湖细雨来。万箇清森九畹新,知君胸次有阳春。衔杯近接东风暖,吹出古香能醉人。"并识"蛰存先生两正,丁巳螺川鍊霞题大石翁水墨兰竹句",即付邮寄。

另,郑逸梅致周鍊霞函谈及:"友人施蛰存君,现由华东师大退休,在家暇治文事,素慕大名,一再托梅转求录示一二佳什,彼已有小翠之手迹,藉以相彰也。此件搁在舍处已久,恐渎清神,迟迟未奉。录旧作即可,耑此拜恳。"

**二十七日** 致杭州林乾良函:"两张字今天才写成,即寄上。整个暑天奇热,手极拘挛,与往年不同,往年只是冬天不能作毛笔书,今年却始终没有好,恐怕以后不能用毛笔了。"(按:经征询林乾良,此函系本年所作。)

**同月** 邓小平同志在全国教科工作座谈会上提出高校招生"今年就要下决心恢复从高中毕业生中直接招考学生,不要再搞群众推荐"。

## 九月

**十三日** 作《处士周迪前先生诔并序》:"云间饱学君子也,""'文化革命'之役,交游阻遏,不相闻问者七八载,近始得稍稍叙旧,而君蓬归大暮,失我益友,滋可痛也。今子东璧以此册来,属以有言,以识先德,以永乌号。余自维文辞伧俗,何足以重君,然十载交情,澹而弥挚,亦不可不有言,因为之诔曰。"(按:后又请九江吕传元(贞白)书写于纪念册上。)

**同日** 为所藏《吴越镇宅经幢》拓本题跋:"1972年,杭州市民掘防空洞时,于土中得一小经幢石,弃置于国货街新华戏院前,罗淦(玉咸)物色得之。昨罗君以拓本见贻,因得著录于此。""余方撰录《吴越金石志》,吴越造幢见著录者,悉已入录,皆在天福年间。此幢从来未闻,且镇宅小幢亦未有记载,得此颇以为喜。"

**又** 人民文学出版社外国文学编辑室由北京致函:"适夷同志来谈,您以七十高龄,仍愿继续介绍外国文学,为社会主义建设事业作出更多贡献。热情壮志,令人敬佩。我们作为编辑出版工作者,对您尤为感激。"

**十六日** 复河南崔耕函:"我已一块块裁开,共十九石,可以分开裱,你们拓的时候,也不妨一块一块拓,因大张纸拓,工费事烦。题名及造像记均无前人录著,不知此佛龛埋没了多久了。令爱令婿来过,谈了好久,承他们送我一瓶麻油,极感高谊。""上海书店昨天又去过,适值星期四,王文干同志休息,没见到。《书菀》事不知他给我整理出来了没有,打算星期日再去。上海博物馆铜器铭文已卖完,无法为你买到,请由你们文管会去函上海博物馆联系,或者他们还有存货。上次我为白凤买的是上博发交给上海书店的处理品,只有一二百张,我去恰巧第一天发售,故检了一份。关于参考书,我当为留心,有适当的,工作上必要的,一定给你买寄。""《石刻题跋索引》这本书你们有了没有?"

**同日** 复郭豫适(时在北京参加1981年版《鲁迅全集》编注)函:"关于注释鲁迅著作的事,我颇有些意见,从来不敢说,今看了这份'丛编',觉得从来注释的同志们也感到有些问题不易解决。我看,这个工作可能会像编《辞海》一样,东修西补,永远不得定稿。鉴于这个情况,我以为还是采取客观些的立场为稳妥。例如说创造社'错误地攻击过鲁迅',太阳社'参与了对鲁迅的攻击'。我作为一个在三十年代作文艺活动的非党作家,当时却并不以为这是'攻击'。因为那时鲁迅的态度还是暧昧的,他还没有投身到革命文学阵营,他对革命文学运动还有些冷嘲热讽。创造、太阳两社对他进行了批评,或者甚至可以说是'刺激',敦促他'转向',出来领导革命文学,当时我们的看法都是如此。所以,我以为这个注,可以说是'不适当地'(或'不正确地')'批评过鲁迅',现在说是'错误地攻击',就太主观了。此外,关于'国防文学'的问题,对现在的论点,我也认为与当时文学青年的认识不很同。当时大多数人是赞成'国防文学'的,意义明显,突出反帝反侵略。胡风、鲁迅提的那个口号,同意的毕竟不多。再说'国防文学'这个口号,也不能说是反动的。毛主席在1937年就说过:'政治上、军事上、经济上、教育上的国防准备,都是救亡抗战的必需条件。'又说:'新闻纸、出版事业、电影、戏剧、文艺,一切使合于国防的利益,禁止汉奸的宣传。'这样看来,'国防文学'这个口号也并不错,为什么现在批判'国防文学'的人偏偏不理会毛主席这一教导呢?这是我个人心中纳闷的问题,顺便和你谈谈。"

**是月** 台北新文丰出版股份有限公司印行《晚明二十家小品》。

**秋间** 张香还初次来访。据张香还回忆:"他从三楼走下来,就只能在二楼楼梯旁,那一间局局促促的卫生[亭子]间里。""仅一桌一椅,他让来客坐在椅子上,自己就侧身坐在抽水马桶的盖板上。"(张香还《笔,就是他的生命》)"忽然提到了范泉,蛰存先生只说了一句话:'他青海劳改去了!'就再也没有说什么了。"(张香还《他从青海归来》)


## 十月

**一日** 国庆节。复戴自中函:"转来字条见到,已核对了一下,子苾'东坡引'大概漏了六字,在'关山梦杳'下,应有二个三字句['愁又看、春光老'],待他日去问千帆,查核其手稿。千帆正在钞录子苾诗稿,想早日付油印,奈不得刻蜡纸人。足下如遇到能刻蜡纸,而略通文言文者,望为介绍。近日我的长媳忽患胃癌,已入第九医院,日内即动手术,不知吉凶。老妻又血压骤高,使我无暇伏案工作,甚为不宁。我想买一些西洋参,足下能否为我设法一些上等货,约10元够了。余松乔君尚未去访问,还是拜托足下。"

**十二日** 北京谢国桢(刚主)复函:"《林下诗选》中之王微词,兹倩人抄出,粗已校过,即请察阅,为感。昨接上海书画社小马[成名]来信,云下月碑帖即可开放,未知确否?尊况何似,著业进行如何?嫂夫人想已完复。""致贞白兄一函,祈加封代寄。"

**十五日** 先生接受上海师范大学鲁迅著作注释组采访谈及:"我就因《庄子》《文选》问题与鲁迅闹了矛盾,这是我的一个'伤'。还有一个'伤'是参加一次会,即鲁迅致姚克信中提到的关于检查书刊的会。"(按:注释组根据此次采访整理为《施蛰存谈〈现代〉杂志及其他》发表。)

**同日**　复河南崔耕函:"惠赐新发现诸题刻拓片,谢谢。你们计划编《少林碑刻文字选》,很有意义,甚望早日出书。录示拟定之目录,我觉得明清碑刻太多了,有几种还要研究、考虑。再,范围要定妥,所谓'少林寺'指的是什么一个范围,例如'少室铭'恐怕就不算少林寺了。又会善寺碑版甚多,该不该收进去,我以为不妨改名《嵩山碑刻选萃》为妥。董其昌《道公和尚碑》,是写得很好的。""徐浩《嵩阳观圣德颂》,分书极雄伟,似乎可以收入。总之,这个选目,我希望再研究一下,不要就成定局。你那块'大吉砖'很好,侧面是全的,截短可惜,如果可以再得一块残砖用来制砚,则这块可以留下,保存其全形。上海书画社下月可以恢复供应,我给你留心你所需的参考资料。""《书菀》太贵,恐怕无法买全份,你可以从李逢处得知详情。"

**二十一日**　撰写《说玺节》:"近见陈蒙安序盍斋藏印有云:'玺印之肇端,在乎通货贿,作符信。'又钱君匋、叶潞渊二君《略谈古印》一文亦引《周礼》,以为印章之产生:'与商业的货物交流有关。'此二文皆以通货贿为印章之最初作用,而其用于泥封,乃在此后,皆于《周礼》未尝深思,不悟用玺印以通货贿,其作用亦仍所以昭符信,非二事也。故作此文,以绎其义。"

**三十日**　据《沈从文全集》(据未付邮信件编入),沈从文把6月30日和盛夏期间所写致先生两函,增写了"附言":"10月30日从旧纸堆中理出此未付邮旧信,奉寄一笑。似为76年地震以前所书,又或77年夏中捡寄杂书数纸,想寄时怕犯时忌并未付邮。近二年来,卅年代陆续成古人的已及十七八位,彼此似若童心依旧,亦人间奇迹之一也。"沈氏又装入信封并贴好邮票,但再次忘记付邮,直到1994年清理沈氏遗稿时裁开信封才被发现。

**月内**　按先生自述:"我曾在教室里和别的地方为青年人讲过几次唐诗,觉得与四十年代在大学里为学生讲唐诗的情况很不一样。现在的青年也很爱好读古典诗歌,但他们对古典文学的基础知识显然很贫乏。我为他们讲诗,每一个词语,每一句诗,需要前前后后,里里外外,都连带着讲解一番,才能理解。我决定按照时代次序,选讲几十篇唐诗,写一本书,拟名为《唐诗串讲》。我想在讲诗的过程中,把有关古代诗歌的各方面基础知识尽可能结合进去,使这本书具有文学史、文学概论的作用。"
(《宋之问〈奉和晦日幸昆明池应制〉·附记》)

**是月**　香港波文书局出版李立明著《中国现代六百作家小传》,内有"施蛰存"条目,先生曾在香港陈少棠寄赠的复印件上用圆珠笔作了划改。

**同月** 12日国务院批转了教育部《关于1977年高等学校招生工作的意见》和《关于高等学校招收研究生的意见》两个文件,宣布当年立即恢复高考。

## 十一月

**十二日** 致河南崔耕函:"少林寺石刻集在积极进行,甚为鼓舞。现在既已将范围收缩在少林寺内诸碑,选题标准就明确了。""本来不是在少林寺中的,而现在移置于少林寺中,这些碑收不收?又你们是否打算把每一块碑文全部印出,还是只印一二页,那么像《嵩高灵庙碑》《嵩阳观感应颂》《王徵君口授铭》之类,似乎也应该收入。将来另印全本,这是另外一件事。否则,几种著名的碑反而没有,也使人疑惑不解。塔林是否属于少林寺,有许多著名的僧塔铭,也当收入,包括《邵元塔铭》。北京买书及碑,似乎比上海容易,但价却比上海贵些。你得到王知敬《金刚经》拓片,想必是全张,石未碎时拓本,这就很可贵重了。""我猜想此石必碎于辛亥革命以后,或者竟是抗战期中被打碎的。""我家里有两个病人,""故我的生活秩序也大受影响。"

**二十六日** 复杭州陆维钊函:"声越已晤见,足下为武公[慕姚]书二纸亦领到,尚未转去。弟不知杭州市上不供应宣纸,故以足下好用此扇料纸为怪。声越言之,始知情况,以后当托人带宣纸与阁下。迪前哀挽诗或其他文字,希望早作好。东璧[周迪前之子]已将册子送来,弟亦希望在一、二月内写一点纪念文字,凑合半册,可以交去,使其聊得慰籍。声越言宛春及阁下情况甚详,宛春近有信来,说要印《霜红词》,并将其仅存之一册见惠。其实弟箧中原有一册,故拟仍将宛春所寄一册寄还。此册已将足下画及江清诗撕去,宛春要弟将江清诗中四句改去,弟已为改去二句,可以无碍矣。""闻足下小有浮肿,""尚祈珍重,天寒,不可再出门矣。冬至后,弟即不外出,实行'蛰存'了。""声越说弟甚忙,此话不假,确是忙,不过是'无事忙'。本来可以不忙,但弟不会闲着,忙些无聊事,比闲着的好。这几天正在过录郑大鹤校《梦窗词》语,关于苏曼殊的诗文也已辑得百馀首,想找一本刘季平的《黄叶楼诗》,不知兄处有否?""退休后少了几十元收入,买碑之资甚窘,但每月总能得到一些好拓本(不是古拓)。近日得到'太延三年皇帝东巡御射碑',""弟求之二十年,今始觅得,亦一快事。希望兄早日来沪休养,当以所得妙品请赏鉴。"

**下旬** 苏渊雷作诗书赠并识:"海上邂逅,蛰存见示〈金石百咏〉,读之狂喜,遂题四绝奉正。"又录此诗为"奉题蛰存先生《金石百咏》"。

**同月** 18日《人民日报》发表教育部文章《教育战线的一场大论战——批判"四人帮"炮制的"两个估计"》。中共上海市委决定撤销上海人民出版社("大社"),恢复上海市出版局和各出版社的建制。

## 十二月

**三日** 复天津张厚仁函:"你努力译德文书,终于遇到了受重视的时候,可喜可贺。上海译文社的八年计划我还没有见到。偏重德国文学,恐怕由于文化交流,也是外交关系。Kafka也在译述之列,可以说是尺度大宽了。我因家有三个病人,最近自己也躺倒了三四天,一切文字工作均停顿两个月了,标点古籍、翻译外国文学(北京人文社)均未定选题,师大又有邀回去之意,亦尚未定局。看来目前各方面还在搞计划,有许多单位似乎举棋不定,抓抓又放放,反正我不争名争利,自己有几种著作,还一时写不成,慢慢地独自散步可也。"

**上旬** 先生拟写《唐诗串讲》并与上海古籍出版社编辑接洽。(按:此著初名《唐诗串讲》,又拟为《唐诗丛话》等,后定名为《唐诗百话》。)

另,按先生自述:"上海古籍出版社的陈邦炎同志来访问,""他希望我编一本古典文学方面的书稿给他们的出版社印行。我感到很抱歉,无法报答他的好意。从1957年起,二十年间,我虽然还能偷闲看了不少书,也积有不少札记,但因为内容庞杂,要编一本稍稍像样的书,还不可能。不过1977年是中国知识分子龙蛇起蛰的年头,我一方面是有点不甘寂寞,另一方面,看见许多久已不知下落的老朋友都已有文章见于报刊,我也未免见猎心喜。因此决心想活动活动笔杆子,写那么一二本小书出来,在社会主义文化复兴的大事业中充当一个小卒子,当时我就向陈邦炎同志建议,希望我能用一年时间写一本关于唐诗欣赏的书。陈邦炎同志赞同我的建议,希望我能在一年内交稿。他回去后,就把我的计划作为1979年的出版选题。"(《唐诗百话·序引》)

**二十二日** 北京端木蕻良收到开封李白凤寄赠先生之作油印本《金石百咏》,阅后在"天册砖留黄掌痕"上端,眉批"此诗大无聊。夏商制陶者,多为妇女。近日出土陶器手纹可徵。天册时仍有女隶制陶者,可知也"。

**二十三日** 楼适夷由北京致函:"你以前为出版社寄你稿纸事给我的信,我当即送去。""前几天史存直兄的一位公子,专带了他父亲的信来看我,我忘记问地址了,他来信说遇见了你,才找到我,我现在只好把复信请你转一转,你们大概是多年同事,常有往来,不致太麻烦你吧。""兄近状如何,出版社正在百废重兴,与兄约稿事已定实否。"

**二十五日** 撰写《黄怀觉镌碑图赞》:"石师怀觉乞药居士作镌碑图,以识其业绩,属余置一辞,遂为之赞。"

**同日** 为贺苏渊雷七旬寿辰作诗,又书赠花笺并识:"仲翔南归,疏狂如故,今年七十,诗以寿之。丁巳仲冬既望,云间蛰存施舍。"

**月内** 完成撰著《唐碑百选》初稿,并始誊录清稿。

**约在期间** 开始酝酿准备创办一份词刊。先生自述:"由于各种客观条件的困难,这个计划几乎不得不打消。"(《〈词学〉第1辑"编辑后记"》)

**同月** 10日中共中央任命胡耀邦为中央组织部部长。26日上海师范大学党委作出撤销本校"五七干校"的决定。

# 一九七八年(岁次戊午) 先生七十四岁

## 一月

**二日** 始撰《唐诗串讲》(即《唐诗百话》)第一篇。先生自述:"当初的设想,仅仅是选讲几十首唐诗,使它们能代表整个唐代三百年的诗风。我想一共写六十篇,每篇讲一首或几首诗,介绍一位或几位诗人。用串讲的方法,把我对这些诗或诗人的了解讲解一番。我当了四十年的语言文学教师,课堂讲解是我的老本行。我不会写研究文章,我能写的文章,人家读起来也还像是课堂教学用的讲稿。因此,我把书名定为《唐诗串讲》,表示我还有点儿自知之明。我打算每个月写五篇,到1978年底,准可完成任务。"(《唐诗百话·序引》)"这几年来,刊物上发表唐诗欣赏的文章很多,已出版的《唐诗鉴赏辞典》更是皇皇巨帙。这一类欣赏文章,一般都侧重在艺术创作手法和主题思想内容的分析,很少有人扣紧字句讲诗。我现在另走一条路,人详我略,人弃我取。"(《宋之问〈奉和晦日幸昆明池应制〉·附记》)

**四日** 撰讫《唐诗百话·王绩:野望》。

**七日** 撰讫《唐诗百话·王勃:杜少府之任蜀州》。

**十二日** 撰讫《唐诗百话·杨炯:从军行》。

**十四日** 张珍怀致函:"四十年来久仰山斗,日前得聆诲教,至为荣幸!夏瞿禅先生是我四十年前词学老师,1973年游杭,他在选'域外词',有日本、朝鲜、越南等国。

'日本词选'交珍怀注释,曾请江苏师院钱仲联先生指导并亲为批改,钱先生也是我的老师。前以夏先生来函嘱寄京出版,最近尚未付印。我现尚存钱改稿一份,如果您所主编词刊可为登载,可分期连载,珍怀当趋前呈阅,附上夏先生来函,请赐答。"

**十七日** 撰讫《唐诗百话·五七言绝句四首》。

**二十日** 撰讫《唐诗百话·刘希夷:代悲白头翁》。

**二十三日** 撰讫《唐诗百话·宋之问:奉和晦日幸昆明池应制》。

**二十五日** 撰讫《唐诗百话·沈佺期:遥同杜员外审言过岭》。

**三十日** 撰讫《唐诗百话·杂言歌行三首》。

**下旬** 徐宗琏来访。据徐宗琏回忆:"得知我隔几天就要到金山吕巷镇看望老母,便对我说:'你如到洙泾镇去,请为我找一下唐代船子和尚的石刻像,那幅像嵌在一个尼姑庵的墙上,你设法帮我拓下来。'"(《施蛰存致徐宗琏·收信人语》)

**月内** 李白凤由开封寄赠所著油印本《古铜韵语》。

**同月** 上海师范大学"党委全面总结揭批查工作。总结认为,粉碎'四人帮'以来,党委先后召开十多次全校性揭批大会,清算'四人帮'及其馀党利用我校阴谋夺权的罪行,同时清查与'四人帮'阴谋活动有牵连的人和事,整顿和加强校系领导班子,在校系干部中开展'三大讲',在师生中落实党的各项政策,学校各项工作逐步走上正轨。党委要求今后要深入揭批'四人帮'推行的反革命政治纲领及'两个估计',继续抓好清查工作"。(《华东师范大学校史》)在原中华上编所和"大社"古籍编辑室的基础上,于绍兴路5号正式成立上海古籍出版社。

## 二月

**七日** 为所藏《安世瓦》拓本题跋。

**十三日** 为《北山楼诗》(一卷)整理成稿并装册而作"自序":"求书自习之,五六载间,尽玉溪、昌谷、李杜、元白而至于汉魏六朝,皆若可解悟,会心不远;独于当世名流、海藏、散原、石遗、晚翠诸家,则往往不能逆其志。自愧下才,学或未至,乃取东坡、山谷、宛陵、茶山诸集读之,固未尝不可解,因甚惑焉。时散原方以江西宗匠主坛坫,末生后学咻之曜之,不可一世。余三复其集,噤不敢言,所得者偶有句耳。南社诸君子则以江西诗为遗老文学,不足以任革命鼓吹,乃举唐音以为帜。然自柳亚子以下皆规橅定庵,才或未济,徒见浮簿。宋且不至,何有于唐。遂弃诗不观,转而事新文学,偶亦作旧诗,皆拟古也。抗战军兴,流移滇闽,稍稍作韵语,寄情言志。然平生讽诵,博涉多方,古来诗人,各有影响。推敲之际,辄受绳约,终不能脱前人科曰。因知宗宋宗唐,徒费唇舌,邯郸学步,孰为是非。于是放笔直书,惟求辞达。或一年止数诗,或经年无一诗,垂四十载,所作不逾三百,删其十一,录而存之,以识平生踪迹,一时情感。览之者当讥其凡庸总杂,不成家数;余亦知其体气不纯,无当大雅。所自许者,无不可解之作耳,然欲使老妪都解,则犹有愧于白傅也。"

另,徐声越(震堮)评语:"尊作才情发越,藻思不匮,几乎无事不可入诗,佩服佩服。""圈出数十首皆近体,风流蕴藉,情境相发,与足下宗旨或不甚相符。"胡士莹(宛春)评语:"兄诗极有意境,且善于使事,至佩至佩。"(陈文华提供)

**十七日** 撰讫《唐诗百话·陈子昂:感遇诗》(上)。

**二十四日** 陈兼与复函并书录诗笺"戊午元旦"。(按:日期据邮戳。)

**二十五日** 作诗《喜读徐迟同志两篇报告文学赋诗一首》并"序":"徐迟同志是我的老朋友,也是做新诗的老伙伴。""但当时我们走的是英美资产阶级意象诗派的道路。""最近,徐迟同志发表了两篇新作《地质之光》和《哥德巴赫猜想》,很快就受到广大读者的注意。尤其是后一篇,文章写得真好。不少青年读了都大为感动,同时也惊异于粉碎'四人帮'以后,我们的文风这样快就涌现了新气象、新风格。""读了老朋友的成功作品,喜悦之馀,做一首旧诗来表达我的祝贺。"(按:《地质之光》刊于《人民文学》)1977年第10期,《哥德巴赫猜想》刊于《人民文学》)1978年第1期,后由《人民日报》《光明日报》等报纷纷转载。)

**二十八日** 撰讫《唐诗百话·陈子昂:感遇诗》(中)。

**下旬** 先生受友人之托致函邀请正在北京疗养的夏承焘题词,夏承焘应先生约请作《西江月·北山嘱题石井郑成功纪念馆》,并书幅寄赠。

**月内** 应上海师范大学鲁迅著作注释组之请,为该组整理的《施蛰存谈〈现代〉杂志及其他》作了审校。

**同月** 27日上海师范大学恢复高考后的第一届新生开始入学报到。

## 三月

**三日** 乍浦许白凤作词《思佳客·施蛰存先生金石百咏见赠》:"汉凿秦镌定品能,婆娑老眼纸千层。石经以外龙门碣,瓠史之中雁足镫。诗百首,墨三升。神移旷代古为朋。北山楼比清仪阁,风雅凌夷此再兴。"

**十二日** 撰讫《唐诗百话·陈子昂:感遇诗》(下)。

**二十一日** 周錬霞书赠词作:"湿叶阴浓,闲枝粉淡,雨过碧空如洗。夜色溶溶,十二玉窗齐启。谱眉样、彩笔香螺,展心素、绿尊冰蚁。更殷勤、劝往明蟾,一天凉梦莫西坠。凄凄犹照薄媚,人似蔷薇露朵,半含情泪。剪雾纱帱,窥见几番清致。旧屏山、谁画行云,渐化作、潇湘烟水。甚浮名、减尽风流,乱愁何处理。"并题"调寄绮罗香,蛰存教授大雅正声。錬霞录旧作于螺川诗屋。"

**二十五日** 撰讫《唐诗百话·初唐诗馀话》。

**三十一日** "长媳谢竹君以胃癌卒,年四十八"。(先生书面材料。)

**下旬** 在上海师范大学中文系作了关于比较文学的学术报告。先生自述:"当时大陆学术界都不知何谓'比较文学'。我那次演讲推动了北京大学一批学者,于是成立了中国比较文学学会。"(致孙康宜函,1991年7月16日)"大陆的比较文学,我只立了'开风气'一功,此后便无有贡献。1978年我讲比较文学,无甚高论,只是介绍给大学生,指示他们:文学研究有这样一条路径。当时我还不知道国外也正在掀起比较文学热潮。1980年印第安那大学的维司坦因教授寄赠我十许卷《比较文学年鉴》(YCGL),我才大开眼界,总算赶上了时代。1980年起专弄词学,也无意参与比较文学的事。现在只在中国比较文学会挂一个'顾问'之名,我那次演讲只是信口开河,没有存稿,也不能见人面了。"(致孙康宜函,1991年10月23日)

另,据倪蕊琴回忆:"事后反响极大,经过各地报刊的报导,消息传了出去,引起了北京、南京、广州各大学文学系师生的注意和兴趣。""这次学术报告也促进了华东师范大学[时称上海师范大学]中文系学课改革,使古典文学、现代文学和外国文学以及文艺理论等几个过去互不通气的专业课程开始交流。""施先生自己却认为:如果说,我对中国比较文学有过一点贡献的话,那就是这一次的演讲,可以说只有一点开风气的微功。但开风气不为师,我正是如此。"(倪蕊琴《难忘的教益》)

**同月** 7日国务院批转教育部《关于高等学校恢复和提升职务问题的请示报告》。12日上海市为万馀名蒙冤的干部和群众彻底平反。

## 四月

**四日** 致河南崔耕函:"新郑考古,必大有兴趣,想收获可观。承赐古匋拓本,乃新出佳品,不知有字者发现了多少?""鄙见如此,不知有当否?"

**七日**　郑逸梅致陆澹安一函谈及:"施蛰存最近丧一媳妇。"

**九日**　改定旧稿《读词四记》(后唐庄宗如梦令、李后主临江仙、苏东坡洞仙歌、法驾导引)。

**十日**　撰讫《唐诗百话·王维:五言律诗三首》。

**上旬**　应邀担任上海师范大学中文系中国古典文学教研室编纂《汉语大词典》的顾问工作。先生自述:"他们将补贴工资送来,就此敲定,无法推诿。"(致周退密函,1978年6月3日)"弟在4、5月以'顾问'名义回师大参加《汉语大词典》工作,是教研组诸青年教师的好意拉拢。"(复陆维钊函,本年8月16日)

另,据陈谦豫回忆:"有一次,他遇到世喻,便对世喻说:'你和谦豫说一声,让他给我留一张桌子,我要回教研室。'世喻回来告诉我,我听了,心为之动,也颇感叹。"(陈谦豫《风趣爽利的施蛰存先生》)

**十五日**　撰讫《唐诗百话·王维:五言律诗二首》。

**十七日**　致张香还函:"老妻病二月馀,近日方起床,家务炊事,皆弟任其役,故只好杜门谢客。俟数旬后当可少闲,再请惠临闲话,但以下午一时至三时为宜,上午要工作,下午三时半后要做饭。""尊藏古文图章无人能识,弟识得二字,未知是否?"

**二十日**　撰讫《唐诗百话·孟浩然:五言律诗三首》。

**二十五日**　先生致程千帆一函。

**二十六日**　撰讫《唐诗百话·高适:燕歌行》。

**二十八日**　在陈氏兼于阁参加"星五老人"茶会,与李宝森订交。先生自述:"始识李君宝森于陈丈兼与斋中,其后时或晤言,投分遂密。"(《海天楼吟草·跋》)

**二十九日**　程千帆由武汉致长沙董每戡函谈及:"数年前蛰存书云,旧友均通消息,所不知者每戡耳。不审其后亦尝相闻否?""如与通问,亦可聊破岑寂也。"

**三十日**　撰讫《唐诗百话·岑参:七言歌行二首》。

**同月**　5日中共中央批准中央统战部和公安部《关于全部摘掉右派分子帽子的请示报告》。25日国务院决定恢复和增设55所高校。

## 五月

**二日**　致谭正璧函:"前天有一件事忘记请问,兄来信说曾为我从《浙江通志》中找张志和的资料,不知兄是否有《浙江通志》?是否有商务印书馆所印的几种'通志'?如果有,弟想借来看一看,抄一些关于'金石'的部分。"

**四日** 撰讫《唐诗百话·早朝大明宫唱和诗四首》。

**五日** 撰讫《唐诗百话·王湾:五言律诗二首》。

**同日** 致周退密函:"前将千帆函第一二页附呈,子苾大约见到兄为弟之《涉江词》抄本题的一个小签条,楷书甚工,故喜爱之。千帆承其遗志,请兄作楷书,故不宜以分书报命,请为再写小楷书三四条,不必工整,少带行草,即足下所长,日内乞试书之。弟星期日下午或可奉候。"

**六日** 为藏《洙泾西林寺幡竿石题刻》题跋:"此纸金山程丽寰所藏,其兄云岑幼年好事,见而拓墨。程氏昆仲,久作古人,此石亦已亡失。天壤间惟传此遗蜕矣。"

**八日** 撰讫《唐诗百话·边塞绝句四首》。

**十日** 撰讫《唐诗百话·孟浩然:五言律诗又三首》《唐诗百话·五言绝句四首》。

**同日** 程千帆致函:"子苾诗词付印事,系止匮托南师资料室负责人赵兄主持,""想请微昭及退密二兄各题一内封面,一书'涉江诗稿四卷',一书'涉江词稿五卷',其大小即照《金石百咏》之板框。此次印诗词,其板框大小、行数、字数,悉依'百咏'也。"

**十二日** 程千帆复函:"寄来题字,极感,并请代先致谢二老。其退密题字,选定两张,仍烦请其加署款盖章。因非封面,二家(唐圭璋、吴白匋)及微昭均如此,独退密不署,恐滋误会,且亦不美观。""加添了你和退密的麻烦。""她[沈祖棻]随我苦了四十年,这也是唯一可以补报的事了。"

**十六日** 致周退密函:"顷得千帆书,要求足下加署大名及盖印。今将原函附呈,请补署。弟以为不妨另纸试写,挑一纸中意的,剪贴在左边,要虚贴,装版方便,抽去亦方便。如何,乞大裁写好仍请惠寄,即为转去。此后可分一部分时间了却文债,奉题《石窗词》亦文债之一,交卷可期矣,先闻。"

**十七日** 上海师范学院、上海体育学院、上海教育学院从上海师范大学(原华东师范大学)分出,恢复原有建制。

**二十日** 撰讫《唐诗百话·常建:题破山寺后禅院》。

**二十七日** 撰讫《唐诗百话·王昌龄:七言绝句四首》。

**三十一日** 致谭正璧函:"前星期曾奉一函。关于《浙江通志》事,未知收到否?今拟于本星期日6月4日上午9时趋候,届时希望将兄为我收集之有关张志和的材料看一看。又希望看一看《丛书集成》中的几种藏器目(艺术类彝器)。如有《浙江通志》,亦想看一看'金石志'。"

**月内** 为所藏《盗瓦者死瓦》拓本题跋:"书法在篆隶之间,笔致似曹全碑,东京物也。此瓦溥心畬秘藏,未闻有第二品。久知有此,无缘得见。日前,谢刚主忽自京中寄惠此溥氏手拓本,展观有非分之乐。汉律重盗发陵墓,犯之者死,此必冢当也。"

**同月** 为解决"文化大革命"造成的严重"书荒",国家出版局1978年3月决定动用印制《毛泽东全集》的备用纸集中重印中外文学著作三十五种,即日起在上海、北京等地各家新华书店门市部发行,两个月内,读者通宵达旦排队买书,上海各新华书店发行一百五十多万册,一时盛况空前。11日《光明日报》发表南京大学哲学系教师胡福明以"特约评论员"名义的文章《实践是检验真理的唯一标准》。《社会科学战线》出版创刊号。

## 六月

**三日** 复周退密函:"参加《汉语大词典》编务,""第一批工作就是紧急任务,只好赶一赶,以报销此五月份之30％工资。允兄之题词,尚未能如约交卷,歉歉。""弟正在撰《唐诗丛话》[《唐诗百话》],已成廿四篇,拟以六十篇为完稿。许多唐诗选本均集中备参,谢叠山评唐人绝句亦常用到,一时不克奉借,对不起。现在每天晨起上市买菜,早饭后先抄《唐碑百选》一篇,其次写《唐诗丛话》四五页(约二千字),午后作《汉语大词典》工作,晚上为一些青年人润色文字,且常有人来访,不能照此时间表工作,里弄中又邀去任向阳院宣讲员,每周开会一次,学习二次,弟只参加向阳院开会一次(星二上午)、学习一次(星三下午),这样一来,忙得不亦乐乎。兄处暂时不克趋候聊天,六月份看来也不得空了。《唐碑百选》已抄到第九十二碑,六月内可以杀青。""《雷抱经碑跋》甚好,已分别抄下。""见迈老[沈迈士]乞致候。"

**八日** 撰讫《唐诗百话·黄鹤楼与凤皇台》。

**九日** 撰讫《唐诗百话·李颀:渔父歌》。

**十日** 编定《北山集古录·卷四(一)瓦当题跋》并撰写"序引":"余收得新旧瓦当墨本二百馀纸,视定庵所得,已三倍之。定庵未见者,余皆有之;余所得,尤多定庵不及见,此事足以傲羽琌山民矣。既装为二帙,偶有题记,别录于此。"

**二十八日** 撰讫《唐诗百话·李白:古风三首》。

**三十日** 为所藏《元华亭县井阑记残石》拓本题跋:"此石旧在松江西门外南埭雷

氏松雪堂前,今已佚失。此拓本乃金山程氏文山琴舍物,尝陈列于上海文物展览会。程氏身后,文物散出,余辗转得之,殆已成孤本,遂为著录。"

**月末** 接到上海师范大学中文系通知,正式恢复原来教职和待遇,返回中文系中国古典文学教研室,继续参加编纂《汉语大词典》工作。先生自述:"至6月底来通知,索性完全复职,收回退休证,这样才是重新归入编制。同时复职者四人:许杰、程俊英、史存直及弟。"(复陆维钊函,本年8月16日)

**又** 《唐碑百选》誊录清稿完成,并装为两册。据陈左高回忆:"其时陈巨来谓余曰:'蛰存此举集碑拓之大成,出考订之业绩,其意义当胜出褚德彝、秦更年之上。'"(陈左高《施蛰存二三事》)

**同月** 12日郭沫若在北京逝世。

## 七月

**三日** 为所藏中吴顾安小谢原本、嘉善何文焕少眉重刻本《唐律消夏录》题记:"顾氏原本刻于乾隆廿一年丙子,此书未见。此何氏刻本,刻于乾隆廿七年壬午(1762),至今二百二十年矣。"

**十五日** 致河南崔耕函:"查《北齐书》天宝三年曾出师伐梁,此造像铭文中所谓'打吴贼'或即此事。""孙宪周同志临行前才光临寒舍,稍谈即去,未获多叙。从他所言,知你们工作热情极高。""可惜我不懂人类学及古史,对史前遗址不感兴趣,关心的还在古石刻文字兼及金文耳。"

**同日** 复张香还函,言及"上月底中暑,高烧40℃,三天不退,打了六针配尼西林,才得平复"。

**二十日** 撰讫《唐诗百话·李白:蜀道难》。

**二十六日** 撰讫《唐诗百话·李白:战城南》。

**三十日** 访孔海珠、赵家璧。据孔海珠回忆:"先在我家看了抄家还回来的作家书简,里面收有他的不少信件。然后和我一同去大陆新村看望赵家璧先生。他坚持要走路,我们过了横浜路,到第四医院的对面弄堂,他说,这条弄堂你父亲住过;走到溧阳路口,他停下来对我说,这里以前是个咖啡馆;走到山阴路口,对我说,这里以前是内山书店。他走路飞快,我在后面跟,还没有看清什么地方,他已经跑到老远了。"(孔海珠《施家伯伯在虹口》)

**同月** 上海古籍出版社《中华文史论丛》复刊,由朱东润、李俊民、罗竹风主编。

## 八月

**二日** 撰讫《唐诗百话·李白:将进酒》。

**九日** 致杭州陆维钊函:"何不来沪小住,藉此可以一晤。""声越常见。""足下近况如何,请略示一二。附一拙文呈览,不必还,阅后撕去可也。程千帆已为匡亚明罗致入南京大学,本月内即离武大矣。"

**十四日** 周退密阅毕《唐碑百选》书稿题记:"尊著《唐碑百选》之妙,尤在于解题使读者于每一碑版得一概况,文字简要,足为论世知人之助。至于集评搜剔古今人论书品藻之语于一处,可免翻检之劳,其为有功书法之作无疑。"

**十六日** 撰讫《唐诗百话·李白:梦游天姥山别东鲁诸公》。

**同日** 复杭州陆维钊函:"昨得惠复,又在贞白兄处见足下手札,知足下气壮神王,正在挥毫染素,筹备个人展览会。""《清词钞》已在港出版,弟未先知,此书想必可以寄入。胡山源向不通信,孙宗慰知其安健,但也无信。诸乐三等四人画展在卢湾区文化馆看过。足下秋间何不来上海搞一个书画展,弟以为足下宜多展出小品,如尺页及二尺立轴之类,多用镜框,少用裱轴。画宜以题跋见长,此事足下不弱,每观近日国画家之画,题字殊无佳者,白蕉而后,未见嗣起。近日在抄平居所作杂文,今再附呈一文[《黄母曹太君墓志铭》]。""弟之应酬文字,多乞贞白书。惜足下不在上海,否则必求足下大笔。'珍本丛书'题签,至今犹有人称赏。""声越一函已转去。"

**十七日** 复周退密函:"弟始终不出门,外间事一无所知,但去看过大可[莲坨],精神尚可支持,也谈了几分钟。""据弟看来,可能年内尚无问题。'唐诗解'写了三十二篇,尚有二十八篇,不知年底前能写成否?"

**二十日** 撰讫《唐诗百话·李白:五言律诗三首》。

**同日** 下午与周煦良访周退密。

**二十一日** 致香港吴羊璧函:"上月中忽然收到本年《书谱》三册,""但猜想一定是由于洪遒同志的介绍,因为他春节时曾说起过。经写信去问洪遒同志,才知道阁下的大名。""去年我向洪遒同志借阅几本,也曾饱了好几个老朋友的眼福。今年的《书谱》,大家都在盼望,却久久不见,此次忽然寄到,想必进口已可畅通无阻,亦是文化交流的盛事。""近来完成了一个著作,名曰《唐碑百选》。""我希望此稿能印行,但(大陆)内目前恐无条件,亦无机会,因此顺便向你们谈谈,不知你们有兴趣承接印行否? 如有可能,我无条件奉赠版权。全书大约图版一册,300页左右,文字一册,15万字左右,文字已誊清,随时可以来取,图版则待拍照。"

另,据吴羊璧回忆:"珠江电影制片厂厂长洪道先生给我写信,说上海施蛰存先生手头有书法方面的稿件,可以支援《书谱》。于是我先寄了近期的几册,呈教施先生,很快得到了施先生的回音。"(吴羊璧《唐碑书法大观》)

**二十二日** 复河南崔耕函:"承赐石窟寺新发现崖刻拓本,谢谢。此是宋人题名,尚未查检《宋史》,或可知道是何等人。闻洛阳出土一块汉碑,你知道否?如果有此事,希望给我搞一个拓本,你不要笑我贪得无厌,卅年来,此事已成痼癖,欲罢不能,只要知道有一个新出土的石刻,总想搞一个拓本来开开眼界,创造记录。《书苑》事过三五天去问,有多少买多少。""一个间接的朋友,藏《书苑》五六十本,此人已八十多,人家劝他卖掉,他有点动摇了。如果他肯出让,大约可以便宜得多。"

**二十四日** 致周退密函:"大可[莲坨]作古,想已得讣告。星期日(27日)下午三时在龙华火葬场中一厅追悼,弟去参加,想足下亦必去。拟与兄合送一个花圈,签条弟在家写好带去,请足下带一个工作证去买花圈,弟尚未领到工作证也。是日下午二点,在休息室碰头。开封李白凤亦已于18日中风逝世,今晨收到其友人寄来讣告。同时去了两位老友,殊为不怡。上星期日晤周煦良,他对老兄印象甚佳。"

**二十五日** 撰讫《唐诗百话·杜甫:哀江头》。

**月内** 按先生自述:与海岑(陆清源)"有二十多年没有见面,虽然大家都在上海。在这期间,他读通了俄文,在上海文艺出版社担任戏编室的编辑""文艺出版事业活跃起来,他又来向我组稿。我们谈起了独幕剧,于是谈出了一个编译外国独幕剧选的计划。后来,他得到出版社领导的同意,决定把我们的计划纳入社里的出版计划,于是我和他合作,编译了一部历史性的外国独幕剧选集"。(《关于独幕剧》)

## 九月

**一日** 开学。在中文系中国古典文学教研室,继续参加《汉语大词典》编纂工作。先生自述:"目前正在为他们覆核所制词语卡片,并不上班,在家工作,每天花二三小时差不多了。"(复涂元渠函,1978年9月5日)"每星期去两个上午,带些任务回家做。"(复范泉函,1978年11月1日)

**五日** 复福建涂元渠函:"尤其是知道你在'汉语大词典'组,更是小同行。""'四人帮'粉碎以来,国家形势大好,只因过去受伤太重,许多部门一时还不能复原,更谈不到跃进,我们这一辈'老九'年在桑榆,能力日衰,纵有雄心,亦无能为役。""北京人民文学出版社两次委托我译东欧文学名著,都在 50 万字以上,我无把握在一二年内译出,故皆已婉谢,将来恐怕只好译些短篇给《世界文学》杂志去发表。""朱伯石、勒公贞[公丁]、郑道传仍有联系,道传久无信,不知他夫妇近况如何?""林启华同学,你知道他的情况否?四十年代厦大教职员及同学,我所熟识的,还有些什么人在闽南,有便望告知。今年全国大学招生考试,语文成绩上海最低,福建最好。这个情况,我并不意外,过去也是如此,不过上海不至于最低。语文教学一向是四川和福建最好。你还有一纸木刻[《早春》]在我的一本'诗韵'里,保存了卅多年了。""何一寰,江西人,听说在闽南当中学教师,你知道他的踪迹否?"

八日　应邀参加居住地长宁区江苏街道组织的"纪念毛泽东主席逝世两周年献诗"活动,作诗《放心颂·纪念毛主席逝世二周年》二首。

九日　晨往周煦良寓所拜访,未遇;恰巧朱雯也来先生寓所相访未能见面,先生返家致朱雯函:"下星期一下午我在家,希望兄能来谈谈。本来我应当去拜访你,但内人说,也想听听兄北游所得,故奉请枉驾来舍下谈谈。"

十日　吕贞白致函:"'温飞卿'[《读温飞卿词札记》]国庆节即出世。'天下人'绝不夸大,乃事实,从国内到海外,岂非天下人耶?牧翁后人,只知善于獭祭诗书,善论词,则非小僧所知。尊论玉樵山人词,亟欲拜读推荐。""震钧《香奁集发微》,小僧问诸冒鹤老,云乃唐元素也。'论丛'小僧曾建议,应多在'论'字上着眼,否则'丛考'矣。一陈端生而连篇累牍,为资料所累。获天下盛名者类皆如此,岂不可叹。声越已两个月未见,闻日内即赴黄山参加开会。"

十一日　下午朱雯来先生寓所晤谈。

十二日　晚上复周退密函:"前一诗简亦收读,近日特别多事,未及走候。""苏渊雷前日来过,因女儿考取大学,急欲归里,不知尚有暇至尊处否?""香港已有联系,《书谱》今年三册已寄来,现在煦良兄处。《唐碑百选》可望在港印行,但须在沪先拍照。弟想访高式熊一谈,请示门牌。""弟近来忙于种种规划,师大有培养研究生规划,筹设古典文学研究室规划,出版社筹制介绍欧美独幕剧规划。碑版诗文,已无暇及此,'复职'以来,毕竟不如退休之优游自在,奈之何哉。信纸断档,利用废纸,宥之。"

十四日　武慕姚(拙叟)复函:"所询杨丙苍一事,杨原系河大学生,似是四川人,次公先生作古前已离汲他去,倭变后,迄未得其下落。其人学识才华皆有可佩,颇窥次公先生词学一斑。至空青馆重斠华氏《元遗山新乐府》五卷,坿何义门补遗本,系拙得之,任邱边浴礼后人者,蜡纸扁格洪武字体,而无第一卷,似是刻未毕工,并有边氏手校,经次公先生审定,称为善本并为作序,属拙影雕并从《九金人集》补第一卷,刻已毕工仅红印本。倭变骤起,苍促离汴,至解放后于五零年回汴,追寻此板,已不可得。后见有新印墨本,则已删去邵序及拙棱刻题名,而别以孙某(太炎先生门下,汴沦陷后曾任伪省府秘书长,因得此版)之序代之,孙自夸得此边氏稿本校刻以传,实属卑鄙无耻,窃书盗名,不值一笑。拙尚存有红印一册,原样备存。而边氏底本及邵氏序文原稿,则为中南文化部顾科长索去,现在故宫博物院工作,可证也。所询靳邵词稿之事,邵自刻所著《扬荷集》四卷初印红本,拙尚存邵赠一册及邵续著《山禽馀响》(和空青馆本遗山鹧鸪天四十五首,即拙刻本抄本)一册,幸未遗失。如有所需,当借阅,以供参考。靳仅有诗稿印册,存郑汴图书馆,未见词稿。""坿寄拙书鹧鸪天词一幅伴函。"

**十六日** 撰讫《唐诗百话·杜甫:新安吏》。

**同日** 致周退密函:"《秋兴》一首起承转合似不甚分明……,何如? 妄论备参。高式熊先生处须下星期日可去,倘足下先期晤及,请为代达。有两位法国戏剧家,请代检'拉路丝',抄示其小传。""《书谱》俟煦良兄还来,即当送上。"

**十八日** 撰讫《唐诗百话·杜甫:无家别》《唐诗百话·杜甫:悲陈陶、悲青坂》。

**二十日** 吕贞白致函:"今日唔见罗竹老畅谈,并为公代为致意。罗老甚佩公之文章,云校样即可打出。对公推崇备至,并非一般敷衍。""竹老云,公与语文学会有联系。""张秀珩在青岛,尚未回。至小女工作问题,僧拟仍搞版本目录这行(是我家学)。竹老颇以为然,公以为何如。'汉语大辞典'游山逛水诸公已回否。公如有大作幸先示我。"

**二十三日** 撰讫《唐诗百话·杜甫:七言律诗二首》。

**二十八日** 撰讫《唐诗百话·杜甫:吴体七言律诗二首》。

**同日** 珠江电影制片厂洪遒致函:"顷获香港《大公报》'艺林'栏编者复函,尊作《金石百咏》,决定刊用。但目前'艺林'正在连载夏承焘先生的《论词绝句》,恐要11月份才能刊完,夏稿后,才可刊用《金石百咏》。刊时拟用施蛰存大名,并请书写'金石百咏'四个字,以便制版之用。以上这两点,嘱我代为转商。"

**三十日** 下午复周退密函:"国庆想必也有三天休息,弟拟于星期一下午趋候。先到陈兼与处取《书谱》,随即带奉。大约须在二三时,倘无问题,即此为定。"

**同日** 吕贞白致函:"'论丛'清样想已寓目,国庆中定出版。据小女看见《文汇报》已载出古籍新书广告矣。今日尊驾未遇,弟赴襄阳公园找裘柱常,闻裘云,老友庞来青患病,遂赴庞家一视,至10时半始归。夫己氏之词集似与前看的一本不同,岂又重印。""钱仲联函陈从周痛责夫己氏对不住其妻于地下,写得痛快淋漓。陈从周曾以钱信来示我。徐公已于23日回,昨有信致我并坿来新诗词。得浙美术学校章祖安来信云,陆维钊患病甚剧。""尊作如誊清定稿,仍请交由我转为盼。"

  **月内** 撰讫《瓦当文拓本题跋》。

## 十月

  **一日** 国庆节。晚上先生复珠江电影制片厂洪遒一函。

  **二日** 撰讫《唐诗百话·杜甫:五言律诗二首》。

  **三日** 高式熊来访,先生拟请为《唐碑百选》拓本摄影,"一谈之下,渠甚感兴趣,允为拍照,此事似非常顺利,已约好在12月底以前竣事,现在先试拍胶片一卷八张[碑]"。

  **同日** 按涂元渠日记:"托人代买五斤新焙的桂圆干,并写一长信交丁川交给丁品,托他明日带去上海师大。"(涂帆《父亲与施蛰存先生的交往》,以下均同)

  **五日** 上海师范大学党委召开总支书记、部处室负责人会议,传达中共中央55号文件《关于摘掉右派分子帽子的实施方案》,并决定成立专门办公室,落实这一方案。(《华东师范大学校史》)

  **七日** 为编辑《唐碑百选》图版事宜,致周退密函:"日来检阅拓本,觉得有些碑实在存字太少,无法摄取,如'高士廉'及'兰陵公主'二碑,看来必须换却,文字部分犹待'返工'。兄处所藏印刷品及裱本拓片唐碑,请整理出来,全部惠假,下星期日来取。今日去找边政平,也要将他的所有藏品一起借来。"

  **十日** 珠江电影制片厂洪遒复函:"你关于《金石百咏》所谈的种种,我已函转'艺林'编者,尚未得复。据我所知,'艺林'为双周刊。秋交会将届,港友来往较多,凡有稿件及《金石百咏》题字,都请在此期内早日交下,转去的机会多些。羊璧已有信来,谈起阁下有《唐碑百选》稿,托我转去。"

  **十二日** 撰讫《唐诗百话·王梵志诗》。

  **十三日** 复福建涂元渠函:"惠书由丁品同学寄到,龙眼亦已于昨日去领得,此物已多年不见,去年儿子从北方带来数斤,已经干瘪,不知是几年前陈货,不如足下今日所惠之佳也。""承告厦大诸旧友情况,亦以为喜,似乎还有不少老人,明年如有机会,颇想去闽中一游。我在厦大五年,未尝见到厦大校舍,此缺憾应弥补一下。虞愚先生北京地址,你如知道望抄示。你作'岑参诗注',甚好。唐人诗正应该多几本别集注释本,高适、岑参作品不多不少,搞一个全集注本,""希望你继续致力于此。""你要求复职,""此事宜多考虑,不要退出词典组,还是让领导上安排。署名枫野的文章,我看过一些,知道是你。近年来,文艺刊物上的作品水平很低,我劝你不要搞创作,还是注岑参为有意义。""请你有暇时去了解一下,蔡襄写的万安桥碑还在否?在原处,抑在泉州文物管理会?此碑二石是否完整,如果已断裂,请你画一个断裂情况的图样给我,又碑阴(背面)有没有刻字,如有,刻的是什么?"

**十六日** 撰讫《唐诗百话·盛唐诗馀话》。

**十七日** 珠江电影制片厂洪遒复香港吴羊璧函谈及:"施蛰存亦有信来,《唐碑百选》稿准备托便带穗,现尚未到。"

**二十日** 撰讫《唐诗百话·刘长卿:五言律诗三首》《唐诗百话·韦应物:五言古律三首》。

**二十五日** 撰讫《唐诗百话·韦应物:自叙诗二首》。

**同日** 按涂元渠日记:"夜,补读我这次出走后所投来的信,有蛰存师、济弟、如俊等人的。"

**二十七日** 致河南崔耕函:"应定名为《邑子邢嵩等二百人造像碑残石,北齐武平七年六月十二日》,造像碑一般都没有什么史料价值,但1400年以前的石刻,总该在保存之列,况碑头完好,亦是一件石刻艺术品。碑阴有字没有,想必应该有许多题名。这次惠赐的拓本,比从前的拓本好,似乎已有了高明的拓手。""白凤在这个时候去世,可谓惨酷,我至今犹感到难过。""《中州金石记》卷三74页(丛书集成本)末第二行说'唐李邕嵩岳寺碑',李北海有'嵩岳寺碑',从来没有别的记述,请你访问。"

**同日** 按涂元渠日记:"到开元寺访泗东(陈泗东时任泉州历史研究会会长),询问蔡襄所写的《万安桥碑》的情况,并抄回碑文,以便写信复蛰存师所函询。"

**二十八日** 按涂元渠日记:"午睡起来,埋头写给蛰存师,连同《泉州文物》一册投邮发出。"

**三十一日** 撰讫《唐诗百话·钱起:湘灵鼓瑟》。

**月内** 始与海岑合编《外国独幕剧选》。先生自述:"按年代先后,选译优秀的、著名于剧坛的独幕剧本,每一个时期,编为两册,全书将有六册。我与海岑分工,他负责选编苏联及东欧诸国的剧本,我负责主持其他各国的剧本。"(《关于独幕剧》)

**是月** 在《中华文史论丛》第4辑(总第8辑)上发表《读温飞卿词札记》。

## 十一月

**一日** 复青海师范学院范泉函:"宗琏来,带来了你的信,甚喜甚慰。你比我小十岁,来日方长,好自为之。我已七十四,已在做结业工作。二十年来,写了许多书稿,现在可以陆续问世,这是要感谢以华主席为首的党中央的。最近有一个55号文件,不知你已知道否?对你或者更有利,也许可以返回上海。你在青海师院担任什么工作?我看,新文学不必搞了,还是介绍些日本文学或其他语文工作。""不过手指神经大损,毛笔钢笔都不易控制,平时都用圆珠笔了。""青海博物馆如有解放后出土的石刻,希望你为我弄一份拓本,可以缴纳工料费用。韦秋琛还在青海否?"

**七日** 复福建涂元渠函:"'汉语大词典'这个摊子看来不能久长,""我以为你能把组织关系纳入一个大专院校最妥。""泉州石刻如有拓本,也很想得到一些,特别是外文石刻,如几个宋元时代的'夷人'墓碑,有可能请你搞一二纸,可以缴工料费用。我收了些古石刻上的外文资料,拉丁文、叙利亚文、古印度文,泉州石刻可能有阿拉伯文及拉丁文,能得拓本,也可玩。你不要为我组织'讲学',我绝不'讲学',因为我无'学'可'讲',明年如有机会,买一张车票到闽中,只要食宿有着落,少花几个钱,就可以一看厦大校舍,刺桐风光。我在这里也不做'学术报告',此事我既无能力,也甚鄙夷。蔡碑果然坏了一块,甚可惜。可是我的两份拓本都是原刻,现在却长了身价,也是可喜事。不过,听说原来有一块已经是明代的复刻本,不知是那一块,如果是第一块,那么现在所存两块,都是复刻本了,此一事有便再请核实一下。'岑嘉州集'已有人注好,稿子送在古籍出版社了,""看来你不要搞了,换一个冷门题目吧。"

**十日** 按涂元渠日记:"收蛰存师函。蛰存师还另寄他最近在《中华文史论丛》中发表的《读温飞卿札记》一文来,并告诉我闻'岑诗注'上海古籍社约人在写了,嘱我不必写,但我既已动手写了近二万字,中途搁笔,实不甘心,决心继续写下去。"

**上旬** 周煦良阅毕《唐碑百选》书稿题跋:"盖自宋以来,言唐碑者何止数十辈,而时至今日,兄竟仍从考据、订误、书法欣赏各方面发前人之所未发。觉《语石》以后,是难得的好书,胜《梦碧簃石言》多矣。"

**十三日** 致周退密函:"星期五原去淡水路,早知足下在家,一定奉谒晤谈。阁下不啖肉、不游山,却不废诗,可见诗魔已高十丈,弟则已束手不为矣。高式熊非常热心,允为藏碑摄影,一去三星期,竟无消息。""目下广交会即将闭幕,港客纷纷回去,以后托带机会较少,故昨日已先将拙稿寄出。不知高公何日能携样片来,闷闷!阁下处碑拓暂时用不到,可从容检出。迈老[沈迈士]真是龙马精神,甚为欣羡,见时乞为代候。近日另有译事计划,几乎足不出户。"

**十六日** 香港《文汇报》刊载竹立《我所认识的施蛰存》:"在北京《光明日报》刊载的《中华文史论丛》第8辑的目录预告上,发现了施蛰存的名字。他在上面发表了《读温飞卿词札记》一文。先是一惊,继之则喜。施蛰存又写而且能够发表文章了。知识分子政策的逐步落实,也调动了这些人的积极性。由此想起了他和有关人的一点往事,写出来,或者可以作为文学史家的一点参考。"

另,按先生自述:"竹立先生虽然好意为我吹嘘,但其中事实却多不核实。"(复吴羊璧函,1979年1月25日)

**十七日** 在陈氏兼于阁,与苏渊雷、冒孝鲁、周鍊霞等参加"星五老人"茶会。

**十九日** 郑逸梅致函:"黄晦闻有一诗涉及曼殊,未知兄已网罗及之否,姑录于左。""亚光兄最近有画件出国任务,连去锦江饭店作画,""同画者为刘海粟、王个簃、应野苹、陈秋草、周鍊霞、胡若思,汽车接送,酒肴甚盛。亚光为之朵颐大快。碧波兄之新夫人外出倾踬伤折右肩骨,亦无妄之灾。澹安兄赴新华医院治白内障,经过手术,尚称良好,兹已返家。""友人洪礼生之爱人佟和平,上海师范学院68届中文系毕业,研究唐代文学,投考研究生,闻指导老师为我兄,日内拟专诚拜访,务请我兄指示。"

**二十二日** 按涂元渠日记:"以刷挂给上海蛰存师寄去四帧泉州海外交通史博物馆给的古波斯、阿拉伯等文字的石刻拓片。"

**二十四日** 先生在校参加上海师范大学科学报告大会。

**二十五日** 撰讫《唐诗百话·韩翃:七言绝句三首》。

**三十日** 开封武慕姚(拙叟)复函:"顷由桑君兆凡两次转来尊札。""连年老病侵寻,""尤以客冬以来,大病三次,而暑间一次,几频危殆。""多方维护,立烁始瘥,今又届严冬,喘息为祟,日食不及二器,未知此后如何。拙作《书法韵语》,系为小友学书讲习而作,都卅六首,""闲以注解,尚欠详尽,""拟请先生不吝大教,痛加斧削。""附呈拙作诗词六首[《丁巳深烁病中遣怀》《烁深矣病小瘥即兴》等]伴函,以见一时心情,齿冷之馀,想能谅而恕之。"

**月内** 作诗《壶叟有诗垂念率赋一章奉报》。

## 十二月

**四日** 先生至上海书画社访购金石碑版拓本。

**五日** 复河南崔耕函:"看你这信,就仿佛跟你一起作田野考古旅行,甚有兴趣。""古匋文的收集,也始于陈簠斋,他在山东收到古匋残片有文字者数千片,都拓出送朋友。今年春间上海书画社收得陈簠斋拓赠吴大澂的匋文七百馀纸,因定价昂,故我无力购买。匋文字多者,大概多是汉器,隶书或篆书,多吉祥语,如'长富贵,乐未央'之类,字少者或只有一字者,往往不可识,可能是商周之际的匋工刻画,或者记数,或者是个人的记号。我这里还有几张,今寄上供参考。你如能收集一下,有几百片,拓出一份,对古代民间文字的研究,有一定的价值,因这些字,至今还未能系统地认识也。所说金大定十七年墓志,大概是一个和尚的塔铭,'印度古文'应称梵文,""嵩山三阙铭文及画像的拓本,上海书画社有,我昨天去过,托他们有便时整理一套出来,希望开封文教局能买去作参考。""古碑残石也希望不要忽视,即使存一二字的也好。能觅到汉魏石经残石,更好。我个人也很想获得一块古碑残石,可以做砚台用的。"

**十日** 撰讫《唐诗百话·韩翃:送中兄典邵州》。

**同日** 陈兼与致短笺:"奉书猥以仿韵,乃得雅题,自是高手领读,至佩。钵水来沪,当谋一醉。4日自杭赴甬,谓7日能返,至今未到。"

**十四日** 赵景深复函:"北新书局所有的英汉对照书,我几乎都没有保存。那本'独幕剧选',可能是红封面的硬面书,我也没有。梁遇春是散文家,他译独幕剧,我还是第一次知道。叶德均结'文学选集',大约明年春天可出,也许还要推迟些。李宗为考研究生,没有考取。他想,如果下次再招生,他还要来考。"

**十七日** 复香港吴羊璧函:"知'唐碑'稿已妥递到港,甚以为慰。此书'集评'一部分尚可增辑,但所遗者恐皆极不易得之书,在我的条件下,无可奈何,只好先定下一个架子,俟后人补辑。""我的最终目的是希望出一本有一百个碑样的图文并录之书,我的重点倒是在图版。在图录出版之前,你可以选一部分在任何与我们这里有关的刊物上发表,有几个碑你们那边容易找到拓本做版,不妨先刊载。""我本来已托高式熊将藏碑试拍二胶卷照片,共8个碑,16张照片,上月初拿去,到今天他还没有送来。""《书谱》明年出'专刊',是否可以把'百选'分为四个'专刊',将来再合刊为一个单行本?此间上海书画社要出一本'解放以来书法理论文丛',作为明年国庆献礼之用,向我要稿,我已答应把选唐碑时的一些感想写成一篇'选唐偶记',这就是你所说《综谈唐代书法艺术》的文字,将来写好后当可抄稿寄奉。但此又须在79年1月底方可写成(此文将来即附在一书之末)。二十年来我写了许多书,自分将永远不见天日,预备身后叫儿子们送上海图书馆保存,待后世知音。现在云开日朗,气象万千,实在非我所能料到。这份稿子,请你全权自由处理,只要能将复写手稿化成铅字印本,即已心满意足,想必你能体会我的心境。《书谱》5期已收到,校对似还要改善,封面上一个'扁'字颇不惬人心。"

二十一日　上午先生前往龙华革命公墓参加李平心教授骨灰安放仪式。

二十三日　晚上8时参加里弄居民委员会组织收听广播中国共产党第十一届三中全会在北京召开的公报。

二十五日　复天津张厚仁函:"研究生考试有点'徇私',各处皆然。明年不妨再一试,德文人才少,不是一年培养得起来,""因此我觉得明年你有希望,到那时,或者我可以为你打个招呼。""近来许多事情堆上身来,实在很忙,不如退休时之优哉游哉。Rilke一小书如能出版,倒是很好。希望你再润改一下,要大胆脱离原文语法、结构,但不要歪曲原文意旨,这样才译得活。你那本《德国文学史》还在不?我要找戏剧家Wedekind的小传,你能否找一找,抄二百字给我?我现在为出版社编《世界独幕剧选集》[《外国独幕剧选》]。"

二十九日　复张香还函:"为《李贺集》事扰及令尊,甚以为歉。此书非必需,不能得亦无所谓。""箣亦作萴,墓萴即买地券。""在《文物》杂志上也曾有过类似的东西,有用铅版的,叫作铅券。苏州那个卖碑人,能取得联系否?我想托他访觅一些东西。"

三十一日　致青海师范学院范泉函:"昨天宗琏来,知道兄今年仍将回沪,可得把晤,甚以为慰,兄11月19日惠信已早收到,因事忙,又生病,故耽搁未复,歉歉。青海所出《赵宽碑》,我已有拓本,但闻此碑已破裂成数块。""如有宋以前的其他碑志,能否为我随便买一份来,款乞垫付,但言明在先,不要你作赠品。我没有财力广泛收罗,故限于宋以前的石刻文字。韦秋琛在银川,你不会碰到,我另外去打听。"

月内　作诗《俚句奉贺兼与诗老重谐花烛之喜》。

是月　中共上海市委指示,根据中央精神,各单位对1957年被划为"右派"的人员进行复查,凡论定属错划的,均予纠正,撤销原来错误处理的决定,恢复名誉,恢复原工资,原来是党员的恢复党籍。上海师范大学对"1957年整风反右和1958年整风反右补课中,共错划右派285人,其中教师31人,职员9人,学生242人,工人3人,经复查,全部予以改正"。(《华东师范大学校史》)

同月　1日胡敦复在美国逝世。13日李长之在北京逝世。16日《中美建交联合公报》发表。

**同年** 人民文学出版社出版《新文学史料》第1辑（创刊号）。香港神州图书公司重印1933年北平杰成印书局出版的王哲甫《中国新文学运动史》。

## 一九七九年（岁次己未） 先生七十五岁

### 一月

**一日** 元旦。周退密来先生寓所晤谈。

**九日** 致罗玉君函："前些时候，有人说李[珩]先生病了，但报上见过大名，不知如何？我有一本关于史当达的家乡Grenolee的小书，记得阁下曾借阅，不知尚在否？我处遍寻不得，故请问一下，师大青年教师许光华要用，他还要求我介绍去拜访你，不知允许接见否，如可能，或者春节后我陪他同来。近日内子有病，我自5月份复职后，颇不自在，相当忙碌，一直想去看你们，终未如愿，怅怅。"

**十一日** 复天津张厚仁函："关于Wedekind的那个独幕剧，我们译的一个英文本题名为 *The Tenor*（男高音歌手），不知是否即 *Kammersänger*，此剧主角是Gerardo，还有一个女的叫Helen。请你看看文学史上是否提到，'室内歌手'是什么意思？是否可译为'宫廷歌手'？但我们译的那个剧本中的Gerardo并不是宫廷歌手，而是一个职业歌唱家。还有一个人也要请你查出其小传，包括生卒年份及作品风格、流派，此人是Karl Ettlinger，我们译了他的一个剧本《利他主义》（*Altruism*），不知Wiegler的书中提到没有，仍请节译他的传记，500字够了。"

**十六日** 先生至吴文祺家访。

**十七日** 致沈雁冰（茅盾）函："数十年未申谒候，瞻望风华，如井泥之仰霄云，初不意此身犹得复其故我。华主席、邓副总理恩及腐儒，岂能不感，令俊已作古人，辄念当年宝山路出入尊府，多承教诲，暑中师母常以冷饮见饷，今师母亦逝，电光石火殊可慨喟。昨日在吴文祺先生处探得尊寓地址，故奉此书，奉候起居，以代面谒。近见《新文艺[学]史料》封面题字，乃先生手笔，大有瘦金笔意，想近年临池有得。先生墨迹，敝箧已不存一纸，意欲乞先生为书一小条幅，最好写唐人绝句一首，因年来晚正在撰'唐诗串讲'，将来可作插绘用也，或有现成写件，便乞赐一纸，不劳更书，祈不吝耳。二十年禁锢生涯，使晚得以潜心读书，亦有所利，兴致旁及金石碑版，曾作《金石百咏》一卷，数年前尝油印50册，以贻同好，然入都者不过数册，今检奉一册，作为向师门汇报二十年业绩,请指教之。此稿春节后将在香港《大公报》发表,或可印一单行本,当再奉呈。另一本请代转圣陶先生,并请转致拳拳之意。"

**二十日**　下午偕夫人看电影《巴黎圣母院》,归途遇宋育琴,得知朱雯来访。

**二十一日**　先生致朱雯函:"知兄亦枉顾,失迎甚歉。助张2元弟已付讫。以后兄如遇到煦良,可仍交煦良,弟较易晤见。尊寓对弟来说,是一段盲肠,没有机会经过,亦懒得专访,恐足下亦常不在家耳。弟之复职,已成'入瓮'之势,许多事情堆上身来,下学期要上课,每周上两堂,配两位青年教师作辅导工作,这两天不得不整理一下教材(74岁上课堂,古今中外未闻)。师院情况如何?马茂元病愈否?杨晋豪已复职否?罗洪已回作协否?"

**二十二日**　沈雁冰(茅盾)由北京复函:"忽奉手书,惊喜交集。《金石百咏》两本也收到。二十年蛰居乃有此收获,亦可谓因祸得福也。叶圣老住址要打听,然不难,尊作必能送到。说来好笑,我只知其寓在东四八条,进门有竹子一丛,乃不知门牌号码,真可笑也。我的字不成什么体,瘦金看过,未学,少年时曾临《董美人碑》,后来乱写。近来嘱写书名、刊名者甚多,推托不掉,大胆书写,都不名一格。《新文学史料》五字,自己看看不像样。现在写字手抖,又目力衰弱(右目0.3视力,左目失明),写字如腾云,殊可笑也。""写唐诗,容过了春节再写。"

**二十三日**　先生至衡山宾馆会见珠江电影制片厂厂长洪遒。

**二十五日**　复香港吴羊璧函:"十九个碑的拓本交给他[洪遒],请他设法转奉。包内有目录,有说明。""我在国庆前托高式熊试拍八个碑的照片,共十六张,他原说两个星期内可送来,岂知到今天也还渺无消息。""我想索性把拓本寄给你们,在港摄影。""这十九个碑是第一到第卅,其中所缺,即我交给高式熊,尚未取回的,但这几个碑,你们可以在港中觅得新印本凑用。大约第一至第廿五,已无问题,廿五碑恰巧四分之一,每碑制版二幅,可有五十图版,其中还有一二碑应制四版的,一共可有五十馀图,外加文字,似乎可以成一本专刊了。如果能分印四期专刊,也很有意思,将来即使不再合印,也无妨。本来想把全部碑拓请洪遒带去,但他昨天就得离沪回粤,我来不及检理碑拓,只好等以后'珠江'有人来时,再分批托转。这本书我意还是用'施舍'名字,我以后打算用这个名字发表金石碑版拙文,用本名发表文艺撰作。""承寄剪报一则,""以后如再有关于我的记述,可以作参考。我托我的外甥女周丰卿在美国买了几本独幕剧集,请她直接寄给你,设法带来广州或上海,此事我已和洪遒同志谈过,他答应帮忙,只请你做一个代收者。"

另，此函先生并就寄来香港《文汇报》竹立《我所认识的施蛰存》的剪报另纸附言："不是要在报上更正，只是请你了解"，"附件（不要发表）"："关于'第三种人'：在1930年代，我在上海文艺活动，是有意站在中间立场的，因为当时形势不得不如此，但我和杜衡不同，我从来不'自称'为'第三种人'，因为'第三种人'和'中间派'意义不同。'第三种人'到后来，站在反党立场上了，我还是左倾的。1940年，我在香港中华中学参加党的外围工作，办暑假补习班。""关于书报检查官：这是鲁迅对我的诬蔑。""只要举一个铁证：……既非国民党员，怎么会做书报检查官？官：鲁迅对我的批判，我是不服的。但看他把周扬、夏衍也奚落得不成样子，我也只好自认晦气，不该触怒一个文坛霸权。他现在还是一个'老虎屁股'，所以我始终不吭一声。关于我的讲课：解放后在华东师范大学教书，我不是不用马列毛观点，但青年人听不懂我的观点符合不符合马列主义，他们只要老师满口马列语录，就认为是马列主义的讲解，这点我是不屑做的。但无论如何，'延安文艺座谈会的讲话'我怎么能不引一句？也许这位竹立先生没有记住。关于我的翻译工作：解放后，我译过七八种书，都是东欧文学，没有一本西欧文学。关于我的学术讨论文章：1956年及1957年春，师大中文系办过两次学术讨论会。第一次我的报告是《论文学语言》，第二次我提出的论文是《汉乐府建置考》，可见我并没有'不肯拿出论文来'。钱谷融提出《论文学是人学》这个报告会正是我主持的。在结束时，我就点出这个论文有点问题，'文学是人学'是高尔基提出的，并不错，但钱的论点对高尔基的论点有了发展，而其发展则有了些问题，这是可商榷的学术问题。到后来，姚文元大肆罗织，把钱谷融打成反动文人了。再前一年，师大的'红楼梦批判会'也是我主持的，我也讲了话。这不能说我不参加批判。关于许杰：许杰当时是师大中文系主任、上海作协主席。他因为贴了常溪萍的大字报，被常打成右派，他和我都是师大第一批打成的右派，并不是在'尾声'时期。"

**是月** 人民文学出版社重印刘绶松著《中国新文学史初稿》（修订再版），列入"高等学校文科教材"，其中"第三编第二次国内革命战争时期的文学（1927—1937）·第六章本时期的诗歌·（一）两股逆流——'新月派'和'现代派'的诗"提及先生所作《又关于本刊中的诗》。

**同月** 1日全国人大常委会发表《告台湾同胞书》。3日《文汇报·笔会》副刊再次复刊。11日唐兰在北京逝世。25日《收获》复刊。

## 二月

**四日** 陆维钊复函:"犬马之齿,殊不足庆,况当此际幸逢盛时,若在前数年不堪设想矣。去年大病,根在7月大热,室内42度,住医院至11月始出院。""计惟待春暖阳回,或可至沪与兄等良晤。声越处久未去信,但知其黄山回来精神不差。惟念兄年老遭逢不幸,未免怏怏。我侪今日但求苟活,其他皆可不问。弟75年被迫退休,于去年10月由省中决定复职(与我校诸乐三、杭大鲍犀平等数人),亦可称文苑趣事。向达兄平反会已经举行,但其藏书未知何落。""黄慰萱[怀觉]来过否,弟亟欲知其是否一人。兄文,贞白与弟看法大有不同,弟仍以为如此作,方可称情文并茂也。弟之看法受刘子庚师影响颇大。瞿禅寄诗稿来,七绝为多。闻其颇得林乎加之助,作为借用居京。""江清夫人近无信,胡山源曾过杭。""钱南扬兄正在整理旧著,以书来嘱为署签,故尔知之亦八十一矣。"

另,此函特别提及:"兄在沪寓亦被抄去不少,有归还否,尤其稿本。"先生自述:"我向负责清理抄家物资的工作人员要求找回我的许多文稿,但每一任的负责人都说它们早已被作为废纸处理掉了。"(《域外诗抄第六辑法国诗抄·后记》)

**八日** 诗作《金石百咏》开始在香港《大公报·艺林》连载发表。

**同日** 珠江电影制片厂洪遒致函:"节前在沪得以相晤,极感高兴。唯是匆匆间,未能畅谈为憾。唐碑十九件,节后此间有人探亲回港,已托他带交羊璧。""据《海洋文艺》来信,该刊决定长期寄赠你。"

**十一日** 元宵节。开封武慕姚(拙叟)复函:"手示及《山禽馀响》刻本,前已收到,只以春节期间忙于酬应,迟复为歉。次公先生词墨,以及拙作诗词各一首,读来示似未收到,不胜惶异,或邮寄衍期,也请质询之。"

**十二日** 复福建涂元渠函:"阅来示甚羡你们还能构屋,真有福分。此事我已终身无望,家乡老屋早已毁于兵火,今居上海,上无天,下无地,可谓老荡子也。照你的情况看来,当然还是坚守泉州为是。""前惠赐拓片均已妥收,此物只是聊备一格,对我的研究工作,其实无甚用处,故不必再费神。以后有新出的唐宋碑拓,或更在唐以前,有关史事者,还希望代为求拓。师大已开学,我今年担负了一门课之1/2教学任务。""郑道传有信来,知你已去过厦大了。我希望暑中能去闽中一游。"

**同日** 致天津张厚仁函:"此信收到后,费心即查一查,抄译四五百字给我。"

**又** 晚上复张香还函:"1978年舍下流年不利,病人多,甚至死了一个长媳。年底愚夫妇也轮流病倒,我年三十还未起床,初一勉强起来,初二又睡倒。""每周去师大三四个上午。"

**二十一日** 复河南崔耕函:"你的《急就章》写的很不坏,""我们松江的'无双本'石刻《急就章》,你没有得到,美中不足,等下月朵云轩恢复碑帖门市时,我给你去问问,如果有,就买一份奉赠。这里写《急就章》的人未闻,我的朋友中也没有。但北京的沈从文、魏建功,都是专写章草的,你不妨托人去求得一二纸。沈从文是我老朋友,就说我介绍的也可以,他在历史博物馆。魏建功近来倒楣了,但因此大概有时间写字了。""退休了二年六个月,倒是舒服得很,现在只好回味了。"

**二十四日** 程千帆复函:"没想到尊府又有人生病。""上海改正事,兄虽后一步,但比武大总好,""因我拒绝申诉。""尊论课程事,与弟意全同。总之,要多念作品,少吹通论。子苾'诗集'已印好,也装订好。'词集'正四校,即付印,大约再过两月,可呈教。""3月下旬,昆明要开一关于古代文学批评之会,弟或要去。如会期不因战事改动,则当来上海取齐,到时当奉谒。商务印书馆'国学小丛书'中有一本梁昆《宋诗派别论》,兄有之否? 上海旧书好不好买? 想买点唐宋人集、诗论,有之否?"并附诗作《西安杂题·其四》。

**下旬** 先生仍兼《汉语大词典》编纂工作,同时为上海师范大学中文系77届二年级开设"中国古代文学作品选"课程,每星期讲两小时。

另,据孙琴安回忆:"由他主讲,我和陈晓芬做助教。""一上讲台,倒也爽快,就把我们一组三人的名字写在黑板上,立刻引起了在座二百多位学生的热烈掌声,而他也就在这热烈的掌声中开始讲课。"(孙琴安《记施蛰存先生》)

另,据陈晓芬回忆:"系领导让我跟随施先生做教学辅助工作。""他讲授《史记》中的《项羽本纪》,事先就按照三家注的竖排本印了讲义,他不仅讲正文,更是大讲出现在注释中的历史文化知识,常常引经据典,连类比物。""有同学因诗中古音的读法向他请教,他作答后说,了解一下是需要的,但现在大可不必再按古音读,所谓古音,在那个时候就是现代音,一个时代有一个时代的语音方式,我们总是要立足于现代的。""好几次下课后我送施先生到车站,他很随意地告诉我,他身体有些不舒服,如果他来不了,下一次课就由我来上。""我能行吗? 施先生却毫不在意:'为什么不行?'其实,即使作了这样的关照,除了偶尔几次,他总是自己坚持着来上课。"(陈晓芬《与施先生在一起的时候》)

另,据周佩红回忆:"第一堂课,他出对子给我们对,又让我们标古诗的平仄声。他不用现成的教材,也不用教案,教材全在他脑袋里。一篇《项羽本纪》,他说书似的串讲下来,解词,训诂,文学,历史,理论,全在里面,让我们听得出了神。在今天,这该是研究生的上课方式吧。"(周佩红《丽娃河畔的生活》)

另,据王铁仙回忆:"他的方法,在我们看来却是很新的,是后来我们教育改革时一再提倡而至今未能普遍做到的方法。他讲半个多小时或四十来分钟后,就停下来,坐在水泥讲坛的椅子上,请同学们'质疑'。这个情景,后来成为作家的周佩红同学有几句描写:他'望着我们。他的目光是慈爱的,也有一点锐利。'较多时候,同学们由于腼腆,不发问,他就叫大家写'质疑单',交上去。下一次上课,他拣一些来回答;另一些,则在纸上写上他的答案,发还。在一、两张质疑单上,他的回答是:'这个问题,我和你一样不知道。'同学看了,很开心地笑。"(王铁仙《率真的人》)

另,据许子东回忆:"施先生的课总是'爆棚',我有数次在门边坐'加座'的经验。""站着讲两个小时,语气从容幽默,思路清明冷峻。"(许子东《现场文存:大巧之朴施蛰存》)

另,据钱虹回忆:"中文系主任徐中玉先生请他'出山'的,一学期下来,这位年龄与我们整整相差半个多世纪的老教授,在我们那届'小'学生中人缘颇佳,我们既钦佩他的知识渊博,学贯中西,更喜欢他的平易近人,幽默风趣。""他倡导一种'答疑'式教学法,即同学下课后可以把上课时没听明白或者想研究的问题写在纸条上交给他,他回家做了整理之后,下堂课再做详细解释。同窗中有几位老三届高中生,古代文学基础深厚,希望得到施先生的面授,他就写下愚园路的住址,欢迎他们上门交流。"(钱虹《听之不闻,宁静致远》)

**月末**　先生接到正式"通知",按照上海师范大学中文系教授职务,开始招收中国古代文学专业硕士研究生。

另,据周圣伟回忆:"我在华东师大中文系读大三,""听说他要招研究生,跃跃欲试,托了系里的孙琴安老师作引荐。那天,施先生要到文史楼三楼上课,我俩就守在那个教室门前的楼梯口等候。见面时,先生很直接:'你要考我的研究生?那你用文言文写篇文章给我看看。今天是礼拜五,下礼拜一下午一点,你把文章送到我家来。'""周六晚上,我用骈散相间的文体,写了近两页纸[题目《求学书奉呈施蛰存先生》];周日又花了两个小时再三修改,一个标点符号都不敢马虎,并毕恭毕敬地誊抄好;还挑了几首下乡时学着写作的旧体诗词。""我呈上文章及诗词习作,先生让我等在二楼那个著名的亭子间里,他则沿着狭窄而陡峭的楼梯'笃笃笃'走上三楼书房去批阅我的'作业'。""约40来分钟,先生下来了,递还我的诗词习作,微笑着说:'我批过了,未全脱稚气。'然后又说:'信我留着,因为你是写给我的。'""看我有点拘谨,先生把桌上一个香烟罐推近我面前:'抽吧,我知道你抽烟。'""他不停地问,我不停地答,从屈原聊到蒲松龄,从近两点聊到近六点。""先生执意让我吃了晚饭再走。""临别,我问先生,我想临时抱佛脚,您看我需要补看哪些书?先生莞尔:'考我的研究生全凭底子,你现在再去看是没用的。你有时间,就去看看《李太白全集》吧。'"(周圣伟《报考施蛰存的研究生》)

另,据周圣伟回忆:"先生当时的所谓书房,其实只有5平方米大小,非常局促狭隘,正中靠北墙摆张一米见长的小书桌,左右两侧的南墙边叠放着几只老式书箱,就几乎没有立锥之地了。有天晚上我上楼去,先生正坐在写字台前看书,我想观察他看书时的模样,就没惊动他(先生耳背,晚上在书房,有时不开助听器,所以不知道我上楼),悄悄地站在他身后,两个脚后跟就得悬空在楼梯口,空间真的非常窄小。"(同上)

**月内** 润改旧作《南唐二主词叙论》,并交付《中华文史论丛》发表。

## 三月

**十日** 复河南崔耕函:"承惠陶灶拓片,甚佳。""你们如写文章,似乎可以参考一下以前的著录,我所知者,以陈伏庐(叔通之兄)所藏一个陶灶为最著名,灶上有数十字,我有一个拓片,你们如须参考,我可以检出奉借。"

**十三日** 上海师范大学发出文件通知,正式宣布先生的"右派"问题彻底"改正",恢复原教授级别以及工资待遇。(按:尚可参看本年6月5日复周退密函。)

**十四日** 撰讫《唐诗百话·卢纶:七言律诗二首》。

**同日** 致丁宁(怀枫)函:"近从子美先生处知尊作将谋重印,甚是佳事。弟昔年所抄一本,已传诵数十人,正患供不应求耳。昨日子美出示足下所寄油印本,见郭老函,故知真赏自在人心。惟拙跋附骥,不免愧汗。人微言轻,不足为尊作重也。弟以为足下宜自撰一小引,以郭老函编于卷前似较佳,不必用作代序也。子美先生又出示足下书有'灯前下拜'之语,读之悚然。足下虽目力渐损,体气想不大衰,甚盼暑中能来沪,使弟得展谢,惟晤言为幸。何至作此萧瑟语,希善自珍卫。又从手书知,尝继陈乃乾'室名索引'有所增补,此亦一有用之书,但不知人名索引亦兼有补纂否,尊稿不审何日可出版,当先覩为快。前年闻足下已退休,此刻不知是否已复职,想馆中必甚须足下为助也。"

另,丁宁曾致函并附赠词稿《满江红,甲申七月作》:"斫地高歌,问此曲有谁堪和。

莫认是雍门孤唱,楚湘凄些。白日荒荒魑魅喜,清谈娓娓家居破。愿鲁戈,着意振灵威,骄阳挫。繁华梦,烟云过。鸥波乐,何时可。笑鹓雏腐鼠,也言江左。竈下金鱼难作脍,盘中紫茨偏称果。賸锺山宛转向人青,遮烽火。"并识"蛰存先生教正,丁宁呈稿",钤印"丁宁小词""褱枫""昙影楼"。别有词稿《卜算子·墨菊》,钤印"丁宁""昙影填词"。

**又** 开封武慕姚(拙叟)复函:"所属之件,因次公先生论词书牍及词稿,均已不存,不克奉寄,诸乞谅之。今春末夏初,或有机缘作沪杭之游,藉遂登龙识荆之愿,亦平生快事也。"

**十六日** 按程千帆日记:午后"访蛰存及小湩均不晤"。(《程千帆全集·闲堂日记》,凤凰出版社,2023年版。以下均同)

**十七日** 按程千帆日记:午后"访蛰存"。

**二十日** 撰讫《唐诗百话·戴叔伦:七言歌行二首》。

**二十二日** 致沈雁冰(茅盾)函:"惠赐法书收到多日,事冗未即奉复,想劳念矣,歉歉。先生此纸笔势大有李北海意,可知临池之际得左右逢源之趣也。""他日有兴,尚乞再惠一小纸,专请赐款,为客座光荣。"

另,按先生自述:"我请茅公写一首唐诗,后来他给我写了一首温飞卿的《过陈琳墓》。"(复北京刘麟函,1986年12月16日)

**同日** 致周退密函:"元日承光临,初以为旬日后必当趋候,岂知内子一卧至今,使弟无法出门,尊府亦竟未来,甚以为歉。近日已请到一阿姨帮忙,天气渐暖,可以稍稍出门访友。""弟以后希望星期日不出门,最好星期三、四为访友之日,不知与兄之日程有牴牾否?本星期日已约高式熊,定上午在'四明'持取照片。"

**二十三日** 致周退密函:"昨奉一柬计达高斋,今日高式熊已来过,星期日弟不须去,恐足下届时亦诣高宅,故以奉闻。下星期何日在府,当图一晤。"

**二十四日** 下午沈从文偕夫人张兆和来先生寓所探望。

**同日** 致程应镠函:"托沈师光带来拙稿《金石百咏》一册。此册昔年送沈从文兄时没有送老兄,是不欲在上海流布,更不欲在师大圈内流布,不是对足下歧视。76年以后,稍稍送人,已只剩下6册,没有碰到老兄,故仍未奉送。今天托师光带去,了此疚意。中玉已有一本,许杰一本也还没有送,等他来时再送。"

**二十六日** 下午先生与许杰同去沈从文夫妇下榻的衡山宾馆回访。先生自述:"我到衡山饭店看了他俩[沈从文夫妇]一次,谈了二小时。"(复张香还函,1979年5

月 28 日)"

另,按巴金日记:"5 点雇车去衡山宾馆(小林同去),接从文夫妇吃饭。在电梯口见到许杰、施蛰存两位。"

**三十一日** 撰讫《唐诗百话·戴叔伦:除夜宿石头驿》。

**月内** 润改旧作《读韩偓词札记》,并交付《中华文史论丛》发表。

**是月** 先生参加由复旦大学、上海师范大学部分中文系教师组成"编写组"编写的《鲁迅年谱》(上下册),由安徽人民出版社出版。

**同月** 8 日胡士莹(宛春)在杭州逝世。30 日邓小平在中央召开的理论务虚会议上提出了"四项基本原则"。

## 四月

**二日** 致周退密函:"近日赶组织唐碑,待港中人来取。尊藏《夏日宴石淙诗》石印本,能否割爱,使弟得以送去备印,免得使弟之原拓本送出。因送去之碑,皆已作赠品也。高公[式熊]为摄影已送来,甚不恶。8 日天晴,下午定当趋候。"

**三日** 撰讫《唐诗百话·王建:乐府歌行二首》。

**十日** 撰讫《唐诗百话·王建:宫词八首》。

**同日** 赵景深致函:"前因内侄李宗为考古籍整理专业,曾写信托兄。因他初试录取,复试因口试失败。如果听话,分数比他差的,倒派了工作;他分数是 70 分以上,都没有派到职务。""因为宗为已领到准考证,准备住在我家。""杜衡还在世吗?""周妙中要编'全唐诗索引',这事也是一个有益于读者。""任中敏近获唐敦煌词千首以上,""现在北京编辑此书,快胜稿了。'璎珞'往事还记得否?"

**十六日** 先生参加傅雷追悼仪式。先生自述:"我书架上有 15 卷的《傅雷译文集》和两个版本的《傅雷家书》,都是傅敏寄赠的,还有两本旧版的《高老头》和《欧也妮·葛朗台》,是傅雷送给我的,有他的亲笔题字。我的照相册中有一张我的照片,是 1979 年 4 月 16 日在傅雷追悼会上,在赵超构送的花圈底下,沈仲章给我照的,衣襟上还有一朵黄花。这几年来,我就是默对这些东西,悼念傅雷。"(《纪念傅雷》)

**同日** 撰讫《唐诗百话·张籍:节妇吟》。

**二十一日** 陈兼与作《调寄浣溪沙·题施蛰存手选清花间词》并"题记":"舍之先生出示所选《清花间集》,高标遗韵,独具手眼,读之拜佩,作此奉题。"

**二十五日** 撰讫《唐诗百话·韩愈：山石》。

**同日** 按程千帆日记：函"蛰存，装订词稿[沈祖棻《涉江词》]"。

**二十六日** 为将旧作《读冯延巳词札记》交付发表而撰"附记"："1962—1965年间，我研读唐宋词，写了不少札记。随时随事，漫写备忘，长篇短记，芜杂凌乱。只有唐五代词部分，大略成篇。因经常引用旧书，故仍用文言写作，免得文体不纯。近来各方面索稿，愧无新著，故抄出数篇应命，向国内外同行请教，此文亦其中之一。"

**下旬** 《唐碑百选》始由香港《书谱》杂志连载发表。据吴羊璧回忆："《书谱》是一份私人办的刊物，能力非常有限。我与社里朋友们商量之后，决定先把《唐碑百选》作为一个专栏，每期刊出，以后再看情况出书。把这个想法与施先生商量，施先生欣然同意，不久把稿子的第一部分寄到。在第27期起（1979年第2期）开始连载。"（吴羊璧《唐碑书法大观》）

**同月** 上海师范大学对"文革"期间冤假错案全面复查、平反昭雪的工作，历时一年馀，全部结束。

## 五月

**二日** 按程千帆日记：得施蛰存信。

**九日** 沈从文由北京复河南崔耕函谈及："蛰存兄博学多通，系四十年老友，解放后，转治金石，亦深有会通，成就特出。"

**十日** 在香港《海洋文艺》第6卷第5期发表《李后主〈临江仙〉——北山楼读词记之一》。

**同日** 撰讫《唐诗百话·韩愈：落齿》。

**又** 应约为杭州罗浛（玉咸）所藏《集古拓册》题跋："余与玉咸先生未尝奉手，然前年曾承赐以手拓吴越小经幢，因知其有集古癖。今得见此集古拓册，汉瓦吴砖，所蓄甚富，想月夕花晨尽消磨于此矣。余亦久嗜骨董，力不能得实物，则搜罗墨本，为过门大嚼之计。展观此册，亦复快我朵颐。缀数言归之，以志古懽。"

**二十日** 在《语文学习》月刊第5期发表《盛唐五言绝句四首赏析》。

**二十一日** 乍浦许白凤致函："丁宁词稿全部托人印刷，不日即可装订成册。总数印一百本。蜡纸虽不加中线，尚可叠整齐，多费一些时间耳。封面纸已买就五张一开九，请付邮局寄来，连前买回的还不够，我处旧存尚有十大张可用。""费用记账照办,所托友人操作,请酌以酬劳可也。前《能兴集》用纸,是毛边纸十五开,开纸样子附上。蜡纸每张只能写一页,若写二页,中间所空地位不多,留天地头不像样了。近为沪友刻制数印,印样附呈,求指疵。"

二十三日　复天津张厚仁函:"Rilke 译稿我建议你先寄给北京的《世界文学》,他们不用,我再为你介绍给这里的《外国文艺》,""他们也不会重视我的介绍,因此只好请你直接向《世界文学》投稿,在信中可以提一提是我鼓励你译此书的,而且原本也是我送你的,该刊主编陈冰夷同志今年就在上海见过,他肯定会考虑你的译稿。""即使退稿,也不会使你感到侮辱。但是,我希望你再把译文读一遍,""再改一下,还要写一个小引言,记得'世文'或'外艺'上刊载过 Rilke 的作品,有过介绍,你找来看看。前些时候,在木箱中找到一本冯至译的《给青年诗人的十二封信》,今天另封寄给你看看。""等你的译文变成铅印后,我可以对比读。书名似可改为'给一个女青年的九封信'。很希望你能进入百科出版社,更希望你加紧德国文学的钻研和介绍。我近来很忙,是穷忙,不忙则更穷。"

二十八日　复张香还函:"57 年事校中已解决,市里尚未批下,或者与徐铸成同样情况,也或者我还不够他的资格。大约还得搁一搁,我也无所谓。"

二十九日　复丁言昭函:"叶灵凤虽然可以说是我朋友,但我只有和他在现代书局同事四年的关系,在这段时期以前及以后,我都不知道他的情况。""潘汉年知道他的早期情况,夏衍知道他的晚期情况,都比我知道得清楚。我在三十年代,孤立于一切文艺帮派社团之外,有许多事情,我其实并不知道,因此我不想谈三十年代文艺界的事。"(丁言昭《与施蛰存伯伯的交往点滴》)

三十日　赵家璧致函:"香港《开卷》第 4 期,刊有访诗人艾青的谈话录,其中有一段说,""'我在法国回中国的路上也写了三首诗,一首是巴黎到马赛的路上《当黎明穿上白衣的时候》;一首是在苏彝士运河,叫《阳光在远处》;另一首是在湄公河上,叫《那迹》;后来又写了《芦笛》,这些诗都在《现代》杂志上发表了。'""今天方学武、草婴两同志来看我,我替你问起关于沈静芝的近况。据方说,沈的问题已完全弄清,已'三恢复',正在对他重新安排工作中。你可写信去北京人民出版社范用同志转交。"

是月　在《语文函授通讯》第 5 期(总第 11 期)发表《高適〈燕歌行〉》。

## 六月

三日　程千帆复中山大学董每戡函谈及:"尊函已转蛰存。"

**四日** 按程千帆日记：发出施蛰存信。

**五日** 复周退密函："弟本可多出游，乃师大事虽不忙而琐碎，使弟栗碌不宁。改正事上星期始由市委批下，搁了两个月，谣言甚多，以为将'留种'矣。今终得批下，恐其中必有许多曲折，非局外人能知也。""怀枫词已在油印，加入新作，足下及北野当可得一本。《唐碑百选》第一篇已在《书谱》发表，照片还有几张在高君[式熊]处。"

**九日** 致周退密函："本想把已发表《唐碑百选》的一本《书谱》带给足下看，但此书尚流转在外，明天不能收回，而且又另外有事，故只好改期。"

**十日** 在香港《海洋文艺》第6卷第6期发表《苏东坡〈洞仙歌〉——北山楼读词记之二》。

**上旬** 先生招考中国古代文学专业硕士研究生举行考试。据周圣伟回忆："三场考试，《李太白全集》压根没派上用场。第一场考文言基础，一是标点5篇古文，二是5道古代汉语的知识题。5篇古文都是唐宋散文里的短篇，""知识题考5个虚字，要求列述它们各自的不同用途，举例语句并注明其文献出处，这题颇有难度。第二场考专业基础，50个名词解释任选40个，2.5分一题，每道题的解释限20字，超过即无分，内容除文史哲外，还涉及天文、地理、音乐、佛教等，确实在考平时的积累。第三场考专业，要求各以800字，分别述评先秦到唐末的诗歌、散文、小说发展。诚如先生所言，这考试你没法准备。这份考卷的内容、形式与要求，在后来数年被传为研究生考试的奇观美谈。"（周圣伟《报考施蛰存的研究生》）

**十六日** 复赵景深函："师大研究生卷子至昨日止尚未到齐，弟尚未见到一本，大约下星期二、三两日由阅卷小组中青年教师先看，最后由弟覆看一遍，评定甲乙，如何录取则非我所知了。""大约星期六（23）或星期日（24）可以趋候面谈，所假书札亦当携来奉还。"

**同日** 致南京程千帆一函。

**十七日** 福建涂元渠来探望，赠送《文物》1979年第5期（刊有涂元渠所作《古荔"陈紫"与"宋香"之间》）并题："蛰存吾师指正，学生涂元渠持赠。"按涂元渠日记："下午3时多，往愚园路访蛰存师，记得于1945年与之在长汀分别，这次把晤，相隔已三十四年了，倾谈近一小时后即告辞回来。"

另，据涂帆记述："父亲赴沪参加《汉语大词典》'寸'部释文五省一市审稿会议，期间拜访阔别多年的老师。"（涂帆《父亲与施蛰存先生的交往》）

**十八日** 先生收到北京闻宥17日来信，作一复函。

二十二日　汪欣生致明信片:"兹订于本月25日午前9时半,在敝寓茶叙,座中唯徐澄[宇]翁、苏钵翁[渊雷]、陈兼老[陈兼与,以下均同]及家岳母[楝霞]等,并无外客,敬请尊驾过此一聚。""恐初次路途不熟,能与兼老联袂而至,尤为方便。"

二十四日　作诗《怀丁玲诗四首》。先生自述:"'文革'中,上海盛传丁玲同志已逝世,言之凿凿,我亦信之。近日阅报,始知其依然健在,犹有续写《太阳照在桑干河上》的壮志。欣喜之馀,不免感旧,故作小诗寄怀。"(《怀丁玲诗四首》)

同日　下午先生前往龙华殡仪馆参加了"孔另境(令俊)、俞鸿模平反昭雪追悼会"。

二十五日　在《上海师范大学学报》(哲社版)第3期发表《读冯延巳词札记》。

二十七日　闻宥由北京致先生一函。

二十八日　为将戴望舒译稿《意大利短篇小说集》的两篇"导言"抄录交付发表而撰"后记":"当时许多人为郑振铎先生实现这个大计划而努力地翻译工作,这部《意大利短篇小说集》恐怕是仅存的'硕果'了。这个'硕果'在我书箱里又搁置了二十年,虽然幸而没有损失,但我一直没有办法为亡友作适当的处理。明年(1980)是望舒逝世三十周年,朋友们打算为他作纪念。最近我检出此稿,想把'万有文库'本中发表过的几篇归并进去,仍依原样印出来,用以纪念望舒,同时也用以纪念郑振铎先生,现在恐怕已无人知道他对外国文学的介绍,曾经有过这一个未完成的功绩。《意大利短篇小说集》上下卷各有一篇导言,概述了意大利短篇小说的发展历程。对于有兴趣知道一点外国文学情况的读者,也许还有些用处。"(按:后以题为《关于〈世界短篇小说大系〉》编入《文艺百话》。)

月内　据卢玮銮回忆,戴望舒夫人杨静"来港前,施先生委托她留心香港有关现代文学及古典文学出版物","于是我获得施先生的地址,寄出第一封信","并说乐意为他买书和复印所需资料。不久就收到施先生回信,信中除了开列一些需要的书刊外,他首要买的是香港出版的《中国现代抒情诗一百首》《现代中国诗选》,可见几十年大陆的文艺政策、主流意识形态,并没有冲淡他对现代诗的关注。谁料信中有一段,却给我结结实实的教训,也许该说是鼓励,如今细读,我仍感到亲切:来函最后一句'反正我是个很平凡的女教师'使我有些惊异,似乎您对自己的职位有点轻视,或者有点不满情绪,你是港大助教,即将得硕士学位,前途远大,并不平凡啊!我国现在迫切需要现代化,正在和积极从事经济和文化的国际交流,而香港正是这种交流的桥梁,你给我的帮助,已经是在负起文化交流的桥梁工作"。"本来只是身份叙述,""却引起施先生的关注,一板一眼地给我鼓励。在以后交往多了的日子中,我才明白一板一眼

说话,并不是施先生的风格,冷幽默、话中带讽、风趣、机智,才是他个性特色"。(卢玮銮《记施蛰存先生对我的指导》)

**是月** 先生与周子美一起出资重印丁宁《还轩词》油印本100册印行,书末收录先生所作"北山楼钞本跋"。

**同月** 《随笔》丛刊创刊号由广东人民出版社出版。

## 七月

**一日** 闻宥自北京致函:"副刊五纸及拙文两篇今日另邮寄出,到望查收。拙文第一篇系将未刊旧稿简化者,但似仍太沉闷,不甚合于副刊的气氛。第二篇系新写,比较轻松些,希望兄先看看,或者先寄去请他们看看是否合式。俟摸清头绪后,还可以多写一些更适用的东西。(兄所出题不易写,因必须有怪字、符号,不宜于报刊排版也。如其严肃、冗长而又多怪字之稿,别有出路,则弟尚可有以奉献。)港大闻有 *Formal of Chinese Studies*,中西文并登。不知吾兄曾见之否?师大或无此刊,上海图[书馆]大约有之。此间'学报'1978[年]第2期有《九姓回鹘毗迦可汗碑》一文,望兄一查,有用处否?""罗振玉曾以高价购得夜雨楚公钟,喜甚,遂以楚雨名其楼。后乃始知其实依宋代拓片伪制,然恐妨其鉴别之名,秘不告人。此商锡永兄往年举以告我者,兄所得拓片,大约即伪制本也。"

**同日** 冯亦代由北京致函:"我现在《读书》编辑部工作,年初曾经写信给你,请你大力支持,源源赐稿。""我想请你写关于《现代》杂志和《文饭小品》等的文章,务请拔冗一草。最近楼适夷来,知道你的情况。望舒明年逝世三十周年,京中友人总希望能做些什么纪念他。晓铃先想为他印全部的诗篇和古典文学的论文,但你知道目前做事,总不那么顺。"

另,按先生自述:"开始有'大地回春'的气象,我禁不起报刊编者的'恭维'和'敦促',意志不坚,又弄起笔头来了。三四年间,散文、杂文、论文,写了不少。"(《文艺百话·序引》)

**五日** 香港陈少棠致函:"现今香港交通发达,电话普遍,私人间书信往来很少,但公事上书信仍有其存在的必要,所以文言书信所占的势力较大。""然而所谓文言信,其实十九是文白配搭,不伦不类的东西,这个局面在香港相信短期内难有突破。从文艺上说,传世的一些汉魏六朝小简,苏黄尺牍,小仓山房尺牍较有味道。如果在这个格调上再写语体化一些,或者可以作为朋辈酬应的典范呢!""周作人先生的作品,数年前香港实用书局几乎全都翻印了,统共十多种,其中'夜读抄',我最喜欢。""年前本地出版了一本《中国近[现]代六百作家小传》,内有老师之小传。""有关'乙酉文编',我已另购有一册,无烦寄回。"

**九日** 致周退密函:"兼老处足下未去,他已将《书谱》一册送回。今日为边政平取去,下星期当趋候送兄过眼。近日阅研究生卷方毕,尚在斟酌取舍。'唐诗'久不写释,正在赓续,一时犹不得暇。张珍怀词亦甚佳,恐怕是最年轻的女词人了。"

**十日** 在香港《海洋文艺》第6卷第7期发表《法驾导引——北山楼读词记之三》。

**同日** 致张香还函:"昨日下午失迎,甚歉。本星期六上午有一个朋友的追悼会,须去龙华参加,亦不克奉候,请改在下星期一(16日)或二下午一二时惠临。""每日上午,非去师大,即伏案工作,为了争取时间,不欲招待宾客。"

**上旬** 润改诗作《怀丁玲诗四首》并撰写"注释"。先生自述:"五十年来,上海大学同学,浮沉之迹,特多变幻。上星期参加了孔令俊追悼会,报纸上又登载了张琴秋的追悼会,此二人亦当年同学。今天恐怕只有丁玲和我犹在人间。此后岁月,尚不可知,故赋此诗,以寄期望。"(《怀丁玲诗四首》)

**约在期间** 先生招考中国古代文学专业硕士研究生宣布考试成绩。据陈谦豫回忆:"他录取招收第一届研究生时,考生初步选定后,因名额限定,其中有两位只能录其一,他颇踌躇,便和我商量,该取哪位好。首先,我们认为,两位都好,情况不同的是:一位年龄已接近临界线,这次不录取,这位将永世与研究生无缘了。另一位则是青年教师,这次不取,如真有志于此,下次还可以再考。最后,他录取了前者。"(陈谦豫《风趣爽利的施蛰存先生》)

另,据周圣伟回忆:"系里管教务的徐静华老师告诉我,考得不错,三门专业课平均87.7分,专业总分位列第二。那届研究生,施先生只招五人,却有77人报考,据说其中有好几十位是大学老师或中学老师。""成绩出来后的某个周二,先生把我叫到他家,跟我说,'周圣伟,你好好跟我读几年书。'我说,嗯。暗自庆幸被先生录取了。哪知风云突变,周四上午我去见先生,他说:'你让了吧,有人比你更需要这个录取名额。你毕业留校,或者到古籍出版社去,我已经都打好招呼了。'虽然当时毕业留校算是上好的出路,但我还是深深遗憾失之交臂、未能入列先生门下。"(周圣伟《报考施蛰存的研究生》)

**十六日** 海岑(陆清源)致函:"我想还是你到师大图书馆去找他[山本]的戏剧

集,有《婴儿杀戮》那一篇的,借到后请来信告知。""复旦大学我已去信,借'皮蓝德娄戏剧集'等,有了回音,我再去。今夏天气炎热,望善自珍摄,等天气凉快了,再动笔好了。朋友从北京来,带回佳音,他说'补发'事,人大已经通过,分五年补发。"

**二十日**　撰讫《唐诗百话·韩愈：华山女》。

**中旬**　周退密书赠先生词稿《清平乐》《前调·寿迈士师八十晋九用稼轩韵》并题记:"俚句录呈无相词家匡谬。退密最近稿,己未夏。"

**二十一日**　复青海师范学院范泉函:"那块汉碑的事,不必劳您麻烦,我已有一个拓本,尽够夸傲了,承你关心,跑了几趟,甚感甚感。访碑之事,要等机会,将来你那边如有汉至唐的石刻出土,请你随时谋求拓本,只要不是老虎价钱,也不妨花一些工价纸价。你编的《文艺春秋》及其他单行本丛书,家中还有没有?"

**同日**　闻宥自北京复函:"得18日惠书,并复印本两页,极感厚谊。'清华学报'李文已承兄担印,极好。目录我已看。"

**二十五日**　写讫《怀念李白凤》:"对于白凤的死,及其坎坷的一生,我是非常感慨的。二十年来,他的锲而不舍的精神,刚毅不挠的志节,正反映了绝大多数中国知识分子,尽管在罡风淫雨之中,仍然能孤特独立,有以自振。我以为,这正是我们国家的一股元气。""二十年间,去世的老朋友不少,我都只有感慨,而没有话说。现在,我不能再保持沉默,因而借此机会,叙述我和白凤的多年交往,以及我所了解的他的一生,用此来反映中国知识分子近二十年来的景况,以白凤为例子。"

**同日**　撰写《乙夜偶谈》(形象思维)。

**又**　为译作法国路易·裴尔特朗《雅士及其他》交付发表而撰"译者记":"这里发表的八篇,代表了《夜的狡狯》中的几种风格及题材,都是十年前的译品,最近略加修饰,加了一个不算短的后记,顺便谈谈散文诗的源流。"

**二十七日**　晚上复天津张厚仁函:"出版界、文艺界近来有混乱现象,纸不够,印刷厂不够,大家抢。文艺杂志出了许多,各省市都要办自己的杂志,却没有自己的作家,于是又抢。寥寥几十个红牌作家拼命写文章,质量也低了。翻译界也类似,还有帮派门户之见,你只好慢慢打进圈子去,千万不要自己选题,搞一二十万字的大书,说不定只成为'覆瓿'之物。溧阳地震,我这儿也有震感,椅子晃了三下,挂着的一支毛笔摆动了三回。""周米达是不是你的老师?她现在才定为九级讲师,似乎还不过一百元工资,定得低了,还要在报上吹。师大已暑假,可以稍闲一个月,但下学期要带五名研究生,应该做教学准备,恐怕也不能很闲,不过可以少出门而已。"

**同日** 香港陈少棠致先生一函。

**月内** 先生自述:"我把这四首诗[《怀丁玲》]寄给一家报纸,希望发表。并附一信给编辑同志,如果不能发表,请他把此诗转给丁玲。过了一个多月,这篇稿子退回来了,同时退回了我的原信,批了一句:'丁玲地址不明。'我又把这四首诗寄给一个文艺刊物,犹如石沉大海,好久没有消息。我连发三信,总算把稿子催索回来。"(《〈怀丁玲诗四首〉附记》)

**是月** 香港友联出版社有限公司出版夏志清原著、刘绍铭等译《中国现代小说史》中译繁体字横排版,书内提及:"早期的《小说月报》只有十数个固定的投稿者,但是到了1928年却网罗了当时所有知名的小说作家:茅盾(即沈雁冰)、老舍、施蛰存、沈从文、巴金以及丁玲,这些作家大都在'月报'上刊载过他们的作品后成了名。""自《小说月报》于1932年停刊之后,在上海又出现一本文学月刊,俨然是《小说月报》的适当继承者,这就是《现代》杂志。《现代》杂志网罗了当时所有著名的小说家,如张天翼、茅盾、沈从文、老舍、巴金、王鲁彦等。它还刊载了一些著名诗人的作品,例如从法国留学归来的戴望舒,他运用法国象征诗当然韵律和比喻还算出色。该杂志主编施蛰存本人,就是一位著名的小说家,他在《将军底头》和《石秀》等小说里,对著名历史人物和传奇性人物的性苦闷和性冲动,作弗洛伊德式的研究。在他的明智的编辑方针下(他撰稿的原则是非常折衷性的),《现代》杂志对促进政治独立的严肃文学,有很大的贡献。可是后来在革命作家不断攻击下,迫得在1934年停刊。此后,施蛰存又编了两份杂志,都相当能够迎合逐渐增长的对小品文的需求,不过这两份杂志的寿命都很短。这个时候,他写小说已少有新意,用哀愁笔调和讥刺的方法去描写当代生活,而不再是个用弗洛伊德的学说,去探索潜意识领域的浪漫主义者了。施蛰存没有发挥其潜力,抗战期间,他发表的创作较少,已不受重视。""施蛰存对潜意识探寻的成果,都在他的几个历史故事中表现出来,相当有新意,可是他的小说,一回到现代生活时,只记述城市生活的无聊和烦恼,除了表面所见外,别无深意。"

## 八月

**四日** 王西彦致函:"丛刊第二集开始刊载黄药眠札记,第三集起将连载我的《书和生活》。编者来信,再三要我向兄约稿。上次兄已答应为它写诗话,希望最近就能给他们一组。稿可寄我代转,也可直接寄:广州[东]人民出版社《随笔》编辑组苏晨同志。我极盼兄能把所写诗话先交《随笔》发表,随后即在他们那里出单行本。兄多年来精研唐宋诗,正好把心得写成短篇札记,出个集子,供知音者共赏。"

另,按先生自述:"我恢复了笔耕生活,写了不少零星文字,大多是被报刊编辑催促出来的。"(《沙上的脚迹·序》)

**同日** 闻有自北京复函:"拙稿兹寄上两篇,其中'诗索'一文,虽所论非现实问题,但是否值得寄出,亦望考虑,因系旧稿,姑以奉寄,不求必发也。""有空床,如足下愿枉顾,极欢迎。惟目下院中正盖屋,道路崎岖。""如兄9月后来,则暖气事或者已了。""此间离城远,交通不便,亦一缺点,惟到颐和园极方便。"

**九日** 作诗《短句一章奉酬竹园仁兄》。

**上旬** 上海图书馆萧斌如来访。据萧斌如回忆:"我正负责编纂《中国近代现代丛书目录》,施先生得知这一消息后,托赵家璧先生转我一信,信中大意是:对丛书目录的编辑甚为高兴,正符合吾多年愿望,如需要本人帮忙的话,一定效劳。我就是带着这封信,冒昧登门造访的。""先生把我引进一间10平方米左右的亭子间。""中间一张小方桌上堆满了书籍,另就是一张咫尺宽的单人床,其他似乎再无馀物。我刚准备在房门边上的一只'凳子'上落座。施先生急忙上前阻拦,请我到对面的一张靠背椅上就坐,而他却在那'凳子'上兀自坐下了。后来,我才发现原来那只'凳子'是一个抽水马桶!上面铺了一块板。""非常耐心、亲切地与我讲述中国丛书的特征,古典文献丛书和近代丛书的区别,还详尽传授了他自己以往编'中国文学珍本丛书'等各种文艺丛书的经验。这天,我们整整畅谈了一整个下午。"(萧斌如《施蛰存"打工"记》)

**十二日** 珠江电影制片厂洪遒致函:"碑拓[《唐碑百选》]照片一盒,已由咏素托人带到。昨日托交此间一个机构,觅便带出去给羊璧。"

**同日** 晚上赵清阁致函:"您称我'大姊',我不敢当,我称你大兄,又觉俗气,考虑之下,决定从简,省点笔墨。剧本才改完,难得今天出去看了一场墨西哥影片,不想你来了。""晶清亦未见过,找个时间,一起聊聊。咏素来过,据云参加写《李达的儿子》。"

**十四日** 撰写《乙夜偶谈》(宗教艺术):"几个朋友在一起,谈到新出版的一些画集。随手从书架上抽出一册,里边有几幅文艺复兴时代的意大利名画,画的都是圣经故事。朋友甲翻了一遍,皱着眉头说……"

**十六日** 《文汇报》刊载《探讨中学语文教学规律》:"上海师大二附中最近召开中学语文教学讨论会,出席会议的有北京、天津、上海、吉林、山东、山西、江苏、安徽、浙江、福建、广东等省市的一些语文教师、语文教学工作者,以及有关部门的同志等一百馀人。""上海师大校长刘佛年教授、中文系副主任徐中玉教授、古籍整理组叶百丰教授、中文系施蛰存教授……等,对语文教学发表了很好的意见。"

**同日** 程千帆复函:"'唐碑选'能在港印出,大是胜缘。此间友人读《金石百咏》者,皆无不以为相知不尽,甚冀更读其所未见也。""《涉江词》抄本仍乞费神托工装订,其油印本已竣事,正作最后校改,九月中当可奉教也。"

**十八日** 开封武慕姚(拙叟)复函:"昨由杨君华松送来丹阳佳酿一瓶,并悉起居佳胜,且喜且愧。拙于去岁六月间与[李]白凤同时病倒,而凤兄竟而作古。拙卧床二十馀日始克好转。今年初夏作青岛、北京之游,往返一月,行程五千馀里。八十耄龄作此壮游,亦幸事也。不意六月初又复卧病月馀,几致危殆,多方维护,又复脱险。"

**二十五日** 撰讫《唐诗百话·刘禹锡:竹枝词九首》。

**同日** 复谭正璧函:"欣悉兄已入文史馆,此事在弟预料中,亦可谓适当安排。'古籍'不属编制,终非正式人员。文史馆虽是养老机构,却是正式的统战对象,弟以为比'古籍'为妥。去年儿子走后,火炉一直未拆,恐怕他年底又来。""一个暑假,并不空闲,想去问候兄,亦竟未成事。希望下星期可以趋候,有许多事要待面谈也。"

**二十六日** 按程千帆日记:"昨得蛰存信。"

**二十九日** 复周退密函:"大作'台城路'前日方送来,""弟七月间推敲一二周,还了一些诗文债,后此便搁起韵本,一意作《唐诗串讲》,至今尚未成书。长调词从来未做过,承邀奉和,岂可方命,但此刻已结束吟兴,须待他日灵感来时,方能勉强凑成一阕。""北野惠寄讲学诸诗,嘱题诗亦未克报命,见时请为致意。此间已开学,研究生五名下月七日报到,明日起非准备教材教法不可。""《阳三老食堂记》弟亦有之,碑拓近来大贵,'黑老虎'已升格为'黑狮子'矣。西安碑林新拓《圣教序》售价五百元。《成都诸葛武侯祠堂记》(柳公绰书)拓本售五十元,曲阜汉碑每纸三百元,如此则弟已成富翁矣,可叹。"

**三十日** 复香港中文大学卢玮銮函:"《现代中国诗选》二册全,只是《抒情诗一百首》只有一册,少了一册,邮包已破裂。""《现代中国诗选》承张女士慨赠,非常感激。""您给我复印的文件有二百页之多,一定花了不少钱、不少时间。杨静来信说您坚不收款,此事使我很难过。""你有什么需要,在国内能办到的,请告诉我,我给你效劳。""近几个月来,看到一些港中出版物,非左即右,很少客观的,而美国出版的几本中国现代文学史、小说史,倒比较持中。近来国内文风有些转移,对三十年代文学的观点,已放宽了尺度,倾向于艺术标准了。我看到一本1971年出版的日本版《唐诗鉴赏辞典》,有好几处强调'法家',似乎也很受'四人帮'影响,不知他们现在对此书如何评价。你拟定的那个研究题目极好,你有条件可以进行探索。当时香港文艺协会的会员名单你找到了没有?先要查一查那一段时期有多少人在香港,至于你的研究目的,我以为,'活动'容易写,'影响'则较难。总的态度则应站在本港人的立场上作客观叙述为稳重。下月,我将给《海洋文艺》寄一篇稿去,有些资料可以供您参考。"

**下旬** 访徐澄宇并持赠《还轩词》油印本。徐澄宇应邀作诗《题丁女士还轩词稿》:"霜绣芙蓉雪蕴梅,凄神寒骨冷琼瑰。衣裳金缕秋风碎,函札瑶珰夜月回。宝篆青灯原是梦,冰花明镜本无台。却怜旷劫三吴地,犹剩销红咏絮才。"又作诗《调蛰翁》:"向日碑林探奇手,今来词海觅残丛。最难东越施夫子,犹见精神意致隆。销红刻翠声家事,漱玉疏香曲子伦。若论评章清丽句,未妨缛绮杂芳馨。"

**月内** 正式筹办《词学》集刊。先生自述:"由于这个计划不是一开始就有把握,我们不敢公开对外征稿。几个月来,只是向少数熟悉的师友请求支援。"(《〈词学〉第1辑"编辑后记"》)

## 九月

**七日** 先生招收上海师范大学中国古代文学专业硕士研究生五名,有严寿澂、陈文华、赵昌平、黄明、余为(李宗为),具体指导研究唐代文学专业。

另,据严寿澂回忆:"蛰存师博学多才,豁达大度,教学生重在打好基础,研究什么,则随性之所近,不作强求。入学之初,他即建议我们修习史存直先生的'音韵学',同时拿出自己收藏的民国时商务印书馆排印的数种宋人笔记,学生一人一本,可以在书上标点,提高阅读文言能力。"(刘荣《立理限事还是通以变成——华人学者严寿澂教授船山学研究访谈》)

**十日** 撰写《乙夜偶谈》(旧书店):"解放以来,我对旧社会的一切事物,毫无留恋。不但今天毫无留恋,就是在1950年,已经毫无留恋了。我既非地主,亦非老板;家无一椽之屋,瓮无五斗之粟;生活在任何制度的社会里,反正一模一样。因此,我可以轻松愉快地走入社会主义社会,而毫无留恋。""虽然我留恋的是旧社会里的旧书店,似乎也并不意味着留恋旧社会。""下午四点钟,下班出来,逛一条马路的旧书店,足够我消磨三小时。到七点钟回家吃晚饭,总有两三本书迫不及待地在电车上翻阅。""如今,上海只有一家古旧书店和一家新旧书店。西谛先生要的书,绝不上架,属于内部之内部,专供应单位和首长的。阿英兄要的书,也不会上架,上了架太不像样,只配送到纸厂里去做卫生纸。"

**十一日** 陆维钊由杭州致函:"弟在杭一直留心旧家出售拓本等,以杭人少藏家,故迄今未得以如愿。近有一家仍系开旧书铺者,""都被抄去,所剩无几,奇货可居,殊怕问讯。碑帖拓本有少见者,书籍如明版插图《西厢记》《红梨记》《吴骚合编续集》等,皆少见也。家中书札甚多,若崔永安、潘飞声、吴士鉴、周庆云等约数百通,前曾欲售,近不知如何?其人又有印屏八张,弟看是十六金符斋故物,甚可贵也。惟金文拓本不多,未必能符吾兄所望耳。关于《清词钞》,当时弟所见词家约五千种,以其中有太幼稚者,故入选之词约居三分之二,其他不得已而割爱,初稿一百七十馀册。惜太平洋事起,香港沦陷,遂致不可复问。当时有非清人不录、生存人不录等例,故能词者有遗殊之憾。弟今拟为《前清词钞续编》,以补此憾。从今以后字音改变者甚多,而作家也少,或真可告一段落矣。(兄及友人之能词者可抄示若干)同时,弟拟写一文,名'《前清词钞》成书始末记',以为纪念。其他叶遐庵曾与弟书也可整理。""姑俟到沪时面商。当时在沪商讨词抄者有廖忏庵、夏剑丞、吴梅生、林子有、仇述庵诸丈,或系面谈或系通信,及今思之恍然如梦矣。当时藏词之人,以林子有为最富,弟所见者大都为林氏所藏。惟林丈故后,逐渐散失,今不知下落。林丈有词辑甚富,其稿藏上海图书馆,惜为原始材料,未加核对,恐错误不少,今想亦无人过问矣。企罗此次北去后,自谓将隔一时再来,不知近况如何。弟托其致函向达夫人,向夫人未有消息。有一事不知兄记得否,即辛亥革命左右,上海出一本杂志,其艺文一栏为松江雷补桐(缙)所担任总编辑。其时普照寺新修二陆草堂,由耿伯齐主持,堂成,耿伯齐为诗纪念,大批松江名人都有唱和。其时我的祖父(陆勋,号少云)也和七律四首,皆登在这本杂志上。如果兄有办法借到这本杂志,可以看见当时松江文坛的情况。"

**十五日** 程千帆由南京复函:"由子罝[孙望]转来手札,又七、九两日书及《还轩词》均收到。还轩、炼[鍊]霞两君处,均即遵示将书寄去。惟此次所印,词为五百册,诗则四百册,又诗中多涉亲友,虽不能文,亦须寄作纪念,故鍊霞处仅寄词稿。其他尚有何人当寄,幸示及之。""退密已有书来,并闻。"

**十七日** 撰讫《乙夜偶谈》(古代旅行):"抗战八年,给我以很好的机会,使我在大后方获得多次古代旅行的经验。""不论是骑马、乘船或徒步,每一次旅行都引起我一些感情。我也做过几十首诗,自己读一遍,觉得颇有唐宋人的风格和情调,因为我的行旅之感和古人一致了。"

**十八日** 郑逸梅致函:"日前曾上一函,请设法代购'师大学报'自第一期至第三期各三册,未知能购得否。购得后,祈见告,俾得取领。"

二十一日　先生致北京闻宥一函。

二十二日　夏承焘由北京复函:"重兴《词学季刊》,弟甚赞同,甚望能早日就绪出书。弟体多病,必努力投稿。并请转告圭璋先生,望一同努力,为先生张目。至主编一席,弟近病废,不能胜任,望先生垂谅。何日开始征稿,弟当在京为先生'呐喊',必不退后! 何日开始征稿,当即呈寄小稿,京中友朋即嘱无闻［吴闻］发函。如承先生开贵友住址,见示尤感。师大学报顷未到。""另函寄奉拙著'论词绝句'［夏承焘著、吴无闻注《瞿髯论词绝句》］一册。"

另,按先生自述:"我计划创办《词学》专刊,首先向夏承焘先生请求帮助,并请他赐稿,先生复函,热烈赞襄我的计划。他同意担任《词学》的编委和主编,并且说:近年来没有新著论文可供《词学》发表,但有数十年日记,都与词事有关,可以付《词学》刊载。我得信大喜,立即函请师母吴闻夫人陆续抄惠日记,以《天风阁学词日记》的标题在《词学》创刊号上开始按期连载。"(《十年治学方法实录》)

同日　按程千帆日记:得蛰存信。

二十三日　按程千帆日记:"复蛰存信,转去圭璋信。"

二十七日　按程千帆日记:得施蛰存信。

二十八日　应邀出席百花文艺出版社谢大光、石英为创办《散文》月刊而在上海师大中文系召开的组稿座谈会。据谢大光回忆:"几位资深教授,徐中玉、许杰等先后发表了热情中肯的意见,坐在人后面毫不起眼的一位老先生,见没有人再发言了,慢条斯理地说:'我说两句吧。'他说,办刊物第一期就要把握准方向,不要偏,不能搞得太杂;版面不要太挤,天头留得大一些,适当加些装饰;占两页的短文,尽量不要转页,想办法排在一起。如果需要,他可以先写一篇《宋人题跋》,以后陆续再写,编辑部也可以出题目。我小声问赵丽宏,这位老先生是谁? 丽宏说施蛰存你不认识! 三十年代办刊物很有名的。我心里话,怪不得呢,说出话来句句在行。没过多久,施先生专门写来一篇《回顾与前瞻》,就中外散文的源流与现状,发表了个人看法,文章与他的谈话一样,随意又切实。"(谢大光《一个有趣的灵魂》)

同日　南京唐圭璋复先生一函。

另,为筹备创办《词学》集刊,多次致函求助于南京唐圭璋。先生自述:"承其不弃,多所指导。"(《挽圭璋先生联·题记》)

下旬　陆维钊自杭州复函:"今日又收到《还轩词存》一册,""《涉江词稿》也由千帆兄寄到。弟与子苾为前后同学,""今见全豹,方知汪先生之特别重视,有由来也。"

因之弟现成《水龙吟》一首[按：见《庄徽室文存·卷十》]，以表哀悼。""你说'词学季刊'酝酿恢复，如果需要稿子，我这里有一些可备照片，或写些短文，以付雅意。""香港《书谱》今年第四期，想兄处必已见到。其中鲜于伯机'千字文'，弟再三看过，认为伪品，不知兄意如何？如果同意，兄可去信点出。""因兄有《唐碑百选》，港中人信仰较高，或可促其注意耳。"

**约在期间** 按先生自述："夏威夷大学的马幼垣教授，来函嘱我收集[戴望舒抗战时期在香港编《星岛日报·俗文学》周刊]全份。我从赵景深、谭正璧处，凑合我自己所藏，居然得以配全。马幼垣教授曾编了一份目录，由香港大学冯平山图书馆印行传布。"(《诗人身后事》)

**同月** 13日钟泰在南京病逝。上海人民出版社创办《书林》杂志。

## 十月

**一日** 按程千帆日记：得施蛰存信。

**三日** 复广东人民出版社《随笔》编辑组苏晨函："当时因想凑几段拙文同时寄呈，故未即奉复，岂知搁到今天，已托西彦兄转达下忱，想必已知弟之情况。今日另封寄上拙文四篇加一'小引'。""《随笔》二期似乎有点科学化，文史化。我给你写点书话散文，帮你冲淡一下前二期的色彩，不知尊意云何？"

**五日** 中秋节。复徐州师范学院王进珊函："惠赐大作《晴雯》[四幕九场昆剧，油印本]已妥收。""弟对戏曲，十足外行，对尊作无意见可提。不过要请教二事：1. 既曰昆剧，""而效话剧之分幕分场？2. 曲词是旧有抑足下新作，弟看有旧有新，如果都是新作，则'老虔婆'之类似应改变从新。""又第一曲(页2)'可怜风月债难偿'不押韵，如将'偿'字改为'酬'字，即可与'流'协，然上半支'散'与'尽'亦不协，何故？P9'这些时……泪痕悄'，此'悄'字很怪，有误否？P43'夭寿多自诽谤生'，'夭寿'此处是复词偏义，在曲文中，此种修辞不妥，似乎应改一个'夭'的复词；此'自'字是否必用仄声？否则应改作'从'字，作为诗句，便谐合了，又此曲无调名，是否仍是'意不尽'？拉杂书读后感。""见吴奔星乞代问候。"

另，据吴敢记述："关于先师昆曲剧作《晴雯》的讨论，已是曲家文献。"(吴敢《先师王进珊先生的学术交往》)

**七日** 撰讫《唐诗百话·李颀：听董大弹胡笳声兼语弄寄房给事》。先生自述：

"信心有了裂纹,胆就怯了。写作的速度也因此而缓慢下来。到1979年10月,才写成六十篇。但是只讲到刘禹锡的诗,还有许多中唐诗人没有讲到。晚唐诗更是还远呢。看来这六十篇也还编不成书。于是把成稿搁置在架上,打算一边续写,一边修改,把内容扩大为一百篇。"(《唐诗百话·序引》)

**同日** 程千帆致刘永济(弘度)女儿刘茂舒函谈及:"弘度先生的遗著出版事宜,一直搁在我心上,""上海友人想恢复'词学季刊'[尚在筹备中的《词学》集刊,以下均同],词及词论,可以在该刊发表。"

**九日** 复天津张厚仁函:"我的一本《给青年诗人的十二封信》竟成为难得之书,连北图也没有,真是大出意外。""可见十多年来,旧书散失殆尽了。Kafka已有人介绍,Rilke还在禁中,亦可见思想还没有解放,还得等一个时候。前天正和徐震堮兄谈起Jacobson,我们都想译过此人著作,今天你来信提起,大有缘分。短篇只有六个,我译过一个,大约是《牧人之笛》,是四十年前所译,手头已无存稿,你不妨译出来交'百花'去印,他们出的小型文艺书装帧很美,'尼尔·律内'我没有英译,但 *Marie Grubbe* 却还有一个英译本,如你高兴译,我可以用英译本参校。""我包带五个研究生,实在是苦事,外加文债多,一日工作十几个小时,也只好拼老命。"

**十日** 译作法国路易·裴尔特朗《雅士及其它》(雅士、水上黄昏、安利该、蒙巴松夫人、月光、鲍业乔神父、我的曾祖父、大钟下的轮舞)并"后记"刊于香港《海洋文艺》杂志第6卷第10期。

**十四日** 钱歌川由美国致上海友人函谈及:"别来四十四年,最近从施蛰存兄处获知尊址,又在纽约爱国报纸上拜读《节日随想》,使我不免往事萦怀,急于提起笔来写这通邮简,以当青鸟,代传积愫。"(徐重庆《钱歌川曾想落叶归根》)

**十八日** 撰讫《织云楼诗合刻·小记》:"读《[中华]文史论丛》第7辑载陈寅恪先生《论再生缘》,知陈氏未见《织云楼诗合刻》,故于若干问题未能解决,或未能证实。据陈氏所引有关此书著录,皆失实。然则此书全帙,似乎流传甚罕。""四十年来,经历战乱,屡更迁徙,此书幸犹在箧中。原装上下二册,已为旧藏者合订为一册,蛀烂弥甚。余未尝重视之,仍其旧状,未加装治。""因读陈寅恪文,从集中录此数事,为陈氏文拾遗补证,惜陈先生不及见矣。"

**同日** 封尊五(耐公)致函:"日前趋教,获益殊多。敝事谬承允为接洽,倘或有成,感荷弥深矣。兹奉呈字样两张,不知可用否,笔墨久荒,手生荆棘,尚祈指正。"(按:市肆影件,似为本年,为留存先生与簧进斋后人交往,录此俟考。)

**二十一日** 闻有自北京复函:"兄不日可来京,甚为欣慰。""我不需要在沪带东西,厚意甚感。兄开会后务望贤伉俪来此小住。""距校大门较远,初次来不甚好找。弟对门208号为《超人》作者[冰心]夫妇所居,吾兄在会上会见到她,可以询其详也。"

**二十七日** 复河南崔耕函:"承赐《少林寺碑刻选》,""此本印得甚好,人家都在印彝器文物,你们却印石刻,我尤其赞成,钦佩卓识,如果将来再编一本《河南汉碑图录》(不要选本),当有更高的评价。此本如果能附一个英日文说明,可以外销,必能获得国际声誉。我的《唐碑百选》,已在香港《书谱》双月刊每期刊载一碑。"

**同日** 下午先生乘13次京沪列车赴北京参加中国文学艺术工作者第四次代表大会和中国作家协会第三次会员代表大会。

**二十八日** 午时先生抵达北京站,会务组派车接至国谊宾馆(国务院第一招待所),入住621室,与师陀、钱谷融同宿。

**二十九日** 休会。先生"入城访同乡及亲戚"。

**三十日** 上午在人民大会堂开预备会,通过主席团名单、大会日程。下午先生在人民大会堂出席文代会开幕式,茅盾致开幕词,邓小平代表中共中央、国务院在会上致祝词,工、青、妇、军、教育部来宾致祝词。

另,按先生自述:"在人民大会堂见到了凤子,彼此都老了。匆匆一谈,知道她在五十年代编过几期《戏剧》月刊,也无法有所建树。在十年浩劫中,她亏得有一个洋丈夫,总算没有多大灾难,不过对话剧的兴趣早已烟消云散了。"(《悼念凤子》)"见到了许多面目全非的老朋友,还有不少未见过面的老神交。只有我所怀念的画家,还有好些人不知下落。"(《怀念几个画家》)

**三十一日** 下午先生在招待所会议室参加分组讨论。

**是月** 在《中华文史论丛》1979年第4辑发表《读韩偓词札记》。

**又** 上海教育出版社出版由北京大学、北京师范大学、北京师范学院中文系中国现当代文学教研室联合编选《中国现代文学史参考资料·短篇小说选》(第三册),收录其作《将军底头》。

## 十一月

**一日** 上午先生参加上海代表团讨论。下午前往人民大会堂出席大会,先为被林彪、"四人帮"迫害逝世和身后遭受诬陷的作家、艺术家们致哀;听取周扬作的题为《继往开来,繁荣社会主义新时期的文艺》主题报告。

另,据郭风回忆:"同坐在一辆华东区代表所共用的大面包车上,与他座位很近,有了简短的交谈。其时,蛰存先生已用了助听器。也从这次见面后,与他有数次通信。"(郭风《记施蛰存先生》)还曾问起阿左林的卒年,随后各离北京,"施蛰存认真而守信",不久就写来一信,附寄上"文笔很漂亮"的《阿左林小传》,小传后还写了"附白"。(郭风《关于阿左林》)

**二日** 全天在招待所会议室参加分组讨论。

**三日** 上午继续参加分组讨论。下午在人民大会堂出席大会,听取茅盾"解放思想,发扬文艺民主"、傅钟"深入批判'纪要',繁荣文艺创作"的发言,以及阳翰笙作的"中国文联会务工作报告"。

**四日** 上午在西苑饭店礼堂出席中国作家协会第三次会员代表大会预备会和开幕式,下午听取白桦、萧三、徐迟、王蒙等的大会发言。

**同日** 作诗《第四次文代会堂口占》并撰写"题记":"重到京华,出席第四次文代会,在人民大会堂、西苑饭店,欣遇故旧。执手相看,同庆浩劫余生,居然犹得见桑田盛世。从此乾坤大定,'天行健,君子以自强不息'(《易经》)。海内同文,笔健身健,奋发自强,歌颂新时期总任务,文苑繁荣,已见气象。然则二十年不相闻问,亦只是小别而已。口占小诗,以志悲喜。"

**五日** 上午在西苑饭店礼堂听取作协大会发言。下午在招待所会议室参加分组讨论作协章程。

**六日** 休会。先生参加会议组织游览香山、碧云寺的活动。

**七日** 上午听取作协大会发言。下午休会,先生访友。

**八日** 听取丁玲、陈登科等大会发言。下午出席对外翻译出版公司的茶话会。

**九日** 上午参加作协分组讨论。下午听取作协大会发言。

**十日** 上午继续听取作协大会发言,参加瞻仰毛主席纪念堂。下午出席"通过章程,选举作协理事"的会议。晚上撰讫《唐诗百话·李冶:寄校书七兄》。

**同日** 在香港《海洋文艺》第6卷第11期发表《后唐庄宗〈如梦令〉——北山楼读词记之四》。

**十一日** 上午在西苑饭店礼堂出席中国作家协会第三次会员代表大会闭幕式,周扬讲话,巴金致闭幕词。下午休会,先生继续访友。

**十二日** 上午参加分组讨论文联章程。下午休会。

**十三日** 上午在人民大会堂听取钱学森所作的报告。下午休会,仍访友。先生自述:"在北京谢国桢先生书斋里见到茂陵(汉武帝墓)出土瓦当十馀种的拓片,都是以前没有见过的,每块的文字也未见过著录。"(致崔耕函,1980年3月5日)

**十四日** 上午参加分组讨论。下午在西苑会议楼出席鲁迅研究学会成立大会,会议通过了章程,并选举领导机构成员。

**十五日** 上午在人民大会堂参加选举文联理事的会议。下午应邀在西苑饭店出席《翻译通讯》编辑部召开的座谈会,讨论翻译工作如何为"四化"贡献力量的问题。

**同日** 晚上复上海图书馆萧斌如函"关于《近现代丛书目录》的一点意见":"我自己所编的几种文艺丛书,如'水沫丛书'、'萤火丛书'、'彳亍丛书'等,虽已列入,但书目也未全,由此看来,一定有许多还可以增补的条目。等我回上海后,当为收集一些我所知道的资料,提供采录。"

**十六日** 上午在人民大会堂参加通过文联章程、公布选举结果的会议。下午出席文代会闭幕式,夏衍致闭幕词,华国锋主席等国家领导人在摄影厅接见与会代表并合影。出席在人民大会堂宴会厅的茶话会,会上华国锋主席、胡耀邦同志作讲话。

**同日** 诗作《第四次文代会堂口占》刊于《光明日报》。

**十七日** 上午先生在西苑饭店礼堂参加冯雪峰追悼会。

**十八日** 下午乘坐45次列车离开北京。翌日上午回到上海。

**二十一日** 复谭正璧函:"大会文件不代领,弟一到即将兄之信送交办事组,并申明要代领一切文件,但他们并不送来。因一切文件皆由小组办事人(一个青年作家)每日分到房间里,故他按人数去领取。此次发简报一百二十馀份,没有人拿全份的,人人都缺少一二十份。闻赵景深书面发言印出,弟亦未收到。请兄即日函文联办事组询问,当初通知上本来说未出席者亦有一切纪念品(一本手册,一支原子笔,一枚徽章)及文件,想必他们为上海未出席者带来了。""本星期不劳枉驾,弟实忙不过来。积压来信四十馀封,作复亦须三五天,还有校中事。下星期四、五可访兄详谈。"

**同日** 诗作《金石百咏》在香港《大公报·艺林》连载全部结束,凡二十期。

**二十二日** 复香港吴羊璧函:"《鲜于璜碑》亦已寄到,""碑价请在我存款中扣除,不劳赠送。陈少棠先生实在太客气,万一再不肯收下,只好领情,但我不敢再请他代买书刊了。'百选'先在《书谱》发表也很好,单行本事且待将来看情况,全稿已经交给您,总比在我这里更有希望。""我的听觉并未完全失去,对方讲话声音大些,我不用助听器也还能听清。""如果我存在你处的钱够用,就请你代买一个500—600元港纸的,总比我现在用的一个日本货(200港币)好得多。""尊大人处另有信去。"

**同日** 夏承焘(吴闻代笔)由北京致函:"首都握别,想大驾已安返春申。兹介绍老友张璋同志造访。张同志是一机部机械科学研究院的院长兼党委书记,雅好词学,收藏词籍颇多,著有'隋唐五代词'和'词书书目'等,将来可在'词学'季刊上发表。'词学'季刊诸事,亦可与张同志磋商。"

**下旬** 据孙琴安回忆:"在编撰《唐人七绝选》,遇有疑难之处,我常向他请教。所巧的是,施先生当时一边上课,一边正在撰写《唐诗百话》,其中有些内容,如高适的《燕歌行》,李白的《蜀道难》等,他也就直接在课堂上向学生讲起来。""初冬的晚上,买了几斤橘子,来到施先生家聊天,顺便向他请教唐诗注释中的疑难问题。他也不客气,和我一边剥橘子吃,一边和我海阔天空地聊起来。亭子间的灯光很暗,他的嗓门却很大,""问我搞注释主要查阅哪些工具书,我说:'一般主要有《辞源》《辞海》,张相的《诗词曲语词汇释》等,但总觉得不够用。'""他说:'除了这些书以外,你还不妨去查阅《太平御览》《初学记》《册府元龟》《太平广记》等,这样搞出来的注释更准确,资料也较原始,比较可靠。'遵照他的意见,我后来搞注释,干脆就直接去查《太平御览》之类的大型类书,再从这些类书提供的线索,去核对原著,这样一来,果然非常奏效。"(孙琴安《记施蛰存先生》)

**是月** 上海教育出版社出版由北京大学、北京师范大学、北京师范学院中文系中国现当代文学教研室联合编选《中国现代文学史参考资料·文学运动史料选》(第四册),收录其作《文学之贫困》。

**又** 香港中流出版社印行《名家文学作品选》,收录其作《小铅兵》《桃园》《村市》《新年》。

## 十二月

**五日** 在《上海师大校报》第21期发表《出席第四次文代会日记》并"跋记":"出席第四次文代会回来,有许多朋友、同学要知道大会情况,故将简要的日记交校刊发表,以代口述。"

**同日** 复周退密函:"足下久不作汉隶,以何因缘,忽然触发兴趣。此纸甚佳,可谓娟净,惟以汉人标格论,似不够苍老。此是足下性格关系,足下一切字皆能秀不能劲也,谬论如是。""游归来,想不到要做许多报告,开许多座谈会,栗碌旬日,方告结束。本周起继续为研究生授课。"

**六日** 程千帆由南京致函:"[徐]中玉来宁道故,备知近状佳胜,且三十年代次神之祸,亦得略事祓除,为可喜也。今托师大理论组潘以骥带上《涉江词》弟抄本。此本去岁由及门数人拆开分抄,""且原来纸质不好,因想请兄转商上图老师傅做一袍套。""想将来送给上图或南图(另有祖棻手稿一册,亦拟如此),条件是当作善本,不公开借出。如此办,妥否?并希赐告。"

**十四日**　先生复南京程千帆一函。

**十六日**　程千帆致刘永济(弘度)女儿刘茂舒、女婿皮公亮函谈及:"现接'词学季刊'负责人上海师大教授施蛰存先生来函,想将《诵帚堪词论》全文,先在'季刊'登载,不知你们意见如何?我的想法是:1. 如将'词论'全文刊载,恐要先商得'古籍出版社'同意。2. 可将原在《读书通讯》[1941年]上连载过的《诵帚词筏》交给'季刊'。3. 将词集的副本也交给他们,择录发表。4. 寄点照片、词稿的复制本去作插图。"

**同日**　程千帆复函:"词刊弟全力支持,1. 已函刘夫之女及婿,询其是否同意在词刊发表'词论',""如不同意,则请将《诵帚词筏》交出发表,'词筏'即'词论'之压缩本。""2. 旭翁书札百馀封,荡然不存;今将其《唐宋词选识语》寄上。此系汪先生所授'词选'讲义中所加按语,子苾手录。兄可抄副,并汰其完全直录注志,不下己意者,""兄可加一跋,略序由来。又其《词学通论》一卷,弟所藏本在黄荪兄处,""兄可索观,似亦可发表。""3. 尹默、旭初二翁专集,弟前已言之,惟应得要人抄之。""子苾《宋词赏析》已排好,在校样中,其有关词学论著,大多在内,恐来不及登词刊矣。大概弟藏已故诸老零星遗墨,或还有许多照片可拍,容再清理。""另有季刚、旭初二师批注周词,所用唐诗数十条,在托人整理中,将来奉上。"

**二十三日**　应徐州师范学院《中国现代作家传略》编写组约稿而撰"本人简历",后题为《施蛰存自传》发表。

**同日**　为周煦良所藏《王行满圣教序》题跋:"余选录唐碑,欲求此本,久不可致,舟斋仁兄出其秘藏,因得假观。"

**又**　应李宝森夫妇之邀题跋:"廿四番风献岁华,玉台诗画足生涯;扫眉妙笔闲脂粉,点染江南并蒂花。奉题宝森先生、海秀夫人江南花讯图本,己未仲冬云间施舍。"钤印"白头歌尽明月""北山楼""施舍蛰存"。

**又**　晚上致《文汇报·笔会》徐开垒函:"在京时始得识面,甚以为幸。昨日为里弄黑板报作了五首新年颂诗,今寄奉复写本,请教正。不知文汇报能录用否?"

**二十四日**　邵修青致函。按程千帆日记:得蛰存信。

**二十六日**　夏承焘由北京复函:"大教先后已奉悉。《词学》季刊复刊号何时能出版?""兹寄奉周笃文同志《暖笙杂考》一篇,请审阅。"

另,夏承焘书赠:"前路千峰不肯晴,夕阳好处是归程。偶然过水如遗世,会得看山不问名。三日别,万重青。自家邱壑寂多情。不因踏得芒鞋破,那肯安心住二灵。自显胜门归灵岩,作《鹧鸪天》小词。录求蛰存先生教正,夏承焘俶稿。"钤印"夏臞禅"。

**二十七日** 骆寒超等自杭州来访。据骆寒超回忆:"当施先生向我们介绍了他办《现代》杂志的情况时,我插问了一句:'请问施先生,《现代》杂志常有诗发表的"清如",是不是姓宋,之江大学的?''怎么,你认识宋清如?'施先生腾地从古旧的圈椅里站了起来,眼直瞪着我好一会儿,接着有点自言自语地说了下去,'她到哪里去了呢?'在听完骆寒超的介绍后,施蛰存沉吟起来:'宋清如真有诗才,可惜朱生豪要她不要发表新诗,她也就写都不写了。如果继续写下去,她不会比冰心差!'"(《秋风和萧萧叶的歌·前言》)

**二十九日** 复《新文学史料》编辑部黄汶函:"此文[《上元灯》]校好后,放在抽斗中忘了付邮,""幸而今天检到,搁还不太久,此文乃旧作何必重刊?"

**月内** 润改1963年译稿《希达奴谣曲》。

**是月** 陕西人民出版社出版西北大学鲁迅研究室编《鲁迅研究年刊·1979年号》,刊内收录茅盾《答〈鲁迅研究年刊〉记者的访问》提及:"鲁迅研究中也有'两个凡是'的问题。比如说有人认为凡是鲁迅骂过的人就一定糟糕,凡是鲁迅赏识的就好到底。我看并非如此,这类事情要实事求是。"

**同月** 台北广东出版社出版苏雪林《二三十年代作家》,收录《心理小说家施蛰存》。

**年内** 据周允中回忆:"我的小学同学刘同毓(后因病故世),当时在华东师范大学[时称上海师范大学]中文系念书,一日,无意中与我谈起要去拜访施蛰存,我就提出要求一起前往。我父亲闻说之后,写了一张纸条,托我俩转交,内容就是问他《将军的头》这个故事出于古代哪本书籍。后来见了施先生,我在一番自我介绍之后,递上了纸条。""他就问我,你的父亲周楞伽腿疾是否痊愈?我回答他说,父亲从小生伤寒病成了残废,是个聋子。于是他又指着自己的助听器问,他不使用这个吗?我回答说,单位曾经推荐他用过。"(周允中《施蛰存、花敬定和〈将军的头〉》)

**约在期间** 瑞典斯德哥尔摩大学编印《中国近代文学与社会》,收录捷克作家曼琳·加力克(Manian Galik)《论二十年代与三十年代现代中国文学与社会背景》，其中有相当篇幅分析研究了这一时期先生的文学作品。

# 一九八〇年（岁次庚申） 先生七十六岁

## 一月

**一日** 诗作《新年颂诗》五首(颂法治清明、颂经济繁荣、颂科技进步、颂国防巩固、颂双百茂盛)刊于《文汇报·笔会》。

**二日** 徐澄宇在沪逝世，数日后先生与苏渊雷、陈兼与、刘季高、张珍怀、汪欣生等参加追悼仪式。(徐永端《先父徐澄宇先生先母陈家庆夫人年谱简编》)先生自述："徐澄宇追悼会上已见到张珍怀，惟匆匆不及多谈。"(复周退密函，1980年2月15日)

**四日** 海岑(陆清源)致函："《邻人》与《绿杜鹃》均已给杨小石译了，请释念。听说南京《译林》的编辑曾来沪组稿，他们稿源颇短缺，而译文社对他们不大理睬，老兄谅来接待过他们。""弟意，北京《世界文学》，上海《外国文艺》，南京《译林》，中国之大，三个不嫌太多。因此对他们应该支持。""莫尔纳的剧本，已经动手了么？"

**九日** 包谦六致先生一函。

**上旬** 上海外文书店举办美国时代——生活丛书出版社书展，先生前往参观。

**十一日** 复周良沛函："近来许多事情不顺利，故有点烦躁。吴其敏不同意在《海洋文艺》出纪念望舒的特辑，专号更谈不上。他只允许我们寄稿三篇，不超过一万五千字，而且要在1980年内分散刊出。文章内容不可涉及政治，只可谈谈私人友谊。对望舒的诗也最好不作'严肃'(他的意思是'正式'的)的评论。我本来想写一文批驳'望舒卷'中……的谬论，被老吴这些条件一限制，我的文章无法写了。""看来二月份已不可能有文章刊出。原来还想请卞之琳、冯亦代、徐迟各写一篇，现在也不便约他们了。前天吴晓铃来信，也说：'关于纪念望舒的文章，我看在他逝世三十周年未必有了。'这句话，大概也反映了他呼吸到的空气。总之，这一个计划，看来肯定是吹了。我只希望今年国内刊物上有几篇漫谈性文章，把望舒提起一下。""筹印望舒全稿，现在估计不会有问题。问题却在序文如何措辞，我打算不必写序文，只在卷尾加一个'后记'，作为供应新诗爱好者及文学史家的参考资料。""上月对阅《我的记忆》及《望舒草》,发现文字有不同处,可知作者每版都有修改。因而我想待四本都全之后做一个文字异同的校记。这样编好后交给你去联系出版。"

**十三日** 陈西禾复函:"垂询独幕剧各节,弟亦无研究。兹略述其愚,以供高明参考。关于'幕'的问题,尊见极是。""最近杂事较忙,又缺乏有关资料可查,只能略举所知以报,未敢自信,惟清鉴是幸。"(按:市肆残影,疑似本年,录此俟考。)

**十七日** 郭风致林非函谈及:"'札记'[《现代六十家散文札记》]已见广告,施蛰存同志在京时,很关心此书,问及多次,他要寄'札记'给香港的友人。何时可出?盼告。"

**二十五日** 应约在天津《散文》月刊第1期(创刊号)"笔谈散文"专栏发表《回顾与前瞻》。(按:此篇后被改题为《说"散文"》,收入文集。)

另,据谢大光回忆:"《散文》创刊,反响蛮强烈,孙犁连着看过几期,很是高兴,聊天时说……。又说:'版面要力求大方,不能太挤,要给人比较舒展的感觉。'我说,在上海,施蛰存先生也说过同样的话。孙犁就势转了话题:'你们请他(指施蛰存)写些编《现代》杂志的回忆录吧,一定受欢迎。《现代》是第一流的刊物,三十年代现代书局出的月刊,施蛰存主编,还有一个杜衡。'《现代》创刊时,孙犁还是个文学青年,每出一期,都会盯着找来看,印象很深。孙犁推荐作者历来慎重,于我这是仅有的一次。"(谢大光《一个有趣的灵魂》)

**同日** 谢国桢(刚主)由复旦大学第九宿舍致先生一函。

**二十七日** 复周退密函:"《法汉词典》弟必要,请代购。""蒋剑人以庄生玄语为词论,意义殊难捉摸。弟昔年作'读词记',有一卷专论宋元以来词论,略略编列资料,竟未成稿。蒋氏此说,原来亦计划写一篇,今已不复忆当时如何评骘矣。承询之后,姑且回忆,似此说即周氏'以有寄托入,以无寄托出'之意,未知然否?待《唐诗串讲》写成后,当赓续作'读词记',或者温故知新,可以有所阐发,今日则谢未遑也。"

**三十日** 陆维钊在杭州逝世,先生获悉即向其家属致唁电悼念。

**下旬** 据周圣伟回忆:"我刚留校工作,先生即向系里要求:'让周圣伟做我助手,我来带他。'而且为我设定了读书计划,为我从学校图书馆调《明清笔记大观》到系资料室,关心着我的看书进度。我明白,这是先生给予我的弥补与安慰。"(周圣伟《报考施蛰存的研究生》)

**月内** 先生继续倾力筹办《词学》集刊。

**又** 应江西人民出版社约请,从事主编"百花洲文库"丛书。先生自述:"江西人民出版社计划编印一种'百花洲文库',打算重印一些三十年代文学作品,由于这些书久已绝版,非但爱好文学者无从得读,就是从事新文学史研究的工作者也不易获得这些史料,因而这个计划是极有意义的。编者托我代为组稿,我也愿意尽力帮助他们。"(《重印〈边城〉题记》)

另,据萧应深记述:"近年来,他担任江西人民出版社编辑顾问,编刊'百花洲文库'。"(萧应深《一个作家的品格——记施蛰存》)

**是月** 在《教学通讯》(文科版)发表《关于语文教学的一些问题》。

**又** 在《中华文史论丛》1980年第1辑发表《织云楼诗合刻小记》,署名"施舍"。

**同月** 上海新华书店出版《书讯报》创刊号。

## 二月

**一日** 在《名作欣赏》第1期发表《韩愈诗〈华山女〉串讲》。

**二日** 复天津张厚仁函:"《现代六十家散文札记》,林非著,定价每册7角,我要请你去天津新华书店看看,如果有,代买二册寄来,款代垫,书到后即汇奉,天津版的书此地不容易买。Thomas Mann 的 *Tristan* 我译过,登在五十年前的《东方杂志》[应为《小说月报》,1930年第21卷第6号]上,未收入单行本,《威尼斯之死》无人译过,台湾有译本,题作《魂断威尼斯》,我在香港刊物上见到广告。Jacobson 的六个短篇你高兴译出否?如能译出,我可以介绍到江西人民出版社去出版。我正在支持他们办一个小型文库,每本不超过10万字的译品都欢迎。"

**同日** 致香港吴羊璧函:"承你关心我的助听器事,""我想托你就买这一种,反正我只要能再用十年够了(我现在用的是1963年买的)。""昨日收到北京语言学院的《现代作家传略》,其中有你的小传,使我知道了你的一些情况。《书谱》1979年6期尚未收到,不知出版了没有。昨天寄深圳 P. O. Box 19 一封稿件,请转到尊大人。"

**五日** 程千帆致刘永济(弘度)女儿刘茂舒函提及:"《词论》交'季刊'事,我当向该刊主编上海师大教授施蛰存先生商定再告。"

**六日** 致北京端木蕻良函:"又萧红的书也想重印一种,不知现在应该和谁联系,请为代达。""萧红的《呼兰河传》《旷野的呼喊》和您的《大江》等,在国内印行过否?"

**五、六日** 按程千帆日记:发下列信"8. 马女文寄施,附吴、杨。""寄马女文给施蛰存,挂号。"(按:据程氏本月1日记录,收到马茂元寄来马铃娜《刘辰翁生平考》。)

**八日** 先生致复旦大学第九宿舍谢国桢(刚主)一函。

**十日** 复天津张厚仁函:"约可勃孙短篇已交'人文',很好,我希望早日可读到。Jaco还是译'约可'或'约考'为妥,阔是Kwol的对音,南方人读不准,且《辞海》中已有'约可勃孙'一条,最好统一。'一声没吭'是否亦可改一改为'不作(出)一声'、'不发一声'之类,较为全国性。此文请写一段介绍来,我和江西联系,可以编入'[百花洲]文库',暂时不必向安徽去要回原稿。你进百花出版社很好,可以展其所长。"

**上旬** 丁宁作《重印〈还轩词〉序》提及:"《还轩词》三卷系1957年8月老友周子美先生所代印,""今秋先生及施蛰存先生来函,均有重印《还轩词》之议,时余久病新瘥,视力愈衰,一时无从着手。比邻卓君孟飞,青年好学,知余所苦,愿任校缮之劳……""全书二百零四阕,皆承周施两先生力助始克完成。"

**十二日** 致周退密函:"大概我此生是劳碌命,2月4日放寒假,本想7、8日到兄处,叵耐内人又病,一如去年弄得弟每日管三餐,一步不能出门,已历一周,还不知春节后如何,特以奉闻,想足下已在盼我矣。足下如过愚园路,可来小坐,但以下午2至4时为宜,否则弟不暇也。"

**十五日** 复周退密函:"《法汉词典》已收到,翻阅一过,简明扼要,中文释义较《英汉词典》为高明,附录诸表亦甚有用,得此一编,可助我不少。足下数载辛勤为不虚矣。近日楼下邮局有人满之患,故不将书款汇奉,反正过几天总得到府上申候,当面缴也。内人大概又将高卧数周,正在物色阿姨帮助。弟则忙于准备下学期研究生教材及工作,同时筹编'词季',每日发信五六通,尚未知能编出何等面目来。""见迈士先生请代候。"

**十六日** 春节。马祖熙作词《忆秦娥·庚申元月喜逢蛰庵师》。

另,据马祖熙回忆:"蛰公得知我已得到落实政策,重新回到教育岗位,不胜欣喜,也念及我是忧患馀生。在一个下午[按:一说"夏天"],我迫不及待地前来谒见阔别卅八年的蛰老,蛰老已经两鬓斑白,但神采朗爽,见面之后,真不知道话从何处说起,蛰老问起我的生活情况,又沉默了许久,然后问我当年在长汀搜集的资料,有无存在,我告诉老人,当年手抄一些资料和笔记,""全已被红卫兵抄家时付之一炬。施老沉吟了一下说:'人健在就是好',接着在房子外间的书架上,抽出我当年向老师求正的一本纸张全已发黄的词集[《武夷龙山词存》],他笑笑说,你的那本习作词稿,虽已残缺,总算幸免于难,还存在我处,现在还给你,恐怕已是仅存的孤本了。我颤抖着双手,接过那本习作,不禁感激涕零。""隔了几天,我再次面谒蛰老,他知道我收入很低,家累也重,问我要不要搞点'小秋收',补贴补贴生活,找点题目,写写文章,一方面自己练了笔,一方面也增加点生活收入。我禀告蛰老,我已和文坛隔断了三十多年,即便写出点文章,无处发表,也是枉然。蛰老说:'做些思想准备吧,鼓起勇气来,有机会我替你推介。'"(马祖熙《化雨春风七十年》)

**十七日** 程千帆致函:"《涉江词》装订,请兄及黄君酌定。""弟可供给词刊稿如下:1. 汪寄翁词集;2. 尹默翁词集,季刚师词集,铅印有错字,可重印一次;3. 汪寄庵、黄季刚清真词札记,亦不长;4.《诵帚词筏》尚未找到全部,原六篇,现仅有二篇;5. 祖棻论诵帚词书,手迹极工;6. 汪先生《涉江词》序;7. 其馀名家词零篇,手写在卷子上,但都不是大块文章,如汪、尹词集,是尹翁手稿,小楷绝工,简直可以影印。弟不甚治词,手头亦无专篇。"

**十九日** 复香港吴羊璧函:"助听器一个已收到,比我原用的一只好得多。""《书谱》(6)及赠品一册亦已收到。""我想请你再买二个电池,交给尊大人转交杨静,她3月中要回来一次。""另一纸请代呈尊大人。"

**中旬** 按《沈从文全集》"据废邮存底编入",沈从文复函:"叶同志来,捎带一信,甚感厚意。[按:先生介绍叶孝慎前往访问。]兄意以为印'湘西',叶同志以为印《月下小景》。""我看就用《月下小景》也成。虽然读者肯定较少,只宜作为聊备一格而付印。""因此,望斟酌又斟酌,不印或比点缀式印一版,反而对老兄'安全'也。""上次大会住处分割于各个不同招待所,各省上百老朋友、旧同事,不少已隔离廿年,极思一面,亦因地方生疏,出门不便,仅晤及三五人。彼此均年近八十,见面不易,大憾事也。只闻会上不少青壮发言,争持剧烈,从简报得悉十分之一二,内中含义,无从了解。照目下情形说来,出版方面似近于形式所迫,不能不略有开放。"

**下旬** 先生为与海岑合编《外国独幕剧选》第一、二集而撰写"引言"(上):"在编选时,尽量采用旧有译本。但由于几十年前的文体,和今天的语文已有了相当大的距离,所以在文字上,不能不加工、润色。有些译本,是请原译者亲自修改的。原译者已故世的,我们斗胆代为加工了,选目中未曾有过译本的,都是最近为本书特译的。每个剧本的前面,配以简明扼要的短文,对作者、作品作简单说明,以便读者阅读时参考。短文的撰写者除本书编者外,还有徐闻莺、吕兆康、荣广润、成丹、毕洛等同志。"

**是月** 在由广东人民出版社出版的《随笔》丛刊第6集发表《乙夜偶谈》(小引、形象思维、宗教艺术、旧书店、古代旅行)。

另,"小引"写道:"答应给《随笔》写稿,已经是半年以前的事。""为了蓄意要给《随笔》践约,不得不在随想之后立即随笔。可是白天的随想总是无法赶快笔录,因此,它们几乎全部逃走。两个月来,总算录出了几段晚上的随想,即以《乙夜偶谈》为总题目,亦可以说是记实。希望不久就会有一种录想机,可以在运行思维的时候一按电钮,立即记录了我的随想,那时《随笔》的稿源,一定如长江水涨那样滚滚而来,我的投稿或许也不在少数。"

另,据《随笔》主编黄伟经回忆:"施蛰老是《随笔》最早的,也是最鼎力的作者、支持者之一。《随笔》创办仅半年,他就给我们寄来专稿《乙夜偶谈》刊发。"(黄伟经《不尽的追忆与怀念》)

**同月** 18日魏建功在北京逝世。

## 三月

**三日** 卞之琳复函:"十分感谢你提供的意见和情况。对于序稿头两段所论极是,我已重新写了,全篇都又抄改了一遍。""这次幸蒙指正。""我在文中提到'幻灭感',是指政治上的,主要是1927年'四·一二'事件以后给许多人带来的。对望舒说来,我只是从诗本身而想当然(也参考了杜蘅[衡]的一句话,还有艾青的一句话)。他对绛年的感情,现在想起来,过去也曾有所闻。现在我在讲到望舒没有直接抒写那种'受挫折的感情',改了后边一句为:'至于他的第一个诗集《我的记忆》的前半一部分少年作,显得更多是以寄托个人哀愁为契机的抒情诗,似又当别论',不知较妥否?""我同意你的看法,《望舒草》的最后部分最为完美,所以文中也曾举例说到'深闭的园子''寻梦者''乐园鸟'等,虽然未加分析,而只对比分析了'灯'和后来的第二首'灯'。现在《诗刊》要选登几首,我想就让他们从这几首以及'雨巷''断指''我的记忆''用我残损的手掌'等当中选用吧。""《诗刊》决定五月份刊出我的短文和刊载望舒诗几首。你的'校读记',《诗集》里不可少。出书总要有几个月时间,从容写吧。《望舒草》目录上有'序',书里没有,但不像是撕掉的,很可能排印时抽掉的。"

**五日** 致河南崔耕函:"你编制地区石刻目录,极有意思。《金石索》李白凤家里有,是我为他买的,但此书用不到,有最重要的两个碑目,你没有见到,今另纸写列。""少林寺发现明碑三块,是有趣的石刻故事,其中有一块是董其昌的,我尤其注意。""少林寺地下这一碑未曾见过著录,想必还十分完整,将来你们如果拓取,希望代我附拓一份。""西安文管会,我没有熟人,我想你也许有办法给我联系一下,是否可以让我买一份。他们这一份拓片大约是卖给外宾的,因每张印有'茂陵瓦当'四个铅字,看样子是内部卖品,价大约不会便宜,但只要我买得起,我一定要搞到一份。"

**八日** 南京唐圭璋致先生一函。

**同日** 赵景深致先生函,周楞伽致先生函。

**十二日** 冯亦代由北京致先生一函。(按:市肆影件,时间据邮戳。)

另,据谢大光回忆:"在冯亦代的听风楼上,又听他提起施蛰存。冯先生那时'客串'编《读书》,对海外书人书事熟悉,聊起来时而中国,时而国外,点评博议,兴致很高。""他推荐罗斯金谈绘画的短文、伍尔芙的日记,又说日本的散文很好,突然插了一句,'施蛰存对英美散文有研究哦'。一个被冷落了几十年的名字,在聊天的场合,被我尊为师长的人反复提起。"(谢大光《一个有趣的灵魂》)

**十三日** 沈从文复函:"因年来脑力衰迟,随事易忘,已无从回想日前给兄前信,以言为何事。但老兄身心显然健康灵敏多多,使弟觉得金玉良言出自肺腑。""深感四十年友情之可珍,所嘱实不仅为弟个人,免出意外灾星计,亦包括为子孙安全计也。""所以目下先就所能记住事情而言,为数年前给□□兄处一长信(涉及弟作品者'月景'),和去年给□□兄一信(涉及一些至友家事),望兄和流金[程应镠]兄认真一商,为设法商量取回(把二信取回,由二兄焚毁),或直接当面说明,'弟年来心力衰退,情绪不佳,望将旧信毁去,免狂病复发'。最好能约二人一晤,将信带去见索,再说明弟之希望,得其谅解,能将信当二兄面毁去,免预留复本。信中所谈,与政治无关,只是私人关系,弟深信两位不至于不得许可即公开,但二人一故去,却易成好事者一种摇弄工具,趁彼此还活着时,当面说明弟之愿望,彼等当不至于不给以应有体谅也。""拜托拜托,并盼善为其辞。""照我习惯,我得别人来信,即与兆和无关,她即不看。相反亦然。记得给□□信,□□却随意送不少看,弟即觉得不妥之至。"

**同日** 洪遒致先生一函,又及:"咏素托带《唐碑百选》稿,问是拓片还是照片。"

**十四日** 复周楞伽函:"《词学》季刊为实现已故龙榆生先生遗志而动议,经营已六七个月,最大的困难是'古籍'不能承受出版,至今未有出版处;至文稿编集,则粗有眉目。老辈虽若晨星,五六十岁尚有健者,不办此刊物,无以助其成就,故弟所注意者亦当兼及下一代。""足下有大文见惠,甚表欢迎!婉约、豪放,作为词家派别,弟有疑义,弟以为此是作品风格,而风格之造成,在词人之思想感情。""如果要把词人截然分为两派,而以豪放为正宗,此即极'左'之论;如以婉约为正宗,即不许壮烈意志阑入文学。此二者,皆一隅之见也。""阁下博览方志,大可获得许多副产品,有佚词及词人传记资料,不妨录出,《词学》季刊亦欢迎也。"

**同日** 冯亦代由北京复函:"给江西的那本《蝴蝶与坦克》是加上《第五纵队》新编的,所以如此,因为海明威对西班牙内战,就写了这些东西。""如果《第五纵队》要分出,则请你把你的那本原文借我一用,但这样一来'蝴'一书,又出不成了,你看怎么办?我美行要延期,""钱歌川我一定去找他,我年轻时得益于他也匪浅。"

**十五日** 周楞伽复函:"先生于老成凋谢、词坛冷落之秋,积极谋恢复《词学》季刊,继大辂之椎轮,挽斯文于不坠,且谓'中国之大,岂无人哉?'豪言壮志,钦佩无已!弟恐阳春白雪,曲高和寡。""惟来书谓婉约、豪放,是作家作品之风格而非流派,此则弟所不敢苟同。""足下谓'风格之造成,在词人之思想感情',似亦有语病。""足下对东坡、稼轩风格之评骘,似非笃论。""阁下谓'以豪放为正宗,此即极左之论',未知何所据而云然,弟殊以为未安,岂'四人帮'之流,亦苏、辛词之崇拜者乎?""造语不婉约者始得许壮烈意志阑入文学乎?然我恐以之为词之正宗,又成极'左'之论也。""阁下谓:'宋人论词,未尝分此二派。'此亦未然。"

**十七日** 为译作《法国散文诗十篇》交付发表而撰"后记":"去年我曾抄出八篇法国浪漫派诗人裴尔特朗的散文诗,加上一个后记,说明散文诗这种文学形式的起源,发表在本刊第10期上。有好几位朋友、读者觉得有兴趣,鼓励我再贡献几篇。盛情不可辜负,因此又抄出了十篇,这回,大多是法国象征派诗人的作品了。"

**十八日** 复周楞伽函:"弟与足下之距离,在一个'派'字的认识,婉约、豪放是风格,在宋词中未成'派',在唐诗中亦未成'派'。""弟不反对诗词有婉约、豪放二种风格(或曰体),但此二者不是对立面,尚有既不豪放亦不婉约者在。""弟涉猎词苑,始于1960年代,初非此道权威。足下为文商榷,甚表欢迎,惟不敢蒙指名耳!""弟之意见,以为如果写'词史',不宜说宋词有豪放、婉约二派,此外与足下无异议也。"

**二十一日** 沈从文致赵家璧一函谈及:"为免得身后小是小非传播,深盼将前信中涉及志摩先生事部分,托由蛰存兄代为收回处理,免得家中老伴为难。""此信中说不到处,蛰兄当能代补充一二也。"(鲁迅纪念馆藏品)

**二十二日** 周楞伽复函,其中写道:"弟与先生之差异,决不止于对一个'派'字的认识,或'派'与'体'二字的解说不同,看法各异。""又谓'尚有既不豪放亦不婉约者在',此等第三种文学论殊不合于文学史之事实。"

**二十五日** 为将所作《汉碑跋六题》(泰山都尉孔宙碑、北海相景君铭、闻喜长韩仁铭、郙阁颂、白石神君碑、孟孝琚碑)交付发表而撰"小引":《北山楼读碑记》"在'文化大革命'期间失去,未留底稿,不能恢复。这里的几十篇,大半是当时未定稿,没有编入;一部分是就回忆重写的。近年来,碑拓难于得到,我玩碑的兴趣亦已阑珊,故汇集此稿,陆续发表,免得再有亡佚之虞"。

**同日** 周良沛自北京寄赠诗集《饮马集》并题:"施老,这是我青少年时写的一本诗。当时文化太低,更谈不到艺术修养,为了落实政策,又印了它,请指正。"

**二十八日** 先生润改《韩愈诗〈华山女〉串讲》,并誊录清稿,提供《名作欣赏》编辑部编集之用。

**月末** 按《沈从文全集》"据缺尾残信编入",沈从文致函:"上次得信后三天,即寄复一信,除深感厚意外,内并附二纸。""可能是门牌照兄所示,却又写错。近来经常易弄错号码。记得信封背尚写有百十字,如愚园路有二邮局,必在一离兄较远住处之邮局招领,亦有可能。昨复给流金[程应镠]兄一信,盼得你便中与之一商办法。"

**约在期间** 应江西人民出版社之请,为主编"百花洲文库"丛书撰写"创办缘起"。(按:刊用时署名"江西人民出版社"。)

**是月** 在《中国现代作家传略》第4辑发表《施蛰存自传》,由徐州师范学院《中国现代作家传略》编辑组编辑印行。

## 四月

**四日** 按夏承焘日记:"施蛰存来信,谓欲刊予日记。"

**六日** 上午为编《外国独幕剧选》事宜,至延安西路394弄赵铭彝家晤谈。

**九日** 复谭正璧函:"今春多雨,弟不出门,内人三起三眠,弟亦无出门机会。公私事烦,又不克出门,因此,今年还没有到过南京路。""大作《说潮州歌》一文已交师大学报,他们嫌太长,不知兄可以稍稍删节否?为了介绍大作,弟亦有过一点小小斗争。他们说兄非师大教师,故欲退稿,弟现在拟请兄在师大中文系有一个名义,即可解决此问题。""大约可请兄为兼任教授,须待系中会议通过。下星期二以后可以奉访。""波多野已来过,兄见到否?他去看过唐圭璋,唐有信告我。"

**十日** 《海洋文艺》第7卷第4期刊载王央乐《读戴译〈吉诃德爷〉残稿》,文中提到这部戴译《吉诃德爷》残稿是施蛰存先生无私地送给人民文学出版社保存的。

**十二日** □□致沈从文函谈及:"我对此事总感内疚,只得向你请罪!这些经过,我昨天也面告蛰存了。"

**十五日** 致赵清阁函:"在上一期'海洋'见到您的画,很清秀,想写个信给您喝彩,一搁就搁了下来。""今天收到'海洋'4月号,读了您的大作,使我也回忆了王莹,我认识她比您早,""她给我的《现代》杂志写过三篇散文,日本回来后,写过一篇'秋田雨雀访问[见]记'。近来我在徐家汇藏书楼翻阅《现代》又重读了一遍。您如有信给她家属,可以告诉他们,如果编集子,这一篇应当收进去。""近月来忙得很,希望暑中能再趋候。侍桁情况如何?去看过他不?小鹿见时请代候。"

**十七日** 为1979年4月16日所作《唐诗百话·张籍：节妇吟》撰"增记"。

**同日** 国际笔会"中国笔会中心"在北京成立,首批会员共有64人。先生经中国作家协会书记处推荐为会员。

另,据徐中玉回忆："要恢复同'国际笔会'的关系时,上面决定要成立'上海笔会'。华东师大[时称上海师范大学]指名许杰、施蛰存、徐中玉、钱谷融,兼职的还有王元化。仍得征求本人是否同意,许杰向施询问时,施一口拒绝,'我不参加,这个笔会岂不是资产阶级的?'许老要我再告知施,这是上面提出的,有什么关系。我去说了,他还是不愿意:'国际笔会的参加者当然都是资产阶级作家,说不定什么时候批评起来,谁说得清楚。'"(徐中玉《序〈永远的现代〉》)

**二十日** 写讫《漫谈古典散文》。

**同日** 程千帆由南京致函："一月前曾以《古诗今选》[(征求意见稿)程千帆、沈祖棻选注,南京大学中国语言文学系编印]两册呈教,不知收到否?弟大约5月10日来沪,大约住师大,尚不知中玉如何安排。前寄呈祖棻词稿二种想请兄觅人装订,不知此次来沪可得否?幸酌之。词刊进行如何?甚念。"

**二十九日** 按夏承焘日记："遵施蛰存翁嘱,闻录出《天风阁学词日记》(一九三一年十月一日至十二月三十日),今寄施翁。"

**下旬** 为教育部在上海师范大学主办的"中国文学批评史师资集训班"讲课《诗馀》。

另,据王汝梅回忆："3月至7月,受教育部委托,华东师范大学[时称上海师范大学]与武汉大学合办了'中国文学批评史'师训班,我有幸作为学员参加了此次进修。徐中玉先生任班主任,授课老师名家云集,由郭绍虞、朱东润、吴组缃、王元化、施蛰存、程千帆、钱谷融等先生们专题讲授。"(杰达采写《一个人的"金学"史记——王汝梅先生访谈录》)

## 五月

**八日** 复青海师范学院范泉函："正是忙阵,陈丙莹同志所问牵涉甚广,无暇逐一奉复,只好批答。""望舒作品近来有几个师大及教育学院学生在徐家汇藏书楼我的什志搜索,《文艺春秋》也看过了,他们在编老戴年表及著作详目。赵景深有一篇纪念文,已发表在《百花洲》,近来各方面要稿的很多,我实在写不出什么东西,无法一一许愿,你那边只好说'鞭长莫及',辜负你的好意了。""浦汉明在何处?"

十日 为辑录《燕子龛诗》交付出版而撰"引言":"我这个'秘本'被一位青年朋友发现了,他非常高兴地说,'我一直在找苏曼殊诗,可是怎么也找不到。谁知今天意外地碰到了……'当下他坚执要把这小抄本借去,预备自己抄一本。我说:'不必了,抄一遍也费事,还是找个机会把它印出来罢。'这就是我把这本书交给江西人民出版社印行的因缘。"

十一日 按程千帆日记:"乘207次车来沪,""四时抵站,[徐]中玉来接,并请晚餐。访蛰存。"

十四日 致香港刘以鬯函:"卅年不相闻问,近知足下在港,且已得读大作,甚以为慰。徐訏想常晤及,请为致意。杨静和卢玮銮女士有信来,说足下有意为望舒印一个选集,高谊可感,不过望舒作品,除了诗以外,其他均未尝印单行本,无从选起。""我曾想编一本望舒诗文集,内容为……。如果把《小说戏曲论集》也收进去,恐怕一共不过二三十万字。""现在诗集全稿已付四川人民出版社出版,须本年第三、四季度方能印出。其他部分,国内大概不会要,如果你们那边能承受,为他印出。""我早已不干新文学创作,卅年来没有写过什么东西,近来有几位学生在为我搜集卅年代各报刊上发表过的杂文,我想编为一本《旧箧集》,你们如肯承接印行,使我及时能做一个结集,留下一个脚印。""我二十年来,热心于金石碑版,收了不少古器物拓本,我想选出一二百种,编一个集子,""香港有出版家能为印出否?"

另,据刘以鬯回忆:"我在《快报》编副刊时,意外地接到施蛰存从上海寄来的信。"(刘以鬯《忆施蛰存》)

同日 经先生介绍,上海音乐学院蔡国梁致信向赵景深请教,赵景深复函谈及:"施蛰存校的《金瓶梅词话》节本,原书是较好的一部,大约就是兰陵笑笑生的万历词话本吧。"

十五日 谢国桢(刚主)由复旦大学第九宿舍致函:"顷在《书谱》得读大作《唐碑百选》,考订精审,确为当家,曷胜钦佩之至。近想道履清胜为颂。《明词选》桢已获得,尊斋旧藏,桢视为枕中之秘,仍望赐一题跋,以志永好。桢近正草《江浙访书记》,每日埋首故纸堆中,亦老来之一适。'文史论丛'将发表一部分,定请指教。"

**二十日**　应约为《中国大百科全书·中国文学卷》分卷"隋唐条目"(试写稿)撰写审查意见:"贡献几点意见:一、李、杜、韩、柳、刘诸篇似均太长,一部文学史中讲到这几个作家,也不过如此篇幅,百科全书毕竟是一部检索用的参考书,不同于文学史,似乎可以简短些。二、不论大、中、小条目,都该统一规格。1.生平;2.作品;3.版本;三部分的标题也应该统一。""三、版本一项只要介绍本集的版本,后人研究著作应该有所选择,不宜务多,更不宜把无价值的作品也列入。四、杜荀鹤、王绩、常建三条可为标准。五、'古文运动'以下诸条亦可为标准,皆允当。六、李白、刘禹锡二文都以'词'为作品之一类,恐不妥,因此二人时,还没有'词'这种文学形式。"

**同日**　复北京端木蕻良函:"承赐大著《曹雪芹》,""此书举世瞩目已久,内人近日方卧床养病,书到后即拦截展阅,至今三日,颇饶兴味,不似其阅他书之不终卷即舍之。弟虽未拜读,已可知大著之必有胜处也。江西人民出版社汤真同志来,知已奉访,且知足下已允其向香港寻觅原书,付该社重版。汤君计划将足下及萧红二书列入今年第一批'[百花洲]文库',倘港中书到,请即直接寄与该社,争取早日付排字,最好加一重版题记,一齐寄去。"

**二十一日**　刘以鬯由香港复函:"出版《望舒选集》,是我的主意,因为事情并不如想像那样简单,只好放弃。此间'教育出版社'最近约我为他们编辑《中国新文学丛书》一套(共10本),正在集稿中,大作《旧箧集》倘能于短期内寄到,当可编入丛书。""香港是个商业社会,一般文艺书籍都很滞销,""金石碑版的集子,难找出路。"

**二十二日**　按程千帆日记:"晨出访蛰存。"

**二十四日**　卞之琳自北京致函:"'望舒诗集序',已在《诗刊》五月号刊出,想已见到,经过修改,现在看来是否还过得去。""现在发现《北斗》上还有几首,当然又得加一句说明。全文结尾,被编辑割去了尾巴(几句话),收不住,印到书上当然还得补上。望再多提意见。《阿左林小集》重印合适不合适?有什么意见?"

**二十六日**　应郭风为筹办《榕树文学丛刊》之约,撰讫《在福建游山玩水》。

**月内**　再次为教育部在上海师范大学主办的"中国文学批评史师资集训班"讲课两小时,先生自述:"我就讲一讲杜甫的《戏为六绝句》。""我只想通过这六首绝句,来讲讲杜甫对诗的一些观念。在上课前三天,才看到郭绍虞同志编的《杜甫戏为六绝句集解》。原来郭老早已把历代文评家对于这六首诗的解释汇集在一起,其中有许多我没有见到过的僻书,使我得此一编,省却许多检书之劳。"(《说杜甫〈戏为六绝句〉》)

另,吴奔星偕其研究生徐瑞岳来与先生相晤并合影。

**是月**　香港名家出版社出版《作家书简手迹》，收录先生 1939 年 6 月 12 日致浦江清函。

**约在期间**　近两月经常去徐家汇藏书楼查阅三十年代的报刊，并检阅了全部《现代》，以及《文艺风景》《文饭小品》等杂志，录出拟写作回忆录的一些资料。

## 六月

**一日**　在《语文教学通讯》第 6 期发表《漫谈古典散文》。

**二日**　复上海音乐学院蔡国梁函："承代钞旧文，谢谢。[按：系抄录发表在《申报·自由谈》上的《"新师说"异议》《无相庵随笔》等数文。]几个问题不必问谭老[正璧]，我可以能答，另纸批复。关于戏曲事，应问赵景深，小说事可问谭老。"

**三日**　复周退密函："刘宣阁词未尝见过，但《词学季刊》中似有之，此公曾编《词絜》一书，世界书局出版，弟未见过，想亦词选之类。弟之'词季'还办不成，现在想改为集刊，定名《词苑》，另起炉灶，与龙氏'词季'无关，正在呈请批准中。震旦神父 Tosten 的中文名字叫什么，兄知否？乞告，如不知，请代问庞伯龙兄。"

**六日**　致谭正璧函："大作已代收回，过几天送上。""我还希望兄送一篇四五千字的大作来，古籍排印之稿，一时不会出版。可以抽一段先发表。'兼任教授'或'顾问'名义尚在进行，师大办事快不出来，兄不要过敏。大作也不是不欢迎，实因太长，兄如送给别的刊物，我看也是一样。这是现在情况，并不是对兄有所憎厌也。"

**七日**　应香港中文大学卢玮銮为撰《戴望舒在香港》之征询，先生作函提供相关史料的答复。据卢玮銮回忆："八十年代初，施先生跟我的通信内容，许多都与我的论文有关。例如他提供了许多戴望舒笔名，其中有鲜为人知的、施戴两人共用的，或是至今存疑的。""特别重要的是，他对我的研究方向、论文重点，提出了极宝贵意见。""但时维 1980 年，身在上海的他，对一个初识而又'来历不明'的香港人，说这几句话，也必须冒一些风险。""在另一信中，施先生提议我的论文题目，可以用'抗战期间中国作家在香港的活动 1937—1941'或'中国作家在香港的活动 1937—1941'。"（卢玮銮《记施蛰存先生对我的指导》）

**九日**　卞之琳由北京致函："重印《阿左林小集》，我还决定不下来，想翻看一下再说。你说'小集'篇幅太少，我看到香港新近翻印的《西窗集》，在不愉快里也起了另外的想法。这本杂凑集既收不回来，还在流传，无法订正（包括编辑给我乱排的诗行），可否自己清理一下，出一个修订本。""我想再听听你的意见，同时请你告诉我一下江西出版社出这套书的计划,以便我考虑究竟取哪一个方案比较合适。""希望你们来京,能如期成行,我们可以见面畅谈。"

**十日** 撰写《说"飞动"——读杜小记》:"这个工作,已有许多人做过,但体会和阐释,不尽相同。因此,我还敢于提供一些个人的看法,以待商榷。"

**同日** 译作《法国散文诗十篇》(庞维尔《天使》《回忆》《玫瑰和百合》、达尔尚《悲惨的季节》《散步》、马拉尔美《秋》《冬》、孟代思《女皇柯丽亚》、韩波《闪电》《晨》)并"后记"刊于香港《海洋文艺》第7卷第6期。

**十一日** 致朱雯函:"星期五作协外文组开会我不出席。因耳聋听不清,坐着闷气,故近来许多会均不参加,望向主席同志说明、致歉。会议有何决定,有何新情况,请兄会后示之。""秋季助张夫人3元弟垫付,兄不必来,待我回来后向兄收取。"

**十六日** 下午卞之琳由北京复函:"你到北京,预备住在哪里,要是在东城,就容易晤教一点。""我决定出《西窗集》(修订版),用原名。""江西人民出版社这套书的内容安排,我看不出有什么问题。只是令人扫兴的,是如你所说就是版式。我倒是喜欢横排的。""但是你的盛意难却,我又怎好打退堂鼓!不得已采取一个折衷办法,开本随它去,只要100页以上的书都用穿脊钉(或称锁钉)。这也办不到,那就难了。我还想不起该为你推荐什么书。我倒想到上海的师陀,他在三十年代出的一些书大可重印,可否就近接头。"

**十七日** 吕贞白致函:"多日不见,知老法师登坛说法,比我小和尚一定要忙得多了,我有个女学生高琳是跟我学词的,尚能读周柳,是从师院分配到太湖县工作。高琳求学向上之心甚强,年来都报考研究生,此次又已考研究生,""兹特命我函介趋。""现正写我国名山大川。""高琳求学心切,年龄虽不高,今年如失去机会,明年中学教师不能考了,谈到此高女泪下矣,奈何。"(按:市肆局部影件,疑似本年,俟考。)

**二十日** 复香港吴羊璧函:"《书谱》第1期所载几个松江先贤印章是真的,此次的'古砚'却全靠不住。"

**二十五日** 在《上海师范大学学报》(哲社版)第3期发表《汉碑跋六题》。

**同日** 致周退密函:"《摸鱼儿》改本好多了,歇拍更改得好。惟'又'字不如'待'字,'待'字可以改为'算'字,何如?北京之行尚未批下,不知一日能成行否,或者还可以走晤。想去看看徐仲年,足下高兴约一个下午在徐公家一晤否?"

**二十七日** 同济大学俞调梅致函:"自违杖履已二十余年矣,回忆'羁南徐庶有归心'之句,闽浙游踪以及拙稿承点铁,未尝不神往也。十年动乱中,每读定盦诗:'避席畏闻文字狱,著书只为稻粱谋'句,益信'文章憎命薄'非虚语矣。前因春书见知公无恙,又于报章获读佳章,谨修小简问候,暇乞悉教。"附诗稿三页。(万照楼藏品)

**二十九日** 致周退密函:"今晨到武康大楼去取一个修理的助听器,因该楼9时后不开电梯,故早出门,不意阁下又光临了,再度失迎。""徐仲年处今日亦未及去,但必须去一次,大约明后日。""附奉沈公[迈士]书展券二纸。"

**月内** 陈兼与作《北山楼诗叙》:"君华亭杰士,方其少日,文坛角逐,抗手时贤。中更丧乱,辗转越南海角三湘八闽间,其所遇之境,所见之物,非前人所曾遇见。以君淹贯中西,融会新旧之才,发为声歌,虽由古之体,而其诗究为今之诗,与君一人之诗。""至君诗之希声于古者,多涉博采,不主一家,亦骚亦雅,亦史亦文,有绮丽芊绵语,有激昂高亢语,为昌谷,为玉谿,为刘宾客,为杜书记,而才情意概之发越,复有近于君乡人陈卧子、宋直方之云间一派,此天然之影响也。"

另,据陈兼与记述:"近似示其《北山楼诗》一卷,属为细勘一过,才情发越,言语鲜新,虽自谓其诗杂学不纯,未脱前人蹊径,然自是近代之诗,蛰存之诗也。"(陈声聪《荷堂诗话·施蛰存》)

**同月** 13日经国家出版事业管理局批准恢复上海(华东)师范大学出版社。15日台北成文出版有限公司出版尹雪曼《中国现代文学研究丛书13·鼎盛时期的新小说》,书中章节有"施蛰存的心理描写"。《艺谭》在安徽出版试刊号。

## 七月

**一日** 复香港刘以鬯函:"当时因'望舒选集'事既已作罢,则其他事可以缓议,故未即奉复。""我的《旧箧集》还只是一个打算,想把几十年来没有收集的杂著编一个集子,但这些文章我多半手头无存稿,有两位青年正在助我寻觅,逐件复印,这个工作颇费时日。""目下无法寄请足下为我印行,只好等我编就后再函商。"

另,据刘以鬯回忆:"信寄出后一个多月,未接复函,怀疑邮递有误,再寄一封给他,将情况重述一次。半月后,接到复函。""既然如此,我只好取消将《旧箧集》编入'中国新文学丛书'的计划。"(刘以鬯《忆施蛰存》)

**二日** 复同济大学俞调梅函:"弟与世浮沉,老而不死,无是非之偈,持之至今,不无小补。大作'设计抄计'、'教人害人'之论,弟亦同感,此教书匠之老实话,但肯说者亦不多耳。""月底可归,下月当趋候。"

**同日** 海岑(陆清源)致函:"久未晤面,因为赶译米克沙特短篇集及中篇《赛利雪的美人儿》,脱稿后再作修润,已于6月27日分别寄出。短篇集拟题作《王后的裙子》,乃由十四篇中选出的,此稿历尽艰难,失而复得,二十余年如水年华,抚今追昔,不胜慨然。《丈夫与情人》,资料室来问,是否已经用毕。'莫尔那戏剧集',不知你那篇独幕剧译好了没有?戏院同志来索,云如需再借,可拿书去办一个手续。"(按:此后先生收到海岑译作匈牙利米克沙特·卡尔曼《王后的裙子》,即编入"百花洲文库"第一辑内,1981年11月由江西人民出版社初版印行。)

**四日** 按程千帆日记:收施蛰存信。

**六日** 下午与研究生严寿澂、陈文华、赵昌平、黄明、李宗为同乘火车赴北京,此行主要任务是带领研究生去北京图书馆查阅硕士毕业论文所需的古籍文献资料。(按:先生书面材料以及日记记录此行全程标题为"以下为1981年杂记"。经考为笔误,并根据收集当年相关资料和回忆,确定先生此行为本年。又,先生1980年代始作日记的部分,后题为"昭苏日记"出版,《施蛰存日记·闲寂日记、昭苏日记》,文汇出版社2002年1月初版,以下引述均不另注。)

另,据严寿澂回忆:"带我们一起到北京收藏古籍的柏林寺看书,熟悉版本目录之学。他认为此种学问主要在实践,课堂讲授用处不大。又认为从事研究之前,须对前人治学的情况有通盘的了解,故《四库总目》十分有用。我自蛰存师处得到的最大收获是:治学不拘一格,不能画地为牢,亦不能漫无边际,既要视野开阔,又须基础扎实。于我而言,可说终身受益匪浅。"(刘荣《立理限事还是通以变成——华人学者严寿澂教授船山学研究访谈》)

**七日** 中午抵达北京,下榻在北京师范大学招待所。下午先生携陈文华去三妹施灿衢家里探望,顺游北海公园。

**八日** 先生早晨至北京图书馆"柏林寺"分馆(即北京图书馆第二阅览部)阅书刊、查资料,又去访黄药眠(已入医院)。下午前往人民文学出版社,与孙绳武、蒋路、李易晤面,再往夏承焘夫妇家里访问。晚上在三妹灿衢家里吃晚饭。

**同日** 致周良沛函:"现住北师大招待所416室。从今天起,每天上午8时至下午2时,带五名研究生在柏林寺北图阅书。下午2时至3时半在舍妹家吃午饭,以后即外出访友,你如在下午2时左右到那里,可以会晤。晚上在招待所。星期六及星期日不去图书馆,也许想到各名胜处去游览。本星期六想去看卞之琳、张天翼。"

**九日** 早至北京图书馆总馆,再往"柏林寺"分馆,阅读杨希闵《词轨》《词约》,下午五时回到住所。晚上写家书致上海妻子、沧州二子,又致函卞之琳、沈师光。

**同日** 邵修青致函:"也不知你带学生到北京了没有?很想去看望你。""叶希文的地址是昆明长春路东道巷。"

**十日** 全天在北京图书馆"柏林寺"分馆,阅寿石工《词学讲义》、梁启勋《词学》、孙人和《词选》。晚上写家书致上海妻子。

**十一日** 全天在北京图书馆"柏林寺"分馆阅《古今词统》《词林白雪》《林下词选》。中午人民文学出版社编辑张木兰来先生住所访问。傍晚先生访问孙宗塱。

**同日** 为1978年4月20日所作《唐诗百话·孟浩然:五言律诗三首》撰"增记":"今日偶阅《临洞庭》诗诸家旧注,发现有对此诗理解大不同者。"

**十二日** 全天在住所。上午沈师光来访,午餐遇上海师范大学在此进修的李惠芬,下午吴兆松来访。先生作书致函徐中玉、谢国桢(刚主)、周良沛、张企罗。

**同日** 按夏承焘日记:"晓川来信,明日下午北海餐厅诸词友为施蛰存洗尘。"

**十三日** 上午吴长林、周贻胜来先生住所访问。下午周笃文(晓川)来先生住所,又陪同先生去张伯驹家访,随后同赴北海仿膳饭庄,晚上与张伯驹、潘素夫妇、徐邦达、夏承焘、吴闻夫妇、周笃文、冯统一聚餐。

另,张伯驹、潘素夫妇赠送潘素画作《岸容山意图》并题识:"蛰存先生雅鑑,岸容山意,潘素。"钤印"女河阳""潘素"。

**同日** 早晨致天津张厚仁函:"现在住北京师范大学内招待所434室。""我打算在7月20日到沧州我儿子处看看,住一天即回北京,与学生一同回去。我看情况,是不是我可以在天津耽一下,见见面。""星期一至五白天都在北图(第一、二周在柏林寺阅览室,第三周在东坡善本书室),晚上我在招待所,不外出。"

**十四日** 上午在北京图书馆"柏林寺"分馆阅读,下午访张天翼、沈从文。先生自述:"见到了张天翼谈起此事,""他以为既已编成全集,就无须单印旧本,还不如在全集中选出一个集子来,较有意义。我同意这个办法,于是他选出了一本《二十一个及其他》,给江西编入'百花洲文库'。"(《重印〈边城〉题记》)此后,就到附近(前门)东大街去看从文。时已傍晚,话也不多,我想走了,从文和他的夫人却坚邀我吃了晚饭走。我就留下来,饭后再谈了一会儿,我就急于回北师大招待所。这是我和从文最后一次会晤,如今也不记得那天谈了些什么。似乎还是他夫人的话多些,由于我的听觉已衰退,使用助听器也不很济事,从文说话还是那么小声小气的,都得靠他夫人传译和解

释。"(《滇云浦雨话从文》)

  **同日** 早晨谢国桢(刚主)复先生函:"我本想到柏林寺看您,我们一同到琉璃厂游书店,或就近到纯粹山西晋阳春吃刀削面,一尝北方晋南风味。可是我这两天要为所考试研究人员答辩,这样就不能出去了。"

  **十五日** 上午在北京图书馆总馆,阅《清平初选》《棣萼香词》《海间香词》。晚上去北师大红二楼钟敬文家访问。

  **同日** 早晨先生发函致上海妻子,又致函叶祖孚、戴望舒女儿咏絮。

  **十六日** 在北京图书馆总馆阅《几社文选》《词鹄》《墨林快事》。下午访茅盾。张厚仁由天津赶来先生住所晤谈。

  **同日** 沈宗威复先生函:"每于报刊得读宏文,深羡老兴不浅,老笔弥健,真有瞠目绝尘之叹矣。闻程千帆夫人沈祖棻词集印行,先生与千帆至颖,能否藉道力代乞一本以资讽咏。""沈词印本拟奉,成本费候示为乐。"

  **十七日** 上午戴望舒女儿咏絮来先生住所探望。下午先生去卞之琳家晤谈。

  **十八日** 上午到人民文学出版社访问,先后看望楼适夷,王央乐,绿原,郭豫适,许觉民、张木兰夫妇。下午去端木蕻良家访。晚上往四川饭店赴宴,出席由五位研究生答谢先生三妹灿衢全家。

  **同日** 先生致闻宥函,又收到陶芸、冯亦代来信。

  **十九日** 与研究生共游长城、定陵、长陵及十三陵水库。先生在吴长林家晚餐。

  **同日** 沈从文致先生函:"中午院中文学所有人询问兄住处,弟曾告以在师大,因随后才从尊信中得知系师大招待所430室,不知是否系唐弢相询。""离京前,如尚抽得出空过东城,盼尚能一晤,便中再吃一顿稀饭,喝杯苦茶,来住望告,必当深深记住。""好在七月一过,即将与兆和至一要人不易到禁地,约有一月时间,整理旧作。估计当可避去暑假致中'不速之客'猝然来访,数不易招架也。《边城》附于兄所拟编'丛刊'中无妨,但不拟另加说明。事实上只能起点缀作用,且专利在势,不易办到。""又上次闻兄曾道及'丛刊'中已有□□大作一种,弟意思凡事让她一着为合理,既不和她争是非,也不必和她在一种'丛刊'中同时和读者相见。此'丛刊'最好是我不参加,希望你能见谅。""兆和附笔。"

  另,按先生自述:"沈从文的作品,解放后大部分没有重印过。我去找到从文,和他商量此事。虽然他的任何一个集子都可以重印,但还是应当选择一下,分个先后。我们交换了一些意见,最后我建议先重印他的《边城》或《湘行散记》,因为在我的印象

中,这两本是他写得最好的散文。"(《重印〈边城〉题记》)

**二十日** 上午去访孙源,又晤冯亦代、叶祖孚。中午在三妹灿衢家吃饭。午后到戴望舒女儿咏絮家访,先生自述:"在望舒的女儿处检阅望舒遗物,发现了一批外国友人给他的信札,最多的是艾登伯的信,共十八封。我把这些信带回上海,想译成中文,供研究诗人戴望舒的青年学者参考,也让几位仅存的老朋友看看,多了解些望舒。"(《艾登伯致戴望舒信札·引言》)

**同日** 晚上孙昭先来先生住所晤谈,学生张晓星也来相访,并赠西瓜两只。

**二十一日** 上午到北京图书馆阅书,下午去黄君坦家访。晚上与三妹灿衢全家及五位研究生一起在全聚德吃烤鸭。晚餐回到住所,沈师光来晤谈。

**同日** 先生收到沈从文、闻宥来信;作家书致上海妻子、沧州次子。

**二十二日** 上午前往中央民族学院教授宿舍闻宥家探访,"即在其家午饭"。下午去人民文学出版社看望叶明珍,又到王府井购物。

**同日** 启功来先生住所访问,"未遇"。先生自述:"他来看我,恰巧我不在。过了两天,我匆匆南归,就失去了再叙的机会。"(《杂览漫记》)

**二十三日** 晨乘45次列车途经河北沧州时与研究生分手下车,探望二子。

**二十五日** 在沧州乘列车返回上海家里。

**三十日** 香港陈少棠致函:"顷于书坊见《全金元词》一套两册,此书前承询及,特另邮寄。""沪上叙晤,蒙见告将作京华之行,未悉何日启程。""拙著《晚明小品论析》将于年底出版,现已排妥字版,初样校正后,即可印刷。""拟恳老师益之以扉页题字,藉增光辉。"

**同月** 1日邮电部决定在全国范围内推行邮政编码制度。人民文学出版社出版北京第一版、北京第一次印行鲁迅著《南腔北调集》。

## 八月

**一日** 复谭正璧函:"弟已叮嘱编者,务必排入第4期,请释念。万一第4期仍不排入,自当交涉取回也。在北京尽日奔走,甚劳累。"

**二日** 先生复沈宗威一函。

**同日** 按张文江笔记:"访施蛰存先生,是我第一次见施先生,出于张香还老师的介绍。"(张文江《笔记中的施蛰存先生》,以下均同)

**三日** 郑逸梅致函:"得王益知来信,云拟约兄一叙,未知在京时晤见否?又巨来见告,兄处有域外邮票甚多,能否分贻一部分,是盼。亚光兄赴庐山,乃文史馆所组织,已逾半月矣。周錬霞已远渡重洋,一吸新鲜空气。闻杨廷福亦有意大利之行。"

**五日** 在锦江饭店会晤美国学者金介甫,就有关沈从文作品研究的问题作答问。先生自述:"他是专研究沈从文的,写了一大本博士论文《沈从文的作品与中国社会》。使我惊讶的是他初次来中国,却说得一口流利的中国话。他要我提供一些关于沈从文作品的意见。我说:沈从文的小说,就他本人的发展来说,题材和风格,都有演变,我不能举出哪些小说是他的代表作。但就其散文的风格来说,他所描写的风土人情,是忠实于他出生地湘西的。从这一个角度讲,他的《湘行散记》和《边城》无疑是极为优秀的作品。金介甫同意我的意见,并且说:'正是为此,我过两天就要到湘西一带去看看。'我们谈了两小时的沈从文才分别。"(《重印〈边城〉题记》)

**十二日** 复谭正璧函:"前天见报载'师大学报'第4期预告,果然没有老兄的一篇。他们这些小子不守信用,答应了又变卦,使我对不起朋友。""等开学后我去问他们取回你的文章。近日忙于杂事,又有港友来,不免应酬,故不克趋候。"

**十四日** 赵家璧致函:"向大嫂问好,朱雯曾来看我,他说,等你回沪,等我足疾恢复,将约我们两个同乡老友去他新居一叙。"

**十五日** 为撰《〈现代〉杂忆》而作"题记":"年来常有研究三十年代新文学史的青年学者来问及关于这个刊物的一些情况。因为事隔四十多年,我记忆不真,手头又没有一份当时的印本,匆遽答问,不免失实。今年五六月间,到徐家汇藏书楼去查阅了全份《现代》,录出一些资料,重温旧事,把曾经有人垂询过的几个问题,以及自己偶尔想到的事,写成这几段回忆,供文学史家参考。"

**二十日** 沈从文由北京复函:"邵华强来,得知陪金介甫先生访问过你和流金[程应镠]兄,谈得相当好。关于录音事,当转告,如将来拟发表时,必先将文字记录打印出来,得你同意后才发表,不至如某些'海式'美籍华人肯定的。他在这里曾访过朱孟实、李健吾,对他印象多相当好。""金的工作似属于'京'式,提问题较认真,甚至于可说特别认真,知道的问题深刻而具体,不轻易用笔,笔下有分寸。也可用'学院派'称呼。搞我的作品,钞辑目次卡片到一千种,为复印多份。有三分之一,我是已忘得干干净净。他却条理分明,谈得出内中得失。有的甚至于明白我在两夹板中,为什么挨骂原因!在国内几个研究我的年轻人,看来知识是还不如他渊博深至的。主要即客观而认真,且材料易得。""抗战初,有关老舍邀我们组云南作协事,我记得有两回信要我负责,我回了个信问他,是有了作品,才宜加入;还是不拘何人,一加入即成作家协会成员。""因此我回信请他'另约高明'。"

**二十二日** 复河南崔耕函:"上星期收到《碑刻资料上编》一册,""此书编的有意义,写印也很好,对青年文物工作者极有用。我尤其希望你们尽快印出'下编',还希望有一个解放以后新出土碑刻目录及说明,对我更为有用。去年以来,我的岗位工作是带五个'唐代文学'研究生,任务甚繁重,玩碑的兴趣和时间已大受影响了。"

**同日** 致周良沛函:"前几天王建国同志来,捎来了'红塔山'一条。承你远道关切,受之有愧。""《文学评论》中一文已看到,作者没有逻辑概念。他所贬的,正是下文褒的,奇怪!《文学评论》不知何人主编,阅稿似不够精细,我已看到几篇文章自相矛盾了。王建国说你要来上海,欢迎。今年上海天气怪,上半年雨天多,这几天还在下雨。""《海洋文艺》办不下去,出到7月号就停刊。"

**二十三日** 香港陈少棠收到先生题签"晚明小品论析,蛰存并印'吴兴施舍'",即致函:"承赐墨宝十馀纸,均饶于味道,几不知所取舍。老师处事用心细微,奖勉后辈,至为感佩。""前日本汇款晚早已收回,勿念。寄书所费不多,毋庸介怀。""本港书贾间有翻印'文革'前国内出版,以至民国早年出版之书刊,现大陆想已不易得,暇有见及,仍当寄奉。"

**二十六日** 俞平伯书赠诗抄横幅:"漫客天涯,如何不归,归又何为。向华山昆水,暂留我住;碧鸡金马,住亦堪悲。惟遣高歌,欣逢旧雨,心逐梁尘相伴飞。忘情处,命玉龙哀笛,著意狂吹。古今多少情痴,想小玉丽娘信有之。叹消魂桥畔,牡丹亭侧,琅玕刻遍,谁会相思。一曲霓裳,凄凉九转,刦后河山满眼非。承平梦,望吴宫燕阙,早感黍离。右亡友浦公江清于抗战时作于昆明西山王瞻岩家,《调寄沁园春》其下片所咏曲目有《紫钗记》《新柳》《还魂记》《惊梦》《拾画》《长生殿弹词》,曾寄我于北平。(钤印'平伯经眼')七七事变后,予亦有束谷音社友四绝句云:初按香檀拍未匀,酒边撅笛几辞频;谁知都似开天想,翻作淋铃夜雨新。鹤归城郭又如何,未必中年哀乐多;唱得牡丹亭一曲,寒花荒草总成窠。虹桥东望水溅溅,小屋西厢大道边;三五闲踪灯晚聚,撞金伐鼓共喧阗。自惜芹泥补垒痕,沙虫旷刦久难论;一从渡得桑乾后,烟树年年绿蓟门。右稿均已佚,顷从八月三日香港《文汇报》张春风《西窗闲话》文中得之,亦可喜也。一九八零年同月廿六日平伯写记。"钤印"德清俞氏""平伯之章"。

**同日** 夏承焘致函:"上月京门得快晤,至以为慰!昨晓川兄转来大作《南唐二主叙论》,容当仔细拜读。嘱寄拙稿,兹先寄奉日记(1931年4月—6月,共三月)一束,词例换头例一节,请审阅。不用请退,不必客气。日记中涉及许多人名,解放后经过历次运动,不知其人情况如何?如有不宜发表者,将来当一一删汰。拙作'词林系年',尚未录出(已嘱王生[荣初]以后抄稿复写两份)。'词苑'何日发稿?下月当可寄奉。"

**二十九日** 先生复北京吴福辉一函。

**三十一日** 吕贞白致函:"富寿孙[苏]病心房颤,殊可虑。此君实老实人,斯人而有斯疾,可叹也矣。某老之著作如此,我已嘱寿孙为公言之。不足为外人道,亦不必询某老。如公来,当即知之;否则,富当趋府。""过去我公不时过我,今则难以会到,甚盼得暇仍辱驾畅谈。"

**是月** 在《中华文史论丛》1980年第3辑发表《南唐二主词叙论》。

**又** 《西北大学学报》(社科版)第3期以题为《词的"派"与"体"之争》刊载先生与周楞伽关于词的讨论通信。

**又** 人民文学出版社出版由中国社会科学院文学研究所现代文学研究室编选《中国现代文学选集·中国现代短篇小说选(1918—1949)第二卷》,收录其作《上元灯》。

**又** 上海辞书出版社出版《辞海》(1979年版),其中单字"现"内词语"现代·2.文学刊物"提及:"一度曾以'第三种人'的面目出现。"

**同月** 15日经国家教育部批准,上海师范大学启用原校名"华东师范大学"。

## 九月

**一日** 武慕姚(拙叟)由开封致函:"至念前属寄《遗山新乐府》拙刻本,以资著录,祇以忘却置之何处,未能奉寄。近因晒书,始从插架觅得,然已受潮湿,字迹多不可辨。今连同拙校随信寄上,诸乞指正是幸。""如烁末冬初稍有机缘,当赴沪登门面候,以遂识荆之愿。""此书仅此一册,阅毕请掷还。"

**六日** 致谭正璧函:"前几天我才有机会到学校编辑室,""他们说已安排,第5期必可刊出,""薄薄一本学报,争地盘者多,以致把大作搁下了一期。请兄为古典文学教研组兼任教授事已由系中同意,打报告给校部,""但此事是名誉职,无报酬,将来如兄能来作几次报告,另有经济酬劳,或指导研究生。""我下星期必定去看你。"

**九日** 按程千帆日记:得施蛰存信。

**十三日** 按张文江笔记:"访施蛰存先生,2:30—4:00。"

**十四日** 致端木蕻良函:"北京一晤,足慰平生,可惜彼此均无馀裕,未获多承教益。弟归沪后,即托香港友人觅足下及萧红著作。上星期得江西信,知足下之《江南风景》已寄出,""昨日得到港友函,并收到《江南风景》及《萧红散文》各三册,此乃翻印者许宏铭所赠,""今已将《萧红散文》一册寄江西,馀书三册已挂号寄上。""'[百花洲]文库'第一辑七种已凑齐,接下去想组织第二辑,仍希望有四五种创作。最好还是卅年代或四十年代旧书重印,足下如遇到文艺界朋友,高兴提供一本,请为介绍。"

**十五日** 复彭鹤濂函:"藉知吟兴犹浓,且将印行诗集,四百首不为少矣。近来诗道隆昌,各地同文,以诗词见投者,旬日之间,必有数起。弟学浅才钝,又畏伤脑,故不能奉和,有辜雅爱。金山为渔歌樵唱之乡,足下舣咏其间,言志抒情,必多佳作。大集既工,当代百家诗中,必占一席,以是为贺,用致倾倒。"

**十六日** 卞之琳由北京致函:"7月间承枉顾寒舍相看,自己却未能出城到师大招待所拜候,颇为歉疚。8月28日匆匆把《西窗集》修订稿挂号寄上,希望审阅后转寄江西出版社,""如有修改意见,请大笔一挥,径自改在稿上,无需征我同意,""只希清样来时,寄我亲自过目一下就是。""望舒有什么译稿在别处一时出不来的,我也可以介绍给他们考虑,还有足下自己的什么译稿,""足下自己三十年代的短篇小说创作,我看也应编选一本,还有故废名的《桥》和《莫须有先生传》,故林徽因的小说、散文也应整理出版。"(据市肆影件)

**中旬** 在华东师范大学给77级学生上大课。据王圣思回忆:"文史楼底楼的大教室里黑压压地坐满了人,作为78级的学生,我也挤进去旁听。只见施先生坐在讲台后,手里的火柴盒上写着一个字,他就从这个字引发讲了一堂课,让学生们钦佩不已。"(王圣思《追忆拜访施蛰存先生》)

**二十一日** 《光明日报》刊载《词的"派"与"体"之争》:"《西北大学学报》1980年第3期发表了施蛰存与周楞伽关于词的几封讨论通信:《词的"派"与"体"之争》,对宋词中的婉约和豪放两种作风,是作家个别的风格(体)表现问题,还是集体的流派(派)倾向问题,进行了商讨。"

**二十三日** 海岑(陆清源)为《外国独幕剧选》编辑事宜复函:"第一集已付排,经与负责编辑商量,抽掉一篇已来不及了。""第二集,我的意见如下:莫尔纳的 *LiLiom* 请你继续译完,此戏在美国也常演,我看《美国戏剧画史》,即有剧照多幅,英格丽·褒曼也演过此剧。莫尔纳是欧洲戏剧大师,此系他的代表作,所以不能抽掉。""第二集年内发稿,第三、四集希望明年能发稿。""第二集稿大致已交卷,只剩四篇。""在组稿、出书过程中,把不合适的淘汰掉,我们联系的力量会越聚越多。""叶小铿(杜宣的舅子)译的《仁爱之心》校下来,错误很少。""'百花洲文库'今年可出几种?我译的那本短篇集今年能出版否?我译的米克沙特中篇《赛利雪的美人》(八万字),《译林》今年第4期发表,如凑在一起,也可为米克沙特长一点声势。"

**二十七日** 郑逸梅复函:"拙作素不示我兄,盖法眼高,恐贻笑也。中国新闻社发稿,刊载何处及何报刊,均不得而知,殊感闷损,向例如此,不仅对兄而已。我兄一般情况,弟大略知悉,但资料不够趣味化,尚希有以见告,点点滴滴,琐琐碎碎,不必成文,弟可以组织也;且由弟叙述,无自我标榜之嫌,稍夸张些,亦不妨。('中国文学家辞典'现代二分册中,有兄'小传',弟已看到,凡此君谈及者不必谈。)请即函示。"(按:此函见于市肆,时间据信封邮戳,而《中国文学家辞典·现代第二分册》系四川人民出版社1982年3月初版,疑似信与封不合,姑且录此,俟考。)

**月内** 撰写《蒋平阶及其〈支机集〉》。

**是月** 在《文艺理论研究》第2期发表《说"飞动"——读杜小记》。

**同月** 15日女词人丁宁(怀枫)在合肥病逝。全国人大五届三次会议通过《中华人民共和国个人所得税法》。人民文学出版社出版北京第一版、北京第一次印行鲁迅著《准风月谈》《花边文学》。

## 十月

**三日** 上午在茂名南路陈氏兼于阁,参加"星五老人"茶会。

**四日** 《新文学史料》编辑部牛汉、岳洪治由北京来访。据岳洪治回忆:"施老居住和工作的房间,是在一栋小楼的顶层。沿着狭窄的楼梯走上去,不大的房间里几乎没有空地,而且光线也不很好。施老面朝楼梯站在一张堆满书卷的写字台后,迎接我们的造访,我和牛汉老师上楼后,就在他对面坐下来。"(岳洪治《施蛰存、柯蓝、唐祈给人文社编辑的信》)

**五日** 在《文汇报》发表《要懂一点字学》:"要懂一点字学,最方便还是从多看碑帖入手(尤其是碑)。我之所以高兴推荐《现代书法论文选》,主要就是因为编者已注意到书法应从笔法提高到字学。""提倡书法,恐怕更重要的对象是一般青年,希望鼓励并帮助他们把字写得好些、清楚些、正确些。"

**同日** 端木蕻良致函:"我曾约刘北汜同志,他同意给你一辑集子,他现在是故宫研究室副主任,过去是《大公报》副刊主编。想来你是知道的,勿庸我说,请你告我如何决定,好近一步接洽。我的集子可加入《轭下》(《风陵渡》中),因为写作时间几乎是同时的。请考虑后告我如何?萧红其他稿子(散文)不算多,你看从《回忆鲁迅先生》中又选一些,如何,但也不宜太多。"

**七日** 致周退密函:"3日晨在兼于丈处,谈到11点半出,走到瑞金路复兴路转角,吃了一客生煎馒头代午饭。饭后至尊寓奉候,岂如尊寓已变了情况,后门上锁,敲之无人应门,废然而退。到淮海路去逛马路,想去看煦良,时间尚早,又恐妨其午休,无聊得很,只索回家。""附呈拙文,乞政之。词刊已在进行,改名《词学》,希望11月底可以编成第1辑。"

**九日** 先生致师陀一函。

**同日** 复松江张寿甫函:"前月诗老回松之便,托其探听何定方女士住址,不意乃劳阁下及凤威先生亲自走访,既歉又感。何女士亦已有函来,不日可以晤见。令孙女将来师大学习,甚愿一见,前年有令孙在佘山者,不知现在何处,常复念及。姚锡荣君亦弟昔年松江县中学生,今在松江任何职。秋晴得暇,或者拟到松江一行,定当趋候。""凤威先生均此道谢,乞为致意。"

另,上海市松江区档案馆还藏有先生复松江张寿甫函,仅见首页,书信时间不详。兹摘录如次:"鲁瞻[詹]先生系弟之业师,所居与寒舍比邻,即姜撰勋先生故宅也。弟于1930年就食来沪,眷属虽仍居松江,然弟惟星期六归松,星期一晨即去之,有时数周不归。怡寅师弟彼时尚幼,弟不能忆。惟其令姊则时时见之。抗战胜利后,弟曾于1947[6]年至松江访旧居,则寒舍与钱氏居皆夷灭矣。常欲知其家情况,今乃偶然承凤威先生之介绍,得知先师后人消息,甚为怅然,屈指计五十载。怡寅兄今年恐亦将六十矣。刻蜡事,今附上样子一页,此乃昔年为姚鹓雏先生印《苍雪词》之末一页,写者为丹阳县中学书记某君,当时每张缮写工为4角,怡寅兄如能写到如此标准,即可奉委。此间友人所欲缮印者,皆旧体诗词,内容经审定,决无问题也。印刷装订诸事,当另行设法,请怡寅兄考虑,试写印一纸来,如何?"

**十日** 在香港《海洋文艺》第7卷第10期发表《〈现代〉杂忆》。

**十一日** 复青海师范学院范泉函:"很对不起,我现在没有心情及时间为兄作文,向贵刊投稿,中小学语文教学的问题,我不会去思索了,没有文章题目,无从写起,十万个对不起,请原谅。"

**十三日**　师陀复函:"承寄国外暨国内纪念邮票,深致谢意。弟确有一部长篇小说,曾在文汇报发表,记得仅刊载两三章,后在上海出版公司印单行本,书名《历史无情》。""其内容似可编入'[百花洲]文库'重印,有两处需要改动,但改动不大,绝不涉及背景。""弟字原来就是'鬼画符',用'珠笔'固不足惜,可惜老兄一手好字。承兄下问,弟本名王长简,""前年奉北京文学研究所之命,写一小传,本名用王长简,""今日中、青年学识荒废,可胜叹也夫!"(据市肆影件)

**十五日**　香港陈少棠致函:"因记起老师有稿费港币三百元存于吴羊璧先生处,该款晚一直未有向吴先生洽取。向日购书寄奉,本出于区区一点心意,实不打算由尊稿费支付。上述稿费老师可与吴先生联络领回也。徐訏先生周前在本港病逝,报刊陆续有数篇悼文登出,谨择其一附寄。"

**十八日**　沈从文复函:"得信并由张木兰先生家转来所赠花生酱一瓶,深谢厚意。古人说'人惟求旧,衣惟求新',年来故旧大半凋谢,""因此每次于晤,捣希望有机会同过故宫或历博看看,却总像有要事临时发生,未能如愿。我大致在月内将去纽约一带看看,名为'讲学',老兄深知我那宜'讲学'。""我却争机会看看,美人如何保藏中国文物,看看国内不大注意,但在国外却当成'八宝精',东东西西有些什么,因此行年八十,还觉得值得去学习且肯定对于今后工作,必可得到不少便利的。因出国专家多在商周秦及汉器物上感兴趣,还极少有对于晋南北朝以来杂文物注意过。事实上值得注意而且收藏极多的,或许还是由晋到清代有万千杂文物值得重视,因为可以解决不少疑难,充实不少知识也。""那里西南联大熟人多,老朋友也多,可以得到的资料更容易,比国内便利多多。这些日子为准备上路虽忙,流金[程应镠]兄处未及写信,望便中为一致歉意。金介甫到过我家并住了八天,即由广州返回美国。俟到美后,必可见到他,录音记录,也可望见到。这人近于'汉书生',为我复印了约一千旧作卡片,虽有重复处,总凭可能得到。看到这份材料,才明白人家搞'研究'态度如何认真。至于近年用九大院校名分编成付印的现代文学史教材……"

**二十日**　作诗《题程翰香墨迹》并"题记":"汪欣生出示其外王父翰香程公手迹数纸,公之哲嗣冠珊先生行箧所贮,历劫仅存者也。拜观同慨,奉题短律。"

**二十二日**　程千帆复函:"惠示及另件均收到。《词学》能出,大是好事,要稿,少痊少暇当为之。复堂词序,只宜编入《词学文集》,不宜编《词学》。又白匋有《晚清史词》一文,载抗战中在成都出版之《斯文》中,兄见之否?甚佳,可收入'集'或'刊'也。《涉江词》稿装订事,此间竟无办法,或降低规格,只能在沪了之。(贵倒不怕,愁无高手耳。)遵示撰一小跋,不知可用否?"

**二十四日** 吕贞白致函:"昨晤徐声越兄,知从公得'遗山新乐府阳泉山庄本',弟曾有过,武氏翻刻,则未闻见。书囊无底,学海无边,其信然也。词刊何日问世。""兹有姚心牧者,乞苏州画师王西野画'昭明太子手植牡丹卷'征题,弟曾为作一诗,沈佚镏[轶刘]填词一阕。""是陈从周介绍而来,姚仰慕大名,昨以卷来,""嘱弟代求椽笔赐题,""请信手挥之。""'彊村校遗山',谓系高丽本实翻本,非真高丽本也。"

**二十五日** 复谭正璧函:"'学报'未出,出后会寄奉,或弟送来。兼任教授聘书已发出,弟因其未盖校印,故已退回重办,下星期末可以送上。"

**二十八日** 赵清阁复函:"画笺不成套,张数也不均匀,我已托人设法再置些。""王莹死得惨,然周文有误。王遗作《两种美国人》已出版,我将函其爱人寄赠阁下一册。'现代'忆文已拜读,建议你也在国内发表。月初适夷曾莅沪唔及,闻也看到你,何不就给'新文史'[《新文学史料》]?""文艺会堂之约甚好,届时我可能陪陈子展同来,然据他昨来告我,将迁居复旦。想约晶清,而她表示绝不参与'文艺'场合。那儿离你我很近,是个可以谈天的地方,但也不太清净!我还未去过,闻乃是非之地!不知家璧痊可否?试约一下。'海洋'可惜,我诌过一首七律慰问。"

**二十九日** 先生收到香港友人寄赠中华书局香港分局出版的"文学与历史丛书"王季友著《芝园词话》(1979年1月版)。

**三十日** 应香港中文大学卢玮銮为撰写《戴望舒在香港》之征询,先生作函提供资料。据卢玮銮记述:"施蛰存先生手抄'戴望舒回忆'片段,但施先生对该文件的真实性,存保留态度。"(卢玮銮《戴望舒在香港》文末"注释")

**三十一日** 汪欣生致先生函:"兹奉上澄翁小传[《徐澄宇先生小传》蜡纸刻写油印]一纸,乞詧收,是荷。尊处如存有过期之香岛刊物,颇思得而读之,一窥海外文风。倘蒙惠观一二,即乞转,烦徐运老便中带至兼寓,如何。阅后当如数归赵,不误。"

**同月** 5日徐訏在香港逝世。

## 十一月

**三日** 复周退密函:"惠札并新词盥诵讫,清闲可羡。弟似乎永远忙忙碌碌,一方面自苦,一方面又好揽事,实有矛盾,无可统一。内子起床已三四日,今日又寒冷,恐明日又将睡休矣。题跋卷子,已经极少,不必五十年,可谓已绝响矣。蒋吟秋书法颇有声,逸梅翁尝为我乞得一纸。""弟字不堪题卷,请弗介绍来。近闻少林寺院前地下发现董其昌丰碑一石,一字不损。此公去年已'改正',今年可走运,此石乃应运而出也。尊作《鹧鸪天》有二字未惬。"

另,据周退密回忆:"施蛰老继龙沐勋先生《词学季刊》中断之后,主编《词学》,嘱以词作投寄该刊发表,得屡蒙青睐,备受鼓舞。"(周退密《石窗词·引言》)

**四日** 为纪念鲁迅百年诞辰,应约撰写《关于鲁迅的一些回忆》(一、马克思主义文艺论丛;二、为了忘却的记念;三、一幅漫画像)。

**同日** 致夏承焘函:"上月21日奉到手书并足下及鹭翁词作。""近日正在为诸稿作技术加工,拟赶11月底送出全稿,故极为忙碌。印刷厂,已接洽到一家能排繁体字者,故拟尽量用繁体。弟意简笔字之与原有字相犯者,坚决不用。""以后吴夫人写稿,敬请注意,待第一集印出后,弟可以定出一个标准,请作者留意。现在每篇文章均须改字,大为苦事。《换头例》已编入第1辑,请吴夫人为我预备第2辑稿。《学词日记》起1931年4月1日,迄6月30日,请从7月抄续。""上月《参考消息》有两篇台湾文章论岳飞《满江红》词,弟拟在《词学》中作一'特辑',将余嘉锡及阁下二文一并刊布,使读者方便,请予同意。尊处有无赵宽书《满江红》词拓本?如有可否惠假制版,此石不知尚存否?如尊处无有,弟拟托人去拓。阁下关于此词有新意见否?亦甚盼补一小文谈谈。'屏风碑'后白石道人题跋拓本尚在否?亦拟假取制版或先摄影,备第2、3辑用。现在看来,集稿廿万字亦不甚困难。""则明年出四辑,容有可能。"

**八日** 书赠诗作《贺俞平伯先生暨德配许夫人重圆花烛诗》。又应新加坡周颖南之邀,书于卷上并题识:"周颖南先生自星洲寄示一卷,乃谢刚主先生手书俞平伯先生作重圆花烛歌。颖南先生属余题咏,共伸祝贺。余与平伯先生实有师生之谊,多年不相闻问;花烛重圆之庆,已逾三载,敢不献言,以补晋觞。因赋此诗,志余与平伯先生故事。既别纸书奉师门,以博双笑。又书此纸,用报颖南先生雅命,并祈政之。庚申十月元日蛰存施舍。"钤印"吴兴施舍""白头歌尽明月""北山楼"。别有"舍附记",钤印"施舍长年"。

**同日** 致夏承焘函:"日来拜读《换头例》已毕,做好技术加工,可以付排,有二事欲请示。""署名作'夏承焘稿、吴常云整理',如何?""祈剖析示知遵行。《日记》尚未做加工,俟读后如有疑义,当再请示。"

**又** 赵家璧复函:"你托我向马彦祥同志征求修订重印海明威旧译事,昨得复信,说:'倒很想重新细校一遍,尽可能减少点错误。只是手头无此原作,而且重印限期如何? 深怕力不从心,不能完成任务,误了施蛰存同志的计划,'""我看他有意修订重印,原书我好像有,你作出决定后,由你直接和他联系吧。""'良友'老同事马国亮同志郑重托我,有一位青年外国文学翻译工作者,通英、法、日文,最近在《译林》(1980年第3期)上发表美国艾弗利·科尔曼著《克来默夫妇之争》的一个中篇小说,质量尚可,他名彭恩华,在华东师范大学外事部门工作,""是著名电影老演员刘琼之婿。国亮要我写信给你,希望你能接见他一次,他也曾向《百花洲》投过稿,采用了两篇,我感到情不可却,答应写封介绍信让他去拜望你一次。""爱好文学,要求上进的中青年都有这种要求。""刘琼夫妇是马国亮的老友,彭恩华的中篇是与万培德合译的。"

十一日　吕贞白复函:"敬聆法海,佩甚。牡丹而出自太子之手,小僧初亦以为奇,将奇就奇,将错就错,反正出门不认货耳。""榆生将举行追悼会,弟填有'渡江云'一阕悼之,不弹此调已三十馀年,稍暇当录诣赐教。研究生二名每星期三来,详情可询马兴荣同志。""《词学》出版后务祈见赐一份,先睹为快。'遗山乐府'真高丽本,已不在祖国矣。"

十六日　汪欣生收到先生托徐润周带来借阅的香港文史杂志若干,致函答谢,"惟俟阅毕,当趋承面谢耳。《碧湘阁集》正遵命初作圈点,然后再呈请前辈精审"。

十七日　杭州周采泉致先生一函。

二十日　复北京端木蕻良函:"《风陵渡》足下预备重印否? 如要重印,则似未便抽出《轭下》,或者两书合印一本,如何? 萧红文有香港友人为觅得二篇,可以增入,但尚未寄到。足下的'序言'请即命笔,早日直接寄江西。""第一辑'[百花洲]文库'下月即可全部付印。"

二十三日　复香港黄坤尧函:"今知足下亦偏爱唐五代词,可谓有同好。我曾选了一本《宋花间集》,又一本《清花间集》,都是唐五代风格的小令,将来或可印出,但现在国内似乎尚非其时。'文史论丛'销行不广,我那篇《读温词札记》,恐怕见者不多,故许多人还是参考夏老所著年谱。大作《唐词长调考》因篇幅太长,《词学》第一集编不进去,想编入第二集,但仍希望足下节略一部分,其中有些论点,此间亦有不同看法,也不妨展开讨论,详情待面谈。有一位张荃女士,是夏承焘的学生,1940年代和我同在厦门大学。她作诗词甚佳,近来我得到一本《近代粤词搜逸》,内有张女士之词,但惊悉她已去世,小传中云'遗稿由贺光中教授刊于《东方学报》',这个《东方学报》不知足下见过否? 我很希望见到张女士的遗作,特别是她的词作,请足下有暇时为我寻觅。""每日上午我大多到师范大学去,足下如来,以下午为宜。"

**二十四日** 香港陈少棠致先生一函。

**二十五日** 复谭正璧函:"张白山处我早已去信,想必不至于因此抽出大作。闻《文学遗产》积稿太多,已在想分一部分给同行刊物。弟恐怕还是为了兄文太长,抽出一篇,可以补进三篇,这是现在编辑的惟一解决办法。如果他们不用大作,一定会代为转给别的刊物,如果退回,可由弟代为介绍给别的学报。"

**同日** 俞平伯复函:"远劳存问,开缄悦然,并历海桑,不觉半个世纪矣。前赋俚歌,聊纪尘迹,远友征题,遂邀青睐以清辞见贺,更雅意惓惓,浣诵欣荷无既。《词学》复刊诚为胜事,编辑体例亦善,如不用或少用简字,我最赞仝。尝谓减笔则可,人事日趋繁复,并字易致混殽,失却文字制作之本意。尊见相同,庶几吾道不孤矣。属写文字,恐暂难如命。因近体疲劣,心喜简要,不耐繇冗,又悔意少作。近作小词坿上博咲,恐不适用于词刊也。"(按:此函附录词作《菩萨蛮·庚申小春病榻》,后载于《词学》集刊第1辑。)

**二十七日** 程千帆复函:"前承属为汪先生遗文作跋,匆匆写上数行,想达左右。近古籍出版社陈邦炎先生来函,言亡室《宋词赏析》即将重印,以有无误字为问,弟已将查得者告知。忆兄前函亦云,此书尚有误字,不知就其记得者在别纸函陈君否?若需再找寻,则不敢请,以兄年高而事忙也。词刊进行情况如何?便中示知为感。"

**二十九日** 致夏承焘函:"昨日寄兄拙诗数纸,匆匆付邮,未及附书,想已登文几。今日已将大作《日记》作付印前之加工,有数事须请示。""《词学》已决定全用繁体字排,但向来有简体者,仍用简体。以后惠稿,请改写繁体及旧有简体,省得弟一一改写。《满江红》词特辑有意见否?"

**三十日** 复彭鹤濂函:"二律尤佳。'长恨已疏'一联自然高雅,佩佩。故乡有诗人如公者,愧未尝闻。洙泾为船子和尚道场所在,闻有一小庵中尚存道光年间一石刻,绘船子和尚像。足下知之否?甚愿访求,得一拓本。附奉近作一诗,乞政之。"

**下旬** 致香港方宽烈函:"黄坤尧先生带来尊札,甚感殷勤之意。旧诗抄奉数首,可补入,有一首挽许地山先生的诗,登在当年《星岛日报》上的,可托黄先生向卢玮銮小姐要来抄。词我不作,无可录奉。'笔名录'国内已有好几本,我以为你不必做了。""柳木下处另有信去。诗数页另封平寄,收到请复一信。'文坛史料'一册已收到,""此书以前我见过。"

**月内** 罗玉君将其译著《海上劳工》题赠先生。

**同月** 最高人民法院特别法庭正式开庭,审判林彪、江青反革命集团案主犯。

## 十二月

**一日** 潘景郑复函:"奉读手教并惠《说郛考》文,感荷之至,已交馆同事陈君先行,珍袭以备稽考。《词学》的博雅主持,闻之雀跃,斯学渐入衰落,复兴之举,非公莫属。编例已壮诵一过。承命拙作《上图所藏善本词籍提要》,得暇当试为之,但笔札荒伧,不值方家一笑耳。汪旭老遗词能破例为之刊载否,已函贞白兄,亦承同意,想公亦可见允耳。怀觉去年退休,其子昌午顶替在馆,如有需要,当为转告。"(万照楼藏品)

**五日** 复上海图书馆萧斌如函:"正在筹编一个《词学》刊物,有廿多万字要做编辑加工,赶本月底送给出版社付排印。因此本月内实在抽不出时间来帮助你们。1月7日以后,我的课也上完了,可以空一空。我想,如果你们不如此之急,我可以在1月10日左右到你们那儿去两个下午,帮助解决一些问题。"

另,据萧斌如回忆:"在编'丛书目录'索引时,遇到考证等问题或疑难,便常去请教他。他从不厌烦,总是耐心地帮助我们解决一个个难题。一次,他索性对我说:'你把所有难点疑点集中起来,还是由我到图书馆去吧,这样我可以一边翻书,一边解决问题,既快又省。'果然,不久施先生就来我们办公室'打工'了。""非但无分文报酬,而且他自己还要倒贴来往车费!""每次来总是穿着一套深灰色半新旧的西装,外面加一件同色的西式大衣,下着一双黑色皮鞋,精神十足。""在彼时都以'同志'相称谓的年代,大家都亲切地称呼他'施先生'。"(萧斌如《施蛰存"打工"记》)

**十日** 新加坡南洋大学历史学系林肇刚致函:"顷于友人周先生处,拜读先生为俞平伯先生所作之横披一幅,诗书俱佳,令人叹绝,先生为闻名已久之老辈作家,旧学根底深厚,书法亦自成家。""既知先生仍活动于文坛,使海外人士甚感欣慰。盼先生能出而领导文坛,为文坛注一兴奋剂,使国内之文艺百花齐放。""先生为心仪已久之名作家,乞求惠赐墨宝。"

**十四日** 俞平伯复函:"昨寄去《词选释》一册。其中有些注辞尚需修改,俟将来再版重订,盼告知意见。如后主'长相思'……,前在兄文中见到,即拟修改。拙词稿在港想已买到。""在《词学》转载固可,却不知合例否?请兄斟酌入选。简字问题,关系文化前途,情形复杂,收回不易,只宜无泰去甚,将若干字改回,不要并字,侵犯正字便好。将便当与圣翁言之。是否生效不敢说。如文化界舆论相同,则较有力量。知兄前事,直言为佩。我于1954年第一届人代会,亦曾有一提案,言简化字不妥太多,未这样评,'留中'而已,以后亦未再说。在'词选'上用旧体字排,香港《书谱》载评语,对此尽表示赞同。若《词学》顾问之称,本不敢当,且无力供芹,尤感惭愧,而感意惓惓,未可固辞,勉从群公之后,只是拙名而已,希谅之。'百花洲文库'选入拙作,照旧本排印,承介绍为荷,拟目三种,都是'杂拌',内容较杂,或有不适合处,'古槐梦遇'艺语零星,文辞深晦,亦易误会,似不如'燕知草',上有朱公之序。兄谓如何?""前悉示和作长歌,柒拾年女儿情事,委宛尽致,可补厥歌所未及,诚为佳作,为我增重。其'三中劫尽人间事'一句,'三中'未详,指近事或系用典,祈便示,他已拟汇成一小册,又油印极精,未知何人写刻也。"

**十八日** 潘景郑复函:"大著《说郛考》一文,馆同事陈君先行奉为圭臬,拟于此书加以研究。读大文内有云:'黄贞父云:今世未刊书,惟《册府元龟》《说郛》。'未知所出何书,敢乞公于暇时示及,以便考索。渎神至深不安耳。《词学》进行何似,属稿能有所就绪否。深盼早睹为快耳。"

**二十日** 为将汪东《唐宋词选评语》编入《词学》第2辑而撰"附记":"沈祖棻从汪先生学词,所作有出蓝之誉,右识语一卷,为沈氏受学时所录存。汪先生为今代词家,卒于1963年,遗有词稿千四百馀首,尚藏于家。沈祖棻嫁程千帆,夫妻皆任教于武汉大学。沈氏于1976[7]年以车祸殒生,遗作有《涉江词》五卷,将由湖南人民出版社印行。千帆今在南京大学。余向千帆征沈氏手泽,千帆觅得此文惠付。因发表于此,以为师弟二词人纪念。"

**同日** 俞平伯自北京复函:"16日手书书末坿注,备征冲挹之怀,眷顾之情,其实亦通常称呼也。昔知堂书简,辄以'兄'见称;老叟在京讲学时,为我书'论语'小幅,上款曰'大兄',尤惶恐。此件尚在。而重违雅言,无取文饰,""识畤昨申浦论文之乐。其地在永兴路,西谛旧居。大作当如命该录。曾偕戴望舒君来廣,书中提起,恍然忆之,而诗人已千古矣,可胜叹惜。为《词学》所陈三事,第一点自当从命,惟恐提不出好意见来。第二点如有关于词的写作,即行寄奉。而近怀枯涩,心乐简要,亦难得著奉也。第三点,经兹浩劫,舍间文物扫地倾空。闻齐内旧廏院中,纸灰没足也。""关于'[百花洲]文库'事,'杂拌'本有二册,收入是否过多,只用其一,似不惬人意。所说后来的一本,当是《燕郊集》,'良友'出版,亦可采用。""承告'三中'出典为荷。"

**二十五日** 按张文江笔记:"访施蛰存先生。先生说,现正担任《词学》责任编辑,每天工作10小时。又谈'比较文学'等。谈及'张春桥标点'的补白,施先生认为此说不实。那时他是伙计,我也是伙计,我有什么资格开除他。('责任编辑'应该是谦辞。

'张春桥标点'的传说,当时很流行。)"

**二十六日**　应香港中文大学卢玮銮撰《戴望舒在香港》之征询,作函提供资料。

**二十七日**　复上海文艺出版社宋桂煌函:"你也是上大同学,我竟未知道,或者在1947年开同学会时知道,现在又忘却。""不过刘华住的亭子间,却在大学部,我到他屋里去过,这个英俊青年,牺牲得很可惜。现在姚天宇[羽]还在。""姓戚[侬]的名字我不记得,孔令俊和她常有往来,暑中我和孔夫人[金韵琴]谈起过,她说不知其情况,不过可以去问曹雪松('虹中'学教师,已退休),""我也正要打听戚的情况,并且从她那里打听另一女同学刘佩规的情况。当时中文系女同学最多,丁玲、张琴秋(故)、斯仲英、朱蕴辉、刘佩规、江华等等,都不知下落了。"(据市肆影件)

**二十九日**　新加坡南洋大学历史学系林肇刚致先生一函。

**三十一日**　俞平伯复函:"26日手书收到。诗改二字均妥,'咻'字传神为妙。以拙作收入丛书,用'二燕'或'二杂拌',鄙意均可,希为酌定。《词学》创刊,何时发行?""承提到昔年我与曲园老人合影,印本已稀,或夹在故纸堆中,如能觅得,自当奉寄。申江前事可念也。我近体尚好,但不耐劳,偶作小诗亦不多。"

**同日**　潘景郑复函:"'黄语'已转至陈君检阅,至感。尊辑《词学》洵属不朽之辑,承命与列末座,深惭浅拙耳。拙词更愧笔札荒伧,不堪附骥大雅。得暇当录奉指正。贞白兄诗词,均属高手,于诗笔超尘,不愧江西一派也,长短句亦斐然可诵。公可请其录存若干首,最近亦曾拜读其词,为之倾倒,请勿放过。谅卓见亦以为然否。程夫人之《涉江词》曾见印本二册寄赠图书馆者,亦曾拜读之,闺秀中不可多得之作。知旭公授述有绪也。示及词稿拟付装订,春节怀觉拟来沪,当嘱其趋前洽装之。"

**月内**　乍浦许白凤寄赠书录《水调歌头·七十自寿》并"附奉旧存荣宝斋诗笺,请惠诗书用,以资永藏"。

**约在期间**　按先生自述:《词籍序跋萃编》"这部书稿,在资料室中存放了二十年,直到1980年以后,文化昭苏,各种打入冷宫的人与物,开始有了重见天日的可能。资料室负责同志检出这部书稿来还给我,希望我可以找到出版的机会"。(《词籍序跋萃编·序引》)

**又**　按先生自述:"1980年至1984年,我屡次要求长宁区房管局落实政策,恢复我的二楼一室及三楼二室的租赁权利。房管局虽然同意解决,但始终拖延,未有行动。"(先生书面材料)

# 一九八一年（岁次辛酉）　先生七十七岁

## 一月

**五日**　新加坡南洋大学历史学系林肇刚致先生一函。

**上旬**　为完成编辑《词学》集刊第1辑而撰写《〈词学〉创刊缘起》，发表时署名"华东师范大学中文系古典文学研究室"。

**十二日**　俞平伯复函："《词学》创刊号已发稿，甚喜。今承嘱补奉一章凑成二首，（一旧作，一新作）皆在《古槐书屋词》新印本之外者。顾问名单已敬诵，当从诸公之后，滥竽为愧。我近体疲苶，惮用心，不耐劳，最近恐未必有文作寄奉，为歉之。此间《诗刊》近拟发表一批旧体诗词。南北呼应，园地较宽，亦一佳讯，或已闻之。拙著加入丛书事：如用'杂拌一'，则请删去157页的那一篇（日记），馀外不动，如改选'二拌'为新编，我亦赞成，却不能自为，得足下主持之，即甚妙，（有些开顽笑而不甚恰当的，均可删）只未免多费心耳。""足下努力发扬继续遐庵、忍厂之业，屏居乐观厥成，附书致贺。"（按：此函附录"旧作"《浣溪沙·答朱佩弦，1926年》，与前寄"新作"《菩萨蛮·庚申小春病榻，1980年》同载于《词学》集刊第1辑。）

**十三日**　作诗："人生七十古为稀，今日时清未足奇。阆苑琼林花发晚，蓬瀛仙果子生迟。吴兴画笔林家草，延伫新词壶叟诗。松鹤精神犹少壮，老兄较似尚孩提。作于庚申腊月初八。"

**十四日**　乍浦许白凤复函："《兼于阁集》已刻就半数（约有90页），拟农历正月底完成之。接下为《鸐雏诗》动手如何？毛边纸紧张，阁下能设法先买好一千张，""买毛边问汪欣生兄有路可办。""近与平伯先生通信，得闻尊著贺其'重圆花烛韵'有改字，较原稿为确云云。我将镌'重圆花烛'一石赠之。又得其抄来近作，录供同赏。""读其诗，十年风雨中过来人，同此感喟也。"

**同日**　刘北汜复函："前天星期，已为《山谷》重印写了千多字的题记，已于当天直接寄给汤真。""知道你在筹办《词学》季刊，希望能早日出版。北京这里，听说夏承焘、周汝昌、张伯驹等申请筹办韵文学会。""这三位都为我搞的《紫禁城》双月刊（香港印刷出版）写了旧体诗词，很希望你也能抽空为这个刊物写一篇。目前第4期已出（有启功的诗，秦牧的散文等），尚未自港运到北京，来后当寄上。附上今年3期及明年1、2期目录，请你指正。""希望能得到你的支援。"

**十五日**　黄坤尧由香港致先生一函。

**十六日**　撰写《乙夜偶谈》(真实和美):"在目前新诗坛的论争里,我想参加一点意见:对于青年诗人摸索新的技巧,应该放手一些。他们会有成功,也会有失败。他们的评判人是广大读者。如果新诗坛有掌舵的人,他应当注意的是诗的真实性。"

**十七日**　致谭正璧函:"下星期一(19日)上下午,弟均在上海图书馆文献组帮助他们整理外国文学书目。中午想到兄处休息,顺便谈谈。弟自己带面包来,请谭寻给我预备一碗菜汤,别的不用麻烦,我在家里也不吃午饭。"

另,据萧斌如回忆:"法国马洛特(H. MaLot),曾先后被译为马洛脱、麦洛脱、马洛、莫奈德、爱克脱、麦罗等八种不同的译名,而书名也被译得各不相同,'孤儿飘流记''苦女奋斗记''苦儿努力记''孤伶少年''苦儿流浪记''苦女成功记'等。""不同的书名和译名,究竟是一个人所著,还是不同作家的不同作品呢?施先生逐一推敲,他从不同版本的内容作仔细比较,""当能够确定时,他大声说道:'好了,答案就是一个人!'把我们大家都逗乐了。这时他又很认真地用上海话讲了一句:'这些混乱的汉译名,真正害煞人。'"(萧斌如《施蛰存"打工"记》)

**二十一日**　南京唐圭璋复周楞伽函,谈及"先生与施先生争论词的'派'与'体',欲弟参加意见,兹略述管见如下"。又及"蛰存约稿,弟一再申言:不能阅书,何能写文。无奈他请同事金启华催逼,勉强带病以应,极知浅薄,徒以贻笑方家"。

**二十三日**　复河南崔耕函:"我近来因为古典文学教学工作太忙,已无暇研究碑版,金文基础甚差,从来不敢妄说,又因住屋湫隘,许多有关金石文字的参考书都已装箱叠存在楼下煤间里。承你摹示戈铭,我只能意会试释,另纸录出,请再找几位专家研究之。""我前几年编《唐碑百选》,想找《封祀坛碑》,竟不可得,后来向师大图书馆借得徐乃昌藏本,则字迹已很模糊,无法摄影,不得已改用《石淙诗序》。"

**同日**　撰写《乙夜偶谈》(官僚词汇):"在每天见到的报刊上,这种文句多到不胜枚举,我把它们称为'官僚词汇',因为它的根子在官僚主义。我并不对这些文句的写者有恶意的讥讽,我不过是举一些典型的例要求我们今天的写家(这是老舍创造的名词)注意,为了说话负责,思想明确,赶快肃清这些官僚词汇。对我自己,也同样有这一要求。""今天忽然觉察到,更想到'春秋笔法',才恍然大悟,感到我们语文发展史上存在着这一种严重的积弊。"

**二十六日**　复香港方宽烈函:"承询几个问题奉答:克臻大家,即赵克臻,叶灵凤夫人,现在港。'大家'即'大姑',古代对妇女的尊称。'金石咏'一百首皆在1979年香港大公报'艺林'副刊刊载,""我希望你不要选进去,因为重要处乃在诗后面的说明,光是用诗,没有意义,我希望香港有出版家能为我印一个单行本,加几个插图,一共不过二万字,所费不多。""你与苏雪林、谢冰莹有书信往还,请你常便代我问候。赵清阁常见面。""你编的那本,我建议你改名'中国文艺家别号室名索引',可以包括旧文人、书画家、新作家都在内,如果用'作家',范围就狭小了。承惠'六百作家小传'尚未收到,先谢。以后请弗寄惠什么书物,此间无法得外汇,香港友人给我找资料,都是赔钱又费工夫,使我不安。"

三十日　潘景郑复函:"日前获聆教益,至为快幸。承命题字,率尔操觚,拙劣不堪入目,乞指正是幸。今日已交萧斌如同志处,俟公有暇到你府面呈可也。属查三书,除《雪夜堂集》未见,馆藏馀二种在长乐路书库,俟取到后,检点卷页,再行奉闻。残岁俗冗历碌,拙作过春节后当录奉。"

是月　周良沛编,卞之琳、艾青作序的《戴望舒诗集》,由四川人民出版社出版。据萧应深记述:"《戴望舒诗集》决定刊行时,他四处寻觅旧本,为之编校,几乎视为己事。"(萧应深《一个作家的品格——记施蛰存》)

另,按先生自述:"分配到华东师大书亭只有十本,卅分钟内卖完。我过了五六天才知道,赶紧到南京路新华书店去买,亦已卖完。望舒三个女儿每人得书二本,稿酬二百元。我还没有得到书,是咏絮分了一本给我,言明等我得到了书,就要还她的。书到时,杨静在北京。她找过你,希望多带几本书到香港去,未能如愿,现在她已回港。徐志摩诗印八千册,望舒诗印七千八百册,这二百册的差距甚妙。书有错字,我已去信更正二三事。"(致周良沛函,1981年9月22日)

又　《西北大学学报》第1期刊载陈兼与《与施蛰存、周楞伽二先生商榷》:"施先生谓'东坡、稼轩有婉约,有豪放'是矣。但谓稼轩'豪放之作,多民族革命情绪,东坡豪放之作,皆政治之愤慨',此又不尽然。"

同月　花城出版社由广东人民出版社内划分成立,承担出版《随笔》丛刊。

## 二月

二日　致谭正璧函:"聘书[华东师范大学中文系古典文学专业客座教授]已送来,今寄上。比上次一个稍为像样,但'先生'、'同志'都不加一个,没有尊称,还是可笑。请马马虎虎收下吧!"

四日　除夕。先生致师陀一函。

**五日** 春节。下午前往长乐路赵清阁家贺年。

**同日** 周楞伽复南京唐圭璋函谈及:"先生对弟与施先生关于词的'派'与'体'之争,乐于参加讨论,不胜欢忻。""初未征得施先生同意,施先生责弟以无礼,弟即将原稿取回,交其过目,迨后施先生亦不阻止我发表,且云能在学报刊出甚好,此事付诸公论。""乃发表之后,施先生忽迁怒学报编者,责其不应发表私信,并与弟断绝信札往返。弟恐'薄言往愬,逢彼之怒',亦只得听之,今殆已处于绝交状态。弟无状,诚不审所以开罪施先生之故。施先生为我前辈,年长于我者六岁,当其蜚声文坛之日,我尚年未弱冠,正束发受书之时。今番意见虽与弟相左,但其信中亦不乏精辟之论。"

**六日** 严载如(寿澂之父)来先生寓所贺年,赠诗并题识:"庚申除夕辛酉元旦二首。蛰存先生郢正,昌埠漫稿。"

**七日** 为编讫《词学》集刊第1辑撰写《编辑后记》:"今天我们发排了第一集的全部文稿,这是我们在半年以前所不敢期望的。""四十年来,这一门的刊物,一直是个空缺。我们不自量力地创刊《词学》,怀有为词学研究重振旗鼓的心愿,妄想以这个刊物来开开风气,藉此以'鼓天下之动'。""《词学》打算每集转载一些台湾及国外的词学论著,以促进这一专题的文化交流。""本刊将不是词学研究的'一言堂',即使本刊编者也参加讨论,他的观点也只是个人的,而不是代表本刊的。"

**八日** 张文江来访。按张文江笔记:"先生垂询诗坛近况,因《福建文艺》征求他对舒婷诗的意见。我介绍北岛、江河、顾城。先生说,文学研究不要一窝蜂,要走自己的冷路,不要跟着去捧人家。施先生说,现在写文章太长,非从盘古开天地谈起,编辑头痛。劝我要短些,""宁愿多写小文章,汇成集子。又说,眼高手低是通病,看万事不顺眼,自己写出也不过尔尔。眼高是因为看得多,手低是因为写得少。不要写长文,一周一篇短文,一年就有四十来篇,渐渐自己会提高。""自己喉咙一痒,就要咳嗽,用海马蒸梨,也不济事。"

**同日** 按程千帆日记:得施蛰存信。

**十一日** 新加坡南洋大学历史学系林肇刚复函:"元月廿一日手书拜悉,""张荃女士经查询过,未知此人。大札谓张女士之诗作刊载于《东方学报》,当代查阅,若见其作品,必代影印奉上。贺光中先生于十多年前离职后,即赴美定居,闻目前仍留居美国。""国内学术界,诚如先生所言,""不重资料之蒐罗分析,惟尚发空论,学术讲究言徵考信,不建立于资料上之空谈,虽多实无用。另者,国内出版之著作,对海外学人之研究成果,素不重视,有闭门造车之嫌。文史旧籍流于国外者,不计其数,以台湾为甚。不将海外学人之成就兼容并蓄,不免流于陋,有害于学术之正常发展也。"

十三日　俞平伯致邓云乡函谈及:"闻华东师范所编《词学》将于下月创刊。"

十四日　潘景郑致函:"上月长肃一械度达钱掌,命跋先人手泽已拟就并粘一空白页交萧斌如同志,公俟时可辱人一取,何如。盛暑怀觉来沪曾属其趋谒崇阶,适公出未值。渠于元宵后去杭,过沪可留数天,当属其再行趋候不误。前属查松江词三家,仅《雪夜堂集》无其书,检得《鹤静堂集词》11页半,《容居堂集词》62页,合计73页半。""弟当代为效劳不误。属抄拙词,萦慨荒伧,不堪入选,容暇时考虑再行报命。昨访贞白翁,出示近作词数首,甚高逸,已代为乞之,希公便中函促为是。贞翁诗宗江西,近年第二人,弟属赞其作品高远不可及,惜公近辑《词学》,不能兼及耳。"

十六日　黄坤尧由香港致先生一函。

十七日　新加坡南洋大学历史学系林肇刚致函谈及,大札谓张荃女士之诗作发表于贺光中先生之编《东方学报》,据查并无。

十八日　在《解放日报》发表《关于"古汉语"》:"为了纯洁我们的语文,调整我们的语文教学,我建议废弃'古汉语'这个名词。我们应当把白话文和文言文一律认作是文而不是语。正名是为了取得正确的概念。"

二十日　为江西人民出版社重印沈从文《边城》作"题记":"《边城》已在排印,""碰巧沈从文到美国去探亲兼讲学了,没有时间可以等待他回来后从容执笔,因此,我写了这一篇题记,向读者说明我们重印此书的原委。"

二十二日　在《新文学史料》第1期发表《〈现代〉杂忆·一》。

二十四日　复香港黄坤尧函:"大作《唐词长调考》及复印西纪昭一文均已妥收,当时有信致卢玮銮女士,托其顺便奉阅,我因事冗,未遑作复,大约适在寒假中,卢女士无机会见到足下,有劳驰念,甚为抱歉。《粤词搜逸补编》不烦访求,亦不必复印。""《宋版经典释文》尚未见,如出版,即当奉寄。近日此间阴雨,故不出门,俟晴和时当到福州路去访问之。《词学》至今未得印刷厂承印,似乎'难产',此间事事拖沓,办事不能迅速。""别一纸请呈饶[宗颐]先生。"

同日　赵景深复函:"我没有保留他[梁遇春]的《春醪集》和《荡妇自传》,""俞平伯的《杂拌儿》我没有,但《杂拌儿之二》中有小说史资料,此书原是有的,检查新编书目,竟无此书,不知给谁借去了。《尝试集》原来也有的,已于前年送给湖州徐重庆,还送给他约十册新诗集。光华书局给排32开本《挂枝儿夹竹桃合刊》早已遗失。我处有新近大量增补的大32开你要的印本《夹竹桃》二编,有关德栋新序,您如需此书,我如找到,当嘱[李]宗为带给您。《夹竹桃》似由我与另一书合刊,由我写序,但此书只有一薄册,也难寻找了。但您如需要,我若找到的话,当嘱宗为带给您。"

  **又** 师陀致函:"《历史无情》业已改好,全书计15万字。""中间穿插游击队、八路军,故事曲折,不是一封短短的信中能够说明的。是由我亲自送至府上,或老兄来取。""是否需要另写一新'序'或'后记'。"(据市肆影件)

  **二十五日** 程千帆复函:"前奉手书,又'词刊'目录,想见矍铄精进,极慰。嘱撰文,所不敢辞。""前年叶嘉莹来南大讲学,携有顾苦水《稼轩词说》,弟当命主事者复制一份。""似可作为'文献'[《词学》集刊之专栏],载之词刊。如须说明,可请嘉莹或北师大郭预衡作一跋。""《迦陵论词[丛稿]》在沪出版,想已见之。如词刊送叶一份,便可请其撰稿。""与弟相熟,如兄以为可者,便当为绍介也。又威斯康辛亚洲学系主任周策纵有一小册,乃以札记体写读静安词之断想,""亦无妨作'文献'[《词学》集刊之专栏]刊出耳。""菉词手稿数幅,呈刘弘老者,顷济南博物馆李清照纪念堂欲弟捐赠陈列,已允之。其中有集外词六首,仍拍照数幅,今以一纸奉呈。又尹默先生手迹一纸并送上。"

  **二十八日** 复上海文艺出版社宋桂煌函:"兄提到许多上大同学名字,助我回忆不少,我要找的正是戚蕙侬,""如找到,我们约一个时间一起谈谈。'庄铭彝'是赵铭彝之误,此人在戏剧界,即住在愚园路,去年我到他家去过。朱义权我当年也熟悉,后来不相见,兄不提起他,我已不复记得。钟伯庸是松江人,早已去世。刘佩规不知是否刘大白之女,作诗词甚好,此人恐亦已故,问戚蕙侬一定知道。我想请兄记录一些上大同学名字及略历,或者有用。""王家贵那里有消息否?"(据市肆影件)

  **同日** 新加坡南洋大学历史学系林肇刚复函:"前惠书提及赵清阁女士,晚将此事转告潘受(国渠)先生,潘先生甚感意外,且亟欲与赵女士联络,附上潘先生短札一纸,烦代转交赵女士,并请赵女士方便时修书予潘先生。先生嘱找寻之张荃女士诗作,迄无法找到,一有发现,当即奉寄。"

  **又** 按程千帆日记:"以顾随《辛词说》寄蛰存。"

  **是月** 香港波文书局初版印行陈少棠《晚明小品论析》,封面刊有先生题签。

  **同月** 全国开展"五讲四美"文明礼貌活动。

三月

  **二日** 按张文江笔记:"访施蛰存先生。"

**五日** 按程千帆日记：得施蛰存信。

**八日** 香港《文汇报》刊载吴其敏《海上文情点滴》提及："施蛰老最近来的一封书，他写道：'弟近日方忙于创编《词学》，第1辑将于3月由华东师大出版社出版。港中所出词学书已收得不少。饶宗颐先生亦来过，晤谈一小时，可谓一见如故。近作《贺俞平伯先生暨德配许夫人重圆花烛诗》一首，为周颖南先生逼出。印得数十纸，特检奉其一，以博一粲。'"

**十日** 复河南崔耕函："惠书并戈铭瓦当文拓本二纸收到，""看戈铭文字排列与足下前次所寄钩本不同，因此我的释文不对头了。现在看来，应当是……。""出土处很可能是个楚王坟墓，希望会有大发现。"

**同日** 黄坤尧由香港致先生一函。

**上旬** 上海古籍出版社约请先生校编整理《陈子龙诗集》。先生自述："余方校点乡先哲《陈子龙集》，乃邀君[马祖熙]为助，而以检阅、迻录、标点、校正之务，悉以委君。"（《缉庵词存跋》）

另，据马祖熙回忆："其时底本《陈忠裕全集》都已送到，施老正在撰写《唐诗百话》，主编《词学》。老人想到了我，写信给我，要我作为助手，帮助作校点整编之务，我已荒废多年，但对复社几社人士素有敬仰之情，为了能为蛰老分劳，也就恭恭敬敬地答应下来了。这本书是属于上海古籍出版社的古典文学丛书中重要的一部，责编周黎庵先生是蛰老的好友，蛰老向黎庵推荐我承担编务时，曾向黎庵先生表示：'在我执教大学的四十多年中，祖熙是早期的学生，功底较厚，他一定能完成此务。'"（马祖熙《化雨春风七十年》）

**十三日** 上午至茂名南路陈氏兼于阁，参加"星五老人"茶会。

**同日** 晚上复周退密函："登门不见主人，承嫂夫人为做宁式八宝饭，奉扰一顿解决了吃饭问题，谢谢。尊作二诗甚佳，已非阁下旧时风格，庚申除夕诗亦有老杜神韵，可见功夫已大进，人老成境界矣。在阁下案头见迈老近作，似亦风格大变，大胆作泼墨山水，不似从前之拘谨，或者已受张大千之影响乎？古微翁画像请保存，待需用时求借。"

**十六日** 在《解放日报》发表《怎样学习古汉语》。

**十七日** 程千帆复函："侯镜昶带来条子及另函均收到。《涉江词》已托老书友装帧，极感。叶嘉莹地址如下，""已函叶，并将词刊第一期目录寄去约稿矣。刘弘度先生之《微睇室说词》上下卷，专论宛约派，而以梦窗为主。此稿在弟手边，如华师大科研经费充足,似不妨复制一份,随时可择尤载之词刊,不知尊意如何?"

**十八日** 潘景郑致函:"月前获承教益,至深快慰。嘱用静电复制词集三种,已为代办。""公可即遣人来使取去。因日内黄怀觉要来沪,可即托彼装订成册也。黄君来沪不返,三四日即去杭。"

**同日** 新加坡南洋大学历史学系林肇刚致先生一函。

**二十日** 上午至茂名南路陈氏兼于阁,参加"星五老人"茶会。

另,据周退密回忆:"始以老友施蛰存兄之介,谒先生[陈兼与]于其茂南寓庐。"(周退密《墨池新咏·自叙》)"茂南小沙龙宾客之盛,类皆耆旧长者,学行纯一、齿德俱尊如徐署[曙]岑、陈九思;见闻博洽、文章尔雅如徐润周、施蛰存、包谦六;襟抱冲夷、淹贯中西如陈泽锽及先生胞弟陈驹声;才情卓越、意气风发如冒效鲁、苏渊雷;灵襟散朗、妙语如珠如周鍊霞;万卷撑胸、千言立就如徐定戡。"(周退密《兼于阁文賸·引言》)

另,据施议对记述:"陈氏[兼与]晚年,其书斋号称小沙龙,沪上一批老诗人、老词人,每逢周五,都前去品茶谭艺。例如高仁偶、陈琴趣、沈轶刘、陈九思、施蛰存、周鍊霞、包谦六、吕贞白、何之硕、周退密、张珍怀诸辈,皆为其座上宾客。小沙龙盛时,与会者一二十人。""陈氏曾赋七绝一首,记述当时情景:'谭艺清茶一盏同,寒斋亦号小沙龙;题诗早已纱笼壁,胜听阁黎饭后钟。'"(施议对《当代十词人述略》)

**二十一日** 新加坡南洋大学历史学系林肇刚复函:"致周颖南先生之大札,前日已亲交周先生。""顷觅得赵叔雍先生遗著二种,一为发表于《东方学报》之《冒校云谣集识欵[疑]》;一为《高悟轩诗集》。诗集二百馀页,拟分数次邮寄上。此诗集为赵先生之千金出版者,原书无法购到,只得影印寄奉。先生若需要其他海外著作,随时告知,当代为寻觅。"

**三十一日** 《文汇报》刊载记者张自强"本报专访"《为社会主义尽心尽力——访施蛰存教授》:"陪同的青年助教朱大刚介绍,施蛰存的政治问题得到改正以后,像是变了一个人,为祖国教育事业做了很多工作。""两位77届学生要研究丁玲的著作,知道施蛰存早年是丁玲的同学,便请他作介绍。施蛰存虽然工作很忙,还是给他们写了介绍信,让他们到北京访问丁玲。""他除了自己上课,讲唐诗、敦煌文学等以外,现在还指导五名研究生。""施蛰存的研究工作大都是在晚上进行的。白天,他或到师大讲课,或访友,或去徐家汇藏书楼寻觅三十年代文学资料,作撰写回忆录之用。""患有气管炎、脉管炎、鼻炎;右手神经末梢颤抖,写字不太方便。可他为什么要这样忘我地工作呢?他的回答是:'我尽我心,我尽我力。'"

  另,据周普记述:"我看到了一篇专访施蛰存教授的报道,""给先生写了一封信,叙述了购书[《域外文人日记抄》]的经过,感谢他选编翻译了这么一本好书,同时又把珍藏了那么多年的书随信一起寄去,""收到了先生的亲笔回信,""写道:'天地间有不相识的人在关心,这恐怕是文人特有的幸福,我写了一辈子文章,被冷落了四五十年,你的情谊犹如空谷足音,岂能不感激?'先生在信中还称赞我为'真正的读书人,爱书家'.""从此我和先生开始了持续多年的书信往来。"(周普《书缘》)

**是月** 在《百花洲》杂志第3期发表《重印〈边城〉题记》。

**同月** 27日沈雁冰(茅盾)在北京逝世。《文学报》在上海创刊。

## 四月

**二日** 按张文江笔记:"接到施蛰存先生信。"

**同日** 香港陈少棠致先生一函。

**三日** 按张文江笔记:"访施蛰存先生。"按程千帆日记:"得施老函。"

**四日** 按福建涂元渠日记:"施蛰存师的儿子施蓬和他爱人孙梅先二人来,接待他们住下来。"

**七日** 致《随笔》编辑组苏晨函:"为了去年5月寄给《花城》的三篇文章,我已写过好几封信给《花城》编辑部,上月13日又有挂号信给易征同志,又有几段随笔寄给《随笔》编辑部,不知何故,一概没有回音。文稿不合用,尽管退回,我也当过编辑,决无意见。但永远不见复信,却使人焦急,请您查一查。"(按:此函右上角见苏晨阅记:"《随笔》稿,18期用。《花城》稿,施文可用,戴望舒诗选两首附后,研究生文不便用。4月16日复施,苏。")

**十日** 复黄铭生函:"去年《文汇报》未转大札来,我亦不记得大名,不知何时与足下有缘,所言古人'李登'不知是何等人物,足下何不先查'人名大辞典'?古人名我亦不能一一熟悉也。近来身体不佳,感冒已旬日,无精力接待来客,且待暑假时期,可再惠函,当奉邀一叙,如何?"

**同日** 俞平伯致张人希函谈及:"乍浦许汉字白凤,刻赠一章[春在堂中春不老],"文字出于施蛰存赠我的长歌中。刻得颇好而褒之过当,我不敢用,附钤博粲。"

**上旬** 为将戴望舒译著《高龙芭》编入"百花洲文库"而撰"出版说明"(未署名)。

**十三日** 新加坡南洋大学历史学系林肇刚复函:"先生嘱寻找之赵叔雍先生诗

文,已影印赵著之《高悟轩诗》全部及发表于《东方学报》文一篇,分别邮奉。""先生若需要海外出版之书刊,随时示知,当愿为服务。"

**同日** 杨纪璋致先生一函。

**十四日** 复香港方宽烈函:"附上79年在北京参加文代会时所摄一影,聊当面晤。此间春夏多雨,至今日还未晴朗,我的手神经已损,写毛笔字颇抖索,二纸须待夏日方能书奉,必不失约。刘心皇的书我没有见过,我的三首诗不知他从何处得来,记得第三首诗没有发表过,诗中有误字,今改正寄回。我的回忆记写不多,未必能成书,以后再说。昨日此间报载苏雪林论茅盾创作的报导,你如去信致苏,望为致意,她如有新著作,颇思拜读。陈少棠书想已取得。"

**十五日** 吕贞白致函:"《词学》尚未见面,岂印刷仍未解决耶?""小和尚为修房子所苦,""亦闷极无聊,到古籍书店看看。不看尚可,看了吓得一跳,书价云贵几贵逾金。潘来遂初堂初印本,小和尚出售时,只壹元一张之钞票十张,可今日书店乃标价一百六十元矣,且是内部架上。""至新出版之书,除《三侠五义》《儿女英雄传》为高质量之书,我看不懂者外,其馀质量之低下,亦颇吓人。竟有人为龚定庵《己亥杂诗》作注,先列原诗,次为白话串讲,再次为注典故,此作者不知何许人,出版此书,读者对象究系何人,小和尚真摸不捉头脑。今日大叫印刷力量来不及,纸张不够,浪费如此。""版本专家顾廷龙公馆,亦被人撬门而入偷窃。""如外出,请驾临寒斋谈谈。"

**十六日** 广州《随笔》编辑苏晨复函:"查出你的'序',可用。这一期或下一期《花城》发,戴望舒诗选(2)(3)两首附后。"

**十七日** 复福建涂元渠函:"此次我儿子到福建养病游览,因第四子没有在厦门等候他,失去了游伴,累厦大同志们及你们伉俪麻烦了一阵。昨天他们夫妇回沪,才知情况,并说你们伉俪热忱招待,实在非常感激,也很对不起。""此次厦大校庆,我本想来赶热闹,借此会晤老朋友、老同学、同事,但此间有许多事缠住放不下手,只得寄了一个贺词去,失去一个好机会。""你已决定去福建教育学院,非常好。""前几年你还为此事举棋不定,现在小辈长成了,问题得以自然解决,尤其可贺。我似乎没有见过你的夫人,什么时候请照一个照片来!厦大同学有许多带方帽子的照片,都被红卫兵撕毁了。"

**十八日** 复香港黄坤尧函:"《词学》至今还未确定印刷厂。《经典释文》听说已出,但尚未见,书店说没有来,托人在北京买,也至今未有回音。《支机集》已编入《词学》第2集发表,将来饶先生可以得到印本,故现在不去复印寄上了,请代为通知饶先生。

《沧海楼词钞》收到,谢谢,其词甚佳。《草堂馀意》复印件亦收到,果然无法用。先复此信,一事无成,万分抱歉,这里一切事情都是'慢',无可奈何。"

**二十一日** 致河北固安县牛驼中学周玉魁函:"你是可以做研究工作的,但在农村里条件太差,没有办法,能否设法调到大城市里去当中学教师,天津、济南都好,可以有看书的条件。""我说不必研究词律。我甚至以为,词字平仄也不必定死。""我不主张今天再考订词律。三十年前,我看《词综》,发现有些字毫无来历,古本所无,故断定是朱氏妄改。我想做的校勘记是专属此类。"

**二十二日** 按张文江笔记:"访施蛰存先生。施先生说,《管锥编》也是到此为止,恐怕没有能力再写一部大书。"

**二十九日** 沈从文将《从文散文选》(香港时代图书有限公司1980年12月初版)题赠先生:"蛰存老友惠存。沈从文一九八一、四月廿九日时寓北京。"

**下旬** 先生与马祖熙为标校《陈子龙诗集》而撰"前言":"现在我们标点的这部集子,即是《陈忠裕公全集》卷三至卷二十的诗和诗馀、词馀部分,定名为《陈子龙诗集》,以别于校文中所称的'全集本'。""由于陈氏著作的原刻本,亡佚者多,可以提供校勘的资料极少。经过上海古籍出版社向有关部门征询访问,仅得《湘真阁稿》《几社文选》《棣萼香词》等数种。今即据此数书及《明诗综》等选本,略加校核,恐疏误之处犹多。"(按:此篇于1982年7月定稿。)

**月内** 海岑(陆清源)在上海病逝,先生前往龙华殡仪馆参加吊唁仪式。先生自述:"使我失去一位相知多年的文艺益友,甚为哀悼。"(《外国独幕剧选·引言(中)》)

**同月** 中国社会科学院文学研究所现代文学研究室主持召开"中国现代文学思潮流派问题学术交流会"。电影文学剧本《苦恋》受到批判。

## 五月

**一日** 在《散文》第5期发表《乙夜偶谈》(题目、百花齐放、贺年片)。

**二日** 杨纪璋致先生一函。

**七日** 先生选编多人合译的美国薇拉·凯瑟短篇小说集《摇钱树》编入"百花洲文库"第四辑,并撰"编后记"。

**十日** 为把诗作《怀丁玲诗四首》再次交付发表又撰"附记":"1979年6月,刚听到丁玲的消息,既兴奋,又感喟,当时写了四首绝句,记叙了我的情绪。""文章不合时人眼',这是古今中外文人通常会有的情况。不过在近代文化界,文章必须先合'编辑'眼,才得有机会就正于'时人眼'。我这四首歪诗,也并没有什么'离经叛道'之处。想来想去,揣测出两个理由:(一)我没有资格怀念丁玲。(二)怀念丁玲还不是时候。于是我把这篇稿子丢在书堆里,至今已一年半了。《艺谭》编者来约稿,急切间无以报命,想起了这四首诗,就检出来应征。"

十一日　陈巨来致俞振飞函谈及先生之建议。据马驿记述:"陈巨来还建议采用施蛰存建议的'振雅飞尘',并希望俞振飞能够通过电话与其交流。从后来流传的一些俞振飞墨宝来看,上面就有'振雅飞尘'的闲章。"(马驿《陈巨来为俞振飞治印》)

十二日　新加坡南洋大学历史学系林肇刚致先生一函。

十三日　美国夏威夷大学马幼垣致先生一函。

同日　马幼垣又致谭正璧函谈及:"近以《星岛日报》'俗文学'及相类副刊事,垣就教于赵景深、施蛰存、吴晓铃诸先生,获益良多,除《大晚报》者外,各刊内容,大抵已不成问题,颇拟就知见所及,以全目方式发表,亦是保存文献之一法,尊意以为然？又月前托施先生转呈拙作《中国小说史集稿》,谅邀钧鉴。"

十五日　包谦六致函:"昨夜去李宝[森]翁家宴,食看核精美,宾客又极济济之胜,兼老昆仲、九思先生、润周、惜厂、琴趣、郭[学群]诸君外,尚有俞振飞、李薇华、陈巨来诸位。陈照例大骂刘海翁一通外,并其在港新印之书画集亦不屑一顾。弟询其吴仲均[坰]是否相识,则颜色大霁云,熟人熟人,藏有其所制印章一,中年所印,《餐霞阁印谱》尚保存未散失;告以公将为吴搜印章成谱,亦无异议,难得难得。读公致宝翁讯知,因贵体须再次检查,不能践约,令人焦念;但经兼老分析所虞之病,不足过虑,则又释然矣。"(万照楼藏品)

同日　复河南崔耕函:"黄盛璋是 1950 年浙江大学地理系毕业生,1951 年至 1952 年分派在上海沪江大学为助教,那时我也在沪江。""他三十年来,致力于文物考古,成就甚深。'新郑戈',他的释文当可信。'膚'字我还怀疑,但他说'戈铭多见',则必有依据。""但一般兵器铭文'之用'之上,例为人名,他说'玄膚'是青铜之意,我犹有怀疑。""少林寺碑有大发现,十分惊喜,我想你的推断很可能是对的,赵明诚所著录肯定是此石,而不是裴漼所书。对于赵氏所云'分书',清人曾怀疑过,我要找一找,找到后抄奉。此碑拓出,务恳赐我一本。我好久无法得碑拓,故已兴致阑珊。""新旧《唐书》中提到碑有二百多种,我有一部'唐书征碑录',还没有时间写,希望在你的帮助下,有一天会决心把它写成。"

**十六日**　陈兼与致函:"在宝森座上见及大函,知抱恙,甚念。但医生所言肺气肿及心律不齐诸症,皆老年人所恒有,当无大碍。《大鹤山人年谱》经汪欣生粗点后,复送九思先生覆勘,标云其中鲁鱼亥豕及断句,可议之处甚多,词亦待觅词谱覆对。此老最为精细,因标点专家也。请释念。"

**同日**　师陀致函:"所命探询再版书稿酬事,未能完成任务。""'百花洲文库'所收诸作,大都解放后不曾再版,老兄欲知稿酬标准,或拟定标准,只好向别人打听了。""《蒋平阶诗稿》注明'师陀辑',那是由于当时准备辑录蒋的其他诗作;若仅就老兄取去的部分言,正能注明'师陀校录',方能说明事实。"

**十七日**　先生致许杰一函。

**十八日**　写讫《〈现代〉杂忆》全稿。

**同日**　为完成《戴望舒诗校读记》而撰"引言":"朋友们都在写文章纪念他,有几位青年诗人和文学研究者,在搜集他的作品做研究工作,或文献工作,周良沛同志已编好望舒的诗的全集。在他们的敦促和启发之下,我费了三个月时间,从二十年代、三十年代的报刊中检阅望舒每一首诗的最初发表的文本,和各个集本对校之后,发现有许多异文,有些是作者在编集时修改的,有些是以误传误的。因此,我决心做一次校读工作,把重要的异文写成校记,有些诗需要说明的,就加以说明。这个资料,不单是为研究者提供方便,也可以作为青年诗人探索艺术手法的一些例子。"

**中旬**　谢国桢(刚主)旅沪期间来先生寓所访问。

**二十二日**　上午至茂名南路陈氏兼于阁,参加"星五老人"茶会。

**同日**　在《新文学史料》第2期发表《〈现代〉杂忆》(二)。

**二十四日**　李健吾由北京致函:"出版社来信,才知道《外国独幕剧选》是由您主编的。多年不相见了,记得是在'现代'一见。已近五十年了。""我方才看过《文艺复兴》,在1947年5月10[日]出版的五月号,即第3卷第3期上,发现有华铃翻译的犹太人D. Pinsky作的一个独幕剧,标题是《被遗忘的灵魂》。""我请你看一下这出戏,要不要放入你主编的《外国独幕剧选》中。你可以向文学研究所借到《文艺复兴》,看后请你做决定,一切私情都不考虑。他虽是我的学生,我只是偶尔推荐给你。"

**同日**　周退密致函:"前呈芜函,为朱子鹤兄代求神伤图题辞,当早登尊案矣。""奉上拙稿一纸,请指谬。内'金梁'……抄写时改成如此。兼翁谓不善原句。""乞为定酌。"

**二十五日**　复周退密函:"诗书双绝,允当大雅。'金梁'句拟改为'辽东金息侯',

避免直呼其名。惟句法与张章句同,亦尚不惬意,'扬子'请改'维扬',声调转顺。""近来每日要写六七封信,每月邮资总在六七元间,还有许多信搁起不及复,请鉴谅。题诗、和韵、写纪念册等'雅'事,已一概谢绝,实无馀暇弄笔吟哦。每天下午总有人来,昨日星期天上午来三客、下午来四客,酬对甚疲,晚饭后即卧。既无暇奉访,亦不欢迎兄来,叨在老友,请容我小休。暑假中较有闲暇,当奉诣问候也。《词学》第1辑已在排,估计下月必忙于校样,虽有学生可任其役,然亦必须亲自过目。接下去即编第2辑,亦下月一大工作,则六月份亦必紧张。"

**三十日** 为所作《船子和尚拨棹歌》编入《词学》集刊第2辑而撰"附记"。

**下旬** 新加坡周颖南来到上海,其间三次访晤先生。据周颖南记述:"我在李宝森先生的陪同下,到他寓所去拜访;两回聚会,一回在新雅饭店,一回出席李宝森先生为我而设的家宴中。"(周颖南《施蛰存教授〈贺俞平伯先生暨德配许夫人重圆花烛诗〉及其编辑的〈词学〉》)

另,据邓云乡记述:"我与兼老第一次见面,""当时是在已故友人李宝森先生的家宴上,介绍人是施蛰存教授。"(邓云乡《老成凋谢之思》)

**是月** 浙江人民出版社出版《诺贝尔文学奖金获奖作家作品选》,收录其译作波兰显克微支《灯塔看守人》。

**又** 四川人民出版社出版由徐州师范学院编辑组编《中国现代作家传略》,收录"施蛰存自传"。


**同月** 9日徐调孚在四川江油逝世。15日香港《新晚报》刊载黄贵文《回忆施蛰存》(上);16日香港《新晚报》刊载黄贵文《回忆施蛰存》(下)。20日国务院批转《中华人民共和国学位条例暂行实施办法》的通知。


## 六月

**五日** 俞平伯致邓云乡函谈及:"承告以沪滨交游近况,殊有趣味,""施舍(蛰存)是我早年在上海大学时的学生,年七旬馀。前说是办《词学》,迄未能出版。今又向足下征稿,想必有希望。曾和我《重圆花烛歌》颇佳,只对李希凡等人不很客气。"

**六日** 山东师范大学中文系研究生来访,请教有关研究戴望舒的问题。

**九日** 俞平伯复函:"日久未通音问,昨得手书,知《词学》首期将于本月出版。经营多时,始有成效,足徵毅力,良为佩悦。承索稿,亟思应命。惟近来心神恍惚,笔札时多失误,不耐长久构思;旧时襥著皆已毁失,而感情难却。前奉词二章,顷又在残丛中检得一首,均未收入词集者,即坿寄,聊以塞责,博哂。庚申还历,又添辛酉一岁,计时犹在吾人相识以前。其时初喜,清真和韵肆习,辞固稚浅,却颇腴润。以今视昔,有如曲园公诗云'寒禽难学初调舌'也,亦谓非谬否?""周颖南经商南洋,颇关怀文献。"

另,此函附《玉楼春·和清真韵》:"一九二零庚申岁清明,地中海佐渡丸舟中作,寄内子莹环于杭州。花花草草随人住,乌兔相催无定处。(此两句修改)江南人打渡头桡,海上客归云际路。(其后新诗集《西还》,承洪野君绘封面,即用此二句意)消愁细把愁重数,执手正当三月暮。今朝独对杏花天,那日双看杨柳絮。一九八一年六月六日重录于北京。"

**十日**　《读书》第6期刊载黄永玉《书和回忆》提及:"我很欣赏鲁迅先生与当时是青年作家的施蛰存先生之间的一场小小论战。大概是有关于'青年必读书'提到的《庄子》与《文选》的问题而引起的吧!鲁迅先生就是在那篇杂文中说起多读外国书少读中国书的论点的。施蛰存先生说,既然某某杂志征求的是如何做文章的问题,鲁迅先生说'少读中国书不过不能为文而已','可见,要为文终究还是要读中国书'。(大意)我很佩服施蛰存先生当年敢碰碰文坛巨星的胆略和他明晰的逻辑性。又是年轻的施蛰存先生,他抓住了鲁迅先生引用《颜氏家训》中叫儿子学外文好去服侍公卿的话是颜之推自己的意思时,鲁迅先生承认手边没现成的书而引用错了。"

**同日**　按程千帆日记:"回宁",收到施蛰存函,"寄施15元及《左翼文艺运动史料》[陈瘦竹主编,南京大学学报编辑部1980年初版]"。

**十三日**　俞平伯致邓云乡函谈及:"《词学》首期不久可出书。蛰存又为次期征稿,文思不属,无以应之,聊检六十一年前小词一首付之,恐未必满意。"

**同日**　程千帆致函:"又寄拙著《史通笺记》一册。""《涉江词》湖南人民出版社即发稿,嫌微昭所题签为篆文,作封面不通俗。瞿禅旧作之签似可,即在弟抄本上,敬烦照原大小制一锌版,径寄长沙。"

**十六日**　按程千帆日记:"得蛰存信附瞿翁题签。"

**十八日**　美国夏威夷大学马幼垣复函:"吴晓铃先生谅是最怕写信之人,久未得回音。""马力在京,受聘于意大利商业银行,手边有影印机,《大晚报》等副刊或能就地解决,不必带出,亦说不定。弟所缺《星岛日报》副刊仅数期(NO. 28—32),馀均已见显微胶卷,《华北日报》者尚差14期(NO. 9、23、24、59—68、75),如马力能影得此二种之缺期,仅请吴先生带来《大晚报》者亦可以。路遥信慢,已托马力全权代理。不论何法得之,《大晚报》均可为先生及吴、赵两先生各复制一份。至于《星岛日报》,除非吴先生带来原物,弟所见者为1941年整年报纸之胶卷(内缺8月整月),抽出副刊复印,技术颇难。先生所赠'三言二拍资料'已收到,极精彩,""以后不必再为话本故事来源及影著费神矣。谭正璧先生亦有赐覆。""查无 Rama Autra 一书,是否指神猴故事 Ramayana? 若是 Ramayana 则找来极易,一般书店都有,请赐示。附呈痖弦《戴望舒卷》,先生或有用。如已有,可转送朋友,此类书国内想必罕见。""先生允赐墨宝,容先致谢。""又先生若肯割爱,赐弟戴望舒书信一封,怎样的都可以。"

**同日** 按程千帆日记:以"文二篇寄蛰存"。

**十九日** 杨纪璋致先生一函。

**二十日** 上海市鲁迅诞辰一百周年纪念委员会成立,据《解放日报》《文汇报》《新民晚报》所载名单,由文化界106人组成,先生名列其中。

**二十二日** 复陈尚君函:"飞卿生年,我未尝研求,《赠蜀将》诗则似乎你有所误解,今另纸写奉鄙见,请思考。我那篇札记是六十年代所作,当时只想就唐五代词人之作品,做一些学习笔记,对于传记方面,并未深入。近来则事冗,书亡,也无法仔细研究。"(按:先生此函另纸写有四点意见,详见陈尚君《施蛰存先生给我的一封信》。)

**同日** 陈兼与致函:"腿痛见好否,念甚。'郑叔问年谱',经陈九[思]老校勘并加标点,弟亦覆阅一过。其中错字甚多,且喜用异体字,词又不载调名,增加不少麻烦,尚有数处未得解决。近退密常来,频有唱和。"

**二十八日** 作诗并书于卷上《海盐富铁耕为漆工,从王遽常学急就章,甚得古意,顷以孔雀东南飞长卷来乞题一绝归之》。

**约在期间** 郑逸梅复函:"拙作《南社丛谈》已出版,只送作者10部,一二日即被友好索去。""目今出一书,困难之至,即约稿,亦须经过三堂会审,出版后又须解剖,哪些是创作部门,哪些是资料部门,故迄今稿费尚未领到。届时领到,又须征所得税20%。尊辑《词学》已有眉目否?""谢刚老曾来过,匆匆即返京,托向兄道念。"(按:此函疑似5月以后,姑且录此,俟考。)

**是月** 先生与海岑(陆清源)合编《外国独幕剧选》第一集,由上海文艺出版社初版印行,内收先生为第一、二集出版所作《引言》(上),署名"编者";以及其译作英国邓珊奈爵士《小酒店的一夜》、德国海尔曼·苏特曼《戴亚王》、捷克耶·荷尔赫列支基《见证》、西班牙格·马·洗艾拉(原译"西爱拉")《情人》。

另,按先生自述:"很快就听到戏剧界的良好反应。但是,使我非常感伤的是海岑已于1981年4月病故,他没有见到此书出版,而且,此书的全部编选工作,今后要我一手承担,也感到负荷太重。"(《关于独幕剧》)

又　在《随笔》丛刊第18集发表《乙夜偶谈》(真实和美、官僚词汇)。

## 七月

六日　杨文其自洛杉矶致函,附《北美日报》刊载黄贵文《回忆施蛰存》剪报。

九日　广州《随笔》编辑郭丽鸿致函:"我们已遵前两信所嘱将有关鲁迅与邵洵美的一段删去。承您一再提醒,甚感。以后校样时,当再注意看看。确实不能再'多事',不能辜负老前辈们的爱护。"

十三日　俞平伯致邓云乡函谈及:"蛰存房屋问题初不知。《词学》创刊号尚未得见,估计前途困难不少,以此道衰微,视昔尤甚。""蛰存为第二期集稿,只以旧作未入词集者一首搪塞之,实亦无奈也。"

十五日　邵修青致先生一函。

十八日　复谭正璧函:"那本《东游记》大约是阿英的,后来没有用。你说北图有此书,说不定就是阿英的书。此书我未见过,故无印象。'珍本丛书'拟目定了两次,前后不同。兄处是否还存有此样本及目录?如果有,我想暑假中假阅,备写回忆记。弟忙了几个月,至今未得暇。《词学》第1辑已排版,这几天在校初校样,无法请人帮校,只好由弟一手包办。"

同日　吕贞白致函:"前日承法驾光临小和尚破庙畅谈,甚感。小和尚奉托尊座代询之事,迄至今日,仍是'断无消息石榴红'。""暑期后,小和尚收拾道场,""恳请老法师托马兴荣同志一办,至叩之。山洪暴发,上海直达重庆轮船不开,不知要等到何时。""尊座到校时,务请代询一下。"

二十一日　致周退密函:"如无疾风暴雨,弟必去兼丈家。足下已放假,想未必再去校,能否也来叙叙。吴昌硕画《朱古微像》印本,请带来惠借。"(按:此印本《朱古微像》为王一亭画、吴昌硕题,后先生编入《词学》集刊第2辑。)

二十四日　上午至茂名南路陈氏兼于阁,参加"星五老人"茶会。

同日　复河北固安县牛驼中学周玉魁函:"你对校勘很有兴趣,这也大有好处,对我更有帮助,因为我正在为《词学》第3辑写'新出词籍介绍'。接到你的校记,取出吴氏书核对,你所校都是。《词律》收赵彦端之琴调相思引,首句'拂拂轻阴雨曲尘',可知当为'兰粉香'。在复核你的校记时,发现此书还有缺点。""我知足下能读书,亦能钻研,故乐与足下商榷。足下如能精进不懈,他日必有成就。不过,为学问必须到通都大邑去,多见识,多与学者文人交往,故我希望足下将来能调一个岗位。"

**二十八日** 致北京范用函:"北海巧遇,大是有缘,可惜没有时间再晤,多聆教益。《巴黎的忧郁》一册今日已挂号寄奉,""这是我原有的一本,已是旧版,但内容与新版无异。"

**约在期间** 应约始编历年所译外国诗集《域外诗抄》。先生自述:"湖南人民出版社计划编一套译诗丛书'诗苑译林'。彭燕郊同志写信来和我商量,希望我也参加一本。对于这个计划,我很有兴趣,也很愿意附骥一集,就满口答应下来。先交出了我的集名:《域外诗抄》。此后,我开始搜索残馀译稿,并请上海文研所的应国靖同志和我的学生左燕代我向各图书馆去借抄三十年代和四十年代各种报刊中发表过的译稿。"(《域外诗抄第六辑法国诗抄·后记》)

**是月** 湖南人民出版社出版由鲁迅博物馆鲁迅研究室编《鲁迅诞辰百年纪念集》,收录其作《关于鲁迅的一些回忆》。

**又** 在《榕树文学丛刊》第2辑"散文专辑"发表《在福建游山玩水》。

另,据谢大光回忆:"那个时代的写作者,重新获得了发言的权利,笔下多是在申诉、辩驳、自证,人的精神在禁锢消减后的反弹与自我保护,在施先生那里看不到,全然一副从容自在、底气很足的笔调,漏泻出与众不同的味道,结尾处写福建山溪暴涨的壮观,拿自己的孤陋寡闻自嘲了一把,却又荡开一笔,'不过,天下本来有许多伟大的、美丽的、杰出的事物,在司空见惯的人眼里,都是平凡的了。华盛顿的母亲,不知道她儿子有多么伟大,这也是一个例子'。"(谢大光《一个有趣的灵魂》)

**同月** 1日美国《北美日报》又刊载黄贵文《回忆施蛰存》(上);2日美国《北美日报》续刊黄贵文《回忆施蛰存》(下)。人民文学出版社出版北京第一版、北京第二次印行鲁迅著《准风月谈》《花边文学》。

## 八月

**一日** 《群众论丛》第4期《治学经验谈》(一)刊载先生等十位国内社会科学方面的专家学者回答编者提出的五个问题。先生答:"1. 我年轻时没有遇到大学者为老师。古典文学是父亲的指授为多。英语教师以大同大学的叶上之先生对我最有帮助。法文曾受到震旦大学的杜思丹(Tosten)神父的严格训练。2. 古诗对我的影响首先是白居易、李贺,其次是杜甫、陶渊明;散文是《史记》《汉书》;外国文学是Dimkwater 的《文学大纲》。3. 借阅的书,随时在抄本上记录一些;自己的书,早年未做笔记,后来书失散了,后悔无及。近几十年来,仍坚持随时做笔记。4. 谈不到学术著作。1948 年发表在《学原》上的《太史公名号辨》,大概勉强可说是我的第一篇学术著作。5. 文学研究的基本功在于语文修养和历史知识;文艺创作的基本功则在于语文修养及世态人情的深入观察和了解。"

**四日** 邓云乡由北京致函:"昨日去看平伯,""对'词刊'[《词学》]垂注甚殷,因就所知——陈明。""老友惠赠国外新刊诗词二册,其中词四十一首,可供'词刊'刊载,俟回沪后呈阅。"(按:市肆残影,疑似本年,记此俟考。)

**七日** 新加坡《南洋商报·写作人》第 38 期刊载周颖南《施蛰存教授〈贺俞平伯先生暨德配许夫人重圆花烛诗〉及其编辑的〈词学〉》。

**十一日** 复周退密函:"藉知与兼老唱酬之兴不浅。《鸳鸯七志》是北朝七双夫妇之志,于氏藏石自北魏至隋,无唐石,有一目录,弟有之。但此刻无法检奉,因已扃入板箱。足下序文可言《魏齐七家夫妇志》,不必云'合葬',恐其中有并非一墓所出者。""《词学》即将二校,新华书店通知全国预定数字为一万三千册。今拟印一万五千册,'抢购一空',恐未必有此光荣。兼老云《娄寿碑》有'词学'二字,弟以为汉碑无'词'字,皆'辞'字,未知果否?兄可双钩一份来,或第三集改用。《艺林丛录》有八、九两集,在兼丈处,兄可去取阅。奇热,而舍下又有外地来客。"

**二十日** 致周退密函:"得'词学'钩字,大以为异,因检《隶释》,所录汉石,均作'其辞曰',只有《娄寿》一刻作'其词曰'。舍下已无《隶韵》及《汉隶字源》,故不能更检。有'词'字者尚有何碑?弟所知汉人用'词'字只在'词讼'之类,碑铭前不可用'其词曰',可知《娄寿碑》已是唐宋人翻刻,必非汉原石也,洪丞相未注意及此,故亦无说。足下退休亦佳,古籍出版社要请许多编辑,标点古书,将来可介绍足下担任古书标点,收入亦不止'补差'也。本星期五要到锦江去会一个华裔美人,不克到兼丈处,期以下周。内人又患流感、肺炎,卧床已三日。"

**同日** 按张文江笔记:"施蛰存先生来信。"

**二十二日** 在《新文学史料》第 3 期发表《〈现代〉杂忆》(三),至此全文连载完毕,引起文坛广泛关注。

**二十五日** 诗作《怀丁玲四首》并"附记"刊于《艺谭》第 4 期(总第 7 期)。

**二十八日** 复香港吴羊璧函:"我办《词学》,才知道现在此间印刷厂的迟慢情况,从2月中旬起,到5月才能把稿件送到一家印刷厂,6月才发排,7月20日校完初校样,到今天还不见二校样送来。这样看来,这一本320页的书,非9月底10月初不能印出,原想每年出四本,现在看来,能出二本,已经不错了。关于岳飞词的一个专辑,因页数超过320页而不得不抽出,这是新华书店和出版社给我的压力,他们的广告已决定每本320页,定价9角,就不许我增加篇幅。我发稿多了,别的文章不便抽,只好抽出此文。周颖南先生已在《南洋商报》上给我宣传,把《词学》全部目录都刊布了,将来一定会受人责难。《词学》第2集已编好,等第1集印出,即发排。希望今年能印出。《桃叶渡填词图》拟用作第3集插图,想转载《书谱》中的文章,或请罗先生写一个题记。尊大人近况如何?"

**二十九、三十日** 按程千帆日记:"得蛰存"信。"致蛰存"。

**是月** 北京生活·读书·新知三联书店出版《傅雷家书》,傅敏寄赠先生一册。先生自述:"直到他的家书集出版,我才能更深一步的了解傅雷。他的家教如此之严,望子成龙的心情如此之热烈。他要把他的儿子塑造成符合于他的理想的人物。这种家庭教育是相当危险的,没有几个人能成功,然而傅雷成功了。"(《纪念傅雷》)

**同月** 人民文学出版社出版北京第一版、北京第二次印行鲁迅著《南腔北调集》。

## 九月

**四日** 湖南彭燕郊复函:"我在报上读到你的新作,引起很多感触。""我之称你为前辈,自己认为是恰当的。我认为一个人的劳绩是不能(当然更不应)无视的,你为新文学运动作的贡献,应当得到应有的评价。而我呢,毕竟是得到你的教的后辈中的一个。出版'译诗丛书',是我开的头,给他们提的建议,""现在得到你的援助,可庆幸处,岂仅得一'忘年之知己'而已。""望舒译'洛尔伽'、译'恶之华',都是一绝,不可不收。""你的译诗,我记忆最深的是'现代美国诗抄',我认为也是译诗中之一绝(你当可相信我辈中人皆不善于说不由衷之言),其中不少诗,如《咏树》后来有好几个译本,""平心而论,确都译得差些。我建议你把原计划的四册合成一集,使之全,读者必定会感激你的。""还有这些事[列有五个问题]要麻烦你告诉我。"

**七日** 先生复湖南彭燕郊一函。

**十日** 为将编成《艾登伯致戴望舒信札》交付发表而撰"引言":"艾登伯的字迹非常难于认识,我没有能力迻译,就托徐仲年同志帮我译出,并就我们各自所知,加了一些注释。""在艾登伯的第十六封信里,他说望舒是'为了人权而去西班牙',这就记录了望舒的另一个重要动机:去参加,或至少是去表示同情国际作家的反法西斯运动。仅仅这一句,我以为,就使这十八封信有发表的价值了。"

**同日** 为译著匈牙利莫尔那《丈夫与情人》新版重印作"新版引言":"解放前曾印过两版,总共不到三千册。想不到三十年后,还有机会重印问世,这不但是我的幸运,也是这本书及其作者在中国的幸运。莫尔那是我非常喜欢的欧洲作家之一。他的戏剧和小说的英译本,我总是见到即买。可是,在坎坷的生活道路上,这些书又是沿路丢失。""这回既有三版重印的机会,我不愿意让它永远是个不全的译本。于是向上海戏剧学院借来一个英译本,把当年删汰的五篇补译增入。现在这个版本,已是《丈夫与情人:对话十九篇》英译本的足本。"

**十一日** 前往上海展览馆参观"1981年上海书市",并购买图书数册。先生自述:"我在上海书市看到上海译文出版社印出了几种泰戈尔诗的新译本,当时有许多青年在簇拥着购买。等到我在书市的各个书摊走了一转,再经过译文出版社的摊子时,却看见已贴出了通告,说泰戈尔的诗集已卖完了。这使我得到一个印象,似乎泰戈尔式的散文诗又在青年人中间流行起来了。"(《泰戈尔〈爱人的礼物〉译者前记》)"我去逛了上海书市,有三本泰谷儿[戈尔]诗,也一下子就卖完。""看来诗还不是没有销路。"(复周良沛函,1981年9月22日)

**同日** 按张文江笔记:"施蛰存先生来信。"

**十二日** 中秋节。复香港黄坤尧函:"寄来的台版词集二种,甚感。""《唐五代词研究》卷尾有一个参考书目,使我知道台湾词学书出版情况,其中有任二北的《敦煌词校录》,此书国内已无法得到,又不闻重印,台湾有世界书局翻印本,另外,学生书局出了一本萧继宗的《花间集评点》,以上二书,你能否为我找一部?任二北的那本我尤其需要。影印宋本《经典释文》已见预告,说是'即出',""你如果觉得香港买更贵,可来信,我在上海买寄。《词学》第1辑已二校完毕,须10月底方能出版。"

**同日** 俞平伯致函:"近读周颖南在新加坡介绍足下,前者和我长歌一文,藉得流传海国,亦胜缘也。讹字颇多,其解释又不尽惬合,有数处已迳告之,如李蓝姓名(见其文中括弧)即属其删去,想必赞同。其文又坿《词学》首期目录,先睹为快。此期何尚未见,并念。前寄一小词想收到,屡承属写文,实无以报命,顷检得一残纸,略加整理,只二三百字,姑寄奉一览,或可补白欤。"

**十七日** 黄坤尧由香港致先生一函。

**同日** 湖南彭燕郊复函:"找出版社的同志商量'译丛'的事,他们听到我所说的你的意见,同样大为高兴。""你提出几点,都很中肯。""集名依你所说,不用译者名集,我想了一下,确乎好些。""丛书名确乎不宜太雅,""开本,如你所说的,甚好。但'百花'那套小丛书我未见到,我也喜欢诗集印雅致些。""直行排,大约不可能,可以试着跟他们提一提。""可以确定的首先是你和望舒的、绿原的,请把书名拟定(你和望舒的)、篇幅大体上多少行。""我想要知道你译了那几篇艾林·沛林?收在那本书里?我拟写一文。"

**二十一日** 复谭正璧函:"《鲁迅纪念文集》弟至今未收到,听说在湖南印刷,赶订几百本应时。大约还轮不到送我们,且待过了纪念高潮,自会寄到,不必写信催索。要知道,在一切工作人员眼下,文人亦有等级。赵景深收到,而你我没有收到,可知你我比较的次一等也。景深患感冒,引起流火,已入华东医院。"

**二十二日** 复周良沛函:"《望舒诗集》……;扫墓我不能参加,无法报销旅费。你们去时,请带些纸花去,撒在墓上,好好照一个相。咏絮寄来一张,照得不好。北大有一个英国留学生名叫利大英,写了一篇关于望舒的研究论文,""他到望舒墓上去过,给我一个照片,照得很好。我现在应三联书店之约,编望舒诗文集,10月底可交稿。为人民文学出版社编的望舒四卷集,定年底交稿。我有一个学生左燕,写了一篇《戴望舒诗的象征主义手法》。""东北、西南各刊物上有关望舒的文章,请你注意告我。"

**二十四日** 先生复湖南彭燕郊一函。

**二十八日** 端木蕻良致函:"前承您问及是否尚有编入吾兄所编丛刊者,雷加同志有一部约廿万字的小说,短篇集,不过有的是解放后写的,""是否与您编的规格符合,我拿不定,先行奉告。"

**下旬** 重庆西南师范学院中文系78级一班邓小军21日来函,即复函。

**是月** 辑录苏曼殊《燕子龛诗》,列入"百花洲文库"第一辑,由江西人民出版社初版印行。

**同月** 25日北京隆重集会纪念鲁迅诞辰100周年。30日中共中央、人大常委会、国务院提出关于台湾回归祖国,实现和平统一的九条方针政策。李白凤遗著《东夷杂考》由齐鲁书社出版。

## 十月

**二日** 开封李白凤夫人刘朱樱在《李白凤印谱》"后记"提及:"虽经多方收集,也只得到……施舍之(施蛰存)……等数百印。"

**四日** 先生致师陀一函。(按：此函现存中国现代文学馆。)

**五日** 乍浦许白凤复函："倩人代印《兼于阁集》诗八十馀页为一本，刻在装订中；词二十馀页一本，缮蜡月内亦可工毕。兼老已盼望久矣。李宝森先生诗稿，昨晚与写手金锡琳君洽定续办。""《词学》将印出，甚喜。请代预订五册，应友人之托。京中马里千先生工诗词，久仰先生大名，谓庄子一案，印象尤深，迅翁偏激之见，实难服人云。并言龙榆生曾编《词学季刊》一至五册尚存，未知至何期为止，目前恐难补足矣。其所作诗词稿有卅二页抄来，缓日寄奉台览。"

**九日** 复香港黄坤尧函："今日又收到萧氏校注《花间集》一册，有费清神，为我访书，甚感甚感。""足下近著《温词与寄托》当然欢迎，但《唐词长调考》编入[《词学》]第2集，尚不知何时可以出版，尊文如不嫌迟滞，可以寄来，但恐只能编入第4集耳。希望1982年印出三本。"

**十日** 先生复师陀一函。(按：此函现存中国现代文学馆。)

**十二日** 湖南彭燕郊复函："'译诗丛书'的事已全谈妥了，明年1月开始出书，现在就得赶快些交稿，你的和望舒的，盼能即寄给我。""我们这套'丛书'，从内容到形式，我都想搞得尽可能好些，出版社也寄予较大期望。你的那本，能否也在200页上下？梁宗岱的，差不多也是那个样子。""谢谢你把《艾林·沛林还历纪念》寄给我。""这回回长沙家里，清理一个书柜时，竟又找到了《称心如意》，也够我称心如意了。这样，我写'艾林·沛林在中国'，资料就丰富了。""如能出'散文丛书'，你和望舒的这方面译作，是都可以成集的。""你寄给我的那本书，开本似嫌小了，现在流行印大32开。""但他们似乎认为要够'气派'才好。你的意见呢？""我藏有你的《追》，""你如要，下次回去找出寄给你。"

**同日** 闻宥由北京致先生一函。

**十五日** 复香港黄坤尧函："昨日收到大札及书单，恰巧下午要上街，即到南京路、福州路各书店去访书，结果只买到《欧阳修》《唐五十家诗》二种，其馀都没有。《艺风堂友朋书札》只有下册，无上册。此间出版往往不是全书同时发行，下册出时，上册已卖完。""《历代文论选》第三、四册均售完，外省出版社之书，十之九不可能在上海书店购得。《唐五十家诗》刚才送到新华书店，我碰巧最先买，此书甚好，价只15.20元，可谓便宜。另外又为你买了一部《经典释文汇校》。""今天已挂号寄去书三包。""刘永济《词论》及《唐五代两宋词简析》这二书是我奉赠的。""澳门寄来的《敦煌词校录》也已收到。如果见到罗忼烈先生,请代我致谢。他最近送了我一份《桃叶渡填词图》照片,我将用作《词学》插绘。""江西出版社书二册,我可以为你去信购到,其他外省出版的书,你可直接去信,叫他们寄书与你。将发票寄给我,可代你汇书款去。"

**同日** 复谭正璧函:"弟处亦到书二册,款未到,想必还需过几天。现在一切迟缓,稍待可也。"

**十六日** 先生参加华东师范大学成立30周年庆祝活动,并与徐中玉、史存直等教授与回校参加校庆的校友们合影留念。

**十八日** 程千帆致函介绍南京大学中文系张月超来访:"顷张月超兄由温州开会归来过沪,拟请其将《涉江词》稿带回,幸交付为感。""前马兴荣先生编词论集,略有献替,仍嘱请兄裁定,想已转呈矣。"

**二十一日** 致香港黄坤尧函:"前日托一位朋友到古籍出版社去商量内部买书,你要的书全部买到。《宋本经典释文》也早已印出,但没有公开发行,现在也买到了。"

**二十二日** 黄坤尧由香港致先生一函。

**二十四日** 按程千帆日记:"得蛰存信,言词刊事。"

**二十五日** 复河南崔耕函:"大作已拜读,大致无问题。""今拟了一个次序纲目,您如高兴依此改写,可以更成熟些。""嵩山塔林有许多唐代僧人塔铭,有拓本传世者,只有'灵运'等几种,你们做了一个目录否?我很希望《中原文物》能陆续发表些《中州现存碑目》,《嵩山塔铭目录》也希望见到。""《法如禅师碑》现在是否完整,你寄来的照片似是用拓片摄影的,中间空白处是纸破缺,想必碑石未必如是,或者反而更损。"此函另纸附录为崔耕《秦王告少林寺教碑考》"初稿"而撰"次序纲目"。

**二十六日** 致上海图书馆萧斌如函:"华东师大1977级应届毕业生,她为了写毕业论文,要把五四运动以来的新诗集统统看一遍。但是师大图书馆藏书不全,非到你馆去看不可,然而你馆限制甚严,她没有办法,每天一早去排队占座位。因此,托我向你求援,你能不能代她借几本书,由我负责,每次借三种,二三星期即送还。现在把第一次要借的书写列于另纸,如果你可以帮助她,我就介绍她来见你。"

**同日** 南京大学中文系张月超来访。

**三十日** 张珍怀致函:"前岁秋在徐永端处获聆海益,其后又曾为查询龙先生旧编《词学季刊》事与您通信。早应趋谒,以珍怀多病,迟迟至今。""近笺日本三家词,已完成初稿,兹奉上'前言',请教正为幸!先生所编《词学》,已见到'第1期目录',前唐圭璋先生来函,谈及《词学》印刷问题,彼亦希望能及时解决,出版困难,在于印刷。"

"下周珍怀或能到尊寓晋谒。"

**同日** 湖南彭燕郊致函:"你和望舒的译诗集什么时候能寄出?""这两天清[理]积存资料,找出了抗战时你发表于桂林《创作月刊》上的一篇译文[《罗西察河上的石桥》],一并寄上。"

**是月** 在《榕树文学丛刊》第3辑发表《希达奴谣曲》(附谣曲二十首)。

## 十一月

**一日** 南京东路新华书店开设"文史哲学术专柜",先生即往访书。

**二日** 先生致湖南彭燕郊一函。

**三日** 吕贞白致函:"日前曾到校参加词学研究生答辩一整天,高谈浙西、常州两派后继有人,吾道不孤矣。大法师所指导高徒,内出有研究温庭筠者名,闻严绥丞[寿澂]研究韩柳,又有法师指导,定不凡也。"

**同日** 先生复香港黄坤尧一函。

**八日** 卞之琳致函:"在什么地方见过江西人民出版的'百花文库'广告,说是第一批7月出书,但是至今毫无音信,不知怎样了。好像在年初,或者上半年某月,我接到过江西寄来的校样(抄稿?),发现编辑部给我改的个别字(总数倒不少),基本上都是我有意这样写的,所以一一改回去了。""现在一般编辑先生一方面认真可喜,另一方面,做过头了,无是生非,也不免可厌(有的老实说是限于水平)。""湖南人民出版社考虑出'译诗丛书',要望舒的,我说材料你那里较全,现得彭燕郊同志信,说你已在编理了。听说还要印你的译诗集,你准备了吗?"(据市肆影件)

**同日** 吕贞白致函:"杨积庆来云,已拜见法座。小僧将所过录冒鹤亭、夏呎庵、吴眉孙、曹君直批清真词,嘱积庆整理,将来当陈法座审定。如此类评论词者尚多,可陆续整理也。""老法师何以不过贫僧聊天,盼望何极。"

**十日** 叶圣陶致俞平伯函谈及:"今广州将出刊物名《当代诗词》,施蛰存则编《词学》,旧体大概将传下去矣。"

**十一日** 叶圣陶复函:"上月12日手书敬诵,""闻尊体略有病患,失聪与我同,不胜遥念。我书写颇不便,心手目三不相应,几乎不成字,观芜函可知。拙作诗词多为酬应,较可者已付报刊,其馀则无颜拿出去。承嘱寄稿,只得俟诸异日。周颖南书问甚勤,复印其所作,为友朋间传递消息,亦是佳事。"

**十二日** 冯亦代为译作海明威《第五纵队及其他》而作"重译后记"提及:"施蛰存

同志征求我的意见,希望把《蝴蝶与坦克》一书编入江西人民出版社出版的'百花洲文库'中,我当时轻率答应了。"

**十四日** 湖南彭燕郊复函:"你说周煦良同志译的霍思曼能加入我们这个'译丛',这真是太好了,同时你又告诉我金克木同志的地址,这都得感谢你!""昨天到出版社,和两位负责同志就丛书事进行了较详尽的讨论。""丛书要起一个好名字,我介绍了你想的几个名字。""给周煦良同志的信,请代转去,我热烈盼望他最近即把稿寄来。望舒那一部,一定要请你写篇详细些的后记。《洛尔伽诗钞》你原来写的,我想要保留下来。那篇译文是否保留,请你决定(我记得你译了一篇介绍洛尔伽的文章),12月份务请把稿寄来。你的那一部,我希望至迟在明年1月份给我。""房子事想已搞好,这么大年纪了,还要为这些事折腾!"

**十七日** 复香港黄坤尧函:"二札均到,大作词、王熙元文复印本、台版书目四本亦已妥收。""我因房屋要大修,而居住问题尚未解决,落实政策遥遥无期,存放书籍之晒台上小屋,即须改建,故一月以来,向学校要求,借得临时用小房一间,将家中书籍文物,统统迁移到校中。""《五十家唐人集》、'释文'及'书札(下)',均已托人向古籍出版社内部询问。""书款如未汇出,请留下1/3在尊处,以便托足下买台版书。""以后如买到第二部'释文'等,请将书价留存尊处,或交与卢玮銮女士。《词学》第1辑尚未印出,因印刷厂正在赶印《刘少奇全集》,《词学》又被挤出。第2辑稿已送交出版社。"

**同日** 程千帆收到先生来函,函谓:"惠教及严迪昌同志文,均收到。严君文已大约一阅,可录用,恐须少加约束,俟仔细点阅后再以奉闻。""[《词学》]第一集诸稿大多倩人重抄,始为印刷厂接受。屈君一稿,请兄叮嘱,也希望抄写工整清晰。但有三事请其注意:1.不要用繁体字,严君稿皆繁体字,恐还得逐一改为简笔字。2.馀字作'馀','雲'字仍用繁体字,不作'云'。此二字,是我们坚持不用简体的,'宫徵'之'徵',亦不作'征'。3.词牌名不必加书名号(词题加书名号)。"

**十八日** 程千帆由南京复函:"《涉江词》已由启华兄带到。顷又奉手示,屈兴国先生文可照尊见处理,望即挂号寄下。""如写纪念文,似可约南大吴白匋先生,子苾生前挚友也,由兄出面约为好。"

**十九日** 上海文艺出版社金名致函:"现尚缺作者小传:1.阿瑟·显尼志勒。2.丽达·威尔曼。3.柯契奇。三人,请即寄下。"

**同日** 先生致北京叶圣陶函,又致湖南彭燕郊一函。

**二十三日** 陈兼与致函:"前晚聚谈甚懽,顷汪欣生来云,近有37号文件,将网罗旧人整理古籍;并谓承公雅意提举,有明年退休后转地之念。惜目前尚无著作,望在标点'玉田八首歌辞'及'郑大鹤年谱'下,加其整理或标点字样。其意甚殷,特为转达,幸玉成之。'郑谱'九思用力尤多,恐二期尚难发出,先在玉田歌词下注之。"

**二十六日**　叶圣陶复函:"老友王伯翁极少作诗词。瞿安先生之手迹,以前只有'题曲'之唱曲摺子一个,书写极工,惜早已遗失。榆生之稿曾有若干,亦已遗失。现仅有一品极适于尊需,为朱彊村手书词三首(长调一,短调二)赠与夏丏翁者,书法极工,为一长卷,刊入《词学》,必为读者所喜。请兄酌定如何托人携带,或托在京友人来敝处摄影。邮局寄递,只恐有损。"又,黄坤尧由香港致先生一函。

**二十七日**　先生复香港黄坤尧函。

**二十九日**　吕贞白致函:"有黄葆树者,黄仲则之后裔也。曾将'两当轩诗集'木板捐献国家,并搜辑黄仲则遗文轶事及有关评论黄仲则之文章,虽前弟函公请赐以珠至,谅已趋府矣。""怪事年年有,没有今年多,而人老好货。在上月曾参加师大词曲研究生答辩,据马兴荣同志函告,阅读两篇文章,15元一篇,共计30大元,喜出望外。""何以多日未见驾临,殊盼殊盼。""严载如之子住在我里弄中,弟晤严子[寿澂]时,经常嘱其代为候安。"

**三十日**　程千帆由南京致先生函:"谨绍介江苏人民出版社编辑王士君、陆国斌两同志奉访。他们有一个值得支持的好打算,即印行研究生的毕业论文,分'集刊'及'专刊',这对推动学术,大有帮助。想请您担任审稿人,幸勿见拒。屈兴国文兄前云要改,曾函请寄下,但尚未收到,望寄来,俾可早日修改,收入《词学》3期。"

**月内**　刘北汜由北京来先生寓所访晤。

**又**　山西师范学院储仲君等来访。据储仲君回忆:"这所楼房本来是施先生的私宅,但所有的房间都让他人占用了,主人则被赶进了卫生间["亭子间",下同]。施先生很热情地把我们迎进了家。我一看,这个卫生间面积倒是不小,靠墙放着一张双人床,床前是桌子和椅子,那应该就是先生办公和老两口吃饭的地方了。桌子前面就是抽水马桶。先生让我们坐在靠床的椅子上,自己就坐在马桶上,兴高采烈地跟我们讲了将近一个小时的话。"(储仲君《施蛰存老师》)

**又**　西北大学符景垣等来访。据符景垣回忆:"跟他说到我们西北大学准备发起成立中国唐代文学学会的事,请求他和苏老[渊雷]给予大力支持。施老表示,成立学会是好事,愿意乐观其成,并且一定争取赴会。我又提出,……希望他支持边远西陲,多多赐稿。我们一行人在他家门前合影留念后匆匆话别。"(符景垣《我所了解的文学

大师施蛰存》)

**是月** 主编《词学》集刊第 1 辑(创刊号),由华东师范大学出版社出版印行;刊有《读韦庄词札记》《陈大声及其〈草堂馀意〉》,并开始连载《历代词选集叙录》,署名"舍之";另有《新出词籍介绍》《丛谈》《编辑后记》,署名"北山""舍之""是水""痴云""丙琳""编者"。

另,《词学》编辑委员会由先生与张伯驹、夏承焘、俞平伯、任中敏、唐圭璋、潘景郑、黄君坦、钱仲联、宛敏灏、吕贞白、王起、徐震堮、程千帆、万云骏、马兴荣组成。

另,《词学》主编由先生与夏承焘、唐圭璋、马兴荣担任。

另,据黄裳回忆:"他又创办了不定期刊《词学》,是继抗战前开明书店《词学季刊》而重起的专刊。每出一册必以相赠,我们都喜欢收集词籍,我曾写过一册藏词目录,并不完整,他借去读了,回信说所收乾隆以前刻本专集都可贵重,可见彼此收词取舍相同的标准。"(黄裳《忆施蛰存》)

**又** 译著《轭下》由人民文学出版社新版重印。

**同月** 18 日国务院决定从即日起降低涤棉布价格,提高烟酒价格。城镇知识青年上山下乡运动结束。(中共中央党史和文献研究院《中国共产党一百年大事记》)

## 十二月

**三日** 先生致杭州林乾良一函。

**七日** 彭燕郊复函:"'译诗丛书'你一定得来一本,120 页是薄了些,能加上一些新译是太好了。""林林译俳句,是用的你说的那种译法。""封面依你的意见,确较好。""你给'望舒译诗集'写的序跋不要太短了。""'文苑'事,我一回来就拿着你写的计划和一位同志谈了,他的看法和我一样,估计出版社没敢出它,""出版界是一股风的……,然他们乐此不疲,对于办'文苑'这样的刊物,却无兴趣。""明春我可能去北京,拟就便再到上海,希望能有机会去拜访你,""我也有些想法,恐亦不切实际,不过极想征求你的意见。""在桂林借阅抗战时报纸,见 43 年《新文学》杂志有你译的约翰·根室的《大使夫人》,""另有两篇,则是已收入《称心如意》的了。"

**九日** 应香港中文大学卢玮銮为撰《戴望舒在香港》之征询,作函提供资料。

**同日** 又复朱雯函:"这篇东西写得乱七八糟,到底是写我的编辑工作呢,还是翻译工作?无法改,仅就编辑工作的角度改好,译事不必提了,烦转达我意。"

**十日** 致香港黄坤尧函:"《经典释文》一包,《唐五十家集》二包,共三包,已于昨日付邮寄出。""丁景唐、柯灵等在中文大学开会,可托他们带来。"

**上旬** 为编辑《词学》集刊第2辑而撰《编辑后记》。

**十二日** 冯亦代复函:"真是寸秒必争,才在上月把《第五纵队及其它》清稿送给了汤真同志,昨天他来信,已在办发稿手续中。《第五纵队》是重译的,因为我的一本中译,不知何人抄去,而且后来黄宗江给我找来一本,幸而重译,原译太差了,要砍招牌。真感谢你给我这个机会。"(据市肆影件)

**同日** 陈巨来致函:"日前承赐捉刀代拟刘旦宅画狗之题字,铭感曷已。但巨于'忽发诗兴'之上,拟擅加'昔擅集唐宋人诗句'下接'近又发诗兴',(因巨素不会吟诗,加这数一句,示乃集句耳)。未知吾公识为妥否? 下述二事,求公批示,俾便遵行。一、'人美'对巨之'印取',印成后拟大量推销海外,它们坚嘱对大作太佳耳,必须加译英文一篇,庶可增光拙作云云。现拟求孙大雨教授代译,他亦为一名家,与巨交谊至深,而且通中文,译公大作不致闹笑话,未知公对大雨兄之为人有何意见否? 乞示知。二、解放日报总编陈诏兄对公盛名,久已钦佩,日前来舍云:82年元旦该报拟命巨刻二印,写三四百字小文,陈公云,拟恳求吾公赐撰一文,题目或谈文字学,或写任何大作,悉由尊便。陈公再三嘱巨呈告,这'元旦特刊'中乃以公充主角。"

**十七日** 先生复北京冯亦代一函。

**二十二日** 俞平伯复函:"'杂拌'承绍介重印有成议,欣荷。吴[灌]君说用简体字,而愿意主用旧体,以原书照式重排,错误或可减少。否则鲁鱼亥豕,不便阅读,重印亦就无味。知足下必谓可,却尚未得其复音。他们嘱我作前言,未能同意。方恐讹谬流传,悔其少作。他人重印则可,若自己本无此想,既不肯定,亦不否定,殊难着笔也。今题词约兄代之,最为恰当,庶几吾道不孤。尽可放笔为之,不必拘泥。旧学商量,亦一乐也。惟不宜溢美,以增颜汗耳。若顾名思义,'杂拌儿'者,平民所食瓜豆小品,藉娱新岁,本不登大雅之席。当初之意,不过尔尔。童心未改,已届耄荒,亦不能看校样,以精神视力均差。两集共删去六篇,谅荷同意。"

**二十五日** 致上海文艺出版社宋桂煌函:"董每戡57年戴上右帽,79年改正,80年回广州中山大学,不到半年,即病故。赵铭彝即住在我附近,去年去他家见过。上大同学会我只知道是抗战胜利后高尔松、柏兄弟发起的,不知在敌伪时期已先有了。你说汪想把上大改为国民党机关学校,似乎又在抗战之前,兄所言,恐时间不对头。""普鲁士的'前哨'[《哨兵》],三十年代已有杜衡的译本,编在'欧罗巴文学[艺]丛书'

中,光华书局出版;解放后,人民文学出版社也出过另一个译本,""老兄可以不必译了,还是改一个选题罢。"(孔夫子旧书网,2018年,拍品编号:31614935)

**二十六日** 下午黄葆树来访,先生外出开会留言:"两部诗集我要对校其中一部分(词),请再留几天,最好1月10日左右来取。""华阴路张国瀛先生托我带信,希望你去他家取资料。""近日校中开会忙,故不常在家。"

**二十七日** 先生阅藏岑仲勉著《金石论丛》(上海古籍出版社1981年版)。

**同月** 9日徐仲年逝世。人民文学出版社出版北京第一版上海第一次印刷《鲁迅全集》(十六卷),其中《第四卷·三闲集、二心集、南腔北调集》《第五卷·伪自由书、准风月谈、花边文学》《第六卷·且介亭杂文、且介亭杂文二集、且介亭杂文末编》。

**年内** 主编(未署名)"百花洲文库"第一辑10种,由江西人民出版社先后出版。

# 一九八二年(岁次壬戌) 先生七十八岁

## 一月

**一日** 元旦。按程千帆日记:得"施蛰存信"。

**三日** 上午陆贞弘(陆清源之子),下午周圣伟,晚上陈茵眉来谈。

**同日** 晚上冯亦代复函:"我所见到的书是《西班牙抗战谣曲选》,此书我记得是出版过的,""至于《西班牙歌唱了》一书,我未见过。我已托人在人民出版社及人民文学出版社的资料图书室去查,""我不知道你认识上海书店的毕青同志与否,托他也许有办法。""至于英文原书,葛一虹同志受彦祥兄之托,代为校订,该书于去年6月间已交给葛一虹了,""如已用完当请他寄给你。你嘱寄的《外国独幕剧选》早已收到。""近年的美[国]独幕剧选,如有书名,请告诉我,我可设法请董鼎山在美购得后寄来。我记得抗战前,你出版过一本《袁小修日记》,我曾经先后买过二本,一本在香港毁于战火,后来在北京旧书摊重购得一册,但'十年'中,又化为燬烬。此书我实在十分喜爱,""如有多馀的能赐我一册。""潮锋出版社印行了我的一本《书人书事》,""我很想重印这本书,""特别那些剧评是对中国话剧史的参考材料,你如有兴一阅,我当寄给你这本海内孤本请教。"

**又** 晚上张珍怀复函:"'横陈'《日本填词史话》也讲陈迦陵之填词冒为石濂和尚所绘,言此'横陈'含二意,为竹隐妙语双关。惟这种说法若不妥当,请删改注解。""'北垞也竹南垞竹'原文如此,大概印错,此书印错之处颇多。请改为'北垞竹也南垞竹',可以吗?《词学》第1期春节前可能出版?最近中央指示整理古籍,想您已早知,词学书籍需要整理者,想也在内?不知由那一单位分工担任?"

**四日** 下午张文江来晤。据张文江回忆:"余从学于施蛰存先生,先生谓标点古书,上引号容易点,因为有'某某曰'的标记,而下引号很难点,因为不知道何时结束。"(张文江《〈庄子〉内七篇析义》)

**五日** 上午到校。下午往华东医院探视徐震堮、周煦良。

**六日** 上午到校。下午拟招考研究生试题。又应魏绍昌之请,为其《红楼雅集》册页内"红楼梦花名酒令签图册"题书于册上。

**同日** 复香港黄坤尧函:"所寄诸书均已递到。""丁景唐先生带来胶带三卷亦已收到,尽够我用了。""现在我处已有:(一)《韦庄词校笺》,(二)《夜郎考》(只有第二集)二本,其馀尚未买到,等再过几天买到后一并寄上。"

**七日** 下午上街购买宣纸。邓云乡来先生寓所晤谈。

**八日** 先生"写字数纸应付求索者"。南昌江西人民出版社汤真来访。徐静华,王智量,陈文华先后来谈。

**九日** 先生审阅严寿澂论文初稿完毕。晚上陈茵眉,左燕相继来谈。

**十日** 杨晋豪,黄葆树来晤。先生致北京叶圣陶一函。

**同日** 沈从文复函:"经常从《书谱》中得读兄谈唐碑文章,篇章不大,却极有内容,增长知识不少。但愿不久能集印成书,弟或可称一'好读者'!惟'当代知名海内外书法大家',恐多读不懂,亦不易感兴趣,意中事也。因书法大家中尚有虽已'驰名中外',每作草书屏条,写到某一字时,经常不知如何下笔,为'慎重'计,必临时翻查《草字汇》或《草诀歌》,并预先用炭笔作草稿到纸上,再照草稿落墨,依然博得个'龙跳天门、虎卧凤阁',由其他'行家'看来,高声叫好的话可证大书家谨严不苟,到如何程度,亦足见'临时抱佛脚'窘态。如此努力用心,博一'书法大家'之名,真正是'辛苦来哉'。""因此每在电视中见到某种集会,群公当场挥毫,奋笔直书,报章上从什么'名书法家'如何写得'龙飞凤舞'时,联想及《儒林外史》中名士才子,不免要笑笑。""旧作虽在继续付印,实不宜抱任何不切实际幻想。因卅年前即已'过时'而多微妙心情也。我总极力避开'做作家'空名,把有限生命全部用于'为人民服务',在琐琐小事上打打杂杂做业务,或许可望免于在风风雨雨中再受扫荡。这也就正是在新印散文小说选集中,凡有'违碍''蒙忌'可能字句,老伴必为小心谨慎一一删去的理由。即或抱个凡是'为而不言''与世无争'态度,不声不响工作下去。所有拟印各书,是否能一一出齐,尚在未知数中。《七侠五义》《奇门遁甲》《笑林广记》,都可能在国内成为畅销书,至于我的作品,是否会在新的什么风风雨雨中,不再受一次扫荡,实在难言。因为即或'一以赅命'作一个'垫脚石'而存在,却依旧极容易被人认为是个挡路'绊脚石',而无从抬头也。我平时已极少出门,年来虽腿脚还有力,尚妄冀今明年若有机会,必再爬一次黄山。""去年十月,在香港商务出了一本有关服装资料性图书,分量过重,真是本笨重书籍,重达九磅!定价特高,又无从支配外汇,不便分赠友好,甚觉抱歉。明后年如可于国内出新订本,或可望能多得几本,呈老兄请教!"

  **十一日** 上午到校,下午编定《外国独幕剧选·第三集》所选篇目。

  **十二日** 早晨叶小铿,晚上戴平来谈。

  **同日** 致复旦大学吴心海(吴奔星之子)明信片:"等了你两天,没来,不知你何日回徐[州]。我已买好一些东西,希望你来取,不要客气。"

  **十三日** 李宗为来请教。先生续作《唐诗绝句杂说》。

  **同日** 上午叶圣陶复函:"徐君处未有人来,此事不急。彊村词幅当俟便托人摄影寄奉。《西川集》分量极少,其中小说数篇早收入文集,散文数篇,近收入散文'甲集',已经拆散。承念及之,良感厚爱。"

  **十四日** 上午到长宁区房地局,见使用科李忠谈归还住房事宜。杨耀斌来访。

  **同日** 吴心海来访。据吴心海回忆:"临告辞时,施伯伯取出一个很简易的长方形的白纸盒,上面除了厂址之外没有任何图案,说是蛋糕,让我带回家给父母尝尝,徐州未必能够吃得到。"(吴心海《一枚售价三分的明信片——怀念施蛰存伯伯》)

  **十五日** 赵昌平、左燕相继来谈,马兴荣送来《词学》集刊一册,长宁区房地局朱同志来"谈归还住房事宜"。

  **同日** 先生致湖南彭燕郊一函。

  **十六日** 上午在校开会,下午"觉寒战,休息"。

  **十七日** 上午外甥女周聿宸来探望。下午周劭(黎庵)来晤。

  **十八日** 上午到校,下午"感寒,休息"。

  **十九日** 开始编辑《词学》集刊第3辑稿件。据马祖熙回忆:"陈维崧逝世三百年之时,嘱我写一篇《论迦陵词》,编入《词学》第3辑中,作为纪念的文章。"(马祖熙《化

雨春风七十年》)

**同日** 叶小铿,仲娟芳,陈文华先后来谈。徐定戡致先生函:"顷得儿子域外家报,有夏威夷大学同事马君幼垣曾匄长者词翰,以未蒙班赐为念。禀请代为敦促,不揣冒昧,肃笺奉达。晚以夫子门墙高峻,逡巡未敢妄窥,遂疏晋谒,罪在不道,希鉴宥。临颖毋任,屏营之至。"

**二十日** 为重印俞平伯《杂拌儿》撰"题记":"新文学运动初期的出版物,现在已极不容易见到。我偶然得到这两本《杂拌儿》,重读一过,就涌起了青少年时代对新文学进行启蒙学习的情景。""平伯先生虽然不很愿意重印这些五十年前的'废话',但他却同情我的怀旧之感,终于答应我写这个题记,编入'百花洲文库'。"

**二十一日** 马祖熙来晤。朱永康由欧阳翠介绍来访,上海古籍出版社周劭(黎庵)和编辑李学颖也来谈。

**二十二日** 晚上王西彦宴请先生和许杰,徐中玉、钱谷融、杨霞华夫妇。

**二十四日** 除夕。马祖熙,戴自中来访。范泉由青海回沪探亲,特来探望。

**同日** 湖南彭燕郊复函:"'望舒译诗集'我们当然希望能作为第一种出版。目前,'梁宗岱译诗集'稿已在我这里,正在写作者简介。每个作者都写一短短的二、三百字上下的简介,同时得写一短跋,对译者也略作介绍,略侧重于译诗方面。""拙诗有承奖誉处,内心甚为感奋,特别是你指出我的一个老毛病,往往恣肆为文,不善于控制自己(控制真是一个不容易的艺术)。另外,我从开始写诗就爱(语言方面的)散文美,欲从这条路上找出语言美的新路子,结果也带来了个毛病:不够精炼。""你说我那首'钢琴演奏'可删者少在三分之一,可谓痛下针砭矣!我感谢你,我会永远记着的。""'绿原序',有欲言又止之慨,其心悟也不难想见。""'望舒集'仍盼赶一赶,尊集也望接下去就赶出来。""'劳荣集'望寄来。"

**二十五日** 春节。周东壁,陈文华等五位研究生先后来先生寓所拜年。

**二十七日** 张文江,沈仲章,学生董双先后来先生寓所拜年。

**二十八日** 俞平伯复函:"已照兄意,将原书仍分为二册。一册删二篇,二册删四篇,共六篇,馀均不动,已径告吴君,如别无问题,即可发排。大文仍盼先睹。承赠《燕子龛诗》,谢谢。所附题咏,搜罗宏富,未易得也。我亦心仪此君,惜其早世,识面缘悭,致足惜耳。所云《读诗札记》,即昔年青云路讲义。以后荒废,并无进益,后在京印成小册,流传至稀,若存若亡,虽承雅意拳拳,恐未宜重印耳。近有周煦良君,于《晋阳学刊》谈《长恨歌》问题,""他日希阅正之。《杂拌儿》中文字瑕瑜互见,凌乱不纯,一如其名。悔其少作,弃勿复道者久矣。今荷雅爱,为介绍重刊,诚为幸事。以目力减退,精神惚恍,不能自校,又荷允代看校样,俾免传讹,心感何似。叨同砚席,谊不敢辞。知《词学》已见样本,旬日内可以快睹,何幸如之。兄之热情毅力,续遐丈、榆兄未竟之业,为词坛护法,功德不浅矣。"

**同日** 程千帆复函,谈及"屈兴国、严迪昌二君文分别寄呈,想均收到。江苏出版社定2月10日开会,大约十天或七天","子苾词湖南已出校样"。

**二十九日** 蔡仲德,雷平一、陆国斌,邵修青,金名,陶嘉炜,黄葆树先后来先生寓所拜年,"不胜应接"。

**三十日** 蒋小雯、包谦六,盛毓瑾来拜年。下午先生初访徐定戡。

**同日** 复河南崔耕短笺:"收到承惠日本禅师书撰碑三种,甚佳。""5月有机会去西安开会,便道可在洛阳、汴都小住数日,当可晤见。"

**又** 致香港黄坤尧函:"10日寄出书一包(《夜郎考》等三册)。""《唐宋词简释》已买到,明后日寄出。《词学》(1)已印出,2月8日开学后可以取得。我想把香港方面的赠送本一起寄给你,请你代为分送。去年我工作甚繁剧,今年上半年也不见得空闲。""台港方面如有词学新刊,还请你收集或报导。美国出了一本《中国词的发展》,作者是 Kang-i Sun Chang,你知其人否?此书是否可托香港西书店去定一本?"

**三十一日** 徐定戡来先生寓所"回访"。唐祖伦来晤。

**同日** 先生早年大同大学的同学许思园(思玄)夫人唐郁南自济南来访。先生自述:"夫人唐郁南守其遗稿,未能付印。"(《浮生杂咏》。按:见于《浮生杂咏·三十八》;许思玄系先生1925年就读大同大学时的同舍生,原名寿康,号思玄。)

**是月** 天津人民出版社出版由北京鲁迅博物馆鲁迅研究室编《鲁迅研究资料》第9辑刊载《施蛰存谈〈现代〉杂志及其他》。

**同月** 1日《新民晚报》出版复刊号。30日中共中央发出《关于检查一次知识分子工作的通知》。

## 二月

**一日** 上午到校。下午富寿荪,封尊五(耐公),蒋哲伦,陈文华先后来谈。

**同日** 叶圣陶复函:"久想重读曼殊诗,今接到赐寄新印《燕子龛诗》,喜甚,感之无已。惟以目疾,只能勉力看数首,逾时再看。《词学》首册,近期内能印成否?为念。"

**二日** 范泉、黄葆树来晤。俞平伯复函:"昨得手书并'题记',至欣。文情委婉,不蔓不支,允推合作,惠我良多。虽无夸饰,犹未免过爱之誉。""屈指青云往迹,瞬届六旬,藉君介绍,重拾前甄,殆有夙因,亦胜缘也。只依事实,略校数点,如'西还'上补'冬夜';'七月'在六月之先,以中隔一年;引定庵句作'廿六年',当时年齿恰符。馀均不动,已挂号寄吴君矣。""书名去'儿',是我想起的。""来书云:'书名不可改',诚然。今仍用原名不动,亦已告知吴君。承告知周煦良近况,用养[氧]气呼吸而写作不辍,可谓奇人。我与之有姻谊,却未识面。兄似和他相熟,便中希代致意。昔谈'长恨歌'无响应者,而此君独赏之,亦难得也。《词学》想不日即可快睹。"

**四日** 华东师范大学研究生科陈子良来"谈成立古籍整理研究所事"。

**同日** 在《新民晚报·夜光杯》开设"语文病院"专栏,其作"病例"均以"病员""脉案""处方""医师"格式行文,署名"王了二"。《开业词》写道:"五十年前,夏丏尊、叶圣陶在他们主编的《中学生》月刊上办了一个文章病院,对中学生写文章大有帮助。我们现在也设立一个语文病院,给语文病患者处方治疗。今天开业,以后随时应诊。"并发表《语文病院·病例一》。

**五日** 微雪。徐永明陪同陈穉常(懋恒)之子赵之云、许宛云夫妇来访。据许宛云回忆:"施老说,他正打算编撰一本《中国女诗人集》,非常希望我们能提供陈懋恒和陈小翠女士的诗作及生平简介。后来,我给他送去了资料。"(许宛云《我所认识的女诗人、画家陈小翠先生》)

另,按先生自述:"小翠殒后,其闺友陈穉常收其遗稿,有自撰'年谱'一卷、'吟草'四编旧稿本一部。余未尝识穉常,惟陈家庆曾录其所作词见示,因知其为侯官女诗人。然穉常翌年亦死于凌辱,余辗转从其家假得小翠遗稿,展卷慨叹。见其寄余诗词皆在三集中,犹有二词[《湘月·甲辰元日飞雪即止为施君作》《南乡子·正月廿一日同乡故人来访感占》]为余作,而未尝录示者。"(《翠楼诗梦录》)

**六日** 上午到校,陆宗蔚来先生寓所,"未遇"。

**同日** 应陈巨来之请,为《安持精舍印冣》作"序":"岁癸未,余自闽中归省,闻有印人陈巨来号安持者,出赵叔孺门下,方以元朱印驰声海上。越二十年,于尹石公斋中始得奉手。清且癯,温而恭,雅士也。自此时有过从,常得观其所业。""交既久,投分日深,又知其为贞介绝俗之士。""书既成,要余为序。余谬托交末,不敢辞。安持之艺,既具于此编,观者当自有评泊,余非长于此道者,何能饶舌?然安持之为人,此编所不能著,余故表其为贞介之节,使后生君子,知雕虫之技,得于一,亦立于德也。"

七日　下午钟荚,薛文才先后来晤。

八日　元宵节。朱永康来访。夏承焘、吴闻夫妇寄赠《天风阁诗集》。

九日　蒋小雯、陈文华来探望。按程千帆日记:"得蛰存信"。

十日　上午到校。下午史承钧,陈茵眉携女儿先后来访。

同日　在《新民晚报·夜光杯》发表《也谈松江鲈》(署名"舍止"):"看到本报有人谈起四腮鲈,我是松江人,也高兴来凑个热闹。不过我一谈四腮鲈,恐怕会使读者和我们松江同乡扫兴,因为唐宋以前关于四腮鲈的典故,都和四腮鲈无关。四腮鲈实在是一个冒名顶替的东西。"

十一日　马祖熙,陈伯海、蒋哲伦夫妇,左燕先后来晤。

十二日　上午在茂名南路陈氏兼于阁,参加"星五老人"茶会。中午应邀到周退密家吃元宵。午后又访陆宗蔚,"今年八十,询其诞辰,不告"。

同日　在《新民晚报·夜光杯》发表《语文病院·病例二》,署名"王了二"。

又　《新民晚报·夜光杯》刊载周振甫《锲而不舍》提及:"俞平伯先生重圆花烛,许先生(平湖乍浦镇许白凤)用施蛰存先生'春在堂中春不老'句,为俞先生刻了一印,边款作'蛰存句刻奉平伯吟长哂正'。"

又　赵景深致函:"我校已在征求我对于研究生分配的意见,想来你校亦然,也许我内侄的分配问题亦将于最近决定。""与兄平日的悉心指导是分不开的。""我和老伴现在的状况兄在去年是目睹的,无论在工作上、生活上都实在迫切需要帮助。"

十三日　叶小铿,徐定戡先后来访。

同日　上午叶圣陶复函:"赐寄《词学》已收到,甚欣甚谢。此册作者甚众,内容赡富,胜于以前之《词学季刊》。初以为缘全用繁体字而出版延迟,今见仍用简体,可见出版拖延,其病已深,非关字体之繁简。印刷清楚,惟我之视力太差,虽凭二镜,犹未能一览无碍。彊村词幅已托人去摄影,印出时即当寄上。"

十四日　戴自中来先生寓所晤谈。

十五日　上午到校,许杰题赠其作《〈野草〉诠释》。下午赵昌平来请教。

十六日　上午在兆丰别墅边政平家闲谈。下午观看电影。晚上沈毓刚来晤。

同日　又在《新民晚报·夜光杯》发表《语文病院·病例三》,署名"王了二"。

又　张珍怀致函:"《词学》未知已出版未?颇以为念。《域外词选》'日本词'简化字,把'间'作'闲',使得句子很不通,所以简化字用于古典文学是有问题的。又夏先生大概糊涂了,他的助手胡树森所注的'李齐贤词'鹧鸪天(鹤林寺)'雪里何人开杜鹃'分明是对的,他这一校把花变鸟(见《域外词选》100页),鹤林寺杜鹃花是有典故的。""其实苏诗注都有《南史》'隐逸传'戴颙就住在黄鹄山竹林精舍。""我本来收集了(73年时夏全交与我注)许多李词资料,但后来夏先生说李词叫他的助手搞,我就把所有资料都给他们看过了,""可是还闹出了如此荒疏笑话。我所笺注日本三家词,有几个典故想求教于您,下周一(22日),如不落雨当趋前面聆诲教。"

十七日　上午到校。下午薛文才,马蹄疾,陈茵眉,黄明,凌霜先后来晤。

十八日　上午在校赁屋中查检书籍,又访杨勤辉。下午赵之云,北京董秀玉先后来访。

十九日　早晨去茂名南路陈氏兼于阁,参加"星五老人"茶会。下午戴自中,晚上司徒伟智来访。

二十日　王兴康,周劭(黎庵),吴心海先后来晤。

同日　在《语文学习》月刊第2期"作家与作品介绍"专栏发表《唐诗绝句杂说》(上),在"小引"中写道:"如果是专讲某几首绝句,可谈的话头不少,思想性、艺术性、社会意义、教育意义、表现手法、创作风格等等,写四五千字不费事。现在要谈的是唐人绝句诗的总体,它可没有一种共同的思想性、艺术性。""我就无法从这些角度来谈,考虑再三,决定谈谈关于唐人绝句的一些基础概念。但因为它们是一鳞一爪的,无法连贯起来,像写硕士论文那样,前有'绪言',后有'结论',中间再分章分节,逻辑性很强的写下去。我只能一个概念,一个概念地随意写下去,因而把这篇文章题作'杂说'。"

二十一日　黄清士,陈中英,包谦六先后来谈。

二十二日　应江苏人民出版社邀请,为选定出版古典文学研究生论文集、讨论古籍整理出版计划而赴南京。当日下午与研究生陈文华、复旦大学王运熙一起乘火车去南京,晚上八时到达,下榻在双门楼宾馆。

二十三日　上午先生与王运熙、孙望、程千帆、徐朔方参加了江苏人民出版社副总编高纪言在双门楼宾馆会议室召集的会议,"定审稿办法,三日内每人审阅论文七八篇,选出二三篇"。下午在住所开始审阅论文。

同日　楼适夷自北京复函:"承蒙寄赠的《燕子龛诗》,""您编这套文库,介绍古今中外艺文精品,很有意义。关于曼殊身世,这里收录的柳亚子'新传',是1928年之作,后来是有订正的,即关于曼殊为日本人之说,是误信曼殊自撰而故作玄虚的'潮音跋'及'断红另简记'[《断鸿零雁记》,下同]故事所作错误结论,后经调查核实,作了重大更正,确定曼殊是苏杰生与日女若子所生之子,是中国人。另作《苏曼殊传略》及

《重订苏曼殊年表》推翻前说。这是我最近偶然翻阅81年6期《人物》杂志,见到柳无忌《关于苏曼殊》一文才知道的,请参阅。曼殊的小说'断鸿另简记'、译诗'海潮音',如有可能收入'[百花洲]文库'也好。天马书店出版的《创作的经验》,是1932年(33?)为左联筹款,由我编辑的,""您看看是否值得重印,由您决定好了。您一直在勤恳地写作、翻译与编书,非常钦羡。"

**又** 黄坤尧由香港致先生一函。

**二十四日** 全天审阅论文。晚上正在南京大学进修的日本大阪女子大学副教授横山弘来先生住所访问。

**同日** 俞平伯致邓云乡函谈及:"《词学》创刊号已见否?"

**二十五日** 全天审阅论文,共选定十五篇。晚上南京大学中文系副主任包忠文、现代文学教研组主任邹恬来先生住所访问。

**同日** 在《新民晚报·夜光杯》发表《语文病院·病例四》,署名"王了二"。

**二十六日** 下午在南京大学与中文系现代文学组青年教师座谈,南京师范学院也派人参加。会后去陈瘦竹家访。晚上与唐圭璋、孙望、金启华、程千帆、王运熙、徐朔方、陈文华在南师餐厅出席南京师范学院宴请。先生自述:与唐圭璋"始得进谒,晤谈相得"。(《挽圭璋先生联·题记》)

**同日** 张伯驹(丛碧)在北京病逝,先生获悉后即作"丛碧词丈千古"挽联:"春海移桑闲老京华贵公子,尘琴掩瑟歌残梁苑旧词人。"

**二十七日** 下午出席讨论江苏人民出版社古籍整理出版计划的会议。晚上日本爱知女子大学讲师坂田新、南京大学教师王兆衡(华东师范大学毕业生)来访。

**二十八日** 下午江苏人民出版社招待与会者前往中山陵观赏梅花。先生听说叶恭绰墓就在中山陵下,便邀程千帆、孙望、王运熙访谒叶恭绰墓,并与诸位合影。

**同月** 16日李宝森在上海病逝。

## 三月

**一日** 中午先生与研究生陈文华、复旦大学王运熙一起由南京乘坐火车返回上海,下午六时到达寓所。

**同日** 经教育部批准,华东师范大学建立了学位评定委员会,下设十个专业学科分委员会。先生被聘为文学(中文、古籍整理、图书馆学)学科分委员会委员。

**二日** 沈师光,马兴荣相继来先生寓所晤谈。

**同日** 先生复北京吴福辉一函,谈及自己创作的"大多数小说都偏于心理分析,受 Freud 和 H. Ellis 的影响为多"。

**三日** 朱秉正来访。复谭正璧函:"兄之小说史有可能重印,弟有常联系之出版社,因时机未到,故尚未为兄推荐,一有机会,即当效力。希望兄趁此先少少润改文字,有许多语言,今天似已不适宜了,改掉一些亦不困难。内子又病,过几天当趋候,将尊著送还。"

**四日** 董红钧来访。复黄坤尧函:"《词学》六本及《唐宋词简释》一本今天已挂号寄出。""其他的书,等买到后陆续寄奉。外省出版之书,上海不易见到,你以后可以直接去函,请他们寄书到我这里,由我汇书款去。他们得到香港来信,一定会从速发书的。""大作《温词与寄托》尚待细阅,如可用,也收编入第 4 辑,恐今年不能印出。""《词学》中无政治性文字,如可以寄到台湾,我想请你多寄几本去,可以作为交流赠送。"

**同日** 在《新民晚报·夜光杯》发表《语文病院·病例五》,署名"王了二"。

**五日** 上午在校参加学术委员会会议。复张国瀛函:"'草堂'二册已收到。""濮禾章同志亦有函来,邀我参加今年之会,但此刻尚未能定去否,西安之会时期未作最后决定,故且待之。"

**同日** 冯亦代由北京致函:"小董[秀玉]回来,知近况甚慰。你嘱她转告我服老之意,亦已传到。""《第五纵队》是重译的,因为找不到原译,等黄宗江给我找到时,已重译接近完成。也幸而找不到,因为原译有错误,虽不多,亦足以使我今日红脸。至于《蝴蝶与坦克》,原书全部校过一遍,又加了一篇《在山岗下》,这样海明威写西班牙内战的作品,全部齐了。另外我写了一篇译后记,说明对海明威的新看法,""你看了请你指教。""《书人书事》不超过 10 万,""再寄给你请你指教。你寄给我的望舒照片,好容易找到小丁认人(因为我有许多也不知道),""自左至右:丁聪、周而复、张光宇、洪道、特伟、望舒、韩北屏、黄新波。据丁说是摄于 1948 年香港六国饭店,是刘火子、金端苓的结婚之日。"(据市肆影件)

**六日** 上午在校,将辑录苏曼殊《燕子龛诗》题赠曹旭。

**七日** 下午分别往访高仁偶、徐润周、汤天陶。

**八日** 上午到校。下午江苏盐城周梦庄来访。

另,据周退密回忆:"老友施翁蛰存来,谓有周梦庄先生者,嘱为词人蒋鹿潭持竿戴笠小像题辞。余为题《百字令》一阕应教,同时题者有徐丈曙岑、陈丈兼与、徐子稼

砚暨天津寇君梦碧、赵君浣鞠。入冬施翁持油印数册来,嘱为分赠曩所题辞者。"(周退密《呆堂书跋》)

**同日** 俞平伯复函:"得4日手书,内子之丧,承致唁慰,殁存均感。伊固久病,而临终时迅疾和平,只两日。""我固能以理遣情,而陈迹太多,处处怅触,心情之劣,可以想见。兹附奉遗作小词一首斝正。又检七十年前旧小说译本中词一首尘眯。俱不必以之入《词学》也。前者惠赐和章,渠以欣赏,曾为抄写,顷亦检出。回思沪北前梦,可胜怅惘。"

另,附俞平伯过录夫人许宝驯(耐圃)遗作《鹧鸪天》:"几度沧桑老此身,雁行聚散各前程。梨花庭院迷离梦,丽影楼台历碌心。愁雨雪,感晴阴,农村广阔记犹新。友人相过居邻好,汲井分柴助我勤。一九八〇年作。"

另,还附抄录:"《满庭芳》见旧本《双冠玺》小说述苏格兰女王马利怀念法都巴黎事。译者闽县何心川,有骈体长序,署年光绪丙午。英文诗译以长短句,亦词苑之别调也。一九零六迄今七十六年矣。壬戌惊蛰,平伯钞记。酷别伤离,舍故土浮生何乐。念三五年时跳舞,景光如昨,竹马羊车欢似水,春花秋月颜中落。恨孤帆断送好江山,乘风速。行已远,穷吾目;思尚近,镌吾骨。记烟波一片,楼台千簇。半魄愿悬双阙永,此心不转西流溷。叹归来故国法兰西,吾其鹤。"

**九日** 上午黄葆树来谈。下午到华东医院,探视徐震堮、赵家璧,周煦良,柯灵。

**十日** 为编辑出版《戴望舒译诗集》而撰"序":"我在搜集望舒的遗著,对他的译诗,也在随见随抄。""把我抄得的望舒译诗,编为一卷。另外,望舒曾把他译的波特莱尔的《恶之花》,在1947年印过一个单行本,题名《恶之花掇英》,现在亦收进去,作为第二卷。望舒逝世后,我曾整理他的遗稿《洛尔伽诗抄》,""此书绝版已久,现在亦全部收入,作为第三卷。这样,我所能收集到的望舒译诗,已尽于此。"

**同日** 赵昌平,邓云乡,刘同毓先后来晤。

**又** 致新加坡周颖南函:"去年承惠寄照片及大著复印件,以尘事繁剧,未曾函谢,甚歉。《词学》第1辑迟至2月中旬方得出版,前日已从海航寄奉一册。""此书新华书店尚未上市,分配到香港,恐尚须一二个月。星洲如有人感兴趣,请委托香港友人代购。第2辑已付排,今年拟再出版二本。李宝森兄已于上月中作古,想已知悉。俞平伯师母亦于上月7日逝世,张伯驹老人于上月26日逝世,皆使人哀悼。足下去年摄有俞师夫妇合影一帧,拟请印一纸惠赐,以作纪念。"

**十一日** 下午雨,沈师光请先生与邵修青吃西餐。

十二日　晨在校开会。《文学报》边风豪来访。晚上陆宗蔚为松江修志来谈。

同日　在《新民晚报·夜光杯》发表《语文病院·病例六》,署名"王了二"。

十五日　下午上海古籍出版社陈邦炎来访,先生又往常熟路沈宗威家晤谈。

十六日　应国靖,上海师范学院蒙慕,厦大校友许维梓、陈文华先后来访。

十七日　黄明、赵昌平来先生寓所请教。

同日　在《新民晚报·夜光杯》发表《语文病院·病例七》,署名"王了二"。

又　张珍怀致函:"夏承焘先生《域外词选》,我所注《日本词》,错字、颠倒字句都有。""可是他[编辑]却说读者反映很好,难道现在看书的水平就那么低吗?还是只看夏老之大名,内容就可以乱七八糟?我认为《词学》中可以写一'书评',您认为怎么样?古籍整理李一氓很重视,他也是喜观词的人。顾廷龙先生赴北京开会前,曾说上海图书馆也要成立出版社。如果词学整理是在您的主持之下,《词学》当可列为古籍整理之刊物的一种,以后印刷总可以方便些了。王小婧女士有信来云,她的词已由陈兼予[与]先生转给您了。"

十八日　先生"亦染感冒",徐定戡、黄葆树来先生寓所,"均挡驾"。

二十日　上午齐森华陪同《社会科学战线》文学编辑马兰来约稿,黄明来为先生妻子听诊,下午陈文华来探视。

同日　在《语文学习》月刊第3期"作家与作品介绍"专栏发表《唐诗绝句杂说》(下)。

又　审阅《词学》集刊第4辑来稿,据先生填写的"《词学》审稿记录表":"题目:天风阁学词日记1932、1/3。作者:夏承焘。字数:9 500。复审意见:编入第4辑。"

二十一日　先生感寒,下午卧床休息。

二十二日　上午马兴荣来先生寓所晤谈。先生"终日偃卧,热度37.3℃"。

二十三日　先生病卧,终日未起。王建定、蒋哲伦先后来谈。

二十四日　"昨夜豪雨,阴寒",先生"晨起床",赵昌平、陈文华来请教。开始审阅赵昌平研究生毕业论文。按程千帆日记:"函蛰存"。

同日　端木蕻良致函:"今天得到《江南风景》10本,我对'百花洲文库'的开本及其装帧,感到有些新鲜感,这都和您及江西人民出版社同志们辛勤工作分不开。"

二十五日　下午吴信根来,"允今年一定调整房屋"。金名来"取去'独幕剧目'及书五本"。朱明华也来访。续阅赵昌平毕业论文。

二十六日　早晨富寿荪来晤,续阅赵昌平毕业论文。

二十七日　左燕来,"托其代抄《陈小翠年谱》"。续阅赵昌平毕业论文。先生外甥女"聿宸来,代劳家务,即晚留住"。

**二十八日**　早晨周退密来晤。续阅赵昌平毕业论文。

**二十九日**　续阅赵昌平毕业论文。陈文华,徐静华,李宗为来谈。张伟来访,据张舒萌记述:"父亲张伟最早和施先生有书信往来是1982年,彼时26岁的张伟在编辑左翼作家葛琴的研究资料,得赵家璧先生提供线索向施先生去信。施先生的回信虽然没有解答父亲的疑问,但仍提供了一条线索和一些思路。"(张舒萌《父亲张伟与施蛰存先生的二三事》)

**同日**　在《新民晚报·夜光杯》发表《语文病院·病例八》,署名"王了二"。

**三十日**　中国大百科全书出版社编辑送《中国大百科全书·中国文学卷》"隋唐文学条目"印样来,要求先生"约5月中旬阅讫送回"。先生审讫赵昌平论文。

**三十一日**　始审严寿澂毕业论文。据严寿澂回忆:"蛰存师读后即说,同学五人,四人治学都属于辞章一类,而你则偏于义理。可谓一语中的。"(刘荣《立理限事还是通以变成——华人学者严寿澂教授船山学研究访谈》)

**月内**　按先生自述:"我收到任二北先生的信,他说他今年86,还有三大部唐代文学的著作要完成。他又把平生从事唐代文学的教学与著述生活,比之为敲锣卖糖。"(《卖糖诗话》)

**是月**　在《文艺理论研究》第1期发表《说"诗馀"》。

**又**　上海古籍出版社出版由华东师范大学中文系古典文学研究室编《词学研究论文集》(1949—1979),"编辑说明":"本集由马兴荣编选,施蛰存参订。"此书收录其作《读温飞卿词札记》《读冯延巳词札记》。

**又**　四川人民出版社初版印行由北京语言学院《中国文学家辞典》编委会编辑《中国文学家辞典》(现代第二分册),书中辞条有"施蛰存"。

**同月**　20日武慕姚(拙叟)在开封逝世。

## 四月

**一日**　早晨审阅严寿澂论文,黄明来请教。下午去高君藩家访。郭成九来晤。

**同日**　在《新民晚报·夜光杯》发表《语文病院·病例九》,署名"王了二"。

**二日**　续阅严寿澂毕业论文。赵昌平来"取论文去修改"。

**三日**　续阅严寿澂毕业论文,左燕,陆贞弘先后来谈。

**四日**　中午与万鸿凯、陈德恒、萧贞昌等在蓝村西菜馆参加厦门大学校友聚餐，餐后又在科学会堂参加合影。

**五日**　先生拟写中国古代文学硕士研究生培养方案。齐森华来"商研究生留校事"。沈师光将迁居北京，特来辞行，先生"赠以礼物四包"。

**六日**　上午在校开会。先生夫人"七十九生辰，三子二媳诸孙及外甥女聿宸夫妇均来贺并合作治筵，晚间聚餐"。

**七日**　蒋哲伦，郭明道来访。在《新民晚报·夜光杯》发表《语文病院·病例十》，署名"王了二"。

**八日**　先生"仍畏寒体温低"。富寿荪，蒋哲伦先后来晤。

**同日**　《解放日报》刊载《开启"中国近代现代丛书"之库的钥匙——上海图书馆编印的〈目录〉〈索引〉介绍》提及："华东师范大学施蛰存教授说：'这是一本很重要的工具书，为近代现代文献的探索和研究，打下了坚实的基础'。"

**又**　按程千帆日记：3月27日始旅游西安期间，收到施蛰存信。

**九日**　赵昌平，陈伯海来谈。又陈从周令人持卷子来乞题。续阅严寿澂论文。

**十日**　徐静华，应国靖，陈文华，左燕先后来谈。续阅严寿澂论文。

**同日**　为《陈从周画竹卷》题识："梓翁以三尺缣画竹，将以授其掌珠美国。行有日矣，忽念及老夫，令其门人夜持此卷来索题识。展视之，画良佳，与可神品也。非东坡孰敢题？然题者已十许家，诗书皆东坡之亚。珠玉在前，老夫何敢续貂。独念梓翁家已有竹，更欲其女所居亦有此君，何其汲汲然也。尝闻竹林有贤者，竹实惟凤皇得而餐之，直干虚心，又古人之所师，梓翁殆将以此卷寓家诫，当女史箴耶？诚然，则老夫为揭其旨，识于卷尾亦宜。"

**又**　楼适夷复函："《创作的经验》，'[百花洲]文库'一定要收，我不能反对，不过，我的一篇最好删了，几十年前的话，至今依然，实已无颜再见读者。附录外国作家，我已只能记得有一篇是日本作家高见顺的，那是鲁迅先生特地选出来，要我翻译了附进去的。""要写'题记'，最好能见到复印样稿。""我希望您选印一些望舒的诗和您自己的别具风格的短篇。今天文艺出版似乎很兴旺，但是有点杂乱，'文库'树立一个自己的方针，是很好的。"（按：据市肆影件，现已归鲁迅纪念馆所藏。）

**十一日**　续阅严寿澂论文，又为赵昌平修改"提纲"。徐宗琏来晤谈。

**十二日**　赵昌平、陈文华来请教。续阅严寿澂论文，又阅"百科全书·隋唐文学条目"稿三十页。晚上又应邀在陈从周画竹条幅上书写题辞："淇奥风流宛在。"

十三日　　上午到校。下午应国靖来先生寓所访谈。

同日　　在《新民晚报·夜光杯》发表《语文病院·病例十一》，署名"王了二"。

十四日　　姚昆田，赵之云，张文江先后来晤。先生审阅严寿澂论文讫，又阅"百科全书·隋唐文学条目"稿二十页。

十五日　　晨访谭正璧，午后司徒伟智来访。开始审阅黄明研究生毕业论文。

同日　　复端木蕻良函："大作勘误本收到，当汇集诸本勘误，列一总表寄江西去，备再版改正，或者新书通报上先刊布。""第二集中创作四本均已发排，(一)丁玲《夜会》，(二)俞平伯《杂拌儿》，(三)郁达夫《屐痕处处》，(四)诸人《创作的经验》。葛琴著作我没看过，或者说卅年没看过了，足下推荐的《窑场》我不知何时何处出版，足下以为值得重印，只要字数不超过十万，也可收入第三集。现在联系中有沙汀一本，鲁彦我也想到，可与覃英联系(她在上海师院)。出版社另有势利标准，希望入选之作家要，一、现在有文艺活动的；二、或'出土文物'，如徐志摩等。我的主张则是：较重要的文学史资料，印一些有参考或研究价值的书出来，为现代文学研究者提供方便。第二集中我本想印胡适的《尝试集》，出版社不敢，现在听说已有四川新印本了。我还想印一本张资平早期作，出版社也不敢。故这一部分选题颇费斟酌。"

又　　杨纪璋致先生一函。

十六日　　续阅黄明毕业论文，撰教学经验交流稿。叶小铿，万紫，主万来谈。

十七日　　上午在校开会。阅读日本村上哲见寄来词学著作。

十八日　　上午周劭(黎庵)，叶鹿金(麟鋆)和吴劳先后来晤。下午去静安寺新华书店购买《词学》集刊第1辑，"云已售罄"。陆贞弘来，"为买得玄色麦尔登裤料"。

十九日　　下午到校。陈文华，黄清士，李宗为先后来晤谈。续阅黄明毕业论文。

同日　　在《新民晚报·夜光杯》发表《语文病院·病例十二》，署名"王了二"。

二十日　　全天在学校批阅招考研究生入学试卷。

二十一日　　"今日忽又转寒"，先生"体气不佳，无所事事"，研究生李宗为来请教。

二十二日　　上午到校。下午朱秉正，黄明，南京师范学院吴锦陪同日本进修教师坂田新相继来访。

同日　　复天津张厚仁函："你的第一本译作至今难产，实出意外。我以为Boll的小说或Rilke书信总有一本可以出来了，岂知至今犹无消息。这几年你一共译了多少，我看不要向北京、上海的出版社找出路了，他们恐怕都有帮派，至少是无形中已成为一个小集团，你还没有进入。你何妨译些三四万字的小说，投寄几个外国文学杂志。""外省出版社也有需要译稿的,不妨向湖南、四川、吉林去问问。""我前年问起你的《一声没吭》,本来有意编入'[百花洲]文库',后来出版社表示译稿已经够用,故无法为你介绍了。《百花洲》双月刊编者汤真,是我的老朋友,他也是译者。你如果寄一篇二三万字的新的德国小说去,可能他会用。因为他们那边没有德法文译者。""我有 Marie Grubbe,你想不想译?我最希望你把他的六个短篇译出,我给你写个序文,找一家出版社印行。鲍昌我只是一面之缘,但知道他是诚恳人。""我想天津社科院一定会有文学研究所,现在各省市文研所都在找外语人才,也许你会有机会。《虎的问题》有多少字?如不长,可以寄来设法介绍出去。"

**二十三日** 上午至茂名南路陈氏兼于阁,参加"星五老人"茶会。下午严寿澂来,取论文作修改。晚上钟荚来,"觅得望舒照片二纸"。

**二十四日** 上午周贻胜及其嫂来先生寓所探访,下午曹旭,蒋哲伦,陈文华,郭成九,邓云乡,晚上左燕,刘大为先后来访。

**同日** 致施议对函:"函寄夏老稿及所惠书,收到经月。适因我们夫妇皆病,故未即复。""关于词派问题,我意已尽,亦不想多涉及。我不同意的是一个'派'字,并非不同意风格有'豪放'、'婉约'之别。你来信说:'如果一定要分,那就根据实际情况有多少派分多少派。'这样说,仍是承认有此二'派'了,恰好落入陷阱。"

**二十五日** 夏承焘致函:"天津寇梦碧翁(天津教育学院)来书,示悼念张丛碧翁词一阕,转呈文几,蒙希答及。丛翁追悼会,挽联几百,盛极一时。先生挽联,挂显要位置。张家现正辑印所有挽联挽诗。待印成后,当即寄奉。《词学》问世,求阅者甚多,惟购买不到,甚以为憾。下次能否稍稍增印,以应各地词友之需求。"

**二十六日** 上午在校审定中国近代文学专业研究生榜,"复试四名"。下午金名,丁言昭,王寿兰先后来访。先生购置金星牌彩色电视机一架。

**同日** 在《新民晚报·夜光杯》发表《语文病院·病例十三》,署名"王了二"。

**二十七日** 上午至武康大楼沈仲章家访,"借照相机一具"。下午沈仲章来"教照相机用法"。续阅黄明毕业论文。

**二十八日** 上午到校。下午宋学勤,刘同毓来谈,耿百鸣来送先生托办的火车票。审阅黄明毕业论文四章讫,又始审李宗为研究生毕业论文。

**二十九日** 下午叶鹿金(麟鎏)来先生寓所取《外国独幕剧选》稿,研究生赵昌平来先生寓所请教。续阅李宗为毕业论文。

**三十日** 耿百鸣,《西湖文艺》编辑董校昌,陈文华,叶治来访。

**同日** 先生治行装,明午去西安。

**下旬** 四川人民出版社出版师陀长篇小说《结婚》,师陀将此书题赠先生。

**是月** 译著保加利亚伊凡·伐佐夫小说《轭下》,经樊石、于景斌、陈九瑛、叶明珍从 1980 年开始根据保加利亚文原版本校订、补译,列入"外国文学名著丛书",校订署名"石斌、陈珍",由人民文学出版社新版重印(第四版)。

另,按先生自述:"这个版本,可以认为是从原文译出的了。"(复巴佐娃函,1990年5月3日)

## 五月

**一日** 下午先生与万云骏夫妇、研究生沈广仁乘坐火车赴西安参加中国唐代文学学会成立大会暨第一次讨论会。

另,按先生自述:"4 月上旬,陕西师范大学召开了一个唐诗讨论会。5 月上旬,西北大学主办了一个唐代文学学会成立大会。两个会都在西安举行,每个会都到了一百五六十人。前后四十天间,全国各大专院校和研究所、出版社的搞唐代文学的老中青三代男女同志,云集西安,成为一时盛事。""我和万云骏同志参加了西北大学的会,因为华东师大也是唐代文学学会的发起单位。我在西安住了十二天,既躬逢胜会,认识了许多同行,又参观了西安古都的许多名胜古迹。大会结束后,还到洛阳、开封去耽了四五天。"(《卖糖诗话》)

另,据符景垣回忆:"施、苏[渊雷]二老自然是我们首选的邀请对象。会前,二老均给我四赐手书,并且都涉及带研究生或助手列席大会和要求多安排一些时间考察唐文化胜迹的问题。施老后两封致我的信函尤其感人至深。先是说他打算偕夫人同来西安,'希望给我们安排一个简单的住处,能二人合住一室最好,只要普通的宿舍,不要奢侈。'后来他改变计划,又来信说:'弟则单独来,内人不健,未能西行了。''住宿安排悉听尊便……我与研究生可合住一室,不一定要 10 元的,就是 3 元的也可以;或者几位老人合住。'"(符景垣《我所了解的文学大师施蛰存》)

**二日** 下午 2 时乘坐火车抵达西安,由大会组织者安排汽车来接到止园招待所,于五号楼 113 室下榻。西北大学党委书记兼校长郭琦来先生住所看望。

**三日** 全天参加预备会,"决定大会日程,讨论学会章程草案,开幕式程序,推选理事名单,组织主席团成员"。

**同日** 在《新民晚报·夜光杯》发表《语文病院·病例十四》,署名"王了二"。

**四日**　上午参加在西北大学大礼堂举行的大会开幕式。先生自述："陕西省委和西北大学党委、校长都有热情的讲话,开幕词是西北大学教授、唐代文学专家傅庚生同志宣读的。傅庚生同志已病了多年,艰于行动,这回是由他的家属用藤椅子抬上主席台来参加,尤其表现了东道主的情谊。"(《卖糖诗话》)

　　**同日**　下午在止园招待所小礼堂听取大会发言。先生自述："我在大会上想到了这个[任二北]'卖糖'妙喻,不免露出会心的微笑,觉得眼前整个大礼堂,坐满了'卖糖人',就诗兴勃发,写出了我的西游第一诗。"(同上)

　　另,据符景垣回忆:"施老作了几次言简意赅的发言,为唐文学研究的兴盛出谋划策。"(符景垣《我所了解的文学大师施蛰存》)

　　**又**　大会组织者安排先生住所迁至四号楼107室。

　　**五日**　先生"昨夜受风寒,今晨大咳不止,全日休息未赴会。吴若仙医师来调护,注射庆大霉素"。

　　**六日**　参加大会组织的参观昭陵、乾陵。先生自述："有三日是招待参观。""大会对老年人特别照顾,甘肃省政协主席、兰州诗词学会会长杨植霖同志,南京师范学院孙望教授和我,都是七八十岁的老人,大会特地给我们安排了一辆小轿车。""车过浐水、灞水,""待到车上灞桥,一看,""早已现代化了。""车到昭陵博物馆,停在门前,一下车就看到叶圣陶先生写的门榜,五个大金字,庄严凝重,极能表现叶老的性格。进大门,是一个大院落。左右两厢是展览室,陈列着昭陵出土文物。我是赏玩碑刻的,到这里自然要注意昭陵许多陪葬功臣和公主的墓碑。""这座破烂荒芜的古代帝王陵墓,到底有什么可供游览呢?但是到昭陵来的游客却络绎不绝。缅怀贞观之治,也许是一个理由,但《秦王李世民》是正在上演的话剧和电视剧,《少林寺》又是李世民的故事。大约对李世民的宣传,对这许多游客也起了不小的作用。因此,我写成了西游第二诗。"(《卖糖诗话》)

　　**七日**　全天出席会议,"上午大会发言,下午小组讨论"。

　　**同日**　沈师光由北京致函,谈及应约为《外国独幕剧选》翻译剧本事宜。

　　**八日**　参加大会组织游览华清池、秦兵马俑坑、始皇陵、半坡遗址。先生自述："到华清池,""车开到较小的门前,铁门立即开启,车子直开到富丽堂皇的客厅阶下。这时候,我发现自己成为贵宾了。""走上几十级山坡,看到一排五开间的平房。""游人进出甚挤,我也挨着进去。靠左的一间,墙上挂着画幅和说明书。""大家推推挤挤的看那幅画,原来是一幅仇十洲'杨妃出浴图'的摹本。""半裸体美女画在我国已几十年没有公然出现,现在成为展览会上的展品,确是不可多得的欣赏机会。""我写出了西游第三诗。""看过'五间房',想试浴华清池,我们三人被带到一所宾馆,每二人一间,旁边一个盥洗室,就是用瓷砖砌的汤池。""我们洗的是一元的,当然是最高级的了。""小轿车仍是一马当先,开到博物馆贵宾招待室大门口,大门也登时开启,让车子直开到阶下。我们被引导入招待室。""就有女服务员前来送茶,接着由馆长亲自出来会见,给我们介绍了该馆的现状。然后陪我们去参观一件始皇帝陵下出土的珍贵文物——铜马铜车。""站到秦俑坑边上一看,还是心房为之震惊。""俯看这许多栩栩如生的巨大的武士和战马,感到自己的渺小和孱弱。想象当年项羽和刘邦用尽九牛二虎之力,才得入关亡秦。""我写了西游第四诗为秦兵吐气。"(《卖糖诗话》)

另,又往半坡博物馆参观,"看到画得很别致的彩陶。""绕了大厅一周,好比上了一堂讲古代社会的历史课。""我写了西游第六诗"。而"这一天的旅游经验,使我懂得车子的级别及其作用。我曾经恰好在大门口听到一个工作人员问:'他们是坐什么车来的?'因此悟出了车的奥秘。于是我写了西游第五诗,自我嘲讽一下"。(同上)

**同日** 俞平伯由北京复先生函:"大作雏诵欣佩,词之初起,盖未定名。'诗馀'之称,良多歧义。""今得斯篇,引证源流,明辨以析,令人心悦。何不刊诸《词学》?想必改定旧稿,在编辑创刊号之后欤?兼示以吴君《三家词法》一文,亦甚精细恰当,或与今日风尚有异。若乐笑翁所提周姜四家,良无间然,素所服膺也,只梦窗微嫌其晦耳。其佳者自不可及,妄谈如此。拙作佚词一首,未入集中,今抄奉备览。赐和歌行,内子迻录本,以病中腕劣未署名,今补钤小印,复印附上。"

**九日** 上午出席大会,选举理事。下午参加由大会组织的吟诗、书画活动,与杨植霖、萧涤非、苏渊雷等用方言吟诵唐诗,高世英为先生吟诵唐诗摄影。晚上观看由陕西省委招待的电影《少林寺》。

**十日** 大会正式通过《中国唐代文学学会章程》《中国唐代文学学会理事会名单》,先生当选为第一届中国唐代文学学会理事。

**同日** 参加大会组织游览兴教寺、香积寺、杜公祠和大雁塔。先生自述:兴教寺"我久已闻名,玄奘法师的舍利塔铭,我也早已有了拓本,这回能瞻仰一番,一路上满怀高兴。谁知身到寺中,才知规模小得远远比不上杭州的灵隐、净慈。大殿锁着,不许进去,从窗格子里窥看,空空洞洞的几尊佛像,塑得很不高明。走进藏经院,建筑也低矮,""苏仲翔[渊雷]同志是全国佛教学会副会长,我们推他去交涉,并且介绍了他的身份,和尚才取钥匙开了门请我们进去被招待。""我满以为一定可以看到许多古本经卷,岂知只有寥寥十几个小书橱,所谓藏经,只是商务印书馆印的大藏经和哈同印的碛砂藏,而且两部都是不全的。失望得很,跑到玄奘塔前照了一个相,就赶到香积寺。""谁知这回亲眼看到了香积寺,却在一片四无荫蔽的平原上,两进佛殿,也和兴教寺一样。""又赋诗一首,立此存照。"(《卖糖诗话》)

**又** 在《新民晚报·夜光杯》发表《语文病院·病例十五》,署名"王了二"。

**十一日** 上午参加大会闭幕式,由霍松林致闭幕词。下午独自前往西安碑林参观,"忽大风暴寒",观赏昭陵六骏石刻,"可惜只剩四骏,二骏已在美国了。四骏石全都碎裂,很可惜"。(《卖糖诗话》)先生自述:"西安碑林使我失望,只多了一块李憨碑,其馀都是旧有的。"(致崔耕函,1982年6月16日)

另,据符景垣回忆:"施老对西安碑林尤其饶有兴趣,精心选购了一些拓片带回上海。"(符景垣《我所了解的文学大师施蛰存》)

另,随后先生登上钟楼观景,"和两位萍水相逢的老人攀谈,从西安市容讲到历代皇都。""'关中王气尽矣'的论点,我听了觉得并不陌生,记得清代有人说过。他们的议论,如果不是'所见略同',就是抄袭翻版。不过,我忽然想到,清代人可以有这个观点,而现代人却不该仍然有这个观点,因为无产阶级的'王气'也正是发祥于关中"。(《卖糖诗话》)

**同日** 晚上西北大学安旗来先生住所,带来纪念册,"要我留下一些笔墨,我就给她写了一首诗,以结束西安之游。"(同上)

另,据郑逸梅记述:"施蛰存赴西安,参与唐代文学成立会,归而有诗,自谓'此敲锣卖糖之歌也',糖与唐谐音,故云。"(郑逸梅《艺林散叶续编》)

**十二日** "雨,终日不得出"。晚上10时30分先生与开封佟培基等到达西安火车站乘上132次列车。先生自述:"在西安旅游十二天,我做出了一个经验总结,西安是个古都,这个'古'字只能算到唐代。唐以后就不算古了。""我的结论是,到西安去应该尽量看地下古迹,华清池、马嵬坡、兴庆公园,这些都是托古改制的假古董,不看也没有关系。"(同上)

**十三日** 早晨7时列车抵达河南洛阳,先生委托佟培基把旅行包带到开封便下车。湘潭大学张式铭来接站,并安排先生下榻在洛阳军人招待所三楼314室,"即同游龙门、关林"。

**十四日** 上午张式铭陪同先生游览白马寺,下午乘坐188次列车抵达开封,刘朱樱(李白凤夫人)、王宝贵用汽车来接先生至开封宾馆,下榻在三号楼112室。

十五日　王宝贵、王澄从河南文联借得一辆汽车,与刘朱樱一起陪同先生游览柳园口、黄河古渡、铁塔、龙亭,下午参观开封市博物馆,又游禹王台、相国寺。

十六日　早晨9时,刘朱樱来接先生至其家午饭,"见其子女孙儿"。下午2时,佟培基来先生住所并陪同至河南师范大学高文家访,任访秋也来会晤先生,并在高家一起用晚餐,饭后佟培基用汽车送先生返回开封宾馆。

十七日　中午王宝贵来先生住所邀至其家午饭,"具馔二十品,极丰盛,同席者桑凡及其子大钧、王澄、尹文正、周俊杰、刘梦璋、王胜泉、刘朱樱"。下午王宝贵、刘朱樱等六人送先生至火车站乘坐列车返回上海。

同日　在《新民晚报·夜光杯》发表《语文病院·病例十六》,署名"王了二"。

十八日　早晨7时30分先生抵达上海火车站(北站)。

十九日　上午到校。下午陈文华、黄明来先生寓所请教。

二十日　上午在校为所招研究生王兴康、张文江、宫晓卫复试。

另,据张文江记述:"施先生曾说'东南大学的语文考试是……关于古典文学常识的一百个题目。'哈哈,找到根了。我们当年研究生入学考的也是古典文学常识,50题,每题2分,记得还是96或98的高分。"(张文江来件,2014年9月3日)

二十一日　上午至茂名南路陈氏兼于阁,参加"星五老人"茶会。下午戴自中,张国瀛,晚上王勇先后来谈。

二十二日　上午作复去外地期间的来信。下午陈文华、李宗为,金名,晚上左燕,吴广泽,苏渊雷相继来晤。

同日　陈兼与致先生函:"昨谈甚畅,顷接坦翁函,亦题蒋像一首词,代录寄上,先转与梦庄先生可也。"附黄君坦词作"石州慢·题蒋鹿潭戴笠持竿小象。梦庄先生正拍,壬戌四月黄君坦俶稿。"

又　在《新文学史料》第2期发表《艾登伯致戴望舒信札·引言》。

二十三日　早晨陈文华来先生寓所,又"同访包敬第"。下午陆贞弘,晚上韦秋琛携女儿来晤。

二十四日　陈文华来,先生"托其还图书馆书"。下午表弟喻永祚来晤。先生"备明日为文艺理论学习班讲课"。

同日　楼适夷由北京致先生一函。

二十五日　上午在校为华东师范大学高校文艺理论教师进修班讲授"艺术之起源"课二小时。下午赵昌平来请教。

**二十七日**　午后至武康大楼沈仲章家,"还照相机",又分别往朱雯、吕贞白家访,5时始归。晚上杭州陈植锷来访,包国芳为赵昌平送论文来。

**二十八日**　上午到校与马兴荣晤,又托周圣伟向校部办文致市委教卫办,"要求拨房屋"。

**同日**　复沈师光函,谈及"这个苏格兰剧本［乔·柯利著《山屋》］,是我指定给你译的,我看,这些人中,也只有你能译。我以为查查字典当然更好,不查也可以意会处理,如果真是令人不懂的地方,编者一定会加注"云云。

**二十九日**　上午到校托刘国良向校部反映房屋事。下午应国靖,陈文华,左燕,黄明相继来晤。

**三十日**　上午去兆丰别墅访边政平。下午张汝砺来先生寓所晤谈。

**三十一日**　应邀赴南京参加教育部召开的中国古代文学及古代史硕士研究生培养方案讨论会,中午11时到达南京,下榻在中山陵11号钟山宾馆1号楼305室。下午游览明孝陵。

**同日**　在《新民晚报·夜光杯》发表《语文病院·病例十七》,署名"王了二"。

**下旬**　王西彦将《王西彦小说选》题赠先生。

**是月**　上海人民出版社编辑出版《怎样打开自学之门》,收录先生应编辑之约所作《自学古文有没有快速的办法?》。

**同月**　上海书店出版社出版"中国现代文学史参考资料"王哲甫著《中国新文学运动史》,据1933年北平杰成印书局版影印。

## 六月

**一日**　上午阅览会议文件,下午参加大会,听取教育部副部长黄辛白讲话。

**二日**　上下午皆参加小组讨论会议,"古代文学组到代表十人"。下午4时半先生与大家一起参观美龄宫,"即在宾馆对面"。

**三日**　参加小组讨论会议,"下午起讨论古代文学研究生培养方案"。

**四日**　早晨散步至钟山宾馆附近参观四方城,"乃明太祖功德碑所在,城作四方形,纵横二丈许,碑在城中"。全天参加小组继续讨论古代文学研究生培养方案。

**五日**　上午在住所阅览会议文件,下午参加讨论古代文学研究生论文标准。

**六日**　"星期日休息",参加会议组织游览,上午去梅园新村、蒋介石之总统府(煦园)及瞻园,下午到莫愁湖、中华门城堡、雨花台。

**七日** 全天参加小组讨论"论文标准"及"会议纪要"。

**八日** 上午所在小组休会。下午参加交流大会。

**九日** 上午继续参加小组讨论"会议纪要",下午休会。

**十日** 上午所在小组休会,独自去南京博物院参观。下午参加闭幕大会。

**同日** 李健吾复函:"你说需要的材料和书,估计我所(外国文学研究所)大概都有一些,但是我患冠心病,久不上班,我为你着急,你必要有一个人和本所约定一位合编人和你联系,或者你请上海文艺出版社编'外国短篇小说选'的即旧时在文学所工作过的同志帮忙合作。""本所英国文学现代方面的,袁可嘉和朱虹都在美国,朱虹专攻英国、美国戏剧,大约7月可以回国。""美国方面,董衡巽同志和《世界文学》的编辑李文俊同志都是内行。现在正在写《美国文学史》下册。西班牙方面,有文美惠(女)同志。德国方面也有几位,意大利方面也有人。东欧也有几位。他们都可以在正业之外帮忙。德国现代方面可请我的研究生郭宏安帮忙。""我可以从旁催催。""我不行,也外行(因为我是搞古典主义与现实主义的)。"

**十一日** 早晨乘坐301次列车由南京返回上海,中午11时30分到家。

**十二日** 赵昌平来提交研究生毕业论文。先生作复旅宁期间的积压来信,并复内蒙古师范学院中文系申建中函:"爱冬同志有什么问题,可以惠示,我当尽力支助。我编过一本《晚明二十家小品》,不知她见过没有,此书选得还好,可供参考。"

**十三日** 上午周劭(黎庵)、吴奔星、黄葆树、陆宗蔚来晤。下午陈文华来提交研究生毕业论文,左燕来访。

**同日** 复北京吴福辉函:"你们决定选用《春阳》,很有眼力。这篇也是我自己满意的。在二三十年代,我们家乡小城市里,这样的女性不少,我写这一篇,是有现实模特儿的。你们选用这一篇是否可以加一篇分析批判。故事的社会背景,恐怕今天的青年不知道了。你提的四个问题,简复如下:1. 二三十年代,精神分析学说是盛行时代,许多人都有机会看到有关书刊,无论中文外文。我能看英文本,所以曾买过一些英译本看。蔼里斯的'性心理研究'全书六大本,我也有,但没有完全看,此书到1962年才卖掉。2. 我的中间一段时期的小说,在创作方法上,可以说与穆、刘有共同处,但徐訏似乎不同。3. '新感觉派'是三十年代初期在日本盛行的创作流派,我和刘、穆都受到一些影响。楼适夷同志熟悉日本现代文学,他大约当时也多看这一派的作品,因此他把我列入新感觉派。我不反对,不否认,但觉得我和日本的新感觉派还有些不同,因为我写的还是以封建社会小市民为主,而日本的新感觉派所写的是资本主义大都市里的男男女女。4. 我只知道上海文学研究所有一个姓应的在搜集我的资料。他来过,我叫他不要直接向本人找材料,我也不愿意谈自己的事。""捷克有一个人叫迦列克,发表过一篇文章,讲了三个中国作家,茅盾、曹禺和我。此文我未及过目,听说发表在'诺贝尔奖金文学论文集'内。"

另,据吴福辉回忆:"我选定《春阳》为施蛰存的代表性作品,当时毫无依傍,完全是自己大胆认定的。""《春阳》被文学史遮蔽了,""这样的稍后作品,描写困境中的女性照样用得上纯熟的精神分析笔触,但又与对现实社会的批判紧紧结合,密不可分!正是侧重于施蛰存在《春阳》《鸥》《狮子座流星》这样的小说中表现出来的对中国现代小说文体的推进力度,我才选择了它,才会拟出了我的第一篇研究施蛰存的论文题目。""信中向我强调的《春阳》的重要性,着重在题材、人物。""谈到他与日本新感觉派的不同(实际也是与文友刘呐鸥、穆时英的不同),就可感到他的用心,是有意无意地在突出自己与'新感觉派'的相异之处。'新感觉派'的帽子最早是楼适夷给施蛰存戴上的,""只要知道楼的权威性的评价这么多年悬于施氏的头上,就可体会到当我问及现在你对这篇评论如何看待,承不承认自己是'新感觉派'的时候,施先生回答的语式是多么奇特,多么地不一般了。""这封信里将他与'新感觉派'关系的有限性,已经说得再明白不过。我受此信启发,以后开始了我长达10年以上的海派文学研究里程。""我的海派研究中始终注意施蛰存作为'新感觉派'作家与其他'新感觉派'的区别。"
(吴福辉《施蛰存对"新感觉派"身份的有限认同》)

十四日　上午到校。严寿澂来提交润改后的论文,张文江,施议对来访。

十五日　戴咏素来探望。午后孔海珠陪同到淮海路上海书店书库选购旧书。

十六日　上午到校。下午审阅陈文华毕业论文至晚间,薛文才来访。

同日　复河南崔耕函:"在刘朱樱家看到了白凤的一些遗物,知道你不在,故未通知。""八月上旬,我还要到山西讲学,住五台山,大约要过郑州,我想去看看嵩山汉阙及塔林,请你为我安排。""在关林看到晋元康九年贾皇后乳母美人徐氏墓铭(两面刻),这个新出的晋墓志,我希望得到一份,你能否为我设法拓一份,工料费照缴。"

十七日　上午续阅陈文华毕业论文。下午3时先生前往锦江饭店924室探望钱歌川,"遇吴铁声,同出,至淮海路成都饭店定座"。

十八日　先生审阅陈文华论文完毕。

十九日　下午左燕来谈。晚上戴咏素来探望。

二十日　早晨访叶鹿金(麟鎏),"不遇,交'独幕剧集'一本与其夫人"。中午与吴铁声宴请钱歌川及二女、二甥。下午陈文华,沈师光,徐大荧(徐仲年之子)来谈。

二十一日　先生整理书籍刊物。黄明,任钧先后来晤谈。

同日　在《新民晚报·夜光杯》发表《〈红鼻子〉的作者》:"台湾话剧《红鼻子》,居然红到大陆,上海、北京正在上演,轰动一时。我两耳失聪,话剧久已不听,剧本作者姚一苇,我也不知其为何许人,想来总是台湾的文学新秀。今天收到江西友人来信,才知道这位新闻人物就是我四十年前的学生姚公伟,这就使我想起了一段旧事。""他们毕业后即到台湾去就业,那时我已离开了厦门大学,不知他们的消息。现在我回忆起这件事,感到姚一苇的剧作才能,恐怕和他的爱人不无关系,但不知这一双情侣现在是否还厮守在一起,或者是否还是一双佳偶,我希望他们不要忘记了我。"

二十二日　下午左燕、蒋哲伦来谈。复河南崔耕函:"我的近况已写在给华松的信上。""文物单位的门,现在关得愈紧,新出土古刻的消息已不再见报道。我的收藏已停止,现在整理碑刻著作,有十馀种,三十多万字,最重要的是《水经注碑录》一部,中华书局无意为我印出,大约金石书的出版,还是一条窄路。""有什么新发现不?如有唐以前石刻出土,还希望你赏我一个拓本。我做了一个《杭州西湖石屋洞题名》,""在'文革'中全部被铲光,一个佛龛都不剩了。我这一卷题名是唯一的记录。因此,我想到各地崖壁上造像题名,也应该有一份记录。"

同日　湘潭大学张式铭复函:"寄来照片收到,""这是我平生第一次照彩色相片。""我准备写一组关于花间词研究的文章,陕西出版社已纳入唐代文学研究论丛计划。这方面,我迫切希望能得到您的指教。""近人李冰若《栩庄漫记》,我省尚未见到,不知您老手头有不有?方便的话,请寄给我一阅。《词学》第1辑印数太少,如能重印,乃学界大幸。彭燕郊先生已去北京,到上海定去拜望您。姜书阁先生于前几日去汨罗、秭归参加屈原学术讨论会,得月底回校。他们都常谈及您老。"

二十三日　先生审阅赵昌平毕业论文。下午蒋小雯,晚上周圣伟来晤访。

同日　复周良沛函:"法文本《望舒诗选》及照片二枚均收到。""译者 Gan Hanshery 是谁?好像是杨翰笙的对音,但肯定不是他,我想不起是谁。'戴'译成 Dai,这是我们的拼音制度,但多数外国人一定读成'台望舒',我以为还是应该译作 Tai。诗题有好几处译错,当初如果问我一声可以避免。现在没办法了,如果有人在译英文本,请先让我看一看。我编了一本《戴望舒译诗集》,已交给湖南人民出版社。"

二十四日　上午到校,又晤周缵武,苏渊雷。下午叶治,蒋哲伦,松江纂志室陈大年,何惠明,中国新闻社陆谷苇,石四维相继来访。

  同日 刘北汜由北京致函:"去年11月在上海看到您后,我又去南京、郑州呆了些日子。""为您照的照片已洗出,寄上三张。底片留在我手中,因为我想再洗印几张。汤真同志前些日子来,谈到'百花洲文库'一辑将再版。"

  二十五日 上午应国靖,陆宗蔚先后来谈。

  同日 楼适夷自北京寄来的为《创作的经验》拟编入"百花洲文库"第二辑而作《三点说明》的稿件,并把开篇"蛰存兄"改为"编者"(文末"六月"印出后为"二月"),即寄往江西人民出版社排印。

  二十六日 上午在校开会,"传达南京会议情况"。下午黄明,姚昆田先后来晤。晚上携夫人观看电影《少林寺》。

  二十七日 续阅赵昌平毕业论文。郭明道来访。

  二十八日 仍阅赵昌平毕业论文。张文江、王兴康、宫晓卫来请教,戴咏素来探望。

  同日 时在大连的丁玲复函:"拟出版早期拙作《夜会》《在黑暗中》,我均可同意。""'百花洲文库'把这两集另印出版,可以减轻一般读者的负担乃是好事。""看到艾登伯给戴望舒的十八封信和你和徐仲年同志的注释,我很同意。这些信件,不只记录了艾登伯和望舒之间的个人友谊,而且记录了艾登伯对中国革命,对中国左翼作家,对中国人民的同情和友谊。""请转达我的亲切的问候。注释中提到的《囚歌》不是我写的,《巡逻》也不是我的作品。艾先生的大作《我的毛泽东思想四十年》,我没有读过,国内想来也还没有中文译本。如能把有关我的章节,简单扼要的告知,则十分感激。但你年事已高,工作也并不轻松,不必专为此事分心。奉上七九年回北京后的近作二册,请不吝指正。"并寄赠所作《生活·创作·时代灵魂》《丁玲中篇小说选》。

  另,按先生自述:"1979年后曾通函札,并承惠新著,题字均以'同学'相呼,我甚感其犹未忘学谊。"(《浮生杂咏》)"艾登伯曾在1976年,印行了他的自传《我的毛泽东思想四十年》,我从徐仲年处借来看过。丁玲回北京后,我有信把这情况通知她,她复了我这一封信。可惜我没有为她节录书中关于她的叙述,永为遗憾。"(《丁玲致施蛰存·附记》)

  二十九日 上午到校,又晤徐震堮。下午续阅赵昌平毕业论文,沈师光来晤。

  三十日 上午续阅赵昌平毕业论文。下午北京陈占元来晤,又同往华东医院探视周煦良。福建姚春树,黄葆树相继来访。

## 七月

**一日** 续阅赵昌平毕业论文。叶小铿,表弟喻永祚来谈。傍晚访汤天陶。

**二日** 上午参加陈氏兼于阁"星五老人"茶会,晤周退密、汪欣生、徐润周。

**三日** 续阅黄明毕业论文。赵昌平,左燕来请教。

**同日** 崔耕由开封致函:"您赴山西讲学返豫停留事,示知如何安排?盼复。最近将登封几件石刻拓本照了像,各送您一份。"

**四日** 先生审阅黄明毕业论文完讫。陈文华、赵昌平来请教。

**五日** 上午吴福辉自北京来访,下午宋学勤来谈。

**同日** 复英国利大英函:"知道你又要来中国,我很高兴,希望不久能会见你。现在我给你一个书目,请你随便代我买几本,买不到也不要紧。不过,H. Read 的 *Meaning of Art*,这本书最好能买到,我很想再读一下。你打印的一首诗是我旧作,1934 年写的。""《戴望舒诗集》的法文译本已出版,我给你留了一本。"

**六日** 上午到校。下午北京吴福辉,司徒伟智先后来访问。

**七日** 审阅严寿澂毕业论文。曹旭,蒋哲伦相继来谈。

**同日** 先生致沙汀一函。(按:此函现存中国现代文学馆。)

**八日** 阅讫严寿澂毕业论文。王晓明(王西彦之子),陈文华先后来探望。

**同日** 先生复香港黄坤尧函:"常先生想已在沪,日内或可见到。《词学》在台,反应如何?有无高明见教?望摘录一二惠示。第 2 集已在湖州印刷厂排版,希望 10 月左右可出版。届时当奉寄数册,请代转输入台中。""我从 3 月至今,栗碌无暇,未为足下访书,现在如有需要,请开示书目,当为购寄。我 8 月份要到山西去讲学兼游览,""拟请足下代购 Kodak 135 daylight 彩色菲林二卷。"

**九日** 上午到茂名南路陈氏兼于阁,参加"星五老人"茶会。又往陕南邨黄裳家访,据黄裳回忆:"他和几位老朋友每周在陈兼与老人家里聚会谈天,因为住得近,介绍我也去参加,曾去过几次。一次他来我家看书,见了一部嘉靖本辛稼轩词,叹赏不止,因此知道他喜欢读词。"(黄裳《忆施蛰存》)

**同日** 下午赵昌平,吴劳,黄明相继来先生寓所晤谈。

**十日** "夜大雨"。早晨先生审阅李宗为毕业论文,下午入市沐浴。施琦民,左燕,严寿澂先后来先生寓所访问。

**十一日** "阵雨"。开始撰写《卖糖诗话》。严寿澂,陆贞弘,徐继扬先后来谈。

**同日** 复河南崔耕函:"我因房屋尚未蒙落实政策,而目下所住房屋即将大修,须改建一个小阁楼,而此楼正是我堆贮书籍碑拓之处,无处迁移,遂在师范大学借了一个小宿舍房间,把一切东西都搬到师大去了。开封地区碑拓,我也不记得有多少,此刻无从检查,但想来已无复本,因六十年代我已以许多复本与人家交换了。""山谷书三纸甚好,希望还能觅得其馀二石。释文小误,今校正寄呈。""去嵩山玩玩,目的看看三阙及塔林,及其他嵩山碑刻,我已托杨华松同志在郑州帮助我。听说郑州至少林寺有旅游车,""上月我在洛阳也是乘旅游车的。不过听说塔林不开放,这就要请你介绍一位少林寺管理处的同志,先打个招呼,允许我进去走一转。""我不要高级享受,请你千万不要把我当贵宾看待。"

**十二日** 上午上海文艺出版社金名来晤谈。先生"阅余为[李宗为]论文讫"。

**十三日** 早晨汪欣生来先生寓所访问。先生从李宝森友人处购得《历代诗馀》石印本一部四函,计30元。

**十四日** 陈文华,徐宗琏相继来谈。又为《新民晚报·夜光杯》撰稿。

**同日** 始在《新民晚报·夜光杯》连载发表《卖糖诗话》(一),署名"蛰存"。

**又** 午浦许白凤复函:"毛边纸存陈兼老家,最为妥当便利,俟有人往取。小词三首,蒙采入《词学》三期,甚感。'减兰'首'遮莫呵呵'句,拟改为'痴想笼鹅';或将结末二句,易作'笛于摩挲,肯许题名墨一磨',何者较好,请尊裁。连日小窗坐雨,得俚词数首,另纸呈政。"

**十五日** 叶小铿,欧阳翠携女儿来访。开始预备赴山西长治讲学的讲稿。

**同日** 在《新民晚报·夜光杯》发表《冰麒麟》,署名"中舍"。

**十六日** 上午陈文华来请教。下午到陕南邨访黄裳,又往陆宗蔚家访。叶鹿金(麟鋆)来访,"未遇"。

**十七日** 审阅《词学》集刊来稿。上午马兴荣,下午赵昌平,蒋哲伦,左燕来谈。

**十八日** 续审《词学》集刊来稿。萧斌如来邀出席会议。李宗为来请教。

**同日** 复四川省社会科学院文学研究所谢桃坊函:"大作《醉翁琴趣外篇辨证》已初阅一过,拟留待编录。但关于词籍版本之文,《词学》每期只能刊一篇,而《词学》出版困难,""故大作最早也只能排入第五集,为此特先奉闻。""将来如有建议改削者,当再奉函。"

**十九日** 仍续审《词学》集刊来稿。下午马祖熙来谈。

**同日** 在《新民晚报·夜光杯》发表《卖糖诗话》(二),署名"蛰存"。

**二十日** 续审《词学》集刊来稿,下午上街购物。晚上黄明,任钧来晤谈。

**同日**　复河南杨华松函："崔耕同志也有信来,他详细地给我规划了二天游程,""好像要用他们局里的车,我想借公家车二至三天,恐不便,是否可以由我们负担一些汽油费(又司机报酬),就容易交代。编《教学通讯》的邢桂轮,曾来上海见过几次,关于车的事你可以问问他,也许教育局有办法。""我还有一个同伴,他是这条路上的老旅客。我想到长治之后再通知你,一切事情就可以具体安排了。"

**又**　黄裳作《浦江清》一文提及："但我对他的生平,可实在知道得很少。写信去向蛰存先生打听。回信说手边正好有江清先生的一份'自传',可以借给我作参考。"

**二十一日**　上午前往上海市政协礼堂出席上海图书馆三十周年纪念会。下午唐祖伦,曹旭,蒋哲伦先后来访。

**二十二日**　上午在校审阅黄明、赵昌平论文"提要"。下午金尔炬,蒋哲伦,左燕相继来谈。晚上审阅蒋哲伦《尊前金荃集》"前言"。

**同日**　湖南彭燕郊复函："张式铭同志告诉我你精神十分健朗,在京时,刘北汜同志给我看了你的近影,确实很健朗,依稀仿佛,尚存当年风采,那是在战时的永安,我还是个小青年,在路上见到过你。""'诗苑译林'第一批四种,""'望舒集',当照你的意见,将道生的那两首仍编进去;这次寄来的《瓦上长天》是原来就有的。""秋凉后,望能把《域外诗抄》编起来。""'外国散文译丛'仍望你给予支持,我想,以《域外文人日记抄》为基础,再加上历年所译,也甚有可观了。""这件事希望你多支持,除了你自己的之外,给我们出主意,介绍稿件或提供线索。"

**二十三日**　早晨黄葆树来,同至茂名南路陈氏兼于阁,参加"星五老人"茶会;后又往陕南邨黄裳家访。下午封尊五(耐公),覃英(鲁彦夫人)母子,毕修爻来谈。

**同日**　在《新民晚报·夜光杯》发表《卖糖诗话》(三),署名"蛰存"。

**二十四日**　陈文华,黄明,应国靖,表弟喻永祚来访。审阅《词学》来稿。

**二十五日**　蒋哲伦,孔海珠夫妇先后来谈。

**同日**　应邀为李宝森《海天楼吟草》作"跋"："余识君时,君方复其童心,雅好吟咏。""既成编,要余为序,余不敢辞,逡巡未成,而君遽以胃疾卒,弥留之际,犹拳拳以此编为念,呜呼,可哀也已。""今海秀夫人为印其遗编成,余览之,文华宛在,而声容既邈,不能无黄垆腹痛之感,兼丈既序于卷端,乃疏记余与君交谊始末及此编因缘书于后,窃比于延陵挂剑之义。"

**二十六日**　晨至华东医院就诊,"因近日常头晕,血压低,今日量得70—110,作心电图与前年大致同"。严寿澂来,"未晤"。下午山西刘长丁,蒋哲伦来访。

**同日** 在《新民晚报·夜光杯》发表《卖糖诗话》(四),署名"蛰存"。

**二十七日** 上午到校。下午周聪,表弟喻永祚相继来探访,晚上左燕来谈。

**同日** 在《新民晚报·夜光杯》发表《卖糖诗话》(五),署名"蛰存"。

**二十八日** 上午承宗绪,陈文华先后来晤,下午表弟喻永祚,沈师光相继来谈。继续为赴山西长治讲学备课。

**二十九日** 严寿澂,包谦六,徐大荧先后来晤。仍为赴山西长治讲学备课,又审阅《外国独幕剧选》第二集校样。

**三十日** 研究生黄明、陈文华来请教。先生校阅请黄明代抄稿件,审阅左燕翻译波特莱尔诗稿,继续为赴山西长治讲学备课,应邀为黄葆树《纪念先哲诗人仲则公两当轩册子》而作七绝四首并书笺。乍浦许白凤来函。

**同日** 在《新民晚报·夜光杯》发表《洋泾浜汉语》(署名"中舍"):"日前到某西餐馆吃饭,看见冷饮名目牌上有一种'冰淇淋圣诞'不禁一愣。""一想,肯定是'圣代'之误。""我们今天的语言中存在着大量的洋泾浜汉语,这是帝国主义侵略的后遗症。我以为关心祖国语文纯洁的人,应该做一点工作。"

**三十一日** 仍为赴山西长治讲学备课,金名,沈师光,左燕先后来谈。

**是月** 上海图书馆编辑印行《中国近代现代丛书目录索引》(上下册),"编后记"提及:"本索引编纂过程中,承施蛰存、赵家璧、王元化、贾植芳、朱雯、秦鹤皋、徐恭时先生等热情指导和精心校正。"

## 八月

**一日** 下午到延安中路吕贞白家访,沈仲章,李楚材相继来先生寓所,未遇。

**二日** 仍为赴山西长治讲学备课。蒋小雯、刘长丁来谈,晚上梁永成为杨静带物来。致黄葆树函,寄赠为《纪念先哲诗人仲则公两当轩册子》所作诗笺。

**三日** 上午至兆丰别墅边政平家晤。下午陈文华,晚上姚昆田、刘长丁来谈。

**同日** 在《新民晚报·夜光杯》发表《卖糖诗话》(六),署名"蛰存"。

**四日** 应晋东南师范专科学校邀请赴山西长治为全国师范专科学校古代文学教师讲习班讲课,与刘长丁、姚昆田同行,乘坐166次列车离开上海,赴郑州转长治。

另,据储仲君回忆:"请了北京大学、山西大学、社科院文学研究所的学者教授来讲课,我们也请了施先生。学员来得很踊跃,大约有二百多人。""要不要请施先生来,我颇费了一番踌躇。这所学校所在的长治是山西东南部的小城市,交通不便。从上海过来,要在郑州换乘,一路上要两天两夜。这一年施先生已经七十大几了,经得起旅途劳顿吗?他愿意来吗?没有想到的是,一接到邀请,施先生马上就爽快地答应了。"(储仲君《施蛰存老师》)

**五日** 早晨6时先生一行到达郑州火车站,下车往中原大厦309室休息,又外出观看市容。下午4时转乘166次列车,晚上12时抵达长治,晋东南师范专科学校李、宋二位校长来车站迎接至长治市第三招待所340室下榻。

另,据储仲君回忆:"仅有的一辆吉普车突然坏了,那时小车很少,到哪里也借不来,只好开一辆接送学生的大客车到车站去。""施先生出站时,一个小伙子慌慌张张地逆向冲进站,一把推开先生,幸亏陪同他的人急忙扶住,才没有跌倒。我们是站在出站口接的,那一幕让我们都惊出了一身冷汗。尽管旅途劳顿,施先生精神却很好。我们都在斥责那个冒失的小伙子,他却替他开脱,说:'车要开了,他急了。我没有事。磕磕碰碰我经得起。'见我们七八个人来迎接,他有些不以为然。我们对用大车接他表示歉意,他笑了,说:'这很好!有车坐就很好了!'""讲习班是租用一家旅店办的,这家旅店号称'宾馆',其实也简陋得很,只有六间带卫生间的房间,安排请来的专家刚刚够用。卫生间里还没有坐便器,只有蹲便。我们都担心施先生一个南方老人,能不能过得惯。我们想,应该选一个细心的学生来全程照顾他,于是找到了李爱民。""后来施先生来信,曾一再提到爱民对他的照顾。"(储仲君《施蛰存老师》)

**同日** 在《新民晚报·夜光杯》发表《卖糖诗话》(七),署名"蛰存"。

**六日** 早晨到晋东南师专校部参观,并与讲习班全体人员拍摄了合影。中午师专校领导在市三招待所餐厅设宴欢迎先生前来讲学。下午姚昆田陪同先生参观上党门,"门内有明嘉靖年碑,乃《重修潞州府治碑记》,可知此乃潞州府衙之头门,两旁钟鼓楼犹完好,长治地区考古队即在其下"。

**同日** 在《新民晚报·夜光杯》发表《暴行实录》(署名"中舍"):"日本文部省说他们当年没有侵略中国,只是派军队'进入'中国而已。奇哉怪哉!日本军队一百多万'进入'中国来做什么?我倒希望能找出当年那本《日寇暴行实录》,重印几千本,送给日本文部省,让他们看看到底是什么样的一种'进入'。"

**七日** 早晨8时宋元校长陪同先生搭车去沁县游览,10时许来到沁县县城。先生自述:"找到沁县文物馆[现为南涅水石刻陈列馆],拜会了馆长翟殿元同志,由他陪我进去参观。""据翟馆长说,这些石像都是从本县境内荒山古庙中搜集得来的魏齐石刻。不过我看到多数石像背后并不光致,而且有许多斧凿痕,""我猜想它们是被古玩商人买通石匠,从石窟里盗取出来,没有私运出口,被公家截留下来了。西廊陈列的都是北魏北齐的造像,""使我解决了一个多年想不通的疑问。""现今在沁县看到这许多石塔,才恍然大悟。"(《旅晋五记》)

**同日** 中午先生一行在沁县招待所用餐,饭后休息。下午3时开车,返程沿途在夏店看车马店,经庾亭观水库,5时15分回到长治。

另,据储仲君回忆:"回来后,他没有怎么谈那里的文物,却饶有兴趣地谈起了沿途看到的一种供赶车的人住宿的简陋的旅店。""施先生说,这解决了他翻译时的一个老问题。欧洲人十八、十九世纪出行用马车,也要住店,这种店跟普通的旅店又不同,既要住人,也要喂马,还要放车,翻译成旅店也好,客栈也好,都觉得不是很妥当,现在我知道了,就该翻译成'车马大店'。"(储仲君《施蛰存老师》)

**八日** 上午为讲习班学员讲授关于唐诗研究课程三小时。

另,据赵昕源记述:"授课地点安排在原长治地区外贸局会议室(现为英雄中路长治市第三人民医院门诊部)。""负责会务接待工作的李仁和教授回忆,""施蛰存当时身着白衬衫,'瘦瘦的,高高的,讲一口绵软的吴方言普通话'。""两手空空走上讲台,不带任何讲稿,但是一开口便是字字珠玑,讲起话来'有章有法,逻辑合理,丝丝入扣;语言悠软婉转、诙谐幽默,令人忍俊不禁',以至于'满堂听众发出会心的微笑'。""讲授唐诗,大多脱口而出,面对文学文本的固有诠释,多不附和,而是有创见地做'翻案文章'。李仁和回忆道:'依稀记得他讲到一首描写塞外马儿吃草的诗,说《唐诗选》上注错了,正确的解释应该是什么云云。'"(赵昕源《施蛰存在长治的"讲学之旅"》)

另,据储仲君回忆:"我们给讲课的先生们安排了座椅,大家都是坐着讲的。施先生是诸位先生中最年长的一位,但他却坚持一定要站着讲。""每次三小时,中间不休息,硬生生地站着讲下来了。他说,这里没有年龄大小、身体好坏的问题。在我来说,这里有一个对学员尊重不尊重的问题。"(储仲君《施蛰存老师》)

**同日** 下午先生休息后应邀乘一辆吉普车前往老顶山上参观电视台,下山时又来到老顶公社嶂头村探访丁玲下放所住居室。先生自述:"电视台其实没有什么好看的,我们提心吊胆地挨着山崖驱车而来,只看了一转,又提心吊胆地随着车轮滚下山去。""行到半山,忽然有人说丁玲在长治时,就住在这里。这却引起了我的兴趣,赶忙追问,恰巧司机同志知道。""到街道办事处去打听,有一位老大娘说她知道,就很高兴地为我们带路去访问。转进一个小巷,因为前几天下过雨,巷里泥泞难走。再转进两个弯,走入一条短短的死巷,在尽头处一堵黄泥墙下的门口停住。老大娘说:就是这里了。我们问,可不可以进去看看,老大娘也不答话,就推开门带我们进去。""她指点告诉我们当年丁玲在这屋子里的生活情况。""我在屋里坐了一会儿,想象她在这里写了《杜晚香》,写了《我读〈东方〉》,也在这里接受过几个文学青年的访问。""中国文人的这一类型的遭遇,在历史上已记录了不少,不过,意料不到的是,在新社会里还会有这种事,这就不能不感到有些辛酸了。为了排解我的辛酸,我为这个丁玲'故居'留下了两张照片。"(《丁玲故居》)

**又** 晚上储仲君(华东师范大学毕业生)邀请先生到家里用晚餐。据储仲君回忆:"我向他问起我们那一届留校同学的情况。那是'反右'以后首届留校的同学,留得不少,共有10人,当然都是'德'特别好的,也就是说,即使不是党员,也是在运动中表现特别好的积极分子。施先生叹了一口气说:'师大在这方面远不如复旦。复旦留的人,一半是看德,一半是看才,所以现在还是有人可用,接得上。师大呢,全部都是根据'德'留下的,现在真正的是青黄不接了。'"(储仲君《施蛰存老师》)

**又** 在《新民晚报·夜光杯》发表《卖糖诗话》(八),署名"蛰存"。

**九日** 上午写家信,又致开封杨华松、刘朱樱函。下午各地学员多人来先生住所访谈。张仁健、张安塞从太原赶来,邀请先生去太原讲学。

**十日** 上午为讲习班学员讲授关于词的基础知识课程三小时。下午独自散步街头参观市容,"十字街为旧城热闹处"。

**十一日** 早晨8时先生与宋元、宋谋旸、姚昆田同车前往晋城,在玉皇庙观赏元代二十八宿像,先生自述:"是元代著名塑像师刘銮亲手塑造的,我曾在元人文集中见到过。""玉皇庙有个后院,院门锁着,我要求管理员开进去让我看看。承蒙同意,找出钥匙来开门进去。在一间光线很暗的库房里,看到许多断手断脚的神像和侍女像,""我很希望它们能获得修复。"(《旅晋五记》)中午在城内第一招待所用餐、休息,还会见县委郭书记,"其所居仅小室二间"。傍晚6时返回长治。

**十二日** 先生"上午本想去清化寺看古石刻及古塔,天雨作罢"。下午又为讲习班学员讲课:"艺术之起源"。长治地区文化局副局长孙舒松来访问先生,"谈长治地区文物情况"。

**十三日** 下午3时先生乘坐汽车离开长治,由副校长孙即华、语文教师崔老师、学生李爱民陪同照料,姚昆田亦同行。下午6时途经祁县在子洪饭店晚餐,"此店近日驰名,有歌舞娱客"。晚上10时抵达太原,在三晋大厦108室下榻。

**十四日** 早晨8时先生一行由太原出发,中午在五台县招待所午休,又过松岩口,参观白求恩纪念馆及当年工作处,"原为一小庙"。晚上9时来到五台山在招待所下榻。先生自述:"我有机会到五台山去旅游二日,虽然走马看花,也总算到过五台山,在中国大地上,增添了我的一处游踪。""我只看了四五个最著名大寺,已经尽了我的脚力,因为大寺多半在山顶上。"(《旅晋五记》)

十五日　上午先生一行驱车游龙泉寺、南山寺、普化寺,下午游碧山寺,观骊马会、集市。先生自述:"一到五台山,就觉得清凉山这个名词很不错。这个地区,清凉得怪。我穿一件衬衫,觉得有些冷,加一件羊毛衣,暂时和暖一下,过一会儿就又有些冷了。说冷也不是令人发抖的冷,只是有些寒意。如果不加羊毛衫,也不会很冷,不过年轻人挡得住,我却非加羊毛衣不可了。我看到和尚都穿棉裤,大概长住在这里的人,反而要对这样的清凉气候具有戒心。"(同上)

十六日　清晨游大显通寺。先生自述:"大殿上二十多尊金身佛像,是我生平所见最壮丽的佛像。""我在三百年后,居然还有幸能来瞻仰这些雄伟庄严的塑像艺术,却也得感谢这些胼手胝足的劳动人民。""寺院的建筑物,也都好好地保存着元明清代的原样,这使我有些诧异,但司机同志给我解释:当年这里的'造反派',也都是信佛的。"8时半乘车返回太原,先生途中"听说南禅寺离公路不远,就请司机同志转入一条小路,驶行了十多分钟,到达南禅寺门口","至今还保持着唐代的原样,经著名建筑师梁思成鉴定,认为东亚第一古建筑"。(同上)

同日　晚上7时先生一行到达太原,下榻于并州饭店376室。

十七日　上午山西人民出版社招待先生游览晋祠,"观著名之塑像,皆在圣母殿中。观《晋祠铭碑》,有复刻一石在其旁,大小规制悉同"。下午3时先生为山西人民出版社编辑五六十人讲授"编辑工作的经验"。晚上7时先生乘坐408次列车去郑州,沿途经过石家庄、邯郸、安阳。

十八日　中午11时28分抵达郑州,杨华松、崔耕等来火车站接先生至崔耕家用餐,下午3时先生住进中州宾馆东楼124室。

另,据储仲君回忆:"回去时到了郑州,他就给我来信说,住宿和生活都安排得很好(我们托人预订了宾馆),这一趟来得很值,很高兴。"(储仲君《施蛰存老师》)

十九日　早晨5时先生和姚昆田由崔耕夫妇、杨华松夫妇、张万钧、登封文管会王雪宝陪护,分乘两辆吉普车往嵩山少林地区,先后参观密县二所汉墓、中岳庙、太室阙,并游少林寺嵩阳书院。

另,按先生自述:"二十年前,李白凤自汴梁寄断碑拓本来,嘱为审定。碑仅存上截,额篆犹完。三行,行二字,曰:'萧和尚灵塔铭'。""此碑仅见于赵明诚《金石录》,有目无说。明清以来,未有著录。余既以拓本归白凤,嘱其物色碑石所在,则汴中无知者。""余游嵩少,至嵩阳书院,仅馀小屋三楹。徐浩书《圣德感应颂》,丰碑犹巍然在山门外。忽见院庭有一石,供游人坐憩用,趋视之,畴昔所见《萧和尚残碑》也。大惊喜,邀旅伴数人共起之,刮除泥土,则阴侧皆有刻文。""碑侧行书数行,损泐不甚可审,但可知为王维赠乘如禅师诗,唐刻唐诗,亦可珍也。既归上海,越月,崔少[子]耘为寄精拓来,正阴二纸,遂为余藏唐碑佳品。"(《北山集古录》)

**同日** 中午先生一行在登封县招待所用餐、休息。晚上应邀在崔耕家里晚餐。

**二十日** 中午应邀到杨华松家午饭,并"会见中州书画社徐澄平,文化局张帆、张瑞塘、张景恒,图书馆张万钧诸君",饭后返回宾馆休息。

**二十一日** 上午中州书画社徐澄平、陈协琴来先生住所访问。下午2时40分先生和姚昆田乘坐168次列车返回上海。

**二十二日** 早晨7时44分到达上海火车站(北站),"即雇车回家"。下午戴自中,陈文华,陆安定先后来先生寓所看望。

**二十三日** 上午金名来先生寓所晤谈,杭州周采泉介绍方春阳来访问。下午徐汇区房地产局二人来,"为启明新村房屋事"。

**二十四日** 上午先生到校。下午审阅《外国独幕剧选》第三集稿。

**同日** 又复北京大学西语系赵德明函:"知道您愿意帮助我充实《外国独幕剧选》的内容,""现在第一集已出版,第二集已付印,此刻正在编第三、四集,其中第三集收英国及欧洲诸剧,已大致译好,即待付排,但西班牙的剧本一个也没有,至为遗憾。你抄示的剧目,不知原文已有否?我希望你查一查,如有写作或上演年份在1921—1945年间的,我需要安排两个剧本。""符合于我的规划,我想请你迅速译出。Lorca 的剧本,我已译出了二个: *Yerma* 和'血姻缘',我也希望你译出他的 *La Casa de Bernarda Alba*,大约这个剧本是在1930年代,可以编进第三集。拉美的独幕剧编在第四集,可以稍缓,也请你查一查写作年代,在第四集中可以收三四个,第六集中也收三四个。""你能否赶译一个西班牙剧本来,并附一个作者小传(500字)。如你那边有研究德国文学的同志,我也希望补上一个德国剧本。"

**又** 卞之琳自北京复函:"李广田家属在北京(女儿在北师大中文系教书),据我了解,《画廊集》全书已编入将在山东人民出版社的三卷本《李广田文集》,她们托我代谢你打算把它编入'百花洲文库'的好意。""'百花洲文库'第一辑各本我都已皆接到,封面设计实在恶劣，大出意外，而《西窗集》里我也不及更正，阿索林两本书名，我自己的说明错误，所以都没有送人，等重印了再签名奉赠留念。今年内我想总可以得到香港三联分店印的《雕虫纪历》（增订版）和江苏出版社印的杂著散文《沧桑集1936—1946》（两本书都已看过清样），也许《美国诗选、附法国诗十二首》也可能在湖南出版社年内出书，得书后当一一奉赠请教。"（据市肆影件）

**二十五日** 上午何国芳来先生寓所，"催'大百科全书'定稿"事。下午作复函五通，又续审《外国独幕剧选》第三集稿。蒋哲伦来谈。

**二十六日** 上午在校"安排研究生答辩委员会人选"。下午续审《外国独幕剧选》第三集稿。

**同日** 茅于美由北京致函："月中曾上一函，未见回复，不知是否去山西讲学，念念。拙作词集[《于美词稿》]总算油印成册。兹托戴平妹送上两册，一册请您赐教，另一册请您处置。""北京图书馆不收存油印的书，我送去他们不收。""我看湖南出的'涉江集'印的不错。""我写的《十四行诗与中国的词》一文已经《文艺研究》采用，""当寄呈请教。"

**二十七日** 早晨到四妹企襄家探视其足伤，又至茂名南路陈氏兼于阁，参加"星五老人"茶会。下午马祖熙来晤谈，晚上郑州杨华松夫人及其弟妹来探望。

**二十八日** 先生审阅《外国独幕剧选》第三集稿。下午陈文华、李宗为、周圣伟，晚上杨华松夫人先后来访。

**同日** 茅于美致函"又及"："顷接二十五日来函，知远游讲学，甚慰。""请多提意见，油印出来可多方征求意见，值得一作，感谢您的建议。"

**二十九日** 上午续审《外国独幕剧选》第三集稿，下午陪同杨华松夫人及其弟妹等游览上海动物园，晚上又在愚园西菜馆招待晚餐。

**三十日** 上午到校。下午续审《外国独幕剧选》第三集稿。晚上在家里宴请杨华松夫人及其弟妹，"赠以月饼一合，糖果一袋，明晨归郑州"。

**同日** 李立明由香港复函："先生在百忙之中赐教后辈，此种奖掖后进之伟大精神极为佩服。""中国幅员太大，人口众多，故有许多事情，如非当事人，鲜能知其真相，则往往以讹传讹，面目全非！是以拙著《中国现代六百作家小传》中错误百出。戴望舒先生，为当代大诗人，诚正派人物，想不到小报造谣，而传播之广，散放之深，几于人人均以为确有其事，治史之难，于此可见一斑！今得先生赐教，当纠正文坛史料，俾戴先生回复本来之面目，使后人不再错误下去。"

**三十一日** 阴雨。钱谷融托陈惠芬来先生寓所借书。复北京吴福辉函。复天津张厚仁函:"《虎》收到后一直无暇作复,非常抱歉。这个译稿,我还不知该如何处置,出单行本则太短,介绍给外国文学刊物则似乎各刊皆有'门户',而且积稿如山,几乎不收外稿,我还不敢为你去碰壁。我意且搁一下,以待机会。""现在忙于研究生毕业答辩。"

**下旬** 开始为徐志摩译作《赣第德》编入"百花洲文库",根据1927年上海北新书局初印本作润改,改正原本错字,修饰译文,改从统一译名,并加一些必要的注释。

**月内** 罗洪将所著《践踏的喜悦》(刘以鬯主编"中国新文学丛书",香港文学研究社出版)题赠先生。

## 九月

**一日** 人民文学出版社孙可中来访。孔海珠,朱雯,姚昆田来谈。

**二日** 续审《外国独幕剧选》第三集稿,研究生赵昌平来提交毕业论文。

**同日** 复万君超函:"我已四十年不写小说,从前写的几本,也可以说是过时的东西,自己也不愿意再看。可是,你却在殷勤访求,使我感动。我的书,这里也不全,还缺几本无法购得。你要借阅,我可以奉借,不过,不巧的很,近来人民文学出版社要我编一个自选集,""现在我自己要用,你要借,只能一本一本的借给你。"

**三日** 先生招收新一届中国古代文学专业硕士研究生三名,具体指导研究明清时期文学专业。上午在校与新收研究生王兴康、张文江、宫晓卫会见,并布置学习计划。下午续审《外国独幕剧选》第三集稿。

另,据应国靖回忆:"华东师大中文系的领导带有歉意地对施蛰存说:'由于你身体不好,这次带研究生没及时征求你的意见,现在只有明清两个时期的研究生没人带,不知施先生同意带吗?'施先生毫不介意地说:'没问题,二十四史不管哪个朝代,没人要的就让我带。'"(应国靖《豁达乐观的施蛰存先生》)

**四日** 上午去武康大楼沈仲章家,"还照相机"。又至陈巨来寓所,"观其旅日所得书画篆刻册"。下午续审《外国独幕剧选》第三集稿至晚上。

**五日** 仍续审《外国独幕剧选》第三集稿。

**六日** 上午在校图书馆"查阅剧作家生平"。下午应国靖来谈,仍续审《外国独幕剧选》第三集稿。

**同日** 湘潭大学张式铭复函:"您老寄来相片,""使我深深感到,老一辈学者对晚辈的爱护、关怀。""我写《论花间词》一文,曾在西安送给您老,请您指教。"

**七日** 上午续审《外国独幕剧选》第三集稿。下午去高君藩家访,"识虞虞山"。晚上为陈巨来"捉刀"代撰《斗盦藏印·序》。

**八日** 续审《外国独幕剧选》第三集稿,又致黄葆树一函。

**九日** 上午到华东师大图书馆书库觅书。下午"整理文件及新得诸书"。方仁念来,"承赠竹鸡二只"。

**十日** 严寿澂来先生寓所晤谈。先生审定《外国独幕剧选》第三集稿。

**同日** 复张天翼夫人沈承宽函:"我和天翼兄大约是1923[2]年认识的,当时他在中学,我在之江大学一年级","他们组织了一个文学团体,名曰'兰社',我也加入了。""他们都在中学三四年级,已投稿礼拜六派刊物,天翼写作最多。""1924年以后,大家散了伙。""以后,我和望舒、杜衡始终在一起搞新文学,叶[秋原]转向民族主义文学,我们就分路了。""我以为,天翼兄1924年前的作品,只是文学青年的习作,不必收到他后来的创作集里去,虽然他的讽刺笔调在这些作品中已透露了。"

**十一日** 上午李楚材来先生寓所约请为小学教师讲习班授课。下午金名、戴平、陈文华先后来访。

**十二日** 先生继续审阅《中国大百科全书·中国文学卷》"隋唐文学条目"。

**同日** 收到谢国桢(刚主)4日在北京逝世的讣告,"即发电唁其家属"。

**十三日** 上午到校,郭成九来先生寓所,"未晤"。下午"杂览",黄明来访。

**十四日** 早晨先生二妹施咏沂从美国来电话,"告我新迁住址,嘱即转知周连圻",下午先生去四妹企襄家,"问连圻在美地址,不得,即发一航信告咏沂"。赵昌平来谈。

**十五日** 始译德国汉斯·格罗斯的独幕剧《明天的战争》剧本。先生自述:"本剧根据美国独幕剧专家淮尔德的改译本转译,可能与原作有出入,因此这个中文本也译得较为自由。"(《明天的战争·译本题记》)

**同日** 陈文华来先生寓所晤谈。先生致湖南彭燕郊一函。

**十六日** 续译独幕剧《明天的战争》剧本。黄明、李宗为来谈。

**十七日** 上午仍续译独幕剧《明天的战争》剧本,下午到校参加学习党的十二大文件,听取华东师范大学党委书记施平的报告。

**十八日** 上午在校参加"系中开会"。下午审阅研究生答辩时用的"论文自述"。万君超来访,据万君超回忆:"话题涉及许多现代文学史上人与事","我拿出先生辑录苏曼殊《燕子龛诗》请其题签,老人叹息此书错字颇多,真无可奈何。又借得解放前初版散文集《待旦录》一册。"(万君超《施蛰存先生三信小笺》)

**十九日** 仍续译独幕剧《明天的战争》剧本,续审研究生"论文自述",又应《文艺理论研究》之约始撰《文艺理论研究者的庄严职责:文艺理论工作者的新任务》。

**同日** 人民文学出版社编辑孙可中来访,蒋哲伦,曹曾亮,黄明先后来谈。

**二十日** 上午到校。下午严寿澂、陈文华、黄明来访。译讫独幕剧《明天的战争》。

**同日** 撰讫《文艺理论研究者的庄严职责:文艺理论工作者的新任务》:"胡耀邦同志在党的第十二次代表大会上的报告中,十分强烈地号召全体党员和广大群众,以今后二十年的时间,努力建设社会主义物质文明,同时也必须努力建设社会主义精神文明。""我认为,我们从事精神文明生产工作的人,不论是否党员,对这一真理,必须有正确的、深入的、新的体会与认识。""我以为在某些方面,应该有所改变或发展。我无暇仔细思考,说得详尽,现在只能提出几个问题,向文艺理论工作的同志们抛砖引玉:一、第一个问题,还是文艺和政治的关系。""二、解放以来,我们对苏联的文艺理论,前一段时期,几乎是跟着走。后一段时期是在'修正主义'的罪名下,一概否定。对资本主义国家的文艺理论,除了十九世纪的浪漫主义和现实主义外,对其他一切新出现的文艺思潮及其理论,同样也几乎是一笔抹杀。""在过去的二三十年间,除了一本纲领性的《在延安文艺座谈会上的讲话》以外,我们实际上没有自己的、新的文艺理论。""三、我们的文艺理论,存在着一种奇怪现象。"

**二十一日** 上午在校组织研究生答辩事。下午赵昌平、李宗为,晚上周劭(黎庵)先后来访。

**二十二日** 上午到华东师范大学第二宿舍拜访南京师范学院孙望、南京大学周勋初,"请其来主持答辩也"。下午富寿荪来,"见惠《范石湖集》一部"。

**同日** 吕贞白致函:"山西之游乐否?五台山曾登绝顶否?有新诗否?均在悬念之中,""吾兄体力充沛。""弟本来不学无术之徒,在贵校卖狗皮膏者多年,近两年又为图书馆学系以外行充内行,助理专家讲目录,力竭尽此。现在考虑体力日衰,书籍又多易米,无能再为此役,只有请潘景郑先生任之,荐贤自代,免误后生。吾兄当以为然也。齐鲁书社虽印汪旭老词集,虽弟整理,旭老词有二千馀首,原稿较乱(甚凌乱),正不知如何措手耳。""久不见声越,弟不出门。""尊驾如外出,顺道可辱临畅谈。"

**二十三日** 全天在学校组织研究生答辩,上午陈文华答辩,下午李宗为答辩。金名来先生寓所"取剧本去",应国靖亦来访。

**二十四日** 上午在学校组织研究生严寿澂答辩。下午王鲁彦之子来访。晚上先生在华东师大餐厅宴请孙望、周勋初。

**二十五日** 上午在学校组织研究生赵昌平答辩,下午研究生黄明答辩。

**二十六日** 开始着手整理编辑《戴望舒散文集》。李宗为来谈。

**二十七日** 早晨汪欣生来晤。先生仍编《戴望舒散文集》。

**同日** 彭燕郊复函:"你要我把'望舒译诗集'抄个副本给你,""请他们多打一份样子给我们,再寄给你。""我把你寄来的望舒译诗底稿先寄给你,我认为这都是十分珍贵的资料,放在我这里,我生怕搞坏了,请你收到后再清点一遍。""《域外诗抄》务必在明年一月一定交稿。""你所听说的译诗销售情况不确,""译诗已是属于'一上架就喊再版'一类,""虽然初版往往因书店不肯多进货而印数偏低,但很快就再版,可以不断地印,反而不怕蚀本的。望舒译的散文,""你如没有时间,可否给提供线索,让我要我的助手到北京图书馆或上海图书馆去查阅旧报刊,抄下来再编成集,你的也同样由他去找去抄,再编起来。'外国散文丛书'一定要搞,""希你能俯允。""嘱转信,我未转去,此等事,以不了了之为最好,此间似又进入一热潮,我们系里要提副教授的有11人,""我是愧乏菲才,谢绝了。"

另,按先生自述:"到1982年才编定成集,可是其中却没有法国诗。我认为《域外诗抄》中没有法国诗,尤其是没有法国象征派诗,是一大遗憾。况且,我译的法国诗,是我最费推敲的译稿,它们全部遗失,使我非常痛心。但是,我对这一批译稿,还有希望,我不信它们真已毁灭。因此,我没有把已经抄好、编好的《域外诗抄》初稿本交给出版社,我等候着。"(《域外诗抄第六辑法国诗抄·后记》)

**二十八日** 继续编《戴望舒散文集》。左燕来,"托其抄望舒遗文"。

**二十九日** 上午到华东师大图书馆借书。下午陈文华,叶鹿金(麟鋈)相继来晤。

**三十日** 为选编《外国独幕剧选》第三、四集始作"引言"(中):"剧目选择,取其有代表性,题材面广,可读可演。译文尽量利用已有的译本,但第二次大战以后的外国独幕剧,我国已有译本的很少,今后恐怕要全部请优秀的译者为我们特地翻译。每个剧本前的作者介绍,由译者或编者撰写。剧本分析部分,仍请对戏剧有研究、有鉴赏力的专业同志们撰写。"

**同日** 刘明浩,包国芳,邵修青先后来晤。

**下旬** 先生指导的中国古代文学唐代时期文学专业硕士研究生严寿澂、陈文华、赵昌平、黄明、余为(李宗为),通过论文答辩取得首届硕士学位毕业。

另，在先生指导下本届硕士研究生毕业论文：严寿澂《韩愈柳宗元比较研究》、陈文华《论元结在唐代文学史上的地位》、赵昌平《"吴中诗派"与中唐诗歌》、黄明《唐代乐府诗歌研究》、余为(李宗为)《唐人传奇研究》。

**是月**　贵州人民出版社出版波兰显克微支小说集《为了面包》(诺贝尔文学奖得奖作家中篇小说选)，收录其译作《为了面包》并附"作者和作品简介"。

**又**　选编《外国独幕剧选》第二集，由上海文艺出版社初版印行，收录其译作荷兰海尔曼·海裘曼《马戏团员》。

**又**　《百花洲》杂志第5期刊载萧应深《一个作家的品格——记施蛰存》，其中写道："以一个年方三十血气方刚而振振有词的青年作家，能有如是的明智克制和顾全大局，这种胸怀已极难得！""只是偶然一场学术上的争辩，徒为后人拿来作此是彼非之谈柄，却是极不公允的。""历来一提到《现代》，就视为它是'资产阶级反动文学刊物'，是'一度以第三种人面目出现'，四十年来，一直被口诛笔伐。至于主编者施蛰存先生，则由此也就被目为'第三种人'之流，而视若异己了。""我们可悟到：一、当时这场论辩'党及其文艺理论家'并不作'敌我矛盾处理'，到后来已弄成一场'失之千里'的争执；二、施蛰存先生一直只是个兼发论战双方文章的编者，并无介入其中；三、四十年来他被指为'自称第三种人'，到底无据，而他也一直没有辩白的机会和想法。我们不禁要叹服施老当时的公正执着和事后的忍屈持重了！"

**同月**　上海市古籍整理出版规划小组成立。

## 十月

**一日**　国庆节，中秋节。举办家宴。晚上人民文学出版社编辑孙可中来访。

**同日**　又致北京大学西语系赵德明函："你和占元兄住得近，收到此信后，麻烦你去看看他，告诉他，我不复他的信了，希望他鼓足干劲，再译些文学作品，再写点东西出来，不要叹老。"

**又**　张珍怀致函："昨日富寿荪同志来访云，先生拟国庆后，驾临寒舍，珍怀实不敢当。""大约10月中旬返沪，届时当即拜谒。""月前为王蘧常先生(珍怀受业老师)整理梁任公诗文选，从他之注解中，得知戊戌变法诸君子皆擅长倚声，梁氏之豪放词为近代之冠，以其有实际斗争与漂泊生活，较之夏承焘先生又高一筹也。今后拟收集资料编一本变法派词集。(文廷式虽与梁不同，但文为珍妃派，亦可列入)，还有麦孟华、宋伯鲁等人皆有词集,未知先生以为然否?"

**二日** 写讫《外国独幕剧选》第三、四集"引言"(中)。林立勋,戴自中来晤。

**三日** 先生"杂览",邓长风来晤谈。

**四日** 准备研究生本学期学习计划,又整理包扎书籍。

**五日** 审阅《词学》集刊第 3 辑稿件。

**同日** 又致南京大学屈兴国函,谈及"我在这两天才有时间动手编《词学》3 期,仔细看了你的文章,发觉有许多地方,需要再修改一下,今特寄还,请拨冗考虑,是否可以早日改好寄来","有几点意见,提供参考",并列举了三个相关意见。信末谈到"此外还有些小问题,无大关系,请你再斟酌一下","大作第一、二节好,第三节太支蔓,希望把第三节大大地约束一下,减少些非直接有关的观点,如关于比兴的讨论"。

**六日** 上午到校。下午审阅《词学》集刊第 3 辑稿件。

**同日** 美国夏威夷大学马幼垣致函:"行程终有最后决定,以上海为首站,10 月 25 号到沪,在沪期间一切活动由上海师范学院(桂林路 10 号)杜守华先生负责主持,彼为弟在上海之 host 也,请与之联络,何时往府上晋谒,当由彼代安排。既以上海为首站,孙康宜书及 Kamasutra 均亲携面呈,王书第二册首半部,前已寄上,后半部亦已影就,改日再寄。""10 月 31 日离沪赴武汉。"

**七日** 续审《词学》集刊第 3 辑稿件。又阅《论语》,"备讲课"。

**同日** 撰讫《神仙故事》:"现在我发现道家的神仙故事,都寓有这样的意义,不过它们不像佛家的报应故事那样明显地教人为善,因而千馀年来的读者好像都没有深入了解。我以为我是首先了解神仙故事的读者。"

**又** 在《新民晚报·夜光杯》发表《"傢具"与"垫皮"》(署名"北山"):"我把这两个事例记下来,请语文教师、报刊编辑和营业员等和文字打交道的同志们注意。上海的错别字现象严重得很。许多内部材料、许多字牌,都有错别字。历年高考,上海的语文成绩都比较低。我们为社会主义现代化做文化教育工作的人该怎么办?"

**另**,还刊《喜读〈三叶集〉》(署名"中舍"):"昨天承上海书店惠赠了一本新书《三叶集》,使我意外的喜悦,好比从多年不开的木板箱中找到了儿时的玩具。"

**又** 致谭正璧函:"马幼垣来信,嘱补印景深兄所编《大晚报》副刊《通俗文学》9 期,今将期数抄奉,请再查一查尊处有否?据弟之记录,则尊处似乎只有第 7 期,但或恐误记,故再请核实一下。""马幼垣月底要来,当可晤及。"

**八日** 续审《词学》第 3 辑稿件,下午到校学习党的十二大文件,听报告。

同日　复万君超函："选目很好,也都是我自己想选的,可知你的文艺鉴赏力不低。你对现在新作家的作品,以为那些是较好的或很好的,有空列一个选目给我(十篇短篇),试试你的眼力。你的信写得不坏,对古汉语有点基础了。我给你改了三处,寄回供参考。"据万君超回忆："我在10月5日给先生之信中,曾为其编选小说目录:《上元灯》《周夫人》《妻之生辰》《梅雨之夕》《栗芋》《扇》《雾》《将军底头》《石秀》《魔道》《夜叉》《港内小景》《残秋的下弦月》。"(万君超《施蛰存先生三信小笺》)

九日　续审《词学》集刊第3辑稿件。研究生赵昌平、黄明、李宗为、陈文华来晤。

十日　上午为编辑《词学》集刊第3辑而撰写稿件。下午到周连圻处探访,"连圻自美归,曾晤咏沂,为述会面情况,因得知其三十年来经历"。

同日　又往陕南邨黄裳家访,据黄裳回忆："蛰存从我的书架上发现一册香港印的《三草》,借去读了,大加欣赏,撰文介绍,发表于《读书》,这怕是较早高度评赏聂绀弩诗的名篇。"(黄裳《忆施蛰存》)

十一日　续阅《论语》,继续准备明日讲课。又续审《词学》集刊第3辑稿件。

同日　又致巴金函："弟为江西人民出版社编一种小丛书,名曰'百花洲文库'专印三四十年代文艺书,供应新文学史研究工作者,每辑十种,第一辑已出齐,印数少,上海不多见。第二辑十种已在排印,年内可出,现在编第三辑,拟将尊译'屠格涅夫散文诗'编入重印,但不知此书兄已付其他出版社印行否?如未有出版社纳入出版计划,希望先能慨允江西编入'文库',明年春间可以印出。"

十二日　先生在校为新招研究生三人讲《论语》,并布置本学期学习任务。

十三日　《书林》杂志编辑王善初来先生寓所约稿。

十四日　上午在校为研究生讲授《论语·为政》一篇。下午续撰《喜读三草》(后改题为《"管城三寸尚能雄"》)："上星期写了一篇《喜读三叶集》,重温一本旧书,昨天在黄裳书架上发现一本港版新书《三草》,可谓有草叶因缘,去年曾有人抄示过聂绀弩同志的一些名句,以为是朋友中抄传出来的,却不知已印出专集,真惭愧我的孤陋寡闻。向黄裳把书借回,灯下展读终卷,在又惊又喜之馀,涌起了许多思绪。我不记得有没有会过聂绀弩同志,仿佛会过一面,也已是几十年前的事了。""现在一别三十年,我对聂绀弩同志简直应当折腰致敬了。于是我写了本文,十分有理由地为他'吹捧'。""是近几年来读到的最出色的旧体诗,体虽旧,诗却很新。"

十五日　上午在茂名南路陈氏兼于阁,参加"星五老人"茶会,又晤汪欣生、周退密。中午在金陵东路吃咖喱鸡饭,"不佳"。

**同日**　在《新民晚报·夜光杯》发表《五台赞佛记》(署名"蛰庵"):"回沪以后,朋友们要我谈谈五台游兴,我就写了这一段《五台赞佛记》。我所赞美的,不是顺治皇帝,也不是教主释迦牟尼,而是作为塑像艺术品的古代佛像。"

　　**十六日**　上午陈文华来晤。下午先生前往申江饭店730室会见英国学者利大英,谈二小时。晚上阅利大英带来之书。

　　**十七日**　先生阅新得西书。下午到陈伯海、蒋哲伦夫妇家访。

　　**同日**　复万君超函:"你的年龄正是乱看书的时候,不妨再做三年'杂家'——其实'杂'而成'家',也就很好了。路自己会走出来的,只有不走别人现成道路的人,才能走出自己的路来!《百花洲》上那篇文章是一个潮州胶鞋厂青年工人(也四十多岁了)写的,他的情况大约同你一样。"

　　**十八日**　早晨至申江饭店访英国学者利大英,中午招待其在新雅粤菜馆午餐,"饭后仍回申江饭店为解答关于戴望舒思想及作品疑问,二时返家"。

　　**十九日**　上午在校讲课,下午到锦江饭店与英国学者利大英会晤。

　　**二十日**　上午南昌江西人民出版社汤真,李宗为先后来先生寓所晤谈。下午先生阅蒋哲伦编《尊前集》《金奁集》。

　　**二十一日**　上午在校为研究生讲授《论语》。下午华东师范大学举行首届学位证书颁发大会,先生"未去"。

　　**同日**　在《新民晚报·夜光杯》发表《再谈"傢具"》(署名"北山"):"谈了一下以'傢具'、'垫皮'为例的错别字蔓延现象,却想不到招来了许多读者来信。他们抄给我《辞海》《辞源》《新华字典》和《现代汉语词典》关于'傢'字的注释,使我大吃一惊,原来这个别字已经核准通用了。这样,我就不用向语文教学工作者呼吁。""对投函的读者们,我感谢他们的好心,但还要请他们思考一下,不要'尽信书',应该自己有识见。我的结论是:'家火'误为'傢伙',可以说是'古已有之,习非成是',而现在这个'傢'字又污染了'家具',我们应该及早纠正它呢,还是接受它?"

　　**二十二日**　早晨陈文华来谈。下午戴自中来,又同去兆丰别墅边政平家访。表弟喻永祚来晤。致北京丁玲函。

　　**二十三日**　上午为吴晓铃、马幼垣书写条幅,应国靖来谈。下午孔海珠,李宗为,赵昌平夫妇先后来访。

　　**二十四日**　上午到上海展览馆观赏《法国二百五十年画展》。先生自述:"侥幸得到一张入场券,法国二百五十年画展居然也有我的眼福。""只有两小时,看七十多幅世界闻名的艺术杰作,平均每幅只看了两分钟,还要除掉在人堆里挤挤钻钻的时间,大概比走马看花还要快些。不过,我也很满意了,罗佛尔和凡尔赛宫中的法国之宝,能在上海见到,是上海开埠以来,绝无仅有的事。""应该让每一个参观者得到一纸目录。""在一幅大画旁边贴一条小小的画题与画家的名字,贴得又很低,观众既拥挤,""许多画都只能凭我一点美术知识,才'似曾相识'地得以欣赏无误。"(《法国画展侧记》)

  同日 下午姚昆田陪山西宋谋旸来访,先生在愚园西菜社招待晚饭。

  二十五日 下午刘絜敖和刘明澜,胡忌相继来先生寓所晤谈。晚上应国靖来访。

  同日 撰讫《喜读三草》并作诗《题聂绀弩诗集》,即将此稿寄往北京《读书》编辑部。先生自述:"我写完了我的读后感,奉题一诗为证。"(《"管城三寸尚能雄"》)

  二十六日 上午在校为研究生讲授《论语》。下午赵昌平等五位应届毕业研究生来邀"星期四午饭"。晚上先生在大同酒家宴请吴晓铃、马幼垣、米列娜、应国靖。

  二十八日 应届毕业研究生赵昌平、陈文华、黄明、李宗为、严寿澂邀请先生前往万象照相馆拍摄师生合影照片,中午在绿杨村酒家宴请先生夫妇。下午宋学勤及姚玉华之女郑琦来先生寓所晤谈。晚上周圣伟来访。

  同日 在《新民晚报·夜光杯》发表《法国画展侧记》,署名"中舍"。

  二十九日 下午先生上街购买"赠研究生作毕业纪念"的礼物。

  同日 在《新民晚报·夜光杯》发表《山西的塑像》,署名"蛰庵"。

  三十日 上午先生到校。下午常熟文化印刷厂邵山来先生寓所晤谈。

  三十一日 上午人民文学出版社楼适夷、李易自北京来先生寓所访问。据楼适夷记述:"那天去看望您,晨起咳嗽的样子,竟同我差不多,""但精力好得多。"(楼适夷致先生函,1983年1月20日)

  同日 中午徐定戡宴请马幼垣,邀先生去作陪。下午孔海珠来电话邀请先生去晚餐,"谢,未往"。

  月内 应邀为《中国地方志详论丛书·河南地方志论丛》封面题签。据张万钧回忆:"每个分册均要请名家题写书名。这时恰好施先生又有信来,我想起他书法格调高雅,就于回信之时,顺便请其题写书名。一周后,回信来了,竟然一连写了四张,显然是供我选用的。"(张万钧《施蛰存先生二三事》)

## 十一月

  一日 上午到校。下午邀请毕业班研究生赵昌平、陈文华、黄明、李宗为、严寿澂来寓所,"茶叙话别"。

**二日** 上午在校为研究生讲授《论语》。审阅江西寄来的"百花洲文库"校样。

**三日** 上午到校,周圣伟陪同访总务处赵处长,"托以住房事"。在校内遇人民文学出版社王央乐。下午访王元化、朱雯。晚上去锦园赵家璧女儿家与赵家璧晤谈。

**四日** 上午在校为研究生讲课。

**同日** 在《新民晚报·夜光杯》发表《山西的唐塑》,署名"蛰庵"。

**五日** 上午到长乐路赵清阁家访,"在其寓所识葛一虹,年亦七十矣"。下午赵昌平、严寿澂来取校样。

**六日** 上午到校,下午应邀到民主促进会为小学教师讲授"唐诗欣赏"课。

**同日** 程千帆致函,谈及"阅《读书》知词学论文集即出,又《词学》二期进展如何";"祖棻词手稿,前荷托黄[怀觉]君装潢,顷不知在进行否,乞便中一促"。

**七日** 下午为《新民晚报》撰稿二篇。按程千帆日记:"函施蛰存。"

**八日** 陈文华,乍浦许白凤,沙叶新陪同香港古剑先后来先生寓所晤谈。

**九日** 先生"寒流来袭,颇不可支,未去师大上课,整日休息"。《书林》杂志编辑金永华来先生寓所约稿。

**十日** 上午到长宁区房地产管理局"催落实政策",下午整理信札书籍。

**十一日** 上午在校讲课。下午"感寒,偃卧至4时",蒋哲伦来谈。

**十二日** 上午在茂名南路陈氏兼于阁,参加"星五老人"茶会,又晤周退密、陈琴趣、包谦六、汪欣生、许白凤。

**同日** 下午《解放日报》陈诏、汤娟来先生寓所访问,据陈诏回忆:"一幢沿街房子的狭小的亭子间里,连客人的坐处都没有。老人好像冬眠初醒,带着惶惑和迷茫,还有些不知所措,以至无法深谈。"(陈诏《施蛰存先生印象记》)

**十三日** 为《书林》杂志撰文。下午赵昌平陪毕华珠来访,傍晚孙勋先来谈。

**十四日** 徐宗琏来访。

**十五日** 先生润改徐志摩译作《赣第德》。又应上海音乐学院蔡国梁之请,为其著《明清小说探幽》题签,付邮并函:"拙字不登大雅,手又拘挛,写不好,勉强写了几个。最好另外请人写,不用无妨。""书名不宜署名,故不具名了。"

**十六日** 阴寒。下午华东师大同学来邀先生参加华东师范大学学生散文社"散花社"成立大会,虽"亦辞之",但即撰写"祝愿文"致贺。

**同日** 润改徐志摩译作《赣第德》讫,又"三校《张祜诗集》讫"。

**十七日** 中午前往汾阳路海关招待所访刘谦功,"取利大英托带之打字机"。

**同日** 《解放日报》刊载简讯:"全国第一家由大学生创办的散文社,昨天下午在华东师范大学成立。该社目前有九十多名成员。著名散文家冰心、秦牧、袁鹰等来信祝贺,杜宣、姜彬、菡子、何为,该校党委副书记肖挺,以及许杰、施蛰存、钱谷融教授等热情扶植文学青年,欣然应邀为该社的顾问。"

**十八日** 上午在校为研究生讲授《论语》。下午审阅温州师范专科学校游任逯论文,"甚见学识"。

**同日** 在《新民晚报·夜光杯》发表《沁县文物》,署名"蛰庵"。

**十九日** 下午先生约汤天陶一起到儿童剧场观看美国作家 Wouk 之影片二部,又遇见徐迟夫妇。

**同日** 在《新民晚报·夜光杯》发表《丁玲故居》,署名"蛰庵"。

**二十日** 下午徐迟来谈二小时而去。按程千帆日记:得"蛰存信"。

**二十一日** 陆宗蔚,吴慧来谈。吴晓铃介绍电影演员王晓棠来访。晚上周良沛来晤。

**同日** 始撰《怀孔令俊》:"今年是令俊[另境]逝世十年祭,可是连一片墓地都无可祭扫,我只能写一点回忆记来怀念他,真是'秀才人情纸半张'。"

**二十二日** 撰回忆孔令俊文讫,"畏寒,休息"。

**二十三日** 上午在校为研究生讲授"诗史大纲"。下午审阅杭州大学平慧善论文。常熟文化印刷厂邵山等三人为《词学》印刷事宜来访,蒋小雯来谈。

**二十四日** "《词学》第 2 辑校样已来",先生与马兴荣分别审校。中国大百科全书出版社姚芳藻、华东师范大学出版社向阳先后来访。

**二十五日** 上午在校为研究生讲授《论语》。始审《词学》第 2 辑二校样。

**同日** 在《新民晚报·夜光杯》发表《艺术与宗教》(署名"蛰庵"):"前几天我写了三段小文,记录我在山西所见到的优美塑像。这些塑像都属于宗教艺术,我非佛家,也不是道家,自然不免会有外行话。有一位'居士'来信指教,说我把文殊普贤的坐骑弄错了,应该是文殊骑狮,普贤骑象,这一点我应该承教改正。居士又指出我把文殊普贤菩萨误称为佛,这一点也可以承教。我知道佛是佛,菩萨是菩萨,不过,在一般人语汇里,往往都用一个佛字来概括。记得小时候听老太太念《佛名经》,也有'南无文殊师利佛',可知这个佛字是通称了。我说南禅寺的如来佛像塑成一个女身,居士对此大不高兴,说我'侮辱佛门'。这个问题,牵涉到佛教艺术造型的历史。"

**二十六日** 上午续审《词学》第 2 辑"二校样"。下午前往国泰电影院观看影片《翔》,"王晓棠赠券,虽雨亦不可不去"。又往张珍怀家晤谈。

**同日** 川沙县志办公室顾炳权致函:"拙编本[《词律辑馀》油印上下册]托敝友葛忠义同志(许杰老师学生),前来师大面交的。""拙编印数仅几十本,主要是请《词学》编辑部诸老教正的。""词牌名之纷杂,其表一见于词牌名之不可胜数,据我近年搜罗有词作传世的不同词牌名,约在二千四百之数,凡其出处、名义、异同、正误,我正在董理之中,未知与词学专家有细流之助否?"

**二十七日** 为编印徐志摩译作《赣第德》撰"重印题记",即同书稿寄往江西人民出版社。续审《词学》第 2 辑"二校样"。

**二十八日** 上午续审《词学》第 2 辑"二校样"。下午往叶鹿金(麟鎏)家,"介绍张厚仁译稿与《外国文艺》"。

**同日** 致《随笔》编辑(黄伟经)函:"每期都收到,我好久没有文章寄上,报答盛情。""今天寄去三篇散文,一篇是我自己的,两篇是友人钱歌川的,他寄来托我在国内投寄报刊发表,以后仍由我联系。此三文如不适用,请仍寄还。"

**二十九日** 续审《词学》第 2 辑"二校样"。又收到中国社科院外国文学研究所讣告,"李健吾于 24 日病故,年七十六"。

**同日** 程千帆自南京复函:"《词学》,江苏人民出版社愿意出版,只要华师大出版社愿放,他们就接受,一年出两本不成问题。""想将祖棻的《微波辞》新诗集改编重印一下,列入'百花洲文库',行不行?燕郊拿去很久,无眉目。她的手稿仍望找黄怀觉,此间无办法,只有等之一法。"

**三十日** 下午到校参加硕士学位审议会;《名作欣赏》主编张仁健来先生寓所,"未晤"。

**下旬** 应邀为姚昆田《流霞集》作序:"姚君昆田,石子先生之嗣君也。""余喜得而同在友生之列,亦既二十载矣。""1958 年为小人所嫉,诬为右派,遂为逐客,任中学教师于晋南,凡二十年。""每来上海,辄袖一卷造敝庐求正,余以是知其才情亦足以跨灶也。比岁以来,君在上海任对外宣传之职,以为词语视文章尤易感人,乃一意填词,寄感语抒情于令慢之间,传之彼岸,岂非鱼雁之雅言,""余每于报端读其词,辄叹为语妙。今者,君集其对台湾所作词一百廿阕为《流霞集》。""问序于余,余于词未尝专攻,老来始好之,亦遣兴乐志而已,莫能言其得失,何敢序君之集哉?然喜其克绍箕裘,为乡里光,乃以余所知于君者,书之卷端,为读是集者知人论世之资云。"

**是月** 《十月》第 6 期刊载其作《春阳》,并刊吴福辉《中国心理小说向现实主义的归依——兼评施蛰存的〈春阳〉》:"施蛰存的小说不乏佳篇,但大部分不为今人所知。""[《春阳》]就从未被当作他的重要作品评介过。""从色欲与历史上的宗教、信义道德、种族意识的种种纠葛,引出了性爱与现代资本主义文明尖锐冲突的基本主题。创作方法既不是浪漫主义,严格来讲,也不纯是当时左翼作家楼适夷认定的'新感觉主义'。施蛰存径直从提出潜意识理论的奥地利精神病医师弗洛伊德,和英国性心理学家蔼理斯那里接受影响,改变了《上元灯》那种小说的外部叙述方式,使之内在化,逼视着人的内心世界,包括对无意识领域,对梦幻、变态性心理的开掘,写出他数量众多的心理分析小说。""而最重要的,是施蛰存在《善女人行品》与《小珍集》里表现出把现代派与现实主义相融和的倾向!《雾》《鸥》,以及此篇《春阳》,便是其中的佳作。"还附《施蛰存小传》。

**又** 陕西人民出版社初版孙琴安著《唐人七绝选》,作者在"前言"中写道:"也谢谢马茂元先生、施蛰存先生,此书在编写过程中,也曾得到他们的指教。"

**同月** 上海文艺出版社修订重版王瑶著《中国新文学史稿》。

## 十二月

**一日** 先生整理包扎中外文书 30 包,拟翌日送至华东师大宿舍。

**二日** 上午在校为研究生讲授《论语》,先生家人送书 29 包到华东师大东楼宿舍。下午应国靖,蒋哲伦,马兴荣,叶小铿相继来谈。

**三日** 上午《名作欣赏》主编张仁健来约稿。下午金名来访。续审《词学》第 2 辑二校样。

**同日** 川沙县志办公室顾炳权复函:"所谓'博览'者,是谬承先生过奖也。《道藏》等原书,均未及见。我只是对诸全词集数万首词,翻了几遍。'辑馀'体系不严不纯之病,实是鍼砭之言,谨领尊教。拙编如录入'词学动态',缺当之处,尚望不废言。""据敝友葛忠义说,徐宗瑅同志日内将趋庭拜访,拙作或届时一并带至。"

**五日** 早晨福州阙国虬来先生寓所访问。

**六日** 上午到校"欲为研究生补课"。下午续审《词学》第 2 辑二校样。

**七日** 上午编辑"百花洲文库"稿件。下午张文江来谈。任钧介绍金鼓来"征诗,备选入《四十年代诗选》"。

八日　　仍续审《词学》第2辑二校样。

九日　　"今日寒雨",先生"未去师大授课",续审《词学》第2辑二校样。

十日　　续审《词学》第2辑二校样及《陈子龙集》排样。

同日　　在《新民晚报·夜光杯》发表《绸被面的来历》(署名"中舍"):"前天《新民晚报》上有人谈到'绸被面的用途',作者以为最初似乎是送新婚的礼物,还说得过去,但是现在用绸被面作送丧的礼物,作者就觉得奇怪了。其实,丧事送绸被面,有一段漫长的历史演变,如果知道这一过程,就不会觉得奇怪。""现在,不论婚礼、丧礼、寿礼,甚至上梁起屋,一律通行送一个被面,这真是演变到'牛头不对马嘴'了。"

十一日　　先生寓所房屋即将大修,腾出晒台上搭间备翻造,开始整理收拾书箱家具。蒋哲伦,左燕来谈。

十三日　　上午杭州林乾良来访,先生托林氏带上《吴越金石志》书稿交给沙孟海,并附函:"春间作《吴越金石志》,蒐采名件大致已尽,未能更有增益。今托乾良持草稿奉呈,请赐过目,并恳付博物馆典藏同志一看。希望能就馆藏吴越文物中增补若干名目并略附说明,使拙稿能更有充实,然后据此入录,俾得定稿,感荷无量。"

同日　　下午在校为研究生授课,讲《论语》"泰伯"一篇。

十四日　　先生复阅蒋哲伦校编《周邦彦集》校样,即寄往江西人民出版社。开始编辑《词学》集刊第3辑稿件。晚上周圣伟来先生寓所送结婚喜糖。

十五日　　上午继续整理书物,下午到华东医院探视周煦良。

十六日　　下午在校为研究生讲授《论语》"子罕","未毕"。

十七日　　继续整理书物。中午郭成九来先生寓所,"馈贱辰礼物三事"。下午蒋小雯,周惠芬来谈。

十八日　　下午先生孙女借得单位里一辆厂车,搬运家具书物至师大校舍。傍晚黄明来先生寓所,"告陈文华病况"。

十九日　　农历十一月初五。上午严寿澂来晤。先生"今日生辰,邵修青适来,留面畅谈",晚上家宴庆贺。

二十日　　上午周东璧来访。下午在校为研究生讲课,晚上严寿澂送来《陈忠裕公集》。马祖熙作诗《齐天乐·蛰庵师书告何天宇消息喜赋》。

二十一日　　仍整理书物,下午入市沐浴。表弟喻永祚,廖宝盛(学秀祖父),赵之云,左燕,蒋小雯先后来访。

二十二日　　继续整理书物,审校《词学》集刊第2辑排样。又致河南崔耕明信片:

"近日修理房屋,大动乾坤。找到《嵩山三阙》拓片一份,已不全,昨日已奉寄,备参考。此数纸皆光绪初年拓本,或尚有可取。"

**二十三日** 下午在校参加硕士学位审议会。

**二十四日** 上午至茂名南路陈氏兼于阁,参加"星五老人"茶会。下午宋育琴,浙江省社会科学院文学研究所余凤高,应国靖先后来先生寓所晤谈。

**二十五日** 继续审校《词学》集刊第2辑排样,下午南京大学屈兴国来访。

**同日** 在《文艺理论研究》第4期发表《文艺理论研究者的庄严职责:文艺理论工作者的新任务》。

**二十六日** 继续审校《词学》集刊第2辑排样,赵昌平,浙江省社会科学院文学研究所余凤高,王惺侬先后来访。

**二十七日** 下午在校为研究生讲授《论语》,晚上仍审《词学》集刊第2辑排样。

**同日** 复北京董秀玉函:"收到《散宜生诗》及附函,""又累你破钞了,不知一句空口道谢够不够?拙文改题很好,但我读的是'三草集'不知你在文中改了没有?如照样发排,恐须加一注语。《散宜生诗》内容加了不少,二本实不同也。《域外文人日记抄》是编译的,没有原文底本。如果范用同志要的是我的译文原印本,现在我也没有。""此书我以为没有什么好,其中只有乔治·桑的一篇日记较有趣味。""另外有些回忆记,如写出来,也得先佽张木兰同志。你那边我想还是写关于书的事,1983年打算送上三篇,以酬您的敦促之情。关于林译小说,还想写,要不,辜负了你的'不如归'了。""每天要复六七封信,每个下午要会三四位来客,既无资格请'秘书',又不能拿架子挡驾。一切文字工作,都靠晚饭后二三小时内做了。"

**二十八日** 先生"校《词学》样尽日,误植甚多"。河南崔耕寄赠洛阳关林《晋元康九年贾皇后乳母美人徐氏墓铭》(两面刻)拓本,复北京吴福辉函。

**二十九日** 审校《词学》竣事,下午钟荚来谈。

**三十日** 下午在校参加中文系迎新年联欢会。

**三十一日** 上午应上海古籍出版社赠票,前往大光明电影院观看电影。

**下旬** 王晓棠由北京复函:"每次收到您的信,都给我很大慰藉和力量。""奉上《北京晚报》一张,《戏剧电影报》一张,《人才》一本,可以略窥目前之'战况'。只有两篇写我们的,在《半月谈》23期上和《文艺界通讯》上,我手头缺,但此二文激起了许多反面效果,华侨、工人,都挺身而出了,我每天都收到一些信。夏衍同志给了我们很大关怀,别人打着他的旗号胡乱招摇,(他根本没有说过的话竟被冠以'夏衍说'云云)也好,来一次清理,大家都晒晒,我虽是小人物,历来不怕晒,总处于被动地位,到头来就是一种最大的主动。毕竟不是1934年了,您提起王莹,使我想到夏衍曾为她的书写过序的。""上次太匆忙了,以后再有机会来上海,当从容请教,您一定得答应教我!"

**是月** 译著匈牙利莫尔那《丈夫与情人》,列入"百花洲文库"第二辑,由江西人民出版社初版印行。

**又** 福建人民出版社出版丘幼宣、林仲铉、郭祝暄、陈铨银选注《武夷诗词选》,收录其作《二曲玉女峰》。

另,据林信国记述:"时在福建教育学院的林仲铉与丘幼宣等人,拟编一本《武夷诗词选》。""当施蛰存先生收到林仲铉有关选编《武夷诗词选》稿约后,即给林钟铉复信。信中讲道:'武夷诗检出,当年油印本全份,无暇抄写,即以原本寄奉,请你找人抄写后,仍将此本寄回,因为我只有这一份了……'施蛰存将当年油印《武夷行卷》十几首诗词寄来。""还有一首是施蛰存先生应林仲铉求赠墨宝之嘱,书写的一首咏福州仓前山的旧诗,""施蛰存先生书写此诗条幅的影印件,曾刊载于福州文联主办的文艺刊物《榕花》上。"(林信国《施蛰存两首咏闽诗由来》)

**又** 主编(未署名)"百花洲文库"第二辑,由江西人民出版社出版4种。

**同月** 五届全国人大五次会议通过并公布施行经全面修改后的《中华人民共和国宪法》。

# 一九八三年(岁次癸亥) 先生七十九岁

## 一月

**一日** 元旦。上午周松龄来先生寓所晤谈。

**同日** 先生复香港古剑(康馥)函:"我的小说集已有国内两家出版社在联系,或者可有决定。香港方面暂不急,且待过一个时期再说。""'百花洲文库',""第三辑10册已发稿,以后恐将停止,出版社无兴趣矣。前几天已寄奉样书《苏曼殊诗集》一册。"

**二日** 万鸿凯携外甥杨新天来晤谈,邓云乡,陈文华先后来访。

**三日** 上午到校交《词学》(第2辑)校样。下午赵家璧来晤谈。

**四日** 审阅《词学》集刊第3辑稿件,应国靖,表弟喻永祚相继来谈。

五日　续审《词学》集刊第 3 辑稿件,晚上钱鸿英来访。

六日　上午到校。下午陈伯海、表弟喻永祚相继来谈,晚上徐宗琏来访。

同日　先生复天津张厚仁函:"我把《虎》介绍给他,谁知还是退稿,看来译文刊物都有帮派,十几个人包了全部译稿,外人插不进去。此风自古已然,不过于今为烈。我真想自己办一个刊物,为被压迫'民族'出出气!""我建议你以后向四川、湖南、广西等出版社联系,也许他们要稿。Marie Grubbe 不要译,除非有出版社约定。""还是先译些短篇小说,试投各外国文学刊物,如《译林》之类。我看译文社也不会要 Jacobson,他们不知此人。他们现在都跟着美国杂志跑,没有了解欧洲文学的人,呜呼!鲍昌那里有消息否?"

七日　天寒。早晨马兴荣,晚上蒋哲伦来谈。致厦门郑道传、陈兆璋函:"水仙四球已辗转递到,外四球亦已转交万[鸿开]先生,每年都曾惠赐漳州名产,甚感甚感,可惜我的房子尚未落实政策。""只望今年能收复南房或迁居新厦,可占叶茂花香,不负雅意。承示朱一雄夫妇地址,很好,我会即写个信去。涂元渠故去,使人哀悼,去年我儿子蓬到泉州去,承他招待,想不到一调福州,即患不治之疾,不知他如果不去福州会不会免此一劫,金珍玉有信来,我送了一个花圈去,不足以致悼念之情。""暑假想到南方去看看,很可能到厦门来叙旧。道传现在还工作否,念念,郑朝宗处望代致候。郭成九在上海,月前来过。苏仁俪、陈欢熹在无锡,也有联系。"

同日　按张文江笔记:"施蛰存先生来信。"

八日　先生"得讣告,胡鸣时于 1 月 2 日晨逝世,年七十六",陈文华来,"嘱其代送花圈"。

同日　先生与周圣伟在《书林》(单月刊)第 1 期"大学文科阅读书目介绍之五"专栏发表《中国古典文学部分》,署名"施蛰存、周圣伟"。

九、十日　先生"杂览"。下午在校为研究生讲授《论语》"先进"一篇。

十一日　大寒,微雪。先生"杂览"。

十二日　"昨晚积雪寸许,今日晴",先生审定《词学》集刊第 3 辑稿件一篇。

十三日　下午到校,为研究生讲授《论语》"颜渊"一篇。

十四日　上午赵之云来,以《寿香社词抄》《翠楼吟草》[(五编)遗稿本]还之。下午蒋小雯,晚上万福三母子来访。

十五日　续审《词学》集刊第 3 辑稿件,下午应国靖、陆贞弘、陈文华、左燕先后来谈。

**十六日** 仍续审《词学》集刊第3辑稿件,严寿澂来谈。

**十七日** 下午在校为研究生考试。晚上出席绿杨村酒家宴请,"同座有钱君匋、俞振飞、陈巨来、程[十发]、刘[旦宅]、俞[振飞]皆夫妇同来,陈[巨来]由其女陪同"。

**十八日** 先生寓所"粉刷内墙,家具搬动,不能工作",下午华东师大毕业生分配在上海社科院者毛时安、费成康来访。

**十九日** 南京大学屈兴国,姚昆田,左燕先后来访。

**二十日** 中午许海秀(李宝森夫人)在美心酒家宴请,先生与陈巨来、郭学群、糜耕云、陈九思、包谦六、陈兼与、汪欣生、苏渊雷、虞愚等同席。晚上平湖葛渭君来访。

**同日** 楼适夷致函:"在沪别后,我就去厦门鼓浪屿。""冯雪峰同志诞生八十年,义乌家乡正计划搞纪念活动,邀请全国友好参加,有金鉴才等二同志来过北京,后去上海,我曾介绍他们去拜访您,可能已经见到。您允许给《新文学史料》写纪念雪峰的文章,现在希望早日写寄。'史料'83.2号拟辑一组文章,配合纪念。我们都约一些雪峰生前最老的友好,象汪静之、蒋天佐等写文章,另外还有一些研究工作者写的传记篇章。2月中须发稿,请能于最近拨冗写成。"

**二十一、二十二日** 续审《词学》集刊第3辑稿件。金名来晤,师陀致函:"屡蒙为'百花洲文库'约稿,谨记在心。""近购得拙作《果园城记》一书,为上海沦陷期间写成之短篇小说结集,为散文式,接近我国传奇或传记体,字数九万左右。粗翻一过,认为不必修改,可付排重印,不知'文库'肯收录否?"(据市肆影件)

**二十三日** 开始选编《外国独幕剧选》第四集剧目。

**同日** 复北京大学西语系赵德明函:"我近日才知1978年人民文学出版社出过一本《拉丁美洲独幕剧选》。你现在所选译的有无重复?""我得到一本英译本《西班牙现代剧》,""其中有三个独幕剧,""不知你想选的在不在此中,我想如找到原文本,就选此三剧编入第五集也好。如果你另外有材料,最好选1946—1956及1965—1975这两段时期的,一个够了,因为以上三个我都想译。第六集(1946—1975)的拉丁美洲剧三四个,仍托你选定,组织同志们翻译。"

**又** 香港黄坤尧函:"知大著二种即将分别在台港发表,《温庭筠》能写到10万字,想内容必丰富。《词学》2辑三月中可出版,印刷问题已解决,今年可再出2辑,此刻正忙于编第3辑。去年夏季以来,我非常忙碌,未到各书店去访书,你要的书无以报命,甚歉。""近日出了一部《唐诗品汇》,我已为你买了一部,前几天已寄出,收到望复一信。《校碑随笔增补》或者还可以买到,待买得后即寄上。"

二十四日　上午在校,"惊悉杨勤辉于昨日下午3时逝世,患肺癌几十年,终不免,哀哉"。晚上撰写《也谈东坡中秋词》。

二十五日　下午何文声,孔海珠,陈文华先后来访,先生谓"今日皆女客,大奇"。

同日　在《社会科学战线》第1期发表《安持精舍印冣序》。

二十六日　续作《也谈东坡中秋词》。陈元林(元麟、小菊)来,"问兰社事"。

二十七日　上午到校,在中文系资料室查阅资料。下午又续作《也谈东坡中秋词》。

二十八日　仍续审《词学》集刊第3辑稿件。姚昆田来访。马祖熙来晤。据马祖熙回忆:"蛰老知我喜欢清词,在一次谒见中,告诉我,他已收集了清词二三百家,以后你有需要,可以来取。""上海教育学院杨廷福教授有整编部分《全清词》的任务,蛰老介绍我作为杨先生的助手和杨先生会见,承杨先生欣然承诺,正待接手工作,不幸杨先生以癌症去世而未能实现。"(马祖熙《化雨春风七十年》)

又　致平湖葛渭君函:"前承惠顾,知足下于词学甚有兴趣,可证此道不孤。顷奉到辑录《眏庵词评》样式,已稍稍改定,请依此式抄录。"

二十九日　上午到校。下午曹长欣,王兴康来谈。

三十日　先生审阅《陈子龙集》校样。

三十一日　马兴荣来晤。下午在淮海中路855弄汪欣生家参加11人茶会。

同日　致师陀函。(现存中国现代文学馆。按:此前师陀题赠其著《马兰》。)

同月　中国社会科学院文学研究所现代文学研究室再次主持召开"中国现代文学思潮流派问题学术交流会"。

## 二月

一日　《新文学史料》编辑郑延顺,刘明澜先后来访。

二日　王兴康陪同戴尧天来访,赵昌平来晤。

同日　又复北京大学西语系赵德明函:"译剧三篇及大札,均已收到。""李建中同志所译马克思·奥夫的《妙计》,缺少作者介绍一文,希望补来。这三个剧本从什么书上选译也希望说明,并不必要向读者交代,是我要知道。""西班牙语中有许多尊称字,与别的欧洲语不同,你们读、译西语的同志,应该研究出一个统一的译法。""剧本内容及其他事,且待我看过再谈。"

三日　上午到校。下午入市沐浴,又在静安寺选购礼物。

**四日** 晚上前往四川饭店参加杨伦婚宴。

**五日** 晨至打浦桥人民银行取《外国独幕剧选》第二集稿费。下午周劭来晤。

**七日** 上午在校访周缵武,"致《外国独幕剧选》校阅费"。下午王西彦儿子、汤天陶,应国靖先后来访。晚上邵林(邵洵美之侄)来谈。

**八日** 上午盛毓瑾来晤。应黄裳为"万叶散文丛刊"《绿》约稿,誊录所作《瓦当文拓本题跋》清稿,拟交付发表。

**九日** 晨访兆丰别墅边政平,下午续录《瓦当文拓本题跋》,即寄黄裳。

**十日** 乍浦金锡琳来先生寓所访问。

**同日** 在《读书》第2期发表《"管城三寸尚能雄"》,署名"北山"。

**又** 俞平伯自北京复明信片:"手书得诵,知《词学》可续出多期,锲而不舍,深佩毅力。我近心身俱劣,殊少写作,未能应症征,至歉。君坦词兴尚佳,近赋'菩萨蛮·咏阳历除夕月食',颇有新意。"

**十一日** 下午马兴荣来先生寓所,送《词学》集刊第2辑四校样。

**十二日** 除夕。邵修青、赵家璧相继来先生寓所晤谈。

**十三日** 春节。早晨应邀在校参加华东师范大学新春团拜会。下午戴自中来拜年。

**十四日** 中午全家春节聚餐。下午王兴康、张文江来拜年。

**同日** 应约为纪念冯雪峰诞辰八十周年而撰《最后一个老朋友——冯雪峰》:"雪峰对我们始终保持友谊,也始终在回护我们,我也很感激他。我常常想起当年文学工场里四个青年的亲密的情谊,现在只剩我一个人,再也没有同样亲密的朋友,真感到非常寂寞。雪峰的政治生活,我无可叙述;现在我笔下的冯雪峰,是一个重情谊,能念旧的好朋友,是一个热情团结党外人士的好党员。"

**十五日** 上午杨伦夫妇,下午研究生严寿澂、陈文华、赵昌平、李宗为、黄明、薛文才来先生寓所拜年。

**同日** 在《光明日报·文学遗产》第574期发表《也谈东坡中秋词》。据陈正宽回忆:"第570期刊出拙作《东坡中秋词小议》,就中国古典诗词一定有比兴的问题,表示了不能苟同的意见。""第574期上,刊出施蛰存先生的《也谈东坡中秋词》,恂恂然以长者之风'与陈正宽同志商榷'。""商榷《水调歌头·明月几时有》到底有无运用'比兴'的问题。""似乎拙作成为'论方'、施文成为'反方'的一场比兴手法的大讨论,从此展开。讨论持续两个月之久。"(陈正宽《我与施蛰存》)

十六日　周东璧来先生寓所贺节。

十七日　下午先生感寒,渐发高热,即就寝。

十八日至二十日　卧床休息三日。其间杨伦,葛永庆,上海书店刘华庭,杨时正,郭叶兰先后来,均未见。青海陈登颐来访,"强起见之"。应国靖来,"就床前谈事"。

二十一日　下午胡忌,陈文华,张贯一先后来先生寓所探视。

二十二日　金名,倪蕊琴,宫晓卫先后来先生寓所看望。据宫晓卫回忆:"到校后见到学兄王兴康,兴康问我怎么按时回来了,没收到他的信么。我说没有,问为什么写信。他说是施先生让写的,先生身体不适,考虑进入三月份再开课,让我在家多住些日子。知先生病了,第二天就到先生家去探望。进门,见先生正在调牛奶咖啡,精神气色均好,只是较节前略显疲惫。一看到我,先生先问起让王兴康写信一事,接着谈到自己的病,说是春节期间待客太多,过于劳累所致,在床上躺了四天才休息过来。问他打针吃药了没有,他说自己生病从不打针吃药,调护的方法就是躺着睡觉休息。说着,把手中调的牛奶咖啡给了我。想到先生病体初愈,我起身辞谢要走,先生说已备了点心,让我留下一起吃。这时师母端来了一碗刚蒸好的猪油年糕。先生说自己很喜欢吃这种年糕,要乘热吃,并随手递我一双筷子。我们正要共同分享,师母大声对先生喊另有他的(先生耳背),又端来一碗给他。""谈到关于我们的专业方向明清诗文的学习和研究,先生说他最近看过几篇这方面的论文,写得不太好,但看看可以有启发,就起身上北山阁楼上去拿。年糕吃完,时间已不早了,我再次告辞,师母不依,又沏了一杯热茶给我。见先生谈兴不减,和先生多谈一会又恰是我之所愿,遂不再言走。接下的话题更加宽泛,从学术到年节风俗和饮食,聊着聊着不觉已是傍晚。"(宫晓卫《1983,蛰存师二三事》)

同日　《新文学史料》第1期刊载茅盾《一九三五年记事》提及:"也有借《世界文库》的出版而喊冤的,这是施蛰存。"(按:此文篇首"编者按语":"是其亲属根据茅盾同志生前的录音、谈话、笔记以及其他材料整理的。")

二十三日　下午刘明今来先生寓所晤谈。

二十四日　复香港古剑(康馥)函:"你这封信写得深了,谈的问题正是我在解放以后竭力回避、不想谈的问题,你希望我如何奉复?你说你'有第三种人的悲哀',我看了只有苦笑。不过,我以为这也不是什么'悲哀',最多是苦闷罢了。这种苦闷,外国作家没有的,每一个作家都各走各的路,两不相犯。在无产阶级政权之下,除非你的作品宣扬反党反社会主义,达到鼓吹再革命的程度,一般也还是可允许的。苏联东欧诸国,今天他们的文艺政策也宽容得多,只有中国,有些人气度狭隘,又并不真懂文学,对看不顺眼的新作家,还在抡起棍子。这种情况,其原因实在也很容易了解,正如鲁迅所说,他们虽然左翼,却非作家,也不是文艺批评家(大意,非原文),这是卅年代鲁迅对左翼作家的看法。我讲这些已经太多了,就此打住。这些话都弗发表(至少在我生前不要公开),你写你的创作,可以不必有顾虑,写论文就情况不同了。去年徐迟提出'无产阶级的现代派',已经挨了一棍子,很可笑。似乎没有人知道在二十年代,苏联文学也是现代派。我的回忆记,在断断续续地写。""去年《十月》第6期发表了我的一篇旧作《春阳》,并附有一篇很好的评论文章,你不妨找来看看。""陈德业在去厦门之前来看过我,但没有提他的恋爱事,后来知道他的悲剧,甚出意外,想不到他的生命殉情大有日本武士气概,在中国人中间,是突出的。"

  二十五日　早晨川沙县志办公室顾炳权来访。先生自述:"他埋头苦干了几年,编了一部《词律补遗[辑佚]》。""他把两厚册油印原稿送来给我看,希望我帮助他介绍出版。我佩服他收罗之广,考核之精,但是,我对他说:'这部书没有出版的希望,因为它没有实用价值。即使对研究词学的极少数人,它也只是偶尔提供检索的一部备而不用的书。目前的出版家,决不愿意承担出版。'顾炳权同志把原稿藏起,转移兴趣,忽然对竹枝词热心起来了。"(《关于竹枝词》)

  同日　上午到校。下午陈文华来看望。

  二十六日　晨至高仁偶家访。午后李鲁人,周退密,左燕,应国靖先后来访。

  二十七日　下午林文菁和夫人,雷平一相继来晤。

  二十八日　上午华东师大校刊编辑阮光页来访。下午陈秋实及其子媳来看望。

  同月　7日上海市古籍整理出版规划小组举行第一次全体成员和顾问会议。《华东师范大学学报》(哲社版)第1期刊载应国靖《论施蛰存的小说》。

## 三月

一日　校阅《词学》集刊第2辑排样完毕。下午周圣伟来访。

二日　继续选编《外国独幕剧选》第四集剧目。胡忌,姚昆田,蒋哲伦来谈。

三日　上午在校为研究生讲《论语》"子路"一篇。

四日　编定《外国独幕剧选》第四集剧目。程湘云携女儿罗英,刘惜闇来访。

五日　审阅《外国独幕剧选》第四集稿件,应国靖,陈元林(元麟,小菊)相继来谈。

**六日** 仍阅《外国独幕剧选》第四集稿件。

**七日** 下午在校，为研究生讲《论语》"宪问"半篇。"归后，又畏寒，晚饭后即上床"。

**八日** 先生"下午到华东医院就诊，外科检查大便出血，内科查得白血球高至16 400，医师约下星期二去照直肠镜，防有肠癌"。

**同日** 在《书林》（单月刊）第2期"对蔡尚思同志《哪些书最能代表中国文化》一文的意见"专栏发表《对蔡尚思同志"书目"的一点意见》。

**十日** 两日未起床，"绝对休息"。王兴康等三位研究生、蒋小雯来，"皆视疾"。据宫晓卫回忆："月初先生来校给我们上了两次课，但在3月10日，先生捎给辅导员徐静华老师一信，信中说自己病了，原计划安排的课就不能上了。我们师兄弟三人只以为先生年事已高，经不起劳顿而身体不适，下午接到系里暂停上课的通知，就马上赶往愚园路先生家去看他。到先生家时，未见先生，只有师母自己在煮饭。师母说先生在楼上，又说先生病得不重，只是白血球升高，痔疮又发，准备过几天到医院检查一下，不要紧的。知此，我们放了心，就没打扰先生。"（宫晓卫《1983，蛰存师二三事》）

**同日** 在《随笔》第2期发表《神仙故事》。

**上旬** 周采泉由杭州来探访，先生托其带致沙孟海手札。

**又** 拟续作《唐诗百话》。先生自述："1980年到1982年，杂务太多，又出门旅游、开会，只能抽暇修改了一些旧稿，新写的只有二三篇。"（《我写〈唐诗百话〉》）"这部稿子依然搁在架上，没有时间，也没有勇气，继续写下去，它几乎已等于废品。只有在几个刊物来要稿的时候，曾抄出几篇去发表过。1983年初，正想挤出时间来完成这个工作，想不到从3月中旬起患了一场大病。"（《唐诗百话·序引》）

**十二日** 上海书店刘华庭来访，选定创作二十四篇为"自选集"。

**十三日** 审阅《外国独幕剧选》第三集校样。又应杨纪璋之请，校阅姚鹓雏遗著《龙套人语》并"注稿"。

**十四日** 下午王兴康来，先生请其代作复书三通。陈文华、黄明也来探视。

**同日** 复香港古剑函："正在病中，今天才起床。""杨献珍的比喻甚妙，文艺界也是如此。我以为形势会好转，因为下一代的文艺领导人不会如此官样了。我又猜想，大约香港的'大公'、'文汇'二报还太保守，其实他们应当比大陆上的党报开放一点。波文老师肯为我印一本散文集，甚感高谊，但现在还编不起来，我想编的是1949年以前没有收集过的许多杂文，这却不容易一篇一篇去找。现在有一位文研所的青年，他是被分派专研究我的，我已托他在收集了，且等他编成集子，我再通知你。""你要写一篇涉及我的文章,可以随便写,只有一个条件,就是千万不要以'说公道话'、'打抱不平'的态度出现。我事实上没有受到什么批判,'第三种人'问题,只说我是'自称为第三种人','庄子与文选'的问题,也只因为是尊鲁迅而贬抑我。我的实际情况是:文艺上非正统,大家知道我不反革命,与国民党的关系,比左翼作家更清白,因此也没有人批判我。只是由于非正统,故压抑着绝不提起我,用的是'闷杀'的办法。所以我说,你不妨说什么公道话,因为并没有人说过不公道的话。""如有信给沙叶新,请他来我处。"

**十五日** 上午经华东医院通过直肠镜等检查,被发现患有直肠癌,医嘱需即住院进行治疗。下午到校办理住院所需的相关手续。据陈晓芬回忆:"病被确诊以后,他自己到学校来办一些手续,走进办公室就神色自若地告诉大家:'我中彩了!'"(陈晓芬《与施先生在一起的时候》)

**约在期间** 据山西储仲君回忆:"施先生来信说他检查出直肠癌,要到华东医院做手术,还嘱咐这件事不能告诉他的老伴,她经不起这样的打击。"(储仲君《施蛰存老师》)

**十六日** 上午入住华东医院南楼310室病房接受治疗,并开始写作住院治疗期间的日记。先生自述:"在医院时,另有日记一本。"(《昭苏日记》)

**十七日** 据宫晓卫回忆:"正准备再去先生家看望,却见马兴荣先生的研究生蒋小雯到我们宿舍来,说施先生已住进华东医院,检查结果已出,是直肠癌。一听这个消息,我们三人都愣住了。既为先生的病情担心,也为自己的学业前景担忧。我们均为能投身先生门下读书而庆幸,然而刚读过一个学期先生即患重病,突如其来的现实让我们毫无心理准备。我们急于想见到先生,因王兴康、张文江下午有课,所以商定由我和蒋小雯先到医院,他们二人下课后再赶来。下午三点,是医院允许开始探视的时间,我和蒋小雯准时到了华东医院。""见先生正在沙发上看书,看到我们来先生微笑了一下,似乎有点勉强,随即谈起自己的病,讲到他最近刚看过《新民晚报》一篇注意直肠癌的文章,文中所说和他现在便血的状况基本一样,此前一直以为身体不舒服和痔疮有关,现在看大概不是痔疮的事。正谈着,护士来喊去胸透,我们即陪同他过去。透视完,医生将透视单递给先生。先生正在整理衣服,就把单子给了我。衣服整理罢,他从我手中拿过单子,边走边看,指着诊断结果处的'直肠Ca'跟我说:'直肠癌!'在等电梯时,他又仔细看了症状介绍,大体意思为'便血五月馀,距肛门11cm处有菜花状肿块',寥寥十几字,先生好像反复看了几遍。回房间后,先生提出他的亲属该有人来了,让我们拿探视牌替换他们上来。临行,又嘱咐说告诉王兴康、张文江别来了,探视牌只有两个,来了等着耽误时间。"(宫晓卫《1983,蛰存师二三事》)

**十九日**　自当日起,每天由华东医院送往上海肿瘤医院接受放疗照射钴60。

**二十日**　北京大学严家炎致先生一函。

**中旬**　沈从文自北京寄赠所著《沈从文散文选》。

**二十五日**　下午王兴康、宫晓卫和张文江到病房探望。据宫晓卫回忆:"看上去精神未受多大影响,仍健谈,只是面带倦容,脸色也不似早先红润。先生说起自己一个学生也患直肠癌,开刀后已经活了二十年,他得了这个病精神上没什么压力,并对自己的身体和精神很有信心。又说他家的房子问题快要解决了,等到占他房的人家搬走,他出院后就住二楼向南的一大间。今后我们的课就可以到他家去上(此前去先生家,他都是在北面四五平米的亭子间会客,约略记得先生一般是坐在马桶盖上)。得知先生并没有把我们交出去的想法,顿时消解了我们连日来因猜想系里会不会考虑到先生的病情、年龄、精力,而提出让我们调整专业、改换导师所产生的疑虑。先生接着又谈到我们学业,说除了上公共课,在专业上可以考虑搞点专题研究,像我是山东人,可搞一下王士禛。通过对他的研究,对明清诗文的学习是可以前后打通的,并说在他养病期间,可先把有关资料查起来。"(宫晓卫《1983,蛰存师二三事》)

**同日**　《文学遗产》季刊第1期刊载林辰《评新编两种苏曼殊诗集》:"施蛰存同志是我们熟知的作家,现在他来辑录曼殊的诗,很引起我的兴趣。"文中第一节"施蛰存辑录《燕子龛诗》":"可惜辑者没有一一注明它们的来源。""最值得研究的,是《本事诗十首》,""但在施蛰存同志的这个辑本里,却面目大变,无论在内容上、在编排上,都与历来的传本相差很大,""但施蛰存同志没有作一字说明,""本书对《本事诗十首》的处理,是值得重新考虑的。""本书卷首,有柳亚子撰《曼殊新传》,《引言》中称'这是最详尽的一篇苏曼殊的传记',不知这篇'新传'后来已被作者本人完全否定,""可惜施蛰存同志都没有看到。""本书在题目下和目录内都署柳亚子名,但论赞的第一句,却忽然变成了'柳无忌曰'!这也不知是何故。""施蛰存同志在《引言》中自述青年时代是曼殊的'崇拜者',现在又辑录曼殊的诗,而他竟未见这些重要本子,反而求诸坊间俗本,这倒真是令人觉得'可异'的。"(按:尚可参见楼适夷于1982年2月23日复先生函。)

另,据曹旭回忆:"施先生是用朴素的感情读苏曼殊的,他的《燕子龛诗》与其说是对苏曼殊的研究,不如说是对苏曼殊的纪念。""柳亚子上了苏曼殊的当,施先生上了柳亚子的当。""施先生问我:你认识不认识叫'林辰'的人?他的文章写得很好。我说:'不认识,估计是社科院文学所的某位同志写的。'我以为施先生多少会有点不高兴,没想到他还说林辰文章写得很好,这种对待学问的态度,让我心生敬意。事实上,林辰的观点也不完全正确。1981年以后,对苏曼殊身世的研究又有新进展。"(曹旭《我与施蛰存先生的因缘》。)

**同日** 赵家璧复函:"这类病近年已有治好的许多办法,也有不少老友经割除后健康工作如常,希望你自己先要在精神上战胜它。我相信你很快能根治出院的!""你是带领我走上文艺大道的第一位良师益友,我现在写回忆史料,不免想起许多提携我的老朋友,巴金兄也是通过你,我才第一次去见他的。""拙译托人抄了,但字迹潦草,我还在看一遍,再加工一下,半月内将遵嘱直寄南昌。"

**二十六日** 连续被照射钴60已达3 000(伦琴),遵医嘱当日起结束放疗。又经多次会诊,主持医生决定为先生实施手术治疗。

另,据应国靖回忆:"施老坐在藤椅上,聚精会神地在看稿子,直到我轻轻地叫了一声,施老才发觉我已站在他面前。他精神矍铄,毫无病容。病床边、桌子上堆了不少书籍、信件和稿子,简直使人怀疑他不是病人,而仅仅是换了一个地点在办公。施老大概已看出我的疑惑,他笑着说:'我已三十多年没进医院了,这次看来只好吃一刀啦,但还有十多天的时间可以疗养。我是一刻也离不开书的人,索性叫家里人将书、稿子都搬来了。''这里工作效率高,我得抓紧时间啊!'接着,他滔滔不绝地谈起编选戴望舒文集的事,回答我提出的有关现代文学史的某些问题。""直到护士来催施老吃晚饭,我才自悔不该让一位生病的老人说了两小时话。在起身告辞时,我猛地想起,施老生的是什么病呀?他回答的竟是平淡的三个字:'直肠癌。'我蓦地止步,睁大了眼睛,问:'你怎么知道的?'得到的仍是风趣的回答:'医生总对我说肠子里有块肉,但又天天用车送我去肿瘤医院照光。这个骗不了我,客观存在的东西为什么要回避它呢?早发现不是好事吗?'"(应国靖《一刻也离不开书的人》)

**二十七日** 先生复北京大学严家炎一函。

**三十日** 沙孟海由杭州致函:"前由采泉兄转来手教。""尊著《吴越金石志》需要新资料,自当我所知尽量提供。上次开奉几件投龙简外,大约还有一、二件墓志,但不是重要的。待我出院后往库房查阅再奉告。大著体例是否参照《两浙金石志》,还是另一种体例?望先示知,以便遵照体例录奉。他时到沪,想奉访领教。采泉兄说尊府要走后门,不易找,究竟何如?便乞示及!"

**下旬** 同在住院中的巴金题赠《真话集》。

## 四月

**一日** 金名、应国靖来病房探望先生。据应国靖回忆:"施老依然全神贯注地钻在书和文献资料中勘察。他告诉我,还有几天就要开刀了,同时给我一张纸,上面写着放在家里一口黑橱子里面的两包旧稿,那是新文学有关史料的稿子,希望我能取去整理,另一包古典文学方面的稿子,由他的研究生陈文华拿去处理。""施老怕我不明其意,特地对我说:'这次开刀也许没什么问题,但做事总要想到有个万一,如果一刀下去我起不来了,就请你代劳这些事。可惜我还有许多事要做,只是心有馀力不足了。'""我再三说这是不可能的。施老却乐观地说:'有备无患嘛。'接着又要我将校对戴望舒原稿的情况向他说一下。不多久,上海文艺出版社编辑来探望他,施老又迫不及待地跟他说起几本外国独幕剧的编辑和审阅情况,并叮嘱其中有一个剧本不是最好的版本,希望找另一个版本再让他重新校阅。"(应国靖《一刻也离不开书的人》)

**四日** 傍晚陈文华来病房探望,先生交给她一函,详细托付处理自己的著述文稿:"《水经注碑录》已完成,有两本,一本为原稿,一本为抄正清本,希望将清本送中华书局联系出版。凡《水经注》中提到的碑刻,皆已考释。先录本文,后附考释。《诸史征碑录》从《汉书》至《隋书》凡十一史,其中提到的碑刻,皆已考释。惟缺少《宋书》及《南齐书》二种,尚未及阅。《新唐书》已阅,抄出了一个'碑目',(在许多抄本中),尚未有时间逐一写考释,可将此'新唐书碑目'作为附录。此稿亦希望能印行。《金石杂著》有一包原稿,题曰'蛰存杂著',其中大多为关于石刻的杂著,可与另外一包《赵孟頫石墨志》合并编成一部《北山楼碑刻志》。《金石遗闻》从唐宋元明清笔记中抄出有关金石刻的记载,合为一书,定名《金石遗闻》。宋元人书已大致抄出,明清尚有未见未抄之材料。此稿只有零星抄本,未编排,应依原书时代编排,全稿在师大东楼宿舍中木板箱上。我写字台右手第三抽斗中有一本小抄本,记录了我抄过的书目,可参考。有人愿意补抄材料,可以我的抄稿付与之。《北山楼诗》一本,手写本,这是我的旧诗集,希望能印行,(要直行印,不要横排),或油印 150 本送人。如果油印,可托汪欣生先生代办(师大古籍整理组)。有人给我改了几个字,皆不好,仍用我的原文。《词学丛札》有三本关于词的札记,放在一个塑料书袋中,其中唐五代词札记,大多已发表。《历代词选集叙录》可继续在《词学》发表。还有一些札记,未发表过。可以集合为一书,分几个部分(或分卷),总称《词学丛札》,请古籍出版社为我印出。(请马兴荣写一个跋)。(补):《词学丛札》原想写成十卷,一至五卷为读唐五代宋词札记,六至十卷为词籍叙录、诗词考释、词语及其他。另有'词话稿'杂稿一包,可以检阅。'唐诗丛话':'唐诗百一话'原想写101篇,现在写不成,只有75篇,到中唐为止。实为遗憾。可抄清编定,付'古籍'印出。写作此稿,目的是想在讲诗时将诗学基础知识随时灌注,原定全稿写成后编一个索引,将各种诗学知识为题(如拗句、合掌、律绝之类)注明见于第几篇,可备寻检。'小说史话'油印稿一包:1942年在厦门大学时所编,原想以欧洲小说为主,编到十七世纪,中国部分编到宋元话本。印度、日本各编到接受西洋文化以前。书名为《[诸国]古[代]小说史话》。此稿可惜无法续写完成,只能作为残稿处理。《宋花间集》(十卷)、《清花间集》(十卷):这是两部词选稿,专选宋代及清代可以继承花间集的风格的令词。'宋集'只有选词,无评论。'清集'在每家后附评论。每书皆十卷,五百首,与唐花间集同。此二稿应在作家名下,加一小传。其馀不动。二书可合印为《花间续集》。《四续寰宇访碑录》(未成稿)散页稿一叠。《寰宇访碑录》有孙星衍、赵之谦、罗振玉、刘声木四家,我再续录近世石刻目录,为'四续'。'文革'后复刊之《文物》《考古》杂志中材料均未及增入。"《北山楼金石文录》:《汉碑年表》《目录丛钞》《辑补宝刻类编》《云间碑录》《赵孟頫石墨志》《北山楼碑目》《北山楼金石小品目》《北山楼碑跋》《金石百咏》《吴越金石志》。"

**五日**　王兴康等来病房探望先生。据王兴康回忆:"他正在津津有味地看英文杂志,见我进屋就抬起头来说:'隔壁住着巴金,楼上住着周煦良。这是我向周煦良借的。'说话时眉宇之间露出欣喜之色。"(《中文自修》,2001年第6期)

**七日**　早晨在华东医院被施行直肠癌切除手术,由罗鸿钊医师主刀,输血800毫升,手术一直持续到下午2时,先生方被推出手术室。

另,据马兴荣回忆:"除他的家属外,中文系的领导和我也在医院守候。当护士把他仰卧着的推车推到手术室门口时,他忽然叫护士把推车停下来,当时我正站在他旁边,他侧过头对我说:'老马,我一村那间房子里有一箱词集,送给你,你去拿。'我回答他:'施先生,以后再说吧。'他说:'不,这道门进去,出来后怎么样就不得而知了。'"(马兴荣《没齿难忘五十年间二三事》)

另,据宫晓卫回忆:"先生下手术台后就醒了,要助听器,以听清别人的谈话。医生讲情况比预计的要好,一是癌细胞没有扩散,二是开刀前先生感到左小腹不适,有硬块,事实上并没发现有什么异常。"(宫晓卫《1983,蛰存师二三事》)

**同日**　手术后临时移至华东医院314室病房接受监护治疗。按先生自述:"做手术后,亦颇不支,血素下降至8.9,头晕目眩,后注射及滴注高蛋白,始渐康健。"(致唐圭璋函,1985年9月1日)

**又**　程千帆由南京致函介绍严迪昌、谢伯阳来访:"请在编纂《全清词》方法及资料方面赐予指示。此次重点在想顺利地将微昭夫人手中之六百种词集复印,如可能,国务院古籍小组愿收购,请指点如何进行。"

　　**十日**　按程千帆日记:"上午[周]祖譔来,同去看谷融、碧莲,得携来中玉函,告蛰存得肠癌,可忧。"

　　**十一日**　下午应国靖来病房探望。据应国靖回忆:"探望的牌子领完了,我只得在楼下等待。这时碰到了他的几个研究生,也遇到了陈文华,她告诉我,施老三天前开刀完毕,一出手术室,还有点昏昏沉沉,但一看到他的学生时,就用极微弱的声音问起他们的学习和工作情况。我走进病房,施老躺在床上,他见到我的第一句话是:'开刀很顺利,总算活过来了!'他的学生向施老献上了一束鲜花。施老在表示感激后,又跟他们讲起了有一句诗的出处在哪里。"(应国靖《一刻也离不开书的人》)

　　**十二日**　端木蕻良致函:"收到西彦的信,知您住院,我和耀群,都非常惦记。不过现在医学进步,并得护理适宜,必能早占勿药。回忆在上海虽相见匆匆,许多话尚未及倾谈。吾早叹一观我兄收藏,用饱眼福,亦无暇作到。如今秋能去金陵,有顺路再度去沪,快谈之馀,摩挲鉴赏,其乐为何如!"

　　**十八日**　按程千帆日记:"得陈文华信,知蛰存开刀安好。"

　　**二十日**　按程千帆日记:"寄人参给施老。"

　　**中旬**　据宫晓卫回忆:"手术后,先生恢复得很快,一周后,就能每天下午会见来访客人了。这在耄耋老人真堪称是奇迹。但因刀口尚未愈合,躺着只能侧卧,先生说睡觉姿势和排便方式是他手术后的两大不适应。""我们大约每周到医院看望先生两三次,谈谈各自的学习进展,聆听先生的指导。如此习以为常,竟已不觉先生病,也没感到在学业上造成什么不便。"(宫晓卫《1983,蛰存师二三事》)

　　**又**　包谦六为先生选定《清花间集》题跋:"辞旨清超,性情笃厚,笔端富有情感,读毕佩佩。"

　　**二十二日**　先生"伏枕"复香港黄坤尧函:"《唐声诗》一部已买到未寄而患病。""经过良好,生命保存,而身已残废。《唐声诗》一部已托师大助手寄出,今将再寄一部。《校碑随笔增补》亦可得,亦已托学生去买寄。你不必在香港买,彩色菲林我还有二卷,今年够用,不劳费心。我在医院还须二月,有信可仍寄舍下。见卢玮銮女士,望将我的情况告诉她。"

　　**二十四日**　"伏枕"复北京董秀玉函:"《一氓题跋》收到,""老巴处当为转达你的问候,他每天在走廊里练走路,似乎还很困难,他的病房是独用的,是他的卧室、书室、办公室,看书作文,接待来客,可能很忙。人家说癌症是思想情绪忧郁引起来的,这个理论被我推倒了,我从来是乐观愉快的,怎么说呢?八十年代是三十年代文化工作者交班下世的时候,昨天见报载南大韩儒林也故世,去年6月我们还在南京一起开会呢。我本来不想动手术,因为不生此病也无多岁月了,但后来是少数服从多数,只好供医生宰割。现在上半身依然故我,下体却成为废品,今后生活必多不便,出院后拟结束一切工作,安心等待自然淘汰了。"

**二十五日** 审阅《词学》集刊第3辑来稿,据先生填写的"《词学》审稿记录表":"题目:《金词论纲》。编号:22。作者:金启华。字数:10 000。收到日期:11、16。初审意见:此稿建议用,兴荣。复审意见:恐须编入第4辑,蛰。"

**同日** "伏枕"复北京大学西语系赵德明函:"西剧三本均收到,其中二剧可编入第五集。《血染婚礼》另作用。此三剧都已交上海文艺出版社戏编室金名。""'剧选'事暂时管不到,好在第五集尚不发稿也。见北大诸老友,如陈占元、金克木请将我的情况告诉他们。"

**二十七日** 按程千帆日记:"得蛰存、迪昌信。"

**三十日** "倚枕"复平湖葛渭君函:"此间每日下午3时可探望,但人多,每次只许二人登楼。[许]白凤兄昨日来过,亦因人多,未及细谈。有纸1 000张存在'茂名南路167弄12号陈兼与先生'处,烦有便车去取交白凤,弟亦已与白凤说过。《瑶华集》弟亦已买到,夏敬观词评复印本已见到。"

**是月** 整理编辑《戴望舒译诗集》(未署编者名),由湖南人民出版社出版。

另,按先生自述:"老友彭燕郊为湖南人民出版社计划一个译诗丛书,定名'诗苑译林',他希望我能为望舒编一册译诗集。我用了一年时间,把散见在二三十年代各种刊物上的望舒的译作,连同1947年刘以鬯印的《恶之花掇英》和1956年的《洛尔伽诗钞》,合为《戴望舒译诗集》。"(《诗人身后事》)

**又** 天津人民出版社出版《鲁迅生平史料汇编》第3辑,收录其作《一幅漫画像》。

## 五月

**一日** 黄坤尧由香港致先生一函。

**三日** 在《光明日报》发表《说"城阙辅三秦"》。

**四日** 复杭州沙孟海函:"寒舍房屋尚未落实政策,不久当可调整,大约弟出院后可以奉闻。《吴越金石志》体例同《金石萃编》，有文可录者皆录存其文。阁下年高，不必躬亲入库检阅，但请他日介绍一位文管会中年工作人员以供征询，足矣。题签尚乞得暇颁付。""弟住华东医院南310室，与阁下同号，亦巧事。"

八日　为重印王鲁彦《黄金》在病房里撰写"题记"："鲁彦的著作，数十年不见于书市，现在的文学青年，很少人知道新文学运动初期有一位为鲁迅所器重的青年作家王鲁彦。我现在把《黄金》编入'百花洲文库'，为新文学史研究者提供一个资料，为现代青年供应一种温故知新的文学读物，同时，对于我个人来说，也算是为亡友延续其作品的生命。"

同日　"倚枕"复黄坤尧函："《唐声诗》二部（四册）、《校碑随笔增补》一册均已托师大研究生代我寄来。""《祁忠敏公日记》一函十册价40元，尚可得，你要不要？我不知你要找什么资料，如所用处不多，不妨托我的学生将有关资料抄奉，因此书师大图书馆亦有也。""我曾寄奉《词学研究论文集》（1949—1979）一册，不知你收到否？""饶、罗二先生处均已寄赠了。"

十日　改订旧稿《读李白词札记》。

同日　撰讫《宝姑》："现在我又卧病在医院，却收到谢和赓同志惠赠的王莹遗著《宝姑》。""今天，翻阅她的遗著，想到当年她来问病的友谊，觉得应该写一点东西纪念她。""《宝姑》是一本忠实的记录。我敢向现代青年读者推荐。至于我自己，我把这本书放在枕边，作为她遗赠给我的一束鲜花。"

十二日　郑逸梅致先生一函。

十六日　复天津张厚仁函："李白凤是卅年代老友，""武慕姚说他是半个学者，半个诗人，并非调侃，倒是实情。大概他在开封以书法（古篆）为第一手，刻印、考古、作诗功夫皆不够些，但其坚苦卓绝的精神实在少有，脾气耿介，多得罪人，大约就是为此，故河南大学对他的处分特别重。他为我刻二三印，皆名字印。其印谱即可在郑州出版，我可以请他的夫人送你一本。"

同日　美国夏威夷大学马幼垣致先生一函。

二十二日　在《新文学史料》第2期发表《最后一个老朋友——冯雪峰》。

二十三日　下午叶嘉莹来病房探望并合影。

二十四日　复香港古剑函："关于'第三种人'事，我自己只在去年的《新文学史料》中发表过《〈现代〉杂忆》，其中说明了我的态度，此外，我不想自己多作表白。近来有好些报刊上有关于'现代派'文学的评论，其中也有牵涉到这个问题。今年北京文学研究所出版的《文学研究动态》第4期,集中报导了关于现代派的各家评论,可以代表当前的种种看法。该刊又摘译了一篇日本人的著作《从穆时英为例看第三种人》,此文写得很深,你可以找原文看看。该文刊于1982年的《野草》,大约是4月号,这个刊物,这里见不到,香港可能买到。《文学研究动态》是文研所内部刊物,你未必能见到,而且那篇译文是摘译,一定被删了不少重要的文句,我倒很希望能见到全译本。总之,我不承认是'第三种人',也不承认《现代》是第三种人的刊物。现在各方面的论点是:《现代》杂志虽不成为'派',但这个刊物的倾向性是中而偏左的,这个刊物中有许多作家的创作倾向是心理分析的小说、象征主义的诗,这说明了它也属于'现代派'。大致意思如此,尚未有定论,你可以看今年《文艺报》(4)严家炎的文章。"

**二十七日** 先生复香港古剑函。

**二十八日** 为《中国现代作家选集·施蛰存》作"序(引言)":"我选取了二十二篇,这是我全部创作的三分之一了。""五个小说集,各自代表了我的一个方向。""在短短的十年间,我的创作道路,一直在曲折地探寻着,所以说,始终没有走定。现在把这个选集,呈献给今天的读者,自己知道这二十二篇的内容非常庞杂,不得不把我的创作历程,作一个简单的说明,或者有助于读者,在庞杂中分析出一致的成份。"

**三十日** 按程千帆日记:得"施蛰存函,及马兴荣寄赠《词学论文集》"。

**月内** 郭隽永为选注《南北朝小品》作"引言"提及:"在编选过程中,曾得到施蛰存先生和陈迩冬先生的亲切指教。"

**同月** 5日《西湖》月刊第5期刊载张又君(黑婴)《一个未被遗忘的作家——施蛰存的意象抒情诗和心理小说》。26日《文学报》刊载应国靖《一刻也离不开书的人——访施蛰存》。

## 六月

**一日** 因手术伤口愈合甚慢,需要继续住院治疗,遂转至华东医院住院部大楼四楼114号病房入住。

**四日** 王西彦致先生一函。

**五日** 复香港古剑函:"《文学研究动态》我没有,已托应国靖向'北京文研所'去要,不知能否寄一二份来。关于现代派及'第三种人'的文章近来渐渐多起来,散在各刊物,你未必都见到。不知你们有没有资料室或图书馆,可以见到大陆各种刊物?"

"卢玮銮女士专研'抗战时期大陆作家在香港的文艺活动',她写了博士论文。又有一位助教黄坤尧,台大来的,专研古典文学,他们都来过,至今有联系。""你可以去拜访他们,就说我介绍的。"

**六日** 复天津张厚仁函:"你家里还有一条'丝绸之路',可喜可贺。你母亲及梦静是否将一起去?我希望你们像淮南王一样,'一朝得道,鸡犬升天'。你的一切未刊译稿,可将序言、题记等附件统统写好,如临走时尚未得出版处,可交给我。湖南、漓江二社都在印翻译小说。""现在只是苟延生命而已,但也死不了,可放心。"

**十日** 为卢润祥选注《明人小品选》撰"题记":"香港有一位青年学者,写了一本《晚明小品论析》,要我写一个封面题签。前不久,上海书店通知我,要重印我的一本《晚明二十家小品》。现在,又收到卢润祥同志来信,说已编成一本《明人小品选》,要我给他写一篇序文。这样一来,使我感到,好像我和晚明小品文有密切的关系,也许现在的青年人,以为我也是在三十年代大力提倡明人小品的人。关于这一点,我觉得,今天应当说说明白。""现在,读书界又将出现一些明人小品的选本,包括卢润祥同志的这一本。我利用这个机会,把我对于晚明小品文的看法谈一谈。"

**十三日** 在《新民晚报·夜光杯》发表《宝姑》,署名"蛰庵"。

**十四日** 包谦六致函:"日前到府晤嫂夫人,知仍须住院一个时期,较以前医生所说端午节回家,又要超额,可能体力衰颓,刀口复原较迟之故,还望遵照医嘱,加意珍摄为企。顷在晚报读大作《宝姑》,全篇神完气足,似清神已经恢复,慰甚。惟撰文伤神,还望从缓。本月五日兼老及汪欣翁在兼于阁合宴冒孝鲁先生,晤谈甚快,惜先生以病不能参加,否则更增热烈。"

**十七日** 致夏承焘、吴闻夫妇函:"《词学》第二集排印又历一年,下月大约可以印出,现在赶编第三、四集,今后可由上海中华书局印刷厂承印,或可稍稍迅速。瞿老《天风阁学词日记》,此间稿至一九三一年止。此后续稿拟请吴夫人继续抄付,今后拟每期刊布四个月至六个月的日记。""10月或11月,华东师大拟召开一小型词学讨论会。""瞿老年事已高,行动不便,故不敢屈玉趾,希望届时能来一发言稿,当在开会时宣读,""由马兴荣同志奉书联系。周晓川常见否?久不获函札,乞为致意。"

**中旬** 因屡次要求落实政策恢复原有二楼南间及三楼两间住房的租赁权,有关部门一直拖延,先生直接上书中共中央组织部反映。先生自述:"我病在医院,于六月中向中共中央组织部上书求援。七月初即承中共中央组织部通知上海市委组织部,转知长宁区房管局,迅速予以解决。"(先生书面材料)

**二十二日**　先生复香港古剑函:"巴金文已托人转去。""我正在逐渐好转,但不能快,在医院还要住一时。""附新写一文。"

**二十八日**　收到黄葆树寄赠《纪念诗人黄仲则》,收录其作《奉为葆树先生题其纪念先哲仲则公册子》(七绝四首),复函致谢。

**三十日**　在《新民晚报·夜光杯》发表《番茶·木犀》(署名"中舍"):"近来看到几个古典诗词注释本,有些注释实在不敢恭维。""注书不是容易的事,且不说经史古籍的注释,就是诗文的注释,也要求注者有十分了解著者的知识基础。""对于古典文学名著的出版工作,我以为只要标点或断句,光印正文,不加注释,或者附一些重要参考资料。这样可以减少篇幅,节约用纸,印刷成本低,定价低,有利于读者。"

**是月**　浙江文艺出版社出版由《世界文学》编辑部选编《〈世界文学〉三十年优秀作品选》(2),收录其译作显克微支《奥尔索》。

## 七月

**三日**　复香港古剑函:"卢玮銮有信来,她已搬入中文大学,""我有信给她,为你介绍了。我的回忆文,这几年虽然写了不少,但都很短,汇不成一本书,这些事都是应国靖在做。你的800字小品,我以为太四平八稳,似乎应该有些尖锐的话。"

**四日**　复香港黄坤尧函:"货款港纸68元,外加邮费,此款请向卢玮銮女士取,我还有一点钱存在她那里。《词学》(2)至今搁在湖州印刷厂,没有印出,使人恼恨。此间印刷困难,愈不成话,可叹。"

**五日**　撰讫《罗洪,其人及其作品》:"我到她家里去,是访问朱雯,不是访问罗洪。罗洪虽然在一起谈话,我始终以为她是在做一个善于应付客人的家庭主妇。在松江的那一段时期,大约有七八年,是我们过从最密的时期,而我对罗洪的认识却是如此之肤浅,说一句自我解嘲的话,这应该归咎于她不应该是我的朋友的妻子。""对罗洪的后期作品,可以说无所知。直到最近,她送了我几本新版选集,才在病榻上看了一遍,可以说是补了一课。"

**七日**　按程千帆日记:得施蛰存函。

**十二日**　按程千帆日记:"函蛰存。"

**十七日**　致欧阳文彬函:"家里人来,知您已光降过,失迎为歉。我给沈静芷的信是去年的事,他一直未复,我也忘记了。《词学》已在华东师大出版社出版,第2期还未印出,这件事已解决了。""但我不知静芷为什么到今天才托你办理。静芷现在做什么事？我久不得他的消息。你如去信,请把我的情况,以及刊物的情况告诉他。"

**约在期间** 据倪蕊琴回忆:"我却不合时宜地跑去求援,求他支持我们创办《中国比较文学》期刊。比较文学在当时刚刚复兴起来,创办国内第一份刊物,我想最好有权威的学者任主编,扛大旗。这之前我曾去请求过徐震堮教授,""建议我请施先生出马,我急于办成此事,就不顾一切地跑到华东医院去了。见到施先生坐在轮椅里时,我确实感到犹豫了,不好意思直说,先问候健康情况。还是施先生满面笑容地和我聊起来,还拿出身边放着的《词学》集刊的校样说:'你看,这轮椅上看校样还蛮方便哩!'这种精神状态鼓舞了我,才敢说明来意。当施先生听了我对近年来比较文学研究情况和刊物筹备进展的叙述,知道上海外院肯合作,浙江文艺出版社愿出版,现在,只欠东风,我系作为主办单位之一,恳请施先生挂帅时,他爽朗地笑起来,而且一口答应了。那时我真高兴,不知如何感谢才好!虽然,他谦虚地认为只挂名,不太好,这与他办《词学》不一样。"(倪蕊琴《难忘的教益》)

**是月** 先生与马祖熙合编标校《陈子龙诗集》(全二册),由上海古籍出版社初版印行。据马祖熙回忆:"在蛰老的指点和黎庵的引导支持下,这本专书终于如期出版。""完稿之后,蛰老曾详为审定。"(马祖熙《化雨春风七十年》)

**夏间** 俞平伯致函并书赠:"《一九二四·我们的七月》近已重印,有《浣溪沙》一首未收入《古槐书屋词》,即录于后。薄薄轻晴茜似纱,淡黄隄柳已飞花,乏巢娇燕会天涯。携手春丛送寒食,淡烟流水尽韶华,飘零倦羽亦思家。六十年后录奉蛰存词人吟正,癸亥夏,平伯。"钤印"曾经沧海"。

## 八月

**一日** 在文化艺术出版社出版"万叶散文丛刊"第1辑《绿》发表《瓦当文拓本题跋》。

**七日** 郑逸梅致先生函:"困人溽暑,如处洪炉,未知我兄清恙如何,已出院否?甚念甚念。弟辍笔兼旬,文债累累,置诸不理。盖儿媳辈不但禁弟外出,并涂抹亦在禁例中。上月三十晚,上海电视放映弟之笔墨生活,镜头甚多,凡放十八分钟。惜我兄在疗养中,未及在荧屏上见面也。"

**十五日** 撰讫《我治什么"学"》:"去年编者就来找我,要我给这个专栏写一篇文章,谈谈我的治学经验。我当时贸然答应,毫不考虑。现在编者又来敦促,要我践约交稿,我这才想起,我这一辈子到底'治'了些什么'学'?我自己也回答不上来。我自己反省,弱冠以来,迄今五六十年,我的确'治'过不少'学',几乎每年每月每日都在'治',可是我'治'得了什么'学'呢?没有!我完全无'学',因而至今是'不学无术'。""由于我个人性情急躁,没有耐性,缺乏锲而不舍的精神,再加上生活条件的不稳定,我治过许多学,可是都只走了两段路,没有完成治学的全程,因此,至今不名一家,在文学研究工作者中间,我只是一个'三脚猫'。"

**十六日** 在香港《大公报》发表《一束鲜花——纪念王莹》。

**二十三日** 程千帆自南京复正在上海的日本东北大学教授村上哲见函谈及:"施蛰存先生前以直肠癌做手术,久住医院,不知能见客否,幸一询华东师范大学中文系马兴荣副教授,如此老精神尚好,无妨一谈也。"

**下旬** 在中共中央组织部直接过问下,先生在"文革"期间被侵占的二楼南向房间(25平方米),获归还,仍租赁使用。先生自述:"不到半年,长宁区房管局即将二楼前间一室归还给我承租。至于三楼二室,当时房管局说,系属于'反右'时事,应区别先后。现在先落实'文革'时的问题,故当从缓。"(先生书面材料)

**是月** 选编《外国独幕剧选》第三集,由上海文艺出版社初版印行,内收其为第三、四集出版所作"引言"(中),还有其译作德国汉斯·格罗斯《明天的战争》。

**又** 为华东师范大学学生散文社"散花社"成立而撰"祝愿文",以题为《文学的散文》在《江城》第8期发表。

**又** 《文教资料简报》第7、8期合刊"施蛰存研究资料"专辑,刊有《我的创作生活之历程》,应国靖《施蛰存传略》《施蛰存年表》(附著作目录);在"施蛰存作品选刊"专栏刊有小说《妻之生辰》、诗《桃色的云》《秋夜之簷溜》和《题先哲仲则公册子》,以及朱湘《致施蛰存的一封信》(1929年)、适夷《施蛰存的新感觉主义》(1931年)、沈从文《论施蛰存与罗黑芷》(1930年),还有张又君(黑婴)《一个未被遗忘的作家》、应国靖《施蛰存的小说检阅》。(按:此期编者启事,实际出版时间延至1984年1月之后。)

## 九月

**六日** 致香港古剑函,言及"港中文艺界情况,望告诉我一些。"

**八日** 包谦六致函:"丏老、欣生先后谢世,茂南集上人物凋谢,而欣翁之去尤为出人意外,可悼之至。'梁扇'重照,曾托旧同人包鸿祺君为之,送来第一稿较前岁所照者更糊涂,约再第二次已摄矣。""前日晤惜闇,知尊寓住屋已经落实政策,公回寓时大可整理藏书,以前各书放置楼梯之上,受委受屈久矣。《收获》去年曾载王莹所撰《两种

美国人》,颇能曲达事实,亦是健笔也。"(万照楼藏品)

**十日** 《解放日报》刊载《新建的上海大学正式开学》:"任教于当时上海大学的教师、全国政协副主席周建人,以及阳翰笙、俞平伯、谭其骧、施蛰存等,纷纷发来贺词、贺电。"

**十五日** 河南师范大学张国臣致函:"我校中文系高文先生及仝[佟]培基同志讲,您去年曾游少林,故函请您惠赐吟咏少林诗作,以补入'少林[寺]诗集'。"并附寄赠张国臣、吕江水编《历代名人嵩山诗选》。

**二十八日** 姜德明自北京邮寄黄裳收转致先生一函。

**同月** 2日周退密夫人因车祸不幸去世。14日香港《星岛晚报·大会堂》刊载应国靖《看似寻常最奇崛,成如容易却艰辛——读施蛰存的散文》。

## 十月

**一日** 国庆节。先生向医生请假回家。据宫晓卫回忆:"这是先生入院后第一次回家,我们到医院探望时听到此讯非常高兴。从医院赶到先生家,在楼梯上就听到了先生的声音。原来先生家向南的一间大房退还后,已整修一新,先生可以在这里待客了。也许是半年来第一次回家,也许是宽敞房间的归还,先生的精神甚佳。尽管医院给假时间不长,当天下午四点就要回去,但在场的所有人都被先生的精神感染着,欢快的气氛、久违的笑声又回到了先生家。"(宫晓卫《1983,蛰存师二三事》)

**七日** 为《中国现代作家选集·戴望舒》撰"引言":"近年来我为望舒编集遗稿,感到非常困难,无法求全。去年编成了一部《戴望舒译诗集》,已由湖南人民出版社印行,明知道还遗漏不少,但始终无法找到文本,也就无可奈何。"

**上旬** 应约为上海书店新版影印全份《现代》杂志而作"引言":"许多人看惯了同人杂志,似乎不能理解文艺刊物可以是一个综合性的、百家争鸣的万华镜,对于我主编的《现代》,总爱用同人杂志的尺度来衡量。早在1934年,已经有人说这个刊物是不左不右,亦左亦右。""近年来,有些文学史家,理论家,提到《现代》,有的说它是'资产阶级反动文学刊物',有的说是'一度以第三种人面目出现',有的说它'提倡所谓"现代"观念'。我觉得全不对头,他们中可能没有看到过全份《现代》,只好望文生义地说一通。""我非常高兴看到这个已成为文学史陈迹的刊物,能向文学史家提供研究资料,看看这个刊物在当时文学界的作用和意义,给一个不多不少的评价。"

**十三日**　应倪蕊琴之约,撰写《关于比较文学的一些意见》。据宫晓卫回忆:"就参加全国清诗讨论会事,我个人到医院向先生汇报。进门时,见先生早已起床,正在俯案写东西。抬头见我来,说正写一篇关于比较文学的稿子,是倪蕊琴老师要的,很快就写完,让我稍等一下,顺便捎给倪老师。此时他用八开500格稿纸已写好一张,说罢继续专注写作。笔不略停,文不加点。约略半小时馀,放笔对我说:'行了。'把稿子归拢起来扫读一遍就给了我,对成文没有再加修饰。这篇文章的题目是《关于比较文学的一些意见》,是准备用在《中国比较文学》创刊号上的名家笔谈,全文近两千字。"(宫晓卫《1983,蛰存师二三事》)

　　**十四日**　复平湖葛渭君函:"姚鹓公诗集用纸承慨允代办,甚感甚感。请随时与许白凤先生联系,恐封面纸亦要购备也。""《近代百家词》可改为《现代百家词》,以辛亥革命后成长之词家为限。现在可先编目录,看看到底有多少家词集已有印本(包括油印),每一种做一张卡片(格式另附上)。我所藏亦有二三十种,将来可抄目录寄上。上海图书馆、浙江图书馆必富有收藏,可以去查查目录卡,抄得一份。"

　　**十八日**　《文汇报·文艺百家》刊登《关于"现代派"一席谈》,署名"施蛰存、应国靖"。开篇写道:"年近八十高龄的施老最近患病住院,在病床边他发表了对'现代派'的一些看法,现将他的谈话辑录整理发表。"

　　**二十一日**　按程千帆日记:"得施蛰存"函,"复蛰存"。

　　**是月**　主编《词学》集刊第2辑出版;此辑刊有《张志和及其渔父词》《船子和尚拨棹歌》《蒋平阶及其〈支机集〉》《历代词选集叙录·二》(署名"舍之"),还有《新出词籍介绍》《丛谈》数则,《编辑后记》,署名"北山""舍之""丙琳""编者"。

　　**又**　经先生据1927年上海北新书局初印本润改的徐志摩译作《赣第德》列入先生主编(未署名)"百花洲文库"第三辑,由江西人民出版社出版;同辑还有孙望编《战前中国新诗选》,收录其作《乌贼鱼的恋》。

　　**约在秋间**　按先生自述:"人民文学出版社计划排印洁本《金瓶梅词话》的消息透露出来,似乎在出版界中引起了一阵波动。当时我正在医院中养病,接连有几家出版社的编辑同志来访问。有的出版社说打算重印上海杂志公司版的'词话',希望我写一篇序文。有一个文艺刊物编辑同志说:打算在他的刊物上分期连载'词话',要我同意署名为'整理、标点者'。对于这些尊重我的好意,我都很抱歉地婉谢了。我并没有研究过《金瓶梅》,我也不很喜欢这部书。""从1983年到1985年,少说也总有十来位编辑、记者、朋友或学生来和我谈论《金瓶梅》。尽管我对这部书实在无知,可是也不能不漫谈一通,免得扫人雅兴。我曾说:现在我们所见的'词话',可能还不是最初的版本。它可能还有一个或几个古本。古本的'词话'可能没有或较少淫言秽语。因为古本是真正的'词话',评书家的底本。如果有这许多描写性交的淫言秽语,当时的说书人怎么能在大庭广众之前说得出口。现在所有的万历本'词话',虽然仍名为'词话',其实已非评书家的底本,而是供知识分子阅读的小说了。我还说过:既然有王凤洲撰此书以毒害严嵩的传说,可知此书在嘉靖四十一年(1562,严嵩败)前已有,从嘉靖元年至万历四十一年(1613),有九十一年之久,其间不可能没有一个'词话'的刻本。我还说:张竹坡评本和'词话'本可能是出于两个不同的祖本。"(《杂谈〈金瓶梅〉》)

**同月** 3日孙用在北京逝世。

## 十一月

**一日** 始译印度泰戈尔诗作《爱人的礼物》。先生自述:"住在医院里闲着没有事做,叫家里人从我的西书架上抽几本书来看,其中有一本却是泰戈尔的《爱人的礼物》和《渡川集》的合印本。这仍然是美国麦美伦公司的出版物,初版本是1918年印行的,而我这一本却是1942年的印度版,是抗日战争时期有人从印度带来送给我的。《爱人的礼物》一共有六十首诗,我每天译两首,花了一个月时间,居然全部译出。"(《泰戈尔〈爱人的礼物〉译者前记》)

**三日** 按程千帆日记:"函蛰存。"

**四日** 按程千帆日记:"汇还施垫裱词集35元正。"

**八日** 《书林》(单月刊)第6期封二刊载"文学家施蛰存正在写作"的照片和签名手迹,并题辞:"知之为知之,不知为不知,是知也。"

**二十日** 复香港古剑函:"至于靠爬格子养家小,那就更危险。我劝你回来,这里钱少,生活却安定,没有紧张的'生存竞争',可以却病延年。"

**二十二日** 《新文学史料》第4期刊载《左翼文坛和"第三种人"关系的始末》提及:"施蛰存对于鲁迅的批评却采取了极不诚恳的态度。""鉴于施蛰存坚持自己的错误,同时又抱着如此的态度,鲁迅就写了《'感旧'以后》(上)……等一系列杂文。""面对鲁迅的严正的批评,施蛰存也发表了《推荐者的立场》……等文。但他实在说不出像样的理由,而继续用他诡辩和语带讽刺的办法来对付鲁迅。""而'第三种人'就集中攻击鲁迅的杂文。例如,施蛰存在1935年4月出版的《文饭小品》第3期上,发表《伏尔泰》一文,说什么……指桑骂槐的意思是很明白的。接着,在同一刊物的第 5 期,施蛰存又发表《"杂文的文艺价值"》一文,嘲笑鲁迅'连《集外集》这种零碎文章都肯印出来卖七角大洋'。""和左翼文坛的受禁受压相对照,'第三种人'却十分活跃,他们的刊物也风行一时,除《现代》月刊外,1934 年 6 月,施蛰存主编的《文艺风景》创刊;同年 10 月,叶灵凤、穆时英合编的《文艺画报》创刊;1935 年 1 月,苏汶、韩侍桁、杨邨人主编的《星火》月刊出版;同年 2 月,施蛰存主持的《文饭小品》月刊也来到了世上。当时被禁的图书不少,但没有一本是属于'第三种人'的。不仅如此,'第三种人'还受到了检查官的保护。""施蛰存在《庄子》和《文选》的讨论中,观点是错的,态度又不好,但主要是世界观问题。"

二十五日　晚上赵景深入住华东医院。据赵景深记述:"《文坛漫步》目录所谈到的作家,有王西彦、施蛰存、师陀等来看我。施蛰存患直肠炎,但他仍然坚持着为华东师范大学出版了《词学》创刊号。"(赵景深《陆谷苇写〈文坛漫步〉》)

二十六日　上午来自全国二十个省、市的八十多位学者专家在华东师范大学参加首次词学讨论会开幕大会,因先生正在住院治疗期间,即以书面形式致开幕词。

三十日　首次词学讨论会举行闭幕大会,会上还成立了中国词学会筹备委员会,推举夏承焘为名誉主任,唐圭璋为主任,先生为副主任。

同月　16 日《人民日报》发表评论员文章《建设精神文明,反对精神污染》。

## 十二月

五日　为译印度泰戈尔《爱人的礼物》撰"译者前记"。先生自述:"想给上海译文出版社,不意和吴岩撞了车。现在我这个译本搁着,共六十篇约一万六七千字,如果编入《域外诗抄》,不很相称,故我还不愿意。"(复周良沛函,1983 年 12 月 14 日)

七日　复周退密函:"《词学》凡由编辑部赠送者,均须待老马[兴荣]20 日回来后方能寄出,稿费亦须迟至月底方能发付。开会时只取到书 100 本,此刻全部书恐尚未入库,新华书店亦未发行。弟私人赠送者有刘惜闇、郭学群等四五册,已在医院,待学生来时托其送去。兼老处请通知,为免得弄错,故弟处不送书去,只好待老马寄奉了。徐曙岑一本已寄去,稼研[徐定戡,以下均同]一本及材料亦须待老马回来。"

**十日**　《巩县文史资料》第 8 期刊载庄甫《巩县汉代摩崖刻石》，文中写道："原开封地区文管会崔耕同志将拓片寄到上海，请教了施蛰存先生。施先生复信对这一刻石作了评价和注释。现将施先生给崔耕同志的信摘抄于后，供编志参考。"

**十四日**　复周良沛函："巴金在北楼，我在南楼，无法去串门子，这是张国星说错了，你的信已托护士送去。'袖珍诗丛'是什么性质。""我的创作诗，如蒙'钩'出来，也很荣幸。虽不多，还不止你们抄的那些。我有一个抄本，恐怕在应国靖那里，等他来时，我托他寄给你。《〈现代〉杂忆》里有一段关于诗的，可以附入。《现代诗风》中有一篇译文：美国意象诗人罗蕙尔[儿]的《为什么要读诗》，也可作附录。"

**中旬**　为编讫《词学》集刊第 3 辑而撰"编辑后记"："创刊之初，我们已感到印刷条件的困难，不敢把它作为定期刊物，但还是以为每年出版二辑，可无问题。岂知第 2 辑从付排到出版，竟占了几乎两年时间。不少读者曾来信询问第 2 辑何时可以出版，我们都无法复信，实在非常抱歉。现在我们把第 3 辑交稿付排，希望它不再需要很久的时间。"

**二十三日**　在《新民晚报·夜光杯》发表《南国诗人田汉》（署名"蛰庵"）："京沪文艺界人士都在纪念田汉诞生 85 周年和逝世 15 周年。参加纪念的很多是南国社旧人，但最早的南国社员，恐怕已所存无几了。我倒是田汉的第一代学生，比南国剧社的学生还要老些。"

**二十六日**　先生复平湖葛渭君函："知上月有贵恙，故未来参加词学讨论会。月初承馈糟蛋，至深感荷，以为阁下必来医院，岂知又不得一晤。'现代词集目录'可仍进行编录。《今词综》何人在编，我未听说。《尊前集》已由师院蒋哲伦编好，与《金荃集》合为一册，全稿已送至江西人民出版社。此事足下迟了一步，现在可不必做了。《词学》第 2 辑已出版，我买了 30 本已送完，你可以向师大马兴荣同志去要。"

**是月**　上海辞书出版社出版《唐诗鉴赏辞典》，先生名列"撰稿人"之一，收录其作《陈子昂〈感遇三十八首〉（其四）赏析》。

**同月**　24 日先生抗战时期在云南大学的同事方国瑜在昆明逝世。

**年内**　主编（未署名）"百花洲文库"第二辑 10 种、第三辑 10 种，由江西人民出版社出版 6 种。

**又**　先生二妹夫蔡之任在台北病故。陶亢德在上海逝世。

# 一九八四年（岁次甲子） 先生八十岁

## 一月

**一日** 元旦。先生从医院请假回家。致周良沛函："找到一些诗稿。这里寄奉十五首，加上你那边可补入的六首，一共有了二十一首。还有二首在胡适办的《现代评论》中。""还有几首无法找了，你先试编起来再说，我想一共可以有二十五至三十首光景。"

**同日** 应约为诗集《纨扇集》撰"小引"："我的文学生活，也像普天下青年一样，从爱好诗歌开始。在1920年代，我学做旧诗，也学做新诗。旧诗学江西派，新诗学太谷尔[泰戈尔]，都是当时流行的文风。到了三十年代，对中外诗学有了一点认识，于是改走别的道路。但也走不出自己独特的路来，旧诗还是步趋唐人，新诗则受到象征派、意象派的影响，摹仿之迹显然。我知道我成不了诗人，愈来愈不想作诗，已发表过的一些诗，也从来没有收拾保存。""抗战期间，写过一些诗，发表在湖南、江西、福建的报刊上。这些报刊都是土纸印的，不易保存，当时虽留出一份剪报，经过几次迁徙，已遗失了一部分。现在周良沛同志计划出一个'袖珍诗丛'，要我凑一本。我的诗既不多，所存者更少，无法编出一本诗集来，如果印一个袖珍小册，倒是还很适宜的，因此我把仅有的一份存稿交给他。对读者，这是献丑；对我自己，这是留下一个脚印。书名仍用《纨扇集》。五十年前登过的广告，现在居然实现，在文学出版史上，总算不是'有目无书'。"（按：此书后未能出版。）

**十日** 收到《词学》集刊第2辑编辑费、撰稿费，共计290元。据陈晓芬回忆："施先生从不提他本人应得的报酬，一起参与《词学》编辑工作的马兴荣老师告诉我，一定要给施先生支付一点编辑费。因为经费极其有限，每期给施先生的编辑费也只是100元，后来才逐渐提到了200元，这还是对施先生说了很多'大道理'他才应允的。"（陈晓芬《与施先生在一起的时候》）

**十四日** 在《新民晚报·夜光杯》发表《石屋水乐话旧》（署名"北山"），写到"在我的阅历中，这烟霞三洞已今非昔比，特别是石屋洞和水乐洞，久已不是原样了"。

**同日** 致香港黄坤尧函："《词学》(2)已出版，寄上赠书一册，又代购七册。""《唐词长调考》有薄酬，无法汇上，应如何处理，请直接函告师大中文系马兴荣先生，以后关于《词学》之事务性事宜，亦请直接与马君联系，我不能兼顾了。"附致饶宗颐函。

**二十五日** 复天津张厚仁函："创口近日始渐有好转，""估计还得在医院住二三个月。总之,我此病暂时可不死,何日再发则不可知。我希望出院后能在家中住二三年,将一些未完成的旧稿写成付印,此生即可结束。""希望去[美]后时有信来,俾知发展情况。有看过的文学刊物、画报,请寄我一些,以供博览。Rilke 的书信集能出版否?""Jacobson 的译稿完成否? 如未成,请将原书及译稿都交给我,我来设法补译付印。""我希望你把一本《德国文学史》寄还给我,可能我有用处。"

**二十六日** 复平湖葛渭君函:"此间有暖气,在此过冬亦佳。陈兼与、周退密二老已将其所有词集写一目录寄来,今附上,请一并编入你的目录。"

**同日** 先生收到漓江出版社寄来编稿费362元。

**同月** 22日周煦良在上海华东医院病逝。27日《人民日报》刊登胡乔木文章《关于人道主义和异化问题》。

## 二月

**一日** 除夕。先生向医生请假,返回家里过年。

**二日** 春节。按张文江笔记:"看望施蛰存先生。"

**五日** 《西湖》月刊第2期刊载余凤高《渔火、青雨与金桂——施蛰存与西湖》。

**十六日** 元宵节。为《恬养簃诗·苍雪词——姚鹓雏诗词集》作序:"姚先生雄伯既谢世,其女明华、婿杨纪璋、次女玉华抱守其遗文,辛苦弗坠。越十年,写印其《苍雪词》三卷,既已流播人口,又十馀载,缮写其手定《恬养簃诗》五卷成,待付印,索余一言为序。余受知于先生几三十载,然会合不常,晤对承教之缘尤罕,何足以知先生,又何足以序先生之诗哉。""余荒伧下才,文不足为先生重,既不可辞,爱以所知闻于先生者书之,聊或有助于后生之诵斯编者。若先生之道与志,余安足以发其大哉!"

**十九日** 姚鹓雏之女明华、玉华为《姚鹓雏恬养簃诗》(五卷)油印线装本作"附记"提及:"荏苒至1965年,始得以《苍雪词》三卷付缮写,印150本,分贻公私藏书家,不虞亡佚。方拟续印诗集,而'文化革命'起,事遂寝。迄今倏忽又二十年,始克缮印,亦150部,每部上下二册。二书之得以先后付刊,皆赖乡先辈施蛰存、宋学勤二世丈经营擘画之功。"(按:《恬养簃诗》五卷、上下两册油印线装本,由先生委托平湖许白凤、金锡林主持蜡版油印,于1985年印行150部。)

**二十三日** 由华东医院抱病前往龙华殡仪馆出席陈巨来(安持)追悼会。

**二十四日** 徐润周致先生一函。

**二十七日**　沈从文(张兆和执笔)致函:"已经给四川人民出版社写了信,我认为,五四以来老作家中,你的小说,至今未重新出版,这是个空白。四川出版社出书比较认真,我比较满意。但在目前情况下,弟人微言轻,是否采纳,尚未可知。等着看吧。得西彦信,知你已分得新居,可贺。"

**同日**　沈从文致信四川人民出版社编辑李定周、陈天笑,信中建议他们出版《施蛰存短篇小说选集》。

**二十八日**　收到孙望编《战前中国新诗选》收录诗作《乌贼鱼的恋》稿费10元。

**二十九日**　在《华东师范大学学报》(哲社版)第1期发表《读李白词札记》。

## 三月

**一日**　上海辞书出版社寄来为《唐诗鉴赏辞典》撰稿《陈子昂〈感遇三十八首〉(其四)赏析》的稿费70元。

**六日**　审阅《词学》第4辑来稿,据先生填写"审稿记录表":"题目:《略论朱敦儒及其词作》。字数:12 800。初审意见:修改稿,兴荣。复审意见:对朱敦儒的政治错误,我以为不能像作者那样,要把他洗得一清二白;这一段论点,不能同意。"

**八日**　在《书林》(单月刊)第2期发表《我治什么"学"》。

**九日**　复香港黄坤尧函:"承惠大作《温庭筠》已妥收。""此书写得不坏,传记部分也组织得很好。""《词学》(2)已送了几本到台湾去没有?希望你设法流通几本入台。台港有词学新书出版,亦请你代为搜集寄来。"

**十日**　为将邵瑞彭《山禽馀响》编入《词学》集刊第4辑而撰"附记":"其门人汴梁武慕姚藏试刷朱印一本,1979年录副见惠。今慕姚亦物故,中州词运,顿感寂寞。因以全稿发表于此,以存中州文献。"

**同日**　填写"审稿记录表",拟将金启华《金词论纲》编入《词学》第4辑。

**十二日**　沈从文收到四川人民出版社编辑李定周、陈天笑来信,该社已经决定出版《施蛰存短篇小说选集》,并希望由沈从文选编并作序。沈从文即复一信,云"欣甚慰甚",但因为身体原因,表示自己无法担任选编工作。

**十三日**　沈从文(张兆和代笔)由北京致先生函:"四川人民出版社回信来了,他们很愿意出版你的短篇选集。他们提出选集由我编选并写序言,这事如在我健康情况良好的时候,自是义不容辞,但目前我有困难,主要是精力不集中,脑不得用。已复信请他们直接同你联系,并建议由作者自己编选,自己写序言,因最熟悉作品的莫若作者自己。这对你说来应当是最方便不过的事。望能在不妨害你休养情况下,抓紧时间,早日编好交付他们,不知兄意如何?""早日读到你的小说集。"

**十六日** 上海书店出版社寄来稿费 30 元。

**二十日** 为将所藏晚清粤中词人陈庆森手书未刊稿本《百尺楼词》编入《词学》第 4 辑而撰"附记":"《百尺楼词》一卷,未尝刊行,亦无传本。""藏之三十年矣。惧其终或毁损不传,因刊布于《词学》,为岭南词坛存一文献。"

**二十一日** 审阅《词学》第 4 辑来稿,据填写"审稿记录表":"题目:《况周颐论词的拙重大和寄托》。作者:邱世友。字数:10 000。初审意见:修改稿。复审意见:要再改段落,可分为,1. 襟抱;2. 重;3. 拙;4. 大;5. 寄托。备注:此文已经我改过,连题目也改了[《况周颐词论管窥》],编入第 4 辑。"又:"题目:宋代不传之作多萃于是的词选——《阳春白雪》。编号:63。作者:张珍怀。字数:9 500。初审意见:1. 此稿系遵施先生嘱抄清稿;2. 内容尚作些删改,如第 7 页引赵闻礼之《瑞鹤仙》,第 8 页引史达祖之《贺新郎》及解说,均可删去,兴荣。复审意见:已改定,题目也改过,编入第 4 辑,蛰存。"

**同日** 填写"审稿记录表":"题目:苏轼词集版本综述。作者:刘尚荣。字数:8 000。初审意见:修改稿,兴荣。复审意见:已改好,编入第 4 辑,删去不少。备注:存。"

**又** 致刘尚荣函:"大作《苏词版本综述》已拜读一过,准编入《词学》第 4 辑,""尊稿我已大胆删削改动了不少,你如存有原稿,将来印出后请仔细校对,或于足下今后撰文有些贡献。""另外有些意见[计六条],写在一纸附奉。"

**又** 复张香还函:"收到《小诗自咏》[鲁兵旧体诗线装自印本],""他的诗可与聂绀弩成双璧,我很希望他多写一些运用新词白话的旧诗,为旧诗开一条新路。此书无内封,又不署名,封面失去,即不知是何人之诗,似乎印刷时没考虑。"先生自述:"很有几首妙诗,我最喜欢他的《醉吟》。""这首诗大有诙谐趣味,但并不是打油诗。此外,还有 1981 年作《无题》,""正是普天下臭老九阅历之谈,可是写得何等幽默,而且只两句诗便概括了十年。"(《旧诗新做》)

**下旬** 编讫《枕戈录》,为交付出版而撰"前言":"'上海抗战时期文学丛书'编者邀我参加一本作品,我在抗战八年中,没有多写文艺作品,要我另外再编一本文集,却是无米为炊。没有办法,趁此机会,把《待旦录》改编一下。补进了几篇以前没有找到的,删除了几篇不合适的。""我觉得不能不另外取一个书名,以示区别。""一介书生,在争取民族生存的抗战大业中,我没有亲列戎行,奔赴第一线挥戈杀敌,已经有些愧恧。现在还用'枕戈、待旦'这两个词语来作书名,其实还是心有所歉然的。对我自己来说,取这个书名,只是纪念这些文章的写作时代,我岂敢说它们都是我的抗敌救亡工作。"

**月内** 蔡乃康治印"蛰存之印",边款曰"蛰存教授大方家诲正,甲子春月。"

**又** 据陈正宽回忆:"文坛大兴意识流、弗洛伊德心理分析等创作时髦,究其实,早在二十世纪三十年代,那些时髦早由主编《现代》文学杂志的施先生,在创作中开了风气之先了。为了解情况,我鼓起勇气,写信向施蛰存先生请教。""半个月后,我意外收到了施蛰存教授在上海华东医院病床上写来的亲笔回信。回信热情洋溢,循循善诱,自不待言。引人注目的是,信尾有两条'附言'。一条是:我患癌症,住医院已一年,不能多做笔谈,草草作覆,请原谅。""另一条则是:潍坊风筝节想必热闹,有什么纪念性的印刷品,请为我搜集一些。"(陈正宽《我与施蛰存》)

## 四月

**一日** 为编讫《词学》集刊第4辑而撰"编辑后记":"创刊已历四年,由于印刷条件的困难,至今只出版了三辑。""我们不能刊载有时间性的文章,深恐印出来时,已成'明日黄花'。各地同志来稿,因本刊久无消息,而先在别的刊物发表。这些都是使我们引为遗憾的。"

**同日** 致薛汕函:"蒙关德栋同志垂念,邀我加入俗文学会,极感高谊,虽然我已多年不涉猎俗文学,但我仍然愿意作一名赞助会员,今将表格填写好寄上。""三、四十年代,香港有戴望舒编的'俗文学',上海有赵景深编的'俗文学'与'通俗文学',北京有孙楷第编的'俗文学',这四种都是报纸附刊,出了几十期,其中发表了不少文章,有许多均未收入单行本。前年夏威夷大学马幼垣来,我帮助他收齐了戴望舒的'俗文学'和赵景深的'通俗文学',他影印了一份,编了一份篇目,发表在香港的《抖擞》2月刊上。我想这件事,你们可以做,把这四种附刊想法影印一个全份,也很有价值。如果你们想出刊物,我以为也以报纸附刊,每周一次为宜,因为俗文学研究不很易于写大文章,每人有一得之见,写一篇小文就够了,或者出一本像词刊那样的小本月刊。""等我病情稳定回家去以后,也许可以写一点小文呈教。"

**四日** 《华东师范大学学报》寄来《读李白词札记》稿费45元。

**九日** 薛汕复函:"您提到三、四十年代三个'俗文学'期刊复制的问题,很好,我与书目文献出版社谈一下。""'俗会'拟在成立后,编两种期刊:一是作品部分,每本40万字左右,不难;一是理论部分,以普及俗文学的知识,每本10万字左右。""《俗文学知识》已有出版社订定,""希望在6月前编起。您现在先养病,能动笔再写来不迟。1947—48年,在香港,我与戴望舒同编'民风',系《星岛日报》副刊,出了四十多期。""您已开刀,出院以后,至切注意饮食和避免剧烈运动。"

十三日　在《新民晚报·夜光杯》发表《"一"字的故事》,署名"舍之"。

二十一日　致平湖葛渭君函:"《松峰词》我也有,《彊邨遗书》中词集已不能算是民国时代了。许昂霄《词旨评》未见,大约不会多。高晓邨,我不知其人。《阳春白雪》已有张珍怀校点本,即将出版,你不必搞了。""《历代词话钩沉》选抄标准如何?可以分开发表,不妨抄几千字来。你札录的二百馀种是什么书?有便望告知。我要的是宋人笔记中抄出的词话,例如从《碧鸡漫志》中抄出的,从《容斋随笔》中抄出的,在《词学》上每期发表几千字,总名即曰《宋人词话辑录》,你可以做这个工作。"

二十二日　在《新民晚报·夜光杯》发表《寒山寺碑》,署名"舍之"。先生自述:"当时是在病床旁写的,但凭记忆,没有检查文献。"(《寒山寺碑信息》)

同日　齐森华来看望,先生谈及拟整理旧稿《词学文录》,谋求出版。先生自述:"检出这部尘封多年的原稿,一看,不禁失色。""经过二十多个寒暑,纸都霉腐了,墨色也淡化了。这样的原稿,怎么能送到排字车间去排版呢?于是,中文系主任齐森华同志为我做了一件义事,他发动高年级的中文系学生,分别把几十万字的原稿重抄了一份。"(《词籍序跋萃编·序引》)

又　复北京薛汕函:"'民风'目录浏览一过,也是与'俗文学'同类的刊物,不过,一则偏重于小说戏曲,一则偏重于民族的传说,都是在俗文学范围里的。""你如高兴写一篇回忆记谈'民风'的经过,为俗文学刊物的历史作一个记录,文章重点在'民风'兼及戴望舒和你的一段关系,望舒在1948年去港后的情况我一直不详,很希望你有补充史料。大文写成可给《新文学史料》,'民风'全份目录也可以附在文后,""让国外研究中国俗文学者见到。""你有没有与戴望舒合摄的照片?"(据市肆影件)

二十三日　先生(执笔)与马兴荣致邱世友函:"大作关于况周颐词论一文,我们拟编入《词学》第4辑,""我刊出版迟滞,恐在排印过程中已被其他刊物发表,故特函讯,如足下同意在我刊发表,请弗另投别处;如已有别的刊物接收,亦请即惠示。""大作已略有删节,并改题为《况周颐词论管窥》。"

同日　致马兴荣函:"《词学》第4辑已编成,还有几件事请即办。一、买两本《学林漫步》第8集,将其中唐圭璋的《略论词的起缘》一文撕下,贴在大稿纸上,备'转载'。二、另有褚斌杰关于李清照籍贯一文,亦撕下,保留,第5辑可转载。三、邱世友一信,请即加封寄去。""四、赵尊岳《填词丛话》第三、四、五卷已抄了没有?请将抄稿及原书送来,我看一遍;如未抄,请将原书及稿纸送来,我叫人抄。五、插图资料三种在你处,望检出交陈文华带来。1. 蒋鹿潭像,2. 阳春白雪书影照片三张,3. 水云楼图(记得是二张合一张)。六、第4辑英文目录,我想不用了,我刊不是期刊,词学名词亦无外语可译。七、第3辑及第4辑目录,望即打印一份。八、有第5辑可用稿望交来,我继续看。九、昨天与齐森华谈过,《词学文录》要人抄写,我想你们决定一个报酬办法,划出一笔钱,立刻找五六个人抄(我这里可有三人抄,每天抄一二千字)。"

  二十四日 先生致《文物》杂志编辑部函:"第4期《文物》,在图版第7页,图六下有一个说明:'虎子形器。'因而想起前几年也在《文物》上看到一篇发掘报告,说掘到一个'虎子',不知其用处。似乎有些青年文物工作者,只知道这个东西名为'虎子',而还没有知道'虎子'是什么。'虎子'就是溺器,或曰小便壶。'虎子形器',这个说明是不适当的,应该就注作:'虎子'。又墓志石连盖的,向来都称'一合',《文物》上常写作'一盒',也不妥当。虽然'合'就是'盒',但今天的'盒'字已用作'匣'字了。"

  二十五日 按程千帆日记:"得蛰存信。"

  二十六日 《新民晚报》寄来稿费7元。

  二十八日 复平湖葛渭君函:"'词话'只要以书为主,不必做什么加工工作。如从《碧鸡漫志》中辑录得几条,就题为《碧鸡词话》。从王渔洋著作中录得'词话',即题为《渔洋词话》。积数十百种笔记中'词话',合为一书,即题名《词话辑录》,与《词话丛编》为姊妹书。宋人笔记不过八九十种,你已看了五十多种,也可以先合为一二卷,在《词学》先发表,不过要按著作年代先后排列次序。这个工作,我本来已做好,有稿三四十万字,现在都损失了。明清人'诗话'中也有几条'词话',可以抄出。做此工作,只要多收集历代笔记,按时代先后一本一本看下去,抄下去,即可完成。现在最好先把宋元笔记做完。"

  月内 先生得知美国普林斯顿大学出版社出版了一本词学专著,特地致美国钱歌川函,请他帮助通过该出版社联系作者,孙康宜获知后用航空特快寄来。

  另,据孙康宜记述:"我突然接到由普林斯顿大学出版社转来施先生的短函,信中说他多年来热衷于词学研究,不久前听说我刚出版了一本有关词的英文专著,希望我能寄一本给他。"(孙康宜《施蛰存对付灾难的人生态度》)

**同月** 湖南人民出版社出版张又君(黑婴)《作家剪影》,内收《一个被遗忘的作家》《施蛰存与〈现代〉》《施蛰存的心理分析小说》。

## 五月

**一日** 《新民晚报》寄来稿费20元。

**二日** 中国唐代文学学会、陕西师范大学中文系"唐代文学研究年鉴编辑部"寄赠《唐代文学研究年鉴》(1983)创刊号。

**八日** 在《光明日报·文学遗产》第637期"读书札记"专栏发表《盐角儿》。

**九日** 薛汕复函:"您的建议很好,当写。""我手头有与戴望舒、卞之琳、林林……等约十来个人的合影,""不知您有没有用处?""关于'俗文学'四刊重见世面的问题,我暂作为一本书,列入'第二批书稿目录',待沽。如与出版社谈妥了,再找吴晓铃设法编成。目录中有您的'杂文集'一本,""不忙,因您已有写的动机和可能,而且已有过杂文,当可促成。什么时候完成,由您自己决定。"

**上旬** 季羡林自北京来访,先生特地向医生请假,在寓所接待。据倪蕊琴回忆:"我们和外语系共同请季先生来校作学术报告,会后季先生想与施先生交谈。我与施先生联系后,他非常高兴。于是,我陪着季先生到愚园路施先生的'北山楼'探望。""季先生一进屋,两位老朋友就愉快、欢畅地谈起来。从三四十年前他们在昆明时的往事谈到当前他们各自研究和关怀的事情;谈到敦煌学,他们又倾诉着对作为古代中外文化交流桥梁的西藏文化和新疆文化的看法。他们特别担心新疆这个古丝绸之路的重点地区所积淀的多色人群、多种宗教、多元文化长期缺乏专门研究,他们都流露出急切盼望有人重视这些课题的心情。"(倪蕊琴《难忘的教益》)

**十三日** 在《文史知识》第5期发表《词学名词解释》(一、长短句)。

**同日** 在《新民晚报·夜光杯》发表《寒山寺碑信息》(署名"舍之"):《寒山寺碑》"刊出后,陆续收到许多读者来信,提供了各人所知关于此碑的信息"。"晚报编者不可能把来函逐件刊载,只好由我综合为一文"。

**十五日** 在《光明日报·文学遗产》第638期"读书札记"专栏发表《阿滥堆》。

**二十三日** 崔耕由开封致函,并附其所作《重修面壁庵记》《新修雪庭西舍记》两篇文章,请先生帮助审阅。

**二十五日** 先生修订完成《说杜甫〈戏为六绝句〉》。据黄裳回忆:"我曾作文介绍郭绍虞先生关于杜甫论诗六绝句的辑订本,觉得编得不错,蛰存特写一信来,表示异

议,且论及郭老对中国古代文学评论论著的一些不同意见。"(黄裳《忆施蛰存》)

二十七日　端木蕻良由北京致函:"在《文学遗产》上看到你的小文,很有吸引力,将来结集时,望能得窥全豹。""我和耀群都在为您祝福。"

## 六月

二日　《光明日报》寄来稿费10元、《文史知识》寄来第5期《词学名词解释》(一)稿费26元,《书林》第2期寄来《我治什么"学"》稿费27元。

十二日　孔海珠来病房探望并摄影。(孔海珠《聚散之间》)

十三日　在《文史知识》第6期发表《词学名词解释》(二、雅词)。

十四日　上午先生前往淮海路上海书店库房选购旧书。据姜德明回忆:"我与黄裳、倪墨炎兄也到这里选书。""施先生来了,见我已选好的书堆中有一本戴望舒的译著:'这本让与我吧。'我说:'我挑的书中有您需要的,尽可拿去。'施先生见我还挑了他1933年在良友出版的小说集《善女人行品》,又说:'这本我买下签名送你。'随即在书的扉页上写下:'德明同志在旧书店觅得此书,即签名作为奉赠如何? 施蛰存1984.6.14。'我珍惜地接过这本书,怎好让先生付款呢。"(姜德明《读〈施蛰存日记〉》)

另,据黄裳回忆:"我们几个人还一起到旧书店的仓库里选书,他兴致很好,选购了一批旧书。"(黄裳《忆施蛰存》)

十五日　为将所作《宋之问〈奉和晦日幸昆明池应制〉》交付发表而撰"附记":"《唐诗百话》从1977年底开始,断断续续的写到1979年底,才写到中唐诗,总共六十多篇。因事忙而停止,岂知竟搁笔了四、五年。现在身体病残,不知还有无可能把此书写成。近日检阅已成诸稿,逐一誊清,先检出几篇来发表。"

十七日　复香港古剑函:"《良友》印得很好,但编得不十分满意。""书市在香港开幕,情况如何? 金韵琴有一部《茅盾谈话录》,你去问问刘以鬯,他们能印行不?"

二十七日　在《新民晚报·夜光杯》发表《旧诗新做》(署名"舍之"):"近年来,旧诗词大有中兴气象,从报刊到私人赠送的铅印油印本,我每天总要读几十页。我区别了一下,把目前的旧诗词分为三种。"

另,乍浦许白凤作词《减兰·读报答和施蛰存先生》:"归诗新做,指点亭桥前去路。相应同声,先我长驱有鲁兵。观风举颂,古调好为今日用。下里巴歌,要比阳春白雪多。《新民晚报》载先生《旧诗新做》一文,述及鲁兵诗及余《亭桥词》。"

月内　山西人民出版社出版邓云乡《红楼识小录》,先生收到赠书后作诗并书《题邓云乡红楼识小录》。

**是月** 香港《争鸣》月刊第 6 期刊载《中国现代派先行者谈现代派》。先生自述："《争鸣》此文就是《文汇报》所载应国靖的那一篇，全文转载，只加了一个引言。"（复古剑函，1984 年 9 月 29 日）

## 七月

**四日** 《文史知识》寄来第 6 期《词学名词解释》（二）稿费 18 元、《新民晚报》寄来稿费 10 元。

**五日** 乍浦许白凤致函："《旧诗新做》一文，已见报载，正平湖县文代会、嘉兴市文代会召开时也。适合集会精神，文艺要改革，要创新。拙作《喝火令》一经品题，身价十倍，争相传诵，得被选为文联委员，暨文学工作者协会理事，敬致谢意。另纸拙奉俚词两首，博一笑耳。鹓公诗集上册（三卷合订）即将告成。"

另，按先生自述："收到一本平湖诗人许白凤自印的词集[《亭桥词》]，这里包括他几十年的作品，大半本是旧词旧做，但最近三四年做的词却愈来愈新。现在选抄一首《喝火令》，是为章元善夫人问讯故乡嘉兴情况而写的。""这首词形式音节，一点不差，是十足的旧词，旧精神气局，却十分新鲜活泼。"（《旧诗新做》）

**十三日** 在《文史知识》第 7 期发表《词学名词解释》（三、近体乐府·寓声乐府）。

**二十日** 撰讫《震旦二年》并作"附记"："朋友们劝我写回忆录，报刊编者也劝我写回忆录。我想想，我的一生，平凡得很，几十年前的个人旧事，并无多大社会意义，写回忆录，未免有点妄自尊大。""前几年，写了几段关于《现代》的杂忆，也是因为有人提起某些事情，我觉得不能不说说明白，因此才写了几段。近来看到报刊上有些涉及我的文章，与事实不尽符合，又不禁提起笔来，再谈谈明白。"

**二十八日** 撰讫《我们办了三个书店》。（按：发表题为《我们经营过三个书店》。）

**三十日** 在《新民晚报·夜光杯》发表《籍贯小议》，署名"舍之"。

**同日** 先生致《新文学史料》编辑部李启伦函："这几天写了二篇回忆记，一篇是关于 1924—1926 年在震旦大学的情况，题为《震旦二年》，约六七千字。另一篇是关于 1927—1931 年间办水沫书店的情况，共八九千字，此二稿想给《新文学史料》发表，""我想留下一篇给上海的《出版史料》。张木兰、胡玉萍同志均此。"

**又** 《文史知识》寄来第 7 期《词学名词解释》（三）稿费 36 元。

**是月** 《晚明二十家小品》由上海书店据光明书局 1935 年版次影印重版。

## 八月

**一日**　在《艺谭》第4期发表《宋之问〈奉和晦日幸昆明池应制〉》并"附记"。

**同日**　在中国作家协会上海分会第四次会员大会上,当选为第四届理事会理事。

**又**　春申诗社寄赠社刊《友声》。

**四日**　致周退密函:"张孟闻患肾肿瘤,已在此间,与弟比屋,已做过手术,割去一肾,经过良好。但此公体力甚弱,至今还多睡眠,无力说话,过几天兄不妨来看看他。"

**五日**　为1978年5月8日所作《唐诗百话·边塞绝句四首》撰"增记":"近来从清人笔记中见到这两首诗,我以为可作唐诗佳话。"

**九日**　江西人民出版社寄来经先生润改的"百花洲文库"第三辑徐志摩译作《赣第德》稿费286元,先生认为"稿酬应归徐志摩后代所得",即退回出版社。

**十二日**　晚上复周退密函:"甚佩足下聪颖,居然能识此印,弟不解注音字母,绝未思虑及此,今钤盖奉上,如需制版,可裁去弟之圆珠笔字,另用毛笔抄写。《刘平国碑跋》奉还,待弟所藏拓本及拙跋找出后,还要告借对看。""今日起补作《唐诗百话》,明年终完成百篇之数。"

**十三日**　在《文史知识》第8期发表《词学名词解释》(四、琴趣外篇·阕)。又收到《新民晚报》寄来稿费15元。

**十四日**　复《新文学史料》编辑部李启伦函:"拙文二篇已于上星期嘱家人挂号寄上,想可收到。第二篇《我们办了三个书店》后有一段'附记',最好请移到第一篇《震旦二年》之后,但此事我已记不起,不知是否已经改易,请查一查原稿。"

**同日**　按张文江笔记:"访黄裳先生,持施先生介绍信,并代他还书。"

**另**,据黄裳回忆:"他因病住院许久,常向我借书闲看。我有一部康熙刻的钱谦益尺牍,""我随手在书头写了些读后感。他读后还书,请一位他的学生送来,附一笺要我对来客就钱牧斋研究说些意见,这可是无从说起的难题。他的信就写在医院伙食单的背面,可见随随便便。但他也有很讲究的一面。"(黄裳《忆施蛰存》)

**十五日**　撰讫《唐诗百话·张继:枫桥夜泊》。

**二十三日**　江西人民出版社再次重寄的经先生润改"百花洲文库"第三辑徐志摩译作《赣第德》稿费286元,并说明其中10元是先生所撰'重印题记'稿费,另276元为书稿费。先生遂托同济大学陈从周将276元书稿费转给徐志摩儿子徐积锴。

**另**,据刘润记述:"施蛰存教授觉得这篇小说是徐志摩所译,稿酬应归译者所有。徐志摩虽已作古,但他的子女尚在,应交给其子女继承。施教授得知陈从周先生是徐志摩的表妹夫,于是,他请陈从周转交。陈收到这笔稿酬后,即与徐志摩在美国的儿子徐积锴联系。徐积锴认为《赣第德》一书得以重版,功归于施,且他也耗精力不少进行勘正,稿酬应由施领受。但施坚辞不受。"(刘润《一张珍贵的照片》)

**二十七日** 致周退密函:"兼老、稼研常见否? 亦用神驰。弟大体上依然如故,创口小有收缩,可无大患。上半身健旺期旧,下半身已有后遗症,亦未必能恢复。"

**二十九日** 在《新民晚报·夜光杯》发表《美国的男女》(署名"幸丸"):"报纸上都有读者来信,一部分是反映社会情况,更多的是生活上有疑难问题,写信给报社,要求解答。我很喜欢看这些通信,从这里可以了解各色市民的生活和思想情况。""老友钱歌川从美国寄给我两本《人间信箱》,""几乎有百分之八十是青年男女写给安澜德的信,要求她解答各种婚姻问题、恋爱问题或处世问题。他们的问题,跟中国青年的问题完全不同,有许多是我们想象不到的。现在举两件突出的事例给读者,以资谈助,或者还可以资警惕。"

**三十一日** 应国靖来华东医院病房看望先生,并带上百花文艺出版社谢大光致先生函。据谢大光回忆:"我参与'百花散文书系'编辑,""社科院应国靖以施蛰存的散文艺术作为研究课题,准备选编一部《施蛰存散文选集》,""我当即致信应国靖表示欢迎,把'书系'的体例要求告诉他。""转过年来,应国靖选编的《施蛰存散文选集》文稿寄来了,复信时,我请国靖转致施老一笺。""先生住在医院,没忘记我的嘱托,写信提道:'戴望舒的《西班牙一小时》曾托友人校过一通,校者提出不少意见,我还没有覆阅修改,去年一病至今,此事遂搁起,稿在家中,因调整房间,我的书物均已为家人移动,必须待我回家后方能找出。好在我打算9月中旬出院回家,待我出院后当即通知你。'对于自己的书,施老说:'书名是否一定要《施××散文选》,这种书名我很不喜欢,最好是以其中之一篇为书名,而以《施××散文选》为副题,如果你们是有一套书名一律的丛书,那就随大伙一致。否则,我想改个书名。'"(谢大光《一个有趣的灵魂》)

**下旬** 作词《虞美人》并"题记":"余与大理周泳先别四十载不相闻问,近日始奉音书,知其夫人吴氏湘君已下世。因作小阕寄泳先,恐未能慰藉或助其哀。磨盘山下双珠树,曾是栖鸾处。行觞斫鲙月如钩,犹记殷勤款客解羁愁。匆匆锦瑟华年换,紫玉如烟散。人难再得始为佳,憔悴周郎何以遣愁怀。"

## 九月

**四日** 江西人民出版社寄来《尊前集叙录》稿费12元。

**六日**　复周退密函："承许为舍亲授法语,甚感,已转知舍亲,待决定日期后持弟之介绍信奉谒。""兼老处仍'星五'聚首否?弟想在国庆前出院,近日正在作复检。"

**七日**　《文史知识》寄来第8期《词学名词解释》(四)稿费33元。

**九日**　复香港古剑函："'现代派'一文[又刊于香港《争鸣》本年第6期]是去年的事,是老应[国靖]整理的谈话稿。""每天早晨写文章二三千字,精神状态很好,不知你听谁说,我不很好?这几天有四五处在开会,赵家璧也到大连去开现代文学讨论会。"

**同日**　柳北野复函："1日手教并盖印诗笺,均已收到。""《江南诗词》征稿,上海部分应征者共约六十家,筛选诗词约二百首。虽作者如林,但多是獭祭饾饤之作,或甚至口号连篇,殊不足观。幸尚有我公、兼翁、九思翁,定庼、退密、邓云乡、蒋雨田,及杭州周采泉诸家,堪支门面,否则上海将或白矣。钵水教事忙,不及寄稿,尚有数家未及编入,为可憾耳。""展览会定于11月中旬展出,阁下如有著作,亦希惠赐陈列,(会后归赵,专人负责)。弟约10月下旬尚须赴长沙出席中国韵文学会成立大会,阁下谅亦接有通知矣。""接施议对兄来函,嘱我搜集丁宁女词人生平大略及词评,阁下有无资料可以提供?"此函附赠《太湖诗简》一册,并题识"施蛰存理事"。

**十二日**　撰讫《我和现代书局》。

**十八日**　复平湖葛渭君函："[许]白凤来过,匆匆一谈而去。""高晓邨评《山中白云词》,足下来时可否带来一阅。《群英诗馀》即《草堂诗馀》。'京都大学丛书目录',足下在何处见到?《宛春杂著》请代买一本,""我又无法逛书店,许多出版消息均不知道。唐宋金元人笔记,如能买到一式二本,将来即可剪贴,不用抄写。"

**同日**　先生复《新文学史料》编辑部李启伦一函。

**又**　庞薰琹由北京复函："接来信,又高兴,又有一种说不出的滋味。""这三十多年来,我增加了许多阅历,不少知识。"

**二十一日**　在《新民晚报·夜光杯》发表《"知多少"知多少》(署名"北山"):"毛泽东同志偶尔套用了诗中的'知多少',于是'知多少'一下子成为流行语词,""今天更多了,在同一天同一张报纸上,第三版有'今年月饼知多少',又翻到第四版,看见'世界国家知多少',恕我这个爱管闲事的老头子,""'知多少'并不是疑问词,而是个惊叹词。""这个'知'字的用法,只有在诗里才会见到,散文中一般不用。""我敢呼吁一下,希望大家检查一下自己脑袋里储存的词汇。"

**住院期间**　按先生自述:"我在医院里曾和来访者谈起,我们国家闭关自大了三十年,和外面的世界太隔阂了。现在一下子开放,就发现了东西方的文化代沟。因

此，我以为，在文学上，我们必须补课，续断。我这个观点，当时是率尔出口，没有仔细思考。"(《且说说我自己》)

**又** 据贾植芳回忆："我去华东医院探望生病的陈子展先生，陈先生说：'施蛰存也在隔壁。'我就顺便去看望，推门进去，见他伏案在审编《词学》集刊，我叫他一声'施先生'，他抬头就说：'贾植芳，你是人是鬼？'我回答：'是人。'"(贾植芳《人格·人性·人情·友情》)

**又** 据陆印泉回忆："我去探望过，他说：'你年纪也不小了，路又远，不必再来看我。'"(陆印泉《再谈施蛰存》)

**二十三日** 早晨在华东医院住院治疗长达19个月后，办理出院手续回家。先生自述："此非病愈出院，而是医生同意出院。"(复郑逸梅函，1984年10月13日)

另，按先生自述："出院回家，身已残废，行走不便，只能终日坐着，这就给我以安心写文章过日子的条件。"(《我写〈唐诗百话〉》)"我身有残疾，不能行动，从此停止了一切社会活动。整天坐在家里，除执笔为文外，几乎无事可做。于是我的杂文又大量产生，其中就不免有许多是应酬即席之文，卑不足道。"(《文艺百话·序引》)

**同日** 下午致周退密函："今命儿莲陪同舍亲趋谒，接洽请阁下启蒙法语事，乞赐教。弟已出院，'刘蕙愔集'[刘蕣《蕙愔阁集》，福建逸仙艺苑刊行]亦已收到。"

**又** 上海书店出版社寄来《晚明二十家小品》稿费200元。

**二十四日** 先生整理书物。曹长欣，丁景唐和丁言昭来访。

**同日** 按程千帆日记："得施蛰存"函。

**二十五日** 仍整理书物。陈文华来探视。

**二十六日** 孔海珠和其母金韵琴，王兴康、张文江和宫晓卫来晤。先生"汇葛渭君1.60元，付《宛春杂著》价"。

**二十七日** 上午昆明王云(晓云)，《文学报》编辑顾家干，下午钟明先后来访。

**二十八日** 上午表弟喻永祚，下午华东师大中文系古典文学教研室马兴荣、朱碧莲、韩黎范、陈文华等来先生寓所看望。

**二十九日** 复香港古剑函："你设想的《良友画报》专栏，我怕不合香港读者口味。""我看还当考虑，倒是报导几个老演员，如周小燕、白杨、徐玉兰诸人，搜集她们的历史照片，印二页，比较好些。如果你要办作家专栏，我这里可供照片、文章。""将来如有必要，还是你写，我给你改定。"

**是月** 先生曾在三十年代主编的《现代》杂志，由上海书店影印全份重版发行。

**又** 安徽人民出版社出版《田园交响乐》(外国抒情小说选集之四),收录其译作显尼志勒《爱尔赛》。

**同月** 《中国现代文学研究丛刊》第3期刊载汪毅夫、姚春树《中国现代历史小说的初步考察》。

## 十月

**一日** 国庆节。应国靖,钮庭栋来谈。

**五日** 续撰《唐诗百话》,为1978年7月20日所作《唐诗百话·李白:蜀道难》撰写"增记":"近日又阅唐写本诗选残卷,李白《蜀道难》诗写本文句与今世传本大有异同,有可以校正今本之误者,亦有抄写者的笔误,不可信从的。"

另,按先生自述:从医院"回家以后,第一件事就是找出这六十篇旧稿从头再看了一遍。看后的结果是放弃了修改的意图,下决心继续写下去。这回不想用串讲的方法了,我改用漫话的方法,可以比较自由活泼地和读者漫谈唐诗,因而把书名改为《唐诗百话》"。(《唐诗百话·序引》)

**同日** 按程千帆日记:"发致施蛰存"函。

**六日** 金名,陈文华,李宗为夫妇先后来看望。

**七日** 上午周退密来,"午饭而去"。撰讫《唐诗百话·张志和:渔歌五首》。

**八日** 平湖葛渭君来访。撰讫《唐诗百话·孟郊:诗三首》。

**同日** 惊闻下午4时吕贞白"以心肌梗塞暴卒"。先生自述:"贞白二十分钟内下世,大出意料。近来心脏病极猖狂,中国人患此病者甚多,不知何时可有安全防治法。"(复郑逸梅函,1984年10月13日)

**九日** 包谦六致函:"晤见惜菴[刘惜闇],悉藩老[高君藩]亦已出院,可喜之至。弟顷妄作'寒山拾得体'数首[《仿寒山拾得体八首》],附录,乞郢政并望下一转语,以开愚蒙。"

**十日** 昔日江苏学院学生、中国社会科学院经济研究所戴园晨自北京来探访。严寿澂、赵昌平、王兴康、张文江和宫晓卫来看望。

**十一日** 先生"汇还董秀玉书价"。马兴荣来谈。

**十三日** 在《文史知识》第10期发表《词学名词解释》(五、令·引·近·慢)。

**同日** 复郑逸梅函:"知吴德铎诸君为公晋寿,此事弟早已为吴君言,必参加一份,但恐未必能亲临嵩祝,正在怪吴君何以无消息,岂知已为公奉觞矣。""归来已二旬,亦无异于医院,或者可就此姑息下去。""匆匆十载足下大耄犹健,而弟则已成残废之躯,不能以酒食文字致贺,甚为歉咎。希望数月后能出门,当趋候也。"

**又** 按程千帆日记:得施蛰存函。

**十四日** 先生寄赠香港古剑《晚明二十家小品》一册。黄清士来访。

**十五日** 由季羡林任主编、方重与先生为副主编的《中国比较文学》创刊号出版,先生在此期"建立比较文学阵地,开展比较文学研究"笔谈会专栏发表《关于比较文学的一些意见》。据倪蕊琴回忆:先生"在《中国比较文学》创刊号上提出了他的独到见解","这段简短的论述极具启发性,可以说为我国比较文学提出了研究方向和具体课题。这样的论述绝不是当时热衷于比较文学的人士所能提出、所能理解的"。(倪蕊琴《难忘的教益》)

**同日** 蒋哲伦,方智范,薛文才先后来看望。

**十六日** 撰讫《唐诗百话·严维:酬刘员外见寄》。上午陈味云携其孙,中午周劭(黎庵),下午郭豫适、徐中玉、陈文华来看望。

**同日** 镇江师范专科学校杨积庆来晤谈。据胡其舫记述:"施蛰存先生在编写《唐诗百话》时,致函镇江友人[杨积庆],垂询芙蓉楼现状并索要照片。"(《镇江年鉴1995》)

**十七日** 张文江、王兴康、宫晓卫,蒋哲伦先后来谈。

**十八日** 表弟喻永祚来探视。董红钧来,"以所译《泰戈尔传》一册来赠"。

**同日** 撰讫《唐诗百话·贾岛:诗六首》。

**十九、二十日** 杨伦,陈文华、王兴康和张文江来晤。

**二十一日** 撰讫《唐诗百话·寒山子:诗十一首》。翟同泰来,先生"赠以鲁迅研究书十馀册"。先生四妹企裹携外甥女聿宸来探望。

**二十二日** 在《新民晚报·夜光杯》发表《祠庙、宫观、庵寺》(上),署名"舍之",写到"看了几本古典文学读本的注释,发现有一种旧社会的情况已不为当代青年所了解"。

**同日** 早晨包谦六来看望,并书赠篆书《老子》句条幅:"道盅,而用之又弗盈。渊兮似万物之宗。挫其锐,解其纷,和其光,同其尘。湛兮似或存。吾不知其谁之子,象帝之先。蛰存先生方家教正,甲子秋日。"

**又** 徐定戡致函:"夏翁[承焘]请简已寄到多日,叠置丛残,恝然忘之。微丈道及,几失礼矣。率尔成一小令为贺,别纸录呈呵正,不足云词也。"附笺所作"踏莎行·

瞿髯前辈词宗八十晋五寿辰教学六十五年纪念贺词。北山前辈词宗诲正,乡晚徐定戡叩上。"

二十三日　茅于美由北京来先生寓所探望。

同日　在《新民晚报·夜光杯》发表《祠庙、宫观、庵寺》(下),署名"舍之",写到"作为一个语文教学工作者,在学术性的著作中,或报刊论文中,我以为这些名词的概念必须弄清楚,不要再说和尚道士都在庙里"。

又　在《光明日报》发表《晏殊〈玉楼春〉》。

二十四日　包谦六,徐定戡,金名,上海书店胡建强、陈影相继来谈。

二十五日　撰讫《唐诗百话·柳宗元:五言古诗四首》。上午丁言昭、施建伟,下午张文江、王兴康和宫晓卫,徐传芬,马祖熙,邵修青先后来访。

同日　又复香港刘以鬯函:"足下欲创办大型文学刊物《香港文学》,亦为盛事,敢不效劳。望舒逝于2月28日,专辑可在3月份刊出,拙文当如命在11月寄奉。中文大学卢玮銮女士专研究望舒在香港的资料,也可以请她写一篇文章。"

二十六日　张文江,邓云乡先后来晤。

二十七日　赵山林来访,先生为其作致谭正璧函:"今介绍师大研究生赵山林趋访,请指教。弟已出院回家,拟写一篇关于'中国文学珍本丛书'的回忆记,兄处有一本当年的宣传目录,能否告借一用,二三星期即奉还。"应国靖来谈。

二十八日　复香港古剑函:"我替你设计,现在已是10月底,你可以从85年1月起,在《良友画报》开辟一个专栏,两页,每期介绍一人,不限于文艺作家;影星歌人,一切过时的人物都有,这才使广大读者有兴趣。""我给你开个名单,你看如何?巴金、丁玲、叶圣陶、俞平伯、周小燕、白杨、黄宗英、徐玉兰、袁雪芬、刘海粟、林风眠、张君秋、侯宝林。关于我的文章,你拟稿后寄来我提意见,最好不要整篇文章从头讲起,以照片为主,文章只是照片说明,不着重在介绍作品,而着重在生活各方面。照片我找出一起寄奉。"

二十九日　平湖葛渭君、平湖新华书店张君,蒋哲伦相继来晤。

三十日　上午陈文华,下午王西彦来晤。傍晚赵家璧女儿赵修慧来访,据赵修慧回忆:"爸爸给我打电话说,自己身体不太好,让我买一些水果,代表他去看望才出院的施伯伯。晚上我拎了一串香蕉,从后门进去,施伯伯一个人坐在房间里,见到我他就戴上助听器,高兴地告诉我这是才发还给他的房间,朝南的,能晒到太阳。他知道我是做医务工作的,对我说,他是看了报纸上的科普知识,发现自己有肠癌的早期症状,主动要求医生做肠镜,检查出病灶的。'""说着他从抽屉中拿出各种换洗用品,有美国货,也有日本货,他分别介绍各自的优劣,好像我是专程来学习术后护理的。接着他一边起来拉开柜门,一边对我说:'生了这种病,要自己珍惜身体,医生要我戒烟戒酒,我决心保命戒烟了。我这里有许多好烟丝都是从香港寄来的,还有一只真正名牌的烟斗,用了没有几次,放着不用太可惜了。只有家璧知道它们的价值,你把它们拿去交给你爸爸吧!'我有些惊讶:'真没想到施伯伯你也抽板烟!'他笑笑说:'当年我到你们松江老宅里抱你的时候,和你爸爸两个已经是一对板烟斗了。'"(赵修慧《两个松江人一对板烟斗》)

**同日** 晚上吴奔星携子吴心海来探望。据吴奔星回忆:"施蛰存同志晚间于病榻告诉我说,《现代》杂志在他离开之后,又有人接编了两期,一共三十三本,上海书店已经准备影印。"(吴奔星《中国的〈现代〉派非西方的"现代派"》)

**三十一日** 王进珊携夫人来晤。

**是月** 上海社科院出版社出版《中国现代作家历史小说选》,收录《阿褴公主》。

**又** 浙江文艺出版社出版孙中田、周明编《茅盾书简》(初编),内收茅盾1933年8月14日致先生一函。

**同月** 徐润周因病在上海逝世。上海师范学院正式更名为"上海师范大学"。

## 十一月

**一、二日** 杨伦来先生寓所晤谈。严寿澂来看望。

**三日** 应邀为马祖熙撰写《缉庵词存跋》。据马祖熙回忆:"蛰公此文,使我愧不敢当,而老人爱护弟子之情,溢于言表,且语重心长。"(马祖熙《化雨春风七十年》)

**同日** 郑州梁平甫,徐蒙,张文江和宫晓卫先后来访。

**五日** 撰讫《唐诗百话·白居易讽谕诗:两朱阁》。陈文华,喻永祚来看望。

**同日** 按施议对日记:午后"包谦六先生陪我去看施蛰存","他说,我那个《词综》搞得他很忙,许多人都要找他写评语。他说,他是搞词学的,不作词。提起吕贞白,他说,完蛋了。老人你要赶快看,要不,就看不着了。问我:'我和你还有什么没有了结的事情?'我说,就是要你的词作。临走时,他说,他也有这样一个书包,可惜他不能背了。出院后,他不问社会上的事,要抓紧做自己的事"。

**六日** 丁言昭、施建伟携上海大学学生陈丽娟、黄品芳、胡万、石玮、刘克诚来访,并与先生合影。

**七、八日** 王兴康,赵昌平,周聪,张珍怀分别来谈。

**九日** 复香港吴羊璧函:"《书谱》稿费为数不多,不必汇来,还是请你交给小卢[玮銮]。""务必请你说服小卢,请她收下,""小卢处我已有函去。""尊大人均此,乞代候。"

**十、十一日** 黄明,杨耀斌,周劭(黎庵),外甥女周聿宸,朱雯来晤。

**十二日** 上午万鸿凯来谈。撰讫《唐诗百话·白居易感伤诗:霓裳羽衣歌》。

**同日** 在《新民晚报·夜光杯》发表《堂名的起源》(署名"舍之"):"有一位滁州读者,读了我的《祠庙·宫观·庵寺》,以为有益处,来了一封信,希望我再写一篇文章,谈谈中国各种堂名的起源和演变。"

**十三日** 宫晓卫、陈慧忠、陈文华来看望。

**同日** 在《文汇报·笔会》发表《难忘的情谊》:"从报上得知张秀珩同志逝世的消息后,不禁有些怅惘。""张秀珩同志大概不会知道,她对我的那些行动、语言,在我身上起过些什么作用。实际上,她给我的是一股足够支持我过却严冬的温暖。经过拨乱反正,我的问题得到了解决。去年春天,我和张秀珩同住在一个医院里,由于她病得厉害,历时一年多,也无法彼此谈谈往事,让她知道一点我当年对她的感激之情。我把张秀珩同志的一些遗闻琐事记录在这里,用以抒写我对她的悼念,同时也给今天执行知识分子政策的新任干部提供借鉴。"

**同日** 在《文史知识》第11期发表《词学名词解释》(六、变·徧·遍·片·段·叠)。

**十四日** 邵修青,许杰先后来探视。

**十五日** 撰讫《唐诗百话·元稹艳诗:会真诗》。汤天陶,马兴荣,倪蕊琴来谈。

**十六日** 表弟喻永祚,陈文华,张文江,方正耀先后来晤。

**十七日** 为中国韵文学会在长沙举行成立大会而致贺电。同济大学喻调梅来晤。

**十八日** 周劭(黎庵),孔海立,欧阳文彬相继来谈。

**二十日** 先生节录戴望舒香港时期日记,题为《林泉居日记》,为交付发表撰"题记":"戴望舒遗物中有一本日记,中国纸,直行,毛笔写。内封有'第三本'字样。所记是七、八、九月的事。无年份,大约是一九四〇年。当时望舒住在薄扶林道的Woodbrook Villa,望舒译作林泉居。其时望舒的夫人穆丽娟已去了上海。友人徐迟夫妇及沈仲章都寄寓在望舒家里。日记所记,多与其夫人有关,不便发表。今节录一部分朋友之间的生活琐事,给《香港文学》刊布,可以约略知道望舒当时的生活情况。"

**同日** 陆宗蔚,陈文华先后来谈。

**二十二日** 在《新文学史料》第4期发表《震旦二年》。

**二十三日** 应国靖陪同百花文艺出版社谢大光来访。据谢大光回忆:"施先生戴一顶老派的无檐帽,身着方格上衣,手擎着烟斗,大约听力不佳,询问时总是把头和烟斗一起伸过来。很少见到这样好提问的老人,先是问《散文》月刊,来稿多吗,印数多少,作者都是些什么人,封面两个字辑自哪部古籍?又问到出书,什么品种畅销,平均印数多少,还准备开发哪些选题?我好不容易逮住空当,向先生咨询对翻译散文的看法。先生信息灵通,说湘潭大学彭燕郊,正在给湖南人民出版社编'散文译丛',他从柏拉图搞起。先生说,还是近一点好。一个作家搞一本很困难,宁可字数少一些,五六万字总还可以。""问起这本书[《域外文人日记抄》],施先生有些意外,眼睛眯起来,侧过头来问:'侬是在哪里看到的?快五十年了,我手里一本都没有留下。'我也只是听说,并没有见过,这些隔代旧译,对于今天的读者都是新的,于是极力撺掇先生设法淘回一本,还有戴望舒的译稿,能增补些新译更好,按原本重新出版亦可,我们愿意接受。""先生告诉我,三十年代他编过一部《晚明二十家小品》,没想到还没有被忘记,上海有出版社准备再版,而他的兴趣,已转到唐诗与碑帖上去,现在有点怕翻译散文了。告别时,施先生一再叮嘱我,搞丛书要有章法,需要先拟一个拟目,否则组稿不容易,一定要精一点,先出个一二十本也好。"(谢大光《一个有趣的灵魂》)

另,按先生自述:"他建议重印此书[《域外文人日记抄》],使它能在这一代读者的手中获得新的生命。我当然很愿意,很高兴,也很感谢。"(《外国文人日记抄·重印后记》)

**同日** 王兴康、宫晓卫和张文江来谈。

**二十四日** 吴慧和宜山中学校长高宗琦来访。

**同日** 致香港刘以鬯函:"我答应你的文章还写不起来,因为没有材料可写。这件事怕要失约了。但我这里有两本戴望舒的日记,大约是1940年的,内容有许多不便发表,但我可以节抄三五千字给《香港文学》,似乎比我写的文章更有意义。"

**二十五日** 撰讫《唐诗百话·刘禹锡:绝句二首》《唐诗百话·白居易:闲适诗十一首》。陈英眉偕其子邵小显来谈。

**同日** 致沈仲章函:"望舒有二本日记在我这里,无年份。大约是1940年的,其中记穆丽娟已在上海,徐迟、陈松夫妇住在望舒家里,你也住在那里,楼下是马师奶。

请兄推算一下,这是那一年?有几个问题,另纸写出,请兄加批注寄回。香港将有一个《香港文学》月刊,是中国新闻社支持的。明年3月号将为望舒作纪念,兄能否写一篇回忆记,说说望舒在港时的生活情况,恐怕你是最详知的人了,我希望你能写几千字。""兄年事高,车挤,千万不要来看我,有事可通一电话。"(沈亚明《施蛰存致沈仲章函:纪念戴望舒》)

**二十六日** 陈英眉偕其子邵小显,严寿澂先后来谈。

**二十七、二十八日** 黄葆树,赵昌平来谈。南京唐圭璋致先生一函。

**二十九日** 陈文华,赵家璧先后来晤。

**三十日** 陈伯海、蒋哲伦夫妇来先生寓所看望。

**同日** 中国社会科学出版社文学室季寿荣来访并组稿,谈及旧稿《词学文录》。先生自述:"在中国社会科学出版社工作的华东师大毕业生季寿荣同学1986[4]年来上海组稿,我谈起这一份书稿,问他有没有可能由他们印行。季寿荣同学一口答应回北京去和领导人商量。"(《词籍序跋萃编·序引》)

**同月** 15日《文学报》刊载飞舟《施蛰存与外国文学》。

## 十二月

**一日** 刘以鬯由香港复函:"'特辑'能发表戴望舒的日记,非常理想,但没有你的文章,就会缺乏权威性。我希望你能为戴的日记写一点说明,字数不拘,三四千字或一两千字都可以。冯亦代、卢玮銮的文章已寄来。王佐良也在赶写中。"

**二日** 上海大学学生陈丽娟、黄品芳、胡万、石玮专程来先生寓所送11月6日与先生合影的照片。施亚西,邵修青先后来谈。

**三日** 上午马兴荣来先生寓所晤谈。

**五日** 撰讫《唐诗百话·李贺:诗三首》。

**同日** "夏承焘教授从事学术与教育工作六十五周年庆祝会"在北京全国政协礼堂举行,先生与马兴荣及《词学》集刊编辑部联名致贺:"词坛尊北斗,诗教寿南山。"

**七日** 王晓祥由枣庄来先生寓所访问,张文江、宫晓卫来谈。

**九日** 陈文华,陆宗蔚相继来谈。

**十日** 为了纪念开明书店成立五十周年,中国出版工作者协会拟编集《我与开明》,应欧阳文彬之约,撰写《缅怀开明》。(按:此篇后改题为《怀开明书店》收入《沙上的脚迹》。)撰讫《唐诗百话·张祜:诗十首》。

**十一日** 上午左燕来借书译诗三册。

**十二日** 严寿澂来先生寓所晤谈。

**同日** 上午9时高君藩逝世,先生获悉后委托友人代送花圈表示悼念。

**十三日** 在《文史知识》第12期发表《词学名词解释》(七、双调·重头·双曳头)。

**十五日** 王兴康、张文江和宫晓卫来帮助先生调整寓所房间布局、家具摆设。

另,据谷苇记述:"'有关部门'先'发还'了他一间二楼正屋,总算真正有了一个摆书桌的地方。但是,几只书橱还只能摆在楼梯口的走廊上。八十开外的老人,又是大病之余,步履维艰,要找一本什么书,不得不艰难地走到房门之外,在暗淡的光线下寻寻觅觅。"(谷苇《"北山楼"闲话——在施蛰存书斋里》)

**同日** 校中文系主任齐森华来看望,并邀请出席为先生等老教授举办的祝贺学术、教育和创作六十周年茶话活动。

**十七日** 致夏承焘函:"承赐《天风阁学词日记》,发封喜极,此书极有价值,既是近代词史,亦是日记文学之佳著。灯下披览,不胜佩服,谢谢。"严寿澂来晤。

**十八、十九日** 陈文华、赵山林,包谦六均来看望。

**二十日** 陶型传,表弟喻永祚相继来谈。

**同日** 吴闻自北京复先生函:"《天风阁学词日记》匆匆抄录付印,其中定多谬误,尚祈不吝指教。承嘱续抄一九三八年一月开始,""自当遵命。""先生出院不久,望勿过劳,多加珍摄。"

**中旬** 中国社会科学出版社文学室季寿荣来函。先生自述:"来信说,他们的出版社可以考虑印行这部书稿,希望先把全稿寄去,待审阅后再作决定。""全稿原先分为十卷:第一至八卷都是词籍序跋,第九、十卷是关于词论的杂文、杂咏。原来定名为《词学文录》。在重抄时,我删去了最后二卷,一则是为了节约一些篇幅,二则是使这部书稿内容专一,全部是历代词籍的序跋题记。因此,我把书名改为《词籍序跋萃编》。"(《词籍序跋萃编·序引》)

**二十一日** 杨伦,严寿澂来晤。

**二十二日** 下午到校出席华东师大中文系为许杰、施蛰存、史存直三位老教授举行祝贺学术、教育和创作六十周年茶话会,中文系特地安排汽车接送先生往返。

**二十三日** 由六十三位老干部组成的"枫林诗词社"成立,聘请先生和杜宣、李俊民、叶尚志、苏步青为顾问。陈英眉偕其子邵小显,何文声先后来看望。

**同日** 《新民晚报》刊载《华东师范大学三位教授创作六十周年庆》提及:"刚从医院里出来在家养息的施蛰存身患重症,手术后仍坚持写作、编著、指导研究生。由他主编的《词学》丛刊,在国内外赢得较高声誉。"

**二十四日** 杨耀斌,耿百鸣,赵山林先后来谈。

**二十五日** 下午4时华东师大中文系古典文学教研室16位同事前来祝贺先生八十大寿,并赠大蛋糕一个。据陈谦豫回忆:"他说:'鲁迅只活了五十六岁,就有了那么多的成就,我现在八十岁了,比鲁迅已多活了二十四年,却无多成绩,惭愧得很。想想自己的一生,我想到了颜驷。'""施先生是借颜驷的故事笑喻自己的遭遇。"(陈谦豫《风趣爽利的施蛰存先生》)

**同日** 研究生王兴康、张文江、宫晓卫送蛋糕,陈文华遣女仆送鲜花一束来庆贺。

**二十六日** 农历十一月初五。先生八十生辰,"四子合资备筵席二桌,在家设席"。

另,为祝贺先生八十寿辰,先后有陈九思《甲子吉月奉祝蛰翁吟长八秩寿》、陈兼与《蛰存翁自病院来书,知犹在亲勘〈词学〉第3辑校样,今年翁亦八十,作小诗二首奉怀并以祝寿,即乞粲正》、包谦六《五言一首,敬祝蛰存先生八旬嵩庆,即乞郢政》、陈琴趣《蛰存翁八十大寿俚句奉祝步壶叟韵》、周退密《浣溪沙·北山前辈八十》、马祖熙《沁园春·祝蛰庵师八秩生辰三首》、徐定戡《踏沙行·恭祝北山前辈词宗开九双寿》《减兰·北山尊丈词宗教学六十年纪念贺辞》。

**二十七日** 上午南京大学屈兴国、严迪昌来访,下午陈英眉来谈。

**二十八日** 赵山林来先生寓所看望。

**同日** 马彦祥由北京复函:"承询先父遗作,五十年代曾经由他学生陈梦家、傅振伦俩先生编印过两种:一是《汉石经残石考》,由中国科学出版社出版;一是《凡将斋金石丛稿》,由中华书局出版。""这两种都是'冷门货',当时各印也不过两三千本,现在连北京也买不到了。""《西线无战争》我想也有困难,那就算了。""想起二十年代后期在复旦就学时,经常拜读大作,获益良多,想不到一晃将六十年了。"

**二十九日** 钮庭栋夫妇来看望。

**三十日** 周退密,徐永江相继来晤谈。

**同日** 复同济大学陈从周函:"瑞芬[先生四儿媳]携来志摩少君手书,""此款弟必不能收,当时为流传志摩先生遗文而入选'百花洲文库',今日如果取此稿酬,人其谓我何? 足下必知弟不能收此款之意,尚祈代为婉谢徐世兄,此款亦请足下作适当处置。"

另，据刘润记述："这下可为难了陈从周先生，送又送不掉，退又退不回，真是为难十分。这时，正值浙江海宁县政府托陈从周主持已修好徐志摩之墓。于是，陈从周向施蛰存和徐积锴建议，将这笔款子购买松枫，植于徐志摩墓前。"（刘润《一张珍贵的照片》）

**三十一日** 诗作《枫林颂》刊于《新民晚报·夜光杯》并识："上海离休革命老干部有爱好吟咏者，本月23日成立枫林诗词社，不弃浅陋，邀为顾问。我以久病，不能躬与盛会，甚为遗憾。特拈廿八字，以颂雅集。社名枫林，取得极好，既有形象之美，又富比兴之义。惟杜牧原诗，为'霜叶红于二月花'。我以为二月花与革命无联系，故改为五月花，斯为革命之红花也。"

**是月** 在《出版史料》第3辑发表《〈现代〉的始末》。

**又** 浙江古籍出版社出版夏承焘《天风阁学词日记》（一），夏承焘在"前言"提及："1981年，应施蛰存先生之嘱，始选抄部分日记，刊载于《词学》创刊号，名之曰《天风阁学词日记》。"

**同月** 19日中英两国正式签署《关于香港问题的联合声明》。人民文学出版社出版由马良春、张大明、李葆琰编《中国现代文学思潮流派讨论集》。

**年内** 主编（未署名）"百花洲文库"第三辑10种，由江西人民出版社出版4种。

## 一九八五年（岁次乙丑） 先生八十一岁

### 一月

**一日** 元旦。先生自述："1985年是我的生命与生活的分水岭。"（《文艺百话·序引》）

**同日** 补录《唐五代词序跋》。先生日记："《词学文录》可由[中国]社科院出版社出版，检原稿，失去二册，故补抄。"

**又** 晚上复周退密函："稼翁火攻甚猛，迫使弟填词献丑，又为周梦庄催出一词，录奉粲正。兄如去看兼与丈，请带去并求郢政，弟不耐再抄一纸。"

**二日** 又补录《王国维辑词跋》。

**同日** 复香港刘以鬯函:"知《望舒日记》已妥收,为慰。我的文章无法报命了,近来赶阅研究生毕业论文,毫无馀暇,甚抱歉。""《望舒日记》发表后,请您给她们各寄一本,香港母女只要寄一本够了。"

**又** 沈宗威复函:"令高足送到大札并新印《晚明二十家小品》。""大札以笔谈形式,惠示娓娓,曷胜欣乐。所示诸点'文苑珠林',尚未考虑何书奉献。""今词目录,则鄙意可以钱仲联《近百年词坛点将录》为底,补其疏漏未及者。卡片一时难定,尚祈先示所需作家姓名,当即按示检寻其集送上。""命寄拙词谨抄呈。"

**三日** 继续补录《王国维辑词跋》。

**四日** 复审《词学》集刊第4辑稿件。下午陈文华,晚上钟明来访。

**五日** 开始审阅张文江所作研究生毕业论文。下午陈文华,黄明,张文江和宫晓卫,晚上蒋哲伦先后来谈。

**六日** 选编《词学》集刊第4辑图版,补录"词集跋"。施亚西来谈。致古剑函。

**同日** 闻宥复函:"正驰念间,忽得贺片,喜出望外。尊体想已康复,欣慰奚似!在'文史'杂志上得读大作,甚佩。弟胸如废井,久已辍笔。一年匆匆忽又拖过,但终日头目晕眩,亦自省不久于人世矣。今夏兄如来京,或犹及一晤欤!"

**七日** 编定《词学》集刊第4辑文稿及图版。

**同日** 赵景深于下午1时逝世,先生委托学生代送花圈悼念。

**八日** 宫晓卫,蒋哲伦来谈。Weiss Tein寄来《比较文学年鉴》二份各15本。

**九日** 先生阅读《比较文学年鉴》。按贾植芳日记:收到"施蛰存信"。(《贾植芳文集》,上海社会科学院出版社2004年第1版,以下均同)

**十日** 撰讫《唐诗百话·姚合:诗十首》。审阅《词学》集刊第3辑付印清样。又邮汇托江奇勇购书款。马兴荣,包谦六来晤。

**同日** 《华东师大》校报刊载王郊天《祝愿——庆贺许杰、施蛰存、史存直教授从教六十周年》。

**十一日** 续阅《词学》集刊第3辑付印清样。张珍怀,喻永祚,陈文华来谈。

**十二日** 研究生张文江、王兴康、宫晓卫来先生寓所看望,并拍摄与先生合影的毕业留念照。马兴荣,倪蕊琴,陈挺先后来谈。

**同日** 译作印度泰戈尔《爱人的礼物》刊于《当代外国文学》季刊第1期。

**十三日** 戴自中来晤。上海辞书出版社卢润祥来访,据卢润祥回忆:"只见走廊干净的地板上沿墙放着一叠叠书,每叠五到十册不等,一问才知,是刚整理好,正待分类上架。原来他的藏书'一分为三',分别在走廊、楼下壁橱、楼上阳台搭建的小屋内。他的书桌后只有一个较大的书橱,插着手头最近要用的书。""他兴奋地说:'忙!'""原来打算主编的中外文学词典只得暂时歇手了。"(卢润祥《记施蛰存先生》)

十四日　　撰讫《唐诗百话·朱庆馀:七言绝句二首》。王璞来访。

同日　　吕叔湘寄赠其著《语文杂记》(上海教育出版社1984年4月初版)并题:"蛰存我兄郢政。叔湘1985、1、14。"

十五日　　为《文史知识》月刊撰稿。写讫《唐诗百话·中唐诗馀话》。

十六日　　撰写《十年治学方法实录·谈天风阁学词日记》:"可恼的是,我编《词学》,虽然干劲十足,希望每年出版4期,可是碰上了牛步化的出版社和印刷厂。《词学》创刊号发稿一年,才于1981年11月出版。第2期到1983年10月才出版。1984年5月看过第3期的清样,到今天,1985年1月15日,还没有印出。吴闻师母给了我1931—1932两年的日记,我才给发表了九个月。前几天收到夏老寄赠一本《天风阁学词日记》,才知道夏老的日记已以单行本形式由浙江古籍出版社印行。我第一次翻阅这本印刷精良的《日记》,心头着实感到难过。我的《词学》如果能按我的意愿出版,从1981年到如今,至少已出版了16期,夏老的日记,也该发表完了。而现在,两年的日记还没有发表完毕,十年的日记已印出了单行本。对于一个刊物编辑,岂不是一件伤心透顶的事。""我把这部日记推荐给文科大学生、研究生,以及高兴做文史研究工作的青年业馀学者,愿他们从夏老的日记中学会做研究工作的方法。"

十七、十八日　　蒋哲伦,李宗为,富寿荪分别来看望。

十九日　　上午江西人民出版社吴灌来访,下午曹旭,王兴康和宫晓卫来谈。

同日　　在《新民晚报·夜光杯》发表《善秉仁的〈提要〉——兼记苏雪林的两面之缘》(署名"舍之"):"12月17日《新民晚报》第二版《文学窗》发表了贾植芳同志谈外国人研究中国现代文学的情况。""其实,并不是疏误,而正是这本书的任务。善秉仁是徐家汇天主堂的法国神父,他用法文写的《中国文艺批评》,我没有见过。但他用英文编写的《中国现代小说戏剧一千五百种提要》[此名系先生所译],我倒还有一本。"

另,据苏雪林回忆:"大作言善秉仁神父编纂《文艺月旦》,又名'中国现代一千五百种小说戏剧提要',似稍欠正确。其书仅名《中国现代小说戏剧一千五百种》并无'提要'二字。又云我为此书总编辑,亦非。我受善氏托仅为撰写一序而已。其书乃'燕声'等助其编写,此君似姓赵,今已不忆。至善神父并非徐家汇天主堂神职,乃宣化一带传教士。抗战期内被日军拘禁集中营七八年,胜利后在北平从事文化事业,编纂

右书,数年前闻已作古,燕声等亦不知近况何若。"(苏雪林致先生函,1985年2月4日)

**二十、二十一日** 姚昆田,宋育琴,华东师范大学出版社袁进均来访。

**二十二日** 复香港古剑函:"你们在港作家,比这里的'作家'紧张得多,看来生活还是在国内好些,只要你不旷工,工作松松散散,也不会失业。近来这里有些企业单位,大发钞票,有一家工厂每人发一架彩电。""你去台湾看看也有意思,可惜没有几个老朋友了,台静农未见过,不过你可以去看看苏雪林。我已二年多不写毛笔字,现在桌上也没有文房四宝,你要我的'墨宝',恐怕要到暑假期间才可以试试。"

**二十四日** 表弟喻永祚来晤。徐永江来请"写字,留纸而去"。应国靖来谈。开始着手编《外国独幕剧选》第五集,托人至金名处借书。

**二十五日** 早晨杨耀斌来,"明日将去北京",先生"托其带年历一份去送灿妹"。下午陈文华来,"托其送一函致王璞"。

**二十六日** 上午陆谷苇来访。下午张文江、宫晓卫来谈。

**同日** 致南京大学屈兴国函,言及"'名家词钞'云间人词十种已妥收,师大印刷厂繁体之车间,今年暑假前可完工交付使用,我想排印几种词籍名家词钞,得你们合作甚好,我希望列入第一批发稿计划中",并具体列举了有关编辑方面的八个问题,"请你们和千帆先生谈谈,应如何决定"。此函末写道:"以上是关于'百名家词钞'的一些问题,请商量。《峡流词》《罗裙草》已找出,'青城集'[《青城词》,北山楼藏书]还没有找到,大约不至遗失,不过我去年在医院时,书因调整房屋而翻乱,一时还未发现,等找到后三种一起寄上,必在一二周内。""《词学》(4)秋间可出,第5辑3月底发稿,希望南京诸君有文章来。"

**二十八日** 撰讫《唐诗百话·沈亚之:诗二首》。

**二十九日** 朱明华来,"午饭后去"。下午赵昌平来谈。

**三十、三十一日** 张文江、宫晓卫,上海古籍出版社陈邦炎来晤。

**同月** 21日第六届全国人大常委会第九次会议通过《关于教师节的决定》。

## 二月

**一日** 续写《唐诗百话》。孔海立来谈。

**同日** 在《名作欣赏》第1期发表《黄鹤楼与凤凰台》。

**又** 按苏雪林日记:《善秉仁的〈提要〉》"文中所言余离开大陆前曾赴暨南大学

看他,送她善秉仁著一千五百小说与戏剧,则完全虚构"。(《苏雪林作品集·日记卷》第12册)

另,据郑芬记述:"由此信[1948年2月27日苏雪林致先生函]可知,1948年2月下旬,苏雪林在上海与施蛰存见过一面,是施蛰存去访问苏雪林;苏雪林第二天去辣斐德路(也就是施蛰存文中说的文化广场旁边)回访,却因找不到地址而作罢。施蛰存的回忆只是细节有出入,绝不是苏雪林说的'完全虚构'。"(郑芬《施蛰存与苏雪林见面例证》)

**二日** 封尊五(耐公)偕严寿澂来晤谈。

**三日** 邵修青,富寿荪,邵显先后来看望。

**四日** 台湾苏雪林复香港古剑函中谈及:"奉来示并施蛰存先生'善秉仁提要'复印。""我与施蛰存阔别三四十年,以为已不在人世,在我撰写的《三十年代的作家》里曾有专章介绍他,不过那是一篇旧稿,在大陆即曾发表过,施先生当看见。在该书第五编'文评及文派'又曾提到他与鲁迅交恶,为了'庄子与文选'问题(施劝青年读此二书),鲁迅率领党徒,把他当做狐狸而大肆围剿,这就是那位绍兴师爷所最得意的'猎狐式的包围',施先生被剿得狼狈不堪,《现代》那个大型杂志好像从此停办,而施先生也不知到何处去了。现在始知他仍然在。""我感其盛意,现作一短简给他。"

另,此函附苏雪林致函:"流光迅速,别来已三十馀年,忽香港《良友画报》编辑古剑先生影映大作'善秉仁提要'提及贱名,始知故人无恙,不胜欣慰。惟古先生言先生肠部患有某种疾病,""若贵恙须动手术望即进行,万勿因循自误。""我在武汉大学教新文学所编讲义,于先生特用专章介绍,备致颂扬。其后发表于报刊(记不清何时及何报,大约系香港报刊),又备述先生为'庄子与文选'问题受猎狐式的围剿,甚为不平。""若干作家消息尚能向外透露,惟施蛰存则渺然,未知这位多才艺的作家尚在人间否?可见本人对先生景仰之甚与怀念之深也。今知无恙又安得不喜。惟我已年逾耄耋,相晤已无期矣。一叹!"

另,据古剑回忆:"我任职复刊的《良友画报》,为了让'文革'期间沉寂多年的老作家'出土',介绍给时下的读者,并期两岸作家相互沟通,开辟了一个刊载老作家的栏目。这时我对苏雪林的往绩已有所了解,为免太唐突,于是把施蛰存先生寄阅的文章(此文涉及苏雪林),随信附去,以拉近距离。"(古剑《苏雪林与施蛰存的通信》)

**同日** 张珍怀托人来先生寓所送书。

**五日** 经先生整理节录的戴望舒《林泉居日记(片段)》并其作"附记"在《香港文

学》第 2 期"戴望舒逝世三十五周年纪念特辑"上发表。

**六日** 复欧阳文彬函:"拙文误处,烦请改正。杨贤江是编《学生杂志》的,不是'妇女',我已想起来。如果赵景深在 1927 年已离'开明',则我和望舒一定是在 1925 年去拜访他的,但不知 1925 年赵是否在闸北,因为 1926—1927,我们没有去过宝山路,此事要费心查一查,1925 年我们在上海大学(青云路),故常常经过宝山路。《国文月刊》事可改为叶圣陶委托朱自清在昆明组稿,因为我记得有一个开明书店的人经过越南到昆明,转道去重庆,也许是朱自清设宴,在席上谈起出版《国文月刊》的,同席的有朱自清、浦江清、沈从文及我。这个印象还是清楚的,不过记不起当时那个人是谁了。不要改为'由西南联大出面',还是说叶圣陶朱自清发起这个刊物,由朱自清负责昆明的文稿,我那篇《药》的分析,大约在昆明写成后交给朱自清,[按:《国文月刊》曾刊载《明天》。]此后我就到香港去。"

**同日** 盛毓瑾,陈文华相继来晤。

**七日** 续撰《唐诗百话》。钮庭栋来谈。

**九日** 孔海珠,表弟喻永祚,王兴康,外甥女周聿宸先后来看望。

**十一日** 周退密书赠诗作四首一轴"蛰存先生八十双寿,周退密敬祝",即复函:"辱惠佳章,为贱辰增光,感感。壶翁、琴趣、谦六翁均已有诗,甚愧不能报一言,奈何。""妄论勿怪,交情三十年,可以直言矣。《一氓题跋》可存尊处,弟亦无用。他日师大出版社如能印词集,拟以此书版式为标准,届时当向足下取用,此刻不必掷还也。近日在检敝藏民国时人词集作一卡片,寄奉篇纸,请将尊藏词集亦写一纸来,壶公处亦拟寄几纸去。"

**同日** 复黄坤尧函:"[《词学》]第 3 辑下月可出版,第 4 辑已付排,希望暑假中能出版。现在编第 5 辑,亦望今年可印出,足下有稿,请即寄来。台港方面如有新出词学书籍,亦希望你帮助收集,或写一篇 500 字以内的介绍来,我想在《词学》刊载一个'台港词学书介绍'。又台港方面如有值得转载的词学论文,亦希望你复印一份寄来。《词学》(5)希望有一二篇转载的台港文章。见到饶宗颐教授,烦为致意。"

**又** 马祖熙,上海社会科学联合会高可先后来访。

**十二日** 下午研究生陈文华、黄明、严寿澂、赵昌平、李宗为携茶点礼物来先生寓所,"为祝寿茶会,自 2 时至 5 时半漫谈而散"。方正耀来访,"送喜糖二包"。

**十三日** 在《文史知识》第 2 期发表《词学名词解释》(八、换头·过片·么)。

**同日** 马兴荣来谈。复香港古剑函:"苏雪林处我写了一小纸,如可以附去。""应国靖在创办以社联各单位为基础的人才开发公司,忙得很,好久不见,我的照片都在他那里。""上海文人也都在想做万元专业户,一切生活行动都反常了。我近来也忙,每天有人来访,每天要写五六封复信,自己的事也做不成。我建议你在《良友》编一个卅年代及四十年代中国作家特辑,故世的可收,把一些老头子的生活照片合一二页加一点文字,也有意思,不要为我一个人编。""见到叶灵凤的著作,请买一本,不要早年的小说,要他晚年写的读书随笔。又,我以为你给台湾作家编一页'良友'也好。"

十四日　川沙县志办公室顾炳权来访。先生自述:"他在编《川沙县志》,利用搜集本县文献的机会,很容易收集到川沙竹枝词。他来问我:'这个工作有没有意义?'我立刻告诉他……""顾炳权同志得到我的鼓励,又扩大范围,进一步收集大上海的竹枝词。"(《关于竹枝词》)

十五日　上午校中文系齐森华、方智范来,"慰问老年教师"。蒋哲伦来谈。孔海珠来,"午饭后去"。下午张文江来,"取去论文五章"。

十六日　应邀作词《踏莎行·奉怀周梦庄先生兼题大著海红词》并书笺。

十八日　撰讫《唐诗百话·李商隐:锦瑟》。邵修青携学生来访。

同日　复周退密函:"弟近日正在忙于补抄词籍序跋,缘旧稿《词学文录》有机会付北京[中国]社科院出版社印行,为了争取时间,早日发稿,故正在作最后一次编辑。稼翁金婚贺词尚未动笔,一病之后诗兴全消,似乎一切韵文语汇均已亡失,人也散文化、庸俗化了,奈何!目录卡三张收到,尊处所有,仅止于此乎?弟不是要选录而是要先编一个辛亥以后的词集书目。"

十九日　除夕。应国靖,吴怀德来看望。

二十日　春节。陈文华、聿选夫妇、庭栋、庭玉夫妇、钟莫、聿宸母女、表弟喻永祚先后来拜年。

二十一日　上午黄明,周东璧,楼昔勇,下午赵昌平,包国芳夫妇,李宗为夫妇携孩子,朱明华先后来拜年。

二十二日　在《新文学史料》第1期发表《我们经营过三个书店》。

同日　上午覃英携儿子、朱婉娥,钱虹,下午戴自中,张文江和王兴康来拜年。

二十三日　上午周劭、穆丽娟夫妇,包谦六,下午陈味云携孙儿来贺节。

二十四日　作词《金缕曲·贺稼研先生金婚双庆》并"题记":"甲子腊月十八日,稼研翁与夫人结褵五十年纪念,先期赋金缕曲征和,余萦于尘俗兼久不拈韵语,未及报命,碌碌至今已十七日矣,不可更缓毫勉献拙,奉和一阕,敬以申贺并求郢政。"马祖熙作《金缕曲·徐稼研先生结缡五十岁星之辰,有词志庆,北山词丈出视原韵,洛诵之馀,觉其温醇大雅,不染尘滓,藻翰之工犹其馀事也,因蛰丈之命,依韵敬和》。

**同日** 上午周退密,下午周纫秋、彭燕来贺节。

**二十五日** 致马祖熙函:"昨日收到周梦庄寄来《鹿潭年谱》原稿一册,已转寄与足下作参考。""原稿用后即烦寄还周梦老,我已复函为你介绍。""年谱在抄写时仍可随处修改文字,使其体例统一些。周函附寄,不必复其中所述事。"

另,此后马祖熙作词《金缕曲·周梦庄先生藏有水云楼词珍本及蒋鹿潭蓑笠垂纶小像,复撰蒋鹿潭年谱稿寄〈词学〉北山蛰存嘱余代为校写过,先生来书致谢,感其高谊因赋此词》。

**同日** "雪,下午2时止",赵之云来贺节。

**二十六日** 上午徐永江来先生寓所贺节。

**二十七日** 上午金名,下午雷平一来贺节。

**二十八日** 陈文华来谈。吴慧、高宗琦来,"赠高邮文游台纪念礼物"。

**同日** 先生得讣告"黄清士以肝癌卒于2月21日下午1时40分,年72岁"。

**是月** 主编《词学》集刊第3辑出版;此辑刊有《读词四记》(后唐庄宗如梦令、李后主临江仙、苏东坡洞仙歌、法驾导引)、《鹧鸪天·赋赠叶嘉莹女史》,还有《历代词选集叙录·三》、《新出词籍介绍》、《丛谈》数则、《编辑后记》,署名"北山""舍之""丙琳""编者"。

另,据卢润祥回忆:"施先生知道我妻子在沪上一家大型印刷厂工作,就要我想办法。厂方知晓情况后,安排了专人负责《词学》印刷事宜,且每期作为'急件'来办,很快使刊物得以正常出版。一天,我接到施先生写来的一张明信片,嘱我抽空去一叙,最好下午。我没有想到的是,坐下不久,他就从身上摸出一些自己的美金来,要我换成人民币交给我妻子,转交厂方买些烟茶慰劳排字工人,还说,这是排工费,账面上有,不是'行贿'的。厂里觉得却之不恭,就收下了。不过,事后厂方还是托我给施先生送上新印制的《辞海》(语词)的缩印本等作为答谢。"(卢润祥《先生真长者》)

**同月** 7日香港《明报·自由谈》刊载柳依《忆施蛰存教授》。《文学评论丛刊》第23期刊载余凤高《施蛰存的心理分析小说》。

## 三月

**一日** 撰讫《唐诗百话·李商隐:七言绝句四首》。宋路霞来谈。

二、四日　沈师光,徐永明均来晤。马祖熙来,午饭后去。

五日　宋路霞,张文江、王兴康和宫晓卫,表弟喻永祚相继来谈。

六日　元宵节。复《江南》编辑部余小沅函:"《金瓶梅词话》已有人民文学出版社在印,恐怕你们迟了。""你们有人来访,任何一日下午均可。"

另,据余小沅回忆:"我得到北京人民文学出版社将出版《金瓶梅》洁本的消息,惊喜不已。请示领导后,决定赴沪向施先生组稿,拟题为《谈〈金瓶梅〉的文学价值》。当时施先生在华东师大中文系任教授,于是我冒昧写了封'探路信'。想不到一星期后施老就回了信。"(余小沅《施蛰存难忘乡情》)

七日　上午上海书店出版社刘华庭来,"赠影印《现代》全部八册,又杂书三本"。

八日　早晨张文江来,"取介绍信去谒徐震堮"。

同日　复郑州图书馆张万钧函:"承为介绍拙编《唐碑百选》出版机会,极感高谊,我这里也在联系,何处先成,即在何处出版,如国内无出版社承受,我就设法给日本出版。今附上说明一份,请你问问中州书画社或中州美术出版社。"另纸附录《唐碑百选》说明:"从1979年起在香港出版的《书谱》(双月刊)上按期发表一碑,至1984年停止发表,大约一共发表了三十多个碑。在1978年,我曾将一百个唐碑的字迹,照了二百多张照片,寄去香港,现在手头还有一部分底片,但恐怕要补照几十个碑。""如有出版社愿为出版此书,不要编稿费,只要送我五十本书就可以。"

九日　为选编多人译作英国毛姆短篇小说集《便当的婚姻》而撰写"编后记"。(按:以后出版刊用时,未署名。)

十日　龙榆生之子厦材来晤。梁永成来,"杨静托其带来盐[ENO果子盐]二瓶"。添置一台家用电冰箱(价1 150元)。

十一日至十三日　晚上孔海立来谈。宫晓卫,赵之云,朱大刚来晤。

十四日　山东师范大学张翰勋来访,周圣伟来谈。

十五日　撰讫《唐诗百话·温庭筠:五七言诗四首》。蒋哲伦,张文江来谈。

十六日　赵家璧来晤。致陈兼与函:"高邮县将举行四贤雅集纪念。""高邮县委甚热心此事,已在拨款兴修古文游台,托人来邀,弟当然无法去参加。拟请阁下及星五(诗会)有赋咏,至四月底书一诗卷寄去,俾藏之文游台,可以作为他日遗韵。""退密、九思、琴趣诸公乞为代达。"

十七日　邵修青、沈师光来先生寓所看望。

十八日　《江南》编辑部余小沅、操剑峰来访。孔海立来谈。

**同日** 致周退密函:"和陶诗拜诵,此诗我曾有和作,可惜稿本在学生处,无法抄出呈政。高邮县将于九月中开一个纪念四贤文游的会,邀请大家作诗词,我已将文件送达兼老。足下星期五可去看看,希望有诗或词,弟亦想作一首,在四月底以前请各人自写或请稼研一手写一个卷子寄去,存在四贤祠,永为纪念。"

**又** 庞薰琹在北京逝世。先生自述:"我和他通了几次书信,不久就收到他的讣告。"(《鲁少飞的心境》)

**十九、二十日** 沈师光来看望。撰讫《唐诗百话·温庭筠:菩萨蛮》。

**二十一日** 沈仲章,王兴康来晤。香港大学中文系赵令扬托来者取为其书件。

**二十三日** 下午边含光(边成之女),陈英眉偕其子邵显来访。

**二十四日** 撰讫《唐诗百话·杜牧:七言绝句十一首》。

**二十五日** 王兴康、张文江和宫晓卫来先生寓所。

**二十六、二十七日** 陈文华,宋路霞,喻永柞,王兴康,蒋哲伦来访。

**二十八、二十九日** 撰讫《唐诗百话·许浑:金陵怀古》。吴长林,张文江来晤。

**三十日** 上午上海书店许永生来访,下午赵昌平来谈。

**三十一日** 山西宋元来先生寓所访晤。严寿澂,李宗为,黄珅来谈。

**同日** 致香港古剑函:"照片9张,22日航空寄出。""现在寄你一批印章,都是我用的,有陈巨来、钱君匋、高式熊、韩登安、单孝天诸名家所刻,你如果在《良友》给我宣扬一版,可以拣几个做补空缺用,加一些红色,可以使版面美观些。"

**约在期间** 据郦达夫、吕霞记述:吕叔湘"写信给施蛰存等,请帮助为浦江清诗中提到的人名加注"。(郦达夫、吕霞《吕叔湘生平事略》)

**同月** 26日中国现代文学馆在北京开馆。《文汇读书周报》出版创刊号。

## 四月

**一日** 复《江南》编辑部余小沅函:"我没有好些的照片,只找到二张,不知可用否?可截取中间一条制版,用后希望还我,因为都是只此一张。"据余小沅回忆:"我回杭州后,虽然稿没约成,但想写一篇访问记,于是又去信要张他的写作照。不几天,他就寄了两张来,并亲笔附了一信。"(余小沅《施蛰存难忘乡情》)

**同日** 宫晓卫,陈味云,王鲁彦之子先后来访。

**二日** 撰讫《唐诗百话·郑鹧鸪诗》。浙江古籍出版社王翼奇、杨剑虹自杭州来先生寓所访问。张文江、王兴康、赵昌平来谈。

**四日** 沈师光,朱维康医师来先生寓所。

**五日** 先生夫妇"清明祭祖"。撰讫《唐诗百话·曹唐:游仙诗》。宋路霞来谈。

**六日** 在《中文自学指导》第 4 期发表《李白〈蜀道难〉解》。

**同日** 《外语界》编辑郑有志来约稿。陈文华来谈。赵家璧女儿来,先生"始知天陶夫人已于去年 11 月杪下世"。

**七日** 南京孙望介绍江苏古籍出版社张惠荣来访,了解先生所作汉唐碑著述出版事,"取去《书谱》二册(44、45)"。曹旭,钟荚,翁德森来谈。

**同日** 《浙江日报》刊载余小沅《说增道删〈金瓶梅〉:访施蛰存教授》。

**八日** 徐静华,孔海立先后来访。

**九日** 撰讫《唐诗百话·章碣:诗三首》。包谦六来先生寓所晤谈。

**十日** 为将况周颐《织馀琐述》拟编入《词学》集刊第 5 期而撰作"附记"。

**同日** 在《读书》第 4 期发表《十年治学方法实录·谈天风阁学词日记》。

**十一日** 施亚西、种明章来晤。

**同日** 先生致谭正璧函:"承赐《古本稀见小说汇考》一册,收到多日,谢谢。兄近况如何?常在念中,弟去年九月回家,至今尚行动不稳,终日伏案,看书写字,此外无事可做也。《现代》全份已经上海书店印出,此亦一吐气事。"

**十二日** 撰讫《唐诗百话·李群玉:黄陵庙诗》。陈文华、赵昌平来谈。

**十三日** 在《文史知识》第 4 期发表《词学名词解释》(九、拍)。

**同日** 戴咏絮自北京来探望。翁德森来谈。按程千帆日记:得蛰存信。

**十五日** 在《书讯报》发表《读〈现代〉重印本书感》:"使我以垂暮之年,还有机会摩挲旧业,回顾一下五十年前的文学踪迹。""在今天看来,还不像是个过时了五十年的刊物。""我当年并没有这样的雄心壮志,有意识地要使它成为一个时代的见证。但现在回顾一番之后,觉得它不但有文学史价值,还有鲜活的时代感。因此,我敢于向文艺工作者、文艺学及文学史研究者以及广大读书界,推荐这个刊物的影印本。因为这是它有客观存在的效果,而不是我个人的狂妄自夸。上海书店主持人要我写一点感想,作为纪念。一个文艺刊物,能够在五十年后全份重印问世,已经是罕有的事。一个刊物的编者,能够在五十年之后,亲自见到它的重印本,更是绝无仅有的事,对我个人来说,这确是值得纪念的。因此,我不敢辜负盛情,写了这样一篇容易被认为自己镀金的感想。是是非非,还得请读者下个断语。"

**同日** 撰讫《唐诗百话·刘驾：诗八首》。上海文艺出版社吴令海、严寿澂来谈。

**又** 复香港古剑函："编《良友》要站在香港、广东人的立场定栏目，不要加文学趣味，要的是图版趣味，此点你得明白。关于我，不要写报告文学式的介绍，找几个人，每人写我一小节，也较活泼。沙叶新写一段或一篇也可以，我没有意见。或者你提问，我写答。你再编成访问记也可。不过我以为不用如此郑重。"

**十七日** 南京大学中文系严迪昌、张宏生(程千帆研究生)、李欧梵、柯灵、吴令海、陈伯海先后来晤。

**同日** 北京黄君坦复函，谈及"每于陈兼老函中得悉起居康复，仍勤于撰述"，"顷奉惠书将编次'近代词选'"。

**十八日** 作诗并书于卷上《乙丑九秋，高邮将举行文游台四贤雅集九百年纪念会，承邀观光，病不能赴，寄诗志盛》。

**同日** 华东师范大学德语教师曹乃云来访。

**十九日** 上午先生四妹企襄来探视。下午先生"坐病人车由孙婿李斌推去中山公园游览，体重135斤"。陈文华，黄珅来谈。

**二十日** 撰讫《唐诗百话·秦韬玉：贫女》。

**二十一日** 上午沈轶刘携其子沈颖来访。先生自述："忽枉顾敝庐，自为介，年八十有八矣。蒜发童颜，身心犹壮。其少君颖，虽随侍，亦不假扶掖，于焉徵先生养气守道之功也。先生缕缕为余言其生平，始知先生与余，战时同客闽越。先生辄有诗文词布于报端，余亦尝读而善之。先生在南平，余在汀州，未及相闻问，非先生言，余亦不复省矣。既而先生出其所为诗词稿，嘱为序。"(《繁霜榭诗词集·序》)

**同日** 上午周劭(黎庵)，下午包谦六、朱雯和罗洪夫妇、沈师光先后来看望。

**二十二日** 邵修青来，"赠以原子表笔一支"。

**二十三日** 沈师光，严寿澂先后来谈。陈兼与致先生一函。

**二十四日** 上午陈味云、汤天陶，下午富寿荪，吴怀德来晤。

**二十五日** 撰讫《唐诗百话·皮日休、陆龟蒙：杂体诗五首》。戴望舒女儿咏絮来，"午饭后去，取去望舒杂件，外文书信等"。表弟喻永柞来看望。

**二十六日** 张厚仁(索时)从天津经上海搭乘飞机赴美国前，专程来先生寓所辞行。下午应国靖，晚上平湖葛渭君来谈。

**二十七日** 赵昌平来谈。晚上人民文学出版社编辑刘小沁由北京来访。

**二十八日** 张天翼在北京逝世，先生获悉后即致唁电表示悼念。

二十九日　上午汤笔花、陈元麟(元林,小菊)来谈。

同日　先生复施议对函:"现在无锡施氏、崇明施氏,均为大族,不知是那一派。我不作词,生平所作不到二十阕。近日写了一首,附奉博一笑。有论文请寄一篇来,我正在编《词学》第5辑。"

## 五月

一日　为贺翌日妻子生辰,午餐先生与家人吃面祝寿。包谦六来谈。昆山吴桥中学郑世昌(1955年华东师大毕业生)来访。

二日　邵修青来,"午饭后睡至三时去"。

三日　上午北京冯其庸、邓云乡和上海书画出版社编辑王运天来访。下午严寿澂、陈文华来谈。晚上撰讫《唐诗百话·三家咏史诗十首》。

四日　上午蒋哲伦来谈。吴闻自北京复先生函:"兹遵嘱写奉如百字,作为《词学季刊》重印之贺辞,不知合用否?"并附寄夏承焘一文:"顷承施蛰存教授函示,三十年代龙榆生先生主编之《词学季刊》,即将在沪影印出版。闻讯不胜欣慰。予与龙君交往,早在半世纪之前。""值兹《词学季刊》重印之时,缅怀故交,不胜怅惘。"

五日　上午包谦六来先生寓所闲聊。

六日　王兴康、张文江来谈。沈宗威复先生函:"承垂询'近代名家词'一书编例,曷胜之宠。鄙意如尊恉称为民国第一代词人,则除去遗老不录外,馀下无多,难到百人之数。""《全清词钞》第三十五卷至四十卷,所称之为民国者,其中多数亦应入清代之人,不如采取钱仲联《近百年词坛点将录》一文著录者,除去题著大名,以殿清代之若干家外(及梁节庵、王观堂等人),再补以钱氏未列者,则百数可几及矣。至民国词人以何人为招,确有困难。鄙意如以著编并重,着眼拟以叶遐菴为钦,或举梁任公、黄公度[遵宪],则词作太少耳。结束殿军,或至沈尹默、张丛碧为止,亦不至疏谬也。不揣狂简,藉贡芹献,至祈卓裁。蒙示大作五古,极高妙,并世手,令人不作第二人。想《读书》第4期尚未发售,宏文自当拜读为快。"

七日　撰讫《唐诗百话·韩偓:香奁诗、长短句六首》。

同日　包谦六,许白凤,陈文华,喻永祚来谈,徐汇区房地局何俊德来访。

十日　编定《域外诗抄·第一辑英国诗抄》并作"后记":"这里辑存了40首英国诗,都是三十年代的译稿。从这一小辑译诗中,可以看出我对现代英国诗,特别有兴趣的是叶芝和戴微思。"苏渊雷,彭靖,陈文华先后来访。

上旬　佟培基由开封来上海出差,曾往先生寓所探访。

十一日　翟同泰来,"赠以资料刊物一包"。

十二日　上午云南大学李埏、周庚鑫来访。吴长林来晤。徐开骏来,"为写字数纸"。

同日　香港《信报》刊载《施蛰存谈〈金瓶梅〉》。先生自述:"我关于《金瓶梅》的漫谈,纯粹是出于推测,没有证据。想不到有一位同志把我的话写了一则报道,去发表在报纸上,而这一段报道又引起了许多编辑的兴趣,纷纷转载,甚至把我的信口开河,说成是研究结论。""香港朋友寄给我一纸剪报,是一篇小文,题目赫然是《施蛰存谈〈金瓶梅〉》。这件事实在叫我啼笑皆非,深悔出言不慎。"(《杂谈〈金瓶梅〉》)

十三日　在《文史知识》第5期发表《词学名词解释》(十、减字·偷声)。

同日　撰讫《唐诗百话·晚唐诗馀话》。上午张冰独(炳铎)、邓云乡和许宝骙来访。下午研究生王兴康、张文江和宫晓卫来谈。

十四日　上午沈仲章、邵嫣贞夫妇来看望,先生并与沈仲章合影。(按:合影见于沈亚明《施蛰存致沈仲章函:纪念戴望舒》。)中午陈文华,下午张文江来谈。

十五日　撰讫《唐诗百话·韦庄:秦妇吟》。又为所作《唐诗绝句杂说》编入《唐诗百话》而撰写"附记"。

十六日　上午张文江、宫晓卫和王兴康来谈,下午陈文华、王运天,沙叶新来访。

十七日　上午包谦六来谈。下午美国汉学家韩南教授(Patrick Hanan)来访。晚上先生外出观看电影 *Marco Polo*。

十八日　上午王进珊、唐采湘夫妇来,"赠孔雀羽四支"。晚上王智量夫妇来晤。

同日　致香港黄坤尧函:"《词学》第3辑排版已成,去年已见清样,而至今未印出。[按:《词学》集刊第3辑版权页出版时间为1985年2月。]国内印刷出版情况,已入邪道。我在四月份《读书》月刊有一文介绍夏承焘之《天风阁学词日记》,发了一阵牢骚,希望足下觅此本赐阅,当可知我情绪。""我的一部港版重印本《词学季刊》,因近几年来辗转迁徙,失去第三卷第二、三本。""如果在新旧书店中能配得此二本,俾敝藏得成全璧。""另一纸[函]乞转卢[玮銮]小姐。"

二十日　张文江、宫晓卫来,研究生毕业"论文即出"。

二十二日　复平湖葛渭君函:"足下又收得词集多种,可喜可贺。《疆邨遗书》中词恐皆已见于《全清词钞》,应属于清代人。蔡莹恐怕是民国词家,足下有闲,请一查《全清词钞》。凡未收入第卅六卷至四十卷的词家一共有几种,将来有便,借我一阅。浙江古籍出版社尚无决定,恐怕此事又有反复,且待旬日。"

**同日** 先生邮寄厦门大学校友会会费。上午许宝骙,下午陈伯海,晚上上海书店陈影、胡建强来谈。

**二十三日** 上午徐开骏,陶洁民来访。下午范泉拟返青海,特来辞行。

**二十四日** 上海书画出版社王壮弘、沈培方来访,下午张文江、宫晓卫、王兴康来谈。

**二十五日** 撰讫《唐诗百话·唐女诗人》。包谦六来晤。

**二十六日** 先生由家人推车去照相馆拍摄证件照。陈伯海来谈。

**二十七日** 上午陶洁民,包国芳,吴琦幸(周子美介绍)先后来谈。下午复旦大学研究生邬国平来访。

**二十八日** 应邀作词《调寄清商怨奉题张珍怀女士飞霞山民词稿》并"跋":"余旧时所识女词人,有翠楼陈小翠,碧湘阁陈家庆,均于浩劫中不堪凌辱而死。余甚哀之,近年识永嘉张珍怀女士,亦善作词,可为二陈嗣音,故题其集以二陈起兴。珍怀近岁方研选日本人词,故有蓬岛语。"

**同日** 上午金名,陈文华,张文江来晤。下午沈师光来,"取去英剧译文四篇"。

**二十九日** 撰讫《唐诗百话·六言诗》。先生托人复印《墨林快事》(卷五)。马兴荣,宋路霞,沈轶刘之子沈颖,徐震堮之子来谈。

**三十日** 先生复香港黄坤尧函:"台港词学论文及出版物,仍请足下代为收集。我想在第 5 集《词学》中转载一篇台湾著述,足下能介绍一篇复印惠寄否?"

**同日** 陈文华,表弟喻永祚,吕贞白之女吕姮先后来谈。

**三十一日** 陶洁民来先生寓所晤谈。

**是月** 人民文学出版社出版严家炎编选《中国现代文学流派创作选丛书·新感觉派小说选》,收录其作《梅雨之夕》《将军底头》《石秀》《魔道》《四喜子的生意》《春阳》《名片》《鸥》。此书严家炎作"前言"提及:"中国新感觉派主要有三名作家:刘呐鸥、施蛰存、穆时英。对于他们的情况,过去文学史中很少提到,一般读者不免生疏。"

另,按先生自述:"严家炎同志这篇叙文写得极好。征引资料,甚为广泛,出我意外。论点也很客观、平允。如见到他,请代我致意。"(复岳洪治函,1985 年 9 月 24 日)

另,按先生自述:"《石秀》那一篇,他评论说石秀这样子的英雄人物,怎么会有这样的害人心理?""心理分析正是要说明,一个人是有多方面的,表现出来的行为,是内心斗争中的一个意识胜利之后才表现出来的。这个行为的背后,心里头是经过多次的意识斗争的,压下去的是潜在的意识,表现出来的是理知性的意识。弗洛伊德讲的这个,我是相信的。""还是用极左的一套文艺理论,英雄人物是彻头彻尾的英雄,从内心到外表都是英雄思想。哪有这种人?有些英雄是经过理智的思考,而表现出他的英雄行为,有些英雄行为是偶然的。还有些英雄,做了英雄的行为,肚子里是不高兴的,因为违反了他自己真正的思想。这种心理状态,十九世纪的作家是不理解的。没有经过弗洛伊德的解释,人的心理的真正情况,是不明白的。所以简单的把人的行为看成是简单的心理活动的这种人,没有法子理解心理分析的。这位教授不能理解这种心理现象,来研究我的小说,给我的评论是这样两句话,我就觉得把它整个推翻。"(《为中国文坛擦亮"现代"的火花——答新加坡作家刘慧娟问》)

**同月** 1日《中国老年》杂志第5期刊载应国靖《慷慨心犹壮——访施蛰存先生》。文汇出版社成立。

## 六月

**一日** 为《唐诗今译集》撰稿而复人民文学出版社李易函:"我因失去了你寄来的撰写规格,而老马[祖熙]又爱拉长,故超出规定太多。现在请你大大地删削,注文可以全删,或用原意改作,纳入千字左右,以资统一。我没有意见。"

**五日** 撰讫《唐诗百话·联句诗》,又为1984年8月15日所作《唐诗百话·张继:枫桥夜泊》撰"补记":"近日读郑逸梅所著《文苑花絮》,其中记张溥泉碑事,可补此文所未详。""近日又见一种宋人笔记,其中记王珪写此诗碑时……"

**六日** 赵文漪由加拿大寄赠先生《高梧轩诗全集》。

**十日** 撰讫《唐诗百话·唐人诗论鸟瞰》,又为1978年10月12日所作《唐诗百话·王梵志诗》撰"补记":"张锡厚编的《王梵志诗校辑》,此书我到最近才见到。检阅一过,深愧三十年来,见闻闭塞,关于王梵志诗的许多文献,全未寓目。""仅就张氏书提供的一些信息,条列于此,略为补记,以正拙文之缺误。顺便对张氏此书,纠评一二,以贡愚见。"

**上旬** 经吴晓铃推荐,将《水经注碑录》整理后,寄付天津古籍出版社出版。

**十三日** 冯宗陈由杭州致徐定戡函谈及:"遵命涂呈拙劣,能否附骥,尚祈我公并施丈(蛰存先生,吾浙耆宿,心仪久之,憾未识荆),削正是幸。"

**十七日** 编定《域外诗抄·第二辑美国诗抄》并撰"后记":"这里是四十九首美国现代诗,大半是在1934年10月我主编的《现代》杂志'现代美国文学专号'上发表过的。其他一部分,是抗战期间我在福建长汀厦门大学教书时所译,没有发表过。译这些诗的时间,距离现在已有五十年,因此,我所谓美国现代诗,正确地说,应该是本世纪初三十年间的诗。"

**二十日** 为将《叶恭绰墓》照片编入《词学》集刊第 7 辑而撰"图版说明"。

**二十五日** 撰讫《唐诗百话·历代唐诗选本叙录》。先生自述:"写满了一百篇,总算大功告成,放下了一个重负,履行了对出版社的诺言,虽然已愆期交货。"(《我写〈唐诗百话〉》)

**下旬** 先生指导的中国古代文学明清时期专业硕士研究生王兴康、张文江和宫晓卫,通过论文答辩取得学位毕业。

另,在先生指导下本届硕士研究生毕业论文:王兴康《论吴伟业及其诗》、张文江《钱谦益——政治和文学》、宫晓卫《王渔洋及其诗》。

另,据吴敢记述:"施蛰存先生邀请先师[王进珊]为硕士研究生宫晓卫的学位论文审阅人与答辩委员会主席,安排至为精到。"(吴敢《先师王进珊先生的学术交往》)

另,据张文江回忆:"毕业离校前,施先生谈起过两点:一、写文章应从小文章写起。二、一个人的主要社会关系不应该在自己单位内。至今感到意味深长,久而弥新。"(《中文自修》,2001 年 6 月号)

**是月** 吉林省地方志编纂委员会、吉林省图书馆出版由张万钧主编"中国地方志详论丛书之二十二"《河南地方志论丛》,封面刊有先生题签,扉页致辞:"承蒙华东师范大学教授、作家施蛰存同志为本书题签,特向施蛰存同志致谢。"

**又** 人民文学出版社出版《金瓶梅词话》。先生自述:"许多年轻朋友托我设法向人民文学出版社买'词话',出高价也可以,要开后门也可以,可知此书又有了新的魅力。但是在三十年代看过'词话'的人,却感到诧异,以为此书也只是《红楼梦》《儒林外史》之流,何必如此热烈地恋慕。"(《杂谈〈金瓶梅〉》)

## 七月

**一日** 撰讫《翠楼诗梦录》:"小翠以煤气自尽于 1968 年 7 月 1 日,亦既 17 年矣。今春假得《半月》杂志,因得抄录髫龄联吟之作,遂汇录甲辰往还诸文,以存此一时文字因缘。"

**二日** 将所藏闻宥于 1974 年由北京寄赠的宋景定元年建康府修城砖墨拓本二十七纸装为一册,并撰《宋建康府修城砖装册后跋》,又书于册后。

**五日** 完成撰著《唐诗百话》约五十四万馀字,誊清全部文稿,并为交付出版社而撰"序引":"这部书稿,经历了八年之久,终于还能完成,自己也料想不到。我把这部书稿的写作经过向读者汇报,是希望读者原谅我前半部和后半部的写法不同。距离虽然不太大,但后半部写得似乎较为活泼,而前半部却是讲义。"

**九日** 致上海文艺出版社金名函:"大约有十个剧本要看,还要为每一个剧本写介绍,必须我重新按排版样式重抄一遍。此外还要一篇'引言',我一定赶在本月内交出,请知照,全部编好后,我会找人送到出版社。""孟涛病好了没有,代为问候。"

**同日** 复周陶富函:"我以为南宋人定义'词'为这个文学形式的名称,实在是误人不浅,词乃辞之简化字,凡一切配合乐曲的韵语都是词。""任中敏先生坚持词起源于隋代,也是由于他不肯把一般意义的词乐与特定意义的词乐分别看待。王力的那个定义'一种律化的长短句,固定字数的诗'几乎全不妥当,他把'诗'字也讲糊涂了。试为分析如下。"

**上旬** 为将《琵琶记弹词》(道光四年菊日治山王济阳抄本)赠予天津刘燕及而撰题识:"琵琶记弹词二卷,未闻有刻本,余收得此道光抄本藏之五十年,亦未见第二本,亡友胡士莹曾假观,许为松江本,著录于其所作弹词书目,此外别无著录。抄者王济阳其人不知可考否,想必当时评弹家也。"

**十三日** 在《文史知识》第7期发表《词学名词解释》(十二、摊破·添字)。

**十四日** 复上海文艺出版社金名函:"这几天在算字数,""我现在将德国四个剧本留下,编入第六集,则第五集为42万字,第六集为41万馀字,这样就拉平了。你的 *Black Comets* 是否有4万字,便乞示悉。沈师光为我看了10个剧本,我想送她每剧5元。拟在译者稿费中扣除,她专看译文明白与否,有疑处取原文对改。她看后我还得看一遍,专改中文。""现在我每天看一个剧本,月底可以交出。'四集'早已校了清样,还要四季度才出版,同我的《词学》一样,现在有点不想编书了。第四集的编辑费,我想送一半给孟涛,第五、六集的编辑费我和你对半。"

**同日** 复邵迎武函:"大作文亦看过,觉得前半篇用人性论观点分析,后半篇用阶级论观点分析,整篇论文,颇不协调。我以为苏曼殊这个人并不复杂,不过有二重人格,即你所谓禅心与爱情之矛盾而已。其实,他也不是真心学佛求道的,与李息霜(弘一)不同。他有'身世之恫',""他的生活是日本人,思想本质是中国儒家,佛学、和尚是他的化装品。""他并不革命,虽然中国友人都是同盟会员,他也沾受一点影响。"(邵盈午《天存硕果沾文苑:记施蛰存先生》)

**十五日** 应邀为沈轶刘《繁霜榭诗词集》撰"序":"往者乡人高君藩尝数数为余言:浦东有沈先生轶刘者,善为诗。""余心仪之,恨未尝识荆州。""余惟晚进小生,安敢为先辈集序。先生坚要之,无已,乃展其集,薰沐而诵之。"

**二十四日** 复平湖葛渭君函:"书二册收到,《宋词通论》是不是你代我买的?请记账,以后一起奉还书款。《近代名家词》甲编已拟定书目,共廿五家,多数已有,还缺几种,等你下次来托上海书店代配。《樵风乐府》,我本想用《清名家词》本子,既然它不分卷,就不能用了,因为我要照原本样式排印。《味逸遗稿》作者蔡莹,我知其人,但不认识。此书存在我处,用后即奉还。王国维的暂时不必抄,因为要编入乙编,还早呢。《比竹馀音》来时请带来,我未有;《冷红词》我有了。"

**二十五日** 欧阳文彬寄来的《缅怀开明》一稿校样,即复函:"已校讫,今奉上。我加了一句,不致大妨碍全版。《国文月刊》本想在桂林出,大约后来桂林吃紧,故改在重庆出,我加了一个'才'字,意义就明白了。"

**二十八日** 复上海文艺出版社金名函:"我还有《词学》第5辑要编,因此'外独'(五)非赶快编成不可。""我要看17个,到今天已看了10个,再七天,就可以全部看毕,文字统统改好。我把译文的质量分 A、B、C 三等,记下来了,将来请你按质量付稿酬。C 等的译文改得我好苦。看完译文后,我再写'引言',大约要三天时间。有一个西班牙剧本《十五年前就死了》,你看过,沈师光也帮我看过,结果我看后觉得万不能用,""你们两位何以没有发觉?我已决定退稿。""第五、六二集又得重新安排剧目,使篇幅平均。""我得花一个月编《词学》(5),编好后即编'外独'(六),最多一个月可完成,希望过了国庆节交出全稿。""一本意大利 Possio'笑话选'已找到,一看,全是秽亵故事,无法为你选译。"

**月内** 华东师大中文系新任总支书记杨达平来访。先生自述:"他问起我有没有尚未落实政策的事情,我就提起了我的许多著译稿尚未发还。过了一二个月,他给我送回了两批文稿,""这是他从文史楼的厕所旁边一间堆置清洁卫生工具的小房间中找到的。即此一事,就可见党政领导干部的今昔异同。为此,我曾不胜感慨。"(《域外诗抄第六辑法国诗抄·后记》)

**是月** 夏承焘为《天风阁学词日记》(二)交付出版而撰"前言"提及:"1981年应施蛰存先生之嘱,始选抄部分日记,刊载于《词学》创刊号,名之曰《天风阁学词日记》。""《读书》杂志近期刊出施蛰存先生之评介文字,奖饰有加,且惭且感。"

**同月** 《青年时代》刊载余小沅《闲话〈金瓶梅〉——访施蛰存教授》。《青年世界》

杂志刊载钟昭《施蛰存谈〈金瓶梅〉》。

## 八月

**一日** 作诗《华东师范大学出版社复社五年颂词》并"题记":"我校出版社复社五年,已出版了不少高水平的学术著作、专科教材和普及性的大众自学读物。前景宏美,不待芜词祝贺。但我希望我校出版社应效法英国牛津、美国哈佛两大学的出版社,以学术机构自居,而不要自降为一般出版企业。故在祝颂之后,略致箴规。"

**六日** 在《中文自学指导》第8期发表《刘禹锡的〈石头城〉和〈乌衣巷〉》。

**七日** 为编定《域外诗抄·第三辑古希腊诗抄》而撰"解题""解释""附记"数篇。

**九日** 复郑州图书馆张万钧函:"拙著多承关注,甚感高谊,江苏古籍已有章耀达同志来过,并将《唐碑百选》稿取去,尚待考虑能否接受出版。""现在为杭州古籍编一部《近代百名家词》,集印晚清以来诸家词集,不知郑州图书馆中有多少近代词集,特别是解放后私人油印或木刻及铅印的词集,足下如有暇请为查阅一下,抄一个目录来(著者、集名、刻印年月),重点在河南近代词家。"

**同日** 致上海文艺出版社金名函:"'五集'的剧本,都已看过,本来只要再三四天写成'引言'即可交稿,不意看到……每二页中必有一个大错,有许多答非所问,毫无办法,只好请师大老朋友周缵武代为校改。"

**又** 复香港古剑函:"苏雪林一版大约是你编的,""我觉得文字多了,图版还可以加一二幅。建议你组织一版谢冰心。上海的茹志鹃现在是上海作协主持人,是不是也可以为她组织一版,介绍大陆新一代的作家。""可否请你寄给卢玮銮……我另外给她去信。""9月香港有大陆书市,我的《现代》影印本,""将作为重点介绍展出品,文化部很重视此刊物,已嘱我写了'引言',并派人来摄了影,又要去我的签名式,大约将单独印一份广告宣传品。"

**十四日** 致香港《明报月刊》编辑函:"贵刊233期发表了梁厚甫先生的大文,论及中国文字,此文已在国内报纸转载,因而我得以拜读。梁先生主张中国文字宜减字添词,语重心长,甚感他关心语文的好意。但梁先生毕竟不解'国情',说来未免隔阂。""我是从事古典文学教学的,也做些出版工作,面临语文的浅陋、混乱现象,实在有点'杞人之忧'。但是人微言轻,至今不敢发背时之论,总希望海外有识之士,无论洋人或华裔,多提提意见;因为他们的话,在国内有较高的威信。我希望梁厚甫先生回国来考察一下祖国今日的语文水平。"(按:此函后以题为《最好回来考察语文水平》刊于《明报月刊》238期。)

**十六日** 周退密应邀为先生所作《翠楼诗梦录》题签并作诗《蛰公前辈命题大著翠楼诗梦录,即乞吟正》。

**二十日** 复周退密函:"自嫂夫人下世后,宁波糯米甜食已无福吃到,足下座右近日张挂何等碑拓字画,亦无从登楼欣赏。""《珍重阁词》印出者仅为一部分。""以上三稿,均已在弟处,当为合编成集,刊入拙编《近代百家词》丙编。此外尚有不少叔雍杂文,曾载海外报刊者,亦均由其女文漪寄来,嘱弟处理。《迦陵填词图》系乾隆时单刻本……他日可奉借供清览。《唐碑百选》,香港《书谱》已停止登载,一共不过刊用三十馀碑。现在全稿为南京江苏古籍出版社取去,尚未决定能为印出不。""据载武后'奇'字,弟未见,兄已将报纸剪存否?""接下去编《近代百家词》甲编(共四编),以王半塘始。此事尚欲请吾兄参加,多作帮助。此后即编《文苑珠林》甲集(亦共出四集),拟印入《弇州题跋》,足下之抄本尚在否?""足下且缓属辞,与兼老再研究之。"

另,此函还言及:"上月发还一幅郑大鹤造像拓本,已在苏州重裱。辑本《王修微集》,亦已在师大文史楼厕所旁小间中找到发还,尚待整理。1965年译有《法国象征派诗抄》,凡十馀抄本,现已找到五本。《北山楼碑跋》四册尚未找到。"

**二十四日** 为《唐诗今译集》撰稿而致人民文学出版社李易函:"三首诗搁了好久,才得整理重译重抄寄上。""有些意见,已分别批注,或粘浮签,请过目。你说注释应为译文而注,然则可以删去许多,但原文有不解处,怎么办?题解不分段,我以为不妥,现在我连写,而在分段处空一格,似较清楚,您以为可行否?四部分我都另纸写,以便你万一改动次序,发稿时批一个'接下页'即可。"

**二十七日** 按程千帆日记:得"蛰存信,即复蛰存"。

**三十日** 为所藏郑文焯传拓本《北齐桑买造像》拓本题跋并书于卷轴:"此扬州马氏小玲珑馆故物,归安沈氏耦园供养。旋入大鹤山人石芝堪,山人甚宝惜之,传此拓及题识。余于1954年得此卷于碑估黄小玄许。1967年为红卫兵抄掠去,1985年仲夏幸得珠还。卷轴已破损,遂付苏州装治之。"

**三十一日** 复香港古剑函:"《良友》作家专栏应先编几个老作家,叶圣陶、冰心宜尽早出刊,身健年轻的可以稍缓,关于我的一版,可以留待明年春夏。""托沙叶新带来,虽然方便,但他现在是艺剧院长,不好意思要他跑腿。"

**同日** 致人民文学出版社现代文学编辑室明信片:"有人在西安买到你社所出《新感觉派小说选》。内有我的作品八篇。此书我未收到,能否送我几本?""请代寄一本给沈从文,又一本给端木蕻良。"

**又** 吴晓铃自北京致谭正璧函谈及:"他[韩南 Patrick Hanan]去沪时,晤及施蛰存兄,畅谈甚欢。"

**下旬** 据福建刘蘅寄赠先生诗稿并"题记":"乙丑初秋重到上海,承同辈诗翁八老设斋筵招饮于玉佛寺,爰赋此律以志胜游并申谢悃,即呈蛰存先生吟正。"

**又** 黄裳将其作《银鱼集》题赠先生。

**是月** 先生选编(未署名)多人译作美国薇拉·凯瑟短篇小说集《摇钱树》,列入"百花洲文库"第四辑,由江西人民出版社初版印行。

**又** 由中国出版工作者协会编、中国青年出版社出版的《我与开明》,收录《缅怀开明》。(按:此篇又题《怀开明书店》。)

**又** 山西人民出版社出版《诗词曲赋名作赏析》,收录《韩愈诗〈华山女〉串讲》。

**同月** 国务院批准正式成立国家版权局。

## 九月

**一日** 致唐圭璋函:"闻已出院,想必康复,亦以为慰。病后想必虚弱,""不知可用高蛋白剂培养本原否,请征询医师。""《词学》(3)已寄上,想可收到,乞赐教。希望综合三期内容,赐一评语,将在第5辑集录诸大词家对本刊之意见。""足下箧中如尚有前辈词人手札,亦恳惠赐复印本若干。弟亦拟辑录'词人论词手札'一小集,编入第5辑。常国武是贵校何人?顷读其《读〈花外集〉卮言》[《南京师大学报》1984年第3期],颇有高见,请为介绍,欢迎其赐稿,光我篇幅。《词学》(4)已在排版,今年可印出,现在编第5辑,明年春夏可出版,以后每年出二辑。"附致孙望函。

**同日** 按程千帆日记:函"施蛰存,要祖棻遗札复印本"。

**三日** 上海古籍出版社陈邦炎、黄屏来访,接洽《唐诗百话》出版事宜。

另,据黄屏回忆:"二编室主任陈邦炎同志对我说,他约到了施先生的《唐诗百话》稿,想早日出版,但眼下各编辑手头都有书稿,问我愿不愿意在业余时间负责编辑这部书稿。""陈邦炎同志带我去了愚园路的施先生府上。""我向施老坦言,自己没有当过责任编辑,没有经验,好在有邦炎同志帮忙。施老非常宽厚地说:'很好,很好,没有经验没关系,总有第一次。何况你有底子,没问题。'接着,他认真地说:'这部书稿前面大部分是多年前写好的,后半部分是近年来写的,前后文风有点不同,内中难免有疏漏或者讲法上有问题甚至错误。你慢慢看,仔细审读,如有看法尽管提,不要有任何顾虑。'""我差不多每月一次提前下班去施老家,与他商榷书稿编辑中的一些问题。""因我的老师夏承焘、徐震堮、陆维钊都是施老数十年的友人和同行,""他说夏老是好人,一生淡泊名利,与世无争,只攻学问,他写的词和在词学研究上的造诣,称得上是'一代词宗',而且对佛学禅宗都深有研究;又说陆师才学俱佳,可惜解放以来,未受重视,也遭大难,现今老了,反以书画出名。"(黄屏《施蛰存先生摭忆》)

**九日** 致罗玉君短笺:"介绍师大外国文学组许光华同志趋候请教,乞赐接待。"

**十日** 致周退密短笺:"今嘱门人抄奉和陶诗,收到乞复。此件何所用之,请再示悉。"据周退密记述:"此集虽为仆首唱,而赐和者皆耆年硕德,如竹间、壶因、九思、琴趣、蛰庵诸老。""蛰庵于养疴中闻仆有《和陶九日闲居》之作,欣然以和陶公《己酉岁九日》旧作见投,诸公暨仆又重而和焉。"(周退密《和陶九日闲居诗后集跋尾》)

**同日** 《读书》第9期封三刊载先生于1982年12月27日致编者(董秀玉)函影印件。

**十二日** 按程千帆日记:"以《湘春夜月》寄蛰存。"

**十五日** 为选编《外国独幕剧选》第五、六集而撰写"引言"(下):"第五、六集是我们这一套系统地介绍外国独幕剧的计划的最后部分。""以上扼要地叙述了第二次世界大战后几个主要国家的话剧情况。"

**十六日** 复平湖葛渭君函:"信及《樵风乐府》《比竹馀音》均收到。我这几天在整理晚清四大词人著作及刻书目录。郑大鹤词,我和你两家所有之外,还缺一部《苕雅》,王鹏运词缺最多。现在我想将四大家的词及其他刻本收全,请你向上海古籍书店的朋友打个招呼,凡是王鹏运、郑文焯、朱祖谋(古微)、况周颐四人的书,我都要。王鹏运的《四印斋所刻词》,我也缺少好几种。《词学》(3)减少篇幅而涨价,无可奈何。"

**十八日** 复香港古剑函:"关于我的介绍,也可以迟些,所以我上次信上说待到明年再看。我是在慢慢地活过来,可是,永远是一个冷门货,你想为我炒栗子,恐怕再也炒不热。"

**二十三日** 复平湖葛渭君函:"《味莼词》《遐翁词赘稿》均收到。这两天我在整理名家词集,郑文焯还缺少《苕雅》一集。他的词,我决定不用《樵风乐府》(《清名家词》已用了),而用他以前的别集:《瘦碧》《冷红》《比竹》《苕雅》《苕雅馀集》。朱彊邨词已全。况蕙风,缺一本《蕙风琴趣》。王鹏运词,还缺《袖墨》《虫秋》《蜩知》诸集。我已开列书目,托人向上海书店配购四大家词集。""我希望你到上海书店去看看,通过你的熟人,代我买一批词籍。我无法自己去买书,开书目去也没有效果,总要有一个内行亲自一本一本的翻阅,才能买到好书。我要买的是:(A) 四大家词集各种版本,要配全,而且还要重复本,以便付印。(B) 预备编入'近代名家词'的其他词集。这些书都要自己去看,有什么便买什么。我已大略拟定第一辑目录,现在抄一份给你。""另一信,请转给许白凤兄。"

另,此函附录:"'近代名家词甲集':《庚子秋词》(自有),《春蛰吟》(自有),《云起轩词抄·文廷式》(自有),《半塘定稿·王鹏运》(自有),《瘦碧词》、《冷红词》、《比竹馀音》、《苕雅》(缺),《苕雅馀集》、《郑文焯五集》(借到),《第一生修梅花馆词·况周颐》(有),《湘绮楼词·王闿运》(有),《彊邨语业三卷·朱祖谋》(有),《款红楼词·梁鼎芬》(借),《曼陀罗寱词·沈曾植》(有),《朱丝词·陈衍》(有),《碧栖词·王允皙》(借到),《雨屋深灯词·汪兆镛》(借到),《悔庵词·夏孙桐》(未得),《环天室词·曾广钧》(未得),《饮冰室词·梁启超》(未抄),《观堂长短句·王国维》(有),《繁霜词·沈宗畸》(有),《玉玪瑢馆词·庞檗子》(有),《摩西词·黄人》(已借到),《太一词·宁调元》(有),《补柳词·林纾》(未见)。"

二十四日　复人民文学出版社岳洪治函:"惠寄书二册及附函,均收到,并承代寄从文、端木二兄各一册。""看到书尾的一个目录,觉得这套选集中还可以加一本《乡土文学选》,这是鲁迅为许钦文、王鲁彦、魏金枝等人的作品取的名词。我觉得可以成为一派,甚至鲁迅自己的作品,也可以列入。"

二十七日　闻宥在北京逝世,先生获悉即致唁电表示悼念。

二十八日　在《人民日报》(海外版)"望海楼随笔"栏发表《临近中秋的随想》。

月内　范用、董秀玉由北京来先生寓所访晤。

是月　重庆出版社出版《中国四十年代诗选》(下册),收录其作《枯树》。

## 十月

一日　国庆节。为将力学专业教授梁永《从三首词谈辛弃疾和韩侂胄的关系》编入《词学》集刊第5辑而撰"编者按"。

同日　又为编讫《词学》集刊第5辑而作"编辑后记":"原想使它成为每年出版四册的季刊,岂知从81年创刊至今,时逾四年,才出了三辑,几乎要历时二年,方能出版一辑。目前,正在设法解决困难,希望从1986年起,能做到每年出版二辑。"

二日　复美国李欧梵函:"邵洵美夫人现住南京其女儿处。我为足下向南京师范大学索取'参考资料'[《文教资料简报》],承他们慨许赠送83、84、85年全份。但此为内部发行之刊物,不能外寄,恰巧南师副校长谈凤梁下月要去美国开会,他答应为足下带去。""人民文学出版社新近出了一种'现代文学流派创作选',最新出的是《新感觉派小说选》,""要是邮资便宜,我会寄你不少新出书刊。附一个书目,是我的 want list,你能否代我买到这些书?"

八日　徐定戡应邀作词《调寄浣溪沙·敬题北山先生〈清花间集〉》、作诗《奉读北山尊丈所著〈翠楼诗梦录〉,为之辄笑奈何,敬题小诗乞诲正四首》。

十日　包谦六应邀为《翠楼诗梦录》作诗《奉题蛰老翠楼诗梦图乞政》。

十七日　复杭州大学朱宏达函:"你写朱生豪的传记,我劝你不要把此事写进去。但如果有人为宋清如写介绍文,则此事应当写进去,我的信亦可附入。司马迁作人物传记,用互见笔法,不便在本传中写的,就写在有关之人的传记中。"

同日　北京马彦祥致先生一函。

二十日　编定《域外诗抄·第四辑波兰诗抄》以及"作者简介"并撰写"后记":"现在收拾得十七首,略与润改。"

同日　沈轶刘《繁霜榭诗词集》印行,集前刊有"施序",集内"逸留诗"收录《过施先生蛰存话旧》。

中旬　《书讯报》葛昆元来采访。据葛昆元回忆:"先生非常客气地对我说:'其实你应当去多采访、多宣传过去的左联作家,像我这样写新感觉派[现代派]小说的作家,采访了,写出来发表也没有多大意思。应国靖要研究我,我也劝他不要在我身上花精力,弄不好,还要倒霉。应当去找那些热门的作家研究,容易出成果。'"我又说:'写好后,先请您看一下,不妥之处,请您修改。'谁知,他听了我的请求后却连连摇手说:'不要看,不要看。你怎么写,我不管;你怎么评价我,是你的自由,我不能将我的想法强加给你。'""感慨地对我说:'什么书香门第?这个说法是最没有道理的。自古以来,人们都认为读书人是香的,劳动人民是臭的。其实,历史上坏事做得最多最绝的大都是读书人,比如,宋朝的蔡京、秦桧,抗战时期的汪精卫、陈公博以及"文革"中的张春桥、姚文元等。'""而清洁工人则是下贱的,是臭的了。所以在你的文章里,千万不要写我出身于书香门第。'"(葛昆元《豁达》)

二十四日　沈从文、张兆和复函:"我们江西鄱都没有侄子,倒是赣江矿业学院工作的有个表侄,姓戴,名国强,又名思文,不知道是否此人。从文健康近日大体上不错。""您手术后虽然恢复得很好,但也要注意身子,劳逸结合,切切。"

二十五日　为孔海珠编《现代作家书简二集》作序:"海珠要我写一篇序文,义不容辞,我答应了。但是好久写不出来,因为没有什么新的意见可以补充鲁迅的序文。现在我只能把她父亲当年开始编此书的情况谈谈。我认为,令俊当年选了一个不朽的编书题目。他那本书信集,会经得起时间的考验,时间愈久,愈有用处。它的文学价值与文学史价值,将与周亮工的三部《尺牍新钞》比美。"

**同日** 按程千帆日记:得"蛰存信并退稿。"

**二十九日** 黄山书社吴万平致函:"奉上安徽文艺出版社出版的《还轩词》两本。丁词能得以正式出版,先生的评价起了极大作用!由于参加此书校注工作的我与卓孟飞同志,均是头一次接触此类工作,加之责任编辑蒋尚宇同志亦是第一次编此类书稿,所以疏漏错误一定很多。如蒙先生不惮烦劳,亲加指教,以备再版时参照,则我与卓之大幸,丁词之大幸也!"

**三十日** 致香港古剑函:"托黄裳兄带来的四种东西都已收到。""我一切如常,文章写了不少,现在想编一本杂文集。"据黄裳回忆:"我曾去过一次香港,归沪后送去朋友托带的雪茄烟,他非常高兴,他是不用卷烟的。"(黄裳《忆施蛰存》)

**下旬** 托人从华东师范大学图书馆借阅黑斋旧藏《诗人图像》并作跋:"一册十八页,起苏武、鲍昭,讫黄庭坚、陈与义,凡卅六图,日本人影绘本,亦百年以上刊,无题跋,不知出于何本。观其题诗字迹,似为明人刻本,然亦未见著录。画手不俗,影摹亦精,可为文房雅玩。"

**月内** 香港中文大学卢玮銮(小思)寄赠其著《承教小记》(香港明川出版社1983年7月初版)。

**约在期间** 据周普记述:"我回沪出差,专程去先生在愚园路的寓所造访。这是我第一次见到先生,他看起来比送给我的照片上的面容要清癯,精神很健旺,大声说话,纵声大笑,充满了豪情逸志,一点也看不出来是一个动过大手术的耄耋老人。那天先生戴着助听器与我谈了一个多小时的天,对于文艺方面谈了不少他的看法和意见。"(周普《书缘》)

## 十一月

**一日** 为《水经注碑录》付排而撰"后记":"脱稿于1961年,续有新知,随时改补,书中所用文献资料,实止于1980年。稿藏于椟,俯仰二十载矣。初则以名挂党籍,文字在禁锢中,凡有著述,皆不得问世。近年渐有文化昭苏之象,爰出此稿,以求版刻。然寰宇之间,事碑版之学者,寥若晨星;一般读书界,于此道亦无兴趣。昨岁以吴晓铃兄之介,承天津古籍出版社允为刊行,此稿遂不至沦于覆瓿,甚可感也。"

**同日** 复齐鲁书社宫晓卫函:"我不愿同学们自己出钱买书寄赠。""黄墨谷那本《重辑李清照集》,我未见过,请代买一本。我因为要写《词学》中的'新出词籍介绍',故各地出版有关词学的书都要备一本。你们那边如有繁体字排版,我可以整理一部稿子,""或名《花间新集》。这二部选集不加注释,每一作家后附了简单的评论,我希望用繁体字直排,你社可以考虑否?王兴康在上海古籍出版社,工作情况,颇有好评。《二晏词选》装帧虽好,可惜有一个缺点:没有里封面。"

**二日** 向浙江省博物馆捐献丰子恺1936年书赠八言联一对(两件):"好音时交微风清扇,流咏太素栖志浮云。蛰存先生属,弟丰子恺书。"钤印"丰仁印"。

**同日** 吕叔湘由北京来上海出差,专程来探望。

**三日** 诗作《华东师范大学出版社复社五年颂词》刊于《华东师范大学》校报。

**五日** 先生寄赠香港古剑《新感觉派小说选》并复函:"我以为出版社可以送我10本,故通知该社代我就近送沈从文、端木蕻良各一本……谁知该社只寄来2本,""我想买40本送人,到如今已一个月,上海书店均无此书。""既然香港已有书评,可知书已到港。"

**八日** 按程千帆日记:"得蛰存信。"

**十日** 复平湖葛渭君函:"买不到,只好复印。现在郑文焯,只少《苕雅》一集。我不用《樵风乐府》(此书已借到),王半塘亦不用《半塘定稿》,故尚少三本别集。兄下次来沪时,望先到我处一谈,再去书店。""《欵红楼词》已有。"

**十一日** 编定《域外诗抄·第五辑西班牙诗抄》并撰"附记"。

**十三日** 先生向绍兴有关部门捐赠陆游像石刻拓本。据蒋哲伦回忆:"绍兴市文联等单位举办陆游诞辰八百六十周年暨陆游研究会,施老得知我将与会,即嘱托我将他珍藏多年的陆游像转送交大会。此像原是抗战前绍兴快阁所存碑拓,快阁早已毁于战火,故弥足珍贵。接受此像是绍兴市负责人陈述,""我记得次年陈述曾亲自来沪拜访施老,并回赠陆游瓷像。"(蒋哲伦来件)

**同日** 在《文史知识》第11期发表《词学名词解释》(十三、遍·序·歌头·曲破·中腔)。

**十五日** 按程千帆日记:复蛰存函。

**十九日** 复郑州图书馆张万钧函:"'前言'中千万删去那一句,放在'前言'中不像个样子。如蒙见爱,还是在封面内'责任编辑'下加印'封面题字:施××'为妥,不要客气,以致破坏了'前言'的格局。"

**同日** 复邵迎武函:"如果能将曼殊译拜伦诗(例如'去国行')与曼殊诗对比,找找看有无意境相似的表现,你这篇文章还可以提高些。现在只是时代背景与性格、思想的比较,没有深入到作品,所以还嫌'空'。""尊作骨格已具,还有一些小疵,妄为润改数字,请推敲。"(邵盈午《天存硕果沾文苑:记施蛰存先生》)

**又** 晚上复香港古剑函:"我向不计较钱,但也不要占人便宜,""有些人口说不计较钱,却总是占人便宜,轮到自己吃亏,立刻就计较了。我不做这一流人,所以要算账。""人在香港,文学观还是大陆的,因此你瞧不起'通俗文学'界中人,但是你要知道,不打进通俗文学界,名利均受限制,海明威、沙洛扬早年都给通俗刊物写稿。""蒋芸送了我五期《清秀》,连 GA 共九本,其中八周年纪念特辑一本,非常豪华,我以为很好。这一流刊物可以抵得到卅年代美国的《繁华市》(Vanity Fair)。这个刊物现在已复活,有人寄给我二本,不如卅年代的。"

**二十日** 上海书店与上海社科院文学研究所、《文学报》编辑部在文艺会堂举办座谈会,于伶、王元化、袁是德、丁景唐、许杰、任钧、朱雯、罗洪、赵家璧、贾植芳等三十馀人出席。据俞子林回忆:"当时文艺出版政策往往不是很明了,尤其在从禁锢逐步走向开放的时期,更需摸索。""施蛰存先生因身体健康原因未能莅会,托人送来了书面发言。施老发言中有一段话是这样说的:'新文学出版事业的五十年,到今天已成为历史的陈迹。对一般文学青年,或文学研究工作者,这一段历史成为一无迹可寻的空白。近几年来,要回顾一下中国新文学运动史,或研究新文学运动成果的人日渐多起来,这是历史的复活,可见五十年间的新文学运动,还有其值得回顾的意义。上海书店的工作同志们考虑到这一需要,几年来重印了不少二十年代和三十年代的新文学出版物,获得读书界和学术界的好评。这是值得赞扬和祝贺的。我希望上海书店把这一个工作继续做下去,今后应当考虑重印一些抗战时期内地印的土报纸本新文学书,甚至也不妨印一些敌伪时期的书。'"(俞子林《照片里的故事》)

**二十五日** 按程千帆日记:得施蛰存函。

**二十六日** 吴闻自北京复先生一函,答复询问夏承焘近期病况。

**二十八日** 姜德明由北京寄黄裳转致先生函:"当年《现代》上发表《战线》的黑炎是否还写过别的作品?他出过什么单行本?下落如何?"

**三十一日** 陈兼与致先生一函。

**是月** 东方出版社出版中国书展(1985·香港)筹备委员会编《书人书事新话》,

收录先生近影并所作《〈现代〉的自我推荐》:"国内各大图书馆藏有全份《现代》的,不过四五家。国外学术机构包括美国国会图书馆,所收藏的《现代》也都不全。现在上海书店把全份《现代》影印出来供应学术界及一般读者,并将参加在香港举办的'中国书展',真是一件好事。我作为这个刊物的编辑人,在五十年之后,能和新一代的读者一起,见到自己早年的文学工作,感到非常荣幸。""虽然是一份五十年前的旧杂志,对于八十年代的新读者来说,我相信它还不会像一个鸡皮鹤发的老婆婆。"

**又** 中华书局初版李宗为著《唐人传奇》,"后记"写道:"尤其是导师施蛰存教授,在本书初稿的写作过程中自始至终给予极大的关注,为此付出了很多心血。"

**同月** 5日《书讯报》刊载葛昆元《"我一生开了四扇窗子"——访华东师范大学中文系施蛰存教授》。

## 十二月

**一日** 黄裳致函:"《词学》4期何日可出?念念。适得人民日报姜德明兄信,内附致先生一笺[11月28日],有所请问,谨转呈,乞迳复。"

**二日** 在《文汇报·文艺百家》发表《当代事,不成史》:"10月29日'文艺百家'争鸣栏刊载了唐弢同志的《当代文学不宜写史》。11月12日又刊载了晓诸同志的《当代文学应该写史》。这样,这个问题就'争'起来了,我也想参加一'鸣'。""我同意唐弢同志的意见,凡是记载没有成为历史陈迹的一切政治、社会、个人行动的书,不宜误用'史'字。"

**同日** 复齐鲁书社宫晓卫函:"知已成婚建家,贺贺!""我的两部《花间集》有小令一千首,注释甚麻烦,而且我不想以注求问世。我以为注释本是通俗读物,是第二三流出版物,注得不好的书更是末流出版物。我这个选本是一种流派文选,不应该作为普及读物出版。辛弃疾词二阕阐释文我可以担任,什么时候集稿?镇江师专中文科主任杨积庆,原是华东师大教师,他很有学识,你可以分配几首词请他撰稿。""华东师大古籍整理所已请杨为兼任教师,帮助徐震堮先生带博士研究生。"

**三日** 复李欧梵函:"谈凤梁先生已将'文教参考资料'[《文教资料简报》]带到纽约,由我儿子施迈代付邮寄给足下。""我的学生严寿澂 M. A.已向芝加哥大学送达申请书,你能否帮助玉成其事?""过几天将找一些近来发表的论文复印寄上。"

**同日** 北京马彦祥致先生一函。

**五日** 在《书讯报》发表《我的第一本书》(未完):"编辑同志来组稿,要我也写一篇,我就一口答应了。过了好多天,才有空闲执笔,想还掉这一项文债。可是,一想,这个栏目意义不很明白。我的第一本什么书呢?可以是我读过的第一本书,也可以是我买的第一本书,也可以是我写的第一本书。估量编者之意,大约是希望我谈谈我所写的第一本书。不过,我又想,趁此机会,从三个方面都谈谈,也有趣味,可以作为我的一篇关于书的回忆记。"

**上旬** 自制宋代赵长卿《探春令·早春》贺卡(红色油墨、尺幅为8.5厘米×14厘米)一百份分赠诸位友人,并"题记":"余弱冠时曾以此词歇拍三句制贺年简,以寄师友。赵景深得而喜之,志于其文,去今一甲子矣。景深鹤化,忽复忆之,更以此词全文制柬,聊复童心。奉陈文几,用贺一九八六年元旦,兼丙寅春正。施蛰存敬肃。"

另,按先生自述:"赵景深还写了一篇文坛轶事,为我做了记录。1985年景深逝世,使我想起青年时的往事,为了纪念景深,我把这首词的全文印了一个贺年片,在1986年元旦和丙寅年新春,寄给一些文艺朋友,使这首词又在诗词爱好者中间传诵起来。"(《赵长卿〈探春令〉赏析》)

另,据邓云乡回忆:"元旦前收到了施蛰存先生的贺年片,上面印着宋代赵长卿的小词《探春令》,是用红色铅字印的很别致的小卡片。"(邓云乡《"双甲子"的祝贺》)

**十三日** 在《文史知识》第12期发表《词学名词解释》(十四、自度曲·自制曲·自过腔)。

**十五日** 在《书讯报》继续发表《我的第一本书》(续完)。

**十六日** 农历十一月初五,先生八十一寿辰,并在寓所留影。

**十八日** 应邀为谷苇纪念册题书诗作《写藏书目录竟因题一绝》。

**二十日** 为陈以光《云水楼集》作序:"今年春,君持其集来,属论定,兼乞序言。会余事冗,谢未遑。君坚要之,遂留其稿,约岁阑报命。今岁将阑矣,不可不践诺,乃出其集读之。文辞多未工,初不以为佳。三复读之,忽若有得。""君之所撰,诗人之辞也,安得于文字章句象内求之?"

**二十三日** 撰讫《"当代"已经过去?》:"本月初,我替唐弢同志助了一阵,把他提出的'当代文学不宜写史'的观点讲讲清楚。我的文章发表后,有许多人来信表示同意,我以为这件事可以结束了。不意今天看到吴倩同志的文章《过去事,就是史》,他对我的意见提出了'异'议。这样一来,这个问题似乎还不能了结,还可以'争鸣'下去。虽然我不想再参加这一'争',可是,箭在弦上,也就不得不发。于是写了此文,请编辑同志浪费一片版面,使我这些意见有机会再就教于读者。"

另,按先生自述:"此文寄去报社,未见刊出,而编者已发表了一篇结束辩论的文章,对双方论点,不作判断,就此一刀砍断了这一场辩论。"(《关于"当代文学史"·附记》)

**二十四日** 复杭州大学朱宏达函:"我给投稿人的信,少说也不下百馀封,今天仅存宋清如手头一封,自己看了,也颇可供回忆。你的二文均看过,朱生豪词一文留下,待编入《词学》第6或7辑,恐怕要一年之后才能出版。另一文奉还,你想给《新文学史料》,我无意见。就怕只此一信,太单薄些,还是放在浙江文艺刊物上做补白吧?"

**二十七日** 黄墨谷自北京复函:"圭璋翁曾告知,先生对戴亮吉老人所藏《词林翰藻》颇为关注。愚曾为此走访戴老之女,兹悉该物'文革'期间,被红卫兵抄去。""街道退还抄物,而《词林翰藻》及其它重要文物均散失。《词林翰藻》系册页装裱,共七册,中以郑文焯致朱祖谋函札四册,为该书精华所在。大鹤先生书札,极近晋人,文章、词论、书法,堪称三绝。今不得复见矣!尚幸当年承亮吉老人惠见抄录。愚曾全文抄录大鹤山人致朱祖谋书札二册,计37篇;其馀二册因卷帙浩繁,仅摘抄论词部分,共45篇。容得闲暇,拟整理复写若干份,呈奉先生及唐老。""汪东先生悼壮翁水龙吟词,乃其次女乔无远,据当年南京报刊发表之复印本提供,81年在《书谱》发表时,愚未经对谱即引用,疏漏之过深为内疚。蒙先生指点,感甚幸甚。"

**二十八日** 复香港古剑函:"《有情人间》早已收到读过,其他都没有意见。反正知道港中报刊小文都是这一派。关于我的一篇,我说写得不好,但也许有人会说好,蒙太奇写法嘛。""去年9月23日出院回家后,做了不少工作,前几天总计一下,""1.《唐诗百话》,54万字,其中有15万字是新写的,已发稿(上海古籍)。2.编好《外国独幕剧选》第五集,40万字,我逐篇改过,已发稿(上海文艺)。3.《词学》第5辑编成,20万字,我逐篇看过,已发稿(华师大出版社)。4.《词学》第4辑初校,20万字,这两天正在校阅。5.送出1960年代写的《水经注碑录》,18万字,改定后给天津古籍出版社,已付排。6.编定'词学文献汇编'[《词籍序跋萃编》],这也是六十年代在资料室工作时编的,60万字,已交北京社科院出版社[中国社会科学出版社]。一年来,差不多做了编、写、校200万字的工作,我一辈子没有这样紧张工作过。"

**二十九日** 《经济日报》刊载诸天寅《"愿新春已后,吉吉利利,百事都如意"——作家的贺年片》:"为弄清《探春令》的出处,不久前,我曾给八十高龄的华东师范大学施蛰存教授写信,很快收到施老的复信,信中说:请你翻一下《宋六十名家词》,其中有词人赵长卿的《惜春乐府》,《探春令》是词调名,末句是'百事都如意'。"

**三十一日** 先生致开封佟培基函。据佟培基回忆：先生"寄来以宋词《探春令》制之贺年柬，同时托转高文、任访秋、刘朱樱数张"。(佟培基来件)同时，先生还分别寄赠《探春令》自制贺年柬给崔耕、桑凡、张万钧、杨华松等河南友人。

**同日** 《上海民革》刊载陆印泉《再谈施蛰存——文坛忆旧之一》："施蛰存是我初中时代老师。我写这个题目，似乎含有不敬之意，但是我之所以用这一题目，自有其一段来历。""十年动乱结束后，我常去看他。"

**下旬** 为编讫《北山楼绝句》作"序引"："余于诗，多读而少作，读愈多，愈不敢作，既不学，又无别才耳，今学诗者往往从绝句入手，五言二十字，七言二十八字，若易为也，然唐人绝句万首，其善者不逾十一，可知其易为而难善也，稼研先生有诗癖，林下优游，吟咏不废，顷欲集朋从诸君子绝句为小集，以资切磋，亦用娱老，辱承垂青，征及敝箧，既惶悚不可辞，录旧作三十篇献其拙，幸附骥尾，亦乞诸公评泊之，有可备唐绝十九之数者乎。"

**月内** 中州古籍出版社出版苏渊雷《易学会通》，苏渊雷题赠并赋诗一首。

**是月** 在《出版史料》第4辑发表《我和现代书局》。

**又** 浙江文艺出版社出版蔡国梁著《明清小说探幽》，封面书名由先生题签。先生自述："题字不须署名，况已在后记中提及，再版亦不必另外加印贱名，酬金也不必送来，我只卖文，不卖字，请弗客气。"(复蔡国梁函，1986年2月1日)

**又** 辑录苏曼殊诗集《燕子龛诗》和译作《丈夫与情人》，列入"百花洲文库"，均由江西人民出版社第二次印行。

**同年** 1月，《中国社会科学》第1期刊载严家炎《论三十年代的新感觉派小说》；《小说界》1月号重新刊载其作《梅雨之夕》及严家炎《三十年代的现代派小说》："二十年代末和三十年代初，中国文坛出现过一个以刘呐鸥、施蛰存、穆时英为代表的新的小说流派——新感觉派。这是我国第一个现代主义小说流派。这个流派的最早阵地是文学半月刊《无轨列车》。"4月，《中国现代文学研究丛刊》第2期刊载施建伟《现实主义还是现代主义——试论心理分析小说派的创作倾向及其历史教训》。7月，湖南人民出版社出版《走向世界文学——中国现代作家与外国文学》收录吴福辉《施蛰存：对西方心理分析小说的向往》；《中国现代文学研究丛刊》第3期"旧文录载"专栏刊载其作《周夫人》《鸥》，以及严家炎《略谈施蛰存的小说》。9月，《华东师范大学学报》(哲社版)第5期刊载陈慧忠《来自现代都市的孤寂感——施蛰存论之一》。11月，

《文学评论》第5期刊载余凤高《心理学派与中国现代小说》。

另,按先生自述:"在1930年代的中国新文学作家中,我只是一个小卒子,何敢希望高攀伟大作家?我的那些作品,也正是当时文学界的几点浮沤,转眼之间,便自然破灭,我也视为当然,并无遗憾。出于我意外的是,近几年来,我的那些尸居馀气的作品,会有文艺批评家、文学史家和青年作家们从灰积尘封的图书馆书架上找出来,像鉴赏新出土的古器物那样,给予摩挲、评论或仿制。严家炎教授根据五十年前适夷同志的分类法,把我的作品归入'新感觉派',承认它是现代文学流派之一,是具有现代文化的代表性的。""还有吴福辉、余凤高、施建伟等好几位文论家,都为我写了专论,称许我是在文学上首先动用弗洛伊德心理分析方法的作家。诸如此类的不免有些过分的虚誉,使我常常感到受宠若惊。"(《十年创作集·引言》)"想不到,我那些小说,却和秦始皇的兵马俑同时出土,刍灵成为宝物。自从严家炎编出了一本《新感觉派小说选》,封我为'新感觉派主要作家',""这样一吹一捧,使我那些'假洋鬼子'作品,被不少文学青年或青年作家奉为现代化的文学典范。自然而然的,有意无意的,有人摹仿起来。"(《且说说我自己》)

另,吴福辉在《施蛰存:对西方心理分析小说的向往》论及:"把施蛰存完全归入三十年代曾经昙花一现的'新感觉派',这个框子未免小了一点。有一段时间里,他确乎成为穆时英、刘呐鸥的同路人,写过类似的现代派作品。但是,他的创作空间,远比那两个日本'新感觉派'的贩运者要来得大,创作的全程也延伸得更久远些。施蛰存身上仿佛存在着两个源泉,现代派的与写实派的,此消彼长。他有洋味,他欧化,但又始终掺和着由江南城镇风物凝结成功的那股民间气息。论及与外国文学的关系,他虽然是直到二十年代末期才出现的文学家,受的倒是'五四'的启蒙,早在1921年便接受了科学、民主的洗礼和外国文学思潮的影响。他还直接从西方输进弗洛伊德主义,是中国弗洛伊德心理分析小说的尝试者。""他从一开始便奉行创作与翻译并重的原则,""这两个方面的互相渗透,也构成了他的向外国文学借鉴的独特面貌。"

## 一九八六年(岁次丙寅) 先生八十二岁

### 一月

**三日** 许宝骙自北京复函:"顷奉惠书及新年吉笺,捧读不胜欣喜。""三处即当分别转致,请释念。俞平老今年八十八,从事学术活动满六十五周年。社科院文研所定于月之廿日在科学会堂为举行纪念会。""平老多年绝口不谈'红楼梦',此次将破例作专题发言,提出些新的见解,不失为学术界一桩小小胜事。""蛰老如有回忆纪念文章,请随时投赐《团结报》,是所切盼,是所至感。"并寄赠贺年卡:"愿新春以后,吉吉利利,百事都如意。"

**五日** 复施议对函:"耿百鸣未来过,尊著尚未见到,小传补数语奉璧。我于词并无什么主张,因为不是做词的人。词补二首抄奉,今日天寒,手很战抖,草草写奉。沈祖棻《涉江词》中也有我一首题词,不知已抄得否?""如是则我有五首词可供编用了。"

**同日** 钱歌川由美国复函:"令郎曾来此两次,接谈甚欢。""顷在238期《明报月刊》读到吾兄之投书甚有同感。大学考生竟不识'知足长乐'一语之含义,令人废书三疑。国内的人爱随意简写,实一可怕现象。""但从'文革'劫灰中钻出的一些年轻女作家,不但文字流利,而思想亦极细致,她们要钻到生活的深层去探索。我说'文革'唯一的好处就是使人遇事要去思索,而不再盲从了。"

**七日** 按贾植芳日记:"收到施蛰存先生的贺年词。"

**十日** 复北京许宝骙函:"有数事奉闻。1. 请为代达平伯师,《红楼梦》这一碗冷饭,只可让别人来炒,我以为平伯师最好不必自己来炒此冷饭。2. 玉佛寺聚餐照片已在添印,印出即寄上。3. 平伯师祝寿典礼如有照片请惠一张,去年1月夏承焘先生寿典,12月唐圭璋先生寿辰,弟处均有照片,希望此次亦能得一寿庆现场照片,弟将刊入《词学》。4. 去年南京师大为唐圭老祝寿,弟制一贺词,欲买大红冷金笺书之,竟不可得,结果仍用白纸一张,甚不像样。近日事忙,平伯师处亦无暇撰献贺词,并乞代为致意。5. 贵刊我实在无文可写,以后再说,有适当文字即寄致。"

**十一日** 《解放日报》刊载陆忠文《万籁鸣为名人剪影》提及:"剪影也就成了他的一门技艺,请他留影的人也越来越多。据万老记忆,其中有许多著名人士,如施蛰存、袁牧之、郑正秋、胡蝶、金焰、王人美等。"

**十二日** 先生复王紫平一函。

**十九日** 致南京大学屈兴国函,言及"承还词籍九种,收到已月馀,昨日始作检点,有几件事奉询"。

**二十一日** 致齐鲁书社宫晓卫函:"每天要复五六封信,你那边竟被挤下来了。刘旦宅画的年历很好,其中李清照、王渔洋二张可以单独印一些,放在李清照纪念堂里发卖,作为旅游纪念品。""《梦秋词》是词学出版物中第一流书本,也只有你们齐鲁书社肯印行。""我的二种《花间集》不想加注。诗词之类,注了也是看不懂,多数人是不看注的,所以加注是'费力不讨好'!分二本书也不是办法,""反而会使第二本滞销,况且我这二集,重点在第二集(《清花间集》)。""请代谢国品同志。"

**同日** 复南京师范大学常国武函:"尊作在收到时,略一通读,无甚问题,即放入《词学》第 6 期备用稿之封袋中,拟待 3、4 月份发稿时,再逐篇细阅。弟作事向来集中精力做一件后,再做一件,故对大作此刻尚不能决定取舍,但弟观足下文已有认识,略知足下功力。""惟题目不甚惬意,是否可以改,""'面面观'似乎太陈旧了,又大作中有一二处句读有误。""《词学》编辑费时,出版更缓。第 4 辑去年春间看过校样,至今未印出;第 5 辑上月方发稿,尚未知何年何月可以出版;第 6 辑预定春杪发稿,印出恐将在 1987 年初。尊作如有时间性,请惠知,即检还;否则且存于此间,待弟作最后决定时奉闻。弟杂务多,《词学》几乎是一手单干,种种稽缓,无能为力,宥之宥之。"

**二十二日** 复李欧梵函:"谈凤梁先生带美之'参考资料'[《文教资料简报》]已交与克拉克门托大学的石汉椿先生转交。""穆时英、刘呐鸥的书我也没有,书店中亦早已绝迹,待你今年来时,在上海多住几天,我介绍你向上海书店书库中去找。我的学生严寿澂已向芝加哥及康奈尔两校送了申请书,你可否帮助他一下?""金介甫的《沈从文传》有中文译本,我才看到。此书第七章涉及沈从文对现代主义的批评,也有金介甫的评论,使我诧异,沈从文不会理解现代主义,不足为奇,金介甫也不理解,十分奇怪。现代主义是一种新的创作方法及表现方法,不是指题材内容为大都会中的现代生活。沈从文一看到描写舞场、咖啡,就生气;金介甫似乎也有同感,怪不怪?"

**月内** 端木蕻良收到先生寄赠的《探春令·早春》贺年片,即步原韵作诗回赠。

**又** 寄赠程应镠夫妇《探春令·早春》贺年片:"应镠仁兄、宗蕖尊嫂,新禧"。

**是月** 中山大学出版社出版饶鸿竞编《亿兆心香荐巨人·鲁迅纪念诗词集》,收录其作《吊鲁迅先生诗并序》(五古)。

**同月** 20 日香港《大公报》刊载上尹《喜读〈新感觉派小说选〉兼谈〈中国文学流派创作选〉丛书》。《福建文学》1 月号刊载柯文溥《现代作家与闽中风物(九)栗·柿·梅》。

## 二月

**一日** 复上海音乐学院蔡国梁函:"此书[《明清小说探幽》]论及许多明清小说,

近来甚少有人见到,即作为介绍性质,亦有意义。何况评述颇多中肯语,大约费力不少,成之不易。""我病后精神甚好,事忙,也推不掉,每天总得做些文字工作,不过从今年起,已决定谢绝一切非本职的文字工作了。"

**二日** 应百花出版社谢大光之约,开始将旧译《域外文人日记抄》润改。先生自述:"我手头也没有存书,费了几个月时间,才好容易觅到一本。自己重新看了一遍,随手把译文稍稍润改了一下。"(《外国文人日记抄·重印后记》)

另,据谢大光回忆:"听我当面提出重新出版《域外文人日记抄》的意向,先生很高兴,找书花了不少时间,找到又重新看过,对旧译做了些改润。"(谢大光《一个有趣的灵魂——追念施蛰存先生》)

**五日** 俞平伯复明信片:"奉惠书并赐贺柬祝词,感谢。文学所宠召开会,勉力赴之,呈二小文,一九七八、八〇,皆旧稿。以体衰声哑不能多诵,属外孙读之。而承社科院、文研所并致盛情,不胜悲惶!我兄深知鄙况,定荷鉴原也。"

**九日** 春节。诗作《新年祝诗》在上海人民广播电台"文学爱好者"节目中播出,并在《每周广播电视报》发表。

**十日** 先生为与周松龄、谢英合译完成美国库尔特·辛格《间谍和卖国贼——第二次世界大战间谍史话》交付出版而撰"译者附言":"此书于1945年7月在美国纽约出版,""我所买到的是1945年9月的第三版本。""我读完此书,觉得极有趣味,而且大开眼界,就陆续把它译出,先后发表在《幸福》等月刊上。到解放前夕,大约译了七、八章,由于《幸福》停刊,就中止了译述。这一耽搁,就搁了三十年。馀下的由周松龄与谢英两位同志合作,在去年译完。我当然非常感谢他们。这本书过了三十年才译全出版,也有一点好处。原著中有许多没有下落的人和事,在这三十年间,都发现了新的材料,因而有了眉目。《卡纳利斯等人的结局》一文就是新的补充。"

**同日** 为所著《词学名词释义》交付出版而撰"引言":"我用了一点考证功夫,把几十个词学名词整理了一下,以求得正确的概念。这里收集了曾在《文史知识》和《文艺理论研究》发表过的二十五篇,先印一个单行本,供学者参考。"

**十一日** 书赠陈九思诗笺并题识:"陈九思惠赠《转丸续集》,报以一诗"。

**十二日** 先生复王紫平一函。

**十三日** 在《文史知识》第2期发表《词学名词解释》(十五、填腔·填词)。

**十五日** 先生复北京大学严家炎一函。

**十八日** 徐曙岑(行恭)致周退密函谈及:"讫便告稼翁《词学》3辑已觅得。"

**二十日** 黄墨谷致函:"郑文焯致朱祖谋书札已缮写,这一部分虽然戴老亲自校对,但六十年代初,他已近八旬,眼力甚差,亦未能尽善,整理时仍遇若干不清楚处。原书札无标点符号,现钞乃愚所加,词牌概不加书名号。某些字句如不加'引号',则很难读懂,不得已加'引号',这样处理,是否妥当,请先生定夺。大鹤山人专用古字,戴老校对时,有些字加注,有些字也不加。愚整理时,如《康熙字典》能查到根据的,亦略加注。这样做,似乎不太规则,要补齐,有困难;要全删,确实不好懂。""如何是好请先生考虑。""这部分书简,偶于篇末系'甲子',而大部分只纪'月日',作为资料是有缺点的。""'十一页'以下已入民国矣。据此,这一部分书简,大概可初定为郑文焯晚年最后一简。""愚至今内疚,六十年代初如能促成,""影印《词林翰藻》;或能说服戴老将该书捐赠北京图书馆善本室,不致'文革'期间被抄湮没。目前愚手中之该书残篇零简,如不及时整理,或者将造成第二次失误。此次能将其缮写出来,乃先生督促之功。""'郑叔问年谱',尚未觅得,文人无后。何鲁先生之藏书,因京中居处紧张,其儿孙烧毁一部分,他们认为是无用之书,其馀堆积尘封,无法拣取。"

**二十三日** 元宵节。应邀为退密楼藏《玉泉篁韵图》题跋:"淇奥清风,翛然尺幅。山阳歌啸,何啻七贤。退密仁兄经营此卷,余方卧疾,未获追随。顷嘱疥贱名卷尾,岂许其把臂入林耶?"

**同日** 陈九思书赠诗笺并题识:"拙著《转丸续集》,辱蒙蛰老诗宗宠锡佳章,敬次原玉奉呈哂正"。

**二十八日** 致香港古剑函:"去年秋季以后,我成为'重新发现的作家'(英国某刊物介绍语),居然走了红运,有几个青年作家来访问,说是向'现代派''寻根',又有一批自称'八十年代新诗人',都是廿七八岁的青年,最近从北京来访问我,因为戴望舒已故世,就到我这里来'寻根'。""应国靖在《老年生活》上写了一文,详细讲了我与癌症作斗争,引来了许多信,都是癌症患者,其中很多离休老干部,这许多信,也使我忙于答复。近来有人贬低鲁迅(《青海湖》刊出,我尚未见),引起批判。""另一纸[函]请代寄卢玮銮。"

**月内** 孟浪(俊良)、贝岭、沈忱来访。据孟浪回忆:"我给施先生送了我与上海的青年诗人一起创办的《海上》和《大陆》。施先生饶有兴味地翻阅我们带去的刊物,还感慨道,到我们这一代才与他们(老一代)接续上了。""他就顺手拿出当时出版不久的墨西哥诗人奥克塔维奥·帕斯(Octavio Paz)的英文版诗集,说那些天正在读。"(孟浪《施蛰存先生的六封信》)

**同月**　13日徐霞村在厦门逝世。

## 三月

**一日**　复平湖葛渭君函:"题词已做好,但尚未写,此间诸老诗友也允题诗或词,等汇集后一起寄奉,大约有六七人。""今年厦门大学创建65周年校庆,上海校友会要送一份礼品给母校。我是校友,大家托我办,我想送一幅画及一副对联。这幅画想请藕汀同志画,四五尺宣纸中堂立轴,""请兄先与藕汀同志联系一下。"

**三日**　复美国李欧梵函:"上海各宾馆房租奇昂,足下是中国人,必不必回来享受土气的洋派生活。""如请作协安排华东师大专家楼,可方便而节省得多。"

**月初**　编定《域外诗抄·第七辑比利时诗抄》。

**七日**　南京唐圭璋致函:"2月28日函读悉,肖鹏函亦转交。《全明词》不闻消息,""李一氓最初是与饶宗颐谈的,后以香港资料少,改请张璋。""似乎已成定局且将杀青,不知何以有如此巨变,疑或系传闻之误。10月开一次会,弟意可请马[兴荣]先生主持。""先生知识丰富,交游广阔,海上人多书多,宏观微观都能兼顾,一年看二百万字文稿,可见精力旺盛。"(万照楼藏品)

**九日**　将部分已审阅的《唐诗百话》一校样带给上海古籍出版社副总编黄屏,并致函:"初盛唐两部分都已看过,你签出的地方都已分别处理,请你复核一下,把签条撕去,即作为定本。如还有意见,请你保留原签,仍发还再研究,只要一篇篇送回,不必全都送来了。"

**上旬**　从英译本《丹麦诗选》中选译七位诗人的诗作。先生自述:"正在抄写失而复得的法国诗和比利时诗,无意中看到一本《丹麦诗选》的英译本,诗兴复萌,重理故业,又译了十八首。"(《域外诗抄·序引》)

**十二日**　致陈兼与函:"退密、谦六来,知起居康复,甚以为慰。'诗话'已拜诵一过,附纸陈意见[另纸六条]及勘误[亦另纸五条,又及'尚有数处,失于勾出,以后续奉']。又奉题一诗[《陈兼与丈惠赐新著诗话,奉题长句兼寿九秩》],请教正。另有题陈九思《转丸续集》者,附录请正。今年拟约诸公为'琐谈',已托退密代陈。"

**同日**　复平湖葛渭君函:"现因时间来不及,校友会改送别的东西,不必请吴藕汀先生画了,甚抱歉,请二位原谅。题词已就,附寄请正。"

**十五日**　先生复南京唐圭璋一函。

**十六日**　复赵清阁函:"写一本讲唐诗的书,""看来今年还不能出版,明年出版后,如果我还没死,一定奉赠一本,如果先已'作古',也在遗嘱中写明,让出版社送你一本。方宽德还没有来,""前天收到卢玮銮信,她说5月中要来,应上海大学之约,来此讲学。她来,我当然要招待,你当然仍是陪客。丰一吟不吃荤,我给她吃素。""但现在我无法去梅龙镇吃饭,如何招待,还想不定,你给我出个主意,好不好?(你能出门走动否?)小鹿的贺年片没有收到。"(按:此函现存上海图书馆,转引自赵清阁编、史承钧校订《沧海往事——中国著名作家书信集锦》。)

**同日** 复李欧梵函:"四本书中惟 De Sade 的一本 *Justine* 最惬心,此人著作我未在国内买到过,今得一读,亦平生快事,而且知道此书在1966年还有新版,可知读者不绝。其他三本《希腊选集》是足下买错了,我要的是一本《古希腊诗选》,""我见过的都是此书之选译本,未曾见全书,希望能得到一本英译的全本,通过英译可窥此书全貌。费心你托 Powell Bookstore 找一找。""Peretz, Issac Leib: *Stories and Pictures*, Trans by Helena Frank, Gordon Press 1976.此书费心找一找。"

**中旬** 应彭燕郊之约,润改旧译《蓓尔达·迦兰夫人》,拟交付出版社重印。

**二十二日** 复陈兼与函:"鄙意只好抛却'前编',弗使有关系,作为另写一本;亦不必以存没'分卷',说不定书出版时,存者亦作古;以存没为区分,此是'上海□□'之愚昧,须知诗话以多写存者为佳。《平等阁诗话》之胜……""要加材料,亦当兼顾,全书以70%写存者,以30%录已故者,则已与'前编'有明显之区别了。书名可另取,例如'壶叟诗话'之类,或仿《石屋馀瀋》,题作'兼于阁馀话',亦较与'前编'有别。""昨日已去函浙江古籍,为公介绍,希望能成事。"

**二十四日** 复马祖熙函:"夏老日记如有疑处,望列一表,待半年抄好后一并寄吴闻夫人以原稿校核。因此稿亦请人代抄,必有误字也。《天女散花图》我曾注意到,清人笔记中亦有过,此事可从大仙《离台堂集》中考得,此书师大有,但不能借出。待足下回沪后,可介绍去教师参考室检阅。上海教育出版社约稿《历代哲理诗选》,已代足下接下,有稿纸300张已送来。此事希望足下从暑假开始从事,至年底或1987年2月交稿,全书须15万字。我有《两汉魏晋南北朝诗》,故此一段时期中诗,我可代为选定,唐以后由足下自选。我写一二篇样式,其馀皆足下一手成之。"

**二十五日** 复青海师范大学范泉函:"浦汉明在贵校否?如不在,请示知其地址。"另附答范泉征询《中国现代文学社团流派辞典·总目录》意见:"鸳鸯蝴蝶派未见。有戴望舒、卞之琳、孙大雨、冯至编的《新诗》,由新诗社印行,1935—1937上海。"

**同日** 《人民日报》刊载史彦《从〈上元灯〉到词学研究》:"我见他无论是在病房里

还是家中,总还辛勤地在工作着,小桌上总放着一叠稿纸。他目前的兴趣仍是多方面的。其中之一则是编辑《词学》,""他还为《文史知识》写《词学名词解释》的连载。这是一组启蒙文字,但中间却不少创见。他还在写《历代诗馀总集》的'提要',将近完工,在写作中间千方百计地找各种词总集的原刻本来对比勘定,花的功夫不少。"

**二十七日** 阴雨之晨复张香还函:"书二册收到,虽然早已看过,再翻一遍也有味,不过《秉烛谈》不是苦茶庵佳作,抄书多而议论少也。看足下此二书,修补整洁,可见足下爱书之癖,故当引为同志。我现在已非聚书之时,不敢承赐。此间书多,无书斋,无放书处;近来正在遣散藏书,足下如要何种书,弟可以奉赠。"

**三十日** 复湖南彭燕郊函:"我偏偏没有译阿保里奈尔,你还是就近请沈宝基译几首配上罢。国内深通法国文学的,只有罗大冈和沈宝基。可是沈多年不露面,一般人不知道他,你应该为他鼓鼓气,请他多写、译一点,还请你把他的地址告我,我来写封信给他。""卢女士处我日内即有信给她,当转达你的邀请。我现正在赶抄《域外诗抄》,争取5月底交稿,别的事都暂时不干。《爱经》不必寄来,序可以写,但要排在6月份。《妇心三部曲》,我已请上海书店书库管理员留意查找。'施尼志列'译音实在不准,""我以为只能改末一个音,译为'显尼志勒'或'显尼志兼尔'。望舒译稿可用的还有许多在我这里,过几天先抄一个目录给你。上月我这里来了几个自称'八十年代诗人'的青年,他们的诗真够朦胧的了。"

**同日** 复香港古剑函:"我和鲁迅一场笔战,文章都在《准风月谈》中,你有机会去找来看,卅年代,鲁迅还不是圣人,还是凡人,我并不需要什么勇气来碰他,郭沫若、茅盾、钱杏邨都碰过他的,他们也并没有多大勇气,倒是现在《青海湖》上的一群'小子',却可说是有勇气敢'贬低'此老的。我不想参加'贬低'阵线,你千万不要为此事写文章,免得我被诬为'贬低的头头'。'现代派'青年来寻根,对我也有害无利,我极力避免,已经有一二信息反映出我还在被'隔离'。有几篇给我'捧场'或'辩诬'的文章,无处肯刊载。""许多编辑,不愿谈我卅年代的文学创作,也并不是受上级指示,只是善观气色,心照不宣而已。总之,我们的文学,只要十九世纪的古董:现实主义,别的都是'异端'。我从四十年代起,已丢掉文学创作,改行搞古典文学及碑版。""《词学》至今才出了三期,在日本的名声不坏,已有几位日本汉学家来信或来访了。你如果要写关于我的文章,必须把我分为前后两段,方能见我的全貌。"

**是月** 在上海翻译家协会成立大会上,被推选为第一届理事会理事。

**同月** 4日丁玲逝世。16日《新民晚报·夜光杯》刊载应国靖《丁玲与施蛰存》。

## 四月

**一日** 为《唐诗百话》作"后记":"这本书的问题是写得不上不下,如果把它作为唐诗研究的专著,则学术水平远远不够高;如果把它作为唐诗欣赏的普及读物,则又显得太繁琐,有许多枝节话,本来不用牵涉进去的。现在,书已写成,也无法改弦更张,我只希望读者各取所需,如果我能在欣赏与研究两方面,都能提供一点启发的话,就算它没有失败。"

**同日** 致平湖葛渭君函:"《阳春白雪》,我劝你只要校,不要注。人名都能考出,已不容易,加注则非一二年可成。徐乃昌及巾箱本我也未见过,慢慢地找。昨天杭州古籍编辑来,他们把'近代名家词'计划搁起了,不说不愿印,只说过一二年再纳入计划。这是打退堂鼓,许多出版社都如此,也无可奈何。我从此只好放慢脚步,一本一本的搞。"

**又** 在《名作欣赏》第2期发表《说孟郊诗》。

**二日** 乍浦许白凤复函:"嘱刻'编者呈教本',改刻石章,印拓附呈,求指疵。《词学》4辑,闻将出版为快。《龙顾山房词》刻正着手标点。本月24日为邱氏外孙女阿中婚期,来吃喜酒,又可趋前聆教益。稼研兄刊《昭代六家绝句》,征及不才,已抄旧稿百首寄去,不识合选否。"

**五日** 为旧作《汉乐府建置考》提供发表而撰"附记":"1956年所作,在华东师大中文系第一次学术报告会上提出宣读,当时原想续作一文,探讨两汉乐府歌辞之发展情况,故本文末有'说详下文'之语。至1957年即逢政治党锢,败兴而止,此文下篇,至今未成。本文仅留一油印本,浩劫中亦被没收,至去年方蒙发还。重阅一过,恍同梦寐中晤见故人。今请《中华文史论丛》为之发表,庶几不致泯灭。"

**八日** 《新民晚报》刊载陆谷孙《"好向渊明学率真"——悼念徐燕谋教授》。先生读后作诗并撰《哀徐燕谋》:"有陆谷孙悼念其老师徐燕谋的文章,始知徐燕谋已下世,因作此诗,以寄哀悼。""不过同时也不免慨叹:中国有的是人才,但能用人才的人却少得很,所以近年来,又流失了许多人才。"

**九日** 朱孔阳追悼会在上海龙华殡仪馆举行,先生请托代办花圈,表示哀悼。

上旬,徐定戡辑印《依然静好楼绝句钞》收录《北山楼绝句》。

**十四日** 致周退密函:"前晚看电视,始知沈迈老湖州回来即逝世。弟正去函齐鲁书社为之代购《梦秋词》,此书如尚在迈老斋中,请不必去索还,即作为赠送,亦延陵挂剑之义。"

**十九日** 上午上海图书馆萧斌如来访。下午致萧斌如函:"有一个友人[邵洵美]的儿子,正在要找工作,不知你能否给他帮助介绍一下,今将他的情况写在另纸,请你考虑一下,要不要让他们母子二人来拜访你?如果你能帮助介绍,就拜托你,如果还需要别人用力,我可以去请顾起潜或郭学群出一个介绍信。"

**二十三日** 沈宗威复函:"前日喜奉惠翰,《苕雅》一书,得以详悉,甚乐。惟朱刻《苕雅馀集》亦未见及,或仅有初印若干册乎。""承垂询《墨林快事》一书,经查系接收之物,早已发还,惟犹记得为素道间格白纸抄本耳(此书刻本极罕)。近见台湾出《大陆杂志》广告,载有陈洵《海绡词》平装一册(中华丛书本),""未谂公能托港友代购否。"

**二十六日** 在《新民晚报·夜光杯》发表《哀徐燕谋》。

**二十七日** 范泉由青海师范大学复函:"青海民族学院邀请我去讲'信息论、控制论、系统论在文艺上的应用'这一专题,由民院的汽车送我回来时,突然出现了浦汉明同志,她说她也在听讲,现在她借坐我的车回青海师大附中。在车上,她告诉我她和她爱人都已调在民院汉语文系。""1935—37年出版戴望舒、冯至等主编《新诗》的新诗社,我们尚未收入,是否可以我请孔海珠同志到您处听取您口头介绍后,去图书馆查借书刊参考后撰写。"

**三十日** 为邵洵美妻儿作短笺致上海图书馆萧斌如:"今介绍陈茵眉、邵显母子趋候,请赐接谈。如能大力帮助,感同身受。"

**下旬** 应王智量教授之请,在寓所为其研究生王圣思、王璞等五位同学讲课。据王璞回忆:"王智量教授对我们说,已跟施先生说好了,他同意给我们上一堂课,并让我们顺便取一些他捐赠给系里的外文书。"(王璞《到底是名师》)据王圣思回忆:"施先生身着咖啡色灯芯绒长袍,端坐在小书桌前,我们几个学生分坐在四方桌旁。面貌清秀的师母热情地招呼我们,端上刚泡的绿茶。先生声音宏亮,中气十足,目光炯炯有神,那时和他大声说话,他举着助听器还能听清。""他让我们一一写下自己的名字,然后我们就听他一人古今中外地畅谈。"(王圣思《追忆拜访施蛰存先生》)

**月内** 日本学者水原渭江将其著《词乐研究》(香港日本学术交流委员会印行,1981年12月出版)题赠先生:"施蛰存教授指教,晚水原渭江1986年4月敬贻。"

**是月** 四川文艺出版社出版卢润祥选注《明人小品选》,收录先生所作"题记"。

**同月** 21日中国翻译工作者协会第一次全国代表会议在北京举行开幕式。天津教育出版社出版穆怀瑛、胡钢主编《中国现代文学作品九十篇讲解》，书中章节有王富龙讲解先生旧作《春阳》。

## 五月

**一日** 《新民晚报》刊载应国靖《施蛰存的丰收年》："年过八十，肚上还有个累赘的老人，在一年中竟编写了一百多万字，这实在是令人惊讶的。"

**二日** 编定《域外诗抄·第八辑丹麦诗抄》并撰"后记"："最近得到一本英译的《当代丹麦诗选》，是《斯堪的纳维亚文学丛书》的第三十一卷，由李内·杨森、艾立克·杨森、莫根森和泰勒四人合作选编，1977年丹麦文化事业部出版，在美国印刷。""我国从来没有人介绍过丹麦的诗，因此我选译了七个诗人的诗共十八篇，以弥补这个缺憾。我选译的都是较易体会的小诗，尽管已是二转手的翻译，原诗的精神和面目，大致还不会走样。"

**四日** 周退密书赠词作《浣溪沙·和珍重阁词》并题记："俚句录呈无相前辈词宗正谬。丙寅四明退密倚声稿。"别录"兼老示新作次卷，四明退密贡稿诲政"。

**十一日** 夏承焘在北京逝世，先生获悉即致唁电给夏夫人吴闻表示哀悼。

**十二日** 复齐鲁书社宫晓卫函："'辛词'标题你代我拟一个吧，我文章写过，随即忘记，已无从拟题了。马兴荣先生那套词学丛书，我管不了，'顾问'也是空顶此名而已，你不必把我算进去。我现在自己的事也做不完，别的事一切'敬谢不酬'了。"

**十三日** 芝加哥大学教授李欧梵应邀到复旦大学中文系作题为《美国研究中国现代文学的现状与方法》的讲演，旅沪期间曾访并与先生合影。

**十五日** 复南京师范大学常国武函："当待文件来后，为作举荐书。足下有无已出版之单行著作，发表之论文有多少，我希望你尽量纳待审查，不可客气，须知目下有许多人以量多为胜也。""'竹山词'一文已编入《词学》六集，'探胜'二字请改。"

**十七日** 包谦六致函："兼老前有《兼于阁诗话》校误表，嘱弟送交徐定翁，请将其所校出之字，一并列出再转。公斛补一并写去，不识定翁已否转上，据退密云，其家正雇工董治房屋。""如能交到，即乞拨冗一理。昨日在兼于阁，老人曾询及此事也。再兼老精神日渐康复，已能略近笔墨，期颐可望，荷花生日、寿诞更无问题。"

**同日** 收到包谦六带信随即致陈兼与函："'诗话'勘误表在案右多日，忘记寄奉。""有陈师曾、胡翔冬诗各一本，需要否。""近日买得《同声月刊》全份39册（缺3

册,实36册),内皆词学文字,有夏映庵、冒鹤亭、俞陛云诸家述作。舍拟……内有吕贞白先德及陆维钊王父墓志铭,皆夏映庵撰,阁下要参阅否?"

**十八日** 俞平伯复明信片:"赐件感谢!先公墨迹,吉光片羽,当什袭葆之。曩年当由津返沪,晚岁之南行也,其船曰'海晏'。近得港友剪报二种,其一曰程雪野,盖笔名。提及愚与胡风,并说及何其芳、聂绀弩,皆与近闻有关,未知曾见到否?"

**二十日** 复孟浪(俊良)函:"你们来两次,使我知道许多青年诗人的信息,很感兴趣。对于新诗,我有不少意见,很愿意同青年诗人谈谈。上两次的谈话,我的印象是:你有点同意我的看法,贝岭似乎不很同意。我以为他还没有多看别人的诗,至少没有深入研究写诗的艺术,他还是依靠直觉,而不善于艺术手法。新诗的创作,只有思想和感情,可以继承古诗的传统,至于创作方法、表现方法,还应当吸取外国诗的传统。所以,我希望你们多多借鉴于外国诗(译本也可以)。我是赞赏'朦胧诗'的,只要朦胧到如雾里看花;如果隔着一重纱,或雾,看不出花,那就是'黑暗'了,要做到朦胧而不是黑暗,必须注意形象的安排和语言的组织。这是我对你们的劝告。"

**同日** 撰写《支那·瓷器·中华》:"《报刊文摘》转载了一位荷兰华裔学者黄隆泰先生的谈话。他提出我国不应被称为'支那',应当正名为'中华'。""前几天,看到香港出版的《镜报》本年第1期,其中发表了黄老先生谈话的全文。""黄老先生似乎有点误会,经《报刊文摘》一转载,我恐怕国内可能有许多人也跟着糊涂起来。"

**二十一日** 孔海珠、应国靖等来先生寓所谈话。

**二十二日** 陈兼与复函:"'诗话'承诸公勘误发现不少,实为可感。陆微昭、黄秋岳二人诗已收到多日,陆诗盖已更制一篇,寄港'大公艺林'备采用矣。""尊处有'胡[翔冬]集',愿赐一阅,用毕连前两种一并奉还。昨张珍怀君来,谈及大著有两种,浙社今年亦有不能印行者。现在出版界发行大有问题,不自研究对策,而对于出版物裹足不前,可为浩叹。闻今年秋季华东师大又将有词学研究之集,今年之会,我公可亲自参加矣。"

**二十四日** 为译著《域外文人日记抄》撰写"重印后记":"《随笔》杂志上有人写文章赞扬此书,这是给我很大的鼓励,可知五十年前的这个旧译本,还有人乐于阅读,因此我才敢毫无惭愧地把这个改本送交出版社去排印新版。""我希望这本书的重印出版,能引起翻译界的注意,有人愿意全译几种日记文学的名著吗?"

**二十五日** 程千帆复函:"得手教,知沈老[尹默]手书词稿已由黄[怀觉]君装好,极感。当即属人寄还30元,想不久可到。封套,扬州无熟人可办,仍拟烦陈文华托师大图书馆某女士一办,稍缓无妨。弟为《全清词》交稿事来京。"(按:函末落款月份"6/25",为笔误也。)

**三十日** 按张伟日记:"找到了1923年兰社的报纸《兰友》,这是戴望舒、张天翼、施蛰存当年在杭州组织的文艺团体,这份《兰友》一直未被人发现(虽然有不少人一直在寻觅这份报纸),上面刊载有戴、张、施等人的不少作品,有一定的价值。"

**是月** 人民文学出版社出版蓝棣之编选《中国现代文学流派创作选·现代派诗选》,收录其作《桥洞》《祝英台》《夏日小景·蛏子、沙利文》《银鱼》《卫生》《嫌厌》《桃色的云》《秋夜之檐溜》《彩燕》《冷泉亭口占》《乌贼鱼的恋》《你的嘘息》。

**又** 先生选编(未署编者名)的多人译作英国毛姆短篇小说集《便当的婚姻》,列入"百花洲文库"第四辑,由江西人民出版社初版。

另,主编(未署名)"百花洲文库"第四辑10种,由江西人民出版社出版。据马祖熙回忆:"文库由蛰老主编,责编是吴灌同志,每一辑含现代文学四种、古典文学三种、外国文学三种。蛰老知道我素喜陈维崧《迦陵词》,曾对迦陵词全集作过研究,因其卷帙浩繁,在汀州厦大时曾鼓励我对全集精品进行选录,并作好笺注,因此稿当年留在上海,未遭劫难,因此命我在原稿中,重新遴选,最后压缩成十二万字,录词一百三十首,分为四卷,编入文库四辑之中。"(马祖熙《化雨春风七十年》)

**又** 上海古籍出版社出版黄葆树、陈弼、章谷编《黄仲则研究资料》,收录其作《奉题纪念先哲黄仲则册子》。

## 六月

**一日**《名作欣赏》第3期刊载罗田《一幅清丽淡雅的"心画"——施蛰存〈梅雨之夕〉心态扫描》,并附录其作《梅雨之夕》。

**三日** 将《域外文人日记抄》改正本及"重印后记"寄付百花文艺出版社谢大光,并附函:"书中作者照片如仍采用制版,请先通知,我这里可找较好的底本去制版,不要用书中的印件。""此书希望明年能印出。"

另,据谢大光回忆:"先生和我都太乐观了,选题通过还正常,排校与设计都在缓慢进行。"(谢大光《一个有趣的灵魂》。按:此书后改为《外国文人日记抄》。)

**九日** 在《新民晚报·夜光杯》发表《支那·瓷器·中华》,署名"北山"。

**同日** 吴闻由杭州大学专家招待所致函:"闻于本月6日恭送瞿翁骨灰到杭,拟在西湖附近觅地建坟。日前晤杭大古籍研究所王荣初先生,获悉彼曾写录'词林系年'稿(唐五十年、宋五十年),寄交先生,供《词学》刊用。""闻在杭不能久留,数日后即返京,复信请仍寄京寓。"

**十日** 编定《域外诗抄·第六辑法国诗抄》并撰"后记":"我整理并誊抄了这一部分译稿("文革"被抄走的法国诗的全部译稿,共计六个抄本),删去了一小部分,共存诗十四家八十四首。这样一来,大大地充实了《域外诗抄》的内容;大约我的译诗工作,也从此可以结束了。"

**上旬** 继续从事选编《外国独幕剧选》第六集的工作。

**十三日** 在《新民晚报·夜光杯》发表《坑儒的办法》(署名"北山"):"黄裳同志在秦俑坑前想到秦始皇杀了四百六十多个儒生以后,把这许多尸体如何坑法。他引述了明人敖英的解释。""提出这个问题,倒很有趣味。可见这个'坑'字,历代都有人怀疑了。不过敖英的讲法,尽管黄裳同志认为'有道理',我却以为讲不通。""我以为,我们还得从文字学去寻找这个'坑'字的意义。"

**同日** 南京唐圭璋致函:"阅《新民晚报》知您今年丰收,曷胜钦佩。马兴荣同志来,至为欣慰,中青年词兴甚浓,尚望兄领导发扬。""兴荣说上海市同意《词学》年出两期,我笑话兴荣:我不解战前还出《词学季刊》,何以今不如昔,而且从[前]出的大本,今何以反出小本。""上海市要重视,要知晚清是词学复兴时期,是仰攀宋贤时期,应该继续发扬,胡乔木、李一氓都是作词藏词的。""南京还没有第3期《词学》,我也不知何故。买不着的人问我,我只好说可能来的少吧,也可能书店不敢买,怕卖不掉。""柳曾符同志送我古老[朱祖谋]书扇,即寄奉。""抗战时在重庆南温泉时,她[王淑英]请我吃晚饭,有孙先生[大雨]作陪,后来王淑英先生一直未通信,不知情况如何,您如有便请问孙先生可知王先生消息。"(万照楼藏品)

**十四日** 下午复河南崔耕函:"李纯甫二文皆引儒入佛,故当时儒家攻之,其实大可不必。""李纯甫'雪庭'一文不知有无著录,金元文字,未收录者多,金代诗文尤少拾。中原碑版,存金元文不少,我以为都可以录存其文,增补《辽金文存》。这件工作,我想你有条件做。《归潜志》所载文字多误,应以拓本为正。你这篇文章可以增加一些内容发表,也可以汇集少林寺及嵩山诸金元碑文,编一部书。"

**十五日** 为编定《域外诗抄》交付出版而撰"序引":"从收集、润色、抄写到编定,足足费了我四年时间,在我所曾印出的单行本著译中,这一本算是最难产的了。但是,五六十年间,随时即兴译出的外国诗篇,居然能编成一集,并由湖南人民出版社为我印行,在1980年前,还是我不敢设想的。""我现在按照这样一个译诗的历程编定我的译诗集,作为我译诗经验的里程碑。"

**同日** 复张香还函:"因校中两本中册均被人借出未还,故请足下代借一本,下册已有。"

**十六日** 先生复南京唐圭璋一函。

**同日** 姚学礼由甘肃平凉来访。据姚学礼回忆:"施蛰存先生恰恰与我爱好相同,他是中国现代派文学的开山大师,最早传播意识流、心理分析小说,新感觉派小说,同时他又研究中国最古老的文学艺术,这一古一新使他索要我的《色卦》,想从西北花儿之'花'作以研究。""他说他很想来西北去敦煌莫高窟看一看,他想写一本《敦煌壁画百话》。我谈到了甘肃有三大学问,一是敦煌学、一是藏学、一是崆峒学。他对崆峒学不熟悉,但很谦虚地听我介绍,当他听到是我要创立崆峒学时,他拍着我肩头说:'从中国现有文化遗址来看,平凉历史文化在魏晋南北朝以前,研究平凉文史应将精力集中在这一时期。'我说:五胡二十国是平凉历史最有写头的时期,民族分裂和大团结也体现得最突出,我写一本长篇小说《符竖大帝》。施蛰存说,我支持你,必要我可约一些学者加入研究。""他是真正的汉学家,写小说就'现代',写文史就'古代',十分彻底。""以后施老与我经常通信,我经常给他寄资料。"(姚学礼《怀念施蛰存》)

**二十五日** 撰讫《杂谈〈金瓶梅〉》:"在中国淫书中,也还是一部好书,它与《肉蒲团》《杏花天》等书不同。描写性交部分不是全书的主要题材。删掉了这些描写性交部分,并不影响这部小说的完整。""删净了的《金瓶梅》或《金瓶梅词话》,已不能说是一部有伤风化的淫书。三十年代,上海印了三个版本的《金瓶梅词话》,""而我们现在,对删净本《金瓶梅词话》还很不放心,从严限制出版。我以为这样做,大可不必。凡是'禁书',越禁越有魅力。""只要是删净本,不妨公开,任人购读。魅力消失,也就无伤风化。不过,当然也不宜大量印行。"

**是月** 选编《外国独幕剧选》第四集,由上海文艺出版社初版印行,收录其作《出版说明》,以及译作美国欧汶·萧《阵亡士兵拒葬记》。

**又** 小说集《善女人行品》由上海书店据良友图书公司1933年版影印重版。

**又** 《杂家》6月号刊载谷苇《"北山楼"闲话——在施蛰存书斋里》。

**同月** 24日国务院批转国家语言文字工作委员会《关于废止〈第二次汉字简化方案(草案)〉和纠正社会用字混乱现象的请示》的通知。

## 七月

**一日** 将编定的《域外诗抄》书稿寄往湖南人民出版社交付出版。

**五日** 按程千帆日记：函复施蛰存，"索印词集"。

**七日** 为将黄贤俊《王碧山四考》编入《词学》集刊第6辑而撰"附记"："此文于1984年5月寄来，其时我病卧医院，未及细阅。至今年春，始有馀裕整理积稿，读此文而善之。当即致函重庆西南政法学院黄贤俊同志，告以我已决定将此文刊入《词学》。岂知西南政法学院复信，谓黄贤俊教授已故世。此函使我震惊，我没有及早和他取得联系，觉得很对不起他，今将此文发表，以志悼惜。"

**八日** 为朱宏达笺释《朱生豪遗词》编入《词学》集刊第6辑撰写"编者附记"。

**九日** 为所作《历代词选集叙录·六》编入《词学》集刊第6辑而作"附记"："《历代词选集叙录》共四十二篇，皆作于1962年至1965年间。其时余耽于词学，阅词籍甚多。每得一书，必为著录。词选之类，成此四十二篇。自1981年本刊创始，逐期发表，至此结束。"

**十日** 撰讫《"变文"的"变"》："白化文同志的《什么是变文》，""认为周绍良先生的解释是'现阶段解释变文涵义的最为平正通达的意见。'除了敦煌曲子词以外，我已有三十多年没有涉猎敦煌文学。关于'变文''俗讲'的三十年来诸家研究论文，我几乎可以说都没有看过。这回偶然读了白化文同志的文章，才知道'变文'的'变'字，至今未有确诂，这使我有点诧异。我不知道白化文同志有没有看过解放以前有关'变文'的文献。""我觉得应当把我的观点和论据公开出来，供青年一代学者的研究和讨论。""我在杨伦的《杜诗镜诠》卷九中发现了一个注。""这个注，肯定了'变'即是'画'。""我在《续高僧传》卷二十三的《释静蔼传》中见到一句，""我又在《宋高僧传》卷十七的《法照传》中见到一个佛教文献记录，""这里的'变相'就是'变像'。""读唐诗僧皎然的文集，又发现了三个例子。""谈到'变文'的时候，许多人都引用唐代诗人吉师老那首诗：《看蜀女啭昭君变》。可惜大家都没有研究这个诗题。""以上几个例子，都可以证明杨伦的注是正确的。""我把'变文'的'变'字及其有关名词都作了解释，我以为，已经可以肯定'变'就是'画'。我估计，古书中一定还可以找到许多例证，比如《一切经音义》《翻译名义集》《佛尔雅》和许多佛教典籍，还有日本人编的几种佛教辞典和《大正大藏经索引》，或者也可以找到更明确的例证，未必如白化文同志所说的'前人没有留下明确的说明'。可是，这些书我都没有机会检阅过，我希望青年学者能继续做些深入的研究。"

**同日** 又为所作《白居易词辨》编入《词学》集刊第 6 辑而作"附记"。

**上旬** 按先生自述:"用了整整两天时间,读完夏衍的《懒寻旧梦录》,知道了不少文艺界的旧事。特别是有些文艺界的重大事件,作者根据他自己的地位、身份和观点,作了比较翔实的叙述。"(《访问伐扬·古久列》)

**十一日** 应约为上海文艺出版社出版《中国诗人成名作选》,撰写赏析戴望舒《雨巷》:"在今天,我相信,十八岁到二十多岁的青年人,一定还是爱好这首诗的。但如果他自己也写诗,到了二十五岁,如果还是爱好这首诗,那就说明他没有进步,无法进入现代诗的境界。"(按:后以题为《谈戴望舒的〈雨巷〉》发表并编入《文艺百话》)

**同日** 张珍怀复函:"昨日看望陈兼老并送寿礼,他近日精神欠佳,卧榻休养。""上次您说送寿礼,如从简可送西瓜两只,这几天西瓜尚好。""王蘧常为书联,陈琴趣诗皆已裱好,悬于壁上。吴闻已在杭州,她如打算从事文艺活动,似会居杭州。""我作一文纪念夏老,已寄《大公报·艺林》。""华师大词学会已定 11 月开会,路太远,我不打算去,因为您不拟出席,马兴荣等我亦不大熟悉。""《词学》4 期总要在 11 月前出版吧? 你如要买什么东西,请来函,章英最近走不了。"

**十四日** 按程千帆日记:"得施蛰存书。"

**十五日** 在《新民晚报·夜光杯》发表《全集·文集·选集》(署名"北山"):"看到老舍的儿子舒乙在香港和访问者的谈话,才知道这三种集名已产生了新的意义。""前几年,有一二家出版社的编辑来组稿,我偶然表示希望他们给我的全部创作小说印一个全集。因为我只有十年创作生活,全部作品不到 60 万字。索性一起重印为一本,可以应付来索取的青年文艺工作者。岂知编辑同志却沉吟不语,终于吞吞吐吐的说:'还是出个选集吧。'当时我心下纳闷,沈从文、张天翼的选集都有一百多万字,已超过我的'全集',为什么我的寥寥 60 万字还不能全部印出呢? 现在我才明白,原来我们的出版界有一条心照不宣的不成文法:第一流作家可出'全集',第二流作家可出'文集',第三流作家可出'选集'。以下就是不入流的作家,他们的作品只能出单行本。""我的作品,被允许可以出'选集',已经是高攀了。""如果有人编《当代文学辞典》,我建议应该列入这三个名词的条目,使后世读者一看书名,便知作者的级别。"

**十六日** 下午孙大雨来晤,至晚上 9 时,先生雇出租车送他回家。

**十八日** 撰讫《访问伐扬·古久列》并作"附记":"在写这篇回忆记的时候,我查了《现代》杂志(影印本),发现一个疑问。我们访问古久列,确是 10 月 3 日。古久列为我们写文章,确是 10 月 4 日上午。古久列离开伟达饭店,登轮回国,确是 10 月 4

日中午。""因此我怀疑《[懒寻]旧梦录》所记开会时日不是9月29[日],而是还要早一二天。新新酒楼的宴会可能在9月29日晚上,我在9月30日下午得到两张照片,就以其一插入10月号的《现代》,这本杂志在10月6日或7日出版,才有可能。"

**二十五日** 薛汕致函:"[中国俗文学]学会决心出版代表中国研究水平的《俗文学研究》,不能少老一辈的文章。同志们恳切请您就过去三个俗文学期刊的情况,回忆并评价一下,长短不论,请您俯允。鸿文期于9月寄达。"

**同日** 叶永烈来访。据叶永烈回忆:"施蛰存在热闹非凡的上海文坛不显山不露水,久久地保持沉默。但是对于我这样的晚辈登门求教,非常热情,不吝指点。""头发花白,听觉有点迟钝,但是双眼闪耀着睿智的光芒,思维清晰而且记忆力强。""请他谈他的老朋友姚蓬子——姚文元之父,""因为我知道,在1957年那场'反右派斗争'中,曾经口口声声喊他'施伯伯'的姚文元抡起'无产阶级金棍子'朝他劈头盖脸打来。"(叶永烈《"蛰"字贯穿施蛰存一生》)

**二十六日** 在《新民晚报·夜光杯》发表《丁玲的"傲气"》(上)。

**二十七日** 在《新民晚报·夜光杯》发表《丁玲的"傲气"》(下)。

**二十九日** 复香港黄坤尧函:"我即通知上海书店,他们一查款已收到,因为《考古》合印本尚未出版,故未即寄。现在他们已将《词学季刊》寄香港,《文物》寄日本。""《考古》下月可出版,届时即寄日本不误。日本朱柏松教授的地址有一字不明。"

**是月** 岳麓书社出版荒芜编《我所认识的沈从文》,收录其作《重印〈边城〉题记》。

**又** 天津人民出版社出版"中国现代文学史资料汇编乙种"孙玉蓉编《俞平伯研究资料》,收录其作《重印〈杂拌儿〉题记》。

**又** 中国文史出版社出版包子衍、袁绍发编《回忆雪峰》,收录其作《最后一个老朋友——冯雪峰》。

**同月** 2日《铁道师院学报》(社科版)第2期刊载杨军《长句正名——兼与施蛰存先生商榷》。

## 八月

**一日** 在《名作欣赏》第4期发表《许浑〈金陵怀古〉赏析》。

**四日** 为将黄墨谷所录的戴正诚辑《大鹤先生手札汇钞》编入《词学》集刊第6辑而撰"编者附记"。

**同日** 致平湖葛渭君函:"天津词友寄来六纸,都是我去代你求来的。其中五纸是词,你另抄一纸交我,备编刊入《词学》。""另寄姜白石石刻像二纸,请兄找人代裱,""裱工请代垫。""我现在编《词学》第6辑,高亮功小传又找不到了,请即写一个'后记'来。"

**五日** 致陈兼与函:"今日暴热,""伏维节制文字工作,长日伏案,恐非所宜。今检得二件,寄奉供采撷。其一为黄秋岳诗,周今觉写本,""其一为陆维钊(微昭)手书诗稿,请录数首入尊著。微昭诗未尝刊行,有稿本藏于家,余亦未获见。"

**六日** 复上海文艺出版社金名函:"7月份休息了一个月,为《新民晚报》写了十多篇小文,本月起要预备开学后带研究生事,又要编定《词学》第6辑,连日改定来稿。""'外独(四)'月内可出,大约是赶北京的博览会,""'外独(五)'已发,很好,希望明年二季度能出版。'外独(六)'共17剧,已编定,但每篇要看过,再要写一篇全集'后记',""我想在9、10月中把这事做讫。""福州高农有信来问《逢场作戏》事,此译稿已编入第六集,我已有信复他。""沈师光、叶小铿地址抄奉,张慧英、徐曾惠由沈师光转,是她组稿的。师光主持《大英百科全书》中文简编本的一部分译务,""春间来沪定稿一个月,即已回北京。""'自传'我不会写。也不希望有人写传,我不配做立传人物。将来身后,你写一篇回忆记吧。""暑后,我已辞去师大一切空名职称,""只负责三件事:一、带研究生四人;二、接受一位访问学者;三、编《词学》。""乌丙安的书我未见过,你如有,来时请带来让我浏览一下。"

**同日** 按程千帆日记:"复蛰存,收到《湘瑟词》钞本。"

**十一日** 《现代家庭》第8期刊载葛昆元《淡如水,甜于蜜——记华东师大施蛰存教授与夫人陈慧华》:"问及施老对这半个多世纪的家庭生活有何感想时,他凝神沉思片刻,挥笔写下'淡如水,甜于蜜'六个遒劲的大字。""施老却淡淡地答道:'我们俩人一生相处,从来没有吵过架,也从来没有恩爱到火热,只是彼此尊重,彼此谅解。'他还说:'夫妻两人,只要能做到了解、宽容、和谐、安静、俭约,这个家庭就是比较好的。'"

**十三日** 致平湖葛渭君函:"昨夜发现你那本高亮功评《山中白云词》,是一本很名贵的书,因为藏者钱斐仲是咸丰、同治年间的女词人。她有《雨花庵词》已刻入徐乃昌《闺秀百家词》,但附有'词话'十二段,给徐乃昌删去了,龙榆生的《词学季刊》第2卷第4期已为之发表。这位女词人议论甚高,词亦好。你不妨研究研究,在《海盐县志》中找找,有无资料。"

**同日** 按程千帆日记:得蛰存信。

**十五日** 在《新民晚报·夜光杯》发表《谈今年的语文考题》(署名"舍之"):"每年高校招生统考的语文考题,我们当语文教师的人都有意见。""《新民晚报·夜光杯》中差不多至少会有一篇评议小文,但是人微言轻,没有引起命题委员的注意。今年的语文试题,仍是那一套与考查学生语文水平不相干的琐碎题目。刚才我看到全份题目和答案汇编,心里很不愉快,着实有点为中学毕业生叫屈。""我希望明年的语文考题,应当有大幅度的改革。我还以为,语文考试不必从教本中去找试题。"

**十六日** 杭州周采泉致先生一函。

**十七日** 按程千帆日记:"发致施蛰存函,论瞿翁词。"

**二十日** 致《新民晚报》严建平函:"沈毓刚同志来信,说他到青岛去了,有事,叫我和你联系。""9月3日是傅雷逝世廿周年纪念,我答应过傅敏,要写一篇回忆文章,现在文章写成有两千字,又太长了,想想也只有寄给'夜光杯',才有希望如期刊出,因此才把这篇文章给你。""能否在9月3、4日刊出?如果还有别人的纪念文章,索性出一期傅雷纪念号,好不好?"

**二十一日** 致苏渊雷约稿函:"近日在编《词学》第6集,拟为夏瞿翁编一个纪念特辑,邀十馀人各写小文一篇,只要千字左右,""谈谈与夏老之交谊,或述嘉言懿行,或志遗闻逸史,月底以前惠稿,甚盼阁下能惠我一篇。"

**同日** 又致马祖熙函:"今日上海教育出版社'中学生文库'编辑韩焕昌来过,他要你挑几篇样稿给他们看看,我已约定请你于下星期一或二带稿子去访问他。希望你选定几篇已成稿,原诗哲理意味浓一些的,""他要求我先审阅全稿,我答应他了。"

**二十八日** 致香港古剑函:"近期《良友》为梁漱溟发一特辑,想必大收好评,此事是否由你策划?与沙叶新通了一个电话,才知卡片没有带来。""新近印出一本旧作《善女人行品》,挂号平寄一册。""只望你多寄一些文艺信息来,使我通通空气。"

**同日** 上海图书馆张伟等来访并赠《兰友》数期复印件,先生回赠新版重印的《善女人行品》和北山楼藏书票数枚。

**三十日** 在《华东师范大学学报》(哲社版)第4期发表《〈中国历代文论选〉标点商兑一则》。

**是月** 主编《词学》集刊第4辑出版;刊有《说杨柳枝、贺圣朝、太平时》、《历代词选集叙录·四》(署名"舍之")、《港台版词籍经眼录》(署名"编者"),以及《新出词籍介绍》、《丛谈》数则、《编辑后记》,分别署名"北山""蛰庵""丙琳""秋浦""云士""编者",还刊北山楼藏晚清粤中词人陈庆森手书未刊稿本《百尺楼词》书影图版。

另，据陈晓芬回忆："施先生为每期《词学》所写的补白是一个亮点，但我翻看了一下当年的记录，《词学》第4辑施先生写了八条补白，支付给他的稿费仅30元。"（陈晓芬《与施先生在一起的时候》）

**又** 应国靖编《施蛰存散文选集》列入"百花散文书系"，由百花文艺出版社初版。

另，据谢大光回忆："应国靖的选目，经过作者调整、补充，《施蛰存散文选集》于1986年8月发排付印。我作为责任编辑，满心的感慨无以言表，都写进短短的内容提要里：'本书选编作者二十年代至八十年代所写散文66篇。作者在时代的长河中浮沉颠簸，历经曲折，始终保持着对于生活的挚爱之情和对于学识的求索之志，这些使得他的随笔式的散文，温柔之中微见忧思，素朴平淡的字里行间常含机智幽默，令人读后回味无穷。这是一位曾经被曲解、被遗忘的作家写下的，不会再被遗忘的作品。'在我的职务性文字中，这是少有的一次忘情。不知为何，书，拖了两年，1988年才印出。"（谢大光《一个有趣的灵魂》）

**同月** 10日香港《新晚报·星海》刊载林真《施蛰存·诗·族群》。

## 九月

**一日** 先生招收中国古代文学专业硕士研究生宋广跃、何昱、龙茵，具体指导研究汉魏六朝时期文学专业，开始每星期一、二的两个下午在寓所为他们授课。

另，据宋广跃回忆："考场上，受到他的法官式的问讯，虽然我感受到了他面容的慈祥，但更多的是领受了他那犀利的目光。当我支吾着回答他的提问，想回避过去时，他便毫不客气地把我不清楚的地方一一指出。于是在惭愧与敬畏中，我的手心便捏出一把汗来，直到他那睿智的目光和丰腴的白白的手向我一起投伸过来，说：'你可以走了。'我才长长地呼出一口气。""师母一看到我们来上课或者别的，总要为我们沏上茶，然后微笑着，娴静地坐在旁边，听先生和我们讲话。""先生和师母的感情是平静而又深沉的，虽然他们早已超过了金婚纪念日，但他们依然有着脉脉的温情。一次，师母坐在沙发上，先生在她身旁坐下，眼波中流泻出少年人一样的柔情蜜意，拿手轻轻抚去师母头上的华发。""纵使对学生的作业，也是每篇必改，甚至于连标点符号的错误也会给订正过来。我们外出时写给先生的信，他也会认真批阅，待我们回来时，又把信给我们自己看。"（宋广跃《施蛰存先生印象记》）

**二日** 先生到校参加中文系外国文学教研室举办的"助教进修班开学座谈会"。

**三日** 在《新民晚报·夜光杯》发表《纪念傅雷》:"傅雷之死,完成了他的崇高品德,今天我也不必说'愿你安息吧',只愿他的刚劲,永远弥漫于知识分子中间。"

**同日** 早晨周退密致函:"闻《词学》续辑即将出版,届时仍望惠赐一本,以广见闻。前录奉拙作数首[按:此系二纸"退密楼近作,俚句录呈无相词宗诲律。四明退密未定草"。]乞粲正,反馈云:盖指我公及壶公揄扬所及,使仆薄有诗名耳。"

**九日** 为编讫《词学》集刊第6辑而撰"编辑后记"。

**十日** 为所藏《钿阁女子治印钤本》题跋:"近整理故书,忽得此钿阁女子治印钤本三纸,乃四十年前从云间故家乞钤者。""此印传世二百馀年,不知今尚在人间否。遗蜕幸存,弥足珍赏。"

**十二日** 致北京大学西语系赵德明函:"《外国独幕剧选》第四集已出版,事隔三年,我又因病住医院一年半,许多事已记不起来。此集中有两个拉美剧本,一个是《荒岛》阿根廷 R. Arlt,张慧英译;一个是《你在想什么?》墨西哥[哈维尔·维劳路蒂亚],徐曾慧[惠]译。此二剧是否你代我约译? 如果是,请示知张、徐二位的通信处,以便寄书汇奉稿酬。"

**十四日** 复齐鲁书社宫晓卫函:"收到贵社书目,知道你们出了不少没有销路的好书,非常高兴。昨天汇出10元,今附书目,请代为转交经营部,作为邮购。""《秦刻十碣考释》,书目上定价为35元,不知是否误印。这本书不会如此之贵,请查复。如果是3元5角,我要一本,35元就不要了。""《山东汉画像石选集》定价34元,如能打个折扣,我也想买一部。"

**同日** 复耶鲁大学孙康宜函:"《词学》希望你惠赐大作,能否写一短文见惠,或即将你的英文著作译一二章来亦甚欢迎。陈子龙只有一个《陈忠裕公集》(木刻本),不知你已有否? 1984年我将其中诗集部分(附词)加标点整理,""我可以奉赠一部,""李欧梵年底还要来,我仍托他带上。"

**十五日** 在《新民晚报·夜光杯》发表《三军与匹夫》(署名"北山"):"许多老年知识分子都在谈论梁漱溟抵抗'四人帮'时引用的《论语》名言:'三军可夺帅也,匹夫不可夺志也。'谈论的角度各有不同,我所听到的有……诸如此类,虽然好像讨论到牛角尖里去了,可是我想想,这两句话确也有些不明不白的地方。""在'十年浩劫'中,知识分子的表现有好几种。""第一种是傅雷型,这里包括了许多人,如李平心、姚启钧[华东师大物理系教授]、陈小翠,荣幸得很,他们都是我的朋友。这几个人的自动辞世,既不是国民党特务畏罪自尽,又不是反党反社会主义,他们的志是'士可杀,不可辱'。""第二种是梁漱溟型,这一种类型的知识分子都有不可夺的志,不过梁漱溟被逼到最后,敢于说出来,其他许多人,由于没有梁漱溟的地位、名望和年龄,就不敢出口。这些人始终坚持素志,保持缄默,在各种遭遇中,度过了浩劫,有的死了,有的活着。第三种类型,就不必举例了。这些人在浩劫初起时,观风望色,不等点名,就来一个自我批判,狠狠的打自己几个巴掌。这实在是使用苦肉计,为了明哲保身而已。当时不理解情况的群众,对他们立刻失去了景仰,今天在谈到梁漱溟的时候,也还常常被提名作对比。但是我却以为他们还是'比上不足,比下有馀'。十年浩劫期间,他们毕竟是战战兢兢,保持缄默,没有助纣为虐。第四种类型就大不同了,他们的志倒也没有被'夺',而是自动积极捐献的。这些人是浩劫中的风云人物,他们兴风作浪,趾高气扬,前后判若二人,结果是与浩劫同归于尽。底下还有第五种类型,这些人向来根本没有志,有生以来,一直是随风倒的。"

**十六日** 应邀为江苏学院校友会成立志喜作诗并书:"九曲山川毓灵秀,三元间巷绍弦歌。十年作育烽烟里,一代英贤颖出多。"

**十八日** 中秋节。沈轶刘书赠诗作并题识:"读蛰存施先生慧华陈夫人尊生六字诀[淡如水,甜于蜜]。丙寅中秋小隶沈轶刘安语。"

**二十九日** 下午在校参加中文系欢送退休教授茶话会。先生与许杰、史存直等九位教授退休,仍被聘为研究生导师。当晚先生参加校部在师范餐厅招待各位退休教授的晚宴。

**三十日** 《文汇报》刊载《华东师大一批教授退休》:"昨晚在气氛热烈的欢送、团聚会上,华东师大校系领导和52位首批退休的正副教授亲切谈心。光荣退休的正副教授都是学术上有精湛造诣的专家,其中驰名中外的教授有:文学家许杰、施蛰存,外国文学家孙大雨,古籍整理学家程俊英,佛经学家苏渊雷,金文学家戴家祥,国际政治学家石啸冲,语言学家史存直。"

**是月** 华东师范大学中国古典文学研究室编《词学论稿》,由华东师范大学出版社出版,收录其作《说"诗馀"》《读韩偓词札记》《读韦庄词札记》《南唐二主词叙论》和《蒋平阶及其〈支机集〉》。

**又** 严家炎选编《中国现代各流派小说选·第二册(新感觉派与心理分析小说、早期普罗小说)》,由北京大学出版社出版,收录其作《周夫人》《鸠摩罗什》《梅雨之夕》《鸥》《特吕姑娘》等。

## 十月

**三日** 香港卢玮銮完成《戴望舒在香港》,在"前言"末后写道:"本文写成,其间得到陈君葆先生(已故)、吴晓铃先生、施蛰存先生提供了极宝贵的资料。"

**五日** 撰讫《知己之感》:"十六年之后,朱经农还想请我去担任光华大学中文系主任,可知他对我一直在注意,认为从前那个'过得去'的教员可以当系主任了。但是我始终没有见过朱经农的面,也绝不知道这些情况。直到最近几天接连看到叶圣陶的日记和朱经农给胡适的信,这个谜才得到解释。""朱经农从来没有在我的师友之列,可是,他关心了我十六年之久,我却绝不知道,直到四十年以后的今天,才明白过来,我岂能没有知己之感,可惜我感得太迟了。"

**同日** 在《新民晚报·夜光杯》发表《重读"二梦"》(署名"北山"):"近日重读张宗子的《陶庵梦忆》和《西湖梦寻》二书,文章写得真好。五十年前,我初读此'梦',乃如大梦初醒,才知天地间还有此等文章,非但《经史百家杂钞》一时成为尘秽,就是东坡、放翁的题跋文字,向来以为妙文者,亦黯然减色。五十年来古今中外,文章看了不少,自以为很懂得一点为文之道。唐宋八大家,被我一一淘汰,只有韩愈、王安石二名可以保留。曾南丰文章枯瘁,如尸居馀气之老人。欧阳修词胜于诗,诗胜于文。其他如丑女簪花,妖娆作态,而取譬设喻,大有不通,等而下之。桐城诸家,自以为作的是古文,而不知其无论如何,还在八股牢笼中,死也跳不出来。公安竟陵,当年奉为小品魁斗,后来愈看愈不入眼,大抵三袁之病,还在做作;钟谭之病,乃在不自知其不通。独有张宗子此二'梦',还经得起我五十年读书的考验。""这回重读二'梦',却看出了张宗子一点毛病。""吹毛求疵,举此二事,亦无损于陶庵文章之美也。"

**九日** 为将《词学书目集录》编入《词学》集刊第7辑而撰"编者题记"。

**十一日** 复马祖熙函:"因所定标点方法,我皆同意,可放手为之,亦不必急。抄好后不必装订,只要在左上角写明页码。""宣城能访得近代词集否?烦注意,有可收者请代收之。郑文焯词刻本尚少《苕雅》一集,欲物色之。""《天风阁学词日记》抄好后,你费神细校一遍。"

**十二日** 致北京姜德明函:"昨日奉复一函,想已登文几。""我有一本新作《唐诗百话》。""想附几幅插图,我要找二张风景照片:'黄鹤楼'(重建的)及'黄陵庙'。人民日报海外版都登载过,不知足下能否为我向资料室借到各一张,各印一张给我,可以付材料费。"

**同日** 周退密书赠词稿并识:"杂抄最近俚作,呈无相居士大词宗正误。"

**十五日** 复香港古剑函："卡片一包，已由花城易征同志托人带来。""收到小思〔卢玮銮，以下均同〕信，她说要到北京开会，10月4日来上海，我就打算请她带给你〔《善女人行品》〕，但等到今天，她没有来，只好用平邮寄出，共一包三本，一本送你，一本烦转小思，另一本烦寄林真。""我现在每星期一至四不会客，有两个下午要为研究生讲课，客来甚多，要复的信也不少，忙不过来。"

**同日** 中国新闻学院周笃文应约于11日由北京寄来稿件《夏先生教我改诗词》，遂编入《词学》集刊第6辑内"夏承焘先生纪念特辑"。

**十六日** 在《新民晚报·夜光杯》发表《赌博的诀窍》（署名"北山"）："冯增义同志送了我一本他和徐振亚合译的俄罗斯作家陀思妥耶夫斯基的'书信选'，""前些时天气不好，有些感冒，只好停止一切工作，躺在床上看书，居然把这本将近五百页的书用三个上午看完。""陀氏的小说中常常有描写赌博的情节，看了这本'书信选'，才知道陀氏自己就是一个虔诚的赌徒。""这一番理论，使我想起了曹聚仁。在1930年时，曹聚仁也是一个赌徒，他几乎每天晚上去回力球场赌钱。""他的赌博理论和陀思妥耶夫斯基完全一样，他的输赢情况也和陀氏完全一样，不过曹聚仁还没有陀氏坦率。"

**十七日** 据张文江记述："问：晚报昨登施蛰存先生（北山）文，言读陀斯托耶夫斯基信，陀自称发现赌博必胜之道，然自己不能实行，亦无一人能实行。此必胜之道在赌者能控制自己，然无人能控制自己。先生言：此即（老子）'前识者道之华而愚之首也'。《易经》是概率论，一定能操必胜之券，但'执左契'了怎么办，一定要'不责于人'。去用在赌博上就错。"（张文江记述《潘雨廷先生谈话录》）

**二十一日** 《解放日报》刊载简讯："江苏学院校友会日前在上海成立，民革上海市委、吴淞区委统战部代表以及全国各地校友代表一百多人参加，名誉会长王艮仲及施蛰存、陈钟浩老师给大会发来了贺信、贺诗。"

**二十三日** 编定《北山集古录·卷三（二）残石题跋》并撰"序引"："余收得断碑残拓，虽存字少，亦不忍弃，展阅欣然。念此片石，存亡莫测，此一纸，殆遗蜕乎？"

**二十四日** 撰讫《古甸文》。

**二十七日** 徐定戡致徐曙岑函谈及："顷得施蛰老来书，特附呈钧鉴。《词学》如已收到，乞示及，以便转达。昨周君退密来言及，施老近为穿窬者见过，损失颇大。"

**二十九日** 复河南崔耕函："近来才重新恢复玩碑的兴趣，可以将旧稿编出一部'金石文物题跋'，一部'碑话'，也耽心无处出版。在玩碑的时候，检出十年来你送我的碑拓，都是有趣味的东西，因而常想到你，如果早知我会病废，八二年嵩少之游，一定要多玩几天,现在后悔了。""建议你不管旧的,先做'解放以来河南(或中岳区域,或开封地区)新出碑刻目录及提要',这样也许用两年时间即可完成,我给你定五个标准。""你要的书,我大多有,只有《善本碑帖录》未见过,《碑别字新编》亦未知有新版,旧版则见过。《碑帖叙录》可以奉赠。""我有一部稿子,名为《四续寰宇访碑录》,""我没有精力整理了,我想交给你,找几位青年文物工作者,分抄卡片(一碑一卡),抄全后,排年月,即可完成。这部稿如有机会出版,即作为我们的合作工作。""最近买了齐鲁书社的《山东秦汉碑刻》《墓庐藏陶挀存》,上海美术的《古代瓦当艺术》,都是好书,你们河南是否也该再出几种。有友人从西安买到一些残砖断瓦,这些东西在农民手中还有,国家也不要收,河南方面是否也有办法收到一些?我也想找几块有字的残碑(汉唐)断砖,或瓦当,请你留心(可出价收)。近年如有残碑出土,也要麻烦你弄一个拓本,我有一大册残碑拓片,也好玩。""《河南名人名胜大辞典》已看过一部分,有些意见。"

**同日** 复香港古剑函:"有人去港,我再托带一本[《善女人行品》]给你,转与苏雪林。""讲中国小说史,用鲁迅的那本《中国小说史略》做教材,已不够用了,应当另外找些资料,如果不讲'小说史',那就不必讲唐以前的东西,我过几天找一些近年出的有关资料给你。下月起,我将给《大公报·艺林》写点诗词杂记。"

**三十日** 李欧梵来访并合影。张寿平由香港寄赠自印本《缦盦藏镜》。

**是月** 主编《词学》集刊第5辑出版;刊有《历代词选集叙录·五》,署名"舍之";以及《新出词籍介绍》《丛谈》《编辑后记》,署名"北山""丙琳""编者"。

**又** 天津茂林书法学院编辑出版寇梦碧主编《学诗词》创刊号,"吟坛"专栏刊载其诗作。

**同月** 11日徐震堮(声越)在上海逝世。

## 十一月

**三日** 复赵清阁函:"无法趋晤,殊为恨事,忽奉瑶翰,知起居安健。""近日在我一九三四[五]年所编《文饭小品》中发现王莹散文一篇,即复印一份寄谢和赓。""我字迹'蹩脚',不敢为《王莹传》题字,诗可以作几首,以志哀悼。但近日无暇吟咏,恐须少待,足下如有信致和赓同志烦为转言,我此刻暂不复信,待诗成后一并寄去。"

**八日** 在《书林》第11期发表《关于明人小品》。(按:原题为《明人小品选·题记》。)

**九日** 周退密为先生所藏拓本《唐少林寺厨库记残石》(全拓三纸)题跋。

**十日** 下午中国现代文学馆刘麟等来先生寓所采访。先生自述:"我在给研究生讲书,来了一群人,是北京现代文学馆的,给我们录像录音,这一堂课的实况,大约可以保存下来了。"(致古剑函,1986年11月11日)

另,据刘麟回忆:"我们拍摄了书房、客厅,施先生写作和会客以及与学生谈话的场景,满意而归。施先生赠所译《外国独幕剧选》一册,并盼尽早把拍摄的照片寄给他。"(刘麟《无声的对话》)

**同日** 在《随笔》第6期发表《杂谈〈金瓶梅〉》。

**十一日** 复香港古剑函:"《词学》第4辑已出版,等有人去港带二本给你,你为我转一本与苏雪林。马国权接手编《艺林》时即来约稿,我因看不到香港报刊,故允而未写。""近期《艺林》似乎大多大陆人士供稿,诗词方面只有陈兼与及陈邦炎二人的文章,我说它是'二陈汤',看来稿源不很充裕。""我拟从本月起每期寄二三千字去,随他选用。""卢小思来时给我带来了……""退休后工资不变,不过其他'外快'没有了,听说带研究生的另有报酬,尚未落实。""我在7月份给《新民晚报》一口气写了十篇杂文,到上星期才发表完毕。"

**十二日** 下午富寿荪来晤,并赠送与沈轶刘合编《清词菁华》。

**十五日** 复河南崔耕函:"知你决定先为中岳诸县新出碑刻作记录,""旧有碑亦可附一个存佚目。有一本《石刻题跋索引》,想必已见过,此书极有用,可备参考。我查《少林寺厨库记》最后的题跋是'观妙斋金石跋',可知此石道光年间尚完好。《四续寰宇访碑录》由你接力完成,最为理想,前日检出原稿,觉得应该先做好一点说明,定出你接手后的工序,再做好编年卡片样式,一起寄上,我就可以不再以此事萦怀。"

**二十三日** 陈兼与书赠篆书条幅:"芝草无根,醴泉无源,人贵自立,流水不腐,户枢不蠹,民生在勤。蛰存老兄词长督书,丙寅冬。"

**二十八日** 为《〈变文〉的"变"》交付发表而撰"补记":"'变文'这个名词既然在六朝时已有,则六朝文献中一定有作图像解的'变'字,但我一向找不到,因此还不能证实我的解释。我说'变文'即'图文',也不很有人同意。近来为研究生讲司马相如的《子虚赋》,在'弹睹众物之变态'句下,郭璞注云:'变态,姿态也。'他把'变'字释作'姿',于是'变态'二字就成为一个同义联绵词,而没有变化、变动的意义。"

**是月** 岳麓书社出版伍国庆编《域外小说集》,书内同时收录周作人"旧译"波兰显克微支《灯台守》和先生所作"新译"波兰显克微支《灯塔看守人》。

## 十二月

**一日** 在香港《书谱》杂志第6期发表《钿阁女子治印题记》,署名"施舍"。

**二日** 复河南崔耕函:"今送上《四续寰宇访碑录》草稿一份,我的工作方法是……。你继续做下去,可以扩大范围,拣有史料价值的抄入,但也不宜太滥,因为明清石刻实在太多了。你保存这份资料,随时核对,正误补加,待到相当时候,可每碑分写一个纸条(附样),最后按公元及朝代分编,将许多纸条贴合起来,就可成书。"

**五日** 复百花文艺出版社谢大光函:"惠函及承赐《胡萝卜须》收到,""徐知免同志此译我很喜爱,但只印900册亦甚惨。《胡萝卜须》有黎烈文全译本。""译外国文学书,应有序文或引言,对原作者及作品略作介绍,后记只宜于写译者的交代。此书开卷不见序文,未免遗憾。""《域外文人日记抄》的作者,我或许还可以找到四个人的铜版像:1. 曼殊斐儿;2. 托尔斯泰;3. 乔治·桑;4. 果庚。过几天我上楼去找。我想不用勾绘像,毕竟有点土气。"

另,据谢大光回忆:"先生对书的装帧设计十分用心,原书辑页作者照片年久失真,美术编辑提出改以手绘。"(谢大光《一个有趣的灵魂》)

**同日** 又复香港古剑函:"《大公报》只寄去一篇小文,打算在本月中旬再寄一二篇去。""此外,我没有时间写杂文寄港了。""有一位未见面的朋友张寿平,84年从台湾到港,本月下旬要回无锡探亲,他要来看我。"

**六日** 农历十一月初五,先生八十二寿辰,并在寓所留影。

**七日** 程千帆由南京寄赠所著《治学小言》。

**八日** 在《书讯报》发表《〈词学〉第4辑出版》。

**十六日** 复北京刘麟函:"《金石百咏》是我的著作,一百首咏文物的七言绝句,曾在香港大公报发表过,也印了一个油印本,送了茅公一本,也许你们可以找到。""茅公信大约我还有几封,一时不易找出,过新年后找出即寄你。"

**同日** 复平湖葛渭君函:"宋人词话,暂时无法编入《词学》,因近来稿多。我所辑的宋人词话已发还,将来可与你所辑互相补充,只要是宋人笔记中的词话,唐老[圭璋]已收者,也得编入,稍有重复,亦不妨。我所缺的都是难得的书,《丛书集成》中所有宋人笔记,我都抄了,你不必再抄。等过一时查一查,还少什么,再请你帮助抄写。姜白石像如有便人来沪,烦带来,此间《宋词鉴赏辞典》要借去作插图。"

**十八日** 由华东师范大学、南京大学、南京师范大学、杭州大学筹办的第二次词学讨论会,在上海金山宾馆召开,来自十九个省市的九十名代表参加会议,并提交四十多篇论文。先生因健康原因未能出席,并与唐圭璋、王季思作了书面发言。

**二十日** 赵家璧题赠新作《回顾与展望》并致函,由其女儿托人送至先生寓所。

**二十二日** 复浙江人民出版社贺起函,言及"有两件事要通知您","请注意我的名字'蛰',不要误为'蜇'","'不忍卒读'应改为'不忍释卷'"。

**二十五日** 周退密作诗《丙寅岁末怀人诗·松江施蛰存教授》。

**同日** 人民文学出版社现代文学编辑室岳洪治致先生一函。

**二十九日** 陈伯良由海宁寄赠"愿新春已后,吉吉利利,百事都如意"篆刻作品的贺年卡,即回赠自制《探春令·早春》贺年柬和"施蛰存藏书票"(图案为美国洛·康特作木刻)一枚,并复函:"承惠年柬,甚工致,初以为印泥特佳,用放大镜审视,始知皆出于勾描,恐此柬费三小时功夫乎?用《探春令》作贺年柬,我是始作俑者,今寄一纸,用旧柬贺新年,勿怪!"

**同日** 复马祖熙函:"我的《唐诗百话》校样已送来,有八百页之多,这几天正在自己校阅,抽不出时间来写哲理诗序文。我看还是你写一篇,经我过目即可,附一点内容设想,可以依此写去。此文做不到三千字,中国哲理诗也无'发展'可言,不要为作广告而夸大其事,写一千五六百字够了。"

**下旬** 先生寄赠厦门大学郑道传、陈兆璋夫妇贺年明信片:"道传、兆璋同学俪福,奉贺丁卯春正。"

**约在期间** 据周普记述:"我到瑞典留学不久,收到先生一封来信,提及:'有一个瑞典老诗人尤翰内斯·埃德菲尔特(Johannes Edfelt),比我大一岁,住在乌普萨拉市(Uppsala),不知还健在否,他译过许多英法诗,我发现他的文学趣味同我很近似,你有机会去访问一下,有中国人知道他,他一定很欢迎的。'正巧,我所在系里的秘书夏思婷女士的夫君是文学院的教授,并且与尤翰内斯是至交","告诉我尤翰内斯教授是瑞典科学院院士。""我收到了尤翰内斯教授的回信,感谢我为先生传递的友好信息,对于相隔万里之遥的中国竟然有人欣赏他的诗作感到十分惊讶,最后他希望我向施蛰存教授代致问候。"(周普《书缘》)

**是月** 在《中华文史论丛》1986年第4辑发表《汉乐府建置考》。

**又** 上海文艺出版社出版由吴欢章、徐如麒编《中国诗人成名作选》,收录其作赏析戴望舒《雨巷》一文。

**又** 齐鲁书社出版《辛弃疾词鉴赏》,收录其作《赋笔写景,闲适恬淡——说〈西江月·夜行黄沙道中〉》《怀古咏今,沉郁悲壮——读〈永遇乐·京口北固亭怀古〉》。

**同月** 浙江文艺出版社出版王锦泉主编《中国现代文学专题史》，书中"第二章小说·29 施蛰存、穆时英等一群新感觉派作家"。

# 一九八七年（岁次丁卯） 先生八十三岁

## 一月

**一日** 元旦。在《解放日报·朝花》发表《谈戴望舒的〈雨巷〉》。

另，据陈诏回忆："向他约稿，他笑笑说，已经被几家报社、杂志社所包围，大有不堪应付之感：'目前最大的痛苦是受年龄、体力的限制，与外界联系少，接触生活面不广，真是搜索枯肠，没有多少东西可写了！'当我谈到目前上海的老作家中撰稿的越来越少，副刊没有名家稿件日子难过时，他打断我的话，大声地说：'你们不能把眼睛只盯住一些老作家。你们还得在年轻的作家队伍中去发现名家，培养名家，推举名家啊！不然，老的一辈死光了，副刊就不办了吗？'""接上关系以后，老人很快寄来一篇稿子。我们对这位老作家的重新出山也特别重视，稿件放在版面的显要位置。刊出后，居然有读者来电话问道：'施蛰存还活着吗？'这种带有惊奇口吻的发问，说明他在读者中间的影响力还没有消失。我把这一情况告诉老人，老人非常高兴，稿子也源源不断而来。"（陈诏《施蛰存先生印象记》）

**六日** 浙江古籍出版社王翼奇复函："'宋、清花间集'一直列题，今年并计划发稿。""书名也可用《宋花间集·清花间集》。""'读词札记'先生谓编定需三、四个月，则上半年想可交下，当于夏、秋间发稿，明年上半年可以出书。'近代名家词'，上次陪萧欣桥同志到先生处，他曾表示一册一册地出有困难，当时先生说可改交师大出版社。"

**上旬** 应方行之请，为李一氓所藏清人邵氏编纂《至圣道斋六十家词》抄编本《烬馀录》题跋。

**十七日** 应邀作词并书写《沁园春·同鞠国栋同志韵赋颂上海诗词学会成立》。

**二十日** 在《古典文学知识》1987年第1期发表《"变文"的"变"》。

**二十一日** 复北京刘麟函："舍下尚未备放像机，你送我几张照片也可以了。研究生当然不必赠送录像片，不过如能每人给他们一张照片，留个纪念也好，请你斟酌办理。茅公信，我处本来有二三封，都是1978年以后的。昨日检查箱箧，竟未找到，只有叶圣陶、俞平伯的几封信，茅公的信大约送给孔海珠了，你们还是发稿吧，不必再搜索,这种事无止境的。"

**同日** 复人民文学出版社岳洪治函:"《现代诗风》是我办的,用望舒名义。""我手头也没有存书,无法详细告诉你,还是设法弄一本来做个记录吧。"

**又** 复河南崔耕函:"你居然印了卡片,做这工作太郑重其事了。这部稿子,现在已归于你,不是我一人的工作,将来可以告一段落时,就写你和我二人合编,稿子存在你那儿,如果你这一辈子也无法出版,就交给郑州图书馆保存。序文、凡例我会写的,想先定凡例,使你续作时有个标准。""原稿每一碑目下面是我暂记的字,有的是出处书名,有的是出土时地,要统一才好。过春节后我再寄你一份'引用书目',还有二部'续访碑录'。""大约汉魏南北朝新出土碑刻,大多已录入。解放后的材料,主要依靠《文物》《考古》,但唐宋以下的石刻,恐怕还要增补。""《文物》《考古》,最好从头看一遍,给每期提到过的石刻文字,写下卡片。此外,河南各文管会一定有未宣布的新出石刻,最好亦访求一份碑目。西安如有熟人,尤其应当补上解放后出土的新品种,这些碑目,外间无法知道的。我看,应该定一个下限年代,决定编到1985年。""1980年至1985年,要你补的很多。"

**二十六日** 致香港古剑函:"马国权处我寄了三篇小文,一篇已登在《书谱》上,还有二篇在《大公报·艺林》。""如看到,烦剪寄,他大约要积满几期一起寄我。"

**二十九日** 春节。应邀作诗并书写《题包谦六诗稿》。

**三十一日** 据张文江记述:"今日与同学王兴康一起看望导师施蛰存先生。施先生和师母皆病。"(张文江记述《潘雨廷先生谈话录》)

**下旬** 杨可扬为先生制作藏书票一枚"施蛰存藏书"。

**是月** 上海诗词学会成立,先生与万云骏、马茂元、朱东润等被聘为顾问。

## 二月

**二日** 应邀撰写"拟编'欧风美雨丛书'设想":"第一辑拟目:1.《陶尔逸伯爵的舞会》(法)拉第该作,戴望舒译。这是第一部现代心理小说,作者只写了两部小说就死了,文学史上称为短命的天才。2.《循环舞》(奥)显尼志勒作,赵伯颜译。此书收十个对话,写各阶层人物的恋爱心理,作者是著名的心理分析作家。3.《夜开夜合》(法)穆杭作,戴望舒等译。作者是现代派小说的流行作家,到过中国,这里收集他十二个短篇,写现代各大都市的形形色色。4.《一罐黄金》(爱尔兰)斯谛芬思作,严文庄译。作者为爱尔兰诗人,此书既是小说,又是诗;既讲故事,又是哲学,至今还是青少年读物的流行书。5.《痴人之爱》(日本)谷琦润一郎作,孙百刚译。作者是日本著名的变态性欲作家,这是他的名作,卅年代有过杨骚的译本,错误甚多。6.《希腊花丛》施蛰存编译。译希腊小品文学,有妓女对话,鬼神对话,妓女书信,农民书信,市民书信等。7.《母子恋》(奥)显尼志勒作,施蛰存译。这是一个著名的中篇,写奥迭普司情结,即母子恋爱的故事。8.《横光利一集》(日本)横光利一作,章克标等译。作者是日本新感觉派小说主要作家,这里选了他十二个短篇,都是名作。9.《超现实主义小选集》施蛰存等译。介绍法国超现实主义文艺,有诗、散文、小说、电影剧本等,附画四幅。"

**三日** 在《新民晚报·读书乐》发表《读书乐,乐读书》:"编者来约稿,请我写一篇文章谈谈读书的方法、经验,或其他。""字数只限一千,看来我只能用浓缩的语录体来贡献一些片段意见了。我近来的日常工作,不是奉命作文,就是代人审稿。在工作过程中,总要找出几本新老旧书,查查看看。虽然每天都读书,其实毫无乐趣。由此我总结出一个读书原则:为业务工作而读书,为别人服务而读书,都是没有什么可乐的。于是,从正面肯定:读书之乐,在于自己读书,为读书而读书。""我虔诚奉恳中学语文教师,要做好对中学生课外阅读的指导工作。""一个高中毕业生,除了教本之外不读书的人,是没有希望的。而一辈子光看小说的人,同样是没有希望的。"

**六日** 撰作《颜鲁公〈离堆记〉残石题记》并"附记":"此拓极罕见。此五纸亦非一时所得,今集录之,以摄影供《书谱》,与海内外书家共赏之。旧存四石,亦恐已亡失,此五纸本,后人或不可得矣。"

**十二日** 元宵节。应邀撰写"拟编普及本大众读物出版计划设想":"现在书价昂贵,一本20万字的书,定价总在5元以上,内容好一点的书,销路也不过三千至五千册。因此,有必要仿照三十年代印一折八扣书之例,发行一种薄利多销的廉价版的书。我建议一个书籍刊物化的办法,以刊物形式的版本印行大众化的各种读物,设计如下:1. 以刊物形式印单行本书籍(16开本,每册96页,或128页,可容十万字),世界文学名著,中国古典文学名著,大众化的一般性读物,都以16开本的刊物形式印行,每册10万字左右,售价2.50元。2. 以刊物形式印各种小品文学,或编辑各种轻性读物(32开本骑马订,每册128页,容8万字,售价1.50元)。3. 加精美彩色封面及插图。推荐书目:《邓肯自传》《爱的成年》《少女日记》《女大学生日记》《福尔摩斯侦探案·甲乙丙丁集》《亚森罗频侦探案》(分集)、《安娜·克烈斯蒂侦探案》(台湾出了许多)、《拍案惊奇》《西湖二集》《济公传》《包公案》《少年维特的烦恼》《古今小说》《卡尔曼》《鲁迅文选》《丁玲文选》。"

**十三日** 在《文史知识》月刊第 2 期发表《金石丛话·(一)"金石""文物""考古"的各自含义、(二)说碑》,遂开始在此刊连载,历时一年馀。

另,"作者附记"写道:"我读青年文物工作者的文章,似乎他们都不熟悉金石学的传统名词术语。有人还杜撰名词,非但不能继承传统,而且还使概念混乱。我为《文史知识》每期写《金石丛话》,自己定了两个目的任务:其一是想引起读者对金石文物的兴趣;其二是想对金石文物的许多传统名词作些介绍和说明,希望青年文物工作者正确沿用。"

**二十日** 按吕叔湘日记:"蛰存以'汉乐府'论文抽印本来问好,报以《论胜和败》。"

**二十六日** 复平湖葛渭君函:"今将熊方情况另纸写明。""请令亲代为联系。"

**二十七日** 应方行之约,为"上海文献丛书之一"《船子和尚拨棹歌》作序:"去年闻上海图书馆藏有元刻本《船子和尚拨棹歌》,近得见影片,则至治壬戌(1322 年)坦上人原刻本也,为之惊喜。余亟怂恿辑入'上海文献丛书',且建议附以《机缘集》所收明清增续诸文,以各存其真。"

**同月** 15 日日本《野草》第 39 号刊载青野繁治《施蛰存〈鸠摩罗什〉——以及它的虚构过程》。

## 三月

**一日** 《人民日报》转载其作《金石、文物、考古》:"近来有人认为金石学这个词太旧,又因为过去的金石学者所用的研究方法不科学,于是主张改称为'文物学'或'考古学'。还有人认为'文物'和'考古'这两个名词的涵义没有什么不同。对于这种意见,我们有必要把这三个名词的概念弄清楚。"

**同日** 始编历年的文艺杂文,书名初拟《文艺百衲》,后定名《文艺百话》。

**六日** 为在《词学》集刊第 6 辑编发"夏承焘先生纪念特辑"而作"编者按"。

**十日** 巴蜀书社编辑周锡光自成都来约稿。先生自述:"他问我有没有未发表的著作,可以让他们印行。我一时冒失,漏了口风。我对他说:'近年大病之后,人老珠黄,不可能再有著作。架上有一批浩劫中残存的、或劫后新写的金石碑版杂文,勉强还可以凑几本书。不过这些都是冷门货,怕没有几个读者。'不意锡光同志慨然答应,

要我且把文稿编一本出来,他为我争取承担出版。"(《北山集古录·自序》)

**十三日**　在《文史知识》月刊第3期发表《金石丛话·(三)说帖》。

**十七日**　徐曙岑(行恭)于杭州寄赠书写词笺《忆江南·题谢稚柳画帧,岁丁卯草长莺飞之月,书奉北山词长兄正声》。

**二十日**　复香港古剑函:"马国权处我寄去四五篇文稿,分别投《大公报》及《书谱》。""林真要办刊物,卢小思也说在办刊物,都是3月份创刊,不知出版了没有?"

**二十四日**　复赵清阁函:"早已听说你要乔迁,收到手书,才知已实现。可惜我无法登门送一份馒头和糖糕,只好以此笺奉贺,如果有机会在你新居中照一个相,惠我一帧,在我的相册中留个纪念,更为感激。今年天气甚恶劣,愚夫妇皆不豫,天天在盼望太阳,最近又亡故了几个老朋友,情绪不好,看来我的生命之火焰,也在消弱下去了。""见小鹿,望代问候。"

**同日**　又复姚桐椿:"'观堂词'[《观堂长短句》]我用南京寄来'五家和词'油印本付排[刊于《词学》第5辑],未经校勘,且亦不知诸本有异文。萧艾笺本,我亦未尝见及,承足下录示,我以为萧笺……,甚不可解。今即在尊函上批注鄙见,""请足下取诸本比较之。萧君所笺,恐无根据,岂不解原作,以意妄改乎?"

另,据姚桐椿回忆:"这时我兴趣已转移到词学上,施先生主编的《词学》丛刊正是我关心、拜读的。最初几辑《词学》新华书店还没有卖,我是托在华东师大的朋友代集的。我曾就《花间集》和王国维词的校理等事写信向他求教。"(姚桐椿《谭正璧先生借书给我——兼忆赵景深、施蛰存先生》)

**月内**　香港古剑寄来所作稿件二篇。其中"施蛰存访问录"("引言"部分系1985年所写),一"对话:有关'现代派'问答录",拟请先生审阅修改后寄回发表。

另,先生阅后分别题记:"'访问记'就是访问的记录,不要说是通信答问,'引言'简单些,不要像'小传'。""这个'引言',已成为'传记'了,怪不得《良友》不能用,请删去,重写,说明是1987的'问答'稿。""'问/施',不好。应用:'问/答';或:'古/施'。'对话'也不对,你只有问,没有话,故不是对话。""这句问话接不上了,要换一句问。"

**是月**　中国文联出版公司初版印行由中国社会科学院文学研究所鲁迅研究室编《1913—1983鲁迅研究学术论著资料汇编·第三卷(1940—1945)》,收录先生所作《鲁迅的〈明天〉》《关于〈明天〉》,还收录海银《读了施蛰存解说〈鲁迅的"明天"〉以后》、罗荪《关于鲁迅的〈明天〉》、陈西滢《〈明天〉解说的商榷》和署名"忠"《"听到"和"知道"的商榷》。

另,张梦阳在书前《鲁迅研究学术史概述·六 1940—1945.8》提及:"施蛰存对《明天》的解说自然是不能令人完全苟同的,但是作为一种与众不同的新鲜的分析角度,还是有开拓思路的积极意义的。"

**同月** 湖南人民出版社出版严家炎《论现代小说与文艺思潮》,书中章节"关于《现代》杂志"。

## 四月

**一日** 在《艺谭》第 2 期发表《谈唐人咏史诗》。

**二日** 为将《词学书目集录(1)陈振孙〈直斋书录解题〉著录词籍》编入《词学》集刊第 7 辑而撰"编者按语"和"编者跋语"。

**五日** 复姚桐椿函:"你以从事古典文学的姿态来出现在我面前,我没有从新文学的交际范围中去回忆。现在收到你第二函,才恍然大悟,你和张少芳都在生物研究所的,1978 年以后,有不少人来和我谈卅年代新诗,我常常提起你们,只不知你们的消息,文化大革命中,曾听到过有人传说你们也挨了'整',但不知情况。现在你转行搞古典文学,按照年龄,你们当接近古代文学了,来信所谈读书方法……,不会找出问题,不过像李老之类的人千万不要碰,我只点了一句,似乎也不高兴,读书是为自己,不要为别人服务了!"

另,据姚桐椿回忆:"他还记得我,也理解我兴趣的转移,但不无惋惜。"(姚桐椿《谭正璧先生借书给我——兼忆赵景深、施蛰存先生》)

**八日** 编定《北山集古录·碑刻题跋》并撰"序引":"近乃收集残稿及劫后所作,犹有二百馀篇,汰其大半,编为二卷,志其一得。"

**上旬** 继续选编《外国独幕剧选》第六集。

**十三日** 在《文史知识》月刊第 4 期发表《金石丛话·(四)谈拓本》。

**二十日** 为选定《花间新集》交付出版而撰"总序":"我保存了二十多年,作为自己欣赏词的一份私有财产,仅在少数友好中传阅过,从来不想公开发表,因为怕它不合于当今的文学规格。去年,浙江古籍出版社的赵一生同志和王翼奇同志联袂来访,得知我有此稿,他们表示愿意为我印行,至少可以扩大读者群,让我听听各方面的意见,""为古典文学的读者开辟一个视野,为我自己留下一个文学巡礼的脚迹。"

另,撰作"凡例":"此书所选宋、清二代词,皆余自出手眼,几经进退而后写定,绝不依傍旧有选本。"

另,辑录诸家之"题词·评语"而撰"按":"昔年曾以《花间》二选就正于吕贞白先生,先生以为清词芜杂,允宜有一选本。然于余评论蕙风、大鹤二家词语,大不以为然,遂签注右所录语。嗣后霜柯沈宗威及陈兼与丈见之,颇不以吕言为是,各有附识,为余张目。今附录三家言于此,以存此一段词论公案。"

另,还为此书编撰"附录:词人小传"。

**同日** 致齐鲁书社宫晓卫函:"承寄《乔大壮手批片玉集》,收到多日。""上海气候不佳,我经常感冒。""张文江结婚,我送了一套茶具。王兴康结婚,我送了一架彩光壁灯。只有你结婚,我没有送礼。现在你已有孩子,我欠你两份礼了。""自己不能入市采购,做事延缓,因此务必请你早日告我,有什么人从上海去济南!你社出了一部《金瓶梅》,分配师大中文系卅部,已预定一空。我有两个朋友也想要,不知能否给我留下两部? 此书出版情况,亦希望告我一些。"又,下午周退密来晤。

**二十一日** 周退密来函并"近作词稿"三页。

**二十二日** 致湖南彭燕郊函:"今寄上法国象征派诗人木刻头像八幅,请转给《域外诗抄》责编同志。如时间许可,请缩小制锌版插入各诗人的第一页左上角。这些木刻是著名木刻头像家瓦洛东的作品,他的作品署名都是FV。他为古尔蒙的小书《诗人群像》作了卅幅头像,我选印了八幅,还遗漏了一幅沙曼,待补印来再寄。"

**二十八日** 午后北京大学季羡林来先生寓所访晤。

**下旬** 在香港《书谱》杂志第2期发表《唐碑百选·乙速孤行俨碑》,署名"施舍"。

**是月** 先生与周松龄、谢英合译美国库尔特·辛格著《间谍和卖国贼——第二次世界大战间谍史话》,由浙江人民出版社初版印行。

**同月** 13日中葡两国正式签署《关于澳门问题的联合声明》。

## 五月

**一日** 为所作《全福庄汉墓画像石题跋》撰"补记":"顷得《山东画像石选集》,始知全福庄在历城。当时出土,仅此二石。"

**二日** 王进珊、唐采湘夫妇来先生寓所访晤。

**三日** 编定《北山集古录·卷五(一)镜铭题跋》并作"序引":"余收得镜拓百馀纸,佳者无多,此物殆不易施毡拓也。取其可赏者,略为题识,凡二十篇,为一卷。"

**同日**　致陈文华函："我要买一份礼物,补送宫晓卫婚礼。""请你6日带到师大交马兴荣先生带去济南。"

**七日**　上午南京大学程千帆来先生寓所晤谈。

**九日**　上海古籍出版社在《文汇报》发布即将出版其著《唐诗百话》的预订书讯。

**十日**　又为《益延寿瓦拓本题跋》作"补记":"顷见西安文管会编印之《秦汉瓦当》,有近年新出一瓦,文曰'益延寿宫',此可以证《史记》所言为是,师古之注误矣。"

**上旬**　赵珩由北京来访。据赵珩回忆:"与施先生约好的时间是九点。"(赵珩《在上海美丽园的日子》)"老先生在吃早点,请教一个多小时后即往茂名南路拜见兼与先生。"(赵珩《陈兼与和〈旧都文物略〉》)

**十三日**　云南大学李埏与复旦大学谭其骧、葛剑雄来先生寓所晤谈并合影。

另,据李埏回忆:"我赴复旦大学讲学,曾往拜谒。昔年游路南时所摄照片,还完好无缺。"(李埏《记吴晗先生的路南之游》)

**十五日**　在《书林》月刊第5期发表《从〈唐诗串讲〉到〈唐诗百话〉》。

**同日**　江苏省社会科学联合会《社科信息》第5期刊载胡天民《概说"变文"的"变"——兼与施蛰存先生商榷》:"一、国内学者对敦煌文学的考证和对'变'的字义解释;二、国外学者对敦煌文学的考证和对'变'的字义解释;三、对施蛰存的见解提出若干商榷;四、有待考证和研究的问题。"

**二十日**　四川省社会科学院文学研究所谢桃坊寄来稿件《姜夔事迹考辨》,先生审阅后编入《词学》集刊第8辑。

**二十四日**　编定《北山集古录·卷五(二)杂器题跋》并撰写"序引":"余作意收聚碑拓,始于一九五八年。初但收汉碑,三年之间,得二百通,传世汉刻,略尽于此。好之不已,遂兼收魏晋以下碑志,得大小石刻墨本一千四百馀纸。蔓延而及商周彝铭、历代文物,十年之间,所得逾八百纸,装为二十帙,灯窗展玩,泚笔题记,以志古欢。凡瓦当、砖文、残石、镜铭,可以类聚成卷者,别为编次。其零金碎玉,光怪陆离,不可类序者,统名曰杂器,亦有文百馀篇,今存其五十,为此卷。"

**二十五日**　复香港古剑函:"欣悉你到台湾去过,并见到了苏[雪林]、姚[一苇]二位。""听说许杰兄在香港。""我给马国权五信四稿,至今未得一字复书。""刘以鬯托中国新闻社一位同志转言,向我要稿,你如遇到刘,望代谢他的好意,但我不想写杂文或回忆记,我还是写古典文学文章可保天年。新文学,我是个旁观者。"

**三十一日**　应邀担任中华诗词学会第一届顾问。

**是月** 陈晓芬选析、施蛰存审订《欧阳修作品赏析》,列入"中国古典文学作品选析丛书",由广西教育出版社初版印行。

另,据陈晓芬回忆:"书稿需请一位教授审订,有老师给我出主意,请施先生吧。""施先生竟一口答应了,这真是让我喜出望外。他只提了两个要求,一是他主要看注释部分,至于赏析,他认为应该有更多个人的感悟,他不用过于介入;二是稿件文字写得清晰一点,他说自己视力不行了,怕看不清。后来我知道,凡是支持青年教师学业的事,施先生是很好说话的。而他最不好说话的,则是想借他的声望求人情一类的事。就这样,每隔一段时间,我把写好的部分稿子送给施先生,施先生则把审阅完的还给我。我每次拿到的稿子,中间都夹满了长长短短的纸条。""我一次次按照他的指点去查找资料,发现他的记忆也好,他的推断也好,都能得到准确的证实。""出版社给施先生寄来了大约200元审订费,由我转交。""他很意外:'还要给我钱?'他不肯收。""费了一番口舌,施先生终于接过了这200元,然后扬了扬手中的钱,笑呵呵地说:'陈晓芬,这是你挑挑我了。'我当时就被他这样'颠倒是非'的话逗乐了。"(陈晓芬《与施先生在一起的时候》)

**同月** 9日韩侍桁在上海逝世。漓江出版社出版张以英、诸天寅、完颜戎《中国现代散文一百二十家札记(下册)》,书中章节"施蛰存:他,不能被遗忘"。

## 六月

**一日** 为编纂《四续寰宇访碑录》而撰"凡例":"一、此书为继续孙星衍、赵之谦、罗振玉、刘声木四家访碑录而作,凡四家访碑录已著录之古今碑刻,均不入录。二、古今石刻文字,出土已久,见于著录,为四家访碑录所失收者,凡有知见,悉补于此录。三、晚清迄今,新出石刻文字,凡所知见,悉以入录,元以前碑刻,巨细无遗,明清碑刻,为数既多,又甚芜杂,但著录其丰碑巨刻,或书法佳妙,或有关社会史料者。其民间私家小刻,无补史料者,削而不存。四、石刻出土时地可知者,并著录之。取资于公私碑目者,注明其出处。刻石立石年月,书撰人名,悉依四家前书著录之。五、解放以来,全国各地出土,发现石刻碑版,为数极多,然纪录于公私文书者,仅为其一小部分,编者仅能据公布者录之。若其秘藏于各省市文管会,博物馆者,未得目录,非编者所能为役,尚祈海内留意碑版人士,随时惠知,俾得续补。"

**同日** 在《名作欣赏》第3期发表《释秦韬玉〈贫女〉诗》。

**二日** 撰写《为改善居住条件,要求落实政策,情况说明》:"我租住愚园路1018号公房,已五十多年,向来一家独住。""因病废,不便出门行动,二楼前间虽已收回,但因孙女、孙男结婚,房屋仍不够用,我夫妇二人,饮食、起居、工作、会客,均挤在一室之内,尤其是每当有外宾来访,愧室内凌乱无序。藏书数千册,至今装箱封存在煤间及阁楼上,无法启用。为此,从1985年,我曾五次上书市委组织部、宣传部及市长,要求为'反右'时的强迫退租事落实政策,但至今未有反应。"(先生书面材料)

**同日** 复河南崔耕函:"今日写好'凡例',即寄上。""近来买到一本李根源藏唐墓志九十三种的影印本。""我都有,但已记不起编入'访碑录'没有,我想再做一套卡片给你。《文物》1984—1986也都在看,可以补许多卡片,你印的卡片,如有多馀,可否给我一二百张,我做好给你。""我的《唐碑百选》,已由江苏古籍出版社要去,明年出版。现在我将以下半年时间摄制及复印这一百个唐碑,出版社要求有几张著名碑的摄影,此事我想请你帮助。""武后的《升仙太子碑》及《石淙诗》刻,我也想要一个照片。"

**又** 按程千帆日记:"得蛰存信。"

**四日** 浙江人民出版社贺起复周松龄函,谈及"您寄来的有关'史话'[《间谍和卖国贼——第二次世界大战间谍史话》]的三张插图及封面设计图壹幅,遵嘱奉还,我请古籍社一位同志带到上海施蛰存教授家中"。

**五日** 编定《北山集古录·卷三(一)彝铭题跋》并撰"序引":"余以玩索之馀,偶有所疑,亦随笔书一二小跋,积年得数十篇。无甚发明,备忘志疑而已。"

**八日** 在《新民晚报·夜光杯》发表《"老婆"》(署名"北山"):"我正是目前称呼妻子为'老婆'的一个'男同志'。""这是传统的,最普遍的称呼,在吴越民间至少已行用了几百年。丈夫既无损害其妻的'尊严'之意,妻听了也并不认为丈夫的'素质'在降低。至于说这种称呼'实在不雅'这个观点,我还是同意的。""'内人'、'内子'、'屋里',这些名称都随着无产阶级革命成功和社会习俗改变而被'扬弃'了。""解放以后,直到'目前'以前,我称呼妻子总是说'爱人'。""心里却常常感到不是味儿,正如我脱下长袍、西服改穿蓝颜色的解放装一样。""我以为,倒是有损于正式妻子的尊严,也降低了丈夫的素质。""我还是要把内人称为'老婆',以维护她的'尊严'。"

**同日** 《人民日报》刊载先生接受该报记者的采访《中外文化交融的"断"于"续"——答本报记者钱宁问》。文中谈道:"我那些东西只能算是'出土文物'了。有人说很'新',我说,'新'在哪里?那不过是三十年代的东西呀!无论是从新文学运动的角度还是从当时世界文学发展的状况来看,都是如此。要说今天还能使人感觉

'新',那实在因为我们关门关得太长久了!""再打开时,外面的一切都会觉得'新'。""这不能怪青年,怪来怪去,应当怪我们关门关久了!""现在西风又吹进来了,我们的文化当然要受到冲击。有些人已经看不惯了,但应当认真想想的是,为什么会这样?""我现在主张两个字:'续断'——继续'五四'以来那个断掉了的传统。也就是说,我们需要补课,要像鲁迅先生编《译文》那样,有一点计划和选择,将近几十年来欧美文学(包括苏联文学)的发展,系统地介绍进来,使青年们减少一些不正常的'新奇感'。"

**十日** 将编定的《花间新集》书稿邮寄交付浙江古籍出版社编辑王翼奇。

**十二日** 王映霞致函:"有关孙百刚先生生前之译文《痴人之爱》三本,日人谷崎润一郎原著《痴人之爱》一本,我已于日前取回。兹托由我的侄女钟玉美专程送上,祈收下。能够给他收入你在收集的译文之中,殊深感谢,也算我们对于已故老友尽一分力。阅后如何决定,盼给一回音。"

**十三日** 在《文史知识》月刊第6期发表《金石丛话·(五)碑额、碑阴、碑侧、碑座》。

**十四日** 复马祖熙函:"'哲理诗'稿我已于上月底全部看好(序文尚未看),加了些签条,福建版'哲理诗选'也已在我案头。你的选目要删换不少,希望你早日来沪,取去修改,恐怕还得要一个月。"

**十五日** 致齐鲁书社宫晓卫函:"松江本《急就章》,去年上海书店印了一本,想不到你社又印一本,这块碑交运了,也是我们松江县的光荣。《辛稼轩词赏析》我只写了二篇,你给我开稿费80元,太多了。我估计是三四十元,请你代买书,便可两讫,不用你再汇款。""近来各方面给的稿酬都太偏高,只有中华书局的《文史知识》,较为平稳,他们给我15元一千字。这样,我以为差不多,再高,就有点对不起别人了。""如款未汇来,请减少些,你给我太多,使我难受。"

**十七日** 复河南崔耕函:"照片二枚极好,正是我要用入《唐碑百选》的,我想以碑形照片为此书特色。""《升仙太子碑》现在何处?能否也得到一个照片。《封祀坛碑》我本想选入百种之列,因未得拓本,只好放弃。不知为什么至今未扶起,石上石灰已除去不?此碑字迹亦甚有名,未被重视,亦可惜。'感应颂'我以为已移至远处,现在始知仅仅移进数米。当年我去看时,已觉此碑危险,现在虽移进,但河沟边似乎应用石块砌护高地,否则几十年后,还会塌毁。'石淙'照片尤佳。""《四续访碑录》我们决定截止到1985年,待大致可告一段落后,我去向文物出版社联系,或者有出版的希望,不过此事要你多费心了。嵩山三阙是否都盖了屋子,还有未盖屋以前的照片否?"

**同日** 复香港古剑函:"看来你是偏于刘以鬯的,不过我以为林也不无可取之处。

牛肉汁四瓶已收到,是陈汉元交给干锦源,干交给吴怀德送来的。此四人是同班同学,倒也难得。""许杰在香港与台湾的妹子会晤,住了二星期,已回上海了。七月份,有我的研究生赵昌平,""他要到香港与三联书店合编香港中学语文教本。"

**十九日** 致平湖葛渭君函:"有几张校词图照片剩馀,随函奉还。我在编几部旧稿,甚忙碌。"

**同日** 范泉致函:"介绍方军同志来看您,他正在筹备中国通俗小说研究会上海分会,最近才从北京参加总会理事会回来。总会端木蕻良、刘北汜、贾芝、薛汕同志等希望您能参加研究会,并任上海分会顾问。"

**二十日** 编定《北山集古录·卷四(二)砖文题跋》撰"序引":"北砖拓本流市不多,余偶得其数十纸,欣赏之馀,稍为著录。合南砖题跋,凡百馀篇,今存其三十。"

**同日** 北京大学林庚致函:"介绍研究生徐志啸君拜谒,带呈拙作。敬候起居。愚园路 1018 号 2 楼,蛰存兄阁下。弟林庚顿首。"

**二十三日** 致郑州图书馆张万钧函:"姚昆田转来《河南地方志论丛》,""弟已看了数文,足下一手写了五篇,致力不少。高敏同志论《元河南志》一文,尤感兴趣,高君言有《唐两京城坊考·东都部分质疑》一文,惜弟未见,不知高君是否仍在研究此书。近世所出碑志,可补《城坊考》者不少。高君亦有意为此事否?读大著,想到如果有一部《河南金石志》,或取旧志《金石》而汇编为一书,亦极有用于文物考古,希望河南有人做此工作。足下在图书馆或更方便于作此书!弟甚安健,文字工作亦不少,恨不能再游中州耳。"

**二十五日** 俞平伯寄来全家照赠送留念。(按:此件现存中国现代文学馆。)

**二十七日** 复《新文学史料》编辑部李启伦函:"从寄稿到看校样,只有二十天,这恐怕是近年来最快的出版过程了,非常佩服和感谢你们诸同志的干劲。校样已看过,没有底稿,只凭文理。如有与原稿不合处,可以依原稿。""我这两天又是手不停笔,有许多文稿要改,要补,要写,'回忆记'还排不上队,等七月中旬再抽空写。"

**三十日** 下午方行等来先生寓所访晤并合影。

**下旬** 在香港《书谱》杂志第 3 期发表《唐碑百选·衮公颂碑》(署名"施舍")、《嵩洛新出石刻小记》。

**是月** 《水经注碑录》由天津古籍出版社初版印行。

**又** 中国人民大学出版社出版彭明主编《高等学校文科教学参考书·中国现代史资料选辑·第一册(1919—1923)》,收录其作《上海大学的精神》。

## 七月

**一日** 王映霞致函:"上次去拜访,很抱歉,吵醒了你的睡眠,心中非常不安。我有一个朋友,想看一遍孙译的《痴人之爱》,希望能惠借一个星期,等他看完后仍由我奉还,可以吗?今要我侄女来取,盼将原著及译本一起交我侄女带转,是幸。"

另,据王映霞回忆:"八十年代的时候,如遇风光明媚的天气,不冷不热,无雨无风,我就去走访老友:钱君匋、郑逸梅、施蛰存、许杰、陆晶清、陆礼华。"(《王映霞自传》)

**四日** 复香港古剑函:"恰巧赵昌平今日来,二事均谈了。""香港三联书店副总编辑潘耀明来过,我已答应把回忆编起来让他们出,但目下还无暇动手编,另有一本选集,他们已付排,今年可出版。"

**五日** 为将曾昭岷《冯延巳词考辨》编入《词学》集刊第7辑而撰"编者附记":"华东师大举行第二次词学讨论会,湖北大学的曾昭岷同志提出了一篇论文,""我过了几个月才读到,觉得作者考校冯延巳词非常精审,因此函请作者将此文删节,专取冯词考辨部分,删去字句校勘部分,使篇幅缩短,便于在《词学》上发表。作者接受我的请求,写成此文寄到。我在1960年代,曾研究过一阵唐五代词,写了几篇札记。《读冯延巳词札记》亦其中之一。曾昭岷同志研究冯词时,曾参考拙文,对拙文提出许多不同意见。在此文中,作者和我观点不同处,凡引及鄙见,都不提贱名,仅用'或谓'、'或云'。凡同意鄙见处,皆提及贱名。这是作者过于客气,反而使读者不甚了了。其实不须如此。此文中所引用文字,凡注明出自《词学研究论文集》的,都是指我那篇《读冯延巳词札记》。我对作者的观点,也有些答辩,就在这里申说。"

**六日** 为将方行所藏清词人曹元忠《乐府补亡》编入《词学》集刊第7辑题记:"近承方行同志以藏本惠假,因抄录全文,发表于本刊,公诸同好。"

**七日** 复河南崔耕函:"《徐浩碑》照片极佳,""将来制版后奉还。承赐《太宗教书碑》,此拓曾蒙惠赐一张,尚未装裱,足下此拓似已做旧,古色古香,胜旧藏之本。""我将前几年足下所惠赐石刻拓片,写了一篇《嵩洛新出石刻小记》。""《唐碑百选》中用彩色版图片,我暂定以下几种……。此外还想找一二中晚唐碑。""《升仙太子碑》及《伊阙碑》,不必你自己去摄影,只要托文管会摄影同志代劳,一定奉酬工料费。《伊阙碑》是摩崖刻,要照到环境,方能见其气象雄伟。大作已拜读,《中原文物》还在出版否?如有碑刻信息,望随时惠寄,阅后即还。《海外贞珉录》专记流在外国的碑刻造像,此书颇有用处,可惜不是单行本(在罗氏丛刊中)。前日寄出'刘氏访碑录'[《续补寰宇访碑录》，庐江刘声木撰，石印线装本]一部，即以奉赠。"

**同日** 又为将方行所藏《词人纳兰容若手简》编入《词学》集刊第 8 辑而撰"解题"："近承方行同志以藏本惠假，因抄录全文，发表于本刊，公诸同好。"

**十日** 为编讫《北山集古录》并交付出版而作"自序"："我在1958年以后，几乎有二十年，生活也岑寂得很。我就学习鲁迅，躲进我的老虎尾巴——北山小楼里，抄写古碑。这是一个讽刺。因为鲁迅从古碑走向革命，而我是从革命走向古碑。这也是一个失败。因为我的革命和古碑，两无成就。收了许多金石文的拓片，看了不少金石考古的书籍，对于文字学、史学、款识学各方面，多少有一点新的知识，也学会了一些研究方法。有时对前辈学者的议论有些不同的意见，或自己有新的悟入，于是不自量力，也写下了几百篇所谓'金石题跋'。"

**十三日** 在《文史知识》月刊第 7 期发表《金石丛话·（六）秦石刻文》。

**十四日** 复郑州图书馆张万钧函："《奇女传》我不想着笔，请谅之。我建议你找一位女作家写更合适，这里有一位赵清阁，恐亦是河南人，你如愿意请她写，我可介绍，待惠知。武则天、文成公主、柳如是、慈禧太后，写入了没有。"

另，据张万钧回忆："我曾写了一本中国古代名女人故事，想请施先生写个序言。但施先生考虑此书性质，认为还是由一位女作家写序为恰当，又为我转请了上海社会科学院的赵清阁先生。"（张万钧《施蛰存先生二三事》）

**十五日** 复香港古剑函："我和潘耀明没有谈起你。""我对香港文化地形不熟悉，一般不提起有什么人在港较熟悉。"

**十六日** 北京吴常云寄赠吴无闻编《夏承焘教授纪念集》。

**十八日** 复南京钟来因函："惠书及胡天民同志文收到已久。""写了一张纸，烦转胡天民同志，我不想另写文章，或即将此文在《社科信息》上发表。"随信附上致胡天民函："我那篇文章[《'变文'的'变'》]的意义，似乎你没有完全理解。我的设想是这样的……""因此，'变'字只能解释为佛经故事画，不是一切的图画，它是一个佛教词汇。这样说明，你以为可以同意了吗？"（按：后以题为《再谈"变文"的"变"——答胡天民同志》发表。）

**二十二日** 致香港古剑函："我和吴颐人谈了一个多小时，这位青年很好，有你和沙叶新做他的国际宣传员，对他大有帮助。""你说，林真的《文学家》办得怎么样？我觉得都是杂文，内容薄弱了一些，印刷却很好。有没有熟悉外国文学书的，我想托一个人在港九旧书店中'淘'几本英文书，有人可介绍不？"

**二十四日**　按贾植芳日记:"上午校日语系同学,现在日本学习的张勤及其爱人张静莹来访,他们带的是现在神户大学讲学的李平介绍信。张静莹在神户大学攻读博士前比较文学研究生,以穆时英论为专题,为此给她写信介绍去访问施蛰存,可能会得到一些实际材料。"

**二十八日**　复南京钟来因函:"文第一段不甚适当,我改了一下,请付编辑同志,照我的改定本付排,胡天明同志长于日文,正应该利用他译些日文著作出来。""你想搞道教,也是一条路子,但要先看《道藏》。""这部《三洞群仙录》就值得抄出单刊流传,这些书都是道家的笔记小说。除了宣扬道教教义之外,还有社会意义,文学史料。符咒起于秦汉,但晋宋以后受了佛家密宗的影响,此事亦值得注意。又近代道教理论,多抄袭或摹仿佛教,有些书显然摹做的。但为了尊道辟佛,还要造出化胡经来。《道藏》已在复印,将来流传可广。南大有从前商务印书馆印的《道藏》,你应该趁早去翻一下,辑几本书出来,不要被后来人超出。""唐代的道佛斗争,三教斗争史,也值得写一本小书。"

**是月**　人民文学出版社出版《唐诗今译集》,收录《杜甫·潼关吏》《元稹·田家词》《新乐府五十首·涧底松》之"今译"。

**又**　浙江文艺出版社出版《中国现代文学作品选评》,收录《名片》。

**又**　湖南人民出版社出版《丁玲纪念集》,收录《丁玲的"傲气"》。

## 八月

**七日**　致谭正璧函:"近有天津小友刘燕及,办《俗文学》杂志,由青岛出版,来函要借解放前三种'俗文学'刊物的样张,每种一张,复印寄去,他要作创刊插图。弟处已无此刊,想兄处或尚存,可否请令爱选出一张较整齐者寄我,去师大复印后原件奉还。"

**九日**　复平湖葛渭君函:"《阳春白雪》可慢慢的校,现在校好也无处可出版,何必冒大暑急于从事?前二日审定《词学》第6辑稿,看了你的《山中白云词评语》,你抄词题太繁,字数多于评语,""我已大为删削,省了许多字,其中有误字、缺字、疑字,我都在上边加了一个问号,今寄回请你复核一下。"

**十日**　致上海文艺出版社孟涛函:"还有三个剧本未看,每天看一个,15日以后请你来取去。你那边几个,请检查一下,缺小传及简介否?我记不起了(似乎《吉普赛女巫》一剧缺简介)。有内地青年来信,他说曾二次向上海文艺出版社函购《外国独幕剧选》一、二、三、四集,出版社复信说都已售缺,""兄有便去社中时请代问一声。"

**同日** 按程千帆日记:"函蛰存询得书套事。"

**十二日** 赵清阁复函:"手书及张万钧同志信均悉,嘱为《奇女传》写序事,实难报命。只以近来又发宿疾……执笔更无法集中思想。且出版社限期已到(八月中旬),即使不病也来不及。""上月寄旧作《月上柳梢》一册,想已收到。"

**十四日** 致郑州图书馆张万钧函:"非常抱歉,赵清阁也不肯写序,我也无法完成任务。大约盛暑天气,不宜于叫老人做事,这回是时间不合适。"

**同日** 复谭正璧函:"弟尚健康,不过不能走动,终日伏案,整理五六十年代许多笔札,想编几本小书出来。"

**又** 按程千帆日记:"得施老复函。"

**十七日** 香港梁秉钧(也斯)、吴玉英夫妇来先生寓所访问。

**二十一日** 复香港古剑函:"姚一苇书今天才收到。""姚一苇一信烦转去,馀俟赵昌平来面谈。"

**二十二日** 致河南崔耕函:"此文[《嵩洛新出石刻小记》]匆匆写好寄出,未经检核。""王知敬书《金刚经》,你寄我十九纸,大者有二百馀字,我写此文时,找不到拓片,故随便写了。待将来出单行本时改正。"

**同日** 在《新文学史料》第3期发表《杂忆二事》(访问伐扬·古久列、知己之感)。

**二十五日** 为选编《外国独幕剧选》全部完稿而撰"编后记":"历时七年,我们从几百个著名的、优秀的独幕剧中,选译了一百二十个,以代表一个世纪的以欧洲和英、美为主体的独幕剧发展历程。""我对外国独幕剧的一知半解,事实上止于1940年。1940年到1950年,外国出版的戏剧书刊,我一本也没有看到。1950年到1978年我国处于闭关时期,外国的文艺动态我茫无所知。而这三十年间,正是西欧、英美文艺新流派风起云涌的时期。我从1978年起,才陆续得到一些国外版的戏剧集,国内有了几种戏剧刊物,对近年来外国戏剧情况也有介绍,于是,我算是补上了一课。""从第三集起,不得不由我一人主持,幸而得到不少同志的热心支援,我才得以完成这一任务。苏联、东欧的选目和译述,得到沙金、叶小铿同志的帮助为多;西班牙语剧本的选目和译述,得到北京大学西语系赵德明同志的帮助;德语剧本的选目和译述,北京大学德语系的马文韬同志,曾为我费了许多精力。吴劳、鹿金、主万、沈师光、万紫,都是文学翻译的老手,他们都为我译了好几个剧本。华东师大外语系的周缵武同志,为我审校了一部分译稿。出版社的责任编辑孟涛和金名同志为这部选集二百多万字做了繁重的定稿、校核、编排工作。""这一部选集,大概不可能有续编了。"

**下旬**　在香港《书谱》杂志第4期发表《唐碑百选·寂照和尚碑》,署名"施舍"。

**同月**　中州古籍出版社出版黄立振编著《八百种古典文学著作介绍续编》,书中列有"《陈子龙诗集》(明)陈子龙撰、施蛰存等标校"。

## 九月

**三日**　致施议对函:"寄件全收到。[《词学》]第6辑已编好,只留二万字地位,即待发排。尊文只能编入一篇,《论造句》一文须入7辑。词则不想用了,因7辑须明年下半年出版,已成'明日黄花'也。"

**六日**　撰讫《百尺楼词之作者》:"今承中山大学古文献研究所黄国声同志来函指出,陈庆森与陈树镛并非一人。""其后流览杂著,始据以写定此跋,盖已承前人之误也。今岁月已久,亦不忆误自何书。录以正误,并谢黄国声同志。读者有藏本刊[《词学》]第4辑者,幸为我改正之。"

**八日**　郑逸梅复函:"青年教师编'历代尺牍选',甚佳。""弟所藏尺牍,大都黏存于册,如需要者,请偕摄影师来舍,当场解决,较为直捷。"

**十日**　为编讫《词学》集刊第7辑而撰"编辑后记"。

**十三日**　在《文史知识》月刊第9期发表《金石丛话·(七)先秦金文》。

**二十五日**　致朱雯函:"听说兄也支持他,大约兄不知其人,弟希望兄考虑一下,见贾植芳时,亦请代达鄙意,勿使'学会'从此多事!"

**同日**　又复上海音乐学院蔡国梁函:"你要找的书,我在抗战时都已失去,后来也不再买,在二三十年代,这些书也不是公开卖的。我劝你不要写这本书,谈禁书可以,但不可谈淫书。如果你集中谈色情淫书,罪名就不小:'为青年提供色情书单'。你写这本书,一定大损名誉,切勿轻心。"

**二十六日**　上午范泉来谈。按范泉日记:"他同意承担《翻译文学集》,并建议钱仲联承担《诗词集》,徐中玉承担《文学理论集》。他认为姜亮夫在搞敦煌,不会承担'近代'。""他建议:1.翻译文学的收集,以单印本为主,不及报刊。2.先将各个时期的译本,列出目录,包括书名及作者名,然后由他选择,排出表格。3.笔记文学从专门笔记选出作品及作者。4.报刊上选的,属于散文。5.选出后再标点、分段、抄写。施同意研究生沈蓉写他的评传或创作道路。"(钦鸿编《范泉编辑手记》。以下均同)

另,按先生自述:"编选任务委托我,使我有机会获得不少知识,关于当时外国文学译介的情况,和近代文学的发展情况。"(《中国近代文学大系·翻译文学集"导言附记"》)

**二十八日**　应湖南彭燕郊之请,为戴望舒译著古罗马奥维德《爱经》重印撰作"新版序":"这个中文译本是戴望舒从法文删净本译出的。1931年曾由上海水沫书店印行过,改名《爱经》,仅印一千册,流传不多。现在湖南人民[漓江]出版社,将予以新版重印,不仅因为它是罗马文学史上的名著,也为了它反映了罗马颓废时期的社会现实。至于诗篇本身,既删净了所谓不道德部分,便显出了其他的积极意义。"(按:后以题为《奥维德及其〈爱的艺术〉》编入《文艺百话》。)

**三十日**　按贾植芳日记:"午后4时浅野纯一来,他要访问施蛰存,给他写了一封介绍信。"

**下旬**　徐芳来访。先生自述:"有人告诉我,华东师大中文系有一个女教师,名叫徐芳,作新诗很可注意。我大吃一惊,怎么?又一个女诗人徐芳!赶快去找她的诗来看。不多,只见到几首,显然,不是三十年代那个徐芳的诗了。不久,徐芳来了。于是我认识了八十年代的女诗人徐芳。""徐芳,三十年代的那一个,我不知道她终于走到哪里去。现在我所能看到的,她有一篇四十年代的诗《征衣曲》,是为抗日作战军人缝制征衣而写的。在时代现实的冲击之下,似乎情感已有些理性化了。八十年代的徐芳,正站在她手帕的边缘上,要追回她的青春。我高兴鼓励她,去追。"(《徐芳诗集·序》)

另,据徐芳回忆:先生"返身又在书柜里忙忙地翻找什么,间隙中抬眼望了我一下,大概是看到了我坐不是站不是的傻眼样子,他乐了,说,我是要找样东西送你。这是件太珍贵的礼物,一个三四十年代与我同名同姓的女诗人的手稿原作。发黄的纸片上,秀丽的字迹书写的是一首题名为《征衣曲》的短诗"。(徐芳《走近施蛰存先生》)

**是月**　《唐诗百话》由上海古籍出版社初版。据上海古籍出版社"出版书讯"记述:"是一本系统介绍、评论唐诗作家与作品的著作,作者在传统诗话形式的基础上,作了新的大胆探索,从而使本书具有以下特点:一、唐代诗史与作品研究相结合。""通观全书,是一本别具一格的唐代诗史;分检各篇,又是作家与作品的专论。二、文史汇萃,广采博收。本书论诗,往往在分析作品的同时,把有关的诗学名称、流派风格、社会背景、典章制度、风俗逸闻等知识介绍给读者,使读者能从中获取丰富的文史知识。三、深入浅出,读者面广。作者是新文学的著名作家,又善作旧体诗,还曾从事过外国诗歌的翻译,故论诗别具慧眼,文笔轻松流畅,既是唐诗研究的参考书,又能帮助一般诗歌爱好者提高修养。四、形式活泼,图文并茂。书中既有关于唐诗作家作品的考证、辨伪,又有学作旧体诗的方法讲解,还有挥洒自如的鉴赏漫话。书前有铜版插页,书中附12幅日本古刻唐代诗人画像。"(《文学遗产》,1987第5期)

另,据黄屏回忆:"好评如潮,施老欣慰非常,特地托人买了件羊毛衫送我。"(黄屏《施蛰存先生摭忆》)

另,据黄裳回忆:"佳誉如潮,连巴金都向我借了去读过。此书好处在新见层出,敢说自己的话,取传统的唐诗评论一一检讨,分期、作者、风格变迁、名篇解析,都有自己的见解,读之如遇一部崭新的唐人诗话。所见不必尽是,但确是一本崭新的文学评论。"(黄裳《忆施蛰存》)

另,据刘石记述:"《杜少府之任蜀州》所见各本注释无不将首句'城阙辅三秦'中的'城阙'释作长安,独有施老[《唐诗百话》]认为,说京城辅佐京畿是讲不通的,如常人那样将'辅'字释为意动,所谓长安以三秦之地为辅佐,通是通了,但与诗题既无关涉,又破坏了全诗四联皆绾合彼我双方、既显亲切又起安慰作用的整体构思。只有跳出'城阙'必指京城的思路,将之释为代指蜀州,'三秦'才是以京畿代指京城长安,这个漏洞才能得到完全的弥缝。剩下城阙何以能指蜀州、蜀州为何能称京城辅佐的问题,施老又作了虽简明却有力的阐释。这一解读使这首名篇被遮蔽的艺术结构重现天日。""可惜如同我在文学史课堂上对学生常感叹的那样,这么多年过去了,新增的唐诗选本和文学史教材更仆难数,却无不一仍旧说,似乎浑然不知有施老这篇文章在前,学术进步的障碍实在太多了。"(刘石《回念北山翁》)

**同月** 15日《古籍书讯》刊载王兴康《别具一格的唐诗研究著作——读施蛰存先生的〈唐诗百话〉》。辽宁大学出版社出版李春林《东方意识流文学》,书中章节"三、意识流文学东方化的成功者——施蛰存"。西北大学出版社初版印行张华主编、蒙万夫、鲁歌副主编《中国现代杂文史》,书中第二编(1927—1937)第九章"'自由派'的杂文"内:"第二节《现代》诸家"。

## 十月

**一日** 台湾《联合文学》第3卷第12期刊载李欧梵《中国现代小说的先驱者——施蛰存、穆时英、刘呐鸥作品简介》。先生自述:"美国芝加哥大学的李欧梵教授在台湾的《联合文学》上介绍我的旧作,封我为'中国现代小说的先驱'。"(《十年创作集·引言》)"在台湾刊物上推波助澜,封我为'中国现代小说的先驱者'。"(《且说说我自己》)

**三日** 沙孟海致函:"大著《吴越金石志》书眉敬题就附呈。""记得曩岁尊嘱写录浙馆所藏钱氏金石,因文穆王神道碑大张漫漶过甚,年青同志抄不成,遂无以报命。""敝馆录藏钱氏祖孙投龙简有数件,上次曾将文辞抄奉否?又清季旧传太湖出土投龙简拓本,据说是银简,原物销毁。我细察拓本,不似金属器,应是玉石之类,未知尊已注意此之否?刻石与刻银笔迹大不同,前贤少此经验,以讹传讹,大著幸纠正之。关于碑版刻本优劣问题,承示高见,敬当进一步考虑。""有《论书丛稿》一册,上半年由上海书画出版社出版(1928—1984散篇选编一下),有《印学史》,近项由西泠印社出版,此两书容封寄求教。手中正检编《中国书法史图录》(自商迄清末),""最好能得先生审正。"

**五日** 《文学遗产》第5期刊登上海古籍出版社《唐诗百话》"出版书讯"。

**七日** 中秋节。晚上复北京三联书店范用函:"嘱为《读书》撰文,厚意至感。""我今年已谢绝一切命题作文,不作序,不题词,不为人集邮写首日封,不写字,不和诗,不审阅评定职称资料。""现在非抓紧时间,将自己的文稿编定几本书不可。""《唐诗百话》待出当寄致,此书是我重点著述。""年内还要补写五六篇回忆记。此外,还有古典文学、外国文学、金石碑版方面的丛稿,还可以编四五本,这是1988年的工作,还不知能否完成。""三联能否将戴望舒《比较文学论》重印一下,此书原由商务出版,或者请你与商务联系,他们可否再版印行。"

**八日** 致上海文艺出版社孟涛函:"湖北陈平有没有将书款汇还你?我处无信,甚念!我有一篇译稿,莫尔那的剧本 Lilion,""请你找一找译稿,如在请还我。我近来在整理许多译稿,想编几本书出来,此剧或者还有用。""'外独'译稿是否还有处理未了事情?第六集抽出了哪一篇,是否沙金的?便祈示悉,我去和她打个招呼。"

**九日** 复郑州图书馆张万钧函:"承赐《三国志玉玺传》收到。""此书未见著录的是孤本,印出来也可喜。""此书插图书影仅一页,背后空白,似乎浪费了,应当有一页用原抄本第一页的书影。""弹词不宜用散文版式,应保留其七言句式。""故事段落处应当分段,使读者有机会暂时放下。""'讲唱文学丛书'不知已出了几本?销路如何?我有一本《琵琶记弹词》,道光间抄本,亦未有著录,未见刻本或石印本,胡士莹的《弹词目录》,即以我所藏一本著录,篇幅不多,不知'中州'高兴印行否?此书我已于去年赠天津百花出版社的刘燕及,他是研究俗文学的,'中州'如有兴趣流传此书,可与刘燕及联系。我近日曾患感冒,几乎肺炎。"

另,据张万钧回忆:"我曾多年研究一部手抄孤本弹词《三国志玉玺传》,后来在报刊上见提到赵景深先生藏有此书残本二册,因很想就此书中的一些问题向赵先生请教。""便向施先生讲了此事,施先生很快回信说:'收到来信,即致函赵景深兄介绍……'不久我收到赵景深先生来信指教,受益匪浅。"(张万钧《施蛰存先生二三事》)

**同日** 据张舒萌记述:"施先生介绍范泉先生与我父亲[张伟]见面,并邀参加《中国近代文学大系》的编纂工作。"(张舒萌《父亲张伟与施蛰存先生的二三事》)

**十三日** 复平湖葛渭君函:"四家评《双白词》必是好书,拭目以待。《词学》第6辑刚见初校样,希望年内可出。第7辑已发稿,你的《蒋捷之晚年》已排入作补白。我这几个月都在编自己的文稿,相当忙。"

**十五日** 《解放日报》刊载先生致《小作家》编辑函:"承寄《小作家》及函,""第一期'武松打猫'一文,写得很好,如果从构思到写作都是潘晓刚独立完成的,那么这个孩子肯定是有希望能写作的,应该好好培养。此文很有讽刺意义,可惜结尾写坏了。这个孩子有讽刺天才,但他自己还不自觉。因此,文章的结尾失去了讽刺作用。"

**二十日** 润改去年七月间所作一文并改题为《说"俗文学"及其他》。

**二十三日** 吕叔湘致沈昌文函谈及:"我带去一本浦先生日记送施蛰存,他说还有浦公一位老朋友宋育勤[琴]尚健在,托我转告浦夫人送他一本。我想浦夫人久病且懒,不必再以琐事相烦,不如由尊处直接寄一本去。"

**二十四日** 先生复刘梦芙一函。(刘梦芙《高风千古仰斯人》)

**二十七日** 复上海文艺出版社孟涛函:"《宴会》一剧乃徐象霸(金名的朋友)译,此稿请交金名退回。《弦之声》一剧亦请寄还沙金,由我去信打招呼。此二剧将来要付一点补贴费,《故》一剧不必付补贴,因非约稿,有便请将复印件寄我退去。"

**三十日** 为浦汉明《四婵娟注释本》作"序言":"这一行的书,我已整整四十年没有涉猎了。虽然在六十年代还在教室里给学生讲过《长生殿》的《骂贼》和《闻铃》。""看了汉明的文稿,她父亲的曲迷风度又浮现在我眼前,想不到他有一个女儿,也喜欢研究古典戏曲,能继承她父亲的爱好和工作,这真可以说是'中郎有女',能传家学。"

**下旬** 在香港《书谱》第5期发表《边家飞白书》,署名"施舍"。

**是月** 译著《域外诗抄》,列入"诗苑译林"丛书,由湖南人民出版社初版。

**又** 河南大学出版社出版华钟彦编《五四以来诗词选》,收录其作《谪居·1959

年己亥在嘉定作》《苏仲翔滞迹辽东近有书来作此奉怀》《闻安持归以诗申慰》《乙卯冬至感赋》。

**又** 华东师范大学出版社出版由上海文献丛书编委会编《船子和尚拨棹歌》，刊有先生所作"序"，编者在"后记"还提及："陆定一同志为'上海文献丛书'题词，赵朴初先生为本书题签，施蛰存先生为本书作序，谨致以衷心的谢意。"

**同月** 10日《沈阳师范学院学报》(社科版)第4期刊登杜秀华《〈梅雨之夕〉：初恋之情的颂歌——兼谈施蛰存心理分析小说的表情技巧》。国务院办公厅公布有关接待探亲台胞办法的通知。

## 十一月

**四日** 按贾植芳日记："收到施蛰存信，晚上写了复信。"

**五日** 按贾植芳日记："发出给施蛰存信。"

**六日** 致湖南人民出版社杨德豫函："昨日收到贵社惠赐之《失乐园》译本，谢谢。此书页数多，封面不胜负荷，收到时已裂开，敬请注意。以后遇页数多的集子，封面纸设计应照顾到。此本用Doré插图，很好。可惜的是(一)未印全；(二)用显微胶片制版，印出来就不清楚了。我友徐震堮遗书中有此本，如你们早告诉我，我可以借来供制版，要好得多。'诗苑译林'已出许多，舆论甚好。不过我觉得这一套书选题尚宜考虑，如《失乐园》这种长诗还是另外单行为宜。'译林'恐怕只适宜于诗选，版本也不宜厚薄相差太远。"

**七日** 下午范泉来商谈"翻译文学集"编辑计划。按范泉日记："他建议出一千万字，别集若干。""出二卷。"

**八日** 叶永烈致函："我从《现代家庭》杂志查到关于您和夫人陈慧华的报道《淡如水，甜如蜜》，其中提及结婚在1930年，不知丁玲记忆有误，还是《现代家庭》的报道有误？这涉及丁玲与姚蓬子第一次认识的时间。我想，您一定清楚记得结婚的日期，便中请拨冗函告婚礼的年月日。"

**十一日** 复叶永烈函，答复结婚的日期，并言及"丁玲所记不误"。"蓬子家乡有人在沪，要访问蓬子事，你想必已知不少，可否让我介绍其人来访问你"。

**十三日** 在《文史知识》月刊第11期发表《金石丛话·(八)汉代石刻文》。

**同日** 叶永烈复先生函："您的结婚日子，我查了一下万年历，即1928年12月5

日。这样,我可以把这一确切日期写入蓬子传记。""也查阅了您主编的《现代》,他的诗集,只查到《银铃》,如果您还记得他的其他著作,盼告。蓬子家乡有人来,当欢迎。"

**十七日** 按程千帆日记:得施老函。

**十八日** 复香港古剑函:"不过我以为编副刊有你用武之地,编得成功或失败,全看你的战绩了。有可能请寄几张样子来。小思那边的账已冲讫,不用去取了。""文学、古典这些书出版的命运太惨了。"

**二十五日** 复湖南人民出版社杨德豫函:"前几天我找出了人民文学出版社的一本朱维之译《失乐园》,对看了几页,觉得有一点意见。""我主张译诗只能取其达意,正如外国人译中国诗也无法译律诗的音节一样。因为你是译文室的编辑,顺便和你谈谈译诗的意见。""我不想写文章来讨论,反正我看'诗苑译林'中许多译家,各人有各人的译法,不妨各有千秋。"

**同日** 又复平湖葛渭君函:"余叟所引资料已在我所辑《宋元词话》中,其评亦简,彊邨评仅二句,均不能用。'例言'有些要商榷处,但近来我大忙,尚无暇写意见,且待下月再抽时间办此事。""明选本《阳春白雪》有叙文否?此书交代不清。"

**二十八日** 包谦六致函:"贵体如何,坚决闭门谢客,可保安全;青年人热心有馀,明亮不足,不会自动告退也。闻之翁宗庆律师知徐公已赴澳度冬,临行前曾函告之,大概比较亲密。顷接琴趣讯'兼老病情时有反复,曾一度濒于危险……'前途未可乐观。琴老又嘱'晤及蛰翁请代问好,弟亦甚少出门,未能前往拜候为歉'。"

**是月** 先生与应国靖合编《中国现代作家选集·戴望舒》,由三联书店(香港)有限公司、人民文学出版社出版香港第一版。收录所作"引言"和《戴望舒诗校读记》。

另,按先生自述:"香港三联书店希望有一本戴望舒的选集,列入他们的'现代中国作家选集'丛书,委托我和应国靖从事编纂。当时我病住医院,精力不济,无法多动手。因此,除了写一篇《引言》,并提供一些资料之外,所有的工作都是应国靖做的。"
(《戴望舒诗全编·引言》)

## 十二月

**二日** 撰讫《郁达夫墨迹》。

**三日** 下午1时范泉、刘华庭来先生寓所晤谈。按范泉日记:"他同意在10日下午2时派车接往,可以坐一、二小时,同意讲话。"

**七日** 按贾植芳日记:"午后,刘华庭来,他已找了施蛰存先生,拟就了一套10册的'新感觉派小说选辑'的书目,施先生因为是局中人,所以同意由我出面编辑,即和老刘同志又对书目作了一些调整。"

**八日** 辑录完成清人莫友芝《〈邵亭知见传本书目〉著录词籍》,后又为编入《词学》集刊第10辑"词学书目集录(19)"而撰"跋语"。

**十日** 下午3时应邀前往古北路大百科出版社出席《中国近代文学大系》编辑工作会议。据"会议纪要":"上海市新闻出版局领导袁是德、赵斌,本市及外地的专家学者王元化、施蛰存、徐中玉、贾植芳、柯灵、章培恒、赵家璧、郑逸梅、刘金、郦国义、李慈健以及本店部分同志五十馀人出席了会议。"别据范泉记述:"编委王元化、施蛰存、徐中玉、贾植芳、柯灵、章培恒等相继发言。"(范泉《〈中国近代文学大系〉编纂历程》)

另,王元化发言谈及"施先生负责这一项目的编纂工作,很合适"。(《〈中国近代文学大系〉编辑工作信息》第1号)

另,先生发言谈道:"《新文学大系》的编选者都是当时人,而我们编的是一百年以前的,找资料很难。近代文学和现代文学一样,也有新旧的区别,还不是文体上的新旧,主要还是精神上的。《新文学大系》明确不收旧的。'大系'呢?光绪一朝,西方文化冲击表现出来,反映在文学上就有了新旧,有差不多主张全盘西化的,有主张中学为体、西学为用的,也有相信一把刀的,当时没名称,却有新旧的实际。我们要不要收旧的?我认为应该选。周瘦鹃翻译过高尔基的作品,后来成了鸳鸯蝴蝶派;用白话翻译的,就成了新文学。滑稽不滑稽?""总之,五四运动以前的,还是中国文学,不能贬鸳鸯蝴蝶派、徐枕亚的,它们也是中国文学、近代文学。"(同上)

**同日** 为旧译《蓓尔达·迦兰夫人》交付新版重印作"引言":"这部译文经两次排版,错字很多,现在有出版社愿意重印,我便趁此机会把全文重阅一次,润改了一些别扭的译文,校正了错字。""显尼志勒的作品在中国冷落了三四十年,现在忽然有许多青年作家和读者想找来看看。在维也纳,情况却不约而同。这几年来,显尼志勒的作品也有好几种重印了新版本,也有维也纳的文艺工作者来了解显尼志勒作品在中国的情况。由此可见,国际间的文学风尚,是息息相通的。"(按:此书稿经彭燕郊推荐交付漓江出版社,并拟仍取旧名《多情的寡妇》,后未能印行。)

**十二日** 复香港古剑函:"赵昌平也来过。""此间已冷,我每日只能在上午做些文字工作,下午看书,与来客谈话。上月这里有一件新闻。"

**十三日** 在《文史知识》月刊第12期发表《金石丛话·(九)魏晋南北朝石刻》。

**十七日** 复人民文学出版社编辑刘小沁函:"我的两本书希望你和出版科同志打

个招呼,在春节前后发到印刷厂。""争取早日发排,则明年第二季度可以出版。人老了,许多事情都要分秒必争。""明春想把回忆记编起来,拟定名'忆事怀人录',或不用'录'字,此稿想请'人文'出版,有可能不?"

**同日** 致上海图书馆张伟函:"我正要请你来谈谈,但要等范泉来过,把具体办法决定后,再请你来。除星期一下午、星期日全日之外,你每日下午均可来。"

**十九日** 按程千帆日记:上午"去施蛰存先生家送书并取回手抄词本两册"。下午范泉、林国华及上海图书馆孙继林来访,与先生签订主编《中国近代文学大系·翻译文学集》的出版合同。(《范泉日记》)

**二十日** 《〈中国近代文学大系〉编辑工作信息》第1号刊载"《中国近代文学大系》编辑委员会名单",先生名列之一;另在《中国近代文学大系》"各集主编名单"中,先生名列第11专集《翻译文学集》三卷(总26卷、27卷、28卷)主编。

**二十一日** 致范泉函:"我认为'大系'抄写工作,关系甚大,必须定出规格。草拟抄写要求如下,供参考。""附注:发抄时须先试抄一份,抄写字迹质量不合要求者,切勿任用。"(按:范泉时任《中国近代文学大系》主编,以下相关均同。)

**二十二日** 致赵清阁函:"命孙女买了几十张贺年片,都是小青年的肉麻话,如果寄给你,倒像三十年代的追求信了。没有办法,只好废物利用,卡与信封都是旧物,好在我们也都是旧物,将就着吧,致意表情,反正一样。"

**二十五日** 农历十一月初五,先生八十三寿辰,并在寓所留影。

**二十六日** 沙孟海复函:"大著'吴越金石志'或'录',俟书名确定后再示知,当遵写。""弟前说太湖简乃清代出土,我馆有拓本,翌日托馆中同志摄影奉寄。碑板刻字问题承赐示至感。此事当多搜资料比较研讨,随时就正有道。拙编书法史图录文字极浅陋,图版征集亦不广。杭州藏品少,可与商榷之人亦不多。大著《唐碑百选》,博大精深,在《书谱》杂志拜读数篇。原稿损失太可惜,追忆重写,信今传后,实有必要。我书只举通行若干件,目录散乱,俟整理排比后当抄目奉教。"

另,此函附赠三尺条幅:"暮春之始,禊于南涧之滨。高岭千寻,长湖万顷,乃藉芳草,鉴清流、览卉物、观鱼鸟,具类同荣,资生咸畅。于是和以醇醪,齐以达观。节孙兴公兰亭集后序,蛰存先生方家教,沙孟海。"钤印"沙孟海印"。

**下旬** 在香港《书谱》杂志第6期发表《唐碑百选·臧希晏碑》,署名"施舍"。

**是月** 词作《踏莎行·秦少游纪念会》刊于《当代诗词》。

**又** 上海辞书出版社出版《宋诗鉴赏辞典》。据马祖熙回忆:"我写过不少诗词赏析之文章,最早写的是辞书出版社主编的《宋诗鉴赏辞典》中几篇宋诗,此书责编是严寿澂兄,蛰老告诉我,寿澂是我带过的研究生,诗文很有素养,其尊人[严载如]也是诗人,我替你介绍一下,你不妨和他联系。我到辞书社和严兄见面,说明来意,严兄约我先写辛弃疾、刘克庄、文天祥这几家诗,其后又陆续写了多篇其他宋人的诗,严兄誉为得体,有了这点基础,其后该社系列诗词鉴赏辞典,我大都受到了邀约。""南京大学出版社由王步高兄负责的《爱国诗词鉴赏辞典》,安徽大学编写'宋词分类精品',我能参加编写,也缘于蛰老的推荐。"(马祖熙《化雨春风七十年》)

**同月** 29日陈兼与在上海逝世。

## 一九八八年（岁次戊辰） 先生八十四岁

### 一月

**二日** 《〈中国近代文学大系〉编辑工作信息》第3号刊载《编委施蛰存建议关于抄件规格要求的制订》。

**十一日** 下午范泉来访。按范泉日记:施先生"建议'戏剧集'由张骏祥搞";"他认为'俗文学'和'戏剧'各二卷也差不多。'戏剧'中的文明戏——初期话剧,有好几个改编的剧本。"

**十七日** 复香港古剑函:"看了你寄来的剪报,海旸的评介文章,才知道此书收入了望舒早年发表在'礼拜六'派刊物上的三篇小说。""我的全部小说已交人民文学出版社。""许多书中选了我的作品,有以'教材'名义选了我10篇的,既不事前征求同意,印出后也不通知我,连稿费都不给。""上星期,卢小思的学生潘少梅女士来,刚巧《唐诗百话》的样书送到,我就托她带一本给小思。前天我有信给小思,请她为我联系一个香港的出版社,用繁体字直行排。""请你去找《大公报·大公园》编辑马文通,有一点稿费代我领取。"

**二十日** 复湖南人民出版社杨德豫函:"《域外诗抄》16册、1月15日函均收到。'诗抄'已看过,我的题记均无误字,外文亦无误,只有一个'英'字误排为'美',而这不是社中的错误,可知此书编校质量很高。""封面名字大小,没有关系,请勿为此'批评'社中同人。""我自购的平装40册,请你留下5册交给彭燕郊同志。"

**同日** 致范泉函:"《翻译文学集》编选工作已开始进行,拟分三个阶段推进。""目前正在做第一阶段的工作。""我请孙继林同志和张伟同志为副主编,孙继林同志协助收集、选录单行本资料,张伟同志协助收集、选录报刊资料。""希望能在18个月的时间内完成。"

**二十六日** 在《〈中国近代文学大系〉编辑工作信息》第5号发表《〈翻译文学集〉编选情况汇报》。按程千帆日记:得"施老函"。

**二十八日** 应约撰作《我写〈唐诗百话〉》:"我曾有一百首欣赏碑版文物的绝句,名为《金石百咏》,1979年在香港《大公报》发表。又选定了一百块书法佳妙的唐碑,加以叙说,名为《唐碑百选》,从1981年起在香港的《书谱》双月刊发表。现在加上这本《唐诗百话》,可以说是我在三中全会以后贯彻了自己的'三百方针'。遗憾的是,我已退休,没有表格需要填写了。'读书'专刊的记者来访,要我写一篇文章,谈谈《唐诗百话》。我就把我的情况汇报如上,响应巴金同志号召,句句是'真话'。"

**三十日** 先生读《〈中国近代文学大系〉编辑工作信息》后致范泉函,从1."文选"和"文学作品选"的区别;2.统摄全局,反映这一时代的文化面貌;3.《散文集》导言最难写;4.《书信日记集》不宜贪多务得。这四方面"随手写一点,请有关同志参考"。

**是月** 应国靖编《中国现代作家选集·施蛰存》,由三联书店香港有限公司、人民文学出版社联合编辑出版香港第一版。

**又** 漓江出版社"犀牛丛书"重版戴望舒译古罗马奥维德《爱经》,收录其作"新版序",彭燕郊在"重印后记"提及:"感谢罗念生教授、施蛰存教授的支持和指点。"

**又** 华东师范大学出版社出版张德龙主编《上海高等教育系统教授录》,内收名录"施蛰存(1905—)"。

**约在期间** 据周普记述:"我的妻儿获准去瑞典探亲,临行前,去先生家里告辞,先生托她带了两本新作《唐诗百话》到瑞典,一本赠送给我,一本要我转寄给英国汉学家利大英教授的母亲家。"(周普《书缘》)

**同月** 上海开始流行甲型肝炎,医院爆满,开始在一些单位开办临时病床。

## 二月

**一日** 复香港古剑函:"我即打电话到校中去问,据说校长袁运开及一名副校长定6日去港,副校长郭豫适(中文系的)不去,我托他们带给你一包书,共3册。""《水经注碑录》请代送马国权。""《〈爱经〉序》登在月初《大公报》'读书'版上,有稿费请你代领,马国权有信来,《书谱》有稿费亦托你代领。""1985、1986两年,李欧梵在我这里谈了好多天,他录了音去,他要写关于三十年代文学的书,我供给他许多资料,他的论文我看了。""下星期我给你一个选目。""找台湾出版家事,我也托了卢小思。"

**三日** 致周退密函:"今托宋路霞同志带奉《唐诗百话》及《水经注碑录》各一册。""《近代名家词》在进行,《彊邨词》待复印后,送上请为标点。"

**五日** 周退密作诗《北山翁撰〈唐诗百话〉,余曾为题耑,兹已问世,喜赋一绝》。

**六日** 在《解放日报·读书》发表《我写〈唐诗百话〉》,附有"编者注":"《唐诗百话》定价(精)6.55元,(平)5.50元,首批22 000本于最近出版后即告售罄,上海古籍出版社已在作第二次印刷。"

**七日** 在《〈中国近代文学大系〉编辑工作信息》第6号发表《读〈信息〉随想录》。

**十日** 先生撰写"委托书":"今委托辜健[古剑,全书均同]先生为本人驻港代理人,处理本人著作(《唐诗百话》、小说选集或合集),在香港及台湾出版发行事宜,辜健先生有全权决定一切办法。"

**十一日** 致范泉函:"又寄上'随想'三段。以后就用这个总题,随时一段一段寄上。请兄编号分期印发。""请代问刘华庭同志,我的《善女人行品》是否再版了?再版的书可以给我几本否?"此函并附其作《读〈信息〉随想录》(关于"书信"、关于"日记"、关于"俗文学")。

**十二日** 沙孟海由杭州复函:"惠书并大著《水经注碑录》,敬收到。大著金石各书,博大精深,独步一时,钦仰无量。委题《吴越金石录》横直两条,敬附呈,请酌裁。前谈杭州无锡出土钱氏投水府银简,尊录是否全依《两浙金石志》例裁取全文,还是只录名目?如需录全文,当检我馆拓本照录奉缴。""大著金石各书皆是专门著作,目前出版界还只供应通常书籍,将来总会提高深入。继《北山楼金石百咏》之后,似可扩充为'北山楼金石丛书'或'丛著'。拙作'书法史图录'(通俗之书)唐代部分,日内将草目开奉审正。朋游中可与商榷者不多,沪杭虽近,彼此皆入老年,未能持稿就正,面领教益,引为憾事。"

**十三日** 在《文史知识》月刊第2期发表《金石丛话·(十)摩崖》。

**十四日** 致陈文华函:"近日肝炎猖獗,天气又阴寒,我精神殊不振,决定闭门谢客到月底。春节请免拜年,心领盛情,并望通知赵昌平、王兴康、程怡诸君,今年万弗客气,各自珍卫。"

**十七日**　春节。应友人之请,撰写《施蛰存著述未出版者》:"《宋元词话》(辑录)、《唐碑百选》《金石遗闻》(辑录)、《读词丛札》《吴越金石志》《诸史征碑录》《赵孟頫石墨志》《云间碑录》《辑补宝刻丛编》《唐宋佚书目》《增补小字录》《云间语小录》《云间花月志》《云间词征》《王修微集》(辑本)、《北山楼藏碑目》《北山楼集古别录目》《三朝绝句精华》(1 500首)、《汉碑年表》《清词知见书目》《四续寰宇访碑录》《松江方言考》(一卷)、《浮生百咏》《翠楼诗梦录》《杭州石屋洞题名》《墨妙亭玉筍题名》《文苑珠林》《文饭小品》《[诸国]古[代]小说史话》。"

**十八日**　复香港古剑函:"已托沙叶新转托去港人员带给你书一包3册。""'百话'可寄苏雪林、姚一苇,《水经注碑录》寄台静农,此人我未会面过。"据古剑回忆:"'三通'初始,他们通信就不需通过我中转。而施老师寄去给苏氏旧著《棘心》的上海影印本和施著《唐诗百话》,仍由我转递。"(古剑《苏雪林与施蛰存的通信》)

**十九日**　据张文江记述:"给导师施蛰存先生拜年(八十四岁)。先生健康,订两年工作计划。施先生赠新著《唐诗百话》。"(张文江记述《潘雨廷先生谈话录》)

**同日**　复杭州沙孟海函:"手稿并法书题签均妥收,谢谢。承示西湖淘得金龙,顿开茅塞,从此'金龙驿传'始得其解,故知此等事必须有著录也。'投龙'名词,似已见于《史》、《汉》,义为投祀龙君,简称'投龙'。后世不察,铸金龙投之,恐非本义,此事容暇日当试考之。浙馆所藏新旧投龙简拓本,希望能惠一份复印本。"

**二十一日**　复范泉函:"我以为,诗词卷不用增至三卷,二卷已够,每卷约束在六十万字。'史料索引'亦不宜多至三卷。如缺一卷,宁可在别的类别中加一卷,如散文、笔记、日记这些方面。小说及俗文学都不能加了。""25日至27日这三天你不要来,我这里有人同赶任务,不会客!"

**二十六日**　在《〈中国近代文学大系〉编辑工作信息》第7号发表《读〈信息〉随想录》(之二)。

**同日**　复齐鲁书社宫晓卫函:"《唐诗百话》你已收到,甚慰。我陆续寄赠老、中、青熟人已数十本。""'碑录'[《水经注碑录》]印数虽少,但希望各省市博物馆、文管会应该各备一本,对他们有用处。你社已印了好几本碑版的书,资料室中也应当备一本我的'碑录'。""把出版方向扩大一些,影印书本轻利重,我以为应当大力发展。""我建议你社也影印一批易销书,""即使获利不大,也是打出招牌的出品。诗文鉴赏、选注、古籍整理,这一方面的工作,你千万不要干了。此种书愈出愈滥,""注释者既暴露了许多错误,同时也可知责编的水平不高。"

**二十七日**　致香港古剑函:"我主张你先办《唐诗百话》的台版事情。今寄你小说选目二纸,如果决定出台版,请用第二纸的次序编排,再加一篇我的'前言'或'后记'。这个选目,不要声明是我自己开列的,免得批评家探索我的意图。""沙叶新已通过电话。""香港三联书店副总编董秀玉,""每到上海,总来看我,已有十年了。""人民文学出版社已把我全部小说的复印件寄来,这几天我正在修改文字。"

**下旬**　在香港《书谱》杂志 1988 年第 1 期发表《颜鲁公离堆记残石题记》(署名"北山")、《唐碑百选·景昭法师碑》(署名"施舍")。

**同月**　10 日朱东润在上海逝世。16 日叶圣陶在北京逝世。27 日《文汇读书周报》刊载林韵《读施蛰存先生〈唐诗百话〉》。

## 三月

**二日**　元宵节。致香港古剑函:"昨天收到北京转来港版我的'选集'10 册,才知已出版。此书选得还好,你可以用这一本去找台湾出版社,附录资料部分可以删去(留一个'年表',加李欧梵一文亦好)。我已托卢小思买 4 本,其中 2 本送小思及敏慧,一本代我送刘以鬯,一本送林真。""请你代买 3 本,一本送你,""一本为我寄姚一苇,一本寄苏雪林。""还可以买一本,代送《文汇报》吴羊璧及其父其敏。"

**八日**　致香港古剑短笺:"今天试寄这本精装本[《唐诗百话》],收到请复,并告我收到日期,上周用平邮寄一本与中文大学黄坤尧。"

**九日**　致平湖葛渭君函:"有两本《唐诗百话》,留赠兄与[许]白凤,如有便人来沪,可凭你的信来取去。赠书户太多,打包付邮,甚为麻烦,故只好请你来取。"

**十日**　在《解放日报·朝花》发表《从〈四婵娟〉想到浦江清》。(按:原为浦汉明《四婵娟注释本》所作"序"。)先生自述:"此文改得很好,把一篇序文改成一篇回忆记,非常高明。"(致陈诏函,1988 年 3 月 16 日)

**上旬**　为了纪念女词人、女画家陈小翠,先生委托高倬云在香港印制了一百张"翠楼纪念卡",卡上精印了陈小翠画作《寒林图》(北山楼印·纪念画史逝世二十年),画上题诗:"落叶荒村急,寒星破屋明;不眠因酒薄,开户觅秋声。小翠。"

另,按先生自述:"这张卡是高倬云印赠的,三百张,外加信封三百个,又地址贴签五百个。""她为我设计印刷。"(致古剑函,1988 年 3 月 13 日)

**十二日**　丁景唐、丁言昭来先生寓所访问并合影。

十三日　致香港古剑函:"一幅画已交许子东带港。""这两天,编好了《近代文学大系》的《翻译文学集》第一卷,接下去编第二卷。"

十四日　致郑州图书馆张万钧函:"好久没有郑州友人的消息,今天忽然收到崔耕的女婿乙丙的信,才知老崔病了,已住入医院,甚为挂念。""另一纸,请代我加封寄'郑州邮箱1033号梁平甫收',邮票4分附纳。"

十五日　按程千帆日记:"施蛰存赠书。"

十六日　复《解放日报·朝花》编辑陈诏函:"谢谢。近来没功夫写报刊杂文,待有时间和兴趣,当向'朝花'投稿。"

二十三日　致香港古剑函:"与此信同时寄出复印小说三篇。""15日托青年诗人孟浪带书二册到深圳大学,交钟文转给你。""我的'选集'既有港版,想必可以进入台湾,台湾似可不必另印。我看还是先接洽'百话',较有把握。"

三十一日　复香港古剑函:"《联合文学》办得好,不知台湾一般娱乐刊物是否也如此,或更好,有机会为我买一本看看,旧的也可以。黎雄才的画是送你的,我没有要你卖。""日记本每天只有三行不够用,但可作其他用途。我的日记比鲁迅日记还没有发表价值,只是通信记录、来客记录和人民币收付账。"

月内　编译《外国文人日记抄》,由天津百花文艺出版社新版付排。(按:此书付排后直到1996年6月才得以印行。)

是月　上海古籍出版社出版由华东师范大学中文系古典文学研究室编《词学研究论文集》(1911—1949),"编辑说明":"本集由马兴荣编选,施蛰存参订。"

又　四川美术出版社出版《民国时期书法》,收录其作书赠王伯祥《题武夷宫》诗笺。

同月　5日黄怀觉在杭州病逝。25日国家语言文字工作委员会、新闻出版署发出《关于发布〈现代汉语通用字表〉的联合通知》。文化艺术出版社出版孙中田、周明编《茅盾书信集》,内收茅盾1933年8月14日、1979年1月22日致先生两函。香港《读者良友》第45期(3月号)刊载"三联讯息·中国现代作家选集丛书最新一种《施蛰存》"。

## 四月

一日　在《湖南新闻出版》第4期发表《夏洛蒂·勃朗特和〈维莱特〉》,署名"舍之"。

同日　李广作诗《读施蛰存著〈唐诗百话〉》。

**三日** 复香港古剑函:"《棘心》一册,请转寄苏雪林。""痖弦要字,等天热即写,同时也给你写一纸。""叔明是王叔明,可能即王淑明,此文刊于《现代》,是最早的书评。夏志清、司马长风二文即在他们的'文学史',你可节录,印台湾版,有此二文较好,李欧梵一文关于我的部分亦可录入,代表第三方面。"

**五日** 开始审阅《词学》集刊第7辑初校样。

**九日** 致施议对函:"承示大作'百年词通论',已读一过。有几点意见,另纸录奉,望考虑。《词学》第6辑已收到第一本样书,大约月底可上市,北京或须十月份方能见到,只印二千册,恐易售缺。希望有几位同志到北京新华书店去定购,让他们有一个印象,可以多批进几十册。近来新华书店发行进货人员,对此种书无兴趣,推销不力,我大吃其亏。"

**十三日** 在《文史知识》月刊第4期发表《金石丛话·(十一)造像》。

**同日** 复香港古剑函:"作协魏绍昌要去港,我想托他带彩电。""《联合文学》稿费不要去索取了,大约他们已付给李欧梵,请他们不要把此事告知欧梵,免得使他不安。他来上海三次,送了我一些东西,我也托他在美买过三四本书,可以'两讫'。""能出一本选集最好,不能,就算了,千万不要求人!我个人是重视《唐诗百话》的。""《牛奶》一篇不好,且我以为还可以减少一篇,一共选十六篇罢。"

**十九日** 复郑州图书馆张万钧函:"梁平甫已有函来。""我给他提的意见,他主张息事宁人,不知此中有何曲折。你要我哪几种河南方志,请开书名来,撰写四百字一篇较容易,望将'要求'写来。上图我无法联系,师大图书馆有我的研究生(女),留校为馆员,这几年专做方志资料工作,前几年做地震资料、人口资料,师大的方志,她已摸熟了,只要你所缺的河南方志,师大有就容易助你。"

另,据张万钧回忆:"我又接受了主编《中国地方志总目提要》一书中的河南部分,""果然在施先生帮助下,问题得以圆满解决。"(张万钧《施蛰存先生二三事》)

**同日** 致平湖葛渭君函:"近日编《词学》,你去年所寄周绍九辑评三家,不知从何书录出?""以上均请周君写一个说明来,没有交代,不便编用。"

**二十九日** 复《新文学史料》编辑部李启伦函:"我无时不想再给你写几篇回忆记,我自己也可以早日编成这一集,但是总没有时间写。一个冬天,上海阴雨的日子多,总是在电炉旁袖手打盹,精力不济,一事无成。近日天气转好,精神又健旺起来,事情也多了。目下,先要对付孙可中,其次是忙于校《词学》第7期300页的初校工作,还有编《近代文学大系》的'译文卷',要选定、复印、标点共100万字,上半年先得交出50万字,5月底以前,万万无法写'史料'文章,复此道歉。我总不忘记你们的关怀,无奈'老牛破车'跑不快。"(据市肆影件)

**下旬** 在香港《书谱》杂志第2期发表《薛仁贵造像记》(署名"北山")、《唐碑百选·改修吴延陵季子庙碑》(署名"施舍")。

**是月** 《唐诗百话》由上海古籍出版社再版第二次印行。

**又** 上海辞书出版社出版《唐宋词鉴赏辞典》(唐·五代·北宋卷),先生名列"《唐宋词鉴赏辞典》撰稿人"之一。

**同月** 16日香港《明报》刊载朱蕙书评《施蛰存·中国现代作家选集》。

## 五月

**一日** 拟编《秦汉石刻图录》,并为向上海古籍出版社主任编辑吴旭民提供出版计划而撰《〈秦汉石刻图录〉编辑进程》:"一、全书内容及编排次序,照此目录。二、是否要每件照相后,以照片提供制版?三、是否可以原拓交给出版社,直接摄影制版?四、图版说明印在何处?1.印在图版左右或下方,用小字排。2.另在全书后附排'说明'二三十页。3.'说明'的内容:(1)解说此碑历史;(2)释文;(3)题跋。五、我打算七月份起,每月提供20—25种,请即摄影制版、排样。六、预计须在年底做完制版排样工作,1989年第一季度可以发印,第二季度可以出版。七、图版说明及题目均用繁体字排印。"

另,附《秦汉石刻图录拟目》:"序言(二页)。秦石刻文:秦诅楚文(十页),石鼓文(十页),峄山刻石(西安本、绍兴本),琅琊刻石,会稽刻石。甲、汉碑刻文:嵩山少室阙铭,嵩山开母庙神道阙铭(又),沙南侯获碑,北海相景君铭(又碑阴),三公山碑(又碑阴),武斑碑,开门石颂(二),孔庙置百石卒史碑,李孟初神祠碑,孔谦碣,李禹开道表,孔庙礼器碑(又部分、又碑阴、侧),孔庙后碑(又碑阴),口临为父作封记(有碑阴未得),封龙山颂,白石神君碑(又阴、额),仙人唐公房碑,郃阳令曹全碑(又碑阴),荡阴令张迁碑,巴郡太守樊敏碑(附阴),孟孝琚碑,仓颉朝碑。乙、现存汉刻残石:司徒袁安碑,司空袁敞碑,甘陵相尚口博碑,延光残碑,郫县功曹掾王孝渊碑,子游残碑,阳嘉残碑阴,郎中郑固碑,张景碑,张寿碑,执金吾丞武荣碑,陈德碑,石经(三),都乡正卫弹碑,政季宣碑(有阴),安阳残碑四种,郎中赵菿碑,华岳朝碑,刘熊碑(阴、侧三),曹炽碑,西乡侯兄张君碑(部分二)。丙、石阙题字:麃孝禹阙,侍御史李业阙,南武平邑皇圣乡阙(四幅),南武阳功曹阙(四幅),洛阳令王稚子阙,幽州书佐秦君阙,冯焕阙,高颐阙(又),杨宗杨畅阙,沈君阙(又)。丁、杂刻:群臣上寿刻石,鲁北陛石题字,甘泉山殿石,杨量买山刻石,荆路公食堂画像及题刻,鲁孝王泮池刻石,左元异墓石(二石),祝其聊、上谷府乡坟坛,昆弟六人买山记,司马长元石门题刻,永元食堂记,通水道记,阳老三石室题字,逍遥山会仙友题字,宋伯望等买田刻石,文叔阳食堂题字,画像石题字(元嘉元年),芎他君石祠堂题字,秦东门阙题字,乌垒关摩崖,梧台里社碑,琴亭侯李夫人墓门,安汉里禺石,汉七言题刻。戊、已佚汉碑旧拓本:燕然山铭,淮源桐柏庙碑(又部分),华山庙碑(三版),高阳令杨著碑,夏承碑,太尉杨震碑,魏元丕碑,朱龟碑,团令赵君碑(又部分),高联石室题名,贞女罗凤阙,小黄门谯敏碑。"

三、五日　杨纪璋致函。邵修青来函。

七日　致范泉函:"两个月来,检阅'五四'运动以前外国文学的译品,大致已了解其情况。有几点是出于我的意外的,举例如下。"

九日　致郑州图书馆张万钧函,言及"'方志提要'华东师大8种,上图23种,均已托人,约5月底交稿"。

十日　先生与夫人往长宁电影院观看电影《红高粱》。据宋广跃回忆:"他由于行动不便,极少看电影,但听说这电影不错,便特意让他的家人搀扶到电影院去观看。"(宋广跃《施蛰存先生印象记》)

同日　沈从文在北京家里因心脏病猝发逝世。

十二日　阅读《〈中国近代文学大系〉编辑工作信息》第12号,即致函主编范泉:"关于《小说集》的选题标准,我有二点意见,提出供讨论。"

同日　按程千帆日记:3日至12日游武夷山期间,收到各件有"施蛰存"。

十三日　在《文史知识》月刊第5期发表《金石丛话·(十二)唐碑》。

十六日　在《新民晚报》上看到沈从文逝世的消息,"极为惊讶"。先生自述:"前不久,我还收到从文夫人张兆和的信,说从文的病已大有好转,能在屋子里走几步,手也灵活了些,可望再执笔了。""当晚,我拟了一副挽联,翌晨,托老友包谦六写好,寄去北京,以申远地友朋哀悼之情。""我和从文的交情,形迹是可谓疏远的,但由于彼此相知较深,在出处之间,以及一些社会关系,有共同之处,在一个时代的文人之间,也有理由可以彼此都认为至友。"(《滇云浦雨话从文》)

二十日　致郑州图书馆张万钧函:"委事已办,'华师大图'已托黄明女士写,'上图'已托陈秉仁同志写,惟上图只有12种,会将情况附寄,请知照。诸稿约期本月底,但恐要迟些,因此事前两天才交涉停当。"

**二十一日** 上海图书馆萧斌如为选编《刘大白研究资料》来信邀请作序,即复函:"我和刘大白虽然不陌生,可是对他的文艺创作却不甚了了,""要写序文,还得多看看你的'资料'和'选集'内容。""我自从84年出院后,至今五年,没有进过医院,近来较空闲,想下星期到华东医院去住一星期至10天,作一次全身检查(请转告孙继林)。因此,你排在6月上旬来最好。"附致该馆古籍部陈秉仁函。

**二十五日** 为梁仁编《戴望舒诗全编》撰"引言":"可悲的是,望舒已不能知道,他的诗,非但没有被时代所淘汰,反而使他的声誉更盛于生前。浙江文艺出版社有一个计划,要为本省诗人印出一系列的'全编'。""现在打算将戴望舒的创作诗、译诗和关于诗的一切杂文零札,汇入一编为《戴望舒诗全编》。我以为这是一件极有意义的工作,对望舒诗的爱好和研究者、图书馆和藏书家,都提供了很大的方便。"

**同日** 致台湾瘂弦函:"多承不弃,嘱为贵刊撰文,此乃'破天荒'之事,闻之心惊肉跳,既不敢方命,又不敢从命,屏营三日,姑且先复此函,不致使足下悬念耳。五十年前,我写过六七十篇小说,久已灰飞烟逝,不为后生少年所知,故三十年来,此事幸而未成罪状。近数年来,有文学考古家忽然发掘得之,拙著遂成出土文物,居然有不少不知世故的武侠青年,为我大吹大捧,使我藏头无地,非常尴尬。去年,你们的《联合文学》又给我宠赐尊号,曰'中国现代小说的先驱'。这样一来,使我更为狼狈。你们岂不知道,中国现代小说的先驱者是鲁迅?怎么可以来一个'黄袍加身',硬抱我上去夺此宝座?这几个月来,我只好噤若寒蝉,蒙头遮脸。我希望你们'多多照顾',不要再挖我的'痛疮疤'来'示众'了。""我的胜利果实,也不过是能有几年时间,把积压三十年的丛残笔札,编几本书出来而已,然而,我的著作,恐怕只配埋在文化沙漠里。"

**同日** 在《〈中国近代文学大系〉编辑工作信息》第13号发表《〈翻译文学集〉选录情况汇报》《关于〈小说集〉选题(初稿)的意见》。

**二十六日** 郑逸梅复函:"大函及法书题签拜领,""当刊入拙书[《艺林拾趣》]中以增光宠。吴梼其人无从考证,前魏绍昌兄亦曾询问,可知作协藏书亦翻检不到也。总之,工具书太少,尤其人名辞典,如商务印书馆所刊印者,只止于清末,并孙中山亦名落孙山,殊可笑也。"

**二十九日** 《光明日报》刊载《悼沈从文挽联三副》,由先生与美国汉学家傅汉思以及沈从文助手王序、王亚蓉分别撰作,其中先生挽联:"沅芷湘兰一代风骚传说部;滇云浦雨平生交谊仰文华。"

**三十一日** 致柯灵函:"台湾作家痖弦托港中辜健转致信息,他的'联合时报副刊'希望大陆老人写些文章,点名要老兄、师陀、辛笛、西彦、许杰、贾植芳诸公,每人写一二篇去,为文化交流第一波。""兄如肯命笔,写好后请迳寄。""师陀住址请告我。"

## 六月

**一日** 致香港古剑函:"沙叶新来过。""字写了两纸,我只会写到如此大。""许杰、柯灵、西彦已通知,他们如有文章,直接寄给你。师陀地址不详,他搬了家,待问到地址后再去通知。""我妹妹8月份要来,让她在美国买了带来。"

**九日** 复香港黄坤尧函:"《船子和尚拨棹歌》手头尚多一册,即以奉赠。""《唐宋词史》我尚未见,当托南京友人去购得后即寄。省版书,上海少见,较难觅也。承寄林玫仪二书,谢谢。俟《词学》6期出版后当多寄一本与足下,烦为转赠林女士。"

**十日** 按程千帆日记:"整理好祖棻《涉江集外词》,函施蛰存提出几点要求。"

**同日** 《人民日报》(海外版)刊载吴曼青《别具一格的唐诗选注本——读施蛰存先生的〈唐诗百话〉》,文中写到"是施先生几十年来对唐诗,特别对唐代文学史精心研究的结晶","从诗史的角度来论诗的,又对某些诗作的注释做了校勘、考证工作","指出为何唐诗中闺怨诗如此之多,这与唐代采用府兵制有关,而这种制度兵士的服役期极长";"新见迭出,精彩之论随处可见,如在分析王维诗句时,施先生说:现代青年看到'相思'二字,想到的只是男欢女爱;看到'情人'二字,想到的只是男女情侣,用这一观念去读古代文学作品,容易想入非非";"先把红豆说成是爱情的象征,这样讲诗,我看是走错门路了。"

**十二日** 致范泉函并附《翻译文学集》第一卷短篇小说选目和说明,请公布讨论。

**同日** 许杰复香港辜健(古剑)函谈及:"蛰存先生转来你及痖弦先生约稿的好意,我也有过答覆。我是心愿写点什么,让隔绝了四十年的海峡彼岸的故人,了解一点消息,通一通久隔的感情的。"

**十四日** 复香港古剑函:"我已不是写创作的人,我今后的出版物,将愈来愈专门,不谈文学,因此也不会碰伤别人。有许多不识天时、地利、人和的青年,还在登门访问,要我谈'新感觉''心理分析'、'性心理',这些都是他(她)们现在所感兴趣的,却不知我很不愿意谈这些东西。""这是我记忆中的香港生活,现在你恐怕没有那样舒服了。即使我能行动,我也不想'出去',别说香港,再远些也不想去。1978年以后,许多文化人要千方百计地出去,以为是一种光荣,我却不这样想,我以为'出去'是'显丑'。你查查看,'出去'的人,在外边的言论,有几个是得体的,高明的?""谢谢你的好心见邀。""至少,你不要介绍什么人来访问。代我谢谢张宝琴。"

**十六日** 按程千帆日记:"砺锋带来施老赠两本书。"

**二十日** 为上海图书馆所藏《兰友》题记:"1923年,我在杭州之江大学肄业,与友人戴望舒、张天翼等办此小刊物,其时尚属于鸳鸯蝴蝶派文人,故颇有旧文学气味。越二年,始转向新文学,不复作此等文字。徐家汇藏书楼有此刊13期,阅之惊喜,惜缺少4期,不知天壤间尚有存者否? 六十年前少年文字,今日阅之,甚愧幼稚。"

另,为该馆所藏《无轨电车》题记:"1928年我与二三友好创办此刊,出版八期,即遭禁止,迄今六十年矣。徐家汇藏书楼犹保存此刊全份,今日得展阅,引起青年时回忆不少。"还为该馆所藏《现代》作题记。

**二十一日** 复香港古剑函:"《大公报》的'艺林'愈编愈差劲,老是赏析诗词,作者又不甚高明。我想香港人比大陆人更不要看,以后你不必剪寄了,最好在报上讽刺几句,敦促他们改革。关于沈从文的港报(资料),已有小思在为我收集。""端木、萧乾处已通知,他若有文章,会寄给你的。有一位女画家高倬云你知道否? 她是我朋友陈士文的学生,最近通了信。附一信烦转寄《书谱》社。"

**同日** 端木蕻良复函:"从文已逝,虽然他微笑离去,但每一想起总是不是滋味。人们总是侈谈他的'服装史',而不谈他何以三十年未写作。中国事应作如是观。关于约稿事,我可代约萧乾、艾芜兄。""关于'小说集'[《中国近代文学大系》]编辑事,我复函过迟,由组缃兄挂帅,我没意见,我和耀群正全力以赴要把《曹雪芹》今年赶完,精力、时间都想几不容我支配,但'小说集'我还会关心的,有意见也会提的。请注意身体,夏日尤须珍重。北京今年几乎买不到南粽子,当然我们没有人手,网张得太窄了。"(按:别据广东教育出版社2022年4月出版《学人墨迹丛书第一辑·端木蕻良》"信札·致施蛰存",似为"废邮存稿",转引如次:"收到你的信,知你想得周到,本来我同意挂名编'小说集'之后,翻阅了一下'通讯',真有打退堂鼓的意思,因为时间精力都不允许。但觉得出尔反尔,不大合乎我的习惯,所以就只好硬着头皮来作。我这次在安徽与组湘[缃]兄相聚数日,他精力很旺,由他挂帅再好没有。我今年要把《曹雪芹》全稿赶完,有他挂帅,要我具名,大可减轻精神负担了。尚此,即颂时安! 六月廿一日。北京几乎买不到南粽子,亦一怪事! 也可能我们网散得太窄,一笑。萧乾兄艾芜兄信即发出,又及。")

**二十二日** 在《〈中国近代文学大系〉编辑工作信息》第15号发表《翻译文学集》

第一卷短篇小说选目》。

**同日** 下午张伟来访,谈《中国近代文学大系·翻译文学集》编辑事宜。

**二十三日** 先生收到百花文艺出版社谢大光寄来的《施蛰存散文选集》样书复函:"在三十年代,此书也可以印1500册,现在读书人多,却仍只印1500册,正规文艺书之不景气,于此可见。""我知道你们印出此书,多半是出于礼貌,为此,我很感谢你们。此事稿费,可以照最低标准支付,或者按定价15%结算1500册的版税亦可。""应国靖的'序文'由你社支付稿费,至于此书的编辑费,由我支付。""我还要自购40册。""《散文》还在继续出版不?我二年没见到。如仍在出版,请寄我近刊一期,""想看看内容,这里有几篇青年朋友的散文,想介绍给你。"

**二十五日** 柯灵致香港古剑函谈及:"施蛰存先生来信,嘱向台湾《联合报》副刊投稿,兹试投一文应命,看是否合用。我手头正忙,无力旁骛,一时也想不出合适的内容。此文原题《我的"处女作"》,系应《广州青年报》之约而作,现经修改补充。"

**二十七日** 致范泉函:"端木已有信来,加一个吴组缃,他没有意见,请印在《信息》上公布三人名次可也。张伟写的那些杂记,以后不要用编辑组名义,请署张伟名。每卷的助理编辑最好也公布一下名单,将来每卷书的里封面也应有他们的名字。我建议用'助编'名义,名次在'主编'之下。""令爱的抄件,请于本星期六或星期日来取,最好亲自来,可面详一切。"

**是月** 《词学名词释义》列入"文史知识文库",由中华书局初版印行。

**同月** 18日《文汇读书周报》刊载张炳元《耄耋之年,躬耕不已——访施蛰存教授》。

## 七月

**一日** 复杭州沙孟海函:"承赐吴越文物影印七纸,惠我良多,无任感德。西湖所出六简乃长条银简,形式与太湖一简不同。丁辅之、王福厂各有一宋治平中告水府简,长度仅得吴越简之一半,大概此西湖六简为最巨矣。所谓'投龙简'应释作'投水府金龙银简','龙简'是二物,非一物,其文字则应以'告水府文'为正,阁下之言是也。十五岁之吴越国王,此简大可研究。""手头无《宋史》及《十国春秋》,容当在暑假中考索之,将来拟写一跋,当以呈教。"

**二日** 下午张伟来访,商量《中国近代文学大系·翻译文学集》编辑工作,先生赠予《间谍和卖国贼——第二次世界大战间谍史话》。按张伟日记:"请其为《兰友》、《无轨列车》和《现代》三种期刊写的题跋已全部写好,逐一拜读,甚有意义。"

**三日** 致郑州图书馆张万钧函:"两处'志书提要'均已交到,今寄上。""崔耕兄近况如何?请惠知一二。"

**四日** 复香港古剑函:"大约你有兴趣知道一点香港旧闻。""许子东已把两瓶ENO送来,九月中还要回上海。""端木已答应给痖弦写文章,萧乾、艾芜亦已托端木转达,今将端木地址抄给你,可写一信去催催。""我那篇通信稿,如'联合'刊出,""以后接下,仍用通信式为宜,打算现写二三篇,每篇千字。""《唐诗百话》有多馀,请寄他[陈少棠]一本。"

**九日** 《文汇读书周报》刊载丁言昭《施蛰存与香港大学生的谈话》:"酷热的下午,一群大学生拥进了施蛰存先生的家,他们是香港中文大学文学社的成员,这次随香港'港台文学在中国交流团'第一次来上海。他们中间只有一个学生是读中国文学专业的,其他是电子系、经济系、社会系、工管系的学生,但他们都是文学爱好者,对施先生的作品很感兴趣,读过他的《将军底头》《梅雨之夕》等不少作品。""为了挤出时间拜访慕名已久的施先生,他们放弃了去城隍庙的活动。""谈话继续了一个小时,气氛热烈、和谐,有说有笑。"

**十一日** 复耶鲁大学孙康宜函:"我正在编《词学》第8辑,立即将大作编入,但恐须明年春季方能出版。大文中有几个人名未附中文,不知有无中译名?今附录请惠告。如无确定译名,我想代加中译名了。附注中许多书名,也想改为中文。""待[《词学》]第6辑出版后,我可以配全一份送你。"

**十三日** 在《文史知识》月刊第7期发表《金石丛话·(十三)唐墓志、塔铭、经幢》。

**十四日** 复《新文学史料》编辑部"诸公":"附朱雯一函,亦已转去。""你们来约稿,我不能说不写,既然雪峰、丁玲、傅雷、王莹都写了,难道可以不写沈从文吗?但是戴望舒死了近四十年我还没有写过一文纪念,张天翼我也没有写,大约越是熟人,越不容易写。""我打算在热浪过去后,争取写出来,暂定8月20日前寄上。""你们诸位,我都常在念中,适夷对这里的《近代文学大系》很关心。""牛汉、启伦同志,均此问好。附一函,烦转西欧文学组,不知是否还是绿原同志主持?"(据市肆影件)

**十六日** 香港《大公报》刊载言昭《北山楼头"四面窗"——访施蛰存》:"登门拜访,恰逢老人精神好,便闲聊起来。无意间说起朝北的房间来,笔者说:'您的北山楼朝北,夏日闷热,应该多多开窗。'施先生突然想起了什么,笑着说:'开了开了,我过去是年年都交华盖运,近年来独独时来运转,一连开出了东南西北四面大窗。''四面窗'？笔者疑惑地望着那两扇朝北的老式窗户，不解地问。施先生笑得更开心了，好像被自己发明的妙语所陶醉。他自得地说：'听我慢慢道来。我的文学生活共有四个方面，特用四面窗来比喻：东窗指的是东方文化和中国古典文学的研究，西窗指的是西洋文学的翻译工作，南窗是指文艺创作。我是南方人，创作中有楚文化的传统，故称南窗。还有，近几十年来我其他事情干不成，把兴趣转到金石碑版，这就又开出一面北窗，它是冷门学问。'说着，他颤巍巍地捧出厚厚一叠书放在前面的桌上，'喏，这是我新近出的三本书：东窗有《唐诗百话》，西窗有《域外诗抄》，北窗有《水经注碑录》，只剩下南面一窗没出版，那是一本《施蛰存小说选》，人民文学出版社已经发排了。'老人真正高兴地笑了，笑声里夹杂着自豪。"

　　**同日**　按程千帆日记："得施蛰存"函。

　　**十八日**　致北京薛汕函："近来我和一个潮州青年通信，谈到潮州唱本，才知道潮州人称为'歌册'。这个名词，似乎赵景深和谭正璧都不知道。""潮州青年把你的《潮州歌册选序》寄给我，才知你已在从事'歌册'的保存工作。""关于'歌册'的讲唱情况以及有关各种名词，我最近也知道了一些，我希望你的选集中要附一个有关'歌册'俗唱情况的记录。""我不赞成你的改写法，我主张保存原来方言及俗字，另加注释。"（按：此函后以《关于潮州唱本的通信》为题发表。）

　　**同日**　朱雯复《新文学史料》编辑部黄汶函谈及："施蛰存转来贵刊编辑部给我们的信，""希望我们为纪念沈从文先生的特辑写一篇回忆性的稿子。"

　　**十九日**　致痖弦一函(1988年5月25日)以《不死就是胜利——致痖弦》为题，刊于台北《联合报·联合副刊》"文人书简之十七"，还刊有秦贤次《施蛰存简介》。

　　**二十日**　复北京范用函："承赐灵凤的《读书随笔》三册，今日收到。""《唐诗百话》最紧俏，我自己买了150册，上海关系户送了120册，北京只寄了10册，现在手头已无存书，想等再版本送到后再给您和秀玉同志寄去。""暑假后，我想动手编几本杂文集，""另外是回忆记，书名拟为《平生我自知》，但这一本今年还编不成，因为还要写十多篇。上海奇热，已有半个月。"

　　**二十四日**　耶鲁大学孙康宜复函："关于拙文原稿有些人名未附中文的原因是……，幸而您所需要的几个人名都顺利得到了。""您说文中附注许多书名，也想改成中文，我极赞成。""最近看到李欧梵先生介绍您的早期作品(李文出现在《联合文学》，1987年11号，文章题目是：《新感觉派小说》)，很有兴趣。正想找一本《善女人行品》看看(尚未找到)。您编的《晚明二十家小品》已成为我那明清文学Seminar的教材之一。(我们用的是 1984 年上海书店影印版。)另封寄上拙作《六朝诗研究》。"

**二十五日**　撰写《说"话本"》:"增田涉在 1965 年发表了一篇《论"话本"的定义》,对'话本'这个名词的训诂提出了疑问。文章发表后,引起了国外和台湾学者的热烈讨论。""我都无缘见到,只在夏威夷大学马幼垣教授赠我的大著《中国小说史集稿》(1980)的注文中得知这一信息,已是 1982 年的事。""《古典文学知识》1988 年第 2 期发表了增田涉此文的台湾译本的摘要,""觉得增田涉大约没有正确地理解'底本'这个名词的概念。"

另,为写讫此文作"附记":"我所有的关于俗文学研究的书籍资料,都在 1960 年代卖光了,至今手头一本也没有。这篇文章完全是凭记忆写的,其中有许多名词、数据,未经核实。引文也是从第二手资料抄来的,亦恐有误。姑且以此稿发表,就正于当世学者,希望能引起讨论。""写此文时,发现鲁迅对'话本'的理解,似乎是'白话文本'。因为《中国小说史略》第十二篇《宋之话本》第一段有云。""据此可知鲁迅以'平话'为白话俚语,以'话本'为白话文本,恐怕也是贤者千虑之一失。"

**二十六日**　在《新民晚报·读书乐》发表《我为什么写作》:"对于这个命题,我从来没有想过。对于这个字数限制,我觉得无法把我要写的答案讲清楚。现在只好'千句并一句说'。我在三十岁以前,是为了想做'作家'而写作。我在三十岁以后,是为了想做一个不丢脸的'教授'而写作。总起来说,都是为'名'。但在为名的背后,也有为利的动机。发表文章,可得稿费,取得稿费,可以补贴生活。我不能饿着肚子,自鸣清高,也不会做农民企业家,发大财。每月在工资以外,还可以有几十元'外快',抽几包高级烟,吃几个蹄膀,也满足了。不过这是'臭老九'的名利思想,其实也可怜得很。"

**同日**　致耶鲁大学孙康宜函:"阅足下文,始知北美词学,近来如此热闹。大作发表后,一定会引起此间青年学者之震动,从而推进词学研究之深度、广度。足下文中介绍之'消构式批评',我觉得关系到中国的'比兴说'。""我建议足下写一篇《消构主义与比兴论》,一定可以成为东西新旧文评的比较研究宏著。""[《唐诗百话》]听说有人在洛杉矶买到,此书中我谈到了许多中国诗学问题,我想对西方学者一定很有用处。我希望你找一本赐读,如果能有几个人合译为英语,对汉诗的宣传必有影响。""希望你为我编一个'海外词学书目',凡近年所出英文本词学书籍,一并列一目录,我想与大文一起发表,目录规格如下。"

**二十七日**　按程千帆日记:"将《涉江集外词》稿寄与施老。"

**二十八日** 为将《蛮书碑录》润改并交付发表而撰"解题"。

**是月** 主编《词学》集刊第6辑出版;刊有其作《白居易词辨》、《历代词选集叙录·六》(署名"舍之")和《踏莎行·奉怀周梦庄先生兼题〈海红词〉》,以及《新出词籍介绍》、《丛谈》数则、《编辑后记》,分别署名"舍之""北山""蛰庵""丙琳""寅如""编者";还有夏承焘书赠词稿手迹影印图版。

**又** 作家出版社出版杨德华编《市井小说选》,收录其作《栗芋》。

**同月** 《湖北大学学报》(社科版)第4期刊载李俊国《"都市里的陌生人"——析施蛰存的小说视角兼谈现代都市文学的一种审美特征》。

## 八月

**一日** 撰讫《读报雌黄》:"《团结报》有人呼吁开设语文病院,今天又见到吴小如同志的文章,可知目下在报刊、文书上显示出来的语文使用现象,反映了当前社会文化水平的低落。我在七八年前,曾在上海《新民晚报》副刊上开设过语文病院,每星期将见到的语文病象举例给予治疗。""指出过的语病、错别字,至今还在流行。治愈一个病人,无法杜绝其他许多病人照样发病,这是大幅度的'瘟疫',传染迅速,扑灭极难。如果不是文化部、教育部以法令形式来号召整顿,恐怕已是毫无办法的了。"

**二日** 在《新民晚报·夜光杯》发表《祝由科的巫术》(署名"北山"):"前两天,有一个朋友来闲谈,从医道谈到巫术,从巫术谈到祝由科,""祝由科这个名词,恐怕现代青年中很少人知道。尽管《辞海》还有这个条目,但讲得不详细。""这是我五十年前知道的怪事,写下来,说不定还可以给民俗学者参考。"

**三日** 耶鲁大学孙康宜复函:"所提'海外词学书目'一事,是个很不错的想法,""故决定请本系研究生(兼研究助理)王瑷玲女士为我整理书目。""只是'作者姓名'一栏有些难为的问题……""大函所论'作者未必有此意,读者不妨有此志'诸点,极中肯綮。将来希望有时间写'消构主义与比兴论'一文,到时请益之处尚多。""我希望能将它[《唐诗百话》]介绍给研究生们;此外,许多汉学家也会有兴趣。"

**五日** 致范泉函:"阅近期'信息',觉得有一种情况应该提出来请编选'大系'同人注意。我们这部《中国近代文学大系》的所谓'近代',是采用历史学家的分期法。""我想提出一个问题,请编选'小说集'的同志们考虑:还是以1840年为上限呢,还是以1900年为上限?""我这几天在想,关于'近代文学'这个名词的概念,我们应当从下列两个角度去认识：(一)'近代文学'是文学上的近代。(二)'近代文学'是具有近代精神的文学。"(按：此函后以《历史的"近代"和文学的"近代"》为题编入《文艺百话》。)

**八日** 复香港古剑函："27 日信、报等一函，均已妥收。西彦、师陀处已分别转去。""我的二妹要 10 月份来。""托贾植芳学生带来的东西尚未收到，丁言昭会帮我去取的。""近日已降温，总算挨过了廿二天酷暑。附一文，烦转去。那边不必给我稿费，过几天我开一个书目，请痖弦寄书给我。"

**十日** 在《〈中国近代文学大系〉编辑工作信息》第 19 号发表《历史的"近代"和文学的"近代"》。

**同日** 按程千帆日记：得"施蛰存函"。

**十一日** 复耶鲁大学孙康宜函："在我想将大文全用汉字排，书名、人名均排在注文中。""未有中文名之汉学家，我只好拟一译名，在注文中说明不是你的原文，这就可以免了你的麻烦。大著'论六朝诗'集中于五个中心诗人，亦是一法。不过我觉得还少一个徐陵，或者还应当加一章'吴声歌曲'。看了你几首译诗，很好。忽然有一个感觉，读中国诗原文和译文时，所得到的 Vission 和 Feeling 不一样，有时原诗平平，读译文时却觉得美了，你说是吗？你看过 Amy Lowell 和 Ayscough(中文名'爱诗客')的通信集吗？我介绍你找一本来看看，此书专讨论中诗英译，其中 Lowell 对中国诗的意见大有可取。""[茅于美]29 日到美国，在华盛顿大学及普林斯顿大学讲学。她有一本词集已出版，我将托她带一本《唐诗百话》、一本《善女人行品》送你。"(按：此函孙康宜注为第三页转寄张充和。)

**十八日** 薛汕复函："您来信谈到'潮州歌册'，《序》早发表，但'选'稿还在出版社的柜子里。'歌册'在潮州，人人均懂，已成曲种的专称。但谭[正璧]老改用'潮州歌'，这点，我在 1985 年出版的《书曲散记》一书已作说明，我仍用'歌册'。奇怪的是，《中国大百科全书·戏曲、曲艺》卷，我曾参与其事，也审过'词条'，原作'歌'，改为'歌册'，统统被取消，既不调查研究，又不听深知这方面的人的意见，可悲之至！"

**同日** 包谦六致函："一夏大热困人，科头赤足，未能奉谒，私心则颇默默于左右也。今午承令亲衔命垂访，感不可言。前接琴[趣]老讯，云其诗集已印成，将于九[思]老家集会时分发，并有一本托为转呈。其诗集系厚磅道林纸，兄弟三人精楷写成，封面有琴老画松，特佳。朱子鹤索得一本，前过我见示，先睹为快。子鹤极赞琴诗，云兼[与]老九老尚有町畦，为法度所拘束；琴则跳出五行外矣。"

**二十一日**　致杭州沙孟海函:"近日有出版社编辑来联系,弟拟编碑刻图集两种,或有实现之可能。待秋凉后,欲试编成集,贮稿待命。此二书拟恳公为题封面,计:1.唐碑百选。2.汉碑图录。请赐书横行、直行各二纸,可作大字,将来可随意缩小。'唐碑'一本,请用行楷,'汉碑'一本,略参隶意,如何?"

　　**二十三日**　写讫《滇云浦雨话从文》:"文学史家绝口不提沈从文,却使国外学者给他以浮夸的评价,并以此来讥讽国内的文学史家和文艺批评家。这是双方都从政治偏见出发,谁都不是客观的持平之论。至于沈从文的思想问题,我已把我个人所感觉到的情况讲了一个大概,也许我说得是,也许不是,毕竟我和他常在一起的机会很少。"

　　**同日**　范泉致函:"香港中国文化馆拟约您撰写《我的母亲》一文。现由国内编委钦鸿先生寄奉征文启事,并由他直接致函说明情况。"

　　**二十四日**　致《新文学史料》编辑部牛汉、李启伦函:"文章[《滇云浦雨话从文》]寄上,此文写了五天,抄了三天,故不及赶20日前寄出。""第11页有一个注,如果你们能代寻鲁迅原文,请为改用原文,就不用注了。'雲'字我不用'云'字,请不要改成'云'。"

　　**二十七日**　钦鸿致函:"香港中国文化馆正编《我的母亲》丛刊新二辑,想请您写一篇忆母之文。""亦可径寄主编魏中天先生,他现住广州家中处理编务。"

　　**二十八日**　致周退密函:"《北山集古录》已付巴蜀书社印行。其第六卷为《金石百咏》,拟附'师友评语'数则,忆足下曾有评泊,在函牍中,已不可寻。请即日再赐一评语,五六十言至百言即可(不要题诗)。"

　　**二十九日**　复香港古剑函:"如去信痖弦,烦告诉他,我不要稿费,请他代买《中华民国文学史》及《中国新文学史》各一册给我。司马长风及夏志清的书,我都有了,此外,台版新文学史,我都要,不知出了几种,关于新诗的研究著作也要,请他给我书,不要钱!戴望舒之妻杨静及女戴咏树母女二人,在港开了一个小旅馆。"

　　**三十一日**　《新民晚报之友》刊载周光华《说出了作者的心里话》:"读罢施蛰存老先生在'读书乐'专刊上所写的《我为什么写作》一文后,不禁拍案叫绝。施老的文章仅二百来字,读后,令人回味无穷。施老是位大名鼎鼎的文学家,他在文章中直言不讳地申明。""对施老的勇气和坦率,我实在敬佩。"

　　**下旬**　在香港《书谱》杂志第4期发表《江南蘋书画》(署名"北山"):"今日检书笈,得旧藏《陈师曾遗诗》[**南蘋手书**],又南蘋晚年作画影片二帧,其女所贻也。余未尝识南蘋,念其雅韵无闻,遂取以发表,毋使一代才媛,终埋玉于泥土。"

**是月**　上海辞书出版社出版《唐宋词鉴赏辞典》(南宋·辽·金卷),先生名列"《唐宋词鉴赏辞典》撰稿人"之一。

另,收录其作《赵长卿〈探春令〉赏析》:"我赞成在《唐宋词鉴赏辞典》里采用这首词,但我不会写鉴赏。我以为,对于一个文艺作品的鉴赏,各人的体会不同,要用文字来表达自己的体会,有时实在说不清楚。如果读者的文学鉴赏水平比我高,我写的鉴赏,对他便非但毫无帮助,反而见笑于方家。所以,我从来不愿写鉴赏文字。"

## 九月

**一日**　上海文艺出版社孟涛致函:"《外国独幕剧选》五、六[集],我均已在上半年付型,从编辑职责范围来讲业已完成,可是今日出版科电话告诉我《外国独幕剧选》印数不足,只有500册,不能开机而造,算是给我打个招呼(我社类似情况颇多,故规定不满3 000册不开印)。"

**同日**　复耶鲁大学孙康宜函:"8月17日手书及英文词学书目均收到。谢谢你和瑷玲女士。""9月15日有一位女士从上海回洛杉矶,我托她带一册《善女人行品》,到洛市后寄奉。《词学》第6期如已印出,亦将托她带一册去。"

**二日**　复香港古剑函:"另有高佊云女士一信,烦加封转寄。""我的《唐诗百话》你收到几本?""罗忼烈一本送了没有……林真的《文学家》是否停了? 我的散文选集已出版,有人去港望通知,以便托带。有什么台湾书(非小说)值得大陆印行的,可介绍几种,此间上海书店及天津百花均有意印几本。"

**四日**　复周退密函:"因'百咏'中有足下一诗,故不可不请补数言,惠稿语气稍不合,因斗胆改数言,未免自画自赞,因赶寄出,不及函商。今录其文,请兄追认何如?"

**六日**　在《团结报·百花园》第923期发表《读报雌黄》。

**八日**　致范泉函:"对'小说集·编选设想'和'选目初稿',谈一点我的看法。"

**同日**　叶永烈再次来访。据叶永烈回忆:"是请他谈张春桥——张春桥18岁时刚从山东来上海,就在他手下'打工',曾经被他'炒鱿鱼'。""张春桥也化名'静流'在上海《解放日报》上射出了'批判'之箭《施蛰存的丑恶面目》。""我在《反右始末》与《"四人帮"兴亡》两书之中,写入他的回忆。"(叶永烈《"蛰"字贯穿施蛰存一生》)

**十日**　将《北山集古录》书稿邮寄交付巴蜀书社编辑周锡光。

**同日**　按程千帆日记:"函施蛰存。"

**十一日** 范泉致函:"您提的意见很中肯、恰切,决定在 22 号《信息》发表。""《翻译文学集》进展如何?'导言'是否已动笔?"

**十三日** 在《文史知识》月刊第 9 期发表《金石丛话·(十四)金石小品》。

**十七日** 范泉复时萌函谈及:"编辑室讨论了一次施蛰存、何满子等对选目提的意见,认为:1. 施老提的意见绝大部分是中肯的、相当准确的,如分期的名称不妥(特别是第 3 期的名称有问题,不能涵盖叶老等作品的含义)。"

**十九日** 按程千帆日记:"得施老函,不作序。"

**二十日** 应约为萧斌如编《刘大白选集》作序:"这使我重新又回忆起刘先生,他的课堂讲授的姿态,历历犹在眼前。一半是由于新文学诗文的风尚转移得太快,一半也由于刘先生过早地病逝,使他的声望和著作没有获得广泛的较长久的流传。"

**同日** 在《〈中国近代文学大系〉编辑工作信息》第 22 号发表《对〈小说集〉编选设想和选目初稿的意见》。

**二十四日** 复《新文学史料》编辑部李启伦函:"校样[《滇云浦雨话从文》]看过寄回,第 155 页上的一个'契'字是要改的,请你们那份校样上也照改。这篇文章,我写的时候还有些顾虑,现在你许为'公允之论',我才放心。"

**同日** 又致范泉函:"季镇淮同志对我在《信息》第 19 号上所谈 1900 年前后的创作小说情况有误解,现补充说明如下,请披露。"(按:此函后以《一九〇〇年以后的近代文学》为题编入《文艺百话》。)

**月内** 按先生自述:"胡秋原来过,在西安谈'文革'之事,知识分子也该反省(大意如此,我还未见报导),简直是谬论,我拒不参加作协的招待会,写了二首诗,讽刺陈立夫和胡秋原,报纸不敢登。"(复古剑函,1988 年 11 月 14 日)

**是月** 江西人民出版社出版由复旦大学中文系部分教师编写《简明中国新文学辞典》,书中辞条有"作家小传·施蛰存""社团流派·现代社""文学期刊·《现代》"。

**同月** 15 日《书林》刊载吴琦幸《唐诗的文化透视——读〈唐诗百话〉》。《博览群书》第 9 期刊登丁言昭《登北山楼记——访施蛰存先生》。

**又** 《枣庄师专学报》第 3 期刊载任强《也谈"赑屃"——与施蛰存先生商兑》:"拜读施先生《碑额·碑阴·碑侧·碑座》(《金石丛话》之五,载《文史知识》1987 年第 6 期)的大文,也同拜读先生'金石丛话'的其他各篇一样,感到受益匪浅。不过,这一次个人在喜获新知的同时,却感到大文在谈'碑座'与'品质'的一些文字,似有与史实相牴牾者。"

## 十月

**六日** 复郑州图书馆张万钧函:"承惠《郑州志校释》,已收到。""《子产庙记》,我收到就看,因为我有张叔未藏《子产庙碑》残石拓本,想了解一下子产庙,谁知看完此文,毫无所得,此文非但内容空虚,而且文体甚怪。""《唐碑百选》原定今年由江苏古籍出版,迟迟未上马。今春上海古籍来要,并许与《汉碑图录》二书同出,我即驰书与江苏商量,至今还未决定谁印,看来明年亦无希望。""春间人民日报载一个广告,北京图书馆藏历代石刻拓片均由中州美术出版社承印,第一册秦汉碑刻约二百多种,定价二百多元。这个计划不知在进行否?请足下打听一下。我有几个编书计划,另纸写奉,请足下向中州古籍联系,如能承受其一、二,可以立即上马。"

另,此函附录:"《文苑珠林》设计:此为计划中的一个小丛书,编印历代文史小品著作。每种不超过三万字,不便印单行本的。每十种编为一集,拟出四集,可容四、五十种。所收资料为:1.明以前著作,清代未有刻本的。2.稿本未刊著作。3.晚清石印小书,未有铅印本的。4.近代学人遗稿。仿《法苑珠林》例,定名为《文苑珠林》。分甲、乙、丙、丁四集,每年印出一集,约二十万字,用繁体字,直行排版。"

另,"A.《文苑珠林·甲编》目录:1.《楚石大师北游诗》(元)释梵琦,此本仅有抄本,清人未见。2.《弇州题跋》(明)王世贞,明刻本,清代没有印过。3.《烬余录》(元)徐大焯,此书亦长久无刻本。4.《白国因由》康熙刻本,记云南少数民族古史。5.《唐律消夏录》(清)顾小谢,无铅印本。6.《节相壮游日录》清末石印本,李鸿章出使日记。7.《织馀琐述》况周颐。8.《洪宪旧闻》侯毅,袁世凯遗事,民初铅印本。9.《书林别话》卢冀野。10.《西谛所藏善本戏曲目录》郑振铎。11.《鸳鸯七志斋藏石目录》于右任。12.《丛碧词话》张伯驹。"

另,"B.《文物趣味》或《文物鉴赏》:我有数百张文物拓本,大多是陈簠斋、张叔未、吴大澂所传精拓,为了保存这些拓本,想编一本书,选印一百或一百二十种,用胶版影印,十六开本,加说明、题跋。内容可分为:金石拓片(传世不多之拓本),古匋,瓦当,汉魏铜器,砖文,符牌,汉唐古镜,造像,杂文物。"

**七日** 为在《词学》集刊第8辑转载启功《记饮水词人夫妇墓志铭》而撰"题记"。

**十日** 在《〈中国近代文学大系〉编辑工作信息》第24号发表《一九〇〇年以后的近代文学》。

**同日** 上午台湾秦贤次来访并合影。据秦贤次记述:"应我的要求,施先生在我的手册上题写了'好风东来'四个字。同时,除了赠送我二本他珍藏多年的二十年代现代书局初版《法兰西短篇杰作集》一、二册外,还请我将1940年纪弦先生赠送给他的诗集《爱云的奇人》带回台湾后,再还赠给目前居住美国的原作者。"(秦贤次《上海六日记》)

**上旬** 复香港古剑函:"沙叶新夫人今天把你托带的东西送来了,她是我外甥女的同学好友。""卢小思来上海开会,带了四位台湾朋友来访,谈了二小时。《唐诗百话》已被联经出版公司要去,'散文选集'给了《中国时报》的应凤凰,都已签了同意书;他们要'小说集'我没有答应,留给郭枫。不要为'十色'搞坏了身体,我很为香港文人的紧张生活担忧。"

**十一日** 《团结报》刊载吴小如《续〈读报雌黄〉响应施蛰老》。

**同日** 童银舫来信并所作《穆时英小说考》打印稿即复函:"看了来件,提了一些意见如下:1. 小传太简,好像是做了审查员被暗杀的。2. 穆曾为汪伪编报,亦当提及,不可隐瞒历史,著作要真实。3. 县志中人物传记,不必详列著作版本,举几个代表作的书名就够了。4. 详细著作目,应列入'艺文志'。5. 穆时英的父亲,在银行界也小有名气,应查出他的名字、职位,写入时英小传(我不知其父名)。"

另,据童银舫记述:"因编纂《慈溪县志》和研究慈溪地方文化的需要,曾多次写信请教。""在稿纸上批注:'此传太简化了',在'后考入……'一句中,将'后'字打了个'×',并批注'发表第一篇小说时为大学三年级生'。又划掉'脱离文学界',批注'仍有作品'。在'被暗杀'下面,批注'为什么?'"(童银舫《施蛰存谈穆时英和现代书局》)

**十二日** 范泉复楼适夷函谈及:"对于施老以人划线的主张,有不少专家学者表示不能同意。"(按:《〈中国近代文学大系〉编辑工作信息》第22号先生《对〈小说集〉编选设想和选目初稿的意见》写到"李劼人、叶圣陶、鲁迅,不宜选入,他们应属于'现代文学',不要有'跨代'现象"。)

**十三日** 在《文史知识》月刊第10期发表《说"话本"》。

**十六日** 致北京范用函:"董秀玉同志亦久无消息,不知在香港抑北京。""近来看了几本三联新书,如《浦江清日记》《欧洲小说的演化》,觉得版式都很好,我的回忆杂文本想等写全了印一个单行本,故足下屡次催索,我都未能交稿,因为还有好些文章尚未写出。""我现在集中时间编辑许多旧稿都是古典文学及外国文学方面的,自己读书,已甚少时间。《读书》月刊承历年惠赐,我没有文章贡献,十分抱歉。"

**十七日** 复张香还函:"前天有台湾客来,其中有一位东方出版社的邱各容,名片上写明'儿童文学史料工作者',我即以足下赠我之本[张香还著《中国儿童文学史》

(现代部分),浙江少年儿童出版社1988年4月第1版]转送给他。"

**十八日** 致范泉函:"读《信息》25号,似乎已被'逼上梁山',不得不把'小说'的种种概念叙述一下,否则张海珊同志不会理解我的观点。现在我把历代文化史家及一般人士对'小说'这个名词的认识列一简表。"(按:此函后以《古今中外的"小说"》为题编入《文艺百话》。)

**十九日** 又为昨日致范泉函撰作"附记":"张海珊同志文中有一段话,我实在不能理解。他说'笔记小说'是'指受到笔记影响,具有笔记色彩的小说……'我介绍张海珊同志去找一部《笔记小说大观》看看。这部《大观》中有几篇'具有民族特色的短篇小说'?"

**二十日** 先生专程到华东师范大学会晤英国学者白安尼女士。

**同日** 先生与华东师大中文系古典文学教研室部分同仁合影,此相片前左起:高建中、马兴荣、施蛰存、万云骏、郭豫适、陈谦豫;中左起:方智范、张文泽、王建定、韩黎范、齐森华、赵山林、朱碧莲、陈晓芬;后左起:萧华荣、胡乐平、谭帆、王绍玺、朱大刚、邓乔彬、方正耀、龚斌。先生又与万云骏、赵山林、谭帆、萧华荣等合影。(赵山林藏品)

**二十一日** 撰讫《李密〈陈情表〉解析》。

**二十三日** 复杭州沙孟海函:"移送北京之西湖龙简,弟只要知其名目年月,向北京求印本不易,故不敢枉抛心力。尊著所录唐碑目,已斟酌一过,有几点意见,另纸写奉,以供参考。尊藏王行满《周护碑》,可否赐一页复印字样(原大),弟未见此碑文也。1982年在西安昭陵博物馆见新出涪陵碑十四石(皆断残),以未得拓本为恨。弟病废不能行动,不克赴杭奉谒,亦一恨事。"

**二十七日** 范泉复时萌函谈及:"笔记小说是一个品种,可选其优秀作品。26号'信息'内施老一文请研究。"

**二十八日** 范泉致楼适夷函谈及:"我因搜集社团流派资料,发现施蛰存、戴望舒等最初都向'鸳蝴派'学习,写了不少侦探、哀情等'鸳蝴'小说。我觉得'鸳蝴派'前的近代小说重视政治宣传,功利观念强烈;从'鸳蝴派'作家开始,小说回归到艺术。"

**月内** 先生二妹施咏沂(允宜)由美国加州回沪探亲。

**同月** 人民文学出版社出版杨义《中国现代小说史》,书中第2卷第10章第5节"施蛰存:现代心理小说的探索者"。

## 十一月

**一日** 在《〈中国近代文学大系〉编辑工作信息》第26号发表《"小说"的历代概念》。

**同日** 复魏新河函:"因为这三首词都不像一个21岁的青年飞行员做的,思想情感、语文功力都不符合你的年龄和身份,我还要取保留态度,希望你以后能再以所作诗词寄我看看,最好作几首小令、中调,写你的飞行生活。做中国旧诗词的思想情绪,与一个现代飞行员所必须具有的思想情绪,恐怕是不能统一的。我不希望一位飞行员埋头于诗词中,有闲,请你谈谈你的学习诗词体会。"

**四日** 致范泉函:"'大系'的许多复印件,请人加标点,如何算报酬?记得去年定的七角一千字,是不是?我现在觉得这个标准是古籍整理的标点费,必须原件是古文言,没有断句的,故必须请能读古书的人标点。""希望你统一标准,调整一下,原文未断句的,和已断句的,要有区别!"

**十四日** 张兆和致函:"尊著清样我已从《新文学史料》编辑部借来,并复印于上月底寄交吉首大学。您的文章我拜读,朋友中您对从文了解较多。了解他的长处,也了解他的弱点,文章如实写来,读来十分亲切。二十年代末在上海那一阵,你们过从较密,后来一南一北,不常见面,但您对他始终如一的关心,我有深刻印象。我们现在搜集从文的书信,为的是积累资料,免得日久散失不易得,并不急于编他的书信集。有些信现在不宜发表,您提醒的很对。您手边那两封较长的信,能否挂号寄下,由虎雏复印后即挂号寄还,不至有失。您千万不要亲自抄写,太费精力和时间。从文离开我们半年了,承关注,我一切都好,可以说'久经考验'了。"

**同日** 复香港古剑函:"《书谱》缺今年第3期(6月份出版的),如见到,请代买。""我上月又有一稿寄去,如他们不再赠送,可以稿费作订书费。""柏杨也来过,在作协开了一个茶话会,""我也不参加茶话会,他要来看我,结果是没有时间,没有见到。《唐诗百话》一本交给联经的吴兴文,'散文选集'一本交给《中国时报》的应凤凰,《域外诗抄》一本,送给秦贤次,他们去研究能否出台湾版。""上月钱谷融到香港,许杰、徐中玉去深圳,我都不知道,失去机会。""有新编的刊物,寄我一二页看看。近来与一位女画家高伟云通信,谈中国画,她编了一个副刊《学文》,有我的'狂论'(不署名)。蒋芸的《清秀》还在出版否?"

**二十日** 沈从文二儿虎雏来信,希望提供沈从文致先生信件,拟编入《沈从文全集》。即检出手抄并邮寄,并在稿后写下"按语":"此信是从文寄我的,大约在1941年,当时我在福建长汀厦门大学。从文写信、写字,常署名'上官碧'。段落是我分的,从文写信,一向不分段落,累累千言,写满一张毛边纸,章草小楷甚精,可惜已亡失大半,箧中所存,不过三四通耳。"

**二十二日**　在《新文学史料》第4期发表《滇云浦雨话从文》。

**二十三日**　童银舫来信索取穆时英照片,并所作《中国"新感觉派圣手"穆时英》打印稿。复函:"穆时英照片,我已无存。但我编的《现代》杂志第2卷第1期中有他一张照片,现在各处印的都是这一张。《现代》杂志全份有上海书店影印本,宁波也许有几部。你的文章已看过,我希望不要用'圣手'等语词,太夸张,太拔高,都不适当。"

**二十七日**　复香港古剑函:"小画幅要找一下,如有小名家的东西,可以奉赠。""我有一张沈从文写的姜白石词,""这回我托小思带给她[高伟云],请她代我印二百张明信片,作今年贺年片,也用以纪念老友,谁知她过于重视,竟遗失了。昨天她有信来,万分道歉,我已复信,并不介意。""你是'新地'的顾问,大概和郭枫关系已较密,我的小说选集让他印罢,我不再给别家了。郭枫的散文很不坏,我想介绍几篇给明年的《散文》转载。""我在帮它改革,明年有一栏'转载',想发表一些台港好散文。"

**同日**　又复南京师范大学常国武函:"《词学》已编至第9期,第8期待7期出版后即发排,明年计划印出第8、9期,尚不知能如愿否?第10期稿亦已大致就绪。足下文来,恐最早只能编入第11期,则印出当在二年以后,如此情形,故我不敢承接辩论文字。足下撰文研讨碧山词,最好独立为文,不要针对黄文,而有批判态度。黄贤俊恐亦已七十以上人,且已下世,不必作为论述对象;大文中即使有对黄文有所商榷,亦只可提及黄氏见解,不须直斥其误。如果足下之文能表示不与黄文对垒,且又不妨迟至1991年发表,则我可接受。"

**是月**　上海大学中文系新文学研究室编《〈现代〉诗综》,列入"三十年代流派作品资料丛书",由江西人民出版社出版。收录《现代》《无轨列车》《新文艺》上的诗作及译诗,包括先生诗作和译诗。

**又**　《中华诗词年鉴》收录其作《从〈唐诗串讲〉到〈唐诗百话〉》和词作《踏莎行·秦少游纪念会》。

**又**　华东师范大学出版社出版由上海文献丛书编委会编《陈子龙文集》,编者在"前言"提及:"今子龙诗词,施蛰存教授等已从《全集》内辑出,加上子龙自定年谱等,编为《陈子龙诗集》,由上海古籍出版社于1983年出版。"

## 十二月

**二日**　孔海珠来访并为先生与夫人陈慧华拍摄结婚六十周年纪念合影。

三日　致范泉函:"《翻译文学集》第一卷估计在年内可以交稿,第二卷在 1989 年 6 月前交稿,第三卷在 1989 年 12 月前交稿。"

十日　在《〈中国近代文学大系〉编辑工作信息》第 29 号发表《〈翻译文学集〉交稿、排印计划》。

十二日　复施议对函:"大作词我擅改了几个字,也靠你底子好,如底子不好,亦不易润色也。张珍怀来函,对此词甚为称赞。""我近来已在衰退,心中想的与笔下写的,常有不符。'微云榭'是樊樊山斋名,不知为何,'樊冠沈戴'了。'序文'请勿称'二则'。""最好辟一个栏目,称为'文录',则凡序跋、书信、题记等有关诗词者皆可编入,或者全书分诗、词、文、话四部分亦佳。"

另,据施议对回忆:"拙作《金缕曲》刊发《词学》第 6 辑。1982 年写成初稿,曾经夏承焘、吴世昌二教授圈定,缪钺以及词界多位前辈亦惠以教正或赐和。""在这基础上,先生则改……。几经点拨,大为生色。说明不仅教人词学,而且教人学词。"(施议对《渊明矢凤愿,沾衣付一笑》)

十三日　农历十一月初五,先生八十四寿辰,在寓所留影。

十四日　复张香还函:"拙文承夸奖,似乎太拔高了。'蜀中无大将,廖化作先锋',此亦近来文风卑弱之反映也。不过拙文最后一段评论从文,大家都认为公允,我才放心也。""《联合时报》载胡秋原的谬论,你是否还能借一份来看看?"

二十八日　应台湾《联合报》之约撰写《蛇的祝愿》:"海峡东岸的青年记者,忽然邀我给他的报纸写新年祝词,岂非自古未闻的新鲜事?事虽新鲜,我的祝词却无法说得新鲜。""我们这里人民之间的新年祝词,总是一句老话:'祝你身体健康,过一个愉快的新年。'可见人人都怕身体不健康,过年不愉快。这两句陈话,对台湾朋友大概不适用。我想了好久,还是恭恭敬敬地向大家祝贺一声'恭喜发财'。这是一句几千年的陈话,也永远是新鲜的,每个人听了都高兴。'恭喜发财',祝愿你们富;'身体健康',表示我们强。因此,胡秋原先生飞来建议富强合作,统一中国。我希望真有这么一回事。"(按:发表时题为《蛇的祝福》。)

三十日　先生以周作人书赠诗笺一页转赠费滨海,并赠自印陈小翠画作《寒林图》纪念卡,题书:"奉贺新正万福。"

下旬　在香港《书谱》杂志第 6 期发表《郁达夫墨迹》。

是月　《将军底头》由上海书店据新中国书局 1933 年再版本影印重版。

又　上海古籍出版社出版钱伯城主编《古文观止新编》,先生名列"译注者"之一,书中收录先生与黄素芬"题解""今译""注释"《庄周〈秋水〉》《孔稚珪〈北山移文〉》以及黄素芬译注、先生参定《韩愈〈原道〉》。

又　浙江古籍出版社出版宋赵蕃等选、宋谢枋得注、黄屏点校《谢注唐诗绝句》。据黄屏回忆:"施老认为谢枋得的一家之言还是有价值的,他怕此书再被湮灭,所以一再建议我点校后出版,并将自己收藏的刻本借予我。""他看到了书及我撰写的前言,很高兴,谓了却了一桩心愿。"(黄屏《施蛰存先生摭忆》)

又　湖南文艺出版社出版徐廼翔、钦鸿编《中国现代文学作者笔名录》,收录先生之笔名若干。

年内　据徐迟回忆,1934年间托先生帮助出版友人玛格丽特写的一篇"爱尔兰作家约翰·斯蒂芬斯访问记"以及翻译约翰·斯蒂芬斯代表作《一罐金子》的书稿,"原稿至今还在,直至最近蛰存还希望我能想办法给她出了这本书,以便了此悬案,不过这本散文体的狂想曲,又是神话,又是寓言,确实很深,比较难懂,恐怕还是不易出版。不过我相信以后总会出版它的"。(徐迟《江南小镇》)

本年　台北允晨文化实业股份有限公司出版李欧梵编选《新感觉派小说选》,收录《将军的头》《石秀》《魔道》《在巴黎大戏院》《梅雨之夕》《春阳》《狮子座流星》《雾》。

# 一九八九年（岁次己巳）　先生八十五岁

## 一月

一日　元旦。应约为李广《劲草书屋诗词选》作序:"授稿于余,嘱为序之,余不敢辞,熏沐而读之。余与广,初相识,读其诗,尽得其勋业怀抱,交游踪迹,遂若旧交,斯可谓以诗相知者。"

同日　在《名作欣赏》第1期发表《曹植〈赠白马王彪〉析》。

二日　寄赠黄裳《施蛰存散文选集》并复函:"《崛嵝铭》尚须借一二个月。88年弟忙极,无暇及此,89年整理碑版著述,春间即可用此书,用后即归赵,歉极。《词学》(6)弟处已无存书,亦不便向系中再索取,闻大学书店及南京路新华书店之华东师大柜上尚有,请兄破费2.15元吧。第7期不日可出,当奉赠。"(万照楼藏品)

同日　张充和于耶鲁大学书赠扇面并题识:"蛰存先生屡索劣书,云旧时所书之

《山坡羊》已不存,谨录旧作八首,以偿宿债,即呈词宗两正。充和,一九八九年一月二日晨。"

**三日** 致邓乔彬明信片:"这里少一份'卷九'目录[《词籍序跋萃编》],多一份第一次抄稿。不知在你处不?也许你还错了,也许抄稿者失抄,故问一下,盼复或电话说明。"

**六日** 钱锺书致函:"违教以来,忽逾卅载,追念畴曩,真如隔世。魏君同贤相过,忻悉杖履康宁,述作新富,后生宗仰,硕果巍存,即托代致拳拳。不图颁以大著三种,奇书快读,昏眼顿明,感荷感荷。弟久病稍差而衰疾相因,自安于朽木枯株,陶篁村诗云:'老来无病亦支离',况有病乎?视公何啻蒲柳之羡愧松柏。""内人同叩。"

**九日** 复河南崔耕函:"《四续访碑录》是永远不会完成或收全的,我希望你再补充一些,就此结束,至少可以代表民国初年至1980年代的碑版消息。""元碑我所收不多,只有三四十种,大半是赵孟頫的。康里的碑拓我一张也没有。""我以为我们的碑目中也可以加一条,以作补正。宋以后的碑刻,除了几家'访碑录'之外,绝少记录,故宋元明清碑目,尤其应当编制。我建议你把开封地区或河南全省的宋元明碑做一份记录,以为全国各地区的倡导。""少林寺及石窟寺的宋元碑,如有拓本可得,我还要尽力收集,愿出高价,""只要不索太高的价格。"

**十日** 将连日整理编定的《词籍序跋萃编》全稿,邮寄交付中国社会科学出版社文学编辑室季寿荣。

**十四日** 致《新文学史料》编辑部李启伦函:"收到贺年柬兼催稿信,一则以喜,一则以惧。喜的是承蒙关注,惧的是无法报命。一年多以来,脑筋、时间都用在和'回忆'远不相干的地方,忙的是:1.《近代文学大系·翻译卷》。2.《词学》(八)。3.《近代名家词》(六十家)。4.自己的二本文集。这些都是今年要完成的,希望三、四月间可以全部送出,以后才有可能再写一、二篇回忆记。""另一笺烦转王央乐同志。"

**十六日** 致香港古剑函:"痖弦处一文已转去否?今又补一函,烦为转去。高倬云来谈了两天。""我的评论资料,因为有一袋剪报被《解放日报》一位记者借去未还。""三联的那一本我的'选集',""请代买下,西德有人要。"

**十八日** 应约在台湾《联合报·联合副刊》发表《蛇的祝福》。先生自述:"删去了最后一段,精彩尽失。可见台湾新闻界也还保守得很。"(复古剑函,1989年2月12日)

**二十三日** 复魏新河函:"在我面前有两个人,一个是甲,这是一个四五十岁的关中知识分子,住在不富不贫的古式房屋里,做的是不高不低的文化工作,业馀时间就在晴帘下,灯窗畔,吟哦自乐,写一二首诗词,像周邦彦、姜白石,他表现出来的思想、感情,也完全是一个饱经忧患,淡于名利的古代儒生;另一个人是乙,廿二岁的现代青年,飞行员,能架飞机,在八千尺以上高空歼击敌机,他穿的是皮夹克飞行服,吃的是牛乳、鸡蛋、啤酒、巧克力,正在找对象,女朋友不少,还没有拣定一个。使我惊异的是,这两个人却属于同一人体,是一个人。乙是这个人的现实生活,甲是这个人的精神生活。这个现代青年,一走出机场,卸下戎装,立即变成一个古代诗人,他自己,也许以为甲是他的本质,乙是他的表象,因而有'误落戎行'之叹。""如果鼓励他以甲为生活本质,就使国家少一位优秀飞行员,多一位诗人;我如果鼓励他以乙为生活本质,就使将来的文艺界少一位优秀词人。我现在不能作出决定。不过,这位词人现在所做的词,还只是一种拟古作品,他步武姜张,极能神似,可见他的语文水平及文学修养是很高的,在廿二岁的青年中,我还未见其比。但是他的词中反映出来的,决不是他的现实生活,也不是他本质的思想情绪,因而这种作品,还是一种伪文学。"

**二十四日** 先生在寓所摄影。

**三十日** 姚一苇夫妇由台湾来探访。先生自述:"姚一苇忽然来了,他是回江西探亲,上海是最后一站,停留三天即回台。他此行是保密的,到上海只看了他的表兄石凌鹤和我。他和新夫人同来,我们谈了二小时。"(致古剑函,1989年2月1日)

**是月** 在《中文自学指导》发表《李密〈陈情表〉解析》。

**又** 《中华诗词年鉴》出版,收录其作《白居易词辨》。

**同月** 中国广播电视出版社出版陈寿立、胡钢编《中国现代文学简明教程》,书中"第十章三十年代其他作家小说选讲·四、施蛰存的《春阳》"。

## 二月

**一日** 复香港古剑函:"看了《联合文学》,大有感慨。印刷和编辑水平,大陆落后太远。""马国权已有信来,""高伟云已代我去联系,他们答应补寄缺期《书谱》给我。""请告痖弦,我不要稿费,只要他寄我一本'Ours 1989'纪事历,要棕色的,广告见《联合文学》。""我寻到一幅黎雄才的画《烟江渔舟》。""想把'渔舟'送你。"

**四日** 下午周松龄来晤,先生赠以《施蛰存散文选集》并题:"松龄惠存,施蛰存1988。"据周松龄在书上作题记:"午前往访施老,施老患感冒,精神不佳,匆匆检出赠吾,写至年份,遽然停笔,说年份写错了,即将此书授我。"

**同日**　复耶鲁大学孙康宜函:"你的那篇文章,对这里的青年学者大有冲击,他们想不到美国一地已有这许多人在钻研词学。罗马尼亚去年出了两本《中国词选》,似乎东欧方面,也有人在探讨中国这种文学类型。因此,他们敦促我组织一个国际性词学讨论会,请海外同行来谈谈,交换交换意见。""叶嘉莹曾告诉我,哈佛的宇文教授也在组织一个国际性的词学讨论会,时间在 1990 年。""现在已决定试探一下,我们拟于 1990 年 5 月在上海召开国际性的词学讨论会。""我想在 3 月份发出第一号通知,邀请书,估计一下参加人数,再作详细决定。""我想将《词学》第 10[9]期办成一个海外学者研究词学的专号,即将出席会议提供的文稿编用。昨天收到的三帧照片,放在这一期中,最为适当。""还要英文本词学著作的封面照片四帧,我可同时编入第 10[9]期。""上海图书馆馆长顾廷龙先生 3 月中要去加州大学,我想托他将'陈集'[《陈子龙文集》]带到加大托人转交。"

**六日**　春节。作诗《奉酬穗轩先生兼贺春正》。

**十二日**　作诗《赠香港高润霞女史》并"题记":"香港书画家高润霞[俾云]女史翩然来访,得奉神光,未尽款曲。别后来书,殷勤存问。感此隆情,赋诗致意。"

**同日**　复台湾李焕明函:"我的许多油印诗稿及手迹,你还好好保存着,尤其感激。厦大同人在海峡两岸者不少,双方都有杰出人才。上海厦大同学会很热闹,谢希德(王铭教授之女)为主席,每年聚餐联欢一次。""我是苦难尽而甘未来,知识分子都是最穷的'老九'。听说厦门、泉、漳一带已很繁华,你高兴回来看看不? 你曾在糖业公司,想必知道张荃的情况,能否告我一些,听说她在新加坡故世。姚公伟(一苇)上月来过,你如见到他,可以知道我的情况。"

**又**　复香港古剑函:"有一台湾信烦代转[姚一苇]。画一轴想托许子东带给你。"

**十五日**　应邀为纪念母校松江县第二中学(原江苏省立第三中学)建校 85 周年书写题词:"饮水思源。松江县第二中学八十五年校庆志喜,老学生施蛰存贺。"

**十六日**　应约撰讫《饮水思源》:"我写了'饮水思源'四个字,以表示我对母校的感恩。这四个字并不是空泛的礼貌语,我确实感到当年在这个中学里读书四年,对我以后的生活、行为和事业,都很有影响。"

**十七日**　汪静之由杭州致函:"你是雪峰的朋友,湖畔诗社当……'朋友的朋友就是自己的朋友'。我于 81 年恢复湖畔诗社活动。""今年夏季迁往新建大楼后,""我准备邀朋友创办西湖文学院,以法院旧房为校舍。民办学校要董事会,拟邀浙江大学副校长胡建雄、浙江美术学院院长莫朴、国家出版委员会主任王子野为董事,更要紧的是要你和许杰、陈子展三位名教授为董事,以壮阵容,望你支持。"

**二十日** 元宵节。周退密作诗《怀施北老》。

**二十二日** 先生复杭州汪静之一函。

**二十七日** 致丁景唐函:"《松江县志》要一篇'洪野传',可否请你写一个。不必长,只要叙述其生平就可以了。"据丁言昭记述:"给父亲信的反面,施蛰存先生给我写信,并且在前一封信中寄了一份剪报,是季子写的《印话三则》,刊于1989年2月21日《团结报》上。文章一开头写:'老友施北山先生……'""施先生回信说:'我小妹,施北山当然是我,季子是老友周退密。'""最后他写'反面一信请呈你父亲,我连信纸也要省省了'。"(丁言昭《与施蛰存伯伯的交往点滴》)

**下旬** 在香港《书谱》杂志第1期发表《唐玄奘法师造像题刻》,署名"北山"。

**是月** 主编《词学》集刊第7辑出版;刊有《唐诗宋词中的六州曲》,以及《新得词籍介绍》《丛谈》《编辑后记》,署名"北山""蛰存""丙琳""编者"。

**又** 先生与马祖熙合编选评《历代哲理诗选》,由上海教育出版社初版印行。

**又** 中国人民大学出版社出版张腾霄主编《中国共产党干部教育研究资料丛书第二辑》,书中"第二部分文献与资料"收录其作《上海大学的精神》。

**同月** 17日中共中央发出《关于进一步繁荣文艺的若干意见》。20日《鲁迅研究动态》第2期刊载陈漱渝《关于杜衡先生的一篇回忆》提及:"由上所述可知,1932年左联跟'第三种人'展开的论争,是围绕文艺与政治的关系问题和革命文艺家对小资产阶级作家的态度问题展开的。论争中虽然一度出现措辞尖刻和背离原意的偏向,但始终没有当成政治上的敌我斗争,而是一场气氛渐趋正常的文艺论争。"

## 三月

**二日** 先生与陈旭麓应邀担任华东师范大学出版社"中国近代文学丛书"顾问,并致出版社编辑函:"施亚西筹划主持的'中国近代文学丛书'五种已大略看过,关于编排方面,有些意见,请施亚西转告各位责任编辑,希望以后几卷,采纳改正。"(按:此丛书先后出版《魏源诗文选》《黄遵宪诗选》《林纾诗文选》《梁启超诗文选》《梅曾亮文选》《近代短篇小说选》等。)

**五日** 复香港古剑函:"50美元是否《蛇的祝福》的稿费?特别优待了!""被痖弦删去的一段别纸抄寄,不要写什么了,使痖弦难受。""《台北女人》事已去信'百花'编辑谢大光,等回信来再告。""我没有多少藏画,只有十多个扇面,是1950年代买的,那时书画不值钱,齐白石、徐悲鸿也只有一二十元一幅。""这里现在是情欲小说、裸体女人画的世界,其他文化事业都'打烊'了,一团糟!"

**六日** 复耶鲁大学孙康宜函:"我看你们那个会不必开了,大家到上海来一起开也好。张充和女史寄我一个扇面,写作两绝。""1978年以后跳出牢笼,却找不到一个批评标准,于是中国古代文学批评又出来了,《文心雕龙》因此成为显学,我对此现象很不满意。我觉得,无论对古代文学或对现代的创作文学,都不宜再用旧的批评尺度,应当吸取西方文论,重新评价古代文学,用西方文论来衡量文学创作。但是,此间青年一代都没有西方文学批评史的素养,有些人懂一点,却不会运用于批评实践。你的那篇文章,对我校中青年教师大有推动的影响,他们敦促我开一个国际性的词学讨论会,请国外学者来讲讲他们对词(实在就是整个中国古代文学)的各方面观念。因此,我想开这么一个会,目的是:一、对外国学者,要求听听他们的研究方法,以各种文学批评理论来运用于词的经验和实践。二、对中国学者,要求他们汇报研究方法及成果,谈谈词学研究的前途(也是古代文学研究的前途)。因此,我作如下设想:(一)这个会不要求各人交论文,但希望在89年内交一篇文章,内容为各人所撰词学著作的'提要'(Summary),大约2 000至5 000字的篇幅,我将汇集起来编入《词学》第10期,赶在开会前出版,即作为会上的文件。论文提要最好用中文,如用外文,亦可在此间译出,但希望早些寄来。(二)拟请海外学者30位,美、加、日、港及台湾,欧洲及苏联大约也有四五人可来,恐怕要以美方学者为主要来宾。我想每人都送一个请柬,待他们自己决定参加否,我们一律欢迎。(三)华东师大中文系每年只有2万元研究经费,各个教研组都要开会,还有人要出国参加学术活动,都在这笔经费中开支。我现在也正在先筹款,故决不定能开此会否。(四)此间开国际性会议的规格是:1.外国来宾每人交200—300美元,此款包括材料费、一次正式宴会、一日旅游参观(苏州、杭州)。2.来宾在沪住宿及伙食自理(可代办)。3.来宾来回飞机票自理(可代办)。(五)我现在想请与会者每人交400美元,我们负责五日五夜的住宿及伙食,又一日旅游。飞机票来回自理。(六)6、7、8[月]是旅游旺季,如果我们在1990年8月下旬开这个会,上海宾馆都住满了,很难预定房间。我想改在松江开会,离上海60华里,这是我的家乡,有一个好的宾馆,在那边开会,可以少花费些,而且伙食可以比上海好。(七)会期三日,前一天报到,后一天旅游或参观,共五日。假定为8月21至25日,或8月25日至29日(1990)。第一日上午开会仪式,下午大会发言。第二日上午大会发言,下午分组讨论(茶话)。第三日上午小组讨论,下午大会发言,午茶闭会式。可能加一个晚上,小组聚谈。(八)我想请你参加 Organization Committee,把美国方面的组织事宜委托你,能同意否?"

**同日** 致耶鲁大学张充和函:"便面飞来,发封展诵,惊喜无状。我但愿得一小幅,以补亡羊,岂意乃得连城之璧,灿我几席,感何可言?因念《山坡羊》与《浣溪沙》之间,阅世乃五十载,尤深感喟。""回首前尘,怊怅无极,玉音在耳,而从文逝矣。近日此间犹寒,须待春回方能启蛰,会当奉和一二阕,扇扬词心墨妙,请少待之。"

**十一日** 先生致范泉函:"'序言'须15—25日之间写,先交本文。"

**十三日** 复平湖葛渭君函:"道光元年金氏刻三卷本《淮海词》,我未见过,唐圭璋《宋词版本考》亦未载,可以算是一个罕见本了。跋文承抄示,谢谢。《词籍序跋萃编》全稿已于年初交出,来不及补入了,不过此文无甚参考资料,漏去也不可惜。去年下半年,就是忙这本'萃编'稿。""古籍出版社影印《彊邨丛书》用你的藏本,不知条件如何?天津的《百家词》,早已有商务排印本。""在五十年代,只售6元一部,现在影印本要3 000元,真吓人,而老兄居然买一部,亦甚豪迈了!我健康如常,不过天气阴雨甚久,常有感冒,内人心脏不佳,卧床多日,近日方起,总要待晴暖才能安心。"

**十四日** 复香港古剑函:"文代会上总算听到了'文艺创作应有自由'的话。""三十年代所谓'第三种人'也是为了争取这个'自由',吵了五十年,还只是一句话。"

**十五日** 下午上海书店龚建星来,先生交付编定的《中国近代文学大系·翻译文学集》第一卷全稿。

**十六日** 撰讫《且说说我自己》:"最近我给自己拟定了一块墓碑题字,是:'钦定三品顶戴,右派分子,牛鬼蛇神,臭老九,前三级教授降二级录用,施蛰存之墓。'""看近两年的文艺发展情况,似乎确是在补课和续断,不过,来势太猛,各方面都变本加厉了。现在,我知道,地理上的鸿沟,是可以填补的,文化上的代沟,却是无法也不必补续了。现在我们的文艺家,应该跨越代沟,争取和当今的世界文化,合辙并驾。"

**同日** 先生与于伶、柯灵、王元化、王西彦等十二人在中国作家协会上海分会第五次会员大会上被推选为顾问。

另,据赵长天回忆:"在徐[中玉]先生主持的第一次主席团会议上,讨论作协顾问名单的时候,他提议增加施蛰存先生,得到一致的响应。""徐先生提醒我们,把施先生请回来。后来,施先生还荣获上海市文学艺术大奖中的杰出贡献奖。我想,这个奖同时也是给徐先生的,因为正是他,让我们避免了一个重大遗憾。"(赵长天《敬拜二老》)

**十七日** 为拟将所作《说"俗文学"及其他》提供《〈中国近代文学大系〉编辑工作信息》发表而撰"附记":"去年,我买到一本英国版'鹈鹕丛书'本《民间文学》,著者为维克多·钮蒲。他用的原名是 Popular Literature。""据此可知,英国人虽然还用 popular 这个字,怀疑的人已在多起来。因此,我以为,问题不在中文译名,而在国际间的通用名词,如果把这一种文学统一定名为 Folk literature 最为适当。"

**二十一日** 致范泉函:"送上一文[《说"俗文学"及其他》],可以在《信息》上刊出否? 如不用,此稿要还我,因为没有底稿了。"

**二十三日** 耶鲁大学孙康宜复函:"所述有关词会的想法很是清楚,""我会尽量向美国方面的朋友们宣传。至于美国方面的 coordinator(即您所谓参加 Organizing Committee,把美国方面组织事宜委托的那个人),我认为 Prof. Susan Cherniack 最为理想。""早已闻知您的大名,此次能趁着准备词会的机会认识您,她感到三生有幸。"

**二十四日** 《文学角》第 2 期刊载查志华《流星再现——访施蛰存》:"说明了原委后,便有一位老太太向里面大喊一声:'大大,有人寻侬。'一会儿,施蛰存带着助听器出来了。""他说:'访问记呒啥写头。现在有种人写访问记,不访问也写得出,坐在家里把一些老材料东拼西凑炒冷饭。''上次有个人,到我这里坐了坐,也没和我讲明,回去写了篇访问记,在报上发表了,写得像小囡。''我要用录音机,施先生说:'不要用录音机,这样将来可以死无对证。'我写成后的访问记要拿给他看看。施先生说:'不用拿给我看,随便你怎么写。'"

**二十五日** 在《〈中国近代文学大系〉编辑工作信息》第 34 号发表《〈翻译文学集〉第一卷目录和〈解题〉》(选刊)。

**月内** 为编《中国近代文学大系·翻译文学集》而撰《大魔窟》"解题"。(按:原名《塔中之怪》,日本押川春浪著,弱男译。此稿未刊,据钦鸿考证为本月写作。)

**又** 据卢玮銮回忆:施先生"写过十段顺口溜给我,其中第七段是这样的:'灯下写信复朋好,来信太多复信少,每天收信六七封,叫我如何复得了?'顺口溜写来看似轻松,但内里倒含不少生活况味"。(卢玮銮《记施蛰存先生对我的指导》)

**同月** 广东高等教育出版社出版殷国明《中国现代文学流派发展史》,书中章节"施蛰存的《上元灯》""《现代》杂志的问世"。《浙江画报》刊载丁言昭《心悬明月照青天——记施蛰存先生》。

## 四月

**一日** 致范泉函："有一条'正误'，请在下期《信息》中印出。原稿《解题》也要改正，有便请小龚交来。""我在《法宫秘史》的《解题》中曾提到大仲马的小说《几度山恩仇记》到1938年才有中译本。这是失考。现在知道这部小说早就有抱器室主人的译本，书名《几道山恩仇记》全书二册，1907年由香港《中国日报》馆印行。这样，大仲马的几部名著，在'五四'运动前都已有了译本，特为正误。"

**三日** 复杭州沙孟海函："承嘱为浙博纪念集刊撰文，谬加荣宠，甚感雅谊。春节以来，此间气候殊恶，弟感冒反复，至今衰惫。碑版文物久已弃置，亦无暇从事龙简考订，恨无充分资料。向来仅知吴越用此最早，今既知有唐初一简，则此物时代已又早二三百年。此文弟恐一时尚不敢作，有负厚爱，歉歉。弟有成稿二种：一、《杭州石屋洞造像题名》；二、《墨妙亭玉笋题名》。此二文皆著录性质，虽非浙博藏品，亦为浙江文物，如集刊可用，当抄奉其一。或者编一份《吴越金石目》，假集刊发表，备馆中同志补遗参考亦可，统请大裁示复。"

**四日** 致华东师大中文系方智范函："词学讨论会到底办不办？现在是美国方面已在为此事宣传，美方词学家都高兴参加，他们来催，我决定了。但是我独木不成林，没有你们少壮派的动力，我无法唱独角戏。办不办，要你们决定，希望在这旬日内，请马［兴荣］、齐［森华］、邓［乔彬］、高［建中］和你，或再有周圣伟，一起来谈谈。如果可以办，就得组织一个班子；不办，我就要打退堂鼓，不能对外吹牛了。"

**同日** 复耶鲁大学孙康宜函："词学会事还要等校中决定及高教局批准，此刻我还不能定局，Prof. S. Cherniack 处还不能去信，须少待。《陈子龙文集》曾托人带到顾廷龙家中，岂知他已提前几天飞美，现在托我的一个学生吴琦幸，并为他介绍。"

**又** 致周退密、陈九思和陈琴趣函："新加坡诗人、书家潘受，字虚之，托人送来其诗集《海外庐集》及书法二件，嘱弟为经纪人，邀请海上诸老题辞。为此，将诗集及字迹二件奉呈，乞赐品题，另附一纸，请即写就。稼翁居近，烦先着墨，当依次托人转呈周、陈诸公，谦六已去南京就养，暑间回沪。弟及谦翁，当为诸公之殿也。"

**又** 上海市松江文学艺术界联谊会宣告成立，聘请先生和赵家璧、朱雯、罗洪、程十发、桑桐、吴玉梅等担任顾问。

**五日** 杜国清来沪参加复旦大学"第四届台港暨海外华文文学学术讨论会"后，在钱虹陪同下来访。据钱虹回忆："陪同美国加州大学圣塔芭芭拉分校杜国清教授，登门拜访。"（钱虹《听之不闻，宁静致远》）

另,按先生自述:"杜国清前年[1989年]来过,我送了他一本T. S. Eliot诗集,有作者签名的。"(复孙康宜函,1991年6月28日)

**十日** 为编讫《词学》集刊第8辑而撰"编辑后记":"本刊第1辑印15 000册(1981),第7辑仅印2 000册(1989)。""由于近年低趣味的通俗出版物大量冲击文化市场,使新华书店对纯正学术出版物的发行,推广能力受到影响。全国有2 200个县,如果每县能分配到本刊3册(这是肯定可以售出的),本刊也可以印6 000册。盐城周梦庄先生来信说:'盐城一地,至少可以销售50册。'但本刊第6、7辑,盐城朋友都买不到。编者收到不少读者来函,讯问《词学》已出了几辑?多数读者只买到第4辑。这一情况,使编辑同人丧气。""现在本刊要与读者取得直接联系,凡爱护本刊,需要每期购买者,或各文化单位需要按期购置者,请将本人姓名或单位名称,及比较固定的住址写寄本刊编辑部。"

**同日** 王西彦致函:"《文学角》刊载小查对您的访问记,其中谈到您认为自己较为满意的一篇散文是回忆沈从文的,'写得很当心'。""我拜读过几遍,觉得的确写得不错,是沈从文逝世后我所读到的回忆悼念文章中最好的一篇。记得我曾告诉过您,这些年来,每次去北京看望从文先生,告辞时他总要嘱咐我:'回上海给我问候巴金、蛰存。'几无例外。这说明他对您的深挚感情。反过来看,您对他的感情也很真诚,所以您对他的理解也超出一般人。""除了前半篇记述你们在沪滇两地互相交往特别是在昆明共跑佛照街地摊的情景,写得极其亲切细致而外,我最欣赏的是后半篇您对他作品和为人处世的看法。""我以为都发人之所未发、或不便发、不敢发的。我觉得,您这种公允而符合实情的评议,就是真知灼见。""等到体力完全恢复后,我将和老伴一起去看您。"

**十一日** 复周退密函:"标点词集,不敢奉烦,亦不欲另觅不相知之人,'菩萨蛮''浣溪沙'人人能点,关键处则难觅知音。一卷《龙顾山房词》,请许白凤点,慢词有疑难处皆误,短韵亦不能知,馀人可知矣。程千帆主持《全清词》,一部分原稿弟见过,亦多失误。'顺康卷'前年交中华书局,去年退回返工,想必标点亦是一问题。一般词集,不过百许阕,易点错处,不过十许处,然正在此十许处见功夫。弟无暇复核,故必须觅一可信之人,肯花时间,查核词谱,仔细斟酌,然后点定,此人才亦不易寻也。晚清五家词亦在'六十家'之中,期以6月底发完全稿,明年夏能印出。"

**十二日** 在《〈中国近代文学大系〉编辑工作信息》第35号发表《说"俗文学"》及其他》。

**同日** 致耶鲁大学孙康宜函:"我刚才向本校首脑申请,由校中科研处及外事处备文申报,看来短期内还不可能获得批示。""[吴琦幸]会去拜访你或通信,请赐教。另有《词学研究论文集》上册(1949以前)一部,5月初有人去美亦将托便带奉。"

又 吴琦幸致孙康宜函谈及:"今有施蛰存先生所托带之《陈子龙文集》,寄上。我作为中美联合培养的中国文学批评史博士生,于4月5日抵加州大学伯克力中国研究中心作研究。""关于词学讨论会情况,不知美国方面如何?"

又 黄墨谷致函:"顷接中华书局寄我尊著《词学名词释义》。""想必先生托书局代寄的。""《词学》第5辑在'新词书介绍栏'内,在《重辑李清照集》下署名'北山',我问过唐老,他说是您的笔名。""因我准备将同意我的观点的词学专家的意见,汇集在《李清照研究》内,为了慎重起见,我还是应该向您请教证实。""最近福州出版的《海峡诗声》,读大作《乙卯冬至感赋》到'得句已无前辈赏,咏怀难共后生言',真出自肺腑,感人至深。"

另,附寄词稿《念奴娇·笔山感旧》《访笔山旧居》:"呈蛰存先生词宗郢正,后学墨谷呈稿,己巳春日钞。"

**十八日** 复香港古剑函:"黎雄才的画不要'珍藏',请挂起来。""李欧梵那本选集恐怕就是1987年'联文'那个专辑的单行本,我还未收到。"

**十九日** 耶鲁大学孙康宜复函:"我原来要给您报告的是,有几件'坏消息'。""故我已决定不去开词会,此事老实向您陈情。""无法在我的朋友圈子内找到什么能去中国开词会的人(除了 Susan Cherniack 以外),其中最大原因是经费问题。""加上'Maine词会'的要求繁重,大家都已累得忙不过来。"

**二十一日** 沙孟海复函:"承提及有关浙江史事旧著两篇并拟新版'吴越金石目',名家笔墨,寸楮尺素,皆足为'浙刊'增光,弥当钦幸。拟与敝馆主编馆刊的同志商洽,采用何者为宜,容后函陈。前谈唐代投水府银简,查是开元二十六年戊寅物。"

**二十三日** 为《十年创作集》出版而撰"引言":"承蒙作家出版社为我印行一个几乎包括我全部创作小说的结集,给国内外好奇的读者和文艺工作者以方便,也使我有机会润色一下语言文字,并改正旧本的许多误字。""书名未必用以概括内容,仅仅是取其新异,容易在书市上吸引注意。这是属于文化事业的广告技术,请读者不要'以辞害意'。""还要向孙可中、刘小沁两位编辑同志致谢,没有她们耐心地代我做了许多繁琐的编校工作,这两本书恐怕不可能及时出版。"

**二十五日** 撰讫《中国近代文学大系·翻译文学集》"第一卷编选说明"。

**二十八日** 致百花文艺出版社谢大光函:"《外国文人日记抄》如能印行,甚感。

将来如设计封面,我想用一个曼殊斐儿或乔治·桑的照片,像企鹅丛书版本那样。"据谢大光回忆:"先生还附了一幅自绘的封面草图,连颜色与字号都标好了。看得出,这一切先生做起来好兴致。"(谢大光《一个有趣的灵魂——追念施蛰存先生》)

**是月** 花城出版社出版周良沛编《新诗选读105首》,收录其作《卖梦》。

**又** 湖南文艺出版社出版《长河不尽流——怀念沈从文先生》,收录其作《滇云浦雨话从文》。

**同月** 13日《新晚报》刊载许子东《〈施蛰存散文选集〉读后》。

## 五月

**一日** 《金元明清词鉴赏辞典》出版(南京大学出版社4月版、江苏古籍出版社5月版),先生与唐圭璋、程千帆、王季思、饶宗颐、罗忼烈等33位担任领衔撰稿人。

**同日** 复周退密函:"巴蜀书社来信催索,已仍以前二纸[《北山集古录》题签]寄出。新写二纸甚软,窃以为足下习隶,亟宜取雄健一路,如《张迁碑》;足下所习似《曹全》《史晨》一路,恐愈写愈纤弱。又不宜用《隶辨》,此书集诸碑字,只能参考隶法结构,不能作临池用,字体不一致也。《近代名家词》第一集已决定6月底发稿,用复印本影印,不用原刻本。故请兄改用蓝色或黑色圆珠笔加标点,制版易清晰。"

**二日** 致香港古剑函:"《唐诗百话》已决定'联经'出台湾版,10月份可印出。高倬云大约5月下旬要来到杭州、上海。"

**三日** 撰写《雨窗随笔》并"题记":"今年上海的天气,真是古怪。不但'清明时节雨纷纷',直到立夏,也还是'雨纷纷'。窗外,整天是潇潇淅淅,室内,整天是昏昏沉沉。使我这个老人情绪不宁,无法工作,无心看书阅报。只好抓起笔来随便乱写。陆续写了几段,也有两三千字,暂且告一段落,应之曰《雨窗随笔》。"

**六日** 致台湾李焕明函:"尊著已阅大半,极有灼见,书中所附诗尤有兴趣,有些诗似是在长汀所作,当时不知足下能诗,可谓'深藏若虚'矣。顷悉此间已可直接邮寄台湾航空平信,不久如开放印刷品挂号邮件,当付寄拙著一二种。""《唐诗百话》已由台湾联经出版公司决定印台版本,大约年内可以发行。""探索人生之意义,宗教之作用,此等书近年在此间亦大受欢迎,因为过去三四十年人民对人生及人的生活迷惘不解,台湾方面如有介绍道教、佛教之大众读物,请为寄数种来,我可为介绍出版。"

**七日** 致沙孟海函:"今将拙作'墨妙亭''石屋洞'二稿邮呈,乞赐披览。如浙博馆刊可用,甚愿附骥。""此二稿皆仅此一本,阅后请掷还,馆刊如能采录,当依馆刊版式另抄一份备用。阁下若赐题跋语,尤为企盼。承抄示开元银简文,谢谢!"

**同日** 致周退密函:"宋路霞来过,托其带奉潘受文件三种,乞题咏。待诸公题过,弟当最后作,但请不要从卷尾写起,中间空些馀隙。足下为我作藏书诗,其实我轮不到,我书聚散无常,不能曰'藏'。尊诗与书不涉,甚不切题,我希望换一首。"

另,周退密作诗《新加坡潘虚之(受)介施蛰老寄赠大集〈海外庐诗〉及书法集,嘱题》。

**九日** 在《〈中国近代文学大系〉编辑工作信息》第36号发表《〈翻译文学集〉第一卷编选说明》。

**同日** 包谦六复函:"弟接受教言,已于6日由小孙接回。""南京与[吴]调公长谈一次,询问先生起居。见到《中华诗词》第1辑,云内容质量以及装订合乎国家级。叩其我所作诗话评价,云长处在记载无名作家,不比他人专捧大腿。问文章如何?沉思一下,云可打80分。次日托人送去《诗人陈兼与》,得复云:'别后承惠大作,才识胆力,兼而有之。评价兼老之文,发潜德出光,尤足为中华当代诗史生色。'未免过誉,志在使老友快乐加饭而已! 退密来讯云:大著'集古录'内容既佳,装订伟观,定价必贵,如已寄到,希能价让,于心始安! 念耆老遗教,'如必使人竭忠尽欢,昔人所耻!'至今凛之。昨梦张公仍是在小学校中训话情况,仍温厉有威,如其生时,可见印象之深,越七十年,如在目前。""其馀新书亦祈借阅,弟至今仍不能独自登楼也。"

**十五日** 在《收获》杂志第3期发表《且说说我自己》,附宋广跃《施蛰存先生印象记》。

**十六日** 北京薛汕复函:"6月徐州有个《金瓶梅》国际讨论会,我拟前往,可期见到海外故人。""近年如能过沪,当奉访,以慰神交。"

**同日** 包谦六复函:"大作家一切如何?(按,王缙集未见过,或全唐诗中有之,身后名宰相,不及中允也)。琴[趣]老讯,因翻译'圣经辞典',工作甚忙;又云陶心老人[陈兼与之弟]手写《观微集》,费时数天可谓健矣。"并书赠横幅"蛰盦。蛰存先生作家"。

**十九日** 为所藏清代抄本钱芳标纂《湘瑟词》题记:"此书为况惠风抄本,况故后归徐绩[积]馀,徐下世后归林子有,林身后藏书散出,为余所得。原刻本有序文数篇,惜况翁未抄。"

**二十六日** 致《随笔》主编黄伟经函:"每期收到,妙文极多,愈见精彩。自愧笔钝,久无文章报谢。近日草得二三千字,即以寄奉,以备采录。"随信附《雨窗随笔》五篇。(按：此五篇后刊于《随笔》第5期。)

**三十日** 复杭州沙孟海函："承许以'玉筐'一文入浙博馆刊，""当在6月中旬抄清奉上，近日手头工作尚放不下也。'玉筐'拓本四轴可以奉献浙博，弟仅希望浙博为留一照片。他日如有人来，可来取去，惟须先期通知，以便检出以待。尊著《清代书法概说》可请出版社抽印一百份，加一封面，即可在同道中传播。"

**是月** 浙江文艺出版社出版梁仁编《戴望舒诗全编》，收录所作"引言"，以及为戴望舒译著《屋卡珊和尼各莱特》所作"序"。

**又** 上海文艺出版社出版吴欢章主编《中国现代十大流派诗选》，书中"现代派·施蛰存"收录其作《桥洞》《桃色的云》《嫌厌》《卫生》。

**同月** 5日《澳门日报》刊载亚平介绍《水经注碑录》一文并附有书影。《编辑学刊》第2期刊载丁言昭《施蛰存的编辑生涯》。

## 六月

**四日** 致邵燕祥明信片。据邵燕祥回忆："5月访美归来，写信转达其三十年代主编《现代》时文友纪弦的问候。不日接先生明片，书七绝。"(邵燕祥《旧信重温》)

**五日** 邮寄给旅德研究生张东书七册书籍：《将军底头》《圣处女的感情》《精神分析引论》《创作的经验》《弗洛伊德主义批判》《弗洛伊德思想的贡献与局限》《弗洛伊德的使命》，还有台湾《联合文学》(2)、《中国比较文学》(1)、《走向世界文学》(1)。

**六日** 致古剑函："今附寄一函及一份勘误表，烦代寄台湾吴兴文先生。"

**七日** 复旅德研究生张东书函："《20世纪法国诗选》及书目多种，亦已于昨日收到，""我很中意，因为我所有法国诗，不论原本或英译本，都是1949年以前的。""买译文书，大约各国都不容易，我托人在美国买英译德法文学书，亦不容易买到。开了一个书目，据说都已绝版，有朋友从图书馆复印了一二本寄我。书目中有二三种英文书目，其中'企鹅丛书'目录很有用处，不知这一批英文书能否在墨尼黑得到？Reclam丛书是德国著名出版物，看到他们的目录，也很有兴趣。""我给你收了一批书及资料，昨天已从这里寄出，""托人带确是不便开口，我会通知张玉梅，不麻烦她了。""我以为有些资料可以不必看了，只有潘光旦的一本《情的分析》，可以参考，但我还无法办到，以后陆续想办法去复印寄你。高觉敷的《精神分析引论》，看了新的译序，我觉得他变得太'左'了，而且'左'得幼稚，还是苏联学者的一本，论点较平稳。"

**十日** 致张香还函:"有一批复印件[《中国近代文学大系·翻译文学集》],今日送到。有文言、有白话,需加标点。兄如能助我,在十天之内完成,请即来取,仍以下午3时为宜。"1989年6月18日【复改后、为改非】"附上小词[《迈陂塘·寄赠虞劲草》],乞正拍。"

**十二日** 润改词作《水调歌头》,并为编入《词学》集刊第8辑而撰"附记"。先生自述:"近见仲翔[渊雷]兄《黄河颂》,知此曲犹不废,因检出旧稿改定之,为今用。"(《词学》集刊第8辑)

**十八日** 周梦庄复函:"承寄6期《词学》,已去函盐城询问,""如得后当以一册转致劲草[李广]翁也。关于聂张之事,在1952年秋聂[绀弩]君奉命组成施耐庵身世调查团,有谢兴尧、徐放、薛淙绿等,同访苏北住大丰县白驹镇,邀拙前往参与探讨,有一月之久,并无所得,仅将施氏祠堂原有之木主牌带回北京而已。(《三国志》张辽原姓聂,古今无独有偶也。)至聂张同母异父,乃谢兴尧君见告,其详细情况不得而知也。""此间虽四季如春,气候非老人所宜,稽留二年仍当归去也。"

**同日** 沙孟海致函:"隋开皇九年章仇禹生造像,尊藏有无拓片?如有,拙编'书法史图录'需要插入一张照片(五、六行,行十来个字即可),我当托上海人美出版社友人(曹齐同志)趋府来拍照。或者就你知道的那一家(或其单位)有此拓片,请你函介该社同志去拍照。""尊著'墨妙亭题名'稿,倘你无暇另录,或请将原稿赐寄,当嘱浙江博物馆同志誊录一份付排,仍将原稿奉还,这样可争取时间。"

**二十日** 《施蛰存谈读书》刊于《新民晚报·读书乐》,署名"张国瀛、施蛰存"。

**二十一日** 复香港古剑函:"只是托你转一信给吴兴文,希望吴有回信。如果吴有信给你,如果《唐诗百话》事没有变卦,请你写个信,转达我的意思,我要将四幅插图改换其中二幅,又书中诗人画家还可以加二幅。另外,有一份勘误表正在印,印好后即与图版资料一起寄给他。如事有变卦,则一切不必谈了。"

**二十二日** 复杭州沙孟海函:"章仇禹生造像敝箧未备,甚歉。此件《金石萃编》有著录,出土甚早,拓本罕见。弟收拓本十馀载,未尝遇到,否则必收之也。缪艺风藏碑拓尽在北京大学,徐积馀藏碑拓,其普通者凡九千馀目,皆在华东师范大学。此两家或有此刻,可惜近日师大图书馆新楼落成,正在迁徙,无法托人去查。此外,上海图书馆所藏拓本多潘祖荫故物,或者亦可询之潘景郑。'玉笥题名'过三五天即可抄写。""沪杭密迩,不获瞻丰采或未有此缘分耳。"

**二十五日** 译作美国瓦特·惠特曼《日光浴——赤身裸体》刊于《散文》第6期。

**二十六日** 复《随笔》主编黄伟经函："拙稿承录用,甚感。下星期还有《雨窗随笔》五段寄奉,如可用,希望编入第6期。遵嘱寄上照片三枚,近年未有正式照片,此三枚不知适用否,请台酌。"

**三十日** 致杭州沙孟海短笺："拙稿抄好寄呈,请付馆刊编辑同志。字型已批好,即照此式付排版可也。"并附《墨妙亭玉筍题名》稿。

**下旬** 先生指导的中国古代文学汉魏六朝时期文学专业硕士研究生宋广跃、何昱、龙茵,通过论文答辩取得学位毕业。

另,在先生指导下本届硕士研究生毕业论文:宋广跃《齐梁文学论》、何昱《徐陵〈玉台新咏〉研究》等。

另,据宋广跃回忆:"一次,谈到毕业分配的事情,师妹征求先生的意见。先生把两只手掌张开,一上一下比划着说:'找单位可别像小孩子坐跷跷板,一会儿这头翘起来,一会儿另一头又翘起来,两头都没着落。'像这类形象生动的比喻,层出不穷,令人寻味。"(宋广跃《施蛰存先生印象记》)

**同月** 10日台湾与大陆直接通邮。16日《澳门日报》刊载陈怀萱《施蛰存著〈词学名词释义〉》。辽宁教育出版社出版《中国新文学作品选评》(中册),收录其作《春阳》后附有金芹、姬学友"评介"。

## 七月

**三日** 上午黄屏来晤。据黄屏回忆:"带了几本《上海滩》杂志请他看,他随手翻阅了一下,对我说,办这本杂志很有意义。""我请施老支持《上海滩》和我的工作,请他有暇赐稿,他满口答应。以后我每次去,他总先谈一下对《上海滩》的读后感,说他没有时间从头读,只能挑几篇主要的看,总的感觉编得不错;还说他的夫人对《上海滩》非常有兴趣,每期必读。""他向我介绍老友周劭,说他当年风头很健,编过《古今》杂志,也当过律师,人头熟,交友广,社会新闻知道多,嘱我向他约稿。""还大声对我说:'你去对周劭说,当年那些题材、故事,他都可以写,就说是我叫他写的。'"(黄屏《施蛰存先生撷忆》)

**五日** 复上海辞书出版社卢润祥函:"'中国现代文艺思潮讨论集'我未见过,关于我的那一节,有便请印一份给我。""《词学》第8辑我已发稿,现在师大出版社编辑室审阅,我叮嘱他们在本月内发交'中华'排版,请向尊夫人关照一声,仍请帮助,我希望第 8 辑能在年底以前出版。"

八日　复香港古剑函:"近年来,学术界死的都是五十岁左右的人,去年师大历史系两位中坚教授谢天佑、陈旭麓先后突然去世,一个五十多岁,一个六十岁,这个现象非常多,惨不惨,知识分子已经下降到'老九'之下去了。高倬云在广州寄我一信。""沙叶新处打过一个电话,未打通(此地电话十个有七个打不通),不过报上未见其名。""希望你 10 月份可以来上海看看。""许子东情况如何?"

十日　按程千帆日记:得施蛰存函。

十三日　《解放日报》刊载王勉《古城有朵美丽的小花》:"在松江县教师进修学校里,一张为全县中小学生企盼已久的《小作家》报呱呱坠地了。""著名儿童文学家陈伯吹、著名作家赵家璧、施蛰存等,都曾给《小作家》以热情指导和鼓励。"

十五日　复台湾李焕明函:"《灵谿词说》去年已出版,我可以奉赠一册,连同新印拙著。""各种鉴赏辞典近年所出已不少,""我大多列名为'编委'或'顾问',其实是承出版社'看得起',未尝写一字也。苏簳诗文能印行,甚好。我箧中存有几首,未知你处已有否?待我寻觅出来抄奉,苏簳斋名'南阁',她的集名可用《南阁诗文》,不加'集'字似较为'现代化',请考虑。序文我不写,或者附一跋文。""上海近日奇热,暑中恐无法操觚耳。吴兴文何时来?""《唐诗百话》勘误表正在油印,印出后当连同插图一起寄去。""此间生活情况与贵地不同,上海尤与内地不同。我即使有万金,亦只能用于衣食,住就没有办法,愚夫妇局促 20 平方米的一室中,无法'乔迁',因为房屋都是公家控制的,居住面积每人 6 平方米,我所住一室,应该可住 3 人,我们已奢侈了。""你以为有 2 万元就可以'甘来'了吗?"

十八日　致施议对函:"收到承惠《李祁诗词集》及手教,""足下为李女士印此集,大是善举,甚佩勇气与毅力。""现在《词学》已发稿至第 8 辑,甚盼足下能寄一大著来,可编入第 9 辑,明年出版。《词学》篇幅减少,定价上涨,大作以四五千言为宜。李集介绍,亦须在第 9 辑矣。""吴闻故后,夏老家属情况如何?"

二十日　致《文史知识》编辑函:"顷阅《文史知识》第 6 期封二图版说明中有'齐刀铸型'这个名词,我不知是否现在文物工作者所用,还是本文作者自造? 在文物考古学传统上,这种器物向来名为'泉范'。""我希望本文作者及青年文物工作者都沿用旧名,保持学术传统,免得使后人误以为是两种器物。"

二十五日　复香港古剑函:"高倬云代我买的《书道全集》亦已寄到。""吴兴文有信来,《唐诗百话》决定印台版,允付我 US $4 000,他和秦贤次 8 月中要来,在上海住二天,即去北京,你高兴来否?"

**二十八日** 复湖南人民出版社杨德豫函:"今晨收到'诗苑译林'新刊《请向内心走去》。""'五四'运动以后,译诗出版物最少,'诗苑译林'出到现在,发表译诗数量,已超过了1919至1979年所出译诗总数。我相信你们这一项工作,对现今及未来的中国诗人会有很大的影响,颇有利于中国新诗的发展。不过,同时也有些耽忧,青年诗人不看外国诗,甚至也不看中国传统诗,那就辜负了你们的贡献。上月收到《柔巴依诗集》,从原文译的,也是好书,谢谢。不过我对这书名有点意见:我以为应为《柔巴依集》,那个'诗'字可以省去。"

**同日** 致耶鲁大学孙康宜函:"今托便人带寄《词学》(7)二册,求政。另有《长河不尽流》一册新出,顺便奉赠一册,恐张充和尚未收到。此间文艺书无市场,许多书不能印,我有四本书均已排版,搁浅不能付印。'长河'为纪念沈从文而编,不可不出版,但出版社付不起稿费,故以赠书代稿费,我得到书20册。"

**三十日** 复《随笔》主编黄伟经函:"寄了两段画像赞,请选用其一,《雨窗随笔》续寄三段(6—8),请赐审阅。如果'尾巴'装不上去,可以'割掉',但请掷还原稿。我写杂文,不留底,寄出去,没有人用,留着将来编集时凑数。这一组'随笔',是我的'随见、随闻、随想录',今年打算写五十段,陆续寄奉,你有绝对取舍权。《随笔》第4期中有一位作者,郭建英,不知是否三十年代在良友图书公司工作的郭建英?如果是,也该有七十岁开外了,我常在打听此人。"

**三十一日** 致香港黄坤尧函:"《词学》(7)已出版一个月,我近日始见书,今奉寄一册,饶宗颐、罗忼烈先生处由编辑部寄赠。""我想开一个国际性词学讨论会,正在筹组,拟定于明年8月,尚不知能否成功。《词学》第9辑拟为'国际词学研究专辑',希望足下及饶、罗二公都能赐稿,题材不拘,有六七千字或四五千字即可。""国际词学会事饶先生已知其大概,因春间饶先生去捷克开会,晤及敝校倪蕊琴女士,倪已以此事告知,并代我邀请,饶先生亦欣然愿来,""我希望足下抽暇代我去访问饶、罗二公,代达此一情况,并代我求稿。去年台湾秦贤次来,我托他带《词学》(6)一册致林玫仪女士,""我希望台湾方面亦有人能惠稿。此事亦拜托足下为我张罗。"

**同日** 复丁言昭函,言及"告诉你父亲[丁景唐],洪野文我不写了。想想,没有更多的事可说"。

**同月** 28日虞愚在厦门逝世。

## 八月

一日　复天津孙玉蓉函:"'文革'以前的信件,百分之九十五我都已损失。平伯先生和我有信札往来,大约始于1978年,以明信片为多,因为都是传达简单信息,恐不足辑录。现在手头只有80至82年的六、七封信,较有内容,我想得秋凉后抄给你,因为怕有些字非当事人不能识。"

二日　徐无闻(永年)由重庆致函并书篆条幅:"海内有尊宿,著书寸阴竞;唯期益后人,不忧老与病;仰望北山翁,高怀欧赵竞;金石乐延年,期颐当无病。己巳岁七月寄呈北山老教授诲正。"

三日　按程千帆日记:"复蛰存,告以要《[涉江]集外词》十册。"

四日　撰讫《边氏竹艺》:"吾友诸暨边政平,耽于书法篆刻。前年好作飞白书,余已为之介绍于《书谱》。近来边翁又移情于竹刻,居君子馆中,伏案奏刀,废寝忘食。浅刻深镌,神与古会。所制文房小品,出入朱濮。余为拓得近作秘阁二方,各刻羲、献一帖,神采奕然。今亦介绍与同好共赏。"

八日　致杭州沙孟海短笺:"拙稿'玉笥题名'已于6月30日挂号寄奉,不审收到否?"按程千帆日记:得"施蛰存寄《词学》"。

十日　致范泉函:"关于《大系》各集的英译名,有一点意见,供汤钟琰同志考虑。""序文要过两天才写,这几天太热,我脑胀,怕中风,请勿催,一定改好后通知兄来取,再给我一个星期,好吧?"按程千帆日记:"得施蛰存"函。

十三日　致范泉函:"今天看了《〈少数民族文学集〉选目》,也想提供一些意见。编《少数民族文学集》,必须先定出几个标准。"

十五日　沙孟海致函:"今夏道暑新新饭店,但气管炎剧发,延医打针,半月后始渐痊可。尊交《玉笥题名》清稿早收到,转送馆刊负责同志,他们极为钦幸,嘱我先致谢悃。承示原拓四轴,将惠捐我馆,尤所感佩。"

十七日　复台湾莫渝(林良雄)函:"惠示大作三种,均已拜读。《卅年来中译法诗的回顾》一文,我最感兴趣,希望您继续做此工作,最好从1919年做起,今后你容易找资料了。胡品清的《巴黎的忧郁》我已有,她的译诗集,你为我找一本,我替你买寄此间的法国诗译集,陆续寄奉。此时弄法国文学的朋友,有罗大冈、陈占元、赵瑞蕻、沈宝基,都已不动笔了,青年人中有郑克鲁,在华东[上海]师范大学,也还能译。""如果海峡两岸合作,办一个专刊法国文学的小刊物,也很有意思,你有兴趣否?"

十八日　撰讫《中国近代文学大系·翻译文学集》"第二卷编选说明"。

**十九日**　《解放日报》刊载《〈现代都市小说专辑〉出版》："二十年代末,作家刘呐鸥、施蛰存、穆时英、徐霞村等人在上海创办《无轨列车》《新文艺》等刊物,有意识地借鉴其他西方现代派文学,继而形成了一个表现现代都市生活的小说流派。""辑入了这一流派代表作家的代表作十种,较为全面地显示了这一小说流派在中国现代文学史上的流变历程。其中有刘呐鸥的《都市风景线》、施蛰存的《将军底头》。"

**二十一日**　下午台湾莫渝(林良雄)来先生寓所访晤。先生自述:"来了一位诗人莫渝,专研法国诗,也是一位对文学有热爱的青年,我觉得大陆似乎没有这样的青年。"(致古剑函,1989年8月22日)

**约在期间**　台湾秦贤次、吴兴文来访。据吴兴文回忆:"我第一次到上海,便和好友秦贤次一起拜访施蛰存先生。与施先生聊起来,仿佛打开尘封的往事。而我也有收获,就是施先生送我当时采用肯特版画、嵌上他姓氏的英文字母S而合成起来的自用藏书票。更有意思的是,上海的友人后来送我一册施先生的藏书——叶芝的诗集《塔》,书封的内页贴上'施蛰存无相庵藏书之券1945—1948'。"(吴兴文《我的藏书票·无相庵藏书》)

**二十二日**　复耶鲁大学孙康宜函:"《词学》从发稿到出版,至少一年时间,你如在明年3月底供我文稿,则出版时已在你们的讨论会开过之后一年,没有意义了。因此,我已放弃这个计划。现在,我希望你为我张罗几篇有关词的美国学者的论文,""人选随你接洽,我只希望美国方面有四五万字,台港方面可有三万字,日本可有二万字,此外南朝鲜、新加坡可有二万字。如是,则有十万字以上,这个专号编得成。""已故学者的论述也要,""可将英文本寄我,我来译,或请人译。""茅于美译了全部《漱玉词》,她说普渡大学一位教授给她写了长序,""我想这篇序也有用,可否供我一个中译本。记得美国已出过一部《李清照全集》,不知有没有序言,我未得此书,请你查一下,这一类书的序言也欢迎。7月28日有亲戚到美国Tucson,我托他带二本《词学》(7)寄给你,""另一本可送给张充和女士。"

**同日**　致香港古剑函:"今日收到高伟云函,""无论如何要她收下,你对她说:此是代买书价及邮费,不能费她的钱。如果她要照顾我老头儿,将来代办一些文房用品就可以了。去年她为我印了几百张邮卡,已是她送我的,这一份情谊,我已老实领受了。""吴兴文、秦贤次来过了,《唐诗百话》事已定局,我已将改正本交给吴,""还要写一篇'台版后记'。""应凤凰听说也来了,先到北京,没有过上海。小思和敏慧去西欧旅游度假,在明兴和巴黎都寄了风景卡片来。"

二十三日　复湖南人民出版社杨德豫函:"建议你社再出几本补空缺的抒情诗,就此结束吧!上星期来了一个台湾诗人莫渝,谈了二小时,他去过法国,译法国诗。他要找'诗苑译林',只在香港买到四五本。""现在我抄一个目录给你,麻烦你代办函购。"

二十五日　在《〈中国近代文学大系〉编辑工作信息》第42号发表《读〈信息〉随想录》(两则)。

二十七日　复范泉函:"我的设计是:总序,1.第一卷分序(文学译本)每篇介绍;2.第二卷分序(通俗文学译本)每篇介绍;3.第三卷分序(诗、散文、戏剧)每篇介绍。我已交的是一篇总序,和一篇第二卷分序。本来打算和孙继林合写第二卷分序,第三卷分序由张伟一人写。经你这样整理,把分序资料都放进了总序。那么,第二卷、第三卷的序言写些什么?我的第一卷分序又没有纳入总序,这样各个部分的序言就失去了系统性,有点不伦不类了,我不能同意这样一篇总序。"并在范泉整理稿上批语:"这一段不是我写的,不能这样写!伍光建的译品都是辛亥革命以后译的,周瘦鹃也不可这样评价太高,胡适的译文也有删节,并不高于老一辈人。"

二十八日　致范泉函:"上午寄出一信,中午收到《信息》42号,对金名一文还有意见,""待下星期再抽空写。《近代文学争鸣》书名请再考虑,'争鸣'的不是'近代文学',而是'近代文学'的研究方法。我建议改为《〈近代文学大系〉编选讨论集》,就明白清楚了。(也不是"近代的文学争鸣",你拟的书名意义含糊。)我再一次劝你仍用繁体字原本排版,一则省事得多,二则便于外销。最近齐鲁书社印了一部《金瓶梅》,全用繁体字排,每部定价175元,也有一千部销路。近来影片电视屏幕上逐渐出现繁体字,也无人说看不懂。'大系'是有时代性的,将来有人引用,也必须保存原文文本,改了简体字,就有人会以为在1919年以前已改用简体字了。""请你同大家研究研究,'大系'各序文可仍用简体字,以保存写作序文的时代性。"

二十九日　《文汇报》报道先生母校松江二中校友会北京、上海、南京分会成立。

三十日　在《新民晚报·夜光杯》发表《再说"坐"》(署名"北山"):"有人谈起'停车坐爱枫林晚'的'坐'字。""这个'坐'字的用法,在现代语文中早已消失,所以很少人能懂得了。""古代文学作品中的单字或语词,常常是从一个最初的本义逐渐衍变出许多新的意义。这些新的意义,又常常是用过一个时期,又停止不用了。《辞源》《辞海》只是把一个单字或一个语词的多种意义分开来逐条解释并举例,但对于各种意义的演变系统,却往往不能说明。所以,我们很希望有一部详赡的《汉语语源辞典》。"

**是月** 北京石刻艺术博物馆《石刻馆》月报创刊号转载其作《金石丛话·一、"金石""文物""考古"的各自含义》。

**同月** 人民文学出版社出版严家炎《中国现代小说流派史》,"第四章新感觉派和心理分析小说",其中"第二节新感觉派主要作家,刘呐鸥——施蛰存——穆时英——叶灵凤"。

## 九月

**一日** 在《散文》第9期发表《逸梅选集·序言》:"我和逸梅六十年间的友谊历程,正好反映了这一代中国知识分子聚散离合的因缘。""黑龙江人民出版社要为逸梅印一个选集,逸梅要我为他写一个序,因为老朋友中间今天还健在而还能动笔的,只有我一个了。为此,我不能不写这篇序,借此记录我和逸梅的交往经历,并且阐述了我对他这些作品的评价。"

**同日** 《人民日报》以《既不溢美,也不贬损》为题刊载王西彦在本年4月10日致先生一函。

**八日** 致周退密函:"《菩萨蛮》一卷收到。""寄奉《学文》三纸,香港女画师高倬云所办,嘱为向上海组稿。足下有兴趣写一点论书画之小文不?弟今年在编《近代六十名家词》,由华东师大出版社印行,已发稿26家。"

**十一日** 先生致天津孙玉蓉函:"平伯先生的信,有些字恐怕认不出,因此,还是我抄给你。由于一月来公私事忙,昨天才抄好五封,先以寄上。这五封是手头有的,还有1980年以前的,大约还有五、六封,等找到后抄寄。"

**十二日** 为主编《中国近代文学大系·翻译文学集》而撰"导言"并"附记":"编选任务委托我,使我有机会获得不少知识,关于当时外国文学译介的情况,和近代文学的发展情况。孙继林同志、张伟同志帮助我访求资料,提供各方面的信息。第二卷的编辑,孙继林同志担负了大部分工作任务。第三卷的编辑,张伟同志担负了大部分的工作任务。"

**十五日** 在《随笔》第5期发表《雨窗随笔》(一篇"译序"、平等的批评、批评与自我批评、人是政治的动物、人民的分类史)。

**十六日** 致范泉函:"阅《信息》第43期,提一些意见,请考虑。"(按:此函先生的"提一些意见",包括:一、关于《书信日记集》选目。二、关于译名。三、主流。四、曲艺与民间文学。）

**十七日** 上海书画出版社主办"董其昌国际学术研讨会"在松江举行。为此，撰写《董其昌是什么人？》："我是松江人，从小就听松江老辈议论董其昌，没有人不承认他的书画高妙，也没有人不惋惜地说他'乡评不佳'。""报导中说董其昌是官僚地主，已经替他遮丑了。说过去对他的评价'过左'，那是为他翻案了。明末清初，松江有不少官僚地主，使人民恨得咬牙刺骨。但是，一旦之间，轰动全城民众和四乡农民，一齐起来抄他的家，烧光他的住宅，只有董其昌一个。""我建议，纪念董其昌，可以让书画家去开个会，讨论他的'艺术'（不是"学术"）。这是民间的事，会上也不宜谈到他的阶级罪状。"

**十九日** 在《团结报》发表《驴马的笑话》（署名"秋浦"）："陈白尘在《云梦断忆》中记录了沈从文夫人张兆和的一件趣事。""一到干校，智慧便离开了舌头。""最近看到一篇文章，记述钱君匋夫妇的事。这篇文章的大字标题可怪了，叫做《牡牝骈驱六十载》。我们中国，真是一个以文字坑人的国家。从前是外国人说中国话，常常闹笑话。现在是连中国人也给本国语文坑害了。""现在是安定团结的时代，人的智慧不会离开舌头。我猜想，这个标题说明的，大约是'智慧没有进入笔头'。"

**同日** 致周退密、徐定戡函："今晨上海文管会主任方行同志来，他邀我去看一个长卷，我无法去，他叫我介绍几位老词家，他可以请去欣赏。我把两老的大名抄给他了，他会来请二兄的，特此先以奉闻。长卷是纳兰成德手写书简十馀通，后有梁启超等人长跋，原物为夏衍所藏，近日捐赠上海文管会。纳兰书简，我已得复印本，并编入《词学》第8辑，梁等所作跋则未见过，请二兄去看时，做一点记录。"

**二十五日** 应台湾李焕明之请，为《张荃诗文集》作序："兵火既熄，余去三元江苏学院，翌年，归上海，苏箖亦适台湾。自此不复相见。1980年海峡两岸消息可通，余访问苏箖踪迹，乃无知者。后得阅港中出版《近代粤词搜逸》，始知其已逝于马来亚，为之掩卷叹悼。近知台湾友人，收拾其遗文，将为刊行。此盛德事，闻之钦佩。因录余昔年赠苏箖诗凡五首，愿附之卷尾，以志萍因。苏箖年少于余，余以弱妹视之。苏箖来书，亦以余为兄。岂意其盛年不寿，先我下世，余竟得抚其遗集，亦可哀已。"（按：原稿为《题〈南阁遗集〉后》）

**同日** 又复台湾李焕明函："《灵谿词说》已妥收，甚慰。《唐诗百话》台湾版'赘言'已托古剑转交吴兴文，足下如见到，可知我对此间简化字之态度，兹不赘述！今附寄赠苏箖诗、小跋及其他资料，以备采录，不用亦无妨。苏箖诗词现在我处所存者，请足下检核一下,如有失收者,我可即抄寄。缪彦威之《诗词散论》此间有重印本。虞北山久无音问,闻健康不甚佳,亦无确讯。""苏簃集不知用何名称,我建议用《南阁遗集》。"

**又** 在《〈中国近代文学大系〉编辑工作信息》第44号发表《读〈信息〉随想录》(四则)。

**三十日** 撰讫《论老年》:"反正我已经毫无问题地老了,中年、青年、少年人的一切思想、感情、观念,都遗弃了我,我也遗弃了它们。我和中、青、少年之间,显然存在了不同广阔的代沟,我已主动又被动地进入了另一个意识形态王国。我的一切观念,如果不赶紧自己交代,现在和将来的中青少年是不会理解的。"

**是月** 在《中华文史论丛》第2期发表《蛮书碑录》。

**又** 学林出版社出版上海枫林诗词社编《枫林诗词选》,收录其作《贺友人九秩寿》《七律·谢九思翁》《文游台咏》。

**同月** 上海社会科学出版社出版李标晶著《中国现代文学史问题新解》,书中章节有"施蛰存的小说走过了怎样的创作道路,从中说明什么问题?"

## 十月

**三日** 雷圭元在北京逝世。先生自述:"庞薰琹、雷圭元,我联系上之后,不久都作古了。"(《怀念几个画家》)

**七日** 在《解放日报》发表《读杨绛〈洗澡〉》:"在两个35℃大热天,看完了杨绛的《洗澡》。""我已有好几年没有看完一整本创作小说了,常常是,抓起一本小说,看不到二三十页,就碰到了'不辞而别'、'羞羞答答'、'尽力而为'这一类似通非通的成语或滥调,我就把书丢下了。这本《洗澡》,自始至终,没有迫使我丢下。""《洗澡》给我的印象是半部《红楼梦》加上半部《儒林外史》。""我觉得第三部分写得太简了,特别是第一章,像一块压缩饼干,水分都挤干了。连许彦成的检讨也只有三行文字表过,这使我大出意外。此外,还有几个疑点。"

**十一日** 在《〈中国近代文学大系〉编辑工作信息》第45号发表《〈翻译文学集·导言〉》(节录)。

**同日** 复周退密函:"近日我很寂寞,无人来聊天,有人来,又因重听答非所问。写信亦懒,常念兼老等,数载之间,便为陈迹。""昨日翻书箱,得胡翔冬《自怡斋诗》,后有足下题诗,读之以为甚佳。因念兄近来作诗词太多,未免圆熟,欲劝足下勿效稼研,终日在韵语中讨生活,临池亦可节约,我劝足下写文章,诗话、随笔,皆比做诗填词为有意义。""编者黄屏女士,""今年参与编《上海滩》。她托我物色上海老人,写点上海掌故,我想足下与九思兄均有话可谈,不知足下有无兴趣写几篇。如见九思,亦请代达鄙意,请他谈谈圣约翰大学旧事,如有旧照片能供用,更为欢迎。"

十三日　沈宗威复函:"昨晚奉到寄赐《读书》7、8合期,《文史知识》第9期及借阅吕伯子词集,共三册。""《云起轩词》书大纸软,未宜邮递,仍俟陈文华老师便路来取呈览。""贞白此书皆七十后作,数量不少,可与梦秋媲美,前此则未有刊印过,殆其女公子不欲全印,或有所忌讳欤;至其在南京时期情况,则无所知,闻意有所眷注欤。《清词玉屑》题签者嘿园,乃黄懋谦,闽人,亦能诗,为梁鸿志客。"

十四日　作《书〈徐芳诗集〉后》:"很想利用这个好机会谈谈新诗,从三十年代女诗人徐芳的诗谈到八十年代女诗人徐芳的诗,这里有五十年之久的文学代沟啊!"

十六日　致《随笔》主编黄伟经函:"又寄《雨窗随笔》五段。近来有点'老'年气盛,写文章不免带些骨刺。请你挑选着用,不用的可退回。'雨窗'想写到二十段换标题,请代为连续编个数码。"

十七日　范泉复陈左高函谈及:"施老有些意见很好,有些意见不免有偏。比如'45号'内陈则光先生对施老意见的异议,就是因为是偏见之故。"

二十一日　复耶鲁大学孙康宜函:"具悉足下热心为我介绍六位美国朋友为《词学》撰稿,极感高谊。""迟迟没有奉复,是为《戊寅草》事,""收到大函后,即向校中查问,始知中文系资料室的一本亦已不见,师大图书馆正在迁至新造大楼,古籍停止出借,需几个月停顿,因此我无以报命。现在托人向浙江图书馆询问,不知能否得到一本,至少是一个复印本。"

二十三日　《光明日报·东风》编辑史美圣来访并约稿。据史美圣回忆:"他慨然应允,最后商定在《东风》上连载他'以志平生琐屑'的《浮生杂咏》组诗。"(史美圣《施蛰存:寄厚望于后生》)

二十六日　在《〈中国近代文学大系〉编辑工作信息》第46号发表《为了透视近代文学发展的轨迹》。

同日　复台湾李焕明函:"今将足下要的苏穈诗二首及朱生豪和词二阕抄奉。近日又找到苏穈诗笺四纸,计有:1. 龚定庵百年祭七古一首;2. 粤赣闽道中五古四首;3. 同题七绝四首;4. 武夷记游七绝十二首;5. 除夕五古二首。以上横幅长笺四纸,录诗廿三首。"

又　复周退密函:"谦[六]老今晨来过,他每次来,总是先写好一张信纸,来舍后出示,我看后即应对其所欲知,这是片面笔谈法,倒也痛快。""《东风集》弟有一本,不必见惠,但弟不想题句。""很想闭门谢客,不闻世事,但做不到。绍兴新建沈园,派人来请我撰园中对联,凡亭、馆十馀处,要我一手包办,已寄去五联,还在绞脑筋再作四五联。施冲范还在上海?倒未之前闻,抗战时他在陈毅幕下,在南平《东南日报》上常见其诗,此施大约与寒门无涉。""弟只知彪蒙书局老板施锡轩是本家。又复旦大学有一位姓施的律师,足下或知之,亦是本家,1948年曾一见之,他说有施氏家谱,弟欲借阅,匆匆未果。""内地中学教师中颇有能诗者,上海则大学讲师亦不解平仄,似乎传统之风在内地,不在京沪。为九[思]翁祝寿,如有公份,弟当参加一份,但不能躬与其盛,当为诗颂之。"

**是月** 《北山集古录》并附录《北山楼金石百咏》,由巴蜀书社初版印行。

另,据彭雄记述:"周锡光先生还'摆'了此书出版时的一段小插曲:施先生在《自序》中第一段文曰……巴蜀书社的主编见了以上几句便心里怕了起来,想请施老删去,施老先生答曰:'我的文章无甚么价值的,皆可删去,唯独这前面的一段话不可删。如贵社要删就全删好了。'"(彭雄《锡光先生赠〈北山集古录〉》)

另,据刘绪源记述:"曾与鲁迅发生过'论战',后来在1957年遭了'错划'、倒了大霉的施蛰存教授,他是有名的小说家,也是翻译家和文学研究者,但自1957年后,写作和教学生涯被迫中止;这时,他作出了与当年鲁迅相同的选择,开始抄古碑,而且也是从汉碑一直抄到唐碑。所不同的是,鲁迅只抄了六年,施蛰存的年份则长得多,一气抄了二三十年,终于成了一名真正的金石专家——这有他的新著《北山集古录》为证。他们两人曾有的分歧是尽人皆知的,那共有的碑中生涯,大约不是人人都知道的了。"(刘绪源《碑中生涯》)

另,据黄裳回忆:"一时他的新作如林,一次去看他,向他讨一本《北山集古录》,恰好案头有一本送给朋友的书,已经题好字了。他取过一张纸条,写上我的名字,就贴在原题上面,递给了我。"(黄裳《忆施蛰存》)

**是月** 在《浙江省博物馆馆刊》1989年第1期"纪念浙江省博物馆建馆六十周年专辑"上发表《墨妙亭玉筯题名》。

**又** 大地出版社出版《中国书法鉴赏大辞典》第1版,内刊有先生书作"致伯祥先生诗笺",其"施蛰存小传":"一九〇五生,卒年未详。浙江杭州人,现代著名作家。"

**同月** 我国"救助贫困地区失学少年基金"建立,长期实施"希望工程"。《上海文学》第 10 期刊载吴福辉《大陆文学的京海冲突构造》。

## 十一月

**一日** 为绍兴沈园撰作园中对联:"一、大门或大厅:报仇雪耻之乡,觞咏岂能销壮志。禹庙越台而外,园林犹可荡情怀。二、纪念馆:铁马秋风,大散关前长饮恨。断云悠梦,沈家园里更伤情。三、闲云亭:小阁倚秋空,漠漠孤云未成雨。名园仰先哲,'萧条异代不同时。'(杜诗句)"

**同日** 在《上海滩》杂志第 11 期发表《读〈康克令小姐〉想到往事》:"读了徐铸成同志记述了'康克令小姐'的文章,不禁微笑,感谢徐铸成同志把她的下落告诉了我。我曾写过一个短篇小说,题名《特吕姑娘》。""徐铸成同志讲了她离开永安公司以后的情况,我写的是她在永安公司做营业员名噪一时的情况,凑起来,这位小姐的事迹就全了。"

**二日** 致香港古剑函:"昨日有港中商务印书馆编辑关秀琼女士来,小思已将我所要的东西托关女士带来。我托关女士带去《燕口拾泥》等二册,交小思。""这一套'学术小品丛书'第一辑 10 种,我都有,本想托应国靖一起带去奉赠。"

**四日** 致周退密函:"徐府仆人送到足下所赐便帽,弟正在发高烧,摄氏 39 度,已偃卧三日,昨晚方退热,今日犹有摄氏 37 度,恐尚须休息一周。""唐代文物拓本一包,约四十余纸,不记得放在何处,可能是要谨慎反而失踪,无计可施,姑以奉询,亦知不会在兄处也,幸毋介意。《近代名家词》又有可能上马,由校中出版社出版,决定排字印。晚清五大家[文廷式、王鹏运、郑文焯、朱孝臧、况周颐]合一册,亦不过如《词学》一期之篇幅。""共卅一集。《彊邨词》四卷前曾烦兄改标点,现在尚有《彊邨乐府》二卷及《语业·卷三》一卷,拟仍烦足下加标点,不知有兴趣助我一臂否?"

**六日** 复台湾莫渝(林良雄)函:"《比利提斯之歌》及胡品清女士之《法兰西诗选》亦先后收到。""代你向湖南人民出版社函购,并请该社朋友直接将书寄奉。后来得到回信,说书已寄出,作为出版社赠送,不收我的钱。可知他们对台湾文化朋友也很热心。""《比利提斯之歌》我有过一个法文本,插绘都是用希腊瓶绘,此书已在战争中损失了。""戴望舒的《读仙河集》一文发表在我们自办的小刊物《璎珞》上。""散文诗在这里也不时行,不过我近来却在多译散文诗,希望将来可以凑一本出来。介绍法国文学的人,这里也不多。老一代的人都不动笔,新一代的人都赶时髦,抢译当代作品,而且文学趣味不高,译的都是通俗文学,大约都是迎合市场需要。现在通邮方便,你要什么书刊,可来信,我为你办到。你们那边有值得注意的法文学译本,也请代办。""《丈夫与情人》已有新版足本,不知你买到的是1948年的还是1982年的?"

**十日** 选定编讫《十年创作集·石秀之恋》"集外":《幻月》《花梦》《娟子》《追》《新教育》《黄心大师》;《十年创作集·雾、鸥、流星》"集外":《圣诞艳遇》《祖坟》《徽章》《一个学生的死》。

**上旬** 应友人之请,撰讫《施蛰存著译编辑书记录》。

**十二日** 复成都巴蜀书社周锡光函:"我事[《北山集古录》]承足下特别优待,极为感激。""在沪上如有所需,请示知,当为代办,聊尽报答之忱。拙作[《唐诗百话》]手头已无存书,上海新华书店亦已售罄,似乎销路尚佳,我已向出版社添购。""且请稍待,我必设法收回一部奉赠。天气已冷,我又将'蛰'以'存'身,暂停笔札矣。"

**十三日** 先生7月20日致《文史知识》编辑一函,以题为《关于"铸型"》在《文史知识》第11期发表。

**同日** 北京杨绛复谢海阳函谈及:"施蛰存先生是我的前辈,承他为拙作《洗澡》撰写评论,十分感激。尽管他的称赞出于过奖,我也深受鼓舞。至于他提的那些不合时的辞语,真是多不胜举,许多朋友已分别向我提出。""想不到四十年来,常用的辞语已有偌大变化。有人认为小说不是历史,但我还是尽力修改。你如遇见施先生,请代我向他道谢。"

**十五日** 在《随笔》第6期发表《雨窗随笔》("文化"与"文学")。此期封二"文艺群星选载之四十二"专栏刊登先生画像及《自题画像》,署名"陈振国画、施蛰存文"。

**同日** 致范泉函:"第一卷《编选说明》稍改了几个字,即寄上,可以付排。开头七条已见于《总序》,本来想删去,但这样一来,文章似乎缺了一个头,因此,就不删了。好在《总序》讲得详细,此处只是一个概括,也不要紧。我还有一些热度。"

**又** 复香港古剑函:"沙翁[叶新]前几天有电话来问候。""许杰今年九十,校中已开过一次祝寿会,到了一百多人。上星期上海作协开了一次庆祝五老九十寿辰的会,五老是陈子展、伍蠡甫、吴文祺(皆复旦)、许杰、程俊英(皆华东师大),也热闹了半天,可惜天雨,我没有去。""上海阴雨连绵,我们二老都感冒,内人已睡了半个月,我睡过四天,发高热39°C,这两天才稍好。""我不要什么东西,也不要祝寿,隐居最好!"

**又** 潘受由新加坡致函:"与公素未一面,而实积数十年仰慕之思,原拟今年赴沪一亲教诲。因贱恙未尽痊适,遵医嘱须展至明年中矣。月前周颖南兄自沪来,携示九思、琴趣、退密、定戡诸老赐题拙卷诸大诗,盥诵再四,皆掷地作金石声,其笔墨之妙亦皆高古,不可企及,惟奖饰过情,弥增汗颜而已。闻尽出于蛰老代为征求,尤感纫无既也。兹值李思诗女士再度赴沪,特匆草数行,托先致谢忱。"

**十六日** 致周退密函:"《彊邨乐府》一册已托宋路霞带来,想可收到。费神仍请如前加标点,如有古体字,亦烦改为今日通用之繁体字。晚清五大家词共廿六集,约廿七八万字,已纳入明年出版计划,由[华东]师大出版社出版。"

**二十日** 范泉复南通钦鸿函谈及:"施蛰存兄有一篇《翻译文学集·导言》(题为《论中国近代翻译文学对新文学的影响》),在我手头,长一万七千字,准备发表……我的研究生写了一篇《心灵奥秘的探索与表现——施蛰存作品研究》的论文,是专门研究施的心理小说的,质量不差(施本人也认为),但有二万四千字。"

**约在期间** 按先生自述:"10月下旬至11月20日,弟与老妻皆反复感冒,因天气恶劣,整日偃卧。近日晴朗,已恢复,然亦不动笔,杂览而已。"(致周退密函,1989年11月30日)

**二十二日** 致黄屏函:"我病了几天,这两天才开始为你写文。不是我写的,而是我整理成文的,题为《业师赵叔孺》。文章是组织起来的,署名则是'安持','安持'是'陈巨来'。此文记赵叔孺,还有一文记吴昌硕,都给《上海滩》。最好请你先找一些赵叔孺的刻印,做插图,陈巨来的印我可供给。(赵叔孺有印谱,可问上博借印,或问钱君匋,托他找七八方,复印制版。)今天写到1 500字,大约还有三天,可寄上。"

**同日** 俞平伯致函,附笺:"而游子徇高位于生前,志士思垂名于身后,受生之分,如[惟]此而已。忆儿时爱读《文选》,此赋序之后段也,零落不全,为之叹息,盖出《豪士赋》也。己巳冬月小雪平伯涂鸦。"

**二十五日** 撰录完毕《业师赵叔孺》并作"附记":"巨来愤世嫉俗,我亦牢落不偶,言谈之间,互有共鸣。十年浩劫中,巨来下放至安徽。至七十年代,始回上海。巨来好谈旧事,一鳞一爪,娓娓可听。我有时仿《宾退录》之例,略为记录。有时巨来在书信中,以蝇头小字,记其数十年见闻,我即藏之箧中。近来检点所积各种文件,发现巨来手书数十纸,因为整理,选其可以发表者,为之组织成文。今先写定其记《业师赵叔孺》一篇,内容皆巨来所供给,文字则有巨来原稿,亦有我所增减,故署名为'安持述、北山录'云。"

**约在期间** 先生因准备着手全面整理自己历年所藏碑版拓本,而无时间继续整理编写陈巨来手稿为文,遂托付周劭(黎庵)帮助整理并谋求出版。

另,据周劭(黎庵)记述:"八十年代末,我去北山老人家听雨闲谈,偶然谈起陈巨来。""那天忽然谈起,而我又适在出版社工作,便把巨来所托转托了我。我回去把手稿看了一遍,虽觉内容很有兴味,但我工作的出版社是不会接受这类稿件的,并且内容芜杂,文字错脱的也很多,要出版必须大大润色加工,那于我也没有条件,只得搁了起来。直到九十年代初,《万象》预备创刊,征稿及我,才想起巨来这本手稿,便转交编者审阅,由编者润色加工,方能陆续刊载问世。"(周劭《陈巨来与浙派篆刻家》)

二十八日　复耶鲁大学孙康宜函:"承赐评介,语皆切实,确是你们海外学人的观点,谢谢。不过你特别欣赏关于女诗人的那一篇,使我有些意外。""《戊寅草》全书已复到一份,还有一本《湖上草·附尺牍》也是柳如是的,上海、杭州两地均找不到。我有一个学生,曾抄一本,但复印不清。我叫他再用毛笔抄一本。""《词学》论文事仍仰仗你助我征文,有现成的,译成中文即可。刘若愚的文字,也希望你找一篇,时间迟一些不妨,反正此间出版工作,一向是牛步化的,我即使如期发稿,出版社和印刷厂也会拖好久。""另一纸费神转寄叶嘉莹女士。"

二十九日　上午胡乔木由陈至立、郭豫适陪同来访,并合影。据郭豫适回忆:"乔木一行扶着楼梯慢步登楼入室,施老已站在房门口和客人们一一握手,互致问候,乔木和北山老人均露出愉快的微笑。两人围着一只方桌坐下来,一杯清茶,虽是初次相见,却一见如故。乔木说:'施先生,我很早以前就读过您的作品了!'施先生很高兴地笑着说:'谢谢您来看我!我也老早就知道您了!'乔木首先谈到施老当年所编的《现代》杂志。他说:'《现代》上面的文章,不能一概而论。'他特别称赞施老当年在刊物上发表鲁迅先生的那篇文章,比在党的刊物上发表它作用要大得多,'您立了一功!'乔木说。乔木所说的鲁迅'那篇文章',就是大家都很熟悉的《为了忘却的记念》。乔木进一步询问施老当年发表鲁迅《为了忘却的记念》一文的经过。""施老说:'文章发表后,本来以为他们(指国民党反动派)会来找麻烦,可是不知为什么他们倒没有来找麻烦。'乔木听到这里,接口说:'如果他们来找麻烦,那岂不是反而欲盖弥彰了吗?'乔木接着还提及当年《现代》杂志其他成员。乔木和施老的晤谈完全是谈心式的。他说:这次来看望施先生以前,已读过施先生的《唐诗百话》,读了很有益,'是一本好书'。谈到《唐诗百话》,施老当场从书橱里把书取出来,签了名奉赠客人。他对乔木说:这本书再版,可否请您写一篇序文。施老笑着说:'如果您肯赠序,这本书销路就会更大啦!如果忙,写五百字如何?'乔木也笑着说:'那怎么行?您是大家,又是一本大著,怎么能只写五百字呢?'乔木和施老的叙谈不知不觉间进行了一个多小时。"(郭豫适《胡乔木访晤施蛰存》)

**三十日** 复周退密函:"《语业》卷三已付门人马祖熙标点。""《近代名家词》拟用六十种,""现已决定第一集书名为《晚清五大家词》。""新文学书藏家不宜列入,此乃别是一家,当另作著录。昨日有人送来《枫林诗词选》五册,""过几天还有新加坡周颖南印《俞平伯重圆花烛诗》,""俟书到后一起交小宋奉上。""高吹万想必已有。姚石子(光)其子昆田。周大烈(字迪前)后来雨楼主人,来雨楼周厚堉(修《四库全书》时进书最多者)之后人,已故。其子东璧,在徐汇区中心医院X光室。此三家皆金山人,互通婚姻,皆富藏书。高、姚二家书皆散,周氏书尚有部分在北新泾,以松江文献为多,如去访问,可说我介绍。"

**是月** 浙江教育出版社出版徐中玉主编《古文鉴赏大辞典》,名列"主要撰稿人"。

## 十二月

**二日** 农历十一月初五,八十五生辰。先生自述:"上午11时,沙叶新夫妇来说祝贺,说了半小时,他们是趁下班时候来的。"(致古剑函,1989年12月11日)

**四日** 在《书讯报》发表《说书》(并附刊史桐拍摄的先生近影):"六七个读书人,碰在一起,从'今天天气'开场,马上就谈到了书。一提起书,大家都叹气,或者摇头。""几个书呆子鼓掌大笑,今天的茶叙,各人都开了眼界,闻所未闻。好比看了一部《儒林外史》或《上海黑幕大观》。"

**同日** 致《随笔》主编黄伟经函:"昨天收到《随笔》第6期,陈振国同志给我画的像很好,大家都说很像。""明年听说有不少刊物废刊。""我的'雨窗'还有几篇在你那儿?请把不用的寄还,或示知题目亦可。""以后还可寄稿,想转一个方向。"

**六日** 致河南崔耕函:"我的生活就是如此,忙一阵这个,忙一阵那个,没有一件事接连着做完成的,忙到今天,一年将尽,算算今年编的书,一本也没有可以说是编好了。《四续寰宇访碑录》也是其中之一,补了十几张卡片,还是搁在书架上。《千唐志斋目录》你暂勿寄来,兄能否抽空和前四本《访碑录》校对一下,把已见于前四本的志目,做一个记号,然后把它寄还我,我叫人抄成卡片。已见于前书者,就不抄了。我估计张钫所得唐志石,恐怕不会有已见于孙星衍目录中,但可能有一部分见于赵、刘、罗三家目录中,总数也不会超过二百种。这样,要增补的卡片,可能还有五、六百张。""希望1990年告成,打算送给书目文献出版社印行。"

**十日** 复宋路霞函:"姚旅的《露书》已收入善本书库,很好,应该的。此书为晚明笔记中的佳作,有文史资料甚多,清代没有重刻过,知之者亦少。我在五十年代曾借出看过,抄得许多王微的诗词。""我从 1940 年起收辑王微作品,今已编成《王修微集》,有诗词各一百多首,较柳如是多而且好。你如翻阅全国各大图书馆及各大学图书馆书目,请注意有没有王微的《期山草》(或其他书名)。我要查《露书》,是为了《金瓶梅》。仿佛记得,此书中谈到过《金瓶梅》,也许可以考得此书作者的真实姓名及书成时代。你和郑麦、黄明如有兴趣,不妨把此书分工查一下,找找这个资料,我不必看了。我要《薇省同声集》,是为了要印王鹏运的二种词集《袖墨集》及《虫秋集》。此二种都在《薇省同声集》下册中,我只有一本上册,全是端木埰的《碧瀣词》。你如能向上图设法把《袖墨》《虫秋》二集复印一份给我,我的《晚清五大家词》就全了(复印费由我付)。《薇省同声集》不是善本书,也许可以馆际借出。""如有机会见到顾廷龙先生,请问问他:杨慎(升庵)的一部《百琲明珠》,现在上图,能否允许复印一本。我想将此书印出,希望上图允许。此书本是陈清华所藏,解放后,在其婿刘絜敖家,'文革'中被抄,上图不肯发还。此书为杨升庵的著作,内容并不好,不过是一本唐宋词选本而已。但因为时代早,在词学书中,亦是一部受人注意的书。""《华东师大善本书目》《积学斋碑目》,还有一本《徐乃昌(善本)藏词籍书目》(我见过),如能借我看一星期。"

十一日 复香港古剑函:"台湾正中书局有信来,他们编一部散文选,叫《闲情四话》,选了我一篇《绕室旅行记》。""美国汉学界对此书[《唐诗百话》]评价甚高,耶鲁大学从香港买去二十本,作为教材。""彭燕郊代《大公报》马文通约我投稿。""报刊很贵,订不起。今年苹果及橘子都是大年,""都卖不完,""橘农叫苦。"

十四日 《文汇报·笔会》刊载柯灵《梦中说梦》提及:"施蛰存因为推荐文学青年读梦化蝴蝶的《庄子》,受到鲁迅的批评,退却时又拿庄周'彼亦一是非,此亦一是非'的话打掩护,落得倒霉几十年才翻身。鲁迅是值得尊敬的,因为他毕生刚正,严分是非爱憎,决不肯含糊半点。但他老人家在天之灵,看够了这几十年间的是是非非、唯唯否否、亦是亦非、亦非亦是、忽唯忽否、忽否忽唯、颠来倒去、倒去颠来,不知有何感想? 或许也不免喟叹前尘如梦,以自己的过分认真峻切为憾吧?"(按:此文又刊于《读书》第 12 期。)

十七日 下午先生开始设计自制大中小号规格的拓片袋(碑袋),用以存放重新整理的金石碑版拓片。

十八日 下午设计制作"集古册",用以编贴金石小品拓片。

二十日 上海教育学院吴立岚来先生寓所晤谈。

二十四日 致范泉函:"今拟定一个'抄件要求'请看看,此事关系甚大,必须先定出规格,兄看此稿后,如以为适当,最好油印几十份,发送各主编人(每人十份),以后即以此为统一标准。弟意最好先决定'大系'版式,定出每页行数、字数,特印一种稿子格纸,则以后便于预计每卷页数。"

**二十七、二十八日** 致香港古剑函:"戴望舒逝世四十年纪念,想组织几篇文章在港或台刊物上发表。2月已来不及,拟在5、6月号上刊出,已托孔海珠写信给刘以鬯,问问《香港文学》可出否?""大约可有吴晓铃、孙源、冯亦代、纪弦和我的文章。"

**二十九日** 李圃(玲璞)来访,并题赠所著《甲骨文选注》:"蛰存师雅正。后学李玲璞敬赠,己巳年冬月。"

**三十一日** 应友人之请,撰写自己"简历":"一九〇五年乙巳出生,今年是第七个蛇的生年。一九二〇年代:四个大学的肄业生。三〇年代:在上海做亭子间作家。四〇年代:三个大学的教授。五〇年代:从资产阶级知识分子上升为右派分子。六〇年代:摘帽右派兼牛鬼蛇神。七〇年代:'五七'干校学生,转业为退休教师。八〇年代:病残老人,出土文物。"

**下旬** 在香港《书谱》杂志第6期发表《边氏竹艺》,署名"施舍"。

**是月** 学林出版社出版李广著《劲草书屋诗词选》,收录所作"序",以及李广诗作《读施蛰存著〈唐诗百话〉》。

**年内** 按先生自述:"才知他[章西厓]健在上海,取得联系后,承他不弃,抱了几册作品来供我欣赏。我问他:为什么匿迹销声,不求闻达?他没有回答,一笑了事。我当下就想,大约画家中间,有一些惊弓之鸟,至今还拒绝出土。"(《鲁少飞的心境》)

# 一九九〇年(岁次庚午) 先生八十六岁

## 一月

**七日** 复张香还函:"上次兄给我看的那些目录,其中有几篇关于李齐贤的,又有李氏著作单行本之报道。请兄再检一下,或下次仍带来。我想选定一二文,托李炳权找来,翻译用之,较为快速。""本月忙于'大系'事,直是'揿住牛头吃水',苦极!"

**同日** 范泉复南通钦鸿函谈及:"施、端木[蕻良]字(看不清的),都已告诉您了。施的'散文一集'[《待旦录》]也已告您。[按:钦鸿当时研究范泉主编《文艺春秋》刊载的书信手迹。]关于施与杨[骚]笔战事,我忘了问,等您春节来上海时我可带您去施老处谈谈。"

**八日** 致黄屏函:"给你出一个点子,有一位吴凯声,三十年代上海著名的大律师,办过许多大案,此人前几年忽然出现,分配在华东师大外语系,作为法语教授,现已退休。他的儿子名吴立岚,是邵洵美的女婿,在上海教育学院教书,去年来访问过我,据说他父亲还健康,年已九十了。我建议你去访问吴老一下,看看他还能写一点旧上海重要讼案不?《上海滩》一定可用。"

**十二日** 致范泉函:"侦探小说已选定,请小龚来取去复印,在本月内标点好,春节后第二卷即可交出。《导言》如有校样,请再给我一份,想作些小修小补,暂勿定清样。《女体礼赞》稍迟不妨。"

**十四日** 复安徽大学中文系程自信函:"'顾问'头衔,我已挂了十多处,加一处《词学百科辞典》也无关系。""不过序言还是请川大缪彦威(钺)先生为妥,我近年杂事太多,答应了常不能如期交卷,会妨碍了出版日程,三年前答应下来的文字债,到今天还未践约呢。我有一个老学生,宣城中学退休教师,现在上海,曾助我整编《陈子龙诗集》,此人名马祖熙,出笔甚快,你们能请他撰写几十条不?我可以保证他没有纰误,上海、南京几本鉴赏辞典,他都曾参加。"

**十五日** 应上海图书馆张伟之请,在《唐诗百话》上题词:"张伟小友购得此书,嘱为签名,敬遵命。"

**十七日** 复耶鲁大学孙康宜函:"足下此举,使我大窘,我先已申明不是吝啬,只因为此间生活水平较低,对于用钱的观念,和你们有差距,可以省则省的原则。""《湖上草》也印到了,都是从一位浙江图书馆退休馆员那里印得的。"

**十八日** 在《文学报》上发表《文化过渡的桥梁——翻译文学对中国近代文学的影响》。

**十九日** 复香港古剑函:"过传忠亲自送来了助听器及雪茄三盒。""《唐诗百话》的事不用问吴兴文了,随便他们怎么办都不计较。马文通处也不必去,我没有许多文章可以供应他。华东师大的毕业生在主持报刊的很多,他们看得起老师,经常来约稿,我已分配不过来。""[香港]中文大学出版社印出了一本英文版《戴望舒,一个中国现代派的生平及其诗》,是一个英国留学生写的,此人在1982年来访问过,谈了几天,又到巴黎访问了望舒的二个老朋友,掌握不少资料,书中还有一张我的照片。"

**二十一日** 胡乔木复郭豫适函谈及:"蛰存先生所著《唐诗百话》,确是一部难得的好书,但嘱撰短文,自忖外行,殊难应命,便中乞代转告,希谅。"

**二十二日** 致香港古剑函:"乒乓教练谈金凤女士,定于2月2日参加旅游团乘锦江轮去港,住10天,乘飞机返沪。我托她带一本新出的书(《中外散文欣赏辞典》)给高倬云女士收转卢玮銮。""3月初有'左联成立六十年纪念会'。""附一篇我的大文!"

**二十六日** 除夕。为编讫《词学》集刊第9辑而撰"编辑后记"。

**二十七日** 春节。台湾林燿德、郑明娳夫妇来访。据郑明娳、林燿德回忆:"在他狭窄湫隘的阁楼,我们发现自1937年即将小说之笔伏以存身,长年安静守愚的施老先生,竟是春风冶荡的开怀,山水开阔的怡然,我们不仅做了一次文学纵深的对谈,还结了一段忘年交心的欢情。"(郑明娳、林燿德《中国现代主义的曙光——与新感觉派大师施蛰存对谈》)

另,按先生自述:"林燿德来访,定忘年交。既返台湾,撰访问记,记录是日一席谈,发表于《联合文学》。"(《白马·小引》)

**同日** 致耶鲁大学孙康宜函:"《戊寅草》《湖上草》已于17日航寄,""为了你这一张30元支票,我才知道此间对外汇的手续,不胜其烦。我本想利用你的支票,将此30美元,汇给一位西德留学生张东书,因为他去年代我买了几本书。""只好把你的支票寄回,请你作废,我还是不收你的这笔钱。""请你代我汇50美元给张东书。""在取得台湾给我的美元稿费后,即从香港汇还你,现在作为暂借,行不行?欧洲寄书到上海最多四星期,而美国寄海邮要三、四个月方可收到,故我现在只托人在欧洲买书。"

**二十八日** 纪弦由美国致先生一函。

**三十日** 为《浮生杂咏》提供发表而撰"引言":"作得二十馀首,忽为家事败兴,搁笔后未及续成。荏苒之间,便十五年,日月不居,良可惊慨。今年欲竟其事,适'东风'编者来约稿,我请以此诗随时发表,可以互为约束,不便中止。但恐不及百首,遽作古人。又或兴致蓬勃,戹言日出,效龚定庵之己亥杂诗,皆未可知。故题以杂咏,不以百首自限。作辍之间,留有馀地也。"

**同月** 台湾《文讯月刊》登载秦贤次《创作翻译皆高手的施蛰存》。百花洲文艺出版社在江西南昌成立。

## 二月

**五日** 在《〈中国近代文学大系〉编辑工作信息》第52号发表《〈翻译文学集〉第二

卷(通俗小说卷)选目》。

**十日** 撰讫《中国近代文学大系·翻译文学集》"第三卷编选说明"。

**十一日** 《浮生杂咏》(一)刊于《光明日报·东风》,署名"北山"。自此开始连载这部自传性旧体诗作,通常每两周刊载四首,历时一年。

另,据史美圣记述:"月初,施先生寄来了四首七绝,不久,《浮生杂咏》组诗就在《东风》上'开张'了。""记叙了他自己的前半生经历,既有极其珍贵的现代文学史资料,也有本世纪初以来江、浙、沪一带的极有趣味的风俗民情,刊出后深受读者欢迎。我曾收到过一位在中国社科院近代史所工作的读者的来信,信中说这组诗提供的资料很有价值。"(史美圣《施蛰存教授的〈浮生杂咏〉组诗》)

**十二日** 复耶鲁大学孙康宜函:"昨日又收到高友工先生一文。""华东师大出版社社长系副校长郭豫适兼任,""我已请他复你一正式公函。""陈子龙墓中出土他的图章,在上海历史博物馆。""《柳如是诗集》是正名,""此书大约印于此年后二三年间,《尺牍》有林天素序,""诗集原本今尚在浙江图书馆。高友工先生的大作来得正好,给我很大的鼓舞。我正在丧气会开不成,似乎连一本专号也编不成。""现在有了高先生一文,已壮了我的胆。""缅因之会,我希望也有一篇报导,如果有你的学生参加此会,可以请他(她)写一篇记录,如能附一二张会时照片,更足以使我的《词学》(9)生色。""3月中有人去美,你要什么书或资料,""《词学》除4、5辑之外,尚有一些存书,你们如要,可托陈邦炎带奉。""附致友工先生一简,乞转达。"

**十三日** 徐定戡书赠诗笺《读宝骏先生跋俞平老重圆花烛歌,敬呈长句》。

**十四日** 寇梦碧在天津逝世。先生获悉后与《词学》集刊编辑部联名发出唁电,表示悼念;同时作诗《挽寇梦碧》并"题记":"津沽词人寇梦碧,余未尝奉手,然函札往还,神交亦十载矣。顷闻其谢世,诗以致悼。"

**同日** 致台湾林玫仪函:"《词学》第9或第10辑拟为'国际词学研究专号',希望台湾方面也能惠赐文稿,不知足下可否寄一篇大作来?同时我还希望足下代向台湾词学家组织一二大文,长短、题材均不拘。"

**十七日** 复台湾李焕明函:"附寄二文,已诵一过,窃以为既有冰莹之序文,则拙文还是用作跋文为妥,因此文辞气实不像序言也。""今将拙文改三字,删二字,请以此为定本。尊作编后记中有一段,我希望不提,因此乃一时之事,张集[《张荃诗文集》]如过二三十年,后人阅之,必不甚了解此段所述情况,为使尊作可耐时代演变,故以不提为宜,请斟酌以定去留。张集印出后,可否多惠几册。此间杭州大学还有几位之江同学甚欲得之,如台湾不出此集,杭大亦有意正欲编集也。""吴兴文处另有函去。"

**二十一日** 致香港古剑函:"收到高倬云艺展请柬,才知其情况。我想请你代送两个花篮,""一个送高,一个送陈石濑、陈文天父子,此二人是上海人,个人开不起书画展,故附在天采学会。""我不能不为他们捧场,""署名及题款,写在此纸背上,你用毛笔写在红绸带上,3月3日下午送去,""我会打一个贺电去。""13日信及痖弦信已收到。"

**二十三日** 致台湾林玫仪函:"前晚忽承沛荣先生光降,昨日又收到大作一册又五篇并手教,""如在5月底以前能惠以新著,则以新著编入,否则当遵嘱用《论清季四词人》。""未知见过王半塘之《虫秋集》否?此集与《袖墨集》均在《薇省同声集》中。然我的一本及华东师大一本皆只有《袖墨》而无《虫秋》,""如台湾有《虫秋集》可得,请复印一份见赐。我正在编《近代六十名家词》,第一集为《晚清五家词》(加云起轩),全用原刻集本,独缺《虫秋集》一种,《南潜集》亦未得,然此集似原未刊行。郑骞先生尚健在否?是否可以请郑先生也为《词学》寄一文?此外,台湾尚有词坛先辈,亦请代为征稿,如有忆事怀人之文亦要,记录一点民国初年词林掌故,也有意思。"

**二十五日** 《浮生杂咏》(二)续刊于《光明日报·东风》,署名"北山"。

**同日** 致赵清阁函:"你再住院做完疗程,巩固巩固也有必要,不过我劝你仍住'华东'[医院]为妥。""以养病为主,加入'华东',望打电话告我(晚上打),有什么需要也告我,我会命孙女来看你的。"

**二十八日** 复湖南人民出版社杨德豫函:"小物聊以将意,不敢当谢。来函谓将以尊大人友朋书信集见赐,当时即猜度足下必遇夫先生之少君,昨日收到书3册,果然。我初以为足下必尚在青年,今始知其误,想足下亦将六十乎?""遇夫先生之少君乃事外国文学,亦出意外。尊译二家诗皆高明,依韵译诗颇不易,足下译笔无凑韵之弊,故为高手。""附拙文一纸,阅后送彭燕郊兄。"

**同日** 撰讫《为书叹息》:"《书林》编者敦促我写稿,我既不想为任何佳著捧场,也不敢写出纠谬正误的文章,得罪了人。只好实事求是,谈谈我近来读书的观感。一口气写了三千字,爽爽快快的发泄了一下。这里所谈到的,有些是'做书'的技术问题,有些是出版事业的风纪问题,我虔诚希望著书的、译书的、和'做书'的同志们,能采纳我的刍荛之议。"

**下旬** 《名作欣赏》第1期刊载江锡铨《小说家的诗——施蛰存诗四首诵读札记》并"附:施蛰存诗四首"。

**是月** 应国靖编《施蛰存·三十年代中国作家选集》由台湾大台北出版社出版。

**又** 齐鲁书社出版朱一玄编《明清小说资料选编》,收录《〈金瓶梅词话〉跋》。

**又** 由江西百花洲文艺出版社再版上海大学中文系新文学研究室编《〈现代〉诗综》,收录《现代》《无轨列车》《新文艺》上的诗作及译诗,包括先生诗作和译诗。

**同月** 13日《解放日报·朝花》刊载华风《唐代诗僧船子和尚和〈拨棹歌〉》提及先生研究的相关情况。香港《大公报》刊载包谦六《吉庵诗话·施蛰存》。

## 三月

**一日** 复香港刘以鬯函:"知贵刊可以发望舒纪念专辑,""我计划有下列诸文:1. 吴晓铃、冯亦代、纪弦、我、利大英各一篇。2. 望舒未完译稿《吉河德先生传》之一章,有很多注。此稿因不全,无法出版,但比杨绛译得好。因为是学术性的译文,我想发表一章,留一鸿爪。""纪弦已答应,他直接寄与兄而将复印本寄我。""吴晓铃病入医院,怕不能写了。我的一篇最早要三月底可交。利大英的一篇尚未得回信。""稿全后,由兄决定排在第几期。"

**三日** 作诗《雨窗小咏》并序:"上海连月阴雨,窗下枯坐,精神殊为抑郁。女弟子陈文华至长沙讲学,我托其问候老友彭燕郊。昨日文华归来,携来燕郊回施。文华又益以衡阳彩蛋,皆三湘名物,喜而作小诗,打油排闷。"

**四日** 复宋路霞函:"《薇省同声集》亦收到,已复印,《袖墨集》可以还了。此本目录中无《虫秋集》,正文中亦无。但我的一本《薇省同声集》则第三卷为《虫秋集》,而不是《独弦词》。不过我的一本,只有第一、二卷,而无第三、四、五卷,可知我的一本是分订二册的,我买到的只是上册,此事甚怪。现在已托人去借上海师大的一本,可以对一下。至于上海图书馆的一本,既然亦无《虫秋集》,我就不需要了。""'藏书纪事诗'恐怕只能以收藏古籍为限,新书、西书、碑帖,都不宜混入。古籍我远远不是藏家,西书前后所得,亦不过三四千册,今仅存六七百册,只有一套目录卡。碑拓亦有一个目录,不过三千种,比起缪艺风、徐乃昌的一万八千种差得远了。不过,比起《天一阁碑目》来,还是我多些。"

**五日** 致《随笔》主编黄伟经函:"寄上二文,请定取舍。加一个《雨窗随笔》副题也可,因为我还想把这一类俏皮随笔写下去。不用请发还,因为我没有底稿。""如二文均可用,请先用《古文名句赏析》。"

十一日　《浮生杂咏》(三)续刊于《光明日报·东风》。(按:始改署名"施蛰存"。)

十五日　在《随笔》第2期发表《雨窗随笔》(为人民服务、子贡问政、文学遗产、又一份遗产、国粹)。

另,据黄伟经回忆:"陆续发表后,即不胫而走,在读者中传诵一时。编辑部收到好几封称颂《雨窗随笔》的读者来信。一位也是多年为《随笔》撰稿的老作家还给我打来电话,盛赞《雨窗随笔》,誉它为难得的优秀之作。"(黄伟经《忆念施蛰存》)

同日　在《书林》第3期(终刊号)发表《为书叹息》。

十七日　在《〈中国近代文学大系〉编辑工作信息》第54号发表《〈翻译文学集〉第二卷编选说明及"解题"》(选刊)。

同日　范泉复南通钦鸿函谈及:"施蛰存在昨天中午我去取稿时,口头谈及此文。"(按:"此文"系指钦鸿《记范泉主编的〈文艺春秋〉》,刊于《新文学史料》1990年第1期。)

二十四日　在《文学角》第2期发表《书〈徐芳诗集〉后》。

二十五日　《浮生杂咏》(四)续刊于《光明日报·东风》。

二十六日　复徐宗琏函:"解放初有亲戚家一个小姑娘告诉我,洙泾有一个小庵,墙上嵌几块横方形石刻,刻的是船子和尚像,我就叫她把文字抄来,后来她抄了一部分来,是嘉庆年间一个和尚的题记,刻在像旁边的。""那个亲戚,现在干巷,叫程湘云,是程明希之女,可以设法去问问她,只要知道是什么庵就容易找了。"

另,据徐宗琏回忆:"2月下旬,我写信给施先生,谈到华风的文章,并希他进一步提供线索,让我有机会进一步为他寻找那幅石刻像,同时建议他可去信金山县文化局问问。施先生在3月7日很快给我复信,信中说'船子和尚石刻像,我还在惦念,你暑假回乡时再访查一下',但没有提供线索,我又去信请他告诉我他是怎么知道那幅石刻像的。"(《施蛰存致徐宗琏·收信人语》)

二十八日　复耶鲁大学孙康宜函:"关于你们的讨论会,我已托陈邦炎作记录,但仍希望你写一点摘要,不署名、不发表,为陈邦炎文补充。今寄上陈子龙像一帧,此像在《云间邦彦图》中,原画在南京博物馆,石刻在松江,这一张是石刻拓本的复印本。《柳如是诗集》不是原题,是浙江图书馆合二本为一函,加题的。原来《戊寅草》与《湖上草》并非一时所刻,现在我弄清楚了,上次所言有误。"

二十九日　复张香还函:"李齐贤文已有着落,由南朝鲜岭南大学中文系主任李章佑撰稿,你那位朋友处不必催了。"

**月内** 丘良任经顾炳权介绍,由北京寄赠《竹枝三百咏》复印稿本。先生自述:"这是他选出三百种较重要的竹枝词。""我看过之后,不禁感慨,我国有不少学者,各自在默默无闻地做各种自己喜爱的文化工作,辛劳十多年,力不竭,志不衰,而他们的成果却很难公开发表。这些稿本,将来恐怕都不免于毁亡,岂不是一种文化损失?"(《关于竹枝词》)

**又** 据谢大光回忆:"非畅销书很难出,即使签了付印,上机开印要等印数,这一等就没有日子了。施先生想必有所耳闻,1990年3月来信相商,'好久不相闻问,想起居安好,工作繁剧。乔治·桑、曼殊斐儿、托尔斯泰的日记,前两年均有重印本(英国企鹅丛书本),我的《域外文人日记抄》,今年能印否?亦甚念念。我希望能付印,用抽版税的办法,按定价15%计版税,印几册算几册。能办得到吗?'施先生是过来人,作为出版界前辈,有和作家打交道的经验;作为作家,又有和出版商打交道的办法。这些,如今都不灵光了。作为编辑,在'自负盈亏'压力下,""一批纯文学书稿搁置下来。"(谢大光《一个有趣的灵魂》)

**是月** 李焕明编《张荃诗文集》,由台湾明文书局出版,收录所作"序",以及张荃诗作《别诗——蛰存文海先生将离汀州即赠》,并"附录"其作《北山楼诗:赠张荪簃大家、赠张荪簃即题其诗稿、荪簃省亲归里迟久未来赋寄、治装北归寄荪簃汀州、登南平明翠阁寄荪簃》,署名"蛰庵"。

**又** 青岛出版社出版柯岩主编、柯玉生选编《古今中外文学名篇拔萃(3)·中国童话卷》,收录其作《鹦鹉的回家》。

**同月** 2日上海文学艺术界集会,隆重纪念左联成立60周年。

## 四月

**四日** 致施议对函:"《中华诗词》一册收到。""李祁名字上加黑框,岂已下世耶?我未闻此消息,乞示知何时作古。周一萍地址,望抄录。他有一词发表在《词学》(7),尚未能寄书去。闻为北大理科学生,今不知在何处?足下何日去美赴会?是否与杨海明、陈邦炎同行?""拙诗应列入五古,实不得谓之五律也。"

**八日** 李广寄赠其作《劲草书屋诗词选》。

**十日** 复陈福康函:"你整理郑公[振铎]日记,这些事我希望你不必详细注明。有许多旧事,还是让它遗忘为妥。"

**同日** 保加利亚茨维塔娜·巴佐娃-迪米特罗娃由北京外国语学院致先生函(苏欣译):"请允许我在约四十年之后,向您表示崇高的敬意,您在1952年从英文翻译出版了最杰出的保加利亚作家伊凡·伐佐夫的小说《轭下》。""因为这部著作直到今天在我国文学中仍是一个未被超越的范例。""它的译者就是原书作者的同著者,您,中国大翻译家之一,也是这些同著者之一。因此,我们的这部小说在您的国度也当之无愧地'生活着',这既可以从它的多次再版,也可以从您很早以前就对它感兴趣中看出。""我请求您谈谈关于您在翻译《轭下》时的一些其他往事,您的这次翻译对我们保加利亚人来说是十分珍贵而亲切的。"(按:此函后以题为《与人民共命运的文学是不朽的》刊于《东欧》杂志1990年第3期。)

**十一日** 复台湾李焕明函:"昨日得'荪簃诗文集',""此书印刷甚佳,编辑亦得体,足下费神不少,荪簃慧业,得以不朽,冥冥有知,当甚感高谊。荪簃诸文,我均未见过。此次展阅,始知其古文亦有功力。'海外书简十九通'尤为典雅,诚如尊论,情文并茂。尤其使我感喟者,乃其遇人不淑,一至于此。冰莹文亦甚感人,肺腑之言也。如有可能,我希望足下再惠我五册,分别送之江同学及厦大同学,之江同学二人,一为宋清如,朱生豪夫人;一为朱宏达,杭大中文系主任;厦大同学一人马祖熙;馀二册须再考虑。""《北山集古录》已出版,""可问吴兴文或痖弦,请其介绍来大陆者带来。""请通知谢冰莹女士,可寄一册与此间赵清阁女士。"

**同日** 致沈宝基函。又致台湾黄沛荣函,并复林玫仪函:"《半塘定稿》《和珠玉词》复印件各一份,《国文天地》一册并手教,均已于昨日收到。""叶嘉莹女士文亦已来,即在台大之演讲稿《现代观》之一。我已和她约定,此文先让《词学》印发,然后由台湾出版。《和珠玉词》有1920年代赵叔雍重刻本。赵有《和小山词》,其女举之(今名文漪)早年亦有《和珠玉词》,亦有刻本,我拟为裒集合印一本。"

**十四日** 为所作《关于世界短篇小说大系》编入《文艺百话》作"附记":"以记录郑振铎先生的一次未实现的介绍外国文学的宏大计划,亦可算是一种新文学史料。"

**十六日** 复陈福康函:"你抄给我的一条西谛日记很有意思。""一定是健吾又讲了许多大雨夫妇的事,故西谛有此日记。以上是我的推测。今天才看到《出版史料》,才知西谛日记已在发表,""建议你分一部分给《新文学史料》,可以多发表些。""解放后,我和郑先生有二次同席,一次是张春桥以《解放日报》名义请客,在静安寺意大利饭店,又一次是在上海大厦,好像是陈毅请客,而陈未到托另一个人做主人的。""在《书讯报》392期上见到了你的一篇报道,我想请你查一查那本《中国古典文学[研究]

在苏联》，其中有没有提到苏联学者研究中国'词'的记录？因为我正在编一本'海外词学研究'。""现在正缺少苏联方面的资料，希望能从那本书中得到一些信息。"

**十七日** 主编《中国近代文学大系·翻译文学集》三卷（第26、27、28卷）全稿完成并交付出版社编辑。

另，按先生自述："三卷200万字，忙了二年。""一篇总序、三篇分序、数十篇解题，合起来，晚清民初几十年间外国文学的译介情况有了较详细记录，亦算是一个功绩，可告无愧。只是搁了我自己的工作太久。"（致古剑函，1990年4月25日）

**二十日** 致杭州沙孟海函："《北山集古录》已出版，今奉呈一册，乞赐教。此书新华书店征订，只要1000册，出版社至少须有1500册销路，方肯付印。故弟允自购300册，始能出版。此300册除送人外，尚须自己推销，拟恳阁下阅后写一点意见，略为吹嘘，以资宣传广告。此种办法等于在昭庆寺卖膏药，文化界所未闻也。"

**二十二日** 《浮生杂咏》（五）续刊于《光明日报·东风》。

**二十四日** 饶宗颐自香港复函："今午奉4月20日手示，欣怃莫名。命为《词学》撰橐，""兹以近作《〈李卫公望江南〉短引》塞责，因后天即将赴美，行期匆近，此书排印将竣，下月或可出版，当以奉尘清览。鄙见断代与国内学人相左，未敢自以为是，仍取况夔生翁之说，万乞有以匡正，无任幸甚。忼烈处当代告。"

**二十五日** 应北京李辉来函征询关于"沈从文、丁玲、胡也频1929年至1930年在上海的情况"，作了书面回答并附函："以上是我能记忆的一个概况，是否如此我不敢说。所说'我们'，是指我和望舒、苏汶，不知可供参考否？"

**同日** 致香港古剑函："5月初要为'望舒纪念特辑'编稿，希望在5月20日左右寄给刘以鬯，在《香港文学》7或8月印出。"

**二十六日** 复上海辞书出版社卢润祥函："建议用'女词人集汇编'或'大系'，估计数量不少，徐乃昌刻《小檀栾室汇刻闺秀百家词》就有一大堆，再加《众香词》，印起来恐也有一巨册。此书如有适当人选编辑，我可以写一前言。""女词人集宋元明甚少，加起来不到四五万字，清代则不少，可有一百五十家。"

另，据卢润祥回忆："一位姚老先生，常到出版社来找我，说搜集了不少历代女子的词作，想编一本'全女子词'，问我可否。我为此写信向施先生请教。"（卢润祥《先生真长者》）

**二十八日** 复香港黄坤尧函："承惠大作诗词及温庭筠研究译文目录。""词会去年即无法筹开，今年5月美国有一词会，不知港中有人去参加否？此间有陈邦炎、施议对、杨海明三人应邀参加,皆叶嘉莹汲引。我在编《词学》9[辑],为'海外词学专号',足下有文章惠赐否?""现在已收到美四文,日二文,台湾二文,南朝鲜一文,加一文,可能还有苏联一文,尚缺香港,故极盼望足下为我组织一二篇来,""足下词亦当选数首编入'海外词苑',港中词家有近作词亦欢迎惠寄。""我还想刊载一个《海外出版词学书目》,足下能否提供台港历年出版词学书目一份?"

**三十日** 据刘以鬯回忆:"利大英忽然来访,告诉我,施蛰存请他为《香港文学·戴望舒逝世四十周年特辑》写的稿子已写好,他将于5月1日搭机前往北京,然后转上海。到了上海,他会将稿子交给施蛰存,由施蛰存直接寄给我。"过了十天他再次来电说"在上海见到施蛰存,施的健康情形相当好"。(刘以鬯《忆施蛰存》)

**月内** 按先生自述:"香港《开卷》月刊首先复印了这张画(1932年鲁少飞作《文艺茶话图》),当时就有香港朋友把这册刊物寄给我看。""《上海滩》编辑黄屏同志来组稿,我就把这幅画的复印本交给她录用,我还答应写一段'后记'。后来黄屏同志说:此画已在国内刊物上用过,故《上海滩》不能用了。《文汇读书周报》上刊用的,恐怕就是我交给黄屏的那一张。"(《鲁少飞的心境》,按:《文汇读书周报》刊用此图,系此前魏绍昌供给该报主编褚钰泉。)

**是月** 复旦大学出版社出版吴欢章主编《海派小说选》,收录《梅雨之夕》《薄暮的舞女》《春阳》《鸥》。

**又** 《汉声杂志》第34期刊载诗作《三宿武夷永乐庵得十绝句》。

## 五月

**一日** 上午范泉来谈。按范泉日记:"研究《翻译文学集》第三卷字数问题。经昨天清点计算,实字达63万字,超字太多,应如何处理。施考虑约一分钟,即作出决定,将十个戏剧剧本删去三个:1.《夜未央》,因巴金已有重译本。2.《牺牲》,因罴俄已另外有一剧《枭欤》。3.《黄金塔》,因法国剧本已选得多了,删去此剧后还有四剧。他在'本卷编选说明'中立即在'现在我们居然能选到十个剧本'一句后加了以下说明……施老思想敏捷,解决问题十分干脆利落。"

**三日** 复保加利亚茨维塔娜·巴佐娃-迪米特罗娃函:"我的前辈翻译家,一向注意于东欧国家的民族革命文学,尽可能介绍给我国的读者。""我是在这样的文学翻译传统中成长起来的。在三十年代,我已经通过英文书报,熟悉波兰、匈牙利、保加利亚这些国家的文学史和重要作家。伊凡·伐佐夫的名字,我也早已熟悉了。不过,那时候,我没有机会得到他的著作的任何一个英文或法文译本。""这样好的一部文学作品,我怎么能放过不译呢?我年轻时学习法文,是为了欣赏法国文学,但我学英文,却没有十分欣赏英国文学。我是把英文作为桥梁,用英译本来欣赏东欧文学的。我译过波兰的显克微支、莱蒙特、斯沃瓦茨基,匈牙利的莫里兹、莫尔那,你们的作家我还译过埃林·彼林、卡拉利切夫等人的短篇小说,这些东欧作家都是我十分钦佩的。您的信上提出了一个问题,'在当今的时代,像《轭下》和一切严肃小说还有存在的馀地吗?'这个问题,使我稍微有些吃惊。您是不是认为'现代主义'的小说不是'严肃小说'呢?我以为,'现代主义'只是一个时间观念,或一种艺术风格。现代主义的作品,也可以有永久的主题。如果没有,它们便会像时装一样,很容易过时,无法存在。当各种没有崇高主题的现代主义文学作品过时之后,《轭下》将依然存在,依然是保加利亚伟大的文学。"(按:此函后以题为《与人民共命运的文学是不朽的》刊于《东欧》杂志1990年第3期。)

**五日** 复陈福康函:"上海大厦那个会,正是我所记得的,""那晚同席之人,现在只有六人还在世。《词学》已出7期,从1981年创刊,连一年出一期也办不到,过几天我送你一本。""我想托你写一信与李福清,托他联系苏联汉学家搞中国诗词的人,有哪几位。巴斯马诺夫还在不在?如还在,可否请他为《词学》写一篇文章,只要他写的关于中国词的文章,任何一篇均可。""能介绍我与此人通信,更好。""俄文本《中国历代词选》或其他词书能惠赠一本最好。""我有一篇南朝鲜学者关于李齐贤的论文,要请人译,不知外语学院有人能译高丽文否?""李齐贤是元代词家,高丽人,在中国时间有资料,但他来华以前及回国以后,我们没有史料,近年朝鲜学者也在研究此人,因此我也想有一篇南朝鲜的词学论文。"

**六日** 《浮生杂咏》(六)续刊于《光明日报·东风》。

**八日** 致香港刘以鬯函:"昨天收到路逾[纪弦]从美国寄来的文章《戴望舒二三事》,他说已有一个复印本寄与足下。""这篇文章我已看到,第三段末尾必须删改,我想在我收到的复印件上改好,与其他各文一起寄奉。""我这里文章已收齐,只有我自己的一篇待写,大约一共有3万字。""照片也有一个未发表过的。"

**九日** 复魏新河函:"你的词,我已看了几年,似乎一直在摹仿句法上做功夫,你拼命学姜张周吴的句法,可得神似,但你的每一首词,我都无法讲通。清真长处,在于'善铺叙',我希望你先学'铺叙',要使一首词的思维逻辑有迹可寻,也就是讲得通,一些使词意转侧的字眼尤其要用得恰当,这些功夫,你还没有注意,至少是没有用的好。""以上是我的劝告,希望你不落凡俗,不要做旧式'雅人',掌握这两个极端,才是新时代的诗人。还有一点,少作'和诗',也不要'逢人送诗',不要把你这个飞行员表现的很酸腐。"

十日　致耶鲁大学孙康宜函:"今托陈邦炎兄带上此书[《北山集古录》],暂存尊处。我要将此书赠一个朋友,马成名,此人曾在上海朵云轩为书画文物收购处主任,[按:马氏曾注"我当时在收购处不是主任,只是普通的收购员",见于马成名《我与施蛰存先生的交往》。]现在美国,我尚未知其地址,待我知其地址后再请你转寄。"

同日　致张香还函:"高丽文译人已找到一位,你不必为我操心了。昨天找到很多剪报,都是1985—86年的'夜光杯',88年起晚报阅后要寄给在沧州的儿媳,就不剪了。""大约'夜光杯'以1986年为'最有看头'。"

十二日　在《〈中国近代文学大系〉编辑工作信息》第57号发表《〈翻译文学集〉第三卷编选说明》,以及《〈翻译文学集〉第三卷选目》。

十六日　先生致徐迟一函。

十七日　《浮生杂咏》(七)续刊于《光明日报·东风》。

二十日　复陈福康函:"抗战八年,我回上海三次。""与西谛、陈望道一起在书店楼上吃饭,大约是这二次之一。第三次回上海是1944年,""打电报事是在这一次,因为电报是在屯溪发的,但显然已不是'古本戏曲'的事。""译高丽文的人已有了。'道歉'不必,丁□□是批得我很凶的,现在我们是好朋友了。师大许多人都批过我,还给党总支递条子打小报告,我都知道,也不介意。"

同日　复平湖葛渭君函:"介绍信也写了,附上。写给研究所,不写给个人。不过我不希望你去,你还是现在的工作及生活为好,学校里不要去。""千万三思而行,再和许白凤研究研究。"

又　应唐郁南之邀,为许思园遗稿《中国文化与近代西方》撰作"题记",末后写道:"在1956年至1957年间,思园写了三部文稿《论中国哲学》《论中国文化》和《论中国诗》,这是他生平钻研极深的三个学术方向。他的遗稿,仅分别发表过一小部分。这里发表的一篇原为《论中国文化》中的一篇。"

二十一日　徐迟复函:"7月初我到上海时再谈吧。""已经翻箱倒箧过一次,未找到望舒结婚照全景的一张,当继续找。""你的身体真了不起,愈来愈健,福气呵,施太太也福气呵!""我的诗集已输入电脑,为十卷本《徐迟文选》第一卷。我采用了古典主义的'连书'办法,省纸头,毫不影响诗的质量,去上海时带一份给你看看。""你的显尼志勒是很了不起的作家。""《轭下》没有读过,以后读一读看。""珑宝[曼倩]将在第五部(1946—1954)里写,她很不幸,不过大家都好不到哪里去!"

**二十四日** 沙孟海复函:"手教并惠赠大著《北山集古录》早收读。为将推销到杭地同人,由书协浙分会向会员征求认购。""此书博洽翔实,质量俱胜,多有创见,与时贤著书抄袭獭祭,徒标字数者,截然不同,学术价值极高,钦佩无量。此等专门著作,乃由边地出版,足见出版界风气之不正常,良可叹息。前蒙赐稿《墨妙亭石笋题名》,顷亦由'浙博馆刊'第一期刊出。主编曹锦炎,""不日将亲自到沪拜谒致谢。先生前说愿将'石笋题名'拓片捐赠我馆,亦祈先行检出,面交曹兄,何如?"

**二十五日** 复台湾秦贤次函:"我想,这位名人郭建英,恐怕不是二十、三十年代在上海写文章、画漫画的郭建英,虽然面相倒仿佛类似。"

**二十六日** 为纪念戴望舒逝世四十周年而撰《诗人身后事》:"四十年来,我对亡友的职责,只是为他经营后事。一个文人的后事,不是处理田地、房产、企业,而只是几卷遗文残稿。望舒的文稿,在前三十年,我只尽了保藏之责,但也有一部分损失。近十年间,我为他经营编集和出版,做了一部分工作,还留下不少。现在我写此文,作一个总结和交代,为研究戴望舒及其诗的青年学者提供一份信息。""望舒的译稿,至今还在我这里的,有以下四部:一《陶尔逸伯爵的舞会》;二《二皮匠》;三《西班牙的一小时》;四《小城》。""可能是望舒最认真的翻译工作,却偏偏至今未能印行,令人丧气。我希望在我有生之年,终于能使它们出版。"

**是月** 湖南师范大学出版社出版董振泉、黄树红主编《中国现代文学作品选析》,收录《春阳》。

**又** 浙江美术学院出版社出版《辛亥革命以来名人墨迹》,收录诗稿"奉为葆树题其纪念先哲仲则公册子"。

**同月** 25日奉化孙正和在新昌逝世。《语文学习》第6期刊载陈慧忠《施蛰存:一个曾被忽略的现代作家》。

## 六月

**三日** 《浮生杂咏》(八)续刊于《光明日报·东风》。

**四日** 上午因身体不适而入住华东医院,遵医嘱作全面检查。

**十日** 在《文汇月刊》第6期发表《论老年》。

**十三日**　复北京吴福辉函。复香港刘以鬯函:"知'特辑'在7月份即可刊出,如此神速,非此间可及,甚感。今将孙源地址及'小传'抄奉。""望舒译《恶之华掇英》是兄为他印行的,我的文中误记为望舒自印,""请查阅拙稿,如未改正,千乞代为改好。"

**十四日**　上午先生由华东医院出院回家。先生自述:"本想住一星期,可是医生安排得松散,""检查报告,一切良好,惟右肺叶有粘连现象,将来必在此发病,也不足为虑,只要防'肺炎',还可以做一个五年计划。"(致古剑函,1990年6月20日)

**十五日**　致复旦大学贾植芳函:"得读《古旧书讯》第5期中足下高论,对小弟吹捧有加,既铭感五中,又心惊肉跳,诚恐惶恐,再拜稽首,伏乞老兄以后不要再为小弟的'现代派''都市文学'张目,老兄这些高论,都不合'延安讲话'精神,再要饶舌,非但小弟不得安枕而眠,足下亦将自贻后患,何苦来?小弟已非'作家',文学史上有无贱名,毫不介意,不必再和小青年争名了。"

**十六日**　复台湾秦贤次函:"正中书局收据一纸,已签名盖章,""仍烦足下代为寄还正中编辑,费神。郭建英大约就是足下上次所寄资料之企业家。""建议足下去函香港《良友》画报社马国亮兄,他一定知道郭氏情况。""关于许多笔名,我已不能完全记得,其中有些根本不知道,但看了文章题目,还能想起一些,今将我所可以肯定者注明如下。"

**十七日**　《浮生杂咏》(九)续刊于《光明日报·东风》。

**同日**　致张香还函:"《翻译文学集》第一卷标点费已结出,兄标点过哪几篇?请开一单子来。在6月22日以前到我处领取。"

**二十日**　致香港古剑函:"到5月底为止,我完成了一切文债。""今天已32℃,不过我向来怕冷、怕风,不怕热,也顶得过。"

**二十一日**　下午贾植芳、任敏夫妇来晤。据贾植芳回忆:"忆起钱送孙用的那次宴席,忆起当年同席用餐的刘大杰、韩侍桁都已去世,彼此神情有些黯然。他说:'哪天你再找几个老朋友来聚聚,但我现在茅台也没有了,只好用雀巢咖啡来招待。'我苦笑说:'上海滩上的老朋友,现在少有了,在不同时期以不同形式离开了这个世界。'"(贾植芳《人格·人性·人情·友情》)

**二十三日**　富寿荪来晤。先生自述:"君忽降敝庐,出一卷曰《晚晴阁诗存》,嘱为之序。吾不敢拂其诚,姑诺之,纳其卷,待盥诵而为之言。会酷暑,经月无凉意,昏昏然文思不属,而君之诗则读之三过矣。"(《晚晴阁诗存·序引》)

**同日**　钱歌川致孙康宜函谈及:"有劳费神为上海施蛰存先生转下新刊《北山集

古录》一部,业已妥收无误。""施先生早有信来提及赠书事,弟待望已久,今承寄下,快慰何如。"

**二十五日** 在《〈中国近代文学大系〉编辑工作信息》第 59 号发表《〈翻译文学集〉内容介绍》。

**三十日** 复北京吴福辉函。致苏渊雷短笺:"承惠大著一巨帙,出入儒道佛,生平玄悟,毕萃于斯,汪洋恣肆,大观哉!谢谢。有一函转奉。有便,常来坐坐。"

**是月** 百花洲文艺出版社出版上海大学文学院新文学研究室选编"三十年代流派作品资料丛书"《心理分析派小说集》,收录其作小说二十五篇。先生自述:"几乎有三分之一不是心理分析小说。"(《杂览漫记》)

**同月** 2 日陈瘦竹在南京逝世。15 日国家版权局发出通知,从 7 月 1 日起适当提高书籍稿酬。25 日《上海师范大学学报》(哲社版)第 2 期刊登沈其茜《论施蛰存的小说创作》。

## 七月

**一日** 台湾《联合文学》第 6 卷第 9 期刊载郑明娳、林燿德《中国现代主义的曙光——与新感觉派大师施蛰存对谈》。文中谈及:"这些受影响而写出来的作品就硬要叫他是'新感觉派小说',我是不以为然的;如果说'现代派'还可以接受。""我反对'新感觉'这个名词,是认为日本人的翻译不准确:所谓'感觉',我以为应该是'意识'才对。""事实上文化也要与世界交通呀!""弗洛伊德等心理学家的书当时我都读了,我从法国及国内买了他们的书,我自己也翻译了五本书,这工作做下来,他们那一套本领我就学会了。""利大英在我的小说选中翻译的一篇,那是发表在英国刊物上的《海鸥》,这是我自己较喜欢的。这篇小说的调子跟我其他的小说不同,他们认为这篇小说是新感觉派的现实主义,现实主义和意识流两边调和了。"(按:此文后以题为《中国现代主义的曙光——答台湾作家郑明娳、林燿德问》收入《沙上的脚迹》。)

**同日** 译作《法国散文诗三章》刊于《散文》第 7 期。

**又** 复徐宗琏函:"今天找到了,是程湘云在五十年代抄给我的。""第一首赞是一首七绝,廿八字,第二首是十句四言诗,四十字。"

另,据徐宗琏回忆:"6 月上旬,我又写信给施先生,告诉他暑假在即,我准备到金山去一次,想再去访查船子的石刻像,并告诉他我已了解到程湘云现在在吕巷镇的住址。我在信中说'您可能同程湘云已多年没有联系,所以连她的地址也不知道,这一次我拟去问问她'。"(《施蛰存致徐宗琏·收信人语》)

**又** 复河南崔耕函:"如果以前几本都没有,则我们当录入。凡是以前四本中已有的,你在《千唐志目录》上做一个记号,然后把书寄给我,我叫人抄卡片。""此书等写好后,向文献出版社联系。""近来有新出土的好石刻没有?"

**三日** 山东大学许思园(思玄)夫人唐郁南为谋求许氏(遗稿)文集的出版,致函校领导乔幼梅谈及:"施蛰存先生一而再、再而三地说,最好把文集整理成册带往上海,由他负责找出版社。"

另,据胥弋记述:"思园先生去世以后,夫人唐郁南女士将其遗留下来的文稿整理成一部数十万言的文集,不料书稿在山东大学出版社压了十馀年,迟迟得不到出版。"(胥弋《许思园,一位"奇怪学者"的生平际遇》)

**四日** 包子衍在上海病逝。先生自述:"国民党上海市党部公布共党大学生名单事,我早已忘却。故解放后审查历史时,未交代共青团员身份,因已无人证物证。五年前,上海文研所包子衍同志查阅五四以后上海报刊,得新文学史料及党史资料不少。此名单载在1927年9月6日上海《申报》。承包子衍同志抄示全文,始记得当时紧张情况实由于此。子衍同志从事史料研索工作,锲而不舍,终以此得不治之疾……。附记于此,用申哀悼。"(《浮生杂咏》)

**同日** 按苏雪林日记:"近午忽一男士来访,我以为是成大教职,他写出名字乃秦贤次,大概有事来台南,顺便访我,并云8月间将赴大陆,我以为他去探亲,他说自己是台湾人,大陆无亲可探,去是买书,拜谒老作家,如冰心、巴金、吴祖光、萧乾等,余加施蛰存一名,云是熟人。"

**五日** 在《香港文学》第67期"戴望舒逝世四十周年纪念特辑"发表《诗人身后事》。

**同日** 致徐宗琏函:"一张纸寄你,请保留勿失,或抄出一份。"据徐宗琏回忆:"那张已发黄的纸上抄的文字照录如下:'洙泾某庵有石刻船子和尚像,并赞二首,录于下。钓滩船子和尚真象:绕滩寒日叹黄能,船子蹋翻念始灰。落照湾前潮又汐,清风谁挽得重来。古越平阳后学道忞赞偈。''超群逸格,不以说众。华亭水边,停桡钓雪。等个人来,达摩面壁。至竟翻舟,藏身没迹。无尽镫光,药山嫡血。道光岁丁亥春月,古吴后学悟开谨赞。'"(《施蛰存致徐宗琏·收信人语》)

**十日** 《浮生杂咏》(十)续刊于《光明日报·东风》。

**十一日** 耶鲁大学孙康宜致函:"为了使您对'词会'的内容有所了解,我特寄上一份 Schedule 给您。""说起施议对,使我想起他在词会中对您的百般赞扬(我自然是非常高兴)。他特别说起那首自撰的《八声甘州》是您润色过的。此次'词会'中,我最感遗憾的是:您不在会中。否则凭您中英文俱佳的能力,一定能使中美学术交流更进一步。"

**十二日** 为富寿荪《晚晴阁诗存》撰"序引":"吾识富君寿荪,逾一纪矣。君初来访时,方校点《清诗话续编》,既讫功,又选注《千首唐人绝句》,数年之间,寝馈于诗,来就吾谈,亦多论诗。"

**同日** 复香港古剑函:"《唐诗百话》台湾版须年底才可出版,吴兴文转知我了。《香港文学》67 期已收,""请打个电话,告诉刘以鬯,我希望他寄一册给澳门日报社的陈浩星。"

**十四日** 复河南崔耕函:"千唐志斋藏石,请注明'张钫藏石',与'李根源藏石''于右任藏石'等一致。你做好卡片后,一起交给我,我来做最后写清本工作,你也不用赶任务,天热,待秋凉后再做卡,我预期明年上半年写成清本,复印一部给你。仿刻瓦当,'白虎'一幅最好。前几年,王宝贵也刻过一块寄赠,也不坏,但毕竟是一看即知为仿制的。西安碑林有瓦当拓片出售,有友人送了我四纸,也都是仿刻品,还不及你刻的好。"

**十五日** 在《随笔》第 4 期发表《古文名句赏析》(小引、悠然、先忧后乐、匹夫无责论)及《外一篇》(诗话)。"小引"写道:"现在风行诗词古文赏析大辞典,有几位编辑先生已把我发表在报刊上的幺小文字收录进去,事前没有通知我,使我没有润改的机会,现在我又写了几篇赏析文字,是东方、淳于之流的俳谐文章,我们杭州人说,是'玩儿不当正经'。希望天真的编辑先生不要看错,捡了狗矢去当金条。"

另,《悠然》写道:"陶公始终搬不成家,可能也像我一样,领导上不肯给他分配房屋。使他每次到豆田里去除杂草,总要戴月回家,大概路相当的远。身在东篱,心在南山。手里采菊,眼里看到的却是豆苗与稻谷。你说,陶公能'悠然'吗?"

另,《先忧后乐》写道:"一经分析,实在只有一个意义:人民快乐的时候,你忧愁;人民忧愁的时候,你快乐。不和天下人民同感情,这是爱国主义吗?"

另,《匹夫无责论》写道:"我,也是一名'匹夫',却实在想不通。""因而我曾赋诗一首,曰:天坍自有长人顶,玉碎宁劳瓦块伤。冬去春来成岁序,匹夫何与国兴亡?"

另,据黄裳回忆:"他曾在广东的《随笔》上发表过几篇杂文,记得有一篇是就'天下兴亡,匹夫有责'的名言反其意而论之的'匹夫无责'论,深刻痛切,不愧名笔。可惜不久就辍笔了,人们也都不再记起这位出色的杂文作者。"(黄裳《忆施蛰存》)

**同日** 复北京李辉函:"关于《现代》杂志,已经见到两篇专稿,一篇在今年第3期《新文学史料》中,一篇在前年的'现代文学研究丛刊'中。《现代》中的社中日记这一类编者语,对我来说,毫无用处。你作为一个文学史家,资料工作者,或编辑学者,倒不妨用一下。三十年代的编辑,大多兼有撰写书籍广告的任务。我在现代书局时,除了编《现代》以外,还主编了一套'现代创作丛刊',一共出了17种。""水沫书店出版的柔石的《三姊妹》,是柔石自己写的广告。'马克思主义文艺论丛'中鲁迅的两本,也是鲁迅自己写的。这部'论丛'的广告,在《新文艺》中。我不会编这样一本'集外文'。"

**又** 致施议对函:"孙康宜、陈邦炎亦皆有信来,稍知开会情况。足下如有文记其事,登诸报刊,亦可使国人知之,为词学发展。"

**十八日** 致谭正璧及女儿谭寻函:"希望寻侄写个信来,讲讲璧兄近况,又璧兄解放以后印出过几本著作? 在出版社尚未出版的书有没有? 有一份目录没有? 我想在下月稍凉时,介绍一个记者来访问,写一篇访问记,为璧兄宣传一下,亮亮相。别让人家忘记了他,行不行? 我仍安好,不能出门访老友,很不愉快。"

**中旬** 徐定戡作词《浣溪沙·北山丈来书言,终日闭目静坐吹风饮水不作一字,衍为小阕博粲》。

**二十七日** 复香港刘以鬯函:"利大英在英国,9月中才去美。他的一本可否请兄航寄英国,让他先睹为快?"

**二十八日** 复范泉函:"如此大热天,兄还在自己校样,未免太卖命了,请休息两个星期,不妨事。"据范泉记述:"我正在校读他主编的《翻译文学集》第二卷,发现他写哈葛脱小传时的两个年份搞错了,函请更正。"(《范泉日记》)

**同日** 复耶鲁大学孙康宜函:"钱歌川、陈邦炎、施议对都已有信来,词会情况亦已粗知大略。""我觉得你对柳如是评价太高了,她的诗词,高下不均,我怀疑有陈子龙润改或捉刀之作。当时吾们松江还有一位草衣道人王微(修微),文才在柳之上,其集已佚,名《期山草》,我已辑得其诗词各一卷,皆有百篇,附二卷为各种记录资料,书名《王修微集》,希望明年可印出。你千万不要吹嘘我的'中英文俱佳'! 我的英文只能看书,口语很差,近二十年双耳失聪,靠一个助听器,听洋人说话,总是跟不上,更不善于应对。"

**三十日** 致《随笔》主编黄伟经函:"承你赞许我的'随笔',甚为感荷。上次手书到后,我想写几篇续稿一起复奉,岂知写了二篇,因事冗及天热,至今未得第三篇,故而非但未寄稿,亦为未复信,很抱歉。我已多年不用毛笔,你要我写字,我不敢谢绝,也不易允诺。'墨宝'债已欠了许多户,总想找出二三天来一气挥笔,整批还债。""将上月写的二篇寄上,如不及时插入第5期,则请稍待十日,也许可以再寄一文,凑满三篇。"

**三十一日** 《浮生杂咏》(十一)续刊于《光明日报·东风》。

**月内** 按先生自述:"检出'拾遗'[《宋金元词拾遗》],互为核对,则我所得者,仍有五首未见于《全宋词》,八首未见于《全金元词》。因删去复出,增入近年搜罗所得,共得二十首。"(《〈宋金元词拾遗〉题记》)

**又** 据向黄编《徐无闻年表》(修订):徐无闻"应施蛰存之邀请到上海谈金石文字"。

**是月** 在《辽宁教育学院学报》第4期发表《〈中国文化与近代西方〉题记》。

**同月** 北京大学出版社出版孙玉石主编《中国现代诗导读》,书中章节"人生旅程的神秘和忧郁——读施蛰存的《桥洞》""无可爱恋的人生的悲哀——读施蛰存的《乌贼鱼的恋》"。

**又** 江苏文艺出版社出版斯人编《名人书信》,第259页收录"叶圣陶致施蛰存"。

## 八月

**四日** 撰讫《文学史不需"重写"》:"我看《上海文论》和其他报刊上的有关文章,还是去年腊月中的事。当时有些想法,打算写出来参加讨论。""我感到不能不把我的全部意见写出来,供参加讨论的人作参考。用了三天时间,写完此文。天气太热,还是没有畅所欲言。"

**同日** 复范泉函:"只删一部《大魔窟》,我以为还是太多,不称心!目录上要不要列进去?如列入目录,则《编选说明》中仍保留原文,而加一句,说明作为'存目',如不列入目录,则《编选说明》中应删去一句,请兄斟酌。第三卷要当心,不可再蹈失误,叫排字房排列'戏剧'部分时,报告页数,以便决定删去多少。""我主张再删一部《夔崇》,因此书有许多印本。"

**六日** 致《随笔》主编黄伟经短笺:"'随笔'二段,想已收到。今再补上一段,凑满三段,能编入第5期最好。"

**同日** 孙康宜自耶鲁大学复函:"经您一点出,我也觉得自己的确对柳如是评价太高了,尤其是有关王微'文才在柳之上'一点,很受您之启发。""知道您将要出版《王修微集》,使我十分兴奋!""因为我正在研究明清女诗人(词)人。""心中特别敬仰您那'躲进小楼成一统'的精神。"

**九日** 先生设计"无相庵""无相庵钞校本""北山楼""北山楼稿"的文稿用纸样式,拟自印并请托平湖葛渭君代办:"一、照此式刻一块木板,外围四边线可稍粗,木质要干燥坚平。用毛边纸刷印五百张或一千张。与此纸同大,不要较此纸更小,大一些则可以。印刷用浅蓝色或浅灰色,手工刷,不要机器印,也不要油墨印。二、照此式刻一块木板,印五百张,浅蓝色。黑铅笔线要的。""如无处刻印,此纸请寄还。"(按:后经联系和询价,难以找到合适的手工印制者而未果。)

**十三日** 致杭州沙孟海函:"曹锦炎先生来过,晤教甚相得。承赐法书集,谢谢。近年来,国内书家皆出南宗,颇嫌婉媚。惟阁下书自北碑出,大有清刚之气,为可贵也。绍兴沈园嘱撰亭馆楹联,吾为集放翁诗词句成五联,曾嘱咐主事者请阁下书之,至少二联,不知曾以此事求阁下否?'墨妙亭玉筍'四轴想已鉴及,承馆中寄惠捐赠证书,亦已收到。"

**十四日** 《浮生杂咏》(十二)续刊于《光明日报·东风》。

**十六日** 复耶鲁大学孙康宜:"柳如是文改作,想心更好。不过你所拟书名,我有疑问,Tradition 有两性之别,恐怕不妥。我妄为改拟两个书名,供参考。王微是扬州人,""我的辑本尚未抄成清本,还谈不到找出版社谋求出版,打算年内抄出清样,或者先复印一本送你。""你研究明清女诗人,有三部书必备。""我近来看书,皆消闲娱乐性质。你有看过的杂志或《纽约时报》文学副刊,用平邮寄我一些。""近来我写幽默文字,寄一份供一笑。"

**十八日** 范泉复陈丙莹函谈及:"施老最近来信,说天气太热,准备休息三个星期,他也劝我休息。""他主编的《翻译文学集》多达两百馀万字。"

**二十三日** 复美国张厚仁函:"《联合文学》我也才不久收到。""台湾朋友喜欢封人'大师'……,都是台湾人首先'加冕',现在居然轮到我了。前年李欧梵在《联合文学》封我为'先驱者',现在晋升为'大师',三年时间,升得好快!这篇访问记剪接得不好,有几处似乎'答非所问'。""你的 Rilke 能在'联文'发表很好。""我有一本英文本的 *Stories of God* 是 Rilke 的,你见过德文本否?我以为你放弃文学了,现在才知道我想错了。"

**二十四日** 作诗《葵花诗社建社五年志庆,赋此奉贺》:"五载弘诗教,风流扇邑城。山川助灵秀，士女聚精英。雅集逢佳节，莺鸣求友声。未能襄盛会，持此致葵倾。"

**同日** 徐迟由武昌复函："今天杂志寄到，你的文章看了两遍。意见如下：一、你饶恕了我丢失望舒一本译诗集的罪过，""这事我心里一直不好过，这些你没有提。二、《从苏联回来》是应当肯定的好书，当年左派大不高兴，却也没有办法。后来又出续编，好像望舒也译了的，我都见过，那时我才不在乎书的内容呢。望舒译这部书可以是赞成纪德的缘故，我后来和袁水拍争论过一次，举了纪德此书为例说苏联未必很好，未必像你们说的那么好(1939年)，现在这本书的命运也改变了。""《匹夫无责》的那一期《随笔》，不知你看了王西彦文章没有？"

**二十五日** 耶鲁大学孙康宜致函："我从书店买到了 The Small Rain，想赠给您的孙女。另封特寄上此书，并附上最近几期的 Book Reviews 是给您个人阅读消遣的。""不知国内还买得到《众香词》吗？""多谢建议拙文改题目。看完大作《古文名句赏析》，很欣赏，其中 irony、satire 成份极深妙，真是'金条'，不是什么'玩儿'。"

**二十六日** 耶鲁大学孙康宜又致函："突然想到《历代妇女著作考》的作者胡文楷先生是否仍住在上海？据悉他曾'节缩衣食，勤搜博访'，购买女子佳作不少。不知他(或他家人)有没有《名媛诗归》《名媛诗纬》《众香词》等书？不知他肯不肯把书卖给海外学者，例如敝人？"

**二十八日** 《浮生杂咏》(十三)续刊于《光明日报·东风》。

**三十日** 致台湾郑明娳函："收到正中书局来函，知足下为选录拙作关于'创作历程'一文入《人生五题》，足下与林先生如此偏好拙文，一再选录，实深感荷。""我以为该文作于五十年前，其时我的创作生涯尚未结束，今日视之，此文已无甚意义，录入新编之《人生五题》中，恐怕是唯一的旧文章，不甚得体。""《论老年》与《人生五题》内容似更合适。""《联合文学》上的'对谈'，我想改正几处。""燿德先生均此。"

**同日** 先生致徐迟一函。

**是月** 在《沈阳师范学院学报》(社科版)第4期发表《罗洪，其人及其作品》。

**又** 上海文艺出版社出版宫玺选编《中国现代百家千字文》，收录《独笑》。先生自述："这本书，我很喜欢。""最重要的是选得精，篇篇可读，包括我自己的那一篇，也还不会丢脸，可见编选者是有眼光的。"(《杂览漫记》)

**又** 明天出版社出版孔范今主编《中国现代文学补遗书系·小说卷二》，收录《将军底头》《周夫人》《鸠摩罗什》《梅雨之夕》《在巴黎大戏院》《魔道》《李师师》《薄暮的舞女》《春阳》《鸥》。

**又** 北方文艺出版社出版钟星编选《世界优秀散文诗精选》,收录译作法国马拉美《秋》、兰波《闪电》。

## 九月

**二日** 致台湾黄沛荣、林玫仪夫妇函:"从南京寄到郑因百[骞]先生诗集,又香港寄到玫仪夫人论文。""因百先生诗已通读一过,特多感慨。""玫仪夫人为学甚细致,论白雨斋词学由浙而常,颇有卓识,此间似未有人发此论。《词学》第8辑至今未印出,第9辑'海外词学专号'已编好。""此间学术书出版不景气,殊使人扼腕。""附旧文一篇呈政。"

**三日** 致香港古剑函:"使我感伤岁月如流,一个华师大毕业生,已成外祖父!等你来上海时,我得补送一份满月礼。《联合文学》7月号见到不?他们封我为'大师',真可发笑。台湾人喜欢乱封'大师',张大千、刘海粟、钱穆、老舍、徐悲鸿,都是台湾人上的尊号,老舍是'语言大师',我是'新感觉派大师'。《联合文学》还继续送我不?""我想把稿费用作订阅一年《联合文学》的费用。"

**六日** 致《随笔》主编黄伟经短笺:"有人送我50张日本纸,写字很滑溜。我已多年不用毛笔,向来也不会写大字,就用此纸为足下写了一张。""'随笔'稿月内可再寄数段。"随信附赠书作:"长安少女踏春阳,何处春阳不断肠;舞袖弓弯浑忘却,罗衣空挽九秋霜。沈亚之诗为伟经仁兄书,庚午秋北山。"

**九日** 在《解放日报·朝花》发表《关于竹枝词》:"读到陈诏同志为《上海竹枝词》呼吁出版的文章,感到有些郁闷。现在做文史研究工作的人不算少,""他们的工作成果,绝大部分都无法出版问世。这一现象,在最近四五年来,日益明显突出。难道真是经济改革愈成功,文化水平愈低落吗?""我想建议诸位竹枝词的收集家,把众多的竹枝词筛选一下,""然后分省编录,由各省志书编辑室分别承担印行,这就省力省事,可以收到保存文献的效果。"

**十日** 致耶鲁大学孙康宜函:"《名媛诗归》及《众香词》,我已托人向古籍书店询问,如可得,当为买寄。《众香词》我有一部,如买不到,可以我的一部奉赠。王微词容当抄寄。《词学》专号中美国来文四篇,我把你那篇编在最后,请勿介意。"此函附录柳如是佚诗《寒食雨后》《清明行》《次韵永兴寺看绿萼梅作》,附言:"以上三诗,皆黄裳辑得,见其《前尘梦影新录》。"

**十一日**　《浮生杂咏》(十四)续刊于《光明日报·东风》。

**十五日**　撰写《闲话孔子》："18号台风暴雨驱散了上海的高温,新凉天气,就有人来找我老拙聊天。前天来了一位好学中年人,他正在钻研中国思想史,近来看了不少时髦书,""他来问我对新儒学如何看法。""我说:'我读《论语》,总该有几十遍了。第一个阶段,在二十岁以前,读《论语》就是读语文课本,""孔子的思想,从来没有感到。过了二十岁,重读《论语》,这就进入了第二个阶段。不巧,同一个时期,我又在读马克思的书,也跃跃欲试地想去干革命。我读《论语》,觉得孔子教人处世的方法很对,读马克思主义者的书,觉得他们批判孔子,说他麻痹人民的革命意识,维护封建统治者的政权,这些话也一点不错,确实如此。足足有三四十年,我的思想依违于孔马之间,莫衷一是。于是,我老了,重读《论语》,进入第三个阶段,我才发现孔子并不是什么伟大的'圣人',也不是'思想家',也不是'哲学家',他只是一个政客。在春秋战国时代,几乎所有的知识分子都奔走于王侯之门,献策求官,孔子也是其中之一。"

**十六日**　致《随笔》主编黄伟经函："寄奉'随笔'二篇,供明年用。近来郁闷之事太多,'随笔'不免剑拔弩张,有人说'好!',也一定有人'切齿'。你为我把关,不能发表的,退还给我,万勿客气。"

**同日**　致上海文艺出版社孟涛函："赵德明回信已来,徐曾惠是北京外语学院西班牙语文教授,去年10月赴西班牙讲学,尚未回来。有事可与其夫人樊瑞华联系,樊也是西班牙语文教师。以上情况,请转告香港中英剧团。"

**又**　复徐开垒函："'引言'[《外国独幕剧(五、六)·引言》]是底稿,我正在抄正,过三四天可寄上,你看了再定,用不用都无问题,不用就退回。回忆记写不到七、八千字,与文艺有关的回忆记,我其实已写完了,再要挤,也挤不出七、八千字来。不过,我一定给你第2期[《海上文坛》]写二三千字,待我慢慢地挖掘一下脑袋。"

**十七日**　致台湾郑明娳函："今寄奉'谈话录'改正本一份,以后如有用,请以此文本为准。""去年《联合文学》赠阅一年,到今年1月号为止。""希望你为我代订一年,""使我每期能见到《联合文学》,亦一快事。你如欲在大陆寻访书物,我可饬儿孙辈代办。""燿德先生均此。"

**十九日**　为山西储仲君、宋谋旸书写诗幅。据储仲君回忆:施先生"来信说最近得到了几张日本产的纸,质地还可以,就写了两幅字,给我和宋谋旸每人一张。给我的那张写的是元稹的一首七绝:'鄂渚濛濛烟雨微,女郎魂逐暮云归。只应长在汉阳渡,化作鸳鸯一只飞。'一行小字是'元稹诗一首书奉仲君仁棣。'署庚午八月北山,钤有'北山楼'、'白头歌尽明月'两方闲章,和一方'施蛰存印'"。"怎么会写这么一首诗呢?后来我明白了,其实这是为了对我的妻子表示感谢,老先生显然还记着她对自己的照顾"。(储仲君《施蛰存老师》)

**二十日** 撰讫《批〈兰亭序〉》:"这件事,已过去二十多年了。今天看神龙本《兰亭帖》,忽然想起旧事。因略有空闲,故秉笔记之。反正我已快要'俯仰之间,已为陈迹',用不到再'明哲'了。"

**同日** 广州徐续复函:"前接5月14日大函,对弟与张采老等合刊之诗词钞逐一置评,语多奖饰,不胜忭感。当经传书与采老等人,俾得同阅。尊函拟请永正兄为朱庸斋先生撰一小传,亦经当面致意,得其承诺,料已写上。季思先生近赋'悼亡',暮年失侣,亦人生恨事。祖熙先生8月间曾来一函,雅意殷殷,并由此得与猛藏老人周梦庄先生通函。"

**二十二日** 复河南崔耕函:"手书及《宋陵碑志一览表》《武后祀嵩山金简》均收到。'金简'肯定是伪作,文句如此之陋俗,决非唐代宫廷文字,此简到底是否纯金,我疑是涂金,甚至不是金质的。宋陵是否全部发掘了?有这许多碑志,一定是大规模发掘过了,卡片我即补做。""上星期给你写了一张小纸,作纪念,已托杨华松转奉,想已收到。近日又忙了,在编《唐碑百选》及《汉碑图录》","我要找些唐碑汉碑的实物照片,像以前你给我的《石淙诗》及《圣德颂》,如果还有,请为留意借用。"

**二十九日** 致香港古剑函:"孙源来信要我转知,他的稿费240元,不知能否买一个日本制的男用指针式石英表?""高倬云已在杭州美术院学画,要住到一月才回港。""附文[《匹夫无责论》等篇]大受赞美,不必寄回。"

**三十日** 复耶鲁大学孙康宜函:"书二册、书评四本均已收到。两本少年读物都好,A. A. Milne 并不陌生,他的书已有过几个译本。""伦敦 *Times* 的文学副刊,我在1932至1936年是长期定户。承你送我,又见到五十年前的'老朋友',不免有些感喟。《纽约时报》的书评周刊也不坏,我看到……,还有一篇谈鲁迅杂文的,都有意思。以后有这类与大陆有关的文章,请你寄我,以资博闻。《众香词》与《名媛诗归》都买到了,价人民币90元。在1980年,大约20元就可买到。"

**是月** 学苑出版社出版王洪主编《唐宋词百科大辞典》,内收辞条"词学"。

**同月** 7日第七届全国人大常务委员会第十五次会议通过《中华人民共和国著作权法》。22日第十一届亚运会在北京开幕。

## 十月

**三日** 撰讫《禅学》："十天之内,就看到四五篇宏扬禅学的文章。据说外国的汉学家都在研究禅学,所以中国的青年学者也得赶紧钻研它一下,免得遇到外国禅学家的时候,对答不上,相形见绌。""老友苏仲翔标点了一部《五灯会元》,我很想再染指一下,补补课。向他讨一部,他答应了。不过到今天还没有送来,大概他知道我和禅门不会有缘,免了罢。""还有人引禅学来喻诗学,做诗要有妙悟,主性灵,要有突然袭来的灵感,都是慧能的门徒。""多少才人学者,被这个文盲懒和尚哄了千多年,现在居然又哄上了洋人,这个和尚也可谓'伟大'的了。"

**同日** 致《随笔》主编黄伟经短笺:"再寄奉三文,连前各文,一切编排、次序、标题,都由你处理,请你通知我。存稿可以用到明年第几期?今年我不会再寄稿了,明年一月中再寄,我不留底稿,如有不用的,恳请寄回。"

**四日** 撰讫《花的禅意》:"昨天刚写好一篇《禅学》,对禅和子说了些不敬的话,顺便也提到宋人以禅喻诗,把诗弄得非常玄妙。""今天整理书架,偶然找到一本《文史知识》,随手翻开,就看到一篇禅学者赏析王维诗的玄文,正好给我提供了一个例证。""读了这一段赏析,才知道一首二十字的绝句,具有如此法力,连'纷纷'二字,也能表现出如此玄妙的超然态度。自愧读诗六十年,竟没有能看到'无上的妙谛'。在禅学家面前,读诗简直比猜哑谜更难了。"

**六日** 托人由沪港三联书店代购容庚编《丛帖目》(中华书局香港分局版)。

**七日** 应徐开垒约稿,为《外国独幕剧选(五、六)·引言》以题为《二战以后的西方戏剧》交付发表而撰"附记":"第五、六集亦于1985年排版完成,但因出版事业大滑坡,至今未能付印。因此将这篇'引言'先发表,希望有兴趣的戏剧工作者及读者帮助推动,尤其希望新华书店多征订几百部,使此书能够印出凑成全部。"

**上旬** 按先生自述:"李欧梵的学生史书美,在北京大学写博士论文,""来上海和我谈了三个下午。"(致孙康宜函,1990年11月25日)

**十三日** 按施议对日记:"上午访施蛰存、包谦六。施老很激动:你就是施议对?我看不是,施议对不是这个样子。他拿出词学会照片说,你穿灰背心。耳朵不灵,谈了很久,话题均未对上。为我吟诵两首诗,一首词,十分高兴。"

另,据施议对回忆:"由北美一批学者所筹划的国际词学研讨会在美国缅因州召开,会议期间以及会前、会后有关情况,都在先生的把握当中。旅美归来,过沪趋访。""这是移居香港前,和先生的一次笔谈,说及缅因词会,非常高兴,仿佛就在现场一般。

先生吟诵,亦曾为录音。"(施议对《渊明矢凤愿,沾衣付一笑》)

**同日** 钱歌川在纽约逝世。先生自述:"老友钱歌川前年送了我一本散文集《云容水态集》,其中有一篇《张冠李戴》,就讲到张祜这两首诗。""原来老朋友弄错了,他以为孟才人唱的'何满子'歌,就是张祜这首《宫词》,他没有看清楚《孟才人叹》的诗序,没有想到张祜在大中三年才知道孟才人的故事,怎么会先写那首《宫词》呢?这可又是一次'张冠李戴',可惜老朋友已作古人,只好由我代他改正了。"(《谈谈〈孟才人叹〉》)

**十四日** 复朱雯函:"惠函及照片收到,谢谢。照片不敢恭维,光圈错了。既去北京,为什么不看了亚运会回来,失算了!《蝴蝶夫人》收入《善女人行品》中,没有先在刊物发表。""近来又忙起来了,如见赵清阁,望为致候,兼问罗洪好。"

**同日** 耶鲁大学孙康宜致函:"多谢为我买到《众香词》及《名媛诗归》,令我既兴奋又感激。寄来二部书的发票亦已收到,您说不收我这二本书的钱,我自然感激不尽,但我还是坚持。""很高兴您喜欢我寄去的 TLS 等文学副刊,再过不久,您大概又会收到一大包 Reviews。""不久前读到台湾《联合文学》6 卷 9 期访问您的文章。"

**十五日** 致郑逸梅函:"昨日收到杭州寄来大著《艺林拾趣》,翻阅半天,方才发现里封面为弟之拙书,此事早已忘却。大约是二年前所书,今晨又收到出版社惠赐题签笔润 30 元,弟之拙书,乃值 7.5 元一个字,亦足自豪矣。""包谦六今年连跌三次,两腿无力,已不能登楼,虽近在咫尺,亦不能枉顾矣。徐定戡亦久不见,上星期命孙婿送书去。""周錬霞有消息否?是否尚在美国,兄如有所知,乞示及。东北之足下全集,已出版否?记得弟曾为序,甚望能早日见书。弟有三书,均已排好,出版社不肯印。《词学》第 8 辑亦排好已半年,至今不付印,无可奈何。"

**十八日** 先生获悉俞平伯 15 日在北京寓所逝世,即与《词学》编辑部联名发出唁电,表示悼念。

**二十一日** 复天津孙玉蓉函:"这本'诗钞'[《俞平伯旧体诗钞》]印得很讲究,定价 17 元,可知目下印书不易,出版社能为你印出,已可满意。"

另,据孙玉蓉回忆:"施老则以自己的一张彩色近照回赠。""他在信中介绍说:'我只剩一间屋子,二十平方,卧室、书斋、会客室、膳室,都在这一间里,照片是一只角,算是书斋。'"(孙玉蓉《遥想施蛰存先生》)

**二十五日** 北京杨义致函:"拙著《中国现代小说史》第二卷曾以专门的一节介绍您的小说创作,国外学者(比如美国夏志清教授)对此甚为重视。不知您是否读过,有何教示?我现在整理有关小说史的材料(包括近万张卡片,和五百万字的读书笔记),

尚感到有些问题需向您请教。""以上这些问题,似乎问得琐碎。但你关于《现代》的回忆文章,已把一些大的方面说了,这些细小的地方,也是可以给文学研究界留下一些扎实的材料的。近年海内外对您的研究兴趣很浓,盼您能不吝赐教,以便使我再写这方面的研究文字时,能受到更多的启发。"

二十八日　《浮生杂咏》(十五)续刊于《光明日报·东风》。

月内　江西上饶《辛弃疾国际学术研讨会论文集》刊载邓广铭《〈稼轩词甲集〉序文作者范开家世小考》:"为了要参考论述辛稼轩词的几篇文章,也为了要拜读悼念夏承焘先生的几篇诗文,特请友人代购来《词学》第6辑一册。翻读之际,看到了蛰庵先生的《范开》一短文,读后深受启发,但也觉得略有应加商榷之处。""蛰庵先生大概不曾看到过我的那本'辛谱',所以他所说的'均未考得'的'诸家',应不包括我在内。但我在'辛谱'的淳熙九年条内,除断定其祖籍为洛阳外,以下的一些考证文字则又全无一字说得谛当,故也仍然是'考'而未'得',只是在读了蛰庵此文之后,才又引发起我要再作一次考证的念头,所以觉得十分可感。""而即断言署名竹洞翁之作者即范开其人,那却应出于蛰庵的误会了。我所说的误会,大概是出在对'因公以记文见属'一句的理解上。""今读蛰庵文后,方恍然联想到,此'洛阳范开',与江西南城之范柔中全无关联,实即华阳范祖禹之裔孙也。"

是月　主编《词学》集刊第8辑出版;刊有《说忆秦娥》和词作《水调歌头》,还有《词学书目集录》(2—7)、《新得词籍介绍》《丛谈》《编辑后记》,署名"万鹤""北山""蛰庵""丙琳""编者"。

又　主编《中国近代文学大系·翻译文学集第一卷》(总第11集第26卷),由上海书店初版印行。

又　浙江文艺出版社出版郑逸梅《艺林拾趣》,由先生题签"艺林拾趣,北山署检"。

## 十一月

一日　上午范泉来访。按范泉日记:"为'大系'事去看了施老,他已经只能笔谈了,助听器已失去作用。他谈起徐中玉编的《文学理论集》。"

十日　为将所辑《宋金元词拾遗》(二十首)编入《词学》集刊第9辑撰"题记"。

十一日　复香港古剑函:"此文与前次一文不同,要郑重处理。还有三四篇文章可用,不过都是小品,无足轻重。《香港文学》从12月份起,请代订一份。""经济可能起飞,文化日趋低落。""《读者良友》上见到你一篇《聂华苓访问记》,很好,为什么这种文章和工作活动不做了？托沙叶新带几本书刊给我,旧的,不要文学书,要知识性的、消遣性的。"

**十四日** 《文汇报·增刊》刊载查志华《"北山"老人施蛰存》。

另,按先生自述:"昨天《文汇报》增刊,又见了一篇这一类文章,我都有点'受宠若惊',甚至不是'若'惊,而是'大'惊。"(致李辉函,1990年11月15日)

**十五日** 在《随笔》第6期发表《人道主义·外两则(魔棍,富贵、贫贱)》。

另,《人道主义》写道:"比利时向来禁止人工流产,""国王没有签字,流产法生效了。""于是我想起孔夫子,""我吃的是装在盆儿碗盏里的无生物,我吃肉,我没有杀生。一东一西,一古一今,一个是圣人,一个是国王,两个人道主义的伪君子!"

另,《魔棍》写道:"标点符号是乱天下文章的一根魔棍,岂不信哉？你不信,有例为证:'民可使由之不可使知之'""《论语》这两句,始终没有现代化。虽然有了'新儒学',还不见有新圣人。蜀中既无大将,小子也只得当仁不让,来一个班门弄魔棍。"

另,《富贵、贫贱》写道:"我建议,这两个语词应当批判掉,给它们重新组合。""新版词典应该收入这四个条目。"

**同日** 复北京李辉函:"近年来每日收到许多书信,无法一一作复,如果没有什么要说的就不复了。""你从'社中日记'中做文章,方法倒是很新颖,但求你说得客观些,千万不要'抬捧'我。现在的'文风'有点反常,是非、好歹、美丑,都在做翻案文章,连我这个老人,也觉得四十年来无是非了,怎么办？我希望不要推波助澜!"

**又** 复平湖葛渭君函:"我的字十分蹩脚,乱写了几个,你挑用吧。《淮海长短句》这个书名不对(不用最好),没有这部书的,只有《淮海居士长短句》,或《淮海词》,故各写了几个,但不写'淮海长短句',希望你的稿本也改正。我托福平安,内人亦好。门口道路早已修好,但21路车只到静安寺,不到中山公园了。"

**二十日** 在《龙门阵》第6期发表《花的禅意》。

**二十四日** 纪弦由美国加州复函:"十二分高兴地收到大哥寄来的一份影印,冯异写的文章,从头到尾读了一遍,觉得此君对我了解很多,想必他是从香港弄到了不少的资料,台湾出版诗集诗刊诗选及其他什志。不过,他有一项错误,那便是,页242最后两行'这首诗是1936年写的,同年他还在《中坚》月刊上发表了……'此处之年代弄错了。""如果大哥认识他,方便时请转告。""因为奉大哥命写了一篇纪念望舒的文章寄给刘以鬯去发表,这么一来,他就又要我继续给《香港文学》写稿了。""日后我回上海去看大哥,一定从香港经过,和他谈谈,喝一杯。当然,如我有了行期,一定早点给大哥去信的。"

**二十五日** 应邀为《李逸丰瓷钤艺展》撰"序引":"李逸丰同志执业陶瓷,雅擅书画,常以素瓷不受钤印为憾。遂冥索而深思之,逾年而获瓷钤之法,使方寸之篆,显于素瓷,鲜洁不灭,可以永保。于是钤印之用,又辟一途。君既自喜所得,师友亦欣然许之,遂出以展示于世,以告其成,来,索余一言为引。""今李君游于艺,深于思,变而通之,虽小技,亦跂乎大道矣。"

**同日** 复耶鲁大学孙康宜函:"[史书美]说下月有人回美,可以为我托带一部书去。我已将《名媛诗归》交给她带回北京,转托便人带去。另外一部《众香词》,大约阴历年终或年初也有人可以带到美国付邮寄奉。""我在此生活粗安,凡有外币收入,皆存在香港友人处,随时可托人买物。"

**又** 《浮生杂咏》(十六)续刊于《光明日报·东风》。

**二十八日** 唐圭璋在南京逝世。先生获悉后与《词学》编辑部联名发出唁电,并作《挽圭璋先生联》:"忽得其噩耗,哲人逝矣,后进何从?适在病中,未能执绋,撰一挽联,献绪灵右,辞不尽哀,聊申仰止。七十载征存辑佚,词学入乾嘉,建业论功,善本先开垂典则。百万言别非正误,宗风绍朱郑,景行继志,几人后起仰仪型。"

**二十九日** 在《文学报》发表《文学史不需"重写"》。

**三十日** 复台湾郑明娳函:"承《联合文学》好意,嘱撰稿,甚感。目下暂时无暇,亦因无适当题目可写,容开春再考虑,请先向初先生致谢。""上海酷暑,我休息两月渐入寒冬,又将作'蛰伏'之计,今年下半年写作最少,恐此后亦未必能有健笔矣。""燿德先生所惠小说集已拜读。"

**同日** 致台湾林玫仪函:"《词学》8辑新近印出,今托便人带奉一册。台湾如有人要,可托香港三联书店代办,或托人在上海福州路大学书店面购。""《诗馀画谱》一册奉赠。"

**同月** 22日《文学报》刊载谷苇《施蛰存先生约见》。26日冯友兰在北京逝世。《博览群书》第11期刊载杨一帆《绚烂之极趋平淡——推荐〈施蛰存散文选集〉》。

## 十二月

**一日** 中国现代文学馆刘麟由北京发来电报,祝贺先生八十六寿辰。

**二日** 复张香还明信片:"丁沈交恶文,我也见到,此事在三十年代已知。""天渐冷,写字会较困难,别的不怕。"

**五日** 先生致浙江博物馆曹锦炎一函。

**八日** 曹锦炎由杭州复函:"关于上次奉上之岣嵝碑照片,""今遵嘱将原底片奉上。""拙文《岣嵝碑简介》随函奉上,按先生吩咐只写了千馀字的介绍。""近一时无法组织到书法文章,将来若有,当即奉告。"

**十三日** 山东于书亭将所编著《云峰天柱诸山北朝刻石》寄赠先生。

**十六日** 《浮生杂咏》(十七)续刊于《光明日报·东风》。

**十七日** 与夫人陈慧华复时在昆明师专中文系客座教授陈文华函:"你很经济,一封信要给三个人看,害我到四日才知你的旅况,小吃、郊游,大概都尝试过了,西伯利亚的海鸥看到了没有?'唐诗欣赏'一盒,烦仍带回。"

**十八日** 撰讫《贺年卡一劫》:"每年到12月中旬,我就遇到一次劫数,我称之曰'圣诞浩劫'。""报载上海邮局的消息,这几天每天向国内外寄发的贺卡有10万件之多,我想邮局工作同志,大约也遇到了一劫。""中国人寄发的贺年卡,文词应当体现中国人的感情和礼俗。""我希望明年的贺卡制造商,应当动动脑筋,设计一批印有优美的中文贺词的卡片。"

**二十日** 复北京中国现代文学馆刘麟函:"电报吓我一跳,小生日逢此大荣宠,做梦也没想到。我不是巴金、冰心,你千万不要硬把我拔高,让我再静悄悄的'蛰'伏几年吧,这回谢谢,下回恕不做声!"

**二十一日** 农历十一月初五,先生八十六生辰。

**二十三日** 复范泉函:"《翻译文学集》印好后如不先单独发行,我主张先保存毛坯,不要装上封面(护封),等十本都印成后,一起装封面,可以保证十本外形一致。现在冬天加了封面,到夏季说不定会走样。""我看近来的硬面洋装书,都把扉页印成里封面,这是很外行的。"

**二十五日** 周退密作诗《庚午岁暮怀人诗·松江施北山教授》。

**二十六日** 在《新民晚报·夜光杯》发表《贺年卡一劫》。

**三十日** 复平湖葛渭君函:"吴文英家世有新发现,你应当写一文作初步考究。但最好能将吴氏家谱这一页复印下来。"

**三十一日** 为《浮生杂咏》定稿而作"附记":"初欲作一百首,以记平生琐事可念者,今成八十首,仅吾生三分之一,在上海之文学生活,略具于此。以后又五十馀年,老而不死,历抗战八年,内战五年,右派兼牛鬼蛇神二十年,可喜、可哀、可惊、可笑之事,非二十诗所能尽。故暂且辍笔,告一段落。"

另,据张文江记述:"晚年的《浮生杂咏》八十首,深沉隽永。辍笔未写的二十年'可喜、可哀、可惊、可笑之事'(《附记》),感时伤世,无言而言,暗用《老残游记二编》序言,五十年间'可惊、可喜、可歌、可泣之事'。"(张文江《施蛰存先生的名号和四窗》)

**同日** 复北京杨义函:"一、海派、京派根本没有论争,只是沈从文发了一篇文章,不少人有些意见而已。'海派'有两个概念:1. 上海的新文学作家,这是沈从文的概念。2. 鸳鸯蝴蝶派作家如周瘦鹃、张恨水、郑逸梅之流,这是上海新文学作家的概念。二、你还不知道我和沈从文、萧乾是老朋友吗?请看看那本《长河不尽流》!三、'现代派'就是现代派,不能分地区,从来没有听说过'法国现代派'或'美国现代派'。四、中国现代主义文学被日本侵略战争阻止了,没有发展,反而夭折。五、我没有提倡'纯文学',不过我在1931以后,不主张文学为政治或革命服务。《文学之贫困》一文是认为我们对'文学'的范畴应当宽一点,不要以为只有小说、诗、戏剧才是文学,因为当时文学青年的文学观念太狭小,所见所读的面不广。当时的责难,其实是因为我这篇文章发表在国民党办的《文艺先锋》,倒并不重在该文的内容。六、你难道不知道我译过四本显尼志勒的小说吗?弗洛伊德的书,霭理思的《性心理学》,是当时上海很容易买到的,南京路、霞飞路(淮海路)上西书店中有的是,我当然也看过不少。再说,当时西方文学也正在时行现代文学。七、'绿林好汉的潜意识',这句话错了!应该说:'一个青年男子的……'你所引的一段,是引起石秀性冲动的描写,本身并不是'潜意识'。现代主义创作手法,不会写这样一段描写的句子,尤其是下面四、五句,乃是淫秽的描写(石秀怎么能看到这个东西)。八、你的'小说史'我尚未见到,关于我的一章可否复印一份给我?台湾、美国有几个人在写关于我的评论或博士论文,我想自己不介入,请谅解!"

**月内** 台湾学者吴宏一、李丰楙来先生寓所访问。

**又** 据李劼回忆:"我第一次去造访施先生是我读研究生的室友丁民带我去的。""他一听丁民的介绍就笑呵呵地对我说:知道,知道,你现在也在资料室里了。一样的,一样的。老人一面说着一面就把手向我伸了过来。"(李劼《清清淡淡的施蛰存老先生》)

**是月** 顾国华编《文坛杂忆·卷六》(一九九〇)刊载钟韵玉《施蛰存北山楼绝句旧作》。

**又** 上海辞书出版社出版《辞海》(1989年版),其中单字"现"内词语"现代·

2. 文学刊物"提及:"三十年代初曾发表过关于'第三种人'讨论的文章。"

**同月** 4日李一氓在北京逝世。19日上海证券交易所举行开业典礼。

# 一九九一年（岁次辛未） 先生八十七岁

## 一月

**一日** 元旦。为将周退密词作《鹧鸪天·挽天津寇梦碧词人》编入《词学》集刊第9辑而撰"附记"并附录诗作《挽寇梦碧》。

**四日** 撰讫《告存》:"'中国书法大字典'[《中国书法鉴赏大辞典》,大地出版社1989年10月第1版],其中印了我在1940年代写给王伯祥先生的一首诗。我的毛笔字是春蚓秋蛇,居然有幸被收入书法家之列,倒也私心感激。不过,在'作者介绍'中却写道:'生于1905年,卒年未详。'可知编者已断定我早已下世了。有一个朋友把这一页图版和文字复印寄来,恰巧中国新闻社的陆谷苇同志来访,我就把这个复印件给他看。他回去写了一篇访问记,发表在《文学报》上。一个远在西北,多年未通音讯的老朋友看到了,写信来庆贺我再生。""我觉得也有向海内外亲友告存的需要。"

另,据储仲君回忆:"我看到一本书法家大词典,收有施蛰存的条目。施先生的字写得很好,但词典的编者显然对施先生不了解,说他'生于1905年,卒年未详'。一个健在的人,怎么可以说'卒年未详'呢？这实在太可笑了。一次我跟同事宋谋旸闲谈,谈起了这件事,他就写信告诉了施先生,同时还问了关于朦胧诗的问题。施先生可能也觉得这事有意思,写信来问是什么词典？关于朦胧诗,他说:'朦胧诗的问题,不是朦胧,而是不通。'"(储仲君《施蛰存老师》)

**六日** 为《文汇报·学林》创刊400期题词:"学林四百,一言以贺之,曰:学无涯。"

**同日** 《浮生杂咏》(十八)续刊于《光明日报·东风》。

**八日** 复《解放日报·朝花》编辑陈诏函:"正在赶编《词学》第9辑'海外词学专号',月底要发稿。《光明日报》每月登我八首自传诗,本月还有四首,要在10日左右寄出。《随笔》每期要我一文,第3期的一篇亦必须在月底前寄出。《文汇报》增刊,还欠一篇,答应而未写。此外,还有《新闻报》的'三原色'版,《劳动报》《联合时报》编者都来约稿,我已无法许诺。近来被副刊包围,想不到上海有这许多副刊!你那边我想排在二三月间送你一文,但关于上海的恐怕不会写。如果能写,早已给《上海滩》了,黄屏也盯得我很紧。"

**九日** 上海师范大学在校文苑楼举行"朱雯教授从事文学、教学工作六十周年座谈会",先生书赠贺辞"乡国有光。雯兄教学著述六十年展览,乡弟施蛰存贺"。

**十一日** 在《新民晚报·夜光杯》发表《告存》。

**十二日** 范泉来访。按范泉日记:"他知道我本月退休的事,告诉我,要退而不休,就是说,照往常一样工作和生活,生命在于工作。他说他常常不想自己的年龄和生死,在人生的道路上一直往前走。'大系'的编务结束了,他就编《词学》。他指了指堆在他座位旁的大约一尺半高的一包包书稿,说:'这些都是我未了的工作。'他说他常利用晚上时间写些小文章。谈起昨天晚上他在《新民晚报》写的一篇《告存》的事。""不胜唏嘘地说,《中国书法大字典》[《中国书法鉴赏大辞典》]很多字句不通,现在的贺年卡之类滥用中英文,甚至诗句,有些竟是叫人看了啼笑皆非!"

**同日** 《〈中国近代文学大系〉编辑工作信息》第62号(简报第2号)刊载《心系〈大系〉的出版和发行》(宋原放、季镇淮、施蛰存)。

**十四日** 赵清阁致函:"读晚报大作多篇,证见体健笔亦健,良以为慰。""不久前接谢和赓信,嘱特告,王莹陈列室在芜湖建成(文化局主办),与阿英同志比邻。想请您写一点题词,以资纪念。又云英文本《宝姑》已出版,将寄赠您。"

**十五日** 在《随笔》第1期发表《匹夫有责论·外一篇(闲话孔子)》。

另,《匹夫有责论》写道:"《匹夫无责论》这篇随笔,使我获得不少读者的好评。大家都欣赏我讲得爽快,尖锐,'发人之所未发,言人之所不敢言'。(一位读者来信)但是,也有几位读者,虽然很欣赏我的论点,而且自己也同意我的论点,不过,心中还有疙瘩。一位老朋友来信说:'诚如老兄所言,难道我们这十亿匹夫,对国家兴亡真是毫无关系吗?'这一句责问是很严肃的。根据我小范围的'民意测验',有不少人具有同样的疑问。因此,我不能不再写一篇《匹夫有责论》来作辩解和补充。""中国匹夫们对国家负责,在多少风狂雨骤,山崩地裂的天灾人祸之后,始终保持这个国家,没有自亡,也没有被亡。中国的伟大,归根结底应归功于中国的'匹夫'。"

**十六日** 复耶鲁大学孙康宜函:"《纽约时报书评》一大箱已于12月中旬收到,想不到有如许之多。""《词学》(9)上月才发稿,尚不知今年暑中能出版否。今年南京师范大学有一个'唐诗宋词讨论会',你能来否?""冬季多阴雨,近来我也十分萎靡,无法工作,每日但闲览书报。《词学》(8)已出。""杨宪卿文未来,不必催索。"

十九日　邓云乡书赠诗笺:"到此方惊造化奇,亿年顽石倩谁知;忽然破土各林立,赢得人间绝妙辞。天生奇石寿无涯,坐对青山阅岁华;四月春风吹万绿,杜鹃花映紫藤花。庚午春游淳安石林小诗,腊中书奉蛰翁夫子,用祝辛未吉羊,期颐康乐。"

二十日　在《海上文坛》(创刊号)发表《二战以后的西方戏剧》并"作者附记"。

二十二日　致陈晓芬函:"大约这几天你可以处理一下分配稿费的事,有二事要补充通知你,请代办。"

另,据陈晓芬回忆:"我一度帮着做过一些编务工作,施先生事必躬亲,除了审定稿件,每当《词学》出版,他总会给我一份详细的作者名单及其地址,告诉我以怎样的标准支付稿酬,至于一时地址不清无法寄出稿酬的作者,他也会一一交代如何具体处理,有的作者后来联系上了,他会再转告我把稿费寄上。还有的作者想多买几本《词学》,也与施先生联系,这类事他照样一概揽下,他会一面向出版社联系给对方寄书,一面通知我从此人稿酬中扣出书款给出版社。"(陈晓芬《与施先生在一起的时候》)

二十三日　在《文汇报·扩大版》(每周三出版)发表《香囊罗带》,自此开始在该报设立专栏"诗词小话"。

二十七日　《浮生杂咏》(十九)续刊于《光明日报·东风》。

三十日　致耶鲁大学孙康宜函:"19日我的外甥女周聿宸返回纽约,我托她带去《众香词》一部,嘱她在纽约寄奉。""《名媛诗归》一部托史书美女士在北京找人带来。""我一向以为你是专研中国古典文学的女学究,想不到你会喜欢 Paz,真是失敬了。早知你熟悉 Paz,我早托你代他的书了。一本新方向出版的'散文诗',我想了已十年,还未得到。这回要向你要了。我现在不会看大本书,有 Paz 的小品著作,也希望给我找一找。""收到你的大作《陈子龙》,""看了前面几页,知你此书得顾廷龙之助不少。Wang Shou Ming 大约是王晓明,作家王西彦的儿子,新型文论家,去年到过加州,他去美,我不知道,否则两部书早就托他带走了。""Sade, Marquis de' 120 Days of Sodoms 我想看此书,听说七十年代有新印本,这是一本秘书,我本来不便托你找,但现在知道你是一位开放型的女学人,大胆奉托,你不便去找,请改托一个知道此书的绅士代找。Sade 的书,我在卅年代有过一本 Venus in Furs,1980 年得到一本 Justine,只有这一本最 Notorious 的没有见过。"

下旬　致范泉函:"《翻译文学集》第一卷版权页上方英文:Book Eleven Division。不妥,以后应改为 The Eleventh Division 或……或……。"

**是月** 先生早年创作的大部分小说经过选编而成《十年创作集》,分为上册《石秀之恋》,下册《雾·鸥·流星》,由人民文学出版社初版印行。

**又** 诗作《榕城风物》刊于《中华诗词年鉴》。

**又** 应国靖编《施蛰存散文选集》由百花文艺出版社第二次印行。

**同月** 重庆出版社出版潘颂德《中国现代诗论40家》,书中"25. 施蛰存、杜衡的诗论"。

## 二月

**一日** 在《青年报·开卷》发表《书目》:"编者来访,先是闲谈,随即吐露来意,要我开一份书目。我一听说'开书目',也不用问他开什么书目,立刻敬谢不敏,另请高明。因为开书目的事,我有过惨酷的经验。""我常常从各种书目中,研究开书目的人。他开的书目,反映着他自己的学习方向和兴趣。"

**四日** 复南京师范大学常国武函:"日内即当省览,期以旬日,可以复命。""词学条目,恐以有关词乐者最不易写,如《词原》上卷中诸名词,不知何人能写得恰好。'中腔'一词,我竟未解,足下知否?""金元词牌,亦不易注解,有一位周玉魁,是中学教师,作《金元词调考》,刊于〈词学〉8期,""此君治金元词已多年,如有关金元词牌注释,可请周君执笔,此人与我通信,已十年矣。"

**同日** 按程千帆日记:"施蛰存寄《词学》第八辑二册,有《涉江集外词》"。

**五日** 《香港文学》第74期刊载钱虹《近访施蛰存教授》。据钱虹回忆:"去施老家是受了《香港文学》主编刘以鬯先生的委托。""他把手中的助听器对准我,要我大声点说话,""又插一句'其实耳聋比眼瞎要好得多,耳聋不影响看书,我平时看书,特别是写文章时,就把助听器拔掉,什么也听不见,倒也清净得很'。""我提及他的《春阳》《梅雨之夕》等'心理小说',告之有研究者把他称作是把弗洛伊德的精神分析法引入中国现代小说的第一人,他认真地说:'其实我写那些小说主要是受了奥地利作家显尼志勒的影响。'"(钱虹《听之不闻,宁静致远》)

**六日** 在《文汇报·扩大版》"诗词小话"专栏发表《西明寺》:"报载考古队在西安发掘出唐代长安西明寺的遗址,有一些铜铁器具铸有'西明寺用'的文字,可以作证。这个消息,我感到很有兴趣,因为我注意过这个著名的大寺。""大约谁都不知道西明寺中有些什么画。我却在张彦远的《历代名画记》中找到了,""但温飞卿却说是'为寻名画'而来,我就不能不嫌张彦远记得太草率了。"

**同日** 致湖南彭燕郊函:"王友轩来过,托他问候。""昨天看到一文,才知漓江印出了一本《魔鬼附身》。此书作者一共只写了两本小说、一个剧本,都是杰作。其另一本小说,即戴望舒译的《陶尔逸伯爵的舞会》。现在漓江既然印了《魔鬼附身》,我希望他们也把望舒的译本印出,此事请兄代为联系。望舒的译本不知是否在兄处? 我这里找不到,不过,此书曾在《现代》上发表。""台湾纪弦寄了他的选集来,希望大陆能印出,也请兄物色出版家,全稿及自序都已在我这里。"

**八日** 复平湖葛渭君函:"今寄奉《词学》(8)一册。我只有30册,不敷分赠,[许]白凤兄处无法送了,请代为道歉。你看后借给他一阅,如你已买得,这一本就送与白凤兄亦好。总之,社会关系多了,这些人情无法周到了,恕恕。"

**十日** 苏雪林由台湾复函:"数年前,好像香港《良友》编辑古剑说,先生办了个文艺杂志,叫我写篇文章。我因年老才虚,又因那时两岸文化交通尚未如今日之盛。""请古剑先生带去拙著《二三十年代的作家》一本,其中有论述台端作品及作风者一尊章。在第五编文艺批评之部又有论当时文坛□□鲁迅为庄子文选事运用他猎狐式的包围加先生以打击,代先生不平。""4月2日(阴历三月廿四)乃我九五贱辰。""成功大学要为我举行一个庆祝会,邀海内外文人及学者各撰文一篇印行为纪念。""先生文坛巨匠,声华藉藉,未知肯赐撰一文,以为光宠否。""知台端现住上海,与陆晶清、赵清阁常见面。"

**十一日** 复平湖顾国华函:"我与周振甫的意见并无不同,我们都认为祝允哲的词是浅妄的伪作,决不是宋朝人的作品。关于岳飞的词,周先生说得不十分肯定,但他偏向于非伪作,我以为岳飞决没有与祝允哲唱和的事,故第一首是伪造的,原来一向流传的一首,确是宋朝人的作品,是不是岳飞所作,就无法断定,可能是岳飞自作,也可能是他的秘书所作,""也不是亲笔,只好承认它是岳飞所作。不过这首词不见于宋人记录,这是一个疑点。我们只能肯定祝氏家谱中所载是伪作,还不能断定岳飞的《满江红》是伪作,这是我和周先生相同的看法。""见到章克标,请代我问候。我想请他把历年所译日本文学作品,开一个目录给我,说不定可以介绍给上海书店影印。"

**十五日** 春节。复台湾郑明娳函:"正中寄来尊编二集,已收到,选录甚精,印刷装帧尤非此间所能企及,展玩多日,趣味盎然。""请通知初安民先生,寄书已无问题,《联合文学》可每期直接惠寄,""去年8、9、10期希望先付邮。听说有我的学生张厚仁所译Rilke书信,此是我在七十年代鼓励他翻译的,在大陆无法发表,因为当时大陆人士尚不知 Rilke 其人也。足下著述丰富，十分钦佩，有可能还望惠赐大作，使我多知道一点台湾文艺，对林燿德亦有此奢望。"

**十八日** 复马祖熙函："你来时请先到朵云轩看看，有没有冷金或块金笺，或虎皮笺，或其他彩色宣纸。代我买一张来，最好是粉红色、湖绿色，总之不要深色，我想用以写一点文词送厦大校庆用。"

**二十日** 先生复南京师范大学常国武一函。

**二十四日** 致范泉函："'简报'第 65 期见到，解释二事。一、季镇淮同志希望我在'导言'中突出严复的地位。""二、答郭延礼同志的疑问。"

**同日** 《浮生杂咏》（二十）并"附记"刊于《光明日报·东风》，自去年 2 月 11 日开始连载先生自传性旧体诗作共计八十首，至本日结束。

另，据史美圣记述："转眼到了第二年，我从北京调到上海记者站工作，有更多的机会去拜访施先生。有一次，我去看他，他说'《浮生杂咏》已经写了八十首，写到了抗日战争爆发，可以告一段落了。在那以后，我脱离文坛，到大学教书去了'。"（史美圣《施蛰存教授的〈浮生杂咏〉组诗》）

**二十五日** 致香港马国亮函："承邀为《良友画报》六十五周年纪念刊撰文，""且待酝酿数日再说，希望不至于方命。柯灵处已将尊意通知，""家璧兄久未获见。""《台湾名人录》中有一位'郭建英'，做过驻日本长崎领事，后在台湾办银行事业，已于七十年代去世。此人不知是否三十年代为良友出版物作画之郭建英，想兄必知之。前年有台湾秦贤次来问，我介绍他去访足下，不知秦君来过否？我已完全退休，与华东师大无业务关系，病残之身，只能每日写些小杂文，每到暑假，台湾来访者不少。""苏雪林九五生辰，闻台湾有庆祝举动，《良友》似可编一版。"

**二十六日** 复香港黄坤尧函："托人带奉《词学》8 期一册，不知港中已有售否？第 9 期已发稿，尊作《词论二题》已编入，此刊不知今年第三季度能印出否？此间学术书出版困难，《词学》只能坚持出一本，编一本，能出至几期，尚未可知也。"

**二十七日** 复康健函："我并不长期写日记，只有在生活起大变动的时候写过一些日记，""不记思想，只记个人生活杂事，同鲁迅的日记一样简单，只是一本生活账簿，不是文学作品。""你热爱日记文学，可以写一本关于各种日记的欣赏或读后感，也可以选一本日记精华。"

**下旬** 张索时（厚仁）来探望。据张索时回忆："这是第二次去愚园路施宅。""春末回到洛杉矶便依施先生交给的地址写信给诗人纪弦先生。"（张索时《悼忆施

蛰存先生》)

**月内** 成都缪钺致函,谈及"朱碧莲君转来惠赠《词学》第8期,拜领感谢。朱君函中道及,先生拟聘钺为《词学》编委,甚感盛意"。

**是月** 《绍兴师专学报》第1期余凤高《施蛰存小说创作论》,开篇写道:"施蛰存可算是中国现代作家中的一位天才。早期他创作小说,他在小说中应用'心理分析'的方法,在中国现代作家中是最为成功的;又编辑几种杂志,由他主编的《现代》杂志是三十年代初期最有影响的两大文学期刊之一;他还精通英语、德语,译了施尼茨勒的《妇心三部曲》等外国文学作品。中年他先后在几所大学教授文学,培养研究生,又译出了苏联、东欧作家的大量作品。晚年,作家移情于古典诗词的创作、研究,和金石文字、古器物铭、鼎彝碑拓的研究考证与辑录工作,均卓有成效。象这样一位文学家,还不是一位天才吗?"

## 三月

**八日** 致赵清阁函:"昨日得苏雪林函,嘱为问候。你写的那篇刊在《香港文学》上的文章,她尚未得见,请你告刘以鬯,即寄一册给她。""雪林九五诞辰,成功大学为她祝寿,并印一纪念文集,她要我写一篇。可是我写不出,时间也不许可了,你如去信,望提一笔,代致歉意,我另寄生辰贺卡一份去。"

**同日** 在《〈中国近代文学大系〉编辑工作信息》第66号(简报第6号)发表《答季镇淮和郭延礼同志》。

**十日** 撰讫《旅游景点设计》:"全国各地都在建设旅游景点,只要本地有过什么浪漫故事、神怪故事或武侠故事,就会大兴土木,大做文章。""我敢向各省市旅游局设计景点的负责同志提出这样一种合理化建议,如蒙采用,我可以担任义务顾问。"

**十四日** 致耶鲁大学孙康宜函:"顾廷龙先生处已托人将你的书送去。""你的书名《词的演进》,""中译本是否还是改用'发展'较好,或者用'演变'如何?书单没有寄上,因为想想不能多麻烦你,以后再说。""你寄来的这册Sade,好得很,*120 Days*之外还有别的作品,可谓内容丰富,卷首的序文已看过,本文尚未细阅。此书到1935年才公开印,但我在1932年已知有此人此书,大约也是从Freud或Ellis的著作中知道的。我以为至今还只能找私印本,却想不到已印成大众化的纸面书。""你看过我的小说《石秀》没有?李欧梵和严家炎都不理解石秀既恋潘巧云,为什么要杀死她?我告诉李,这就是Sadism,他大约回美去看了Sade,还给我寄了一本*Justine*来,严家炎大概至今不理解。"

**十五日** 在《随笔》第 2 期发表《禅学·外一篇(批"兰亭序")》。

**同日** 撰写《怀念几个画家》:"我常常怀念许多长久不知下落的三十年代上海文艺界朋友。在那个十年间,上海文艺界各方面的活跃人士,都有同声同气的交谊。文艺作家、戏剧家、电影家、洋画家、漫画家、木刻家,经常有机会在一起闲谈,不是在宴会上,就是在茶室里,或者在电影院里、舞场里不期而遇,年龄都在二十五至四十之间。有不少人,虽然没有成为知交,但给我以很深的印象,他们的风度和工作,都使我钦佩。""现在,又知道鲁少飞也还平安无恙,这是最后一个我所念念不忘的画家了。"

**十七日** 复平湖葛渭君函:"《义门吴氏谱与两宋词人》题目不妥,'义门'二字应删去,要查这个吴氏谱是即一个宗派的吴氏。因为家谱有好几种,有宗谱,有族谱,有支派谱,一般人家的家谱都是本支的世代人名,所以,凡是谱牒,一定有一个表示范围的字样。""现在我已动手编《近代名家词》,正在一本一本复印,还要向你借几本词集,希望慨予惠寄,或有便人带来。我要的是以下四种,大约你都有的:《半樱词》(林鹍翔),'续编'我有;《守白词》(许之衡);《勺庐词》(洪汝闿);《退翁词赘稿》(叶恭绰)。[许]白凤有信来,他做生日开了个展览会,我没有去函奉贺,失礼得很。""夏仁虎的《啸庵词甲乙稿》,你如有,也要,我只有丙丁稿。"

**十八日** 复《随笔》主编黄伟经函:"近来上海多了几个副刊,编者亦纷来征文,连日写了几篇,都已分配在本市各刊。《随笔》有些鞭长莫及了。今寄上最近所写二文,任凭处理,如分载两期,则请先用《怀念几个画家》。""5 月间再奉新作。"

**同日** 在《新民晚报·夜光杯》发表《讣告》:"我对近十年来的讣告这种文件,早已有些意见,一向隐忍着。""几十年来,我们已把个人看成为公物,应该由家属发的讣告,都由公家发了。讣告中的话是从单位立场说的,单位把死亡者的家属都屏弃了。"

**二十日** 浙江古籍出版社王翼奇致函:"《花间新集》压到现在,实在愧对先生!现社委会已决定将此书付印,大约 8 月间可出书。付印前拟再例行公事,作一次征订,订单也发出,但不管征订结果如何,均以两千册开印。先生《清花间集》手稿仍在我处,下次趋谒时璧奉。"

**二十一日** 复香港古剑函:"苏雪林九五诞辰,我前几天想买一张祝寿卡寄去,岂知一张也没有了。""可否代我发一个贺电,或买一张生日卡寄去,聊尽人情,用我们二人的署名亦可,电文见纸背。""王晓明(西彦之子)在中文大学作访问学者。"

**二十三日** 致周正平函:"承惠瓦拓、法绘并小词,拜领多日,""上海有雅士如足下者,未之前闻,深愧孤陋,想阁下亦海藏之士乎?""足下画如能再赐一方纸,作云林小品,则可以合裱一小轴。弟室只有一狭壁,在二窗之间,可以挂字画,余三壁皆为家具所掩,无法利用也。"

**二十四日** 在《新闻报·三原色》发表《石库门房子》:"上海房改方案已经市人大原则上通过,今后便要逐步执行。将来的情况虽不可知,但有一点是可以肯定的,将来上海市民的居住条件会清一色地改变,家家户户都住在高层建筑的新公房里。""我不禁预先怀念起石库门房子来了。"

**同日** 致齐鲁书社宫晓卫函:"出版界近况未可乐观,我这一行尤其凋敝。上海古籍出版社在印行许多旧小说,还有一批从灰土中寻出来的古董书,居然会有销路。另一方面,欣赏辞典还在印出,愈出愈大,定价至二三十元一部,亦不可思议。你要听听我的意见,我实已无可贡献。不知你的这条船该取什么航向,我倒想听听你的计划。"

**二十六日** 致河南崔耕函:"近日抄得四个石刻,今奉寄卡片,请即补入。我希望你将此稿抄成一个清本,用复写纸可得二份,或用深色墨水写,可以复印多本,此事无终结期,还是结束为妙。"

**同日** 复北京李辉函:"全靠青年中年朋友来访问聊天,得到启发,才有文章可写,所以我并不杜门谢客。你有机会来上海,可以来谈谈,也许你会供应我几篇题材。"

**二十七日** 复周退密函:"鼎铭不论,何必多此一刻?稼研送来新印'消夏词',足下序书法精绝,想近年寝馈于虞、褚,甚得功夫。""谦翁处二周前命孙婿去看过,未闻患疮,明日当再去问疾。""弟今年要编两部书:一、《近代六十名家词》,二、《唐碑百选》。前书去年已决定由华东师大出版社印行,近日正在征集词集,逐部复印,请人标点,晚清五大家词已全部发稿。""现在助我标点者只有二人,门人马祖熙为主力,其次则为沈宗威。沈公近来衰疲,不能多助,故欲请足下再为我标点数十种。"

**是月** 在上海翻译家协会第二次会员大会上,被推选为第二届名誉理事。

**同月** 3日国务院批准上海住房制度改革实施方案。18日《书讯报》刊载高远《施蛰存的新收获》并先生近影。

## 四月

**四日** 作诗《白马》并撰作"小引":"庚午元旦,林燿德来访,定忘年交。既返台湾,撰访问记,记录是日一席谈,发表于《联合文学》。此间有人见文,曰:'此八十年代台湾现代派来大陆寻根也。'因作此诗,遥寄燿德。"

**六日** 晚上撰讫《鲁少飞的心境》:"由于一幅《文艺茶话图》,徐淦同志为我报道了鲁少飞的消息,我非常高兴。""鲁少飞不得不承认这幅画的'线条像我',却又推说'记不起来了'。好像今天的鲁少飞,还怕沾染邵洵美这个'纨袴公子'的病毒细菌。""因此我才理解这位画家拒不出土的心境。"

**同日** 《新民晚报·夜光杯》刊载徐淦《谁画了〈文坛茶话图〉》提及:"唯有为六十年光阴如流水,文场如战场,画上的没有一位不知名的作家中,今天硕果仅存巴金和施蛰存二位老人而慨然,而更为可敬可爱的巴老、施老的高寿额手称庆了。"

**七日** 复《随笔》主编黄伟经函:"今年我本想编三本杂文集。""你要出小丛书,我只能把三本的资料给你。""'霜叶小丛书'是何取义?'霜叶'不如'霜枫',但俞平伯编过'霜枫小丛书',亦不便雷同。去年我在《光明日报》上发表了八十首文坛回忆诗名为《浮生杂记》,你的小丛书如可以印这一集诗(一诗一注),篇幅也差不多。"

**八日** 早年在厦门大学的学生朱一雄、庄昭顺夫妇回国参加厦门大学校庆后,特地来上海拜访,先生在寓所招待他们晚餐,"得以晤谈三小时"。

**十一日** 《〈中国近代文学大系〉编辑工作信息》第68号(简报第8号)刊载王元化《读〈翻译文学集·导言〉》:"读了蛰存先生于前年夏天挥汗写成的'导言',深获教益。""他以八十以上的高龄,在编辑部敦请下,为'大系'写了这篇内容详赡、文笔流畅的'导言',真是令人可喜可敬。""对林纾作出了公允的评价。""我觉得这一补充也是很重要的,可纠过去之偏。'导言'还提出当时翻译文学对创作界的文学语言起过显著的影响,施先生不轻下断语,而是采取了'是不是'提问方式的审慎态度。""'导言'指出当时翻译文学的严重缺点在于删节原作。""还指出另一种删节,更值得注意,这就是追求译文的雅驯。"

**十四日** 先生复北京吴福辉一函。

**十五日** 下午柯文辉来访。据柯文辉回忆:"他听说我至今还爱读新诗与小说,不无惊奇地说:'新诗是二十多岁人热衷的对象,小说看到三十几岁也就差不多了,因为本身的阅历比一切人编造出来的小说要深刻。你都五十出头了,该多看些哲学与史学名著,怎么老是长不大呢?'"(柯文辉《〈春梦痕〉序二》)

**同日** 范泉为主编《文化老人话人生》致北京冯至约稿函谈及:"附奉施老给《文汇月刊》写的一篇《论老年》,供您参考。"

**十七日**　复台湾郑明娳函:"你的著作4本,林燿德的7本,""我想先看《高砂百合》,因为刚在《联合文学》见到介绍。明娳称我为'前辈',我受之不愧,因为文艺作家大约十年为一代,我确实是你的前三四辈了。燿德称我为'大师',此二字请以后不要再用,古今中外,文学界堪称大师者,我以为不到两打。我只写了六十个短篇,可以算作大师吗?务请小林以后不要再给我加冕!《联合文学》已收到今年(3、4)二期,是从台湾直接寄来的,可知书籍两岸互寄。""大陆以1949年以后为'当代',1911—1949为'现代',这个区别,我很不赞成。""要改却这个政治性的区分时代方法!""去年,林玫仪和叶嘉莹也来过。""附一小咏[《白马》],赠燿德一粲。"

**十八日**　复北京沈师光函:"收到16日函,糟糕!我的快邮还未寄到,你已去把38本书[《十年创作集》上下册]背回家了,很对不起。""又得再麻烦你:我已有信通知吴[福辉]、杨[义]、李[辉]三人,去向陆文倩要书。大约他们没有拿到手,你打个电话或发一信,让他们找你领取。""我的小说,你看后有何意见,望告我。"

**二十六日**　杨绛复范泉函,谈及"奉到大函并附施蛰存先生《论老年》一文,文章大是有趣,而您出的题目也颇具诱力"。

**二十八日**　复孟浪函:"你们这一群青年诗人到哪里去了?今日得信,甚慰。有一个日本人,这几天在向我了解中国卅年代文学。5月5日有一个国际文化研讨会,我虽不参加,但南朝鲜有人来,可能会在我家里会见,因此5月10日以前,我无暇。欢迎你在5月10日以后任何一日下午来,上午我会睡到9点钟,不欢迎来电。"

另,据孟浪回忆:"一位关注中国作家和知识分子状况的美籍华裔人士由美来华,也提出想拜访施蛰存先生。当时我在上海接待她,所以去信施先生处约时间会面。""一次我去拜访施先生时,我也曾邀上海诗人、我的老同学郁郁同往。施先生也告诉过我,与他在同一学校华东师范大学曾经任教的青年诗人宋琳,他还是较熟的。"(孟浪《施蛰存先生的六封信》)

**二十九日**　复平湖顾国华函:"承赐《文坛杂忆》二册,""尊编甚佳,有许多未知之事,赖此书知之,获益良多,佩佩。关于我的事,无足轻重,不须介意。"

**三十日**　在《新民晚报·夜光杯》发表《鲁少飞的心境》。

**月内**　复北京李辉函:"1953年版的《轭下》我已不存一本,""此书后有一篇'译后记',可否请你复印一份给我,因为此书转给人民文学出版社后,新版就没有用这篇后记。还有,你如果看这本《轭下》,请注意其中有一句译文,大意是说'革命必须由知识分子领导'(非原文)。这一句,在人民文学出版社的新印本上没有用上。后来,保加利亚出版的英译本中也没有这一句。此事大可作为译文掌故。""我要看一份《中国文物报》，上海没有，你可否每期为我买一份惠寄？从 4 月下旬起到 6 月底，以后我可以订阅了。"

**是月**　主编《中国近代文学大系·翻译文学集第二、三卷》（总第 11 集第 27 卷、第 28 卷），由上海书店初版印行。

**同月**　6 日《文汇读书周报》刊载《千锤百炼绕指柔——记施蛰存先生》。16 日香港《星岛日报》刊载张文中《新感觉派大师》。

## 五月

**四日**　致《随笔》主编黄伟经函："散文集过几天当动手编起来，有一篇《怀念几个画家》承许编入《随笔》7 月号，现在因在上海已发表了另一文，请你将该篇抽出，不要用了，免得重复。""台湾早期诗人纪弦，编了一本自选诗集，有一百多首，想出一个大陆版。稿在我这里，不知'花城'能为印行否？"

**十一日**　在《文汇读书周报》发表《林微音其人》。

**十五日**　下午孟浪（俊良）来访。据孟浪回忆："他好意地让我给他几首我的诗作，他说他要给《香港文学》杂志，他说他是《香港文学》的老朋友，我后来抄寄了四首。"（孟浪《施蛰存先生的六封信》）

**同日**　复魏中天函："两函及剪报均收到。""似乎足下卅年代也在上海，有文章在《中流》或《太白》上发表。""足下在日本，我曾托你代销《现代》，此事已无印象。""广东一些文艺同人，鸥外鸥通信较多，但也至今没有会过，林焕平 1939 年同在香港，我们为'民族形式'吵过一架，雷石榆久无消息，不知还在天津否？""我的母亲只有小学文化，是一个典型的封建家庭妇女，她的一生，只是相夫教子、持家，我无法为她写文章，因为连 500 字都写不满，此事只好敬谢不敏。""他这篇报导错了不少，""我又不挂瓶子，而且他说是'拖油瓶'，更是莫明其妙。他又说：'第三种人是资产阶级与无产阶级之间的中间派。'此话简直毫无常识，两个阶级之间还有什么阶级？中间派又是什么阶级？此人去年已在上海报上为我写过一文，也是错误百出。"

**十八日**　复耶鲁大学孙康宜函："*Venus in Furs* 一册及附刺，已于 4 月 28 日收到。谢谢。足下乍升教授，即任主任，晋级之快，似少先例，敬致贺忱！有沈海燕女士，在加州巴巴拉大学治宗教学，乃敝同事朱碧莲之女，""我已与碧莲谈过，请其女带一点东西来。"

**十九日** 应上海文艺出版社之请,先生前往丁香花园出席宴会,并与柯灵、许杰和赵超构等拍摄了合影。按范泉日记:"下午3时,老干部局汽车接我,先接赵超构、朱雯、罗洪,再接柯灵夫妇。由孔海珠接许杰、施蛰存及其哲嗣。""施老谈笑风生,令人捧腹。确是心直口快,肯暴露思想。"

另,据江曾培回忆:"他一来,气氛顿时热闹起来。""说着,施蛰存像被蜜蜂螫了似的,右手抓住助听器尽甩,最后把它摔在桌上,摇头叹息。原来,他的助听器失灵,变成了聋子。柯灵很快地把自己的助听器借给他使用。他听了一会还是摇头,说产品同样没有'过关'。"(江曾培《沪上文学前辈小聚记》)

**同日** 致香港古剑函:"前日沙叶新及吴正来。""痖弦嘱写文,已通知西彦、柯灵、辛笛,希望他们能写。我的文章,一星期内写好。""上月有一个日本人来,送了我一个有电灯照明的放大镜,可以躺在床上看书。""此间粮食提价,幅度不大,人民并无意见,早该涨了,减少国家补贴,仍于经济有利,请勿相信煽动家的吹风。国内事,大的方向还不算错,我们必须与东德、东欧、苏联比较观察,戈尔巴乔夫先改政治结构,后改经济结构,出了乱子,我们幸而不走这一步。""退休以后,还升了级,现在拿的是一级教授工资,每月380元,加上种种补贴,每月收430元,外加稿费,每月可得200元。子孙不必我负担,两老生活,可以在小康以上了。"

**二十三日** 致南京师范大学常国武函:"我有一本王木斋的《娱生轩词》,卢冀野刻本,缺少第14页,拟拜托足下,在南京各校找一找,如有请为补印第14页来(上半页及下半页)。""要觅一本夏仁虎的《歠庵甲乙稿》,请代物色。我只有下册《歠庵丙丁稿》。""我在编《近代六十家词》已发稿二十馀家,箧中所有,尚可发十馀家。"

**二十八日** 在《解放日报》发表《樊楼异史》:"开封市建设了一个旅游景点,""有朋友出差在那里,躬逢其盛。回上海时,给我带来了一些纪念物,其中有一本三万字的小书《李师师与樊楼》。""我年轻时对李师师的浪漫史下过一点研究功夫,还为她写了小说。现在得到这本书,旧事重温,虽然炒冷饭也高兴。""出版社印出了这样一本谬书,我倒不怪此书的著者无知到如此,我要怪出版社的责任编辑,你的责任呢?除了历史的谬误之外,此书的语文也大有可议。"

**二十九日** 史书美致沈师光函谈及:"施先生来信告知您的地址,我才至少有机会写一封短信,聊表对您的谢意。"

**下旬** 应《上海文化年鉴》编辑部之邀,题词"虚心一志。辛未四月,北山",钤印

"施蛰存"。

**是月** 辽宁人民出版社出版《当代世界文学名著鉴赏辞典》,先生应邀题签。

**同月** 30日国家版权局发布《中华人民共和国著作权法实施条例》。《佳木斯教育学院学报》第3期刊载李春林《论施蛰存的新感觉派小说》。

## 六月

**一日** 致彭燕郊函:"惠赐《宗岱和我》","两天读完,印象甚好。我与宗岱在上海、香港各见过二次,略知其人,今读此书,始识全面。抗战胜利后,在上海闻宗岱遗弃沉樱,与一粤剧演员结婚,当时对宗岱,文艺界颇有非议。""北有新凤霞,南有甘少苏,皆女士中之佼佼者。""兄所撰序文亦充满感情,不同凡响,精诚所至,非率尔之作。"

**二日** 致赵清阁函:"甘少苏写的《宗岱和我》,其中提到你,不知此书有没有送你一册?你如未见,我可以寄给你看。这一张卡是纪念陈小翠的,托人在香港印了三百张,才寄到,用以问候你。""小鹿安康否?为我致意!"

**四日** 复李辉函:"希望你编一本'二十年间中国知识分子的遭遇',从1952年的思想改造运动到十年浩劫,其间不少知识分子被整得惨酷万状,应该有一本总的纪实文学。有些人已有现成资料,可以采用编入,例如你的'胡风集团',可以另外节录编用。有些人的情况,我还未见记录,如李长之、穆木天、吴晗。""我的倔犟故事多得很,岂止睡地板一事!"

**五日** 在《文汇报·扩大版》"诗词小话"专栏发表《别枝》。

**同日** 撰讫《勉铃》:"我要替兰陵笑笑生洗刷,他还不是一个大淫棍。再说,他的淫学知识也肤浅得很。""兰陵笑笑生在他的小说中插入三十七段淫事描写,也只是赶时髦,随大流,正如现在青年作家时行在他们的作品中硬安排几段'性的解放'一样。""这篇小说[元人话本小说《金虏海陵王荒淫》],向来有人怀疑它是明朝人的伪作。现在,我提出缅铃为证,肯定它是明朝万历年间的伪作。"

**又** 致北京沈师光函:"史书美有来信,知你已把书二部送去,可惜你急于拔牙,又未会见。她本来说要再来上海一次,现在发现已有孕了,故不来上海,7月初要回美了。因此,我又要麻烦你一件事,你代我在市上看看,买一个洋娃娃送她,要精美一点的。""你身体不好,入市太远,就转托令妹代办;由你送去,希望你们能见一面。""[邵]修青久无消息,我也无人去看她,不知已能恢复不?"

**八日** 致黄屏函:"我给你出一个点子,赶快派一个活络的记者到北京去,采访江青的事,重点放在她保外就医六年中的生活情况,及自尽前的思想情况。在上海,找出她的许多照片来重新发表,可以在《上海滩》出一个特大专辑(8月号),还可以编一个'江青年谱',赞成吗?"

**九日** 中共中央、国务院发出《关于给做出突出贡献的专家、学者、技术人员发放政府特殊津贴的通知》,翌年先生获得国务院颁发的"政府特殊津贴证书"。

另,按先生自述:"7月[1992年]起,由国务院给我每月100元特殊津贴,上海共250人,算是一种荣誉,上月[1992年4月]颁发证书,居然有人列入头衔,说是'国务院特殊津贴获得者',真是不伦不类。"(致古剑函,1992年5月13日)

**十日** 香港高倬云致先生一函。

**十一日** 复《随笔》主编黄伟经、海帆函:"那篇文章仍承录用,甚感。不过我终觉得重复了,不甚称心。今天寄上一篇很不雅的文章,《随笔》如可用请编入第5期,今年我还可以再寄一文,给第6期用。如不便用,""原稿给有兴趣的朋友们看看吧。四万字的散文小丛书,计划有无改变?我已选出卅篇千字文,如果你们仍要,我剪贴一下即可交稿。"

**十三日** 致范泉函:"这一次又来一个《文化老人话老年》的编辑简报,可知你对编辑'简报',乐此不疲。你已成为简报专家,而我则被你害得又将背一身文债。我觉得,你们这个选题,叫七八十岁的文化老人谈谈老年,应该制定一个'谈'的范围,或说要求。既然作者(或谈者)是文化老人,谈的是老年的事,那么,似乎应该多谈些老年人的文化历程,在本身专业的立场上,谈谈一生中的文化生活、社会生活和人生阅历。""去年已写过一篇《论老年》,这回又被你们印出来作约稿样本,我想想,恐有不良影响。因为那一篇全是空话、废话、闲话,没有切实的内容。我深恐列位文化老人也如法炮制,写出几十万字的空话、废话来,你们这些书就'没啥看头'了。"

**同日** 复古剑函:"任氏[伯年,清末画家]作品脱手,颇不容易,但由此可知此等商品在港市场中,情况甚乱,评价随时而变。""痖弦处文我已寄去,西彦、辛笛、柯灵也都寄出了。""台湾出版业亦不景气,《唐诗百话》暂不问。""《良友画报》将有一个苏雪林祝寿特辑,如出版,请通知马国亮,送我一册。""出版家做不得,有害无利。有钱无处用,还是收旧货,印度及印度尼西亚的木雕、各种挂件,东南亚的民间艺术品。"

**十四日** 又复古剑函:"在我周围的青年人,大多和你一样,郑板桥喜欢写'难得糊涂'四个大字送人,也是此种心情的表现。'未来的生活',不必担心。""大陆的退休制度,将来可能会在香港实施。""高倬云到杭州美术学院住过三个月学画,""我送了她一个戴醇士的扇面,五张童二树的梅花册页(原是 12 页的册子,失去了 7 页),另外我又送她二张陈小翠的画,托她选一张给我印成三百张信柬。她把另一张也给她自用印了 500 张。她在杭州时,我汇给她 200 元,她不收,汇了回来。上月她寄了 200 张信柬来,说是送我的。"

**中旬** 致香港刘以鬯函:"《香港文学》每期拜领,每期都有关于大陆文史资料的文章,颇受此间人士重视。""今代此间青年诗人孟浪寄诗四首,欲登龙门,不知可否许其跳入? 原稿用简体字,我已代为抄过。钱虹文已看过,知兄故居犹在,不知兄是否有意收复失土? 近年来,私房发还,对华人产业优先落实。""我有一篇文章'缅铃考'[《勉铃》],不雅,但是严肃的,广州《随笔》不能用,我请编者寄给老兄。"

**二十一日** 《读书人报》刊载先生为该报题辞:"《读书人报》见到三期,内容甚佳,并未虚誉。蜀中人才多,想必能日进无涯,渐露头角,以此为颂。"

**二十五日** 在《新闻报·三原色》发表《小不点儿》:"这个语词近年来常见于报刊,最近看到梁谷音的文章中也用上了。看来这个语词已有很多上海人采用,有资格收入《上海俚语辞典》了。"

**同日** 李白凤夫人刘朱樱致《新文学史料》编辑部黄汶函谈及:"施蛰存先生让我替他抄写的纪念白凤的文章,现寄上。""施先生来信,让白凤的学生王宝贵写一篇纪念白凤晚年在开封的生活、书法、研究金文、古史的情况。""施老让我寄照片给您,加洗好后再寄。"

**二十八日** 复耶鲁大学孙康宜函:"承惠寄关于《乐府补题》之大文二份,""现在想法编入第 10 期。""沈海燕女士已定 8 月 2 日回上海,承惠之笔可在 7 月下旬送去托其带来,或交给杜国清、白先勇两教授转致亦可,因二君皆海燕之导师。""史书美定 7 月 1 日返美,""你托她办的事没有办成,北京图书馆不允复印善本书。《名媛诗纬》我曾有一部,毁于战火。此书中'散曲'部分被卢冀野抄去,题为《明代妇女散曲集》。""王微的诗词我已抄出,编入《王修微集》,今年可编定,明年可印出。此书编者王玉映乃王思任之女,明末一大女诗人,其诗集名《吟红集》,国内未闻传本,日本有一部,不记得是否见于《内阁文库书目》,你不妨查一查。""关于大作中一些论点,我获得一些启发,亦有一些设想,待思考一番之后,再奉函。"

**二十九日** 复北京李辉函:"'文物报'不再麻烦你了,过去你代买的也不给你算账了,就算老人'揩油'吧。"

**是月**　上海三联书店出版汤高才主编《历代小品大观》,收录《张岱〈西湖香市〉赏析》。

**同月**　台湾《教学与研究》第13期刊载郑明娳《施蛰存小说中的两性关系》。《扬州师院学报》(社科版)第2期刊载夏文元、俞秀玲《施蛰存与施尼茨勒》。

## 七月

**一日**　先生寄赠自制贺卡给画家吴青霞:"奉贺青霞女史从事艺术七十周年。"

**二日**　复孟浪(俊良)函:"你的诗已于上星期寄给《香港文学》,我抄了一遍寄去,因为你写的都是简化字,香港不用,容易排错。""我只是同情你们突破了意识形态的枷锁,使中国新诗走向广阔的天地。至于你们的创作方法,我还有保守的意见,我怀疑你们的意象架构,能否取得读者的通感,主要的缺点,是过分打乱了思维逻辑的程序。要注意,汪国真的兴起,是为你们敲丧钟了。汪的诗,很浅,但他用传统的字句结构形式,中学生看得懂,思想虽浅,都是中学生能接受的。我希望你们不要走得再远,要走一点回头路,先决定意象的托喻目的或象征目的,再以不远离思维逻辑的结构方式去表现。""如果大学生也抛弃了你们的诗,你们的诗运就完蛋了。"

**三日**　在《文汇报·扩大版》"诗词小话"专栏发表《武陵春》。

**同日**　在《〈文化老人话老年〉编辑工作情况》简报第3号发表《应制定"谈"的范围或要求》。

**五日**　致《随笔》主编黄伟经函:"《勉铃》一文可否请就近代寄香港文学杂志社刘以鬯先生收,他那边也许可用,费神。散文集正在编,主要是该选哪几篇,未能定,故稍迟即寄奉。有一老友周劭(黎庵),足下想必知其人,近年杂文甚多,尊辑四万字的丛书,可以收容他一本否?"

**六日**　先生阅柏丽《怒湃译草》(中国人民大学出版社1990年8月版)后撰写《鲁拜·柔巴依·怒湃》:"无疑是一本好书,""使我特别喜欢的是每首诗的译者评注。""至于菲氏的译本,从1925年到1958年,我在上海的外文旧书店中,看到过无数版本。有许多印得很精美的,附有插图,都是作为圣诞礼物而印制的。我有过五本,以杜拉克的彩色版插图本为最好。""柏丽的译本书名《怒湃译草》,我以为极不适当。'译草'二字之前,只能用译者人名。我们不能用《十四行诗译草》或《日本俳句译草》。这个书名是钱锺书题字的,不知道锺书君秉笔之际,为什么不向译者提出意见?"

**七日** 复甘肃姚学礼函:"我竟不知陇中有博雅青年文士如足下者,自惭局处海隅,不知天下之大,人才之盛。""西出阳关,我之梦寐而已。《陇东人》拜读已三之二,""牛僧孺、赵时春、左丘明诸文,尤其广我知识。《土地与人》一辑中诸文,记录了三陇风光,亦极生动,使我遐想。西域文化对唐代文化极有贡献,尤其音乐歌舞。霓裳羽衣曲谱,就是凉州贡入的。三陇民歌,称为'花儿',第一部词集,名为《花间集》,我怀疑这两个'花'字有关系,词恐怕是从'花儿'演变的,敦煌石窟中的词,当时一定是陇上民歌。""河西走廊的历史文化、民俗文化,都有待于发掘、整理、记录,我想你是一个最有资格,最有能力,可以负担起这个任务的本地学者,我希望你能致力于此。向达的《唐代长安与西域文明》一书,不知你看过否?""我劝你放弃诗作,从今以后,专治三陇文化史,必有独特的成就。"

**八日** 致彭燕郊函:"弟之《枯树赋》一诗刊在衡阳《大刚报》,总在1943至1945年间,不过我记得是在郴州出版的。不知是否衡阳陷落后该报迁至郴州?当时编者为吕亮耕。""《宗岱和我》已有好几个人看过,都说好。赵清阁看后,说:'不胜感慨。'她是沉樱的好友。近来有何计划?《斯大林肃反秘史》尚未见到,""阅后即奉还。""如贵体及精神两好,希望惠书谈谈。到了夏季,我特别健旺。见到沈宝基兄,烦代候。有一个译本《意象派诗选》,见过否?""此书英文本我有,是'企鹅丛书'本。"

**十日** 过录完成明代陈第《世善堂书目》中所著录之词籍,并撰"附记"。

**同日** 又为录讫周子美《嘉业堂藏钞校本目录》内词籍目录而撰"跋":"吾友周子美曾佣书于刘氏,典守缥缃,凡二十年。尝录其所守钞本书,成目录四卷,著录一千二百馀种。皆古籍旧钞本及明清以来著述稿本。此书未刊行,余从周君借阅,录出其词籍目如右。"

**十二日** 台湾诗人高准来访并赠《高准诗叶》:"诗集抽印本,奉呈蛰公前辈赐教。"

**同日** 又致湖南彭燕郊函:"书三册收到,一册已交清阁,她会有信给你。"

**十五日** 在《随笔》第4期发表《怀念几个画家·外一篇(旅游景点设计)》。

**十六日** 复耶鲁大学孙康宜函:"你去台湾开会,大约必能晤及林玫仪,她去年春[秋]与叶嘉莹一起来看过我,她的治词方法与你不同路,她还用中国乾嘉学派传统方法。辽宁的《词学大辞典》不得你我同意,先将尊作刊出,显然侵犯版权,""擅用大作,可能马君不知道,因为他也是挂名而已。""事前未得我同意,书出版后我也不知道,近日才送来一部书,我已去函交涉。"

**十七日**　复孟浪(俊良)函:"你要我对《现代汉诗》写一点意见,这件事我不做,请原谅,我只能同你们口头谈谈诗的问题,而不敢写成书面文字。'现代诗派',好像我是罪魁祸首,舒婷、北岛的诗,也好像是我影响出来的,所以我必须躲开,与诗不'搭界',幸亏我不再作诗,故而无法直接批到我头上来。如果我在今天还宣扬'现代派',那就很危险了。""你们的诗,是大学生的诗,可以形成新诗的一个新风尚。可惜的是多数诗人,没有诗情、诗意,更没有哲学思维,表现方法也乱,以致有许多诗不易理解。总的说来,似乎又走过头了。我希望,今后你们这一代人,写诗要注意文字节奏,句法要稍稍调整,读起来可以体会到作者的思维逻辑,使读者不是'绝对不懂',而是'似懂非懂',这就收到诗的效果。""他〔高准〕在我书架上见到你送我的《实验诗选》,他要去了,因此我忘记抄下你的小传,不记得你的生年和机械学院毕业的年份,望补来,以便补寄给《香港文学》。"

**十八日**　晚上复彭燕郊函:"《巴黎的忧郁》有台湾胡品清译本可用,我为之推荐。胡品清六十年代留法时,选译了一本《中国现代诗选》,其中有几首大陆诗人的作品,被纪弦、覃子豪等群起而攻之,使其被禁锢十年,不得出境,此事我今年才知道。""关于《宗岱和我》,我想写一篇随笔,赵清阁已有一小文发表在《新民晚报·读书乐》。""我还有几本没有译过的纪伯伦散文诗,要不要给你凑一家?《一罐金子》不宜作为散文诗出版,毕竟是一种哲理小说,此稿已给徐迟取去。""法国《七日谈》,书名《新故事百篇》,有友人想合作翻译,不知有无出版社可用'内部发行'方法接受出版。""望舒的《苏联诗坛逸话》有希望印出否?""近来读 F.耶麦的诗,总数不多,想用三四个月时间全部译出。"

**二十一日**　撰讫《林纾》:"《读书》今年第5期有一篇评论林纾的文章,其中有一段云,""引起了我的沉思……这是一个思想问题,不是节操问题。""一个人,不同意你的意见,就是'思想僵化',反对白话文,就是'一生最大的污点',就是'十足背时的堂·吉诃德'。我读这些谴责,好像还在1919年看刘半农、钱玄同的文章。"

**同日**　撰讫《房内》:"现在居然见到了一个中文译本,书名为译者所拟另一个书名《中国古代房内考》。""看完之后不免长叹,第一个反应是,这本书为什么中国人不写。""关于中国近代的房中书,作者也没有见到,甚至还没有知道书名。""我相信,这些书还不至于全部亡佚,可遗憾的是中国人还不敢研究。"

**又**　致《随笔》主编黄伟经函:"寄上'读书漫记'三篇,请《随笔》随便用,一次用,二次用,均可。近来没有新的想法,只好看别人的书,觅取文章题目。《勉铃》一文,如未寄刘以鬯,就不必寄去,'房内考'也提到此物,但作者有日本资料,比我讲得清楚,我那篇不想见人面了。"

**二十五日**　在《新闻报·三原色》发表《"乾坤正气"至公堂》:"读七月七日《三原色》,有谭惟翰同志的一篇纪念闻一多的文章,其中谈到云南大学的'至公楼'。作者说,这座楼'实际上是一座砖木结构的平房,并无楼。'平房而称为'楼',绝无此例,恐是作者记错了。我于1937至1940年,在云南大学任教过三年,对云大当时的校舍,我是熟悉的。""还保存的一座大房子,应为'至公堂',不是'至公楼'。"

**二十六日**　致孟浪函:"《香港文学》来信,已决定刊用你的两首诗:《华果之歌》和《心灵之成长》。"

**是月**　《金石丛话》列入"文史知识文库",由中华书局初版印行。

**约在期间**　据刘梦芙回忆:"我曾专程到上海面谒先生。""交谈约一小时,毫无倦意,并问我路费是否有困难,他可以资助。"(刘梦芙《高风千古仰斯人》)

## 八月

**四日**　过录整理万鸿开在抗战时期记录的《闻一多讲杜诗》并撰"题记":"这本笔记我一直保存着,想试为整理,把那些即兴式的评论抄出来,预备和闻先生发表的有关唐诗的论文参证,可是,这个工作,拖了五十年,还没有做。前几天,又从乱书堆中找出这个笔记本,才决心先把这些资料摘录下来,以保存闻先生的讲堂风度。"

**同日**　应学林出版社编辑之约而撰"编印'文物欣赏'计划",其中写道:"这些文物都是清末至民国初年出土的,拓本也是当时著名收藏家所拓。现在这些文物多半亡失,或在外国,已无法得到新的拓本。因此,我想选取一二百种拓片,汇印成一本书,名曰'文物欣赏',或其他书名。我这些拓片的收集不易,我身后势必散失,如果这些拓片也都毁灭,恐怕以后的人永远见不到它们的形象及文字。我这本书目的在保存拓片形象,而并不在文物本身。因为有许多只拓文字,而不拓器形。我设想选印120—200种,用16开洋装本印,每页印一种或四五种,约图版100页,说明20页(5号字排印)。初步计划,内容如下,1. 商周彝器铭文;2. 古匋文;3. 古泉货;4. 秦石刻文字;5. 汉铜器;6. 汉画像石;7. 魏晋南北朝杂器及石刻;8. 秦汉瓦当;9. 砖文;10. 玺印;11. 符牌;12. 镜铭;13. 题名石刻;14. 杂器物。以上十四类,或依朝代编排,亦可。每类选用数目,尚不能定,可能超出预计,有三百多种。"

**九日**　复湖北师范学院杨迎平函言及"近年来对我的旧作写评论者已很多,可能你都没有见到"。

**十日** 致《解放日报·朝花》编辑陈诏函："寄奉一稿《闻一多讲杜诗》，本来是一整篇，想给刊物发表，""从投稿到刊出，起码一年。因此，分为三篇，交报纸副刊发表，你的《朝花》能用否？""何满子一文收到。"

**十一日** 复彭燕郊函："近来已有几个人在为我与穆［时英］、刘［呐鸥］作区别，大致与兄所见略同。兄能写一篇杂文亦好，不必写大文，一二千字足矣。今年的《新文学史料》将发表我的一封与吴福辉的信，其中谈到'现实主义'与'现实性'，兄可注意一下。'双梅影'如未付邮，请勿寄，待秋间有人来时带来。""要购书卡，是否指'房内考'？乞明示。""要二部恐须二个合格的人署名，如齐鲁书社之《金瓶梅》，可购资格是教授或研究员。""王友轩已去英否？如未成行，希望他临走时来舍下一晤。《新故事百篇》拟译名为《法国百家话本》，说明即写，一二周后可寄上。"

**同日** 编讫《雨窗梦话》，将全稿及"目录"、"叙言"邮寄广州《随笔》主编黄伟经，并致短笺："我无法准确估定字数，如果多了，请删去三篇，如果少了，可再加二篇。无暇重抄，原稿不统一，麻烦编辑同志，谅之！"

**十二** 复香港古剑函："今年水势猖狂，多年未有。上海市采取舍车马以保帅的办法，""好在政府对农民有补偿，亦不妨事。近日天晴，水位已低了不少。沙叶新不知去港没有？我去一信，至今无复信。""上星期来了四个日本人，三男一女［谈了三个下午］，都是研究中国现代文学的各大学中人。"

**同日** 复张香还函："手臂、二腿均发大粒痱子，一搔就发红斑，很不舒服。"

**十三日** 早晨复辛笛函："彼此病废，多年不能一叙，老境可怜。望舒诗既以《雨巷》闻名，似不可不选。弟写过一小文，可以供用。""弟实在不会写赏析文字，此事只得让青年、中年诗人去做了。今日下午，令爱来，可详知兄近况。"

**同日** 下午王圣思、陈文华带来辛笛题赠《王辛笛诗集》。据王圣思回忆："父亲承担主编《二十世纪中国新诗辞典》工作，约请施先生撰写鉴赏戴望舒诗歌的文章。""施先生听后大声说：'哎呀呀，怎么没人告诉我，王辛笛的女儿就在我们中文系呢！'他立刻讲起四十年代在我们中南新村的家里吃饭，大声称赞说：'你家的栗子粉蛋糕极好！'""他已写好回信，并附有发表在《解放日报》上的文章复印件《谈戴望舒的〈雨巷〉》。"（王圣思《追忆拜访施蛰存先生》）

**又** 晚上胡从经来晤，先生题赠《十年创作集》，并托带两部给古剑。

**十四日** 复香港古剑函："痖弦处我寄了一文去，他不能用，作废了，因为我讽刺了双方,别人写了没有我不知,大约柯灵、西彦都写了。""意大利14世纪《笑话集》,都是有点色情味的讽刺作品,如《十日谈》之类,每篇200—600字,共八十个笑话,你的刊物上能用否？要不要寄十篇给你看看样子？如可用,我给你每天译一个,不要稿费,帮你充实篇幅。"

**同日** 《文汇报·文艺百家》刊载方克强《发展高品位的海派文学——海派文学研讨会综述》提及:"作协上海分会日前举行海派文学研讨会,""在艺术手法上立意创新、兼收并蓄的小说,如三十年代刘呐鸥、施蛰存、穆时英等人的'新感觉派'小说,在作家主体意识上开阔、敏感、灵活、现代性强的小说,都体现了海派文学的传承特征。"

**十八日** 复《解放日报·朝花》编辑陈诏函:"承告知《闻一多讲杜诗》一稿已采用,甚感。此稿刊出,请各惠寄三份。第一篇稿费寄我处。第二、第三篇稿费请汇交万鸿开同志。此公现住上海,年逾八十,我久未晤见,闻已稍有痴呆。他解放后在粮食局工作,工资不高,退休后,恐生活不甚裕。"

另,据陈诏回忆:"原来他是为了帮助一位老友,愿意为他出力,以稿费资助他。"(陈诏《施蛰存先生印象记》)

**同日** 复台湾李焕明函:"《唯美文学之对偶艺术》设想甚佳,不过我以为最好不用'唯美文学',因此一名词在海峡两岸似乎都有贬义,不如用'美文学',较好;'对偶'不如用'骈语',全书如为'美文学骈语大观',似较好。想书已出版,不及改定矣。丘述尧我还记得,他似乎是长汀人,却不知其在华南师大,厦大中文系同学只有马祖熙一人在上海,他为退休中学教师,现在助我编书,得力不少。陈铁凡去年亦从美国回来访旧,得以一晤。《唐诗百话》久未印出,正在不解,今始知编委会尚未通过,何以迟缓至此？""台湾似乎比此间更官僚作风了。请代问问吴兴文,如联经今年还不能印出,可否向正中书局联系一下。""我送了一册[《北山集古录》]与台大郑骞先生。""我的卅年代所作小说已由北京人民文学出版社印出,""不知台湾已有售否？香港、日本、美国均已可买到。""如有便人来上海,我想托带几本书送你。"

**二十三日** 台湾陈鹏翔来先生寓所访问并合影。

**二十四日** 致崔耕函:"碑目进展甚缓,一点一点的抄,又得到各地供给新出石刻目,无重要东西,但不可不采入。中原有无新出土古石刻？请随时提供信息。"

**二十八日** 复寒波函:"足下提起1940年香港事,引起我不少回忆,当年这一群人,现在存者无几。""我以为,中国的章回小说亦有其长处,它们与西方小说的不同,主要有二点:1. 有叙述,无描写。2. 始末成直线,无曲折的结构。近来青年作家的长篇小说,实际上已与旧小说甚近,而语言反而不及旧小说,连张恨水都不如了。足下所作,我还未拜读,待读后当以读后感写呈。不过,我已注意到大作中'回目'只有一句,似乎不符合传统,既然分回就得用一联回目。我甚至主张全用章回小说文体,每回末了,必须用'欲知后事如何,且听下回分解'。文字全用话本文体,则以小说改为评话,亦很方便。希望足下试写一部参用西方小说故事结构,而能用章回小说文体,也许这是一条新路。"

**月内** 学林出版社致函先生,邀请评审该社"'二十六史分类精华'和'二十六史精华'这两个选题中选择一个,进行编辑出版",先生在该社提供的"选题报告"上提出了详尽意见。其中,对于"内容可作删节,'表'并非各史中共有,又在其他工具书中多见且较完整,原则上全删",先生表示:"同意。"对于"'精华'所选列传人物不超过原史列传人物的三分之一(我们以历史人物的重要性及知名度作标准,对上述三史的列传人物试行筛选,入选者约在20—35％之间,如《后汉书》选30人,《晋书》选92人,《新唐书》选290人)",先生认为:"不妥,我以为隋以前,不删;唐以后,可酌删。"对于"如一般奏章原文删,文学作品内容删",先生表示:"节录,馀删。"对于"'传'可供民族史研究用,予以全部保留",先生表示:"是。"对于"C.有定称的列传同b,其馀全部打乱,由编者按类别再分",先生表示:"同意C,但分类目要考虑。"对于"如可划分成'宰辅类''武将类'等",先生认为:"此名不妥。"对于"删去的部分应加以说明",先生认为:"加一个目录。"对于"具体文中的删节可在文中注明",先生认为:"不必有。"对于"在该篇题目处或结束处标明此本标点本的册、页数",先生认为:"不够!要注原书卷数。"对于"社会上现在流行的二十五史主要有,1.中华书局'二十四史'标点本;2.上海古籍'二十五史'影印本;3.湖南岳麓'二十四史精华'排印本",先生认为:"现在公私藏书家及学人用的石印本及旧木刻本,比这三种更多!"对于"全套精装",先生认为:"每一类分两册,唐以前一册,唐以后一册。"

另,在该社提供的"专家指导意见表"上标注"施蛰存提意见",写道:"我以为用'精华'不妥,史料书只有'重要'或'次要',而没有'不重要',更无'精华'与'糟粕'之分,建议改用'二十六史类要',或名为'二十六汇要'。"并在"附言"写道:"这个计划,其实只要做'九通简编'就容易多了。"

另,对于"本纪"的取舍,先生认为:"本纪不可删节。但问题是,南北史与各断代史的本纪及列传如何处理?新旧唐书,两种元史的纪传,如何处理?"对于"列传"的取舍,先生认为:"先秦汉魏南北朝列传应全部保存,唐宋以后,列传可删去次要的。"对于"志"的取舍,先生表示:"无法取舍,只好保持原状。"对于"表"是否可删,先生表示:"可以全删。"最后,先生提出:"建议加入'清史稿',很有必要,特别是纪、传部分。"

**是月** 孙玉蓉编《俞平伯书信集》由河南教育出版社出版,收录俞平伯致先生函五通。据孙玉蓉回忆:"收到施老的回信:'承惠平伯师《书信集》,收到已一个多月,好像尚未覆谢,十分抱歉,今特奉函补谢。此书393页有一信出了一位湖州人的'洋相',你不该编进去的。此人为湖州名人,今尚在,此信发表,肯定使他难堪。'"(孙玉蓉《遥想施蛰存先生》)

**同月** 16日香港《文汇报》刊载海旸《别开生面的〈唐诗百话〉》。

## 九月

**一日** 先生整理的万鸿开记《闻一多讲杜诗》(一)刊于《解放日报·朝花》。

**同日** 在《新闻报·三原色》发表《桂花如此香》(署名"北山"):"前几天刚看了《八月桂花香》,这个电视连续剧,我最初没有注意,直到第十二集以后才发生兴趣。后来我愈看愈要看,舍不得不看。这是从来没有看过的'历史电视剧'。我爱看这个电视剧,不是因为它好得很,而是因为它坏得出奇。我要看到最后一集,是要看看它坏到什么地步。现在我已看完全剧,当然要为它写篇观后感。"

**又** 香港高俌云致先生一函。

**二日** 始撰《杂览漫记》并作"引言":"近来年,承各方面作者不弃,常常把新作寄给我,也有老中年朋友,愿意把他们认为值得一看的书借给我,因此我看书的机会倒不少。最近,我想应该有一个记录,表示这本书我已看过,不辜负好心的朋友。于是,每看过一本书,随手写一点观感,称为'漫记',不是书评,也不为作者做广告,留一个印象而已。"(按:自此先生撰作《杂览漫记》,陆续写至1993年末方结束。)

**三日** 先生整理的万鸿开记《闻一多讲杜诗》(二)续刊于《解放日报·朝花》。

**四日** 复香港胡从经函:"承介绍台湾商务印书馆为我刊行拙稿金石杂著,极感高谊。""《唐碑百选》及《文物欣赏》二书,正在与上海出版社联系,可以有希望在上海出版,如果成事,今年我必大忙一阵,因为此二书均须加工。馀下的一些金石著作都是文字部分,大多记录一些已亡佚的石刻文字。"

**五日** 先生整理的万鸿开记《闻一多讲杜诗》(三)刊于《解放日报·朝花》。

**六日** 撰讫《乐句与文句》。

**十日** 撰讫《杂览漫记·一个女人的自传》:"老友周松龄从旧书摊上买到一本书,拿来给我看,还特别推荐,说是'一本妙书'。""这本书之妙,就妙在它记录了一个特定时代的知识青年的意识形态。""我在书中读到一段关于秦淮河花船的描写,""这些观念,上一代的女青年不会有,现代的女青年也不会有,岂不妙哉?"

**同日** 又撰《杂览漫记·启功韵语》:"多论书题画之作,有他的心得,青年书家不可不知。诗多谐趣,使我想起'散宜生'。一则寓怨愤于诙谐,一则以诙谐见旷达,都是这一时代的特定产物。"

**十一日** 致台湾林玫仪函:"我与因百[郑骞]先生,似乎酸咸有同嗜,先生有《八十述怀》,我有《浮生杂咏》,先生有《论书百绝》,我有《金石百咏》,兴会步趋,何其合辙也。闻先生文集有《景午丛编》,尚可得一见否?足下已入文哲所,可贺,不知'后半生事业方向'如何?尚拟继续治词否?此间词学耆硕,恐只有缪彦威一人,我是'杂家',词为'客串',不足教及,后起者功力皆不足,传薪绍裘,希望在足下矣。""文哲所吴宏一、政治大学李丰楙两君,去年12月曾来舍下存问,如见及,乞代为问候。"别附请转致林燿德函。

**十二日** 按程千帆日记:"复北图,请转询黄裳、施蛰存。"(按:程氏11日记录"得北京图书馆寒冬虹,询《百名家词钞》家数问题"。)

**十五日** 《上海大学学报》(社科版)第5期刊载吴立昌《三十年代的创新能手——心理分析小说家施蛰存》。据陈孝全回忆:"复旦大学吴立昌教授和华师大研究生饶新冬要写关于中国现代派的作品赏析,要去拜访他,我乃去信代为联系,他以为是要编他的选集,来信拒绝。后来他们去了,得到热情接待,还拍了些照。吴立昌和他还成莫逆之交。"(陈孝全《施蛰存先生点滴》)

**十八日** 复湖北师范学院杨迎平函:"许多五十多岁的讲师、副教授,都是在1958—1968年间读大学的,他们根本没有读书,只是靠运动发迹。1978年以后,他们的过去二十年,成为废物,急起直追,开始用功,有的能够维持下去,有的被淘汰了,至今不能上课。这些人才是'虚度'了最关重要的二十年。""从1978年到现在,我的一切工作,都是补1958—1978年的空缺。"

**二十四日** 复新加坡周颖南函:"今将陈[九思、琴趣]、周[退密]诸公地址抄奉,烦转致潘[受]先生,年来此间耆旧凋零殆尽,存者亦多杜门谢客,无晤谈机会,我虽安健无恙,亦甚感杏寂。前托徐中玉兄带奉《词学》8[辑]一册,想已收到。第9辑已见校样。""有一本贺光中的《论清词》,请代询购。"

**三十日** 萧斌如来信邀请为上海图书馆建馆四十周年撰写文章，即复："'我与上图'这篇文章，我恐怕写不出来。记得 82 年你们出过一个纪念集，都是论文，我以为此次也应该汇集学术论文，较有意义，如果大家写'我与上图'，未免肤浅，有点小家气派。""你那个班子，还是几位老同人吗，念念，为我一一问候。"

**同日** 香港中文大学卢玮銮致函："谢谢您肯给我刊出大作，此书编就出版，仿佛了却一椿心事，也可见五十年不变是事实。"并寄赠所著《香港文学散步》。

**是月** 在中华书局《文学遗产》（增刊十七辑）发表《说杜甫〈戏为六绝句〉》。

**又** 中央文史研究馆编《诗书画》丛刊第 2 辑出版，收录其作《踏莎行·奉怀周梦庄先生兼题海红词》。

**又** 美国《女性人》杂志 9 月号刊载孙康宜《柳是对晚明词学中兴的贡献》并"后记"提及："词会结束以后，我立即将此摘要邮寄上海的施蛰存教授，请他批评指正。（我很感激施教授的不断教诲，自 1986 年以来，凡涉及明末清初的文学研究，我一致请教他，自以为有如入室之弟子一般。）不久施教授即来信，他在信中说：'我觉得你对柳如是评价太高了，她的诗词高下不均，我怀疑有陈子龙润改或捉刀之作。'阅函至此，我暗自心想，莫非施教授也是个大男人主义者，故意贬低柳如是的文才？但当我把全信阅毕，才了解施教授的评语终是有其莫大的启发性的。他说：'当时吾们松江还有一位草衣道人王微（修微），文才在柳之上。'关于王微的诗词，我一向读得不多。经施教授一指点，我开始细心追查。"

**又** 黑龙江人民出版社出版孙树松、林人主编《中国现代编辑学辞典》，内收辞条"《文艺风景》""《现代》""《文饭小品》""现代书局"。

**同月** 10 日《中国社会科学》第 5 期刊载尹鸿《论中国现代新感觉派小说》。25 日《上海师范大学学报》（哲社版）第 3 期刊载姚明强《精神世界的发掘——施蛰存的心理分析小说》。

## 十月

**一日** 国庆节。先生复湖北师范学院杨迎平函："现在上海各书店很少供应我辈所需要的书，满个书摊都是服装、烹饪、台湾小说、色情小说，外省版书更不易寻找，东北的书几乎不到上海。现在寄你三本书，其中两本奉赠，一本严家炎的借你用一学期，请于学期结束时寄还，一则因为是作者所赠，二则因为此书已买不到了。""现在许多青年教师,讲现代文学,甚至当代文学,只能照教材讲,自己没有新的意见,这也难怪,他们没有自己的经验,就是五十年代、六十年代的文学情况也不甚清楚。你如有志钻研一下,我希望你先看作品,自己先下判断,然后再看别人的评论,不要盲从。"

**三日**  致台湾李焕明函:"托便人带奉拙著四册,""另一包,烦代致林燿德小友。台湾有无中华书局?《词学名词释义》一书是否可以由'中华'出一台湾版?烦相机联系。《唐诗百话》事亦请代为一问,如'联经'不能出,可一问商务印书馆,该馆编辑在香港曾托人向我组稿,我无他稿可以应命。"

**同日**  又复平湖葛渭君函:"台湾书出版事,不必抱有希望,那边出版古典文学书也不景气。我的《唐诗百话》审稿三年还没有批准,办事之慢,胜于大陆。《宋元词话》我已全辑,已写好清稿,待明年出版。足下所辑,可能《词话丛编》中已收,请查一查。'本事曲'、'本事词',大概是一书,不过未查出什么时候误为'本事词'。我想大约许多人未见此书,故误'曲'为'词',或者元代人因词曲已分家,故改'曲'为'词'。《近代名家词》已发稿卅家,兄惠假之书,均已用过,过几天整理出来奉还。五代文物拓本少见,欢迎惠赠。"

**五日**  致河南崔耕短笺:"寄奉拙著[《北山集古录》]两册,此册赠足下,另一册赠文物工作同志,随便什么人,由足下决定。此书无稿费,出版社送了我60册书。"并就崔耕为撰《洛神与洛神文化现象》而请教关于曹植与甄妃之问题作了二纸答复。

**九日**  邓广铭复函:"所示吴文英一条,社科院文研所正有一青年友人专致力于吴梦窗其人其词的研究,已转她去作进一步的探索。""范开家世,我是以下列诸条件进行考索的:1. 其祖籍须与洛阳有关;2. 他必须是元祐党人之后;3. 他必须是《稼轩词》甲集序文的作者。故凡其与此三条件中之任一条不相合者,均在排除之列。所作《范开家世小考》,即在此原则下写成。""至其是否别署竹洞翁,经查嘉庆《松江府志》,知大学者孙星衍亦总纂人之一,而'志'中于《白龙潭记》之前即迳标范开所作,尽管如此,我仍以为值得怀疑。拙文已在《中日文化》杂志上刊出,""故错别字特多,今寄上一份。"

**十日**  在《读书》第10期发表《鲁拜·柔巴依·怒湃》。(按:柏丽阅后作诗《〈怒湃译草〉既梓,有感,兼谢钱锺书、施蛰存二老题签、推荐之惠》)

**十四日**  复安迪函:"《千甓亭》师大有,我用过,倒是一本《秦汉碑述》,请再找一找,我要的。""'中国文物小丛书',过去只卖三四角一本,现在不知价多少?我已有十多册,你找1987年以后出版的,代我买几册来。""如去中国书店,或琉璃厂,书摊上看看,有木刻本名家词集(薄薄一本),只要是民国前印的,也可以随便买几本。总之,我现在要的是金石碑版及词集,不要著名的,只要名不见经传的冷门书,不要大书,只要小书(二三十页的)。"

**十五日** 香港高伯雨致先生一函。

**十六日** 重阳节。在《文汇报·扩大版》"诗词小话"专栏发表《筝雁》。

另,据黄裳回忆:"夏承焘是著名的词家,也是蛰存的朋友。夏的《学词日记》就是先在《词学》上发表的。夏对姜白石词研究用力甚深,有《姜白石词编年笺校》,一时推为名著。蛰存撰短文《筝雁》在《文汇报》发表,对夏氏在白石《解连环》词中'小乔妙移筝,雁啼秋水'句的点读,提出批评。论证详明,从乐器的阮咸与琵琶,说到如此点读的根据,与宋代词人同调词作的句法,以及'筝雁'并用的句例,驳夏的'移筝不误'说。主张此句应作'小乔妙移筝雁,啼秋水'。""此文可作蛰存对学术问题从不马虎,敢提出自己见解,诚直对待朋友的一例。"(黄裳《忆施蛰存》)

**二十一日** 复耶鲁大学孙康宜函:"你有两个学生,在译我的《唐诗百话》,先后有信来。刘裒蒂译了三篇,还不坏,我鼓励他们全译,也希望你推动推动,有许多外国人不需要的,可以删掉,如论韵律之类。另封寄奉我的《浮生杂咏》八十首,""请你看看,可知我早年的文学生活,如果方便,请复印一份寄加州李欧梵。"

**同日** 《文汇报》刊载凌河《石秀之"恋"?》:"忽见一书,封面之上,影影绰绰一对调情男女,书名夺目,赫赫然《石秀之恋》,再看作者,竟是如雷贯耳施蛰存先生!"

**二十二日** 复香港高伯雨函。又复湖北师范学院杨迎平函:"我看了三部女士的自传都是好书,一部是潘[郑]念的《生与死在上海》。""赵元任夫人杨步伟的《一个女人的自传》。""去年湖南出版的《宗岱和我》,是梁宗岱夫人甘少苏写的,也很好。""我劝你放下'当代文学',专研'现代文学',够你教学十年了,过一阵,我空一空,再给你一个大纲。"

**二十三日** 在《新民晚报·夜光杯》发表《莼羹》:"收到《读书》第9期,看了一篇蒋竹荪的《一字之谜》,从梁实秋的一篇文章说起,谈到了《世说新语》中那一句'千里莼羹,未下盐豉'的问题,于是,这个从宋朝人开始提出的疑问,又展开了一番讨论。""接下去谈谈我的意见。"

**同日** 复耶鲁大学孙康宜函:"不过水来时,夏收已过,现在水退,正好秋种,今年仍可丰收。""你得到了《吟红集》,""1982年我托日本东北大学的村上哲见教授去找这本书,他也无法获得,可见还是在日本的美国人有办法。此书封面上有'啸馀'二字,不知是否附有词、曲?如有词,可否印一份给我?又,请你查一查有没有王微(修微、草衣道人)的资料,我想可能有往还诗词。""我今年编《近代六十名家词》,已发稿三十家,年底发完。明年秋由华东师大出版社印出。"

**二十八日** 复河南崔耕函:"寄奉书[《北山集古录》]三册,""我想留以与各省市文管会、博物馆同道者结缘。山东平度市博物馆于书亭同志,我送了他一本,他送了我新出土汉碑《王舍人碑》的拓本。""你那个战国残瓦当是好东西,""我还念念不忘《萧和尚碑》的碑侧文,可否请王雪宝同志补拓一份给我。""开封龙亭有翻刻的《崅嵝铭》,我想抄得铭后的一段跋文。""我有长沙宋刻拓本,西安本,浙江博物馆有一个明拓本,我已得到照片。我在编一本《崅嵝铭》,已知从明到清,共有十四种拓本。"

**三十一日** 晚上邓广铭复函:"大著《北山集古录》到来之日,却又正是我要去香港开会(纪念胡适之先生百岁诞辰国际学术研讨会)的前两天,""日来排除一切冗杂,急切地拜读了这本'集古录'。虽不是一口气读完,却也确实是爱之不忍释手。最后的《金石百咏》,更有曲终奏雅之感,佩服佩服!""在此我只能抄用程千帆、陆维钊说过的几句话:一则是颇惊诧于阁下'近年蒐聚之富,涉猎之博,于此道为空谷足音,诗既雅韵,注亦多识';二则是'乃愧相知之未尽也'。似乎还应当抄用周大烈的一句:'惜平生于翠墨无缘,未能相为印证耳。'范开、竹洞翁及《龙潭寺记》中诸问题,恐唯有待尊处找得拓片后方可得到确解(北大图书馆购得缪艺风、张仁蠡〈柳凤堂〉的全部拓片,经查竟无此记),目前且可暂置不论。因在'嘉禾''松江'两志引文中并'法因'之名亦不曾一见。颇疑《松江府志》所谓'僧法因建'一语亦未可靠,故须拓本加以证明也。"

**是月** 上海古籍出版社出版陈诏著《美食寻趣》。据陈诏回忆:"我寄一本新出版的拙著《美食寻趣》给老人,恭请他指教。过了几天,我与他见面,他就说:'你的书我看了,前半部写中国饮食文化发展过程,写得还不错;后半部写中国饮食文化的特点,就有些乱,没看完。'我听了真感动真惭愧。""他的直言不隐的性格又是何等坦率、真诚啊!"(陈诏《施蛰存先生印象记》)

**又** 天津人民出版社出版马良春、李福田总主编《中国文学大辞典》第4卷内收辞条"《庄子》与《文选》问题论争""杂文价值问题讨论";第6卷内收辞条"施蛰存"。

**约在期间** 朱大可(文化批评学者)来访。据朱大可回忆:"老人坐在正午的阳光里,玉面皓首,周身散发出幽默和睿智的光泽,俨然一代大家的风范。他戏言跟我几十年前就是密友,当然,他指的是另一位叫做'朱大可'[莲坨]的故人。在以后的话题里,他开始嘲笑那些'当代文学史'的炮制者,笑指他们不是在'修史',而是在'践实',也就是践踏当下的文学事实。"(朱大可《施蛰存,一个百年孤独的灵魂》)

同月　9日辛亥革命八十周年纪念大会在京举行。

## 十一月

一日　致马祖熙函:"如起居无恙,下星期盼来取标点件。已发稿三十家,手头尚可用十馀家,后此则难于为继,须物色底本了。"

同日　复台湾林玫仪函:"藏书章很有趣味,我的藏书中也有不少藏印,很想也收集一下,印一二张卡片作纪念。""另一简请代付邮。"

三日　早晨耶鲁大学张充和、傅汉思夫妇来先生寓所访晤。先生自述:"突然惠临,使我惊喜,充和五十年未见,不意此生犹能一晤,所恨他们来去匆匆,未能尽东道之谊,永为遗憾。"(致孙康宜函,1991年12月12日)

同日　撰讫《看书·读书》:"我想在语文教学工作方面,向中小学语文教师提出两点建议,也同时向青少年提出两点语文学习的方法。"

又　《新民晚报·夜光杯》刊载章锡良《〈莼羹〉一文的补充》:"施先生不愧为一位严肃的学问家,确是梁实秋先生记错了。经笔者查考,施先生所说见于宋人笔记中,是不错的。"

五日　致湖南彭燕郊函:"有一篇译稿样本,请兄看过后即转与湖南文艺出版社管筱明同志。另有一信,亦一并转去。Fanny Hiee 我有一个影印本,""找到后可寄奉。我编的《外国独幕剧选》共六集,""五、六两集1986年已排好版,搁着未出,现在听说已决定印出。上海书店明年将影印我的'中国文学珍本丛书',亦是一个好消息。"

六日　撰讫《补充得好》:"见到章锡良同志为我那篇《莼羹》的补充,非常感谢,又非常高兴。""我很希望见到那本《干巷志》,不知'物产'类中有没有关于莼的资料。把'干巷'与'干山'联系起来,又发生一个问题,难道那位著名的铸剑师干将是一个松江人吗?不然,为什么这个地方应为'干将里'?顺便提一下,我那篇文章中有两个'应'字,都是'名'字的误排。两个'里'字,前一个是繁体字'裡'的误排,请剪报同志们改正。"

八日　在《青年报》发表《看书·读书》,同时还刊载记者姜敏摄影"施公近影"相片。

**十三日**　在《新民晚报·夜光杯》发表《补充得好》。

**十五日**　在《随笔》第 6 期发表《杂览漫记·房内、林纾、红白喜事》。据黄伟经回忆："1989 年下半年至 1991 年底,是《随笔》办刊以来最为艰难的时期。""施蛰存对我的约稿可说有求必应。""隔月或隔两个月必为《随笔》撰稿,先后共寄我文稿十五篇。"(黄伟经《忆念施蛰存》)又复平湖顾国华一函。

**十六日**　撰讫《杂览漫记·两宋文学史》："南京大学程千帆教授把他和吴新雷教授合著的《两宋文学史》寄赠给我,还是 9 月间的事。""这本《两宋文学史》是写得详赡而审慎的,特别是因为千帆兄多年来致力于古文,所以此书中论及散文部分,尤有卓见。""不过,我对书名用'两宋',却有意见。"

**十九日**　香港高倬云致先生一函。

**二十一日**　复孙琴安函:"前几年,曾在香港《大公报·艺林》见到你几篇作品。""戴望舒没有出过创作的散文集,只有香港三联书店的一本《戴望舒选集》中收了 20 篇散文。散文译作也只出了一本,西班牙阿左林的《西班牙小景》,是十年前福建印的。"

**二十六日**　复李辉函:"我家大门(实是后门)日夜开着,无法像柯灵那样贴一个条子,谢绝来访客人,而近来客人不断。""在《现代》第 2 卷的《社中日记》中,有一篇郭沫若的题记,你发现了没有? 这是郭老的佚文。"

**二十七日**　孙康宜自耶鲁大学复函:"《浮生杂咏》八十首,看过感慨尤深。篇篇俱佳,有关八大山人'有根无地'之画,对我尤有共鸣之感。那篇'粉腻脂残饱世情'可谓绝佳的'杜牧 rewriting'(美国批评家一定欣赏这种 rewriting!)""很希望我的学生们能继续翻译大作《唐诗百话》。""故我常利用开 seminar 时,请他们以'翻译大作来代替 term paper,'如此他们可以细读大作,也可学习翻译。也谢谢寄来'诗词小话'二篇。那篇《武陵春》很有意思,'物是人非'做'物在人亡'解,尤其让人折服。《别枝》那篇使我学到许多。"

**同日**　复张香还函:"书信热早已热到我身边,傅艾以[《现代作家书信集珍》编者]来要,""生存的朋友的信,我无权给;已故朋友的信,早已送完,如茅盾、沈从文、俞平伯。书信编一本倒可以,要加'欣赏',就使人厌烦。两人之间的通信,由第三人来欣赏,不知能欣赏出什么来? 我那两本旧小说[《善女人行品》《将军底头》,上海书店 1986 年、1988 年影印],似乎能销,许多人来问我要,可怜我只存三四部,万万不能送人了。"

**又** 纪弦由美国致先生一函。

**下旬** 致周退密函:"沙孟海书学院在宁波成立,将于12月举行典礼,有请柬来邀我参加,并希望送些诗文书迹。我想送一诗,但近无诗兴,想在成立大典时先送一贺件。今日命孙儿去求包谦老,请其代笔,不意谦老偃倒,云手腕痉挛,已不能提笔。""足下处亦必有请柬,是否可以由足下写一纸,吾二人具名,寄去塞责?"

## 十二月

**二日** 复周退密函:"李立中问起上海有何人应致请柬,我即以足下及刘惜闇、高式熊三人地址写去。""《词学》9期尚在二校中,恐须阴历年内可出。12月底发第10期,亦须1992年终方能出版,现在只能做到一年一期。我想编到12期即放手,能否续办下去,不可知矣。"

**三日** 香港高倬云致先生一函。

**五日** 为将郑骞《成府谈词》编入《词学》集刊第10辑而撰"编者按"。

**十日** 撰讫《闺情诗》:"早稻田大学松浦友久教授写了一本《中国诗歌原理》。去年,辽宁教育出版社印出了它的中译本,著者托责任编辑寄给我一册。""他得出结论是:'唐人的爱情诗中用第一人称的手法很贫乏'。这个观点引起了我的兴趣。""于是我对'闺情诗'做了一番考察,""我得到的结论是:一、闺情诗不是爱情诗。二、闺情诗是一种代言体诗,不可能用第一人称的主体写法。"

**同日** 按程千帆日记:"复赵昌平并请其以诗寄蛰存。"

**十一日** 复吴醿禅函:"承惠佳拓,""宾虹老人定为南朝物,足下云是五代物,未知孰是。观其书法、刻法,甚似北齐石经,如能知其出土时地,当可鉴定。"

**十二日** 复耶鲁大学孙康宜函:"手书并《吟红集》三卷收到。""映然子词不甚佳,视柳如是、王修微,瞠乎远矣。有一疑问:第15、16卷为词,第30卷为曲,不知第17至29卷是什么?词曲之间,不应再有别的文学型式。又称词为诗馀、曲为词。此一观念,大可注意,盖沿袭元人之观念也。宋人称词为诗馀,当时未立词名,故以词为诗人之馀事,卑之也。元明人的曲为词,尊曲也。曲既为词,则词为诗馀。此时之诗馀乃词之尊称矣。此意前人所未言,我从《吟红集》卷目中悟得之。""你如晤及[张充和、傅汉思夫妇],请为致意。"

**十三日** 邓云乡致先生一函。

**十七日** 复周退密函:"李立中亦来过,他们延期,""兄书'千秋墨妙'可先寄去,万一弟诗不成,亦总算有一份贺礼(我并不想不做此诗)。足下之诗,我觉得未免草率,未出足下所长。""舍下电话是儿孙用的,他们不在家,二老就听不到。贺年片高潮已来,对付不了,翠楼纪念卡奉赠一份。"

**二十日**　先生寄赠北京冯亦代贺年卡:"近况如何?膝下有何人陪侍?希望多写点回忆文章,不要专谈外国文学;有杂文,可在上海发表些。"

**二十四日**　中午先生收到谭正璧讣告(19日逝世),即复其女儿谭寻函:"我不能到殡仪馆吊唁,请原谅,务请代办一个花圈,奠置璧兄灵右。款明后日汇奉。"

**二十五日**　先生寄赠厦门大学郑道传、陈兆璋夫妇贺年明信片:"新年纳福。"

**三十日**　周松龄来晤,带来其与素封等合译、许君远校对的斯文·赫定著《西藏探险记》(上部)译稿(草底),并附言:"请施老过目一下,是否有价值译齐,再设法补译后半部出版。"

**三十一日**　复张香还明信片:"一雪之后,老夫老妻均受不住,老妻已卧床三日,我也终日蜷缩。"

**下旬**　据陈诏回忆:"寄给我的'贺年(有奖)明信片',当时刚刚推行此种贺年明信片,可以凭号码对奖。施老先生在明信片上写道:'贺新岁,祝健康,希望你中头奖发一笔小财!'我收到这张贺卡时真的忍俊不禁,乐不可支。"(陈诏《我收藏的作家贺年卡》)

**是月**　为《中国近代文学大系·翻译文学集》所作"导言",以题为《西学东渐与外国文学的输入》在《中国文化》第5期(秋季号)发表。

**同月**　13日任中敏在扬州逝世。警官教育出版社出版《中国古今名人大辞典》,书中第555页辞条"施蛰存"。浙江文艺出版社出版吴福辉《带着枷锁的笑》,书中章节"中国弗洛伊德心理小说向现实主义的归依——兼评施蛰存的《春阳》"。上海书店开始出版由范泉主编的《中国近代文学大系》,共十二集三十卷,二千万字,至1996年全部出齐。

**约在期间**　据陈诏回忆:"一次他的心情好,漫聊中谈到鲁迅。他说:'鲁迅骂了很多人,就是不骂蒋介石。他逝世后,有人在广州发现一张小报上有他的一篇佚文(后来我查了《鲁迅全集》,才知道指的是《集外集拾遗补编》收录的那篇《庆祝沪宁克复的那一边》),虽然不指名,却是对蒋介石泼了一瓢冷水。这样重要的一篇文章,鲁迅生前为什么不收到集子中去？很明显，他也怕得罪蒋介石，怕找麻烦啊！'当然我也知道，老人在别的场合，对鲁迅是作正面评述的，绝少说三道四，信口开河。"（陈诏《施蛰存先生印象记》。按：陈诏书信答复征询此次谈话的具体时间"大概在上世纪90年代初"。）

**又** 据周普记述："收到了先生托人从慕尼黑转寄给我的两本创作小说的结集《石秀之恋》和《雾·鸥·流星》。在通过博士学位的答辩后，我写信告诉了先生，先生来信表示热烈祝贺，并兴致勃勃地向我要了一本学位论文。收到后，又写信告诉我：'你的论文我只看了一章结论，还是不懂，这本书只能做纪念物了'。在同一封信上，先生对于自己以往的作品谦逊地表示：'我的旧作，卑不足道，但它们表现了三十年代上海的形象。'在谈到文艺界存在的一些不良现象时，他也进行了不客气的批评：'对于青年作家的文风，那些海内外精英的作风，我也与你有同感，他们的毛病都由于文化水平太低，大约只会教他的诗。外国人跟这些人学中文，我看今后的西方汉学家，决无可能再出几个斯坦因、伯希和或马司贝洛。'"（周普《书缘》）

## 一九九二年（岁次壬申） 先生八十八岁

### 一月

**三日** 按程千帆日记：得施蛰存贺年片。

**五日** 致谭正璧女儿谭寻函："我想设法让你在文史馆补一个名额，有一点生活津贴。或另想办法，此事要在春节以后，也不知能否如愿。""如果有什么困难，亦请告我。""今年上海书店可能合印四种《俗文学》副刊，你父亲的一份，如果还在，请保存。""你父亲所有一切书信，亦望保存，不要处理掉，亦不要给人取去。又，你父亲解放以后所出单行本著作，请你开一个目录给我。"

**同日** 程千帆致函："贺年卡拜领，故人情重，真可感也。""偶有小诗，检寄二纸，其'独携'数章，赐阅后乞转寄陆浑山。"

**十日** 复郑州大学中文系罗炯光函："你要选我的书信编入你的《现代作家书信》，我可以同意。""我希望你不要选用已出版的旧信，你征集一些解放后的新书信也不难。我的信在这几年中，散在各处的不在少数，郑州、开封都可以有百多封，你可以去问郑州的崔耕，开封的刘朱樱（李白凤夫人），请他们供应你一些新的信。"

**十五日** 撰讫《苏曼殊佚画题记》:"近日从敝箧中得此四张照片,阅世七十年,已黄而黑,恐不能制版。每张均有题语,幸而得此时已另纸录出,还能保存此数段曼殊及蔡哲夫的小品文字。曼殊画集中没有这四幅画,题记只有两段见于曼殊全集,有误字。可知柳亚子、无忌父子都没有见到这一份苏曼殊遗墨。因此,我把这几段题记发表,以帮助其保存。"

**同日** 复湖北师范学院杨迎平函:"你这篇文章我已看过,有一点意见,提供参考,文章一开头就好像是为我伸冤叫屈,以下就好像都是为我辩护。这样一来,给读者的印象,就显得作者的主观主义,好像先有成见,而后竭力做翻案文章,我以为你应当把这些语气统统删净,使文章成为一篇客观的评论分析文章。"

**十七日** 当日收到赵清阁于病中来函。先生自述:"阅之凄然,又无法去尊寓奉慰,一直感到非常难过。"(致赵清阁函,1992年4月4日)。

**十九日** 在《文汇报》发表《杂览漫记·引言、中国现代百家千字文、一个女人的自传、启功韵语》。

**二十七日** 复张香还函,言及"你又为我做了义务宣传部长了[25日《新民晚报》刊载张香还《笔,就是他的生命——记施蛰存先生》],'夜光杯'第一篇是林放的交椅,你坐了去,也不容易";"杨义毕竟不了解三十年代文坛,说话不着实"等等。

**月内** 张充和由美国致函:"得信及祝福词,至感至谢!回美后本欲修书道扰,奈由港至美乍暖还寒,因致肺炎逾月,现已渐愈。命书芜词,词者不堪入目,乞谅。回来重观录相,神采焕发,绝不类八十以上人也,可喜可庆!""并问慧华师母好。"

另,据董桥记述:"是题蒋风白双鱼图的一首词:'调寄临江仙,即呈蛰存词宗两正。'下署'辛未十二月充和'。这幅词笺施先生送给了上海陆灏,陆灏后来又赐给了我。"(董桥《随意到天涯》)

**是月** 选编《外国独幕剧选》第五、六集,由上海文艺出版社初版印行,收录先生为第五、六集出版所作的"引言"(下),以及"编后记"。

另,按先生自述:"出版社的领导和编辑同志,为了不使这一套选集残缺不全,下决心把第五、六集一起印出来。虽然每集只印300册,至少使它们可以有300部全书流传、保存于各处。""在我六十多年的编辑工作中,《外国独幕剧选》这一套书是我完成得很愉快、很自负的。""可以说是一个剧种的文献记录,也是它的全部发展史的里程碑。"(《关于独幕剧》)

**又** 中华书局出版《中华书局收藏现代名人书信手迹》,收录先生致钱歌川二函、张梦麟一函。先生自述:"现代的文人、学者,可以无求于达官贵人,却不能不有求于出版家。这四百封信,反映了一代文人如何迫切希望他们的著述能够问世,一部分书信更反映了他们的经济处境。"(《杂览漫记》)

又　上海古籍出版社初版印行《古诗海》(全二册),先生列为"撰稿人"之一。

又　应国靖编《施蛰存散文选集》由百花文艺出版社第三次印行。

## 二月

**三日**　除夕。寄赠李福眠贺卡:"奉贺岁朝春,遥祝福眠同志。编辑之馀勿写怪字,一样费时间,还是走正路多临古帖。"

**四日**　春节。致沈师光函并贺卡"恭贺岁朝春"。

**六日**　陆谷苇来贺年,先生应邀用钢笔为其题写纪念册:"壬申岁首,谷苇邀书此册,以为纪念。仓猝之间,无话可说。自念平生,历经险峻,吾以磊磊落落处之,幸登米寿。天之贶我,亦已甚厚。无怨无尤,于焉终老。"

**同日**　复香港古剑函:"苏雪林处我已去信,台版《唐诗百话》还没有消息,我也不想去问,听其自然。你也千万不必代我问,应该'大方'些。"

**八日**　张香还来先生寓所贺年。

**十日**　致《解放日报·朝花》编辑陈诏函:"刚过春节,还没有动笔为文,贵刊稿尚无可供应,昨日抄得一些小品,亦如'闻一多讲杜诗'之类[《苏曼殊佚画题记》等],不知能用否？今寄奉,请随便安排,不用烦寄回,因只此一份。"

**十八日**　元宵节。邓广铭致函:"前蒙示知,有人告以在《平湖吴氏宗谱》中发现吴文英一名吴浃之事,当即转告社科院文学研究所编辑《文学遗产》之一同志(因她现正从事梦窗词的研究),她立即依照尊札所示地址姓名函询此谱,不久即蒙此公将全谱影印寄京,节前蒙其送至舍下,要求鉴定其真伪。我稍加翻阅(宋代以下的未看),知其宋代部分全出伪造。""胡乱拼凑,故颠倒错乱,莫可究诘,则其'吴浃(一名文英)'之说,亦万万不足信也。近年我所见到的这类伪造祖宗的谱牒甚多,如丹阳岳氏宗谱,冒称岳家之后;太原杨氏宗谱,伪称杨继业之后,等等。唯在铅山辛氏宗谱中发现《稼轩历仕始末》一文,绝非伪为。然都是因稼轩名高而被抄中,非稼轩一录之铅山辛氏宗谱(系明代闽迁铅山者)中者。以稼轩为始祖之辛氏宗谱,清代的辛启泰犹及见之,今则遍访未得,故此文实因另一辛家之作伪而幸得保存。我曾有抄出之一纸,今以复制件寄奉,不知我公能同意我的判断否。另有须与我公奉商之一事,我公所藏

'龙潭寺碑'之拓片,既已从阁楼上找得,我颇欲一觇其原文。今拟拜托华东师大古籍研究所中一友人裴汝诚同志,持《至元嘉禾志》所载该文之复印本趋府拜访,以此本与我公所藏之本通校一过,勘正其异文,补录其阙漏,庶可使此寺之修建者与此碑之撰作者,可得一明确之解决。"

**十九日** 刘梦芙自安徽致先生一函。

**二十日** 致耶鲁大学孙康宜函:"你的自传及女诗人选集计划,均已看过。""你的诗选计划,我觉得唐诗选录太少,《全唐诗》中还可以多选若干首。看来,你是诗词不分,统名为'诗'的,是不是?宋代作品,几乎都是'词',似乎'突出'。第二部分'书目'中有不少书我未见过,不知你是否都见到?这些书中,美国可以见到的有多少?担任翻译的人手不少,我以为应统一译法。我以为应该逐句直译,必要时加注,用 Blank Verse 形式译较妥。最好是用二道工序译法,先逐行译为白话汉文,再从白话译为英文,律诗仍可大致保留对仗形式。"别附一函请转致傅汉思、张充和夫妇。

**二十一日** 复林淇函谈及:"敌伪时,他[邵洵美]不落水,与邵式军无来往,亦不沾染邵式军的关系,这都是他洁身自好的优点。"

**二十二日** 在《新文学史料》第1期发表《怀念李白凤》。

**二十九日** 复林淇函:"洵美是硬汉,经济困难,没有使他短气!他最后一年,确是很穷,但没有损害他华贵的公子气度。"

**是月** 选定《花间新集》由浙江古籍出版社初版印行。

## 三月

**一日** 在香港《中国语文通讯》第19期发表《乐句与文句》。

**同日** 又在《解放日报·朝花》发表《苏曼殊佚画题记》。

**三日** 复香港古剑函:"下过一次雪,有十几天严寒,老人故世了不少,唐弢、徐铸成、赵超构、任中敏、谭正璧;中风入医院的也不少,谭其骧、陈从周等等。我们二老人今年幸而无事,没有躺倒过,从3月1日起,我恢复工作了。""香港还有一个老诗人柳木下,不知还在世否?""香港有没有卖西文旧书的店?"

**六日** 萧乾致函:"38年河内之别,好像即失掉联系。近年来常拜读老兄大作,实深钦佩,对兄高谊,一直感念。今读手示,方知当时细节(打手印了),更为感动。弟曾多次与上海文史馆领导表示,希望多向老兄请教,全国'文史笔记丛书'尤望兄大力鼎助。""为使兄了解弟况,特为寄上回忆录一册,祈赐正为感。""老兄已近九旬了吧,仍在大写文章,我们中华民族幸。今天,如兄那样古今中西贯通之学者作家,哪里去寻见啊!"别附文洁若致先生函:"2月29日来信收到,萧乾常说您对他有救命之恩。""另邮寄上拙译《蜜月》。"

**七日** 复湖北师范学院杨迎平函:"我觉得你的题目太繁,我建议你改为'石秀的表里'之类。因为《水浒》中写的是石秀的'表',我写的是其'里'。"

**八日** 复范泉函:"这件事我还以为一文不能两收,如果《新文学大系》已收的论文,《近代文学大系》就不必收了。但是《近代文学大系》的文艺理论部分,可以收一些1840年以前的开风气的文论文章,以反映近代文学新倾向的泉源。这样,两部《大系》的编辑方针就一致了。我想,重复的不会多,还是删去。""浦[江清]的文集序文一时还写不出,恐须迟到三、四月间。"

**九日** 致《随笔》主编黄伟经函:"今年恐怕不能多寄稿了,去年岁暮,发现心律不正常,脑血管时有胀感,""第一季度,恐无文可以求正。""前几年,'花城'曾重印孔另境所编《现代作家书简》。此书当年孔兄尚留有不少馀稿,待编续集。现在其女海珠又增辑不少新得资料,编为二集。我希望'花城'能接受出版,使此二集由一家印出。""今年是散文年,书信集已有三、四种在编印,都不如'孔稿'之为原始资料。"

**十日** 致茅于美函。据茅于美记述:"得施蛰存教授来函,表示愿将此文转载于《词学》。因前稿写就后意犹未尽,故借此机会将此文重新整理改写一过。"(茅于美《现代女词人吕碧城·后记》)

**十一日** 复香港古剑函:"高倬云(润霞)又要开书画展了,好像是在3月中,烦你打个电话去问问,如果来得及,请你代我送一个花篮,用我们二人的名义也可。"

**十五日** 致上海辞书出版社卢润祥函。据卢润祥回忆:"要我代借《中国佛教史》,其中有关鸠摩罗什的章节,他还要细读一下,据此再作润色。"(卢润祥《先生真长者》)

**二十日** 致湖南文艺出版社译文室函:"承赐'外国诗'一册,""选了一首张厚仁译的德国诗,张君是我的学生,现在美国,他译了卡夫卡的散文,在前年台湾《联合文学》上发表,你们能否送他一册。""今年大约是小本书年,这样的小开本书,已有好几家出版社在编印。你们'玲珑文丛'目录已见到,我以为最好不要中外文学合编,例如'中外散文'就不妥当,还是分中外二册为妙,'小品文'与'散文'也不易区别。"

**二十一日** 致河南崔耕函:"希望先知道登封文保所同志要什么碑的旧拓本,早日示知,我要爬上楼去找出,我的拓片都在四楼小屋中,我上楼取书,简直是爬上去的,一年不过几次。近年各地墓志出土甚多,我的《四续访碑录》尚未抄得清本,而续集资料已又有十年,真可谓'以有涯逐无涯',令人丧气。杨华松见到不?"

**同日** 复吉林《社会科学战线》林之满函:"打算在年内结束一切文字工作,还没有把握,故不敢再空口答应一切约稿。""戴[望舒]《爱经》是87年漓江出版社印行的,我处已无馀书可奉赠。""印度那一本《爱经》,是另一本书,未有译本,不便出版。"

**又** 《解放日报》刊载《从施蛰存被改书名谈起》:"《施蛰存十年创作集》(上、下)交人民文学出版社出版。出书时,出版社说为了让书名更吸引读者,同时也为了让书的订数上去,就将上册改名为《石秀之恋》;下册改名为《雾·鸥·流星》。这样一改,订数是否较原先的书名增加。""面对着一位严肃认真的八十多岁的老作家,读者瞅着这两个书名也多少有点哭笑不得。施先生的本意,好像也不同意出版社这么改,否则他就用不到在书的前言里对'书名'来上一段'说明'了。"

**二十七日** 为编讫《词学》集刊第10辑而撰"编辑后记":"这两年来,出版界情况很乱。关于词的书,各省都有出版,而上海不易见到。有些出版物,质量不高,我们也不愿为之介绍。""本刊第9辑,从发稿到印行,经历了一年多时日,学术书刊,难于出版、发行,而需要者,实际并未减少。这一矛盾,使本刊同人非常困惑。希望爱好本刊的读者,随时将姓名地址通知本刊编辑部。"

**是月** 汉语大词典出版社出版王纪人主编《中国现代短篇小说欣赏辞典》,收录其作《梅雨之夕》,并附有沈其茜所作"赏析"。

**又** 长江文艺出版社出版《中国现代新诗三百首》,收录其作《桃色的云》。

**同月** 4日《文汇报》刊载孙耕民《施蛰存教英语》。31日《文汇报·生活》刊载刘绪源《碑中生涯》。

## 四月

**四日** 致赵清阁函:"三个月来,天气恶劣,我亦衰颓,常念旧友,近日有人来说,你又患病入医院,不知确否?写此束试探,希望你安健无恙。"

**五日** 致《解放日报·朝花》编辑陈诏函:"寄上一文,'朝花'可用否?或转给查志华的'读书'版亦可。另一纸请转给查志华同志。"

**同日** 在《解放日报·朝花》发表《闺情诗》。

**六日** 在《书讯报》发表《新春第一事》:"首先要做的工作,是编好两本书稿。第一本是《唐碑百选》,""我在十多年前早已编好,交给香港《书谱》月刊分期发表。《书谱》月刊于前年停刊,总计只发表了三十多块碑,未发表的照片和文字,被前任编辑取去不还,因此不得不重新编补缺失,我想用三个月时间重新编定。""另外一本书,是《文物欣赏》,这是拟目,正式书名还不能确定;我不是文物收藏家,我所有的只是文物拓片,我所欣赏的也只是拓片,""计划选择历代文物的拓片一二百种,印一本图谱。"

**十二日** 致梁雪予(披云)诗笺:"黄浦当年旧同学,白头今日新相知。人事沧桑几回复,鸡鸣风雨共禁持。多君海国蜚声早,愧我衡门守拙迟。感激天南青鸟使,琼琚三卷与疗饥。雪予先生惠赐大著,赋此申谢。"

**同日** 又应邀为《文学报》李福眠寄来的《金石丛话》题记:"福眠同志购得此书,嘱签名留念。"另纸附言:"有几个错字,已为你改正了。"

**十七日** 周退密作词《蝶恋花·施蛰老惠赠〈花间新集〉,喜赋》。

**十八日** 撰讫《绿肥红瘦》。

**十九日** 在《文汇报》发表《杂览漫记·两宋文学史》。

**二十日** 《书讯报》刊载陈诏《〈金瓶梅〉中有王世贞的诗句》。据陈诏回忆:"老人看到拙文后立即来信说:'运去黄金失色,时来顽铁生光。此语恐怕早已出现在王世贞之前,你的证据还有待查考。'老人的提示确有道理,后来我果然发现此系俗话,元代就有人引用,不能算是王世贞的创作。"(陈诏《施蛰存先生印象记》)

**二十一日** 在《新民晚报·读书乐》发表《关于独幕剧》:"从1986年印出了第四集后,就碰上了高档文艺书出版事业的不景气。第一集印行5 350册,第四集只印了1 750册,第五、六集,新华书店根本征订不到数字,出版社只好搁着不印。""我很感谢上海文艺出版社的这一侠义行动,为此写了这一篇文章,给已购买本书第一至四集的个人或单位通个信息,不要失去这个配补全书的机会。书已印出,上市恐怕还不到300册,欲购者请即向新华书店或上海文艺出版社函购部联系。"

**二十五日** 撰讫《"垮掉的一代"质疑》:"老友彭燕郊是一位诗人,我一向只知道他写诗写得好,却从来不知道他也钻研诗的理论。前不久,收到他寄赠的一册《和亮亮谈诗》。我用三个下午读完了,感到非常惊讶,想不到他对中国新诗,能提出这样精辟的评论,真有些感到对老友失敬了。我对他的许多关于新诗的观点,大多数是赞同的。有些情况,他比我所理解的深刻得多。不过,也有几处论点,我还得持不同意见。他的书中,有一节讲到'垮掉的一代',我以为这个名词译错了,因而使他作出不适当的解说。"

**二十六日** 在《新民晚报·夜光杯》发表《绿肥红瘦》。

**同日** 沙孟海书学院在宁波举行成立典礼,先生委托前往参加典礼的周退密书赠条幅庆贺:"沙孟海先生书学院成立志庆'千秋墨妙',施蛰存、周退密同贺。"

## 五月

**二日** 《解放日报·读书》刊载先生近影、近况及语录:"目录学家把书分成许多种类,我把它们简而化之,分为两类:一、为消遣、解闷、散心而看的书,名为'闲书'。这个名词是'古已有之'。二、为吸取专业知识而看的书,名为'忙书'。这个名词是我创造的。一本书,对某甲来说是闲书,但对某乙来说,可以是忙书。因此,我这个分类法,图书馆里不适用。我从20岁以后,看的一切书都是忙书。现在老了,常常羡慕人家看书消闲,而我看的不管什么书,总会使我动脑筋,找问题,求答案。书已成为一个自觉自愿背上的包袱,伴我一生。"

**四日** 致耶鲁大学孙康宜函:"三个月中,只有七八天见阳光,我今年体质已大差,手腕木强,写字已不十分方便,恐怕已在开始走向上帝了。*The 100 New Tales* 早已收到,此书是一位女士所译,法文原本中的粗言秽语,译文均已雅化,未免失去了中古文学的特征。此间出版水平大跌,《词学》第9期去年11月已排版完成,至今尚未印出。我已毫无兴趣,决定编到12期,即停刊了。龙榆生编《词学季刊》出至11期,我比他多出一期,聊以自慰。不过,'季刊'11期历时三年,我的12期,却历时十年矣。你要什么书可来示,6、7月间可能有人去美,可以托带。今年我决定把一些文稿编成,从明年起,如尚能在世,即不作文字生活了。""见傅汉思、张充和夫妇,代为问好。"

**六日** 《文汇报·学林》刊载华风《施蛰存与词学研究》提及:"编纂出版《近代名家词》,是施蛰存多年的心愿。经数十年的苦心搜辑,现已编定为四集六十家。"

**七日** 致陈如江函:"你的《诗词百品》已看了四分之三,""故先将印象及一些读后感告诉你。""这样一来,似乎你是从古书中找一些同样的论点,然后引一些例子来解释,总的创作动机是为古人论点作解释,而不是发表自己的观点,这样就贬低了你自己的创造性。我建议你少引古人的话,尤其是在文末,不可引用。"

**同日** 按程千帆日记:"以'版本'[《校雠广义·版本编》]寄徐中玉、施蛰存。"

**八日** 致台湾林玫仪函:"《近代六十名家词》至去年底,已发稿四十家,""明年由华东师大出版社印行。《同声月刊》我有全份,它几乎是一个词学刊物。我本想选出一部分编一本《词学同声》,现在看来,恐已无此精力或时间,我想这个工作由你来做。"

"下半年,我还要为赵叔雍编一本词学文集,《同声月刊》中有几篇赵氏文亦拟编入,赵女文漪现在加拿大,对此事属望甚殷。故我必须争取时间,了讫此事。万一我做不成,希望你为我完成之。2月中,沛荣先生来舍,告我中央研究院在上海大量购书,这是一个机会。""我有二箱词学书,皆木刻本旧籍,又金石文字拓本约三千种(纸),到明后年拟全部遣散。你们如要,我可以半送半卖,希望在年内作出决定。"

**十日** 致耶鲁大学张充和函:"收到康宜寄来照片及《方寸世界》,谢谢。观照片,你气色甚佳,因知安健为慰。你那件Sony毛衣甚为古雅,你穿了极有丰度,不过好像你还在昆明或北京,而不像是在美国。我发现你有一个闻一多治印,可否印几纸给我?我正在收拾闻老所治印,不知兆和处有没有?如果你知道什么人有闻老治印,请惠示。有一位张珍怀女士,""去年到美依其女为居,""她作词不坏,要我介绍几位词友,我已把你的地址告诉她了,如果她来奉访,请予接待谈谈。"

**上旬** 下午《解放日报·朝花》编辑陈诏就《金瓶梅》研究来谈。据陈诏回忆:"在《金瓶梅》传播史上,镌刻着一个不可磨灭的名字,施蛰存。""病后初愈,精神略显萎顿,但谈兴不浅。""他认为:既然称为词话,肯定与说唱材料的底本有些关系,它既不可能是一人独自创作,也不可能是很多人集体创作,我猜想是二三个人拼凑起来的。我通读全书时,总觉得无论故事情节或文字风格,都有不统一的地方。""对此书的成书年代和时代背景,持'万历说'。""说《金瓶梅》比《红楼梦》好,恐怕就是西方人的观点,我们不能同意这种看法。但说《金瓶梅》是三流作品,却又言过其实。也许在当时,《金瓶梅》是下层社会消费性的通俗读物,品位并不太高;但今天从文学史上的地位看,《金瓶梅》的价值和作用就不能低估了。"(陈诏《施蛰存先生说〈金瓶梅〉》)

**十二日** 在《解放日报·朝花》发表《"垮掉的一代"质疑》。

**十三日** 致香港古剑函:"宋路霞已来过,东西都带到。""王西彦的'文革'回忆录要一本。""《金石丛话》台湾愿出版,给美金400元,可能汇给你,请收下存着,备在港买东西。""我的身子总是每年5—10月最健好,大多数文字工作总是在这几个月中做成的。""看来上层建筑与经济基础不相应,出现大断层了。有人写'现代文学史',把张恨水也写了进去,评价甚高,大出我意外。"

**十五日** 致上海文艺出版社孟涛函:"'外独'五、六集稿费已收到,""这笔钱你开得太优惠,受之有愧。你送样书来时好好谈谈,我今年健康大损,上午晏起,请以下午来为妥。附奉一信,请你一阅,""如果你社函购部工作人员怕麻烦,请你代我买五、六集各10册,我来代办函购部也可以。"

**十八日**　致《解放日报·朝花》编辑陈诏函:"你寄错了一张报纸,没有我的文章。请再寄两份5月12日的报纸,一份不够!"

**同日**　复香港古剑函:"杂书看了不少。""台湾的《联合文学》也只有印刷好,《香港文学》也不高明,怎么办? 胡从经见到否? 情况如何?"

**二十日**　复耶鲁大学孙康宜函:"前天收到大著《陈柳情缘》及'方寸世界'照片,""《陈柳情缘》资料不多,乃能写出如许妙语,译文亦甚佳,或者经足下自己定稿。""纪晓兰女士寄来两篇拙作译稿,我已为润改寄回,希望足下看一下。纪译大体甚好,但对李义山诗意不免误解。中国诗难解,李诗尤甚,看来我这本书不很容易有英译本。在看纪女士译文时,感到中国诗的各个名词必须有一个统一的译名,""另纸写了一点意见,请参考。又一纸,烦转致张充和,并请代向Frankel先生问候。"

**二十四日**　复湖州费在山函:"北山见《文选·北山移文》,我不参加一切政治活动,故别署北山(但1926—1927我是共青团员)。"据费在山回忆:"施老的第一封来信写在一张自制的明信片上,封面印着'北山施舍'字样。'施舍'不用说,是施老的名或字,'北山'指什么? 问了几位朋友,都答不上来,不得不冒昧求教本人。"(费在山《北山"四窗"施舍》)

**同日**　又复马祖熙函:"恰好黎庵[周劭]来。""《近代名家词》发到四十家,出版社说可暂缓。""周岸登词集名《蜀雅》,已见到,百分之七十是和韵之作,数量又多,故不拟用。夏仁虎、闰枝及吕凤词可托吴格在复旦图书馆中找找看,如有可借来。"

**二十七日**　致河南崔耕函:"想搁笔休息,又做不到,真像是在与生命搏斗。好像登封文物局的那位同志来过,是不是? 那天清早,有客来,我正在发烧,未起床,故命我儿子谢绝了。后来我儿子说是一位郑州客人,我想一定是为嵩山碑刻的事,可惜我未能接待,你为我道歉。""以后如果有人来向你要我的信,千万不要给他们,我不愿在生前印出书信集,更不愿让水平低的人编辑我的书信。"

**下旬**　按先生自述:"加拿大哥伦比亚大学的施吉瑞(Schmidt)教授上月[5月]底来访,谈了两个下午,他研究中国宋诗,专研杨万里。"(致林玫仪函,1992年6月14日)

**月内**　湖州费在山制笺"玉笋",笺上先生题记:"墨妙亭前玉笋石题字,奉贻在山先生制笺,以志乡邦文献。壬申孟夏,北山。"

**是月**　吴立昌选编《心理小说》,列入"中国现代名作家名著珍藏本",由上海文艺出版社初版印行。

另,按先生自述:"这本书把我的小说说成是'心理小说',实际上是不对的。他们不知道心理和心理分析的不同。心理小说是老早就有的,十七、十八世纪就有的。Psychoanalysis(心理分析)是二十世纪二十年代的东西。我的小说应该是心理分析小说。因为里头讲的不是一般的心理,是一个人心理的复杂性,它有上意识、下意识,有潜在意识。这和十八世纪的写作不一样,那时的心理学还没有挖到这么深的地步。"(《为中国文坛擦亮"现代"的火花——答新加坡作家刘慧娟问》)

## 六月

**一日** 致上海文艺出版社孟涛函:"昨天收到沈师光的信,她已收到'外独'样书。""另有一位周惠娟,译了一个剧本,在第五集中。此稿系由沈师光约译,现因病在医院中,样书及稿费请由沈师光转交。""沈师光处我希望你送她第五、六集各一册,让她可以配全,她是专业译者。另外,上海的沙金和叶小铿二人已寄书与稿费去没有?"别附一函致《小说界》编辑徐如麒。

**七日** 在《文汇报》发表《杂览漫记·鲁迅增田涉师弟答问集、汉碑大观》。

另,在《鲁迅增田涉师弟答问集》写道:"先看松枝茂夫的序文,却看到了一件趣事。""《鲁迅手稿全集》出版已12年,我还无缘见到,不知鲁迅画的女人屁股图有没有印出来。"在《汉碑大观》写道:"在《书讯报》上见到北京中国书店印了一本《汉碑大观》,我很高兴,这个工作已有人做了,赶快托人去买了来。""原来是几十年前上海石印本钱梅溪临本的重印本,""不是汉碑原来字迹。""书中既无说明,又连页码都没有,找来一个民国初年的石印本,草草印行,五年之间,居然印了39 000册。"

**八日** 应约请撰讫《碑版学著述目》:"A. 1—3 已出版[此略]。B. 未出版:4.《唐碑百选》:选唐碑书法佳者一百种,制版传真,附'叙录'及'集评'十五万言,""在编辑制版中,1993年可出版。5.《文物欣赏》(拟目):选印历代文物精拓本二百馀件,制版传真,附以'解说'。6.《吴越金石志》。7.《诸史征碑录》(十一卷):自《后汉书》至《唐书》,凡十一史,摘录其碑刻记录,为之考索,著其存佚。8.《赵孟𫖯石墨志》(二卷):赵孟𫖯书迹石刻甚多,为编一目录。9.《云间碑录》(一卷):嘉庆松江府志著录云间碑刻,乃据至元嘉禾志而增补之,犹有遗误,因为增补校核,写定为一卷。10.《辑补宝刻类编·名臣类十三之三》(一卷):宋人所编宝刻类编原书久佚,今本乃从永乐大典辑录。然大典本已缺失'名臣类十三之三'一卷。故今本自天宝至肃代两朝书家及碑目仍付缺如。余搜索宋人碑版著录,补辑遗佚,使此书得成完璧。11.《四续寰宇访碑录》(未选卷帙):自孙星衍作《寰宇访碑录》,赵之谦续之,罗振玉再续之,刘声木三续之,去今又七八十年矣。余著录民国以来新出碑目,曰《四续寰宇访碑录》,有卡片,未写定。12.《碑话》(二卷):玩碑之馀,随手札记,丛残小语,不复诠次,名曰《碑话》。13.《金石遗闻》:抄辑唐宋以下笔记杂著中有关金石文物之记录,汇为一编。金石专著中资料不录。稿存,待编定。14.《杭州石屋洞题名》(一卷):杭州石屋洞造像,开凿于吴越,止于宋初。造像各有题名,余得全份拓本,因著录之,视罗振玉所录为富。15.《墨妙亭玉笋题名》(一卷)湖州墨妙亭下有太湖石,曰'玉笋',刻有宋人题名。此石明万历中为郡守吴[氏]取去,归鄂州,置其白雪楼下。余得拓本四轴,陈敬第故物也。因录其文,为一卷。"

**同日** 按程千帆日记:"蛰存寄《花间新集》。"

**九日** 又撰讫《蛰存编撰词学书目》:"1.《近代六十名家词》:已发稿四十家,年内发完,1993、4年由华东师大出版社出版。2.《词籍叙[序]跋萃编》:1960—1965年,在师大中文系资料室工作时抄集。1993年可由中国社会科学出版社出版。此稿已交付多年,至今未印出。(南京已先出一本,其原稿来历,吾甚疑之。不过我所抄得之罕见材料,南京版皆无有,又不似抄用拙稿,将来烦校核一下,凡误字相同者,可证明其为抄用拙稿。)3.《宋元词话》:1941—1945年在厦门大学时抄集,原意抄到明清,后未果。宋元笔记中词话,大致已抄入。此稿正在核对改编,明年可印出。4.《读词札记》:词学杂著结集,在编辑中。5.《惜阴堂词学丛稿》(拟目):受赵文漪之托,编集其尊人叔雍词学著述,年内成初稿。6.《诗词小话》:待编定。7.《读词丛札》:(1)读唐五代词札记。(2)历代词选集叙录。(3)词调小考。(4)词小记。(5)词学名词释义。"

**十日** 复香港古剑函:"高倬云久无信来,恐怕病了,或是回番禺去了,有空再打个电话去为我问好。"

**同日** 《读书》第6期刊载谷林《"我的爱读书"》:"揭开《施蛰存散文选集》第一页,便可见到……""写了如下的题记:'读10月16日《文汇报》(扩大版)随笔专栏所刊施蛰存《筝雁》小篇,说姜白石《解连环》词上片四句,为之击节。18日去医院取药,过王府井书店,得此册,惜收近年作品太少。比来报刊多见施氏读诗词的短文,每有可观,岂编者不以此等札记随笔为正宗的散文欤?'"《编辑例言》虽则特别有一条说:'所选作品,尽量注明原书发表的出处和时间',""可憾选集竟未照办。""第二组里的最后一篇文章,题目是《我的爱读书》。它理当引发读者'先睹为快'的兴趣,人们很易联想起三十年代那宗'推荐书'的公案,而那宗公案恐怕与施先生之'曾经被曲解、遗忘'未始没有干系。""重提这宗公案是我不禁自恨少年时的以耳代目,竟因之长期耽误了去结识一位可敬的作者。""此书重印于出版低谷之际,可见已为读书界所肯定。"

**十一日** 复平湖葛渭君函:"这篇文章有许多关于原书的情况没有交代清楚,你也没有结论,故不能满意。今将问题开列于后,并代你做了结论,你以为对不对?""1. 书有序文或里封面书名页否？2. 何以知道是嘉靖刻本？3. '篆诗馀'三字在何处？4. '阳春白雪'四字在何处？是刻的呢？还是写的？5. 第一页第一行、第二行有无书名及写者署名？6. 什么人定此书名为《篆文阳春白雪》？7. 何谓'集篆'？必须交代以上问题。结论应当是：此书应改名为《篆文草堂诗馀》(残本)。'阳春白雪'四字是写在书面上的,是题词,不是书名。这是书家习字时随手抄录,不能依据它来校《草堂诗馀》,也不是善本。"

**十四日** 复台湾林玫仪函:"今晨打了一个电报,阻止你来,希望免此一行。一则我有病,说不定要住医院；二则你此刻来,仆仆风尘,不会有结果,一切事不妨函商。《敦煌词话》我用过即奉还,不必另觅。我有一份藏碑目及词籍目,过几天复印给你。""他[施吉瑞 Schmidt]的夫人是台湾人,他现在台湾,8月初回加拿大。还有一位刘裘蒂(Judy Liu)女士,是孙康宜的学生,她们打算译我的《唐诗百话》,她现在台湾,8月中要来上海,你认识以上二人不？如有东西,可托刘带来。""我近来腹泻,怕癌症复发,待检查后当再函告。"

**十五日** 复湖南彭燕郊函:"长篇散文诗未看完,老实说,我不很喜欢,也劝兄不要走此道了。这是十九世纪文学,现代人不做这样的文体了。中国青年还在写卅万字的小说,也背时,现代人无耐心看这么长的小说了。""漓江方面《多情的寡妇》一稿,如不出,可否烦寄还。因该书经我改正过,如交别家出,必须用改正本也。《国际诗坛》中的《超现实主义宣言》非全译,不知印出了全本没有？杨德豫寄惠译诗一册已收到。""《古舟子咏》及《Kubla 可汗》,二十年代均有人译出,《古舟子咏》亦有用文言诗体译,发表于商务印书馆的英文杂志。我以为,与其译 Coleridge 不如译 Keats。不过,我对这些英国诗人也没有兴趣了。杨的努力及能力我钦佩,但我希望他改一条路走,多译一些现代诗或英国散文吧！Herbert Read 有二本书,我译了他一本《今日之艺术》(Art Now),还有一本《艺术之意义》似未有人译,不知有人愿译否？书我有。"(按:"漓江方面《多情的寡妇》一稿",指先生 1987 年 12 月 10 日为旧译《蓓尔达·迦兰夫人》交付新版重印所作"引言"之书稿。)

**十七日** 复香港古剑函:"报刊印件一封,昨日上午收到,整整看了一个下午及一晚。""《明报月刊》中李刘你印到 97 页,未完,而且恰好谈到我,希望你将下文补印来。《不灭的记忆》看了,是你的自传,写得也干净。陈娟的大名,我才知道,你看过她的《昙花梦》没有,好像在七十年代有油印本地下流传过。"

**十九日** 复杭州大学朱宏达函:"尊夫人将去星洲,如访得张荃墓,希望能得一照片,以资纪念。有台湾李焕明编《张荃诗文集》,""我记得曾为足下索取一册,""如足下未见过,待找到后当寄奉借阅,张荃诗文,大约已收集得差不多了。"

**二十一日** 在《劳动报·文华》第 100 期发表《"自由谈"旧话》:"《劳动报》副刊'文华'即将出到一百期,编者来邀我写一篇文章,参加祝典。我寻不到题目,就谈谈关于报纸副刊的老古话罢。"

**同日** 致李福眠函谈及:"《文学报》第四版下地址、电话号码永远印得不清楚,下期请改换铅字!"据李福眠回忆:"不但书札以告,施先生还把这条报脚剪下,于模糊处,用红笔打了七个问号,附寄予我。"(李福眠《疏林陈叶》)

**二十三日** 《解放日报·朝花》刊载彭忠晓《关于"垮掉的一代"》并刊有先生"附记"。彭忠晓写道:"《"垮掉的一代"质疑》,我有一些意见。""施先生文中提到彭燕郊《和亮亮谈诗》一书中的'垮掉的一代'诗人,就是指'Beat Generation',而不是'Lost Generation'。"先生在"附记"中写道:"本刊发表了我关于'垮掉的一代'的小文。随后就收到几位青年朋友及读者的来信,主要是指教我'垮掉的一代'是 Beat Generation 的译语,不是 Lost Generation 的译语。此外,有几封来信中也顺便涉及一些其他情况,我以为也对读者有益。因此,我选出上海交通大学彭忠晓同志此信,请编者发表,以代我改正。""我们中文的名物语中又出现了大量音译的外来语,例如克力架、曲奇等等,我以为这不是好现象,应当纠正,不应当附从助长。因此,彭忠晓同志主张采用音义兼译的办法,我以为不是可取的办法。"

**同日** 赵文漪(举之)由加拿大致函:"久未上书问候,但每次均从各方得悉阁下近况,藉知起居安胜,颇为欣慰!阁下一向关注先父遗稿,且又鼎力协助《明词汇刊》之出版,漪铭感于心,无日忘之。兹特报告,漪及小佛忙碌多时,已将《和小山词》及《和珠玉词》顺利交与古籍出版社之高先生。目前漪在静候对方之价目及其他条款,一俟就绪,就可付印了。此事当初承阁下指点,将二词同印一册(亦正符合先父自定之'词学总目')故急于上达尊听,盼能博一笑也。"

**二十七日** 《尺牍新抄·杨刚——施蛰存》(杨刚 1940 年 4 月 21 日致先生函及先生所作"附记")刊于《文汇读书周报》。

**二十八日** 应浦汉明之请,为《浦江清文史杂文集》作"序言":"一个相知很熟的老朋友,写过不少文章,而我说他懒于秉笔;一个相知很熟的老朋友,他有许多著述,而我在他下世后多年才能见到。这样的老朋友,不止江清一人,还有沈从文、钱歌川、杜衡,无不如此。沈从文在1940年以后发表的文章,我几乎都没有及时见到。钱歌川在台湾、新加坡、美国发表的大量散文和英语教学资料,我在1980年以后才见到一部分。杜衡去台湾后,放弃文学活动,改行研究经济,发表过不少经济评论,对六十年代台湾的经济起飞,具有指导和推动作用。他的那些文章,我也在近三四年间才能见到,而他已逝世将有三十年了。绵延四十多年的抗战、内战、国家分裂、政治闭关、文化禁锢,造成了我们人际关系的严重阻隔,民族文化的分崩离析,我在为江清的第二本文集作序文时,不禁为此而发生感慨。"

**二十九日** 赵之云、许宛云夫妇来探望,并题赠所编著《围棋词典》:"蛰存师赐教。学生赵之云、许宛云。"

**月内** 据周普记述:"我去西班牙巴塞罗那工作,先生在来信中写道:'希望你寄几张西班牙的风景、古迹明信片,有阿罕伯拉宫的明信片,更好。'"(周普《书缘》)

**是月** 饶岿、吴立昌编《施蛰存、穆时英、刘呐鸥小说欣赏》,由广西教育出版社出版。

**同月** 13日《解放日报》刊载陈如江《高标遗韵,独具手眼——读施蛰存〈花间新集〉》。18日《文学报》刊载陈诏《施蛰存先生说〈金瓶梅〉》。

## 七月

**四日** 复平湖顾国华函:"我也说《干校六记》是谤书,因为它记录了一件重大的、愚蠢的侮辱知识分子的、荒谬的政治活动,杨绛的记录还是很有分寸的。""我劝你不要发表此文,免得招来不良后果。""许白凤安健否?望代问候。"

**五日** 致叶嘉莹函:"《词学》9[辑]至今未印出,我想编至12辑,即停刊了。第10辑今年可出版,11、12辑明年印出,足下可否再惠一小文?我今年体气大损,写字也有木僵之感,而手头工作尚有不少,正在与寿命争日月,成为一个可怜的老人。"

**同日** 应邀为李福眠寄来的《心理小说》题记:"五十年前写的小说,今天还能重印流传,而且我自己还能见到,这也是可喜的事。不过,论文学的时代风尚,这些小说早已成为古物,只能作为文学史参考资料了。"

**十一日**　在《文汇读书周报》发表《杂览漫记·一、胡萝卜须》，自此开始在该报设立专栏"杂览漫记"。

另，还载黄裳《读〈花间新集〉》。据黄裳回忆："蛰存曾仿《花间集》例，选清人词作之类似者为《花间新集》一卷，书印成后以一本相贻嘱作读后感。我以为《花间》为词体初成时词人的词作选本，放笔而成，绝无束缚，生动天成，显示了开启一种新的诗歌形式的气势，不是清人拟作所可并论的，而且专趋侧艳一路，品格不高。写了一篇'读后'，隐约言之。蛰存见之，说有言外之意，一笑而罢。"（黄裳《忆施蛰存》）

**十四日**　台湾林玫仪来访。先生自述："谈了一天。"（致孙康宜函，1992 年 8 月 11 日）"即晚便感不适，发热至摄氏 38 度，三日夜不退，大为委顿。"（致林玫仪函，1992 年 8 月 28 日）

**十六日**　孙康宜自耶鲁大学复函："多谢您给 Mary Ellen Kivlen 译本做了批评指正，已把您写的那一页'名词英译'给了她。（我很同意您，律诗不是'Regulated Verse'，而且一句诗译为'line'并不好。但因目前在美汉学界，这些名词已成术语，若不遵照，恐又迷惑读者。不过，Mary Ellen Kivlen 说，会仔细考虑您的意见。）""《词学》中那篇（连载）长文《历代词选集叙录》是否出于您的手笔？我一猜就是您的作品，故已在拙作注释中标明。""附上《女性人》杂志不久前登载之拙作一篇，文中屡次提到您的研究心得。"

**十七日**　薛汕致函："我改在东方文化馆，附'馆刊'。李望如，即辛尔、列躬射。他的'流火'[《六十载文坛流火》]提到在《现代》发表小说[《盐》，刊于 1934 年第 6 卷第 1 期，署名"辛尔"]。三十年代旧事，仍有印象否？"

**十八日**　下午先生因高烧不退，入住华东医院治疗，并遵医嘱作全面检查。先生自述："住一病房，有五床，已有三病人住入，皆常住老病人，中风多年，不能言语行动，时发怪叫，毛骨悚然。"（致林玫仪函，1992 年 8 月 28 日）

**二十日**　贝岭寄赠其选编《外国百家爱情诗选》。先生自述："我正在病中，即在病床上看了一遍。此书中选译的都是现代诗，我十分欣赏。"（《杂览漫记》）

**二十三日**　《新民晚报·文学角》刊载林子《简报专家》提及："上海有一位'简报专家'，他叫范泉。""'简报专家'一说出自老作家施蛰存之口。"

**二十四日**　下午出院回家。先生自述："上午由一粗鲁护士为我推轮椅去作 B 超检查，走在水泥地大院内，竟把我掀翻在地，一个俯冲，跌到地上，幸而我迅即以手护额，未直接碰上水泥地，只是眉间被砂子划破，流了一点血，当日下午，我就出院回

家。"(致林玫仪函,1992年8月28日)

**二十六日** 复杨小佛函,其中写道:"全明词"[赵尊岳《明词汇刊》]事,足下代表[赵]文漪可与上海古籍出版社陈邦炎同志联系。这两天正在休息,只能作一事,叔雍先生词学文稿,今年想为他编好,别的事,我没有精力做了。足下如去函文漪,望为致意,还在病中,我不能给她写信了。又言及,我不知陈邦炎新住址,他亦不每天上班,足下可先发一函联系,并附上陈邦炎的联系地址。函末谈到"惠教请勿以'老伯'见尊,我与足下只是平辈。"(按:市肆影件,有水印遮盖。)

**二十七日** 复寒波函:"承惠大著四种及附函,今晨方得发封拜读,极感高谊。""近日病后,尚须有一二个月休养,大著恐须秋间方能展读,将来如有管见,再当奉闻。"

**二十八日** 致台湾林玫仪函:"你如有事惠教,仍可来信,但我一时不会写信,须待9月中方能重理故业,也说不定会失去工作能力了,毕竟老了,无可勉强。我所藏碑目及词学书目,亦须待秋后复印寄上。"

**是月** 《枕戈录》内收《跑警报》《米》《三个命运》《山城》《他要一颗钮扣》《驮马》《浮海杂缀》《河内之夜》《怀念云南大学》《栗和柿》《关于图书馆》《罗曼罗兰的群众观》《灵心小史》《儿童读物》《尼采之"中国舞"》《一位性学家所见的日本》《怎样纪念屈原》《〈路灯与城〉序》《〈戴亚王〉后记》《〈爱尔赛之死〉题记》《同仇日记》《西行日记》,列入"上海抗战时期文学丛书",由福建海峡文艺出版社初版印行。

**又** 主编《词学》集刊第9辑(海外词学特辑)出版;刊有《宋金元词拾遗》,及词作《减字木兰花·葛渭君方校〈阳春白雪〉,乞吴藕汀作匋斋校词图,索题,因赋此》,还有《词学书目集录》(8—18)、《新得词籍介绍》、《丛谈》数则、《编辑后记》,署名"北山""舍之""蛰庵""丙琳""编者"。

**约在期间** 胡秋原再次来大陆访问并参加学术交流。先生自述:"胡秋原先生自称是'自由人',其实是政客。1992年,他从台湾来大陆访问,曾托人传话要求见我,我没有理他。"(朱亚夫《听施蛰存先生谈往事》)

**同月** 11日郑逸梅在上海逝世。

## 八月

**一日** 在《文汇读书周报》发表《杂览漫记·二、心理分析派小说集》。

**五日** 在《香港文学》第92期发表《怀念孔令俊》。

**九日** 新加坡作家刘慧娟来先生寓所采访。据刘慧娟回忆:"熬不住上海的热天,他进了医院,但是医院护士不尽职照护,他于7月23日回到这愚园路的故居,他说:'一个星期以前,我一定不能见你。'""在房子阳台外频频传来的马路上叭叭的车笛声中,我虚心地向他请教一些问题。"(刘慧娟《为中国文坛擦亮"现代"的火花》)

**十日** 应约为《世界文学随笔精品大展》作"序引":"这是时下风行的一种出版物,把各种文类分别选其精品,集其大成,供应读者以宏观的欣赏。""这种杂纂式的编制,要用一个适当的名词来概括,确是很费思考。现在,编者把它们定名为'文学随笔',我以为是可以理解并认同的。""不过,我希望读者千万不要以为这许多外国作品,在它们各自的祖国,也属于'随笔'一类,因为外国根本没有什么'随笔文学'。"

**十一日** 致耶鲁大学孙康宜函:"你写文章不必提到我,我没有大成就,我的一二意见,无专利权,你不妨径自采用,不必太有礼貌。托袭蒂带去此信,先以问候。"

**十三日** 致香港刘以鬯函:"今日收到《香港文学》8月号,见有弟之《怀孔令俊》一文,此文乃十年前所作,久已忘却,读之恍如隔世矣。""江苏路正在扩宽,将改为五车大道,路旁居民勒迁至浦东或北新泾,""足下房屋,是否有权利可以收回?如有可能,务必从速办好手续。"据刘以鬯回忆:"蛰存的劝告,使我看到了事情的严重性,我曾搭机回沪,申请发还旧居,虽有土地权状等证件,却没有达到目的。纵然如此,我还是非常感谢蛰存兄的好意。"(刘以鬯《忆施蛰存》)

**同日** 张兆和由北京寄赠《湘行集》。先生自述:"收到兆和嫂子寄给我的这本沈从文著作的新刊本,当时我正在病中,十分萎顿,伏枕看书都没有精力。大略翻阅,知道湖南岳麓书社在计划印一套《沈从文别集》,全部将有廿种,这本《湘行集》是第一种。"《湘行散记》"也曾由湖南人民出版社印过一个单行本,现在又印出了一个'别集'本。从1930年代上海商务印书馆印的初版本算起,这本书我已看过不止三遍,现在我没有精神再'炒冷饭',因此就把它插上了书架"。(《杂览漫记》)

**十四日** 致耶鲁大学孙康宜函:"此文[《花蕊夫人宫词考证》]为亡友浦江清教授之力作,十分精审。今复印一份,供参考。此宫词系五代时作,似不宜列为唐诗,故我的'百话'中没有提到,我以为你不必讲了。"

**十五日** 在《文汇读书周报》发表《杂览漫记·三、收获1992年第1期》:"我已没有精力阅读长篇小说,每期收到,只能看一二个短篇。不过从去年以来,这个刊物上有了不少老年人以为可读的杂文,例如徐迟的自传,使我对这个刊物刮目相看了。

这是今年第一期,我首先看了王蒙发表的八封作家书简,其次看了高汾追忆廖沫沙的文章。看后也有些说不清楚的感慨。""散宜生、廖沫沙的幽默感,却是他们内心悲愤、失望的苦果。我们读了他们的诗,不会发笑,只会慨叹,甚至会想掉泪。"

**十六日** 致香港古剑函:"今日沙叶新来,带来了两本照相册、一瓶果子盐及你的信。""李欧梵编的《新感觉派小说选》台湾允晨公司出版,已出了二年我才知道,香港如有,烦买一本,此书用了我七八万字,我要去索取稿费。"

**十七日** 复《随笔》主编黄伟经函:"我今年未向《随笔》寄稿,因为,一、身体太差,文字工作能量大减。二、还有五六种书稿,今年必须编成,备明年出版。三、上海报刊编辑十分活跃,不时登门索稿。我每月只能写二三文,只够应付上海各刊。四、7月中病了一场。""9月至12月如有文章,当再寄奉,只好明年用了。足下组稿,请向北京动手,近来有北稿南投之势。""孔海珠编《现代作家书简》二集,""我以为二集最好仍由'花城'印出,""第三集(1949—1975)已在编辑中。"

**二十日** 先生读了《文汇读书周报》编辑转来柳苏给编辑的信,即复一函:"柳苏同志的信见到。关于杨刚的事,他纠正了我的几处记忆失误,甚感。不过,有几件事需要说明。""以上诸事,请与柳苏同志的信一起发表,做一个记录。"

**同日** 致陈如江函:"《宋元词话》稿已找出,想麻烦代编。你如有空暇,请来取去,如无暇做此事,请告知,当另外找人帮忙。"

**又** 新加坡《联合早报·文艺城》刊载刘慧娟《为中国文坛擦亮"现代"的火花——专访施蛰存教授谈现代中国文学》(按:后以题为《为中国文坛擦亮"现代"的火花——答新加坡作家刘慧娟问》收入《沙上的脚迹》)。先生自述:"刘慧娟来谈了二次,她在新加坡《联合早报》上发表了一大篇访问记,此文在大陆引起了一阵议论。"(复李欧梵函,1993年1月13日)

另,该报编者按:"作家刘慧娟,近数年在美国研究思想史。不久前,她专程前往上海收集资料,同时为'文艺城'做了作家专访。今天刊出刘慧娟访问、整理之施蛰存教授专访,回顾他的创作生涯,中国现代文学的发展,以及对中国政治、文学相互关系之看法。"

另,此文记述先生谈及:关于"二十年代接触心理分析小说"、"'心理'和'心理分析'有别"、"三十年代的翻译作品影响不大"、"抗战以后受左翼文学干扰"、"标举政治上左翼,文艺上自由主义"、"现在中国文学不如三十年代"以及"你回去告诉美国的学者,还有几个日本人,他们研究现代文学,不知不觉用的还是政治标准。"

**二十一日** 致耶鲁大学张充和函:"兆和寄来从文之《湘行集》有你题的封面,甚佳。我今年将编好二本文集,欲求妙笔为我题一封面,务望弗却。康宜寄来你的照片,望之如古美人,丰度可仰,汉思先生恂恂儒雅,亦似清代学者,绝不似美国人。中国文化,泽至外邦,使我惊异,请为我致敬。""请写《文艺百话》《人事沧桑录》此二书名。"

**二十三日** 复台湾郑明娳函:"《底牌》在医院中看完了,很好,非常坦白,但我恐怕你还有一二张牌没有亮出。足下出书不少,我想象你每天伏案为文,不太辛苦吗?"

**二十四日** 致耶鲁大学孙康宜函:"想刘裘蒂来时与其他一些文件合并带奉。""我近日略有好转,天气已凉,可逐渐健好。但我不是病,而是老;病可医,老则不可医。今年八十八,尚能任文字工作,已可谓得天独厚,不敢有奢望了。我与足下通信多年,可谓神交莫逆。几年来,得足下之帮助尤多,常承寄书寄报,邮费也花了你不少。""千万不要为我而来,万里飞行,我心常揣揣,古语云:'出门千里,不如家里。'我是老旧人物,终觉此言是真理。"附致刘裘蒂一函,并托孙康宜转达。

**同日** 又致台湾林玫仪函:"昨日觅得此件,复印一份寄奉,供一噱。过三四日再当奉书。近日贱躯正在逐渐健好。"

**二十五日** 《随笔》主编黄伟经致函:"你的《雨窗梦话》小册子书稿已付排,预计要明年初才能印出来。"

**二十六日** 致陈文华函:"昨天有客来,谈起长江轮船近来秩序不好,小窃甚多,因此我又为你耽心了。希望你去来都找一二伴侣,不要做'千里独行侠'。回程到武汉后,还是改坐火车回沪为妙。红药水、纱布之类医疗用品也应当随身带些,千万小心!""钱钞不要放在一个地方!"

**二十八日** 复范泉函:"我有一本回忆记稿,书名拟定为《人事沧桑录》,约十多万字,可以编入你的丛书。""兄编的书,版式必须正宗。现在有许多书,没有里封面,把扉页作里封面用。封面设计,用了许多罗马字拼音,都不像样。"

**二十九日** 在《文汇读书周报》发表《杂览漫记·四、唐宋词集序跋汇编》:"和我编的那本书大同小异,不过只收了唐宋部分,可是也已有四十七万字,似乎编者搜索得比我更为详赡。""'诗馀'这个名词,并不表示宋人不重视词,恰恰相反,正因为词的地位愈来愈被重视,故名之为'诗馀',把它们推进了诗的行列。《元草堂诗馀》和南宋人编的《草堂诗馀》是完全不同的两部书。这个'汇编'把这两种《草堂诗馀》的序跋抄在一处,是一大错误。"

**同日** 复刘裘蒂函:"等了你几乎两个月,终于不来,在我确是有点失望,但对于你,说不定是好事。上海今年奇热,林玫仪来过,我就生病,至今未痊愈,体质大衰,没有精力,这两天还在休息,不作一事。你博士论文通过后,可以来大陆看看北京、西安、洛阳。""《唐诗百话》如果译,可以大量删节,外国人不必知道的一些事,如四声、平仄、对偶之类,可以简略不译。""为我问 M. E. Kivlen 好。"

**是月** 香港中文大学中国文化研究所、吴多泰中国语文研究中心出版黄坤尧、朱国藩编《大江东去——苏轼〈念奴娇〉正格论集》,收录《乐句与文句》。

**同月** 新疆美术摄影出版社出版萧乾主编《中外文学艺术名人肖像》,收录先生照相和简介。

## 九月

**一日** 复香港古剑函:"你编'文副',我建议你新旧文学兼收,也可以谈谈书画文物,这样可以配合港中各色人等胃口。""组稿对象要扩大,不要再找老人,要在你手里培养起新秀。你必须组织起一个基本队伍,卢小思应该约她写些香港文学掌故,港大、中大一群人,你好像没有接触。""上海青年文化人都去炒股票了。""你如办综合性的刊物,我想给你每期一张'文物欣赏',做一块版子,加说明二三百字,""先寄一个样子给你,第一个是《七星岩包拯题名》,原来是《书谱》用的。"

**五日** 复《随笔》主编黄伟经函:"读了《告别〈随笔〉》颇有感慨。""《随笔》已办了十三年,而且是由足下一手编刊,这在期刊史上是绝无仅有的。'五四'以来,高档文化刊物,出到十三年的,恐怕只有一个《小说月报》,《随笔》是第二个。但《小说月报》经过许多人编,而《随笔》是足下始终任其劳,这是我要向足下祝贺的。""一个文人,做编辑,尤其是编刊物,是很有损失的。""几年来,承足下为我编发拙文,还有'把关'之功,当此'阳关折柳'之际,敬致谢忱。""本来今年想写几十篇《诗词小话》,明年印一个册子,结果只写了十多篇,发表在上海二报的副刊。最近,上海二报副刊都在变,似乎我的这些文字不时髦了,我想换一个阵地。请问问新任《随笔》编者,明年的《随笔》上每期发表我三篇(每篇千字)《诗词小话》,可以吗?如能同意我利用《随笔》阵地,我即可从 10 月份起寄稿。"

另,据黄伟经回忆:"《告别〈随笔〉》编入仍由我主编的《随笔》,当年最后一期(即 1992 年第 6 期)。我签发付排之前,将六百多字短文《告别〈随笔〉》用信笺抄

正复印180份,并附上一封我即将辞去主编职务告退的短信。"(黄伟经《忆念施蛰存》)

**八日** 致平湖葛渭君函:"刚才发现舍下仅存一本[《词学》集刊第9辑],只好先以寄奉。请看过后,将此本送给[许]白凤兄。过几天,向师大取书来,再寄足下一本。""他们失寄或者暑假中尚未办赠书寄发,亦未可知。总之,我近来与校中少联络,亦久无人来矣。"

**九日** 在《新民晚报·读书乐》发表《我看心理小说——答刘克鸿问》,署名"施蛰存、刘克鸿"。

**同日** 《随笔》主编黄伟经由广州复先生一函。

**十三日** 晚上复美国魏中天函:"今晨收到惠函及剪报、照片二。""美报所载一文,乃此间中国新闻社陆谷苇君所作,""使海外故人,知我情况。""冰莹女士,我似未见过,但卅年代,我编的《现代》杂志上发表过她的小说[冰莹《一个乡下女人》刊于《现代》1934年第5卷第4期],好像应该见过,忘记了。1937年9月17日我在长沙,卧病医院,知她正组织战地服务队出发赴前线,长沙为之哄动,我已记入日记。兄如见冰莹,请为我问候,我希望她写一点文章,寄来国内刊物发表,最好是自传性的每篇(或段)1 500字,可以分别发表。国内还有些老年人在怀念她,青年人治文学史者,也经常来问及。又,请你告诉她,张荃女士是我的朋友,在厦门大学同事二年,很谈得上,张到台湾后,承冰莹照顾;不幸她死于新加坡,我在前几年方才知道,十分哀悼。赵清阁同在上海,常有信,可惜我不能去看她,她也走不动,无法来看我了,此事亦烦转告冰莹。""冰莹如有卅年代的照片,请寄一个来,前年有人来问我要。"

**十四日** 复香港古剑函:"上海三报的副刊,近来都变了面目,老人都不想为它们写文章,似乎不对口了。何满子、冯英子的文章,已好久不见了,你也不妨找他们写一点。""我先给你供应一些'文物欣赏',下星期试寄二三篇,以图版为主,外加说明数百字,试用后,看情况,再定继续与否。""7月以来一直腹泻,疑是癌症复发,故十分颓丧,近日已见好转。""可否打个电话给卢玮銮,我收到她们的信。"

**十五日** 复松江王永顺函:"承惠赐大著《董其昌史料》,""董书《少林寺裕公和尚碑》我有拓本,此碑是万历三十六年所书,非三十七年。松江北门外某尼庙有一块石刻,乃名妓王修微画像,有董其昌题词。此石我访之多年,不得消息,可否请兄再访求之。""杨纪璋夫妇安否?已好久不得他们的消息,""并希望得到他们的地址。"

**同日** 先生致叶麟鎏(鹿金)、王辛笛各一函。

**十九日** 在《文汇读书周报》发表《杂览漫记·五、杜米埃画集》:"去年,老友周松龄来闲谈,我和他谈起杜米埃。过了一个月,他把这一本1985年人民美术出版社印行的《杜米埃》画集送来给我,使我有机会再欣赏一次这位玻璃匠的儿子的辛酸的讽刺画,亦是老来一乐。""我举两个例子,代表读者,要求介绍外国艺术的出版物,要有高明的解说,帮助观画者理解。"

**二十五日** 上海内环线高架一期工程在中山北路武宁路口打下第一桩。据陈晓芬回忆:"他得知这个情况后,第一反应就是这样[华东师范大学]校门会显得太低太压抑,他不止一次地对人说,校门一定要加高。后来校门果真提高了,我们把照片带给他看,他就说,什么时候去学校看看。"(陈晓芬《与施先生在一起的时候》)

**二十六日** 在《文汇读书周报》发表《杂览漫记·山水诗》:"《古典文学知识》今年第4期是'山水文学专号',开卷第一篇是一位香港学者的大文。""这些翻案宏论,使我读后昏昏然,疑是疑非。""如果古书中提到山水的地方,就是山水诗的起源,那么《诗经》《楚辞》《论语》,都是山水诗的起源了。我们难道可以说,战国时代已经有山水诗了?"(按:此专栏自本期起,标题不再编号。)

**月内** 中国新闻社记者陆谷苇多次来访,记录与先生之访谈并撰文《与施蛰存先生对谈》。据谷苇记述先生谈话:"有些报纸,我也看不懂啦,好好的一个文艺副刊,有的还很有历史,很有影响,也去走'柜台出租'的路子。就像报上不止一次批评过的,那些名牌大公司、大商店为了挣钱,出租柜台,结果让那些野鸡厂商大卖假冒伪劣商品,最后倒的还是大公司、大商店的牌子。""这个药是进口的,叫'都可喜',很贵。要87元一瓶,30粒,每天1粒,合3元钱。听说吃了对老年人的脑子有好处。我最怕脑子不好用,什么事情也不好做,那就糟糕了。""'英年早逝'毕竟是一大悲剧,不注意改善他们的生活条件、工作环境,减轻他们的负担,最后过早去世,遭受损失的还是我们的国家与民族。""正像现在报上一说起什么问题,就说有'众多因素',其中还有一个因素是人际关系糟糕。妒贤忌能,几乎'所在多有'。弄得人很不开心,活得很累。遇上什么评职称、分房子、加工资,更是矛盾百出,问题成堆。面对问题,只有正视它,解决它。领导者,它的责任就是解决问题。""出版界、影视界武侠题材的东西充斥一时,但是对此的研究工作做得似乎也不太多。其实其中值得研讨的内容不少,过去中国有'侠义小说',重在一个'义'字上,讲侠义精神,讲义气,有它的历史背景、社会意义,值得研究的。现在变成了'武打小说''武打电影''武打电视连续片',突出一个'打'字。从头打到尾,打得昏天黑地,打得稀里哗啦,打得七荤八素,也打得莫名其妙,看过以后什么印象也没有了。两者的水平,一比就可以看出高下来的,但是就是没有人去研究、去评论。""北方有一家出版社,应该是很'正宗'的,从它那个招牌来看。最近很认真地来约稿,要把我的一些旧作收到什么'性恋小说'系列去推出。我很恼火,我说我的小说都是很严肃的,不能放到你们那种'系列'里去出版。一说到这件事,我就感到恶心,感到反感。这种风气实在可怕。"(谷苇《与施蛰存先生对谈》)

**又** 据吴立昌回忆:"我正在为上海文艺出版社编施蛰存《心理小说》,为广西教育出版社撰写《施蛰存小说欣赏》,所以去施寓次数较为频繁。1992年二书先后出版不久的一个秋天的下午,我又去看望施蛰存,刚坐下还没有寒暄几句,他就拿出一张报纸来。"(吴立昌《嫉"暴"如仇》)

**是月** 《世界文学随笔精品大展》由上海文化出版社出版,收录先生所作"序引"以及其作《独笑》。

**同月** 20日《河北学刊》第5期刊载沈蓉《施蛰存对现代派心理描写的借鉴与创新》。28日胡乔木在北京逝世。《上海文论》第5期刊载谭桂林《佛教文化的现代心理学透视——施蛰存佛教题材小说论析》。

## 十月

**七日** 复湖北师范学院杨迎平函:"现在寄奉二部,1.《心理分析派小说集》二册,此书收了我全部作品的1/2,几乎是盗版,因事前我不知道,直到今年,才送了我10部书。2.《心理小说》一册,这是最近出版的。我希望你不要多写关于我的文章,写的人多了,变不出新论来,就没有多大意思。"

**十日** 《新民晚报》刊载潘志豪《莫让谬种传后世》提及:"至于当代文学宗师施蛰存先生自选的《施蛰存十年创作集》上下册居然被改名为《石秀之恋》和《雾·鸥·流星》,更是让人哭笑不得了。"

**十七日** 致耶鲁大学孙康宜函:"刘裘蒂未能来大陆,甚为遗憾,但您送我的东西,已收到一半。""上星期得张珍怀函,……并托其代带《闺秀词》到美。前日叶长海[上海戏剧学院]来,始得认识。""11月5日,有一位徐永江将去美国,我托他带奉《闺秀词》,不必劳叶君了,徐永江之姊永端,是苏州大学中文系教授,其父徐澄宇是语言学者,母陈家庆是著名女词人。""永端现在亦在洛杉矶,足下要助手,我可为介绍。""我今年急遽衰老,写字也不方便,不亲笔砚,已三个月了。"

**同日** 复美国李欧梵函:"足下所编《新感觉派小说选》出版已二年,我未知有此书,暑中刘慧娟女士带来一册,我才见到。""按照国际出版惯例,此书以足下为编者,出版商应向足下付编辑及作序报酬。此书选用我的作品,应先征得我的同意,得到我的书面同意后,方可印用。出书后应付我稿酬,这些手续,允晨公司都没有做。因此,未经本人同意,擅自选印我的文字,就是侵犯我的著作权。大陆有些出版社,前几年也大量盗印台湾作家的作品,后来台湾作家来大陆交涉,也付了稿酬,钱歌川即是一例。1986年大陆制定的《著作权法》及《稿酬条例》,规定作者逝世后还有50年著作权,由继承人享有。故刘呐鸥、穆时英已无著作权,而我还有,允晨公司应当考虑我的著作权。李焕明是我的学生,1946年毕业于厦门大学,我委托他向允晨公司交涉,要求付我一些象征性的稿酬,化非法为合法,我不是死要钱的人,故此举目的不是图利,而是维护我的合法利益。此举与足下无涉,故没有先通知足下,也不要由足下付我稿酬,我没有损害足下的合法利益,足下编此书所得报酬,并不包括给我的稿酬在内,此事足下可以向出版家分析说明。去年江西一个出版社印了一本《心理分析派小说选》,选用了我10篇作品,也是同样情况,书出了大半年我才知道,经交涉后出版社才送了我十部书及最低标准的稿酬。足下为我在海外揄扬,我很感谢,但是那些'出土文物'被商人所利用,我不能不提出抗议,请足下理解。""承惠Sade一册,谢谢。"

**又** 在《文汇读书周报》发表《杂览漫记·湘行集》:"偶然又从书架上把它抽出来,仔细看看,才发现这个'别集'本的特色。""书中还印有几幅从文的山水漫画,大约是当年随信寄给兆和的。为什么早年印《湘行散记》的时候不把它们印进去呢?向来我只知道从文能写一手好章草,却不知道他还能画。现在,知道得太迟了!"

**二十三日** 李辉由北京致先生一函。

**二十五日** 上午王圣思来晤。据王圣思回忆:"南京西路的凯司令只有在栗子上市时会做栗子粉蛋糕,要排队。""刚出炉的鲜奶油栗子粉蛋糕一般在上午出售,我买后就送到施先生那里。"(王圣思来件)"带去了凯司令的栗子粉蛋糕,为的是满足老人怀旧的心愿。""我告诉他,读到他在新加坡报纸上发表的文章,他的眼睛里闪烁着智慧和顽皮的光芒,压低声音问道:'反动哦?'他的幽默引得我大笑。"(王圣思《追忆拜访施蛰存先生》)

**下旬** 为将《关于"当代文学史"》("当代事,不成"史","当代"已经过去?)编入《文艺百话》而撰"附记":"1985年,有人建议写'当代文学史',唐弢见了,写了一篇文章,以为当代文学尚未成史,故不宜称'当代文学史'。这个见解,本来不错,却想不到有人出来驳议。于是,我也写了一文,为唐弢助阵。我们的话说得很明白,可以释疑了,岂知还有人提出'异议',反映了我们的青年人对于'史'的观念,很不正确,因而又写一文,再作解释。""现在我把两篇文章一起编存在这里,为此事留一个记录。"

**是月** 先生与冰心、曹禺、陈原应邀担任《宏观语言学》出版顾问。

**又** 中国作家协会《作家通讯》第3期"老作家近况"专栏刊载谷苇《施蛰存先生剪影》:"他一面感叹目前出版业的不景气,许多早就拟定的出书计划至今不能兑现,有时甚至发出几句不无愤愤之意的话:'正想不写文章了。'""早已到了为他办'写作生活六十年'庆典的时候了,不过,至今还没有听到什么动静,也许现在的人,都太忙了。何况,施先生也不主张铺张,他关心的还是自己还有几本书没有完稿。""'现在我正忙着播种',他拿过一支原子笔和一页白纸,顺手写下几个书名:《唐碑百选》《文物欣赏》《文艺百话》,还有'回忆录',一面在这些书名下划着杠杠,一面说,'就忙这几本书了,前面两种想在九、十月份完成,接下来再忙后两本'。""饿了,他叫曾孙女:'拿点月饼来。'只吃了一小块,就够了。"

**同月** 10日沙孟海在杭州逝世。13日张又君(黑婴)在北京逝世。

## 十一月

**三日** 复河南崔耕函:"似乎现在的拓工已不如前几年了,应该培养高手。碑侧拓本二纸,不知是一侧还是二侧?缺失甚多,不知全貌,大略可知一纸是王维诗,另一纸是不知何人和诗。""《四续访碑录》补不胜补,陆续有新的目录可加入,我想先请人抄一本,然后复印二三本,以待机会出版。"

**七日** 下午宋连庠来访。据宋连庠回忆:"询及'应该如何对待病厄'时,施老结合自身'屡遭劫难'之体验,认为'那就要顺其自然,随遇而安,切勿老是忧心忡忡,耿耿于怀,而要放得下、想得开,把一己生死祸福全抛开,潜心于自己喜爱的事情。这样就能早日康复,或逐渐从逆境中走出来'。谈到饮食起居,施老说,我一般晚上九点多上床,睡前还要卧床读一个多小时的杂书,直到目倦神迷,才酣然入梦。翌晨,小辈们都出门了,才悠悠然地起床。一日两餐(早、午二餐常并成一顿),多为牛奶、煮蛋、稀饭、肉松、豆制品,决不求饱。每天必细读所订的《解放日报》《新民晚报》和《参考消息》,以了解世情。""不觉窗外已是夜色苍茫,凉风袭来,施老觉得有些寒意,我赶忙帮他披上一件外衣,并起身告辞,施老用他那柔暖的手握着我的手,笑着说:'下次早点

来,可以多谈谈。'"(宋连庠《施蛰存立冬话养生》)

**同日** 在《文汇读书周报》发表《杂览漫记·遐庵谈艺录》:"宣纸线装,仿宋铅字印,七十年代从吕贞白借阅。""此书无印行年月,亦非公开发行品,故流传极少。闻为胡道静1964年编辑校印,以赠友好,免于亡佚。《骨董琐记》近年有重印本,我希望此书亦有机会重印流传。"

**十四日** 复河南崔耕函:"这两天正在编《唐碑百选》及《文物欣赏》,不知如何,失去了一些拓片,很伤脑筋。看王雪宝同志文,似乎'少室阙'已损于'文革'中,不知如何严重?兄如知道,望告一二。我去看过的是哪一个?有一座屋子盖着的,这个屋子拆去了没有?嵩洛之间如有新发现石刻文字,望告我。"

**十五日** 复香港古剑函:"这两天正在加班加点,年内必须编好交出,力不从心,大矛盾!""你那边,主要是不知该给你写什么文章好,其次才是无空闲。今年北京、上海各报副刊都减少了文艺色彩,许多文章都不合时尚,香港却添了几个文艺副刊,《大公报》有'艺林',又有'文采',还有'小公园',听说有许多大陆人文稿,也许你起步迟了,没有拉到手。""组稿时,请某人写哪一栏的文章,分一分工,则容易编。""我看,近来老一代人的文章都空得很,""似乎都是挤出来的,新一代的'作家'也不会写报刊杂文,总是'文艺腔'很浓厚,你应当努力于培养新人了!"

**十七日** 复北京邵燕祥函:"承邀为尊编《散文天地》撰稿,自当积极捧场,可惜你办这个刊物太迟了,我无法立即为你寄稿去。我今年自8月[7月]中旬起忽然体力大差……医生说:'你没有病,只是衰老开始了。'一点也不错,我现在起居照常,只是工作能力,一落千丈了。""贾平凹的《美文》出了二期,我也还没有以实际行动表示拥护。对您的好意,我现在只能先谢,以后慢慢的给你适当的文稿。""在这样的散文争鸣环境中,你的'天地'应当占据一个什么地盘?请列位编辑同志决定阵地的方位,在创刊号中就显示出风格来。(一个刊物,创刊号一出,就不易改变风格了。)卅年代的散文刊物不以'散文'为刊名,《论语》《人间世》《人世间》《太白》《宇宙风》《光明》等等,这样的刊名,可以使内容不受限制。我希望你们的'天地'不要注重在'散文',而注重在'天地',最好你们把刊名改为《天·地·人》,就容易编得活泼了。""我的'幽默感'也衰退了,《随笔》中那些文笔,已遗弃我了。"

**十九日** 复美国魏中天函:"冰莹二函亦收到不误,不过信中说有冰莹住址的签条,却找不到,""我给冰莹一信,只好仍请兄转致了。清阁一信已转去,她大约有冰莹的住址。"

**同日** 致赵清阁函:"魏中天在美国,常见冰莹,转来了二封信,其中一封是给你的,今附奉。""冰莹似很悲观,你劝劝她,希望她写些回忆记之类的小文章。香港今年多了几个文艺副刊,托我组稿,你能否写几篇千字杂文?""下半张纸请裁下,转给朱雯。"

**又** 复朱雯函:"我不想为台湾写文章,请为婉谢,问罗洪好。"

**二十一日** 《文汇读书周报》刊载《关于杨刚的几点说明》,署名"柳苏、施蛰存"。(按:此文原为柳苏于8月13日致该报编辑函以及先生20日的复函。)

**同日** 《解放日报》刊载宋连庠《施蛰存立冬话养生》,并刊有"先生在书斋"近影。

**二十七日** 复香港古剑函:"《文廊》都收到,不坏,但还不够好。""我那篇《徐芳诗集·序》没有错字,你可以用,改一个题目。""副刊文章引起争辩,是好事,最好的宣传方法,别怕!""下月中旬起,每月给你二文,待计划文章性质,只希望我身子不垮。""1958年到1978年我闭门著书,写了不少东西,现在还可以编四五个单行本,够我再忙一年。关于许地山,是否可以找人写一点纪念文,""问问小思。"

**二十九日** 香港《华侨日报·文廊》第5期刊载《作家墨迹·施蛰存》。

**是月** 上海文艺出版社出版《文化老人话人生》,收录《论老年》并有"关于作者"及手迹和各个时期照片数帧。

**又** 山东文艺出版社出版林非主编《中国新时期抒情散文大观》(上卷),收录《在福建游山玩水》。

**同月** 16日沈錬之在杭州逝世。《湖北大学学报》(哲社版)第6期刊载徐顽强《情欲与理性冲突下的悲剧命运——论施蛰存的历史小说集〈将军底头〉》。

## 十二月

**一日** 复香港古剑函:"《〈现代〉诗综》,另封寄出。这是《现代》杂志中的全部诗作,可代表三十年代诗坛,你可以找人写一篇文章,不必专对我的诗发议论。""要不要给你一些作家书信?我加一个说明,做一块版子,也可成一个专栏。"

**五日** 应约为《中外漫画艺术大观》撰"序言":"要我给这本书写一篇序文,我不是画家,没资格在这里说外行话,只好随便谈谈我所知道的'漫画'。"(按:此篇后以题为《谈"漫画"》编入《文艺百话》。)

**同日** 在《文汇读书周报》发表《杂览漫记·外国百家爱情诗选》:"使我想起

《聊斋志异》中的那个女鬼,把自己的头拿下来放在桌上梳理头发。1920年代,赵景深把英文的'银河'译为'牛奶路',被鲁迅奚落了一顿。又有人把英文的'仰头而卧'译为'睡在他的背上',也在译人中间传为笑柄。其实,这两位译者都没有译错,不过是直译、死译,不适用于中国语文习惯而已。'将头捧在手心'而'我在哭泣',不知'我'的眼泪从何而来?中国有'抱头痛哭'的成语,译者为什么没想到?"

**八日** 先生夫妇致耶鲁大学孙康宜贺年卡并附言:"10月31日曾复一函。""《词学》9期已托人带一册到西雅图寄奉,使你见到快一些,其馀诸本陆续托带。"

**十一日** 致刘石贺年卡,言及"'社科'出版社决定在1994年第一季度印出此书,似乎可以比你们快些;况且我如向他们取回此稿,也不免有伤和气"。据刘石回忆:"有关施蛰存先生近况的报道,提到他有一部汇辑词集序跋的书稿不得问世。""提笔给他写信打探稿子近况,询问可否考虑拿给中华书局出。很快收到复信,说稿子是一位在某出版社工作的老学生所约,但一压好几年,很乐意转交中华书局,并表示马上写信给这位老兄,要他与我联系云云。我正等着那位同行的电话呢,不期施老的第二封信来了。"(刘石《回念北山翁》)

**十七日** 为编讫《词学》集刊第11辑而撰"编辑后记":"《试论朱敦儒的〈樵歌〉》是已故词学家龙榆生(沐勋)先生的遗稿,""近日由其子厦材检出送来,嘱为刊布。""书价日涨,本刊不得不约束篇幅。"

**十八日** 寄赠广州黄伟经贺年卡并附言:"13日函收到,这几天不抓毛笔,等下个月初一定为写报头。这几天在编三本杂文集,年内要交出,忙不过来,先通知一下。《美文》已见到,'花城'那本'雨窗'什么时候可印出?"

**二十五日** 为编《文艺百话》作"序引":"想到应该把我的文字生涯做个结束,找出历年保存的杂文剪报,分别编为三本文集,这是第一本。谈文学的长长短短杂文,编定103篇,取名为《文艺百话》。""所收的都是关于文艺及语文的杂文。"

**二十六日** 先生夫妇致周退密函:"正在编十年来杂文为三集,非到夏历除夕,不得歇手。《词学》9期已收到不?曾寄九思一册亦不知收到不?如见及乞一问。""有新作词,望寄四五首来备用,有新人好词,亦望介绍抄惠。"

**二十八日** 上午范泉来访。按范泉日记:"答应给'文史探索书系'10万字的回忆录(书名未定)一稿。他肯定了为'大系'出版编'简报'是必要的,通过讨论,避免许多错误,还使各主编步调一致,合乎统一要求。因此他肯定,凡编大型套书,应该编'简报',互通信息,像《文化老人话人生》那样的书,牵涉作家近百,编'简报'交流通气,完全有必要。"

**三十日** 在《新民晚报·读书乐》发表《海外学者怎样研究"词"?》:"《词学》原来计划为季刊,后来改为每年出版二期的集刊,可是,从1981年11月创刊到1990年10月,只印出了八期。第一期印售了二万册,第8期只印了三千册。1991年6月,排版完成了第9期,无法印出,直到今年7月,才付印出版,仍是三千册,我在最近才见到。""我主编了十年,自己知道愈编愈好,因为逐渐获得海内外学者的资助。但是,新华书店的订销数字,却愈来愈少,这使我非常伤心。""我仍借《读书乐》一角,为《词学》第9期[《海外词学特辑》]向历期读者报一个信息,就作为一次新闻发布会吧。"

**是月** 主编《词学》集刊第10辑出版;刊有《挽圭璋先生联》,以及《词学书目集录》(19)、《丛谈》数则、《编辑后记》,署名"北山""舍之""编者"。

另,据陈晓芬回忆:"施先生写补白七条,另有资料辑编、后记、为唐圭璋先生写的挽联及序等,总共支付给他仅100元。而每当支付酬金时,需要施先生领取的款项却很多,除了他自己的那一点钱,他还会替不少作者代领,由他转交。为此,按照规定,他要在签收单上签很多次名,多的一次他签了十个姓名。这总让我心生歉意,施先生每签完一个,我就支支吾吾地告诉他:'下面还要签。'他感觉到了我的心情,一边签,一边说'这是规矩,你说要签多少我就签多少'。他根本也不看签收单上的项目,只一味按照我的指点把姓名一一签上。当我把各人的稿酬包好并标上姓名交给他时,他会非常高兴地连连说'这样好,这样好,否则我就分不清了,现在我好不动脑子了'。"(陈晓芬《与施先生在一起的时候》)

**同月** 24日台湾《联合报·联合副刊》刊载孙康宜《语讹默固好——简论施蛰存评唐诗》。上海辞书出版社出版《中国人名大词典》(当代人物卷),内有词条"施蛰存"。中国社会科学出版社出版黄淳浩编《郭沫若书信集》,内收"致施蛰存(1924年3月20日)""致杜衡、施蛰存(1934年1月10日)"。

# 一九九三年(岁次癸酉) 先生八十九岁

## 一月

**一日** 元旦。致台湾林燿德函:"用此拙劣制品,奉贺新岁,十分抱歉。你看此祝词,是否像乞丐唱的'莲花落'！我补上二句更妙！""(一元肇始气运新,年年如意利亨通。福禄祺福显荣达,年年有馀年年丰。)一福再福文字重,不通不通又不通！妙笔生花又一年,奉贺爠德老棣新正百福。"

**同日** 先生夫妇寄赠香港"古剑老棣及夫人,合第纳福"贺年卡。

**约在期间** 以自制贺年卡片致许杰。(按:此件现存中国现代文学馆。)

**四日** 撰讫《华文文学、华人文学、中国文学》:"房龙写了一本通俗性的《人类的艺术》,""这本书写得不坏,不过第39章中国部分却并不高明,毕竟他对中国艺术的知识很不够。""我说,华文文学和华人文学都是中国文学的一部分,写《中国文学史》,不应该排除它们。近年来,大陆青年学者在建议重写'现代'或'当代'中国文学史。我不明白他们为什么要求'重写'？刘大杰写过一部《中国文学史》,自己重写了两次,结果写成了一部'武则天文学史'。'现代'或'当代'或'现当代'中国文学史,如果重写,而不包括台湾文学、华文文学和华人文学在内,那么,我估计写出来的恐怕只是一部'北魏文学史'。"

**五日** 致台湾林玫仪函:"《唐诗百话》已由文史哲出版社接受出台湾版,""我以为每次校样,往返需廿天以上,不便。可否请你代校或请你托一位熟悉古典文学的人代校,我可以送一点酬金。""你如能助我,请即直接通知李焕明先生,""如此事你有困难,亦请直接告诉焕明,让他将校样仍寄我自校。"

另,据李焕明记述:"大著之一《唐诗百话》,最近由我介绍已在台湾修订出版。"(李焕明《追忆长汀厦大的诗缘》)

**八日** 致耶鲁大学孙康宜函:"我托徐永江带去《百家闺秀词》一部,共廿册,有木夹板。""加拿大哥伦比亚教授施吉瑞(Jerry Schmidt)上月来访,我托他带去《词学》第9辑五册,请他回加拿大后寄给你,""内有张珍怀一册,请你转致。此间稿酬不多,尤其是学术性刊物,没有学术机构补贴,每千字只有人民币廿元左右,你们四位的稿酬,合起来只有美元一百多些。""岁暮天寒,连绵阴雨,甚不好过,但手头文字工作还多,放不下手,只好'鞠躬尽瘁'了。"

**九日** 彭燕郊寄赠贺卡:"蛰存兄,恭贺年禧。燕郊鞠躬,壬申岁暮长沙。"

**十二** 复香港古剑函:"文友书信我可以供应几封,但你的刊物上不能专用我的信,最好也向别人去要一些旧信来。""过了春节,我给你寄一批材料去。"

**十三日** 复美国李欧梵函:"先为你解答几个问题,这两天我公私事忙,过春节后再给你去信。"另纸解答谈及:"1. 前卫。""2. 颓废派,""楼适夷这位先生十分老实,他从日本回来,觉得我的小说很像日本的'新感觉派',因此写了一个书评,发表在《文艺新闻》上,当时并无什么反应。近年来,我分辩了几次,我说我不属于这一类,他就写信来表示歉意,其实大可不必。""3. 主流问题。""4.《文学》。""5. 新诗。""6.'小品文'的热潮与西方现代派文学无关。"7. 关于《善女人行品》书名问题。

**十六日** 为旧作《终于敢骂"洋鬼子"了》将重刊而撰"题记":"昨天有一位不速之客来,是报社记者。他给我看一个文件,是六十年前我为《东方杂志》征文写的两段'答问',我早已不记得有这么一件事。想不到六十年之后还有人找出来做征文题目,更想不到还能在六十年之后再为此而答复一位编者的征文。"

**同日** 在《文汇读书周报》发表《杂览漫记·嘉业堂藏钞本书目》:"书凡四卷,稿本,著录钞本、稿本一千二百余种,皆古籍由钞本及明清人著述之未刊稿本。""我不习版本之学,不能知此书目中名贵者何在?但录其为我所注意者于此,希望他日或有机会得而读之。""我尝得郑氏[文焯]所藏金石拓片数种,皆有题识,此诸稿亦不知流落何许。文人身后,著述不传,亦可慨事。"

**又** 韩国学者柳己洙将其著《李齐贤及其词之研究》(1991年中文本)题赠:"蛰公教授赐正,柳己洙谨呈。"

**十八日** 致马祖熙函:"这两天我家中又忙又乱,正在调整房间,岁首三天亦已排满,你暂且弗来,过了年头,二月底左右再来,千万不要送我礼物。《王修微集》你为我编好,我加一个序,即可送出。此后要麻烦你做的是两件事:一、'词苑'部分选定两期用稿。二、代我编一本《赵叔雍词学论文集》。"

**十九日** 复湖北师范学院杨迎平函:"现在美国盛行'亚美文学',有许多中国人写的小说大走红运,周励只是其一。你要写东西,不妨试试,但不宜再用心理分析及内心独白的文体,这个玩意儿已过时了,社会人物多,故事面广,都不宜用心理分析写法,现在时髦的创作方法是虚虚实实,真真假假,有现实,有幻想,你不妨多看几本新作品,以为参考。"

**二十日** 孙康宜自耶鲁大学复函:"来信提到给大家的稿酬,""是否可将那100元美金作为《词学》有关费用,不必麻烦?(假使您不同意,我可再想出较妥当之法。)事实上,各位作者如能收到《词学》9辑,也已经十分感谢了。"

**二十二日** 除夕。复台湾郑明娳函:"《联合文学》尚未收到,不知托香港何人转来?烦请探问。正中书局的书亦未寄来,被选入拙作,如有稿酬,拟请您代收后,折合港币汇给香港高倬云女士,我托她在港购物可用。"

**二十三日** 春节。致台湾黄沛荣、林玫仪夫妇函:"此刻是癸酉元旦晚 8 时,酒阑人散,又恢复了我的闲寂,执笔书此,奉贺新岁万福。""《唐诗百话》第一批校样已寄来,我以二日之力校讫寄回,以后不必再烦玫仪了。""插图仍求玫仪为我选印一张唐人写唐诗,以代沪版第四图'文苑图'。"

**二十四日** 旧作《终于敢骂"洋鬼子"了》并新撰"题记"刊于《文汇报·文化天地》"旧梦新说"特辑:"六十年旧梦重访,老叟笑论今春(1933—1993 未来中国的梦、未来个人生活的梦)"。

**二十七日** 复苏州魏昆函:"承赐《苏州园林古迹诗选》一册,谢谢。近日寻得拙著《北山集古录》《金石丛话》各一册,即以奉赠。""我有残疾,久不出门,无法为足下访书,30 元仍以汇还,十分抱歉。上海难买外省版书,即使我能去南京东路新华书店,拙著亦不易买到也。"

**同日** 又复香港古剑函:"另附文一篇[丁玲致先生函],给《文廊》用,印出后寄我三份。""第一季度还得忙一阵,再抓紧时间编好几本书。"又于"附文"上留言:"寄你一封信,先用起来,下星期再寄一、二封,分别用。"

**三十日** 按程千帆日记:以"诗集"[《沈祖棻程千帆新诗集》]寄蛰存。

**是月** 诗作《癸丑岁阑寄郑逸梅》刊于《中华诗词年鉴》。

**又** 春风文艺出版社出版旭水、穆紫编"中国现代性爱小说资料丛书",其中《性的屈服者》收录其作小说《鸠摩罗什》《在巴黎大戏院》。

## 二月

**四日** 为将《关于〈现代〉诗的三份史料》编入《文艺百话》而撰"引言":"在这个刊物上,我发表了戴望舒及其同路人的诗。这些诗有新的倾向、风格,与当时盛行的'新月派'诗不同。因此,引起了各地青年诗人及爱好诗的读者的惊异,有些读者不能理解这些新倾向的诗,持怀疑态度,有些读者就写信来质疑。我前后写了三段答读者问,表示我作为一个文学刊物的编者的意见。近年来,研究现代文学史或诗学的作者,常常引用这些资料。""我把它们编集在这里,为现代文学研究者提供方便。"

**同日** 致香港古剑函:"我订的《香港文学》到三月为止,以后要续订,请你代办。""第二本是回忆记之类的杂文,月底可以编成。"

**五日** 将《关于文学语言的几个问题》改题为《论文学语言》编入《文艺百话》撰"附记":"原文有一万四千字,现在节缩为六千字。""可惜当时所依据的原始资料,已经全部失去,所有的引用文字,都已无法注明出处。1979年以后,我国的青年作家,在他们的作品中,也出现过滥用方言、土话、俗语、秽语的情况,也同样引起不少读者的议论。我现在把这一篇讲稿收录在这里,希望对时下的青年作家提供一个参考。"

**八日**　晚上复苏州魏昆函:"你要我的字,""等天气稍暖,我给你试写一张横幅。""袁爽秋神道碑文已改正了一二处标点,今寄回。袁氏后人住在松江,其孙名道冲,已于十年前下世。方孝孺石墨亦是法物,我想见见,但不必送我,我在世之日已无多,正在遣散书籍文物,交付适当的人。""承示四种碑拓,无年月的我无从查起。因为我有唐碑及墓志五、六百种。""请代收购清人单本词集(诗词合刻者,要词多的),嘉庆以前刻本都要,以后则要先知书名,因为我所得已不少。""解放前,获得一本词集,最多不过1元;我在五十年代收了不少,都是5、6角一册。""我不要明拓、宋拓,只要各种碑志杂刻的拓本,金文拓本也要,整张全拓或剪裱本均要。""整批出售的更好,几百元我还能买得起。夏孙桐、朱古微手写词,我希望复印一页给我,为《词学》插图用。"

**十日**　为《丁玲致施蛰存函》交付发表作"附记"。

**同日**　复台湾林玫仪函:"承允代校《唐诗百话》,甚感。""出版社可否同时寄我一份校样,不必等我校阅,但如我发现有重要错处,即随时通知你代为改正,""附奉三纸,有三处必须改正后再排字,请以副本送出版社编辑,一本由你留存待校。""'百话'排版形式,我不甚满意,不过已排了二百多页,亦无法改了。我不喜欢楷体字,每篇题目及诗题最好用仿宋字,每篇题目最好顶格排。"附三纸"《唐诗百话》上海版重要正误"并"附及":"如此类不适用于台湾版的文句,请代为删去,最好请你先看上海印本,改好后交出版社发排。"

**十三日**　晚上复苏州魏昆函:"欣悉你已有赴日留学机会,而且是计划去学习日本古文学,此举大好。""日本留学生甚多,去读日古代文学的人,如凤毛麟角。过去只有周作人、钱稻孙二人是日本古文学专家,现在继起无人,我希望在六年之后,你来补此空缺。""嘉庆以前刻本单行词集本来不多,有的大多是词选本,如《昭代词选》之类。这一类的词籍,我不要。我要的是个人词集,仍请托苏州古书店朋友为我留意。碑拓托你夫人,或新华书店收购同志,整张的唐以前碑拓、裱本汉碑,都是重点需要的。告见的碑属于次要,最好是冷门碑拓。苏州有两块碑,如有拓本,我也要,1.平江府地图,2.韩世忠神道碑。""沧浪亭的《吴郡名贤像》我有过,抗战中失去了。"

**十四日**　致《青年报·开卷》编辑函:"'开卷'按期收到。""你那边还没有文章可以相助,十分抱歉。'开卷'编得不坏,近来尤其活泼。""今年全国各报,都在扩版,改版,争取革新。副刊编辑,也在竞赛,想必你的精神负担,也一定不轻。2月9日的一期上有一篇《旧派武侠小说源流》,读后有一些意见,随后写奉,给武侠小说的作者、读者,以及小说史家作参考。"

**同日** 按程千帆日记:"蛰存函告收到'新诗集'。"

**十五日** 程千帆致函:"林庚、舒芜和您一样,都说我那本诗集将人带回三十年代去了。""中玉兄间有书来,每及兄闭户颐养之况,故久无函札,亦颇放心。《词学》9期及《花间新集》都收到。后者记曾作复。此集极好,汉语大概长于用短五七绝或小令,每每令人荡魄消魂,不能自己也。闻人言,《词学》编至12辑为止,确否?停了可惜。但若交与外行,失兄宗旨,则不如不办之为愈也。闻兴荣兄亦退,何人可继耶?"

**十六日** 致耶鲁大学孙康宜函:"'语讹'一文复印件收到,承为吹嘘,甚感好意,但是我希望足下以后不要为我'吹嘘'了。我在此有些像是'异端',国外有人捧场,国内就更加冷淡,我是被视为'非我族类'的。徐永江还在上海,《百家闺秀词》已交给他,大约下月他可以回美国了。4月下旬林玫仪在台湾召开一个词学讨论会,你去参加否?""你们的《词学》稿费,可以在此代办书物,""刘裘蒂已回否?""她寄了一个照片给我,是与她的未婚夫合照的,二人都十分 smart,讨人欢喜。如见汉思、充和夫妇,请代问候。"此函附赠2月3日拍摄的照片:"近影奉康宜留念。"

**同日** 致台湾林玫仪函:"'百话'全权拜托,有明显的误字,你改了就是,没有重大关系,不必计较一二字句。""P185 如已不能改动,就只好不动,不过最好加一个注,说明一下。"并附《唐诗百话》改本"二纸并附言:"以上复2月14日电传。"

**中旬** 应约撰写"拟创办《文心雕龙》设想":"一、本刊为文学季刊,1、4、7、10月1日出版,每期16开8张纸256页,每页1 600字,共40万字。用上等印书纸印,豪华版。二、本刊约请大陆、台、港及海外华人作家及学者为撰稿人。三、本刊专载纯文学作品,'报告文学'、'传记文学'、'通俗文学'均不收。四、本刊内容:1. 创作小说、诗、剧本、电视剧、电影剧,2/4,20万字。2. 文学论文、书评。1/4,10万字。3. 外国文学介绍。1/4,10万字。五、本刊宗旨为:1. 纯洁文风。2. 提高文学水平。3. 建设新时代的文学气象。4. 结构不受地区、思想限制的中国人的中国文学。六、本刊以1/2 篇幅刊载文学创作,包括海外华人文学的中文译本。七、本刊以1/4 篇幅刊载文学理论、书评、文学史论等文字,外国人对中国文学的论述,亦尽可能收入。八、本刊以1/4 篇幅介绍外国文学情况,侧重现代,为中国作家作借鉴参考。九、本刊以繁体字、横行排版,以便向国外发行。十、本刊未取得期刊许可证以前,先以集刊形式,不定期出版。(1993年出版二期)1994年起按季度出版。"

二十日　致范泉函:"我在想办一个文学刊物,改变一下当代文风,兄有无意思来出面主编?让上海书店出版?如有此意,请待天气晴爽,来舍下谈谈。"

二十一日　致台湾林玫仪函:"寄奉'百话'改本243—348页,可依此校正,""以后每星期寄一批,希望可以接上。"

二十三日　在《青年报·开卷》发表《谈"武侠小说"》。(按:此文原为本月14日致《青年报·开卷》编辑一函。)

二十五日　撰讫《杂览漫记·现代名人书信手迹》:"去年10月,有人从北京来,说北京新出了一本名家书法集,其中有我的字迹。""我的字不入书家之列,怎么会有人看中我的书法?近日收到中华书局所赠一部《中华书局所[收]藏现代名人书信手迹》,其中有我的三封信,才知道是怎么一回事。原来去年是中华书局创业八十年纪念,书局领导同志把编辑部中所藏文人、作者的书信,选印一册。"

同月　13日中共中央、国务院印发《中国教育改革和发展纲要》。台北业强出版社出版黎活仁《现代中国文学的时间观:鲁迅、何其芳、施蛰存作品的精神分析》。

## 三月

五日　先生复《解放日报·朝花》编辑陈诏一函。

同日　黄裳将所著《榆下杂说》(上海古籍出版社1992年8月初版),托人带至先生寓所相赠。

六日　在《文汇读书周报》发表《杂览漫记·人类的艺术》:"转眼过了五十年,才读到这个1989年出版的中译本,意外的高兴。""不过关于中国部分,似乎讲得太浮泛。看来作者对远东艺术,所知不够,因而无法具体地论述。""文化是一个民族的精神产物,不是一个国家的政治产物。""关于这一个观点,房龙却讲错了。"

同日　致台湾林玫仪函:"寄上第三批校正本,备参校。""我不会写毛笔字了,连直行写文也不会了。再说,我不想出头露面,你不要把我抬高。"并附"《唐诗百话》校改本第三批P445—P571"。

八日　黄裳致香港古剑函谈及:"施老常有信来,所谈些词学书籍事,太枯燥了。"

十日　致赵清阁函:"晶清有消息否?有人来,烦带个信去,为我问安。""香港辛健托我组稿,你多给他写些千文字文。我近来甚衰,写来有点不便了,硬撑着,不知还

可以支持多久？千万保重！"（万照楼藏品）

**十二日** 复台湾林玫仪函："请出版社再寄一份校样来，以便决定版式应如何改好。""我以为，凡是引用《孟子》就用《孟子》文本，引《尚书》，就用《尚书》文本，这个原则定下来，事情才好办。不过，也有一些特殊情况，就是古今字的问题。""我曾给文字改革会上过几次意见书，请重新考虑简化字，未蒙理睬。现在我们的《人民日报》海外版用正体字，国内版用简化字。"

**十五日** 应约请撰写"拟编《施蛰存全集》设想"："一、文学著述：1. 创作小说：短篇小说。2. 散文集：《灯下集》《待旦录》《文艺百话》《沙上的脚迹》《雨窗随笔［梦话］》《喷云杂俎》。3. 古典文学：《唐诗百话》《读词札记》《词学名词释义》。4. 译外国文学：《轭下》《火炬》《东欧短篇小说集》《杂译小品文学集》《显尼志勒小说集》（四部）。5. 杂著：《北山楼文言》（古文、旧诗、金石百咏、浮生杂咏）。二、金石碑版著述：《北山集古录》《水经注碑录》《唐碑百选》《金石丛话》《诸史征碑录》《吴越金石志》。三、编选古典文学：《晚明二十家小品》《花间新集》《三朝绝句精华》。四、编辑云间掌故：《云间语小录》《松江方言考》《云间花月志》《云间碑录》《赵孟頫石墨志》《王修微集》《船子和尚拨棹歌》《湘真阁词语》。五、编纂目录：《北山楼藏碑拓目录》《北山楼藏金文拓片目录》《北山楼藏词籍目录》《知见清词刻本目录》《上海四大学藏词籍目录》。"

**二十一日** 在香港《华侨日报·文廊》第20期发表《华文文学、华人文学、中国文学》。

**二十三日** 晚上复香港古剑函："我的事无法请人代劳，只有自己动手，复印很方便，但此事须请别人代做。""过几天，再用平邮寄些杂报给你看看。"

**二十四日** 复赵清阁函："财经大学寄［陆晶清］讣告来，收到正在18日下午，无法联系托代办花圈，你为我签了名，很好，谢谢。上海春季，天气恶劣，每到晴天，我都健好，一下雨，就蜷缩了。你不要来，到夏季再说。八十华诞，在于何日？不吝示知，我一定要至少送一块蛋糕去，上海还有没有家属？要不要组织一下，为你庆祝一番。能否为我画一小幅，像那张扇面一样，我为你印一二百张卡片，作为寿辰纪念，兼作今年的贺年卡，行吗？如赐一画，不必书上款，有现成的也可以。"

**二十五日** 晚上复台湾林玫仪函："唐诗各种版本，文字差异甚大，这笔账也无从清理。我的原则是，依古本，择善而从。你正在忙于开会，我还要加重你的负荷，还累及沛荣先生，实在对不起。出版社如不急于印出，我看不妨慢慢地校阅。现在大陆出版物,错字多如牛毛,令人丧气。""如有人来,都不妨介绍来,陆续带些书去。""你办词学会,千万不要涉及我,我太老了,只求息影,公众之间,不显声名,最为安逸无虞。私人之间,我高兴多见见青年学者。"此函另附"复核问题"之"签注"。

**二十六日** 又为昨晚致林玫仪函作"附言":"建议你印几张邮政明信片,作为词会纪念品,可印敦煌写本词、宋人自书词、或宋本词籍书影。""临发此信,即收到《台静农[先生辑存遗稿]》,谢谢。此书书名失于考究,美中不足,应名曰《台静农遗稿辑存》,即无语病。"

**二十九日** 复台湾林玫仪函:"把你12日信中印件看过寄回,看来台湾排印的古书,也很有问题。""《同声月刊》纸已酥霉,不能上复印机了,蒋哲伦如能来台,可托她把全份'同声'带去,但要托带的书太多了。"(按:先生标注"第10函1993"。)

**月内** 据谢大光回忆:"施先生修养够好,又等了三年。1993年3月终于提出'我的那本《外国文人日记抄》,你们如果不预备印,可否将原稿寄还我?因为那个本子是我校改过的,未留副本,如让别家印行,也必须依据那个校改本'。我仍不想放弃。"(谢大光《一个有趣的灵魂》)

**是月** 长江文艺出版社出版李春林编《现当代名家小品精选·情趣小品》,收录《赞病》。华夏出版社出版范希文选编《名家人生散文精品》,收录《画师洪野》。

**又** 《文学评论》第2期刊载彭斌柏《施蛰存心理分析小说的意义》提及:"严家炎用历史的真实标准和伦理的纯洁标准来贬低《石秀》,不见得妥当。我认为《水浒》与《石秀》无法用一种文学批评模式来进行评论。如果硬要比较的话,我只能说,《石秀》中的石秀,比《水浒》中的石秀,更能为人所理解!因为《石秀》给我们提供了远比《水浒》多得多的关于石秀的内心独白。"

## 四月

**一日** 复香港古剑函:"《文廊》20期收到,内容不坏。以后如有我的文字,请另外寄我一个剪报,免得我剪弃这一张整版,整版的我要留存,常有人来借看。""日本中央大学教授前田利昭,来上海住在华东师大,他要住一年,研究中国现代文学,现在收集我的资料,看我的作品,已来访问过几次。""还有一个德国青年Roly Johm,海特堡大学的博士生,他写的论文也是我的作品研究,十天前他来看我。""看来,这两年我交红运了。"

**三日** 在《文汇读书周报》发表《杂览漫记·现代名人书信手迹》。

**同日** 耶鲁大学孙康宜复函:"您需要什么书物?我或可托人6月下旬带回大陆给您?乐黛云会来,只是她还得从国内转寄给您。今日夏志清教授说,要向我要一本大作《唐诗百话》,我立刻已寄给他了。""杭州市图书馆内藏有《古今名媛百花诗馀》(归淑芬等辑),康熙二十四年刊本,""可设法影印一个Copy?""恭喜《王修微集》编成!我正在准备写王微一章,如何能尽快读您的《王修微集》?"

**四日** 先生应邀与冰心、汪道涵、夏征农、萧乾出任"春兰·世界华文微型小说大赛"顾问,柯灵担任主任委员。

**六日** 湖州费在山复先生函,写到"先生果然吴兴人也"。

**七日** 先生邮寄一卷报纸给香港古剑。

**九日** 上午香港卢玮銮、张敏慧来先生寓所访问。先生自述:"她们来参加一个昆曲会,为期二天,来去匆匆。"(复古剑函,1993年4月14日)

**同日** 致湖南彭燕郊函:"今将《春艳》剪报稿送呈,此稿不全,缺少甚多。原书全译可有卅万字,此译乃十分简略之节本,且又不知发表于港中什么刊物,似乎是沦陷时期之商业刊物,现在亦不易补全。此稿可存尊处,不必急于寄还。"

**十日** 为旧作《鲁迅的〈明天〉》《关于〈明天〉》和陈西滢《〈明天〉解说的商榷》提供发表撰"缘起":"匆匆四十年,上海人也从来没有见过当年用土报纸印的《国文月刊》。去年,复旦大学的吴立昌来访,送了我一个封袋,袋中装的正是这三篇文章的复印件,这使我出于意外的高兴。现在我把这三篇文章托台湾刊物发表一下,想听听台湾青年文学者的意见。在大陆,鲁迅还是至圣至神的偶像,我不敢再一次'得罪'他了。"

**十一日** 致赵清阁函:"画二幅收到,考虑了两天,觉得都不适用。鱼一幅,首先被淘汰,上海有吴青霞在。""另一幅不宜印成邮卡,""我希望有一幅主体在中央的,设色鲜明一点。今将我印过的三张都寄你参考,有空时可为此特画一幅,纸不必大,与此卡成比例即可,落款宜在左或右下角,暑假交我,去香港印,我有一点美元在古剑处,不用你付。二画暂存我处,等你新画来,再比一比。"

**十四日** 复香港古剑函:"《文廊》16、21二期看过,都不坏,吴亮的《声音》一文甚好,此间多人有同感。不过我另有一些想法,过几天写一小文给你。如果稿源不继,是否可以转载海峡两岸报刊文章?""只要有此一栏,不必每期都有,另外向别人去征集一些,不要专用我的。""倒是青年作家的创作小说不易出版,能销的书都在广东及北京印出,那边稿费高,广州稿费是60元一千字,上海只有20—30元。"

**十五日** 在《劳动报》发表《报纸的副刊》:"从去年秋季起,北京、上海各报都在扩版、改版,许多报纸的副刊风格大有改变。这情况很有些像二十年代初期。不过,二十年代初期的副刊扩版、改版效果是加强和提高文化知识和社会教育的作用,现在各报的副刊改版、扩版似乎有些'下海'的趋势。我以为,这一现象值得反思。"

**同日** 复张珍怀函:"前日寄奉一信。""昨日得永端信,及你的附函。""此书还有续刻的《闺秀词钞》一部八册,尚在我处,想等暑假中托人带去。"

**又** 复湖北师范学院杨迎平函:"现在是知识分子接受考验的时候,不耐清寒的都下海了。""大学里的理工科教师不离职也可以找兼职,只有文科教师情况最困难,他们下海之后,本业无用,只好改行。中文系教师,到一个企业中去做秘书也不称职,因为他们不会拟公关文件。我们的中文系,向来只讲现代文学,不讲语文,更不讲古文,他们的本领,在社会实用上,完全无用的。不过,要知道,文史哲学者,是一个时代的文化精神之所寄,没有这些人不行,有这些人而不用或不起作用,也不行。高等院校的文史哲教师必须自重,了解自己的负有祖国文化的历史任务,万不能因物质生活条件不好而放弃自己的职责。今天,我看得出来,了解自己的历史任务的高校教师,是不会下海的,已经下海的,已证明他们本来没有能力继承或创造祖国的文化。""关于我的作品,你不要多写,多写了,一则发挥不出新的观点来。"

**十六日** 致台湾林玫仪函:"托蒋哲伦带去此件,你看过后,转给《联合文学》的初安民,问他能否发表此三文?""6月份有一个加拿大的施吉瑞教授(Jerry Schmidt)要从台湾到上海,即住在华东师大,你可托他带来。"

**十七日** 在《文汇读书周报》发表《杂览漫记·春游琐谈》:"1958年至1976年间,中国知识分子黄杨厄闰,大受冲击。刚烈者一死了之,怯弱者随缘忍辱,惟旷达者犹能夷然处之,不改其乐。青年人则以小说、诗歌,油印流传,奇文共赏;中老年如春游主人,则创为此举,集体成书,以贻后人。我辈今日读之,非但可以博闻多识,继承薪火,亦可仰诸老辈之坚贞风度。1958年以后,几有二十年,文化出版物非常寥落,惟此等以油印流传之地下文学,颇多佳著。我希望有好心人,能为之收集、著录,建拾遗补缺之功。"(按:该报6月5日刊登叶芝余《也说〈春游琐谈〉》:"施蛰存先生'杂览漫记'中谈到《春游琐谈》一书。""此书于1984年7月由中州古籍出版社出版,""出版后,报刊介绍不多,未引起太多注意,施先生失之交臂是不奇怪的。")

**十八日** 为英译本《梅雨之夕》撰"序言":"我只是从显尼志勒、弗洛伊德和艾里斯那里学习心理分析方法,运用在我的作品中,当时这是使读者感到新奇的。""八十年代,有一些青年作家偶然从图书馆中找到我的小说,他们很有兴趣,要为我重新评价;也有一些青年作家,企图学习我的创作方法。这样,我的小说意外地复活了。不过,只有三四年时间,现在,这个潮头已经过去了。""我的小说的偶然复活,对我自己来说,这是意外的好事,因为它们得到了全部重印的机会,而且,文学史家也已把我的名字及作品补入了他们的著述。现在,中国文学出版社已选择了十篇我的作品,用以供应外国读者。"

**同日** 致台湾林玟仪函:"今托蒋哲伦带奉《明词汇刊》一部二册,""烦你6月中去美时带给康宜,你的一部将来再托人带香港或台湾,书重。"

**二十一日** 致孙康宜函:"明末清初,女诗人选集很多,'名媛诗馀百花集'我于1980年在北京图书馆看过,没有什么好。""听说费正清有一部《中华人民共和国史》共二册,其第二册中有许多'文化大革命'资料,此书能否代我觅一本来?"

**二十六日** 复香港古剑函:"鱼翅海味看来香港也涨价甚高,你为我算一算,记一笔账,大约美元300已抵消了,不够,以稿费充数。这笔账必须算,我决不损人利已,你送我一些小文具是另一回事。""附奉'尺牍'稿二纸。"

**二十九日** 复范泉函:"思想观念已进入一个新的领域,涉及政治意识的一切语气,都必须采取纯客观态度。""兄处之《文艺春秋》是合订本,还是散本?我有两篇东西想复印,能否借用?"

**是月** 先生与应国靖合编《中国现代作家选集·戴望舒》,由人民文学出版社、三联书店(香港)有限公司出版北京第一版,收录其作"引言"和《戴望舒诗校读记》。

**又** 清华大学出版社出版"清华文丛"之六,由浦汉明编、季镇淮审订《浦江清文史杂文集》,收录其作"序言"。

**又** 华东师范大学出版社出版周退密、宋路霞《上海近代藏书纪事诗》,书中有《施蛰存》:"才名早岁著春申,借琐耗奇老益勤。晚看馀霞散成绮,一编花草更怡神。"

**同月** 5日《南京大学学报》第2期刊载刘俊《中国现代心理分析小说的两种形态——施蛰存、欧阳子比较论》。16日《联谊报》刊载费在山《施蛰存也是吴兴人》。27日《新民晚报》刊载黄志伟《施蛰存藏书票》。四川教育出版社出版《中国现代文学历史比较分析》,内收杨义《施蛰存、刘呐鸥、穆时英:面对都市炎症的文学创新和迷误》。

## 五月

**一日** 在《文汇读书周报》发表《杂览漫记·读岭南人诗绝句》:"近代诗人,则征存甚富。然有目而无诗者,至五十馀家,如黄节、古应芬、梁启超、胡汉民、汪兆铭、苏曼殊、蔡守、伦明诸人。皆题咏所未及,岂有所避忌耶?当世作者,如叶恭绰、冼玉清、詹安泰诸家,亦未有品藻,可知沧海有遗珠矣。"

二日　香港《华侨日报·文廊》第26期刊载《丁玲致施蛰存函》。

同日　致台湾林玫仪函:"马兴荣、蒋哲伦都来过,一切文件及纪念物都收到。""托中央日报章益新带去一部《明词汇刊》二册,""《唐诗百话》已校完否?""《同声月刊》中词学论文目录已托人抄出,过几天付邮寄奉。"附函请转章益新。

四日　农历三月十三日。晚上先生为庆贺妻子陈慧华九十寿辰举行家宴。

十三日　致香港古剑函:"丁玲函发表形式很好,以后用叶圣陶信,不要题为《×××致施××函》。""蔺常志来过,托带之物都收到无误。""恰巧钱虹也在我家,她带来了蒋芸送我的三本杂文集,是《星岛日报》的专栏文章,写得不坏。我已为你介绍,你如以为适合,可以请她写一点。""中文大学张大千画展中是否也有《黄山始信峰》,你去看看,纸色新旧如何,张大千的签名式不易伪造。""沙叶新大写文章,他有剪报寄你否?"

十四日　撰讫《〈沈从文的一张大字报〉读后感》:"沈从文还保留这一张大字报,而且公开发表了,这是出我意外的好事。《文汇读书周报》立即予以转载,更反映了青年编辑对这个文件的重视。这一张大字报在今天发表,具有照妖镜的作用。"

十五日　在《随笔》第3期发表《我的杂文》。(按:此文系《文艺百话·序引》。)

同日　复广州黄伟经函:"承告拙著可望出版,甚感。创办《东方》,亦为盛事。不知此《东方》与从前胡愈之的《东方》性质同否?这个刊名,应当是大块文章,不宜登文史小品。我近来日渐衰颓,恐无法效命了。""题字写了几个,请任意挑选拼凑,署名'北山'。"

十六日　耶鲁大学孙康宜致函:"与徐永端通电话,才知《闺秀百家词》是徐永端寄钱给国内亲戚,由亲戚以'航空'直接寄到我系里的。"

十八日　《文汇报》刊载《当代著名作家支持申办奥运》提及先生与巴金、冰心、许杰、卞之琳、夏衍、艾青等老一辈作家捐献亲笔题词的代表作二百多册,公开拍卖,所得全部捐献给中国奥申委。

十九日　黄伟经由广州复函:"从你信上的笔迹及书写的'海风',还那么有劲,可想到你身体健康还好,令我很高兴。"

二十日　应约为张珍怀将《清代女词人选集》交付台湾文史哲出版社印行而撰

"推荐书"："女士耽于古典文学，积数十年之力，学于古典诗词，尤多心得。女士与词家夏瞿禅[承焘]为同乡，又为世交，瞿翁甚器重之，多所奖掖。尝编《日本三家词选》及《清代女词人选集》，皆承瞿翁指导参定。《清代女词人选集》为一种古典文学普及读物，精选清代女词人七十家之词，凡二百七十七首，于清代妇女文学虽为鸟瞰，实已宏观。词后各有笺注，要言不烦，亦足以启发后学。今将出以问世，求出版家采录，助成其志，故乐于为之推荐。"

**同日** 《新民晚报》刊载赫仁《依然潇洒——老作家施蛰存印象》："老先生知道我家住在四川北路附近，立时喜出望外。刚才他还对我说：'我快要去见马克思、孔夫子和耶稣了！自从去年8月病愈以后，浑身没有力气，连字都写不动。'现在却滔滔不绝与我道起老故来，""他说，今年不准备写东西，集中精力编书，把以前写的东西整理出来。""一本文艺性散文集已交出版社，另有两本回忆性散文和杂文，还在找'婆家'。他最大的心愿是：'三本散文集能在我活着的时候出来。'"

**二十一日** 致耶鲁大学孙康宜函："我希望《唐诗百话》有一个英译本，不必全译，凡是外国读者不需要的，都可删去，或者也不用逐句译，按照每一个段落，用英文重写也更方便，或者选译几十篇，书名不用'百话'也可以。中国古典诗词，每一个成语，每一个语词，差不多都有历史的审美意义，光从文本去理解，常常不能得到作者的含义。为此，必须有详细的注解，但不熟悉古典文学的青年，恐怕没有作注的能力。我看过一本 T. S. Eliot 的《荒原》，有一百多个注，才能理解这首诗的大部分，译中国古诗也必然如此。"

**二十二日** 致彭燕郊函："昨日寄出书二包，""罗孚的书已用过，一并寄还，我是为了核对苏曼殊诗故留了几天。""上海书店没有印'现代创作丛刊'全份，只选印了几种列入他们的'现代文学参考资料'中。""康嗣群卒于'文革'期中。"

**同日** 湖南彭燕郊致香港古剑函谈及："感谢施蛰存先生的美意，嘱向尊编《文廊》投稿。施老并给我寄来两期《文廊》，内容充实而无虚张声势之病，我以为是很好的。今寄上拙作《张家界游踪》。"

**二十四日** 复广州黄伟经函："你要我用毛笔写署名，真好比要了我的命，我的姓名永远写不好，故我竭力避免。你一定要我署姓名，只好写几个报命。""听说'花城'那一套四万字的小书已出了几种，可否送我一二种？先睹为快。《东方》事以后再说，'读书杂记'放上去不及格，以后找稍稍像样的文章给你。近来在忙于编《唐碑百选》，这是一本大型书册。花城出版社有无历年出版书目？"

**二十五日** 复周良沛函："你曾说我的新诗只有廿五首,故无法印入'袖珍诗丛'。现在你寄来的只有十三首,都是三十年代在上海发表的,我不难抄到。而抗战时期在江西、湖南各报发表的几首诗,却不在内,不免失望(不多,只有五六首)。请你想一想,除了这十三首之外,你还见过我别的诗没有？我想托彭燕郊再找找看。""《现代》上的诗,已有了一本《〈现代〉诗综》。""马子华还在世否？""你如有机会走过文物出版社,请代买《书法丛刊》第五、六集各一部,""书款即汇奉,不要你送！"

**二十七日** 复范泉函："你为我查到《文艺春秋》发表那两文的期数,我有办法托人去印。""我还有许多三、四十年代的杂文,""现在连笔名都忘记了。'文史探索书系'这个名词太严肃了,怎么能把杂文编进去？""《近代文学大系》稿交全了没有？会不会停止？我以为应加一把劲,向国外推销。近日已在振作精神,动手编几本书,不过进度很慢,每天只能做一二小时事。"

**二十九日** 应约在台湾《中央日报·中央副刊》发表《纯文学、严肃文学、垃圾文学、痞子文学》："海峡两岸的报刊上经常出现这些文学型类名词,似乎今天的中国文学,正在分化为两大阵营。纯文学、严肃文学,是作家自封自诩的。垃圾文学、痞子文学,是一群青年作家的作品被贴上的分类标签。但有些青年作家,既然还没有为自己的作品定名正分,也就很幽默地接受下来,自居为垃圾或痞子了。有不少好心人在为文学担忧,以为文学将被污染和腐蚀。我说,不必杞人忧天,这不是新鲜事。一部文学史,如果你能细心读,就可以发现这一现象是古已有之。""目前海峡两岸的保守派纯文学家,几乎结成了统一战线,双方都在谴责垃圾文学或痞子文学。我看,这样的谴责是徒劳无功的。今天的垃圾文学、痞子文学,有绝大可能成为明天的纯文学、严肃文学,当然不是全部都有此资格。""至于今天的保守派纯文学家、严肃文学家,我看还是承认老朽,逊位让贤为妙。喋喋不休,无补于回天。"

**同日** 复杭州大学朱宏达函："收到一包有关张荃的文件及大函。匆匆看过,搁着未复,后来病了几天,又忙了一阵,今日才重又检出,看了一遍,不胜感慨。"

**三十一日** 复台湾林玫仪函："今寄去《同声月刊》词学文目一份,是我托龙榆生之子厦材编录的。""王端淑诗不佳,诗论亦平平,此文不必做吧？""烦代问候老友王梦鸥。"

**是月** 吴立昌选编《心理小说》,列入"中国现代名作家名著珍藏本",由上海文艺出版社第二次印行。

**又** 北京大学出版社出版严家炎、孙玉石主编《中国现代文学作品精选》,收录

《梅雨之夕》。

  又 社会科学文献出版社出版《中国当代艺术界名人录》，内收辞条"施蛰存"。

  又 浙江古籍出版社出版陈玉堂编《中国近现代人物名号大辞典》，内收词条"施蛰存"。

六月

  四日 按程千帆日记："得中玉函，""施蛰存亦获上海市文学界杰出个人，可喜。"

  五日 在《文汇读书周报》发表《杂览漫记·联珠诗格》："此书在日本，似颇流行，屡有刻本，在我国则明清以来，未有刻本，且诸家藏书目录中，亦未尝见。""此书采录宋人诗，以江湖诗人之作为多，颇有佚篇，可资采撷。"

  同日 按程千帆日记："函蛰存贺其得奖三万元。"此函谈及："闻中玉兄言，兄近有庆。戋戋者何足道，但使……，亦足快意。叹息从文已渺，不得共享此乐也。近数十年文坛铁豌豆，惟兄与从文。哪吒有八臂，虽去其一二，犹有七八，此又与孙盛阳秋别行辽东之本完全不同。""弟近因小病住校医院，得此讯大快，温度亦正常矣。"

  八日 浦汉明由北京寄赠新近出版的《浦江清文史杂文集》并题："施蛰存伯伯，衷心感谢您为本书付出的心血！世侄女浦汉明敬赠。"

  十二日 在《文汇读书周报》发表《杂览漫记·曼哈顿的中国女人》："在沸沸扬扬的评论热潮中，我也受到冲击，托人去把这本书买来，看了三天，介绍给我的孙女儿。想不到她说：'已经看过了。'我问她：'你什么时候看过？'她说：'好几个月了。'我说：'书呢？'她：'在楼上房间里。'我说：'为什么不给我看？'她说：'我不知道你会要看这些书。'她说得不错，'这些书'，我确已好久不看了。""这本书对于在外国打工求生的中国青年，可以起一点鼓励作用，使他们有信心，有希望，也未尝不是好事。"

  十三日 在香港《华侨日报·文廊》第32期发表《〈沈从文的一张大字报〉读后感》。

  同日 复耶鲁大学孙康宜函："《闺秀词钞》一部，前几天已交叶长海带去。""今年还有几种文稿，要成书付印，还得忙几个月，以后就退闲养老了。叶长海回来，你托他带几本书给我，不要严肃的书，不要长篇大块文章，我要消遣性的书，你看过的无用旧书就可以了，旧杂志也好，有图的更好。"

  十四日 致上海戏剧学院叶长海函："昨天我有一信致孙康宜，请她找几本书托你带回，还要请她代买两瓶'海皇'牌鱼肝油丸。""我要的书不定书名，……不必特地为我去买新书，但千万不要长篇小说或严肃的文学理论书。"

二十一日　下午应邀书写"匹夫不可夺志""清辞丽句必为邻""虚心""惟精惟一"。

二十五日　先生致沈师光一函。又将《十年创作集》题赠香港辜健。

同日　《解放日报》刊载谷苇《施蛰存的雪茄》:"'你抽的雪茄什么牌子？'有一回,我好奇地问。'最便宜的一种——石林雪茄。每包六毛钱,至今还没有涨价。'这话也是几个月前的事了,现在物价上浮,不晓得还是这个价吗？'为什么不抽好点的？ 年纪大了,要注意健康。'我不敢劝他'戒烟',这是他唯一的嗜好了。'抽惯了,再说,便宜点,承受得起。'这是大实话。'不过,我也有好烟,朋友送的。美国、香港来的朋友,晓得我有烟瘾的,有时会带点烟来。'他找出一只白木雪茄烟盒子来,上边有精致的招贴,都是洋文:'这是世界上的名牌烟。在上海一些宾馆里卖的话,一支就要5、6、7、8块钱。一支就抵我常抽的10包烟了。''送你一支。'他拿出一支来递给我。'我不会抽烟。''抽着玩玩嘛。'他很诚心。"

又　按程千帆日记:"以'精选'[《宋诗精选》]寄蛰存。"

二十六日　复台湾林玫仪函:"那三篇文章[旧作《鲁迅的〈明天〉》《关于〈明天〉》和《陈西滢〈明天〉解说的商榷》]不必为我寻求发表了,《中外文学》不相宜,《联合文学》大约是由于太长,有二万字,确有困难,我谅解。""如'××的词学'这一类文章,不要写了,还是写你自己的词学为妙。"

二十九日　晚上先生应邀前往上海商城剧院,出席第二届上海市文学艺术奖颁奖典礼,并荣获本届上海文学艺术杰出贡献奖。

另,据《上海文化年鉴》:"上海市最高规格的政府大奖——上海文学艺术奖,""本届获上海文学艺术杰出贡献奖的有:被誉为'百科全书式的专家',年届九旬的施蛰存教授;以深厚的传统文化、扎实的艺术根底而蜚声海内外的中国画的代表人物之一程十发;首先叩开中国电影在国际电影节上获奖大门的吴贻弓。"

另,据报载:"市委副书记陈至立,市委常委、市委宣传部部长金炳华,副市长龚学平,市人大常委会副主任胡正昌,市政协副主席陈灏珠,老同志夏征农、陈沂,市委副秘书长冯国勤,市委宣传部副部长孙刚、徐俊西、尹继佐出席颁奖典礼并向获奖者授奖。""施蛰存以九旬高龄仍文锋犀利,新作如林,一本《唐诗百话》,不但在国内一版再版,还被美国耶鲁大学选为教材。"(《解放日报》,1993年6月30日)

另,据毛时安回忆:"评上海文学艺术杰出贡献奖,施蛰存先生说什么也不肯提供材料,执意把奖让给年轻人。"(毛时安《生命魅力的另一面》)

另,据陈文华回忆:"在颁奖大会上,先生说:'奖励,奖励,奖的目的就是励,我已是年近九十的老人，不需要鼓励了，所以，我认为，这个奖应该授予年轻人。'他的发言赢得了全场经久不息的掌声。"（陈文华《道德文章是吾师》）

**三十日** 新华社赵兰英、文汇报傅庆萱发表《"我尽我心，我尽我力"——访著名作家、学者施蛰存》："在'蛰居'二十多年后，身为三十年代文坛宿将的施蛰存先生以他近年来频频问世的十多部著作，再度蜚声文坛。刚刚评出的'第二届上海文学艺术杰出贡献奖'，理所当然地落在施先生身上。"

另，《新民晚报》刊载翁思再《宽容豁达的文学老人——昨访"杰出贡献奖"的施蛰存教授》："获得'杰出贡献'的提名时，他多次写信给华东师范大学的领导，希望转告评委会能把这项荣誉给年纪轻些的学者。"

**是月** 中国大地出版社出版《读书的艺术》，书中章节"施蛰存谈读书"。

**又** 甘肃教育出版社出版李标晶、王嘉良主编《简明茅盾词典》，内收辞条"施蛰存"。

**同月** 20日徐无闻病逝。《图书市场报》第22期刊载彭燕郊《施蛰存的装帧艺术》。《益阳师专学报》第3期刊载朱锦辉《从创造社作家、施蛰存、张爱玲的创作看现代心理小说之演变》。人民文学出版社出版印行北京第二版鲁迅著《且介亭杂文》。

## 七月

**一日** 由中央文史馆和上海文史馆联合主办的双月刊《世纪》杂志在上海出版创刊号，先生与柯灵、钱君匋、常书鸿、黄裳、李锐、吴小如、钟叔河等人出任该刊编委。

**同日** 致香港古剑函："还要寄你二本书，我的全部旧小说，还有得奖纪念物（平寄）。我忙得很，许多事没时间做。"

**二日** 上海市文学艺术界联合会专职摄影师祖忠人前来为先生摄影。

**三日** 复上海图书馆萧斌如函："这一次领奖，不能不去，被礼仪小姐牵来牵去，历三小时，十分劳累，30日睡了一整天。手头没有手稿，你不必来，有一部《唐诗百话》的原稿，还在出版社待我去取回后，再给你们，恐怕要在一二月以后。这两天，我既要休息，又无法休息，每日有客来，有许多信来，你千万不要来，说不定来了也不能多谈，待过一时再欢迎你光临。"

**同日** 复平湖葛渭君函："《词学》第10辑兄已买到，我这里还只收到一个样本。不知[许]白凤兄处有赠书寄到否？烦为一问，如未收到，我当寄一本去（要过几天）。""近日信多，每天发十封，精力不济了。"

**四日** 《叶圣陶书信二封》刊于香港《华侨日报·文廊》第35期。(按：此皆为叶圣陶致先生函。)

**七日** 应邀为湖州费在山于《花间新集》《北山集古录》上题辞："为在山先生签名留念""施蛰存为在山先生署"。

**八日** 致台湾林玫仪函："今寄奉'同声'中词学论文补目，可与前寄一份补成完璧。'同声'全份决定奉赠，已分为四包，暑中如有人来，可各带一包回台湾，如一人带，必无人愿意。你不必来了，听说马兴荣想办一次讨论会，不知已有定议否？如能实现，再请你来参加。"（按：先生标注"第15函"。）

**上旬** 季聪来访，并治印"北山米寿后作"，边款记"施师蛰存九三年六月荣获上海二届文艺杰出贡献奖，颁奖会上有连篇妙语，今刊六字以呈并记且祝大年"。

**十三日** 在《解放日报·朝花》发表《东北的四言民歌》："在《曼哈顿的中国女人》第127页，看到一首流行于'文革'期间在北大荒接受'再教育'的知识青年的民歌《小白菜》。""在四川出版的今年第2期《龙门阵》上，又看到了一群在军垦农场劳动的知识青年摹仿东北民歌的集体填词，题作《军垦赞歌》。""两本对照，这种东北民歌的体式完全记录下来了。它使我又惊又喜，获得了重大发现，原来《诗经》中的古代四言诗，至今还活在东北人民的口头。"

**十四日** 在《新民晚报·读书乐》发表《"自传体小说"极其灾难》："法籍华人周勤丽女士写了两本书，《花轿泪》和《巴黎泪》。""看报道中所引述的此书内容，分明是两本自传，而不是小说。否则，怎么会有三个人物跳出来'对号入座'，""因而要提起诉讼，控告这两本书侵害其名誉权呢？""三位起诉人，不到巴黎去控诉作者或原书出版社，却跑到南京来控诉这两本书的中文译者。这是亘古未闻的怪事，到底是谁侵害了他们的名誉？我建议我们的翻译工作者协会应该对这三位起诉人提出一个警告，请他们清醒些，不要如此失去理智，我们的翻译工作者不能受此凌辱！"

另，据韩沪麟回忆："在我非常懊丧又无可奈何地卷进这场家族间的纷争之中时，万万没想到施老先生却站出来说话了，他在《新民晚报》上连续发表了两篇文章为我这个区区之辈仗义执言，使我受到很大鼓舞和慰藉。"（韩沪麟《"夏日的最后一朵玫瑰"》）

**十五日** 在上海《文学报》第642期再次发表《纯文学·严肃文学·垃圾文学·痞子文学》（略有删节）。

**二十三日** 致北京周绍良函："承赐尊辑'唐墓志'[《唐代墓志汇编》]一部二册，已由古籍出版社送来，谢谢。此书煌煌巨帙，费足下心力不少，甚佩毅力充沛。附录中无采录书目,为美中不足。不知《古志石华》《金石萃编》等书中所录,是否皆已收入?伪刻多种,亦均收入,此事窃所未解。鄙意既知其为伪刻,可以不必收入了。我有唐志六百种,尚未检核,不知有无为足下所未收者,他日检核结果,当再奉闻。"

**同日** 复北京李辉函:"信及《恩怨沧桑》一册收到多日,谢谢。关于我得奖事,你信中一段话说得很好,深得我心,你可说我的知己。书看了三天,已看完,写得不坏。""你到瑞典,见到马悦然没有?"

**二十六日** 复香港古剑函:"不要为我写访问记了,上海已有好几篇,我想从此隐下来,少出头了。""《始信峰》请照一个照片,我要印二百张卡,以作纪念,也为张大千存一个鸿爪。""为我打一个电话给小思,代我问好。"

**二十七日** 撰讫《是谁侵害了他们的名誉?》:"我作为一名翻译工作者,对法院受理此事实在有看法,我以为法院不宜受理此案。此书的译者和出版人都没有任何法律责任,我甚至想译者及北京十月文艺出版社可以拒绝出庭做被告人,我又想译者及北京十月文艺出版社也可提起反诉,因为这三个原告人已犯了诬告罪及侵害译者及出版社的名誉罪。"

**同日** 致复旦大学葛乃福函:"余光中论戴望舒的文章,我在前几年已见到,最近有人寄我广东暨大办的一份诗刊《华夏诗报》,已有人批驳了。余光中的态度是'目无馀子'、'盛气凌人',但他举出的一些论点,却不能反对,每一个诗人或小说家,都可以说有此缺点,用文学史的观点来看,今天的缺点,反而是当时的优点。写了一些我的看法,供参考。"随信回答了葛乃福提出的五个问题。

另,据葛乃福回忆:"台湾著名诗人、诗评家余光中先生的《论戴望舒的诗》一文在《名作欣赏》发表后,受到了读者与诗界的普遍关注。""作为诗歌评论工作者应该关心这场讨论,于是我就草拟了讨论中比较集中的五个问题,请教最熟悉戴望舒的施蛰存教授。炎夏溽暑,蛰存教授身体欠佳,闭门谢客,所以我只好用书面形式将上述问题邮寄给他,不久便收到蛰存教授的回复。""他在信中附另纸,逐点回答了我提的问题。"(《文学批评家不可没有历史观点》)

**二十八日** 在《新民晚报·读书乐》发表《什么是"汇校本"?》:"在《文学报》637期上看到一篇关于《围城》出版权被侵犯的报道,据说四川文艺出版社未得本书作者的同意,擅自印行了所谓《围城》汇校本。用'汇校本'的名义来否定原书出版单位人民文学出版社的印行权。版权局一位副局长说……真是奇闻怪事。""一本现代人所著的小说,经过多次重印,有许多错别字,也有作者在重印时的修改处。""这是编辑和校对人员的本职工作,不是学术性的校勘工作。"

**三十日** 冯亦代致黄宗英函提及:"昨天有个老朋友打电话说听出版社的朋友说我有了黄昏恋,来证实一下,但没问起是何人,也许他已知道,因为这消息可能是范用透出去。昨天施蛰存来信谢给他的贺电,我写回信拟告诉他,他也是位老朋友。"

**三十一日** 复赵清阁函:"你在电视上看到我的狼狈相了,在我是经过一场'灾难'。我本来坚辞此奖,也不想自己去领奖,后来不得已,只好去。你注意到没有?我是从后台,由两位礼仪小姐扶着出来的。领奖前后,忙了十多天,累乏了。7月10日以后,急剧衰老,血压降到90/60,天天怕脑缺氧,及心脏衰竭,只好绝对休息,天天睡觉,吃各种药,到今天,血压还只有120/60。""你不要来,到秋凉,我会叫个车子去看你,你那边熟人多,可以看好几人。谢谢你的祝贺,我算是老树开花,也难得的。"

**是月** 安徽文艺出版社出版《唐诗新论》。先生自述:"《唐诗百话》被抄窃廿万字,一字不改,换书名为《唐诗新论》,由安徽文艺出版社印行(1993),我也在最近才知道。"(复桑农函,1995年8月14日)

**同月** 1日《新民晚报》刊载陈文华《将变成案头珍品的一本书——施蛰存所著〈唐诗百话〉简介》。15日国家教委印发《关于重点建设一批高等学校和重点学科点的若干意见》。17日《文汇报》刊载郭豫适《胡乔木同志谈〈唐诗百话〉》。《语文月刊》第7期刊载应向东《好一个春阳——施蛰存小说〈春阳〉解读》。人民文学出版社开始出版印行北京第二版鲁迅著《且介亭杂文二集》《且介亭杂文末编》。

## 八月

**七日** 复安迪函:"请代谢你们的摄影记者,那天我在后台,有一位礼仪小姐,她叫我'老师',她说是华东师大中文系毕业生,她和我照了一个照片,不知是哪一位记者照的?你代我问问文汇报记者,打听一下,我也希望有此一张照片。"

**十一日** 在《新民晚报·读书乐》发表《是谁侵害了他们的名誉?》。

**同日** 复河南崔耕函:"《唐碑百选》原定今年一季度编好发稿,岂知搁到如今,尚未完成。现在想待秋凉后赶编,争取明年一季度印书。我已停止一切新的计划,只望把已有文稿编成几部书,在我生存时印出,即为大喜事。"

**二十二日** 致台湾林玫仪函,言及"我已在处理身后事,藏书亦待分别遣去,有一些刊物,你们如有用,亦可让与"。

**二十六日** 致湖南彭燕郊函:"'漓江'汇给我51元,无信,不知是什么稿酬?烦为一问。我的《域外诗抄》,不知尚有存书否?我想买一二十册送人,部分自存,亦烦兄问讯。湘版书,上海少见,不知近来出了些什么书?沈宝基安否?"

**三十日** 复尹庆一函:"很想见见你,但我近日不健,无力聊天。等你开学后,如果住在戏剧学院,离我家就近了,你可以来谈谈,以星期日或星期一下午2—4时为最适宜。""你如要来,可在前一二日晚上先来一个电话,我已不能听电话,要子孙辈代接。""希望能在9月中旬见到你。"

**三十一日** 致台湾林玫仪函:"邓云乡托人送来你惠赠的食物三事及文件一包,""以后千万不要送我东西,我近年饮食大减,已无口腹之欲,老妻亦然。""《唐诗百话》排样大有问题,我以三日之力,校了200页,今寄上勘误表,请先付出版社,并请该社暂时不作三校,等我全部校阅后,等校勘表寄全份,再作最后一次统改,我将以每三日校100页的速度寄续校表。台版封面要另制,不要用原封面,大陆封面喜用罗马字拼音,我极为憎厌,千万不要用。"此函附"《唐诗百话》勘误表(1)"四纸。

**月内** 据谢大光回忆:"先生发出最后通牒,'一本《域外文人日记抄》,在你手里已有六七年了,现在上海有一家出版社要印行日记系列,愿意将我这一本收入,你们如尚无意付印,请即将我的一个改正本寄还给我。如果你们再拖下去,不印,又不还,我就只好将另一本未校改的付与上海的出版社,你们千万不要再印'。""我终究还是不舍,""把已经签字付印的清样连同原书一并寄给先生,证明我们为这部书做了大量前期工作,如能稍待时日,定当保质保量出一部好书;一面拿着先生的'最后通牒',敦促管事的人下决心。先生是通达的,经过认真考虑,复信告知:'《外国文人日记抄》既然即可印出,我就通知上海文艺出版社不收入此书了。今日已将原稿及清样全份寄回,请查收。但我有一个要求,希望你们不要在我的书上用国语罗马字拼音!这是毫无道理的东西。为什么全书中每一个字不加注音呢?外国出版物也从来没有用国际音标的!你们的封面设计者还是那样的老脑筋,希望革新。'这一次,施先生是冤枉封面设计者了,""出版管理部门为此专门发过文件。"(谢大光《一个有趣的灵魂》)

**是月** 先生主编(未署名)江西人民出版社先后初版印行的"百花洲文库",改由江西百花洲出版社重版"文学快餐丛书·中国现代文学卷·中国古典文学卷·外国文学卷"。包括先生增补辑录《燕子龛诗》和译作《丈夫与情人》,也被列入再版重印。

**又** 福建教育出版社出版柯文溥《现代作家与闽中乡土》,书中章节"战云笼罩下的鼓浪屿——施蛰存《浮海杂缀》""栗·柿·梅——施蛰存《栗和柿》"。

又 《恬养簃诗·苍雪词——姚鹓雏诗词集》由河海大学出版社初版印行,收录所作"序",以及姚鹓雏诗作《得施蛰存长汀书,却寄》《题施蛰存武夷行卷二首》等。

**同月** 13日《光明日报》刊载该报记者史美圣的采访《施蛰存:寄厚望于后生》。

## 九月

**一日** 复香港古剑函:"画只要照一个画心,不必照画轴,即用普通彩色照相,我想将来印一张邮政明信片,送送朋友。我不需要钱,一个文学奖,得了2万元,《唐诗百话》台湾版,得了3 500美元,现在工资收入每月有600元,两夫妻用够了。""前几天寄你一包杂报纸,请注意收取。"

**二日** 致台湾林玫仪函:"今寄奉200—400页勘误表。有许多误排不易改正,要大大地改动版面,不知有办法否?""我建议统一一下,诗题第一字与第一句第三字平,凡不合此式者,一律改排。我很后悔没有代为规定版式行格。"此函附"《唐诗百话》勘误表P201—P398"二纸。

**四日** 复北京李辉函:"你写关于我的文章,我无理由阻止你。不过希望写得有研究性、评论性,千万不要吹捧性。""文章现在已不写,手头要编的书稿还有五六种,必须争取时间,年内编好付出版社,明年是否活着,自己也无把握。"

**七日** 致台湾林玫仪函:"寄上第三批,请过目后,印一个复本留在你处备查,而将一本付出版社改版。第589页有一个问题,要麻烦你再查《全唐诗》,改正卷数。""路易士[纪弦]文收到,那张照片我也没有了,他倒居然还保存着。"并附"《唐诗百话》勘误表(P402—606)"三纸。(按:先生标注"第19函93"。)

**十日** 致台湾林玫仪函:"今寄去第四批勘误表,此事完成,如果逐一校正,此事[书]可以说没有错字。""此书应用小字排版,可省纸,现在恐怕要分装二册了。书面请你也干预一下,看看样式,不要太俗,太现代化。下一信决定插图,我想换去三幅,只留一个李贺书影。"此函附"《唐诗百话》勘误表(P667—885)、注意事项(诗题版式统一、索引、插图)等"十一纸。(按:先生标注"1993年第20函"。)

**十二日** 应陈为海之请在"中国邮政明信片"上题写:"为海同志留念。"

**十九日** 先生书赠尹庆一:"不薄今人爱古人。"

**二十日** 为《词籍序跋萃编》出版而撰"序引":"这是一部冷门书,需要使用的人不多,全书字数又不少,作为文化商品,它不是一部可获利的出版物,它在出版社已搁了几年,它无法纳入当今的出版计划。最近,出版社忽然来信,说此稿已在排版,不久即可印行。这个消息出我意外,十分感谢出版社的热心赞助。这部书稿,编成已三年,经由许多人重抄,难免有失误处,现在已无法取得原书逐一复核。我自己又已衰朽,无力再度审阅校稿,""负责审校此稿的出版社编审杨铁婴同志费了几年的时间,为我做了这许多苛细麻烦的工作。""虽以我的名义出版,但是,如果没有当年资料室的工作同人和齐森华同志及许多中文系学生的关心和协助,这部书稿也很可能终于成为一堆废纸。"

**二十二日** 复美国李欧梵函:"刘慧娟女士来,得手教及承赠 Baudelaire 一册,谢谢。关于现代派问题,我已有一页剪报,托刘女士带奉,请参考。我作诗一共只有廿六首,无法印诗集,至今未能抄集印行,大约我的倾向,还在 Imagism。""我有一本《域外诗抄》,今托刘女士带奉一册。""《戴望舒诗全编》,包括他的全部译诗,足下不妨找来看看。""在《现代》月刊的《社中日记》中,我先后有过三段谈到诗的意见,现在常被人引用,你可以找来参考。""关于'现代诗'的三段文字也收在此书中了。""希望明年还能见到你,上海已恢复卅年代的繁华,不可不来看看。"

**二十四日** 致倪蕊琴函:"你近年来出国多次,不写一个报导十分可惜,我建议你写一系列小文,每篇千字左右,记录你四个月的游踪,对人对己,都有意义,你计划一下,我为你介绍给《新民晚报》或《解放日报》连载。""我近来气血大衰,正在大吃人参,血压低到 120/60,上月低到 90/60,不是好现象。"

**二十五日** 下午许杰突患脑溢血而猝然辞世,先生获悉即托人表示哀悼。

**下旬** 周普返沪期间来探望。据周普记述:"先生看上去更消瘦了,因为耳背,说话嗓音很大,倒显得精神矍铄。刚见到我,先生兴奋地问了我不少学习、工作和生活的事。""临行时,先生又站起身来在书架上抽出一本新出版的《心理小说》送给我,并在扉页上题了'周普仁棣归来见顾,赠此留念'。"(周普《书缘》)

**是月** 《施蛰存访谈录》在《小说界》(单月刊)第5期发表,署名"施蛰存、谷苇、钱红林",文中标题"西方作品的介绍与小说创作""《现代》与现代派""三十年代的文学与现今的文学"。此期封面还载先生近影。

**又** 《纯文学、严肃文学、垃圾文学、痞子文学》又刊于《中国学术会议文献通报》。

## 十月

**四日** 复台湾林玫仪函:"一本拙著,累你们伉俪费了许多时间和精力,非常抱歉,又非常感激。今天先寄出一部分校正样,先把此事结束。彭先生寄了几页缩小样子来,比原式要好得多。"此函附"《唐诗百话》校正样"六纸、插图一纸。

十二日　撰讫《功风名雨》:"《随笔》1993年第1期144页有一段补白:《何谓功风名雨?》""其实此四字很容易解,故曲园老人以为不必论释。"

同日　复香港古剑函:"那张画,你不要裱新!旧式款样可说明时代,这样裱法还是抗战以前的式子。""《废都》的50万元是一出戏,假的,做广告而已。"

十四日　改定《功风名雨》并作"附志":"现在有人解释为岳飞视功名如尘土,也是错误的。偶然联想到。"

十八日　致郭豫适函:"附来三个有关文件,供参考。""您写此文,无异为我吹嘘,希望写得冷静一点,重点放在胡(乔木)那边。"

十九日　复河南崔耕函:"我正在编《唐碑百选》,照片来得正好,已选定一张编入。""有一位赵君平[洛阳民俗博物馆],你认识否?他为我抄得洛阳近年所出碑志目录四百多种,我的《四续访碑录》增加了不少新资料,大是好事。可惜我近来精力大减,不知这个工作做得成否?自己已无把握。"

另,据赵君平回忆:"冒昧地叩开了著名学者、金石家施蛰存先生的大门,先生立刻回信给予了支持。他在信中写道:'足下正在做碑刻墓志工作,我很羡慕。如果我年轻卅年,一定也很有兴趣任此职务。我希望你做出大成绩来,中州地下是个文物大库,墓志出土,解放以后未出目录,我很希望有一份1949年以后出版的洛阳出土石刻文字目录。'不久,他根据我以前信中所告诉的这本书的体例,准备从文字句读,到书法、史学研究提纲挈领索引出价值的想法,给予了极为具体的指导。他说:'搞碑版的人,一定先有古文基础,你说要集五十种碑志作注,这是不必做的事,你千万不要把这些文物看做语文教材!我以为足下还是自己编一份《洛阳出土石刻文字目录》,可以独立成书。'不久,他在信中又说:'我年已迈,即使抄得洛阳碑目,其他地方的碑目仍未能得,前所说《四续寰宇访碑录》仍是很不全的。你这五十个碑目中有许多我未知道,可知中州近年出土碑志还有许多未为人知,我建议你编一本《中州金石记》的续编,这个工作意义更大,你还是做这件事吧!'"(赵君平《十年磨剑寸心知》)

同日　复台湾秦贤次函:"知足下收罗新文学书极为丰富,坚持三十年,甚佩毅力与专志。我有不少近十年出版的书,正在处理,可以奉赠足下一部分。""我想找戴杜衡的政论及经济学著作,如遇见,亦请代收一本。""应凤凰已回台湾否?请为我致意。"

**二十五日**　复台湾林玫仪函："缩小本很好,今寄回一页,附注意见,请参阅。另一纸,关于改换图版者,亦请知照。《同声月刊》,本来孙君不肯带,他们自己也先寄了许多书到台湾,每包邮费二十多元,后来大约得到你的信,才来取去。""我近来在编三本碑版书……。都是利用我所藏拓片,书编好出版后,这些东西都可遣散了。""苏雪林、王梦鸥都健安否,请为我带个口信去问候。"(按:先生标注"第22函"。)

**二十六日**　复张香还函:"《文饭小品》及《我的记忆》〔戴望舒诗集〕事,非但忘了,而且遍找不得。""如在我处,也不会遗失,不过要待发见耳。"

**二十七日**　先生检出张香还的1929年11月再版毛边本《我的记忆》,并应邀题写:"此为水沫书店创办时第一批出版物,去今六十年矣。至今犹存者,恐为数有限。香还兄得此本可喜,幸珍藏之。"

**下旬**　斯洛伐克科学院汉学研究者Elena来访。据倪蕊琴回忆:"她是该国汉学家高利克(曾来我校访问,我校授予他名誉教授学衔)的研究生,正在翻译、研究施先生的小说创作。当时,施先生血压偏低,感觉不适,托我接待她,并嘱约见时谈话只能一个小时。但当我陪她会见时,施先生却显得精神矍铄,越到后来,越谈笑风生,目光炯炯。我怕施先生太兴奋会影响血压,催Elena准时结束,等施先生恢复健康后再谈。归途中Elena一再惊叹九十多岁的老人有这样美的眼神。""Elena回国后还写信请教施先生,提出很多问题,施先生都乐于赐教。"(倪蕊琴《难忘的教益》)

**是月**　《待旦录》由中国文联出版公司"据怀正文化社1947年初版排印",列入"中国现代散文名家名作原版库"(30种之25)新版印行。

**同月**　10日《读书》刊载萧乾《想当初,胡乔木》提及:"说来令人难以相信,但这是一位画家亲自告诉我的。一天,胡乔木忽然翩然来到他在三里河的寓所,谈起三十年代对第三种人的斗争,他忽然说:国民党是一小撮,共产党就全国而言,也是少数,真正的大多数是第三种人哩。"15、16日台湾《中央日报·中央副刊》刊载梅新《第三种人——与〈现代〉杂志主编施蛰存一席谈》。28日《新民晚报·文学角》刊载张德林《开朗、豁达、淡泊——作家施蛰存轶事》。

## 十一月

**六日**　在《文汇读书周报》发表《杂览漫记·棕槐室诗》:"此书承作者见惠已数年,收到时曾讽诵一过,其后插上书架,尘封久矣。今日整理书架,又得而阅之。彭君诗取径中晚唐,时有佳句,亦不免有败笔。集中附当世诸名家评语,亦有助于吟赏。然亦有出人意外者,""李[拔可]、朱[东润]二家都是名士,还不免于疏失如此,古典文学真是不容易讲谈。"

**八日**　致香港古剑函:"我体力已消损了,工作无力,但手头事还做不完,不久就会'鞠躬尽瘁'。"

**九日**　先生为庆贺萧斌如夫妇六十寿辰,书写"仁则寿"相赠。

**上旬**　为庆贺赵清阁八十大寿,先生委托高伸云在香港印制了二百张"贺画史八十寿"纪念卡片,上面刊印赵清阁画作《泛雪访梅图》。

另,先生收到高伸云寄来的"纪念卡片"后,即致赵清阁函:"画卡寄到了,似乎还可以。我原稿设计不印我的住址,却被代办的高女士加印了,她以为还是我自用的,没有办法,只好请你裁一些纸条贴没了。给你一百张,其馀自用。过几天还有信封寄到,再托人送奉。采用的二画奉还,托孔海珠代我问候,东西也托她带上。"

**十三日**　复上海图书馆萧斌如函:"《唐诗百话》手稿还在出版社,没有到还稿期,故未能收回。《文艺百话》书还未出,稿亦不能还来,且此书原排印稿都是剪报,不值得保存。一张《周易的生命哲学》收据太不正式,我不便寄给李焕明本人。你馆是大陆第二大图书馆,难道没有一张正式的接受捐赠收谢函吗?这种函件必须有一联存根,记明书名,捐款人名,及年月日,以后可以查考。"

**十五日**　为周松龄《〈北山楼藏西文书目〉读后记》作"附记":"1975年,我把劫后所存外文版藏书编了一份目录,只有五六百册了。老友周松龄,是建筑工程师,亦爱书之士,借去看了,写了这篇后记。现在,我的书已逐渐遣散,周君亦久无消息,今日从文件堆中检到此文,不免有许多感慨,私人藏书的时代已经过去,天一阁、嘉业堂的书,均已星散,何况我们区区寒士的藏书?今后,惟一的藏书家是公立图书馆。收进了图书馆,往往是风化尘封,没有读者。还有许多图书馆,视藏书为禁物,不许人看。书的作用与命运,到下一个世纪,恐怕将不可设想了。"

**十八日**　上海图书馆萧冰如、冯金牛来访,先生题赠《枕戈录》。

**同日**　致《解放日报·朝花》编辑陈诏函:"希望《朝花》能接受此稿,每月发表二三篇,每篇一千字左右。"据陈诏回忆:倪蕊琴"到俄罗斯去旅游了四个月,回来后去看望他,老人鼓励她写一本见闻记"。"接受他的建议,已经写了三四篇,想先在报刊上发表,却找不到发表园地"。"我记得后来大概发表一篇,其馀投到别的刊物"。(陈诏《施蛰存先生印象记》)

二十日　由上海文化发展基金、上海市作家协会、上海社会科学院文学研究所主办《上海文化》双月刊出版创刊号，先生应邀担任"顾问"。

二十一日　复台湾林玫仪函："寄奉杂件一包，收到时请小心拆封，内有《寒山寺碑》拓本一纸，用后即以奉赠。""《唐诗百话》插图已全，此事我已结束，只待印出了。《花间新集》如有台湾出版社愿印，可以无偿印行，我希望有一个正体字印本。""邮包中另有一些印刷物，是我近年所印，送你作纪念。我的词籍及碑拓，都可奉赠与中研所，不斤斤计价，我已在处理身后事，一切文物，但愿付托得人，不计较代价。""上星期编好了一本《王修微集》。""我搜集到她的诗及词各一百多首，加以身世资料，得五万字，可以印一小册，明年由华东师大出版社印出。"（按：先生标注"NO. 23"函。）

二十三日　复倪蕊琴函："文稿收到。""我建议你从头写起，从乘火车到莫斯科一路所见所闻，按照你四个月的游程一篇一篇地写下去，从出门到回沪，你有兴趣这样写吗？如有兴趣请从第一篇写起，我这里二篇暂时不发，等你的第一、二篇。"

二十八日　复张香还明信片："今将清阁住址抄奉，如果你要去访问，最好先到我处，有一点东西托你带去。顺便带一些府上珍藏的碑拓饱我眼福。"

二十九日　致耶鲁大学孙康宜函："你还有三五百元《词学》稿酬在我处。""如有人来上海，请通知我，即送此款去，可以在上海买些东西带去。附上小广告二段，请代索一份书目寄来。凡有旧书店的书目，均请代我收集惠寄。我不一定要买书，亦不过看看书目，'过屠门而大嚼'而已。张充和夫妇常见否，请代我问候。"

三十日　复北京李辉函："前天上午收到《读书》11期，下午收到你的信，你一稿两投，怕《读书》编者会不高兴。文章组织得不坏，不过把我的两件罪状都曝光了一次，使我心惊肉跳。此外，'智者'这个桂冠，我也当不起，谢谢为我作'宣传部长'。上海还是阴雨日子多，很不好受！"

是月　主编《词学》集刊第11辑出版；刊有《词学书目集录》（20—21）、《丛谈》《编辑后记》，署名"北山""蛰庵""丙琳""编者"。

同月　10日《读书》第11期刊载李辉《执拗的智者》。20日《上海文化》第1期（创刊号）刊载顾伟《记施蛰存先生》。25日《文艺理论研究》刊载《施蛰存谈"心理分析小说"》。《中国现代文学研究丛刊》第4期刊载陈国球《从惘然到惆怅：试论〈上元灯〉中的感旧篇章》。

## 十二月

**一日** 在《新民晚报·读书乐》发表《钱锺书打官司》:"钱锺书一向是一位淡泊名利,不与人争的谦谦君子,如今连他也会火冒三丈,这就反映了我们当今的出版文化事业,已经到了怎样的地步。""四川文艺出版社可以印一本《围城汇校记》,但不能把《围城》正文也印进去。现在居然把《围城》全本都印了,难道不是侵犯了著作权和版权吗?这一场官司,如果被告胜诉了,我就打算印一部《毛泽东选集汇校本》或《鲁迅全集汇校本》。先例可援,我不怕犯法了。"

**同日** 复李欧梵函:"我以为足下如有所垂询,最好还是先写一纸问题来,待我逐一解答。明年如能晤见,再详言之,较为稳妥。Schnitzler 的小说,我译过七种,有二种译稿在抗战中损失了,未印出。已印出者有五种,另纸写目录呈阅。《妇心三部曲》是出版社起的书名,不是我自定的,此三种不相联属,不可谓之'三部曲',此书名请不要用。关于受大陆文艺理论的影响,我主要是指几位日本学者,他们用大陆六十年代的文艺评论来评价我的创作,实在不很对路。日本现在有五六位在评论我的作品,文章见到最多的是前田利昭和斋藤××(?)。Galik 的学生 Elena 九月中来过,我和她谈了一个下午。她似乎很有兴趣,因为第二天就要回去,无法作第二次晤谈,她说明年还要来。""前承惠赐 Baudelaire 一册及足下大著之复印本,均已看过,谢谢。《恶之花》我已有四个英译本了。"

**七日** 顾国华寄赠所编《文坛杂忆》(卷十一)。

**九日** 《新民晚报·文学角》刊载薛健《文学可"校"》提及:"近闻施蛰存先生有汇校毛泽东选集和鲁迅全集之意,实乃好主意!"

**十日** 刘慧娟致孙康宜函谈及:"8月间曾照施蛰存先生所嘱,给您寄一份影印的去年对施先生的访问记录,""9月拜访施先生,施先生交给我1100元人民币,折合美金145元,托我寄给您。""并交给我两本《词学》(皆第10辑),""一本是要您寄给叶嘉莹教授的。今年见施先生,觉得他精神状况很好,又比去年快乐。"

**十一日** 撰讫《不要移花接木》:"前天晚上,在本报[新民晚报]《文学角》里看到一篇题为《文学可"校"》的文章,拜读之馀,觉得此文十分微妙,耐人思考。因为此文中也提到了我,因此忍不住要说说我的读后感,""这篇文章分明是为盗印本的《围城汇校本》伸张'歪'义。""如果有人为它们作汇校工作,当然是一种学术研究工作,但如果此人把他(或她)的汇校成果印入原书,那就是侵犯了原作者的著作权。"

**十三日** 复尹庆一函:"《小说界》中一文,我尚未见到,不知是否从新加坡报纸转载的？出版社不送给我，只汇来了稿酬，怪不怪？苏童小说只看了一篇，不敢评论。近来不健，而事多，你在放寒假之前来谈谈。"

**十五日** 在《新民晚报·读书乐》发表《我说漫画》。（按：此文原为《中外漫画艺术大观》所作"序言"。）

**十七日** 华东师大中文系在先生寓所举行了庆贺先生九十大寿茶话活动。据陈谦豫回忆："我们教研室的中年和青年教师，一起买了蛋糕、红烛，带了照相机，到愚园路施先生的家中为他举行祝寿会，他很兴奋、愉快。至今我还保存着一张施先生居中、我和郭豫适分坐两边的三人合影照。"（陈谦豫《风趣爽利的施蛰存先生》）

**十八日** 复香港卢玮銮函："日本朋友寄来了一份复印件，是一篇香港潘少梅写的《〈现代〉杂志对西方文学的介绍》，但未注明此文发表在什么刊物。我想与潘先生[女士]取得联系，请你告诉我他是否在中大。"（按：此文刊于《中国现代文学研究丛刊》1991年第1期。）

**二十日** 《读者导报》刊载楚山孤《蛰存图存》："先生的大名屡屡被人写错，'蛰存'成了'蜇存'。不仅一般报刊会出现这类失误，出版社的新书预告也不能幸免，甚至连作家协会的材料竟也蛰、蜇不分！'必也正名乎！'孔老夫子曾大声疾呼。施老的名字被人一错再错，至少是对先生的一种不敬，实在是有'正名'的必要的。"

**二十一日** 在《解放日报·朝花》发表《"妻子"》："日本早稻田大学的松浦友久教授是研究我国唐诗的专家，他写过好几本关于唐诗的书。前年送我一本《中国诗歌原论》的中译本《中国诗歌原理》，今年又送我一个《唐诗语汇意象论》的中译本，我都很高兴地拜读了。""我以为还可以补充一点：为什么唐人称'妻'为'妻子'？'妻'与'妻子'是不是同一涵义？这就要先研究这个'子'字了。"

**二十二日** 先生夫妇致沈师光贺年片并附言："希望明年好转，不过你也该另谋财路，不宜从事旧业了。我今年亦大衰损，内人却比我健旺。[邵]修青尚能行动。"

**二十三日** 在《新民晚报·文学角》发表《不要移花接木》。

**二十七日** 致广州黄伟经短笺："我那本《雨窗随笔[梦话]》不知情况如何？""如未排版，我想收回，编入我的一本杂文集，'花城'不必印了。如已排版未出版，我以为也不妨停止付印，少损失些。总之，这一套书已失时宜，不出为妙。"

**同日** 复耶鲁大学孙康宜函："我们正在计划明年开一个词学讨论会，或扩大为古典文学研究及教学讨论会，""欢迎你能及时参加。"

**又** 致陈九思函："敝编'姚鹓雏先生诗集'[《恬养簃诗·苍雪词——姚鹓雏诗词

集》],已有其女印出,弟合得十部,今以一部奉赠清览。久未承教,时切神驰也。"

**下旬** 先生夫妇寄赠北京冯亦代自制贺卡(赵清阁《泛雪访梅图》):"祝贺亦代仁兄暨新夫人新年俪福,春正迎祥。"

**月内** 湖州费在山刊行《闲闲书》,收录先生题辞:"网罗文献,敬恭桑梓。奉题在山先生大著闲闲集,北山。"

**是月** 中国文学出版社出版"中国新时期文学精品大系"李双编《隐身衣》,中国广播电视出版社出版林非主编《20世纪中国名家散文200篇》,均收录《论老年》。

**又** 《平湖文史资料》第5辑特刊许白凤《亭桥词》《丁卯庐诗》,内收《思佳客·施蛰存先生金石百咏见赠》(1978)、《减兰·读报答和施蛰存先生》(1984年)。

**又** 南京大学出版社出版梁永著《雍庐书话》,收录《施蛰存的小说创作》《施蛰存的〈扇〉》《施蛰存的联语》《关于〈施蛰存散文选集〉》。先生自述:"梁永是我次子山东大学老师,土木工程教授,好文史,多收新文学书,1986年始来访,以后每到上海,必来小叙,前年去世[1991年],甚为可惜。'书话'已承其女惠赠一本,又出版社亦赐一本。"(复程千帆函,1994年7月30日)

**同月** 《中国现代当代文学研究》刊载邓时忠《平凡、深入、诗意化——从〈上元灯〉看施蛰存小说的审美对象系统》。

# 一九九四年(岁次甲戌)　先生九十岁

## 一月

**三日** 致香港古剑函:"自从得奖以来,成为上海名人,来访者多了,来录像者也不少,我实在厌烦。现在大约高潮已过,休息一下,等阴历年后,再继续工作。""《文廊》又久不见,寄二份来,香港各报有些什么副刊?有便寄我几份。上海、北京各报都已下海,文艺、文化副刊均已变质,我辈的文章无地可发表了。"

**八日** 复台湾秦贤次函:"杜衡书二册,均收到。""杜衡曾任河南大学教职一事,确是大家都忘记了。""杜任教不久,大约只有一个学期。我们认识朱湘在此以前,《新文艺》中已有朱湘之文,杜去'河大',可能是朱湘介绍的。""我希望足下编一个《杜衡年表》,我可助成之。"(按:《读书月刊》1930年第1卷第2期"国内文坛消息·四、杜衡在开封任教":《哨兵》的译者杜衡,对于西洋文学造诣极深,前二月,杜氏偕戴望舒氏同游北平,现已赴开封,任河南大学英国文学教授之职。")

**同日** 黄伟经复函:"尊著《雨窗随笔[梦话]》,至今还未印出来,我实在感到对不起你,为出版社难过。与你这本小册子一起至今还未付印的,还有季羡林先生等人的四种小书(都是列入'霜叶小丛书'内的书)。""我好在已经办理了退休,免得自己难过。你的《雨窗随笔[梦话]》已经四校。"

**九日** 复美国张厚仁函:"你写了许多小说,何不到上海来发表?台湾发表过的,也可以在大陆再发表一次,如有意,可寄一份复印件来,我为你妥办。我还希望你译一本 Rilke 的诗集,不知台湾已有此人的译集没有?有一本 Rilke 诗选,加一篇介绍性的序文,对大陆青年诗人及爱好诗歌者,亦很有用处。""海外华人文学正在走红,你的《小旅馆手记》可以在上海出版。"

**十四日** 晚上复香港古剑函:"沙叶新下海,恐怕也不得不然,话剧搞不下去,上海、北京各报有文艺性的副刊也一个一个地改版,向娱乐版转移,我辈的文章已无处发表,够惨的了!""胡从经见否?""他寄了一个贺年卡来,""请为我致意。"

**十六日** 复黄伟经函:"《[雨窗]梦话》底稿及大函收到,""读手示始知此书已四校,似乎还预备印出。那么,我就不便编入另一本杂文集了,只希望足下通知出版科同志,早日印出。一本四万字的小书,'花城'总负担得起,算是照顾我'行将就木'的老人罢!体力已大衰,久不为文,《随笔》暂时无可贡献。"

**十七日** 复湖南彭燕郊函:"收到《汉镜》一册,""上次承惠《知堂书话》等五册,""兄以后不要再送我书了,我也无力看书,子孙一代,没有一个搞文学的。我的书已在渐渐处分,不必再增加了。""我也正在做结束工作,不可能'向前走'了。"

**十九日** 邓乔彬致函,为所著《有声画与无声诗》宣传事宜,拟请先生帮助。

**二十二日** 复孟浪(俊良)函:"不够强。《倾向》已看过,后半本几篇评论文都很好。关于《废都》的几篇,应该在国内发表,可是国内还没有见到这样的评论。我希望你多看古今中外的诗,虽然诗是创造性的文学,但也必须有一个传统性,100%的创造,是没有可能的。"

另,据孟浪回忆:"某次我在他家时,见到一位他熟识的年轻人也来访,施先生告诉年轻人他用一两天时间已读完一本关于毛泽东的回忆录,可以还给年轻人了。"(孟浪《施蛰存先生的六封信》)

**二十三日** 复耶鲁大学孙康宜函:"康正果处《词学》第10辑,一二日后即寄去。

《词学》稿酬少得可怜,请勿见笑。""词学会在筹办,""你来一次不容易,我希望你多在大陆留几天,到西安去看看,能到敦煌去看看更好。魏爱莲教授可以一起参加词学会,待一切定局后再送请柬。""*Erotica* 此书不好,看来这一类东西,印度第一,有性感;中国第二,好在蕴藉;日本第三,泼剌。西方作品,如此书所用,皆十分粗俗,其实,法国有好的,见过一本 *Casanova*,有插图,较好,但还比不上印度。书目一册,开了眼界,但实在也未有惊人之作。Edith Wharton,我在三十年代编《现代》杂志'美国文学专号'中介绍过,如今又走红了,却想不到。"

**二十五日** 复邓乔彬函,言及"你的书[《有声画与无声诗》],我看了半本","我看你先找宋路霞,托她催一催"。"如真的不用,你把宋的文章拿来,我介绍给'文汇读书'或《北京日报》","最好你自己写一篇书评,用一个笔名,我给你介绍发表"。并附邓乔彬来函,上有先生修改数处并批语"名利之念不必否定,人人都该有名利之念,只怕你要利,不要名"云云。

**二十六日** 复台湾林玫仪函:"我想把所藏词籍送给你,不多,原有一个书目,但已卖去几部大书。现在所存恐只有二三百种,大多单本。清词,你托吴严二人在苏、杭收,很好,此二地大约还可收到一些。我想把所藏碑拓让与台湾中研院,因为此物大约台湾甚少。但近来忽然有书店愿印,今年我要先编三本,故还不能转手。""《花间新集》由你相机行事,总之,我不要一分钱,只希望印出一个正体字本,送我几十本即可。""以下是今年我要编好的书,《唐碑百选》《文物珍赏》《洛阳龙门造像图录》《宋元词话》(辑录本,陈如江在助我补缺)、《读词札记》。计划中,《秦汉石刻图录》《魏晋南北朝碑刻图录》《陕西石门摩崖留影》(石门已毁为水库)。"(按:先生标注"第25函"。)

**三十一日** 复广州黄伟经函:"《[雨窗]梦话》不过四万字,印出来也不花多少钱,北京文联出版公司印了我的一本1948年的《待旦录》,也有二千册可销,大约你们'花城'胃口大,总想印一些可销万册的书。题字先寄数纸,请选用。八百字的文章,过几天再寄,手头还没有,待写好即付邮。题字不要润笔,我非书家,不卖字。"

**是月** 《东方》杂志第1期刊载葛乃福《文学批评家不可没有历史观点》。(按:此文后以题为《文学批评家不可没有历史观点——答葛乃福问》,收入《沙上的脚迹》。)

**又** 东方出版中心出版周扬、钱仲联、王瑶、周振甫等编《中国文学史通览》,其中"现代文学的基本历史特征·中国现代文学是以革命现实主义为主体并包有多种创作方法、流派的文学"提及:"沈从文、戴望舒、施蛰存、何其芳等作家各自为吸取浪漫主义、象征主义、现代主义等艺术养料,发展多种艺术流派,进行了多方面的艺术探

讨,其理论与艺术实践的得与失,都对现代文学丰富多样的发展,提供了宝贵的经验教训。"(王瑶、钱理群撰稿)

另,在"现代诗歌·多种新诗流派的形成"提及:"1932年《现代》杂志出版,在刊物周围聚集了一批诗人,被称为'现代派'。其实'现代派'之称只是一种借用,他们的作品多数借重于象征派。只是较之李金发,他们的诗风趋于明快,舍弃了语言的欧化。他们扬弃了新月派到象征派的明显局限,转为内向性的自我开掘,擅长表达人生的忧郁和欣慰,以暗喻的手法抒写内心的隐曲。他们敏感地抒发对于城市生活的厌恶,展示自我灵魂在日益发达的工业社会面前的悲哀。一旦现实的社会主题触发他们内心的火花,他们也会以独有的艺术写出如同戴望舒的《断指》《我用残损的手掌》那样积极的诗篇。曹葆华、徐迟、金克木、林庚、废名(冯文炳)以及早期艾青的某些作品,都受到现代诗风的影响。"(谢冕、杨匡汉撰稿)

另,在"现代小说·20、30年代小说创作的发展和繁荣"提及:"在上海,以施蛰存主编的《现代》杂志为中心,还聚集着杜衡、穆时英、刘呐鸥、叶灵凤等一批作家;他们中,有的从事着现实主义的小说创作,有的则以日本新感觉派或欧美其他现代派小说为楷模,尝试着现代主义的创作道路,其中一部分作品在运用快速的节奏以表现现代都市生活,探索现代心理分析方法,吸取意识流手法以丰富小说技巧等方面,尽了一定的开拓作用。"(严家炎、陈美兰撰稿)

又 应国靖编《施蛰存散文选集》由百花文艺出版社第四次印行。


同月 25日《文艺理论研究》第1期刊载郭豫适《胡乔木同志访晤施蛰存先生记》。人民出版社出版葛留青、张占国著《百卷本中国全史·中国民国文学史》,书中章节"四、三十年代文学·(五)新月派、现代派、京派与论语派·2.现代派与戴望舒、施蛰存"。《昭乌达蒙族师专学报》(汉文哲社版)刊载商景云《现代主义与现实主义的融合与渗透——施蛰存心理分析小说初探》。《中国韵文学刊》第1期刊登姜书阁《读施蛰存先生〈说杨柳枝、贺圣朝、太平时〉》。

## 二月

二日 复香港古剑函:"关于香港文化人薪水情况,你不告我,我不知道,现在港纸与人民币的比值几乎是一对一,可见大陆文化人的生活水平。""何达来见过。"

四日 复张香还函:"《智慧帽》如要印,也不妨。""还有几篇打字稿,未找出。如出版社要,我可以上楼去找。"" '西书'定价贵？我不知。但我的都是好书,外文书店没有的。"据张香还回忆:" '西书',当年我曾在顺昌路凤鸣书店付高价买了他收藏过的西人某作家、英文本的巴尔扎克,当时想等有机会送还给他。"(张香还《重读施蛰存先生给我的27封信》)

**二十四日** 元宵节。作诗《奉贺石民先生九秩双庆》并"题识":"余今年亦九十,内子亦健好,此诗兼以自慰也。"

**同日** 复香港古剑函:"文汇报有一记者在老西门开了一个小书店,生意不坏,我把四五百本英文学术书托他卖,第一个月他送来1 000元,说是只卖了三四十册,一本巴尔扎克的小说(三十年代版),居然卖了50元。"

另,据安迪记述:"他想把西文书全部处理掉,让我去挑选,挑剩的放在小书店寄售。于是约定一天,我下午过去,他已经把所有的外文旧书都搬出来,我们坐在方桌边,一本一本过目,他向我一一介绍,这本是他以前想译的,那本是谁的藏书,有些他觉得还有用,就留下,有些让我自己保存,不要卖。这样从下午一直到晚上,把他的外文书理了一遍,留下了四分之一,其余四分之三约一二百册让我取走。""《魏尔仑诗集》最为珍贵。这套彩绘皮装精印的诗集,共有六本,分别是:《感伤诗集》(1914)、《美好的歌》(1914)、《戏装游乐图》(1915)、《平行集》(1921)、《今昔集》(1921)和《爱情集》(1922),巴黎 Librairie Albert Messein 出版。每本书前都印有一张'印制说明',我曾请施康强先生帮助译出(前面所列的诗集名字也是请施康强先生译的):'日本纸印刷50册,内含一套单行的插图,由艺术装帧商 Rene Kieffer 签发,巴黎 Seguier 街18号,编号1—50;小牛皮版印刷500册,编号:51—550。本豪华版永不再印。'每册都有编号,这六本诗集的编号都不一样,每本书的彩绘插图作者也各不相同。""施先生抚摸着书本,说:'这套书暂时还舍不得送你,过一两年后一定践约。'果然两年后,收到施先生的一封信,说:《魏尔仑诗集》可以送你了,等天晴,带一个袋子来取去。'""在他早年的散文《买旧书》中,施先生提到过这套书,""戴望舒后来把这套书送给了施先生。""《巴黎的哲学之夜》,十九世纪法国作家古尔蒙散文集的英译本,美国波士顿 John W. Luce 公司1920年出版,扉页上有施先生的毛笔题记。""有两本萨洛扬的短篇小说集:一为《呼吸集》,美国纽约兰登书屋1936年初版,收短篇小说71篇;另一本为《和平,多奇妙》,美国纽约斯塔林出版社1939年初版,收录27篇短篇小说。两本书都贴着'施蛰存无相庵藏书之券,1945—1948'的藏书票。施先生在送我书的时候说,这两本都是他早年想翻译的。""严复的《英文汉诂》,精装本,上海商务印书馆

1905年版。""我在施先生的书架上看中这本书,是因为版权页上有一张严复的凹凸印花,很别致,圆形图案,当中是一只燕子,中圈印着'侯官严氏版权所有',外圈是'know thyself'。"(安迪《北山楼藏西文书拾零》)

**二十七日** 复河南崔耕函:"承询关于许敬宗一文,我亦不知其出处。唐太宗事多见于《贞观政要》,但此文油腔,似为小说家言,恐不会出于'政要'。"

**是月** 吴立昌选编《心理小说》,列入"中国现代名作家名著珍藏本",由上海文艺出版社第三次印行。

**又** 江苏文艺出版社出版冯至主编《世界散文精华》(中国卷),收录其作《驮马》。

**同月** 1日《香港文学》第110期刊载葛乃福《施蛰存谈戴望舒的诗》。中州古籍出版社出版《柏丽诗词稿》,内收《七律·谢钱锺书、施蛰存二老》。《中国现代文学研究丛刊》第1期刊载李惠彬《略谈施蛰存小说创作的艺术积累与准备》。

## 三月

**四日** 复台湾林玟仪函:"春雨不止,行旅不便,来去匆匆,未必能办事,还是请于暑假中来住几日。此间在筹办一个词学讨论会,拟于7月上旬在松江开。""《唐诗百话》排了一年,还未印出,看来电脑工作,不比人手快,你们那边出书,不及大陆,使我想像不到。"

**十五日** 复香港古剑函:"香港旧书如此之贱,我倒想动动脑筋。""你先收些旧书,暂定500—1 000元,分批寄来,或部分托人带来(上海或深圳),我托凤鸣书店代售。""钱国荣[谷融]回来,也可以托他带10—20册来。""我的书,不想送文学馆。"

**十八日** 复湖南彭燕郊函:"我已不想藏书,看过都可奉还,你不必再送我书了。""这本书,我不说好。第一,装帧不好,用罗马字拼音,没意思。《散文与人》,这个书名,也不对头,'2集/丛书',更不可解,一张柯勒惠支的木刻是1930年代的古刻,用在1994年的出版物上,旧气十足。第二,内容都是严肃文章,这些'散文',都只能说,不是韵文,亦不是'散文小品'的'散文'。许多文章都只能编入文史馆员的回忆记或《新文学史料》。《文廊》恐很危险,报馆换了老板,也会换编辑。香港文人无保障,诗人何达贫困而死,为之寒心。'读书周报'以后续寄。沈宝基安否?""诗集从来是不易出版的,你如有机会出,还不如把所有的诗合为一册,一劳永逸。"

**十九日** 致周退密函:"周扬之子,""是否哈尔滨时期之高足?""千字文已半年不作,二万字之忆苦文更无力写了。我想苏渊雷、徐中玉或可写,不妨由足下推荐。不过我倒希望艾若为他'老子'写一个文件,""此中情况,最好是由他儿子来说明。闻琴趣已回福州,包谦六亦已于月初移居南京其女儿处,徐定戡已去澳洲就养,'茂名南路星期五',风流云散矣。""足下今年正80,谦六89,均当奉贺,可惜行动不得,亦不能赋诗遥祝,彼此两免如何? 弟已有气无力,每日只能看书报排遣,积稿甚多,无力编辑成书。"

**二十日** 复倪蕊琴函:"我想去要回来,另找一个大型刊物,一起发表,此事还未定,你且写下去,到结束后再说。存此之稿,等《新民晚报》发表或退回后,再一起奉还。""我还希望你报导一些俄罗斯文艺情况,不知那些老刊物还在出版否?"

**二十七日** 天津《文学自由谈》第2期"作家来信摘抄"专栏发表先生致该刊编辑函:"惠函及《文学自由谈》一册,均已收到,谢谢。我今年体力已衰,文章少写,今后能否寄稿,也还难说,不过我总想为你们写一点东西,留一个脚迹。'自由谈'第4期已看,印象不坏,第一组'思考天地'七文尤其好,李国文同志一文全面总结了苏联文学及其在中国的影响,更是必须有的文章。总的看来,这一期上半册与下半册的质量差距较大,有'虎头蛇尾'之感,我建议你们改变编排方法:1. 减少许多栏目,不可分得太细。2. 目录次序与实际编排次序不必一致。3. 把后半册的文章与前半册的文章混合编排。这样就可以减少'头重脚轻'的印象。"

**二十九日** 致李辉函:"中国文学社印出了一本我的小说集英文本,书名 One Raining Evening(《梅雨之夕》)。我送你二册,其中一册请用你的名义寄赠马悦然。"

**月内** 致台湾林玫仪函:"1.《唐诗百话》请以每包二册付邮寄来,可陆续分批寄,迟亦不妨,如可作货运,一起装纸板箱托运亦可,此事让出版社办理。""2. 留出五册在玫仪处,备送人。3. 送一本与李焕明,烦转致。4. 词卡三包,奉送,供整理,最好先编一个《知见清词目录》。"

**是月** 《唐诗百话》(台湾版)由台湾文史哲出版社初版印行。

**又** 《梅雨之夕》(英译本)列入"熊猫丛书",由中国文学出版社初版印行。

**又** 百花文艺出版社出版张华编《中国杂文大观》(一),收录其作《读报心得》。

**又** 《语文学习》第3期转载其作《什么叫[是]"汇校本"?》。

**同月** 25日国务院常务会议通过《中国21世纪议程》,确定实施可持续发展战略。《文史哲》第2期刊载唐正华《论施蛰存历史题材短篇小说的创新》。

## 四月

**二日** 萧乾致函:"今接中国文学社寄来《梅雨之夕》的英译本,寄者说是兄嘱寄的,倍感亲切,足见兄犹未忘记'河口故人'。弟近年都为 *Ulysses* 忙,希望今年可以问世。第一二卷(ch. 1—15)印出后,即嘱出版社,首先寄呈吾兄。因为意识流小说之实践,足为先驱,当之无愧。也只有吾兄有资格对此给予鉴定也。偶读《四川读书报》,知兄对汇校本表了态。希望有识的出版家早日把兄在三十年写的那些名作,重印成集。甚至希望他们把《现代》杂志也重印一下。当时弟正在燕京读书,给《大公报》投稿。对兄等在沪的活跃,十分仰慕。弟一向反对'京海'分派。我就看不出兄与从文在为艺术追求上哪方面的差异!""弟有一小书正在印刷中(西安),其中收了《河口险遇》,书出后,当寄上求正。"

**三日** 《新民晚报·夜光杯》刊载秦绿枝《画片》:"赵清阁先生给我寄来了一张画片。""在信上说:'画不足观,取其一点意境耳!施老印制了不少这种画片。'""把画片翻过来,可以发现'北山施舍'的手写体,还有'赵清阁,泛雪访梅图,北山楼制,贺画史八十寿(1993)'这些印就的小字。"

**九日** 按先生日记,台湾林玫仪来访并合影。据林玫仪回忆:"他知道我与吴熊和、严迪昌两位先生合作编纂'清人词籍知见书目',即将珍藏数十年的一批词籍及书目卡片等毅然相赠。这些词籍大多是别集,包括宋元明清词及近人词作,共有三四百本,其中清人词集最多,有时同一集子有几个不同版本。例如改琦《玉壶山房词选》二卷,就有道光八年云间沈文伟来崔楼刻本、道光间高雨校刊本及民国九年聚珍仿宋印书局铅印本等三种。朱祖谋的词集,有光绪至民国刊本《彊邨词》四卷,光绪刻本《彊邨》前集一卷别集一卷,民国七年上海四益宧排印《鹜音集》本《彊邨乐府》一卷,民国二十一年朱印本《彊邨语业》一卷(卷三)及《彊邨弃稿》一卷,民国二十二年刻彊邨遗书本《彊邨弃稿》一卷。郑文焯的《瘦碧词》二卷,有光绪十四年大鹤山房刻本及民国六年吴中再版本。还有先生亲自抄录的本子。书中更时时夹有先生的心得及札记。""还送给我高校藏词书目及他的词籍卡片,这批卡片为数甚多,先生将其分成三大包,注明一是六十年代所制,大多数抄自《四库大辞典》;二是八十年代所制,为编《近代名家词》;三是近年倩人代抄者。这些卡片抄录各类词籍资料,分为词韵、词谱、词律、词选、词话、地方词、总集、选集、家集、合集、今人词、清人词、明人词集、宋金元词别本、唐五代词别集等类。""当他知道我需要参考此书[《同声月刊》一套],竟托孙逊、孙菊园两位先生于赴台时带来给我。"(林玫仪《施蛰存先生的词学研究》)

**十一日** 《人民日报》刊载余凤高《施蛰存的"明片"》:"施蛰存每天总会收到好多封国内外学者、友人和读者的来信,因此他复信也特别多。在写信的时候,施先生不时也喜欢用'明片'。这倒不是为了节约一两角钱,而是因为他对这种'明片'有一种特殊的爱好。这些'明片'都是他自己'选材'定制的,他在其中寄寓了自己一番深沉的情意。""对朋友,施老考虑得很多,为珍惜赵清阁的友谊,他不惜花了一千元港币,在香港印制了二百张明片,寄赠给朋友们,施老说这是为赵清阁'作宣传'。"

**十三日** 复香港古剑函:"《联合文学》如有50期以前的,请留给我,我可补足。""我至今还不健,天还未晴,很不舒服,有许多事要做,还没有力气做,要到端午节后才能鼓足干劲,不过,怕不如去年了。"

**十四日** 《解放日报》刊载《十字街头的趣味》提及:"由许道明、冯金牛选编的'海派小品集丛'第一辑,""已由汉语大词典出版社出版。""将于8、9月出版的第二辑有《钱歌川集:偷闲絮语》《章克标集:风凉话和登龙术》《梁得所集:猎影与沉思》《潘序祖集:饭后茶余》《施蛰存集:灯下待旦》。"

**二十一日** 中华书局古籍规划小组刘石等来访。据刘石回忆:"我脱口而出一句,'施先生,看见您很高兴啊!'施老的回答记忆犹新:'看见我有什么高兴的?一个快死的老头子。'落座以后我又说,'施老,我父亲向您问好。''你父亲是谁?''刘元树。'他应声答道:'刘元树[曾任华东师大中文系助教],他不是到安徽去了吗?'"(刘石《回念北山翁》)

**下旬** 许文朩为先生治印"蛰存",边款曰"余尝于吴昌硕印谱中见此两字,喜其浑朴天成之疎,特摹奉蛰存世伯大人哂哂"。

**是月** 《文艺百话》由华东师范大学出版社初版印行。先生自述:"算是我的第五本'百字辈'著作了。"(《文艺百话·序引》)

**同月** 成都科技大学出版社出版杭州市文联创作研究室编《杭州现代作家论》,内收余凤高《施蛰存论》。

## 五月

**四日** 复河南崔耕函:"'周熠'不知何人,为作此文,大约他看了《鲁迅全集》,很费一点时间,此文在80年以前不会见报。""我以为,只能说是'开放多了'。不过鲁迅的情况,另有理由。""你不用自谦功底薄,如果好好利用你的职务及地理环境,你还可以做些文物工作,我鼓励你,趁现在又闲又健,化三四年做些文物工作,写一本书,也可以嘉惠后人。""有新出碑志的拓片,也还想收一些,只要力所能及,请兄为我作缘(主要是碑文)。""今天精神较好,写了三纸,这是今年第一长函。"

**八日** 复马祖熙函:"《王修微集》尚未发,字数少,出书太单薄,尚在考虑,又想与杨宛诗词合为一集。""寄去二人之词,必须各选一二首入《词学》12辑,请你代劳,可以酌改不妥之处。""体力终是孱弱,近日才开始编几本碑版书,工作牛步化。"

**同日** 复香港古剑函:"书10本亦收到,待有结果,再策划以后的办法,深圳方面可以有人代收。""陆谷苇处已通知他,他会与你联系。"

**上旬** 校阅开明出版社寄来的《灯下集》新版排印清样并撰"重版后记":"出版界掀起了一股'散文热',陆续出版了不少散文别集、选集及总集,把'五四'新文学运动以来的各种散文书炒得火热,我这本《灯下集》,也有好几篇被采录了。现在,开明出版社愿意重印我这个文集,我非常感谢。同时,我有机会自己校阅印样,发现三十年代的文字,今天读时,很有些陈旧之感。有许多句子或语词,好像怪别扭的。趁此重排再印的机会,我润改了一部分词句。原书有一篇关于'书籍禁止'的牢骚文章,已完全丧失了时间性,便随手删汰。"

**十五日** 在《随笔》第3期发表《功风名雨》。钟光珞来函。

**十六日** 复北京李辉函:"杂文集月底编不好,总得到6月中,才有可能。这是我第五本杂文集,你要多少字?望即告知。"

**同日** 致台湾黄沛荣、林玫仪函:"《唐诗百话》印刷精美,请代为向彭正雄先生致我谢意。""此书仍有误字,已校出十多个,等我看完后,即将勘误表寄去。你从我处取去之词籍,有无残缺?恐怕有些书,你们没有取全,我这里还有几个残本。有一个抄本《越妓百词》,在你们那里否?此书乃周作人赠我,非词籍,如在你们处,请寄还。""《唐诗百话》定价700新台币,平装也要600,大陆人士怕买不起,希望出版社多发几本到美国及日本,将来我即以台湾本为定本,烦转知彭君。""那些词籍目录卡有人代为整理否,我想在《词学》发表一个《清代词集知见目录》,托玫仪整理好寄我,""分下列诸类(必须单刊本,附在文集中的不收):1. 词别集;2. 词选集(或总集);3. 词谱、词话等。每一书须有下列三项:书名、作者、刊本年月。"(按:先生标注"NO. 27"。)

**十七日** 致广州黄伟经函:"顺便奉询:1. 足下译过一本屠格涅夫的散文诗,印出了没有?2. 前年《随笔》曾印过一幅我的肖像,我未留存,今此本已不存,可否请足下为我复印三张惠赐?3. 我有一些读书摘记,都是性史资料,计有三部分……大约三四万字。这批资料,有刊物可发表否,烦为介绍。"

**十九日** 致湖南彭燕郊函:"昨晚翻阅兄所编'现代散文诗名著译丛',见广告中有《夜之卡斯帕》及《地狱一季》二书,不知印出了没有?""近来出版界风气不好,没有好书,兄所编诸书,格调均高,不知还能再鼓气编几种否? 我有一本影印本的 100 New Tales《新故事百篇》的英译本在兄处否?""老朋友周松龄,亦为书痴,喜藏书,他借了我一批书去,去年冬季忽然无消息。今年春间其家属来电话,说已逝世。因此,我就无法取回那些书,而我又不留记录,不知书名。今日查书架上书,少了好几本艳情书,连一本《香园》都没有了。人已下世,家属又不熟悉,无法去询问,更无法收回,实在痛惜。新近联系到一个日本留学生,他在译 Sade 的东西。不过是从日文译,恐不很好。""还可以编几本文稿出来,只怕大限将到,做不成了。"

**同日** 致周退密函:"有一事奉悉,想请足下做一次枪手,有人一定要我写一个匾额,文曰'上海浦南烈士陵园'。我实在不会写,而来人坚要我写,只要写径寸大小,他们去放大。但我写了几张,实在不成样子,因此,奉烦老兄代写一纸。"

**二十四日** 复美国李欧梵函:"欢迎足下光临,再得一叙。6月6至12日无问题,任何一日均可接待,不过必须在下午2—5时,先一日晚上可通一电[话]。"

**二十五日** 纪弦由美国致函:"一、张索时[厚仁]来信,云大哥小说集二册他收到了。不知尚有多否? 弟也很想得到二册。二、去年弟出书两种:北京'友谊'出了一本《纪弦诗选》,台湾'现代诗社'出了一本《半岛之歌》,我都教他们寄给大哥,想必已收到了。三、请大哥多多保重,向大嫂致敬。""大哥曾请我吃过的松江四鳃鲈鱼面,十分怀念。"

**二十六日** 复浙江省社会科学院文学研究所余凤高函:"书看了一个晚上,大体都看过,各篇都不坏。关于杜衡一文,颇为公允,写得不坏。""你要译书,另想办法。我希望你译一个专题,例如汝龙专译契诃夫,李青崖专译莫泊桑,毕修勺专译左拉,这样易于'不朽'。""浙江图书馆藏外文书的情况你知道否? 有无好书?"

**二十八日** 致北京李辉函:"此书[《现代作家书简》]甚得海外研究中国现代文学者重视,以为有不少史料。令俊[另境]还留下许多未用信件,大多是当时还不便发表的。现在由他的女儿海珠增加材料,至1949年止,编成二集,现在我处,代她审定。""你问问北京各出版社,有人肯接受否? 我又想和你合作,编第三集,从1950年到1978年,你在北京找稿,我在上海找稿,我想有200—300封信就可以成书,并非难事。""如有兴趣干,我们再谈具体编法,杂文集已在编,至少还得二个星期。"

**三十日**　先生捐赠58册书籍给母校松江县第二中学图书馆。

**三十一日**　致河南崔耕函："你写了许多河南碑刻叙录,此事大好,以后希望找一个报纸副刊发表,写得风趣一些,一星期一篇(千字文),影响较大。存在文管会的许多新出墓志,如有重要人物,亦应当介绍一下,提供志文中史料。""如有新出碑志拓本,我也可以收购,不过我负担不起友谊商店的价格(其实友谊商店收价也不高)。如有旧的裱本,汉、唐碑拓本,有木板装裱的,我也想收一些,托你留心、介绍。我过去所收的都是单片,有利于研究,不利收藏,因此才想到收一些装本。我在苏州买到一本《曹全碑》,楠木夹板装,才30元,河南有此机会否?"

**是月**　译著《轭下》,列入"世界文学名著文库",由人民文学出版社新版印行。

**又**　小说集《十年创作集》(上册《石秀之恋》、下册《雾·鸥·流星》),由人民文学出版社第二次印行。

**同月**　27日由上海工业大学、上海科技大学、上海大学、上海科技高等专科学校合并组建的新的上海大学正式成立。

## 六月

**一日**　复香港古剑函："有一个奇怪的矛盾现象:1.高档文艺书无销路,你的书,最好是台港版的通俗小说及家庭生活用书,武侠、咸色书最能售,三联书店的书无人买;2.单本书不易卖,整套的反而容易卖。北京出了一套'现代散文全集',收散文集卅种,也有我的一本,装一匣,每本书没有定价,不零卖,全套价160元,印了二千套,居然卖光。此外,类此的还有好几种,儿童书也是这样,十本一匣,一起卖。买书的都是文化水平不高的大款,书是他们会客室中的装饰品,因此有这种现象。""现在的任何裱本碑帖拓本,至少都是六七十年以前的拓本。""我以为戴醇士的扇面应该比张大千的画价高,不过现在的商人不会作如是想法。"

**二日**　晚上致彭燕郊函："寄上《文汇读书周报》一卷。""收到《地狱一季》,即取我的英法文本对看,""你不妨参看我译的一篇《晨》,在《域外诗抄》中,与王译《清晨》对照,就可发觉王是死译。""我现在已在遣散藏书。""《夜的卡斯巴尔》,我也没见过,不知已译全否?我想可能是选译本,因原书有三百多页,如方便仍请惠假一阅。""想编译一本《超现实主义文学选》,找几个人合作,每人译三四万字,共廿万字,加插绘,精印二本。出版处,我来解决,你问问沈宝基,他高兴参加一份否?你那边如有法文较好的译者,请介绍,最好有五六个人合作。我有一册《超现实主义小说选集》(法文本),可以充分利用,再补充其他材料。《超现实主义宣言》有人译出否?""如兄手头有,请寄我,一阅即还。我有许多零星译文,想编一本'杂碎',不过还无暇动手。前天整理藏书,一部'诗苑译林'是兄的不朽工作业绩。""我又编好两本散文集,一本是回忆记,将由华东师大出版社印行;一本是真正杂文,由北京一家新出版社印行。""《弥陀罗》有中译本没有?超现实主义作品,除二三本小说外,都是短短的,极少长文,但不易译。"

**四日** 致康正果函:"知足下即将去美,今寄上一书,烦为带去交康宜。"

**同日** 复耶鲁大学孙康宜函:"今托康正果先生带来我的小说选集英译本一册。此书序文是我写的,你看看,我已说明了中国文学六十年的历程了。此书我未写 dedication,因为上月我儿子回美国,我托他带了二册去寄给你。""去年我托你代买的一本 100 Merry Tales,是耶鲁大学出版的。此书为一老友借去,不久此人即故世,子孙不知,把他的书都卖光。我此书不可再得,想托你再买一本,书款将由我儿子奉还。书名我已不记得,总之是 Cent Nouvelles Nouvelles 的译本。"

**五日** 日本村上哲见致函:"哲本年三月遵从'停年规定'辞任东北大学,而四月调任(私立)奥羽大学教授,肃此奉告,并祷仍旧赐教,是所至幸。"并附其作《甲戌岁三月,将引年辞官偶成》:"春风料峭莺声和,青叶城头三月天。颇倦读书将退隐,犹勤覆瓿定因缘。已经华甲过三岁,衍列儒官卅五年。解佩得闲殊不恶,仰看归鸟影联翩。"并寄赠其著《中国文人论》。

**七日** 下午李欧梵来访。据李欧梵回忆:"拜访施先生之后,我逛到一家小书店,是一位年轻的朋友开的,他知道我是施先生的朋友,就带我走进店内的小库房,内中堆了一批外文书,英、法、德三国语文俱全,据说都是施先生的藏书,在此廉价出卖,但问津的顾客并不多。我略略翻阅之后,不禁大吃一惊。""《法文初览[范]》,上海徐家汇土山湾印书馆印行,1924 年。据说这本法文书就是当年戴望舒在震旦所读的。" "Fräulein Else,德文版,显尼志勒(A. Schnitzler)著,柏林一出版公司印行,1926 年。" "Leutnant Gustl,也是德文版,显尼志勒著,书名应译为《古斯塔少尉》,柏林某书店 1919 年版。此为旧书,因书页有洋人签名,并注 1925 年。""Poems 1909—1925,艾略特(T. S. Eloit)著,英国 Faber & Faber 公司 1925 年初版。书前页有施先生印。" "Daybreak(黎明),显尼志勒著,英文版,美国出版,1927 年。这本书内页有'施蛰存藏书',并有一行字被划掉:'读了觉得赌钱究竟有意思'。""Selected Essays,Havelock Ellis 著,英国人人图书馆印行,1930 年。此书内有施先生的书页和签名,序文有红、蓝色铅笔线,可见施先生读过。""*Le Nuage Dans Le Pantalon*(裤子中云),马雅柯夫斯基著,法文版。书前页注有'衺伽买在巴黎,三拾年秋'字样。""以上便是我廉价购得的施先生藏书中选出的几本。此外尚有不少法文和英文的诗集,马拉美·阿波里纳尔、奥登·狄克孙、艾洛瓦等,应有尽有。还有一本 *Ancient Egyptian Legends*(古埃及神话)。"(李欧梵《书的文化》)

另,据安迪记述:"李欧梵先生正好来上海,听说施先生的西文旧书在我的小书店寄售,赶紧过来挑书。他挑走了不少书,后来写过一篇《书的文化》介绍,其中提到显尼志勒的《黎明》(*Daybreak*)一书的扉页上有一行字:'读了觉得赌钱究竟有意思',李欧梵不知道是谁写的,但我知道。施先生曾告诉我,这是邵洵美的笔迹。"(安迪《北山楼藏西文书拾零》)

**八日** 在《新民晚报·读书乐》发表《一本未出版的图书》:"然而今天,日本的大臣,还在抵赖,竟把他们在中国的暴行,说是'捏造'的!是谁'捏造'的?我建议把那本《日寇暴行录》公开印行,作为抗日战争五十年纪念刊物,让全世界人民看看,到底这些罪行是不是我们'捏造'的?!"

**十二日** 先生将《词学》集刊第11辑寄赠沈宗威。

**十四日** 致陈如江函:"《宋元词话》结束了没有?何时可以发稿付排?你该写一个'前言',或者我写一个'后记'。我有一份宋人笔记时代先后表,希望检出还我。如果你已补充排列,最好把定本给我。我又找出一部《金石遗闻》稿,也是五六十年代抄写的历代笔记中的有关文物资料,想根据你编定的次序,在年内编好。此书也有三四十万字,不过是冷门书稿,不易找地方印,编好再说。""想一鼓作气,抓紧时间,再编几本文物碑版的书。"

**十六日** 复《苏州杂志》朱衡函:"承惠尊辑'苏州'三卷,收到已将二月,残躯不健,未及早谢。""今日又检得尊刊,展阅欣然。""苏州是我少年成长地,总角之交,多已下世。前年老妻在灵岩山下购得墓地,我百年之后,魂魄当仍归苏州也。"

**十八日** 在《文汇读书周报》发表《现代作家书简二集·序》。

**同日** 致台湾林玫仪函:"还有二份目录:1. 北山楼藏词集书目,可以送你,代为打印一份给我。2. 北山楼藏碑目,又文物拓片目,下月可复印一份寄上。《清词知见书目》,这个工作要你做了,不必急急,将来编成,可在《词学》上先发表。""《新文学史料》全份,决定留给你们。《文物》待查,记得1953年还没有《文物》月刊,只有《文物参考资料》,这一部分,我已卖去。""王梦鸥安健否?""可代我送一册《唐诗百话》去。"

**十九日**　致陈如江函:"文章看了,此文甚佳。你注意到这一方面,研究工作深入了。我在《唐诗百话》中也举了一些例子,都是题目为后人改错或删节,以致讲诗者不得作者原意,你这几个例子,则是作者题目做错了,使题意与诗意不合。《诗义固说》我未见过,是什么时代的书?在什么书中可见?盼告我!"

**二十日**　复宋路霞函:"又做了一次我的'宣传部长',又感谢,又有点厌烦,千万不要再吹吹捧捧了。文中有几处不实:1. 我在震旦大学读法文,不是复旦。2. 反右及'文革'期中,我没有挂上黑牌。3. 我也没有挨打到流鼻血。只有一次……""4. 八分一包的烟是'生产牌',比'劳动牌'还低一级。5. '戴帽期间'不可能再发表文章,应当说是'反右前夕'。""师大校报第454期有一文,题目是《循规可以画方圆》,错了,圆规不能画方形!"

**二十三日**　复河南崔耕函:"《新郑汉画像砖》一册收到,承薛文灿同志惠赐此书,""请为代致谢忱,书中发现一些错字,列一表附奉,亦请转致薛君。记得前数年兄赐我数纸,有骆驼驾车者,甚佳。今此书中未收,想必非新郑所出。如果选河南各地所出汉画砖,印一本,必较此本为胜。我近日稍健,7至9月,想编三本碑影,还不知能否有此精力。"此函附录所作《新郑汉画像砖》"勘误"。

**下旬**　编讫散文集《沙上的脚迹》初稿。

**是月**　团结出版社出版刘虹选编《悠悠心会·名家笔下的友情世界》,收录其作《画师洪野》。

**同月**　《扬州师院学报》(社科版)第2期刊载马佳、陈励《"立文字"之禅与禅之"不立文字":析川端康成和施蛰存》。

## 七月

**一日**　福州郑孝禹治印"北山玩古",边款记"蛰老令,孝禹作"。(《郑孝禹印稿》)

**月初**　邓云乡陪同日本名古屋大学杨亚平来先生寓所访问。

**十日**　为译著挪威哈姆生小说《恋爱三昧》新版重印作"译序":"1933年由光华书局印行。至今已过了六十年,新一代的外国文学读者,没有见过这本书,我自己也不存一册了。现在,岳麓书社愿意重印流布,使这个译本得以起死回生,我非常感激,为它重写'引言',稍稍改编了一下文字,使它以新装上市。"

**同日**　下午台湾张寿平来访,并把自印本《印章藏珍》《印章藏珍·续》《历代钱币题识》题赠先生。

**上旬** 先生寓所二楼北屋安装了家用空调机。先生自述："后室装了一个空调,一家人都躲在冰箱中,我却怕冷,进去坐一会,就出来了。"(复赵清阁函,1994年8月12日)

**十五日** 《中华诗词》杂志创刊号出版,刊有其诗作。

**十六日** 在《浙江日报·三味书屋》发表《沪上来鸿》。(按:此文为本年5月26日致浙江省社会科学院文学研究所余凤高函。)

**中旬** 按先生自述:"我已被热浪打倒,7月中发高烧两次,均在39℃,连续三四日始退,还热昏过一次,几乎不醒。"(复赵清阁函,1994年8月12日)"幸而没有引发心肺毛病。"(复张香还函,1994年9月20日)

**二十四日** 复《苏州杂志》朱衡函:"写了一段推荐语,倒填了月日,可与该文一起发表。我正在发高烧,""本来还想写一段关于'苏台'的文章,这两天无法写,等稍健后再写奉。""该文最好配几张照片,如五人墓之类。"

另,据朱衡回忆:"推荐《光明日报》上的一篇文章《姑苏骨》,原来只告诉了我一声,没有推荐语,经我恳请,他特地倒填了月日补来了。""当读者在杂志上读到那不过百字的推荐语,有谁知道,竟是老人在高烧情况下写的呢!"(朱衡《编馀回顾——北山老人魂安姑苏》)

**二十五日** 复香港古剑函:"上海愈大,上海人的活动范围愈小,我家人都生活在静安寺与中山公园之间,一个月难得到南京东路去。虹口区的朋友,也好久不来了。那张大千画,你就地卖掉吧,不要舍不得!上海拍卖了几次,已在降温。"

**二十六日** 按程千帆日记:"函蛰存,询其见《雍庐书话》否。"

**三十日** 复南京程千帆函:"手书及附件收到,知兄安健为慰。今年酷暑,贱躯已感不支,上星期发高烧,38—39℃升降不定,昏卧五日,昨日始坐起阅报饮冰,体力全损。""[《雍庐书话》]已有二本,不烦再寄。""弟已甚衰,不能著书,今年只能编一些旧稿,企图能及身印出。'自传'决不写,不自以为'名人'也。"

**同月** 10日《华侨日报·文廊》第87期刊载谷苇《施蛰存剪影》。

## 八月

**一日** 王元化主编《学术集林》创刊号(卷一)出版,先生应邀出任该刊编委。

**二日** 松江王永顺来先生寓所访问。

**三日** 按程千帆日记：得"蛰存函"，"可不复，蛰存体欠佳"。

**五日** 复台湾林玫仪函，言及"秋凉后要编二部大书：《历代碑刻图录》共八册，又《历代文物拓片图录》一册"。

**七日** 复广州黄伟经函："足下不弃老朽，属承关注，甚感高谊。""承邀作文，此刻谈不到，一则无力，二则无题材，且待秋凉后再看情况，希望或能恢复写作能力。"

**同日** 致台湾林玫仪函："台湾软席以轻软可折叠闻名，折小后可放在旅行包里，为什么你说它'重'？莫不是你误为'竹席'了？因此我打了一个简单电报。"

**九日** 杨晓晖、龚建星来访，据记述："他正与几位弟子笔谈（因耳背故），空调没开。老先生说：'你们是今天下午第三批访客了。'"先生说"报纸和杂志有大区别，报纸的副刊是要有时间性、时代性的。一个人闭门造车谈一个问题，人家会莫名其妙，不对头的。我写文章要动脑筋，一般总是由什么问题触动的，当然是从报上，我现在不出门的。""我一天读六、七份报纸吧。上午看《解放日报》《参考消息》，下午看《光明日报》和《新民晚报》，还有就是外地的学生寄来的他们编的报纸"。（杨晓晖、龚建星《施蛰存访谈录》）

**十二日** 致赵清阁函："现在每日多睡眠，多冷饮。""你的散文集，如上海文艺出版社不接受，请通知我。北京有可能，散文集近来大热，你的旧作也有办法重印，可否借我一阅。各种药物，我都不信，不吃。我只信鸡蛋、鸡汤、牛肉、火腿、蹄膀。夏天不吃，秋冬之际，一定大吃！"

**十三日** 黄裳托人捎赠其作《河里子集》。邓云乡致先生一函。

**十五日** 致松江王永顺函："《松江文物胜迹志》及'年鉴'均看过，甚好。""希望你们编一本《松江人物志》，以补新志之不足。从历代府志的'古今人传'中的资料，汇编一本。""松江北门外，有一个修生庵（尼庵），是明末清初许誉卿的家庵。许有一妾名王微，号修微，原是白龙潭的妓女，与柳如是齐名，后来嫁给许誉卿。许故世后，王就住在这个尼庵中。庵中有一块石刻，刻王微小像，有董其昌题词。这块石刻，听说解放前还在庙中。现在不知还在否，那个修生庵有没有拆掉？我想托你去打听一下，如果这块石刻还在，应该作为松江文物保存起来。我费了卅年时间，搜录到王微的诗词各一百多首，外加关于她的许多记载，已编好一册《王修微集》，很希望能得到这个石刻拓本画像一起印入。"

**十八日** 复平湖葛渭君函："今年奇热，""看来贱躯已在衰朽。两个月来，多眠少起，一事不作，要等秋凉后看情况，不知能否恢复。《云间词征》亦未润改，我有许多事未了结,恐怕没有时间一一完成了。"

二十日　复北京李辉函:"上一信问你要多少字?""你编的是一系列书,不是单本,字数不能相差太远。我已编好一册回忆记文章,恐字数不够,又无法加,故委决不定。你去西藏,照了照片没有?印一张有特点的给我,可以吗?(重在风景、寺院,不重人物!)赵清阁近日在编她的第二本散文集,你为她介绍一个出版社,行吗?"

二十六日　复香港古剑函:"柯灵、黄裳之矛盾,我不知情况,为了免得误会,黄此文以不用为妥,你可以老实告诉他,不愿引起误会,不得不在双方之间采取平衡,我可以为你解释一下。或者把柯灵文也一起转载,同时发表,亦一办法。"

二十七日　复台湾林玫仪函:"中秋后,我将编《历代碑刻图鉴》一部八册,又《中国文物传真》一册,恐须到明年5月方能完成,以后就可以将拓本遣散了。《词学》我已编好第12辑,以后我不问了,有事可与马兴荣或方智范联系。"

二十八日　复李辉函:"我的第四本杂文集刚巧十万多字,可以给你,书名《人文沧桑》。""清阁是邓[颖超]大姐的老友,现在的生活待遇,多半是邓大姐照顾的。她这一本及现在编的第二本,也以回忆六十年女作家朋友的文章为多,她给我一个草目,今附奉,可参考。"

同日　复赵清阁函:"《浮生若梦》收到。""这本书能印五千册颇不容易,如果今年印,怕只能印一千五百册。此书如不再版,我建议你重编,可以分为二本,重印新版。《人民日报》记者李辉在为一家出版社编一套散文集,每本十万字。我已为你介绍,""他会同你联系,你可先编起来,改正错字,9月底要交全的。我的一本回忆记性质的杂文已交给他了。"

是月　《灯下集》由北京开明出版社新版印行。

又　译著挪威哈姆生小说《恋爱三昧》,列入"旧译重刊",由岳麓书社新版印行。

又　学林出版社出版上海枫林诗词社编《枫林诗词选二集》,收录《七律·癸丑岁阑寄郑逸梅》《七绝·追怀雷君彦先生四首》。

又　海燕出版社出版李春林、王小琪编"大手笔小文章丛书"《名人笔下的猫狗虫鱼》,收录《鸦》《蝉与蚁》。

又　河北大学出版社出版小爱主编《恋殇现代系列·苦涩卷》,收录《周夫人》。

## 九月

一日　致彭燕郊函:"昨日寄奉书二包,内一本奉还,二本奉赠。《文艺百话》长沙只送足下一本，""师大中文系同人，就送了二十多本，无法再多送人了。《超现实主义宣言》二文均已译出，很好。《超现实主义文学选》这本书我没有时间编了，只好寄希望于青年学者。我早年就想介绍外国文学，最好按国家或流派编译一些选集，例如《法国浪漫主义文学选集》《西班牙'98文学选集》《苏联"拉普"文学选集》，这样就很有意思，可惜这个工作还没有人做。"

**同日** 致黄伟经函："昨天为你写了几个报头，请选用。""不过我已渐渐老衰，写字已不灵便，恐不久以后连这几个字也不能写了。报头题字，不宜落款。"

**又** 按先生自述："我又病了，一日夜卧床18小时，赶紧休养。"（复李辉函，1994年9月15日）

**四日** 撰讫《也谈〈存目丛书〉》："《光明日报》上发表了邓广铭先生的文章，对这个《存目丛书》的印行，提了一些意见，其中有些意见，也正是我们的意见。前天，在9月2日的《光明日报》上，又见到杨素娥女士答复邓广铭的文章，""似乎火气太大，她说邓广铭的'不宜印行'论，是'独唱反调'。这句话，把我吓倒了，决计不再多嘴，虽然我可以证明邓广铭不是在'独唱'。至于'反调'这两个字，在二十年前，就很吓人。我是从各种'反'字风波中偷生过来的人，这回就不敢冒犯'正调'了。可是，我还忍不住要提一个意见，《四库全书存目丛书》这个书名是不通的。"

**五日** 在病榻上复函回答《西园吟稿》作者裴中心请教有关古典诗词的问题。

**六日** 致《苏州杂志》编辑函："在贵刊第4期第36页上见到'假泥麻麻'一文，觉得此文所述，大多不符合实际情况，作者大约不是苏州人。因此，贡献一些解说：'假泥麻麻'这四个字，错了三个，应该是'斋泥模模'。""谢谢作者，此文使我回忆在苏州的儿童生活，八十多年了！"

**七日** 复松江图书馆于慎忠函："承你代抄上图所有的书目，谢谢！""等天凉后，我陆续找些自己的书送给你们，希望家乡图书馆也存一份我的书。不过，我这里，自己也无法搜全了。我六十年来，印出的书大约有三十多册。"

另，据于慎忠回忆："图书馆承担松江首届文化旅游节'当代松江人著作展'。没有施蛰存，就像一支队伍，没有了领队的旗帜。我们壮了胆，先从图书馆里检索出施蛰存先生的书目，附上征集函和恳切的祝愿信。"（于慎忠《我访施蛰存》）

**同日** 范泉致彭卫国函谈及："'大系'最先出版的是《翻译文学集》，责编是我，这为全套各集确定了版式。"

**八日** 应上海文艺出版社之请，为《世界文学大师小说名作典藏本》撰写"总序"。

（按：此"序"后又被该社另作为"故事会图书馆文库"《经典著作系列·外国小说》丛书"总序"。）

**十三日** 复嘉兴范笑我函："我坦白地告诉你们，我不喜欢'朱生豪情书集'，但欢迎'朱生豪书简集'。""这个书名是两边不讨好，反而给正派读者一个坏印象。如果来得及，我希望你们改书名，不要做迎合庸俗文化的事。"

另，据范笑我回忆："8月我写信告诉施蛰存先生，'嘉兴想把宋清如整理的《朱生豪情书集》出版，请你谈谈看法。'这是我第一次与施先生通信。"（范笑我《忆施蛰存先生》）

**十五日** 复北京李辉函："文集编不成，有些材料尚未印到，有些尚未想到，总之月底交稿不可能了。""我还推荐赵清阁一本，因为她正在编文集。""照片收到，谢谢。西藏的青天白云，使我想起西王母送穆天子的那首诗，你检出来读一下。"

**十六日** 在《光明日报·读书与出版》发表《也谈〈存目丛书〉》。

**十九日** 苏渊雷书赠对联："天涯何处无芳草，人间有味是清欢。蛰存词伯雅正，甲戌秋渊雷集苏词。"

**二十日** 中秋节。下午西北大学符景垣来访。据符景垣回忆："我乘去沪探亲之便，再次看望了年迈的施、苏[渊雷]二老，此时施老已八十有九，""我们只能作简短交谈。"（符景垣《我所了解的文学大师施蛰存》）

**同日** 复成都巴蜀书社周锡光函："书及信均收到，""今由邮局汇奉50元，""以此两讫。""你'下海'了，恭喜！我说是'上海'，因为'商海'的水平线比'文海'高。这里也有好几位文化人开书店、经营文物。""'汲古堂'名称不好，不如'汲古阁'或'汲古斋'。""古玩、字画，成都的资源丰富，如有碑帖及文物拓片，代我收一些。"

**又** 复张香还函："近日稍凉，而体力大衰，瘦了不少，说话也不如过去之大声了。""今日中秋，还比往年热，希望此后能有一段不冷不热的凉爽日子。"

**二十五日** 应邀题写刊名"学林"刊于《文汇报·学林》第493期。

**同日** 复天津冷寅顺函："暑假中徐宗琏来，带来了你4月20日的信，和赠我的字帖。""我体质本不佳，58年到嘉定去夯了一年地，倒把身体锻炼好了。""[王西神]去世已多年，也没有见到他的遗著出版，亦是一位不幸文人。铁线篆写得不坏，你剪成方块，亦是保存之一法，尤其是现在，裱工奇昂，也只好用这个办法保存友朋字迹了。你是否已在天津成家立业？如上海还有根，几时回来，可到我这里来谈谈。""我已写了二十年圆珠笔，近来手劲也差了，毛笔几乎不会写了，你要我写的字，待我做一天和别人要的字一起试写,肯定写得不成样子,留个纪念而已。"

**又** 复古剑函:"有一个青年去台湾开会,回程在香港停留几天,我托他去看你。"

**二十七日** 致黄伟经函:"月初曾寄奉'七色花'题字数纸,收到否?今天检寻一个文件橱,找到一份《雨窗梦话》的原稿,我近来体力大损,记忆力也不行了,记不起此稿是否因不想印而还我的?还是我向你索回的?请你告诉我,是否你们已决定不印此稿?我在编近年的杂文集,想把这一本文稿分别编入另外一本了。也许你已明确告我,可是我记不起了,请恕老朽!"

**二十九日** 顾国华将所编《文坛杂忆》(卷十二)题赠先生。

**约在期间** 据刘凌记述:"有一个自称爱好文学的青年来过几次后,就以父母患病等各种困难借钱,施先生借给他多次,家人劝阻也没用,此人得钱后杳如黄鹤。其后家人曾到此人自称的工作单位问询,并无其人。施先生共借出五千多元,相当于他半年的退休工资。"(刘凌《我所认识的施蛰存先生》)

**同月** 太白文艺出版社出版杨义《京派与海派比较研究》,书内"第六章现代人欲和兽欲的错综:回到刘呐鸥的《都市风景线》和施蛰存的《在巴黎大戏院》""第七章都市文化的恐惧与悲戚:由施蛰存《夜叉》的怪异色彩联想到穆时英《公墓》的死亡意识"。《宁德师专学报》(哲社版)第3期刊登李复兴《略论施蛰存的散文创作》。

## 十月

**一日** 国庆节。黄伟经复函:"《雨窗梦话》原稿,原是你来信说要编入另一本集子,要我找出来寄还给你的。《雨窗梦话》此小册子,我们花城出版社已排出了清样(季羡林、金克木的小册子也是排好了),只是因财政困难,尚无钱出赔本书,故拖到今天还未付印。这套'霜叶小丛书'共15种,是我主编的,已印了11种,剩下包括你的《雨窗梦话》。""我至今仍无把握何时可付印,实在对不起你和其他三位老作家,你尽可以将《雨窗梦话》收入到另一个集子中去。"

**六日** 致台湾林玫仪函:"现在编《历代碑刻墨影》全八册,如《书道全集》,拟台湾与大陆联合出版,大陆由师大出版社承担,如台湾有出版社可合作,投一点资金,承担几百本销数,则此举易成,请你为我留心。"

**七日** 朱雯突发心脏病逝世。据罗洪回忆:施先生"得到消息即写信和让家人打电话要我节哀"。(罗洪《我去看望了施蛰存先生》)

**八日** 复黄伟经函："'枫[霜]叶丛书'既然还只有四册未出,我那些杂文决定暂时不用,等你们先印出后再另编入我的第四杂文集,这是明年春季的事,希望你那四本今年可以印出。题字'健康之友'寄奉数纸。""题字不要给我报酬,你们有好书送我几本,比送我现金为妙。"

**九日** 在《新民晚报·夜光杯》发表《短篇小说的历程》。(按:此文系为《世界文学大师小说名作典藏本》所作"总序"。)

**十二日** 复嘉兴范笑我函:"《朱生豪书信集》这一类书,目前的确不易出版,可问问上海学林出版社,让他们出版,由秀州书局包销五百册,行得通吗?""嘉兴图书馆一定有好东西,碑拓不知有否张叔未清仪阁遗物?朱竹垞的?我要找李宜之(字缁仲,嘉定李流芳之侄)的《猗园集》《寓园文集》。《猗园集》中有王修微诗百首,《寓园文集》中有王修微小传,我想看看。我搜辑王修微诗文,已五十年,所得不少,正在编录。"

**十四日** 致台湾林玫仪函:"《绝妙好词》我有几种版本,应逐一编入目录。《雨屋深灯词》(汪兆镛)一本是借来的,请检出寄回,要还给龙榆生之子厦材。(92)《绝妙好词》只有5—7三卷,少了上册卷1—4,不知如何少了一册,待我找一下,找到给你。此书我有几个版本,都是全帙,不会少的。明年能在大陆开一个词学会,很好。会名我想用'词学研究交流座谈会',作为国际性的,邀日、韩、美、港诸人一起来。""上星期,松江县文化局及县委有人来,我已提了一提,他们欢迎此会在松江开。""我要专力于《历代碑刻图鉴》的编辑工作,全书八册,今年编好二三册。明年暑假以前完成,书已决定由华东师大出版社印行。""《近代六十家词》已发稿四十家,尚有二十家未发,希望年内发全,明年秋季印出。台湾有无作词高手?老辈或新进,可以介绍几首来编入《词学》'词苑'。"

**十五日** 在《苏州杂志》第5期发表《关于"斋泥模模"》。(按:此文为先生本年9月6日致该刊编辑一函,后收入《北山谈艺录》。)

**十八日** 复中华书局古籍规划小组刘石函:"谢谢你为我联系,'中华'可以考虑我的碑版计划,尤其感激。不过,此事已在上星期决定由华东师大出版社承担印行,在上海编排印行较为方便。对'中华'的好意,只好五中铭感,十分抱歉。"

**是月** 上海文艺出版社开始出版"故事会图书馆文库"《经典著作系列·外国小说》丛书,先生应邀担任名誉主编,出版各册书前均收录所撰"总序"。

**又** 华艺出版社出版《中国人物年鉴》,内收辞条《施蛰存·作家,获第二届上海文学艺术杰出贡献奖》。

**同月**　10日《新民晚报·文学角》刊载杨晓晖、龚建星采写《施蛰存访谈录》。

## 十一月

**二日**　复郑州大学中文系罗炯光函："承惠《现代作家书信》一册，""你这本书是'庞然大物'，差不多有一千页，应该分为二册。"

**八日**　应费滨海之请，为题辞："此乃小说的插图，亦是作者的画传。"（按：后收录《百年巴金——名家诗文书画手迹集藏》，2003年上海文艺出版社出版。）

**九日**　复张香还明信片，言及"散氏盘拓本流传较多"，"此器在台湾，我亦有拓本"。

**十九日**　台湾李焕明完成所作《追忆长汀厦大的诗缘》（修订稿），文内有"三、新旧文学兼擅的蛰庵师"一节，寄赠先生并题："呈请蛰存师教正。"

**二十日**　为《沙上的脚迹》交付出版作"序引"："前年秋季，出版界掀起了一股散文热，许多出版社都愿意印散文集子。我就趁此机会，把历年所作杂文整理一下，分类编为三个集子。""这个集子，共收杂文27篇，计'忆事'10篇，'怀人'13篇，'答问'4篇，另有'浮生杂咏'一组。""《沙上的脚迹》，这是法国十九世纪文人古尔蒙的一组语录式随笔的标题，我觉得用来作为我这个集子的名目，倒也很有意思，因为它是'过去的生活'的形象化。读者不妨把这一事例比之为中国大陆制造的舶来品，货色是Made in China，商标是外国名牌，这是当今时行的工业新产品，商场抢手货。"

**二十五日**　在《晋阳学刊》第6期发表《旧体诗中的谐趣》。（按：此文原为先生本年9月5日复《西园吟稿》作者裴中心函。）

**同日**　按程千帆日记："得蛰存函，收到'笺本'[《沈祖棻诗词集》]。"

**二十八日**　为《宋元词话》付印而撰"序引"："此二稿[《宋元词话》《金石遗闻》]久储箧中，欲待补录闽中未见之书，虽知其不可能囊括无遗，亦希望毋使之失于眉目间。待之四十馀年，人事匆匆，此事竟无暇措手。前年，小友陈如江来，道及词话，乃出此稿示之。如江欣然，愿为增补，遂以全稿授之。如江以两岁之功，补搜我未及之书百馀家，录得词话近千则，此书遂差可付印。宋人论词，散见于小说者，如此之多，亦始料所不及也。今此稿将由上海书店出版社印行问世，可以为唐圭璋《词话丛编》之补编。"

**同月**　《名人》杂志第11期刊载张青《北山小楼听风雨——施蛰存印象》。

## 十二月

**一日** 为将所作《英译本〈梅雨之夕〉序言》交付发表而撰"附记":"中国文学出版社选了我的十篇小说译为英文,编入他们对外介绍中国文学的'熊猫丛书',书名为 *One Rainy Evening*《梅雨之夕》。此书于今年春季向世界各国发行。一个月前,有一位研究中国文学的美国博士生来访,他说已买到了我这一本小书。他对我写的序文非常赞赏,他说:'这是一个最简单明白的现代中国文学史纲要。'这倒是我自己没有意识到的角度。现在把这篇序文的原稿发表,以留存这一个文献。"

**同日** 又在《学术集林》(卷二)发表《勉铃》。先生自述:"《勉铃》一文,是我交给陈诏,原来是给另一刊物的,他交给王元化,王采用了,我十分惭愧,此文编入《学术集林》,是给'学术'丢脸。"(复范笑我函,1995 年 8 月 31 日)

**七日** 农历十一月初五。先生九十生辰,徐中玉、钱谷融以及陈文华、王兴康、赵昌平、李宗为、张文江、黄明来先生寓所祝贺并合影。

**九日** 致耶鲁大学孙康宜函:"我今年体力大衰,懒得写信,稽迟至今,弗罪。此贺新岁。""烦代问候汉思、充和。"

**十二日** 复湖北师范学院杨迎平函:"你十个月写了廿七万字,我只写了一万字,这就是我们之间的距离。我不知你将巴金、张天翼、老舍放在什么流派里?"

**十七日** 海宁陈伯良致先生一函,并附赠拟古砖瓦样式刻作拓片三品。

**二十四日** 在《文汇读书周报》发表《沙上的脚迹·序引》。

**二十八日** 周退密作诗《甲戌岁暮怀人诗·施北山先生》。

**下旬** 完成辑录《近代六十名家词》。据马祖熙回忆:"蛰老着手编辑《近代六十名家词》,约我分批进行校点,我谨遵师命,按期完成近五十家,在两三年内。"(马祖熙《化雨春风七十年》)

**是月** 主编辑录《词籍序跋萃编》,由华东师范大学中文系资料室策划、中国社会科学出版社初版印行。

**又** 《灯下集》由北京开明出版社新版第二次印行。

**又** 《碑林集刊》(二)"三秦咏胜"专栏刊载其诗作《观秦俑坑》《谒昭陵》。

**同月** 9 日《文摘报》转摘《名人》杂志第 11 期刊载的张青《北山小楼听风雨——施蛰存印象》。20 日《开封大学学报》第 4 期刊登刘进才《论施蛰存小说中的反讽》。

# 一九九五年（岁次乙亥） 先生九十一岁

## 一月

**五日** 先生收到黄伟经元旦从广州寄来的为《羊城晚报·七色花》"人生色彩"专栏的约稿信，即复函。

**七日** 复湖北师范学院杨迎平函。

**八日** 致赵清阁函："《浮生若梦》如华岳文艺出版社不再版，我建议你收回改编，分为二册。《往事如烟》，我建议你分为上下卷，上卷写人物，下卷记旧事。《八十述怀》编在最后第四十，关于《香港文学》第一篇删去，这样四十篇很整齐了。""如果可以改编《浮生若梦》，也可以把二集中的文章统一改编，人物记专为一集，其他杂文另为一集。""'浮生'过一二月送给张香还，我已在散书了。"

**十一日** 托人代购叶昌炽撰、柯昌泗评《语石·语石异同评》等书。

**十四日** 复香港古剑函："今日报载《华侨日报》停刊，大约你又失去一份工作，有影响不？我劝你不要做股票，此事危险，你经不起失败。"

**十八日** 魏绍昌等来先生寓所晤谈。又，先生以钢笔信手书写："艺精于一。"

**十九日** 《光明日报》刊载黄永年《评施蛰存的〈也谈存目丛书〉》。

**二十一日** 复刘凌函："这几天我家秩序大乱，有工人在改装浴室，一个女佣又辞工回乡了。白天只有两个老人，十分孤独，大家只能坐着不动。我健康也受影响，感冒咳嗽，只怕引起肺炎。《文艺百话》能再版一千册，最好，不过我想换一个封面，原来那个封面设计太古旧了。'碑刻'及'文物'二书，我在作准备工作，估计此书必须依靠别人方能编好。""我希望'碑刻'今年能印出三至四册，'文物'一册，在第二季度印出，此书现在是热门。'全集'事，是否先出创作小说及散文部分？""创作小说一共三十多万字，以前人民文学出版社曾分二册印出。散文、杂文共五册，大约有五六十万字。去年编好三本：一、《文艺百话》，已交你出书。二、《沙上的脚迹》，已付辽宁教育出版社。三、《雨窗闲话》，未编定，可以给你们。""翻译书我也不主张求全，三四十年代的译本，许多都已不时行了，我只想选印二三种。金石文物方面的书，我以为不必收入，或者把未印的稿子汇印一本，已印的就不再印了。古典文学方面只有一本《唐诗百话》已出，还有一本《读词札记》要编好。这二本可以印，其馀的小书就不必印了。因此，我建议不要用'全集'名称，还是用'文集'为妥。"

**是月** 中国社会出版社出版麻文琦、杨云峰编《有梦不觉人生寒》，收录其作《三个命运》。

## 二月

**四日** 复湖北师范学院杨迎平函:"今日检出你著作的目录,我已看过无用了,仍寄还。""我发现你此书中没有涉及老舍、张天翼、巴金及创造社诗人,似乎遗漏很多,是怎么一回事? 文学研究会、创造社、太阳社,都应当作为一个流派来处理。"

**五日** 《解放日报》刊载许君伟《怀陈巨来师》:"日前往谒施蛰存老先生,先生说,'巨来去世已十年,应该有些文章以资纪念'。"

**六日** 《常州日报》刊载李业文《深藏于内心的至宝——记施蛰存先生》:1992年春"施老回函'可惜我已多年不用毛笔,此因手腕神经已损,只能抓住圆珠笔尖写字。前两天曾试用毛笔欲为足下写一小幅,写了三四纸都不像样,无奈,只好对不起,暂时不能应命,且待暑中,或手指可以灵活些,一定再试写'","数月后,我又到沪上出差,便决心趁机会面谢施老一下","我又提到了请施老题写墨宝的事,他伸出手来,让我摸了摸,冰冰凉。施老说'多年不写毛笔字了,近年好多朋友和不相识的人索字,我都回绝了'","前数日忽然收到了施老申城来信","说'前年秋,我即为足下写了一张字,看看不好,想再写,故未寄。今年气力大衰,殊不久于人间,已在处置后事,字不能写了,只好将前年一纸寄来,另加一纸,未有上款的,作为附加赠品,又为足下求得苏渊雷先生一纸,作为利息。如此则宿债遂清,无负于先生了'","施老在绫纸上写的一幅是录刘禹锡《柳枝词》,另赠一幅为'虚心'二字"。

**上旬** 倪蕊琴来访。据倪蕊琴记述:"斯洛伐克科学院 Elena 又写信给我,告知她已翻译完施先生的小说《鸠摩罗什》,发表在斯洛伐克的《外国文学》杂志1月号上。她还写了一篇详细介绍作者生活、创作情况,分析小说的文章附后。她又告诉我,她的另一篇文章《莲花之奥秘》(记述她与施先生会面的情况)也在斯洛伐克中央广播电台播出的消息,我都一一转告了施先生。"(倪蕊琴《难忘的教益》)

**十四日** 元宵节。王兴康等来晤谈。据张文江记述:"兴康兄回忆,先生在九十年代曾向他建议,上海古籍出版社也可以考虑出版西方古籍:中西的'古籍'都是classics,那你们为什么不出版西方古籍呢? 此说振聋发聩,虽然未能实施,不能不敬佩先生敏锐的感觉。"(张文江《施蛰存先生的名号和四窗》)

**十五日** 撰讫《"贝齿"与"裘"》:"十年前,日本一家出版社印行了一本《唐诗鉴赏辞典》","上海辞书出版社编辑汤高才立即获得启发,如法炮制","销路不坏,开了风气。几年之间,跟踪而来的各式各样同类出版物,我见到的已有二十馀种。出书愈来愈快,质量愈来愈低。去年10月,得到一本《明诗三百首译析》,略一翻阅,就可以断定它是'后来居上'。""似乎专选次货,而且大多是平凡的七绝。几十位译析家给每一首诗做了注释、评析和译文的工作。可是,我与原诗对读,总觉得愈对愈不懂。诗本来很浅,译文和评析却把它讲得十分深奥了。""我欣赏了三首明诗的译析,译析者也是三人,正好是全书百分之一。如果我有时间和精力,这篇文章大约可写二三万字,只怕没有报刊肯为我发表。"

**十七日** 复季聪函:"藏书史研究,这条路太窄,我劝你研究书画、诗词、文物,方面广一些。多读一些古典文学,这是基础,再用二三年时间,可以入门,入门以后,升堂就容易了,此外还得写写字。""天稍暖,可来谈谈,下午。"

**十八日** 在《文汇读书周报》发表《英译本〈梅雨之夕〉序言》和"附记"。

**十九日** 《解放日报》刊载《解读经典》提及:青年批评家饶峒等撰著《施蛰存、穆时英、刘呐鸥作品欣赏》,"在当初动笔时,显然并没有想到今日,施蛰存先生等人的作品再度被炒得红红火火,再度搬入了经典的书架,但作者确是将之作为经典来解读的"。"从《鸠摩罗什》到《春阳》,从《上海狐步舞》到《风景》,这些现代派经典之作,很需要经典的解读,而饶峒他们确实是做到了"。

**同月** 7日吴晓铃在北京逝世。

## 三月

**二日** 《文汇报》刊载记者谢海阳《十五年仅出十一辑,周期何其长,每辑只印千馀册,印数何其少:〈词学〉丛刊境地窘迫,有关人士呼吁扶持这本在海内外有影响的学术丛刊》提及:"《词学》没有一个专职的工作人员,主任编委施蛰存先生已91岁高龄,由于没有配备助手,在住院开刀的情况下也坚持审稿甚至代作者抄稿。"

**四日** 复张香还函:"目录及函收到,等有机会时一定推荐。我建议书名用《风土人物》,上辑'风土',下辑'人物',与此不合者,删去,较为整齐。戈译《十二个》,此书如犹存,借我看看,下次带来。王、钱扇是好物,得之可喜,亦想一看。这几天忙于编碑集。"

**六日** 致台湾林玫仪函:"词学会定于4月中开。我上月方知,高建中说,只请二十馀人参加。我以为规模太小,高建中说师大无款可拨,故不得不作小规模计划。"

"我好多年没有上楼去查《文物》月刊,你上一信所说《文物》缺少期数,我还无法复你,待你来时再说。""请带几册台湾文艺刊物给我,如《中外文学》之类,旧的也好,《联合文学》似乎差了,离文学愈远了!""苏雪林安否,请代我致函问候。"

**七日** 张远齐致先生一函。

**十日** 先生原为上海文艺出版社《世界文学大师小说名作典藏本》所作"总序",又以题为《欧洲短篇小说的典藏本》刊于《书城杂志》第2期。

另,该期还刊登王树荣《汉译外国作品是'中国文学'吗?——试与贾植芳、施蛰存先生商榷》。

**同日** 王承义来访,先生题赠《北山集古录》。

**十一日** 《劳动报》刊载记者管志华《施蛰存出版文博研究专著·华师大出版社还拟出〈施蛰存全集〉》:"先生有关研究文博的专著《历代碑刻墨影》《历代文物图鉴》,将由华师大出版社出版。昨天,记者从施蛰存先生寓所悉知,《历代碑刻墨影》共计八册,时期上至秦、汉,下到元、明;华师大出版社计划在今年先期推出二册。施蛰存为专著出版曾精心准备一年之久,目前他不顾年届高龄、身体欠安等不利因素,正抓紧时间,坚持每月编定一册,直到年底编完。"

**十七日** 应约为旧作《鲁迅的〈明天〉》《关于〈明天〉》及陈西滢《〈明天〉解说的商榷》重刊撰"引言":"吴立昌教授打算把这些文章再发表一次,听听现在的青年作家及文评家的意见,我同意了,为他写了这个'引言',说明这些文章的写作及发表的情况。"

**同日** 香港《大公报·艺林》刊载陈左高《施蛰存二三事》。

**十九日** 致周退密函:"谢谢电话存问,可惜老妻挂断电话,我正有事奉询,今年决定编印《历代碑刻墨影》一部,全八册,如《书道全集》版式,现在正编第一卷秦汉部分。足下之《天发神谶碑》尚在否?如仍在箧中,可否借我摄影制版?另外,还想编一册《文物图鉴》,足下有无实物或拓本,可以增益我资料?尚祈弗吝秘笈,大力支助。""二书皆由华东师大出版社承印版行,今年印出二册。"

**二十三日** 福州郑孝禹寄赠《郑孝禹印稿》并题:"蛰翁大师教政,乙亥春,小弟郑孝禹呈"。

**二十四日** 收到童银舫来信并其作《出版家张静庐轶事》打印稿遂复函:"《金瓶梅词话》不是张春桥标点的,张春桥在上海杂志公司只是一个校对员。《柳亭诗话》也不是张标点的,他只是不能正确校对标点错误处,他也不能改正,是古文的知识不够。"另纸附言"现代书局"。

三十日　按程千帆日记内手书贴纸,拟《全清词·顺康卷》编辑委员会名单,先生名列12位顾问之一。

三十一日　复陈左高函:"译《尼日尔史》,无人知晓,而足下知之,消息何其灵通如此。《今日之艺术》已无人知此书,而伍公[蠡甫]齿及之,足下又为之记录,使我闻所未闻,伍公长逝,遗音可感。述陈子展事,亦使我有黄垆腹痛之感。我为足下写拙访,亦久成陈迹,不复记得。足下此文,发人所未发,不同凡响也。惟第一段似可省削,报刊文字,叙述人物动态,不必从头说起,如写人名辞典之条目也。'独坐'误作'独望',此字足下失校,可知目下出版物排字之误,多如牛毛,即港中报刊,亦不能胜于大陆。""天气稍暖,欢迎来茶话,以下午为宜。"

是月　《沙上的脚迹》列入"书趣文丛"第一辑,由辽宁教育出版社初版印行。

又　浙江文艺出版社出版《中国百年散文选·怀人卷》,收录其作《一个永久的歉疚——对震华法师的忏悔》。

又　中国社会科学出版社出版梁实秋、钱歌川、巴金、冯至、施蛰存等著《塞纳河畔的无名少女》,列入"中国现代散文精品文库",收录其作《鸦》《赞病》《栗和柿》《纪念傅雷》《论老年》。

## 四月

五日　复陈左高函,谈及陈巨来身后事,愿与协同出力。

九日　上午萧乾、文洁若夫妇来先生寓所访问。

十日　在《读书》第4期发表《"老娘家"》,署名"北山"。

十三日　上午先生前往上海作家协会大厅,与柯灵、王辛笛一起接受专程来上海的亚洲华文作家基金会访问团的致敬并授予敬慰状和敬慰奖,以及特地从马尼拉带来的菲律宾国花胡姬花,"祝愿三位老作家寿上加寿",先生在仪式上作了即席发言。

十四日　《文汇报》刊载记者谢海阳《文坛三老人,喜获敬慰奖——亚华文艺基金会昨在沪向施蛰存、柯灵、王辛笛致敬》:"年逾九旬的施蛰存先生说,他已有六十年不写小说,此次受奖,心里很不安。他说,居住在东南亚各国的华人作家组团来中国寻根、怀旧和敬老,是因为他们永远忘不了故土,关心着中国的兴盛。他把这份荣誉看作是海外华人崇尚中华文化的体现。"

十六日　华东师大中文系等单位联合举办清代词学研讨会。据林玫仪回忆:"原希望施先生能够莅会讲话,先生因为身体欠佳辞谢了。但是中文系派人连夜往返京沪,带回刚出版的《词籍序跋萃编》,及时在大会闭幕式结束之前赶回会场,作为大会送给与会者的礼物,当时如雷掌声。"(林玫仪《施蛰存先生的词学研究》)

**十九日** 致台湾苏雪林函:"近日在台湾报纸上,见到有人为足下祝寿消息,甚为欣忭,特以此笺,遥申贺忱!我今年亦已九十又一,差幸无恙。足下在台湾多年,有无琐碎文字发表?我想请足下编一本散文或杂文集,在大陆印行,使大陆后生,不忘足下,不知有此意愿否?如有兴趣,可将文稿及自序寄来,编辑之役,我可任之。"

**二十二日** 致香港古剑函:"沙叶新是大忙人,你怎么叫他来看我?我从去年夏季起,体力渐渐衰落,写字、作文都已减少,每天只是坐着看看书报。""亚洲华文作家协会到大陆来举行敬老活动,给上海、北京各三个老人发了奖牌及奖金$2 000,上海是我和柯灵、王辛笛,北京是钱锺书、萧乾、曹禺。""我现在已成神仙,一天只吃二餐,中午不吃饭,钱也没有用处,儿孙都富裕,我受供养,也是托改革开放之福。"

**二十三日** 下午陈左高来先生寓所晤谈。

**二十七日** 致松江王永顺函:"这两天我在整理碑拓,想编印一部大书。偶然想到,松江有许多帖刻,著名的有陈眉公的《晚香堂苏帖》,董其昌的《戏鸿堂帖》,其他许多人家第宅中一定还有许多石刻,赵孟頫的帖刻一定也有不少。我希望你查一查,现在还可以收集到多少帖刻石条。我以为应当聚集起来,雇人拓一份,印出一本松江所存法帖,也有功于文化保存。"

**二十九日** 在《文汇读书周报》发表《"贝齿"与"裘"》。

## 五月

**二日** 应约撰写《拟编〈历代碑刻文字图鉴〉》:"我收集碑拓逾二十年,得大小拓本二千三百馀纸,凡历代石刻文字有拓本传世者,已得其十之八九。暇日展玩,以为文娱。今年已九秩,念此丛残故纸,身后终当散失。没有嗜古者,未必更能聚集,且水火刀兵之劫,此腐纸残字亦必不能禁其于灭没,原石或多已不存,拓本不可再得,不待百年,此物终将绝迹。三复寻思,遂有志于编印《历代碑刻文字图鉴》之计,将欲使其留真于楮墨,广布人间,或可使部分古碑,遗蜕于后世,留得鸿爪,不至无迹可寻。此书为保存古石刻文字而作,不为书法家临摹资料,故编辑趋向与日本之《书道全集》不同,彼重于书法典型,此则注意于石刻文献之系统集录。"

**六日** 北京凤子托带致先生函,并附赠与丈夫沙博理的合影。

九日 《解放日报》刊载符家钦《从〈孽海花〉到〈赛金花〉》:"施蛰存先生认为我写的《译林百家》'摆不平'。关于漏收方面特别提到'有伍光建父子,却无曾孟朴父子!'我尊重先生提示,补写此文,并纪念杰出谴责小说《孽海花》问世九十周年。"

十二日 北京侯艺兵来摄影,先生为题写册页:"虚心壹志,无诡随,无固必。"

中旬 陕西《美文》编辑部穆涛来访。据穆涛回忆:"先生依旧穿着厚的棉布袍,瘦瘦地,但是有力地坐在椅子里。""他戴着助听器,把话筒一样的小东西拿在手里,伸到我面前。他的助手提示我的嗓音要放大,再大。""他说目前散文写作的'趣味'太浓,'一时的好恶'成就了太多文章,不是'深入浅出',而是'浅入深出',浅浅地感觉深深地写,'很深沉地,很长篇宏论地说一个小东西',他说这些文章也不是不好,就是过几年就没什么意思了。"(穆涛《时代烙印还是时尚趣味》)

二十一日 复河南崔耕函:"《急就章》帖本只有我松江有一个石刻本,拓本近年有二个印本。""我正在开始编一套《历代碑刻墨影》,""现在已编好第一册'秦汉部分',全书将比日本的《书道全集》为好,由华东师大出版社印行。""你那边近年有无新出土的古碑,请代我收罗拓本,不妨作价,宋元碑旧拓更需要,因为宋元碑拓我收的甚少,恐怕不够用,如不能以拓本见让,不妨借我摄影后,原拓奉还,亦可付代价。此外,我今年还想编印一册《历代文物鉴赏》,""近来文物红火,我才能实现这些计划。前几年,没有出版社肯接受这个计划,以致拖到如今,书能出了,而我已几乎无力成此事了。碑拓市价飞涨,北京尤贵,一本普通唐碑,定价至千元。1950、60年代,我卖去古书,改收碑拓,现在看来,似乎还是划算的事。"

同日 在《解放日报·朝花》发表《忘不掉的刘大白》。(按:此文原为萧斌如编《刘大白选集》所作"序"。)

二十五日 复《解放日报·朝花》陈诏函:"惠函及报纸收到,""此文我早忘记,昨见报载,大为惊异!刚才印出了一本杂文集,想奉送一册,不过我已不胜打包邮寄之烦,最好托便人来取去。足下如自来,请稍过几天,近日体气不佳,无力多说话。"

二十八日 撰讫《米罗的画》:"这些天正在上海美术馆展出,许多人去看了,有些人窃窃私议,不说好,也不敢说不好,更不敢说看不懂,而事实是看不懂。画展的标题是'米罗,东方精神'。可是,我以为米罗的画风,偏偏没有一点东方精神。万里迢迢,把米罗的几十幅画运到中国来展出给中国人看看,不知为何却没有说明他的画风属于'超现实主义'。报上已见到一些评论和观感,似乎都是根据'东方精神'这个提示来发挥宏论。有些人只好赞扬这些画的色彩和线条的特征,其实都不免'瞎子摸象'。""米罗的画,乔伊斯的《尤利西斯》,本该在三十年代就介绍进来的,想不到迟了六十年,当这些作品已经成为历史文物的时候,却同时红红火火地光临了中国。我耽心中国青年艺术家会把它们看作时行商品,又热一阵临摹。"

**同日** 薛汕致函:"现在出版难,能出版就是'天赐',那些印书的,全无'文化'观念,奈何!汕头已誊印《潮州歌册》150部,一如原版。""'俗文学'被一批不学无术的搞乱得一塌糊涂,我也无心再搞组织工作了。""我童心不泯,附上小刊,供消闲。"

**同月** 《求索》第5期刊载谭桂林《重评三十年代"〈庄子〉与〈文选〉之争"》。人民文学出版社出版鲁迅著《南腔北调集》(按:据版权页1980年7月北京第1版、1995年5月北京第2次印行);以及《准风月谈》《花边文学》(按:据版权页1980年9月北京第1版、1995年5月北京第2次印行)和《且介亭杂文》、《且介亭杂文二集》(按:据版权页1973年4月北京第1版、1993年7月北京第2版、1995年5月北京第2次印行)、《且介亭杂文末编》等。

## 六月

**三日** 下午徐迟来晤。据张建智记述:"施蛰存老给友人的一封信中这样写道:'……回南浔时来我处,小坐即去,与他相对无言。'"(张建智《想起诗人徐迟》)

另,据范泉回忆:"他[徐迟]还鼓足勇气,访问了三峡大坝工程,回浙江南浔镇老家一次,并在路经上海时访问了施蛰存等许多老朋友,但是在他谈话时,却很明显地可以看出,他已失去了过去那种热情多话,春意盎然的色泽。"(范泉《文海硝烟》)

**四日** 在《解放日报·朝花》发表《米罗的画》。

**同日** 《新民晚报·夜光杯》刊载秦绿枝《惊喜》:"画片六张,另有一张是施蛰存先生写给我的短笺,上面这样说:'足下去年的文章,我今日方才见到。虽然订了《新民晚报》,有时竟会失眼!''今寄奉近年所印邮片,皆感事怀人之举,足下必知我老来心态也。'""赵清阁先生去年给我寄贺卡,用的就是施先生印的这种画片。""我在小文中谈了读画的感受,因为赵先生告诉我,施先生近年印了好几种这样的画片,所以我又自以为是地在文中猜测:施先生这样做不是一般的'风雅'之举,而是别有深意的感情寄托。现在施先生说我能'知'他的老来心态,很惭愧,怎敢言'知',约略有一点粗浅的领会还差不多。""想来施先生对自己经历过的是是非非,也不想说了。六张画片,两张仍然是赵清阁的'泛雪访梅图',另两张是陈小翠的'寒林图',""还有两张是丁衍庸先生的花卉草虫。""反复品味施先生的短笺,我忽然想起有位朋友说,施先生虽不以书法闻名,但曾经看到过他为人写的条幅,觉得一种清逸之气。"

**十七日** 包谦六托带致先生短笺:"顷归后即得琴老讯,知其起居安健,足慰注存。'夏承'印本奉赠,祇堪作参考之用,实不堪临摹。又,公东邻女士厌世,乃本区人行吴振华同志,中共党员,独居无亲,加之骨折,实不能忍受,非意志不能坚强也。"

**十八日** 北京舒諲与罗洪来先生寓所探望。据舒諲记述:"罗洪陪同我去走谒蛰老时,我笑称:'您这样的大学者,现在是鲁殿灵光了。'蛰老笑道:'鲁殿灵光也不过是一堆破砖碎瓦罢了。'说罢,相对一笑。殷墟出土的甲骨文,也是破碎的龟甲,却是稀世之珍。"(舒諲《性情中人》)

**二十日** 收到李辉由北京寄赠《人生扫描》即复函:"'扫描'收到。""我有一个'脚迹'[《沙上的脚迹》],""是送你的。"

**二十三日** 孔海珠、孔明珠来访。据孔明珠回忆:"听到问候他最近好吗,他大声回答:'要死啦,快死啦,年纪介大了,九十多岁还活着!'""施伯伯耳朵有些重听,脑子却煞煞清。大姐[海珠]把我介绍给他,说妹妹办杂志[《交际与口才》]了,来采访你。施伯伯说,不接受采访!没啥好采访的!""他看着我讲:'记者做访问记不要乱七八糟,你不要一歇歇叫我谈这,一歇歇谈那,这篇访问记就写不好,乱哄哄的,要集中专题。某某的毛病就是事先无准备,到我这里瞎谈一泡,回去写就全不对头,有许多话不是我讲的,是他想的,有啥办法!'施伯伯见我态度很好,又伸手问我要回那张采访提纲再看一遍,""进一步断言:没法子可以回答!我心再次一沉,听他又说,你以后随便什么时候过来聊聊,两三次来过,把聊天记录下来就好了。""我小心翼翼问:'那……施伯伯你什么时候有空啊?''我啊?空也是坐在这里,忙也是坐在这里,我一直在这里。'""施伯伯敏捷回道:'……平常一般人不拍马屁不骄傲就是好人。'""老人家发现我在录音了,怪叫起来:'你录音啦?要死嘞,给她偷去了!'""谈到香港作家,说1997年香港回归'我还见得到',而澳门回归'我的身体是讲不定了'。姐姐向施伯伯介绍了虹口发展文化旅游,保护文化名人的故居。对这点,施伯伯不赞成,他认为每个人都要死的,保留故居,死人占了活人的房子很没意思,这种事情不能过火。""他得意地告诉我们,今天是戒烟的第三天!啊,姐姐不相信,你的雪茄烟呢?施伯伯摊开手说,没了啊!海珠姐不信,动手抄施伯伯的抽屉和烟盒。施伯伯顽皮地一一打开给她看,真的没有啦,你看看,雪茄烟盒里面装图章啦。但他又说,刚刚戒烟,确实蛮难熬的,气管不好,怕出毛病。""施伯伯从背后书架上拿下一件东西,对我说,明珠第一次来,我送样礼物给你。哇,我一看是件黄铜老货,激动不已。施伯伯示范给我看,""是1920年日本第一代订书机。当时施伯伯住在青云路上海大学,是到吴淞路日本人开的文具店买的。""姐在旁边说,施伯伯一向很慷慨豁达的,去看望他,他常说,海珠这书你要用你拿去好了,他将财物看得很轻,讲究物尽其用。施伯伯沉默了一会,手摩挲着写字台上面摆放着的一只玉石烟缸,幽幽地说:'这是另境(我父亲)香港回来送给我的,是山东淄博出产的。'"(孔明珠《长相思——采访施蛰存伯伯》)

**是月** 彰军编《施蛰存作品精选》,由广西师范大学出版社初版印行。

**又** 《待旦录》由中国文联出版公司列入"中国现代散文名家名作原版库"(30种之25),新版第二次印行(湖北第一次印刷)。

**同月** 《上海档案》第3期刊载朱亚夫《听施蛰存先生谈往事》。

## 七月

**一日** 梁永安、张英来访。据张英回忆:"楼梯拐角处堆满了书和杂志,先生就坐在书桌前和我们聊天。施夫人给我们倒了杯水后,就在里屋忙自己的事情。""提到自己住的房子时,先生还有些愤愤不平,说这栋楼原来都是他的私人财产,但后来迁进了几户人家,一楼也被强行租给邮局。后来落实政策后,只发还他两间房子,其它的房子,原来搬进来的房客不肯走,继续由房管局租给他人了,房租被房管局收走。坐在昏暗的屋子里,听见施蛰存先生的苦恼,我和梁永安老师都无语。"(张英来件)

另,在此次访谈中,先生自述:"中国文学发展得最好的还是三十年代。""当代作家应该直接读外文啊,过去我们读书直接看外文原著,而且外文书店也很多,现在外文书店名不符实,书太少,跟不上国际文学发展。三十年代中国文学和世界文学大体同步,这与当时环境有很大关系。""我的小说只能说是昨日黄花,是二三十年代的东西,老古董了。如果我的作品也叫'现代派',那现在的作品叫什么?说我的作品有新意,那是因为国门关得太久,国内的外文翻译引进同世界文学发展相比落后三四十年。""我当时写了两本风格比较新的书,《将军底头》和《梅雨之夕》就曾受到压力,被当时文坛认为是异端。而在当时中国文坛的氛围中,走向现代就是走向异端,是不允许的,所以我不得不有所收敛。但是八十年代中期后,许多人又把'现代派'捧得太高了。""我不打算写自传和回忆录。我老了,今年九十多岁了,也不打算写,别人要写自己找资料去写,我不提供。现在已经停止写文章,我对时代只是一个旁观者而已。"

(张英《访上海作家施蛰存等》)

**五日** 上午先生因身体不适入住华东医院接受治疗。

**十日** 在《书城杂志》第4期发表《我来"商榷"》:"第2期发表了一篇署名王树荣的文章,题目是《汉译外国作品是"中国文学"吗?》,""是为了和贾植芳及我'商榷'而写的,因为我在《中国近代文学大系》中编了三卷《翻译文学集》,贾植芳把翻译的外国文学书目编入了《中国现代文学总书目》。这两件事,王树荣都不赞成,而且代表别人表示不赞成,因此写出这篇文章,要和贾植芳及我'商榷'。现在我就'商榷'一番。"

**二十五日** 与夏中义在《文艺理论研究》第4期发表《漫谈七十年来上海的文学》,署名"施蛰存、夏中义"。

**月内** 张珍怀为《清代女词人选集》交付台湾文史哲出版社印行而作"前言"提及:"在编写过程中,蒙荷施蛰存、钱仲联、顾廷龙诸先生赐予指导,提供资料。"

## 八月

**十二日** 先生从华东医院出院返回家中。先生自述:"查得许多老年隐患,1.心脏不健。2.贫血。3.脑神经硬化。"(复崔耕函,1995年年9月21日)

**十四日** 复桑农函:"《别枝》一文是我的,全文被抄,这不稀奇。""'贝齿'句你说得不错,'有落时'就没有问题,'有时落'就不对了。"

另,据桑农回忆:"读到施先生《"贝齿"与"裘"》一文,文章说谭友夏诗中'贝齿有时落'一句不通。而我怀疑原诗里'时'与'落'两字,可能是排印颠倒了。""又在一家杂志上见到一篇署名文章《"别枝"新释》,觉得很像是施先生以前在什么地方发表过的一则诗词小札,便复印一份给施先生寄去,以便证实。信中,也谈了我对'贝齿'一句的看法,向他请教。隔了很长时间,我意外地收到一封精美别致的信件。""我随即给那家杂志去信,很快收到答复,说是已经勒令剽窃者写检查。"(桑农《施蛰存先生的一封回信》)

**十八日** 下午毛光义来访,并赠送吴兴王文濡选辑《续古文观止》(长春市古籍书店1985年12月影印)。

**二十三日** 香港《星岛日报·星象》刊载黄俊东《叶灵凤逝世二十周年》(三)提及:"他[叶灵凤]随手在书堆上拿了一卷字幅展开给我看,原来是他去国内旅行时,他的早年老朋友施蛰存为他写的,可惜我忘记施氏为他写些什么。"

**三十一日** 复嘉兴范笑我函,言及《勉铃》,并谓"你们书店办得很红火,'书讯'每期收到,谢谢。成都有一家卡夫卡书店,也很突出,我以为是东西两家新型书店。"

**是月**　新疆大学出版社出版《春阳·施蛰存心理小说选》,列入"现代文学名著中小学选读本"。

**又**　吴立昌选编《心理小说》,列入"中国现代名作家名著珍藏本",由上海文艺出版社第四次印行。

**又**　中国对外翻译出版公司出版邓九平、于海婴编《红菊·忆故人》,收录其作《画师洪野》。

**同月**　湖南教育出版社出版吴福辉论著《都市漩流中的海派小说》。上海教育出版社出版朱亚夫著《名人书斋》,内有《南国之山入梦来——施蛰存的"北山楼"》。

## 九月

**九日**　中秋节。下午华东师大图书馆黄明来探望,并赠《魏晋南北朝诗精品》。

**上旬**　应约为整理《云间语小录》而作《钵焦头·外一篇》。

**二十一日**　复河南崔耕函:"春间已编好《历代碑刻墨影》第一册'秦汉部分',今年可印出。第二册'魏晋及南北朝',今年亦可编好。北周碑甚少,我只有廿种,现在又出了一石,亦可珍贵。宋元明碑,拓本流传不多,我这套书,最后一册,大有'无米可炊'之苦,托兄留心,能否收一些宋元明碑拓本?少林寺董其昌一刻,我已有,赵孟頫的碑都已有。汉瓦当及北魏画像砖拓本,也想收一些。洛阳、郑州有无东汉瓦当?""各地都在造高房子,我希望少林寺及嵩山地区不要出现高房子,破坏了古迹。上海已是墓碑林立了,实在不美!"

**二十二日**　收到山谷诗社匡一点为《当世百家律诗选》征稿信,即复函:"1990年以后,作诗甚少,只选抄了四首奉上助兴,不能多了,近日贱躯又有不豫。""宋亦英是在淮阴一带,我一时找不到她的地址。"

另,此函并附"自我简介":"吾父为前清秀才,能作诗。吾在中学时,国文教师亦好作诗。吾从父师之教,亦习为诗。五四运动之后,倾向新文学,不复作旧体诗。抗日战争时,在滇闽各大学任教职,始大作诗。1946年回上海,至今五十年,偶尔作诗,多应酬文字。吾诗初学温李,甚幼稚,后受陈散原影响,好作艰涩句。最后则摆脱前人影响,自抒情感,所为诗,不唐不宋,亦唐亦宋,不自知其为何派也。"

**同月**　人民出版社出版《新编中国文学史》(下册·中国民国文学史),书中章节"四、三十年代文学(五)2. 现代派与戴望舒、施蛰存"。

## 十月

**一日**　范泉、吴峤夫妇来晤。按范泉日记:"一年多不见,瘦得只剩六十斤,但精神尚好,仍很健谈。他说不久前住医院一个月,血压降低,脉搏仅40,住院一月,增至60,才出院。他说今年编写'碑帖'三本,明年计划编五本。他说年过九十,体质全面下降,厌食,过去喜吃蹄膀,特别喜吃皮层,现在看见觉得厌恶。临走前,他送了一本开明书店重印的散文集《灯下集》,不再签名。握手告别时,他说吴峤的手暖热,吴的体质比我好。这次谈了一个半小时。"

**四日**　致安迪函:"俄国人的文章,向来繁琐,我看托尔斯泰和陀思妥耶夫斯基的书,都没有看完。你代我借来的四本书,也是老毛病,看得很闷。""下次来时,请借,或代买几本关于'文革'情况的书,听说陈白尘有一本从'反右'到'文革'的日记。"

**同日**　收到范笑我由嘉兴寄来《秀州书局》第29期,即复函:"'书局'不能分期,应改为'秀州书局简讯'。"据范笑我回忆:"至此,《秀州书局简讯》有了固定的名字,到目前为止已出了169期,我每期都寄给施先生看。"(范笑我《忆施蛰存先生》)

**十日**　复洛阳赵光潜函:"因为我们有'同帽'之谊,这是我创造的人伦新名词,已有几个朋友采用了。承惠狄仁杰撰书的墓志,大是好物,请挂号惠寄,阅后再谈,此刻还无暇查记录。你是否河南人?为什么在上海加冠,改正后分配到洛阳?你开书店,能否收到一些碑拓?如有旧家藏本,裱好的,有木夹板的。""我已多年不用毛笔,写字抖索了,近日大病初愈,更不能写。待过几天,给你写一张尺页留念。"

**十二日**　复程朝富(巢父)函:"你讲的完全正确,情况果真如此,我现在不会写文章谈旧事,翻老账了,将来你写一点东西,下一个结论罢。""大约七八年前,有一个文艺界人士去看胡乔木,不知如何,谈起三十年代上海文艺情况,乔木说,左翼是少数,右翼也是少数,只有'第三种人'是多数。那个文艺界朋友听了,不觉一愣。这件事,后来慢慢地在文艺界中传开了。"[按:参见萧乾《想当初,胡乔木》,《读书》1993年第10期。]"《文艺自由论辩集》我也早已没有了,你设法在各地图书馆里找找看。如果见得到,你可以利用来为这件文艺公案写一个记录(用今天的观点)。杜衡于1949年去台湾,任中央日报主笔,写了许多经济文章。有人说,台湾的经济起飞,杜衡的许多社论起了指导作用,可惜他在1964年逝世了。"

**十六日** 先生阅毕陈白尘《牛棚日记》,"很佩服他的目光远大"。

**十八日** 为《施蛰存七十年文选》出版而作"自序":"两三年来,报纸和刊物大量增加,报刊文章的需要因而迅速扩大。""出版物中,散文集占了很大的份额。这是过去从来未有的现象。流风所被,我也居然成为受益者。""1978年以来,还不到二十年,我已编了三本十万字以上的散文集,还有馀稿,待编第四本。当我和我的同行们都感到文集供不应求的时候,散文集的编辑先生或女士们又想出一个印选集的办法,""我在1948年以前印行的两个散文集子,现在已变成四本了。这真如'太上老君一气化三清',妙不可言! 散文热,热到连长眠于地下的古尸也活转来了,出版界的这一现象,我实在有些担忧,怕它成为一种歪风邪气。有资本、有人力、有纸张,为什么不多印些新书,而要大家争着编印许多不值得重印的旧书呢?前几天,上海文艺出版社的编辑同志告诉我:已从我前后七十年间所写的散文中选编了一本,名为《施蛰存七十年文选》,即将出版,要我自己写一篇序言。我得知这一信息,非常惶恐。我的散文,已经一编再编,现在还要选编一本,岂不成为'一鸡三吃'?心中着实惭愧。不过,后来听说出版社的计划是寓有为几位八十岁以上的文化老人祝寿之意。那么,此事又当别论,不是一般的出版商业行为,我无法谦让,只好感谢出版社和编者的高谊盛情了。书名'七十年',只是我的全部文学生活的历程,至于本书所收文章的实际写作时间,恐怕不到四十年。另外的三十年间,报刊上没有发表过我的文章。但是,也不能说,在这一段时期中,我没有写过散文。"

**二十二日** 致马祖熙函:"手头事搁起不少,欲请老弟助我做一些,有便进城,请来一谈,千万不要买东西来,我已不食人间烟火了。"

**二十四日** 王元化为《学术集林》(卷六)作"编后记":"编委施蛰存先生最近给编者寄来一封信,内称:'承惠《学术集林》第四卷,已拜读一过,甚好,现在应该有这样一种读物。不过,此卷似乎编得太硬,以后希望每辑中,文史哲的篇幅分配可均匀一些。英文目录,大有问题,从下期起,不必有此一疥。'施先生已年逾九旬,身体也不太好,仍关心文丛,使编者十分感动。他提出文丛的篇幅分配在文史哲方面可均匀一些的意见是值得注意的,今后当设法改进。关于英文目录问题,正在从多方面进行考虑。"

**是月** 曾煜选编先生小说集《魔情》,列入"世纪情爱小说精品"丛书,由吉林人民出版社初版。据韩沪麟记述:"有的出版社私自把他的小说集安了个《魔情》的怪名字,让他哭笑不得。"(韩沪麟《"夏日的最后一朵玫瑰"》)

**又** 四川文艺出版社出版向弓主编《名家经典散文精选》(第1卷),收录《鸦》。

**又** 黄河出版社出版辛湄编《昨夜纯情·中国现代爱情小说精品》,收录《鸠摩罗什》。

## 十一月

**一日** 邓云乡偕侯军来先生寓所访晤。

**同日** 《交际与口才》第11期刊载明珠《"一不拍马屁,二不骄傲"——施蛰存先生访谈录》。

另,据孔明珠回忆:"我去送杂志,""他已经长久没出门了,所以颇为好奇地打听,现在外面'公司菜'多少钱一份,芒果有卖吗?匹萨饼多少钱一个?我一一告诉他后,说要买了送去给他吃,他连忙摇手道'我想吃我会叫儿孙买,我有钱,钱对于我已经是没有用了,我老了,吃也吃不下,穿也不要穿,钱是没有意义的',离开施伯伯房间时,""他叫住我,让我把头上戴的凉帽转动一下,将一朵花放到耳朵处。他说,过去的女人也戴帽的,花放在脑后不对,放侧面才好看!"(孔明珠《长相思——采访施蛰存伯伯》)

**三日** 致香港古剑函:"打个电话给小思、高倬云,为我问候。我现在每天工作三四小时,正在编一部八卷本的《历代碑刻墨影》,明年起,每季出二册,由华东师大出版社出版。"

**八日** 致湖南彭燕郊函:"宗岱诗已从安徽调来,看过即寄回。我以为此等词不必发表,兄之'后记'虽然写得很好,但词既不佳,事亦不必再提,无须添一重波浪了。""《中华读书报》以后每两周寄奉。"

**同日** 致马祖熙函:"有一批赵叔雍词学文稿,是否尚在你处,今日找到你一封旧信,才想起来,全稿如在,望你编好一集,设法付印。《珍重阁词话》与《填词丛话》同,则《珍重阁词话》可不编入。"

**十五日** 复金文兵函:"我希望你向南大中文系任曲学的老师反映一下我的期望,为钱南扬编一个'全集',你们南大是曲学的发源地。"

**二十日** 复范泉函:"照片两帧收到,谢谢。老实说,这一次拍坏了,照相机对得太低了。我瘦了,是因为吃得少,没关系,问题是还有不少工作结束不了,还得每天挥笔。2010年我活不到,只希望能见到香港收回,似乎也不容易。"

**中旬** 先生购得苏州木渎凤凰山凤凰池区一墓区西三路60排1号墓地寿穴并立碑,延请老友包谦六题书碑文:"妣陈慧华夫人考施蛰存教授之墓。"

**二十二日** 复香港古剑函:"我也听说香港不景气,这是这个岛屿的政治、经济地位有变化的关系,你必须向大陆派取得联系,能够摇身一变就好,不能做大英帝国的保皇派!'群言'的那本书,我还未见。现在我已有二本书被盗版,正在托律师交涉。那四篇散文都见于天津百花出版社《施蛰存散文选集》,台湾转刊的事,我不知道。"

**二十四日** 《华夏吟友》王成纲由广州致约稿信,先生收到即寄赠《依然静好楼绝句钞》并附言:"我已多年无诗,寄上一册,可在此册中选用。"

**二十六日** 程千帆自南京复北京舒芜函谈及:"老年每如师丹之善忘(记不清),亦同叔夜之擅懒(又不查材料),此次《四库全书》之争,蛰存、羡林,皆以四川人所谓'开黄腔'为人所笑,即此征也。"

**二十七日** 致湖南彭燕郊函:"托来人带回小物二包,福建肉松二包,巧克力华夫饼干一盒,买的是散装较便宜,盒子是另配的,不是杏花楼出品。"

**下旬** 朱亚夫来先生寓所访问,并赠所著《名人书斋》。

**是月** 《文艺百话》由华东师范大学出版社更换封面第二次印行。

**同月** 5日《辽宁大学学报》(哲社版)第6期刊载金华《从施蛰存的小说看现代派文学对自然生命形式的呼唤》。

## 十二月

**一日** 在《新民晚报·夜光杯》发表《文学生活的历程》。(按:此文原为《施蛰存七十年文选》所作"自序",并经该报编辑删节。)

**三日** 上海浦东华夏集邮研究会印制"中国当代文化名人系列明信片之五·施蛰存先生九十寿辰纪念",由丁聪绘像,沈柔坚题辞,中国邮政出品,邮资20分。

**同日** 沙孟海书学院寄赠《沙孟海先生纪念集》(西泠印社出版)。

**十一日** 北京范用题赠所著《我爱穆源》,并托人带交先生。

**十五日** 先生夫妇致耶鲁大学孙康宜贺年卡并"附识":"吾今年体力大衰,不多用笔,故久未奉候。《词学》12辑尚未印出,看来不能继续下去了。张充和伉俪请为致意,我不寄贺年卡了。"

**二十七日** 下午《解放日报》编辑查志华来请作序。先生自述:"她来看我,说起她已编成了第二本文集,希望我给她写一篇序文。我立刻就回答她:'你先告诉我,你这第二个文集的书名叫什么?'她说:'书名还没有决定。'我说:'没有决定,那好,我可以给你写个序文。不过如果你的书名再要谦虚到名实不副,那么,请不要用上我的序

文.'"(《素华在本体》)

**三十一日** 《文汇报》记者谢海阳来访。据谢海阳记述:"这两天从世界各地寄来的贺卡如雪片似的飞到,他笑着说,'可把我忙坏了,要一张一张回复,实在吃不消。'谈到新出的几本书,施先生说,'都是旧作,年纪到了,写不了文章了。不过旧作里头有不少东西还是头一回发表,也可以算是新的。'""他请记者便中代他问候几位同样年事已高的文友,说到故人的一一离去,施先生沉默片刻,又旷达地笑了笑说,这是没有办法的,自然规律。'我还有许多有关金石研究的著述没有出版,希望还能有两年的时间,好把它们整理出来。'"(谢海阳《耄耋银发人,新著犹可读》)

**是月** 青岛出版社出版鹰扬选编"名家人生漫笔精品丛书"《活着的滋味》,收录其作《论老年》。

**又** 华夏出版社出版袁鹰编《华夏二十世纪散文精编:书简日记卷》,内收巴金致施蛰存(1932年9月13日)、沈从文致施蛰存(1933年12月15日)。

**同月** 4日姜亮夫在杭州逝世。8日台湾《中央日报·中央副刊》刊载陶思浩《巴金、施蛰存与钱锺书、杨绛夫妇》。28日《文汇报》刊载简讯《"当代文坛大家文丛"的新品种〈施蛰存七十年文选〉出版》。学林出版社出版吴中杰、吴立昌主编《1900—1949年:中国现代主义寻踪》,内有"第七章新感觉派"。

# 一九九六年(岁次丙子) 先生九十二岁

## 一月

**二日** 《文汇报》刊载记者谢海阳《耄耋银发人,新著犹可读——访施蛰存先生》。

**六日** 程千帆致周退密函谈及:"友朋书问亦希,蛰庵久无音问,先生亦与过从否?"

**七日** 应邀为查志华《玻璃垫上的风景》作"序言":"近年来报刊越出越多,供应报刊用的千字杂文也跟着越多。这种文章,在三十年代,尽管有鲁迅为其台柱,独领风骚,但一般作者的作品,并不被人看重。如今,这一类文章,忽然时来运转,蔚成大国,在文学型类中雄踞一席了。"

**十日** 先生致北京范用函:"惠大著[《我爱穆源》]已收到拜读,足下童心不泯,高寿之征也。我从去年起,已逐渐衰弱,不知还可以支持几年,得过且过。""兄知道沈静芷一家情况否? 他是我的表弟。"

**同日** 在《书城杂志》第1期发表《我的散文集》。

**二十日** 凤子在北京逝世。先生自述:"要了她的住址,预备给她写信。想不到我自己病了,无法动笔,又耽搁下来。到今年1月21日,突然在报纸上见到她逝世的消息,这样,就成为我的一份无法解救的内疚。"(《悼念凤子》)

**二十二日** 为《施蛰存文集·文学创作编》(小说卷·十年创作集)作"引言"。

**二十四日** 复湖南彭燕郊函:"兄诗确是四十年代之作,与'九叶派'还不同气。文学与时代气质随波逐影,无可逆转,请从此搁笔,改写杂文如何? 岳麓书社已取去我的《迦兰夫人》,他们愿印,我以足下托人代抄之本付之。此稿何人所抄,又一幅作者画像,何人所画? 我已通知岳麓书社,此书我不要稿酬,只要代付抄、画费用即可。请兄考虑,应付多少? '读书周报'久未寄,过一二天再寄上。"

**是月** 复旦大学出版社出版吴欢章主编《海派小说精品》(修订版),收录其作《梅雨之夕》《薄暮的舞女》《春阳》《鸥》《牛奶》《汽车路》。

**又** 湖北教育出版社出版侯晓明主编《生活百解》,收录其作《我的爱读书》。

**又** 沈阳出版社出版谷桑、天彪选编《新编今文观止》,收录其作《画师洪野》。

**又** 新疆青少年出版社出版《中外名家传世珍品·书信》,收录沈从文致施蛰存(1933年12月15日、1934年12月15日),巴金致施蛰存(1932年9月13日),施蛰存致戴望舒(1932年12月3日、1933年5月29日)。

**同月** 28日《解放日报》刊载郭豫适《胡乔木访晤施蛰存》。《山花》月刊第1期刊载张英《期待中国文学与世界文学交融——访著名学者施蛰存》。

## 二月

**七日** 下午上海文艺出版社编辑徐如麒来访。

**上旬** 先生阅读张然赠书,黄湧泉、孙元超编《费晓楼传神佳品》(人民美术出版社1959年初版)。

**十二日** 复北京李辉函:"《收获》上的大作都看了,你写文章都不坏,资料充实,秘闻逸事不少,我喜欢看。近来大为衰弱,手腕已不灵活,写字木僵,不多述,等你来谈谈吧。如有人去访钱锺书夫妇,烦为我问候。"

**十八日**　又为1984年11月25日所作《唐诗百话·刘禹锡：绝句二首》撰"补记"。

**二十八日**　为《施蛰存文集》撰"序言"："承华东师范大学出版社的好心,为我印一套总结笔耕生涯的文集,我就依照我的写作历程,把我的著述编为四个部分。第一部分为文学创作,分为小说一卷及散文二卷。第二部分为古典文学研究,分为诗学及词学各一卷。第三部分为碑版文物研究,亦分为二卷。第四部分为无可归类的杂著,编为一卷。除掉译文之外,我的文字生涯,大约已集中在这里了。"

**二十九日**　复台湾林玫仪函："收到《词学论著总目》后即写了一点意见。""建议你编一本：甲、《清代词籍知见目录》；或,乙、《词籍知见目录》。""我有《嘉庆松江府志》,其《艺文志》中所收词集,大半未有刻本。我建议你索性编《历代词集(籍)目录》,可成全璧。宋元明词籍不多,工作量不会加大多少,还可以把饶公的《词籍考》全部吸收进去。我以为你的《词学论著总目》有些浪费,如果把重要词学论文排印,也不会有这样四大册,而你这四大册只是一份目录。""我送你的一批词集中,有两册可算善本。""《忆云词甲乙稿》是作者在福州刻印的,后来携版回杭州,家中失火,版皆烧掉,故此本传世甚少。《元遗山新乐府》是孤本,你看了书中序跋即知。"

**是月**　文汇出版社出版罗思编《写在钱钟书边上》,收录其作《钱钟书打官司》。

**同月**　27日富寿荪在上海逝世。

## 三月

**十四日**　致湖南彭燕郊函,言及"我今年必须做的事甚多,华东师大出版社为我印文集,全书八册,每册六十万字。另外还有一系列的《历代碑刻图鉴》,拟出六册,已编好秦汉部分一册"。

**十五日**　复香港古剑函："罗孚的情况我才明白,上次给你的信上的话,完全错了。"

**十八日**　朱子鹤寄赠《春来阁词》,致明信片道谢："承惠尊著词集,已妥收拜读"。

**是月**　《十年创作集》由华东师范大学出版社列入《施蛰存文集·文学创作编》(小说卷)新版重印。

**又**　浙江教育出版社出版徐中玉主编《古文鉴赏大辞典》,收录《张岱〈柳敬亭说书〉鉴赏》《张岱〈西湖七月半〉鉴赏》《张岱〈陶庵梦忆·自序〉鉴赏》。

**又**　学林出版社出版何倩著《陋室翻书录》,书中《读施蛰存先生〈唐诗百话〉》提及:"选诗不拘一格,不囿于前人成见,只要能代表诗人及当时诗坛的作品,都能如实作出介绍。""元稹的《会真诗》即其中之一。""文中指出,自此后,中国文学中出现了专以描写色情为题材的小说、戏剧和诗歌。原来,色情文学的老祖宗,还得推中唐的元稹呢。""书中除着重介绍了唐代最负盛名而现存作品又最多的三位女诗人李冶、薛涛、鱼玄机外,还介绍了武后、上官婉儿、盛小丛、徐月英等诸位,令人大开眼界。"

**同月**　《书城杂志》第2期刊登姚里《施蛰存的文艺百话》。26日林语堂在香港逝世。

### 四月

**三日**　致赵清阁函:"寄书三册,一本送你,二本请你的阿姨分别代送王元化及罗洪。这是盗版书,发现后,请律师交涉,方送来了稿费及书五十册。关于女子书店的文章写了没有?姚名达是个迂秀才,以此丧身,可哀!""冰莹有信否?不知安否?请她编一本文集如何?你还画不?挑选二三十幅,印一本或二套卡片,行吗?"

**八日**　下午华东师大图书馆黄明、郑麦来晤,并奉赠译注《南北史续世说》。

**九日**　复赵清阁函:"请注意不要弄破皮肤,有糖尿病的人,皮肤破了,溃疡不易收口。凤子也在女子书店待过,我不知道。""你的画,可选几篇,六、十或十二幅,成一组,我给你印一小册,或邮片式一套,印两百份,花不了多少钱。你选定后,给我看看,我找人去照相,在华东师大印刷厂印,可以便宜得多。你准备起来,暑假中把这件事做了。"

**十六日**　为《唐诗百话》列入华东师范大学出版社"施蛰存文集·古典文学研究编(第一卷)"而撰"新版引言"。

**二十三日**　按程千帆日记:"王元化及其弟子傅杰、钱文忠来,以蛰存所录郑大鹤校梦窗词校本付之整理。"

**是月**　《施蛰存七十年文选》列入"当代文坛大家文库",由上海文艺出版社初版。

另,据报载:"上海文艺出版社为从事文学活动六十年以上的文坛大家出版特精选本'当代文坛大家文库',这套文库最近推出《冰心七十年文选》《夏衍七十年文选》和《施蛰存七十年文选》。已出版的《巴金六十年文选》经巴老重加增订后,改为《巴金七十年文选》同时推出。"(《解放日报》,1996年4月7日)

**又**　《沙上的脚迹》列入"书趣文丛"第一辑,由辽宁教育出版社第二次印行。

**又** 《灯下集》由北京开明出版社新版第三次印行。

另,据龚明德记述:"《灯下集》是著名作家、大学问家施蛰存1937年1月在开明书店出版的散文随笔集。施蛰存的作品遣词造句洋洋学者气,字推句敲,几乎错排不得的。""很可惜,也冠'开明'的'开明出版社'1994年8月初版,截至1996年4月已加印两次共印38 000册的《灯下集》,其编校粗疏导致的讹误,与'开明'风相去甚远!而且,加印两次,全书的编校失误一处也不订正。"(龚明德著《文事谈旧·此非开明编风》,中国电影出版社,2000年3月版)

**同月** 2日《福建日报》刊载吴立昌以题为《游弋于人物心灵深谷》一文导读先生小说集《梅雨之夕》。6日王季思在广州逝世。

### 五月

**四日** 复河南崔耕函:"承惠志拓,并为佳品。""上月又从洛阳得到二份志拓,有王昌龄书撰者,亦为珍品,以后如有碑志拓片,仍请代为介绍,可以付价,但太贵则力不从心了。如有旧家所藏各种文物拓本,亦想收购,请为物色(如古陶文、钱币、瓦当之类)。"

**五日** 丁景唐偕丁言昭来访。据丁言昭记述:"先生正用早餐,一只粽子、一个鸡蛋,还有六个枣子的汤。老人唯恐听不见我们说话,便戴上助听器,大声地说:'还是吃粽子方便。我不喜甜食,爱吃肉粽。我让儿子每周从乔家栅买七只粽子,每天一只,刚好吃七天。'听了老人的话,我和父亲相视一笑,便说:'乔家栅在我们家旁边,今天我们就替你送粽子来了。'""接着就发表了对粽子的议论。他说:'嘉兴和湖州的粽子不错,淮海路上的土特产商店有卖。现在价钿贵了,味道反而不及从前了。乔家栅的肉粽还可以,不过全是木乎乎的精肉,也不合老人的胃口,顶好是夹精夹肥。我倒想出一个办法,过几天我来设计,让保姆用夹精夹肥的肉酱当馅子,包成的粽子味道一定蛮好。'"(丁言昭《与施蛰存伯伯的交往点滴》)

**七日** 在《新民晚报·夜光杯》发表《素华在本体》。(按:此文原为查志华《玻璃垫上的风景》一书所作"序言"。)

**八日** 撰讫《悼念凤子》:"凤子逝世,至今已四个月,我只看到新凤霞和黄宗江的两篇悼念文章,看来今天的青年话剧家已很少有人知道凤子。一代才人,寂寞地生,寂寞地死,此种憾事,但愿少发生。"

**九日** 耶鲁大学孙康宜致先生电函:"每回说要去上海,都去不成,心中一直感到遗憾万分。这次真的能去上海了,而且是为了要看你,才专程由上海入境。我将于6月5日晚间抵达上海。""于6月9日飞往武汉,接着去成都、西安。6月23日又由西安返回上海;于6月25日早上飞回美国。我一定要见您,而且为此感到兴奋。"

**二十四日** 致耶鲁大学孙康宜函:"昨日托人发一电传函,不知收到否?今日再寄此函,以免失误。我今年体力大衰,承你远来存问,十分感激。但我已只能晤谈一二小时,不能尽地主之谊有所招待。""我建议你从上海去西安看看,然后去北京,游一下首都,然后返美。""我已无需要,千万不要带东西给我。"

**是月** 《唐诗百话》又被列入"施蛰存文集·古典文学研究编(第一卷)"由华东师范大学出版社重版印行。

**又** 汉语大词典出版社出版徐培均、范民声主编《诗词曲名句辞典》,先生名列"撰稿人"之一。

**又** 上海文艺出版社继续出版《世界文学大师小说名作典藏本》,"出版说明"提及:"另请著名前辈作家施蛰存先生撰写'总序',置于每本书的书前。"

**又** 东方出版社出版舒余编选《书梦飘香——读书与人生》,收录《绕室旅行记》。

**又** 长江文艺出版社出版涂怀章主编《中国当代美文三百篇》,收录《论老年》。

**同月** 山东教育出版社出版李复兴、蒋成瑀《中国现代散文家论》,书中章节"施蛰存:调侃着纷繁而有趣的人生"。

## 六月

**三日** 应邀为松江图书馆馆庆题字:"峰泖钟灵,机云遗韵。"

**六日** 下午耶鲁大学孙康宜来晤,陈文华陪同在座。晚上先生委托陈文华代表在梅陇镇酒家宴请孙康宜。

另,据孙康宜记述:"抵上海后才听说施先生近日身体大衰,本来要立刻做全身检查,但他坚持要等见了我之后才放心进医院。""我鼓起勇气,问了一个较富哲学性的问题:'你认为人生的意义何在?'对于这个坦率而不甚实际的问题,91岁的长者起初报以无言的微笑,接着就慢慢地答道:'说不上什么意义。不过是顺天命、活下去、完成一个角色。'""我们展开了长达四小时的对话。老作家由大学生活谈到抗战期间的流离迁徙,由抗战胜利说到自己创作生涯的变化,又从后来的反右说到文革的个人经验。""施先生一再强调,人生的苦难只有使他更加了解自己真正要的是什么:'反正被打成右派也好,靠边站也好,我照样做学问。对于名利,我早就看淡了。'""我进一步请他说明文革期间的个人经验。他说:'我从不与人争吵,也不把人与人之间的是非当成一回事。在文革期间,我白天被斗,晚上看书,久而久之我就把这种例行公事看成一种惯常的上班与下班的程序。''总之,无论遇到什么运动,每天下午4点钟以后就可以回家去读自己的书了。'""他反复对我说:'Discover、Discover、Discover才是我真正的生活目标。'"(孙康宜《施蛰存对付灾难的人生态度》)

**十二日** 下午《文汇报·笔会》主编萧关鸿、副主编田永昌来访。据田永昌记述:"我和萧关鸿一起去找他,当面说好来采访他的。"(田永昌《只要气不断,手就不会停》)

**十三日** 下午《文汇报·笔会》萧关鸿、田永昌陪同上海电视台达奇珍等来采访。

另,据田永昌记述:"我们陪上海电视台读书栏目编导达奇珍以及摄像等一行人按约上门时,他不同意采访了。上海电视台的摄像师把摄像镜头对准了他,主持人把话筒递到他面前,他用手推开话筒,说:'你们干啥?'然后就一下子睡到床上去了。说今天身体不舒服,不接受采访了,无论怎么说都不行。""后来蛰存老人笑着告诉我,'你知道我为什么拒绝采访吗?叫我说什么呢,《笔会》五十周年,的确要祝贺,说几句吉利的话。但我不知从何说起,我想从57年的反右说起,但又觉不太合适'。"(同上)

**十五日** 在《文汇报·圆明园》发表《知堂书简三通》,并"题记":"抗战胜利至解放后,我偶尔与他有通信,劫后仅存此三通。《文汇报·圆明园》编辑再三索稿,乃从箧中检出,略加说明付之。"

**十九日** 复宋路霞函:"谢谢你为我作了平反结论,《上海滩》又大有影响,已有不少反应了。你在图书馆工作,大有收获,瞿兑之、朱祖谋的文字可以弄来发表。朱的文字如有关'词'的,请介绍给《词学》,我正在编第12期,欢迎此稿。我近来气力大衰,本星期内要招待几位美国来客。下月初要住医院作大检查,大约心脏有问题了。上海之游,要待秋凉,谢谢盛情。你知道'丽娃河'的来历否?我想给你写一小文,这几天还无力。"

**二十日** 在《文汇报·笔会》发表《悼念风子》并附《风子书简三通·致施蛰存》。

**二十二日** 复天津孙玉蓉函:"文章可以用,也不必付稿酬,送我一本就成了。不过,我以为你这个书名不妥,我建议改为《俞平伯纪念文萃》或其他,请考虑。""我建议你将平伯先生的散文合编一本,书名《俞平伯文萃》,二册配套印出,也有意思。近年散文书好卖,不可失此机会。"

**二十三日** 在陈文华陪同下，耶鲁大学孙康宜来话别并合影留念。

另，据孙康宜记述："在返回美国之前，我又去探望施先生一次。临别时，双方都有一种无言的冲动，因为我们不知道何时能再见面。面对如此学养高深的前辈作家，我只有以安静来表达我出自衷心的惜别之情。最后，施先生慢慢立起身来，交给我一包雨花石，'这是我80年代初从南京带回来的纪念品，现在送你做礼物'。回到美国的家中，我迫不及待取出那包珍贵的雨花石。发现其中还夹着一张小条子，上面有施先生的亲手笔迹：'南京雨花台的雨花石，放在玻璃盆中，加水，作摆设品用。'"（孙康宜《施蛰存对付灾难的人生态度》）

**是月** 编译《外国文人日记抄》，由天津百花文艺出版社新版重印（1988年第1版）第一次印行。

另，据谢大光回忆："《外国文人日记抄》终于在距施先生写来'重印后记'整整十年。尴尬的是，一直嚷着没有订数，版权页却写明首印10 000册。内行的施先生一下子看出了门道，来问信：'此书不知印过几版，我已无存书，可否请你查一查库存，将旧版惠我一册？版权页上写得不明白：1988年第一版、1996年6月第一次印刷。这就叫人看不懂了。''封面、装帧设计还不坏，不过这是外国十九世纪出版物的里封面图案，显得太旧气了。两个英字是：外国日记本，不能表达中文书名'。"（谢大光《一个有趣的灵魂》）

**又** 复旦大学出版社出版李学勤、吴中杰、祝敏申主编《海上论丛》，书内"文坛旧案"收录先生所作《引言》《鲁迅的〈明天〉》《关于〈明天〉》，别有《关于鲁迅小说〈明天〉的论辩》、陈西滢《〈明天〉解说的商榷》、吴立昌《附记》。

**又** 《将军底头》列入"中国现代小说名家名作原版库"，由中国文联出版公司重版。

**又** 时代文艺出版社出版冯牧、柳萌主编"二十世纪文学争议代表作品丛书"（现代文学争议作品宝库），其中《白金的女体雕像》收录其作小说《梅雨之夕》《魔道》，并附有编者"述评"；《醉眼中的世界》收录其作《书目》《庄子与文选》《致黎烈文先生书——兼示丰之馀先生》《突围》《关于围剿》《"不得不读"的〈庄子〉与〈颜氏家训〉》《服尔泰》《"杂文的文艺价值"》等。

**同月** 1日《上海滩》杂志第6期刊载宋路霞《"洋场恶少"施蛰存》。19日《宁波日报》刊载宋路霞《赢得"洋场恶少"名——鲁迅与施蛰存的恩恩怨怨》。24、25日台湾《中央日报·长河》刊载林静山《真诚率性的"第三种人",文人气质浓厚的施蛰存》。

## 七月

**一日** 致北京萧乾函:"饼干老兄,大作散文集收到。""昨天一天看完,老兄的京话很好,老兄是蒙古京片子。还有什么著作,再送一本,旧作也要,大约我都没看过。近来力气大衰,不动笔躺着看书报,有你看过的新鲜玩意儿,赏我几本。张兆和嫂子安否,代我问候。"

**五日** 致范泉函:"写了一个书信形式的文件,供兄采用,现在写字已觉得很累,不能多写,言不尽意。""使我想起,还可以编成一套《中国文学大系》,例如:周秦汉文学大系(一卷本)、三国六朝文学大系(一卷本)、隋唐五代文学大系(二卷本)、宋金元文学大系(二卷本)、明代文学大系(一或二卷)、清代文学大系(一或二卷),总名为《中国古典文学大系》。全套《文学大系》:古典文学大系(汉—清)、近代文学大系(1840—1916)、现代文学大系(1917—1949)。另外,我还希望上海书店办一个书法或书画刊物,每二月出一期,一定有销路。""我可以做顾问,提供协助。"

**九日** 萧乾由北京托带所著《一个中国记者看二战》(北京生活·读书·新知三联书店1996年2月第2版)并题:"蛰存老哥教正。乾弟。"

**十日** 致范泉函:"《近代文学大系》出全了,煌煌卅大卷,历时十年,终于完成巨业,颇不容易,可喜可贺。从传统文学到新文学时期之间,有一个转型期的文学现象,这个时期的情况,向来文学史家都不很注意,或者说,没有发现它的重要性。这部《近代文学大系》,突出地表现,或说记录了这一个转型期的各方面文学现象,同时又系统地保存了这一文学期的文献资料。从这一角度来评价,此书的作用与价值,都在《新文学大系》之上,而且,没有这一《近代文学大系》,那么《新文学大系》的意义与作用都透发不出来。我参与了这部大书的编辑全程,在老兄的主持之下,我很欣赏老兄的工作方法。""我尤其欣赏的是:在编辑过程中,印发了一种工作'简报',使散在各地的编辑人员有一个互通信息、互相讨论的场地,有利于编辑进程。这一方法,以前各出版社编辑大型丛书、辞书、类书,似乎都没有用过。我建议把这七十四期'简报'合为一书,影印五百或一千册,给今后各出版社编辑大书时作一个榜样。我今年体力衰颓,无法参加八月中的研讨会,即以此函申述我的意见,并祝贺老兄成功。"(按:此函后作为《中国近代文学大系》出版座谈会上的书面发言。)

**同日** 收到《秀州书局简讯》即复嘉兴范笑我短函:"'简讯'(43)中《瘾君子自白》

《文物百话》,我不知何处出版,贵书局如尚有存书,请惠寄各一册。有《词籍序跋萃编》一册,可赠吴藕汀,但我无力包扎,最好有便人来取。"

**十一日** 赵光潜由洛阳致函,谈及"关于《千唐志斋藏志》的情况"。

**十三日** 致湖州费在山函:"收到大著后第一天就拜读,第二天则是玩了。足下三册书,愈来愈别致。""周瘦鹃办过一个小刊物,名叫《紫兰花片》,亦是一个人唱独脚戏的,大约出了七八期,足下此书可以比美。""我也想印一本旧诗集,只有二百多首,大约一百多页,格式悉如大集,不过要用繁体字直行排。请足下为我估计一下,印刷及纸张、装订费。"

**十七日** 洛阳赵光潜致函:"兹在友人处又发现一本《千唐志斋藏石目录》,线装,宣纸,是六十年前西泠印社印刷[1935年初版],兹复印一份装订寄奉,但愿对老兄有些参考价值。此目录所载藏石,在这几十年中,有些已经散失,(日寇占领时,在那里作马圈)但目下所存者,较此册所载,又有新增,当以上次所寄'藏志'为准。"

**十八日** 撰写"拟创办《古典文学集林》丛书设想":"全唐诗、全宋诗、全宋词、汉魏六朝小说、唐宋传奇话本。16开本,繁体字直行排印,用仿宋四号字型,每二月出版一册,预约零售(纳须弥于芥子,化丛书为期刊)。"

**二十日** 《文汇读书周报》刊载韩沪麟《"夏日的最后一朵玫瑰"——文坛耆宿施蛰存素描》:"《蒙田随笔全集》即将付印,这么一部有分量的文学巨著,当然要找一位相称的、学贯中西的文学大家作中文序,我想到了几位,其中的一位就是三十年代在文坛已经声名赫赫的施蛰存老先生。""还没等我说明来意,施老劈头就对我说:'某某的法文诗怎么译成这个样子,太可惜了。'""我请他作序,他沉吟半晌,无力地摇摇头说:'我只在震旦学了一年法文,没有资格写,再说也写不动了。'""在谈到当今出版界的一些不良现象时,施老的神情变得严肃了,一言以蔽之,'一塌糊涂'。他说有的出版社连招呼也不打就擅自出他的书。""他想委托律师告状,但官司未打先得付上一大笔钱,为节省路费等开支,他以长江为分界线,长江以北委托北京律师代理,长江以南由自己来操办。"

**二十五日** 复范泉函:"《古典文学大系》及《书谱》能筹印,很好,我可全力支持,只要我一二年内还不死。《书谱》不必是定期刊物,像王元化的《学术集林》那样,作为不定期的集刊出版,也较方便,一年出4或6册,不受时间约束,恐怕反而利于发行。""刊物名称、内容:(1)《书谱》:二月定期刊,16开本,64或96页。(2)《书画舫》:季刊,16开本,96或128页,不说明是期刊,先作为集刊形式,今年出一二本,因我听说天津、四川都有此计划。(3)《书画文物》:内容扩大到文物,季刊,128页,16开。以上三种,可以决定一种。"

**下旬** 北京施康强来访。据施康强回忆:"交谈约一小时后,施先生吩咐把他早就准备好的一个纸箱从阳台上搬进来。箱中有三十多本书,多数是二十至四十年代的文学书,以超现实主义为大宗,光是艾吕雅(Éluard)的诗集就有五种,科克多(Cocteau)的剧本有三种。另有一本Maurice Nadeau的《超现实主义史》,是研究这个文学运动的权威著作。施先生指着这本书(1946年,先生的友人赠自巴黎)说:'我曾经想翻译它的。'我知道,施先生在法国诗中偏爱后期象征派,尤其是耶麦(Jammes),赠我书中便有一本耶麦的诗集。不过我不知道他对超现实主义也有过不衰的兴趣,并且收集不少第一手资料。我把这些书带回住处,逐本检阅,私心是想找到施先生签名或盖了藏书章的本子。我多少有点失望,因为他好像没有在书上签名盖章的习惯。仅在古希腊诗人忒奥克里托斯的《牧歌》的扉页上发现连写的'蛰存'两个铅笔字,在十九世纪法国作家古尔蒙(Gourmont)的文论集《理念的培育》的扉页上找到一个圆形蓝色橡皮图章印记。圆内两排字,横行,上排字体较小,为'华亭施氏',下排较大,为'无相庵藏书'。""这本法译《牧歌》的出版年月为1929年12月。""是限额本,编号2015(总数2500本),用厚重的Tsahet纸莎草纸精印,有明显的横向帘纹,毛边,每章开头有木刻插图,每页的天地有木刻图案。"(施康强《施蛰存先生的西窗一角》)

**是月** 文汇出版社出版《走过半个世纪——笔会文粹》,收录其作《咬文嚼字》。

## 八月

**一日** 复李奇函:"《美石》创刊号一纸,已于6月杪收到。阅之欣喜,甚有趣味。因适在病中,未及即复。""我爱玩石,是六十年以前的事了。当年舍下老屋在松江,有一花厅,厅前院中有假山,皆太湖石叠成,我书斋中有灵璧石二峰,如二神女。此皆俊物,引起我爱石之癖。可惜舍下屋宇,皆为日寇所毁,战后回松,已成一片白地矣。现在只有几十枚雨花石在水仙花盆中耳。国内还有许多著名玩赏石,过几天我将所知者写给你。也希望你的《美石》继续刊行,为石友通声气,为名石作调查记录。"

**同日** 《序与跋:〈玻璃垫上的风景〉》刊于《美文》第8期,署名"施蛰存、查志华"。

**又** 《杂文界》第4期刊载朱亚夫《历尽沧桑话杂文:施蛰存先生访谈录》,并附先生所作《读〈现代〉重印本书感》。

**二日** 致周退密函:"弟今年忽大衰,无力秉笔,而还有许多事未了,拟待秋凉,拼老命逐一结束,尚不知能支持一年半载否?附奉徐定戡诗一纸,去年寄到,今日检出,不知兄处已有否?此讥钱锺书而作,弟亦有同感。《历代碑刻图鉴》暂时搁起,待秋凉后再编。""不要寄诗,此事与我无缘矣。"

五日　复范泉函:"提议的有三种刊物:1. 书谱;2. 书画;3. 书画文物。论销路,第三种最大,论编辑,第一种最简单。我以为先要决定办哪一种,然后才可以设计具体出版计划。画,我不熟悉,另请专家挂帅。书法及文物,我可做幕后军师,挂名'顾问'。因此,先要决定刊物内容。我建议你再编一个《中国古典文学大系》,秋后筹备上马。我又建议上海书店重印黄宾虹编的《美术丛书》,但要增补很多资料。"

十日　致台湾黄沛荣、林玫仪夫妇函:"有《人物》及《新文学史料》二种杂志,可赠送你们的单位,希望秋间有人来取去。"

十三日　先生致苏州塑料一厂吴加宝函。

十四日　下午王兴康、李祚唐和高克勤在北京三里河南沙沟访问杨绛。据高克勤记述:"当得知王兴康是施蛰存先生的研究生、我是王水照先生的研究生时,高兴地用上海话说:'施先生、王先生都是老朋友,阿拉都是自己人。'随后,她又问了施先生、王先生的近况,并告诉我们,施先生给她的小说《洗澡》一书写的书评很实在,她看了'最焐心'[沪语]。"(高克勤《忆京城访杨绛先生》)

十六日　为纪念《文汇报·笔会》创刊五十周年而编辑出版的《走过半个世纪——笔会文粹》签名本举行义卖拍卖活动,所得款项捐献给希望工程。征集签名得到京津沪文化界人士的热情支持,先生应邀与柯灵、王元化、季羡林、萧乾等五十位作家、艺术家、学者、专家、教授在五十本签名本上亲笔签名。

十八日　致新加坡周颖南函:"今嘱孙儿带奉拙著一本。""上海老友,渐渐凋零,我亦衰颓,不能运笔,终日偃卧,以待天年。孙儿在新加坡工作,尚恳多予照拂。"

二十日　范泉、吴峤夫妇来访。按范泉日记:"送去他要的《翻译文学集》一套,他赠我'七十年文集'一部,我们与他夫人一起照了相。这次施老的精神状态比上次好,他还希望到寒寓做客。"

中旬　先生与陈如江为主编《宋词经典》而合作撰写"前言"。

二十五日　苏州塑料一厂吴加宝复先生函。

二十六日　范泉致函:"您为《文艺春秋》月刊总共著译十五篇,其中翻译四篇,创作十一篇。""办刊物事,我动员□□□接手,她害怕亏本。""等天气凉爽以后,吴峤决定派车来接您,在寒舍便餐,施师母一起来,可以照顾您。"

**二十九日** 复陈福康函,解答关于"大系""中国译家"的两个问题:"你谈的二件事,说明如上。""《文艺百话》你可找来看看,P81—P119,P314,你可注意一下。"

**三十一日** 复洛阳赵光潜函:"惠书并承赐唐墓志一纸收到。""此志主宇文氏乃李峤之孙媳,李融之媳,亦名门也。洛阳近日有无碑拓可收?我还想收一二十本汉唐碑拓,要裱成册子的,有木夹板。颜、柳诸家碑不要,要的是冷门碑。汉碑不拘,只要是旧拓本,都要。《升仙太子碑》,我已有一纸,还想收一个剪装本。此事烦足下作缘,价不论,足下可代作主,我拟用一千元收碑拓,就此封门。"

**是月** 浙江文艺出版社出版毛谷风、熊盛元主编《海岳风华集》(线装本),先生应邀与顾毓琇、钱仲联、周振甫、启功、孔凡章、程千帆、周退密、马祖熙、饶宗颐等人担任此书编委会特聘顾问。

**同月** 7日赵之云病故。10日台湾《中央日报·大陆文坛传真》刊载陶思浩《施蛰存的偏得》。人民文学出版社出版杨义主笔,中井政喜、张中良合著《中国新文学图志》,书中第三卷(1927—1936)章节有"《现代》的风度""《文饭小品》的平和淡雅"。国家古籍整理出版规划小组颁布实施《中国古籍整理出版"九五"重点规划》。

## 九月

**一日** 复苏州塑料一厂吴加宝函:"我想托你在苏州收一些文房小古董,每月一二百元,三个月为一期。我要的是,例如,唐宋古镜(铜镜);笔筒(大的,又叫笔海,紫檀木、花梨木,或红木的,有雕刻山水人物的最好);旧墨、旧砚,有题刻的最好;明清瓷碟、印泥缸;书画尺叶、扇面;竹臂阁;旧图章石。你看,能不能代我淘淘?"

**二日** 复香港古剑函:"我不必再麻烦你买什么东西,我的生活需要已大大降级,有些东西,上海已可买到。""28日女作家戴厚英被人砍死在家中,""此事尚未知实情,报上只说'不幸死亡'。"

**五日** 《澳门日报》刊载陈怀萱《"施蛰存文集"》:"昨日收到自上海寄来的邮包,打开一看,赫然是两册《施蛰存文集》,上面还有施老题赠的签署,令人喜出望外。"

**十日** 复洛阳赵光潜函:"《升仙太子碑》及《元结碑》拓本,我都已有,且是清末旧拓。看到有木夹板的碑拓,不论时代,均请代收。""今年印出了三本大书,可奉呈其一,请选定惠示。""《千唐志斋藏目》收到,此件我已有一石印本。"

**同日** 南京《书与人》第5期刊载金文兵《秋日访施蛰存先生》:"他递过纸笔,然后指指耳朵,示意有什么话要谈的就写在纸上。""一听说又是写关于他的小说的论文,他便一摇手,说,没什么好研究的,一共也就五六十篇东西,谈不上研究;要研究,研究苏东坡好了。""施先生从追忆中回到现实,沉默些许,突然一摊手,连连说,不谈了,不谈了。然后站起身来,一拱手,算是道别。"

**十一日** 上午先生因身体不适,入住华东医院检查治疗。

**同日** 《文汇报》登载《历史的转折,时代的呼唤——〈中国近代文学大系〉出版座谈发言摘录》,其中刊有先生的书面发言。王辛笛来函。

**二十七日** 广州岭南美术出版社单剑锋寄赠《单剑锋其人其画》。

**是月** 福建美术出版社出版陈声聪(兼与)遗作《荷堂诗话》,书中章节"施蛰存""蛰存补录"。

**又** 湖南文艺出版社出版邓晓辉、赵红编《凡尘清唱》,收录《论老年》。

**同月** 20日《职大学刊》(哲社版)第3期刊载周晓宁《中国小说现代化进程的重要一环:谈施蛰存心理分析小说对中国现代小说的贡献》。21日《文汇报·圆明园》刊载施康强《施蛰存先生的西窗一角》。26日上海文艺出版社在北京西城区地安门西大街67号文采阁召开"当代文坛大家文库"(巴金、冰心、夏衍、施蛰存、柯灵七十年文选)出版座谈会。

## 十月

**九日** 先生经过近一个月的住院治疗,下午出院回家,并致也入住同院的赵清阁便函:"我今日下午回家,不来看你了,请多保重。一包麦片、一盒洋参丸,是华东师大中文系送我的,今借花献佛,转赠给你,请哂纳。回家后,请以电话或信函通知我。"

另,按先生自述:"原想作一次保健检查,最多十日即可了事。想不到医师说我有心脏病及缺铁性贫血,于是输液、服药、理疗,忙了一个多月。"(复赵光潜函,1997年2月24日)

**同日** 《文汇报》登载记者谢海阳采访记《"四面开窗"挥彩笔,八卷文集慰暮年——访文坛大家施蛰存》:"他现在一天差不多要睡上十五六个小时,馀下的时间除了读书看报,写几封信,便用来编选文集。""尽管年事已高,施先生对文坛的动态十分关注,前不久上海市作协推举出席全国作协代表大会代表,他也认真地填写了选票。施先生说,作协应当是为作家服务的团体,不是衙门,我们这一辈人都老了,不要再占着位子不管事了,应该让年轻人去干点实事。"

**十四日** 下午龙应台等来先生寓所访问。

**十七日** 致河南任访秋短函:"请问佟培基,我要找李白凤夫人刘朱樱,请通知她来信告我住址。"(按:此函交托范泉捎转。)

**十八日** 范泉来晤。按范泉日记:"施老曾住院一月,心跳50/分左右,医院劝装起搏器,他不同意,已出院在家约一周。今天去看他时,他夫人陈慧华说,出院后反而好了不少,又在继续工作。""他希望我选择谈及文学的书信五封入编,他说开封李白凤处有他大批书信,要我去开封时找他夫人,请任访秋告知李的住处。"

**二十日** 张寿平由台湾寄赠《安缦室诗词》,并题"蛰公词宗教正,后学张寿平敬呈"。

**二十一日** 致彭燕郊函:"本来是去作全身检查,结果查出了心脏有问题,功用衰退,是老年人现象,也非药物能治,只好休养,以待天命。华东师大出版社为我印文集,要收一卷书信。你那边如存有我的信,请选几封复印寄来,复印费请示知,我即奉还。我今年体力大降,记忆力尤其衰退,许多事一时想不起。久违的熟人,忽然来访,竟忘记了他的姓名,真是'甚矣,我衰也'。"

**二十二日** 下午龙应台再次来先生寓所访问。先生自述:"谈得很愉快。"(复林玫仪函,1996年11月14日)

**二十六日** 又应邀为上海文艺出版社《世界文学大师小说名作典藏本》"总序"撰"附记":"现这套丛书准备出第二辑,并准备仍用这篇序言。我原想稍作增删的,但又想,该说的话其实都已说了,再说就有饶舌之感。"

**同日** 复嘉兴范笑我函:"关于林微音事,我有关谈到,在《沙上的脚迹》中。克标兄据我文提到,没有问题,照发可也。"

另,据范笑我回忆:"10月19日章克标先生从海宁来信谈到林微音的《深夜漫步》:'林微音是唯美主义者,与芳信、朱维基三个人有个小组样子,当时在上海颇具特色,不过此人的中英文均不见得硬,所以他的译文被施蛰存所轻蔑而嗤之以鼻。'我在编入《秀州书局简讯》前写信征求施先生的意见。一周后施先生来信说……。他在我寄去的稿件上圈掉'施蛰存所轻蔑而嗤之以鼻'一句。"(范笑我《忆施蛰存先生》)

**二十七日** 范泉致函:"今天回到上海,您托我探询李白凤的住址,任访秋不知道,但是他告诉我佟培基尚在,现任河南大学中文系唐诗研究室主任。找到佟以后,他说他也不清楚李白凤住址。他说李早已去世,李的孩子曾经是他的学生,他可以找到孩子的住址。以后,他来看我,说李白凤夫人刘朱樱病重,在郊区,不易找到。他已请李的孩子李惟玉转告刘朱樱,将您的信找出来,选择有内容的,寄给您。"

**是月** 香港金陵书社出版公司、山谷诗社出版由匡一点主编《当世百家律诗选》,收录《北山楼诗》十五首。

**又** 百家出版社出版上海诗词学会"诗选"编委会编《上海近百年诗词选》,收录其诗作《枫林颂》《癸丑岁阑寄郑逸梅》《追怀雷君彦》《浮生杂咏》(选录四首)。

**同月** 香港《明报月刊》10月号刊载孙康宜《施蛰存对付灾难的人生态度》。

## 十一月

**一日** 在《华东师范大学》校报发表《丽娃河》。

**五日** 复范泉函:"你把选出的信给我,交出版社复印后,即将原件奉还,不必劳神抄写了。你已有些手僵,似乎早了一些,找医生介绍一些药物,防止血管硬化。我有几种病象或说'老象',""现在每天吃三种药,不做文字工作,完全休养。"

**同日** 《文汇报·笔会》刊载邓云乡《新文学寿星施蛰存》:"门敞着,老人真是很好,正坐在小写字台边上,从一个不知哪位刚送来的西点盒子中选点心吃呢。我连忙合掌打招呼:'老夫子,老寿星。'老人十分高兴,忙说:'快坐、快坐。'我拖了方桌前的一把椅子,坐到老人身边,他说话声音宏亮,但耳朵有些背。这时他别的不说,先指着点心盒子说:'这是他们送我的,你先吃一块再说话。'这样就与老人谈开了。地上堆了好多报纸,佣人拿走点心盒,老人让我从地上拿上一包纸包,打开一看,原来是老人编的'碑影'原稿,这可是一项大工程。老人说:原来想编八大册,现在压缩成六大册,大体是秦汉、魏晋、南北朝(主要是北朝)隋、唐、宋、元明清,按历史顺序编下来。""92高龄的老人,又是新文学,又是古典文学,又是金石古碑,又是翻译文学,与老人真是越谈越起劲。"

**六日** 《〈玻璃垫上的风景〉序》又刊于《宁波日报》。

**十四日** 致台湾林玫仪函:"华东师大出版社为我印文集,""我现在编二册杂文集,须明年第一季度可印出。此事逼上梁山,使我欲罢不能。""我希望你把清代词集目录先编出来。台湾方面如有几位老词人的词集出版,希望为我收集一下。""我写字已不甚利落,这二纸写了20分钟。"

**二十五日** 先生以特制"施蛰存先生九十寿辰纪念"笺纸致嘉兴范笑我:"《曹植庙碑》我已有,不必再联系了。"

另，据范笑我回忆："施先生在来信中说：'我近年收买古碑拓本，嘉兴如有，请代为收买，要的是唐以前的碑拓本，裱好的，上下有木夹板，印刷品不要，费神留心一下。'嘉兴有位先生藏有《曹植碑》想出手，我告诉施先生。他马上来信说：'《曹植碑》我要，烦为作缘，议定一价。先将拓本惠寄，如无问题，即汇款两讫。因为我先要查一查此碑及其拓本的记录。请足下先看一看，到底是碑，还是墓志？'嘉兴这位先生说'是《曹植庙碑》'，并开价一万元。"（范笑我《忆施蛰存先生》）

**三十日** 复香港古剑函，言及"总而言之，从8月到10月的事，我都不记得了，因为没写日记"。

**是月** 《巨人》杂志第6期封二刊载先生照相和题词。据王铁仙记述："我的儿子当上海少儿文学杂志《巨人》的编辑时，请施先生在某一期的封二题几句话。这时施先生更老了。到了约定的时间去取稿，施先生躺在床上，身体不大好，可精神还不错。我儿子提到了题词，施先生说：'我答应过写吗？''你答应过的。''我没有答应过！'施先生的读小学的重孙女在他身旁，帮我儿子说：'欠的债总是要还的！''没有笔呀。'施先生说。重孙女立刻从铅笔盒子里拿出一支圆珠笔塞到施先生手里，施先生在一张纸上划了几下，希望是一支写不出字的圆珠笔，但这是写得出的。施先生稍想了一想，很快写道：'儿童是赤子，希望儿童文学作家笔下留神，不要损伤了赤子之心。'写完递给我儿子，说：'写得好伐？'很得意的样子。"（王铁仙《率真的人》）

**又** 复旦大学出版社出版由复旦大学中文系编《中西学术》（2），刊有许道明《海派二十家小品序》（续）内"二十、施蛰存小品序"提及："他本人似乎是不太愿意人们称他是海派作家的，然而历史向人们昭示，他较之一般海派作家，显示了海派文学最可宝贵的传统。""他是新感觉派小说家中成就最高的，""从上海大学他获取了前卫的社会意识，而又由法语文学养就了前卫的艺术意识。""前卫的社会意识保证了他对现实采取不调和的态度，包括他那些演绎历史人物和古代小说人物的作品，多是些剥露人性，以及人类前史时代荒谬性写真。前卫的艺术意识，大致是为他寻得了表现的抓手。""更多的可以归属于传统对他在趣味上的支配力，研究施氏小说的学者相当看重他在抗战前夕写下的《黄心大师》，说标志了作家由现代主义向着现实主义的复归。其实，这篇小说亮出了施氏的底牌：从少年时代对李贺的神往到《黄心大师》'近乎宋人词话的文体'。""他虽仰慕弗朗思《文学生活》那样精劲的批评散文，也心仪兰姆和史蒂文生那样从容的絮语散文，但到头来，他可以什么也不顾，唯重中国文化的魂魄。《雨的滋味》《画师洪野》《驮马》《栗和柿》向为读者宝爱。""《绕室旅行记》和多数艺文谈片，""文化意味特浓，有西风的抚拂，更有鲜明无疑的民族性征，它们只能出诸学人的手笔，掩映着他的淹博学养和平正的文心。""尤其《文学之贫困》，曾引起文艺界同人的针砭。作者在结集时，明明白白地交代一过，免不了也表达了他的倔强。""多少也是颇为结实的意见，它们几乎同施氏自三十年代以来的许多节目一样，人们的呵责，包括某些大人物的异议不难理解，但我们也不能怀疑作者正当的用心和同样可以理解的立场。内中包含着作者对于文学的诚意，以及对于民族文化前途的关切，一派书生的本真，虽说亦不失书生的迂阔。"

**同月**　2日香港《大公报》刊载华风《施蛰存意识流小说萃编》。13日徐迟在武汉逝世。

## 十二月

**上旬**　先生阅读王伯敏编著《中国民间美术》。

**十二日**　《解放日报》刊载江曾培《当代文学的一个标杆》："'当代文坛大家文库'首批推出的五部书，以健在的作家七十年创作经历为选本年限，分别为《巴金七十年文选》《冰心七十年文选》《夏衍七十年文选》《施蛰存七十年文选》和《柯灵七十年文选》。著名学者蒋孔阳在这套书的首发座谈会上，概括这五位入选的'大家'有'三高'：'一是高寿。''二是高产。''三是高质。'五老所以成为'当代文坛大家'，最根本的，是他们的作品，代表着当代创作的最高水平。"

**十五日**　农历十一月初五，先生九二生辰。

**二十七日**　上海图书馆黄显功来访，并赠《上海图书馆藏藏书票作品选集》。先生向他介绍了早年藏书票的见闻，赠给10张以肯特版画制作的自用的"北山楼藏书票"，还为《唐诗百话》签名留念。

另，据陈若茜记述："在世界藏书票名家名作中，不得不提的一位是美国著名插画大师罗克威尔·肯特（Rockwell Kent, 1882—1971），其作品在美国藏书票史上都具有重要地位。黄显功最初知道他是从已故老作家施蛰存那里，施蛰存是一位爱用藏书票的作家，他还爱自己设计制作藏书票。""黄显功去拜访施蛰存，施老赠送给他10张他自行设计自己使用的'北山楼藏书'书票，该书票上采用的图案是美国插图艺术家罗克威尔·肯特的头像，足见施蛰存对罗克威尔·肯特的喜爱。"（陈若茜《黄显功：岁月磨洗藏书香》）

**二十九日** 复香港古剑函:"天寒倒不怕,室内装了一个空调,保持在20度。""烟可交卢玮銮,中文大学常有大陆人来往。张大千画装得很好,看不出裂纹,你再印四五张给我。""我现在已经在遣散一切文物,处置身外物了。你已名列'庆祝回归委员会',很好,我为你放心了。我已不再动笔为文,终日静坐,看书读报,卅年代的文人,也只剩四五个了。"

**是月** 复旦大学出版社出版朱文华、许道明主编"高等学校文科教材"《新编中国现代文学作品选》(中),收录《周夫人》《梅雨之夕》。

**又** 汉语大词典出版社出版《朝花作品精粹》(1956—1996),收录《东北的四言民歌》。

**同月** 16日中国文联第六次全国代表大会和中国作协第五次全国代表大会在北京举行。27日《东方文化周刊》试刊第3期刊载朱文颖《雨夜·世纪老人——访施蛰存》。《徐州师范学院学报》(哲社版)第4期刊载黄德志《施蛰存研究述评》。上海书店出版社出版《民国丛书·第五编(50)王哲甫〈中国新文学运动史〉》,据1933年北平杰成印书局版影印。

# 一九九七年(岁次丁丑) 先生九十三岁

## 一月

**五日** 《解放日报》刊载陈诏《集四十年作品精粹,让读者饱览时代风云、社会嬗变、都市风情、文苑英华——推荐大型文集〈朝花〉》:"《朝花》文集选编的作品共270馀篇,给人总的印象是群星璀璨,精品如云,当代绝大多数一流作家都在《朝花》副刊上留下他们的力作。例如……施蛰存《东北的四言民歌》。"

**九日** 程千帆致傅杰函谈及:"施蛰存先生前两年在上海某出版社重印过他的小说,请代购一册。""如无处可买,请代我向他要一本,五十年老友,不方便写信就不写了。请代我向他问好。"

**十二日** 晚上复平湖葛渭君函:"我从去年暑期急剧衰老,虽无病,而体力日损。现在已不动笔,信亦懒写。""现在我正在编第二、三册'散文集',忙得很。平湖有无图书馆?我有一些陆维钊的字画,想捐赠。"

二十日　江苏古籍出版社《中华大典》编辑部致函,邀请先生审读《文学典·宋辽金元文学分典》第 1 册"绪论、宋文学部一"。

二十八日　颜逸明致先生函并书赠诗笺。

**是月**　《中国现代文学名著·施蛰存卷》由太白文艺出版社初版印行。

**又**　山东文艺出版社出版汪文顶主编《中国散文传世之作》(现代卷),收录其作《栗和柿》《论老年》。

**又**　学林出版社出版"印象书系"第 1 辑,张新颖编《鲁迅印象》收录其作《关于鲁迅的一些回忆》,孙冰编《沈从文印象》收录其作《滇云浦雨话从文》。

**同月**　5 日孙大雨在上海逝世。11 日《文汇读书周报》刊载费在山《北山"四窗"施舍》。《中文自学指导》第 1 期刊载陶榕《畸形社会的变态人格:重读施蛰存心理小说〈石秀〉》。

## 二月

三日　复华东师大出版社编辑刘凌函:"因为你社要照顾到本校许多教师著作的出版,我不好意思多占出版计划,故想把'碑刻'一书交别处承印,现在既然师大出版社愿出版此套书系,我十分感激。过了春节,即当着手,最好选定一位编辑人员承担一切编务,我只能按计划发稿。目前要紧的是编好杂文集,已在进行。"

九日　刘惜闇来先生寓所贺年晤谈。

十六日　刘惜闇书赠对联两幅,一隶书"松风生妙韵,春意出奇苍。蛰存道丈命书即乞教正,晚生刘惜闇,时年八十九。"二行书"不比狂花生客慧,始知真放本精微。蛰存道丈诲正,集苏东坡句,晚生刘惜闇,时年八十九。"皆钤印"赤乌砚堂""刘惜闇"。

同日　按程千帆日记:寄书[《闲堂诗文合钞》]施蛰存。

二十一日　元宵节。海宁陈伯良来访并题赠《陈伯良印存》:"舍老教正,后学海宁陈伯良敬赠。"

二十四日　复洛阳赵光潜函:"手头还有不得不做的事,华东师大出版社为我印文集,今年还得为此事忙一阵。我还想收几本裱好的碑拓,洛阳市上如见有汉唐碑拓的裱本,上下有木夹板的,烦为代收。每本百元以下,没有问题。"

二十五日　上海图书馆张伟来先生寓所访问并合影。

二十八日　致周退密函:"今年要编印《历代碑刻墨影》,共六或八册。6 月以前,想发稿二册：一、秦汉碑刻，二、魏晋六朝碑刻。每册图版126至160页，未定。每碑二至三页：一、碑额，二、全碑拓本缩影，三、碑文局部（原大），有额则3页，无额则2页。大体如日本及台湾之《书道全集》，由华东师大出版社印行。每碑要一段说明，约五六百字，我想请足下合作，为写几本说明，不知兄有此兴趣、时间及精力否？先以此奉询，作为'探路'，兄如高兴承担，我就省事不少。"

**是月** 先生所作《致陈福康》信函刊于《小说》月刊第2期。

**同月** 10日《新民晚报》刊载《在安谧中生活与写作——春节访施蛰存先生》。

## 三月

**二日** 先生致北京沈师光一函。

**三日** 致邓声国函："看到你写的《异名同指》[从"奴"字看事物的别称]，我要给你补充一个资料。'奴'即'侬'的音转，或者'侬'即'奴'的音转。六朝时人自称'阿奴'，即'阿侬'，至今上海市金山县人还自称'阿奴'。晚唐时，长安通行吴语。昭宗避难时，赋诗曰：'安得有英雄，返奴归故宫。'可知'奴'即'我'了。此句后世记录亦作'迎归大内中'，这是因其鄙俗而妄改的。"

**五日** 《中华读书报》刊载王春林《生命的澄明之境》，系《沙上的脚迹》之书评。

**七日** 下午山东《走向世界》杂志苏葵、姜东来访。据苏葵、姜东记述："他告诉我们，因为耳背得厉害，他须把助听器开到最大才能听到别人大声的'喊'话。""与他合影时原本打算站在他身后的，施老却执意不肯，说：'你们年轻人怎么这么封建啊？我坐着你站着多不平等啊！'问及施老最近在写什么，老人说从去年开始就停笔不写了，因为心脏不好，现在精力已大不如从前了。""'我现在每天主要的工作就是看报。'老人风趣地说，'每天要看六七份报纸呢。'"（苏葵、姜东《天意怜幽草，人间重晚晴——沪上拜访文学老人》）

**八日** 先生校讫北京《华夏吟友》编委会王成纲寄来诗稿校样，内有《为女学生题堆绢花鸟·六首选二》（1936年）、《昆明杂诗·六首选二》（1938年）、《蛋娘谣·四首选二》、《三宿武夷永乐庵·十首选四》（1941年）。

**十二日** 赵家璧在上海逝世。据赵修慧回忆："他问我：'家璧是生什么病走的？'我在纸上写下'心力衰竭'四个字。他点点头，自言自语地说：'没想到，没听说过呀！'我也不答理，我哪能告诉他真正的病原是'肺癌'呢？那天，我带了一些西式点心去，施伯伯说:'我现在不吃这些东西,对老年人健康无益。我现在每天吃些红枣,红枣和中,是个好东西。'"(赵修慧《两个松江人,一对板烟斗》)

**二十一日** 在上海作家协会第六次会员大会上仍被推选为顾问。

**同日** 复北京外国语大学王克非函:"你要把拙文收入大著,没有问题,也不必付稿费,我今年九十二,杜门不出,钱已没有用处了。你翻译文化史,应该对佛经翻译研究一下,到底有过多少译者?鸠摩罗什译过多少?佛经翻译,对我国中古语文,大有影响。'如是我问''佛如是说',这种语法结构都是前所未有的。这些情况,应当多作说明。胡适的《白话文学史》中有关于译经的叙述,你应该参考。"

**二十三日** 按程千帆日记:得"傅杰函,施蛰存小说已寄来"。

**三十日** 收到嘉兴范笑我寄赠汉建康砖拓片即复函:"我藏有砖文拓片不少,大多是千甓亭物,今又得一种。""嘉兴有无旧书店?能否收到一些碑帖?上下有木夹板的,无论什么碑,如见到,请代为收购,石印本不要。"

**同日** 程千帆自南京复周退密函谈及:"闻蛰翁颐养安和,极慰。其著述似皆已重印,亦可自慰,且使今之后生知中国文坛有此大师也。"

**三十一日** 中午先生因心脏不适,入住华东医院接受治疗。

## 四月

**二日** 在病房复嘉兴范笑我函。据范笑我回忆:"我告诉他我们图书馆有许多拓本,是'文革'的抄家物资,有一些还没整理。4月2日他来信:'你提供的信息甚好,使我十分艳羡,可否请你们馆长把这些碑拓作出处理?留最好的给图书馆收藏,次货及重复本则放在秀州书局出售,供应学习书法的青年。如果决定处理,我想函购一二十本,你们开价。此物从前不贵,五十年代朵云轩标价汉唐碑不过5、6元一本,'文革'期间,无人顾问,损失不少。近来又涨价了,西安、洛阳最贵,可以卖到百元一本,大多是日本人买去的。此事请你作缘,看看有无可能?'我去信说:'要我犯罪,放在公家的东西,烂掉、老鼠吃掉都不要紧,就是不能拿出去卖掉。'此时,我有朋友说他有一批碑拓,我把目录寄往上海。施先生看了之后说:'碑拓目,谢谢。这些拓片,大多是洛阳龙门山上造像题记,流传甚多,只有一个《西狭颂》是摩崖碑刻,我皆已有,此事不必谈了。《西狭颂》值得收藏,因为这一段山壁已因七十年代造水库而炸掉了。还是你们图书馆中那些好货,如果处理,请为我留下一些。'"(范笑我《忆施蛰存先生》)

**十一日** 先生上午办理出院手续,回到家里继续休养。

**十六日**　下午翁闿运托人捎带来自制复印本《新出土北魏张猛龙墓志》(石在日本正光六年),此本翁氏作有"题记",并题赠"蛰老前辈方家教正"。

**十七日**　《解放日报》刊载简讯《华师大颁发终身成就奖,施蛰存徐中玉钱谷融三教授获此殊荣》。

**二十一日**　复河南崔耕函:"老妻94岁,似较我为健。我近年在收集古碑拓本,郑州的书店或地摊上,如有古碑拓本,要剪装成册,上下有木夹板的,请为留心。""听说西安昭陵博物馆出售碑拓,价高至一二百元,不知确否?郑州市价如何?"

**二十二日**　下午华东师大中文系向先生和徐中玉、钱谷融三位教授颁发"华东师范大学中国语言文学系终身成就奖"。

另,据唐棣记述:"华东师大中文系全体师生为执教数十年,奠定中文系第一块基石的施蛰存、徐中玉、钱谷融教授颁发'华东师范大学中国语言文学系终身成就奖',以表达对三位恩师的衷心感谢和崇高敬意,颁奖仪式上,中文系主任高建中代表全体师生感谢他们数十年如一日的辛勤耕耘,为中文系的建设与发展作出了不可替代的历史性贡献。出席颁奖会的徐中玉、钱谷融面对人们的热情称颂谦逊地表示,能与施蛰存一起接受终身成就奖实在'惭愧'。"(《上海文化年鉴》)

**二十三日**　《中华读书报》刊载马海甸《施蛰存老的两册赠书》:"终究爱书心切,遂决然修书施蛰老。我要的书是'道生诗选'。""未几,收到施蛰老复函,他说:'此事足下来迟了,我已将英文书大半送给××,陶逊(道生)诗集亦在其中。现在我已将此书取回,可以奉赠足下。'两个星期后,《道生诗文选》便摆在了案前,书为大48开,200页,1919年版。""施蛰老的信还有一段:'我还有两本诗人签名本,1928年版,只印五百册,编号签名,我有的两本是T. S. Eliot及Edith Sitwell。Eliot一本已被杜国清取去,现在只存一本Sitwell,你如有兴趣可以奉赠。'"

**二十五日**　致上海图书馆萧斌如函:"《唐诗百话》原稿已来,有900页,很重。你托一个便人来取,还有一份《金石丛话》的原稿,亦一起奉送。我非但感冒,而且有了心脏病,不敢多说话,你不必来,大约总得到夏季才会健康一些。"

**二十六日**　下午先生将《唐诗百话》《金石丛话》两部手稿,捐赠上海图书馆中国文化名人手稿馆。

**三十日**　《羊城晚报·晚会》"名家智语"专栏刊载其作语录《西窗短句》:"穷凶霸道的人,读一辈子诗,也不会变得温柔敦厚。衡量人品的标准,大致不外乎'才'与'德'。才有通才,有专才;德有盛德,有美德;通才与盛德,可说全面发展,专才与美德,仅是一节之长。具有通才与盛德,已极不易,才德兼备,更是难得。自高自大多是自尊心的恶化发展。但自尊心与自高自大却截然是两个东西。我们要消弭的是自高自大,可不必连自尊心都一起铲除。真正能笑的人,一定不愿在别人面前显示他的笑容的。民族有消长,朝代有兴亡,而中国始终存在。中国匹夫们对国家负责。在多少风狂雨骤、山崩地裂的天灾人祸之后,始终保持这个国家,没有自亡,也没有被亡。中国的伟大,归根结底应归功于中国的匹夫。"据黄伟经回忆:"我从他在《随笔》发表的杂感和已出版的散文中,选摘出一些句段,组成一篇短文。由我代拟以'西窗短句'为题。"(黄伟经《忆念施蛰存》)

**同日** 黄伟经由广州致函:"今天刊出了你的《西窗短句》,现将我手上报纸剪下寄上。他们编辑部当给你寄上样报及此专栏稿费300元(约一个半月内可收到)。这个'名家智语'专栏,是我负责替他们组稿。你这些短句是我从你的'七十年文选'中选出的,你的签名则是从你过去给我的信上的签名,复印给他们制版的。事先没有征求你的指示,请宽恕。"

**又** 复香港古剑函:"那篇文章,恐怕又是卜少夫的老婆写的。""卢玮銮久无信,亦请打个电话。""华东师大出版社为我印六卷本文集,这几天忙于编散文卷。"

**下旬** 朱宗尧来先生寓所晤谈。

**是月** 李子云等主编《世纪的回响》丛书开始出版"第一辑作品卷",先生应邀名列"丛书顾问"之一。

**同月** 11日许白凤在浙江乍浦逝世。

## 五月

**一日** 致开封佟培基函:"上月范泉来,说起他去年曾到过开封,访问了任访秋,也见到了你,知道你在主持文研所,想必大有发展。[李]白凤去世后,我与开封诸人失去联系,常常想起你和王宝贵、桑凡诸君。""华东师大出版社为我编印六卷本文集,想收一部分书信,我给白凤的信不少,想麻烦你去看一下刘朱樱或白凤的子女,请她找一找,还有没有我的信,如有幸存者,可否复印七八封给我编用。听说朱樱也病卧了,不知情况如何?""见到王宝贵、任访秋、高文诸君,为我问候,我尚无恙。"

**二日** 上午罗洪来先生寓所晤谈,并约请为朱雯旧著《动乱一年:1931年中国动乱浮雕》(上海33书店,1933年5月1日初版)重印新版作序。

**三日**　晚上为朱雯著《动乱一年》重印新版而撰"序言":"朱雯、赵家璧和我,都是松江人。三十年代,我们先后走出大学,投入社会,我和家璧服务于上海的出版社,朱雯在松江当中学教师。有一两年,我和家璧周末回松江,经常和雯兄见面闲话。""抗日战争爆发,松江人倾城出走。我们三人的家业,一夕之间化为灰烬。从此以后,大家都流亡在各地。""1949年以后,我们三人虽然同在上海,由于经历了各种政治运动,我们很少会晤,不再有当年故乡相聚之乐。雯兄于1994年10月7日下世,家璧也于今年3月12日长逝,只有我这个'老残'还在'草间苟活',亦已是'尸居馀气'。每念友谊乡情,独多感慨。""《动乱一年》,说是雯兄最早的著作,现在松江的史志单位,打算为他重印以资纪念,希望我写一个序言。""书中有一章曾在我当时主编的《现代》杂志上发表过。""正是从各方面记录了1931年的上海社会形势,补充了历史的一页,对我们上海和松江人来说,这是很有意义的。"

**六日**　复嘉兴范笑我函:"近来又发心脏病,卧床全休,这几天才好些,天再热些,可望恢复。"

**七日**　复广州黄伟经函:"你又为我在广州报纸上亮相,甚感高情。摘取拙文,不必惠我稿酬,让花城出版社送我几册新书,最好还是那些有关反右及'文革'的纪实文学,就可以了。""钱也不很用得到,三年不出门,也无处花钱了。'鸥外鸥'还在不?请惠告。"

**八日**　下午托人代购张中晓《无梦楼随笔》、李锐《"大跃进"亲历记》、谢泳《旧人旧事》、陆键东《陈寅恪的最后二十年》、戴厚英《性格,命运,我的故事》等书。

**十日**　《书城杂志》第3期以题为《谈文学新人的发掘和培养·一封五十年前的信》刊载先生旧文(1947年《文艺春秋》第4卷第3期"推荐新人问题笔谈会")并附有"范泉按"。

**十四日**　复上海图书馆萧斌如函:"那包原稿送回后,我还没有打开看过,你的信使我也大吃一惊,想不到出版社处理原稿如此随便,倒是少有的事。《金石丛话》稿少了一章,不知散失到哪里去了,待找到后通知你。"

另,据萧斌如回忆:"《唐诗百话》原稿因受水患而残损,经过上海图书馆修复还原,三张照片是修复前后的情况。"(萧斌如来件)

**同日**　黄伟经致函:"你的笔迹依旧,思维清楚如昔,说明你健康尚可。""报社给你那么一点稿酬,实在算不了什么。在我心目中,你的文品与人格精神,可不是孔方兄可以衡量的。花城社近几年没有出什么好书,我不能给你寄上什么值得供你老一览的书。我最近与《同舟共进》主编萧蔚彬合编了一本《告别"万岁"》，我请他近日内给你寄上一本。""我十分希望能得到惠赐一张近影，最好是彩照，留念。"

十八日　复湖南彭燕郊函："病在心脏，此件已衰退，恐怕会像李健吾一样，忽然停止运行。现在停止一切新工作，赶紧结束一切未了工作，信也少写了。'陈实'是谁？是否卜少夫的夫人？""报纸久失寄，以前的还要不要？今后当续寄。"

二十二日　先生致《书城杂志》编辑函："看了贵刊第3期中关于复旦本《中国文学史》的报导，甚有兴趣。我未见此书，不知有哪些内容是'石破天惊'的。我希望您在贵刊下期把此书内容摘录一些，以便在此书重写本印出后，可以对照研究。"

二十六日　据吴立昌回忆："我造访施寓，老人精神矍铄，但第一句话则是：'老了，不行了，文章写不动了。'""我看到书桌上放了厚厚一本书，是师哲写的一本回忆录。他说，'每天晚上躺在床上就着床架上夹灯看几页。'我说，'你年纪大了，但心态一点不老。'他说，'我心脏不大好，但思想精神很正常。'"（吴立昌《嫉"暴"如仇》）

## 六月

四日　《解放日报》刊载通讯《回顾本世纪中国文学全貌大型丛书〈世纪的回响〉出版，收入不同流派、风格和理论主张的作品、文章》："这项具有抢救文化遗产意义的工程，由巴金、于伶、王元化、辛笛、王西彦、柯灵、施蛰存、贾植芳等任顾问。"

十一日　赵清阁致函："你有张充和书法扇面一帧，欲我为之补画背后。此议若早两年提，也许我会勉为其难。如今视力不济，笔已无法涂鸦矣！""你提到画事，倒使我引发一个想法，我们能否合作一次？我有旧作册页一本，画了十帧花卉、人物、山水，而画前空白应当题诗，你是书法大家，又能诗，倘得为我题款，则拙画生辉，既可记念，亦文艺一佳话！姑妄言之，明知此议讲晚了。"

十五日　北京古陶文明博物馆开馆，馆长路东之寄赠邀请函及馆藏介绍册页等。

十六日　《解放日报》刊载报道："上海文艺出版社编纂的'当代文坛大家文库'有限印刷签名本昨天拍卖成交，拍卖所得全部捐献给了希望工程。汇集了我国五位文坛大家巴金、冰心、夏衍、施蛰存和柯灵作品的'当代文坛大家文库'有限印刷共一百本，其中四套用羊皮精装、红木作盒，且书扉有巴金、冰心、施蛰存、柯灵四老亲笔签名和夏老钤印，拍卖共得22.7万元。"

十九日　复台湾林玫仪函："台湾软席一床、中外文学一盒(293—299)、中国文哲研究集刊一册，以上三件均已收到，谢谢。我今年体力大衰，已不运笔，今后除了你自己的著述外,不必再寄我书刊。"

**二十一日** 牛群来为先生摄影,并题赠《牛眼看家》。

**二十五日** 致卢辅圣函:"今天在《中华读书报》上见到贵社广告,不免心动,故投书足下,幸恕冒昧。我收藏历代碑版文物拓片一千四百馀纸,不久即将遣散,想趁今年编印两本书以留踪迹,不知贵社有无兴趣承印?我已老残,久不出门,无法走访阁下,此事如有可能,请随时惠临寒舍一谈,下午为宜。"

**二十七日** 下午《劳动报》胡绳樑来访。据胡绳樑回忆:"为请施老给自己责编的报纸副刊'文华'赐稿,""我将带来的一些'文华'副刊样报递给施老,施老兴味盎然地浏览了一番,并重点看了几篇,放下报纸便连声称赞道:'我平时看不到《劳动报》,现在看看你们的副刊办得蛮不错,名家、新人都有,内容蛮丰富的么!'于是他十分爽快地说:'有空一定给你们投稿!'""聊了几句,施老便从背后的书架上取了一册他选定的《花间新集》,很认真地写下了'绳樑同志正之'并签了大名赠我。不久我收到并编发了施老那篇《大起大落说收藏》的大作。"(胡绳樑《永远的现代,高耸的北山》)

**三十日** 下午卢辅圣专程来访,时先生恰巧身体不适,"没有力气接待"。

**下旬** 孙玉蓉自天津寄赠《古槐树下的俞平伯》。

**同月** 山东文艺出版社出版孔范今主编《二十世纪中国文学史》,书中"第二十章 京、海派小说的对立发展"内"第四节 穆时英、施蛰存等新感觉派作家"。

## 七月

**一日** 中国政府恢复对香港行使主权,香港回归祖国,先生收看电视转播的现场实况。先生自述:"香港回归,在电视上见到了,彭定康的神情有点丧气,毕竟是大英帝国的没落象征。"(复古剑函,1997年7月10日)

**二日** 复广州黄伟经函:"大著《告别"万岁"》亦收到,谢谢。我又病了好久,未能即复,甚歉。今年九十三,显然已衰老了,心脏不如过去,写字也木僵了,思维也迟钝了。现在每日只看几份报刊,一半时间是躺着,文章不写了。""总而言之,退出社会关系,坐待天年了。承足下关怀,衷心感激,有违尊命,无可奈何。"

另,据黄伟经回忆:"这是十多年间他写给我的最后一封信。"(黄伟经《忆念施蛰存》)

**四日** 嘉兴范笑我等来采访。据范笑我回忆:"嘉兴电视台要拍一部宋清如专题片,想请施蛰存先生出镜头。""我买了五芳斋粽子与嘉兴电视台记者去上海愚园路的北山楼。嘉兴电视台王记者对我说:'去施蛰存先生家不必带礼物,上次我有同事去,送去的茶叶被老先生退出来。他讨厌电视镜头,如果他不同意,我们就拍些空镜头。'我想:'施先生怎会这样?'我心里有些忐忑。我们按地址寻去,进屋,""我说:'我是秀州书局的范笑我。'他朝我看看:'一个年轻人,你的文笔不年轻。'我说:'这是嘉兴五芳斋粽子。'他说:'迪格粽子,正宗嘉兴粽子,好好好。'征得施先生默认,记者才去取机器。我与施先生聊天。记者自顾自拍摄。施先生说:'朱生豪长得极像浦江清,宋清如三十年代向我编的《现代》杂志投稿时,朱生豪还不为人知。朱生豪到上海世界书局后,我再听同学詹文浒说起他。朱生豪去世后,宋清如来过信,说朱生豪不让她写诗。'""施先生入神地看着我们同去的女记者,良久,他说:'她真像年轻时的陈松,徐迟的太太。'"(范笑我《忆施蛰存先生》)

**同日** 先生阅读来新夏主编《清代目录提要》。

**七日** 黄伟经致函:"你询问的鸥外鸥老诗人,我跟他以前没有交往,经打电话请问与鸥外鸥来往较多的老诗人野曼,承他告知如下,""我打听到的仅有这些。还是请求你为羊城晚报'南方文评'副刊题写刊头,用粗大圆珠笔亦可。"

**十日** 先生5月22日致《书城杂志》编辑一函刊于该刊第4期"切磋之页·关于复旦版《中国文学史》怎么啦?"专栏,并有"编者说明":"十分感谢施蛰存先生和黄裳先生在上海早热的日子里给我们写信。这对我们是有力的鼓舞和鞭策。只是施先生的要求,一时怕还难办。即使有人愿从这部文学史中摘录一些精彩的内容,但要在本刊刊载,还得征求原著者的同意。我们想在三分之二另起炉灶的增订本出版后,携带新、旧两种版本的书,到施先生府上去,捡出一些段落对照读一读,这或许也是一件有趣的事。不知施先生是否以为可以?当然我们会事先与施先生联系的。"

**同日** 先生复香港古剑一函。

**上旬** 经吴小如介绍,张晖来先生寓所访问。据维舟记述:"吴小如先生在答复他俞平伯的问题后,又介绍施蛰存先生给他认识。1997年夏他南来厦门之前,特地去上海愚园路谒见了施老,施老要他遍读唐五代北宋词做根基,又嘱他注意整理乡邦文献。因为1941—43年曾在长汀厦大执教数年,还嘱他到厦门后多拍些厦大的照片看看。"(维舟《平生风义兼师友——怀念张晖》)

**十九日** 复河南崔耕函:"承示印钤,大约印文是'元帅之印',二人姓赵,又是九曲篆文,此必是北宋时官印,不过,锡印却少见,亦可能是辽金官印。此二人名,如能在《宋史》中找到,肯定是宗室。我近来在收集一些玉雕、象牙、石刻小摆设,有旧的碑拓也要,请你代为留意。有旧货,价不太贵,可代我收些。"

**二十一日**　下午萧关鸿、曹维劲等来访,商谈拟为先生出版"历代碑刻文字图鉴",先生表示已有华东师大出版社接受出版。

**二十八日**　《解放日报》刊载简讯《赵清阁向上图捐赠一批名人手稿》:"这批名人手稿中,有茅盾、老舍、卢冀野、赖少其、陆小曼题赠给赵清阁的书画条幅、扇面;有巴金、郭沫若、冰心、茅盾、端木蕻良、丁玲、施蛰存等写给赵清阁的一百六十八件亲笔信函以及赵清阁本人的部分手稿等。"

**是月**　《梅雨之夕》被列入"海派作家作品精选"丛书,由黑龙江人民出版社和北方文艺出版社新版重印。

**又**　方忠编《施蛰存名作——薄暮的舞女》,被列入"海派名家名作赏析"丛书,由中国华侨出版社出版。

**同月**　30日《中华读书报》刊载李劼《南有施蛰存》。

## 八月

**三日**　复洛阳赵光潜函:"有客来,照常应对,不知我心脏随时会停止操作也。""舍下近日白天只有二老及一个女佣,此等事,女佣刚从乡下出来,还无法驱使。拙书见不得人,不如从命,过几天或写一小纸献丑,只得看情况,不知热天是否会运笔。""洛阳市上如见有碑拓,唐以前的碑,剪裱本,有木夹板的,请为留心。"

**五日**　施议对、徐培均和孙琴安来访。据施议对回忆:"突然到访,至为惊喜。""先生即说,九十三啦,再过两年,就是九五至尊。接着,十分高兴地叙说,自己的每一天是怎么样度过的,以为时间过得真快。早上八九点钟起床,吃过早点,看看报,一会儿就是午饭时间。之后,稍微休息一下,天就暗了下来,每一天都过得那么快。还说,年轻时埋怨日子过得太慢,年纪大了,却觉得时间过得太快。""我带来两部录音机,也算是有备而来。我问先生,平常看些什么书,请先生再为吟诵,并准备录音,因上一回所录吟诵磁带,在课堂上不小心给洗掉了,希望重新来过。先生摆摆手,说,不作老牛吼。留下一部录音机,让得闲之时,自己记录。先生说,有了这东西,那就不敢讲话。"(施议对《渊明矢凤愿,沾衣付一笑》)

**二十四日**　先生阅读张秉成著《纳兰词笺注》。

**二十五日**　下午武汉大学博士研究生黄献文为写作论文,专程来访并合影。

**三十一日** 致湖南彭燕郊函:"上海还是酷热,我体力大衰,记忆力也差得多。每日只是躺着杂览书报,今日又想起老兄,书此问候,嫂夫人均此。"

## 九月

**六日** 复香港古剑函:"胡从经要印我的《唐诗百话》。""我近来忙于编八卷本文集,由华东师大出版社印行。上海酷热已过,以后三个月,我恐怕要忙一阵。""上海市区扩了三四倍,有一千三百万人口,朋友来往从东到西,从南到北,坐公交车都要三小时,因此,朋友也少来往,有事通电话,如写信,也要三天才收到。"

**九日** 张晖致沈茂华(维舟)函谈及:"弟欲撰《龙榆生年谱》,为之乞传。奈龙氏材料少有,昨日已修函施蛰存先生讯问若干事宜,盼老先生能为弟提供一二材料云。"

**中旬** 据佟培基回忆:"李白凤女儿李蓉裳由开封专程来上海探望先生,并带来历年先生致李白凤信函约二百通。"(佟培基来件)

**二十四日** 张晖致沈茂华(维舟)函谈及:"前得蛰老函,云身体不健,心脏已衰,欲送我《词学》各辑云,似有散书之意,学人晚境,大可悲也。""因收集龙氏材料,有施老之助,投函钱仲联先生。"

**二十七日** 《文学自由谈》第5期刊登智效民《施蛰存之谜》:"我还买到施蛰老的另外两本书《北山集古录》和《文艺百话》。""捧起了《沙上的脚迹》,说实话,这种回忆性杂文不仅可以为世人揭开一些谜底,也很合乎我的阅读口味。""现在大概好多了,老人不但必蛰处于北山小楼以抄古碑而存身,还不断有力作问世。于是当我读罢该书掩卷而思的时候,真希望老人能把五六十年代的'脚迹'也能写出来并尽早公之于世,也好给后人留下更多的思考和启迪。"

**是月** 《狮子座流星》被列入"现代名家经典",由新世纪出版社出版印行。

**又** 新疆大学出版社第二次印刷出版《春阳·施蛰存心理小说选》,列入"现代文学名著中小学选读本"。

**又** 汉语大词典出版社出版杜产明、朱亚夫主编《中华名人书斋大观》,先生应邀名列"文化顾问",书内收有词目"北山楼(施蛰存)",按"书斋主人""斋名缘由"介绍。

**同月** 25日《上海师范大学学报》(哲社版)第3期刊载黄德志《施蛰存历史题材小说创作论》。河南大学出版社出版张鸿声《都市文化与中国现代都市小说》,书中

"第四章海派小说的都市风景线·第五节都市化的乡村与都市里的乡村——施蛰存、杜衡论"。

## 十月

**五日** 下午先生即兴以墨水笔题写:"君子佩玉。"

**七日** 复蒋颖馨函:"康嗣群乃四川财阀康心如的儿子,北大学生,常去周作人家,毕业后来上海,任四川美丰银行经理,这个银行的大股东是康心如,因此,康嗣群是小老板兼经理。""我的书,这里已没有多馀了,出版社照例送10册,我自己照例买20册,书到我手里,一个月就送光了,你要我的签名本,我只能签名而不能赠书,很抱歉。""你买到的书,一定是嗣群下世后,他家里卖出来的。《唐诗百话》已有三个版本,""即将有第四个版本,香港天地图书公司版。台湾版是繁体字直行本,你要买,还是等港版为妙,可能年内即印出。"

**十五日** 高式熊应邀为"羽琴诗镇"拓本题记:"龚自珍诗砚,制作精雅,属为手拓,以奉北山蛰存老人教正。"

**二十四日** 复湖南彭燕郊函:"兄想编日记、书信,有意思。但如果想编每人一册,十万字,恐怕困难。我的日记、书信总共不到五万字,无法印一册。我看还是总编二册为妥,一册日记、一册书信。集许多人的日记、书信于一册,较为有味。我有三篇日记都在天津百花版的《施蛰存散文选集》中,兄可以找来参考,或选用。望舒的书信、日记,我都已交给他的第二女咏絮,不知尚存否?八十年代,她把望舒的许多文件,送给英国青年利大英。此人编了一册英文本的《望舒选集》,由香港中文大学印行,兄见过否?""建议你把《现代作家书简》重印,再加编一册续集,让湖南出版。或合二为一,印一大册,也好。嫂夫人已在为我做菌油,十分感激。""我的书信,现在还在收集,不知能找到多少,恐怕也不过四五十封,不会有十万字。"

**同日** 《台港文学选刊》宋瑜(余禺)自福州来访。据余禺回忆:"写完了几百字的书面语呈给施老先生,施老拿放大镜来看,""说我给的题目太大,他已多年不写东西,很久闭门不出了,对外面的世界也不了解,很难写这样的文章。""他很实在地表示接受我的刊物的请求,但并不能肯定文章能写,要看情况而定。""他指着案头上我刚送给他的刊物对我说:'你们不要发太多小说,如今小说已经显得太多了,也写得差,还是多发点散文好。'""他交给我一张卡片,上面写着:'《在福建游山玩水》,问卢为峰,托他找一下,或郭风。'卡片的右上角署'施'。先生解释说华东师大正在编他的书,要找回在福建的那篇文章。""当我把卡片放好,建议给先生拍照时,他欣然应允。""先生关切地指出我的提包公文夹包用塑料购物袋套着外层的破洞,我回说不碍事。"(余禺《拜访施蛰存》)

**是月** 《金石丛话》《词学名词释义》列入"文史知识文库",均由中华书局再版。

**又** 中国广播电视出版社出版由钟敬文、张岱年、邓九平主编"书话文丛——二十世纪中国学者作家谈读书"《灯下书影》,收录其作《买旧书》《我的爱读书》《为书叹息》《全集·文集·选集》《关于图书馆》《书序四则》。

**又** 上海百家出版社重印新版朱雯著《动乱一年》,收录先生所作"序言"。

**同月** 《萌芽》月刊登载李劼《清清淡淡的施蛰存老先生》。《文化交流》刊载朱宗尧《文坛耆宿施蛰存》。

## 十一月

**二日** 下午胡晓明等来先生寓所访问。

**十三日** 复香港古剑函:"《唐诗百话》港版事正在协议。""我在香港报刊上发表过的文字,原来都有一份剪报存留。""还不得不忙于编八卷本文集,将由华东师大出版社出版,已出版二册,香港书市已有否?"

**二十日** 复时在韩国釜山市东义大学人文大学客座教授陈文华函:"你似乎有些孤独寂寞之感,这是你从来没有出门久住之故,好在即将放假,可以回来了。""我请你注意一下韩国古书市肆,1.汉文本韩国古典文学;2.韩国印的汉文书籍;3.流落在韩国的中国书;4.韩国尚有而中国已佚的中国书。我正在收集瓷盆,你回来时为我买三、四个韩国人民用的盆子来,就是平常餐桌上用的盆子,新的、旧的、古的都要,最好有韩国特色的。""再注意一下,有没有韩国画册,如有,可买一二册来,我没有见过韩国书画册。"

## 十二月

**四日** 农历十一月初五,先生九三生辰。

**六日** 张晖致沈茂华(维舟)函谈及:"今年寒假,弟欲在上海探访数人,施蛰存老,龙氏公子龙厦材,龙氏门人钱鸿瑛(上海社科院文研所工作)、徐培均(同上)。"

**十二日** 赵光潜由洛阳致先生函并转赠李献奇、黄明兰主编《画像砖石刻墓志研究》。(中州古籍出版社 1994 年 9 月初版。按：此本为李献奇赠本，书上题有"赵光潜先生方家法正，李献奇赠，九七年十月"，别有赵光潜题"转赠给施蛰存老人，赵光潜九七、十二、十二于洛阳"。)

**十四日** 范泉、吴嵝夫妇来晤，并代《文汇报》顾军所编的副刊约稿。按范泉日记："从脸部看，他并不太瘦，精神较好，似乎比他的老伴陈慧华(比他大一岁，94 岁)好，身体硬朗，说话声音响亮。他说每天吃两只鸡蛋，劝我们少吃油肉。我代顾军编的副刊向他约稿，他说他已不能写字，一生写的散文中没有写过少年儿童时的自己。我们将去海南，施老劝我们不坐飞机，太危险。他说'文集'只出两部，每天工作两小时左右，估计他能进入下世纪。"

**十五日** 先生夫妇致时在韩国釜山市东义大学人文大学客座教授陈文华贺年卡。

**二十日** 《解放日报》刊载简讯《当代文库特精本赠图书馆》："以羊皮装帧封面、分别铭有巴金、冰心、夏衍、施蛰存、柯灵印章的'当代文坛大家文库'编号为 020、021、022 的三套特精装本，昨天由上海文艺出版总社分别赠送给北京图书馆、上海图书馆和中国现代文学馆三家单位。"

**二十五日** 范泉致《文汇报》编辑顾军函谈及："施老一稿，估计您已收到？施老已九十四岁，不再写稿，好不容易取来这一篇，有吸引力，请放在'拟发'稿里。"

**月内** 先生早年大同大学的同学许思园(思玄)遗著文集《中西文化回眸》，在华东师范大学出版社出版。先生获悉后，非常高兴并感慨不已，赞为"一件大好事"。

另，据胥弋记述："值得庆幸的是，在其亲友的长期努力下，许思园先生的遗稿结集为《中西文化回眸》，最终被华东师范大学出版社出版。"(胥弋《许思园，一位"奇怪学者"的生平际遇》。)

**是月** 《卖糖书话》由湖南人民出版社初版印行。

**又** 文汇出版社出版《新文学里程碑·现代名家处女作、成名作、代表作》，"小说卷(下)"收录《恢复名誉之梦》《上元灯》《将军底头》；"散文卷(下)"收录《街车随笔》《画师洪野》《栗和柿》。

**又** 上海文艺出版社出版《中国新文学大系(1949—1976)第九集散文卷》，收录其作《才与德》。

**又** 复旦大学出版社出版吴欢章、沙似鹏主编《20 世纪中国散文英华》(海上卷)，收录其作《画师洪野》。

**又** 甘肃教育出版社出版邵宁宁、石义堂编著《笔端的流云——中国现代美文品读》，收录其作《驮马》。

**年内** 《鸠摩罗什》由拉尔夫·约翰译成德语，刊于《袖珍汉学》第2册。

## 一九九八年（岁次戊寅） 先生九十四岁

### 一月

**三日** 耶鲁大学孙康宜致上海陈文华函谈及："我昨日才寄卡片给施先生，其中还附上有人撰写的有关我去'哈佛'的演讲报导（因文章中曾提到施先生）。""没想到施先生身体更好，令人欣慰。他居然在收盘子，真有兴趣。请特别代我问好。"

**二十八日** 春节。陈文华、赵昌平等来贺年。据陈文华回忆："尽管'泰斗'、'大师'等桂冠一个接着一个捧到了他的面前，先生却一如既往地端坐在北山楼上，看书、读报、专注地做他的研究工作，与当年身为'牛鬼蛇神'、挨斗受批时无异。如果要说有什么不同的话，大概只有常常不得不放下手头工作，接待各种慕名来访者、回复来自世界各地的求教问候信件，还有就是与我们这些门生弟子谈古说今，或者答疑解惑。这时候的先生，往往是一袭睡袍、一支雪茄、一杯咖啡，神态悠闲，宠辱两忘。说起雪茄和咖啡，我又联想到，先生的生活习惯也是传统与现代兼具：他既喜欢蛋糕咖啡，也爱吃红枣粽子；忘不了红房子的牛尾汤，又吃不厌枫泾的丁蹄。几十年来一直用猪油年糕作为新年待客点心的先生，在年过九十后居然还爱上了肯德基！"（陈文华《他是传统的，也是现代的》）

**同日** 范泉复北京范用函谈及："这套'文坛回忆录丛书'是上海社科院文学研究所的同志编的。""我给他们介绍了臧克家和施蛰存，他俩都已同意。"

**三十一日** 王兴康、张文江来先生寓所贺年。

**是月** 《中国现代文学百家·施蛰存代表作》由华夏出版社初版印行。

**又** 《待旦录》由中国文联出版公司收入"中国现代散文名家名作原版库"（30种之25）新版第三次印行。

**又** 中国友谊出版公司出版由钟敬文、季羡林、邓九平主编"读书文萃丛书"《书斋漫话》，收录其作《书目》。

**同月** 中国文联出版公司出版何香九《〈金瓶梅〉传播史话》,书中章节"四马路两'霸主'的《金瓶梅》之战——施蛰存先生话旧"。《英才》月刊登载舒諲《性情中人》,文中有一节《"遗老"施蛰存》。

## 二月

**十三日** 张晖为写作《龙榆生先生年谱》来先生寓所访问。

**十六日** 先生将李献奇、黄明兰主编《画像砖石刻墓志研究》(李献奇、赵光潜先后题赠本)再转赠小友并题记。

**二十一日** 复赵清阁函:"你编好的文稿看了,都是回忆一代女作家的文章,我的序文不敢写了,十分抱歉,这篇序文应该由你自己写了。我近来体力大降,写字不利落,已不作文,每日只看几份报刊,无客来,就躺在床上,要等天暖,也许会好些。"

**是月** 杭州大学出版社出版由杨扬、陈引驰、傅杰选编"二十世纪名人自述丛书"《文人自述》,收录其作《〈现代〉杂忆》。

**又** 中国文联出版公司出版由范桥、夏小飞编《二十世纪中国名人书信集·文情卷》,收录先生致戴望舒函四封,以及叶圣陶致先生函一封。

**又** 天津人民出版社出版吴茜选编《坐看云起·〈论语〉散文随笔选萃》,收录其作《鬼话》《过年》;朱兆林选编《雾外江山·〈现代〉〈文饭小品〉散文随笔选萃》,收录其作《五月》《橙雾》《"彼可取而代也"》。

**同月** 天津人民出版社出版"民国名报撷珍丛书"孙玉蓉编《书边闲语》,收录《施蛰存短篇小说集〈梅雨之夕〉》。

## 三月

**七日** 《文汇报》"逝去的童年"专栏刊载其作《逃学》。(按:此文由编者节录先生旧作《赞病》文中回忆童年时代托病逃学的一段。)

**九日** 应邀在《施蛰存七十年文选》扉页题字:"朝斌同志的拙著,为签名留念。"

**十一日** 张晖致沈茂华(维舟)函谈及:"开学前,弟去施蛰存先生家中拜见老人,老人要赠我书。"

**十六日** 为《散文丙选》交付出版而撰"引言":"从1937年到1997年,我一共印出过七本散文随笔集,平均十年一本,而且其中有二本是选集,产量实在不多。如今陈青生同志又计划为我编一本散文集,采用的还是旧文。我以为可以不必多此一举,几次辞谢,未蒙允许,只好增补几篇散佚未用的旧文,凑成一集,以酬美意。书名定为《散文丙选》,说明这是我的散文的第三个选本。"

**二十日** 下午台湾许秦蓁等来先生寓所访问。

**同月** 10日《贵州教育学院学报》(社科版)第1期刊登鲍庆林、知非《论施蛰存的心理分析小说》。

### 四月

**一日** 《新民晚报·夜光杯》刊载韩沪麟《施蛰存近况》:"'钱对我已毫无用处',他对我说过多次。他每天早上十点吃一只肉粽,一碗蛋汤;晚上吃一碗粥,一只豆沙包;一日两餐,天天如此,心恬意适。他手太抖,已很难写字,与他笔谈时,稍不在意,他便嫌我浪费纸张,所以我在他面前写字既要端正,也不便写大。向他索书索签名者多多,他视人而异,慷慨舍予,'书对我已经没有用了',他也对我说过多次。他把珍藏的法文原著,悉数赠送给深谙该种文字的施康强;大公报副刊主编马文通悉心收藏外国原版诗集,他得知后,又从一小辈手中索回转赠给马,说'宝剑赠英雄'。最近一次去,他因签字困难,干脆定购了一长方印章,上刻'作者呈教本',几乎来者不拒,送完为止。所幸他目力尚可,一天除了睡眠就是看书看报;小床、小书桌、小餐桌呈一米半的等边三角形,他整日移步于三角形之内。"

**九日** 吕叔湘在北京逝世。先生收到从北京寄来的讣告,但因讣告及信封上均无回复邮址,故无法发唁电,以表哀悼之请。为此,先生"深感遗憾"。

**是月** 《施蛰存短篇小说集》由湖南文艺出版社初版印行。

**又** 复旦大学出版社出版吴欢章、沙似鹏主编《20世纪中国散文英华》(江南、岭南卷),收录其作《栗和柿》。

### 五月

**二十六日** 北京大学英语系刘树森致上海友人函谈及:"以前从赵[萝蕤]先生那里听到施蛰存先生的不少事情,还曾目睹过施先生早年与陈梦家先生的通信。这些信件都是文物,但遗憾的是,它们在赵先生走后疏于整理,许多已经流失。""施蛰存先生也是我景仰的前辈。我正在从事一项国家社科基金资助的课题的研究,即探讨清末民初的翻译文学。施先生正是这方面的专家,我也希望近期能够有机会赴上海拜访施先生,说说有关赵先生的情况并向他老人家请教。"

**是月** 《散文丙选》被列入"文坛漫忆丛书",由黑龙江人民出版社初版印行。

**又** 上海文艺出版社出版《百家文粹·文学报1000期》,收录《文学史不需"重写"》。

**又** 上海人民出版社出版由徐中玉主编《中国当代名家散文小品精选》,收录其作《论老年》。

**又** 中州古籍出版社出版王广西、周观武编撰《中国近现代文学艺术辞典》,内收辞条"兰社"。

**同月** 13日茅于美在美国逝世。

## 六月

**一日** 下午韩国白承道、梁兑银夫妇来先生寓所访问。

**四日** 《上海金融报》刊载朱亚夫《施蛰存治碑》:"不久前,笔者走访了施老先生,见他的写字台上放着几本唐诗帖,他说这是编选者赠送与他。"

**二十六日** 《且说说我自己》,经编者删节并改题为《我有好几个"自己"》刊于《新民晚报·夜光杯》。

**本季** 《大学图书情报学刊》第2期刊载王升《一座心理的大厦——读〈施蛰存小说选集〉》。

## 七月

**上旬** 先生北山楼用印始作钤拓。

**十七日** 浦江清女儿浦汉明与丈夫彭书麟来探望,并和先生夫妇一起合影留念。

**二十六日** 在《金石丛话》扉页为严均签名留念。

**是月** 重庆出版社出版黎先耀主编"中外名家书话经典"《书林佳话》,收录其作《冷摊负手对残书》(《买旧书》)。

**又** 新疆大学出版社出版《中国现代文学作品选读》,收录其作《春阳》。

**月内** 周普返沪来晤。据周普记述:"先生精神很健旺,头脑也很清楚,记忆力更是惊人,只是听力几乎已完全丧失了,使用助听器也无济于事,我们只能借助纸笔来进行交谈。先生的谈吐灵敏流利,还是那样的爽朗和风趣,知道我回国来进行短期工作,他表示很欣慰。"告别时,先生又题签送我一本《沙上的脚迹》。"(周普《书缘》)

**同月** 25日《文汇报》和《新民晚报》组成报业集团。

## 八月

**一日** 《文汇读书周报》"学苑英华"专栏刊载先生近影并创作与学术成就简介。

**七日** 先生作有一函:"你好久不来,我每星期一下午都有寂寞之感。""上海是海滨城市,从来不会太热。""我在上海已住了七十年,也算今年最热。现在我们一双老公老婆,整天躺在床上,西瓜、冷饮,无济于事。室内开了空调,也还有34度,你的暑假,还无法决定何日开学,希望不久就可降温。看到瓷盆、裱好的碑帖,请代买下,上周得到一笔意外之财,想用掉它。"

**十日** 先生作有一函:"'收藏知识小丛书',辽宁教育出版社,《玩石》《陶瓷》《砚台》,每册8元。看到以上三书,请代我买来,有同类的书,也要。"

**十一日** 先生又作一函,言及"我的小雪茄断档了,此间各烟店都无供应,你来时为我买二条来,十支装二十合,随便什么牌子,到中百公司烟柜上找找。'黄山'十支装,要。'黄山松'五支装,千万不要买"。

**十七日** 在《解放日报·朝花》"诗词小话"专栏发表《秋夕》,附有"编者按":"93高龄的著名作家、古典文学专家施蛰存先生,近日欣然为本刊撰写《诗词小话》个人专栏。其文可读,其情可感。"

另,《秋夕》写道:"这是唐代诗人杜牧的一首《秋夕》。几年前,《文史知识》上有一篇臧克家同志的分析欣赏文章。""臧克家同志对这首诗的鉴定,我完全同意。""这首诗选入《唐诗三百首》以后,成为唐人七绝名作。其实,我以为它不该享此大名,因为这首诗的结构,表现在诗意的逻辑性上,很有问题。"

**三十一日** 下午台湾作家陈怡真等来先生寓所访问。

**是月** 文汇出版社出版《收获文库·冰冷的是火》(散文卷四),收录其作《且说说我自己》以及宋广跃《施蛰存先生印象记》。

**又** 文汇出版社出版朱大路主编《杂文300篇》,收录其作《匹夫无责任》《人道主义》《魔棍》。

**同月** 2日钱君匋在上海逝世。14日香港《大公报·大公园》刊载孙玉蓉《遥想施蛰存先生》。22日顾廷龙在北京逝世。

## 九月

**九日** 北京出版社文史编辑部刘剑宏致先生函:"我从张国瀛先生那里得知您有部《文物遗闻》[《金石遗闻》]的文稿,这已是一两年前的事了,后来我给您写过几封信问这个稿子的事情,但均无回音,不知您还有没有意向再将此文稿出版?"

**十八日** 应邀为上海文化出版社"第一推荐丛书"撰"总序":"在我屋里,地板上堆着有桌子高、一叠叠由各地出版社寄来的新书,其中大多是丛书,几本、十几本,甚至几十本一套,很有派头。我估计,这大概也与图书竞争不无关系吧?""至于哪一本书可以号称天下第一,各持己见,恐怕谁也不能在客观上下定义。不过,挖掘那些具有真知灼见、使几代读者感动的不朽之作,将它们归成系列,题为'第一推荐丛书',应该说,还挺有创意。""像《先驱》这样令人爱不释手的好书难道不该'第一'推荐给读者?现在《先驱》被收进'第一推荐丛书'中的《先知全书》一书里了,这书是重译的纪伯伦作品。而上海文化出版社把《先知全书》作为'第一推荐丛书'的'领头羊',又在没见过我这篇文章的情况下,约我写序,可以说是有缘。但我已年高身弱,仅得略叙因果,聊以报编者的盛情好意。"

**二十五日** 在《解放日报·朝花》"诗词小话"专栏发表《乐句与文句》。

**是月** 上海教育出版社出版《中国作家自述》,收录《且说说我自己》。

**又** 文汇出版社出版余之、程新国主编《旧上海风情录》,收录《绕室旅行记》。

**又** 上海教育出版社出版吴春荣主编《松江历代诗人诗词选析》,收录先生题词"黄歇遗风",杜家毫在"序"内提及:"本书在编写过程中曾得到施蛰存老先生的垂询并题了词,由张联芳老先生书写。"

**同月** 22日中国版权保护中心在京宣告成立。25日《文艺理论研究》第5期"施蛰存与新感觉派研究"专栏刊载李欧梵《探索"现代"——施蛰存及〈现代〉杂志的文学实践》(沈玮、朱妍红译,潘文国校),以及黄献文《在新感觉的后面》。

## 十月

**五日** 为所藏《宜僚弄丸砖》拓本题识:"作武士弄丸状,笔法极古峭,甚似陈老莲。

此乃方砖一块,用于建筑物的装饰部分。从人物风格看来,大约是北魏时所造。1982年,我在山西,游五台山,于殿脚塔基,见有此种画砖。此砖拓本上前人未有题识,遂不知其名目,汉以后石画鲜有著录者,姑题曰'宜僚弄丸图',也还合适,俟他日考定。"

**九日** 下午北京古陶文明博物馆馆长路东之等来先生寓所访问。

**二十日** 中国现代文学馆张广生等由北京来摄像采访。

**二十四日** 台湾彭小妍、英国贺麦晓等来访。彭小妍向先生赠送所著《浪荡天涯:刘呐鸥一九二七年日记》(中国文哲研究集刊第十二期,抽印本),以及影印本《刘呐鸥一九二七年日记》(大正十六年《新文艺日记》1927,东京新潮出版社)。

**二十五日** 晚上复范泉函:"我劝你绝对休息至少三个月,多吃鸡蛋、牛奶。""我割治肠癌,也是大手术,当时我79岁,至今平安。只要医生高明,手术做得干净,没有问题。千万不要再做文字工作,吃吃睏睏,到明年春季,必须把创口全部养好,才可做些小工作。""说话还是要练习,恢复功能,我以为可以恢复正常的。"

**是月** 西北大学出版社出版王富仁、方兢主编《不可不读的二十世纪中国短篇小说》(现代卷3),收录其作《渔人何长庆》《名片》《黄心大师》。

**又** 李子云等主编《世纪的回响》丛书出版"第二辑批评卷",先生仍名列该"丛书顾问"。

**同月** 10日《新民晚报·夜光杯》刊载郭风《记施蛰存先生》。吉林人民出版社出版《中国文学史话》(现代卷),书中章节有"112. 施蛰存的精神分析小说"。《读书》第10期刊载彭小妍《刘呐鸥一九二七年日记——身世、婚姻与学业》。

## 十一月

**一日** 在《万象》月刊创刊号发表《给路易王子讲的故事》,并附录其译作片断《聪明的尼姑》。

**二日** 施议对夫妇来晤。据施议对回忆:"先生说,在外面工作很忙,不要每年都来看我。又说十二月生日,九十三过了,就九十四。脑子十分清楚,与说每日状况,起居饮食以及看书写作,谓一日两餐,早晨一颗鸡蛋、八粒红枣,午休后雀巢咖啡及饼干。赠送阿华田,竖起大拇指,说好。谓很懒,不喜欢活动。见面时正躺在床上,抽雪茄。仍有所著述,喜欢看外文、小说或者政治一类的原版书籍,每天晚上十点钟以后睡觉。床头一盏灯,书本堆积着。""知澳门有梁披云,叮嘱代为致意,并说《书谱》还是

应当继续出版。"(施议对《渊明矢夙愿,沾衣付一笑》)

**二十日** 应请在《词学名词释义》扉页题写:"为朱铭同志签名留念。"

**月内** 据卢玮銮回忆:"施先生来了一封短信,说希望我有个来信,讲讲近况,他更说写字不灵活了,记忆力差了,最后慨叹'人生真如电光石火,可悲'。读着他的信,我心中隐隐作痛,要执笔写信,却不知道从何说起。""除了指导我的论文外,施先生更热心地指导过我的学生。"(卢玮銮《记施蛰存先生对我的指导》)

## 十二月

**二日** 上午王圣思来晤,并带来其父王辛笛题赠《夜读书记》。

**七日** 应邀为宋路霞《百年收藏——二十世纪中国民间收藏风云录》作序。

**十四日** 按程千帆日记:"发致施蛰存"贺年卡。

**二十三日** 农历十一月初五,先生九四生辰。

另,陈晓芬来看望。据陈晓芬回忆:"去他家的时候,他的孙女正忙着在为他安放一个玻璃橱,施先生则在一边不停地指点着。原来施先生想把自己喜欢的古董及一些小器物好好整理摆放一下,孙女娇嗔地说他念头特别多,一个念头就让她忙得团团转。施先生毫不理会孙女的话,依然很认真地指挥着橱的摆放。""当我们与他在闲聊时,他想起晚上有亲戚来吃饭,很焦急地问保姆是不是把该准备的菜准备好了,又关照还要添点什么,一定要保姆马上去买,直到孙女把菜一个一个拿给他看,他才放心。""当我们说起他在晚年有那么多成果,他却说自己这个年龄,其实就是在家里'等死'。""我们说起他在学校受到的敬重,开玩笑地说他是我们学校的宝贝,他就笑着调侃:'是活宝!'"(陈晓芬《与施先生在一起的时候》)

另,据陈晓芬回忆:"最明显的变化是他逐渐的耳聋,从需要大声地与他说话,到他把耳机的接收机送到我们面前以便听清楚,到递过纸笔进行笔谈。""他怕冷,尤其怕冬季的阴雨天,他说过,他最好也能够冬眠,等天气暖和才醒来。但只要一谈起话来,他又总是兴致勃勃,而且总是那么反应敏锐。""他说,有很多海内外的朋友邀请他出去,都去不了,不过,就因为去不了,所以才好静下心来做点事。他还说,人老了就应该安静,应该在家里好好想想自己的一生。"(同上)

**是月** 上海文化出版社出版"第一推荐丛书"(《先知全书》《奇妙的生灵》《自然与人生》《昆虫世界》),书前均刊有先生所作"总序"。

**又** 河南美术出版社出版吴小铁选编《当代诗词手迹选》,收录其诗稿《兼丈惠赐新著诗话,奉题长句即贺九秩并求教正》。

**同月** 2日周梦庄在盐城逝世。19日钱锺书在北京逝世。

## 一九九九年（岁次己卯） 先生九十五岁

### 一月

**一日** 元旦。在《解放日报》发表《有生命力的散文》。（按：此文原为"第一推荐丛书"所作"总序"。）

**二日** 教育部陈至立部长寄赠贺年卡。

**七日** 在《文汇报·笔会》发表《北山谈艺录·〈唐碑百选〉缘起》,并附有"编者按"："施蛰存先生最近正在编选一本有关金石书画题跋类的文集,找出一些未曾发表过的旧作,抄录给《笔会》发表。现设'北山谈艺录'专栏,以飨敬仰先生的读者。"自此先生在该报开设"北山谈艺录"专栏,为时长达一年。

**十三日** 《中国青年报》刊载王丽《"把我的意见发表出去"——华东师大教授施蛰存先生谈教育》："他披着一袭颜色如枯叶般的旧灯芯绒睡袍,脖子上围一条灰色羊毛围巾,上面已蚀出斑斑点点的几个洞眼,头上戴一顶说不出颜色的绒线小帽,埋在椅子里,一脸慈祥地望着我笑。""施先生不慌不忙地一口气讲完了大学四年的经历。""在今天,一个孩子从一所小学转到另一所小学都要费九牛二虎之力,遑论大学？""施：今天这个办法不好,实际上今天这个制度砍掉了许多好学生,我对现在这个统一考试很不满意。因为同是中学毕业,水平高低不一样,上海的中学毕业生,跟四川的中学毕业生,陕西的中学毕业生,都是不同的。各省的教育水平没法子拉到一条线上,现在来一个统考,这是不对头的。（……我告诉他,这个问题已经引起各方面重视,但改起来好像很难。）施：我说很容易改,一个命令就好了,让各校自己招生。"

**十五日** 在《文汇报·笔会》发表《北山谈艺录·郁达夫墨迹》。

**二十一日** 在《文汇报·笔会》发表《北山谈艺录·江南蘋书画》。

**是月** 先生与陈如江主编《宋词经典》由上海书店出版社初版印行。

**又** 《施蛰存散文》由浙江文艺出版社初版印行。

**又** 刘屏编《东方赤子·大家丛书——施蛰存卷》由华文出版社初版印行。

**又** 山东人民出版社出版张宝坤编《名家解读唐诗》,收录其作《中唐诗馀话》《唐诗绝句杂说》。

**又** 北京出版社出版由鲁迅博物馆鲁迅研究室、《鲁迅研究月刊》选编《鲁迅回忆录》(散篇),"下册"收录其作《关于鲁迅的一些回忆》。

**又** 河北人民出版社出版王富仁、柳凤九主编《中国现代历史小说大系施蛰存、废名、廖沫沙》(第三卷),收录其作《鸠摩罗什》《将军底头》《石秀》《阿褴公主》《李师师》《黄心大师》。

**同月** 《南平师专学报》第1期刊载刘晓兰《无意识中的意识:浅析施蛰存的心理分析小说》。

## 二月

**五日** 在《文汇报·笔会》发表《北山谈艺录·〈安持精舍印冣〉序》。

**九日** 邓云乡在上海逝世。先生获悉后撰写《为〈红楼识小录〉题》"补记":"云乡学识丰富,勤于著述,每有新作出版,均远道送来,聊至暝色入楼,方才告辞。今云乡忽而逝世,甚处意外,从此无人来谈北京掌故矣。检得昔年所作此诗,再诵一过,以伸哀思。"

**十二日** 在《文汇报·笔会》发表《北山谈艺录·边氏竹艺》。

**十六日** 春节。陈文华、赵昌平等来先生寓所贺年。

**二十日** 钱虹来先生寓所贺年,先生赠予《施蛰存散文》。

**二十一日** 倪蕊琴来先生寓所贺年。据倪蕊琴回忆:"我回沪时去拜望施先生,发现他的房间里又挤下一张小床。"(倪蕊琴《难忘的教益》)

**二十五日** 上海图书馆陈燮君、萧斌如来访。据萧斌如回忆:"那次很意外地见他坐在麻将台边,使我大为惊奇。这么多年了,我见到的他总是在书桌前看书、写作。怎么他也会玩起麻将牌呀!施先生笑着告诉我:'今天老太婆三缺一,叫我凑个数,只好奉陪了。'我一看,除了老夫妻以外,一个是儿子,另一个是孙女。"(萧斌如《施蛰存"打工"记》)

**二十六日** 在《文汇报·笔会》发表《北山谈艺录·丁娘布》。

**二十七日** 史美圣、吴惠娟夫妇陪同为纪念《光明日报》创刊五十周年专程来沪约稿的张义德来访。据史美圣记述:"正坐在书桌前看报,发觉有人进来,他抬头朝我看了一眼,脱口就说:'史美圣啊!'再看旁边还站着两个人,一边拿助听器,一边随手拿起一支笔,一张纸,要大家写下自己的名字。他一看名字,就对我妻子说:'你来过的。'""请施先生给我们写篇纪念性的稿子。他连说,'老了,老了,没有精力了,我早就封笔了,现在报上发表的文章,都是以前写的旧稿。'但他却兴致勃勃地和我们谈起如何办好报纸的问题。他说,'一张报纸应该办好副刊、专刊,这样才能吸引读者。"(史美圣《施蛰存教授的〈浮生杂咏〉组诗》)

**是月** 先生与陈如江合编辑录《宋元词话》,由上海书店出版社初版印行。

**又** 复旦大学出版社出版吴欢章、沙似鹏主编《20世纪中国散文英华》(台港澳卷),收录其作《薄凫林杂记》。

**又** 复旦大学出版社出版宋路霞《百年收藏——二十世纪中国民间收藏风云录》,收录先生所作"序"。

另,书中"六、藏书·沪上最后一批藏书楼"写道:"施蛰存的藏书在抗战中和'文革'中已损失殆尽,唯独那一大堆古碑拓片有幸尚存(红卫兵不识货,认为无用,没有抄走),共计约有五千份,""华东师大出版社正在为他编辑出版《古代碑版集录》(数卷),所收均为他的'北山楼'藏品,一俟出书,其收藏亦可一目了然。然书一旦出版,碑版原拓就会被香港中文大学载去,施老先生答应了人家,所以出版此书,对上海收藏界来说,亦不知为好事还是坏事。"

另,"后记"提及:"本书在写作过程中,受到众多师长和朋友的关心与帮助,其中年长者有:顾廷龙、施蛰存。"

**同月** 11日萧乾在北京逝世。

## 三月

**二日** 元宵节。王兴康、张文江来先生寓所看望。

**四日** 下午上海古籍出版社黄屏、高克勤来访。据高克勤记述:"去时正在看报,他面貌清癯,以94岁的年龄来看,还是很精神的样子。黄屏先问候他的身体状况。他自言,今年觉得老了,一是心跳跳得慢了,一是记忆力差了。但是说起往事,他还是记得分明。我对他说,你记性还是不错啊!他笑说:'这是我基础好呀!'他生活很有规律。他告诉我,他早上吃一个水煮鸡蛋,加一个肉粽。他说,乔家栅的肉粽现在煮得烂了,他改吃弄堂里买的湖州粽了,有嚼头。中午吃些菜。下午喝一杯奶粉加咖啡。晚上吃粥。他每天早晨九点起床,晚上九点入睡,靠枕便能睡着。他不吃补品,隔天吃一粒缓解脑神经硬化的西药Duxil,他说是法国产的,要3元多一粒呢。他除了耳背用助听器外,其他没什么病,视力还好,看小字要用放大镜。他说,他抗战时在云南大学等地教书经常步行五、六十里。他认为,一个人四十岁以前,心肺、肝胆、胃肠三大系统没毛病,活到八十岁没问题。谈到选题,施先生建议可以编纂一套'中国石刻大系',可以按朝代编为几辑。谈到来往的老友,施先生调侃道:'周劭可是三朝元老啊!'谈到居住环境,他对现在高层建筑清一色火柴盒样很不满意。"(高克勤《琐忆施蛰存先生及其他》)

**七日** 在《文汇报·笔会》发表《北山谈艺录·松江本急就篇》。

**八日** 《文汇报·笔会》刊载周普《书缘——记与施蛰存教授的一段忘年友情》。

**十日** 姜铭(躲斋)来访。据躲斋回忆:"傍晚,他端详了我一番以后,陡然说:'你就是第一个向我借古本小说的学生!'我顿时激动万分,立即说:'先生好记性!'他摇摇手:'不,不,现在是朝不保夕,夕不忆朝;前脚的事,后脚就忘了,但是从前的事却记得,解放前、解放初的事都记得,也怪。'又说:'来向我借过书的学生,你不是唯一的,但是是最早的,所以记得。而且还记得也是你第一个来问我和鲁迅的事。'"(躲斋《忆施蛰存先生》)

**十二日** 在《文汇报·笔会》发表《北山谈艺录·钿阁女子治印题记》。

**十七日** 为所藏《宋徽州城砖》拓本题跋:"三十多年前朱孔阳所赠,当时徽州拆城墙,得此砖,遂流传于世,想必不止一块。方腊乱,苏、浙、皖均受害惨重,观此砖可知。"

**二十七日** 在《文汇报·笔会》发表《北山谈艺录·颜鲁公〈离堆记〉残石题记》。

**是月** 《沙上的脚迹》经青野繁治译成日文,列入"大阪外国语大学学术研究丛书",由大阪外国语大学学术出版委员会印行日文版。

**又** 人民文学出版社出版《中华散文百年精华》,收录其作《驮马》。

**同月** 复旦大学出版社出版许道明《海派文学论》,书中"第六章海派文学风景线(二)三、施蛰存、刘呐鸥、穆时英"。《湛江师范学院学报》(哲社版)第1期刊登蒋淑娴《论施蛰存的东方"心理分析"小说》。

## 四月

**一日** 在《文汇报·笔会》发表《北山谈艺录·洛阳龙门山北魏造像题记五十品》

集释序》。

**五日** 下午北京古陶文明博物馆馆长路东之来访,并向先生出示收得陆惕(铁)夫《忆[意]园图册子》,册末还附有先生在1965年1月11日题诗。

**七日** 先生复香港古剑函:"上海大变,你高兴来看看否?暑假中,带你的夫人一起来玩玩,住在华东师大,食宿费我包,好不好?我还无病,只是写字无腕力了,记性也差了,心脏跳得慢了,这是老人现象,无可奈何。"

**九日** 邵绡红来探访。据邵绡红回忆:"病弱的施老伯重听,但记忆清晰,看着我写下的问句作答。他倚在叠高了的棉被上仰着头回忆往昔:'你们搬到霞飞路后我才常常去你家。以前静安寺的老宅也去过多次,和洵美一谈总是到深夜。有一次刚要走,徐志摩来了,大家又接着谈下去……'忽然,他神情严肃地说:'你祖上两家和近代史都有关系,你太爷爷的《邵友濂日记》上海图书馆有,镇江博物馆也有。我建议你,复印了点注出版。'谈到我太外公盛宣怀的'愚斋'藏书,后来捐了出来,华师大分得一部分,施老伯有其油印目录。他又跟我谈爸爸的文章和诗,他说:'谈文学,不能说色情不色情的。''洵美早期是个诗人。他留英时正是十九世纪王尔德、史文朋等唯美主义流派在英国盛行。洵美早期是唯美派,后来就不是唯美派了,就是现代的了。他跟徐志摩在一起,受徐志摩的影响;后来跟林语堂在一起,受林语堂影响。'施老伯不无深情地说:'洵美是个好人,富而不骄,贫而不丐,即使后来,也没有没落的样子。'当听我说已收集到爸爸许多诗和文章时,他焦急地对我说:'赶快!出一本《邵洵美纪念册》、一本《邵洵美文集》,赶快!'他的嘱咐给我信心,也给我压力。当时他答应出书时为我写序。""提到有人写文章讲我爸爸在狱中对贾先生如此说,是他脑子糊涂了,不可能是事实。施伯伯看了我带去的剪报之后当即就说:'当然是洵美请的!'他又说:'很可能是从功德林叫一桌素菜到宋宅请的。当时时兴叫到家,由餐馆厨子在家烧。'"(邵绡红《我的爸爸邵洵美》)

**十日** 在《文汇报·笔会》发表《北山谈艺录·唐玄奘法师造像题刻》。

**十五日** 在《文汇报·笔会》发表《北山谈艺录·杭州石屋洞造像题名序引》。

**二十六日** 下午江苏文艺出版社副总编张昌华等来先生寓所访问。

**二十七日** 先生复香港古剑一函。

**三十日** 在《文汇报·笔会》发表《北山谈艺录·唐幢》。

**同月** 21日苏雪林在台湾逝世。28日薛汕在北京逝世。《上海大学学报》(社科版)第2期刊载黄献文《风格即人——论施蛰存的性格、气质对其创作的影响》。

## 五月

**六日** 陈其范致先生一函。

**七日** 下午龚建星、陈如江等来先生寓所访问。

**同日** 在《文汇报·笔会》发表《北山谈艺录·戏鸿堂帖》。

**十三日** 在《文汇报·笔会》发表《北山谈艺录·弘一法师赞并序》。

**二十七日** 先生受托请程十发帮助题写匾额"清源阁",又把《宋元词话》题赠程十发;程十发回赠所绘16开线装本连环画《胆剑篇》。

**是月** 《文教资料》第5期刊载龙厦材《记父亲的一篇佚文》提及:"几年前,施老蛰存交给我一部《同声月刊》,嘱我将有关词学的文章汇集编目。"

**又** 海南出版社出版吴由之主编《点燃欢乐——〈劳动报〉五十年文粹》,收录其作《大起大落说收藏》。

## 六月

**八日** 李欧梵等来访并合影。

**十五日** 晚上致彭燕郊函:"近来心脏跳得慢了,记忆力差了,腕力不够,写字也不十分利索了。""北京的朋友去了好几个,上海也没有老朋友来,故世的多,活着的多不出门了。今天想到你,写此信问候。希望兄安好,能复我一信,谈谈近况。"

**十八日** 复香港古剑函:"此信[指4月27日复函]放在书堆中,竟忘了寄出,可知老糊涂了,今赶快寄奉。"

**二十六日** 为所藏胡小石书赠对联"微云澹河汉,疎雨滴梧桐"撰作《胡小石书五言联》:"至今已六十年了,今日检书笈,遂取影印以付与《笔会》同好共赏。"

**是月** 《亚洲周刊》举办"二十世纪中文小说一百强"评选活动,邀请海内外十四位文学界评委在初选的五百部小说中进行评审,最终选出二十世纪中文小说一百强,在14日和20日号的《亚洲周刊》上公布,小说集《将军底头》名列其中。

**又** 汉语大词典出版社出版刘衍文、艾以主编《现代作家书信集珍》,收录"施蛰存致张香还(二通)""施蛰存致陈诏""施蛰存致徐宗琏(二通)"。

**又** 河南人民出版社出版永平主编《人生至悟》(名人生活自述系列),收录其作《论老年》。

**同月** 北京师范大学中文系罗靓完成硕士研究生学位论文《唯美意识与女性幻像——徜徉于传统与西方之间的施蛰存》。

## 七月

**二日** 应邀为宋路霞《百年收藏——二十世纪中国民间收藏风云录》所作"序",以题为《中间多少志士泪》刊于《解放日报·文博》。

**三日** 为所藏古书刀拓本撰作《削》。

**九日** 在《文汇报·笔会》发表《北山谈艺录·〈墨妙亭玉笋题名〉序》。

**十七日** 午后应请为《世纪肖像》作序。

**十八日** 在《文汇报·笔会》发表《北山谈艺录·宝云寺碑刻》。

**同日** 湖州费在山致先生一函。

**十九日** 北京师范大学中文系研究生罗靓等由北京来先生寓所访问。

**二十二日** 下午为所藏玉璧拓本撰作《其人如玉》。

**二十四日** 在《文汇报·笔会》发表《北山谈艺录·宜僚弄丸砖》。

**三十一日** 在《文汇报·笔会》发表《北山谈艺录·云间谈笺》。

**是月** 《文学报》刊载云起《华东师范大学著名学者施蛰存说——作家到大学讲什么?》:"近日,笔者就当代作家进入大学担任文学院长、兼职教授的问题,采访了施老。""他淡淡地反问一句:'作家到大学里来,能讲什么?大学生为什么读书?是为了打根基。即使以后搞创作,也要先打根基。'""老人颇带忧色地谈起,现在的一些历史题材的电视剧,连最基本的历史常识也不懂。""中文系其实应该叫文史系,""说起现在大学中文系的教学,施老特别注意古汉语和外国文学课程,""现在有的中文系毕业生到社会上去,写出来的广告词和中学生差不多,没有文化味,""文学是语言艺术,语言功底这么差,谈什么创作?听说现在有的大学削减古代汉语的课程,没有道理。外国文学的课也不全面,过去按照'阶级斗争'的眼光划分作家,只讲巴尔扎克、托尔斯泰,很多外国经典作家没有讲,这样就限制了学生的眼界。""现在的大学中文系,都比以前差了,老先生去世后,后面的没有接上。"

**同月** 《山东教育》第7期再次刊载王丽《"把我的意见发表出去"——华东师大教授施蛰存先生谈教育》。

## 八月

**一日** 英汉对照本《施蛰存小说选》，被列入"大学生读书计划丛书"，由中国文学出版社、外语教学与研究出版社联合初版印行。

**四日** 先生灯下作有一函："你既来了，为什么不叫醒我？""再等几天，我给你写。如能等到下星期一，就下星期一下午来取。不要急于出书，再考虑一下！书名也有问题，建议你改名。"

**五日** 应约为《弗洛伊德在中国》撰"序"："吴立昌教授编了一本《弗洛伊德在中国》的书，作为现代文学史研究资料，请我作序。我觉得什么都可以编，从各个角度来看中国文学，蛮好，只是担心材料不够多。编者把这本书的目录给我看，并且说大约有25万字。这本书也收有我的两篇文章，都是用心理分析方法讲解鲁迅的小说《药》[后改为《明天》]的。""我把这些文章又看了一遍，使我如在梦寐中遇见了故人，只是觉得当年的解析未免求之过深，有些地方，似乎繁琐了些。但是从全文总体来看，我还是'不改初衷'的。""我作为当事人本来不应当写这篇序，好像是自己亲自去贴广告，应当让搞批评的人去写。吴立昌教授仍希望我就弗洛伊德对中国'五四'以来的文坛所产生的影响讲几句，也会有一定的史料价值。""显尼志勒是弗洛伊德的好朋友，他运用心理分析的方法进行创作，我最早翻译他的小说，所以受到弗洛伊德的一些影响。我的朋友穆时英又受了我的一些影响，还有黑婴，我们三个人的创作都采用了心理分析方法。""我还要请今天的读者注意，运用弗洛伊德学说来从事文艺创作及批评，是典型的1920—1930年代的文艺气候。这一气候早已成为文学史的陈迹。我写这篇序，也是希望大家多研究研究，但没有宣扬、鼓动的意思。"（按：此书名后为《精神分析狂潮——弗洛伊德在中国》，江西高校出版社2009年6月版。）

**十三日** 在《新民晚报·夜光杯》发表《弗洛伊德、〈明天〉及其它》。（按：此文原为《弗洛伊德在中国》所作"序"。全文凡提到鲁迅小说'《明天》'处，原稿均为'《药》'，系复旦大学吴立昌教授根据先生曾于1940年《国文月刊》第1卷第1期发表《文艺作品解说之一·鲁迅的〈明天〉》一文，以为记忆有误所改。但此前1993年4月10日，先生为拟将旧作《鲁迅的〈明天〉》《关于〈明天〉》和陈西滢《〈明天〉解说的商榷》提供发表写"缘起"时谈及"去年复旦大学的吴立昌来访，送了我一个封袋，袋中装的正是这三篇文章的复印件，这使我出于意外的高兴"，至1995年3月17日，先生应约为这三篇旧作重新刊登而撰"引言"，提到"吴立昌教授打算把这些文章再发表一次，听听现在的青年作家及文评家的意见，我同意了，为他写了这个'引言'"，后刊于1996年6

月复旦大学出版社出版《海上论丛》,书内"文坛旧案"收录先生所作《引言》《鲁迅的〈明天〉》《关于〈明天〉》,别有《关于鲁迅小说〈明天〉的论辩》、陈西滢《〈明天〉解说的商榷》,以及吴立昌《附记》。同时,也可注意到,1984年12月10日,先生应欧阳文彬之约作《缅怀开明》、又名《怀开明书店》中写道:"由于朱自清的殷勤索稿,我写了一篇讲解鲁迅小说《药》的文章。"经查先生并无发表解说鲁迅小说《药》之刊出记载,而1941年2月四川省教育厅印行四川省立教育科学馆主编叶绍钧、朱自清编撰《精读指导举隅》,书中'指导大概'内有鲁迅《药》。)

**二十日** 在《文汇报·笔会》发表《北山谈艺录·明黄道周用砚》。

**月内** 日本大阪外国语大学青野繁治来先生寓所访问。

**是月** 岳麓书社出版毛大风、王斯琴编注《近百年诗钞》,收录其作《咏文游台》。

**又** 内蒙古大学出版社出版朱企泰、杨子主编《二十世纪杂文选粹》,收录其作《怎样纪念屈原》。

**又** 上海远东出版社出版《夜光杯文粹》,收录其作《籍贯小议》《纪念傅雷》《宝姑》《卖糖诗话》《堂名的起源》《"老婆"》《莼羹》《短篇小说的历程》。

## 九月

**三日** 在《文汇报·笔会》发表《北山谈艺录·书画家胡公寿》。

**四日** 广州黄伟经寄赠其著《文学路上六十年——老作家黄秋耘访谈录》,并题:"呈施老蛰存先生教正。"

**七日** 下午史美圣、吴惠娟夫妇来访,并赠送《名人与光明日报》(张义德、彭程主编,光明日报出版社1999年6月初版),书内收录史美圣撰写的《施蛰存教授的〈浮生杂咏〉组诗》。

**九日** 为所藏《清帝御玺》钤本题跋:"玺以汉白玉制成,正方十五厘米,上有九龙钮,一式二块,一块刻满文,我不识。此玺左满文,右汉字,文曰'皇帝之宝'。""历劫犹存,至今已有六十馀年矣。"

**同日** 在《文汇报·笔会》发表《北山谈艺录·牙雕孔雀明王造像》。

**十三日** 下午先生与上海教育出版社签署《唐碑百选》出版合同。

**十七日** 清晨先生在家不慎跌跤,额头右侧摔破流血,在家人陪护下去华东医院包扎治疗。从医院返家后,广州黄伟经夫妇在徐开垒陪同下来先生寓所访晤。

另,据黄伟经回忆:"由老友徐开垒兄带领,一起往访施蛰存先生。那天早上,施老在家里跌了一跤,伤得一脸是血,在家人坚持劝说下才愿去医院治伤。另见到他的夫人,她正躺在床上静养,高兴地点头欢迎我们的到访与问好。"(黄伟经来件)

**二十七日** 下午先生与文汇出版社签署《北山谈艺录》出版合同。

**是月** 《雨的滋味》列入"二十世纪中国著名作家散文经典",由吉林摄影出版社出版。

**又** 团结出版社出版徐如麒主编《中国现代知名学者传世文典》,收录其作《绕室旅行记》。

**又** 青岛出版社出版鹰扬选编"名家人生漫笔精品丛书"《生命的天平》,收录其作《禅学》。

**又** 上海古籍出版社出版柯灵主编"民国名刊精选"丛书,在《民国名刊精选·出版说明》提及:"在文学前辈施蛰存、柯灵先生等的支持下,我们组织编选了这套《民国名刊精选》丛书。""由施蛰存先生主编的《现代》杂志,展现了三十年代前期散文园地绚丽多姿的风貌,以其浓郁的文学色彩受到广大读者的喜爱。"

另,该丛书由完颜绍元编选《玻璃建筑——〈现代〉萃编》,编者在《前言》写道:"《现代》的出现及其风格的形成,都与如今已成文坛耆宿的施蛰存的名字联系在一起。""检阅它的作家与作品阵容……真正是群英际会,极当年文坛一时之选。""如果对其主体倾向进行量化统计,更可称之为三十年代中国新文学创作的一个重要阵地。仅举一例:鲁迅悼念左联五烈士的名篇《为了忘却的记念》,就是施蛰存冒着被官方迫害的风险刊发在《现代》上的,可见与'资产阶级反动文学刊物'完全风马牛不相及。至于说《现代》一度以'第三种人'面目出现,在我理解更属因左视眼而引起的偏见。""假如它的面目是'第三种人',又如何解释发表在第二卷第六期上的《为了忘却的记念》呢?"书内收录其作《创刊宣言》《画师洪野》。

另,该丛书还有白丁编选《钓台的春昼——〈论语〉萃编》,收录其作《赋得睡》。

**同月** 23日《文论报》转载张英采写《施蛰存:当代作家应该直接读外文》。24日王西彦在上海逝世。《作家》月刊第9期刊载张英采写《访上海作家施蛰存、王安忆、格非、孙甘露》("施蛰存:当代作家应该直接读外文啊")。河南大学出版社出版郭豫适《学与思:文学遗产研究问题论集》,内收《胡乔木同志访晤施蛰存先生记》。

## 十月

**八日** 下午上海教育出版社段学俭等来访,商谈拟为先生出版词学研究的著述合集。

**十六日** 在《文汇报·笔会》发表《北山谈艺录·吴越萧山祇园寺塔砖》。

**二十三日** 为《北山谈艺录》交付出版而撰"叙引":"年初,从旧书堆中找到一张郁达夫书对联的照片。这是我在三十年代编刊物时用作插图的,想不到时过六十年,居然还保存着。""复印了几份,送了一份给《文汇报》副刊'笔会'的编者。编者把它发表在1月15日的'笔会'上,还加了一个小栏目:'北山谈艺录'。这样一来,我就欲罢不能,只好悉索敝赋,在所有的碑版、金石、文物的拓片或照片中每星期选一张送去供应这个'谈艺录'。""又进一步,要把我这些东西结集为一个单行本,使它让外地的好古之士也能见到。这一设想,从来没有在我的出版计划之中。不过,也好,有这样一本书,趁近来文物热的时候,也不妨凑个热闹。"

**同日** 在《文汇报·笔会》发表《北山谈艺录·胡小石书五言联》。

**二十七日** 《文汇报·教育新闻》刊载《作文大家谈》:"著名学者施蛰存:要选那些经过长期历史考验的作品作为语文教材的范文。"

**三十一日** 在《文汇报·笔会》发表《北山谈艺录·书董其昌事》。

**同月** 14日《文学报》转载张英采写《施蛰存:当代作家应该直接读外文》。

### 十一月

**三日** 下午张香还来先生寓所探望。

**七日** 黄裳题赠《来燕榭书跋》,并托人捎带给先生。

**八日** 在《文汇报·笔会》发表《北山谈艺录·削》。

**十三日** 在《文汇报·笔会》发表《北山谈艺录·为〈红楼识小录〉题》。

**十四日** 《为〈世纪肖像〉序》刊于《新民晚报·夜光杯》。

**十八日** 应约撰写《北山四窗·序》:"承上海文艺出版社的好意,要将我的文稿收入其颇受赞誉的'学苑英华'丛书,并请刘凌同志任纂录之事。辞谢再三,竟不获允准,现书稿编讫,姑书此为序。"

**二十一日** 在《文汇报·笔会》发表《北山谈艺录·墨妙亭断碑砚》。

**二十四日** 下午陈文华带领华东师大中文系基地班同学来先生寓所访问。

**二十七日** 在《文汇报·笔会》发表《北山谈艺录·唐大碑》。

**同日** 赵清阁在上海逝世,先生获悉即委托人代为表示哀悼。

**又** 湖州费在山致函:"友人从报上读至'谈艺录'中关于墨妙亭一节。因舍间未订阅《文汇报》,故未能拜读鸿作,为憾。""只求尔日一见尊之'谈艺录'。"

## 十二月

**三日** 为编讫《词学》集刊第12辑而撰作"编辑后记"。

**四日** 在《文汇报·笔会》发表《北山谈艺录·龙华寺塔瓦当》。

**十一日** 《解放日报》刊载先生近影并《施蛰存先生的新著〈北山谈艺录〉出版》:"12月12日是文坛前辈施蛰存先生的九五华诞,适逢他的新著《北山谈艺录》出版,令老人欣喜不已。这位驰骋文坛、学界七十多年的寿星,早年办刊编书;以后又写小说、散文和诗词;精通英法语言并翻译;研究古典文学且治碑帖、论词学;执教数十载,桃李遍天下。如今虽已高龄,行动不便,依然文思敏捷,在宁静淡泊中每日阅读报刊书籍,端坐案头著书立说,屡有新著新作问世。"

**同日** 《文汇读书周报》刊载周退密《我与施蛰存的金石缘》。

**十二日** 农历十一月初五,先生生辰。为贺先生九五华诞,文汇出版社特为赶制出版《北山谈艺录》,下午萧关鸿、戎思平等把样书作为生日礼物送到先生寓所。《文汇报》记者邢晓芳、《新民晚报》记者项玮和摄影记者胡晓芒也来祝贺并采访。

**同日** 先生母校松江第二中学以及多位友人纷纷登门献上鲜花、贺礼和祝福。马祖熙作诗《沁园春·祝蛰庵师暨师母九秩晋五双寿》两首(刊于《厦门大学上海校友通讯》)。周退密书赠红纸对联:"贯花贝叶繙长寿,炊饭香粳请应真。"陈巨来外孙孙君辉篆刻"九五之尊"阳文印为先生贺寿。

**又** 在《文汇报·笔会》发表《北山谈艺录·叙引、云间书家沈度、跋唐太宗屏风帖》。

**十三日** 下午郦国义、田永昌和徐福生代表《文学报》同仁来祝贺九五寿辰。

另,据田永昌回忆:"老人刚刚起床,穿着一件深蓝色的棉睡袍,很是精神。他热情地把我们迎进屋子,连说:'谢谢文学报!谢谢文学报!'""他把刚刚放在台子上的被子抱到一边,让我们搁放花篮和蛋糕。然后把郦国义和我拉到他身边说:'先照张像吧,这鲜花挺好看的!'他又回头看了一眼散落在满地的书籍,说:'不去管它了!'我说:'这样的背景更有味道呢!'""拍完照,我们和老人又聊了一会儿。最让我感动的是,他告诉我们,最近还在写作,只要气不断,手就不会停下。""他说自己的确老了,记性也大不如前些年,有时找点资料要翻好长时间,说到这里,他指着散落满地的书说,翻过后我也懒得理了,人老了,书也老了。"(田永昌《只要气不

断,手就不会停》)

**同日** 《文汇报》刊载记者邢晓芳《施蛰存一生治学"四扇窗"》:"昨天下午,冬日温暖的阳光静静地从窗户里斜射下来,坐在书桌后的施蛰存老人安详地看着当天的报纸。当记者走进施蛰存先生愚园路上的起居室时,除了房间里几个插满红玫瑰的花篮略显喧闹之外,很难相信施老先生如此平静地迎来了第95个寿诞。当我们把鲜花和刚刚由文汇出版社出版的《北山谈艺录》一书送到施老先生面前,老人摩挲着还散发墨香的新书,连声说:'出得蛮好的,蛮好。'""虽然老先生近来身体十分虚弱,但每日看书读报的'功课'却从不间断,一天要看五、六份报纸,书也看得又多又杂。"

**又** 《新民晚报》刊载记者项玮《做人不趋时,作文不避苦——施蛰存教授喜度九十五岁生日记》:"昨天施蛰存教授在家中迎来95岁生日,朋友们纷纷向他献上鲜花和祝福。""家中很是热闹,朋友来了一批又一批,""令他高兴的是,昨天他终于看到了《北山谈艺录》样书,这本汇集了他101篇文章的新书,是文汇出版社特为祝贺他生日赶制的。"

**十五日** 《南方周末》上海记者站朱强等来访,先生应邀为广州《南方周末》二千年特刊"世纪感言"撰文:"南方朋友不少,已逐渐凋零。三十年代,在香港住过一年,也结识了许多广东文友,近年来已无消息。人生如电光石火,实有虚空之感。"

**二十一日** 先生又应友人之请,在1989年末撰写的"简历"上增补了:"九〇年代:楼居独坐,看看书报,以待天年。"

**二十三日** 中共上海市委副书记龚学平寄赠贺卡和《百年沧桑回眸》的光盘。

**二十六日** 《解放日报·朝花》编辑陈诏来访。据陈诏回忆:"我去探望他,只见他迷迷糊糊地睡着。我轻声地喊他,他似乎还有反应,微张着眼睛,跟我点点头,好像还有很多话,尽在不言中,这就是敬爱的施老留给我的最后一个印象。"(陈诏《施蛰存先生印象记》)

**二十九日** 《南方周末报》二千年特刊"世纪感言"刊载其作"世纪感言"手稿和近影。

**是月** 《北山谈艺录》列入"大艺术书房"丛书,由文汇出版社初版印行。

**同月** 20日中国政府恢复对澳门行使主权,澳门回归祖国。

# 二〇〇〇年（岁次庚辰） 先生九十六岁

## 一月

**一日** 元旦。在《新民晚报·夜光杯》发表《以健康之身迎 2000 年》："2000 年，是个谜。到底是二十世纪的末一年，还是二十一世纪的第一年？许多人都在争论，莫衷一是。反正我已像封建皇帝一样，享受到'九五之尊'了。近来，常有年轻朋友来，问我的养生之道，我也回答不出。我这一架躯壳，从来说不上健康。三十岁生黄疸病，四十岁生伤寒症，五十岁生过痢疾，八十岁生肠癌。华东医院的医生为我破腹开腔，做了大手术。医生说：还可以有五年的生存期。可是，从 1983 年到现在，已经十七年，我还安然无恙，不能说不是奇迹。""最近几年，我每天早上吃一个鸡蛋和八粒红枣，就是用了汉朝人的养生方法，自觉大有益处，并不是为红枣做广告。此外，心平气和，冷暖适度，劳逸结合，也是不可不注意的养生之道。在 2000 年来临之际，我想对读者说的是，要把身体弄得更健康一些，这样你才有本钱做你喜欢做的事，生活才有乐趣。"

**同日** 用自印贺片"贺岁"致江苏文艺出版社张昌华，并题："千禧"。

**十七日** 应请作诗："残年新岁两参差，落落平生只自知；老境萧条无趣味，灯窗还你一笔诗。"又曾以圆珠笔书于赠"小铁"的自印"贺岁"片背面。

**二十一日** 下午《南方周末·文化》编辑向阳由广州来先生寓所访问。

**是月** 《北山四窗》列入"学苑英华"丛书，由上海文艺出版社初版印行。

**又** 唐文一、刘屏主编《往事随想·施蛰存》由四川人民出版社初版印行。

**又** 吉林人民出版社出版庄文中、张翼健主编《高中现代文课外阅读》（社科类），收录其作《说帖》《说拓本》。

**同月** 15 日《江汉论坛》第 1 期刊载黄德志《悖离·整合·归依：论施蛰存小说创作方法的衍变》。中国社会科学出版社出版杨义《叩问作家心灵》，书中"第二辑京派与海派·施蛰存函(1990 年 12 月 31 日)·杨义按"。

## 二月

**二日** 刘呐鸥之子、台湾物理学家刘汉中夫妇等来探望先生。

**三日** 下午中共上海市委副书记龚学平与华东师范大学领导来寓所看望先生。

五日　春节。下午陈文华、赵昌平等来贺年。

十四日　下午陈飞雪等来先生寓所访问。

同日　孙康宜由耶鲁大学致函："在这个 Valentine's Day 寄给您这本诗集,特别有意义。此选集刚出版,在'序'中特别谢了您(见 p.vii),但还是语犹未尽,因为若非您的帮助,许多女诗人的作品很难找到。多年来您对我们(指63位汉学家)的帮助,岂是语言可以表达的?书中的书法是张充和女士写的。"(按:此书系孙康宜、苏源熙编《中国历代女作家诗词及相关评论选集》,斯坦福大学出版社,1999年版。)

十九日　元宵节。下午王兴康、张文江来贺节。

## 三月

十五日　杜宣题赠《桂叶草堂诗钞》(线装本),托人捎带给先生并致问候。

十六日　下午龚建星、陈如江和郑伟平来先生寓所访问。

十七日　为《世纪肖像》"序"以题为《我为他感到高兴》刊于《解放日报·读书》。

十九日　应邀撰讫《贺〈解放日报〉副刊〈朝花〉5 000期》:"《朝花》副刊问世五千期,编辑要我写一点文字,以资祝贺。祝贺是喜事,但对我来说,却很有沧桑之感。《解放日报》是上海第一大报,1949年5月,随着上海的解放而创刊,社址前身是《申报》。《朝花》副刊创刊于1956年9月,经四十馀年的辛勤耕耘,道路十分曲折而艰辛。今天为《朝花》五千期祝贺,仅为上海第一大报、影响最大的副刊,仍然活跃着,这一点就大可庆祝了。"

另,据徐芳回忆:"我奉命去约他为我们的版面5 000期之寿写几句话,一天两天三天,到期了他也没交稿,我着了急,把笔帽卸下递到他手里,抱着双臂,像个监考的老师那样站在他的桌前,那样子一定可恶极了,那样子也让我忏悔至今,我怎么能那样呢?!老先生看着我可恶又可笑的架势,并不理会,朗声喊道:'拿纸来!'"(徐芳《走近施蛰存先生》)

二十日　为《云间语小录》交付出版而撰"序引":"我是松江人,在松江成长,住了三十年,才迁居上海,至今六十多年了。过去的上海是松江府的一个县,现在松江却成为上海市的一个区,而上海又发展成为国际大都会,这一变化,使我很有些沧桑之感。闲来无事,写下了许多段关于松江的人物、风俗、土宜、掌故的杂记。"

二十二日　在《解放日报·朝花》发表《五千期的祝贺》。

同日　王承义来访,先生为在《狮子座流星》扉页上签名留念。

二十五日　日本大阪外国语大学青野繁治写作论文《施蛰存〈阿褴公主〉与郭沫

若的〈孔雀胆〉》脱稿。

**二十七日**　撰写《为陈从周画竹卷题跋》"按语"："庚辰早春,晨起阅报,惊悉梓翁从周先生于长病中仙逝,哀思萦绕。念及昔日偶有过往,说园论艺,辩古谈史,恍如音容宛在。近数年梓翁屡病卧床,遂难闻讯息。迩者检得余在1982年春为《陈从周画竹卷》所题小跋,倏忽间,已十有八年矣!今又诵一过,录以发表,以塞余悲。"

**三十一日**　下午先生与文汇出版社签署《北山谈艺录续编》出版合同。

**是月**　伊犁人民出版社出版彰军编《茅盾作品精选》,收录"致施蛰存(1933年8月14日)"。

**同月**　15日陈从周在上海逝世。

## 四月

**一日**　在《文汇读书周报》发表《云间语小录·蟛蜞螯、落苏、梅酱、莼、菰、菱、酒》,并附"编者按语"："施蛰存先生自他最为寂寞的六十年代起,陆续写了一百多则有关自己故乡乡俗名物的散文,一直到近年仍未真正辍笔。这些妙文从未面世,而其典雅隽永,甚得晚明遗风。现选择其中七则有关食物的短文发表,请有兴趣者都来品别一下此中的滋味。"

**十一日**　闻广由北京致函："姪是先父在宥公长子,多年来一直在搜集先父手迹,近闻老伯存有先父书信多通,乞赐复印本一份。"信末谈及"老伯是先父挚交与同乡,故一诉衷肠"。

**二十四日**　下午浙江工业大学人文学院张欣(子张)来访。据子张记述："他大声问我:'你会不会讲上海话?'在得知我不懂上海话之后,他就一直用南方味儿很浓的普通话回答我的提问,在我仍然听不明白的时候,他就要过纸笔给我写出来。比如我问到他的意象诗里'极司斐尔公园'的所在,他一边大声回答一边在纸上写下'中山公园'四个字。我希望他能解释一下他的'意象抒情诗'中的《蛏子》,老先生却笑眯眯地把球又踢了回来:'这应当由你来解释!'不过当我接着问'这首诗是写实吗?那么公园里怎么会有蛏子?'时,施先生还是作了回答:'我写的是人,女人穿着黑衣服,裹得严严实实,像躲在壳里的蛏子,只可看见头和脚,往来穿梭。你到夏天去公园看看。'我又问:'银鱼'也是女人吗?施先生说:'银鱼,你可以到市场去看,细细的,白白的,只有两只眼睛是黑的,这都是意象,印象是纯客观的,意象是有主观性的。'说着,随手又在纸上写下了后面这句话的汉、英两种文字。""谈到诗歌备受冷落的现状,我问'是否与市场经济有关',孰料老人立刻做出反应:'历来是这个样子的,不止是市场经济时代。你不要管这些,你应该编一部新诗史,以及1917年以来新诗作品的目录。'随即又说:'不过新诗这个名词应该取消了,当时是相对于旧诗而言。'我接上说:'叫现代诗比较合适。'施先生表示肯定:'对,从1917年开始至今,现代诗歌已经有了八十年的历史。胡适之他们是第一代,我从1928年开始写诗,属于第二代,艾青应该算第三代吧?'""我在纸上写到:'您怎样评价自己的创作?您认为您的代表作是小说还是散文?'施先生看了看回答:'自己怎么评价自己?这要你们去评价。'这使我想到曾经读过的苏雪林一篇讨论施蛰存小说的文章,其中认为施先生是一位'文体作家',我想请施先生谈谈他对这个概念的理解,他的回答是:'文体作家这个词太大了,不得要领。每个人的文体都不一样,你有你的文体,我有我的文体。'我又提到苏雪林对他小说'文藻富丽,色泽腴润,结构严谨,刻画细腻'的评价,施先生笑着说:'捧得太高了。我写得没那么好,诗写得也不好。'""我写了一个问题:'您认为知识分子应当有什么样的人格?'施先生看过后说道:'这个问题太大,不好回答。'我又写了一条:'知识分子是否应有独立思考的品质?'施先生这回说的是:'不广泛地吸收、博取,怎么独立思考?我给你改一改,不说思考,说见解。'"(子张《寻访北山楼》)

二十五日　下午张欣(子张)又来访。据子张回忆:"因谈话中施先生告诉我,每周二至周五下午均可去找他,我第一天拜访很兴奋,又觉意犹未尽,于是趁热打铁翌日下午再度登门。"(子张来件)"在告别施先生的时候,施先生连连说:'你过几天再来,我要送你一本书。'"(子张《寻访北山楼》)

二十七日　在《文汇报·笔会》发表《云间语小录·序引、鲈、鹤》。

二十九日　在《文汇读书周报》发表《云间语小录·白龙潭、声妓》。

是月　主编《词学》集刊第12辑,由华东师范大学出版社出版印行。

## 五月

上旬　耶鲁大学康正果等来访。据康正果记述:"施老一副怯寒的样子,衣服还穿得较厚。他已接近全聋,我大声喊着对他讲话,他也听不清楚什么,于是只好与他简单地笔谈。我站在他身后,一瞥他颤抖写出的字迹,揣摩着他想要表达的意思。昏暗的灯光下,我奉上康宜送他的礼物。"(康正果《文字交,老人缘》)

十三日　在《文汇报·笔会》发表《云间语小录·百幻诗》。

**十四日** 下午南京张昌华、蔡玉洗等来访问。

**十七日** 下午《文汇读书周报》周伯军等来访。据周伯军记述:"先生正坐在靠窗的书桌旁翻看他最近出版的新著《云间语小录》。见到我们,老人的第一句话就是:'好,这本书出得好。'他拍拍手中蓝色仿布封面的书,神情颇为欣喜。""老人近来身体尚可,但不大爱说话,尤其是天气不好的时候。""先生拿出一叠白纸,吩咐我把话写上,又从一旁拿出助听器说:'现在耳朵越来越聋了,以前戴上它还听得见,现在戴上也没用了。'一副无奈相,但他的双目却晶亮有神,看书写字,也可不用戴眼镜。趁着先生的好心情,我忙不迭地向他问了一大堆有关现代文学史的问题。""他告诉我,除了手头这本《云间语小录》外,前不久,文汇出版社已出版了他的《北山谈艺录》,近来正准备出版该书的续集,整理工作刚刚完成。""近期将要出版的还有《北山楼诗》和《唐碑百选》等。""施先生一边答话,一边不断地摩挲手中那一册《云间语小录》,他对该书出版甚为满意。""我告诉先生,书中部分文章在《文汇读书周报》刊出后,反响甚佳。施先生脸露喜色说,现在松江也有人来要书了。""'自己的字都不认得了。'施先生突然冒出一句。我有些不解,以为该书写于很多年前,隔了那么长的岁月,先生对影印的手迹有些不认得了。经告知才明白原委:《云间语小录》书名为施先生亲自题签,前后写过两回,现分别用于封面和扉页。老人的意思是没想到自己的字还这么好,连自己都不认得了。'"(周伯军《晴窗下的喜悦》)

**二十一日** 撰写《忆雁公赠诗》:"老人辞世已多年,如今却鲜为青年学人所提及,故检出雁公昔年赠余墨迹,重温旧谊,并供刊布,聊表怀念之忱。"(按:"雁公"即李笠,字雁晴。)

**二十七日** 黄伟经由广州致先生一函。

**下旬** 徐培均、施议对来先生寓所探望。据徐培均回忆:"奉陪施议对博士拜谒蛰存词丈,先生目明而耳不聪,常以笔谈。"(徐培均《〈鹧鸪天·悼施蛰存词丈〉题识》)

**是月** 先生手稿影印本《云间语小录》由文汇出版社初版印行。

**约在期间** 据姜铭(躲斋)回忆:"以后几次会面,已经进入二十一世纪了。大抵是谈家常,谈健康,很少涉及文艺。我问起他的养生之道,他风趣地说:'雪茄照抽,咖啡照喝,从不锻炼。只是吃得很少,晚上一小碗粥,足矣!'在杂聊之间,也曾谈到过他的《云间语小录》,我说犹如晚明小品,可与袁中郎、张岱比肩。他立即阻止我:'不能这样说,你是我的学生,不可瞎捧,怎么能比得上晚明小品? 我是'藉以忘忧',犹如饮杜康,难道你不清楚?'我只得称是。"(躲斋《忆施蛰存先生》)

## 六月

**二日** 在《文汇报·笔会》发表《云间语小录·古宗曲》。

**六日** 黄献文由武汉寄赠所著《论新感觉派》。（按：黄献文《论新感觉派》，武汉出版社出版2000年3月版，书中"第六章第一节施蛰存"。）

**七日** 下午中国社会科学院文学研究所许觉民偕彭令范来访。

**十三日** 《新民晚报》刊载记者林伟平报道《湮没几十载，旧作变新颜——施蛰存〈云间语小录〉等新书问世》："文学老人施蛰存先生被湮没几十年的旧作，经多年整理'旧貌变新颜'：继前不久文汇出版社出版了他的《北山谈艺录》后，日前又推出《云间语小录》；另外《唐碑百选》《北山楼诗》和《北山谈艺录》续集等著作也即将问世。这样，施蛰存先生的旧作将'大面积'地变成新著。施蛰存先生一生著述甚多，但中年以后的许多著作都未及时出版。"

**十五日** 在《文汇报·笔会》发表《云间语小录·沈度》。

**十九日** 据旧稿润作《知堂遗迹》："近日整理箧衍，得老人手迹及文物数件，皆'文化大革命'中焚弃未尽者，今检出一件，供《雅集》印布，存其遗迹。"

**同日** 柯灵在上海逝世。据徐中玉回忆："柯灵先生生前，曾想为他们此次论战["庄子与文选"之争]写篇持平之论，为施老在历次运动中因鲁迅'洋场恶少'一语所受的压抑说几句话，惜未写成，不知他准备怎样写。好在于施老重重误解，严格审查核实之后，一切都已真相大白了。"（徐中玉《回忆蛰存先生》）

**二十六日** 据旧稿《武夷行卷·题序》撰作"按语"："云间姚鹓雏先生题赠书迹，时自渝州惠书。""常以书信请教。今先生往矣，怀念陈迹，重温遗墨，先生之博雅，殊深钦仰。"

**是月** 文汇出版社出版《默守高尚·1999笔会文粹》，收录其作《〈唐碑百选〉缘起》。

**又** 法律出版社出版周家珍编著《20世纪中华人物名字号辞典》，内收辞条"施蛰存"。（按：此条内"字：安华。号：刍尼"系讹误，"安华""刍尼"均为笔名。）

**同月** 3日程千帆在南京逝世。10日《文汇读书周报》刊载记者周伯军《晴窗下的喜悦——访新著迭出的九五老人施蛰存》，《文汇报·书缘》"书情2000"专栏刊载《云间语小录》书影以及介绍。朱宗尧《晴窗走笔》自印本刊行，书中章节"文坛耆宿施蛰存"。福建教育出版社出版《细读与随想——陈孝全学术随笔自选集》，收录《施蛰存先生点滴》。

## 七月

**五日** 澳门大学中文学院举办中华词学国际研讨会报到之日,施议对委托上海参会人员带给先生《宋词正体》并题:"舍翁宗伯方家诲政。"据施议对回忆:"同样规格的词学研讨会,曾在缅因与台北举行,这是第三次。在澳门回归祖国的第一年举办这么一次国际性的学术研讨会,先生十分关注。刘凌、刘永翔二兄应邀出席研讨,让带新出《词学》12辑,亲笔题赠。"(施议对《渊明矢凤愿,沾衣付一笑》)

**七日** 《解放日报·读书》刊载《雅致的〈云间语小录〉》书讯并附有书影。

**十四日** 《河北日报》刊载辛心《"看问题"的施蛰存》:"施蛰存的生活并不像其他高龄老人那样有规律,有时早早地睡下;有时会独坐到深夜,甚至一觉就睡到了次日中午。""喜欢吃方便面和小点心,对可口可乐与咖啡也感觉良好。""翻出一叠稿纸,授意我把问题写在上面,以目代耳。""施蛰存说:'这是中国文学发展的必然,无论去哪一条路,都是文学自身的选择。发展就是发展,谈不到谁对谁的背叛。比如,你现在穿这条裤子,是不是对长袍马褂的背叛呢?即使算得上背叛,现在穿着舒服,又何必眷恋所谓传统的东西呢?'""施蛰存的目光立刻从纸上移到我的眼前,他直截了当地问:'什么叫主流文学,是那些迎合气候、图解政策、政治性强的东西吗?还有,什么是主宰文学的一贯主题?人性、真善美?我看,不一定。侦探小说反映什么?鬼怪小说反映什么?难道,非套在人性的大树上?'说着,他在纸上写了两个词:'纯文学'、'艺术性'。随后解释道:'你可以是浪漫主义作家,也可以是现实主义作家,无论属于哪一个流派,审美都是创作的大方向,是无法细分优劣、高下的。巴尔扎克和雨果的作品不同;茅盾与老舍的风格各异,但是同属现实主义创作。其中有没有浪漫主义成分呢?当然有的。实际上,根本没有什么纯文学,只是西方人喜欢那样分类罢了。'""施蛰存未假思索,说:'为了自己——抒发心灵,宣泄感情,这是创作的原动力。当然,也可以谎称是为了稿费、为了出名而写作;但说到底还是谁也不为。想写就写嘛,提笔前已是文思如泉,怎会思前想后,我在为谁写作,我在为谁服务呢?'""又摆了摆手,说:'诺贝尔文学奖几乎和中国人没有关系。文学上,东方是东方,西方是西方。欧洲人不了解中国的文化,他们找不出一名合适的人选靠近诺贝尔文学奖。中国人在自己二十世纪的文坛上,同样选拔不出一位大师级的人物去世界文坛角逐。可以说中国近百年的作家没有一位是堪称伟大的,因为作品太少了,太单薄了。'""他说:'各种传媒发达了,上海的、北京的人都跑去上网,读文学著作的太少了,这没什么,在更广大的中小城镇,甚至农村,读书的喜欢文学的人还多着呢——文学死不了!'"

**十六日** 撰写《浦江清遗墨》:"留存下来的信也寥寥无几,因而江清之遗墨尤显珍视矣。这首《蛰存自闽中来书,却寄》诗,就是当时他笔录寄赠的。诗作与书法俱佳,清悠淡远。如今观诵老友遗墨,一如见其人之音容,极为神似。而他辞世亦有四十年了,每念及他的早逝,辄为怆然。"

**十七日** 下午撰讫《沈从文的书法》:"书者落款'上官碧',沈从文也。""我与从文都在昆明工作,时常一起逛古董摊子,有时下午无课闲着,就去他那里聊天,看他练字。当时他较偏爱明朝人的书写风格和形式,常写窄长的竖直条幅。此条神采奕然,飘逸洒脱,就是那时他为我书写的。"

**二十九日** 《文汇读书周报》刊载《云间语小录》出版消息以及书影。

**是月** 先生旧体诗集《北山楼诗》,由华东师范大学出版社初版印行。

**又** 文汇出版社出版《朝花·散文随笔精选1997—1999》,收录其作《秋夕》。

**又** 《中国现代文学研究丛刊》第3期刊登哈尔克《施蛰存的旧体诗》:"施蛰存晚年研究旧诗,有《唐诗百话》行世。先生的小说、杂文,自成一格,世有公论。惟旧诗不被人提及,似难见其创作全貌。施氏作品,小说有现代气息,札记、旧诗则多旧文人儒雅之气,情趣与知堂庶几近之。""施蛰存吟诗,多偶尔为之,有感而发,虽哲思平平,但真义非浅。""施蛰存旧诗,流传不多,但性情毕现。研究施氏创作,旧体诗中的人生体悟,也不可偏废。其中冷暖,也让人感慨万端罢。"

**同月** 3日任访秋在开封逝世。新疆青少年出版社再版《中外名家珍品收藏馆·书信展览厅》(修订版),仍收录沈从文致施蛰存、巴金致施蛰存、施蛰存致戴望舒书信。

## 八月

**六日** 撰讫《李白凤的篆书》:"老友李白凤书五言篆书对联一品,文曰:'花怜金臂吏,叶隐玉兜奴。'这副对联书写于1977年,当时他的生活有了昭苏之望,心情积极乐观,因此颇能代表白凤的书法风格。可惜翌年他却不幸过早逝世。近几年其遗作公开展出,获得高度评价。我也以为,国内写大篆的,今天恐怕还未见有人超过他。"

**七日** 撰《微昭题签》:"六十年代时,余始自编集古小册,把收集的金石小拓片,粘入用毛边纸订的册页。想起老友微昭,便写信去杭州,请为余题写数册签条。"

**十六日** 日本大阪外国语大学青野繁治论文《施蛰存〈阿褴公主〉与郭沫若的〈孔雀胆〉》译成汉语。

**二十一日**　下午应邀为台湾远流出版公司"救助地震灾民义卖"而在《北山谈艺录》《云间语小录》书上签名。

## 九月

**三日**　撰写《清阁绘〈泛雪访梅图〉》："我曾建议她开画展或编画集,但终未果。清阁女史绘此《泛雪访梅图》,拍成照片贻我一份,画面典雅清逸,墨色淡素静谧,很有意境。欣赏之馀,我将此图托友人制版印制在贺卡上,供人欣赏并流传。"

**六日**　下午华东师大中文系研究生李金凤来访。

**七日**　《新民晚报·夜光杯》刊载孔海珠《施家伯伯》。

**十一日**　下午复旦大学中文系张芙鸣等来访。

**是月**　上海社会科学院出版社出版由上海教育报编《新千年千字文》,选录其作《短文两篇·〈题陈从周画竹卷〉〈关于云间语小录〉》。

## 十月

**七日**　《文汇读书周报》刊载《北山老人与〈唐碑百选〉》。

**十二日**　周退密应湖州费在山之请作诗《崇堂嘱题〈北山谈艺录〉》。

**二十九日**　在《新民晚报·夜光杯》发表《时大彬砂壶铭》。

## 十一月

**五日**　《新民晚报》刊载李辉《施蛰存写广告》："我抄录了一些现代书局的广告,约二十多则,整理出来后寄给施先生,请他确认。他回信将他写的和叶灵凤写的分别做了说明。最近,接华东师大出版社来信,得知他们正在准备出版《施蛰存全集》,我欣然提供施先生的信件以及这些广告。"

**六日**　下午范用由北京来先生寓所探望。

**九日**　黄宗英由北京致函："昨天范用大哥打电话来,说您要看我新出的书,我实实在在想不到,我从来觉得自己很浅薄,命运使我忝为作家,只得勉强写写罢了,怎敢劳您老人家费眼神。""常常看到这里那里您还在发表新写的文章,我真是惭愧得不得了。您向我索书之善举,等于给我注以强心针,我怎么也得把自己振作起来,不能再病着、躺着。""我明天就接着拜读您的《卖糖书话》,我曾读了三分之一,说不清哪场病使我头晕目眩张不开眼睛,一搁浅,连书也找不到了,刚才在乱书堆里'念咒'不止,才重又跳了出来。您的'糖块'不大,可真够分量。您坦荡,将那么复杂的世界、人生和深奥的学识,明明白白,干净利索地表达出来,有滋有味,有自然美的韵律,我若能偷得些许就好了。""上海的冬天阴霾潮湿,您要多加保重。""我的书[《卖艺黄家》]和亦代一册《绿的痴迷》另挂号寄上。"

**十日** 先生与文汇出版社签署《施蛰存日记·闲寂日记、昭苏日记》出版合同。

**十二日** 为交付出版《北山谈艺录续编》而撰"小引":"夏去秋来,窗下枯坐,送来了编定的'续集'书稿,精神为之一振。想起从前沉寂时期,心思散漫,惟吉金乐石,仿佛有了生气。先泛收历代新旧石刻拓本,而后推广至三代秦汉铜器铭文,渐入箧衍,稽考释证,随手记下数语题识。时过境迁,近年古物出土大增,见解与当时会有所不同。虽今又存此'续集',我想,倘若文物热不减,好古之士彼此有兴,可以再为我编本'三集',以备同好共赏其雅,亦聊志我好古之脚迹。"

**十四日** 下午《读书》编辑部吴彬等由北京来先生寓所晤谈。

**三十日** 农历十一月初五,先生九六生辰。午后赏玩各式各样的盆子、碟子,并摄影留念。

**同日** 《文学报》刊载简讯《施蛰存〈北山楼诗〉出版》。

**月内** 贾植芳携严锋、郑晓芳来先生寓所访问,并题赠《解冻时节》一书。

另,据严锋回忆:"我随导师贾植芳先生去施蛰存先生家,我拿了个DV全程记录,施先生几次欲言又止,最后终于爆出一句:'横拍竖拍!'(用上海话)。施师母正在桌上喝粥,我把DV对着她时,老太太立刻用双手掩面。回来的路上,贾先生说,施师母已九十多岁矣,曾经是上海小姐,爱惜容貌,不愿人们见到她苍老的模样。"(严锋微博)

## 十二月

**四日** 下午黄永玉来先生寓所访问并为先生绘作肖像。

**二十日** 黄永玉致函:"在上海能拜访您,实在高兴。我明天回北京了,春节前赶回凤凰,我会在从文表叔陵前告诉他,在上海有幸见到您的情形。在上海读完了《北山楼诗》,想起好多事情,您在我家乡走过那么多地方。"

**二十三日** 黄永玉寄赠《吴世茫论坛》《黄永玉艺术随笔》《黄永玉:走在这个世界上》等多种。

**二十六日** 下午香港张厉君、郭诗咏来先生寓所访问。

**二十八日** 《文学报》刊载谢海阳《文坛耆宿施蛰存寄望后辈报人——编副刊要当事业》:"为了准备一个文化名人谈新世纪的展望的版面,笔者日前来到施蛰存先生家中,""老人拿过纸和笔递到笔者手上:'一点听不出了,有什么话请写下来。'在几十年的风风雨雨中阅尽了人间冷暖的施先生早已不再在意别人对自己的评说,但对于自己热爱的文坛,他依旧保持着犀利而近乎尖刻地说长道短的习惯。跟笔者谈完约稿的事后,老人又把话题转到了报纸的副刊上。他批评眼下他所看到的几家报纸的副刊办得都不理想,文章淡而无味,有些根本不够发表水准,'编辑好像是在靠来稿过日子,有啥发啥,这样编副刊是编不好的。''施先生也编过副刊吗?'笔者把这个问题写在纸上递过去问。施先生笑了笑说,三十年代他也曾编过一个时期的副刊。""他说,这段经历使他体会到报纸的文艺副刊确实不容易编,要编得好更要下大力气,'当副刊编辑的,不能跟风,不能凭个人的兴趣爱好,要当成事业来搞才行。'谈到副刊的作者,施先生说,现在每到一个什么节庆日子,编辑们就纷纷上门来约稿,'其实我们这些老头子已经没有什么东西可写了,实在讲不出什么话,而且老人总是越来越少。'他扳着指头说:柯灵死了,巴金病了,其馀像冯英子这些人好像也都不大写东西了。所以做编辑的要赶快培养年纪轻的作者,不要弄得有一天真的成了无米下锅。"

**是月** 河北教育出版社出版孙郁、黄乔生主编"回望鲁迅"丛书,《永在的温情:文化名人忆鲁迅》收录其作《关于鲁迅的一些回忆》;《围剿集》收录其作《推荐者的立场——〈庄子〉与〈文选〉之论争》《致黎烈文先生书——兼示丰之馀先生》。

**同月** 2日卞之琳在北京逝世。5日《中国文化报》刊载刘志一《北山楼头赋古诗》。《辽宁工程技术大学学报》(社科版)第4期刊登蒋淑娴《施蛰存历史小说的现代情怀》。

# 二〇〇一年(岁次辛巳) 先生九十七岁

## 一月

**一日** 元旦。在《文汇报·新年特刊》发表《我的三个愿望》:"2001年,对青年人是长了一岁,对我是少了一岁,因为我用的是倒计时法。对我自己,我不敢多有美好的展望,只有对国家,希望海峡两岸能够早日统一;对上海,能够更加繁荣;对自己,能够凑足百岁。"

**二日** 香港余婉儿来先生寓所访问并合影。

另,据余婉儿记述:"以慈祥和友善款待我,以极大的耐性回答我提出的问题,您风趣而幽默的回应,使我本来紧张和忐忑的心情得以舒缓,实在不能用言语传达那份对您的谢意。"(余婉儿致先生函,2002年2月1日)

**二十日** 《文汇读书周报》刊载《施蛰存又出新作〈北山谈艺录续编〉》。

**二十四日** 春节。陈文华、赵昌平夫妇等来先生寓所贺年。

**月内** 《云间文艺》出版创刊号,刊登"特稿"徐中玉《云间人文传统好》:"施蛰存教授就是至今还不断有重要贡献的松江现当代著名文学家","治学遍及古今中外,凡他做过的,无论创作小说、翻译、教学、编辑、科研、考证、诗词、金石、随笔、小品,无不有其个性特色,新意迭出,决不随人脚跟。""我们多年同事,是老朋友,其实他更是我敬重的老师。这样的老师,在今尚健在的前辈中,已凤毛麟角。他是松江的才子,仍在孜孜不倦、尽力贡献于社会,确属多才多艺多学的罕见大学者。十年前上海市颁给他有突出贡献的个人文学艺术大奖,是政府对他一辈子辛勤劳动的光荣鼓励,最有力地把过去有人对他的一切不实之辞统统清除干净。"

**是月** 《北山谈艺录续编》列入"大艺术书房"丛书,由文汇出版社初版印行。

**又** 《说碑帖与拓本》又刊于《北京书法艺术年鉴》。

**又** 中央编译出版社出版施康强编《征程与归程》,收录《西行日记》;还出版施康强编《浪迹滇黔桂》,收录《跑警报》。

**又** 上海文化出版社出版许道明等编评《箭与靶——文坛名家笔战文编》,收录《文学之贫困》。

**又** 人民文学出版社出版"漫忆女作家丛书",其中沈晖编选《绿天雪林》,收录《善秉仁的〈提要〉——兼记苏雪林的两面之缘》;丁言昭编选《别了莎菲》,收录《丁玲的"傲气"》。

**又** 吉林教育出版社出版马洪邦主编《阅读先锋:现代文分类阅读与解题思路》(中考版),收录《纪念傅雷》。

**同月** 《华东师范大学学报》(哲社版)第1期"施蛰存研究"专栏刊载李金凤《施蛰存的自由心性与文艺追求》、马以鑫《〈现代〉:都市的节奏与都市文学的表现》。

## 二月

**一日** 张文江来看望。按张文江笔记:"给施先生拜年,兴康因妻子手术,未同去。施先生今年已完全听不见(去年尚可用助听器),思维仍极清晰,谈话用手写。施先生言:你要多活动活动。"

**二日** 在《解放日报·读书》发表《北山谈艺录续编·小引》,并载近影和书影。

**三日** 《文汇报·笔会》刊载董桥《晚香》:"北山老人治碑之学太精太深了,我更看不懂。他的创作和译文我早岁读过一些,选评古典诗词的专书最近也看了。老人的字我倾倒已久,很想冒昧求他给我写一幅,又自觉唐突,至今止于'单恋'的境界。上个月得了他一本《云间语小录》,写他的故乡松江的人物、风俗、土宜、掌故,每篇都附印他的小楷原稿,随意走笔而摆布有致,旧文人满身的书卷气,一丝丝飘进那一叶叶的笔痕墨影之间。书卷书香都成兴旺发达的绊脚石了,俗气满世界,北山老人那样的修行,自是秋夜庭院里袭人的晚香。老人还有一本《北山谈艺录》也甚是讨喜,淡淡的笔调透着古意,每篇短则几百字,长则一二千,一一配上艺品拓本,斑斑斓斓的墨光像明清扇面。""我爱砚,书里录了好几篇石砚图文,王百榖、金冬心、伊墨卿那三块砚,光看拓本已然微醺,配上老人秀逸的文字,顿时醉了。""说真的,施蛰存这样的高龄国宝,难得他桑榆佳景,思路清明,求他掏出腹中一丁点学问给后学开眼界,那是人间的福份了。""施老先生样样顶真,却不拘泥,也不武断,文言白话又写得漂亮,了不得!"

**十日** 《文汇报·书缘》刊载《北山谈艺录续编》出版书讯并附书影。

**十五日** 《新民晚报》刊载记者林伟平《"谈艺录"有续编——施蛰存"博古小文"具雅趣》:"按照上海人的习惯,过了新年,施蛰存老人97岁了。他的颇受好评的'谈艺录'有了续编,仍由文汇出版社出版。这本《北山谈艺录续编》,仍然是施蛰存先生的'博古小文',辑录了老人赏玩吉金、乐石、宝墨的题记、题跋164篇,其中近三分之二是从未发表过的,每一篇都配上了图版。"

**二十八日** 华东师范大学古籍所张政平来访,并受南京仇亮卿(埰)哲嗣良矩委托,赠送仇埰编著《金陵词钞续编》。

**是月** 《驮马》刊于《语文世界》(蓝B版)。

**同月** 《当代作家评论》第1期刊载李金凤《施蛰存的人文意识与小说世界》。

## 三月

**十九日** 《翠湖闲坐》刊于《新民晚报·夜光杯》:"斜阳高柳静生烟,鱼跃鸦翻各一天。万水千山来小坐,此身何处不随缘。"

**三十日** 下午4时先生夫人陈慧华因突发心脏病被急送进华山医院,经抢救不治,于当晚23时逝世,享年98岁。

**是月** 在《万象》月刊第3卷第3期发表六十年代旧作《云间花月志》残稿。

**又** 农村读物出版社出版周桂峰编著《鱼》,收录《银鱼》《乌贼鱼的恋》。

**同月** 11日香港《大公报》刊载华风《北山歌吟动江关——施蛰存〈北山楼诗〉读后》。28日庆祝人民文学出版社创业50周年大会在北京举行。

## 四月

**一日** 上午先生因悲伤过度而忽感身体不适,被送往华东医院就诊,即入住15楼31床接受检查治疗。

**二日** 下午王兴康、张文江等赶来病房看望先生。

**三日** 傍晚陈文华、赵昌平闻讯来到病房探视先生。

**五日** 上午先生从华东医院出院,返回家里继续休养。

**六日** 正在上海参加厦门大学(长汀时期)校友会的1946级、1947级毕业班的学生朱一雄、吴厚沂、王兆奎和王凤翔来探访。

另,据朱一雄记述:"发现有许多花篮排在墙边和楼梯头,那些花篮上面并没有丝带、字条,大家觉得有些惊愕,一时摸不清头绪。我们慌慌张张地走到梯阶的尽头,施老师的公子施迈已站在那里迎接我们。施迈在纽约时,我们见过一面,后来他搬到加州去了,便失去了联系。见到他手臂上挂了黑布,叫我们更是惶惶不知所措。施迈一边招呼我们进入施老师的房间,一边轻声地对我们说:我母亲才去世没几天,我夫妇俩就为此从美国赶回来的。又说我爸爸已不能下床,说不了话,最好写字给他看。""他把我们带领到施老师床边,看到施老师的头埋在枕中,身上包着棉被。脸色还好,眼睛也炯炯有神。我们一个一个走近他的床头,叫他老师,并且报出自己的姓名,说明来探问的本意。施老师听了,好像知道,又好像一时想不起来。我俯身靠近他,把一块写字板放在他面前,再一次地告诉他:我是朱一雄。他这一会可听清楚了,突然爆出来了带着上海口音的三个字:朱一雄!这声叫唤,使全房间的人都呆住了。他立刻接过那支在写字板上划字的筷子那样的东西,写上了'书出版了没有? 还在画画吗?'""施老师是累了,他显出十分疲倦的样子。""看到他暂时合上眼,我们亦都是泪水满面,不敢再看他一眼,急急地离开,免得再打扰他。走下梯阶,我们才想到我们都带了相机在手,为什么不拍一张照片呢? 耳旁我似乎听到有人低声的说,在病床前为病人照相,对许多人是禁忌的事。大家沉默无声。走到巷底的门边,请施迈夫妇居中,和我们四个人合摄了一张照片。"(朱一雄《访问施蛰存老师》)

**七日** 上午先生亲属以及友人学生在龙华殡仪馆,为先生夫人陈慧华老太太举行追悼会。

另,按张文江笔记:"与兴康一起参加师母追悼会,终年98岁(虚岁)。师母和先生相濡以沫七十馀年,是中国旧式妇女的典型。"

**十日** 下午陈文华、王圣思来看望。据王圣思回忆:"正是九十多岁的师母去世之后,他心里难过,想不明白:老伴略有小恙去医院看病,怎么一下子就走了! 有一段时间他茶饭不思,卧床不起,有些虚脱,但不肯住院检查治疗。我们走进屋里,他躺在床上,还是不肯起来。因为他的听觉越来越差,文华买了一块写字板,供来访者可以写给他看,随写随抹。我试用起这新文具,写上我是王圣思,端到他眼前。他立刻问:'你爸爸好吗?'尽管心情不佳,但他的头脑仍很清楚。我点点头写道:'我父母问您好!'然后我和文华到一旁听他孙女讲述师母突然去世的详情,只听见施先生在念叨:'王辛笛,王辛笛。'我赶紧凑近去听,原来他是在问:'你爸爸出了什么新书没有?'我写道:'散文集《嬝嬛偶拾》。'他看了一眼写字板继续说:'他的书从来没有送过我。你送几本来给我看看。'我写道:'香港出的袖珍版《王辛笛诗集》送给你过的。'他点点头:'其他没有送过。'他眼睛微闭,陷入了回忆,他说:'四十年代我到你家去过。'""过了一会儿,施先生睁开眼睛,思绪突然跳回到现在:'辛笛还挂着个拖油瓶吗? 我好久没有见到他了。'我知道,他讲的'拖油瓶'是指父亲做了膀胱造瘘以后带着尿袋,我向他使劲点了点头。尽管躺在床上,他的眼睛还是很有神采的,立刻流露出同情的神情。""接着施先生又提起徐森玉,他知道是我外公。""他再三嘱咐,要看辛笛的书,我答应以后有空给他送去。我写上:再见,您好好保重。他点点头。我们向他告辞,他伸出手挥动示意:你们走吧,再会。"(王圣思《追忆拜访施蛰存先生》)

**十六日** 上午先生夫人陈慧华安葬在苏州凤凰山凤凰池墓区一墓区西三路60排1号位,墓侧预留了先生之生圹。先生亲属及友人学生等前往举行了安葬仪式。

**同日** 徐芳等来先生寓所照料先生起居。

**是月** 山东教育出版社、湖北教育出版社出版陈江辑注《中国出版史料·现代部分第一卷》，收录《〈现代〉的始末》《我和现代书局》。

**同月** 20日楼适夷在北京逝世。

### 五月

**二日** 《新民晚报·夜光杯》刊载《北山楼里玩骨董》："有一只玻璃柜，里面陈列着各式各样的盆子、碟子。有中国的，也有外国的；有古代的，也有现代的；有瓷和陶的，也有玻璃及金属的。""闲暇时，则会兴味盎然地从玻璃柜中取出几只盆碟欣赏把玩。如有客人来访，他会相邀共赏，并讲解一些盆碟的品种、来历、工艺、趣闻。""苏州有青年小友爱好骨董，施先生常托他帮助在苏州代觅青花瓷盆小碟，颇有收获。他的女弟子陈文华赴韩国讲学，他特地写信嘱她带回当地产的盆碟。最近，麦得龙超市到了一批法国产的玻璃盆，听说后引起了他极大的兴趣，叫家人速去购得多种，他说这是现代艺术和现代工艺的结晶，极富观赏性。""施先生会津津乐道地说：我最喜欢盆碟上的图案，各时期的特色，各种制作、工艺和风格，均不相同。民间艺术家精湛手艺的制作，常使我为之感动。我收集的盆碟，并不求只只名贵，也不专集瓷质的，所需品种多样，款式不一，只要有趣味及特点，就能进入我的玻璃柜中。等到集满一百个，再取个书斋名，曰'百碟斋'。"

**二十二日** 傍晚王圣思来晤。据王圣思回忆："施先生独自一人坐在书房兼卧房的玻璃门旁小书桌前，房里没有点灯，在暮色中，只让我感到失去老伴的施先生有点孤独落寞。我将父亲送他的书呈上，在大信封上我早就写上：家父王辛笛送施先生的书和巧克力。家父、家母向您问候！施先生看了信封又看了看我，说了声'谢谢'。他读着父亲所著的书名《嬗嬛偶拾》，说道：'书的封面设计得蛮怪的。'老人的眼光依然敏锐。我们的'交谈'还是我用写字板写给他看，他作答复。比起一个多月前躺在床上的他，精神好多了，人好像也胖一些。他说医生要他多补充营养，他也不知还要吃什么。每天早上一只水潽蛋，八颗红枣，一碗稀饭。中午吃点荤菜，晚上吃得很少。"（王圣思《追忆拜访施蛰存先生》）

**二十七日** 先生因身体不适，再次入住华东医院16楼27床。

**是月** 《唐碑百选》由上海教育出版社初版印行。

**又** 文汇出版社出版《志存远山·2000笔会文粹》，收录其作《云间语小录·序引、鲈、鹤》。

又　东方出版中心出版盛巽昌、朱守芬编《外国小说》（百年儿童名家译作精选），收录译作匈牙利拉育思·皮洛《两孤儿》。

## 六月

**六日**　《中文自修》月刊第6期封二刊载题为"著名学者作家施蛰存"的照相，此期"本刊特稿"专栏刊有陈文华《文坛寿星施蛰存》、李盈《我眼中的太爷爷》、其旧作《橙雾》《中学生与课外书》，还刊有王兴康、宫晓卫、徐芳、彭燕郊、赵昌平、张文江、周退密、徐培均等以《智者施蛰存》为标题的赞语。

**九日**　上午"世纪老人的话"丛书主编林祥，由北京来华东医院病房探访先生。

**十五日**　上午先生由华东医院出院，返回家里休养。

**是月**　人民文学出版社出版由林非选编《中华百年游记精华》，收录其作《在福建游山玩水》。

**又**　山东画报出版社出版侯艺兵编著《世纪学人·百年影像》，收录先生照相、简历及手迹。

**同月**　台湾《幼狮文艺》第570期刊载《"现代派"的隔代会遇——施蛰存与林燿德》。

## 七月

**十日**　《文汇报·笔会》"名家访谈"栏刊载访谈录《〈为了忘却的记念〉及"丰之馀"》。

**十二日**　《文汇报·笔会》"名家访谈"栏刊载访谈录《情同手足戴望舒》。

**二十二日**　《文汇报·笔会》"名家访谈"栏刊载访谈录《"文坛剑客"杜衡》。

## 八月

**一日**　《书摘》月刊第8期转载《丁玲的"傲气"》。

**十五日**　《新民晚报》刊载金性尧《新旧〈文饭小品〉》提及："但我的兴趣，却在'现代化'的《文饭小品》中，这就是1935年2月由康嗣群、施蛰存两位先生主办的。"

**二十日**　《寻根》双月刊第4期封二刊载先生近影和手迹"惟精惟一"，"岁月沧桑"栏刊有《施蛰存：一道美丽丰富的人生风景》及各时期的照片九幅。

**二十八日**　先生谈话时即兴作打油诗："朝花笔会夜光杯，三报闲情渐见衰；英子绿枝俱搁笔,何人后起接班来。"

**是月** 台北允晨文化出版社出版李欧梵选编《上海的狐步舞——新感觉派小说选》,收录《将军的头》《石秀》《魔道》《在巴黎大戏院》《梅雨之夕》《春阳》《狮子座流星》《雾》。

## 九月

**六日** 下午闻进(闻宥之孙)、冯统一从北京专程来上海探访,先生把《云间花月志》手稿赠送冯统一留念。

**三十日** 上海松江区图书馆新馆建成,同时作为上海市中心图书馆松江分馆对外开展服务。据于慎忠回忆:"新馆落成,我们设立名人著作展。施老委托家人,立即找出《松江方言考》、《金石丛话》(十四卷)、《词学名词释义》、《湘真阁词》等六种手稿给图书馆,他说,'你们就不要还了,就放在图书馆吧。'"(于慎忠《我访施蛰存》)

**同月** 29日许宝骙在北京逝世。武汉出版社出版郭德信编著《名人长寿秘诀》,书中章节有"神形合一,生活有律——中国作家、教授施蛰存"。

## 十月

**六日** 先生复平湖顾国华一函。

**十七日** 上午王兴康、张文江和宫晓卫看望先生。据宫晓卫回忆:"到上海去出差,和师兄王兴康、张文江到家去看施先生,施先生当时已经是近百岁的人了,尽管卧床不起,但头脑还是非常清醒。看见学生来,他很高兴,用手比划着自己的两腮,说:'宫晓卫,侬哪能这副样子了。'意思是这个弟子胖得让他有些不认识了。继而又说:'我现在不行了,没力气。'口气中并没有任何沮丧。言谈间,他突然喊起孙女拿几百元钱,让王兴康拿着钱请宫晓卫吃螃蟹,说现在是吃螃蟹的时候,他不能出去了,王兴康他们在上海,就代表他了。"(《宫晓卫:那些事,那些人》)

另,按张文江笔记:"与王兴康、宫晓卫一起看先生。先生躺床上,很静。用笔交谈。先生招呼给钱,请三人去吃蟹。中午在百乐门酒店吃饭,很久未聚了,甚愉快。先生赏饭,铭感于心。"

**是月** 《北山散文集》(一)(二)列入"施蛰存文集·文学创作编",由华东师范大学出版社出版印行。

**又** 《文教资料》第5期刊载《臧克家等致范泉信函》,收录1991年6月13日先生复范泉函。

**同月** 27日第九届全国人大常务委员会第24次会议通过《关于修改〈中华人民共和国著作权法〉的决定》。武汉出版社《宋代文学研究年鉴·第一辑1997—1999》,收录罗立刚《施蛰存、陈如江编著〈宋元词话〉》。

## 十一月

**五日** 因申领"上海社会保障卡"需要,先生在家中拍摄了证件照。

**二十一日** 上午应邀为"《上海作家散文百篇》签名本拍卖钱款捐赠慈善基金会"活动而签名。据钱汉东回忆:"他起先答应只能签一本,我用笔写了这样一段话:'上海作家和新闻界朋友都牵挂着您……,签名本拍卖后的钱款将捐给慈善基金会……感谢施老帮助。'读着这段话,施老脸露笑意,但又觉得为难,说道,'华东师大中文系送来的书,好几个月了,都没签出来,字写不好了。'我们一本接着一本请施老签着,家人不断递给他热水袋焐手。施老每签一本都重复道:'字写不好了。'""停了三次总算很吃力地签完。"(钱汉东《怀念施蛰存先生》)

**同日** 上午楼昔勇来先生寓所看望。

**二十六日** 上午先生因感觉心脏和肠胃不适,入住华东医院接受治疗。

**是月** 先生长期担任主编的《词学》集刊出版第13辑,从此期开始,先生改任名誉主编。此期编者在"编辑后记"谈及:"本刊主编施蛰存、马兴荣教授为刊物殚精竭虑,贡献才智,以文会友,广交贤俊,使本刊能坚持学术品位和质量。如今,他们退居'二线'担任名誉主编,相信还将与诸位顾问一起,以不倦之意,继善教之业,见迟久之功。"

**又** 《唐诗百话》由华东师范大学出版社以第二版次,列入"施蛰存文集·古典文学研究编"(第一卷)重版印行。

**又** 《世纪老人的话·施蛰存卷》(附录《施蛰存先生年谱初编》),由辽宁教育出版社初版印行。

**又** 《将军底头》由中国文联出版社列入"中国现代小说名家名作原版库"再版。

**又** 《待旦录》由中国文联出版公司列入"中国现代散文名家名作原版库"(30种

之25)新版第四次印行。

**同月** 《镜报月刊》11月号刊载施议对《如切如磋,如琢如磨——施蛰存的艺文世界》(上)。《江苏教育学院学报》(社科版)第6期刊载沈明《新感觉主义与新心理主义——穆时英、施蛰存小说创作比较》。

## 十二月

**十九日** 农历十一月初五,先生九七生辰。周退密书赠对联:"生面果能开一代,及身早自定千秋。蛰公老师法正,周退密。"钤印"周退密""文史延年"。(按:此联集句参看梁章钜辑《楹联丛话·楹联三话卷下》"吴茂才赠赵云松":"袁简斋曰:'生面果能开一代,古人原不占千秋。'此余赠赵云松诗也。'作宦不曾逾十载,及身早自定千秋。'此云松见赠诗也。近至扬州书院,见壁上有秀才吴楷集余第一句,配赵之第二句作对联,赠掌教云松,天然雅切。")

**二十八日** 《解放日报·读书》刊载《丰富有致的人生风景》:"暮春初夏之际,淅沥的雨丝飘洒不停,病房内也似乎湿漉漉的,那天施蛰存老人斜躺在病床上,""听他说起文学批评理论的事,关于朱光潜、周作人,感喟之馀,偶然也会说些医院里的事。后来我做着手势示意我要回去了,老人温厚地与我挥手再见。"

**是月** 《唐诗百话》(普及本)列入"施蛰存文集·古典文学研究编"(第一卷),由华东师范大学出版社再次印行。

**又** 《镜报月刊》12月号刊载施议对《大地山河棋一局,弥天风雪酒千钟——施蛰存的艺文世界》(下)。据施议对回忆:"我所说先生艺文世界,大致包括两个方面:一、自己著述,中外古今,有北南西东'四窗'之作;二、别人著述,组织领导,有《现代》《词学》两大阵地。这是依据《诗经》'如切如磋,如琢如磨'所进行的归纳。为己、为人,古之学者以及今之学者,各有区别,先生则将其集于一身。文章发表,寄呈斧正。未有回应。"(施议对《渊明矢夙愿,沾衣付一笑》)

**同月** 30日《文汇报·笔会》刊载《愚园路上的人文风景》。北京大学出版社出版李欧梵著《上海摩登:一种新都市文化在中国1930—1945》,书中"第四章文本置换:书刊里发现的文学现代主义《现代》杂志""第五章色、幻、魔:施蛰存的实验小说"。

# 二〇〇二年（岁次壬午） 先生九十八岁

## 一月

**十七日** 《解放日报》刊载简讯："献爱心捐书义卖仪式上义卖的《上海作家散文百篇》，是巴金、施蛰存、王元化等文化名人领衔签名的编号珍藏本，共有102名作家的签名。义卖所得款项全部捐赠给市慈善基金会。"

**二十三日** 中国译协在北京召开中译外资深翻译家表彰大会，先生荣获由中国翻译工作者协会颁发的"中国资深翻译家"荣誉称号。

**是月** 《施蛰存日记·闲寂日记、昭苏日记》，由文汇出版社初版印行。

## 二月

**一日** 香港余婉儿致先生一函，并贺卡以及去年与先生合影照片。

**五日** 在华东医院住院治疗三个月后，上午先生出院回家继续休养。

**十二日** 春节。陈文华、赵昌平等来贺年。

**十五日** 萧斌如来访。据萧斌如回忆："他高兴地送了我一本《云间语小录》，并在书上签名：'斌如大家留念，施蛰存时年九十六。'我见后马上说'怎么我成了"大家"了，在您面前我真要无地自容了！'我又疑惑地问道：'您今年不是九十八岁了吗？'他认真地说'没错，侬为啥要我加两岁，我还小呢！'"（萧斌如《施蛰存"打工"记》。按：先生曾说及"'大家'即'大姑'，古代对妇女的尊称"。）

**十九日** 上海翻译家协会在文艺活动中心举行上海地区获"中国资深翻译家"荣誉称号表彰大会。据报载简讯："表彰的九位是草婴、施蛰存、孙家晋、包文棣、方平、钱春绮、任溶溶、郝运和汤永宽。"（《新民晚报》，本月月21日）

**二十二日** 王兴康、张文江来看望。按张文江笔记："和兴康一起看望先生（拜年），兴康带来稿费。先生说，你要写自己的东西。又说，社科院适合养老，不是做事的地方。兴康笑着说，文江做学问，我做生意。施先生说，要在做生意的基础上做学问，否则容易空。兴康说，施先生对你要求高。施先生已完全失聪。能讲，以笔谈代听力。"

## 三月

**八日** 《解放日报·读书》介绍由文汇出版社出版的《施蛰存日记》："本书辑录施

蛰存先生的两种日记,属首次发表。征得先生同意,把1960年代部分题为'闲寂日记',1980年代题为'昭苏日记'。'闲寂日记'始于1962年10月1日,讫于1965年12月31日,用毛笔书写在毛边笺纸上,线装成两册。""'昭苏日记'是施先生在1980年代始作日记的部分。"

**下旬** 在寓所接受中央电视台《读书时间》节目专访,谈与萧乾的交往和作品。

**月内** 应华东师范大学东方文化研究中心之邀为陆晓光主编《人文东方——旅外中国学者研究论集》题词:"现在应当是东西文化溶合的时代。"(按:本年11月由上海文艺出版社出版。)

## 四月

**九日** 张厚仁(索时)由美国来先生寓所探访。据张索时回忆:"施师母已经过世,施先生还是坐在老位子上。前两次他用助听器进行交谈,这次非笔谈不可了。'索时'是我的字,捧到他眼前的新书[《里尔克的绝唱》],译者署名'张索时',他当然不明所以。我赶紧翻开书的最后一页,那里有译者介绍。'张厚仁,你不是去美国了吗?'施先生想起来了,隔了一阵儿问起里尔克诗在国外的遭遇,我做了回答。默对片刻,他抱怨嘴唇皮疼。我辩称他的身体是相当不错的,这点小疼不算什么。他面色凝重,略点了点头。他叫我离沪之前再来一次,届时要送给我书。"(张索时《悼忆施蛰存先生》)

**十六日** 先生将《北山散文集》题赠香港古剑。

**十七日** 下午崔耕在女儿双新的陪同下专程从郑州来上海探访先生。

另,据何频记述:"施先生直呼'崔耕',且用双手合比大圈曰'胖了',脸上浮现出欣喜的笑容。两人接下来用纸笔交谈。崔耕向老人谈及郑汴几位老朋友,老人还一一道出其姓名,且提笔写道:'请告知刘朱樱,请她来一个信,想为[李]白凤编一本书'(施老不知刘朱樱已去世);谈到老伴开映月患脑栓塞,行动不便,老人写:'吃脑复康';说起自己手中存有施先生信札近七十件,老人写:'抄几封来,编入文集';提及碑刻拓片,老人喜形于色,又写:'人老珠黄兴未衰';询及先生还需要什么,老人写出:'今年收买碑拓瓷盆(已有四、五十个)'。""他又叫人取来新出版的《唐碑百选》,在扉页上挥笔题赠。还打开座前的抽屉,从中取出200元钱,说:'请他们吃饭!'"(何频《施蛰存和崔耕的金石缘》)

**二十八日** 《上海翻译家》创刊号登载"上海'九老'获'中国资深翻译家'荣誉称号"专版,刊有先生近影和介绍。

**同月**　台湾《中山人文学报》第14期刊载郭诗咏《建构潜意识的内在空间：论施蛰存〈将军底头〉的"内在性"问题》。

## 五月

**三日**　张厚仁(索时)返美前专程来晤。据张索时回忆："一个滂沱大雨天,重访愚园路,我又坐在施先生的身边了。'书还没找出来,'他说。我反倒觉得高兴,事隔多日,年近百岁,他牢牢记得送书的许诺,亲切地看着他的学生,视我如入门弟子。""施先生忽然抬起头望着我说：'你的书解释得很好。'老师当面夸奖,我又激动又不好意思。四十年的苦功,值得。我写道：'感谢老师的栽培！'施先生说：'你要译,我爱好,我们是同声相应。'说着拿过笔写出'同声相应'四个字。我不作辩解,用笔写：'永远铭记师恩。'长时间的静默。没来由地,施先生说：'下次来就没有了。'我登时热泪盈眶,施先生沉下脸去,我强忍悲痛,努力改换相应的悲痛的表情。当我起身告辞走到房门回顾时,施先生含笑向我挥别。"(张索时《悼忆施蛰存先生》)

**二十三日**　吴立昌来看望先生。据吴立昌回忆："去看蛰存老人,保姆说,前些时身体不太好,这几天稍有起色。但看上去精神已不如年初,不愿写,也不多讲,且咬字不如以往清楚。"(吴立昌《嫉"暴"如仇》)

**是月**　文汇出版社出版《卧听风雨·2001笔会文粹》,收录先生访谈录《〈为了忘却的记念〉及"丰之馀"》。

**同月**　《河南社会科学》第3期刊载王玲宁《新感觉派作家施蛰存、穆时英创作异质论》。《世纪》杂志第5期刊载萧斌如《施蛰存的顶真》。

## 七月

**七日**　下午黄屏来先生寓所看望。据黄屏回忆："'你已不是年轻人了,到我这里路远,交通又不便,不要来看我了。我很好,没事的,真没事,还有两年……'这是2002年夏天的一个下午,我拜访施老时,施老对我说的话。"(黄屏《施蛰存先生摭忆》)

## 八月

**二十七日**　施议对来晤。据施议对回忆："是个下雨天,于愚园路拜访舍翁。正睡在床上,不起身。身旁小狗,使劲喊叫,亦无动静。其公子告曰,近日身体不太好。

告辞时,将《艺文世界》所归纳的两句话留下,希望得到认同。"(施议对《渊明矢夙愿,沾衣付一笑》)

**约在期间** 北京梦晨来访问。据梦晨回忆:"他嘱我回京后向他的老朋友冯亦代、范用等问好,我回京后即给冯先生打了电话,当时冯先生正因第八次脑血栓卧病在床,代接电话的是黄宗英女士。她听了我的转达后很高兴,连声道谢,又不无遗憾地说:'以前我们每次回上海总能见到施先生,可是现在很难再回去了!'而范用先生的身体也一直不好。"(梦晨《善动感情的施蛰存》)

## 九月

**二日** 下午先生在《世纪老人的话·施蛰存卷》扉页上题写"林祥同志留念"。

**四日** 入住华东医院检查身体,查出胸部主动脉有一血管瘤,经诊断有危险。

**七日** 香港《大公报·大公园》刊载李国涛《施蛰存日记可贵》。

**十五日** 《阅读与鉴赏》第9期转载其作《匹夫无责论》。

**二十三日** 下午陈飞雪等前往华东医院病房看望先生。据陈飞雪回忆:"保姆说,先生尽吵着要回家去,刚为了吊针还'大闹天宫'来着,'力气还蛮大呢!'雪白的被单下,施先生显得愈发瘦长了。屋里静下来,交谈的笔在纸上发出断断续续的摩擦声:'上次那个读者信里提到的问题,在我的文章里找一找,回一下;想回家,做不了什么了,藤椅上坐坐,手边的书翻两页,屋里转转,就行了。'"(陈飞雪《在回忆和期待之间》)

**二十八日** 上午先生出院,居家休养,每日仍阅书报。

**是月** 施议对编纂《当代词综》(六卷四册)由海峡文艺出版社出版。据施议对回忆:"上世纪八十年代初,编纂《当代词综》,先生既为提供名单,开列地址,帮助征求作品,编集过程中,遇到问题,亦予以热情指导。诸如作品断代问题、全编命名问题以及十大词人推举问题,先生都曾明确地提出自己的看法。作为一代文献,先生十分关注,一直到此书正式刊行。"(施议对《渊明矢夙愿,沾衣付一笑》)

**又** 武汉出版社出版《新编中国现当代文学作品选》(第一卷现代小说卷),收录其作《梅雨之夕》。

**又** 河南大学出版社出版陈宁宁编《河南大学忆往》,收录其作《怀念李白凤》。

## 十月

**三日** 《文汇报》刊载李国涛《沉寂中的悲苦与奋争——读施蛰存日记》。

**七日** 应邀为松江新桥镇春申村即将落成的春申君祠堂题写"厚德载物"匾额。

**二十五日** 下午钱虹来先生寓所晤谈。

**下旬** 钱谷融来看望。据钱谷融回忆:"见他一人木然坐在方桌旁,意兴寥落,毫无昔日神采。且耳朵聋得厉害,无法对话,只能进行笔谈。我尽量用过去一些共同经历的琐事来引起他的兴趣,但他似乎虽然很能理解我的用心,却总还是唤不回往日的热情。""坐了片刻,不得不站起来告辞,心头不禁有些凄然。"(钱谷融《我的祝贺》)

**同月** 15日中国译协在京召开庆祝成立二十周年暨资深翻译家表彰大会。

## 十一月

**上旬** 林玫仪由台湾来上海复旦大学参加学术会议,并往先生寓所探访。

**十八日** 下午先生与东南大学出版社签署《施蛰存序跋》出版合同。

**二十二日** 《文汇读书周报》刊载庄际虹《云间才调最纵横——读施蛰存〈北山楼诗〉》。

**二十五日** 丁羲元来访,题赠《任伯年·年谱、论文、珍存、作品》,又赠《晚听斋诗稿》并题识:"蛰存先生吾师大雅之教。忆昔受业,老师讲授文学史、唐宋词,琅琅之音,今犹在耳。匆匆四十年前事,时余青春年少,渐此岁月老去。每感文徵明句,白发惭愧老门生,感慨系之矣。旅美多年,归来附记数语,谨颂吾师期颐之寿,健适如前。"

## 十二月

**二日** 下午先生突感身体不适,入住华东医院接受治疗。

**八日** 农历十一月初五,先生九八生辰。

**十五日** 《罗洪,其人及其作品》再次刊于《苏州杂志》第6期。

**十六日** 《解放日报》刊载记者顾咪咪《与程十发先生聊画》提及:"当得知同行的徐芳是施蛰存的学生时,他马上说,'我们是同乡,记得抗日战争时,在云南施先生送给我一幅元代文学家杨显之的画像,可惜不知放到哪里去了。'他问施蛰存先生在松江有没有故居,'松江历史上出了许多名人,这笔文化遗产不能丢。'一个半小时过去了,十发先生谈兴正浓,""临走,他还不忘一再关照:'向施蛰存先生问好,等有机会一定去看他。'"

**二十日** 《解放日报》刊载记者姜小玲采写的通讯《上海作家手稿展昨揭幕》:"昨

天开幕的《上海作家手稿展》,集中展出了巴金、陈望道、夏衍、柯灵、傅雷、施蛰存、王元化等131位上海作家的133份珍贵手稿。"

**同月** 《全国新书信息月刊》第48期刊载蔡登山《爱欲与怪诞——施蛰存的新感觉世界》。

**年内** 据周良沛记述:"我陪同一群敬仰他的海外学者到他上海愚园路的居所拜访,他因为听力有点障碍,说话嗓门特大,语声朗朗,谈笑风生。"(周良沛《施蛰存与新诗及"〈现代〉派"》)

**又** 据陈福田记述:"虹口政协拟与九十高龄的施蛰存教授联系,但他不回信,不回电。时笔者是政协文史委员,他们知笔者与施公为华东师范大学同事,请与沟通。于是,笔者陪政协叶建生副秘书长同往沪上愚园路施府。师兄口齿清晰,思维敏捷,良晤畅叙,十分欢欣。"(陈福田《施蛰存先生》)

**又** 据李欧梵回忆:"到上海拜访施蛰存先生的时候,有朋友提到他'明年将届百岁寿辰',所以我对他说:'施先生,届时我们要盛大庆祝!'不料施先生听后颇有忤意,回答时语气十分干脆:'一百岁对我毫无意义!'然后又加了一句:'我是廿世纪的人,我的时代已经过去了。'"(李欧梵《廿世纪的代言人:庆贺施蛰存先生百岁寿辰》)

## 二〇〇三年(岁次癸未) 先生九十九岁

### 一月

**十六日** 先生身体状况稳定,再三提出要求出院,经医生同意返回家中疗养。

**二十七日** 天津《文学自由谈》第1期刊载麦琪《两位施先生》:"一位是施耐庵先生,一位是施蛰存先生。""施蛰存先生的《石秀之恋》,我读后不胜骇异。这篇小说即便写于现在,也可以被称作前卫,而它竟然写于上世纪三十年代初。在佳作如林的中国现代作品中,它算得一个惊世骇俗的异数。施耐庵先生是小说圣手,在中国小说的起步阶段就写出了《水浒》。""而施蛰存先生的《石秀之恋》就从《水浒》的这个漏洞入手,他选了石秀,没选武松,无比正确。""一切的情节都和施耐庵所写的一样,但在施蛰存笔下却走向另一种意味。""真难想象,这是上世纪三十年代的作品。但又很合理——三十年代的作家，国学西学都学了个大满贯，中学为体，根基深厚；西学为用，敢于对传统质疑与挑战。所以石秀反叛了，他秘密而大胆地恋爱，不再听从施耐庵的安排。九十七岁高龄的施蛰存先生不久前还说，目前的写作，一时的好恶成就了太多的文章，这些文章也不是不好，只是再过几年就没什么意思了。他这句话正好用来从反面阐释他自己。有几个写东西的人能有把握，自己写的东西，在七十年后还能让后辈吃一大惊？"

**是月** 吴小如作诗《壬午岁暮，恭读北山楼诗，俚句敬题》，跋云："二十馀年前因本师古槐翁之介得与蛰老一通款曲，今先生寿登期颐，惜缘悭一面，未获瞻觐，谨陈小诗，伏乞郢正，聊申仰止之忱云而。"

**又** 春风文艺出版社出版朱铁志编《中国当代杂文经典》收录《匹夫无责论》。

**同月** 上海人民出版社出版张永胜《鸡尾酒时代的记录者——〈现代〉杂志》，书中有"一个人，话不能说得太长——从施蛰存的编辑理念看《现代》杂志的特点""烟粉灵怪纷烂漫——《现代》主编施蛰存小说的艺术特征"等章节。《温州师范学院学报》（哲社版）第1期刊载金文兵《叙事的颠覆与文本的可读性——施蛰存小说的另一种解读方法》。《淮阴师范学院学报》（哲社版）第1期刊载黄德志、肖霞《施蛰存年表》。

## 二月

**一日** 春节。下午陈文华、赵昌平夫妇等来先生寓所贺年。

**十二日** 王兴康、张文江来看望。按张文江笔记："先生完全丧失听力，清瘦，稍脱形。以手写交谈，外边很多事他都知道。先生说，要多写；又说，去写一本书，让昌平给你出，我想看看，我快要死了。言之令人伤感。""临行赠新出的《唐诗百话》。"

**约在期间** 北京梦晨来访。据梦晨回忆："我和施先生在纸上随意地交谈着，从他的写作到生活，还有他的健康。""我便问道：'戴望舒是一位浪漫主义诗人，想必您的气质里也充满了浪漫的天性？'他看了我写的话，轻轻摇摇头，接过笔在我的话后面写道：'实质上我是一个道学先生。'""施先生在和我的笔谈中有时会陷入沉默，身子斜靠在藤椅里，眼睛微闭着。""他不止一次喃喃地对我说：'北京、上海、杭州、南京的朋友大多不在了，走了！'当谈起巴老时，他连连用手比划着，声音微弱地问道：'不知他现在怎么样了？听说还插着管子。'然后是长长地叹气，声音仍然还是微弱地嘱咐我们：'去看看巴金！'""我提笔向施先生写道：'我十分了解您的心境，也懂得您内心的感触,您非常坚强,很了不起!'片刻后,施先生脸上重新漾起淡淡的微笑,看到我写的这句话后,赶紧摆摆手,然后提笔在纸上写下'幸而无病'几个字。""我把话题转到文学馆的资料收集上来,施先生的心情也好像一下好转起来,显出异常高兴。当我告诉他,文学馆准备建'施蛰存文库'时,他一边点头一边表示:'我的书会陆续寄去。'""施先生对文学馆也一直给予了极大的关注和支持,除了捐赠书刊外,还有他的手稿和日记,他热情地赞誉文学馆是'集新文学史料之大成'。"(梦晨《善动感情的施蛰存》)

**是月** 江苏教育出版社出版高永年主编《二十世纪中国文学作品选·诗歌卷》收录其作《桃色的云》,《二十世纪中国文学作品选·小说卷》收录其作《梅雨之夕》。

### 三月

**十七日** 《解放日报》刊载李国涛《施蛰存六十年书信》:"最近购得他新出文集里《北山散文集》二册,先读了其中书信部分。他很爱写信,信件的全部当不止此。他与彭燕郊信中自估信件不过十万字,但现在印出来却有近三百页,二十万字尚多。肯定丢失的更多,这很可惜。这位年近百龄的文坛老人,交游广,学问博,读他六十多年的书信,每个读者都会得到很多知识。"

**是月** 据潘靓记述:"华东师大学生会举办'华夏学子讲坛',著名学者施蛰存、陈彪如、徐中玉、钱谷融、王元化、王养冲等担任'讲坛'的总顾问。"(《华东师范大学年鉴》)

**同月** 全国很多地区遭遇一场非典型肺炎疫情。

### 四月

**二十七日** 下午罗洪来探望。据罗洪回忆:"施老记得我大的孩子是当年同行到内地的。他问我现在哪里,""我把纸递过去,他看了感慨地说:'时间过得太快了!'他又说起赵家璧和朱雯,'老朋友一个一个走了!'他说着感叹地摇了摇头。我在纸上写了应该定期到医院去检查身体,他看了说:'三个月去检查一次。'他问起几位熟人情况,我在纸上写了递给他。""已近一个钟点,怕时间长了他会太累,就在纸上写了请他'多多保重,我告辞了',把纸递给他,等他看完了,便站起来握手告别。"(罗洪《我去看望了施蛰存先生》)

## 五月

**十九日** 《解放日报·朝花》刊载王铁仙《率真的人——记施蛰存先生》。

**二十六日** 香港董桥致古剑传真函谈及:"写施老的《晚香》影印给你。"(古剑《董桥传真信五通》,刊于《南方日报》)

**是月** 北岳文艺出版社出版张仁健主编《中华百年经典散文》(珍藏版),收录其作《雨的滋味》。

**同月** 南京师范大学出版社出版朱晓进主编《高等教育自学考试·中国现代文学基础》,书中章节"第二编三十年代的文学·第三章小说·第八节施蛰存的《梅雨之夕》"。

## 六月

**三日** 徐中玉为祝贺先生百岁大庆而撰《回忆蛰存先生》:"他是我的前辈、朋友,后又同事至今垂五十多年,合起来已超过七十年。建国后历次运动,各种磨难、艰苦,相濡以沫,以至改革开放后的复苏、看到希望、跌倒和爬起,我们都在一起。这样的经历、情况,在我的所有同学、朋友、同事中,没有第二位。""蛰存先生知识修养面极广,凡所著译,都站得住,有特点,不做则已,做必有显著的个性。不侈言系统,写大块文章。我还读到他不少旧体诗、词,文言文,小考证,均言之有据、有理,坦说所见,决不苟同敷衍,文词则清新俊逸,有诗情韵味,一如其人。""他自认为对的,决不屈从、趋附于人。我理解他这样的心情,用不着什么来装点、炫耀自己。""我读过他当年与鲁迅笔战的全部文字,深感在三十年代那时上海盛言阶级斗争的环境中,要平心静气讨论问题,非常之难。一旦存在观点之异,就极易被扯进政治,革命与反革命二元截然对立,不革命就是反革命,原来并不与尖锐政治相关的问题不由得会被上纲上线,由缺乏沟通到怀疑敌对,由意气用事到以牙还牙,类此实例很多。""鲁迅唯恐青年陷入古书堆中出不来,蛰存觉得青年写作词汇贫乏,可从古书中吸取语言材料。一位从近处想,读点古书对青年写作有助,一位从远处想,提醒青年不要沉到古书中去,原都有其善意在,并不复杂,在宽松、理性环境中,原是不会产生对立的。"

**四日** 钱谷融也撰写《我的祝贺》:"我有幸能与施先生在同一个单位共事逾五十年,""他早年虽然曾经加入过共青团,骨子里却完全是一个自由主义者。他的自由主义是彻头彻尾、彻里彻外的,他是用自由主义的眼光观察、衡量一切的。他重性情,讲趣味,热爱和追求一切美的东西。他对待生活,就像对待艺术一样,随时随地都在追求生活中的趣味,生活中的美。""即使在最无可奈何的日子里,他也要在生活中寻找亮色,或者制造一些使心灵得以稍事舒息的笑乐。""他是凭着趣味而生活的。你剥夺了他的趣味,就等于剥夺了他的生命。但他的趣味是剥夺不完的,你不让他教书,他就作研究;不许他写文章,他就去搞碑帖。在他看来,生活既是无味的,可又到处存在着乐趣。尽管周围向他投过来的大都是白眼,但他心中自有温暖。""亲眼看到他屡遭横逆,种种不堪忍受的境遇,他都挣扎着挺过来了,而且还在这样的情况下,努力在许多不同的领域里作出了令人赞叹的贡献,""这样的百岁老人,普天之下能有几个?"

**二十三日** 先生因患急性肠胃病症,再次入住华东医院接受治疗。据夏琦记述:"因身体器官衰竭而住进华东医院的,当时主要的症状是心脏问题和膀胱发炎等,之后情况逐渐恶化。但是施老的精神一直还不错,脑子也很清醒。他常常和医生进行笔谈,也能进行语言交流,别人只要说得大声点,施老还是能听得见。在医院,施老的日常起居有专人照料,行动基本能自理。"(夏琦《绵绵阴雨寄深情——文坛老人施蛰存在最后的日子里》,以下均同)

另,据夏琦记述:"施老住院后,也曾向家人表示,想去探望一下巴金老人,无奈身体状况欠佳,力不从心。"

**二十九日** 徐中玉来病房探视。据徐中玉回忆:"他不能坐起来说话,说'我明天就要出院了'。其实,这是他真想回家。医生力劝他住下来。他又提出回家后就找我们去吃饭,他很关心老同事们。"(徐中玉《序〈永远的现代〉》)

另,据夏琦记述:"陪伴在他身边的亲人和经常去探望他的华东师大中文系的老师们都觉得施老的头脑依然非常清醒,他每天仍坚持读书、看报、写字。""施老还特别提到过要看《马可·波罗游记》。此外,施老每天都要看《新民晚报》,他最喜欢的版面是《夜光杯》,各式各样资料性的文章他也都很注意。虽然施老病重住院,但还是有很多人慕名前去求教,而他只要身体许可,就会尽可能与他们交谈,不厌其烦地对他们进行一些指导。"

**是月** 《施蛰存序跋》列入"书人文丛·序跋小系"丛书,由东南大学出版社初版印行。

## 七月

**八日** 在华东医院病房内,先生躺在病床上接受了上海电视台纪实频道记者摄像采访。

**十日** 辛笛作诗《奉祝蛰存先生期颐健康长寿》。

**中旬** 先生因心脏病情加剧而转到心脏监护病房。据徐中玉回忆:"他的病状很快恶化,逐渐连进食也主要靠打针鼻饲。鼻饲很难受,他总要拉掉。我先后去看过他四五次,他是越来越严重。"(徐中玉《序〈永远的现代〉》)

**二十一日** 《文汇报·笔会》刊载钱谷融《施蛰存先生》。

**同月** 4日陈彪如在上海逝世。台湾东海大学中文系邱孟婷完成硕士学位论文《"新感觉"的追寻——刘呐鸥、穆时英、施蛰存小说研究》。

## 八月

**六日** 王元化为华东师范大学中文系编《庆祝施蛰存教授百岁华诞文集》题签,并书写横幅"录陆士衡句,以恭祝施蛰存前辈先生百岁华诞"。

**是月** 华东师范大学校长王建磐为中文系编《庆祝施蛰存教授百岁华诞文集》撰写"贺辞":"值此施蛰存先生百岁华诞之际,我谨代表华东师范大学向施老表示崇高的敬意和深深的祝福。施老是中国现代文学史上著名的小说家、诗人、散文家和文学编辑家,也是中国现代学术史上著名的专家学者。在八十余年的文学创作和学术研究生涯中,施老开启了'四扇窗'——以中国文学为主的东方文学研究的'东窗'、文学创作的'南窗'、文学翻译的'西窗'和金石碑刻研究的'北窗',为文学界和学术界贡献了大量优秀的文学作品和学术论著。这些文学作品和学术论著,无不浸淫着他的睿智和豁达,昭显出精辟和犀利。施老的成就影响深远,是中华文学和学术宝库的重要组成部分。施老是公认的大家。施老不仅以优秀的作品嘉惠文坛和学界,更以独特的人格魅力垂范后学,淡泊通达,不计名利。即使在'反右''文革'的逆境中,仍孜孜不倦,从事学术研究。这种追求、这种精神,是施老赢得重大成就的根本,也是我们所应学习和继承的。施老是华东师范大学的元老之一。从二十世纪五十年代初来校工作,迄今已半个多世纪。施老辛勤耕耘,为华东师大中文学科的奠基和发展、为一代又一代人才的培养做出了重大贡献。他是华东师范大学的功臣之一。施老的人格精神、学术成就和教学思想,还将对学校未来的发展产生重要的影响。"

**又** 先生担任名誉主编的《词学》集刊第14辑出版;刊有先生《北山楼校定断肠词一卷》(宋朱淑真撰),并影印先生"校定断肠词序引"手稿。

**又** 文汇出版社出版萧关鸿主编"文汇原创丛书"陈明远编《假如鲁迅活着》,书中第二辑"鲁迅逝世十周年的设问求答"内"范泉编鲁迅逝世十周年特辑(1946年《文艺春秋》第3卷第4期"要是鲁迅还活着"专栏)",收录其作《也必然已经死了》。

**同月** 31日周劭(黎庵)在上海逝世。

## 九月

**上旬** 颜逸明作画《菊花图》相赠并题"仁者寿——敬奉吾师吾友施蛰存先生"。

**月内** 台湾痖弦等先后前往华东医院病房探望先生。据痖弦回忆:"我去上海时拜访过他,他躺在医院里已经说不出话来,只能用眼神交流,他儿子在旁边照顾。"(痖弦口述、辛上邪记录整理《痖弦回忆录》)

另,纪弦(路易士)回忆:"诗人痖弦从温哥华寄来一信:'我去台湾、香港、上海一个多月,在上海,我曾到华东医院去探望施蛰存先生,'""'近来心脏衰弱,两腿站不起来,耳聋,惟脑筋还清楚,听不见,只能靠笔谈。我告诉施老您的近况,说你现住旧金山,身体很好,一直在写诗。他脸上露出一丝笑意。'"(纪弦《从一张照片唤起的记忆》)

**是月** 山东教育出版社出版杨振贤主编《高中语文自读本》(第1册),收录其作《纪念傅雷》。

## 十月

**十六日** 《新民晚报·夜光杯》刊载西坡《他是一团棉花》:"海上学界,为北山老人聚首纪念,洵为善举,这至少可以彰显出在商业气息浓郁的时代,我们对于文化精英推崇的热情并没有完全泯灭。在我看来,施蛰存先生已经成为本地文化的'标志性建筑',我们有很多理由为这位文坛耆宿的长寿高兴,因为从本质上讲,这和岱岳之于鲁民、匡庐之于赣人的意味是相近的。"

**十七日** 华东师范大学为先生百岁华诞暖寿而举行"庆祝施蛰存教授百岁华诞与徐中玉教授九十华诞暨施蛰存、徐中玉先生学术思想研讨会"。

另,据《华东师范大学年鉴》:"国内外具有盛名的学者施蛰存教授百岁华诞、徐中玉教授九十华诞庆贺暨学术研讨会于10月17日在华东师大科学会堂隆重举行。来自全国各地的专家学者及两位先生的至亲好友、同事和弟子共三百馀人参加了会议。华东师范大学党委书记张济顺、校长王建磐出席了会议。""施蛰存先生和徐中玉先生学贯中西、古今通达。他们著述丰富,涉及广泛,在学术界有深广影响,是令人尊敬的前辈学者。""施先生主编的《词学》、徐先生主编的《文艺理论研究》是学术界公认的权威性杂志。两位先生是华东师大的元老和功臣。他们参加了华东师大中文系的创办和筹建。半个多世纪来,两位先生为中文系的发展殚精竭虑,付出了极大的心血。他们从教育目标、培养体系、课程设置一直到教材安排,都一一考虑、事事斟酌。他们尤其注重人才发现、人才培养。正是在两位先生的亲炙下,出现了一大批优秀人才而活跃在全国各地各个岗位上。"

**同日** 《新民晚报》特刊登载徐中玉《小记施蛰存先生》。

**十八日** 上午施议对夫妇来病房探望。据施议对回忆:"献上寿联一副并新出的《当代词综》一套,""一见面,十分高兴。说:好久不见,你夫人也来啦。声音洪亮。给看寿联:'斯文大厦,词学正宗'。竖起大拇指。接着,以笔叙。""问:最近出了些什么书;给说:《当代词综》已出版,编内有舍翁作品。满意地笑了笑。"(施议对《渊明矢夙愿,沾衣付一笑》)

**同日** 据夏琦记述:"之后大家将拍下的录像带到病房里给他看,当时家人正想为他指点录像中的人物,想不到他竟一个个地报出名字来。把录像全部看完后,施老显得很高兴,不过还是批评了一句:'你们把我抬得太高了。'"

**又** 《解放日报》《文汇报》《新民晚报》等上海多家报刊均刊载了"施蛰存徐中玉学术思想研讨会在沪举行"。

**约在期间** 据林玫仪回忆:"华诞庆典结束后,我在上海还停留四天,每天都到病房和施先生聊天,先生虽然已经住院三个月了,但是精神尚好,一见面就问我最近写了些什么?我去辞行时,他又问我书目编好没有?还说如果将来没有地方出版,他可帮我想办法。嗓音依然嘹亮,除了胃口不佳以及心搏太弱外,和平常并无太大不同。""就听他一遍遍地说:'我明天要回家。'"(林玫仪《悼念施蛰存先生》)

**二十三日** 《文学报》刊载罗四鸰《施蛰存徐中玉学术思想研讨会在沪举行》。

**二十四日** 《文汇读书周报》刊载《施蛰存徐中玉学术思想研讨会在沪举行》。

**是月** 华东师范大学中文系编《庆祝施蛰存教授百岁华诞文集》,由上海古籍出版社出版。

**又** 香港《文学世纪》第3卷第10期出版"施蛰存先生百岁寿辰专辑"。

## 十一月

**六日** 据夏琦记述:"一位耶鲁大学的学生去施老的病房,这个学生正在准备自己的博士论文,主题是'三十年代的中国文学状况研究',其中很重要的一部分就是施老的作品研究。施老不顾自己身体虚弱,与这位学生一谈就是两个多小时,让这位第一次来中国的学生感动不已。"

**七日** 《解放日报·读书》刊载介绍由东南大学出版社出版的新书《施蛰存序跋》:"本书是施蛰存先生序与跋的精选本,书中的文章始发时间从上世纪二十年代至2000年。收录书中的有《现代》创刊宣言,《现代诗风》创刊号卷首语,《活时代》发刊辞;有作者著作的序或跋;也有译著的后记等。书中还印录施蛰存先生著译及早期所编刊物的书影,以及施蛰存先生青年、中年和老年各个时期的珍贵照片。"

**同日** 香港董桥致古剑传真函谈及:"你们上期施先生专辑[《文学世纪》]很可读。"(古剑《董桥传真信五通》,刊于《南方日报》)

**约在期间** 据李斌回忆:"在去世两周前他开始不愿吃东西,只能用羹勺喂上五小勺,连小半碗的稀粥也吃不下,但马上,他连这几小勺也吃不下,因此他的胃也开始不好。"(北京青年报《李斌:施先生走时非常平静》,以下均同)

**十日** 先生病情开始恶化,华东医院发出病危通知。

另,据林玫仪回忆:"隔了三个星期,情形看起来比较不乐观。""医生查出他胃部有积水,肝脏、心肺等也有些感染,这可能就是他一直吃不下东西的原因。医生认为一直输液,他的心脏会负荷不了,强制要为他插胃管,因痛苦难当,他强烈抗拒,后来只得拔掉。"(林玫仪《悼念施蛰存先生》)

**十四日** 据林玫仪回忆:"早上去看他,正值管子刚拔,他饱受惊吓,一直嚷着要回家。""那天拔掉管子后,他更是强烈要求立即就要回家,当施守瑾女士耐心解释不能回家,否则有危险时,他还曾反问:'我有什么危险?'"(同上)

**十五日** 据夏琦记述:"施老的病情急遽恶化,开始出现间断性的昏迷。"

**同日** 据林玫仪回忆:"由于医生开了安眠药,他一直半睡半醒,但仍显得焦躁不安,听先生家属说,医生已暗示可能只是拖时间了,情形虽然令人担心,但由先生的积极抗拒看来,他的生命力还是不错的。"(林玫仪《悼念施蛰存先生》)

**十六日** 据李斌回忆:"他的血压开始上不来,血氧指标也很低。""随着病情的加重,差不多十天就要输一次血。由于老人的岁数,他住院前就已很少走动,住了这么长时间的医院,身体的内部器官都已很衰弱了。"

**十七日** 先生开始陷入半昏迷状态。据李斌回忆:"医生输液在他的手、腿和脚上都已找不到静脉,只能从脖子上找,但这样的效果又不好,慢慢地,他的小便偏少,血压低,腿和肚子都出现浮肿,肾也出现衰竭,肺部受到感染,在去世前的最后两天已

经陷入半昏迷状态。"(同上)

**同日** 据罗四鸰记述:"中共上海市委副书记殷一璀等市委领导亲临医院探望,施老所在的华东师范大学的校领导也赶到了医院,华东师大中文系的师生、老教授等先后前往医院探望守候。"(罗四鸰《学是通家,德称达士》)

**又** 据夏琦记述:"晚上三点半以前,施老都还有比较清醒的意识,他一直坚信自己的身体没问题,不太喜欢住医院,也不喜欢在身上插管子,当晚他也时有习惯性地想拔去管子的动作,被阻止后虽然由于戴着面罩无法说话,但还会动动眼睛表示不太高兴。"

**十八日** 早晨医生再次发出先生病危的通知,徐中玉等赶往病房探望。据徐中玉回忆:"得知这一消息后,立即去医院。他已张不开眼,但从我们的声音,知道是我们来了;用手向我们招了一下,讲不出一句话,我们只有在他床前坐了个把钟点。"(徐中玉《序〈永远的现代〉》)

**同日** 下午王圣思来病房探视。据王圣思回忆:"听说他已昏迷,医院又发出了病危通知,父亲[辛笛]嘱我到华东医院去探望。下午一点左右,我走进病房时,另一位老师在我之前也到了,没想到,此刻施先生竟醒了过来了,他微抬起身,凝神望了几秒钟,好像在辨认——认出了我们,点了点头,还说了什么,但听不清。他戴着氧气面罩,口鼻都被罩住。他的长子在一旁照料,向我们简单介绍病情。老人已无法排解小便,脸上身上都是浮肿的,难怪看上去不像前几次见面时那样清瘦。大概氧气面罩不舒服,他老是去拉扯面罩,长子按住他的手和面罩,在他耳边不断地大声说:'不好动的!不可以拉掉!'他停住了手,好像放弃了努力,但趁长子不备,他的右手又慢慢地触及面罩,然后动作迅速地掀拉面罩,真不像一位刚从昏迷中醒来的老人。如此反复有几次,但都被长子及时制止。""过了半个多小时,施先生向我们挥手,我知道,这是他的习惯动作,意思是你们可以走了,再会。他脑子还清醒得很呢。我们离开后,听说下午三点多他又陷入昏迷。"(王圣思《追忆拜访施蛰存先生》)

**十九日** 上午8时47分先生在华东医院逝世。据夏琦记述:"早晨5时,施老腋下温度达到38.1摄氏度。家属立刻请来医生,发现施老逐渐出现血氧不足等状况。8时47分,这位文坛老人的心脏停止了跳动。也许能够告慰施老的是,他在上海的所有亲人,包括两个儿子和几个孙子、孙女、重孙,还有前一天晚上刚好从美国来到上海的外甥女,全都及时赶到了他的病床前,陪伴他度过了最后的时刻。"

另,据李斌回忆:"虽然医生使用了各种办法,最终他因全身器官衰竭而去世。"

另，据徐中玉回忆："待我们赶去时，已再也听不到他的任何动静了。现代中国文学界中这样一位丰富多彩的老同事、老朋友真的走了，再也回不来了。但他一直仍活在老朋友、后学们的心中，他的各种贡献能够长期产生影响，留给后世。"（徐中玉《序〈永远的现代〉》）

**同日** 蒋哲伦作词《西江月·悼蛰存师》："莫道北山云逝[失]，窗明书影长存。历经沧海见淳真，蛮触鸿鹏谁论。学际天人[学贯中西]今古，德馨兰蕙冬春。惊风落叶觅师魂，永忆杏坛雨润。"

**又** 美国耶鲁大学孙康宜致唁电："敬悼施蛰存教授——施老千古，施老千古；言志抒情，终其一生；逝矣斯人，永怀高风。"

**二十日** 新华社上海 11 月 20 日电（记者冯源）："著名文学家、翻译家、教育家、华东师范大学中文系教授施蛰存 11 月 19 日上午在上海逝世，享年九十九岁。施蛰存生于杭州，二十世纪三十年代在上海文坛崭露头角。抗战爆发后，他曾先后执教于云南大学、厦门大学、暨南大学和光华大学。1952 年以来，他长期在华东师范大学中文系执教。施蛰存在二十世纪三十年代就创作了小说《上元灯》《将军底头》《梅雨之夕》《小珍集》等作品。他主编的杂志《现代》在当时影响广泛，鲁迅《为了忘却的记念》一文就是在《现代》上发表的。在长达八十多年的学术生涯中，施蛰存致力于中国现代文学史和学术史，学贯中西，博古通今。他的《唐诗百话》《词学论稿》《宋元词话》《历代词籍序跋萃编》《北山集古录》和《水经注碑录》等著作，在学术界享有盛誉。他创办并长期担任主编的《词学》也是海内外学术界公认的权威性学术专刊。鉴于施蛰存先生在文学创作和学术研究上的重大贡献，他曾被授予'上海市文学艺术杰出贡献奖'和'亚洲华文作家文艺基金会敬慰奖'。"

**同日** 上海《解放日报》《文汇报》《新民晚报》《东方早报》《青年报》《新闻晨报》《新闻晚报》等多家报刊均刊登了先生逝世的报道，还有《中国青年报》刊载《中国现代派小说奠基人施蛰存逝世》、《京华时报》刊载《著名作家施蛰存逝世》、《兰州晨报》刊载《现代文学大师施蛰存逝世》等，全国各地数家报刊也都作了报道。香港《明报·中国社会》刊载《名作家施蛰存病逝》，《星岛日报·消息》刊载"中国现代文学界硕果仅存的国宝级人物之一、文学翻译家施蛰存先生，昨日在上海逝世"，以及《大公报》《文汇报》等报也刊登了先生逝世的报道；台湾《民生报·文化新闻》刊载《新感觉派小说家施蛰存病逝》；澳门《澳门日报》刊载《中国现代小说先驱施蛰存教授上海逝世》。

**又** 《新民晚报》刊载记者夏琦《绵绵阴雨寄深情——文坛老人施蛰存在最后的

日子里》:"昨天,阴雨绵绵,从华东医院传来的噩耗让无数人心头更添一丝落寞,施蛰存先生于8时47分在上海华东医院逝世,享年九十九岁。在得知消息后,记者立即采访了最后守候在施蛰存身边的家人、学生和朋友,记下了这位文坛老人最后时刻的点点滴滴。"

**又** 《新闻晚报》刊载记者综合报道《一代宗师风范长存:朋友、学生眼中学者施蛰存·晚辈眼中常人施蛰存——施蛰存一生》。

**又** 马祖熙作词《沁园春·蛰公逝世,怆情万端,赋词志悼》。

**二十一日** 《法兰克福汇报》刊载《萨德的弟子、中国最后的先锋派文学家:施蛰存辞世》:"他属于这样一个诗人群体,他们于三十年代将现代主义文学引入中国。""1932年他在上海创立传奇杂志《现代》,译介发表欧洲现代主义作家的作品,如埃兹拉·庞德与赫胥黎,乔伊斯与奥登,瓦莱里与纪德,史尼茨勒,托马斯·曼与埃里克·马丽亚·雷马克。当时中国现代主义的精英们将这份杂志视为自己的论战阵地。性是施蛰存实验性文本中的重点,大多集中于信仰与习俗的冲突,显然他受马奎斯·德·萨德作品的影响至深,或许还有弗洛伊德:在他的短篇小说中,潜意识始终占据着上风。1933年底他陷入了与鲁迅的论战之中,彼时的鲁迅与共产党人过从甚密。虽然施同样在政治上左倾,甚至他还短期加入过共产主义青年团,但他始终将诗人的身份放在首位,并坚持主张艺术的独立性。也正是这个原因,惹恼了当时被毛盛赞为'无产阶级革命文艺运动旗手'的鲁迅,他称施为'洋场恶少'。从此,对于党来说,施蛰存不再是被需要的人。1949年后,他任教上海华东师范大学中文系,是少数在'文化大革命'风暴中挺直脊梁的知识分子之一。八十年代初,施蛰存重又为人所发现,今天他被视为中国先锋派文学之父,其短篇小说《将军底头》以及《梅雨之夕》是公认的经典之作。到目前为止,施蛰存的短篇小说中仅有《鸠摩罗什》,由拉尔夫·约翰倾注心血独立译成德语。"(刘军提供、王琼颖译)

**同日** 香港《信报》刊载柳叶《说些旧话送别施先生》。

**约在期间** 吴熊和作词《临江仙·为蛰存先生送行》、施议对作词《金缕曲·敬悼舍翁宗伯大人施蛰存教授》、施亚西作词《一剪梅·悼念施蛰存先生》、周圣伟作词《金缕曲·悼念恩师施老蛰存先生》、徐培均作词《鹧鸪天·悼施蛰存词丈》、黄坤尧作词《千秋岁·悼施蛰存丈》、曹济平作词《临江仙·悼念施老蛰存前辈》、刘永翔作词《多丽·悼施北山前辈》、程观林作词《鹧鸪天·悼施蛰存前辈》、周济夫作词《浣溪沙·悼施蛰存先生》、秦惠民作词《满庭芳·悼念施蛰存先生》等。

二十三日　《新民晚报·夜光杯》刊载赵昌平《写在碎碎的秋雨中——悼念业师施蛰存先生》："我不知对先生高山仰止的敬爱，能否将这些断片的忆念团捏起他世纪老人的形象，然而由与先生生离死别的深痛极哀中，藉着碎散而浑茫的雨丝，我终于团捏起了这样一种印象：先生的逝去似乎带走了一个时代，一个学识上为通家，人格上为达士的大师时代。"

二十六日　《外滩画报》刊登记者张宏艳报道《半生蛰伏，一世赤子》："'我前天去华东医院看他，他已经住院5个多月了，每天靠输液维持，吃一点点牛奶。'施蛰存先生过世第二天，上海依旧下着雨，徐中玉先生——施最好的朋友和同事，此刻正坐在书房窗前悲恸不已，'我没想到这么快，这么快。'满地梧桐的愚园路，潮湿滑溇的弄堂，红色油漆的木门。叩门，没人应，邻居阿姨从另一扇门里出来说：'老先生去了。'"

二十七日　下午上海教育界、文化界人士约三百馀人在龙华殡仪馆举行了"施蛰存先生追悼会"。

另，据报载："本市教育界、文化界人士在龙华殡仪馆为华东师范大学中文系教授、著名学者、文学家、翻译家、教育家施蛰存先生送行。陈至立、巴金、韩正、龚学平、蒋以任、刘云耕、罗世谦、殷一璀、王安顺、范德官、王仲伟等送了花圈。施蛰存先生淡泊名利，一心一意扑在新文学创作、古典文学研究、外国文学翻译、金石碑版探索，也就是他自己所说的东西南北'四扇窗户'之上，堪称学界泰斗；作为一代名师，他也在研究心理小说、现代主义小说技巧的同时，把自己豁达正直、宠辱不惊的为人操守教授给莘莘学子。施老先生生前友好、同事、学生纷纷表达对施先生的敬意；作为一位受到中华优秀文化传统熏沐，又经受了'五四'新文化洗礼的知识分子，他对祖国和民族怀着出自内心的强烈责任感，他为学生和现代文坛倾注了非凡的睿智和才华。在我们后学心中，他不是一位一般意义上的老师，而是最具体实在的人生楷模。"（《解放日报》，2003年11月28日）

另，华东师范大学中文系师生敬挽："德称达士，寿臻彭老，齐三乐以尽一心，举国斯文仰斯人；学是通家，文胜机云，开四窗而轻爵，满园兰蕙颂蓝藻。"

另，上海古籍出版社敬挽："寿登百龈，德功言三业并荣，方贺南风薰号，融融爱日育桃李；德体中行，著述译众望所属，忽惊秋雨零兮，汉汉大音散昊天。"

另，姚昆田、周东璧敬挽："东窗泰斗，南窗巨笔，西窗硕彦，北窗耆宿，一代宗师驾鹤归兮，四海同申敬仰；国学传薪，文学扬辉，译学研精，帖学蒐珊，百家典范雕龙铭石，九州共庆馨香。"

**另**,鞠国栋敬挽:"蛰龙已上九霄游,仙凡今隔世;存蒌自留千古誉,华夏念斯人。"

**另**,受业陈文华、李宗为、黄明、严寿澂、赵昌平泣挽:"擢拔于草泽之际,肉骨嘘枯,纵涌泉万斛,寸心何以报师恩;砻磨于板荡之馀,金声玉振,任泪雨千行,函丈无由聆法言。"

**另**,受业周圣伟泣挽:"韩檠不熄,馨烈原由德器;夏鼎永辉,神明岂止文章。"

**另**,受业王兴康、宫晓卫、张文江泣挽:"当年函丈叨陪坐,春风煦煦,言犹在耳。斯世吾徒安仰向,绛帐依依,泣不成声。"

**同日** 《南方周末·文化》刊载记者朱强《施蛰存的"趣味"》、李欧梵《"我的时代早已过去了!"》等。

**二十八日** 上海《解放日报》《文汇报》《新民晚报》等多家报刊均刊登了"各界人士为施蛰存先生送行"。

**同日** 辑录《云南遗事》刊于《文汇读书周报》。

**又** 《文汇报》刊载《学识为通家的文化大师——学界人士追忆施蛰存先生》。《华东师范大学》校报刊载陈文华《道德文章是吾师——怀念恩师施蛰存先生》。《解放日报·读书》刊载《〈为了忘却的记念〉是怎么发表的》《施蛰存小传》和孔海珠《施家伯伯》。

**三十日** 《上海新书报》刊载刘智慧《文坛老人施蛰存一生开了四扇窗》。

**是月** 长江文艺出版社出版何子英编《百年百篇经典游记》,收录其作《旅晋五记》。

**同月** 15日潘景郑在上海逝世。

## 十二月

**二日** 《解放日报·朝花》刊载许道明《坦然的人生》。

**三日** 周退密作词《金缕曲·悼施蛰存先生》。

**四日** 《文学报》刊载《学是通家,德称达士——上海学界追思施蛰存先生》。

**七日** 《亚洲周刊》第17卷第49期刊载江迅《一生四个"窗",四方面都成就骄人——现代派文学巨星陨落》。

**八日** 《人民日报》刊载冯源《施蛰存先生逝世》。

**十二日** 徐中玉撰写《纪念蛰存先生,办好〈词学〉》(后载于《词学》集刊第15辑)。

**十四日** 《新民晚报·桃李芬芳》刊载松江二中邱剑云《"饮水思源":"老学生"的

题词——追思施蛰存先生》。

十六日　《大河报》刊载张万钧《施蛰存先生二三事》。

十九日　钱谷融撰写《一个真率爱美的人》(后载于《解放日报》2004年2月15日)。

二十四日　《青年报》刊载《五十年不变施先生》。

二十五日　《香港作家》第6期刊载《现代文学大师施蛰存病逝》。

是月　《上海文学》第12期刊载贾植芳《人格·人性·人情·友情——记施蛰存先生》:"施先生的人品高尚,从不依附于任何政治权势以谋取个人的功名富贵。他坚持自己的人格独立和思想自由,尤其在历次政治运动中,头脑清醒,洁身自好,从没有按照当时的政治需要写过损人利己的批判文章,落井下石的事情他从不屑于做的。人格、人性、人情、友情,他每个方面都做得很好,中国人评价人会说'道德文章',施先生真正当得起这四个字。"

# 二〇〇四年（岁次甲申）　先生诞辰一百周年

## 五月

二十二日　在上海青浦福寿陵园举行了"施蛰存先生安葬仪式暨铜像揭幕典礼"。

## 初版本代跋：关于这部书

这部书是我的一次学术实验。

这场犹如"马拉松式"似的实验，自闻听发令枪响，起跑出发，一路绝尘，直至发起冲刺，撞过红色栏线到达终点，整整十六年！今天，在淋漓汗水之中回味途中甘苦，仍感意犹未尽——就在书稿出校样时还在不断补充新见的资料——若要坚持跑下去，恐怕杀青无日，于是借为纪念先生故去十年的由头而谋求成帙。

这部书也是我的一个学历。

早在三十七岁那年踏上编撰之路，至今已是实足五十三岁了。回想写作初衷，无非是让自己有一个安心学习、系统读书的动力，随着时光的推移，编撰的深入，渐渐感到乐在其中，反倒成了打发日子的一种方式，做了一个晨写暮录的"文抄公"（当然，如何"抄"法也是各有会心的）。如斯长年累月，铁积寸累，"也给了我一点拿绣花针的训练"（模仿胡适先生语）。我乐此不疲地频繁出入图书馆，查阅各个历史时期的旧报旧刊以及相关文献史料，把见到散落的点点滴滴串连成线，摭拾成文，有时甚至似"侦探"一般考索。但有一个原则始终坚守：于"资料"决不强求，顺其自然，得失都觉得是种缘份，对文本并无轻重利害之虞。总之，整个编撰过程，对于我自己的意义不啻是一个享受学问的过程，尽管过程甘苦冷暖自知，但认识不断提高了，理解亦逐步加深了,私心为乐。

这部书付梓在即,我忽然自问:为何连在先生门下做学生的资格都没有而竟敢编撰呢?

想到,先生从前主编《现代》发表"宣言"时谈到:《现代》是普通的文学杂志,不是狭义的同人杂志;又申明不预备造成任何一种文学上的思潮、主义或党派,希望得到中国全体作家的协助,给全体的文学嗜好者一个适合的贡献,当然是属于文学作品的本身价值方面的云云。

又想到,《现代》甫一创刊,两期连载至交戴望舒译作,第三期先生即"第一要声明的,就是我已大胆把《西班牙的一小时》停止刊载了。关于这部散文,无论看原作或译文,都是第一流的文艺物,但是究竟因为全书有六七万字,在一个杂志上刊载一部长篇的散文译稿,终觉不十分好,所以已商得译者的同意,自本期起停止了"。

还知道,先生弟子张文江毕业后随侍潘雨廷先生问学,不遗余力地整理了潘氏大量著述,写作了《钱锺书传》《管锥编读解》,先生不但不以为忤,而且赞赏有加。记得一次去华东医院探望先生巧遇文江君,他与我谈起这些事,对先生的豁达宽厚充满了感激之情。

甚至记得,先生对我的拙劣愚钝从不呵斥讥嘲,这多少也"助长"了我的"自以为是",遂至"忘乎所以",不揣浅陋,而成是编。

先生数十年沉潜书斋校园,毕生打开了名闻遐迩的创作治学"四窗",1988年先生对言昭谈到:"东窗指的是东方文化和中国古典文学的研究,西窗指的是西洋文学的翻译工作,南窗是指文艺创作。我是南方人,创作中有楚文化的传统,故称南窗。还有,近几十年来我其他事情干不成,把兴趣转到金石碑版,这就又开出一面北窗,它是冷门学问。"可见所走的道路与他的早年伙伴们迥然不同,既不同戴望舒,也不像杜衡,更不似穆时英、刘呐鸥。每念及此,总会想起先生说过:"我实在坐过一叶小舟在这许多险绝人寰的乱滩中平安浮过。"故虽仰望先生而已,总还想能走近些,或许能有一种更为贴近的观察视角。这部书如能在纪念这位中国知识分子的同时,绘出其近百年的生命与学术轨迹,意义自然更大一些。

这部书的编撰,先后得到五十余位前辈、老师、学友、多家图书馆馆员和上海古籍出版社第三编辑室各位先生的鼓励帮助,恕我在此不一一鸣谢,而铭记心中。但我却忍不住要提到施门弟子陈文华教授、王兴康社长,始终密切关怀我的编撰进程,如果没有他们的指导、帮助和督促,这部书确实很难完成。同时,承蒙学界泰斗张充和、饶宗颐先生题签,美国耶鲁大学孙康宜教授赐序、上海文化发展基金会资助,在此一并敬致谢忱。

癸巳大暑前五日沈建中识于沪上谦约斋北窗

# 增订本后记：我的撰述历程

一

1993年前后的两三年间，李子云老师与柯灵先生夫妇每月都在复兴中路靠近瑞金路的一爿小饭馆午餐，菜肴精致，有道点心"飞饼"，颇得柯灵夫妇青睐，饭后再带份回家。我受邀几乎每次参加，聆听他们闲谈，深受教益之馀，也会说点自己想法。李老师正在组织筹办《上海文化》，又策划现代文学史料丛书"世纪的回响"，邀请施先生为顾问，有时让我捎信；在她的"将20世纪现代文学史作一次巡视性回顾"设想的感召下，我居然跃跃欲试。她为我作分析，建议我从搜集施先生的旧稿起步。柯灵先生对我鼓励有加，当我提起他在《梦中说梦》里为施先生仗义执言，笔下隽思妙语，议论风生，他说，早就有写写施先生的打算，可还没能动笔；眼下对施先生的研究，处于小说创作的阶段性评论，不能相称他对上海文学艺术作出的杰出贡献。施先生三十年代编书办刊物就很有名，杂文写得尤其好，可惜没搜集，近来流行编印旧稿的丛书很多，而他的旧作都没能赶上。

我知道，1980年代初期，香港刘以鬯主编"中国新文学丛书"就来约稿，施先生原拟编一本《旧箧集》，也是过去的稿子迟迟未能检得而错失机会。虽然我有近似想法，不过尚在懵懂状态，经李老师、柯灵先生点拨，心里好像有点清晰，从而又想起施先生教我,治学"阅读面要广,见多才识广,基础大金字塔才高",还有"要先看作品,自己下判断,然后再看别人的评论,不要盲从"。我开始热心于阅读施先生的文学作品,从新诗、散文到小说,得到什么就读什么,还购置了一套上海书店出版的《现代》影印本。从那时起,凡在报刊上读到有关施先生的报道、采访、评论,我都作复印剪贴,这个收集储备资料的习惯,让我后来非常受用。

兜了一大圈,视野变宽了,可要起步研究,学力尚有不及。如何能独辟蹊径,寻找适合的研究路向和方式,让我颇费思忖。1996年岁末访友,我在其上海师大宿舍里读到黄德志先生《施蛰存研究述评》(《徐州师范学院学报》当年第4期),全文观点直截了当,读来颇有会心之处,我给施先生送去了这篇文章的复印件。此文最后写到"施蛰存研究虽然取得一定的成就,但还存在着许多薄弱环节,甚至是空白",这项"研究还处于起步期,有许多领域有待于我们开拓、探索",使我豁然开朗,虽然有了应国靖《施蛰存传略》《施蛰存年表·附著作目录》(1983年《文教资料简报》第7、8期合刊),这项研究所依据的基础资料远远不够充分,还没有出现真正意义上的拓展性研究;大约也是我曾见施先生劝人"不要多写关于我的文章,写的人多了,变不出新论来,就没有多大意思"的由来。

当时位于南京西路的上海图书馆,包括徐家汇藏书楼报刊库,都迁至淮海中路新馆。新馆窗明几净,设有近代文献阅览室,等候借阅的时间大大缩短,我如鱼得水,先按《施蛰存研究述评》提及的部分篇目进行查阅,对这项研究的进程能有基本了解;又读到沈从文先生的《我们怎么样去读新诗》(1930年《现代学生》创刊号)、《论中国创作小说》(1931年《文艺月刊》第2卷第4期,第5、6期合刊),另有他主编《大公报·文学副刊》上有关施先生创作小说的书评,那些热情的批评,激发了我的勇气与兴趣。因此,我准备以文献为目标,有系统地搜集、整理有关原始文本材料,以获得迈进考索与解读的领域。

## 二

1998年早春,承北京三联书店吴彬女史高谊,推荐我加入"世纪老人的话"丛书的写作,成了我投入这项研究的起点。由此,拙著《世纪老人的话·施蛰存卷》(辽宁教育出版社2001年11月版)内的"小传""访谈实录",都尽力用心撰写,尤其注意叙述结构。按照丛书体例,要求有一二千字的"大事年表",可我一发而不可收,竟撰写了三万字的《施蛰存先生年谱初编》(谱讫2001年5月),附于书后。在拙著印出后,责任编辑王丽君女士莅沪,略带歉意说,书中的这篇"年谱初编"漏了署名。我说,大可不必另行署名,原本就是我著作的书,且书末"后记"已有言及,明眼人一看就了解。

时过境迁,现在回想,当初撰写时颇有拓荒体验,悠然浮现眼前。长期以来,有关施先生的资料庞杂零散,记录有同有异,个别说法甚至互相牴牾的也有。为此费时三年,从琐细的查阅搜辑起步,访其作品,求其事迹,检索目录卡片,抄撮报刊,自由驰骋于各式各样的材料堆中,也让我的编撰思路活跃起来,怎样入手找寻追踪素材,怎么运用搜集的资料。

施先生对于我每每发问,都一五一十地解答,专门为我写了一份材料,使我逐一整理,加以编撰。比如出生月日,名、字、学名,中学毕业时间,任教多所学校的薪水情况,还有多种未完稿、未刊稿和遗失稿的题名,以及抗战胜利后编辑《大晚报》副刊之经历,不可胜数。当时囿于"丛书"的体例和篇幅,未能详尽,可印行整整二十年来,在写作方法、过程以及在搜辑史实上扎实构建,多少有些自得,最重要的是有了"年谱初编"的基础文本,形成我继续攀登的契机。但那时对原始材料掌握得还不够透彻,尚有几处未能妥善撰述,因而导致个别谬误被引用而流传,悔之莫及;直至现在,可恨才力绵薄,著述免不了留下遗憾。

接着,应约撰著了《世纪老人的话·贾植芳卷》(辽宁教育出版社2003年4月版),也作了《贾植芳先生年谱初编》附于书末。对我来说,这是迎难而上的作业。贾先生说自己是社会型的知识分子,而施先生说自己大半辈子是在书斋中度过的;他俩在1950年代时有交游,彼此浮浮沉沉,至1980年代以后恢复往来。这些启示使我有纵向的写作感,又有横向的历史感,在时代潮流里以文献为切入点,运用比较方法作辨析,既是视野求广阔、行文当缜密的训练过程,又能促使自己更好地掌握治学方法,获得提高专业的觉悟与识见。

此后手头并没有空落下来,因尚存一部分搜集到的而来不及在《施蛰存先生年谱初编》上使用的材料,想到如何避免在研究中的隔靴搔痒现象,越来越有感于基础层面上的资料贫乏。相反,为什么会有"目前有关研究主要着眼于施氏小说创作"的情况,我觉得,其中很大因素是由于1991年1月人民文学出版社出版了施先生早年极大部分小说《十年创作集》,在基本资料方面,有力地助推研究的发展。我想,如果有一部相对翔实的《年谱》,则可为这座研究大厦打下坚实的地基。

我就着手在《年谱初编》的基础上,开始编撰《年谱》。可很快就因准备不足而做不下去。没多久,在陈文华教授敦促下恢复编撰,又经过再三考虑,按照初始立意定位的作为研究性文本,以及所规划设计的撰作体例、辑录方式,确定书名为《施蛰存先生编年事录》。

## 三

早在1989年元宵节后,起潜老人赴美开会前夕由京返沪,我侍方行先生在老人书斋晤谈,见案上一册线装铅印本,是宛平李士涛(仲阁)编《中国历代名人年谱目录》(商务印书馆1941年4月初版),内有"顾序",即起潜老人1937年所作。出于好奇便借得迻录。至初秋,吴织老师告诉我起潜老人又由京返沪,我即趋谒,老人为我作了讲解。这篇序文,对我以后的撰著产生了深刻影响,给予了启迪。兹摘要如次:

> 自来谱例之丕变可约别为四:寻常作谱,惟详载一生事迹,或加考证,以明原委。至王懋竑撰《朱子年谱》,乃取文集、语类,条析而精研之,更博求所述诸儒之绪论,师友之渊源,与夫同志诸子争鸣各家之撰著,曲畅旁通,折衷一是,于是一代思想学说之沿革,俱可窥矣,此其一。达官之谱,多著仕履之升迁,赏锡之异数,而与政治之得失,出乎审慎,记之甚略;惟那彦成撰《阿文成公年谱》,则独详于宦绩、奏疏、谕旨,关系大者,无不备载,可以补国史之未详,此其二。后学企仰前贤,搜辑行实,年远事湮,殊苦勿详,每多漏略,惟王文诰注《苏文忠公诗集》,创立总案,以统各诗,复订正志传,以统各案,而补所未备,名虽不曰年谱,而逐年加案,例实同之。遴长公前后集制诏、书状、序传、铭记、词赋、论说,悉纳入之,事或未备,则佐以老苏、子由、叔党诸集,而系以诗之应入案者,合为编年,足订元修《宋史》之舛误,此其三。向之编纂年谱往往阐人之长,护人之短,即其人偶有规劝友朋之语,亦力避叙及,免滋误会,盖皆拘谨成习,求无不安。近人胡适撰《章实斋先生年谱》,始于谱中附列同辈之生卒,而以评议之词系于卒年之下,一以考见其人之见地,一为当时思想之指归,凡所议论、行事,参以己见,直加批评,开历代年谱之创例,此其四。他若年谱有后年之事凌入前年者,以求文直而事完,其例则始于《方震孺自订年谱》;间入时事以著源委,始于钱谦益《重订少陵年谱》;夹叙同时人之出处始末,则始于秦瀛《淮海先生年谱》;间及交游朋燕之乐,始于严荣《王兰泉先生年谱》,此皆谱例渐加增益之可考者。

就在这年的秋冬间,我赴京在中国书店购得罗尔纲老先生的《困学集》,当晚在旅馆读至三更,这本"为学记"所介绍的治学经验,朴素、细致又敢豁的风范,深深地吸引我。返沪后读至第七辑内的《我是怎样走上研究太平天国史的路子的》，1930年他从中国公学毕业后"帮人家做抄录工作"，"这人家"又具体指导他作校勘辨伪，还劝他研究中国近代史为好。"人家"是谁？我很好奇。1996年3月末，初次拜访他老人家，请教时就问及"这人家"，他边笑边取出新版《师门五年记·胡适琐记》给我。不久，罗文起老师给我寄来《湘军兵志》，此后我购读了《罗尔纲文选》《金石萃编校补》等，受教颇夥。当建构《编年事录》之撰作观念、方法时，我马上想到罗老的治学方法"断不盲从，断不轻信，故为去伪存真要探索、要考证，为实事求是要探索、要考证，为求知要探索、要考证"（《生涯再忆》），对古代纪传体、编年体和纪事本末体，在编纂上取长补短地进行改变，确立了"综合体裁"的撰史新方式。于是，我重新学习了《困学集》《罗尔纲文选》。

在起潜老人和罗老先生论述的辅导之下，我拟订以编年体例为"经"，以纪实体裁为"纬"；用意在于详加记录，考索事迹细节，排比敷陈，脉络清晰地整理出以传统编年呈现的头绪——红丝线，设想把在沙滩上拾掇的、像珍珠那般的、适用的零碎纪实资料组合串连，形成其毕生行谊及文化遗产，犹如一幅好像近百年历史片断那样的、且绘风细腻的小长卷；诚如"颂其诗，读其书，不知其人可乎？是以论其世也"（《孟子·万章章句下》），让我构思将其近百年的生活实际与文化学术轨迹，置于二十世纪历史大框架中来展现，以能"发未发之覆，道未尽之言"的理念，体现自我思考、认识，以及探究史实的价值取向。

我愿望这部《编年事录》作为纪实性研究文本，能够类比年谱而更易读，又类似传记且更规整。以己见审慎引文，通过互见、互证和互补的方法，作为撰述之主旨，既是研究之理路、阐述的实体，又非工具书，在在表达我个人的、并且贯串的洞见、倾向和观念。具体以摈弃"演义笔法"为准则，坚持"事录有据，录有所源"。引文举要：一是摘引施先生文章著作内记叙为"自述"；二是摘引有关人物之叙事为"记述、回忆"；三是摘引往来书信为"致函、复函"；四是摘引报刊等文献记录为"据刊载"。凡此择其重点采录，弃文存质，既不陷于繁琐的泥淖，也注重纪实之阅读感。在撰述上做到拾掇来的珍珠就是拾掇来的，也就是说，听闻的就是听来的，见诸于资料的就是抄来的，皆使用引号，或以括号标注来源等表述形式。假如绘声绘色、添油加醋地就像自己亲闻、亲见或亲历似的信口雌黄，岂非穿凿；若还要加以剪刀般的巧取豪夺，占为己有，此等活儿，皆为我作《编年事录》所不屑，亦属常识范围。

## 四

　　文华教授为了帮助我撰述,愿为我找回失却的日记资料,恰值施先生的往来信函已大批流散,见于市肆。我觉得,如将精力投向搜集散落的书信,经考索采录用于撰述,则更为实在详细,也是一项史料积累。采录时注意原件落款未署年份者,如未见邮戳,决不想当然地推测添加年月;对已收入出版物之中的,亦皆重作考索。一般以编年行迹、著述活动等比勘分析,来厘清"约在"的时间,或附于事件为引录资料;也有以充分旁证揭示明显无疑的年月,均有根有据地撰述于《编年事录》。

　　为撰作而搜辑的材料,除了施先生的日记、书信和作品之外,尚广泛包括文学史、学术史、教育史、报刊史、出版史、地方史、抗战史等,以及许多与施先生交游者的信件、笔记,乃至传记、年谱、全集等,与鲁迅、周作人、茅盾、郭沫若、郁达夫、朱自清、沈从文诸位的往还文字,凡目力所及,有的放矢地摘录要旨,如有关《庄子》《文选》"献策"'"第三种人"'《现代》与《文学》"《关于〈明天〉》""《文学的贫困》"等史实,就可一目了然、清清楚楚。并以文献为史料主体,摘录历年报刊上的评论,包括非常年代的另类史料,还适度摘引民国时期小报之"流言蛮语",进行辨识,可观当时情势。诸如此类皆采取综合应用、有机互证之法,从背景宏观至个体微观,融和事件叙述于编年之中,尽力依据历史文本和时代语境作贴切引用。

　　比如,施先生在少年时到东岳庙书摊买小说书看,第一部是金圣叹批本七十回《水浒传》,成了"炒过七八遍冷饭"的书;中学时国文教师徐允夫讲施耐庵《水浒序》,作为补充教材,使他在正统的唐宋八家古文之外,开了眼界;18岁那年发表的《梅影轩偶忆录》,亦有感石秀骂梁中书;1930年借《水浒》题材创作小说《石秀》,抗战胜利后,唐弢述及:"细细写来,别出心裁;郁达夫曾极口称道,叹为佳作。"到了1975年《人民日报》发表社论《开展对〈水浒〉的评论》(《施蛰存先生编年事录》上海古籍出版社2013年9月版,第847、849页);在他晚年,作家麦琪在《两位施先生》写道:《石秀之恋》,我读后不胜骇异。这篇小说即便写于现在,也可以被称作前卫,而它竟然写于上世纪三十年代初。在佳作如林的中国现代作品中,它算得一个惊世骇俗的异数。施耐庵先生是小说圣手,在中国小说的起步阶段就写出了《水浒》。""而施蛰存先生的《石秀之恋》就从《水浒》的这个漏洞入手,他选了石秀,没选武松,无比正确。""一切的情节都和施耐庵所写的一样,但在施蛰存笔下却走向另一种意味。""所以石秀反叛了,他秘密而大胆地恋爱,不再听从施耐庵的安排。"(《文学自由谈》2003年第1期)这样略陈勾画个体所处时期的事迹轮廓,背景既明,蕴涵丰富,当能作整体观察。

再如，起初就采用由施先生和杜衡以"中国文艺年鉴社"名义合编《1932中国文艺年鉴》(现代书局1933年8月版)，出版后遭受指斥。该书刊有《一九三二年中国文坛鸟瞰》，是一篇重要史料，为此撰述了五个条目的相关内容(《施蛰存先生编年事录》上海古籍出版社2013年9月版，第227、235、255、270、274页)。又如，我在与施先生的"访谈实录"(《世纪老人的话·施蛰存卷》辽宁教育出版社2001年11月版，第68、69页)谈及：

**沈**：当初您在《申报》"自由谈"上第一次见到"丰之馀"这一笔名时，是否知道是鲁迅先生？

**施**：当然应该是知道的。现在许多研究者认为我起初可能并不知道，这是一种不符合当时事实的猜测。那个时候黎烈文主编的《申报》"自由谈"副刊，鲁迅先生是最出力的撰稿人，投稿最勤，尽管用的是笔名，可是熟悉新文学文风的人，嗅也嗅得出来。当一篇署笔名的文章来了后，一看肯定是大作家的手笔，倘再仔细一读全文，从行文字句中一般就能知道是鲁迅先生写的。因此，当读到《申报》"自由谈"上刊出的《感旧》，我毫无疑问地当然要替自己作一个解释，详细说明我向青年推荐读《庄子》和《文选》的理由。

**沈**：1934年7月《申报》杂志专栏"谈言"上有篇题为《大众语在中国底重要性》，作者署笔名"寒白"，鲁迅先生认为"十之九是施蛰存做的"。这篇文章是不是您写的？

**施**：我从来没有用过"寒白"这个笔名，文章当然不是我写的。我也不知道"寒白"究竟是谁，只能猜测，当时就那么几个人参与争论。《鲁迅全集》的注释者曾经征询过，都不能确定。

**沈**：会不会是杜衡？

**施**：肯定不是的。"寒白"是否会是瞿秋白或陈望道呢？无法知道。要再看一看这篇原文，从思想观点、行文写法，以及当时的情况仔细考证，是能得出结论的。

如是等等，我均在《编年事录》按编年撰述有关内容、端线和脉络。还有许多意外收获帮助我解决了关键问题，如京城闻广老人寄下施先生致其父闻宥先生的两封信，使我了解了1938年暑假施先生回沪绕道香港、河内的情况，以及1940年他离开昆明的时间；在重检为先生墨拓用印时，因钱君匋1938年为他治印边款"蛰存兄之昆明前四日索刻",又参考《浮海杂缀》《滇云浦雨话从文》以及《顾颉刚日记》,而确定先生回沪探亲返回昆明的时间。

## 五

我充分利用业余时间,前往浙江、南京、苏州等图书馆,以及华东师大图书馆、中文系资料室访阅,当然要把施先生的著译以及所刊文章,其版次、期号、篇目、署名,争取调查清楚,虽说其目的是撰述于《编年事录》,可我感觉编撰过程恰似在编一份先生著译全集篇目,其殆庶几乎。同时,从另一方面来看,目前《编年事录》内所采纳的全部引文,或许有点"读书破万卷"的抱负,以求实践读书得间、博洽多闻的志愿。

在遍查施先生所发表文章时,将"笔名考"作为门径。他的笔名起码有上百个,但决不妄加揣测,采取剥茧抽丝般地探究察识、对比勘定,至少提供一个可靠文本,方可为"据查考曾用笔名"。对于个别疑似笔名,虽由直接、间接推理可能性,但终因无法取得确凿旁证而搁置俟考。有时涉及相关其他作者的署名,汲取学界研究成果,尽量以本名加注该文署名。另顺带作了部分施先生著作文本的校勘工作,特别是辨正在重刊新版中所延续或产生的文字讹误。自1990年代中期以后,施先生著作出版颇多,各种选集应运而起,但文字讹误不少,还有臆改现象,又未经校改而再版重印,也包括拙编《北山谈艺录》《云间语小录》《施蛰存日记·闲寂日记、昭苏日记》;尤其是先生早期文章被翻印,不知何故多有阙漏。我在摸清原载初刊之出处,据为校勘,以引文尽可能提示底本原貌,争取为研究者提供可靠的校正。

既然勤于搜求,手头已有积累的素材,可写作的过程,重在理性判断,妥善处理传主事迹与编年之间的准确度,设法合理取舍材料,捡到篮里未必是菜,所得素材之中显然会有诸如讹字、笔误、有失公允之词,以及"记忆并不可靠"的疑问,必须采用实证辨别,何况搜采信札、日记更要辨证,因其文体主观色彩尤为浓厚,时有发生离实际相去甚远的情形,所以盲从极为可怕,这样的事例累见不鲜。

同样,毕竟闻见有限,恪守"不知为不知"之训,对于素材也不贪多务得、细大不捐,因并非是对传主所有生活现象及信件之罗列,有些材料对撰述并无轻重利害之虞。况且搜集材料都是无穷尽的,当越深入就越清醒感到个别材料闻所未闻、见所未见,哪怕三头六臂,所得终恐有限,念兹在兹也有,殊为抱憾为常事。说来惭愧,每在交付出版定稿时,仍有新见资料陆续补录。当然伪制失实之料碰上不少,时有泥沙俱下、鱼目混珠之状,上当受骗亦有,每自哂耳。这就应保持"于不疑处有疑"(宋张载

《经学理窟·义理篇》)的警觉,如同披沙简金般的辨伪考据,则不在话下。

起潜老人教言:"窃谓年谱之作,难于资料之搜集。凡谱主年寿高者,功业盛者,著述富者,艺事丰者,均必点滴积累而成,非一蹴即就之业。勤采博访,偶遇一事,如获至宝,亟以入谱,深恐一纵即逝。在同好者见之,自能称赏;在不事考证者见之,往往以为繁琐,此乃见仁见智之异也。"(《文衡山先生年谱序》)最近检出 2014 年 6 月 17 日致一位编辑邮件,谈及拙著《编年事录》:"包括既有为一些粗制施氏著述的大量校勘订正,又有替人'遮丑'则,一条条精雕细刻采录,""可粗心者难以读出,连弟之好友,略翻见书中采录信尾有'施蛰存顿首''弟青萍及梦鸥仝顿首',觉得弟采录不够精密,殊不知,是为奥妙所在(或曰深意),为说明'青萍'(引录报载标题)与'蛰存'(信末署名)当年并用,而'弟青萍及梦鸥仝顿首'系全文采录,为了给某书纠错矣。是为奥妙一例,但今后总有仔细研究者能发现类似。"

而究竟为何要"奥妙""深意"之类,如今想来,恍若隔世,当时确实无可奈何,且为"赶路人",要在有限的业馀时间全身心投入到写作,精力实在受限焉。还如,施先生《路南游踪》是在 1939 年 9 月起在香港《星岛日报·星座》、上海《社会日报》连载,我检得后作了校订,在 1938 年记述此游引文中,既叙事又显示原载文句,以为勘误。

## 六

那些年间,从施先生出生地杭州起始,苏州、松江、慈溪、长沙、贵州、云南、香港、福建、屯溪、南京、北京,凡他经历之处,均为我寻访踪影必到之站,当地图书馆也为查阅重点,并写作了《遗留韵事——施蛰存游踪》(文汇出版社 2007 年版),又相继出版拙编《北山谈艺录》(文汇出版社 1999 年版)、《云间语小录》(文汇出版社 2000 年版)、《北山谈艺录续编》(文汇出版社 2001 年版)、《唐碑百选》(上海教育出版社 2001 年版)、《施蛰存日记·闲寂日记、昭苏日记》(文汇出版社 2002 年版)、《施蛰存序跋》(东南大学出版社 2003 年版)、《雨的滋味》(江苏文艺出版社 2011 年版),别有一册《从北山楼到潜学斋》(上海书店出版社 2014 年版)。这些阶段性成果,犹如一砖一石,为撰著《编年事录》打下稳固的地基。

如是费了十二年的工夫,奋力得 125 万字而撰讫《施蛰存先生编年事录》,并在上海古籍出版社王兴康社长的支持下,于 2013 年 9 月初版印行。当时第三编辑室诸位编辑为之尽心尽力,尤其是吴旭民主任,编辑功力深厚,令我敬佩。我还记得,他们提议为拙著编"人名索引"附于书末,我感到拙著纯属编年体例,检索本来便捷,且富有内在的整体性阅读,即婉谢之,但至今铭感。这样,前后所耗时都十六年。

出版后的那段时期,我还马不解鞍地选编了《北山译雨》《文饭百衲》《施蛰存诗卷》(二卷本),还编定《施蛰存集古文录》(十二卷本)拟目,虽皆因延宕而错失良机,未能刊行,但辑录整理过程和所收获的材料,以及后来拙著《北山楼金石遗迹》(三卷本,华东师范大学出版社 2021 年版)得以印出,都于我此后再行修订"初版本"之"粮草先行"。当我读到黄兆欢《施蛰存日记里的周大烈》(《云间文博》第 11 卷第 1 期),又读了张文江《施蛰存先生的名号和"四窗"》(《文汇报·笔会》2021 年 9 月 11 日),多有感触,平实的疏证方法,呈现了学术规范与治学严谨,从字里行间体悟优秀人文传统的敬业精神和朴实而美的风度,没有把写作当成谋生手段、生活负担,而是淡泊宁静、清悟高远的学问境界。

相较而言,倘若优劣不辨,盲目袭取,极易沾染"移花接木""拾人牙慧"的浮夸之疾,会否恣意"演义笔法",助长学术泡沫化的环境? 何况"如今检索这么方便,研究者断章取义,胡乱发挥,是常有的事"(陈平原《为何以及如何编"全集"》),遑论无视有待于不断完善的著述,亦有失实失误之处;更有草率编印,粗制滥造之伪本。章太炎语重心长地说:"今日著书易于往哲,诚以证据已备,不烦检寻尔。然而取录实证,亦非难事;非有心得,则亦陈陈相因。不学者或眩其浩博,识者视之,皆前人之唾馀也。"(《再与人论国学书》)果如是乎? 通常大致事迹、很多问题,在相关著作中早有贯串的探究线索、依据的引用文献,如再描摹假扮一番,则徒标字数,獭祭饾饤。——总要洁净了然罢。

谢泳教授亦说得通透:"有些学者,总能长篇大论,但细心的读者会发现,那些长篇大论和高头讲章,总是要在别人已见史料或者原创结果上的延伸,如果别人不开这条路,他们便不知世上还有这条途径,他们只会顺着讲,或反着讲,而不能从头讲,不能破题,不能开新领域,自然也就谈不到原创力。"(《新时代的文史研究》)有次在图书馆阅览室与一位我所敬重的"冷板凳"治史长者攀谈,不知怎的竟然说起了"文抄公""文剪公""文窃公""文盗公",老人家忿然说:"一边捧着我的书在窃思路、剽材料、偷字句,一边却虚张声势、不懂装懂,如何为人师表?"在我听来,深中肯綮,多有轸慨,理应引为鉴戒。虽说"谁没有年轻过",可在继承发展前辈学者的学术成果方面,应该理智理性地体味不同研究环境和条件的差异,学习前辈学者们那种披荆斩棘、百折不挠地探索未知领域,秉持开拓、创造的精神,连伟大的牛顿曾有名言"如果说我看得比别人更远,那是因为我站在巨人的肩膀上"。可见,不断提倡严格的学术伦理、朴实健康的研究风气,显得多么重要。

## 七

治学道路向来筚路蓝缕,可一定是后来居上,新材料、新问题、新观点层出不穷,不停地加以完善。

一般进入公共领域的素材,像市肆、数据库、互联网、图书馆、档案馆所藏,或披露的材料,关心者或早或晚大体能闻见之;尤其是最近新出、新见材料,纵然孔孟老夫子尚未见过,抑或四书五经亦失收,可实为研究公器,更无"先见为王、后见为贼"之分,关键在于研究时的合理应用。如我一见所谓漏了、失收之检举,便像变戏法般神速地抢跑道——而非学术正道;若我亦好作发见之说,硬是会闹出诸如断定佚文之类的笑话。葛兆光教授谈及:"采取非常实用主义的阅读方式,对于他人的论著只选择看与自己所需要的部分,甚至把他人的论著当作'资料转运站',从里面转手抄撮一些文献,根本不理会它的全面论述。更要命的,是从网络上截取电子文本,完全不顾上下文语境,很少体会他人的研究思路、资料取舍、分析立场。"(《从学术书评到研究综述》)又指出:"现在很多人不按照规矩、堂堂正正来读书引书,而是拍拍脑袋,好像都是自己的新发现,甚至把别人说的话题做的课题拿过来,包装包装,改造改造,就算自己的了。""如果你重视学术史,就可以知道有些是以前人家早做过的。可无奈的是,好些人根本不看学术史。"(《在旧传统和新时代之间》)

再说所谓的"大部头"著作,因所获材料受制于时间截点,通常若干年后方作修订,吸收新出新见的材料,阐述新论点新观点,也是学术惯例。陈寅恪先生名言:"一时代之学术,必有其新材料与新问题。取用此材料,以研求问题,则为此时代学术之新潮流。"(《陈垣敦煌劫馀录序》)那么就下了决心,准备写作《施蛰存先生编年事录》(增订本),继续搜集新出新见事迹史料,进而分析、判断、选择和组织新获素材,激活已入囊中的材料,填补充实《编年事录》(初版本)之盲点。于是不囿于物,不萦于心,兴味尚盎然,按王国维教导:"故深湛幽眇之思,学者有所不避焉;迂远烦琐之讥,学者有所不辞焉。事物无大小,无远近,苟思之得其真,纪之得其实,极其会归,皆有裨于人类之生存福祉。"(《国学丛刊》序)

在"初版本"内有个别重要行迹,由于资料不足,传主也无详言时间,且行文时偶有笔误,故需多方验证,寻找文献旁证。施先生举行婚礼的年份,虽有"三证"确实,此次增订特地再补旁证,加以证实。据姚蓬子记述"1928年深冬的一个晚上","我以当时那样闲暇的年青人的喜欢赶热闹的心情,参加了蛰存的结婚典礼回来,是在末一班往上海开去的","沪杭车的车厢里,和我同道的,有丁玲、也频、从文"。(《我们的朋友丁玲》）再有新松江社成立时间,"初版本"征引了相关资料书籍,但在重检时却感疑惑,专程详查当年地方报纸,获取来历证据,得以确切时间并作修订。凡此瓜田李下,皆慎审之,常于条目间弥缝其阙,所引申出来的论题,则层出不穷。

如征引信件,起初市肆展示模糊或隐去内容,也有仅见信封邮戳,在"初版本"付梓后流转又露真相;而相当部分单凭模糊图片,辨认字迹,近些年常于水印间识别蛛丝马迹。有一通钱锺书致先生信函,见于市肆影件,落款无年份,我特为征询函中谈及"魏君同贤",据魏老先生回忆,即在"初版本"归入 1993 年,但因未有确凿证明,故加注:"经请教魏同贤先生,疑为本年,录此待考。"荏苒数年,此函又于市肆露面,附有信封,邮戳为 1989 年。

## 八

2014 年元旦后的周末下午,暖和的上海图书馆近代文献阅览室,落地窗外又有人造春意,我在目录卡片柜巡游,检得 1945 年 9 月上饶战地图书出版社印行许杰《文艺·批评与人生》,引发我的探索热情。因为许先生与施先生于华东师大中文系同事四十年,同处磨难时期,相濡以沫,据当年报载身为系主任的许先生,其一大罪状就是"成为右派分子施蛰存的保护人""处处袒护""主张伸冤并要求大家支持"。而早在 1934 年施先生与朱雯合编《中学生文艺月刊》创刊号,就向许先生约稿"我的创作经验";也让我于"初版本"就注意到的是,许先生在 1937 年 6 月 8 日《大晚报·火炬》上发表《施蛰存的〈黄心大师〉》:"这是不是要把我们带回宋人的评话小说,明清人的章回小说之路上去,""如果说是现代人的创作,说是在现代的文艺刊物,作为现代的一种文艺创作而出现的东西,那末,我的天哪! 这一条把老路当作新路的新路,且请你自己把它当作稀世之宝吧!"显然文学观念是"道,不同","各从其志也"。

借出许先生此书,得见书内有篇《谈浪漫主义——读施蛰存先生〈浪漫主义〉后》,抗战时尽管他俩都生活在东南地区,一起呼吸着战时空气,而许先生笔下之锐利文气,再度引起我的重视。然而,此文专论施先生的这篇《浪漫主义》,不知刊于何处,盲目搜查,踪影全无。翌年,我觅见施先生写于 1968 年的《我曾在报刊上发表过的文章》,谈到"新赣南(赣州)报副刊,1943、44 年,发表了二篇文章,一篇是'美国民主诗人惠特曼纪念文';一篇是'青花',谈浪漫主义文学的杂文",虽为特殊时期的回忆,但或多或少有些线索,再对照细读许先生此文,所云"青花"疑似刊出所题《浪漫主义》则。当时触发我回想并立刻翻查笔记,1995 年于王西彦先生复兴中路寓所,聆听他回忆抗战时在福建永安与施先生交游,后在赣州主编《正气日报》副刊约稿的情形。这已近二十年前的事,仿佛西彦先生夫妇开怀笑声尚在耳旁回荡,那日临走,兴奋之馀却把他们夫妇合作赐予的一柄画扇,忘在茶几上了。

上海图书馆馆藏目录有《正气日报》,经查却是江阴地方报纸,别检得《国风》半月刊1943年第12期陈铨《青花·理想主义与浪漫精神》,至此来龙去脉稍有端倪。又查到南昌大学王龙志先生2010年论文《赣南〈正气日报〉研究》(豆丁网,2014年5月上传),方知《新赣南报》于1941年10月易名为《正气日报》,该报以缩微胶卷的形式保存于国家图书馆、南京图书馆、江西省图书馆。我常往南京图书馆访阅,多有上海图书馆未藏的民国时期报刊。两年后的2017年《抗日战争与近代中日关系文献数据平台》开始运行,那可就更为便捷了。再过录许先生《谈浪漫主义——读施蛰存先生〈浪漫主义〉后》1 300馀字引文详述许先生之批评,为这部"增订本"保持研究性文本而添砖加瓦。

再查,又得许先生《现代小说过眼录》(永安立达书店1945年7月初版),书内有篇题为《明天》,此书印行要早《文艺·批评与人生》两个月,论题不同,却温和不少,请看:"施蛰存先生对于《明天》的观察,说他的主题是性爱与母爱,我们虽然不敢说他有些近乎盲人扪象,(作兴我们的说法,也是一种盲人扪象吧!可知小说的阅读与研究,真不容易呵!)但他的用他心中原有的精神分析以及下意识上意识这一套见解,去迎合,去套用这篇作品,却是无疑的。""没有什么严密的故事的结构,也没有什么行动的顶点,施蛰存先生的分析,认为这是心理小说,这是对的。"

我在偏重引文纪实性内涵和外延的同时,期待能见丰富的效能。1953年施先生时任华东师大中文系外国文学教研组主任,有段引述:"每周召开政治学习会议和教学情况交流会议一到两次,""他与许杰是会场上的两个老搭档,许杰是系主任,开会时难免话多了些,有时爱发长篇宏论。施老听得不耐烦了,干脆提意见:'老许,请简短些,不要老是兜圈子,这一个、那一个,别人打瞌睡一觉醒来,你还在这一个、那一个……'弄得许老很尴尬。不过许老并不介意,懂得这位才子真话直说的脾气。而施老呢,相当赏识许老的厚道,两人的私交是挺好的。"(张德林《回忆施蛰存先生若干事》)

## 九

从交付《编年事录》(初版本)后的十来年间,渐渐地拥有十来袋可供增订的卡片、复印件,一鼓作气整理了半年,深感量大繁重,速度尤慢。说是治学好似跑马拉松,讲究耐力,发扬细致沉着的学风,像罗尔纲先生的"以乌龟爬路的精神干下去"(《困学集》)。胡适曾演讲:"良好习惯的养成约有三种:1. 勤(要勤快,不要懒,不怕苦)。2. 慎(不苟且,不潦草,不随便,要负责任)。3. 虚(不要有成见,要虚心)。"(《胡适遗稿及秘藏书信》第12册)言近旨远,触动我想起沈从文说自己"欢喜打硬仗,不求什么侥幸速成,不怕泥沙杂下,总认为这个工作,就必需坚持下去"(《关于施蛰存事》)。这些教导,都让我醒悟,终于收获可用于增订的30馀万字资料,既有直接史料,也有间接资料,尚能帮助解决"初版本"内有些悬而未决的难点。

2018年秋间,我忽然接到杭州师范大学人文学院院长洪治纲教授的邀约,命我撰著《施蛰存年谱》,真是喜出望外。其实,我早有志作一部《年谱》,毕竟《编年事录》与《年谱》是不尽相同的两种形式,写作要求显然不同。历来撰作年谱的传统,很是讲究"精审"功夫,即从胡适主张的"用绣花针的细密功夫来搜求考证他们的事实,用大刀阔斧的远大识见来评判他们在历史上的地位"(《南通张季直先生传记序》),则是我所盼望的著述境界。

相对来说,从承继文史学传统性来论,《编年事录》比较讲究撰述之阅读感、叙说的现场感,可对传主事迹细加考索辨析,是赋有考证特征的研究性文本;而《年谱》的体例、规范,则更为精练,对谱主行谊皆应有相对的定性定论,纯属"述而不作、叙而不议"式的树碑立传性的文本。于我是个学术挑战,加倍珍惜治学机缘,心愿不能制造"伪劣品",按照制订的写作路径,将可用增订的30馀万字资料,先行择取补入《编年事录》,待有了初稿,再在此基础上来写作《年谱》,即以《编年事录》的框架梳理谱主行迹,用"传统年谱"的范式从事写作,在研究性的深化层面,致力于更为清晰的转变、调整与妥善。

《施蛰存年谱》仅得40馀万字,交稿后正式投入撰作这部《编年事录》(增订本),依然体现研究性理念、纪实性方法和引语性表述,着力丰富"初版本"原有内容、细节。例如,补入《大同大学第二十八期同学录》的记载,弥补了施先生早年就读大同大学的资料甚少之不足。施先生于1934年中秋节出席"文艺茶话会",我在徐仲年著《旋磨蚁》(正中书局1948年10月初版)内查到出席者合影和签名。又几经追寻,核查了1947年12月编印的《上海文艺作家协会成立纪念册》,册内"会员名册"确实未有先生名字,而该会设置的专门委员会之一"联络委员会委员题名录"先生却在列。还对于鲜为人知的译著《阿邦色拉基末代王孙的艳遇》《神秘的人体》等,都作了查检来源的记述。

此番增订,继续校勘相关文本,强化引文之原则与构想,如有关民族主义文学"代表人物""主要人物""中坚分子"之说,还有施先生回忆曾"写了一篇讲解鲁迅小说《药》的文章",都注意客观性使用按语,使得撰述更加妥帖。并适当补充新见的相关研究著作、文学史、论文、评论、报道的篇目,既反映他所处时代氛围和学术思潮的关注度,也能观照不同时期变化的批评语境,提供给有心研究的读者,作为提示性参考。经过多年来的探索,我越来越认识到鲁迅文本性的影响是空前巨大的,与社会潮流紧密相联,也在增订时体现了我置重时事背景与文化环境于这方面的研究。

同时,对"初版本"这一基础作了润色修改,删减压缩了近10万字,进一步去伪存真,对其中失察失误多处,皆严肃纠正;注重处理引文不同时代的语境,既保持原有特征,又兼顾现在阅读习惯、文本形式,引用时遇有讹字作径改,不拘泥原刊标点,以及括号、间隔号的统一使用;在文体形式上,改变原有的格式,使之更流畅易读。还在书前补充二十馀幅施先生不同时期的历史照片,这些照片都是多年来的收藏,专门进行了整修和拍摄时间的考订,藉此机会与读者共享。

## 十

从撰述《施蛰存先生年谱初编》到《施蛰存年谱》,再到现在这部《施蛰存先生编年事录》(增订本),在这跨度近二十六年间,正是图书馆检阅方式发生飞速变化的时期,从一页页翻阅原刊到一盒盒观览缩微胶卷,从抄写、复印、相机翻拍到手机拍摄,从翻检目录卡片、电子屏检索直到随意访问数据库,一路走来,体会越来越便捷的行程,希望各类数据库资源能够不断发达、开放,前景宏美,在目下这条簇新的治学道路上,更好地继承发扬优秀的学术传统,在快速检索资料的同时,还能在电子资源系统中,充分享受到完整阅读文献的精髓。

数据库仅仅是服务学术的工具,在研究质量上不可因"速成"而退化,导致缺乏起码的主动的学术贡献。谢泳教授长期关注网络时代的治学,多有坦率观点:"近年中国文史研究中,辑佚工作的收获很多,中国现代文学尤甚,但我们都知道,其中的许多工作是通过机器来的,不是读书多见识广的结果。""机器瞬间能找到的史料,严格说就不是史料,是现成知识,现成知识只能是解决新问题的辅助史料,其间找什么史料比能不能找到重要得多。"(《新时代的文史研究》)有位学刊编辑谈到刊物质量下滑时说,当治学基础和学术素养明显不足时,在急功近利动机的驱使下,数据库也会发生副作用,有时面对轻而易举的检索结果,大惊小怪,不知所措,望文生义地东拼西凑、生搬硬套。他戏言,最初几年是"辑佚大兵"压境学术报刊,近年"找茬大军"伏击学术阵地,罔顾过去式的阶段性成果,抓来当活靶子瞄射,"更有一批人,完全不按学术基础和规则,以一知充百知,拿放大镜在别人身上找碴儿,只要找到一个碴儿,就证明我比你高明"(葛兆光《在旧传统和新时代之间》),时有不顾常识,一知半解、断章取义地闹笑话。

因此面临的关键是,用俗话说"萝卜干饭"还要吃、"冷板凳"还得坐,应该以深入研究基础上的学问支撑来检索所需的材料,注重运用新见史料进行探索自我的崭新的学术见解。我的体会是,首先要有大量阅读文献的基础,既要泛读,也要精读,持续索阅,才会激发问题意识,产生设法研究的感觉;当逐步进入探讨状态,思考的议题不时跳出,那就一个个地消化解决,研究与写作便进入提升的学术目标,需要更加充实的相应资料论证;此时再在数据库的协助下搜集潜在资料,注意源与流、表与里、因与果的内在关联性,把握整体与局部、现象与本质的分析,着重打通研究的地基层面、深度讨论与比较应用,加强检索所得新见素材运用的科学性、有效性,进行客观的学术史评估,以宽广的视角去解读、分析、判断,感悟具有探究价值的论题,体现自我的钻研赋能。

当完成这部《施蛰存先生编年事录》(增订本),回顾整个撰述的日日夜夜,这是实践治学理想的一段历程。但无非是多一个类似健身的运动方式,出力流汗,费时化钱,聊以自娱而已。灯下披读校样,发现了几字硬伤,皆因"贪近怕远"使用了熟知的劣本,突然让我想起曾在《北山楼金石遗迹·前言》写道:"先生叫我'麭样样事体轧一脚',如今读刘梦溪先生文,说得更直率,'学问做到一定程度,会明白一个浅显的道理,对自己不了解的问题不应该也不必发言''知不知道对哪些问题自己不具备发言条件,考验一个学人学问的知性程度',何其相似乃尔。先生总无奈说,弗急,急弗得,做专业要有'学力',力所不及,就会'抢跑道'的吃相出场,'无厘头'收场。而先生勤于编书,成为他的一种治学方式,别是一种学问境界。他告诉我,整理辑录的事,要有点儿愚韧劲头,有点'痴心妄想'才行。我渐渐悟出先生编书之乐此不疲,一次次计划是启航,一次次无成是积累。"

在满怀学术的敬畏之心、感恩之情,审慎地写作之馀,有时脑海里会回旋严寿澂教授在《近世中国学术思想抉隐》"自序"言及当此"嗜利奔竞之日,独能读书养性,不慕荣华"云云,因知"洵浊世之高尚士也";而施先生的研究生陈文华教授、严寿澂教授、王兴康编审、张文江教授、宫晓卫编审,以及受业弟子周圣伟教授诸位皆如是,都为教育、科研、出版事业作出了重大的学术贡献,殊为可珍;传统尚在,不觉浮想联翩,追根溯源,直面当下,常在延续随想。忆及1998年暑间,探望施先生,他正在看书,抬头就递来手上的书,说"胡从经送来的新书,你看看后面的'跋'",何也？读了立刻想到先生早已有的诲教和一再提醒;而经过这些年体验,就更加明白了。

清朝学者郎梅溪谓："若不多读书、多贯穿而遽言性情,则开后学油腔滑调、信口成章之恶习矣。"(《师友诗传录卷一》)既然为学岂能如此,我的这部书也很想走走"渔人之路",企盼像张文江教授所解释的那样"行行复行行,包含着渔人一路的精进","'忘路之远近'极要",而"山口'初极狭才通人',正是进入桃花源前的艰难境地,所谓'黎明前的黑暗',坚持走完最后的数十步,终于'豁然开朗'而到达目的地——'桃花源'"(《渔人之路和问津者之路——〈桃花源记〉解释》),只能通过漫长时间的训练和积累,一步一个脚印,纯粹慢工细活焉。那么,当以我所尊敬的诸位师长学友为榜样,自我要求也可借用时下套语"静下来、慢下来",如嚼橄榄,犹有馀味,况且以上已特地引用不少前贤师长之教导,我深受教益,以为箴规。

施蛰存先生的后半生是在华东师范大学度过的,丽娃河畔留下他徜徉的身影,校园林荫道上铭记了他的汗水与足迹。我相信,有关施先生的书能在他长期服务的学校之出版社出版,是理想与光荣。2021年《北山楼金石遗迹》(三卷本)在华东师范大学出版社获得出版,因而不胜感慨,当然对资深编辑许静主任的感激,更不在话下;现在这部"增订本"又承许静主任精心策划、责任编辑乔健女士辛勤审校、设计专家姚荣先生创意装帧,在此,谨致以最诚挚的谢意。我要衷心感谢洪治纲教授、王兴康先生、张文江教授,还有华东师大图书馆,特别是陈枝清主任的帮助,以及波山君等数十位师友予以鼓励、支持;完全可以说,如果没有诸位的无私帮助,本书将难以写成出版。

沈建中壬寅小满于沪上谦约居南窗下初稿,癸卯立秋写定